LAROUSSE
DICTIONNAIRE RUSSE

Français Russe

Russe Français

par P. Pauliat

LAROUSSE

21, rue du Montparnasse 75283 Paris Cedex 06

Pour cette édition

Direction Éditoriale
Ralf Brockmeier

Coordination Éditoriale
Beata Assaf

Rédaction
Janna Hermant, Irène Imart, Olga Kusyy, Anna Rioland,
Ksenia Ruskikh, Marianne Seïte-Karner, Nathalie Da Silva,
Anne-Marie Tatsis-Botton, Edith Zha

Informatique Éditoriale
Dalila Abdelkader, Anna Bardon, Fabrice Jansen

Structuration
Monika Al-Mourabit,
Softwin — Bucarest

Direction artistique & Composition
Nord Compo — Lille

Fabrication
Nicolas Perrier

Marketing
Agathe Morel, Christophe Salet

Remerciements à
Aurélie Prissette

ISBN 978-2-03-583751-6
Larousse, Paris
Dépôt légal : Janvier 2009 - 301192
Imprimé en Espagne par Rodesa - N° projet : 11009989 - Septembre 2009

а *conj*

1. POUR INDIQUER UNE OPPOSITION = **et**
• **онá смея́лась, а я плáкала** elle riait et moi je pleurais
• **что ты дéлаешь зáвтра? а послезáвтра?** qu'est-ce que tu fais demain ? et après-demain ?
• **сейчáс он зáнят, а потóм уйдёт** pour l'instant il est occupé et ensuite il va partir

2. APRÈS LA NÉGATION = **mais**
• **э́то былá не собáка, а волк** ce n'était pas un chien, mais un loup

3. POUR RENFORCER UNE EXCLAMATION = **et**
• **а каки́е там лесá!** et quelles forêts il y a là-bas !
• **а как он хорошó готóвит!** et comme il fait bien la cuisine !

4. POUR FAIRE UNE TRANSITION = **et**
• **а как её зову́т?** et comment s'appelle-t-elle ?
● **а то** › **нáдо éхать, а то ужé пóздно** il faut partir car il commence à se faire tard
• **нáдо спеши́ть, а то опоздáем** dépêchons-nous, sinon nous serons en retard
• **пойди́те тудá, а то пошли́те когó-нибудь** allez-y ou bien envoyez qqn
• **нет, не хóчется бóльше... а то налéйте ещё стакáнчик** non, merci... ou alors juste un petit verre

mise en relief par une présentation éclairante des mots fondamentaux les plus complexes

берéчь* [IV, берегу́, бережёшь, берегу́т - берёг, береглá] ③ / **поберéчь*** [IV, поберегу́, побережёшь, поберегу́т - поберёг, побереглá - побережённый] ③ *et* **сберéчь*** [IV, *id*] ③ *v* **1.** économiser, épargner • **он берёг кáждую копéйку** il épargnait jusqu'au moindre sou • **берéчь своё врéмя** ne pas perdre son temps • **берéчь здорóвье** ménager sa santé **2.** garder, ne pas divulguer • **берéчь тáйну** garder un secret • **берéчь от детéй** ne pas laisser à la portée des enfants !

mot irrégulier

perfectifs, toujours précédés d'une barre

formes irrégulières des verbes

mise en contexte des mots d'entrée

les chiffres romains renvoient aux modèles de conjugaison (voir grammaire)

mois *nm* **1.** *(unité de temps)* мéсяц • **dans cinq mois** чéрез пять мéсяцев **2.** *(suivi du nom du mois)* • **au mois d'août** в áвгусте

LES MOIS DE L'ANNÉE

- janvier **янвáрь** *m*
- février **феврáль** *m*
- mars **март** *m*
- avril **апрéль** *m*
- mai **май** *m*
- juin **ию́нь** *m*
- juillet **ию́ль** *m*
- août **áвгуст** *m*
- septembre **сентя́брь** *m*
- octobre **октя́брь** *m*
- novembre **ноя́брь** *m*
- décembre **декáбрь** *m*

liste thématique de vocabulaire

Au lecteur

Le présent ouvrage, dans sa version mise à jour et remaniée, relève un triple défi en répondant aux exigences imposées par la grande diversité de son usage.

Tout d'abord, il témoigne du profond bouleversement que connaissent aujourd'hui toutes les langues, et en particulier la langue russe. Cette évolution se caractérise, entre autres, par un enrichissement lexical : certains mots anciens reçoivent une acception nouvelle, alors qu'on voit apparaître des termes nouveaux intégrant les changements des dernières décennies. Tous les mots, expressions et sens nouveaux ajoutés ont été choisis avec soin afin de répondre aux besoins des apprenants de tout âge.

Ensuite, cette nouvelle édition poursuit la voie tracée par Monsieur Pauliat, en allant bien au-delà du simple dictionnaire. Ses articles reflètent ainsi la grande richesse morphologique et grammaticale de la langue russe en indiquant, de manière systématique, formes conjuguées et déclinées, régimes et aspects des verbes. Des éclaircissements sur les schémas d'accentuation complètent les renseignements sur l'usage des mots. L'apprenant a donc toutes les informations nécessaires pour pouvoir bien s'exprimer.

Enfin, ce dictionnaire ne jette pas seulement un pont entre deux langues, il offre aussi une passerelle entre deux civilisations : exemples, noms propres et explications de fond mettent en lumière les spécificités culturelles et historiques de la Russie.

Offrant à la fois richesse lexicale, apport grammatical et information culturelle, ce dictionnaire constitue ainsi l'outil d'apprentissage idéal pour tout francophone intéressé par la langue russe.

■ L'ÉDITEUR

Abréviations utilisées dans ce dictionnaire

A, acc	accusatif
abr	abréviation
adj	adjectif, adjectival
adj d'appart	adjectif d'appartenance
adv	adverbe, adverbial
AGRIC	agriculture
ANAT	anatomie
arch	archaïque
ARCHIT	architecture
art	article
ASTROL	astrologie
att	attributif
AUTO	automobile
aux	auxiliaire
BIOL	biologie
BOT	botanique
CHIM	chimie
CINÉ	cinéma
COMM	commerce
compar	comparatif
conj	conjonction, conjonctif
CONSTR	construction
CULIN	cuisine
D, dat	datif
déf	défini
dém	démonstratif
dim	diminutif
DR	droit
ÉCON	économie
ÉLECTR	électricité
excl	exclamatif
f	féminin
fam	familier
fig	figuré
FIN	finance
G, gén	génitif
gén	généralement
GÉOGR	géographie
GÉOL	géologie
GRAMM	grammaire
HIST	histoire
hum	humoristique
I, instr	instrumental
id	idem
impér	impératif
imperf	imperfectif
impers	impersonnel
indécl	indéclinable
indéf	indéfini
indét	indéterminé
indic	indicatif
inf	infinitif
INFORM	informatique
injur	injurieux
insép	inséparable
interj	interjection
interr	interrogatif
inv	invariable
iron	ironique
L, loc	locatif
litt	sens propre
LITTÉR	littérature

loc	locution
m	masculin
m ou f	masculin OU féminin *ex* : un arobase OU une arobase
MATH	mathématiques
MÉD	médecine
mf	masculin et féminin *ex* : démocrate
MIL	militaire
MUS	musique
MYTHOL	mythologie
n	nom
N, nom	nominatif
n cl	non classé
NAUT	nautique
nm ou nf	masculin OU féminin *ex* : un arobase OU une arobase
nmf	nom masculin et féminin *ex* : démocrate
npr	nom propre
nt	neutre
num	numéral
onomat	onomatopée
part	participe passé passif
péj	péjoratif
perf	perfectif
pers	personnel
PHOTO	photographie
PHYS	physique
pl	pluriel
pl t	plurale tantum
poét	poétique
POLIT	politique
poss	possessif
pp	participe passé
p prés	participe présent
préf	préfixe
prép	préposition, prépositionnel
prés	présent
pron	pronom
PSYCHO	psychologie
qqch	quelque chose
qqn	quelqu'un
rel	relatif
RELIG	religion
SCOL	scolaire
sép	séparable
sing	singulier
sout	soutenu
subst	substantivé
suj	sujet
superl	superlatif
TECHN	technique
tfam	très familier
TV	télévision
unipers	unipersonnel
v	verbe
vi	verbe intransitif
vp	verbe pronominal
vt	verbe transitif
ZOOL	zoologie

Les noms de marque sont désignés dans ce dictionnaire par le symbole ®. Néanmoins, ni ce symbole, ni son absence, ne sont représentatifs du statut légal de la marque.

Prononciation du russe

Remarques générales

En règle générale, la prononciation des mots russes correspond à leur graphie. Il faut donc prononcer toutes les voyelles et toutes les consonnes (mis à part le **signe mou** et le **signe dur**), en respectant leur valeur phonétique première. Il existe cependant quelques exceptions à cette règle :

Consonnes

Une consonne peut être sourde ou sonore.

Consonnes sourdes :	**п**	**ф**	**к**	**т**	**ш**	**с**
Consonnes sonores :	**б**	**в**	**г**	**д**	**ж**	**з**

Sous l'effet du son qui la précède ou qui la suit, sa prononciation peut varier. Une consonne sonore peut donc devenir sourde et une consonne sourde peut devenir sonore.

Une consonne sonore en fin de mot devient systématiquement sourde.

Une consonne peut être dure ou mouillée. Une consonne devient mouillée devant **я**, **е**, **ё**, **ю**, **и**, **ь** *ex* :

пять ; Серёжа ; любит

Pour articuler une consonne mouillée, il faut rapprocher la partie médiane du dos de la langue vers le palais comme pour l'articulation du [i] en français.

La majorité des consonnes peuvent être dures ou mouillées. Certaines consonnes, cependant, ne sont que dures ou mouillées :

Consonnes toujours dures :	**ж**	**ш**	**ц**
Consonnes toujours mouillées :	**ч**	**щ**	**й**

Réduction des groupes consonantiques

Dans certains groupes de consonnes difficiles à prononcer, l'une des consonnes ne se prononce pas :

- стн → [sn] гру́стно prononcé [gr'usnə]
- здн → [zn] по́здно prononcé [p'oznə]
- стл → [sl] счастли́вый prononcé [ʃ,ʌsl,'ivɨj]
- лнц → [lts] со́лнце prononcé [s'olt̮sə]
- рдц → [rts] се́рдце prononcé [s,'ert̮sə]

Pour des raisons similaires, on constate un phénomène d'assimilation lorsque certaines consonnes sont associées :

- зш → [ʃ] из шко́лы prononcé [iʃ:k'olɨ]
- сш → [ʃ] вы́сший prononcé [v'ɨʃ:ij]

- зж → [ʒ] пóзже prononcé [p'oʒ:ə]
- сж → [ʒ] с женóй prononcé [ʒ:in'oj]
- тс → [ts̮] дéтство prononcé [d,'ets̮tvə]
- тц → [ts̮] отцá prononcé [ʌts̮'a]
- дц → [ts̮] трúдцать prononcé [tri'ts̮ət,]
- сч → [ç] счёт prononcé [çot]

Voyelles

La qualité sonore des voyelles russes varie selon leur place par rapport à l'accent. Les voyelles russes ne se prononcent distinctement que dans les syllabes accentuées.

La prononciation varie aussi selon que la voyelle est située après une consonne « toujours dure » (pour **e**, **ё**, **я**, **и**) ou après une consonne « toujours mouillée » (pour **a**, **y**).

Les voyelles mobiles

Si le radical d'un nom ou d'un adjectif se termine par un groupe de consonnes, une voyelle dite **mobile** sépare souvent les deux dernières consonnes lorsque le cas est marqué par la désinence **zéro**.
Cette voyelle est :

un **e**

- après chuintante
- après **yod**
- devant **н**
- devant **ц**
- devant **ль**

ou bien un **o**

- devant **к**, sauf si la consonne précédente est une chuintante ou un **yod**.

Aux autres cas, il n'y a pas de voyelle mobile.

Tables phonétiques

lettre graphie	exemple russe	équivalent français	description
а	**а**бажу́р	**a**bat-jour	Dans une syllabe accentuée, le **а** russe correspond au **a** ouvert français *ex* : **бал** prononcé [bal] (le russe ne fait pas la distinction entre a ouvert et a fermé). Dans les syllabes atones : – en position initiale, dans une syllabe précédant immédiatement l'accent, il devient plus court qu'un **а** accentué *ex* : **стака́н** prononcé [stʌk'an] ; – dans les autres syllabes atones, il devient encore plus court et se réduit à un **e** muet français *ex* : **мо́да** prononcé [m'odə].
б	**б**анк	**b**anque	Même son que le **b** français. Il devient sourd en fin de mot *ex* : **боб** prononcé [b'op] et à l'intérieur du mot, s'il est suivi d'une consonne sourde comme **к**, **п**, **с**, **т**, **ф**, **х**, **ц**, **ч**, **ш**, **щ** *ex* : **ю́бка** prononcé [j'ʉpka].
в	**в**ода́	**v**eau	Même son que le **v** français. Il devient sourd en fin de mot *ex* : **садо́в** prononcé [sʌdo'f] et à l'intérieur du mot, s'il est suivi d'une consonne sourde *ex* : **спра́вка** prononcé [spr'afkə].
г	**г**о́род	**g**ant	Même son que le **g** français de **gala**. Il devient sourd en fin de mot *ex* : **нало́г** prononcé [nʌ'lok] et à l'intérieur du mot, s'il est suivi d'une consonne sourde *ex* : **легко́** prononcé [lixk'o].
д	**д**ом	**d**oigt	Même son que le **d** français. Il devient sourd en fin de mot *ex* : **го́род** prononcé [g'orət] et à l'intérieur du mot, s'il est suivi d'une consonne sourde *ex* : **сла́дко** prononcé [sl'atkə].
е	**е**да́	—	Dans une syllabe accentuée, en position initiale, après une voyelle ou après **ъ** ou **ь**, cette lettre correspond à deux sons : le premier est un yod **й** et le second, une voyelle correspondant au **e** fermé français, ce qui donne [je]. Après une consonne mouillée, le yod **й** disparaît et il ne reste donc plus que la voyelle **e** (équivalent ici au **e** fermé francais) *ex* : **ле́то** prononcé [l,'etə]. Après une consonne dure **ж**, **ш**, **ц**, elle est l'équivalent phonétique du **э**. Dans les syllabes atones, le son **e** russe correspond à un **e** muet français *ex* : **еда́** prononcé [jəd'a], tandis que la règle d'utilisation du yod reste inchangée.

lettre graphie	exemple russe	équivalent français	description
ё	ёлка	—	En position initiale, après une voyelle ou après **ъ** ou **ь**, cette lettre correspond à deux sons : le premier est un yod **й** et le second est une voyelle correspondant au **o** fermé français, ce qui donne [jo] . Après une consonne mouillée, le yod **й** disparaît et il ne reste donc plus que la voyelle **o** *ex* : **мёд** prononcé [m,ot]. Après une consonne dure **ж**, **ш**, **ц**, elle est l'équivalent phonétique d'un **o** accentué. Le **ё** russe porte toujours l'accent.
ж	жена́	**j**ambe	Même son que le **j** et le **g** en français de **jardin** et de **gens**. Il devient sourd en fin de mot *ex* : **муж** prononcé [muʃ] et à l'intérieur du mot, s'il est suivi d'une consonne sourde *ex* : **ло́жка** prononcé [l'oʃkə].
з	зе́бра	**z**èbre	Le **з** russe se prononce comme le **z** ou **s** français intervocalique de **loisir**. Il devient sourd en fin de mot *ex* : **моро́з** prononcé [mʌr'os] et à l'intérieur du mot, s'il est suivi d'une consonne sourde *ex* : **у́зко** prononcé ['uskə].
и	игла́	**i**dée	Correspond au **i** français. La plupart des consonnes placées devant **и** deviennent mouillées. En revanche, après les consonnes **ж**, **ш**, **ц**, la voyelle **и** se prononce **ы** *ex* : **маши́на** prononcé [mʌʃ'ɨnə].
й	май	trav**ail**	Cette consonne se prononce comme le son [j] dans le groupe **ill** de **travailler**.
к	ка́рта	**c**arte	Le **к** russe se prononce comme le **c** de **caravane** ou le **qu** de **quatre**. C'est un son sourd qui devient sonore **г** devant une autre consonne sonore *ex* : **вокза́л** prononcé [vʌgz'al].
л	лес	**l**ac	Consonne dure correspondant au **l** anglais de **live** *ex* : **лось** prononcé [los,]. Elle devient mouillée lorsqu'elle est suivie de **ь**, **и**, **е**, **я**, **ю**, **ё**. Elle est alors proche du **l** français dans le mot **lion** *ex* : **лес** prononcé [l,es].
м	ма́ма	**m**aman	Même son que le **m** français.

lettre graphie	exemple russe	équivalent français	description
н	**н**óта	**n**ote	Même son que le **n** français. Il devient mouillé s'il est suivi de **ь**, **и**, **е**, **я**, **ю**, **ё**. Il est alors proche du digramme français **gn** *ex* : **нéбо** prononcé [n,'ebə].
о	**о**кн**ó**	mant**eau**	Dans une syllabe accentuée, le **o** russe correspond au **o** fermé français (le russe ne fait pas de distinction entre **o** ouvert et **o** fermé). Dans les syllabes atones : – en position initiale, dans une syllabe précédant immédiatement l'accent, il devient plus court et se prononce comme le **a** russe dans une position identique *ex* : **фонтáн** prononcé [fʌnt'an] ; – dans les autres syllabes atones, comme on l'a vu pour le **a** russe, il devient encore plus court et se réduit à un **e** muet français *ex* : **хорошó** prononcé [xərʌʃ'o].
п	**п**áпа	**p**apa	Se prononce comme le **p** français mais moins fort.
р	**р**омáн	**r**oman	Le **r** est roulé comme en italien, en espagnol ou en écossais.
с	**с**тол	**c**einture	Le **c** russe est toujours prononcé comme le **c** français de **cent** Il ne devient jamais [**k**] comme dans **cave**. C'est un son sourd qui devient sonore **з** devant une autre consonne sonore *ex* : **сдал** prononcé [zdal].
т	**т**етрáдь	**t**oit	Même son que le **t** français.
у	**ý**гол	**ou**tre	Correspond au digramme **ou** en français.
ф	**ф**онéма	**ph**onème	Même son que le **f** français.
х	**х**орошó	—	Ce son n'a pas d'équivalent en français. Il correspond au **ch** allemand dans **Buch** et au **j** espagnol dans **hijo**.
ц	**ц**арь	—	Se prononce [t̬s] comme dans **tsar** ou **tsé- tsé**.
ч	**ч**емодáн	—	Se prononce [tch] et correspond au **cc** italien de **capuccino**.

lettre graphie	exemple russe	équivalent français	description
ш	**ш**áпка	**ch**apeau	Comme le **ch** français dans le mot **choc**.
щ	**щ**енóк	—	Équivalent mouillé de la consonne **ш**, se prononce comme **ch** en français dans le mot **chiot**.
ъ	об**ъ**явлé-ние	—	**Signe dur**. Cette lettre ne se prononce pas. La lettre suivante se prononce comme en position initiale.
ы	р**ы́**ба	—	Voyelle sans équivalent en français. L'articulation est la même que pour le son [u], mais les lèvres sont étirées comme pour un sourire.
ь	ýгол**ь**	—	**Signe mou**. Cette lettre ne se prononce pas. Elle mouille la consonne qui la précède.
э	**э́**ра	—	Correspond au digramme français **ai** *ex* : maître.
ю	**ю́**бка	—	En position initiale, après une voyelle ou après **ъ** ou **ь**, cette lettre correspond à deux sons : le premier est un yod **й** et le second, une voyelle qui correspond au **ou** français, ce qui donne [ʉ]. Après une consonne mouillée, le yod **й** disparaît et il ne reste donc plus que la voyelle **ou** [u] *ex* : **лю́ди** prononcé [l,'ud,i]. Après une consonne dure **ж**, **ш**, **ц**, elle est l'équivalent phonétique du [u] *ex* : **жюри́** prononcé [ʒur'i].
я	**я́**блоко	—	Dans une syllabe accentuée, en position initiale, après une voyelle ou après **ъ** ou **ь**, cette lettre correspond à deux sons : le premier est un yod **й** et le second, une voyelle qui correspond au **a** ouvert français, ce qui donne [ja]. Après une consonne mouillée, le yod **й** disparaît et il ne reste donc plus que la voyelle **a** *ex* : **мяч** prononcé [m,atɕ]. Dans une syllabe atone, le son **a** se réduit à un **i** *ex* : **язы́к** prononcé [izɨk], tandis que la règle d'utilisation du **yod** reste inchangée.

L'accent tonique

En russe, la place de l'accent n'est pas fixée par une règle générale. À noter toutefois que la lettre **ё** porte toujours l'accent.

Il est souvent difficile d'utiliser un mot dont on ne connaît pas l'accentuation. En effet :

- la prononciation des voyelles dépend de leur position par rapport à l'accent ;
- certains mots ne se distinguent les uns des autres que par leur accentuation.

L'accent est généralement fixe, c'est-à-dire qu'il frappe toujours la même syllabe au cours de la flexion. Cependant, de nombreux mots courants présentent un accent mobile dont le mouvement est plus ou moins complexe. Dans la plupart des cas, ces variations peuvent être figurées par l'un des schémas ci-dessous :

①		**о́**кна	п**у́**д		
		о́кон	п**у́**да		
		о́кнам	п**у́**ду		
		о́кнами	п**у́**дом		
		о́кнах	п**у́**де		
②		пуд**ы́**	окн**о́**		
		пуд**о́**в	окн**а́**		
		пуд**а́**м	окн**у́**		
		пуд**а́**ми	окн**о́**м		
		пуд**а́**х	окн**е́**		
③		ст**о́**л	в**о́**лки	б**о́**лен	н**ё**сся
		стол**а́**	волк**о́**в	больн**а́**	несл**а́**сь
		стол**у́**	волк**а́**м	больн**о́**	несл**о́**сь
		стол**о́**м	волк**а́**ми	больн**ы́**	несл**и́**сь
		стол**е́**	волк**а́**х		
④		любл**ю́**	уч**у́**сь		
		л**ю́**бишь	**у́**чишься		
		л**ю́**бит	**у́**чится		
		л**ю́**бим	**у́**чимся		
		л**ю́**бите	**у́**читесь		
		л**ю́**бят	**у́**чатся		

En règle générale, l'accent mobile passe de la dernière syllabe à la syllabe initiale, ou inversement. Cependant :

- le schéma ④ signale que l'accent recule d'une seule syllabe
  люблю́, лю́бишь..полюблю́, полю́бишь...
- les noms masculins singuliers qui suivent le schéma ③ ont toujours un accent final au nominatif
  стол, стола́...слова́рь, словаря́...

⑤		ст**а́**р стар**а́** ст**а́**ро ст**а́**ры	р**о́**бок робк**а́** р**о́**бко р**о́**бки	бр**а́**л брал**а́** бр**а́**ло бр**а́**ли	
⑥		рук**а́** р**у́**ку рук**и́** рук**е́** рук**о́**й рук**е́**	дел**а́** д**е́**л дел**а́**м дел**а́**ми дел**а́**х		
⑦		р**у́**ки р**у́**к рук**а́**м рук**а́**ми рук**а́**х			
⑧		с**а́**д с**а́**да с**а́**ду с**а́**дом в сад**у́**	 о с**а́**де	дв**е́**рь дв**е́**ри дв**е́**ри дв**е́**рью в двер**и́**	 о дв**е́**ри

ФРАНЦУЗСКО ■ РУССКИЙ

Français
Russe

a

à *prép*

I EMPLACEMENT

1. = **в** *(+L)*

• **nous étions à l'hôtel** мы бы́ли в гости́нице

• **il habite à Moscou** он живёт в Москве́

• **à deux pas de la barrière** в двух шага́х от забо́ра

• **à cinq minutes de marche de l'hôtel** в пяти́ мину́тах ходьбы́ от гости́ницы

• **des douleurs à l'estomac** бо́ли в желу́дке

2. = **на** *(+L)*

• **à la gare** на вокза́ле

• **à l'usine** на заво́де

• **à la poste** на по́чте

• **au stade** на стадио́не

• **au marché** на ры́нке

• **au prochain arrêt** на сле́дующей остано́вке

• **à l'exposition** на вы́ставке

• **à la réunion** на собра́нии

3. PRÈS DE = **у** *(+ G)*

• **à l'entrée du théâtre** у вхо́да в теа́тр

II DIRECTION

1. = **в** *(+ A)*

• **aller à l'école** ходи́ть в шко́лу

• **aller à Moscou** пое́хать в Москву́

• **entrer à l'université** поступи́ть в университе́т

2. = **на** *(+ A)*

• **aller à son travail** ходи́ть на рабо́ту

• **aller à l'usine** идти́ на заво́д

• **aller à la poste** идти́ на по́чту

• **aller à la gare** пое́хать на вокза́л

• **aller au stade** пойти́ на стадио́н

• **aller à l'exposition** идти́ на вы́ставку

III ATTRIBUTION

se traduit par un datif sans préposition

• **il a envoyé deux cents roubles à son fils** он посла́л сы́ну две́сти рубле́й

• **écris à ton frère qu'il vienne** напиши́ бра́ту, что́бы он прие́хал

• **j'ai expliqué à ma femme ce qui s'était passé** я объясни́л жене́, что случи́лось

• **le film a plu à Vladimir** фильм понра́вился Влади́миру

IV MOMENT DE L'ACTION

1. = **в** *(+ A)*

• **à neuf heures** в де́вять часо́в

• **à une heure** в час

• **à trois heures et quart** в че́тверть четвёртого

• **à cinq heures dix** в де́сять мину́т шесто́го

• **à midi** в по́лдень

• **à minuit** в по́лночь

• **au moment du départ** в моме́нт отъе́зда

• **à l'époque féodale** в эпо́ху феодали́зма

2. = **в** *(+L)*

• **à quatre heures et demie** в полови́не пя́того

• **au début du mois de mai** в нача́ле ма́я

• **au milieu du XIXe siècle** в середи́не XIX ве́ка

• **à la fin du spectacle** в конце́ спекта́кля

V RÉPARTITION, ÉVALUATION

1. = **по** *(+ A)*

• **deux à deux** по́ двое

• **cinq à cinq** по пять

• **des timbres à cinq roubles** ма́рки по пять рубле́й

2. = **по** *(+ D) (répartition par ensembles de un)*

• **un à un** по одному́

• **goutte à goutte** по ка́пле

• **trois timbres à un rouble** три ма́рки по рублю́

VI MOYEN

se traduit par un instrumental sans préposition

• **écrire au crayon** писа́ть карандашо́м

VII INDICATION CONCERNANT UNE FORME GRAMMATICALE = **в** *(+L)*

• le verbe était au passé глагóл был в прошéдшем врéмени
• mettre à l'accusatif les noms entre parenthèses существи́тельные, взя́тые в скóбки, постáвьте в вини́тельном падежé

VIII DANS L'EXPRESSION **DE... À...** = **ДО** *(+ G)*
• de Paris à Moscou, il y a à peu près 3 000 km от Пари́жа до Москвы́ óколо 3000 км
• du matin au soir с утрá до вéчера
• de trois heures à six heures с трёх до шести́

IX DANS L'EXPRESSION DE LA VITESSE = **В** *(+ A)*
• cent kilomètres à l'heure сто киломéтров в час
• onze kilomètres à la seconde оди́ннадцать киломéтров в секýнду

X SUIVI D'UN INFINITIF
• il n'y a rien à faire дéлать нéчего
• chambre à louer tout confort сдаётся кóмната со всéми удóбствами

● au revoir до свидáния
• à jeudi до четвергá
• à demain до зáвтра

abaisser *v (faire descendre)* опускáть / опусти́ть ④ • abaisser le rideau опусти́ть зáнавес

abandon *nm* **1.** *(délaissement)* запустéние, забрóшенность • laisser à l'abandon запускáть / запусти́ть ④ › un jardin laissé à l'abandon запýщенный сад **2.** (SPORT) выбывáние • le cycliste a été contraint à l'abandon велосипеди́сту пришлóсь вы́быть из гóнки

abandonner *v* **1.** *(quitter, délaisser)* бросáть / брóсить • abandonner sa femme брóсить женý • abandonner ses amis брóсить друзéй • abandonner son travail брóсить рабóту **2.** *(renoncer à)* откáзываться / отказáться* [II, откажýсь, откáжешься] ④ • abandonner ses projets отказáться от свои́х намéрений **3.** *(faire défaut)* оставля́ть / остáвить • ses forces l'ont abandonné си́лы остáвили егó **4.** *(partir de)* покидáть / поки́нуть • abandonner sa ville natale поки́нуть роднóй гóрод **5.** *(livrer à l'ennemi...)* отдавáть* [II, отдаю́, отдаёшь - отдавáй - отдавáя] / отдáть* [*n cl,* отдáм, отдáшь, отдáст, отдади́м, отдади́те, отдадýт - óтдал, отдалá, óтдало, óтдали ⑤ - отдáй - óтданный, óтдан, отданá, óтдано, óтданы ⑤] • abandonner la ville à l'ennemi отдáть гóрод неприя́телю

abat-jour *nm* абажýр

abattre *v* **1.** *(tuer)* убивáть / уби́ть* [II, убью́, убьёшь - убéй - уби́тый] • abattre un chien уби́ть собáку • un homme suspect a été abattu par erreur подозри́тельный мужчи́на был уби́т по оши́бке **2.** *(démolir)* сноси́ть ④ / снести́* [IV, снесý, снесёшь - снёс, снеслá - снесённый] ③ • abattre un mur снести́ стéну **3.** *(couper, déraciner)* вали́ть ④ / свали́ть ④ • le vent a abattu les arbres вéтер свали́л дерéвья **4.** *(faire tomber)* сбивáть / сбить* [II, собью́, собьёшь - сбей - сби́тый] • abattre un avion сбить самолёт **5.** *(déprimer)* удручáть / удручи́ть • l'échec de son film l'a abattu он был удручён провáлом фи́льма • ne pas se laisser abattre не унывáть **6.** *(affaiblir)* вали́ть с ног (вали́ть ④ / свали́ть ④) • la fièvre l'a abattue жар свали́л её с ног

abbaye *nf* аббáтство

abbé *nm* аббáт

a b c *nm* áзбука

abcès *nm* нары́в • ouvrir un abcès вскрыть нары́в • il a un abcès à une dent de sagesse у негó нарывáет зуб мýдрости

abdiquer *v (en parlant d'un souverain)* отрéчься от престóла (отрекáться / отрéчься* [IV, отрекýсь, отречёшься, отрекýтся - отрёкся, отреклáсь] ③)

abeille *nf* пчелá *(pl.* пчёлы, пчёл, пчёлам*)* ②①

abîmer *vt* пóртить / испóртить • l'eau a abîmé ma montre мои́ часы́ испóртились от воды́
■ s'abîmer *vp* **1.** *(pourrir)* пóртиться / испóртиться • les fruits s'abîment dans la corbeille фрýкты в корзи́не пóртятся **2.** s'abîmer la vue пóртить себé зрéние

aboiement *nm* лай *m* • au loin, on entendit un aboiement вдали́ послы́шался лай

abolition *nf* отмéна • l'abolition du servage отмéна крепостнóго прáва • l'abolition de la peine de mort отмéна смéртной кáзни

abominable *adj* ужáсный • un crime abominable ужáсное преступлéние

• un temps abominable ужа́сная пого́да

abondance *nf* изоби́лие • en abondance в изоби́лии

abondant *adj* оби́льный • une récolte abondante оби́льный урожа́й • une nourriture abondante оби́льная пи́ща

abonnement *nm* подпи́ска • prendre un abonnement à une revue подпи́са́ться на журна́л (подпи́сываться / подписа́ться* [II, подпишу́сь, подпи́шешься] ④) • abonnement à une liste de diffusion подпи́ска на рассы́лку (информа́ции)

abonner *vt* подпи́сывать / подписа́ть* [II, подпишу́, подпи́шешь] ④

■ s'abonner *vp* подпи́сываться / подписа́ться* [II, подпишу́сь, подпи́шешься] ④ • s'abonner à un journal подписа́ться на газе́ту

abord *nm*

● au premier abord с пе́рвого взгля́да

■ d'abord *adv* снача́ла

abordable *adj* досту́пный • à un prix abordable по досту́пной цене́

aborder *v* **1.** *(accoster)* подходи́ть ④ / подойти́* [IV, подойду́, подойдёшь - подошёл, подошла́ - подойдя́] *(к + D)* • un passant m'a abordé pour me demander son chemin ко мне подошёл прохо́жий, что́бы спроси́ть доро́гу **2.** *(commencer l'étude de)* приступа́ть / приступи́ть ④ *(к + D)* • ils ont enfin abordé l'étude de cette question они́ приступи́ли наконе́ц к рассмотре́нию э́того вопро́са **3.** *(atteindre)* пристава́ть* [II, пристаю́, пристаёшь - пристава́й - пристава́я] / приста́ть* [*n cl*, приста́ну, приста́нешь] • la barque a abordé le rivage ло́дка приста́ла к бе́регу

aboutir *v* **1.** *(avoir pour résultat)* приводи́ть ④ / привести́* [IV, приведу́, приведёшь - привёл, привела́ - приведённый] ③ • cela n'aboutira à rien э́то ни к чему́ не приведёт **2.** *(réussir)* увенча́ться успе́хом (уве́нчиваться / увенча́ться) • la tentative a abouti попы́тка увенча́лась успе́хом

aboyer *v* ла́ять* [II, ла́ю, ла́ешь] / зала́ять* [II, *id*] • le chien aboie après les passants соба́ка ла́ет на прохо́жих • le chien aboie à la lune соба́ка ла́ет на луну́

● les chiens aboient, la caravane passe соба́ка ла́ет — ве́тер но́сит

abrégé *adj*

● en abrégé в сокраще́нии

abréger *v* сокраща́ть / сократи́ть *(т → щ)* • abréger son discours сократи́ть свою́ речь

abreuver *v* пои́ть ④ / напои́ть ④ • abreuver le troupeau пои́ть ста́до

abréviation *nf* сокраще́ние • liste des abréviations спи́сок сокраще́ний

abri *nm* убе́жище • abri de bus авто́бусная остано́вка (с наве́сом) • conserver à l'abri du froid при хране́нии бере́чь от хо́лода

● se mettre à l'abri укрыва́ться / укры́ться* [II, укро́юсь, укро́ешься] *(от + G)* › se mettre à l'abri de la pluie укры́ться от дождя́

abricot *nm* абрико́с • confiture d'abricots абрико́совое варе́нье

abricotier *nm* абрико́с

abriter *vt* укрыва́ть / укры́ть* [II, укро́ю, укро́ешь - укры́тый]

■ s'abriter *vp* укрыва́ться / укры́ться* [II, укро́юсь, укро́ешься - укры́тый] • s'abriter de la pluie sous un arbre укры́ться от дождя́ под де́ревом

abrupt *adj* крутой ⑤ *(comp.* кру́че*)* • une rive abrupte крутой бе́рег

absence *nf* отсу́тствие • en votre absence в ва́ше отсу́тствие • briller par son absence блиста́ть свои́м отсу́тствием • l'absence de goût отсу́тствие вку́са

absent *adj* **1.** être absent отсу́тствовать • il n'a pas été absent plus de deux semaines он отсу́тствовал не бо́льше двух неде́ль • qui est absent ? кого́ нет? • tu étais absent тебя́ не́ было **2.** отсу́тствующий • un regard absent отсу́тствующий взгляд

■ absent *nm* отсу́тствующий *(adj subst m)* • la liste des absents спи́сок отсу́тствующих

absente *nf* отсу́тствующая

absolu *adj* абсолю́тный • le pouvoir absolu абсолю́тная власть • la majorité absolue абсолю́тное большинство́

absolument *adv* **1.** *(tout à fait)* соверше́нно • c'est absolument impossible э́то соверше́нно невозмо́жно • vous avez absolument raison вы соверше́нно пра́вы **2.** *(nécessairement)* обяза́тельно • il faut absolument travailler на́до обяза́тельно рабо́тать

absorber *litt & fig v* поглоща́ть / поглоти́ть *(т → щ)* • absorber l'humidité поглоща́ть вла́гу • il était absorbé par ses occupations он был поглощён заня́тиями

abstenir
■ s'abstenir *vp* **1.** *(en règle générale)* возде́рживаться / воздержа́ться* [I, воздержу́сь, возде́ржишься] ④ (от + *G*) • s'abstenir de boire de l'alcool воздержа́ться от спиртны́х напи́тков **2.** *(ne pas voter)* воздержа́ться от голосова́ния (возде́рживаться / воздержа́ться* [I, воздержу́сь, возде́ржишься] ④) • il s'est abstenu он воздержа́лся от голосова́ния

abstraction *nf* абстра́кция
● faire abstraction de не счита́ть › si l'on fait abstraction des dépenses е́сли не счита́ть расхо́дов

abstrait *adj* отвлечённый, абстра́ктный • une notion abstraite отвлечённое поня́тие
● l'art abstrait абстра́ктное иску́сство

absurde ◪ *adj* **1.** *(non raisonnable)* неле́пый • une réponse absurde неле́пый отве́т • une hypothèse absurde неле́пая гипо́теза **2.** *(qui n'a pas de sens)* бессмы́сленный • une phrase absurde бессмы́сленная фра́за ◪ *nm* абсу́рд • tomber dans l'absurde дойти́ до абсу́рда
● raisonnement par l'absurde доказа́тельство от проти́вного

absurdité *nf* неле́пость *f* • dire des absurdités говори́ть неле́пости

abus *nm* злоупотребле́ние *(+ I)* • l'abus d'alcool злоупотребле́ние спиртны́ми напи́тками • un abus de pouvoir злоупотребле́ние вла́стью • un abus de confiance злоупотребле́ние дове́рием

abuser *v* злоупотребля́ть / злоупотреби́ть *(+ I)* • il abuse de votre patience он злоупотребля́ет ва́шим терпе́нием

académie *nf* акаде́мия • l'académie des sciences акаде́мия нау́к

acajou *nm (bois)* кра́сное де́рево • des meubles en acajou ме́бель из кра́сного де́рева

accabler *v* **1.** *(oppresser)* угнета́ть / угнести́* [IV, угнету́, угнетёшь *(passé inusité) part.* угнетённый], удруча́ть / удручи́ть • un sombre pressentiment l'accablait его́ угнета́ло мра́чное предчу́вствие • elle était accablée par le chagrin она́ была́ удручена́ го́рем **2.** *(couvrir)* осыпа́ть / осы́пать* [II, осы́плю, осы́плешь] • accabler qqn de reproches осы́пать кого́-нибудь упрёками

accalmie *litt & fig nf* зати́шье

accélérateur *nm* (AUTO) акселера́тор • appuyer sur l'accélérateur нажа́ть на акселера́тор

accélérer *v* **1.** *(rendre plus rapide)* ускоря́ть / уско́рить • accélérer le rythme уско́рить темп **2.** *(augmenter la vitesse d'une voiture, d'un moteur)* нажа́ть на акселера́тор (нажима́ть / нажа́ть* [IV, нажму́, нажмёшь])
■ s'accélérer *vp* ускоря́ться / уско́риться • l'enquête policière s'accélère ход рассле́дования ускоря́ется

accent *nm* **1.** *(manière de prononcer)* акце́нт • parler avec l'accent anglais говори́ть с англи́йским акце́нтом • parler sans accent говори́ть без акце́нта **2.** *(d'intensité)* ударе́ние • l'accent frappe la dernière syllabe ударе́ние па́дает на после́дний слог

accentuation *nf* ударе́ние • mettre l'accentuation поста́вить ударе́ние

accentué *adj* **1.** *(qui porte l'accent tonique)* ударя́емый • la syllabe accentuée ударя́емый слог **2.** *(dans lequel les accents toniques sont indiqués)* с ударе́ниями • un texte accentué текст с ударе́ниями

accepter *v* **1.** *(+ nom) (ne pas refuser)* принима́ть / приня́ть* [IV, приму́, при́мешь ④ - при́нял, приняла́, при́няло, при́няли ⑤ - при́нятый, при́нят, принята́, при́нято, при́няты ⑤] • accepter un cadeau приня́ть пода́рок • accepter une proposition приня́ть предложе́ние **2.** *(+ nom) (se résigner à)* примиря́ться / примири́ться (с + *I*) • accepter son sort примири́ться со свое́й судьбо́й **3.** *(de + inf)* соглаша́ться / согласи́ться *(+ inf)* • il a accepté de venir он согласи́лся прие́хать

accès *nm* **1.** *(possibilité d'approcher, d'atteindre)* до́ступ • avoir accès à des documents secrets име́ть до́ступ к секре́тным докуме́нтам • accès pour fauteuils roulants до́ступ в инвали́дной коля́ске **2.** *(de fièvre)* при́ступ • un accès de malaria при́ступ маляри́и **3.** *(de colère)* поры́в • dans un accès de colère в поры́ве гне́ва

accessible *adj* досту́пный • des hauteurs accessibles seulement pour les alpinistes высо́ты, досту́пные то́лько для альпини́стов • un homme accessible досту́пный челове́к

accident *nm (événement malheureux)* несча́стный слу́чай, ава́рия • il nous est arrivé un accident с на́ми произошёл несча́стный слу́чай ~ *(plus grave)* ава́рия, катастро́фа • un accident de chemin de fer железнодоро́жная катастро́фа

accidentel *adj* случа́йный • une erreur accidentelle случа́йная оши́бка • rejet accidentel de matières dangereuses случа́йный вы́брос опа́сных веще́ств • décès accidentel смерть от несча́стного слу́чая

accidentellement *adv* случа́йно

acclamation *nf* ова́ция • il fut accueilli par les acclamations du public пу́блика встре́тила его́ ова́цией

acclamer *v* устро́ить ова́цию (устра́ивать / устро́ить) • il a été acclamé ему́ устро́или ова́цию

accompagner *v* **1.** *(pour un court trajet)* провожа́ть / проводи́ть ④ • nous allons l'accompagner à la gare мы прово́дим её на вокза́л **2.** *(longuement)* сопровожда́ть / сопроводи́ть [*part.* сопровождённый*] • il était accompagné de deux officiers его́ сопровожда́ли два офице́ра • accompagner un groupe сопровожда́ть делега́цию **3.** (MUS) аккомпани́ровать *(+ D)* • accompagner un chanteur au piano аккомпани́ровать певцу́ на роя́ле

accompli *adj*
● elle a seize ans accomplis ей испо́лнилось шестна́дцать лет • le fait accompli сверши́вшийся факт › **mettre la famille devant le fait accompli** поста́вить семью́ пе́ред сверши́вшимся фа́ктом

accomplir *vt* **1.** *(une obligation)* исполня́ть / испо́лнить • accomplir son devoir испо́лнить свой долг **2.** *(une tâche)* выполня́ть / вы́полнить • accomplir un travail вы́полнить рабо́ту **3.** *(réaliser)* соверша́ть / соверши́ть • accomplir un exploit соверши́ть по́двиг
■ s'accomplir *vp (en parlant des désirs...)* исполня́ться / испо́лниться • ses désirs se sont accomplis её жела́ния испо́лнились

accord *nm* **1.** *(consentement)* согла́сие • il a donné son accord он дал своё согла́сие • d'un commun accord с о́бщего согла́сия **2.** (DR) соглаше́ние • parvenir à un accord прийти́ к соглаше́нию • signer un accord commercial подписа́ть торго́вое соглаше́ние **3.** *(bonne entente)* согла́сие • vivre en bon accord жить в согла́сии **4.** (GRAMM) согласова́ние • l'accord du verbe avec le sujet согласова́ние глаго́ла с подлежа́щим **5.** (MUS) акко́рд • frapper un accord взять акко́рд
■ d'accord *loc* d'accord ! ла́дно! • elle est d'accord она́ согла́сна • il n'est pas d'accord он не согла́сен • comment ne pas être d'accord avec ce qu'il a dit как не согласи́ться с тем, что он сказа́л • se mettre d'accord / договори́ться › **il faut que nous nous mettions d'accord** нам с ва́ми на́до договори́ться

accordéon *nm* аккордео́н • jouer de l'accordéon игра́ть на аккордео́не • accordéon diatonique гармо́нь

accordéoniste *nmf* гармони́ст *m*, аккордеони́ст *m*, гармони́стка *f*, аккордеони́стка *f*

accorder *vt* **1.** *(concéder)* дава́ть* [II, даю́, даёшь - дава́й - дава́я] / дать* [*n cl,* дам, дашь, даст, дади́м, дади́те, даду́т - дал, дала́, да́ло, да́ли ⑤ *(avec négation)* не́ дал, не дала́, не́ дало, не́ дали ⑤ - дай - да́нный, дан, дана́ ③ *(avec négation)* не́ дан, не дана́, не́ дано, не́ даны ⑤] • accorder une autorisation дать разреше́ние **2.** (MUS) настра́ивать / настро́ить • accorder une guitare настро́ить гита́ру **3.** (GRAMM) / согласова́ть • accordez l'adjectif avec le substantif согласу́йте прилага́тельное с существи́тельным
● accorder de l'importance придава́ть значе́ние, придава́ть* [II, придаю́, придаёшь - придава́й - придава́я] / прида́ть* [*n cl,* прида́м, прида́шь, прида́ст, придади́м, придади́те, придаду́т - при́дал, придала́, прида́ло, прида́ли - прида́й - при́данный, при́дан, придана́, при́дано, при́даны] ⑤ › **il n'accorda aucune importance aux paroles de son grand-père** он не прида́л никако́го значе́ния слова́м де́да

■ s'accorder *vp* **1.** *(vivre en bonne entente)* жить в согла́сии (жить* [IV, живу́, живёшь - жил, жила́, жи́ло, жи́ли *(avec négation)* не́ жил, не жила́, не́ жило, не́ жили ⑤]) • ils s'accordent bien avec leurs voisins они́ с сосе́дями живу́т в согла́сии **2.** (GRAMM) согласова́ться • l'adjectif s'accorde avec le substantif прилага́тельное согласу́ется с существи́тельным

accouchement *nm* ро́ды *pl t (*ро́дов, ро́дам*)* • un accouchement prématuré преждевре́менные ро́ды

accoucher *v (mettre au monde)* рожа́ть / роди́ть [роди́л, родила́, роди́ло, роди́ли - рождённый] ⑤ *(+ A)* • elle a accouché d'une fille она́ родила́ до́чку
● la montagne a accouché d'une souris гора́ родила́ мышь

accourir *v* прибега́ть / прибежа́ть* [*n cl*, прибегу́, прибежи́шь, прибегу́т - прибеги́] • accourir à l'aide прибежа́ть на по́мощь

accrocher *vt* **1.** *(suspendre)* ве́шать / пове́сить • accrochez le tableau sur ce mur пове́сьте карти́ну на э́ту сте́ну **2.** *(endommager)* зацепля́ть / зацепи́ть ④ • il y a un clou qui dépasse ; j'ai accroché ma manche там торчи́т гвоздь; я зацепи́л рука́в **3.** *(atteler)* прицепля́ть / прицепи́ть ④ • accrocher un wagon au train прицепи́ть ваго́н к по́езду
■ s'accrocher *vp litt & fig (se cramponner)* цепля́ться / уцепи́ться ④ *(за + A)*, хвата́ться / ухвати́ться ④ *(за + A)* • s'accrocher à une branche цепля́ться за ве́тку • elle s'accrochait à ce dernier espoir она́ цепля́лась за э́ту после́днюю наде́жду
● s'accrocher à un brin de paille хвата́ться за соло́минку

accroissement *nm (augmentation)* увеличе́ние • l'accroissement des échanges commerciaux увеличе́ние торго́вого обме́на

accroupir
■ s'accroupir *vp* присе́сть на ко́рточки, приса́живаться / присе́сть* [IV, прися́ду, прися́дешь - присе́л, присе́ла]

accueil *nm* приём
● faire bon accueil хорошо́ приня́ть *(+ A)* (принима́ть / приня́ть* [IV, приму́, при́мешь ④ - при́нял, приняла́, при́няло, при́няли ⑤ - при́нятый, при́нят, принята́, при́нято, при́няты ⑤]) • on lui a fait bon accueil его́ хорошо́ при́няли

accueillir *v (recevoir)* встреча́ть / встре́тить • bien accueillir ses hôtes раду́шно встре́тить госте́й • aller accueillir un groupe à la gare встре́тить делега́цию на вокза́ле

accumuler *v* нака́пливать / накопи́ть ④ • accumuler les marchandises нака́пливать това́ры

accusatif *nm* вини́тельный паде́ж *(*паде́ж ③*)* • mettre un mot à l'accusatif поста́вить сло́во в вини́тельном падеже́

accusation *nf* обвине́ние • porter des accusations contre un collègue вы́двинуть обвине́ния про́тив колле́ги

accusé *nm (inculpé)* обвиня́емый *(adj subst m)* • sur le banc des accusés на скамье́ подсуди́мых

accusée *nf* обвиня́емая *(adj subst f)*

accuser *v* обвиня́ть / обвини́ть • accuser qqn d'un crime, обвини́ть кого́-нибудь в преступле́нии • on l'accusait d'avoir volé une voiture его́ обвиня́ли в том, что он укра́л маши́ну

achat *nm* поку́пка • faire des achats де́лать поку́пки
● le pouvoir d'achat покупа́тельная спосо́бность

acheter *vt (acquérir)* покупа́ть / купи́ть ④ • elle a acheté un livre она́ купи́ла кни́гу
■ s'acheter *vp* покупа́ть / купи́ть ④ • il s'est acheté une moto он купи́л себе́ мотоци́кл

acheteur *nm* покупа́тель *m*

acheteuse *nf* покупа́тельница *f*

achever *v (terminer)* зака́нчивать / зако́нчить • achever un travail зако́нчить рабо́ту

acide ◪ *adj* ки́слый ⑤ (ки́сел, кисла́, ки́сло, ки́слы*)* • un goût acide ки́слый вкус ◪ *nm* кислота́ *(pl.* кисло́ты, кисло́т, кисло́там*)* ②① • l'acide acétique у́ксусная кислота́

acier *nm* сталь *f* • acier inoxydable нержаве́ющая сталь • d'acier, en acier *litt & fig* стально́й › un câble d'acier стально́й кана́т › des muscles d'acier стальны́е му́скулы

acompte *nm* задáток • **verser un acompte** внести задáток

acquérir *v* приобретáть / приобрести́* [IV, приобрету́, приобретёшь - приобрёл, приобрела́ - приобретённый] ③ • **acquérir de l'expérience** приобрести́ óпыт

acquitter *vt (déclarer non coupable)* оправдывать / оправдáть • **le tribunal l'a acquitté** суд оправдáл егó
■ **s'acquitter** *vp*
● **s'acquitter de ses dettes** расплати́ться с долгáми (расплáчиваться / расплати́ться ④)

âcre *adj* éдкий ⑤ • **une odeur âcre** éдкий зáпах

acte *nm* **1.** *(action)* постýпок • **un acte héroïque** герои́ческий постýпок **2.** *(théâtre)* дéйствие • **un drame en cinq actes** дрáма в пяти́ дéйствиях **3.** *(certificat)* свидéтельство • **acte de mariage** свидéтельство о брáке
● **acte d'accusation** обвини́тельный акт

acteur *nm* актёр

actif *adj* **1.** *(en parlant d'une personne)* дéятельный • **un homme actif** дéятельный человéк **2.** *(en parlant d'un produit...)* дéйственный • **un poison actif** дéйственный яд

action *nf* **1.** *(acte)* постýпок • **une mauvaise action** дурнóй постýпок **2.** *(effet)* дéйствие • **l'action du médicament** дéйствие лекáрства **3.** *(activité)* дéйствие • **un plan d'action** план дéйствий • **la pièce manque d'action** в пьéсе мáло дéйствия **4.** *(marche des événements)* дéйствие • **l'action se passe au début du XVIe siècle** дéйствие происхóдит в начáле XVI вéка • **l'unité d'action** еди́нство дéйствия **5.** *(titre négociable)* áкция • **acheter des actions** купи́ть áкции

activité *nf* дéятельность *f* • **l'activité pédagogique** педагоги́ческая дéятельность
● **il n'est plus en activité** он вы́шел на пéнсию

actrice *nf* актри́са

actualité *nf* актуáльность, действи́тельность • **une revue d'information sur l'actualité** общéственно-полити́ческий журнáл • **un sujet d'actualité** злободнéвный сюжéт
■ **actualités** *nfpl* (RADIO & TV) нóвости

actuel *adj* соврeмéнный, текýщий • **les événements actuels** текýщие собы́тия
● **à l'heure actuelle** в настоя́щее врéмя

actuellement *adv* тепéрь

adapter *vt* **1.** *(fixer)* приспособля́ть / приспосóбить *(к + D)* • **adapter un appareil photo à une longue vue** приспосóбить фотоаппарáт к подзóрной трубé **2.** *(en parlant d'un roman)* адапти́ровать • **adapter un roman en film** экранизи́ровать ромáн
■ **s'adapter** *vp* приспособля́ться / приспосóбиться *(к + D)* • **s'adapter aux circonstances** приспосóбиться к обстоя́тельствам

addition *nf* **1.** *(opération arithmétique)* сложéние **2.** *(au restaurant)* счёт • **l'addition, s'il vous plaît !** дáйте счёт, пожáлуйста!

adhérer *v (s'inscrire)* вступáть / вступи́ть ④ *(в + A)* • **adhérer à un club de bridge** вступи́ть в бридж-клуб • **adhérer à un parti** вступи́ть в пáртию

adieu *interj* прощáй *(à une personne que l'on tutoie)*, прощáйте *(dans les autres cas)*
• **d'adieux** прощáльный › **une visite d'adieux** прощáльный визи́т • **faire ses adieux** прощáться / попрощáться *(с + I)* › **je suis venu vous faire mes adieux** я пришёл попрощáться с вáми

adjectif *nm* прилагáтельное *(adj subst nt)*

adjoint *nm* замести́тель *m* • **le directeur adjoint** замести́тель дирéктора

admettre *v* **1.** *(considérer comme vrai)* допускáть / допусти́ть ④ • **admettons qu'il en soit ainsi** допýстим, что э́то так **2.** *(laisser accéder ; tolérer)* принимáть / приня́ть* [IV, примý, при́мешь ④ - при́нял, приняла́, при́няло, при́няли ⑤ - при́нятый, при́нят, принятá, при́нято, при́няты ⑤] • **il a été admis à l'université** егó при́няли в университéт • **ce n'est pas admis** э́то не при́нято

administrateur *nm* управля́ющий *(adj subst m)*
● **administrateur de site (web)** администрáтор сáйта

administration *nf* **1.** *(organisme officiel)* учреждéние • **il travaille dans une administration** он рабóтает в однóм учреждéнии **2.** *(action d'administrer)* управлéние *(+ I)* • **l'administration de l'État** управлéние госудáрством **3.** *(personnel assurant la gestion d'une entreprise)* администрáция • l'administration de l'usine a pris une décision importante администрáция завóда принялá вáжное решéние 4. *(ensemble des services publics)* государственные учреждéния *(pl.* учреждéния, учреждéний, учреждéниям*)* • les dépenses de l'Administration расхóды государственных учреждéний

administratrice *nf* управляющая *(adj subst f)*
● administratrice de site (web) администрáтор сáйта

administrer *v* 1. *(gérer)* управлять *(+ I)* • administrer une entreprise управлять предприятием 2. *(donner)* давáть* [IV, даю, даёшь - давáй - давáя] / дать* [*n cl*, дам, дашь, даст, дадим, дадите, дадут - дал, далá, дáло, дáли ⑤ *(à la forme négative)* нé дал, не далá, нé дало, нé дали ⑤ - дай - дáнный, дан, данá ③ *(avec négation)* нé дан, не данá, нé дано, нé даны ⑤] • administrer un médicament дать лекáрство

admirable *adj* великолéпный • un portrait admirable великолéпный портрéт

admirateur *nm* поклóнник

admiration *nf* восхищéние • provoquer l'admiration вы́звать восхищéние

admiratrice *nf* поклóнница

admirer *vt* любовáться / полюбовáться *(+ I)* • admirer la nature любовáться прирóдой
■ s'admirer *vp* s'admirer dans la glace любовáться на себя́ в зéркале • s'admirer *(être content de soi)* любовáться собóй

adolescent *nm* подрóсток

adolescente *nf* дéвочка-подрóсток

adopter *v* 1. *(un garçon)* усыновлять / усыновить ~ *(une fille)* удочерять / удочерить 2. *(approuver)* принимáть / принять* [IV, приму́, при́мешь ④ - при́нял, принялá, при́няло, при́няли ⑤ - при́нятый, при́нят, принятá, при́нято, при́няты ⑤] • adopter un projet принять проéкт • adopter une loi sur la délinquance informatique принять закóн о компьютерной престу́пности

adoptif *adj* приёмный • un fils adoptif приёмный сын • la mère adoptive приёмная мать

adorable *adj* прелéстный • une petite fille adorable прелéстная дéвочка

adorer *v* 1. *(aimer avec passion)* обожáть • elle adorait son frère онá обожáла своегó брáта 2. *(vouer un culte à)* поклоняться *(+ D)* • ils adoraient des idoles они́ поклонялись и́долам

adoucir *litt & fig v* смягчáть / смягчи́ть • adoucir la peau смягчáть кóжу • adoucir les mœurs смягчáть нрáвы

adresse[1] *nf (domicile)* áдрес* *(nom. pl.* адресá*)* ①② • écrivez-moi à mon adresse personnelle напиши́те мне по домáшнему áдресу
● se tromper d'adresse обращáться не по áдресу • adresse électronique áдрес электрóнной пóчты

adresse[2] *nf (habileté)* лóвкость *f* • avec beaucoup d'adresse с большóй лóвкостью

adresser *vt (envoyer)* посылáть / послáть* [II, пошлю́, пошлёшь] • à qui faut-il adresser la lettre ? на чьё и́мя нáдо напрáвить письмó? • je vous ai adressé un paquet я послáл вам посы́лку
■ s'adresser *vp* обращáться / обрати́ться *(т → щ) (к + D)* • je ne savais pas à qui m'adresser я не знал, к кому́ обрати́ться • adressez-vous au service après-vente обрати́тесь в слу́жбу послепродáжного сéрвиса

adroit *adj* лóвкий ⑤ *(comp.* лóвче**)* • des mains adroites лóвкие ру́ки

adulte *nmf* взрóслый *(adj subst m)*, взрóслая *(adj subst f)*

adverbe *nm* нарéчие

adversaire *nmf* проти́вник *m*, проти́вница *f* • battre son adversaire разби́ть проти́вника

aérer *v* провéтривать / провéтрить • aérer une pièce провéтрить кóмнату

aérien *adj* возду́шный • les lignes aériennes возду́шные ли́нии • une photographie aérienne аэрофото-сни́мок

aérodrome *nm* аэродрóм

aéroport *nm* аэропóрт* *(loc.* аэропорту́*; pl.* аэропóрты, аэропóртов, аэропóртам*)* • nous étions à l'aéroport мы бы́ли в аэропорту́

affaiblir *v* ослаблять / ослабить • la maladie l'a affaibli болезнь ослабила его

affaire *nf (problème, question)* дело ①⑥ • connaître son affaire знать своё дело • c'est une autre affaire это другое дело • ce n'est pas mon affaire это не моё дело • c'est une affaire de goût это дело вкуса
● avoir affaire à иметь дело с *(+ I)* • se tirer d'affaire выйти из положения • l'affaire est dans le sac дело в шляпе
■ affaires *nfpl (pl : objets usuels)* вещи *(*вещей, вещам*)* ③ • avoir soin de ses affaires беречь свои вещи • le ministère des Affaires étrangères министерство иностранных дел
● mêle-toi de tes affaires ! не твоё дело!

affamé *adj* голодный ⑤ *(*голоден, голодна, голодно, голодны*)* • un chien affamé голодная собака

affection *nf* **1.** *(attachement)* привязанность *f* • son affection pour moi её привязанность ко мне **2.** *(maladie)* заболевание • une affection nerveuse нервное заболевание

affectueux *adj* ласковый • un enfant affectueux ласковый ребёнок • un regard affectueux ласковый взгляд

affiche *nf* **1.** *(publicitaire)* реклама **2.** *(de spectacle)* афиша **3.** *(électorale)* предвыборный плакат

affirmatif *adj* утвердительный • une réponse affirmative утвердительный ответ

affirmation *nf* утверждение • une affirmation gratuite необоснованное утверждение

affirmativement *adv* утвердительно

affirmer *v* утверждать • il affirme que c'est vrai он утверждает, что это правда

affliger *v* огорчать / огорчить • cette nouvelle l'a affligée это известие её огорчило

affluent *nm* приток • un affluent de la Volga приток Волги

affreusement *adv* ужасно • il était affreusement vexé он ужасно обиделся

affreux *adj* ужасный • un rêve affreux ужасный сон • c'est affreux ! это ужасно! • un temps affreux ужасная погода

affronter *v* идти навстречу *(+ D)* (идти [IV, иду, идёшь - шёл, шла] / пойти* [IV, пойду, пойдёшь - пошёл, пошла]) • affronter le danger идти навстречу опасности • le jeune joueur de tennis affrontera un adversaire plus expérimenté молодому теннисисту придётся столкнуться с более опытным противником

afin
■ afin de *loc prép* для того, чтобы *(+ inf)* • afin de garantir le succès для того, чтобы обеспечить успех
■ afin que *loc conj* для того, чтобы *(+ passé)* • afin qu'elle accepte для того, чтобы она согласилась

africain *adj* африканский
■ Africain *nm* африканец
■ Africaine *nf* африканка

Afrique *nf* Африка

agacer *v* раздражать / раздражить • ses plaisanteries m'agaçaient её шутки меня раздражали

âge *nm* **1.** *(temps écoulé depuis la naissance)* возраст • un homme d'âge mûr человек зрелого возраста • à l'âge de vingt ans в возрасте двадцати лет • à ton âge в твоём возрасте **2.** *(ère)* век* *(nom. pl.* века*)* ①② • l'âge de la pierre каменный век • le Moyen Âge средние века *pl*
● à la fleur de l'âge во цвете лет • du même âge одних лет › **nous sommes du même âge** мы с ним одних лет • d'un certain âge немолодой, пожилой • quel âge avez-vous ? сколько вам лет?

âgé *adj* **1.** *(vieux)* пожилой, в летах • une femme âgée пожилая женщина • mes parents sont très âgés мои родители уже сильно в летах **2.** *(qui a tel ou tel âge)* • il est âgé de douze ans ему двенадцать лет • une petite fille âgée d'environ cinq ans девочка лет пяти
● moins âgé моложе › **il est moins âgé que moi** он моложе меня • plus âgé старше › **elle est plus âgée que vous** она старше вас

agence *nf* агентство • agence immobilière агентство недвижимости • agence de voyage туристическое агéнтство • une agence d'information информациóнное агéнтство

agenda *nm* ежеднéвник • une agenda électronique электрóнная записнáя кни́жка

agenouiller
■ s'agenouiller *vp* стать на колéни (станови́ться ④ / стать* [*n cl*, стáну, стáнешь])

agent *nm* *(employé)* агéнт • un agent d'assurances страховóй агéнт • un agent immobilier агéнт по недви́жимости • un agent secret секрéтный агéнт • agent de police полицéйский › l'agent de police dirige la circulation полицéйский регули́рует движéние

aggravant *adj* отягчáющий • des circonstances aggravantes отягчáющие обстоя́тельства

aggraver *vt* ухудшáть / ухýдшить • tu vas aggraver la situation si tu ne réponds pas à la lettre ты ухýдшишь положéние, éсли не отвéтишь на пи́сьмо
■ s'aggraver *vp* ухудшáться / ухýдшиться • la situation s'est aggravée положéние ухýдшилось

agile *adj* провóрный, лóвкий • des doigts agiles провóрные пáльцы

agir *vi* 1. *(avoir un effet)* дéйствовать / подéйствовать • le médicament n'agit pas immédiatement лекáрство не срáзу дéйствует 2. *(exécuter une ou plusieurs actions)* дéйствовать • agir ouvertement дéйствовать откровéнно • il faut agir vite нáдо дéйствовать бы́стро 3. *(avoir une attitude)* поступáть / поступи́ть ④ • vous avez agi comme il le fallait вы прáвильно поступи́ли
■ s'agir *vp*
● il s'agit de речь идёт о *(+L)* • de quoi s'agit-il ? о чём идёт речь?

agitation *nf* *(troubles politiques ou sociaux)* волнéния *pl* *(*волнéний, волнéниям*)* • l'agitation avait gagné toutes les grandes villes волнéния охвати́ли все крýпные городá

agité *adj* 1. *(mouvementé)* бýрный ⑤ • une mer agitée бýрное мóре • une jeunesse agitée бýрная мóлодость 2. *(énervé, troublé)* беспокóйный • les élèves sont agités ученики́ ведýт себя́ беспокóйно • un sommeil agité беспокóйный сон

agiter *vt* 1. *(une potion...)* взбáлтывать / взболтáть • agiter avant de s'en servir пéред употреблéнием взбáлтывать 2. *(faire des signes)* махáть* [II, машý, мáшешь ④] / махнýть *(+ I)* • agiter son mouchoir махáть (носовым) платкóм
■ s'agiter *vp* *(avoir une activité désordonnée)* суети́ться

agneau *nm* 1. *(animal)* ягнёнок* *(pl.* ягня́та, ягня́т, ягня́там*)* • doux comme un agneau крóткий как ягнёнок 2. *(viande)* ягня́тина

agonie *nf*
● être à l'agonie быть при́ смéрти

agrafer *v* прикрепля́ть / прикрепи́ть • agrafer un reçu sur une facture прикрепи́ть чек к счёту скрéпкой • agrafer des feuilles скрепи́ть страни́цы

agrafeuse *nf* стéплер

agrandir *v* 1. расширя́ть / расши́рить • agrandir un magasin расши́рить магази́н 2. увели́чивать / увели́чить • agrandir une photo увели́чить фотогрáфию

agréable *adj* 1. *(plaisant)* прия́тный • une odeur agréable прия́тный зáпах • il m'a été agréable de la rencontrer мне прия́тно бы́ло встрéтиться с ней • joindre l'utile à l'agréable соединя́ть прия́тное с полéзным 2. *(confortable)* ую́тный • une pièce très agréable ую́тная кóмната

agréer *v*
● veuillez agréer, Monsieur, l'expression de mes sentiments les meilleurs с уважéнием

agrégation *nf* elle prépare l'agrégation de russe онá готóвится к кóнкурсу на стéпень агрежé по рýсскому языкý • il a réussi l'agrégation de géographie он сдал на стéпень агрежé по геогрáфии

agrégé *nm* il est agrégé d'histoire у негó стéпень агрежé по истóрии

agrégée *nf* elle est agrégée de russe у неё стéпень агрежé по рýсскому языкý

agressif *adj* агресси́вный • une attitude agressive агресси́вное поведéние

agression *nf* нападéние

agricole *adj* сельскохозя́йственный • la politique agricole сельскохозя́йственная полúтика • la filière de l'enseignement agricole лúния сельскохозя́йственного образовáния

agriculteur *nm* крестья́нин* *(pl.* крестья́не, крестья́н, крестья́нам*)*

agriculture *nf* сéльское хозя́йство, земледéлие *littéraire*

agronome *nmf* агронóм

aguets *nmpl*

● **aux aguets** настороже́ › **il était aux aguets** он был настороже́

ah *interj* **1.** ах • **ah ! que c'est beau !** ах, как красúво! • **ah ! tout est perdu !** ах! всё пропáло! **2.** а *(moins fort que ax)* • **ah, c'est vous !** а, э́то вы! • **ah, qu'est-ce que j'ai fait là !** а, что я сдéлал!

aide[1] *nf (secours)* пóмощь *f* • **appeler qqn à l'aide** позвáть когó-нибудь на пóмощь • **à l'aide !** помогúте! • **demander l'aide de qqn** просúть у когó-нибудь пóмощи • **venir en aide à qqn** оказáть комý-нибудь пóмощь • **sans l'aide de personne** без посторóнней пóмощи • **à l'aide d'un télescope** с пóмощью телескóпа

aide[2] *nmf (personne)* помóщник *m*, помóщница *f*

● **aide de camp** адъютáнт • **aide familiale** *социáльный рабóтник по оказáнию материáльно-бытовóй пóмощи на дому́*

aider *v* помогáть / помóчь* [IV, помогу́, помóжешь, помóгут ④ - помóг, помоглá ③] *(+ D)* • **aider un camarade** помогáть товáрищу • **laissez-moi vous aider** дáйте я вам помогу́

● **aide-toi, le ciel t'aidera** на Бóга надéйся, а сам не плошáй

aïe *interj* ай • **aïe, que ça fait mal !** ай, как бóльно!

aigle *nm* орёл

aigre *adj* кúслый ⑤ *(*кúсел, кисла́, кúсло, кúслы*)* • **un goût aigre** кúслый вкус

aigu *adj* **1.** *(en parlant d'un angle, d'une douleur, d'une crise)* óстрый ⑤ *(*остр, острá, óстро, óстры*)* • **un angle aigu** óстрый ýгол • **une douleur aiguë** óстрая боль • **une crise aiguë** óстрый крúзис **2.** *(en parlant d'un son)* высóкий *(*высóк, высокá, высóко, высóки ⑤, высóк, высокá ③ ~ *comp.* вы́ше*)* • **une note aiguë** высóкая нóта • **une voix aiguë** высóкий гóлос **3.** *(en parlant d'un cri)* пронзúтельный • **un cri aigu** пронзúтельный крик

aiguille *nf* **1.** *(à coudre ; à injection)* иглá *dim.* игóлка ②① • **enfiler une aiguille** вдеть нúтку в игóлку **2.** *(d'instrument)* стрéлка • **l'aiguille de la boussole** стрéлка кóмпаса • **la grande aiguille** *(d'une montre)* минýтная стрéлка • **la petite aiguille** *(d'une montre)* часовáя стрéлка **3.** *(de conifères)* иглá ②① • **des aiguilles de pin** соснóвые и́глы **4.** *(architecture)* шпиль *m* • **l'aiguille de l'Amirauté** шпиль Адмиралтéйства

● **aiguille (à tricoter)** спúца › **tricoter avec de grandes aiguilles** вязáть на большúх спúцах

aiguiser *v* точúть ④ / наточúть ④ • **aiguiser un couteau** точúть нож

ail *nm* чеснóк ③ • **du saucisson à l'ail** колбасá с чеснокóм

aile *nf* **1.** *(divers sens)* крылó* *(pl.* кры́лья, кры́льев, кры́льям*)* ②① • **les ailes d'un papillon** кры́лья бáбочки • **les ailes d'un avion** кры́лья самолёта • **les ailes d'une voiture** кры́лья автомобúля • **l'aile droite d'un bâtiment** прáвое крылó здáния • **battre des ailes** махáть кры́льями **2.** *(de bâtiment)* флúгель* *(nom. pl.* флигеля́*)* ①②

● **rogner les ailes à qqn** подрéзать комý-нибудь кры́лья

ailleurs *adv* **1.** *(sans mouvement)* в другóм мéсте • **la solution est ailleurs** решéние в другóм • **vous ne trouverez pas ça ailleurs** в другóм мéсте вы э́того не найдёте • **exposition de photos de France et d'ailleurs** вы́ставка фотогрáфий Фрáнции и другúх мест **2.** *(avec mouvement)* в другóе мéсто • **vous voulez partir ailleurs ?** вы хотúте уéхать в другóе мéсто?

■ **d'ailleurs** *loc adv* впрóчем • **d'ailleurs, je l'ai vue il n'y a pas longtemps** впрóчем, я её вúдел совсéм недáвно

aimable *adj* любéзный • **un accueil aimable** любéзный приём • **c'est bien aimable de votre part** э́то óчень любéзно с вáшей стороны́

aimant *nm (barreau aimanté)* магнúт • **les pôles d'un aimant** пóлюсы магнúта

aimer *v* **1.** *(sentiment, penchant durable)* любúть ④ • **elle l'aime** онá лю́бит егó • **il aime la musique** он лю́бит мýзыку • **il n'aime pas la plaisanterie** он не лю́бит шýток • **ils n'aiment pas**

travailler они́ не лю́бят рабо́тать • ces fleurs aiment la chaleur э́ти цветы́ лю́бят тепло́ **2.** *(impressions passagères)* • j'aime beaucoup ce film э́тот фильм мне о́чень нра́вится **3.** *(au conditionnel, pour exprimer le souhait)* хоте́ть* [*n cl*, хочу́, хо́чешь, хо́чет, хоти́м, хоти́те, хотя́т] • j'aimerais le voir я бы хоте́л его́ ви́деть • j'aimerais aller au cinéma я бы охо́тно пошла́ в кино́

● aimer mieux › **j'aime mieux le cinéma que le théâtre** я предпочита́ю кино́ теа́тру › **j'aime mieux les romans modernes** мне бо́льше нра́вятся совре-ме́нные рома́ны › **j'aime mieux y aller à pied** я лу́чше пойду́ пешко́м › **j'aime mieux le train (que l'avion)** я лу́чше по́ездом пое́ду (чем полечу́) › **j'aime mieux me tromper que me taire** предпо-чита́ю лу́чше ошиби́ться, чем про-молча́ть

aîné *adj* **1.** *(le premier-né)* ста́рший • c'est mon frère aîné э́то мой ста́рший брат **2.** *(qui est plus âgé qu'un autre)* ста́рше *(comp.* ста́рый*)* • il est mon aîné de trois ans он ста́рше меня́ на три го́да

ainsi ■ *adv (de cette manière)* так • quelques minutes passèrent ainsi так прошло́ не́сколько мину́т • s'il en est ainsi, je ne peux rien faire pour lui е́сли так, то я ничего́ не могу́ сде́лать для него́ ■ *conj (en conséquence)* таки́м о́бразом • ainsi personne n'a pu l'aider таки́м о́бразом, никто́ не смог ей помо́чь

● ainsi que *(et également)* а та́кже › **j'ai écrit à Patrick ainsi qu'à son frère** я написа́л письмо́ Патри́ку, а та́кже его́ бра́ту • et ainsi de suite и так да́лее • pour ainsi dire так сказа́ть

air[1] *nm (gaz formant l'atmosphère)* во́здух • respirer l'air frais дыша́ть све́жим во́здухом

● c'est une idée qui flotte dans l'air э́то но́сится в во́здухе • courant d'air сквоз-ня́к ③② › **prendre froid dans un courant d'air** простуди́ться на сквозняке́ • en plein air на откры́том во́здухе

air[2] *nm (manière d'être)* вид • prendre un air sérieux приня́ть серьёзный вид • avoir un air sévère име́ть стро́гий вид • il a l'air fatigué у него́ уста́лый вид

air[3] *nm* **1.** (MUS) *(motif)* моти́в • l'air de cette chanson me plaît мне нра́вится моти́в э́той пе́сни **2.** *(dans un opéra)* а́рия

airelle *nf* черни́ка *(pas de pl)* • de la confiture d'airelles варе́нье из черни́ки

● airelle rouge брусни́ка

aise *nf (sing)* удово́льствие • sourire d'aise улыба́ться от удово́льствия

● à votre aise как вам уго́дно • en prendre à son aise всё де́лать по-сво́-ему › **il en prend à son aise** он всё де́лает по-сво́ему • mettez-vous à votre aise не стесня́йтесь, бу́дьте как до́ма • il n'était pas à son aise ему́ бы́ло не по себе́ • je suis bien aise de vous voir я о́чень ра́да вас ви́деть

■ aises *nfpl* удо́бства жи́зни, удо́бства (удо́бств, удо́бствам) • aimer ses aises люби́ть удо́бства жи́зни

aisé *adj (riche)* зажи́точный • une famille aisée зажи́точная семья́

ajouter *v* прибавля́ть / приба́вить • ajouter cent roubles приба́вить сто рубле́й • ajouter du sucre приба́вить са́хару • au fond, je ne sais pas, ajouta-t-il впро́чем, я не зна́ю — приба́вил он

alarme *nf* **1.** *(signal)* трево́га • donner l'alarme подня́ть трево́гу • le signal d'alarme сигна́л трево́ги **2.** *(dispositif)* устро́йство сигнализа́ции • une alarme sans fil беспроводна́я сигнализа́ция • déclencher une alarme привести́ в де́йствие сигнализа́цию

album *nm* **1.** *(livre)* альбо́м **2.** (MUS) альбо́м • télécharger le dernier album de son chanteur favori скача́ть после́дний альбо́м люби́мого певца́

● album (de) photos фотоальбо́м › **un album photos en ligne** фотоальбо́м онла́йн

alcool *nm* спирт, алкого́ль *m* • de l'alcool de vin ви́нный спирт • un flacon d'alcool à 90° пузырёк со спи́ртом 90°

alcoolique ■ *adj (alcoolisé, contenant de l'alcool)* спиртно́й • les boissons alcooliques спиртны́е напи́тки ■ *nmf* алко-го́лик *m*, алкоголи́чка *f*

alcoolisme *nm* алкоголи́зм

alentours *nmpl* окре́стности *pl* (окре́стностей, окре́стностям) • aux alentours de la ville в окре́стностях го́рода

alerte *nf (alarme)* трево́га • donner l'alerte подня́ть трево́гу • une alerte aérienne возду́шная трево́га • une fausse alerte ло́жная трево́га

algèbre *nf* а́лгебра

Algérie *nf* Алжи́р

algérien *adj* алжи́рский
■ Algérien *nm* алжи́рец

Algérienne *nf* алжи́рка

algue *nf* во́доросль *f*

aliment *nm* пищево́й проду́кт, пи́ща *(pas de pl)* • au rayon des aliments pour bébés в отде́ле де́тского пита́ния • des aliments bio экологи́чески чи́стые проду́кты, био-проду́кты

alimentation *nf* **1.** *(manière d'alimenter)* пита́ние • alimentation diététique диети́ческое пита́ние • magasin d'alimentation продово́льственный магази́н • produits d'alimentation animale проду́кты пита́ния для живо́тных • ton alimentation n'est pas assez variée твоё пита́ние недоста́точно разнообра́зно **2.** *(dispositif électrique)* блок пита́ния • l'alimentation d'un ordinateur portable блок пита́ния ноутбу́ка

alimenter *v* **1.** *(nourrir)* корми́ть ④ / накорми́ть ④ • alimenter un malade avec du bouillon корми́ть больно́го бульо́ном **2.** *(fournir)* обеспе́чивать / обеспе́чить • alimenter la ville en électricité обеспе́чить го́род электроэне́ргией

allée *nf* доро́жка, алле́я *(allée bordée d'arbres)* • les allées d'un jardin доро́жки са́да • une allée ombragée тени́стая алле́я

Allemagne *nf* Герма́ния

allemand *adj* неме́цкий • la littérature allemande неме́цкая литерату́ра
■ allemand- *préf (élément de formation)* неме́цко- • un dictionnaire allemand-français неме́цко-францу́зский слова́рь
■ allemand *nm (langue)* неме́цкий язы́к *(язы́к ③)* • étudier l'allemand изуча́ть неме́цкий язы́к • un livre en allemand кни́га на неме́цком языке́
● en allemand по-неме́цки • allemand *(accompagnant généralement un verbe)* по-неме́цки › parler allemand говори́ть по-неме́цки › tout était écrit en allemand всё бы́ло напи́сано по-неме́цки
■ Allemand *nm* не́мец
■ Allemande *nf* не́мка

aller *nm* биле́т в оди́н коне́ц
● aller et retour биле́т туда́ и обра́тно

aller *v aux (se traduit par le futur perfectif précédé de l'adverbe* **сейча́с***)* • il va arriver он сейча́с придёт

aller *v*

I SE DÉPLACER EN PARLANT D'ÊTRES ANIMÉS

1. À PIED = **идти́*** [IV, иду́, идёшь - шёл, шла] / **пойти́*** [IV, *id*] ; *indét.* **ходи́ть** ④
• aller à pied идти́ пешко́м
• ils vont trop vite они́ иду́т сли́шком бы́стро
• le cheval allait au pas ло́шадь шла ша́гом
• aller à la chasse ходи́ть на охо́ту
• aller se promener пойти́ погуля́ть

2. EN UTILISANT UN VÉHICULE, À CHEVAL = **е́хать*** [IV, е́ду, е́дешь] / **пое́хать*** [IV, пое́ду, пое́дешь - поезжа́й] ; *indét.* **е́здить**
• nous allons là-bas en autobus мы е́здим туда́ на авто́бусе
• nous irons à Moscou, à la mi-juin мы пое́дем в Москву́ в середи́не ию́ня

À PROPOS DE...

Quand il s'agit de visites répétées, on emploie très couramment le verbe быва́ть, (être souvent).
Ex : *nous allons souvent au théâtre* = **мы ча́сто быва́ем в теа́тре**

3. EN PARLANT D'ANIMAUX QUI SE DÉPLACENT ORDINAIREMENT EN COURANT = **бежа́ть*** [*n cl*, бежи́т, бегу́т - беги́] / **побежа́ть*** *n cl id* ; *indét.* **бе́гать**
• où va donc ce chien ? куда́ же бежи́т э́та соба́ка?

4. EN NAGEANT = **плыть*** [IV, плыву́, плывёшь - плыл, плыла́, плы́ло, плы́ли ⑤] / **поплы́ть*** [IV, *id*] ; *indét.* **пла́вать**
• le nageur allait très vite плове́ц плыл о́чень бы́стро

5. EN VOLANT = **лете́ть*** [I, лечу́, лети́шь] / **полете́ть*** [I, *id*] ; *indét.* **лета́ть**
• où vont ces oiseaux ? куда́ летя́т э́ти пти́цы?

6. EN AVION = **лете́ть*** / **полете́ть*** ; *indét.* **лета́ть**
• nous allions à Moscou мы лете́ли в Москву́

7. EN BATEAU, DANS LE LANGAGE DE LA MARINE OU DES SPORTS NAUTIQUES = **идти́*** / **пойти́*** ; *indét.* **ходи́ть** ④

• nous allions de Kronstadt en Angleterre мы шли из Кроншта́дта в А́нглию

8. *fig* = **идти́* ⁄ пойти́***

• aller droit à son but идти́ пря́мо к це́ли

II SE DÉPLACER EN PARLANT D'OBJETS, DE VÉHICULES = **идти́* ⁄ пойти́*** ; *indét.* **ходи́ть** ④

• les lettres vont très lentement пи́сьма иду́т о́чень ме́дленно

• la voiture va vite маши́на идёт бы́стро

III AUTRES SENS

1. SE SENTIR

• comment vas-tu ? как дела́?, как живёшь?

• comment allez-vous ? как пожива́ете? *fam*, как дела́?

• je vais mieux aujourd'hui мне сего́дня лу́чше

• elle va mal ей пло́хо

2. SE DÉROULER, FONCTIONNER = **идти́* ⁄ пойти́***

• tout va bien всё идёт хорошо́

• l'horloge va bien часы́ иду́т хорошо́

3. CONVENIR = **идти́* ⁄ пойти́***

• le bleu ne lui va pas ей не идёт си́ний цвет

• ce chapeau te va bien тебе́ идёт э́та шля́па

● à la va-vite на ско́рую ру́ку

• ça va de soi само́ собо́й разуме́ется

s'en aller *loc*

1. À PIED = **уходи́ть** ④ ⁄ **уйти́*** [IV, уйду́, уйдёшь - ушёл, ушла́]

• je ne veux pas vous déranger, je m'en vais не хочу́ вам меша́ть, ухожу́

2. EN UTILISANT UN VÉHICULE = **уезжа́ть ⁄ уе́хать*** [IV, уе́ду, уе́дешь]

• ils s'en vont dans le Midi они́ уезжа́ют на юг

aller chercher *loc*

1. SENS GÉNÉRAL = **идти́ за** *(+ I)* **(идти*** [IV, иду́, идёшь - шёл, шла] ⁄ **пойти́*** [IV, *id*] ; *indét.* **ходи́ть** ④**)**

• elle est allée chercher de l'eau она́ пошла́ за водо́й

2. ALLER ATTENDRE UN VOYAGEUR = **встреча́ть ⁄ встре́тить**

• aller chercher des amis à l'aéroport встреча́ть друзе́й в аэропорту́

alliage *nm* сплав • un alliage de cuivre et de plomb сплав ме́ди со свинцо́м

alliance *nf* **1.** *(accord)* сою́з • conclure une alliance заключи́ть сою́з **2.** *(anneau)* обруча́льное кольцо́ *(*кольцо́ ②⑤*)*

allié[1] *adj* сою́зный • les puissances alliées сою́зные держа́вы

allié[2] *nm* сою́зник

allocation *nf* посо́бие • allocations familiales семе́йные посо́бия • allocation de chômage посо́бие по безрабо́тице

allonger *vt* **1.** *(rendre plus long)* удлиня́ть / удлини́ть • allonger une jupe удлини́ть ю́бку **2.** *(étendre un membre)* вытя́гивать / вы́тянуть • allonger ses jambes вы́тянуть но́ги

■ s'allonger *vp* **1.** → allonger **2.** *(se coucher un instant)* / приле́чь* [IV, прилягу, приля́жешь, приля́гут - прилёг, прилегла́ - приля́г, приля́гте] ③ • s'allonger sur le divan приле́чь на тахте́

allumer *vt* **1.** *(un feu, une lumière)* зажига́ть / заже́чь* [IV, зажгу́, зажжёшь, зажгу́т - зажёг, зажгла́ - зажжённый] • allumer un feu de bois заже́чь костёр • allumer une lampe заже́чь ла́мпу ~ *(un appareil électrique)* включа́ть / включи́ть • tu peux allumer l'ordinateur ? включи́, пожа́луйста, компью́тер **2.** *(un poêle...)* зата́пливать / затопи́ть ④ • allumer le poêle затопи́ть печь

■ s'allumer *vp* загора́ться / загоре́ться* [I, загори́тся, загоря́тся], зажига́ться / заже́чься* [IV, зажжётся, зажгу́тся - зажёгся, зажгла́сь] • au loin, des lumières s'allumèrent вдали́ загоре́лись огни́

allumette *nf* спи́чка • une boîte d'allumettes коробо́к спи́чек • craquer une allumette чи́ркнуть спи́чкой

allure *nf* **1.** *(façon de marcher)* похо́дка • je l'ai reconnue de loin à son allure я и́здали узна́л её по похо́дке **2.** *(vitesse) peut être rendu par une périphrase utilisant un adverbe comme* « бы́стро », « ме́дленно » • il marchait à vive allure он шёл о́чень бы́стро ~ il a ralenti son allure он заме́длил шаг • accélérer son allure приба́вить ша́гу* • le train ralentit son allure по́езд заме́длил ход **3.** *(air)* вид • elle a une drôle d'allure у неё стра́нный вид

allusion *nf* намёк • une petite allusion то́нкий намёк • une allusion à sa situation намёк на его́ положе́ние • faire allusion à намека́ть / намекну́ть *(*на *+ A)* › **a quoi faisait-il allusion ?** на что он намека́л?

alors ▪ *adv* тогда́ • nous habitions alors à Marseille мы жи́ли тогда́ в Марсе́ле • il ne veut pas ? alors, ce n'est pas la peine он не хо́чет? тогда́ не на́до ▪ *interj* ну • alors, qu'est-ce que tu attends ? ну, чего́ ждёшь?
■ alors que *loc conj* в то вре́мя, как, тогда́, как • alors que j'étais sur le chemin du retour в то вре́мя, как я возвраща́лся домо́й

alphabet *nm* алфави́т • l'alphabet latin лати́нский алфави́т
• l'alphabet cyrillique кири́ллица

alphabétique *adj* алфави́тный • index alphabétique алфави́тный указа́тель • en ordre alphabétique в алфави́тном поря́дке

alpinisme *nm* альпини́зм

alpiniste *nmf* альпини́ст *m*, альпини́стка *f*

alsacien *adj* эльза́сский
■ Alsacien *nm* эльза́сец
■ Alsacienne *nm* эльза́ска

altitude *nf* высота́ • l'avion prend de l'altitude самолёт набира́ет высоту́ • un village d'altitude высокого́рное селе́ние

aluminium *nm* алюми́ний *m* • une casserole en aluminium алюми́ниевая кастрю́ля

amabilité *nf* любе́зность *f* • avec une grande amabilité с большо́й любе́зностью

amande *nf* **1.** *(fruit de l'amandier - au sing)* минда́лина • *(- au pl)* минда́ль *m (sing à sens collectif)* ③ • un gâteau aux amandes пиро́жное с миндалём • parsemer d'amandes concassées посы́пать толчёным миндалём **2.** *(graine contenue dans un noyau)* ядро́ *(gén. pl.* я́дер*)* ②①

amant *nm* любо́вник • il a tué l'amant de sa femme он уби́л любо́вника свое́й жены́

amasser *v* копи́ть ④ / накопи́ть ④ • amasser de l'argent копи́ть де́ньги

amateur *nm* люби́тель *m* • un amateur de musique люби́тель му́зыки • un photographe amateur фото́граф-люби́тель
• d'amateurs люби́тельский › un spectacle d'amateurs люби́тельский спекта́кль

ambassade *nf* посо́льство • l'ambassade de France à Moscou посо́льство Фра́нции в Москве́ • l'ambassade de Russie росси́йское посо́льство

ambassadeur *nm* посо́л • l'ambassadeur de France à Moscou посо́л Фра́нции в Москве́ • l'ambassadeur de la Fédération de Russie à Paris посо́л Росси́йской Федера́ции в Пари́же

ambassadrice *nf* посо́л

ambiance *nf (atmosphère)* обстано́вка • il est difficile de travailler dans une ambiance pareille тру́дно рабо́тать в тако́й обстано́вке

ambigu *adj* двусмы́сленный • une réponse ambiguë двусмы́сленный отве́т

ambitieux ▪ *adj* **1.** *(en parlant d'un plan, d'un programme)* сме́лый, масшта́бный • un projet ambitieux сме́лый прое́кт **2.** *(en parlant d'une personne)* честолюби́вый *(qui recherche les honneurs)*, властолюби́вый *(qui recherche la puissance)* • une note moyenne me suffira, je ne suis pas ambitieux сре́дний балл меня́ устро́ит, я не честолюби́в • il est ambitieux et prêt à tout pour réussir он властолюби́в и ра́ди успе́ха гото́в на всё ▪ *nm* карьери́ст

ambition *nf* **1.** *(trait de caractère)* честолю́бие *(recherche des honneurs)*, властолю́бие *(recherche de la puissance)* **2.** *(désir ardent)* жела́ние • il n'a qu'une ambition : prendre sa retraite et se consacrer entièrement à la peinture у него́ то́лько одно́ жела́ние: вы́йти на пе́нсию и всеце́ло посвяти́ть себя́ жи́вописи

> **À PROPOS DE...**
>
> Le mot **амби́ция** signifie amour-propre chatouilleux.

ambre *nm (jaune)* янта́рь *m* ③

ambulance *nf* ско́рая по́мощь *f* • appeler l'ambulance вы́звать ско́рую по́мощь

âme *nf* душа́ ⑥① • l'âme et le corps душа́ и те́ло • jusqu'au fond de l'âme до глубины́ души́ • il est poète dans l'âme он поэ́т в душе́ • il n'y avait pas âme qui vive не́ было ни души́

• être comme une âme en peine не находи́ть себе́ ме́ста • rendre son âme à Dieu отда́ть Бо́гу ду́шу • *les Âmes mortes* (Gogol) ***Мёртвые ду́ши*** (Го́голь)

amélioration *nf* улучше́ние • une amélioration de la qualité улучше́ние ка́чества

améliorer *vt* улучша́ть / улу́чшить • des mesures pour améliorer la sécurité routière ме́ры по улучше́нию безопа́сности доро́жного движе́ния
■ s'améliorer *vp* улучша́ться / улу́чшиться • la situation s'est améliorée положе́ние улу́чшилось • sa santé s'est améliorée здоро́вье его́ улу́чшилось

amende *nf* штраф • une amende de 50 euros штраф 50 е́вро • mettre une amende à un conducteur оштрафова́ть води́теля (штрафова́ть / оштрафова́ть) › **pourquoi lui a-t-on mis une amende ?** за что его́ оштрафова́ли?

amener *v* **1.** *(sans un moyen de transport)* приводи́ть ④ / привести́* [IV, приведу́, приведёшь - привёл, привела́ - приведённый] ③ • amener un enfant à l'école привести́ ребёнка в шко́лу • le sentier nous a amenés dans une clairière тропи́нка привела́ нас на лужа́йку **2.** *(avec un moyen de transport)* привози́ть ④ / привезти́* [IV, привезу́, привезёшь - привёз, привезла́ - привезённый] ③ • il a amené un tas de livres он привёз ма́ссу книг • amène tes enfants si tu veux привози́ дете́й, е́сли хо́чешь **3.** *(le pavillon, les voiles)* спуска́ть / спусти́ть ④ • amener les couleurs спусти́ть флаг • amener les voiles спусти́ть паруса́
• quel bon vent vous amène ? каки́ми судьба́ми?

amer *adj* го́рький ⑤ *(*го́рек, горька́, го́рько, го́рьки ~ *comp.* го́рче* *(litt)* ou го́рше* *(fig))* • un goût amer го́рький вкус • verser des larmes amères пролива́ть го́рькие слёзы • une amère déception го́рькое разочарова́ние

amèrement *adv* го́рько *(comp.* го́рше*) • pleurer amèrement го́рько пла́кать

américain *adj* америка́нский
■ Américain *nm* америка́нец
■ Américaine *nf* америка́нка

Amérique *nf* Аме́рика • l'Amérique du Nord Се́верная Аме́рика • l'Amérique du Sud Ю́жная Аме́рика

amertume *nf litt & fig* го́речь *f* • dire quelque chose avec amertume сказа́ть что́-нибудь с го́речью • parler sans amertume говори́ть без го́речи

ami *nm* **1.** *(intime)* друг* *(pl.* друзья́, друзе́й, друзья́м*)* ①② • un vieil ami ста́рый друг • un ami d'enfance друг де́тства **2.** *(personne avec laquelle on entretient de bonnes relations)* прия́тель *m* **3.** *(amant)* любо́вник
• être ami дружи́ть

amical *adj* **1.** *(entre personnes)* дру́жеский • une conversation amicale дру́жеский разгово́р • avec mes salutations amicales с дру́жеским приве́том **2.** *(entre États...)* дру́жественный • établir des relations amicales entre nos pays установи́ть дру́жественные отноше́ния ме́жду на́шими стра́нами

amicalement *adv* дру́жески

amie *nf* **1.** *(intime)* подру́га • une amie d'enfance подру́га де́тства • une amie d'école шко́льная подру́га **2.** *(personne avec laquelle on entretient de bonnes relations)* прия́тельница **3.** *(maîtresse)* любо́вница
• petite amie подру́жка *fam* › **c'est sa petite amie** э́то его́ подру́жка

amitié *nf* дру́жба • ils étaient liés par une solide amitié их свя́зывала про́чная дру́жба • se lier d'amitié / подружи́ться ④
■ amitiés *nfpl (salutations)* приве́т • transmettez-lui mes amitiés переда́йте ему́ мой приве́т

amour *nm* любо́вь *f (instr.* любо́вью*)* • le premier amour пе́рвая любо́вь • se marier par amour жени́ться по любви́ • l'amour maternel матери́нская любо́вь • l'amour de la musique любо́вь к му́зыке • par amour pour la peinture из любви́ к жи́вописи

amoureux *adj* влюблённый ③ *(*влюблён, влюблена́, влюблены́*)* • il est amoureux de Tania он влюблён в Та́ню • un regard amoureux влюблённый взгляд
• tomber amoureux de влюбля́ться / влюби́ться ④ (в + *A*) › **tomber amoureux d'une jolie fille** влюби́ться в краса́вицу › **il est tombé follement amoureux** он влюби́лся по́ уши

amour-propre *nm* самолю́бие • cette remarque a blessé son amour-propre э́то замеча́ние оскорби́ло его́ самолю́бие

amphithéâtre *nm (dans une université)* аудито́рия

ampoule *nf* **1.** *(d'éclairage)* ла́мпочка • l'ampoule a grillé ла́мпочка перегоре́ла • une ampoule de 60 watts ла́мпочка в 60 Ватт **2.** *(sur la peau)* волды́рь *m* ③② • je me suis fait une ampoule au pied я натёр себе́ волды́рь на ноге́ **3.** *(pharmaceutique)* а́мпула

amusant *adj* **1.** *(comique)* заба́вный • un récit amusant заба́вный расска́з **2.** *(distrayant et instructif)* занима́тельный • « la Physique amusante » "Занима́тельная фи́зика"

amuser *vt* забавля́ть • il amusait tout le monde avec ses histoires drôles он всех забавля́л свои́ми анекдо́тами
■ s'amuser *vp* **1.** *(jouer)* игра́ть • les enfants s'amusent dans la cour де́ти игра́ют во дворе́ **2.** *(passer agréablement son temps)* ве́село проводи́ть вре́мя (проводи́ть ④ / провести́* [IV, проведу́, проведёшь - провёл, провела́] ③) • on s'est bien amusé au club мы о́чень ве́село провели́ вре́мя в клу́бе

an *nm* год* *(loc.* году́, лет*)* ⑧⑦ • j'ai vingt-deux ans мне два́дцать два го́да • elle a quinze ans ей пятна́дцать лет • l'an passé в про́шлом году́ • l'an prochain в бу́дущем году́ • il y a cinq ans пять лет тому́ наза́д • dans deux ans че́рез два го́да • fêter le nouvel an встреча́ть но́вый год
● un séjour de deux ans двухле́тнее пребыва́ние • une petite fille de cinq ans пятиле́тняя де́вочка

analyse *nf* **1.** ана́лиз • analyse de sang ана́лиз кро́ви **2.** (GRAMM) разбо́р • l'analyse grammaticale d'une proposition граммати́ческий разбо́р предложе́ния

analyser *v* **1.** анализи́ровать / проанализи́ровать **2.** (GRAMM) разбира́ть / разобра́ть* [IV, разберу́, разберёшь - разобра́л, разобрала́, разобра́ло, разобра́ли] ③ • analyser une proposition разобра́ть предложе́ние

ananas *nm* анана́с

anarchie *nf* ана́рхия

anatomie *nf* анато́мия

ancêtre *nmf* пре́док • ses ancêtres étaient russes его́ пре́дки бы́ли из Росси́и

ancien *adj* **1.** *(de l'Antiquité ; très vieux)* дре́вний • l'histoire ancienne дре́вняя исто́рия **2.** *(ex-)* бы́вший • notre ancien directeur наш бы́вший дире́ктор
● l'Ancien Testament Ве́тхий Заве́т

ancre *nf* я́корь* *m (nom. pl.* якоря́*)* ①② • jeter l'ancre бро́сить я́корь • lever l'ancre сня́ться с я́коря • notre bateau était à l'ancre наш кора́бль стоя́л на я́коре

âne *nm* осёл • un âne sauvage ди́кий осёл • il est têtu comme un âne он упря́м как осёл

anéantir *v* уничтожа́ть / уничто́жить • anéantir l'armée ennemie уничто́жить неприя́тельскую а́рмию

anecdote *nf* исто́рия (из жи́зни), слу́чай • raconter une anecdote рассказа́ть слу́чай

ânerie *nf* **1.** *(que l'on dit)* вздор *(pas de pl)* • dire des âneries говори́ть вздор **2.** *(que l'on fait)* глу́пость *f* • faire des âneries де́лать глу́пости

aneth *nm* укро́п

ange *nm* а́нгел • un ange gardien а́нгел-храни́тель • un ange de bonté а́нгел доброты́
● être aux anges быть на седьмо́м не́бе

angine *nf* анги́на • elle a une angine у неё анги́на

anglais *adj* англи́йский • la cuisine anglaise англи́йская ку́хня
■ anglais- *préf (élément de formation)* а́нгло- • un dictionnaire anglais-français а́нгло-францу́зский слова́рь
■ anglais *nm (langue)* англи́йский язы́к *(*язы́к ③*)* • étudier l'anglais изуча́ть англи́йский язы́к • un livre en anglais кни́га на англи́йском языке́
● (en) anglais по-англи́йски › parler anglais говори́ть по-англи́йски › tout était écrit en anglais всё бы́ло напи́сано по-англи́йски
■ Anglais *nm* англича́нин* *(pl.* англича́не, англича́н, англича́нам*)*
■ Anglaise *nf* англича́нка

angle *nm* у́гол ③② • **un angle droit** прямо́й у́гол • **un angle aigu** о́стрый у́гол • **un angle obtus** тупо́й у́гол • **un angle de dix degrés** у́гол в 10 гра́дусов

Angleterre *nf* А́нглия

angoisse *nf* трево́га, страх • **elle fut saisie par l'angoisse** её охвати́ла трево́га • **une crise d'angoisse** при́ступ трево́ги • **elle avait des angoisses** она́ испы́тывала стра́хи

animal *nm* **1.** *(sauvage)* зверь *m* ①③ • **les animaux à fourrure** пушны́е зве́ри **2.** *(domestique ou non)* живо́тное *(adj subst nt)* • **les animaux domestiques** дома́шние живо́тные

> **À PROPOS DE...**
>
> Attention bien qu'il désigne un être animé, l'accusatif singulier de **живо́тное** est semblable au nominatif ; en revanche, l'accusatif pluriel est semblable au génitif.

animateur *nm* **1.** *(d'émission)* веду́щий **2.** *(de club, activité)* руководи́тель

animatrice *nf* **1.** *(d'émission)* веду́щая **2.** *(de club, activité)* руководи́тельница

animer *vt* вести́* [IV, веду́, ведёшь - вёл, вела́ ③] / провести́* [IV, *id*] • **il anime une émission de jazz le soir très tard** он ведёт джа́зовую програ́мму по́здно ве́чером • **à l'époque il animait un groupe de yoga** в то вре́мя он вёл гру́ппу йо́ги

■ **s'animer** *vp* оживля́ться / оживи́ться • **la conversation s'est animée** разгово́р оживи́лся

anneau *nm* **1.** *(divers sens)* кольцо́ ②⑤ • **un anneau d'or** золото́е кольцо́ **2.** *(chaînon)* звено́ *(pl.* зве́нья, зве́ньев, зве́ньям*)* ②① • **les anneaux de la chaîne** зве́нья це́пи

année *nf* **1.** *(en règle générale)* год* *(loc.* году́, лет ⑧⑦*)* • **l'année dernière** в про́шлом году́ • **l'année prochaine** в бу́дущем году́ • **cette année** в э́том году́ • **cette année-là** в тот год • **d'année en année** из го́да в год • **toute l'année** кру́глый год • **elle est dans sa vingtième année** ей пошёл двадца́тый год • **l'année scolaire** уче́бный год • **il a travaillé une vingtaine d'années comme traducteur** он прорабо́тал лет два́дцать перево́дчиком **2.** *(année d'étude dans l'enseignement supérieur)* курс • **elle est en deuxième année** она́ на второ́м ку́рсе

● **bonne année** с Но́вым го́дом! › **souhaiter la bonne année à qqn** поздравля́ть кого́-нибудь с Но́вым го́дом

■ **années** *nfpl (ensemble des années d'une décennie) (gén. pl.* годо́в ③*)* • **la génération des années quarante** лю́ди сороковы́х годо́в

> **LES ANIMAUX**
>
> - l'âne **осёл** *m*
> - la baleine **кит** *m*
> - le canard **у́тка** *f*
> - le cerf **оле́нь** *m*
> - le chat **кот** *m*
> - la chauve-souris **лету́чая мышь** *f*
> - le cheval **ло́шадь** *f*
> - la chèvre **коза́** *f*
> - le chien **соба́ка** *f*
> - le cochon **свинья́** *f*
> - le crocodile **крокоди́л** *m*
> - le dauphin **дельфи́н** *m*
> - l'écureuil **бе́лка** *f*
> - l'éléphant **слон** *m*
> - la girafe **жира́ф** *m*
> - la grenouille **лягу́шка** *f*
> - l'hippopotame **бегемо́т** *m*
> - le kangourou **кенгуру́** *m*
> - le lapin **кро́лик** *m*
> - le lion **лев** *m*
> - le loup **волк** *m*
> - le mouton **овца́** *f*
> - l'oiseau **пти́ца** *f*
> - l'ours **медве́дь** *m*
> - le perroquet **попуга́й** *m*
> - le pingouin **пингви́н** *m*
> - le poisson **ры́ба** *f*
> - la poule **ку́рица** *f*
> - le requin **аку́ла** *f*
> - le serpent **змея́** *f*
> - le singe **обезья́на** *f*
> - la souris **мышь** *f*
> - le tigre **тигр** *m*
> - la tortue **черепа́ха** *f*
> - la vache **коро́ва** *f*
> - le zèbre **зе́бра** *f*

anniversaire *nm* **1.** *(d'une personne)* день рожде́ния *m (*день*)* • **c'est demain mon anniversaire** за́втра мой день рожде́ния **2.** *(d'un événement)* годовщи́на • **l'anniversaire de notre mariage** годовщи́на на́шей сва́дьбы • **le soixantième anniversaire de la libération** шестидеся́тая годовщи́на освобожде́ния

annonce *nf (réclame)* объявле́ние • mettre une annonce dans le journal дать объявле́ние в газе́ту • chercher une voiture dans les petites annonces иска́ть маши́ну по газе́тным объявле́ниям

annoncer *v* **1.** *(faire connaître)* сообща́ть / сообщи́ть *(+ A si le complément direct est le mot* но́вость *ou un synonyme,* о *+L)* • annoncer une nouvelle сообщи́ть но́вость • annoncer l'arrivée de l'ambassadeur russe сообщи́ть о прие́зде росси́йского посла́ • on a annoncé à la télévision que l'accord avait été signé hier soir по телеви́зору сообщи́ли, что догово́р был подпи́сан вчера́ ве́чером **2.** *(être le signe avant-coureur)* предвеща́ть • ces nuages annonçaient la pluie э́ти ту́чи предвеща́ли дождь

annuaire *nm* annuaire téléphonique телефо́нная кни́га • annuaire du web вэб-спра́вочник

annuel *adj* годово́й • un rapport annuel годово́й отчёт

annuler *v* **1.** *(supprimer)* отменя́ть / отмени́ть [*part.* отменённый] ④ • annuler un rendez-vous отмени́ть встре́чу **2.** *(rendre nul)* аннули́ровать / аннули́ровать • annuler un contrat аннули́ровать догово́р

anonyme *adj* анони́мный • une lettre anonyme анони́мное письмо́

anorak *nm* ано́рак • porter un anorak avec un capuchon носи́ть спорти́вную ку́ртку с капюшо́ном

anormal *adj* ненорма́льный • une situation anormale ненорма́льное положе́ние

anse *nf (de tasse, de panier)* ру́чка • l'anse de la théière ру́чка ча́йника • l'anse de la tasse s'est cassée ру́чка у ча́шки отби́лась

antenne *nf (radio, télévision...)* анте́нна • les antennes de télévision телевизио́нные анте́нны • antenne relais анте́нна моби́льной свя́зи • antenne parabolique параболи́ческая анте́нна

antérieur *adj* **1.** *(dans l'espace)* пере́дний • les pattes antérieures пере́дние ла́пы **2.** *(dans le temps)* пре́жний • dans ses lettres antérieures, il y faisait allusion он намека́л на э́то в пре́жних свои́х пи́сьмах • être antérieur à предше́ствовать *(+ D)* › **c'est une décision antérieure à la réunion générale** реше́ние предше́ствовало о́бщему собра́нию • je cherche une version antérieure à 9.5 ищу́ ве́рсию с индексом, предше́ствующим 9.5 • la période antérieure à la faillite пери́од, предше́ствующий банкро́тству

antibiotique *nm* антибио́тик • être sous antibiotiques принима́ть антибио́тики

antigel *nm* антифри́з

antipathique *adj* несимпати́чный, антипати́чный • un homme antipathique несимпати́чный челове́к

antiquaire *nmf* антиква́р • j'ai trouvé ma table chez un antiquaire я нашёл э́тот стол у антиква́ра

antique *adj (de l'Antiquité)* анти́чный • l'art antique анти́чное иску́сство

antiquité *nf* **1.** *(époque)* дре́вность *f* • dans l'Antiquité в дре́вности **2.** *(objet)* стари́нный предме́т • un magasin d'antiquités магази́н антиквариа́та • une exposition d'antiquités вы́ставка дре́вностей

antireligieux *adj* антирелигио́зный

antivol *nm (de voiture)* противоуго́н, противоуго́нное устро́йство • un antivol de vélo противоуго́нный замо́к для велосипе́да

anxieux *adj* беспоко́йный • un caractère anxieux беспоко́йный хара́ктер

août *nm* а́вгуст • au mois d'août в а́вгусте • il est arrivé le 2 août он прие́хал 2-го а́вгуста

apaiser *vt* **1.** *(une personne)* успока́ивать / успоко́ить • pour apaiser un malade что́бы успоко́ить больно́го **2.** *(la douleur)* успока́ивать / успоко́ить, смягча́ть / смягчи́ть *(plus faible)* • apaiser la douleur смягча́ть боль **3.** *(la faim...)* утоля́ть / утоли́ть • apaiser la faim утоли́ть го́лод • apaiser sa soif утоли́ть жа́жду
■ s'apaiser *vp* утиха́ть / ути́хнуть* [III] • le vent s'est apaisé ве́тер ути́х

apercevoir *vt* ви́деть* [I, ви́жу, ви́дишь] / уви́деть* [I, уви́жу, уви́дишь - уви́денный] • j'ai aperçu un écureuil я уви́дел бéлку • brusquement, je l'ai aperçu dans la foule вдруг я уви́дел егó в толпé

■ s'apercevoir *vp* ви́деть* [I, ви́жу, ви́дишь] / замéтить *(ces deux verbes ne forment pas un couple)* • je m'aperçois que je me suis trompé я ви́жу, что оши́бся • je ne me suis pas aperçu de mon erreur я не замéтил своіó оши́бку • je me suis aperçu que Sacha n'était pas là я замéтил, что Сáши нет

aperçu *nm* представлéние • pour vous donner un aperçu de ce problème чтóбы дать вам нéкоторое представлéние об э́том вопрóсе

apéritif *nm* аперити́в • inviter à prendre l'apéritif пригласи́ть на аперити́в

aplanir *fig v* сглáживать / сглади́ть • aplanir les difficultés сглади́ть затруднéния

aplomb *nm (assurance)* аплóмб • répondre avec beaucoup d'aplomb отвечáть с больши́м аплóмбом

■ d'aplomb *loc* **1.** *(droit)* пря́мо • tenir la tronçonneuse des deux mains, le corps bien d'aplomb sur les pieds взять пилу́ обéими рукáми, кóрпус держáть пря́мо **2.** *(en forme)* • une bonne nuit de sommeil et je suis d'aplomb стóит хорошó вы́спаться — и я в фóрме • quelques jours à la montagne te remettront d'aplomb нéсколько дней в горáх приведу́т тебя́ в фóрму • je ne suis pas d'aplomb aujourd'hui мне сегóдня чтó-то нездорóвится

apparaître *v* **1.** *(devenir visible)* появля́ться / появи́ться ④ • un inconnu apparut sur le seuil на порóге появи́лся незнакóмец • de nouvelles difficultés sont apparues появи́лись нóвые затруднéния **2.** *(survenir, se montrer)* покáзываться / показáться* [II, покажу́сь, покáжешься] ④ • au loin une barque apparut вдали́ показáлась лóдка

appareil *nm* **1.** *(de prises de vue)* аппарáт • un appareil photo numérique цифровóй фотоаппарáт **2.** *(appareil de mesure)* прибóр • un appareil de mesure измери́тельный прибóр • des appareils électriques электроприбóры

● appareil dentaire скóбки, ортодонти́ческий аппарáт

apparemment *adv* по-ви́димому • apparemment, il va faire chaud по-ви́димому, бу́дет жáрко

apparence *nf* вид • avoir une apparence sévère имéть стрóгий вид • les aliments contaminés peuvent avoir une apparence tout à fait normale загрязнённые продýкты мóгут имéть совершéнно нормáльный вид • la page peut avoir une apparence différente selon le navigateur страни́ца мóжет вы́глядеть по рáзному в зави́симости от брáузера

■ apparences *nfpl* внéшность *f (pas de pl)* • sous des apparences agréables под прия́тной внéшностью • sous des apparences trompeuses за обмáнчивой внéшностью • juger sur les apparences суди́ть по внéшности

● sauver les apparences соблюсти́ прили́чия

apparent *adj (illusoire)* внéшний • un calme apparent внéшнее спокóйствие • une ressemblance apparente внéшнее схóдство

appartement *nm* кварти́ра • un appartement de trois pièces трёхкóмнатная кварти́ра • prendre un appartement en location снять кварти́ру

appartenir *v* **1.** *(être la propriété de)* принадлежáть* *(+ D)* [I, принадлежу́, принадлежи́шь] • à qui appartient cette villa ? комý принадлежи́т э́та ви́лла? • le dictionnaire appartient à Kolia э́то Кóлин словáрь

> **À PROPOS DE...**
>
> Dans une proposition interrogative il est possible d'utiliser le pronom possessif interrogatif **чей** à la place du verbe.
> • à qui appartient cette voiture ? **чья э́то маши́на**?

2. *(être du nombre)* принадлежáть* [I, принадлежу́, принадлежи́шь *(к + D)*] • appartenir à un groupe принадлежáть к грýппе

appauvrir

■ s'appauvrir *vp* беднéть / обеднéть • ils continuaient à s'appauvrir они́ всё беднéли

appel *nm* **1.** *(au téléphone)* звонóк • prix d'un appel vers un téléphone mobile стóимость звонкá на мобúльный нóмер • vous pouvez faire suivre vos appels vers le numéro de votre choix вы мóжете переадресовáть поступáющие звонки́ на нóмер по вáшему вы́бору **2.** *(cri)* крик • **un appel au secours** крик о пóмощи

● **faire appel à** обрати́ться к *(+ D)* (обращáться / обрати́ться *(т → щ)*) › **faire appel à un spécialiste** обрати́ться к специали́сту • **faire appel** (DR) подáть апелля́цию • **faire l'appel** сдéлать перекли́чку (дéлать / сдéлать)

appeler *vt* **1.** *(héler)* звать* [IV, зовý, зовёшь - звал, звалá, звáло, звáли ⑤] / позвáть* [IV, *id*] • **appeler qqn à l'aide** звать когó-нибудь на пóмощь **2.** *(faire venir)* вызывáть / вы́звать* [IV, вы́зову, вы́зовешь] • **appeler un médecin** вы́звать врачá • **appeler l'ambulance** вы́звать скóрую пóмощь **3.** *(donner un nom)* называ́ть / назвáть* [IV, назовý, назовёшь - назвáл, назвалá, назвáло, назвáли] ⑤ • **ils ont appelé leur fils Boris** они́ назвáли сы́на Бори́с **4.** *(au téléphone)* звони́ть / позвони́ть • **tu m'appelles ce soir ?** ты мне позвони́шь сегóдня вéчером?

■ **s'appeler** *vp* **1.** *(en parlant d'un être animé)* • **comment vous appelez-vous ?** как вас зовýт? • **il s'appelle Sacha** егó зовýт Сáша

> **À PROPOS DE...**
>
> Le verbe pronominal français se traduit par une tournure impersonnelle avec le verbe звать [IV, зовýт - звáли] en russe. Faire correspondre au sujet de la proposition française un nom ou un pronom à l'accusatif en russe.

2. *(en parlant d'un objet)* называ́ться • **comment ça s'appelle ?** как э́то называ́ется? **3.** *(au téléphone)* созвáниваться / созвони́ться • **on s'appelle et on en reparle** созвóнимся и поговори́м об э́том

appétissant *adj* аппети́тный

appétit *nm* аппети́т • **bon appétit !** прия́тного аппети́та! • **couper l'appétit à qqn** переби́ть комý-нибудь аппети́т

applaudir *v* аплоди́ровать *(+ D)* • **il a été longuement applaudi** емý дóлго аплоди́ровали

applaudissements *nmpl* аплодисмéнты *pl t* (аплодисмéнтов, аплодисмéнтам) • **un tonnerre d'applaudissements** бýря аплодисмéнтов

application *nf* **1.** *(utilisation)* применéние • **l'application de nouvelles méthodes** применéние нóвых мéтодов **2.** (INFORM) приложéние • **installer une application** загрузи́ть приложéние

appliquer *vt* **1.** *(mettre)* наклáдывать / наложи́ть ④ • **appliquer une compresse** наложи́ть компрéсс **2.** *(utiliser)* применя́ть / примени́ть [*part.* применённый] ④ • **appliquer un nouveau procédé** применя́ть нóвый спóсоб

■ **s'appliquer** *vp* **1.** *(être utilisé)* → **appliquer 2.** *(travailler avec soin)* старáться • **il s'applique tant qu'il peut** он старáется и́зо всех сил

apporter *v* **1.** *(amener avec soi)* приноси́ть ④ / принести́* [IV, принесý, принесёшь - принёс, принеслá - принесённый] ③ • **il va apporter tout de suite votre valise** он сейчáс принесёт ваш чемодáн **2.** *(introduire ; provoquer)* вноси́ть ④ / внести́* [IV, внесý, внесёшь - внёс, внеслá - внесённый] ③ • **apporter des modifications à un projet** внести́ изменéния в проéкт • **apporter de l'animation** внести́ оживлéние

apprécier *v* **1.** *(faire grand cas de)* цени́ть ④ / оцени́ть [*part.* оценённый] ④ • **apprécier vivement sa liberté** дóрого цени́ть свою́ свобóду **2.** *(évaluer)* определя́ть / определи́ть • **apprécier la distance** определи́ть расстоя́ние

apprendre *v* **1.** *(étudier une leçon)* учи́ть ④ / вы́учить • **apprendre une leçon** учи́ть урóк **2.** *(étudier une matière, contracter une habitude)* учи́ться ④ / научи́ться ④ вы́учиться • **apprendre le russe** учи́ться рýсскому языкý • **il a très vite appris à écrire** он бы́стро научи́лся писáть **3.** *(en parlant d'un acteur)* разýчивать / разучи́ть ④ • **apprendre un rôle** разýчивать роль • **apprendre une chanson** разýчивать пéсню **4.** *(enseigner)* учи́ть ④ / научи́ть ④ вы́учить • **elle apprenait le français aux enfants** онá учи́ла детéй францýзскому языкý • **il nous apprenait à jouer aux échecs** он нас учи́л игрáть в шáхматы

> **À PROPOS DE...**
>
> Le complément désignant la personne à laquelle s'adresse l'enseignement se met à l'accusatif; le complément désignant la chose enseignée peut être soit un nom au datif, soit un verbe à l'infinitif.

5. *(informer)* сообща́ть / сообщи́ть • **il nous a appris une nouvelle étonnante** он нам сообщи́л удиви́тельную но́вость **6.** *(être informé)* узнава́ть* [II, узнаю́, узнаёшь - узнава́й - узнава́я] / узна́ть • **j'ai appris qu'il était tombé malade** я узна́л, что он заболе́л • **j'ai appris ça par la radio** я узна́л об э́том по ра́дио

apprentissage *nm* учени́чество • **être en apprentissage dans une boulangerie** проходи́ть учени́чество в бу́лочной

approbation *nf* одобре́ние

approcher ◪ *vi (être de plus en plus proche)* приближа́ться / прибли́зиться • **l'automne approchait** приближа́лась о́сень ◪ *vt (mettre plus près)* придвига́ть / придви́нуть *(к + D)* • **il approcha sa chaise de la fenêtre** он придви́нул стул к окну́

■ **s'approcher** *vp* **1.** *(à pied)* подходи́ть ④ / подойти́* [IV, подойду́, подойдёшь - подошёл, подошла́ - подойдя́] *(к + D)* • **elle s'approcha de la fenêtre** она́ подошла́ к окну́ **2.** *(autrement qu'à pied)* подъезжа́ть / подъе́хать* [IV, подъе́ду, подъе́дешь] *(к + D)* • **nous nous approchions de la gare** мы подъезжа́ли к вокза́лу **3.** *(sans préciser de quelle manière)* приближа́ться / прибли́зиться *(к + D)* • **le feu s'approchait du village** ого́нь приближа́лся к дере́вне

approuver *v* одобря́ть / одо́брить • **il a approuvé mon choix** он одо́брил мой вы́бор

approximatif *adj* приблизи́тельный • **un calcul approximatif** приблизи́тельный подсчёт • **avoir une idée approximative** име́ть приблизи́тельное представле́ние

approximativement *adv* приблизи́тельно

appui *nm* **1.** *(support)* опо́ра • **un point d'appui** то́чка опо́ры **2.** *(aide accordée)* подде́ржка • **tu peux compter sur mon appui** ты мо́жешь рассчи́тывать на мою́ подде́ржку • **il avait des appuis en haut lieu** у него́ была́ подде́ржка в верха́х

● **à l'appui de** в подтвержде́ние *(+ G)* › **à l'appui de ce que je disais** в подтвержде́ние мои́х слов

appuyer ◪ *vi (presser)* нажима́ть / нажа́ть* [IV, нажму́, нажмёшь] *(+ A, на + A)* • **appuyer sur le bouton** нажа́ть на кно́пку ◪ *vt (trouver un point d'appui)* прислоня́ть / прислони́ть • **appuyer une échelle contre un mur** прислони́ть ле́стницу к стене́

■ **s'appuyer** *vp* **1.** *(sur)* опира́ться / опере́ться* [IV, обопру́сь, обопрёшься - опёрся, оперла́сь] ③ *(на + A)* • **s'appuyer sur sa canne** опира́ться на па́лку **2.** *(contre)* прислоня́ться / прислони́ться *(к + D)* • **s'appuyer contre la porte** прислони́ться к две́ри

après[1] *prép* **1.** *(régissant un nom ou un pronom)* по́сле *(+ G)* • **après la guerre** по́сле войны́ **2.** *(régissant un infinitif)* • **après être rentré chez lui, il s'est mis au travail** он пришёл домо́й и взя́лся за рабо́ту • **il est parti après avoir terminé son travail** он ко́нчил свою́ рабо́ту и ушёл

À PROPOS DE...

Dans le style de la conversation **après** ne se traduit pas directement : les propositions sont le plus souvent coordonnées par **и**. Il est possible d'employer un gérondif perfectif pour obtenir un style plus formel :

- après avoir terminé son travail, il est parti à la campagne **зако́нчив рабо́ту, он уе́хал за́ город**

● **après que** по́сле того́, как › **après qu'elle fut partie** по́сле того́, как она́ уе́хала • **après tout** в конце́ концо́в • **d'après** по *(+ D)* › **d'après Tolstoï** по Толсто́му › **à en juger d'après sa mine** су́дя по его́ ви́ду • **d'après nature** с нату́ры › **peindre d'après nature** писа́ть с нату́ры

après[2] *adv* по́сле, пото́м • **on en parlera après** об э́том по́сле

● **peu après** вско́ре по́сле э́того › **je suis parti peu après** я уе́хал вско́ре по́сле э́того

après-demain *adv* послеза́втра • **nous arriverons après-demain soir** мы прие́дем послеза́втра ве́чером

après-midi ◪ *nm ou nf* втора́я полови́на дня • **je te téléphone en fin d'après-midi** я тебе́ позвоню́ в конце́ дня • **où irons-nous cet après-midi ?** куда́ мы пойдём по́сле обе́да? • **à une heure de l'après-midi** в час дня • **à cinq heures de l'après-midi** в пять часо́в ве́чера ◪ *adv (en règle générale)* по́сле обе́да • **demain après midi** за́втра по́сле обе́да

a priori *adv* с пéрвого взгля́да • a priori, il est bien difficile de trouver une solution с пéрвого взгля́да óчень трýдно найти́ вы́ход из положéния

aptitude *nf* спосóбность *f* • il n'a pas d'aptitudes pour les langues у негó нет спосóбностей к языкáм

aquarelle *nf* акварéль *f*

aquarium *nm* аквáриум

aquatique *adj* **1.** водянóй • des plantes aquatiques водяны́е растéния **2.** вóдный • les sports aquatiques вóдный спорт

arabe ◪ *adj* арáбский ◪ *nm (langue)* арáбский язы́к *(язы́к ③)* • étudier l'arabe изучáть арáбский язы́к • un livre en arabe кни́га на арáбском языкé • en arabe по-арáбски • parler arabe говори́ть по-арáбски
■ Arabe *nmf* арáб *m*, арáбка *f*

araignée *nf* паýк ③②
● une toile d'araignée паути́на

arbitraire *adj* произвóльный • une décision arbitraire произвóльное решéние

arbitre *nmf* (SPORT) судья́ *mf (pl.* сýдьи, судéй, сýдьям*)* ②⑤, арби́тр *m*

arbre *nm* дéрево *(pl.* дерéвья, дерéвьев, дерéвьям*)* ①② • des arbres fruitiers фруктóвые дерéвья
● l'arbre généalogique родослóвное дéрево

LES ARBRES

- l'abricotier **абрикóсовое дéрево** *nt*
- le bambou **бамбýк** *m*
- le cerisier **вишнёвое дéрево** *nt*
- le chêne **дуб** *m*
- l'érable **клён** *m*
- le hêtre **бук** *m*
- l'olivier **оли́вковое дéрево** *nt*
- l'oranger **апельси́новое дéрево** *nt*
- le palmier **пáльма** *f*
- le pêcher **пéрсиковое дéрево** *nt*
- le pin **соснá** *f*
- le platane **платáн** *m*
- le poirier **грýша** *f*
- le pommier **я́блоня** *f*
- le sapin **ель** *f*

arbuste *nm* деревцó* *(gén. pl.* деревцóв*)*

arc *nm* **1.** *(arme)* лук • tirer à l'arc стреля́ть из лýка **2.** *(figure géométrique)* дугá ②①
• un arc de cercle дугá окрýжности
● arc de triomphe триумфáльная áрка

arc-en-ciel *nm* рáдуга • les couleurs de l'arc-en-ciel цветá рáдуги

archéologie *nf* археолóгия

archéologue *nmf* археóлог *m*

architecte *nmf* архитéктор *m*

architecture *nf* архитектýра

archives *nfpl* архи́в • mettre aux archives сдать в архи́в

ardu *adj* трýдный ⑤ • un problème ardu трýдная задáча

arête *nf (de poisson)* ры́бная кость *f (кость ①③)* • s'étrangler avec une arête de poisson подави́ться ры́бной кóстью

argent *nm* **1.** *(métal)* серебрó **2.** *(monnaie)* дéньги *pl t (дéнег, деньгáм)* ⑦ • gagner beaucoup d'argent зарабáтывать мнóго дéнег • changer de l'argent au bureau de change обменя́ть дéньги в обмéнном пýнкте
● l'argent de poche кармáнные дéньги
• jeter l'argent par les fenêtres бросáть дéньги на вéтер • le temps c'est de l'argent врéмя — дéньги

argot *nm* жаргóн • l'argot scolaire шкóльный жаргóн

argument *nm* дóвод, аргумéнт • un argument de poids вéский дóвод • avancer des arguments peu convaincants привести́ неубеди́тельные дóводы

arme *nf (instrument)* орýжие *(pas de pl)* • les armes blanches холóдное орýжие • les armes à feu огнестрéльное орýжие • l'arme atomique áтомное орýжие • aux armes ! к орýжию! *~fig* • l'arme de l'ironie орýжие ирóнии
● c'est une arme à double tranchant пáлка о двух концáх
■ armes *nfpl (emblème)* герб • les armes de Paris пари́жский герб

armé *adj (muni d'armes)* вооружённый ③ *(вооружён, вооруженá)* • un détachement armé вооружённый отря́д • un soulèvement armé вооружённое востáние

armée *nf* áрмия • l'armée russe россúйская áрмия

armement *nm (préparatifs de guerre)* вооружéние • la course aux armements гóнка вооружéний

Arménie *nf* Армéния

arménien ◪ *adj* армя́нский ◪ *nm (langue)* армя́нский язы́к *(язы́к ③)* • étudier l'arménien изучáть армя́нский язы́к • un livre en arménien кнúга на армя́нском языкé
● parler arménien говорúть по-армя́нски › tout était écrit en arménien всё бы́ло напúсано по-армя́нски
■ Arménien *nm* армянúн* *(pl.* армя́не, армя́н, армя́нам*)* ②①

Arménienne *nf* армя́нка

armer *vt (pourvoir d'armes)* вооружáть / вооружúть
■ s'armer *vp fig* • s'armer de patience вооружúться терпéнием

armoire *nf* шкаф* *(loc.* шкафу́*)* ⑧②
● une armoire à glace **a.** *(meuble)* зеркáльный шкаф **b.** *(personne)* детúна *m*

armoiries *nfpl* герб • les armoiries de la Russie comportent un aigle à deux têtes на гербé Россúи помещён двуглáвый орёл

arobase *nf* собáка

arracher *vt* **1.** *(enlever par la force)* вырывáть, рвать* [IV, рву, рвёшь - рвал, рвалá, рвáло, рвáли ⑤] / вы́рвать* [IV, вы́рву, вы́рвешь] • arracher une page d'un livre вы́рвать страницу из кнúги • arracher une dent вы́рвать зуб • elle lui a arraché le journal онá вы́рвала у негó газéту ~ *fig* • arracher un secret à qqn вы́рвать у когó-нибудь секрéт **2.** *(enlever de terre)* копáть / вы́копать • arracher des pommes de terre копáть картóшку
■ s'arracher *vp*
● s'arracher les cheveux рвать на себé вóлосы (рвать* [IV, рву, рвёшь - рвал, рвалá, рвáли])

arranger *vt* **1.** *(convenir à)* устрáивать / устрóить • ça ne l'arrange pas du tout э́то егó совсéм не устрáивает **2.** *(organiser)* устрáивать / устрóить • arranger une entrevue устрóить свидáние **3.** *(régler)* улáживать / улáдить • arranger une affaire улáдить дéло
■ s'arranger *vp* **1.** *(en parlant d'une affaire)* улáживаться / улáдиться, устрáиваться / устрóиться • l'affaire s'est arrangée дéло улáдилось • tout s'est arrangé всё устрóилось **2.** *(en parlant du temps)* налáживаться / налáдиться • le temps va s'arranger погóда должнá налáдиться
● s'arranger pour que устрóить дéло так, чтóбы (устрáивать / устрóить) › je vais m'arranger pour que vous receviez le film à temps я устрóю дéло так, чтóбы вы получúли фильм вóвремя

arrestation *nf* арéст • être en état d'arrestation находúться под арéстом

arrêt *nm* **1.** *(action et lieu)* остановка • parler sans arrêt говорúть без остановки • après un bref arrêt, le train repartit пóсле корóткой остановки пóезд трóнулся • l'arrêt de l'autobus est là-bas en face остановка автóбуса там напрóтив **2.** *(arrestation)* арéст • mandat d'arrêt óрдер на арéст

arrêter *vt* **1.** *(immobiliser)* останáвливать / остановúть ④ • arrêter une voiture остановúть машúну • arrêter l'ennemi остановúть врагá **2.** *(appréhender)* задéрживать / задержáть* [I, задержу́, задéржишь] ④, арестóвывать / арестовáть • arrêter un voleur задержáть вóра
■ s'arrêter *vp* **1.** *(cesser de se mouvoir)* останáвливаться / остановúться ④ • la voiture s'est arrêtée devant la maison машúна остановúлась пéред дóмом • le réveil s'est arrêté будúльник остановúлся **2.** *(dans les autres cas)* переставáть* [II, перестаю́, перестаёшь - переставáй - переставáя] / перестáть* [*n cl,* перестáну, перестáнешь] • ils se sont arrêtés de faire du bruit онú перестáли шумéть

arrière[1] *adj* зáдний • les roues arrière зáдние колёса • faire marche arrière дать зáдний ход

arrière[2] *nm* **1.** *(partie postérieure)* зáдняя часть *f (часть)* • l'arrière de l'autobus зáдняя часть автóбуса **2.** *(par opposition au front)* тыл* *(loc.* тылу́ ⑧*)* • envoyer les blessés à l'arrière отпрáвить рáненых в тыл
■ en arrière *loc adv* **1.** *(emplacement)* позадú • il est resté en arrière он остáлся позадú **2.** *(direction)* назáд • faire un pas en arrière сдéлать шаг назáд
■ en arrière de *loc prép* позадú *(+ G)* • en arrière du détachement позадú отря́да

arrière-grand-mère *nf* прабáбка

arrière-grand-père *nm* прáдед

arrière-pensée *nf* зáдняя мысль *f* • sans aucune arrière-pensée без вся́кой зáдней мы́сли

arrière-petite-fille *nf* прáвнучка

arrière-petit-fils *nm* прáвнук

arrivée *nf* **1.** *(par un moyen de transport)* приéзд • avant notre arrivée à Moscou до нáшего приéзда в Москвý **2.** *(à pied ; en parlant des moyens de transport)* прихóд • avant l'arrivée de nos invités до прихóда нáших гостéй • avant l'arrivée du train до прихóда пóезда **3.** *(en parlant d'une saison)* наступлéние • l'arrivée du printemps наступлéние весны́

arriver *v* **1.** *(à pied)* приходи́ть ④ / прийти́* [IV, придý, придёшь - пришёл, пришлá - придя́] • elle vient d'arriver онá тóлько что пришлá ~ *(parvenir enfin)* доходи́ть ④ / дойти́* [IV, дойдý, дойдёшь - дошёл, дошлá - дойдя́] • enfin nous sommes arrivés à la gare наконéц мы дошли́ до стáнции • nous voilà arrivés вот мы и дошли́ • la lettre n'est pas encore arrivée письмó ещё не дошлó ~ *(au figuré)* • voilà où on en est arrivé ! вот до чегó дéло дошлó! **2.** *(en utilisant un véhicule ; à cheval)* приезжáть / приéхать* [IV, приéду, приéдешь] • nous arriverons à Vladivostok demain soir мы приéдем во Владивостóк зáвтра вéчером ~ *(arriver enfin)* доезжáть / доéхать* [IV, доéду, доéдешь] • je suis enfin arrivé наконéц я доéхал **3.** *(en volant, en avion)* прилетáть / прилетéть* [I, прилечý, прилети́шь] • les hirondelles sont arrivées прилетéли лáсточки • à quelle heure arriverons-nous à Moscou ? во скóлько мы прилети́м в Москвý? **4.** *(en parlant des moyens de transport)* приходи́ть ④ / прийти́* • le train est arrivé пóезд пришёл **5.** *(en parlant des saisons, de la nuit)* наступáть / наступи́ть [настýпит], приходи́ть / прийти́* • l'automne est arrivé наступи́ла óсень, пришлá óсень • la nuit arriva наступи́ла ночь **6.** *(obtenir un résultat)* удавáться* [II, удаётся, удаю́тся] / удáться* [*n cl*, удáстся, удаду́тся - удáлся, удалáсь] ③ • je suis arrivé à avoir des billets мне удалóсь достáть билéты **7.** *(avoir lieu)* бывáть, случáться / случи́ться (c + l) • ça arrive parfois э́то бывáет • ça arrive à tout le monde э́то со всéми бывáет • qu'est-ce qui lui est arrivé ? что с ним случи́лось? • il lui est arrivé un malheur с ним случи́лось несчáстье
• je n'arrive pas à dormir мне не спи́тся

> **À PROPOS DE...**
>
> La construction du verbe russe удавáться* / удáться* ③ est différente du français. Au sujet de la proposition française correspond en russe un nom ou un pronom au datif.

arriviste *nm* карьери́ст

arrondissement *adv* **1.** *(dans une ville)* рай́он • le XXe arrondissement двадцáтый рай́он **2.** *(subdivision du département)* óкруг* *(nom. pl.* округá*)* ①②

arroser *v* **1.** *(des plantes)* поливáть / поли́ть* [II, полью́, польёшь - пóлил, полилá, пóлило, пóлили - полéй - поли́тый, пóлит, политá, пóлито, пóлиты] ⑤ • arroser les fleurs поливáть цветы́ **2.** *(un succès)* обмывать / обмы́ть • il faut arroser ça э́то нáдо обмы́ть • arroser la victoire de son équipe обмы́ть побéду комáнды • une soirée bien arrosée пья́нка

art *nm* искýсство • l'art russe рýсское искýсство • pour l'amour de l'art из любви́ к искýсству • selon toutes les règles de l'art по всем прáвилам искýсства

artère *nf* **1.** (ANAT) артéрия **2.** *(rue)* артéрия

artichaut *nm* артишóк

article *nm* **1.** *(de journal ; de loi...)* статья́ • un article scientifique наýчная статья́ • un article du code pénal статья́ уголóвного кóдекса **2.** *(dans le commerce)* товáр • des articles de consommation courante товáры ширóкого потреблéния ~ *(si l'on précise la branche)* издéлие • des articles de bonneterie трикотáжные издéлия • des articles de bijouterie ювели́рные издéлия ~ *(ensemble d'accessoires)* принадлéжности *pl* (принадлéжностей, принадлéжностям) • des articles de bureau пи́сьменные принадлéжности **3.** (GRAMM) арти́кль *m* • il n'y a pas d'article en russe в рýсском языкé нет арти́кля

articuler *v* артикули́ровать, говори́ть отчётливо • articule quand tu parles ! говори внятно!

artificiel *adj* искýсственный • un réservoir artificiel искýсственный водоём

• revêtement en pelouse artificielle искýсственное травянóе покрытие

artillerie *nf* артиллéрия • l'artillerie lourde тяжёлая артиллéрия

artisan *nm* ремéсленник • les petits artisans мéлкие ремéсленники

artisanal *adj* кустáрный

artisane *nf* ремéсленница

artiste *nmf* **1.** *(peintre)* худóжник *m*, худóжница *f* • Picasso est un des plus grands artistes de notre époque Пикассó — оди́н из сáмых вели́ких худóжников нáшего врéмени **2.** *(acteur)* актёр *m*, актри́са *f* • un artiste de cinéma киноактёр ~ *(en parlant d'opéra ou de ballet)* арти́ст *m*, арти́стка *f* • un artiste du Bolchoï арти́ст Большóго теáтра **3.** *(personne habile)* мáстер* *m* *(nom. pl.* мастерá*)* ①②, мастери́ца *f* • c'est un artiste dans son métier он мáстер своегó дéла

artistique *adj* худóжественный • les goûts artistiques du public худóжественные вкýсы пýблики

as *nm* **1.** *(aux cartes)* туз ③②

À PROPOS DE...

Le mot **туз** appartient au sous-genre animé.

2. *(de l'aviation)* ас **3.** *(dans une autre profession)* мáстер своегó дéла, мáстер* *(nom. pl.* мастерá*)* ①②

ascenseur *nm* **1.** лифт • monter par l'ascenseur поднимáться на ли́фте **2.** (INFORM) полосá прокрýтки

ascension *nf* восхождéние • faire l'ascension d'un sommet соверши́ть восхождéние на верши́ну
■ Ascension *nf* (ART & RELIG) Вознесéние

asiatique *adj* азиáтский

Asie *nf* Áзия • l'Asie centrale Срéдняя Áзия • l'Asie Mineure Мáлая Áзия

asile *nm* приют, убéжище • trouver un asile найти́ приют • le droit d'asile прáво убéжища • demander l'asile politique проси́ть полити́ческого убéжища

aspect *nm* **1.** *(allure)* вид • avoir un aspect étrange имéть стрáнный вид **2.** *(face d'une affaire)* сторонá *(стóрону; pl.* стóроны, сторóн, сторонáм*)* ⑥③, аспéкт • l'aspect technique du projet техни́ческая сторонá проéкта **3.** (GRAMM) вид • l'aspect du verbe вид глагóла

asperge *nf* спáржа

aspirateur *nm* пылесóс • passer l'aspirateur пылесóсить / пропылесóсить

aspirine *nf* аспири́н • un comprimé d'aspirine таблéтка аспири́на

assassin *nm* убийца *m*

assassinat *nm* убийство

assassiner *v* убивáть / уби́ть* [II, убью, убьёшь - убéй - уби́тый] • Kennedy a été assassiné en 1963 Кéннеди был уби́т в 1963 годý

assaut *nm* штурм • prendre d'assaut взять штýрмом • partir à l'assaut идти́ на штурм

assemblée *nf* *(corps constitué)* собрáние, ассамблея • l'Assemblée nationale Национáльное собрáние

assembler *v* *(mettre ensemble ; faire tenir ensemble)* собирáть / собрáть* [IV, соберý, соберёшь - собрáл, собралá, собрáло, собрáли] ⑤ • assembler un ordinateur собрáть компьютер

asseoir *v* сажáть / посади́ть ④ • asseoir un enfant sur ses genoux посади́ть ребёнка себé на колéни
■ s'asseoir *vp* сади́ться / сесть* [IV, сяду, сядешь - сел, сéла - сядь] • s'asseoir sur un banc сесть на скамéйку • s'asseoir près de la fenêtre сесть у окнá
● faire asseoir сажáть / посади́ть ④ › je l'ai fait asseoir à côté de moi я посади́л её вóзле себя́

À PROPOS DE...

Ne pas confondre
• s'asseoir сади́ться / сесть* avec
• être assis сидéть (voir assis).

assez *adv* **1.** *(suffisamment)* достáточно • tu crois que le gâteau est assez gros pour six personnes ? ты дýмаешь, э́того тóрта бýдет достáточно на шестеры́х? • tu ne bois pas assez, tu vas te déshydrater ты пьёшь недостáточно, твой органи́зм бýдет обезвóжен • il a assez mangé он ужé мнóго съел • je n'ai pas assez d'argent у меня́ не хватáет дéнег • on a bien assez de soucis забóт хватáет вполнé • aurai-je assez de forces ? хвáтит ли у меня́ сил? • il a fait assez de bêtises наде́лал он глу́постей **2.** *(un peu)* дово́льно • un écrivain assez connu дово́льно изве́стный писа́тель • Anna est assez sympa А́нна дово́льно мила́ • le bébé dort assez bien младе́нец спит дово́льно хорошо́ ● assez ! дово́льно!, хва́тит! *(+ impér)* • en avoir assez › j'en ai assez э́то мне надое́ло › j'en ai assez de te voir надое́л ты мне › j'en ai assez de ce travail мне надое́ла э́та рабо́та › j'en ai assez de travailler мне надое́ло рабо́тать

À PROPOS DE...

Pour traduire **en avoir assez** en utilisant le verbe russe **надоеда́ть / надое́сть*** [*n cl,* надое́ст, надоедя́т - надое́л, надое́ла] il faut faire correspondre au sujet de la proposition française un nom/pronom au datif en russe ; le nom/pronom désignant ce qui importune en français devient sujet du verbe en russe et se met au nominatif.

assiéger *litt & fig v* осажда́ть / осади́ть [*part.* осаждённый] ④ • assiéger une ville осади́ть го́род

assiette *nf* таре́лка • une assiette plate ме́лкая таре́лка • une assiette creuse глубо́кая тере́лка • une assiette à dessert десе́ртная таре́лка • une assiette de crudités таре́лка све́жих овоще́й ● ne pas être dans son assiette быть не в свое́й таре́лке

assimiler *v* усва́ивать / усво́ить • mal assimiler la nourriture пло́хо усва́ивать пи́щу • il a rapidement assimilé les règles de base он бы́стро усво́ил основны́е пра́вила

assis *adj*
● être assis сиде́ть* [I, сижу́, сиди́шь - си́дя] / посиде́ть* [I, посижу́, посиди́шь] › être assis sur une chaise сиде́ть на сту́ле • tu es bien assis dans ce fauteuil ? тебе́ хорошо́ сиди́тся в э́том кре́сле? • place assise сидя́чее ме́сто

À PROPOS DE...

Ne pas confondre
- être assis **сиде́ть** avec
- s'asseoir **сади́ться / сесть***(voir s'asseoir).

assistant *nm* ассисте́нт

assistante *nf* ассисте́нт • elle travaille comme assistante du directeur она́ рабо́тает ассисте́нтом дире́ктора • une assistante sociale рабо́тница социа́льного обеспече́ния

assister *v* **1.** *(être présent)* прису́тствовать *(на +L)* • j'ai assisté à la réunion я прису́тствовал на собра́нии **2.** *(aider)* ассисти́ровать *(+ D)*

association *nf (société)* о́бщество • une association sportive спорти́вное о́бщество • l'Association France-Russie О́бщество "Фра́нция-Росси́я"

astrologue *nmf* астро́лог

assourdissant *adj* оглуши́тельный • un coup de tonnerre assourdissant оглуши́тельный уда́р гро́ма

assurance *nf* **1.** *(contrat)* страхова́ние, страхо́вка *fam* • l'assurance contre l'incendie страхова́ние от огня́ • les assurances sociales социа́льное страхова́ние • payer l'assurance плати́ть страхо́вку **2.** *(confiance en soi)* уве́ренность *f*, самоуве́ренность *f* • parler avec assurance говори́ть с уве́ренностью • il ne manque pas d'assurance ему́ самоуве́ренности не занима́ть

assurer *vt* **1.** *(mettre sous garantie)* страхова́ть / застрахова́ть • assurer ses biens contre l'incendie застрахова́ть иму́щество от пожа́ра **2.** *(affirmer)* уверя́ть / уве́рить • je vous assure уверя́ю вас! **3.** *(rendre sûr)* обеспе́чивать / обеспе́чить • le succès est assuré успе́х обеспе́чен ■ s'assurer *vp* **1.** *(prendre une assurance)* страхова́ться / застрахова́ться • s'assurer contre l'incendie застрахова́ться от пожа́ра **2.** *(vérifier)* убежда́ться / убеди́ться • s'assurer qu'une tâche a bien été effectuée убеди́ться в вы́полнении зада́ния

astérisque *nm* звёздочка • les mots accompagnés d'un astérisque слова́, отме́ченные звёздочкой

asthme *nm* а́стма • avoir de l'asthme боле́ть а́стмой

astronaute *nmf* астрона́вт *m*

astronome *nmf* астроно́м

astronomie *nf* астроно́мия

atelier *nm* **1.** *(dans une usine)* цех ①③ • l'atelier de montage сбо́рочный цех **2.** *(d'artisan)* мастерска́я *(adj subst f)* • un atelier de menuiserie столя́рная мастерска́я **3.** *(de peintre...)* мастерска́я *(adj subst f)*, ателье́* *nt indécl* • **l'atelier du peintre** мастерска́я худо́жника, ателье́ худо́жника

athée *nmf* атеи́ст *m*, атеи́стка *f*

athéisme *nm* атеи́зм

athlète *nmf* **1.** атле́т *m*, атле́тка *f* **2.** легкоатле́т *m*, легкоатле́тка *f*

athlétisme *nm* лёгкая атлетика

atlas *nm* а́тлас

À PROPOS DE...

Ne pas confondre **а́тлас** avec le mot **атла́с** (satin), dont il ne diffère que par l'accentuation.

atmosphère *nf* **1.** *litt* атмосфе́ра **2.** *fig* обстано́вка, атмосфе́ра • **il est difficile de travailler dans une atmosphère pareille** тру́дно рабо́тать в тако́й обстано́вке • **l'atmosphère de la capitale** столи́чная атмосфе́ра

atome *nm* а́том

atomique *adj* а́томный • **l'énergie atomique** а́томная эне́ргия • **la bombe atomique** а́томная бо́мба

atout *nm* ко́зырь *m* *(pl.* ко́зыри, козыре́й, козыря́м*)* ①③ • **quel est l'atout ?** что у нас ко́зырь? ~ *fig* • **c'est un atout important dans la vie** э́то большо́й ко́зырь в жи́зни

atroce *adj* ужа́сный • **un crime atroce** ужа́сное преступле́ние

attaché *nm* атташе́* *m indécl* • **l'attaché culturel** культу́рный атташе́

attacher *v* **1.** *(à qqch)* привя́зывать / привяза́ть* [II, привяжу́, привя́жешь] ④ • **on l'attacha à un arbre** его́ привяза́ли к де́реву **2.** *(assembler)* свя́зывать / связа́ть* [II, свяжу́, свя́жешь] ④ • **attacher deux bouts d'une ficelle** связа́ть концы́ верёвки **3.** *(attribuer)* придава́ть* [II, придаю́, придаёшь - придава́й - придава́я] / прида́ть* [*n cl*, прида́м, прида́шь, прида́ст, придади́м, придади́те, придаду́т - при́дал, придала́, при́дало, при́дали - прида́й - при́данный, при́дан, придана́, при́дано, при́даны] ⑤ • **je n'y attache aucune importance** я не придаю́ э́тому никако́го значе́ния

attaque *nf* **1.** *(assaut, incursion)* ата́ка, нападе́ние • **aller à l'attaque** идти́ в ата́ку • **repousser une attaque** отрази́ть нападе́ние **2.** *(offensive)* наступле́ние • **passer à l'attaque** перейти́ в наступле́ние **3.** *(attentat)* нападе́ние • **une attaque à main armée** вооружённое нападе́ние **4.** *(congestion cérébrale)* инсу́льт • **il a eu une attaque et il en est mort** он у́мер от инсу́льта

■ **attaques** *nfpl (critiques)* напа́дки *pl* *(*напа́док, напа́дкам*)* • **les attaques d'un critique mal intentionné** напа́дки недоброжела́тельного кри́тика

attaquer *v (porter des coups)* напада́ть / напа́сть* [IV, нападу́, нападёшь - напа́л, напа́ла] • **attaquer l'ennemi** напа́сть на врага́

● **attaquer en justice** привле́чь к суду́ (привлека́ть / привле́чь* [IV, привлеку́, привлечёшь, привлеку́т - привлёк, привлекла́ - привлечённый] ③)

atteindre *v* **1.** *(un but, un sommet...)* достига́ть / дости́гнуть* [III] *(+ G)* • **atteindre son but** дости́гнуть це́ли • **les alpinistes ont atteint le sommet** альпини́сты дости́гли верши́ны **2.** *(frapper)* попада́ть / попа́сть* [IV, попаду́, попадёшь - попа́л, попа́ла] • **la balle l'a atteint au front** пу́ля попа́ла ему́ в лоб

attendre *v* ждать* [IV, жду, ждёшь - ждал, ждала́, жда́ло, жда́ли ⑤] / подожда́ть* [IV, *id*], ожида́ть *littéraire* • **j'attends une réponse** жду отве́та • **elle attend Tania** она́ ждёт Та́ню • **elle ne s'est pas fait attendre** она́ не заста́вила себя́ ждать

● **en attendant** пока́ › **en attendant, je vais les mettre dans le tiroir** я их положу́ пока́ в я́щик

À PROPOS DE...

ждать / подожда́ть, et de même **ожида́ть**, régissent généralement le génitif. Toutefois, celui-ci est remplacé par l'accusatif lorsque le complément est un nom singulier appartenant à la première déclinaison et désignant un être animé.

attente *nf* ожида́ние • **dans l'attente de nouveaux événements** в ожида́нии но́вых собы́тий • **la salle d'attente** зал ожида́ния

attentif *adj* внима́тельный • **un élève attentif** внима́тельный учени́к

attention ◪ *nf* внима́ние • **écouter avec attention** слу́шать со внима́-

нием ◪ *interj (pour mettre en garde)* осторо́жно! • **attention à la voiture !** осторо́жно, маши́на! › **attention à la peinture !** осторо́жно, окра́шено! ~ *(avant un message sonore)* внима́ние!
● **faire attention** обраща́ть внима́ние (обраща́ть / обрати́ть *(т → щ)*) › **faire attention à l'accentuation** обраща́ть внима́ние на ударе́ние › **ne faites pas attention** не обраща́йте внима́ния › **faites attention aux voitures !** береги́сь тра́нспорта!

À PROPOS DE...

On emploie également l'impératif **смотри́, смотри́те** au sens de « fais attention », « faites attention ».
- fais attention à ne pas tomber **смотри́, не упади́**
- faites attention qu'il n'y ait pas d'histoires **смотри́те, что́бы не́ было неприя́тностей**

attentivement *adv* внима́тельно

atterrir *v* приземля́ться / приземли́ться • **ils ont atterri à Moscou** они́ приземли́лись в Москве́

atterrissage *nm (d'un avion, d'un hélicoptère)* поса́дка • **un atterrissage forcé** вы́нужденная поса́дка

attestation *nf* удостовере́ние • **délivrer une attestation** вы́дать удостовере́ние

attirer *v (susciter l'intérêt)* привлека́ть / привле́чь* [IV, привлеку́, привлечёшь, привлеку́т - привлёк, привлекла́ - привлечённый] ③ • **attirer la clientèle** привлека́ть покупа́телей • **attirer l'attention** привлека́ть внима́ние

attitude *nf* **1.** *(position du corps)* по́за • **prendre une attitude nonchalante** приня́ть небре́жную по́зу **2.** *(conduite)* поведе́ние • **l'attitude de Boris à cette réunion me semblait incompréhensible** поведе́ние Бори́са на э́том собра́нии каза́лось мне непоня́тным **3.** *(manière d'envisager les rapports)* отноше́ние (отноше́ния, отноше́нию) • **l'attitude du directeur à l'égard de ses subordonnés** отноше́ние дире́ктора к подчинённым

attraper *v* **1.** *(saisir)* лови́ть ④ / пойма́ть • **le chat attrape des souris** ко́шка ло́вит мыше́й **2.** *(contracter)* схва́тывать / схвати́ть ④ • **j'ai attrapé un rhume** я схвати́л на́сморк

attribuer *v* **1.** *(imputer)* припи́сывать / приписа́ть* [II, припишу́, припи́шешь] ④ • **poème attribué à Lermontov** стихотворе́ние, припи́санное Ле́рмонтову **2.** *(décerner)* присужда́ть / присуди́ть [*part.* присуждённый*] • **on lui a attribué le premier prix** ему́ присуди́ли пе́рвую пре́мию
■ **s'attribuer** *vp* припи́сывать / приписа́ть* [II, припишу́, припи́шешь] ④ себе́ • **s'attribuer les mérites d'autrui** приписа́ть себе́ чужи́е заслу́ги

attribut *nm* (GRAMM) именна́я часть сказу́емого

attributions *nfpl* компете́нция • **cela n'entre pas dans mes attributions** э́то не вхо́дит в мою́ компете́нцию

au → à

aube *nf* рассве́т • **à l'aube** на рассве́те

aucun ◪ *adj (pas un seul)* никако́й • **il n'y a aucun doute** нет никако́го сомне́ния • **je n'en ai aucune idée** у меня́ нет никако́г³о представле́ния об э́том • **il n'y a aucune voiture dans la rue** на у́лице ни одно́й маши́ны
● **en aucun cas** ни в ко́ем слу́чае
◪ *pron* **1.** *(nul)* ни оди́н • **aucun d'entre eux n'est venu** ни оди́н из них не пришёл **2.** *(l'un)* кто́-нибудь • **je doute qu'aucun d'entre eux ait accepté** сомнева́юсь, что́бы кто́-нибудь из них согласи́лся

audace *nf* **1.** *(courage)* сме́лость *f* • **j'ai manqué d'audace** мне не хвати́ло сме́лости **2.** *(impertinence)* на́глость *f* • **il a eu l'audace de me dire ça en face** он име́л на́глость сказа́ть мне э́то в глаза́

audacieux *adj* сме́лый ⑤ • **des gens audacieux** сме́лые лю́ди
● **la fortune sourit aux audacieux** сме́лость города́ берёт

au-dehors *adv* **au-dehors** снару́жи › **dedans il faisait plus froid qu'au-dehors** внутри́ бы́ло холодне́е, чем снару́жи › **au-dehors, il faisait froid** на дворе́ бы́ло хо́лодно
■ **au-dehors de** *loc prép* вне *(+ G)* • **au-dehors de la ville** вне го́рода

au-delà ◪ *nm (après la mort)* тот свет • **dans l'au-delà a.** *(direction)* на тот свет **b.** *(emplacement)* на том све́те ◪ *adv (plus loin)* да́льше • **vous voyez le kiosque là-bas ? la pharmacie est un peu au-delà**

ви́дите там кио́ск? апте́ка немно́го да́льше

■ au-delà de *loc prép* за *(+ I)* • au-delà de cette limite votre ticket n'est plus valable за э́тим преде́лом ваш биле́т недействи́телен • il habite au-delà de la rivière он живёт за реко́й

au-dessous *adv* **1.** *(dans l'espace)* внизу́ • ils habitent au-dessous они́ живу́т внизу́ **2.** *(dans une évaluation)* ни́же • les timbres d'un euro et au-dessous ма́рки по одному́ е́вро и ни́же • les enfants de cinq ans et au-dessous де́ти пяти́ лет и моло́же

■ au-dessous de *loc prép* **1.** *(dans l'espace - direction)* под *(+ A)* • regarder au-dessous de l'armoire загляну́ть под шкаф • *(emplacement)* под *(+ I)* • la valise est au-dessous du lit чемода́н под крова́тью **2.** *(dans l'expression de la température)* • au-dessous de zéro ни́же нуля́, моро́за › **quarante degrés au-dessous de zéro** со́рок гра́дусов ни́же нуля́, со́рок гра́дусов моро́за

au-dessus *adv* **1.** *(en haut)* наверху́ • ils habitent au-dessus они́ живу́т наверху́ **2.** *(dans une évaluation)* вы́ше • les mandats de cent euros et au-dessus перево́ды от ста е́вро и вы́ше • les enfants de dix ans et au-dessus де́ти десяти́ лет и ста́рше

■ au-dessus de *loc prép* **1.** *(dans l'espace)* над *(+ I)* • au-dessus de *(régissant un complément de lieu)* › **les corneilles tournoyaient au-dessus de la forêt** воро́ны кружи́лись над ле́сом **2.** *(dans l'expression de la température)* • au-dessus de zéro вы́ше нуля́ › **dix degrés au-dessus de zéro** де́сять гра́дусов вы́ше нуля́

au-devant de *loc prép* навстре́чу *(+ D)* • il est allé au-devant de nos désirs он пошёл навстре́чу на́шим жела́ниям

audiovisuel *adj* а́удио-визуа́льный • les moyens audio-visuels а́удио-визуа́льные посо́бия

auditeur *nm* слу́шатель *m*

auditrice *nf* слу́шательница

augmentation *nf* **1.** *(croissance)* рост • l'augmentation de la population рост населе́ния **2.** *(hausse)* повыше́ние • l'augmentation des prix повыше́ние цен • l'augmentation du niveau de vies повыше́ние у́ровня жи́зни • l'augmentation de la température повыше́ние температу́ры **3.** *(élévation du salaire)* повыше́ние (зарпла́ты), приба́вка *fam* • obtenir une augmentation получи́ть приба́вку

augmenter ◪ *vt* увели́чивать / увели́чить *(accroître)*, повыша́ть / повы́сить *(hausser)* • augmenter la productivité увели́чить производи́тельность • augmenter les salaires повы́сить зарпла́ту ◪ *vi* *(intransitif)* увели́чиваться / увели́читься *(s'accroître)*, повыша́ться / повы́ситься *(monter)* • la population augmente населе́ние увели́чивается • le danger a augmenté опа́сность увели́чилась • le niveau de vie augmente у́ровень жи́зни повыша́ется

aujourd'hui *adv* сего́дня • il arrivera aujourd'hui à cinq heures он прие́дет сего́дня в пять часо́в

aumône *nf* ми́лостыня • demander l'aumône проси́ть ми́лостыню • vivre d'aumônes собира́ть ми́лостыню

aumônier *nm* свяще́нник • l'aumônier du régiment полково́й свяще́нник • l'aumônier du lycée лице́йский свяще́нник

auparavant *adv* **1.** *(dans le passé)* пре́жде • ce n'était plus comme auparavant э́то бы́ло уже́ не так как пре́жде **2.** *(d'abord)* снача́ла • il faudrait le prévenir auparavant на́до бы снача́ла предупреди́ть его́

auprès de *loc prép* **1.** *(près de)* о́коло *(+ G)* • elle a passé toute la nuit auprès de son fils malade она́ провела́ всю ночь о́коло больно́го сы́на **2.** *(en s'adressant à)* пе́ред *(+ I)* • s'excuser auprès du directeur извини́ться пе́ред дире́ктором • s'authentifier auprès du serveur авторизова́ться на се́рвере

auquel → lequel

aurore *nf* (у́тренняя) заря́ *(*заря́ ②⑦*; pl.* зо́ри, зорь, зо́рям*)*

● aurore boréale се́верное сия́ние

ausculter *v* выслу́шивать / вы́слушать • ausculter un malade выслу́шивать больно́го

aussi *adv*

1. ÉGALEMENT = **то́же** *(porte généralement sur le mot qui précède)*, **та́кже** *littéraire (porte généralement sur le mot qui suit)*

• **lui aussi est tombé malade** он то́же заболе́л

• mon frère s'occupait aussi de numismatique мой брат занима́лся та́кже нумизма́тикой

2. DANS UNE COMPARAISON = **так же** *(devant adv ou adj court)*, **тако́й же** *(devant adj long)*

• Macha chante aussi bien que toi Ма́ша поёт так же хорошо́, как и ты

• il est aussi fort que son frère он тако́й же си́льный, как его́ брат

• aussi bien dans les vieux quartiers que dans les nouveaux как в ста́рых райо́нах, так и в но́вых

DANS UNE PHRASE NÉGATIVE = **так** *(devant adv)*, **тако́й** *(devant adj long)*

• Macha ne chante pas aussi bien que toi Ма́ша не так хорошо́ поёт, как ты

• il n'est pas aussi fort que son frère он не так силён, как его́ брат

aussi *conj* = **поэ́тому**

• il manque de persévérance, aussi n'a-t-il pas grand succès у него́ не хвата́ет упо́рства, поэ́тому он ни в чём не успева́ет

aussitôt *adv* неме́дленно • ils sont partis aussitôt они́ неме́дленно уе́хали • aussitôt arrivé à Moscou il a envoyé un sms как то́лько он прие́хал в Москву́, он посла́л смс

● aussitôt dit, aussitôt fait ска́зано — сде́лано

■ aussitôt que *loc conj* как то́лько • aussitôt qu'il arrivera, appelez-moi как то́лько он прие́дет, позови́те меня́

Australie *nf* Австра́лия

autant *adv*

1. LA MÊME CHOSE = **то же са́мое**

• j'en ferais autant я бы то же са́мое сде́лал

2. IL VAUT MIEUX = **лу́чше бы**

• autant s'en aller лу́чше бы уе́хать

● autant..., autant...

a. QUANTITÉ ско́лько..., сто́лько. › autant de têtes, autant d'avis ско́лько голо́в, сто́лько умо́в

b. INTENSITÉ наско́лько..., насто́лько › autant j'aime la musique, autant je ne peux souffrir des œuvres de ce genre наско́лько я люблю́ му́зыку, насто́лько я терпе́ть не могу́ произведе́ний тако́го ро́да

• autant de

a. UNE TELLE QUANTITÉ так мно́го *(+ G)* › je n'ai jamais vu autant de monde я никогда́ не ви́дел так мно́го наро́ду

b. сто́лько *(+ G)*

• autant de... que

a. сто́лько же *(+ G)*, ско́лько › il a autant de disques que moi у него́ сто́лько же ди́сков, ско́лько у меня́

b. так мно́го *(+ G)* как *(après négation)* › il n'a pas autant de disques que moi у него́ не так мно́го ди́сков, как у меня́

• autant que et autant... que

a. DANS LA MESURE OÙ наско́лько › je les aide autant que je peux я им помога́ю наско́лько могу́ › autant que je sache наско́лько мне изве́стно

b. DE LA MÊME MANIÈRE так же..., как и › j'aime autant Lermontov que Pouchkine я так же люблю́ Ле́рмонтова, как и Пу́шкина

• d'autant plus que тем бо́лее, что › d'autant plus qu'il s'est trompé тем бо́лее, что он оши́бся

• d'autant *(+ compar)*... que тем *(+ compar)* что › un travail d'autant plus facile pour vous que vous êtes déjà habitués рабо́та тем бо́лее лёгкая для вас, что вы уже́ привы́кли

autel *nm (dans une église chrétienne)* престо́л

auteur *nm (d'un ouvrage)* а́втор • l'auteur du roman а́втор рома́на

auteure *nf* писа́тельница, а́втор • c'est une auteure canadienne она́ кана́дская писа́тельница

authentique *adj* по́длинный • un document authentique по́длинный докуме́нт

auto *nf* маши́на • ils sont là-bas dans l'auto они́ там в маши́не • on ira en auto мы пое́дем туда́ на маши́не

autobiographie *nf* автобиогра́фия

autobiographique *adj* автобиографи́ческий • un roman autobiographique автобиографи́ческий рома́н

autobus *nm* авто́бус • prendre l'autobus сесть в авто́бус • dans l'autobus, il n'y avait que cinq personnes в авто́бусе бы́ло всего́ пять челове́к • j'y vais en autobus я е́зжу туда́ на авто́бусе

autocar *nm* авто́бус • nous étions vingt-cinq dans l'autocar нас бы́ло два́дцать пять челове́к в авто́бусе • nous allons à Leningrad en autocar мы е́дем в Ленингра́д на авто́бусе

Voir encadré page suivante.

À PROPOS DE...

автокáр désigne les chariots électriques que l'on utilise notamment dans les gares.

autocratie *nf* самодержáвие

autocritique *nf* самокри́тика

autodidacte *nmf* самоу́чка

automate *nm* автомáт

automatique *adj* автомати́ческий • une arme automatique автомати́ческое ору́жие

automatiquement *adv* автомати́чески • ça se fait automatiquement э́то дéлается автомати́чески

automatisme *nm* *(acquis)* нáвык • acquérir un automatisme приобрести́ нáвык

automne *nm* óсень *f* • l'automne arriva наступи́ла óсень • au début de l'automne в начáле óсени
● cet automne óсенью › **cet automne, j'irai dans le Midi** óсенью я поéду на юг • d'automne осéнний › **un temps d'automne** осéнняя погóда • en automne óсенью › **il est arrivé en automne** он приéхал óсенью

automobile *nf* автомоби́ль *m* • la production d'automobiles произвóдство автомоби́лей

automobiliste *nmf* води́тель *m*, води́тельница *f* • l'accident est dû à l'imprudence d'un automobiliste авáрия произошлá из-за неосторóжности води́теля

autonome *adj* **1.** *(en parlant d'une personne)* самостоя́тельный **2.** *(politique)* автонóмный • le district autonome du Taïmyr Таймы́рский автонóмный óкруг

autoportrait *nm* автопортрéт

autorail *nm* автомотри́са

autorisation *nf* разрешéние • demander l'autorisation попроси́ть разрешéния • obtenir l'autorisation получи́ть разрешéние

autoriser *v* разрешáть / разреши́ть *(+ D)* • on l'a autorisé à visiter l'usine емý разреши́ли осмотрéть завóд

autoritaire *adj* **1.** *(en parlant d'une personne)* влáстный • un caractère autoritaire влáстный харáктер **2.** *(en parlant d'un régime politique)* авторитáрный *littéraire* • un régime autoritaire авторитáрный режи́м

autorité *nf* **1.** *(pouvoir)* власть *f* • l'autorité paternelle роди́тельская власть **2.** *(ascendant)* авторитéт • avoir de l'autorité имéть авторитéт **3.** *(personne)* авторитéт • tous le considèrent comme une autorité dans ce domaine он явля́ется для всех авторитéтом в э́той óбласти
■ autorités *nfpl* влáсти *pl* *(*властéй, властя́м*)* ③ • les autorités locales мéстные влáсти • les autorités militaires воéнные влáсти

autoroute *nf* автодорóга, автомагистрáль *f*

auto-stop *nm* автостóп • en auto-stop автостóпом, на попу́тных маши́нах › **il est venu de Lyon en auto-stop** он приéхал из Лиóна автостóпом • faire de l'auto-stop **a.** *(faire signe)* голосовáть / проголосовáть › **nous étions au bord de la route et nous faisions de l'auto-stop** мы стоя́ли у дорóги и «голосовáли» **b.** *(voyager)* éхать на попу́тных маши́нах éхать* [IV, éду, éдешь] / поéхать* [IV, *id*] *; indét.* éздить › **j'allais à Iaroslavl en auto-stop** я éхал в Ярослáвль на попу́тных маши́нах

auto-stoppeur *nm* автостóпщик

autour *adv*
● autour de вокру́г *(+ G)* › **la Terre tourne autour du Soleil** Земля́ вращáется вокру́г Сóлнца › **un voyage autour du monde** путешéствие вокру́г свéта • tourner autour du pot ходи́ть вокру́г да óколо *(*ходи́ть ④*)*

autre ◪ *adj* другóй • donnez-moi un autre livre дáйте мне другу́ю кни́гу • c'est une autre paire de manches э́то совсéм другóе дéло • sur l'autre rive на другóм берегу́ • en d'autres termes други́ми словáми
● l'autre jour на днях ◪ *pron* comme un autre *(après un substantif)* как *(précédé et suivi du même substantif)* › **une ville comme une autre** гóрод как гóрод • de temps à autre врéмя от врéмени • d'un jour à l'autre со дня нá день › **on l'attendait d'un jour à l'autre** егó ждáли со дня нá день • nous parlions de choses et d'autres мы говори́ли о том, о другóм • entre autres *(accompagné d'une énumération)* в том числé › **plusieurs écrivains, entre autres Pasternak, Soljenit-**

syne, Aksionov ра́зные писа́тели, в том числе́ Пастерна́к, Солжени́цын, Аксёнов • les autres se taisaient остальны́е молча́ли
■ l'un l'autre *pron* друг дру́га *(seul le second élément se décline comme un substantif masculin)* • nous sommes restés satisfaits l'un de l'autre мы оста́лись дово́льны друг дру́гом › ils s'aident les uns les autres они́ помога́ют друг дру́гу

autrefois *adv* когда́-то • autrefois, il y avait un bouleau derrière la maison когда́-то за до́мом росла́ берёза

autrement *adv* **1.** *(d'une autre façon)* ина́че, по-друго́му • peut-on faire autrement ? мо́жно ли поступи́ть ина́че? **2.** *(sinon)* ина́че • il faut te reposer, autrement tu tomberas malade тебе́ на́до отдохну́ть, ина́че заболе́ешь

Autriche *nf* А́встрия

autrichien *adj* австри́йский
■ Autrichien *nm* австри́ец *(*австри́йца*)*
■ Autrichienne *nf* австри́йка

autruche *nf* **1.** *(oiseau)* стра́ус **2.** *(viande)* страуся́тина

autrui *pron*
● d'autrui чужо́й › s'attribuer les mérites d'autrui припи́сывать себе́ чужи́е заслу́ги

auxquelles, auxquels → lequel

avalanche *nf* лави́на • une avalanche de neige сне́жная лави́на

avaler *v* прогла́тывать / проглоти́ть ④ • avaler un médicament проглоти́ть лека́рство

avance *nf (payement anticipé)* ава́нс • recevoir une avance получи́ть ава́нс
● à l'avance **a.** зара́нее › préparer un gâteau à l'avance пригото́вить торт зара́нее › je m'en réjouissais à l'avance я зара́нее ра́довался э́тому **b.** *(en parlant d'un payement)* вперёд › payer à l'avance pour deux mois заплати́ть за два ме́сяца вперёд • avoir de l'avance быть впереди́ › il a une avance considérable он далеко́ впереди́ • en avance ра́ньше вре́мени › je suis arrivé en avance я пришёл ра́ньше вре́мени › j'étais dix minutes en avance я пришёл на де́сять мину́т ра́ньше вре́мени

avancer ◪ *vt* **1.** *(pousser en avant)* пододвига́ть / пододви́нуть • il m'a avancé une chaise он пододви́нул мне стул **2.** *(tendre)* протя́гивать / протяну́ть ④ • elle a avancé la main pour prendre le livre она́ протяну́ла ру́ку, что́бы взять кни́гу **3.** *(prêter de l'argent)* ода́лживать / одолжи́ть • tu m'avais avancé cinquante euros ты мне одолжи́л пятьдеся́т е́вро **4.** *(hâter)* ускоря́ть / ускори́ть • nous avons décidé d'avancer notre départ мы реши́ли уско́рить свой отъе́зд ◪ *vi* **1.** *(aller en avant)* идти́* [IV, иду́, идёшь - шёл, шла] / пойти́* [IV, *id*], дви́гаться / дви́нуться *(tous ces verbes peuvent être renforcés par l'adv* вперёд*)* • le train n'avançait pas по́езд не дви́гался • la foule avançait lentement толпа́ ме́дленно дви́галась • elle a avancé pour faire de la place aux autres она́ подви́нулась вперёд, что́бы освободи́ть ме́сто для други́х **2.** *(approcher de son terme)* продвига́ться / продви́нуться • mon travail a avancé моя́ рабо́та продви́нулась • l'affaire n'avance pas де́ло не продвига́ется **3.** *(en parlant d'une montre, d'une horloge)* спеши́ть • ma montre avance de cinq minutes мои́ часы́ спеша́т на пять мину́т **4.** *(faire saillie)* выдава́ться* [II, выдаётся, выдаю́тся] / вы́даться* [*n cl*, вы́дастся, вы́дадутся] • le rocher avance au-dessus de l'eau скала́ выдаётся над пове́рхностью воды́
● ça n'avance à rien э́то ни к чему́

avant *nm (partie antérieure)* пере́дняя часть *f* • l'avant du camion пере́дняя часть грузовика́
■ en avant *loc adv* **1.** *(direction)* вперёд • en avant ! вперёд! • tendre les bras en avant вы́тянуть ру́ки вперёд • c'est un grand pas en avant э́то большо́й шаг вперёд **2.** *(emplacement)* впереди́ • il est quelque part en avant он где́-то там впереди́
■ en avant de *loc prép* en avant de впереди́ *(+ G)* › en avant du détachement впереди́ отря́да

avant *adj (antérieur)* пере́дний • les roues avant пере́дние колёса

avant *prép*
1. DANS LA PÉRIODE QUI A PRÉCÉDÉ = **до** *(+ G)*
• **avant la guerre, ils vivaient richement**
до войны́ они́ жи́ли бога́то

• avant J.-C. до на́шей э́ры, до н. э. › au IXe siècle avant J.-C. в IX ве́ке до н. э.
• deux jours avant son départ, il m'a téléphoné за два дня до своего́ отъе́зда он мне позвони́л
• bien avant son départ задо́лго до его́ отъе́зда
• peu avant son départ незадо́лго до его́ отъе́зда

2. JUSTE AUPARAVANT = **пе́ред** *(+ I)*
• avant son départ, il a tout avoué пе́ред отъе́здом он призна́лся во всём

3. PLUS TÔT QUE D'AUTRES = **ра́ньше** *(+ G)*, **пре́жде** *(+ G)*
• il est rentré avant moi он верну́лся ра́ньше меня́
• ils sont arrivés avant tous les autres они́ прие́хали пре́жде всех

4. DANS L'ESPACE = **до** *(+ G)*
• avant le pont до моста́
• cinq kilomètres avant le village за пять киломе́тров до дере́вни
= **не доходя́ до** *(+ G)*, **не доезжа́я до** *(+ G) (sans aller jusqu'à)*
• c'est là-bas, juste avant les feux rouges э́то там, не доходя́ до светофо́ра
● avant tout пре́жде всего́

avant de *loc prép* = **пре́жде чем** *(+ inf)*
• avant de partir пре́жде чем уе́хать

avant que *loc conj* = **до того́, как**
• nous avons tout préparé avant qu'il ne parte мы всё пригото́вили до того́, как он уе́хал › nous préparerons tout avant qu'il ne parte мы всё пригото́вим до того́, как он уе́дет

avant *adv* **1.** *(dans le passé)* ра́ньше, пре́жде • ce n'était plus comme avant э́то бы́ло уже́ не так как пре́жде **2.** *(à l'avance)* зара́нее, снача́ла *(d'abord)* • prévenez-le avant предупреди́те его́ зара́нее • il faudrait lui en parler avant на́до бы снача́ла поговори́ть с ним

avantage *nm* **1.** *(ce qui est profitable)* вы́года *(pas de pl)*, по́льза *(pas de pl)* • des avantages matériels материа́льная вы́года • quel avantage cela peut-il avoir ? кака́я от э́того по́льза? **2.** *(supériorité)* преиму́щество • présenter un grand avantage име́ть большо́е преиму́щество

avantageux *adj* вы́годный • des conditions avantageuses вы́годные усло́вия • présenter la situation sous un jour avantageux предста́вить положе́ние в вы́годном све́те

avant-dernier *adj* предпосле́дний • l'accent frappe l'avant-dernière syllabe ударе́ние па́дает на предпосле́дний слог

avant-garde *nf (divers sens)* аванга́рд ● d'avant-garde передово́й › une technique d'avant-garde передова́я те́хника

avant-hier *adv* позавчера́ • c'était avant-hier soir э́то бы́ло позавчера́ ве́чером

avant-propos *nm* предисло́вие

avare ◪ *adj* скупо́й ⑤ • elle est très avare она́ о́чень скупа́я • il est avare de compliments он скуп на комплиме́нты ◪ *nmf* скупо́й *m*, скупа́я *f* ● *l'Avare* (Molière) ***Скупо́й*** (Молье́р)

avec *prép*

1. EXPRIMANT LE MOYEN *se traduit par l'instrumental sans préposition*
• écrire avec un crayon писа́ть карандашо́м

2. EXPRIMANT L'ACCOMPAGNEMENT, LA MANIÈRE = **с** *(+ I)*
• avec qui joue-t-il ? с кем он игра́ет?
• un homme de haute taille avec une barbe noire высо́кий челове́к с чёрной бородо́й
• elle me regardait avec étonnement она́ смотре́ла на меня́ с удивле́нием

3. POUR INDIQUER LA MATIÈRE = **из** *(+ G)*
• il a fait ça avec du papier fin он э́то сде́лал из то́нкой бума́ги
● avec l'autorisation с разреше́ния › avec l'autorisation du gouvernement с разреше́ния прави́тельства

avenir *nm* бу́дущее *(adj subst nt)* • dans l'avenir le plus proche в ближа́йшем бу́дущем

aventure *nf* **1.** приключе́ние • il lui est arrivé une aventure bizarre с ним случи́лось стра́нное приключе́ние **2.** *(amoureuse)* рома́н • il a eu une aventure avec une actrice у него́ был рома́н с актри́сой ● à l'aventure наудачу › aller à l'aventure идти́ наудачу • dire la bonne aventure гада́ть • diseuse de bonne aventure гада́лка • roman d'aventures приключе́нческий рома́н

aventurier *nm* **1.** *(personne qui recherche l'aventure)* иска́тель приключе́ний *m* **2.** *(personne sans scrupules)* авантюри́ст

avenue *nf* **1.** *(ailleurs qu'en Russie)* авеню́* *f indécl* **2.** *(en Russie)* проспе́кт

avérer
■ s'avérer *vp* ока́зываться / оказа́ться* [II, ока́жется, ока́жутся] • il s'est avéré que ces bruits étaient non fondés э́ти слу́хи оказа́лись ло́жными

averse *nf* ли́вень *m* • il y a eu une averse хлы́нул ли́вень

avertir *v* предупрежда́ть / предупреди́ть [*part.* предупреждённый*] • pour les avertir du danger что́бы предупреди́ть их об опа́сности
● un homme averti en vaut deux за учёного двух неучёных даю́т

aveu *nm* призна́ние • faire des aveux à qqn сде́лать кому́-нибудь призна́ние • faire l'aveu de son amour призна́ться в любви́ • faire l'aveu de ses fautes призна́ть свои́ оши́бки, созна́ться в свои́х оши́бках • passer aux aveux созна́ться

aveuglant *adj* ослепи́тельный • une lumière aveuglante ослепи́тельный свет

aveugle ◨ *adj* слепо́й ⑤ • elle est aveugle de naissance она́ слепа́ от рожде́ния ~ *fig* • une confiance aveugle слепо́е дове́рие ◨ *nmf* слепо́й *(adj subst m)*, слепа́я *(adj subst f)* • une école pour aveugles учи́лище для слепы́х

aviateur *nm* лётчик

aviation *nf* авиа́ция

aviatrice *nf* лётчица

avide *adj* жа́дный ⑤ • avec une curiosité avide с жа́дным любопы́тством • un enfant avide d'apprendre жа́дный к учёбе ребёнок • une étudiante avide de connaissances жа́дная на зна́ния студе́нтка

avidité *nf* жа́дность *f* • manger avec avidité есть с жа́дностью

avion *nm* самолёт • nous rentrons à Paris en avion мы возвраща́емся в Пари́ж самолётом • je ne dors pas en avion в самолёте я не сплю • l'avion part à deux heures précises самолёт вылета́ет ро́вно в два • un avion supersonique сверхзвуково́й самолёт
● par avion *(sur un envoi postal)* а́виа

avis *nm* **1.** *(opinion)* мне́ние • de l'avis des spécialistes по мне́нию специали́стов • à mon avis по моему́ мне́нию • donner son avis дать своё мне́ние **2.** *(avis au public)* объявле́ние
● à mon avis, à ton avis, à votre avis помо́ему, по-тво́ему, по-ва́шему › à mon avis, il a raison по-мо́ему он прав › eh bien, qu'est-ce que c'est alors, à votre avis ? что же э́то тогда́, по-ва́шему? • autant de têtes, autant d'avis ско́лько голо́в, сто́лько умо́в • deux avis valent mieux qu'un ум хорошо́, а два лу́чше

avocat *nm* адвока́т

avocate *nf* адвока́т

avoine *nf* овёс

avoir *v*

1. AVOIR EXPRIME LA POSSESSION — LE SUJET DU VERBE EST ANIMÉ SCHÉMA DU PRÉSENT : **у** + G (« possesseur ») + **есть** + N (« CHOSE POSSÉDÉE »)
• **j'ai des cartes postales** у меня́ есть откры́тки
• **tu as un dictionnaire ?** у тебя́ есть слова́рь?
• **Kolia a des sœurs** у Ко́ли есть сёстры
• **nous avons un ordinateur** у нас есть компью́тер
• **vous avez des enveloppes ?** конве́рты у вас есть?
• **ils ont des enfants** у них есть де́ти

2. AU PRÉSENT AVEC OMISSION DE **есть** SI ON INSISTE SUR LA NATURE OU LE NOMBRE DE LA « CHOSE POSSÉDÉE »
• **j'ai deux voitures** у меня́ две маши́ны
• **c'est un frère que j'ai en Angleterre. Ma sœur est en Argentine** у меня́ брат в А́нглии. А сестра́ в Аргенти́не
• **nous avons un grand appartement** у нас больша́я кварти́ра
• **ils ont trois enfants** у них тро́е дете́й

3. SCHÉMA DE LA FORME NÉGATIVE DU PRÉSENT: **у** + G (« possesseur ») + **нет** + G (« chose possédée »)
• **je n'ai pas de timbres** у меня́ нет ма́рок
• **tu n'as pas le temps ?** у тебя́ нет вре́мени?
• **Anna n'a pas d'animal de compagnie** у А́нны нет дома́шних живо́тных
• **il n'a pas le permis de conduire** у него́ нет (води́тельских) прав
• **vous n'avez plus de persil ?** у вас бо́льше нет петру́шки?
• **nous n'avons pas de téléviseur** у нас нет телеви́зора

4. SCHÉMA DU PASSÉ : **у** + G (« possesseur ») + **был/ была́/бы́ло/бы́ли** + N (« CHOSE POSSÉDÉE »)
- **j'avais une voiture à l'époque** тогда́ у меня́ была́ маши́на
- **tu avais les cheveux longs** у тебя́ бы́ли дли́нные во́лосы
- **il avait un chien blanc et elle avait un chien noir** у него́ была́ бе́лая соба́ка, а у неё — чёрная
- **il avait un vieux fauteuil en cuir** у него́ бы́ло ста́рое ко́жаное кре́сло
- **nous n'avions pas encore d'enfant** у нас ещё не́ было ребёнка
- **ils avaient une vieille maison à la campagne** у них был ста́рый дом за́ городом

5. SCHÉMA DU FUTUR : **у** + G (« possesseur ») + **бу́дет/ бу́дут** + N (« CHOSE POSSÉDÉE »)
- **j'aurai des timbres demain** ма́рки бу́дут у меня́ за́втра
- **vous aurez une place pour moi ?** у вас бу́дет ме́сто для меня́?
- **vous aurez des billets ?** у вас бу́дут биле́ты?

6. SCHÉMA DU FUTUR À LA FORME NÉGATIVE : **у** + G (« possesseur ») + **бу́дет** + G (« chose possédée »)
- **nous n'aurons pas d'abricots cette année** в э́том году́ у нас не бу́дет абрико́сов

7. AVOIR EXPRIME LA DISPONIBILITÉ — LE SUJET DU VERBE EST INANIMÉ
- **la maison a un ascenseur** в до́ме есть лифт
- **la ville n'avait pas de jardin zoologique** в го́роде не́ было зоологи́ческого са́да
- **le livre aura 300 pages** в кни́ге бу́дет 300 страни́ц
- **l'enveloppe n'avait pas de timbres** на конве́рте не́ было ма́рок

8. SI LE STYLE EST PLUS FORMEL OU SI LE COMPLÉMENT DU VERBE « AVOIR » EST UNE NOTION ABSTRAITE = **име́ть**
- **la maison a trois étages** дом име́ет три этажа́
- **ils ne voulaient pas avoir d'enfants** они́ не хоте́ли име́ть дете́й
- **avoir la possibilité** име́ть возмо́жность
- **j'ai eu la bêtise de me mettre en colère contre lui** я име́л глу́пость рассерди́ться на него́
- **avoir une grande importance** име́ть большо́е значе́ние
- **avoir un air sévère** име́ть стро́гий вид
- **avoir une dent contre qqn** име́ть зуб про́тив кого́-нибудь
- **tu n'as pas le droit** ты не име́ешь пра́ва
- **je n'ai rien contre** я ничего́ не име́ю про́тив
- **ne pas avoir l'occasion** не име́ть слу́чая
- **avoir un grand succès** име́ть большо́й успе́х

9. EXPRESSION DE L'ÂGE
- **quel âge avez-vous ?** ско́лько вам лет?
- **Serge avait alors treize ans** Серёже бы́ло тогда́ трина́дцать лет
- **elle aura bientôt dix-huit ans** ей бу́дет ско́ро восемна́дцать лет

10. EN PARLANT DE QQN OU QUELQUE CHOSE QUI NE VA PAS
- **je ne sais pas ce qu'il a, il n'est pas allé au travail hier** не зна́ю, что с ним, вчера́ он не пошёл на рабо́ту
- **qu'est-ce qu'elle a cette imprimante ?** что с э́тим при́нтером?
- **qu'est-ce que vous avez ?** что с ва́ми?
- **qu'est-ce qu'il avait ?** что с ним бы́ло?

11. OBTENIR
- **il a eu un prix** он получи́л пре́мию
- **j'ai eu mon train de justesse** я чуть не опозда́л на по́езд

À PROPOS DE...

Lorsque le verbe **avoir** fait partie d'une locution comme **avoir faim**, **avoir peur**, **avoir raison** etc. l'expression est traitée sous le nom.

- **je n'ai plus qu'à m'en aller** мне остаётся то́лько уйти́
- **tu n'as qu'à lui écrire** тебе́ сто́ит то́лько ему́ написа́ть
- **je n'ai rien à faire** мне не́чего де́лать
- **on a beau dire** кто что ни говори́

il y a *loc*

1. INDIQUANT LA PRÉSENCE, LA DISPONIBILITÉ
- **il y a des verres** есть стака́ны
- **il y avait une réunion** бы́ло собра́ние
- **il y aura des difficultés** бу́дут затрудне́ния
- **il n'y a pas de sel** со́ли нет
- **il n'y avait pas de chaises** там не́ было сту́льев
- **il n'y aura personne** никого́ не бу́дет
- **il n'y a pas à dire** не́чего сказа́ть

2. INTRODUISANT UN COMPLÉMENT DE TEMPS
- **il y a une semaine qu'il est rentré** он верну́лся неде́лю тому́ наза́д
- **c'était il y a deux mois** э́то бы́ло два ме́сяца тому́ наза́д

avoir *v aux*

(les temps formés avec l'auxiliaire **avoir** *sont rendus en russe par des temps simples)*

- **j'ai fait ma valise** я уложи́л чемода́н
- **tu aurais déjà fini** ты бы уже́ ко́нчил

avouer *v* признава́ться* [II, признаю́сь, признаёшься - признава́йся - признава́ясь] / призна́ться *(в +L)*, сознава́ться* [II, сознаю́сь, сознаёшься - сознава́йся - сознава́ясь] / созна́ться *(в +L)* • **le coupable a tout avoué** престу́пник созна́лся во всём

● **je l'avoue** *(je reconnais volontiers)* призна́юсь › **je n'en ai jamais entendu parler, je l'avoue** призна́юсь, я об э́том никогда́ не слы́шал

avril *nm* апре́ль *m* • **au mois d'avril** в апре́ле • **elle est arrivée le 5 avril** она́ прие́хала 5-го апре́ля

axe *nm* ось *f* ⑧③ • **tourner autour de son axe** враща́ться вокру́г свое́й о́си

Azerbaïdjan *nm* Азербайджа́н

Azov

● **la mer d'Azov** Азо́вское мо́ре

b B

baby-sitting *nm* бебиси́ттинг • faire du baby-sitting рабо́тать бебиси́ттером, рабо́тать приходя́щей ня́ней

bac¹ *nm (examen)* аттеста́т зре́лости • passer son bac сдать на аттеста́т зре́лости • niveau bac + 4 вы́сшее образова́ние со сро́ком обуче́ния 4 го́да

bac² *nm (bateau)* паро́м • traverser le fleuve par le bac переплы́ть реку́ на паро́ме

baccalauréat *nm* **1.** *(examen)* экза́мен на аттеста́т зре́лости • passer son baccalauréat сдать экза́мен на аттеста́т зре́лости, сдать на аттеста́т зре́лости **2.** *(titre)* аттеста́т зре́лости

bachelier *nm* il est bachelier он ко́нчил сре́днюю шко́лу

bachelière *nf* elle est bachelière она́ ко́нчила сре́днюю шко́лу

bâcler *v* сде́лать ко́е-как (де́лать / сде́лать) • bâcler un exposé сде́лать докла́д ко́е-как • ç'a été bâclé они́ схалту́рили

badminton *nm* бадминто́н • jouer au badminton игра́ть в бадминто́н

bafouiller *v* бормота́ть* [II, бормочу́, бормо́чешь ④] / пробормота́ть* [II, *id*] • qu'est-ce qu'il bafouille ? что он там бормо́чет?

bagage *nm* бага́ж *(sans pl)* ③ • mettre ses bagages à la consigne сдать бага́ж на хране́ние
• faire ses bagages собира́ть ве́щи (собира́ть / собра́ть* [IV, соберу́, соберёшь - собра́л, собрала́, собра́ло, собра́ли] ⑤) › il a fait ses bagages à la hâte et il est parti он поспе́шно собра́л ве́щи и уе́хал

bagarre *nf* дра́ка • il est toujours en train de chercher la bagarre он постоя́нно ле́зет в дра́ку

bagatelle *nf* пустя́к ③② • ça m'a coûté la bagatelle de 4000 euros э́то обошло́сь мне в пустя́к, всего́ 4000 е́вро

bagnard *nm (de droit commun)* ка́торжный, ка́торжник • je bosse comme un bagnard я рабо́таю как ка́торжный ~ *(détenu politique)* каторжа́нин* *(pl.* каторжа́не, каторжа́н, каторжа́нам*)*

bagne *nm* ка́торга • envoyer Dostoïevski au bagne сосла́ть Достое́вского на ка́торгу • s'enfuir du bagne бежа́ть с ка́торги • c'est un vrai bagne э́то настоя́щая ка́торга

bague *nf* кольцо́ ②⑤ • une bague avec des brillants кольцо́ с брillиа́нтами • elle porte une bague en or она́ но́сит золото́е кольцо́

baguette *nf* **1.** *(petit bâton)* па́лочка • baguette de chef d'orchestre дирижёрская па́лочка **2.** *(pain)* бато́н
• une baguette magique волше́бная па́лочка

baie¹ *nf* (GÉOGR) бу́хта • une baie profonde глубо́кая бу́хта

baie² *nf (fruit)* я́года • les enfants allaient dans la forêt ramasser des baies де́ти ходи́ли в лес за я́годами

baigner *vt (donner un bain à)* купа́ть / вы́купать • baigner un enfant купа́ть ребёнка
■ se baigner *vp* купа́ться / искупа́ться • se baigner dans un lac купа́ться в о́зере

baignoire *nf* ва́нна *(gén. pl.* ванн*)* • se laver dans une baignoire мы́ться в ва́нне

bâiller *v* зева́ть / зевну́ть • bâiller d'ennui зева́ть от ску́ки

bain *nm* ва́нна *(gén. pl.* ванн*)* • prendre un bain приня́ть ва́нну • prendre des bains de soleil принима́ть со́лнечные ва́нны
• caleçon de bain пла́вки *pl t (*пла́вок, пла́вкам*)* • maillot de bain купа́льник

• salle de bains ва́нная *(adj subst f)* › **il est allé dans la salle de bains se raser** он пошёл в ва́нную бри́ться

baiser *nm* поцелу́й *m* • couvrir de baisers осы́пать поцелу́ями

baisse *nf* сниже́ние, пониже́ние • une baisse de la qualité сниже́ние ка́чества • une baisse de la température пониже́ние температу́ры • la délinquance est en baisse престу́пность снижа́ется

baisser ◪ *vt* **1.** *(dans l'espace)* опуска́ть / опусти́ть ④ • baisser le rideau опусти́ть за́навес • baisser les yeux опусти́ть глаза́ **2.** *(sur une échelle)* снижа́ть / сни́зить • baisser les prix сни́зить це́ны • baisser le ton сни́зить тон ◪ *vi* **1.** *(diminuer)* па́дать / спасть* [IV, спадёт, спаду́т - спал, спа́ла], снижа́ться / сни́зиться • les prix baissent це́ны па́дают • la température a baissé температу́ра сни́зилась • le baromètre baisse баро́метр па́дает **2.** *(baisser de prix)* дешеве́ть / подешеве́ть • les disques ont baissé ди́ски подешеве́ли **3.** *(en parlant du niveau d'un cours d'eau)* спада́ть / спасть* • l'eau baisse вода́ спада́ет
• le jour baisse темне́ет (темне́ть / стемне́ть)
■ se baisser *vp* нагиба́ться / нагну́ться • il s'est baissé pour ramasser le mouchoir он нагну́лся, что́бы подня́ть плато́к

bal *nm* бал* *(loc.* балу́*)* ⑧② • aller au bal идти́ на бал

balade *nf* прогу́лка • faire une balade соверши́ть прогу́лку

baladeur *nm* плéер

balai *nm* **1.** *(en forme de brosse)* (полова́я) щётка **2.** *(en faisceau)* метла́ *(pl.* мётлы, мётел, мётлам*)* ②①

balalaïka *nf* балала́йка

balance *nf (instrument)* весы́ *pl t (*весо́в, веса́м*)* • peser des fruits sur une balance взве́шивать фру́кты на веса́х
■ Balance *nf* (ASTROL) Весы́ *pl t*

balancer *vt* balancer les bras разма́хивать рука́ми • balancer les jambes болта́ть нога́ми
■ se balancer *vp* se balancer sur une chaise кача́ться на сту́ле

balançoire *nf* каче́ли *pl t (*каче́лей, каче́лям*)* • faire de la balançoire кача́ться на каче́лях

balayer *v* **1.** *litt* подмета́ть, мести́* [IV, мету́, метёшь - мёл, мела́ ③] / подмести́* [IV, подмету́, подметёшь - подмёл, подмела́ - подметённый] ③ • balayer la cuisine подмести́ ку́хню **2.** *(en parlant du vent)* мести́* [IV, метёт - мёл] / подмести́* [IV, подметёт - подмёл] • le vent balaye les feuilles sur la route ве́тер метёт ли́стья по доро́ге

balbutier *v* лепета́ть* [II, лепечу́, лепе́чешь ④] / пролепета́ть* [II, *id*] • personne ne m'y a forcé, balbutia-t-il меня́ никто́ не заставля́л, — пролепета́л он

balcon *nm* (ARCHIT & THÉÂTRE) балко́н

baleine *nf* (ZOOL) кит ③②

ballade *nf* (LITTÉR & MUS) балла́да

balle *nf* **1.** *(petit ballon)* мяч ③② • jouer à la balle игра́ть в мяч **2.** *(projectile)* пу́ля • une balle de pistolet пистоле́тная пу́ля
• balle de tennis те́ннисный мяч • balle de ping pong мяч для насто́льного те́нниса, ша́рик для насто́льного те́нниса

ballerine *nf* балери́на

ballet *nm (spectacle, œuvre musicale)* бале́т

ballon *nm* **1.** *(à jouer)* мяч ③② • jouer au ballon игра́ть в мяч • un ballon de football футбо́льный мяч **2.** *(aérostat)* возду́шный шар *(*шара́ ①②, шара *(après* два, три *et* четы́ре*))*

À PROPOS DE...

Attention, le mot russe балло́н désigne une bouteille de gaz.

balnéaire *adj*
• station balnéaire куро́рт › **passer ses congés dans une station balnéaire** провести́ о́тпуск на куро́рте

Baltes
• les pays baltes прибалти́йские респу́блики

Baltique *nf*
• la mer Baltique Балти́йское мо́ре

balustrade *nf* **1.** *(garde-corps)* пери́ла *pl t (*пери́л, пери́лам*)* • s'accouder à la balustrade облокоти́ться на пери́ла **2.** (ARCHIT) балюстра́да

banal *adj* бана́льный • un sujet banal бана́льная те́ма

banalité *nf* банáльность *f* • dire des banalités говори́ть банáльности

banane *nf* банáн

banc *nm* скамéйка, скамья́ *(gén. pl.* скамéй*)* • nous étions dans le jardin, assis sur un banc мы сидéли в садý на скамéйке • sur le banc des accusés на скамьé подсуди́мых
◆ banc de sable мель *f* ⑧③ › **échouer sur un banc de sable** сесть на мель

bande *nf* **1.** *(de papier, d'étoffe, de terre)* полосá *(pl.* пóлосы, полóс, полосáм*)* ②③ *dim.* полóска • une bande d'étoffe полосá матéрии • une étroite bande de terre ýзкая полосá земли́ **2.** *(pansement)* бинт ③② • il faudrait mettre une bande sur ta cheville нáдо бы наложи́ть бинт на твою лоды́жку **3.** *(de personnes)* шáйка • une bande de gamins шáйка ребя́т • une bande de brigands шáйка разбóйников **4.** *(d'oiseaux)* стáя • une bande de canards стáя ýток
◆ bande dessinée кóмикс

bandit *nm* банди́т

banlieue *nf* при́город • habiter en banlieue жить в при́городе

banque *nf* банк • je dois aller à la banque мне нáдо сходи́ть в банк

banquet *nm* банкéт • organiser un banquet устрóить банкéт

banquette *nf* **1.** *(dans une voiture)* сидéнье • sur la banquette arrière на зáднем сидéнье **2.** *(sorte de banc)* скамéйка, лáвка

banquier *nm* банки́р

baptême *nm* крещéние • recevoir le baptême приня́ть крещéние
◆ baptême de l'air пéрвый полёт • le baptême du feu боевóе крещéние

baptiser *v* **1.** (RELIG) крести́ть ④ / крести́ть ④ окрести́ть ④ • faire baptiser un enfant крести́ть ребёнка **2.** *(surnommer)* окрести́ть

bar *nm* *(débit de boissons)* бар

barbare ◪ *adj* вáрварский • des mœurs barbares вáрварские нрáвы ◪ *nmf* вáрвар

barbarie *nf* вáрварство

barbe *nf* бородá *(бóроду, бороды́, бóроды, борóд, бородáм)* ⑥③ • se laisser pousser la barbe отпусти́ть бóроду
◆ rire dans sa barbe смея́ться в бóроду

Barbe-Bleue *npr* Си́няя Бородá

barbelé *adj* колю́чий • (fil de fer) barbelé колю́чая прóволока

barbiche *nf* борóдка

barbouiller *vt* пáчкать / запáчкать, испáчкать *et* напáчкать
◆ barbouiller du papier марáть бумáгу (марáть / замарáть)
■ se barbouiller *vp* se barbouiller la figure испáчкать себé лицó

barbu *adj* бородáтый
■ barbu *nm* бородáч ③②

bariolé *adj* пёстрый ⑤ • une étoffe bariolée пёстрая матéрия

baromètre *nm* барóметр • le baromètre monte барóметр поднимáется • le baromètre baisse барóметр пáдает

baroque *adj* *(style)* барóкко* *nt indécl* • de style baroque в сти́ле барóкко • la musique baroque мýзыка барóкко

barque *nf* лóдка • faire une promenade en barque катáться на лóдке

barrage *nm* **1.** *(digue)* плоти́на • construire un barrage en béton пострóить бетóнную плоти́ну **2.** *(de police, de douane...)* кордóн • il y avait des barrages de police sur les routes на дорóгах бы́ли полицéйские кордóны

barre *nf* *(pièce de métal)* брус *(pl.* брýсья, брýсьев, брýсьям*)* • une barre d'acier стальнóй брус
◆ barre fixe турни́к ③② • barres parallèles параллéльные брýсья

barreau *nm* переклáдина

barrer *v* **1.** *(empêcher le passage)* загорáживать / загороди́ть ④ • un gros rocher leur barrait la route огрóмный валýн преграждáл им дорóгу **2.** *(biffer)* зачёркивать / зачеркнýть • barrer un mot зачеркнýть слóво

barricade *nf* баррикáда

barrière *nf* **1.** *(clôture)* забóр **2.** *(de chemin de fer)* шлагбáум • la barrière est fermée шлагбáум опýщен

baryton *nm* баритóн

bas[1] ■ *adj* **1.** *(peu élevé)* ни́зкий ⑤ *(comp.* ни́же* ~ *superl.* ни́зший*)* • un plafond bas ни́зкий потоло́к • des talons bas ни́зкие каблуки́ • un front bas ни́зкий лоб • à basse température при ни́зкой температу́ре • à bas prix по ни́зкой цене́ **2.** *(en parlant de la voix)* ти́хий ⑤ *(comp.* ти́ше*)* • à voix basse ти́хим го́лосом ■ *adv* **1.** *(en parlant de la voix)* ти́хо *(comp.* ти́ше*)* • parler bas говори́ть ти́хо **2.** *(en altitude)* ни́зко • l'avion volait très bas самолёт лете́л о́чень ни́зко ■ *nm (partie inférieure)* ни́жняя часть *f*, низ* *(loc.* низу́*)* ⑧ • le bas du visage ни́жняя часть лица́ • je ne distingue pas le bas du haut не зна́ю где низ, где верх
● à bas доло́й *(+ A)* › à bas les tyrans ! доло́й тира́нов! › à bas la tyrannie ! доло́й тира́нию! • bas les pattes ! ру́ки прочь! • en bas **a.** *(direction)* вниз › regarder en bas смотре́ть вниз **b.** *(emplacement)* внизу́ › il habite en bas он живёт внизу́

bas[2] *nm (vêtement)* чуло́к* *(gén. pl.* чуло́к*)* • une paire de bas па́ра чуло́к • porter des bas носи́ть чулки́

basculer *v (se renverser)* опроки́дываться / опроки́нуться • le camion a basculé dans le ravin грузови́к опроки́нулся в овра́г

base *nf* **1.** *(principe fondamental)* осно́ва • les bases de la physique осно́вы фи́зики • prendre pour base взять за осно́ву **2.** (MATH) основа́ние • la base du triangle основа́ние треуго́льника **3.** *(centre de ravitaillement)* ба́за
● base aérienne авиаба́за • base de données ба́за да́нных • base de loisirs ба́за о́тдыха

baser *v* осно́вывать / основа́ть • sur quoi sont basées ses conclusions ? на чём осно́вываются его́ вы́воды?

basket ■ *nm* (SPORT) баскетбо́л • jouer au basket игра́ть в баскетбо́л ■ *nf (chaussure)* кроссо́вка

basse-cour *nf* пти́чий двор *(*двор ③②*)* • dans la basse-cour на пти́чьем дворе́

bassin *nm* (GÉOGR) бассе́йн • un bassin houiller у́гольный бассе́йн • le bassin de la Volga бассе́йн Во́лги

bataclan *nm* барахло́ • pourquoi traînes-tu tout ce bataclan ? заче́м ты та́щишь всё э́то барахло́?

bataille *nf* **1.** (MIL) би́тва, сраже́ние • gagner la bataille вы́играть би́тву • sur le champ de bataille на по́ле би́твы • la bataille de Koulikovo Кулико́вская би́тва • la bataille de la Kalka би́тва на Ка́лке • la bataille de Poltava би́тва под Полта́вой • la bataille de la Moskova би́тва при Бородине́ • la bataille de Tsoushima би́тва при Цуси́ме **2.** *(bagarre)* дра́ка • le jeu a dégénéré en bataille игра́ преврати́лась в дра́ку

bataillon *nm* батальо́н

bateau *nm* **1.** *(de petite taille)* ло́дка • faire un tour en bateau поката́ться на ло́дке • un bateau à moteur мото́рная ло́дка • un bateau à voile па́русная ло́дка **2.** *(de grande taille)* кора́бль, су́дно *(pl.* суда́, судо́в, суда́м*)* ①② • un bateau de pêche рыболо́вное су́дно • un bateau de commerce торго́вое су́дно • un bateau à voiles па́русное су́дно • aller en Angleterre en bateau отпра́виться в А́нглию на корабле́ **3.** *(à vapeur)* парохо́д **4.** *(à moteur Diesel)* теплохо́д • nous sommes revenus par le bateau « Alexandre Pouchkine » мы верну́лись на теплохо́де «Алекса́ндр Пу́шкин»

bateau-mouche *nm* речно́й трамва́й

bâtiment *nm (édifice)* зда́ние • un bâtiment de grande taille большо́е зда́ние

bâtir *v* стро́ить / постро́ить • bâtir un pont стро́ить мост
● bâtir sur le sable стро́ить на песке́

bâton *nm (de bois)* па́лка • s'appuyer sur un bâton опира́ться на па́лку
● mettre des bâtons dans les roues ста́вить па́лки в колёса • parler à bâtons rompus разгова́ривать из пя́того в деся́тое

battements *nmpl* бие́ние • les battements du cœur бие́ние се́рдца
● battements de cœur сердцебие́ние › j'ai souvent des battements de cœur у меня́ ча́сто быва́ет сердцебие́ние

batterie *nf* **1.** *(d'un appareil)* батаре́я • je n'ai plus de batterie sur mon portable батаре́я моего́ моби́льника се́ла **2.** *(d'une voiture)* аккумуля́тор

battre ■ *vt* **1.** *(donner des coups à)* бить* [II, бью, бьёшь - бей] / поби́ть* [II, побью́, побьёшь - побе́й - поби́тый] • il bat son chien он бьёт свою́ соба́ку • battre qqn à coups de poings бить кого́-нибудь кулака́ми **2.** *(à la guerre, dans une lutte)* бить* [II, бью, бьёшь - бей] / разби́ть* [II, разобью́, разобьёшь - разбе́й - разби́тый] • battre l'ennemi разби́ть врага́

• **battre un record** побить рекорд (/ побить [II, побью, побьёшь - побей]) **3.** *(au jeu)* побить • **il m'a battu aux échecs** он побил меня в шахматы **4.** (AGRIC) молотить ④ / смолотить ④ • **battre le seigle** молотить рожь ◼ *vi (en parlant du cœur)* биться* [II, бьётся] • **le cœur bat** сердце бьётся

● **battre qqn à plate couture** разбить кого-нибудь наголову • **battre des ailes** махать крыльями (махать [II, машу, машешь ④ - махая]) • **battre des mains** бить в ладоши (бить [II, бью, бьёшь - бей]), хлопать в ладоши • **battre du tambour** бить в барабан, бить [II, бью, бьёшь - бей] • **battre en retraite** отступать / отступить ④ › **l'ennemi battait en retraite** враг отступал • **battre son plein** быть в самом разгаре › **la fête battait son plein** праздник был в самом разгаре • **il faut battre le fer pendant qu'il est chaud** куй железо, пока горячо

■ **se battre** *vp* драться* [IV, дерусь, дерёшься - дрался, дралась ③] / подраться* [IV, *id*], биться* [II, бьюсь, бьёшься - бейся] / побиться* [II, *id*] • **les gamins se battent** мальчики дерутся • **se battre en duel** драться на дуэли • **se battre à l'épée** биться на шпагах

bavard *nm* болтун ③② • **je n'ai jamais vu un bavard pareil** никогда не видел такого болтуна

bavardage *nm* болтовня

bavarde *nf* болтунья

bavarder *v* болтать / поболтать • **bavarder sans arrêt** болтать без умолку

bazar *nm (désordre)* беспорядок • **quel bazar dans cette chambre !** ну и беспорядок в этой комнате!

> **À PROPOS DE...**
>
> Le mot russe **базáр** signifie **marché**.

BD (*abr de* **bande dessinée**) *nf* комикс • **collectionner les BD** коллекционировать комиксы

beau *adj* **1.** *(sur le plan esthétique)* красивый • **une belle fleur** красивый цветок • **un beau paysage** красивый пейзаж • **une belle voix** красивый голос • **de la belle musique** красивая музыка ~ *iron* • **de belles paroles** красивые слова **2.** *(dans les autres cas)* хороший *(comp.* лучше* ou лучший* ~ *superl.* лучший*) • **un beau temps** хорошая погода • **vous avez un bel appartement** у вас хорошая квартира • **manger une belle portion de gâteau** съесть хороший кусок торта **3.** *(pour parler du temps qu'il fait)* • **il fait beau** погода хорошая • **il fera beau** будет хорошая погода • **s'il faisait beau** если бы была хорошая погода • **il faisait beau temps avant-hier** позавчера была хорошая погода • **s'il fait beau demain, nous irons à la plage** если завтра будет хорошая погода, мы пойдём на пляж • **s'il avait fait beau, je serais allé au stade** если бы была хорошая погода, я бы поехал на стадион

● **au beau milieu a.** *(direction)* в самую середину **b.** *(emplacement)* в самой середине • **avoir beau** *(+ inf)* как... ни *(+ indic)* › **mais elle avait beau crier, personne ne répondait** но как она ни кричала, никто не отвечал › **on a beau dire** кто что ни говори • **la Belle au bois dormant** Спящая Красавица • **fais le beau !** *(ordre donné à un chien)* служить! • **un beau jour** *(inopinément)* в один прекрасный день

beaucoup *adv* **1.** *(en quantité)* много • **c'est beaucoup** это много • **beaucoup de travail** много работы • **beaucoup de bruit pour rien** много шума из ничего • **il est passé beaucoup d'eau sous les ponts depuis ce temps-là** много воды утекло с тех пор • **parler beaucoup** много говорить • **il a beaucoup de soucis** у него очень много забот • **je lis beaucoup** я очень много читаю **2.** *(en intensité)* очень • **je l'aime beaucoup** я его очень люблю • **ça lui plaît beaucoup** это ей очень нравится **3.** *(suivi d'un comparatif)* намного, гораздо • **beaucoup plus vite** намного быстрее • **ils sont beaucoup plus nombreux** их на-много больше • **elle est beaucoup plus intelligente que lui** она гораздо умнее его **4.** *(au sens de bien des personnes)* многие (многих, многим) *(pron-adj pl)* • **beaucoup pensent qu'il ne reviendra pas** многие думают, что он не вернётся • **c'est indispensable pour beaucoup** это необходимо для многих **5.** *(au sens de bien des choses)* многое *(pron nt sing)* • **ils ont fait beaucoup pour toi** они многое сделали для тебя

● **beaucoup trop** слишком много › **tu travailles beaucoup trop** ты слишком много работаешь › **il y a beaucoup trop de lait dans la soupe** в супе слишком много молока

beau-fils *nm* **1.** *(gendre)* зять* *m (pl.* зятья́, зятьёв, зятья́м*)* ①② **2.** *(enfant d'un premier lit)* па́сынок

beau-frère *nm* **1.** *(mari de la sœur)* зять* *m (pl.* зятья́, зятьёв, зятья́м*)* ①② **2.** *(frère du mari)* де́верь* *m (pl.* деверья́, деверéй, деверья́м*)* ①② **3.** *(frère de la femme)* шу́рин **4.** *(le mari d'une sœur du mari ; le mari de la sœur de la femme)* своя́к ③②

À PROPOS DE...

La terminologie des liens de parenté par alliance est complexe ; il est toujours possible d'utiliser une périphrase : ***votre beau-frère*** брат ва́шей жены́.

beau-père *nm* **1.** *(père de la femme)* тесть *m* **2.** *(père du mari)* свёкор **3.** *(second mari de la mère)* о́тчим

À PROPOS DE...

La terminologie des liens de parenté par alliance est complexe ; il est toujours possible d'utiliser une périphrase : ***mon beau-père*** оте́ц мое́й жены́.

beauté *nf* **1.** *(caractère de ce qui est beau)* красота́ *(nom. pl.* красо́ты*)* ②① • **je fus frappé par sa beauté** меня́ порази́ла её красота́ • **les beautés de la nature** красо́ты приро́ды **2.** *(femme très belle)* краса́вица • **c'est une beauté** она́ краса́вица

beaux-parents *nmpl* **1.** *(parents du mari)* роди́тели му́жа *(pl.* роди́тели, роди́телей, роди́телям*) pl t* **2.** *(parents de la femme)* роди́тели жены́ *(pl.* роди́тели, роди́телей, роди́телям*) pl t*

bébé *nm* ма́ленький ребёнок, ребёнок* *(pl.* де́ти, дете́й, де́тям, детьми́, де́тях*)* • **il se conduit comme un bébé** он ведёт себя́ как ма́ленький ребёнок

bec *nm (d'oiseau, d'animal)* клюв

bêche *nf* лопа́та

bêcher *v* копа́ть / вскопа́ть • **bêcher le jardin** копа́ть огоро́д

bédé → BD

bégayer *v (être bègue)* заика́ться

beige *adj* бе́жевый • **un pull beige** бе́жевый сви́тер

beignet *nm* по́нчик

bel → beau

Belge[1] *nmf* бельги́ец *m* (бельги́йца), бельги́йка *f*

belge[2] *adj* бельги́йский • **le gouvernement belge** бельги́йское прави́тельство

Belgique *nf* Бе́льгия

bélier *nm* бара́н

■ **Bélier** *nm* (ASTROL) О́вен • **je suis Bélier** я О́вен

belle → beau

belle-fille *nf* **1.** *(bru)* неве́стка *(pour sa belle-mère)*, сноха́ *(pour son beau-père)* ②① **2.** *(fille d'un premier lit)* па́дчерица

À PROPOS DE...

La terminologie des liens de parenté par alliance est complexe ; il est toujours possible d'utiliser une périphrase : ***ma belle-fille*** жена́ моего́ сы́на.

belle-mère *nf* **1.** *(mère de la femme)* тёща **2.** *(mère du mari)* свекро́вь *f* **3.** *(seconde femme du père)* ма́чеха

belle-sœur *nf* **1.** *(femme du frère ; femme du frère du mari)* неве́стка **2.** *(sœur de la femme ; femme du frère de la femme)* своя́ченица **3.** *(sœur du mari)* золо́вка

À PROPOS DE...

La terminologie des liens de parenté par alliance est complexe ; il est toujours possible d'utiliser une périphrase : ***la belle-sœur de ma fille*** сестра́ му́жа мое́й до́чери.

belliqueux *adj* во́инственный • **avec un air belliqueux** с во́инственным ви́дом

Biélorussie *nf* Белору́ссия

bénéfice *nm (avantage financier)* при́быль *f* • **le bénéfice net** чи́стая при́быль • **revendre avec un gros bénéfice** перепрода́ть с большо́й при́былью

bénévole *adj* на обще́ственных нача́лах • **un travailleur bénévole** рабо́тник на обще́ственных нача́лах • **un travail bénévole** рабо́та на обще́ственных нача́лах

bénir *v* благословля́ть / благослови́ть • **bénir le destin** благослови́ть судьбу́

bénit *adj*

• **eau bénite** свята́я вода́ *(*вода́ ⑥*)*

béquille *nf* косты́ль *m* ③② • marcher avec des béquilles ходи́ть на костыля́х

bercer *v* кача́ть • la nounou berçait ma sœur ня́ня кача́ла мою́ сестру́

béret *nm* бере́т

berge *nf* бе́рег* *(loc.* берегу́ *; pl.* берега́*)* ⑧② • près de la berge недалеко́ от бе́рега

berger *nm* пасту́х ③② • le berger suivait son troupeau пасту́х шёл за ста́дом

bergère *nf (personne)* пасту́шка • la bergère gardait ses moutons пасту́шка пасла́ ове́ц

besoin *nm* **1.** *(nécessité)* потре́бность *f* • satisfaire les besoins de la population удовлетвори́ть потре́бности населе́ния **2.** *(indigence)* нужда́ • être dans le besoin жить в нужде́
● en cas de besoin в слу́чае на́добности • avoir besoin › **il a besoin de repos** ему́ ну́жен о́тдых › **tu as besoin de ce livre ?** тебе́ нужна́ э́та кни́га? › **j'ai besoin de dormir** мне ну́жно спать › **il a trouvé le livre dont tu as besoin** он нашёл ну́жную тебе́ кни́гу › **il a besoin d'aide** ему́ нужна́ по́мощь

bétail *nm* скот ③ • le gros bétail кру́пный рога́тый скот • le menu bétail ме́лкий скот

bête[1] *nf* **1.** *(domestique ou sauvage)* живо́тное *(adj subst nt)* **2.** *(sauvage seulement)* зверь *m* ①③ • les bêtes sauvages ди́кие зве́ри
● bête à bon Dieu бо́жья коро́вка • chercher la petite bête придира́ться к пустяка́м (придира́ться / придра́ться* [IV, придеру́сь, придерёшься - придра́лся, придрала́сь...] ③)

> **À PROPOS DE...**
>
> Au singulier l'accusatif de **живо́тное** est semblable au nominatif, au pluriel il est semblable au génitif.

bête[2] *adj* глу́пый ⑤ • elle était bête она́ была́ глупа́
● il est bête à manger du foin он глуп, как про́бка

bêtise *nf* **1.** *(action, parole stupide)* глу́пость *f* • faire des bêtises де́лать глу́пости • dire des bêtises говори́ть глу́пости **2.** *(stupidité)* глу́пость *f* • il a fait ça par bêtise он сде́лал э́то по глу́пости **3.** *(chose sans importance)* пустя́к ③② • il s'est mis en colère pour des bêtises он рассерди́лся из-за пустяко́в

béton *nm* бето́н • un mur en béton бето́нная стена́
● béton armé железобето́н

betterave *nf* свёкла *(pas de pl)* • betterave rouge (столо́вая) свёкла • betterave à sucre са́харная свёкла

beurre *nm* (сли́вочное) ма́сло • une tartine de beurre хлеб с ма́слом
● œil au beurre noir фона́рь под гла́зом *(*фона́рь ③② *m)* › **il avait un œil au beurre noir** у него́ был фона́рь под гла́зом

bibelot *nm* безделу́шка • des bibelots en porcelaine фарфо́ровые безделу́шки

bible *nf* би́блия

bibliophile *nmf* библиофи́л

bibliothécaire *nmf* библиоте́карь *m*

bibliothèque *nf* **1.** *(organisme)* библиоте́ка • prendre des livres à la bibliothèque взять кни́ги в библиоте́ке **2.** *(meuble)* кни́жный шкаф, шкаф* *(loc.* шкафу́*)* ⑧② • il y a un dictionnaire dans la bibliothèque слова́рь есть в кни́жном шкафу́

bicyclette *nf* велосипе́д • j'irai là-bas à bicyclette я пое́ду туда́ на велосипе́де • faire une promenade à bicyclette ката́ться на велосипе́де

> **bien** *adv*
>
> **1.** D'UNE MANIÈRE SATISFAISANTE = **хорошо́**
> • **elle chante bien** она́ хорошо́ поёт
> • **il se trouve bien ici** ему́ здесь хорошо́
>
> **2.** CONSIDÉRABLEMENT, VRAIMENT = **о́чень**
> • **je suis bien fatigué** я о́чень уста́л
> • **je l'aime bien** я его́ о́чень люблю́
>
> **3.** ENTIÈREMENT = **соверше́нно, вполне́**
> • **il a bien raison** он соверше́нно прав
> • **il l'a bien mérité** он э́то вполне́ заслужи́л
>
> **4.** EFFECTIVEMENT = **в са́мом де́ле, действи́тельно**
> • **oui, c'est bien lui** да, в са́мом де́ле, э́то он
> • **c'est bien le cas** э́то действи́тельно так
>
> **5.** PAS MOINS DE = **не ме́нее** *(+ G)*
> • **il y avait bien deux cents personnes** бы́ло не ме́нее двухсо́т челове́к

6. UNE QUANTITÉ = **мно́го** *((pron-adj et, après une préposition exigeant un cas oblique),* мно́гих, мно́гим, мно́гими*)*
• **il a bien du travail** у него́ мно́го рабо́ты
• **ça nous a donné bien du tracas** э́то наде́лало нам мно́го хлопо́т
• **bien des choses** мно́гое *(pron nt sing)*
• **ils ont fait bien des choses pour nous** они́ мно́гое сде́лали для нас
• **dites-lui bien des choses de ma part** переда́йте ему́ приве́т
• **bien des personnes** мно́гие *(pron ; inusité au sing)* › **bien des personnes sont de cet avis** мно́гие так ду́мают
• **à bien des égards** во мно́гих отноше́ниях

7. DEVANT UN COMPARATIF = **намно́го, гора́здо**
• **il est bien plus âgé que son frère** он намно́го ста́рше своего́ бра́та
● **eh bien** ну › **eh bien, que faire à présent ?** ну, что тепе́рь де́лать?
• **ou bien** и́ли
• **bien entendu** разуме́ется
• **tant bien que mal** с грехо́м попола́м
• **elle veut bien** она́ согла́сна

bien que *loc conj* = **хотя́**
• **bien qu'il nous rendît visite tous les jours, nous ne savions presque rien à son sujet** хотя́ он ка́ждый день быва́л у нас, мы почти́ ничего́ не зна́ли о нём

si bien que *loc conj* = **так что**
• **il faisait noir et elle me tournait le dos, si bien que je ne l'ai pas reconnue** бы́ло темно́ да и она́ стоя́ла ко мне спино́й, так что я её не узна́л

bien *nm* **1.** *(ce que la morale prescrit)* добро́ • **le bien et le mal** добро́ и зло • **elle vous veut du bien** она́ жела́ет вам добра́ • **faire le bien** де́лать добро́ **2.** *(état satisfaisant, prospérité)* добро́, бла́го *(en parlant de l'intérêt général)* • **le mieux est l'ennemi du bien** от добра́ добра́ не и́щут • **pour le bien de tous** на бла́го всем **3.** *(richesses)* бла́га *pl* (благ, бла́гам), иму́щество *(propriété) (pas de pl)* • **la production des biens matériels** произво́дство материа́льных благ • **la confiscation des biens** конфиска́ция иму́щества

bien-être *nm* благополу́чие • **beaucoup ne pensent qu'à leur bien-être** мно́гие ду́мают то́лько о своём благополу́чии

bientôt *adv* ско́ро • **il arrivera bientôt** он ско́ро придёт • **à bientôt** до ско́рой встре́чи

bienvenu *adj* **soyez le bienvenu, soyez la bienvenue, soyez les bienvenus** добро́ пожа́ловать

bière *nf (boisson)* пи́во • **bière blonde** све́тлое пи́во • **bière brune** тёмное пи́во

bifteck *nm* бифште́кс

bijou *nm* драгоце́нность *f* • **elle avait des bijoux** у неё бы́ли драгоце́нности • **porter des bijoux** носи́ть драгоце́нности

bikini® *nm* бики́ни • **porter un bikini** носи́ть бики́ни

bijouterie *nf (magasin)* ювели́рный магази́н

bilan *nm* **1.** (COMM & ÉCON) бала́нс • **le bilan annuel** годово́й бала́нс • **le bilan de l'économie nationale** бала́нс наро́дного хозя́йства • **faire le bilan** подвести́ бала́нс **2.** *(autres domaines)* ито́г • **faire le bilan** подвести́ ито́г • **un triste bilan** печа́льный ито́г
● **bilan de compétences** бала́нс компете́нтности

bile *nf* жёлчь *f*
● **se faire de la bile** по́ртить себе́ кровь

bilangue *adj* с изуче́нием двух иностра́нных языко́в

bilingue *adj* двуязы́чный • **un dictionnaire bilingue** двуязы́чный слова́рь

billard *nm* бильа́рд • **jouer au billard** игра́ть в бильа́рд

bille *nf* ша́рик • **jouer aux billes** игра́ть в ша́рики
● **un stylo à bille** ша́риковая ру́чка • **des roulements à billes** ша́риковые подши́пники

billet *nm* биле́т • **un billet de cirque** биле́т в цирк • **un billet de théâtre** биле́т в теа́тр • **un billet d'avion pour Moscou** авиабиле́т в Москву́ • **un billet de chemin de fer** железнодоро́жный биле́т • **un billet d'autobus** авто́бусный биле́т • **un billet de loterie** лотере́йный биле́т

bio *adj inv* биологи́чески чи́стый • **des légumes bio** биологи́чески чи́стые о́вощи

biographie *nf* биогра́фия

biologie *nf* биоло́гия

bip *nm* звуково́й сигна́л • **parlez après le bip** говори́те по́сле звуково́го сигна́ла

bis *nm* бис • **en bis il a joué du Schubert** на бис он испо́лнил Шу́берта

biscotte *nf* = суха́рь *m* ③②

biscuit *nm* пече́нье *(pas de pl)* • **manger des biscuits** есть пече́нье • **un paquet de biscuits** па́чка пече́нья

bise *nf* поцелу́й • **grosses bises** целу́ю

bisou *nm* поцелу́й • **je te fais des bisous** целу́ю

bistrot *nm* кафе́ *nt inv*

bizarre *adj* стра́нный ⑤ *(стра́нен, странна́, стра́нно, стра́нны)* • **une idée bizarre** стра́нная мысль • **c'est bizarre qu'il ne soit pas venu** стра́нно, что он не пришёл • **si bizarre que ça puisse paraître** как ни стра́нно

blague *nf* **1.** *(pour faire rire)* анекдо́т • **il m'a raconté une blague très drôle** он мне рассказа́л о́чень смешно́й анекдо́т **2.** *(pour tromper)* шу́тка • **blague à part** шу́тки в сто́рону • **raconter des blagues** врать* [IV, вру, врёшь - врал, врала́, вра́ло, вра́ли ⑤] / навра́ть* [IV, *id*] › **ne le croyez pas, il raconte des blagues** не ве́рьте ему́, он врёт • **faire une blague** подшути́ть • **pas de blagues** без глу́постей

blâme *nm (réprimande)* вы́говор • **recevoir un blâme** получи́ть вы́говор

blanc *adj* **1.** *(de couleur blanche)* бе́лый ⑤ • **un drapeau blanc** бе́лый флаг • **blanc comme neige** бе́лый как снег • **du pain blanc** бе́лый хлеб, бу́лка • **vin blanc** бе́лое вино́ **2.** *(en parlant des cheveux, des poils)* седо́й ⑤ • **avec une barbe blanche** с седо́й бородо́й **3.** *(qui n'est pas sale)* чи́стый ⑤ *(comp.* чи́ще*)* • **une page blanche** чи́стая страни́ца

● **arme blanche** холо́дное ору́жие *(pas de pl)* • **l'armée blanche** бе́лая а́рмия • **nuit blanche a.** *(nuit sans sommeil)* бессо́нная ночь *f (*ночь ⑧③*)* › **passer une nuit blanche** провести́ бессо́нную ночь **b.** *(nuit d'été très claire au voisinage du cercle polaire)* бе́лая ночь *f (*ночь ⑧③*)*

■ **blanc** *nm* **1.** *(de l'œuf, de l'œil)* бело́к **2.** *(couleur)* бе́лое *(adj subst nt)* • **s'habiller en blanc** оде́ться в бе́лое **3.** (HIST) бе́лый *(adj subst m)*

blanchisserie *nf* пра́чечная *(adj subst f)*

blanchisseuse *nf* пра́чка

blé *nm* пшени́ца • **un sac de blé** мешо́к пшени́цы • **blé d'hiver** ози́мая пшени́ца • **blé de printemps** ярова́я пшени́ца

blessé *nm* ра́неный *(adj subst m)* • **on transporta le blessé du lieu de l'accident à l'hôpital** с ме́ста ава́рии ра́неного отвезли́ в больни́цу

blessée *nf* ра́неная *(adj subst f)*

blesser *vt* **1.** *(causer une blessure)* ра́нить / ра́нить • **il a été blessé à la jambe** его́ ра́нило в но́гу **2.** *(moralement)* задева́ть / заде́ть* *n cl* [заде́ну, заде́нешь - заде́тый] • **blesser l'amour-propre** заде́ть самолю́бие • **la remarque m'a blessé** замеча́ние меня́ заде́ло

■ **se blesser** *vp* **1.** *(physiquement, sans préciser)* / пора́ниться • **il s'est blessé sur un fil de fer barbelé** он пора́нился о колю́чую про́волоку **2.** *(physiquement, en précisant)* пора́нить себе́ *(+ A)* (/ пора́нить) • **il s'est blessé à la jambe** он пора́нил себе́ но́гу

blessure *nf* ра́на, ране́ние • **une blessure légère** лёгкое ране́ние • **panser une blessure** перевяза́ть ра́ну • **la blessure a cicatrisé rapidement** ра́на бы́стро зажила́

bleu *adj* **1.** *(clair)* голубо́й • **des yeux bleus** голубы́е глаза́ • **le ciel bleu** голубо́е не́бо **2.** *(foncé)* си́ний ⑤ • **un costume bleu** си́ний костю́м

■ **bleu** *nm* **1.** *(marque de coup)* синя́к ③② • **tout couvert de bleus** весь в синяка́х **2.** *(couleur - clair)* голубо́е *(adj subst nt)* • *(- foncé)* си́нее *(adj subst nt)*

bleuet *nm* василёк *(*василька́*)*

bloc *nm* **1.** *(masse)* глы́ба • **un bloc de pierre** ка́менная глы́ба **2.** *(en politique)* блок • **un bloc politique** полити́ческий блок

blocus *nm* блока́да • **le blocus économique** экономи́ческая блока́да • **pendant le blocus de Leningrad** во вре́мя блока́ды Ленингра́да

blog *nm* блог • **tenir un blog** вести́ блог

blond[1] *adj* белоку́рый • **blond foncé** ру́сый • **des cheveux blonds** белоку́-

рые во́лосы • une jeune fille blonde белоку́рая де́вушка

blond² *nm* блонди́н

blonde *nf* блонди́нка • une fausse blonde кра́шеная блонди́нка

bloquer *v* **1.** *(coincer)* блоки́ровать / заблоки́ровать • bloquer la porte avec une chaise заблоки́ровать дверь сту́лом • des camions bloquent l'autoroute грузовики́ блоки́руют автомагистра́ль **2.** *(geler)* замора́живать / заморо́зить • bloquer les crédits заморо́зить креди́ты
● être bloqué застрева́ть / застря́ть › nous sommes bloqués dans un embouteillage мы застря́ли в про́бке

blouse *nf (de travail)* хала́т • une infirmière en blouse blanche медсестра́ в бе́лом хала́те

blouson *nm* ку́ртка
● blouson d'aviateur куртка лётчика

bluff *nm* блеф

bluffer *v* пуска́ть пыль в глаза́ (пуска́ть / пусти́ть ④)

bobine *nf* кату́шка • une bobine de fil кату́шка ни́ток

bocal *nm* ба́нка • un bocal à confitures ба́нка для варе́нья • un bocal de fruits au sirop ба́нка фру́ктов в сиро́пе

bœuf *nm* **1.** *(animal)* вол ③②, бык • travailler comme un bœuf рабо́тать как вол • fort comme un bœuf здоро́вый как бык **2.** *(viande)* говя́дина • du bœuf bouilli варёная говя́дина • du filet de bœuf говя́жье филе́

bogue *nm* (INFORM) баг, оши́бка

bohémien¹ *adj* цыга́нский

bohémien² *nm* цыга́н* *(pl.* цыга́не, цыга́н, цыга́нам*)* ⑤

bohémienne *nf* цыга́нка

boire *v* пить* [II, пью, пьёшь - пил, пила́, пи́ло, пи́ли - пей ⑤] / вы́пить* [II, вы́пью, вы́пьешь - вы́пей] • boire de l'eau minérale пить минера́льную во́ду • boire de la vodka пить во́дку • buvons à sa santé вы́пьем за его́ здоро́вье

bois *nm* **1.** *(forêt)* лес* *(loc.* лесу́*; pl.* леса́*)* ⑧② • se promener dans les bois гуля́ть в лесу́ **2.** *(matériau)* де́рево • gravure sur bois гравю́ра на де́реве **3.** *(de chauffage)* дрова́ *pl t* (дров, дрова́м*)* • fendre du bois наколо́ть дров
● bois mort вале́жник • en bois деревя́нный › une maison en bois деревя́нный до́м • je vais lui montrer de quel bois je me chauffe я ему́ покажу́, где ра́ки зиму́ют

boisson *nf* напи́ток • les boissons alcoolisées спиртны́е напи́тки

boîte *nf* коро́бка • une boîte d'allumettes коро́бка спи́чек • une boîte de bonbons коро́бка конфе́т • la boîte de vitesses коро́бка скоросте́й
● boîte aux lettres **a.** *(de la poste)* почто́вый я́щик **b.** *(individuelle)* пи́сьменный я́щик

boiter *v* хрома́ть / захрома́ть • boiter du pied gauche хрома́ть на ле́вую но́гу

bol *nm* пиала́ • un bol de thé пиала́ ча́ю

bolchevik *nm* (HIST) большеви́к ③②

bolchevique *adj* (HIST) большеви́стский

Bolchoï *nm (théâtre)* Большо́й теа́тр

bombardement *nm* бомбёжка *fam*, бомбардиро́вка *littéraire*

bombarder *v* бомби́ть / разбомби́ть, бомбардирова́ть / бомбардирова́ть *littéraire* • l'aviation ennemie bombardait la ville вра́жеская авиа́ция бомби́ла го́род

bombardier *nm* бомбардиро́вщик

bombe *nf* бо́мба • bombe atomique а́томная бо́мба • bombe H водоро́дная бо́мба • lancer des bombes сбро́сить бо́мбы

bon *adv* хорошо́ • il fait bon ici хорошо́ здесь • ça sent bon хорошо́ па́хнет • bon, j'irai ! хорошо́, я приду́

bon *nm* тало́н

bon, bonne *adj*

1. PLEIN DE BONTÉ = **до́брый** ⑤ (добр, добра́, до́бро, до́бры)
• un bon garçon до́брый ма́лый

2. QUI A LES QUALITÉS SOUHAITABLES = **хоро́ший** ③ (хоро́ш, хороша́, хорошо́, хороши́)
• un bon repas хоро́ший обе́д
• une bonne idée хоро́шая иде́я
• un bon conseil хоро́ший сове́т

• **manger une bonne part de gâteau** съесть хорóшую пóрцию тóрта
3. AGRÉABLE AU GOÛT = **вкýсный** ⑤
• **un bon plat** вкýсное блю́до
• **c'est très bon** э́то óчень вкýсно
4. AGRÉABLE À L'ODORAT = **приятный**
• **une bonne odeur** приятный зáпах
5. AVEC UN NOM INDIQUANT UNE QUANTITÉ = **дóбрый**
• **une bonne moitié** дóбрая половúна
● **à quoi bon ?** зачéм? › **à quoi bon discuter avec lui ?** зачéм с ним спóрить?
• **bon appétit !** приятного аппетúта!
• **au bon moment** кстáти
• **bon voyage !** счастлúвого путú!
• **bonne année !** с Нóвым гóдом! › **souhaiter la bonne année à ses amis** поздрáвить друзéй с Нóвым гóдом
• **bonne nuit !** спокóйной нóчи!
• **dire la bonne aventure** гадáть
• **la bonne volonté** дóбрая вóля › **les hommes de bonne volonté** лю́ди дóброй вóли
• **le bon sens** FACULTÉ D'APPRÉCIER здрáвый смысл › **pas un brin de bon sens** ни кáпельки здрáвого смы́сла
• **pour de bon** не на шýтку › **il s'est fâché pour de bon** он рассердúлся не на шýтку
• **s'en tirer à bon compte** дёшево отдéлаться (отдéлываться / отдéлаться)
• **un bon mot** каламбýр
• **une bonne femme** какáя-то тётка › **il y a une bonne femme là-bas sur le banc** там на скамéйке сидúт какáя-то тётка
• **une bonne fièvre** сúльная лихорáдка
• **une bonne occasion** благоприятный слýчай
• **une vieille bonne femme** какáя-то старýшка › **il y avait une vieille bonne femme** там сидéла какáя-то старýшка

bon marché *loc adj*
= **дешёвый** ⑤ (дёшев, дешевá, дёшево, дёшевы)
• **des disques bon marché** дешёвые дúски
• **des éditions à bon marché** дешёвые издáния

bon marché *loc adv* = **дёшево**
• **acheter à bon marché** дёшево купúть

bonbon *nm* конфéта • **un bonbon acidulé** леденéц • **une boîte de bonbons** корóбка конфéт

bond *nm* скачóк • **un bond de côté** скачóк в стóрону
● **faire un bond en arrière** отскочúть назáд (отскáкивать / отскочúть ④)

bondé *adj* биткóм набúтый • **le bus était bondé** автóбус был биткóм набúт

bondir *v* 1. *(en avant, en haut)* вскáкивать / вскочúть ④ 2. *(s'approcher d'un bond)* подскáкивать / подскочúть ④ • **il bondit vers la fenêtre** он подскочúл к окнý

bonheur *nm* счáстье • **envier le bonheur des autres** завúдовать чужóму счáстью • **par bonheur** к счáстью
● **au petit bonheur** наудáчу › **aller au petit bonheur** идтú наудáчу

bonhomme *nm* 1. *(homme)* какóй-то тип • **il y a un bonhomme là-bas sur le banc** там на скамéйке сидúт какóй-то тип 2. *(petit garçon)* карапýз
● **un bonhomme de neige** снéжная бáба • **un vieux bonhomme** какóй-то старúк (старúк ③②) › **il y a un vieux bonhomme là-bas sur le banc** там на скамéйке сидúт какóй-то старúк

bonjour *nm* *(gén)* здрáвствуйте, дóбрый день ~ *(à une personne que l'on tutoie)* здрáвствуй ~ *(le matin, à tous)* дóброе ýтро • **donne le bonjour à ta sœur** привéт сестрé

bonnet *nm* шáпка • **un bonnet fourré** меховáя шáпка
● **un bonnet de nuit** ночнóй колпáк (колпáк ③②)

bonsoir *nm* дóбрый вéчер

bonté *nf* добротá • **un homme d'une grande bonté** человéк большóй доброты́

bord *nm* 1. *(d'une surface quelconque)* край* *m (loc.* краю́ ; *pl.* краá) ⑧② • **le bord du trottoir** порéбрик • **en suivant le bord du ravin** по краю́ оврáга 2. *(d'un navire)* борт* *(loc.* бортý ; *pl.* бортá) ⑧② • **à bord d'un navire** на бортý корабля́ • **prendre un passager à bord** взять пассажúра нá борт • **jeter par-dessus bord** вы́бросить зá борт

À PROPOS DE...

L'accent passe sur la préposition dans les groupes **зá борт**, **нá борт** et **борт ó борт**.

3. *(rivage)* бéрег* *(loc.* берегý ; *pl.* берегá) ⑧② • **au bord du lac** на берегý

о́зера • un camping en bord de mer ке́мпинг на берегу́ мо́ря

À PROPOS DE...

L'accent passe généralement sur la préposition dans le groupe **на́ берег.**

borne *nf* столб, ту́мба
• borne kilométrique киломе́тровый столб *(*столб ③②*)* • dépasser les bornes вы́йти за грани́цы

borné *adj (en parlant d'une personne)* недалёкий *(*недалёк, недалека́, недалёки*)*, ограни́ченный • il est borné он недалёк • un esprit borné ограни́ченный ум

borner
■ se borner *vp* ограни́чиваться / ограни́читься *(+ I)* • nous allons nous borner aujourd'hui à présenter le projet dans ses grandes lignes ограни́чимся сего́дня тем, что предста́вим прое́кт в о́бщих черта́х

bosquet *nm* ро́ща

bosse *nf* **1.** *(d'un bossu, d'un chameau)* горб* *(loc.* горбу́*)* ⑧② **2.** *(endroit tuméfié)* ши́шка • se faire une bosse наби́ть себе́ ши́шку **3.** *(sur une surface plate)* неро́вность *f* • que de bosses sur la route ! ско́лько неро́вностей на доро́ге!

botanique[1] *adj* ботани́ческий • le jardin botanique ботани́ческий сад

botanique[2] *nf* бота́ника

botte[1] *nf (chaussure de cuir, de caoutchouc)* сапо́г* *(gén. pl.* сапо́г*)* ③⑥ • des bottes de cuir ко́жаные сапоги́ • mettre ses bottes наде́ть сапоги́
• botte de feutre ва́лен*о*к *(gén. pl.* ва́лен*о*к*)* • les bottes de sept lieues сапоги́-скорохо́ды *pl t (pl.* сапоги́-скорохо́ды, сапо́г-скорохо́дов, сапога́м-скорохо́дам*)*

botte[2] *nf* **1.** *(de légumes)* пуч*о́*к • une botte de radis пучо́к реди́ски • une botte d'asperges пучо́к спа́ржи **2.** *(de paille, de foin)* оха́пка • une botte de paille оха́пка соло́мы

bouc *nm (animal)* козёл
• bouc émissaire козёл отпуще́ния

bouche *nf* рот* *(loc.* рту*)* • respirer par la bouche дыша́ть ртом • bouche bée рази́нув рот

boucher[1] *nm* мясни́к ③②

boucher[2] *vt* **1.** *(fermer en mettant un bouchon)* заку́поривать / заку́порить • boucher une bouteille заку́порить буты́лку **2.** *(colmater)* затыка́ть / заткну́ть • boucher un trou заткну́ть дыру́ **3.** *(condamner une ouverture)* закла́дывать / заложи́ть ④ • boucher l'ouverture avec des briques заложи́ть отве́рстие кирпичо́м
• boucher le passage загороди́ть доро́гу (загора́живать / загороди́ть ④)
■ se boucher *vp* **1.** *(s'obstruer)* засоря́ться / засори́ться • le lavabo s'est bouché ра́ковина засори́лась **2.** *(le nez, les oreilles)* затыка́ть / заткну́ть • se boucher le nez заткну́ть нос • se boucher les oreilles заткну́ть у́ши

boucherie *nf* **1.** *(magasin)* мясно́й магази́н **2.** *(à la guerre)* бо́йня

bouchon *nm (divers sens)* про́бка • un bouchon en matière plastique про́бка из пластма́ссы • il s'est formé un bouchon dans le tuyau в трубе́ образова́лась про́бка

boucle *nf* **1.** *(de cheveu)* ло́кон *(naturelle)*, завит*о́*к **2.** *(fermoir)* пря́жка • une boucle en plastique noir пря́жка из чёрного пла́стика
• boucle d'oreille серьга́ *(gén. pl.* серёг*)* ②③

bouclier *nm* щит ③②

Bouddha *nm* Бу́дда *m*

bouder *v* ду́ться* [III, ду́юсь, ду́ешься] • arrête de bouder переста́нь ду́ться

boue *nf* грязь *f* ⑧ • il y avait sur la route une boue épaisse на доро́ге была́ непрола́зная грязь

bouée *nf*
• bouée de sauvetage спаса́тельный круг *(*круг ①②*)*

boueux *adj* гря́зный ⑤ • un sentier boueux гря́зная тропи́нка

bouffer *tfam v* жрать / пожра́ть • qu'est-ce qu'on bouffe ce soir ? чего́ бы нам тако́го пожра́ть сего́дня ве́чером?

bouger *v* двигаться / двинуться, шевелиться / пошевелиться • il était couché et ne bougeait pas он лежал и не двигался • il n'est pas mort, il bouge encore он не умер, ещё шевелится

bougie *nf* **1.** *(pour éclairer)* свеча *(gén. pl.* свечей*)* ②③ • allumer une bougie зажечь свечу **2.** (AUTO) свеча • il faut changer les bougies надо заменить свечи

bouillant *adj* **1.** *litt* горячий ③ *(*горяч, горяча*)* • de l'eau bouillante кипяток **2.** *fig* кипучий • un caractère bouillant кипучий характер

bouillir *v litt & fig* кипеть* [I, киплю, кипишь] / вскипеть* [I, *id*] • l'eau bout вода кипит • bouillir de colère кипеть гневом

◉ faire bouillir **a.** *(porter à ébullition)* кипятить / вскипятить › **faire bouillir le lait** вскипятить молоко **b.** *(faire cuire dans l'eau)* варить ④ / сварить ④ › **faire bouillir des pommes de terre** варить картошку

bouilloire *nf* чайник • une bouilloire électrique электрический чайник

bouillon *nm (soupe)* бульон

◉ boire le bouillon *(en nageant)* захлёбываться / захлебнуться › **il a bu le bouillon et a coulé** он захлебнулся и утонул

bouillotte *nf* грелка • une bouillotte en caoutchouc резиновая грелка

boulanger *nm* булочник

boulangère *nf* булочница

boulangerie *nf* булочная *(adj subst f)*

boule *nf* шар *(après* два, три, четыре, *le génitif de* шар *est accentué sur la syllabe finale)* ①② • une boule de billard бильярдный шар

◉ boule de neige снежок › **jouer aux boules de neige** играть в снежки • avoir les boules быть не в духе › **il a les boules, Julie l'a plaqué** он в жутком настроении, Жюли ушла от него

bouleau *nm* берёза

boulette *nf* **1.** *(petite boule)* шарик • une boulette de pain хлебный шарик **2.** (CULIN) котлета • des boulettes de viande hachée мясные котлеты

boulevard *nm* бульвар • le boulevard de la Madeleine бульвар Мадлен

> **À PROPOS DE...**
>
> Bien qu'il soit utilisé pour la traduction du français « boulevard », le mot **бульвар** désigne dans son sens habituel une promenade bordée d'arbres située dans l'axe d'une grande artère.

bouleversement *nm* переворот • un bouleversement économique экономический переворот

bouleverser *v* **1.** *(troubler profondément)* потрясать / потрясти* [IV, потрясу, потрясёшь - потряс, потрясла - потрясённый] ③ • tous les spectateurs étaient bouleversés все зрители были потрясены **2.** *(mettre en désordre)* перевернуть вверх дном (переворачивать / перевернуть [*part.* перевёрнутый]) • ils ont tout bouleversé dans la chambre в комнате они всё перевернули вверх дном

boulier *nm* счёты *pl t (*счётов, счётам*)* • compter sur un boulier, считать на счётах

boulot *fam nm* **1.** *(travail)* работа • on a beaucoup de boulot cette semaine на этой неделе много работы **2.** *(emploi)* работа • un boulot mal payé плохо оплачиваемая работа

bouquet *nm (de fleurs)* букет • un bouquet de roses букет роз

◉ ça, c'est le bouquet этого ещё не хватало

bouquin *nm* книжка • un bouquin intéressant интересная книжка

bouquiniste *nm* букинист

◉ chez un bouquiniste **a.** *(emplacement)* в букинистическом магазине › **j'ai trouvé cette gravure chez un bouquiniste** я нашёл эту гравюру в букинистическом магазине **b.** *(direction)* в букинистический магазин

bourdon *nm (insecte)* шмель *m* ③②

◉ *le Vol du bourdon* (Rimski-Korsakov) ***Полёт шмеля*** (Римский-Корсаков)

bourdonner *v* **1.** *(en parlant d'insectes...)* жужжать* [I, жужжит, жужжат] / прожужжать* [I, *id*] • les mouches bourdonnaient жужжали мухи **2.** *(en parlant des oreilles)* гудеть* [I, гудит] / загудеть* [I, *id*] • j'ai les oreilles qui bourdonnent в ушах гудит

bourg *nm* посёлок

bourgeois[1] *nm* буржу́й *m péj*, буржуа́* *m indécl littéraire*

bourgeois[2] *adj* **1.** *(de la bourgeoisie)* буржуа́зный • **une éducation bourgeoise** буржуа́зное воспита́ние • **la société bourgeoise au XIX**[e] **siècle** буржуа́зное о́бщество в XIX ве́ке **2.** *(de petit-bourgeois)* меща́нский • **des goûts bourgeois** меща́нские вку́сы

bourgeoisie *nf* буржуази́я • **la grande bourgeoisie** кру́пная буржуази́я • **la petite bourgeoisie** ме́лкая буржуази́я

bourgeon *nm* (BOT) по́чка • **les bourgeons des arbres s'ouvrent** по́чки на дере́вьях распуска́ются

Bourgogne *nf* Бургу́ндия

bourreau *nm* пала́ч ③②

bourse[1] *nf* **1.** *(porte-monnaie)* кошелёк *(кошелька́)* • **une bourse bien garnie** ту́го наби́тый кошелёк **2.** *(d'enseignement)* стипе́ндия • **il a une bourse** он получа́ет стипе́ндию

bourse[2] *nf* *(lieu où se font les opérations financières)* би́ржа • **jouer à la Bourse** игра́ть на би́рже
● **la Bourse du travail** би́ржа труда́

À PROPOS DE...

À la différence de son équivalent français, le mot **би́ржа** ne prend pas de majuscule.

boursier *nm* *(élève bénéficiant d'une bourse)* стипендиа́т • **la liste des étudiants boursiers** спи́сок студе́нтов-стипендиа́тов

bousculer *v* толка́ть / толкну́ть
■ **se bousculer** *vp* толка́ться / толкну́ться • **les élèves se bousculaient** шко́льники толка́ли друг дру́га

boussole *nf* ко́мпас • **se diriger à l'aide d'une boussole** идти́ по ко́мпасу

bout *nm* **1.** *(partie extrême d'un objet considéré dans sa longueur)* коне́ц *dim.* ко́нчик • **l'autre bout de la ficelle** друго́й коне́ц верёвки • **le bout de la rue** коне́ц у́лицы • **à l'autre bout de la ville** в друго́м конце́ го́рода **2.** *(fin d'une durée)* коне́ц • **le bout de l'année** коне́ц го́да • **faire son devoir jusqu'au bout** до конца́ вы́полнить свой долг **3.** *(extrémité d'une partie du corps)* ко́нчик • **le bout du nez** ко́нчик но́са • **du bout du doigt** ко́нчиком па́льца **4.** *(morceau, fragment)* кусо́к • **un bout de craie** кусо́к ме́ла • **un bout de pain** кусо́к хле́ба • **un bout de papier** клочо́к бума́ги
● **à bout portant** в упо́р › **tirer à bout portant** стреля́ть в упо́р • **au bout de** че́рез *(+ A)* (через *peut être soit atone, soit accentué sur la première syllabe)* › **au bout d'une heure, tous étaient partis** че́рез час все уе́хали • **au bout du monde a.** *(direction)* на край све́та **b.** *(emplacement)* на краю́ све́та • **être à bout de forces** вы́биться из сил (выбива́ться / вы́биться* [II, вы́бьюсь, вы́бьешься]) • **joindre les deux bouts** *fig* своди́ть концы́ с конца́ми (своди́ть ④ / свести́* [IV, сведу́, сведёшь - свёл, свела́] ③) › **ils avaient de la peine à joindre les deux bouts** они́ едва́ своди́ли концы́ с конца́ми • **ne pas voir plus loin que le bout de son nez** не ви́деть да́льше своего́ но́са • **venir à bout de** спра́виться с *(+ I)* (справля́ться / спра́виться) › **venir à bout de son adversaire** спра́виться со свои́м проти́вником

bouteille *nf* буты́лка • **une bouteille de lait** буты́лка молока́ • **boire à la bouteille** пить из го́рлышка

boutique *nf* **1.** *(point de vente)* ла́вка • **une petite boutique où l'on vend des légumes et des fruits** небольша́я ла́вка где продаю́тся о́вощи и фру́кты **2.** *(atelier de réparations)* мастерска́я *(adj subst f)* • **la boutique du cordonnier** сапо́жная мастерска́я
● **boutique de mode** бути́к мо́дной оде́жды

bouton *nm* **1.** *(sur un vêtement)* пу́говица • **j'ai un bouton qui a sauté** пу́говица у меня́ оторвала́сь • **coudre un bouton** приши́ть пу́говицу **2.** (TECHN) кно́пка • **appuyez sur le bouton** нажми́те кно́пку **3.** (BOT) по́чка • **les boutons ne s'ouvrent pas encore** по́чки ещё не раскрыва́ются ~ буто́н *(fleur avant son épanouissement)* • **un bouton de rose** буто́н ро́зы **4.** *(sur la peau)* прыщ *dim.* пры́щик ③② • **j'ai un petit bouton sur le nez** у меня́ пры́щик на носу́
● **bouton de manchette** за́понка

boutonner *v* застёгивать / застегну́ть [*part.* застёгнутый] • **boutonner son manteau** застегну́ть пальто́

bouton-pression *nm* кно́пка • **le bouton-pression s'est défait** кно́пка растегну́лась

bowling *nm* 1. *(jeu)* бо́улинг • jouer au bowling игра́ть в бо́улинг 2. *(établissement)* бо́улинг • il y a un nouveau bowling à coté de la patinoire ря́дом с катко́м откры́лся но́вый бо́улинг

boxe *nf* бокс • faire de la boxe занима́ться бо́ксом

boxeur *nm* боксёр

boyard *nm* боя́рин* *(pl.* боя́ре, боя́р, боя́рам*)*

bracelet *nm* брасле́т • un bracelet en or золото́й брасле́т

braconnage *nm* браконье́рство

braconner *v* браконье́рствовать

braconnier *nm* браконье́р

brailler *fam v* ора́ть* [IV, ору́, орёшь] • il braillait tant qu'il pouvait он ора́л во всё го́рло

brancard *nm* 1. *(civière)* носи́лки *pl t* (носи́лок, носи́лкам*)* • transporter un blessé sur un brancard нести́ ра́неного на носи́лках 2. *(d'attelage)* огло́бля

branche *nf* 1. (BOT) ве́тка • une grosse branche сук* *(loc.* суку́ ; *pl.* су́чья, су́чьев, су́чьям*)* ⑧① • une des branches de l'arbre одна́ из ве́ток де́рева • être assis sur une grosse branche сиде́ть на суку́ 2. *(champ d'activité)* о́трасль *f* • dans toutes les branches de l'industrie во всех о́траслях промы́шленности

brancher *v (mettre en fonctionnement)* включа́ть / включи́ть • brancher la radio включи́ть ра́дио

braquer *vt* наводи́ть ④ / навести́* [IV, наведу́, наведёшь - навёл, навела́ - наведённый] ③ • braquer ses jumelles dans la direction d'une loge навести́ бино́кль на ло́жу

bras *nm* 1. *(partie du corps)* рука́ ⑥③ • le bras gauche ле́вая рука́ • tenir un enfant dans ses bras держа́ть ребёнка на рука́х • prendre un ami par le bras взять прия́теля за́ руку • donner le bras à sa vieille mère идти́ со ста́ренькой ма́мой по́д руку 2. *(étreinte)* объя́тие • se jeter dans les bras de son père бро́ситься в объя́тия отца́ • recevoir un invité à bras ouverts принима́ть го́стя с распростёртыми объя́тиями 3. *(de fauteuil...)* ру́чка • les bras du fauteuil ру́чки кре́сла 4. *(de fleuve...)* рука́в* *(nom. pl.* рукава́*)* ①② • le fleuve se divise en deux bras река́ де́лится на два рукава́ ● à tour de bras изо всех сил › taper à tour de bras бить изо всех сил • bras dessus, bras dessous по́д руку › ils allaient bras dessus, bras dessous они́ шли по́д руку • en bras de chemise без пиджака́ • le bras droit *fig* пра́вая рука́ › c'est son bras droit э́то его́ пра́вая рука́ • rester les bras croisés сиде́ть сложа́ ру́ки

À PROPOS DE...

L'accent passe sur la préposition dans les groupes **за́ руку, за́ руки, на́ руку, на́ руки, по́д руку, по́д руки, рука́ о́б руку.**

brassard *nm* повя́зка на рукаве́ • avec un brassard с повя́зкой на рукаве́

brasse *nf (nage)* брасс • nager la brasse пла́вать бра́ссом

brave *adj* 1. *(qui ne craint pas le danger)* хра́брый ⑤ 2. *(bon)* до́брый ⑤ • de braves gens до́брые лю́ди • un brave garçon до́брый ма́лый

braver *v* сме́ло идти́ навстре́чу *(+ D)* (идти́* [IV, иду́, идёшь - шёл, шла] / пойти́* [IV, пойду́, пойдёшь - пошёл, пошла́ - пойдя́] ④ ; *indét.* ходи́ть) • braver le danger сме́ло идти́ навстре́чу опа́сности

bravo *interj* бра́во

brebis *nf* овца́ ②⑤ • un troupeau de brebis ста́до ове́ц • la brebis égarée заблу́дшая овца́

bredouiller *v* бормота́ть* [II, бормочу́, бормо́чешь ④] / пробормота́ть* [II, *id*]

bref¹ *adj* кра́ткий ⑤ *(comp.* кра́тче* ~ *superl.* кратча́йший**)* • une brève explication кра́ткое объясне́ние • dans le délai le plus bref в кратча́йший срок

bref² *adv* одни́м сло́вом

Bretagne *nf* Брета́нь *f*

bretelles *nfpl* подтя́жки *pl t* (подтя́жек, подтя́жкам*)*

breton *adj* брето́нский • les coutumes bretonnes брето́нские обы́чаи
■ breton *nm (langue)* брето́нский язы́к (язы́к ③) • on y parle le breton там говоря́т на брето́нском языке́
■ Breton *nm* брето́нец

Bretonne *nf* бретóнка

brevet *nm (diplôme)* диплóм • brevet de secouriste диплóм спасáтеля • brevet de pilote диплóм лётчика
• brevet d'invention патéнт (на изобретéние *(+ G)*) › **il a obtenu un brevet d'invention** он получи́л патéнт • brevet des collèges ≈ свидéтельство о непóлном срéднем образовáнии

bricole *nf (chose sans importance)* пустя́к ③② • tout ça, c'est des bricoles всё э́то пустяки́

bricoler *v* мастери́ть • j'aime bricoler люблю́ мастери́ть что-нибу́дь по дóму

bridge *nm (jeu de cartes)* бридж • jouer au bridge игрáть в бридж

brièvement *adv* крáтко *(comp.* крáтче*)* • répondre brièvement крáтко отвéтить

brièveté *nf* крáткость *f* • la brièveté de la vie крáткость жи́зни

brigand *nm* разбóйник

brillamment *adv* блестя́ще • être reçu brillamment à son examen блестя́ще вы́держать экзáмен

brillant *adj* блестя́щий *litt & fig* • des yeux brillants блестя́щие глазá • un brillant orateur блестя́щий орáтор • un succès brillant блестя́щий успéх

briller *v* блестéть* [I, блещý, блести́шь] / блеснýть, сверкáть / сверкнýть *(luire)*, сия́ть / засия́ть *poét*, свети́ться [свéтится, свéтятся] / засвети́ться [засвéтится, засвéтятся] *(briller faiblement)* • le soleil brillait сóлнце сия́ло • la neige brillait au soleil снег блестéл на сóлнце • ses yeux brillaient de colère глазá егó сверкáли гнéвом • de pâles étoiles brillaient dans le ciel на нéбе тýскло свети́лись звёзды
• briller par son absence блистáть свои́м отсýтствием

brio *nm*
• avec brio с блéском › **parler avec brio** говори́ть с блéском

brioche *nf* **1.** *(individuelle)* бýлочка **2.** *(à partager)* сдóбная бýлка

brique *nf* кирпи́ч ③② • brique rouge крáсный кирпи́ч
• en briques кирпи́чный › **un bâtiment en briques** кирпи́чное здáние

briquet *nm* зажигáлка

brise-glace *nm (navire)* ледокóл • un brise-glace atomique áтомный ледокóл

briser *v* бить* [II, бью, бьёшь - бей], разбивáть* / разби́ть* [II, разобью́, разобьёшь - разбéй - разби́тый] • briser un miroir разби́ть зéркало ~ *fig* • briser le cœur разби́ть сéрдце • briser les espérances разби́ть надéжды
• briser la résistance сломи́ть сопротивлéние (слáмывать / сломи́ть ④)
■ se briser *vp* разбивáться* / разби́ться* [II, разобью́сь, разобьёшься - разбéйся - разби́тый] • le navire s'est brisé contre les récifs корáбль разби́лся о скáлы

britannique *adj* бритáнский
■ Britannique *nmf* бритáнец *m*, бритáнка *f*

broche *nf (bijou)* брóшь *f* • une broche en or золотáя брóшь

brochet *nm* щýка

brochette *nf* шашлы́к ③② • des brochettes d'agneau шашлыки́ из ягнёнка

brochure *nf* брошю́ра • une brochure publicitaire реклáмная брошю́ра

broder *v* вышивáть / вы́шить* [II, вы́шью, вы́шьешь - вы́шей - вы́шитый] • broder une nappe вышивáть скáтерть

bronchite *nf* бронхи́т • j'ai une bronchite у меня́ бронхи́т

bronze *nm (métal, sujet en bronze)* брóнза • un beau bronze хорóшая брóнза
• de bronze, en bronze брóнзовый › **une statue en bronze** брóнзовая стáтуя

bronzé *adj* загорéлый • un visage bronzé загорéлое лицó

bronzer *v* загорáть / загорéть* [I, загорю́, загори́шь] • tu as beaucoup bronzé pendant l'été ты óчень загорéл за лéто

brosse *nf* щётка • une brosse à chaussures щётка для óбуви • une brosse à habits платянáя щётка • une brosse à dents зубнáя щётка
• en brosse *(en parlant des cheveux)* ёжиком › **il a les cheveux en brosse** у негó вóлосы ёжиком

brosser *v* чи́стить / почи́стить (щёткой) • brosser un costume чи́стить костю́м щёткой • brosser ses souliers чи́стить боти́нки

■ se brosser *vp* se brosser les dents deux fois par jour чи́стить зу́бы два ра́за в день • se brosser les cheveux причёсывать во́лосы щёткой

brouette *nf* та́чка

brouillard *nm* тума́н • le brouillard est devenu encore plus épais тума́н стал ещё гу́ще • le brouillard se lève тума́н поднима́ется

brouiller

■ se brouiller *vp* **1.** *(se fâcher)* ссо́риться / поссо́риться • ils se sont brouillés avec les voisins они́ поссо́рились со свои́ми сосе́дями **2.** *(en parlant du temps)* по́ртиться / испо́ртиться • le temps se brouille пого́да по́ртится

brouillon *nm* чернови́к ③② • le brouillon d'une lettre черновик письма́ • faire un brouillon написа́ть на́черно

brouter *v* щипа́ть* [II, щиплю́, щи́плешь ④] / пощипа́ть* [II, *id*] • les vaches broutaient коро́вы щипа́ли траву́

bru *nf* неве́стка *(pour la belle-mère)*, сноха́ *(pour le beau-père)* ②①

bruissement *adv* ше́лест, шо́рох • le bruissement des feuilles ше́лест ли́стьев

bruit *nm* **1.** *(confus)* шум • le bruit du vent шум ве́тра • le bruit de la pluie шум дождя́ • le bruit de la mer шум мо́ря • entrer sans bruit войти́ без шу́ма **2.** *(son)* звук, звон *(tintement)* • le bruit des pas звук шаго́в • le bruit des cloches звон колоколо́в • le bruit d'une tasse cassée звон разби́той ча́шки **3.** *(retentissement d'une affaire)* шум • beaucoup de bruit pour rien мно́го шу́ма из ничего́ **4.** *(rumeur)* слух • le bruit court qu'il a été arrêté слух идёт, что его́ арестова́ли • faire courir un bruit пусти́ть слух

brûlant *adj* **1.** *(en parlant d'un liquide)* горя́чий ③ (горя́ч, горяча́, горячо́, горячи́) • un café brûlant горя́чий ко́фе **2.** *litt & fig (dans les autres cas)* жгу́чий • les rayons brûlants du soleil жгу́чие лучи́ со́лнца • une question brûlante жгу́чий вопро́с

brûler ◪ *vi* **1.** *(être détruit par le feu)* горе́ть* [I, горю́, гори́шь] / сгоре́ть* [I, *id*], сгора́ть / сгоре́ть* • la maison a brûlé дом сгоре́л **2.** *(éprouver un sentiment très vif)* горе́ть*, сгора́ть • il brûlait du désir d'arriver au plus vite à Moscou он горе́л жела́нием поскоре́е прие́хать в Москву́ • brûler d'impatience горе́ть от нетерпе́ния • brûler de curiosité сгора́ть от любопы́тства **3.** *(pendant la cuisson)* подгора́ть / подгоре́ть* [I, подгори́т, подгоря́т] • la kacha a brûlé ка́ша подгоре́ла ◪ *vt* **1.** *(pour chauffer ou détruire)* жечь* [IV, жгу, жжёшь, жгут - жёг, жгла] / сжечь* [IV, сожгу́, сожжёшь, сожгу́т - сжёг, сожгла́ - сожжённый], сжига́ть / сжечь* • brûler des papiers сжечь бума́ги • ils brûlent beaucoup de bois они́ жгут мно́го дров **2.** *(causer une douleur)* жечь* / сжечь* • le froid nous brûlait le visage моро́з жёг лицо́

● brûler un feu rouge поéхать на кра́сный свет (е́хать* [IV, е́ду, е́дешь] / поéхать* [IV]) *id*

■ se brûler *vp* **1.** *(sans préciser où)* обжига́ться / обже́чься* [IV, обожгу́сь, обожжёшься, обожгу́тся - обжёгся, обожгла́сь] • elle s'est brûlée avec le fer à repasser она́ обожгла́сь об утю́г **2.** *(en précisant la partie du corps atteinte)* обже́чь себе́ (обжига́ть / обже́чь* [IV, обожгу́, обожжёшь , обожгу́т - обжёг, обожгла́ - обожжённый]) • je me suis brûlé le doigt я обжёг себе́ па́лец

brûlure *nf* ожо́г • une brûlure grave тяжёлый ожо́г

brume *nf* тума́н • une brume épaisse couvrait la mer густо́й тума́н покрыва́л мо́ре

brun[1] *adj* **1.** *(en règle générale)* кори́чневый **2.** *(en parlant du pelage d'un animal)* бу́рый ⑤ • un ours brun бу́рый медве́дь **3.** *(en parlant des cheveux, de la barbe)* чёрный • des cheveux bruns чёрные во́лосы **4.** *(en parlant de personnes)* черноволо́сый • une femme brune черноволо́сая же́нщина

● bière brune тёмное пи́во

brun[2] *nm (qui a des cheveux bruns)* брюне́т

brune *nf* брюне́тка

brunir *v (bronzer)* загора́ть / загоре́ть* [I, загорю́, загори́шь] • tu as bien bruni pendant l'été ты о́чень загоре́л за ле́то

brusque *adj* **1.** *(rude)* ре́зкий ⑤ *(comp.* ре́зче*)* • des gestes brusques ре́зкие же́сты • un ton brusque ре́зкий тон

2. *(soudain)* внезáпный • un brusque départ внезáпный отъéзд

brusquement *adv* вдруг • brusquement un coup de feu retentit вдруг раздáлся вы́стрел

brutal *adj* **1.** *(violent)* жестóкий • un meurtre brutal жестóкое убúйство • un homme brutal et emporté грýбый и вспы́льчивый человéк **2.** *(brusque)* рéзкий ⑤ *(comp.* рéзче*)* • un coup brutal рéзкий удáр • une mort brutale внезáпная смерть

brutalement *adv* **1.** *(sans ménagements)* грýбо • il l'a repoussée brutalement он грýбо оттолкнýл её **2.** *(d'une manière brusque)* рéзко *(comp.* рéзче*)* • freiner brutalement рéзко затормозúть

brute *nf* зверь *m* ①③ • son frère est une vraie brute её брат — прóсто зверь

Bruxelles *nm* Брюссéль *m*

bruyamment *adv* шýмно *(comp.* шумнée*)* • les enfants jouaient bruyamment dans leur chambre дéти шýмно игрáли у себя́ в кóмнате

bruyant *adj* шýмный ⑤ • une rue bruyante шýмная ýлица

Bucarest *nm* Бухарéст

bûche *nf litt* полéно* *(pl.* полéнья, полéньев, полéньям*)* • une bûche de Noël рождéственский торт-полéно

bûcheron *nm* лесорýб • le dur travail des bûcherons тяжёлая рабóта лесорýбов

Budapest *nm* Будапéшт

budget *nm* бюджéт • le budget de l'État государственный бюджéт

buée *nf* пар* *(loc.* парý*)* ⑧ • les vitres se sont couvertes de buée стёкла запотéли

buffet *nm* **1.** *(meuble)* буфéт • il y a des boîtes de conserves dans le buffet в буфéте есть консéрвные бáнки **2.** *(petit restaurant)* буфéт • je te retrouve au buffet de la gare встрéтимся на вокзáле в буфéте

bug → bogue

buisson *nm* куст ③② • un lièvre sortit du buisson из-под кустá вы́бежал зáяц

Bulgarie *nf* Болгáрия

> **À PROPOS DE...**
>
> À la différence de son équivalent français, le mot **буфéт** s'écrit avec un seul **ф**.

bulldozer *nm* бульдóзер

bulle *nf* пузы́рь *m* ③② • faire des bulles de savon пускáть мы́льные пузырú • une bulle d'air пузы́рь вóздуха

bulletin *nm* **1.** *(de vote)* бюллетéнь *m* • bulletin de vote избирáтельный бюллетéнь **2.** *(publication)* бюллетéнь *m* • le bulletin de l'Académie des sciences бюллетéнь Акадéмии наýк **3.** *(scolaire)* тáбель (успевáемости)* *(nom. pl.* тáбели*)* ①② *m* • mes parents ont reçu mon bulletin trimestriel родúтели получúли тáбель за чéтверть **4.** *(récépissé)* квитáнция • vous avez votre bulletin de bagages ? есть у вас багáжная квитáнция?
● le bulletin d'informations послéдние извéстия *pl (pl.* извéстия, извéстий, извéстиям*)* • le bulletin météorologique свóдка погóды

bureau *nm* **1.** *(meuble)* пúсьменный стол *(*стол ③②*)* • il s'est installé à son bureau он сел за пúсьменный стол **2.** *(pièce de travail)* (рабóчий) кабинéт • le directeur m'a reçu dans son bureau дирéктор принял меня́ в своём кабинéте **3.** *(secrétariat dans son ensemble)* канцеля́рия *(secrétariat d'une administration)* • dans les bureaux vous obtiendrez les renseignements dont vous avez besoin в канцеля́рии вы полýчите нýжную вам спрáвку ~ контóра *(secrétariat d'une entreprise à fonction commerciale ou financière)* • les bureaux de l'usine ne sont pas encore ouverts контóра завóда ещё не откры́та **4.** *(section d'un ministère ou d'une grande entreprise)* отдéл • chef de bureau au ministère des Affaires étrangères начáльник отдéла в Министéрстве инострáнных дел **5.** *(section étroitement spécialisée)* бюрó* *nt indécl* • le bureau des objets trouvés бюрó нахóдок • le bureau des renseignements спрáвочное бюрó **6.** *(agence)* бюрó* *nt indécl* • un bureau d'information информациóнное бюрó **7.** *(organe directeur d'une association, d'une assemblée...)* бюрó* *nt indécl* • élire le bureau избрáть бюрó
● articles de bureau канцеля́рские принадлéжности *pl t (pl.* принадлéжности, принадлéжностей, принадлéжностям*)* • bureau de poste почтóвое

отделе́ние • **bureau de tabac** **a.** *(en France)* таба́чная ла́вка **b.** *(en Russie)* таба́чный кио́ск • **bureau de vote** избира́тельный уча́сток

bureaucrate *nm* бюрокра́т

bus *nm* (городско́й) авто́бус • **prendre le bus** сесть на авто́бус

buste *nm* бюст • **un buste en bronze** бро́нзовый бюст

but *nm* **1.** *litt & fig (ce que l'on vise)* цель *f* • **manquer le but** не попада́ть в цель • **atteindre son but** дости́чь це́ли • **dans quel but ?** с како́й це́лью? • **aller droit au but** идти́ пря́мо к це́ли **2.** (FOOTBALL) *(point gagné)* гол • **marquer un but** заби́ть гол
◈ **de but en blanc** ни с того́, ни с сего́
■ **buts** *nmpl* (FOOTBALL) *(endroit où l'on cherche à envoyer le ballon)* воро́та *pl t (*воро́т, воро́там*)* • **envoyer le ballon dans les buts** заби́ть мяч в воро́та

butin *nm* добы́ча • **ils avaient ramassé un riche butin** они́ захвати́ли бога́тую добы́чу

buvard *adj*
◈ **(papier) buvard** промока́тельная бума́га

byzantin *adj* византи́йский • **l'art byzantin** византи́йское иску́сство

C

c' → ce

ça *pron* э́то *(pron nt)* • donnez-moi ça да́йте мне вот э́то • ça m'est égal э́то мне всё равно́ • il ne manquait plus que ça ! э́того то́лько нехвата́ло!
● ça va de soi э́то само́ собо́й • comme ça так › il a fait ça comme ça, sans aucune mauvaise intention он э́то сде́лал так, без вся́кого дурно́го наме́рения • comme ci, comme ça та́к себе › comment allez-vous ? — comme ci, comme ça как пожива́ете? — та́к себе • comment ça va ? как дела́?

çà *adv*
● çà et là ко́е-где

cabane *nf* 1. *(en planches)* хи́жина 2. *(en branchages)* шала́ш ③② • les enfants ont construit une cabane dans la forêt де́ти постро́или в лесу́ шала́ш
● cabane à lapins крольча́тник

cabaret *nm* 1. *(débit de boissons)* каба́к ③② 2. *(avec spectacle)* кабаре́* *nt indécl*

cabine *nf* 1. *(sur un bateau)* каю́та • cabine de seconde каю́та второ́го кла́сса 2. *(sur une plage, dans un magasin)* каби́нка • cabine d'essayage приме́рочная каби́нка
● cabine téléphonique телефо́нная бу́дка

cabinet *nm* 1. *(bureau)* кабине́т • un cabinet médical медици́нский кабине́т 2. *(d'un ministre)* кабине́т

câble *nm* 1. (TV) ка́бельное телеви́дение • ils ont le câble у них есть ка́бельное телеви́дение 2. *(électrique)* ка́бель *m* • un câble téléphonique телефо́нный ка́бель • un câble sous-marin подво́дный ка́бель 3. *(gros cordage)* кана́т

caboche *nf* башка́

cabrer
■ se cabrer *vp* встать на дыбы́ (встава́ть* [II, встаёт, встаю́т - встава́й - встава́я] / встать* [*n cl*, вста́нет, вста́нут]) • le cheval s'est cabré конь встал на дыбы́

cacahuète *nf* ара́хис

cacao *nm* кака́о* *nt indécl* • chocolat avec 70% de cacao шокола́д с содержа́нием кака́о 70 %

cache-cache *nm* игра́ в пря́тки
● jouer à cache-cache игра́ть в пря́тки

cache-nez *nm* шарф • mettre un cache-nez наде́ть шарф

cacher *v* 1. *litt (mettre ou tenir dans un lieu secret)* пря́тать* [II, пря́чу, пря́чешь] / спря́тать* [II, *id*], скрыва́ть / скрыть* [II, скро́ю, скро́ешь - скры́тый] • elle cacha la lettre derrière son dos она́ спря́тала письмо́ за́ спину 2. *litt (ne pas montrer)* закрыва́ть / закры́ть* [II, закро́ю, закро́ешь - закры́тый] • cacher son visage entre ses mains закрыва́ть лицо́ рука́ми 3. *fig (dissimuler)* скрыва́ть / скрыть* [II, скро́ю, скро́ешь - скры́тый] • cacher sa joie скрыва́ть свою́ ра́дость
■ se cacher *vp* пря́таться* [II, пря́чусь, пря́чешься] / спря́таться* [II, *id*] • les enfants se cachaient dans les buissons де́ти пря́тались в куста́х • des partisans se cachaient dans la forêt в лесу́ скрыва́лись партиза́ны

cachet *nm* 1. *(petit sceau gravé, son empreinte)* ште́мпель* *m (nom. pl.* штемпеля́*)* ①② • le cachet de la poste почто́вый ште́мпель 2. *(en pharmacie)* табле́тка • des cachets d'aspirine табле́тки аспири́на

cachette *nf* скры́тое ме́сто *(ме́сто ①⑥)*
● en cachette потихо́ньку › s'en aller en cachette уйти́ потихо́ньку

cadavre *nm* труп • le champ de bataille était jonché de cadavres по́ле би́твы бы́ло усе́яно тру́пами

Caddie® *nm* теле́жка

cadeau *nm* пода́рок • un cadeau de nouvel an нового́дний пода́рок • faire un cadeau à un ami сде́лать пода́рок дру́гу
• faire cadeau de дари́ть ④ / подари́ть ④ (+ A) › mon père m'a fait cadeau d'une montre оте́ц подари́л мне часы́

cadenas *nm* вися́чий замо́к

cadence *nf* 1. (MUS) такт • en cadence в такт 2. (rythme de travail) ритм • la cadence de la production ритм произво́дства

cadet[1] *adj* мла́дший • mon frère cadet мой мла́дший брат

cadet[2] *nm* (le plus jeune de la famille) мла́дший (adj subst m)

cadette *nf* мла́дшая (adj subst f)

cadran *nm* цифербла́т • le cadran de l'horloge цифербла́т часо́в
• cadran solaire со́лнечные часы́ *pl t* (pl. часы́, часо́в, часа́м)

cadre *nm* 1. (bordure) ра́ма • un tableau avec un cadre doré карти́на в золото́й ра́ме 2. (dans une entreprise) ≈ руководи́тель
• dans le cadre de *fig* в ра́мках (+ G) › dans le cadre de la loi в ра́мках зако́на

cafard *nm* (insecte) тарака́н
• j'avais le cafard я был в мра́чном настрое́нии

café *nm* 1. (boisson) ко́фе* *m indécl* • une tasse de café ча́шка ко́фе • du café au lait ко́фе с молоко́м • un café noir чёрный ко́фе 2. (établissement) кафе́* *nt indécl*

cafétéria *nf* кафете́рий

cafetière *nf* кофе́йник

cage *nf* кле́тка • mettre un oiseau en cage посади́ть пти́цу в кле́тку
• la cage thoracique грудна́я кле́тка

cahier *nm* тетра́дь *f dim.* тетра́дка • cahier de brouillon чернова́я тетра́дь • cahier de mathématiques тетра́дь по матема́тике • cahier de textes ≈ дневни́к

caillou *nm* ка́мешек • lancer des cailloux броса́ть ка́мешки

caisse *nf* 1. (dans un magasin) ка́сса • payer à la caisse заплати́ть в ка́ссу 2. (coffre en bois) я́щик 3. (organisme) ка́сса • la caisse d'épargne сберега́тельная ка́сса
• grosse caisse большо́й бараба́н

caissier *nm* касси́р

caissière *nf* касси́р, касси́рша *fam*

cake *nm* кекс

calcul *nm* 1. (opération) счёт • se perdre dans ses calculs сби́ться со счёта 2. (combinaison) расчёт • il s'est trompé dans ses calculs он оши́бся в свои́х расчётах 3. (MÉD) ка́мень *m* ①③ • des calculs biliaires ка́мни в пе́чени

calculatrice *nf* калькуля́тор • une calculatrice de poche карма́нный калькуля́тор

calculer *v* 1. (faire une opération arithmétique) счита́ть • calculer de tête счита́ть в уме́ 2. (déterminer par le calcul) высчи́тывать / вы́считать • calculer le prix de revient вы́считать сто́имость 3. (prévoir) рассчи́тывать / рассчита́ть • il a mal calculé он пло́хо рассчита́л
• machine à calculer счётная маши́на • règle à calculer счётная лине́йка

calculette *nf* калькуля́тор

caleçon *nm* (sous-vêtement masculin) трусы́
• un caleçon long кальсо́ны *pl t* (кальсо́н, кальсо́нам)

calendrier *nm* календа́рь *m* ③② • le calendrier grégorien григориа́нский календа́рь

calibre *nm* кали́бр • des obus de gros calibre снаря́ды кру́пного кали́бра

calme[1] *adj* споко́йный, ти́хий ⑤ (comp. ти́ше*) • une vie calme споко́йная жизнь • une rue calme ти́хая у́лица

calme[2] *nm* споко́йствие • le calme régnait dans la forêt в лесу́ цари́ло споко́йствие • conserver son calme сохраня́ть споко́йствие

calmer *v* успока́ивать / успоко́ить • calmer un malade успоко́ить больно́го • calmer les maux de dents успоко́ить зубну́ю боль
■ se calmer *vp* успока́иваться / успоко́иться • calmez-vous ! успоко́йтесь!

calomnie *nf* клевета́ (pas de pl) • une basse calomnie гря́зная клевета́

camarade *nmf* 1. (ami) това́рищ *m*, подру́га *f* • une camarade de classe одноклáссница • un camarade d'enfance това́рищ де́тства 2. (politique) това́рищ *m* • le discours de la camarade Petrova выступле́ние това́рища Петро́вой

cambrioler *v* гра́бить / огра́бить • leur appartement a été cambriolé их кварти́ра была́ огра́блена

caméléon *nm litt & fig* хамелео́н • quel caméléon ! что за хамелео́н!

camembert *nm* камамбе́р

caméra *nf* **1.** *(de cinéma)* кинока́мера **2.** *(de télévision)* телека́мера

Caméscope® *nm* видеока́мера • un Caméscope numérique цифрова́я видеока́мера

camion *nm* грузови́к ③② • charger la marchandise sur un camion погрузи́ть това́р на грузови́к • nous irons là-bas en camion мы пое́дем туда́ на грузовике́

camionnette *nf* легково́й автофурго́н, пика́п

camomille *nf* **1.** *(plante)* рома́шка **2.** *(tisane)* чай из рома́шки • après le dîner j'aime bien prendre une camomille по́сле у́жина я люблю́ чай из рома́шки

camp *nm* **1.** *(camps de campeurs, de militaires)* ла́герь *(nom. pl.* лагери́*)* ①② • je pars en camp au mois d'août в а́вгусте я пойду́ в похо́д • dans le camp, il n'y avait plus une seule place libre в ла́гере уже́ не́ было ни одного́ свобо́дного ме́ста • un camp militaire вое́нный ла́герь **2.** *(camps de prisonniers, de détenus)* ла́герь *(nom. pl.* лагери́*)* ①② • un camp de prisonniers ла́герь для военнопле́нных • un camp de redressement par le travail исправи́тельно-трудово́й ла́герь • un camp de concentration концентрацио́нный ла́герь, концла́герь **3.** *(groupe)* ла́герь • le pays est divisé en deux camps страна́ разделена́ на два ла́геря

campagne *nf* **1.** *(zone rurale)* дере́вня • à la campagne **a.** *(direction)* в дере́вню › **nous allons à la campagne** мы е́дем в дере́вню **b.** *(emplacement)* в дере́вне › **j'ai passé trois semaines à la campagne** я провёл три неде́ли в дере́вне **2.** *(environs de la ville)* • à la campagne **a.** *(direction)* за́ город › **hier nous sommes allés à la campagne** вчера́ мы уе́хали за́ город **b.** *(emplacement)* за́ городом › **nous avons passé quelques heures à la campagne** мы провели́ не́сколько часо́в за́ городом **3.** *(paysage rural)* поля́ *pl* (поле́й, поля́м) • je voyais de ma fenêtre la campagne environnante из окна́ я ви́дел окре́стные поля́ **4.** *(expédition militaire)* похо́д • partir en campagne вы́ступить в похо́д **5.** *(effort de propagande, de publicité)* кампа́ния • la campagne électorale избира́тельная кампа́ния

• de la campagne дереве́нский › **le calme de la campagne** дереве́нская тишина́ • en rase campagne **a.** *(direction)* в откры́тое по́ле **b.** *(emplacement)* в откры́том по́ле • une maison de campagne да́ча › **au mois d'août, ils sont toujours dans leur maison de campagne** в а́вгусте они́ всегда́ на да́че

camper *v* **1.** *(faire du camping)* ходи́ть в похо́д **2.** *(vivre sous la tente)* жить в пала́тке (жить* [IV, живу́, живёшь - жил, жила́, жи́ло, жи́ли ⑤]) • nous avons campé tout l'été мы всё ле́то жи́ли в пала́тках

campeur *nm* тури́ст

campeuse *nf* тури́стка

camping *nm* **1.** *(activité)* ке́мпинг **2.** *(lieu)* ке́мпинг, тури́стский ла́герь* *m (nom. pl.* лагери́*)* ①② • dans le camping qui est de l'autre côté de la rivière в ке́мпинге за реко́й

Canada *nm* Кана́да

canadien *adj* кана́дский
■ Canadien *nm* кана́дец

Canadienne *nf* кана́дка

canal *nm* кана́л • le canal Griboïedov кана́л Грибое́дова • un canal d'irrigation ороси́тельный кана́л

canapé *nm* дива́н • assieds-toi sur le canapé сади́сь на дива́н

canapé-lit *nm* дива́н-крова́ть

canard *nm* **1.** *(oiseau)* у́тка • des canards sauvages ди́кие у́тки **2.** *(viande)* утя́тина

cancer *nm* рак • un cancer du foie рак пе́чени
■ Cancer *nm* (ASTROL) Рак • je suis Cancer я — Рак

candidat *nm* кандида́т • le candidat député кандида́т в депута́ты • le candidat a été recalé кандида́т провали́лся

candidate *nf* **1.** *(à un emploi, une élection)* кандида́т • elle est candidate à la présidence она́ — кандида́т в президе́нты

2. *(à un examen, un concours)* кандида́тка • la candidate a été reçue à son examen кандида́тка сдала́ экза́мен

candidature *nf* кандидату́ра • poser sa candidature вы́двинуть свою́ кандидату́ру • retirer sa candidature снять свою́ кандидату́ру

canif *adj* перочи́нный нож *(*нож ③②*)*

caniveau *nm (pour l'écoulement des eaux)* кана́вка

canne *nf (pour s'appuyer)* трость • s'appuyer sur sa canne опира́ться на трость
● canne à sucre са́харный тростни́к *(*тростни́к ③②*)*

canoë *nm* кано́э

canon *nm* **1.** *(arme)* пу́шка • tirer du canon стреля́ть из пу́шки **2.** *(tube par où passe le projectile)* ствол ③②

canot *nm* ло́дка, шлю́пка *(grand canot)* • un canot à moteur мото́рная ло́дка • un canot de sauvetage спаса́тельная ло́дка, спаса́тельная шлю́пка • un canot pneumatique надувна́я ло́дка

cantatrice *nf* певи́ца
● *la Cantatrice chauve* (Ionesco) ***Лы́сая певи́ца*** (Ионеско)

cantine *nf (restaurant)* столо́вая *(adj subst f)* • manger à la cantine du collège есть в шко́льной столо́вой

caoutchouc *nm* рези́на • des articles en caoutchouc изде́лия из рези́ны
● du caoutchouc, en caoutchouc рези́новый › **l'industrie du caoutchouc** рези́новая промы́шленность › **des gants en caoutchouc** рези́новые перча́тки

cap *nm* **1.** *(direction)* курс • le pétrolier a mis le cap sur le port du Havre та́нкер взял курс на порт Гавр **2.** *(promontoire)* мыс • le cap de Bonne-Espérance мыс До́брой Наде́жды

capable *adj* **1.** *(apte)* спосо́бный • un homme capable спосо́бный челове́к **2.** *(qui n'hésite pas)* спосо́бный *(*на *+ A)* • il est capable de tout он спосо́бен на всё • elle est capable de tout laisser tomber она́ спосо́бна всё бро́сить

capacité *nf* **1.** *(aptitude)* спосо́бность *f* • faire preuve de grandes capacités прояви́ть больши́е спосо́бности **2.** *(contenance)* ёмкость *f* • les mesures de capacité ме́ры ёмкости

capitaine *nm* капита́н • capitaine d'aviation капита́н авиа́ции • capitaine au long cours капита́н да́льнего пла́вания

capital[1] *adj (décisif)* реши́тельный • il a joué un rôle capital dans cette affaire он сыгра́л реши́тельную роль в э́том де́ле ~ *(principal)* гла́вный ~ *(indispensable)* необходи́мый ~ *(important)* ва́жный
● la peine capitale сме́ртная казнь • un péché capital сме́ртный грех

capital[2] *nm* капита́л • amasser un petit capital накопи́ть небольшо́й капита́л

capitale *nf (ville)* столи́ца • Moscou est la capitale de la Russie Москва́ — столи́ца Росси́и

capitalisme *nm* капитали́зм

capitaliste *adj* капиталисти́ческий

capitulation *nf* капитуля́ция • après la capitulation de la ville по́сле капитуля́ции го́рода

capituler *v* капитули́ровать / капитули́ровать • capituler devant les difficultés капитули́ровать пе́ред тру́дностями

caporal *nm* **1.** *(dans une armée occidentale)* капра́л **2.** *(dans l'armée russe)* ефре́йтор

caprice *nm* капри́з • des caprices d'enfant де́тские капри́зы • les caprices de la mode капри́зы мо́ды
● faire des caprices капри́зничать › **l'enfant fait des caprices** ребёнок капри́зничает

capricieux *adj* капри́зный • un enfant capricieux капри́зный ребёнок • un temps capricieux капри́зная пого́да

Capricorne *nm* (ASTROL) Козеро́г • je suis Capricorne я — Козеро́г

captivité *nf* плен *(loc.* плену́*)* ⑧ • être en captivité быть в плену́

capuche *nf* капюшо́н • mets ta capuche ! наде́нь капюшо́н!

car[1] *conj* и́бо • on peut compter sur lui car c'est un homme consciencieux мо́жно на него́ положи́ться, и́бо он челове́к исполни́тельный

car[2] *nm* авто́бус • nous étions vingt-cinq personnes dans le car нас бы́ло два́дцать пять челове́к в авто́бусе • nous prendrons le car мы поéдем тудá на автóбусе

caractère *nm* харáктер • elle a mauvais caractère у неё плохóй харáктер • ce n'est pas dans son caractère э́то не в егó харáктере

caractéristique *adj* характéрный • une odeur caractéristique характéрный зáпах

carafe *nf* графи́н • une carafe d'eau графи́н с водóй

caravane *nf* **1.** *(de camping)* жилóй прицéп • nous partons en vacances en caravane мы éдем в óтпуск на маши́не с жилы́м прицéпом **2.** *(de voyageurs, de véhicules)* каравáн
• les chiens aboient, la caravane passe собáка лáет, вéтер нóсит

carbone *nm* **1.** *(corps chimique)* углерóд • l'oxyde de carbone óкись углерóда **2.** *(papier carbone)* копи́рка

carburant *nm* горю́чее *(adj subst nt)* • utiliser un carburant liquide потреблять жи́дкое горю́чее

carburateur *nm* карбюрáтор

carcasse *nf* óстов • la carcasse d'un navire óстов корабля́ • la carcasse d'un cheval кóнский óстов

cardinal *adj*
• les quatre points cardinaux четы́ре стóроны свéта

Carélie *nf* Карéлия

caressant *adj* лáсковый • un regard caressant лáсковый взгляд

caresse *nf* *(marque d'affection)* лáска *(gén. pl.* ласк*)*

caresser *v* *(en signe d'affection)* глáдить / поглáдить • caresser un chat глáдить кóшку • caresser la joue d'un enfant глáдить ребёнка по щекé

cargaison *nf* груз • ils transportaient une cargaison de minerai de fer они́ перевози́ли груз желéзной руды́

cargo *nm* торгóвое сýдно *(*сýдно* ①② ; *pl.* судá, судóв, судáм*)*

caricature *nf* карикатýра • faire une caricature нарисовáть карикатýру

caricaturiste *nmf* карикатури́ст *m*, карикатури́стка *f*

carie *nf* кáриес • cette dent a une petite carie э́тот зуб имéет небольшóй кáриес

carié *adj* кариóзный • une dent cariée кариóзный зуб

carnassier *adj* хи́щный • la zibeline est un animal carnassier сóболь — хи́щный зверь
■ carnassier *nm* хи́щник • parmi les carnassiers, il y a une grande quantité d'animaux utiles среди́ хи́щников имéется значи́тельное числó полéзных живóтных

carnaval *nm* карнавáл • le carnaval de Venise венециáнский карнавáл

carnet *nm* **1.** *(de notes)* записнáя кни́жка • j'en ai pris note dans mon carnet я э́то записáл в записнýю кни́жку **2.** *(à souches)* кни́жка, кни́жечка *(de petite taille)* • un carnet de chèques чéковая кни́жка **3.** *(scolaire)* ≈ дневни́к ③② **4.** *(dans le titre d'un ouvrage)* запи́ски *pl* *(*запи́сок, запи́скам*)*

carotte *nf* моркóвь *f* *(pas de pl)* • acheter des carottes купи́ть моркóвь

carpe *nf* *(poisson)* карп

carré *adj* квадрáтный • une table carrée квадрáтный стол • un mètre carré квадрáтный метр • la racine carrée квадрáтный кóрень
■ carré *nm* *(quadrilatère ; produit d'un nombre par lui-même)* квадрáт • des carrés noirs et blancs чёрные и бéлые квадрáты • trois au carré égal neuf три в квадрáте равнó девяти́

carreau *nm* **1.** *(petite dalle)* пли́тка • des carreaux de céramique керами́ческие пли́тки **2.** *(verre de fenêtre)* стеклó *(pl.* стёкла, стёкол, стёклам*)* ②① • casser un carreau разби́ть стеклó **3.** *(dessin de forme carrée sur un tissu)* клéтка • les grands carreaux noirs et blancs de ce tissu чёрные и бéлые клéтки на э́той ткáни **4.** *(aux cartes)* бýбны *pl t* *(*бубён, бубнáм*)* ③ • le roi de carreau корóль бубён
• à carreaux клéтчатый, в клéтку › **un tissu à carreaux** клéтчатая ткань, ткань в клéтку

carrefour *nm litt* перекрёсток • nous nous sommes arrêtés au carrefour мы останови́лись на перекрёстке

carrément *adv* *(sans détours)* пря́мо *(comp.* прямéе*)* • il leur a dit carrément qu'ils étaient des voleurs он им прямо сказал, что они воры

carrière *nf* 1. *(profession)* карьера *littéraire* • choisir une carrière выбрать карьеру • faire carrière сделать карьеру 2. *(lieu)* каменоломня* *(gén. pl.* каменоломен*)*

carrosse *nm* карета

cartable *nm (d'écolier)* сумка • mettre ses cahiers dans son cartable положить в сумку тетради

carte *nf* 1. *(en bristol ou plastique)* карточка • une carte de visite визитная карточка • carte bancaire банковская карточка • carte de crédit кредитная карточка 2. *(courrier)* открытка • envoyer une carte d'anniversaire послать поздравление с днём рождения • recevoir une carte de vœux получить поздравительную открытку • carte (postale) открытка › **des cartes postales avec des vues de Paris** открытки с видами Парижа 3. *(à jouer)* карта • jouer aux cartes играть в карты • battre les cartes тасовать карты • tirer les cartes гадать на картах ~ *fig* • jouer cartes sur table раскрыть свои карты • la dernière carte последняя карта • jouer sa vie sur une carte поставить свою жизнь на карту 4. (GÉOGR) карта • la carte de la France карта Франции • carte routière карта автодорог • carte d'état-major крупномасштабная карта 5. *(de membre)* билет • une carte d'étudiant студенческий билет 6. *(au restaurant)* меню* *nt indécl* • apportez-nous la carte, s'il vous plaît пожалуйста, принесите нам меню

carton *nm* 1. *(boîte)* картонка • un carton à chapeaux картонка для шляпы 2. *(papier fort)* картон • un morceau de carton кусок картона
● en carton картонный

cartouche *nf* 1. *(pour stylo)* сменный картридж ~ *(pour imprimante)* картридж • cartouche compatible совместимый картридж, картридж аналог 2. *(d'un projectile)* патрон

cas *nm* 1. *(circonstance)* случай *m* • dans ce cas в таком случае • dans le cas contraire в противном случае • en tout cas во всяком случае • en aucun cas ни в коем случае • en cas de besoin в случае надобности • au cas où il viendrait в случае, если он придёт 2. *(motif)* повод • un cas de divorce повод для развода 3. (GRAMM) падеж ③②
● il n'en fait aucun cas он не придаёт этому никакого значения › **il en fait grand cas** он придаёт этому большое значение

cascade *nf* водопад

caserne *nf* казарма

Caspienne *nf (mer)* Каспийское море

casque *nm* шлем, каска *(de pompier)* • le casque des aviateurs шлем лётчиков • le motocycliste enleva son casque мотоциклист снял шлем • un casque de pompier пожарная каска

casquette *nf* 1. *(civile)* кепка 2. *(d'uniforme)* фуражка

casse-noisettes *nm (pince)* щипцы для орехов *pl t (pl.* щипцы, щипцов, щипцам*)*
● *Casse-Noisette* (Tchaïkovski*)* ***Щелкунчик*** (Чайковский)

casser ◪ *vt* 1. *(mettre en miettes)* бить* [II, бью, бьёшь - бей], разбивать / разбить* [II, разобью, разобьёшь - разбей - разбитый] • casser les vitres бить стёкла 2. *(mettre en deux morceaux un objet dur)* ломать / сломать • le vent a cassé les branches ветер сломал ветки 3. *(rompre)* обрывать / оборвать* [IV, оборву, оборвёшь - оборвал, оборвала, оборвало, оборвали] ⑤ • casser le fil оборвать нитку 4. *(arracher)* рвать* [IV, рву, рвёшь - рвал, рвала, рвало, рвали ⑤], срывать / сорвать* [IV, сорву, сорвёшь - сорвал, сорвала, сорвало, сорвали] ⑤ • casser une tige сорвать стебель
● casser la croûte перекусывать / перекусить ④ › **nous avons cassé la croûte en chemin** мы перекусили по дороге • casser la gueule à son adversaire набить противнику морду (/ набить* [II, набью, набьёшь - набей]) ◪ *vi* 1. *(se mettre en morceaux en parlant d'un objet dur)* ломаться / сломаться • la branche a cassé et Patrick est tombé ветка сломалась, и Патрик упал 2. *(se rompre)* обрываться / оборваться* [IV, оборвусь, оборвёшься - оборвался, оборвалась] ③ • la corde a cassé верёвка оборвалась
■ se casser *vp* 1. *(en miettes)* биться* [II, бьюсь, бьёшься - бей], разбиваться / разбиться* [II, разобьюсь, разобьёшься - разбейся - разбитый] • le verre s'est cassé стакан разбился 2. *(en gros*

morceaux) лома́ться / слома́ться • la chaise s'est cassée стул слома́лся **3.** *(se rompre)* обрыва́ться / оборва́ться* [IV, оборву́сь, оборвёшься - оборва́лся, оборвала́сь] ③ • la corde s'est cassée верёвка оборвала́сь

casserole *nf* кастрю́ля • nettoyer les casseroles чи́стить кастрю́ли

casse-tête *nm (jeu ou travail fatigant)* головоло́мка

cassette *nf* кассе́та • baladeur cassette кассе́тный плéйер • cassette vidéo видеокассе́та

cassis *nm (fruit ou arbuste)* чёрная сморо́дина *(pas de pl)*

castor *nm* **1.** *(animal)* бобр ③② **2.** *(fourrure)* бобро́вый мех

catalogue *nm* катало́г • le catalogue d'une exposition катало́г вы́ставки

catastrophe *nf* катастро́фа • une catastrophe ferroviaire железнодоро́жная катастро́фа

catastrophique *adj* катастрофи́ческий • la situation était catastrophique положе́ние бы́ло катастрофи́ческое

catégorie *nf* катего́рия • les catégories grammaticales граммати́ческие катего́рии

cathédrale *nf* собо́р • la cathédrale de Reims Ре́ймский собо́р

Catherine *nf* Екатери́на *dim.* Ка́тя • Catherine de Médicis Екатери́на Ме́дичи • Catherine II Екатери́на II

catholicisme *nm* католи́ческая ве́ра

catholique ◪ *adj* католи́ческий • un prêtre catholique католи́ческий свяще́нник ◪ *nmf* като́лик *m*, католи́чка *f*

Caucase *nm* Кавка́з • j'ai passé l'été dans le Caucase я провёл ле́то на Кавка́зе

caucasien *adj* кавка́зский • les langues caucasiennes кавка́зские языки́

cauchemar *nm* кошма́р *litt & fig* • j'ai eu des cauchemars toute la nuit мне всю ночь сни́лись кошма́ры • c'est un vrai cauchemar ! э́то пря́мо кошма́р!

cause *nf* причи́на • il n'y a pas d'effet sans cause нет де́йствия без причи́ны
◆ à cause de из-за *(+ G)* › **à cause de la pluie** из-за дождя́ • en tout état de cause как бы то ни́ бы́ло • une juste cause пра́вое де́ло › **combattre pour une juste cause** боро́ться за пра́вое де́ло

causer[1] *v* **1.** *(procurer, occasionner)* доставля́ть / доста́вить • causer une grande joie доста́вить большу́ю ра́дость • ça nous a causé bien des ennuis э́то доста́вило нам мно́го хлопо́т **2.** *(provoquer, déclencher)* вызыва́ть / вы́звать* [IV, вы́зову, вы́зовешь] • qu'est-ce qui a causé cet incendie ? что ста́ло причи́ной пожа́ра?

causer[2] *v (converser)* говори́ть / поговори́ть • nous causions de choses et d'autres мы говори́ли о том, о друго́м • nous avons causé un peu мы побесе́довали немно́жко

cavalerie *nf* кавале́рия • des détachements de cavalerie отря́ды кавале́рии

cavalier *nm* **1.** *(homme à cheval)* вса́дник **2.** *(monsieur qui accompagne une dame)* кавале́р **3.** *(militaire)* кавалери́ст

cave *nf* **1.** *(partie souterraine d'une maison)* подва́л • dans la cave, il n'y avait que du charbon et du bois в подва́ле ничего́ не́ бы́ло кро́ме у́гля и дров **2.** *(collection de bouteilles de vin)* по́греб

caverne *nf* пеще́ра • les cavernes servaient d'habitation пеще́ры служи́ли жили́щем
◆ des cavernes пеще́рный › **l'homme des cavernes** пеще́рный челове́к

caviar *nm* икра́ • caviar noir чёрная икра́ • caviar rouge кра́сная икра́

CD-ROM → cédérom

ce, c' *pron*

1. CONSTRUCTION DU TYPE **C'EST** + NOM OU PRONOM AU PRÉSENT = **ЭТО**
- **c'est Ivanov** э́то Ивано́в
- **c'est lui** э́то он
- **c'est moi** э́то я

(au passé)
- **c'était Boris** э́то был Бори́с
- **c'était Brigitte** э́то была́ Брижи́т
- **c'était une folie de sa part** э́то бы́ло безу́мием с его́ стороны́
- **c'étaient des étudiants en médecine** э́то бы́ли студе́нты-ме́дики

(au futur)
- **ce sera sans doute lui** э́то бу́дет, наве́рно, он

• **ce seront, peut-être, d'autres ingénieurs** это бу́дут, мо́жет быть, други́е инжене́ры

2. CONSTRUCTION DU TYPE **C'EST** + ADJECTIF, ADVERBE OU COMPLÉMENT CIRCONSTANCIEL = **э́то**

• **c'est aujourd'hui dans la matinée** э́то бу́дет сего́дня у́тром

• **c'est loin** э́то далеко́

• **c'était beau** э́то бы́ло краси́во

• **c'était l'an dernier** э́то бы́ло в про́шлом году́

• **c'était il y a deux ans** э́то бы́ло два го́да тому́ наза́д

• **c'était il y a bien longtemps** э́то бы́ло давны́м-давно́

• **ce sera demain à trois heures** э́то бу́дет за́втра в три часа́

3. CONSTRUCTION DU TYPE **C'EST** + JOUR DE LA SEMAINE OU ÉVÉNEMENT

• **c'était hier mon anniversaire** вчера́ был мой день рожде́ния

• **c'était hier samedi ?** вчера́ была́ суббо́та?

• **c'est aujourd'hui dimanche** сего́дня воскресе́нье

• **ce sera après-demain l'enterrement** послеза́втра бу́дут по́хороны

● **ce que**

a. LA CHOSE QUE то, что › **c'est ce que je voulais dire** э́то то, что я хоте́л сказа́ть

b. À QUEL POINT как › **ce que j'ai froid !** как мне хо́лодно!

• **ce qu'il y a, c'est que** де́ло в том, что › **ce qu'il y a, c'est que je manque d'expérience** де́ло в том, что у меня́ не хвата́ет о́пыта

• **c'est pour ça** вот почему́ › **il est sourd, c'est pour ça qu'il n'a rien compris** он глух; вот почему́ он ничего́ не по́нял

• **c'est pourquoi** поэ́тому › **la blessure était grave, c'est pourquoi on l'a envoyé à l'arrière** ра́на была́ тяжёлая, поэ́тому его́ отпра́вили в тыл

• **c'est que** де́ло в том, что › **c'est que tout le monde était mécontent** де́ло в том, что все бы́ли недово́льны

• **c'est... que**

a. METTANT EN VALEUR UN NOM OU UN PRONOM › **c'est André que je veux voir** хочу́ ви́деть Андре́я › **c'est lui qui est rentré** э́то он верну́лся

b. ENCADRANT UN ADJECTIF › **c'est étrange qu'il ne soit pas encore arrivé** стра́нно, что он ещё не пришёл

c. ENCADRANT LE PRONOM **CE** э́то ..., что › **c'est ce que je voulais dire** э́то то, что я хоте́л сказа́ть

• **c'est lui qui a gagné** э́то он вы́играл

• **n'est-ce pas ?** не пра́вда ли? › **ce n'était pas difficile, n'est-ce pas ?** э́то бы́ло нетру́дно, не пра́вда ли?

• **s'il n'est pas venu, c'est qu'il est malade** е́сли он не пришёл, зна́чит он бо́лен

ce (cet *devant voyelle ou h muet*), **cette, ces** *adj* э́тот *m*, э́та *f*, э́то *nt*, э́ти *pl* • **prenez ce livre** возьми́те э́ту кни́гу • **cette pièce a un grand succès** э́та пье́са по́льзуется больши́м успе́хом ● **prenez ces livres-ci** возьми́те э́ти кни́ги • **montrez-moi plutôt ce livre-là, relié en vert** покажи́те мне лу́чше ту кни́гу, в зелёном переплёте • **ce matin** сего́дня у́тром › **il est arrivé ce matin** он прие́хал сего́дня у́тром • **ce printemps** э́той весно́й • **ce soir** сего́дня ве́чером › **j'irai ce soir** я пойду́ туда́ сего́дня ве́чером • **cet après-midi** сего́дня по́сле обе́да • **cet automne** э́той о́сенью • **cet été** э́тим ле́том • **cet hiver** э́той зимо́й

ce *pron* → celui ● **ce qu'il y a, c'est que** де́ло в том, что › **ce qu'il y a, c'est que je manque d'expérience** де́ло в том, что у меня́ не хвата́ет о́пыта • **sur ce** а тепе́рь › **sur ce, permettez-moi de prendre congé** а тепе́рь разреши́те мне попроща́ться

ceci *pron* э́то *nt*

céder ◪ *vt* уступа́ть / уступи́ть ④ • **céder sa place à une vieille dame** уступи́ть стару́шке своё ме́сто • **céder un livre pour vingt euros** уступи́ть кни́гу за два́дцать е́вро ◪ *vi* поддава́ться* [II, поддаю́сь, поддаёшься - поддава́йся - поддава́ясь] / подда́ться* [*n cl*, подда́мся, подда́шься, подда́стся, поддади́мся, поддади́тесь, поддаду́тся - подда́лся, поддала́сь - подда́йся] ③ • **ne pas céder aux menaces** не поддава́ться угро́зам • **la porte a cédé** дверь поддала́сь

cédérom *nm* компакт-диск, CD диск • **un lecteur de cédéroms** CD пле́ер

CEI (*abr de* Communauté d'États indépendants) *nf* СНГ *Содру́жество Незави́симых Госуда́рств*

ceinture *nf* пояс* (*nom. pl.* пояса́) ①② • **une ceinture de cuir** ко́жаный по́яс • **dans l'eau jusqu'à la ceinture** по по́яс в воде́ • **une ceinture de sécurité** предохрани́тельный по́яс ● **ceinture noire** чёрный пояс

cela *pron* э́то *nt*

célèbre *adj* изве́стный, знамени́тый • un écrivain célèbre изве́стный писа́тель, знамени́тый писа́тель

célébrer *v* пра́здновать / отпра́здновать • célébrer la victoire отпра́здновать побе́ду

céleri *nm* сельдере́й *m*

célibataire ◼ *adj* холосто́й (хо́лост, холоста́, хо́лосты) • l'un est marié, l'autre célibataire оди́н жена́тый, друго́й холосто́й • elle est célibataire et compte bien le rester она не за́мужем и не собира́ется ◼ *nmf* холостя́к *m* ③②, незаму́жняя же́нщина, холостя́чка *f* • mener une vie de célibataire жить холостяко́м • une célibataire heureuse de l'être дово́льная свое́й жи́знью холостя́чка

celle, celles *pron* → celui

Cellophane® *nf* целлофа́н • des fleurs enveloppées de Cellophane цветы́, завёрнутые в целлофа́н

cellule *nf* **1.** *(biologie)* клéтка • une cellule nerveuse не́рвная кле́тка • l'utilisation des cellules souches испо́льзование стволовы́х кле́ток **2.** *(dans un monastère)* ке́лья • les cellules des moines мона́шеские ке́льи **3.** *(dans une prison)* ка́мера • il y avait deux prisonniers dans chaque cellule в ка́ждой ка́мере бы́ло по́ двое заключённых **4.** *(groupement de militants)* яче́йка

celui, celle, ceux, celles *pron*

I ANTÉCÉDENT D'UN RELATIF = **тот** *m*, **та** *f*, **то** *nt*, **те** *pl*

- **c'est celui dont je vous ai parlé** э́то тот, о кото́ром я вам говори́л
- **avec celle qu'il a choisie** с той, кото́рую он вы́брал
- **ce que je vous ai proposé** то, что я вам предложи́л

OMISSION DU PRONOM

- **je connais celui dont vous voulez parler** я зна́ю, кого́ вы име́ете в виду́
- **vous avez oublié ce que je vous ai dit** вы забы́ли, что я вам сказа́л
- **c'est tout ce que je sais** э́то всё, что я зна́ю
- **ceux qui n'ont jamais voyagé n'en ont aucune idée** кто никогда́ не путеше́ствовал, не име́ет об э́том никако́го поня́тия

À PROPOS DE...

Le pronom peut être omis dans la traduction :
1. s'il est complément d'objet direct ;
2. s'il est précédé du pronom **всё** ;
3. s'il est placé en tête de la proposition.

II RÉGISSANT LA PRÉPOSITION **DE**

1. PRÉCÉDÉ DE LA CONJONCTION **ET**

- **j'ai lu les œuvres de Dostoïevski et celles de Tolstoï** я чита́л произведе́ния Достое́вского и Толсто́го

2. AUTRES CAS

- **comparez la musique de Moussorgski avec celle de Stravinski** сравни́те му́зыку Му́соргского с му́зыкой Стра-ви́нского

celui-ci, celle-ci, ceux-ci, celles-ci *pron* **1.** *(celui qui est ici)* э́тот *m*, э́та *f*, э́то *nt*, э́ти *pl* • prenez celle-ci возьми́те э́ту • je vais m'acheter un autre dictionnaire, celui-ci ne convient pas pour mon travail я куплю́ себе́ друго́й слова́рь, э́тот не подхо́дит для мое́й рабо́ты **2.** *(évoquant simplement un substantif du contexte)* он *m*, она́ *f*, оно́ *nt*, они́ *pl* • nous comptions sur l'ingénieur en chef, mais celui-ci était déjà parti en congé мы рассчи́тывали на гла́вного инжене́ра, но он уже́ уе́хал в о́тпуск **3.** *(dans l'expression celui-ci... celui-là...)* оди́н • ceux-ci arrivent, ceux-là s'en vont одни́ приезжа́ют, други́е уезжа́ют

celui-là, celle-là, ceux-là, celles-là *pron* **1.** *(celui qui est là-bas)* э́тот *m*, э́та *f*, э́то *nt*, э́ти *pl* • donnez-moi plutôt celle-là да́йте мне лу́чше вот э́ту **2.** *(celui qui est ici)* э́тот *m*, э́та *f*, э́то *nt*, э́ти *pl* • apportez-moi une autre fourchette, celle-là n'est pas propre принеси́те мне другу́ю ви́лку, э́та нечи́стая **3.** *(dans l'expression celui-ci... celui-là...)* друго́й • ceux-ci arrivent, ceux-là s'en vont одни́ приезжа́ют, други́е уезжа́ют

cendre *nf* пе́пел *(pas de pl)*, зола́ *(pas de pl)* • secouer la cendre d'une cigarette стряхну́ть пе́пел с сигаре́ты • tirer les cendres du poêle выгреба́ть золу́ из пе́чки ~ *fig* • réduire en cendres обрати́ть в пе́пел

cendrier *nm* пе́пельница • faire tomber la cendre dans le cendrier стряхну́ть пе́пел в пе́пельницу

Cendrillon *nf* Зо́лушка

censure *nf* цензу́ра

cent *adj num* сто • cent fois plus в сто раз бо́льше • à cent kilomètres d'ici в ста киломе́трах отсю́да
● pour cent проце́нт › **un pour cent** оди́н проце́нт › **deux pour cent** два проце́нта › **cinq pour cent** пять проце́нтов • deux cents две́сти › **deux cents euro** две́сти е́вро › **à deux cents kilomètres de là** в двухста́х киломе́трах отту́да • trois cents три́ста › **trois cents roubles** три́ста рубле́й › **plus de trois cents pages** бо́лее трёхсо́т страни́ц • quatre cents четы́реста › **quatre cents hommes** четы́реста челове́к › **près de quatre cents mètres carrés** бо́лее четырёхсо́т квадра́тных ме́тров • cinq cents пятьсо́т › **cinq cents mots** пятьсо́т слов › **à cinq cents kilomètres de Moscou** в пятиста́х киломе́трах от Москвы́ • six cents шестьсо́т › **six cents boîtes** шестьсо́т коро́бок › **plus de six cents pages** бо́лее шестисо́т страни́ц • sept cents семьсо́т › **sept cents soldats** семьсо́т солда́т › **à sept cents kilomètres de Novosibirsk** в семиста́х киломе́трах от Новосиби́рска • huit cents восемьсо́т › **huit cents tonnes** восемьсо́т тонн › **avec huit cents participants** с восемьюста́ми уча́стниками • neuf cents девятьсо́т › **neuf cents kilos** девятьсо́т килогра́ммов › **près de neuf cents hectares** о́коло девятисо́т гекта́ров • la guerre de Cent Ans Столе́тняя война́

À PROPOS DE...

L'accent passe sur la préposition dans les groupes **во́ сто, до́ ста, за́ сто, на́ сто** et **по́ сто** lorsque **сто** n'est pas suivi d'un autre nom de nombre.

centaine *nf* о́коло ста, со́тня* *(gén. pl.* со́тен*) (avec un cas oblique)* • une centaine de personnes о́коло ста челове́к, челове́к сто • à une centaine de pas в со́тне шаго́в

centenaire ■ *adj* столе́тний • un arbre centenaire столе́тнее де́рево ■ *nmf (personne âgée de cent ans)* столе́тний стари́к *m* (стари́к ③②), столе́тняя стару́шка *f* ■ *nm (anniversaire)* столе́тие • le centenaire de la naissance d'Apollinaire столе́тие со дня рожде́ния Аполлине́ра

centième ■ *adj* со́тый ■ *nm (partie)* со́тая часть *f* (часть ①③)

centime *nm* санти́м, цент • 50 centimes d'euro 50 це́нтов е́вро

centimètre *nm* сантиме́тр • dix centimètres sur quatorze де́сять сантиме́тров на четы́рнадцать

central ■ *adj* центра́льный • la partie centrale центра́льная часть
● le chauffage central центра́льное отопле́ние ■ *nm (bureau des télécommunications)* ста́нция • le central téléphonique телефо́нная ста́нция

centrale *nf*
● une centrale atomique а́томная электроста́нция • une centrale électrique электроста́нция • une centrale hydraulique гидроста́нция, ГЭС* *f indécl* • une centrale thermique теплова́я электроста́нция

centre *nm* **1.** *(milieu)* центр • le centre de la ville центр го́рода **2.** *(lieu d'activités)* центр • un centre culturel культу́рный центр • un centre commercial торго́вый центр • un centre sportif спорти́вный центр • un centre aéré оздорови́тельный ла́герь дневно́го пребыва́ния

cèpe *nm* бе́лый гриб (гриб ③②)

cependant *conj* одна́ко • il faisait encore plus froid, cependant il décida de partir ста́ло ещё холodне́е, одна́ко он реши́л уе́хать

cercle *nm* **1.** (MATH) круг ①② • calculer la surface d'un cercle вы́числить пло́щадь кру́га • la quadrature du cercle квадрату́ра кру́га • le cercle polaire поля́рный круг • un cercle vicieux поро́чный круг **2.** *(ce qu'embrasse l'esprit)* круг* *(loc.* кругу́*)* ⑧② • le cercle des connaissances humaines круг челове́ческих зна́ний **3.** *(ensemble de personnes d'une même famille, groupe d'amis)* круг* *(loc.* кругу́*)* ⑧② • dans le cercle de la famille в кругу́ семьи́ **4.** *(association)* кружо́к • un cercle littéraire литерату́рный кружо́к

cercueil *nm* гроб* *(loc.* гробу́*)* ⑧②

céréale *nf* зерново́й злак • le riz est une céréale рис — зерново́й злак
■ **céréales** *nfpl* зла́ки • manger des céréales au petit déjeuner есть зла́ки на за́втрак

cérémonie *nf* **1.** *(acte solennel)* церемо́ния • la cérémonie du mariage сва́дебная церемо́ния **2.** *(politesse excessive)* цере-

мо́нии *pl* (церемо́ний, церемо́ниям)
• sans cérémonie без церемо́ний
• faire des cérémonies церемо́ниться

cerf *nm* оле́нь *m*

cerf-volant *nm (jouet)* (возду́шный) змей *m* • lancer un cerf-volant запусти́ть змея́

> **À PROPOS DE...**
>
> Le mot **змей** appartient au sous-genre animé.

cerise *nf* ви́шня* *(gén. pl.* ви́шен) • confiture de cerises варе́нье из ви́шни

cerisier *nm* ви́шня* *(gén. pl.* ви́шен) • un cerisier sauvage ди́кая ви́шня

cerné *adj*
• les yeux cernés круги́ под глаза́ми *pl (pl.* круги́, круго́в, круга́м) › **il a les yeux cernés** у него́ круги́ под глаза́ми

certain *adj*

I EMPLOYÉ COMME ATTRIBUT OU PLACÉ APRÈS LE SUBSTANTIF

1. SANS COMPLÉMENT = **устано́вленный** *(établi)*
• **c'est un fait certain** э́то устано́вленный факт
= **несомне́нный** *(indubitable)*
• **un succès certain** несомне́нный успе́х
• **un fait certain** несомне́нный факт
= **обеспе́ченный** (обеспе́чен, обеспе́чена) *(garanti)*
• **le succès est certain** успе́х обеспе́чен
= **достове́рный** *(digne de foi)*
• **de source certaine** из достове́рных исто́чников

2. RÉGISSANT UN COMPLÉMENT OU UNE SUBORDONNÉE = **уве́ренный** (уве́рен, уве́рена (**в** +L))
• **en êtes-vous certain ?** вы в э́том уве́рены?
• **je suis certain que ce sera possible** я уве́рен , что э́то возмо́жно

II PRÉCÉDANT LE SUBSTANTIF

1. SUIVI D'UN NOM COMMUN CONCRET = **оди́н** *(pour le sing)*
• **je me souviens d'un certain film que nous avons vu ensemble** я по́мню оди́н фильм, кото́рый мы смотре́ли вме́сте
= **не́которые** *(pour le pl)*
• **dans certains pays** в не́которых стра́нах

2. SUIVI D'UN NOM COMMUN ABSTRAIT = **не́который**
• **ils restèrent un certain temps assis sur le banc** они́ посиде́ли не́которое вре́мя на скаме́йке
• **jusqu'à un certain point** до не́которой сте́пени
• **dans certains cas** в не́которых слу́чаях

3. SUIVI D'UN NOM DE FAMILLE = **не́кий**
• **un certain Biegounkov** не́кий Бегунко́в

> **À PROPOS DE...**
>
> Le pronom **не́кий** présente une alternance **нек... / не́ко....** La base **нек...** est celle des nominatifs et de l'accusatif féminin singulier (**не́кий, не́кая, не́кие, не́кую**). La base **не́ко...** est celle de toutes les autres formes (**не́коего, не́коему...**).

• **d'un certain âge** немолодо́й › **c'est un homme d'un certain âge** он челове́к немолодо́й

certains *pron pl*
= **не́которые** *pl*, **ко́е-кто** *sing*
• **certains d'entre eux** не́которые из них
• **je connais certains d'entre eux** ко́е-кого́ из них я зна́ю

certainement *adv* безусло́вно, несомне́нно • il a certainement raison он, безусло́вно, прав

certes → certainement

certificat *nm* свиде́тельство • délivrer un certificat вы́дать свиде́тельство

certitude *nf* уве́ренность *f* • mes soupçons se sont transformés en certitude мои́ подозре́ния преврати́лись в уве́ренность

cerveau *nm* мозг* *(loc.* мозгу́) ⑧② • la physiologie du cerveau физиоло́гия мо́зга
• rhume de cerveau на́сморк › **j'ai attrapé un rhume de cerveau** я схвати́л на́сморк › **il avait un rhume de cerveau** у него́ был на́сморк

cervelle *nf (alimentation)* мозги́ *pl* (мозго́в, мозга́м) • de la cervelle de bœuf говя́жьи мозги́
• se faire sauter la cervelle пусти́ть себе́ пу́лю в лоб

ces → ce

César *(Jules) nm* Це́зарь *(Ю́лий)*
● *la Guerre des Gaules* (Jules César) ***Запи́ски о Га́лльской войне́*** (Ю́лий Це́зарь)

cesse
■ sans cesse *loc adv* всё вре́мя, беспреста́нно *littéraire* • elle pleurait sans cesse она́ всё вре́мя пла́кала • la pluie tombait sans cesse depuis le matin с утра́ беспреста́нно лил дождь

cesser ◪ *vt* прекраща́ть / прекрати́ть *(т → щ)* • cesser le travail прекрати́ть рабо́ту ◪ *vi* перестава́ть* [II, перестаю́, перестаёшь - перестава́й - перестава́я] / переста́ть* [*n cl,* переста́ну, переста́нешь] • cessez de faire du bruit ! переста́ньте шуме́ть! • la pluie a cessé дождь переста́л

c'est-à-dire *adv* то есть • à l'heure du déjeuner, c'est-à-dire à 13 heures к обе́ду, то есть в час дня

cet, cette → ce

ceux → celui

chacun *pron* ка́ждый • chacun d'entre vous ка́ждый из вас

chagrin *nm* го́ре • un chagrin inconsolable безуте́шное го́ре • elle est tombée malade de chagrin она́ с го́ря заболе́ла
● faire du chagrin à огорча́ть *(+ A)* / огорчи́ть › **pour ne pas faire de chagrin à ma mère** что́бы не огорчи́ть мать

chaîne *nf* **1.** *(ensemble d'anneaux métalliques)* цепь *f dim.* цепо́чка ⑧③ • attacher un chien à sa chaîne посади́ть соба́ку на́ цепь • une montre avec une chaîne en or часы́ на золото́й цепо́чке

> **À PROPOS DE...**
>
> L'accent passe sur la préposition dans le groupe **на́ цепь.**

2. *(ensemble)* • une chaîne de montagnes цепь гор **3.** (TV) програ́мма • la première chaîne пе́рвая програ́мма

chair *nf (viande)* мя́со
● ça vous donne la chair de poule моро́з по ко́же продира́ет • de la chair à canon пу́шечное мя́со • en chair et en os со́бственной персо́ной • ni chair ni poisson ни ры́ба, ни мя́со

chaise *nf* стул* *(pl.* сту́лья, сту́льев, сту́льям*)* • une chaise pliante складно́й стул

chalet *nm* шале́ • un chalet de montagne шале́ в гора́х

chaleur *nf* **1.** *(chaleur agréable)* тепло́ • le poêle répand une douce chaleur от пе́чи идёт прия́тное тепло́ **2.** *(excessive)* жара́ • une chaleur insupportable невыноси́мая жара́

chambre *nf* **1.** *(chambre à coucher)* спа́льня* *(gén. pl.* спа́лен*)* • ils ont une grande chambre у них больша́я спа́льня **2.** *(dans un hôtel)* но́мер* *(nom. pl.* номера́*)* ①② • y a-t-il encore des chambres libres ? есть ещё свобо́дные номера́? • j'ai retenu une chambre pour vous я заброни́ровал но́мер для вас • une chambre pour une personne но́мер на одного́ • une chambre pour deux personnes но́мер на двои́х • une chambre tout confort но́мер со все́ми удо́бствами **3.** *(assemblée, organisation)* пала́та • la Chambre des députés пала́та депута́тов • la Chambre des lords пала́та ло́рдов • la Chambre des communes пала́та о́бщин • la chambre de commerce торго́вая пала́та **4.** (TECHN) ка́мера • chambre à air возду́шная ка́мера
● femme de chambre го́рничная *(adj subst f)* • musique de chambre ка́мерная му́зыка • robe de chambre хала́т

chameau *nm* верблю́д

champ *nm (divers sens)* по́ле ①② • un champ de seigle ржано́е по́ле • labourer le champ паха́ть по́ле • aller à travers champs идти́ по́ полю • le champ de bataille по́ле би́твы • un vaste champ d'action широ́кое по́ле де́ятельности • les Champs-Elysées Елисе́йские поля́ • le Champ-de-Mars Ма́рсово по́ле • le champ visuel по́ле зре́ния • le champ magnétique магни́тное по́ле
● sur-le-champ неме́дленно

> **À PROPOS DE...**
>
> L'accent passe sur la préposition dans le groupe **по́ полю.**

champagne *nm* шампа́нское *(adj subst nt)* • on a débouché une bouteille de Champagne мы отку́порили буты́лку шампа́нского

champignon *nm* гриб ③② • les champignons comestibles съедо́бные грибы́ • les champignons vénéneux ядови́тые грибы́ • pousser comme des champignons расти́ как грибы́
● champignon de Paris шампиньо́н

champion *nm* чемпио́н • un champion de natation чемпио́н по пла́ванию • le champion du monde чемпио́н ми́ра

championnat *nm* чемпиона́т • un championnat de football чемпиона́т по футбо́лу

championne *nf* чемпио́нка • une championnne de patinage artistique чемпио́нка по фи́гурному ката́нию

Champs-Élysées *nmpl* Елисе́йские поля́ *pl (pl.* поля́, поле́й, поля́м*)*

chance *nf* **1.** *(bonne fortune)* сча́стье • la chance au jeu сча́стье в игре́ • tenter sa chance попыта́ть сча́стья • ça vous portera chance э́то принесёт вам сча́стье **2.** *(probabilité)* шанс • elle a bien des chances de réussir у неё больши́е ша́нсы на успе́х
● tu as de la chance тебе́ везёт • je n'ai pas de chance мне не везёт • il n'a pas eu de chance ему́ не повезло́ • il a eu la chance d'obtenir des billets ему́ удало́сь доста́ть биле́ты

chandail *nm* сви́тер

chandelle *nf* (са́льная) свеча́* *(gén. pl.* свече́й*)* ①③ • sur la table, il y avait une simple chandelle на столе́ горе́ла одна́ свеча́
● il en a vu trente-six chandelles у него́ и́скры из глаз посы́пались • le jeu n'en vaut pas la chandelle игра́ не сто́ит свеч

À PROPOS DE...

Le génitif pluriel de **свеча́** est régulier dans l'expression proverbiale **игра́ не сто́ит свеч**.

change *nm* **1.** *(opération sur devises)* обме́н • bureau de change обме́нный пункт › **pardon, pourriez-vous me dire où est le bureau de change ?** скажи́те, пожа́луйста, где обме́нный пункт? • taux de change обме́нный курс **2.** *(couche de bébé)* одноразо́вый подгу́зник • un paquet de changes complets паке́т одноразо́вых подгу́зников

changement *adv* **1.** переме́на *(radical)* • un brusque changement de température ре́зкая переме́на температу́ры **2.** измене́ние *(modification)* • un changement de direction измене́ние направле́ния
● changement de train переса́дка • changement de vitesse *(levier)* рыча́г переключе́ния скоросте́й

changer *v* **1.** *(remplacer l'un par l'autre)* меня́ть / смени́ть [*part.* сменённый] ④ • changer de chemise смени́ть руба́шку • ça ne change rien э́то ничего́ не меня́ет • changer d'adresse смени́ть а́дрес • changer de profession смени́ть профе́ссию • changer de conversation смени́ть те́му разгово́ра **2.** *(modifier, transformer)* меня́ть, изменя́ть / измени́ть [*part.* изменённый] ④ • changer d'opinion измени́ть свои́ убежде́ния • nous n'avons rien changé à nos plans мы ничего́ не измени́ли в свои́х пла́нах **3.** *(au bureau de change...)* меня́ть, обме́нивать / обменя́ть [*part.* обменённый*] • j'ai changé cinq cents euros я обменя́л пятьсот е́вро **4.** *(se transformer)* меня́ться / измени́ться ④, переменя́ться / перемени́ться ④ *(changement radical)* • tout change всё меня́ется • le temps a changé пого́да измени́лась, пого́да перемени́лась **5.** *(prendre un autre véhicule)* переса́живаться / пересе́сть* [IV, переся́ду, переся́дешь - пересе́л, пересе́ла] • à la place de la République, nous avons changé d'autobus на пло́щади Респу́блики мы пересе́ли на друго́й авто́бус
● changer d'avis переду́мывать / переду́мать › **je me préparais à aller au théâtre, mais j'ai changé d'avis** я собира́лся бы́ло пойти́ в теа́тр, но переду́мал • faire changer d'avis переубежда́ть / переубеди́ть [*part.* переубеждённый*] *(le verbe* переубеди́ть *est inusité à la première personne du futur)* › **il est impossible de le faire changer d'avis** его́ переубеди́ть невозмо́жно

chanson *nf* **1.** пе́сня* *(gén. pl.* пе́сен*)* *dim.* пе́сенка • chanter une chanson populaire петь наро́дную пе́сню **2.** *(épopée)* песнь *f*
● la Chanson de Roland Песнь о Рола́нде

chant *nm* **1.** *(chanson)* пе́сня* *(gén. pl.* пе́сен*)* **2.** *(action, art)* пе́ние • le chant du rossignol пе́ние соловья́ • professeur de chant учи́тель пе́ния • prendre des cours de chant брать уро́ки пе́ния

3. *(œuvre poétique destinée à être chantée)* песнь *f*

chantage *nm* шантáж ③

chanter *v* петь* [II, пою́, поёшь] / спеть* [II, спою́, споёшь - спéтый] • chanter en chœur петь хóром • chanter une chanson петь пéсню • le coq chante петýх поёт

chanteur *nm* певéц • un chanteur d'opéra óперный певéц

chanteuse *nf* певи́ца • une chanteuse bien connue óчень извéстная певи́ца

chantier *nm (de construction)* стрóйка • travailler sur un chantier рабóтать на стрóйке
● chantier naval верфь *f*

chaos *nm* хáос

chapeau *nm* шля́па • un chapeau de feutre фéтровая шля́па • mettre son chapeau надéть шля́пу • ôter son chapeau снять шля́пу

chapelle *nf* часóвня* *(gén. pl.* часóвен*)*

chapitre *nm* главá ②① • dans le premier chapitre в пéрвой главé

chaque *adj* кáждый • dans chaque maison в кáждом дóме • à chaque instant кáждую минýту

char *nm (véhicule blindé)* танк • un char léger лёгкий танк

charabia *nm* тарабáрщина

charbon *nm* ýголь *m* • la production de charbon добы́ча ýгля • le charbon de bois древéсный ýголь
● être sur des charbons ardents сидéть как на ýглях

charcuterie *nf* **1.** *(marchandises)* колбáсные издéлия *pl (pl.* издéлия, издéлий, издéлиям*)* **2.** *(magasin)* колбáсный магази́н

charcutier *nm* колбáсник

charcutière *nf* колбáсница

charge *nf* **1.** *(ce que l'on peut porter ou transporter)* груз • charge utile полéзный груз **2.** *(quantité de poudre, d'électricité...)* заря́д • une charge électrique электри́ческий заря́д **3.** *(obligations onéreuses)* расхóды *pl (*расхóдов, расхóдам*)* • des charges imprévisibles непредви́денные расхóды **4.** *(dépenses dues à l'entretien d'une personne)* иждивéние • être à la charge de ses enfants жить на иждивéнии своих детéй

charger *v* **1.** *(un véhicule)* грузи́ть ④, нагружáть / нагрузи́ть ④ • charger une péniche нагрузи́ть бáржу **2.** *(une marchandise)* грузи́ть ④ / погрузи́ть ④, нагружáть / нагрузи́ть ④ • charger des caisses dans un wagon погрузи́ть я́щики в вагóн • charger des tonneaux sur un camion нагрузи́ть бóчки на грузови́к **3.** *(une arme, une batterie...)* заряжáть / заряди́ть • charger son fusil заряди́ть ружьё • charger la batterie заряди́ть батарéю **4.** *(confier une mission)* поручáть / поручи́ть • on m'a chargé de cette affaire мне поручи́ли э́то дéло • il avait été chargé d'établir un contact avec les autorités locales емý поручи́ли установи́ть контакт с мéстными властя́ми

chariot *nm* телéжка • mon chariot est déjà plein моя́ телéжка ужé полнá

charité *nf (aumône)* ми́лостыня • demander la charité проси́ть ми́лостыню • faire la charité подáть ми́лостыню

charlatan *nm* шарлатáн

charmant *adj* прелéстный, очаровáтельный *(plus fort)* • c'est un coin charmant э́то прелéстный уголóк • un homme charmant очаровáтельный человéк

Charlemagne *nm* Карл Вели́кий

charme *nm* **1.** *(attrait, agrément)* прéлесть *f* • le charme de la nouveauté прéлесть новизны́ **2.** *(effet magique)* очаровáние, обая́ние • ils ont perdu pour moi tout leur charme они́ потеря́ли для меня́ всё очаровáние • sous le charme de la musique под обая́нием мýзыки

charogne *nf* **1.** *litt* пáдаль *f (pas de pl)* **2.** *(injure)* стервéц *m*, стéрва *f*

charrette *nf* **1.** *(tirée par une bête de trait)* повóзка **2.** *(à bras)* телéжка • une charrette à bras ручнáя телéжка

charrue *nf* плуг ①② • labourer avec une charrue пахáть плýгом

Charybde
● tomber de Charybde en Scylla из огня́ да в пóлымя

chasse *nf* охóта • aller à la chasse идти́ на охóту • il était à la chasse он был

на охо́те • la chasse à l'ours охо́та на медве́дя • la chasse au trésor охо́та за сокро́вищами
● avion de chasse истреби́тель *m* • de chasse охо́тничий *(adj d'appart)* › un chien de chasse охо́тничья соба́ка › un fusil de chasse охо́тничье ружьё › le permis de chasse охо́тничий биле́т • l'ouverture de la chasse откры́тие охо́тничьего сезо́на • chasse d'eau смывно́й бачо́к

chasse-neige *nm* снегоочисти́тель *m*

chasser *v* **1.** *(aller à la chasse)* охо́титься *(*на + *A) ou (*за + *I)* • chasser l'ours охо́титься на медве́дя • il aime chasser он лю́бит ходи́ть на охо́ту **2.** *(expulser)* выгоня́ть / вы́гнать* [I, вы́гоню, вы́гонишь] • on l'a chassé de l'atelier его́ вы́гнали из мастерско́й **3.** *(éloigner, faire partir)* прогоня́ть / прогна́ть* [I, прогоню́, прого́нишь] ④ • chasser un chien прогна́ть соба́ку • le vent a chassé les nuages ве́тер прогна́л ту́чи • chasser l'ennui прогна́ть ску́ку

chasseur *nm* **1.** охо́тник **2.** *(avion de chasse)* истреби́тель *m*
● *les Récits d'un chasseur* (Tourgueniev) ***Запи́ски охо́тника*** (Турге́нев)

chat *nm* **1.** *(gén)* ко́шка • un chat sauvage ди́кая ко́шка • le chat miaule ко́шка мяу́кает • le chat m'a griffé ко́шка меня́ оцара́пала • le chat a attrapé une souris ко́шка пойма́ла мышь • un petit chat котёно*к** *(pl.* котя́та, котя́т, котя́там*)* **2.** *(mâle)* кот ③②
● à bon chat bon rat нашла́ коса́ на ка́мень • chat échaudé craint l'eau froide обжёгшись на молоке́, бу́дешь дуть и на́ воду • écrire comme un chat писа́ть как ку́рица ла́пой • il n'y a pas un chat нет ни души́ • jouer à chat perché игра́ть в ко́шки-мы́шки • la nuit tous les chats sont gris но́чью все ко́шки се́ры • le Chat botté Кот в сапога́х *(*кот ③*)* • s'entendre comme chien et chat жить как ко́шка с соба́кой

châtain *adj* тёмно-ру́сый • les cheveux châtains тёмно-ру́сые во́лосы

château *nm* **1.** *(château fort)* за́мо*к* • un château féodal феода́льный за́мок • le château de Vincennes Венсе́нский за́мок • les châteaux de la Loire луа́рские за́мки • le château de Villandry за́мок Вилландри́ **2.** *(palais)* дворе́ц • le château de Versailles Верса́льский дворе́ц
● château d'eau водонапо́рная ба́шня, ба́шня* *(gén. pl.* ба́шен*)* • construire des châteaux en Espagne стро́ить возду́шные за́мки

> **À PROPOS DE...**
> Ne pas confondre
> • за́мок château avec
> • замо́к serrure. Ces deux mots diffèrent par leur accentuation.

châtiment *nm* наказа́ние
● *Crime et châtiment* (Dostoïevski) ***Преступле́ние и наказа́ние*** (Достое́вский)

chaton *nm (jeune chat)* котёно*к** *(pl.* котя́та, котя́т, котя́там*)*

chatouiller *v* щекота́ть* [II, щекочу́, щеко́чешь ④] / пощекота́ть* [II, *id*] • ça me chatouille dans le nez у меня́ щеко́чет в носу́

chatte → chat

chaud *adj* **1.** *(modérément chaud)* тёплый *(*тёпел, тепла́, тепло́, тёплы*)* • un temps chaud тёплая пого́да • une pluie chaude тёплый дождь • une couverture chaude тёплое одея́ло **2.** *(très chaud)* жа́ркий ⑤ *(comp.* жа́рче**)* • un été chaud жа́ркое ле́то • un climat très chaud жа́ркий кли́мат **3.** *(bouillant, en parlant d'un liquide)* горя́чий ③ *(*горя́ч, горяча́*)* • de l'eau chaude горя́чая вода́ • du thé chaud горя́чий чай
● il faut forger le fer pendant qu'il est chaud куй желе́зо, пока́ горячо́ • les pays chauds тёплые стра́ны • pleurer à chaudes larmes го́рько пла́кать
■ chaud *adv*
● je suis bien, j'ai chaud мне хорошо́, тепло́ • j'ai trop chaud мне жа́рко • c'est agréable, il fait chaud aujourd'hui как прия́тно, сего́дня тепло́! • oh, ce qu'il fait chaud aujourd'hui ! ох, как жа́рко сего́дня!
■ chaud *nm* тепло́ • tenir ses pieds au chaud держа́ть но́ги в тепле́

chauffage *nm* отопле́ние • les dépenses de chauffage расхо́ды на отопле́ние • le chauffage central центра́льное отопле́ние • le chauffage solaire со́лнечное отопле́ние

chauffer *v* **1.** *(en parlant d'un local)* гре́ть / согре́ть, топи́ть ④ / протопи́ть ④ *(au bois)* • chauffer un sauna протопи́ть

са́уну **2.** *(rendre plus chaud)* согрева́ть / согре́ть [*part.* согре́тый*] • **le soleil chauffe la terre** со́лнце согрева́ет зе́млю **3.** *(devenir chaud)* нагрева́ться / нагре́ться • **l'eau chauffe** вода́ нагрева́ется
■ **se chauffer** *vp* гре́ться / согре́ться • **se chauffer près du feu** гре́ться у огня́ • **se chauffer au soleil** гре́ться на со́лнце • **comment tu te chauffes dans ton appartement ?** ты как гре́ешь свою́ кварти́ру?
● **je vais lui montrer de quel bois je me chauffe** я ему́ покажу́, где ра́ки зиму́ют

chauffeur *nm* води́тель *m*, шофёр

chaussée *nf (partie d'une rue ou d'une route réservée aux voitures)* мостова́я *(adj subst f)* • **descendre du trottoir sur la chaussée** сойти́ с тротуа́ра на мостову́ю

> **À PROPOS DE...**
> Le mot **шоссé** désigne une route munie d'un revêtement par opposition aux chemins de terre.

chausse-pied *nm* рожо́к

chaussette *nf* носо́к • **une paire de chaussettes** па́ра носко́в

chaussure *nf* о́бувь *f (pas de pl)* • **le rayon des chaussures** отде́л о́буви • **acheter une paire de chaussures de marche** купи́ть тури́стские боти́нки
● **un magasin de chaussures** обувно́й магази́н

chauve *adj* лы́сый ⑤ • **un homme chauve** лы́сый челове́к

chauve-souris *nf* лету́чая мышь *f* (мышь ①③)
● *la Chauve-Souris* (Johann Strauss) ***Лету́чая мышь*** (Ига́нн Штра́ус)

chauvinisme *nm* шовини́зм

chavirer *v* опроки́дываться / опроки́нуться • **la barque a chaviré** ло́дка опроки́нулась

chef *nm* **1.** *(personne qui assure le fonctionnement)* нача́льник • **le chef de gare** нача́льник ста́нции • **le chef d'atelier** нача́льник це́ха • **chef de rayon dans un grand magasin** заве́дующий отде́лом в универма́ге **2.** *(celui qui a la charge morale)* глава́ ②① • **le chef de famille** глава́ семьи́ • **le chef de la délégation** глава́ делега́ции • **le chef du gouvernement** глава́ прави́тельства • **le chef d'état** глава́ госуда́рства **3.** *(meneur d'hommes)* вождь *m* ③② • **le chef de la tribu** вождь пле́мени
● **chef de classe** ста́роста кла́сса • **chef cuisinier** шеф-по́вар* *(nom. pl.* шеф-повара́*)* ①② • **chef d'entreprise** руководи́тель предприя́тия • **chef d'orchestre** дирижёр › **sous la direction d'un chef d'orchestre japonais** под управле́нием япо́нского дирижёра • **l'ingénieur en chef** гла́вный инжене́р

chef-d'œuvre *nm* шеде́вр • **un chef-d'œuvre de la littérature mondiale** шеде́вр мирово́й литерату́ры

chemin *nm* **1.** *litt* доро́га *dim.* доро́жка • **un chemin vicinal** просёлочная доро́га • **au bord du chemin** на краю́ доро́ги • **demander son chemin** спроси́ть доро́гу **2.** *fig* путь* *(gén., dat., loc., instr.* путём *; pl.* пути́, путе́й, путя́м*)* ③② • **remettre sur le droit chemin** наста́вить на путь и́стинный
● **chemin de fer** желе́зная доро́га • **de chemin de fer** железнодоро́жный › **un pont de chemin de fer** железнодоро́жный мост • **en chemin** по доро́ге, доро́гой › **en chemin, il commença à me questionner sur cette affaire** доро́гой он стал расспра́шивать меня́ о де́ле • **la droite est le plus court chemin d'un point à un autre** пряма́я — кратча́йшее расстоя́ние ме́жду двумя́ то́чками • **rebrousser chemin** поверну́ть наза́д (повора́чивать / поверну́ть) • **sur le chemin du retour** на обра́тном пути́ • **tous les chemins mènent à Rome** все доро́ги веду́т в Рим

cheminée *nf* **1.** *(conduit)* труба́ ②① • **une cheminée d'usine** фабри́чная труба́ **2.** *(âtre et manteau)* ками́н • **faire du feu dans la cheminée** развести́ ого́нь в ками́не

chemise *nf (vêtement)* руба́шка • **une chemise blanche** бе́лая руба́шка • **une chemise de nuit** ночна́я руба́шка • **une chemise russe** ру́сская руба́шка

chemisier *nm* блу́зка • **un chemisier en soie** шёлковая блу́зка

chêne *nm* дуб ①②
● **de chêne** дубо́вый › **une feuille de chêne** дубо́вый лист › **une table de chêne** дубо́вый стол

chèque *nm* чек • **un chèque sans provision** чек без покры́тия • **je te fais un chèque pour te rembourser** я вы́пишу чек, чтóбы возместúть твой расхóды • **déposer un chèque à la banque** положúть чек в банк

◈ **de chèques** чéковый › **un carnet de chèques** чéковая книжка

cher *adj* **1.** *(en parlant de marchandise)* дорогóй ⑤ (дóрог, дорогá, дóрого, дóроги ~ *comp.* дорóже*) • **c'est trop cher pour moi** это слúшком дóрого для меня **2.** *(en parlant d'une personne)* дорогóй • **chers amis** дорогúе друзья

■ **cher** *adv* дóрого • **le voyage coûte cher** поéздка стóит дóрого

◈ **coûter cher** *fig* дáром не пройтú (/ пройтú* [IV, пройдёт, пройдýт - прошёл, прошлá]) › **ça va lui coûter cher** это емý дáром не пройдёт

chercher *v* **1.** *(s'efforcer de trouver)* искáть* [II, ищý, úщешь ④] / поискáть* [II, *id*] • **chercher un appartement** искáть квартúру • **chercher des yeux** искáть глазáми • **chercher du travail** искáть рабóту • **chercher une occasion** искáть слýчая • **chercher la vérité** искáть прáвду **2.** *(précédé des verbes aller, envoyer)* з • **elle est allée le chercher** онá пошлá за ним • **allez chercher de la craie** идúте за мéлом • **ils ont envoyé chercher le médecin** онú послáли за дóктором **3.** *(accueillir à l'arrivée)* встречáть / встрéтить • **nous irons le chercher à la gare** мы пойдём на вокзáл егó встречáть

◈ **chercher midi à quatorze heures** искáть вчерáшний день • **chercher la petite bête** придирáться к пустякáм

■ **chercher à** *v* старáться / постарáться • **je cherche à le convaincre** я старáюсь егó убедúть

cheval *nm* **1.** *(animal)* лóшадь* *f* (лошадьмú, лошадя́ми) ①③ • **atteler un cheval** запря́чь лóшадь • **seller un cheval** оседлáть лóшадь • **un cheval de course** беговáя лóшадь • **le cheval va au trot** лóшадь идёт ры́сью • **le cheval va au galop** лóшадь идёт галóпом • **lancer un cheval au galop** пустúть лóшадь галóпом **2.** *(unité)* лошадúная сúла • **un moteur de soixante chevaux** мотóр в шестьдеся́т лошадúных сил

◈ **à cheval** верхóм › **aller à cheval** éздить верхóм › **être à cheval** сидéть верхóм › **être à cheval sur une chaise** сидéть верхóм на стýле • **chevaux de bois** карусéль *f* › **faire un tour de chevaux de bois** прокатúться на карусéли

cheveu *nm* вóлос* *(pl.* вóлосы, волóс, волосáм*)* ①③ • **des cheveux blonds, roux, noirs, blancs** рýсые, ры́жие, чёрные, седы́е вóлосы • **attraper quelqu'un par les cheveux** схватúть когó-нибудь зá волосы • **s'arracher les cheveux** рвать на себé вóлосы

◈ **aux cheveux blancs** седóй ⑤ › **un vieillard aux cheveux blancs** седóй старúк • **ça fait dresser les cheveux sur la tête** от этого вóлосы ды́бом станóвятся

cheville *nf* лоды́жка • **je me suis foulé la cheville** я подвернýл себé лоды́жку

chèvre *nf* козá ②①

◈ **ménager la chèvre et le chou** сдéлать так, чтóбы и вóлки бы́ли сы́ты и óвцы цéлы

chewing-gum *nm* жевáтельная резúнка

chez *prép*

I CAS GÉNÉRAL

1. DIRECTION = **к** *(+ D)*

• **je vais chez un ami à Paris** я éду к дрýгу в Парúж

• **viens chez moi demain soir** зайдú ко мне зáвтра вéчером

2. EMPLACEMENT = **у** *(+ G)*

• **j'étais chez lui samedi** я был у негó в суббóту

PAR EXTENSION

• **c'est chez moi une habitude** это у меня́ привы́чка

• **j'ai lu ça chez Balzac** я это читáл у Бальзáка

3. PRÉCÉDÉ DE LA PRÉPOSITION **DE**

• **il habite près de chez vous** он живёт недалекó от вас

• **je rentre de chez lui** я возвращáюсь от негó

• **on vous téléphone de chez vous** вам звоня́т úз дому

II LE SUJET EST AUSSI LA PERSONNE POUR LAQUELLE LA PRÉPOSITION **CHEZ** EST UTILISÉE

1. DIRECTION = **домóй, к себé (домóй)**

• **je rentrais chez moi** я возвращáлся домóй

• **tu passes chez toi avant le cinéma ?** ты зайдёшь к себé пéред кинó?

2. EMPLACEMENT = **дóма, у себя́ (дóма)**

• **il était chez lui** он был дóма

• **il n'était pas chez lui** егó нé было дóма

chic *adj* **1.** *(élégant)* шикáрный • **un restaurant chic** шикáрный ресторáн • **les quartiers chic** шикáрные квартáлы **2.** *(gentil)* клáссный • **un chic type** клáссный пáрень

■ chic *nm* шик • le chic parisien пари́жский шик
● avec chic шика́рно › **elle s'habille avec chic** она́ одева́ется шика́рно

chien *nm* **1.** *(termes génériques)* соба́ка *dim.* соба́чка, пёс *(le plus souvent en parlant d'un mâle)* • le chien aboyait соба́ка ла́яла • un chien de chasse охо́тничья соба́ка • un chien de race поро́дистая соба́ка • un chien de garde сторожева́я соба́ка, сторожево́й пёс • de chien соба́чий *(adj d'appart)* › **une vie de chien** соба́чья жизнь • petit chien *(chiot)* щено́к **2.** *(mâle)* кобе́ль *m*
● les chiens aboient, la caravane passe соба́ка ла́ет, ве́тер но́сит • s'entendre comme chien et chat жить как ко́шка с соба́кой

chienne *nf* су́ка • ma chienne vient d'avoir des petits моя́ су́ка ощени́лась

chiffon *nm (vieux morceau d'étoffe)* тря́пка • un chiffon humide мо́края тря́пка
● parler chiffons говори́ть о тря́пках

chiffre *nm* ци́фра • les chiffres arabes ара́бские ци́фры • en chiffres romains ри́мскими ци́фрами

chimie *nf* хи́мия • la chimie organique органи́ческая хи́мия

chimique *adj* хими́ческий • une formule chimique хими́ческая фо́рмула

chimiste *nmf* хи́мик *m*

Chine *nf* Кита́й *m* • la Chine du Nord Се́верный Кита́й

chinois *adj* кита́йский • la porcelaine chinoise кита́йский фарфо́р
■ chinois *nm (langue)* кита́йский язы́к (язы́к ③) • étudier le chinois изуча́ть кита́йский язы́к • un livre en chinois кни́га на кита́йском языке́
● (en) chinois по-кита́йски › **tout était écrit en chinois** всё бы́ло напи́сано по-кита́йски › **parler chinois** говори́ть по-кита́йски
■ Chinois *nm* кита́ец (кита́йца)
■ Chinoise *nf* китая́нка

chips *nfpl* чи́псы • achète un paquet de chips купи́ паке́т чи́псов

chirurgie *nf* хирурги́я • la chirurgie esthétique эстети́ческая хирурги́я

chirurgien *nm* хиру́рг

chirurgienne *nf* хиру́рг

Chişinău *nf* Кишинёв

choc *nm* **1.** *(contact brusque)* толчо́к • un choc violent me réveilla я просну́лся от си́льного толчка́ • le choc de la collision толчо́к при столкнове́нии **2.** *(émotion violente)* уда́р • ça a été un choc pour lui для него́ э́то был уда́р

chocolat *nm* **1.** *(aliment)* шокола́д • une tablette de chocolat пли́тка шокола́да **2.** *(bouchée)* шокола́дная конфе́та • une boîte de chocolats коро́бка шокола́дных конфе́т **3.** *(boisson)* горя́чий шокола́д • un café et un chocolat, s'il vous plaît ча́шку ко́фе и горя́чий шокола́д, пожа́луйста
● au chocolat шокола́дный

chœur *nm* хор • chanter en chœur петь хо́ром
● pour chœur хорово́й › **de la musique pour chœur** хорова́я му́зыка

choisir *v* выбира́ть / вы́брать* [IV, вы́беру, вы́берешь] • choisir une profession вы́брать профе́ссию
● de deux maux il faut choisir le moindre из двух зол на́до вы́брать ме́ньшее

choix *nm* вы́бор • le choix d'une profession вы́бор профе́ссии • un grand choix de marchandises большо́й вы́бор това́ров • je n'ai pas le choix у меня́ нет вы́бора • le choix tomba sur lui вы́бор пал на него́
● de choix отбо́рный › **une marchandise de choix** отбо́рный това́р

choléra *nm* холе́ра

chômage *nm* безрабо́тица • chômage total по́лная безрабо́тица • chômage partiel части́чная безрабо́тица

chômeur *nm* безрабо́тный *(adj subst m)*

chômeuse *nf* безрабо́тная *(adj subst f)*

choquer *v* шоки́ровать • ça ne vous choque pas ? э́то вас не шоки́рует?

chose *nf* **1.** *(objet, histoire, action...)* вещь *f* ①③ • c'est une chose qui coûte cher э́то дорога́я вещь • il racontait des choses étranges он расска́зывал стра́нные ве́щи • il se passe ici des choses étonnantes здесь происхо́дят удиви́тельные ве́щи **2.** *(situation)* де́ло *(pas de pl)* • où en sont les choses ? как обстои́т де́ло? • elle est rentrée ? c'est une bonne chose она́ верну́лась? вот и хорошо́
● beaucoup de choses, bien des choses мно́гое *(pron nt sing)* › **ils ont fait bien**

des choses pour nous они́ мно́гое сде́лали для нас • ça, c'est une autre chose э́то совсе́м друго́е де́ло • c'est dans l'ordre des choses э́то в поря́дке веще́й • chaque chose en son temps всему́ своё вре́мя • de deux choses l'une одно́ из двух • dites-lui bien des choses de ma part переда́йте ему́ приве́т от меня́ • la même chose одно́ и то же › il répète toujours la même chose он всё повторя́ет одно́ и то же • parler de choses et d'autres говори́ть о том, о друго́м • pas une seule chose ничего́ › il n'y avait pas une seule chose qui pouvait l'intéresser ничего́ не могло́ его́ интересова́ть • peu de choses немно́гое *(pron nt sing)* › il a oublié le peu de choses qu'on lui avait appris он забы́л то немно́гое, чему́ его́ научи́ли • quelque chose **a.** *(telle ou telle chose au choix)* что́-нибудь *(pron nt sing)* › il y a là quelque chose d'autre тут есть что́-нибудь друго́е › prenez quelque chose de mieux возьми́те что́-нибудь полу́чше **b.** *(une certaine chose)* что́-то *(pron nt sing)* › il s'est passé quelque chose d'épouvantable произошло́ что́-то ужа́сное › il y a là quelque chose qui ne va pas тут что́-то не так › il y a quelque chose qui la contrarie она́ че́м-то недово́льна

chou *nm* капу́ста • chou de Bruxelles брюссе́льская капу́ста
● ménager la chèvre et le chou сде́лать так, что́бы и во́лки бы́ли сы́ты и о́вцы це́лы

chouchou *fam nm* **1.** люби́мчик • le chouchou du prof de gym люби́мчик учи́теля физкульту́ры **2.** рези́нка для воло́с

chouchoute *fam nf* люби́мица

choucroute *nf* ≈ ки́слая капу́ста

chouette *nf* сова́ ②①

chou-fleur *nm* цветна́я капу́ста

chrétien[1] *nm* христиани́н* *(pl.* христиа́не, христиа́н, христиа́нам*)*

chrétien[2] *adj* христиа́нский • la religion chrétienne христиа́нская рели́гия

chrétienne *nf* христиа́нка

Christ *nm* Христо́с* *(*Христа́, *dat.* Христу́*)*

christianisme *nm* христиа́нская ве́ра

chronique[1] *adj* хрони́ческий • une bronchite chronique хрони́ческий бронхи́т

chronique[2] *nf* **1.** *(article de journal)* хро́ника • la chronique théâtrale театра́льная хро́ника **2.** *(annales)* ле́топись *f* • le musée conserve des chroniques anciennes в музе́е храня́тся дре́вние ле́тописи

chuchoter *v* шепта́ть* [II, шепчу́, ше́пчешь ④] / прошепта́ть* [II, *id*] шепну́ть • ne parlez pas si fort, chuchota-t-il не говори́те так гро́мко, — прошепта́л он

chuintant *adj*
● les chuintantes шипя́щие *(*шипя́щих, шипя́щим*)* *(adj subst pl)*

chut *interj* ш-ш

chute *nf* **1.** *(propr. et fig.)* паде́ние • une chute de cheval паде́ние с ло́шади • elle a fait une mauvaise chute dans l'escalier она́ неуда́чно упа́ла на ле́стнице • la chute des prix паде́ние цен **2.** *(chute d'eau)* водопа́д • les chutes du Niagara Ниага́рский водопа́д

Chypre *nf* Кипр

chypriote *adj* ки́прский
■ Chypriote *nmf* киприо́т *m*, киприо́тка *f*

cible *nf litt & fig* мише́нь *f* • une cible mobile подвижна́я мише́нь • servir de cible aux railleries служи́ть мише́нью для насме́шек

cicatrice *nf* шрам • il m'est resté une cicatrice sur le front у меня́ оста́лся шрам на лбу

Cicéron *nm* Цицеро́н

cidre *nm* сидр • un verre de cidre doux стака́н сла́дкого си́дра

ciel *nm* не́бо* *(pl.* небеса́, небе́с, небеса́м*)* • un ciel bleu голубо́е не́бо
● être au septième ciel чу́вствовать себя́ на седьмо́м не́бе

cierge *nm* свеча́* *(gén. pl.* свече́й*)* ②⑤ • mettre un cierge devant une icône поста́вить свечу́ пе́ред ико́ной

cigale *nf* цика́да • le soir, on entend les cigales ве́чером слы́шится пе́ние цика́д

cigare *nm* сига́ра • fumer le cigare кури́ть сига́ру

cigarette *nf* сигаре́та • **fumer une cigarette** кури́ть сигаре́ту • **acheter un paquet de cigarettes** купи́ть па́чку сигаре́т

ci-gît *adv* здесь поко́ится прах *(+ G)*

cigogne *nf* а́ист • **les cigognes sont arrivées** а́исты прилете́ли

cil *nm* ресни́ца • **de longs cils noirs** дли́нные чёрные ресни́цы

ciment *nm* цеме́нт

cimetière *nm* кла́дбище • **au cimetière** на кла́дбище

ciné *nm* кино́* *nt indécl* • **si on allait au ciné ?** дава́й пойдём в кино́?

cinéaste *nmf* кинематографи́ст

cinéma *nm* **1.** *(salle)* кинотеа́тр • **au cinéma « Sébastopol »** в кинотеа́тре «Севасто́поль» **2.** *(art)* кино́* *nt indécl* • **le cinéma muet** немо́е кино́ • **le cinéma parlant** звуково́е кино́

cinq *adj num* **1.** *(quantité)* пять, пя́теро *(avec nom de nombre collectif)* • **cinq bouteilles** пять буты́лок • **à cinq kilomètres de la ville** в пяти́ киломе́трах от го́рода • **cinq traîneaux** пя́теро сане́й • **ils étaient cinq** их бы́ло пя́теро • **cinq enfants** пя́теро дете́й **2.** *(numéro, date)* пя́тый • **à la page cinq** на пя́той страни́це • **le tome cinq** пя́тый том • **acte cinq** де́йствие пя́тое • **le 25 janvier** 25-го января́ **3.** *(aux cartes)* пятёрка • **un cinq de cœur** пятёрка черве́й
● **à cinq** впятеро́м › **nous avons fait tout ça à cinq** мы всё э́то сде́лали впятеро́м • **cinq cents** пятьсо́т › **cinq cents personnes** пятьсо́т челове́к › **à cinq cents kilomètres de Paris** в пятиста́х киломе́трах от Пари́жа • **cinq-centième** пятисо́тый • **de cinq ans** пятиле́тний › **un plan de cinq ans** пятиле́тний план • **les Cinq** *(groupe de compositeurs)* Могу́чая ку́чка

cinquantaine *nf* о́коло пяти́десяти • **une cinquantaine de tentatives infructueuses** о́коло пяти́десяти неуда́чных попы́ток • **une cinquantaine de personnes** челове́к пятьдеся́т • **elle approche de la cinquantaine** ей под пятьдеся́т • **il a dépassé la cinquantaine** ему́ за пятьдеся́т

cinquante *adj num* пятьдеся́т • **cinquante roubles** пятьдеся́т рубле́й • **à cinquante kilomètres de la ville** в пяти́десяти киломе́трах от го́рода
● **cent cinquante** сто пятьдеся́т, полтора́ста *(полу́тораста)* › **cent cinquante roubles** полтора́ста рубле́й

cinquantième *adj num* пятидеся́тый

cinquième[1] *adj num* **1.** *(en règle générale)* пя́тый • **le cinquième volume** пя́тый том • **la cinquième roue du char** пя́тое колесо́ в теле́ге **2.** *(en parlant des étages)* шесто́й • **nous habitons au cinquième étage** мы живём на шесто́м этаже́

cinquième[2] ■ *nm* **1.** *(étage)* шесто́й эта́ж *(эта́ж ③)* • **ils habitent au cinquième** они́ живу́т на шесто́м этаже́ **2.** *(fraction)* пя́тая *(adj subst f)* • **les deux cinquièmes de cette somme** две пя́тых э́той су́ммы ■ *nf (classe)* пя́тый класс *пе́рвый год колле́жа*

cirage *nm* крем для о́буви

circonférence *nf* окру́жность *f* • **le centre de la circonférence** центр окру́жности

circonstance *nf* обстоя́тельство • **un concours de circonstances** стече́ние обстоя́тельств • **des circonstances atténuantes** смягча́ющие обстоя́тельства • **des circonstances aggravantes** отягча́ющие обстоя́тельства • **selon les circonstances** смотря́ по обстоя́тельствам

circuit *nm* маршру́т • **cet été on a fait un circuit dans le sud de la Turquie** э́тим ле́том мы соверши́ли пое́здку по ю́гу Ту́рции

circulaire *nf* циркуля́р • **le secrétaire a envoyé les circulaires** секрета́рь разосла́л циркуля́ры

circulation *nf (de véhicules)* движе́ние • **la circulation automobile** автомоби́льное движе́ние • **respecter les règles de la circulation** соблюда́ть пра́вила доро́жного движе́ния
● **la circulation du sang** кровообраще́ние

circuler *v* дви́гаться • **les bus circulent le dimanche ?** авто́бусы хо́дят по воскресе́ньям?

cire *nf* **1.** *(naturelle)* воск **2.** *(à cacheter)* сургу́ч ③

cirer *v* **1.** *(les chaussures)* чи́стить / почи́стить • **cirer ses chaussures** чи́стить о́бувь **2.** *(un plancher)* натира́ть во́ском

cirque *nm* цирк • allons au cirque пойдём в цирк

ciseaux *nmpl* ножницы *pl t (*ножниц, ножницам*)* • une paire de ciseaux пара ножниц

citadelle *nf* цитадель *f*

citation *nf (passage cité)* цитата • faire une citation привести цитату

citer *v* **1.** *(faire une citation)* привести цитату из *(+ G)* (приводить ④ / привести* [IV, приведу, приведёшь - привёл, привела ③ - приведённый]), цитировать / процитировать *littéraire* • citer Dostoïevski привести цитату из Достоевского, процитировать Достоевского **2.** *(énumérer)* называть / назвать* [IV, назову, назовёшь - назвал, назвала, назвало, назвали] ⑤ • citer les villes principales de la Sibérie orientale назвать главные города Восточной Сибири

citoyen *nm* гражданин* *(pl.* граждане, граждан, гражданам*)* ②① • un citoyen français гражданин Франции

citoyenne *nf* гражданка • une citoyenne française гражданка Франции

citron *nm* лимон • du thé au citron чай с лимоном

citrouille *nf* тыква

civil[1] *adj (qui concerne les citoyens)* гражданский • le droit civil гражданское право • la guerre civile гражданская война

civil[2] *nm* **1.** *(en parlant d'une personne)* штатский *(adj subst m)* • les civils et les militaires штатские и военные **2.** *(en parlant d'une tenue)* штатское *(adj subst nt)* • s'habiller en civil одеться в штатское

civilisation *nf* цивилизация • la civilisation de l'Égypte ancienne цивилизация древнего Египта

civilisé *adj* цивилизованный

clafoutis *nm* клафути *m* • un clafoutis aux abricots абрикосовый клафути, абрикосовый пирог

clair *adj* **1.** *(pas sombre)* светлый ⑤ *(*светел, светла , светло, светлы*)* • une nuit claire светлая ночь • une pièce claire светлая комната • une couleur claire светлая краска • une robe claire светлое платье ~ светло- *(élément de formation)* • jaune clair светложёлтый **2.** *(sonore)* звонкий ⑤ *(comp.* звонче**)* • une voix claire звонкий голос **3.** *(limpide)* чистый ⑤ *(comp.* чище**)* • de l'eau claire чистая вода **4.** *(en parlant du temps, du ciel)* ясный ⑤ • par temps clair в ясную погоду • un ciel clair ясное небо **5.** *(organisé)* ясный ⑤ • des idées claires ясные мысли • c'est clair это ясно • un esprit clair ясный ум
● il faisait déjà clair quand je me suis réveillé было уже светло, когда я проснулся • un clair de lune лунный свет • au clair de la lune при свете луны

clair *adv*
● voir clair **a.** *(bien voir)* хорошо видеть **b.** *(bien comprendre)* хорошо разбираться

clairement *adv* ясно *(comp.* яснее*)* • il a clairement exposé son point de vue он ясно изложил свою точку зрения

clairière *nf* поляна • dans une petite clairière на небольшой поляне

clandestin *adj* подпольный • une réunion clandestine подпольное собрание • une organisation clandestine подпольная организация • un passager clandestin незаконный пассажир

clandestinement *adv* подпольно

claquer ◪ *vt* хлопать / хлопнуть *(+ I)* • claquer la porte хлопнуть дверью ◪ *vi* щёлкать / щёлкнуть *(+ I)* • claquer des dents щёлкать зубами • claquer des doigts щёлкать пальцами
● faire claquer son fouet щёлкать кнутом

clarté *nf* **1.** *(luminosité, intelligibilité)* ясность *f* • la clarté du ciel ясность неба • pour plus de clarté для большей ясности **2.** *(lumière)* свет • à la clarté de la lampe при свете лампы

classe *nf* **1.** (SCOL) класс • être en classe сидеть в классе • les petites classes младшие классы • en classe terminale в выпускном классе **2.** *(salle)* класс **3.** *(catégorie)* класс • un billet de train de première classe железнодорожный билет первого класса • les classes sociales общественные классы

classeur *nm* папка (с кольцами) • j'ai oublié mon classeur de russe я забыл свою папку по русскому

classique *adj* классический • la littérature classique классическая литера-

ту́ра • l'enseignement classique класси́ческое образова́ние
■ classique *nm* кла́ссик • les classiques russes ру́сские кла́ссики

clavier *nm* (INFORM) клавиату́ра • un clavier sans fil беспроводна́я клавиату́ра

clé, clef *nf* ключ ③② • la clef de l'appartement ключ от кварти́ры • la clef de l'armoire ключ от шка́фа • la clef de tous les secrets ключ ко всем та́йнам
● fermer à clef запере́ть (на ключ) (запира́ть / запере́ть* [IV, запру́, запрёшь - за́пер, заперла́, за́перло, за́перли - за́пертый, за́перт ⑤, заперта́, за́перто, за́перты ⑤]) • tenir sous clef держа́ть под замко́м

clergé *nm* духове́нство • le clergé orthodoxe правосла́вное духове́нство

client *nm* 1. *(dans un magasin)* клие́нт, покупа́тель *m* 2. *(dans un hôtel)* гость 3. (INFORM) клие́нт • architecture client serveur архитекту́ра "клие́нт-се́рвер"

cliente *nf* 1. *(dans un magasin)* покупа́тельница 2. *(dans un hôtel)* го́стья • un message pour la cliente de la chambre 148 сообще́ние для го́стьи из но́мера 148

clientèle *nf* клиенту́ра

cligner *v* cligner des yeux мига́ть глаза́ми (мига́ть / мигну́ть)

clignotants *nmpl* указа́тели поворо́та *pl (pl.* указа́тели, указа́телей, указа́телям*)*

climat *nm* кли́мат • un climat tempéré уме́ренный кли́мат • le dur climat de la Sibérie суро́вый кли́мат Сиби́ри

climatisation *nf* 1. *(appareil)* кондиционе́р • tu as la climatisation dans ta voiture ? у тебя́ в маши́не есть кондиционе́р? 2. *(principe)* кондициони́рование

clin d'œil *nm* faire un clin d'œil à un enfant подмигну́ть ребёнку • en un clin d'œil в оди́н миг, ми́гом

clinique *nf* кли́ника

clip *nm* клип • un clip vidéo видеокли́п

cliquer *v* щёлкать / щёлкнуть • cliquer sur un lien щёлкнуть по ссы́лке

clochard *nm* клоша́р • il y avait beaucoup de clochards там бы́ло мно́го клоша́ров

cloche *nf* ко́локол* *(nom. pl.* колокола́*)* ①② • sonner les cloches *litt* звони́ть в колокола́
● se faire sonner les cloches *fam* получи́ть взбу́чку

clocher *nm* колоко́льня* *(gén. pl.* колоко́лен*)* • avoir l'esprit de clocher смотре́ть на всё со свое́й колоко́льни

clochette *nf* колоко́льчик • le président secoua sa clochette председа́тель позвони́л в колоко́льчик

cloison *nf* перегоро́дка • une cloison en planches доща́тая перегоро́дка

clôture *nf* 1. *(enceinte)* огра́да • une clôture de pierre ка́менная огра́да 2. *(fin)* заключе́ние • la clôture des comptes заключе́ние счето́в
● de clôture *(final)* заключи́тельный › **le discours de clôture** заключи́тельное сло́во

clou *nm* 1. *(tige métallique)* гвоздь *m* ③③ • enfoncer des clous вбива́ть гво́зди 2. *(attraction principale)* гвоздь *m* ③ • le clou de la saison гвоздь сезо́на
● clou de girofle гвозди́ка

clouer *v* прибива́ть / приби́ть* [II, прибью́, прибьёшь - прибе́й - приби́тый] • clouer le couvercle de la caisse приби́ть кры́шку к я́щику

clouté *adj*
● passage clouté перехо́д › **traverser la rue au passage clouté** перейти́ у́лицу по перехо́ду

Clovis *nm* Хло́двиг

clown *nm* кло́ун

club *nm* клуб • un club sportif спорти́вный клуб

cm *(abr de* centimètre*)* *nm* см

CM *(abr de* cours moyen*)* *nm* CM1 *4-й год францу́зской нача́льной шко́лы* • CM2 *5-й год францу́зской нача́льной шко́лы*

cobaye *nm* 1. *(cochon d'Inde)* морска́я сви́нка 2. *(sujet d'expérience)* подо́пытный кро́лик

coccinelle *nf* бо́жья коро́вка

cocher *nm* ку́чер* *(nom. pl.* кучера́*)* ①②, ямщи́к *(cocher de poste)* ③② • on l'engagea comme cocher его́ на́няли ку́чером

cochère *adj*
● porte cochère ворóта *pl t (*ворóт, ворóтам*)* › **nous nous arrêtâmes devant une large porte cochère** мы останови́лись пéред широ́кими ворóтами

cochon *nm* свинья́ ②⑤ • élever des cochons разводи́ть свинéй • c'est un vrai cochon э́то настоя́щая свинья́
● cochon de lait молóчный поросёнок, поросёнок* *(pl.* порося́та, порося́т, порося́там*)* • cochon d'Inde морскáя сви́нка • donner de la confiture aux cochons метáть би́сер пéред сви́ньями • jouer un tour de cochon à un collègue подложи́ть коллéге свинью́ • se soûler comme un cochon напи́ться как свинья́

cocktail *nm* коктéйль

code *nm* **1.** *(mot de passe)* код • un code secret секрéтный код • saisir votre code confidentiel et valider ввести́ ли́чный код и подтверди́ть **2.** *(recueil de lois ou de règlements)* кóдекс • le code civil граждáнский кóдекс • le code pénal уголóвный кóдекс
● le code de la route прáвила дорóжного движéния *(*прáвила прáвил, прáвилам*) pl* • le code postal почтóвый и́ндекс

cœur *nm* **1.** *(organe)* сéрдце ①② • il a une maladie de cœur у негó болéзнь сéрдца **2.** *(dispositions, sentiments)* сéрдце, душá ⑥ • elle a un cœur d'or сéрдце у неё золотóе • il n'a pas de cœur у негó нет сéрдца • de tout cœur от всегó сéрдца, от всей души́ • prendre à cœur принимáть к сéрдцу • il en a gros sur le cœur у негó тяжелó на сéрдце **3.** *(milieu des choses)* середи́на • au cœur de l'hiver в середи́не зимы́ **4.** *(aux cartes)* чéрви *pl t (*червéй, червя́м*)* ③ • le roi de cœur корóль червéй
● à cœur vaillant rien d'impossible смéлость горóда берёт • j'ai mal au cœur меня́ тошни́т › **il avait mal au cœur** егó тошни́ло • de bon cœur охóтно › **il travaillait de bon cœur** он охóтно рабóтал • loin des yeux, loin du cœur с глаз долóй — из сéрдца вон • par cœur наизýсть › **savoir ses leçons par cœur** знать урóки наизýсть • sans cœur бессердéчный › **un homme sans cœur** бессердéчный человéк

coexistence *nf* сосуществовáние • la coexistence pacifique ми́рное сосуществовáние

coffre *nm* **1.** *(de voiture)* багáжник • les valises sont dans le coffre чемодáны в багáжнике **2.** *(malle)* сундýк ③② • un coffre métallique металли́ческий сундýк **3.** → coffre-fort

coffre-fort *nm* несгорáемый шкаф, шкаф* *(loc.* шкафý*)* ⑧② • les passeports sont dans le coffre-fort паспортá в несгорáемом шкафý

cognac *nm* коньáк ③ • un verre de cognac рю́мка коньякý

cogner
■ se cogner *vp* стýкаться / стýкнуться • se cogner contre la porte стýкнуться об дверь

coiffer *v* причёсывать / причесáть* [II, причешý, причéшешь ④ - причёсанный] • il m'a bien coiffé он хорошó причесáл меня́ • elle est bien coiffée онá хорошó причёсана
■ se coiffer *vp* причёсываться / причесáться* [II, причешýсь, причéшешься ④ - причёсанный] • je n'ai pas eu le temps de me coiffer я не успéла причесáться

coiffeur *nm* **1.** *(personne)* парикмáхер • c'est un bon coiffeur э́то хорóший парикмáхер **2.** *(salon)* парикмáхерская *(adj subst f)* • il y a un coiffeur là-bas au coin там на углý есть парикмáхерская • je vais chez le coiffeur я идý в парикмáхерскую

coiffeuse *nf (personne)* парикмáхер *m* • c'est une bonne coiffeuse онá хорóший мáстер

coiffure *nf* **1.** *(arrangement des cheveux)* причёска • une coiffure à la mode мóдная причёска **2.** *(couvre-chef)* головнóй убóр

coin *nm* ýгол* *(loc.* углý*)* ③② *dim.* уголóк • au coin на углý • dans le coin в углý • dans un coin sombre в тёмном углý • un petit coin charmant прекрáсный уголóк
● coin perdu глушь *f* ③ › **vivre dans un coin perdu** жить в глуши́

coïncidence *nf* совпадéние • c'est une simple coïncidence э́то чи́стое совпадéние

coïncider *v* совпадáть / совпáсть* [IV, совпадёт, совпадýт - совпáл] • son mariage a coïncidé avec mon arrivée егó свáдьба совпáла с моим приéздом

col *nm* **1.** *(sur un vêtement)* воротни́к ③② • un col de fourrure мехово́й воротни́к • relever son col подня́ть воротни́к **2.** *(en montagne)* перева́л

colère *nf* гнев • dans un accès de colère в поры́ве гнéва
◾ en colère серди́тый › **elle était en colère contre moi** онá былá серди́та на меня́ • mettre en colère серди́ть ④ / рассерди́ть ④ › **vous l'avez mis en colère** вы егó рассерди́ли • se mettre en colère серди́ться ④ / рассерди́ться ④ › **il s'est mis en colère contre moi** он рассерди́лся на меня́

colique *nf* кóлики *pl t* (кóлик, кóликам) • il a la colique у негó кóлики • il a des coliques néphrétiques у негó пóчечные кóлики

colis *nm* посы́лка • j'ai reçu votre colis hier вчерá получи́л вáшу посы́лку

collaborateur *nm* сотрýдник • il avait deux collaborateurs он рабóтал с двумя́ сотрýдниками

collaboration *nf* сотрýдничество • en collaboration avec un journaliste в сотрýдничестве с журнали́стом

collaboratrice *nf* сотрýдница

collaborer *v* сотрýдничать • collaborer à un journal сотрýдничать в газéте

collant *nm (sous-vêtement)* колгóтки *pl t* • mon collant a filé у меня́ колгóтки поéхали

colle *nf* **1.** *(substance)* клей* *m* (*loc.* клею́) ⑧ • colle forte столя́рный клей **2.** *(punition)* оставлéние пóсле урóков • j'ai eu 2 heures de colle меня́ остáвили на два часá пóсле урóков

collectif *adj* коллекти́вный • une sécurité collective коллекти́вная безопáсность

collection *nf* коллéкция • une collection de timbres коллéкция мáрок
◾ faire collection de собирáть, коллекциони́ровать › **faire collection de timbres** собирáть мáрки

collectionner *v* собирáть, коллекциони́ровать • elle collectionne les cartes postales онá собирáет откры́тки

collectionneur *nm* коллекционéр

collectivisation *nf* коллективизáция • la collectivisation de l'agriculture коллективизáция сéльского хозя́йства

collège *nm* коллéж *(четы́ре пéрвых клáсса срéдней шкóлы)* • Félix entre au collège en septembre в сентябрé Фéликс пойдёт в коллéж

collégien *nm* учени́к коллéжа *(учени́к ③②)*

collégienne *nf* учени́ца коллéжа

collègue *nmf* коллéга *m ou f* • cher collègue дорогóй коллéга • une ancienne collègue бы́вшая коллéга

coller ◪ *vt (faire adhérer)* склéивать / склéить *(réunir avec de la colle)*, наклéивать / наклéить *(coller sur quelque chose)* • coller les deux moitiés склéить óбе полови́ны • coller un timbre sur l'enveloppe наклéить мáрку на конвéрт ◪ *vi* **1.** *(adhérer)* клéиться • les étiquettes collent bien этикéтки хорошó клéятся **2.** *fam (bien marcher)* клéиться • il y a quelque chose qui ne colle pas тут чтó-то не клéится

collier *nm (ornement)* бýсы *pl t* (бус, бýсам), ожерéлье *littéraire* • un collier de corail корáлловые бýсы • un collier de diamants бриллиáнтовое ожерéлье • un collier de perles ни́тка жéмчуга

colline *nf* холм ③② • des collines boisées леси́стые холмы́

Colomb *nm*
◾ Christophe Colomb Христофóр Колýмб

colonel *nm* полкóвник

colonie *nf* **1.** *(pour enfants)* оздорови́тельный лáгерь • en juillet je vais en colonie de vacances à la mer в ию́ле я éду в оздорови́тельный лáгерь на мóре **2.** *(territoire dépendant)* колóния

colonne *nf* **1.** (ARCHIT) колóнна *dim.* колóнка • des colonnes de marbre мрáморные колóнны • de petites colonnes de bois деревя́нные колóнки **2.** *(dans un journal, un livre)* колóнка • en trois colonnes в три колóнки **3.** *(de fumée)* столб ③② • une colonne de fumée столб ды́ма
◾ colonne vertébrale позвонóчник

colorier *v* раскрáшивать / раскрáсить • un album à colorier альбóм для раскрáшивания

colossal *adj* колосса́льный • une fortune colossale колосса́льное состоя́ние

combat *nm* бой* *m (loc.* бою́) ⑧② • un combat aérien возду́шный бой • un combat naval морско́й бой • des combats de rue у́личные бои́ • un combat de coqs бой петухо́в • accepter le combat приня́ть бой
● mettre hors de combat вы́вести из стро́я

combattant *nm* боéц, боеви́к • un groupe de combattants armés гру́ппа вооружённых боевико́в
● ancien combattant ветера́н войны́

combattre *v* боро́ться* [II, борю́сь, бо́решься ④] / поборо́ться* [II, *id*] *(c + I)* • combattre l'ennemi боро́ться с враго́м, боро́ться про́тив врага́ • combattre les préjugés боро́ться с предрассу́дками • combattre pour la liberté боро́ться за свобо́ду

combien *adv* ско́лько • combien de litres ? ско́лько ли́тров? • combien ça coûte ? ско́лько э́то сто́ит? • après combien de tentatives infructueuses ! по́сле ско́льких неуда́чных попы́ток! • combien de volumes ? ско́лько томо́в? • en combien de volumes ? во ско́льких тома́х?
● le combien sommes-nous aujourd'hui ? како́е сего́дня число́?

À PROPOS DE...

Après les prépositions exigeant un cas oblique, **ско́лько** est remplacé par **ско́льких, ско́льким...**

combinaison *nf* **1.** *(ensemble)* сочета́ние, комбина́ция • une heureuse combinaison de couleurs уда́чное сочета́ние кра́сок • une combinaison de chiffres комбина́ция цифр **2.** *(machination)* комбина́ция • des combinaisons financières фина́нсовые комбина́ции **3.** *(sous-vêtement féminin)* комбина́ция • une combinaison en soie шёлковая комбина́ция **4.** *(vêtement de travail)* комбинезо́н • une combinaison d'aviateur комбинезо́н лётчика

combiner *v (assembler)* сочета́ть / сочета́ть, комбини́ровать / скомбини́ровать *littéraire* • combiner les couleurs avec habileté уда́чно сочета́ть кра́ски

comble[1] *adj* перепо́лненный *(*перепо́лнен, перепо́лнена*)* • la salle était comble зал был перепо́лнен

comble[2] *nm*
● au comble de на верху́ *(+ G)* › **il se sentait au comble de la félicité** он чу́вствовал себя́ на верху́ блаже́нства • ça c'est un comble ! ну, э́то уж сли́шком! • pour comble de в доверше́ние *(+ G)* › **pour comble de malheur** в доверше́ние всех бед

combler *v* **1.** *(remplir)* засыпа́ть / засы́пать* [II, засы́плю, засы́плешь] • combler une fosse засы́пать я́му **2.** *(satisfaire)* исполня́ть / испо́лнить • ses désirs ont été comblés жела́ния его́ испо́лнились **3.** *(donner à profusion)* осыпа́ть / осы́пать* [II, осы́плю, осы́плешь] • elle l'a comblé de cadeaux она́ осы́пала его́ пода́рками

comédie *nf* коме́дия • une comédie de Molière коме́дия Молье́ра • jouer la comédie игра́ть коме́дию

comestible *adj* съедо́бный

comète *nf* коме́та • la queue de la comète хвост коме́ты

comique *adj* **1.** *(qui fait rire)* смешно́й *(*смешо́н, смешна́*)* • une situation comique смешно́е положе́ние **2.** *(du genre de la comédie)* коми́ческий • un rôle comique коми́ческая роль

comité *nm* комите́т • un comité d'action комите́т де́йствия
● comité central центра́льный комите́т, ЦК • en petit comité в те́сном кругу́

commandant *nm* **1.** *(grade)* майо́р **2.** *(officier placé à la tête d'un navire, d'une garnison...)* команди́р • le commandant du porte-avions команди́р авиано́сца

commande *nf (demande de marchandises)* зака́з • passer une commande дать зака́з • exécuter une commande вы́полнить зака́з • votre commande est prête ваш зака́з гото́в • une commande en ligne онла́йн-зака́з

commandement *nm (pouvoir)* кома́ндование • prendre le commandement приня́ть кома́ндование • le commandement suprême верхо́вное кома́ндование • sous le commandement du général N. под кома́ндованием генера́ла Н.

commander *v* **1.** *(faire une commande)* зака́зывать / заказа́ть* [II, закажу́, зака́жешь] ④ • j'ai reçu le catalogue et je vais commander quelques disques я получи́л катало́г, закажу́ не́сколько ди́сков **2.** *(ordonner)* прика́зывать / приказа́ть* [II, прикажу́, прика́жешь] ④ • il nous a commandé d'ouvrir le feu он приказа́л нам откры́ть ого́нь **3.** *(être à la tête)* кома́ндовать *(+ I)* • commander un régiment кома́ндовать полко́м

comme *conj*

1. DANS UNE COMPARAISON = **как**

• blanc comme neige бе́лый как снег
• faites comme chez vous бу́дьте как до́ма
• il pleure comme un gosse он пла́чет сло́вно ребёнок, он пла́чет как ребёнок
• il est comme toi, il n'aime pas beaucoup travailler он вро́де тебя́: не лю́бит рабо́ту, он как ты: не лю́бит рабо́ту

= **как и**

• vous oublierez comme tous les autres вы забу́дете, как и все остальны́е
• comme on pouvait s'y attendre как и мо́жно бы́ло ожида́ть

= **так, как**

• il n'a pas fait ça comme je voulais он э́то сде́лал не так, как я хоте́л
• j'ai fait comme vous me l'aviez conseillé я поступи́л так, как вы мне посове́товали

= **тако́й...как**

• des villes anciennes comme Pskov et Novgorod таки́е дре́вние города́ как, наприме́р, Псков и Но́вгород

2. EN QUALITÉ DE

• on l'avait engagé comme cocher его́ на́няли ку́чером
• il était considéré comme le meilleur pilote он счита́лся лу́чшим пило́том
• considérer comme son devoir счита́ть свои́м до́лгом
• considérer comme indispensable счита́ть необходи́мым

3. PUISQUE = **так как**

• comme il n'y avait pas de places libres, nous sommes allés plus loin так как не́ было свобо́дных мест, мы пошли́ да́льше

4. AU MOMENT OÙ = **в тот моме́нт, когда́**

• le téléphone a sonné juste comme j'entrais dans mon appartement телефо́н зазвони́л как раз в тот моме́нт, когда́ я вошёл в кварти́ру

● c'est tout comme э́то одно́ и то же
• comme ça так › c'est comme ça э́то так › j'ai dit ça comme ça, sans aucune arrière-pensée я э́то сказа́л так, без вся́кой за́дней мы́сли
• comme ci comme ça та́к себе › comment allez-vous ? — bah ! comme ci comme ça ну, как живёте? — ничего́, та́к себе.
• manger comme quatre есть за четверы́х

comme *adv*

• comme c'est gentil de votre part ! как э́то ми́ло с ва́шей стороны́!
• comme je suis content de vous voir ! как я рад вас ви́деть!
• si vous saviez comme je le déteste ! е́сли бы вы зна́ли, как я его́ ненави́жу!

À PROPOS DE...

Ne pas confondre так, как et так как.

commencement *nm* нача́ло • au commencement de l'année в нача́ле го́да • c'est le commencement de la fin э́то нача́ло конца́

● au commencement внача́ле › c'était comme ça au commencement так бы́ло внача́ле

commencer ◪ *vt* начина́ть / нача́ть* [IV, начну́, начнёшь - на́чал, начала́, на́чало, на́чали ⑤ - на́чатый, на́чат, начата́, на́чато, на́чаты ⑤] • il a commencé ce travail depuis longtemps он уже́ давно́ на́чал э́ту рабо́ту ◪ *vi* начина́ться / нача́ться* [IV, начнётся, начну́тся - начался́, начала́сь..] • la guerre commença начала́сь война́

■ commencer à *v* **1.** начина́ть / нача́ть* • vous avez commencé à travailler ? вы на́чали рабо́тать? **2.** il commence à pleuvoir пошёл дождь • il commençait à neiger пошёл снег • il commence à faire plus chaud ста́ло тепле́е • il commençait à faire froid бы́ло уже́ хо́лодно • quand il commencera à faire plus froid когда́ бу́дет холодне́е

■ commencer par *v* начина́ть / нача́ть* *(с + G)*, начина́ться / нача́ться* *(с + G)* • par quoi allons-nous commencer ? с чего́ мы начнём? • je commence par la fin я начина́ю с конца́ • je commence par lire les journaux я начина́ю с того́, что чита́ю газе́ты, снача́ла я чита́ю газе́ты • la pièce commence par un long monologue пье́са начина́ется с дли́нного моноло́га

comment *adv* как • comment travaille-t-il ? как он рабо́тает? • comment ça va ? как дела́? • comment ! il est déjà ici ? как! он уже́ здесь?

commentaire *nm* коммента́рий *m* • les commentaires sont superflus коммента́рии изли́шни

commerçant *adj* торго́вый • une rue commerçante торго́вая у́лица
■ commerçant *nm* коммерса́нт *(gros commerçant)*, торго́вец *(petit commerçant)*

commerçante *nf* коммерса́нтка

commerce *nm* **1.** *(boutique)* торго́вая то́чка **2.** *(achat et vente)* торго́вля • le commerce en gros опто́вая торго́вля • le commerce de détail ро́зничная торго́вля • le commerce extérieur вне́шняя торго́вля
● faire le commerce de торгова́ть *(+ I)* › **faire le commerce des fourrures** торгова́ть меха́ми

commercial *adj* торго́вый • une chaîne commerciale торго́вая сеть • un accord commercial торго́вый догово́р

commettre *v (un forfait)* соверша́ть / соверши́ть • commettre une faute соверши́ть оши́бку • commettre un crime соверши́ть преступле́ние

commissaire *nm*
● commissaire de police комисса́р поли́ции

commissariat *nm*
● commissariat de police комиссариа́т поли́ции

commission *nf* **1.** *(groupe de personnes)* коми́ссия • une commission de quatre membres коми́ссия в соста́ве четырёх чле́нов

À PROPOS DE...

À la différence du français **commission**, le mot russe **комиссия** s'écrit avec un seul **м**.

2. *(mission)* поруче́ние • charger d'une commission дать поруче́ние
■ commissions *nfpl (achats)* поку́пки *pl (поку́пок, поку́пкам)* • elle est allée faire ses commissions она́ пошла́ за поку́пками • faire ses commissions де́лать поку́пки

commode¹ *adj (d'un usage facile)* удо́бный • c'est très commode э́то о́чень удо́бно

commode² *nf* комо́д • une commode Louis XV комо́д в сти́ле Людо́вика XV

commun *adj* о́бщий • nous avons des amis communs у нас о́бщие друзья́ • des intérêts communs о́бщие интере́сы • d'un commun accord с о́бщего согла́сия • je n'ai rien de commun avec eux я не име́ю ничего́ о́бщего с ни́ми • un lieu commun о́бщее ме́сто
● le sens commun здра́вый смысл

communauté *nf* сообщество • la Communauté européenne Европе́йское сообщество

commune *nf (circonscription administrative)* комму́на
● la Commune Пари́жская Комму́на • la Chambre des communes Пала́та о́бщин

communication *nf (information)* сообще́ние • faire une communication сде́лать сообще́ние
● les voies de communication пути́ сообще́ния

communiqué *nm* сообще́ние • le communiqué officiel официа́льное сообще́ние • un communiqué de l'AFP сообще́ние АФП

communiquer *vt (faire savoir)* сообща́ть / сообщи́ть • communiquer les dernières nouvelles сообщи́ть после́дние изве́стия

communisme *nm* коммуни́зм

communiste ◪ *adj* коммунисти́ческий • le parti communiste коммунисти́ческая па́ртия ◪ *nmf* коммуни́ст *m*, коммуни́стка *f*

compact *nm* компа́кт-диск • l'enregistrement vient de sortir en compact за́пись вы́шла на компа́кт-ди́ске

compagne *nf* **1.** спу́тница • une compagne de voyage попу́тчица **2.** *(amie)* подру́га • il m'a présenté sa nouvelle compagne он познако́мил меня́ со свое́й но́вой подру́гой

compagnie *nf* **1.** *(société)* о́бщество • une compagnie d'assurances страхово́е о́бщество **2.** *(groupe)* компа́ния • en joyeuse compagnie в весёлой компа́нии • tenez-nous compagnie соста́вьте нам компа́нию **3.** (MIL) ро́та

compagnon *nm* това́рищ, спу́тник • compagnon d'armes сора́тник

• compagnon d'infortune това́рищ по несча́стью
● compagnon de voyage попу́тчик

comparaison *nf* сравне́ние • en comparaison avec le niveau d'avant-guerre по сравне́нию с довое́нным у́ровнем

comparatif *adj* (GRAMM) сравни́тельная сте́пень *f*

comparer *v* сра́внивать / сравни́ть • comparer la traduction avec l'original сра́внивать перево́д с по́длинником

compartiment *nm* **1.** *(dans un wagon)* купе* *nt indécl*, отделе́ние • un compartiment à quatre places четырёхме́стное купе́ **2.** *(d'une caisse, d'un tiroir)* отделе́ние • un tiroir à compartiments я́щик с отделе́ниями

compatriote *nmf* соотéчественник *m*, соотéчественница *f*

compétent *adj* компете́нтный • c'est un homme très compétent э́то о́чень компете́нтный челове́к

compilation *nf* компиля́ция • la dernière compilation de Björk после́дняя компиля́ция Бьорк

complément *nm* дополне́ние • en complément à ce que je vous ai dit в дополне́ние к тому́, что я уже́ сказа́л • les compléments directs et indirects прямы́е и ко́свенные дополне́ния

complet *adj* **1.** по́лный ③ • les œuvres complètes по́лное собра́ние сочине́ний • dans l'obscurité complète в по́лной темноте́ **2.** *(sur la porte d'un établissement)* мест нет
● au complet в по́лном соста́ве

complètement *adv* соверше́нно • j'ai complètement abandonné la musique я соверше́нно бро́сил му́зыку

compléter *v* дополня́ть / допо́лнить • compléter les phrases en ajoutant les verbes à la forme requise допо́лнить предложе́ния глаго́лами в ну́жной фо́рме
■ se compléter *vp* дополня́ться / допо́лниться • ils se complètent l'un l'autre они́ дополня́ют друг дру́га

complexe[1] *adj* сло́жный ⑤ • c'est un problème fort complexe э́то о́чень сло́жная зада́ча

complexe[2] *nm* (ARCHIT & PSYCHO) ко́мплекс • un complexe architectural архитекту́рный ко́мплекс • un complexe d'infériorité ко́мплекс неполноце́нности • un complexe de supériorité ко́мплекс превосхо́дства

complexité *nf* сло́жность *f* • d'une grande complexité большо́й сло́жности

complication *nf* *(difficulté nouvelle)* осложне́ние • des complications dues à son état de santé осложне́ния, вы́званные его́ состоя́нием здоро́вья

complice *nmf* соуча́стник *m*, соуча́стница *f*

compliment *nm* комплиме́нт • faire des compliments сде́лать комплиме́нты

compliqué *adj* сло́жный ⑤ • c'est bien compliqué всё э́то о́чень сло́жно

complot *nm* за́говор • découvrir un complot откры́ть за́говор

comportement *nm* поведе́ние • son comportement était très étrange la dernière fois que je l'ai vue когда́ мы ви́делись после́дний раз, его́ поведе́ние бы́ло о́чень стра́нным

composer *v* **1.** *(en règle générale)* составля́ть / соста́вить • composer un bouquet соста́вить буке́т • composer le menu соста́вить меню́ **2.** *(un numéro de téléphone)* набира́ть / набра́ть* [IV, наберу́, наберёшь - набра́л, набрала́, набра́ло, набра́ли] ⑤ • composer le numéro набра́ть но́мер **3.** *(écrire une œuvre musicale)* сочиня́ть / сочини́ть • composer une sonate сочини́ть сона́ту
■ se composer *vp* состоя́ть* [I, состои́т, состоя́т *(из + G)*] • l'appartement se compose de deux pièces et d'une cuisine кварти́ра состои́т из двух ко́мнат и ку́хни

compositeur *nm* компози́тор

composition *nf* *(ensemble d'éléments)* соста́в • la composition chimique du pétrole хими́ческий соста́в не́фти • la composition du groupe соста́в гру́ппы

composter *v* компости́ровать / прокомпости́ровать • composter son billet avant de monter dans le train прокомпости́ровать биле́т пе́ред поса́дкой в по́езд

compréhensible *adj* поня́тный • c'est parfaitement compréhensible э́то вполне́ поня́тно

comprendre *v* **1.** *(saisir par la pensée)* понима́ть / поня́ть* [IV, пойму́, поймёшь - по́нял, поняла́, по́няло, по́няли ⑤ - по́нятый, по́нят, понята́, по́нято, по́няты ⑤] • je ne vous comprends pas я вас не понима́ю • il comprend le russe ? он понима́ет по-ру́сски? • si je comprends bien наско́лько я понима́ю **2.** *(contenir)* состоя́ть* [I, состои́т, состоя́т *(*из *+ G)*] • l'appartement comprend deux pièces et une cuisine кварти́ра состои́т из двух ко́мнат и ку́хни
● non compris не включа́я *(+ A)* › **les enfants non compris** не включа́я дете́й • y compris включа́я *(+ A)* › **y compris les enfants** включа́я дете́й • faire comprendre дать поня́ть (дава́ть* [II, даю́, даёшь] / дать* [*n cl*, дам, дашь, даст, дади́м, дади́те, даду́т - дал, дала́, да́ли - дай]) › **il m'a fait comprendre qu'il ne reviendrait pas** он дал мне поня́ть, что не вернётся

comprimé *nm* табле́тка • un comprimé d'aspirine табле́тка аспири́на

compromettre *v* компромети́ровать / скомпромети́ровать • il a peur de me compromettre он бои́тся скомпромети́ровать меня́

compromis *nm* компроми́сс • accepter un compromis пойти́ на компроми́сс

> **À PROPOS DE...**
>
> À la différence du français **compromis**, le mot russe **компроми́сс** s'écrit avec deux **c**.

comptable *nmf* бухга́лтер

comptant *adv* payer (argent) comptant плати́ть нали́чными
● prendre pour argent comptant приня́ть за чи́стую моне́ту

compte *nm* **1.** *(calcul)* счёт* *(loc.* счету́ *(après* на*))* ⑧① • se perdre dans ses comptes сби́ться со счёта **2.** *(sommes placées, somme à régler)* счёт* *(loc.* счету́ *(après* на*) ; pl.* счета́*)* ⑧② • j'ai un compte courant à la banque у меня́ теку́щий счёт в ба́нке **3.** *(sujet de discussion)* счёты *pl (*счётов, счётам*)* • j'ai des comptes à régler avec lui у нас с ним счёты
● ça n'entre pas en ligne de compte э́то не в счёт • en fin de compte в конце́ концо́в, в коне́чном счёте • s'en tirer à bon compte дёшево отде́латься • rendre compte d'une réunion дать отчёт о совеща́нии • se rendre compte d'une erreur заме́тить оши́бку • tenir compte de учи́тывать / уче́сть* [IV, учту́, учтёшь - учёл, учла́ - учтя́] › **tenir compte de la situation** учи́тывать обстано́вку › **sans tenir compte des possibilités réelles** не учи́тывая реа́льных возмо́жностей

compter *v* **1.** *(effectuer un calcul, dénombrer)* счита́ть / сосчита́ть • compter de tête счита́ть в уме́ • compter jusqu'à cent счита́ть до ста • compter son argent счита́ть де́ньги • sans compter les jours de repos не счита́я выходны́х дней **2.** *(contenir)* насчи́тывать • la ville compte plus de deux millions d'habitants го́род насчи́тывает бо́лее двух миллио́нов жи́телей **3.** *(avoir l'intention de)* намерева́ться • je comptais aller à Moscou cet été я намерева́лся пое́хать в Москву́ ле́том **4.** *(avoir confiance en)* рассчи́тывать *(*на *+ A)* • nous comptions sur toi мы рассчи́тывали на тебя́ • je compte là-dessus я на э́то рассчи́тываю **5.** *(importer)* быть ва́жным • ça compte beaucoup de nos jours в на́ши дни э́то о́чень ва́жно
● compter sur ses doigts счита́ть на па́льцах • compter sur les doigts de la main счита́ть по па́льцам

compteur *nm* счётчик • le compteur à gaz га́зовый счётчик

comte *nm* граф • le comte Tolstoï граф Толсто́й

comtesse *nf* графи́ня

concentration *nf*
● camp de concentration концла́герь *m* › **il est mort dans un camp de concentration** он поги́б в концла́гере

concentrer *v* сосредото́чивать / сосредото́чить • concentrer des troupes сосредото́чить войска́ • concentrer son attention sur l'essentiel сосредото́чивать своё внима́ние на са́мом гла́вном

conception *nf* взгляд • des conceptions erronées оши́бочные взгля́ды

concerner *v* каса́ться *(+ G)* • ça ne me concerne pas э́то меня́ не каса́ется

• en ce qui concerne mon voisin что каса́ется моего́ сосе́да

concert *nm* конце́рт • nous n'allons jamais au concert мы никогда́ не хо́дим на конце́рты • donner un concert дава́ть конце́рт

concerto *nm* конце́рт • concerto pour piano et orchestre конце́рт для форте-пья́но с орке́стром

concession *nf (abandon de ses droits)* усту́пка • faire des concessions пойти́ на усту́пки

concevoir *v* **1.** *(inventer)* приду́мывать / приду́мать • on peut concevoir une autre solution мо́жно приду́мать друго́й вы́ход из положе́ния **2.** *(comprendre)* понима́ть / поня́ть* [IV, пойму́, поймёшь - по́нял, поняла́, по́няло, по́няли] ⑤ • je ne peux pas concevoir comment on peut dire des choses pareilles я не понима́ю, как мо́жно говори́ть таки́е ве́щи

concierge *nmf* консье́рж

conclure *v* **1.** *(terminer)* зако́нчить • Anne a conclu son exposé par un poème Анн зако́нчила своё сообще́ние стиха́ми **2.** *(signer)* заключа́ть / заключи́ть • conclure une alliance заключи́ть сою́з • conclure un traité de paix заключи́ть ми́рный догово́р • j'en ai conclu qu'il ne m'avait pas compris из э́того я заключи́л, что он меня́ не по́нял

conclusion *nf* заключе́ние • nous sommes arrivés à la conclusion suivante мы пришли́ к сле́дующему заключе́нию • la conclusion du traité de paix заключе́ние ми́рного догово́ра • en conclusion в заключе́ние

concombre *nm* огуре́ц • une salade de concombres сала́т из огурцо́в

concours *nm* **1.** *(participation)* уча́стие • diverses organisations ont prêté leur concours à cette manifestation ра́зные организа́ции при́няли уча́стие в э́том мероприя́тии **2.** *(examen)* ко́нкурс • un concours d'entrée вступи́тельный ко́нкурс

● hors concours вне ко́нкурса • passer un concours сдать ко́нкурсные экза́мены *pl* (экза́менов, экза́менам) • un concours de circonstances стече́ние обстоя́тельств

concret *adj* конкре́тный • donner un exemple concret дать конкре́тный приме́р

concurrence *nf* конкуре́нция • faire concurrence соста́вить конкуре́нцию

À PROPOS DE...

À la différence du français **concurrence**, le mot russe **конкуре́нция** s'écrit avec un seul **p**.

condamnation *nf* пригово́р • une condamnation à mort сме́ртный пригово́р

condamné *nm* приговорённый *(adj subst m)*

condamner *v* **1.** *(frapper d'une peine)* пригова́ривать / приговори́ть • il a été condamné à la réclusion à perpétuité его́ приговори́ли к пожи́зненному заключе́нию **2.** *(désapprouver)* осужда́ть / осуди́ть [*part.* осуждённый*] ④ • tous condamnent son attitude все осужда́ют его́ поведе́ние

condition *nf* усло́вие • quelles sont vos conditions ? каки́е ва́ши усло́вия? • les conditions de vie усло́вия жи́зни • lorsque les conditions sont favorables при благоприя́тных усло́виях

● à condition que е́сли › à condition qu'il l'accepte е́сли он согласи́тся

conditionnel *nm* (GRAMM) усло́вный • le verbe est au conditionnel глаго́л в усло́вном наклоне́нии

condoléances *nfpl* соболе́знование • présenter ses condoléances вы́разить свои́ соболе́знования

conducteur *nm (de véhicule)* води́тель *m* • le conducteur du camion води́тель грузовика́

conductrice *nf* води́тельница

conduire *v* **1.** *(mener à pied)* вести́* [IV, веду́, ведёшь - вёл, вела́ ③] / повести́* [IV, *id*] ; *indét.* води́ть ④ • où nous conduis-tu ? куда́ ты нас ведёшь? • tous les jours, elle conduisait les enfants à l'école она́ ка́ждый день води́ла дете́й в шко́лу • elle l'a conduit à la cuisine она́ его́ провела́ в ку́хню **2.** *(mener autrement qu'à pied)* везти́* [IV, везу́, везёшь - вёз, везла́ ③] / повезти́* [IV, *id*] ; *indét.* вози́ть ④ • il m'y conduira en voiture он повезёт меня́ туда́ на маши́не • on les conduit à l'école en

autobus их во́зят в шко́лу на авто́бусе • je peux vous y conduire en moto я могу́ отвезти́ вас туда́ на мотоци́кле • mon frère les a conduits à la gare мой брат проводи́л их на вокза́л **3.** *(être à la tête de)* руководи́ть *(+ I)* • il conduit la délégation он руководи́т делега́цией **4.** *(une voiture)* вести́* / повести́* ; *indét.* води́ть ④ • savez-vous conduire ? вы уме́ете води́ть? • il conduisait un camion à toute vitesse он вёл грузови́к на по́лной ско́рости
● le permis de conduire води́тельские права́ *pl* (прав, права́м) › **passer le permis de conduire** сдава́ть на води́тельские права́
■ se conduire *vp* вести́ себя́* ③, вести́* [IV, веду́, ведёшь - вёл, вела́] ③ • il se conduit mal он себя́ пло́хо ведёт

conduite *nf* **1.** *(comportement)* поведе́ние • un zéro de conduite дво́йка по поведе́нию **2.** *(de véhicule)* вожде́ние • elle prend des cours de conduite она́ у́чится на ку́рсах вожде́ния
● une conduite d'eau водопрово́д

cône *nm* ко́нус • un cône tronqué усечённый ко́нус

confection *nf* *(prêt-à-porter)* гото́вое пла́тье • un magasin de confection магази́н гото́вого пла́тья

conférence *nf* **1.** *(réunion)* конфере́нция • une conférence internationale междунаро́дная конфере́нция • à la conférence на конфере́нции **2.** *(exposé)* ле́кция • faire une conférence чита́ть ле́кцию
● conférence de presse пресс-конфере́нция

conférencier *nm* докла́дчик

À PROPOS DE...

Le mot **конферансье́** signifie « présentateur ».

confession *nf* и́споведь *f*
● *la Confession d'un enfant du siècle* (Musset) ***Исповедь сына века*** (Мюссе́)

confetti *nm* конфетти́* *nt indécl* • une pluie de confettis дождь конфетти́

À PROPOS DE...

Ne pas confondre **конфетти́**, les confettis, avec **конфе́ты**, les bonbons.

confiance *nf* **1.** *(non méfiance)* дове́рие • une confiance aveugle слепо́е дове́рие • ne pas inspirer confiance не внуша́ть дове́рия • un abus de confiance злоупотребле́ние дове́рием **2.** *(non doute)* ве́ра (в *+ A)* • la confiance en soi ве́ра в себя́ • la confiance en l'avenir ве́ра в бу́дущее
● avoir confiance en доверя́ть *(+ D)* › **je n'ai pas confiance en lui** я ему́ не доверя́ю

confidence *nf* призна́ние • faire une confidence à une amie сде́лать прия́тельнице призна́ние

confier *v* доверя́ть / дове́рить • confier un secret à une amie дове́рить подру́ге та́йну

confirmer *v* подтвержда́ть / подтверди́ть [*part.* подтверждённый*] • un porte-parole du gouvernement a confirmé l'information пресс-секрета́рь прави́тельства подтверди́л информа́цию
■ se confirmer *vp* подтвержда́ться / подтверди́ться [*part.* подтверждённый*] • nos craintes se sont confirmées на́ши опасе́ния подтверди́лись

confiscation *nf* конфиска́ция • la confiscation des biens конфиска́ция иму́щества

confiserie *nf* **1.** *(magasin)* конди́терская *(adj subst f)* **2.** *(marchandise)* конди́терские изде́лия *pl* (изде́лий, изде́лиям)

confit *adj*
● fruits confits заса́харенные фру́кты

confiture *nf* варе́нье • confiture de framboises мали́новое варе́нье

conflit *nm* столкнове́ние • un conflit armé вооружённое столкнове́ние • un conflit d'intérêts столкнове́ние интере́сов • entrer en conflit avec son chef вступи́ть в столкнове́ние со свои́м нача́льником

confondre *v* пу́тать / перепу́тать • je les confonds tout le temps : ils se ressemblent tellement я их всегда́ пу́таю, так они́ похо́жи • tu la confonds sans doute avec une autre ты её наве́рно пу́таешь с друго́й

conformément
■ conformément à *loc prép* согла́сно *(+ D)* • conformément à vos indications согла́сно ва́шим указа́ниям

conformer
■ se conformer *vp* руково́дствоваться *(+ I)* • se conformer aux règles générales руково́дствоваться о́бщими пра́вилами

confort *nm* удо́бства *pl* (удо́бств, удо́бствам), комфо́рт • un appartement tout confort кварти́ра со всеми удо́бствами

confortable *adj* удо́бный, комфорта́бельный • un fauteuil confortable удо́бное кре́сло • un appartement confortable удо́бная кварти́ра

confortablement *adv* удо́бно • s'installer confortablement dans un fauteuil удо́бно усе́сться в кре́сле

confus *adj* нея́сный ⑤ (нея́сен, неясна́, нея́сно, нея́сны) *(peu clair)*, сму́тный *(trouble)* ⑤, тума́нный *(nébuleux)*, невня́тный *(indistinct)* • des idées confuses нея́сные мы́сли • la situation restait confuse обстано́вка остава́лась нея́сной • des souvenirs confus сму́тные воспомина́ния • des explications confuses тума́нные объясне́ния • un bruit confus невня́тный шум
● j'étais confus мне бы́ло нело́вко

confusion *nf* пу́таница • il y a eu une confusion dans les adresses произошла́ пу́таница с адреса́ми

congé *nm* о́тпуск* *(loc.* отпуску́ *ou* о́тпуске ; *pl.* отпуска́ ⑧②) • prendre un congé взять о́тпуск • elle est partie en congé она́ уе́хала в о́тпуск • il est en congé maladie pour une semaine он на бюллете́не на неде́лю

congélateur *nm* морози́льник

congrès *nm* съезд, конгре́сс • à un congrès de chirurgiens на съе́зде хиру́ргов

congressiste *nmf* уча́стник *m* съе́зда, уча́стница *f* съе́зда

conjonction *nf* (GRAMM) сою́з

conjugaison *nf* (GRAMM) спряже́ние • la conjugaison des verbes de la classe II спряже́ние глаго́лов второ́го кла́сса

conjuguer *v* спряга́ть / проспряга́ть • conjuguez ce verbe au présent проспряга́йте э́тот глаго́л в настоя́щем вре́мени
■ se conjuguer *vp* спряга́ться / проспряга́ться • comment se conjugue ce verbe ? как спряга́ется э́тот глаго́л?

connaissance *nf (savoir)* зна́ние • la connaissance d'une langue зна́ние языка́ • élargir ses connaissances расши́рить свои́ зна́ния
● à ma connaissance наско́лько мне изве́стно • en connaissance de cause со зна́нием де́ла › **parler en connaissance de cause** говори́ть со зна́нием де́ла • faire la connaissance de познако́миться с *(+ I)* (знако́миться / познако́миться) › **enchanté de faire votre connaissance** о́чень рад познако́миться › **j'ai fait sa connaissance il y a deux ans** мы с ним познако́мились два го́да тому́ наза́д • perdre connaissance потеря́ть созна́ние • prendre connaissance de ознако́миться с *(+ I)* (знако́миться / ознако́миться) › **j'ai pris connaissance de cette affaire** я ознако́мился с э́тим де́лом • reprendre connaissance прийти́ в себя́ • sans connaissance без па́мяти, без чувств, без созна́ния › **il était étendu sans connaissance** он лежа́л без па́мяти • une vieille connaissance ста́рый знако́мый *(adj subst m)*, ста́рая знако́мая *(adj subst f)*

connaisseur *nm* знато́к ③② • faire le connaisseur притворя́ться знатоко́м

connaître *v* знать • connaître son affaire знать своё де́ло • il connaissait mal le russe он пло́хо знал ру́сский язы́к • vous connaissez Dupont ? вы зна́ете Дюпо́на? • non, je ne le connais pas нет, я его́ не зна́ю, нет, я с ним не знако́м • moi je le connais de vue а я его́ зна́ю в лицо́
● ne rien y connaître ничего́ не понима́ть • s'y connaître en знать толк (в +L) › **il s'y connaît en vins** он зна́ет толк в ви́нах

connecter
■ se connecter *vp* подключа́ться / подключи́ться • se connecter à Internet подключи́ться к Интерне́ту

connexion *nf* **1.** *(action)* подключе́ние **2.** *(résultat)* связь *f* • une connexion ADSL связь по ADSL

connu *adj* изве́стный • des événements connus de tous изве́стные всем собы́тия • un écrivain connu изве́стный писа́тель

conquérir *v* **1.** *litt* завоёвывать / завоева́ть* [II, завою́ю, завою́ешь] • **conquérir un territoire** завоева́ть террито́рию • **conquérir un marché** завоева́ть ры́нок **2.** *fig* покоря́ть / покори́ть • **pour conquérir son cœur** что́бы покори́ть её се́рдце

conquête *nf* завоева́ние, покоре́ние *(assujettissement)* • **la conquête de l'espace** покоре́ние ко́смоса • **la conquête de nouveaux marchés** завоева́ние но́вых ры́нков • **les grandes conquêtes de la science** вели́кие завоева́ния нау́ки

consciemment *adv* созна́тельно • **il m'a trompé consciemment** он созна́тельно обману́л меня́

conscience *nf* **1.** *(sens du bien et du mal)* со́весть *f* • **agir selon sa conscience** поступа́ть по со́вести • **j'ai mauvaise conscience de ne pas l'avoir prévenu** меня́ му́чает со́весть, что я его́ не предупреди́л **2.** *(connaissance)* созна́ние • **la conscience de sa faiblesse** созна́ние свое́й сла́бости
◉ **avoir conscience de** сознава́ть [II, сознаю́, сознаёшь - сознава́й - сознава́я] *(+ A)* › **avoir conscience de ses erreurs** сознава́ть свои́ оши́бки › **avoir conscience du danger** сознава́ть опа́сность • **la liberté de conscience** свобо́да со́вести • **par acquit de conscience** для очи́стки со́вести • **perdre conscience** потеря́ть созна́ние • **prendre conscience de** осозна́ть *(+ A)* › **il a enfin pris conscience du danger** он осозна́л наконе́ц опа́сность • **reprendre conscience** прийти́ в себя́

consciencieusement *adv* добросо́вестно • **il a toujours travaillé consciencieusement** он всегда́ рабо́тал добросо́вестно

consciencieux *adj* добросо́вестный • **un élève consciencieux** добросо́вестный учени́к

conscient *adj* созна́тельный • **un être conscient** созна́тельное существо́
◉ **être conscient de** сознава́ть* [II, сознаю́, сознаёшь - сознава́й - сознава́я] › **il était conscient du danger** он сознава́л опа́сность

conseil *nm* **1.** *(avis)* сове́т • **je veux vous demander conseil** хочу́ попроси́ть у вас сове́та • **vous m'avez donné un bon conseil** вы мне да́ли хоро́ший сове́т • **j'ai suivi votre conseil** я после́довал ва́шему сове́ту **2.** *(assemblée)* сове́т • **le Conseil des ministres** Сове́т мини́стров • **le président du Conseil** председа́тель Сове́та мини́стров • **le conseil municipal** горсове́т • **le Conseil de sécurité** Сове́т Безопа́сности • **un conseil de classe** ≈ педсове́т
◉ **conseil de guerre** вое́нный суд • **conseil de révision** призывна́я коми́ссия • **la nuit porte conseil** у́тро ве́чера мудрене́е

conseiller[1] *nm* сове́тник • **un conseiller d'éducation** педагоги́ческий сове́тник • **le conseiller culturel** культу́рный сове́тник

conseiller[2] *v* сове́товать / посове́товать • **le médecin m'a conseillé de me reposer** врач посове́товал мне отдохну́ть

consentement *nm* согла́сие • **sans le consentement de tes parents** без согла́сия твои́х роди́телей

consentir *v* соглаша́ться / согласи́ться • **il a consenti à venir** он согласи́лся прие́хать
◉ **qui ne dit mot consent** молча́ние — знак согла́сия

conséquence *nf* после́дствие • **quelles peuvent être les conséquences ?** каки́е мо́гут быть после́дствия?

conséquent
■ **par conséquent** *loc adv* сле́довательно

conservateur[1] *adj* консервати́вный • **le parti conservateur** консервати́вная па́ртия

conservateur[2] *nm* **1.** *(fonctionnaire)* храни́тель *m* • **le conservateur du musée** храни́тель музе́я **2.** *(au parti conservateur)* консерва́тор • **victoire des conservateurs aux élections** побе́да консерва́торов на вы́борах

conservatoire *nm* консервато́рия • **elle est entrée au conservatoire** она́ поступи́ла в консервато́рию

conserver *v (garder)* храни́ть, сохраня́ть / сохрани́ть • **conserver son calme** сохрани́ть споко́йствие

conserves *nfpl* консе́рвы *pl t* (консе́рвов, консе́рвам) • **des conserves de poisson** ры́бные консе́рвы • **des conserves de légumes** овощны́е консе́рвы

• boîte de conserves консе́рвная ба́нка

considérable *adj* 1. *(notable, important)* значи́тельный • une somme considérable значи́тельная су́мма 2. *(nombreux)* многочи́сленный • une foule considérable многочи́сленная толпа́

considérer *v* счита́ть / счесть* [IV, сочту́, сочтёшь - счёл, сочла́, сочло́, сочли́ - сочтённый] • je considère qu'il a tort я счита́ю, что он непра́в • considérer comme son devoir счита́ть свои́м до́лгом • considérer comme indispensable счита́ть необходи́мым

consigne *nf (pour le dépôt des bagages)* ка́мера хране́ния • mes bagages sont à la consigne мой бага́ж в ка́мере хране́ния
• mettre en consigne сдать на хране́ние › **j'ai mis ma valise en consigne** я сдал чемода́н на хране́ние

consister *v* состоя́ть* [I, состои́т, состоя́т *(в +L)*] • en quoi consistent ses obligations ? в чём состоя́т его́ обя́занности?

consolation *nf* утеше́ние • c'était sa seule consolation э́то бы́ло её еди́нственное утеше́ние

console *nf* консо́ль *f* • une console de jeux игрова́я приста́вка

consoler *v* утеша́ть / уте́шить • elle pleurait et nous ne savions pas comment la consoler она́ пла́кала, и мы не зна́ли, чем её уте́шить

consommation *nf* 1. *(le fait de consommer)* потребле́ние • la consommation d'électricité augmente потребле́ние электроэне́ргии увели́чивается 2. *(boisson)* напи́ток • c'est 4 euros la consommation ка́ждый напи́ток 4 е́вро

consommer *v* потребля́ть / потреби́ть • consommer beaucoup de viande потребля́ть мно́го мя́са • ma voiture ne consomme pas beaucoup моя́ маши́на потребля́ет ма́ло горю́чего

consonne *nf* согла́сный *(adj subst m)* • les consonnes dures твёрдые согла́сные • les consonnes mouillées мя́гкие согла́сные

conspirateur *nm* загово́рщик • après l'arrestation des conspirateurs по́сле аре́ста загово́рщиков

conspiration *nf* за́говор • la conspiration du silence за́говор молча́ния

constamment *adv* посто́янно • il est constamment au téléphone он посто́янно говори́т по телефо́ну

constant *adj* посто́янный • un souci constant посто́янная забо́та

constatation *nf* констата́ция • la constatation d'un fait констата́ция фа́кта

constater *v* констати́ровать / констати́ровать • constater un fait констати́ровать факт

constipation *nf* запо́р • souffrir de constipation страда́ть запо́ром

constituer *v* составля́ть / соста́вить • constituer le nouveau gouvernement соста́вить но́вое прави́тельство • constituer une bibliothèque составля́ть библиоте́ку

constitution *nf (loi fondamentale)* конститу́ция • la Constitution française францу́зская конститу́ция

construction *nf* 1. *(action de construire)* строи́тельство • la construction de maisons d'habitation строи́тельство жилы́х домо́в 2. *(édifice)* постро́йка • une construction en bois деревя́нная постро́йка
• de construction строи́тельный › **les matériaux de construction** строи́тельные материа́лы

construire *v* стро́ить / постро́ить • construire un pont постро́ить мост • il s'est construit une maison он постро́ил себе́ дом • une phrase bien construite пра́вильно постро́енная фра́за • construire un site web постро́ить сайт
■ se construire *vp* 1. → construire 2. (GRAMM) тре́бовать *(+ G)* • ce verbe se construit avec le datif э́тот глаго́л тре́бует да́тельного падежа́

consul *nm* ко́нсул

consulat *nm* ко́нсульство • le consulat de France францу́зское ко́нсульство

consultation *nf* консульта́ция • demander une consultation à un spécialiste обрати́ться к специали́сту за консульта́цией

consulter *v* 1. *(un spécialiste)* сове́товаться / посове́товаться • elle a consulté le médecin она́ посове́товалась с врачо́м • consultez un juriste посове́туйтесь с юри́стом **2.** *(un objet)* смотре́ть* [I, смотрю́, смо́тришь ④] / посмотре́ть* [I, *id*] • il a consulté sa montre он посмотре́л на часы́ • il faudrait consulter le journal на́до бы посмотре́ть в газе́те

contact *nm fig* конта́кт • établir un contact установи́ть конта́кт

contacter *v* свя́зываться / связа́ться* [II, свяжу́сь, свя́жешься] ④ *(с + I)* • il m'a contacté sur mon portable он связа́лся со мной по моби́льнику

contagieux *adj* **1.** *litt* зара́зный • une maladie contagieuse зара́зная боле́знь **2.** *fig* зарази́тельный • un exemple contagieux зарази́тельный приме́р • un rire contagieux зарази́тельный смех

contagion *nf* зара́за

conte *nm* ска́зка • les contes de Perrault ска́зки Перро́ • des contes de fées волше́бные ска́зки

contemporain[1] *adj* совреме́нный *(*совреме́нен, совреме́нна*)* • la littérature contemporaine совреме́нная литерату́ра • les poètes contemporains de Maïakovski совреме́нные Маяко́вскому поэ́ты

contemporain[2] *nm* совреме́нник

contenance *nf (capacité)* ёмкость *f* • la contenance d'un récipient ёмкость сосу́да
● perdre contenance растéриваться / растеря́ться

contenir *v (renfermer)* содержа́ть* [I, содержу́, соде́ржишь] • le paquet contenait des documents secrets паке́т содержа́л секре́тные докуме́нты • les fruits contiennent des vitamines фру́кты соде́ржат витами́ны

content *adj* дово́льный *(+ I)*, рад *(*ра́да, ра́ды *(seulement attribut))* • je suis content de vous я дово́лен ва́ми • je suis content de moi я дово́лен собо́й • je suis content de vous voir рад вас ви́деть

contenter *v* угожда́ть / угоди́ть *(+ D)* • il est difficile à contenter ему́ тру́дно угоди́ть
● on ne peut pas contenter tout le monde et son père на всех не угоди́шь

À PROPOS DE...

рад peut à lui seul traduire « content de voir » ou « content de voir arriver ». Dans ce cas il se construit avec le datif : ***ils seront contents de te voir*** они́ тебе́ ра́ды бу́дут.

■ se contenter *vp* дово́льствоваться / удово́льствоваться *(+ I)* • se contenter de peu дово́льствоваться немно́гим

contenu *nm* **1.** *(d'un texte)* содержа́ние • le contenu de votre exposé содержа́ние ва́шего докла́да **2.** *(d'un récipient)* содержи́мое *(adj subst nt)* • le contenu du paquet содержи́мое паке́та

contester *v* оспа́ривать / оспо́рить • contester certains arguments оспа́ривать не́которые до́воды

contexte *nm* **1.** *(ensemble du texte)* конте́кст • comprendre un mot nouveau grâce au contexte поня́ть незнако́мое сло́во в конте́ксте **2.** *(circonstances)* обстано́вка • le contexte historique истори́ческая обстано́вка

continent *nm* матери́к ③②, контине́нт • le continent africain африка́нский матери́к

continental *adj* континента́льный • un climat continental континента́льный кли́мат

continu *adj* непреры́вный • un flot continu непреры́вный пото́к • une ligne continue непреры́вная ли́ния

continuer ◪ *vt* продолжа́ть / продо́лжить • continuer son travail продолжа́ть рабо́ту ◪ *vi* продолжа́ться / продо́лжиться • les discussions continuaient спо́ры продолжа́лись
■ continuer à *v* продолжа́ть / продо́лжить • vous continuez à travailler ? вы продолжа́ете рабо́тать?, вы ещё рабо́таете? • il continuait à faire froid бы́ло ещё хо́лодно • il continue à neiger всё ещё идёт снег • et il continue à pleuvoir а дождь всё идёт

contradiction *nf* противоре́чие • l'esprit de contradiction дух противоре́чия • ne pas souffrir la contradiction не терпе́ть противоре́чий • être en contradiction avec la théorie находи́ться в противоре́чии с тео́рией

contraire[1] *adj* проти́вный • **dans le cas contraire** в проти́вном слу́чае • **un vent contraire** проти́вный ве́тер
● **c'est contraire à mes habitudes** э́то не в мои́х привы́чках • **être contraire à** противоре́чить *(+ D)* › **c'est contraire à la logique** э́то противоре́чит ло́гике

contraire[2] *nm* обра́тное *(adj subst nt) (l'inverse)*, совсе́м друго́е *(adj subst nt) (tout autre chose)* • **démontrer le contraire** доказа́ть проти́вное • **c'est le contraire qui est vrai** ве́рно как раз противополо́жное • **hier vous souteniez le contraire** вчера́ вы утвержда́ли обра́тное • **il dit une chose et fait tout le contraire** он говори́т одно́ и де́лает совсе́м друго́е
● **au contraire** напро́тив, наоборо́т › **je vous dérange ? — au contraire, nous sommes très contents de vous voir** я вам меша́ю? — напро́тив, мы о́чень ра́ды вас ви́деть › **non, au contraire, il travaille très bien** нет, наоборо́т, он о́чень хорошо́ у́чится

contrairement
■ **contrairement à** *loc prép* вопреки́ • **contrairement aux règles établies** вопреки́ при́нятым пра́вилам • **contrairement à toute attente** вопреки́ всем ожида́ниям

contralto *nm* контра́льто* *nt indécl*

contrarier *v* противоре́чить *(+ D)* • **ne la contrarie pas, elle pourrait se fâcher** не на́до ей противоре́чить, она́ мо́жет рассерди́ться

contraste *nm* контра́ст • **le contraste était frappant** контра́ст был порази́тельный

contrat *nm* догово́р • **signer un contrat** подписа́ть догово́р • **rompre un contrat** расто́ргнуть догово́р

contravention *nf* **1.** *(amende)* штраф • **j'ai payé la contravention** я заплати́л штраф **2.** *(procès-verbal)* протоко́л • **dresser une contravention** соста́вить протоко́л

contre *prép* **1.** *(indiquant un contact)* к *(+ D)* • **serrer un enfant contre sa poitrine** прижа́ть ребёнка к груди́ • **s'appuyer contre la porte** прислони́ться к две́ри **2.** *(dans l'expression d'un choc)* о, об, обо *(+ A)* • **contre quoi s'est-il cogné ?** обо что он уда́рился? • **contre l'angle** об у́гол • **se cogner la tête contre le mur** уда́риться голово́й об стену • **elle a trébuché contre une pierre** она́ сту́кнулась о ка́мень

> **À PROPOS DE...**
>
> La répartition des formes **о, об, обо** est déterminée par le mot qui suit et, le plus souvent, par le son initial de ce mot : **обо** est employé devant les pronoms **что, всё, всю, все** ; **об** est employé devant les voyelles, mais aussi devant le yod et toutes les consonnes sauf **б** ; **о** peut être employé devant toutes les consonnes y compris le yod.

3. *(dans l'expression d'une lutte)* про́тив *(+ G)* • **la lutte contre l'arbitraire** борьба́ про́тив произво́ла • **un médicament contre la grippe** лека́рство про́тив гри́ппа • **je n'ai rien contre** я ничего́ не име́ю про́тив • **non, je suis contre** нет, я про́тив **4.** *(dans l'expression de la colère)* на *(+ A)* • **elle est fâchée contre moi** она́ серди́та на меня́ • **pourquoi vous êtes-vous mis en colère contre moi ?** почему́ вы рассерди́лись на меня́? **5.** *(échange)* на *(+ A)* • **échanger un fusil contre un chien** обменя́ть ружьё на соба́ку
● **par contre** зато́ › **en été, je travaille beaucoup, mais par contre, en hiver, je me repose** ле́том я мно́го рабо́таю, но зато́ зимо́й я отдыха́ю

contre-attaque *nf* контрата́ка

> **À PROPOS DE...**
>
> À la différence du français « contre-attaque », le mot russe **контрата́ка** s'écrit avec un seul **т**.

contre-attaquer *v* контратакова́ть / контратакова́ть • **contre-attaquer l'adversaire** контратакова́ть проти́вника

> **À PROPOS DE...**
>
> À la différence du français « contre-attaquer », le mot russe **контратакова́ть** s'écrit avec un seul **т**.

contrebande *nf* контраба́нда • **faire de la contrebande** занима́ться контраба́ндой

contrebandier *nm* контрабанди́ст

contrebasse *nf* контраба́с • **jouer de la contrebasse** игра́ть на контраба́се

contrecœur
■ à contrecœur *loc adv* неохо́тно • ils exécutaient les ordres à contrecœur они́ неохо́тно исполня́ли прика́зы

contredire *v* противоре́чить *(+ D)* • sa femme ne le contredit jamais жена́ ему́ никогда́ не противоре́чит

contre-espionnage *nm* контрразве́дка • le contre-espionnage avait arrêté un agent secret контрразве́дка задержа́ла та́йного аге́нта

contre-offensive *nf* контрнаступле́ние • passer à la contre-offensive перейти́ в контрнаступле́ние

contre-plaqué *nm* фане́ра • une petite boîte en contre-plaqué я́щичек из фане́ры

contribuer *v (favoriser)* спосо́бствовать / поспосо́бствовать *(+ D)* • contribuer au succès спосо́бствовать успе́ху

contrôle *nm* **1.** *(vérification)* контро́ль *m* • le contrôle de la production контро́ль проду́кции • le contrôle qualité контро́ль ка́чества **2.** *(épreuve scolaire)* контро́льная (рабо́та) • on a un contrôle de russe demain у нас за́втра контро́льная по ру́сскому
● le contrôle de soi самооблада́ние › **la colère lui a fait perdre le contrôle de lui-même** от гне́ва он потеря́л самооблада́ние

contrôler *v* контроли́ровать / проконтроли́ровать • contrôler les billets контроли́ровать биле́ты

contrôleur *nm* контролёр

contumace *nf*
● par contumace зао́чно › **condamner à la réclusion à perpétuité par contumace** приговори́ть зао́чно к пожи́зненному заключе́нию

convaincre *v (persuader)* убежда́ть / убеди́ть *(1ère personne du futur inusitée)* [*part.* убеждённый*] • il voulait nous convaincre des avantages de cette méthode он хоте́л нас убеди́ть в преиму́ществах э́того ме́тода

convenir *v* **1.** *(se mettre d'accord)* догова́риваться / договори́ться, усло́вливаться / усло́виться • convenir d'un rendez-vous договори́ться о встре́че • nous avons convenu d'y aller ensemble мы усло́вились пое́хать туда́ вме́сте **2.** *(reconnaître comme vrai)* сознава́ться* [II, сознаю́сь, сознаёшься - сознава́йся - сознава́ясь] / созна́ться *(в +L)* • il a bien été obligé de convenir de son erreur ему́ пришло́сь созна́ться в свое́й оши́бке **3.** *(être approprié)* подходи́ть ④ / подойти́* [IV, подойду́, подойдёшь - подошёл, подошла́] • ça me convient parfaitement э́то мне вполне́ подхо́дит • il ne convient pas parfaitement pour un travail de ce genre он не совсе́м подхо́дит для тако́й рабо́ты
● qu'est-ce qu'il convenait de faire dans de telles circonstances ? что на́до бы́ло де́лать в таки́х обстоя́тельствах?

conventionnel *adj* усло́вный • un signe conventionnel усло́вный знак

conversation *nf* разгово́р, бесе́да • lier conversation avec un voyageur завяза́ть с попу́тчиком разгово́р • une agréable conversation прия́тная бесе́да

convertir *v* **1.** *(des devises)* конверти́ровать • convertir des francs en euros конверти́ровать фра́нки в е́вро **2.** *(faire changer de religion)* обраща́ть / обрати́ть *(т → щ)* • convertir au christianisme обрати́ть в христиа́нскую ве́ру

conviction *nf* убежде́ние • agir par conviction де́йствовать по убежде́нию

convocation *nf* пове́стка, вы́зов • je n'ai pas reçu de convocation я не получи́л пове́стки

convoquer *v* вызыва́ть / вы́звать* [IV, вы́зову, вы́зовешь], приглаша́ть / пригласи́ть • il a été convoqué au tribunal он был вы́зван в суд • nous les avons convoqués à la réunion мы их пригласи́ли на собра́ние

cool *adj* клёвый

copain *nm* прия́тель • un copain de classe прия́тель из кла́сса

Copenhague *nf* Копенга́ген

copine *nf* подру́жка • une copine de lycée подру́жка по лице́ю

copie *nf* **1.** *(double)* ко́пия • la copie du plan ко́пия пла́на • faire une copie d'un fichier сде́лать ко́пию фа́йла **2.** *(travail)* рабо́та • le professeur a rendu les copies du contrôle учи́тель разда́л контро́льные рабо́ты **3.** *(imitation d'une* œuvre d'art) кóпия (c + G) • c'est une copie d'un tableau de Rouault это кóпия с картúны Руó

copier *v* **1.** *(faire une copie)* копúровать / скопúровать • copier un CD скопúровать компáкт-диск **2.** *(en classe)* спúсывать / списáть* [II, спишý, спúшешь] ④ • copier sur son voisin de classe списáть у товáрища **3.** *(imiter)* копúровать / скопúровать • copier un tableau копúровать картúну • il te copie dans tous les domaines он тебя копúрует во всём

copieux *adj* обúльный • un repas copieux обúльный обéд

coq *nm* петýх ③② • le coq gaulois гáлльский петýх
● être comme un coq en pâte катáться как сыр в мáсле

coque *nf (de portable)* смéнная панéль
● œuf à la coque яйцó всмятку

coquelicot *nm* мак • rouge comme un coquelicot крáсный как мак

coqueluche *nf (maladie)* коклюш

coquet *adj* кокéтливый • une jeune fille très coquette óчень кокéтливая дéвушка

coquillage *nm* рáковина, ракýшка • ramasser des coquillages собирáть рáковины

coquille *nf* **1.** *(d'un mollusque)* рáковина • une coquille d'escargot рáковина улúтки **2.** *(de noix, d'œuf)* скорлупá *(скорлýпы)* ②① • la coquille de l'œuf скорлупá яйцá **3.** *fig* скорлупá, рáковина • s'enfermer dans sa coquille уходúть в свою скорлупý • sortir de sa coquille выходúть из своéй рáковины

Coran *nm* Корáн

corbeau *nm* вóрон • noir comme un corbeau чёрный как вóрон

corbeille *nf* корзúна • une corbeille à linge бельевáя корзúна • la corbeille à papier корзúна для бумáг

corbillard *nm* катафáлк

À PROPOS DE...

катафáлк s'emploie également au sens de « catafalque ».

corde *nf* **1.** *(grosse ficelle)* верёвка • il attacha son chien à un arbre avec une corde он привязáл свою собáку к дéреву верёвкой **2.** *(d'instrument de musique)* струнá ②① • les cordes de la guitare стрýны гитáры
● à cordes стрýнный › un instrument à cordes стрýнный инструмéнт › un quatuor à cordes стрýнный квартéт • corde raide канáт • échelle de corde верёвочная лéстница • sauter à la corde прыгать чéрез скакáлку

cordial *adj* сердéчный • un accueil cordial сердéчный приём • avec mes sentiments les plus cordiaux = с сердéчным привéтом

cordonnerie *nf* сапóжная мастерскáя

cordonnier *nm* сапóжник

corne *nf* рог* *(nom. pl.* рогá*)* ①② • des cornes de cerf олéньи рогá
● prendre le taureau par les cornes взять быкá за рогá

corneille *nf* ворóна
● bayer aux corneilles считáть ворóн

cornichon *nm (à la française)* корнишóн

corps *nm* **1.** *(d'un être animé)* тéло ①⑥ • les parties du corps чáсти тéла • trembler de tout son corps дрожáть всем тéлом **2.** *(corps d'armée, corps diplomatique)* кóрпус* *(nom. pl.* корпусá*)* ①② • un corps de cavalerie кавалерúйский кóрпус • le corps diplomatique дипломатúческий кóрпус
● un corps solide твёрдое тéло • un corps de bâtiment кóрпус* *(nom. pl.* корпусá*)* ①② › les écuries forment un corps de bâtiment à part конюшни составляют отдéльный кóрпус
Voir encadré page suivante.

correct *adj (conforme aux règles)* прáвильный • une prononciation correcte прáвильное произношéние

correction *nf* **1.** *(le fait de rectifier)* исправлéние • la correction des fautes исправлéние ошúбок **2.** *(modification apportée à un texte)* поправка • relire et faire des corrections перечитáть и внестú поправки **3.** *(manière de se conduire conforme à la politesse)* коррéктность *f*

correspondance *nf* **1.** *(épistolaire)* перепúска • entretenir une correspondance active avec des amis russes вестú оживлённую перепúску с российскими друзьями **2.** *(dans les transports)* пересáдка

LE CORPS HUMAIN

- l'artère **артéрия** *f*
- la bouche **рот** *m*
- le bras **рукá** *f*
- le cerveau **мозг** *m*
- les cheveux **вóлосы** *pl t*
- la cheville **лоды́жка** *f*
- le cil **ресни́ца** *f*
- le cœur **сéрдце** *nt*
- la colonne vertébrale **позвонóчник** *m*
- la côte **ребрó** *nt*
- le cou **шéя** *f*
- le coude **лóкоть** *m*
- le crâne **чéреп** *m*
- la cuisse **ля́жка** *f*
- la dent **зуб** *m*
- le doigt **пáлец** *m*
- le dos **спинá** *f*
- l'épaule **плечó** *nt*
- l'estomac **желу́док** *m*
- les fesses **ягоди́цы** *f*
- le foie **пéчень** *f*
- le front **лоб** *m*
- le genou **колéно** *nt*
- la hanche **бедрó** *nt*
- l'intestin **кишéчник** *m*
- la jambe **ногá** *f*
- la joue **щекá** *f*
- la langue **язы́к** *m*
- la mâchoire **чéлюсть** *f*
- la main **рукá** *f*
- le menton **подборóдок** *m*
- le mollet **икрá** *f*
- le nez **нос** *m*
- le nombril **пупóк** *m*
- l'œil **глаз** *m*
- l'œsophage **пищевóд** *m*
- l'ongle **нóготь** *m*
- l'oreille **у́хо** *nt*
- l'orteil **пáлец** *(ноги́) m*
- la paupière **вéко** *nt*
- le pied **стопá** *f*
- le poignet **запя́стье** *nt*
- la poitrine **грудь** *f*
- le poumon **лёгкое** *nt*
- le rein **пóчка** *f*
- le sourcil **бровь** *f*
- la taille **тáлия** *f*
- le talon **пя́тка** *f*
- la tête **головá** *f*
- la veine **вéна** *f*
- le ventre **живóт** *m*
- la vertèbre **позвонóк** *m*

• **nous aurons à faire une correspondance** нам нýжно бýдет сдéлать пересáдку **3.** *(concordance)* соответ́ствие
● **être en correspondance** быть в перепи́ске *(с + I)*, перепи́сываться *(с + I)* › **j'ai été pendant longtemps en correspondance avec lui** мы с ним дóлго перепи́сывались • **l'enseignement par correspondance** заóчное обучéние › **faire des études par correspondance** учи́ться заóчно

correspondant *nm* **1.** *(journaliste)* корреспондéнт • **de notre correspondant spécial à Moscou** от нáшего специáльного корреспондéнта в Москвé **2.** *(relation épistolaire)* корреспондéнт • **il a des correspondants dans le monde entier** у негó есть корреспондéнты во всём ми́ре ~ *(dans le cadre d'un passe-temps)* друг по перепи́ске

correspondante *nf* **1.** *(journaliste)* корреспондéнтка **2.** *(relation épistolaire)* корреспондéнтка ~ *(dans le cadre d'un passe-temps)* подрýга по перепи́ске • **ma correspondante russe s'appelle Irina** мою́ росси́йскую подрýгу по перепи́ске зовýт Ири́на

correspondre *v* **1.** *(être en correspondance)* перепи́сываться *(с + I)* • **il continue à correspondre avec ses amis** он всё ещё перепи́сывается со свои́ми друзья́ми **2.** *(concorder)* соответ́ствовать *(+ D)* • **cela ne correspond pas à la réalité** э́то не соответ́ствует действи́тельности

corrigé *nm* отвéт • **tu as le corrigé du problème de maths ?** у тебя́ есть отвéт к задáче по матемáтике?

corriger *v* поправля́ть / попрáвить *(le mieux possible)*, исправля́ть / исправить *(totalement)* • **corriger un dessin** попрáвить рисýнок • **corriger un élève** попрáвить ученикá • **corriger une faute** испрáвить оши́бку
■ **se corriger** *vp* исправля́ться / испрáвиться • **il essaye de se corriger** он старáется испрáвиться

corse[1] *adj* корсикáнский
■ **corse** *nm (langue)* корсикáнский язы́к *(язы́к ③)*
■ **Corse** *nmf* корсикáнец *m*, корсикáнка *f*

Corse[2] *nf* Кóрсика • **nous avons passé l'été en Corse** мы провели́ лéто на Кóрсике

cosaque *adj* казáчий • **les troupes cosaques** казáчьи войскá
■ **Cosaque** *nmf* казáк *m* ③②, казáчка *f* • **les cosaques du Don** донски́е казаки́

cosmique *adj* косми́ческий • **l'espace cosmique** косми́ческое простра́нство • **un vaisseau cosmique** косми́ческий кора́бль

cosmodrome *nm* космодро́м

cosmonaute *nm* космона́вт • **l'un des cosmonautes est sorti de la cabine** оди́н из космона́втов вы́шел из каби́ны • **une femme cosmonaute** же́нщина-космона́вт

cosmos *nm* ко́смос • **la conquête du cosmos** покоре́ние ко́смоса

costume *nm* **1.** *(vêtement d'homme)* костю́м • **il avait un nouveau costume** на нём был но́вый костю́м **2.** *(manière de s'habiller)* оде́жда • **en costume national** в национа́льной оде́жде

côte *nf* **1.** *(partie du squelette)* ребро́ *(pl.* рёбра, рёбер, рёбрам*)* ②① • **il s'est cassé trois côtes** он слома́л себе́ три ребра́ **2.** *(pente)* подъём • **une forte côte** круто́й подъём • **monter une côte** поднима́ться на го́ру **3.** *(rive)* бе́рег* *(loc.* берегу́ *; pl.* берега́*)* ⑧② • **une côte rocheuse** скали́стый бе́рег

À PROPOS DE...

L'accent passe sur la préposition dans le groupe на́ берег.

● **côte à côte** ря́дом › **ils étaient assis côte à côte** они́ сиде́ли ря́дом

côté *nm* **1.** *(flanc)* бок* *(loc.* боку́ *; pl.* бока́*)* ⑧② • **dormir sur le côté** спать на боку́ • **j'ai un point de côté** у меня́ ко́лет в боку́

À PROPOS DE...

L'accent passe sur la préposition dans les groupes за́ бок et на́ бок.

2. *(autres sens)* сторона́ *(*сто́рону *; pl.* сто́роны, сторо́н, сторона́м*)* ⑥③ • **de tous côtés on entendait des cris** со всех сторо́н слы́шались кри́ки • **les côtés d'un triangle** сто́роны треуго́льника • **mettre de côté** отложи́ть в сто́рону • **laisser de côté** оста́вить в стороне́ • **de mon côté, je ferai tout mon possible** со свое́й стороны́ я сде́лаю всё возмо́жное

● **à côté a.** *(placé à proximité)* ря́дом › **ils habitent à côté** они́ живу́т ря́дом **b.** *(passant à proximité)* ми́мо › **la balle est passée à côté** пу́ля пролете́ла ми́мо • **à côté de a.** *(placé à proximité de)* о́коло *(+ G)*, ря́дом с *(+ I)* › **à côté du musée** о́коло музе́я › **elle était assise à côté de lui** она́ сиде́ла ря́дом с ним **b.** *(passant à proximité de)* ми́мо *(+ G)* › **il est passé à côté de nous** он прошёл ми́мо нас › **s'asseoir à côté de la chaise** сесть ми́мо сту́ла

Côte D'azur *nf* Лазу́рный бе́рег *(*бе́рег*, *loc.* берегу́ ⑧*)* • **nous irons sur la Côte d'Azur** мы пое́дем на Лазу́рный бе́рег

côtelette *nf* (отбивна́я) котле́та на ко́сточке • **une côtelette d'agneau** котле́та на рёбрышке из ягня́тины

coton *nm* **1.** *(tissu)* хлопчатобума́жная ткань *f* **2.** *(plante)* хло́пок • **la récolte du coton** урожа́й хло́пка **3.** *(ouate)* ва́та • **du coton hydrophile** гигроскопи́ческая ва́та

● **en coton, du coton** хлопчатобума́жный • **l'industrie du coton** хлопчатобума́жная промы́шленность • **un chemisier en coton** хлопчатобума́жная блу́зка

cou *nm* ше́я • **un long cou** дли́нная ше́я • **se jeter au cou de sa grand-mère** бро́ситься свое́й ба́бушке на ше́ю

couche *nf* **1.** *(ensemble d'éléments situés à un même niveau)* слой *m* ①② • **passer deux couches de peinture** нанести́ два сло́я кра́ски • **les couches supérieures de l'atmosphère** ве́рхние слои́ атмосфе́ры • **de larges couches de la population** широ́кие слои́ населе́ния **2.** *(de bébé)* пелёнка • **des couches jetables** одноразо́вые пелёнки

couché *adj*

● **être couché** лежа́ть* [I, лежу́, лежи́шь *(gérondif)* лёжа] / полежа́ть* [I, полежу́, полежи́шь] › **être couché par terre** лежа́ть на полу́ › **il est neuf heures et elle est déjà couchée** де́вять часо́в, а она́ уже́ легла́ › **le chien était couché devant la porte** соба́ка лежа́ла пе́ред две́рью

coucher[1] *nm*

● **au coucher du soleil** на зака́те

coucher[2] *v* **1.** *(mettre au lit)* укла́дывать / уложи́ть ④ • **il va falloir coucher les enfants** пора́ укла́дывать дете́й **2.** *(passer la nuit)* ночева́ть* [II, ночу́ю, ночу́ешь] / переночева́ть* [II, *id*] • **j'ai couché chez des amis** я переночева́л у знако́мых

■ **se coucher** *vp* **1.** *(en parlant d'un être animé)* ложи́ться / лечь* [IV, ля́гу, ля́жешь, ля́гут - лёг, легла́ - ляг, ля́гте] ③ • se coucher sur le lit лечь на крова́ть • se coucher sur le dos лечь на́ спину **2.** *(en parlant d'un astre)* заходи́ть ④ / зайти́* [IV, зайду́, зайдёшь - зашёл, зашла́ - зайдя́] • le soleil se couchait со́лнце заходи́ло ● aller se coucher идти́ спать (идти́* [IV, идёт, иду́т - шёл, шла] / пойти́* [IV, *id*]) › ils sont tous allés se coucher они́ все пошли́ спать • va te coucher, il est tard иди́ спать, уже́ по́здно

À PROPOS DE...

Il ne faut pas confondre **ложи́ться /лечь**, se coucher, avec **лежа́ть /полежа́ть**, être couché (voir **couché**).

coucou *nm (oiseau)* куку́шка • dans le bois, le coucou chante в лесу́ куку́ет куку́шка

coude *nm* **1.** *(partie du corps)* ло́коть *m* ①③ • mettre les coudes sur la table класть ло́кти на стол • jouer des coudes рабо́тать локтя́ми **2.** *(courbe)* поворо́т

coudre *v* **1.** *(faire de la couture)* шить* [II, шью, шьёшь - шей] • le soir, elle coud à la machine ве́чером она́ шьёт на маши́не **2.** *(fixer)* пришива́ть / приши́ть* [II, пришью́, пришьёшь - прише́й - приши́тый] • coudre un bouton приши́ть пу́говицу **3.** *(assembler)* сшива́ть / сшить* [II, сошью́, сошьёшь - сшей - сши́тый] • coudre des peaux сшива́ть шку́ры
● une machine à coudre шве́йная маши́нка

couette *nf* пухо́вое одея́ло • une housse de couette пододея́льник

couler ◼ *vi* **1.** *(en parlant d'un liquide)* течь* [IV, теку́, течёшь, теку́т - тёк, текла́ ③] / потéчь* [IV, *id*] • l'eau coule вода́ течёт • des larmes coulaient de ses yeux из её глаз текли́ слёзы **2.** *(en parlant d'un bateau)* тону́ть ④ / потону́ть ④, идти́ ко дну (идти́* [IV, идёт, иду́т - шёл, шла] / пойти́* [IV, *id*]) • notre barque a coulé на́ша ло́дка пошла́ ко дну • le navire a commencé à couler кора́бль на́чал тону́ть ◼ *vt* **1.** *(mouler)* отлива́ть / отли́ть* [II, отолью́, отольёшь - о́тлил, отлила́, о́тлило, о́тлили ⑤ - отле́й - отли́тый, о́тлит, отлита́, о́тлито, о́тлиты ⑤] • couler des statues отлива́ть ста́туи **2.** *(submerger)* топи́ть ④ / потопи́ть ④ • couler un navire ennemi потопи́ть вра́жеский кора́бль

couleur *nf* цвет* *(nom. pl.* цвета́*)* ①② • les couleurs primaires основны́е цвета́ • des couleurs sombres тёмные цвета́ • de couleur sombre тёмного цве́та
● en couleurs, de couleur цветно́й › un film en couleurs цветно́й фильм

LES COULEURS

- blanc **бе́лый**
- bleu **си́ний**
- bleu ciel **голубо́й**
- bordeaux **вишнёвый**
- gris **се́рый**
- jaune **жёлтый**
- marron **кори́чневый**
- mauve **сире́невый**
- noir **чёрный**
- orange **ора́нжевый**
- rose **ро́зовый**
- rose vif **мали́новый**
- rouge **кра́сный**
- vert **зелёный**
- vert clair **сала́товый**
- vert foncé **тёмно-зелёный**
- violet **фиоле́товый**

couleuvre *nf* уж ③②

coulisses *nfpl (au théâtre)* кули́сы *pl t* (кули́с, кули́сам)
● dans les coulisses **a.** *(direction)* за кули́сы › l'acteur disparut dans les coulisses актёр удали́лся за кули́сы **b.** *(emplacement)* за кули́сами › qui sait ce qui se passe dans les coulisses ? кто зна́ет, что де́лается за кули́сами?

couloir *nm* **1.** *(dans une maison)* коридо́р • nous suivions un long couloir мы шли по дли́нному коридо́ру **2.** *(dans les transports)* прохо́д • il n'y avait personne dans le couloir в прохо́де никого́ не́ было

coup *nm* **1.** *(choc)* уда́р • asséner un coup нанести́ уда́р • parer un coup отвести́ уда́р • un coup de poing уда́р кулако́м ~ *(par extension)* • un coup du sort уда́р судьбы́ **2.** *(décharge d'une arme à feu)* вы́стрел • un coup de fusil руже́йный вы́стрел • un coup de canon пу́шечный вы́стрел **3.** *(avec un nom désignant un instrument)* • je te passerai un coup de fil demain soir я тебе́ позвоню́ за́втра ве́чером • il a donné un grand coup de frein он ре́зко затормози́л • il s'est donné un coup de marteau sur le doigt он уда́рил себя́ молотко́м по па́льцу • il faudrait donner un petit coup de balai dans la chambre на́до бы немно́го подмести́ ко́мнату **4.** *(fois)* раз* *(gén. pl.* раз*)* ①⑥ • du premier coup с пе́рвого ра́за • encore un coup ещё раз ● à coup sûr наверняка́ › **agir à coup sûr** де́йствовать наверняка́ • avoir un coup dans le nez быть под гра́дусом • boire un coup выпива́ть / вы́пить* [II, вы́пью, вы́пьешь - вы́пей] › **ils étaient installés à table et buvaient un coup** они́ сиде́ли за столо́м и выпива́ли • boire un coup de trop хвати́ть ли́шнего (/ хвати́ть ④) • ça ne vaut pas le coup игра́ не сто́ит свеч • coup d'essai пе́рвая попы́тка • coup d'État госуда́рственный переворо́т • coup d'œil взгляд › **jeter un coup d'œil** бро́сить взгляд › **du premier coup d'œil** с пе́рвого взгля́да • coup de sifflet свисто́к › **on entendit un coup de sifflet** разда́лся свисто́к • coup de théâtre неожи́данная развя́зка • coup de tonnerre уда́р гро́ма • coup de vent поры́в ве́тра • faire d'une pierre deux coups одни́м уда́ром уби́ть двух за́йцев • tout à coup вдруг • tuer sur le coup уби́ть напова́л › **il a été tué sur le coup** он был уби́т напова́л

coupable *adj* вино́вный • il se sentait coupable он чу́вствовал себя́ вино́вным
■ coupable *nmf* вино́вный *(adj subst m)*, вино́вная *(adj subst f)* • le coupable a avoué вино́вный созна́лся

coupe *nf* **1.** *(verre)* • il a bu une coupe de champagne он вы́пил бока́л шампа́нского • une coupe à champagne бока́л шампа́нского **2.** (SPORT) ку́бок • la Coupe du monde de football Ку́бок ми́ра по футбо́лу **3.** *(coiffure)* стри́жка • une jolie coupe de cheveux краси́вая стри́жка

couper *v* **1.** *(en plusieurs parties)* ре́зать* [II, ре́жу, ре́жешь] / разре́зать* [II, *id*] • il coupait la viande он ре́зал мя́со • elle a coupé le pain en morceaux она́ разре́зала хлеб на куски́ **2.** *(détacher un morceau de l'ensemble)* отреза́ть / отре́зать* [II, отре́жу, отре́жешь] • couper un morceau de pain отре́зать кусо́к хле́ба • coupez-moi une tranche de jambon, s'il vous plaît отре́жьте мне, пожа́луйста, ло́мтик ветчины́ **3.** *(enlever ce qui est en trop)* среза́ть / сре́зать* [II, сре́жу, сре́жешь] • couper la croûte du fromage сре́зать ко́рку с сы́ра • vous coupez les fleurs avec des ciseaux ? вы среза́ете цветы́ но́жницами? **4.** *(à la hache)* коло́ть* [II, колю́, ко́лешь ④] / расколо́ть [II, расколю́, раско́лешь ④ - раско́лотый] • couper du bois коло́ть дрова́ **5.** *(fermer l'alimentation)* выключа́ть / вы́ключить • couper l'électricité вы́ключить электри́чество • couper le gaz вы́ключить газ • couper la radio вы́ключить ра́дио **6.** *(tailler les cheveux, les ongles)* стричь* [IV, стригу́, стрижёшь, стригу́т - стриг, стри́гла] / остри́чь* [IV, остригу́, острижёшь, остригу́т - остри́г, остри́гла - остри́женный] • des cheveux coupés court ко́ротко остри́женные во́лосы **7.** *(barrer la route)* пересека́ть / пересе́чь* [IV, пересеку́, пересечёшь, пересеку́т - пересе́к, пересекла́ ③ - пересечённый] • ils ont coupé la route они́ пересекли́ доро́гу **8.** *(mettre fin à une communication téléphonique)* разъединя́ть / разъедини́ть • on nous a coupés нас разъедини́ли **9.** *(causer une douleur aiguë)* ре́зать* • la ficelle me coupe les mains верёвка ре́жет ру́ки
● j'ai eu le souffle coupé у меня́ дух захвати́ло • couper la parole à son interlocuteur переби́ть собесе́дника (перебива́ть / переби́ть* [II, перебью́, перебьёшь]) • ne coupez pas *(au téléphone)* не клади́те тру́бку
■ se couper *vp* **1.** → couper **2.** *(avec indication de la partie blessée)* ре́зать себе́ *(+ A)* (ре́зать* [II, ре́жу, ре́жешь] / поре́зать* [II, *id*]) • il s'est coupé le doigt он поре́зал себе́ па́лец

couple *nm* па́ра • ils font un beau couple из них получи́лась прекра́сная па́ра

couplet *nm* купле́т

coupole *nf* ку́пол* *(nom. pl.* купола́*)* ①② • les coupoles dorées des églises золоты́е купола́ церкве́й

coupure *nf* **1.** *(blessure)* поре́з • il a mis un pansement sur sa coupure он наложи́л на поре́з пла́стырь **2.** *(interruption)* отключе́ние • une coupure de courant отключе́ние то́ка

cour *nf* **1.** *(d'un bâtiment)* двор ③② • les enfants jouent dans la cour де́ти игра́ют во дворе́ • la deuxième porte dans la cour втора́я дверь во дворе́ **2.** *(d'un souverain)* двор ③② • la cour du roi короле́вский двор • avoir une charge à la cour име́ть до́лжность при дворе́
● faire la cour à уха́живать за *(+ I)* › **il y a déjà longtemps qu'il lui fait la cour** он уже́ давно́ уха́живает за ней

courage *nm* **1.** *(bravoure)* хра́брость *f*, му́жество • **les assiégés ont fait preuve d'un courage extraordinaire** осаждённые прояви́ли удиви́тельную хра́брость **2.** *(force d'âme)* му́жество • **avoir le courage de dire toute la vérité** име́ть му́жество сказа́ть всю пра́вду **3.** *(dureté de cœur)* дух • **elle n'a pas le courage de refuser** у неё не хвата́ет ду́ху отказа́ть* **4.** *(opiniâtreté)* упо́рство • **il travaille avec courage** он у́чится с упо́рством
◈ **perdre courage** пасть ду́хом (па́дать / пасть* [IV, паду́, падёшь - пал, па́ла])

courageusement *adv* **1.** *(avec bravoure)* хра́бро *(comp.* храбре́е*)*, му́жественно • **se défendre courageusement** хра́бро защища́ться **2.** *(avec force d'âme)* му́жественно • **supporter courageusement la douleur** му́жественно переноси́ть боль **3.** *(avec opiniâtreté)* упо́рно • **travailler courageusement** упо́рно труди́ться

courageux *adj* **1.** *(brave)* хра́брый ⑤, му́жественный • **un soldat particulièrement courageux** исключи́тельно хра́брый солда́т **2.** *(énergique)* му́жественный • **une femme courageuse** му́жественная же́нщина

couramment *adv* **1.** *(avec facilité)* свобо́дно • **parler russe couramment** свобо́дно говори́ть по-ру́сски **2.** *(fréquemment)* ча́сто *(comp.* ча́ще*)* • **c'est une question qu'on me pose couramment** мне ча́сто задаю́т э́тот вопро́с

courant[1] *adj* **1.** *(en cours)* теку́щий • **les affaires courantes** теку́щие дела́ **2.** *(habituel)* обы́чный • **c'est une chose courante chez nous** э́то у нас обы́чное явле́ние

courant[2] *nm* **1.** *(électrique)* ток • **un courant à haute tension** ток высо́кого напряже́ния • **couper le courant** вы́ключить ток **2.** *(d'un liquide)* тече́ние • **un courant sous-marin** подво́дное тече́ние • **descendre le courant** плыть по тече́нию • **remonter le courant** плыть про́тив тече́ния **3.** *(d'idées)* направле́ние • **un nouveau courant littéraire** но́вое литерату́рное направле́ние • **un courant libéral** либера́льное направле́ние
◈ **être au courant** быть в ку́рсе де́ла › **vous n'êtes pas au courant ?** вы не в ку́рсе де́ла? • **mettre au courant** ввести́ в курс де́ла

courbe ◪ *adj* криво́й • **une ligne courbe** крива́я ли́ния ◪ *nf* крива́я *(adj subst f)* • **tracer une courbe** провести́ криву́ю • **la courbe des prix** крива́я цен

courber *v (rendre courbe)* гнуть / погну́ть, сгиба́ть / согну́ть • **courber l'échine devant les riches** гнуть спи́ну пе́ред богача́ми
■ **se courber** *vp* гну́ться / погну́ться, сгиба́ться / согну́ться • **les arbres se courbaient sous le vent** дере́вья гну́лись от ве́тра

coureur *nm* **1.** *(à pied)* бегу́н ③② • **un bon coureur** хоро́ший бегу́н **2.** *(à vélo, en voiture...)* го́нщик • **un coureur cycliste** велого́нщик **3.** *(de jupons)* ба́бник

courge *nf* ты́ква

courgette *nf* кабачо́к

courir *v* бежа́ть* [*n cl*, бегу́, бежи́шь, бегу́т - беги́] / побежа́ть* [*n cl*, *id*] ; *indét.* бе́гать • **courir à toutes jambes** бежа́ть со всех ног • **courir à perdre haleine** бежа́ть во весь дух
◈ **le bruit court** хо́дит слух › **le bruit court qu'il a remporté un prix littéraire** хо́дит слух, что ему́ присуди́ли литерату́рную пре́мию • **il ne faut pas courir deux lièvres à la fois** за двумя́ за́йцами пого́нишься, ни одного́ не пойма́ешь • **tu peux toujours courir pour le retrouver** ищи́ — свищи́

couronne *nf* **1.** *(symbole de puissance)* коро́на • **la couronne des tsars** ца́рская коро́на • **renoncer à la couronne** отказа́ться от коро́ны **2.** *(de fleurs)* вено́к • **une couronne de lauriers** лавро́вый вено́к **3.** *(dentaire)* коро́нка • **mettre une couronne** поста́вить коро́нку

courrier *nm (postal)* по́чта • **le courrier est arrivé** пришла́ по́чта • **répondre par retour du courrier** отве́тить обра́тной по́чтой • **impossible de travailler sans courrier électronique** без электро́нной по́чты рабо́тать невозмо́жно • **un courrier électronique** электро́нное письмо́

cours ◪ *nm* **1.** *(heure d'enseignement dans le secondaire)* уро́к • **pendant le cours de russe** на уро́ке ру́сского языка́ • **avant le début du cours de physique** пе́ред нача́лом уро́ка фи́зики **2.** *(dans l'enseignement supérieur)* ле́кция • **faire des cours de linguistique** чита́ть ле́кции но языкозна́нию • **suivre des cours de chimie** слу́шать ле́кции по хи́мии **3.** *(série de leçons)* курс • organiser des cours de vacances организовать летние курсы • elle prend des cours de yoga она ходит на занятия йогой **4.** *(ouvrage ou ensemble pédagogique)* курс • un cours audio-visuel аудио-визуальный курс **5.** *(taux)* курс • le cours officiel du rouble официальный курс рубля **6.** *(suite de faits)* ход • le cours des événements ход событий

● au cours de **a.** *(à un certain moment de)* во время *(+ G)* › **au cours d'une promenade** во время прогулки **b.** *(pendant la durée de)* на протяжении *(+ G)*, за *(+ A)* › **au cours des deux derniers siècles** на протяжении двух последних столетий › **au cours des trois derniers mois** за последние три месяца • avoir cours *(être répandu)* иметь хождение › **des théories qui ont encore cours** теории, которые ещё имеют хождение • capitaine au long cours капитан дальнего плавания • cours d'eau река ②⑦ • donner libre cours дать волю *(+ D)* › **donner libre cours à ses larmes** дать волю слезам • en cours de route по пути ◪ *nmpl* *(activités scolaires ou universitaires)* занятия *pl* *(*занятий, занятиям*)* • les cours dans les universités sont maintenant terminés занятия в университетах теперь кончились

course *nf* **1.** *(à pied)* бег* *(loc.* бегу*)* ⑧ • une course de vitesse бег на скорость **2.** *(de chevaux)* скачки *pl t* *(*скачек, скачкам*)* • course d'obstacles скачки с препятствиями **3.** *(automobile, cycliste)* гонки *pl t* *(*гонок, гонкам*)* • une course automobile автомобильные гонки • une course cycliste велосипедные гонки, велогонки **4.** *(achat)* покупка • j'ai encore quelques courses à faire мне нужно ещё сделать кое-какие покупки

● au pas de course бегом • champ de courses ипподром › **nous étions au champ de courses** мы были на ипподроме • de course **a.** *(ayant trait aux courses automobiles, cyclistes...)* гоночный › **une auto de course** гоночный автомобиль › **un vélo de course** гоночный велосипед **b.** *(ayant trait aux courses hippiques)* скаковой › **un cheval de course** скаковая лошадь • la course aux armements гонка вооружений

court[1] *adj* короткий ⑤ *(*короток, коротка, коротко, коротки ~ *comp.* короче**)* • des cheveux courts короткие волосы • dans le délai le plus court в самое короткое время

● les formes courtes de l'adjectif краткие формы прилагательного

court[2] *adv* коротко *(comp.* короче**)* • des cheveux coupés court коротко стриженные волосы

court-circuit *nm* короткое замыкание

cousin *nm* двоюродный брат, брат* *(pl.* братья, братьев, братьям*)*

cousine *nf* двоюродная сестра, сестра *(pl.* сёстры, сестёр, сёстрам*)* ②⑤

coussin *nm* подушка • se mettre un coussin sous la tête подложить под голову подушку

couteau *nm* нож *dim.* ножик ③② • un couteau de table столовый нож • un couteau de poche карманный нож

● être à couteaux tirés avec быть на ножах с • mettre le couteau sur la gorge à un fournisseur *fig* пристать к поставщику с ножом к горлу

coûter *v* стоить • combien ça coûte ? сколько это стоит? • ça coûte cher это дорого стоит • ça coûte mille euros это стоит тысячу евро • combien ça coûtera ? сколько это будет стоить?, во сколько это обойдётся ? • ça m'a coûté cher это мне дорого обошлось • ça a coûté mille roubles это обошлось в тысячу рублей

● coûte que coûte во что бы то ни стало

coutume *nf* обычай *m* • les coutumes d'autrefois старинные обычаи

couture *nf* **1.** *(activité)* шитьё • faire de la couture шить **2.** *(points)* шов • le tissu s'est déchiré à la couture ткань порвалась по шву

● la Haute Couture parisienne парижская Высокая Мода

couturier *nm* закройщик, портной

couturière *nf* закройщица, портниха

couvent *nm* монастырь *m* ③②

couvercle *nm* крышка • le couvercle de la boîte крышка коробки

couvert[1] *adj* **1.** *(ayant un toit)* крытый • un marché couvert крытый рынок **2.** *(nuageux)* пасмурный • un temps couvert пасмурная погода

couvert² *nm* прибóр • mettre six couverts накры́ть стол на шесть прибóров

couverture *nf* **1.** *(de lit)* одея́ло • il ramena la couverture jusque sur sa tête он натяну́л одея́ло нá голову **2.** *(de livre, cahier)* облóжка • un livre avec une couverture rouge кни́га в крáсной облóжке

couvrir *v* **1.** *(recouvrir)* покрывáть / покры́ть* [II, покрóю, покрóешь - покры́тый] • une table couverte d'une nappe blanche стол, покры́тый бéлой скáтертью • le ciel se couvre de nuages нéбо покрывáется ту́чами • se couvrir de gloire покры́ть себя́ слáвой • ils ont couvert cette distance en trois heures они́ покры́ли э́то расстоя́ние за три часá • couvrir les frais покры́ть расхóды • les applaudissements couvraient sa voix аплодисмéнты покрывáли егó гóлос **2.** *(parsemer)* усыпáть / усы́пать* [II, усы́плю, усы́плешь] • un visage couvert de taches de rousseur лицó, усы́панное весну́шками • une allée couverte de sable дорóжка, усы́панная пескóм **3.** *(donner à profusion)* осыпáть / осы́пать* [II, осы́плю, осы́плешь] • elle le couvrit de baisers онá осы́пала егó поцелу́ями **4.** *(étouffer les sons)* заглушáть / заглуши́ть • couvrir la voix du chanteur заглуши́ть гóлос певцá
■ se couvrir *vp* теплó одéться • couvre-toi bien, il fait très froid dehors одéнься теплéе, на у́лице хóлодно

cow-boy *nm* ковбóй *m*

c.q.f.d. (*abr de* ce qu'il fallait démontrer) *loc* что и трéбовалось доказáть

crabe *nm* краб • une boîte de crabe бáнка крáбов

cracher *v* плевáть* [II, плюю́, плюёшь] / плю́нуть • cracher par terre плю́нуть нá пол

craie *nf* мел* *(loc.* мелу́*)* ⑧ • écrire à la craie писáть мéлом • un morceau de craie кусóк мéла

craindre *v* боя́ться* [I, боюсь, бои́шься] / побоя́ться* [I, *id*] • elle craint sa mère онá боится мáтери • je crains de prendre froid боюсь простуди́ться • je crains qu'il ne vienne боюсь, что он придёт • je crains qu'il ne vienne pas боюсь, что он не придёт

crainte *nf* страх, боя́знь *f* • inspirer la crainte внушáть страх • de crainte d'être en retard из боя́зни опоздáть

crampe *nf* су́дорога • une crampe à la jambe су́дорога в ногé

crâne *nm (partie du squelette)* чéреп* *(nom. pl.* черепá*)* ①② • il s'est fracturé le crâne он проломи́л себé чéреп

crapaud *nm* жáба

craquement *nm* треск • on entendit un craquement послы́шался треск

craquer *v* **1.** *(produire un bruit sec)* трещáть* [I, трещу́, трещи́шь] / затрещáть* [I, *id*] • la glace craque лёд трещи́т **2.** *(se briser)* ломáться / сломáться • la branche a craqué et Patrick est tombé вéтка сломáлась и Патри́к упáл
✱ plein à craquer напóлненный до откáза, напóлненный *(*напóлнен, напóлнена*)* › **le sac était plein à craquer** су́мка былá напóлнена до откáза › **le bus était plein à craquer** автóбус был наби́т до откáза

cravate *nf* гáлстук • faire son nœud de cravate завязáть гáлстук

crawl *nm* кроль *m* • nager le crawl плáвать крóлем

crayon *nm* карандáш ③② • écrire au crayon писáть карандашóм • des crayons de couleur цветны́е карандаши́

création *nf* создáние • la création d'une entreprise создáние предприя́тия
✱ la création du monde сотворéние ми́ра

crèche *nf (établissement)* я́сли *pl t (*я́слей, я́слям*)* • emmener un enfant à la crèche отнести́ ребёнка в я́сли

crédit *nm* **1.** *(prêt)* креди́т • accorder un crédit предостáвить креди́т **2.** *(délai)* рассрóчка • acheter à crédit купи́ть в рассрóчку

créer *v* создавáть* [II, создаю́, создаёшь - создавáй - создавáя] / создáть* [*n cl*, создáм, создáшь, создáст, создади́м, создади́те, создаду́т - сóздал, создалá, сóздало, сóздали ⑤ - создáй - сóзданный, сóздан, созданá, сóздано, сóзданы ⑤] • créer une entreprise создáть фи́рму • créer des conditions favorables создáть благоприя́тные услóвия • créer un rôle создáть роль

crémaillère *nf (fête)* новосе́лье
● **pendre la crémaillère** справля́ть новосе́лье (справля́ть / спра́вить)

crème *nf* **1.** *(matière grasse)* сли́вки *pl t (сли́вок, сли́вкам)* • **de la crème fouettée** сби́тые сли́вки **2.** *(entremets)* крем • **une crème à la vanille** вани́льный крем **3.** *(pour l'entretien de la peau)* крем • **de la crème à raser** крем для бритья́

crêpe *nf (galette)* блин ③② • **faire des crêpes** испе́чь блины́

crépuscule *nm* су́мерки *pl t (су́мерек, су́меркам)* • **le crépuscule tombait** на зе́млю спуска́лись су́мерки

cresson *nm* водяно́й кресс • **du potage au cresson** суп из кре́сса

Crète *nf* Крит • **un groupe de journalistes est arrivé en Crète** гру́ппа журнали́стов прибыла́ на Крит

crétin *nm* крети́н

creuser *v* рыть* [II, ро́ю, ро́ешь] / вы́рыть* [I, вы́рою, вы́роешь - вы́рытый] • **creuser un trou** вы́рыть я́му
■ **se creuser** *vp (grandir)* углубля́ться • **l'écart se creuse entre le nord et le sud** углубля́ется разры́в ме́жду се́вером и ю́гом
● **se creuser la tête** лома́ть себе́ го́лову › **je me suis creusé la tête sur ce problème** лома́л себе́ го́лову над э́той зада́чей

creux *adj* **1.** *(vide)* пусто́й ⑤ • **le ventre creux** с пусты́м желу́дком **2.** *(amaigri)* впа́лый • **des joues creuses** впа́лые щёки • **une poitrine creuse** впа́лая грудь
● **assiette creuse** глубо́кая таре́лка

crevant *fam adj* убийственный • **le ski de fond c'est crevant** ходи́ть на лы́жах — убийственное заня́тие

crevé *adj* **1.** *fam* без сил • **je suis crevée après ma balade en montagne** по́сле прогу́лки в гора́х я про́сто без сил **2. le pneu arrière est crevé** за́днее колесо́ спусти́ло

crever *v* **1.** *(mourir)* до́хнуть* [III] / сдо́хнуть* [III] • **la vache a failli crever** коро́ва чуть не сдо́хла • **mon ficus a crevé** мой фи́кус засо́х **2.** *(éclater)* ло́паться / ло́пнуть • **le pneu a crevé** ши́на ло́пнула • **l'abcès a crevé** нары́в ло́пнул
● **crever un œil** вы́колоть глаз (выка́лывать / вы́колоть* [II, вы́колю, вы́колешь - вы́колотый]) • **faire crever de faim** *fam* мори́ть го́лодом › **elle nous faisait crever de faim** она́ нас мори́ла го́лодом

crevette *nf* креве́тка

cri *nm* крик • **un cri de désespoir** крик отча́яния • **des cris de joie** ра́достные кри́ки

crier *v* крича́ть* [I, кричу́, кричи́шь] / закрича́ть* [I, *id*] *(commencer à crier)*, кри́кнуть *(pousser un cri)* • **crier de douleur** крича́ть от бо́ли • **crier à tue-tête** крича́ть во весь го́лос • **elle me cria d'approcher** она́ кри́кнула мне, что́бы я подошёл

crime *nm* преступле́ние • **commettre un crime** соверши́ть преступле́ние

Crimée *nf* Крым* *(loc.* Крыму́ ⑧*)* • **un été en Crimée** ле́то в Крыму́

criminel[1] *nm* престу́пник • **un criminel de droit commun** уголо́вный престу́пник • **un criminel de guerre** вое́нный престу́пник

criminel[2] *adj* престу́пный • **un acte criminel** престу́пное де́йствие

criminelle *nf* престу́пница

crise *nf* **1.** *(période difficile)* кри́зис • **une crise économique** экономи́ческий кри́зис • **une crise gouvernementale** прави́тельственный кри́зис • **la crise du logement** жили́щный кри́зис **2.** *(trouble physique ou moral)* при́ступ • **une crise de nerfs** не́рвный при́ступ • **une crise cardiaque** серде́чный при́ступ • **une crise d'appendicite** при́ступ аппендици́та

cristal *nm* **1.** *(structure)* криста́лл • **des cristaux de sel** криста́ллы со́ли **2.** *(matière)* хруста́ль *m* ③ • **la fabrication du cristal** произво́дство хрусталя́ • **le cristal de roche** го́рный хруста́ль
● **en cristal** хруста́льный › **un verre en cristal** хруста́льный стака́н

critère *nm* крите́рий *m* • **trouver un critère valable** найти́ ве́рный крите́рий

critique[1] *adj* крити́ческий • **l'esprit critique** крити́ческий ум • **la situation**

était critique положе́ние бы́ло крити́ческим

critique² ◼ *nmf* кри́тик *m* ◼ *nf* кри́тика • la critique est aisée mais l'art est difficile кри́тика легка́, иску́сство тру́дно

critiquer *v* критикова́ть / раскритикова́ть • il est facile de critiquer легко́ критикова́ть

croche-pied *nm* подно́жка • faire un croche-pied à un attaquant сде́лать напада́ющему подно́жку

crochet *nm* **1.** *(métallique)* крюк* *(*крюка́ *; pl.* крю́чья, крю́чьев, крю́чьям*)* ③① *dim.* крючо́к **2.** *(signe graphique)* квадра́тная ско́бка • mettre entre crochets заключи́ть в квадра́тные ско́бки **3.** *(détour)* крюк ③② • faire un crochet сде́лать крюк

crocodile *nm* крокоди́л
◉ des larmes de crocodile крокоди́ловы слёзы *pl (pl.* слёзы ⑦, слёз, слеза́м*)*

croire *v* **1.** *(avoir la conviction)* ду́мать / поду́мать • je crois que c'est une erreur я ду́маю, что э́то оши́бка • il croyait que j'étais au ciné он ду́мал, что я в кино́ • tu crois ? ты ду́маешь? **2.** *(avoir l'impression)* • je crois que c'est Dupond мне ка́жется, что э́то Дюпо́н • je crois qu'il n'est pas encore rentré ка́жется, он ещё не верну́лся • il croit avoir trouvé une solution ему́ ка́жется, что он нашёл вы́ход из положе́ния **3.** *(se fier à)* ве́рить / пове́рить *(+ D)* • il ne me croit pas он мне не ве́рит • je l'ai cru sur parole я ему́ пове́рил на́ сло́во • tu as cru ce qu'il te racontait ? ты пове́рил тому́, что он тебе́ расска́зал? • je n'en crois rien я э́тому не ве́рю • ne pas en croire ses oreilles не ве́рить свои́м уша́м • ne pas en croire ses yeux не ве́рить свои́м глаза́м **4.** *(avoir la foi)* ве́рить *(*в *+ A)* • croire en Dieu ве́рить в Бо́га • croire à la médecine ве́рить в медици́ну
◉ faire croire уверя́ть / уве́рить › **il voulait me faire croire que c'était impossible** он уверя́л меня́, что э́то невозмо́жно

croisade *nf* кресто́вый похо́д

croisé *adj*
◉ mots croisés кроссво́рд › **faire des mots croisés** реша́ть кроссво́рд

croisement *nm* **1.** *(carrefour)* перекрёсток • arrête-toi au croisement останови́сь на перекрёстке **2.** *(intersection)* пересече́ние • au croisement de deux routes на пересече́нии двух доро́г

croiser *v*
◉ croiser les bras сложи́ть ру́ки (скла́дывать / сложи́ть ④) › **croiser les bras sur la poitrine** сложи́ть ру́ки на груди́ • croiser les jambes положи́ть но́гу на́ ногу (класть* [IV, кладу́, кладёшь - клал, кла́ла] / положи́ть ④) • rester les bras croisés *fig* сиде́ть сложа́ ру́ки

croisière *nf* круи́з • faire une croisière sur la Volga соверши́ть круи́з по Во́лге

croissant *nm* круасса́н • acheter des croissants pour le petit déjeuner купи́ть круасса́ны к за́втраку

croix *nf* **1.** *(forme, objet)* крест ③② • une croix en bronze бро́нзовый крест **2.** *(décoration)* о́рден* *(nom. pl.* ордена́*)* ①② • la croix de guerre о́рден “Вое́нный Крест”
◉ faire le signe de croix крести́ться ④ / перекрести́ться ④

Croix-Rouge *nf* Кра́сный Крест *(*крест ③*)*

croûte *nf* **1.** *(de pain)* ко́рка • enlever la croûte du fromage сре́зать ко́рку с сы́ра **2.** *(sur une plaie)* ко́рка • une croûte s'est formée sur la plaie на ра́не образова́лась ко́рка
◉ casser la croûte переку́сывать / перекуси́ть ④

cru *adj (pas cuit)* сыро́й ⑤ • de la viande crue сыро́е мя́со • le lait cru сыро́е молоко́

cruauté *nf* жесто́кость *f*

crucifix *nm* распя́тие

crudités *nfpl* сыры́е о́вощи • la viande peut être servie avec des pommes de terres ou des crudités мя́со мо́жет подава́ться с карто́фелем или сыры́ми овоща́ми

cruel *adj* жесто́кий ⑤ (жесто́к, жестока́, жесто́ко, жесто́ки ~ *superl.* жесточа́йший**)* • un homme cruel жесто́кий челове́к

cruellement *adv* жесто́ко • il a été cruellement puni он был жесто́ко нака́зан

cube¹ *adj* куби́ческий • deux mètres cubes два куби́ческих ме́тра

cube² *nm* **1.** *(math)* куб **2.** *(jeu d'enfant)* ку́бик • **jouer aux cubes** игра́ть в ку́бики

cubisme *nm* кубизм

cueillir *v* **1.** *(ramasser)* собира́ть / собра́ть* [IV, соберу́, соберёшь - собра́л, собрала́, собра́ло, собра́ли] ⑤ • **cueillir des fraises des bois** собира́ть землянику **2.** *(en rompant les tiges)* рвать* [IV, рву, рвёшь - рвал, рвала́, рва́ло, рва́ли ⑤] / сорва́ть* [IV, *id*], срыва́ть / сорва́ть* [IV, сорву, сорвёшь - сорва́л, сорвала́, сорва́ло, сорва́ли] ⑤ • **cueillir des fleurs** рвать цветы́

cuillère *nf* ло́жка • **cuillère à soupe** столо́вая ло́жка • **petite cuillère** ча́йная ло́жка

cuir *nm* ко́жа • **du cuir épais** то́лстая ко́жа
● **de cuir, en cuir** ко́жаный › **une veste en cuir** ко́жаная ку́ртка

cuirassé *nm* *(vaisseau)* броненосец • **le Cuirassé Potemkine** Броненосец Потёмкин

cuire *v* **1.** *(au four)* пе́чься* [IV, печётся, пеку́тся - пёкся, пекла́сь ③] / испе́чься* [IV, *id*] • **le gâteau cuit** пиро́г печётся ~ *(par extension)* • **cuire dans son propre jus** вари́ться в со́бственном соку́ **2.** *(à la poêle, sur le gril)* жа́риться / изжа́риться • **les boulettes cuisent** котле́ты жа́рятся **3.** *(à l'eau)* вари́ться [ва́рится, ва́рятся], свари́ться [сва́рится, сва́рятся] • **la soupe cuit** суп ва́рится
■ **faire cuire** *loc verbale* **1.** *(au four)* печь* [IV, пеку́, печёшь, пеку́т - пёк, пекла́ ③] / испе́чь* [IV, испеку́, испечёшь, испеку́т - испёк, испекла́ ③ - испечённый] • **elle fait cuire des gâteaux** она́ печёт пироги́ **2.** *(à la poêle, sur le gril)* жа́рить / изжа́рить • **faire cuire un poulet** жа́рить цыплёнка • **faire cuire le poisson dans une poêle** жа́рить ры́бу на сковороде́ **3.** *(à l'eau)* вари́ть ④ / свари́ть ④ • **tu fais cuire des pommes de terre ?** ты ва́ришь карто́шку?

cuisine *nf* **1.** *(pièce)* ку́хня* *(gén. pl.* ку́хонь*)* • **ma mère était à la cuisine** мать была́ на ку́хне • **dans la cuisine, il y avait un grand buffet** в ку́хне стоя́л большо́й буфе́т **2.** *(tradition culinaire)* ку́хня • **la cuisine française** францу́зская ку́хня
● **faire la cuisine** гото́вить › **tu sais faire la cuisine ?** ты уме́ешь гото́вить?

> **À PROPOS DE...**
> L'emploi des prépositions **в** et **на** avec le mot **ку́хня** correspond dans l'ensemble à la nuance qu'il y a en français entre « dans la cuisine » et « à la cuisine ».

cuisinier *nm* по́вар* *(nom. pl.* повара́*)* ①② • **le chef cuisinier** шеф-по́вар

cuisinière *nf* **1.** *(appareil)* плита́ ②① • **une cuisinière à gaz** га́зовая плита́ **2.** *(personne)* куха́рка • **la cuisinière prépare le souper** куха́рка гото́вит у́жин

cuisse *nf* ля́жка • **il se frappait les cuisses** он хло́пал себя́ по ля́жкам
● **une cuisse de poulet** но́жка цыплёнка

cuivre *nm* медь *f* • **cuivre rouge** кра́сная медь
● **de cuivre, en cuivre** ме́дный › **le minerai de cuivre** ме́дная руда́ › **une pièce de monnaie en cuivre** ме́дная моне́та

culotte *nf* **1.** *(sous-vêtement féminin)* тру́сики **2.** *(pantalon)* штаны́ *pl t (*штано́в, штана́м*)* • **porter des culottes courtes** носи́ть коро́ткие штаны́
● **c'est sa femme qui porte la culotte** он у жены́ под башмако́м

culte *nm* культ • **le culte catholique** католи́ческий культ • **le culte orthodoxe** правосла́вный культ • **le culte de la personnalité** культ ли́чности

cultivé *adj* *(instruit)* образо́ванный • **un homme cultivé** образо́ванный челове́к

cultiver *v* **1.** *(la terre)* обраба́тывать / обрабо́тать • **cultiver la terre** обраба́тывать зе́млю **2.** *(les plantes)* выра́щивать / вы́растить • **cultiver des fleurs** выра́щивать цветы́

culture *nf* культу́ра • **la culture physique** физи́ческая культу́ра, физкульту́ра • **un homme d'une haute culture** челове́к высо́кой культу́ры • **la culture du lin** культу́ра льна

culturel *adj* культу́рный • **les relations culturelles** культу́рные свя́зи • **le conseiller culturel** культу́рный сове́тник

curé *nm* кюре́* *m indécl*

cure-dent *nm* зубочи́стка

curieux *adj (mû par la curiosité, étrange)* любопы́тный • elle est trop curieuse она́ сли́шком любопы́тна • je serais curieux de savoir ce qu'elle fait мне бы́ло бы любопы́тно знать, что она́ де́лает • un livre curieux любопы́тная кни́га
■ curieux *nm* la foule des curieux толпа́ любопы́тных

curiosité *nf* **1.** *(désir de savoir)* любопы́тство • exciter la curiosité возбуди́ть любопы́тство **2.** *(choses rares)* достопримеча́тельность *f* • les curiosités de la ville достопримеча́тельности го́рода

curseur *nm* ку́рсор • positionner le curseur sur l'icône du programme навести́ ку́рсор на ико́нку програ́ммы

cuvette *nf (récipient)* таз* *(loc.* тазу́*)* ⑧② *dim.* та́зик • une cuvette en plastique пла́стиковый та́зик
● la cuvette des w.-c. унита́з

cybercafé *nm* ки́бер-кафе́ *nt indécl* • je suis passé au cybercafé pour lire mon courrier я зашёл в ки́бер-кафе́ посмотре́ть свою́ по́чту

cycliste[1] *nmf* велосипеди́ст *m*, велосипеди́стка *f* • la voiture a renversé une cycliste маши́на сби́ла велосипеди́стку

cycliste[2] *adj* велосипе́дный • une course cycliste велосипе́дные го́нки *pl t*

cygne *nm* ле́бедь *m* ①③ • un cygne blanc бе́лый ле́бедь
● du cygne, des cygnes лебеди́ный › le chant du cygne лебеди́ная пе́сня › le ballet «le Lac des cygnes» бале́т «Лебеди́ное о́зеро»

cylindre *nm* цили́ндр • en forme de cylindre в ви́де цили́ндра

cylindrique *adj* цилиндри́ческий • un récipient cylindrique цилиндри́ческий сосу́д

cyrillique *adj*
● alphabet cyrillique кири́ллица

d D

DAB (*abr de* distributeur automatique de billets) *nm* банкома́т

dahlia *nm* георги́н • un bouquet de dahlias буке́т георги́нов

dame *nf* **1.** *(femme)* да́ма • une dame très élégante о́чень элега́нтная да́ма **2.** *(aux cartes)* да́ма • la dame de pique пи́ковая да́ма **3.** *(aux échecs)* ферзь *m (sous-genre animé)* ③② • avancer la dame пойти́ ферзём **4.** *(pion doublé au jeu de dames)* да́мка • aller à dame пойти́ в да́мки
● de dame, pour dames да́мский › un coiffeur pour dames да́мский парик-ма́хер
■ dames *nfpl (jeu)* ша́шки *pl t* (ша́шек, ша́шкам) • jouer aux dames игра́ть в ша́шки

Damoclès *nm* Дамо́кл
● l'épée de Damoclès Дамо́клов меч (Дамо́клов *(adj d'appart)*)

Danemark *nm* Да́ния

danger *nm* опа́сность *f* • être en danger de mort быть в смерте́льной опа́сности • être hors de danger быть вне опа́сности • courir un grand danger подверга́ться большо́й опа́сности

dangereux *adj* опа́сный • un homme dangereux опа́сный челове́к • une maladie dangereuse опа́сная боле́знь • c'est dangereux pour les enfants э́то опа́сно для дете́й

danois *adj* да́тский
■ danois *nm (langue)* да́тский язы́к (язы́к ③) • étudier le danois изуча́ть да́тский язы́к
■ Danois *nm* датча́нин (*pl.* датча́не, датча́н, датча́нам)

Danoise *nf* датча́нка

dans *prép*

1. EMPLACEMENT = **в** *(+L)*
• le livre est dans l'armoire кни́га в шкафу́
• je l'ai vu dans un magasin я его́ ви́дел в магази́не
• dans ma jeunesse в мое́й мо́лодости
= **на** *(+L)*
• elle était dans la rue она́ была́ на у́лице
• dans le Nord на Се́вере
• dans l'Oural ou dans le Caucase на Ура́ле или на Кавка́зе
• dans une usine d'automobiles на автомоби́льном заво́де

2. DIRECTION = **в** *(+ A)*
• entrer dans un magasin войти́ в магази́н
• tomber dans l'eau упа́сть в во́ду
• mettre dans sa poche положи́ть в карма́н
= **на** *(+ A)*
• sortir dans la rue вы́йти на у́лицу
• aller dans le Midi, dans le Nord, dans l'Est, dans l'Ouest пое́хать на юг, на се́вер, на восто́к, на за́пад
• dans l'Oural на Ура́л
• dans l'île de la Cité на о́стров Сите́
• dans une usine d'automobiles на автомоби́льный заво́д

3. EN PARCOURANT, ÇÀ ET LÀ = **по** *(+ D)*
• je marchais dans la rue я шёл по у́лице
• nous nous promenions dans la forêt мы гуля́ли по́ лесу
• les papiers étaient dispersés dans la chambre бума́ги бы́ли разбро́саны по ко́мнате

4. ORIGINE = **из** *(+ G)*
• boire dans une tasse пить из ча́шки

5. ÉTAT = **в** *(+L)*
• être dans une colère épouvantable быть в стра́шном гне́ве
• dans l'esprit de l'époque в ду́хе эпо́хи
• dans ce cas в тако́м слу́чае

6. AU BOUT DE = **че́рез** *(+ A)*
• je reviendrai dans un mois я верну́сь че́рез ме́сяц

dansant *adj* танцева́льный • une soirée dansante танцева́льный ве́чер

danse *nf* та́нец • les danses modernes совреме́нные та́нцы • les danses populaires наро́дные та́нцы

● de danse танцева́льный › **musique de danse** танцева́льная му́зыка

danser *v* танцева́ть *(ce verbe appartient à la catégorie des verbes comportant le suffixe* овать *modifié ici dans sa graphie par l'incompatibilité* ц + о *en position atone)* • vous savez danser ? вы уме́ете танцева́ть?

danseur *nm* **1.** *(amateur)* танцо́р • un bon danseur хоро́ший танцо́р **2.** *(professionnel)* танцо́вщик

danseuse *nf* танцо́вщица

Danube *nm* Дуна́й *m*

date *nf* да́та *(en général)*, число́ *(quantième du mois)* • mettre la date поста́вить да́ту • une date historique истори́ческая да́та • à quelle date ? како́го числа́? • quelle est la date aujourd'hui ? како́е сего́дня число́?
● la date limite преде́льный срок

datif *nm* да́тельный паде́ж *(*паде́ж ③*)* • mettre un mot au datif поста́вить сло́во в да́тельном падеже́

datte *nf* фи́ник • des dattes sèches сушёные фи́ники

dauphin *nm (animal)* дельфи́н

davantage *adv* бо́льше • maintenant il travaille davantage que l'an passé тепе́рь он рабо́тает бо́льше, чем в про́шлом году́ • nous n'allons pas attendre davantage мы не бу́дем бо́льше ждать

de *prép*

I INTRODUISANT UN COMPLÉMENT DE NOM

1. CONTENU, POSSESSION ET DIVERSES FORMES DE DÉTERMINATION
• un verre d'eau стака́н воды́
• une caisse de livres я́щик книг
• un paquet de cigarettes па́чка сигаре́т
• une bande de brigands ша́йка разбо́йников
• le livre du maître кни́га учи́теля
• l'anse de la théière ру́чка ча́йника
• le centre de la ville центр го́рода
• la surface de la sphère пове́рхность сфе́ры
• la prise de la Bastille взя́тие Басти́лии
• la place de la Concorde пло́щадь Согла́сия
• un homme d'une grande intelligence челове́к большо́го ума́

2. APPARTENANCE EXPRIMÉE AVEC UN NOM D'ÊTRE ANIMÉ
• le livre de Serge Серёжина кни́га
• les lunettes de grand-mère ба́бушкины очки́
• des larmes de crocodile крокоди́ловы слёзы
• un appétit de loup во́лчий аппети́т

3. APPARTENANCE : CATÉGORIE, MATIÈRE, LOCALITÉ
• la maison de son père отцо́вский дом
• des chaussures de dame да́мские ту́фли
• le vent du nord се́верный ве́тер
• un enfant de cinq ans пятиле́тний ребёнок
• une boule de billard бильа́рдный шар
• une maladie de la peau ко́жная боле́знь
• un bateau de guerre вое́нный кора́бль
• un cadre de bois деревя́нная ра́мка
• une plaque de marbre мра́морная доска́
• le bois de Boulogne Були́нский лес
• la gare de Lyon Лио́нский вокза́л

4. MATIÈRE, COMPOSITION = **из** *(+ G)*
• un cadre de bois ра́мка из де́рева
• une commission de trois membres коми́ссия из трёх челове́к

II INTRODUISANT UNE NOTION DE LIEU : PROVENANCE, ÉLOIGNEMENT

1. SI, DANS LA SITUATION ENVISAGÉE, L'EMPLACEMENT ET LA DIRECTION PEUVENT ÊTRE EXPRIMÉS À L'AIDE DE LA PRÉPOSITION **в** = **из** *(+ G)*
• tirer un carnet de sa poche вы́нуть из карма́на записну́ю кни́жку
• il est rentré de Moscou hier soir он верну́лся из Москвы́ вчера́ ве́чером
• de ma chambre, je vois la tour Eiffel из мое́й ко́мнаты я ви́жу Э́йфелеву ба́шню
• elle saigne du nez у неё кровь течёт и́з носу
• un extrait du roman отры́вок из рома́на
• un professeur de Lyon профе́ссор из Лио́на

2. SI, DANS LA SITUATION ENVISAGÉE, L'EMPLACEMENT ET LA DIRECTION PEUVENT ÊTRE EXPRIMÉS À L'AIDE DE LA PRÉPOSITION **на** = **с** *(+ G)*
• tomber du toit упа́сть с кры́ши
• traduire du russe en français перевести́ с ру́сского языка́ на францу́зский
• de la tête aux pieds с головы́ до ног
• rentrer de son travail верну́ться с рабо́ты

• **il revient à l'instant de la gare** он то́лько что верну́лся с вокза́ла
• **revenir de l'usine** верну́ться с заво́да
• **du front** с фро́нта
• **du stade** со стадио́на
• **du Midi, du Nord, de l'Ouest, de l'Est** с ю́га, с се́вера, с за́пада, с восто́ка
• **du Caucase, de l'Oural** с Кавка́за, с Ура́ла
• **d'Ukraine** из Украи́ны

3. DANS LES AUTRES CAS = **от** *(+ G)*
• **s'écarter de l'arbre** отойти́ от де́рева
• **loin de la ville** далеко́ от го́рода

III INTRODUISANT UNE NOTION DE TEMPS

1. À PARTIR DE = **с** *(+ G)*
• **du matin au soir** с утра́ до ве́чера
• **de la fin du mois de janvier au milieu du mois de mars** с конца́ января́ до середи́ны ма́рта
• **de deux à cinq heures** с двух до пяти́
• **je l'ai reconnue du premier coup d'œil** я её узна́л с пе́рвого взгля́да

2. DATÉ DE = **от** *(+ G)*
• **une lettre du vingt mars** письмо́ от 20-го ма́рта

3. DURÉE = **за** *(+ A)*
• **il n'a rien fait de toute la semaine** он ничего́ не сде́лал за всю неде́лю

4. VALEUR DISTRIBUTIVE = **в** *(+ A)*
• **ils gagnent vingt euros de l'heure** они́ зараба́тывают два́дцать е́вро в час

● **de bon matin** ра́но у́тром
• **de... en...** из *(+ G)*... в *(+ A)*... › **d'année en année** из го́да в год
• **de jour** днём › **Nicole est arrivée de jour** Нико́ль прие́хала днём
• **de naissance** от рожде́ния › **aveugle de naissance** слепо́й от рожде́ния
• **de nos jours** в на́ши дни
• **de nuit** но́чью › **nous arriverons de nuit** мы прие́дем но́чью

IV INTRODUISANT UNE ÉVALUATION CHIFFRÉE

1. SUIVI DES MOTS LONGUEUR, LARGEUR, PRIX...
• **d'une longueur de cinq kilomètres** длино́й в пять киломе́тров
• **d'une largeur de huit mètres** ширино́й в во́семь ме́тров
• **d'une hauteur de trois centimètres** высото́й в три сантиме́тра
• **d'un poids de deux tonnes** ве́сом в две то́нны
• **d'une valeur de cinq roubles** цено́й в пять рубле́й

2. SUIVI DES MOTS LONG, LARGE, HAUT
• **avoir vingt mètres de long** име́ть два́дцать ме́тров длины́
• **trois kilomètres de large** три киломе́тра ширины́
• **cinq centimètres de haut** пять сантиме́тров высоты́

3. APPRÉCIATION DE LA MESURE DANS LES AUTRES CAS = **в** *(+ A)*
• **une température de vingt degrés au-dessous de zéro** температу́ра в два́дцать гра́дусов моро́за
• **un appartement de quatre-vingt-dix mètres carrés** кварти́ра в девяно́сто квадра́тных ме́тров

AVEC VALEUR DISTRIBUTIVE = **по**
• **trois billets de cinq roubles** три биле́та по пять рубле́й
• **deux billets d'un rouble** два биле́та по одному́ рублю́

4. APPRÉCIATION DE LA DIFFÉRENCE ENTRE DEUX MESURES = **на** *(+ A)*
• **la montre retarde de trois minutes** часы́ отстаю́т на три мину́ты
• **le train était en retard de deux heures** по́езд опозда́л на два часа́
• **j'ai reçu deux cents roubles de moins** я получи́л на две́сти рубле́й ме́ньше
• **la robe est plus courte de deux centimètres** пла́тье коро́че на два сантиме́тра

V INDIQUANT UNE NOTION D'ORIGINE, CAUSE, AGENT, MOYEN, MANIÈRE

1. ORIGINE, PROVENANCE = **от** *(+ G)*
• **qu'est-ce qu'on peut exiger de lui ?** что мо́жно потре́бовать от него́?
• **de tout cœur** от всего́ се́рдца

2. ÉLÉMENT PRIS À SON ENSEMBLE = **из** *(+ G)*
• **l'un de vous** оди́н из вас

3. CAUSE = **от** *(+ G)*
• **rougir de honte** красне́ть от стыда́
• **bâiller d'ennui** зева́ть от ску́ки

ET DEVANT CERTAINS SUBSTANTIFS = **с** *(+ G)*
• **elle est tombée malade de chagrin** она́ заболе́ла с го́ря

4. AGENT
• **l'allée était couverte de neige** доро́жка была́ засы́пана сне́гом

5. MOYEN
• **frapper du pied** уда́рить ного́й
• **faire signe de la tête** кива́ть голово́й

6. MANIÈRE = **с** *(+ I)*
• **manger de bon appétit** есть с больши́м аппети́том
• **d'un air sérieux** с серьёзным ви́дом

● **de mémoire** по па́мяти

VI RÉGISSANT UN INFINITIF
1. INFINITIF PRÉSENT
• **je crains de le rencontrer** я боюсь его встретить
• **il sera content de vous voir** он будет рад вас видеть
• **ils ont fini de crier** они перестали кричать
2. INFINITIF PASSÉ **= что** *(+ passé perf)*
• **Patrick est content d'avoir fini son travail** Патрик доволен, что кончил свою работу
VII INTRODUISANT UNE APPOSITION
• **ce dans la ville de Moscou** в Москве
• **au mois de janvier** в январе

À PROPOS DE...

Voir en outre les mots dont la rection exige l'emploi de la préposition **de** comme **parler, jouer, amour, clef, près de, hors de,** etc.

de, du, des *art* **il y avait des oranges** были апельсины • **voulez-vous du thé ?** хотите чаю?

dé *nm* **1.** *(à jouer)* игральная кость *f* *(*кость ①③*)* • **c'est à toi de jeter le dé** тебе бросать кость **2.** *(à coudre)* напёрсток

débarcadère *nm* пристань *f*

débarquer *v* **1.** *(descendre d'un bateau...)* высаживаться / высадиться • **les troupes ont débarqué en Normandie** войска высадились в Нормандии **2.** *(faire descendre d'un bateau...)* высаживать / высадить • **débarquer des troupes** высадить войска **3.** *(décharger des marchandises)* выгружать / выгрузить • **débarquer des armes** выгрузить оружие

débarrasser *v* **1.** *(d'un encombrement)* освобождать / освободить [*part.* освобождённый*] • **j'ai débarrassé l'armoire** я освободил шкаф **2.** *(d'un problème)* избавлять / избавить • **débarrasser de tout souci** избавить от всяких забот
● **débarrasser la table** убрать со стола (убирать / убрать* [IV, уберу, уберёшь - убрал, убрала, убрали])

débat *nm* диспут • **un débat sur l'éthique** диспут об этике

déborder *v* **1.** *(en parlant d'un cours d'eau)* выходить из берегов (выходить [выходит, выходят] / выйти* [IV, выйдет, выйдут - вышел, вышла]) • **la Seine a débordé** Сена вышла из берегов **2.** *(d'un récipient)* переливаться через край (переливаться / перелиться* [II, перельётся, перельются - перелился, перелилась] ③) • **l'eau déborde** вода переливается через край

débouchés *nmpl* перспективы • **l'informatique offre des débouchés** информатика открывает перспективы трудоустройства

déboucher *v* *(enlever le bouchon)* откупоривать / откупорить • **déboucher une bouteille** откупорить бутылку

debout ■ *adv* стоя • **manger debout** есть стоя
● **être debout, rester debout** стоять* [I, стою, стоишь] / постоять* [I, *id*] › **asseyez-vous, asseyez-vous, pourquoi restez-vous debout ?** садитесь, садитесь, что вы стоите? • **ça ne tient pas debout** это ерунда ■ *interj* встань! *(tutoiement)*, встаньте!

déboutonner *v* расстёгивать / расстегнуть [*part.* растёгнутый] • **déboutonner son manteau** расстегнуть пальто

débrancher *v* выключать / выключить • **n'oublie pas de débrancher le fer à repasser** не забудь выключить утюг

débris *nm* обломок • **des débris de caisses** обломки ящиков • **on a retrouvé les boîtes noires dans les débris de l'avion** в обломках самолёта найдены чёрные ящики

débrouillard *adj* находчивый • **un garçon débrouillard** находчивый парень

débrouiller
■ **se débrouiller** *vp* **1.** *(être compétent)* справляться • **il se débrouille bien en russe** он хорошо справляется по-русски **2.** *(se tirer d'affaire)* выйти из затруднения (выходить ④ / выйти* [IV, выйду, выйдешь - вышел, вышла]) • **il a su se débrouiller** он сумел выйти из затруднения

début *nm* начало • **au début de l'année scolaire** в начале учебного года • **du début à la fin** от начала до конца

débutant *nm* начинающий *(adj subst m)* • **c'est un cours pour débutants** это курс для начинающих

débutante *nf* начинающая *(adj subst f)*

débuter *v* **1.** *(le sujet est un nom de chose)* начина́ться / нача́ться* [IV, начнётся, начну́тся - начался́, начала́сь] • **la pièce débute par un monologue** пье́са начина́ется с моноло́га **2.** *(le sujet est un nom de personne)* начина́ть / нача́ть* [IV, начну́, начнёшь - на́чал, начала́, на́чали], дебюти́ровать / дебюти́ровать *(en parlant d'un artiste)* • **quand j'ai débuté, je gagnais 1 000 euros par mois** когда́ я начина́л, то зараба́тывал 1000 е́вро в ме́сяц • **elle a débuté dans une pièce d'Ostrovski** она́ дебюти́ровала в пье́се Остро́вского

décadence *nf* упа́док • **tomber en décadence** прийти́ в упа́док

décadent *adj* декаде́нтский • **un poète décadent** декаде́нтский поэ́т

décalage *nm* сдвиг • **quatre heures de décalage horaire** сдвиг во вре́мени на четы́ре часа́

décaler *v* сдвига́ть / сдви́нуть • **décaler un rendez-vous d'un jour** сдви́нуть встре́чу на́ день

décéder *v* / сконча́ться • **décédé le 30 décembre 1856** сконча́лся 30-го декабря́ 1856 г

décembre *nm* дека́брь *m* ③ • **en décembre** в декабре́ • **il est arrivé le 2 décembre** он прие́хал 2-го декабря́

décentralisation *nf* децентрализа́ция

déception *nf* разочарова́ние • **une profonde déception** глубо́кое разочарова́ние

décès *nm* кончи́на

décevoir *v* разочаро́вывать / разочарова́ть • **il m'a déçu** он меня́ разочарова́л

décharger *v* **1.** *(un véhicule)* разгружа́ть / разгрузи́ть ④ • **décharger une péniche** разгружа́ть ба́ржу **2.** *(le contenu d'un véhicule)* выгружа́ть / вы́грузить • **décharger des caisses** вы́грузить я́щики

déchets *nmpl* отхо́ды • **des déchets radioactifs** радиоакти́вные отхо́ды • **la collecte des déchets ménagers** сбор бытовы́х отхо́дов

déchiffrer *v* разбира́ть / разобра́ть* [IV, разберу́, разберёшь - разобра́л, разобрала́, разобра́ло, разобра́ли] ⑤, расшифро́вывать / расшифрова́ть *littéraire* • **je n'arrive pas à déchiffrer ce qu'il a écrit** не могу́ разобра́ть, что он тут написа́л • **déchiffrer une inscription ancienne** расшифрова́ть дре́внюю на́дпись

déchirer *v* **1.** *litt* рвать [IV, рву, рвёшь - рвал, рвала́, рва́ло, рва́ли ⑤] / порва́ть* [IV, *id*], разрыва́ть / разорва́ть* [IV, разорву́, разорвёшь - разорва́л, разорвала́, разорва́ло, разорва́ли ⑤] • **déchirer une lettre en petits morceaux** разорва́ть письмо́ на ме́лкие куски́ • **cette étoffe se déchire facilement** э́та ткань легко́ рвётся • **déchirer sa robe** порва́ть пла́тье **2.** *fig (torturer)* терза́ть • **il était déchiré par le remords** его́ терза́ли угрызе́ния со́вести

■ **se déchirer** *vp litt* рва́ться [IV, рвусь, рвёшься - рва́лся, рвала́сь, рва́лось, рва́лись] / порва́ться* [IV, *id*], разрыва́ться / разорва́ться* [IV, разорву́сь, разорвёшься разорва́лся разорвала́сь разорва́лось - разорва́лись] ⑤ • **ce tissu se déchire facilement** э́та ткань легко́ рвётся

décider *v* **1.** *(prendre une décision)* реша́ть / реши́ть • **j'ai décidé de refuser** я реши́л отказа́ться • **c'est déjà décidé** э́то уже́ решено́ **2.** *(convaincre)* / уговори́ть • **nous l'avons décidé à rester avec nous** мы его́ уговори́ли оста́ться с на́ми

■ **se décider** *vp* реша́ться / реши́ться • **elle s'est décidée à partir** она́ реши́лась уе́хать

décimal *adj* десяти́чный • **le système décimal** десяти́чная систе́ма

décisif *adj* реша́ющий, реши́тельный • **des événements décisifs** реша́ющие собы́тия

décision *nf* реше́ние • **prendre une décision** приня́ть реше́ние

déclaration *nf* **1.** *(gén)* деклара́ция • **faire une déclaration** вы́ступить с деклара́цией • **une déclaration d'impôts** деклара́ция о нало́гах • **remplir une déclaration de douane** запо́лнить тамо́женную деклара́цию • **la Déclaration des droits de l'homme et du citoyen** Деклара́ция прав челове́ка и граждани́на **2.** *(témoignage)* показа́ние • **les déclarations des témoins** показа́ния свиде́телей

• déclaration d'amour признáние в любвú • déclaration de guerre объявлéние войны́

déclarer *v* **1.** *(faire connaître)* заявля́ть / заяви́ть ④ • il a déclaré qu'il resterait ici он заяви́л, что остáнется здесь **2.** *(décréter)* объявля́ть / объяви́ть ④ • déclarer la guerre объяви́ть войнý

déclinaison *nf* склонéние • un substantif de la troisième déclinaison существи́тельное трéтьего склонéния

décliner *v* склоня́ть / просклоня́ть • décliner un mot просклоня́ть слóво ■ se décliner *vp* склоня́ться • comment se décline ce mot ? как склоня́ется э́то слóво?

décoller *v* **1.** *(en parlant d'un avion)* взлетать / взлететь • on a décollé avec 20 minutes de retard мы взлетéли с задéржкой на 20 минýт **2.** *(séparer ce qui est collé)* отклéивать / отклéить • décoller un timbre отклéить мáрку

décomposer *v* разлагáть / разложи́ть ④ • le prisme décompose la lumière при́зма разлагáет свет • décomposer un mot en racine, préfixe et suffixe разложи́ть слóво на кóрень, пристáвку и сýффикс

décontracté *adj* непринуждённый, расслáбленный

décoratif *adj* декорати́вный • des plantes décoratives декорати́вные растéния • les arts décoratifs декорати́вное искýсство

décoration *nf (honorifique)* óрден* *(nom. pl.* орденá*)* ①② • on lui a décerné une décoration егó награди́ли óрденом

décorer *v* **1.** *(orner)* украшáть / укрáсить • la salle était décorée de guirlandes et de drapeaux зал был укрáшен гирля́ндами и флáгами **2.** *(attribuer une décoration)* награди́ть óрденом (награждáть / награди́ть [*part.* награждённый*]) • on l'a décoré de l'Ordre du mérite егó награди́ли óрденом "За заслýги"

décors *nmpl* (THÉÂTRE) декорáция • les décors du troisième acte декорáция трéтьего áкта

découper *v (en morceaux)* разрезáть / разрéзать* [II, разрéжу, разрéжешь] • découper un melon разрéзать ды́ню

découragement *nm* уны́ние • il se laisse aller au découragement он впал в уны́ние

décourager *v*
• être découragé, se décourager упáсть дýхом (пáдать / упáсть* [IV, упадý, упадёшь - упáл, упáла])

découverte *nf* откры́тие • la découverte de l'Amérique откры́тие Амéрики • faire une découverte сдéлать откры́тие

découvrir *v* **1.** *(ôter ce qui couvrait)* снимáть / снять* [IV, снимý, сни́мешь ④ - снял, снялá, сня́ло, сня́ли ⑤ - сня́тый, снят, снятá, сня́то, сня́ты ⑤] • découvrir la casserole снять кры́шку с кастрю́ли • découvrir le malade снять одея́ло с больнóго

> **À PROPOS DE...**
>
> Le verbe a comme complément direct le nom désignant ce qui couvrait (parfois non exprimé en français) ; le nom désignant ce qui était couvert est exprimé au génitif précédé de **c**.

2. *(faire une découverte)* открывáть / откры́ть* [II, открóю, открóешь - откры́тый] • découvrir un nouveau procédé откры́ть нóвый спóсоб • Christophe Colomb a découvert l'Amérique Христофóр Колýмб откры́л Амéрику

décret *nm* декрéт

décrire *v* опи́сывать / описáть* [II, опишý, опи́шешь] ④ • les événements décrits par l'historien собы́тия, опи́санные истóриком

déçu *adj* разочарóванный • Michèle est très déçue de ne pas pouvoir aller à Moscou Мишéль óчень досáдно, что онá не мóжет поéхать в Москвý

dedans *adv* внутри́ *(emplacement)*, внутрь *(direction)* • dedans, il faisait plus froid qu'au-dehors внутри́ бы́ло холоднéе, чем снарýжи • tu sais où est ma serviette ? les cigarettes sont dedans ты знáешь, где мой портфéль? сигарéты там • tu vois le tiroir ? mets ça dedans ви́дишь там я́щик? положи́ э́то тудá

déesse *nf* боги́ня

défaire *v* **1.** *(dénouer)* развя́зывать / развязáть* [II, развяжý, развя́жешь] ④ • défaire un nœud развязáть ýзел **2.** *(ouvrir un paquet)* развёртывать / развернýть [*part.* развёрнутый] • défaire un paquet развернýть пакéт **3.** *(déballer)* раскла́дывать / разложи́ть ④ • défaire sa valise разложи́ть чемода́н

défaite *nf* поражéние • infliger une défaite нанести́ поражéние • subir une défaite потерпéть поражéние

défaut *nm* недостáток • c'est son principal défaut э́то егó гла́вный недостáток
● à défaut de за неимéнием *(+ G)* › **à défaut de mieux** за неимéнием лýчшего

défavorable *adj* неблагоприя́тный • un avis défavorable неблагоприя́тный óтзыв

défendre *v* **1.** *(interdire)* запрещáть / запрети́ть *(т → щ)* • le docteur lui a défendu de fumer врач запрети́л емý кури́ть • il est défendu de marcher sur les pelouses по газóнам ходи́ть запрещенó **2.** *(protéger)* защищáть / защити́ть *(т → щ)* • défendre la ville защищáть гóрод
■ se défendre *vp (protéger)* защищáться / защити́ться *(т → щ)* • se défendre contre l'ennemi защищáться от неприя́теля

défendu *adj*
● le fruit défendu запрéтный плод (плод ③)

défense *nf* **1.** *(sauvegarde)* защи́та • la défense de nos intérêts communs защи́та нáших óбщих интерéсов **2.** *(d'animal)* би́вень *f* • les défenses de l'éléphant би́вни слонá **3.** *(résistance militaire)* оборóна • la défense de Sébastopol оборóна Севастóполя
● prendre la défense de вступи́ться за *(+ A)* (вступáться / вступи́ться ④) › **il a pris la défense de son camarade** он вступи́лся за товáрища • défense de fumer кури́ть воспрещáется

défenseur *nm* защи́тник • les défenseurs de Stalingrad защи́тники Сталингрáда

défenseure *nf* защи́тница • la défenseure du droit des enfants защи́тница прав ребёнка

défi *nm* вы́зов • lancer un défi брóсить вы́зов • relever le défi приня́ть вы́зов

déficit *nm* дефици́т • l'augmentation du déficit budgétaire увеличéние бюджéтного дефици́та

déficitaire *adj* дефици́тный • une entreprise déficitaire дефици́тное предприя́тие

défilé *nm (de troupes, de manifestants)* парáд • le défilé du 14 juillet воéнный парáд 14 ию́ля

définir *v* определя́ть / определи́ть • définir l'objet de la psychologie определи́ть предмéт психолóгии

définitif *adj* окончáтельный • donner une réponse définitive дать окончáтельный отвéт

définition *nf* определéние • donner une définition exacte дать тóчное определéние

définitive
■ en définitive *loc adv* в конéчном счёте

définitivement *adv* окончáтельно • la question est définitivement réglée вопрóс решён окончáтельно

déformer *v fig* извращáть / изврати́ть *(т → щ)* • déformer la vérité извращáть и́стину

défouler
■ se défouler *vp* разряди́ться • après une journée de cours les enfants ont besoin de se défouler пóсле дня заня́тий дéтям необходи́мо разряди́ться

dégâts *nmpl* повреждéния *pl* (повреждéний, повреждéниям) *(dommages)*, разрушéния (разрушéний, разрушéниям) *(destructions)* • nous avons eu le temps de réparer les dégâts pendant la nuit зá ночь мы успéли испрáвить повреждéния • dans le centre de la ville, les dégâts étaient considérables в цéнтре гóрода разрушéния бы́ли огрóмны • dégâts collatéraux побóчный ущéрб

dégel *nm* óттепель *f* • c'était le dégel былá óттепель

dégonfler *v* спускáть / спусти́ть ④ • dégonfler un pneu спусти́ть ши́ну
■ se dégonfler *vp litt* спускáть / спусти́ть ④ • le matelas pneumatique s'est dégonflé надувнóй матрáс спусти́л

dégoût *nm* отвращéние • avoir du dégoût pour le travail чýвствовать отвращéние к рабóте • un sentiment de dégoût чýвство отвращéния

dégoûtant *adj* отврати́тельный

dégoûter *v* **1.** *(provoquer la répugnance)* • il me dégoûte он мне проти́вен • ça ne vous dégoûte pas ? вам э́то не проти́вно? **2.** *(provoquer la lassitude)* • tout me dégoûte всё мне надое́ло

degré *nm* **1.** *(unité de mesure)* гра́дус • hier il faisait vingt-cinq degrés au-dessous de zéro вчера́ бы́ло два́дцать пять гра́дусов моро́за • un angle de dix degrés у́гол в де́сять гра́дусов **2.** *(intensité)* сте́пень *f (pl.* сте́пени, степене́й, степеня́м*)* ①③ • au plus haut degré в вы́сшей сте́пени

déguisé *adj* наря́женный • elles sont arrivées déguisées en sorcières они́ пришли́ наря́женные ве́дьмами

déguisement *nm* карнава́льный костю́м • elle a gagné le concours du meilleur déguisement она́ победи́ла на ко́нкурсе на лу́чший карнава́льный костю́м

déguiser ■ se déguiser *vp* наряжа́ться / наряди́ться ④ • tu te déguises pour le carnaval ? ты бу́дешь наряжа́ться на карнава́л? • je vais me déguiser en papillon я наряжу́сь ба́бочкой

dehors *adv* **1.** *(emplacement)* снару́жи • dehors il faisait froid на дворе́ бы́ло хо́лодно • Paul nous attend dehors Поль нас ждёт на у́лице • dehors le vent siffle за о́кнами ве́тер во́ет, на у́лице ве́тер сви́щет • ils ont couché dehors они́ спа́ли под откры́тым не́бом • dans la caverne, il faisait plus froid que dehors в пеще́ре бы́ло холодне́е, чем снару́жи **2.** *(direction)* нару́жу • les enfants, allez jouer au ballon dehors де́ти, иди́те-ка игра́ть в мяч на у́лицу • ne te penche pas dehors не высо́вывайся из окна́
■ en dehors de *loc prép* **1.** *(à l'exception de)* кро́ме *(+ G)* • en dehors de Thomas, il n'a pas d'amis кро́ме Тома́ у него́ друзе́й нет **2.** *(à l'extérieur de)* вне *(+ G)* • un hôtel en dehors de la ville гости́ница за преде́лами го́рода • exporter des produits en dehors de l'Union européenne вывози́ть това́ры за преде́лы Европе́йского сою́за

dehors *nmpl (aspect extérieur)* вне́шность *f* • sous des dehors agréables под прия́тной вне́шностью

déjà *adv* уже́ • ils sont déjà arrivés они́ уже́ прие́хали • tu es déjà allé à Kiji ? ты уже́ был в Кижа́х?

déjeuner[1] *nm* **1.** *(du matin)* за́втрак • après le (petit) déjeuner, je vais à mon travail по́сле за́втрака я иду́ на рабо́ту **2.** *(du milieu de la journée)* обе́д • un déjeuner copieux пло́тный обе́д • faire une pause pour le déjeuner сде́лать переры́в на обе́д

déjeuner[2] *v* **1.** *(le matin)* за́втракать / поза́втракать • il déjeune et s'en va à l'école он за́втракает и идёт в шко́лу **2.** *(au milieu de la journée)* обе́дать / пообе́дать • nous déjeunons à une heure мы обе́даем в час

délai *nm* **1.** *(temps accordé pour une tâche)* срок • en un délai très court за о́чень коро́ткий срок • respecter les délais соблюда́ть сро́ки **2.** *(sursis)* отсро́чка • obtenir un délai получи́ть отсро́чку
● sans délai неме́дленно › il faut partir sans délai на́до неме́дленно уе́хать

délégation *nf* делега́ция • le chef de la délégation française руководи́тель францу́зской делега́ции

délégué *nm* представи́тель *m*, делега́т • le délégué de classe ста́роста

déléguée *nf* представи́тель *m* • Sophie est notre déléguée de classe Софи́ — ста́роста от на́шего кла́сса

délibération *nf* обсужде́ние, реше́ние • prendre part à la délibération приня́ть уча́стие в обсужде́нии • débats et délibérations du conseil municipal деба́ты и реше́ния муниципа́льного сове́та

délicat *adj* **1.** *(agréable au goût, à l'odorat)* то́нкий ⑤ *(comp.* то́ньше**)* • un plat délicat то́нкое блю́до • une odeur délicate то́нкий за́пах **2.** *(tendre)* не́жный ⑤ • une peau délicate не́жная ко́жа **3.** *(fragile)* хру́пкий ⑤ • une santé délicate хру́пкое здоро́вье **4.** *(fait avec art)* то́нкий ⑤ *(comp.* то́ньше**)* • un travail délicat то́нкая рабо́та **5.** *(embarrassant)* затрудни́тельный • une question délicate затрудни́тельный вопро́с • une situation délicate затрудни́тельное положе́ние

délicieux *adj (au goût)* о́чень вку́сный • c'est délicieux э́то о́чень вку́сно

délinquance *nf* престу́пность

délinquant *nm* престу́пник

délinquante *nf* престу́пница

délire *nm* бред* *(loc.* бреду́*)* ⑧ • **elle a été prise de délire** у неё появи́лся бред • **le délire de la persécution** бред пресле́дования
• **la foule en délire applaudissait la vedette** толпа́ нейстово аплоди́ровала звезде́

délirer *v* бре́дить • **le malade délire** больно́й бре́дит

délit *nm (infraction grave)* преступле́ние • **prendre un voleur en flagrant délit** пойма́ть во́ра на ме́сте преступле́ния

délivrer *v* **1.** *(libérer)* освобожда́ть / освободи́ть [*part.* освобождённый*] • **délivrer un prisonnier** освободи́ть заключённого **2.** *(donner)* выдава́ть* [II, выдаю́, выдаёшь - выдава́й - выдава́я] / вы́дать* [*n cl,* вы́дам, вы́дашь, вы́даст, вы́дадим, вы́дадите, вы́дадут - вы́дай] • **délivrer une attestation** вы́дать удостовере́ние

delta *nm* де́льта • **le delta du Nil** де́льта Ни́ла

déluge *nm litt* пото́п • **avant le déluge** до пото́па • **après moi le déluge** по́сле меня́ хоть пото́п

démagogie *nf* демаго́гия

démagogue *nmf* демаго́г *m*

demain *adv* за́втра • **demain soir** за́втра ве́чером • **à demain** до за́втра • **il va falloir remettre à demain** придётся отложи́ть э́то на за́втра

demande *nf* **1.** *(orale)* про́сьба • **nous l'avons fait à votre demande** мы э́то сде́лали по ва́шей про́сьбе **2.** *(écrite)* заявле́ние • **faire une demande** пода́ть заявле́ние **3.** *(en économie politique)* спрос • **l'offre et la demande** спрос и предложе́ние
• **une demande en mariage** предложе́ние

demander *v* **1.** *(faire savoir ce que l'on souhaite obtenir)* проси́ть ④ / попроси́ть ④ • **demander la permission à ses parents** попроси́ть у роди́телей разреше́ния • **demander conseil** проси́ть сове́та • **demander la parole** проси́ть сло́ва • **demander l'aumône** проси́ть ми́лостыню • **demander de l'eau** проси́ть воды́ • **demander à boire** проси́ть пить • **elle m'a demandé d'apporter le dessert** она́ попроси́ла принести́ десе́рт

> **À PROPOS DE...**
>
> Le complément désignant la chose demandée est à l'accusatif lorsque le substantif utilisé a un sens concret et qu'il n'est pas employé avec une valeur partitive. Dans tous les autres cas, ce complément est au génitif.

2. *(pour emprunter)* проси́ть ④ / попроси́ть ④ • **demander à son voisin un stylo** попроси́ть у сосе́да авторучку • **il m'a demandé 10 euros** он попроси́л у меня́ 10 е́вро **3.** *(prier de venir)* проси́ть ④ / попроси́ть ④ *(au téléphone)*, спра́шивать / спроси́ть ④ *(dans les autres cas)* • **on vous demande au téléphone** вас про́сят к телефо́ну • **quelqu'un te demande** кто́-то тебя́ спра́шивает **4.** *(poser une question)* спра́шивать / спроси́ть ④ • **il m'a demandé la route** он спроси́л у меня́ доро́гу • **qu'est-ce qu'il t'a demandé ?** о чём он тебя́ спроси́л? • **je lui ai demandé ce qu'il en pensait** я спроси́л, что он об э́том ду́мает • **où allez-vous ? demanda-t-il** куда́ вы? — спроси́л он • **il m'a demandé si tu viendrais** он спроси́л, придёшь ли ты **5.** *(nécessiter)* тре́бовать / потре́бовать *(+ G)* • **cela demande vérification** э́то тре́бует прове́рки
■ **se demander** *vp* **je me demande s'il viendra** я не уве́рен, что он придёт • **elle se demande ce qu'elle va faire** она́ не зна́ет ещё, что бу́дет де́лать

démarche *nf* **1.** *(allure)* похо́дка • **je l'ai reconnue de loin à sa démarche** я и́здали узна́л её по похо́дке **2.** *(tentative)* шаг* *(loc.* шагу́*)* ⑧②, хло́поты *pl t* *(*хлопо́т, хло́потам*)* ⑤ • **une démarche risquée** риско́ванный шаг • **ses démarches ont été couronnées de succès** его́ хло́поты увенча́лись успе́хом
• **faire des démarches, faire une démarche** хлопота́ть* [II, хлопочу́, хлопо́чешь ④] / похлопота́ть* [II, *id*] › **faire des démarches pour un ami** хлопота́ть за дру́га › **faire des démarches pour obtenir une place** хлопота́ть о ме́сте

démarrer *v (commencer à rouler)* тро́гаться / тро́нуться • **le train démarre** по́езд тро́гается

déménagement *nm* перее́зд

déménager *v* переезжа́ть / перее́хать* [II, перее́ду, перее́дешь]

démentir *v* опровергáть / опровéргнуть* [III] • démentir une rumeur опровергáть тóлки

demi *nm (verre de bière)* кру́жка пи́ва

■ demie *nf (de l'heure)* полчасá *nt* • la demie vient de sonner полчасá тóлько что прóбило

■ et demi, et demie *loc* **1.** *(dans le cas de un et demi)* полторá *(+ nm, + nnt)*, полторы́ *(+ nf)* • un mois et demi полторá мéсяца › un tonneau et demi полторы́ бóчки • un seau et demi полторá ведрá • à un mètre et demi в полу́тора мéтрах • plus d'une minute et demie бóльше полу́тора мину́т **2.** *(autres cas)* с полови́ной • deux et demi два с полови́ной • trois semaines et demie три с полови́ной недéли • il y a passé deux heures et demie он провёл там два с полови́ной часá

demi- *préf* **1.** *(avec un substantif indiquant une unité de mesure)* пол(-) *(+ G)* *(полу)* • une demi-minute полмину́ты • un demi-litre пол-ли́тра • un demi-tour пол-оборóта • près d'une demi-minute óколо полуми́нуты • à une demi-heure de marche в получáсе ходьбы́ • toutes les demi-heures кáждые полчасá • pendant cette demi-heure в течéние э́того получáса

À PROPOS DE...

пол est accolé au substantif, sauf lorsque celui-ci commence par un **л** ou par une voyelle.

пол est la forme du nominatif et de l'accusatif ; aux autres cas, il est remplacé par **пóлу**.

пол régit le génitif ; employé avec **пóлу**, le substantif se met au cas exigé par le contexte.

Les ensembles ainsi formés sont du neutre.

2. *(avec tous les autres substantifs, sauf les termes de parenté)* полу • un demi-dieu полубóг • un demi-cercle полукру́г • une demi-feuille полули́ст • des demi-mesures полумéры

● comprendre à demi-mot понимáть с полуслóва

demi-finale *nf* полуфинáл • ils sont en demi-finale они́ вы́шли в полуфинáл

demi-frère *nm* свóдный брат

demi-heure *nf* полчасá • dans une demi-heure чéрез полчасá • il faut compter une bonne demi-heure de métro нáдо предусмотрéть не мéнее получáса на метрó

demi-journée *nf* полдня́ • une demi-journée de voyage полдня́ в дорóге

demi-sœur *nf* свóдная сестрá

démission *nf* отстáвка • le maire a donné sa démission мэр пóдал в отстáвку

démissionner *v* отказáться от (положéния или дéйствия) (откáзываться / отказáться* [II, откажу́сь, откáжешься] ④)

demi-tarif *nm* полови́нная ски́дка • un billet demi-tarif билéт с полови́нной ски́дкой

demi-tour *nm* разворóт • faire demi-tour сдéлать разворóт

démocrate ■ *adj* демократи́ческий • le parti démocrate демократи́ческая пáртия ■ *nmf* демокрáт *m*, демокрáтка *f*

démocratie *nf* демокрáтия

démocratique *adj* демократи́ческий • une constitution démocratique демократи́ческая конститу́ция

démodé *adj* старомóдный • ses vêtements sont démodés он старомóдно одéт • des idées démodées вы́шедшие из мóды идéи

demoiselle *nf* дéвушка

démolir *v (abattre)* сноси́ть ④ / снести́* [IV, снесу́, снесёшь - снёс, снеслá ③ - снесённый - снеся́] • démolir une vieille maison снести́ стáрый дом

démon *nm* дéмон

démonstration *nf* **1.** *(raisonnement)* доказáтельство • la démonstration par l'absurde доказáтельство от проти́вного **2.** *(présentation)* демонстрáция • une démonstration de judo демонстрáция тéхники дзюдó

démonter *v (défaire pièce par pièce)* разбирáть / разобрáть* [IV, разберу́, разберёшь - разобрáл, разобралá, разобрáло, разобрáли] ⑤ • démonter un moteur разобрáть двигáтель

démontrer *v* доказывать / доказа́ть* [II, докажу́, дока́жешь] ④ • démontrer son innocence доказа́ть свою́ невино́вность • démontrer un théorème доказа́ть теоре́му • ce qu'il fallait démontrer что и тре́бовалось доказа́ть

dénoncer *v* доноси́ть ④ / донести́* [IV, донесу́, донесёшь - донёс, донесла́ ③ - донесённый] *(на + A)* • dénoncer son voisin донести́ на сосе́да • il a été dénoncé à la police на него́ донесли́ в поли́цию

dénonciation *nf* доно́с

densité *nf* пло́тность *f* • la densité de la population пло́тность населе́ния

dent *nf* 1. *(d'être animé)* зуб ①③ • j'ai mal à une dent у меня́ боли́т зуб • se laver les dents чи́стить зу́бы • une dent de lait моло́чный зуб • une dent de sagesse зуб му́дрости • une dent plombée запломбиро́ванный зуб 2. *(d'objet)* зубе́ц • les dents de la roue зубцы́ колеса́
• armé jusqu'aux dents вооружённый до зубо́в • avoir une dent contre qqn име́ть зуб про́тив кого́-нибудь • œil pour œil, dent pour dent о́ко за о́ко, зуб за зуб

dentelle *nf* кружева́ *pl t* (кру́жев, кружева́м) ⑥ • garnir une robe de dentelle отде́лать пла́тье кружева́ми

dentier *nm* иску́сственная че́люсть *f* • enlever son dentier вы́нуть иску́сственную че́люсть

dentifrice *nm (pâte)* зубна́я па́ста • un tube de dentifrice тю́бик зубно́й па́сты

dentiste *nmf* зубно́й врач (врач ③②) • elle était dentiste она́ была́ зубны́м врачо́м

déodorant *nm* дезодора́нт • un déodorant en stick дезодора́нт-стик

dépanner *v* 1. *(réparer)* починя́ть / почини́ть ④ • dépanner une voiture почини́ть маши́ну 2. *(aider)* выруча́ть / вы́ручить • pour te dépanner, je peux te prêter mon vieil ordinateur что́бы тебя́ вы́ручить, могу́ одолжи́ть мой ста́рый компью́тер

dépanneuse *nf* эвакуа́тор

départ *nm* 1. *(à pied)* ухо́д • avant le départ de mon frère пе́ред ухо́дом моего́ бра́та 2. *(autrement qu'à pied)* отъе́зд • le jour de mon départ pour Saint-Pétersbourg в день отъе́зда в Санкт-Петербу́рг 3. *(en parlant d'un train, d'un bateau...)* ухо́д • après le départ du train по́сле ухо́да по́езда

département *nm* департа́мент

dépasser *v* 1. *(en voiture)* обгоня́ть / обогна́ть* [I, обгоню́, обго́нишь ④ - обогна́л, обогнала́, обогна́ло, обогна́ли ⑤] • il y avait un panneau d'interdiction de dépasser там был знак «обго́н запрещён» • rattraper un camion et le dépasser догна́ть и перегна́ть грузови́к 2. *(surpasser)* перегоня́ть / перегна́ть* [I, перегоню́, перего́нишь ④ - перегна́л, перегнала́, перегна́ло, перегна́ли ⑤] • il a dépassé tous ses camarades он перегна́л всех това́рищей 3. *(exécuter au-delà des prévisions)* перевыполня́ть / перевы́полнить • dépasser la norme de 20 % перевы́полнить но́рму на 20 % 4. *(en dimensions)* • il me dépasse de 15 centimètres он вы́ше меня́ на 15 сантиме́тров
• ça me dépasse *(je n'arrive pas à comprendre)* э́то у меня́ в голове́ не укла́дывается • le succès a dépassé mes espérances успе́х превзошёл мои́ наде́жды

dépêcher
■ se dépêcher *vp* спеши́ть / поспеши́ть • je me dépêche de rentrer спешу́ домо́й • dépêche-toi, nous allons être en retard au théâtre дава́й скоре́е, мы опозда́ем в теа́тр

dépendre *v* зави́сеть* [I, зави́шу, зави́сишь] • ça ne dépend pas de moi э́то от меня́ не зави́сит
• ça dépend смотря́ как › ça dépend où смотря́ где › ça dépend lequel смотря́ како́й

dépense *nf* расхо́д • des dépenses imprévues непредви́денные расхо́ды

dépenser *v* тра́тить / истра́тить, расхо́довать / израсхо́довать • j'ai dépensé plus de cent roubles я истра́тил бо́льше ста рубле́й • ils ont tout dépensé они́ израсхо́довали все де́ньги

dépit *nm* доса́да • pleurer de dépit пла́кать от доса́ды
• en dépit de несмотря́ на *(+ A)* › en dépit du mauvais temps несмотря́ на плоху́ю пого́ду › en dépit du bon sens вопреки́ здра́вому смы́слу

déplacé *adj* *(inconvenant)* неуме́стный • des questions déplacées неуме́стные вопро́сы

déplacer *v* передвига́ть / передви́нуть • déplacer le divan передви́нуть дива́н ■ se déplacer *vp* передвига́ться / передви́нуться • se déplacer avec peine передвига́ться с трудо́м • se déplacer en voiture передвига́ться на маши́не

déplaire *v* о́чень не нра́виться (нра́виться / понра́виться) • cette musique me déplaît э́та му́зыка мне о́чень не нра́вится

dépliant *nm* проспе́кт • un dépliant touristique sur la région проспе́кт для тури́стов с информа́цией о регио́не

déplorable *adj* плаче́вный • ça a donné des résultats déplorables э́то привело́ к плаче́вным результа́там

déportation *nf* ссы́лка • condamner à la déportation приговори́ть к ссы́лке

déposer *v* **1.** *(un fardeau)* класть* [IV, кладу́, кладёшь - клал, кла́ла] / положи́ть ④ *(dans une position horizontale)*, ста́вить / поста́вить *(dans une position verticale)* • déposer le malade sur une civière положи́ть больно́го наноси́лки • déposer son sac à dos par terre поста́вить рюкза́к на зе́млю **2.** *(en voiture)* отвози́ть ④ / отвезти́* [IV, отвезу́, отвезёшь - отвёз, отвезла́ ③ - отвезённый] • je vous déposerai chez vous я вас отвезу́ домо́й • il m'a déposé en ville он меня́ отвёз в го́род **3.** *(de l'argent à la banque)* класть* / положи́ть ④ • déposer de l'argent à la caisse d'épargne положи́ть де́ньги в сберка́ссу **4.** *(des bagages à la consigne)* сдава́ть* [II, сдаю́, сдаёшь - сдава́й - сдава́я] / сдать* [*n cl,* сдам, сдашь, сдаст ⑦, сдади́м, сдади́те, сдаду́т - сдал, сдала́, сда́ло, сда́ли ⑤ - сда́й - сда́нный, сдан, сдана́ ③] • déposer sa valise à la consigne сдать чемода́н в ка́меру хране́ния
● déposer une plainte пода́ть жа́лобу, подава́ть* [II, подаю́, подаёшь - подава́й - подава́я] / пода́ть* [*n cl,* пода́м, пода́шь, пода́ст, подади́м, подади́те, подаду́т - по́дал, подала́, по́дало, по́дали ⑤ - пода́й - по́данный, по́дан, подана́, по́дано, по́даны ⑤]

dépôt *nm* **1.** *(local pour marchandises)* склад • un dépôt de produits alimentaires продово́льственный склад **2.** *(de bus)* парк • le bus rentre au dépôt авто́бус идёт в парк

dépourvu *adj* лишённый ③ *(*лишён, лишена́*)* • non dépourvu de charme не лишённый обая́ния
● prendre au dépourvu заста́ть врасплóх

dépression *nf* (MÉD) депре́ссия • faire une dépression впасть в депре́ссию • avoir une dépression nerveuse находи́ться в состоя́нии депре́ссии

déprimé *adj* пода́вленный, угнетённый • je la trouve déprimée ces derniers temps я ви́жу, она́ кака́я-то пода́вленная после́днее вре́мя

depuis *adv* с тех пор • je ne l'ai pas revue depuis с тех пор я её бо́льше не ви́дел

depuis *prép*

I AVEC INDICATION DE DURÉE

1. PENDANT UNE DURÉE DE = **уже́** *(+ A)*
• elle est ici depuis une semaine entière она́ здесь уже́ це́лую неде́лю
• je ne l'ai pas vue depuis deux ans я её уже́ два го́да не ви́дел

2. EN L'ESPACE DE = **за** *(+ A)*
• il a bien changé depuis deux ans он о́чень измени́лся за два го́да
• vous avez fait de grands progrès depuis trois semaines вы сде́лали больши́е успе́хи за три неде́ли

II AVEC INDICATION D'UN MOMENT PRÉCIS

1. AVEC DATE OU ÉQUIVALENT = **с** *(+ G)*
• depuis mardi со вто́рника
• depuis l'an dernier с про́шлого го́да
• depuis 1953 с 1953 го́да
• depuis ce temps-là с тех пор

2. AVEC ÉVÉNEMENT = **со дня** *(+ G)*, **со вре́мени** *(+ G)*
• depuis votre arrivée со дня ва́шего прие́зда
• depuis la découverte de l'Amérique со вре́мени откры́тия Аме́рики

III AVEC INDICATION D'UN LIEU, D'UN RANG

1. DANS LA SITUATION ENVISAGÉE, L'EMPLACEMENT ET LA DIRECTION PEUVENT ÊTRE EXPRIMÉS À L'AIDE DE LA PRÉPOSITION **в** = **из** *(+ G)*
• depuis ma chambre, je vois la tour Eiffel из мое́й ко́мнаты я ви́жу Э́йфелеву ба́шню

2. DANS LA SITUATION ENVISAGÉE, L'EMPLACEMENT ET LA DIRECTION PEUVENT ÊTRE EXPRIMÉS À L'AIDE DE LA PRÉPOSITION **на** = **с** *(+ G)*
• depuis la tête jusqu'aux pieds с головы́ до ног

3. AUTRES CAS = **от** *(+ G)*
• depuis Moscou jusqu'à Saint-Pétersbourg от Москвы́ до Санкт-Петербу́рга

• **depuis le directeur jusqu'à la secrétaire** от дирéктора до секретáрши
● **depuis longtemps** давнó ужé › **il est à Marseille depuis longtemps** он давнó ужé в Марсéле
• **depuis peu** недáвно › **il travaille dans notre institut depuis peu** он недáвно рабóтает в нáшем инститýте
• **depuis quand** как давнó › **depuis quand est-elle ici ?** как давнó онá здесь?
• **depuis que** с тех пор, как › **depuis que je le connais** с тех пор, как я егó знáю

député *nm* депутáт • il a été élu député егó избрáли депутáтом

députée *nf* депутáт *m*

dérailler *v (quitter les rails)* сойти́ с рéльсов (сходи́ть [схóдит, схóдят] / сойти́* [IV, сойдёт, сойдýт - сошёл, сошлá]) • le train a déraillé пóезд сошёл с рéльсов

déranger *v* мешáть / помешáть *(+ D) (gêner)*, затрудня́ть / затрудни́ть *(importuner)* • je vous dérange ? я вам мешáю? • ça vous dérange si j'ouvre la fenêtre ? вам не помешáет, éсли я открóю oкнó? • je ne voudrais pas vous déranger не бýду вас затрудня́ть • si ça ne vous dérange pas éсли вас не затрудни́т
■ **se déranger** *vp* беспокóиться / побеспокóиться • ne vous dérangez pas не беспокóйтесь

dernier *adj* **1.** *(dans une séquence)* послéдний • le dernier jour de la semaine послéдний день недéли • les dernières nouvelles послéдние извéстия • pour la dernière fois в послéдний раз • au dernier moment в послéднюю минýту • ces derniers temps в послéднее врéмя • rendre le dernier soupir испусти́ть послéдний вздох **2.** *(dans une date)* прóшлый • l'an dernier в прóшлом годý • la semaine dernière на прóшлой недéле • samedi dernier в прóшлую суббóту

dernièrement *adv* недáвно • j'ai appris ça dernièrement я недáвно узнáл об э́том

derrière ◪ *prép* **1.** *(direction)* за *(+ A)* • mettre les mains derrière son dos заложи́ть рýки зá спину • mettre quelque chose derrière l'armoire постáвить чтó-нибудь за шкаф **2.** *(emplacement)* за *(+ I)* • on entendit un cri derrière la porte за двéрью раздáлся крик • un chien courait derrière lui за ним бежáла собáка ~ *(un peu en arrière)* позади́ *(+ G)* • elle était assise derrière toi онá сидéла позади́ тебя́ ◪ *adv* позади́, сзáди • il marchait devant et moi derrière он шёл впереди́, а я позади́
● **par-derrière** сзáди › **ils nous ont attaqués par-derrière** они́ напáли на нас сзáди • sens devant derrière зáдом наперёд
■ **de derrière** ◪ *loc adj* зáдний • les pattes de derrière зáдние лáпы • passe par la porte de derrière ! зайди́ чéрез зáднюю дверь! ◪ *loc prép* из-за *(+ G)* • de derrière le mur из-за стены́

des → de, le, un

dès *prép* **1.** *(à partir de)* с *(+ G)* • dès le lendemain со слéдующего дня • dès le lundi ужé с понедéльника • dès la fin du XVIIIe siècle ещё с концá XVIII вéка • dès le matin с сáмого утрá • dès les premiers jours с пéрвых же дней • dès aujourd'hui, vous pouvez commencer ужé сегóдня вы мóжете начáть • dès maintenant, on peut tirer quelques conclusions ужé тепéрь мóжно сдéлать кóе-каки́е заключéния **2.** *(aussitôt après)* срáзу пóсле *(+ G)* • dès mon retour срáзу пóсле моегó возвращéния • dès le début des vacances срáзу же пóсле начáла кани́кул
● **dès que** как тóлько › **dès qu'il arrivera** как тóлько он приéдет

désagréable *adj* неприя́тный • une odeur désagréable неприя́тный зáпах

désapprouver *v* не одобря́ть (одобря́ть / одóбрить) • elle désapprouve ton choix онá не одобря́ет твой вы́бор

désarmement *adv* разоружéние • une conférence sur le désarmement конферéнция по разоружéнию

désastre *nm* катастрóфа

désastreux *adj* бéдственный *(lamentable)*, ги́бельный *(funeste)* • une situation désastreuse бéдственное положéние • des conséquences désastreuses ги́бельные послéдствия

descendre *v* **1.** *(se déplacer de haut en bas)* спускáться / спусти́ться ④ • descendre par l'escalier mécanique спускáться по эскалáтору ~ *(avec diverses nuances)* сходи́ть ④ / сойти́* [IV, сойдý, сойдёшь - сошёл, сошлá - сойдя́] *(sur ses jambes)*, сбегáть / сбежáть* [*n cl*, сбегý, сбежи́шь, сбегу́т - сбеги́] *(en courant)*, слеза́ть / слезть* [IV, слéзу, слéзешь - слез, слéзла] *(en s'aidant des mains)*, выходи́ть ④ / вы́йти* [IV, вы́йду, вы́йдешь - вы́шел, вы́шла] *(sortir)* • **vous descendez à la prochaine ?** вы выхо́дите на слéдующей? • **descendre l'escalier quatre à quatre** сбежа́ть с лéстницы • **descendre de l'arbre** слезть с дéрева • **descendre de cheval** слезть с ло́шади • **descendre de voiture** вы́йти из маши́ны **2.** *(s'arrêter au cours d'un voyage)* остана́вливаться / останови́ться ④ • **nous descendons à l'Astoria** мы остано́вимся в Асто́рии **3.** *(en parlant du baromètre)* па́дать • **le baromètre descend** баро́метр па́дает **4.** *(transporter dans un autre lieu)* сноси́ть ④ / снести́* [IV, снесу́, снесёшь - снёс, снесла́ ③ - снесённый] • **descendre les sacs à la cave** снести́ мешки́ в подва́л

descente *nf* спуск • **dans une descente rapide** на круто́м спу́ске • **la descente a été plus difficile que la montée** спуск оказа́лся тяжелée, чем подъём

description *nf* описа́ние • **une description détaillée** подро́бное описа́ние

déséquilibré *adj* неуравновéшенный (неуравновéшен, неуравновéшена) • **un homme déséquilibré** неуравновéшенный человéк

désert *adj* **1.** *(non habité)* необита́емый • **sur une île déserte** на необита́емом о́строве **2.** *(peu fréquenté)* пусты́нный • **des rues désertes** пусты́нные у́лицы
■ **désert** *nm* пусты́ня • **le désert du Sahara** пусты́ня Саха́ра

déserteur *nm* дезерти́р

désespérer *v* теря́ть надéжду (теря́ть / потеря́ть) • **il ne faut pas désespérer** не на́до теря́ть надéжду

désespoir *nm* отча́яние • **être au désespoir** быть в отча́янии

déshabiller *v* раздева́ть / раздéть* [*n cl*, раздéну, раздéнешь - раздéтый] • **déshabiller un enfant** раздéть ребёнка
■ **se déshabiller** *vp* раздева́ться / раздéться* [*n cl*, раздéнусь, раздéнешься - раздéтый] • **il se déshabilla et se coucha** он раздéлся и лёг спать

désigner *v* **1.** *(montrer)* пока́зывать / показа́ть* [II, покажу́, пока́жешь] ④ *(на + A)* • **c'est lui, me dit-elle, en désignant un homme de haute taille** э́то он, — сказа́ла она́, пока́зывая на человéка высо́кого ро́ста **2.** *(nommer, promouvoir)* назнача́ть / назна́чить • **le tribunal a désigné deux experts** суд назна́чил двух экспéртов

désillusion *nf* разочарова́ние

désinence *nf* оконча́ние • **la désinence zéro** нулево́е оконча́ние

désinfectant *nm* дезинфекта́нт

désinfecter *v* дезинфици́ровать / продезинфици́ровать • **désinfecter une plaie** продезинфици́ровать ра́ну

désir *nm* жела́ние • **le désir de partir** жела́ние уéхать • **ses désirs ont été exaucés** жела́ния её испо́лнились

désirer *v* жела́ть / пожела́ть • **vous désirez autre chose ?** что́-нибудь ещё жела́ете? • **je désire lui parler** я жела́ю поговори́ть с ним • **cela laisse fort à désirer** э́то оставля́ет жела́ть лу́чшего

désobéir *v* не слу́шаться / послу́шаться • **Kolia a désobéi à ses parents** Ко́ля не послу́шался роди́телей

désobéissance *nf* непослуша́ние • **l'enfant a été puni pour sa désobéissance** ребёнка наказа́ли за непослуша́ние

désobéissant *adj* непослу́шный • **un enfant très désobéissant** о́чень непослу́шный ребёнок

désolé *adj* **je suis désolé, je ne peux pas venir samedi** о́чень сожалéю, но в суббо́ту прийти́ не могу́ • **je suis désolée que tu ne puisses pas venir mardi** жаль, что ты не мо́жешь прийти́ во вто́рник • **il était désolé de t'avoir raté** он о́чень расстро́ился тем, что пропусти́л тебя́

désordre *nm* беспоря́док • **en désordre** в беспоря́дке

désormais *adv* отны́не • **désormais tu demanderas l'autorisation** отны́не ты бу́дешь проси́ть разрешéния

desquels, desquelles → lequel

desserrer *v* разжима́ть / разжа́ть* [IV, разожму́, разожмёшь - разжа́тый] • **ne**

pas desserrer les dents не разжима́ть зубо́в

dessert *nm* сла́дкое *(adj subst nt)*, десе́рт • et comme dessert, je vais prendre une glace а на сла́дкое я возьму́ моро́женое

dessin *nm* **1.** *(ce qui est dessiné)* рису́нок *(dessin artistique)*, чертёж *(dessin technique)* ③② **2.** *(le fait de dessiner, l'art de dessiner)* рисова́ние *(dessin artistique)*, черче́ние *(dessin technique)* • professeur de dessin учи́тель рисова́ния
● dessin animé мультфи́льм

dessiner *v (dessin artistique)* рисова́ть / нарисова́ть • dessiner d'après nature рисова́ть с нату́ры

dessous[1] *adv* **1.** *(direction)* под *(+ A)* • il y a une table dans la chambre, va mettre le panier dessous иди́ в ко́мнату и поста́вь корзи́нку под стол **2.** *(emplacement)* под *(+ I)* • il y a un livre là-bas sur la table, ma lettre doit être dessous там на столе́ кни́га, моё письмо́ должно́ быть под ней • il y avait une barrière, je suis passée dessous я прошла́ под шлагба́умом, кото́рый там был
● de dessous из-под *(+ G)* › **tirer un sac de dessous l'armoire** вы́тащить су́мку из-под шка́фа • en dessous de под › **le papier est tombé en dessous de l'armoire** бума́жка упа́ла под шкаф › **je l'ai trouvée en dessous de l'armoire** я её нашёл под шка́фом • sens dessus dessous вверх дном › **mettre toute la maison sens dessus dessous** переверну́ть весь дом вверх дном

dessous[2] *nm* ни́жняя часть *f* • le dessous de l'assiette ни́жняя часть таре́лки

dessus[1] *adv* **1.** *(direction)* • il y a une table là-bas, mets la valise dessus положи́ чемода́н туда́ на стол **2.** *(emplacement)* • il y a une commode dans le coin, le journal était dessus газе́та была́ там на комо́де в углу́
● sens dessus dessous вверх дном › **mettre toute la maison sens dessus dessous** переверну́ть весь дом вверх дном

dessus[2] *nm* ве́рх • le dessus de la lampe верх ла́мпы

destin *nm* судьба́* *(gén. pl.* су́деб*)* ②①

destinataire *nmf* адреса́т *m*, получа́тель *m*, получа́тельница *f*

destruction *nf* разруше́ние • la destruction de la ville разруше́ние го́рода

détacher *v (ce qui est lié)* отвя́зывать / отвяза́ть* [II, отвяжу́, отвя́жешь] ④ • détacher le chien отвяза́ть соба́ку

détail *nm* **1.** *(petit élément)* подро́бность *f* • ne pas entrer dans les détails не вдава́ться в подро́бности **2.** *(bagatelle)* пустя́к ③② • ce sont des détails э́то пустяки́
● au détail в ро́зницу › **vendre au détail** продава́ть в ро́зницу • en détail подро́бно › **décrire en détail** подро́бно описа́ть

détective *nmf* детекти́в

déteindre *v* линя́ть / полиня́ть • mon tee-shirt rouge a déteint sur mon chemisier blanc моя́ кра́сная ма́йка полиня́ла на бе́лую блу́зку

détendre ■ se détendre *vp* расслабля́ться / рассла́биться • j'écoute de la musique pour me détendre слу́шаю му́зыку, что́бы рассла́биться

détente *nf* разря́дка • une heure de détente avant de faire mon travail scolaire час на разря́дку пе́ред тем, как сесть за уро́ки • la détente internationale разря́дка междунаро́дной напряжённости

détenu *nm* заключённый *(adj subst m)* • les détenus politiques полити́ческие заключённые

détenue *nf* заключённая *(adj subst f)*

déterminé *adj* **1.** *(précis)* определённый • pour une période déterminée на определённый пери́од **2.** (GRAMM) некра́тного подви́да • les verbes déterminés comme, par exemple «идти́» глаго́лы некра́тного подви́да как, наприме́р, «идти́»

détester *v* ненави́деть* [I, ненави́жу, ненави́дишь] / возненави́деть* [I] *id* • il déteste ses voisins он ненави́дит свои́х сосе́дей

détour *nm (crochet)* крюк ③② • faire un détour сде́лать крюк

détruire *v* **1.** *(ce qui a été construit)* разруша́ть / разру́шить • la ville a été détruite го́род был разру́шен **2.** *(faire périr)* истребля́ть / истреби́ть • **détruire les insectes nuisibles** истреби́ть вре́дных насеко́мых • **détruire les forêts** истребля́ть леса́ **3.** *(anéantir)* уничтожа́ть / уничто́жить • **détruire l'armée ennemie** уничто́жить неприя́тельскую а́рмию

dette *nf* долг* *(loc.* долгу́*)* ⑧② • **payer ses dettes** расплати́ться с долга́ми • **être criblé de dettes** быть по́ уши в долга́х

deuil *nm* **1.** *(décès)* • **j'ai appris qu'elle avait eu un deuil** я узна́л, что у неё кто́-то у́мер **2.** *(signes extérieurs)* тра́ур • **être en deuil** быть в тра́уре
● **tu peux en faire ton deuil** пиши́ пропа́ло

deux *adj num* **1.** *(gén)* два • **deux mètres** два ме́тра • **deux places** два ме́ста • **deux bouteilles** две буты́лки • **raconter en deux mots** рассказа́ть в двух слова́х • **à deux pas d'ici** в двух шага́х отсю́да • **ils se ressemblent comme deux gouttes d'eau** они́ похо́жи друг на дру́га как две ка́пли воды́ • **deux avis valent mieux qu'un** ум хорошо́, а два лу́чше

> **À PROPOS DE...**
>
> L'accent passe sur la préposition dans les groupes **за́ два, на́ два, по́ два.**

2. *(suivi en russe d'un plurale tantum, un pronom ou un nom de personne masculin)* дво́е *(nom de nombre collectif)* • **deux traîneaux** дво́е сане́й • **deux enfants** дво́е дете́й • **nous étions deux** нас бы́ло дво́е • **deux fils** дво́е сынове́й.

> **À PROPOS DE...**
>
> L'accent passe sur la préposition dans le groupe **по́ двое.**

3. *(au sens de deuxième, en particulier dans l'expression de la date)* второ́й • **le 2 février** 2-го февраля́ • **à la page deux** на второ́й страни́це • **dans le tome deux** во второ́м то́ме • **acte deux** де́йствие второ́е • **Catherine II** Екатери́на II (Екатери́на Втора́я) **4.** *(aux cartes)* дво́йка • **un deux de cœur** дво́йка черве́й
● **à deux** вдвоём › **à deux, c'est plus gai** вдвоём веселе́е • **deux cents** две́сти › **deux cents roubles** две́сти рубле́й › **à deux cents kilomètres de là** в двухста́х киломе́трах отту́да • **deux-centième** двухсо́тый • **deux fois a.** *(gén)* два ра́за **b.** *(suivi d'un nom de nombre)* два́жды › **deux fois deux quatre** два́жды два четы́ре **c.** *(suivi d'un comparatif)* вдво́е › **deux fois moins** вдво́е ме́ньше › **l'autre pièce est deux fois plus grande** друга́я ко́мната вдво́е бо́льше • **deux par deux** по́ двое › **ils passaient deux par deux** они́ проходи́ли по́ двое • **en deux** попола́м › **partager une pomme en deux** раздели́ть я́блоко попола́м • **les deux** *(l'un et l'autre)* о́ба › **les deux fils sont ingénieurs** о́ба сы́на инжене́ры › **des deux mains** обе́ими рука́ми • **les deux font la paire** два сапога́ па́ра • **tous les deux** о́ба › **elles sont parties toutes les deux** они́ о́бе уе́хали

deuxième *adj num* **1.** *(gén)* второ́й • **dans le deuxième volume** во второ́м то́ме **2.** *(en parlant des étages)* тре́тий* *(se décline comme un adj d'appart)* • **ils habitent au deuxième étage** они́ живу́т на тре́тьем этаже́

deuxièmement *adv* во-вторы́х

deux-points *nm* двоето́чие

dévaluation *nf* девальва́ция

devant ◼ *prép* **1.** *(emplacement)* пе́ред *(+ I)* • **je me suis arrêté devant le théâtre** я останови́лся пе́ред теа́тром **2.** *(direction)* к *(+ D)* • **je suis allé devant le théâtre** я подошёл к теа́тру **3.** *(en parlant de ce qui passe sans s'arrêter)* ми́мо *(+ G)* • **je suis passé devant le théâtre** я прошёл ми́мо теа́тра **4.** *(en tête de)* впереди́ *(+ G)* • **Hélène marchait devant nous** Элён шла впереди́ нас ◼ *adv* **1.** *(direction)* вперёд • **passez devant** проходи́те вперёд **2.** *(emplacement)* спе́реди, впереди́ *(en tête)* • **il était devant** он стоя́л спе́реди • **le petit garçon marchait devant** ма́льчик шёл впереди́ ◼ *nm* пере́дняя часть *f* • **le devant du monument** пере́дняя часть па́мятника
■ **de devant** *loc adj* пере́дний • **les pattes de devant** пере́дние ла́пы

développement *nm* **1.** разви́тие *(croissance)*, расшире́ние *(élargissement)* • **le développement de l'industrie** разви́тие промы́шленности • **le développement des échanges commerciaux** расшире́ние торго́вых обме́нов • **les pays en voie de développement** развива́ющиеся стра́ны • **le développement durable** стаби́льное разви́тие **2.** (PHOTO) проявле́ние • le développement des photos проявле́ние фотогра́фий

développer *v* **1.** развива́ть / разви́ть* [II, разовью́, разовьёшь - разви́л, развила́, разви́ло, разви́ли ⑤ - разве́й - разви́тый, разви́т, развита́, разви́то, разви́ты ⑤] • développer la mémoire развива́ть па́мять • développer une idée развива́ть иде́ю **2.** (PHOTO) проявля́ть / прояви́ть ④ • développer un négatif прояви́ть негати́в • faire développer une pellicule отда́ть прояви́ть плёнку

■ se développer *vp* развива́ться / разви́ться* [II, разовью́сь, разовьёшься - разви́лся, развила́сь, разви́лось, разви́лись ⑤ - разве́йся - разви́тый, разви́т, развита́, разви́то, разви́ты ⑤] • l'industrie se développe промы́шленность развива́ется

devenir *v* станови́ться ④ / стать* [*n cl,* ста́ну, ста́нешь] *(+ I)* • elle est devenue pensive она́ ста́ла заду́мчивой • il est devenu ingénieur он стал инжене́ром • avant l'orage le ciel devint tout noir пе́ред грозо́й не́бо совсе́м почерне́ло

● devenir rouge красне́ть / покрасне́ть › à l'est le ciel devenait rouge на восто́ке не́бо красне́ло • devenir sombre темне́ть / потемне́ть • devenir ivre пьяне́ть / опьяне́ть

deviner *v* дога́дываться / догада́ться *(на + A),* уга́дывать / угада́ть • j'ai deviné à quoi il faisait allusion я догада́лся, на что он намека́л • devine ce que j'ai dans la main угада́й, что у меня́ в руке́ • j'essayais de deviner ses pensées я стара́лся угада́ть его́ мы́сли ~ разга́дывать / разгада́ть *(déchiffrer, résoudre)* • je crois avoir deviné ses intentions я, ка́жется, разгада́л его́ наме́рения

devinette *nf* зага́дка • poser une devinette à son frère загада́ть бра́ту зага́дку

devise *nf (règle de conduite)* деви́з • la simplicité, c'est ma devise простота́ — мой деви́з

■ devises *nfpl (monnaie, valeurs)* валю́та • des devises étrangères иностра́нная валю́та

dévisser *v* выви́нчивать / вы́винтить • dévisser un bouchon вы́винтить про́бку

devoir¹ *v* **1.** *(avoir des dettes, une obligation morale, l'intention)* • tu me dois une explication ты до́лжен объясни́ться • tu dois te brosser les dents trois fois par jour ты до́лжен чи́стить зу́бы три ра́за в день • j'ai dû aller avec eux я до́лжен был пойти́ с ни́ми • vous devez avoir faim вы наве́рное проголода́лись • tu devrais faire attention ты до́лжен быть осторо́жнее • vous auriez dû m'en parler вы должны́ бы́ли сказа́ть мне об э́том • il sait pertinemment qu'il ne doit pas fumer он прекра́сно зна́ет, что не до́лжен кури́ть • il me doit cinq euros он мне до́лжен пять е́вро • tous les hommes doivent travailler ка́ждый челове́к до́лжен рабо́тать • elle devait rentrer avant deux heures она́ должна́ была́ верну́ться до двух часо́в **2.** *(être redevable)* • c'est à lui que je dois mon succès я обя́зан ему́ свои́м успе́хом *(*обя́зан, обя́зана*)* **3.** *(possibilité, vraisemblance)* должно́ быть, вероя́тно • ils doivent être partis они́, должно́ быть, уе́хали • elle doit être chez elle она́, вероя́тно, до́ма

devoir² *nm* **1.** *(moral)* долг • faire son devoir вы́полнить свой долг • considérer comme son devoir счита́ть свои́м до́лгом **2.** (SCOL) (дома́шнее) зада́ние • j'ai un devoir de maths pour demain у меня́ на за́втра дома́шнее зада́ние по матема́тике • faire ses devoirs де́лать дома́шние зада́ния

dévoué *adj* пре́данный • un ami dévoué пре́данный друг

diabète *nm* диабе́т

diable *nm* чёрт* *(pl.* че́рти, черте́й, чертя́м*)* ①③ • va-t'en au diable ! иди́ к чёрту! • le diable l'emporte ! чёрт бы его́ побра́л!

● habiter au diable жить у чёрта на кули́чках

diabolique *adj* дья́вольский • un stratagème diabolique дья́вольская хи́трость

diagnostic *nm* диа́гноз • établir un diagnostic поста́вить диа́гноз

dialectal *adj* диале́ктный • une expression dialectale диале́ктное выраже́ние

dialecte *nm* го́вор, диале́кт • les dialectes du Sud ю́жные го́воры

dialogue *nm* диало́г

● un dialogue de sourds разгово́р глухи́х

diamant *nm* алма́з

diamétralement *adv* диаметра́льно • diamétralement opposé диаметра́льно противополо́жный • des points de vue diamétralement opposés диаметра́льно противополо́жные взгля́ды

diamètre *nm* диа́метр • d'un mètre de diamètre диа́метром в метр

diaphragme *nm* диафра́гма

diapositive *nf* диапозити́в • des diapositives en couleurs цветны́е диапозити́вы

dictateur *nm* дикта́тор

dictature *nf* диктату́ра • une dictature militaire вое́нная диктату́ра

dictée *nf* **1.** *(exercice)* дикта́нт • un recueil de dictées сбо́рник дикта́нтов • le professeur de français nous a fait faire une dictée учи́тель францу́зского языка́ устро́ил нам дикта́нт **2.** *(action de dicter)* дикто́вка • sous la dictée de l'auteur под дикто́вку а́втора

dicter *v* диктова́ть / продиктова́ть • dicter une lettre à son ordinateur диктова́ть письмо́ компью́теру

dictionnaire *nm* слова́рь *m* ③② • dictionnaire français-russe францу́зско-ру́сский слова́рь • traduire à l'aide d'un dictionnaire переводи́ть с по́мощью словаря́

Dieu *nm* Бог ①③ • croire en Dieu ве́рить в Бо́га • prier Dieu моли́ться Бо́гу • il traîne Dieu sait où болта́ется Бог зна́ет где • Dieu merci ! сла́ва Бо́гу
• mon Dieu ! Го́споди!

différemment *adv* по-друго́му • à ta place je traduirais différemment на твоём ме́сте я бы перевёл по-друго́му

différence *nf* ра́зница • une grande différence de prix больша́я ра́зница в цене́ • à cette différence près que с той ра́зницей, что • il n'y a aucune différence нет никако́й ра́зницы

différent *adj* **1.** *(varié, divers)* ра́зный, разли́чный • des goûts différents ра́зные вку́сы • des points de vue différents разли́чные то́чки зре́ния **2.** *(tout autre)* совсе́м друго́й • il avait des intentions différentes у него́ бы́ли совсе́м други́е наме́рения **3.** *(plusieurs)* не́сколько *(*не́скольких, не́скольким*)* • différentes personnes sont venues пришло́ не́сколько челове́к • j'ai voyagé dans différents pays я побыва́л в не́скольких стра́нах

> **À PROPOS DE...**
>
> La forme **не́сколько** régit le génitif ; les autres formes s'accordent avec le substantif.

difficile *adj* **1.** *(qui demande un effort, compliqué)* тру́дный ⑤ • un travail difficile тру́дная рабо́та • un texte difficile тру́дный текст • ce n'est pas difficile э́то не тру́дно **2.** *(exigeant)* тре́бовательный • vous êtes vraiment difficile вы о́чень тре́бовательны

difficilement *adv* с трудо́м • je pourrais difficilement me passer de mon ordinateur я с трудо́м мог бы обойти́сь без компью́тера

difficulté *nf* **1.** *(caractère de ce qui est difficile)* тру́дность *f* • ça ne présente aucune difficulté э́то не представля́ет тру́дности **2.** *(complication, obstacle)* тру́дность *f*, затрудне́ние • surmonter les difficultés преодоле́ть тру́дности • avoir des difficultés en russe испы́тывать тру́дности в ру́сском языке́ • des difficultés financières фина́нсовые затрудне́ния **3.** *(peine, effort)* труд ③ • il marchait avec difficulté он шёл с трудо́м • sans difficulté без труда́

digérer *v* перева́ривать / перевари́ть ④ • un plat lourd à digérer тяжёлое для пищеваре́ния блю́до

digestion *nf* пищеваре́ние • une mauvaise digestion плохо́е пищеваре́ние

digicode *nm* входно́й код

digne *adj* досто́йный *(*досто́ин, досто́йна*) (+ G)* • digne d'une meilleure utilisation досто́йный лу́чшего примене́ния

dimanche *nm* воскресе́нье • je l'ai vu dimanche я ви́дел его́ в воскресе́нье • le dimanche, nous allons à la campagne по воскресе́ньям мы е́здим за́ город

dimension *nf* **1.** *(taille)* разме́р • un bâtiment de grandes dimensions зда́ние огро́мных разме́ров • indiquez vos dimensions укажи́те свои́ разме́ры **2.** (MATH) измере́ние

diminuer ◪ *vt* уменьша́ть / уме́ньшить • diminuer la dose уме́ньшить до́зу • diminuer les dépenses уме́ньшить расхо́ды ◪ *vi* **1.** *(en intensité, importance)* уменьша́ться / уме́ньшиться • le danger a diminué опа́сность уме́ньшилась **2.** *(en parlant des jours)* стать коро́че (станови́ться [стано́вятся] / стать* [*n cl,* ста́нут]) • les jours ont diminué дни ста́ли коро́че

diminutif *adj* уменьши́тельный • un suffixe diminutif уменьши́тельный су́ффикс

dinde *nf* инде́йка

dindon *nm* индю́к ③②

dîner¹ *nm* у́жин • pendant le dîner за у́жином

dîner² *v* у́жинать / поу́жинать • nous avons dîné ensemble au restaurant мы вме́сте поу́жинали в рестора́не

dingue *fam adj* сумасше́дший • il est complètement dingue ! он соверше́нно сумасше́дший! • c'est dingue de penser que demain on sera à Moscou ! с ума́ сойти́, как поду́маешь, что за́втра бу́дем в Москве́!

dinosaure *nm* диноза́вр

diplomate *nmf* диплома́т • on ne fera pas de toi un diplomate диплома́та из тебя́ не полу́чится

diplomatie *nf* диплома́тия • user de diplomatie пуска́ть в ход диплома́тию

diplomatique *adj* **1.** *(concernant les diplomates)* дипломати́ческий • le corps diplomatique дипломати́ческий ко́рпус **2.** *(habile, plein de tact)* дипломати́чный • son approche très diplomatique a permis de régler le problème rapidement его́ дипломати́чный подхо́д позво́лил бы́стро разреши́ть пробле́му

diplôme *nm* дипло́м • obtenir un diplôme получи́ть дипло́м

diplômé *nm* выпускни́к • Antoine est diplômé de l'université de Lille Антуа́н — выпускни́к Ли́лльского университе́та • forum de l'emploi pour les jeunes diplômés фо́рум по трудоустро́йству молоды́х выпускнико́в

diplômée *nf* выпускни́ца

dire *v* говори́ть / сказа́ть* [II, скажу́, ска́жешь] ④ • dire la vérité сказа́ть пра́вду • il dit qu'il est malade он говори́т, что бо́лен • sans dire un mot не говоря́ ни сло́ва
◉ à dire vrai по пра́вде говоря́ • aussitôt dit, aussitôt fait ска́зано — сде́лано • autrement dit други́ми слова́ми • cela va sans dire само́ собо́й разуме́ется • c'est facile à dire легко́ сказа́ть • dire la bonne aventure гада́ть • entre nous soit dit ме́жду на́ми говоря́ • et dire que и когда́ поду́маешь › **et dire que nous n'en sommes pas encore à la moitié !** и когда́ поду́маешь, что мы ещё не дошли́ до полови́ны! • il n'y a pas à dire не́чего сказа́ть › **il est formidable, il n'y a pas à dire** молоде́ц, не́чего сказа́ть • on dirait que ка́жется › **on dirait qu'ils sont déjà arrivés** ка́жется, они́ уже́ прие́хали • pour ainsi dire так сказа́ть • que voulez-vous dire par là ? что вы хоти́те э́тим сказа́ть? • qui ne dit mot consent молча́ние — знак согла́сия • vouloir dire зна́чить › **qu'est-ce que ça veut dire ?** что э́то зна́чит?

direct *adj* прямо́й ⑤ • les impôts directs прямы́е нало́ги • un héritier direct прямо́й насле́дник • le complément direct прямо́е дополне́ние

directement *adv* **1.** *(sans détour)* пря́мо *(comp.* пряме́е*)* • je vais directement chez lui я иду́ пря́мо к нему́ **2.** *(sans intermédiaire)* напряму́ю • comment le contacter directement ? как с ним связа́ться напряму́ю?

directeur *nm* дире́ктор* *(nom. pl.* директора́*)* ①② • le directeur du théâtre дире́ктор теа́тра

direction *nf* **1.** *(sens, orientation)* направле́ние • dans la direction de la ville по направле́нию к го́роду • prendre la direction de l'est взять направле́ние на восто́к **2.** *(action de diriger)* руково́дство • sous la direction d'un guide expérimenté под руково́дством о́пытного проводника́ **3.** *(dirigeants)* дире́кция • message de la direction au personnel обраще́ние дире́кции к персона́лу
◉ être dans la bonne direction быть на пра́вильном пути́

directrice *nf* дире́ктор* *(nom. pl.* директора́*)* ①② • elle est directrice d'école она́ дире́ктор шко́лы

diriger *v* **1.** *(envoyer, tourner)* направля́ть / напра́вить • on a dirigé les blessés vers l'hôpital voisin ра́неных напра́-

вили в больни́цу ря́дом • diriger son regard vers la sortie напра́вить свой взгляд на вы́ход **2.** *(commander)* руководи́ть *(+ I)* • diriger les travaux руководи́ть рабо́тами • diriger un cercle руководи́ть кружко́м
■ se diriger *vp* направля́ться / напра́виться • se diriger vers la ville напра́виться к го́роду

disciple *nmf* учени́к ③② • les disciples de Freud ученики́ Фре́йда

discipline *nf* дисципли́на • une discipline de fer желе́зная дисципли́на

discothèque *nf* **1.** *(club)* дискоте́ка • aller en discothèque идти́ на дискоте́ку **2.** *(établissement de prêt)* фоноте́ка • emprunter des CD à la discothèque брать компа́кт-ди́ски в фоноте́ке

discours *nm* речь *f* ①③ • prononcer un discours произнести́ речь

discret *adj* скро́мный ⑤ • un homme discret qui ne pose pas de questions скро́мный челове́к, кото́рый не задаёт ли́шних вопро́сов

discrètement *adv* незаме́тно • il a discrètement fait disparaître sa cigarette он незаме́тно убра́л свою́ сигаре́ту • un nouveau virus espionne discrètement les ordinateurs но́вый ви́рус незаме́тно шпио́нит за компью́терами • des produits toxiques ont été discrètement retirés du marché токси́чные проду́кты бы́ли незаме́тно удалены́ с ры́нка

discussion *nf* спор, диску́ссия • la discussion a été orageuse спор был бу́рный • une discussion philosophique филосо́фская диску́ссия

discuter *v (échanger des idées)* спо́рить / поспо́рить • discuter de politique спо́рить о поли́тике • des goûts et des couleurs on ne discute pas о вку́сах не спо́рят

disparaître *v* **1.** *(devenir invisible)* исчеза́ть / исче́знуть* [III] • la cicatrice disparaît progressivement шрам постепе́нно исчеза́ет • les taches ont disparu пя́тна исче́зли • depuis son hospitalisation il a disparu de la scène politique по́сле пребыва́ния в больни́це он исче́з с полити́ческой сце́ны • l'avion a disparu des écrans radar самолёт исче́з с экра́нов рада́ров **2.** *(se cacher)* скрыва́ться / скры́ться* [II, скро́юсь, скро́ешься] *(+ A, +L)* • le soleil disparut derrière un nuage со́лнце скры́лось за ту́чу • ils disparurent au coin de la rue они́ скры́лись за угло́м **3.** *(devenir introuvable)* пропада́ть / пропа́сть* [IV, пропаду́, пропадёшь - пропа́л, пропа́ла] • l'argent a disparu де́ньги пропа́ли • mes lunettes ont disparu мои́ очки́ пропа́ли • mon gant gauche a disparu, tu ne l'as pas vu ? моя́ ле́вая перча́тка куда́-то пропа́ла, ты её не ви́дел?

disparition *nf* исчезнове́ние • la mystérieuse disparition du chanteur d'opéra avant la première таи́нственное исчезнове́ние о́перного певца́ пе́ред премье́рой • des animaux en voie de disparition исчеза́ющие ви́ды живо́тных

disparu *nm* пропа́вший бе́з вести • on compte plusieurs centaines de disparus насчи́тывают не́сколько со́тен пропа́вших бе́з вести

disponible *adj* свобо́дный • il reste quelques places disponibles есть ещё не́сколько свобо́дных мест • l'appartement est disponible à partir du 1er septembre кварти́ра свобо́дна с 1-го сентября́ • la version 4.3 du logiciel sera disponible début décembre ве́рсия 4.3 програ́ммы поя́вится в нача́ле декабря́

disposer *v* располага́ть / расположи́ть ④ • elle était bien disposée à mon égard она́ была́ хорошо́ располо́жена ко мне • il disposait de grands moyens он располага́л больши́ми сре́дствами

disposition *nf* расположе́ние • la disposition des pièces dans l'appartement расположе́ние ко́мнат в кварти́ре • elle était dans une heureuse disposition d'esprit она́ была́ в хоро́шем расположе́нии ду́ха
● à la disposition в распоряже́нии *(état)*, в распоряже́ние *(action)* › **il a mis une voiture à ma disposition** он предоста́вил маши́ну в моё распоряже́ние › **j'avais la voiture à ma disposition** маши́на была́ в моём распоряже́нии

dispute *nf* ссо́ра • la dispute a dégénéré en bagarre ссо́ра перешла́ в дра́ку

disputer
■ se disputer *vp* ссо́риться / поссо́риться • se disputer avec ses voisins ссо́риться со свои́ми сосе́дями

disque *nm* **1.** *(enregistré)* пласти́нка • un disque microsillon долгоигра́ющая пласти́нка • l'industrie du disque инду́стрия звукоза́писи **2.** (SPORT) диск • lancer le javelot et le disque мета́ть копьё и диск **3.** *(objet rond et plat)* диск • le disque de la Lune диск Луны́
• un disque compact компа́кт-диск • le disque dur жёсткий диск

disquette *nf* диске́та

dissertation *nf* сочине́ние • une dissertation de philosophie филосо́фское сочине́ние

dissimuler *v* скрыва́ть / скрыть* [II, скро́ю, скро́ешь - скры́тый] • dissimuler ses intentions скрыва́ть свои́ наме́рения

dissoudre *v* **1.** *(faire fondre)* растворя́ть / раствори́ть • dissoudre du sel dans de l'eau растворя́ть соль в воде́ **2.** *(supprimer légalement)* распуска́ть / распусти́ть ④ • dissoudre le parlement распусти́ть парла́мент

distance *nf* расстоя́ние • à une grande distance de la ville на большо́м расстоя́нии от го́рода • à une distance de trois kilomètres на расстоя́нии трёх киломе́тров

distinguer *v* **1.** *(discerner)* различа́ть / различи́ть • dans l'obscurité, il était difficile de distinguer les objets в темноте́ тру́дно бы́ло различа́ть предме́ты **2.** *(faire une différence)* отлича́ть / отличи́ть • je ne saurais pas distinguer une vipère d'une couleuvre я не суме́ю отличи́ть гадю́ку от ужа́
■ se distinguer *vp (se rendre célèbre)* отлича́ться / отличи́ться • se distinguer au cours d'une bataille отлича́ться в бою́

distraction *nf* **1.** *(divertissement)* развлече́ние • là-bas, il y avait beaucoup de distractions там бы́ло мно́го развлече́ний **2.** *(manque d'attention)* рассе́янность *f* • par distraction по рассе́янности

distraire *v* развлека́ть / развле́чь* [IV, развлеку́, развлечёшь, развлеку́т - развлёк, развлекла́ ③ - развлечённый] • ils ont fait venir un magicien pour distraire les enfants что́бы развле́чь дете́й они́ пригласи́ли фо́кусника
■ se distraire *vp* развлека́ться / развле́чься* [IV, развлеку́сь, развлечёшься, развлеку́тся - развлёкся, развлекла́сь ③ - развлечённый] • ils se distrayaient comme ils pouvaient они́ развлека́лись, как могли́

distrait *adj* рассе́янный • il est extrêmement distrait он о́чень рассе́янный • un regard distrait рассе́янный взгляд

distribuer *v* раздава́ть* [II, раздаю́, раздаёшь - раздава́й - раздава́я] / разда́ть* [*n cl,* разда́м, разда́шь, разда́ст, раздади́м, раздади́те, раздаду́т - ро́здал, раздала́, ро́здало, ро́здали ⑤ - разда́й - ро́зданный, ро́здан, раздана́, ро́здано, ро́зданы ⑤] • distribuer les cadeaux разда́ть пода́рки • c'est ton tour de distribuer les cartes твоя́ о́чередь сдава́ть ка́рты

distributeur *nm (machine)* торго́вый автома́т • un distributeur de boissons автома́т для прода́жи напи́тков • distributeur automatique de billets банкома́т › **je veux prendre de l'argent au distributeur de billets** хочу́ взять де́ньги в банкома́те

distribution *nf* разда́ча • la distribution des prix разда́ча награ́д

divan *nm* тахта́

divers *adj* ра́зный, разли́чный • par divers moyens ра́зными спо́собами • il était occupé à diverses choses он был за́нят разли́чными дела́ми

diviser *v* дели́ть ④ / раздели́ть ④ • diviser vingt par quatre дели́ть два́дцать на четы́ре • diviser la classe en deux groupes раздели́ть класс на две гру́ппы

division *nf* **1.** (MATH) деле́ние **2.** *(répartition)* разделе́ние • la division du travail разделе́ние труда́ **3.** (MIL) диви́зия • une division blindée та́нковая диви́зия

divorce *nm* разво́д • obtenir le divorce получи́ть разво́д

divorcer *v* разводи́ться ④ / развести́сь* [IV, разведу́сь, разведёшься - развёлся, развела́сь] ③ • ils ont divorcé они́ развели́сь • il a divorcé он развёлся с жено́й

dix *adj num* **1.** *(quantité)* де́сять • dix roubles де́сять рубле́й • à dix kilomètres d'ici в десяти́ киломе́трах отсю́да • ils étaient dix их бы́ло де́сять **2.** *(au sens de dixième, dans l'expression de la date)* • le dix octobre 10-го октября́ • à la page dix на деся́той страни́це • Charles X Карл X (Карл Деся́тый)

3. *(aux cartes)* деся́тка • **un dix de pique** деся́тка пик

dix-huit *adj num* **1.** *(quantité)* восемна́дцать • **elle avait dix-huit ans** ей бы́ло восемна́дцать лет • **à dix-huit kilomètres de Moscou** в восемна́дцати киломе́трах от Москвы́ **2.** *(au sens de dix-huitième, dans l'expression de la date)* восемна́дцатый • **le 18 octobre** 18-ое октября́ • **à la page dix-huit** на восемна́дцатой страни́це • **Louis XVIII** Людо́вик XVIII *(Людо́вик Восемна́дцатый)*

dix-huitième *adj num* восемна́дцатый • **dans le dix-huitième arrondissement** в восемна́дцатом райо́не

dixième *adj num* **1.** *(gén)* деся́тый • **au Xe siècle** в X ве́ке (в деся́том ве́ке) **2.** *(en parlant des étages)* оди́ннадцатый • **j'habite au dixième étage** я живу́ на оди́ннадцатом этаже́

dix-neuf *adj num* **1.** *(quantité)* девятна́дцать • **j'avais dix-neuf ans** мне бы́ло девятна́дцать лет • **à dix-neuf kilomètres d'ici** в девятна́дцати киломе́трах отсю́да **2.** *(au sens de dix-neuvième, dans l'expression de la date)* девятна́дцатый • **le 19 septembre** 19-ое сентября́ • **à la page dix-neuf** на девятна́дцатой страни́це

dix-neuvième *adj num* девятна́дцатый • **au XIXe siècle** в XIX ве́ке (в девятна́дцатом ве́ке)

dix-sept *adj num* **1.** *(quantité)* семна́дцать • **j'ai dix-sept ans** мне семна́дцать лет **2.** *(au sens de dix-septième, dans l'expression de la date)* семна́дцатый • **il est arrivé le 17 mai** он прие́хал 17-го ма́рта • **à la page dix-sept** на семна́дцатой страни́це • **Louis XVII** Людо́вик XVII (Людо́вик Семна́дцатый)

dix-septième *adj num* семна́дцатый • **au XVIIe siècle** в XVII ве́ке (в семна́дцатом ве́ке)

dizaine *nf* **1.** *(exactement dix)* деся́ток • **le nombre de victimes de la catastrophe se compte en dizaines** число́ же́ртв катастро́фы исчисля́ется деся́тками • **il y avait plusieurs dizaines de personnes** там бы́ло не́сколько деся́тков челове́к **2.** *(environ dix)* де́сять *(après le substantif)* • **une dizaine de personnes** челове́к де́сять • **j'en ai pour une dizaine de minutes encore** мне ну́жно ещё мину́т де́сять

do *nm* до* *nt indécl* • **do dièse** до дие́з

docteur *nm* **1.** *(médecin)* врач ③②, до́ктор* *(nom. pl.* доктора́*)* ①② • **appeler le médecin** вы́звать врача́ **2.** *(grade)* до́ктор* *(nom. pl.* доктора́*)* ①② • **docteur en médecine** до́ктор медици́нских нау́к • **docteur en droit** до́ктор пра́ва • **docteur en lettres** до́ктор филологи́ческих нау́к • **docteur en sciences** до́ктор фи́зико-математи́ческих нау́к

doctrine *nf* уче́ние

document *nm* докуме́нт • **des documents historiques** истори́ческие докуме́нты • **un document électronique** электро́нный докуме́нт

documentaire *nm* документа́льный фильм

documentaliste *nmf* библиоте́карь *специали́ст по документа́ции*

documentation *nf* **1.** *(activité)* документа́ция **2.** *(ensemble de documents)* материа́л • **je réunis une documentation sur ce sujet** я собира́ю материа́л по э́той те́ме

dodo *interj* бай-ба́й, ба́юшки-баю́
● **tu veux faire dodo ?** хо́чешь ба́иньки? › **il est temps de faire dodo** пора́ ба́иньки

doigt *nm* па́лец *(па́льца)* • **compter sur ses doigts** счита́ть по па́льцам
● **à deux doigts de** на волосо́к от *(+ G)* › **il a été à deux doigts de la mort** он был на волосо́к от сме́рти • **lever le doigt** *(pour répondre)* поднима́ть ру́ку • **ne pas lever le petit doigt** па́лец о па́лец не уда́рить • **petit doigt** мизи́нец • **savoir sa leçon sur le bout du doigt** знать уро́к назубо́к • **se fourrer le doigt dans l'œil** попа́сть па́льцем в не́бо • **s'en mordre les doigts** куса́ть себе́ ло́кти

dollar *nm* до́ллар

dolmen *nm* дольме́н

domaine *nm* **1.** *(secteur d'un art, d'une technique)* о́бласть *f (pl.* о́бласти, областе́й, областя́м*)* ①③ • **qu'est-ce qu'il y a de nouveau dans ce domaine ?** а что но́вого в э́той о́бласти? **2.** (INFORM) доме́н • **un nom de domaine** и́мя доме́на
● **ce n'est pas mon domaine** э́то не по мое́й ча́сти

domestique ◪ *adj* домáшний • **les animaux domestiques** домáшние живóтные ◪ *nmf* слугá *arch* ②①, служáнка *arch* • **les domestiques** прислýга *(pas de pl)*

domicile *nm* местожи́тельство • **domicile provisoire** врéменное местожи́тельство
● **à domicile a.** *(direction)* нá дом › **livraisons à domicile** достáвка нá дом **b.** *(emplacement)* на домý › **travailler à domicile** рабóтать на домý • **sans domicile fixe** без определённого мéста жи́тельства

domino *nm* доминó* *nt indécl* • **jouer aux dominos** игрáть в доминó

dommage *nm* ущéрб *(pas de pl)* • **ces événements ont causé un grand dommage à l'économie nationale** э́ти собы́тия нанесли́ большóй ущéрб нарóдному хозя́йству • **prendre en compte les dommages collatéraux** учи́тывать побóчный ущéрб
● **c'est dommage** жаль › **comme c'est dommage !** как жаль! › **c'est bien dommage que vous ne restiez pas avec nous** óчень жаль, что вы не остаётесь с нáми › **ce serait bien dommage qu'elle ne vienne pas** жаль, éсли онá не придёт

dompter *v* укрощáть / укроти́ть *(т → щ)* • **dompter un tigre** укроти́ть ти́гра

dompteur *nm* укроти́тель *m* • **un dompteur de lions** укроти́тель львов

DOM-TOM (*abr de* **départements d'outre-mer/territoires d'outre-mer**) *nmpl* замóрские департáменты и террито́рии

don *nm* **1.** *(talent)* даровáние • **elle avait des dons exceptionnels** у неё бы́ли рéдкие даровáния **2.** *(cadeau)* дар • **faire un don à une organisation caritative** сдéлать дар благотвори́тельной организáции

donc *conj* **1.** *(conséquence)* знáчит, слéдовательно *littéraire* • **il n'a pas téléphoné, donc il n'est pas encore rentré chez lui** он не звони́л, знáчит он ещё не вернýлся домóй **2.** *(transition)* итáк • **donc, je vous disais que la situation était claire** итáк я вам говори́л, что положéние я́сное **3.** *(renforcement)* • **où est-il donc ?** да где же он? • **quand donc arrivera-t-il ?** да когдá же он придёт? • **c'est donc lui !** так знáчит, э́то он! • **c'est donc dans cette maison qu'est né Victor Hugo ?** так знáчит, в э́том дóме роди́лся Ви́ктор Гюгó?

donner *v* **1.** *(gén)* давáть* [II, даю́, даёшь - давáй - давáя] / дать* [*n cl,* дам, дашь, даст, дади́м, дади́те, дадýт - дал, далá, дáло ⑤, дáли - дай - дан, данá ③ *(et, à la forme négative)* нé дал, не далá, нé дало, нé дали ⑤ - нé дан, не данá, нé дано, нé даны ⑤] • **j'ai donné cinq euros à Pierre** я дал Пьéру пять éвро • **donne-moi du pain** дай мне хлéба • **donner une gifle** дать пощёчину • **donner son numéro de téléphone** дать свой телефóн • **donner un concert** дать концéрт • **donner des leçons** давáть урóки • **donner la parole à l'orateur** дать слóво орáтору • **ne pas donner l'autorisation** не давáть разрешéния • **donner son accord** дать соглáсие • **on ne lui donne pas quarante ans** ей не даю́т сорокá лет • **donner à boire** дать пить • **donner libre cours à sa fantaisie** дать вóлю своéй фантáзии **2.** *(tendre, offrir)* подавáть* [II, подаю́, подаёшь - подавáй - подавáя] / подáть* [*n cl,* подáм, подáшь, подáст, подади́м, подади́те, подадýт - пóдал, подалá, пóдало, пóдали ⑤ - подáй - пóданный, пóдан, поданá, пóдано, пóданы ⑤] • **elle m'a donné un verre d'eau** онá подалá мне стакáн воды́ • **donner une chaise à un visiteur** подáть посети́телю стул • **donner une aumône** подáть ми́лостыню **3.** *(à conserver, remettre en état)* сдавáть* [II, сдаю́, сдаёшь - сдавáй - сдавáя] / сдать* [*n cl,* сдал, сдалá, сдáло, сдáли ⑤ - сдай - сдáнный, сдан, сданá ③] • **donner ses bagages à la consigne** сдать багáж в кáмеру хранéния • **donner sa montre à réparer** сдать часы́ в ремóнт • **donner du linge à laver** сдать бельё в сти́рку **4.** *(au théâtre, au cinéma)* • **qu'est-ce qu'on donne au cinéma aujourd'hui ?** что сегóдня идёт в кинó? • **nous avons décidé de donner une pièce de Tchekhov** мы реши́ли постáвить пьéсу Чéхова **5.** *(organiser chez soi)* устрáивать / устрóить • **donner une réception** устрóить приём • **donner une soirée** устрóить вéчер **6.** *(augmenter le courage, l'énergie)* придавáть* [II, придаю́, придаёшь - придавáй - придавáя] / придáть* [*n cl,* придáм, придáшь, придáст, придади́м, придади́те, придадýт - при́дал, придалá, при́дало, при́дали ⑤ - придáй - при́данный, при́дан, приданá, при́дано, при́даны ⑤] *(+ G)* • **ça lui a donné du courage** э́то при́дало емý мýжества **7.** *(provoquer des soucis, du plaisir)* доставля́ть / достáвить • **donner des ennuis** достáвить неприя́тности **8.** *(provoquer la fièvre)* вызывáть / вы́звать* [IV, вы́зову, вы́зовешь] • **ça m'a donné une forte fièvre** э́то вы́звало у меня́ си́льный жар **9.** *(avoir vue sur, avoir accès sur)* выходи́ть [выхóдит, выхóдят] • **les fenêtres donnent sur la rue** óкна выхóдят на ýлицу • **les fenêtres donnent sur le jardin** óкна выхóдят в сад • **le jardin donne sur la mer** сад выхóдит к мóрю

● **donner l'exemple** подавáть примéр (подавáть* [II, подаю́, подаёшь - подавáй - подавáя] / подáть* [*n cl*, подáм, подáшь, подáст, подади́м, подади́те, подаду́т - пóдал, подалá, пóдало, пóдали ⑤ - подáй - пóданный, пóдан]) • **donner un exemple** привести́ примéр (приводи́ть ④ / привести́* [IV, приведу́, приведёшь - привёл, привелá ③ - приведённый]) • **donner un rendez-vous** назнáчить свидáние (назначáть / назнáчить) • **étant donné** éсли учéсть › **étant donné la situation** éсли учéсть обстоя́тельства • **étant donné que** так как › **étant donné que le spectacle commence à dix heures** так как спектáкль начинáется в дéсять часóв

dont *pron* котóрый • **le journal dont je parle** журнáл, о котóром я говорю́ • **l'écrivain dont le livre vient de paraître** писáтель, кни́га котóрого тóлько что вы́шла • **il y a deux piscines, dont une est couverte** есть два бассéйна, оди́н из котóрых закры́тый • **plusieurs personnes ont appelé, dont ton frère** звони́ли нéсколько человéк, в том числé твой брат

● **ce dont** то, о чём › **c'est ce dont nous parlions hier soir** э́то то, о чём мы говори́ли вчерá вéчером

doré *adj* позолóченный • **un cadre doré** позолóченная рáмка

dorénavant *adv* тепéрь, впредь • **le mode d'emploi est dorénavant disponible en français** инстрýкция тепéрь есть на францýзском языкé • **dorénavant je ferai des sauvegardes tous les jours** впредь бýду дéлать резéрвную кóпию кáждый день

dormir *v* спать* [I, сплю, спишь - спал, спалá, спáло, спáли ⑤] / поспáть* [I, *id*] *(dormir un certain temps)* • **j'ai bien dormi** я хорошó спал • **j'ai dormi un peu** поспáл немнóжко • **dormir à poings fermés** спать как уби́тый • **j'ai dormi neuf heures d'affilée** я проспáл дéвять часóв подря́д

dortoir *nm* (óбщая) спáльня, спáльня* *(gén. pl.* спáлен*)*

dos *nm* **1.** *(d'un être animé)* спинá *dim.* спи́нка ⑥⑦ • **être couché sur le dos** лежáть на спинé • **j'ai mal au dos** у меня́ боли́т спинá • **tourner le dos à la lumière** стоя́ть спинóй к свéту • **tourner le dos au professeur** повернýться к учи́телю спинóй • **un coup de poignard dans le dos** нож в спи́ну **2.** *(d'un objet)* спи́нка • **le dos de la chaise** спи́нка стýла

● **j'en ai plein le dos** мне э́то ужáсно надоéло

dose *nf* дóза • **augmenter la dose** увели́чить дóзу

dossier *nm* **1.** *(d'un siège)* спи́нка • **le dossier du fauteuil** спи́нка крéсла **2.** (INFORM) пáпка • **créer un dossier** создáть пáпку **3.** *(contenant des documents)* пáпка • **apportez-moi, s'il vous plaît, le dossier rouge qui est sur la table** принеси́те мне, пожáлуйста, крáсную пáпку, котóрая там на столé **4.** *(les documents eux-mêmes)* досьé, дéло *(affaire que l'on instruit)* ①⑥ • **j'ai tout un dossier à ce sujet** у меня́ цéлое дéло по э́тому вопрóсу • **le procureur prit dans un tiroir le dossier de l'accusé** прокурóр достáл из я́щика дéло обвиня́емого

douane *nf* **1.** *(administration)* тамóжня* *(gén. pl.* тамóжен*)* • **les employés des douanes** рабóтники тамóжни **2.** *(droits)* тамóженная пóшлина

● **les droits de douane** тамóженные пóшлины

douanier *adj* тамóженный • **une union douanière** тамóженный сою́з

■ **douanier** *nm* тамóженник

douanière *nf* тамóженница

double ◪ *adj* двойнóй • **un double menton** двойнóй подборóдок • **un double fond** двойнóе дно • **jouer un double jeu** вести́ двойнýю игрý ◪ *nm (copie)* дубликáт • **le double de la facture** дубликáт накладнóй • **le double de la clef** дубликáт ключá

● **le double** *(deux fois plus)* вдвóе бóльше › **j'ai payé le double** я заплати́л вдвóе бóльше • **je voyais double** у меня́ двои́лось в глазáх

doubler *v* **1.** *(multiplier par deux)* удвáивать / удвóить • **doubler le prix** удвóить цéну **2.** *(dépasser)* обгоня́ть / обогна́ть* [IV, обгоню́, обго́нишь] ④ • **doubler un camion** обогна́ть грузови́к

doublure *nf (tissu)* подкла́дка • **une doublure amovible en laine polaire** съёмная подкла́дка из фли́са

doucement *adv* **1.** *(sans bruit)* ти́хо *(comp.* ти́ше*)* • **parlez plus doucement !** говори́те ти́ше! **2.** *(lentement)* ме́дленно • **le travail avance tout doucement** рабо́та ме́дленно продвига́ется

douche *nf* **1.** *(que l'on prend)* душ • **prendre une douche** приня́ть душ **2.** *(appareil)* душ • **il y a une douche dans la salle de bains** в ва́нной есть душ

■ **douches** *nfpl* душева́я *(adj subst f)* • **pouvez-vous me dire où sont les douches ?** скажи́те, пожа́луйста, где тут душева́я?

doucher

■ **se doucher** *vp* принима́ть / приня́ть душ • **donne-moi 5 minutes pour me doucher et je suis prêt** дай мне пять мину́т на душ и я гото́в

douleur *nf* **1.** *(physique)* боль *f* • **ressentir une douleur aiguë** испы́тывать о́струю боль **2.** *(morale)* го́ре • **elle était accablée par la douleur** она́ была́ пода́влена го́рем

douloureux *adj* боле́зненный • **une sensation douloureuse** боле́зненное ощуще́ние

doute *nm (incertitude)* сомне́ние • **ça ne fait aucun doute** э́то не подлежи́т сомне́нию

● **sans aucun doute** несомне́нно › **il a raison, sans aucun doute** он, несомне́нно, прав • **sans doute** вероя́тно › **il a sans doute raison** он, вероя́тно, прав

douter *v* сомнева́ться • **je n'en doute pas** я в э́том не сомнева́юсь • **je doute qu'elle vienne** сомнева́юсь, что́бы она́ пришла́ • **je ne doute pas qu'elle viendra** я не сомнева́юсь, что она́ придёт

■ **se douter** *vp* подозрева́ть *(soupçonner)*, ду́мать *(penser)* • **nous ne nous en doutions pas** мы э́того не подозрева́ли • **je m'en doutais bien** я так и ду́мала

douteux *adj* сомни́тельный • **un cas douteux** сомни́тельный слу́чай • **un linge d'une propreté douteuse** бельё сомни́тельной све́жести

doux *adj* **1.** *(sucré)* сла́дкий ⑤ *(comp.* сла́ще*)* • **du raisin doux** сла́дкий виногра́д **2.** *(agréable à l'œil, à l'oreille, au toucher)* мя́гкий ⑤ *(comp.* мя́гче*)*, не́жный *(tendre)* ⑤ • **une douce lumière** мя́гкий свет • **une voix douce** мя́гкий го́лос, не́жный го́лос • **une peau douce** не́жная ко́жа **3.** *(moelleux)* мя́гкий ⑤ *(comp.* мя́гче*)* • **un doux oreiller** мя́гкая поду́шка **4.** *(affectueux, tendre)* кро́ткий *(obéissant)* ⑤, не́жный *(caressant)* ⑤, мя́гкий ⑤ *(comp.* мя́гче*) (pas violent)* • **doux comme un agneau** кро́ткий как ягнёнок • **un doux regard** кро́ткий взгляд, не́жный взгляд • **un doux reproche** мя́гкий упрёк **5.** *(assez chaud)* тёплый *(*тёпел, тепла́, тепло́, тёплы*)* • **un temps doux** тёплая пого́да • **un hiver doux** тёплая зима́ **6.** *(non salé)* пре́сный • **de l'eau douce** пре́сная вода́ • **du beurre doux** несолёное ма́сло

● **faire les yeux doux** де́лать гла́зки

douzaine *nf* дю́жина • **une douzaine d'œufs** дю́жина яи́ц

douze *adj num* **1.** *(quantité)* двена́дцать • **douze roubles** двена́дцать рубле́й • **à douze kilomètres de la ville** в двена́дцати киломе́трах от го́рода **2.** *(au sens de douzième, dans l'expression de la date)* двена́дцатый • **il est arrivé le 12 mai** он прие́хал 12-го ма́я • **à la page douze** на двена́дцатой страни́це • **Charles XII** Карл XII (Карл Двена́дцатый)

douzième *adj num* двена́дцатый • **au XIIe siècle** в XII ве́ке (в двена́дцатом ве́ке)

dragon *nm* (MYTHOL) змей *m*, драко́н

draguer *fam v* уха́живать, кадри́ть • **Thomas a dragué Aurélie toute la soirée** Тома́ весь ве́чер уха́живал за Орели́

dramatique *adj* драмати́ческий • **une situation dramatique** драмати́ческое положе́ние • **l'art dramatique** драмати́ческое иску́сство

● **un auteur dramatique** драмату́рг

drame *nm* дра́ма • **un drame d'Alexandre Dumas** дра́ма Алекса́ндра Дюма́ • **un drame en deux actes** дра́ма в двух де́йствиях • **un drame de famille** семе́йная дра́ма

drap *nm (de lit)* простыня́ *(pl.* про́стыни, про́стынь, простыня́м*)* ②⑦

drapeau *nm* флаг, зна́мя* *nt (gén., dat., loc., instr.* зна́менем*; pl.* знамёна, знамён, знамёнам*) sout & fig* • le drapeau rouge кра́сный флаг • hisser le drapeau подня́ть флаг • amener le drapeau спусти́ть флаг • le drapeau du régiment полково́е зна́мя

dresser *v* **1.** *(une tente, un camp)* разбива́ть / разби́ть* [II, разобью́, разобьёшь - разбе́й - разби́тый] • dresser une tente разби́ть пала́тку • dresser le camp разби́ть ла́герь **2.** *(un animal)* дрессирова́ть / вы́дрессировать • dresser un lion дрессирова́ть льва
● ça fait dresser les cheveux sur la tête от э́того во́лосы ды́бом стано́вятся • dresser le bilan подвести́ ито́ги (подводи́ть ④ / подвести́* [IV, подведу́, подведёшь - подвёл, подвела́ ③ - подведённый]) • dresser l'oreille **a.** *litt* навостри́ть у́ши (/ навостри́ть) **b.** *(se mettre sur ses gardes)* настора́живаться / насторожи́ться • dresser un procès-verbal соста́вить протоко́л (составля́ть / соста́вить)

drogue *nf* нарко́тик • une drogue douce легкий нарко́тик • une drogue dure тяжёлый нарко́тик

droguer
■ se droguer *vp* принима́ть нарко́тики • il se drogue он принима́ет нарко́тики, он наркома́н • il a arrêté de se droguer он отказа́лся от нарко́тиков

droit¹ *adj* **1.** *(qui n'est pas courbe)* прямо́й ⑤ • une ligne droite пряма́я ли́ния **2.** *(de 90°)* прямо́й • un angle droit прямо́й у́гол **3.** *(par opposition à gauche)* пра́вый • la main droite пра́вая рука́ • sur la rive droite на пра́вом берегу́
● remettre sur le droit chemin наста́вить на путь и́стинный

droit² *adv* пря́мо *(comp.* прямée*)* • aller droit au but идти́ пря́мо к це́ли • allez tout droit иди́те пря́мо • regarder son adversaire droit dans les yeux смотре́ть проти́внику пря́мо в глаза́

droit³ *nm (faculté d'agir de telle ou telle manière ; ensemble des lois)* пра́во • de quel droit ? по како́му пра́ву? • avoir le droit име́ть пра́во • le droit au repos пра́во на о́тдых • le droit de vote избира́тельное пра́во
● étudiant en droit студе́нт юриди́ческого факульте́та • faire son droit учи́ться на юриди́ческом факульте́те • la faculté de droit юриди́ческий факульте́т
■ droits *nmpl (taxe)* по́шлина • les droits de douane тамо́женная по́шлина

droite *nf* **1.** (MATH) пряма́я *(adj subst f)* • tracer une droite провести́ пряму́ю **2.** (POLIT) пра́вые *(*пра́вых, пра́вым*) (adj subst pl)* • la droite a gagné les élections пра́вые одержа́ли побе́ду на вы́борах
● de droite **a.** *(qualifiant un substantif)* пра́вый › les partis de droite пра́вые па́ртии **b.** *(dans les autres cas)* спра́ва › de droite à gauche спра́ва нале́во
■ à droite *loc adv* **1.** *(direction)* напра́во • tourner à droite поверну́ть напра́во **2.** *(emplacement)* спра́ва, напра́во • ils sont là-bas à droite они́ там спра́ва
■ à droite de *loc prép* напра́во от *(+ G)*, спра́ва от *(+ G)* • à droite de la porte напра́во от две́ри • à droite de la route спра́ва от доро́ги

droitier *nm* правша́ • Thomas est droitier Тома́ — правша́

droitière *nf* правша́ • je suis droitière я — правша́

drôle *adj* **1.** *(amusant)* смешно́й *(*смешо́н, смешна́, смешно́, смешны́*) (comique)* • il racontait ça d'une manière fort drôle он э́то смешно́ расска́зывал • il n'y a rien de drôle тут нет ничего́ смешно́го ~ заба́вный *(amusant)* • une histoire drôle заба́вная исто́рия **2.** *(étrange)* стра́нный ⑤ *(*стра́нен, странна́, стра́нно, стра́нны*)* • drôle d'histoire стра́нная исто́рия • il avait un drôle d'air у него́ был стра́нный вид • c'est drôle qu'il ne soit pas venu стра́нно, что он не пришёл

drôlement *adv* **1.** *fam* жу́тко • il fait drôlement froid aujourd'hui ! сего́дня жу́тко хо́лодно! **2.** стра́нно • le professeur de maths était drôlement habillé преподава́тель матема́тики был стра́нно одет

du → de, → le

dû *adj* до́лжное *(adj subst nt)* • ils n'exigent que leur dû они́ тре́буют то́лько до́лжного

duc *nm* ге́рцог

duchesse *nf* герцоги́ня

duel *nm* дуэ́ль *f* • provoquer en duel вы́звать на дуэ́ль • se battre en duel дра́ться на дуэ́ли • un duel à l'épée дуэ́ль на шпа́гах

duo *nm* дуэ́т

duquel → lequel

dur *adj* **1.** *(très ferme)* твёрдый ⑤ *(*твёрд, тверда́, твёрдо, твёрды ~ *comp.* твёрже**)* • **un morceau de viande dur comme du bois** кусо́к мя́са твёрдый как ка́мень **2.** *(pas assez moelleux, pas assez doux)* жёсткий ⑤ *(comp.* жёстче**)* • **le matelas est dur** матра́ц жёсткий • **ta barbe est dure** твоя́ борода́ жёсткая **3.** *(pénible)* тру́дный *(difficile à faire)* ⑤, тяжёлый ③ *(*тяжёл, тяжела́, тяжело́, тяжелы́*)* *(pénible à supporter)* • **un dur travail** тру́дная рабо́та, тяжёлая рабо́та • **de dures conditions** тяжёлые усло́вия **4.** *(impitoyable)* чёрствый ⑤ • **un homme dur** чёрствый челове́к • **un cœur dur** чёрствое се́рдце **5.** *(en parlant du climat)* суро́вый • **le dur climat de la Sibérie** суро́вый кли́мат Сиби́ри
• **avoir la tête dure** быть тупы́м *(*тупо́й ⑤*)* • **dur d'oreille** туго́й на́ ухо, туго́й ⑤ *(comp.* ту́же**)* › **il est dur d'oreille** он туг на́ ухо • **un œuf dur** круто́е яйцо́ • **le signe dur** твёрдый знак

durable *adj* про́чный • **ils ont construit une amitié durable** ме́жду ни́ми установи́лась про́чная дру́жба
• **le développement durable** стаби́льное разви́тие

durant *prép* в тече́ние • **ils parlent sur leur téléphone portable durant des heures** они́ часа́ми говоря́т по моби́льному телефо́ну

durée *nf* продолжи́тельность *f* • **la durée de la journée de travail** продолжи́тельность рабо́чего дня • **la durée de la guerre** продолжи́тельность войны́
• **pendant la durée de** в продолже́ние *(+ G)* › **pendant toute la durée du spectacle** в продолже́ние всего́ спекта́кля

durer *v* дли́ться / продли́ться • **l'hiver dure de longs mois** зима́ дли́тся до́лгие ме́сяцы

dureté *nf* **1.** *(d'un corps)* твёрдость *f* • **la dureté du diamant** твёрдость алма́за **2.** *fig* чёрствость *f* • **la dureté de cœur** чёрствость се́рдца

duvet *nm* **1.** *(sac de couchage)* спа́льный мешо́к **2.** *(petites plumes)* пух* *(loc.* пуху́*)* ⑧ • **du duvet d'oie** гуси́ный пух

dynamique *adj (en parlant d'une personne)* динами́чный

dynamite *nf* динами́т • **faire sauter un pont à la dynamite** взорва́ть мост динами́том

dynastie *nf* дина́стия • **la dynastie des Romanov** дина́стия Рома́новых

eE

eau *nf* водá ⑥① • **eau potable** питьевáя водá • **eau minérale** минерáльная водá • **eau gazeuse** газирóванная водá • **de l'eau stagnante** стоя́чая водá • **de l'eau courante** протóчная водá • **de l'eau de pluie** дождевáя водá • **de l'eau salée** солёная водá • **de l'eau douce** прéсная водá • **de l'eau bouillie** кипячёная водá

À PROPOS DE...

L'accent passe sur la préposition dans le groupe **нá воду**.

● **chute d'eau** водопáд • **eau de Cologne** одеколóн • **il n'est pire eau que l'eau qui dort** в ти́хом óмуте чéрти вóдятся • **il a passé beaucoup d'eau sous les ponts depuis ce temps-là** мнóго воды́ утеклó с тех пор • **ils se ressemblent comme deux gouttes d'eau** они́ похóжи как две кáпли воды́ • **jet d'eau** фонтáн • **pêcher en eau trouble** лови́ть ры́бу в мýтной водé • **se sentir comme un poisson dans l'eau** чýвствовать себя́ как ры́ба в водé

éblouissant *adj litt & fig* ослепи́тельный • **une lumière éblouissante** ослепи́тельный свет • **une beauté éblouissante** ослепи́тельная красотá

ébriété *nf*
● **en état d'ébriété** в пья́ном ви́де

écaille *nf* **1.** *(de poisson.)* чешуя́ *(pas de pl)* • **des écailles de poisson** ры́бья чешуя́ **2.** *(carapace de tortue)* черепáха • **des objets en écaille** издéлия из черепáхи

écarquiller *v* тарáщить / вы́таращить • **il avait beau écarquiller les yeux, il ne voyait rien** как он ни тарáщил глазá, но ничегó не ви́дел

écart *nm* промежýток • **l'écart entre les deux arbres** промежýток мéжду двумя́ дерéвьями • **il y avait un écart de trois ans entre les deux enfants** мéжду рождéнием обóих детéй был трехлéтний промежýток
● **faire le grand écart** дéлать шпагáт • **à l'écart de** в сторонé от › **la maison est à l'écart du village** дом стои́т в сторонé от дерéвни

écarter *v* **1.** *(l'un de l'autre)* раздвигáть / раздви́нуть • **écarter les doigts** раздви́нуть пáльцы **2.** *(repousser)* отодвигáть / отодви́нуть • **écarter les chaises pour passer** отодви́нуть стýлья, чтóбы пройти́
■ **s'écarter** *vp* отодвигáться / отодви́нуться *(от + G)* • **il s'écarta pour me laisser passer** он отодви́нулся, чтóбы меня́ пропусти́ть
● **s'écarter du sujet** уклони́ться от тéмы (уклоня́ться / уклони́ться ④)

échafaudage *nm* лесá *pl t* (лесóв, лесáм) • **le bâtiment était entouré d'échafaudages** здáние бы́ло в лесáх

échauffement *nm* рази́нка • **le cours de gym commence par 10 minutes d'échauffement** урок физкультýры начинáется с десятиминýтной рази́нки

échange *nm* обмéн • **un échange de prisonniers** обмéн военноплéнными • **un échange d'expérience** обмéн óпытом • **un échange d'opinions** обмéн мнéний • **au titre des échanges culturels** в поря́дке культýрного обмéна

échanger *v* **1.** *(des choses portant une même dénomination)* обмéниваться / обменя́ться *(+ I)* • **échanger des timbres** обменя́ться мáрками • **échanger des regards** обменя́ться взгля́дами • **échanger des coups de feu** обменя́ться вы́стрелами **2.** *(dans les autres cas)* обмéнивать / обменя́ть [*part.* обменённый*] *(на + A)* • **échanger un fusil contre un chien** обменя́ть ружьё на собáку

échapper *v* **1.** *(ne pas être atteint)* уходи́ть ④ / уйти́* [IV, уйдý, уйдёшь - ушёл, ушлá - уйдя́ *(от + G)*], ускользáть / ускользнýть *(от + G)* *(en glissant ; en se faufilant)* • **échapper aux poursuites** уйти́ от преслéдования • le poisson m'a échappé des mains ры́ба ускользну́ла из мои́х рук **2.** *(ne pas être remarqué)* ускольза́ть / ускользну́ть *(*от *+ G)* • ça n'a pas échappé à son attention э́то не ускользну́ло от его́ внима́ния

● l'échapper belle счастли́во отдéлаться (отдéлываться / отдéлаться)

■ s'échapper *vp* сбега́ть / сбежа́ть* [*n cl,* сбегу́, сбежи́шь, сбегу́т - сбеги́] • le prisonnier s'est échappé заключённый сбежа́л

écharpe *nf* шарф • se mettre une écharpe autour du cou повяза́ть на шéю шарф

échéant *adj*

● le cas échéant éсли предста́вится слу́чай

échec *nm* **1.** неуда́ча, прова́л *(échec total)* • subir un échec потерпéть неуда́чу • après mon échec à l'examen пóсле моего́ прова́ла на экза́мене **2.** *(au jeu)* шах • échec au roi шах королю́ • échec et mat шах и мат

■ échecs *nmpl* ша́хматы *pl t (*ша́хмат, ша́хматам*)* • jouer aux échecs игра́ть в ша́хматы

échelle *nf* **1.** *(escalier)* лéстница • l'échelle des pompiers пожа́рная лéстница • une échelle de corde верёвочная лéстница **2.** *(rapport linéaire)* масшта́б • échelle : 1 centimètre sur la carte représente 10 kilomètres sur le terrain масшта́б — в одно́м сантимéтре 10 км **3.** *(système chiffré permettant un calcul)* шкала́ ②① • l'échelle des salaires шкала́ за́работной пла́ты **4.** *fig (importance)* масшта́б • sur une grande échelle в большо́м масшта́бе • à l'échelle mondiale в мирово́м масшта́бе

échiquier *nm* ша́хматная доска́ *(*доска́ ⑥③*)*

écho *nm* э́хо

échouer *v* **1.** *(subir un échec)* прова́ливаться / провали́ться ④ • nos plans ont échoué на́ши пла́ны провали́лись • il a échoué à son examen он провали́лся на экза́мене **2.** *(toucher le fond)* сесть на мель (сади́ться / сесть* [IV, ся́дет, ся́дут - сел, сéла]) • la barque a échoué ло́дка сéла на мель

■ s'échouer *vp* сесть на мель (сади́ться / сесть* [IV, ся́дет, ся́дут - сел, сéла]) • le bateau s'est échoué су́дно сéло на мель

éclabousser *v* бры́згать / обры́згать • la voiture m'a éclaboussé меня́ обры́згала маши́на

éclair *nm* **1.** мо́лния • avec la rapidité de l'éclair с быстрото́й мо́лнии **2.** *(pâtisserie)* эклéр • un éclair au chocolat шокола́дный эклéр

● une fermeture Éclair® мо́лния

éclairage *nm* освещéние

éclairer ◪ *vt* освеща́ть / освети́ть *(т → щ)* • la lueur d'une allumette éclaira son visage спи́чка освети́ла его́ лицо́ ◪ *vi* свети́ть [свéтит, свéтят] • une bougie éclairait faiblement ту́скло свети́ла свеча́

éclat *nm* **1.** *(bruit soudain)* взрыв • un éclat de rire взрыв смéха, взрыв хóхота **2.** *(fragment)* оскóлок • un éclat d'obus оскóлок снаря́да **3.** *(intensité de la lumière)* блеск • l'éclat du soleil блеск сóлнца

● rire aux éclats хохота́ть* [II, хохочу́, хохóчешь ④] / захохота́ть* [II, *id*]

éclater *v* **1.** *(en parlant d'explosifs)* рва́ться* [IV, рвётся, рву́тся - рва́лся, рвала́сь ③] / разорва́ться* [IV, *id*], разрыва́ться / разорва́ться* • les mines éclataient sans arrêt беспреры́вно рвали́сь ми́ны • un obus éclata à quarante pas de la tranchée в сорока́ шага́х от траншéи разорва́лся снаря́д **2.** *(en parlant de ce qui est gonflé)* ло́паться / ло́пнуть • un des pneus avant a éclaté ши́на ло́пнула на перéднем колесé **3.** *(commencer)* вспы́хивать / вспы́хнуть *(incendie, grève, dispute...)* • un incendie a éclaté вспы́хнул пожа́р • une dispute a éclaté вспы́хнула ссо́ра ~ разража́ться / разрази́ться *(orage, tempête)* • un orage a éclaté разрази́лась гроза́

● éclater de rire разрази́ться смéхом (разража́ться / разрази́ться) › il éclata de rire bruyamment он разрази́лся гро́мким смéхом

éclipse *nf* затмéние • une éclipse de soleil затмéние со́лнца • une éclipse partielle части́чное затмéние

école *nf* **1.** *(établissement ordinaire)* шко́ла • aller à l'école ходи́ть в шко́лу • école primaire нача́льная шко́ла • école secondaire срéдняя шко́ла • école supérieure вы́сшая шко́ла ~ *(établissement professionnel)* учи́лище • école professionnelle профессиона́льное учи́лище • école militaire воéнное учи́лище • école normale педагоги́ческое учи́лище **2.** *(mouvement)* шко́ла • **l'école flamande** флама́ндская шко́ла

L'ÉCOLE

- **le bureau** **пи́сьменный стол** *m*
- **le calendrier** **календа́рь** *m*
- **la cantine** **столо́вая** *f*
- **le cartable** **портфе́ль** *m*
- **la carte** **ка́рта** *f*
- **le pupitre** **па́рта** *f*
- **la classe** **класс** *m*
- **la corbeille à papier** **корзи́на для бума́г** *f*
- **la cour** **двор** *m*
- **la craie** **мел** *m*
- **l'élève** **учени́к / учени́ца**
- **le/la professeur(e)** **учи́тель / учи́тельница**
- **le tableau** **доска́** *f*

écolier *nm* шко́льник

écolière *nf* шко́льница

écologie *nf* эколо́гия

écologique *adj* экологи́ческий • **des produits écologiques** экологи́чески чи́стые проду́кты

écologiste *nmf* экологи́ст, экологи́стка

écomusée *nm* экологи́ческий музе́й

économe *adj* бережли́вый, эконо́мный

économie *nf* **1.** *(gain)* эконо́мия • **cela permettrait une économie sensible** э́то принесло́ бы большу́ю эконо́мию • **une économie de temps** эконо́мия вре́мени **2.** *(activité économique)* хозя́йство • **l'économie planifiée** пла́новое хозя́йство

■ **économies** *nfpl (sommes économisées)* сбереже́ния *pl (*сбереже́ний, сбереже́ниям*)* • **conserver ses économies à la caisse d'épargne** держа́ть сбереже́ния в сберка́ссе

économique *adj* **1.** *(qui concerne les problèmes économiques)* экономи́ческий • **une crise économique** экономи́ческий кри́зис • **la politique économique du gouvernement** экономи́ческая поли́тика прави́тельства **2.** *(peu coûteux)* экономи́чный • **un carburant économique** экономи́чное горю́чее • **un système de chauffage plus économique** бо́лее экономи́чная систе́ма отопле́ния

économiser *v* эконо́мить / сэконо́мить, копи́ть / скопи́ть • **économiser de l'argent** эконо́мить де́ньги • **économiser ses forces** эконо́мить свои́ си́лы • **Anne économise pour s'acheter un ordinateur** Анн ко́пит де́ньги на компью́тер

écorce *nf* кора́ • **l'écorce d'un pin** кора́ сосны́ • **l'écorce terrestre** земна́я кора́

écossais *adj* шотла́ндский
■ **Écossais** *nm* шотла́ндец
■ **Écossaise** *nf* шотла́ндка

Écosse *nf* Шотла́ндия

écouter *v* **1.** *(prêter attention)* слу́шать / послу́шать, выслу́шивать / вы́слушать *(écouter jusqu'au bout)* • **écouter la radio** слу́шать ра́дио • **je vous écoute** я вас слу́шаю • **écouter un disque** слу́шать диск • **il m'a écouté attentivement** он меня́ внима́тельно вы́слушал **2.** *(obéir)* слу́шать / послу́шать • **il n'écoute pas ses parents** он не слу́шает роди́телей

écouteurs *nmpl* нау́шники *pl t (*нау́шников, нау́шникам*)*

écran *nm* экра́н • **l'écran de la télévision** экра́н телеви́зора

écraser *v* **1.** *(un insecte, un objet)* дави́ть ④ / раздави́ть ④ • **écraser une mouche** раздави́ть му́ху • **écraser une boîte** раздави́ть коро́бку **2.** *(un animal, une personne)* дави́ть ④ / задави́ть ④ • **écraser un piéton** задави́ть прохо́жего **3.** *(une révolte)* подавля́ть / подави́ть ④ • **écraser un soulèvement** подави́ть восста́ние

écrevisse *nf* рак • **rouge comme une écrevisse** кра́сный как рак

écrier
■ **s'écrier** *vp (s'exclamer)* восклица́ть / воскли́кнуть • **quelle horreur ! s'écria-t-elle** како́й у́жас! — воскли́кнула она́

écrire *v* писа́ть* [II, пишу́, пи́шешь ④] / написа́ть* [II, *id*] • **écrire comme un chat** писа́ть как ку́рица ла́пой • **écrire en prose** писа́ть про́зой • **écrire une symphonie** писа́ть симфо́нию • **ce stylo écrit bien** э́та автору́чка хорошо́ пи́шет
■ **s'écrire** *vp* **1.** *(s'orthographier)* писа́ться* [II, пи́шется, пи́шутся] • **comment s'écrit ce mot ?** как пи́шется э́то сло́во? **2.** *(être en correspondance)* перепи́сываться

• il y a longtemps que nous nous écrivons мы ужé давнó перепи́сываемся

écrit *nm (d'un examen)* пи́сьменный экзáмен

écriture *nf* пóчерк • une écriture illisible неразбóрчивый пóчерк

écrivain *nm* писáтель *m* • un écrivain célèbre извéстный писáтель

écrou *nm* гáйка

écrouler ■ s'écrouler *vp* рýшиться / обрýшиться *et* рýхнуть • le mur s'est écroulé стенá обрýшилась • le pont s'est écroulé мост рýхнул ~ *fig* • toutes mes espérances se sont écroulées все мои́ надéжды рýхнули

écueil *nm litt* подвóдный кáмень *m* (кáмень ①③)

écureuil *nm* бéлка • tourner comme un écureuil en cage крути́ться как бéлка в колесé

écurie *nf* конюшня* *(gén. pl.* конюшен*)* • une écurie de courses скаковáя конюшня

éditeur *nm* издáтель *m* • passer un contrat avec un éditeur заключи́ть договóр с издáтелем

édition *nf (ce qui est édité)* издáние • une édition à bon marché дешёвое издáние • une édition de luxe роскóшное издáние • la deuxième édition вторóе издáние
• maison d'édition издáтельство

édredon *nm* пери́на

éducation *nf* воспитáние • l'éducation des enfants воспитáние детéй • une bonne éducation хорóшее воспитáние
• l'éducation physique физкультýра • le ministère de l'Éducation nationale министéрство нарóдного просвещéния

effacer *v* стирáть / стерéть* [IV, сотрý, сотрёшь - стёр, стёрла - стёртый] • effacer un dessin стерéть рисýнок • effacer avec une gomme стирáть рези́нкой

effectif ◪ *adj* действи́тельный, эффекти́вный • un danger effectif действи́тельная опáсность • adopter des mesures effectives visant à prévenir la dégradation de l'environnement приня́ть эффекти́вные мéры, чтóбы предотврати́ть ухудшéние состоя́ния окружáющей среды́ ◪ *nm* состáв

effectivement *adv* действи́тельно • il est effectivement parti он действи́тельно уéхал • effectivement, il a raison он действи́тельно прав

effet *nm* **1.** *(influence)* дéйствие • le médicament a fait son effet лекáрство оказáло дéйствие • sous l'effet des rayons de soleil под дéйствием сóлнечных лучéй **2.** *(impression)* впечатлéние • ça fait un curieux effet э́то произвóдит стрáнное впечатлéние
• en effet в сáмом дéле › **oui, en effet, j'étais en retard** да, в сáмом дéле, я опоздáл • il n'y a pas d'effet sans cause нет слéдствия без причи́ны

efficace *adj* **1.** *(en parlant d'un produit)* дéйствующий • un médicament très efficace си́льно дéйствующее лекáрство **2.** *(en parlant d'une personne)* результати́вный • une personne efficace dans son travail эффекти́вный в своéй рабóте человéк

effondrer ■ s'effondrer *vp* рýшиться / обрýшиться *et* рýхнуть • le toit s'est effondré кры́ша обрýшилась • le pont s'est effondré мост рýхнул ~ *fig* • toutes mes espérances se sont effondrées все мои́ надéжды рýхнули

efforcer
■ s'efforcer *vp* старáться / постарáться • je m'efforçais de la rattraper я старáлся догнáть её

effort *nm* уси́лие • faire un effort sur soi-même сдéлать уси́лие над собóй • un effort de volonté уси́лие вóли

effrayant *adj* **1.** *(qui cause la frayeur)* стрáшный ⑤ • un cri effrayant стрáшный крик **2.** *(anormal)* ужáсный • c'est effrayant ! э́то ужáсно!

effrayer *v* пугáть / испугáть • il a été effrayé par l'explosion егó испугáл взрыв • le tonnerre l'effraie её пугáет гром

égal *adj* рáвный ⑤ • des forces égales рáвные си́лы
• ça m'est égal мне всё равнó

également *adv* тáкже • il s'occupait également d'informatique он занимáлся тáкже информáтикой

égalité *nf* ра́венство • **liberté, égalité, fraternité** свобо́да, ра́венство и бра́тство

égard *nm* • **à l'égard de** по отноше́нию к *(+ D)* › **à l'égard de ses amis** по отноше́нию к свои́м друзья́м • **à certains égards** в не́которых отноше́ниях • **à cet égard** в э́том отноше́нии • **à tous égards** во всех отноше́ниях • **eu égard à** принима́я во внима́ние › **eu égard à son âge** принима́я во внима́ние его́ во́зраст

église *nf* **1.** *(édifice)* це́рковь* *f (instr.* це́рковью; *pl.* це́ркви, церкве́й, церква́м*)* ①③, собо́р *(grande église)* • **l'église Saint-Nicolas** це́рковь свято́го Никола́я • **l'église Notre-Dame-de-l'Assomption** Успе́нский собо́р **2.** *(communauté)* це́рковь *f (instr.* це́рковью ; *pl.* це́ркви, церкве́й, церква́м*)* ①③ • **l'église catholique** католи́ческая це́рковь • **l'église orthodoxe** правосла́вная це́рковь

égoïsme *nm* эгои́зм

égoïste *adj* эгои́ст *m*, эгои́стка *f* • **elle est vraiment égoïste** она́ настоя́щая эгои́стка

égorger *v* ре́зать* [II, ре́жу, ре́жешь] / заре́зать* [II, *id*] • **égorger une brebis** ре́зать овцу́

égout *nm* канализа́ция

Égypte Еги́пет

égyptien *adj* еги́петский
■ **Égyptien** *nm* египтя́нин* *(pl.* египтя́не, египтя́н, египтя́нам*)*
■ **Égyptienne** *nf* египтя́нка

eh *interj* эй! • **eh, Georges !** эй, Жорж!
• **eh bien** ну › **eh bien, que faire à présent ?** ну, что тепе́рь де́лать? › **eh bien quoi ?** ну так что же?

élan¹ *nm (mouvement)* разбе́г
• **prendre son élan** разбега́ться / разбежа́ться* [*n cl*, разбегу́сь, разбежи́шься, разбегу́тся - разбеги́сь] › **il a pris son élan et a sauté** он разбежа́лся и пры́гнул

élan² *nm (animal)* лось *m* ①③

élancer
■ **s'élancer** *vp* броса́ться / бро́ситься • **quand elle l'a vu, elle s'est élancée vers lui** когда́ она́ его́ уви́дела, она́ бро́силась к нему́

élargir *v* расширя́ть / расши́рить • **élargir une route** расши́рить доро́гу
■ **s'élargir** *vp* расширя́ться / расши́риться • **les domaines de coopération se sont élargis** расши́рились области сотру́дничества

élastique *adj* эласти́чный • **une ceinture élastique** эласти́чный по́яс ~ *fig* • **une conscience élastique** эласти́чная со́весть

électeur *nm* избира́тель *m*

élections *nfpl* вы́боры *pl t (*вы́боров, вы́борам*)* • **les élections municipales** муниципа́льные вы́боры • **les élections législatives** вы́боры в парла́мент

électoral *adj* избира́тельный • **la campagne électorale** избира́тельная кампа́ния • **une circonscription électorale** избира́тельный о́круг

électrice *nf* избира́тельница

électricien *nm* эле́ктрик

électricité *nf* электри́чество • **couper l'électricité au compteur** отключи́ть электри́чество на счётчике

électrique *adj* электри́ческий • **le courant électrique** электри́ческий ток • **un moteur électrique** электри́ческий дви́гатель, электродви́гатель • **un train électrique** электри́ческий по́езд, электропо́езд • **l'énergie électrique** электри́ческая эне́ргия, электроэне́ргия

électrocuter *v* **il a été électrocuté** его́ уби́ло электри́ческим то́ком (/ уби́ть* [II, убьёт - уби́ло]) • **tu pourrais être électrocuté** тебя́ мо́жет уби́ть электри́ческим то́ком

électronique *adj* электро́нный • **un microscope électronique** электро́нный микроско́п • **le courrier électronique** электро́нная по́чта • **un dictionnaire électronique** электро́нный слова́рь

élégamment *adv* изя́щно, элега́нтно • **une femme élégamment vêtue** изя́щно оде́тая же́нщина

élégance *nf* изя́щество, элега́нтность *f* • **l'élégance des formes** изя́щество форм

élégant *adj* изя́щный, элега́нтный • **une femme élégante** элега́нтная женщина • une robe élégante изящное платье

élément *nm* **1.** *(partie d'un tout)* составная часть *f (*часть ①③*)* • des éléments radioactifs радиоактивные элементы **2.** *(milieu)* стихия • être dans son élément быть в своей стихии **3.** *(de meuble)* элемент • pour notre bibliothèque, nous avons acheté des éléments для нашей библиотеки мы купили элементы мебели

élémentaire *adj* элементарный • des notions élémentaires элементарные сведения • les mathématiques élémentaires элементарная математика

éléphant *nm* слон ③②

élevage *nm* **1.** *(élevage du bétail)* скотоводство • l'agriculture et l'élevage земледелие и скотоводство **2.** *(élevage de telle ou telle espèce)* разведение • l'élevage des poules разведение кур, птицеводство • l'élevage des lapins разведение кроликов

élève *nmf* **1.** *(dans l'enseignement de premier ou de second degré)* ученик *m* ③②, ученица *f* • un bon élève хороший ученик • les élèves des classes supérieures ученики старших классов **2.** *(dans une école supérieure)* студент *m*, студентка *f* • les élèves des écoles supérieures студенты вузов, учащиеся вузов

élevé *adj* высокий *(*высок, высока, высоко, высоки ~ *comp.* выше*)* • des prix élevés высокие цены
◈ bien élevé хорошо воспитанный • mal élevé плохо воспитанный

élever *v* **1.** *(des enfants)* растить / вырастить *(nourrir)*, воспитывать / воспитать *(éduquer)* • il a élevé cinq filles пять дочерей вырастил • il avait été élevé dans une école libre он был воспитан в частной школе **2.** *(le ton)* повышать / повысить • élever le ton повысить голос **3.** *(des animaux)* разводить ④ / развести* [IV, разведу, разведёшь - развёл, развела - разведённый] ③ • élever des poules разводить кур

éliminer *v* устранять / устранить • éliminer des défauts устранять недостатки
◈ ils ont été éliminés en demi-finale они выбыли в полуфинале

élire *v* избирать / избрать* [IV, изберу, изберёшь - избрал, избрала, избрало, избрали] ⑤ • il a été élu député его избрали депутатом

élite *nf* элита • l'élite des poètes du XVIe siècle элита поэтов XVI века
◈ d'élite элитный › des troupes d'élite элитные войска

elle → il

éloge *nm*
◈ faire l'éloge d'un lauréat хвалить ④ / похвалить ④ лауреата

éloigné *adj* отдалённый • en ces temps éloignés в те отдалённые времена

éloigner *v* удалять / удалить • éloigner un objet de ses yeux удалить предмет от глаз
■ s'éloigner *vp* удаляться / удалиться • la barque s'éloigna de la rive лодка удалилась от берега

éloquent *adj* красноречивый • un orateur éloquent красноречивый оратор • un geste éloquent красноречивый жест

Élysée le palais de l'Élysée Елисейский дворец
◈ les Champs-Élysées Елисейские поля

e-mail *nm* электронная почта • envoyer une photo par e-mail послать фотоснимок электронной почтой

émail *nm* эмаль *f* • des objets en émail изделия из эмали • une collection d'émaux коллекция эмалей
◈ en émail эмалевый › une broche en émail эмалевая брошь

emballage *nm* *(action, objet)* упаковка • un emballage en carton картонная упаковка
◈ papier d'emballage обёрточная бумага

emballer *v* *(empaqueter)* упаковывать / упаковать • emballer une marchandise упаковать товар

embarcadère *nm* пристань *f* • il n'y avait encore personne sur l'embarcadère ещё никого не было на пристани

embarquement *adv* *(dans un bateau, un avion)* посадка • l'embarquement a commencé посадка началась

embarquer *v* **1.** *(monter dans un avion)* садиться / сесть* [IV, сяду, сядешь - сел, села] в самолёт • les passagers pour

Moscou vont embarquer porte 12 поса́дка пассажи́ров на Москву́ произво́дится че́рез вы́ход 12 **2.** *(charger des marchandises)* грузи́ть ④ / погрузи́ть ④ • embarquer des marchandises dans un wagon погрузи́ть това́р в ваго́н

embarras *nm (difficulté)* затрудне́ние • je suis dans un grand embarras я в большо́м затрудне́нии • tirer son ami d'embarras вы́вести своего́ прия́теля из затрудне́ния

embarrassant *adj* затрудни́тельный • une question embarrassante затрудни́тельный вопро́с • une situation embarrassante затрудни́тельное положе́ние

embaucher *v (engager)* нанима́ть / наня́ть* [IV, найму́, наймёшь - на́нял, наняла́, на́няло, на́няли - на́нятый, на́нят, нанята́, на́нято, на́няты] ⑤ • embaucher des ouvriers наня́ть рабо́чих

embêtant *adj* раздража́ющий • elle est embêtante avec ses remarques она́ то́лько раздража́ет свои́ми замеча́ниями
● j'ai oublié ma clé, c'est embêtant я ключ забы́л, вот что неприя́тно

embêtement *nm* неприя́тность *f* • il a eu des embêtements de toutes sortes у него́ бы́ли вся́кие неприя́тности

embêter *v* надоеда́ть / надое́сть* [*n cl*, надое́м, надое́шь, надое́ст, надоеди́м, надоеди́те, надоедя́т - надое́л, надое́ла] *(+ D)* • tu m'embêtes надое́л ты мне • ça m'embête э́то мне надое́ло
■ s'embêter *vp* испы́тывать ску́ку • je me suis beaucoup embêtée pendant le film мне бы́ло ужа́сно ску́чно в тече́ние всего́ фи́льма • on peut partir si tu t'embêtes мо́жем уйти́, е́сли тебе́ ску́чно

embouchure *nf (d'un fleuve)* у́стье • l'embouchure de la Neva у́стье Невы́

embouteillage *nm (dans la circulation)* про́бка • il y a un embouteillage au carrefour на перекрёстке образова́лась про́бка

embrasser *v (donner des baisers)* целова́ть / поцелова́ть • embrasser sur les deux joues поцелова́ть в о́бе щёки • embrasser sur la bouche поцелова́ть в гу́бы

embrayage *nm* сцепле́ние • la pédale d'embrayage педа́ль сцепле́ния

embrayer *v* включи́ть переда́чу (включа́ть / включи́ть)

embrouiller *v* пу́тать / запу́тать • embrouiller les fils пу́тать ни́тки ~ *fig* • il embrouille tout он всё пу́тает

embuscade *nf* заса́да • dresser une embuscade устро́ить заса́ду • tomber dans une embuscade попа́сть в заса́ду

émerveiller *v* очаро́вывать / очарова́ть • tous étaient émerveillés par ce spectacle все бы́ли очаро́ваны э́тим зре́лищем

émeute *nf* мяте́ж ③② • écraser une émeute подави́ть мяте́ж

émigration *nf* эмигра́ция • il a vécu dix ans en émigration он де́сять лет про́жил в эмигра́ции

émigré *nm* эмигра́нт • un émigré politique полити́ческий эмигра́нт

émigrée *nf* эмигра́нтка

émigrer *v* эмигри́ровать / эмигри́ровать • ils ont émigré au Canada они́ эмигри́ровали в Кана́ду

éminent *adj (en parlant d'une personne)* выдаю́щийся • des savants éminents выдаю́щиеся учёные

émission *nf (de radio, TV)* переда́ча • écouter une émission intéressante слу́шать интере́сную переда́чу • je l'ai vu dans une l'émission d'hier à la télé я ви́дел его вчера́ в переда́че по телеви́зору

emmener *v* **1.** *(à pied)* уводи́ть ④ / увести́* [IV, уведу́, уведёшь - увёл, увела́ - уведённый] ③ • emmener les enfants à l'école увести́ дете́й в шко́лу **2.** *(autrement qu'à pied)* увози́ть ④ / увезти́* [IV, увезу́, увезёшь - увёз, увезла́ - увезённый] ③ • emmener les enfants à la campagne увезти́ дете́й в дере́вню

émotion *nf* волне́ние • elle tremblait d'émotion она́ дрожа́ла от волне́ния

émouvant *adj* тро́гательный • une scène émouvante тро́гательная сце́на

émouvoir *v* **1.** *(provoquer une forte émotion)* волнова́ть / взволнова́ть • elle était très émue она́ была́ си́льно взволно́вана **2.** *(attendrir)* тро́гать / тро́нуть • il était ému jusqu'aux larmes он был тро́нут до слёз

emparer
■ s'emparer *vp* захва́тывать / захвати́ть ④ • s'emparer du pouvoir захвати́ть власть • s'emparer d'un immense territoire захвати́ть огро́мную террито́рию

empêcher *v* меша́ть / помеша́ть *(+ D)* • ça ne t'empêche pas de travailler э́то тебе́ не меша́ет рабо́тать • l'un n'empêche pas l'autre одно́ друго́му не меша́ет • on m'empêchait de parler мне меша́ли говори́ть • il nous empêche de dormir он нам меша́ет спать
● n'empêche que а всё же › **n'empêche qu'il avait raison** а всё же он был прав
■ s'empêcher *vp*
● je n'ai pas pu m'empêcher de rire не смогла́ удержа́ться от хо́хота › **elle n'a pas pu s'empêcher de pleurer** она́ не смогла́ удержа́ться от слёз › **il ne peut pas s'empêcher de fumer** он не мо́жет удержа́ться от того́, что́бы не закури́ть

empereur *nm* импера́тор • Napoléon fut proclamé empereur en 1804 Наполео́н был провозглашён импера́тором в 1804 году

empiler *v* сложи́ть в стопу́ • Bastien a empilé tous ses livres Бастье́н сложи́л сто́пкой все свои́ кни́ги

empire *nm (État, ensemble de pays)* импе́рия • le second Empire Втора́я импе́рия • l'Empire romain Ри́мская импе́рия

empirer *v* ухудша́ться / уху́дшиться • les relations empirent de jour en jour отноше́ния ухудша́ются с ка́ждым днём

emploi *nm* **1.** *(poste, travail)* рабо́та • chercher un emploi иска́ть рабо́ту **2.** *(manière d'utiliser)* употребле́ние • l'emploi du perfectif употребле́ние соверше́нного ви́да • le mode d'emploi спо́соб употребле́ния **3.** *(application)* примене́ние • l'emploi d'engrais chimiques примене́ние хими́ческих удобре́ний
● l'emploi du temps (SCOL) расписа́ние (уро́ков)

employé *nm* слу́жащий *(adj subst m)* • un employé des postes почто́вый слу́жащий

employée *nf* слу́жащая *(adj subst f)* • une employée des postes почто́вая слу́жащая

employer *v* **1.** *(faire travailler)* занима́ть / заня́ть • l'usine emploie deux cents personnes на заво́де за́нято две́сти челове́к **2.** *(utiliser)* испо́льзовать • employer divers moyens испо́льзовать ра́зные сре́дства ~ употребля́ть / употреби́ть • il emploie des mots dont il ne comprend pas le sens он употребля́ет слова́, смы́сла кото́рых он не понима́ет **3.** *(appliquer)* применя́ть / примени́ть • employer des armes chimiques примени́ть хими́ческое ору́жие
■ s'employer *vp* употребля́ться / употреби́ться • ce mot ne s'emploie plus э́то сло́во уже́ не употребля́ется

empoisonner *v* отравля́ть / отрави́ть ④ • la sorcière a empoisonné Blanche Neige avec une pomme колду́нья отрави́ла Белосне́жку я́блоком
■ s'empoisonner *vp* отравля́ться / отрави́ться ④ • ils se sont empoisonnés avec des champignons они́ отрави́лись греба́ми

emporter *v* **1.** *(gén)* уноси́ть ④ / унести́* [IV, унесу́, унесёшь - унёс, унесла́ ③ - унесённый] • tu as emporté la bouteille ? ты унёс буты́лку? • le vent emportait les feuilles ве́тер уноси́л ли́стья • elle a emporté ce secret dans la tombe она́ унесла́ та́йну в моги́лу **2.** *(en utilisant un moyen de transport)* увози́ть ④ / увезти́* [IV, увезу́, увезёшь - увёз, увезла́ ③ - увезённый] • emporter des caisses dans un camion увезти́ я́щики на грузовике́ **3.** *(arracher)* сноси́ть ④ / снести́* [IV, снесу́, снесёшь - снёс, снесла́ ③ - снесённый] • le toit a été emporté par le vent ве́тер снёс кры́шу • le barrage a été emporté par les eaux водо́й снесло́ плоти́ну
● le diable l'emporte ! чёрт бы его́ побра́л!

empreinte *nf* отпеча́ток • marquer une théorie de son empreinte наложи́ть свой отпеча́ток на тео́рию • les empreintes digitales отпеча́тки па́льцев

emprunt *nm (d'argent)* заём (за́йма) ④ • lancer un emprunt вы́пустить заём

emprunter *v* **1.** *(emprunt concret)* занима́ть / заня́ть* [IV, займу́, займёшь -

за́нял, заняла́, за́няло, за́няли ⑤ - за́нятый, за́нят, занята́, за́нято, за́няты ⑤], брать * [IV, беру́, берёшь - брал, брала́, бра́ло, бра́ли ⑤] / взять* [IV, возьму́, возьмёшь - взял, взяла́, взя́ло, взя́ли ⑤ - взя́тый, взят, взята́, взя́то, взя́ты ⑤] (взаймы́) • je lui ai emprunté deux cents euros я за́нял у него́ две́сти е́вро • c'est à lui que j'ai emprunté ce disque я у него́ взял э́ту пласти́нку **2.** *(emprunt abstrait)* заи́мствовать / позаи́мствовать • je lui ai emprunté son stylo я позаи́мствовал у него́ авторучку • emprunter son sujet à un écrivain peu connu заи́мствовать те́му у малоизве́стного писа́теля

ému → émouvoir

en *adv* отту́да • j'en viens justement я как раз отту́да

en *pron* elle connaissait bien Paoustovski, elle en parlait souvent она́ хорошо́ зна́ла Паусто́вского и ча́сто говори́ла о нём • il a fait une ânerie, mais il n'en parle jamais он сде́лал глу́пость, но никогда́ не говори́т об э́том • il s'en étonne он э́тому удивля́ется • il en a une, lui, de voiture а у него́ есть маши́на • j'en prendrai un petit morceau я возьму́ кусо́чек • il y en a assez pour tous на всех хва́тит • ne pas en croire ses yeux не ве́рить свои́м глаза́м

en *prép*

1. EMPLACEMENT = **в** *(+L)*
• **j'ai passé un mois en Russie** я провёл ме́сяц в Росси́и
• **j'étais en Crimée** я был в Крыму́
• **en classe** в кла́ссе
+ NOMS D'ÎLES ET QUELQUES AUTRES = **на** *(+L)*
• **en Corse** на Ко́рсике
• **en Extrême-Orient** на Да́льнем Восто́ке

2. DIRECTION, PÉNÉTRATION = **в** *(+ A)*
• **rentrer en France** верну́ться во Фра́нцию
• **envoyer une lettre en Roumanie** посла́ть письмо́ в Румы́нию
• **entrer en classe** войти́ в класс
• **passer de mains en mains** переходи́ть из рук в ру́ки
+ CERTAINS NOMS = **на** *(+ A)*
• **en Extrême Orient** на Да́льний Восто́к

3. DÉPLACEMENT DANS LES LIMITES D'UN LIEU = **по** *(+ D)*
• **il voyageait en France** он путеше́ствовал по Фра́нции
• **il m'a tout raconté en chemin** он мне всё рассказа́л по доро́ге

4. ÉTAT = **в** *(+L)*
• **les pommiers étaient en fleur** я́блони бы́ли в цвету́
• **du sucre en morceaux** са́хар в куска́х
• **le livre est en bon état** кни́га в хоро́шем ви́де
• **un drame en vers** дра́ма в стиха́х
• **une tragédie en cinq actes** траге́дия в пяти́ де́йствиях
• **j'étais en costume d'été** я был в ле́тнем костю́ме
• **il n'est pas en état de travailler** он не в состоя́нии рабо́тать
• **être en deuil** быть в тра́уре
• **être en congé** быть в о́тпуске
+ CERTAINS SUBSTANTIFS = **на** *(+L)*
• **sauter du train en marche** спры́гнуть с по́езда на ходу́

5. CHANGEMENT D'ÉTAT, DE FORME, D'ASPECT = **в** *(+ A)*
• **la glace s'est transformée en eau** лёд преврати́лся в во́ду
• **mettre en vente** выпусти́ть в прода́жу
• **peindre en vert** окра́сить в зелёный цвет
• **induire en erreur** ввести́ в заблужде́ние
+ CERTAINS SUBSTANTIFS, APRÈS VERBES EXPRIMANT UNE IDÉE DE DIVISION = **на** *(+ A)*
• **partir en vacances** уе́хать на кани́кулы
• **diviser en trois parties** раздели́ть на три ча́сти
• **déchirer en petits morceaux** разорва́ть на ме́лкие куски́

6. MOMENT DE L'ACTION = **в** *(+L)*
• **en septembre** в сентябре́
• **en 1972** в 1972 г, в ты́сяча девятьсо́т се́мьдесят второ́м году́
AVEC UN NOM DE SAISON
• **en automne** о́сенью
• **en été** ле́том
• **en hiver** зимо́й

7. DURÉE NÉCESSAIRE À L'ACTION = **за** *(+ A)*
• **on peut faire ça en une heure** э́то мо́жно сде́лать за час
• **il a parcouru 10 km en cinq minutes** он прое́хал 10 км за пять мину́т

8. MOYEN DE TRANSPORT = **на** *(+L)*
• **j'irai en autobus** я пое́ду туда́ на авто́бусе
• **en bateau** на теплохо́де
• **il est parti pour Moscou en avion** он о́тбыл в Москву́ самолётом

9. MANIÈRE
- **en détail** подро́бно
- **en cachette** потихо́ньку
- **en un clin d'œil** ми́гом
- **en voyageant à travers toute l'Europe** путеше́ствуя по всей Евро́пе

AVEC UN PARTICIPE PRÉSENT
- **en s'enfonçant dans l'eau** погружа́ясь в во́ду

10. MATIÈRE
- **un lit en bois** деревя́нная крова́ть
- **un câble en acier** стально́й кана́т
- **une veste en cuir** ко́жаная ку́ртка = **из** *(+ G)*
- **des assiettes en matière plastique** таре́лки из пластма́ссы
- **un monument en marbre blanc** па́мятник из бе́лого мра́мора

11. SUIVI D'UN NOM DE LANGUE = **на** *(+L)*
- **un livre en russe** кни́га на ру́сском языке́
- **en grec moderne** на совреме́нном гре́ческом языке́
- **le professeur expliquait tout en russe** учи́тель всё объясня́л по-ру́сски

● **croire en Dieu** ве́рить в Бо́га
- **de... en** LIEU OU TEMPS из *(+ G)*... в *(+ A)* › **de village en village** из дере́вни в дере́вню › **de jour en jour** изо дня в день
- **docteur en** до́ктор *(+ G)* › **docteur en médecine** до́ктор медици́нских нау́к › **docteur en droit** до́ктор пра́ва
- **en bonne santé** здоро́вый › **elle est en bonne santé** она́ здоро́ва
- **en ce temps-là** в те времена́
- **en d'autres termes** други́ми слова́ми
- **en effet** в са́мом де́ле › **oui, en effet, j'étais en retard** да, в са́мом де́ле, я опозда́л
- **en un mot** одни́м сло́вом
- **riche en** бога́тый *(+ I)* › **riche en vitamines** бога́тый витами́нами

enceinte *adj f* бере́менная • **Ariane était enceinte de quatre mois** Ариа́н была́ бере́менна на четвёртом ме́сяце

encercler *v* окружа́ть / окружи́ть • **encercler et anéantir l'ennemi** окружи́ть и уничто́жить неприя́теля

enchanté *adj* **1.** *(enthousiasmé)* в восто́рге • **j'étais enchanté de mon voyage** я был в восто́рге от пое́здки **2.** *(dans les formules de politesse)* о́чень рад • **enchanté de faire votre connaissance** о́чень рад с ва́ми познако́миться • **je suis enchanté de vous voir** я о́чень рад вас ви́деть

enchère *nf* аукцио́н • **les enchères électroniques** электро́нный аукцио́н
● **aux enchères** с аукцио́на › **vendre aux enchères** прода́ть с аукцио́на

encombrant *adj* громо́здкий • **enlèvement d'objets encombrants** удале́ние громо́здких предме́тов

encombrement *nm* **1.** *(de véhicules)* зато́р • **des encombrements de voitures** зато́ры маши́н **2.** *(place, volume)* габари́ты • **un meuble de faible encombrement** малогабари́тная ме́бель

encombrer *v* загроможда́ть / загромозди́ть [*part.* загромождённый*] • **un couloir encombré de meubles** коридо́р, загромождённый ме́белью

encore *adv* ещё, опя́ть *(une fois de plus)* • **encore une fois** ещё раз • **versez m'en encore un petit verre** нале́йте ещё стака́нчик • **c'est encore mieux** э́то ещё лу́чше • **tu as reçu une lettre de lui ? — pas encore** ты получи́ла от него́ письмо́? — нет ещё • **il n'est pas encore rentré** он ещё не верну́лся • **encore lui !** опя́ть он! • **il dort encore** он ещё спит

encourager *v* поощря́ть / поощри́ть • **encourager un élève** поощря́ть ученика́ • **les parents de Félix l'encouragent à faire des études** роди́тели Фели́кса поощря́ют его́ к учёбе

encre *nf* черни́ла *pl t (*черни́л, черни́лам*)* • **de l'encre rouge** кра́сные черни́ла • **une cartouche d'encre pour imprimante** ка́ртридж черни́л для при́нтера

encyclopédie *nf* энциклопе́дия

endormi *adj* со́нный • **j'ai eu du mal à me lever ce matin, je suis encore à moitié endormi** сего́дня у́тром бы́ло тяжело́ встава́ть, я ещё наполови́ну со́нный

endormir
■ **s'endormir** *vp* засыпа́ть / засну́ть • **je me suis endormi tard et je me suis réveillé avant le jour** я засну́л по́здно и просну́лся до рассве́та

endroit *nm* **1.** *(lieu)* ме́сто ①⑥ • **par endroits** места́ми • **ce n'est pas un endroit pour bavarder** здесь не ме́сто болта́ть **2.** *(par opposition à envers)* лицева́я сторона́ *(*сторона́ ⑥*)*

énergie *nf* энéргия • faire preuve d'énergie проявить энéргию • l'énergie atomique áтомная энéргия

énergique *adj* энергичный • un homme énergique энергичный человéк • prendre des mesures énergiques принять энергичные мéры

énervant *adj* раздражáющий • elle est énervante avec ses remarques онá тóлько раздражáет своими замечáниями

énervé *adj* раздражённый ③ (раздражён, раздраженá) • elle était énervée онá былá раздраженá

énerver *v* дéйствовать на нéрвы (дéйствовать / подéйствовать) • cette musique m'énerve э́та мýзыка дéйствует мне на нéрвы
■ s'énerver *vp* раздражáться / раздражиться • il s'est énervé contre son fils он раздражился прóтив своегó сы́на

enfance *nf* дéтство • un ami d'enfance друг дéтства • j'y suis habitué depuis l'enfance я к э́тому привы́к с дéтства • retomber en enfance впасть в дéтство

enfant *nmf* ребёнок* (*pl.* дéти, детéй, дéтям, детьми́, дéтях) • ils n'ont qu'un enfant у них оди́н ребёнок • ils ont deux enfants у них двóе детéй • un film pour enfants фильм для детéй
● d'enfants, de l'enfant, pour enfants дéтский › une voix d'enfant дéтский гóлос › la littérature pour enfants дéтская литератýра

enfer *nm* ад* (*loc.* адý) ⑧ • l'enfer est pavé de bonnes intentions благи́ми намéрениями ад вы́мощен
● d'enfer áдский › une chaleur d'enfer áдская жарá

enfermer *v* (*mettre sous clé*) запирáть / заперéть* [IV, запрý, запрёшь - зáпер, заперлá, зáперло, зáперли ⑤ - зáпертый, зáперт, запертá, зáперто, зáперты ⑤] • on l'a enfermé dans la cuisine егó зáперли на кýхне

enfin *adv* **1.** (*finalement*) наконéц • enfin ils sont partis наконéц они́ уéхали **2.** (*toutefois*) но, но всё-таки • c'est à peu près impossible ; enfin, vous pouvez toujours essayer э́то почти́ невозмóжно, но всё-таки вы мóжете попрóбовать **3.** (*en un mot*) одни́м слóвом • les lettres, les paquets, enfin tout ce que nous recevions пи́сьма, посы́лки, одни́м слóвом всё, что мы получáли **4.** (*plus exactement*) или вернée • il est absent... enfin, il ne peut pas vous recevoir егó нет, или вернée он не мóжет вас приня́ть **5.** (*marquant la résignation*) да (*atone*) • enfin, qu'est-ce qu'on pouvait faire ? да что мóжно бы́ло дéлать?

enflé *adj* распýхший
● sa cheville est tout enflée егó лоды́жка распýхла

enfler *v* (*devenir plus gros*) пýхнуть* [III] / опýхнуть* [III] • j'ai les jambes qui enflent у меня́ нóги пýхнут

enfoncer *v* **1.** (*un clou, un pieu*) вбивáть / вбить* [II, вобью́, вобьёшь - вбей - вби́тый] • enfoncer un clou вбить гвоздь **2.** (*une porte*) ломи́ться ④ / вломи́ться ④ (в + *A*) • enfoncer la porte вломи́ться в дверь • enfoncer une porte ouverte ломи́ться в откры́тую дверь **3.** (*plonger dans un liquide, dans un corps meuble*) погружáть / погрузи́ть
■ s'enfoncer *vp* (*plonger dans un liquide, dans un corps meuble*) погружáться / погрузи́ться • s'enfoncer dans l'eau погружáться в вóду

enfuir
■ s'enfuir *vp* сбегáть / сбежáть* [*n cl*, сбегý, сбежи́шь, сбегýт - сбеги́] • s'enfuir de prison сбежáть из тюрьмы́

engager *v* **1.** (*lier par une promesse*) обя́зывать / обязáть* [II, обяжý, обя́жешь] ④ • ça n'engage à rien э́то ни к чемý не обя́зывает **2.** (*prendre à son service*) нанимáть / наня́ть* [IV, наймý, наймёшь - нáнял, нанялá, нáняло, нáняли ⑤ - нáнятый, нáнят, нанятá, нáнято, нáняты ⑤] • engager un gardien наня́ть стóрожа • elle a été engagée comme gérante du magasin её нáняли завéдующей магази́ном

engrais *nm* удобрéние • les engrais chimiques хими́ческие удобрéния

énigmatique *adj* загáдочный • un sourire énigmatique загáдочная улы́бка

énigme *nf* загáдка • parler par énigmes говори́ть загáдками • poser une énigme загадáть загáдку • résoudre une énigme разгадáть загáдку

enlever *v* **1.** (*retirer un vêtement; décrocher*) снимáть / снять* [IV, снимý, сни́мешь ④ - снял, снялá, сня́ло, сня́ли ⑤ -

снятый, снят, снята, снято, сняты ⑤] • enlever sa cravate снять галстук • enlever ses lunettes снять очки • enlever le tableau снять картину **2.** *(débarrasser de)* убирать / убрать* [IV, уберу, уберёшь - убрал, убрала, убрало, убрали ⑤] • enlever la nappe убрать скатерть • enlève ce vase ; il me gêne убери эту вазу; она мне мешает **3.** *(emporter)* уносить ④ / унести* [IV, унесу, унесёшь - унёс, унесла ③ - унесённый] • il faut enlever les valises надо унести чемоданы **4.** *(extraire)* вытаскивать / вытащить • enlever une écharde вытащить занозу **5.** *(faire disparaître une tache...)* выводить ④ / вывести* [IV, выведу, выведешь - вывел, вывела - выведенный] • enlever une tache sur un costume вывести пятно с костюма **6.** *(rapt)* похищать / похитить *(т → щ)* • enlever un enfant похитить ребёнка

ennemi *adj* неприятельский, вражеский • les armées ennemies неприятельские войска
■ ennemi *nm* враг ③②, неприятель *m* • remporter une victoire sur l'ennemi одержать победу над врагом

ennui *nm* **1.** *(lassitude morale)* скука, тоска • pour chasser l'ennui чтобы разогнать скуку • mourir d'ennui умирать с тоски **2.** *(désagrément)* неприятность *f* • il m'est arrivé un petit ennui со мной случилась маленькая неприятность • causer des ennuis доставлять неприятности

ennuyer *v* **1.** *(être fastidieux)* наводить / навести тоску на *(+ A)* ⑤ • ce travail m'ennuie работа эта на меня тоску наводит **2.** *(être désagréable)* • ça m'ennuierait de partir мне было бы неприятно уехать **3.** *(importuner)* надоедать / надоесть* [*n cl,* надоем, надоешь, надоест, надоедим, надоедите, надоедят - надоел, надоела] • elle m'ennuie avec ses conseils она мне надоедает своими советами
■ s'ennuyer *vp* скучать • je n'ai pas le temps de m'ennuyer мне некогда скучать • s'ennuyer de ses amis скучать по друзьям
● je m'ennuyais мне было скучно

ennuyeux *adj* **1.** *(fastidieux)* скучный ⑤ • un travail ennuyeux скучная работа **2.** *(désagréable)* неприятный • c'est ennuyeux qu'il ne vienne pas как неприятно, что он не придёт

énorme *adj* огромный • un ours énorme огромный медведь • un succès énorme огромный успех • une influence énorme огромное влияние

énormément *adv* в огромной степени • la qualité compte énormément pour eux качество имеет для них огромное значение

enquête *nf* **1.** *(judiciaire, policière)* следствие • mener l'enquête вести следствие **2.** *(sondage)* анкета • faire une enquête провести анкету

enquêter *v* расследовать • enquêter sur un meurtre расследовать убийство

enregistrement *nm (sonore)* запись *f* • un enregistrement historique de la 5ème symphonie de Chostakovitch историческая запись 5-ой симфонии Шостаковича

enregistrer *v* **1.** (INFORM) записывать / записать* [II, запишу, запишешь] ④ • enregistrer des données sur une clé USB записать данные на USB-накопитель **2.** *(le son, l'image)* записывать / записать* [II, запишу, запишешь] ④ • enregistrer un concert записать концерт **3.** *(sur un registre officiel)* регистрировать / зарегистрировать • enregistrer un mariage зарегистрировать брак
● enregistrer ses bagages сдать багаж (сдавать* [II, сдаю, сдаёшь - сдавай] / сдать* [*n cl,* сдам, сдашь, сдаст, сдадим, сдадите, сдадут - сдал, сдала, сдало, сдали ⑤ - сданный, сдан, сдана ③])

enrhumé *adj* простуженный, с насморком • il est rentré très enrhumé de son voyage à Moscou он вернулся из поездки в Москву с жутким насморком

enrhumer
■ s'enrhumer *vp* схватить насморк (схватывать / схватить ④)

enrichir *v* обогащать / обогатить *(т → щ)* • enrichir le sol обогащать почву
■ s'enrichir *vp* **1.** обогащаться / обогатиться *(т → щ)* • notre bibliothèque s'enrichit наша библиотека обогащается **2.** обогащаться / обогатиться • les riches s'enrichissent богатые обогащаются

enseignant *nm* преподаватель

enseignante *nf* преподавательница

enseigne *nf (de magasin)* вывеска • **l'enseigne du salon de coiffure** вывеска парикмахерской

enseignement *nm* **1.** *(action, manière d'enseigner)* преподавание • **les méthodes d'enseignement** методы преподавания **2.** *(ensemble d'établissements)* • **dans l'enseignement de premier degré** в начальных школах • **l'enseignement privé** частные школы • **dans l'enseignement supérieur** в вузах и в университетах

enseigner *v* преподавать* [II, преподаю, преподаёшь - преподавай - преподавая] • **il enseigne la physique dans une école supérieure** он преподаёт физику в вузе

ensemble *adv* **1.** *(l'un avec l'autre, les uns avec les autres)* вместе • **nous travaillons souvent ensemble** мы часто работаем вместе **2.** *(au même moment)* в одно и то же время, вместе • **les deux paquets sont arrivés ensemble** обе посылки прибыли в одно и то же время

ensoleillé *adj* солнечный • **une belle journée ensoleillée** отличный солнечный день

ensuite *adv* потом, затем

entasser *v* нагромождать / нагромоздить [*part.* нагромождённый] • **entasser des caisses** нагромоздить ящики

entendre *v* **1.** *(gén)* слышать* [I, слышу, слышишь] / услышать* [I, *id*] • **je ne vous entends pas** я вас не слышу • **vous l'avez entendu chanter ?** вы слышали, как он поёт? • **je ne l'ai pas entendu rentrer** я не слышал его, когда он вернулся • **j'ai entendu dire qu'il reviendrait bientôt à Moscou** я слышал, что он скоро вернётся в Москву • **vous n'avez pas entendu parler d'elle ?** вы не слышали о ней?

> **À PROPOS DE...**
>
> Les verbes **слышать / услышать** ne régissent jamais un infinitif.

2. *(employé avec le pronom on)* • **on entendait rire dans la pièce voisine** слышался смех в соседней комнате • **on entend des pas dans le couloir** слышны шаги в коридоре • **on entend un chuchotement** слышен шёпот • **d'ici on entend bien** отсюда хорошо слышно • **on n'entend pas la musique** не слышно музыки

◆ **entendu !** ну, ладно! • **se faire entendre** *(retentir)* раздаваться* [II, раздаётся, раздаются - раздаваясь] / раздаться* [*n cl,* раздастся, раздадутся - раздался, раздалась] ③ › **un coup de feu se fit entendre** раздался выстрел

■ **s'entendre** *vp* → **entendre**

◆ **bien s'entendre** жить в согласии (жить* [IV, живу, живёшь - жил, жила, жило, жили *(à la forme négative)* не жил, не жила, не жило, не жили ⑤ ⑤]) › **ils s'entendaient bien** они жили в согласии

enterrement *adv* похороны *pl t (*похорон, похоронам*)* ③ • **nous avons été à son enterrement** мы были на его похоронах

enterrer *v* **1.** *(inhumer)* хоронить ④ / похоронить ④ • **on l'a enterrée au Père-Lachaise** её похоронили на кладбище Пер-Лашез **2.** *(enfouir)* закапывать / закопать • **enterrer un trésor** закопать клад

enthousiasme *nm* энтузиазм • **travailler avec enthousiasme** работать с энтузиазмом

entier *adj* **1.** *(dans sa totalité)* целый ⑤ • **j'ai passé un mois entier dans le Midi** я провёл целый месяц на юге • **j'ai passé la journée entière sur la plage** я провёл целый день на пляже, я провёл весь день на пляже • **dans le monde entier** в целом мире, во всём мире **2.** *(complet)* полный ⑤ *(*полон, полна, полно, полны*)* • **une liberté entière** полная свобода • **avoir l'entière responsabilité d'un travail** нести полную ответственность за работу

◆ **en entier** полностью *(adv)* › **le château a été détruit en entier** замок был полностью разрушен

entièrement *adv* **1.** *(en entier)* полностью • **le château a été entièrement détruit** замок был полностью разрушен **2.** *(parfaitement)* совершенно • **vous avez entièrement raison** вы совершенно правы

entonnoir *nm* воронка

entorse *nf litt* вывих • **se faire une entorse au genou** вывихнуть себе колено

entourer *v* окружать / окружить • **entouré d'arbres** окружённый деревьями • **entourer un malade de soins** окружить больного заботой

entracte *nm* антра́кт • pendant l'entracte, nous sommes allés au buffet в антра́кте мы пошли́ в буфе́т

entraînement *adv* (SPORT) трениро́вка • après un long entraînement по́сле дли́тельной трениро́вки

entraîner
■ s'entraîner *vp* тренирова́ться / натренирова́ться • s'entraîner avant une épreuve тренирова́ться пе́ред состяза́нием • l'équipe de foot s'entraîne le jeudi футбо́льная кома́нда трениру́ется по четверга́м • elle s'entraîne à parler anglais pour son oral она́ упражня́ется в разгово́рном англи́йском пе́ред у́стным экза́меном

entraîneur *nm* тре́нер • l'entraîneur de l'équipe de hockey sur glace тре́нер хокке́йной кома́нды

entre *prép* ме́жду *(+ I)* • la route entre Moscou et Saint-Pétersbourg доро́га ме́жду Москво́й и Петербу́ргом • entre la vie et la mort ме́жду жи́знью и сме́ртью
● entre nous soit dit ме́жду на́ми говоря́ • parler entre ses dents говори́ть сквозь зу́бы

entrée *nf* **1.** *(à pied)* вход • l'entrée du musée вход в музе́й • à l'entrée du parc при вхо́де в парк • entrée interdite вхо́да нет • entrée gratuite беспла́тный вход **2.** *(autrement qu'à pied)* въезд • l'entrée de la ville въезд в го́род
● d'entrée **a.** *(qui concerne l'endroit par lequel on entre)* входно́й › **la porte d'entrée** входна́я дверь **b.** *(qui donne l'accès à un établissement...)* вступи́тельный › **l'examen d'entrée** вступи́тельный экза́мен

entrepôt *nm* склад • je travaillais dans un entrepôt я рабо́тал на скла́де

entreprendre *v* начина́ть / нача́ть* [IV, начну́, начнёшь - на́чал, начала́, на́чало, на́чали ⑤ - на́чатый, на́чат, начата́, на́чато, на́чаты ⑤], предпринима́ть / предприня́ть* [IV, предприму́, предпри́мешь ④ - предпри́нял, предприняла́, предпри́няло, предпри́няли ⑤] • j'ai entrepris ce travail il y a sept ans я на́чал э́ту рабо́ту семь лет тому́ наза́д • il n'osait jamais rien entreprendre он никогда́ ничего́ не смел предпринима́ть

entrepreneur *nm* предпринима́тель *m*

entreprise *nf* предприя́тие • une entreprise privée ча́стное предприя́тие • une entreprise de transports тра́нспортное предприя́тие • une entreprise hasardeuse риско́ванное предприя́тие

entrer *v* **1.** *(à pied)* входи́ть ④ / войти́* [IV, войду́, войдёшь - вошёл, вошла́ - войдя́] • il est entré dans le magasin он вошёл в магази́н • entrez ! войди́те! ~ вбега́ть / вбежа́ть* [*n cl,* вбегу́, вбежи́шь, вбегу́т] *(en courant)*, влеза́ть / влезть* [IV, вле́зу, вле́зешь - влез, вле́зла] *(entrer avec difficulté ; en grimpant, en descendant ; entrer dans l'eau)* • entrer dans la cabine du camion влезть в каби́ну грузовика́ • entrer par la fenêtre влезть в окно́ • entrer dans l'eau влезть в во́ду **2.** *(en voiture, à cheval)* въезжа́ть / въе́хать* [IV, въе́ду, въе́дешь] • entrer dans la forêt въе́хать в лес **3.** *(en volant)* влета́ть / влете́ть* [I, влечу́, влети́шь] • une guêpe est entrée par la fenêtre оса́ влете́ла в окно́ **4.** *(en parlant d'un véhicule)* входи́ть [вхо́дит, вхо́дят] / войти́* • le bateau entre dans le port су́дно вхо́дит в га́вань **5.** *(en parlant d'objets)* входи́ть [вхо́дит, вхо́дят] / войти́* • tout n'entrera pas dans ma valise всё э́то не войдёт в чемода́н • ces documents n'entreront pas dans la serviette э́ти бума́ги не войду́т в портфе́ль ~ вмеща́ться / вмести́ться (в *+L*) *(être en place)* • tous mes livres entrent dans cette armoire все мои́ кни́ги вмеща́ются в э́том шкафу́ **6.** *(être admis dans un établissement scolaire ou universitaire)* поступа́ть / поступи́ть ④ • entrer à l'université поступи́ть в университе́т **7.** *(adhérer à un groupe)* вступа́ть / вступи́ть ④ • entrer à l'Union des étudiants вступи́ть в в Студе́нческий сою́з **8.** *fig* входи́ть [вхо́дит, вхо́дят] / войти́* • ça n'entre pas dans mes intentions э́то не вхо́дит в мои́ наме́рения • ça n'entre pas en ligne de compte э́то не вхо́дит в счёт
● faire entrer вводи́ть ④ / ввести́* [IV, введу́, введёшь - ввёл, ввела́] ③ › **il m'a fait entrer dans la pièce** он ввёл меня́ в ко́мнату • laisser entrer впуска́ть / впусти́ть ④ › **il ne m'a pas laissé entrer** он меня́ не впусти́л

entretenir *v* **1.** *(faire durer)* подде́рживать / поддержа́ть* [I, поддержу́, подде́ржишь] ④ • entretenir le feu подде́рживать ого́нь • entretenir la conversation поддержа́ть разгово́р **2.** *(maintenir en bon état)* содержа́ть* [I, содержу́, соде́ржишь] ④ • entretenir le parc содержать парк в порядке • entretenir un bâtiment содержать здание в хорошем состоянии

À PROPOS DE...

Le plus souvent, le verbe **содержать** est accompagné d'un complément indiquant dans quel état est conservée la chose, comme indiqué dans les exemples.

3. *(pourvoir à la subsistance)* содержать* [I, содержу, содержишь] ④ • **entretenir une famille nombreuse** содержать многочисленную семью **4.** *(avoir une conversation)* беседовать / побеседовать (c + *I*) • **il m'a entretenu de son projet** он побеседовал со мной о своём проекте

entretien *nm* **1.** *(rencontre)* беседа, собеседование • **un entretien d'embauche** собеседование при найме на работу **2.** *(soin)* уход • **la ville s'occupe de l'entretien des espaces verts** город заботится об уходе за зелёными массивами

envahir *v* вторгаться / вторгнуться* [III] (в + *A*) • **envahir un pays** вторгнуться в страну

enveloppe *nf (de lettre)* конверт • **mettre la lettre dans l'enveloppe** вложить письмо в конверт • **coller l'enveloppe** заклеить конверт

envelopper *v (emballer)* завёртывать / завернуть [*part.* завёрнутый] • **envelopper une bouteille dans du papier** завернуть бутылку в бумагу

envers[1] *nm* оборотная сторона *(сторона ⑥)* • **l'envers de la médaille** *litt & fig* оборотная сторона медали
● **à l'envers a.** *(l'envers à l'extérieur)* наизнанку › **ton pull est à l'envers** твой свитер одет наизнанку; **b.** *(la tête en bas)* вверх ногами › **accrocher un tableau à l'envers** повесить картину вверх ногами

envers[2] *prép* к (+ *D*), по отношению к (+ *D*) • **faire preuve d'indulgence envers les enfants** проявить снисходительность к детям

envie *nf (convoitise)* зависть *f* • **regarder qqn avec envie** смотреть на кого-нибудь с завистью
● **elle avait envie de pleurer** ей хотелось плакать › **je n'ai plus envie d'y aller** мне больше не хочется идти туда › **j'ai envie de dormir** мне хочется спать › **j'ai envie de vin blanc** мне хочется белого вина › **je n'ai pas envie qu'il vienne** мне не хочется, чтобы он пришёл • **ça lui fera passer l'envie de se battre** это отобьёт у него охоту драться

envier *v* завидовать / позавидовать (+ *D*) • **envier son voisin** завидовать соседу

environ *adv* около (+ *G*) • **environ une heure** около часа • **une demi-heure environ** около получаса • **il avait environ quarante ans** ему было около сорока • **cinq kilomètres environ** около пяти километров • **cinq roubles environ** около пяти рублей, рублей пять • **environ deux ans** около двух лет, года два • **pour deux ans environ** года на два

À PROPOS DE...

Il est possible de traduire ***environ*** en inversant le nom de nombre et le substantif qu'il régit. Ce procédé ne peut être utilisé que si le nom de nombre est supérieur à **un**. Si le nom de nombre est régi par une préposition, le substantif est placé avant cette préposition.

environnement *nm* окружающая среда • **la protection de l'environnement** защита окружающей среды

environs *nmpl* окрестности *pl t* (окрестностей, окрестностям) • **dans les environs de Lyon** в окрестностях Лиона

envoler
■ **s'envoler** *vp* улетать / улететь* [I, улечу, улетишь] • **les oiseaux se sont envolés** птицы улетели

envoyer *v* посылать / послать* [II, пошлю, пошлёшь] • **envoyer une lettre** послать письмо • **on m'a envoyé à la pharmacie chercher des médicaments** меня послали в аптеку за лекарствами

épais *adj* **1.** *(par opposition à mince)* толстый ⑤ *(comp.* толще*)* • **du papier épais** толстая бумага • **des lèvres épaisses** толстые губы **2.** *(dense, touffu)* густой ⑤ *(comp.* гуще*)* • **une forêt épaisse** густой лес • **une fumée épaisse** густой дым • **un liquide épais** густая жи́дкость **3.** *(en couche profonde)* глубо́кий (глубо́к ~ *comp.* глу́бже*) • **la neige était épaisse** снег был глубо́кий

épaisseur *nf* толщина́ • **l'épaisseur de la planche** толщина́ доски́

épargne *nf* сбереже́ние • **gérer son épargne** распоряжа́ться свои́ми сбереже́ниями
● **caisse d'épargne** сберка́сса › **mettre de l'argent à la caisse d'épargne** положи́ть де́ньги в сберка́ссу

épargner *v* **1.** *(ménager)* щади́ть / пощади́ть • **ils n'épargnaient personne** они́ никого́ не щади́ли **2.** *(faire des économies)* сберега́ть де́ньги (сберега́ть / сбере́чь* [IV, сберегу́, сбережёшь, сберегу́т - сберёг, сберегла́] ③) • **ils ont épargné toute leur vie** они́ всю жизнь сберега́ли де́ньги

épaule *nf* плечо́* *(nom. pl.* пле́чи*)* ②⑦ • **de larges épaules** широ́кие пле́чи • **porter un enfant sur les épaules** нести́ ребёнка на плеча́х • **hausser les épaules** пожа́ть плеча́ми

épée *nf* шпа́га *(rapière)*, меч *(glaive)* ③② • **se battre à l'épée** дра́ться на шпа́гах • **l'épée de Damoclès** дамо́клов меч

épeler *v* диктова́ть по бу́квам (диктова́ть / продиктова́ть) • **épeler son nom** диктова́ть по бу́квам свою́ фами́лию

épervier *nm* я́стреб* *(nom. pl.* ястреба́*)* ①②

épi *nm* ко́лос* *(pl.* коло́сья, коло́сьев, коло́сьям*)* ①② • **des épis mûrs** спе́лые коло́сья

épice *nf* пря́ность • **la cannelle et le safran sont des épices** кори́ца и шафра́н — пря́ности

épicé *adj* пря́ный, о́стрый • **je n'aime pas les plats épicés** не люблю́ о́стрые блю́да

épicerie *nf (magasin)* продово́льственный магази́н

épicier *nm* бакале́йщик

épicière *nf* бакале́йщица

épidémie *nf* эпиде́мия • **une épidémie de grippe** эпиде́мия гри́ппа

épinards *nmpl* шпина́т • **des épinards avec des œufs durs** шпина́т с круты́ми я́йцами

épine *nf* **1.** *(sur une plante)* шип ③②, колю́чка • **il n'y a pas de rose sans épines** нет ро́зы без шипо́в • **les épines d'un cactus** колю́чки ка́ктуса **2.** *(écharde)* зано́за • **tirer une épine du doigt** вы́тащить зано́зу из па́льца

épingle *nf* була́вка • **fixer un morceau de tissu avec une épingle** прикрепи́ть кусо́к тка́ни була́вкой
● **coup d'épingle** *fig* шпи́лька › **lancer des coups d'épingle** подпуска́ть шпи́льки • **épingle à cheveux** шпи́лька • **épingle de sûreté** англи́йская була́вка

épisode *nm* се́рия, эпизо́д • **tu as vu le premier épisode ?** ты ви́дел пе́рвую се́рию?

épithète *nm* (GRAMM) определе́ние

éplucher *v (des légumes, des fruits)* чи́стить / очи́стить • **éplucher des pommes de terre** чи́стить карто́шку • **je n'épluche pas les pommes, je les mange avec la peau** я не чи́щу я́блоки, ем с кожуро́й

éponge *nf* гу́бка

époque *nf* вре́мя* *nt (gén., dat., loc., instr.* вре́менем ; *pl.* времена́, времён, времена́м*)*, эпо́ха *(grande période de l'histoire de l'humanité)* • **à notre époque** в на́ше вре́мя • **à la même époque** в то же вре́мя • **à cette époque-là** в то вре́мя, в те времена́ • **à l'époque d'Ivan le Terrible** во времена́ Ива́на Гро́зного • **à l'époque féodale** в эпо́ху феодали́зма

À PROPOS DE...

Lorsqu'il s'agit d'époques reculées, fabuleuses, etc, seul le pluriel de **вре́мя** est usité.

épouse *nf* супру́га

épouser *v (en parlant d'un homme)* жени́ться ④ / жени́ться ④ (на *+L*) • **il a épousé ma cousine** он жени́лся на мое́й кузи́не ~ *(en parlant d'une femme)* вы́йти за́муж (за *+ A*) (выходи́ть ④ / вы́йти* [IV, вы́йду, вы́йдешь - вы́шла - вы́йдя]) • **elle a épousé un étranger** она́ вы́шла за́муж за иностра́нца

épouvantable *adj* стра́шный *(qui cause l'épouvante)* ⑤, ужа́сный *(affreux)* • **un bruit épouvantable** стра́шный шум • **un rêve épouvantable** стра́шный сон, ужа́сный сон • **une chaleur épouvantable**

стра́шная жара́, ужа́сная жара́ • un temps épouvantable ужа́сная пого́да • un caractère épouvantable ужа́сный хара́ктер

époux *nm* супру́г

épreuve *nf* **1.** (SCOL) контро́льная (рабо́та) • préparer l'épreuve de français гото́виться к контро́льной по францу́зскому ~ (SPORT) соревнова́ние • les épreuves d'athlétisme se dérouleront dimanche prochain соревнова́ния по лёгкой атле́тике состоя́тся в сле́дующее воскресе́нье **2.** *(période difficile)* испыта́ние • traverser des épreuves пройти́ че́рез испыта́ния

EPS (*abr de* éducation physique et sportive) *nf* физкульту́ра • nous avons EPS cet après-midi по́сле обе́да у нас физкульту́ра

épuisé *adj* **1.** *(en parlant d'une personne)* изнурённый • je suis épuisée après ce travail чу́вствую себя́ изнурённой по́сле э́той рабо́ты **2.** *(en parlant d'un livre)* распро́данный ⑤ (распро́дан, распродана́, распро́дано, распро́даны) • ce livre est épuisé depuis longtemps кни́га уже́ давно́ распродана́

épuiser *v* **1.** *(utiliser en totalité)* исче́рпывать / исче́рпать • épuiser toutes les provisions исче́рпать все запа́сы • le sujet est épuisé те́ма исче́рпана **2.** *(fatiguer)* изнуря́ть / изнури́ть • le voyage m'a épuisée пое́здка меня́ изнури́ла

équateur *nm* эква́тор • sous l'équateur под эква́тором

équestre *adj* ко́нный • un centre équestre центр ко́нного спо́рта

équilibre *nm* равнове́сие • un équilibre instable неусто́йчивое равнове́сие • perdre l'équilibre потеря́ть равнове́сие

équilibré *adj (en parlant d'une personne)* уравнове́шенный

équipage *nm* экипа́ж *(sur un navire, dans un avion, un char)*, кома́нда *(sur un navire)* • l'équipage de l'avion экипа́ж самолёта • tout l'équipage était sur le pont вся кома́нда была́ на па́лубе

équipe *nf* **1.** *(personnes travaillant aux mêmes heures)* сме́на • l'équipe de nuit ночна́я сме́на • l'équipe de jour дневна́я сме́на **2.** *(groupe d'ouvriers ayant un chef commun)* брига́да • notre équipe avait un retard considérable dans son travail на́ша брига́да си́льно отстава́ла **3.** *(groupe ayant un objectif commun)* коллекти́в • une équipe de savants нау́чный коллекти́в **4.** *(sportive)* кома́нда • une équipe de football футбо́льная кома́нда

équipement *nm* снаряже́ние • n'oublie pas ton équipement de spéléo не забу́дь своё снаряже́ние для спелеоло́гии

■ équipements *nmpl* обору́дование, оснаще́ние • le collège modernise ses équipements sportifs колле́ж модернизи́рует своё спорти́вное оснаще́ние

équitation *nnt* ко́нный спорт • faire de l'équitation занима́ться ко́нным спо́ртом

ère *nf* э́ра

errer *v (en marchant)* броди́ть ④ • errer à travers bois броди́ть по́ лесу

erreur *nf* **1.** *(faute)* оши́бка • effacer un fichier par erreur стере́ть файл по оши́бке • reconnaître son erreur созна́ть свою́ оши́бку **2.** *(état de celui qui se trompe)* заблужде́ние • induire un client en erreur ввести́ клие́нта в заблужде́ние

ersatz *nm* суррога́т • un ersatz du cuir суррога́т ко́жи

éruption *nf* изверже́ние • la dernière éruption de l'Etna после́днее изверже́ние Э́тны

escabeau *nm* **1.** *(petite échelle)* стремя́нка **2.** *(siège)* табуре́тка

escadre *nf* эска́дра • l'escadre rentrait au port эска́дра возвраща́лась в га́вань

escalade *nf* скалола́зание • faire de l'escalade занима́ться скалола́занием • il y a un mur d'escalade dans mon lycée в моём лице́е есть скалодро́м

escalator® *nm* эскала́тор • monter par l'escalator подня́ться по эскала́тору

escale *nf* захо́д, стоя́нка • faire escale dans un port сде́лать захо́д в порт • un vol sans escale de Paris à Tokyo беспоса́дочный полёт из Пари́жа в То́кио

escalier *nm* ле́стница • monter par l'escalier подня́ться по ле́стнице

✹ escalier mécanique эскала́тор › **descendre par l'escalier mécanique** спусти́ться по эскала́тору

escargot *nm* ули́тка • **avancer comme un escargot** ползти́ как ули́тка

escarpé *adj* круто́й ⑤ *(comp.* кру́че*)* • **une rive escarpée** круто́й бе́рег

esclavage *nm* ра́бство • **l'abolition de l'esclavage** отме́на ра́бства

esclave *nmf* раб *m* ③②, рабы́ня *f* • **être l'esclave de ses habitudes** быть рабо́м свои́х привы́чек

escrime *nf* фехтова́ние • **faire de l'escrime** занима́ться фехтова́нием

escroc *nm* жу́лик

escroquerie *nf* моше́нничество

espace *nm* **1.** *(étendue indéfinie, surface)* простра́нство • **l'espace et le temps** простра́нство и вре́мя • **l'espace aérien** возду́шное простра́нство • **un espace libre** свобо́дное простра́нство • **occuper un grand espace** занима́ть большо́е простра́нство **2.** *(étendue de l'univers)* ко́смос, косми́ческое простра́нство • **la conquête de l'espace** завоева́ние ко́смоса
● **en l'espace de** за *(+ A)* › **il a fait cela en l'espace de deux semaines** он сде́лал всё э́то за две неде́ли

Espagne *nf* Испа́ния

espagnol *adj* испа́нский • **une danse populaire espagnole** испа́нский наро́дный та́нец
■ **espagnol** *nm (langue)* испа́нский язы́к *(*язы́к ③*)* • **étudier l'espagnol** изуча́ть испа́нский язы́к • **un livre en espagnol** кни́га на испа́нском языке́
● **(en) espagnol** по-испа́нски › **tout était écrit en espagnol** всё бы́ло напи́сано по-испа́нски › **parler espagnol** говори́ть по-испа́нски
■ **Espagnol** *nm* испа́нец

espagnol- *suffixe* испа́нско- • **un dictionnaire espagnol-français** испа́нско-францу́зский слова́рь

Espagnole *nf* испа́нка

espèce *nf* **1.** *(en biologie)* вид • **diverses espèces de reptiles** ра́зные ви́ды пресмыка́ющихся **2.** *(variété, sorte)* сорт* *(nom. pl.* сорта́*)* • **des espèces hâtives** скороспе́лые сорта́ **3.** *(genre, catégorie)* род • **des marchandises de toutes espèces** вся́кого ро́да това́ры
● **espèce d'imbécile !** эх, дура́к! • **une espèce de** что́-то вро́де *(+ G) (ressemblant à)*, како́й-то *(à considérer comme)* › **il y avait là une espèce de tranchée** тут бы́ло что́-то вро́де транше́и › **une espèce d'original** како́й-то чуда́к › **une espèce de forteresse** кака́я-то кре́пость

espérance *nf* наде́жда • **des espérances déçues** обма́нутые наде́жды

espéranto *nm* эспера́нто* *nt indécl* • **parler espéranto** говори́ть на эспера́нто

espérer *v* наде́яться* [II, наде́юсь, наде́ешься] • **qu'est-ce que tu espères ?** на что ты наде́ешься? • **j'espère rentrer pour le souper** наде́юсь верну́ться к у́жину • **j'espère qu'il va revenir** наде́юсь, что он вернётся

espion *nm* шпио́н • **l'espion a été arrêté** шпио́на задержа́ли

espionnage *nm* шпиона́ж • **l'espionnage économique** экономи́ческий шпиона́ж • **faire de l'espionnage** занима́ться шпиона́жем
● **d'espionnage** шпио́нский › **un roman d'espionnage** шпио́нский рома́н

espionne *nf* шпио́нка

espionner *v* шпио́нить • **espionner ses voisins** шпио́нить за сосе́дями

espoir *nm* наде́жда • **il n'y a pas le moindre espoir de le sauver** нет ни мале́йшей наде́жды спасти́ его́ • **perdre tout espoir** потеря́ть вся́кую наде́жду

esprit *nm* дух • **être contraire à l'esprit de la loi** противоре́чить ду́ху зако́на • **dans l'esprit de l'époque** в ду́хе эпо́хи • **dans le même esprit** в том же ду́хе • **il a l'esprit de contradiction** в нём сиди́т дух противоре́чия • **la présence d'esprit** прису́тствие ду́ха
● **faire de l'esprit** остри́ть / состри́ть • **les grands esprits se rencontrent** вели́кие умы́ схо́дятся • **plein d'esprit** остроу́мный › **un homme plein d'esprit** остроу́мный челове́к • **reprendre ses esprits** прийти́ в себя́ (приходи́ть ④ / прийти́* [IV, приду́, придёшь - пришёл, пришла́ - придя́])

essai *nm* **1.** *(vérification)* испыта́ние • **le moteur était à l'essai** мото́р был на испыта́нии **2.** *(tentative)* попы́тка • **un essai infructueux** неуда́чная попы́тка **3.** *(ouvrage littéraire)* о́черк
● **un vol d'essai** испыта́тельный полёт

essayer *v* **1.** *(mettre à l'essai)* испы́тывать / испыта́ть, про́бовать / попро́бовать • **essayer un moteur** испыта́ть мото́р • **essayer ses forces** испыта́ть свои́ си́лы, попро́бовать свои́ си́лы **2.** *(+ inf)* пыта́ться / попыта́ться, про́бовать / попро́бовать • **il a essayé de grimper sur l'arbre** он попыта́лся влезть на де́рево • **le malade a essayé de se lever** больно́й попро́бовал встать **3.** *(un vêtement)* примеря́ть / приме́рить • **essayer une robe** приме́рить пла́тье

essence *nf (combustible)* бензи́н • **prendre de l'essence** запра́виться бензи́ном
● **pompe à essence** бензоколо́нка • **réservoir à essence** *(d'un véhicule)* бензоба́к • **poste d'essence** запра́вочная ста́нция

essentiel *adj* (са́мый) гла́вный, основно́й • **c'est la raison essentielle** э́то гла́вная причи́на • **les défauts essentiels du projet** основны́е недоста́тки прое́кта
■ **essentiel** *nm* (са́мое) гла́вное *(adj subst nt)*, основно́е *(adj subst nt)* • **il est rentré, c'est l'essentiel** он верну́лся, э́то са́мое гла́вное • **l'essentiel est fait** основно́е уже́ сде́лано

essentiellement *adv (principalement)* гла́вным о́бразом • **la délégation est essentiellement composée de médecins** делега́ция состои́т гла́вным о́бразом из враче́й

essoufflé *adj* запыха́вшийся, вы́дохшийся • **un coureur essoufflé** запыха́вшийся бегу́н
● **être essoufflé** запыха́ться, / вы́дохнуться › **je suis essoufflé** я вы́дохся

essouffler
■ **s'essouffler** *vp* запыха́ться, выбива́ться / вы́биться из сил

essuie-glace *nm* дво́рник *fam*, стеклоочисти́тель *m* • **mettre l'essuie-glace** включи́ть дво́рники

essuyer *v* вытира́ть / вы́тереть* [IV, вы́тру, вы́трешь - вы́тер, вы́терла - вы́тертый] • **essuyer la vaisselle** вы́тереть посу́ду • **essuyer ses larmes** вы́тереть слёзы
■ **s'essuyer** *vp* **1.** *(avec indication de partie du corps)* вытира́ть / вы́тереть* [IV, вы́тру, вы́трешь - вы́тер, вы́терла] • **s'essuyer les mains** вы́тереть ру́ки • **s'essuyer le visage avec une serviette** вытира́ть лицо́ полоте́нцем • **il s'essuya les pieds et entra** он вы́тер но́ги и вошёл **2.** *(sans indication de la partie du corps)* вытира́ться / вы́тереться* [IV, вы́трусь, вы́трешься - вы́терся, вы́терлась] • **il s'essuya avec sa serviette et s'habilla** он вы́терся полоте́нцем и оде́лся

est ◪ *adj* восто́чный • **sur la côte est de l'île** на восто́чном берегу́ о́строва ◪ *nm* восто́к • **nous allions vers l'est** мы е́хали на восто́к • **à l'est de la ville** к восто́ку от го́рода
● **d'est** восто́чный › **un vent d'est** восто́чный ве́тер

est-ce que *adv* **est-ce qu'il viendra ?** он придёт? • **quand est-ce qu'il viendra ?** когда́ он придёт?

À PROPOS DE...

En russe, l'interrogation est le plus souvent marquée par l'intonation.

estimer *v (croire)* счита́ть / счесть* [IV, сочту́, сочтёшь - счёл, сочла́, сочло́, сочли́ - сочтённый] • **j'estime qu'il a raison** я счита́ю, что он прав

estomac *nm* желу́док • **des douleurs à l'estomac** бо́ли в желу́дке

Estonie *nf* Эсто́ния

estonien *adj* эсто́нский
■ **estonien** *nm (langue)* эсто́нский язы́к (язы́к ③) • **étudier l'estonien** изуча́ть эсто́нский язы́к • **un livre en estonien** кни́га на эсто́нском языке́
● **(en) estonien** по-эсто́нски › **tout était écrit en estonien** всё бы́ло напи́сано по-эсто́нски › **parler estonien** говори́ть по-эсто́нски
■ **Estonien** *nm* эсто́нец
■ **Estonienne** *nf* эсто́нка

esturgeon *nm* **1.** *(animal)* осётр ③② **2.** *(aliment)* осетри́на

et *conj*

1. MARQUANT L'ADDITION = **и**

• **Moscou et Novgorod** Москва́ и Но́вгород
• **elle prend le journal et se met à lire** она́ берёт газе́ту и начина́ет чита́ть
• **l'hiver arriva et tous quittèrent le camp** наступи́ла зима́, и все уе́хали из ла́геря
• **et vous avez accepté ?** и вы согласи́лись?
• **et soudain la porte s'ouvrit** и вдруг дверь отвори́лась

2. MARQUANT UNE CERTAINE OPPOSITION = **а**
• **elle riait et moi, je pleurais** она́ смея́лась, а я пла́кала
• **qu'est-ce que tu fais demain ?... Et après-demain ?** что ты де́лаешь за́втра?... а послеза́втра?
• **il est occupé, et c'est pourquoi il ne viendra pas** он за́нят, а потому́ и не придёт
3. MARQUANT LA TRANSITION AU DÉBUT D'UNE RÉPLIQUE = **а**
• **et à propos, vous avez été à l'exposition ?** а кста́ти, вы бы́ли на вы́ставке?
• **et où est-ce qu'on ira ?** а куда́ мы пойдём?
4. COORDONNANT LES PRONOMS MOI, TOI, LUI OU ELLE AVEC UN NOM OU UN PRONOM DÉSIGNANT UNE PERSONNE
• **mon père et moi, nous sommes allés à la chasse** мы с па́пой пошли́ на охо́ту
• **c'est toi et Patrick** э́то вы с Патри́ком
• **son frère et lui, ils ont décidé d'aller en Corse** они́ с бра́том реши́ли пое́хать на Ко́рсику
5. SUIVI DES MOTS DEMI, DEMIE OU QUART
• **trois semaines et demie** три с полови́ной неде́ли
• **un mois et demi** полтора́ ме́сяца
• **à deux heures et demie** в полови́не тре́тьего
• **nous y avons passé deux heures et demie** мы провели́ там два с полови́ной часа́
• **à six heures et quart** в че́тверть седьмо́го
• **en six heures et quart** за шесть часо́в с че́твертью

étable *nf* хлев* *(loc.* хлеву́ ; *pl.* хлева́*)* ⑧②

établir *v* **1.** *(nouer)* устана́вливать / установи́ть ④ • **établir des relations diplomatiques** установи́ть дипломати́ческие отноше́ния • **établir des communications téléphoniques** установи́ть телефо́нную свя́зь • **établir une liaison Internet** установи́ть связь с Интерне́том **2.** *(fixer)* устана́вливать / установи́ть ④ • **établir le prix** установи́ть це́ну **3.** *(instituer)* устана́вливать / установи́ть ④ • **établir un régime dictatorial** установи́ть диктату́ру • **établir l'ordre** установи́ть поря́док **4.** *(installer)* располага́ть / расположи́ть ④ • **établir son état-major dans un petit village** расположи́ть свой штаб в небольшо́й дере́вне **5.** *(prouver)* устана́вливать / установи́ть ④ • **établir un fait** установи́ть факт **6.** *(élaborer)* составля́ть / соста́вить • **établir un projet** соста́вить прое́кт • **établir une liste** соста́вить спи́сок
● **établir un record** установи́ть реко́рд (устана́вливать / установи́ть ④)

établissement *nm* учрежде́ние
● **établissement scolaire** уче́бное заведе́ние

étage *nm* эта́ж ③② • **il habite au premier étage** он живёт на второ́м этаже́ • **au sixième étage** на седьмо́м этаже́
● **une maison à un étage** двухэта́жный дом › **une maison de cinq étages** шестиэта́жный дом

À PROPOS DE...

En russe, le rez-de-chaussée est considéré comme un étage, le premier, et donc la numérotation des étages commence par **пе́рвый эта́ж**.

étagère *nf* по́лка, этаже́рка • **mettre des livres sur l'étagère** поста́вить кни́ги на этаже́рку

étain *nm* о́лово
● **d'étain, en étain** оловя́нный › **un chandelier en étain** оловя́нный подсве́чник

étaler *v (exposer aux regards)* раскла́дывать / разложи́ть ④ • **étaler les livres sur la table** разложи́ть кни́ги по столу́

étang *nm* пруд* *(loc.* пруду́*)* ⑧② • **assécher un étang** осуши́ть пруд

étape *nf* эта́п • **la quatrième étape du Tour de France** четвёртый эта́п велоту́ра Фра́нции

état[1] *nm (manière d'être; condition)* состоя́ние • **être en état de guerre** быть в состоя́нии войны́ • **l'état de santé** состоя́ние здоро́вья • **elle n'est pas en état de rentrer chez elle à pied** она́ не в состоя́нии верну́ться домо́й пешко́м
● **le bureau de l'état civil** = ЗАГС *за́пись а́ктов гражда́нского состоя́ния* • **en tout état de cause** во вся́ком слу́чае • **le tiers état** тре́тье сосло́вие

État[2] *nm* **1.** *(pays, administration centrale)* госуда́рство • **l'État français** францу́зское госуда́рство • **un État indépendant** незави́симое госуда́рство • **un État dans l'État** госуда́рство в госуда́рстве **2.** *(unité administrative)* штат • **le gouverneur de l' État de Californie** губерна́тор шта́та Калифо́рния

• d'État, de l'État госуда́рственный › un secret d'État госуда́рственная та́йна › un coup d'État госуда́рственный переворо́т

état-major *nm* штаб • chef d'état-major нача́льник шта́ба

États-Unis (d'Amérique) *nmpl* Соединённые Шта́ты (Аме́рики) *pl (pl.* Шта́ты, Шта́тов, Шта́там*)*, США

etc. *adv* и т. д. *и так да́лее*

et cætera *loc adv* и так да́лее

été *nm* ле́то • l'été arriva наступи́ло ле́то

• cet été ле́том › cet été, j'irai dans les Alpes ле́том я пое́ду в А́льпы • d'été ле́тний › une robe d'été ле́тнее пла́тье • en été ле́том › en été, je me repose dans une ville d'eau ле́том я отдыха́ю на куро́рте • l'été de la Saint-Martin ба́бье ле́то

éteindre *v* **1.** *(un feu, un incendie)* туши́ть ④ / потуши́ть ④ • éteindre l'incendie потуши́ть пожа́р **2.** *(une lumière)* гаси́ть ④ / погаси́ть ④, туши́ть ④ / потуши́ть ④ • éteindre la lampe погаси́ть ла́мпу **3.** *(débrancher)* выключа́ть / вы́ключить • éteindre la radio вы́ключить ра́дио

■ s'éteindre *vp* **1.** *(en parlant d'un feu)* ту́хнуть* [III] / поту́хнуть* [III], га́снуть* [III] / пога́снуть* [III] • le feu s'est éteint ого́нь поту́х **2.** *(en parlant de ce qui éclaire)* га́снуть* [III] / пога́снуть* [III] • la lumière s'est éteinte свет пога́с • les dernières étoiles se sont éteintes после́дние звёзды пога́сли

étendre *v* **1.** *(mettre en avant)* протя́гивать / протяну́ть ④ • étendre les bras протяну́ть ру́ки **2.** *(faire coucher)* укла́дывать / уложи́ть ④ • étendre un blessé sur un lit уложи́ть больно́го на посте́ль **3.** *(mettre à plat)* растя́гивать / растяну́ть ④ • étendre un tapis sur le sol растяну́ть ковёр по́ полу

■ s'étendre *vp* **1.** *(occuper une certaine étendue)* тяну́ться, простира́ться *littéraire* • derrière le village s'étendaient des prés et des champs за дере́вней тяну́лись луга́ и поля́ • les forêts s'étendent sur des centaines de kilomètres леса́ простира́ются на со́тни киломе́тров **2.** *(s'allonger)* растя́гиваться / растяну́ться ④ • s'étendre sur le divan растяну́ться на дива́не

éternel *adj* ве́чный • une gloire éternelle ве́чная сла́ва • les neiges éternelles ве́чные снега́

éternellement *adv* ве́чно • vivre éternellement жить ве́чно

éternité *nf* ве́чность *f* • ces deux heures m'ont paru une éternité э́ти два часа́ показа́лись мне ве́чностью • il y a une éternité que je ne l'ai pas vue я не ви́дел её це́лую ве́чность

éternuer *v* чиха́ть / чихну́ть • la poussière me faisait éternuer et tousser от пы́ли я чиха́л и ка́шлял

étincelle *nf* и́скра • une gerbe d'étincelles сноп искр

étiquette *nf* **1.** *(que l'on colle)* этике́тка • la bouteille n'avait pas d'étiquette буты́лка была́ без этике́тки **2.** *(que l'on attache)* би́рка • fixer une étiquette à la poignée de sa valise привяза́ть би́рку к ру́чке чемода́на **3.** *(que l'on doit respecter)* этике́т • les règles de l'étiquette пра́вила этике́та

étirer

■ s'étirer *vp* потя́гиваться / потяну́ться • le chat s'étire dans le fauteuil ко́шка потя́гивается в кре́сле

étoffe *nf* мате́рия, ткань *f* • un morceau d'étoffe кусо́к мате́рии • une étoffe de laine шерстяна́я ткань

étoile *nf* звезда́ *(pl.* звёзды, звёзд, звёздам*)* ②① • une étoile de première grandeur звезда́ пе́рвой величины́ • une étoile filante па́дающая звезда́ • une étoile de mer морска́я звезда́ • la place de l'Étoile пло́щадь Звезды́ • croire en son étoile ве́рить в свою́ звезду́ • être né sous une heureuse étoile роди́ться под счастли́вой звездо́й

• passer la nuit à la belle étoile провести́ ночь под откры́тым не́бом

étonnant *adj* удиви́тельный • c'est étonnant э́то удиви́тельно • une coïncidence étonnante удиви́тельное совпаде́ние

étonnement *nm* удивле́ние • elle me regardait avec étonnement она́ смотре́ла на меня́ с удивле́нием

étonner *v* удивля́ть / удиви́ть • ça ne m'étonne pas э́то меня́ не удивля́ет

■ s'étonner *vp* удивля́ться / удиви́ться *(+ D)* • il ne s'étonne de rien он ничему́ не удивля́ется • il n'y a pas de quoi s'étonner не́чему удивля́ться

étouffant *adj* ду́шный • un temps étouffant ду́шная пого́да

étouffer ◪ *vt (empêcher de respirer)* души́ть ④ / задуши́ть ④ • les larmes l'étouffaient слёзы души́ли её ◪ *vi (respirer avec peine)* • il fait chaud ici, j'étouffe жа́рко здесь, мне ду́шно

étourderie *nf* **1.** *(manque d'attention)* рассе́янность *f* • il a fait ça par étourderie он э́то сде́лал по рассе́янности **2.** *(acte d'étourderie)* опло́шность *f* • faire une étourderie допусти́ть опло́шность • réparer son étourderie испра́вить свою́ опло́шность

étourdi *adj* рассе́янный • il est tellement étourdi он тако́й рассе́янный

étrange *adj* стра́нный ⑤ *(стра́нен, странна́, стра́нно, стра́нны)* • un homme étrange стра́нный челове́к • un temps étrange стра́нная пого́да
● si étrange que cela puisse paraître как ни стра́нно

étranger[1] *adj* **1.** *(d'une autre nation)* иностра́нный • une langue étrangère иностра́нный язы́к • le ministère des Affaires étrangères министе́рство иностра́нных дел • des devises étrangères иностра́нная валю́та **2.** *(d'une autre famille, d'un autre groupe)* чужо́й • entre les mains de personnes étrangères в рука́х чужи́х люде́й

étranger[2] *nm (homme appartenant à une autre nation)* иностра́нец
● à l'étranger **a.** *(direction)* за грани́цу › **partir à l'étranger** уе́хать за грани́цу **b.** *(emplacement)* за грани́цей › **vivre à l'étranger** жить за грани́цей • de l'étranger *(lieu d'où l'on vient)* из-за грани́цы › **revenir de l'étranger** верну́ться из-за грани́цы

étrangère *nf* иностра́нка

étrangler *v* души́ть ④ / задуши́ть ④ • elle a failli être étranglée её чуть не задуши́ли
■ s'étrangler *vp* дави́ться ④ / подави́ться ④ • s'étrangler avec un os подави́ться ко́стью • s'étrangler de rire дави́ться от сме́ха

être *v*

1. À L'INFINITIF = **быть***
• **être ou ne pas être, c'est là la question** быть и́ли не быть, вот в чём вопро́с

2. AU PRÉSENT, FORME AFFIRMATIVE INUSITÉE
• **je suis à la retraite** я на пе́нсии
• **tu es fatigué ?** ты уста́л?
• **où est-il ?** где он?

3. AU PRÉSENT, FORME NÉGATIVE = **нет**
• **il n'est pas là** его́ нет

4. AU PASSÉ = [был, была́, бы́ло, бы́ли ⑤ *(forme négative)* не́ был, не была́, не́ было, не́ были ⑤]
• **j'étais en congé** я был в о́тпуске
• **il n'était pas chez lui** его́ не́ было до́ма
• **il était rarement chez lui** он ре́дко быва́л до́ма
• **son père était ingénieur** его́ оте́ц был инжене́ром

5. AU FUTUR = [бу́ду, бу́дешь, бу́дет, бу́дем, бу́дете, бу́дут]
• **je serai devant le cinéma 5 minutes avant le film** я бу́ду пе́ред кинотеа́тром за 5 мину́т до нача́ла фи́льма
• **tu seras chez Jacques demain soir ?** ты бу́дешь у Жа́ка за́втра ве́чером?
• **elle sera contente** она́ бу́дет ра́да
• **nous serons très heureux de la revoir** бу́дем о́чень ра́ды уви́деть её сно́ва
● **il était une fois** *(en fonction du sujet)* жил-был, жила́-была́, жи́ли-бы́ли
• **il était une fois une petite fille...** жила́-была́ де́вочка
• **il était une fois un vieil homme et une vieille femme qui vivaient au bord de la mer** жи́ли-бы́ли стари́к со стару́хой у са́мого си́него мо́ря

être *nm* существо́ • un être vivant живо́е существо́

étroit *adj litt & fig* у́зкий ⑤ *(comp.* у́же*)* • une rue étroite у́зкая у́лица • un esprit étroit у́зкий ум
● à l'étroit в тесноте́ › **ils sont terriblement à l'étroit** они́ живу́т в стра́шной тесноте́

étroitement *adv* те́сно *(comp.* тесне́е*)* • les problèmes sont étroitement liés э́ти пробле́мы те́сно свя́заны

étude *nf* **1.** *(travail de l'esprit)* изуче́ние • l'étude de la nature изуче́ние приро́ды **2.** *(œuvre musicale)* этю́д • une étude de Chopin этю́д Шопе́на
● faire ses études учи́ться ④ › **il a fait ses études au lycée** он учи́лся в лице́е

étudiant *nm* студе́нт • un étudiant de la faculté de droit студе́нт юриди́ческого факульте́та • un étudiant en médecine студе́нт-ме́дик

étudiante *nf* студе́нтка • une étudiante de la faculté des lettres студе́нтка филологи́ческого факульте́та

étudier ◪ *vt* изуча́ть / изучи́ть ④ • étudier le russe изуча́ть ру́сский язы́к • étudier une question изучи́ть вопро́с ◪ *vi* учи́ться ④ • il n'aime pas étudier он не лю́бит учи́ться

étui *nm* футля́р • un étui à lunettes футля́р для очко́в

étymologie *nf* этимоло́гия • l'étymologie du mot « ethnographie » этимоло́гия сло́ва «этногра́фия»

euh *interj* а

euro *nm* е́вро *nt indécl* • combien ça fait en euros ? а ско́лько э́то в е́вро?

Europe *nf* Евро́па

européen *adj* европе́йский • les pays européens европе́йские стра́ны
■ Européen *nm* европе́ец

Européenne *nf* европе́йка

eux *pron* → il

évacuer *v* (*d'un endroit dangereux*) эваку́ировать / эваку́ировать • évacuer les blessés эваку́ировать ра́неных

évader ■ s'évader *vp* сбега́ть / сбежа́ть* [*n cl*, сбегу́, сбежи́шь, сбегу́т - сбеги́] • s'évader de prison сбежа́ть из тюрьмы́

évangile *nm* Ева́нгелие • l'Évangile selon saint Jean Ева́нгелие от Иоа́нна

évanouir
■ s'évanouir *vp* (*perdre connaissance*) упа́сть в о́бморок (па́дать / упа́сть* [IV, упаду́, упадёшь - упа́л, упа́ла]) • elle s'est évanouie она́ упа́ла в о́бморок

évaporer
■ s'évaporer *vp* испаря́ться / испари́ться • l'eau s'est évaporée вода́ испари́лась

évasion *nf* побе́г • après son évasion manquée по́сле неуда́чного побе́га

événement *adv* собы́тие • un événement historique истори́ческое собы́тие

éventail *nm* ве́ер* (*nom. pl.* веера́) ①②
• une barbe en éventail борода́ ве́ером

éventuellement *adv* возмо́жно • il a dit qu'il viendrait éventuellement avec son chien он сказа́л, что возмо́жно придёт с соба́кой

évêque *nm* епи́скоп • l'évêque d'Orléans епи́скоп Орлеа́нский

évidemment *adv* **1.** (*renforçant une affirmation*) коне́чно • et il est parti ? — évidemment и он ушёл? — коне́чно • il a évidemment raison он, коне́чно, прав **2.** (*visiblement*) очеви́дно • une conclusion évidemment fausse очеви́дно непра́вильный вы́вод

évident *adj* очеви́дный • un fait évident очеви́дный факт • un malentendu évident очеви́дное недоразуме́ние • il est évident qu'il s'est trompé он, очеви́дно, оши́бся

évier *nm* ра́ковина

éviter *v* **1.** (*contourner un obstacle*) обходи́ть ④ / обойти́* [IV, обойду́, обойдёшь - обошёл, обошла́] (*à pied*), объезжа́ть / объе́хать* [IV, объе́ду, объе́дешь] (*à cheval, en voiture*) • éviter une flaque обходи́ть лу́жу • nous sommes allés là-bas à cheval, en évitant les endroits marécageux мы поéхали туда́ верхо́м, объезжа́я боло́тистые места́ **2.** (*échapper à*) избега́ть / избе́гнуть* [III], избежа́ть* [*n cl*, избегу́, избежи́шь, избегу́т - избеги́] (+ *G*) • éviter la mort избежа́ть сме́рти • il évitait mon regard он избега́л моего́ взгля́да **3.** (*épargner*) • je voulais vous éviter ce souci я хоте́л изба́вить вас от э́тих хлопо́т

évolution *nf* эволю́ция • l'évolution des mœurs эволю́ция нра́вов

ex- *préf* бы́вший • notre ex-directeur наш бы́вший дире́ктор

exact *adj* **1.** (*précis, rigoureux*) то́чный ⑤ • l'adresse exacte то́чный а́дрес • les sciences exactes то́чные нау́ки **2.** (*correct*) пра́вильный • il nous a donné la réponse exacte он дал нам пра́вильный отве́т • c'est exact пра́вильно

exactement *adv* **1.** (*gén*) то́чно так • ça s'est terminé exactement comme je l'avais prévu э́то ко́нчилось то́чно так, как я предви́дел **2.** (*en guise d'affirmation*) соверше́нно ве́рно • c'est ce que vous avez fait ? — exactement э́то то, что вы сде́лали? — соверше́нно ве́рно

exactitude *nf* то́чность *f* • avec la plus grande exactitude с велича́йшей то́чностью

exagération *nf* преувеличе́ние • il a tendance à l'exagération он скло́нен к преувеличе́нию

exagérer *v* преувели́чивать / преувели́чить • tu exagères ses mérites ты преувели́чиваешь её досто́инства • il a tendance à exagérer он лю́бит преувели́чивать

examen *nm* **1.** *(étude)* изуче́ние • après un examen attentif des documents по́сле тща́тельного изуче́ния докуме́нтов **2.** *(épreuve que subit un candidat)* экза́мен • un examen de passage перехо́дный экза́мен • passer un examen сдава́ть экза́мен • réussir à un examen сдать экза́мен • être recalé à un examen провали́ться на экза́мене

examinateur *nm* экзамена́тор • un examinateur trop sévère сли́шком стро́гий экзамена́тор

À PROPOS DE...

À la différence de son équivalent français, **экзамена́тор** s'écrit avec un **е** à la troisième syllabe.

examinatrice *nf* экзамена́торша • une examinatrice très gentille о́чень до́брая экзамена́торша

examiner *v* рассма́тривать / рассмотре́ть* [I, рассмотрю́, рассмо́тришь] ④ • examiner un objet рассмотре́ть предме́т • examiner un projet рассмотре́ть прое́кт

excellent *adj* превосхо́дный • une excellente idée превосхо́дная иде́я

excepté *prép* за исключе́нием *(+ G)* • tous, excepté les enfants все за исключе́нием дете́й

exception *nf* исключе́ние • il n'y a pas de règle sans exception нет пра́вила без исключе́ния • tous sans exception все без исключе́ния • à l'exception des enfants за исключе́нием дете́й • à de rares exceptions près за ре́дкими исключе́ниями

exceptionnel *adj* исключи́тельный • des aptitudes exceptionnelles исключи́тельные спосо́бности • dans des cas exceptionnels в исключи́тельных слу́чаях

exceptionnellement *adv* **1.** *(remarquablement)* исключи́тельно • un garçon exceptionnellement doué исключи́тельно дарови́тый ю́ноша **2.** *(par exception)* в ви́де исключе́ния • exceptionnellement, la réunion aura lieu à quatre heures в ви́де исключе́ния собра́ние состои́тся в четы́ре часа́

excès *nm* изли́шек • excès pondéral изли́шек ве́са
• excès de vitesse превыше́ние ско́рости › **il a eu une amende pour excès de vitesse** его́ оштрафова́ли за превыше́ние ско́рости › faire un excès de vitesse превыша́ть ско́рость (превыша́ть / превы́сить)

excité *adj* возбуждённый • avec la neige, les enfants sont excités де́ти возбуждены́ из-за вы́павшего сне́га

exclamation *nf* во́зглас • une exclamation de joie во́зглас ра́дости
• un point d'exclamation восклица́тельный знак

exclamer
■ s'exclamer *vp* восклица́ть / воскли́кнуть • quelle horreur ! s'exclama-t-elle у́жас како́й! — воскли́кнула она́

exclure *v* исключа́ть / исключи́ть • exclure un élève исключи́ть ученика́ › **Pierre a été exclu trois jours** Пьера исключи́ли на три дня • une telle éventualité n'est pas exclue така́я возмо́жность не исключена́

exclusivement *adv (uniquement)* исключи́тельно • je m'occupe exclusivement de cette question я занима́юсь исключи́тельно э́тим вопро́сом

excursion *nf* экску́рсия • faire une excursion соверши́ть экску́рсию • aller en excursion е́здить на экску́рсию

excuse *nf (justification)* оправда́ние • c'est un peu faible comme excuse э́то слабова́то в ка́честве оправда́ния • trouver des excuses найти́ оправда́ния
■ excuses *nfpl* извине́ния *pl (*извине́ний, извине́ниям*)* • il a accepté mes excuses он при́нял мои́ извине́ния • je refuse de lui faire des excuses я отка́зываюсь приноси́ть ему́ мои́ извине́ния

excuser *v* извиня́ть / извини́ть • **excusez-moi !** извини́те! • **excusez-moi de vous avoir dérangé** извини́те за беспоко́йство • **excusez-nous de vous avoir fait attendre** извини́те, мы заста́вили вас ждать
■ **s'excuser** *vp* извиня́ться / извини́ться • **s'excuser auprès du professeur** извини́ться пе́ред преподава́телем • **s'excuser de son retard** извиня́ться за опозда́ние • **je m'excuse de ne pas être venu** извиня́юсь, что не пришёл

exécuter *v* **1.** *(accomplir, jouer)* исполня́ть / испо́лнить • **exécuter un ordre** испо́лнить прика́з • **exécuter un concerto** испо́лнить конце́рт **2.** *(mettre à mort)* казни́ть / казни́ть • **Robespierre fut exécuté** Робеспье́р был казнён

exécutif *adj* исполни́тельный • **le pouvoir exécutif** исполни́тельная власть

exécution *nf* **1.** *(réalisation)* исполне́ние • **l'exécution d'un ordre** исполне́ние прика́за **2.** *(mise à mort)* казнь *f* • **une exécution capitale** сме́ртная казнь

exemplaire *adj* образцо́вый • **une conduite exemplaire** образцо́вое поведе́ние
■ **exemplaire** *nm* экземпля́р • **la lettre a été tapée en trois exemplaires** письмо́ бы́ло напеча́тано в трёх экземпля́рах

exemple *nm* приме́р • **donner un exemple** привести́ приме́р • **donner l'exemple** подава́ть приме́р • **donner un aîné en exemple** поста́вить ста́ршего в приме́р • **prendre exemple sur son père** взять приме́р с отца́ • **servir d'exemple** служи́ть приме́ром • **à titre d'exemple** в ка́честве приме́ра
● **par exemple** наприме́р › **on pourrait, par exemple, lui offrir un livre** мо́жно бы, наприме́р, подари́ть ей кни́гу

exercer
■ **s'exercer** *vp* упражня́ться • **s'exercer à parler en russe** упражня́ться в разгово́рном ру́сском

exercice *nm* **1.** *(activité, travail)* упражне́ние • **des exercices de grammaire** граммати́ческие упражне́ния • **des exercices physiques** физи́ческие упражне́ния **2.** *(activité physique)* движе́ние • **le médecin lui a recommandé un peu d'exercice** врач рекомендова́л ему́ бо́льше дви́гаться

exigeant *adj* тре́бовательный • **elle est trop exigeante** она́ сли́шком тре́бовательна

exigence *nf* **1.** *(nécessité)* тре́бование **2.** *(caractère)* тре́бовательность

exiger *v* **1.** *(demander impérativement)* тре́бовать / потре́бовать *(+ G,* что́бы *)* • **exiger des explications** потре́бовать объясне́ний • **une préposition exigeant le génitif** предло́г, тре́бующий роди́тельного падежа́ • **le directeur exige que nous terminions ce travail aujourd'hui** дире́ктор тре́бует, что́бы мы э́то ко́нчили сего́дня **2.** *(forcer à présenter)* тре́бовать / потре́бовать *(+ A)* • **à l'entrée, un agent de police exige les cartes d'identité** у вхо́да полице́йский тре́бует удостовере́ния ли́чности

exil *nm* изгна́ние, ссы́лка • **vivre en exil** жить в изгна́нии

exiler *v* изгоня́ть / изгна́ть* [I, изгоню́, изго́нишь ④ - изгна́л, изгнала́, изгна́ло, изгна́ли ⑤], ссыла́ть / сосла́ть • **tous furent exécutés ou exilés** все бы́ли казнены́ или со́сланы

existence *nf* существова́ние • **nier l'existence de Dieu** отрица́ть существова́ние Бо́га • **elle m'empoisonne l'existence** она́ отравля́ет мне существова́ние

exister *v* существова́ть • **ça n'existe que sur le papier** э́то существу́ет то́лько на бума́ге • **il n'existe pas de traduction pour ce mot** перево́да э́того сло́ва не существу́ет

exotique *adj* экзоти́ческий • **des plantes exotiques** экзоти́ческие расте́ния

expédier *v* *(envoyer)* отправля́ть / отпра́вить • **expédier une lettre** отпра́вить письмо́

expéditeur *nm* отправи́тель *m* • **l'adresse de l'expéditeur** а́дрес отправи́теля

expédition *nf* *(excursion, mission)* похо́д, экспеди́ция • **partir en expédition** отпра́виться в похо́д

expéditrice *nf* отправи́тельница

expérience *nf* о́пыт • **il a une grande expérience** у него́ большо́й о́пыт • **faire des expériences en chimie** производи́ть хими́ческие о́пыты

expérimental *adj* эксперимента́льный • une méthode expérimentale эксперимента́льный ме́тод • un laboratoire expérimental эксперимента́льная лаборато́рия

expérimenté *adj* о́пытный • un homme expérimenté о́пытный челове́к

explication *nf* объясне́ние • donner une explication satisfaisante дать удовлетвори́тельное объясне́ние • exiger des explications du médecin потре́бовать от врача́ объясне́ний

expliquer *v* объясня́ть / объясни́ть • expliquer une nouvelle leçon объясни́ть но́вый уро́к

■ s'expliquer *vp* объясня́ться / объясни́ться • comment cela s'explique-t-il ? чем э́то объясня́ется?

exploit *nm* по́двиг • accomplir un exploit соверши́ть по́двиг

exploitation *nf* эксплуата́ция • l'exploitation des richesses naturelles эксплуата́ция приро́дных бога́тств • mettre en exploitation ввести́ в эксплуата́цию

exploiter *v* **1.** *(faire valoir)* разраба́тывать / разрабо́тать • exploiter une mine разраба́тывать ша́хту • exploiter la tourbe разраба́тывать торф **2.** *(profiter abusivement)* эксплуати́ровать • exploiter le travail des enfants эксплуати́ровать де́тский труд

exploiteur *nm* эксплуата́тор

explorer *v* иссле́довать / иссле́довать • explorer une île иссле́довать о́стров

exploser *v* взрыва́ться / взорва́ться* [IV, взорвётся, взорву́тся - взорва́лся, взорвала́сь] ③ • une grenade a explosé à cinq pas de lui грана́та взорвала́сь в пяти́ шага́х от него́

explosion *nf* взрыв • une explosion atomique а́томный взрыв

exportation *nf* вы́воз • cette année, les exportations dépassent les importations в э́том году́ вы́воз превыша́ет ввоз

exporter *v* вывози́ть ④ / вы́везти* [IV, вы́везу, вы́везешь - вы́вез, вы́везла - вы́везенный] • exporter des fruits вывози́ть фру́кты

exposé *nm* докла́д • j'ai fait un exposé sur Pouchkine я сде́лал докла́д о Пу́шкине

exposer *v* **1.** *(expliquer)* излага́ть / изложи́ть ④ • exposer une théorie изложи́ть тео́рию • exposer son point de vue изложи́ть свою́ то́чку зре́ния **2.** *(mettre en vue)* выставля́ть / вы́ставить • exposer un tableau выставля́ть карти́ну **3.** *(en photographie)* экспони́ровать / экспони́ровать • un cliché bien exposé пра́вильно экспони́рованный отпеча́ток

exposition *nf* *(présentation au public)* вы́ставка • une exposition internationale междунаро́дная вы́ставка • une exposition de peinture вы́ставка карти́н • aller à l'exposition идти́ на вы́ставку

exprès *adv* наро́чно • il l'a fait exprès он э́то сде́лал наро́чно

● comme par un fait exprès как наро́чно

express, expresso *nm (café)* экспре́ссо

expressif *adj* вырази́тельный • un visage expressif вырази́тельное лицо́ • un geste expressif вырази́тельный жест

expression *nf* выраже́ние • l'expression d'une pensée выраже́ние мы́сли • l'expression du visage выраже́ние лица́ • employer une expression incorrecte употребля́ть непра́вильное выраже́ние

exprimer *v* *(manifester ses pensées)* выража́ть / вы́разить • exprimer une idée выража́ть мысль • exprimer le désir вы́разить жела́ние • exprimer son mécontentement вы́разить своё неудово́льствие

■ s'exprimer *vp* выража́ть свои́ мы́сли (выража́ть / вы́разить) • ils ne savent pas encore s'exprimer они́ ещё пло́хо выража́ют свои́ мы́сли • elle peut s'exprimer par la danse она́ мо́жет вы́разить себя́ в та́нце

● elle s'exprime bien en russe она́ хорошо́ владе́ет ру́сским

extasier

■ s'extasier *vp* восхища́ться / восхити́ться *(т → щ) (+ I)* • s'extasier devant un tableau восхища́ться карти́ной

extérieur *adj* **1.** *(externe)* вне́шний • une ressemblance extérieure вне́шнее схо́дство • le monde extérieur вне́шний мир • le commerce extérieur вне́шняя торго́вля • la politique extérieure вне́шняя поли́тика **2.** *(donnant sur le dehors)* нару́жный • la porte extérieure нару́жная дверь • le mur extérieur нару́жная стена́

■ extérieur *nm* нару́жность

● à l'extérieur снару́жи › **à l'extérieur, le bâtiment était intact** снару́жи зда́ние бы́ло це́ло • de l'extérieur снару́жи › **la lumière ne pénétrait pas de l'extérieur** свет не проника́л снару́жи

extérieurement *adv* вне́шне • il n'avait pas changé extérieurement он не измени́лся вне́шне

exterminer *v* истребля́ть / истреби́ть • les rats ont été exterminés кры́сы бы́ли истреблены́

externe *adj* вне́шний • graveur de DVD externe вне́шнее устро́йство за́писи DVD

extraire *v* **1.** *(sortir)* извлека́ть / извле́чь* [IV, извлеку́, извлечёшь, извлеку́т - извлёк, извлекла́ - извлечённый] ③ • extraire une balle de la jambe извле́чь пу́лю из ноги́ • extraire la racine carrée извле́чь квадра́тный ко́рень **2.** *(de terre)* добыва́ть / добы́ть* [*n cl*, добу́ду, добу́дешь - добы́л, добыла́, добы́ло, добы́ли - добу́дь - добы́тый] ⑤ • extraire du pétrole добы́ть нефть

extrait *nm (d'une œuvre)* отры́вок • un extrait du roman « Guerre et paix » отры́вок из рома́на «Война́ и мир»

extraordinaire *adj* чрезвыча́йный, исключи́тельный • des dispositions extraordinaires чрезвыча́йные спосо́бности • c'est un homme extraordinaire э́то челове́к исключи́тельный

extraordinairement *adv* чрезвыча́йно, исключи́тельно • une femme extraordinairement intelligente исключи́тельно у́мная же́нщина

extrême *adj* кра́йний • une simplicité extrême кра́йняя простота́

■ extrême *nm* кра́йность *f* • pousser à l'extrême доводи́ть до кра́йности • passer d'un extrême à l'autre перейти́ от одно́й кра́йности к друго́й • les extrêmes se touchent кра́йности схо́дятся

extrêmement *adv* кра́йне • c'est extrêmement important э́то кра́йне ва́жно

Extrême-Orient *nm* Да́льний Восто́к • en Extrême-Orient на Да́льнем Восто́ке

extrémiste *nmf* экстреми́ст *m*, экстреми́стка *f*

extrémité *nf* коне́ц • à l'extrémité du couloir в конце́ коридо́ра

fF

fa *nm* фа* *nt indécl* • fa dièse фа диéз

fable *nf* бáсня* *(gén. pl.* бáсен*)* • les fables de La Fontaine бáсни Лафонтéна

fabrication *nf* произвóдство • la fabrication des montres произвóдство часóв

fabriquer *v* производи́ть ④ / произвести́* [IV, произведу́, произведёшь - произвёл, произвела́ ③ - произведённый] • fabriquer des automobiles производи́ть автомоби́ли

fac *(abr de* faculté*)* *fam nf* факультéт • je suis en fac я студéнт • elle est en fac de lettres онá ýчится на филфáке

façade *nf* фасáд • la maison a sa façade sur la place дом выхóдит фасáдом на плóщадь

face *nf* **1.** *(visage)* лицó ②① • se trouver face à face avec un acteur célèbre столкнýться лицóм к лицý с извéстным актёром • j'ai le soleil en face сóлнце свéтит мне в лицó ~ *fig* • regarder le danger en face смотрéть опáсности в лицó **2.** *(côté d'une chose)* сторонá *(*стóрону *; pl.* стóроны, сторóн, сторонáм*)* ⑥③ • la face imprimée du disque лицевáя сторонá компáкт-ди́ска **3.** *(d'une pièce de monnaie)* орёл • pile ou face орёл или рéшка
● en face напрóтив › **ils habitent là-bas en face** они́ живýт там напрóтив • en face de напрóтив *(+ G)* › **en face de l'hôtel** напрóтив гости́ницы

fâché *adj* рассéрженный • ma mère était très fâchée que j'ai perdu mes clés моя́ мать былá óчень рассéржена тем, что я потеря́л ключи́ • il est fâché contre le prof d'anglais он рассéржен на преподавáтеля англи́йского

fâcher *v* серди́ть ④ / рассерди́ть ④ • vous l'avez fâché вы егó рассерди́ли
■ se fâcher *vp* **1.** *(se mettre en colère)* серди́ться ④ / рассерди́ться ④ • il s'est fâché contre moi он рассерди́лся на меня́ **2.** *(se brouiller)* ссóриться / поссóриться • il s'est fâché avec tous ses amis он поссóрился со всéми свои́ми друзья́ми

facile *adj* лёгкий ⑤ *(comp.* лéгче**)* • un travail facile лёгкая рабóта • une vie facile лёгкая жизнь • une victoire facile лёгкая побéда • c'est facile э́то легкó • c'est facile à dire ! легкó сказáть!
● elle a la larme facile у неё глазá на мóкром мéсте

facilement *adv* легкó *(comp.* лéгче**)* • on peut trouver ça facilement э́то мóжно легкó найти́

façon *nf* *(procédé)* óбраз • de quelle façon ? каки́м óбразом? • de la façon suivante слéдующим óбразом • d'une façon radicale реши́тельным óбразом
● à ma façon, à ta façon... по-свóему › **j'ai fait ça à ma façon** я э́то сдéлал по-свóему • c'est une façon de parler так говори́тся • de façon à так, чтóбы › **de façon à ne pas arriver en retard** так, чтóбы не опоздáть › **de façon à ce qu'il comprenne** так, чтóбы он пóнял • de toute façon так или инáче
■ façons *nfpl* **1.** *(manière d'agir)* манéры *pl t (*манéр, манéрам*)* • il a des façons vulgaires у негó вульгáрные манéры **2.** *(politesses affectées)* церемóнии *pl t (*церемóний, церемóниям*)* • sans façons без церемóний

facteur *nm* **1.** *(employé des postes)* почтальóн • le facteur a apporté deux lettres почтальóн принёс два письмá **2.** *(élément)* фáктор • les facteurs de la productivité фáкторы производи́тельности

factrice *nf* почтальóнша

facture *nf* счёт • payer sa facture de téléphone оплати́ть счёт за телефóн

facultatif *adj* факультати́вный • une matière facultative факультати́вный предмéт

faculté *nf* **1.** *(dans une université)* факультéт • à la faculté de médecine на медици́нском факультéте • à la faculté de droit на юриди́ческом факульте́те • **à la faculté des lettres** на филологи́ческом факульте́те • **à la faculté des sciences** на фи́зико-математи́ческом факульте́те **2.** *(aptitude)* спосо́бность *f* • **les facultés intellectuelles** у́мственные спосо́бности

fade *adj (en parlant d'aliments)* безвку́сный • **tous les plats lui semblaient fades** все блю́да каза́лись ему́ безвку́сными

FAI (*abr de* fournisseur d'accès Internet) *nm* прова́йдер

faible[1] *adj* сла́бый ⑤ • **il est faible de santé** он слаб здоро́вьем • **une faible lumière** сла́бый свет • **il est faible en physique** он слаб в фи́зике • **il ne reste qu'un faible espoir** оста́лась то́лько сла́бая наде́жда • **c'est son point faible** э́то его́ сла́бая сторона́
● **faible de caractère** бесхара́ктерный

faible[2] *nm* сла́бость *f* • **il a de toute évidence un faible pour Aurélie** я́сно, что он пита́ет сла́бость к Орели́

faiblement *adv* сла́бо *(comp.* слабе́е*)* • **une pièce faiblement éclairée** сла́бо освещённая ко́мната

faiblesse *nf* сла́бость *f* • **une sensation de faiblesse** ощуще́ние сла́бости • **la faiblesse de caractère** сла́бость хара́ктера

faïence *nf* фая́нс • **de la faïence d'art** худо́жественный фая́нс
● **de faïence, en faïence** фая́нсовый • **des objets en faïence** фая́нсовые изде́лия

faillir *v* чуть не *(+ passé perf)* • **elle a failli tomber** она́ чуть не упа́ла

faillite *nf* банкро́тство • **après la faillite de cette entreprise** по́сле банкро́тства э́того предприя́тия
● **faire faillite** обанкро́чиваться / обанкро́титься › **l'entreprise a fait faillite** предприя́тие обанкро́тилось

faim *nf* го́лод • **mourir de faim** умира́ть с го́лоду* • **faire mourir de faim** мори́ть го́лодом
● **avoir faim** быть голо́дным *(*го́лоден, голодна́, го́лодны*)* › **vous avez faim, sans doute ?** вы, наве́рно, го́лодны? › **j'ai faim** я го́лоден › **j'ai terriblement faim** я стра́шно го́лоден, мне стра́шно хо́чется есть › **elle a faim** она́ голодна́ • **ne plus avoir faim** быть сы́тым *(*сыт, сыта́, , сы́ты*)* › **je n'ai plus faim** я сыт, мне бо́льше не хо́чется есть

fainéant *nm* ло́дырь *m*

faire *v*

1. RÉALISER = **де́лать / сде́лать**
• **il ne fait rien** он ничего́ не де́лает
• **faire ses devoirs** де́лать уро́ки
• **faire des expériences** де́лать о́пыты
• **faire des fautes** де́лать оши́бки
• **faire des bêtises** де́лать глу́пости
• **faire des achats** сде́лать поку́пки
• **faire une tentative** сде́лать попы́тку
• **faire une proposition** сде́лать предложе́ние
• **faire un pas en avant** сде́лать шаг вперёд
• **ça s'est fait très vite** э́то сде́лалось о́чень бы́стро

2. ALLER EN EXCURSION, EN VOYAGE = **де́лать / сде́лать, соверша́ть / соверши́ть** *littéraire*
• **faire une promenade** сде́лать прогу́лку
• **faire un voyage** соверши́ть путеше́ствие

3. ÉCRIRE, PEINDRE = **писа́ть*** [II, пишу́, пи́шешь ④] / **написа́ть*** [II, *id*]
• **faire un poème** написа́ть поэ́му
• **faire une chanson** написа́ть пе́сню
• **faire un portrait** написа́ть портре́т

4. CUIRE = **гото́вить / пригото́вить, вари́ть** ④ / **свари́ть** ④ *(cuire à l'eau)*, **печь*** [IV, пеку́, печёшь, пеку́т - пёк, пекла́ ③] / **испе́чь*** [IV, испеку́, испечёшь, испеку́т - испёк, испекла́ ③ - испечённый] *(cuire au four)*, **жа́рить / зажа́рить** изжа́рить *(cuire à la poêle ; rôtir)*
• **faire du thé** пригото́вить чай
• **faire de la soupe** свари́ть суп
• **faire du pain** испе́чь хлеб
• **faire des gâteaux** испе́чь пироги́
• **faire un poulet** зажа́рить цыплёнка
• **faire des pommes de terre à la poêle** зажа́рить карто́шку

5. COUDRE = **шить*** [II, шью, шьёшь - шей] / **сшить*** [II, сошью́, сошьёшь - сшей - сши́тый]
• **faire une robe** сшить пла́тье
• **faire un costume** сшить костю́м

6. ÉTUDIER = **изуча́ть / изучи́ть** ④, **учи́ться** ④
• **faire du japonais** изуча́ть япо́нский язы́к
• **faire de la physique** изуча́ть фи́зику
• **faire son droit** учи́ться на юриди́ческом факульте́те

• **faire sa médecine** учи́ться на медици́нском факульте́те

7. PRATIQUER TELLE OU TELLE ACTIVITÉ = **занима́ться**

• **faire du sport** занима́ться спо́ртом

• **faire de la politique** занима́ться поли́тикой • TEL OU TEL SPORT = **игра́ть** / **поигра́ть**

• **faire du tennis** игра́ть в те́ннис • SE PROMENER À VÉLO, À SKIS... = **ката́ться** / **поката́ться**

• **faire du ski** ката́ться на лы́жах

• **faire du vélo** ката́ться на велосипе́де

• **faire de la luge** ката́ться на са́нках

8. PARCOURIR = **проходи́ть** ④, **пройти́*** [IV, пройду́, пройдёшь - прошёл, прошла́ - про́йденный - пройдя́] *(à pied)*, **пробега́ть** / **пробежа́ть** [*n cl*, пробегу́, пробежи́шь, пробегу́т - пробеги́] *(en courant)*, **проезжа́ть** / **прое́хать*** [IV, прое́ду, прое́дешь] *(autrement qu'à pied)*, **пролета́ть** / **пролете́ть*** [I, пролечу́, пролети́шь] *(en volant)*

• **faire quelques mètres** пройти́ не́сколько ме́тров

• **nous avons fait trois kilomètres à la course** мы пробежа́ли три киломе́тра

• **nous avons fait cent cinquante kilomètres en auto-stop** мы прое́хали полтора́ста киломе́тров автосто́пом

• **les oiseaux migrateurs font des milliers de kilomètres** перелётные пти́цы пролета́ют ты́сячи киломе́тров

9. CHERCHER À PARAÎTRE = **притворя́ться** *(+ I)*

• **faire le malade** притворя́ться больны́м

10. LAISSER QUELQUE PART = **дева́ть** [дева́ю, дева́ешь] / **деть*** [*n cl*, де́ну, де́нешь]

• **qu'est-ce que j'ai fait de cette lettre ?** куда́ я дел э́то письмо́?

11. DONNER COMME RÉSULTAT = **быть**

• **trois et deux font cinq** три и два — пять

• **combien font trois plus deux ?** ско́лько бу́дет три плюс два?

12. INDIQUANT LES CONDITIONS MÉTÉOROLOGIQUES, L'AMBIANCE = **быть**

• **il fait beau** пого́да хоро́шая

• **quel temps fait-il ?** кака́я сего́дня пого́да?

• **il fait chaud** жа́рко

• **il faisait froid hier** вчера́ бы́ло хо́лодно

• **il fera bon se promener par un temps pareil** хорошо́ бу́дет гуля́ть в таку́ю пого́ду

• **il fait déjà sombre** уже́ стемне́ло

13. SUIVI D'UNE INDICATION DE TEMPS = **вот уже́... как**

• **ça fait trois semaines que je ne l'ai pas vu** вот уже́ три неде́ли как я его́ не ви́дел

14. + INFINITIF = **заставля́ть** / **заста́вить** *(forcer à)*

• **ils m'ont fait travailler** они́ заста́вили меня́ рабо́тать

= **дава́ть*** [II, даю́, даёшь - дава́й - дава́я] / **дать*** [*n cl*, дам, дашь, даст, дади́м, дади́те, даду́т - дал, дала́, да́ло, да́ли ⑤] *(donner la possibilité de)*

• **je lui ai fait comprendre que c'était impossible** я дал ему́ поня́ть, что э́то невозмо́жно

À PROPOS DE...

Lorsque le verbe **faire** fait partie d'une locution comme **faire peur**, **faire cuire**, l'expression est traitée au deuxième terme.

● **ça ne fait rien** ничего́ › **ça ne fait rien, on se débrouillera sans lui** ничего́, мы и без него́ обойдёмся

• **ça ne me fait rien** мне всё равно́

• **c'est bien fait pour** так и на́до *(+ D)* › **c'est bien fait pour toi !** так тебе́ и на́до!

• **faire un discours** произнести́ речь (произноси́ть ④ / произнести́* [IV, произнесу́, произнесёшь - произнёс, произнесла́] ③)

• **il ferait mieux de s'en aller** лу́чше бы он уе́хал

• **faire de son mieux** стара́ться изо всех сил (стара́ться / постара́ться)

• **faire partir** EXPÉDIER отправля́ть / отпра́вить › **tu as fait partir la lettre pour l'avocat ?** ты отпра́вил письмо́ адвока́ту?

• **faire des pieds et des mains** из ко́жи вон лезть (лезть* [IV, ле́зу, ле́зешь - лез, ле́зла])

• **faire pousser** расти́ть / вы́растить › **faire pousser des fleurs** расти́ть цветы́

• **faire savoir** сообща́ть / сообщи́ть › **il m'a fait savoir que la réunion aurait lieu demain** он мне сообщи́л, что собра́ние состои́тся за́втра

• **faire sécher** суши́ть ④ / вы́сушить › **faire sécher le linge** суши́ть бельё › **faire sécher des champignons** вы́сушить грибы́

• **faire semblant de** *(+ inf)* де́лать вид, что (де́лать / сде́лать) › **elle fait semblant de dormir** она́ де́лает вид, что спит › **il faisait semblant de se laver** он де́лал вид, что мо́ется
• **faire suivre** LE COURRIER переадресо́вывать / переадресова́ть › **j'ai fait suivre ton message électronique** я переадресова́л твоё электро́нное сообще́ние
• **faire voir** MONTRER пока́зывать / показа́ть* [II, покажу́, пока́жешь] ④ › **il m'a fait voir sa collection** он мне показа́л свою́ колле́кцию
• **faites comme chez vous** бу́дьте как до́ма
• **ne faire que** то́лько и де́лать, что › **il ne fait que grogner** он то́лько и де́лает, что ворчи́т
• **on ne la lui fait pas** его́ не проведёшь
• **on ne peut rien y faire** ничего́ не поде́лаешь
• **qu'est-ce que ça peut faire ?** ну и что же!
• **qu'est-ce que ça peut bien lui faire ?** ему́ что за де́ло до э́того?
• **qu'est-ce qu'on peut bien y faire ?** что поде́лаешь?
• **que faire ?** что де́лать?, как быть?

se faire *vp*

ORDONNER = **приказа́ть** *(+ inf +* **себе́***)* **(прика́зывать / приказа́ть*** [II, прикажу́, прика́жешь] ④**)**
• **il s'est fait apporter une tasse de café** он приказа́л принести́ себе́ ча́шку ко́фе
● **ça ne se fait pas** так не при́нято
• **comment ça se fait ?** COMMENT EN EST-ON ARRIVÉ LÀ ? как э́то случи́лось?
• **ne pas s'en faire** не беспоко́иться, ни о чём не беспоко́иться › **ne t'en fais pas, tout s'arrangera** не беспоко́йся, всё ула́дится › **il ne s'en fait pas** он ни о чём не беспоко́ится
• **se faire attendre** заста́вить себя́ ждать (заставля́ть / заста́вить)
• **se faire du mauvais sang** по́ртить себе́ кровь
• **se faire faire** заказа́ть себе́ (зака́зывать / заказа́ть* [II, закажу́, зака́жешь] ④) › **il s'est fait faire un costume** он заказа́л себе́ костю́м
• **se faire une idée d'un projet** соста́вить себе́ представле́ние о прое́кте (составля́ть / соста́вить)
• **se faire des illusions** стро́ить себе́ иллю́зии
• **se faire passer pour** выдава́ть себя́ за *(+ A)* (выдава́ть* [II, выдаю́, выдаёшь - выдава́й - выдава́я] / вы́дать* [*n cl*, вы́дам, вы́дашь, вы́даст, вы́дадим, вы́дадите, вы́дадут - вы́дал, вы́дала - вы́дай]) › **il s'est fait passer pour un spécialiste** он вы́дал себя́ за специали́ста
• **se faire petit** стара́ться не обрати́ть на себя́ внима́ния (стара́ться / постара́ться)
• **se faire pincer** попада́ться / попа́сться* [IV, попаду́сь, попадёшься - попа́лся, попа́лась]

faisan *nm* фаза́н

fait *nm* факт • **c'est un fait** э́то факт • **un fait historique** истори́ческий факт • **mettre sa direction devant le fait accompli** поста́вить дире́кцию перед сверши́вшимся фа́ктом
● **comme par un fait exprès** как наро́чно • **de ce fait** в связи́ с э́тим • **en fait** на са́мом де́ле • **passons au fait** бли́же к де́лу • **prendre un menteur sur le fait** пойма́ть лжеца́ с поли́чным

fakir *nm* факи́р

falaise *nf* отве́сная скала́ *(*скала́ ②①*)*

falloir *v* **1.** *(obligation)* • **il faut** на́до • **il faut travailler** на́до рабо́тать • **il fallait l'aider** на́до бы́ло ему́ помо́чь • **il ne faut pas s'inquiéter** не на́до беспоко́иться • **il ne faut pas que tu t'inquiètes** тебе́ не на́до беспоко́иться • **il ne faut pas fumer ici** не на́до здесь кури́ть • **il faut que tu travailles** ты до́лжен рабо́тать • **il faut que je rentre avant deux heures** я должна́ верну́ться до двух **2.** *(besoin)* • **il me faut un crayon** мне ну́жен каранда́ш • **il lui faut un panier** ей нужна́ корзи́нка • **qu'est-ce qu'il vous faut ?** что вам ну́жно? • **il me fallait une assiette** мне нужна́ была́ таре́лка • **il me faudra dix roubles** мне ну́жно бу́дет де́сять рубле́й • **il faut que j'aille à la gare** мне ну́жно идти́ на вокза́л
● **comme il fallait s'y attendre** как и сле́довало ожида́ть • **comme il faut** **a.** *(convenable)* поря́дочный › **un homme comme il faut** поря́дочный челове́к **b.** *(convenablement)* как сле́дует › **il a tout fait comme il faut** он всё сде́лал как сле́дует • **il s'en est fallu de peu que la voiture se renverse** маши́на чуть не опроки́нулась

fameux *adj* **1.** *(célèbre)* знамени́тый • c'est donc lui le fameux Thomas ? э́то и есть э́тот знамени́тый Тома́? **2.** *(savoureux)* отли́чный • fameux, ton gâteau au chocolat про́сто отли́чный, твой шокола́дный торт

familial *adj* семе́йный • la vie familiale семе́йная жизнь
● les allocations familiales семе́йные посо́бия

familiarité *nf* фамилья́рность *f* • cessez vos familiarités ! прекрати́те фамилья́рности!

familier *adj* **1.** *(connu)* знако́мый • sa démarche m'a paru familière его́ похо́дка показа́лась мне знако́мой **2.** *(habituel)* привы́чный • d'un geste qui lui était familier привы́чным же́стом **3.** *(sans contrainte)* фамилья́рный • un ton familier фамилья́рный тон

familièrement *adv* фамилья́рно • il le frappa familièrement sur l'épaule он фамилья́рно хло́пнул его́ по плечу́

famille *nf* **1.** *(le père, la mère et leurs enfants)* семья́ ②⑤ • il a une famille nombreuse у него́ многочи́сленная семья́ **2.** *(ensemble de personnes ayant un lien de parenté)* ро́дственники *pl* (ро́дственников, ро́дственникам) • j'ai de la famille en Limousin а у меня́ есть ро́дственники в Лимузе́не **3.** *(ZOOL & BOT)* семе́йство • de la famille des félidés из семе́йства коша́чьих
● de famille, en famille семе́йный › un air de famille семе́йное схо́дство › la vie en famille семе́йная жизнь • un père de famille оте́ц семе́йства

famine *nf* го́лод • cette année-là, il y eut une famine épouvantable в тот год был стра́шный го́лод

fanatique *adj* фанати́ческий • un nationalisme fanatique фанати́ческий национали́зм
■ fanatique *nmf* фана́тик *m*, фана́тичка *f*

fané *adj* увя́дший • les fleurs sont fanées цветы́ увя́ли

fantaisie *nf* **1.** *(originalité)* фанта́зия • il n'a aucune fantaisie у него́ нет никако́й фанта́зии • donner libre cours à sa fantaisie дать во́лю свое́й фанта́зии **2.** *(inconséquence)* капри́з *(caprice)*, при́хоть *f (lubie)* • elle lui pardonne toutes ses fantaisies она́ проща́ет ему́ все его́ капри́зы • elle satisfait toutes tes fantaisies она́ исполня́ет все твои́ при́хоти • il lui a pris fantaisie d'aller faire de la luge ей пришла́ при́хоть поката́ться на са́нках
● à sa fantaisie по свое́й при́хоти › agir à sa fantaisie поступи́ть по свое́й при́хоти

LA FAMILLE

- l'arrière-grand-mère **праба́бушка** *f*
- l'arrière-grand-père **пра́дед** *m*
- le beau-frère
  a. *(mari de la sœur)* **зять** *m*
  b. *(frère du mari)* **де́верь** *m*
  c. *(frère de la femme)* **шу́рин** *m*
  d. *(autres)* **своя́к** *m*
- le beau-père *(mari de la mère)* **о́тчим** *m*
- la belle-mère *(femme du père)* **ма́чеха** *f*
- la belle-sœur
  a. *(femme du frère ; femme du frère du mari)* **неве́стка** *f*
  b. *(sœur de la femme ; femme du frère de la femme)* **своя́ченица** *f*
  c. *(sœur du mari)* **зо́ловка** *f*
- le cousin **двою́родный брат** *m*
- la cousine **двою́родная сестра́** *f*
- le demi-frère **сво́дный брат** *m*
- la demi-sœur **сво́дная сестра́** *f*
- la fille **дочь** *f*
- le fils **сын** *m*
- le frère **брат** *m*
- la grand-mère **ба́бушка** *f*
- le grand-père **де́душка** *m*
- la mère **ма́ма** *f*
- l'oncle **дя́дя** *m*
- le père **оте́ц** *m*
- la soeur **сестра́** *f*
- la tante **тётя** *f*

fantastique *adj* фантасти́ческий • un projet fantastique фантасти́ческий прое́кт

fantôme *nm* привиде́ние

farce *nf* **1.** *(plaisanterie)* шу́тка • une bonne farce заба́вная шу́тка **2.** *(hachis)* фарш
● être le dindon de la farce оста́ться в дурака́х • faire une farce à ses amis разыгра́ть друзе́й (разы́грывать / разыгра́ть ④)

farceur *nm* шутни́к ③② • c'est un petit farceur он большо́й шутни́к

farine *nf* мука́ • de la farine de froment пшени́чная мука́
Voir encadré page suivante.

À PROPOS DE...

Noter que l'accent est sur la dernière syllabe. Le mot мука accentué sur la première syllabe signifie tourment, souffrance.

fascisme *nm* фаши́зм

fasciste *nmf* фаши́ст *m*, фаши́стка *f*

fatal *adj* рокова́й • une erreur fatale рокова́я оши́бка

fatalisme *nm* фатали́зм

fataliste *nmf* фатали́ст *m*, фатали́стка *f*

fatigant *adj* утоми́тельный • un voyage fatigant утоми́тельное путеше́ствие

fatigue *nf* уста́лость *f* • ressentir une grande fatigue почу́вствовать большу́ю уста́лость

fatigué *adj (épithète)* уста́лый • elle a l'air fatigué вид у неё уста́лый ~ *(attribut)* • être fatigué устава́ть* [II, устаю́, устаёшь] / уста́ть* [*n cl*, уста́ну, уста́нешь] › **elle est très fatiguée** она́ о́чень уста́ла › **je suis fatigué de marcher** я уста́л от ходьбы́ › **il est vite fatigué** он бы́стро устаёт › **tu seras fatigué** ты уста́нешь

fatiguer *v* утомля́ть / утоми́ть • la lecture fatigue les yeux чте́ние утомля́ет глаза́

■ se fatiguer *vp* устава́ть* [II, устаю́, устаёшь] / уста́ть* [*n cl*, уста́ну, уста́нешь] • il se fatigue vite он бы́стро устаёт

faucher *v* **1.** *(couper)* коси́ть ④ / скоси́ть ④ • faucher l'herbe коси́ть траву́ **2.** *fam (voler)* тащи́ть ④ / стащи́ть ④ *fam* • on lui a fauché sa montre у него́ стащи́ли часы́

faucille *nf* серп ③②

faut → falloir

faute *nf* **1.** *(erreur)* оши́бка • faire une faute d'orthographe сде́лать орфографи́ческую оши́бку • corriger les fautes испра́вить оши́бки • une faute impardonnable непрости́тельная оши́бка **2.** *(culpabilité)* вина́ ②① • c'est ma faute э́то моя́ вина́ • c'est arrivé par sa faute э́то случи́лось по его́ вине́ • rejeter la faute sur les autres свали́ть вину́ на други́х

● faute de *(par manque de)* за неиме́нием *(+ G)* › **faute de mieux** за неиме́нием лу́чшего • faute d'impression опеча́тка • sans faute непреме́нно › **elle a dit qu'elle viendrait sans faute** она́ сказа́ла, что непреме́нно придёт

fauteuil *nm* кре́сло *(gén. pl.* кре́сел*)* • être assis dans un fauteuil сиде́ть в кре́сле • un fauteuil de cuir ко́жаное кре́сло

faux[1] *adj* **1.** *(non exact, non logique)* непра́вильный • une solution fausse непра́вильное реше́ние • des conclusions fausses непра́вильные вы́воды **2.** *(mensonger, feint)* ло́жный • un faux témoignage ло́жные показа́ния • une fausse nouvelle ло́жный слух • une fausse modestie ло́жная скро́мность **3.** *(hypocrite)* фальши́вый • un homme faux фальши́вый челове́к **4.** *(contrefait)* фальши́вый • des faux documents фальши́вые докуме́нты • de la fausse monnaie фальши́вые де́ньги **5.** *(artificiel, fabriqué)* иску́сственный • des fausses dents иску́сственные зу́бы **6.** *(en musique)* фальши́вый • une fausse note фальши́вая но́та

● c'est faux ! *(ce n'est pas vrai)* э́то непра́вда! • une fausse barbe накладна́я борода́

■ faux *adv* фальши́во • chanter faux фальши́во петь

faux[2] *nf (instrument)* коса́ ②① • aiguiser sa faux точи́ть косу́

faveur *nf* ми́лость *f arch* • combler de faveurs ses courtisans осыпа́ть придво́рных ми́лостями • gagner la faveur de l'empereur войти́ к импера́тору в ми́лость

● à la faveur de la nuit под покро́вом но́чи • en faveur de в по́льзу *(+ G)* › **une intervention en faveur des candidats** выступле́ние в по́льзу кандида́тов › **le procès s'est terminé en sa faveur** де́ло бы́ло решено́ в её по́льзу

favorable *adj* **1.** *(propice)* благоприя́тный • une occasion favorable благоприя́тный слу́чай • des conditions favorables благоприя́тные усло́вия • recevoir une réponse favorable получи́ть благоприя́тный отве́т **2.** *(bienveillant)* благоскло́нный

● être favorable à un candidat благоскло́нно отнести́сь к кандида́ту

fax *nm* факс • envoyer un fax посла́ть факс

fédéral *adj* федера́льный • le gouvernement fédéral федера́льное прави́тельство

fée *nf* фе́я • la fée Carabosse фе́я Карабо́с
• un conte de fées волше́бная ска́зка

félicitations *nfpl* поздравле́ние • j'ai reçu de lui des félicitations я получи́л от него́ поздравле́ния
• présenter ses félicitations à поздравля́ть / поздра́вить *(+ A)* › **je vous présente mes félicitations** поздравля́ю вас

féliciter *v* поздравля́ть / поздра́вить • je vous félicite поздравля́ю вас • je vous félicite de votre succès поздравля́ю вас с успе́хом

femelle *nf* са́мка

féminin *adj* **1.** же́нский • une voix féminine же́нский го́лос **2.** (GRAMM) же́нского ро́да • un substantif féminin существи́тельное же́нского ро́да
■ féminin *nm (genre grammatical)* же́нский род

femme *nf* **1.** *(personne du sexe féminin)* же́нщина • les femmes et les hommes же́нщины и мужчи́ны • une femme mariée заму́жняя же́нщина **2.** *(épouse)* жена́ *(pl.* жёны, жён, жёнам*)* ②① • le mari et la femme муж и жена́
• de femme, de femmes же́нский › **Festival international de films de femmes** Междунаро́дный же́нский кинофестива́ль • femme de chambre го́рничная *(adj subst f)* • femme de ménage домрабо́тница › **prendre une femme de ménage** наня́ть домрабо́тницу • une bonne femme *fam* тётка › **il y a une bonne femme sur le banc** на скаме́йке сиди́т кака́я-то тётка • une maîtresse femme бой-ба́ба

fendre *v* коло́ть* [II, колю́, ко́лешь ④], раска́лывать / расколо́ть* [II, расколю́, раско́лешь ④ - раско́лотый] • fendre du bois коло́ть дрова́ • fendre une bûche расколо́ть поле́но

fenêtre *nf* окно́ *(gén. pl.* о́кон*)* ②① • fermez la fenêtre, s'il vous plaît закро́йте окно́, пожа́луйста • une pièce à deux fenêtres ко́мната в два окна́ • regarder par la fenêtre смотре́ть в окно́ • les fenêtres donnent sur la cour о́кна выхо́дят во двор ~ *fig* • Pierre le Grand a ouvert une fenêtre sur l'Europe Пётр I прорубил окно́ в Евро́пу

fenouil *nm* фе́нхель *m*

fente *nf* щель *f* ⑧③, тре́щина *(fissure, fêlure)* • regarder par une fente de la porte смотре́ть в дверну́ю щель • votre ordinateur portatif possède une fente pour carte PC в ва́шем портати́вном компью́тере есть гнездо́ для ка́рты PC • il y a une fente au plafond потоло́к дал тре́щину

féodal *adj* феода́льный • le régime féodal феода́льный строй • un château féodal феода́льный за́мок

féodalisme *nm* феодали́зм

fer *nm (métal)* желе́зо • il faut battre le fer quand il est chaud куй желе́зо, пока́ горячо́
• de fer **a.** желе́зный › **le minerai de fer** желе́зная руда́ › **le chemin de fer** желе́зная доро́га **b.** *fig* › **une santé de fer** желе́зное здоро́вье › **une volonté de fer** желе́зная во́ля › **une discipline de fer** желе́зная дисципли́на • fer à cheval подко́ва › **en forme de fer à cheval** в ви́де подко́вы • fer à repasser утю́г ③② • un fer (à repasser) électrique электри́ческий утю́г
■ fers *nmpl (chaînes)* кандалы́ *pl t* (канда́л, кандала́м) • mettre aux fers закова́ть в кандалы́

ferme[1] *nf* фе́рма • ils ont acheté une ferme en Normandie они́ купи́ли фе́рму в Норма́ндии

ferme[2] *adj* твёрдый ⑤ (твёрд, тверда́, твёрдо, твёрды ~ *comp.* твёрже*) • d'un pas ferme твёрдым ша́гом
• la terre ferme су́ша

fermenter *v* броди́ть ④ • le vin fermente вино́ бро́дит

fermer ◪ *vt* **1.** закрыва́ть / закры́ть* [II, закро́ю, закро́ешь - закры́тый] • fermer la fenêtre закры́ть окно́ • fermer l'armoire закры́ть шкаф • fermer le livre закры́ть кни́гу • fermer le robinet закры́ть кран • fermer une usine закры́ть заво́д • fermer la parenthèse закры́ть ско́бки • fermer les yeux закры́ть глаза́ • vous fermez les yeux sur ses défauts вы закрыва́ете глаза́ на его́ недоста́тки ~ *(à clef, au verrou)* запира́ть / запере́ть* [IV, запру́, запрёшь - за́пер, заперла́, за́перло, за́перли ⑤ - за́пертый, за́перт, заперта́, за́перто, за́перты ⑤] • fermer à clef запере́ть на ключ ~ *(en faisant claquer)* захло́пывать / захло́пнуть • fermer la portière захло́пнуть две́рцу **2.** *(couper l'alimentation)* выключа́ть / вы́ключить • **fermer l'électricité** вы́ключить электри́чество • **fermer la radio** вы́ключить ра́дио **3.** *(une enveloppe)* запеча́тывать / запеча́тать • **fermer une lettre** запеча́тать письмо́ ◪ *vi* закрыва́ться / закры́ться* [II, закро́ется, закро́ются] • **la porte ferme mal** дверь пло́хо закрыва́ется • **le musée ferme à six heures** музе́й закрыва́ется в шесть

fermeture *nf* закры́тие • **je sors de mon travail après la fermeture des magasins** я выхожу́ с рабо́ты по́сле закры́тия магази́нов • **attention à la fermeture des portes** осторо́жно, две́ри закрыва́ются

fermier *nm* фе́рмер

fermière *nf* фе́рмерша

féroce *adj* хи́щный • **les bêtes féroces** хи́щные зве́ри

ferré *adj*
● **voie ferrée** желе́зная доро́га

fertile *adj* плодоро́дный

fesse *nf* я́годица • **une piqûre dans la fesse gauche** уко́л в ле́вую я́годицу
■ **fesses** *fam nfpl* зад ⑧② • **un coup de pied aux fesses** пино́к под зад

festival *nm* фестива́ль *m* • **au festival** на фестива́ле • **le festival de la jeunesse** фестива́ль молодёжи • **un festival de cinéma** кинофестива́ль • **le festival de Cannes** кинофестива́ль в Ка́ннах • **un festival de musique** музыка́льный фестива́ль

fête *nf* **1.** пра́здник • **à une fête de famille** на семе́йном пра́зднике • **la fête nationale** национа́льный пра́здник **2.** *(jour du saint dont on porte le nom)* имени́ны *pl t* (имени́н, имени́нам) • **nous célébrions sa fête** мы справля́ли его́ имени́ны
● **de fête** пра́здничный › **un jour de fête** пра́здничный день › **avec un air de fête** с пра́здничным ви́дом

fêter *v* пра́здновать / отпра́здновать • **ils fêtèrent leur victoire** они́ отпра́здновали побе́ду • **nous fêtons son anniversaire** мы пра́зднуем его́ день рожде́ния
● **fêter le nouvel an** встреча́ть Но́вый год (встреча́ть / встре́тить)

feu *nm* ого́нь *m* • **faire du feu** развести́ ого́нь • **éteindre le feu** потуши́ть ого́нь • **un feu follet** блужда́ющий ого́нь • **jouer avec le feu** игра́ть с огнём • **il n'y a pas de fumée sans feu** нет ды́ма без огня́ • **jeter de l'huile sur le feu** подлива́ть ма́сла в ого́нь • **ouvrir le feu** откры́ть ого́нь • **mettre à feu et à sang** преда́ть огню́ и мечу́ • **entre deux feux** ме́жду двух огне́й
● **arme à feu** огнестре́льное ору́жие • **au feu !** пожа́р! • **coup de feu** вы́стрел › **un coup de feu retentit** разда́лся вы́стрел • **elle avait la tête en feu** голова́ у неё горе́ла • **donner le feu vert à un projet** дать прое́кту зелёную у́лицу • **faire feu** стреля́ть / вы́стрелить • **feu d'artifice** фейерве́рк › **faire un feu d'artifice** устро́ить фейерве́рк • **feu de bois** костёр › **faire un feu de bois** развести́ костёр • **feu rouge** *(appareil régularisant la circulation)* светофо́р › **allez tout droit jusqu'au feu rouge** иди́те пря́мо до светофо́ра • **brûler un feu rouge** пое́хать на кра́сный свет • **il n'y a pas le feu** над на́ми не ка́плет • **mettre le feu** *(incendier)* поджига́ть / подже́чь* [IV, подожгу́, подожжёшь, подожгу́т - подже́г, подожгла́, подожгло́, подожгли́] › **mettre le feu à une maison** подже́чь дом • **prendre feu** загора́ться / загоре́ться* [I, загори́тся, загоря́тся] › **la maison a pris feu** дом загоре́лся

feuille *nf* **1.** *(végétale)* лист* *(pl.* ли́стья, ли́стьев, ли́стьям*)* ③① • **des feuilles sèches** сухи́е ли́стья **2.** *(de papier, de métal...)* лист ③② • **des feuilles de papier** листы́ бума́ги

feuilleton *nm* (LITTÉR) рома́н с продолже́нием • **un feuilleton télévisé** сериа́л

feutre *nm* *(stylo)* флома́стер

février *nm* февра́ль *m* ③ • **au mois de février** в феврале́ • **nous nous sommes rencontrés le 4 février** мы с ним встре́тились 4-го февраля́

fiancé *nm* жени́х ③②

fiancée *nf* неве́ста • **une riche fiancée** бога́тая неве́ста

ficelle *nf* бечёвка, верёвка *(grosse ficelle)* • **il a solidement noué la ficelle** он кре́пко завяза́л верёвку

fiche *nf* ка́рточка • **classer les fiches par ordre alphabétique** расста́вить ка́рточки в алфави́тном поря́дке

fichier *nm* картотéка, файл • **enregistrer un fichier audio** записáть аудиофáйл • **un fichier informatique** файл дáнных • **sauvegarder un fichier** спасти́ файл

fidèle *adj* вéрный ⑤ • **un ami fidèle** вéрный друг • **je suis fidèle à ma parole** я вéрен своемý слóву

fidélité *nf* вéрность *f* • **la fidélité aux principes** вéрность при́нципам

fier *adj* гóрдый ⑤ • **fier de ses succès** гóрдый свои́ми успéхами
• **être fier de** горди́ться *(+ I)* › **elle est fière de ses enfants** онá горди́тся свои́ми детьми́

fierté *nf* гóрдость *f* • **il parlait de son fils avec fierté** он с гóрдостью говори́л о своём сы́не

fièvre *nf* **1.** *(élévation anormale de la température)* жар* *(loc.* жарý*)* ⑧ • **j'avais de la fièvre** у меня́ был жар **2.** *(maladie)* лихорáдка • **la fièvre jaune** жёлтая лихорáдка **3.** *(agitation)* лихорáдка • **dans la fièvre de l'action** в лихорáдке дéйствия
• **fièvre typhoïde** брюшнóй тиф

figue *nf* фи́га, инжи́р *(pas de pl)*

figure *nf* **1.** *(visage)* лицó ②① • **en pleine figure** пря́мо в лицó **2.** *(schéma, forme codifiée)* фигýра • **des figures géométriques** геометри́ческие фигýры

LES FIGURES GÉOMÉTRIQUES

- un carré **квадрáт** *m*
- un rectangle **прямоугóльник** *m*
- un cercle **круг** *m*
- un trapèze **трапéция** *f*
- un losange **ромб** *m*
- un triangle **треугóльник** *m*
- un prisme **при́зма** *f*
- une sphère **сфéра** *f*
- un cube **куб** *m*
- un cône **кóнус** *m*
- un cylindre **цили́ндр** *m*
- une pyramide **пирами́да** *f*

figuré *adj*
• **au sens figuré** в перенóсном смы́сле

figurer *v (être cité)* знáчиться • **son nom ne figure pas dans la liste** егó и́мя не знáчится в спи́ске
■ **se figurer** *vp* дýмать / подýмать *(penser, croire)*, воображáть / вообрази́ть *(imaginer)* • **elle se figure que nous avons déjà oublié** онá дýмает, что мы ужé забы́ли

fil *nm* **1.** *(textile)* ни́тка • **une bobine de fil** катýшка ни́ток **2.** *(métal)* прóволока • **un fil de cuivre** мéдная прóволока **3.** *(conducteur)* прóвод* *(nom. pl.* проводá*)* ①② • **les fils électriques** электри́ческие проводá • **le fil du téléphone** телефóнный прóвод **4.** *(figuré)* нить *f* • **perdre le fil de la conversation** потеря́ть нить разговóра
• **c'est cousu de fil blanc** э́то ши́то бéлыми ни́тками • **sa vie ne tient qu'à un fil** жизнь егó дéржится на волоскé

file *nf* ряд* *(loc.* рядý*)* ⑧② • **une longue file de voitures** дли́нный ряд маши́н • **en deux files** в два рядá

À PROPOS DE...

Après les noms de nombre **два**, **три**, **четы́ре**, le génitif de **ряд** est accentué sur la syllabe finale.

• **une file d'attente** óчередь

filer *v* **1.** *(aller très vite)* мчáться* [I, мчусь, мчи́шься] / помчáться* [I, *id*] • **le train file** мчи́тся пóезд **2.** *fam (s'enfuir)* удирáть / удрáть* [IV, удерý, удерёшь - удрáл, удралá, удрáло, удрáли] ⑤ • **il vaut mieux filer** лýчше удрáть

filet *nm* **1.** *(de pêche)* сеть *f dim.* сéтка ⑧③ • **les pêcheurs ont posé leurs filets** рыбаки́ расстáвили сéти **2.** *(dans les installations sportives)* сéтка • **le ballon est allé dans le filet** мяч полетéл в сéтку **3.** *(écoulement)* стрýйка • **un filet d'eau** стрýйка воды́ **4.** *(de viande, de poisson)* филé* *nt indécl* • **des filets de morue** филé трески́ **5.** *(à provisions)* сéтка, авóська *fam* • **j'ai pris mon filet** я захвати́л с собóй авóську

filière *nf* направлéние • **il a choisi une filière scientifique** он вы́брал наýчное направлéние

fille *nf* **1.** *(par rapport au père et à la mère)* дочь* *(gén., dat., loc., instr.* дóчерью *; pl.* дóчери, дочерéй, дочеря́м, дочерьми́, дочеря́х*)* ①③ *dim.* дóчка • **ils ont trois filles** у них три дóчери • **ma fille vient seulement de rentrer** дóчка тóлько

что вернулась **2.** *(fillette)* девочка • une fille de quatorze ans à peu près девочка лет четырнадцати • il y avait plus de filles que de garçons было больше девочек, чем мальчиков **3.** *(jeune fille)* девушка • une fille de dix-huit ans environ девушка лет восемнадцати
● une jeune fille девушка • une jolie fille красавица • le nom de jeune fille девичья фамилия • une petite fille девочка • une vieille fille старая дева

fillette *nf* девочка

film *nm* **1.** *(œuvre)* фильм • un film en couleurs цветной фильм • tourner un film снимать фильм **2.** *(pellicule)* плёнка, киноплёнка
● film policier детектив

filmer *v* снимать / снять* [IV, сниму, снимешь ④ - снял, сняла, сняло, сняли ⑤ - снятый, снят, снята, снято, сняты ⑤] • nous filmions la première scène мы снимали первую сцену

filou *nm* жулик

fils *nm* сын* *(pl.* сыновья, сыновей, сыновьям*)* ①② *dim.* сынок • ils ont deux fils у них двое сыновей • l'aîné des fils a vingt ans старшему сыну двадцать лет

filtre *nm* фильтр • un filtre jaune жёлтый фильтр

filtrer *v* фильтровать / профильтровать • filtrer l'eau профильтровать воду

fin¹ *nf* конец • à la fin du mois в конце месяца • la fin du livre конец книги • discuter sans fin спорить без конца
● en fin de compte в конечном счёте

fin² *adj* **1.** *(mince, délicat)* тонкий ⑤ *(comp.* тоньше**)* • des cheveux fins тонкие волосы • une taille fine тонкая талия • des traits fins тонкие черты лица • il a l'oreille fine у него тонкий слух • un esprit fin тонкий ум **2.** *(formé d'éléments très petits)* мелкий ⑤ *(comp.* мельче**)* • du sable fin мелкий песок • une pluie fine мелкий дождь • une écriture fine мелкий почерк
● de l'or fin чистое золото • des vins fins лучшие вина

final *adj* конечный • le but final конечная цель

finalement *adv* в конце концов • finalement, il est reparti в конце концов он уехал обратно

finale *nf* финал • ils ont gagné la finale du tournoi они победили в финале турнира

finances *nfpl* финансы *pl t (*финансов, финансам*)* • le ministre des Finances министр финансов • comment vont tes finances ? как у тебя с финансами?

finir ◨ *vt (mener à son terme)* кончать / кончить • j'ai fini mon travail я кончил работу • j'ai fini de travailler à cinq heures я кончил работать в пять часов ◨ *vi (arriver à son terme)* кончаться / кончиться • le travail finit à cinq heures работа кончается в пять часов • ça va finir par une catastrophe это кончится катастрофой
● en finir avec / покончить (с + I) › **il faut en finir avec cette histoire-là** надо покончить с этим делом • il a tout de même fini par s'en aller в конце концов он всё-таки уехал

finlandais *adj* финский
■ Finlandais *nm* финн
■ Finlandaise *nf* финка

Finlande *nf* Финляндия

finnois *adj* финский
■ finnois *nm (langue)* финский язык *(*язык ③*)* • étudier le finnois изучать финский язык • un livre en finnois книга на финском языке
● (en) finnois по-фински › **tout était écrit en finnois** всё было написано по-фински › **parler finnois** говорить по-фински

firme *nf* фирма • une grosse firme internationale крупная международная фирма

fixe *adj (immobile)* неподвижный • un regard fixe неподвижный взгляд
● une idée fixe навязчивая идея

fixement *adv* пристально • regarder fixement le tableau noir пристально смотреть на чёрную доску

fixer *v* **1.** *(accrocher)* вешать / повесить • fixer un tableau au mur повесить картину на стену **2.** *(assujettir)* прикреплять / прикрепить • fixer un papier avec des punaises прикрепить бумагу кнопками **3.** *(arrêter longuement)* останавливать / остановить ④ • fixer son regard sur l'horloge остановить свой взгляд на часа́х **4.** *(faire connaître)* назнача́ть / назна́чить • **fixer le jour du départ** назна́чить день отъе́зда • **il m'a fixé un rendez-vous** он назна́чил мне свида́ние • **fixer le prix** назна́чить це́ну **5.** *(établir, déterminer)* устана́вливать / установи́ть ④ • **fixer l'itinéraire** установи́ть маршру́т • **dans le délai fixé** в устано́вленный срок

● **fixer son choix** останови́ть свой вы́бор (остана́вливать / останови́ть ④)

■ **se fixer** *vp* **1.** → **fixer 2.** *(choisir comme résidence)* поселя́ться / посели́ться • **ils se sont fixés dans le Midi** они́ посели́лись на ю́ге

flacon *nm* флако́н • **un flacon de parfum** флако́н духо́в

flair *nm* нюх • **ce chien a un flair remarquable** у э́той соба́ки замеча́тельный нюх • **un homme qui a du flair** челове́к с хоро́шим ню́хом

flamand *adj* флама́ндский • **l'école flamande** флама́ндская шко́ла

■ **Flamand** *nm* флама́ндец

Flamande *nf* флама́ндка

flamme *nf* пла́мя* *nt (gén., dat., loc., instr.* пла́менем *(pl inusité))* • **la flamme d'une bougie** пла́мя свечи́ • **des flammes sortaient par la fenêtre** из окна́ вырыва́лось пла́мя

flâner *v* флани́ровать / профлани́ровать • **on a flâné le long des canaux** мы флани́ровали вдоль кана́лов

flanquer *tfam v*

● **flanquer une gifle à qqn** влепи́ть кому́-нибудь пощёчину (влепля́ть / влепи́ть ④) • **flanquer un employé à la porte** вы́швырнуть слу́жащего за дверь (вышвы́ривать / вы́швырнуть)

flaque *nf* лу́жа • **une flaque d'eau** водяна́я лу́жа • **une flaque d'huile** лу́жа ма́сла

flash *nm* вспы́шка • **prendre une photo au flash** снима́ть со вспы́шкой

flatter *v* льстить / польсти́ть *(+ D)* • **les succès le flattaient** успе́хи ему́ льсти́ли

flèche *nf* **1.** *(arme)* стрела́ ②① • **lancer une flèche** пусти́ть стрелу́ **2.** *(signe)* стре́лка • **suivez la flèche** сле́дуйте в ука́занном стре́лкой направле́нии **3.** *(architecture)* шпиль *m* • **la flèche de la cathédrale de Strasbourg** шпиль стра́сбургского собо́ра

flemme *fam nf* лень • **avoir la flemme** лени́ться • **j'ai la flemme d'aller à la gym ce soir** мне лень сего́дня ве́чером идти́ в спортза́л

fleur *nf* цвето́к* *(pl.* цветы́, цвето́в, цвета́м*)* • **cueillir des fleurs** собира́ть цветы́ • **un bouquet de fleurs** буке́т цвето́в • **des fleurs artificielles** иску́сственные цветы́ • **un tissu à fleurs** ткань в цвета́х

● **être en fleur** цвести́* [IV, цвету́, цветёшь - цвёл, цвела́] ③, быть в цвету́ › **les rosiers sont en fleur** ро́зы цвету́т › **les pommiers sont tout en fleur** я́блони во всём цвету́

LES FLEURS

- le chardon **чертополо́х** *m*
- le coquelicot **мак-самосе́йка** *m*
- le géranium **гера́нь** *f*
- l'iris **ири́с** *m*
- le lilas **сире́нь** *f*
- la marguerite **рома́шка** *f*
- le muguet **ла́ндыш** *m*
- l'œillet **гвозди́ка** *f*
- l'orchidée **орхиде́я** *f*
- la rose **ро́за** *f*
- le tournesol **подсо́лнечник** *m*
- la tulipe **тюльпа́н** *m*
- la violette **фиа́лка** *f*

fleurir *v* цвести́* [IV, цвету́, цветёшь - цвёл, цвела́] ③ • **les roses fleurissent** ро́зы цвету́т

fleuriste *nmf* цвето́чник • **je passe chez le fleuriste acheter un bouquet** зайду́ к цвето́чнику купи́ть буке́т

fleuve *nm* **1.** *litt* река́ ②⑦ • **au bord du fleuve** на берегу́ реки́ **2.** *fig* пото́к • **des fleuves d'éloquence** пото́ки красноре́чия

À PROPOS DE...

L'accent passe sur la préposition dans les groupes **за́ реку** et **на́ реку**.

flic *fam nm* полице́йский • **il s'est fait embarquer par les flics à la fin de la manif** поли́ция его́ забрала́ в конце́ демонстра́ции

flirter *v* флиртова́ть • **Chloé a flirté avec un garçon de ma classe** Клоэ́ флиртова́ла с ма́льчиком из моего́ кла́сса

flocon *nm* un flocon de neige снежи́нка • des flocons de neige хло́пья сне́га • des flocons d'avoine овся́ные хло́пья • de la purée en flocons пюре́ хло́пьями

flotte *nf* флот • la flotte de guerre вое́нный флот • la flotte de commerce торго́вый флот

flotter *v* **1.** *(ne pas couler)* пла́вать • le bois flotte де́рево пла́вает **2.** *(onduler au gré du vent)* развева́ться • un drapeau flotte en haut de la tour на ба́шне развева́ется флаг

flou *adj* нечёткий, расплы́вчатый • la photo est floue сни́мок нечёткий

flûte *nf* фле́йта • jouer de la flûte игра́ть на фле́йте

foi *nf* ве́ра • la foi chrétienne христиа́нская ве́ра
● ma foi пра́во › **ma foi, je ne sais pas** пра́во, не зна́ю

foie *nm* **1.** *(organe)* пе́чень *f* • les maladies du foie боле́зни пе́чени **2.** *(aliment)* печёнка • du foie de veau теля́чья печёнка
● huile de foie de morue ры́бий жир

foin *nm* се́но • une meule de foin стог се́на
● bête à manger du foin глуп как про́бка

foire *nf* я́рмарка • aller à la foire пойти́ на я́рмарку

fois *nf* **1.** *(en règle générale)* раз* *(gén. pl.* раз*)* ①⑥ • cinq fois par semaine пять раз в неде́лю • pour la première fois в пе́рвый раз • pour la dernière fois в после́дний раз • une autre fois, viens un peu plus tôt в друго́й раз приходи́ пора́ньше • ça suffit pour cette fois-ci хва́тит на э́тот раз • plus d'une fois не раз • pas une seule fois ни ра́зу* • une fois pour toutes раз и навсегда́ • deux fois plus в два ра́за бо́льше **2.** *(dans les multiplications)* • deux fois deux quatre два́жды два четы́ре • trois fois deux six три́жды два шесть • quatre fois deux huit четы́режды два во́семь • cinq fois deux пя́тью два • six fois deux ше́стью два • cinq fois trois font quinze пять на три бу́дет пятна́дцать • douze fois douze cent quarante-quatre двена́дцать на двена́дцать бу́дет сто со́рок четы́ре • sept fois sept quarante-neuf се́мью семь — со́рок де́вять **3.** *(suivi d'un comparatif)* раз* *(gén. pl.* раз*)* ①⑥ • cinq fois plus haut в пять раз вы́ше • huit fois plus loin в во́семь раз да́льше • deux fois plus вдво́е бо́льше, в два ра́за бо́льше • trois fois moins d'argent втро́е ме́ньше де́нег • quatre fois plus de place вчётверо бо́льше ме́ста
● à la fois сра́зу › **ne prenez pas tout à la fois** не бери́те всё сра́зу • il était une fois жил-был, жила́-была́, жи́ли-бы́ли *(en fonction du sujet)* › **il était une fois une petite fille...** жила́-была́ де́вочка › **il était une fois un vieil homme et une vieille femme qui vivaient au bord de la mer** жи́ли-бы́ли стари́к со стару́хой у са́мого си́него мо́ря • une fois *(à une certaine époque)* оди́н раз, одна́жды › **une fois, nous nous sommes rencontrés dans la forêt** оди́н раз мы встре́тились в лесу́

fol → fou

folie *nf* **1.** *(démence)* сумасше́ствие **2.** *(extravagance)* безу́мие • c'est une pure folie э́то чи́стое безу́мие • aimer à la folie люби́ть до безу́мия • ce serait vraiment une folie de sa part с его́ стороны́ э́то бы́ло бы про́сто безу́мием
● la folie des grandeurs ма́ния вели́чия

folklore *nm* фолькло́р

folle ◼ *adj* → fou ◼ *nf* сумасше́дшая *(adj subst f)* • rire comme une folle хохота́ть как сумасше́дшая

follement *adv* безу́мно • Christophe est follement amoureux de Sophie Кристо́ф безу́мно влюблён в Софи́

foncé *adj* **1.** *(précédé d'un nom de couleur)* тёмно- • vert foncé тёмно-зелёный **2.** *(dans les autres cas)* тёмный ③ *(*тёмен, темна́, темно́, темны́*)* • de couleur foncée тёмного цве́та

fonction *nf* **1.** *(place, poste)* до́лжность *f* • il a été promu à une nouvelle fonction он вы́двинут на но́вую до́лжность **2.** *(rôle, activité)* фу́нкция • les fonctions du foie фу́нкции пе́чени

fonctionnaire *nmf* чино́вник, госуда́рственный слу́жащий *(adj subst m)*, госуда́рственная слу́жащая *(adj subst f)* • grève des fonctionnaires en France забасто́вка госуда́рственных слу́жащих во Фра́нции

fonctionner *v* рабо́тать, де́йствовать • le moteur fonctionne parfaitement мото́р рабо́тает безупре́чно • le téléphone ne fonctionne pas телефо́н не рабо́тает

fond *nm* **1.** *(endroit le plus bas)* дно • le fond de la bouteille дно буты́лки • un double fond двойно́е дно **2.** *(partie la plus éloignée, la plus cachée)* глубина́ • dans le fond de la cour в глубине́ двора́ • au fond du cœur в глубине́ се́рдца **3.** *(le contenu par opposition à la forme)* содержа́ние • la forme et le fond фо́рма и содержа́ние **4.** *(l'arrière-plan)* фон • les fleurs se détachaient sur un fond sombre цветы́ выделя́лись на тёмном фо́не
◉ au fond, dans le fond *(en réalité)* в су́щности › **au fond, il a raison** в су́щности он прав • un gouffre sans fond бездо́нная про́пасть

fondation *nf* **1.** *(d'une construction)* фунда́мент, основа́ние • faire les fondations заложи́ть фунда́мент • une maison avec des fondations en béton дом на бето́нном основа́нии **2.** *(création)* основа́ние • après la fondation de la ville по́сле основа́ния го́рода

fonder *v* осно́вывать / основа́ть • la ville a été fondée au XVIIe siècle го́род был осно́ван в XVII ве́ке
◉ non fondé необосно́ванный › **un reproche non fondé** необосно́ванный упрёк

fondre *v* **1.** *(dégeler)* та́ять* [II, та́ет, та́ют] / раста́ять* [II, *id*] • la neige fond снег та́ет **2.** *(disparaître)* та́ять* / раста́ять* • nos provisions fondent на́ши запа́сы та́ют **3.** *(se dissoudre)* растворя́ться / раствори́ться • le sucre a fondu dans l'eau са́хар раствори́лся в воде́ **4.** *(couler, mouler)* отлива́ть / отли́ть* [II, отолью́, отольёшь - о́тлил, отлила́, о́тлило, о́тлили ⑤ - отле́й - отли́тый, о́тлит, отлита́, о́тлито, о́тлиты ⑤] • fondre une cloche отли́ть ко́локол
◉ fondre en larmes зали́ться слеза́ми (залива́ться / зали́ться* [II, зальюсь, зальёшься - зали́лся, залила́сь] ③) • fondre sur l'ennemi обру́шиться на врага́ (обру́шиваться / обру́шиться) • faire fondre **a.** *(dissoudre)* растворя́ть / раствори́ть, распуска́ть / распусти́ть ④ › **faire fondre du sel** раствори́ть соль **b.** *(un métal)* пла́вить / распла́вить › **faire fondre l'acier** распла́вить сталь

fondue *nf* фондю́ *m indécl* • une fondue savoyarde фондю́ по-саво́йски • une fondue bourguignonne фондю́ по-бургу́ндски

fontaine *nf* **1.** *(appareil qui distribue l'eau)* коло́нка • elle allait chercher de l'eau à la fontaine она́ шла к коло́нке за водо́й **2.** *(édifice où l'eau est un élément de décoration)* фонта́н • la fontaine des nymphes фонта́н нимф

fonte *nf (métal)* чугу́н ③ • la production de fonte произво́дство чугуна́
◉ de fonte, en fonte чугу́нный › **une plaque de fonte** чугу́нная плита́ • une cocotte en fonte émaillée эмалиро́ванная чугу́нная ла́тка

foot, football *nm* футбо́л • jouer au foot игра́ть в футбо́л

footballeur *nm* футболи́ст

footballeuse *nf* футболи́стка

force *nf* си́ла • frapper de toutes ses forces уда́рить изо всех сил • être à bout de forces вы́биться из сил • la force de caractère си́ла хара́ктера • la force de l'habitude си́ла привы́чки • la force du vent си́ла ве́тра • par la force des choses си́лой веще́й • les forces armées вооружённые си́лы • je n'ai plus la force de courir сил бо́льше нет бежа́ть • j'ai poussé de toutes mes forces я толкну́л изо всéх сил
◉ dans la force de l'âge в расцве́те сил • à force de te balancer sur ta chaise tu vas tomber ты докача́ешься на сту́ле до того́, что упадёшь • à force de parler j'ai mal à la gorge до того́ договори́лся, что го́рло боли́т • à force de persévérance il a réussi faire pousser un palmier благодаря́ свое́й насто́йчивости ему́ удало́сь вы́растить па́льму

forcément *adv* обяза́тельно • il reviendra forcément chercher la clef он обяза́тельно вернётся за ключо́м

forcer *v (obliger)* заставля́ть / заста́вить • forcer un élève à travailler заста́вить ученика́ рабо́тать • il m'a forcé à faire demi-tour он заста́вил меня́ верну́ться
◉ j'ai été forcé de partir я был вы́нужден уе́хать › **elle est forcée de retarder son départ** она́ вы́нуждена задержа́ть свой отъе́зд

forêt *nf* лес* *(loc.* лесу́ ; *pl.* леса́*)* ⑧② • se promener dans la forêt гуля́ть в лесу́ • la forêt vierge де́вственный лес

forgé *adj*
◉ en fer forgé ко́ваный › **une grille en fer forgé** ко́ваная решётка

forgeron *nm* кузнéц ③② • **il a mené son cheval chez le forgeron** он повёл лóшадь к кузнецý

formalisme *nm* формали́зм

formalité *nf* формáльность *f* • **c'est une simple formalité** э́то всегó лишь формáльность • **il reste seulement à faire quelques formalités** остáлось тóлько вы́полнить кóе-каки́е формáльности

format *nm* формáт • **un livre de grand format** кни́га большóго формáта

formater *v (un support informatique, un texte)* формати́ровать / сформати́ровать • **formater un disque dur** формати́ровать жёсткий диск • **formater un texte** формати́ровать текст

formation *nf* **1.** *(naissance, apparition)* образовáние • **la formation de l'État français** образовáние францýзского госудáрства **2.** *(instruction, préparation)* образовáние, обучéние • **la formation professionnelle** профессионáльное обучéние

forme *nf* фóрма • **la forme d'un objet** фóрма предмéта • **la forme et le fond** фóрма и содержáние
● **en forme** в фóрме, в удáре › **je ne suis pas en forme** я не в удáре • **pour la forme** для профóрмы › **confirmer par lettre pour la forme** подтверди́ть письмóм для профóрмы

formellement *adv* стрóго • **c'est formellement interdit** э́то стрóго воспрещáется

former *v* **1.** *(fonder, constituer)* образóвывать / образовáть, формировáть / сформировáть • **former une commission** образовáть коми́ссию • **former le gouvernement** сформировáть прави́тельство **2.** *(façonner)* формовáть, формировáть / сформировáть **3.** *(donner une formation professionnelle)* готóвить / подготóвить • **former des spécialistes** готóвить специали́стов
■ **se former** *vp* **1.** *(être fondé)* образóвываться / образовáться • **c'est au Ve siècle que s'est formé l'État français** францýзское госудáрство образовáлось в V вéке **2.** *(être façonné)* формировáться / сформировáться • **le caractère se forme peu à peu** харáктер формирýется постепéнно

formidable *adj* потрясáющий *(renversant)*, невероя́тный *(étonnant)* • **ça, c'est un truc formidable !** потрясáющая штýка! • **la pièce a un succès formidable** пьéса имéет невероя́тный успéх • **tu as une mémoire formidable** пáмять у тебя́ невероя́тная

formulaire *nm (imprimé)* бланк • **remplir un formulaire** запóлнить бланк

formule *nf* **1.** (MATH & CHIM) фóрмула • **une formule algébrique** алгебраи́ческая фóрмула **2.** *(dans un restaurant)* меню́ • **choisir la formule avec dessert à 17 euros** вы́брать меню́ с десéртом за 17 éвро
● **une formule de politesse** фóрмула вéжливости

fort *adv* **1.** *(avec force)* си́льно *(comp.* сильнéе*)* • **frappez un peu plus fort** постучи́те посильнéе **2.** *(d'une voix forte)* грóмко *(comp.* грóмче**)* • **parlez plus fort !** говори́те грóмче! **3.** *(beaucoup, extrêmement)* óчень • **j'en doute fort** я в э́том óчень сомневáюсь
● **y aller fort** перебáрщивать / переборщи́ть › **il y est allé un peu fort** он переборщи́л

fort *adj* **1.** *(gén)* си́льный ⑤ *(си́лен, сильнá, си́льно, си́льны)*, силён *(сильнá, си́льно, сильны́)* • **il est plus fort que toi** он сильнéе тебя́ • **une forte chaleur** си́льная жарá • **une forte pluie** си́льный дождь • **une forte impression** си́льное впечатлéние • **il est fort en math** он силён в математике **2.** *(concentré)* крéпкий ⑤ *(comp.* крéпче**)* • **un vin fort** крéпкое винó • **un thé fort** крéпкий чай • **un café fort** крéпкий кóфе **3.** *(en parlant de mets, d'odeurs)* óстрый ⑤ *(остр, острá, óстро, óстры)* • **un fromage fort** óстрый сыр • **une sauce forte** óстрый сóус • **une odeur forte** óстрый зáпах **4.** *(en parlant de la voix)* грóмкий ⑤ *(comp.* грóмче**)* • **d'une voix forte** грóмким гóлосом **5.** *(en parlant d'une somme d'argent)* крýпный ⑤ • **il a perdu une forte somme** он потеря́л крýпную сýмму **6.** *(en parlant des raisons)* серьёзный • **nous avions de fortes raisons de ne pas répondre à sa lettre** у нас бы́ли серьёзные основáния не отвéтить на егó письмó
● **à plus forte raison** тем бóлее • **ça c'est trop fort !** э́то уж сли́шком! • **c'est plus fort que moi** э́то вы́ше мои́х сил

fortement *adv (beaucoup, extrêmement)* о́чень • j'ai été fortement frappé э́то меня́ о́чень удиви́ло

forteresse *nf* кре́пость *f* ①③ • le siège d'une forteresse оса́да кре́пости

fortifier *v* укрепля́ть / укрепи́ть • une ville fortifiée укреплённый го́род • l'exercice physique fortifie l'organisme физи́ческие упражне́ния укрепля́ют органи́зм

fortune *nf (richesse)* состоя́ние • il avait une fortune immense у него́ бы́ло огро́мное состоя́ние
● faire fortune богате́ть / разбогате́ть › **il a fait fortune en revendant à prix d'or son entreprise** он разбогате́л, прода́в своё предприя́тие за огро́мные де́ньги

fosse *nf* я́ма • creuser une fosse вы́рыть я́му
● une fosse commune бра́тская моги́ла

fossé *nm* кана́ва, кюве́т *(au bord des routes)* • des champs séparés par un fossé поля́, разделённые кана́вой • le camion est tombé dans le fossé грузови́к свали́лся в кюве́т

fossile ◾ *adj* ископа́емый • des plantes fossiles ископа́емые расте́ния ◾ *nm* ископа́емое *(adj subst nt)*

À PROPOS DE...

L'accusatif singulier est semblable au nominatif alors que l'accusatif pluriel est semblable au génitif.

fou *adj* **1.** *(en parlant d'une personne)* сумасше́дший • elle est folle она́ сума́сшедшая • tu es (devenu) fou ? ты с ума́ сошёл? **2.** *(en parlant d'une chose)* бе́шеный • une vitesse folle бе́шеная ско́рость • un prix fou бе́шеная цена́ • un succès fou бе́шеный успе́х
● une joie folle безу́мная ра́дость • un monde fou *(beaucoup de monde)* ма́сса наро́ду
■ fou *nm* **1.** *(aliéné)* сумасше́дший *(adj subst m)* • rire comme un fou хохота́ть как сумасше́дший **2.** *(aux échecs)* слон ③②
● de fou, de fous сумасше́дший › **c'est une vraie maison de fous !** э́то настоя́щий сумасше́дший дом!

foudre *nf* мо́лния • la foudre est tombée sur l'immeuble voisin мо́лния уда́рила в сосе́днее зда́ние

fouet *nm* кнут ③② • donner des coups de fouet à un cheval бить ло́шадь кнуто́м

fougère *nf* па́поротник

fouilles *nfpl* раско́пки • des fouilles archéologiques археологи́ческие раско́пки

fouiller *v* **1.** *(perquisitionner, visiter les poches)* обы́скивать / обыска́ть* [II, обыщу́, обы́щешь] ④ • fouiller tout l'appartement обыска́ть всю кварти́ру • au commissariat, on l'a fouillé в комиссариа́те его́ обыска́ли • j'ai fouillé partout et n'ai pas retrouvé mes clefs я всё обыска́л, а ключе́й так и не нашёл **2.** *(faire des recherches)* ры́ться* [II, ро́юсь, ро́ешься] / поры́ться* [II, *id*] • fouiller dans les archives ры́ться в архи́вах • je me suis permis de fouiller dans tes livres я позво́лил себе́ поры́ться в твои́х кни́гах

fouillis *nm* беспоря́док, ха́ос • quel fouillis dans ta chambre ! ну и ха́ос у тебя́ в ко́мнате!

foulard *nm* **1.** плато́к • mets donc un foulard наде́нь плато́к **2.** *(de scout, pionnier)* га́лстук • un foulard de scout ска́утский га́лстук

foule *nf* толпа́ ②① • se frayer un chemin à travers la foule пробира́ться сквозь толпу́

four *nm* **1.** *(de cuisinière)* духо́вка • mettre le poulet au four поста́вить цыплёнка в духо́вку • faire cuire à four chaud pendant 20 minutes печь в горя́чей духо́вке в тече́ние 20-ти мину́т **2.** *(de boulanger)* печь *f* ⑧③ • tirer le pain du four вы́нуть хлеб из пе́чи
● petit four *(pâtisserie)* п(е)тифу́ры

fourche *nf* ви́лы *pl t* (вил, ви́лам)

fourchette *nf* ви́лка • il manque une fourchette одно́й ви́лки не хвата́ет

fourmi *nf* мураве́й (муравья́) • des fourmis rouges кра́сные муравьи́
● j'ai des fourmis dans la jambe gauche у меня́ затекла́ ле́вая нога́ • avoir des fourmis dans les jambes чу́вствовать зуд в нога́х

fourmilière *nf* мураве́йник

fourneau *nm (destiné à la cuisson des aliments)* плитá ②① • **un fourneau à gaz** гáзовая плитá
● **haut fourneau** дóменная печь *f* (печь ⑧③)

fournir *v* **1.** *(faire des livraisons)* снабжáть / снабди́ть • **l'école fournit les livres** шкóла снабжáет кни́гами • **il m'a fourni des renseignements précieux** он снабди́л меня́ цéнной информáцией • **ma voisine me fournit en œufs** сосéдка снабжáет меня́ я́йцами • **fournir une usine en matières premières** снабжáть завóд сырьём **2.** *(dans les autres cas)* доставля́ть / достáвить • **fournir l'occasion** достáвить слýчай
● **Adrien a fourni un gros effort au dernier trimestre** Адриéн óчень постарáлся в послéдней чéтверти

fournisseur *nm* постaвщи́к • **fournisseur d'accès Internet** провáйдер дóступа в Интернéт

fourrer *fam v* **1.** *(introduire)* совáть* [II, сую́, суёшь] / сýнуть • **fourrer ses mains dans ses poches** совáть рýки в кармáны ~ *fig* • **fourrer son nez où il ne faut pas** совáть свой нос, кудá не слéдует **2.** *(égarer)* девáть [девáю, девáешь] / деть* [*n cl,* дéну, дéнешь] • **je ne me souviens pas où j'ai fourré les allumettes** не пóмню, кудá дел спи́чки
■ **se fourrer** *vp (se cacher)* девáться [девáюсь, девáешься] / дéться* [*n cl,* дéнусь, дéнешься] • **je ne savais plus où me fourrer tellement j'avais honte** я не знал, кудá дéться от стыдá
● **se fourrer une idée dans la tête** вбить себé в гóлову мысль (вбивáть / вбить* [II, вобью́, вобьёшь - вбей]) › **quelles idées il s'est fourrées dans la tête !** что за мы́сли он вбил себé в гóлову!

fourrure *nf (peau préparée)* мех* (*loc.* мехý ; *pl.* мехá) ⑧② • **faire le commerce des fourrures** торговáть мехáми
● **de fourrure** меховóй › **un bonnet de fourrure** меховáя шáпка › **un col de fourrure** меховóй воротни́к

foyer *nm* **1.** *(lieu où l'on fait du feu)* очáг ③② • **dans le foyer, le feu brûlait avec ardeur** в очагé я́рко горéл огóнь **2.** *(résidence)* общежи́тие • **les réfugiés sont logés en foyer** бéженцы размещены́ в общежи́тии • **un foyer de jeunes travailleurs** общежи́тие рабóчей молодёжи • **un foyer pour personnes âgées** дом престарéлых **3.** *(demeure familiale)* очáг ③② • **il n'avait pas de foyer** у негó не́ было своегó очагá **4.** *(siège principal d'un phénomène)* очáг ③② • **le foyer du séisme** очáг землетрясéния • **un foyer de contagion** очáг заражéния • **un nouveau foyer de grippe aviaire** нóвый очáг пти́чьего гри́ппа **5.** *(au théâtre)* фойé* *nt indécl* **6.** *(optique)* фóкус • **le foyer d'une lentille** фóкус ли́нзы

fracture *nf* **1.** *(d'un os)* перелóм • **fracture des os du bassin** перелóм костéй тáза • **il a une fracture du crâne** у негó перелóм чéрепа **2.** *fig* раскóл • **la fracture sociale** социáльный раскóл

fragile *adj* **1.** *(qui se casse facilement)* хрýпкий ⑤ • **un jouet fragile** хрýпкая игрýшка **2.** *(inscription sur un emballage)* осторóжно, стеклó! **3.** *(en parlant d'une personne ou de sa santé)* слáбый ⑤, хрýпкий ⑤ • **il a une santé fragile** у негó слáбое здорóвье

fraîche → **frais**

frais[1] *adj* свéжий (свеж, свежá, свежó, свéжи) • **un vent frais** свéжий вéтер • **du pain frais** свéжий хлеб • **du poisson frais** свéжая ры́ба • **des nouvelles fraîches** свéжие нóвости
● **il fait frais** прохлáдно › **dehors, il faisait frais** на ýлице бы́ло прохлáдно

frais[2] *nm (froid agréable)* прохлáда
● **conserver au frais après ouverture du bocal** откры́тую бáнку держáть в прохлáдном мéсте • **prendre le frais** подышáть свéжим вóздухом

frais[3] *nmpl (dépenses)* расхóды *pl* (расхóдов, расхóдам) • **de gros frais** больши́е расхóды • **des frais de voyage** расхóды на поéздку
● **à mes frais** за свой счёт › **aux frais de l'État** за госудáрственный счёт

fraise *nf* **1.** *(à gros fruits)* клубни́ка *(pas de pl)* • **il y a des fraises dans le jardin** в огорóде есть клубни́ка **2.** *(à petits fruits)* земляни́ка *(pas de pl)* • **fraises des bois** леснáя земляни́ка • **ramasser des fraises dans le bois** собирáть земляни́ку в лесý • **de la confiture de fraises** варéнье из земляни́ки

À PROPOS DE...

Pour désigner un seul fruit, on emploie le mot я́года (baie) : ***voilà encore une fraise,*** вот еще однá я́года.

fraisier *nm* **1.** *(à gros fruits)* клубни́ка *(pas de pl)* **2.** *(des bois)* земляни́ка *(pas de pl)*

framboise *nf* мали́на *(pas de pl)* • **de la confiture de framboises** варе́нье из мали́ны

> **À PROPOS DE...**
>
> Pour désigner un seul fruit, on emploie le plus souvent le mot **я́года** (baie) : ***voilà encore une framboise***, вот ещё одна́ я́года.

framboisier *nm* мали́на *(pas de pl)*

franc[1] *nm* франк

franc[2] *adj* **1.** *(en parlant d'une personne)* открове́нный • **c'est un homme franc** он челове́к открове́нный **2.** *(en parlant du regard, du caractère)* откры́тый • **un regard franc** откры́тый взгляд • **un visage franc** откры́тое лицо́ • **un caractère franc** откры́тый хара́ктер

français *adj* францу́зский • **les vins français** францу́зские ви́на
■ **français-** *préf* францу́зско- • **un dictionnaire français-russe** францу́зско-ру́сский слова́рь
■ **français** *nm (langue)* францу́зский язы́к *(язы́к ③)* • **étudier le français** изуча́ть францу́зский язы́к • **un livre en français** кни́га на францу́зском языке́
● **en français** по-францу́зски › **tout était écrit en français** всё бы́ло напи́сано по-францу́зски › **parler français** говори́ть по-францу́зски
■ **Français** *nm (homme)* францу́з
■ **Française** *nf* францу́женка

France *nf* Фра́нция • **ils habitent en France** они́ живу́т во Фра́нции

franche → franc

franchement *adv* открове́нно • **à parler franchement** открове́нно говоря́

franchir *v* **1.** *(à pied)* переходи́ть ④ / перейти́* [IV, перейду́, перейдёшь - перешёл, перешла́ - перейдя́ - перейдённый] • **franchir le pont** перейти́ мост **2.** *(en voiture)* переезжа́ть / перее́хать* [IV, перее́ду - перее́дешь] • **on ne peut pas franchir la montagne en voiture par un temps pareil** в таку́ю пого́ду нельзя́ перее́хать че́рез го́ры на маши́не **3.** *(en volant)* перелета́ть / перелете́ть* [I, перелечу́, перелети́шь] • **franchir un massif montagneux en hélicoptère** перелете́ть че́рез го́рный масси́в на вертолёте **4.** *(à la nage, en bateau)* переплыва́ть / переплы́ть* [IV, переплыву́, переплывёшь - переплы́л, переплыла́, переплы́ло, переплы́ли] ⑤ • **franchir le fleuve en barque** переплы́ть че́рез реку́ на ло́дке, переплы́ть реку́ на ло́дке
● **franchir le seuil** переступи́ть поро́г (переступа́ть / переступи́ть ④)

frappant *adj* порази́тельный • **un exemple frappant** порази́тельный приме́р

frapper *v* **1.** *(donner des coups)* бить / уда́рить • **frapper du poing sur la table** уда́рить кулако́м по́ столу • **qqn l'a frappé au visage** кто́-то уда́рил его́ по лицу́ **2.** *(à la porte...)* стуча́ть* [I, стучу́, стучи́шь] / постуча́ть* [I, *id*] *(в + A)* • **j'ai frappé à la porte** я постуча́л в дверь **3.** *(étonner)* поража́ть / порази́ть • **j'ai été frappé par la qualité de son travail** я был поражён ка́чеством его́ рабо́ты

fraternel *adj* бра́тский

fraternité *nf* бра́тство

fraude *nf (falsification)* обма́н, правонаруше́ние • **fraude alimentaire** фальсифика́ция пищевы́х проду́ктов • **fraude électorale** фальсифика́ция результа́тов вы́боров • **fraude fiscale** нало́говое правонаруше́ние • **tentative de fraude pendant un examen** попы́тка наруше́ния поря́дка проведе́ния экза́мена

frayeur *nf* страх • **trembler de frayeur** дрожа́ть от стра́ха

frein *nm* **1.** *litt* то́рмоз* *(nom. pl.* тормоза́*)* ①② • **le frein à main** ручно́й то́рмоз • **le frein à pied** ножно́й то́рмоз • **donner un coup de frein** нажа́ть на то́рмоз **2.** *fig* то́рмоз • **être un frein pour le développement de l'industrie** быть то́рмозом для разви́тия промы́шленности

freiner *v litt & fig* тормози́ть / затормози́ть • **le chauffeur freina ; la voiture s'arrêta sans heurt** шофёр затормози́л; маши́на пла́вно останови́лась • **freiner le développement de l'industrie** тормози́ть разви́тие промы́шленности

fréquemment *adv* ча́сто *(comp.* ча́ще*)* • **je le rencontre fréquemment** я его́ ча́сто встреча́ю

fréquence *nf* частотá *(pl.* частóты, частóт, частóтам*)* ②① • un courant à haute fréquence ток высóкой частоты́ • la modulation de fréquence частóтная модуля́ция

fréquent *adj* чáстый ⑤ *(comp.* чáще**)* • des rencontres fréquentes чáстые встрéчи • c'est une erreur fréquente э́то чáстая оши́бка

fréquenter *v* бывáть • fréquenter les théâtres бывáть в теáтре

■ se fréquenter *vp* ви́деться • ils ne se fréquentent plus они́ бóльше не бывáют друг у дрýга

frère *nm* брат* *(pl.* брáтья, брáтьев, брáтьям*)* • mon frère aîné мой стáрший брат

fresque *nf* фрéска

frigo *nm* холоди́льник

frileux *adj* зя́бкий ⑤ • une personne frileuse зя́бкий человéк

frire *v* жáрить / зажáрить

● faire frire жáрить / зажáрить › **faire frire des pommes de terre** жáрить картóшку

frisé *adj* кудря́вый • des cheveux frisés кудря́вые вóлосы

friser *v (en parlant de cheveux bouclés)* ви́ться* [II, вью́тся], вили́сь • il a des cheveux qui frisent naturellement у негó вóлосы вью́тся от прирóды

frisson *nm (de froid, de fièvre)* дрожь *f (pas de pl)* • j'ai eu des frissons dans le dos дрожь пробежáла у меня́ по спинé • elle a été prise de frissons её брóсило в дрожь

frit *adj* жáреный • un poisson frit жáреная ры́ба • des pommes de terre frites жáреная картóшка

frite *nf* картóшка-фри *f*

froid *adj* холóдный ⑤ *(*хóлоден, холоднá, хóлодно, хóлодны*)* • de l'eau froide холóдная водá • les nuits sont froides нóчи холóдные • du thé froid холóдный чай • un regard froid холóдный взгляд • la guerre froide холóдная войнá

■ froid *nm* хóлод • trembler de froid дрожáть от хóлода • un froid de loup собáчий хóлод

● tu n'as pas froid ? тебé не хóлодно? • j'avais froid мне бы́ло хóлодно • ils auront sûrement froid им навéрно бýдет хóлодно • j'ai froid aux pieds у меня́ нóги мёрзнут • elle avait froid ей бы́ло хóлодно • il avait froid aux oreilles у негó мёрзли ýши • ça m'a fait froid dans le dos у меня́ морóз пробежáл по спинé • qu'il fait froid aujourd'hui ! как хóлодно сегóдня! › **il faisait froid hier** вчерá бы́ло хóлодно • prendre froid простужáться / простуди́ться ④ › **il a pris froid et il est tombé malade** он простуди́лся и заболéл

froisser *v* **1.** *litt* мять* [IV, мну, мнёшь] / помя́ть* [IV, помнý, помнёшь - помя́тый] *(un peu)*, смять* [IV, сомнý, сомнёшь], смя́тый *(complètement)* • tu as froissé ta robe ты помя́ла плáтье • froisser un papier смять бумáгу **2.** *fig* задевáть / задéть* [*n cl*, задéну, задéнешь - задéтый] • ça m'a profondément froissé э́то меня́ си́льно задéло

frôler *v* задевáть / задéть* [*n cl*, задéну, задéнешь - задéтый] • j'ai à peine frôlé le vase et il est tombé я чуть задéл вáзу, и онá упáла

fromage *nm* **1.** *(à l'exception du fromage blanc)* сыр ①② • du fromage de brebis овéчий сыр **2.** *(fromage blanc)* творóг ③

front *nm* **1.** *(partie du visage)* лоб* *(loc.* лбу*)* • un front bas ни́зкий лоб **2.** *(ligne de combat ; zone de combat)* фронт ①③ • au front на фрóнте • les soldats partaient pour le front солдáты éхали на фронт • il n'est pas revenu du front он не вернýлся с фрóнта

frontière ◪ *nf* грани́ца • à la frontière polonaise на пóльской грани́це • la frontière entre l'Europe et l'Asie грани́ца мéжду Еврóпой и Áзией ◪ *adj* пограни́чный • le poste frontière пограни́чный пост

frotter *v* терéть* [IV, тру, трёшь - тёр, тёрла] / потерéть* [IV, потрý, потрёшь - потёр, потёрла - потёртый] *(et, avec diverses nuances)*, протирáть / протерéть* [IV, протрý, протрёшь - протёр, протёрла - протёртый] *(nettoyer)*, натирáть / натерéть* [IV, натрý, натрёшь - натёр, натёрла - натёртый] *(faire briller)*, растирáть / растерéть* [IV, разотрý, разотрёшь - растёр, растёрла - растёртый] *(frictionner)* • frotter ses verres de lunettes протирáть очки́ • ils frottaient le parquet они́ натирáли паркéт

■ **se frotter** *vp* **se frotter à l'eau de Cologne** растира́ть себя́ одеколо́ном • **se frotter le visage** тере́ть себе́ лицо́ • **se frotter les mains** потира́ть ру́ки (потира́ть / потере́ть* [IV, потру́, потрёшь - потёр, потёрла]) • **se frotter les yeux** протира́ть глаза́ (протира́ть / протере́ть* [IV, протру́, протрёшь - протёр, протёрла])

fruit *nm* **1.** *litt* фрукт • **des fruits secs** сушёные фру́кты **2.** *fig* плод ③② • **le fruit de ses réflexions** плод его́ размышле́ний • **porter ses fruits** приноси́ть плоды́ • **le fruit défendu** запре́тный плод

● **de fruit, de fruits** фрукто́вый › **un jus de fruit** фрукто́вый сок

LES FRUITS

- l'abricot **абрико́с** *m*
- l'airelle **черни́ка** *f*
- l'ananas **анана́с** *m*
- l'avocat **авока́до** *nt*
- la banane **бана́н** *m*
- le cassis **чёрная сморо́дина** *f*
- la cerise **ви́шня** *f*
- le citron **лимо́н** *m*
- le citron vert **зелёный лимо́н** *m*
- la figue **инжи́р** *m*
- la fraise **клубни́ка** *f*
- la framboise **мали́на** *f*
- le fruit de la passion **мараку́йя** *f*
- la goyave **гуая́ва** *f*
- la grenade **грана́т** *m*
- la groseille **сморо́дина** *f*
- le kiwi **ки́ви** *nt*
- la mangue **ма́нго** *nt*
- le melon **ды́ня** *f*
- la mûre **ежеви́ка** *f*
- la myrtille **черни́ка** *f*
- la noix de coco **коко́совый оре́х** *m*
- l'orange **апельси́н** *m*
- la pastèque **арбу́з** *m*
- la pêche **пе́рсик** *m*
- la poire **гру́ша** *f*
- la pomme **я́блоко** *nt*
- la prune **сли́ва** *f*
- le raisin **виногра́д** *m*

fruitier *adj* фрукто́вый • **les arbres fruitiers** фрукто́вые дере́вья

fugue *nf (fuite)* побе́г

fuir *v* **1.** *(s'éloigner le plus vite possible)* бежа́ть* [*n cl*, бегу́, бежи́шь, бегу́т] / бежа́ть* [*n cl*, *id*] • **il faut fuir** на́до бежа́ть **2.** *(éviter)* избега́ть / избежа́ть [*n cl*, избегу́, избежи́шь, избегу́т] *(+ G)* • **fuir le danger** избега́ть опа́сности **3.** *(être percé)* течь* [IV, течёт, теку́т - тёк, текла́] ③ • **le robinet de la cuisine fuit** кран на ку́хне течёт

fuite *nf* **1.** *(départ précipité)* бе́гство • **mettre l'ennemi en fuite** обрати́ть врага́ в бе́гство • **prendre la fuite** обрати́ться в бе́гство **2.** *(écoulement d'un gaz)* уте́чка • **une fuite de gaz** уте́чка га́за **3.** *(écoulement d'un liquide)* течь *f* • **il y avait une fuite au tonneau** в бо́чке была́ течь

fumé *adj (séché à la fumée)* копчёный • **du poisson fumé** копчёная ры́ба

fumée *nf* дым* *(loc.* дыму́*)* ⑧② • **une fumée épaisse** густо́й дым • **il n'y a pas de fumée sans feu** нет ды́ма без огня́

fumer *v* **1.** *(le tabac...)* кури́ть ④ / покури́ть ④ *(processus)*, выку́ривать / вы́курить *(résultat)* • **fumer une cigarette** кури́ть сигаре́ту • **fumer la pipe** кури́ть тру́бку • **défense de fumer** кури́ть воспреща́ется • **il a fumé cinq cigarettes** он вы́курил пять сигаре́т **2.** *(faire de la fumée)* дыми́ться / задыми́ться • **les cheminées fumaient** дыми́лись тру́бы

fumeur *nm* куря́щий *(part subst m)* • **l'hôtel n'a pas de chambres pour les fumeurs** в гости́нице нет номеро́в для куря́щих

fumier *nm* наво́з • **un tas de fumier** ку́ча наво́за

funiculaire *nm* фуникулёр • **on montera par le funiculaire** мы подни́мемся на фуникулёре

fur

■ **au fur et à mesure** *loc* постепе́нно • **je réponds aux questions au fur et à mesure** я отвеча́ю на вопро́сы по ме́ре их поступле́ния

fureur *nf* я́рость *f* • **cela l'a mis en fureur** э́то привело́ его́ в я́рость

furieux *adj (épithète)* я́ростный • **il m'a jeté un regard furieux** он бро́сил на меня́ я́ростный взгляд ~ *(attribut)* в я́рости • **il était furieux** он был в я́рости

fusée *nf* раке́та • **lancer une fusée** запусти́ть раке́ту • **une fusée spatiale** косми́ческая раке́та

fusil *nm* ружьё *(gén. pl.* ру́жей*)* ②① • **un fusil de chasse** охо́тничье ружьё • **un fusil à deux coups** двуxство́льное ружьё • **charger son fusil** заряди́ть

ружьё • **tirer des coups de fusil** стрелять из ружья
• **fusil mitrailleur** ручной пулемёт

fusiller *v* расстреливать / расстрелять

futur *adj* будущий • **notre futur directeur** наш будущий директор
■ **futur** *nm* (GRAMM) будущее время, время* *nt (gén., dat., loc., instr.* временем*)* • **mettre un verbe au futur** поставить глагол в будущем времени

fuyard *nm* беглец ③② • **on a rattrapé les fuyards** беглецов поймали

gG

gaffe *nf* про́мах • j'ai fait une gaffe en lui parlant de son père я допусти́л про́мах, заговори́в о его́ отце́

gagnant *adj* вы́игравший • le numéro gagnant вы́игрышный но́мер • l'équipe gagnante победи́вшая кома́нда

gagner *v* **1.** *(par son travail)* зараба́тывать / зарабо́тать • il gagnait cinq mille euros par mois он зараба́тывал пять ты́сяч е́вро в ме́сяц • gagner sa vie зараба́тывать на жизнь • il gagne bien sa vie он хорошо́ зараба́тывает **2.** *(par suite d'un effort, par hasard)* выи́грывать / вы́играть • gagner une partie d'échecs вы́играть ша́хматную па́ртию • gagner une bataille вы́играть бой • gagner un procès вы́играть де́ло • gagner du temps вы́играть вре́мя • gagner un voyage à la loterie вы́играть в лотере́е турпое́здку

gai *adj* весёлый ⑤ *(*ве́сел, весела́, ве́село, ве́селы*)* • un homme gai весёлый челове́к • une chanson gaie весёлая пе́сня

gaiement *adv* ве́село *(comp.* веселе́е*)* • nous avons passé gaiement la soirée мы ве́село провели́ ве́чер

gaieté *nf* весёлость *f* • un homme d'une gaieté inépuisable челове́к неиссяка́емой весёлости
◉ de gaieté de cœur с лёгким се́рдцем › on ne peut pas faire ça de gaieté de cœur э́то невозмо́жно сде́лать с лёгким се́рдцем

galant *adj* *(très poli)* гала́нтный • un homme galant гала́нтный челове́к

galerie *nf* *(passage, local)* галере́я • une galerie souterraine подзе́мная галере́я • une galerie de peinture карти́нная галере́я

galimatias *nm* галиматья́

gallicisme *nm* галлици́зм

gallo-romain *adj* га́лло-ри́мский • l'art gallo-romain га́лло-ри́мское иску́сство

galon *nm* *(signe distinctif des grades)* наши́вка • des galons de lieutenant лейтена́нтские наши́вки

galop *nm* гало́п • en un galop effréné бе́шеным гало́пом

gamin *nm* мальчи́шка • il se conduit comme un gamin он ведёт себя́ как мальчи́шка

gamine *nf* девчо́нка • une sale gamine скве́рная девчо́нка

gamme *nf* **1.** (MUS) га́мма • la gamme chromatique хромати́ческая га́мма • faire des gammes игра́ть га́ммы **2.** *(série)* га́мма • une nouvelle gamme de produits de beauté но́вая га́мма космети́ческих средств

gangster *nm* га́нгстер

gant *nm* перча́тка • mettre des gants наде́ть перча́тки • des gants de cuir ко́жаные перча́тки

garage *nm* **1.** *(remise)* гара́ж ③② • mettre sa voiture au garage поста́вить маши́ну в гара́ж **2.** *(pour entretien)* автомастерска́я • mener sa voiture au garage pour une réparation отвезти́ маши́ну на ремо́нт в автомастерску́ю

garagiste *nm* автомеха́ник • le garagiste vérifie le moteur автомеха́ник проверя́ет дви́гатель
◉ ma voiture sort de chez le garagiste моя́ маши́на то́лько из ремо́нта

garantie *nf* гара́нтия • ils sont vendus avec une garantie de six mois они́ продаю́тся с гара́нтией на шесть ме́сяцев • la garantie de votre ordinateur a expiré гара́нтия на ваш компью́тер ко́нчилась

garantir *v* **1.** *(s'engager à maintenir en état, à éviter la dépréciation)* гаранти́ровать / гаранти́ровать • garantir un prêt гарантировать заём **2.** *(rendre sûr)* обеспечивать / обеспечить • **le succès est garanti** успех обеспечен **3.** *(se porter garant)* ручаться / поручиться ④ *(за + A)* • **j'en garantis la qualité** ручаюсь за качество **4.** *(protéger)* защищать / защитить *(т → щ)* • **garantir de la pluie** защитить от дождя

garçon *nm* **1.** *(enfant)* мальчик • **c'est un garçon ou une fille ?** это мальчик или девочка? **2.** *(jeune homme)* парень *m* • **c'est un brave garçon** он парень хороший • **les garçons et les filles étaient allés danser** парни и девушки пошли на танцы **3.** *(célibataire)* холостяк ③② • **un vieux garçon** старый холостяк **4.** *(serveur)* официант • **le garçon a servi les glaces** официант подал мороженое • **garçon, il manque une cuillère** будьте любезны, не хватает одной ложки

garde[1] *nf* **1.** *(corps de troupe)* гвардия • **la vieille garde** старая гвардия • **capitaine de la garde** капитан гвардии • **la garde meurt mais ne se rend pas** гвардия умирает, но не сдаётся **2.** *(défense armée)* охрана • **la garde des frontières** охрана границ **3.** *(surveillance)* присмотр • **sous la garde de sa grand-mère** под присмотром бабушки

• **de garde** дежурный › **le médecin de garde** дежурный врач › **la pharmacie de garde** дежурная аптека • **être de garde** (MIL) стоять на часах • **être sur ses gardes** быть настороже • **mettre en garde** предостерегать / предостеречь* [IV, предостерегу, предостережёшь, предостерегут - предостерёг, предостерегла - предостережённый] ③ › **il nous a mis en garde contre de nombreuses erreurs que nous aurions commises sans lui** он нас предостерёг от многих ошибок, которые мы бы сделали без него • **monter la garde** стоять на часах • **la relève de la garde** смена часовых

garde[2] *nm*

• **garde champêtre** сельский полицейский *(adj subst m)* • **garde du corps** телохранитель *m* • **garde forestier** лесник ③②

garder *v* **1.** *(conserver une chose, un état, ne pas divulguer un secret)* хранить / сохранить • **garder le fromage dans un endroit frais** хранить сыр в прохладном месте • **il gardait toutes les lettres qu'elle lui envoyait** он хранил все письма, которые получал от неё • **garder un secret** хранить тайну • **garder le silence** хранить молчание **2.** *(ne pas se départir de)* хранить / сохранить • **garder son calme** сохранить спокойствие • **garder son sang-froid** сохранить хладнокровие • **garder sa présence d'esprit** сохранить присутствие духа **3.** *(conserver sur soi en parlant d'un vêtement)* не снимать (снимать / снять* [IV, сниму, снимешь ④ - снял, сняла, сняло, сняли ⑤ - снятый, снят, снята, снято, сняты ⑤]) • **garder son chapeau** не снимать шляпу • **garder son manteau** не снимать пальто **4.** *(faire paître)* сторожить / посторожить *fam*, стеречь* [IV, стерегу, стережёшь, стерегут - стерёг, стерегла ③] / постеречь* [IV, *id*] • **garder des moutons** сторожить овец **5.** *(assurer la garde)* караулить / покараулить • **garder un prisonnier** караулить арестанта • **garder un bâtiment** караулить дом **6.** *(surveiller pour éviter tout accident)* смотреть за *(+ I)* (смотреть* [I, смотрю, смотришь ④] / посмотреть* [I, *id*]) • **garder des enfants** смотреть за детьми **7.** *(être prêt à repousser toute attaque)* охранять / охранить • **garder une ambassade** охранять посольство • **garder une route** охранять дорогу

• **garder la chambre** не выходить из дома (выходить ④ / выйти* [IV, выйду, выйдешь - вышел, вышла]) • **garder le lit** не вставать с постели (вставать* [II, встаю, встаёшь - вставай - вставая] / встать* [*n cl*, встану, встанешь])

gardien *nm* **1.** *(gén)* сторож* *(nom. pl.* сторожа*)* ①② • **le gardien de nuit** ночной сторож **2.** *(dans un immeuble)* консьерж • **on peut laisser les colis au gardien** пакеты можно оставлять у консьержа

• **ange gardien** ангел-хранитель *m* • **gardien de but** вратарь *m* ③②

gardienne *nf (dans un immeuble)* консьержка

gare *nf* вокзал *(bâtiment)*, станция *(point d'arrêt)* • **nous allons à la gare** мы едем на вокзал • **il vient de rentrer de la gare** он только что с вокзала • **la gare routière** автовокзал • **la gare maritime** морской вокзал • **le train était arrêté dans une petite gare** поезд стоял на маленькой станции • **le chef de gare** начальник станции • **la gare de marchandises** товарная станция

garer *v (une voiture)* ставить / поставить, парковать / запарковать • **j'ai garé ma**

voiture dans la cour я поставил машину во дворé
■ se garer *vp* парковáться / запарковáться • se garer en double file парковáться во вторóм ряду • il n'y a pas d'endroit où se garer нéгде постáвить машину

garnir *v (orner)* отдéлывать / отдéлать • garni de dentelles отдéланный кружевáми

gars ◪ *nm* пáрень *m* • un brave gars слáвный пáрень ◪ *nmpl* ребята (ребят, ребятам) • de braves gars слáвные ребята • eh, les gars ! эй, ребята!

gaspiller *v* **1.** *(de l'argent)* промáтывать / промотáть • il a gaspillé tout son argent он промотáл все свои дéньги **2.** *(un produit)* переводить ④ / перевести* [IV, переведу, переведёшь - перевёл, перевела ③ - переведённый] • gaspiller du papier переводить бумáгу • elle n'aime pas gaspiller la nourriture онá не лю́бит напрáсно переводить пищу

gâté *adj fig* избалóванный • des enfants gâtés избалóванные дéти

gâteau *nm* **1.** *(sec)* печéнье *(pas de pl)* • des gâteaux aux amandes миндáльное печéнье **2.** *(individuel)* пирóжное *(adj subst nt)* • un gâteau à la crème пирóжное с крéмом **3.** *(pour plusieurs personnes)* пирóг • un gâteau aux pommes яблочный пирóг ~ *(à la crème)* торт • un gâteau au chocolat шоколáдный торт • un gâteau aux noisettes орéховый торт

gâter *v* **1.** *(altérer)* пóртить / испóртить **2.** *(faire preuve de trop d'indulgence)* баловáть / избаловáть • gâter les enfants баловáть детéй
■ se gâter *vp* пóртиться / испóртиться • le temps s'est gâté погóда испóртилась • la viande s'est gâtée мясо испóртилось

gauche[1] *adj* **1.** *(par opposition à droit)* лéвый • la main gauche лéвая рукá • se lever du pied gauche встать с лéвой ноги **2.** *(malhabile)* неуклю́жий • des gestes gauches неуклю́жие движéния
● à gauche **a.** *(emplacement)* слéва, налéво › **à gauche de la route** слéва от дорóги › **à gauche de la maison** налéво от дóма › **à gauche sur la photo, c'est mon frère** э́то мой брат на фотогрáфии слéва **b.** *(direction)* налéво, влéво › **allez tout droit et ensuite à gauche** идите прямо, а потóм налéво › **tourner à gauche** свернýть влéво • de gauche **a.** *(qualifiant un substantif)* лéвый › **les partis de gauche** лéвые пáртии **b.** *(dans les autres cas)* слéва › **de gauche à droite** слéва напрáво

gauche[2] *nf* лéвые *(adj subst pl)* (лéвых, лéвым) • quand la gauche était au pouvoir когдá у влáсти бы́ли лéвые

gaucher *nm* левшá

gauchère *nf* левшá

gaufre *nf* вáфля

gaufrette *nf* вáфля • des gaufrettes à la vanille ванильные вáфли

Gaule *nf* Гáллия

gaulois *adj* **1.** *(de la Gaule)* гáлльский • le coq gaulois гáлльский петýх **2.** *(licencieux)* вóльный • des plaisanteries gauloises вóльные шýтки
■ Gaulois *nm (habitant de la Gaule)* галл

gaz *nm* газ • le gaz naturel прирóдный газ • payer sa facture de gaz платить за газ • les gaz d'échappement выхлопны́е гáзы • les gaz lacrymogènes слезоточивые гáзы
● à gaz гáзовый › **un réchaud à gaz** гáзовая плитка

gazeux *adj* газирóванный • une bouteille d'eau gazeuse буты́лка газирóванной воды́

gazole *nm* ди́зельное тóпливо, дизтóпливо • faire le plein de gazole заправиться дизтóпливом

gazon *nm* газóн

gazouiller *v* чирикать / чирикнуть • dans le jardin, les oiseaux gazouillaient в садý чирикали птицы

géant *adj* гигáнтский • un avion géant гигáнтский самолёт
■ géant *nm* гигáнт, великáн
● de géant, de géants гигáнтский › **à pas de géant** гигáнтскими шагáми

gel *nm* **1.** *(temps où il gèle)* морóз • craindre le gel боя́ться морóза **2.** *(pour les cheveux)* гель • se mettre du gel sur les cheveux нанести гель на вóлосы

gelée *nf* **1.** *(température inférieure à zéro)* морóз • il y a eu une forte gelée был си́льный морóз **2.** *(aliment)* желé* *nt indécl* • gelée de groseilles сморóдинное желé

• **gelée blanche** и́зморозь *m* › **l'herbe était couverte de gelée blanche** трава́ покры́лась и́зморозью

geler *v (se transformer en glace)* замерза́ть / замёрзнуть* [III] • **ici, les rivières ne gèlent pas** здесь ре́ки не замерза́ют
• **être gelé** / замёрзнуть* [III] › **la rivière est gelée** река́ замёрзла › **les voyageurs étaient gelés** пассажи́ры замёрзли • **il gèle** *(en parlant de la température)* моро́з › **il a gelé fort cette nuit** но́чью был си́льный моро́з • **on gèle** *(on a froid)* о́чень хо́лодно › **on gèle ici** здесь о́чень хо́лодно
■ **se geler** *vp (avec indication d'une partie du corps)* отморо́зить себе́ (отмора́живать / отморо́зить) • **il s'est gelé les oreilles** он отморо́зил себе́ у́ши

Gémeaux *nmpl* (ASTROL) Близнецы́ • **elle est Gémeaux** она́ Близне́ц

gémir *v* стона́ть / застона́ть • **il a gémi toute la nuit** он всю ночь стона́л

gémissement *nm* стон • **on entendait les gémissements des blessés** слы́шались сто́ны ра́неных

gênant *adj* **1.** *(moralement)* неудо́бный, неприя́тный • **une situation gênante** неудо́бное положе́ние **2.** *(physiquement)* неприя́тный • **un bruit gênant** неприя́тный шум

gendarme *nm* жанда́рм

gendre *nm* зять* *(pl.* зятья́, зятьёв, зятья́м*)* ①②

gêné *adj* смущённый • **il était très gêné d'avoir oublié de lui téléphoner** он был о́чень смущён тем, что забы́л ему́ позвони́ть

gêner *v* **1.** *(déranger)* меша́ть / помеша́ть *(+ D)* • **la lumière le gêne** свет ему́ меша́ет **2.** *(intimider)* • **ça me gêne d'en parler** мне нело́вко говори́ть об э́том
■ **se gêner** *vp (être intimidé)* стесня́ться / постесня́ться • **il ne faut pas vous gêner, faites comme chez vous, je vous en prie** не стесня́йтесь, пожа́луйста, бу́дьте как до́ма

général[1] *adj* **1.** *(concernant la totalité)* всео́бщий • **la grève générale** всео́бщая забасто́вка • **un recensement général** всео́бщая пе́репись **2.** *(concernant la plupart, un grand nombre)* о́бщий • **une réunion générale** о́бщее собра́ние • **l'impression générale** о́бщее впечатле́ние • **à la surprise générale** к о́бщему удивле́нию **3.** *(principal)* генера́льный • **le directeur général** генера́льный дире́ктор
• **en général** вообще́ › **en général, je me couche très tôt** вообще́ я ложу́сь спать о́чень ра́но • **en règle générale** как пра́вило • **la répétition générale** генера́льная репети́ция

général[2] *nm* генера́л

généralement *adv* обы́чно • **généralement, je me couche à onze heures** обы́чно я ложу́сь спать в оди́ннадцать

génération *nf (ensemble de personnes)* поколе́ние • **la jeune génération** молодо́е поколе́ние • **les générations futures** бу́дущие поколе́ния

généreux *adj (qui donne largement)* ще́дрый ⑤ • **distribuer d'une main généreuse** раздава́ть ще́дрой руко́й

générique ◪ *adj* генери́ческий • **les médicaments génériques** генери́ческие фо́рмы лека́рств ◪ *nm* (CINÉ) ти́тры • **le générique était à la fin du film** ти́тры шли в конце́ фи́льма

génial *adj* гениа́льный • **une œuvre géniale** гениа́льное произведе́ние • **une idée géniale** гениа́льная иде́я

génie *nm (aptitudes, personne)* ге́ний *m* • **le plus grand génie de notre temps** велича́йший ге́ний на́шей эпо́хи
• **de génie** гениа́льный › **un peintre de génie** гениа́льный худо́жник

génitif *nm* роди́тельный паде́ж *(*паде́ж ③*)* • **mettre un mot au génitif** поста́вить сло́во в роди́тельном падеже́

genou *nm* коле́но* *(pl.* коле́ни, коле́ней, коле́ням*)* • **se mettre à genoux** опусти́ться на коле́ни • **être à genoux** стоя́ть на коле́нях • **l'eau lui arrivait plus haut que les genoux** вода́ подняла́сь у́же вы́ше коле́н

> **À PROPOS DE...**
>
> Après une préposition ou un comparatif utiliser la forme **коле́н** du génitif pluriel.

genre *nm* **1.** *(sorte, catégorie)* род • **le genre d'occupations** род заня́тий • **il est unique en son genre** он еди́нственный в своём ро́де • **c'est un original en son**

genre он в своём ро́де оригина́л **2.** (GRAMM) род • **de quel genre est le mot « ко́фе » ?** како́го ро́да сло́во «ко́фе»? **3.** *(littérature, art)* жанр • **le genre dramatique** драмати́ческий жанр **4.** *(manière de se conduire)* мане́ры *pl (*мане́р, мане́рам*)* • **je n'aime pas beaucoup son genre** мне не нра́вятся его́ мане́ры
◈ **le genre humain** челове́ческий род, род *(loc.* роду́*)* ⑧ • **le genre de vie** о́браз жи́зни

gens *nmpl* лю́ди* *pl t (*люде́й, лю́дям, людьми́, лю́дях*)* • **de braves gens** до́брые лю́ди • **les jeunes gens** молоды́е лю́ди

gentil *adj* **1.** *(aimable)* любе́зный • **c'est très gentil de votre part** э́то о́чень любе́зно с ва́шей стороны́ **2.** *(mignon)* ми́лый ⑤ • **une petite fille si gentille !** така́я ми́лая де́вочка!

gentillesse *nf* любе́зность *f* • **elle l'a fait par gentillesse** она́ э́то сде́лала из любе́зности

gentiment *adv* любе́зно • **elle nous a accueillis très gentiment** она́ нас о́чень любе́зно приняла́

géographie *nf* геогра́фия • **la géographie physique** физи́ческая геогра́фия • **la géographie économique** экономи́ческая геогра́фия

géologie *nf* геоло́гия

géométrie *nf* геоме́трия • **la géométrie dans l'espace** геоме́трия в простра́нстве
◈ **la géométrie plane** планиме́трия

Géorgie *nf* Гру́зия

géorgien *adj* грузи́нский • **le thé géorgien** грузи́нский чай
■ **géorgien** *nm (langue)* грузи́нский язы́к *(*язы́к ③*)* • **un livre en géorgien** кни́га на грузи́нском языке́
◈ **en géorgien** по-грузи́нски › **tout était écrit en géorgien** всё бы́ло напи́сано по-грузи́нски › **parler géorgien** говори́ть по-грузи́нски
■ **Géorgien** *nm (homme)* грузи́н* *(gén. pl.* грузи́н*)*
■ **Géorgienne** *nf* грузи́нка

géranium *nm* гера́нь *f* • **un géranium rouge** кра́сная гера́нь

gérant *nm* заве́дующий *(+ I) (part subst m)* • **le gérant du magasin** заве́дующий магази́ном

gérante *nf* заве́дующая *(+ I) (part subst f)*

gerbe *nf* **1.** *(fleurs)* = вено́к • **dépot de gerbe monument aux morts** возложе́ние венка́ к па́мятнику па́вшим **2.** *(céréales)* сноп ③② • **des gerbes de blé** снопы́ хле́ба • **une gerbe d'étincelles** сноп искр

germain *adj*
◈ **cousin germain** двою́родный брат, брат *(pl.* бра́тья, бра́тьев, бра́тьям*)* • **cousine germaine** двою́родная сестра́, сестра́ *(pl.* сёстры, сестёр, сёстрам*)* ②⑤

gérondif *nm* дееприча́стие • **gérondif présent** дееприча́стие несоверше́нного ви́да • **gérondif passé** дееприча́стие соверше́нного ви́да

geste *nm* жест • **d'un geste familier** привы́чным же́стом

gestion *nf* управле́ние, ме́неджмент • **il fait des études de gestion** он у́чится на факульте́те ме́неджмента

gibier *nm* дичь *f* • **là-bas, il y a toutes sortes de gibier** там мно́го вся́кой ди́чи • **du gros gibier** кру́пная дичь

gifle *nf* пощёчина • **donner une gifle à l'insolent** дать наха́лу пощёчину • **recevoir une gifle** получи́ть пощёчину

gilet *nm* жиле́т • **il porte un gilet en cuir** он но́сит ко́жаный жиле́т

gigantesque *adj* гига́нтский • **une entreprise gigantesque** гига́нтское предприя́тие

gin *nm* джин • **un gin tonic** джин с то́ником

gitan *nm* цыга́н

gitane *nf* цыга́нка

gîte *nm* до́мик • **louer un gîte pour les vacances** снять до́мик на о́тпуск

girafe *nf* жира́ф

gisement *nm* месторожде́ние *f* • **un gisement de pétrole** месторожде́ние не́фти

givre *nm* и́ней *m* • **les arbres sont couverts de givre** дере́вья покры́лись и́неем

glace *nf* **1.** *(eau gelée)* лёд* *(*льда, *loc.* льду*)* • **une épaisse couche de glace** то́лстый

слой льда **2.** *(crème glacée, sorbet)* моро́женое *(adj subst nt) (pas de pl)* • **une glace à la vanille** вани́льное моро́женое • **apportez-nous deux glaces** принеси́те нам две по́рции моро́женого **3.** *(miroir)* зе́ркало *(pl.* зеркала́, зерка́л, зеркала́м*)* ①⑥ • **se regarder dans la glace** смотре́ться в зе́ркало
● **la glace est rompue** *fig* лёд сло́ман

glacé *adj (très froid)* ледяно́й • **de l'eau glacée** ледяна́я вода́ • **avec ses doigts glacés** ледяны́ми па́льцами

glacial *adj litt & fig* ледяно́й • **un vent glacial** ледяно́й ве́тер • **d'un ton glacial** ледяны́м то́ном

glacier *nm* **1.** (GÉOGR) ледни́к **2.** *(marchand de glaces)* продаве́ц моро́женого

glaçon *nm* кусо́к льда • **tu prends des glaçons dans le whisky ?** тебе́ ви́ски со льдом?

glaïeul *nm* гладио́лус • **un bouquet de glaïeuls** буке́т гладио́лусов

glande *nf* железа́ *(pl.* же́лезы, желёз, железа́м*)* ②③ • **les glandes à sécrétion interne** же́лезы вну́тренней секре́ции

glissant *adj* ско́льзкий ⑤ • **des marches glissantes** ско́льзкие ступе́ни

glisser *v* **1.** *(se déplacer en glissant)* скользи́ть / скользну́ть • **le traîneau glissait lentement sur la neige** са́ни ме́дленно скользи́ли по сне́гу • **la barque glisse sur l'eau** ло́дка скользи́т по воде́ **2.** *(faire un faux pas)* / поскользну́ться • **elle a glissé et elle est tombée** она́ поскользну́лась и упа́ла
■ **se glisser** *vp (se faufiler)* проска́льзывать / проскользну́ть • **il s'est glissé dans la chambre sans se faire remarquer** он незаме́тно проскользну́л в ко́мнату

globalement *adv* в це́лом • **globalement, c'est du bon travail** в це́лом, э́то хоро́шая рабо́та

globe *nm (sphère représentant la Terre)* гло́бус
● **le globe de l'œil** глазно́е я́блоко • **le globe terrestre** *(la Terre)* земно́й шар

globule *nm (du sang)* кровяны́е тельца́ • **les globules rouges** эритроци́ты • **les globules blancs** лейкоци́ты

gloire *nf* сла́ва • **l'auréole de la gloire** орео́л сла́вы

glorieux *adj* сла́вный • **de glorieux faits d'armes** сла́вные по́двиги

goal *nm* врата́рь ③②

> **À PROPOS DE...**
>
> Le mot russe **гол** signifie but (point gagné) :
> • marquer un but **забить гол**.

golf *nm* гольф • **jouer au golf** игра́ть в гольф • **un terrain de golf** по́ле для го́льфа

golfe *nm* зали́в • **le golfe du Lion** Лио́нский зали́в

gomme *nf (pour effacer)* рези́нка • **une gomme à crayon** рези́нка для карандаша́ • **une gomme à encre** черни́льная рези́нка

gonfler ■ *vt (remplir)* надува́ть / наду́ть* [II, наду́ю, наду́ешь - наду́тый] • **gonfler un ballon** наду́ть мяч • **gonfler un pneu** наду́ть ши́ну • **le vent a gonflé les voiles** ве́тер наду́л паруса́ ■ *vi (grossir)* набуха́ть / набу́хнуть* [III] • **les bourgeons commencent à gonfler** по́чки на дере́вьях уже́ набуха́ют

goret *nm* поросёнок* *(pl.* порося́та, порося́т, порося́там*)* • **crier comme un goret** визжа́ть как поросёнок

gorge *nf (gosier, cou)* го́рло • **j'ai mal à la gorge** у меня́ боли́т го́рло • **saisir un assaillant à la gorge** схвати́ть напада́ющего за го́рло • **j'ai la gorge sèche** у меня́ пересо́хло в го́рле • **crier à pleine gorge** крича́ть во всё го́рло

gorille *nm* **1.** *(animal)* гори́лла **2.** *fam (garde du corps)* телохрани́тель *m*

gosse *fam nmf* ребёнок *(pl.* де́ти, дете́й, де́тям, детьми́, де́тях*)* • **il se conduit comme un gosse** он ведёт себя́ как ребёнок
■ **gosses** *nmpl* де́ти (дете́й, де́тям, детьми́, де́тях*)* • **ils ont trois gosses** у них тро́е дете́й

gothique *adj* готи́ческий • **une cathédrale gothique** готи́ческий собо́р • **l'écriture gothique** готи́ческий шрифт

goudronner *v* асфальти́ровать / асфальти́ровать • **goudronner une route** асфальти́ровать доро́гу

gouffre *nm* бе́здна • **au bord du gouffre** на краю́ бе́здны

gourmand *nm* сладкоежка

goût *nm* вкус • un goût amer горький вкус • agréable au goût приятный на вкус • s'habiller avec goût одеваться со вкусом • c'est une question de goût это вопрос вкуса • nous avons les mêmes goûts у нас одни и те же вкусы • elle s'est choisie une occupation à son goût она выбрала себе занятие по вкусу • des goûts et des couleurs... о вкусах не спорят

goûter *v* **1.** *(tester)* пробовать / попробовать • goûter un vin пробовать вино • goûtez ces gâteaux попробуйте это печенье **2.** *(prendre une collation dans l'après-midi)* полдничать / пополдничать

goutte *nf* капля • des gouttes de pluie капли дождя • c'est une goutte d'eau dans l'océan это капля в море • ils se ressemblent comme deux gouttes d'eau они похожи как две капли воды • prendre des gouttes принимать капли • goutte à goutte капля по капле

gouttelette *nf* капелька • des gouttelettes de rosée капельки росы

gouvernement *nm* *(ensemble des ministres)* правительство • former le gouvernement сформировать правительство • un membre du gouvernement член правительства

gouvernemental *adj* правительственный • une crise gouvernementale правительственный кризис

gouverner *v* править *(+ I)* • gouverner le pays править страной

GPL (*abr de* gaz de pétrole liquéfié) *nm* СПГ • fonctionner au GPL работать на СПГ

grâce *nf* грация • elle danse avec beaucoup de grâce она танцует очень грациозно

● demander grâce просить пощады

■ grâce à *loc prép* благодаря *(+ D)* • grâce à toi j'ai découvert l'opéra благодаря тебе я открыл оперу • il a doublé ses bénéfices grâce à la publicité он удвоил свои прибыли благодаря рекламе

grade *nm* **1.** *(dans l'armée russe avant 1918, dans une armée occidentale)* чин ①② • au grade de capitaine в чине капитана **2.** *(dans l'armée russe depuis 1918)* звание • grade de capitaine звание капитана

graffiti *nm* граффити • un mur couvert de graffiti стена, исчерченная граффити

grain *nm* **1.** *(graine)* зерно *(pl.* зёрна, зёрен, зёрнам*)* ②① • un grain de blé хлебное зерно • du café en grains кофе в зёрнах **2.** *(petite parcelle)* крупинка • un grain de sel крупинка соли

● un grain de beauté родинка • un grain de poussière пылинка • un grain de sable песчинка

graine *nf* семя* *(gén., dat., loc., instr.* семенем *; pl.* семена, семян, семенам*)* • graines sélectionnées отборные семена

graissage *nm* смазка • le graissage des roues смазка колёс

graisse *nf* жир* *(loc.* жиру*)* ⑧② • de la graisse d'oie гусиный жир

● de graisse жирный › une tache de graisse жирное пятно

graisser *v* смазывать / смазать* [II, смажу, смажешь] • graisser les roues смазать колёса

grammaire *nf* грамматика • la grammaire structurale структурная грамматика

● de grammaire грамматический › une faute de grammaire грамматическая ошибка › les règles de grammaire грамматические правила

gramme *nm* грамм* *(*грамм, граммов*)* *littéraire* • cent grammes de viande сто грамм мяса

grand *adj* **1.** *(gén)* большой *(comp.* больше*)* • une grande maison большой дом • une grande ville большой город • de grands yeux большие глаза • c'est un grand garçon это большой мальчик • ça joue un grand rôle это играет большую роль • un grand succès большой успех • un grand chagrin большое горе • de grands événements большие события • un grand secret большой секрет **2.** *(par l'esprit, par la puissance, l'importance)* великий • un grand savant великий учёный • les grandes puissances великие державы • de grands événements великие события • une grande découverte великое открытие • à mon grand étonnement к моему великому удивлению **3.** *(de haute taille, en parlant d'une personne)* высокого роста • il est très grand он очень высокого роста

● au grand air на откры́том во́здухе • il est grand comme toi он ро́стом с тебя́ • les grandes personnes взро́слые *(adj subst pl)* *(*взро́слых, взро́слым*)* › **ne pas obéir aux grandes personnes** не слу́шаться взро́слых • le plus grand велича́йший *littéraire* › **avec le plus grand plaisir** с велича́йшим удово́льствием • quand tu seras grand, tu feras ce que tu voudras когда́ вы́растешь, бу́дешь поступа́ть по своему́ усмотре́нию • trop grand *(en parlant de chaussures, de vêtements)* вели́к ③ *(*велика́*)* › **ces souliers sont trop grands pour moi** боти́нки мне велики́
■ grand *adv* широко́ *(comp.* ши́ре**)* • avec des yeux grands ouverts с широко́ раскры́тыми глаза́ми
■ grand *nm* → grands

grand-chose *adv*
● ça ne vaut pas grand-chose э́то дешёвка • ce n'est pas grand-chose э́то пустяки́ • il n'y a pas grand-chose à faire что поде́лаешь?

Grande-Bretagne *nf* Великобрита́ния

grandeur *nf* **1.** *(dimension)* величина́ *(pl.* величи́ны, величи́н, величи́нам*)* ②① • une grandeur constante постоя́нная величина́ **2.** *(majesté, puissance)* вели́чие • il me regardait du haut de sa grandeur он смотре́л на меня́ с высоты́ своего́ вели́чия • la folie des grandeurs ма́ния вели́чия

grandiose *adj* вели́чественный, грандио́зный • un spectacle grandiose вели́чественное зре́лище

grandir *v* расти́* [IV, расту́, растёшь - рос, росла́ ③] / вы́расти [IV, вы́расту, вы́растешь - вы́рос, вы́росла], выраста́ть / вы́расти* [IV, вы́расту, вы́растешь - вы́рос, вы́росла] • les enfants grandissent à vue d'œil де́ти расту́т на глаза́х • Pierre a grandi de deux centimètres Пьер вы́рос на два санти́метра

grand-mère *nf* ба́бушка • j'ai passé l'été chez ma grand-mère я провёл ле́то у ба́бушки

grand-peine
■ à grand-peine *loc adv* с больши́м трудо́м • c'est à grand-peine qu'il est arrivé au sommet он с больши́м трудо́м добра́лся до верши́ны

grand-père *nm* дёд • il est allé rendre visite à son grand-père он пошёл в го́сти к де́ду

grands *nmpl* **1.** *(élèves de grandes classes)* ученики́ ста́рших кла́ссов, ученики́ *pl* *(*ученико́в, ученика́м*)*, ста́ршие кла́ссы, кла́ссы *pl* *(*кла́ссов, кла́ссам*)* • c'est un film pour les grands э́то фильм для ста́рших кла́ссов **2.** *(adultes)* взро́слые

grands-parents *nmpl* де́душка и ба́бушка • mes grands-parents habitent dans le Midi де́душка и ба́бушка живу́т на ю́ге

grappe *nf* гроздь *f* ①③ • une grosse grappe de raisin больша́я гроздь виногра́да

gras *adj* жи́рный ⑤ • de la cuisine grasse жи́рная ку́хня • une terre grasse жи́рная земля́ • en caractères gras жи́рным шри́фтом

grasseyer *v* карта́вить

gratin *nm* грате́н • un gratin de courgettes грате́н из кабачко́в • tu mets du fromage dans le gratin dauphinois ? в грате́н по-дофи́нски ты сыр кладёшь?

gratis *adv* беспла́тно • j'ai tout eu gratis я всё получи́л беспла́тно

gratte-ciel *nm* высо́тное зда́ние, небоскрёб *(aux États-Unis)* • les gratte-ciel dans le quartier de La Défense высо́тные зда́ния в райо́не Ла-Дефа́нс

gratter *v* скрести́* [IV, скребу́, скребёшь - скрёб, скребла́] ③ • gratter de la peinture avec l'ongle скрести́ кра́ску но́гтем
● ça gratte че́шется • ça me gratte dans l'oreille у меня́ в у́хе че́шется
■ se gratter *vp* **1.** *(avec indication d'une partie du corps)* чеса́ть* [II, чешу́, че́шешь ④] / почеса́ть* [II, *id*] • se gratter le menton чеса́ть подборо́док • se gratter la tête **a.** *litt* чеса́ть го́лову **b.** *fig* чеса́ть заты́лок **2.** *(sans préciser)* чеса́ться* [II, чешу́сь, че́шешься] / почеса́ться* [II, *id*] • le chien se gratte соба́ка че́шется

gratuit *adj* **1.** *(que l'on ne paie pas)* беспла́тный • un billet gratuit беспла́тный биле́т • l'entrée est gratuite вход беспла́тный • les soins médicaux gratuits беспла́тная медици́нская по́мощь **2.** *(non justifié)* необосно́ванный • une supposition gratuite необосно́ванное предположе́ние

gratuitement *adv* бесплáтно • j'ai tout eu gratuitement я всё получи́л бесплáтно

grave *adj* **1.** *(gén)* серьёзный • la situation est grave положéние серьёзное • de graves difficultés серьёзные затруднéния • une grave menace серьёзная угрóза ~ *(après négation)* стрáшный ⑤ • ce n'est pas grave э́то не стрáшно **2.** *(maladie, blessure...)* тяжёлый ③ *(*тяжёл, тяжелá, тяжелó, тяжелы́*)* • une grave maladie тяжёлая болéзнь • dans un état grave в тяжёлом состоя́нии **3.** *(en parlant des sons)* ни́зкий ⑤ *(comp.* ни́же**)* • d'une voix grave ни́зким гóлосом

gravement *adv (d'une manière qui menace la santé)* тяжелó • elle est tombée gravement malade онá тяжелó заболéла

gré *nm*
● contre son gré не по своéй вóле • de son plein gré по дóброй вóле • de gré ou de force вóлей-невóлей

grec *adj* грéческий • la littérature grecque грéческая литератýра
■ grec *nm (langue)* грéческий язы́к *(*язы́к ③*)* • étudier le grec изучáть грéческий язы́к • un livre en grec кни́га на грéческом языкé
● en grec по-грéчески › **tout était écrit en grec** всё бы́ло напи́сано по-грéчески › **parler grec** говори́ть по-грéчески
■ Grec *nm (homme)* грек

Grèce *nf* Грéция • la Grèce antique Дрéвняя Грéция

Grecque *nf* гречáнка

greffe *nf* **1.** *(chirurgie)* пересáдка, трансплантáция • greffe du cœur трансплантáция сéрдца • on lui a fait une greffe du rein емý пересади́ли пóчку **2.** *(agriculture)* приви́вка • la greffe des arbres fruitiers приви́вка фруктóвых дерéвьев

grégaire *adj* стáдный • des instincts grégaires стáдный инсти́нкт

grêle *nf* град • ce n'est pas la pluie, c'est la grêle э́то не дождь, а град • une grêle de balles град пуль

grêler *v* il grêle град идёт • il s'est mis à grêler пошёл град

grenade *nf* **1.** *(fruit)* гранáт **2.** *(arme)* гранáта • une grenade à main ручнáя гранáта

grenier *nm* чердáк ③② • au grenier на чердакé

grenouille *nf* лягýшка • une grenouille verte зелёная лягýшка • des cuisses de grenouille лягушáчьи лáпки

grève *nf (interruption de travail)* забастóвка • se mettre en grève объяви́ть забастóвку • la grève générale всеóбщая забастóвка
● faire (la) grève бастовáть / забастовáть • la grève de la faim голодóвка › **commencer une grève de la faim** объяви́ть голодóвку

gréviste *nmf* забастóвщик *m*, забастóвщица *f* • les grévistes occupaient l'usine забастóвщики занимáли завóд

grièvement *adv* тяжелó • il a été grièvement blessé он был тяжелó рáнен

griffe *nf* кóготь *m* ①③ • des griffes acérées óстрые кóгти • sortir ses griffes вы́пустить кóгти ~ *fig* • montrer ses griffes показáть свои́ кóгти

griffer *v* царáпать / оцарáпать • le chat lui a griffé la main кóшка оцарáпала емý рýку

grille *nf (ensemble de barreaux)* решётка • la grille du parc садóвая решётка

grille-pain *nm* тóстер

griller *v* жáрить / зажáрить
● faire griller жáрить / зажáрить › **faire griller des pommes de terre** зажáрить картóшку • griller un feu rouge проéхать на крáсный свет

grimace *nf* гримáса • faire des grimaces дéлать гримáсы

grimper *v* лезть* [IV, лéзу, лéзешь - лез, лéзла] / залéзть* [IV, *id*], влезáть / влезть* [IV, влéзу, влéзешь - влез, влéзла] • grimper à un arbre влезть на дéрево

grincer *v* скрипéть* [I, скриплю́, скрипи́шь] / скри́пнуть • la porte grince дверь скрипи́т • grincer des dents скрипéть зубáми

grippe *nf* грипп • attraper la grippe схвати́ть грипп • la grippe aviaire пти́чий грипп

gris *adj* **1.** *(gén)* сéрый ⑤ • un costume gris сéрый костю́м **2.** *(en parlant des cheveux)* седóй ⑤ • avec une barbe grise с седóй бородóй **3.** *(en parlant du temps)* пáсмурный • un temps gris пáсмурная погóда

● aux cheveux gris седóй ⑤ › un vieillard aux cheveux gris седóй старик • il fait gris пáсмурно › il faisait gris бы́ло пáсмурно

■ gris *nm* сéрое *(adj subst nt)* • s'habiller en gris одéться в сéрое

Groenland Гренлáндия

grogner *v* **1.** *(en parlant d'un porc)* хрю́кать / хрю́кнуть • le cochon grogne свинья́ хрю́кает **2.** *(dans les autres cas)* ворчáть* [I, ворчу́, ворчи́шь] / заворчáть* [I, *id*] • le chien grogne собáка ворчи́т • la grand-mère grognait contre tout le monde бáбушка ворчáла на всех

gros[1] *nm (vente ou achat par grandes quantités)* оптóвая торгóвля

● en gros **a.** *(commerce)* óптом › vente en gros et au détail торгóвля óптом и в рóзницу **b.** *(dans les autres cas)* в основнóм › en gros, il a raison в основнóм он прав • gros comme величинóй с *(+ A)* › gros comme un chat величинóй с кóшку

gros[2] *adj* **1.** *(épais, gras)* тóлстый ⑤ *(comp.* тóлще*)* • un homme gros тóлстый человéк • de grosses lèvres тóлстые гу́бы • un gros livre тóлстая книга **2.** *(de grande taille)* большóй *(comp.* бóльше*)* • un gros chien большáя собáка • le gros orteil большóй пáлец **3.** *(important, considérable)* большóй *(comp.* бóльше*)*, кру́пный ⑤ • une grosse somme большáя су́мма, кру́пная су́мма • un gros chagrin большóе гóре • de gros ennuis кру́пные неприя́тности • une grosse entreprise кру́пное предприя́тие **4.** *(en parlant de l'écriture)* кру́пный ⑤ • en grosses lettres кру́пными бу́квами • une grosse écriture кру́пный пóчерк **5.** *(grossier)* гру́бый ⑤ • une grosse faute гру́бая оши́бка • des gros mots гру́бые словá

● la grosse artillerie тяжёлая артиллéрия • le gros bétail кру́пный рогáтый скот

groseille *nf* сморóдина *(pas de pl)* • des groseilles rouges крáсная сморóдина • des groseilles blanches бéлая сморóдина

● groseilles à maquereau крыжóвник *(pas de pl)*

grosseur *nf* **1.** *(gén)* толщинá *(épaisseur)*, величинá *(taille)* • de la grosseur du pouce толщинóй в большóй пáлец **2.** *(tumeur)* óпухоль *f*

grossier *adj* гру́бый ⑤ • une toile grossière гру́бая ткань • des manières grossières гру́бые манéры • une faute grossière гру́бая оши́бка

grossièreté *nf* гру́бость *f* • dire des grossièretés говори́ть гру́бости

grossir ◼ *vt (faire paraître plus gros)* увели́чивать • ce microscope grossit les objets quarante fois микроскóп увели́чивает предмéты в сóрок раз ◼ *vi* **1.** *(prendre du poids)* толстéть / потолстéть • elle a beaucoup grossi pendant les vacances онá си́льно потолстéла за óтпуск • j'ai grossi de cinq kilos я потолстéл на пять килогрáммов **2.** *(croître)* расти́* [IV, растёт, растýт - рос, рослá ③] / вы́расти* [IV, вы́растет, вы́растут - вы́рос, вы́росла] • cet arbre continue à grossir э́то дéрево всё ещё растёт

grotte *nf* **1.** *(naturelle)* пещéра • la grotte du Chien Собáчья пещéра **2.** *(artificielle)* грот • un parc avec des grottes et des cascades парк с грóтами и каскáдами

groupe *nm* грýппа • un groupe de cavaliers грýппа всáдников • un groupe d'arbres грýппа дерéвьев

> **À PROPOS DE...**
>
> À la différence de son équivalent français, le mot **грýппа** comporte deux **п**.

grue *nf* **1.** *(oiseau)* журáвль *m* ③② **2.** *(appareil de levage)* (подъёмный) кран • la grue déposait une voiture sur le pont du navire подъёмный кран опускáл маши́ну на пáлубу

gué *nm* брод

● à gué вброд › passer une rivière à gué перейти́ рекý вброд

guêpe *nf* осá ②①

guère *adv*

● ne... guère почти́ не › il ne travaille guère он почти́ не рабóтает › je ne le connais guère я егó почти́ не знáю › nous n'avons guère joué ensemble мы почти́ не игрáли вмéсте • ne... guère que тóлько › il n'y a guère que deux ans qu'il est parti он уéхал тóлько два гóда томý назáд

guérilla *nf* партизáнская войнá *(*войнá ②①, *gén. pl.* войн*)* • la guérilla continuait dans la montagne в гора́х продолжа́лась партиза́нская война́

guérir ◪ *vt (délivrer d'une maladie, d'un défaut)* вылéчивать / вы́лечить • guérir un malade вы́лечить больно́го • le médecin l'a guéri de son otite врач вы́лечил его́ от оти́та • guérir un enfant de sa timidité вы́лечить ребёнка от застéнчивости ◪ *vi* **1.** *(en parlant d'une personne, d'un être vivant)* выздора́вливать / вы́здороветь • on espère qu'il guérira bientôt мы надéемся, что он ско́ро вы́здоровеет **2.** *(en parlant d'une maladie)* проходи́ть [прохо́дит, прохо́дят] / пройти́* [IV, пройдёт, пройду́т - прошёл, прошла́] • sa grippe a guéri en deux jours его́ грипп прошёл за два дня **3.** *(cicatriser)* зажива́ть / зажи́ть* [IV, заживёт, заживу́т - зажила́, за́жили] • sa plaie guérit rapidement его́ ра́на бы́стро зажива́ет

guérison *nf* выздоровлéние • je vous souhaite une prompte guérison жела́ю вам ско́рого выздоровлéния

guerre *nf* война́ *(gén. pl.* войн*)* ②① • la Seconde Guerre mondiale втора́я мирова́я война́ • la guerre civile гражда́нская война́ • la guerre froide холо́дная война́ • déclarer la guerre объяви́ть войну́ • gagner la guerre вы́играть войну́ • perdre la guerre проигра́ть войну́
● de guerre воéнный › un bateau de guerre воéнный кора́бль › en temps de guerre в воéнное врéмя • la guerre éclair молниено́сная война́

guetter *v* подстерега́ть / подстерéчь* [IV, подстерегу́, подстережёшь, подстерегу́т - подстерёг, подстерегла́ ③ - подстережённый] • guetter le gibier подстерега́ть дичь • guetter l'occasion подстерега́ть момéнт

gueule *nf* **1.** *(d'un animal)* пасть *f* • l'ours ouvrit largement sa gueule медвéдь широко́ раскры́л пасть **2.** *fam (visage)* мо́рда • je vais lui casser la gueule я ему́ мо́рду набью́
● ferme ta gueule ! заткни́сь!

gui *nm* омéла • les druides ramassaient le gui друи́ды собира́ли омéлу

guichet *nm* окно́ ②①, око́шко *fam* • le guichet d'information est fermé спра́вочное окно́ закры́то • veuillez retirer vos places au guichet вы мо́жете получи́ть свои́ билéты в ка́ссе

guide *nm*
I PERSONNE
1. DANS UN MUSÉE, UN CHÂTEAU = **экскурсово́д**
• dans ce château, il y a un très bon guide в э́том за́мке есть о́пытный экскурсово́д
2. DANS LES AUTRES CAS = **проводни́к** *m* ③②, **проводни́ца** *f*
• dans ces montagnes, il faut avoir un guide в гора́х нельзя́ обойти́сь без проводника́
• je vais vous servir de guide бу́ду ва́шим проводнико́м
• voici la jeune fille qui va nous servir de guide вот и на́ша проводни́ца
• un guide de montagne го́рный гид
II OUVRAGE
1. CONCERNANT LE TOURISME = **путеводи́тель** *m*
• le guide de Moscou путеводи́тель по Москвé
2. DANS LES AUTRES CAS = **спра́вочник**
• le guide du photographe amateur спра́вочник фото́графа-люби́теля

guider *v* води́ть ④ / поводи́ть ④, вести́ / провести́ • il nous a guidé dans la ville он нас провёл по го́роду
● être guidé, se laisser guider *fig* руково́дствоваться *(+ I)* › se laisser guider par des considérations pratiques руково́дствоваться практи́ческими соображéниями

guillemet *nm* кавы́чка • ouvrir les guillemets откры́ть кавы́чки • mettre un mot entre guillemets поста́вить сло́во в кавы́чки

guirlande *nf* гирля́нда • une guirlande électrique электри́ческая гирля́нда

guitare *nf* гита́ра • jouer de la guitare игра́ть на гита́ре

guitariste *nmf* гитари́ст *m*, гитари́стка *f*

gymnase *nm* спорти́вный зал, спортза́л • elle fait de la musculation dans un gymnase près de chez elle она́ занима́ется бодиби́лдингом в спортза́ле ря́дом с до́мом

gymnastique *nf* гимна́стика

h H

habile *adj* **1.** *(en parlant d'une personne)* иску́сный, уме́лый • **un tailleur habile** иску́сный портно́й • **un avocat habile** уме́лый адвока́т **2.** *(en parlant des mains, des doigts)* уме́лый • **d'une main habile** уме́лой руко́й • **de ses doigts habiles** уме́лыми па́льцами

habilement *adv* ло́вко *(comp.* ло́вче*)* • **il conduisait habilement les négociations** он ло́вко вёл перегово́ры

habileté *nf* **1.** *(adresse)* ло́вкость *f* • **il a sauté sur le marchepied avec une grande habileté** он с большо́й ло́вкостью вскочи́л на подно́жку **2.** *(savoir-faire)* уме́ние • **le travail a été fait avec une grande habileté** рабо́та была́ сде́лана с больши́м уме́нием

habiller *v* одева́ть / оде́ть* [*n cl,* оде́ну, оде́нешь - оде́тый] • **habiller un enfant** оде́ть ребёнка
■ **s'habiller** *vp* одева́ться / оде́ться* [*n cl,* оде́нусь, оде́нешься - оде́тый] • **s'habiller avec goût** одева́ться со вку́сом • **s'habiller en noir** одева́ться в чёрное

habit *nm* → habits

habitant *nm* жи́тель *m* • **à Nevers, il y a plus de 40 000 habitants** в Неве́ре бо́льше 40 тысяч жи́телей

habitante *nf* жи́тельница • **une habitante de Lyon** жи́тельница Лио́на

habiter *v* жить* [IV, живу́, живёшь - жил, жила́, жи́ло, жи́ли ⑤ *(forme négative)* не́ жил, не жила́, не́ жило, не́ жили ⑤] • **ils habitent à Lyon** они́ живу́т в Лио́не • **elle habitait avec sa sœur** она́ жила́ с сестро́й

habits *nmpl* оде́жда *(pas de pl)* • **les habits d'hiver** зи́мняя оде́жда

habitude *nf* привы́чка • **une mauvaise habitude** дурна́я привы́чка • **par habitude** по привы́чке • **l'habitude est une seconde nature** привы́чка — втора́я нату́ра • **ce n'est pas dans mes habitudes** э́то не в мои́х привы́чках
● **d'habitude** обы́чно › **comme d'habitude** как обы́чно • **perdre l'habitude** отвыка́ть / отвы́кнуть* [III] › **perdre l'habitude de fumer** отвы́кнуть кури́ть • **prendre l'habitude** привыка́ть / привы́кнуть* [III] › **j'ai pris l'habitude de fumer** я привы́к кури́ть

habituel *adj* **1.** *(constant)* обы́чный • **ma place habituelle** моё обы́чное ме́сто **2.** *(passé à l'état d'habitude)* привы́чный • **d'un geste qui lui était habituel** привы́чным же́стом

habituellement *adv* обы́чно • **habituellement, il se repose après le repas** обы́чно он отдыха́ет по́сле обе́да

habituer *v* приуча́ть / приучи́ть *(+ inf,* к *+ D)* • **mon père m'a habitué à me lever à six heures** оте́ц приучи́л меня́ встава́ть в шесть • **habituer un enfant au froid** приуча́ть ребёнка к хо́лоду
● **il y a longtemps que je suis habitué** я давно́ привы́к › **j'étais habituée à lui** я к нему́ привы́кла
■ **s'habituer** *vp* привыка́ть / привы́кнуть* [III] *(*к *+ D)* • **je m'habituais peu à peu à l'obscurité** я ма́ло-пома́лу привыка́л к темноте́

hache *nf* топо́р ③②

haché *adj* **1.** *(en parlant de viande)* ру́бленый • **un steak haché** ру́бленый бифште́кс **2.** *(en parlant d'herbes, oignon)* измельчённый • **ajouter le persil haché** доба́вить измельчённую петру́шку

haie *nf* и́згородь *f* • **haie vive** жива́я и́згородь

haillons *nmpl* лохмо́тья* *pl t* (лохмо́тьев, лохмо́тьям*)* • **un mendiant en haillons** ни́щий в лохмо́тьях

haine *nf* не́нависть *f* • **regarder un étranger avec haine** смотре́ть на чужо́го с не́навистью • **par haine pour** из не́нависти к *(*к *+ D)*

haïr *v* ненави́деть* [I, ненави́жу, ненави́дишь] / возненави́деть* [I] *id* • je les hais я их ненави́жу

haleine *nf* дыха́ние
● courir à perdre haleine бежа́ть до изнеможе́ния • il était hors d'haleine он не мог перевести́ дыха́ние

hall *nm* холл, вестибю́ль *m* • dans l'immense hall de l'hôtel в просто́рном хо́лле гости́ницы • dans le hall de la gare в вестибю́ле вокза́ла

halte[1] *nf* **1.** *(arrêt en voiture)* остано́вка • faites une petite halte sur une aire de repos pour vous dégourdir les jambes сде́лайте небольшу́ю остано́вку в зо́не о́тдыха, что́бы размя́ть но́ги • nous avons fait une halte de deux jours dans le Vercors мы останови́лись на два дня в Верко́ре ~ *(moment d'arrêt pendant une randonnée)* прива́л • nous avons fait une halte d'une demi-heure мы сде́лали получасово́й прива́л **2.** *(petite gare)* полуста́нок

halte[2] *interj* стой • halte, pas un pas de plus стой, ни с ме́ста • halte à l'hécatombe sur les autoroutes ! останови́ть бо́йню на автодоро́гах!

haltère *nm* ганте́ль *f* • faire des haltères упражня́ться с ганте́лями

hamburger *nm* га́мбургер

hameau *nm* дереву́шка • le hameau comptait cinq ou six fermes дереву́шка состоя́ла из пяти́-шести́ дворо́в

hamster *nm* хомя́к ③②

hanche *nf* бедро́ *(pl.* бёдра, бёдер, бёдрам*)* ②① • de larges hanches широ́кие бёдра • mettre les mains aux hanches положи́ть ру́ки на бёдра

handball *nm* гандбо́л • jouer au handball игра́ть в гандбо́л

handicapé *adj* ограни́ченный в де́йствиях • il est très handicapé avec son pied dans le plâtre он чу́вствует себя беспо́мощным из-за ноги́ в ги́псе
■ handicapé *nm* инвали́д

handicapée *nf* инвали́д *m*

hanté *adj* населённый привиде́ниями • une maison hantée дом с привиде́ниями

hareng *nm* сельдь *f* ①③, селёдка *fam* • un banc de harengs ко́ся́к сельде́й • j'ai mangé un hareng fumé я съел копчёную селёдку • on était serrés comme des harengs мы бы́ли как селёдки в бо́чке

haricot *nm* фасо́ль *f (pas de pl)* • des haricots blancs бе́лая фасо́ль

harmonica *nm* губна́я гармо́шка • jouer de l'harmonica игра́ть на губно́й гармо́шке

harmonie *nf* гармо́ния • l'harmonie des couleurs гармо́ния кра́сок

hasard *nm* слу́чай *m* • un hasard favorable благоприя́тный слу́чай • à tout hasard на вся́кий слу́чай
● au hasard наудачу › **aller au hasard** идти́ наудачу › **ouvrir un livre au hasard** раскры́ть кни́гу наудачу • jeu de hasard аза́ртная игра́ • par hasard случа́йно › **nous nous sommes rencontrés par hasard** мы встре́тились случа́йно

hâte *nf* спе́шка
● à la hâte на́скоро › **le programme a été établi à la hâte** програ́мма была́ соста́влена на́скоро

hâter *v* ускоря́ть / уско́рить • pour hâter votre départ что́бы уско́рить ваш отъе́зд • hâter le pas уско́рить шаг
■ se hâter *vp* спеши́ть / поспеши́ть, торопи́ться ④ / поторопи́ться ④ • sans se hâter без спе́шки • hâtez-vous ! поторопи́тесь!

hausse *nf* повыше́ние • la hausse des prix повыше́ние цен • une hausse de la température повыше́ние температу́ры • une hausse de 15% повыше́ние на 15%

hausser *v* повыша́ть / повы́сить • hausser le ton повы́сить го́лос
● hausser les épaules пожа́ть плеча́ми (пожима́ть / пожа́ть* [IV, пожму́, пожмёшь])

haut *adj* **1.** *(gén)* высо́кий *(*высо́к, высока́, высо́ко, высо́ки ~ *comp.* вы́ше*)* • une haute montagne высо́кая гора́ • de hautes herbes высо́кие тра́вы • un homme de haute taille челове́к высо́кого ро́ста • une haute productivité высо́кая производи́тельность • elle a une haute opinion de lui она́ о нём высо́кого мне́ния **2.** *(le plus élevé)* вы́сший • la haute société вы́сшее

общество • la haute administration высшая администрация **3.** (GÉOGR) верхний • les Hautes-Alpes Верхние Альпы • le Haut-Rhin Верхний Рейн
● à haute voix вслух › **lire à haute voix** читать вслух • haut comme trois pommes от горшка три вершка • haut de высотой в *(+ A)* › **une tour haute de quarante mètres** башня высотой в сорок метров
■ haut *adv* высоко *(comp.* выше*)* • les avions volaient haut самолёты летели высоко
● haut les mains ! руки вверх! • haut placé высокопоставленный › **un personnage haut placé** высокопоставленное лицо
■ haut *nm* **1.** *(partie supérieure)* верх* *(loc.* верху*)* ⑧ • le haut de la colline верх холма • nous occupons tout le haut de la maison мы занимаем весь верх дома **2.** *(hauteur)* • à cent mètres de haut на высоте ста метров • il me regardait du haut de sa grandeur он смотрел на меня с высоты своего величия
● en haut **a.** *(direction)* наверх › **l'escalier qui mène en haut** лестница, ведущая наверх **b.** *(emplacement)* наверху › **ils habitent en haut** они живут наверху • regarder ses employés de haut смотреть на своих служащих свысока

hauteur *nf* высота *(pl.* высоты, высот, высотам*)* ②① • la hauteur de la tour est de cinquante mètres высота башни — пятьдесят метров • à une hauteur de trois cents mètres на высоте трёхсот метров • la hauteur d'un son высота звука ~ *fig* • être à la hauteur de la situation быть на высоте положения

haut-parleur *nm* громкоговоритель, динамик

hebdomadaire ◪ *adj* еженедельный • une revue hebdomadaire еженедельный журнал ◪ *nm* еженедельник

hébreu *adj* древнееврейский
■ hébreu *nm* *(langue)* иврит • étudier l'hébreu изучать иврит • un livre en hébreu книга на иврите
● en hébreu на иврите › **parler hébreu** говорить на иврите › **tout est écrit en hébreu** всё написано на иврите

hécatombe *nf* гекатомба • l'hécatombe sur les routes continue гекатомба на дорогах продолжается

hectare *nm* гектар

hein *interj* а • ça te plaît, hein ? это тебе нравится, а?

hélas *interj* увы • mais hélas, il n'y a pas d'espoir ! но увы, нет надежды! • hélas, je ne peux pas vous aider ! увы, но не могу вам помочь!

hélice *nf* винт ③② • une hélice de bateau винт судна

hélicoptère *nm* вертолёт • ils sont partis en hélicoptère они улетели на вертолёте

hémorragie *nf* **1.** *(externe)* кровотечение • arrêter une hémorragie остановить кровотечение **2.** *(interne)* кровоизлияние • une hémorragie cérébrale кровоизлияние в мозг

herbe *nf* трава ②① • mauvaise herbe сорная трава

hérésie *nf* ересь *f* • c'était considéré comme une hérésie это считалось ересью

hérisson *nm* ёж ③② • le hérisson s'est mis en boule ёж свернулся в клубок

héritage *nm* наследство • recevoir un héritage получить наследство • recevoir une maison en héritage получить дом в наследство

hériter *v* *(sans préciser l'objet)* получить наследство • il a hérité d'un oncle он получил наследство от дяди ~ *(en précisant l'objet)* получить... в наследство (получать / получить ④) • il a hérité d'une maison он получил дом в наследство • il a hérité un million d'euros de son père он получил в наследство от отца миллион евро

héritier *nm* наследник • l'héritier du trône наследник престола

héritière *nf* наследница • une riche héritière богатая наследница

héroïne *nf* **1.** *(personnage)* геройня • l'héroïne du roman геройня романа **2.** *(drogue)* героин

héroïque *adj* героический • un acte héroïque героический поступок • une époque héroïque героическая эпоха

héroïquement *adv* героически • se défendre héroïquement героически защищаться

héroïsme *nm* героизм • faire preuve d'héroïsme проявить героизм

héros *nm* герóй *m* • le héros du roman герóй ромáна

hésitation *nf* колебáние • après de longues hésitations пóсле дóлгих колебáний • sans hésitation без колебáний

hésiter *v* колебáться* [II, колéблюсь, колéблешься - колебáлся, колебáлась] / заколебáться* [II, *id*] • hésiter entre deux solutions колебáться мéжду двумя́ решéниями

heure *nf* **1.** *(soixante minutes)* час ①② • j'y ai passé deux heures я провёл там два часá • plus d'une heure бóльше чáса • pas plus de deux heures не бóльше двух часóв • je suis en retard d'une heure я опоздáл на час • il arrivera dans trois heures он приéдет чéрез три часá • cent kilomètres à l'heure сто киломéтров в час **2.** *(heure précise)* час* *(loc.* часý*)* ⑧② • à deux heures du matin в два часá нóчи • à cinq heures du matin в пять часóв утрá • à deux heures de l'après-midi в два часá дня • à l'heure fixée в полóженный час • le train part à 18 heures 15 пóезд отхóдит в восемнáдцать пятнáдцать • je travaille jusqu'à une heure я рабóтаю до чáса • quelle heure est-il ? — une heure котóрый час? — час • je rentre à cinq heures я возвращáюсь в пять (часóв) • je rentre à sept heures du soir я возвращáюсь в семь часóв вéчера ~ il est une heure et quart чéтверть вторóго • il arrive à deux heures et quart он приезжáет в чéтверть трéтьего • à quatre heures et demie в полови́не пя́того, в полпя́того • à six heures moins le quart без чéтверти шесть ~ il est trois heures dix дéсять минýт четвёртого • la séance commence à cinq heures vingt заседáние начинáется в двáдцать минýт шестóго • à sept heures moins cinq без пяти́ семь

À PROPOS DE...

Le génitif singulier est accentué sur la finale après **два**, **три**, **четы́ре** et **полторá**.

3. *(moment approximatif)* врéмя* *nt (gén., dat., loc., instr.* врéменем*)* • à n'importe quelle heure в любóе врéмя • pendant les heures de travail в рабóчее врéмя • fixer l'heure de la réunion назнáчить врéмя заседáния **4.** *(heure commune à tout un fuseau horaire, temps officiel)* врéмя* *nt (gén., dat., loc., instr.* врéменем*)* • à huit heures, heure de Moscou в вóсемь часóв по москóвскому врéмени • le passage à l'heure d'hiver перехóд на зи́мнее врéмя

● à l'heure вóвремя › **il est arrivé à l'heure** он приéхал вóвремя • à quelle heure ? в котóром часý?, во скóлько? *fam* › **à quelle heure on arrive ?** во скóлько мы приéдем? • de bonne heure рáно › **nos invités sont arrivés de bonne heure** нáши гóсти пришли́ рáно • demi-heure полчасá *(получáса)* › **plus d'une demi-heure** бóльше получáса › **une demi-heure avant la fin** за полчасá до концá › **toutes les demi-heures** кáждые полчасá • heure exacte тóчное врéмя › **vous avez l'heure exacte ?** есть у вас тóчное врéмя? • heure de pointe час пик › **aux heures de pointe** в часы́ пик • quelle heure est-il ? котóрый час?, скóлько сейчáс? *fam* • tout à l'heure **a.** *(passé)* тóлько что › **Michèle était là tout à l'heure** Мишéль тóлько что былá здесь **b.** *(futur)* попóзже *(bientôt)*, потóм *(ensuite)* › **il reviendra tout à l'heure** он вернётся чуть пóзже › **je vous montrerai les photos tout à l'heure** я вам покажý сни́мки попóзже

heureusement *adv (par bonheur)* к счáстью • heureusement, je n'étais pas en retard к счáстью я не опоздáл

heureux *adj* счастли́вый *(счáстлив, счáстлива)* • un homme heureux счастли́вый человéк • une vie heureuse счастли́вая жизнь • une heureuse idée счастли́вая мысль

● très heureux de faire votre connaissance óчень рад познакóмиться

heurter *v* **1.** *(se donner un coup contre)* ударя́ться / удáриться *(об + A)* • il a heurté le pied de la table он удáрился об нóжку столá **2.** *(se jeter contre)* налетáть / налетéть ④ *(на + A)* • la voiture a heurté un poteau маши́на налетéла на столб **3.** *(blesser moralement)* задевáть / задéть* [*n cl*, задéну, задéнешь] • heurter l'amour-propre задéть самолю́бие

■ se heurter *vp* **1.** *(se cogner)* ударя́ться / удáриться *(об + A)* • il s'est heurté contre l'armoire он удáрился об шкаф **2.** *(rencontrer des difficultés...)* натáлкиваться / натолкнýться *(на + A)* • nous nous sommes heurtés à de grandes difficultés мы натолкнýлись на больши́е трýдности

hibou *nm* совá ②①

hier *adv* вчерá • hier soir вчерá вéчером

● avant-hier позавчера́ › **c'était avant-hier matin** э́то бы́ло позавчера́ у́тром • d'hier вчера́шний › **la pluie d'hier** вчера́шний дождь

hiérarchie *nf* иера́рхия • la hiérarchie militaire вое́нная иера́рхия

hiéroglyphe *nm* иеро́глиф

hippodrome *nm* ипподро́м • à l'hippodrome de Vincennes на Венсе́ннском ипподро́ме

hippopotame *nm* бегемо́т, гиппопота́м

hirondelle *nf* ла́сточка • une hirondelle ne fait pas le printemps одна́ ла́сточка весны́ не де́лает

histoire *nf* **1.** *(gén)* исто́рия • l'histoire ancienne дре́вняя исто́рия • l'histoire de l'art исто́рия иску́сства • une histoire amusante заба́вная исто́рия • c'est toute une histoire э́то це́лая исто́рия **2.** *(récits mensongers)* вздор *(pas de pl)* • c'est des histoires всё э́то вздор **3.** *(ennui)* неприя́тность *f* • il lui est arrivé des histoires с ним случи́лись неприя́тности
● c'est une autre histoire э́то друго́е де́ло • mon voisin me cherche des histoires à propos de mon pommier сосе́д придира́ется ко мне из-за мое́й я́блони

historien *nm* исто́рик

historique *adj* истори́ческий • un événement historique истори́ческое собы́тие

hiver *nm* зима́ ⑥① • un hiver rigoureux суро́вая зима́ • un hiver neigeux сне́жная зима́ • l'hiver est arrivé зима́ наступи́ла

> **À PROPOS DE...**
>
> L'accent passe sur la préposition dans les groupes за́ зиму et на́ зиму.

● cet hiver зимо́й › **cet hiver, j'irai dans le Midi** зимо́й я пое́ду на юг › **cet hiver, j'ai eu la grippe** зимо́й у меня́ был грипп • d'hiver зи́мний › **les sports d'hiver** зи́мний спорт › **les vêtements d'hiver** зи́мняя оде́жда • en hiver зимо́й › **en hiver, nous faisions du patin** зимо́й мы ката́лись на конька́х

HLM *(abr de* habitation à loyer modéré) *nm кварти́ра с уме́ренной пла́той*

hockey *nm* хокке́й *m* • hockey sur glace хокке́й на льду

hollandais *adj* голла́ндский • du fromage hollandais голла́ндский сыр
■ Hollandais *nm* голла́ндец
■ Hollandaise *nf* голла́ндка

homard *nm* ома́р

homme *nm* **1.** *(être humain)* челове́к* *(pl.* лю́ди, люде́й, лю́дям, людьми́, лю́дях*)* • un brave homme до́брый челове́к • un homme cultivé образо́ванный челове́к • ce jeune homme э́тот молодо́й челове́к • les hommes de bonne volonté лю́ди до́брой во́ли • cinq hommes пять челове́к

> **À PROPOS DE...**
>
> Après les noms de nombres et après les adverbes de quantité не́сколько, ско́лько et сто́лько le génitif pluriel est челове́к.

2. *(être humain du sexe masculin)* мужчи́на • une femme et deux hommes же́нщина и двое мужчи́н • se conduire comme un homme вести́ себя́ как мужчи́на
● d'homme, d'hommes мужско́й › **un manteau d'homme** мужско́е пальто́

homosexuel *nm* гомосексуали́ст

homosexuelle *nf* лесбия́нка

Hongrie *nf* Ве́нгрия

hongrois *adj* венге́рский • la cuisine hongroise венге́рская ку́хня
■ hongrois *nm (langue)* венге́рский язы́к *(язы́к ③)* • étudier le hongrois изуча́ть венге́рский язы́к • un livre en hongrois кни́га на венге́рском языке́
● en hongrois по-венге́рски › **tout était écrit en hongrois** всё бы́ло напи́сано по-венге́рски › **parler hongrois** говори́ть по-венге́рски
■ Hongrois *nm (homme)* венгр
■ Hongroise *nf* венге́рка

honnête *adj* че́стный ⑤ • un homme honnête че́стный челове́к

honnêtement *adv* че́стно • il a répondu honnêtement он че́стно отве́тил • honnêtement, je ne pense pas е́сли че́стно, то я не ду́маю

honnêteté *nf* че́стность *f* • faire preuve d'honnêteté прояви́ть че́стность

honneur *nm* честь *f* ⑧ • c'est un grand honneur pour nous э́то больша́я честь для нас • c'est tout à votre honneur э́то де́лает вам честь • en l'honneur du défunt в честь поко́йника
● d'honneur почётный › **un hôte d'honneur** почётный гость › **être à la place d'honneur** сиде́ть на почётном ме́сте › **la garde d'honneur** почётный карау́л • la Légion d'honneur о́рден Почётного Легио́на • parole d'honneur че́стное сло́во › **donner sa parole d'honneur** дать че́стное сло́во • faire honneur à де́лать честь *(+ D)* › **ça ne lui fait pas honneur** э́то не де́лает ему́ че́сти

honte *nf* стыд ③ • un sentiment de honte чу́вство стыда́
● j'ai honte мне сты́дно › **vous n'avez pas honte ?** как вам не сты́дно! › **j'en ai honte pour vous** мне за вас сты́дно

honteux *adj (déshonorant)* позо́рный • une conduite honteuse позо́рное поведе́ние

hôpital *nm* больни́ца • être à l'hôpital лежа́ть в больни́це • il est sorti de l'hôpital он вы́писался из больни́цы • hôpital militaire го́спиталь *m (pl.* го́спитали, госпитале́й, госпиталя́м*)* ①③

hoquet *nm* ика́ние • j'ai le hoquet, donne-moi un verre d'eau s'il te plaît ! я ика́ю, дай мне стака́н воды́, пожа́луйста!

horaire ◼ *adj* часово́й • un fuseau horaire часово́й по́яс ◼ *nm* расписа́ние • l'horaire des trains расписа́ние поездо́в • l'horaire des cours расписа́ние заня́тий

horde *nf* орда́ ②① • les hordes barbares о́рды ва́рваров • la Horde d'or Золота́я орда́

horizon *nm* горизо́нт • apparaître à l'horizon появи́ться на горизо́нте • disparaître à l'horizon скры́ться за горизо́нтом

horizontal *adj* горизонта́льный • dans une position horizontale в горизонта́льном положе́нии

horloge *nf* часы́ *pl t (*часо́в, часа́м*)* • l'horloge avance de trois minutes часы́ спеша́т на три мину́ты • l'horloge retarde часы́ отстаю́т • l'horloge parlante говоря́щие часы́

horloger *nm* часовщи́к ③②

horoscope *nm* гороско́п • il lit son horoscope sur Internet он чита́ет свой гороско́п в Интерне́те

horreur *nf* **1.** *(effroi, épouvante)* у́жас • quelle horreur ! како́й у́жас! • elle fut saisie d'horreur её охвати́л у́жас • frémir d'horreur содрога́ться от у́жаса • les horreurs de la guerre у́жасы войны́ **2.** *(dégoût)* отвраще́ние • un sentiment d'horreur чу́вство отвраще́ния **3.** *(paroles désagréables)* га́дость *f* • dire des horreurs говори́ть га́дости
● j'ai horreur de tous ces bavardages терпе́ть не могу́ всю э́ту болтовню́

horrible *adj* ужа́сный • un crime horrible ужа́сное преступле́ние • un spectacle horrible ужа́сное зре́лище

horriblement *adv* ужа́сно • c'est horriblement cher э́то ужа́сно до́рого • il fait horriblement froid dehors на дворе́ ужа́сно хо́лодно

hors, hors de *prép* вне *(+ G)* • hors concours вне ко́нкурса • mettre un homme hors la loi объяви́ть челове́ка вне зако́на • il était hors de danger он был вне опа́сности • il était hors de lui он был вне себя́
● à propos et hors de propos кста́ти и некста́ти

hors-d'œuvre *nm* заку́ска

hospitalier *adj (accueillant)* гостеприи́мный • un peuple hospitalier гостеприи́мный наро́д

hostile *adj* вражде́бный • un regard hostile вражде́бный взгляд

hôte *nm* **1.** *(celui qui reçoit)* хозя́ин* *(pl.* хозя́ева, хозя́ев, хозя́евам*)* • remercier ses hôtes de leur hospitalité поблагодари́ть хозя́ев за гостеприи́мство **2.** *(invité)* гость *m* ①③ • bien recevoir ses hôtes хорошо́ принима́ть госте́й

hôtel *nm* гости́ница • descendre à l'hôtel останови́ться в гости́нице • un hôtel trois étoiles трёхзвёздочная гости́ница
● hôtel de ville ра́туша

hôtesse *nf (personne qui reçoit chez elle)* хозя́йка
● hôtesse de l'air бортпроводни́ца • hôtesse de caisse касси́р *m*

houille *nf* у́голь *m* • l'extraction de la houille добы́ча у́гля

hourra *interj* ура́

houx *nm* остроли́ст

hublot *nm* иллюмина́тор • fermer le hublot закры́ть иллюмина́тор

huile *nf* ма́сло *(pl.* масла́, ма́сел, масла́м*)* ①⑥ • huile d'olive оли́вковое ма́сло • huile d'arachide ара́хисовое ма́сло • jeter de l'huile sur le feu подлива́ть ма́сла в ого́нь
● huile de foie de morue ры́бий жир *(*жир* ⑧, *loc.* жиру́*)*

huit *adj num* **1.** *(gén)* во́семь • huit euros во́семь е́вро • à huit kilomètres du centre в восьми́ киломе́трах от це́нтра • ils étaient huit их бы́ло во́семь **2.** *(au sens de huitième, dans l'expression de la date)* восьмо́й • le huit mai восьмо́е ма́я • à la page huit на восьмо́й страни́це • Charles VIII Карл VIII *(Карл Восьмо́й)* **3.** *(aux cartes)* восьмёрка • un huit de carreau восьмёрка бубён
● huit cents восемьсо́т › **plus de huit cents roubles** бо́льше восьмисо́т рубле́й

huit-centième *adj* восьмисо́тый

huitième[1] *adj* **1.** *(gén)* восьмо́й • le huitième volume восьмо́й том **2.** *(en parlant des étages)* девя́тый • ils habitent au huitième étage они́ живу́т на девя́том этаже́

huitième[2] *nm* **1.** *(huitième étage)* девя́тый эта́ж *(*эта́ж ③*)* • ils habitent au huitième они́ живу́т на девя́том этаже́ **2.** *(fraction)* восьма́я *(adj subst f)* • les trois huitièmes три восьмы́х

huître *nf* у́стрица • une douzaine d'huîtres дю́жина у́стриц

hum *interj* гм

humain *adj* **1.** *(concernant l'homme)* челове́ческий • le genre humain челове́ческий род **2.** *(compatissant)* челове́ческий, челове́чный • une attitude humaine à l'égard de ses ennemis челове́чное отноше́ние к врага́м

humanitaire *adj* гуманита́рный • une association humanitaire гуманита́рная ассоциа́ция

humanité *nf* **1.** *(ensemble des hommes)* челове́чество • le destin de l'humanité судьба́ челове́чества **2.** *(bienveillance)* гума́нность *f*

humeur *nf (disposition d'esprit)* настрое́ние • être de mauvaise humeur быть в плохо́м настрое́нии

humide *adj* сыро́й ⑤, вла́жный ⑤ • un climat humide сыро́й кли́мат • du linge humide сыро́е бельё • un vent humide вла́жный ве́тер • des mains humides вла́жные ру́ки

humidité *nf* вла́жность *f*, сы́рость *f* *(humidité excessive)* • l'humidité du sol вла́жность по́чвы • des taches d'humidité пя́тна сы́рости

humiliation *nf* униже́ние • pleurer d'humiliation пла́кать от униже́ния

humoriste *nmf* юмори́ст *m*, юмори́стка *f*

humoristique *adj* юмористи́ческий • un récit humoristique юмористи́ческий расска́з

humour *nm* ю́мор • le sens de l'humour чу́вство ю́мора • répondre avec humour отве́тить с ю́мором • humour noir чёрный ю́мор

hurler *v* **1.** *(en parlant d'un animal, du vent)* выть* [II, во́ю, во́ешь] / завы́ть* [II] • les loups hurlaient во́лки вы́ли • le vent hurle ве́тер во́ет • il faut hurler avec les loups с волка́ми жить, по-во́лчьи выть **2.** *(pleurer bruyamment)* реве́ть* [IV, реву́, ревёшь] / зареве́ть* [IV, *id*] • l'enfant se mit à hurler ребёнок зареве́л **3.** *(pousser des cris)* крича́ть* [I, кричу́, кричи́шь] / кри́кнуть • hurler de douleur крича́ть от бо́ли

hutte *nf* хи́жина *(pauvre chaumière)*, шала́ш *(en branchages, roseaux)* ③②

hydratant *adj* увлажня́ющий • crème hydratante увлажня́ющий крем

hygiène *nf* гигие́на • les règles de l'hygiène пра́вила гигие́ны

hygiénique *adj* гигиени́ческий • du papier hygiénique туале́тная бума́га

hymne *nm* гимн • l'hymne national de la France госуда́рственный гимн Фра́нции

hypermarché *nm* гиперма́ркет • je fais mes courses à l'hypermarché я хожу́ за поку́пками в гиперма́ркет

hypocrite *adj* лицеме́рный • un sourire hypocrite лицеме́рная улы́бка

hypothèse *nf* гипо́теза • faire des hypothèses стро́ить гипо́тезы

i

iceberg *nm* áйсберг

ici *adv* **1.** *(direction)* сюдá • viens ici ! иди́ сюдá! **2.** *(emplacement)* здесь, тут *fam* • ils habitent ici они́ живу́т здесь • la photo était ici, sur la table фотогрáфия былá тут на столé
■ ici Moscou *(à la radio)* говори́т Москвá! • ici Jean *(au téléphone)* говори́т Жан • jusqu'ici **a.** *(lieu)* до *(+ G)* › **ils sont venus jusqu'ici** они́ дошли́ до нашегó дóма **b.** *(temps)* до сих пор › **jusqu'ici, il n'a pas fait grand-chose** до сих пор он почти́ ничегó не сдéлал
■ d'ici *loc* **1.** *(de ce pays, de cette région...)* здéшний • les gens d'ici здéшние лю́ди **2.** *(éloignement, distance)* отсю́да • allez-vous-en d'ici ! уходи́те отсю́да! • à cinq kilomètres d'ici в пяти́ киломéтрах отсю́да **3.** *(suivi d'une indication de temps)* чéрез *(+ A)* • d'ici un mois, j'aurai terminé ce travail чéрез мéсяц я закóнчу э́ту рабóту
■ d'ici là к томý врéмени › **d'ici là, nous aurons sans doute reçu son paquet** к томý врéмени мы, навéрно, полу́чим егó посы́лку

icône *nf* **1.** *(image sacrée)* икóна **2.** (INFORM) икóнка, значóк • cliquer sur l'icône du programme нажáть на икóнку прогрáммы

idéal *adj* идеáльный • des conditions idéales идеáльные услóвия
■ idéal *nm* идеáл • réaliser son idéal осуществи́ть свой идеáл

idée *nf* **1.** *(projet)* идéя • il lui est venu une bonne idée емý пришлá удáчная идéя • c'est une idée intéressante э́то интерéсная идéя **2.** *(pensée, réflexion)* мысль *f* • une idée préconçue предвзя́тая мысль • des idées sombres мрáчные мы́сли **3.** *(aperçu élémentaire)* представлéние, поня́тие • je n'en ai pas la moindre idée я не имéю об э́том никакóго представлéния • pour se faire une idée à ce sujet чтóбы состáвить себé нéкоторое представлéние об э́том • donner une idée des difficultés дать представлéние о тру́дностях **4.** *(esprit)* головá *(гóлову, гóловы́)* ⑥③ • voilà ce qui m'est venu à l'idée вот что мне пришлó в гóлову **5.** *(opinion, point de vue)* взгляд • je ne partage pas ses idées я не разделя́ю егó взгля́дов • ses idées ont beaucoup changé егó взгля́ды значи́тельно измени́лись **6.** *(appréciation)* мнéние • ne pas avoir une haute idée de soi-même быть невысóкого мнéния о себé

idem *adv* тó же

identique *adj* одинáковый • des opinions identiques одинáковые взгля́ды • les deux photos sont identiques óбе фотогрáфии одинáковы

identité *nf* **1.** *(d'une personne)* ли́чность • vérifier l'identité d'un visiteur провéрить ли́чность посети́теля • pièce d'identité удостоверéние ли́чности • carte d'identité ≈ пáспорт* *(nom. pl.* паспортá*)** ①② › **présenter sa carte d'identité** предъяви́ть пáспорт **2.** *(similarité)* тóждество • l'identité des points de vue тóждество взгля́дов

idéologie *nf* идеолóгия • l'idéologie dominante господствующая идеолóгия

idéologique *adj* идеологи́ческий • les divergences idéologiques идеологи́ческие разноглáсия

idiot *adj* **1.** *(en parlant d'une personne)* глу́пый ⑤ • elle est idiote онá глупá **2.** *(dans les autres cas)* глу́пый *(seul possible en attribut)* ⑤, дурáцкий • c'est idiot э́то глу́по • un rire idiot дурáцкий смех • se mettre dans une situation idiote попáсть в дурáцкое положéние • une lettre idiote дурáцкое письмó
■ idiot *nm* дурáк ③②, идиóт • il fait l'idiot он валя́ет дуракá

idiote *nf* ду́ра, идиóтка • quelle idiote ! какáя ду́ра!

idole *nf* **1.** *(représentation d'une divinité)* и́дол • ils adoraient des idoles они́ поклоня́-

лись и́долам **2.** *(personne admirée)* кумúр • l'idole des jeunes молодёжный кумúр

Ienisseï *nm* Енисе́й *m*

Iessenine *nm* Есе́нин

ignorance *nf* неве́жество • excusez mon ignorance извини́те моё неве́жество • par ignorance по неве́жеству

ignorer *v* **1.** *(ne pas savoir)* не знать • j'ignorais tout de cette affaire я ничего́ не знал об э́том де́ле • je n'ignorais pas qu'il était parti я знал, что он уе́хал **2.** *(faire exprès de ne pas remarquer)* игнори́ровать • il avait décidé d'ignorer les décisions prises par ses chefs он реши́л игнори́ровать распоряже́ния нача́льства

il[1], **elle, ils, elles** *pron* он, она́, оно́, они́ • il lit он чита́ет • elle jouait она́ игра́ла • c'est eux э́то они́ • il est absent его́ нет • je me promenais avec elle я гуля́л с ней • je me promenais avec lui я гуля́ла с ним • je le vois я его́ ви́жу • nous les attendons мы их ждём • j'ai oublié de leur dire я забы́л им сказа́ть

il[2] *pron* il pleut дождь идёт • il faisait froid бы́ло хо́лодно • il faut travailler на́до рабо́тать • il vaut mieux se taire лу́чше молча́ть • il manque dix euros не хвата́ет десяти́ е́вро • il ne reste plus qu'à envoyer le télégramme остаётся то́лько посла́ть телегра́мму

île *nf* о́стров* *(nom. pl.* острова́*)* ①② • sur une île déserte на необита́емом о́строве

illégal *adj* незако́нный • une action illégale незако́нное де́йствие

illettré *adj* негра́мотный • des paysans illettrés негра́мотные крестья́не
■ illettré *nm* негра́мотный *(adj subst m)* • il y avait encore beaucoup d'illettrés бы́ло ещё мно́го негра́мотных

illisible *adj* **1.** *(indéchiffrable)* неразбо́рчивый • une écriture illisible неразбо́рчивый по́черк • une signature illisible неразбо́рчивая по́дпись **2.** *(incompréhensible)* нечита́бельный • un livre illisible нечита́бельная кни́га

illogique *adj* нелоги́чный • sa conduite est illogique поведе́ние его́ нелоги́чно

illumination *nf* *(ensemble de lumières)* иллюмина́ция *(pas de pl)* • ce soir-là, il y avait des illuminations ве́чером была́ иллюмина́ция

illuminer *v* освеща́ть / освети́ть *(т → щ)* • un éclair illumina la moitié du ciel мо́лния освети́ла полне́ба ~ *fig* • un sourire illumina son visage улы́бка освети́ла его́ лицо́

illusion *nf* иллю́зия • ne pas se faire d'illusions не стро́ить себе́ иллю́зий
● une illusion d'optique обма́н зре́ния

illustration *nf* иллюстра́ция • un livre avec beaucoup d'illustrations кни́га со мно́жеством иллюстра́ций

illustre *adj* знамени́тый • un savant illustre знамени́тый учёный

illustré *adj* иллюстри́рованный • une édition richement illustrée бога́то иллюстри́рованное изда́ние

image *nf* **1.** *(gravure)* карти́нка • un livre avec des images кни́га с карти́нками • des images d'Épinal лубо́чные карти́нки **2.** *(modèle)* о́браз • le chanteur offre à son public un album conforme à son image певе́ц предлага́ет пу́блике альбо́м, соотве́тствующий со́зданному им о́бразу • Dieu créa l'homme à son image Бог со́здал челове́ка по о́бразу своему́ **3.** *(description)* карти́на • une image exacte des événements ве́рная карти́на собы́тий **4.** *(reflet)* отраже́ние • voir son image dans la glace ви́деть своё отраже́ние в зе́ркале

imaginaire *adj* **1.** *(inventé)* мни́мый • un danger imaginaire мни́мая опа́сность • un malade imaginaire мни́мый больно́й **2.** *(créé par l'imagination)* вообража́емый • une ligne imaginaire вообража́емая ли́ния

imagination *nf* воображе́ние, фанта́зия • une riche imagination бога́тое воображе́ние, бога́тая фанта́зия • laisser libre cours à son imagination дать во́лю своему́ воображе́нию, дать во́лю свое́й фанта́зии • avoir de l'imagination име́ть бога́тое воображе́ние, име́ть бога́тую фанта́зию • il manque totalement d'imagination у него́ нет никако́го воображе́ния

imaginer *v* **1.** *(se représenter)* предста́вить себе́ (представля́ть / предста́вить) • vous ne pouvez pas imaginer ce qu'on était bien là-bas вы не мóжете себé предстáвить, как хорошó бы́ло там **2.** *(inventer de toutes pièces)* выду́мывать / вы́думать • qu'est-ce qu'il a encore imaginé ? что он ещё вы́думал **3.** *(faire une invention)* приду́мывать / приду́мать • il a imaginé une machine électronique он приду́мал электрóнную маши́ну

■ s'imaginer *vp* воображáть / вообрази́ть • elle s'imagine que je n'entends rien онá воображáет, что я ничегó не слы́шу

imbécile *nmf* дурáк *m* ③②, ду́ра *f* • ils nous prennent pour des imbéciles они́ принимáют нас за дуракóв • faire l'imbécile валя́ть дуракá

imitation *nf* **1.** *(gén)* подражáние *(+ D)*, имитáция • l'imitation des classiques подражáние клáссикам • une imitation du style du XVIIe siècle имитáция сти́ля XVII вéка **2.** *(faux)* поддéлка • l'imitation de sa signature поддéлка егó пóдписи

imiter *v* **1.** *(en règle générale)* подражáть *(+ D)* • imiter un écrivain célèbre подражáть извéстному писáтелю **2.** *(faire un faux)* поддéлывать / поддéлать • imiter la signature du directeur поддéлать пóдпись дирéктора

immédiat *adj* **1.** *(instantané)* немéдленный • une réponse immédiate немéдленный отвéт **2.** *(sans intermédiaire)* непосрéдственный • son supérieur immédiat егó непосрéдственный начáльник

immédiatement *adv* немéдленно, срáзу • ils sont partis immédiatement они́ немéдленно уéхали

immense *adj* **1.** *(très vaste)* необъя́тный • des étendues immenses необъя́тные простóры **2.** *(considérable)* огрóмный • ça lui a fait un plaisir immense э́то достáвило ему́ огрóмное удовóльствие

immeuble *nm* (жилóй) дом • j'habite dans l'immeuble au coin de la rue я живу́ в дóме на углу́ э́той у́лицы

immigré *adj* иммигри́ровавший • un travailleur immigré инострáнный рабóчий, гастарбáйтер

immobile *adj* неподви́жный • rester immobile сидéть неподви́жно

immoral *adj* безнрáвственный • un livre immoral безнрáвственная кни́га

immortalité *nf* бессмéртие • la croyance en l'immortalité de l'âme вéра в бессмéртие души́

immortel *adj* бессмéртный • une gloire immortelle бессмéртная слáва

impair[1] *adj* нечётный • un nombre impair нечётное числó

impair[2] *nm* прóмах • commettre un impair допусти́ть прóмах

impardonnable *adj* непрости́тельный • une faute impardonnable непрости́тельная оши́бка

impartial *adj* беспристрáстный • un juge impartial беспристрáстный судья́

impartialité *nf* беспристрáстность *f* • l'impartialité des juges беспристрáстность судéй

impasse *nf* тупи́к ③② • ils habitent dans une impasse, près de la gare они́ живу́т в тупикé, недалекó от вокзáла ~ *fig* • tomber dans une impasse попáсть в тупи́к

impassible *adj* бесстрáстный • un visage impassible бесстрáстное лицó

impatience *nf* нетерпéние • attendre avec impatience ждать с нетерпéнием

impatient *adj* нетерпели́вый • un geste impatient нетерпели́вый жест • je suis impatiente de te revoir мне не тéрпится снóва тебя́ уви́деть • il était impatient d'ouvrir les cadeaux ему не терпéлось откры́ть подáрки

impensable *adj* немы́слимый • c'est absolument impensable э́то совершéнно немы́слимо

imper *nm* (непромокáемый) плащ, дождеви́к ③②

impératif *nm (mode verbal)* повели́тельное наклонéние • mettre un verbe à l'impératif постáвить глагóл в повели́тельном наклонéнии

impératrice *nf* императри́ца

imperceptible *adj* незамéтный • des changements imperceptibles незамéтные изменéния

imperfectif *adj* несовершéнного ви́да *(épithète)* • l'infinitif imperfectif инфинити́в несовершéнного ви́да

■ imperfectif *nm* несоверше́нный ви́д • les formes de l'imperfectif фо́рмы несоверше́нного ви́да

impérial *adj* ца́рский • le pouvoir impérial ца́рская власть

impérialisme *nm* империали́зм

imperméable[1] *adj* непромока́емый • un tissu imperméable непромока́емая ткань

imperméable[2] *nm* (непромока́емый) плащ ③②

impersonnel *adj* безли́чный • un verbe impersonnel безли́чный глаго́л

impertinent *adj* де́рзкий ⑤ • une réponse impertinente де́рзкий отве́т

impitoyable *adj* безжа́лостный • un examinateur impitoyable безжа́лостный экзамена́тор

impoli *adj* неве́жливый • une réponse impolie неве́жливый отве́т • Pierre a été impoli envers le professeur Пьер был неве́жлив с учи́телем

importance *nf* значе́ние, ва́жность *f* • ça n'a aucune importance э́то не име́ет никако́го значе́ния • ne pas accorder d'importance à un événement не придава́ть значе́ния э́тому собы́тию • accorder une grande importance придава́ть большо́е значе́ние • une affaire de toute première importance де́ло большо́й ва́жности

important *adj* **1.** *(qualitativement)* ва́жный ⑤, значи́тельный *(assez important)* • un événement important ва́жное собы́тие • jouer un rôle important игра́ть значи́тельную роль **2.** *(quantitativement)* кру́пный ⑤, значи́тельный *(assez important)* • il a perdu une somme importante он потеря́л кру́пную су́мму, он потеря́л значи́тельную су́мму **3.** *(vaniteux)* ва́жный • prendre un air important приня́ть ва́жный вид
● c'est très important э́то о́чень ва́жно • le plus important *(l'essentiel)* са́мое гла́вное › **le plus important est fait** са́мое гла́вное уже́ сде́лано

importation *nf* ввоз, и́мпорт • l'importation de pétrole ввоз не́фти

importer[1] *v (faire des importations)* ввози́ть ④ / ввезти́* [IV, ввезу́, ввезёшь - ввёз, ввезла́ - ввезённый] ③ • importer du pétrole ввози́ть нефть

importer[2] *v (être important)* • il importe peu que vous le convoquiez ou non нева́жно, вы́зовете ли вы его́ и́ли нет
● n'importe всё равно́ *(c'est égal)* › **lequel est-ce que tu prendras ? — n'importe** како́й из них ты возьмёшь? — всё равно́ • n'importe qui кто уго́дно › **n'importe qui peut entrer** кто уго́дно мо́жет войти́ • n'importe quoi что уго́дно › **qu'ils disent n'importe quoi, je m'en moque** пусть они́ говоря́т что уго́дно, мне наплева́ть • je m'en irai n'importe où et je ne reviendrai pas ici куда́-нибудь уе́ду и бо́льше сюда́ не верну́сь • n'importe comment **a.** *(à la va-vite)* ко́е-как › **le travail a été fait n'importe comment** рабо́та была́ сде́лана ко́е-как **b.** *(quoi qu'il arrive)* так и́ли ина́че › **n'importe comment, je viendrai** так и́ли ина́че я приду́ • n'importe lequel, n'importe quel любо́й › **à n'importe quelle heure** в любо́е вре́мя

imposant *adj* внуши́тельный • avoir un air imposant име́ть внуши́тельный вид

imposer *v (donner par contrainte)* навя́зывать / навяза́ть* [II, навяжу́, навя́жешь] ④ • imposer ses idées навяза́ть свои́ иде́и

impossible ■ *adj* невозмо́жный • c'est une chose impossible э́то невозмо́жное де́ло • il n'y a là rien d'impossible тут нет ничего́ невозмо́жного • il est presque impossible de se tromper ошиби́ться почти́ невозмо́жно • un caractère impossible невозмо́жный хара́ктер ■ *nm* невозмо́жное *(adj subst nt)* • demander l'impossible тре́бовать невозмо́жного
● à l'impossible nul n'est tenu на нет и суда́ нет • il m'est impossible de venir я не могу́ прийти́

impôt *nm* нало́г • les impôts directs прямы́е нало́ги • les impôts indirects ко́свенные нало́ги • l'impôt sur le revenu подохо́дный нало́г

impression *nf* **1.** *(sensation, sentiment)* впечатле́ние • cela a produit sur eux une forte impression э́то произвело́ на них си́льное впечатле́ние • une impression favorable благоприя́тное впечатле́ние • j'ai l'impression que nous nous sommes égarés мне ка́жется, мы заблуди́лись **2.** *(le fait d'imprimer)* печа́тание • l'impression d'ouvrages scientifiques печа́тание нау́чных трудо́в

impressionnisme *nm* импрессиони́зм

> **À PROPOS DE...**
>
> À la différence de son équivalent français, le mot russe **импрессиони́зм** s'écrit avec un seul **н**.

impressionniste *nmf* импрессиони́ст • les impressionnistes français францу́зские импрессиони́сты

> **À PROPOS DE...**
>
> À la différence de son équivalent français, le mot russe **импрессиони́ст** s'écrit avec un seul **н**.

imprévisible *adj* непредви́денный • un événement imprévisible непредви́денное собы́тие

imprévu *adj* неожи́данный • un événement imprévu неожи́данное собы́тие

imprimante *nf* при́нтер • une imprimante couleur laser цветно́й ла́зерный при́нтер • une imprimante à jet d'encre стру́йный при́нтер

imprimer *v (sur papier)* печа́тать / напеча́тать • imprimer un journal напеча́тать журна́л • imprimé en caractères gras напеча́танный жи́рным шри́фтом • imprimer des photos печа́тать фотосни́мки

imprimerie *nf (établissement)* типогра́фия • le manuscrit est maintenant à l'imprimerie ру́копись тепе́рь в типогра́фии

improvisation *nf* импровиза́ция • une brillante improvisation блестя́щая импровиза́ция

improviser *v* (MUS) импровизи́ровать / импровизи́ровать • elle s'assit au piano et se mit à improviser она́ се́ла к роя́лю и начала́ импровизи́ровать

improviste
■ à l'improviste *loc adv* неожи́данно • il est arrivé à l'improviste он прие́хал неожи́данно

imprudemment *adv* неосторо́жно • agir imprudemment поступа́ть неосторо́жно

imprudence *nf* неосторо́жность *f* • par imprudence по неосторо́жности • faire une imprudence допусти́ть неосторо́жность

imprudent *adj* неосторо́жный • des paroles imprudentes неосторо́жные слова́ • un conducteur imprudent неосторо́жный води́тель

impuni *adj* безнака́занный • le crime est resté impuni преступле́ние оста́лось безнака́занным

inacceptable *adj* неприе́млемый • des conditions inacceptables неприе́млемые усло́вия

inadmissible *adj* недопусти́мый • c'est inadmissible ! э́то недопусти́мо!

inanimé *adj* **1.** без па́мяти *(attribut)*, безжи́зненный *(épithète)* • il gisait inanimé он лежа́л без па́мяти • un corps inanimé безжи́зненное те́ло **2.** (GRAMM) неодушевлённый • le sous-genre inanimé катего́рия имён неодушевлённых

inattendu *adj* неожи́данный • une rencontre inattendue неожи́данная встре́ча

inauguration *nf* (торже́ственное) откры́тие • l'inauguration du nouveau stade aura lieu dans un mois откры́тие стадио́на состои́тся че́рез ме́сяц

incapable *adj* **1.** *(pas en état)* не в состоя́нии • je suis incapable de rentrer chez moi à pied я не в состоя́нии верну́ться домо́й пешко́м **2.** *(qui n'a pas les qualités ou les défauts nécessaires)* неспосо́бный • elle est incapable de mentir она́ неспосо́бна лгать • il est incapable d'une telle lâcheté он неспосо́бен на таку́ю по́длость

incendie *nm* пожа́р • un incendie a éclaté вспы́хнул пожа́р • éteindre un incendie потуши́ть пожа́р • un incendie de forêt лесно́й пожа́р

incertain *adj* **1.** *(douteux, peu fiable)* сомни́тельный, ненадёжный • un résultat incertain сомни́тельный результа́т **2.** *(changeant)* переме́нчивый • le temps est incertain пого́да переме́нчивая

incident *nm* происше́ствие, инциде́нт • un voyage sans incident путеше́ствие без происше́ствий • l'incident est clos инциде́нт исче́рпан • un incident de frontière пограни́чный инциде́нт

incognito *adv* инко́гнито • voyager incognito путеше́ствовать инко́гнито

incohérent *adj* бессвя́зный • un récit incohérent бессвя́зный расска́з

incomparable *adj (sans égal)* несравне́нный *(*несравне́нен, несравне́нна*)* • un talent incomparable несравне́нный тала́нт

incomparablement *adv* несравне́нно • incomparablement mieux несравне́нно лу́чше

incompatible *adj* несовмести́мый • des décisions incompatibles несовмести́мые реше́ния

incomplet *adj* непо́лный ⑤ *(*непо́лон, неполна́, непо́лно, непо́лны*)* • une série incomplète непо́лная се́рия

incompréhensible *adj* непоня́тный • des mots incompréhensibles непоня́тные слова́

inconnu *adj* **1.** *(pas célèbre)* неизве́стный • une étoile inconnue неизве́стная звезда́ • une artiste inconnue неизве́стная арти́стка **2.** *(jamais rencontré)* незнако́мый • des visages inconnus незнако́мые ли́ца

■ inconnu *nm* **1.** *(en parlant d'une personne)* незнако́мец, незнако́мый *(adj subst m)* • un inconnu entra dans la pièce в ко́мнату вошёл незнако́мый **2.** *(en parlant de quelque chose)* неизве́стное *(adj subst nt)* • un saut dans l'inconnu прыжо́к в неизве́стное

inconnue *nf* **1.** *(personne inconnue)* незнако́мка, незнако́мая *(adj subst f)* **2.** (MATH) неизве́стное *(adj subst nt)* • une équation à une inconnue уравне́ние с одни́м неизве́стным

inconsciemment *adv* бессозна́тельно • il m'imitait inconsciemment он бессозна́тельно подража́л мне

inconscient *adj* **1.** *(dont on n'a pas conscience)* бессозна́тельный • des gestes inconscients бессозна́тельные же́сты **2.** *(qui n'est pas conscient)* несозна́тельный • il faut être inconscient pour faire des choses pareilles на́до быть несозна́тельным, что́бы сде́лать тако́е **3.** *(évanoui)* без созна́ния • il est resté inconscient pendant plusieurs minutes он остава́лся в бессозна́тельном состоя́нии не́сколько мину́т

inconsolable *adj* безуте́шный • un chagrin inconsolable безуте́шное го́ре

incontestable *adj* несомне́нный • c'est un succès incontestable э́то несомне́нный успе́х • le leader incontestable dans le domaine de la téléphonie sans fil несомне́нный ли́дер в о́бласти беспроводно́й телефони́и

inconvénient *nm* недоста́ток • c'est un gros inconvénient э́то большо́й недоста́ток • ce projet présente bien des inconvénients э́тот прое́кт име́ет мно́го ми́нусов • la situation a des avantages et des inconvénients э́та ситуа́ция име́ет свои́ досто́инства и недоста́тки

● ne pas y voir d'inconvénients ничего́ не име́ть про́тив › je n'y vois pas d'inconvénients я ничего́ не име́ю про́тив

incorrect *adj* **1.** *(comportant des erreurs)* непра́вильный • une prononciation incorrecte непра́вильное произноше́ние **2.** *(contraire à la bienséance)* некорре́ктный • une conduite incorrecte некорре́ктное поведе́ние

incroyable *adj* невероя́тный • une vitesse incroyable невероя́тная ско́рость • c'est quelque chose d'incroyable э́то что́-то невероя́тное • il nous a raconté une histoire incroyable он нам рассказа́л каку́ю-то невероя́тную исто́рию

Inde *nf* И́ндия

indécent *adj* неприли́чный • qu'est-ce que ça a d'indécent ? что же тут неприли́чного?

indécis *adj* **1.** *(en parlant d'une personne)* нереши́тельный • un homme indécis нереши́тельный челове́к **2.** *(en parlant d'un événement)* сомни́тельный • une victoire indécise сомни́тельная побе́да

indéclinable *adj* несклоня́емый • un substantif indéclinable несклоня́емое существи́тельное

indépendance *nf* незави́симость *f* • l'indépendance nationale национа́льная незави́симость • aimer son indépendance люби́ть незави́симость

indépendant *adj* **1.** *(gén)* незави́симый • un pays indépendant незави́симая страна́ • un caractère indépendant незави́симый хара́ктер **2.** *(en parlant d'un logement)* отде́льный • une chambre indépendante отде́льная ко́мната

● indépendant de незави́сящий от *(+ G)* › **pour des raisons indépendantes de notre bonne volonté** по незави́сящим от на́шего жела́ния причи́нам

indescriptible *adj* неопису́емый • une joie indescriptible неопису́емая ра́дость

indéterminé *adj* 1. неопределённый • pour une période indéterminée на неопределённое вре́мя 2. (GRAMM) кра́тного подви́да • les verbes indéterminés comme, par exemple «ходи́ть» глаго́лы кра́тного подви́да, как наприме́р, «ходи́ть»

indicatif *nm* 1. (GRAMM) изъяви́тельное наклоне́ние 2. *(d'une émission radiophonique...)* позывны́е *(adj subst pl)* • l'indicatif de la BBC позывны́е Би-би-си́

indication *nf* указа́ние • donner des indications дать указа́ния

indien *adj* 1. *(des Indiens d'Amérique)* инде́йский • les tribus indiennes инде́йские племена́ 2. *(de l'Inde)* инди́йский • un petit port indien ма́ленький инди́йский порт

● l'océan Indien Инди́йский океа́н

■ Indien *nm* 1. *(d'Amérique)* инде́ец *(инде́йца)* 2. *(de l'Inde)* инди́ец *(инди́йца)*, инду́с

Indienne *nf* 1. *(d'Amérique)* индиа́нка 2. *(de l'Inde)* индиа́нка

indifférence *nf* равноду́шие • regarder les vitrines avec indifférence смотре́ть на витри́ны с равноду́шием

indifférent *adj* равноду́шный • d'un ton indifférent равноду́шным то́ном • indifférent à tout равноду́шный ко всему́

● cela m'est complètement indifférent я к э́тому соверше́нно равноду́шен

indigeste *adj* неудобовари́мый • une nourriture indigeste неудобовари́мая пи́ща ~ *fig* мудрёный • un article indigeste мудрёная статья́

indigestion *nf* несваре́ние желу́дка • ça peut donner une indigestion э́то мо́жет вы́звать несваре́ние желу́дка

indignation *nf* возмуще́ние • provoquer l'indignation générale вы́звать всео́бщее возмуще́ние

indiqué *adj (fixé d'avance)* назна́ченный • à l'heure indiquée в назна́ченное вре́мя

indiquer *v* ука́зывать / указа́ть* [II, укажу́, ука́жешь] ④ • il m'a indiqué un livre intéressant он мне указа́л интере́сную кни́гу • indiquer le chemin указа́ть доро́гу

indirect *adj* ко́свенный • des preuves indirectes ко́свенные доказа́тельства • les impôts indirects ко́свенные нало́ги • le discours indirect ко́свенная речь

indirectement *adv* ко́свенным о́бразом, ко́свенно • ça ne le concerne qu'indirectement э́то его́ каса́ется то́лько ко́свенным о́бразом

indiscret *adj* 1. нескро́мный ⑤ *(нескро́мен, нескромна́, нескро́мно, нескро́мны)* • une question indiscrète нескро́мный вопро́с 2. бесцеремо́нный, беста́ктный • des voisins indiscrets бесцеремо́нные сосе́ди

indiscutable *adj* бесспо́рный • un fait indiscutable бесспо́рный факт

indiscutablement *adv* бесспо́рно • il a indiscutablement raison бесспо́рно, он прав

indispensable *adj* необходи́мый • une qualité indispensable необходи́мое ка́чество

● il est indispensable de prendre des mesures необходи́мо приня́ть ме́ры

individu *nm (péjoratif)* субъе́кт • un individu suspect подозри́тельный субъе́кт

individualisme *nm* индивидуали́зм

individualiste *nmf* индивидуали́ст *m*, индивидуали́стка *f*

individuel *adj* ли́чный, индивидуа́льный • la responsabilité individuelle ли́чная отве́тственность

indo-européen *adj* индоевропе́йский • les langues indo-européennes индоевропе́йские языки́

indubitable *adj* несомне́нный • un succès indubitable несомне́нный успе́х

indubitablement *adv* несомне́нно • il a raison, indubitablement он несомне́нно прав

indulgence *nf* снисходи́тельность *f* • faire preuve d'indulgence прояви́ть снисходи́тельность • votre indulgence à mon égard ва́ша снисходи́тельность ко мне

indulgent *adj* снисходи́тельный • vous êtes trop indulgent pour ses fautes вы сли́шком снисходи́тельны к его́ оши́бкам

industrialisation *nf* индустриализáция • l'industrialisation des pays en voie de développement индустриализáция развивáющихся стран

industrie *nf* промы́шленность *f* • l'industrie lourde тяжёлая промы́шленность • l'industrie légère лёгкая промы́шленность • le développement de l'industrie развúтие промы́шленности

industriel *adj* промы́шленный • les régions industrielles промы́шленные райóны • les produits industriels промы́шленные издéлия
■ industriel *nm* промы́шленник • les petits industriels мéлкие промы́шленники

inédit *adj* неи́зданный • un article inédit de Tchekhov неи́зданная статья́ Чéхова

inégal *adj* **1.** *(différent)* нерáвный ③ *(нерáвен, неравнá)*, неодинáковый • des nombres inégaux нерáвные чи́сла • des forces inégales нерáвные си́лы • de longueur inégale неодинáковой длины́ **2.** *(de qualité irrégulière, changeant)* нерóвный ⑤ *(нерóвен, неровнá, нерóвно, нерóвны)* • un sol inégal нерóвная пóчва • un pouls inégal нерóвный пульс • ses œuvres sont inégales твóрчество егó нерóвное • un caractère inégal нерóвный харáктер

inégalité *nf (sociale...)* нерáвенство *(pas de pl)* • les inégalités sociales социáльное нерáвенство

inévitable *adj* неизбéжный • c'est inévitable э́то неизбéжно • un mal inévitable неизбéжное зло

inexcusable *adj* непрости́тельный • une erreur inexcusable непрости́тельная оши́бка

inexpérimenté *adj* неóпытный • un jeune homme inexpérimenté неóпытный молодóй человéк

inexplicable *adj* необъясни́мый • un phénomène inexplicable необъясни́мое явлéние

infanterie *nf* пехóта • l'infanterie de marine морскáя пехóта

infarctus *nm* инфáркт • il a eu un infarctus du myocarde у негó был инфáркт миокáрда

infatigable *adj* неутоми́мый • un chercheur infatigable неутоми́мый исслéдователь

inférieur *adj* **1.** *(placé plus bas)* ни́жний • la mâchoire inférieure ни́жняя чéлюсть **2.** *(de moindre importance, de moindre mérite...)* ни́зший • un tissu de qualité inférieure ткань ни́зшего кáчества • à un stade inférieur de développement на ни́зшей стáдии развúтия

infini *adj* бесконéчный • un espace infini бесконéчное прострáнство
■ infini *nm* бесконéчность *f* • on peut discuter à l'infini мóжно спóрить до бесконéчности

infiniment *adv* бесконéчно • j'étais infiniment triste мне бы́ло бесконéчно грýстно

infinitif *nm* неопределённое наклонéние, инфинити́в • un verbe à l'infinitif глагóл в неопределённом наклонéнии

infirme *nmf* калéка *mf*

infirmerie *nf* медпýнкт • conduisez-le à l'infirmerie проводи́те егó в медпýнкт

infirmier *nm* санитáр • les infirmiers entrèrent avec un blessé sur une civière санитáры внесли́ на носи́лках рáненого

infirmière *nf* (медици́нская) сестрá *(pl. сёстры, сестёр, сёстрам)*, медсестрá • à l'hôpital, il était soigné par une jeune infirmière в больни́це за ним ухáживала молодáя сестрá • elle était infirmière dans une clinique онá рабóтала сестрóй в кли́нике

inflation *nf* инфля́ция

influence *nf* влия́ние • avoir une grande influence sur ses élèves оказáть на свои́х ученикóв большóе влия́ние • sous l'influence de son ami под влия́нием своегó прия́теля

informaticien *nm* информáтик, специали́ст по информациóнным технолóгиям

informaticienne *nf* информáтик, специали́стка по информациóнным технолóгиям

information *nf* информáция • une source d'information истóчник информáции

■ informations *nfpl (dernières nouvelles)* послéдние нóвости *pl (pl.* нóвости ③, новостéй, новостя́м*)* • on donnait les informations à la radio по рáдио передавáли послéдние нóвости

informatique *nf* информáтика

infusion *nf* настóй

ingénieur *nm* инженéр • ingénieur des mines гóрный инженéр

ingrat *adj* неблагодáрный • un fils ingrat неблагодáрный сын • un sujet ingrat неблагодáрная тéма

ingratitude *nf* неблагодáрность *f* • faire preuve d'ingratitude прояви́ть неблагодáрность

ingrédient *nm* ингредиéнт, компонéнт • je n'ai pas tous les ingrédients pour la recette для э́того рецéпта мне не хватáет компонéнтов

inimitable *adj* неподражáемый • un artiste inimitable ! арти́ст неподражáемый!

initiative *nf* инициати́ва • faire preuve d'initiative прояви́ть инициати́ву

injure *nf* 1. *(juron)* брань *f (pas de pl)* • couvrir un conducteur d'injures осы́пать води́теля брáнью 2. *(offense)* оскорблéние • il a considéré ça comme une injure personnelle он э́то при́нял за ли́чное оскорблéние

injurier *v* ругáть / вы́ругать • il injurie tout le monde он всех ругáет

injuste *adj* несправедли́вый • un homme injuste несправедли́вый человéк • une décision injuste несправедли́вое решéние

injustice *nf* несправедли́вость *f (pas de pl)* • les injustices sociales социáльная несправедли́вость

inné *adj* врождённый • un penchant inné pour la musique врождённая наклóнность к мýзыке

innocent *adj* 1. *(non coupable)* невинóвный • mon frère est innocent мой брат невинóвен 2. *(ingénu, candide)* неви́нный • avec un air innocent с неви́нным ви́дом 3. *(inoffensif)* безоби́дный • une créature innocente безоби́дное существó • des plaisanteries innocentes безоби́дные шýтки

inoffensif *adj* безоби́дный • une créature inoffensive безоби́дное существó

inondation *nf* наводнéние • les terribles inondations de 1910 стрáшные наводнéния 1910 гóда

inonder *v* 1. *litt* затопля́ть / затопи́ть ④ • la rivière a inondé les prés рекá затопи́ла лугá 2. *fig* наводня́ть / наводни́ть • inonder le marché de produits importés наводни́ть ры́нок и́мпортными товáрами

inoubliable *adj* незабывáемый • des soirées inoubliables незабывáемые вечерá • des impressions inoubliables незабывáемые впечатлéния

inouï *adj* неслы́ханный • un succès inouï неслы́ханный успéх

inquiet *adj* беспокóйный, тревóжный *(anxieux)* • un regard inquiet беспокóйный взгляд, тревóжный взгляд
● être inquiet беспокóиться / побеспокóиться *(о +L)* › elle est inquiète pour son fils онá беспокóится о сы́не

inquiétant → inquiéter

inquiéter *v* беспокóить • son absence m'inquiétait её отсýтствие меня́ беспокóило • c'est inquiétant э́то меня́ беспокóит
■ s'inquiéter *vp* беспокóиться, волновáться • ne vous inquiétez pas ! не беспокóйтесь! • ils s'inquiètent pour mon avenir они́ беспокóятся за моё бýдущее

inquiétude *nf* беспокóйство, тревóга *(anxiété)* • j'attendais son retour avec inquiétude я с беспокóйством ждал её возвращéния • elle fut prise d'inquiétude её охвати́ла тревóга • son état n'inspire pas d'inquiétudes егó состоя́ние не вызывáет беспокóйства

inscription *nf* 1. *(action)* зáпись • les inscriptions débuteront lundi зáпись начнётся зáвтра 2. *(ce qui est inscrit)* нáдпись *f* • une inscription sur un piédestal нáдпись на пьедестáле

inscrire *v* запи́сывать / записáть* [II, запишý, запи́шешь] ④ • inscrire une date dans un cahier записáть числó в тетрáдку
■ s'inscrire *vp* запи́сываться / записáться* [II, запишýсь, запи́шешься] ④ • s'inscrire à la bibliothèque записáться в библиотéку

insecte *nm* насеко́мое *(adj subst nt)* • écraser un insecte раздави́ть насеко́мое

À PROPOS DE...

Bien qu'il s'agisse d'un être animé, l'accusatif singulier est semblable au nominatif ; l'accusatif pluriel, lui, est semblable au génitif.

insecticide *nm* инсектици́д

insigne *nm* значо́к

insister *v* наста́ивать *(*на *+L)* • j'insistais sur ce point я наста́ивал на э́том • elle insiste pour que nous partions она́ наста́ивает на том, что́бы мы уе́хали

insolation *nf* со́лнечный уда́р • tu vas attraper une insolation ты полу́чишь со́лнечный уда́р

insolence *nf* де́рзость *f* • quelle insolence ! кака́я де́рзость!

insolent *adj* де́рзкий ⑤ • un garçon insolent де́рзкий па́рень • une réponse insolente де́рзкий отве́т

insomnie *nf* бессо́нница • souffrir d'insomnie страда́ть бессо́нницей • j'ai des insomnies меня́ му́чает бессо́нница

insouciant *adj* беззабо́тный

inspecter *v* инспекти́ровать / инспекти́ровать • inspecter un lycée инспекти́ровать лице́й

inspecteur *nm* инспе́ктор* *(nom. pl.* инспектора́*)* ①② • l'inspecteur des finances фина́нсовый инспе́ктор

inspectrice *nf* инспектри́са

inspirer *v* **1.** *(un sentiment)* внуша́ть / внуши́ть • il m'inspire le dégoût он внуша́ет мне отвраще́ние • ne pas inspirer confiance не внуша́ть дове́рия • inspirer la crainte внуша́ть страх **2.** *(une personne)* вдохновля́ть / вдохнови́ть • ces événements ont inspiré le poète э́ти собы́тия вдохнови́ли поэ́та

instable *adj* неусто́йчивый • un caractère instable неусто́йчивый хара́ктер • un élément instable неусто́йчивый элеме́нт

installer *v* **1.** *(fixer à la place qui convient)* устана́вливать / установи́ть ④ • installer une turbine установи́ть турби́ну **2.** *(aménager, munir du nécessaire)* устра́ивать / устро́ить • installer un laboratoire устро́ить лаборато́рию **3.** *(construire)* стро́ить / постро́ить • installer une usine постро́ить заво́д **4.** *(placer les fils, les tuyaux nécessaires)* проводи́ть ④ / провести́* [IV, проведу́, проведёшь - провёл, провела́ ③ - проведённый] • installer le gaz провести́ газ • installer le téléphone провести́ телефо́н **5.** (INFORM) устана́вливать / установи́ть ④ • installer un logiciel sur un ordinateur установи́ть програ́мму на компью́тер • installer un scanner установи́ть ска́нер **6.** *(faire asseoir)* сажа́ть / посади́ть ④ • il a installé sa sœur à côté de lui он посади́л сестру́ во́зле себя́

■ s'installer *vp* **1.** *(se loger)* поселя́ться / посели́ться • ils se sont installés à la campagne они́ посели́лись в дере́вне **2.** *(s'asseoir)* уса́живаться / усе́сться* [IV, car уся́дусь, уся́дешься - усе́лся, усе́лась - уся́дься] • s'installer dans un fauteuil усе́сться в кре́сло • s'installer à table усе́сться за стол

instant *nm* мину́та *dim.* мину́тка *dim.* мину́точка • un instant ! одну́ мину́ту! • un tout petit instant ! одну́ мину́точку! • dans un instant через мину́ту • à chaque instant ка́ждую мину́ту • d'un instant à l'autre с мину́ты на мину́ту • on n'a pas un instant de tranquillité мину́ты поко́я нет

● au même instant в тот же миг • en un instant в оди́н миг, в одно́ мгнове́ние • pour l'instant пока́ что › **pour l'instant, il est loin** он пока́ что далеко́

instinct *nm* инсти́нкт • l'instinct de conservation инсти́нкт самосохране́ния

instinctif *adj* инстинкти́вный • une peur instinctive инстинкти́вный страх

instinctivement *adv* инстинкти́вно • il se retourna instinctivement он инстинкти́вно оберну́лся

institut *nm* институ́т • l'institut universitaire de formation des maîtres университе́тский институ́т подгото́вки учителе́й нача́льной шко́лы • l'institut de cybernétique институ́т киберне́тики

instituteur *nm* учи́тель* *m (nom. pl.* учителя́*)* ①②(нача́льных кла́ссов) • il a été pendant longtemps instituteur dans un petit village он до́лго был учи́телем в небольшо́й дере́вне

institutrice *nf* учи́тельница (нача́льных кла́ссов) • elle a été pendant longtemps institutrice à Lyon она́ до́лго была́ учи́тельницей нача́льных кла́ссов в Лио́не

instructif *adj* поучи́тельный • une lecture instructive поучи́тельное чте́ние

instruction *nf* **1.** *(éducation)* образова́ние • il a reçu une très bonne instruction он получи́л блестя́щее образова́ние **2.** *(judiciaire)* сле́дствие • l'instruction a commencé начало́сь сле́дствие **3.** *(ordre, indications)* инстру́кция • recevoir des instructions précises получи́ть то́чные инстру́кции
● le juge d'instruction (суде́бный) сле́дователь *m*

instruire
■ s'instruire *vp* учи́ться ④ • beaucoup d'entre eux voulaient s'instruire мно́гим хоте́лось учи́ться

instruit *adj* образо́ванный • un homme instruit образо́ванный челове́к

instrument *nm* инструме́нт, прибо́р *(physique, optique)* • un instrument de musique музыка́льный инструме́нт • des instruments de mesure измери́тельные инструме́нты, измери́тельные прибо́ры • des instruments d'optique опти́ческие прибо́ры

LES INSTRUMENTS DE MUSIQUE

- la batterie **уда́рные инструме́нты** *pl*
- la clarinette **кларне́т** *m*
- la contrebasse **контраба́с** *m*
- la cymbale **цимба́лы** *pl t*
- la flûte traversière **попере́чная фле́йта** *f*
- la guitare **гита́ра** *f*
- l'harmonica **губна́я гармо́ника** *f*
- le piano **фортепья́но** *nt*
- le saxophone **саксофо́н** *m*
- le tambourin **бу́бен** *m*
- le trombone **тромбо́н** *m*
- la trompette **труба́** *f*
- le violon **скри́пка** *f*
- le xylophone **ксилофо́н** *m*

instrumental *nm* (GRAMM) твори́тельный паде́ж (паде́ж ③) • mettre un mot à l'instrumental поста́вить сло́во в твори́тельном падеже́

insu
■ à l'insu de *loc prép* без ве́дома • à mon insu без моего́ ве́дома

insuffisant *adj* недоста́точный • en quantité insuffisante в недоста́точном коли́честве

insulter *v* оскорбля́ть / оскорби́ть *(offenser)*, руга́ть / обруга́ть *(injurier)* • un ivrogne a insulté un passant пья́ный обруга́л прохо́жего

insupportable *adj* невыноси́мый, несно́сный • une chaleur insupportable невыноси́мая жара́ • un caractère insupportable несно́сный хара́ктер

insurmontable *adj* непреодоли́мый • des obstacles insurmontables непреодоли́мые препя́тствия

intact *adj* це́лый ⑤ • il n'y avait pas une seule vitre intacte не́ было ни одного́ це́лого стекла́

intellectuel *adj* **1.** *(concernant l'activité de l'esprit)* у́мственный • les facultés intellectuelles у́мственные спосо́бности • le travail intellectuel у́мственный труд **2.** *(concernant les activités culturelles)* интеллектуа́льный • la vie intellectuelle au début du XXe siècle интеллектуа́льная жизнь в нача́ле XX ве́ка
■ intellectuel *nm* интеллиге́нт
■ intellectuels *nmpl* интеллиге́нция • les intellectuels parisiens пари́жская интеллиге́нция

intellectuelle *nf* интеллиге́нтка

intelligence *nf* ум ③ • un homme d'une grande intelligence челове́к большо́го ума́

intelligent *adj* у́мный (умён, умна́, умно́, умны́) • un homme intelligent у́мный челове́к • un conseil intelligent у́мный сове́т

À PROPOS DE...

Attention, **интеллиге́нтный** signifie « intellectuel ».

intelligentsia *nf* интеллиге́нция • le rôle de l'intelligentsia роль интеллиге́нции

intention *nf* наме́рение • une intention louable похва́льное наме́рение • avec l'intention de partir aussitôt с наме́рением сейча́с же уе́хать
● avoir l'intention de намерева́ться › **nous avons l'intention d'y aller pour tout l'été** мы намерева́емся пое́хать туда́ на всё ле́то • j'ai l'intention d'aller au cinéma ce soir я намерева́юсь пойти́

сего́дня ве́чером в кино́ • sans aucune mauvaise intention без вся́кого у́мысла

interactif *adj* интеракти́вный • des services de télévision interactive интеракти́вные телевизио́нные услу́ги

interdiction *nf* запреще́ние • l'interdiction d'imprimer un livre запреще́ние печа́тать кни́гу
● interdiction de fumer не кури́ть • interdiction de stationner стоя́нка запрещена́

interdire *v* **1.** запреща́ть / запрети́ть *(т → щ)* • interdire les boissons alcoolisées запрети́ть алкого́льные напи́тки • mes parents m'ont interdit de regarder la télévision роди́тели запрети́ли мне смотре́ть телеви́зор **2.** воспреща́ть / воспрети́ть • il est interdit de fumer кури́ть воспреща́ется

interdit *adj* запрещённый ③ *(*запрещён, запрещена́*)* • un livre interdit запрещённая кни́га • le film est interdit aux moins de 18 ans фильм запреща́ется смотре́ть ли́цам до 18 лет • ce jeu est interdit э́та игра́ запрещена́
● zone interdite запре́тная зо́на

intéressant *adj* интере́сный • un roman intéressant интере́сный рома́н

intéresser *v* интересова́ть / заинтересова́ть • ça ne m'intéresse pas э́то меня́ не интересу́ет
■ s'intéresser *vp* интересова́ться / заинтересова́ться *(+ I)* • s'intéresser à la littérature интересова́ться литерату́рой

intérêt *nm* **1.** *(curiosité)* интере́с • écouter une conférence avec intérêt слу́шать ле́кцию с интере́сом • manifester de l'intérêt pour l'art прояви́ть интере́с к иску́сству **2.** *(originalité, importance d'une chose)* интере́с • ça ne présente aucun intérêt э́то не представля́ет никако́го интере́са **3.** *(avantage)* интере́сы *pl (*интере́сов, интере́сам*)* • dans votre intérêt в ва́ших интере́сах • combiner son intérêt avec celui de la communauté сочета́ть ли́чные интере́сы с интере́сами коллекти́ва **4.** *(souci exclusif de ce qui est avantageux)* коры́стная цель *f* • il l'a fait par intérêt он э́то сде́лал с коры́стной це́лью **5.** *(bénéfice que rapporte une somme placée)* проце́нты *pl (*проце́нтов, проце́нтам*)* • la caisse d'épargne paie des intérêts сберка́сса выпла́чивает проце́нты
● un pour cent d'intérêt оди́н проце́нт › **deux pour cent d'intérêt** два проце́нта › **cinq pour cent d'intérêt** пять проце́нтов

intérieur *adj* вну́тренний • une cour intérieure вну́тренний двор • la politique intérieure вну́тренняя поли́тика
■ intérieur *nm* **1.** вну́тренность *f littéraire* • l'intérieur du wagon вну́тренность ваго́на **2.** *(endroit où l'on habite)* интерье́р • un intérieur agréable прия́тный интерье́р
● à l'intérieur **a.** *(direction)* внутрь › **jeter un coup d'œil à l'intérieur** загляну́ть внутрь **b.** *(emplacement)* внутри́ › **il n'y avait rien à l'intérieur** ничего́ не́ было внутри́ • à l'intérieur de **a.** *(direction)* в *(+ A)*, внутрь *(+ G) littéraire* › **nous sommes entrés à l'intérieur du palais** мы вошли́ во дворе́ц › **il entra dans la datcha** он вошёл внутрь да́чи **b.** *(emplacement)* в *(+L)*, внутри́ *(+ G) littéraire* › **à l'intérieur de la maison** в до́ме, внутри́ до́ма • de l'intérieur изнутри́ › **la porte est fermée de l'intérieur** дверь заперта́ изнутри́ • d'intérieur дома́шний › **une robe d'intérieur** дома́шнее пла́тье • le ministère de l'Intérieur министе́рство вну́тренних дел, МВД

interlocuteur *nm* собесе́дник

interlocutrice *nf* собесе́дница

intermédiaire[1] *adj* промежу́точный • un stade intermédiaire промежу́точная ста́дия

intermédiaire[2] *nm* посре́дник • servir d'intermédiaire служи́ть посре́дником
● par l'intermédiaire de **a.** посре́дством › **une fonction accessible par l'intermédiaire de la barre de menu** фу́нкция, досту́пная посре́дством строки́ меню́ **b.** че́рез › **des renseignements obtenus par l'intermédiaire d'un ancien collègue** све́дения полу́чены че́рез бы́вшего колле́гу

international *adj* междунаро́дный • une exposition internationale междунаро́дная вы́ставка • la situation internationale междунаро́дное положе́ние

interne *adj* вну́тренний • les sécrétions internes вну́тренние секре́ции

Internet *nm* Интерне́т • j'ai trouvé l'adresse du magasin sur Internet я нашёл а́дрес магази́на в Интерне́те

Interphone® *nm* домофóн • appuyer sur le bouton de l'interphone нажáть кнóпку на домофóне

interplanétaire *adj* межпланéтный • un voyage interplanétaire межпланéтное путешéствие

interprète *nmf* **1.** *(celui ou celle qui traduit)* ýстный перевóдчик *m*, ýстная перевóдчица *f* • nous avons besoin d'un interprète нам нýжен ýстный перевóдчик • elle travaillait comme interprète онá рабóтала ýстной перевóдчицей • un interprète de russe et d'anglais ýстный перевóдчик рýсского и английского языкóв **2.** *(musicien, chanteur)* исполнúтель *m*, исполнúтельница *f*

interrogation *nf*
• interrogation écrite контрóльная *(adj subst f)* › **hier, nous avons eu une interrogation écrite de physique** вчерá у нас былá контрóльная по фúзике • point d'interrogation вопросúтельный знак

interrogatoire *nm* допрóс • soumettre un suspect à un interrogatoire подвéргнуть подозреваéмого допрóсу

interroger *v* **1.** спрáшивать / спросúть ④ • interroger les élèves спрáшивать ученикóв • le professeur de russe va nous interroger sur la dernière leçon учúтель рýсского языкá бýдет спрáшивать послéдний урóк **2.** *(soumettre à un interrogatoire)* допрáшивать / допросúть ④ • interroger l'inculpé допрáшивать подсудúмого

interrompre *v* **1.** *(faire cesser)* прерывáть / прервáть* [IV, прервý, прервёшь - прервáл, прервалá, прервáло, прервáли] ⑤ • interrompre la séance прервáть заседáние **2.** *(couper la parole)* перебивáть / перебúть* [II, перебью, перебьёшь - перебúтый] • excusez-moi, je vous ai interrompu извинúте, я вас перебúл

interrupteur *nm* выключáтель *m* • appuyer sur l'interrupteur нажáть на выключáтель

interruption *nf* перерыв • il a travaillé de 8 heures du matin à minuit sans interruption он рабóтал с восьмú утрá до полýночи без перерыва

intervalle *nm* промежýток • l'intervalle entre les deux fenêtres промежýток мéжду óкнами • après un court intervalle, on entendit de nouveau un coup de feu пóсле корóткого промежýтка опять послышался выстрел • l'événement se produit à intervalles réguliers это событие происхóдит регулярно

intervenir *v (se mêler de)* вмéшиваться / вмешáться *(в + A)* • intervenir dans une discussion вмешáться в спор

interview *nf* интервью* *nt indécl* • donner une interview дать интервью

interviewer *v* брать / взять интервью • elle s'est fait interviewer par un journaliste онá далá интервью журналúсту

intestin *nm* кишкá *(gén. pl.* кишóк*)* • l'intestin grêle тóнкая кишкá • le gros intestin тóлстая кишкá

intime *adj* интúмный • une conversation intime интúмный разговóр

intonation *nf* интонáция • une intonation interrogative вопросúтельная интонáция

intoxication *nf* отравлéние • une intoxication alimentaire пищевóе отравлéние

intraduisible *adj* непереводúмый • un jeu de mots intraduisible непереводúмая игрá слов • une expression intraduisible непереводúмое выражéние

intransitif *adj* неперехóдный • un verbe intransitif неперехóдный глагóл

intrigue *nf* интрúга • une intrigue complexe слóжная интрúга • une intrigue sentimentale любóвная интрúга

introduction *nf* введéние • introduction à la philosophie введéние в филосóфию

introduire *v (assurer le développement)* вводúть ④ / ввестú* [IV, введý, введёшь - ввёл, ввелá ③ - введённый] • introduire une nouvelle mode ввестú нóвую мóду
■ s'introduire *vp (entrer)* влезáть / влезть* [IV, влéзу, влéзешь - влез, влéзла] • des voleurs se sont introduits dans la maison вóры влéзли в дом

intuition *nf* интуúция

inutile *adj* **1.** *(pas nécessaire)* бесполéзный, ненýжный ⑤ *(*ненýжен, ненужнá, ненýжно, ненýжны*)* • une chose inutile ненýжная вещь, бесполéзная вещь • il est inutile d'en parler бесполéзно говори́ть об э́том **2.** *(sans effet)* напра́сный • **des larmes inutiles** напра́сные слёзы • **des efforts inutiles** напра́сные стара́ния

inutilement *adv* напра́сно • **nous avons perdu deux heures inutilement** мы напра́сно потеря́ли два часа́

invasion *nf* наше́ствие • **les grandes invasions du Ve siècle** вели́кие наше́ствия V ве́ка • **une invasion de sauterelles** наше́ствие саранчи́

inventer *v* **1.** *(faire une invention)* изобрета́ть / изобрести́* [IV, изобрету́, изобретёшь - изобрёл, изобрела́ ③ - изобретённый] • **inventer un nouveau procédé** изобрести́ но́вый спо́соб **2.** *(imaginer, forger)* выду́мывать / вы́думать, приду́мывать / приду́мать • **c'est toi qui a inventé ça** э́то ты сам вы́думал • **ce n'est pas mal inventé** э́то непло́хо приду́мано
• **il n'a pas inventé la poudre** он по́роха не вы́думает

inventeur *nm* изобрета́тель *m*

invention *nf* **1.** *(découverte)* изобрете́ние • **les grandes inventions du XXe siècle** вели́кие изобрете́ния XX ве́ка • **faire une invention** сде́лать изобрете́ние **2.** *(mensonge)* вы́думка • **personne ne croira des inventions pareilles** никто́ не пове́рит э́тим вы́думкам

inventrice *nf* изобрета́тельница

inverse ■ *adj* обра́тный, противополо́жный • **dans la direction inverse** в обра́тном направле́нии ■ *nm* обра́тное *(adj subst nt)*, противополо́жное *(adj subst nt)* • **c'est justement l'inverse qui s'est produit** случи́лось как раз противополо́жное

investissement *nm* капиталовложе́ние • **un investissement inutile** бесполе́зное капиталовложе́ние

invisible *adj* неви́димый • **des ennemis invisibles** неви́димые враги́

invitation *nf* приглаше́ние • **recevoir une invitation à un spectacle** получи́ть приглаше́ние на спекта́кль • **accepter une invitation** приня́ть приглаше́ние • **refuser l'invitation** отказа́ться от приглаше́ния

invité *nm* гость *m* ①③ • **recevoir des invités** принима́ть госте́й

invitée *nf* го́стья

inviter *v* *(proposer de venir)* приглаша́ть / пригласи́ть • **inviter une amie à un concert** пригласи́ть подру́гу на конце́рт • **inviter une collègue à prendre le thé** пригласи́ть колле́гу на ча́шку ча́я

involontaire *adj* нево́льный • **des larmes involontaires** нево́льные слёзы

involontairement *adv* нево́льно • **il fit involontairement un pas en arrière** он нево́льно отступи́л на шаг

invraisemblable *adj* невероя́тный • **une histoire invraisemblable** невероя́тная исто́рия

iris *nm* *(fleur)* и́рис

irlandais *adj* ирла́ндский
■ **Irlandais** *nm* ирла́ндец
■ **Irlandaise** *nf* ирла́ндка

Irlande *nf* Ирла́ндия

ironie *nf* иро́ния • **une ironie du sort** иро́ния судьбы́

ironique *adj* ирони́ческий • **avec un sourire ironique** с ирони́ческой улы́бкой

irrégulier *adj* **1.** *(rythmique)* неро́вный ⑤ *(неро́вен, неровна́, неро́вно, неро́вны)* • **un pouls irrégulier** неро́вный пульс • **une respiration irrégulière** неро́вное дыха́ние **2.** *(dans les autres cas)* непра́вильный • **des traits irréguliers** непра́вильные черты́ лица́ • **les verbes irréguliers** непра́вильные глаго́лы

irrigation *nf* ороше́ние • **l'irrigation des prairies** ороше́ние луго́в • **des canaux d'irrigation** ороси́тельные кана́лы

irriguer *v* ороша́ть / ороси́ть • **irriguer des régions désertiques** ороша́ть пусты́нные райо́ны

irriter *v* раздража́ть / раздражи́ть • **mes plaisanteries l'irritaient** мои́ шу́тки раздража́ли его́ • **irriter l'estomac** раздража́ть желу́док

isba *nf* изба́ ②①

Islande *nf* Исла́ндия

isolé *adj* изоли́рованный, глухо́й • **un village isolé** глуха́я дере́вня

Israël *nm* Изра́иль *m*

israélien *adj* изра́ильский
■ **Israélien** *nm* израильтя́нин* *(pl. израильтя́не, израильтя́н, израильтя́нам)*
■ **Israélienne** *nf* израильтя́нка

issue *nf* вы́ход • une issue de secours запасно́й вы́ход
● sans issue безвы́ходный › **une situation sans issue** безвы́ходное положе́ние

Italie *nf* Ита́лия

italien *adj* италья́нский • la peinture italienne италья́нская жи́вопись
■ italien *nm (langue)* италья́нский язы́к *(*язы́к ③*)* • étudier l'italien изуча́ть италья́нский язы́к • un livre en italien кни́га на италья́нском языке́
● en italien по-италья́нски › **tout était écrit en italien** всё бы́ло напи́сано по-италья́нски • parler italien говори́ть по-италья́нски
■ Italien *nm* италья́нец
■ Italienne *nf* италья́нка

itinéraire *nm* маршру́т • quel itinéraire suivez-vous ? **a.** *(en voiture)* каки́м маршру́том вы е́дете? **b.** *(à pied)* каки́м маршру́том вы идёте?

ivoire *nm* слоно́вая кость *f* • des objets en ivoire изде́лия из слоно́вой ко́сти

ivre *adj* пья́ный ⑤ • il était ivre et ne pouvait pas se relever он был пьян и не мог подня́ться с ме́ста

ivrogne *nmf* пья́ница *mf* • un ivrogne invétéré го́рький пья́ница

j

jaillir *v* **1.** *(en parlant de liquides)* / хлы́нуть, бры́згать* [II, бры́зжет, бры́зжут] / бры́знуть • **le sang jaillit de sa blessure** кровь хлы́нула из ра́ны • **des larmes jaillirent de ses yeux** слёзы хлы́нули у неё из глаз **2.** *(en parlant de lueurs, de sons...)* сы́паться* [II, сы́плется, сы́плются] / посы́паться* [II, *id*] • **des étincelles jaillirent** и́скры посы́пались • **des réponses jaillirent de toutes parts** со всех сторо́н посы́пались отве́ты

jalousie *nf* **1.** *(dépit amoureux)* ре́вность *f* • **il a tué sa femme par jalousie** он уби́л свою́ жену́ из ре́вности **2.** *(envie)* за́висть *f* • **la jalousie le ronge** его́ грызёт за́висть

jaloux *adj (animé par un dépit amoureux)* ревни́вый • **un mari jaloux** ревни́вый муж
● **être jaloux a.** *(ressentir un dépit amoureux)* ревнова́ть *(+ A)* › **il est jaloux de sa femme** он ревну́ет жену́ **b.** *(être envieux)* зави́довать / позави́довать *(+ D)* › **il est jaloux de son voisin** он зави́дует сосе́ду

jamais *adv* **1.** *(à aucun moment)* никогда́ • **mieux vaut tard que jamais** лу́чше по́здно, чем никогда́ • **je ne l'ai jamais vu** я его́ никогда́ не ви́дел **2.** *(à tel ou tel moment)* когда́-либо • **moins que jamais** ме́ньше, чем когда́-либо

jambe *nf* нога́ *(l'accent passe sur la préposition dans les groupes* за́ ногу, на́ ногу, по́д ногу, на́ ноги *et* по́д ноги*) dim.* но́жка ⑥⑦ • **elle a de belles jambes** у неё краси́вые но́ги • **une jambe de bois** деревя́нная нога́ • **s'enfuir à toutes jambes** удира́ть со всех ног • **être assis les jambes croisées** сиде́ть нога́ на́ ногу
● **prendre ses jambes à son cou** удира́ть во все лопа́тки (удира́ть / удра́ть* [IV, удеру́, удерёшь - удра́л, удрала́, удра́ло, удра́ли] ⑤)

jambon *nm* ветчина́ • **une tranche de jambon** ло́мтик ветчины́

janvier *nm* янва́рь *m* ③ • **au mois de janvier** в январе́ • **nous sommes arrivés le 8 janvier** мы прие́хали 8-го января́

Japon *nm* Япо́ния

japonais *adj* япо́нский • **la musique japonaise** япо́нская му́зыка
■ **japonais** *nm (langue)* япо́нский язы́к *(язы́к ③)* • **étudier le japonais** изуча́ть япо́нский язы́к • **un livre en japonais** кни́га на япо́нском языке́
● **en japonais** по-япо́нски › **tout était écrit en japonais** всё бы́ло напи́сано по-япо́нски • **parler japonais** говори́ть по-япо́нски
■ **Japonais** *nm (homme)* япо́нец
■ **Japonaise** *nf* япо́нка

jardin *nm* **1.** *(potager)* огоро́д • **bêcher son jardin** копа́ть огоро́д **2.** *(dans les autres sens)* сад* *(loc.* саду́*)* ⑧② • **se promener dans le jardin** гуля́ть в саду́ • **le jardin municipal** городско́й сад • **le jardin botanique** ботани́ческий сад
● **c'est une pierre dans mon jardin** э́то в мой огоро́д ка́мешек

jardinier *nm* садо́вник

jardinière *nf* **1.** *(bac à fleurs)* я́щик для цвето́в **2.** *(légumes)* овощно́е рагу́ **3.** *(femme jardinier)* садо́вница

jaune *adj* жёлтый ⑤ • **une fleur jaune** жёлтый цвето́к

jaunir *v* желте́ть / пожелте́ть • **les feuilles ont jauni** ли́стья пожелте́ли

jaunisse *nf* желту́ха • **avoir la jaunisse** боле́ть желту́хой

Javel *nf* (eau de) Javel хло́рка

jazz *nm* джаз • **jouer du jazz** игра́ть джаз • **un orchestre de jazz** джа́зовый орке́стр

je *pron* я • **je suis fatigué** я уста́л • **j'ai froid** мне хо́лодно • **je n'ai pas un sou** у меня́ нет ни копе́йки • **Tania m'a téléphoné ce matin** Та́ня позвони́ла мне у́тром • **elle s'occupe de moi** она́ забо́тится обо мне • qui a répondu ? — c'est moi кто отве́тил? — я

jean *nm* джи́нсы *pl*

jet *nm* jet d'eau фонта́н • une imprimante à jet d'encre стру́йный при́нтер

jetable *adj* однора́зовый • un rasoir jetable однора́зовая бри́тва

jeter *v* броса́ть / бро́сить, выбра́сывать / вы́бросить *(jeter dehors)*, набра́сывать / набро́сить *(*на *+ A) (jeter sur)* • jeter des pierres броса́ть ка́мни • jeter l'ancre бро́сить я́корь • jeter un mégot par la fenêtre вы́бросить оку́рок за окно́ • elle jeta un châle sur ses épaules она́ набро́сила шаль на пле́чи
● jeter l'argent par les fenêtres броса́ть де́ньги на ве́тер • jeter de l'huile sur le feu подли́ть ма́сла в ого́нь (подлива́ть / подли́ть* [II, подолью́, подольёшь - подли́л, подлила́, подли́ло, подли́ли ⑤ - подле́й]) • jeter de la poudre aux yeux пуска́ть пыль в глаза́
■ se jeter *vp* броса́ться / бро́ситься, выбра́сываться / вы́броситься *(se jeter dehors)*, набра́сываться / набро́ситься *(*на *+ A) (se jeter sur)* • se jeter dans l'eau бро́ситься в во́ду • se jeter par la fenêtre вы́броситься в окно́ • le chien se jeta sur le chat соба́ка набро́силась на ко́шку

jeu *nm* игра́ ②① • les règles du jeu пра́вила игры́ • les jeux de hasard аза́ртные и́гры • les Jeux olympiques Олимпи́йские и́гры • un jeu dangereux опа́сная игра́ • jouer un double jeu вести́ двойну́ю игру́ • un jeu de mots игра́ слов • un jeu de cartes **a.** *(ensemble de cartes)* коло́да карт **b.** *(manière de les utiliser)* ка́рточная игра́ • un jeu de construction констру́ктор • un jeu de cubes ку́бики *(*ку́биков, ку́бикам*)*
● le jeu n'en vaut pas la chandelle игра́ не сто́ит свеч

jeudi *nm* четве́рг ③② • je l'ai vue jeudi matin я её ви́дел в четве́рг у́тром • il vient nous voir le jeudi он к нам захо́дит по четверга́м
● la semaine des quatre jeudis по́сле до́ждика в четве́рг

jeun
■ à jeun *loc adv* à jeun натоща́к › prendre un médicament à jeun принима́ть лека́рство натоща́к

jeune *adj* молодо́й ⑤ (мо́лод, молода́, мо́лодо, мо́лоды ~ *comp.* моло́же*) • un jeune homme молодо́й челове́к • une jeune femme молода́я же́нщина • une jeune fille де́вушка • il est plus jeune que moi он моло́же меня́

> **À PROPOS DE...**
>
> Le suffixe ёнок (о́нок après chuintante), remplacé au pluriel par я́та, я́т, я́там... (а́та, а́т, а́там... après chuintante), permet de former le nom de la plupart des petits d'animaux : ***котёнок***, un jeune chat, ***тигрёнок***, un jeune tigre, ***лисёнок***, un jeune renard, ***волчо́нок***, un jeune loup. Il existe, en outre, quelques substantifs isolés comme ***щено́к***, un jeune chien.

■ jeunes *nmpl* les jeunes молодёжь *f* › il y avait beaucoup de jeunes мно́го бы́ло молодёжи

jeunesse *nf* **1.** *(par opposition à vieillesse)* мо́лодость *f* • dans sa jeunesse, elle était gaie et insouciante в мо́лодости она́ была́ весёлой и беззабо́тной • elle n'est pas de première jeunesse она́ не пе́рвой мо́лодости **2.** *(les jeunes)* молодёжь *f* • la jeunesse dorée золота́я молодёжь

JO *(abr de* Jeux olympiques*)* *nmpl* Олимпи́йские и́гры

jogging *nm* **1.** *(activité)* джо́ггинг, бег трусцо́й • faire du jogging занима́ться джо́ггингом **2.** *(survêtement)* трениро́вочный костю́м

joie *nf* ра́дость *f* • sauter de joie пры́гать от ра́дости

joindre *v* **1.** *(unir, mettre ensemble)* соединя́ть / соедини́ть *(*с *+ I)* • joindre l'utile à l'agréable соедини́ть прия́тное с поле́зным **2.** *(adjoindre)* прикла́дывать / приложи́ть ④ *(*к *+ D)* • à la lettre étaient joints des documents к письму́ бы́ли прило́жены докуме́нты **3.** *(parvenir à prendre contact avec)* застава́ть* [II, застаю́, застаёшь - застава́й - застава́я] / заста́ть* [*n cl,* заста́ну, заста́нешь] • j'ai essayé de téléphoner, mais je n'ai pas pu le joindre я звони́л, но его́ не заста́л
● ne pas joindre les deux bouts не своди́ть концы́ с конца́ми (своди́ть ④)
■ se joindre *vp* присоединя́ться / присоедини́ться *(*к *+ D)* • il s'est joint à nous он присоедини́лся к нам

joint *adj* приложенный • envoyer un fichier en pièce jointe отправить файл приложением

joli *adj* хорошенький *(mignon)* • une jolie fille хорошенькая девушка • une jolie petite maison хорошенький домик ~ красивый *(beau)* • un joli nez красивый нос

jongler *v* жонглировать • jongler avec des oranges жонглировать апельсинами

joue *nf* щека (щёку ; *pl.* щёки, щёк, щекам) ⑥⑦ • des joues roses румяные щёки • embrasser sa grand-mère sur les joues поцеловать бабушку в щёку

jouer ◪ *vi* играть / поиграть • les enfants jouent dans la cour дети играют во дворе • jouer au tennis играть в теннис • jouer à la guerre играть в войну • jouer aux cartes играть в карты • jouer aux échecs играть в шахматы • jouer au billard играть в бильярд • jouer à la poupée играть в куклы • jouer du violon играть на скрипке • jouer du piano играть на рояле ~ *fig* • jouer avec le feu играть с огнём • jouer sur les mots играть словами ◪ *vt* играть / сыграть • jouer une valse сыграть вальс • jouer une pièce играть пьесу ~ *fig* • jouer la comédie играть комедию • jouer un grand rôle играть большую роль
● jouer un tour de cochon à un ami подложить приятелю свинью (подкладывать / подложить ④)

jouet *nm* игрушка

joueur *nm* игрок ③② • un joueur de basket игрок в баскетбол • un joueur d'échecs шахматист • un joueur de tennis теннисист

joueuse *nf* une joueuse de tennis теннисистка

joug *fig nm* иго • le joug tatar татарское иго

jouir *v* **1.** *(bénéficier)* пользоваться *(+ I)* • jouir d'une bonne réputation пользоваться хорошей репутацией **2.** *(tirer grand plaisir)* наслаждаться *(+ I)* • jouir de la vie наслаждаться жизнью

jour *nm* день *m (l'accent passe sur la préposition dans les groupes* за́ день *et* на́ день*)* • j'ai passé trois jours à la campagne я провёл три дня в деревне • il y a trois jours, j'étais encore là-bas три дня тому назад я был ещё там • dans cinq jours, ce sera prêt через пять дней это будет готово • tous les jours каждый день • un beau jour *(inopinément)* в один прекрасный день • le jour de repos выходной день • de nos jours в наши дни
● au petit jour, au point du jour на рассвете • ces jours-ci на днях › **il est arrivé ces jours-ci** он приехал на днях • c'est le jour et la nuit *(contraste)* это небо и земля • de jour en jour со дня на день › **repousser de jour en jour** откладывать со дня на день • en plein jour среди бела дня • il faisait encore jour было ещё светло • huit jours *(une semaine)* неделя › **je pars dans huit jours** я уезжаю через неделю • l'autre jour на днях › **nous l'avons vu l'autre jour** мы его видели на днях • le jour *(pendant la journée)* днём *(adv)* › **ils travaillaient la nuit, et le jour, ils se reposaient** они работали ночью, а днём отдыхали • le jour de l'An Новый год › **fêter le jour de l'An** встречать Новый год • le jour se lève день занимается • il ne faisait pas encore jour было ещё темно • pour les mauvais jours на чёрный день › **mettre de l'argent de côté pour les mauvais jours** откладывать деньги на чёрный день • un de ces jours на днях › **il va arriver un de ces jours** он приедет на днях • un jour **a.** *(dans le passé)* один раз, раз *fam* › **un jour, après le repas, nous sommes allés nous promener dans la forêt** раз после обеда мы пошли гулять по лесу **b.** однажды *littéraire* • un jour de fête праздник

journal *nm* **1.** *(au format des quotidiens)* газета • un journal du soir вечерняя газета **2.** *(revue)* журнал • un journal mensuel ежемесячный журнал • un journal de modes журнал мод **3.** *(journal intime)* дневник ③② • tenir son journal вести дневник
● le journal télévisé теленовости, новости *pl* (новостей, новостям)

journaliste *nmf* журналист *m*, журналистка *f*

journée *nf* день *m (l'accent passe sur la préposition dans les groupes* за́ день *et* на́ день*)* • une journée ensoleillée солнечный день • je travaille toute la journée весь день работаю

joyeusement *adv* весело *(comp.* веселее*)* • passer joyeusement la soirée весело провести вечер

joyeux *adj* рáдостный, весёлый (вéсел, веселá, вéсело, вéселы ⑤) • **des cris joyeux** рáдостные крйки • **de joyeuse humeur** в весёлом настроéнии

judaïsme *nm* иудаи́зм

judiciaire *adj* судéбный • **les organes judiciaires** судéбные óрганы

judo *nm* дзюдо* *nt indécl*

juge *nm* судья́ *m* ②⑤ • **le juge a rendu son arrêt** судья́ вы́нес приговóр • **je suis mauvais juge en la matière** я в э́том дéле плохóй судья́
• **juge d'instruction** (судéбный) слéдователь *m*

jugement *nm* **1.** *(arrêt du tribunal)* (судéбное) решéние • **rendre un jugement** вы́нести решéние **2.** *(appréciation)* суждéние • **un jugement sur l'art** суждéние об искýсстве

juger *v* **1.** *(faire passer devant un tribunal)* суди́ть ④ • **il était jugé pour meurtre** егó суди́ли за убийство **2.** *(porter un jugement)* суди́ть (о +*L*) ④ • **juger les gens sur les apparences** суди́ть о лю́дях по нарýжности • **je ne peux pas en juger** об э́том я не могý суди́ть **3.** *(considérer, estimer)* считáть / счесть* [IV, сочтý, сочтёшь - счёл, сочлá - сочтённый] • **juger indispensable** считáть необходи́мым

juif *adj* еврéйский • **le peuple juif** еврéйский нарóд
■ **Juif** *nm* еврéй *m*

juillet *nm* ию́ль *m* • **au mois de juillet** в ию́ле • **nous sommes arrivés ici le 4 juillet** мы приéхали сюдá 4-го ию́ля

juin *nm* ию́нь *m* • **au mois de juin** в ию́не • **c'était le 22 juin** э́то бы́ло 22-го ию́ня

Juive *nf* еврéйка

jumeau *nm* близнéц ③②, двойня́шка *m* • **des frères jumeaux** брáтья-близнецы́ • **c'étaient des jumeaux** э́то бы́ли двойня́шки

jumelé *adj* порóднённый • **Dijon est jumelé avec Volgograd** Дижóн порóднён с Волгогрáдом

jumelle *nf (sœur)* близнéц, двойня́шка • **ma jumelle est en Russie** моя́ двойня́шка нахóдится в Росси́и • **des sœurs jumelles** сёстры-близнецы́ • **c'étaient des jumelles** э́то бы́ли близнецы́
■ **jumelles** *nfpl (de vue)* бинóкль *m* • **regarder avec des jumelles** смотрéть в бинóкль

jument *nf* кобы́ла

junior *adj* юниóр • **Florence joue dans l'équipe junior** Флорáнс игрáет в комáнде юниóров

jupe *nf* ю́бка

Jura *nm* Юрá* *m indécl*

jurer *v* **1.** *(faire serment)* кля́сться* [IV, клянýсь, клянёшься - кля́лся, клялáсь ③] / покля́сться* [IV, *id*] • **il jurait qu'il tiendrait sa promesse** он кля́лся, что испóлнит своё обещáние **2.** *(prononcer des jurons)* ругáться / вы́ругаться • **il jure comme un charretier** он ругáется как извóзчик

juron *nm* ругáтельство • **lancer des jurons** сы́пать ругáтельствами

jury *nm* жюри́* *nt indécl* • **quelle a été la décision du jury ?** что реши́ло жюри́?

jus *nm* сок* *(loc.* сокý) ⑧② • **un jus de fruits** фруктóвый сок • **un jus de tomate** томáтный сок
• **cuire dans son jus** вари́ться в сóбственном сокý

jusque *prép* до (+ *G*) • **jusqu'à la gare** до вокзáла • **jusqu'au soir** до вéчера • **je suis trempé jusqu'aux os** я промóк до костéй
• **jusqu'à ce moment-là** до тогó врéмени • **jusqu'à ce que** до тех пор, покá не › **jusqu'à ce qu'il accepte ma proposition** до тех пор, покá он не при́мет моё предложéние • **jusqu'à présent** до сих пор • **jusqu'à quand ?** до каки́х пор?

juste ◼ *adj* **1.** *(équitable, légitime)* справедли́вый • **il est sévère mais juste** он строг, но справедли́в • **une juste colère** справедли́вый гнев **2.** *(conforme à la raison, à la vérité)* вéрный ⑤ • **une idée juste** вéрная мысль • **c'est parfaitement juste** совершéнно вéрно **3.** *(correct)* прáвильный • **une réponse juste** прáвильный отвéт ◼ *adv* **1.** *(exactement)* тóчно • **juste à six heures** тóчно в шесть **2.** *(sans fausses notes)* прáвильно • **chanter juste** прáвильно петь
• **à juste titre** не без основáния • **au juste** сóбственно говоря́ › **qu'est-ce qui lui est arrivé au juste ?** а что с ним случи́лось, сóбственно говоря́? • **la juste**

cause пра́вое де́ло › **défendre la juste cause** стоя́ть за пра́вое де́ло • **le juste milieu** золота́я середи́на

justement *adv* как раз • **c'est justement ce dont nous parlions** э́то как раз то, о чём мы говори́ли

justice *nf* **1.** *(ce qui est équitable, sens de l'équité)* справедли́вость *f* • **rendre justice à qqn** отдава́ть кому́-нибудь справедли́вость • **la justice exige qu'il soit puni** справедли́вость тре́бует, что́бы его́ наказа́ли **2.** *(tribunal)* суд ③ • **poursuivre son employeur en justice** пода́ть на своего́ работода́теля в суд **3.** *(ensemble des tribunaux, administration)* юсти́ция • **le ministère de la Justice** министе́рство юсти́ции
● **un repris de justice** рецидиви́ст

justifier *v* опра́вдывать / оправда́ть • **pour justifier ce qu'il avait fait** что́бы оправда́ть свой посту́пок

k K

kangourou *nm* кенгурý* *m indécl*

karaté *nm* каратé • faire du karaté занимáться каратé

kayak *nm* кая́к • en kayak на кая́ке

kazakh *adj* казáхский
■ kazakh *nm (langue)* казáхский язы́к
■ Kazakh *nm* казáх
■ Kazakhe *nf* казáшка

Kazakhstan *nm* Казáхстан

kéfir *nm* кефи́р • une bouteille de kéfir буты́лка кефи́ра

képi *nm* кéпи* *nt indécl*

ketchup *nm* кéтчуп

khan *nm* хан • en 1382, Moscou fut pillée et incendiée par les armées du khan Tokhtamych в 1382 годý Москвá былá ográблена и сожженá войскáми хáна Тохтамы́ша

Kiev *nm* Ки́ев

kilo *nm* килó* *nt indécl* • un kilo de pommes de terre килó картóшки • cinq kilos пять килó

kilogramme *nm* килогрáмм • trois kilogrammes три килогрáмма

kilomètre *nm* киломéтр • à cinq kilomètres d'ici в пяти́ киломéтрах отсю́да

kiosque *nm* киóск • un kiosque à journaux газéтный киóск

kirghiz *adj* кирги́зский
■ kirghiz *nm (langue)* кирги́зский язы́к
■ Kirghiz *nm* кирги́з
■ Kirghize *nf* кирги́зка

Kirghizistan *nm* Кирги́зия, Киргизстáн

kiwi *nm* ки́ви

klaxon® *nm* (автомоби́льный) гудóк • il a donné un coup de klaxon pour signaler qu'il l'attendait он нажáл на гудóк, чтóбы показáть, что он её ждёт

klaxonner *v* сигнáлить / посигнáлить • le conducteur a klaxonné pour que le piéton lui cède la place води́тель стал сигнáлить пешехóду, чтóбы тот устуни́л дорóгу

knout *nm* кнут ③② • frapper son cheval à coups de knout бить лóшадь кнутóм

kolkhoze *nm* (HIST) колхóз

komsomol *nm* **1.** (HIST) *(organisation)* комсомóл **2.** (HIST) *(membre du komsomol)* комсомóлец *m*, комсомóлка *f*

kopeck *nm* копéйка • ça coûte cinq roubles et vingt kopecks э́то стóит пять рублéй двáдцать копéек

koulak *nm* (HIST) кулáк ③②

Koulikovo *nm*
● la bataille de Koulikovo Кули́ковская би́тва • le champ de Koulikovo Кули́ково пóле

Kouriles *nfpl*
● les îles Kouriles Кури́льские островá

Kremlin *nm* Кремль *m* ③ • les cathédrales du Kremlin кремлёвские собóры

L

l' → le

la¹ → le

la² *nm (note de musique)* ля* *nt indécl* • **sonate en la majeur** соната ля мажор

là *adv* **1.** *(par opposition à ici)* → là-bas **2.** *(ne s'opposant pas à ici)* тут, здесь • **asseyez-vous là** садитесь тут • **vous êtes déjà là ?** вы уже здесь? • **ils habitent là** они живут здесь • **la photo était là, sur la table** фотография была тут на столе **3.** *(renforcement)* • **qu'est-ce que tu as fait là !** что ты наделал!
● **de là a.** *(d'ici)* отсюда › **on peut le voir de là** его можно видеть отсюда **b.** *(de là-bas)* оттуда › **nous irons à l'hôtel et, de là, à la gare** мы пойдём в гостиницу и оттуда на вокзал • **d'ici là** к тому времени › **d'ici là, nous aurons sans doute reçu son paquet** к тому времени мы, наверно, получим его посылку • **elle n'est pas là** её нет › **ils n'étaient pas là** их не было • **par là a.** *(à cet endroit-ci)* здесь › **qqn est passé par là** кто-то прошёл здесь **b.** *(par ces mots)* этим › **qu'est-ce qu'il veut dire par là ?** что он хочет этим сказать? › **qu'est-ce que vous entendez par là ?** что вы подразумеваете под этим?

laboratoire *nm* лаборатория • **le laboratoire de chimie** химическая лаборатория

labourer *v* пахать* [II, пашу, пашешь ④] / вспахать* [II, *id*] • **labourer un champ** пахать поле • **labourer avec un tracteur** пахать трактором

labyrinthe *nm* лабиринт

lac *nm* озеро *(pl.* озёра, озёр, озёрам*)* ①② • **le lac de Genève** Женевское озеро • **le lac d'Annecy** озеро Аннеси

lacet *nm (de chaussures)* шнурок • **des lacets de souliers** шнурки для ботинок

lâche *nm* трус • **agir comme un lâche** поступать как трус

lâcher *v* **1.** *(laisser partir, laisser échapper)* выпускать / выпустить • **lâcher un oiseau** выпустить птицу • **lâcher sa proie** выпустить свою добычу **2.** *(laisser tomber involontairement)* ронять / уронить ④ • **j'ai lâché une assiette et elle s'est cassée** я уронил тарелку и она разбилась **3.** *(abandonner)* бросать / бросить • **il a lâché ses amis** он бросил друзей

lacté *adj*
● **la Voie lactée** Млечный путь

là-bas *adv* **1.** *(direction)* туда • **nous irons là-bas en autobus** мы поедем туда на автобусе **2.** *(emplacement)* там • **il est là-bas à gauche** он там налево

là-dedans *adv* **1.** *(direction)* сюда • **je l'ai mis là-dedans** я положил его сюда **2.** *(emplacement)* здесь, тут *fam* • **l'argent est sûrement là-dedans** деньги точно здесь

là-dessous *adv* **1.** *(direction)* сюда • **le chat est entré là-dessous** кошка залезла сюда **2.** *(emplacement)* здесь, тут *fam* • **les souliers sont là-dessous** туфли тут

là-dessus *adv* **1.** *(direction)* сюда • **j'avais mis les livres là-dessus** я положил книги сюда **2.** *(emplacement)* здесь, тут *fam* • **les cigarettes étaient là-dessus** сигареты были тут **3.** *(régi par le verbe compter)* на это • **il compte là-dessus** он рассчитывает на это

Ladoga
● **le lac Ladoga** Ладожское озеро

là-haut *adv* **1.** *(direction)* наверх • **tu vas là-haut dans ta chambre ?** ты идёшь наверх в спальню? **2.** *(emplacement)* там наверху • **ils habitent là-haut** они живут там наверху

laid *adj* некрасивый • **un visage laid** некрасивое лицо • **une ville laide** некрасивый город

laïque *adj* свéтский • l'école laïque свéтская шкóла

laine *nf* шерсть *f* ①③ • une pelote de laine jaune клубóк жёлтой шéрсти ● de (la) laine шерстянóй › **une robe de laine** шерстянóе плáтье › **l'industrie de la laine** шерстянáя промы́шленность

laisse *nf* поводóк • la laisse du chien собáчий поводóк

laisser *v* **1.** *(ne pas prendre, ne pas modifier...)* оставля́ть / остáвить • j'ai laissé ma valise à la consigne я остáвил чемодáн в кáмере хранéния • laisser la fenêtre ouverte остáвить окнó откры́тым • laissez-moi tranquille остáвьте меня́ в покóе • laisser un animal en liberté остáвить живóтное на свобóде **2.** *(oublier de prendre)* забывáть / забы́ть* [*n cl,* забу́ду, забу́дешь - забу́дь - забы́тый] • j'ai laissé mes lunettes à la maison я забы́л очки́ дóма **3.** *(accorder, confier la tâche)* предоставля́ть / предостáвить • laisser le choix au client предостáвить клиéнту вы́бор • le local a été laissé à notre disposition э́то помещéние бы́ло предостáвлено в нáше распоряжéние • on lui a laissé le soin de résoudre ce problème ему́ предостáвили реши́ть э́тот вопрóс **4.** *(régissant un infinitif)* давáть* [II, даю́, даёшь] / дать* [*n cl,* дам, дашь, даст, дади́м, дади́те, даду́т - дал, далá, дáло, дáли ⑤ *(à la forme négative)* нé дал, не далá, нé дало, нé дали ⑤ - дай] *(+ inf)* • laissez-nous souffler дáйте нам перевести́ дух • on ne me laissait pas parler мне не давáли говори́ть • il ne me laisse pas dormir он не даёт мне спать • laissez-moi passer дáйте мне пройти́ ~ *(avec certains verbes de mouvement)* пускáть / пусти́ть ④, *(et ses composés)* • j'ai bien peur qu'elle ne me laisse pas partir боюсь, что онá меня́ не пу́стит • on ne laissait personne entrer dans la chambre в кóмнату никогó не пускáли • laisser entrer впускáть / впусти́ть ④ › **ne laissez pas le chat entrer dans la cuisine** не впускáйте кóшку в ку́хню • laisser sortir выпускáть / вы́пустить › **qui a laissé sortir le chien ?** кто вы́пустил собáку? • laisser aller отпускáть / отпусти́ть ④ › **on ne me laissait pas aller au théâtre** меня́ не отпускáли в теáтр • laisser passer пропускáть / пропусти́ть ④ › **le gardien m'a laissé passer** стóрож меня́ пропусти́л • laisser passer l'humidité пропускáть сы́рость ● le salaire laisse fort à désirer зарплáта оставля́ет желáть лу́чшего • laisser faire не мешáть (мешáть / помешáть) *(+ D)* › **laissez-le faire** не мешáйте ему́ • laisser tomber **a.** *(lâcher)* роня́ть / урони́ть ④ › **il a laissé tomber son verre** он урони́л стакáн **b.** *(abandonner)* бросáть / брóсить › **il a tout laissé tomber et il est parti dans le Midi** он всё брóсил и уéхал на юг

■ se laisser *vp* il se laisse vivre он ни о чём не беспокóится • se laisser aller à la rêverie впасть в заду́мчивость • elle s'est laissé tomber sur le divan онá упáла на дивáн • ils se sont laissé dépasser они́ дáли себя́ обогнáть • il s'est laissé prendre он попáлся • se laisser aller à ses sentiments дать вóлю чу́вствам

laisser-passer *nm* прóпуск* *(nom. pl.* пропускá*)* ①② • présenter son laisser-passer предъяви́ть прóпуск

lait *nm* молокó • du lait de chèvre кóзье молокó • du lait concentré сгущённое молокó • du lait en poudre сухóе молокó • du café au lait кóфе с молокóм • une soupe au lait молóчный суп • un cochon de lait молóчный порosёнок • les dents de lait молóчные зу́бы

laitage *nm* молóчный продýкт • il ne mange pas de laitages он не ест молóчных продýктов

laitue *nf* салáт-латýк

lame *nf* *(de couteau...)* лéзвие • une lame de rasoir лéзвие бри́твы • la lame du couteau лéзвие ножá

lamentable *adj* плачéвный • dans un état lamentable в плачéвном состоя́нии • les résultats sont lamentables результáты плачéвны

lampadaire *nm* **1.** *(d'intérieur)* торшéр **2.** *(sur la voie publique)* у́личный фонáрь

lampe *nf* лáмпа • une lampe de bureau настóльная лáмпа • une lampe de chevet прикровáтная лáмпа • une lampe de poche кармáнный фонáрик

lancement *nm* **1.** пуск • le lancement de la fusée a été retardé à cause du mauvais temps пуск ракéты был задéржан из-за плохóй погóды **2.** вы́пуск • le lancement d'un nouveau produit sur le marché вы́пуск нóвого продýкта на ры́нок

lance-pierres *nm* рогáтка

lancer *v* **1.** *(gén)* бросáть / брóсить, забрáсывать / забрóсить *(lancer trop loin)* • lancer des pierres бросáть кáмни • lancer un regard брóсить взгляд • lancer le ballon sur le toit забрóсить мяч на кры́шу **2.** *(sport)* метáть / метнýть • lancer le javelot метáть копьё • lancer le disque метáть диск **3.** *(une fusée, un vaisseau cosmique...)* запускáть / запусти́ть ④ • lancer une fusée запусти́ть ракéту **4.** *(un navire)* спускáть / спусти́ть ④ • lancer un navire спусти́ть корáбль **5.** *(laisser tomber)* сбрáсывать / сбрóсить • lancer des bombes сбрóсить бóмбы **6.** *(émettre)* выпускáть / вы́пустить • lancer un emprunt вы́пустить заём
◈ lancer une idée подáть идéю
■ se lancer *vp* *(en parlant d'une personne)* бросáться / брóситься • il s'est lancé à mon secours он брóсился ко мне на пóмощь

langage *nm* язы́к ③ • le langage de l'enfant язы́к детéй • les subtilités du langage тóнкости языкá

langue *nf* **1.** *(organe)* язы́к ③② • tirer la langue à son frère показáть брáту язы́к • de la langue fumée копчёный язы́к ~ *fig* • elle a la langue bien pendue у неё язы́к хорошó подвéшен • tiens ta langue ! держи́ язы́к за зубáми • j'ai le mot sur le bout de la langue э́то слóво вéртится у меня́ на языкé • une mauvaise langue злой язы́к **2.** *(langage)* язы́к ③② • les langues étrangères инострáнные языки́ • une langue morte мёртвый язы́к • une langue vivante живóй язы́к • c'est sa langue maternelle э́то егó роднóй язы́к

lapin *nm* **1.** *(animal, viande)* крóлик • élever des lapins разводи́ть крóликов **2.** *(dans les histoires pour enfants, contes)* зáйчик

Laponie *nf* Лаплáндия

laqué *adj* лакирóванный • des meubles laqués лакирóванная мéбель

laquelle → lequel

lard *nm* сáло • un jambon avec une bonne couche de lard óкорок с тóлстым слóем сáла

large[1] *adj* широ́кий (широ́к, широкá ③ ~ *comp.* ши́ре*) • une rue large широ́кая ýлица • il est large d'épaules он широ́к в плечáх • un large sourire широ́кая улы́бка • de larges possibilités широ́кие возмóжности • il a l'esprit large у негó широ́кий взгляд на вéщи
◈ dans le sens le plus large в сáмом широ́ком смы́сле • en long et en large взад и вперёд › se promener en long et en large ходи́ть взад и вперёд • large de ширинóй в *(+ A)* › large de dix mètres ширинóй в дéсять мéтров

large[2] *nm* **1.** *(largeur)* ширинá • deux mètres de large два мéтра ширины́ **2.** *(en mer)* откры́тое мóре • le bateau prend le large корáбль выхóдит в откры́тое мóре
◈ vous êtes au large ici вам здесь простóрно

largement *adv* **1.** *(beaucoup)* широкó *(comp.* ши́ре*)* • largement utilisés dans l'industrie широкó испóльзованные в промы́шленности **2.** *(pleinement)* вполнé • c'est largement suffisant э́то вполнé достáточно

largeur *nf* **1.** *litt* ширинá • la largeur du pont ширинá мостá **2.** *fig* широтá • la largeur de vue широтá кругозóра

larme *nf* слезá *(pl.* слёзы, слёз, слезáм*)* ②① • les larmes aux yeux со слезáми на глазáх • verser des larmes проливáть слёзы • pleurer à chaudes larmes плáкать гóрькими слезáми • des larmes de crocodile крокоди́ловы слёзы

latin *adj* лати́нский • la grammaire latine лати́нская грамма́тика • le Quartier latin Лати́нский квартáл
■ latin *nm* *(langue)* лати́нский язы́к (язы́к ③) • étudier le latin изучáть лати́нский язы́к
◈ (en) latin по-лати́нски › parler latin говори́ть по-лати́нски

latiniste *nmf* латини́ст *m*, латини́стка *f*

laurier *nm* лавр • des branches de laurier лаврóвые вéтви ~ *fig* • se reposer sur ses lauriers почивáть на лáврах

lavable *adj* стирáющийся • lavable en machine стирáется в маши́не

lavabo *nm* умывáльник

lavande *nf* лавáнда • une savonnette parfumée à la lavande лавáндовое мы́ло

lave-linge *nm* стирáльная маши́на

lave-vaisselle *nm* посудомо́ечная маши́на

laver *v* **1.** *(le linge)* стира́ть / вы́стирать • laver des draps стира́ть про́стыни **2.** *(autre chose que du linge)* мыть* [II, мо́ю, мо́ешь] / вы́мыть* [II, вы́мою, вы́моешь - вы́мытый] • laver la vaisselle мыть посу́ду **3.** *(une personne)* умыва́ть / умы́ть* [II, умо́ю, умо́ешь - умы́тый] • laver un enfant умыва́ть ребёнка
● donner du linge à laver отдава́ть бельё в сти́рку
■ se laver *vp* **1.** *(sans complément direct)* умыва́ться / умы́ться* [II, умо́юсь, умо́ешься] • se laver à l'eau froide умыва́ться холо́дной водо́й **2.** *(avec un complément direct)* мыть* [II, мо́ю, мо́ешь] / вы́мыть* [II, *id*] • se laver les mains мыть ру́ки

laverie *nf* пра́чечная *(adj subst f)*

le[1], la, les *art ne se traduit pas*

le[2], la, les *pron* **1.** *(formes des pronoms il, ils, elle, elles, lorsqu'ils ne sont pas sujets)* → il **2.** *(au sens de cela)* • je l'espère я наде́юсь • tu le sais bien ты же зна́ешь • je ne l'affirme pas я э́того не утвержда́ю

lécher *v* лиза́ть* [II, лижу́, ли́жешь ④] / лизну́ть • lécher son assiette лиза́ть таре́лку • le chien m'a léché la main соба́ка лизну́ла мне ру́ку
● tu t'en lécheras les babines па́льчики обли́жешь

leçon *nf* уро́к • une leçon de russe уро́к ру́сского языка́ • apprendre sa leçon учи́ть уро́к • réciter sa leçon отвеча́ть уро́к • prendre des leçons de musique брать уро́ки му́зыки • c'est une bonne leçon ! э́то хоро́ший уро́к!

lecteur *nm* **1.** *(personne qui lit)* чита́тель *m* • les réactions des lecteurs о́тзывы чита́телей **2.** *(professeur étranger adjoint)* иностра́нный ассисте́нт **3.** *(appareil)* прои́грыватель • une chaîne hi-fi avec lecteur CD музыка́льный це́нтр с прои́грывателем компа́кт-ди́сков • un lecteur mp3 пле́ер MP3

lectrice *nf* **1.** *(personne qui lit)* чита́тельница **2.** *(professeur étranger adjoint)* иностра́нная ассисте́нтка

lecture *nf* **1.** *(activité)* чте́ние • la lecture est mon passe-temps favori чте́ние — моё люби́мое заня́тие • un livre de lecture кни́га для чте́ния **2.** *(livres)* чте́ние • quand je voyage j'emporte toujours de la lecture я всегда́ беру́ с собо́й в пое́здки что-нибу́дь почита́ть

légal *adj* зако́нный • d'une manière légale зако́нным о́бразом

légalité *nf* зако́нность *f* • respecter la légalité соблюда́ть зако́нность

légendaire *adj* легенда́рный, ска́зочный • un héros légendaire легенда́рный геро́й • une richesse légendaire ска́зочное бога́тство

légende *nf* леге́нда • des légendes du Moyen Âge средневеко́вые леге́нды

léger *adj* **1.** *(gén)* лёгкий ⑤ *(comp.* лёгче*)* • une valise légère лёгкий чемода́н • un vent léger лёгкий ветеро́к • une nourriture légère лёгкая пи́ща • un pardessus léger лёгкое пальто́ • une blessure légère лёгкая ра́на • une démarche légère лёгкая похо́дка • d'un cœur léger с лёгким се́рдцем • l'industrie légère лёгкая промы́шленность • l'artillerie légère лёгкая артилле́рия • de la musique légère лёгкая му́зыка • un léger sourire лёгкая улы́бка • des mœurs légères лёгкие нра́вы • un vin léger лёгкое вино́ • un tabac léger лёгкий таба́к **2.** *(sans gravité)* небольшо́й • une faute légère небольша́я оши́бка • une légère amende небольшо́й штраф
● à la légère легкомы́сленно › agir à la légère поступа́ть легкомы́сленно

légèrement *adv* **1.** *(faiblement)* легко́ *(comp.* лёгче*)* • légèrement vêtu легко́ оде́тый • il a été légèrement blessé au bras его́ легко́ ра́нило в ру́ку **2.** *(un peu)* слегка́ • froncer légèrement les sourcils слегка́ нахму́риться

légèreté *nf* **1.** *(contraire de lourdeur)* лёгкость *f* • la légèreté de l'aluminium лёгкость алюми́ния • la légèreté du style лёгкость сти́ля **2.** *(frivolité)* легкомы́слие • il a toujours fait preuve de légèreté dans ses décisions он всегда́ проявля́л легкомы́слие в свои́х реше́ниях

législatif *adj* законода́тельный • le pouvoir législatif законода́тельная власть

légitime *adj* зако́нный • l'héritier légitime зако́нный насле́дник • un orgueil légitime зако́нная го́рдость

légume *nm* о́вощ *(pl.* о́вощи, овоще́й, овоща́м*)* ①③ • des légumes frais све́-

жие óвощи • de la soupe de légumes суп из овощéй
● une grosse légume крýпная шúшка

LES LÉGUMES

- l'ail **чеснóк** *m*
- l'artichaut **артишóк** *m*
- l'asperge **спáржа** *f*
- l'aubergine **баклажáн** *m*
- la betterave **свёкла** *f*
- le brocoli **брóкколи** *f*
- la carotte **моркóвь** *f*
- le céleri **сельдерéй** *m*
- le champignon **гриб** *m*
- le chou de Bruxelles **брюссéльская капýста** *f*
- le chou-fleur **цветнáя капýста** *f*
- le concombre **огурéц** *m*
- la courgette **кабачóк** *m*
- les épinards **шпинáт** *m*
- le germe de soja **ростóк сóи** *m*
- le haricot vert **стручкóвая фасóль** *f*
- la laitue **салáт-латýк** *m*
- le maïs **кукурýза** *f*
- le navet **рéпа** *f*
- l'oignon **лук** *m*
- le petit pois **зелёный горóшек** *m*
- le poireau **лук-порéй** *m*
- le poivron **слáдкий пéрец** *m*
- la pomme de terre **картóфель** *m*
- le potiron **тыква** *f*
- le radis **редúс** *m*
- la tomate **помидóр** *m*

lendemain *nm* слéдующий день • le lendemain était un jour férié на слéдующий день был прáздник
● le lendemain на другóй день › **elle est partie le lendemain** онá уéхала на другóй день • le lendemain de mon arrivée на другóй день пóсле моегó приéзда • du jour au lendemain со дня нá день › **il peut arriver du jour au lendemain** он мóжет приéхать со дня нá день

lent *adj* **1.** *(gén)* мéдленный • des mouvements lents мéдленные движéния **2.** *(qui ne se presse pas)* нетороплúвый • c'est un homme lent он человéк нетороплúвый

lentement *adv* мéдленно • parler lentement говорúть мéдленно • lentement mais sûrement мéдленно, но вéрно

lenteur *nf* мéдленность *f* • avec une lenteur mortelle с убúйственной мéдленностью
● avec lenteur мéдленно › **ils avançaient avec lenteur** онú мéдленно продвигáлись вперёд • la lenteur administrative волокúта *(pas de pl)*

lentille *nf* **1.** *(optique)* лúнза • Françoise porte des lentilles de contact Франсуáза нóсит контáктные лúнзы • des lentilles jetables однοднéвные лúнзы **2.** *(plante, graine)* чечевúца • une salade de lentilles салáт из чечевúцы

léopard *nm* леопáрд

lequel, laquelle, lesquels, lesquelles, auquel, auxquels, auxquelles, duquel, desquels, desquelles ◼ *pron rel* котóрый • le village dans lequel j'ai passé l'été дерéвня, в котóрой я провёл лéто • le spécialiste auquel je me suis adressé специалúст, к котóрому я обратúлся • c'est le lac à côté duquel se trouve le terrain de camping э́то óзеро, ря́дом с котóрым нахóдится турбáза ◼ *pron interr* какóй • laquelle veux-tu ? какýю ты хóчешь? • je ne sais pas lequel prendre не знáю, какóй я возьмý

les ◼ *art* → le ◼ *pron* → il

lesquels, lesquelles *pron* → lequel

lessive *nf* **1.** *(poudre)* стирáльный порошóк **2.** *(activité)* стúрка **3.** *(linge)* стúрка • j'ai encore une lessive à étendre мне нáдо ещё стúрку повéсить
● faire la lessive стирáть

Lettonie *nf* Лáтвия

lettre *nf* **1.** *(de l'alphabet)* бýква • l'alphabet russe comporte trente-deux lettres в рýсском алфавúте трúдцать две бýквы **2.** *(missive)* письмó *(gén. pl.* пúсем*)* ①② • j'ai reçu une lettre de Paris я получúл письмó из Парúжа • une lettre recommandée заказнóе письмо
● à la lettre в буквáльном смы́сле › **il prend tout à la lettre** он всё понимáет в буквáльном смы́сле • boîte aux lettres **a.** *(de la poste)* почтóвый я́щик **b.** *(individuelle)* пúсьменный я́щик • en toutes lettres пóлностью › **c'est écrit en toutes lettres dans le mode d'emploi** э́то всё напúсано в инструкции • en lettres филологúческих наýк › **docteur en lettres** дóктор филологúческих наýк • la faculté de lettres филологúческий факультéт › **il était étudiant à la faculté de lettres** он учúлся на филологúческом факультéте • papier à lettres

почто́вая бума́га • **rester lettre morte** остава́ться мёртвой бу́квой

leur[1] *adj poss* **1.** *(le possesseur est sujet de la phrase)* свой *(souvent omis)* • **ils ont pris leurs livres** они́ взя́ли свои́ кни́ги • **elles n'en croyaient pas leurs yeux** они́ не ве́рили свои́м глаза́м • **ils ont perdu leur père** они́ потеря́ли отца́ **2.** *(dans le cas contraire)* их • **c'est leur voiture** э́то их маши́на • **je connais leur adresse** я зна́ю их а́дрес

leur[2] *pron poss* **1.** *(le possesseur est sujet de la phrase)* свой *(souvent précisé par le substantif qui est sous-entendu en français)* • **nous avons pris nos valises et eux les leurs** мы взя́ли свои́ чемода́ны, а они́ свои́ • **c'est ta moto ? où ont-ils laissé la leur ?** э́то твой мотоци́кл? где же они́ оста́вили свой мотоци́кл? **2.** *(dans le cas contraire)* их *(précisé par le substantif qui est sous-entendu en français)* • **c'est notre maison et voici la leur** э́то наш дом, а вот их дом

leur[3] *pron pers* → il

lever[1] *nm (d'un astre)* восхо́д • **au lever du soleil** на восхо́де со́лнца

lever[2] *v* поднима́ть / подня́ть* [IV, подниму́, подни́мешь ④ - по́днял, подняла́, по́дняло, по́дняли ⑤ - по́днятый, по́днят, поднята́, по́днято, по́дняты ⑤] • **lever la tête** подня́ть го́лову • **lever le rideau** подня́ть за́навес
● **lever le doigt** подня́ть ру́ку • **lever l'ancre** сня́ться с я́коря (снима́ться / сня́ться* [IV, сниму́сь, сни́мешься ④ - сня́лся, сняла́сь ③]) • **lever la séance** закры́ть заседа́ние (закрыва́ть / закры́ть* [IV, закро́ю, закро́ешь - закры́тый]) • **lever le siège** снять оса́ду (снима́ть / снять* [IV, сниму́, сни́мешь ④ - снял, сняла́, сня́ло, сня́ли ⑤ - сня́тый, снят, снята́, сня́то, сня́ты ⑤])
■ **se lever** *vp* **1.** *(gén)* встава́ть* [II, встаю́, встаёшь - встава́й - встава́я] / встать* [*n cl*, вста́ну, вста́нешь] • **se lever tôt** встава́ть ра́но • **se lever du pied gauche** встать с ле́вой ноги́ • **se lever de table** встать из-за стола́ **2.** *(en parlant des astres)* всходи́ть [всхо́дит, всхо́дят] / взойти́* [IV, взойдёт, взойду́т - взошёл, взошла́] • **le soleil se lève** со́лнце всхо́дит
● **le jour se lève** день занима́ется

levier *nm* рыча́г ③② • **le levier du changement de vitesse** рыча́г переме́ны скоросте́й

lèvre *nf* губа́ ②⑦ • **la lèvre supérieure** ве́рхняя губа́ • **serrer les lèvres** сжать гу́бы • **j'ai les lèvres gercées** у меня́ гу́бы обве́трились

lexique *nm* слова́рь *m* ③② • **il y a un lexique à la fin du manuel de russe** в конце́ уче́бника ру́сского языка́ есть слова́рь

lézard *nm* я́щерица • **un lézard gris** обыкнове́нная я́щерица • **un lézard vert** зелёная я́щерица

liaison *nf* связь *f* • **établir une liaison Internet** установи́ть связь с Интерне́том

libéral *adj* либера́льный • **une tendance libérale** либера́льная тенде́нция
■ **libéral** *nm* либера́л

libéralisme *nm* либерали́зм

libération *nf* освобожде́ние • **la libération d'une ville** освобожде́ние го́рода • **la libération des serfs en 1861** освобожде́ние крестья́н в 1861 году́

libérer *v* освобожда́ть / освободи́ть [*part.* освобождённый*] • **libérer un pays** освободи́ть страну́
■ **se libérer** *vp* освобожда́ться / освободи́ться • **je vais essayer de me libérer demain soir** я постара́юсь освободи́ться за́втра ве́чером

liberté *nf* свобо́да • **vive la liberté !** да здра́вствует свобо́да! • **la liberté de conscience** свобо́да со́вести • **la liberté de la presse** свобо́да печа́ти • **rendre la liberté à un prisonnier** вы́пустить у́зника на свобо́ду

libraire *nmf* владе́лец кни́жного магази́на, владе́лец (владе́льца)
● **chez un libraire** в кни́жном магази́не

librairie *nf* кни́жный магази́н

libre *adj* свобо́дный • **cette place est libre ?** э́то ме́сто свобо́дно? • **du temps libre** свобо́дное вре́мя • **vous êtes libres ce soir ?** вы свобо́дны сего́дня ве́чером?
● **à l'air libre** на откры́том во́здухе • **une traduction libre** во́льный перево́д

librement *adv* **1.** *(sans contrainte)* свобо́дно • **choisir librement** свобо́дно выбира́ть • **respirer librement** свобо́дно дыша́ть **2.** *(avec franchise)* открове́нно • **parler librement** говори́ть открове́нно

libre-service *nm* **1.** *(système)* самообслу́живание **2.** *(magasin)* магази́н самообслу́живания ~ *(cafétéria)* кафе́ самообслу́живания

licence *nf* **1.** *(grade universitaire)* *дипло́м о трёхле́тнем вы́сшем образова́нии* • il a sa licence он лиценциа́т **2.** (COMM) лице́нзия

licencié *adj (qui a obtenu une licence)* • elle est licenciée она́ лиценциа́т

licencier *v* увольня́ть / уво́лить • licencier un employé уво́лить рабо́тника

lichen *nm* лиша́й *m* ③② • se couvrir de lichen зарасти́ лишая́ми

lien *nm fig* связь *f* • les liens de parenté ро́дственные свя́зи • les liens d'amitié дру́жеские свя́зи • les liens qu'il y a entre la théorie et la pratique связь тео́рии и пра́ктики

lier *v* свя́зывать / связа́ть* [II, свяжу́, свя́жешь] ④ • pieds et poings liés свя́занный по рука́м и по нога́м • ces questions sont étroitement liées entre elles э́ти вопро́сы те́сно свя́заны ме́жду собо́й
● lier conversation завяза́ть разгово́р (завя́зывать / завяза́ть* [I, завяжу́, завя́жешь ④])

lierre *nm* плющ ③② • l'arbre est couvert de lierre де́рево заросло́ плющо́м

lieu *nm* ме́сто ①⑥ • lieu de naissance ме́сто рожде́ния • sur le lieu de la catastrophe на ме́сте катастро́фы • un lieu commun о́бщее ме́сто
● au lieu de *(+ inf)* вме́сто того́, что́бы › **au lieu de t'amuser** вме́сто того́, что́бы игра́ть • avoir lieu / состоя́ться* [I, состои́тся, состоя́тся] › **le spectacle n'a pas eu lieu** спекта́кль не состоя́лся • en haut lieu в вы́сших сфе́рах • en premier lieu в пе́рвую о́чередь • il y a lieu **a.** *(il y a des raisons)* есть основа́ния › **il y a lieu de supposer qu'il a été licencié** есть основа́ния полага́ть, что его́ уво́лили › **il n'y a pas lieu de s'inquiéter** нет основа́ний беспоко́иться **b.** *(il faut)* › **on l'enverra à la clinique s'il y a lieu** е́сли на́до, мы его́ отпра́вим в кли́нику

lieutenant *nm* лейтена́нт

lièvre *nm* за́яц *(за́йца)* • la chasse au lièvre охо́та на за́йцев
● il ne faut pas courir deux lièvres à la fois за двумя́ за́йцами пого́нишься, ни одного́ не пойма́ешь

ligne *nf* **1.** *(gén)* ли́ния • une ligne droite пряма́я ли́ния • une ligne courbe крива́я ли́ния • la ligne de l'horizon ли́ния горизо́нта • une ligne d'autobus авто́бусная ли́ния • les lignes aériennes возду́шные ли́нии • une ligne de conduite ли́ния поведе́ния **2.** *(dans un texte)* строка́ *dim.* стро́чка ②⑦ • la cinquième ligne à partir du bas пя́тая строка́ сни́зу • à la ligne с но́вой строки́ • lire entre les lignes чита́ть ме́жду строк
● cela n'entre pas en ligne de compte э́то не в счёт • dans les grandes lignes в о́бщих черта́х › **je connais le projet dans ses grandes lignes** я зна́ю прое́кт в о́бщих черта́х • pêcher à la ligne уди́ть ④

lilas *nm* сире́нь *f*

limace *nf* слизня́к ③②

lime *nf* напи́льник
● une lime à ongles пи́лка для ногте́й

limitation *nf* ограниче́ние • une limitation de vitesse ограниче́ние ско́рости

limite¹ *adj* преде́льный • la vitesse limite преде́льная ско́рость

limite² *nf* **1.** *(physique)* грани́ца • la limite des deux domaines грани́ца двух владе́ний **2.** *(terme)* срок • terminer un travail avant la limite prévue вы́полнить рабо́ту до назна́ченного сро́ка • dernière limite : 15 février после́дний срок — 15-ое февраля́ • il attend toujours jusqu'à la dernière limite он всегда́ ждёт до после́дней мину́ты **3.** *(frontière entre deux époques)* рубе́ж ③ • à la limite de deux époques на рубеже́ двух эпо́х • à la limite du XIᵉ et du XIIᵉ siècle на рубеже́ XI и XII ве́ка **4.** *(point à ne pas franchir)* грани́ца, преде́л • ça dépasse les limites э́то уже́ перехо́дит грани́цы • il y a une limite à tout всему́ есть преде́л **5.** *(point extrême)* преде́л • la limite de la vie humaine преде́л челове́ческой жи́зни
● limite d'âge преде́льный во́зраст • sans limites беспреде́льный › **une étendue sans limites** беспреде́льное простра́нство

limité *adj* ограни́ченный • le choix est limité dans ce magasin вы́бор в э́том магази́не ограни́ченный

limiter *v* ограни́чивать / ограни́чить • limiter ses dépenses ограни́чивать свои́ расхо́ды

limonade *nf* лимона́д • un verre de limonade стака́н лимона́да

lin *nm* лён (льна)
● en lin льняно́й › **une robe en lin** льняно́е пла́тье

linge *nm* бельё • donner du linge à laver отда́ть бельё в сти́рку • mets ton linge sale dans la corbeille положи́ гря́зное бельё в корзи́ну • étendre le linge ве́шать бельё

lion *nm* лев (льва) • ils se battaient comme des lions они́ дра́лись как львы
● du lion льви́ный › **la crinière du lion** льви́ная гри́ва › **la part du lion** льви́ная до́ля
■ Lion *nm* (ASTRON) Лев

lionne *nf* льви́ца

liqueur *nf* ликёр • une fabrique de liqueurs ликёрный заво́д • des bonbons à la liqueur ликёрные конфе́ты

liquide[1] *adj* жи́дкий ⑤ *(comp.* жи́же*)* • l'air liquide жи́дкий во́здух • la sauce est trop liquide со́ус сли́шком жи́дкий

liquide[2] *nm* **1.** *(substance)* жи́дкость *f* • un liquide épais густа́я жи́дкость • le liquide de refroidissement охлажда́ющая жи́дкость **2.** *(argent)* нали́чные • payer en liquide плати́ть нали́чными › **je préfère payer en liquide** предпочита́ю плати́ть нали́чными

liquider *v* ликвиди́ровать / ликвиди́ровать • liquider une affaire ликвиди́ровать де́ло

lire *v* чита́ть / проче́сть* [IV, прочту́, прочтёшь - прочёл, прочла́ - прочтённый] прочита́ть • lire le journal чита́ть журна́л • lire Balzac чита́ть Бальза́ка • lire à haute voix чита́ть вслух • lire entre les lignes чита́ть ме́жду строк

Lisbonne Лиссабо́н

lisible *adj* разбо́рчивый • une écriture lisible разбо́рчивый по́черк

lisse *adj* гла́дкий ⑤ *(comp.* гла́же*)* • la surface lisse de l'eau гла́дкая пове́рхность воды́

liste *nf* спи́сок • dresser la liste des participants соста́вить спи́сок уча́стников • être sur une liste d'attente попа́сть в спи́сок ожида́ния • être sur liste rouge быть в закры́том спи́ске телефо́нов • une liste de diffusion спи́сок рассы́лки

lit *nm* **1.** *(meuble)* крова́ть *f* • un lit à une place односпа́льная крова́ть • un lit à deux places двуспа́льная крова́ть • un lit d'enfant де́тская крова́ть • être au lit лежа́ть в крова́ти **2.** *(literie)* посте́ль *f* • faire le lit постла́ть посте́ль • être au lit лежа́ть в посте́ли **3.** *(d'un cours d'eau)* ру́сло
● comme on fait son lit, on se couche что посе́ешь, то и пожнёшь

litre *nm* литр • un litre de lait литр молока́

littéraire *adj* литерату́рный • une œuvre littéraire литерату́рное произведе́ние • la langue littéraire литерату́рный язы́к

littérature *nf* литерату́ра • la littérature française contemporaine совреме́нная францу́зская литерату́ра

Lituanie *nf* Литва́

lituanien *adj* лито́вский
■ lituanien *nm* лито́вский язы́к
● en lituanien по-лито́вски › **s'exprimer couramment en lituanien** свобо́дно говори́ть по-лито́вски
■ Lituanien *nm* лито́вец
■ Lituanienne *nf* лито́вка

livraison *nf* доста́вка • livraison à domicile доста́вка на́ дом

livre[1] *nm* кни́га • un livre de grand format кни́га большо́го форма́та • le livre des réclamations жа́лобная кни́га • lire un livre intéressant чита́ть интере́сную кни́гу • feuilleter un livre перели́стывать кни́гу • ce livre est paru il y a deux ans э́та кни́га вы́шла в позапро́шлом году́

livre[2] *nf* **1.** *(unité de poids)* фунт **2.** *(devise)* фунт • livre sterling фунт сте́рлингов

livrer *v* **1.** *(remettre à l'acheteur)* доставля́ть / доста́вить • livrer une marchandise à domicile доста́вить това́р на́ дом **2.** *(dévoiler)* выдава́ть* [II, выдаю́, выдаёшь - выдава́й - выдава́я] / вы́дать* [*n cl,* вы́дам, вы́дашь, вы́даст, вы́дадим, вы́дадите, вы́дадут - вы́дал, вы́дала - вы́дай] • livrer un secret вы́дать та́йну

livresque *adj* кни́жный • une expression livresque кни́жное выраже́ние

livret *nm* **1.** *(petit registre)* кни́жка • un livret de caisse d'épargne сберкни́жка **2.** *(d'opéra)* либре́тто* *nt indécl* • le livret de « Rigoletto » либре́тто о́перы «Риголе́тто»

local¹ *adj* ме́стный • le journal local ме́стная газе́та • la couleur locale ме́стный колори́т

local² *nm* помеще́ние • un local trop exigu сли́шком те́сное помеще́ние

locataire *nmf* жиле́ц *m*, жили́ца *f*

locatif *nm* предло́жный паде́ж (паде́ж ③) • mettre un substantif au locatif поста́вить существи́тельное в предло́жном падеже́

location *nf* **1.** *(d'un logement)* наём (на́йма) • la location d'un appartement наём кварти́ры **2.** *(d'un local, d'un terrain)* аре́нда • la location d'une salle аре́нда помеще́ния **3.** *(de meubles, de matériel)* прока́т • location de pianos прока́т роя́лей **4.** *(vente de billets à l'avance)* предвари́тельная прода́жа биле́тов • la location est ouverte откры́лась предвари́тельная прода́жа биле́тов

◉ mettre en location *(un logement)* сдава́ть* [II, сдаю́, сдаёшь - сдава́й - сдава́я] / сдать* [*n cl*, сдам, сдашь, сдаст, сдади́м, сдади́те, сдаду́т - сдал, сдала́, сда́ло, сда́ли ⑤ - сдай - сда́нный, сдан, сдана́] ③ › **mettre un appartement en location** сдава́ть кварти́ру • prendre en location **a.** *(un objet, un instrument)* взять напрока́т › **nous avons pris un téléviseur en location** мы взя́ли телеви́зор напрока́т **b.** *(un appartement)* снять кварти́ру

locomotive *nf* locomotive à vapeur парово́з • locomotive électrique электрово́з • locomotive à moteur Diesel теплово́з

logement *nm* **1.** *(fait de se loger)* жильё • le problème principal est celui du logement гла́вная пробле́ма — жильё • la crise du logement жили́щный кри́зис **2.** кварти́ра • un logement spacieux просто́рная кварти́ра

loger ◪ *vt* **1.** *(héberger)* приюти́ть • mes parents pourront nous loger мои́ роди́тели смо́гут нас приюти́ть **2.** *(fournir un logement)* дать кварти́ру / ко́мнату • on m'a logé au second étage d'un grand immeuble мне да́ли кварти́ру на тре́тьем этаже́ большо́го до́ма • il est logé dans une chambre de bonne par son employeur его́ работода́тель посели́л его́ в комнату́шке под кры́шей

◉ être logé à l'hôtel жить в гости́нице ◪ *vi* жить* [IV, живу́, живёшь - жил, жила́, жи́ло, жи́ли ⑤ *(à la forme négative)* не́ жил, не жила́, не́ жило, не́ жили ⑤] • loger à la belle étoile жить под откры́тым не́бом

logiciel *nm* програ́мма • installer un logiciel de traitement de texte установи́ть те́кстовый реда́ктор

logique¹ *adj* логи́чный • c'est parfaitement logique э́то вполне́ логи́чно

logique² *nf* ло́гика • il n'y a aucune logique dans ce qu'il fait в его́ посту́пках нет никако́й ло́гики

loi *nf* зако́н • la loi électorale избира́тельный зако́н • hors la loi вне зако́на • une loi de la nature зако́н приро́ды

loin *adv* далеко́ *(comp.* да́льше*)* • j'habite loin d'ici я живу́ далеко́ отсю́да • loin de la ville далеко́ от го́рода • la gare est loin до вокза́ла далеко́ • il est loin d'être bête он далеко́ не глуп • elle est loin d'être une beauté она́ далеко́ не краса́вица • ne pas voir plus loin que le bout de son nez не ви́деть да́льше своего́ но́са

◉ au loin **a.** *(direction)* вдаль › **regarder au loin** смотре́ть вдаль **b.** *(emplacement)* вдали́ › **au loin, on voit la ligne noire d'une forêt** вдали́ черне́ет лес • de loin издалека́, и́здали › **on voit l'église de loin** це́рковь видна́ издалека́ • loin des yeux, loin du cœur с глаз доло́й — из се́рдца вон

lointain¹ *adj* далёкий ③ (далёк, далека́ ~ *comp.* да́льше*) • des pays lointains далёкие стра́ны • dans un avenir lointain в далёком бу́дущем

lointain² *nm*

◉ dans le lointain **a.** *(direction)* вдаль › **regarder dans le lointain** смотре́ть вдаль **b.** *(emplacement)* вдали́ › **dans le lointain, on voyait les montagnes** вдали́ видне́лись го́ры

Loire *nf* Луа́ра

loisir *nm* досу́г, свобо́дное вре́мя, вре́мя* *nt (gén., dat., loc., instr.* вре́менем*)* • mon travail me laisse peu de loisirs рабо́та оставля́ет мне ма́ло свобо́дного вре́мени

Londres *nm* Ло́ндон

long[1] *adj* **1.** *(gén)* длúнный ⑤ • **des cheveux longs** длúнные вóлосы • **une robe longue** длúнное плáтье • **une longue journée** длúнный день **2.** *(de longue durée)* дóлгий *(comp.* дóльше*)*, длúтельный *littéraire* • **une longue séparation** дóлгая разлýка • **une longue maladie** дóлгая болéзнь • **après une longue absence** пóсле длúтельного отсýтствия

● **être long à** дóлго не › **j'ai été long à m'endormir** я дóлго не засыпáл • **long de** длинóй в *(+ A)* › **un tunnel long de trois kilomètres** туннéль длинóй в три киломéтра • **la robe est trop longue** плáтье длúнно › **les manches sont trop longues** рукавá длинны́ • **à la longue** со врéменем › **à la longue, tout s'arrangera** со врéменем всё улáдится

long[2] *nm* длинá • **avoir vingt mètres de long** имéть двáдцать мéтров длины́

● **de long en large** взад и вперёд › **se promener de long en large** прогýливаться взад и вперёд • **le long de** вдоль *(+ G)*, вдоль по *(+ D)* › **le long du mur** вдоль стены́ › **le long de la rive** вдоль по бéрегу • **tomber de tout son long** растянýться во весь рост

longtemps *adv* дóлго *(comp.* дóльше*)* • **nous avons attendu longtemps** мы дóлго ждáли

● **depuis longtemps** давнó › **il est rentré depuis longtemps** он давнó вернýлся • **il y a longtemps qu'elle habite ici** онá давнó здесь живёт • **il n'y a pas longtemps qu'ils sont partis** онú недáвно уéхали

longuement *adv* дóлго *(comp.* дóльше*)* • **j'ai longuement réfléchi à cette question** я дóлго размышлял об э́том вопрóсе

longueur *nf* длинá • **les mesures de longueur** мéры длины́ • **la longueur de la Loire** длинá Луáры • **avoir vingt mètres de longueur** имéть двáдцать мéтров длины́

longue-vue *nf* подзóрная трубá *(*трубá ②①*)*

Lorraine *nf* Лотарúнгия

lorsque *conj* когдá • **j'allais sortir lorsqu'il m'a téléphoné** я собирáлся уйтú, когдá он мне позвонúл

loterie *nf* лотерéя • **gagner un million à la loterie** вы́играть в лотерéю миллиóн

lotion *nf* лосьóн • **une lotion après-rasage** лосьóн пóсле бритья́

louche[1] *adj* сомнúтельный • **un individu louche** сомнúтельный тип

louche[2] *nf* черпáк, разливáтельная лóжка • **encore une louche de soupe ?** ещё черпачóк сýпа?

loucher *v* косúть ④ / скосúть ④

louer[1] *v*

I *(mettre en location)* **1.** *(un logement)* сдавáть* [II, сдаю́, сдаёшь - сдавáй - сдавáя] / сдать* [*n cl,* сдам, сдашь, сдаст, сдадúм, сдадúте, сдадýт - сдал, сдалá, сдáло, сдáли ⑤ - сдай - сдáнный, сдан, сданá ③] • **ils louent leur appartement à des touristes étrangers** онú сдаю́т свою́ квартúру инострáнным турúстам **2.** *(un local, un terrain...)* сдать в арéнду (сдавáть* / сдать*) • **la société loue ce local** óбщество сдаёт в арéнду э́то помещéние **3.** *(du matériel, des instruments de musique)* давáть напрокáт (давáть* [II, отдаю́, отдаёшь - отдавáй - отдавáя] / дáть* [*n cl,* отдáм, отдáшь, отдáст, отдадúм, отдадúте, отдадýт - óтдал, отдалá, óтдало, óтдали ⑤ - отдáй - óтданный, óтдан, отданá, óтдано, óтданы ⑤]) • **on y loue des barques** там даю́т напрокáт лóдки

II *(prendre en location)* **1.** *(un logement)* снимáть / снять* [IV, снимý, снúмешь ④ - снял, снялá, сня́ло, сня́ли ⑤ - сня́тый, снят, снятá, сня́то, сня́ты ⑤] • **louer une chambre** снимáть кóмнату • **louer une datcha** снимáть дáчу **2.** *(un local)* арендовáть / арендовáть, взять в арéнду (брать* [IV, берý, берёшь - брал, бралá, брáло, брáли ⑤] / взять* [IV, возьмý, возьмёшь - взял, взялá, взя́ло, взя́ли - взя́тый ⑤, взят, взятá, взя́то, взя́ты ⑤]) • **louer un grand local** арендовáть большóе помещéние **3.** *(des objets, des meubles, des instruments de musique...)* взять напрокáт (брать* / взять*) • **louer une barque** взять лóдку напрокáт • **louer un piano** взять роя́ль напрокáт **4.** *(des places au théâtre)* купúть зарáнее билéты (покупáть / купúть ④) • **nous avons loué nos places** мы купúли билéты зарáнее

● **à louer** сдаётся › **à louer chambre tout confort** сдаётся кóмната со всéми удóбствами

louer[2] *v* *(vanter)* хвалúть ④ / похвалúть ④

● **Dieu soit loué !** слáва Бóгу!

loup *nm* волк ①③
◈ enfermer le loup dans la bergerie пустить козла в огород • une faim de loup волчий аппетит • un froid de loup собачий холод • hurler avec les loups с волками жить, по-волчьи выть • l'homme est un loup pour l'homme человек человеку волк • quand on parle du loup... лёгок на помине

loupe *nf (lentille)* лупа • regarder un tableau à la loupe pour voir les détails рассматривать картину в лупу, чтобы видеть детали

lourd *adj* тяжёлый ③ *(тяжёл, тяжела)* • une valise lourde тяжёлый чемодан • des pas lourds тяжёлые шаги • une nourriture lourde тяжёлая пища • j'ai la tête lourde у меня тяжёлая голова • un esprit lourd тяжёлый ум • un style lourd тяжёлый стиль • une lourde faute тяжёлая вина • l'industrie lourde тяжёлая промышленность • l'artillerie lourde тяжёлая артиллерия
◈ il fait lourd душно › **il faisait lourd** было душно

lourdement *adv* **1.** *(pesamment)* тяжело • un camion lourdement chargé тяжело нагруженный грузовик **2.** *(grossièrement)* грубо • se tromper lourdement грубо ошибиться • insister lourdement грубо настаивать

louve *nf* волчица

loyer *nm (prix du logement)* квартирная плата • payer son loyer внести квартирную плату

lueur *nf litt* огонёк *(огонёк, огонька)*, свет • on voyait au loin une lueur вдали блестел огонёк • à la lueur d'une allumette при слабом свете спички
◈ une lueur d'espoir луч надежды *(луч ③②)*

luge *nf* санки *pl t (санок, санкам)* • faire de la luge кататься на санках

lui ◪ *pron* → il ◪ *pron réfl* → se

lumière *nf* свет • éteindre la lumière погасить свет • un rayon de lumière луч света • la vitesse de la lumière скорость света ~ *fig* • faire la lumière sur un crime бросить свет на преступление
■ lumières *nfpl* огни *(огней, огням)* • les lumières de la ville огни города

lumineux *adj* **1.** *(éclairé)* световой • une enseigne lumineuse световая реклама **2.** *(clair)* светлый • un appartement très lumineux очень светлая квартира

lundi *nm* понедельник • je l'ai rencontrée lundi я её встретил в понедельник • nous y allons le lundi мы ходим туда по понедельникам

lune *nf* луна • envoyer une fusée sur la Lune запустить ракету на Луну • au clair de la lune при свете луны • la pleine lune полная луна • une éclipse de lune затмение луны • la nouvelle lune молодой месяц
◈ la lune de miel медовый месяц

lunettes *nfpl* очки *pl t (очков, очкам)* • mettre ses lunettes надеть очки • des unettes de soleil солнечные очки

lustre *nm (appareil d'éclairage)* люстра

lutte *nf* борьба *(pas de pl)* • la lutte pour le pouvoir борьба за власть • la lutte contre l'alcoolisme борьба с алкоголизмом • la lutte pour la vie борьба за существование

lutter *v* бороться* [II, борюсь, борешься ④] / побороться* [II, *id*] • lutter pour la liberté бороться за свободу • lutter contre le sommeil бороться со сном • lutter contre l'alcoolisme бороться с алкоголизмом

luxe *nm* роскошь *f* • des objets de luxe предметы роскоши • il peut se permettre ce luxe он может позволить себе эту роскошь
◈ de luxe роскошный › **une édition de luxe** роскошное издание

Luxembourg *nm* Люксембург

luxueusement *adv* роскошно • un appartement luxueusement meublé роскошно обставленная квартира

luxueux *adj* роскошный • un appartement luxueux роскошная квартира

lycée *nm* лицей *m*

lycéen *nm* лицеист

lycéenne *nf* лицеистка

m M

m' ◪ *pron pers* → je ◪ *pron pers réfl* → se

ma → mon

Macédoine *nf* Македóния

mâcher *v* жевáть* [II, жую́, жуёшь], разжёвывать / разжевáть* [II, разжую́, разжуёшь] • bien mâcher ses aliments хорошó разжевáть пи́щу
● ne pas mâcher ses mots не подбирáть слов

machin *nm* *(en parlant d'objets)* штýка • qu'est-ce que c'est que ce machin ? что э́то за штýка?

machinal *adj* машинáльный • un geste machinal машинáльный жест

machinalement *adv* машинáльно • j'ai tendu la main machinalement я машинáльно протянýл рýку

machine *nf* маши́на *dim.* маши́нка • une machine agricole сельскохозя́йственная маши́на • une machine à coudre швéйная маши́на • une machine à écrire пи́шущая маши́нка
● à la machine на маши́нке › taper à la machine печáтать на маши́нке › coudre à la machine шить на маши́нке • faire machine arrière дать зáдний ход

mâchoire *nf* чéлюсть *f* • la mâchoire inférieure ни́жняя чéлюсть

maçon *nm* кáменщик

madame *nf* госпожá • madame Pelletier мадáм Пельтьé, госпожá Пельтьé
● mesdames, messieurs уважáемые дáмы и господá

mademoiselle *nf* мадмуазéль • mademoiselle Vidal мадмуазéль Видáль

Madrid *nm* Мадри́д

magasin *nm* *(établissement de commerce)* магази́н • un magasin d'alimentation продовóльственный магази́н
● grand magasin универсáльный магази́н, универмáг

magazine *nm* журнáл

magicien *nm* волшéбник

magicienne *nf* волшéбница

magie *nf* волшебствó • comme par magie как по волшебствý

magique *adj* волшéбный • une baguette magique волшéбная пáлочка

magnétique *adj* магни́тный • enregistrer un discours sur une bande magnétique записáть речь на плёнку • un champ magnétique магни́тное пóле

magnétophone *nm* магнитофóн • un magnétophone professionnel студи́йный магнитофóн

magnétoscope *nm* видеомагнитофóн • enregistrer une émission de télévision avec un magnétoscope записáть телепередáчу на видеомагнитофóн

magnifique *adj* великолéпный • un palais magnifique великолéпный дворéц • un temps magnifique великолéпная погóда

mai *nm* май *m* • au mois de mai в мáе • le 6 mai 6-го мáя • fêter le Premier mai прáздновать Пéрвое мáя

maigre *adj* **1.** *(en parlant d'un être vivant)* худóй ⑤, худощáвый • son visage était maigre лицó егó бы́ло худощáво • elle était encore plus maigre que deux ans auparavant онá былá ещё худéе, чем два гóда назáд **2.** *(en parlant de moyens financiers)* скýдный ⑤ • un maigre revenu скýдный дохóд • de maigres moyens скýдные срéдства

maigrir *v* *(perdre du poids)* худéть / похудéть • j'ai maigri de trois kilos я похудéл на три килó

maille *nf* *(tricotée)* пéтля • laisser échapper une maille спусти́ть пéтлю

maillot *nm* **1.** *(sous-vêtement)* мáйка **2.** *(de sportif)* футбóлка • des cyclistes en maillots rouges велосипеди́сты в крáс-

ных футбо́лках • **le maillot jaune** *(Tour de France)* жёлтая ма́йка ли́дера
● **maillot de bain** купа́льник

main *nf* рука́ *(l'accent passe sur la préposition dans les groupes* за́ руку, за́ руки, на́ руку, на́ руки, по́д руку, по́д руки*)* ⑥⑦ • **la main droite** пра́вая рука́ • **mettre les mains derrière son dos** заложи́ть ру́ки за́ спину • **avec un journal à la main** с газе́той в руке́ • **prendre un enfant par la main** взять ребёнка за́ руку • **haut les mains !** ру́ки вверх! • **remettre une lettre en mains propres** отда́ть письмо́ в со́бственные ру́ки • **avoir un tournevis sous la main** име́ть отвёртку под руко́й • **votre affaire est en de bonnes mains** ва́ше де́ло в хоро́ших рука́х

À PROPOS DE...

Le mot **рука́** désigne aussi bien **le bras** que **la main**, le contexte permettant le plus souvent d'éviter toute équivoque. Dans des cas exceptionnels, lorsqu'il est nécessaire de spécifier, on emploie l'expression **кисть руки́** (**кисть** f.) : ***il a été blessé à la main***, его́ ра́нило в кисть руки́.

main-d'œuvre *nf* рабо́чая си́ла

maintenant *adv* тепе́рь • **maintenant, il est trop tard** тепе́рь уже́ по́здно

maintenir *v (faire durer)* подде́рживать / поддержа́ть* [I, поддержу́, подде́ржишь] ④ • **maintenir l'ordre** поддержа́ть поря́док

maire *nm* мэр

mairie *nf* мэ́рия

mais *conj*

1. OPPOSITION = **а**
• **ce n'était pas un chien, mais un loup** э́то была́ не соба́ка, а волк

2. RESTRICTION = **но**
• **il est intelligent mais paresseux** он умён, но лени́в
• **je lui ai demandé mais il n'a rien répondu** я его́ спроси́л, но он ничего́ не отве́тил

3. TRANSITION = **но**
• **mais revenons au problème essentiel** но вернёмся к гла́вной на́шей зада́че

4. RENFORCEMENT = **да**
• **mais non !** да нет!
• **mais qui donc l'a laissé partir ?** да кто же его́ вы́пустил?
● **mais oui !** ну да!
• **non seulement... mais aussi** не то́лько... но и › **nous avons invité non seulement Dupont mais aussi son frère** мы пригласи́ли не то́лько Дюпо́на, но и его́ бра́та

maïs *nm* кукуру́за • **un champ de maïs** по́ле кукуру́зы

maison *nf* дом* *(nom. pl.* дома́*)* ①② *dim.* до́мик • **une maison de cinq étages** шестиэта́жный дом • **une maison en bois** деревя́нный до́мик • **une maison de repos** дом о́тдыха
● **à la maison a.** *(direction)* домо́й › **je rentre à la maison** я возвраща́юсь домо́й, **b.** *(emplacement)* до́ма › **j'étais à la maison** я был до́ма • **une maison de campagne** да́ча › **ils étaient dans leur maison de campagne** они́ бы́ли на да́че

LA MAISON

- le balcon **балко́н** *m*
- le bureau **кабине́т** *m*
- la cave **подва́л** *m*
- la chambre **ко́мната** *f*
- la cheminée (extérieure) **дымохо́д** *m*
- la cheminée (intérieure) **ками́н** *m*
- le couloir **коридо́р** *m*
- la cuisine **ку́хня** *f*
- la douche **душ** *m*
- l'entrée **прихо́жая** *f*
- l'entrée (extérieure) **вход** *m*
- l'escalier **ле́стница** *f*
- la fenêtre **окно́** *nt*
- le garage **гара́ж** *m*
- le grenier **черда́к** *m*
- le mur **стена́** *f*
- la pelouse **газо́н** *m*
- la porte **дверь** *f*
- la salle à manger **столо́вая** *f*
- la salle de bains **ва́нная** *f*
- le salon **гости́ная** *f*
- le store **за́навес** *m*
- la terrasse **терра́са** *f*
- les toilettes **туале́т** *m*
- le toit **кры́ша** *f*
- le volet **ста́вень** *m*

maître *nm* **1.** *(celui qui dirige)* хозя́ин* *(pl.* хозя́ева, хозя́ев, хозя́евам*)* • **le maître de maison** хозя́ин до́ма • **il est le maître de la situation** он хозя́ин положе́ния **2.** *(instituteur)* учи́тель* *(nom. pl.* учителя́*)* ①② • **le maître a interrogé un élève** учи́тель вы́звал ученика́

maîtresse *nf* **1.** *(celle qui dirige)* хозя́йка • **la maîtresse de maison** хозя́йка до́ма

2. *(institutrice)* учи́тельница • **la maîtresse a interrogé une élève** учи́тельница вы́звала учени́цу 3. *(amante)* любо́вница • **elle devint sa maîtresse** она́ ста́ла его́ любо́вницей
● **une maîtresse femme** бой-ба́ба *fam*

majesté *nf (titre)* вели́чество • **sa majesté** его́ вели́чество

majeur *adj* 1. *(le plus grand, le plus important)* • **en majeure partie** *(plus grande)* бо́льшей ча́стью • **les intérêts majeurs du pays** *(les plus hauts)* вы́сшие интере́сы страны́ • **notre souci majeur** *(le plus important)* на́ша гла́вная забо́та • **un empêchement majeur** *(insurmontable)* непреодоли́мое препя́тствие 2. *(qui a atteint sa majorité)* совершенноле́тний • **un fils majeur** совершенноле́тний сын

majorité *nf* 1. *(le plus grand nombre)* большинство́ • **adopter à une large majorité** приня́ть значи́тельным большинство́м • **la majorité relative** относи́тельное большинство́ • **la majorité absolue** абсолю́тное большинство́ • **une majorité écrasante** подавля́ющее большинство́ 2. *(âge à partir duquel une personne est responsable de ses actes)* совершенноле́тие

majuscule ◪ *adj* прописно́й • **un O majuscule** прописно́е О ◪ *nf* прописна́я бу́ква • **en majuscules** прописны́ми бу́квами › **écris ton nom en majuscules** напиши́ своё и́мя прописны́ми бу́квами

mal *adv* пло́хо *(comp.* ху́же*)* • **je dessine mal** я пло́хо рису́ю • **elle se sent mal** она́ пло́хо себя́ чу́вствует • **de plus en plus mal** всё ху́же и ху́же
● **elle était mal à l'aise** ей бы́ло не по себе́ • **mal à propos** некста́ти • **pas mal a.** *(beaucoup)* нема́ло › **nous avons perdu pas mal de temps** мы потеря́ли нема́ло вре́мени **b.** *(assez bien)* непло́хо, хорошо́ › **comment travaille-t-il ? — pas mal** как он рабо́тает? — непло́хо › **ça va ? — pas mal, merci, et vous ?** ну, как живёте? — спаси́бо, хорошо́, а вы как?

mal *nm* 1. *(catégorie morale)* зло *(зол (seule forme usitée au pl))* • **le mal est fait** зло сде́лано • **faire du mal à ses enfants** причини́ть свои́м де́тям зло • **un mal irréparable** непоправи́мое зло • **de deux maux il faut choisir le moindre** из двух зол на́до вы́брать ме́ньшее 2. *(dégâts)* вред *(pas de pl)* ③ • **la grêle a fait beaucoup de mal** град причини́л мно́го вреда́ 3. *(douleur)* боль *f (pas de pl)* • **des maux de dents** зубна́я боль • **des maux de tête** головна́я боль 4. *(maladie)* боле́знь *f* • **le mal de mer** морска́я боле́знь
● **avoir mal a.** *(sans indication concernant le siège de la douleur)* бо́льно *(+ D)* › **j'avais mal** мне бы́ло бо́льно **b.** *(avec l'indication du siège de la douleur)* боле́ть* [I, боли́т, боля́т] › **il avait mal à la tête** у него́ боле́ла голова́ › **tu as mal aux dents ?** у тебя́ боля́т зу́бы? • **avoir mal au cœur** *(avoir la nausée)* тошни́ть *(+ A)* › **elle a mal au cœur** её тошни́т • **j'ai eu du mal à trouver une place** я с трудо́м нашёл себе́ ме́сто • **ce n'est qu'un demi-mal** э́то ещё полбеды́ • **craindre le mal de mer** не переноси́ть ка́чки • **mes chaussures me font mal** ту́фли жмут • **le mal du pays** тоска́ по ро́дине • **il ne pensait pas à mal** у него́ не́ было дурно́го у́мысла • **rien de mal** ничего́ дурно́го › **il n'y a là rien de mal** в э́том нет ничего́ дурно́го • **se donner du mal** стара́ться / постара́ться

malade ◪ *adj* больно́й ⑤ • **un enfant malade** больно́й ребёнок • **elle est malade** она́ больна́
● **tomber malade** заболева́ть / заболе́ть › **elle est tombée malade** она́ заболе́ла ◪ *nmf* больно́й *(adj subst m)*, больна́я *(adj subst f)* • **il y avait beaucoup de malades** бы́ло мно́го больны́х

maladie *nf* боле́знь *f* • **une maladie contagieuse** зара́зная боле́знь • **une maladie incurable** неизлечи́мая боле́знь • **attraper une maladie** схвати́ть боле́знь

maladif *adj* боле́зненный • **il a un air maladif** у него́ боле́зненный вид

maladresse *nf* нело́вкость *f* • **une maladresse dans les gestes** нело́вкость движе́ний • **commettre une maladresse** сде́лать нело́вкость

maladroit *adj* нело́вкий ⑤ *(нело́вок, неловка́, нело́вко, нело́вки)* • **un mouvement maladroit** нело́вкое движе́ние

maladroitement *adv* нело́вко • **il est tombé maladroitement** он нело́вко упа́л

malaise *nm* 1. *(gêne)* нело́вкость 2. *(problème de santé)* дурнота́
● **elle a eu un malaise** ей сде́лалось ду́рно

malchance *nf (mauvaise chance)* невезе́ние • la malchance le poursuit его́ пресле́дует невезе́ние

mâle *nm* саме́ц

malentendu *nm* недоразуме́ние • par suite d'un malentendu по недоразуме́нию • il y a eu un malentendu случи́лось недоразуме́ние

malgré *prép* **1.** *(opposition d'un événement)* несмотря́ на *(+ A)* • malgré le mauvais temps несмотря́ на плоху́ю пого́ду **2.** *(opposition d'une personne)* • elle s'est mariée malgré ses parents она́ вы́шла за́муж про́тив во́ли роди́телей **3.** *(involontairement)* нево́льно • j'ai reculé malgré moi я нево́льно отступи́л на шаг
● malgré tout **a.** *(coûte que coûte)* во что бы то ни ста́ло › **il faut malgré tout que je réussisse à l'examen** я должна́ сдать экза́мен во что бы то ни ста́ло **b.** *(quand même)* всё же › **il a ses défauts mais c'est malgré tout un brave homme** у него́ свои́ недоста́тки, но всё же он хоро́ший челове́к

malheur *nm (événement fâcheux)* беда́ ②①, несча́стье • un malheur irréparable непоправи́мая беда́ • le malheur est qu'il ne fait rien беда́ в том, что он ничего́ не де́лает • un malheur ne vient jamais seul беда́ не прихо́дит одна́ • pour comble de malheur в доверше́ние всех бед • il lui est arrivé un grand malheur с ней случи́лось большо́е несча́стье
● à quelque chose malheur est bon нет ху́да без добра́ • il a vraiment joué de malheur ему́ стра́шно не повезло́ • malheur à го́ре *(+ D)* › **malheur aux vaincus** го́ре побеждённым • par malheur к несча́стью

malheureusement *adv* к сожале́нию • malheureusement, je ne peux pas vous aider к сожале́нию я не могу́ вам помо́чь

malheureux *adj* несча́стный • un homme malheureux несча́стный челове́к • un amour malheureux несча́стная любо́вь

malhonnête *adj* нече́стный ⑤ *(*нече́стен, нечестна́, нече́стно, нече́стны*)* • un homme malhonnête нече́стный челове́к

maligne → malin

malin *adj (rusé)* хи́трый *(*хитёр, хитра́, хитро́, хитры́*)* • avec un sourire malin с хи́трой улы́бкой
● pas malin **a.** *(peu intelligent)* неу́мный *(*неумён, неумна́, неумно́, неумны́*)* › **ce n'est pas malin de sa part** э́то неу́мно с его́ стороны́ **b.** *(pas difficile)* нетру́дный ⑤ *(*нетру́ден, нетрудна́, нетру́дно, нетру́дны*)* › **ce n'est pas malin ; un enfant de trois ans saurait le faire** э́то нетру́дно; трёхле́тний ребёнок суме́л бы э́то сде́лать • tumeur maligne злока́чественная о́пухоль

malle *nf* сунду́к ③②

malpropre *adj* нечистопло́тный ⑤ *(*нечистопло́тен, нечистопло́тна, нечистопло́тно, нечистопло́тны*)*

malsain *adj* нездоро́вый • un climat malsain нездоро́вый кли́мат ~ *fig* • une atmosphère malsaine нездоро́вая обстано́вка

malveillant *adj* недоброжела́тельный • des personnes malveillantes недоброжела́тельные лю́ди • un acte malveillant злоумы́шленное де́йствие

maman *nf* ма́ма

mammifère *nm* млекопита́ющее *(adj subst nt) (bien qu'il s'agisse d'un être animé, l'accusatif singulier est semblable au nominatif ; par contre, l'accusatif pluriel est semblable au génitif)*

mammouth *nm* ма́монт

manche[1] *nm* **1.** рукоя́тка *(d'une arme, d'un instrument)*, ру́чка *(d'un instrument, d'un objet)* • le manche du poignard рукоя́тка кинжа́ла • le manche du marteau рукоя́тка мо́лота, ру́чка мо́лота • le manche de la casserole ру́чка кастрю́ли **2.** *(d'un instrument de musique)* гриф • le manche de la guitare гриф гита́ры
● jeter le manche après la cognée махну́ть на всё руко́й

manche[2] *nf* **1.** *(partie d'un vêtement)* рука́в* *(nom. pl.* рукава́*)* ③② • les manches sont trop longues рукава́ длинны́ **2.** *(au jeu)* тур • gagner la première manche вы́играть пе́рвый тур
● c'est une autre paire de manches э́то совсе́м друго́е де́ло • en manches de chemise без пиджака́

Manche[3]
● la Manche *(détroit)* Ла-Ма́нш › **traverser la Manche** пересе́чь Ла-Ма́нш

mandarine *nf* мандари́н

mandat *nm (postal)* перево́д • un mandat de mille euros перево́д на ты́сячу е́вро • un mandat télégraphique телегра́фный перево́д

manège *nm* **1.** *(de chevaux de bois)* карусе́ль *f* • faire un tour de manège крути́ться на карусе́ли **2.** *(où l'on pratique l'équitation)* мане́ж

manette *nf* ручка управления • une manette de jeux джо́йстик игрово́й приста́вки
● à fond les manettes *fam* вовсю́

manger *v* есть* [*n cl*, ем, ешь, ест, еди́м, еди́те, едя́т - ел, е́ла - ешь, е́шьте] / съесть* [*n cl, id*] пое́сть [*n cl, id*] *(+ G)* • manger avec appétit есть с аппети́том • il a déjà mangé deux pommes он уже́ съел два я́блока • mangez donc, je vous en prie е́шьте, пожа́луйста • vous avez déjà mangé ? вы уже́ пое́ли?
● il est bête à manger du foin он глуп как про́бка

mangue *nf* ма́нго

manie *nf* **1.** *(habitude bizarre ou désagréable)* причу́да, стра́нность *f* • il a la manie de laisser toutes les lumières allumées у него́ така́я причу́да оставля́ть свет включённым • on a tous nos petites manies у нас у всех есть свои́ ма́ленькие стра́нности **2.** *(maladie)* ма́ния

manière ◪ *nf* **1.** о́браз • de quelle manière ? каки́м о́бразом? • de la manière suivante сле́дующим о́бразом • de la manière la plus étonnante са́мым удиви́тельным о́бразом • d'une manière inattendue неожи́данно • se conduire d'une manière irréprochable вести́ себя́ безупре́чно **2.** *(régissant un infinitif)* мане́ра • elle a une manière étrange de réciter les vers у неё стра́нная мане́ра чита́ть стихи́ ◪ *nfpl* мане́ры *pl t (*мане́р, мане́рам*)* • de mauvaises manières дурны́е мане́ры • des manières vulgaires вульга́рные мане́ры
● à ma manière. по-сво́ему › **il a résolu cette question à sa manière** он по-сво́ему реши́л э́тот вопро́с • de manière à что́бы › **j'ai tout fait de manière à lui simplifier la tâche** я сде́лал всё, что́бы облегчи́ть ему́ рабо́ту • de telle manière que так, что › **tout s'est fait de telle manière que personne ne s'en est aperçu** всё сде́лалось так, что никто́ ничего́ не заме́тил • d'une manière ou d'une autre так или ина́че • faire des manières лома́ться, мане́рничать

manifestant *nm* демонстра́нт

manifestante *nf* демонстра́нтка

manifestation *nf (rassemblement)* демонстра́ция • le préfet a interdit la manifestation префе́кт запрети́л демонстра́цию

manifester ◪ *vi* демонстри́ровать / продемонстри́ровать • les étudiants manifestent contre l'augmentation des droits d'inscriptions студе́нты де́лают демонстра́цию про́тив повыше́ния вступи́тельной пла́ты ◪ *vt* проявля́ть / прояви́ть • manifester son mécontentement прояви́ть своё недово́льство

manivelle *nf* рукоя́тка • tourner la manivelle верте́ть рукоя́тку

mannequin *nmf* **1.** *(dans un magasin)* манеке́н **2.** *(personne)* манеке́нщик *m*, манеке́нщица *f*

manœuvre[1] *nf* **1.** *(militaire)* манёвр • une manœuvre de contournement обходно́й манёвр **2.** *(machination)* махина́ция

manœuvre[2] *nm* разнорабо́чий *(adj subst m)*

manque *nm* недоста́ток • le manque de main-d'œuvre недоста́ток рабо́чей си́лы • le manque d'argent недоста́ток де́нег
● le manque de goût безвку́сица • le manque de respect неуваже́ние › **le manque de respect à l'égard de la hiérarchie** неуваже́ние к нача́льству • le manque de sommeil недосыпа́ние

manquer *v* **1.** *(faire défaut ; ne pas avoir de)* не хвата́ть (хвата́ть / хвати́ть ④) • je manquais d'audace у меня́ не хвата́ло сме́лости • le temps manquait вре́мени не хвата́ло • elle ne manquera pas d'argent де́нег у неё хва́тит • il manque quelque chose чего́-то не хвата́ет • il ne manquait plus que ça ! э́того то́лько не хвата́ло! **2.** *(être absent)* не быть, пропуска́ть / пропусти́ть ④ *(laisser passer)*, не идти́ (идти́* [IV, иду́, идёшь - шёл, шла] / пойти́* [IV, пойду́, пойдёшь - пошёл, пошла́] ④ ; *indét.* ходи́ть) *(ne pas y aller)* • il manque deux élèves двух ученико́в нет • j'ai manqué quelques cours я пропусти́л не́с-

колько ле́кций • **Jean-Paul a manqué l'école pendant trois semaines** Жан-Поль три неде́ли не ходи́л в шко́лу • **tu as manqué la réunion d'hier soir ?** ты не ходи́л на собра́ние вчера́ ве́чером? **3.** *(arriver trop tard)* опа́здывать / опозда́ть (на + *A*) • **elle a manqué son train** она́ опозда́ла на по́езд • **j'ai peur de manquer l'avion** бою́сь опозда́ть на самолёт **4.** *(être sur le point de)* чуть не (+ *indic*) • **elle a manqué se noyer** она́ чуть не утону́ла **5.** *(ne pas atteindre)* не попада́ть (попада́ть / попа́сть* [IV, попаду́, попадёшь - попа́л, попа́ла]) • **manquer le but** не попада́ть в цель • **ne pas manquer le but** попа́сть в цель
● **manquer son coup** прома́хиваться / промахну́ться › **il a tiré, mais il a manqué son coup** он вы́стрелил, но промахну́лся • **manquer à son devoir** не исполня́ть своего́ до́лга (исполня́ть / испо́лнить) • **manquer l'occasion** упусти́ть слу́чай (упуска́ть / упусти́ть ④) • **manquer à sa parole** не сдержа́ть сло́ва (сде́рживать / сдержа́ть* [I, сдержу́, сде́ржишь] ④)

manteau *nm* пальто́* *nt indécl*, шине́ль *f*

manuel *adj* ручно́й • **assemblage manuel** ручна́я сбо́рка
● **travail manuel** ручна́я рабо́та
■ **manuel** *nm* учё́бник • **un manuel de russe** учё́бник ру́сского языка́

manuscrit *adj* рукопи́сный • **un texte manuscrit** рукопи́сный текст
■ **manuscrit** *nm* ру́копись *f* • **des manuscrits anciens** дре́вние ру́кописи

maquereau *nm (poisson)* макре́ль *f*
● **groseille à maquereau** крыжо́вник *(pas de pl)*

maquette *nf* маке́т, моде́ль *f* • **la maquette d'un yacht** моде́ль я́хты

maquiller *v* **1.** *(farder)* кра́сить / накра́сить, де́лать / сде́лать макия́ж • **elle a maquillé une amie pour son mariage** она́ сде́лала макия́ж подру́ге к её сва́дьбе **2.** *(cacher)* маскирова́ть / замаскирова́ть • **maquiller un crime en accident** замаскирова́ть преступле́ние под несча́стный слу́чай
■ **se maquiller** *vp* кра́ситься / накра́ситься

marais *nm* боло́то • **assécher un marais** осуши́ть боло́то
● **des marais salants** соляны́е разрабо́тки

marathon *nm* марафо́н • **Nicolas s'entraîne à courir le marathon** Никола́ тренеру́ется, что́бы бежа́ть марафо́н

marbre *nm* мра́мор • **un monument en marbre blanc** па́мятник из бе́лого мра́мора
● **de marbre, en marbre** мра́морный › **une statue en marbre** мра́морная ста́туя

marchand *adj* торго́вый • **une galerie marchande** торго́вая галере́я • **un navire marchand** торго́вое су́дно
■ **marchand** *nm* торго́вец *(+ I)* • **un marchand de fruits** торго́вец фру́ктами • **un marchand en gros** опто́вый торго́вец

marchande *nf* торго́вка *(+ I)* • **une marchande de fruits** торго́вка фру́ктами • **une marchande de fleurs** цвето́чница

marchander *v* торгова́ться / поторгова́ться • **marchander pour obtenir une réduction** торгова́ться, что́бы получи́ть ски́дку

marchandise *nf* това́р • **des marchandises de qualité supérieure** высокока́чественные това́ры

marche *nm* **1.** *(le fait de marcher)* ходьба́ • **la marche m'a fatiguée** я уста́ла от ходьбы́ • **à dix minutes de marche** в десяти́ мину́тах ходьбы́ **2.** *(d'escalier)* ступе́нька • **descendre les marches** спусти́ться по ступе́нькам **3.** (MUS) марш • **une marche funèbre** тра́урный марш **4.** *(mouvement de troupes)* марш • **à marche forcée** форси́рованным ма́ршем
● **en avant, marche !** ша́гом, марш! • **en pleine marche** на по́лном ходу́ › **sauter du train en pleine marche** спры́гнуть с по́езда на по́лном ходу́ • **faire marche arrière** дать за́дний ход • **mettre en marche** запуска́ть / запусти́ть ④ › **mettre le moteur en marche** запусти́ть мото́р • **se mettre en marche** дви́нуться в путь • **en état de marche** в рабо́чем состоя́нии › **à vendre téléviseur noir et blanc en état de marche** продаётся чё́рно-бе́лый телеви́зор в рабо́чем состоя́нии

marché *nm* ры́нок • **un marché couvert** кры́тый ры́нок • **elle est allée faire son marché** она́ пошла́ на ры́нок • **le marché noir** чё́рный ры́нок • **le marché intérieur** вну́тренний ры́нок • **le Marché commun** о́бщий ры́нок

• (à) bon marché **a.** *(en fonction d'adjectif)* дешёвый ⑤ (дёшев, дешева́, дёшево, дёшевы ~ *comp.* деше́вле*) › **une édition bon marché** дешёвое изда́ние › **les pommes sont meilleur marché maintenant** я́блоки ста́ли деше́вле › **des plaisanteries à bon marché** дешёвые шу́точки **b.** *(en fonction d'adverbe)* дёшево (*comp.* деше́вле*) › **elle a eu cette commode à bon marché** она́ дёшево заплати́ла за э́тот комо́д › **il en a été quitte à bon marché** он дёшево отде́лался • de marché ры́ночный › **un jour de marché** ры́ночный день • le marché aux puces толку́чка › **j'ai acheté ça au marché aux puces** я э́то купи́л на толку́чке • par-dessus le marché сверх того́

marcher *v* **1.** *(aller à pied, circuler)* идти́* [IV, иду́, идёшь - шёл, шла] / пойти́* [IV, *id*] ; *indét.* ходи́ть ④ • marcher lentement идти́ ме́дленно • marcher sur la pointe des pieds ходи́ть на цы́почках • les autobus marchent jusqu'à minuit авто́бусы хо́дят до полу́ночи **2.** *(en parlant d'une machine, d'un moteur)* рабо́тать, де́йствовать *littéraire* • l'ascenseur ne marche pas лифт не рабо́тает • le moteur marche bien мото́р рабо́тает хорошо́ ~ *(en parlant d'une montre, des affaires)* идти́* [IV, иду́, идёшь - шёл, шла] / пойти́* [IV, *id*] ; *indét.* ходи́ть ④ • faire marcher un appareil привести́ аппара́т в де́йствие (приводи́ть ④ / привести́* [IV, приведу́, приведёшь - привёл, привела́] ③) › **il est arrivé à faire marcher la pompe** ему́ удало́сь привести́ насо́с в де́йствие • faire marcher *(par plaisanterie)* разы́грывать / разыгра́ть › **ne l'écoute pas, il te fait marcher** не слу́шай его́, он тебя́ разы́грывает • marcher à pas de loup кра́сться* [IV, краду́сь, крадёшься - кра́лся, кра́лась] • marcher à quatre pattes ползти́ на четвере́ньках (ползти́* [IV, ползу́, ползёшь - полз, ползла́ ③] / поползти́* [IV, *id*] ; *indét.* по́лзать) • marcher sur les pieds de qqn *litt* наступи́ть кому́-нибудь на́ ноги (наступа́ть / наступи́ть ④) › **il m'a marché sur le pied** он наступи́л мне на́ ногу • ne pas se laisser marcher sur les pieds *fig* не дать себя́ в оби́ду • marcher à reculons пя́титься / попя́титься › **il a marché à reculons jusqu'à la porte** он попя́тился к две́ри • ne pas marcher *(ne pas être d'accord)* не быть согла́сным › **ah non ! je ne marche pas !** ах нет! Я не согла́сен

mardi *nm* вто́рник • je l'ai vu mardi я его́ ви́дел во вто́рник • il vient nous voir le mardi он к нам захо́дит по вто́рникам

mare *nf* лу́жа

marécage *nm* боло́то

marécageux *adj* боло́тистый • une région marécageuse боло́тистая ме́стность

marée *nf (mouvement de la mer)* прили́во-отли́вные явле́ния, прили́в и отли́в • l'horaire des marées часы́ прили́ва и отли́ва • la marée descendante отли́в • la marée montante прили́в

marge *nf (d'une page)* по́ле ①② • des notes dans les marges заме́тки на поля́х

marguerite *nf* маргари́тка

mari *nm* муж* (*pl.* мужья́, муже́й, мужья́м) ①② • son mari est ingénieur её муж — инжене́р

mariage *nm* **1.** *(union légale)* брак • un mariage d'amour брак по любви́ • un mariage d'argent брак по расчёту **2.** *(noce)* сва́дьба • inviter des amis à son mariage пригласи́ть друзе́й на сва́дьбу • une demande en mariage предложе́ние • demander une jeune femme en mariage сде́лать де́вушке предложе́ние

marié *adj* **1.** *(en parlant d'un homme)* жена́тый • il est marié ? он жена́т? • il est marié avec une infirmière он жена́т на медсестре́ **2.** *(en parlant d'une femme)* заму́жняя *(épithète)*, за́мужем *(attribut)* • une femme mariée заму́жняя же́нщина • elle est mariée à un médecin она́ за́мужем за врачо́м

marier *v* **1.** *(unir par le mariage)* жени́ть ④ / жени́ть ④, пожени́ть ④ *fam* • sa tante avait décidé de les marier её тётя реши́ла их жени́ть **2.** *(donner une fille en mariage)* вы́дать за́муж (за + *A*) (выдава́ть* [II, выдаю́, выдаёшь - выдава́й - выдава́я] / вы́дать* [*n cl*, вы́дам, вы́дашь, вы́даст, вы́дадим, вы́дадите, вы́дадут - вы́дай]) • il a marié sa fille à un ingénieur он вы́дал до́чку за инжене́ра

■ **se marier** *vp* **1.** *(en parlant d'une femme)* вы́йти за́муж (за + *A*) (выходи́ть ④ / вы́йти* [IV, вы́йду, вы́йдешь - вы́шел, вы́шла - вы́йдя]) • elle s'est mariée avec un ingénieur она́ вы́шла за́муж за инженéра **2.** *(en parlant d'un homme)* жени́ться ④ / жени́ться ④ (на +*L*) • il s'est marié avec une jeune étudiante он жени́лся на молодо́й студе́нтке **3.** *(en parlant d'un couple)* жени́ться ④ / жени́ться ④, пожени́ться ④ *fam* • ils se sont mariés il n'y a pas longtemps они́ неда́вно пожени́лись

marin *adj* морско́й • l'air marin морско́й во́здух
■ marin *nm* моря́к ③②

marine *nf* флот • la marine marchande торго́вый флот • la marine de guerre вое́нный флот

marionnette *nf* марионе́тка
● théâtre de marionnettes ку́кольный теа́тр

maritime *adj* морско́й • un climat maritime морско́й кли́мат • le droit maritime морско́е пра́во

mark *nm* ма́рка

marmite *nf* котело́к • mettre la marmite sur le feu поста́вить на ого́нь котело́к

Maroc *nm* Маро́кко* *nt indécl*

marque *nf* **1.** *(d'une entreprise commerciale)* ма́рка • les meilleures marques de laine лу́чшие ма́рки ше́рсти **2.** *(signe servant à reconnaître une chose)* ме́тка • une marque sur du linge ме́тка на белье́ • faire des marques sur les arbres поста́вить ме́тки на дере́вьях ~ ма́рка *(estampille)* • une marque de fabrique фабри́чная ма́рка **3.** *(trace)* отпеча́ток, след* *(loc.* следу́*)* ⑧② • des marques de doigts sur le verre отпеча́тки па́льцев на стака́не • la marque d'une blessure след от ра́ны **4.** *(témoignage)* проявле́ние • des marques de tendresse проявле́ние не́жности
● de marque **a.** *(en parlant d'une marchandise)* ма́рочный › **un vin de marque** ма́рочное вино́ **b.** *(en parlant d'une personne)* почётный › **un hôte de marque** почётный гость

marquer *v* **1.** *(mettre un signe)* отмеча́ть / отме́тить • marquer d'une croix отме́тить кре́стиком **2.** *(laisser une trace)* оста́вить след (оставля́ть / оста́вить)
● marquer un but заби́ть гол (забива́ть / заби́ть* [II, забью́, забьёшь - забе́й - заби́тый]) • marquer une page заложи́ть страни́цу (закла́дывать / заложи́ть ④)

marqueur *nm* ма́ркер (для выделе́ния те́кста) • un marqueur fluo ма́ркер

marraine *nf* крёстная мать, мать* *(gén., dat., loc., instr.* ма́терью *; pl.* ма́тери, матере́й, матеря́м*)* ①③ *f*

marrant *fam adj* прико́льный, заба́вный • j'ai fait la connaissance d'un type très marrant я познако́мился с заба́вным ти́пом

marre *adv*
● j'en ai marre de tout ça мне надое́ла вся э́та му́зыка › **tu n'en as pas marre de faire des trajets tous les jours ?** тебе́ не надое́ло так мота́ться ка́ждый день?

marrer
■ se marrer *vp* весели́ться / повесели́ться • on s'est bien marré à la soirée de Frédérique мы здо́рово повесели́лись на вечери́нке у Фредери́ки

marron[1] *adj* кашта́новый, ка́рий *(en parlant des yeux)* • un pelage marron кашта́новая масть • des yeux marron ка́рие глаза́

marron[2] *nm* **1.** *(châtaigne)* кашта́н • des marrons glacés заса́харенные кашта́ны **2.** *(fruit du marronnier d'Inde)* ко́нский кашта́н

marronnier *nm* кашта́н • un marronnier d'Inde ко́нский кашта́н

mars *nm* март • au mois de mars в ма́рте • c'était le 17 mars э́то бы́ло 17-го ма́рта

Marseillaise *nf* Марселье́за

Marseille *nf* Марсе́ль *m*

marteau *nm* молото́к, мо́лот *(de grande taille)* • un marteau de cordonnier сапо́жный молото́к • un marteau piqueur отбо́йный молото́к • un marteau-pilon à vapeur парово́й мо́лот • la faucille et le marteau серп и мо́лот • être entre le marteau et l'enclume находи́ться ме́жду мо́лотом и накова́льней

martien *nm* марсиа́нин* *(pl.* марсиа́не, марсиа́н, марсиа́нам*)*

martienne *nf* марсиа́нка

martyr *nm* му́ченик • les martyrs chrétiens христиа́нские му́ченики • un martyr de la science му́ченик нау́ки

marxisme *nm* маркси́зм

masculin *adj* 1. *(de genre masculin)* мужско́го ро́да • **un substantif masculin** существи́тельное мужско́го ро́да 2. *(relatif à l'homme)* мужско́й • **le sexe masculin** мужско́й пол
■ **masculin** *nm (genre)* мужско́й род

masque *nm* ма́ска • **un masque de carnaval** карнава́льная ма́ска
● **un masque à gaz** противога́з

massage *nm* масса́ж • **faire des massages** де́лать масса́ж

masse *nf* ма́сса • **une masse de gens** ма́сса наро́ду • **une masse d'eau** ма́сса воды́ • **la masse sombre du navire** тёмная ма́сса корабля́
● **de masse** ма́ссовый › **un mouvement de masse** ма́ссовое движе́ние

massif[1] *adj* 1. *(lourd, épais)* масси́вный • **des meubles massifs** масси́вная ме́бель 2. *(concernant une multitude)* ма́ссовый • **des arrestations massives** ма́ссовые аре́сты

massif[2] *nm (massif montagneux)* масси́в • **le Massif central** Центра́льный масси́в

mat[1] *adj* ма́товый • **un teint mat** ма́товый цвет лица́

mat[2] *nm* мат • **échec et mat** шах и мат

mât *nm (de navire)* ма́чта • **un drapeau flottait au mât** на ма́чте развева́лся флаг

match *nm* матч • **un match de football** футбо́льный матч

matelas *nm* матра́с • **un matelas en mousse** пенополиэтиле́новый матра́с

matelot *nm* матро́с

matérialisme *nm* материали́зм

matériau *nm* материа́л • **des matériaux de construction** строи́тельные материа́лы • **des matériaux pour un exposé** материа́лы для докла́да

matériel[1] *adj* материа́льный • **une aide matérielle** материа́льная по́мощь

matériel[2] *nm* 1. обору́дование *(équipement)* • **acheter du matériel nouveau** приобрести́ но́вое обору́дование 2. инвента́рь *m (dont on dispose)* ③ • **du matériel sportif** спорти́вный инвента́рь • **le matériel agricole** сельскохозя́йственный инвента́рь
● **le matériel militaire** вое́нная те́хника

maternel *adj (propre à une mère)* матери́нский • **l'amour maternel** матери́нская любо́вь
● **l'école maternelle** де́тский сад • **la langue maternelle** родно́й язы́к

mathématique *adj* математи́ческий • **une précision mathématique** математи́ческая то́чность
■ **mathématiques** *nfpl* матема́тика • **les mathématiques appliquées** прикладна́я матема́тика

maths *fam nfpl* матема́тика • **j'ai eu une mauvaise note en maths** я получи́л плоху́ю отме́тку по матема́тике

matière *nf* 1. *(objet d'études scolaires)* предме́т • **il est fort dans toutes les matières** он си́лен во всех предме́тах 2. (PHYS) мате́рия • **la structure de la matière** строе́ние мате́рии 3. *(substance)* вещество́ • **une matière explosive** взры́вчатое вещество́
● **la matière plastique** пластма́сса › **des assiettes en matière plastique** таре́лки из пластма́ссы • **les matières premières** сырьё › **des matières premières pour l'industrie** сырьё для промы́шленности • **table des matières** оглавле́ние

matin *nm* 1. *(moment de la journée)* у́тро *(l'accent passe sur la syllabe finale après l'indication de l'heure et dans les groupes* с утра́, до утра́, к утру́, по утра́м *ainsi que* с са́мого утра́, до са́мого утра́*...)* • **un matin de printemps** весе́ннее у́тро • **à sept heures du matin** в семь часо́в утра́ • **à plus de huit heures du matin** в девя́том часу́ утра́ • **du matin au soir** с утра́ до ве́чера • **vers le matin** к утру́ • **jusqu'au matin** до са́мого утра́ • **le matin, il faisait déjà frais** по утра́м бы́ло уже́ прохла́дно 2. *(pendant la matinée)* у́тром *(adv)* • **le matin, nous avons quatre heures de cours** у́тром у нас четы́ре уро́ка • **je l'ai vu ce matin** я его́ ви́дел сего́дня у́тром • **demain matin** за́втра у́тром • **il arrive samedi matin** он приезжа́ет в суббо́ту у́тром • **le 10 au matin** 10-го у́тром
● **de bon matin** ра́но у́тром • **du matin** *(qui se fait le matin, qui concerne le matin)* у́тренний › **les journaux du matin** у́тренние газе́ты › **la fraîcheur du matin** у́тренняя све́жесть • **le lendemain matin** на сле́дующее у́тро

Voir encadré page suivante.

À PROPOS DE...

C'est à l'aide du mot **ночь**, « la nuit », que l'on exprime les groupes « une heure du matin », « deux heures du matin » et « trois heures du matin » : ***trois heures du matin***, три часа́ но́чи, mais ***quatre heures du matin***, четы́ре часа́ утра́.

matinée *nf* у́тро • j'y ai passé toute la matinée я провёл там всё у́тро • une matinée pluvieuse дождли́вое у́тро
● dans la matinée, pendant la matinée у́тром

maudire *v* проклина́ть / прокля́сть* [IV, прокляну́, проклянёшь - про́клял, прокляла́, про́кляло, про́кляли ⑤ - про́клятый, про́клят, проклята́, про́клято, про́кляты ⑤] • maudire son sort проклина́ть свою́ судьбу́ • qu'il soit maudit ! будь он про́клят!

À PROPOS DE...

Dans l'expression ***qu'elle soit maudite !*** **будь она́ про́клята!**, l'accent frappe la première syllabe du participe.

mausolée *nm* мавзоле́й *m* • le mausolée de Lénine мавзоле́й Ле́нина

mauvais *adj* **1.** плохо́й ⑤ *(comp.* ху́же* *~ superl.* наиху́дший*), дурно́й ⑤ • le mauvais temps плоха́я пого́да • une mauvaise réputation плоха́я репута́ция • de mauvaises habitudes плохи́е привы́чки • dans les conditions les plus mauvaises в наиху́дших усло́виях **2.** *(nuisible)* вре́дный ⑤ • c'est mauvais pour la santé э́то вре́дно для здоро́вья
● au mauvais moment некста́ти › **il est vraiment arrivé au mauvais moment** он пришёл во́все некста́ти • une mauvaise langue злой язы́к
■ mauvais *adv*
● il fait mauvais пого́да плоха́я • sentir mauvais пло́хо па́хнуть • de mauvaises nouvelles плохи́е но́вости

maximum *nm* ма́ксимум

mayonnaise *nf* майоне́з • du poisson à la mayonnaise ры́ба под майоне́зом

mazout *nm* мазу́т

me ◪ *pron pers* → je ◪ *pron pers réfl* → se

mécanicien *nm* **1.** *(spécialiste de mécanique)* меха́ник • un ingénieur mécanicien инжене́р-меха́ник • un mécanicien examinait le moteur меха́ник осма́тривал мото́р **2.** *(agent de conduite)* машини́ст • le mécanicien a arrêté le train машини́ст останови́л по́езд

mécanique *adj* **1.** *(qui relève du fonctionnement d'une machine)* механи́ческий • des ennuis mécaniques механи́ческие неиспра́вности **2.** *(qui se remonte)* заводно́й • un jouet mécanique заводна́я игру́шка
● escalier mécanique эскала́тор › **monter par l'escalier mécanique** поднима́ться по эскала́тору

mécanisme *nm* механи́зм • le mécanisme d'une serrure механи́зм замка́

méchamment *adv* зло • il riait méchamment de ma mésaventure он зло смея́лся над мои́м несча́стьем

méchanceté *nf* зло́сть *f*, зло́ба, зло́бность

méchant *adj* злой *(superl.* зле́йший*)* • attention, chien méchant ! осторо́жно, зла́я соба́ка!

mécontent *adj* недово́льный *(+ I)* • je suis très mécontent de votre travail я о́чень недово́лен ва́шей рабо́той

mécontentement *nm* недово́льство • provoquer le mécontentement général вы́звать всео́бщее недово́льство

médaille *nf* меда́ль *f* • une médaille en or золота́я меда́ль • l'envers de la médaille оборо́тная сторона́ меда́ли

médecin *nm* врач ③② • faire venir le médecin вы́звать врача́

médecine *nf* медици́на • docteur en médecine до́ктор медици́ны
● un étudiant en médecine студе́нт-ме́дик • la faculté de médecine медици́нский факульте́т

médical *adj* враче́бный • une visite médicale враче́бный осмо́тр • un contrôle médical враче́бный контро́ль

médicament *nm* лека́рство • prendre un médicament принима́ть лека́рство • prescrire un médicament прописа́ть лека́рство

médiocre *adj* посре́дственный • des capacités médiocres посре́дственные спосо́бности • des résultats scolaires médiocres посре́дственные результа́ты в шко́ле

méditation *nf* размышле́ние, медита́ция • se plonger dans la méditation предава́ться размышле́ниям

méditer *v* размышля́ть, медити́ровать • méditer sur son passé размышля́ть о своём про́шлом

Méditerranée *nf* Средизе́мное мо́ре

méditerranéen *adj* средиземномо́рский • un climat méditerranéen средиземномо́рский кли́мат

méfiance *nf* недове́рчивость *f*, недове́рие *m* • regarder un visiteur avec méfiance смотре́ть на посети́теля с недове́рием

méfiant *adj* недове́рчивый • c'est un homme méfiant он челове́к недове́рчивый • un regard méfiant недове́рчивый взгляд

méfier
■ se méfier *vp* **1.** *(ne pas croire)* не доверя́ть *(+ D)* • je me méfie de lui я ему́ не доверя́ю **2.** *(prendre des précautions)* остерега́ться / остере́чься* [IV, остерегу́сь, остережёшься, остерегу́тся - остерёгся, остерегла́сь] ③ *(+ G)* • méfie-toi des voleurs остерега́йся воро́в

mégarde
■ par mégarde *loc adv* неча́янно • il lui a marché sur les pieds par mégarde он неча́янно наступи́л ему́ на́ ногу

mégot *nm* оку́рок • jeter un mégot par terre бро́сить оку́рок на́ пол

meilleur *compar*
1. QUI A PLUS DE QUALITÉS = **лу́чший** *(épithète)*, **лу́чше** *(attribut)*
• des marchandises de meilleure qualité това́ры лу́чшего ка́чества
• ceux-ci sont bien meilleurs э́ти гора́здо лу́чше
2. PLUS AGRÉABLE AU GOÛT = **бо́лее вку́сный** *(épithète)*, **вкусне́е** *(attribut)*
• une soupe encore meilleure ещё бо́лее вку́сный суп
• ce gâteau est encore meilleur э́тот торт ещё вкусне́е
● il fait meilleur пого́да ста́ла лу́чше
• meilleur marché дешёвле › les pommes sont meilleur marché maintenant я́блоки ста́ли дешёвле

le meilleur *superl*
1. QUI A LES PLUS GRANDES QUALITÉS = **лу́чший, са́мый лу́чший**
• c'est la meilleure élève de la classe э́то са́мая лу́чшая учени́ца в э́том кла́ссе
• c'est l'un des meilleurs э́то оди́н из лу́чших
2. QUI A LA PLUS GRANDE BONTÉ = **са́мый до́брый, добре́йший**
• c'est le meilleur des hommes добре́йший челове́к
3. LE PLUS AGRÉABLE AU GOÛT = **са́мый вку́сный**
• c'est ce qu'il y a de meilleur э́то са́мое вку́сное

mélancolique *adj* меланхоли́ческий • prendre un air mélancolique приня́ть меланхоли́ческий вид

mélange *nm* смесь *f* • un mélange détonant *litt* взры́вчатая смесь
● un bonheur sans mélange безо́блачное сча́стье

mélanger *v* сме́шивать / смеша́ть • mélanger les couleurs смеша́ть кра́ски • qui a mélangé tous mes papiers ? кто смеша́л все мои́ бума́ги?

mêler *v* **1.** *(gén)* сме́шивать / смеша́ть • mêler du vin et de l'eau смеша́ть вино́ с водо́й • mêler les cartes смеша́ть ка́рты **2.** *(impliquer)* вме́шивать / вмеша́ть • je ne veux pas le mêler à cette affaire не хочу́ вме́шивать его́ в э́ту исто́рию
■ se mêler *vp* **1.** *(s'immiscer)* вме́шиваться / вмеша́ться *(в + A)*, сова́ться / су́нуться *(в + A)* *fam* • il se mêle de tout он во всё вме́шивается • ne te mêle pas de ce qui ne te regarde pas ! не су́йся не в своё де́ло **2.** *(se joindre à)* присоединя́ться / присоедини́ться *(к + D)* • il s'est mêlé aux manifestants он присоедини́лся к демонстра́нтам

mélodie *nf* мело́дия • une mélodie espagnole испа́нская мело́дия

melon *nm* ды́ня

membre *nm* *(d'un groupe)* член • un membre de la famille член семьи́ • membre correspondant de l'Académie des sciences член-корреспонде́нт Акаде́мии нау́к
■ membres *nmpl* *(bras ou jambes)* чле́ны *pl* (чле́нов, чле́нам), коне́чности *pl* (коне́чностей, коне́чностям) *littéraire* • des membres souples ги́бкие чле́ны • les membres supérieurs ве́рхние коне́чности

même ◾ *adj* **1.** *(identité)* тот же (сáмый), оди́н (и тот же) • **dans la même ville, il y a eu un festival cette année** в э́том годý фестивáль проходи́л в том же гóроде • **il est arrivé le même jour que nous** он приéхал в тот же день, что и мы • **ce sont les mêmes livres** э́то те же сáмые кни́ги • **nous habitons la même maison** мы живём в однóм дóме **2.** *(similitude)* такóй же • **de la même sorte** такóго же рóда • **de la même taille que vous** такóго же рóста, как и вы • **de la même manière** таки́м же óбразом **3.** *(renforcement)* сам *(si le pronon désigne des personnes ou des choses personnifiées)*, сáмый *(dans les autres cas)* • **il a fait ça lui-même** он сам э́то сдéлал • **elle est la bonté même** онá самá добротá • **dans la maison même** в самóм дóме ~ **mon chien lui-même n'en a pas voulu** дáже моя́ собáка отказáлась есть ◾ *adj subst* **ce sont les mêmes** э́то те же сáмые • **il est toujours le même** он всё такóй же ◾ *adv* **1.** *(renforçant un nom ou un pronom)* дáже • **tous, même les enfants** все, дáже дéти • **même dans sa vieillesse, il a continué à travailler** дáже в стáрости он всё ещё рабóтал **2.** *(renforçant un adverbe de temps ou de lieu)* же • **ici même** здесь же • **elle arrive aujourd'hui même** онá приéдет сегóдня же
● **à même** пря́мо на *(+L)* › **être couché à même le plancher** лежáть пря́мо на полý • **de même que** так же, как • **la même chose** однó и то же › **il répète tout le temps la même chose** он всё повторя́ет однó и то же • **quand même, tout de même** всё-таки, всё же › **ils n'ont tout de même pas accepté** они́ всё-таки не согласи́лись

mémoire *nf* пáмять *f* • **il a une bonne mémoire** у негó хорóшая пáмять • **si j'ai bonne mémoire** éсли пáмять мне не изменя́ет • **donner un numéro de téléphone de mémoire** дать нóмер телефóна по пáмяти • **à la mémoire de Pasteur** в пáмять Пастéра

mémoires *nmpl* мемуáры *pl t* (мемуáров, мемуáрам)

mémorable *adj* пáмятный • **une journée mémorable** пáмятный день

menace *nf* угрóза • **une menace de guerre** угрóза войны́ • **de vaines menaces** пусты́е угрóзы

menacer *v* грози́ть *(+ D)*, угрожáть *(+ D)* • **il nous menaçait** он нам грози́л • **un grand danger la menace** ей угрожáет большáя опáсность • **menacer son interlocuteur du poing** грози́ть собесéднику кулакóм • **la maison menaçait de s'écrouler** дом грози́л развали́ться

ménage *nm* *(couple)* пáра *dim.* пáрочка • **un jeune ménage** молодáя пáра • **se mettre en ménage** жени́ться, жить вмéсте › **Vincent et Clothilde se sont mis en ménage** Венсáн и Клоти́льда стáли жить вмéсте
● **faire bon ménage** жить в соглáсии • **faire mauvais ménage** всё ссóриться • **faire le ménage** убирáть / убрáть* [IV, уберý, уберёшь - убрáл, убралá, убрáло, убрáли] ⑤ • **femme de ménage** домрабóтница

ménager *v* **1.** *(ne pas abuser de)* берéчь* [IV, берегý, бережёшь, берегýт - берёг, береглá ③] / поберéчь* [IV, *id*] • **ménager sa santé** берéчь здорóвье • **ménager ses forces** берéчь свои́ си́лы **2.** *(ne pas accabler)* щади́ть / пощади́ть • **personne ne le ménageait** никтó егó не щади́л

ménagère *nf* (домáшняя) хозя́йка • **une bonne ménagère** хорóшая хозя́йка

mendiant *nm* ни́щий *(adj subst m)* • **il y avait beaucoup de mendiants** там бы́ло мнóго ни́щих

mendiante *nf* ни́щая *(adj subst f)* • **une mendiante tendait la main** ни́щая протя́гивала рýку

mendier *v* проси́ть ми́лостыню (проси́ть ④ / попроси́ть ④) • **ils doivent mendier pour survivre** они́ должны́ проси́ть ми́лостыню, чтóбы вы́жить

mener *v* **1.** *(gén)* вести́* [IV, ведý, ведёшь - вёл, велá ③] / повести́* [IV, *id*] ; *indét.* води́ть ④ • **mener un enfant par la main** вести́ ребёнка зá руку • **toutes les routes mènent à Rome** все дорóги ведýт в Рим • **ça ne mène à rien** э́то ни к чемý не ведёт ~ отводи́ть ④ / отвести́* [IV, отведý, отведёшь - отвёл ③, отвелá - отведённый] *(accompagner quelque part)* • **mener les enfants à l'école** отвести́ детéй в шкóлу ~ заводи́ть ④ / завести́* [IV, заведý, заведёшь - завёл, завелá ③ - заведённый] *(mener trop loin, se tromper d'endroit)* • **où est-ce que vous nous avez menés ?** кудá вы нас завели́? ~ доводи́ть ④ / довести́* [IV, доведý, доведёшь - довёл, довела́ ④ - доведённый] *(amener à un certain but, à un certain résultat)* • **mener une affaire à son terme** довести́ де́ло до конца́ ~ проводи́ть ④ / провести́* [IV, проведу́, проведёшь - провёл, провела́ ③ - проведённый] *(accompagner ; mener à travers ; faire franchir des difficultés)* • **il a très bien mené cette affaire** он замеча́тельно провёл э́ту сде́лку **2.** *(conduire en voiture)* везти́* [IV, везу́, везёшь - вёз, везла́ ③] / повезти́* [IV, *id*] ; *indét.* вози́ть ④, отвози́ть ④ / отвезти́* [IV, отвезу́, отвезёшь - отвёз, отвезла́ - отвезённый] *(se déranger pour conduire quelque part)* • **il m'y mènera en voiture** он повезёт меня́ туда́ на маши́не • **il a mené Pierre à la gare** он отвёз Пьера на вокза́л

mensonge *nm* ложь *(instr.* ло́жью*)* • **c'est un mensonge évident** э́то я́вная ложь

mensuel *adj* **1.** *(d'un mois)* ме́сячный • **le salaire mensuel** ме́сячная зарпла́та **2.** *(qui paraît chaque mois)* ежеме́сячный • **une revue mensuelle** ежеме́сячный журна́л

mental *adj*
◈ **calcul mental** у́стный счёт • **maladie mentale** душе́вная боле́знь

menteur *nm* лгун ③② • **je n'ai pas confiance en lui, c'est un menteur** я ему́ не доверя́ю, он лгун

menteuse *nf* лгу́нья

menthe *nf* мя́та • **du thé à la menthe** чай с мя́той • **une menthe à l'eau** мя́тный сиро́п с водо́й

mentionner *v* упомина́ть / упомяну́ть ④ • **leurs noms ont été mentionnés dans la discussion** их имена́ бы́ли упомя́нуты в диску́ссии

mentir *v* лгать* [IV, лгу, лжёшь, лгут - лгал, лгала́, лга́ло, лга́ли ⑤] / солга́ть* [IV, *id*] • **tu n'as pas honte de mentir !** как тебе́ не сты́дно лгать!

menton *nm* подборо́док • **un double menton** двойно́й подборо́док

menu[1] *nm* меню́* *nt indécl* • **changer le menu** измени́ть меню́

menu[2] *adj* ме́лкий ⑤ *(comp.* ме́льче* ~ *superl.* мельча́йший*)* • **les menues dépenses** ме́лкие расхо́ды

menuisier *nm* столя́р ③②

mépris *nm* презре́ние • **inspirer le mépris** возбужда́ть презре́ние • **le mépris de la mort** презре́ние к сме́рти

mépriser *v* презира́ть • **ils méprisaient la facilité** они́ презира́ли отсу́тствие тру́дностей • **mépriser le danger** презира́ть опа́сность

mer *nf* мо́ре ①② • **la mer Méditerranée** Средизе́мное мо́ре • **la mer Noire** Чёрное мо́ре • **la mer Baltique** Балти́йское мо́ре • **la mer Blanche** Бе́лое мо́ре • **la mer Caspienne** Каспи́йское мо́ре • **partir en pleine mer** вы́йти в откры́тое мо́ре • **passer ses vacances à la mer** проводи́ть о́тпуск на мо́ре
◈ **de mer** морско́й › **l'eau de mer** морска́я вода́ › **une étoile de mer** морска́я звезда́ › **le mal de mer** морска́я боле́знь • **un homme à la mer !** челове́к за бо́ртом!

mercerie *nf (marchandise)* галантере́я

merci *interj* спаси́бо • **merci pour votre conseil** спаси́бо за сове́т • **merci bien** большо́е спаси́бо

mercredi *nm* среда́ ⑥⑦ • **je l'ai vu mercredi soir** я ви́дел его́ в сре́ду ве́чером • **il vient nous voir le mercredi** он захо́дит к нам по среда́м

mère *nf* мать* *(gén., dat., loc., instr.* ма́терью*; pl.* ма́тери, матере́й, матеря́м*)* ①③ • **la mère allaite son enfant** мать ко́рмит ребёнка гру́дью

méridional *adj* ю́жный • **un climat méridional** ю́жный кли́мат

meringue *nf* мере́нга

mérite *nm* заслу́га • **récompenser un élève selon ses mérites** награди́ть ученика́ по заслу́гам

mériter *v* за-слу́живать *(+ G)* / заслужи́ть ④ • **mériter une récompense** заслужи́ть награ́ду • **cela mérite une attention particulière** э́то заслу́живает осо́бого внима́ния

merveille *nf* чу́до* *(pl.* чудеса́, чуде́с, чудеса́м*)* • **la merveille des merveilles** чу́до из чуде́с • **les sept merveilles du monde** семь чуде́с све́та • **c'est la huitième merveille du monde** э́то восьмо́е чу́до све́та
◈ **promettre monts et merveilles** сули́ть золоты́е го́ры

merveilleux *adj* чуде́сный • **un temps merveilleux** чуде́сная пого́да

mes → mon

mésaventure *nf* злоключéние *littéraire*

message *nm* сообщéние • est-ce que vous voulez laisser un message ? вы хотите емý что-нибудь передáть? • un message électronique электрóнное сообщéние › **envoyer un message électronique** послáть электрóнное сообщéние

messagerie *nf* систéма передáчи сообщéний • la messagerie électronique электрóнная пóчта • la messagerie vocale голосовáя пóчта

messe *nf* мécса • aller à la messe ходить на мéссу

mesure *nf* **1.** *(gén)* мéра • mesure de longueur мéра длины • à mesure que nous nous approchions по мéре тогó, как мы приближáлись • le sens de la mesure чýвство мéры • prendre les mesures nécessaires принять необходимые мéры • des mesures de sécurité мéры предосторóжности • dans la mesure du possible по мéре возмóжности • être en mesure de быть в состоянии **2.** *(pour la confection d'un vêtement)* мéрка • prendre les mesures снять мéрку • faire un costume sur mesure сшить костюм по мéрке **3.** (MUS) такт • battre la mesure отбивáть такт

mesurer ◼ *vt (évaluer une grandeur)* измерять / измéрить • mesurer la longueur измéрить длинý • mesurer une salle измéрить зал ◼ *vi (avoir pour dimension)* • le pont mesure cent cinquante mètres длинá мостá сто пятьдесят мéтров • la pièce mesure quatre mètres sur cinq плóщадь кóмнаты четыре на пять мéтров • je mesure un mètre quatre-vingts мой рост — сто вóсемьдесят сантимéтров

métal *nm* метáлл • les métaux non ferreux цветные метáллы • les métaux précieux драгоцéнные метáллы

métallique *adj* металлический • un fil métallique металлическая прóволока • une voix métallique металлический гóлос

métallurgie *nf* металлургия

métallurgique *adj* металлургический • l'industrie métallurgique металлургическая промышленность

météo *nf* прогнóз погóды • tu as écouté la météo pour demain ? ты слышал прогнóз погóды на зáвтра? • c'est quoi la météo pour demain ? какýю погóду обещáют на зáвтра?

météorologie *nf* метеоролóгия

météorologique *adj* метеорологический • une station météorologique метеорологическая стáнция
• le bulletin météorologique свóдка погóды

méthode *nf* мéтод • de nouvelles méthodes d'enseignement нóвые мéтоды обучéния

méthodique *adj* методический, методичный • il est méthodique он человéк методический

méthodiquement *adv* методически • travailler méthodiquement методически занимáться

métier *nm* **1.** *(profession quelconque)* профéссия • changer de métier переменить профéссию • il est ingénieur de son métier по профéссии он инженéр **2.** *(occupation manuelle)* ремеслó *(pl.* ремёсла, ремёсел, ремёслам*)* ②① • le métier de menuisier столярное ремеслó

LES MÉTIERS

- l'acteur/l'actrice **актёр/актриса**
- l'architecte **архитéктор**
- l'artiste peintre **худóжник**
- l'avocat(e) **адвокáт**
- le banquier/la banquière **банкир**
- le coiffeur/la coiffeuse **парикмáхер/парикмáхерша**
- le facteur/la factrice **почтальóн**
- l'ingénieur **инженéр**
- le/la journaliste **журналист/журналистка**
- le juge **судья**
- le mécanicien/la mécanicienne **механик**
- le/la médecin **врач**
- le/la photographe **фотóграф**
- le pilote **пилóт**
- le policier/la policière **милиционéр**
- le pompier **пожáрник**
- le/la professeur(e) **учитель/учительница**
- le vendeur/la vendeuse **продавéц/продавщица**

mètre *nm* метр • à deux mètres du mur в двух ме́трах от стены́ • un mètre carré квадра́тный метр • un mètre pliant складно́й метр • un mètre cube куби́ческий метр

À PROPOS DE...

On exprime généralement la taille des personnes en centimètres (jusqu'à 1,99 m) : ***je mesure un mètre quatre-vingts***, мой рост — сто во́семьдесят сантиме́тров.

métrique *adj* метри́ческий • le système métrique метри́ческая систе́ма

métro *nm* метро́* *nt indécl* • allons-y en métro поéдем туда́ на метро́

metteur en scène *nm* режиссёр, постано́вщик

mettre *v*

1. À PLAT, COUCHÉ = **класть*** [IV, кладу́, кладёшь - клал, кла́ла] ⁄ **положи́ть** ④
• **mets le livre sur la table** положи́ кни́гу на стол
• **mettre les mains dans ses poches** положи́ть ру́ки в карма́ны
• **on l'a mis à l'hôpital** его́ положи́ли в больни́цу

2. DRESSÉ = **ста́вить ⁄ поста́вить**
• **mets le livre sur le rayon** поста́вь кни́гу на по́лку
• **mettre les verres dans le buffet** поста́вить стака́ны в буфе́т

3. METTRE SUR SOI UN VÊTEMENT, DES LUNETTES... = **надева́ть ⁄ наде́ть*** [*n cl*, наде́ну, наде́нешь - наде́тый]
• **mettre une robe noire** наде́ть чёрное пла́тье
• **mettre ses bottes** наде́ть сапоги́
• **mettre ses lunettes** наде́ть очки́

4. DE L'ARGENT EN DÉPÔT = **класть* ⁄ положи́ть** ④
• **mettre de l'argent à la caisse d'épargne** положи́ть де́ньги в сберка́ссу

5. DES CONDIMENTS DANS LES ALIMENTS = **класть* ⁄ положи́ть** ④
• **mettre du sel dans la soupe** положи́ть со́ли в суп
• **mettre trois morceaux de sucre** положи́ть три куска́ са́хару

6. VERSER = **налива́ть ⁄ нали́ть*** [II, налью́, нальёшь - на́лил, налила́, на́лило, на́лили ⑤ - нале́й - на́литый, на́лит, налита́, на́лито, на́литы ⑤]
• **mettre du vin dans les verres** нали́ть вина́ в стака́ны
= **подлива́ть ⁄ подли́ть*** [II, подолью́, подольёшь - по́длил, подлила́, по́длило, по́длили ⑤ - подле́й - подли́тый, подли́т, подлита́, подли́то, подли́ты ⑤] *(ajouter)*
• **mettre de l'eau dans le vin** подли́ть воды́ в вино́
= **влива́ть ⁄ влить*** [II, волью́, вольёшь - влил, влила́, вли́ло, вли́ли ⑤ - влей - вли́тый, влит, влита́, вли́то, вли́ты ⑤] *(faire entrer)*
• **mettre le jus de fruit dans une bouteille** влить фрукто́вый сок в буты́лку

7. UN MOT À LA FORME VOULUE = **ста́вить ⁄ поста́вить**
• **mettre au cas voulu les noms entre parenthèses** существи́тельные, взя́тые в ско́бки, поста́вьте в ну́жном падеже́

8. DANS TEL OU TEL ÉTAT = **приводи́ть** ④ ⁄ **привести́*** [IV, приведу́, приведёшь - привёл, привела́ ③ - приведённый]
• **mettre ses affaires en ordre** привести́ свои́ ве́щи в поря́док
• **mettre un client de bonne humeur** привести́ клие́нта в хоро́шее настрое́ние
• **mettre ses parents au désespoir** привести́ роди́телей в отча́яние

9. ÉTALER = **ма́зать*** [II, ма́жу, ма́жешь] ⁄ **нама́зать*** [II, *id*]
• **mettre du beurre sur son pain** ма́зать хлеб ма́слом (ма́зать* [II, ма́жу, ма́жешь] ⁄ нама́зать* [II, *id*])
● **en mettre plein la vue** пусти́ть пыль в глаза́ (пуска́ть ⁄ пусти́ть ④)
• **mettre en doute** ста́вить под сомне́ние (ста́вить ⁄ поста́вить)
• **mettre un enfant à l'école** отда́ть ребёнка в шко́лу (отдава́ть* [II, отдаю́, отдаёшь - отдава́й - отдава́я] ⁄ отда́ть* [*n cl*, отда́м, отда́шь, отда́ст, отдади́м, отдади́те, отдаду́т - о́тдал, отдала́, о́тдало, о́тдали ⑤ - отда́й - о́тданный, о́тдан, отдана́, о́тдано, о́тданы ⑤])
• **mettre fin à une discussion** положи́ть диску́ссии коне́ц
• **mettre un enfant au lit** уложи́ть ребёнка (в посте́ль)
• **mettre en marche** пуска́ть ⁄ пусти́ть ④ › **mettre le moteur en marche** пусти́ть мото́р
• **mettre un employé à même de prendre des décisions** дать рабо́тнику возмо́жность принима́ть реше́ния (дава́ть* [II, даю́, даёшь - дава́й - дава́я] ⁄ дать* [*n cl*, дам, дашь, даст, дади́м, дади́те, даду́т - дал, дала́, да́ло, да́ли ⑤ - дай - дана́])

• **mettre une femme à la tête du gouvernement** поста́вить же́нщину во главе́ прави́тельства (ста́вить / поста́вить)
• **mettre tout en œuvre** пусти́ть в ход все сре́дства (пуска́ть / пусти́ть ④)

se mettre *vp*

1. COMMENCER = **бра́ться*** [IV, беру́сь, берёшься - бра́лся, брала́сь ③] / **взя́ться*** [IV, возьму́сь, возьмёшься - взя́лся, взяла́сь] *(за + A)* ③ **начина́ть / нача́ть*** [IV, начну́, начнёшь - на́чал, начала́, на́чало, на́чали] ⑤ *(+ inf imperf)*
• **elle s'est mise au travail** она́ взяла́сь за рабо́ту
• **je me suis mis à fumer** я на́чал кури́ть
• **il s'est mis à rire** он засмея́лся
• **elle s'est mise à pleurer** она́ запла́кала

2. SE PLACER = **станови́ться** ④; / **стать*** [*n cl,* ста́ну, ста́нешь] встать* [*n cl,* вста́ну, вста́нешь]
• **se mettre à genoux** встать на коле́ни
• **se mettre sur la pointe des pieds** встать на цы́почки
• **se mettre à quatre pattes** стать на четвере́ньки

3. REVÊTIR = **надева́ть / наде́ть*** [*n cl,* наде́ну, наде́нешь]
• **il s'est mis une perruque** он наде́л пари́к

● **se mettre à l'abri** укрыва́ться / укры́ться* [II, укро́юсь, укро́ешься] › **il y a un vieux moulin où nous nous sommes mis à l'abri de la pluie** там есть ста́рая ме́льница, где мы укры́лись от дождя́
• **se mettre d'accord** прийти́ к соглаше́нию (приходи́ть ④ / прийти́* [IV, приду́, придёшь - пришёл, пришла́])
• **se mettre debout** встава́ть* [II, встаю́, встаёшь - встава́й - встава́я] / встать* [*n cl,* вста́ну, вста́нешь]
• **se mettre au lit** лечь в посте́ль, лечь спать (ложи́ться / лечь* [IV, ля́гу, ля́жешь, ля́гут - лёг, легла́ ③ *(impér)* ляг, ля́гте])
• **se mettre à la place de qqn** войти́ в чьё-либо положе́ние (входи́ть ④ / войти́* [IV, войду́, войдёшь]) › **mettez-vous à ma place** войди́те в моё положе́ние
• **se mettre en quatre** из ко́жи вон лезть, лезть* [IV, ле́зу, ле́зешь - лез, ле́зла]
• **se mettre en route** дви́нуться в путь (дви́гаться / дви́нуться)
• **se mettre à table** сесть за стол (сади́ться / сесть* [IV, ся́ду, ся́дешь - сел, се́ла - сядь])

meuble *nm* **1.** вещь, предме́т обстано́вки **2.** ме́бель *f* • **des meubles anciens** стари́нная ме́бель • **des meubles de style** сти́льная ме́бель

meugler *v* мыча́ть* [I, мычу́, мычи́шь] / замыча́ть* [I, *id*] • **les vaches meuglaient** коро́вы мыча́ли

meule[1] *nf* **1.** *(à aiguiser)* точи́льный круг *(круг* ①②*)* **2.** *(de moulin)* жёрнов* *(nom. pl.* жернова́*)* ①②

meule[2] *nf (tas de foin...)* стог* *(nom. pl.* стога́*)* ①② • **des meules de foin** стога́ се́на

meunier *nm* ме́льник

meurtre *nm* уби́йство • **il était accusé de meurtre** его́ обвиня́ли в уби́йстве

meurtrier[1] *adj* смерте́льный • **un combat meurtrier** смерте́льная борьба́

meurtrier[2] *nm* уби́йца *m* • **le meurtrier a été arrêté le soir même** уби́йцу арестова́ли в тот же ве́чер

mi *nm* ми* *nt indécl* • **mi bémol** ми бемо́ль

mi- *préf* середи́на • **à la mi-juillet** в середи́не ию́ля
● **à mi-chemin** *litt & fig* на полпути́ • **à mi-voix** вполго́лоса › **chanter à mi-voix** петь вполго́лоса

miaou *onomat* мя́у

miauler *v* мяу́кать / мяу́кнуть • **le chat miaule** ко́шка мяу́кает

micro → microphone

microbe *nm* микро́б

microphone *nm* микрофо́н

micro-ondes *nm* микроволно́вый • **un (four à) micro-ondes** микроволно́вая печь

microprocesseur *nm* микропроце́ссор

microscope *nm* микроско́п • **un microscope électronique** электро́нный микроско́п

microsillon *nm* долгоигра́ющая пласти́нка

midi *nm* **1.** *(douze heures)* двена́дцать часо́в, по́лдень • midi moins le quart без че́тверти двена́дцать • il est midi двена́дцать часо́в • midi cinq пять мину́т пе́рвого • elle a dormi jusqu'à midi она́ спала́ до полу́дня • on se retrouve à midi devant la gare встре́тимся в по́лдень у вокза́ла, встре́тимся в двена́дцать у вокза́ла **2.** *(point cardinal)* юг • les fenêtres donnent sur le midi о́кна выхо́дят на юг **3.** *(pays méridionaux)* юг • s'en aller dans le Midi уе́хать на юг
● chercher midi à quatorze heures иска́ть вчера́шнего дня

mie *nf* мя́киш

miel *nm* мёд* *(loc.* меду́*)* ⑧ • miel d'acacia ака́циевый мёд
● au miel, de miel медо́вый › **une odeur de miel** медо́вый за́пах › **la lune de miel** медо́вый ме́сяц

mien *pron* **1.** *(si le possesseur est sujet de la proposition)* свой • il a pris son livre et moi le mien он взял свою́ кни́гу, а я свою́ • c'est ton parapluie ? où est-ce que j'ai mis le mien ? э́то твой зо́нтик? где же я оста́вил свой зо́нтик? **2.** *(si le possesseur n'est pas sujet de la proposition)* мой • c'est votre chapeau, ce n'est pas le mien э́то ва́ша шля́па, а не моя́

miette *nf* кро́шка • des miettes de pain кро́шки хле́ба
● mettre en miettes разнести́ › **il est prêt à tout mettre en miettes quand il n'a pas eu sa dose de café** он гото́в все разнести́, если не вы́пил свою́ до́зу ко́фе

mieux ◪ *adv* лу́чше • elle va mieux ей лу́чше • de mieux en mieux всё лу́чше и лу́чше • il vaut mieux ne pas faire de bruit лу́чше не шуме́ть • le mieux possible как мо́жно лу́чше • on ne peut mieux как нельзя́ лу́чше • mieux vaut tard que jamais лу́чше по́здно, чем никогда́ • deux avis valent mieux qu'un ум хорошо́, а два лу́чше • tant mieux тем лу́чше ◪ *nm* лу́чшее *(adj subst nt)* • tout est pour le mieux всё к лу́чшему • faute de mieux за неиме́нием лу́чшего

mignon *adj* **1.** *(gentil)* ми́лый ⑤ • un enfant bien mignon о́чень ми́лый ребёнок **2.** *(joli)* хоро́шенький • un mignon petit nez хоро́шенький но́сик

migrateur *nm* перелётный • les oiseaux migrateurs перелётные пти́цы

migraine *nf* мигре́нь *f* • j'ai la migraine у меня мигре́нь

milieu *nm* **1.** *(centre)* середи́на • au milieu de la pièce в середи́не ко́мнаты • au milieu de la semaine в середи́не неде́ли • le juste milieu золота́я середи́на **2.** *(entourage)* среда́ ②① • le milieu géographique географи́ческая среда́ • un milieu ouvrier рабо́чая среда́
● au milieu посереди́не › **avec un grand trou au milieu** с большо́й дырой посереди́не • au milieu de посереди́не *(+ G)*, среди́ *(+ G) (parmi)* › **au milieu de la pièce** посереди́не ко́мнаты › **au milieu des ruines** среди́ разва́лин
■ milieux *nmpl (groupes influents)* круги́ *pl* (круго́в, круга́м) • dans les milieux gouvernementaux в прави́тельственных круга́х • dans les milieux littéraires в литерату́рных круга́х

militaire ◪ *adj* вое́нный • les opérations militaires вое́нные опера́ции • une école militaire вое́нное учи́лище • il faisait son service militaire он был на вое́нной слу́жбе ◪ *nm* вое́нный *(adj subst m)* • les civils et les militaires шта́тские и вое́нные

mille *adj num* ты́сяча *f* • mille euros ты́сяча е́вро • avec deux mille signatures с двумя́ ты́сячами по́дписей
● les Mille et Une Nuits Ты́сяча и одна́ ночь

millénaire *nm* тысячеле́тие • au début du troisième millénaire в нача́ле тре́тьего тысячеле́тия

milliard *nm* миллиа́рд

milliardaire *nmf* миллиарде́р *m*, миллиарде́рша *f*

millième ◪ *adj* ты́сячный • la millième fois ты́сячный раз • la millième partie ты́сячная до́ля ◪ *nm* ты́сячная *(adj subst f)*

millier *nm* ты́сяча • des milliers de personnes ты́сячи люде́й

milligramme *nm* миллигра́мм

millimètre *nm* миллиме́тр

million *nm* миллио́н • neuf millions d'habitants де́вять миллио́нов жи́телей

millionnaire *nmf* миллионе́р *m*, миллионе́рша *f* • son père était millionnaire его́ оте́ц был миллионе́ром

mince *adj (peu épais, élancé)* тóнкий ⑤ *(comp.* тóньше*)* • une couche mince тóнкий слой • une taille mince тóнкая тáлия

mine[1] *nf* elle a mauvaise mine онá плóхо вы́глядит • il a bonne mine après sa semaine de ski он хорошó вы́глядит пóсле недéли на лы́жах

mine[2] *nf* **1.** *(de charbon)* шáхта • une mine de charbon ýгольная шáхта **2.** *(minerais précieux)* при́иск • des mines d'or золоты́е при́иски • des mines de diamants алмáзные при́иски **3.** *(autres minerais)* рудни́к ③② • des mines de fer желéзные рудники́

mine[3] *nf (engin explosif)* ми́на • une mine antichar противотáнковая ми́на

minerai *nm* рудá ②① • le minerai de fer желéзная рудá

minéral *adj* минерáльный • une bouteille d'eau minérale буты́лка минерáльной воды́

mineur[1] *nm (ouvrier)* шахтёр

mineur[2] *adj (qui n'a pas atteint sa majorité)* несовершеннолéтний • une jeune fille mineure несовершеннолéтняя дéвушка
■ mineur *nm (personne qui n'a pas atteint sa majorité)* несовершеннолéтний *(adj subst m)*

mineure *adj (qui n'a pas atteint sa majorité)* несовершеннолéтняя *(adj subst f)*

miniature *nf* миниатю́ра • une collection de miniatures du XIe siècle коллéкция миниатю́р XI вéка

minichaîne *nf* ми́ни стереосистéма

minime *adj* незначи́тельный • une somme minime незначи́тельная сýмма

minimum *adj* минимáльный • la distance minimum минимáльное расстоя́ние
■ minimum *nm* ми́нимум • le minimum vital прожи́точный ми́нимум
● au minimum ми́нимум *(adv)* › **nous y avons passé au minimum trois heures** мы провели́ там ми́нимум три часá

ministère *nm (département d'un ministre)* министéрство • le ministère de l'Intérieur министéрство внýтренних дел • le ministère des Affaires étrangères министéрство инострáнных дел • le ministère de l'Éducation nationale министéрство нарóдного образовáния

ministre *nm* мини́стр • le ministre des Affaires étrangères мини́стр инострáнных дел • le Premier ministre премьéр-мини́стр

minorité *nf* меньшинствó • une infime minorité ничтóжное меньшинствó

Minsk *nm* Минск

minuit *nm* двенáдцать часóв нóчи, пóлночь • minuit moins le quart без чéтверти двенáдцать • il arrive à minuit он приéдет в двенáдцать часóв нóчи • à minuit et demie в полови́не пéрвого • travailler jusqu'à minuit рабóтать до полýночи • il est rentré après minuit он вернýлся пóсле полýночи

minuscule ◪ *adj* **1.** *(très petit)* крóшечный • des arbres minuscules крóшечные дерéвья **2.** *(par opposition à majuscule)* строчнóй • un a minuscule строчнóе а ◪ *nf* строчнáя бýква

minute *nf* минýта *dim.* минýтка • dans cinq minutes через пять минýт • on n'a pas une minute de tranquillité минýты покóя нет • attendez une petite minute подождите минýтку
● d'une minute, des minutes минýтный › **l'aiguille des minutes** минýтная стрéлка • une conversation d'une minute au téléphone минýтный разговóр по телефóну • c'est l'affaire d'une minute э́то минýтное дéло

minutieux *adj* тщáтельный • un travail minutieux тщáтельная рабóта • c'est un élève très minutieux э́то óчень старáтельный учени́к

miracle *nm* чýдо* *(pl.* чудесá, чудéс, чудесáм*)* • il s'est produit un miracle произошлó чýдо • c'est un pur miracle э́то прóсто чýдо • il a survécu à la catastrophe aérienne par miracle он чýдом вы́жил в авиакатастрóфе

miraculeux *adj* чудéсный • une guérison miraculeuse чудéсное исцелéние

miroir *nm* зéркало *(pl.* зеркалá, зеркáл, зеркалáм*)* • se regarder dans un miroir смотрéться в зéркало

misérable *adj (très pauvre)* óчень бéдный *(*бéдный ⑤*)* • une famille misérable óчень бéдная семья́

misère *nf (pauvreté extrême)* нищетá • tomber dans la misère впасть в нищетý • vivre dans la misère жить в нищетé

mission *nf* **1.** *(tâche)* поручéние • charger qqn d'une mission дать комý-нибудь поручéние • exécuter une mission вы́полнить поручéние **2.** *(déplacement professionnel)* командирóвка • partir en mission уéхать в командирóвку • j'étais en mission я был в командирóвке **3.** *(groupe)* делегáция, комиссия *littéraire* • on y enverra une mission scientifique тудá бýдет отпрáвлена наýчная делегáция

mi-temps ◪ *nf* **1.** *(pause au milieu d'un match)* переры́в мéжду тáймами **2.** *(partie d'un match)* тайм ◪ *nm* travailler à mi-temps рабóтать на полстáвки

mitraillette *nf* автомáт

mitrailleuse *nf* пулемёт

mi-voix
■ à mi-voix *loc adv* вполгóлоса • chanter à mi-voix петь вполгóлоса

mobile ◪ *adj* подвижнóй, моби́льный • un accent mobile подвижнóе ударéние ◪ *nm (téléphone portable)* моби́льный телефóн

moche *adj (laid)* некраси́вый

mobilisation *nf* мобилизáция • la mobilisation générale всеóбщая мобилизáция

mode[1] *nf* мóда • être à la mode быть в мóде • devenir à la mode войти́ в мóду • passer de mode вы́йти из мóды
■ à la mode *loc adj* мóдный ⑤ • une coiffure à la mode мóдная причёска • une chanson à la mode мóдная пéсня

mode[2] *nm* óбраз • le mode de vie óбраз жи́зни
● le mode d'emploi спóсоб употреблéния

modèle *nm* **1.** *(que l'on reproduit, que l'on imite)* образéц • servir de modèle служи́ть образцóм **2.** *(personne qui pose pour un peintre, un sculpteur...)* натýрщик *m*, натýрщица *f*
● modèle réduit модéль *f* › le modèle réduit d'un avion модéль самолёта

modem *nm* модéм

modéré *adj* умéренный • une vitesse modérée умéренная скóрость

modérément *adv* умéренно • boire modérément умéренно пить

moderne *adj* совремéнный • la technique moderne совремéнная тéхника • le style moderne совремéнный стиль
● l'histoire moderne нóвая истóрия

modernisation *nf* модернизáция • la modernisation de l'agriculture модернизáция сéльского хозя́йства

moderniser *v* модернизи́ровать / модернизи́ровать • moderniser l'agriculture модернизи́ровать сéльское хозя́йство

modeste *adj* скрóмный ⑤ • un homme modeste скрóмный человéк • des exigences modestes скрóмные трéбования

modestie *nf* скрóмность *f* • sans fausse modestie без лóжной скрóмности

modifier *v* изменя́ть / измени́ть [*part.* изменённый] ④ • modifier l'itinéraire измени́ть маршрýт

moelle *nf*
● la moelle épinière спиннóй мозг • la moelle osseuse кóстный мозг

mœurs *nfpl* нрáвы *pl t (*нрáвов, нрáвам*)* • les mœurs du XVIe siècle нрáвы XVI вéка

moi ◪ *pron pers* → je ◪ *pron pers réfl* → se

moindre ◪ *adj compar* мéньший • avec une force moindre с мéньшей си́лой ◪ *adj superl* малéйший • je n'en ai pas la moindre idée не имéю ни малéйшего поня́тия ◪ *nm* мéньший *(superl subst m)*, мéньшая *(superl subst f)*, мéньшее *(superl subst nt)* • de deux maux choisir le moindre из двух зол вы́брать мéньшее

moine *nm* монáх • se faire moine постри́чься в монáхи • vivre comme un moine жить монáхом

moineau *nm* воробéй *(*воробья́*) m*

moins *prép*
1. SOUSTRACTION = **ми́нус**
• **cinq moins deux égal trois** пять ми́нус два бýдет три
2. DANS L'INDICATION DE LA TEMPÉRATURE = **ми́нус**
• **moins quarante** ми́нус сóрок, сóрок грáдусов морóза

• avant-hier, il faisait moins vingt позавчерá было мѝнус двáдцать

3. DANS L'INDICATION DE L'HEURE = **без** *(+ G)*

• trois heures moins cinq без пятѝ три

• quatre heures moins le quart без чéтверти четы́ре

moins *adv*

1. MODIFIANT UN ADJECTIF OU UN ADVERBE = **мéнее** *(+ adj à la forme longue, + adv)*, **не такóй** *(+ adj à la forme longue)*, **не так** *(+ adj à la forme courte, + adv)*

• non moins beau не мéнее красѝвый

• elle est moins habile онá не такáя лóвкая

• c'est moins étonnant э́то не так удивѝтельно

• c'est moins loin э́то не так далекó

• c'est moins cher э́то дешéвле

• ils sont un peu moins durs онѝ помя́гче

2. MODIFIANT UN VERBE = **мéньше, не так** *(intensité)*, **не так мнóго** *(quantité)*

• il souffre moins qu'hier он не так страдáет, как вчерá, он мéньше страдáет, чем вчерá

• elle travaille moins онá мéньше рабóтает, онá не так мнóго рабóтает

● je n'irai pas l'attendre à moins qu'il ne m'écrive я не пойдý встречáть егó, éсли он мне не напѝшет

• au moins по мéньшей мéре, не мéньше *(+ G)* › au moins cinq heures по мéньшей мéре пять часóв, не мéньше пятѝ часóв

• avoir 10 ans de moins быть на 10 лет молóже › elle a cinq ans de moins que moi онá на пять лет молóже меня́

le moins *loc adv*

1. MODIFIANT UN ADJECTIF = **сáмый** *(+ antonyme russe de l'adj utilisé en français)*

• une des moins grandes однá из сáмых мáленьких

2. MODIFIANT UN VERBE = **мéньше всегó** *(moins que tout)*, **мéньше всех** *(moins que tous)*

• c'est ce qui me plaît le moins э́то мне мéньше всегó нрáвится

• c'est lui qui travaille le moins он рабóтает мéньше всех

● le moins possible как мóжно мéньше

• pas le moins du monde нискóлько › je vous dérange ? — pas le moins du monde я вам мешáю? — нет, нискóлько

moins de *loc*

RÉGISSANT UN SUBSTANTIF PAR L'INTERMÉDIAIRE DE LA PRÉPOSITION DE = **мéньше, мéнее** *littéraire*

• j'ai moins de livres у меня́ мéньше книг

• moins de deux semaines мéньше двух недéль

• en moins de deux heures мéнее, чем в три часá

mois *nm* **1.** *(unité de temps)* мéсяц • dans cinq mois чéрез пять мéсяцев **2.** *(suivi du nom du mois)* • au mois d'août в áвгусте

LES MOIS DE L'ANNÉE

• janvier **янвáрь** *m*
• février **феврáль** *m*
• mars **март** *m*
• avril **апрéль** *m*
• mai **май** *m*
• juin **ию́нь** *m*
• juillet **ию́ль** *m*
• août **áвгуст** *m*
• septembre **сентя́брь** *m*
• octobre **октя́брь** *m*
• novembre **ноя́брь** *m*
• décembre **декáбрь** *m*

moisi *adj* заплéсневелый • le pain était moisi хлеб был заплéсневелым
● ça sent le moisi пахнет затхлым

moisissure *nf* плéсень *f (pas de pl)* • se couvrir de moisissures покрывáться плéсенью

moisson *nf* жáтва

moissonner *v* жать* [IV, жну, жнёшь] / сжать* [IV, *id*] • moissonner le seigle жать рожь

moissonneuse-batteuse *nf* комбáйн

moite *adj* влáжный • j'ai les mains moites у меня́ влáжные рýки

moitié ◪ *nf* половѝна • une bonne moitié дóбрая половѝна ◪ *adv* наполовѝну • moitié noir, moitié jaune наполовѝну чёрный, наполовѝну жёлтый
● à moitié наполовѝну › ce n'est fait qu'à moitié э́то сдéлано тóлько наполовѝну • à moitié saoul полупья́ный • à moitié oublié полузабы́тый • à moitié fou полусумасшéдший • à moitié prix за полцены́ • de moitié наполовѝну › diminuer les impôts de moitié умéньшить налóги наполовѝну

mol, molle → mou

molaire *nf* кореннóй зуб *(зуб ①③)*

moldave *adj* молдáвский
■ moldave *nm (langue)* молдáвский язы́к

■ Moldave *nmf* молдава́нин *m*, молдава́нка *f*

Moldavie *nf* Молда́вия

mollet *nm* икра́ ②① • le mollet droit пра́вая икра́

moment *nm* мину́та, моме́нт • d'un moment à l'autre с мину́ты на мину́ту • au moment voulu в подходя́щий моме́нт • au moment du départ в моме́нт отъе́зда • au moment de prendre congé de lui в тот моме́нт, когда́ я собира́лся попроща́ться с ним ● du moment que раз › **du moment que vous l'avez retrouvé, tout va bien** раз вы его́ нашли́, всё в поря́дке • par moments вре́мя от вре́мени • pour le moment пока́ что › **pour le moment, il n'y a pas à se plaindre de lui** мы пока́ что на него́ не жа́луемся • ce n'est pas le moment de plaisanter сейча́с не до шу́ток

momie *nf* му́мия

mon *pron* **1.** *(si le possesseur est sujet de la proposition)* свой *(souvent omis)* • j'ai pris mon livre я взял свою́ кни́гу • j'ai perdu mon père я потеря́ла отца́ **2.** *(dans le cas contraire)* мой • où est mon dictionnaire ? где мой слова́рь?

monarchie *nf* мона́рхия • une monarchie absolue абсолю́тная мона́рхия • une monarchie constitutionnelle конституцио́нная мона́рхия

monastère *nm* монасты́рь *m* ③② • se retirer dans un monastère уйти́ в монасты́рь

monde *nm* **1.** *(univers, ensemble de planètes)* мир ①② • la création du monde сотворе́ние ми́ра • tout est pour le mieux dans le meilleur des mondes всё к лу́чшему в э́том лу́чшем из миро́в **2.** *(la Terre)* мир • dans le monde entier во всём ми́ре • champion du monde чемпио́н ми́ра • que le monde est petit ! мир те́сен! ~ свет • faire le tour du monde соверши́ть путеше́ствие вокру́г све́та • au bout du monde на краю́ све́та • depuis que le monde est monde с тех пор как свет стои́т • pour rien au monde ни за что́ на све́те **3.** *(foule)* наро́д • il y avait beaucoup de monde там бы́ло мно́го наро́ду **4.** *(invités)* го́сти *pl (*госте́й, гостя́м*)* ③ • nous avions du monde у нас бы́ли го́сти **5.** *(milieux)* круги́ *pl (*круго́в, круга́м*)* • le monde littéraire литерату́рные круги́ ● envoyer dans l'autre monde отпра́вить на тот свет • mettre au monde рожа́ть / роди́ть [роди́л, родила́, роди́ло, роди́ли ⑤ - рождённый] *(au passé, les deux aspects diffèrent par leur accentuation à la forme du féminin)* › **elle a mis au monde une fille** она́ родила́ дочь • pas le moins du monde ниско́лько › **je vous dérange ? — pas le moins du monde** я вам меша́ю? — нет, ниско́лько • tout le monde все › **tout le monde est là ?** все пришли́? › **on ne peut pas contenter tout le monde** на всех не угоди́шь

mondial *adj* мирово́й, всеми́рный *(universel)* • la Première Guerre mondiale пе́рвая мирова́я война́ • d'importance mondiale всеми́рного значе́ния

monétaire *adj* де́нежный • la réforme monétaire де́нежная рефо́рма

mongol *adj* монго́льский • le folklore mongol монго́льский фолькло́р
■ mongol *nm (langue)* монго́льский язы́к
■ Mongol *nm (homme)* монго́л

Mongole *nf* монго́лка

Mongolie *nf* Монго́лия

moniteur *nm* **1.** *(pour formation)* инстру́ктор • un moniteur de ski инстру́ктор по лы́жному спо́рту **2.** *(pour encadrement)* вожа́тый • cet été il a travaillé comme moniteur dans une colonie de vacances э́тим ле́том он рабо́тал вожа́тым в де́тском ла́гере

monitrice *nf* **1.** *(pour formation)* инстру́ктор • une monitrice d'auto-école инстру́ктор автошко́лы **2.** *(pour encadrement)* вожа́тая

monnaie *nf* **1.** *(unité monétaire)* де́нежная едини́ца ⑦ • le rouble est la monnaie de la Russie де́нежной едини́цей Росси́и явля́ется рубль **2.** *(pièces)* ме́лочь *f* • je n'ai pas de monnaie ме́лочи у меня́ нет **3.** *(trop perçu que l'on rend)* сда́ча • rendre la monnaie сдать сда́чу ● faire de la monnaie разменя́ть де́ньги (разме́нивать / разменя́ть) • faire la monnaie de разме́нивать / разменя́ть › **faire la monnaie de cent roubles** разменя́ть сто рубле́й • petite monnaie ме́лочь *f* • pièce de monnaie моне́та • fausse monnaie фальши́вые де́ньги • rendre à son ennemi la monnaie de sa pièce отплати́ть врагу́ той же моне́той

monologue *nm* моноло́г

monotone *adj* однообрáзный, монотóнный • **un travail monotone** однообрáзная рабóта

À PROPOS DE...

À la différence de son équivalent français, le mot russe **монотóнный** s'écrit avec deux **н**.

monsieur *nm* господи́н • **monsieur Ivanov** господи́н Ивано́в • **monsieur Dupont** господи́н Дюпóн, месье Дюпóн

monstre *nm* **1.** *(être fantastique)* чудо́вище • **un monstre marin** морскóе чудо́вище **2.** *(créature affligée d'une malformation importante)* урóд • **elle a épousé un monstre** онá вы́шла зáмуж за урóда **3.** *(tyran)* и́зверг

mont *nm*
● **le Mont-Blanc** Монблáн • **promettre monts et merveilles** сули́ть золоты́е гóры

montagne *nf* горá *(l'accent passe sur la préposition dans les groupes* **зá гору, нá гору, пóд гору***)* ⑥⑦ • **au pied de la montagne** у поднóжия горы́ • **dans la montagne** в горáх • **passer ses vacances à la montagne** провести́ óтпуск в горáх
● **de montagne, des montagnes** гóрный › **un lac de montagne** гóрное óзеро

montagneux *adj* гори́стый • **une région montagneuse** гори́стая мéстность

montant *nm* сýмма • **un chèque d'un montant de 50 euros** чек на сýмму 50 éвро • **écrire le montant dans la case** написáть в клéтке сýмму

montée *nf* **1.** *(ascension)* подъём • **la montée était longue et difficile** подъём был дóлгим и трýдным **2.** *(côte)* подъём • **attends-moi en haut de la montée** подожди́ меня́ наверхý подъёма

monter ◪ *vi* **1.** *(gén)* поднимáться / подня́ться* [IV, поднимýсь, подни́мешься ④ - подня́лся, подняла́сь ③] • **monter au cinquième par l'escalier** подня́ться на шестóй этáж по лéстнице • **monter par l'ascenseur** подня́ться на ли́фте • **l'eau montait** водá поднимáлась • **le baromètre monte** барóметр поднимáется • **les prix ont monté** цéны подняли́сь **2.** *(grimper)* лезть* [IV, лéзу, лéзешь - лез, лéзла] / полéзть* [IV, *id*] ; *indét.* лáзить, влезáть / влезть* [IV, влéзу, влéзешь - влез, влéзла] • **monter sur un arbre** лезть на дéрево • **monter sur une chaise** влезть на стул • **monter sur le toit** влезть на кры́шу **3.** *(dans ou sur un véhicule, sur sa monture)* сади́ться / сесть* [IV, ся́ду, ся́дешь - сел, сéла - сядь] • **monter sur son cheval** сесть на лóшадь • **monter sur son vélo** сесть на велосипéд • **monter dans le wagon de tête** сесть в перéдний вагóн **4.** *(se déplacer sur un véhicule, sur sa monture)* éздить • **vous savez monter à cheval ?** вы умéете éздить верхóм? ◪ *vt* **1.** *(transporter en un lieu plus élevé)* поднимáть / подня́ть* [IV, подниму́, подни́мешь ④ - пóднял, подняла́, пóдняло, пóдняли ⑤ - пóднятый, пóднят, поднятá, пóднято, пóдняты ⑤] • **monter les bagages par l'ascenseur** подня́ть багáж на ли́фте ~ относи́ть ④ / отнести́* [IV, отнесу́, отнесёшь - отнёс, отнеслá ③ - отнесённый] *(emporter)*, приноси́ть ④ / принести́* [IV, принесу́, принесёшь - принёс, принеслá ③ - принесённый] *(apporter)* • **je monte tout de suite vos valises** сейчáс отнесу́ вáши чемодáны в нóмер • **le garçon va nous monter le déjeuner** официáнт принесёт нам зáвтрак **2.** *(assembler)* собирáть / собрáть* [IV, соберу́, соберёшь - собрáл, собралá, собрáло, собрáли] ⑤ • **monter un poste de télévision** собрáть телеви́зор **3.** *(une pièce de théâtre)* стáвить / постáвить • **monter une pièce** постáвить пьéсу
● **monter la garde** стоя́ть на часáх, стоя́ть* [I, стою́, стои́шь] • **monter à la tête** удáрить в гóлову (ударя́ть / удáрить) › **le vin lui est monté tout de suite à la tête** винó срáзу удáрило емý в гóлову • **monter une tente** разби́ть палáтку (разбивáть / разби́ть* [IV, разобью́, разобьёшь - разбéй - разби́тый])

montgolfière *nf* воздýшный шар

montre *nf* часы́ *pl t* (часóв, часáм) • **ta montre avance de cinq minutes** твой часы́ спешáт на пять минýт • **votre montre retarde** вáши часы́ отстаю́т • **j'ai mis ma montre à l'heure** я постáвил часы́ на тóчное врéмя • **ma montre est à l'heure** мои́ часы́ идýт вéрно

montre-bracelet *nf* ручны́е часы́, часы́ *pl t* (часóв, часáм)

montrer *v* **1.** *(gén)* показывать / показа́ть* [II, покажу́, пока́жешь] ④ • **je vais vous montrer le chemin** я покажу́ вам доро́гу ~ *(*на *+ A, pour inciter à faire qqch)* • **il lui a montré la porte** он показа́л ему́ на дверь **2.** *(démontrer)* дока́зывать / доказа́ть* [II, докажу́, дока́жешь] ④ • **je vais vous montrer qu'il s'est trompé** я вам докажу́, что он оши́бся

monture *nf (de lunettes)* опра́ва • **des lunettes à monture métallique** очки́ в металли́ческой опра́ве

monument *nm* па́мятник • **le monument de Beethoven** па́мятник Бетхо́вену • **un monument historique** истори́ческий па́мятник

À PROPOS DE...

па́мятник Ивано́ву (dat.) signifie « un monument à la mémoire d'Ivanov » ; па́мятник Ивано́ва (gén.) signifie « un monument érigé par Ivanov ».

moquer ■ **se moquer** *vp* **1.** *(tourner en ridicule)* смея́ться* [II, смею́сь, смеёшься] / посмея́ться* [II, *id*] *(*над *+ I)*, насмеха́ться *(*над *+ I)* • **il se moque de nous** он смеётся над на́ми **2.** *(ne faire aucun cas)* • **je me moque pas mal des traditions** мне наплева́ть на обы́чаи • **il se moquait de tout** ему́ наплева́ть бы́ло на всё

moquette *nf* ковро́вое покры́тие • **faire poser de la moquette dans son salon** настели́ть в гости́ной ковёр

moral[1] *adj* нра́вственный, мора́льный • **une satisfaction morale** нра́вственное удовлетворе́ние • **la responsabilité morale** мора́льная отве́тственность

moral[2] *nm (état d'esprit)* настрое́ние • **le moral est bon** настрое́ние прекра́сное • **démonter le moral** испо́ртить настрое́ние

morale *nf* мора́ль *f* • **faire des leçons de morale** чита́ть мора́ль

morceau *nm* кусо́к *dim.* кусо́чек, клочо́к *(papier déchiré)* • **un morceau de pain** кусо́к хле́ба • **un morceau de sucre** кусо́к са́хару • **déchirer en petits morceaux** разорва́ть в клочки́
● **casser en mille morceaux** разби́ть вдре́безги • **un morceau de musique** пье́са • **des morceaux choisis** сбо́рник те́кстов

mordre ◪ *vt* куса́ть / укуси́ть ④ • **le chien a mordu un passant** соба́ка укуси́ла прохо́жего
● **s'en mordre les doigts** куса́ть себе́ ло́кти ◪ *vi* **1.** *(en parlant d'un chien)* куса́ться • **ce chien ne mord pas** э́та соба́ка не куса́ется **2.** *(en parlant du poisson)* клева́ть* [II, клюёт, клюю́т] / клю́нуть • **ça mord ?** клюёт?

morphologie *nf* морфоло́гия

morsure *nf* уку́с • **la morsure d'un serpent** уку́с змеи́

mort[1] *adj* мёртвый ⑤ • **des arbres morts** мёртвые дере́вья • **une langue morte** мёртвый язы́к • **plus mort que vif** ни жив, ни мёртв • **le point mort** мёртвая то́чка • **rester lettre morte** остава́ться мёртвой бу́квой
● **une nature morte** натюрмо́рт

mort[2] *nm* мёртвый *(adj subst m)* • **il lui sembla que le mort le regardait** ему́ показа́лось, что мёртвый смо́трит на него́ • **faire le mort** притворя́ться мёртвым

mort[3] *nf* смерть *f (l'accent passe sur la préposition dans le groupe* при́ смерти*)* ①③ • **une mort naturelle** есте́ственная смерть • **une mort violente** наси́льственная смерть • **condamner à mort** приговори́ть к сме́рти
● **une condamnation à mort** сме́ртный пригово́р

mortalité *nf* сме́ртность *f* • **la mortalité infantile** де́тская сме́ртность

mortel *adj* **1.** *(qui doit mourir un jour)* сме́ртный • **tous les hommes sont mortels** все лю́ди сме́ртны **2.** *(qui cause la mort)* смерте́льный • **une blessure mortelle** смерте́льная ра́на ~ *fig* • **un ennui mortel** смерте́льная ску́ка
● **un ennemi mortel** смерте́льный враг • **un péché mortel** сме́ртный грех

mortellement *adv* смерте́льно • **mortellement blessé** смерте́льно ра́неный

morue *nf* треска́
● **huile de foie de morue** ры́бий *(adj d'appart)* жир *(*жир*, *loc.* жиру́ ⑧*)*

mosaïque *nf* моза́ика

Moscou *nm* Москва́
● **de Moscou** моско́вский › **le Kremlin de Moscou** Моско́вский Кремль

Moscovite *nmf* москви́ч *m* ③②, москви́чка *f*

Moskova *nf* Москва́-река́

mosquée *nf* мечéть *f*

mot *nm* слóво ①⑥ • **l'ordre des mots dans la proposition** поря́док слов в предложéнии • **il n'a pas dit un seul mot** он не сказа́л ни слóва • **j'ai deux mots à vous dire** мне нýжно сказа́ть вам два слóва • **j'ai le mot sur le bout de la langue** у меня́ э́то слóво вéр-тится на языкé • **en un mot** одни́м слóвом • **traduire mot à mot** перевести́ слóво в слóво • **un jeu de mots** игра́ слов
● **les mots croisés** кроссвóрд › **faire des mots croisés** реша́ть кроссвóрд • **un petit mot** запи́ска *dim.* запи́сочка › **elle m'a envoyé un petit mot** я получи́л от неё запи́сочку • **qui ne dit mot consent** молча́ние — знак согла́сия

motard *nm* мотоцикли́ст, бáйкер

motel *nm* мотéль *m*

moteur *nm* дви́гатель *m*, мотóр • **un moteur à combustion interne** дви́гатель внýтреннего сгора́ния • **un moteur électrique** электри́ческий дви́гатель, электродви́гатель • **le moteur de l'avion** мотóр самолёта, авиамотóр ~ *fig* дви́гатель *m* • **le moteur du progrès** дви́гатель прогрéсса

motif *nm* причи́на • **sans aucun motif** без вся́кой причи́ны

motivé *adj* мотиви́рованный • **c'est une élève très motivée** э́то óчень мотиви́рованная учени́ца

moto *nf* мотоци́кл • **faire de la moto** занима́ться мотоспóртом

mou *adj* **1.** *(tendre)* мя́гкий ⑤ *(comp.* мя́гче* ~ *superl.* мягча́йший*) • **un métal mou** мя́гкий метáлл **2.** *(qui manque de vigueur)* вя́лый • **c'est un homme mou** он человéк вя́лый
● **le signe mou** мя́гкий знак

mouche *nf* мýха
● **quelle mouche l'a piqué ?** какáя мýха егó укуси́ла? • **il ne ferait pas de mal à une mouche** он и мýхи не оби́дит • **on aurait entendu une mouche voler** слы́шно бы́ло, как мýха пролети́т • **regarder les mouches voler** счита́ть мух

moucher
■ **se moucher** *vp* сморкáться / вы́сморкаться

mouchoir *nm* (носовóй) платóк • **tirer un mouchoir de sa poche** вы́нуть из карма́на платóк • **il nous faisait signe avec son mouchoir** он махáл нам платкóм

moudre *v* молóть* [II, мелю́, мéлешь ④] / смолóть* [II, *id*] • **moudre le grain** молóть зернó • **moudre le café** молóть кóфе

mouette *nf* ча́йка

moufle *nf* рукави́ца, ва́режка

mouillé *adj* мóкрый ⑤ • **du linge mouillé** мóкрое бельё • **une poule mouillée** мóкрая кýрица

mouiller *v (rendre humide)* мочи́ть ④ / промочи́ть ④ • **elle ne veut pas mouiller ses chaussures neuves** онá не хóчет промочи́ть нóвые тýфли

moujik *nm* мужи́к ③②

moule[1] *nm* фóрма • **un moule à gâteaux** фóрма для пирогá

moule[2] *nf (coquillage)* ми́дия

moulin *nm* мéльница • **un moulin à vent** ветрянáя мéльница • **un moulin à eau** водянáя мéльница • **un moulin à café** кофéйная мéльница • **mener le blé au moulin** свезти́ хлеб на мéльницу • **ça apporte de l'eau à mon moulin** лить вóду на мою́ мéльницу • **se battre contre des moulins à vent** сража́ться с ветряны́ми мéльницами

mourir *v* умирáть / умерéть* [IV, умрý, умрёшь - ýмер, умерлá, ýмерло, ýмерли] ⑤ • **il est mort d'un cancer** он ýмер от рáка ~ *fig* • **mourir d'ennui** умирáть со скýки
● **on ne meurt qu'une fois** двум смертя́м не бывáть, а однóй не минова́ть

mousse[1] *nf* **1.** *(plante)* мох* *(loc.* мху*)* • **un toit couvert de mousse** кры́ша, зарóсшая мхом **2.** *(écume)* пéна • **de la mousse de savon** мы́льная пéна

mousse[2] *nm* ю́нга

mousser *vi* пéниться • **le champagne mousse dans les verres** шампáнское пéнится в бокáлах • **le savon mousse bien** мы́ло хорошó пéнится

moustache *nf* ус ①② • **avec de longues moustaches** с дли́нными усáми

moustique *nm* комáр ③② • en été, il y a beaucoup de moustiques ici лéтом здесь мнóго комарóв
● de moustique, de moustiques комарúный › **une piqûre de moustique** комарúный укýс

moutarde *nf* горчúца

mouton *nm* 1. *(animal)* овцá ②⑤ • un troupeau de moutons стáдо овéц 2. *(viande)* барáнина • un morceau de mouton grillé кусóк жáреной барáнины
● de mouton, de moutons барáний *(adj d'appart)* › **une peau de mouton** барáнья шкýра • les moutons de Panurge Панýргово стáдо

mouvement *nm* 1. *(gén)* движéние • faire un mouvement brusque сдéлать рéзкое движéние • mettre en mouvement привестú в движéние • se mettre en mouvement прийтú в движéние • un mouvement révolutionnaire революциóнное движéние 2. *(courant littéraire, philosophique)* направлéние • un nouveau mouvement littéraire нóвое литератýрное направлéние • un mouvement libéral либерáльное направлéние

moyen[1] *adj* 1. *(qui tient le milieu)* срéдний • de taille moyenne срéднего рóста • la vitesse moyenne срéдняя скóрость 2. *(médiocre)* посрéдственный • des dons bien moyens посрéдственное даровáние
● le Moyen Âge срéдние векá

moyen[2] *nm* 1. *(procédé)* спóсоб, срéдство • trouver le meilleur moyen найтú лýчший спóсоб • la fin justifie les moyens цель опрáвдывает срéдства • un moyen radical радикáльное срéдство 2. *(ressources)* срéдство • vivre au-dessus de ses moyens жить не по срéдствам
● au moyen de посрéдством *(+ G)* › **au moyen d'un microscope** посрéдством микроскóпа
■ moyens *nmpl (capacité)* способности *pl* • il ne manque pas de moyens у негó большúе способности

moyenne *nf* la moyenne a été de cent kilomètres à l'heure срéдняя скóрость былá сто километров в час
● en moyenne в срéднем

muet *adj* немóй ⑤ • un enfant muet немóй ребёнок • un film muet немóй фильм • une carte muette немáя кáрта

muguet *nm* лáндыш

multicolore *adj* многоцвéтный

multiplication *nf* умножéние • la table de multiplication таблúца умножéния

multiplier *v* умножáть / умнóжить • neuf multiplié par sept дéвять, умнóженное на семь

multitude *nf* мнóжество • une multitude d'événements мнóжество событий

municipal *adj* городскóй • les règlements municipaux городскúе постановлéния
● le conseil municipal городскóй совéт, горсовéт • les élections municipales вы́боры в городскóй совéт

munir *v* снабжáть / снабдúть • munir un écolier de tout le nécessaire снабдúть шкóльника всем необходúмым
■ se munir *vp* захватúть с собóй (захвáтывать / захватúть ④) • se munir d'un parapluie захватúть с собóй зóнтик

munitions *nfpl* боевы́е припáсы *pl t (pl.* припáсы, припáсов, припáсам*)* • des munitions pour l'artillerie боевы́е припáсы для артиллéрии

mur *nm* стенá *(l'accent passe sur la préposition dans le groupe* óб стену*)* ⑥⑦ • il y avait au mur un grand tableau на стенé висéла большáя картúна
● le mur du son звуковóй барьéр

mûr *adj* 1. *litt* спéлый ⑤, зрéлый ⑤ • des pommes mûres спéлые я́блоки 2. *fig* зрéлый • un esprit mûr зрéлый ум • une femme d'âge mûr жéнщина зрéлых лет

mûre *nf (fruit de la ronce)* ежевúка *(pas de pl)*

mûrir *v* зреть / созрéть • les framboises mûrissent малúна зрéет

murmure *nm* шёпот *(chuchotement)*, рóпот *(grondement d'une foule mécontente)*, журчáние *(bruit de l'eau qui coule)*, шéлест *(bruissement)* • un murmure de protestation parcourut la foule рóпот пробежáл по толпé • le murmure du ruisseau журчáние ручья́ • le murmure des feuilles шéлест лúстьев

murmurer *v* 1. *(chuchoter)* шептáть* [II, шепчý, шéпчешь ④] / прошептáть* [II, *id*] *et* шепнýть • il lui a murmuré des mots doux à l'oreille он шептáл ей нá ухо нéжности **2.** *(en parlant de l'eau)* журча́ть* [I, журчи́т, журча́т] / зажурча́ть* [I, *id*] • le ruisseau murmure sous les arbres под дерéвьями журчи́т ручéй **3.** *(en parlant du vent, des feuilles)* шелестéть* [I, шелести́т, шелестя́т] / зашелестéть* [I, *id*] • le vent murmure dans les feuilles вéтер шелести́т в ли́стьях

muscle *nm* мы́шца, му́скул • les muscles des bras мы́шцы рук • de gros muscles больши́е му́скулы • tu n'as pas de muscles у тебя́ совсéм нет му́скулов

musclé *adj* мускули́стый • les jambes musclées des coureurs cyclistes мускули́стые нóги велогóнщиков

musculation *nf* бодиби́лдинг • faire de la musculation занима́ться бодиби́лдингом

museau *nm* мóрда • l'ourson frappa le chien en plein sur le museau медвежóнок уда́рил соба́ку пря́мо по мóрде

musée *nm* музéй *m* • le musée ethnographique этнографи́ческий музéй
● de musée музéйный › une pièce de musée музéйная рéдкость

musical *adj* музыка́льный • la vie musicale музыка́льная жизнь

musicien *nm* музыка́нт • c'est un bon musicien он хорóший музыка́нт

musicienne *nf* музыка́нтша

musique *nf* му́зыка • faire de la musique занима́ться му́зыкой • la musique contemporaine соврeмéнная му́зыка • la musique de chambre ка́мерная му́зыка • la musique symphonique симфони́ческая му́зыка • mettre en musique положи́ть на му́зыку (класть* [IV, кладу́, кладёшь - клал, кла́ла] / положи́ть ④)

musulman *adj* мусульма́нский
■ musulman *nm* мусульма́нин* *(pl.* мусульма́не, мусульма́н, мусульма́нам*)*

musulmane *nf* мусульма́нка

muter *v* переводи́ть / перевести́ • il a été muté à Bordeaux егó перевели́ в Бордó

mutiler *v* калéчить / искалéчить, урóдовать / изурóдовать • dans le parc, il y a une statue qui a été mutilée в па́рке изурóдовали ста́тую

myope *adj* близору́кий • un œil myope близору́кий глаз
■ myope *nmf* близору́кий *(adj subst m)*, близору́кая *(adj subst f)* • des lunettes pour myopes очки́ для близору́ких

myosotis *nm* незабу́дка

myrtille *nf* черни́ка

mystère *nm* **1.** *(énigme)* зага́дка • c'était un mystère pour moi э́то была́ для меня́ зага́дка **2.** *(secret)* та́йна • un voyage entouré de mystère путешéствие, окружённое та́йной

mystérieux *adj* таи́нственный • un mystérieux inconnu таи́нственный незнакóмец • d'un air mystérieux с таи́нственным ви́дом

mythe *nm* миф • le mythe d'Icare миф об Ика́ре

mythologie *nf* мифолóгия • la mythologie antique анти́чная мифолóгия

n N

n' → ne

nage *nf* плáвание • la nage sur le dos плáвание на спинé
● être en nage обливáться пóтом

nager *v* плыть* [IV, плыву́, плывёшь - плыл, плылá, плы́ло, плы́ли ⑤] / поплы́ть* [IV, *id*] ; *indét.* плáвать • je ne savais pas nager я не умéл плáвать • nager comme un poisson плáвать как ры́ба • nager sur le dos плыть на спинé • nager le crawl плыть крóлем • nager à contre-courant плыть прóтив течéния

nageur *nm* пловéц • un bon nageur хорóший пловéц

nageuse *nf* пловчи́ха

naïf *adj* наи́вный • un enfant naïf наи́вный ребёнок • une question naïve наи́вный вопрóс

nain [1] *adj* кáрликовый • des arbres nains кáрликовые дерéвья

nain [2] *nm* кáрлик
● Blanche-Neige et les sept nains Белоснéжка и семь гнóмов

naine *nf* кáрлица

naissance *nf* рождéние • date de naissance дáта рождéния • aveugle de naissance слепóй от рождéния

naître *v* рождáться / роди́ться [роди́лся, родилáсь] ③ • il est né en 1982 он роди́лся в 1982 годý • je suis né le 2 mai 1968 я роди́лся 2-го мáя 1968 гóда
● être né sous une bonne étoile роди́ться под счастли́вой звездóй

naïvement *adv* наи́вно

naïveté *nf* наи́вность *f* • avec une naïveté touchante с трóгательной наи́вностью

nappe *nf* скáтерть *f* ①③ • une table couverte d'une nappe blanche стол, покры́тый бéлой скáтертью

narine *nf* ноздря́* (*gén. pl.* ноздрéй ②③) • la narine droite прáвая ноздря́

natal *adj* роднóй • ma ville natale мой роднóй гóрод

natalité *nf* рождáемость *f* • une augmentation de la natalité рост рождáемости

natation *nf* плáвание • faire de la natation занимáться плáванием

nation *nf* нáция

national *adj* национáльный, госудáрственный *(de l'État)* • l'hymne national национáльный гимн, госудáрственный гимн • la fête nationale национáльный прáздник • le revenu national национáльный дохóд • le budget national госудáрственный бюджéт

nationalisation *nf* национализáция • la nationalisation de l'industrie национализáция промы́шленности

nationaliser *v* национализи́ровать / национализи́ровать

nationalisme *nm* национали́зм

nationalité *nf* граждáнство • nationalité française францу́зское граждáнство

naturaliser *v*
● se faire naturaliser приня́ть граждáнство (принимáть / приня́ть* [IV, приму́, при́мешь - при́нял, принялá, при́няло, при́няли ⑤]) › **se faire naturaliser Français** приня́ть францу́зское граждáнство

nature *nf* **1.** *(monde physique)* прирóда • les phénomènes de la nature явлéния прирóды • c'est dans la nature des choses э́то в прирóде вещéй **2.** *(essence)* натýра • la nature humaine человéческая натýра, человéческая прирóда • ce n'était pas dans sa nature de se faire de la bile беспокóиться бы́ло не в егó натýре • l'habitude est une seconde nature привы́чка — вторáя натýра

● grandeur nature в натура́льную величину́ › **un portrait grandeur nature** портре́т в натура́льную величину́ • **nature morte** натюрмо́рт

naturel *adj* есте́ственный • **les richesses naturelles** есте́ственные бога́тства • **une mort naturelle** есте́ственная смерть • **la sélection naturelle** есте́ственный отбо́р • **les sciences naturelles** есте́ственные нау́ки • **un geste naturel** есте́ственный жест • **c'est bien naturel** э́то вполне́ есте́ственно
● **le gaz naturel** приро́дный газ

naturellement *adv (évidemment)* коне́чно • **vous viendrez ? — naturellement** вы придёте? — да, коне́чно

naufrage *nm* кораблекруше́ние • **faire naufrage** потерпе́ть кораблекруше́ние

naval *adj* морско́й • **bataille navale** **a.** *(combat)* морско́е сраже́ние **b.** *(jeu)* морско́й бой

navet *nm* ре́па

navette *nf* авто́бус • **elle a pris la navette pour aller à l'aéroport** она́ пое́хала в аэропо́рт на авто́бусе • **il y a une navette entre l'hôpital et le centre ville** ме́жду больни́цей и це́нтром го́рода хо́дит авто́бус

navigation *nf* навига́ция

naviguer *v* плыть* [IV, плыву́, плывёшь - плыл, плыла́, плы́ло, плы́ли] (*indét.* пла́вать) ⑤ • **nous naviguions en haute mer** мы плы́ли в откры́том мо́ре

navire *nm* кора́бль *m* ③②, су́дно* *(pl.* суда́, судо́в, суда́м*)* ①② • **un navire de guerre** вое́нный кора́бль • **un navire marchand** торго́вое су́дно

ne *adv* не • **je ne sais pas** я не зна́ю • **je ne vois rien** я ничего́ не ви́жу • **il n'y a pas un seul livre** нет ни одно́й кни́ги • **il n'y a personne** никого́ нет • **elle n'est pas là** её нет • **il n'y a rien de plus difficile** нет ничего́ трудне́е
● **ne... que** то́лько › **je n'ai que trois roubles** у меня́ то́лько три рубля́

nécessaire ■ *adj* ну́жный ⑤, необходи́мый *(indispensable)* • **il n'a pas jugé nécessaire de me prévenir** он не нашёл ну́жным предупреди́ть меня́ • **une condition nécessaire** необходи́мое усло́вие ■ *nm* необходи́мое *(adj subst nt)* • **j'ai fait tout le nécessaire** я сде́лал всё необходи́мое

> **À PROPOS DE...**
>
> La négation **не** est atone. Dans les cas exceptionnels où elle est accentuée, le verbe est atone. Le passage de l'accent sur la négation est limité aux groupes **не́ был, не́ было, не́ были, не́ дал, не́ дало, не́ дали, не́ дан, не́ дано, не́ даны, не́ жил, не́ жило, не́ жили.**

nécessité *nf* необходи́мость *f* • **des objets de première nécessité** предме́ты пе́рвой необходи́мости • **elle le fait par nécessité** она́ де́лает э́то по необходи́мости • **en cas de nécessité** в слу́чае необходи́мости

néerlandais *adj* нидерла́ндский
■ **néerlandais** *nm (langue)* голла́ндский язы́к
■ **Néerlandais** *nm* нидерла́ндец

Néerlandaise *nf* нидерла́ндка

négatif [1] *adj* отрица́тельный • **une réponse négative** отрица́тельный отве́т • **une grandeur négative** отрица́тельная величина́

négatif [2] *nm* (PHOTO) негати́в

négation *nf* отрица́ние

négligé *adj* небре́жный • **un travail négligé** небре́жная рабо́та

négligence *nf* небре́жность *f* • **une négligence impardonnable** непрости́тельная небре́жность

négligent *adj* небре́жный • **il est négligent dans son travail** он небре́жен в рабо́те

négliger *v* небре́жно относи́ться *(к + D)* (относи́ться ④ / отнести́сь* [IV, отнесу́сь, отнесёшься - отнёсся, отнесла́сь ③]), пренебрега́ть / пренебре́чь* [IV, пренебрегу́, пренебрежёшь, пренебрегу́т - пренебрёг, пренебрегла́] ③ *(+ I) littéraire* • **négliger son travail** небре́жно относи́ться к свое́й рабо́те • **négliger ses obligations** пренебрега́ть свои́ми обя́занностями

négociation *nf* перегово́ры *pl t (*перегово́ров, перегово́рам*)* • **mener des négociations diplomatiques** вести́ дипломати́ческие перегово́ры

neige *nf* снег* *(loc.* снегу́ ; *pl.* снега́, снего́в, снега́м*)* ⑧ • une neige épaisse глубо́кий снег • il est tombé de la neige cette nuit но́чью вы́пал снег • les neiges éternelles ве́чные снега́
◉ un bonhomme de neige сне́жная ба́ба • une boule de neige снежо́к › **s'amuser à lancer des boules de neige** игра́ть в снежки́ • un flocon de neige снежи́нка › **des flocons de neige tournoyaient dans l'air** в во́здухе кружи́лись снежи́нки • une tempête de neige мете́ль *f* › **une tempête de neige s'éleva** подняла́сь мете́ль

neiger *v* il neige снег идёт • il neigeait très fort шёл си́льный снег • il s'est mis à neiger пошёл снег • il ne neigeait plus снег переста́л

néon *nm* нео́н
◉ au néon нео́новый › **des enseignes au néon** нео́новые вы́вески

nerf *nm* нерв • il faut avoir les nerfs solides нужны́ кре́пкие не́рвы • elle me porte sur les nerfs она́ мне де́йствует на не́рвы

nerveux *adj* не́рвный • le système nerveux не́рвная систе́ма • des gestes nerveux не́рвные же́сты • tu me rends nerveux ты меня́ нерви́руешь

n'est-ce pas *loc adv* пра́вда • un homme étonnant, n'est-ce pas ? удиви́тельный челове́к, пра́вда?

net [1] *adj* **1.** *(clair)* я́сный ⑤, отчётливый *(distinct)* • des idées nettes я́сные мы́сли • une réponse nette я́сный отве́т • une image nette отчётливое изображе́ние • une prononciation nette отчётливое произноше́ние **2.** *(propre)* чи́стый ⑤ *(comp.* чи́ще**)* • du linge net чи́стое бельё **3.** *(par opposition à brut)* чи́стый ⑤ • poids net чи́стый вес • le bénéfice net чи́стая при́быль

net [2] *adv* **1.** *(brusquement)* сра́зу • elle s'est arrêtée net она́ сра́зу останови́лась **2.** *(carrément)* на́чисто • refuser net отказа́ться на́чисто **3.** *(sur le coup)* напова́л • il a été tué net он был уби́т напова́л

net [3] *nm (Internet)* сеть • vu sur le net уви́денное в сети́

nettement *adv* **1.** *(distinctement)* отчётливо • on voyait nettement chaque objet ка́ждый предме́т отчётливо видне́лся **2.** *(beaucoup)* намно́го • il est nettement plus fort que moi он намно́го сильне́е меня́

nettoyage *nm* чи́стка • donner un costume au nettoyage отда́ть костю́м в чи́стку
◉ faire le nettoyage par le vide радика́льная убо́рка

nettoyer *v* **1.** *(gén)* чи́стить / почи́стить вы́чистить • nettoyer la baignoire почи́стить ва́нну • nettoyer ses chaussures почи́стить боти́нки **2.** *(essuyer)* протира́ть / протере́ть* [IV, протру́, протрёшь - протёр, протёрла - протёртый] • nettoyer ses lunettes протере́ть очки́ **3.** *(faire le ménage)* убира́ть / убра́ть* [IV, уберу́, уберёшь - убра́л, убрала́, убра́ло, убра́ли] ⑤ • nettoyer la chambre убра́ть ко́мнату

neuf [1] *adj (nouveau)* но́вый ⑤ • ce costume est encore tout neuf костю́м ещё совсе́м но́вый
■ neuf *nm* но́вое • quoi de neuf ? что у вас но́вого?

neuf [2] *adj num* **1.** *(gén)* де́вять • neuf euros де́вять е́вро • à neuf kilomètres de la ville в девяти́ киломе́трах от го́рода • nous étions neuf нас бы́ло де́вять **2.** *(au sens de neuvième, dans l'expression de la date)* девя́тый • il est arrivé le 9 octobre он прие́хал 9-го октября́ (девя́того октября́) • à la page neuf на девя́той страни́це • Charles IX Карл IX (Карл Девя́тый) **3.** *(aux cartes)* девя́тка • un neuf de cœur девя́тка черве́й
◉ neuf cents девятьсо́т › **neuf cents ans** девятьсо́т лет › **avec neuf cents soldats** с девятьюста́ми солда́тами

neuf-centième *adj num* девятисо́тый

neutralité *nf* **1.** *(droit international)* нейтралите́т • garder la neutralité сохрани́ть нейтралите́т **2.** *(dans les autres cas)* нейтра́льность *f*

neutre[1] *adj* **1.** нейтра́льный • les pays neutres нейтра́льные стра́ны **2.** (GRAMM) сре́днего ро́да • un substantif neutre существи́тельное сре́днего ро́да

neutre[2] *nm (genre grammatical)* сре́дний род

neuvième[1] *adj num* **1.** *(gén)* девя́тый • le neuvième volume девя́тый том **2.** *(en parlant des étages)* деся́тый • j'habite au neuvième étage я живу́ на деся́том этаже́

neuvième[2] *nm* **1.** *(neuvième étage)* деся́тый эта́ж *(*эта́ж ③*)* • nous habitions au neuvième мы жи́ли на деся́том этаже́

2. *(fraction)* девя́тая *(adj subst f)* • les quatre neuvièmes четы́ре девя́тых

Néva *nf* Нева́

neveu *nm* племя́нник

nez *nm* нос* *(loc.* носу́ ⑧② *) (l'accent passe sur la préposition dans toutes les expressions figées comportant les groupes* за́ нос, на́ нос, по́ носу *et* по́д носом*)* • un nez en pied de marmite нос карто́шкой • mener ses parents par le bout du nez води́ть роди́телей за́ нос • parler du nez говори́ть в нос • ne pas voir plus loin que le bout de son nez не ви́деть да́льше своего́ но́са • fourrer son nez où il ne faut pas сова́ть свой нос, куда́ не сле́дует • se trouver nez à nez avec son professeur столкну́ться но́сом к но́су со свои́м учи́телем
● ne pas mettre le nez dehors не высо́вывать но́са из ко́мнаты (высо́вывать / вы́сунуть)

ni *conj*
I NON RÉPÉTÉ
1. ET = **(да) и**
• **il ne veut ni ne peut renoncer** он не мо́жет отказа́ться, да и не хо́чет
2. OU BIEN = **или**
• **ne croyez pas que j'accepterai ni que je laisserai faire** не ду́майте, что я соглашу́сь или что я махну́ руко́й
II RÉPÉTÉ
1. GÉN = **ни... ни...**
• **ni à moi ni à toi** ни мне ни тебе́
• **ni l'un ni l'autre** ни тот ни друго́й
• **ni chair ni poisson** ни ры́ба ни мя́со
2. INTRODUISANT DES ADJECTIFS ATTRIBUTS = **не... но и не...**
• **il n'était ni riche ni pauvre** он не́ был бога́т, но и не бе́ден
● **sans rime ni raison** ни с того́ ни с сего́

niche *nf (à chien)* конура́ • le chien est couché dans sa niche соба́ка лежи́т в конуре́

nickel *nm* ни́кель *m*
● de nickel, en nickel ни́келевый › **du minerai de nickel** ни́келевая руда́

nid *nm* гнездо́ *(nom. pl.* гнёзда*)* ②① • faire son nid свить себе́ гнездо́ ~ *fig* • un nid de mitrailleuses пулемётное гнездо́

nièce *nf* племя́нница

nier *v* отрица́ть • nier l'évidence отрица́ть очеви́дность

nihilisme *nm* нигили́зм

nihiliste *nmf* нигили́ст *m*, нигили́стка *f*

niveau *nm* у́ровень *m* • à une altitude de 4 000 mètres au-dessus du niveau de la mer на высоте́ 4 000 ме́тров над у́ровнем мо́ря • le niveau de vie de la population жи́зненный у́ровень населе́ния
● un passage à niveau перее́зд › **au passage à niveau, la barrière était fermée** на перее́зде был опу́щен шлагба́ум

noble[1] *adj* **1.** *(qui a de grandes qualités morales)* благоро́дный • de nobles sentiments благоро́дные чу́вства **2.** *(appartenant à la noblesse)* дворя́нский • d'origine noble дворя́нского происхожде́ния

noble[2] *nmf* дворяни́н* *m (pl.* дворя́не, дворя́н, дворя́нам*)* ②①, дворя́нка *f*

noblesse *nf* **1.** *(générosité)* благоро́дство • la noblesse de l'âme благоро́дство души́ **2.** *(condition de noble, classe)* дворя́нство • la noblesse héréditaire пото́мственное дворя́нство

noce *nf (réjouissances qui accompagnent un mariage)* сва́дьба *(gén. pl.* сва́деб*)* • inviter ses amis à la noce пригласи́ть друзе́й на сва́дьбу
● *Les noces de Figaro* (Mozart) ***Сва́дьба Фи́гаро*** (Мо́царт)

nocturne ◪ *adj* ночно́й • une promenade nocturne ночна́я прогу́лка ◪ *nm (morceau de musique)* ноктю́рн

Noël *nm* Рождество́ • peu avant Noël незадо́лго до Рождества́
● un arbre de Noël ёлка › **décorer l'arbre de Noël** украсить ёлку • le Père Noël ═ Дед Моро́з

nœud *nm* **1.** *(gén)* у́зел ③② • défaire un nœud развяза́ть у́зел • un nœud ferroviaire железнодоро́жный у́зел • trancher le nœud gordien разруби́ть го́рдиев у́зел **2.** *(de ruban)* бант
● nœud coulant пе́тля • nœud papillon ба́бочка

noir[1] *adj* **1.** *(couleur)* чёрный ⑤, тёмный (темна́) *(en parlant de la nuit)* • une robe noire чёрное пла́тье • une barbe noire чёрная борода́ • du pain noir чёрный хлеб • au marché noir на чёрном ры́нке • une nuit noire тёмная ночь **2.** *fig* мра́чный • des idées noires мра́чные мы́сли

● il fait noir темно́ › comme il fait noir ! как темно́! › il faisait noir бы́ло темно́ • *Une nuit sur le mont Chauve* (Moussorgski) ***Ночь на Лы́сой горе́*** (Му́соргский)

noir² *nm (couleur)* чёрное *(adj subst nt)* • s'habiller en noir оде́ться в чёрное

Noir³ *nm (personne)* негр *(cas général)* ~ афро-американец *(d'Amérique)* ~ африка́нец *(d'Afrique)*

noircir *v (devenir noir)* черне́ть / почерне́ть • le plafond a noirci потоло́к почерне́л

Noire *nf* негритя́нка *(cas général)* ~ афроамериканка *(d'Amérique)* ~ африка́нка *(d'Afrique)*

noisetier *nm* оре́шник *(pas de pl)*

noisette *nf* (лесно́й) оре́х • casser des noisettes коло́ть оре́хи

noix *nf* (гре́цкий) оре́х • casser des noix коло́ть оре́хи
● noix de coco коко́совый оре́х

nom *nm* **1.** *(nom de famille)* фами́лия • son nom de jeune fille её деви́чья фами́лия • son nom est Dupont его́ фами́лия — Дюпо́н ~ *(prénom)* и́мя* *(gén., dat., loc., instr.* и́менем *; pl.* имена́, имён, имена́м*)* • comment savez-vous mon nom ? как вы узна́ли моё и́мя? • son nom est Pierre его́ и́мя — Пьер • tu sais son nom ? ты зна́ешь, как его́ зову́т? **2.** *(d'animal)* кли́чка • Milou, c'est le nom de mon chien Милу́ — кли́чка мое́й соба́ки **3.** *(d'objet)* назва́ние • le nom de cette plante назва́ние э́того расте́ния • j'ai oublié le nom de la rue я забы́л, как называ́ется у́лица **4.** (GRAMM) существи́тельное *(adj subst nt)*, и́мя существи́тельное • un nom féminin существи́тельное же́нского ро́да
● au nom de **a.** *(de la part de)* от и́мени *(+ G)* › au nom de tout notre groupe от и́мени на́шей деле́гации **b.** *(en considération de)* во и́мя *(+ G)* › au nom de notre amitié во и́мя на́шей дру́жбы **c.** *(dans l'expression au nom de la loi)* и́менем *(+ G)* › au nom de la loi и́менем зако́на • le nom de famille фами́лия • un nom commun и́мя нарица́тельное, и́мя* *(gén., dat., loc., instr.* и́менем *; pl.* имена́, имён, имена́м*)* • un nom propre и́мя со́бственное, и́мя* *(gén., dat., loc., instr.* и́менем *; pl.* имена́, имён, имена́м*)* • un nom de nombre и́мя числи́тельное, и́мя* *(gén., dat., loc., instr.* и́менем *; pl.* имена́, имён, имена́м*)*

nomade¹ *adj* **1.** кочево́й • les peuples nomades кочевы́е наро́ды • une vie nomade кочева́я жизнь **2.** *(mobile)* моби́льный • l'informatique nomade a changé les manières de travailler моби́льная информа́тика измени́ла мане́ру работа́ть

nomade² *nm* коче́вник • les Tatars étaient des nomades тата́ры бы́ли коче́вниками

nombre *nm* число́ ②① • un nombre entier це́лое число́ • un nombre fractionnaire дро́бное число́ • un nombre pair чётное число́ • en grand nombre в большо́м числе́

nombreux *adj* **1.** *(épithète)* многочи́сленный • une famille nombreuse многочи́сленная семья́ • une armée nombreuse многочи́сленное во́йско **2.** *(attribut)* мно́го *(+ G) (comp.* бо́льше*)* • nous étions nombreux нас бы́ло мно́го • cette année, les difficultés ont été encore plus nombreuses в э́том году́ тру́дностей ста́ло ещё бо́льше

nombril *nm* пупо́к

nominatif *nm* имени́тельный паде́ж *(*паде́ж ③*)* • le nominatif de l'adjectif имени́тельный паде́ж прилага́тельного

nomination *nf* назначе́ние • recevoir sa nomination à l'université получи́ть назначе́ние в университе́т

nommer *v* **1.** *(donner un nom)* называ́ть / назва́ть* [IV, назову́, назовёшь - назва́л, назвала́, назва́ло, назва́ли] ⑤ • ils ont nommé leur fils Vincent они́ назва́ли своего́ сы́на Венса́ном **2.** *(désigner à un emploi)* назнача́ть / назна́чить • on l'a nommé inspecteur его́ назна́чили инспе́ктором • on m'a nommé membre de la commission меня́ назна́чили в коми́ссию
■ se nommer *vp* en fait je me nomme Caroline а меня́ зову́т Кароли́н • comment tu te nommes ? как тебя́ зову́т? • cet enfant se nomme Sacha э́того ребёнка зову́т Са́ша

non *adv* **1.** *(le contraire de oui)* нет • non, il a tort нет, он не прав • il prétend que non он уверя́ет, что нет **2.** *(modifiant un adjectif, un substantif)* не • une maladie non contagieuse незара́зная боле́знь • des champignons non comestibles несъедо́бные грибы́ • la non-intervention невмеша́тельство • non seulement lui,

mais tous ses camarades не то́лько он, но и все его́ това́рищи • non sans difficultés не без труда́
● non plus то́же › je ne l'ai pas vu non plus я то́же не ви́дел его́ › vous n'êtes pas partis ? moi non plus вы не уе́хали? я то́же оста́лся

non-fumeur *adj* некуря́щий

non-sens *nm* бессмы́слица • un non-sens absolu соверше́нная бессмы́слица

nord [1] *adj* се́верный • la côte nord de l'île се́верный бе́рег о́строва • le pôle Nord се́верный по́люс

nord [2] *nm* се́вер • au nord de Paris к се́веру от Пари́жа • nous habitions alors dans le Nord мы жи́ли тогда́ на се́вере
● du nord се́верный › le vent du nord се́верный ве́тер

nord-africain *adj* се́веро-африка́нский
■ Nord-Africain *nm* се́веро-африка́нец

Nord-Africaine *nf* се́веро-африка́нка

nord-est ■ *adj inv* се́веро-восто́чный • la côte nord-est се́веро-восто́чный бе́рег • la banlieue nord-est се́веро-восто́чный при́город ■ *nm* се́веро-восто́к • au nord-est de Grenoble к се́веро-восто́ку от Грено́бля

nord-ouest ■ *adj inv* се́веро-за́падный • la côte nord-ouest се́веро-за́падный бе́рег • la banlieue nord-est се́веро-за́падный при́город ■ *nm* се́веро-за́пад • au nord-ouest de Lyon к се́веро-за́паду от Лио́на

normal *adj* норма́льный • sa température est normale его́ температу́ра норма́льная
● école normale педагоги́ческое учи́лище, ≈ педучи́лище

normalement *adv* норма́льно • tout se passe normalement всё идёт норма́льно

normand [1] *adj* **1.** *(concernant la Normandie ou ses habitants)* норма́ндский **2.** *(concernant les envahisseurs scandinaves)* норма́ннский

Normand [2] *nm* **1.** *(habitant de la Normandie)* норма́ндец **2.** *(envahisseur scandinave)* норма́нн

Norvège *nf* Норве́гия

norvégien *adj* норве́жский • les fjords norvégiens норве́жские фио́рды
■ norvégien *nm (langue)* норве́жский язы́к *(язы́к* ③*)* • étudier le norvégien изуча́ть норве́жский язы́к • un livre en norvégien кни́га на норве́жском языке́
● (en) norvégien *(accompagnant généralement un verbe)* по-норве́жски › parler norvégien говори́ть по-норве́жски
■ Norvégien *nm (homme)* норве́жец

Norvégienne *nf* норве́жка

nos → notre

notaire *nm* нота́риус

notamment *adv* в ча́стности • il avait une riche collection et notamment de très belles icônes у него́ была́ бога́тая колле́кция и, в ча́стности, великоле́пные ико́ны

note *nf* **1.** *(à l'école, à l'université)* отме́тка • avoir de bonnes notes получа́ть хоро́шие отме́тки **2.** *(ce que l'on note de peur de l'oublier)* заме́тка • des notes de voyage путевы́е заме́тки • des notes marginales заме́тки на поля́х кни́ги **3.** *(commentaire imprimé au bas d'une page, à la fin d'un ouvrage)* примеча́ние • les notes sont à la fin du livre примеча́ния помещены́ в конце́ кни́ги **4.** *(compte à acquitter)* счёт • où est la note du gaz ? где счёт за газ? **5.** *(diplomatie)* но́та • un échange de notes diplomatiques обме́н дипломати́ческими но́тами **6.** *(musique)* но́та • la note « fa » но́та «фа»
● prendre des notes запи́сывать (запи́сывать / записа́ть* [II, запишу́, запи́шешь] ④)

noter *v* **1.** *(consigner par écrit)* запи́сывать / записа́ть* [II, запишу́, запи́шешь] ④ • j'ai noté son adresse я записа́л его́ а́дрес **2.** *(remarquer)* замеча́ть / заме́тить • notez que ce n'est pas sans danger заме́тьте, что э́то небезопа́сно

notice *nf* инстру́кция • lire la notice explicative проче́сть инстру́кцию

notion *nf* поня́тие • je n'en ai pas la moindre notion я не име́ю об э́том ни мале́йшего поня́тия

notre *adj poss* **1.** *(le possesseur est sujet de la proposition)* свой *(peut souvent être omis)* • nous avons tout acheté avec notre argent мы всё купи́ли на свой де́ньги • nous avons amené notre fille мы на́шу до́чку привели́ **2.** *(le possesseur n'est pas sujet de la proposition)* наш • dans notre ville, il y a une église du XIIe siècle в нашем городе есть церковь XII века

nôtre *pron poss* **1.** *(le possesseur est sujet de la proposition)* наш • vous avez vos habitudes et nous les nôtres у вас свои привычки, а у нас свои **2.** *(le possesseur n'est pas sujet de la proposition)* наш • ce n'est pas votre voiture, c'est la nôtre это не ваша машина, а наша

nouer *v* завязывать / завязать* [II, завяжу, завяжешь] ④ • nouer sa cravate завязать галстук ~ *fig* • nouer une amitié avec un voisin завязать с соседом дружбу

nougat *nm* нуга

nouilles *nfpl* лапша • des nouilles au gratin запеканка из сухарей с лапшой

nourrice *nf* **1.** *(gardienne)* няня **2.** *(qui allaite)* кормилица • se faire nourrice идти в кормилицы

nourrir *v* **1.** *litt* кормить ④ / накормить ④ • nourrir un enfant à la cuiller кормить ребёнка с ложки **2.** *fig* питать • nourrir l'espoir питать надежду

■ se nourrir *vp* питаться • se nourrir de viande питаться мясом

nourriture *nf* **1.** *(aliment)* пища *(pour les humains)*, корм *(pour les animaux)* • une nourriture saine здоровая пища • donner aux chevaux leur nourriture дать лошадям корм **2.** *(alimentation)* питание • combien dépensez-vous pour la nourriture ? сколько вы тратите на питание?

nous ◪ *pron (gén)* мы • c'est nous это мы • nous venons de rentrer мы только что вернулись • Nicole était avec nous au théâtre Николь была с нами в театре • nous étions cinq нас было пятеро • vous ne nous avez pas vus ? вы нас не видели? • vous avez parlé de nous, sans doute ? вы, наверно, поговорили о нас • la pièce nous a beaucoup plu пьеса нам очень понравилась ◪ *pron réfl* → se

nouveau *adj* новый ⑤ • un nouveau médicament новое лекарство • une nouvelle méthode новый метод • pour le nouvel an к Новому году • rien de nouveau sous le soleil ничто не ново под солнцем

● la nouvelle lune молодой месяц • des pommes de terre nouvelles молодой картофель

■ nouveau *nm* **1.** *(élève)* новичок • le nouveau se leva et dit son nom новичок встал и назвал свою фамилию **2.** *(ce qui est récent)* новое *(adj subst nt)* • qu'est-ce qu'il y a de nouveau ? что у вас нового?

● à nouveau, de nouveau *(une fois encore)* снова › **il est de nouveau malade** он снова заболел

nouveau-né ◪ *adj* новорождённый • un enfant nouveau-né новорождённый ребёнок ◪ *nm* новорождённый *(adj subst m)*

nouveauté *nf* **1.** *(phénomène, objet)* новость *f* ①③, новинка *(livre, disque)* • les nouveautés de la technique новости техники • les nouveautés de la saison новости сезона • les dernières nouveautés de la littérature последние новинки литературы **2.** *(caractère)* новизна • la nouveauté de cette affaire новизна этого дела

nouvelle *nf* **1.** *(première annonce)* новость *f* ①③, известие • une agréable nouvelle приятная новость • nous avons reçu de ses nouvelles avant-hier от неё мы получили известия позавчера **2.** *(petit récit)* повесть *f* ①③ • un recueil de nouvelles сборник повестей

● donne-nous de tes nouvelles пиши о себе • il aura de mes nouvelles будет он меня помнить!

■ nouvelles *nfpl (émission d'information)* новости

novembre *nm* ноябрь *m* ③ • au mois de novembre в ноябре • c'était le 7 novembre это было 7-го ноября

noyau *nm* **1.** *(de fruit)* косточка • des noyaux de cerise вишнёвые косточки **2.** (PHYS) ядро *(gén. pl. ядер)* ②① • le noyau atomique атомное ядро

noyer [1] *nm (arbre et bois)* орех, ореховое дерево • une armoire en noyer шкаф из ореха

noyer [2] *v* топить ④ / утопить ④ • noyer son chagrin dans l'alcool *fig* утопить горе в вине

■ se noyer *vp* **1.** *(involontairement)* тонуть ④ / утонуть ④ • il ne savait pas nager et il s'est noyé он не умел плавать и утонул **2.** *(volontairement)* топиться ④ / утопиться ④ • il s'est noyé de chagrin с горя утопился

nu *adj* го́лый ⑤ • **tout nu** соверше́нно го́лый • **la poitrine nue** с го́лой гру́дью • **des murs nus** го́лые сте́ны
● **à l'œil nu** невооружённым гла́зом • **pieds nus** босо́й *(adj)*, босико́м *(adv)* › **un garçon pieds nus** босо́й ма́льчик › **aller pieds nus** идти́ босико́м • **tête nue** с непокры́той голово́й

nuage *nm* о́блако* *(gén. pl.* облако́в*)* ①② *(petit nuage clair)*, ту́ча *(gros nuage noir)* • **des nuages blancs** бе́лые облака́ • **un nuage d'orage** грозова́я ту́ча ~ *(par extension)* • **un nuage de fumée** о́блако ды́ма • **un nuage de poussière** о́блако пы́ли • **un nuage radio-actif** радиоакти́вное о́блако
● **être dans les nuages** *fig* вита́ть в облака́х • **sans nuages** безо́блачный › **un ciel sans nuages** безо́блачное не́бо › **un bonheur sans nuages** безо́блачное сча́стье

nuageux *adj (couvert de nuages)* о́блачный • **un ciel nuageux** о́блачное не́бо

nuance *nf* отте́нок, нюа́нс • **diverses nuances de rouge** ра́зные отте́нки кра́сного цве́та • **avec une nuance d'ironie** с отте́нком иро́нии • **les nuances de l'intonation** нюа́нсы интона́ции

nucléaire *adj* я́дерный • **la physique nucléaire** я́дерная фи́зика • **les armes nucléaires** я́дерное ору́жие

nuée *nf (multitude)* ту́ча • **une nuée de mouches** ту́ча мух

nuire *v* вреди́ть / повреди́ть *(+ D)* • **cela nuit à sa santé** э́то вреди́т его́ здоро́вью

nuisible *adj* вре́дный ⑤ • **des insectes nuisibles** вре́дные насеко́мые

nuit *nf* **1.** *(par opposition à jour)* ночь *f (l'accent passe sur la préposition dans les groupes* до́ ночи, за́ ночь *et dans les expressions figées comportant le groupe* на́ ночь*)* ⑧② • **j'ai travaillé toute la nuit** я рабо́тал всю ночь • **dans la nuit de mardi à mercredi** в ночь со вто́рника на сре́ду • **la nuit tomba** наступи́ла ночь **2.** *(au sens de pendant la nuit)* но́чью *(adv)* • **il est arrivé de nuit** он прие́хал но́чью • **tard dans la nuit** по́здно но́чью • **la nuit, je dors** но́чью я сплю • **mon frère rentre cette nuit** мой брат возвраща́ется сего́дня но́чью • **nuit et jour** днём и но́чью
● **bonne nuit !** споко́йной но́чи! • **de nuit** *(qualifiant un substantif)* ночно́й › **un train de nuit** ночно́й по́езд › **un oiseau de nuit** ночна́я пти́ца • **la nuit porte conseil** у́тро ве́чера мудрене́е • **la nuit, tous les chats sont gris** но́чью все ко́шки се́ры

nul *adj* **1.** *(non valable)* недействи́тельный • **le testament est nul** завеща́ние недействи́тельно **2.** *(très faible)* о́чень сла́бый *(сла́бый ⑤)* • **un devoir nul** о́чень сла́бая рабо́та • **il est nul en physique** он о́чень слаб по фи́зике
● **à l'impossible nul n'est tenu** на нет и суда́ нет • **nul n'est prophète en son pays** нет проро́ка в своём оте́честве • **partie nulle** ничья́ *(pron subst f)*

numéro *nm* но́мер* *(nom. pl.* номера́*)* ①② • **le numéro de téléphone** но́мер телефо́на • **le numéro de la maison** но́мер до́ма • **ils habitent au numéro 20** они́ живу́т в до́ме но́мер 20 • **le numéro d'une voiture** но́мер маши́ны • **dans le dernier numéro du journal** в после́днем но́мере журна́ла

numéroter *v* нумерова́ть / пронумерова́ть • **numéroter les pages d'un document** пронумерова́ть страни́цы докуме́нта

nu-pieds *adv* босико́м • **marcher nu-pieds** ходи́ть босико́м

nuque *nf* заты́лок

nu-tête *adv* с непокры́той голово́й

O

obéir *v* слу́шаться / послу́шаться *(+ G)* • obéir à ses parents слу́шаться роди́телей

obéissant *adj* послу́шный • un enfant obéissant послу́шный ребёнок

obélisque *nm* обели́ск • l'obélisque de Louxor луксо́рский обели́ск

objectif [1] *adj* объекти́вный • un jugement objectif объекти́вное сужде́ние

objectif [2] *nm (en optique)* объекти́в • l'objectif du microscope объекти́в микроско́па

objection *nf* возраже́ние • une objection de poids ве́ское возраже́ние

objet *nm* предме́т • des objets de première nécessité предме́ты пе́рвой необходи́мости • l'objet de la discussion предме́т спо́ра • être l'objet de railleries быть предме́том насме́шек

obligation *nf (prescription morale)* обя́занность *f* • remplir ses obligations выполня́ть свои́ обя́занности
• tu peux venir avec moi, mais ce n'est pas une obligation ты мо́жешь пойти́ со мной, но э́то не обяза́тельно

obligatoire *adj* обяза́тельный • l'enseignement obligatoire обяза́тельное обуче́ние • une matière obligatoire обяза́тельный предме́т

obligatoirement *adv* обяза́тельно • il doit obligatoirement arriver avant six heures он до́лжен обяза́тельно прийти́ до шести́

obliger *v* заставля́ть / заста́вить *(jamais au passif)* • il m'a obligé à travailler он заста́вил меня́ рабо́тать
• j'ai été obligée de partir я была́ вы́нуждена уе́хать • il a été obligé de rentrer chercher son livre он был вы́нужден верну́ться за кни́гой

oblique *adj* ко́свенный • les rayons obliques du soleil ко́свенные лучи́ со́лнца

obscur *adj* тёмный ③ *(тёмен, темна́, темно́, темны́)* • un escalier obscur тёмная ле́стница ~ *fig* • il y a encore un passage obscur pour moi dans ce texte остаётся ещё одно́ тёмное для меня́ ме́сто в э́том те́ксте • un obscur pressentiment тёмное предчу́вствие

obscurité *nf* темнота́ • rester dans l'obscurité totale сиде́ть в по́лной темноте́

obsédé *adj* одержи́мый • il était obsédé par cette idée он был одержи́м э́той иде́ей

observateur *adj* наблюда́тельный • un regard observateur наблюда́тельный взгляд
■ observateur *nm* наблюда́тель *m* • un observateur impartial беспристра́стный наблюда́тель

observation *nf* **1.** *(étude, examen)* наблюде́ние • des observations du plus haut intérêt о́чень це́нные наблюде́ния **2.** *(remarque, réprimande)* замеча́ние • je voudrais faire une observation я хоте́л бы сде́лать одно́ замеча́ние • faire une observation à un élève сде́лать ученику́ замеча́ние **3.** *(le fait de se conformer à un règlement)* соблюде́ние • veiller à l'observation de la loi следи́ть за соблюде́нием зако́на
• un poste d'observation наблюда́тельный пункт

observatoire *nm* обсервато́рия

observer *v* **1.** *(respecter)* соблюда́ть • observer les règles соблюда́ть пра́вила • observer un régime sans sel соблюда́ть бессолеву́ю дие́ту **2.** *(examiner, étudier)* наблюда́ть *(+ A,* за *+ I)* • observer la nature наблюда́ть приро́ду • observer le vol d'une abeille наблюда́ть за полётом пчелы́

obstacle *nm* препя́тствие • **surmonter tous les obstacles** преодоле́ть все препя́тствия

obstiner
■ **s'obstiner** *vp* **et pourquoi donc je m'obstine à continuer ?** а зачём я так упо́рно хочу́ продолжа́ть? • **elle s'obstine à ne rien dire** она́ упо́рно молчи́т

obtenir *v* получа́ть / получи́ть ④, добива́ться / доби́ться* [II, добью́сь, добьёшься - добе́йся] *(+ G)* • **j'obtiens un résultat inexact** результа́т я получи́л непра́вильный • **il a enfin obtenu ce qu'il voulait** он, наконе́ц, доби́лся своего́

obus *nm* снаря́д • **un obus éclata tout près** ря́дом разорва́лся снаря́д • **un éclat d'obus** оско́лок снаря́да
● **un trou d'obus** воро́нка

occasion *nf* слу́чай *m*, возмо́жность *f* *(possibilité)* • **profiter de l'occasion** воспо́льзоваться слу́чаем • **à la première occasion** при пе́рвом слу́чае, при пе́рвой возмо́жности • **si l'occasion se présente** е́сли предста́вится слу́чай, е́сли предста́вится возмо́жность • **manquer une occasion** упусти́ть возмо́жность
● **d'occasion** *(qualifiant un substantif)* поде́ржанный › **des meubles d'occasion** подержанная ме́бель • **acheter une voiture d'occasion** купи́ть подержа́нный автомоби́ль

Occident *nm* за́пад • **les relations commerciales entre l'Occident et l'Extrême-Orient** торго́вые отноше́ния ме́жду За́падом и Да́льним Восто́ком • **la situation est différente en Occident** на За́паде положе́ние друго́е

occidental *adj* за́падный • **la côte occidentale** за́падный бе́рег • **les pays occidentaux** за́падные стра́ны

occidentaliste *nm* за́падник • **les occidentalistes et les slavophiles** за́падники и славянофи́лы

occupation *nf* **1.** *(activité)* заня́тие • **il a trouvé une occupation à son goût** он нашёл себе́ заня́тие по вку́су **2.** *(domination militaire)* оккупа́ция
● **d'occupation** оккупацио́нный › **les troupes d'occupation** оккупацио́нные войска́

occuper *v* **1.** *(gén)* занима́ть / заня́ть* [IV, займу́, займёшь - за́нял, заняла́, за́няло, за́няли ⑤ - за́нятый, за́нят, занята́, за́нято, за́няты ⑤] • **l'armoire occupe beaucoup de place** шкаф занима́ет мно́го ме́ста • **je suis très occupé** я о́чень за́нят • **la place est occupée** ме́сто за́нято • **occuper une place forte** заня́ть кре́пость **2.** *(soumettre un territoire, un pays)* оккупи́-ровать / оккупи́ровать • **les territoires occupés par l'ennemi** террито́рии, оккупи́рованные неприя́телем
■ **s'occuper de** *vp* занима́ться / заня́ться* [IV, займу́сь, займёшься - заня́лся́, заняла́сь] *(+ I)* • **demain, je vais m'occuper de cette affaire** за́втра займу́сь э́тим де́лом

océan *nm* океа́н • **l'océan Atlantique** Атланти́ческий океа́н
● **c'est une goutte d'eau dans l'océan** э́то ка́пля в мо́ре

octobre *nm* октя́брь *m* ③ • **c'était au mois d'octobre** э́то бы́ло в октябре́ • **nous sommes arrivés le 6 octobre** мы прие́хали 6-го октября́
● **d'octobre** октя́брьский › **un temps d'octobre** октя́брьская пого́да

oculiste *nmf* окули́ст

odeur *nf* за́пах • **répandre une mauvaise odeur** распространя́ть дурно́й за́пах

odieux *adj* гну́сный ⑤ • **une odieuse calomnie** гну́сная клевета́

œil *nm* **1.** глаз* *(loc.* глазу́ *; pl.* глаза́, глаз*)* ⑧⑥ • **des yeux bleus** голубы́е глаза́ • **des yeux marron** ка́рие глаза́ • **fermer les yeux** закры́ть глаза́ • **cligner des yeux** мига́ть глаза́ми • **chercher un enfant des yeux** иска́ть ребёнка глаза́ми • **écarquiller les yeux** вы́таращить глаза́ • **baisser modestement les yeux** скро́мно опуска́ть глаза́ • **ça saute aux yeux** э́то броса́ется в глаза́ • **à l'œil nu** невооружённым гла́зом • **tu fermes les yeux sur ses défauts** ты закрыва́ешь глаза́ на его́ недоста́тки • **ne pas en croire ses yeux** не ве́рить свои́м глаза́м • **ne pas quitter la route des yeux** не спуска́ть глаз с доро́ги • **pour ses beaux yeux** ра́ди её прекра́сных глаз • **entre quatre yeux** с гла́зу на глаз* • **regarder de tous ses yeux** смотре́ть во все глаза́ **2.** *arch & poét* о́ко* *(pl.* о́чи, оче́й, оча́м*)* ①③ • **œil pour œil, dent pour dent** о́ко за о́ко, зуб за́ зуб • **les Yeux noirs** *(chanson tsigane)* О́чи чёрные

◆ coup d'œil взгляд › **jeter un coup d'œil** бросить взгляд • au premier coup d'œil с первого взгляда • en un clin d'œil в одно мгновение • faire les yeux doux строить глазки • loin des yeux, loin du cœur с глаз долой — из сердца вон • jeter de la poudre aux yeux пускать пыль в глаза

œuf *nm* **1.** *(d'oiseaux, d'insectes)* яйцо *(pl.* яйца, яиц, яйцам *)* ②⑤ • la poule pond des œufs курица несёт яйца • des œufs de poule куриные яйца • un œuf dur крутое яйцо • un œuf à la coque яйцо всмятку • un œuf au plat яичница глазунья • un œuf en chocolat шоколадное яйцо • des œufs de Pâques пасхальные яйца **2.** *(de poissons, de batraciens et autres animaux aquatiques)* икра *(pas de pl)* • les poissons pondent des œufs рыбы мечут икру
◆ d'œuf(s) яичный › **une coquille d'œuf** яичная скорлупа

œuvre *nf* **1.** *(travail)* работа, дело • il est temps de se mettre à l'œuvre пора взяться за работу, пора взяться за дело **2.** *(production artistique, littéraire)* произведение, творчество *(pas de pl) (ensemble des ouvrages)* • œuvres choisies de Victor Hugo избранные произведения Виктора Гюго • une œuvre d'art произведение искусства • l'œuvre d'Apollinaire творчество Аполлинера
◆ les œuvres complètes de Balzac полное собрание сочинений Бальзака • mettre tout en œuvre пустить в ход все средства

offenser *v* оскорблять / оскорбить • son refus m'a profondément offensé его отказ меня глубоко оскорбил

offensive *nf* наступление • passer à l'offensive перейти в наступление

officiel *adj* официальный • un communiqué officiel официальное сообщение • un ton officiel официальный тон • le site officiel du musée du Louvre официальный сайт музея Лувр

officier *nm (dans l'armée)* офицер • un officier de liaison офицер связи • un officier de marine офицер флота

offre *nf* предложение • la demande dépasse l'offre спрос превышает предложение

offrir *v* **1.** *(proposer)* предлагать / предложить ④ • offrir une chaise предложить стул • offrir ses services предложить свои услуги **2.** *(donner en cadeau)* дарить ④ / подарить ④, подносить ④ / поднести* [IV, поднесу, поднесёшь - поднёс, поднесла ③ - поднесённый] *(remettre en main)*, преподносить ④ / преподнести* [IV, преподнесу, преподнесёшь - преподнёс, преподнесла ③ - преподнесённый] *littéraire* • mon père m'a offert des skis отец подарил мне лыжи • offrir un bouquet поднести букет • on lui a solennellement offert une coupe d'argent ему торжественно преподнесли серебряный кубок **3.** *(comporter)* представлять / представить • cela n'offre pas de difficultés это не представляет затруднений

oh *interj* **1.** ох • oh ! que je voudrais la voir ох, как я бы хотел её видеть **2.** ой • oh ! que j'ai mal ! ой, как больно!

oie *nf* **1.** *(mâle ou femelle)* гусь *m* ①③ • des oies sauvages дикие гуси **2.** *(femelle seulement)* гусыня

oignon *nm* **1.** *(légume)* лук • une tête d'oignon головка лука **2.** *(bulbe de certaines plantes)* луковица • un oignon de tulipe луковица тюльпана

oiseau *nm* птица *dim.* птичка • les oiseaux migrateurs перелётные птицы • un oiseau de proie хищная птица • l'Oiseau de feu жар-птица
◆ d'oiseau птичий *(adj d'appart)* › **un bec d'oiseau** птичий клюв › **à vol d'oiseau** с птичьего полёта

oisif *adj* праздный • une vie oisive праздная жизнь

olive *nf (fruit)* маслина, оливка
◆ d'olive оливковый › **de l'huile d'olive** оливковое масло

olivier *nm* оливковое дерево *(*дерево* ; pl.* деревья, деревьев, деревьям*)*, олива

olympique *adj* олимпийский • les jeux olympiques олимпийские игры

ombre *nf* тень *f* ⑧③ • au soleil et à l'ombre на солнце и в тени • trente degrés à l'ombre тридцать градусов в тени • les ombres des arbres тени от деревьев ~ *fig* • il n'y avait pas l'ombre d'un doute не было ни тени сомнения

omelette *nf* омлет • une omelette aux champignons омлет с грибами
◆ on ne fait pas d'omelette sans casser les œufs лес рубят — щепки летят

on *pron*

1. QQN, QUELQUES PERSONNES *employer la troisième personne du pluriel sans pronom*
• **on dit qu'il va bientôt arriver** говоря́т, что он ско́ро прие́дет
• **on ne les a pas trouvés** их не нашли́
• **on m'a remis cette lettre pour vous** мне пе́редали для вас э́то письмо́
• **on te demande au téléphone** тебя́ про́сят к телефо́ну

2. LES GENS = **лю́ди** *pl t* (люде́й, лю́дям, людьми́, лю́дях)
• **autrefois, on se contentait de peu** в старину́ лю́ди дово́льствовались немно́гим

3. N'IMPORTE QUELLE PERSONNE *employer la deuxième personne du singulier sans pronom*
• **on travaille, on travaille et personne ne vous en sait gré** рабо́таешь, рабо́таешь, а благода́рности ни от кого́ не́ту

4. CORRESPONDANT AU PASSIF
• **l'an passé, on a construit de nouvelles stations de métro** в про́шлом году́ бы́ли постро́ены но́вые ста́нции метро́
• **combien produit-on d'automobiles par an ?** ско́лько выпуска́ется автомоби́лей в год?
• **comment ouvre-t-on la portière ?** как открыва́ется две́рца?

5. REMPLAÇANT LE PRONOM PERSONNEL **NOUS = мы**
• **on parlait de vous** мы о вас говори́ли
• **on a les mêmes goûts** у нас одина́ковые вку́сы
• **si on y allait ?** пойдём, что ли?

6. REMPLAÇANT LE PRONON PERSONNEL **VOUS = вы**

oncle *nm* дя́дя *m* • **mon oncle André, le frère de ma mère** мой дя́дя Андре́й, брат мое́й ма́тери

onde *nf* волна́ *(gén. pl.* волн*)* ②⑦ • **la longueur d'onde** длина́ волны́ • **les ondes courtes** коро́ткие во́лны • **les ondes moyennes** сре́дние во́лны • **les grandes ondes** дли́нные во́лны

Onega *nm*
■ **le lac Onega** Оне́жское о́зеро

ongle *nm* но́готь *m* ①③ • **se couper les ongles** обре́зать себе́ но́гти • **se ronger les ongles** грызть но́гти • **du vernis à ongles** лак для ногте́й

ONU (*abr de* Organisation des Nations unies) *nf* ООН *(Организа́ция Объединённых На́ций)*

onze *adj num* **1.** *(gén)* оди́ннадцать • **onze euros** оди́ннадцать е́вро • **à onze mètres du mur** в оди́ннадцати ме́трах от стены́ **2.** *(numéro, date)* оди́ннадцатый • **je suis rentré le 11 mars** я верну́лся 11-го ма́рта • **à la page onze** на оди́ннадцатой страни́це • **Louis XI** Людо́вик XI (Людо́вик Оди́ннадцатый)

onzième *adj num* оди́ннадцатый • **au XIe siècle** в XI ве́ке (в оди́ннадцатом ве́ке)

opéra *nm* **1.** *(œuvre musicale)* о́пера • **un opéra de Tchaïkovski** о́пера Чайко́вского **2.** *(bâtiment)* о́перный теа́тр
■ **d'opéra** о́перный › **un chanteur d'opéra** о́перный певе́ц

opération *nf* **1.** *(gén)* опера́ция • **nous avons mis au point le plan de l'opération** мы разрабо́тали план опера́ции • **une opération financière** фина́нсовая опера́ция • **elle a subi une grave opération** она́ перенесла́ тяжёлую опера́цию **2.** *(opérations militaires)* де́йствия *pl t* (де́йствий, де́йствиям) • **les opérations militaires** вое́нные де́йствия
■ **faire une opération** *(faire un calcul)* произвести́ вычисле́ние • **salle d'opération** операцио́нная *(adj subst f)*

opérer *v* опери́ровать / прооперн́ровать • **on l'a opéré mardi dernier** его́ проопери́ровали в про́шлый вто́рник • **se faire opérer** опери́роваться › **je me suis fait opérer du genou** мне проопери́ровали коле́но

opérette *nf* опере́тта, опере́тка *fam* • **les opérettes d'Offenbach** опере́тты О́ффенбаха

opinion *nf* **1.** *(avis)* мне́ние • **une opinion préconçue** предвзя́тое мне́ние • **partager l'opinion de la majorité** раздели́ть мне́ние большинства́ • **ne pas avoir une haute opinion des journalistes** быть невысо́кого мне́ния о журнали́стах **2.** *(conviction)* убежде́ние • **ses opinions politiques** его́ полити́ческие убежде́ния

opposé *adj* противополо́жный • **sur la rive opposée** на противополо́жном берегу́ • **des intérêts opposés** противополо́жные интере́сы

opposition *nf* **1.** *(résistance)* сопротивле́ние • **rencontrer une forte opposition** встреча́ть си́льное сопротивле́ние **2.** *(groupe antigouvernemental)* оппози́ция
■ **de l'opposition** *(antigouvernemental)* оппозицио́нный › **les partis de l'opposition** оппозицио́нные па́ртии

opprimé *adj* угнетённый ③ *(*угнетён, угнетена́*)* • les peuples opprimés угнетённые наро́ды

opprimer *v* угнета́ть / угнести́* [IV, угнету́, угнетёшь *(passé inusité) part.* угнетённый] • opprimer le peuple угнета́ть наро́д

opticien *nm* **1.** *(personne)* о́птик **2.** *(magasin)* опти́ческтй магази́н

optimisme *nm* оптими́зм • je ne partage pas son optimisme я не разделя́ю его́ оптими́зма

optimiste *adj* оптимисти́ческий • un point de vue optimiste оптимисти́ческие взгля́ды
● être optimiste быть оптими́стом, быть оптими́сткой › **il est optimiste** он оптими́ст › **elle est optimiste** она́ оптими́стка
■ optimiste *nmf* оптими́ст *m*, оптими́стка *f*

option *nf* **1.** *(matière scolaire)* факультати́в • j'ai pris latin en option факультати́вом я вы́брал латы́нь **2.** *(sur une voiture)* о́пция • la climatisation est en option sur le modèle de base систе́ма кондициони́рования предлага́ется в ка́честве о́пции к ба́зовой моде́ли

or [1] *nm* зо́лото • un bracelet en or pur брасле́т из чи́стого зо́лота • tout ce qui brille n'est pas or не всё то зо́лото, что блести́т
● d'or, en or золото́й › **des mines d'or** золоты́е при́иски › **une broche en or** золота́я брошь

or [2] *conj* а • à huit heures, nous attendions toujours, or il était parti в во́семь часо́в мы всё ещё жда́ли, а он уе́хал

orage *nm* гроза́ ②① • un orage éclata разрази́лась гроза́

orageux *adj* **1.** *(agité)* бу́рный • une séance orageuse бу́рное заседа́ние **2.** *(accompagné d'orages)* грозово́й • un été orageux грозово́е ле́то

oral *adj* у́стный • un examen oral у́стный экза́мен
■ oral *nm* у́стный экза́мен, у́стный *(adj subst m) fam* • elle a échoué à l'oral она́ провали́лась на у́стном

orange[1] *adj* ора́нжевый • une couverture orange ора́нжевая обло́жка

orange[2] *nf* апельси́н
● d'orange(s) апельси́новый › **de la confiture d'oranges** апельси́новое варе́нье › **jus d'orange** апельси́новый сок

oranger *nm* апельси́новое де́рево, де́рево* *(pl.* дере́вья, дере́вьев, дере́вьям*)* ①②

orateur *nm* ора́тор

orbite *nf (trajectoire)* орби́та • mettre sur orbite вы́вести на орби́ту

orchestre *nm* орке́стр • un orchestre à cordes стру́нный орке́стр • un orchestre symphonique симфони́ческий орке́стр

ordinaire *adj (habituel)* обыкнове́нный • c'est leur nourriture ordinaire э́то их обыкнове́нная пи́ща
● d'ordinaire обы́чно, обыкнове́нно › **comme d'ordinaire** как обы́чно

ordinateur *nm* компью́тер

ordonnance *nf (médicale)* реце́пт • faire une ordonnance написа́ть реце́пт

ordonné *adj* упоря́доченный
● être ordonné *(aimer l'ordre)* люби́ть поря́док

ordonner *v* **1.** *(donner des ordres)* прика́зывать / приказа́ть* [II, прикажу́, прика́жешь] ④ • le directeur a ordonné à tous de se préparer au départ дире́ктор приказа́л всем пригото́виться к отъе́зду **2.** *(prescrire)* предпи́сывать / предписа́ть* [II, предпишу́, предпи́шешь] ④ • le docteur lui a ordonné le repos absolu врач предписа́л ему́ по́лный поко́й

ordre *nm* **1.** *(disposition harmonieuse)* поря́док • mettre en ordre привести́ в поря́док • mettre de l'ordre навести́ поря́док • par ordre alphabétique в алфави́тном поря́дке • c'est dans l'ordre des choses э́то в поря́дке веще́й **2.** *(ce qu'il est ordonné de faire)* прика́з • donner un ordre отда́ть прика́з • exécuter un ordre испо́лнить прика́з

ordures *nfpl (ménagères)* му́сор • le ramassage des ordures сбор му́сора • le tri des ordures ménagères сортиро́вка бытовы́х отхо́дов

oreille *nf* **1.** *(organe)* у́хо* *(pl.* у́ши, уше́й, уша́м*)* ①③ *(l'accent passe sur la préposition dans les groupes* за́ ухо, за́ уши, на́ ухо *et* по́ уши*)* • de longues oreilles дли́нные у́ши • se boucher les oreilles заткну́ть у́ши • tirer les oreilles à un

enfant драть ребёнка за́ уши • **rougir jusqu'aux oreilles** покрасне́ть до уше́й • **dire des mots doux à l'oreille** говори́ть на́ ухо не́жности • **je l'ai entendu de mes propres oreilles** я э́то слы́шал свои́ми уша́ми • **ne pas en croire ses oreilles** не ве́рить свои́м уша́м • **dresser l'oreille** навостри́ть у́ши • **il est dur d'oreille** он туг на́ ухо **2.** *(ouïe)* слух • **il a l'oreille fine** у него́ то́нкий слух • **une oreille musicale** музыка́льный слух • **elle n'a pas d'oreille** у неё нет слу́ха
● **faire la sourde oreille** притворя́ться глухи́м

oreiller *nm* поду́шка

organe *nm* о́рган • **les organes des sens** о́рганы чувств

À PROPOS DE...

Accentué sur la deuxième syllabe, le mot russe **орга́н** signifie orgue(s).

organisateur *nm* организа́тор • **l'organisateur de cette expédition** организа́тор э́той экспеди́ции

organisation *nf* организа́ция • **l'organisation du travail** организа́ция труда́ • **une organisation sportive** спорти́вная организа́ция

organiser *v* устра́ивать / устро́ить, организо́вывать / организова́ть • **organiser un spectacle** устро́ить спекта́кль • **organiser une excursion** организова́ть экску́рсию

organisme *nm* **1.** *(ensemble de services)* структу́ра • **un organisme de formation professionnelle** структу́ра профессиона́льного обуче́ния **2.** *(d'un être vivant)* органи́зм • **le développement de l'organisme** разви́тие органи́зма

orge *nf* ячме́нь *m* ③

orgue *nm* орга́н • **jouer de l'orgue** игра́ть на орга́не • **préludes pour orgue** прелю́дии для орга́на
● **orgue de Barbarie** шарма́нка
■ **orgues** *nfpl* орга́н

À PROPOS DE...

Accentué sur la première syllabe, le mot russe **о́рган** signifie organe.

orgueil *nm* **1.** *(fierté)* го́рдость *f* • **tu en parlais avec orgueil** ты с го́рдостью говори́л об э́том **2.** *(fatuité)* самодово́льство, чва́нство *littéraire*

orgueilleux *adj* го́рдый, гордели́вый

orient *nm* восто́к • **le Moyen-Orient** Сре́дний Восто́к • **en Extrême-Orient** на Да́льнем Восто́ке • **revenir du Proche-Orient** верну́ться с Бли́жнего Восто́ка

oriental *adj* восто́чный • **sur la frontière orientale du pays** на восто́чной грани́це страны́

orientation *nf* ориента́ция
● **avoir le sens de l'orientation** хорошо́ ориенти́роваться

orienter
■ **s'orienter** *vp* ориенти́роваться / сориенти́роваться • **s'orienter d'après les étoiles** ориенти́роваться по звёздам

originaire *adj* происходя́щий • **être originaire du Midi** быть южа́нином по происхожде́нию › **ses parents sont originaires de Normandie** его́ роди́тели ро́дом из Норма́ндии

original *adj* **1.** *(authentique)* по́длинный, оригина́льный • **voilà le texte original** вот по́длинный текст • **l'exemplaire original** оригина́льный экземпля́р **2.** *(singulier)* оригина́льный • **un point de vue original** оригина́льная то́чка зре́ния
■ **original** *nm* **1.** *(en parlant d'un objet)* оригина́л • **c'est l'original, nous n'achetons pas de copies** э́то оригина́л, мы ко́пий не покупа́ем **2.** *(en parlant d'une personne)* оригина́л, чуда́к ③② • **notre voisin est un original comme on en voit peu** наш сосе́д большо́й оригина́л

originalité *nf* оригина́льность *f* • **ses œuvres sont d'une grande originalité** его́ произведе́ния отлича́ются большо́й оригина́льностью

origine *nf* *(provenance, ascendance)* происхожде́ние • **l'origine de la vie** происхожде́ние жи́зни • **d'origine russe** ру́сского происхожде́ния

orner *v* украша́ть / укра́сить • **un sapin orné de guirlandes** ёлка, укра́шенная гирля́ндами

orphelin *nm* сирота́ *m* *(pl.* сиро́ты, сиро́т, сиро́там*)* ②① • **un orphelin de père et de mère** кру́глый сирота́

orpheline *nf* сирота́ *(pl.* сиро́ты, сиро́т, сиро́там*)* ②① • une orpheline de père et de mère кру́глая сирота́

orteil *nm* па́лец ноги́ • le gros orteil большо́й па́лец ноги́

orthodoxe[1] *adj* **1.** *(des Églises chrétiennes d'Orient)* правосла́вный • se convertir à la religion orthodoxe приня́ть правосла́вную ве́ру • l'église orthodoxe правосла́вная це́рковь **2.** *(conforme au dogme)* ортодокса́льный • une approche peu orthodoxe не сли́шком ортодокса́льный подхо́д

orthodoxe[2] *nmf* правосла́вный *(adj subst m)*, правосла́вная *(adj subst f)*

orthographe *nf* правописа́ние, орфогра́фия • les difficultés de l'orthographe française тру́дности францу́зской орфогра́фии

● d'orthographe орфографи́ческий › **des fautes d'orthographe** орфографи́ческие оши́бки

os *nm* кость *f* ①③ • ronger un os грызть кость • il n'a que les os et la peau у него́ то́лько ко́жа да ко́сти • j'étais trempé jusqu'aux os я промо́к до мо́зга косте́й

oser *v* сметь / посме́ть, осме́ливаться / осме́литься • il n'osait pas entrer он не смел войти́ • je n'ai pas osé lui dire ce que je pensais я не осме́лился сказа́ть ему́ то, что я ду́мал

Oslo *nm* О́сло* *m indécl*

otage *nmf* зало́жник *m*, зало́жница *f* • deux journalistes ont été pris en otage дво́е журнали́стов взя́ты в зало́жники

OTAN (*abr de* Organisation du traité de l'Atlantique Nord) *nm* НА́ТО* *f indécl*

ôter *v (gén)* снима́ть / снять* [IV, сниму́, сни́мешь ④ - снял, сняла́, сня́ло, сня́ли ⑤ - сня́тый, снят, снята́, сня́то, сня́ты ⑤] • ôter son manteau снять пальто́

● quatre ôté de six четы́ре из шести́

ou *conj* **1.** *(gén)* и́ли • maintenant ou jamais тепе́рь и́ли никогда́ **2.** *(entre deux noms de nombre)* • deux ou trois semaines две-три неде́ли

● ou bien и́ли › **ou bien lui ou bien moi** и́ли он и́ли я › **a-t-il maigri ou bien est-ce seulement une impression ?** он похуде́л и́ли э́то то́лько ка́жется?

où ◪ *adv* **1.** *(direction)* куда́ • où va-t-il ? куда́ он идёт? • je ne sais pas où ils sont partis я не зна́ю, куда́ они́ у́ехали **2.** *(emplacement)* где • où habitez-vous ? где вы живёте? • où que ce soit где бы э́то ни́ бы́ло • je ne me souviens pas où je l'ai vue я не по́мню, где я её ви́дел ◪ *pron rel* **1.** *(lieu)* где *(emplacement)*, куда́ *(direction)* • le village où nous avons passé l'été дере́вня, где мы провели́ ле́то • dans la pièce où nous sommes entrés, il n'y avait ni table ni chaises в ко́мнате, в кото́рую мы вошли́, не́ было ни стола́ ни сту́льев **2.** *(temps)* когда́ • le jour où je vous ai rencontré, в тот день, когда́ я вас встре́тил

● d'où отку́да › **d'où viens-tu ?** отку́да ты? › **d'où tenez-vous cela ?** отку́да вы э́то зна́ете?

oubli *nm* забве́ние, забы́вчивость • après une période de gloire, il est tombé dans l'oubli по́сле пери́ода сла́вы он был пре́дан забве́нию • suite à un oubli d'un rédacteur, l'article n'est pas paru intégralement по забы́вчивости реда́ктора статья́ так никогда́ и не вы́шла по́лностью

oublier *v* забыва́ть / забы́ть* [*n cl*, забу́ду, забу́дешь - забу́дь - забы́тый] *(+ A,* о *+L)* • j'ai oublié votre adresse я забы́л ваш а́дрес • tu as oublié ton livre à la maison ? ты забы́л свою́ кни́гу до́ма? • elle a oublié la réunion она́ забы́ла о собра́нии ~ *(+ inf ou* что*)* • vous avez oublié de fermer la porte à clef вы забы́ли запере́ть дверь • vous avez oublié qu'André n'est pas à la maison вы забы́ли, что Андре́ нет до́ма

ouest *nm* за́пад • à l'ouest s'étendaient des forêts на за́паде тяну́лись леса́ • à l'ouest de la ville к за́паду от го́рода • la chambre donne à l'ouest ко́мната выхо́дит на за́пад

● d'ouest за́падный › **le vent d'ouest** за́падный ве́тер

ouf *interj* уф

oui *adv* да • il est à la maison ? — oui он до́ма? — да • ah oui ! ах да! • tu as compris ? — oui по́нял? — по́нял • tu as trouvé le livre que tu cherchais ? — oui ты нашёл кни́гу, кото́рую иска́л? — нашёл

ouïe *nf* слух • elle à l'ouïe fine у неё то́нкий слух

oukase *nm* ука́з

ours *nm* **1.** *(animal)* медве́дь *m* • un ours brun бу́рый медве́дь • un ours blanc бе́лый медве́дь **2.** *(jouet)* ми́шка • un ours en peluche плю́шевый ми́шка
● vendre la peau de l'ours avant de l'avoir tué дели́ть шку́ру неуби́того медве́дя • d'ours медве́жий *(adj d'appart)* › **une peau d'ours** медве́жья шку́ра › **le pavé de l'ours** медве́жья услу́га

ourse *nf* медве́дица
● la Grande Ourse больша́я Медве́дица • la Petite Ourse ма́лая Медве́дица

ourson *nm* медвежо́нок* *(pl.* медвежа́та, медвежа́т, медвежа́там*)*

outil *nm* инструме́нт • des outils de menuisier столя́рные инструме́нты

outre *prép* кро́ме *(+ G)* • outre le vase, il y avait sur la table des papiers éparpillés кро́ме ва́зы на столе́ бы́ли разбро́саны бума́ги
● en outre кро́ме того́, к тому́ же

ouvert *adj* откры́тый • une porte ouverte откры́тая дверь • enfoncer une porte ouverte ломи́ться в откры́тую дверь ~ *fig* • une lutte ouverte откры́тая борьба́

ouverture *nf* **1.** *(début)* откры́тие • avant l'ouverture de la location des places до откры́тия прода́жи биле́тов **2.** *(orifice)* отве́рстие • passer sa main par l'ouverture просу́нуть ру́ку в отве́рстие **3.** (MUS) увертю́ра • l'ouverture des «Noces de Figaro» увертю́ра к «Сва́дьбе Фи́гаро»

ouvrage *nm* **1.** *(livre)* произведе́ние • quelques ouvrages de Paul Valéry не́которые произведе́ния По́ля Валери́ **2.** *(travail)* рабо́та • se mettre à l'ouvrage взя́ться за рабо́ту

ouvre-boîtes *nm* консе́рвный нож

ouvrier *adj* рабо́чий • la classe ouvrière рабо́чий класс • un quartier ouvrier рабо́чий райо́н
■ ouvrier *nm* рабо́чий *(adj subst m)* • les ouvriers de l'industrie lourde рабо́чие тяжёлой промы́шленности

ouvrière *nf* рабо́тница • les ouvrières du textile рабо́тницы тексти́льной промы́шленности

ouvrir ◪ *vt* **1.** *(gén)* открыва́ть / откры́ть* [II, откро́ю, откро́ешь - откры́тый] • ouvrez la fenêtre откро́йте окно́ • ouvrir une boîte de conserves откры́ть ба́нку консе́рвов • ouvrir une bouteille откры́ть буты́лку • ouvrir le robinet откры́ть кран • ouvrir les yeux откры́ть глаза́ • ouvrir un livre откры́ть кни́гу • ouvrir un nouveau magasin откры́ть но́вый магази́н • ouvrir le feu откры́ть ого́нь ~ раскрыва́ть / раскры́ть* [II, раскро́ю, раскро́ешь - раскры́тый] *(ouvrir grand)* • ouvrir les portes toutes grandes раскры́ть две́ри • ouvre plus grand la bouche раскро́й рот поши́ре • ouvrir un parapluie раскры́ть зо́нтик **2.** *(une enveloppe...)* вскрыва́ть / вскрыть* [II, вскро́ю, вскро́ешь - вскры́тый] • ouvrir une lettre вскрыть письмо́ **3.** *(un tiroir)* выдвига́ть / вы́двинуть • ouvrir le tiroir вы́двинуть я́щик **4.** *(mettre en marche)* включа́ть / включи́ть • ouvrir la radio включи́ть ра́дио ◪ *vi* открыва́ться / откры́ться* [II, откро́ется, откро́ются] • le musée ouvre à dix heures музе́й открыва́ется в де́сять часо́в
● ouvrir l'œil *(faire très attention)* гляде́ть в о́ба

ouzbek *adj* узбе́кский
■ ouzbek *nm (langue)* узбе́кский язы́к
■ Ouzbek *nm (homme)* узбе́к

Ouzbeke *nf (femme)* узбе́чка

Ouzbékistan *nm* Узбекиста́н

OVNI *(abr de* objet volant non identifié*)* *nm* НЛО, неопо́знанный лета́ющий объе́кт

oxygène *nm* кислоро́д

ozone *nm* озо́н • la couche d'ozone озо́новый слой

pP

pacifique *adj* миролюби́вый • un peuple pacifique миролюби́вый наро́д
● l'océan Pacifique Ти́хий океа́н

pacte *nm* пакт • un pacte de non-agression пакт о ненападе́нии

pagaille, pagaïe *fam nf* беспоря́док, каварда́к • c'est la pagaille dans ma chambre ! в мое́й ко́мнате каварда́к!

paganisme *nm* язы́чество

page *nf* страни́ца • à la page cinq на пя́той страни́це • arracher la page d'un cahier вы́рвать страни́цу из кни́ги • une page Web веб-страни́ца • la page d'accueil d'un site Internet гла́вная страни́ца веб-са́йта

paie *nf* зарпла́та • recevoir sa paie получи́ть зарпла́ту

paiement *nm* упла́та • en paiement de ma dette в упла́ту до́лга

païen *adj* язы́ческий • les croyances païennes язы́ческие ве́рования • les coutumes païennes язы́ческие нра́вы
■ païen *nm* язы́чник

païenne *nf* язы́чница

paille *nf* **1.** *(tige de céréale)* соло́ма • une meule de paille стог соло́мы **2.** *(pour boire)* соло́минка • boire avec une paille пить че́рез соло́минку
● de paille, en paille соло́менный › **un chapeau de paille** соло́менная шля́па • tirer la courte paille тяну́ть жре́бий

pain *nm* хлеб • un morceau de pain кусо́к хле́ба • du pain noir чёрный хлеб • du pain blanc бе́лый хлеб • du pain de seigle ржано́й хлеб • du pain rassis чёрствый хлеб • gagner son pain à la sueur de son front добыва́ть хлеб в по́те лица́ • l'homme ne vit pas que de pain не хле́бом еди́ным жив челове́к
● pain d'épice = пря́ник • petit pain бу́лка *dim.* бу́лочка › **un petit pain aux raisins** бу́лочка с изю́мом

pair *adj* чётный • un nombre pair чётное число́

paire *nf* па́ра • une paire de chaussures па́ра ту́фель • les deux font la paire два сапога́ па́ра

paisible *adj* ми́рный • un homme paisible ми́рный челове́к • une vie paisible ми́рная жизнь • dormir d'un sommeil paisible спать ми́рным сном

paix *nf* мир • la paix armée вооружённый мир • vivre en paix avec ses voisins жить в ми́ре со свои́ми сосе́дями • qu'il repose en paix мир его́ пра́ху
● de paix ми́рный › **le traité de paix** ми́рный догово́р › **en temps de paix** в ми́рное вре́мя • fichez-moi la paix оста́вьте меня́ в поко́е

palais *nm (résidence)* дворе́ц • le palais de l'Élysée Елисе́йский дворе́ц • le Grand Palais Большо́й дворе́ц

pâle *adj* бле́дный ⑤ • son visage était pâle de fatigue его́ лицо́ бы́ло бле́дно от уста́лости • pâle comme un linge бле́дный как полотно́
● vert pâle бле́дно-зелёный

palier *nm (d'escalier)* (ле́стничная) площа́дка • nous habitons sur le même palier мы живём с ни́ми на одно́й площа́дке

pâlir *v* бледне́ть / побледне́ть

palmier *nm* па́льма

pamplemousse *nm* гре́йпфрут

pan *interj* бац • pan ! pan ! on entendit des coups de feu бац! бац! раздали́сь вы́стрелы

pancarte *nf* плака́т, объявле́ние • une pancarte à l'entrée du village indique que l'hôtel est fermé объявле́ние на въе́зде в дере́вню извеща́ет, что гости́ница закры́та

panier *nm* корзи́нка • **ramasser les champignons dans un panier** собира́ть грибы́ в корзи́нку
• **un panier percé** *(une personne dépensière)* бездо́нная бо́чка

panique *nf* па́ника • **provoquer la panique** вы́звать па́нику • **la foule fut prise de panique** толпу́ охвати́ла па́ника

panne *nf* ава́рия *(avarie)* • **nous sommes tombés en panne** мы потерпе́ли ава́рию • **l'ascenseur est en panne** лифт не рабо́тает • **nous avons une panne d'électricité** у нас нет све́та • **je suis en panne d'essence** у меня́ ко́нчился бензи́н

panneau *nm (d'affichage ou de signalisation)* щит ③②, указа́тель *m* • **un panneau avec des photos** щит с фотогра́фиями • **on a raté le panneau pour Grenoble** мы прое́хали указа́тель на Грено́бль • **un panneau de signalisation** доро́жный знак • **un panneau d'affichage** доска́ объявле́ний

panorama *nm* панора́ма • **du belvédère on découvre un panorama splendide** с бельведе́ра открыва́ется замеча́тельная панора́ма

pansement *nm* **1.** *(adhésif)* пла́стырь • **je me suis mis un pansement sur le doigt** я накле́ил на па́лец пла́стырь **2.** *(bandage)* перевя́зка • **on lui a fait un pansement** ему сде́лали перевя́зку • **il avait un pansement sur la tête** он был с перевя́занной голово́й

panser *v (mettre un pansement)* перевя́зывать / перевяза́ть* [II, перевяжу́, перевя́жешь] ④ • **panser une blessure** перевяза́ть ра́ну • **panser un blessé** перевяза́ть ра́неного

pantalon *nm* брю́ки *pl t* (брюк, брю́кам) *(pantalon de ville)*, штаны́ *pl t* (штано́в, штана́м) • **un pantalon à rayures** брю́ки в поло́ску

panthère *nf* пантéра

pantoufles *nf* та́пки, дома́шние ту́фли • **mettre ses pantoufles** наде́ть та́пки

paon *nm* павли́н

papa *nm* па́па *m*

pape *nm* (ри́мский) па́па *m*

papeterie *nf* **1.** *(magasin)* писчебума́жный магази́н **2.** *(articles)* писчебума́жные принадле́жности *pl* (принадле́жностей, принадле́жностям)

papier *nm (gén)* бума́га • **une feuille de papier** лист бума́ги • **du papier à lettres** пи́счая бума́га • **du papier à musique** но́тная бума́га • **du papier d'emballage** обёрточная бума́га • **du papier hygiénique** туале́тная бума́га • **du papier buvard** промока́тельная бума́га • **du papier de verre** нажда́чная бума́га
• **en papier** бума́жный › **des serviettes en papier** бума́жные салфе́тки • **du papier peint** обо́и *pl t* (обо́ев, обо́ям)
■ **papiers** *nmpl (pièces d'identité)* докуме́нты *pl* (докуме́нтов, докуме́нтам) • **vos papiers** ва́ши докуме́нты

papillon *nm* ба́бочка • **un papillon de nuit** ночна́я ба́бочка
• **un nœud papillon** ба́бочка

paquebot *nm* парохо́д *(à vapeur)*, теплохо́д *(à moteur Diesel)*

Pâques *nfpl* Па́сха • **fêter Pâques** пра́здновать Па́сху • **mon père m'a fait un cadeau pour Pâques** оте́ц мне сде́лал пода́рок на Па́сху
• **de Pâques** пасха́льный › **des œufs de Pâques** пасха́льные я́йца • **les vacances de Pâques** ≈ весе́нние кани́кулы

paquet *nm* **1.** *(marchandises enveloppées à la fabrication)* па́чка • **un paquet de cigarettes** па́чка сигаре́т • **un paquet de biscuits** па́чка пече́нья • **un paquet de thé** па́чка ча́я **2.** *(marchandises enveloppées pour faciliter leur transport)* паке́т, свя́зка *(choses liées ensemble)* • **elle est sortie du magasin avec trois paquets** она́ вы́шла из магази́на с тремя́ паке́тами • **j'ai fait deux paquets avec vos livres** я положи́л ва́ши кни́ги в два паке́та • **emporter un paquet de livres chez le bouquiniste** отнести́ свя́зку книг в букинисти́ческий магази́н **3.** *(envoi postal)* бандеро́ль *f (imprimés)*, посы́лка *(autres envois)* • **j'ai reçu votre paquet de livres** я получи́л Ва́шу бандеро́ль с кни́гами • **je vous ai envoyé un paquet de disques** я Вам посла́л посы́лку с пласти́нками

par *prép*

1. INTRODUISANT UN COMPLÉMENT D'AGENT *instrumental sans préposition*
• **le centre de la ville a été détruit par l'aviation** центр го́рода был разру́шен авиа́цией
• **être inspiré par des principes nouveaux** вдохновля́ться но́выми при́нципами

autres cas
• **il a été piqué par les moustiques** его́ покуса́ли комары́
• **j'ai été frappé par cette coïncidence** меня́ порази́ло э́то совпаде́ние
2. MOYEN, MANIÈRE *instrumental sans préposition*
• **par tous les moyens** всеми спо́собами
• **répondre par retour du courrier** отве́тить обра́тной по́чтой
3. CAUSE = **по** *(+ D)*
• **il a fait ça par bêtise** он э́то сде́лал по глу́пости
• **par nécessité** по необходи́мости
• **c'est arrivé par ta faute** э́то случи́лось по твое́й вине́
• **j'ai dit ça par erreur** я э́то сказа́л по оши́бке
4. RAISON D'AGIR = **из** *(+ G)*
• **par curiosité** из любопы́тства
• **par amour de l'art** из любви́ к иску́сству
5. SOURCE D'INFORMATION = **от** *(+ G)*, **че́рез** *(+ A) (l'information vient d'une personne)*
• **c'est par lui que j'ai appris cette nouvelle** я э́то узна́л от него́, я э́то узна́л че́рез него́
= **из** *(+ G) (autres sources)*
• **j'ai appris cela par les journaux** я узна́л об э́том из газе́т
6. LIEU DE PASSAGE = **по** *(+ D)*, **че́рез** *(+ A) (en traversant)*
• **descendre par l'escalier** спусти́ться по ле́стнице
• **nous passerons par la forêt** мы прое́дем че́рез лес
7. MOYEN DE TRANSPORT = **на** *(+L)*
• **nous y allons par l'autobus ou par le métro ?** мы е́дем туда́ на авто́бусе и́ли на метро́?
• **vous êtes montés par l'ascenseur ?** вы на ли́фте подняли́сь?
8. MOYEN DE TRANSMISSION = **по** *(+ D)*
• **envoyer un paquet par la poste** посла́ть паке́т по по́чте
• **il me l'a fait savoir par téléphone** он мне сообщи́л об э́том по телефо́ну
9. SUIVI D'UN NOM DÉSIGNANT UNE PARTIE DU CORPS = **за** *(+ A)*
• **prendre un enfant par la main** взять ребёнка за́ руку
• **mener ses parents par le bout du nez** води́ть роди́телей за́ нос
10. RYTHME DES RÉPÉTITIONS = **в** *(+ A)*
• **cinq fois par semaine** пять раз в неде́лю
• **il gagne 5 000 euros par mois** он зараба́тывает 5000 е́вро в ме́сяц
11. DANS UNE RÉPARTITION = **с** *(+ G) (origine)*
• **récolter vingt quintaux par hectare** собира́ть два́дцать це́нтнеров с гекта́ра
• **ramasser quatre roubles par personne** собира́ть по четы́ре рубля́ с челове́ка
= **на** *(+ A) (destination)*
• **distribuer cinq roubles par personne** раздава́ть по пять рубле́й на челове́ка
= **в** *(+L) (emplacement)*
• **vingt élèves par classe** два́дцать ученико́в в ка́ждом кла́ссе
(**par** + *nom de nombre)* = **по** *(+ A)*
• **ils se groupaient par deux ou par trois** они́ собира́лись по́ двое или по́ трое
• **qu'est-ce qu'on peut faire par un temps pareil ?** что мо́жно де́лать в таку́ю пого́ду?
• **appeler une personne par son prénom** назва́ть челове́ка по и́мени
• **par écrit** пи́сьменно
• **par moments** иногда́
• **regarder par la fenêtre** смотре́ть в окно́

parachute *nm* парашю́т • sauter en parachute пры́гнуть с парашю́том • descendre en parachute спусти́ться на парашю́те

parachutiste *nmf* парашюти́ст *m*, парашюти́стка *f*

paradis *nm* рай* *(loc.* раю́*)* ⑧ *m* • le paradis terrestre рай земно́й

paradoxal *adj* парадокса́льный • cela peut sembler paradoxal э́то мо́жет показа́ться парадокса́льным

paradoxe *nm* парадо́кс

paragraphe *nm* абза́ц • lisez le deuxième paragraphe прочита́йте второ́й абза́ц

paraître *v* **1.** *(sembler)* каза́ться* [II, кажу́сь, ка́жешься ④] / показа́ться* [II, *id*] • il paraît plus jeune que son frère он ка́жется моло́же своего́ бра́та **2.** *(se montrer)* пока́зываться / показа́ться* [II, покажу́сь, пока́жешься] ④ • le président paraît au balcon на балко́не пока́зывается президе́нт **3.** *(être publié)* выходи́ть [выхо́дит, выхо́дят] / вы́йти* [IV, вы́йдет, вы́йдут - вы́шел, вы́шла] (в свет) • le deuxième numéro est paru вы́шел второ́й но́мер

● il paraît que говоря́т, что › il paraît que la situation est sans issue говоря́т, что положе́ние безвы́ходное

parallèle ■ *adj* паралле́льный • des barres parallèles паралле́льные бру́сья ■ *nm* 1. (GÉOGR) паралле́ль *f* • au-dessus du 42ᵉ parallèle вы́ше 42-й паралле́ли 2. *(comparaison)* анало́гия • faire un parallèle провести́ анало́гию ■ *nf* (MATH) паралле́ль *f* • tracer la parallèle провести́ паралле́ль

paralysé *adj* парализо́ванный

paralyser *v* парализова́ть / парализова́ть • la peur le paralysait страх его́ парализова́л

paralysie *nf* парали́ч ③ • la paralysie infantile де́тский парали́ч • il a été frappé de paralysie его́ разби́л парали́ч ~ *fig* • paralysie totale des transports по́лный парали́ч тра́нспорта

parapente *nm* параплáн • faire du parapente лета́ть на параплáне

parapluie *nm* зо́нтик, зонт ③② • ouvrir son parapluie раскры́ть зо́нтик • un parapluie pliant automatique складно́й автомати́ческий зо́нтик

parasite *nm* парази́т • les punaises et autres parasites клопы́ и други́е парази́ты
■ parasites *nmpl* (RADIO) поме́хи *pl t* (поме́х, поме́хам)

parasol *nm* зонт

paravent *nm* ши́рма • derrière le paravent, il y avait un divan за ши́рмой стоя́л дива́н

parc *nm* парк • se promener dans le parc гуля́ть в па́рке
● un parc de stationnement автостоя́нка

parce que *loc conj* потому́ что • je ne suis pas venu parce que j'étais malade я не пришёл, потому́ что был бо́лен

parcmètre *nm* паркома́т

parcourir *v*

I FRANCHIR

1. À PIED ; EN PARLANT DES MOYENS DE TRANSPORT = **проходи́ть** ④ / **пройти́*** [IV, пройду́, пройдёшь - прошёл, прошла́ - про́йденный - пройдя́]
• j'ai parcouru dix kilomètres en deux heures я прошёл де́сять киломе́тров за два часа́
• la voiture a parcouru deux mille kilomètres маши́на прошла́ две ты́сячи киломе́тров
• regarder le chemin parcouru огляну́ться на про́йденный путь

2. EN COURANT = **пробега́ть** / **пробежа́ть*** [*n cl,* пробегу́, пробежи́шь, пробегу́т - пробеги́]
• nous avons parcouru trois kilomètres au pas de course мы пробежа́ли три киломе́тра

3. AUTREMENT QU'À PIED = **проезжа́ть** / **прое́хать*** [IV, прое́ду, прое́дешь]
• ils avaient déjà parcouru cinq kilomètres они́ уже́ прое́хали пять киломе́тров

II VISITER

1. À PIED = **обходи́ть** ④ / **обойти́*** [IV, обойду́, обойдёшь - обошёл, обошла́ - обойдённый - обойдя́]
• parcourir toute la ville обойти́ весь го́род

2. EN COURANT = **обега́ть** / **обежа́ть*** [*n cl,* обегу́, обежи́шь, обегу́т - обеги́]
• parcourir tous les magasins обежа́ть все магази́ны

3. AUTREMENT QU'À PIED = **объезжа́ть** / **объе́хать*** [IV, объе́ду, объе́дешь], **объе́здить** *fam*
• il a parcouru tout le pays он объе́здил всю страну́

III EXAMINER SUPERFICIELLEMENT = **пробега́ть** / **пробежа́ть*** [*n cl,* пробегу́, пробежи́шь, пробегу́т - пробеги́]
• parcourir le journal пробежа́ть газе́ту

par-derrière *adv* сза́ди • ils nous ont attaqués par-derrière они́ напа́ли на нас сза́ди

par-dessous *prép* под *(+ I)* • je suis passé par-dessous la barrière я прошёл под шлагба́умом

pardessus *nm* пальто́* *nt indécl* • enlever son pardessus снять пальто́

par-dessus *prép* 1. *(avec des verbes comme regarder, voir, mettre)* пове́рх *(+ G)* • il me regardait par-dessus ses lunettes он смотре́л на меня́ пове́рх очко́в • mettre un pull par-dessus sa chemise наде́ть сви́тер пове́рх руба́шки 2. *(avec des verbes comme sauter, lancer)* че́рез *(+ A)* • sauter par-dessus le fossé пры́гнуть че́рез кана́ву • jeter une pierre par-dessus la palissade бро́сить ка́мень че́рез забо́р
● par-dessus tout бо́льше всего́ на све́те › ce que j'aime par-dessus tout,

c'est la musique de chambre больше всего на свете я люблю камерную музыку

par-devant *adv* спереди • par-devant, il y avait un parterre de fleurs спереди была клумба

pardon[1] *nm* прощение • demander pardon просить прощения

pardon[2] *interj (en s'adressant à une personne que l'on tutoie)* прости, извини ~ *(dans les autres cas)* простите, извините

pardonnable *adj* простительный • une erreur pardonnable простительная ошибка

pardonner *v* **1.** *(un coupable)* прощать / простить *(+ A)* • pardonnez-moi простите меня **2.** *(un forfait)* прощать / простить • pardonner une faute à un enfant простить ошибку ребёнку • il lui a tout pardonné он простил ей всё • elle ne lui a pas pardonné d'avoir perdu son CD préféré она не простила ему потерю своего любимого компакт-диска • je ne lui pardonnerai jamais ce qu'elle a dit никогда не прощу ей то, что она сказала

pare-chocs *nm* бампер • le pare-chocs avant передний бампер

pareil *adj* подобный, одинаковый, такой же • il n'y a jamais eu un vent pareil подобного ветра ещё никогда не было • sa maison est pareille à la nôtre у него дом такой же как у нас • nos manteaux sont absolument pareils наши пальто одинаковые • il n'a pas son pareil нет ему подобного
◉ rendre la pareille отплатить тем же

parent *nm (membre de la famille)* родственник • un parent éloigné дальний родственник • c'est un parent du côté de ma mère он мне родственник со стороны матери
■ parents *nmpl (le père et la mère)* родители *pl t* (родителей, родителям)

parente *nf* родственница • une parente éloignée дальняя родственница • c'est une parente du côté de mon père она мне родственница со стороны отца

parenthèse *nf* скобка • ouvrir la parenthèse открыть скобки • mettre entre parenthèses поставить в скобки • le texte entre parenthèses текст в скобках ~ *fig* • entre parenthèses, je vous ferai remarquer замечу в скобках

paresse *nf* лень *f* • par paresse из лени

paresseuse *nf* лентяйка

paresseux *adj* ленивый • un élève paresseux ленивый ученик
■ paresseux *nm* лентяй *m* • c'est un paresseux он лентяй

parfait *adj* **1.** *(sans défaut)* безукоризненный • un travail parfait безукоризненная работа • une conduite parfaite безукоризненное поведение • c'est un homme parfait он человек безукоризненный **2.** *(excellent)* превосходный • de qualité parfaite превосходного качества **3.** *(total)* полный • une tranquillité parfaite полное спокойствие
◉ tout est prêt. — parfait всё готово. — прекрасно

parfaitement *adv* **1.** *(à la perfection)* прекрасно • il parle parfaitement le français он прекрасно говорит по-французски **2.** *(totalement)* совершенно • vous avez parfaitement raison вы совершенно правы **3.** *(certainement)* конечно • tu y crois ? — parfaitement а ты этому веришь? — конечно

parfois *adv* иногда • je vais parfois les voir я иногда захожу к ним

parfum *nm* **1.** *(odeur)* запах, аромат • le parfum des fleurs запах цветов **2.** *(produit odorant)* духи *pl t* (духов, духам) • un flacon de parfum флакон духов **3.** *(arôme)* аромат • tu veux une glace à quel parfum ? ты хочешь мороженое с каким вкусом?

parfumerie *nf* парфюмерия

pari *nm* пари* *nt indécl* • gagner un pari выиграть пари • perdre son pari проиграть пари

parier *v (faire un pari)* держать пари (держать* [I, держу, держишь ④]), спорить / поспорить • je parie qu'elle va gagner держу пари, что она выиграет • je parie mille euros держу пари на тысячу евро • je parie qu'il a oublié son rendez-vous поспорим, что он забыл о свидании

Paris *nm* Париж

parisien *adj* парижский • la mode parisienne парижская мода
■ Parisien *nm* парижанин* *(pl.* парижане, парижан, парижанам*)*

Parisienne *nf* парижáнка

parking *nm* стоя́нка • **la voiture est au parking** маши́на на стоя́нке • **un parking souterrain** подзéмная стоя́нка • **une place de parking** мéсто на стоя́нке

parlé *adj*
● **la langue parlée** разговóрный язы́к

parlement *nm* парлáмент

parlementaire *adj* парламентáрный, парлáментский • **un régime parlementaire** парламентáрный режи́м

parler *v* **1.** *(gén)* говори́ть / поговори́ть • **parler couramment le français** свобóдно говори́ть по-францу́зски • **parler d'affaires avec un concurrent** поговори́ть с конкурéнтом о делáх **2.** *(raconter)* расскáзывать / рассказáть* [II, расскажу́, расскáжешь] ④ • **il m'a parlé de son séjour dans le Caucase** он мне рассказáл о своём пребывáнии на Кавкáзе
● **à proprement parler** сóбственно говоря́ • **entendre parler** слы́шать* [I, слы́шу, слы́шишь] › **je n'en ai jamais entendu parler** я никогдá не слы́шал об э́том
■ **se parler** *vp* говори́ть / поговори́ть друг с дру́гом • **il y a longtemps qu'ils ne se parlent plus** они́ давнó не говоря́т друг с дру́гом

parmi *prép* среди́ *(+ G)* • **parmi les ruines** среди́ развáлин

parole *nf* **1.** *(ce que l'on dit)* слóво *(l'accent passe sur la préposition dans l'expression* верить нá слово*)* ①⑥ • **une romance de Borodine sur des paroles de Pouchkine** ромáнс Бородинá на словá Пу́шкина • **histoire sans paroles** без слов • **demander la parole** проси́ть слóва • **prendre la parole** взять слóво • **la parole est à monsieur Dupont** слóво предоставля́ется господи́ну Дюпóну • **croire qqn sur parole** повéрить кому́-нибудь нá слово • **ma parole d'honneur** чéстное слóво • **tenir sa parole** сдержáть слóво **2.** *(faculté de parler)* речь *f* • **le don de la parole** дар рéчи
● **la parole est d'argent mais le silence est d'or** слóво — серебрó, молчáние — зóлото • **couper la parole à son interlocuteur** переби́ть собесéдника (перебивáть / переби́ть* [II, перебью́, перебьёшь - перебéй]) › **elle m'a tout de suite coupé la parole** онá срáзу переби́ла меня́
■ **paroles** *nfpl (d'une chanson)* словá

parquet *nm (revêtement de sol)* паркéт • **un parquet de chêne** дубóвый паркéт

parrain *nm* крёстный отéц

part *nf* **1.** *(partie)* часть *f* ①③ • **diviser en cinq parts égales** раздели́ть на пять рáвных частéй **2.** *(côté)* сторонá *(стóрону, стороны́ ; pl.* стóроны, сторóн, сторонáм*)* ⑥③ • **de toutes parts on entendait des cris** со всех сторóн слы́шались кри́ки • **d'autre part** с другóй стороны́
● **le livre n'est pas là, il faut chercher autre part** э́той кни́ги здесь нет ; нáдо поискáть в другóм мéсте • **faire part** сообщáть / сообщи́ть › **il vous a fait part de ses intentions ?** он сообщи́л вам о свои́х намéрениях? • **la part du lion** льви́ная дóля • **pour ma part** *(quant à moi)* что меня́ касáется • **prendre part à** приня́ть учáстие в *(+L)* › **prendre part à la conversation** приня́ть учáстие в разговóре
■ **à part** *loc (à l'exception de)* за исключéнием *(+ G)* • **à part les enfants** за исключéнием детéй ~ *(séparé)* отдéльный • **une chambre à part** отдéльная кóмната
■ **de la part de** *loc prép (au nom de)* от и́мени *(+ G)* • **de la part de tous mes collègues** от и́мени всех мои́х коллéг ~ *(provoqué par)* со стороны́ *(+ G)* • **ce n'est pas bien de sa part** э́то нехорошó с егó стороны́
■ **nulle part** *loc adv (direction)* никудá • **nous n'irons nulle part** мы никудá не пойдём ~ *(emplacement)* нигдé • **vous ne trouverez nulle part des stylos comme ça** вы нигдé не найдёте таки́х автору́чек
■ **quelque part** *loc adv (direction)* кудá-нибудь *(n'importe où)*, кудá-то *(à un certain endroit)* • **je m'en irai quelque part** уéду кудá-нибудь • **il est parti quelque part** он кудá-то ушёл ~ *(emplacement)* гдé-нибудь *(n'importe où)*, гдé-то *(à un certain endroit)* • **nous mangerons quelque part** гдé-нибудь пообéдаем • **on entendait quelque part aboyer les chiens** гдé-то лáяли собáки

partager *v* **1.** *(diviser)* дели́ть / подели́ть [*part.* поделённый] ④ • **partager un gâteau en deux** дели́ть пирóг пополáм **2.** *fig* разделя́ть / раздели́ть [*part.* разделённый] ④ • **je partage son opinion** я

разделя́ю его́ мне́ние • elle partageait son chagrin она́ разделя́ла его́ го́ре
■ se partager *vp* дели́ться / подели́ться • ils se sont partagé la bouteille они́ подели́ли буты́лку

partenaire *nmf* партнёр *m*, партнёрша *f*

parti *nm* (POLIT) па́ртия • un parti de droite пра́вая па́ртия • un parti de gauche ле́вая па́ртия • adhérer à un parti вступи́ть в па́ртию
● parti pris предвзя́тое мне́ние • prendre un parti реша́ть / реши́ть › **je ne sais quel parti prendre** я не зна́ю, что реши́ть › **il a pris le parti d'en rire** он реши́л обрати́ть всё в шу́тку • prendre le parti de son frère встать на сто́рону своего́ бра́та • tirer parti de извле́чь по́льзу из *(+ G)* › **tirer parti d'un voyage** извле́чь по́льзу из пое́здки

partial *adj* пристра́стный • une opinion partiale пристра́стное мне́ние

participation *nf* уча́стие • avec la participation d'artistes célèbres с уча́стием изве́стных арти́стов

participe *nm* прича́стие • participe passé passif страда́тельное прича́стие проше́дшего вре́мени

participer *v* уча́ствовать *(в +L)* • participer au spectacle уча́ствовать в спекта́кле

particularité *nf* осо́бенность *f* • les particularités des dialectes méridionaux осо́бенности ю́жных диале́ктов

particule *nf* (PHYS & GRAMM) части́ца • un accélérateur de particules ускори́тель части́ц

particulier[1] *adj* **1.** *(privé)* ча́стный • les intérêts particuliers ча́стные интере́сы • des cours particuliers ча́стные уро́ки **2.** *(spécial)* осо́бенный • des circonstances particulières осо́бенные обстоя́тельства • je ne vois là rien de particulier тут я не ви́жу ничего́ осо́бенного

particulier[2] *nm (individu)* ча́стное лицо́ *(лицо́ ②①)*
● en particulier в ча́стности

particulièrement *adv* осо́бенно • pas particulièrement facile не осо́бенно лёгкий

partie *nf* **1.** *(fraction, élément)* часть *f* ①③ • une grande partie du public бо́льшая часть пу́блики • les parties du corps ча́сти те́ла **2.** *(au jeu)* па́ртия • une partie d'échecs па́ртия в ша́хматы • gagner la partie вы́играть па́ртию **3.** *(en droit)* сторона́ *(сто́рону, стороны́ ; pl.* сто́роны, сторо́н, сторона́м*)* ⑥③ • la partie adverse проти́вная сторона́
● en partie части́чно • partie nulle ничья́ *(pron subst f) (se décline comme le féminin de* чей*)* › **faire une partie nulle** сыгра́ть в ничью́

partiel *adj* части́чный • un succès partiel части́чный успе́х

partiellement *adv* части́чно

partir *v* **1.** *(à pied)* уходи́ть ④ / уйти* [IV, уйду́, уйдёшь - ушёл, ушла́ - уйдя́] • il est parti à la chasse он ушёл на охо́ту **2.** *(autrement qu'à pied)* уезжа́ть / уе́хать* [IV, уе́ду, уе́дешь], выезжа́ть / вы́ехать* [IV, вы́еду, вы́едешь] *(quitter une ville)* • nous partons dans dix minutes мы уезжа́ем че́рез де́сять мину́т • je suis parti de Paris à sept heures я вы́ехал из Пари́жа в семь часо́в **3.** *(en volant, en avion)* улета́ть / улете́ть* [I, улечу́, улети́шь], вылета́ть / вы́лететь* [I, вы́лечу, вы́летишь] *(sortir ; quitter une ville)* • les oiseaux sont partis пти́цы улете́ли • mes amis sont partis en Angleterre мои́ друзья́ улете́ли в А́нглию • nous partons de Moscou à trois heures мы вылета́ем из Москвы́ в три часа́ • l'avion est parti самолёт улете́л **4.** *(en parlant d'une voiture, d'un train...)* уходи́ть [ухо́дит, ухо́дят] / уйти́* [IV, уйдёт, уйду́т - ушёл, ушла́ - уйдя́], отходи́ть [отхо́дит, отхо́дят] / отойти́* [IV, отойдёт, отойду́т - отошёл, отошла́ - отойдя́] *(quitter la gare)* • l'autobus est parti авто́бус ушёл • le train est parti по́езд ушёл • le train part à 18h15 по́езд отхо́дит в 18 ч
● à partir de с *(+ G)*, начина́я с *(+ G)* › **à partir du 20 janvier** с 20-го января́, начина́я с 20-го января́

partisan *nm* **1.** *(adepte)* сторо́нник • il a plus d'adversaires que de partisans у него́ бо́льше проти́вников, чем сторо́нников **2.** *(maquisard)* партиза́н* *(gén. pl.* партиза́н*)* • les partisans ont fait sauter un pont партиза́ны взорва́ли мост

partout *adv* везде́, повсю́ду • nous avons cherché partout иска́ли мы везде́
● de partout отовсю́ду › **il venait des gens de partout** лю́ди приезжа́ли отовсю́ду

parvenir *v* доходи́ть ④ / дойти́* [IV, дойду́, дойдёшь - дошёл, дошла́ - дойдя́] • **sa lettre est parvenue à temps** его́ письмо́ дошло́ во́время
● **parvenir à ses fins** доби́ться своего́ (/ доби́ться* [II, добью́сь, добьёшься])

parvenu *nm* вы́скочка *mf*

pas[1] *nm* шаг* *(loc.* шагу́*)* ⑧② *(après les noms de nombre* два, три, четы́ре, *le génitif de* шаг *est accentué sur la syllabe finale)* • **faire un pas en arrière** сде́лать шаг наза́д • **deux pas** два шага́ • **marcher à grands pas** идти́ больши́ми шага́ми • **hâter le pas** приба́вить ша́гу* • **on entendit des pas précipités dans le couloir** в коридо́ре послы́шались торопли́вые шаги́ • **à dix pas du mur** в десяти́ шага́х от стены́ ~ *fig* • **l'affaire avance à grands pas** де́ло продвига́ется больши́ми шага́ми • **faire un pas décisif** сде́лать реши́тельный шаг • **pas à pas** шаг за ша́гом • **faire le premier pas** сде́лать пе́рвый шаг • **faire ses premiers pas** сде́лать пе́рвые шаги́
● **au pas** ша́гом › **les chevaux allaient au pas** ло́шади шли ша́гом • **au pas de course** бего́м • **faire les cent pas** расха́живать взад и вперёд • **il n'y a que le premier pas qui coûte** лиха́ беда́ нача́ло • **marcher au pas** идти́ в но́гу • **retourner sur ses pas** верну́ться наза́д

pas[2] *adv* **1.** *(en réponse à une question, une remarque)* нет • **tu as accepté ? — absolument pas !** ты согласи́лся? — вовсе нет! • **il est rentré ? — pas encore** он верну́лся? — нет ещё • **on va au cinéma ? — pourquoi pas ?** пойдём в кино́? — почему́ ж не пойти́? • **je suis contente — pas moi** я дово́льна — а я нет **2.** *(dans les autres cas)* не • **pas toujours** не всегда́ • **pas plus tard qu'hier** не да́лее, как вчера́ • **faut pas s'en faire** не на́до беспоко́иться • **pas loin du centre** недалеко́ от це́нтра • **pas pour longtemps** ненадо́лго • **pas vrai !** непра́вда!
● **ne... pas** не › **je ne sais pas** не зна́ю • **pas de** нет › **il n'y a pas de places libres** свобо́дных мест нет › **il n'y avait pas de sucre** са́хара не́ было • **pas du tout, pas... du tout a.** *(locution indépendante)* (нет,) ниско́лько › **je vous dérange ? — pas du tout** я вам меша́ю? — нет, ниско́лько **b.** *(dans une proposition)* совсе́м *(renforçant la négation)* › **il ne fait pas froid du tout aujourd'hui** сего́дня совсе́м не хо́лодно › **il n'y en a pas du tout** их совсе́м нет • **pas mal** *(une assez grande quantité)* нема́ло › **nous avons eu pas mal de difficultés** у нас бы́ло нема́ло тру́дностей • **pas un** ни › **pas un mot** ни сло́ва › **pas un seul n'est venu** ни оди́н не пришёл

passable *adj* сно́сный • **des résultats passables** сно́сные результа́ты

passage *nm* **1.** *(en règle générale)* перехо́д • **le passage de la Berezina** перехо́д францу́зских войск че́рез Березину́ • **un passage souterrain** подзе́мный перехо́д **2.** *(fragment)* ме́сто ①⑥ • **un passage intéressant** интере́сное ме́сто
● **examen de passage** перехо́дный экза́мен • **passage à niveau** перее́зд • **passage clouté** перехо́д

passager[1] *adj* мимолётный • **un bonheur passager** мимолётное сча́стье

passager[2] *nm* пассажи́р

passagère *nf* пассажи́рка

passant *nm* прохо́жий *(adj subst m)* • **demander à un passant** спроси́ть у прохо́жего

passante *nf* прохожая *(adj subst f)* • **demander à une passante** спроси́ть у прохо́жей

passé[1] *adj* **1.** про́шлый • **l'an passé** в про́шлом году́ **2.** *(accompagné de l'indication de l'heure)* за *(+ A)* • **il est minuit passé** уже́ за́ полночь

passé[2] *nm* **1.** про́шлое *(adj subst nt)* • **le passé lointain** далёкое про́шлое **2.** (GRAMM) проше́дшее вре́мя, вре́мя* *nt (gén., dat., loc., instr.* вре́менем*)* • **mettre un verbe au passé** поста́вить глаго́л в проше́дшем вре́мени

passeport *nm* па́спорт* *(nom. pl.* паспорта́*)* ①② • **votre passeport est périmé** ваш па́спорт просро́чен

passer *vi*

1. PASSER DE L'AUTRE CÔTÉ = **переходи́ть** ④ / **перейти́*** [IV, перейду́, перейдёшь - перешёл, перешла́ - перейдя́] *(à pied)*, **переезжа́ть / перее́хать*** [IV, перее́ду, перее́дешь] *(autrement qu'à pied)*, **перелета́ть / перелете́ть*** [I, перелечу́, перелети́шь] *(en volant)*
• **passer d'une pièce à l'autre** перейти́ из одно́й ко́мнаты в другу́ю

• **est-ce qu'on peut passer sur l'autre rive en voiture ?** а на маши́не мо́жно перее́хать на тот бе́рег?

• **l'oiseau est passé sur un autre arbre** пти́ца перелете́ла на друго́е де́рево

2. PASSER À CÔTÉ, PASSER À TRAVERS = **проходи́ть** ④ ⁄ **пройти́*** [IV, пройду́, пройдёшь - прошёл, прошла́ - пройдя́] *(à pied)*, **проезжа́ть** ⁄ **прое́хать*** [IV, прое́ду, прое́дешь] *(autrement qu'à pied)*

• **le bus passe devant la maison** ми́мо до́ма прохо́дит авто́бус

• **il y a trop de monde, on ne passera pas** наро́ду сли́шком мно́го, мы не пройдём

• **quand nous sommes passés dans cette ville** когда́ мы проезжа́ли че́рез э́тот го́род

3. ENTRER POUR UN INSTANT = **заходи́ть** ④ ⁄ **зайти́*** [IV, зайду́, зайдёшь - зашёл, зашла́ - зайдя́] *(à pied)*, **заезжа́ть** ⁄ **зае́хать*** [IV, зае́ду, зае́дешь] *(autrement qu'à pied)*

• **je suis passé chez le coiffeur** я зашла́ к парикма́херу

• **passez donc nous voir** заходи́те к нам

• **je passe à la bibliothèque prendre un livre** зайду́ в библиоте́ку за кни́гой

• **je passerai vous prendre en voiture** я зае́ду за ва́ми

4. CHANGEMENT DE SITUATION, D'ATTITUDE... = **переходи́ть** ④ ⁄ **перейти́***

• **passer en troisième** перейти́ в тре́тий класс

• **passer à l'offensive** перейти́ в наступле́ние

5. S'ÉCOULER, CESSER = **проходи́ть** ④ ⁄ **пройти́***

• **le temps passe vite** вре́мя бы́стро прохо́дит

• **l'orage est passé** гроза́ прошла́

• **ta migraine est passée ?** прошла́ твоя́ мигре́нь?

6. ÊTRE ÉGARÉ = **дева́ться** ⁄ **де́ться**

• **où donc est passé ce livre ?** куда́ де́лась э́та кни́га?

7. ÊTRE REPRÉSENTÉ EN PUBLIC = **идти́*** [IV, идёт, иду́т - шёл, шла]

• **il passe un film intéressant au Métropole** в Метропо́ле идёт интере́сный фильм

8. PERDRE SES COULEURS = **линя́ть** ⁄ **полиня́ть**

• **ce tissu a passé** э́та ткань полиня́ла

● **faire passer à qqn l'envie de** отби́ть у кого́-нибудь охо́ту (отбива́ть ⁄ отби́ть* [II, отобью́, отобьёшь]) › **ça lui fera passer l'envie de se battre** э́то отобьёт у него́ охо́ту дра́ться

• **faire passer pour** выдава́ть за *(+ A)* (выдава́ть* [II, выдаю́, выдаёшь - выдава́й - выдава́я] ⁄ вы́дать* [*n cl,* вы́дам, вы́дашь, вы́даст, вы́дадим, вы́дадите, вы́дадут - вы́дай]) › **se faire passer pour un spécialiste** выдава́ть себя́ за специали́ста

• **laisser passer** пропуска́ть ⁄ пропусти́ть ④ › **je l'ai laissé passer devant** я пропусти́л её вперёд › **laisser passer l'humidité** пропуска́ть вла́гу

• **passer la main sur** провести́ руко́й по *(+ D)* (проводи́ть ④ ⁄ провести́* [IV, проведу́, проведёшь - провёл, провела́] ③)

• **passer de mode** вы́йти из мо́ды (выходи́ть [выхо́дит, выхо́дят] ⁄ вы́йти* [IV, вы́йдет, вы́йдут - вышел, вы́шла])

• **passer pour** слыть *(+ I)* › **il passe pour un brillant spécialiste** он слывёт блестя́щим специали́стом

passer *vt*

1. EMPLOYER UN CERTAIN TEMPS = **проводи́ть** ④ ⁄ **провести́*** [IV, проведу́, проведёшь - провёл, провела́ ③ - проведённый]

• **j'ai passé l'été à la campagne** я провёл ле́то в дере́вне

• **je vais passer Noël chez mes parents** я проведу́ Рождество́ у роди́телей

2. INTRODUIRE, FAIRE PÉNÉTRER = **просо́вывать** ⁄ **просу́нуть**

• **passer une lettre sous la porte** просу́нуть письмо́ под дверь

3. DONNER = **передава́ть*** [II, передаю́, передаёшь - передава́й - передава́я] ⁄ **переда́ть*** [*n cl,* переда́м, переда́шь, переда́ст, передади́м, передади́те, передаду́т - пе́редал, передала́, пе́редало, пе́редали ⑤ - переда́й]

• **passe-moi le sel** переда́й мне соль

• **passe-moi ton livre de russe** переда́й мне твой уче́бник ру́сского

4. UN EXAMEN = **сдава́ть*** [II, сдаю́, сдаёшь - сдава́й - сдава́я] ⁄ **сдать*** [*n cl,* сдам, сдашь, сдаст, сдади́м, сдади́те, сдаду́т - сдал, сдала́, сда́ло, сда́ли] ⑤

• **ils passent leur examen** они́ сдаю́т экза́мен

5. TAMISER = **просе́ивать** ⁄ **просе́ять*** [II, просе́ю, просе́ешь]

• **passer la farine** просе́ять муку́

6. AU TÉLÉPHONE = **передава́ть** ⁄ **переда́ть**

• **à bientôt, je te passe Camille qui a quelque chose à te dire** ну, пока́, передаю́ тебе́ Ками́й, она́ хо́чет что-то сказа́ть

• tu peux me passer Marc ? ты мо́жешь переда́ть мне Ма́рка?
● passer quelque chose sous silence обойти́ что́-нибудь молча́нием (обходи́ть ④ / обойти́* [IV, обойду́, обойдёшь - обошёл, обошла́])

se passer *vp*

1. SE PRODUIRE = **происходи́ть / произойти́**
• qu'est-ce qui s'est passé ? что произошло́?
• comment ça s'est passé ? как э́то произошло́? › tout s'est bien passé всё прошло́ хорошо́
2. NE PAS AVOIR BESOIN DE = **обойти́сь без** *(+ G)* (обходи́ться ④ / обойти́сь* [IV, обойду́сь, обойдёшься - обошёлся, обошла́сь])
• on se passera de lui обойдёмся и без него́

passe-temps *nm* времяпрепровожде́ние • un agréable passe-temps прия́тное времяпрепровожде́ние

passif [1] *adj* 1. пасси́вный • un rôle passif пасси́вная роль 2. (GRAMM) страда́тельный • la voix passive страда́тельный зало́г • une tournure passive страда́тельный оборо́т

passif [2] *nm* (GRAMM) страда́тельный зало́г

passion *nf* страсть *f* ①③ • les passions se sont déchaînées стра́сти разгоре́лись • avec passion со стра́стью • la passion de la peinture страсть к жи́вописи

passionnant *nm* увлека́тельный • un livre passionnant увлека́тельная кни́га

passionné *adj* 1. *(enflammé)* стра́стный • il lui écrivait des lettres passionnées он писа́л ей стра́стные пи́сьма 2. *(intéressé)* увлечённый • elle est passionnée de mythologie grecque она́ увлечена́ гре́ческой мифоло́гией

passionnément *adv* стра́стно *(comp.* страстне́е*)* • aimer passionnément la musique стра́стно люби́ть му́зыку

passionner
■ se passionner *vp* увлека́ться / увле́чься* [IV, увлеку́сь, увлечёшься, увлеку́тся - увлёкся, увлекла́сь] ③ • se passionner pour les échecs увлека́ться ша́хматами

passivité *nf* пасси́вность *f* • faire preuve de passivité прояви́ть пасси́вность

pastèque *nf* арбу́з

pasteur *nm (dans la religion protestante)* па́стор

pastille *nf* таблетка, пасти́лка • des pastilles pour la toux пасти́лки от ка́шля

pâte *nf (farine délayée et pétrie)* те́сто • une pâte feuilletée слоёное те́сто
● de la pâte à modeler пластили́н • être comme un coq en pâte ката́ться как сыр в ма́сле
■ pâtes *nfpl* макаро́нные изде́лия *pl*, италья́нская па́ста • je préfère les pâtes aux œufs мне бо́льше нра́вятся яи́чные макаро́ны

pâté *nm* 1. *(viandes hachées)* паште́т • du pâté de foie печёночный паште́т 2. *(en croûte)* пиро́г *dim.* пирожо́к ③② • des petits pâtés à la viande пирожки́ с мя́сом

paternel *adj (concernant le père)* отцо́вский • la maison paternelle отцо́вский дом • des sentiments paternels отцо́вские чу́вства

pathologique *adj* патологи́ческий • un cas pathologique патологи́ческий слу́чай

patiemment *adv* терпели́во • attendre patiemment терпели́во ждать

patience *nf* терпе́ние • s'armer de patience запасти́сь терпе́нием • perdre patience потеря́ть терпе́ние • il m'a fait perdre patience он вы́вел меня́ из терпе́ния • prendre patience запасти́сь терпе́нием (запаса́ться / запасти́сь* [IV, запасу́сь, запасёшься - запа́сся, запасла́сь] ③)

patient ◪ *adj* терпели́вый • un homme patient терпели́вый челове́к ◪ *nm (malade)* пацие́нт

patin *nm (à glace)* конёк (конька́ ; *pl.* коньки́*)*
● patins à roulettes ро́лики *pl t (*ро́ликов, ро́ликам*)* › faire du patin à roulettes ката́ться на ро́ликах

patinage *nm* ката́ние на конька́х • le patinage artistique фигу́рное ката́ние

patiner *v* **1.** *(en parlant d'une personne)* ката́ться на конька́х (ката́ться / поката́ться) **2.** *(en parlant des roues d'un véhicule)* буксова́ть / забуксова́ть • les roues patinent колёса буксу́ют

patineur *nm (de vitesse)* конькобе́жец

patineuse *nf (de vitesse)* конькобе́жка

patinoire *nf* като́к • nous allons à la patinoire мы идём на като́к

pâtisserie *nf* **1.** *(magasin)* конди́терская *(adj subst f)* • acheter des gâteaux dans une pâtisserie купи́ть пиро́жные в конди́терской **2.** *(gâteau)* пиро́жное *(adj subst nt)*

pâtissier *nm* конди́тер

patois *nm* го́вор • le patois savoyard саво́йский го́вор

patriarche *nm (divers sens)* патриа́рх • une tribu conduite par un patriarche пле́мя, управля́емое патриа́рхом

patrie *nf* ро́дина, оте́чество *littéraire* • l'amour de la patrie любо́вь к ро́дине • l'Autriche est la patrie de Mozart А́встрия — ро́дина Мо́царта

patriote *nmf* патрио́т *m*, патрио́тка *f*

patriotique *adj* патриоти́ческий • des chants patriotiques патриоти́ческие пе́сни

patron *nm* **1.** *(propriétaire)* хозя́ин* *(pl.* хозя́ева, хозя́ев, хозя́евам*)* • les patrons sont partis pour un mois хозя́ева уе́хали на ме́сяц **2.** *(chef)* шеф • les assistants parlaient de leur « patron », le docteur Schwartz ассисте́нты говори́ли о своём «ше́фе», до́кторе Шва́рце

patronne *nf* хозя́йка • la patronne est très exigeante хозя́йка о́чень тре́бовательна

patte *nf* ла́па • se dresser sur ses pattes de derrière подня́ться на за́дние ла́пы • bas les pattes ! ру́ки прочь! • des pattes de mouche *(en parlant d'écriture)* кара́кули *pl (*кара́куль, кара́кулям*)* • à quatre pattes **a.** *(position)* на четвере́ньках › marcher à quatre pattes ходи́ть на четвере́ньках **b.** *(changement de position)* на четвере́ньки › se mettre à quatre pattes стать на четвере́ньки

paupière *nf* ве́ко* *(nom. pl.* ве́ки*)*

pause *nf* **1.** *(repos momentané)* переры́в • une pause de dix minutes переры́в на де́сять мину́т • pendant la pause de midi во вре́мя обе́денного переры́ва **2.** *(interruption)* па́уза • un problème technique qui a entraîné une pause d'un mois техни́ческая неиспра́вность, кото́рая привела́ к ме́сячной па́узе

pauvre ◪ *adj* бе́дный ⑤ • un village pauvre бе́дная дере́вня • pauvre en vitamines бе́дный витами́нами ◪ *nmf* бе́дный *(adj subst m)*, бе́дная *(adj subst f)* • la pauvre, elle souffre tant ! бе́дная, ей так бо́льно!

pauvrement *adv* бе́дно *(comp.* бедне́е*)* • une femme pauvrement vêtue бе́дно оде́тая же́нщина

pauvreté *nf* бе́дность *f* • pauvreté n'est pas vice бе́дность не поро́к

pavé *nm* **1.** *(bloc de pierre)* мостово́й ка́мень **2.** *(revêtement)* мостова́я, брусча́тка **3.** *(morceau)* бифште́кс • un pavé de bœuf бифште́кс из говя́дины

pavillon *nm* **1.** *(maison individuelle)* до́мик • ils ont acheté un pavillon en banlieue они́ купи́ли себе́ до́мик в при́городе **2.** *(à une exposition)* павильо́н • le pavillon de la France à l'exposition d'Osaka павильо́н Фра́нции на вы́ставке в Оса́ке **3.** *(drapeau)* флаг • hisser le pavillon tricolore подня́ть францу́зский флаг

payant *adj* пла́тный • l'entrée est payante вход пла́тный

paye → paie

payement → paiement

payer *v* **1.** плати́ть ④ / заплати́ть ④ • payez à la caisse, s'il vous plaît плати́те в ка́ссу, пожа́луйста • il ne m'a pas payé он мне не заплати́л • payer ses dettes плати́ть долги́ • payer une amende плати́ть штраф **2.** *(acheter)* покупа́ть / купи́ть ④ • elle a payé une voiture neuve à son fils она́ купи́ла сы́ну но́вую маши́ну

■ se payer *vp* покупа́ть / купи́ть ④ себе́ • il s'est payé un ordinateur portable он купи́л себе́ но́утбук

pays *nm* **1.** *(territoire d'une nation)* страна́ ②① • les pays occidentaux за́падные стра́ны **2.** *(région)* край* *(loc.* краю́ *; pl.* края́*)* ⑧② *(le locatif est* кра́е *et non* краю́ *lorsque la préposition et le substantif sont séparés par un adjectif ; font*

exception à cette règle quelques expressions comme в роднóм краю́) • **les oiseaux sont partis dans les pays chauds** пти́цы улете́ли в тёплые края́ • **le pays natal** родно́й край
• **le mal du pays** тоска́ по ро́дине

paysage *nm* пейза́ж • **un paysage montagneux** го́рный пейза́ж

paysan[1] *nm* крестья́нин* *(pl.* крестья́не, крестья́н, крестья́нам*)* • **la situation des paysans au début du XIXe siècle** положе́ние крестья́н в нача́ле XIX ве́ка
• **de paysan, des paysans** крестья́нский › **le travail des paysans** крестья́нский труд

paysan[2] *adj* крестья́нский • **l'agitation paysanne** крестья́нские волне́ния

paysanne *nf* крестья́нка

Pays-Bas *nmpl* Нидерла́нды *pl t* (Нидерла́ндов, Нидерла́ндам)

PC (*abr de* **personal computer**) *nm* ПК, персона́льный компью́тер

peau *nf* **1.** *(de l'homme)* ко́жа • **elle a une peau fine** у неё не́жная ко́жа • **il n'a que les os et la peau** у него́ ко́жа да ко́сти **2.** *(d'animaux)* шку́ра *(fourrure comprise)* • **une peau de renard** ли́сья шку́ра • **vendre la peau de l'ours avant de l'avoir tué** *fig* дели́ть шку́ру неуби́того медве́дя **3.** *(des fruits)* кожура́ • **enlever la peau de l'orange** очи́стить апельси́н от кожуры́

pêche[1] *nf (action de pêcher)* ры́бная ло́вля
• **un bateau de pêche** рыба́цкое су́дно • **aller à la pêche** ходи́ть на ры́балку

pêche[2] *nf (fruit)* пе́рсик

péché *nm* грех ③② • **commettre un péché** соверши́ть грех • **un péché mortel** сме́ртный грех • **les sept péchés capitaux** семь сме́ртных грехо́в • **des péchés de jeunesse** грехи́ мо́лодости

pécher *v (commettre un péché, une faute)* греши́ть / согреши́ть • **pécher contre la vérité** греши́ть про́тив и́стины

pêcher[1] *v (prendre du poisson)* лови́ть ры́бу (лови́ть ④ / пойма́ть) • **pêcher en eau trouble** лови́ть ры́бу в му́тной воде́

pêcher[2] *nm (arbre)* пе́рсик

pécheresse *nf* гре́шница

pécheur *nm (celui qui a commis des péchés)* гре́шник

pêcheur *nm* **1.** *(professionnel)* рыба́к ③② **2.** *(amateur)* рыболо́в

pédagogie *nf* мето́дика преподава́ния • **la pédagogie des langues vivantes** мето́дика преподава́ния иностра́нных языко́в

pédagogique *adj* педагоги́ческий • **des dons pédagogiques** педагоги́ческие спосо́бности

pédale *nf* педа́ль *f* • **la pédale de la bicyclette** педа́ль велосипе́да

pègre *nf* престу́пный мир

peigne *nm* гребёнка, расчёска

peigner *v* причёсывать / причеса́ть* [II, причешу́, приче́шешь] ④ • **peigner un enfant** причеса́ть ребёнка
■ **se peigner** *vp* причёсываться / причеса́ться* [II, причешу́сь, приче́шешься] ④ • **je n'ai pas eu le temps de me peigner** я не успе́л причеса́ться

peindre *v* **1.** *(mettre de la peinture)* кра́сить / покра́сить *et* окра́сить • **peindre la porte** покра́сить дверь • **peindre la palissade en vert** окра́сить забо́р в зелёный цвет **2.** *(faire un tableau)* писа́ть* [II, пишу́, пи́шешь ④] / написа́ть* [II, *id*] • **qui a peint ce tableau ?** кто написа́л эту карти́ну? **3.** *(dépeindre)* изобража́ть / изобрази́ть • **l'auteur a peint la société de son temps** а́втор изобрази́л о́бщество своего́ вре́мени

peine *nf* **1.** *(douleur morale)* огорче́ние • **plus de peines que de joies** бо́льше огорче́ний чем ра́достей **2.** *(effort)* труд ③ • **marcher avec peine** с трудо́м ходи́ть • **sans peine** без труда́
• **à peine** едва́ › **elle sait à peine lire** она́ едва́ уме́ет чита́ть › **un couloir à peine éclairé** едва́ освещённый коридо́р › **à peine était-il parti que son frère rentrait** едва́ он ушёл, как его́ брат верну́лся • **il n'aura pas de peine à trouver tout ce qui est nécessaire** он без труда́ найдёт всё необходи́мое › **j'ai peine à vous croire** мне тру́дно вам пове́рить • **faire de la peine** огорча́ть / огорчи́ть › **pour ne pas faire de peine à ma mère** что́бы не огорчи́ть мать • **la peine de mort** сме́ртная казнь *f* • **valoir la peine** сто́ить › **ça vaut la peine de voir ce film ?** э́тот фильм сто́ит посмотре́ть? › **non, ça ne vaut pas la peine** нет, не сто́ит

peintre *nm* 1. *(en bâtiment)* маля́р ③② 2. *(artiste)* худо́жник, живопи́сец *littéraire* • un peintre italien du XVIe siècle италья́нский худо́жник XVI ве́ка

peinture *nf* 1. *(matière)* кра́ска • une boîte de peinture jaune ба́нка жёлтой кра́ски 2. *(art)* жи́вопись *f* • la peinture hollandaise голла́ндская жи́вопись 3. *(représentation)* изображе́ние • la peinture de la réalité изображе́ние действи́тельности
● attention ! peinture fraîche ! осторо́жно, окра́шено! • une galerie de peinture карти́нная галере́я

Pékin *nm* Пеки́н

péjoratif *adj* уничижи́тельный • un suffixe péjoratif уничижи́тельный су́ффикс

pelle *nf* 1. *(sans bords)* лопа́та *dim.* лопа́тка • ramasser l'argent à la pelle загреба́ть де́ньги лопа́той • une pelle d'enfant де́тская лопа́тка 2. *(à bords)* сово́к

pellicule *nf* 1. *(photographique)* плёнка • une pellicule très sensible о́чень чувстви́тельная плёнка • développer une pellicule прояви́ть плёнку 2. *(sur les cheveux)* пе́рхоть *f*

pelote *nf* клубо́к • une pelote de laine клубо́к ше́рсти

pelouse *nf* газо́н • il est interdit de marcher sur les pelouses по газо́нам не ходи́ть

peluche *nf* плю́шевая игру́шка • elle collectionne les peluches она́ коллекциони́рует плю́шевых звере́й

pencher ■ *vt* наклоня́ть / наклони́ть [*part.* наклонённый] ④ • pencher la tête наклони́ть го́лову ■ *vi (n'être pas d'aplomb)* коси́ться, клони́ться к земле́ [кло́нится, кло́нятся] *(en parlant de plantes)* • le mur penche стена́ коси́тся • l'arbre penche де́рево кло́нится к земле́
■ se pencher *vp* наклоня́ться / наклони́ться ④, нагиба́ться / нагну́ться *(se courber)* • il s'est penché vers moi он наклони́лся ко мне, он нагну́лся ко мне

pendant *prép*
I EXPRIMANT LA DURÉE
se traduit par un accusatif sans préposition
• il a été malade pendant deux semaines он две неде́ли боле́л
• pendant plusieurs semaines, ils ont travaillé dix heures par jour не́сколько неде́ль они́ рабо́тали де́сять часо́в в день
• qu'est-ce que tu as fait pendant tout ce temps ? что ты де́лал всё э́то вре́мя?
= **в тече́ние** *(+ G) littéraire*
• pendant deux mois, nous avons voyagé à travers la Sibérie в тече́ние двух ме́сяцев мы путеше́ствовали по Сиби́ри
• pendant toute cette journée в тече́ние всего́ э́того дня
• pendant quelques secondes в тече́ние не́скольких секу́нд
II INDIQUANT LE MOMENT DE L'ACTION
1. + **ÉTÉ**, **AUTOMNE**, **HIVER**, **NUIT**, ETC. *employer les adverbes* « ле́том », « о́сенью », « зимо́й », « но́чью », *etc*
• pendant l'été, j'ai passé quelques jours dans une ville d'eau ле́том я провёл не́сколько дней на куро́рте
• il est arrivé pendant la nuit он прие́хал но́чью
2. + NOM DE REPAS = **за** *(+ I)*
• pendant le dîner за у́жином
• pendant le petit déjeuner за за́втраком
3. DANS LES AUTRES CAS = **во вре́мя** *(+ G)*
• pendant la guerre во вре́мя войны́
● pendant longtemps до́лгое вре́мя
• pendant que пока́ › pendant que je mets la table, va chercher le pain пока́ я накрыва́ю на стол, иди́ за хле́бом
• pendant ce temps-là тем вре́менем, ме́жду тем
• pendant les vacances на кани́кулах

pendentif *nm* кул́он • elle portait un pendentif en argent на ней был сере́бряный кул́он

pendre *v* 1. *(suspendre, exécuter)* ве́шать / пове́сить • pendre un tableau au mur пове́сить карти́ну на сте́ну • il a été pris et pendu его́ пойма́ли и пове́сили 2. *(être suspendu)* висе́ть* [I, вишу́, виси́шь] • un énorme tableau pendait au mur на стене́ висе́ла огро́мная карти́на ~ *fig* • être pendu au téléphone висе́ть на телефо́не
● elle a la langue bien pendue у неё хорошо́ подве́шен язы́к • pendre la crémaillère справля́ть новосе́лье (справля́ть / спра́вить)

pendule[1] *nf* часы́ *pl t (*часо́в, часа́м*)*

pendule[2] *nm* мáятник • le pendule de Foucault мáятник Фукó

pénétrer *v (s'introduire)* проникáть / прони́кнуть* [III] • la lumière ne pénétrait pas dans la cave свет не проникáл в подвáл

pénible *adj* **1.** *(fatigant, difficile à supporter)* тяжёлый ③ (тяжёл, тяжелá, тяжелó, тяжелы́), тя́жкий *littéraire* ⑤ • un travail pénible тяжёлая / тя́жкая рабóта • un sentiment pénible тяжёлое чу́вство • il a un caractère pénible у негó тяжёлый харáктер **2.** *(triste)* печáльный • j'ai appris une pénible nouvelle я узнáл печáльную нóвость

péniblement *adv* с трудóм • elle se déplace péniblement онá с трудóм передвигáется

péniche *nf* бáржа

pénis *nm* пéнис

pensée[1] *nf (idée)* мысль *f* • une pensée profonde глубóкая мысль • une arrière-pensée зáдняя мысль

pensée[2] *nf* (BOT) анютины *(adj d'appart)* глáзки *pl t (pl.* глáзки, глáзок, глáзкам*)*

penser *v* дýмать / подýмать • à quoi pensez-vous ? о чём вы дýмаете? • qu'est-ce que vous en pensez ? что вы об э́том дýмаете? • il pense partir pour Moscou он дýмает поéхать в Москвý

pensif *adj* задýмчивый • un air pensif задýмчивый вид

pension *nf* **1.** *(allocation)* пéнсия • toucher une pension d'invalidité получáть пéнсию по инвали́дности **2.** *(établissement)* пансиóн

● pension alimentaire алимéнты *pl t* (алимéнтов, алимéнтам) › payer une pension alimentaire à son ex-femme плати́ть алимéнты бы́вшей женé

pente *nf* склон • une pente raide крутóй склон • sur la pente ouest de la colline на зáпадном склóне холмá

pépin *nm* сéмечко* *(nom. pl.* сéмечки*)* • les pépins de la pomme сéмечки я́блока

perçant *adj* **1.** *(en parlant du regard)* зóркий *(comp.* зóрче*)* • un regard perçant зóркий взгляд **2.** *(en parlant d'un son)* пронзи́тельный • un cri perçant пронзи́тельный крик

percer *v* **1.** *(faire un trou)* пробивáть / проби́ть* [II, пробью́, пробьёшь - пробéй - проби́тый] *(en donnant des coups)*, просвéрливать / просверли́ть *(avec une vrille)*, прокáлывать / проколóть* [II, проколю́, прокóлешь ④ - прокóлотый] *(en piquant)* • percer un mur проби́ть стéну • percer une ouverture dans le mur проби́ть отвéрстие в стенé • percer une planche просверли́ть дóску • percer un abcès проколóть нары́в • percer les lignes ennemies прорвáть ли́нии проти́вника **2.** *(construire une rue, une route, un tunnel)* проклáдывать / проложи́ть ④ • percer une rue проложи́ть ýлицу • percer un tunnel проложи́ть туннéль **3.** *(un secret)* разгáдывать / разгадáть • percer un secret разгадáть тáйну

perdre *v* **1.** *(gén)* теря́ть / потеря́ть • j'ai perdu mes clefs я потеря́ла свои́ ключи́ • il a perdu son père он потеря́л отцá • il y a longtemps que je l'ai perdue de vue я её ужé давнó потеря́л из ви́ду • nous perdons notre temps pour rien мы напрáсно теря́ем врéмя • perdre l'équilibre потеря́ть равновéсие • perdre conscience потеря́ть сознáние • il a perdu la tête он потеря́л гóлову **2.** *(ne pas gagner)* проигрывать / проигрáть • perdre son pari проигрáть пари́ • perdre cent euros au jeu проигрáть сто éвро • perdre un match проигрáть матч • perdre un procès проигрáть процéсс • perdre la bataille проигрáть сражéние

● à perdre haleine во весь дух › courir à perdre haleine бежáть во весь дух • perdre courage пáдать дýхом

■ se perdre *vp* **1.** *(s'égarer)* / заблуди́ться ④ • ils se sont perdus dans la forêt они́ заблуди́лись в лесý **2.** *(disparaître)* теря́ться / потеря́ться • se perdre dans la foule теря́ться в толпé

● se perdre en conjectures терéться в догáдках

père *nm* отéц

● le Père Noël = Дед-Морóз

perfection *nf* совершéнство • savoir ses leçons à la perfection знать свои́ урóки в совершéнстве

perfectionner

■ se perfectionner *vp* совершéнствоваться / усовершéнствоваться • suivre des cours pour se perfectionner en russe занимáться на кýрсах, чтóбы совершéнствоваться в рýсском языкé

performance *nf* достижéние • les performances d'un champion достижéния чемпиóна

périmé *adj* просрóченный *(part)* • le visa est périmé вИза просрóчена • un yaourt périmé просрóченный йóгурт

période *nf* перИод • la période d'incubation инкубациóнный перИод • une période de décadence перИод упáдка

périphérique *nm* **1.** (INFORM) периферИйное устрóйство • brancher un périphérique подключИть периферИйное устрóйство **2.** *(autour d'une ville)* кольцевáя автодорóга • je ne prends jamais le périphérique я никогдá не пóльзуюсь кольцевóй автодорóгой

périr *v* гИбнуть* [III] / погИбнуть* [III] • ils ont péri pendant un incendie онИ погИбли во врéмя пожáра

perle *nf* **1.** *(au singulier)* бýсина, жемчýжина *(perle fine)* **2.** *(au pluriel)* бýсы *pl* (бус, бýсам), жéмчуг *(perles fines)* • les pêcheurs de perles искáтели жéмчуга • un collier de perles нИтка жéмчуга

permanence *nf* (SCOL) самостоЯтельная рабóта • j'ai deux heures de permanence avant le cours de russe у менЯ два часá самостоЯтельной рабóты пéред рýсским

permanent *adj* постоЯнный • une exposition permanente постоЯнная вЫставка

permettre *v* позволЯть / позвóлить • permettez-moi de m'en aller позвóльте мне уйтИ

permis *nm*
● le permis de chasse охóтничий билéт • le permis de conduire водИтельские правá, правá *pl* (прав, *dat.* правáм) • le permis de pêche рыболóвный билéт

permission *nf* **1.** *(autorisation)* разрешéние • demander la permission попросИть разрешéния • avec votre permission с вáшего разрешéния **2.** *(congé)* óтпуск* *(loc.* отпускý, *loc.* óтпуске ; *pl.* отпускá*)* ⑧② • il est venu en permission pour trois jours он приéхал в óтпуск на три дня

perpendiculaire *adj* перпендикулЯрный • c'est une rue perpendiculaire aux Champs-Élysées Это ýлица перпендикулЯрная ЕлисéйскИм полЯм

perquisition *nf* óбыск • faire une perquisition произвестИ óбыск

perroquet *nm* попугáй *m* • répéter comme un perroquet повторЯть как попугáй

perruque *nf* парИк ③② • porter une perruque носИть парИк

persécuter *v* преслéдовать • persécuter ses adversaires преслéдовать своИх протИвников

persécution *nf* преслéдование • le délire de la persécution мáния преслéдования

persienne *nf* стáвень *m* • fermer les persiennes закрЫть стáвни

persil *nm* петрýшка

personnage *nm* **1.** *(dans une œuvre littéraire)* дéйствующее лицó *(лицó ②①)* • le personnage principal глáвное дéйствующее лицó **2.** *(personne)* лицó ②① • un personnage influent влиЯтельное лицó • un personnage historique истори́ческое лицó

personnalité *nf* **1.** *(caractère personnel)* лИчность *f* • le développement de la personnalité развИтие лИчности • une forte personnalité сИльная лИчность **2.** *(personne influente)* дéятель *m (avec indication de la sphère d'activité)*, высокопостáвленное лицó *(лицó ②①) (personne haut placée)* • les personnalités politiques политИческие дéятели • c'est une personnalité Это высокопостáвленное лицó

personne[1] *nf* **1.** *(gén)* человéк* *(pl.* лЮди, людéй, лЮдям, людьмИ, лЮдях*) (après les noms de nombre et les adverbes de quantité* нéсколько, скóлько *et* стóлько *on utilise le génitif pluriel irrégulier* человéк*)* • vingt kilos par personne двáдцать килогрáммов на человéка • certaines personnes préfèrent le théâtre нéкоторые лЮди предпочитáют теáтр • il y avait cinq ou six personnes бЫло пять-шесть человéк **2.** *iron* осóба • une jeune personne молодáя осóба **3.** (GRAMM) лицó ②① • à la première personne du singulier в пéрвом лицé éдИнственного числá
● en personne сам › **j'ai été reçu par le directeur en personne** менЯ прИнял сам дирéктор • les grandes personnes взрóслые (взрóслых, взрóслым) *(adj subst pl)* › **ne pas obéir aux grandes personnes** не слýшаться взрóслых

personne² *pron* 1. *(aucun)* никтó • **qui a frappé ? — personne** кто стучáл? — никтó • **personne ne le connaissait** никтó егó не знал • **il ne s'adressait à personne** он ни к комý не обращáлся 2. *(n'importe qui)* ктó-либо • **il le sait mieux que personne** он э́то знáет лýчше, чем ктó-либо
● **il n'y a personne à qui je puisse me plaindre** нéкому жáловаться

personnel¹ *adj* ли́чный • **c'est son affaire personnelle** э́то егó ли́чное дéло • **les pronoms personnels** ли́чные местоимéния

personnel² *nm* штат, персонáл • **une compression du personnel** сокращéние штáта • **le personnel administratif** администрати́вный персонáл • **le personnel enseignant** преподавáтельский персонáл • **le personnel du laboratoire** персонáл лаборатóрии • **le personnel de la banque** персонáл бáнка • **le personnel du centre de recherches** персонáл исслéдовательского цéнтра

personnellement *adv* ли́чно • **personnellement, je n'ai rien contre** ли́чно я ничегó не имéю прóтив

perspective *nf* 1. *(gén)* перспекти́ва • **les lois de la perspective** закóны перспекти́вы • **de nouvelles perspectives s'ouvrent devant nous** пéред нáми открывáются нóвые перспекти́вы 2. *(grande avenue)* проспéкт • **la perspective Nevski** Нéвский проспéкт

persuader *v* убеждáть / убеди́ть *(la 1ère personne du futur est inusitée)* • **nous l'avons persuadé de rester** мы убеди́ли егó остáться • **je les ai persuadés qu'il n'y avait rien à craindre** я убеди́л их в том, что боя́ться нéчего
● **être persuadé** быть увéренным › **je suis persuadé qu'il s'est trompé** я увéрен, что он оши́бся

perte *nf* 1. *(gén)* потéря • **une perte de temps** потéря врéмени • **quelle perte pour la science !** какáя потéря для наýки! • **subir de fortes pertes** понести́ большúе потéри 2. *(dommages financiers)* убы́ток • **vendre à perte** продáть с убы́тком 3. *(au jeu)* прóигрыш • **une perte de deux cents euros** прóигрыш двухсóт éвро
● **courir à sa perte** идти́ на вéрную ги́бель • **en pure perte** зря › **dépenser son argent en pure perte** зря трáтить дéньги

peser *v* 1. *(mesurer le poids)* взвéшивать / взвéсить • **peser les bagages** взвéсить багáж • **peser le pour et le contre** взвéшивать все за и прóтив 2. *(avoir un poids)* вéсить • **combien pèse cette lettre ?** скóлько вéсит э́то письмó? • **la valise pèse vingt kilos** чемодáн вéсит двáдцать килогрáммов

pessimisme *nm* пессими́зм • **se laisser aller au pessimisme** впасть в пессими́зм

pessimiste ◪ *adj* пессимисти́ческий • **un point de vue pessimiste** пессимисти́ческие взгля́ды
● **être pessimiste** быть пессими́стом, быть пессими́сткой › **il est pessimiste** он пессими́ст › **elle est pessimiste** онá пессими́стка ◪ *nmf* пессими́ст *m*, пессими́стка *f*

peste *nf (maladie)* чумá

pétale *nm* лепестóк

pétard *nm* петáрда, хлопýшка • **ils ont tiré des pétards toute la nuit** всю ночь они́ взрывáли петáрды

petit¹ *adj* 1. *(gén)* мáленький *(comp.* мéньше**)*, небольшóй *(pas grand)* • **un petit village** мáленькая дерéвня • **de petits désagréments** мáленькие неприя́тности • **de petits enfants** мáленькие дéти • **l'autre pièce est plus petite que celle-ci** другáя кóмната мéньше э́той • **une petite salle** небольшóй зал • **une petite somme** небольшáя сýмма ~ *en utilisant un diminutif* • **une petite chaise** стýльчик, мáленький стул • **un petit oiseau** мáленькая пти́чка • **un petit coin charmant** прелéстный уголóк • **une petite minute** минýтка • **dans une petite maison** в мáленьком дóмике • **une petite bouteille** буты́лочка 2. *(en parlant de la taille)* невысóкий ⑤ *(*невысóк, невысокá, невысóко, невысóки*)* • **elle est de petite taille** онá невысóкого рóста 3. *(qui occupe une place peu élevée dans la hiérarchie)* мéлкий ⑤ *(comp.* мéльче**)* • **un petit fonctionnaire** мéлкий чинóвник • **une petite entreprise** мéлкое предприя́тие 4. *(cadet)* млáдший • **mon petit frère** мой млáдший брат • **ma petite sœur** моя́ млáдшая сестрá 5. *(jeune, en parlant d'un animal)* • **le chat a attrapé une petite souris** кóшка поймáла мышóнка • **le voisin m'a fait cadeau d'un petit chat** сосéд подари́л мне котёнка • **des petits chiens noirs** чёрные щенки́ • **les petits**

oiseaux sont tombés du nid птенцы́ вы́валились из гнезда́
● le monde est petit мир те́сен • petit bonhomme *(en parlant d'un enfant)* мальчуга́н, малы́ш ③② › quel drôle de petit bonhomme ! како́й заба́вный малы́ш! • un petit garçon ма́льчик • une petite fille де́вочка • la petite monnaie ме́лочь *f* • un petit pain бу́лка *dim.* бу́лочка › un petit pain aux raisins бу́лочка с изю́мом • petit à petit ма́ло-пома́лу › petit à petit, je m'habituais à ma nouvelle vie ма́ло-пома́лу я привыка́л к но́вой жи́зни • un petit peu немно́го, немно́жко • un tout petit peu немно́жечко

petit² *nm* **1.** *(petit garçon)* ма́льчик • pauvre petit ! бе́дный ма́льчик! **2.** *(fils)* сыно́к • le petit va bientôt rentrer de l'école сыно́к ско́ро вернётся из шко́лы **3.** *(petit d'animal)* детёныш • défendre ses petits защища́ть свои́х детёнышей • le petit du tigre тигрёнок • le petit de l'ours медвежо́нок • la chienne défend ses petits соба́ка защища́ет свои́х щенко́в • la chatte nourrit ses petits ко́шка ко́рмит свои́х котя́т

petite *nf* **1.** *(fillette)* де́вочка *(petite fille)* • pauvre petite ! бе́дная де́вочка! **2.** *(fille de ses parents)* до́чка • la petite n'est pas encore rentrée de l'école до́чка ещё не верну́лась из шко́лы

petite-fille *nf* вну́чка • une grand-mère avec sa petite-fille ба́бушка со свое́й вну́чкой

petit-fils *nm* внук

petits-enfants *nmpl* вну́ки *pl* (вну́ков, вну́кам)

pétrole *nm* **1.** *(brut)* нефть *f* • l'extraction du pétrole добы́ча не́фти **2.** *(lampant)* кероси́н
● de pétrole нефтяно́й › un puits de pétrole нефтяна́я сква́жина • une lampe à pétrole кероси́новая ла́мпа

peu *adv*

1. *(+ v)* **= ма́ло**
• il parlait peu он говори́л ма́ло
• je gagne trop peu я сли́шком ма́ло зараба́тываю

2. *(+ adj)* **= не о́чень**
• il est peu soigneux он не о́чень стара́тельный
• un endroit peu accessible малодосту́пное ме́сто

un peu *loc adv* **= немно́го**
• un petit peu немно́жко
• un tout petit peu немно́жечко
• j'ai un peu mal à la tête у меня́ голова́ немно́го боли́т
• attendez un petit peu подожди́те немно́жко
• un petit peu mieux немно́жко лу́чше

un peu de *loc* **= немно́го**
• un peu de sel немно́го со́ли

peu de *loc*
• peu d'argent ма́ло де́нег
• il a peu de travail у него́ ма́ло рабо́ты
• il reste peu de jours avant la fin de l'année до конца́ го́да остаётся ма́ло дней
• c'est peu de chose э́то пустяки́
● à peu d'exceptions près за немно́гими исключе́ниями
• à peu près
a. PRESQUE почти́ › il est à peu près rétabli он почти́ здоро́в
b. ENVIRON о́коло *(+ G)* › à peu près cent personnes о́коло ста челове́к
• avant peu в ско́ром вре́мени
• de peu À PEINE ненамно́го › il est mon aîné de peu он ненамно́го ста́рше меня́ › je l'ai manqué de peu я ненамно́го опозда́л
• depuis peu неда́вно › il est rentré depuis peu он неда́вно верну́лся
• elle travaille ici depuis peu она́ рабо́тает здесь неда́вно
• d'ici peu ско́ро › d'ici peu, il y aura une nouvelle école dans le quartier в э́том райо́не ско́ро откро́ется но́вая шко́ла
• en peu de mots в немно́гих слова́х
• en peu de temps за коро́ткое вре́мя
• peu à peu ма́ло-пома́лу › peu à peu, je m'habitue à ce travail ма́ло-пома́лу я привыка́ю к э́той рабо́те
• peu après вско́ре, вско́ре по́сле *(+ G)* › il est parti peu après вско́ре он уе́хал › peu après son départ вско́ре по́сле его́ отъе́зда
• peu avant незадо́лго пе́ред *(+ I)* › elle était partie peu avant она́ уе́хала незадо́лго пе́ред э́тим › peu avant son départ незадо́лго пе́ред её отъе́здом
• peu importe всё равно́ › peu lui importe ему́ всё равно́
• peu nombreux
a. ATTRIBUT › ils sont peu nombreux их ма́ло

b. ÉPITHÈTE немногочи́сленный › **des remarques peu nombreuses** немногочи́сленные замеча́ния

peu *nm* немно́гое *(pron nt)* • se contenter de peu дово́льствоваться немно́гим • il a oublié le peu qu'on lui avait appris он забы́л то немно́гое, чему́ его́ учи́ли • le peu d'argent que j'avais conservé те немно́гие де́ньги, кото́рые я сохрани́л

À PROPOS DE...

Un peu suivi d'un comparatif peut être traduit par le préfixe по. Celui-ci s'accole à la forme synthétique : ***ils sont là-bas un peu plus loin***, они́ там пода́льше.

Dans certains verbes, le préverbe по signifie un peu : ***pleurer un peu***, попла́кать.

peuple *nm* наро́д • le peuple français францу́зский наро́д

peupler *v* населя́ть / насели́ть

peuplier *nm* то́поль* *m (nom. pl.* тополя́*)* ①②

peur *nf* страх, боя́знь *f (plus faible)* • trembler de peur дрожа́ть от стра́ха • de peur d'être en retard из боя́зни опозда́ть
● avoir peur боя́ться* [I, бою́сь, бои́шься] *(+ G, + inf, +* что*)* / испуга́ться *(+ G)* › **elle a peur de sa mère** она́ бои́тся ма́тери › **j'avais peur de prendre froid** я боя́лся простуди́ться › **j'ai peur qu'il prenne froid** бою́сь, что он просту́дится › **j'ai peur qu'il ne vienne pas** бою́сь, что он не придёт › **il a eu peur du chien** он испуга́лся соба́ки › **tu n'as pas peur ?** ты не бои́шься? • faire peur пуга́ть / испуга́ть › **oh, que vous m'avez fait peur !** ой, как вы меня́ испуга́ли! • prendre peur пуга́ться / испуга́ться

peut-être *adv* **1.** мо́жет быть • il est peut-être déjà rentré он, мо́жет быть, уже́ верну́лся **2.** пожа́луй *(admettons)* • après tout, il a peut-être raison пожа́луй, он прав • après tout, j'irai peut-être avec vous я, пожа́луй, пойду́ с ва́ми

pharaon *nm* фарао́н

phare *nm* **1.** *(de véhicule)* фа́ра • allumer ses phares включи́ть фа́ры **2.** *(pour guider les navires)* мая́к ③②

pharmacie *nf (magasin)* апте́ка

pharmacien *nm* апте́карь *m*

pharmacienne *nf* апте́карша *fam,* апте́карь *m*

phénomène *nm (fait naturel)* явле́ние • les phénomènes de la nature явле́ния приро́ды

philatélie *nf* филатели́я

philatéliste *nmf* филатели́ст *m*, филатели́стка *f*

philosophe *nmf* фило́соф *m*

philosophie *nf* филосо́фия

philosophique *adj* филосо́фский • des réflexions philosophiques филосо́фские размышле́ния • avec un calme philosophique, с филосо́фским споко́йствием

phonétique[1] *adj* фонети́ческий • la transcription phonétique фонети́ческая транскри́пция

phonétique[2] *nf* фоне́тика

phoque *nm* тюле́нь *m*

photo *nf* сни́мок, фотока́рточка *(reproduction sur papier)*, фо́то* *nt indécl* • prendre une photo сде́лать сни́мок (де́лать / сде́лать) • faire une photo сде́лать сни́мок • j'avais sa photo sur mon bureau на моём пи́сьменном столе́ стоя́ла её фотока́рточка • une belle photo краси́вое фо́то
● un appareil photo фотоаппара́т • prendre en photo снима́ть / снять* [IV, сниму́, сни́мешь ④ - снял, сняла́, сня́ло, сня́ли ⑤ - сня́тый, снят, снята́, сня́то, сня́ты ⑤] › **voulez-vous que je vous prenne en photo ?** хоти́те, я вас сниму́?

photocopie *nf* фотоко́пия • faire une photocopie сде́лать фотоко́пию

photocopier *v* фотокопи́ровать / сфотокопи́ровать • je voudrais photocopier une recette de cuisine мне на́до сфотокопи́ровать кулина́рный реце́пт

photocopieuse *nf* фотокопирова́льная маши́на, копирова́льный аппара́т

photographe *nmf* фотóграф

photographie *nf* фотогрáфия

photographier *v* снимáть / снять* [IV, сниму́, снúмешь ④ - снял, снялá, снЯло, снЯли ⑤ - снЯтый, снят, снятá, снЯто, снЯты ⑤], фотографúровать / сфотографúровать • **où est-ce que tu l'as photographiée ?** где ты её снимáл?

photographique *adj* фотографúческий • **une reproduction photographique** фотографúческая репродýкция

phrase *nf* фрáза

physicien *nm* фúзик

physicienne *nf* фúзик *m*

physionomie *nf* физионóмия

physique[1] *adj* физúческий • **des exercices physiques** физúческие упражнéния • **la géographie physique** физúческая геогрáфия

● **la culture physique** физкультýра › **faire de la culture physique** занимáться физкультýрой

physique[2] ◪ *nm* нарýжность *f* • **un jeune homme au physique agréable** молодóй человéк приЯтной нарýжности ◪ *nf* фúзика • **la physique nucléaire** Ядерная фúзика • **un devoir de physique** задáние по фúзике

pianiste *nmf* пианúст *m*, пианúстка *f*

piano *nm* **1.** *(instrument)* пианúно* *nt indécl (piano droit)* • **piano à queue** рОяль *m* • **jouer du piano** игрáть на пианúно, игрáть на рОяле **2.** *(dans la dénomination des œuvres)* фортепьЯно* *nt indécl* • **un concerto pour piano et orchestre** концéрт для фортепьЯно с оркéстром

pic *nm* **1.** *(instrument)* киркá **2.** *(sommet)* пик • **le pic d'Aneto** пик Анéто **3.** *(oiseau)* дЯтел

● **à pic a.** *(vertical)* отвéсный › **une falaise à pic** отвéсная скалá **b.** *(verticalement)* отвéсно › **le sentier descend presque à pic** тропúнка спускáется почтú отвéсно **c.** *(au bon moment)* кстáти › **vous arrivez à pic** вы пришлú кстáти **d.** *(en allant droit au fond)* ко дну › **la barque a coulé à pic** лóдка пошлá ко дну

pickpocket *nm* кармáнный вор, кармáнник • **des pickpockets sont susceptibles d'agir dans cette station** на Этой стáнции мóгут орýдовать кармáнники

pie *nf* сорóка • **jacasser comme une pie** трещáть как сорóка

pièce *nf* **1.** *(d'un mécanisme)* часть *f* ①③ • **les pièces de rechange** запаснЫе чáсти **2.** *(morceau de tissu pour un raccommodage)* заплáта • **mettre une pièce** постáвить заплáту **3.** *(unité)* штýка • **vingt-cinq euros pièce** двáдцать пять éвро за штýку **4.** *(dans un appartement)* кóмната • **un appartement de trois pièces** трёхкóмнатная квартúра **5.** *(pièce de monnaie)* монéта • **une pièce de deux euros** монéта в два éвро **6.** *(œuvre dramatique)* пьéса • **une pièce d'Anouilh** пьéса Анýя **7.** *(document)* докумéнт • **une pièce justificative** оправдáтельный докумéнт **8.** *(canon)* орýдие • **une pièce de D.C.A.** зенúтное орýдие

● **mettre en pièces** *(déchirer)* разорвáть в клочкú (разрывáть / разорвáть* [IV, разорвý, разорвёшь - разорвáл, разорвалá, разорвáло, разорвáли] ⑤) • **une pièce d'identité** удостоверéние лúчности

pied *nm* **1.** *(partie du corps)* ногá *(l'accent passe sur la préposition dans les groupes* зá ногу, нá ногу, пóд ногу, нá ноги *et* пóд ноги*)* ⑥⑦ • **le pied droit** прáвая ногá • **de la tête aux pieds** с головЫ до ног • **être sur pied** быть на ногáх • **marcher sur les pieds de qqn** *litt & fig* наступúть комý-нибудь нá ноги • **se lever du pied gauche** вставáть с лéвой ногú • **avoir un pied dans la tombe** стоЯть однóй ногóй в могúле • **la roue lui a écrasé le pied** колесó раздавúло емý ступнЮ • **des pieds plats** плóские ступнú • **les os du pied** кóсти стопЫ

> **À PROPOS DE...**
>
> Le mot **ногá** désigne aussi bien **la jambe** que **le pied**, le contexte permettant le plus souvent d'éviter toute équivoque. Lorsqu'il est nécessaire de spécifier, on emploie les mots **ступнЯ** ou **стопá** (littéraire).

2. *(d'un meuble, d'un objet)* нóжка • **le pied de la table** нóжка столá • **le pied du champignon** нóжка грибá **3.** *(d'une montagne, d'un arbre)* поднóжие • **au pied de la montagne** у поднóжия горЫ **4.** *(plante)* куст ③② • **un pied de fraisier** куст землянúки

● **à pied** *(en marchant)* пешкóм › **aller à pied** идтú пешкóм • **au pied de la lettre** в буквáльном смЫсле слóва • **avoir pied** доставáть до дна • **faire un** pied de nez à qqn показáть комý-нибудь нос

piège *nm litt & fig* западня́* *(gén. pl.* западнéй*)* • tendre un piège постáвить западню́ • tomber dans le piège попáсть в западню́

pierre *nf* кáмень *m* ①③ • une pierre à aiguiser точи́льный кáмень • une pierre précieuse драгоцéнный кáмень
• c'est une pierre dans mon jardin э́то кáмень в мой огорóд • de pierre, en pierre кáменный › une maison en pierre кáменный дом • faire d'une pierre deux coups одни́м вы́стрелом двух зáйцев уби́ть • il gelait à pierre fendre был трескýчий морóз

piéton *nm* пешехóд • renverser un piéton сбить пешехóда

piétonnier *adj* пешехóдный • un quartier piétonnier пешехóдная зóна

pieu *nm* кол* *(pl.* кóлья, кóльев, кóльям*)* ③① • enfoncer un pieu dans la terre вбить в зéмлю кол

pigeon *nm* гóлубь *m* ①③ • un pigeon voyageur почтóвый гóлубь

pile *nf* **1.** *(électrique)* батарéя *dim.* батарéйка • une pile de 1,5 volts батарéя в 1,5 вольт • une pile pour lampe de poche батарéйка для кармáнного фонаря́ **2.** *(d'objets)* стóпка • une pile de cahiers стóпка тетрáдей • une pile de disques стóпка ди́сков ~ штáбель *m (nom. pl.* штабеля́*)* ①② *(bois, matériaux de construction)* • une pile de bois штáбель дров • une pile de briques штáбель кирпичéй **3.** *(d'un pont)* бык ③② • il ne restait du pont que les piles en pierre от мостá остáлись тóлько кáменные быки́ **4.** *(atomique)* реáктор • une pile à uranium урáновый реáктор **5.** *(côté d'une pièce de monnaie)* рéшка • pile ou face орёл и́ли рéшка

pilier *nm* столб ③② • les piliers métalliques de la salle d'exposition металли́ческие столбы́ вы́ставочного зáла

pillage *nm* грабёж ③②

piller *v* грáбить / ограбить • des nomades pillaient les caravanes кочéвники грáбили каравáны

pilote *nm* **1.** *(d'avion, d'hélicoptère)* пилóт • le pilote de l'avion de ligne пилóт авиалáйнера **2.** *(de voiture de course, d'engin blindé)* води́тель *m* **3.** *(de bateau)* лóцман
• un pilote d'essai лётчик-испытáтель *m*

pilule *nf* пилю́ля • dorer la pilule позолоти́ть пилю́лю
• pilule contraceptive противозачáточная таблéтка

pin *nm* соснá ②①
• de pin соснóвый › une pomme de pin соснóвая ши́шка

pince *nf* **1.** *(outil)* щипцы́ *pl t (*щипцóв, щипцáм*)* • serrer avec des pinces сжимáть щипцáми **2.** *(de homard, d'écrevisse)* клешня́* *(gén. pl.* клешнéй*)*
• pince coupante кусáчки *pl t (*кусáчек, кусáчкам*)* • pince à linge бельевáя прищéпка • pince plate плоскогýбцы *pl t (*плоскогýбцев, плоскогýбцам*)*

pinceau *nm* кисть *f dim.* ки́сточка ①③

pincer *v* **1.** *(gén)* щипáть* [II, щиплю́, щи́плешь ④] / ущипнýть • elle m'a pincé le bras онá ущипнýла меня́ зá руку • le froid vous pince les oreilles морóз щи́плет ýши **2.** *(coincer)* прищемля́ть / прищеми́ть • pincer le rideau dans la porte прищеми́ть портьéру двéрью
• pincer les lèvres сжать гýбы (сжимáть / сжать* [II, сожмý, сожмёшь - сжáтый])
■ se pincer *vp (+ partie du corps)* прищемля́ть / прищеми́ть себé • se pincer le doigt dans la porte прищеми́ть себé пáлец двéрью

pingouin *nm* пингви́н

ping-pong *nm* пинг-пóнг • jouer au ping-pong игрáть в пинг-пóнг

pioche *nf* моты́га

pion *nm (gén)* фи́шка • avance ton pion de trois cases передви́нь свою́ фи́шку на три клéтки ~ *(aux échecs)* пéшка

pionnier *nm (divers sens)* пионéр • les pionniers de l'aviation пионéры авиáции
• de pionnier, de pionniers пионéрский

pipe *nf* трýбка • fumer la pipe кури́ть трýбку

pipe-line *nm* трубопровóд

pipi *nm* пипи́ • faire pipi пи́сать / пописáть

pique *nf (aux cartes)* пи́ки *pl t (*пик, пи́кам*)*

◆ de pique пи́ковый › **la dame de pique** пи́ковая да́ма

pique-nique *nm* пикни́к ③② • organiser un pique-nique устро́ить пикни́к

piquer *v* **1.** *(blesser avec un objet pointu)* коло́ть* [II, колю́, ко́лешь ④] / кольну́ть уколо́ть* [II, уколю́, уко́лешь ④ - уко́лотый] • piquer avec une aiguille уколо́ть иго́лкой **2.** *(en parlant d'un insecte, d'un serpent)* куса́ть / укуси́ть ④ *(mordre)*, жа́лить / ужа́лить • un serpent l'a piquée её укуси́ла змея́ • quelle mouche te pique ? кака́я му́ха тебя́ укуси́ла? • une abeille l'a piqué его́ ужа́лила пчела́ **3.** *(en parlant du froid)* щипа́ть* [II, щи́плет] • le froid pique les oreilles моро́з щи́плет у́ши **4.** *(en parlant de la fumée)* есть* [*n cl*, ест], ел • la fumée nous piquait les yeux дым ел глаза́ **5.** *(descendre en piqué)* пики́ровать / спики́ровать • les bombardiers piquaient sur leur but бомбардиро́вщики пики́ровали на цель **6.** *(éveiller un sentiment)* возбужда́ть / возбуди́ть • piquer la curiosité возбуди́ть любопы́тство

◆ piquer au vif заде́ть за живо́е (задева́ть / заде́ть* [*n cl*, заде́ну, заде́нешь - заде́л, заде́ла - заде́тый])

■ se piquer *vp* **1.** *(sans préciser la partie du corps)* ука́лываться / уколо́ться • elle s'est piquée avec une seringue она́ уколо́лась игло́й шпри́ца **2.** *(se blesser une partie du corps)* коло́ть* [II, колю́, ко́лешь ④] / кольну́ть уколо́ть* [II, уколю́, уко́лешь ④ - уко́лотый] себе́ • se piquer le doigt avec une aiguille уколо́ть себе́ па́лец иглой

piquet *nm* **1.** *(petit pieu)* кол* *(pl.* ко́лья, ко́льев, ко́льям*)* ③① • enfoncer un piquet dans la terre вбить кол в зе́млю **2.** *(de grève)* пике́т • un piquet de grève забасто́вочный пике́т

piqûre *nf* **1.** *(faite avec une seringue)* уко́л • faire des piqûres à un malade сде́лать больно́му уко́лы **2.** *(d'insecte, de serpent)* уку́с • la piqûre d'un moustique уку́с комара́

pirate *nm* пира́т • les pirates de l'air возду́шные пира́ты • un pirate informatique электро́нный пира́т

pire *adj* ху́же • c'est de pire en pire де́ло идёт всё ху́же и ху́же • c'est pire que ce que je pensais э́то ху́же, чем я ду́мал • c'était son pire ennemi э́то был его злейший враг

◆ le pire **a.** *(le plus mauvais)* наиху́дший, са́мый ху́дший › **dans les pires conditions** в наиху́дших усло́виях › **des deux solutions, il a choisi la pire** из двух возмо́жностей он вы́брал наиху́дшую **b.** *(le plus grand)* велича́йший › **il a rencontré les pires difficultés** он натолкну́лся на велича́йшие затрудне́ния • il n'est pire eau que l'eau qui dort в ти́хом о́муте че́рти во́дятся

pis *adv*

◆ au pis aller в ху́дшем слу́чае • tant pis всё равно́ • tant pis pour toi тем ху́же для тебя́

piscine *nf* бассе́йн • une piscine couverte зи́мний бассе́йн

piste *nf* **1.** *(trace)* след* *(loc.* следу́*)* ⑧② *(au génitif, l'accent n'est initial qu'à la forme irrégulière* сле́ду* *; la forme* следа́*, par contre, est accentuée sur la finale)* • nous sommes tombés sur sa piste мы напа́ли на его́ след • suivre la piste идти́ по следа́м **2.** *(pour une épreuve sportive)* доро́жка • une piste pour la course à pied бегова́я доро́жка • une piste cyclable велосипе́дная доро́жка **3.** *(pour le ski)* тра́сса • une piste de slalom тра́сса сла́лома **4.** *(dans un aéroport)* полоса́ *(pl.* по́лосы, поло́с, полоса́м*)* ②③ • la piste d'envol взлётная полоса́ • la piste d'atterrissage поса́дочная полоса́

◆ une fausse piste *(fausse direction)* ло́жный путь *m* (путь* ③②*gén., dat., loc., instr.* путём ; *pl.* пути́, путе́й, путя́м*)* › **être sur une fausse piste** идти́ по ло́жному пути́

pistolet *nm* пистоле́т • tirer un coup de pistolet вы́стрелить из пистоле́та

piteux *adj* жа́лкий ⑤ • des résultats piteux жа́лкие результа́ты

pitié *nf* жа́лость *f* • elle a fait cela par pitié pour lui она́ э́то сде́лала из жа́лости к нему́

◆ j'avais pitié d'elle мне бы́ло жа́лко её, мне бы́ло жаль её • avoir pitié d'un orphelin пожале́ть сироту́ • il me fait pitié мне жаль его́ • elle faisait pitié à voir жа́лко бы́ло на неё смотре́ть

pittoresque *adj* живопи́сный • une route pittoresque живопи́сная доро́га • un récit pittoresque живопи́сный расска́з

pizza *nf* пи́цца • une pizza aux champignons et au jambon пи́цца с шампиньо́нами и ветчино́й

placard *nm (armoire)* (стенно́й) шкаф, шкаф* *(loc.* шкафу́*)* ⑧②

place *nf* **1.** *(divers sens)* ме́сто ①⑥ • le livre n'est pas à sa place кни́га не на ме́сте • il n'y avait pas une seule place libre не́ было ни одного́ свобо́дного ме́ста • réserver des places заброни́ровать места́ • à ta place, je lui écrirais на твоём ме́сте я бы ему́ написа́л • on me propose une place à la banque мне предлага́ют ме́сто в ба́нке **2.** *(place publique)* пло́щадь *f (pl.* пло́щади, площаде́й, площадя́м*)* ①③ • la place de la Concorde пло́щадь Согла́сия • sur la place Rouge на Кра́сной пло́щади **3.** *(billet)* биле́т • deux places, s'il vous plaît два биле́та, пожа́луйста
● à la place de вме́сто *(+ G)* › **travailler à la place d'un collègue** рабо́тать вме́сто колле́ги

placer *v* **1.** *(à plat)* класть* [IV, кладу́, кладёшь - клал, кла́ла] / положи́ть ④ • placer ses pieds sur un tabouret положи́ть но́ги на табуре́т **2.** *(debout)* ста́вить / поста́вить • placer les pots de confiture sur l'étagère поста́вить ба́нки варе́нья на по́лку **3.** *(faire asseoir)* сажа́ть / посади́ть ④ • elle a placé le colonel à côté de moi она́ посади́ла полко́вника ря́дом со мной **4.** *(répartir)* расставля́ть / расста́вить • placer les pièces sur l'échiquier расста́вить ша́хматы на доске́ **5.** *(procurer un emploi)* устра́ивать / устро́ить • il a placé son fils à la banque он устро́ил сы́на в ба́нк **6.** *(prêter à intérêt)* вкла́дывать / вложи́ть ④ • placer son argent dans la pierre вложи́ть де́ньги в недви́жимость
● placer son espoir en возложи́ть свои́ наде́жды на *(+ A)* (возлага́ть / возложи́ть ④) • placer un mot вста́вить сло́во (вставля́ть / вста́вить) › **il ne me laissait pas placer un seul mot** он мне ни сло́ва не дава́л вста́вить

plafond *nm* потоло́к • un plafond bas ни́зкий потоло́к

plage *nf* пляж • se faire bronzer sur la plage загора́ть на пля́же

plaidoirie *nf* (защити́тельная) речь *f* ①③ • la longue plaidoirie de l'avocat дли́нная речь адвока́та

plaie *nf* ра́на • panser une plaie перевяза́ть ра́ну

plaindre *v* жале́ть / пожале́ть • on ne peut que le plaindre мо́жно то́лько пожале́ть его́ • je plains sa sœur я жале́ю его́ сестру́, мне жа́лко его́ сестру́
■ se plaindre *vp* жа́ловаться / пожа́ловаться • il y avait déjà longtemps qu'ils se plaignaient de leurs voisins они́ уже́ давно́ жа́ловались на сосе́дей • elle se plaignait de ne pas pouvoir travailler она́ жа́ловалась, что не мо́жет рабо́тать • le malade se plaignait de maux de tête больно́й жа́ловался на головну́ю боль

plaine *nf* равни́на • une vaste plaine обши́рная равни́на

plainte *nf* **1.** *(gémissement)* стон • on entendait les plaintes des blessés слы́шались сто́ны ра́неных **2.** *(récrimination, déclaration en justice)* жа́лоба • j'en ai assez de ses plaintes incessantes мне надое́ли её постоя́нные жа́лобы • porter plainte contre les opérateurs mobiles пода́ть жа́лобу на опера́торов моби́льной свя́зи
● pousser une plainte стона́ть / застона́ть

plaire *v* нра́виться / понра́виться • ce livre me plaît мне нра́вится э́та кни́га
● comme il vous plaira как вам уго́дно • s'il te plaît, s'il vous plaît пожа́луйста › **donne-moi un morceau de pain, s'il te plaît** дай мне, пожа́луйста, кусо́к хле́ба
■ se plaire *vp (se trouver bien)* • je me plais ici мне здесь нра́вится

plaisanter *v* шути́ть ④ / пошути́ть ④ *(над + I)* • on s'amuse bien avec lui, il aime plaisanter с ним ве́село, он лю́бит шути́ть • ses amis la plaisantaient sur son nouveau chapeau друзья́ шути́ли над ней из-за её но́вой шля́пы • elle a dit ça pour plaisanter она́ сказа́ла э́то в шу́тку • je n'ai pas envie de plaisanter мне не до шу́ток • il ne fait pas bon plaisanter avec lui с ним шу́тки пло́хи

plaisanterie *nf* шу́тка • elle ne comprend pas la plaisanterie она́ не понима́ет шу́ток

plaisir *nm* удово́льствие • avec le plus grand plaisir с велича́йшим удово́льствием • vous lui avez fait grand plaisir вы доста́вили ему́ большо́е удово́льствие • ça m'a fait plaisir de la rencontrer мне прия́тно бы́ло встре́титься с ней

plan *nm* 1. *(divers sens)* план • le plan de la ville план го́рода • le plan de l'exposé план докла́да • exécuter le plan вы́полнить план • au premier plan на пе́рвом пла́не 2. *(en géométrie)* пло́скость *f (pl.* пло́скости, плоскосте́й, плоскостя́м*)* ①③ • un plan incliné накло́нная пло́скость

planche *nf (morceau de bois)* доска́ ⑥③ • une planche de pin сосно́вая доска́

plancher *nm* пол* *(loc.* полу́*)* ⑧② *(l'accent passe sur la préposition dans les groupes* на́ пол, о́б пол *et* по́ полу*)* • la balle roule sur le plancher мяч ка́тится по́ полу

planète *nf* плане́та

planification *nf* плани́рование • la planification de l'économie плани́рование наро́дного хозя́йства

planifier *v* плани́ровать • planifier la recherche scientifique плани́ровать нау́чные иссле́дования
● l'économie planifiée пла́новое хозя́йство

plante *nf* расте́ние • une plante aquatique водяно́е расте́ние • des plantes d'appartement ко́мнатные расте́ния
● le jardin des plantes ботани́ческий сад

planter *v* 1. *(une plante)* сажа́ть / посади́ть ④ • planter des fleurs сажа́ть цветы́ 2. *(un pieu)* втыка́ть / воткну́ть • planter un pieu en terre воткну́ть кол в зе́млю

plaque *nf* табли́чка • la plaque indiquant le nom de la rue табли́чка с назва́нием у́лицы • sur la porte il y a une plaque avec mon nom на двери́ есть табли́чка с мое́й фами́лией
● plaque commémorative мемориа́льная доска́ *(*доска́ ⑥③*)*

plastique ◪ *adj*
● matière plastique пластма́сса • en matière plastique пластма́ссовый › des assiettes en matière plastique пластма́ссовые таре́лки ◪ *nm* пластма́сса
● un sac en plastique пла́стиковый паке́т

plat[1] *adj* 1. *(uni)* ро́вный ⑤ • une région plate ро́вная ме́стность • une route plate ро́вная доро́га 2. *(sans épaisseur)* пло́ский ⑤ *(comp.* пло́ще**)* • une caisse plate пло́ский я́щик • une poitrine plate пло́ская грудь 3. *(lisse)* гла́дкий ⑤ *(comp.* гла́же**)* • des cheveux plats гла́дкие во́лосы
● à plat ventre ничко́м › se coucher à plat ventre лечь ничко́м › être à plat ventre лежа́ть ничко́м • battre à plate couture разби́ть на́голову • une assiette plate ме́лкая таре́лка

plat[2] *nm* блю́до • un plat de porcelaine фарфо́ровое блю́до • un bon plat вку́сное блю́до • mon plat préféré моё люби́мое блю́до
● en faire tout un plat де́лать из му́хи слона́

platane *nm* плата́н

plateau *nm* 1. *(ustensile)* подно́с • sur un plateau d'argent на серебря́ном подно́се 2. (GÉOGR) плоского́рье

platine *nf* прои́грыватель • une platine DVD haut de gamme DVD-прои́грыватель вы́сшего кла́сса

platonique *adj* платони́ческий • un amour platonique платони́ческая любо́вь

plâtre *nm* 1. *(à mouler)* гипс • une statuette en plâtre статуэ́тка из ги́пса • on lui a mis un plâtre ему́ наложи́ли гипс 2. *(sur les murs)* штукату́рка • le plâtre s'effrite штукату́рка обва́ливается

plébiscite *nm* плебисци́т

plein[1] *adj* по́лный ⑤ *(*по́лон, полна́, по́лно, полны́*)* • un verre d'eau plein по́лный стака́н воды́ • le théâtre est plein теа́тр по́лон • la pleine lune по́лная луна́
● à pleine voix во весь го́лос • en plein hiver среди́ зимы́ • en plein jour среди́ бе́ла дня • en plein air на откры́том во́здухе • le bateau était déjà en pleine mer кора́бль был уже́ в откры́том мо́ре • les fenêtres donnent en plein nord о́кна выхо́дят пря́мо на се́вер • les bombes sont tombées en plein sur la gare бо́мбы попа́ли пря́мо на вокза́л • plein à craquer битко́м наби́тый › la salle est pleine à craquer зал битко́м наби́т • les pleins pouvoirs полномо́чия *pl (*полномо́чий, полномо́чиям*)*

plein² *nm*
● battre son plein быть в сáмом разгáре › la fête battait son plein прáздник был в сáмом разгáре

pleinement *adv* вполнé • cela me satisfait pleinement э́то меня́ вполнé устрáивает

pleurer *v* плáкать* [II, плáчу, плáчешь] / заплáкать* [II, *id*] • pleurer amèrement гóрько плáкать • pleurer de joie плáкать от рáдости

pleuvoir *v* il pleut идёт дождь • il pleuvait très fort шёл си́льный дождь • il s'est mis à pleuvoir пошёл дождь • il ne pleut pas нет дождя́ • il ne pleut plus дождь перестáл • il pleut à seaux дождь льёт как из ведрá

pli *nm (partie repliée)* склáдка • les plis de la robe склáдки плáтья

plier *v* **1.** *(rabattre sur lui-même)* склáдывать / сложи́ть ④ • plier sa serviette сложи́ть салфéтку • plier le journal сложи́ть газéту • plier une feuille de papier en deux сложи́ть лист бумáги пополáм • plier une feuille de papier en quatre сложи́ть лист бумáги вчéтверо **2.** *(courber)* сгибáть / согнýть • plier les genoux согнýть колéни

plomb *nm* **1.** *(métal)* свинéц **2.** *(de chasse)* дробь *f (pas de pl)* • des plombs de petit calibre мéлкая дробь **3.** *(fusible)* прóбка • les plombs ont sauté прóбка перегорéла
● un soldat de plomb оловя́нный солдáтик

plomber *v* пломбировáть / запломбировáть • plomber une dent запломбировáть зуб

plombier *nm* водопровóдчик

plongée *nf*
● la plongée sous-marine подвóдное плáвание • faire de la plongée sous-marine занимáться подвóдным плáванием

plongeoir *nm* вы́шка для прыжкóв

plonger *v* **1.** *(tête première)* ныря́ть / нырнýть **2.** *(enfoncer dans un liquide, mettre dans telle ou telle situation)* погружáть / погрузи́ть • plonger les mains dans l'eau погрузи́ть рýки в вóду
■ se plonger *vp* погружáться / погрузи́ться • se plonger dans la lecture погружáться в чтéние

pluie *nf* дождь *m dim.* дóждик ③② • la pluie s'est arrêtée дождь перестáл • une pluie torrentielle проливнóй дождь • une petite pluie мéлкий дóждик
● une pluie de balles град пуль

plume *nf* перó* *(pl.* пéрья, пéрьев, пéрьям*)* ②① • léger comme une plume лёгкий как перó

plupart *nf* большинствó • dans la plupart des cas в большинствé слýчаев
● la plupart du temps чáще всегó

pluriel *nm* мнóжественное числó • mettre le nom au pluriel постáвить существи́тельное во мнóжественном числé

plus *adv*

1. SERVANT À FORMER LE COMPARATIF DE SUPÉRIORITÉ = **бóлее**
• des livres plus chers бóлее дороги́е кни́ги
• c'est un phénomène plus rare э́то бóлее рéдкое явлéние
• elle parlait plus tranquillement онá говори́ла бóлее спокóйно

2. UTILISER LA FORME DU COMPARATIF DE L'ADJECTIF OU L'ADVERBE
• il fait plus clair светлéе стáло
• je marchais plus lentement я шёл мéдленнее
• il est de plus en plus fort он всё сильнée и сильнée
• les livres sont plus chers que l'an passé кни́ги дорóже, чем в прóшлом годý
• parlez plus fort говори́те грóмче
• c'est encore plus facile э́то ещё лéгче
• le parc est là-bas, un peu plus loin парк там подáльше
• ils m'ont fait une impression encore plus grande они́ произвели́ на меня́ ещё бóльшее впечатлéние *(le comparatif* **бóльший**, *« plus grand », ne peut être utilisé qu'en fonction d'épithète)*

3. SERVANT À FORMER LE SUPERLATIF D'UN ADJECTIF = **сáмый**
• le film le plus intéressant сáмый интерéсный фильм
• un des plus beaux monuments оди́н из сáмых краси́вых пáмятников
utiliser la forme du superlatif de l'adjectif ; elle n'est employée qu'en fonction d'épithète
• dans l'avenir le plus proche в ближáйшем бýдущем

• **avec le plus grand plaisir** с величайшим удовольствием

4. COMPARATIF DE **BEAUCOUP** = **бо́льше** *(lorsque* **бо́льше** *régit un nom ou un pronom, ceux-ci se mettent au génitif)*

• **il travaille encore plus** он рабо́тает ещё бо́льше

• **de plus en plus** всё бо́льше и бо́льше

• **donnez-moi plus de temps** да́йте мне бо́льше вре́мени

• **il y a plus de monde qu'hier** наро́ду бо́льше, чем вчера́

• **il y en a encore plus** их ещё бо́льше

5. *(+* **de** *+ nom de nombre)* = **бо́льше** *(+ G)*

• **pas plus de deux heures** не бо́льше двух часо́в

6. DANS L'ÉVALUATION DE L'ÂGE D'UNE PERSONNE ADULTE = **за** *(+ A)*

• **elle a plus de quarante ans** ей за со́рок

7. ACCOMPAGNÉ DE LA NÉGATION ET MARQUANT LA CESSATION D'UNE ACTION, D'UN ÉTAT = **уже́** *(déjà)*, **бо́льше** *(davantage)*

• **ce n'est plus un gosse** он уже́ не ма́ленький

• **elle ne pleure plus** она́ уже́ не пла́чет, она́ бо́льше не пла́чет

• **il ne m'écoutait plus** он меня́ уже́ не слу́шал, он меня́ бо́льше не слу́шал

8. DANS UNE ADDITION = **плюс**

• **deux plus trois** два плюс три

9. DANS L'INDICATION DE LA TEMPÉRATURE AU-DESSUS DE ZÉRO = **плюс**

• **il faisait plus deux** бы́ло плюс два гра́дуса, бы́ло два гра́дуса тепла́

● **au plus tard** не по́зже *(+ G)* › **lundi au plus tard** не по́зже понеде́льника

• **au plus tôt** не ра́ньше *(+ G)* › **au plus tôt au mois d'août** не ра́ньше а́вгуста

• **d'autant plus que** тем бо́лее, что

• **de plus**

a. EN OUTRE кро́ме того́

b. PRÉCÉDÉ DU MOT **AN** ста́рше › **il a cinq ans de plus que moi** он ста́рше меня́ на пять лет

• **et qui plus est** ма́ло того́

• **le plus possible** как мо́жно бо́льше › **je travaille le plus possible** я рабо́таю как мо́жно бо́льше

• **le plus... possible** как мо́жно *(+ compar)* › **le plus loin possible** как мо́жно да́льше

• **n'en parlons plus** дово́льно об э́том

• **non plus** то́же не › **moi non plus, je ne l'ai pas vu** я то́же не ви́дел его́ › **vous n'êtes pas parti ? moi non plus** вы не уе́хали? я то́же оста́лся

• **plus ou moins** бо́лее и́ли ме́нее › **ils se ressemblent plus ou moins** они́ бо́лее и́ли ме́нее похо́жи друг на дру́га

• **plus..., plus...** чем *(+ compar)*, тем *(+ compar)* › **plus nous avancions, plus la forêt était épaisse** чем да́льше мы е́хали, тем гу́ще станови́лся лес

• **tout au plus** са́мое бо́льшее › **elle a trente ans tout au plus** ей са́мое бо́льшее три́дцать лет

le plus *loc adv*

= **бо́льше всего́** *(plus que tout)*, **бо́льше всех** *(plus que tous)*

• **c'est ce qui m'étonne le plus** э́то меня́ бо́льше всего́ удивля́ет

• **c'est lui qui travaille le plus** он рабо́тает бо́льше всех

À PROPOS DE...

Ne pas confondre **не бо́льше** = **pas plus**, et **бо́льше не** = **ne... plus**.

plusieurs ◪ *adj indéf* не́сколько *(+ G)*, не́скольких, не́скольким *(quand il est régi par une préposition exigeant un cas oblique)* • c'était il y a plusieurs années э́то бы́ло не́сколько лет тому́ наза́д • en plusieurs endroits в не́скольких места́х ◪ *pron indéf;* не́которые из них (не́которые, *gén. pl.* не́которых, не́которым) *pl* • j'ai acheté des œufs, mais plusieurs se sont cassés я купи́ла я́йца, но не́которые из них разби́лись

plutôt *adv* **1.** *(gén)* скоре́й, верне́е *(plus précisément)* • non, c'est plutôt la grippe нет, э́то скоре́й грипп • il ressemble plutôt à son père qu'à sa mère он скоре́й похо́ж на отца́, чем на мать • un dessin ou plutôt une esquisse рису́нок и́ли верне́е эски́з **2.** *(passablement)* дово́льно • un récit plutôt ennuyeux дово́льно ску́чный расска́з

pluvieux *adj* дождли́вый • un automne pluvieux дождли́вая о́сень

pneu *nm* ши́на • le pneu avant est dégonflé пере́дняя ши́на спусти́ла во́здух • il faut changer le pneu на́до смени́ть ши́ну • gonfler le pneu накача́ть ши́ну

poche *nf* карма́н • tirer un mouchoir de sa poche доста́ть плато́к из карма́на ~ *fig* • se remplir les poches наби́ть себе́ карма́н

● **de poche** карма́нный › **de l'argent de poche** карма́нные де́ньги › **un dictionnaire de poche** карма́нный слова́рь

• **des poches sous les yeux** мешки́ под глаза́ми *pl (pl.* мешки́, мешко́в, мешка́м*)*

pochette *nf* карма́шек • **où est la pochette du disque ?** где кармашек для ди́ска? • **je mets mes originaux dans des pochettes en plastique** я держу́ свои́ оригина́лы в пла́стиковых карма́шках

poêle¹ *nm (appareil de chauffage)* печь *f dim.* пе́чка ⑧③ • **un poêle russe** ру́сская печь • **allumer le poêle** затопи́ть печь • **se chauffer près du poêle** гре́ться у пе́чки

poêle² *nf (ustensile de cuisine)* сковорода́ *(pl.* ско́вороды, сковоро́д, сковорода́м*)* ②③ *dim.* сковоро́дка • **faire frire du poisson à la poêle** жа́рить ры́бу на сковороде́

poème *nm* поэ́ма

poésie *nf* **1.** *(art d'écrire les vers)* поэ́зия **2.** *(ouvrage court écrit en vers)* стихотворе́ние • **une poésie de Rimbaud** стихотворе́ние Рембо́ **3.** *(caractère de ce qui touche le cœur)* поэти́чность *f*

poète *nm* поэ́т

poétesse *nf* поэте́сса

poétique *adj* **1.** *(ayant trait à l'art de la poésie)* поэти́ческий • **l'inspiration poétique** поэти́ческое вдохнове́ние **2.** *(plein de charme)* поэти́чный, поэти́ческий • **une nature poétique** поэти́чная нату́ра, поэти́ческая нату́ра

poids *nm* **1.** *(gén)* вес • **le poids net** чи́стый вес ~ *fig* • **un homme de poids** челове́к с больши́м ве́сом **2.** *(fardeau)* тя́жесть *f* • **plier sous le poids d'un énorme sac** сгиба́ться под тя́жестью огро́много мешка́ ~ *fig* • **le poids des soucis** тя́жесть забо́т **3.** *(pour peser d'autres corps)* ги́ря • **un poids de deux kilos** двухкилогра́ммовая ги́ря **4.** *(à lancer)* ядро́ *(gén. pl.* я́дер*)* ②① • **le lancement du poids** мета́ние ядра́

◉ **un argument de poids** ве́ский до́вод • **un poids lourd** *(camion)* грузови́к ③②

poignard *nm* кинжа́л

poignée *nf* **1.** *(ce que contient la main, une petite quantité)* горсть *f dim.* го́рсточка ①③ • **une poignée de sable** горсть песка́ • **une poignée d'hommes** го́рсточка люде́й **2.** *(d'un objet, d'une porte)* ру́чка • **la poignée de la valise** ру́чка чемода́на • **la poignée de la porte** дверна́я ру́чка **3.** *(d'une arme blanche)* эфе́с • **la poignée de l'épée** эфе́с шпа́ги

poignet *nm* запя́стье *(mot rare ; parfois précisé par le mot* рука́*, par lequel il convient de le remplacer d'ailleurs toutes les fois qu'il est possible de le faire)*, рука́ *(l'accent passe sur la préposition dans les groupes* за́ руку, за́ руки, на́ руку, на́ руки*) (main ou bras)* ⑥⑦ • **se fouler le poignet droit** вы́вихнуть (себе́) запя́стье пра́вой руки́ • **fermer les menottes sur les poignets du détenu** защёлкнуть нару́чники на запя́стьях заключённого

poil *nm* **1.** *(chez l'homme)* во́лос* *(pl.* во́лосы, воло́с, волоса́м*)* ①③ • **il a beaucoup de poils sur la poitrine** у него́ мно́го воло́с на груди́ **2.** *(chez les animaux)* шерсть *f (pas de pl, sens collectif)* • **un chien aux longs poils** соба́ка с дли́нной ше́рстью

poing *nm* кула́к ③② • **serrer les poings** сжать кулаки́ • **menacer un conducteur du poing** грози́ть води́телю кулако́м • **frapper du poing sur la table** сту́кнуть кулако́м по́ столу

◉ **pieds et poings liés** *litt & fig* свя́занный по рука́м и по нога́м

point *nm* **1.** *(maths, ponctuation, signe)* то́чка • **le point d'intersection des droites A et B** то́чка пересече́ния прямы́х А и В • **un point ou un point-virgule** то́чка и́ли то́чка с запято́й • **mettre les points sur les « i »** поста́вить то́чки над «и» **2.** *(endroit)* то́чка, пункт • **le point d'appui** то́чка опо́ры • **ses affaires sont au point mort** дела́ его́ на мёртвой то́чке • **le point culminant** кульминацио́нный пункт • **le point de départ** исхо́дный пункт **3.** *(question)* вопро́с • **je ne veux pas insister sur ce point** не бу́ду остана́вливаться на э́том вопро́се **4.** *(degré)* сте́пень *f (pl.* сте́пени, степене́й, степеня́м*)* ①③ • **jusqu'à un certain point** до не́которой сте́пени • **au plus haut point** в вы́сшей сте́пени **5.** *(au jeu)* очко́* *(pl.* очки́, очко́в, очка́м*)* • **ils ont déjà 45 points et nous 22 seulement** они́ уже́ набра́ли 45 очко́в, а мы то́лько 22

◉ **à point** *(au bon moment)* кста́ти › **vous arrivez à point** вы пришли́ кста́ти • **à tous points de vue** во всех отноше́ниях • **j'ai un point de côté** у меня́ ко́лет в боку́ • **être sur le point de** *traduire en fonction du contexte* › **ils sont sur le point de partir en congé** они́ собира́ются в о́тпуск › **je suis sur le point** de terminer ce travail я скóро закóнчу э́ту рабóту • **mettre au point** разрабáтывать / разрабóтать, вырабáтывать / вы́работать › **mettre un projet au point** вы́работать проéкт • **les points cardinaux** стрáны свéта *(pl.* стрáны, стран, стрáнам*) pl* • **un point d'exclamation** восклицáтельный знак • **le point faible** слáбое мéсто *(*мéсто ①⑥ *; pl.* местá, мест, местáм*)* • **un point d'interrogation** вопросúтельный знак • **le point du jour** рассвéт › **au point du jour** на рассвéте • **des points de suspension** многотóчие • **un point de vue a.** *(façon de voir)* тóчка зрéния › **du point de vue théorique** с теоретúческой тóчки зрéния **b.** *(opinion)* взгляд, тóчка зрéния › **exprimer son point de vue** вы́сказать своЮ тóчку зрéния › **je ne partage pas son point de vue** я не разделя́ю егó взгля́да **c.** *(paysage)* вид › **d'ici on a un beau point de vue sur la vallée** отсЮда открывáется красúвый вид на долúну

pointe *nf* **1.** *(extrémité pointue)* остриё • **la pointe d'une aiguille** остриё иглы́ **2.** *(sorte de clou)* гвоздь *m* ③③ • **enfoncer des pointes** вбивáть гвóзди
● **aux heures de pointe** в часы́ пик • **sur la pointe des pieds a.** *(changement de position)* на цы́почки › **se dresser sur la pointe des pieds** встать на цы́почки **b.** *(position)* на цы́почках › **marcher sur la pointe des pieds** ходúть на цы́почках

pointillé *nm* пунктúр • **découper suivant le pointillé** вы́резать по пунктúру • **tracer une ligne en pointillé** провестú пунктúрную лúнию

pointu *adj* óстрый ⑤ *(*остр, острá, óстро, óстры*)*, остроконéчный *(au sommet pointu)* • **des pierres pointues** óстрые кáмни • **des dents pointues** óстрые зýбы • **une barbiche pointue** óстрая борóдка • **un toit pointu** остроконéчная кры́ша

pointure *nf* размéр • **quelle est votre pointure ?** какóй у вас размéр?

point-virgule *nm* тóчка с запятóй

poire *nf* грýша

poireau *nm* лук-порéй *m*

poirier *nm* грýша

pois *nm* горóх *dim.* горóшек *(pas de pl, sens collectif)*, горóшина • **une purée de pois** пюрé из горóха • **il est resté un petit pois sur la table** на столé остáлась горóшина
● **à pois** в горóшек › **une chemise à pois** рубáшка в горóшек • **aux pois, de pois** горóховый › **une soupe aux pois** горóховый суп • **pois de senteur** душúстый горóшек

poison *nm* яд • **un poison mortel** смертéльный яд

poisson *nm* ры́ба *(peut avoir un sens collectif) dim.* ры́бка • **un poisson d'eau douce** пресновóдная ры́ба • **des poissons de mer** морскáя ры́ба • **un poisson rouge** золотáя ры́бка • **nager comme un poisson** плáвать как ры́ба • **se sentir comme un poisson dans l'eau** чýвствовать себя́ как ры́ба в водé • **ni chair ni poisson** ни ры́ба, ни мя́со
● **de poisson** ры́бный *(adj d'appart)* › **une odeur de poisson** ры́бный зáпах • **des conserves de poisson** ры́бные консéрвы • **une écaille de poisson** ры́бья чешуя́
■ **Poissons** *nmpl* (ASTROL) Ры́бы

poissonnerie *nf* ры́бный магазúн

poitrine *nf* грудь *(*грудь *est accentué sur la syllabe finale au génitif et au datif singuliers après les prépositions* до, из, от, у, к *et* по*)* ⑧③ • **serrer un ami sur sa poitrine** прижáть дрýга к своéй грудú

poivre *nm* пéрец • **mettez du poivre** положúте пéрцу*

poivron *nm* слáдкий пéрец • **des poivrons rouges** крáсные пéрцы

polaire ◪ *adj* **1.** поля́рный • **au-delà du cercle polaire** за поля́рным крýгом • **la nuit polaire** поля́рная ночь • **l'étoile Polaire** поля́рная звездá **2.** *(en fibre polaire)* флúсовый ◪ *nf* флúсовая кýртка • **une polaire sans manches** флúсовый жилéт

pôle *nm* пóлюс • **une expédition au pôle Sud** экспедúция на Ю́жный пóлюс • **le pôle magnétique** магнúтный пóлюс

poli *adj* **1.** *(bien élevé)* вéжливый • **un jeune homme très poli** óчень вéжливый молодóй человéк **2.** *(lisse)* шлифóванный • **des outils en pierre polie** орýдия из шлифóванного кáмня

police *nf (en Russie)* милúция ~ *(en France)* полúция • **le commissariat de police** полицéйский учáсток • **le commissaire de police** комиссáр полúции • **le préfet**

de police префе́кт поли́ции • un agent de police полице́йский *(adj subst m)*

polichinelle *nm* полишине́ль *m* • c'est un secret de polichinelle э́то секре́т полишине́ля

policier[1] *adj* полице́йский • un régime policier полице́йский режи́м
● un roman policier детекти́вный рома́н

policier[2] *nm (en Russie)* милиционе́р ~ *(en France)* полице́йский *(adj subst m)*

policière *nf (en Russie)* милиционе́р, милиционе́рша *fam* ~ *(en France)* же́нщина-полице́йский

poliment *adv* ве́жливо • il s'est adressé à moi poliment он ве́жливо обрати́лся ко мне

politesse *nf* ве́жливость *f* • par politesse из ве́жливости

politique[1] *adj* полити́ческий • un homme politique полити́ческий де́ятель • le régime politique полити́ческий режи́м

politique[2] *nf* поли́тика • la politique étrangère de la France вне́шняя поли́тика Фра́нции

polka *nf* по́лька

polluer *v* загрязня́ть / загрязни́ть • une rivière polluée par des déchets industriels река́, загрязнённая промы́шленными сто́ками

pollution *nf* загрязне́ние • la lutte contre la pollution de l'environnement борьба́ с загрязне́нием окружа́ющей среды́

Pologne *nf* По́льша

polonais *adj* по́льский • la musique polonaise contemporaine совреме́нная по́льская му́зыка
■ polonais *nm (langue)* по́льский язы́к *(язы́к ③)* • étudier le polonais изуча́ть по́льский язы́к • un livre en polonais кни́га на по́льском языке́
● (en) polonais по-по́льски › **tout était écrit en polonais** всё бы́ло напи́сано по-по́льски › **parler polonais** говори́ть по-по́льски
■ Polonais *nm (homme)* поля́к

polonaise *nf (danse)* полоне́з • les polonaises de Chopin полоне́зы Шопе́на
■ Polonaise *nf (femme)* по́лька

polycopier *v* размножа́ть / размно́жить • polycopier une circulaire à mille exemplaires размно́жить циркуля́р в ты́сяче экземпля́ров

pommade *nf* мазь *f* • une pommade contre les brûlures мазь от ожо́гов

pomme *nf (fruit du pommier)* я́блоко* *(nom. pl.* я́блоки*)* • une pomme pourrie гнило́е я́блоко
● aux pommes, de pommes, de pomme я́блочный › **une tarte aux pommes** я́блочный пиро́г › **une odeur de pommes** я́блочный за́пах • haut comme trois pommes от горшка́ три вершка́ • la pomme d'Adam ада́мово я́блоко • une pomme de pin сосно́вая ши́шка

pomme de terre *nf* карто́фель *m (pas de pl, sens collectif)*, карто́шка *fam (souvent sens collectif)*, карто́фелина • arracher des pommes de terre копа́ть карто́фель • peler des pommes de terre чи́стить карто́шку • des pommes de terre en robe des champs карто́фель в мунди́ре • deux pommes de terre две карто́шки, две карто́фелины
● de pommes de terre карто́фельный › **purée de pommes de terre** карто́фельное пюре́

pommier *nm* я́блоня • les pommiers sont en fleur я́блони в цвету́

pompe[1] *nf (appareil)* насо́с • pompe à incendie пожа́рный насо́с

pompe[2] *nf*
● pompes funèbres похоро́нное бюро́ *nt indécl*

pompier *nm* пожа́рный *(adj subst m)* • appeler les pompiers вы́звать пожа́рных
● de pompiers, des pompiers пожа́рный › **la voiture des pompiers** пожа́рная маши́на • l'échelle des pompiers пожа́рная ле́стница

ponctuation *nf* пункту́ация
● les signes de ponctuation зна́ки препина́ния

ponctuel *adj* **1.** *(à l'heure)* пунктуа́льный • son retard m'inquiète, elle est très ponctuelle d'ordinaire её опозда́ние меня́ беспоко́ит, обы́чно она́ о́чень пунктуа́льна **2.** *(pas systématique)* произво́льный • des vérifications ponctuelles произво́льные прове́рки

pondre *v* нести́* [IV, несёт, несу́т - нёс, несла́ ③] / снести́* [IV, снесёт, снесу́т - снёс, снесла́ ③ - снесённый] • la poule a pondu un œuf ку́рица снесла́ яйцо́

poney *nm* по́ни

pont *nm* **1.** *(construction)* мост* *(loc.* мосту́ ③②*)* • un pont sur la Volga мост че́рез Во́лгу • un pont suspendu вися́чий мост • un pont de chemin de fer железнодоро́жный мост **2.** *(de navire)* па́луба
▪ il a passé beaucoup d'eau sous les ponts depuis ce temps-là мно́го воды́ утекло́ с тех пор

pont-levis *nm* подъёмный мост

pop *adj* поп *m indécl* • la musique pop поп-му́зыка

pope *nm* поп *fam* ③②

populaire *adj* **1.** *(issu du peuple)* наро́дный • une chanson populaire наро́дная пе́сня **2.** *(connu du grand nombre)* популя́рный • une romance très populaire о́чень популя́рный рома́нс

population *nf* населе́ние • la population de la ville a doublé населе́ние го́рода удво́илось

porc *nm* **1.** *(animal)* свинья́ ②⑤ • élever des porcs разводи́ть свине́й **2.** *(viande)* свини́на • du porc rôti жа́реная свини́на

porcelaine *nf* фарфо́р • de la porcelaine de Chine кита́йский фарфо́р
▪ de porcelaine, en porcelaine фарфо́ровый › **un vase en porcelaine** фарфо́ровая ва́за

port *nm* *(pour bateaux)* порт* *(loc.* порту́*)* ⑧② • un port de mer морско́й порт • un port fluvial речно́й порт • un port de guerre вое́нный порт
▪ à bon port благополу́чно › **nous sommes arrivés à bon port** мы благополу́чно при́были

portable ◪ *adj* un ordinateur portable портати́вный компью́тер • un téléphone portable моби́льный телефо́н ◪ *nm* **1.** *(ordinateur)* портати́вный компью́тер **2.** *(téléphone)* моби́льный телефо́н, моби́льник *fam*

portail *nm* **1.** *(porte)* воро́та *pl t* **2.** (INFORM) порта́л • « Ski France », le portail des stations de montagne «Ski France», порта́л го́рных ста́нций

portant *adj*
▪ à bout portant в упо́р › **il a tiré à bout portant** он вы́стрелил в упо́р • bien portant здоро́вый

portatif *adj* портати́вный • un téléviseur portatif портати́вный телеви́зор

porte *nf* **1.** *(de maison, de pièce)* дверь *f* ⑧③ • ferme la porte закро́й дверь • frapper à la porte постуча́ть в дверь • la porte donne sur le jardin дверь выхо́дит в сад • enfoncer une porte ouverte ломи́ться в откры́тую дверь • journée portes ouvertes au Sénat день откры́тых двере́й в Сена́те **2.** *(de meuble)* две́рца • la porte du buffet две́рца буфе́та **3.** *(d'une ville)* воро́та *pl t (*воро́т, воро́там*)* • porte d'Orléans Орлеа́нские воро́та **4.** *(cochère)* воро́та *pl t (*воро́т, воро́там*)* • nous nous sommes arrêtés devant une immense porte cochère мы останови́лись пе́ред широ́кими воро́тами **5.** *(dans une clôture)* кали́тка • il ouvrit la petite porte et entra dans le jardin он откры́л кали́тку и вошёл в сад

porte-avions *nm* авиано́сец

porte-bagages *nm* бага́жник

porte-clefs *nm* брело́к для ключе́й

portefeuille *nm* *(pour papiers et billets)* бума́жник

portemanteau *nm* ве́шалка • l'imperméable est accroché au portemanteau плащ виси́т на ве́шалке

porte-monnaie *nm* кошелёк *(*кошелька́*)* • un porte-monnaie bien garni ту́го наби́тый кошелёк • il tira de sa poche son porte-monnaie он вы́нул из карма́на кошелёк

porter *v* **1.** *(gén)* нести́* [IV, несу́, несёшь - нёс, несла́ ③] / понести́* [IV, понесу́, понесёшь - понёс, понесла́ ③ - понесённый] ; *indét.* носи́ть ④, относи́ть ④ / отнести́* [IV, отнесу́, отнесёшь - отнёс, отнесла́ ③ - отнесённый] *(emporter)* • porter une valise нести́ чемода́н • porter un sac sur son dos нести́ мешо́к на спине́ • porter des lunettes носи́ть очки́ • porter des souliers à talons hauts носи́ть ту́фли на высо́ких каблука́х • porter la moustache носи́ть усы́ • porter des lettres à la poste отнести́ пи́сьма на по́чту **2.** *(concerner)* каса́ться *(+ G)* • le différend ne porte que sur de petits détails спор

касáется тóлько мéлких подрóбностей
● **porter bonheur** приносúть счáстье, (приносúть ④ / принестú* [IV, принесý, принесёшь - принёс, принеслá] ③) • **porter malheur** приносúть несчáстье (приносúть ④ / принестú* [IV, принесý, принесёшь - принёс, принеслá] ③) • **porter plainte** подáть жáлобу (подавáть* [II, подаю́, подаёшь - подавáй - подавáя] / подáть* [*n cl,* подáм, подáшь, подáст, подадúм, подадúте, подадýт - пóдал, подалá, пóдало, пóдали ⑤ - пóданный, пóдан, поданá, пóдано, пóданы ⑤]) › **il a porté plainte contre son voisin** он пóдал жáлобу на сосéда • **porter préjudice** нанестú ущéрб (наносúть ④ / нанестú* [IV, нанесý, нанесёшь - нанёс, нанеслá ③ - нанесённый]) • **porter sur les nerfs** дéйствовать на нéрвы
■ **se porter** *vp (en parlant de l'état de santé)* чýвствовать себя́ • **il se porte bien** он чýвствует себя́ хорошó
● **comment vous portez-vous ?** как самочýвствие?

porteur *nm (de bagages)* носúльщик • **le porteur a pris ma valise** носúльщик взял мой чемодáн

portière *nf (de véhicule)* двéрца *(porte)* • **claquer la portière** захлóпнуть двéрцу
● **se pencher à la portière** вы́сунуться в окнó

portion *nf* пóрция • **deux portions de caviar** две пóрции икры́

portrait *nm* портрéт • **un portrait en pied** портрéт во весь рост

portugais *adj* португáльский • **la littérature portugaise** португáльская литератýра
■ **portugais** *nm (langue)* португáльский язы́к *(*язы́к ③*)* • **étudier le portugais** изучáть португáльский язы́к • **un livre en portugais** кнúга на португáльском языкé
● **(en) portugais** по-португáльски › **tout était écrit en portugais** всё бы́ло напúсано по-португáльски › **parler portugais** говорúть по-португáльски
■ **Portugais** *nm (homme)* португáлец *(*португáльца*)*

Portugaise *nf* португáлка

Portugal *nm* Португáлия

pose *nf (attitude du corps)* пóза • **une pose indolente** ленúвая пóза
● **temps de pose** вы́держка › **mettre un centième de temps de pose** постáвить вы́держку в однý сóтую секýнды

poser *v* **1.** *(à plat)* класть* [IV, кладý, кладёшь - клал, клáла] / положúть ④ • **pose le livre sur la table** положú кнúгу на стол **2.** *(debout)* стáвить / постáвить • **j'ai posé le vase sur la table** я постáвил вáзу на стол **3.** *(une question)* задавáть* [II, задаю́, задаёшь - задавáй - задавáя] / задáть* [*n cl,* задáм, задáшь, задáст, зададúм, зададúте, зададýт - зáдал, задалá, зáдало, зáдали ⑤ - задáй - зáданный, зáдан, заданá, зáдано, зáданы ⑤] • **quelles questions t'a-t-il posées ?** какúе вопрóсы он тебé зáдал? **4.** *(devant un artiste)* позúровать • **elle posait pour le photographe** онá позúровала фотóграфу
● **poser sa candidature** вы́двинуть свою́ кандидатýру (выдвигáть / вы́двинуть)
■ **se poser** *vp* **1.** *(en parlant des oiseaux, des avions)* садúться / сесть* [IV, ся́ду, ся́дешь - сел, сéла - сядь] • **l'oiseau s'est posé sur une branche** птúца сéла на вéтку **2.** *(en parlant d'une question)* вставáть* [II, встаёт, встаю́т] / встать* [*n cl,* встáнет, встáнут] • **une nouvelle question s'est posée : comment répartir le travail ?** пéред нáми встал нóвый вопрóс — как распределúть рабóту?

positif *adj* положúтельный • **un nombre positif** положúтельное числó • **cela donne des résultats positifs** э́то привóдит к положúтельным результáтам

position *nf* **1.** *(gén)* положéние, позúция • **déterminer la position du sous-marin** определúть положéние подвóдной лóдки • **il est resté trois heures dans cette position** он три часá просидéл в э́том положéнии **2.** *(point de vue)* позúция • **rester sur ses positions** оставáться на свойх позúциях **3.** *(emplacement occupé par des troupes)* позúция • **une position imprenable** неприступная позúция

posséder *v* **1.** *(avoir à sa disposition - le sujet de la proposition désigne une personne)* • **je te laisse cent euros, c'est tout ce que je possède** оставля́ю тебé сто éвро, э́то всё, что у меня́ есть • **ils ne possèdent plus rien** у них бóльше ничегó нет • **elle possédait un grand appartement dans le centre de Paris** у неё былá большáя квартúра в цéнтре Парúжа • **posséder une maison** имéть дом • *(le* *sujet de la proposition désigne un objet)* • l'usine possède une grande bibliothèque на заво́де есть больша́я библиоте́ка • l'université possède un immense terrain de sport при университе́те есть огро́мная спорти́вная площа́дка • le magasin possède un rayon chaussures в магази́не име́ется обувно́й отде́л **2.** *(avoir une bonne connaissance de)* владе́ть *(+ I)* • posséder plusieurs langues владе́ть не́сколькими языка́ми

possibilité *nf* возмо́жность *f* • donner la possibilité дать возмо́жность • avoir la possibilité име́ть возмо́жность

possible *adj* **1.** возмо́жный • tout lui semblait possible всё каза́лось ему́ возмо́жным • nous ferons tout ce qu'il est possible de faire мы сде́лаем всё, что возмо́жно • c'est bien possible э́то вполне́ возмо́жно • il est possible que personne ne le remarque возмо́жно, что никто́ э́того не заме́тит **2.** *(déterminant un comparatif)* как мо́жно • le plus possible как мо́жно бо́льше • le mieux possible как мо́жно лу́чше
◉ est-il possible que неуже́ли › **est-il possible que vous ayez oublié ?** неуже́ли вы не по́мните? • savez-vous où il est possible de trouver des CD vierges ? зна́ете ли вы, где мо́жно найти́ чи́стые компа́кт-ди́ски? › **il n'est pas possible de la voir aujourd'hui** встре́титься с ней сего́дня нельзя́ › **il ne nous est pas possible de rentrer avant lundi** мы не мо́жем верну́ться до понеде́льника • pas possible ! неуже́ли?

postal *adj* почто́вый • le wagon postal почто́вый ваго́н
◉ une carte postale откры́тка

poste[1] *nf* по́чта • aller à la poste идти́ на по́чту • envoyer un paquet par la poste посла́ть посы́лку по по́чте
◉ des postes почто́вый › **un employé des postes** почто́вый слу́жащий • poste restante до востре́бования

poste[2] *nm* **1.** *(de radio)* приёмник • allume le poste включи́ приёмник **2.** *(endroit où qqn est placé pour remplir une fonction)* пост* *(loc.* посту́*)* ③②, пункт *(spécialement aménagé pour cette fonction)* • être à son poste находи́ться на своём посту́ • un poste d'observation наблюда́тельный пункт • le poste de secours пункт пе́рвой по́мощи • poste frontière погрworld пограни́чный пост *(*пост* ③②, *loc.* посту*)* **3.** *(emploi)* пост* *(loc.* посту́*)* ③② • le poste de directeur пост дире́ктора **4.** *(de police)* полице́йский уча́сток • on l'a emmené au poste его́ отпра́вили в полице́йский уча́сток
◉ poste à essence **a.** *(distributeur)* бензоколо́нка **b.** *(station)* запра́вочная ста́нция • poste de télévision телеви́зор

postier *nm* почто́вый слу́жащий *(adj subst m)*

postière *nf* почто́вая слу́жащая *(adj subst f)*

post-scriptum *nm* постскри́птум, P.S.

pot *nm* **1.** *(pour plantes)* горшо́к • un pot de terre гли́няный горшо́к • sur le balcon, il y avait des pots de géraniums на балко́не стоя́ли горшки́ с гера́нью **2.** *(pour conserves)* ба́нка • un pot de confiture ба́нка варе́нья **3.** *(cruche)* кувши́н • on m'apporta un pot d'eau glacée мне принесли́ кувши́н ледяно́й воды́ **4.** *(de chambre)* горшо́к • un pot de chambre ночно́й горшо́к
◉ tourner autour du pot ходи́ть вокру́г да о́коло

potable *adj (que l'on peut boire)* питьево́й • de l'eau potable питьева́я вода́

potage *nm* суп ①②

pot-de-vin *nm* взя́тка • donner des pots-de-vin дава́ть взя́тки

poteau *nm* столб ③② • un poteau télégraphique телегра́фный столб

potiron *nm* ты́ква

pou *nm* вошь* *f (instr.* во́шью*)*

poubelle *nf (dans un lieu public)* у́рна ~ *(individuelle)* му́сорное ведро́ ~ *(collective)* му́сорный бак

pouce *nm (doigt)* большо́й па́лец, па́лец *(*па́льца*)*

poudre *nf* **1.** *(substance finement broyée)* порошо́к • de la poudre d'œufs яи́чный порошо́к **2.** *(explosive)* по́рох • un tonneau de poudre бо́чка с по́рохом **3.** *(à maquiller)* пу́дра
◉ il n'a pas inventé la poudre он по́роха не вы́думает • jeter de la poudre aux yeux пуска́ть пыль в глаза́

poulailler *nm* **1.** *(pour les poules)* куря́тник **2.** *(au théâtre)* галёрка

poulain *nm* жеребёнок* *(pl.* жеребя́та, жеребя́т, жеребя́там*)*

poule *nf (oiseau)* ку́рица* *(pl.* ку́ры, кур, ку́рам*)* • **la poule pond** ку́рица несётся ● **la chair de poule** гуси́ная ко́жа › **j'ai la chair de poule** у меня́ гуси́ная ко́жа появи́лась • **une poule mouillée** мо́края ку́рица • **quand les poules auront des dents** когда́ рак сви́стнет

poulet *nm* цыплёнок* *(pl.* цыпля́та, цыпля́т, цыпля́там*)* • **un poulet rôti** жа́реный цыплёнок

pouls *nm* пульс • **tâter le pouls du malade** пощу́пать пульс у больно́го

poumon *nm* лёгкое *(adj subst nt)* • **le poumon droit** пра́вое лёгкое ● **respirer à pleins poumons** дыша́ть по́лной гру́дью

poupée *nf* ку́кла *(gén. pl.* ку́кол*)* • **jouer à la poupée** игра́ть в ку́клы • **les petites filles habillent leurs poupées** де́вочки одева́ют ку́кол • **nous lui avons acheté des poupées** мы ей купи́ли ку́клы

À PROPOS DE...

Le mot ку́кла appartient au sous-genre animé lorsque la poupée est personnifiée.

pour *prép*

1. = **что́бы**
• **il est venu pour passer son examen** он прие́хал, что́бы сдава́ть экза́мен
• **j'ai dit ça pour qu'elle accepte** я э́то сказа́л, что́бы она́ согласи́лась
• **pour mener l'affaire à son terme, il a fallu plus de deux mois** для того́, что́бы довести́ де́ло до конца́, потре́бовалось бо́льше двух ме́сяцев

2. BUT POURSUIVI = **для** *(+ G)*
• **pour l'exécution du plan** для выполне́ния пла́на
= **на** *(+ A)*
• **du tissu pour un costume** ткань на костю́м
AVEC NOM DE REPAS = **к** *(+ D)*
• **la table est mise pour le souper** стол накры́т к у́жину

3. DIRECTION = **на** *(+ A)*, **в** *(+ A)*
• **mon frère est parti pour Moscou** мой брат уе́хал в Москву́
• **je pense partir bientôt pour le Caucase** я ду́маю ско́ро уе́хать на Кавка́з
• **de quel quai part le train pour Smolensk ?** с како́й платфо́рмы отхо́дит по́езд на Смоле́нск?

À PROPOS DE...

L'emploi de на ou de в est conditionné par l'usage.
Après les noms de moyens de transport (по́езд, самолёт...), on emploie la préposition на.

4. DURÉE = **на** *(+ A)*
• **Michèle est à Moscou pour trois mois** Мише́ль в Москве́ на три ме́сяца
• **vous êtes ici pour longtemps ?** вы здесь надо́лго?
• **pas pour longtemps** ненадо́лго
• **se séparer pour toujours** расста́ться навсегда́

5. TERME D'UN DÉLAI = **на** *(+ A)*
• **devoir pour samedi** дома́шнее зада́ние на суббо́ту
• **pour le deux octobre** на 2-ое октября́
• **pour après-demain** на послеза́втра

6. OCCASION = **к** *(+ D)*
• **un cadeau pour son anniversaire** пода́рок к её дню рожде́ния

7. EN FAVEUR DE = **для** *(+ G)*
• **j'ai acheté ces livres pour la bibliothèque de l'école** я купи́л э́ти кни́ги для шко́льной библиоте́ки
• **tu as fait ça pour elle ?** ты э́то сде́лал для неё?
= **на** *(+ A)*
• **un repas pour six personnes** обе́д на шесть челове́к
• **il y en aura assez pour tout le monde** на всех хва́тит
= **ра́ди** *(+ G)*
• **pour ses beaux yeux** ра́ди её прекра́сных глаз

8. DU POINT DE VUE DE = **для** *(+ G)*
• **pour nous, c'est trop cher** для нас э́то сли́шком до́рого
• **c'est mauvais pour la santé** э́то вре́дно для здоро́вья

9. EN DÉPIT DE = **для** *(+ G)*
• **il est grand pour son âge** он большо́й для своего́ во́зраста

10. À CAUSE DE = **из-за** *(+ G)*
• **se fâcher pour rien** рассерди́ться из-за пустяко́в
= **по** *(+ D) (en vertu de, en se basant sur)*
• **pour diverses raisons** по ра́зным соображе́ниям

11. RÉCIPROCITÉ, ÉCHANGE = **за** *(+ A)*
• **œil pour œil, dent pour dent** о́ко за о́ко, зуб за́ зуб
• **pour rien au monde** ни за что на све́те
• **je vous remercie pour votre aide** благодарю́ вас за по́мощь

• j'ai honte pour toi мне сты́дно за тебя́
• il s'est fait passer pour un ingénieur он вы́дал себя́ за инжене́ра
• pour qui me prenez-vous ? за кого́ вы меня́ принима́ете?
12. APRÈS DES VERBES ET DES EXPRESSIONS COMME **S'INQUIÉTER**, **SE RÉJOUIR**, **VOTER**, ETC. = **за** *(+ A)*
• je suis inquiet pour lui беспоко́юсь за него́
• lutter pour la liberté боро́ться за свобо́ду
• mourir pour la patrie умере́ть за ро́дину
• je vote pour lui я голосу́ю за него́
13. APRÈS DES SUBSTANTIFS COMME **PASSION**, **AMOUR** = **к** *(+ D)*
• une vraie passion pour la peinture настоя́щая страсть к жи́вописи
14. ÉVALUATION D'UNE SOMME, D'UNE QUANTITÉ = **на** *(+ A)*
• j'ai acheté de la viande pour 30 euros я купи́ла мя́са на 30 е́вро
15. TRAITANT = **от** *(+ G)*
• un bon médicament pour la grippe хоро́шее лека́рство от гри́ппа
● n'y être pour rien быть тут ни при чём › je n'y suis pour rien я тут ни при чём
• peser le pour et le contre взве́шивать все «за» и «про́тив»
• pour ainsi dire так сказа́ть
• pour l'amour de из любви́ к *(+ D)* › pour l'amour de l'art из любви́ к иску́сству
• pour cent проце́нт *m* › deux pour cent два проце́нта › cinq pour cent пять проце́нтов
• pour cette fois-ci на э́тот раз › ça suffit pour cette fois-ci хва́тит на э́тот раз
• pour la... fois в ... раз › pour la première fois в пе́рвый раз › pour la dernière fois в после́дний раз
• pour l'instant, pour le moment пока́ что › pour le moment, il faut la laisser tranquille её на́до пока́ что оста́вить в поко́е
• pour rire ра́ди сме́ха
• tout est pour le mieux всё к лу́чшему › tout est pour le mieux dans le meilleur des mondes всё к лу́чшему в э́том лу́чшем из миро́в
• une fois pour toutes раз и навсегда́

pourboire *nm* чаевы́е *(adj subst pl)* (чаевы́х, чаевы́м)
● donner un pourboire дать на чай

pourcentage *nm* проце́нт • quel est le pourcentage ? како́й проце́нт?

pourparlers *nmpl* перегово́ры *pl t* (перегово́ров, перегово́рам) • mener des pourparlers вести́ перегово́ры

pourquoi *adv* **1.** *(cause)* почему́ • pourquoi n'êtes-vous pas venus ? почему́ вы не пришли́? • pourquoi pas ? почему́ бы и нет? • voilà pourquoi j'ai pris cette décision вот почему́ я при́нял э́то реше́ние **2.** *(but)* заче́м • pourquoi a-t-il pris tant d'argent ? заче́м он взял с собо́й сто́лько де́нег?
● c'est pourquoi поэ́тому › ce n'était pas rentable, c'est pourquoi il a fallu renoncer à ce projet э́то бы́ло нерента́бельно; поэ́тому пришло́сь отказа́ться от э́того прое́кта

pourri *adj* гнило́й ⑤
● une pomme pourrie гнило́е я́блоко

pourrir *v* гнить* [II, гнию́, гниёшь - гнил, гнила́, гни́ло, гни́ли ⑤] / сгнить* [II, *id*] • le poisson pourrissait ры́ба гнила́

poursuite *nf (tentative faite pour rattraper)* пого́ня • on se lança à la poursuite des fuyards пусти́лись в пого́ню за беглеца́ми

poursuivre *v* **1.** *(chercher à rattraper)* пресле́довать • poursuivre l'ennemi пресле́довать неприя́теля **2.** *(continuer)* продолжа́ть • ils poursuivent leur voyage они́ продолжа́ют путеше́ствие

pourtant *adv traduire en fonction du contexte* • tout allait bien et pourtant elle était inquiète всё шло хорошо́, одна́ко она́ беспоко́илась • il n'est pas là ? il a pourtant dit qu'il arriverait avant sept heures его́ нет? он же сказа́л, что придёт до семи́ • elle n'est pourtant pas belle, mais elle a beaucoup de charme она́ о́чень обая́тельна, хотя́ и некраси́ва

pourvu que *loc conj* лишь бы • pourvu qu'il s'en aille лишь бы он уе́хал • pourvu qu'on ne soit pas en retard лишь бы не опозда́ть

pousser *v* **1.** *(cogner, bousculer)* толка́ть / толкну́ть • pousser du coude толка́ть *(+ A)* ло́ктем ~ *(avec diverses nuances)* вта́лкивать / втолкну́ть *(faire entrer)*, выта́лкивать / вы́толкнуть *(faire sortir)* • on le poussa dans une pièce obscure его́ втолкну́ли в тёмную ко́мнату • ils

m'ont poussé dehors они́ вы́толкнули меня́ вон **2.** *(faire rouler)* толка́ть пе́ред собо́й (толка́ть / толкну́ть) • **elle poussait son chariot** она́ толка́ла пе́ред собо́й теле́жку **3.** *(déplacer)* сдвига́ть / сдви́нуть • **nous avons poussé la grosse armoire** мы сдви́нули большо́й шкаф ~ *(avec diverses nuances)* отодвига́ть / отодви́нуть *(éloigner)*, пододвига́ть / пододви́нуть *(rapprocher)* • **on manquait de place ; nous avons poussé la table** те́сно ста́ло; мы отодви́нули стол • **j'ai poussé une chaise vers la fenêtre** я пододви́нул стул к окну́ **4.** *(inciter)* побужда́ть / побуди́ть [*part.* побуждённый*] • **qu'est-ce qui l'a poussé à partir aussi précipitamment ?** что побуди́ло его́ так поспе́шно уе́хать? **5.** *(croître, grandir)* расти́* [IV, расту́, растёшь - рос, росла́ ③] / вы́расти* [IV, вы́расту, вы́растешь - вы́рос, вы́росла] • **les concombres y poussent bien** там хорошо́ расту́т огурцы́ • **ma barbe pousse** борода́ растёт
● **faire pousser** расти́ть / вы́растить › **faire pousser des fleurs** расти́ть цветы́ • **pousser des cris** крича́ть* [I, кричу́, кричи́шь] • **pousser un cri** / вскри́кнуть • **pousser des soupirs, pousser un soupir** вздыха́ть / вздохну́ть › **la petite fille poussait de profonds soupirs** де́вочка тяжело́ вздыха́ла • **poussez !** *(inscription sur une porte)* от себя́ • **se laisser pousser la barbe** отрасти́ть себе́ бо́роду

poussette *nf* **1.** *(pour bébé)* прогу́лочная (де́тская) коля́ска **2.** *(pour faire le marché)* су́мка-теле́жка

poussière *nf* пыль *f (pas de pl, sens collectif)* ⑧, пыли́нка *(grain de poussière)* • **des poussières radio-actives** радиоакти́вная пыль • **une poussière dans l'œil** пыли́нка в глазу́

poussiéreux *adj* пы́льный • **une route poussiéreuse** пы́льная доро́га

poussin *nm* цыплёнок* *(pl.* цыпля́та, цыпля́т, цыпля́там*)* • **une poule et ses poussins** ку́рица с цыпля́тами

poutre *nf* ба́лка • **des poutres métalliques** желе́зные ба́лки

pouvoir¹ *v* мочь* [IV, могу́, мо́жешь, мо́гут ④ - мог, могла́ ③] / смочь* [IV, *id*] • **je ne peux pas lire sans lunettes** без очко́в я не могу́ чита́ть
● **n'en plus pouvoir** вы́биться из сил (/ вы́биться*) › **je n'en peux plus** я вы́бился из сил • **on n'y peut rien** что поде́лаешь? • **on peut** мо́жно › **ici, on peut fumer ?** здесь мо́жно кури́ть? • **on ne peut pas** нельзя́ › **il fait tellement sombre ici qu'on ne peut pas lire** здесь так темно́, что нельзя́ чита́ть › **on ne peut pas ne pas être d'accord avec elle** нельзя́ не согласи́ться с ней › **ne peut-on pas l'aider ?** нельзя́ ли ей помо́чь? › **on ne peut mieux** как нельзя́ лу́чше

pouvoir ² *nm* власть *f* • **arriver au pouvoir** прийти́ к вла́сти • **prendre le pouvoir** взя́ть власть (брать / взя́ть ④) • **il était au pouvoir** он был у вла́сти • **le pouvoir législatif** законода́тельная власть • **le pouvoir exécutif** исполни́тельная власть
● **le pouvoir d'achat** покупа́тельная спосо́бность

praesidium *nm* прези́диум

Prague *nf* Пра́га
● **de Prague** пра́жский

prairie *nf* луг* *(loc.* лугу́ *; pl.* луга́*)* ⑧② *(l'accent passe sur la préposition dans le groupe* по́ лугу*)* • **des vaches paissaient paisiblement dans la prairie** на лугу́ ми́рно пасли́сь коро́вы

pratique¹ *adj* **1.** *(par opposition à théorique)* практи́ческий • **des conclusions pratiques** практи́ческие вы́воды **2.** *(qui a le sens des réalités)* практи́чный **3.** *(commode)* удо́бный • **c'est très pratique** э́то о́чень удо́бно
● **le sens pratique** практи́чность *f* › **elle a un grand sens pratique** она́ отлича́ется большо́й практи́чностью

pratique² *nf* пра́ктика • **la théorie et la pratique** тео́рия и пра́ктика • **mettre des conseils en pratique** применя́ть сове́ты на пра́ктике • **il faut de la pratique** нужна́ пра́ктика

pratiquement *adv* практи́чески • **il ne s'en occupe pratiquement jamais** он практи́чески никогда́ не занима́ется э́тим

pré *nm* луг* *(loc.* лугу́ *; pl.* луга́*)* ⑧② *(l'accent passe sur la préposition dans le groupe* по́ лугу*)* • **des vaches broutent dans le pré** на лугу́ пасу́тся коро́вы

préau *nm* наве́с • **quand il pleut, les enfants jouent sous le préau** когда́ идёт дождь, де́ти игра́ют под наве́сом

précaution *nf* **1.** *(prudence, circonspection)* предосторо́жность *f* • **par précaution** из предосторо́жности **2.** *(disposition prise)*

ме́ра предосторо́жности • prendre des précautions приня́ть ме́ры предосторо́жности
● avec précaution осторо́жно

précédent *adj* предыду́щий • dans les pages précédentes на предыду́щих страни́цах

précéder *v* **1.** *(lieu)* впереди́ *(+ G)* • le prince précédait son armée князь е́хал впереди́ своего́ во́йска **2.** *(temps)* предше́ствовать *(+ D)* • cette décision a été précédée par une réunion générale э́тому реше́нию предше́ствовало о́бщее собра́ние

précieux *adj (de grande valeur)* драгоце́нный • des pierres précieuses драгоце́нные ка́мни • perdre un temps précieux потеря́ть драгоце́нное вре́мя

précipitamment *adv* поспе́шно • ils sont partis précipitamment они́ поспе́шно уе́хали

précipitation *nf (hâte)* поспе́шность *f*

précipiter
■ se précipiter *vp* броса́ться / бро́ситься • il s'est précipité à notre rencontre он бро́сился к нам навстре́чу

précis *adj* **1.** то́чный ⑤ • une réponse précise то́чный отве́т **2.** *(accompagnant l'indication de l'heure)* • à trois heures précises ро́вно в три

précisément *adv* как раз, и́менно • c'est précisément ce que je disais э́то как раз то, что я говори́л • voilà précisément ce qu'il demande он и́менно об э́том и про́сит

préciser *v (rendre plus précis)* уточня́ть / уточни́ть • il faudrait préciser certains points du contrat на́до бы уточни́ть не́которые пу́нкты догово́ра

précision *nf* **1.** *(caractère de ce qui est précis)* то́чность *f* • la précision du calcul то́чность вычисле́ния **2.** *(renseignement complémentaire)* уточне́ние

précurseur *nm* предве́стник, предше́ственник • un précurseur de la peinture abstraite предве́стник абстракциони́зма

prédécesseur *nm* предше́ственник • mon prédécesseur a laissé ici une petite valise мой предше́ственник оста́вил здесь небольшо́й чемода́н

prédiction *nf* предсказа́ние • ses prédictions se sont réalisées его́ предсказа́ния сбыли́сь

prédire *v* предска́зывать / предсказа́ть* [II, предскажу́, предска́жешь] ④ • on lui a prédit un brillant avenir ему́ предсказа́ли блестя́щую судьбу́

préfabriqué *adj* сбо́рный • des éléments préfabriqués сбо́рные элеме́нты • une maison préfabriquée сбо́рный дом

préface *nf* предисло́вие

préféré *adj* люби́мый • mon plat préféré моё люби́мое блю́до

préférence *nf* предпочте́ние • je n'ai pas de préférences particulières у меня́ нет осо́бых предпочте́ний
● de préférence предпочти́тельно, лу́чше › **nous viendrons de préférence samedi** мы лу́чше придём в суббо́ту

préférer *v* предпочита́ть / предпоче́сть* [IV, предпочту́, предпочтёшь - предпочёл, предпочла́ - предпочтённый] • il préfère le cinéma au théâtre он предпочита́ет кино́ теа́тру • je préfère ce roman мне бо́льше нра́вится э́тот рома́н • nous préférons y aller à pied мы лу́чше пойдём пешко́м

préfixe *nm* приста́вка

préhistorique *adj* доистори́ческий • l'homme préhistorique доистори́ческий челове́к

préjudice *nm* уще́рб • causer un préjudice à un tiers нанести́ уще́рб тре́тьему лицу́ • au préjudice de sa santé в уще́рб своему́ здоро́вью

préjugé *nm* предрассу́док • des préjugés moraux мора́льные предрассу́дки

prémédité *adj* умы́шленный • un crime prémédité умы́шленное уби́йство

premier *adj num* **1.** *(gén)* пе́рвый • le premier volume пе́рвый том • la première impression пе́рвое впечатле́ние • il est arrivé le 1er février он прие́хал 1-го февраля́ • pour la première fois в пе́рвый раз • à la première occasion при пе́рвом слу́чае • au premier coup d'œil с пе́рвого взгля́да **2.** *(en parlant des étages)* второ́й • au premier étage на второ́м этаже́
● un jeune premier *(au théâtre)* пе́рвый любо́вник • les matières premières

сырьё › **des matières premières pour l'industrie** сырьё для промы́шленности • **première classe** *(dans les transports)* пе́рвый класс • **le premier ministre** премье́р-мини́стр • **le premier venu** *(n'importe qui)* пе́рвый встре́чный • **la tête la première** голово́й вниз

première *nf (au lycée)* второ́й год лице́я

premièrement *adv* во-пе́рвых

prendre *vt*

1. GÉN = **брать*** [IV, беру́, берёшь - брал, брала́, бра́ло, бра́ли ⑤] / **взять*** [IV, возьму́, возьмёшь - взял, взяла́, взя́ло, взя́ли ⑤ - взя́тый, взят, взята́, взя́то, взя́ты ④]
• **prendre un livre** взять кни́гу
• **prendre son parapluie** взять зо́нтик
• **prendre un enfant par la main** взять ребёнка за́ руку
• **prendre un congé** взять о́тпуск
• **prendre l'affaire en main** взять де́ло в свои́ ру́ки
• **j'ai pris les billets** я взял биле́ты
• **prendre des leçons** брать уро́ки
• **ils ne prennent pas cher** они́ дёшево беру́т
= **схва́тывать** / **схвати́ть** ④ *(saisir)*
• **il l'a prise par les cheveux** он схвати́л её за́ волосы

2. VOLER = **красть*** [IV, краду́, крадёшь - крал, кра́ла] / **укра́сть*** [IV, украду́, украдёшь - укра́л, укра́ла - укра́денный]
• **on lui a pris sa valise** у него́ укра́ли чемода́н

3. ATTRAPER = **лови́ть** ④ / **пойма́ть**
• **prendre du poisson** лови́ть ры́бу
• **prendre en flagrant délit** пойма́ть на ме́сте преступле́ния
• **prendre au mot son interlocuteur** пойма́ть собесе́дника на сло́ве

4. UN MOYEN DE TRANSPORT = **сади́ться** / **сесть*** [IV, ся́ду, ся́дешь - сел, се́ла - сядь] *(s'asseoir)* (**в** + *A*, **на** + *A*)
• **prendre le train** сесть в по́езд
• **prendre l'autobus** сесть в авто́бус
• **prendre le bateau** сесть на парохо́д
= **е́хать*** [IV, е́ду, е́дешь] / **пое́хать*** [IV, *id*] ; *indét.* **е́здить** *(aller)*, **приезжа́ть** / **прие́хать*** [IV, прие́ду, прие́дешь] *(venir)* (**в** + *A*, **на** + *A*)
• **nous prendrons le trolleybus pour y aller** мы пое́дем туда́ на тролле́йбусе
• **j'ai pris le train pour venir ici** я прие́хал сюда́ по́ездом
• **ils prennent l'avion à deux heures** они́ вылета́ют в два часа́
• **nous avons pris un taxi** мы взя́ли такси́ (брать / взять)

5. suivre = **идти́*** [IV, иду́, идёшь - шёл, шла] / **пойти́*** [IV, пойду́, пойдёшь - пошёл, пошла́] ; *indét.* **ходи́ть** ④ *(à pied)*, **е́хать*** [IV, е́ду, е́дешь] / **пое́-хать*** [IV, *id*] ; *indét.* **е́здить** *(autrement qu'à pied) (ou un autre verbe de mouvement)*
• **nous prendrons le chemin le plus court** мы пойдём са́мым коро́тким путём
• **je vais prendre la rue de la République** я пое́ду по у́лице Респу́блики

6. OCCUPER L'ESPACE, LE TEMPS = **занима́ть** / **заня́ть*** [IV, займу́, займёшь - за́нял, заняла́, за́няло, за́няли ⑤ - за́нятый, за́нят, занята́, за́нято, за́няты ⑤]
• **les livres prennent beaucoup de place** кни́ги занима́ют мно́го ме́ста
• **ça m'a pris beaucoup de temps** э́то за́няло у меня́ мно́го вре́мени
• **le trajet nous a pris beaucoup de temps** доро́га отняла́ у нас мно́го вре́мени
• **il est très pris** он о́чень за́нят
• **toutes les places sont prises** все места́ за́няты

7. UNE TOURNURE, UNE ATTITUDE, UNE FORME D'ACTION = **принима́ть** / **приня́ть*** [IV, приму́, при́мешь ④ - при́нял, приняла́, при́няло, при́няли ⑤ - при́нятый, при́нят, принята́, при́нято, при́няты ⑤]
• **l'affaire prend une mauvaise tournure** де́ло принима́ет дурно́й оборо́т
• **prendre un avertissement au sérieux** приня́ть предупрежде́ние всерьёз
• **prendre son travail à cœur** принима́ть свою́ рабо́ту бли́зко к се́рдцу
• **prendre une décision** приня́ть реше́ние
• **prendre des mesures** приня́ть ме́ры
• **prendre part à la conversation** приня́ть уча́стие в разгово́ре
• **prendre une suggestion en considération** приня́ть во внима́ние предложе́ние

8. CONFONDRE
• **prendre pour** принима́ть / приня́ть* (**за** + *A*)
• **je l'ai pris pour un officier** я его́ при́нял за офице́ра
• **prendre pour argent comptant** приня́ть за чи́стую моне́ту

9. UN BAIN, UN MÉDICAMENT = **принима́ть** / **приня́ть***
• **prendre un bain** приня́ть ва́нну
• **prendre une douche** приня́ть душ
• **prendre un médicament** приня́ть лека́рство

10. REPAS, BOISSON

- **qu'est-ce que vous voulez prendre ?**

a. MANGER что вы бу́дете есть?

b. BOIRE что вы бу́дете пить?

- **j'ai pris un verre de vodka** я вы́пил рю́мку во́дки

● **prendre du poids** приба́вить в ве́се на *(+ A)* (прибавля́ть / приба́вить) › **j'ai encore pris deux kilos** я ещё приба́вил в ве́се на два килогра́мма

- **passer prendre qqn** заходи́ть ④ / зайти́* [IV, зайду́, зайдёшь - зашёл, зашла́] *(за + I) (à pied)*, заезжа́ть / зае́хать* [IV, зае́ду, зае́дешь] *(за + I) (autrement qu'à pied)* › **je passerai te prendre et nous irons au cinéma** я зайду́ за тобо́й, и мы пойдём в кино́ › **nous vous prendrons en passant** мы зае́дем за ва́ми
- **prendre le taureau par les cornes** взять быка́ за рога́
- **en prendre son parti** примири́ться с э́тим (примиря́ться / примири́ться) › **il faut en prendre son parti** на́до примири́ться с э́тим
- **prendre l'air** подыша́ть све́жим во́здухом (дыша́ть* [I, дышу́, ды́шишь ④] / подыша́ть* [I, *id*])
- **prendre congé** проща́ться / попроща́ться *(с + I)*
- **prendre de l'essence** запра́виться бензи́ном (заправля́ться / запра́виться)
- **prendre fin** конча́ться / ко́нчиться
- **prendre garde** остерега́ться / остере́чься* [IV, остерегу́сь, остережёшься, остерегу́тся - остерёгся, остерегла́сь] ③
- **prendre une habitude** усво́ить привы́чку (усва́ивать / усво́ить) › **il a pris une mauvaise habitude** он усво́ил дурну́ю привы́чку
- **qu'est-ce qui te prend ?** что с тобо́й?
- **qu'est-ce qui vous prend ?** что с ва́ми?
- **se faire prendre** TOMBER DANS UN PIÈGE попада́ться / попа́сться* [IV, попаду́сь, попадёшься - попа́лся, попа́лась]

prendre *vi*

EN PARLANT D'UN PLANT, D'UN VACCIN = **принима́ться / приня́ться*** [IV, при́мется, при́мутся - приня́лся́, приняла́сь]

- **le pommier a pris** я́блоня приняла́сь
- **le vaccin a pris** приви́вка приняла́сь

se prendre *vp*

- **pour qui se prend-il ?** за кого́ он себя́ принима́ет?
- **il se prend pour un chanteur de rap** он принима́ет себя́ за рэ́пера

● **savoir s'y prendre** уме́ть / суме́ть *(+ inf)* › **il sait s'y prendre avec les enfants** он уме́ет подойти́ к де́тям

prénom *nm* и́мя* *nt (gén., dat., loc., instr.* и́менем ; *pl.* имена́, имён, имена́м*)* • **le nom et le prénom** фами́лия и и́мя

préparatif *nm* приготовле́ние • **les préparatifs de départ** приготовле́ния к отъе́зду

préparation *nf* **1.** *(fait de se préparer)* подгото́вка • **la préparation d'une leçon** подгото́вка уро́ка • **la préparation à un examen** подгото́вка к экза́мену **2.** *(fait de préparer)* приготовле́ние • **la préparation des repas** приготовле́ние пи́щи

préparer *v* гото́вить / пригото́вить, гото́вить / подгото́вить *(donner les connaissances nécessaires)* • **préparer le repas** пригото́вить обе́д • **préparer une surprise à ses parents** гото́вить свои́м ро́дственникам сюрпри́з

■ **se préparer** *vp* гото́виться / подгото́виться • **se préparer au départ** гото́виться к отъе́зду • **se préparer aux examens** подгото́виться к экза́менам

préposition *nf* предло́г • **une préposition exigeant le génitif** предло́г, тре́бующий роди́тельного падежа́

près *adv* бли́зко *(comp.* бли́же*)*, ря́дом *(tout près)* • **mettez-vous un peu plus près** ста́ньте побли́же • **j'habite tout près** я живу́ совсе́м бли́зко, я живу́ ря́дом

● **de près** вблизи́ › **de loin, tout semble plus beau que de près** и́здали всё ка́жется лу́чше, чем вблизи́

■ **près de** *loc prép* **1.** *(placé à proximité de)* о́коло *(+ G)*, ря́дом с *(+ I) (tout près)* • **près du musée** о́коло музе́я • **elle était assise tout près de moi** она́ сиде́ла совсе́м ря́дом со мной • **elle s'est assise près de lui** она́ се́ла ря́дом с ним **2.** *(passant à proximité de)* ми́мо *(+ G)* • **il est passé près de moi** он прошёл ми́мо меня́ **3.** *(environ)* о́коло *(+ G)* • **près de mille euros** о́коло ты́сячи е́вро **4.** *(+ inf)* • **je suis près de terminer mon travail** я почти́ зако́нчил свою́ рабо́ту, я ско́ро зако́нчу свою́ рабо́ту • **tu as été près de manquer ton train** ты чуть не опоздáл к пóезду • **elle était près d'abandonner** онá готóва былá брóсить э́то дéло

prescrire *v (un médicament)* прописывать / прописáть* [II, пропишý, прóпишешь] ④ • **le médecin lui a prescrit un nouveau médicament** врач прописáл емý нóвое лекáрство

présence *nf* присýтствие • **je ne veux pas parler en sa présence** я не хочý говорúть в егó присýтствии • **la présence d'esprit** присýтствие дýха

présent[1] *adj (actuel)* тепéрешний • **dans les circonstances présentes** при тепéрешних услóвиях

● **être présent** присýтствовать *littéraire* › **j'étais présent à la réunion** я присýтствовал на собрáнии • **les personnes présentes** присýтствующие (присýтствующих, присýтствующим) *(adj subst pl)*

présent[2] *nm* **1.** *(époque présente)* настоя́щее *(adj subst nt)* • **le présent et l'avenir** настоя́щее и бýдущее **2.** (GRAMM) настоя́щее врéмя (врéмя* *gén., dat., loc., instr.* врéменем)

● **à présent** тепéрь • **jusqu'à présent** до сих пор

présentateur *nm* ведýщий • **il est présentateur de télévision** он телеведýщий

présentatrice *nf* ведýщая

présenter *v* представля́ть / представить • **présenter une attestation** предстáвить спрáвку • **cela ne présentera aucune difficulté** э́то не предстáвит затруднéний

■ **se présenter** *vp* **1.** *(donner son nom)* представля́ться / предстáвиться • **permettez-moi de me présenter** разрешúте предстáвиться **2.** *(arriver)* представля́ться / предстáвиться • **il s'est présenté une occasion favorable** предстáвился удóбный слýчай • **si l'occasion se présente** éсли предстáвится слýчай

préservatif *nm* презервати́в

président *nm* **1.** председáтель *m* • **le président de la commission** председáтель комиссии **2.** *(de la République, d'une société)* президéнт • **le président de la République** президéнт Респýблики • **le président de l'Académie des sciences** президéнт Акадéмии наýк

présidente *nf* президéнт *m*, председáтель *m*

présidentiel *adj* президéнтский • **les élections présidentielles** президéнтские вы́боры

présidium *nm* прези́диум • **le présidium de la Cour suprême** прези́диум Верхóвного судá

presque *adv* почти́ • **j'ai presque terminé** я почти́ закóнчил

presqu'île *nf* полуóстров* *(nom. pl.* полуостровá*)* ①②

presse *nf (journaux)* печáть *f*, прéсса • **la liberté de la presse** свобóда печáти • **la presse russe** росси́йская печáть • **la presse occidentale** зáпадная прéсса

pressé *adj (urgent)* срóчный • **c'est très pressé** э́то óчень срóчно • **ce n'est pas pressé** э́то не срóчно, э́то не к спéху

● **être pressé** *(en parlant d'une personne)* спеши́ть › **je ne suis pas pressé** я не спешý

pressentiment *nm* предчýвствие • **elle avait le pressentiment qu'il ne reviendrait jamais** у неё бы́ло предчýвствие, что он никогдá не вернётся

presser *v* **1.** *(un fruit)* выжимáть / вы́жать* [IV, вы́жму, вы́жмешь] • **presser un citron** вы́жать лимóн **2.** *(faire aller plus vite)* торопи́ть ④ / поторопи́ть ④ • **il me pressait d'écrire un article sur ce problème** он торопи́л меня́ написáть об э́том статью́

● **ça ne presse pas** э́то не к спéху • **presser le pas** ускóрить шаг (ускоря́ть / ускóрить) • **le temps presse** врéмя не тéрпит

■ **se presser** *vp* **1.** *(se hâter)* торопи́ться ④ / поторопи́ться ④, спеши́ть / поспеши́ть *(sans excès)* • **il n'y a pas besoin de se presser** нéчего торопи́ться • **faire la vaisselle sans se presser** мыть посýду не спешá **2.** *(être en foule)* толпи́ться / столпи́ться • **les gens se pressaient à l'entrée du théâtre** у вхóда в теáтр толпи́лся нарóд

pressing *nm* химчи́стка • **mon manteau est au pressing** моё пальтó в химчи́стке

pression *nf* давлéние • **la pression atmosphérique** атмосфéрное давлéние • **exercer des pressions sur un collègue** окáзывать на коллéгу давлéние

prestidigitateur *nm* фóкусник, иллюзиони́ст

prestige *nm* прести́ж • **pour soutenir son prestige** для поддержáния прести́жа

prêt *adj* готóвый • **le repas est prêt** обéд готóв • **prêt au départ** готóвый к отъéзду • **je suis prêt à travailler** я готóв рабóтать • **il est prêt à tout** он готóв на всё

prétendre *v (affirmer)* уверя́ть, утверждáть • **il prétendait que nous nous étions trompés** он уверя́л, что мы оши́блись

prétentieux *adj* претенциóзный

prétention *nf (visée)* притязáние, претéнзия • **ne pas avoir la prétention d'être spirituel** не имéть притязáний на остроýмие

prêter *v* одáлживать / одолжи́ть • **il m'a prêté le DVD** он одолжи́л мне э́тот DVD • **prête-moi cent euros** одолжи́ мне сто éвро

prétexte *nm* предлóг • **trouver un prétexte pour refuser** найти́ предлóг для откáза • **sous divers prétextes** под рáзными предлóгами

prêtre *nm* священник

preuve *nf* доказáтельство • **fournir des preuves indiscutables** привести́ неоспори́мые доказáтельства
• **faire preuve de** проявля́ть / прояви́ть ④ *(+ A)* › **faire preuve de courage** прояви́ть мýжество • **faire ses preuves** **a.** *(en parlant d'un système, un objet)* оправдáть себя́ (оправдывать / оправдáть) › **cette méthode a fait ses preuves** э́тот мéтод себя́ оправдáл **b.** *(en parlant de qqn)* прояви́ть себя́ (проявля́ть / прояви́ть ④)

prévenir *v (avertir)* предупреждáть / предупреди́ть [*part.* предупреждённый*] • **prévenir les voyageurs du danger** предупреди́ть пассажи́ров об опáсности

prévision *nf* предви́дение, предположéние • **mes prévisions se sont réalisées** мои́ предположéния оправдáлись
• **les prévisions météorologiques** прогнóз погóды

prévoir *v* **1.** *(deviner à l'avance)* предви́деть* [I, предви́жу, предви́дишь] • **prévoir l'avenir** предви́деть бýдущее **2.** *(prendre des mesures)* предусмáтривать / предусмотрéть* [I, предусмотрю́, предусмóтришь] ④ • **ce n'est pas prévu par la loi** э́то не предусмóтрено закóном

prier *v* **1.** *(demander)* проси́ть ④ / попроси́ть ④ • **ne vous inquiétez pas, je vous en prie** прошý вас не беспокóиться **2.** *(s'adresser à Dieu, à un saint)* моли́ться ④ / помоли́ться ④ *(+ D)* • **prier Dieu** моли́ться Бóгу
• **je vous en prie** пожáлуйста › **excusez-moi ! — je vous en prie** извини́те! — пожáлуйста

prière *nf* **1.** *(adressée à Dieu, à un saint)* моли́тва • **dire sa prière** читáть моли́тву **2.** *(demande)* прóсьба • **prière de ne pas fumer** прóсьба не кури́ть

primaire *adj (du premier degré)* начáльный • **à l'école primaire** в начáльной шкóле

prime *nf* прéмия • **des primes à l'exportation** э́кспортная прéмия • **tous les ouvriers ont touché des primes** все рабóчие получи́ли премиáльные

primitif *adj* **1.** *(du début)* первоначáльный • **le projet primitif** первоначáльный проéкт **2.** *(antérieur à la civilisation)* первобы́тный • **l'homme primitif** первобы́тный человéк • **des tribus primitives** первобы́тные племенá **3.** *(trop élémentaire)* примити́вный • **une technique primitive** примити́вная тéхника

primordial *adj* первостепéнный • **jouer un rôle primordial** игрáть первостепéнную роль • **accorder à un événement une importance primordiale** придáть собы́тию первостепéнное значéние

prince *nm* князь* *(pl.* князья́, князéй, князья́м*)* ①② *(en Russie)*, принц *(dans tous les autres cas)* • **les princes de Kiev** ки́евские князья́ • **le grand-prince de Moscou** вели́кий князь Москóвский
• *le Petit Prince* (Saint-Exupéry) ***Мáленький принц*** (Сент-Экзюпери́)

princesse *nf* **1.** *(femme d'un prince russe)* княги́ня **2.** *(fille d'un prince russe)* княжнá *(gén. pl.* княжóн*)* **3.** *(dans les autres cas)* принцéсса

principal *adj* глáвный • **la rue principale** глáвная ýлица • **le principal danger** глáвная опáсность • **la proposition principale** глáвное предложéние

■ principal *nm* глáвное • c'est le principal э́то глáвное

principalement *adv* глáвным óбразом

principe *nm (idée directrice)* при́нцип • c'est contraire à mes principes э́то прóтив мои́х при́нципов • en principe, je suis d'accord в при́нципе я соглáсен

printemps *nm* веснá *(pl.* вёсны, вёсен, вёснам*)* ②① • le printemps approche веснá приближáется • une hirondelle ne fait pas le printemps однá лáсточка весны́ не дéлает
● au printemps веснóй • de printemps весéнний › **les pluies de printemps** весéнние дожди́

a priori *loc adv* с пéрвого взгля́да • a priori, il est bien difficile de trouver une solution с пéрвого взгля́да óчень трýдно найти́ вы́ход из положéния

priorité *nf* **1.** приоритéт • au giratoire tu n'as pas la priorité на кольцевóй развя́зке у тебя́ нет приоритéта **2.** *fig* приоритéт • pour lui, changer ses pneus est une priorité absolue смени́ть ши́ны для негó абсолю́тный приоритéт

prise *nf* **1.** *(dans le mur)* розéтка • il y a une prise (de courant) à côté de l'armoire ря́дом со шкáфом есть розéтка ~ *(fiche)* штéпсель • ne tire pas sur la prise pour débrancher l'aspirateur не тяни́ за штéпсель, чтóбы вы́ключить пылесóс **2.** *(le fait de prendre)* взя́тие • la prise de la Bastille взя́тие Басти́лии

prison *nf* тюрьмá *(gén. pl.* тю́рем*)* ②① • on l'a mis en prison егó посади́ли в тюрьмý • il s'est enfui de prison он бежáл из тюрьмы́

prisonnier *nm* **1.** *(dans une prison)* заключённый *(adj subst m)* • un prisonnier politique полити́ческий заключённый **2.** *(de guerre)* плéнный *(adj subst m)* • ils ont fait de nombreux prisonniers они́ взя́ли мнóго плéнных • des prisonniers de guerre военноплéнные
● être fait prisonnier попáсть в плен • faire prisonnier взять в плен

prisonnière *nf* заключённая, плéнница

privé *adj* чáстный • la propriété privée чáстная сóбственность • la vie privée чáстная жизнь

priver *v* лишáть / лиши́ть • priver un inculpé de ses droits civils лиши́ть подсуди́мого граждáнских прав
● priver un enfant de dessert остáвить ребёнка без слáдкого
■ se priver *vp* il ne se prive de rien он себé ни в чём не откáзывает • elle voudrait bien se priver de mes services онá бы хотéла обойти́сь без меня́ • ils ont dû se priver pour élever leurs enfants они́ терпéли лишéния, чтóбы воспитáть свои́х детéй

privilège *nm* привилéгия

privilégié *adj* привилегирóванный • une situation privilégiée привилегирóванное положéние

prix *nm* **1.** *(somme que l'on doit payer)* ценá ⑥① • le prix du billet ценá билéта • augmentation du prix des denrées alimentaires повышéние цен на продовóльственные товáры • le prix de location d'un piano ценá за прокáт роя́ля • le prix de gros оптóвая ценá • le prix de détail рóзничная ценá • un prix fabuleux баснослóвная ценá • à moitié prix за полцены́ ~ *fig* • au prix d'un travail opiniâtre ценóй упóрного трудá **2.** *(récompense)* прéмия • obtenir le premier prix de mathématiques получи́ть пéрвую прéмию по матемáтике • le prix Nobel Нóбелевская прéмия
● à bas prix за бесцéнок • à tout prix во что бы то ни стáло • augmenter de prix дорожáть / вздорожáть • diminuer de prix дешевéть / подешевéть

probable *adj* верóятный • cela semble probable э́то кáжется верóятным
● il est probable que верóятно › **il est probable qu'elle viendra** онá верóятно придёт • il est peu probable qu'il trouve une place он вряд ли найдёт себé мéсто

probablement *adv* верóятно • il est probablement parti он верóятно уéхал

problème *nm* **1.** *(mathématiques)* задáча • résoudre un problème реши́ть задáчу • un problème insoluble неразреши́мая задáча **2.** *(chose complexe)* вопрóс *(question)*, проблéма • les problèmes économiques экономи́ческие вопрóсы • le problème est complexe э́то слóжный вопрóс • les problèmes de l'automation проблéмы автоматизáции

procédé *nm (méthode)* спо́соб • utiliser de nouveaux procédés de fabrication применя́ть но́вые спо́собы изготовле́ния

procès *nm* де́ло ①⑥, проце́сс • gagner son procès вы́играть де́ло • perdre son procès проигра́ть де́ло

procès-verbal *nm* протоко́л • dresser un procès-verbal соста́вить протоко́л

prochain *adj* **1.** сле́дующий • au prochain arrêt на сле́дующей остано́вке • la prochaine fois в сле́дующий раз **2.** *(qualifiant les mots semaine, mois, année)* бу́дущий • la semaine prochaine на бу́дущей неде́ле • le mois prochain в бу́дущем ме́сяце • l'an prochain в бу́дущем году́ **3.** *(qualifiant un nom de mois)* • en décembre prochain в декабре́ (э́того го́да) • en janvier prochain в январе́ (бу́дущего го́да)

prochainement *adv* ско́ро • nous nous reverrons prochainement мы ско́ро уви́димся опя́ть

proche *adj* бли́зкий ⑤ *(comp.* бли́же* ~ *superl.* ближа́йший*)* • la victoire est proche побе́да близка́ • un proche parent бли́зкий ро́дственник • le bureau de poste le plus proche ближа́йшее почто́вое отделе́ние • dans l'avenir le plus proche в ближа́йшем бу́дущем

Proche-Orient *nm* Бли́жний Восто́к

proclamer *v* провозглаша́ть / провозгласи́ть • proclamer la république провозгласи́ть респу́блику

procurer *v* **1.** *(quelque chose qui peut être transporté)* достава́ть* [II, достаю́, достаёшь - достава́й - достава́я] / доста́ть* [*n cl,* доста́ну, доста́нешь] • il nous a procuré des billets он доста́л нам биле́ты **2.** *(dans les autres cas)* находи́ть ④ / найти́* [IV, найду́, найдёшь - нашёл, нашла́] • il m'a procuré un appartement он нашёл для меня́ кварти́ру

■ se procurer *vp* достава́ть* [II, достаю́, достаёшь - достава́й - достава́я] / доста́ть* [*n cl,* доста́ну, доста́нешь] • je me suis enfin procuré ce livre я наконе́ц доста́л э́ту кни́гу

procureur *nm* прокуро́р

production *nf* произво́дство, добы́ча *(extraction)* • la production industrielle промы́шленное произво́дство • la production automobile произво́дство автомоби́лей • la production d'acier произво́дство ста́ли • la production de charbon произво́дство у́гля, добы́ча у́гля

productivité *nf* производи́тельность *f* • augmenter la productivité du travail повы́сить производи́тельность труда́

produire *v* **1.** производи́ть ④ / произвести́* [IV, произведу́, произведёшь - произвёл, произвела́ ③ - произведённый] • produire des camions производи́ть грузовики́ • cela a produit sur moi une forte impression э́то произвело́ на меня́ си́льное впечатле́ние **2.** *(un son)* издава́ть* [II, издаю́, издаёшь - издава́й - издава́я] / изда́ть* [*n cl,* изда́м, изда́шь, изда́ст, издади́м, издади́те, издаду́т - изда́л, издала́, изда́ло, изда́ли ⑤ - изда́й - и́зданный, и́здан, издана́, и́здано, и́зданы ⑤] • produire un son étrange издава́ть стра́нный звук

■ se produire *vp (survenir)* происходи́ть ④ / произойти́* [IV, произойдёт, произойду́т - произошёл, произошла́] • que s'est-il produit ? что произошло́?

produit *nm (agricole, industriel)* проду́кт • les produits de l'industrie проду́кты промы́шленности • les produits alimentaires пищевы́е проду́кты • le produit du travail проду́кт труда́

professeur *nm* **1.** *(dans l'enseignement supérieur)* профе́ссор* *(nom. pl.* профессора́*)* ①② *(titulaire)*, преподава́тель *m* **2.** *(dans les autres cas - homme)* учи́тель* *m (nom. pl.* учителя́*)* ①②, преподава́тель *m* • le professeur de russe учи́тель ру́сского языка́ • le professeur d'escrime учи́тель фехтова́ния • il est devenu professeur de physique он стал преподава́телем фи́зики • *(femme)* учи́тельница, преподава́тельница • le professeur de mathématiques учи́тельница матема́тики • elle est maintenant professeur d'histoire dans un lycée она́ тепе́рь преподава́тельница исто́рии в одно́м лице́е

● salle des professeurs учи́тельская *(adj subst f)*

profession *nf* профе́ссия • choisir une profession вы́брать профе́ссию

profil *nm* про́филь *m* • de profil, son visage semblait sévère в про́филь лицо́ его́ каза́лось суро́вым

profit *nm* **1.** *(avantage financier)* при́быль *f* • la recherche du profit пого́ня за при́былью **2.** *(avantage non financier)* по́льза • tirer profit d'un voyage извле́чь по́льзу из пое́здки

profiter *v (tirer un profit)* по́льзоваться / воспо́льзоваться *(+ I)* • profiter de l'occasion воспо́льзоваться слу́чаем
• mettre à profit испо́льзовать / испо́льзовать › **il faudrait mettre à profit son expérience** на́до бы испо́льзовать его́ о́пыт

profond *adj* глубо́кий ⑤ *(*глубо́к, глубока́, глубо́ко, глубоки́ ~ *comp.* глу́бже* ~ *superl.* глубоча́йший*)* • un fleuve profond глубо́кая река́ • une blessure profonde глубо́кая ра́на • un sentiment profond глубо́кое чу́вство • une profonde tristesse глубо́кая печа́ль • je vous prie, Monsieur, d'accepter l'expression de mon profond respect с глубо́ким уваже́нием
• profond de глубино́й в *(+ A)* › **profond de vingt mètres** глубино́й в два́дцать ме́тров

profondément *adv* глубоко́ *(comp.* глу́бже*)* • je suis profondément convaincu que c'est une erreur я глубоко́ убеждён, что э́то оши́бка

profondeur *nf* глубина́ *(pl.* глуби́ны, глуби́н, глуби́нам*)* ②① • à une profondeur de vingt mètres на глубине́ двадцати́ ме́тров • dans les profondeurs de la forêt в глубине́ ле́са • la profondeur de champ глубина́ ре́зкости • la profondeur d'un sentiment глубина́ чу́вства

programme *nm* програ́мма • le programme des théâtres театра́льная програ́мма • le programme des examens програ́мма экза́менов • mettre une pièce de théâtre au programme включи́ть пье́су в програ́мму

progrès *nm* **1.** *(gén)* прогре́сс • le progrès technique техни́ческий прогре́сс **2.** *(scolaire)* успе́х • il a fait de grands progrès он сде́лал больши́е успе́хи

progresser *v* **1.** *(s'améliorer)* де́лать успе́хи • Aurélia a bien progressé en russe au dernier trimestre Орелия́ доби́лась успе́хов в ру́сском в после́дней че́тверти **2.** *(s'étendre)* распространя́ться / распространи́ться • l'épidémie progresse rapidement эпиде́мия бы́стро распространя́ется

progressif *adj (graduel)* постепе́нный • un refroidissement progressif постепе́нное охлажде́ние

proie *nf* добы́ча • guetter sa proie подстерега́ть добы́чу
• de proie хи́щный › **un oiseau de proie** хи́щная пти́ца • être la proie des flammes быть охва́ченным огнём

projecteur *nm* прое́ктор • un projecteur vidéo видеопрое́ктор • un projecteur de diapositives диапрое́ктор

projection *nf (sur écran)* пока́з • la projection du film пока́з фи́льма
• un appareil de projection проекцио́нный аппара́т

projet *nm* прое́кт, план *(plan)* • un projet de contrat прое́кт догово́ра • établir un projet de loi соста́вить прое́кт зако́на • quels sont vos projets de vacances ? каки́е у вас пла́ны на ле́то?

projeter *v* **1.** *(montrer)* пока́зывать / показа́ть • le professeur nous a projeté des diapositives учи́тель показа́л нам диапозити́вы **2.** *(prévoir)* плани́ровать / заплани́ровать • elle projette d'aller en Russie она́ плани́рует пое́хать в Росси́ю

prolongation *nf* продле́ние • prolongation de visa продле́ние ви́зы

prolonger *v* **1.** *(dans le temps)* продлева́ть / продли́ть • prolonger un visa продли́ть ви́зу **2.** *(dans l'espace)* продолжа́ть / продо́лжить • on a prolongé la ligne d'autobus jusqu'à notre village авто́бусную ли́нию продо́лжили до на́шего села́

promenade *nf* прогу́лка • une promenade à pied прогу́лка пешко́м • une promenade en vélo велосипе́дная прогу́лка • une promenade en bateau прогу́лка на ло́дке • faire une promenade à travers Moscou соверши́ть прогу́лку по Москве́

promener *v* **1.** *(à pied)* вести́ гуля́ть (вести́* [IV, веду́, ведёшь - вёл, вела́ ③] / повести́* [IV, *id*] ; *indét.* води́ть ④) • la nourrice le promenait tous les jours ка́ждый день ня́ня води́ла его́ гуля́ть **2.** *(autrement qu'à pied)* ката́ть / поката́ть • mon père me promenait en barque оте́ц ката́л меня́ на ло́дке • elle est sortie promener le chien она́ пошла́ прогу́ливать соба́ку • il promenait son

petit frère dans sa poussette он катáл своегó млáдшего брáта в колясќе
■ **se promener** *vp* **1.** *(à pied)* гулять / погулять • **nous nous promenions dans le parc** мы гуляли в пáрке **2.** *(autrement qu'à pied)* катáться / покатáться • **se promener en voiture** катáться на машине • **se promener en barque** катáться на лóдке

promesse *nf* обещáние • **faire une promesse** дать обещáние • **tenir ses promesses** сдержáть свои обещáния

promettre *v* обещáть / обещáть пообещáть • **il a promis de revenir avant le souper** он обещáл вернуться до ужина • **elle a promis de venir** онá обещáла, что придёт • **on lui promet une place de directeur** ему обещáют мéсто дирéктора
■ **se promettre** *vp (prendre une résolution)* дать себé слóво (давáть* [II, даю, даёшь - давáй - давáя] / дать* [*n cl*, дам, дашь, даст, дадим, дадите, дадут - дал, далá, дáло, дáли ⑤]) • **je me suis promis de ne plus m'en occuper** я дал себé слóво, что бóльше не буду этим заниматься

promotion *nf* **1.** *(avancement)* повышéние • **fêter sa promotion** отпрáздновать своё повышéние **2.** *(vente à prix réduit)* реклáмная скидка • **le matériel de ski est en promotion** лыжные товáры продаются со скидкой

pronom *nm* местоимéние • **un pronom personnel** личное местоимéние

prononcer *v (des sons, un discours)* произносить ④ / произнести* [IV, произнесу, произнесёшь - произнёс, произнеслá ③ - произнесённый - произнеся] • **mal prononcer un mot** плóхо произносить слóво • **prononcer un discours** произнести речь

prononciation *nf* произношéние • **vous avez une bonne prononciation** у вас хорóшее произношéние

propagande *nf* агитáция, пропагáнда *(travail de vulgarisation)*
● **faire de la propagande** агитировать › **il me faisait de la propagande pour son candidat** он меня агитировал за своегó кандидáта

prophète *nm* прорóк • **je ne suis pas prophète** я не прорóк • **nul n'est prophète en son pays** нет прорóка в отéчестве своём

prophétique *adj* пророческий • **des paroles prophétiques** пророческие словá

propice *adj* благоприятный • **des conditions propices** благоприятные услóвия • **au moment propice** в сáмый благоприятный момéнт

proportion *nf (rapport entre les parties d'un tout)* пропорция • **doubler les proportions de la recette** удвóить пропорции в рецéпте • **mélanger des produits dans une certaine proportion** смéшивать веществá в извéстных пропорциях

propos *nm (paroles)* слóво ①⑥ • **des propos en l'air** пустые словá • **des propos déplacés** неумéстные словá
● **à propos** кстáти › **mais à propos, où est-il donc passé ?** да кстáти, кудá же он пропáл? • **mal à propos** некстáти › **il est tombé bien mal à propos** он пришёл совсéм некстáти • **à propos de** по пóводу *(+ G)* › **à propos de ce roman** по пóводу этого ромáна › **à quel propos ?** по какóму пóводу?

proposer *v* предлагáть / предложить ④ • **proposer un verre de thé** предложить стакáн чáю • **proposer ses services** предложить свои услуги • **je propose de fêter ça demain soir chez moi** я предлагáю отпрáздновать это зáвтра вéчером у меня

proposition *nf* предложéние • **faire une proposition concrète** внести конкрéтное предложéние ~ (GRAMM) • **la proposition principale** глáвное предложéние

propre[1] *adj* **1.** *(net, qui n'est pas sali)* чистый ⑤ *(comp.* чище*)* • **du linge propre** чистое бельё • **des assiettes propres** чистые тарéлки **2.** *(appartenant à un seul)* сóбственный • **je l'ai vu de mes propres yeux** я это видел своими сóбственными глазáми • **remettre une lettre en mains propres** отдáть письмó в сóбственные руки ~ (GRAMM) • **un nom propre** имя сóбственное
● **le sens propre** прямóй смысл

propre[2] *nm*
● **mettre au propre** переписáть нáчисто

proprement *adv* чисто *(comp.* чище*)* • **c'est fait proprement** это чисто сдéлано
● **à proprement parler** сóбственно говоря

propreté *nf* чистота́

propriétaire *nmf* владе́лец *m* (владе́льца), владе́лица *f* • **le propriétaire de l'usine** владе́лец фа́брики • **le propriétaire du livre** владе́лец кни́ги • **la propriétaire de l'atelier** владе́лица мастерско́й

propriété *nf* **1.** *(droit)* со́бственность *f* • **la propriété privée** ча́стная со́бственность **2.** *(domaine)* име́ние • **ils ont acheté une belle propriété** они́ купи́ли хоро́шее име́ние **3.** *(particularité)* сво́йство • **les propriétés chimiques d'un corps** хими́ческие сво́йства те́ла

prose *nf* про́за • **un poème en prose** стихотворе́ние в про́зе

prospectus *nm* проспе́кт • **distribuer des prospectus** раздава́ть проспе́кты

prostituée *nf* проститу́тка

protection *nf* **1.** *(défense)* защи́та • **des moyens de protection contre le soleil** сре́дства защи́ты от со́лнца **2.** *(sauvegarde)* охра́на • **la protection du travail** охра́на труда́ • **la protection des forêts** охра́на лесо́в • **la protection de l'environnement** охра́на окружа́ющей среды́ **3.** покрови́тельство *(intercession)* • **prendre qqn sous sa protection** взять кого́-нибудь под своё покрови́тельство **4.** *(objet servant à protéger)* защи́та • **tu portes des protections quand tu fais du roller ?** ты одева́ешь защи́ту, когда́ е́здишь на ро́ликах?

protéger *v* **1.** *(défendre)* защища́ть / защити́ть *(т → щ)* • **protéger contre le vent** защища́ть от ве́тра **2.** *(patronner)* покрови́тельствовать *(+ D)* • **protéger les arts** покрови́тельствовать иску́сству

protestant *nm* протеста́нт • **les catholiques et les protestants** като́лики и протеста́нты

protestante *nf* протеста́нтка

protestation *nf* *(contestation)* проте́ст • **élever une protestation** вы́разить проте́ст

protester *v* протестова́ть • **protester contre l'injustice** протестова́ть про́тив несправедли́вости

prouver *v* дока́зывать / доказа́ть* [II, докажу́, дока́жешь] ④ • **prouver son innocence** доказа́ть свою́ невино́вность

provenir *v* *(résulter)* происходи́ть ④ / произойти́* [IV, произойдёт, произойду́т - произошёл, произошла́] • **je ne sais pas d'où cela provient** я не зна́ю, отку́да э́то происхо́дит

proverbe *nm* посло́вица

province *nf* *(par opposition à la capitale)* прови́нция, перифери́я *(régions très éloignées)* • **elle n'est plus à Paris ; elle est en province** она́ уе́хала из Пари́жа, живёт тепе́рь в прови́нции • **il a fait ses études à Moscou, mais maintenant, il a été nommé en province** он учи́лся в Москве́, но его́ назна́чили на перифери́ю

proviseur *nm* дире́ктор* *(nom. pl.* директора́ ①②*)*

À PROPOS DE...

Le mot **прови́зор** signifie employé de pharmacie diplômé.

provision *nf* запа́с • **une provision de farine** запа́с муки́ • **une provision de bois** запа́с дров
◉ **des provisions alimentaires** съестны́е припа́сы *pl t* (припа́сов, припа́сам) • **faire des provisions** де́лать запа́сы • **faire provision de** запаса́ться / запаст-и́сь* [IV, запасу́сь, запасёшься - запа́сся, запасла́сь] ③ *(+ I)* › **faire provision de bois** запасти́сь дрова́ми

provisoire *adj* вре́менный • **une attestation provisoire** вре́менное удостовере́ние

provisoirement *adv* вре́менно • **il loge provisoirement chez des amis** он вре́менно живёт у друзе́й

provocation *nf* провока́ция

provoquer *v* **1.** *(causer)* вызыва́ть / вы́звать* [IV, вы́зову, вы́зовешь] • **la bombe a provoqué un incendie** бо́мба вы́звала пожа́р • **provoquer le mécontentement** вы́звать недово́льство **2.** *(faire de la provocation)* провоци́ровать
◉ **provoquer en duel** вы́звать на дуэ́ль

proximité *nf* бли́зость *f*
◉ **à proximité** побли́зости › **il n'y avait personne à proximité** никого́ не́ было побли́зости › **à proximité de la gare** побли́зости от вокза́ла

prudemment *adv* осторо́жно

prudence *nf* осторо́жность *f* • faire preuve de prudence прояви́ть осторо́жность

prudent *adj* осторо́жный • sois prudent ! будь осторо́жен!

prune *nf* сли́ва

prunier *nm* сли́ва

pseudonyme *nm* псевдони́м

psychanalyse *nf* психоана́лиз • faire une psychanalyse проходи́ть психоана́лиз

psychiatre *nmf* психиа́тр

psychique *adj* психи́ческий • un phénomène psychique психи́ческое явле́ние

psychologie *nf* психоло́гия

psychologique *adj* психологи́ческий • un drame psychologique психологи́ческая дра́ма

psychologue *nmf* психо́лог

public[1] *adj* **1.** *(de la collectivité)* обще́ственный • l'opinion publique обще́ственное мне́ние • l'ordre public обще́ственный поря́док **2.** *(qui relève de l'État)* госуда́рственный • les entreprises publiques госуда́рственные предприя́тия • les affaires publiques госуда́рственные дела́ • le droit public госуда́рственное пра́во **3.** *(ouvert à tous)* публи́чный • une séance publique публи́чное заседа́ние

public[2] *nm* пу́блика • le public a longuement applaudi пу́блика до́лго аплоди́ровала

publication *nf* **1.** *(le fait de publier)* опублико́вание, публика́ция • après la publication de cet article по́сле опублико́вания э́той статьи́ **2.** *(ouvrage)* изда́ние • des publications scientifiques нау́чные изда́ния

publicitaire *adj* рекла́мный • une campagne publicitaire рекла́мная кампа́ния

publicité *nf* **1.** *(annonce)* рекла́мное объявле́ние • bloquer les publicités indésirables блоки́ровать нежела́тельные рекла́мные объявле́ния **2.** *(activité)* рекла́ма • mon père travaille dans la publicité мой оте́ц рабо́тает в рекла́ме

publier *v* публикова́ть / опубликова́ть • publier un article опубликова́ть статью́

puce *nf* **1.** *(insecte)* блоха́ ②① **2.** *(microprocesseur)* микросхе́ма, (микро)чип • une carte à puce чип-ка́рта, смарт-ка́рта

puer *v* воня́ть • il pue он воня́ет • il pue le poisson от него́ воня́ет ры́бой

puis *adv* зате́м, пото́м • une lampe s'est allumée, puis une autre зажгла́сь ла́мпа, зате́м друга́я

puisque *conj* раз • puisqu'il est déjà sorti de l'hôpital, il n'y a pas de raison de s'inquiéter à son sujet раз он уже́ вы́писался из больни́цы, не́чего о нём беспоко́иться

puissance *nf* **1.** *(force physique)* си́ла • la puissance de la déflagration си́ла взры́ва **2.** *(force morale)* могу́щество, си́ла • la puissance de son inspiration могу́щество его́ вдохнове́ния **3.** *(énergie développée par une machine)* мо́щность *f* • d'une puissance de 60 chevaux мо́щностью в 60 лошади́ных сил **4.** (MATH) сте́пень *f* • élever deux à la puissance huit возвести́ два в восьму́ю сте́пень **5.** *(état souverain)* держа́ва • une puissance étrangère иностра́нная держа́ва • les grandes puissances вели́кие держа́вы ◉ la puissance de travail работоспосо́бность *f*

puissant *adj* **1.** *(gén)* могу́чий, мо́щный • des épaules puissantes могу́чие пле́чи • une voix puissante могу́чий го́лос • un pays puissant могу́чая страна́ **2.** *(en parlant d'une machine)* мо́щный, си́льный • un moteur puissant мо́щный дви́гатель • un télescope puissant си́льный телеско́п

puits *nm* **1.** *(eau)* коло́дец • tirer de l'eau du puits достава́ть во́ду из коло́дца **2.** *(pétrole)* сква́жина • un puits de pétrole нефтяна́я сква́жина **3.** *(mine)* ша́хта

pull, pull-over *nm* пуло́вер, дже́мпер

punaise *nf* **1.** *(insecte)* клоп ③② • punaise des lits посте́льный клоп **2.** *(petit clou)* кно́пка • fixer une affiche avec des punaises прикрепи́ть афи́шу кно́пками

punir *v* нака́зывать / наказа́ть* [II, накажу́, нака́жешь] ④ • punir le coupable наказа́ть вино́вного

punition *nf* наказáние • une punition sévère стрóгое наказáние • donner une punition наказáть

pupitre *nm* **1.** *(d'instrumentiste)* пюпи́тр • la partition est sur le pupitre нóты на пюпи́тре **2.** *(de chef d'orchestre)* пульт • le pupitre du chef d'orchestre дирижёрский пульт **3.** *(d'écolier)* пáрта

pur *adj* чи́стый ⑤ *(comp.* чи́ще*)* • respirer l'air pur дышáть чи́стым вóздухом • de l'or pur чи́стое зóлото • un pur hasard чи́стая случáйность • c'est la pure vérité э́то чи́стая прáвда
● en pure perte зря › **dépenser son argent en pure perte** зря трáтить дéньги

purée *nf* пюрé* *nt indécl* • une purée de pommes de terre картóфельное пюрé

purement *adv* чи́сто • une coïncidence purement fortuite чи́сто случáйное совпадéние
● purement et simplement прóсто-нáпросто

pureté *nf* чистотá • la pureté de l'eau чистотá воды́ • la pureté des intentions чистотá намéрений

pur-sang *nm* чистокрóвный жеребéц

pus *nm* гной *m* • il est sorti beaucoup de pus de l'abcès из нары́ва вы́шло мнóго гнóя

puzzle *nm* пазл • faire un puzzle собрáть пазл

P-V *nm* штраф • c'est mon deuxième P-V cette semaine ! э́то мой вторóй штраф на э́той недéле!
● il a attrapé un P-V егó оштрафовáли

pyjama *nm* пижáма • un pyjama d'homme мужскáя пижáма

pylône *nm* опóра • un pylône électrique опóра ли́нии электропередáч

pyramide *nf* пирами́да • les pyramides d'Égypte еги́петские пирами́ды

q

quadrature *nf* квадрату́ра • la quadrature du cercle квадрату́ра кру́га

quai *nm* **1.** *(sans débarcadère)* на́бережная *(adj subst f)* • sur les quais, il y a de nombreux bouquinistes на на́бережной мно́го букини́стов **2.** *(avec débarcadère)* при́стань *f* ①③ • le bateau est à quai парохо́д у при́стани **3.** *(de chemin de fer, de métro)* перро́н, платфо́рма *(quai numéroté)* • nous étions sur le quai et nous attendions le train мы стоя́ли на перро́не и жда́ли по́езда • de quel quai part le train pour Kiev ? с како́й платфо́рмы отхо́дит по́езд на Ки́ев?

qualification *nf* квалифика́ция • quelles sont les qualifications nécessaires? кака́я тре́буется квалифика́ция?

qualifié *adj* квалифици́рованный • il n'est pas qualifié pour s'occuper d'enfants у него́ нет квалифика́ции для рабо́ты с детьми́

qualité *nf* **1.** *(trait positif)* досто́инство • il a beaucoup de qualités у него́ мно́го досто́инств **2.** *(état caractéristique)* ка́чество • une toile de première qualité ткань лу́чшего ка́чества • en qualité de journaliste в ка́честве журнали́ста

quand ◼ *adv* когда́ • quand viendra-t-il ? когда́ он придёт? ◼ *conj* je ne sais pas quand il viendra я не зна́ю, когда́ он придёт • quand il est ici, je ne peux pas travailler когда́ он здесь, я не могу́ рабо́тать
● depuis quand с каки́х пор • jusqu'à quand до каки́х пор • quand même всё-таки › j'ai quand même raison я всё-таки прав

quant à *loc prép* что каса́ется *(+ G)* • quant à mon voisin что каса́ется моего́ сосе́да

quantité *nf* **1.** *(ce qui est mesurable)* коли́чество • une grande quantité de charbon большо́е коли́чество у́гля **2.** *(grand nombre)* ма́сса *fam*, большо́е коли́чество • j'ai une quantité de livres у меня́ ма́сса книг

quarantaine *nf* une quarantaine de personnes челове́к со́рок • elle a dépassé la quarantaine ей за со́рок

quarante *adj num* со́рок • quarante euros со́рок е́вро • à quarante kilomètres de Paris в сорока́ киломе́трах от Пари́жа

quarantième *adj num* сороково́й

quart *nm (la quatrième partie)* че́тверть *(pl.* че́тверти, четверте́й, четвертя́м*)* ①③ *f* • un quart d'heure че́тверть часа́ • quelle heure est-il ? — une heure et quart кото́рый час? — че́тверть второ́го • à quelle heure arrive-t-il ? — à trois heures moins le quart во ско́лько он прие́дет? — без че́тверти три

quartier *nm (dans une ville)* райо́н • dans un quartier ouvrier в рабо́чем райо́не
● le Quartier latin Лати́нский кварта́л

quatorze *adj num* **1.** *(gén)* четы́рнадцать • quatorze euros четы́рнадцать е́вро • à quatorze kilomètres de la ville в четы́рнадцати киломе́трах от го́рода **2.** *(au sens de quatorzième, dans l'expression de la date)* четы́рнадцатый • à la page quatorze на четы́рнадцатой страни́це • Louis XIV Людо́вик XIV *(Людо́вик Четы́рнадцатый)* • ils sont arrivés le 14 juin они́ прие́хали 14-го ию́ня

quatorzième *adj num* четы́рнадцатый • au XIVe siècle в XIV ве́ке *(в четы́рнадцатом ве́ке)*

quatre *adj num* **1.** *(gén)* четы́ре • deux fois deux font quatre два́жды два — четы́ре • à quatre heures в четы́ре часа́ • à quatre kilomètres d'ici в четырёх киломе́трах отсю́да **2.** *(régissant un plurale tantum, un pronom ou un nom de personne masculin)* че́тверо • ils étaient quatre их бы́ло че́тверо • quatre enfants че́тверо дете́й **3.** *(au sens de quatrième, dans l'expression de la date)* четвёртый • à la page quatre на четвёртой

страни́це • Henri IV Ге́нрих IV (Ге́нрих Четвёртый) • elle est arrivée le 4 décembre она́ прие́хала 4-го декабря́ **4.** *(aux cartes)* четвёрка • un quatre de cœur четвёрка черве́й
● à quatre вчетверо́м › **dîner à quatre** обе́дать вчетверо́м • en quatre вче́тверо › **plier une feuille de papier en quatre** сложи́ть лист бума́ги вче́тверо • entre quatre yeux с гла́зу на глаз • manger comme quatre есть за четверы́х • quatre-centième четырёхсо́тый • quatre cents четы́реста › **quatre cents roubles** четы́реста рубле́й › **plus de quatre cents kilomètres** бо́льше четырёхсо́т киломе́тров • quatre fois **a.** *(gén)* четы́ре ра́за › **je l'ai vu quatre fois** я его́ ви́дел четы́ре ра́за **b.** *(suivi d'un nom de nombre)* четы́режды › **quatre fois cinq vingt** четы́режды пять — два́дцать **c.** *(suivi d'un comparatif)* вче́тверо › **quatre fois plus grand** вче́тверо бо́льше • se mettre en quatre из ко́жи вон лезть

quatre-vingt-deux *adj num* во́семьдесят два

quatre-vingt-dix *adj num* девяно́сто • il a quatre-vingt-dix ans ему́ девяно́сто лет • à quatre-vingt-dix kilomètres de Moscou в девяно́ста киломе́трах от Москвы́

quatre-vingt-dixième *adj num* девяно́стый

quatre-vingt-douze *adj num* девяно́сто два

quatre-vingtième *adj num* восьмидеся́тый

quatre-vingt-onzième *adj num* девяно́сто пе́рвый

quatre-vingts *adj num* во́семьдесят • quatre-vingts pour cent во́семьдесят проце́нтов • à quatre-vingts kilomètres d'ici в восьми́десяти киломе́трах отсю́да

quatre-vingt-un *adj num* во́семьдесят оди́н

quatrième[1] *adj* **1.** *(gén)* четвёртый • pour la quatrième fois в четвёртый раз **2.** *(en parlant des étages)* пя́тый • nous habitons au quatrième étage мы живём на пя́том этаже́

quatrième[2] ◼ *nf (classe)* *тре́тий год колле́жа* ◼ *nm (étage)* пя́тый эта́ж (эта́ж ③) • ils habitent au quatrième они́ живу́т на пя́том этаже́

quatuor *nm* кварте́т

que *pron rel* = **кото́рый**
• **les livres que j'ai achetés** кни́ги, кото́рые я купи́л
• **la méthode que nous avons employée** ме́тод, кото́рым мы по́льзовались

que *pron interr* = **что**
• **que s'est-il passé ?** что случи́лось?
• **que faire ?** что де́лать?
• **qu'attendez-vous ?** чего́ вы ждёте?
• **qu'utilisez-vous ?** чем вы по́льзуетесь?

que *adv*

1. À QUEL POINT = **как**
• **que je suis content de vous voir !** как я рад вас ви́деть!
• **qu'elle chante bien !** как хорошо́ она́ поёт!

2. QUELLE QUANTITÉ ; QUEL NOMBRE = **ско́лько** *(+ G)*
• **que de difficultés !** ско́лько затрудне́ний!
• **que de fois je l'ai vu !** ско́лько раз я его́ ви́дел!

que *conj*

1. INTRODUISANT UNE SUBORDONNÉE COMPLÉTIVE = **что**
• **elle a dit qu'elle viendrait** она́ сказа́ла, что придёт
• **il me semble qu'il est temps** мне ка́жется, что пора́

2. CONSÉQUENCE = **что**
• **il était si petit que je ne le voyais pas** он был тако́й ма́ленький, что я его́ не ви́дел

3. VOLONTÉ, SOUHAIT
• INTRODUISANT UNE SUBORDONNÉE = **что́бы** *(+ passé)*
• **je ne veux pas qu'il vienne** я не хочу́, что́бы он пришёл
• AU DÉBUT D'UNE PROPOSITION INDÉPENDANTE OU PRINCIPALE = **пусть** *(+ présent ou futur)*
• **qu'il entre !** пусть он войдёт!
• **qu'il se promène !** пусть он погуля́ет

4. APRÈS UN COMPARATIF DE SUPÉRIORITÉ = **чем** *(et parfois sans traduction + G)*
• **mieux qu'avant-hier** лу́чше, чем позавчера́
• **plus que je ne pensais** бо́льше, чем я ду́мал
• **plus jeune que moi** моло́же меня́

5. APRÈS UN COMPARATIF D'ÉGALITÉ OU D'INFÉRIORITÉ = **как**
• **il était aussi habile que les autres** он был тако́й же ло́вкий, как и други́е

• **elle ne chante pas si bien que toi** онá не так хорошó поёт, как ты

= **какóй** *(lorsque le premier élément de la comparaison est l'adverbe* **tel***)*

• **je l'ai retrouvé tel qu'il était il y a dix ans** я нашёл егó таки́м же, каки́м он был дéсять лет томý назáд

6. APRÈS UNE PROPOSITION TEMPORELLE, UN COMPLÉMENT DE TEMPS, UN ADVERBE DE TEMPS = **как**

• **voilà déjà deux ans que j'apprends le russe** вот ужé два гóда, как я учýсь рýсскому языкý

• **depuis qu'il est ici** с тех пор, как он здесь

• **alors que j'étais sur le chemin du retour** в то врéмя, как я возвращáлся домóй

• **il était dans un coin et rêvassait tandis que tous les autres travaillaient** он сидéл в углý и мечтáл, мéжду тем как остальны́е рабóтали

• **avant qu'il arrive** до тогó, как он приéдет

7. RÉPÉTÉ ET INTRODUISANT UNE HYPOTHÈSE

= **... ли ... или...**

• **qu'il s'en aille ou qu'il reste, peu importe** уéдет ли он и́ли остáнется, не всё ли равнó?

8. PRÉCÉDÉ DE « ET », DE « OU » *ne se traduit pas*

• **quand j'ai eu terminé mon travail et que je suis rentré** когдá я кóнчил рабóту и вернýлся домóй

9. CONCESSION *ne se traduit pas*

• **quoi qu'il en soit** как бы то ни́ было

• **quel que soit cet inconnu** кто бы ни́ был э́тот незнакóмец

• **à quelque moment que ce soit** когдá бы то ни́ было

● **ce que**

a. LA CHOSE QUE то, что, что *(lorsque l'accent logique ne porte pas sur l'antécédent)* › **c'est ce que je voulais dire** э́то то, что я хотéл сказáть › **nous parlions de ce qui s'est passé hier** мы говори́ли о том, что произошлó вчерá › **voici ce que j'ai appris** вот что я узнáл › **je ne sais pas ce qu'il fait** я не знáю, что он дéлает

b. À QUEL POINT как › **ce que j'ai froid !** как мне хóлодно!

• **c'est que** дéло в том, что › **c'est que tout le monde était mécontent** дéло в том, что все бы́ли недовóльны

• **c'est... que**

a. ENCADRANT UN NOM OU UN PRONOM *si « c'est... que » ne sert qu'à mettre en valeur le nom ou le pronom, ne pas traduire « que », mettre en valeur le nom ou le pronom ou le substantif soit à l'aide d'un mot approprié, soit en utilisant l'accent logique ; dans le cas contraire, traduire les deux mots* › **c'est Natacha qui est arrivée** э́то Натáша приéхала › **c'est justement lui que je voulais voir** я как раз хотéл ви́деть егó › **c'est le livre que j'ai reçu hier** э́то кни́га, котóрую я получи́л вчерá

b. ENCADRANT UN ADJECTIF *ne pas traduire « c'est »* › **c'est étrange qu'il ne soit pas encore arrivé** стрáнно, что он ещё не пришёл

c. ENCADRANT LE PRONOM **CE** э́то ..., что › **c'est ce que je voulais dire** э́то то, что я хотéл сказáть

• **il y a... que**

a. DURÉE *accusatif sans préposition* › **il y a déjà quatre ans que je travaille ici** я рабóтаю здесь ужé четы́ре гóда

b. MOMENT PRÉCIS томý назáд *(précédé de l'accusatif)*, назáд *(précédé de l'accusatif)* › **il y a une semaine qu'elle est rentrée** онá вернýлась недéлю томý назáд

• **ne... que** тóлько › **il n'y avait que cinq personnes** бы́ло тóлько пять человéк

• **ne serait-ce que** хотя́ бы › **c'est démontré, ne serait-ce que par les faits suivants** э́то докáзывают хотя́ бы слéдующие фáкты

• **que je sache** наскóлько мне извéстно

• **que si** тóлько в том слýчае, éсли › **je n'irai là-bas que s'il m'écrit** я поéду тудá тóлько в том слýчае, éсли он мне напи́шет

• **qu'importe !** всё равнó!

• **toutes les fois que** кáждый раз, как › **toutes les fois que je le rencontre** кáждый раз, как я с ним встречáюсь

quel *adj* какóй • **quel temps fait-il aujourd'hui ?** какáя сегóдня погóда? • **quel bavard !** какóй болтýн! • **je ne sais pas quel livre prendre** я не знáю, какýю кни́гу взять • **de quelle manière ?** каки́м óбразом? • **en quelle année est-il né ?** в какóм годý он роди́лся? • **quelles que soient les difficultés** каки́е бы ни́ были затруднéния ● **à quelle heure ?** в котóром часý, во скóлько *fam* › **à quelle heure il arrive ?** во скóлько он приéдет? • **quel âge a-t-elle ?** скóлько ей лет? • **quelle heure est-il ?** котóрый час?, скóлько врéмени? *fam*

quelconque *adj* **1.** *(n'importe lequel)* какóй-нибудь • **donnez-moi un livre quelconque sur Moscou** дáйте мне какýю-нибудь кни́гу о Москвé **2.** *(médiocre)* посрéдственный • **un livre**

assez quelconque довольно посредственная книга

quelque chose *pron indéf m* **1.** *(une certaine chose)* что-то *(pron nt)* • il s'est passé quelque chose d'épouvantable произошло что-то ужасное • il y a quelque chose qui ne va pas тут что-то не так **2.** *(une chose ou une autre)* что-нибудь • prenez quelque chose de mieux возьмите что-нибудь получше • tu veux boire quelque chose ? ты хочешь попить что-нибудь?

quelquefois *adv* иногда • je vais quelquefois à la chasse я хожу иногда на охоту

quelque part *adv* **1.** *(emplacement)* где-то *(à un certain endroit)*, где-нибудь *(à un endroit ou à un autre)* • on entendait quelque part aboyer les chiens где-то лаяли собаки • nous mangerons quelque part где-нибудь пообедаем **2.** *(direction)* куда-то *(à un certain endroit)*, куда-нибудь *(à un endroit ou à un autre)* • il a emporté les médicaments quelque part он куда-то унёс лекарства • nous nous en irons quelque part, mais où ? мы куда-нибудь уедем, но куда?

quelques *adj (un certain nombre)* несколько *(+ G) (*нескольких, нескольким*) (après une préposition exigeant un cas oblique)* • il y a quelques années несколько лет тому назад • en quelques mots в нескольких словах

quelques-uns *pron* некоторые *(*некоторых, некоторым*)* • quelques-uns d'entre eux ne sont pas encore revenus некоторые из них ещё не вернулись

quelqu'un *pron* **1.** *(une certaine personne)* кто-то *(pron m)* • quelqu'un a téléphoné кто-то звонил **2.** *(une personne ou une autre)* кто-нибудь *(pron m)* • il faudrait appeler quelqu'un надо бы кого-нибудь позвать

qu'est-ce que *loc* **1.** *(quelle chose)* что • qu'est-ce qu'il fait ? что он делает? • qu'est-ce qu'il y a ? что случилось? **2.** *(à quel point)* как • qu'est-ce que j'ai froid ! как мне холодно!

question *nf* вопрос • en voilà une question ! что за вопрос? • poser une question задать вопрос • répondre à une question ответить на вопрос • la question paysanne крестьянский вопрос • c'est une question de temps это вопрос времени • c'est une question de vie ou de mort это вопрос жизни и смерти • là n'est pas la question вопрос не в этом
◆ il est question de речь идёт о *(+L)* › de quoi est-il question ? о чём идёт речь? › voilà le livre dont il est question вот книга, о которой идёт речь • il ne peut pas en être question об этом не может быть и речи

questionnaire *nm* анкета • remplir un questionnaire заполнить анкету

questionner *v* расспрашивать • il m'a longuement questionné au sujet de ce voyage он долго расспрашивал меня об этой поездке

queue *nf* **1.** *(file de personnes)* очередь *f* ①③ • faire la queue стоять в очереди **2.** *(d'animal)* хвост ③② • la queue de la vache хвост коровы ~ *(par extension)* • la queue de la comète хвост кометы **3.** *(d'un ustensile)* ручка • la queue de la casserole ручка кастрюли

queue-de-cheval *nf* конский хвост • se faire une queue-de-cheval собрать волосы в конский хвост

qui ◪ *pron interr* кто *(pron m)* • qui était-ce ? кто это был? • avec qui étais-tu ? с кем ты был? • je ne sais pas de qui elle parle я не знаю, о ком она говорит
◆ à qui...? *(marquant la possession)* чей › à qui est ce livre ? чья это книга? ◪ *pron rel* который, кто *(lorsque l'antécédent est un pronom exprimé ou sous-entendu)* • la petite fille qui vient de sortir девочка, которая только что вышла • je donnerai cent euros à celui qui saura le faire я дам сто евро тому, кто сумеет это сделать • tous ceux qui le connaissent все, кто его знает
◆ c'est lui qui a gagné это он выиграл • qui est-ce qui кто › qui est-ce qui a fait ça ? кто это сделал?

quincaillerie *nf* скобяные изделия

quinquennal *adj* пятилетний

quinzaine *nf* une quinzaine de personnes человек пятнадцать • il arrive dans une quinzaine он приедет недели через две

quinze *adj num* **1.** *(gén)* пятнадцать • quinze euros пятнадцать евро • plus de quinze mètres больше пятнадцати метров **2.** *(au sens de quinzième, dans l'expression de la date)* пятнадцатый • Louis XV Людовик XV *(Людовик Пят-*

на́дцатый) • ils sont arrivés le 15 mai они́ прие́хали 15-го ма́я

quinzième *adj num* пятна́дцатый

quittance *nf* распи́ска, квита́нция • remettre des marchandises contre quittance сдать това́р под распи́ску

quitte *adj* квит (квиты *(adj ne possédant que ces deux formes courtes)*) • maintenant, nous sommes quittes тепе́рь мы кви́ты

● en être quitte à bon marché дёшево отде́латься • en être quitte pour la peur отде́латься лёгким испу́гом

quitter *v* **1.** *(abandonner)* броса́ть / бро́сить • quitter sa famille бро́сить семью́ **2.** *(s'en aller)* уходи́ть ④ / уйти́* [IV, уйду́, уйдёшь - ушёл, ушла́] *(à pied)*, уезжа́ть / уе́хать* [IV, уе́ду, уе́дешь] *(autrement qu'à pied)* • il a quitté la réunion он ушёл с собра́ния • nous avons quitté la ville мы уе́хали из го́рода **3.** *(se lever)* встава́ть* [II, встаю́, встаёшь - встава́й - встава́я] / встать* [*n cl*, вста́ну, вста́нешь] • ne pas quitter le lit не встава́ть с посте́ли • quitter la table встать из-за стола́ **4.** *(enlever un vêtement)* снима́ть / снять* [IV, сниму́, сни́мешь ④ - снял, сняла́, сня́ло, сня́ли ⑤ - сня́тый, снят, снята́, сня́то, сня́ты ⑤] • quitter sa veste снять пиджа́к • quitter ses gants снять перча́тки

● ne pas quitter la route des yeux не спуска́ть глаз с доро́ги • ne quittez pas *(au téléphone)* не ве́шайте тру́бку

■ se quitter *vp* расстава́ться / расста́ться • nous étions tristes quand nous nous sommes quittés нам бы́ло о́чень гру́стно, когда́ мы расстава́лись • ils ne se quittent plus они́ бо́льше не расстаю́тся

quoi ◪ *pron* что • de quoi parlaient-ils ? о чём они́ говори́ли? • de quoi s'agit-il ? в чём де́ло? • c'est ce à quoi je pensais э́то то, о чём я ду́мал • quoi que vous disiez что бы вы ни говори́ли

● (il n'y a) pas de quoi *(en réponse à un remerciement)* пожа́луйста, не́ за что • il n'y a pas de quoi *(+ inf)* не́чего *(+ inf)*, не́чему *(+ inf)*, не́чем *(+ inf)* › **il n'y a pas de quoi se réjouir** не́чему ра́доваться › **il n'y a pas de quoi être fier** не́чем горди́ться • quoi qu'il en soit как бы то ни́ было ◪ *adv* как! • quoi ! vous êtes encore là ? как! вы ещё здесь?

quoique *conj* хотя́

quotidien *adj* ежедне́вный • un journal quotidien ежедне́вная газе́та

rR

rabais *nm* ски́дка • il m'a fait un rabais он сде́лал мне ски́дку • un rabais de 10% ски́дка в 10%

rabbin *nm* равви́н

raccommoder *v* *(un vêtement)* што́пать / зашто́пать • raccommoder des chaussettes зашто́пать noски́

raccompagner *v* провожа́ть / проводи́ть ④ • je vais vous raccompagner jusqu'au métro я вас провожу́ до метро́

raccourcir ◼ *vt* *(rendre plus court)* укора́чивать / укороти́ть [*part.* укоро́ченный] • raccourcir une robe укороти́ть пла́тье ◼ *vi* *(devenir plus court)* стать коро́че (станови́ться [стано́вится, стано́вятся] / стать* [*n cl*, ста́нет, ста́нут]) • les jours ont raccourci дни ста́ли коро́че

raccrocher *v* *(au téléphone)* ве́шать (тру́бку) (ве́шать / пове́сить) • il a raccroché он пове́сил тру́бку

race *nf* **1.** *(en parlant des hommes)* ра́са • la race humaine челове́ческая ра́са **2.** *(en parlant d'animaux)* поро́да • un cheval de race arabe ло́шадь ара́бской поро́ды ● de race поро́дистый › un chien de race поро́дистая соба́ка

racine *nf* ко́рень *m* ①③ • les racines des arbres ко́рни дере́вьев • la racine d'une dent ко́рень зу́ба • la racine d'un mot ко́рень сло́ва • extraire la racine carrée извле́чь квадра́тный ко́рень

racisme *nm* раси́зм

raciste ◼ *adj* раси́стский ◼ *nmf* раси́ст *m*, раси́стка *f*

raconter *v* расска́зывать / рассказа́ть* [II, расскажу́, расска́жешь] ④ • je vous ai raconté ce qui m'est arrivé ? я вам рассказа́л, что со мной случи́лось?

radar *nm* рада́р, радиолока́тор

radeau *nm* плот* *(loc.* плоту́*)* ③② • traverser le fleuve sur un radeau перепра́виться че́рез ре́ку на плоту́

radiateur *nm* **1.** *(de chauffage central)* батаре́я, радиа́тор • les radiateurs sont froids батаре́и холо́дные **2.** *(de chauffage local)* обогрева́тель *m* • un radiateur électrique электри́ческий обогрева́тель • un radiateur à huile ма́сляный обогрева́тель **3.** *(de véhicule)* радиа́тор • mettre de l'eau dans le radiateur нали́ть воды́ в радиа́тор

radiation *nf* радиа́ция, излуче́ние • les radiations atomiques а́томная радиа́ция

radical *adj* радика́льный • un moyen radical радика́льное сре́дство

radin *adj fam* жа́дный, скупо́й • il est plutôt radin он скоре́е скупова́т

radio *nf* **1.** *(radiodiffusion)* ра́дио* *nt indécl* • écouter la radio слу́шать ра́дио • éteindre la radio вы́ключить ра́дио • transmettre un concert par radio передава́ть конце́рт по ра́дио **2.** *(poste récepteur)* радиоприёмник, приёмник • nous avons une radio у нас есть приёмник **3.** *(radioscopie, radiographie)* рентге́н • se faire faire une radio du genou сде́лать рентге́н коле́на

radioactif *adj* радиоакти́вный • des produits radioactifs радиоакти́вные вещества́

radio-réveil *nm* ра́дио-часы́, буди́льник

radis *nm* реди́ска

rafraîchir *v* **1.** *(une boisson)* охлажда́ть / охлади́ть [*part.* охлаждённый] • rafraîchir l'eau охлади́ть во́ду **2.** *(l'air)* освежа́ть / освежи́ть • l'orage a rafraîchi l'air гроза́ освежи́ла во́здух **3.** *(qqn, une partie du corps)* освежа́ть / освежи́ть • la bière m'a rafraîchi пи́во меня́ освежи́ло • la pluie m'a rafraîchi le visage дождь освежи́л мне лицо́

rafting *nm* рáфтинг • **faire du rafting** занимáться рáфтингом

rage *nf* бéшенство • **le vaccin contre la rage** привúвка прóтив бéшенства • **cette remarque l'a mis dans une rage folle** э́то замечáние привелó егó в дúкое бéшенство
• **faire rage** свирéпствовать › **l'incendie faisait rage** пожáр свирéпствовал

raide *adj* **1.** *(qui ne plie pas)* негúбкий, несгибáющийся • **j'ai la jambe raide** у меня́ ногá не гнётся **2.** *(tendu)* натя́нутый ⑤ • **la corde raide** натя́нутый канáт **3.** *(en parlant des cheveux)* прямóй ⑤ • **des cheveux raides** прямы́е вóлосы **4.** *(escarpé)* крутóй ⑤ *(comp.* крýче*) • **l'escalier est raide** лéстница крутáя

raie *nf* **1.** *(bande)* полосá *(pl.* пóлосы, полóс, полосáм*)* ②③ • **avec des raies noires** с чёрными полосáми **2.** *(séparation des cheveux)* пробóр **3.** *(poisson)* скат

rail *nm* рельс • **les rails de tramway** трамвáйные рéльсы

raisin *nm* **1.** виногрáд • **une grappe de raisin** гроздь виногрáда **2.** *(sec)* изю́м *(sens collectif, pas de pl)* • **un grain de raisin sec** изю́мина • **un petit pain aux raisins** бýлочка с изю́мом
• **de raisin** виногрáдный › **du jus de raisin** виногрáдный сок • **raisins secs** изю́м *(sens collectif, pas de pl)*

raison *nf* **1.** *(bon sens)* рáзум *(sagesse)* • **la voix de la raison** гóлос рáзума ~ рассýдок *(faculté de juger)* • **perdre la raison** потеря́ть рассýдок • **il avait toute sa raison** он был в пóлном рассýдке **2.** *(cause)* причúна • **rire sans raison** смея́ться без причúны • **il n'y a pas de raison de refuser** нет причúны отказáться • **pour la bonne raison qu'il est déjà parti** по тóй простóй причúне, что он ужé уéхал • **sans aucune raison apparente** без вся́кой вúдимой причúны **3.** *(fondement)* основáние • **sans aucune raison** без вся́кого основáния • **non sans raison** не без основáния • **ne pas avoir de raisons de se plaindre** не имéть основáний жáловаться **4.** *(circonstance)* обстоя́тельство • **pour des raisons indépendantes de ma volonté** по независящим от меня́ обстоя́тельствам **5.** *(considérations)* соображéния *pl* *(*соображéний, соображéниям*)* • **pour des raisons financières** по финáнсовым соображéниям • **pour des raisons politiques** по политúческим соображéниям **6.** *(argument)* дóвод • **une raison peu convaincante** неубедúтельный дóвод
• **à plus forte raison** тем бóлее • **à raison de** по *(+ A, en général ; + D lorsque l'expression est suivie du nombre* un*)* › **à raison de dix euros par mètre** по дéсять éвро за метр › **à raison d'un rouble par personne** по рублю́ на человéка • **avoir raison a.** *(ne pas avoir tort)* быть прáвым, прав *(*правá, прáвы*)* › **vous avez raison** вы прáвы › **elle a raison de refuser** онá правá, что откáзывается **b.** *(bien faire)* хорошó дéлать › **tu as bien eu raison de venir** ты хорошó сдéлал, что пришёл • **donner raison à** быть соглáсным с *(+ I)* › **je lui donne raison** я с ним соглáсен • **en raison de** вслéдствие *(+ G)* › **en raison du mauvais temps** вслéдствие дурнóй погóды • **il n'y a pas de raison de** нéчего *(+ inf)*, нéчему *(+ inf)*, нéзачем *(+ inf)* › **il n'y a pas de raison de lui téléphoner** нéчего емý звонúть › **il n'y a pas de raison de se réjouir** нéчему рáдоваться › **il n'y a pas de raison d'y aller** нéзачем тудá éздить

raisonnable *adj* **1.** *(sensé)* разýмный • **un être raisonnable** разýмное существó **2.** *(sage)* благоразýмный • **sois donc raisonnable** будь благоразýмным • **des conseils raisonnables** благоразýмные совéты

raisonner *v* *(former un jugement)* рассуждáть • **il raisonne de travers** он непрáвильно рассуждáет

rajeunir ◪ *vi (redevenir jeune)* молодéть / помолодéть ◪ *vt (faire paraître plus jeune)* молодúть • **ce chapeau te rajeunit** э́та шля́па тебя́ молодúт

ralentir ◪ *vt (rendre plus lent)* замедля́ть / замéдлить • **ralentir le rythme** замедля́ть темп ◪ *vi (aller plus lentement)* замедля́ть ход (замедля́ть / замéдлить) • **le camion a ralenti** грузовúк замéдлил ход

rallonge *nf* **1.** *(électrique)* удлинúтель • **tu as une rallonge pour brancher l'ordinateur ?** у тебя́ есть удлинúтель, чтóбы включúть компью́тер? **2.** *(de table)* вставка

rallumer *v* **1.** *(un feu, une lumière)* снóва зажéчь (зажигáть / зажéчь* [IV, зажгý, зажжёшь, зажгýт - зажёг, зажглá - зажжённый]) • **rallumer la lampe** снóва зажéчь лáмпу **2.** *(un poêle)* сновá затопи́ть (зата́пливать / затопи́ть ④) • **rallumer le poêle** сно́ва затопи́ть печь

ramassage *nm* **1.** *(récolte)* сбор • **le ramassage des noix** сбор оре́хов **2.** *(transport)* подво́з • **le ramassage scolaire** подво́з уча́щихся

ramasser *v* **1.** *(rassembler)* собира́ть / собра́ть* [IV, соберу́, соберёшь - собра́л, собрала́, собра́ло, собра́ли] ⑤ • **ramasser des champignons** собира́ть грибы́ **2.** *(relever ce qui est à terre)* подбира́ть / подобра́ть* [IV, подберу́, подберёшь - подобра́л, подобрала́, подобра́ло, подобра́ли] ⑤, поднима́ть / подня́ть* [IV, подниму́, подни́мешь ④ - по́днял, подняла́, по́дняло, по́дняли ⑤ - по́днятый, по́днят, поднята́, по́днято, по́дняты ⑤] • **les papiers étaient tombés par terre ; elle les a ramassés** бума́ги упа́ли на́ пол; она́ их подобрала́

rame *nf (aviron)* весло́ *(pl.* вёсла, вёсел, вёслам*)* ②①

ramener *v*

I *(amener, apporter)* **1.** *(en portant)* приноси́ть ④ / принести́ * [IV, принесу́, принесёшь - принёс, принесла́ ③ - принесённый](обра́тно) • **il nous a ramené les livres** он принёс нам кни́ги обра́тно • **votre valise est à la consigne ; je vais vous la ramener** ваш чемода́н в ка́мере хране́ния; я вам сейча́с принесу́ его́ **2.** *(en transportant)* привози́ть ④ / привезти́* [IV, привезу́, привезёшь - привёз, привезла́ ③ - привезённый] • **ce sont les disques que j'ai ramenés de Moscou** э́то пласти́нки, кото́рые я привёз из Москвы́ **3.** *(en accompagnant)* приводи́ть ④ / привести́* [IV, приведу́, приведёшь - привёл, привела́ ③ - приведённый] • **ramener un enfant à la maison** привести́ ребёнка домо́й

II *(emmener, emporter)* **1.** *(en portant)* относи́ть ④ / отнести́* [IV, отнесу́, отнесёшь - отнёс, отнесла́ ③ - отнесённый] • **j'ai ramené les livres à la bibliothèque** я отнёс кни́ги в библиоте́ку **2.** *(en transportant)* отвози́ть ④ / отвезти́* [IV, отвезу́, отвезёшь - отвёз, отвезла́ ③ - отвезённый] • **je peux vous ramener à votre hôtel** я могу́ отвезти́ вас в гости́ницу **3.** *(en accompagnant)* провожа́ть / проводи́ть ④ • **nous allons vous ramener à votre hôtel** мы вас проводи́м до гости́ницы

ramer *v (manœuvrer les rames)* грести́* [IV, гребу́, гребёшь - грёб, гребла́ ③] / погрести́* [IV, *id*] • **ramer contre le courant** грести́ про́тив тече́ния

rampe *nf* **1.** *(pour se tenir)* по́ручень, пери́ла • **se tenir à la rampe** держа́ться за пери́ла **2.** *(pour rouler)* ра́мпа • **une rampe d'accès pour fauteuils roulants** ра́мпа для зае́зда кре́сел-коля́сок

ramper *v* ползти́* [IV, ползу́, ползёшь - полз, ползла́ ③] / поползти́* [IV, *id*] ; *indét.* по́лзать • **ramper sur le ventre** ползти́ на животе́

rancune *nf* злопа́мятность
• **sans rancune !** без оби́ды!

randonnée *nf* похо́д • **une randonnée en montagne** похо́д в го́ры • **faire de la randonnée** ходи́ть в похо́ды

rang *nm* **1.** *(rangée, groupe)* ряд* *(loc.* ряду́*)* ⑧② *(après les noms de nombre* два, три, четы́ре*, le génitif de* ряд *est accentué sur la syllabe finale)* • **au second rang** во второ́м ряду́ • **se mettre en rang** постро́иться в ряды́ • **dans les rangs de l'armée française** в ряда́х францу́зской а́рмии **2.** *(place)* ме́сто ①⑥ • **le deuxième rang au monde pour la production de réfrigérateurs** второ́е ме́сто в ми́ре по произво́дству холоди́льников

rangée *nf* ряд* *(loc.* ряду́*)* ⑧② *(après les noms de nombre* два, три, четы́ре*, le génitif de* ряд *est accentué sur la syllabe finale)* • **dans la première rangée** в пе́рвом ряду́ • **en deux rangées** в два ряда́

ranger *v* **1.** *(mettre dans un certain ordre)* привести́ в поря́док (приводи́ть ④ / привести́* [IV, приведу́, приведёшь - привёл, привела́ ③ - приведённый]) • **j'ai rangé mes affaires** я привёл свои́ ве́щи в поря́док **2.** *(enlever)* убира́ть / убра́ть* [IV, уберу́, уберёшь - убра́л, убрала́, убра́ло, убра́ли] ⑤ • **range la nappe** убери́ ска́терть **3.** *(mettre à une place convenable)* класть* [IV, кладу́, кладёшь - клал, кла́ла] / положи́ть ④ *(couché)*, ста́вить / поста́вить *(debout)* • **j'ai rangé les documents sur l'étagère** я положи́л бума́ги на по́лку

rap *nm* рэп • **un groupe de rap** рэп-гру́ппа

rapatrier *v* репатрии́ровать / репатрии́ровать

râpé *adj* тёртый • **du fromage râpé** тёртый сыр

rapide[1] *adj* **1.** *(gén)* бы́стрый ⑤ • **un rythme rapide** бы́стрый темп **2.** *(en parlant d'un moyen de transport)* быстрохо́дный • **une vedette rapide** быстрохо́дный ка́тер

rapide[2] *nm (train rapide)* ско́рый по́езд, по́езд* *(nom. pl.* поезда́*)* ①②

rapidement *adv* бы́стро *(comp.* быстре́е*)* • **il a rapidement terminé son travail** он бы́стро зако́нчил рабо́ту

rapidité *nf* быстрота́ • **avec la rapidité de l'éclair** с быстрото́й мо́лнии

rappel *nm* **1.** *(injection de vaccin)* ревакцина́ция **2.** *(procédé de descente)* абсэ́йл • **descendre en rappel** спуска́ться на кана́те
● **le rappel automatique** повто́рный вы́зов без набо́ра но́мера

rappeler *v* **1.** *(faire penser à)* напомина́ть / напо́мнить • **ça me rappelle ma jeunesse** э́то мне напомина́ет мою́ мо́лодость **2.** *(téléphoner de nouveau)* перезва́нивать ④ / перезвони́ть ④ • **je vous rappellerai demain** я вам перезвоню́ за́втра **3.** *(appeler qqn qui s'en va)* звать* [IV, зову́, зовёшь - звал, звала́, зва́ло, зва́ли ⑤] / позва́ть* [IV, *id*] • **elle a oublié ses gants, il faut la rappeler** она́ забы́ла свои́ перча́тки, на́до её позва́ть
● **rappeler à l'ordre** призва́ть к поря́дку (призыва́ть / призва́ть* [IV, призову́, призовёшь - призва́л, призвала́, призва́ло, призва́ли] ⑤)
■ **se rappeler** *vp* по́мнить / вспо́мнить *(+ A,O +L)*, вспомина́ть / вспо́мнить *(se remettre en mémoire)* • **je ne me rappelle pas** я не по́мню • **brusquement, je me suis rappelé cette rencontre** я вдруг вспо́мнил об э́той встре́че • **il se rappelait sa jeunesse** он вспомина́л свою́ мо́лодость

rapport *nm* **1.** *(information transmise)* докла́д *(exposé)*, отчёт *(compte rendu)* • **faire un rapport sur la situation de l'agriculture** вы́ступить с докла́дом о положе́нии в се́льском хозя́йстве • **le rapport financier** фина́нсовый отчёт • **signer le rapport** подписа́ть докла́д **2.** *(lien, relation)* отноше́ние • **cela n'a aucun rapport avec cette affaire** э́то не име́ет никако́го отноше́ния к да́нному де́лу • **des rapports amicaux** дру́жеские отноше́ния
● **par rapport à** по сравне́нию с *(+ I)* › **par rapport à ce que nous faisions l'an passé** по сравне́нию с тем, что мы де́лали в про́шлом году́

rapporter *v* **1.** *(amener en portant)* приноси́ть ④ / принести́* [IV, принесу́, принесёшь - принёс, принесла́ ③ - принесённый] (обра́тно) • **je rapporterai ce livre demain** я за́втра принесу́ э́ту кни́гу **2.** *(amener en transportant)* привози́ть ④ / привезти́* [IV, привезу́, привезёшь - привёз, привезла́ ③ - привезённый] (обра́тно) • **ce sont les jouets que j'ai rapportés de Paris** э́то игру́шки, кото́рые я привёз из Пари́жа **3.** *(emmener en portant)* относи́ть ④ / отнести́* [IV, отнесу́, отнесёшь - отнёс, отнесла́ ③ - отнесённый](обра́тно) • **rapporte-lui son briquet** отнеси́ ему́ зажига́лку **4.** *(emmener en transportant)* отвози́ть ④ / отвезти́* [IV, отвезу́, отвезёшь - отвёз, отвезла́ ③ - отвезённый] (обра́тно) • **je vais lui rapporter son tonneau** я отвезу́ ему́ его́ бо́чку **5.** *(assurer un revenu)* принести́ … дохо́да (приноси́ть ④ / принести́*) • **cela rapporte mille euros par an** э́то прино́сит в год ты́сячу е́вро дохо́да
■ **se rapporter** *vp* относи́ться ④ / отнести́сь* [IV, отнесётся, отнесу́тся - отнёсся, отнесла́сь] ③ • **à quoi cela se rapporte-t-il ?** к чему́ э́то отно́сится?

rapprocher *v* **1.** *(mettre plus près de)* пододвига́ть / пододви́нуть • **rapprocher le lit du mur** пододви́нуть крова́ть к стене́ **2.** *(mettre plus près l'un de l'autre)* сближа́ть / сбли́зить • **cela a rapproché leurs points de vue** э́то сбли́зило их взгля́ды
■ **se rapprocher** *vp* **1.** *(devenir plus proche)* приближа́ться / прибли́зиться • **nous nous rapprochons de notre but** мы приближа́емся к на́шей це́ли **2.** *(se mettre plus près l'un de l'autre)* сближа́ться / сбли́зиться • **leurs points de vue se sont rapprochés** их взгля́ды сбли́зились

raquette *nf* **1.** *(de tennis, badminton)* раке́тка **2.** *(à neige)* снегосту́пы • **une randonnée en raquettes** прогу́лка на снегосту́пах

rare *adj* ре́дкий ⑤ *(comp.* ре́же*)* • **un livre très rare** о́чень ре́дкая кни́га • **une femme d'une rare beauté** же́нщина ре́дкой красоты́

rarement *adv* ре́дко *(comp.* ре́же*)* • **elle nous écrit rarement** она́ нам ре́дко пи́шет

rareté *nf* рéдкость *f* • une rareté bibliographique библиографи́ческая рéдкость

ras *adj* en rase campagne в откры́том пóле
● à ras bords до краёв › remplir un verre à ras bord нали́ть стакáн до краёв • j'en ai ras-le-bol *fam* с меня́ довóльно

raser *v* *(une personne)* брить* [II, брéю, брéешь] / побри́ть* [II, побрéю, побрéешь - побри́тый]
■ se raser *vp* **1.** *(gén)* бри́ться* [II, брéюсь, брéешься] / побри́ться* [II, побрéюсь, побрéешься - побри́тый] • je me rase tous les matins кáждое ýтро брéюсь **2.** *(se couper)* сбривáть / сбрить* [II, сбрéю, сбрéешь - сбри́тый] • il s'est rasé la moustache он сбрил (себé) усы́

rasoir *nm* бри́тва • un rasoir électrique электри́ческая бри́тва • un rasoir mécanique безопáсная бри́тва

rassembler *v* собирáть / собрáть* [IV, соберý, соберёшь - собрáл, собралá, собрáло, собрáли] ⑤ • rassembler les élèves dans la cour собирáть ученикóв во дворé • rassembler des documents собирáть докумéнты
● rassembler tout son courage собрáться с дýхом (собирáться / собрáться* [IV, соберýсь, соберёшься - собрáлся, собралáсь] ③)

rassis *adj* *(en parlant du pain)* чёрствый • du pain rassis чёрствый хлеб

rassurer *v* успокáивать / успокóить • ça rassure le malade э́то успокáивает больнóго

rat *nm* кры́са • un rat gris сéрая кры́са ~ *fig* • un rat de bibliothèque библиотéчная кры́са
● à bon chat bon rat нашлá косá на кáмень

râteau *nm* грáбли *pl t* (грáбель, грáблям)

rater *v* **1.** *(ne pas aboutir)* срывáться / сорвáться* [IV, сорвётся, сорвýтся - сорвáлся, сорвалáсь] ③ • l'affaire a raté дéло сорвалóсь **2.** *(ne pas atteindre avec son arme)* не попáсть (в + *A*), попадáть / попáсть* [IV, попадý, попадёшь - попáл, попáла] • il a raté le but он не попáл в цель **3.** *(ne pas arriver à temps)* опáздывать / опоздáть • elle a raté son train онá опоздáла на пóезд **4.** *(manquer par négligence, par distraction)* прозёвывать / прозевáть *fam* • rater une occasion прозевáть слýчай
● rater son coup *(frapper à côté)* промáхиваться / промахнýться › j'ai tiré, mais j'ai raté mon coup я вы́стрелил, но промахнýлся

ration *nf* паёк (пайкá) • la ration mensuelle мéсячный паёк

rattraper *v* **1.** *(attraper, attraper de nouveau)* лови́ть ④ / поймáть (снóва), хватáть / схвати́ть ④ (снóва) *(saisir)* • il s'est enfui mais on l'a rattrapé он убежáл, но егó снóва поймáли • la petite fille était sur le point de tomber, mais sa mère l'a rattrapée par le bras дéвочка чуть не упáла, но мать поймáла её зá руку **2.** *(rejoindre)* догоня́ть / догнáть* [I, догоню́, догóнишь] ④ • continuez, nous vous rattraperons иди́те, мы вас догóним
● rattraper le temps perdu наверстáть потéрянное врéмя (навёрстывать / наверстáть)
■ se rattraper *vp* **1.** *(se raccrocher)* хватáться / ухвати́ться ④ • se rattraper à la rampe ухвати́ться за пери́ла **2.** *(compenser le temps perdu)* наверстáть потéрянное врéмя (навёрстывать / наверстáть) • je me rattrape peu à peu я понемнóгу навёрстываю потéрянное врéмя

rature *nf* помáрка

rauque *adj* хри́плый • une voix rauque хри́плый гóлос

ravin *nm* оврáг

raviolis *nmpl* равиóли

ravissant *adj* очаровáтельный • une femme ravissante очаровáтельная жéнщина

rayé *adj* **1.** *(à rayures)* полосáтый • une chemise rayée полосáтая рубáшка **2.** *(endommagé)* поцарáпанный • le disque est rayé диск поцарáпан

rayon *nm* **1.** *(radiation)* луч ③② • un rayon de soleil луч сóлнца • les rayons X рентгéновские лучи́ • les rayons ultraviolets ультрафиолéтовые лучи́ **2.** *(rayon d'un cercle, espace circulaire)* рáдиус • le rayon du cercle рáдиус окрýжности • le rayon d'action рáдиус дéйствия • dans un rayon de vingt kilomètres в рáдиусе двадцати́ киломéтров **3.** *(de roue)* спи́ца • le rayon de la roue спи́ца

колеса́ **4.** *(dans un magasin)* отде́л • **le rayon linge de table** отде́л столо́вого белья́ **5.** *(planche)* по́лка • **j'ai mis le livre sur le rayon** я положи́л кни́гу на по́лку
◉ **ce n'est pas mon rayon** э́то не по моéй ча́сти

ré *nm* ре* *nt indécl* • **ré dièse** ре дие́з

réaction *nf* (PHYS, CHIM & POLIT) реа́кция • **provoquer une réaction en chaîne** вы́звать цепну́ю реа́кцию • **une réaction chimique** хими́ческая реа́кция • **une réaction de l'organisme** реа́кция органи́зма
◉ **à réaction** реакти́вный › **un avion à réaction** реакти́вный самолёт

réactionnaire[1] *adj* реакцио́нный • **une théorie réactionnaire** реакцио́нная тео́рия

réactionnaire[2] *nmf* реакционе́р *m*, реакционе́рка *f*

réagir *v* реаги́ровать / отреаги́ровать *littéraire* • **réagir au froid** реаги́ровать на хо́лод

réalisation *nf* **1.** *(le fait de réaliser)* осуществле́ние • **pour la réalisation de ton projet** для осуществле́ния твоего́ прое́кта **2.** *(résultat obtenu)* достиже́ние • **les réalisations de la science** достиже́ния нау́ки

réaliser *v* осуществля́ть / осуществи́ть • **elle a réalisé son rêve** она́ осуществи́ла свою́ мечту́
■ **se réaliser** *vp* осуществля́ться / осуществи́ться • **ses prédictions se sont réalisées** предсказа́ния его́ осуществи́лись

réalisme *nm* реали́зм

réaliste[1] *adj* **1.** *(qui tient compte des réalités)* реалисти́чный • **ce projet est réaliste** прое́кт реалисти́чен **2.** *(appartenant au mouvement réaliste)* реалисти́ческий • **un peintre réaliste** реалисти́ческий худо́жник

réaliste[2] *nmf* реали́ст *m*, реали́стка *f*

réalité *nf* действи́тельность *f* • **cela n'a rien de commun avec la réalité** э́то не име́ет ничего́ о́бщего с действи́тельностью
◉ **en réalité** на са́мом де́ле, в действи́тельности

rebelle *nm* повста́нец *m* • **les rebelles assiègent la capitale** повста́нцы осажда́ют столи́цу

recaler *v* прова́ливать / провали́ть ④ • **recaler un candidat** провали́ть студе́нта
◉ **être recalé** прова́ливаться / провали́ться ④ › **j'ai été recalé à l'examen** я провали́лся на экза́мене

récemment *adv* неда́вно • **nous l'avons vu récemment** мы его́ ви́дели неда́вно

recensement *nm* пе́репись населе́ния • **il n'y a pas longtemps, on a fait un recensement** неда́вно произвели́ пе́репись населе́ния

récent *adj* неда́вний • **des événements récents** неда́вние собы́тия

réception *nf* **1.** *(d'un objet)* получе́ние • **confirmer la réception du paquet** подтверди́ть получе́ние посы́лки **2.** *(d'une personne)* приём • **organiser une réception** устро́ить приём

réceptionniste *nmf* портье́ *m*

recette *nf* **1.** *(de cuisine)* кулина́рный реце́пт **2.** *(argent reçu)* вы́ручка

recevoir *v* **1.** *(un objet, une lettre...)* получа́ть / получи́ть ④ • **j'ai reçu une lettre d'elle** я получи́л от неё письмо́ • **recevoir une gifle** получи́ть пощёчину • **il a reçu une bonne instruction** он получи́л хоро́шее образова́ние **2.** *(une personne)* принима́ть / приня́ть* [IV, приму́, при́мешь ④ - при́нял, приняла́, при́няло, при́няли ⑤ - при́нятый, при́нят, принята́, при́нято, при́няты ⑤] • **recevoir des amis** принима́ть друзе́й • **j'ai été fort mal reçu** меня́ о́чень пло́хо при́няли

rechange *nm*
◉ **pièces de rechange** запасны́е ча́сти, запча́сти

réchaud *nm* пли́тка • **un réchaud électrique** электри́ческая пли́тка • **un réchaud à gaz** га́зовая пли́тка
◉ **un réchaud à alcool** спирто́вка

réchauffer *v* разогрева́ть / разогре́ть [*part.* разогре́тый*] • **j'ai fait réchauffer les nouilles de midi** я разогре́л лапшу́, кото́рая оста́лась от обе́да • **le soleil a réchauffé la terre** со́лнце разогре́ло зе́млю • **réchauffer le cœur** согре́ть се́рдце

recherche *nf* **1.** *(le fait de rechercher)* по́иски *pl t* (по́исков, по́искам) • **l'enfant a disparu dans la matinée, les recherches ont commencé aussitôt** ребёнок исче́з сего́дня у́тром; по́иски начали́сь

немéдленно **2.** *(travail scientifique)* исслéдование • des recherches dans le domaine de l'utilisation de l'énergie nucléaire исслéдования в óбласти испóльзования áтомной энéргии
■ *À la recherche du temps perdu* (Proust) ***В пóисках утрáченного врéмени*** (Прýст)

rechercher *v* **1.** *(faire des recherches)* искáть* [II, ищý, йщешь] ④, разыскивать *(chercher de toutes parts)* • nous en recherchons la cause мы йщем причи́ну • on recherche le criminel престýпника разыскивают **2.** *(tâcher d'obtenir)* добивáться *(+ G)* • rechercher le succès добивáться успéха

récipient *nm* сосýд

réciproque *adj* взаимный • une confiance réciproque взаимное довéрие

récit *nm* расскáз • un récit de Maupassant расскáз Мопассáна

réciter *v* **1.** *(sa leçon)* отвечáть / отвéтить • réciter sa leçon отвечáть урóк **2.** *(un texte par cœur)* читáть наизýсть (читáть / прочитáть) • réciter des vers читáть наизýсть стихи́

réclamation *nf* жáлоба • faire une réclamation подáть жáлобу

recoiffer
■ se recoiffer *vp* попрáвить причёску (поправля́ть / попрáвить)

récolte *nf* **1.** *(le fait de récolter)* сбор *(suivi d'un substantif désignant ce qui est récolté)*, сбор урожáя • la récolte du coton сбор хлóпка • la récolte va bientôt commencer скóро начнётся сбор урожáя **2.** *(produits récoltés)* урожáй *m* • une belle récolte хорóший урожáй

récolter *v* **1.** *(avec des machines)* убирáть / убрáть* [IV, уберý, уберёшь - убрáл, убралá, убрáло, убрáли] ⑤ • récolter le maïs убирáть кукурýзу • récolter le coton убирáть хлóпок **2.** *(à la main)* собирáть / собрáть* [IV, соберý, соберёшь - собрáл, собралá, собрáло, собрáли] ⑤ • récolter les pommes de terre собирáть картóшку

recommandation *nf* **1.** *(conseil)* совéт • il a suivi vos recommandations он послéдовал вáшим совéтам **2.** *(appui, protection)* рекомендáция • grâce à la recommandation d'un lointain parent по рекомендáции дáльнего рóдственника

recommandé *adj* заказнóй • une lettre recommandée заказнóе письмó

recommander *v (conseiller)* рекомендовáть / рекомендовáть • je vous recommande ce médicament рекомендýю вам э́то лекáрство

À PROPOS DE...

À la différence de son équivalent français, le mot russe рекомендовáть s'écrit avec un seul м.

recommencer *vt* снóва начáть, опя́ть начáть (начинáть / начáть* [IV, начнý, начнёшь - нáчал, началá, нáчало, нáчали ⑤ - нáчатый, нáчат, начатá, нáчато, нáчаты ⑤]) • nous allons recommencer les expériences мы снóва начнём эксперимéнты
■ recommencer à *v* **1.** *(gén)* снóва начáть, опя́ть начáть (начинáть / начáть* [IV, начнý, начнёшь - нáчал, началá, нáчало, нáчали] ⑤) • vous avez recommencé à travailler ? вы опя́ть нáчали рабóтать? **2.** *(suivi de verbes comme pleuvoir, neiger...)* опя́ть идти́ *(+* дождь, снег... *au nom)* (идти́* [IV, идёт - шёл] / пойти́* [IV, *part.* пойдёт, пошёл]) • il a recommencé à pleuvoir опя́ть пошёл дождь **3.** *(suivi d'expressions comme faire froid, faire chaud...)* опя́ть стать *(+ compar)* (/ стать* [*n cl*, стáнет]) • il recommence à faire froid опя́ть станóвится хóлодно

récompense *nf* наградá • en récompense pour les services qu'il a rendus в нагрáду за егó заслýги

récompenser *v (accorder une récompense)* награждáть / награди́ть [*part.* награждённый*] • les soldats ont été récompensés pour leur courage солдáт награди́ли за отвáгу

recompter *v* пересчи́тывать / пересчитáть • recompter l'argent пересчитáть дéньги

réconcilier *v* мири́ть / помири́ть • réconcilier tout le monde помири́ть всех

reconduire *v* **1.** *(ramener en voiture)* отвози́ть ④ / отвезти́* [IV, отвезý, отвезёшь - отвёз, отвезлá] ③(обрáтно) • je vais vous reconduire à votre hôtel я вас отвезý в гости́ницу **2.** *(raccompagner à pied)* провожáть / проводи́ть ④ (обрáтно) • je vais vous reconduire jusqu'à votre hôtel я вас провожу́ до гости́ницы

reconnaissance *nf* **1.** *(gratitude)* благода́рность *f* • **en signe de reconnaissance** в знак благода́рности **2.** *(opération visant à obtenir des renseignements)* разве́дка • **partir en reconnaissance** отпра́виться на разве́дку

reconnaissant *adj* благода́рный • **je vous en suis très reconnaissant** я вам о́чень благода́рен

reconnaître *v* **1.** *(identifier)* узнава́ть* [II, узнаю́, узнаёшь - узнава́й - узнава́я] / узна́ть • **je l'ai reconnue tout de suite à sa voix** я её сра́зу узна́л по го́лосу **2.** *(avouer)* признава́ть* [II, признаю́, признаёшь - признава́й - признава́я] / призна́ть • **reconnaître ses fautes** признава́ть свои́ оши́бки • **se reconnaître coupable** призна́ть себя́ вино́вным • **il faut bien le reconnaître** на́до призна́ть

reconstruire *v* за́ново постро́ить (стро́ить / постро́ить) • **reconstruire une ville** за́ново постро́ить го́род

recopier *v* перепи́сывать / переписа́ть* [II, перепишу́, перепи́шешь] ④ • **recopier un texte** переписа́ть текст

record *nm* реко́рд • **établir un record** установи́ть реко́рд • **battre le record** поби́ть реко́рд • **le record du monde** мирово́й реко́рд

recouvrir *v* *(couvrir complètement)* покрыва́ть / покры́ть* [II, покро́ю, покро́ешь - покры́тый] • **la neige recouvre la campagne** снег покрыва́ет поля́

récréation *nf* *(à l'école)* переме́на • **pendant la récréation, les élèves jouent au ballon** во вре́мя переме́ны шко́льники игра́ют в мяч

recruter *v* вербова́ть / завербова́ть, набира́ть / набра́ть* [IV, наберу́, наберёшь - набра́л, набрала́, набра́ло, набра́ли] ⑤ • **recruter du personnel pour une nouvelle usine** набра́ть персона́л для но́вого заво́да

rectangle *nm* прямоуго́льник

recto *nm* лицева́я сторона́ • **au recto** на лицево́й стороне́

reçu *nm* квита́нция • **délivrer un reçu** вы́дать квита́нцию

recueil *nm* сбо́рник • **un recueil de chansons** сбо́рник пе́сен

recueillir *v* **1.** *(des objets, renseignements)* собира́ть / собра́ть* [IV, соберу́, соберёшь - собра́л, собрала́, собра́ло, собра́ли] ⑤ • **recueillir des données** собира́ть да́нные **2.** *(une personne)* приня́ть к себе́ (принима́ть / приня́ть* [IV, приму́, при́мешь ④ - при́нял, приняла́, при́няло, при́няли ⑤ - при́нятый, при́нят, принята́, при́нято, при́няты ⑤]) • **recueillir un orphelin** приня́ть к себе́ сироту́

reculer ■ *vi* **1.** *(aller en arrière)* отступа́ть / отступи́ть ④ • **il a reculé d'un pas** он отступи́л на шаг • **l'ennemi reculait** неприя́тель отступа́л **2.** *(en parlant d'un véhicule)* дать за́дний хо́д • **fais attention, le camion recule** осторо́жно, грузови́к дал за́дний хо́д ■ *vt* *(repousser)* отодвига́ть / отодви́нуть • **reculer la date de l'examen** отодви́нуть да́ту экза́мена

reculons
■ **à reculons** *loc adv* **aller à reculons** пя́титься / попя́титься

recycler *v* утилизи́ровать • **recycler les bouteilles en plastique** утилизи́ровать пла́стиковые буты́лки

rédacteur *nm* *(membre de la rédaction d'un journal)* реда́ктор • **le rédacteur en chef** гла́вный реда́ктор

rédaction *nf* **1.** *(gén)* реда́кция • **une nouvelle rédaction du premier chapitre** но́вая реда́кция пе́рвой главы́ • **je suis allé à la rédaction pour voir un des journalistes** я зашёл в реда́кцию, что́бы поговори́ть с одни́м из сотру́дников **2.** *(scolaire)* сочине́ние

rédactrice *nf* реда́ктор *m*

redemander *v* **1.** *(demander une nouvelle fois)* ещё раз спроси́ть (спра́шивать / спроси́ть ④) • **en chemin, il faudra redemander** по доро́ге на́до бу́дет ещё раз спроси́ть **2.** *(ce qu'on a prêté)* • **redemander à qqn de rendre un disque** сно́ва попроси́ть кого́-нибудь, что́бы он верну́л диск (проси́ть ④ / попроси́ть ④) • **je vais lui redemander mon livre** я сно́ва потре́бую у него́ свою́ кни́гу

Voir encadré page suivante.

redescendre *v* **1.** *(aller vers le bas)* спуска́ться / спусти́ться ④ *(l'idée de répétition peut être exprimée par un adverbe comme*

À PROPOS DE...

Pour les sens de **redemander** qui sont la somme de **demander + de nouveau** combiner la traduction appropriée de **demander + сно́ва** ou **опя́ть**.

опя́ть *ou* сно́ва*)* • **redescendre dans la vallée** спусти́ться в доли́ну *~ (en valeur)* снижа́ться / снизи́ться ④ *(l'idée de répétition peut être exprimée par un adverbe comme* опя́ть *ou* сно́ва*)* • **la température redescend** температу́ра опя́ть снижа́ется **2.** *(emmener en bas)* относи́ть ④ / отнести́* [IV, снесу́, снесёшь - снёс, снесла́ ④ - снесённый] **наза́д** • **redescendre les caisses à la cave** отнести́ я́щики наза́д в подва́л

À PROPOS DE...

Pour les sens de **redescendre** qui sont la somme de **descendre + de nouveau** combiner la traduction appropriée de **descendre + сно́ва** ou **опя́ть**.

rédiger *v* составля́ть / соста́вить • **rédiger un texte** соста́вить текст

redire *v* **1.** *(répéter)* повторя́ть / повтори́ть • **il redit toujours la même chose** он всё повторя́ет одно́ и то же **2.** *(critiquer)* придира́ться / придра́ться* [IV, придеру́сь, придерёшься - придра́лся, придрала́сь] ④ *(к + D)* • **il n'y a rien à redire** не́ к чему придра́ться • **elle trouve toujours à redire** она́ ко всему́ придира́ется

redoubler *v (une classe)* оста́ться на второ́й год (остава́ться* [II, остаю́сь, остаёшься - остава́ясь] / оста́ться* [*n cl,* оста́нусь, оста́нешься]) • **il a redoublé une classe quand il était au collège** он оста́лся на второ́й год, когда́ учи́лся в колле́же

réduction *nf* **1.** *(gén)* сокраще́ние • **une réduction des dépenses** сокраще́ние расхо́дов • **une réduction des heures de travail** сокраще́ние рабо́чего дня **2.** *(rabais)* ски́дка • **il me l'a vendu avec une réduction de 20 %** он мне э́то про́дал со ски́дкой в 20 %

réduire *v* сокраща́ть / сократи́ть *(т → щ)* • **réduire ses dépenses** сократи́ть свои́ расхо́ды

• **réduire à** свести́ к *(+ D)* (своди́ть ④ / свести́* [IV, сведу́, сведёшь - свёл, свела́ ③ - сведённый]) › **les dépenses ont été réduites au minimum** расхо́ды бы́ли сведены́ к ми́нимуму

rééditer *v* переиздава́ть* [II, переиздаю́, переиздаёшь - переиздава́й - переиздава́я] / переизда́ть* [*n cl,* переизда́м, переизда́шь, переизда́ст, переиздади́м, переиздади́те, переиздаду́т - переизда́л, переиздала́, переизда́ло, переизда́ли ⑤ - переизда́й - переи́зданный, переи́здан, переи́здана, переи́здано, переи́зданы ⑤] • **rééditer un manuel de russe** переизда́ть уче́бник ру́сского языка́

réel *adj* действи́тельный, реа́льный • **un fait réel** действи́тельный факт • **un danger réel** реа́льная опа́сность

réellement *adv* действи́тельно • **ce vin est réellement le meilleur** э́то действи́тельно са́мое лу́чшее вино́

réexpédier *v* переадресо́вывать / переадресова́ть • **réexpédier une lettre** переадресова́ть письмо́

refaire *v* **1.** *(faire encore une fois)* сде́лать сно́ва (де́лать / сде́лать) • **je refais les mêmes expériences** я сно́ва де́лаю одни́ и те же о́пыты **2.** *(transformer)* переде́лывать / переде́лать • **l'auteur a refait la pièce** а́втор переде́лал пье́су **3.** *(remettre en état)* ремонти́ровать / отремонти́ровать • **il faut refaire le toit** на́до отремонти́ровать кры́шу

réfectoire *nm* столо́вая *(adj subst f)*

référence *nf* **tu as noté la référence du livre ?** ты записа́л выходны́е да́нные э́той книги?

référendum *nm* рефере́ндум

refermer *v* закрыва́ть / закры́ть* [II, закро́ю, закро́ешь - закры́тый](сно́ва) • **referme donc la fenêtre** закро́й окно́

réfléchi *adj* (GRAMM) возвра́тный • **le pronom réfléchi** возвра́тное местоиме́ние • **un verbe réfléchi** возвра́тный глаго́л

réfléchir *v* **1.** *(penser)* размышля́ть, ду́мать / поду́мать • **j'y ai longuement réfléchi** я до́лго ду́мал об э́том • **réfléchir à l'avenir** размышля́ть о бу́дущем • **j'ai réfléchi un peu et j'ai accepté** я подумал и согласи́лся **2.** *(refléter)* отража́ть / отрази́ть • **réfléchir la lumière** отража́ть свет

reflet *nm* **1.** *(image d'un objet)* отраже́ние • **le reflet des étoiles dans l'eau**

отражéние звёзд в водé **2.** *(éclat lumineux)* óтблеск • **avec un reflet doré** с золотым óтблеском

refléter *v* отражáть / отразить
■ **se refléter** *vp* отражáться / отразиться • **les arbres se reflétaient dans l'eau** дерéвья отражáлись в водé

réflexe *nm* рефлéкс • **un réflexe conditionné** услóвный рефлéкс

réflexion *nf* **1.** *(action de l'esprit)* размышлéние • **elle était plongée dans ses réflexions** онá былá погруженá в размышлéния **2.** *(changement de direction des ondes)* отражéние • **la réflexion de la lumière** отражéние свéта

reflux *nm* отлив • **le flux et le reflux** прилив и отлив

réforme *nf* рефóрма • **faire une réforme** провести рефóрму • **la réforme de l'orthographe** рефóрма правописáния

réformer *v* реформировать / реформировать • **réformer l'enseignement supérieur** реформировать высшее образовáние

refrain *nm* припéв

réfrigérateur *nm* холодильник

refroidir ◪ *vi (devenir plus froid)* остывáть / остыть* [*n cl,* остынет, остынут] • **le thé refroidit** чай остывáет • **laisser refroidir les légumes** дать овощáм остыть ◪ *vt fig* охлаждáть / охладить [*part.* охлаждённый*] • **cet aveu a refroidi mon ardeur** это признáние охладило мой пыл
■ **se refroidir** *vp* **1.** *(gén)* стать холоднée (становиться [станóвится, станóвятся] / стать* [*n cl,* стáнет, стáнут]), охлаждáться / охладиться *littéraire* • **le temps se refroidit** стáло холоднée **2.** *(en parlant de mets, de boissons)* остывáть / остыть* [*n cl,* остынет, остынут] • **la soupe s'est refroidie** суп остыл

refuge *nm* приют • **trouver un refuge** найти приют • **un refuge de montagne** гóрный приют

réfugié *nm* бéженец

réfugiée *nf* бéженка

réfugier
■ **se réfugier** *vp* **1.** *(s'abriter)* укрывáться / укрыться* [IV, укрóюсь, укрóешься] • **nous nous sommes réfugiés sous un arbre** мы укрылись под дéревом **2.** *(s'enfuir)* бежáть • **il s'est réfugié à Paris** он бежáл в Париж

refus *nm* откáз • **essuyer un refus** получить откáз

refuser *v* откáзываться / отказáться* [IV, откажýсь, откáжешься] ④ *(*от *+ G)* • **elle a refusé le cadeau** онá отказáлась от подáрка • **il refuse de travailler** он откáзывается рабóтать • **on lui a refusé l'entrée de la discothèque** егó не пустили на дискотéку
■ **se refuser** *vp* откáзывать / отказáть себé* [IV, откажý, откáжешь] ④ *(*в *+L)* • **il ne se refuse rien** он себé ни в чём не откáзывает

regard *nm* взгляд • **jeter un regard sur son voisin** брóсить взгляд на сосéда

regarder *v* **1.** *(porter son regard sur)* смотрéть* [I, смотрю, смóтришь ④] / посмотрéть* [I, *id*] *(*на *+ A)* • **regarder sa montre** смотрéть на часы • **elle me regardait avec étonnement** онá смотрéла на меня с удивлéнием • **elle regardait la route et ne voyait pas le paysage** онá смотрéла на дорóгу и не замечáла пейзáжа **2.** *(suivre un spectacle)* смотрéть* [I, смотрю, смóтришь ④] / посмотрéть* [I, *id*] • **regarder par la fenêtre** смотрéть в окнó • **regarder la télévision** смотрéть телевизор **3.** *(concerner)* касáться *(+ G)* • **ça ne te regarde pas** это тебя не касáется
● **regarder le danger en face** смотрéть опáсности в глазá • **regarde, un écureuil !** смотри, бéлка!
■ **se regarder** *vp* смотрéть* [I, смотрю, смóтришь ④] / посмотрéть* [I, *id*] • **se regarder dans la glace** смотрéть на себя в зéркало

reggae *nm* рéгги • **j'aime le reggae** мне нрáвится рéгги

régime *nm* **1.** *(forme de gouvernement)* строй *m (lorsqu'il n'est qualifié par aucune autre épithète,* строй *est accompagné de l'adjectif* государственный*),* режим • **le régime démocratique** демократический строй • **le régime des tsars** цáрский режим **2.** *(alimentaire)* диéта • **suivre un régime sans sel** быть на бессолевóй диéте • **demain je commence un régime amaigrissant** зáвтра я начинáю диéту для похудéния

régiment *nm* полк* *(loc.* полкý ③②*)* • **un régiment d'infanterie** пехóтный полк

région *nf* **1.** *(géographique ou administrative)* райо́н, регио́н • **une région industrielle** промы́шленный райо́н • **les régions frontalières** пограни́чные райо́ны • **une région montagneuse** го́рный регио́н • **les régions tropicales** тропи́ческие регио́ны **2.** *(touristique)* места́ *pl* (мест, места́м) • **une région pittoresque** живопи́сные места́ • **vous avez visité cette région ?** вы уже́ бы́ли в э́тих места́х? **3.** *(partie du corps)* о́бласть *f* (*pl.* о́бласти, областе́й, областя́м) ①③ • **dans la région du cœur** в о́бласти се́рдца

régional *adj* областно́й • **les archives régionales** областно́й архи́в

règle *nf* **1.** *(instrument)* лине́йка **2.** *(principe)* пра́вило • **une règle de grammaire** граммати́ческое пра́вило • **il n'y a pas de règle sans exception** нет пра́вила без исключе́ния • **selon toutes les règles de l'art** по всем пра́вилам иску́сства
◆ **tout est en règle** всё в поря́дке
■ **règles** *nfpl* менструа́ция, ме́сячные • **elle a ses règles** у неё ме́сячные

réglage *nm* регулиро́вка, настро́йка • **le bouton de réglage de la température** ру́чка регулиро́вки температу́ры

règlement *nm* **1.** *(ensemble de règles)* пра́вила • **d'après le règlement il est interdit de fumer dans l'ascenseur** согла́сно пра́вилам, кури́ть в ли́фте запреща́ется **2.** *(arrêt)* разреше́ние, урегули́рование • **le règlement d'un conflit** разреше́ние конфли́кта **3.** *(paiement)* платёж • **règlement par chèque et carte bancaire seulement** платёж исключи́тельно че́ком и́ли ба́нковской ка́ртой

règlementation *nf* законода́тельство, регламента́ция • **la règlementation en vigueur** де́йствующее законода́тельство

régler *v* **1.** *(un mécanisme, un instrument)* настра́ивать / настро́ить • **régler le microscope** настро́ить микроско́п **2.** *(une affaire)* ула́живать / ула́дить • **régler une affaire** ула́дить де́ло **3.** *(ses dettes, qqn)* рассчи́тываться / рассчита́ться (с + *I*) • **j'ai réglé mes dettes** я рассчита́лся с долга́ми • **j'ai réglé le chauffeur** я рассчита́лся с шофёром
◆ **régler l'addition** распла́чиваться / расплати́ться ④ • **régler une note** заплати́ть по счёту (плати́ть ④ / заплати́ть ④) • **régler son compte à qqn** *fig* свести́ с ке́м-нибудь счёты (своди́ть ④ / свести́* [IV, сведу́, сведёшь - свёл, свела́ ③ - сведённый])

règne *nm* *(d'un souverain)* ца́рствование, княже́ние *(d'un prince russe)* • **sous le règne de François Ier** в ца́рствование Франци́ска I • **sous le règne d'Alexandre Nevski** в княже́ние Алекса́ндра Не́вского

régner *v* **1.** *(gouverner)* ца́рствовать *(en parlant d'un tsar, d'un roi, d'un empereur)*, княжи́ть *(en parlant d'un prince russe)* • **Saint Louis commença à régner en 1226** Людо́вик Свято́й на́чал ца́рствовать в 1226 году́ • **Vladimir commença à régner à Kiev en 978** Влади́мир стал княжи́ть в Ки́еве в 978 году́ **2.** *fig* цари́ть • **il régnait un profond silence** цари́ла глубо́кая тишина́

regret *nm* сожале́ние • **se rappeler le passé avec regret** вспомина́ть про́шлое с сожале́нием

regretter *v* жале́ть / пожале́ть (о + *L*, что), сожале́ть (о + *L*, что) *littéraire* • **je ne le regrette pas** я не жале́ю об э́том • **je regrette de ne pas être parti tout de suite** я жале́ю, что не уе́хал сра́зу • **elle a regretté de ne pas être venue** она́ пожале́ла, что не пришла́ • **il regrettait le temps perdu** он сожале́л о потеря́нном вре́мени, ему́ жа́лко бы́ло потеря́нного вре́мени • **je regrette bien que nous ne nous soyons pas rencontrés** как жаль, что мы с ва́ми не повида́лись

régularité *nf* *(caractère de ce qui est périodique)* регуля́рность *f*, периоди́чность *f* • **cela se répète avec une certaine régularité** э́то повторя́ется с определённой периоди́чностью

régulier *adj* **1.** *(dont la cadence, le rythme ne changent pas)* ро́вный ⑤ • **un pouls régulier** ро́вный пульс • **une respiration régulière** ро́вное дыха́ние • **un vent régulier** ро́вный ве́тер **2.** *(se répétant à jour fixe, à heure fixe)* регуля́рный • **des réunions régulières** регуля́рные собра́ния **3.** *(harmonieux)* пра́вильный • **des traits réguliers** пра́вильные черты́ лица́ **4.** (GRAMM) пра́вильный • **un verbe régulier** пра́вильный глаго́л

régulièrement *adv* **1.** *(avec une certaine périodicité)* регуля́рно • **le bureau se réunit régulièrement** бюро́ собира́ется регуля́рно **2.** *(sans à-coups)* ро́вно • **son**

cœur bat régulièrement его́ се́рдце бьётся ро́вно

réhabiliter *v* реабилити́ровать / реабилити́ровать

rein *nm (organe)* по́чка • **le rein gauche** ле́вая по́чка

reine *nf* **1.** *(monarque dans un pays occidental)* короле́ва • **la reine d'Angleterre** англи́йская короле́ва **2.** *(aux échecs)* ферзь *m* ③② **3.** *(dans les autres cas)* цари́ца • **la reine de Saba** цари́ца Са́вская

reine-marguerite *nf* а́стра

rejeter *v* **1.** *(relancer à sa place antérieure)* бро́сить обра́тно (броса́ть / бро́сить) • **le poisson était tout petit ; le pêcheur l'a rejeté dans la rivière** ры́бка была́ совсе́м ма́ленькая; рыболо́в бро́сил её обра́тно в реку́ **2.** *(se débarrasser de)* отбра́сывать / отбро́сить • **rejeter ses cheveux en arrière** отбро́сить во́лосы наза́д • **rejeter l'ennemi hors de la ville** отбро́сить неприя́теля за́ город **3.** *(ne pas admettre)* отверга́ть / отве́ргнуть* [III] • **rejeter une proposition** отве́ргнуть предложе́ние **4.** *(rendre qqn d'autre responsable)* сва́ливать / свали́ть ④ • **rejeter la faute sur qqn** свали́ть вину́ на кого́-нибудь

● **les débris ont été rejetés sur le rivage** обло́мки вы́бросило на бе́рег

rejoindre *v* **1.** *(rattraper)* догоня́ть / догна́ть • **allez-y, je vous rejoins tout de suite** иди́те, иди́те, я вас сейча́с догоню́ **2.** *(aller retrouver à pied)* подходи́ть / подойти́ *(к + D)* • **je vous rejoindrai au café plus tard** я подойду́ к вам в кафе́ попо́зже ~ *(aller retrouver autrement qu'à pied)* • **ils rejoignent leur famille dans les Alpes** они́ е́дут к роди́телям в А́льпы **3.** *(rentrer chez soi)* возвраща́ться / верну́ться • **il rejoint son régiment** он возвраща́ется в полк

réjouir *v* ра́довать / обра́довать • **cette nouvelle a réjoui tout le monde** э́то изве́стие обра́довало всех

■ **se réjouir** *vp* ра́доваться / обра́доваться *(+ D)* • **se réjouir du malheur des autres** ра́доваться чужо́й беде́

relâcher *v (un prisonnier, un animal)* выпуска́ть / вы́пустить • **on l'a relâché, il est maintenant en liberté** его́ вы́пустили, он тепе́рь на свобо́де

relatif *adj* относи́тельный • **un succès relatif** относи́тельный успе́х • **le pronom relatif** относи́тельное местоиме́ние

● **relatif à** относя́щийся к *(+ D) (p prés actif)* › **des documents relatifs à la Première Guerre mondiale** докуме́нты, относя́щиеся к пе́рвой мирово́й войне́

relation *nf (entre États, entre personnes)* отноше́ние • **rompre les relations diplomatiques** разорва́ть дипломати́ческие отноше́ния • **établir des relations amicales** установи́ть дру́жеские отноше́ния

relativement *adv* относи́тельно • **elle était relativement calme** она́ была́ относи́тельно споко́йна

relaxation *nf* релакса́ция • **des exercices de relaxation** упражне́ния на релакса́цию

relevé *nm* за́пись, вы́писка • **un relevé de compte** вы́писка из счёта

relève *nf* сме́на • **la relève de la garde** сме́на карау́ла

relever *v* **1.** *(lever)* поднима́ть / подня́ть* [IV, подниму́, подни́мешь ④ - по́днял, подняла́, по́дняло, по́дняли ④ - по́днятый, по́днят, поднята́, по́днято, по́дняты ④] *(l'idée de répétition est quelquefois exprimée par un adverbe comme* **опя́ть** *ou* **сно́ва***)* • **relever la chaise** подня́ть стул • **relever le rideau** подня́ть за́навес • **relever la tête** подня́ть го́лову **2.** *(remonter légèrement)* приподнима́ть / приподня́ть* [IV, приподниму́, приподни́мешь ④ - припо́днял, приподняла́, припо́дняло, приподня́ли ⑤ - припо́днятый, припо́днят, приподнята́, припо́днято, припо́дняты ⑤] • **relever sa robe** приподня́ть пла́тье **3.** *(augmenter)* поднима́ть / подня́ть* [IV, подниму́, подни́мешь ④ - по́днял, подняла́, по́дняло, по́дняли ④ - по́днятый, по́днят, поднята́, по́днято, по́дняты ④] • **relever les salaires** подня́ть зарпла́ту **4.** *(remettre en état)* восстана́вливать / восстанови́ть ④ • **relever l'économie du pays ruinée par la guerre** восстанови́ть разру́шенное войно́й хозя́йство **5.** *(prendre note de)* запи́сывать / записа́ть* [II, запишу́, запи́шешь] ④ • **tu as relevé l'adresse ?** ты а́дрес записа́л? **6.** *(relayer)* сменя́ть / смени́ть [*part.* сменённый] ④ • **relever les sentinelles** смени́ть часовы́х **7.** *(libérer d'un engagement)* освобожда́ть / освободи́ть [*part.* освобождённый*] • **relever un employé de ses**

fonctions освободи́ть слу́жащего от до́лжности

■ **se relever** *vp* **1.** *(se remettre debout, se redresser)* поднима́ться / подня́ться* [IV, подниму́сь, подни́мешься ④ - подня́лся, подняла́сь ③] • il est tombé, mais s'est relevé presque aussitôt он упа́л, но бы́стро подня́лся **2.** *(se rétablir)* оправля́ться / опра́виться • le pays a mis du temps à se relever страна́ не ско́ро опра́вилась

relief *nm (ce qui fait saillie)* релье́ф • un relief montagneux го́рный релье́ф

◆ mettre en relief подчёркивать / подчеркну́ть [*part.* подчёркнутый] › **pour mettre en relief l'importance de ces événements** что́бы подчеркну́ть ва́жность э́тих собы́тий

relier *v* **1.** *(réunir)* соединя́ть / соедини́ть • les lacs sont reliés par un canal озёра соединены́ кана́лом **2.** *(faire une reliure)* переплета́ть / переплести́* [IV, переплету́, переплетёшь - переплёл, переплела́ ③ - переплетённый] • relier un livre переплести́ кни́гу

religieuse *nf* **1.** *(nonne)* мона́хиня **2.** *(gâteau)* пиро́жное *кру́глый экле́р*

religieux *adj* **1.** *(concernant la religion)* религио́зный • les problèmes religieux религио́зные вопро́сы **2.** *(concernant les rites chrétiens)* церко́вный • de la musique religieuse церко́вная му́зыка • les fêtes religieuses церко́вные пра́здники **3.** *(monastique)* мона́шеский • un ordre religieux мона́шеский о́рден

religion *nf* рели́гия • la religion des Aztèques ацте́кская рели́гия • la religion catholique католи́ческая рели́гия • la religion orthodoxe правосла́вная рели́гия

relire *v* перечи́тывать / перечита́ть • elle relisait d'anciennes lettres она́ перечи́тывала ста́рые пи́сьма

reliure *nf* переплёт • une reliure en cuir ко́жаный переплёт

remarquable *adj* замеча́тельный • une femme remarquable замеча́тельная же́нщина • une mémoire remarquable замеча́тельная па́мять

remarquablement *adv* исключи́тельно • un homme remarquablement doué исключи́тельно дарови́тый челове́к

remarque *nf* **1.** *(gén)* замеча́ние • faire une remarque pertinente сде́лать ве́рное замеча́ние **2.** *(observation imprimée)* примеча́ние

remarquer *v* замеча́ть / заме́тить • j'ai remarqué des empreintes я заме́тил следы́ • vous avez remarqué comme il a rougi вы заме́тили, как он покрасне́л • je vous ferai remarquer que c'est dangereux я вам заме́чу, что э́то опа́сно

◆ chercher à se faire remarquer стара́ться обрати́ть на себя́ внима́ние

rembourser *v* возвраща́ть / верну́ть (долг) • je l'ai remboursé я ему́ верну́л долг • j'ai déjà remboursé six cents euros я уже́ верну́л шестьсо́т е́вро

remède *nm* сре́дство • un remède contre les maux de tête сре́дство от головно́й бо́ли

remerciement *nm* благода́рность *f (pas de pl)* • avec mes remerciements sincères с и́скренней благода́рностью

remercier *v* **1.** *(dire merci)* благодари́ть / поблагодари́ть • remercier un ami de son aide поблагодари́ть дру́га за по́мощь **2.** *(congédier)* увольня́ть / уво́лить • remercier un employé уво́лить слу́жащего

remettre *v* **1.** *(à plat)* класть* [IV, кладу́, кладёшь - клал, кла́ла] / положи́ть ④ *(l'idée de retour peut être exprimée par l'adverbe* обра́тно*, l'idée de répétition par un adverbe comme* сно́ва *ou* опя́ть*)* • j'ai remis le livre sur la table я положи́ла кни́гу обра́тно на стол • on l'a remis à l'hôpital его́ сно́ва положи́ли в больни́цу **2.** *(dressé)* ста́вить / поста́вить *(l'idée de retour peut être exprimée par l'adverbe* обра́тно*, l'idée de répétition par un adverbe comme* сно́ва *ou* опя́ть*)* • tu as remis les verres dans le buffet ? ты поста́вила стака́ны обра́тно в буфе́т? **3.** *(un vêtement, des lunettes...)* надева́ть / наде́ть* [*n cl*, наде́ну, наде́нешь - наде́тый] *(l'idée de répétition peut être exprimée par un adverbe comme* сно́ва *ou* опя́ть*)* • elle a remis ses bottes она́ сно́ва наде́ла сапоги́ • j'ai remis mes lunettes я сно́ва наде́л очки́ **4.** *(des condiments dans les aliments)* добавля́ть / доба́вить • j'ai remis du sel я доба́вил со́ли **5.** *(un liquide)* подлива́ть / подли́ть* [II, подолью́, подольёшь - подли́л, подлила́, подлило́, подли́ли ⑤ - подле́й - по́длитый, по́длит, подлита́, по́длито, по́длиты ⑤] • il faut

remettre de l'eau dans le vase на́до подли́ть воды́ в ва́зу **6.** *(donner)* вруча́ть / вручи́ть • **on lui a remis une décoration** ему́ вручи́ли о́рден **7.** *(repousser)* откла́дывать / отложи́ть ④ • **nous avons remis le voyage à l'an prochain** мы отложи́ли пое́здку на бу́дущий год

● **remettre en marche** пусти́ть в ход (пуска́ть / пусти́ть ④) *(l'idée de répétition peut être exprimée par un adverbe comme* сно́ва*)* • **remettre en état** привести́ в поря́док (приводи́ть ④ / привести́* [IV, приведу́, приведёшь - привёл, привела́ ③ - приведённый])

■ **se remettre** *vp* **1.** *(recommencer)* бра́ться* [IV, беру́сь, берёшься - бра́лся, брала́сь] ③ / взя́ться* [IV, возьму́сь, возьмёшься - взя́лся, взяла́сь] ③ *(за + A)*, начина́ть / нача́ть* [IV, начну́, начнёшь - на́чал, начала́, на́чало, на́чали] ⑤ *(+ inf imperf)* • **elle s'est remise à travailler** она́ сно́ва взяла́сь за рабо́ту • **je me suis remis à fumer** я сно́ва на́чал кури́ть • **elle s'est remise à pleurer** она́ опя́ть начала́ пла́кать, она́ опя́ть запла́кала **2.** *(se rétablir)* поправля́ться / попра́виться • **elle se remet rapidement de sa grippe** она́ бы́стро поправля́ется от гри́ппа

remise *nf (rabais)* ски́дка • **faire une remise de 10%** сде́лать ски́дку в 10%

remonte-pente *nm* подъёмник

remonter ◪ *vi* **1.** *(s'élever)* поднима́ться / подня́ться* [IV, поднимусь, подни́мешься ④ - подня́лся, подняла́сь ③] *(l'idée de répétition peut être exprimée par un adverbe comme* сно́ва *ou* опя́ть*)* • **remonter au cinquième par l'escalier** сно́ва подня́ться на шесто́й эта́ж по ле́стнице • **le baromètre remonte** баро́метр сно́ва поднима́ется **2.** *(grimper de nouveau)* лезть* [IV, ле́зу, ле́зешь - лез, ле́зла] / поле́зть* [IV, *id*], влеза́ть / влезть* [IV, вле́зу, вле́зешь - влез, вле́зла] *(l'idée de répétition peut être exprimée par un adverbe comme* сно́ва *ou* опя́ть*)* • **remonter sur le toit** сно́ва лезть на кры́шу **3.** *(dans ou sur un véhicule, sur sa monture)* сади́ться / сесть* [IV, ся́ду, ся́дешь - сел, се́ла] *(l'idée de répétition peut être exprimée par un adverbe comme* сно́ва *ou* опя́ть*)* • **remonter sur son cheval** сесть на ло́шадь • **remonter dans l'autobus** сно́ва сесть в авто́бус ◪ *vt* **1.** *(reporter en un lieu plus élevé)* относи́ть ④ / отнести́* [IV, отнесу́, отнесёшь - отнёс, отнесла́ ③ - отнесённый], сноси́ть ④ / снести́* [IV, снесу́, снесёшь - снёс, снесла́ ③ - снесённый] *(emporter)*, приноси́ть ④ / принести́* [IV, принесу́, принесёшь - принёс, принесла́ ③ - принесённый] *(apporter) (l'idée de retour peut être exprimée par l'adverbe* обра́тно *; l'idée de montée est quelquefois exprimée par un adverbe comme* наве́рх*)* • **je remonte ma valise dans ma chambre** сейча́с снесу́ чемода́н обра́тно в но́мер **2.** *(soulever, relever)* поднима́ть / подня́ть* [IV, подниму́, подни́мешь ④ - по́днял, подняла́, по́дняло, по́дняли ⑤ - по́днятый, по́днят, поднята́, по́днято, по́дняты ⑤] • **remonter le rideau** подня́ть за́навес **3.** *(tirer une couverture, des draps)* натя́гивать / натяну́ть ④ • **remonter la couverture** натяну́ть одея́ло **4.** *(voguer vers la source d'un cours d'eau)* плыть вверх по *(+ D)* (плыть* [IV, плыву́, плывёшь - плыл, плыла́, плы́ло, плы́ли ⑤] / поплы́ть* [IV, *id*]) • **remonter la Volga** плыть вверх по Во́лге **5.** *(remettre en place les pièces d'une machine...)* собира́ть / собра́ть* [IV, соберу́, соберёшь - собра́л, собрала́, собра́ло, собра́ли] ⑤ *(l'idée de répétition peut être exprimée par un adverbe comme* сно́ва *ou* вновь*)* • **remonter le poste de radio** собра́ть приёмник **6.** *(tendre le ressort d'un mécanisme)* заводи́ть ④ / завести́* [IV, заведу́, заведёшь - завёл, завела́ ③ - заведённый] • **remonter sa montre** завести́ часы́

remords *nm* угрызе́ния со́вести, угрызе́ния *pl* (угрызе́ний, угрызе́ниям) • **avoir des remords** испы́тывать угрызе́ния со́вести • **le remords le rongeait** его́ му́чили угрызе́ния со́вести

remorque *nf (véhicule remorqué)* прице́п

remorquer *v* букси́ровать ④ / прибукси́ровать ④

remplaçant *nm* замести́тель • **on a un remplaçant en français** по францу́зскому у нас замести́тель

remplaçante *nf* замести́тельница

remplacer *v* заменя́ть / замени́ть [*part.* заменённый] ④ • **j'ai remplacé l'ampoule du lampadaire** я замени́л ла́мпочку в торше́ре • **remplacer le bois par la matière plastique** замени́ть де́рево пластма́ссой

remplir *v* **1.** *(rendre plein)* наполня́ть / напо́лнить • **remplir un panier de**

champignons напóлнить корзи́нку грибáми • remplir un verre de vin напóлнить рю́мку винóм **2.** *(inscrire les indications nécessaires)* заполня́ть / запóлнить • remplir un questionnaire запóлнить анкéту **3.** *fig (son devoir)* исполня́ть / испóлнить • remplir ses obligations испóлнить свои́ обя́занности

■ se remplir *vp* наполня́ться / напóлниться • ses yeux se remplirent de larmes её глазá напóлнились слезáми

● se remplir les poches наби́ть кармáны

remporter *v* **1.** *(gagner)* побеждáть / победи́ть • il a remporté le tournoi de badminton он победи́л в турни́ре по бадминтóну **2.** *(reprendre avec soi)* забирáть / забрáть • je remporte mon livre de cuisine si tu n'en as pas besoin я заберý мою повáренную кни́гу, éсли онá тебé не нужнá

remuer ◪ *v* **1.** *(une partie du corps)* дви́гать / дви́нуть *(+ I)*, шевели́ть / пошевели́ть *(+ I) (remuer un peu)* • je ne pouvais pas remuer les doigts я не мог дви́гать пáльцами • remuer les lèvres пошевели́ть губáми **2.** *(mélanger)* мешáть / помешáть • remuer le thé avec sa cuillère мешáть чай лóжкой

● remuer la queue виля́ть хвостóм ◪ *vi* **1.** *(être animé d'un certain mouvement)* дви́гаться / дви́нуться • il ne remuait plus он бóльше не дви́гался **2.** *(ne pas tenir en place)* не сидéть на мéсте, сидéть* [I, сижý, сиди́шь] • cet enfant remue tout le temps ребёнок не сиди́т на мéсте

renard *nm* **1.** *(animal)* лисá, лиси́ца **2.** *(fourrure)* ли́сий мех, ли́сий *(adj d'appart)*, мех* *(loc.* мехý *; pl.* мехá*)* ⑧② ● renard bleu песéц

rencontre *nf* встрéча • une rencontre inattendue неожи́данная встрéча • rencontre de deux équipes de football встрéча двух футбóльных комáнд ● aller à la rencontre de ses amis пойти́ прия́телям навстрéчу

rencontrer *v* встречáть / встрéтить • je l'ai rencontré par hasard я егó встрéтил случáйно • rencontrer des difficultés встрéтить затруднéния

■ se rencontrer *vp* встречáться / встрéтиться • nous nous sommes rencontrés à la gare мы встрéтились на вокзáле

rendement *nm* **1.** *(gén)* производи́тельность *f* • augmenter le rendement повы́сить производи́тельность **2.** *(d'un terrain)* урожáйность *f*

rendez-vous *nm* **1.** *(gén)* встречá, свидáние • fixer un rendez-vous à un client назнáчить закáзчику встрéчу • nous nous sommes donné rendez-vous мы договори́лись о свидáнии • un rendez-vous d'affaires деловóе свидáние **2.** *(chez un médecin, un avocat)* приём • prendre rendez-vous chez записáться на приём к *(+ D)* (запи́сываться / записáться* [II, запишýсь, запи́шешься] ④) • j'ai pris un rendez-vous avec le dentiste я записáлся на приём к зубнóму врачý • à quelle heure as-tu rendez-vous chez le médecin ? во скóлько у тебя́ приём у врачá?

rendormir

■ se rendormir *vp* снóва заснýть (засыпáть / заснýть)

> **À PROPOS DE...**
>
> À la différence du français, le verbe russe n'est pas pronominal.

rendre *v* **1.** *(restituer)* возвращáть / вернýть, отдавáть* [IV, отдаю́, отдаёшь - отдавáй - отдавáя] / отдáть* [*n cl*, отдáм, отдáшь, отдáст, отдади́м, отдади́те, отдадýт - óтдал, отдалá, óтдало, óтдали ⑤ - отдáй - óтданный, óтдан, отданá, óтдано, óтданы ⑤] • je lui ai rendu son argent я вернýл емý дéньги, я óтдал емý дéньги • tu as rendu le livre à la bibliothèque ? ты вернýл кни́гу в библиотéку? **2.** *(vomir)* рвать* [IV, рвёт - рвáло] / вы́рвать* [IV, вы́рвет - вы́рвало] *(au sujet de la proposition française correspond en russe un nom ou un pronom à l'accusatif ; au complément direct correspond un complément indirect à l'instrumental)* • il a rendu егó вы́рвало • il a rendu de la bile егó вы́рвало жéлчью **3.** *(faire devenir)* • son invention l'a rendu célèbre егó изобретéние принеслó емý слáву • cette nouvelle l'a rendu pensif узнáв об э́том, он задýмался

● rendre le dernier soupir испусти́ть дух (испускáть / испусти́ть ④) • rendre justice à qqn воздáть комý-нибудь дóлжное (воздавáть* [II, воздаю́, воздаёшь - воздавáй - воздавáя] / воздáть* [*n cl*, воздáм, воздáшь, воздáст, воздади́м, воздади́те, воздадýт - вóздал, воздалá, вóздало, вóздали ⑤ - воздáй - вóздано]) • rendre la monnaie дать сдáчу (давáть* [II, даю́, даёшь - давáй - давáя] / дать* [*n cl*, дам, дашь, даст, дади́м, дадите, дадут - дал, дала, дало, дали ⑤ *(forme négative)* не дал, не дала, не дало, не дали ⑤ - сданная, сдана]) › **rendre la monnaie d'un rouble** дать сдачу с рубля • **rendre à qqn la monnaie de sa pièce** отплатить кому-нибудь той же монетой (отплачивать / отплатить ④) • **rendre visite à un collègue retraité** пойти в гости к коллеге на пенсии (идти* [IV, иду, идёшь - шёл, шла] / пойти* [IV, *id*])

■ **se rendre** *vp* **1.** *(aller)* отправляться / отправиться • **se rendre en ville** отправиться в город **2.** *(capituler)* сдаваться* [II, сдаюсь, сдаёшься - сдавайся - сдаваясь] / сдаться* [*n cl,* сдамся, сдашься - сдастся, сдадимся, сдадитесь, сдадутся, сдался, сдалась - сдайся] ③ • **l'armée s'est rendue** армия сдалась **3.** *(se faire, se montrer)* • **il a tellement mangé qu'il s'est rendu malade** до того наелся, что заболел • **il sait se rendre agréable** он умеет быть любезным

● **se rendre compte du départ du train** отдать себе отчёт в том, что поезд ушёл (отдавать* [II, отдаю, отдаёшь - отдавай - отдавая] / отдать* [*n cl,* отдам, отдашь, отдаст, отдадим, отдадите, отдадут - отдал, отдала, отдало, отдали ⑤])

renfermé[1] *adj* замкнутый • **un caractère renfermé** замкнутый характер

renfermé[2] *nm*
● **sentir le renfermé** пахнуть затхлым

renfermer *v (contenir)* содержать* [I, содержит, содержат] • **renfermer des vitamines** содержать витамины

renfort *nm* подкрепление • **des troupes envoyées en renfort** войска, посланные в подкрепление

renne *nm* (северный) олень *m*

renoncer *v* отказываться / отказаться* [II, откажусь, откажешься] ④ *(*от *+ G)* • **renoncer à son projet** отказаться от проекта • **il à renoncé à partir en raison du mauvais temps** он отказался от отъезда из-за непогоды

renouveler *v* возобновлять / возобновить • **renouveler son abonnement** возобновить подписку

rénover *v* обновлять / обновить • **le quartier a été rénové récemment** этот квартал был недавно обновлён

renseignement *nm* справка, сведение *littéraire* • **obtenir un renseignement** получить справку • **des renseignements précis sur cette affaire** точные сведения об этом деле

● **bureau de renseignements** справочное бюро

renseigner
■ **se renseigner** *vp* справляться / справиться • **se renseigner sur le prix** справиться о цене

rentabilité *nf* рентабельность *f* • **la rentabilité d'une entreprise** рентабельность предприятия

rentable *adj* рентабельный • **une entreprise rentable** рентабельное предприятие

rentrée *nf (scolaire)* начало учебного года

rentrer *v* **1.** *(revenir)* возвращаться / вернуться • **je suis rentré chez moi très tard** я вернулся домой очень поздно **2.** *(synonyme familier de entrer)* • **nous sommes rentrés dans un café** мы вошли в кафе • **l'ennemi est rentré dans la ville** неприятель вступил в город • **ces documents ne rentreront pas dans ma serviette** эти бумаги не влезут в мой портфель • **il est rentré dans l'armée** он поступил в армию → **entrer**

renverser *v* **1.** *(faire tomber un objet)* опрокидывать / опрокинуть • **renverser une tasse** опрокинуть чашку **2.** *(faire tomber une personne)* сбить с ног (сбивать / сбить* [II, собью, собьёшь - сбей - сбитый]) • **renverser un piéton** сбить пешехода с ног **3.** *(répandre)* проливать / пролить* [II, пролью, прольёшь - пролил, пролила, пролило, пролили ⑤ - пролей - пролитый, пролит, пролита, пролито, пролиты ⑤] *(un liquide)*, просыпать / просыпать* [II, просыплю, просыплешь] *(un corps poudreux, granuleux...)* • **renverser le vinaigre sur la nappe** пролить уксус на скатерть • **renverser du sel sur la table** просыпать соль на стол **4.** *(obtenir la démission)* свергать / свергнуть* [III] • **renverser le gouvernement** свергнуть правительство

■ **se renverser** *vp (tomber, se retourner)* опрокидываться / опрокинуться • **la barque s'est renversée** лодка опрокинулась

renvoyer *v* **1.** *(envoyer à l'expéditeur)* отослать обратно (отсылать / отослать* [II, отошлю, отошлёшь]) • **nous lui avons**

renvoyé le paquet мы ему́ отосла́ли посы́лку обра́тно **2.** *(congédier)* увольня́ть / уво́лить • **renvoyer un employé** уво́лить слу́жащего **3.** *(exclure)* исключа́ть / исключи́ть • **renvoyer un élève** исключи́ть ученика́ **4.** *(ajourner)* откла́дывать / отложи́ть ④ • **nous avons renvoyé la réunion à vendredi prochain** мы отложи́ли собра́ние на пя́тницу

réorganisation *nf* реорганиза́ция

réorganiser *v* реорганизова́ть / реорганизова́ть • **réorganiser l'industrie** реорганизова́ть промы́шленность

répandre *v* **1.** *(un liquide)* пролива́ть / проли́ть* [II, пролью́, прольёшь - проли́л, пролила́, проли́ло, проли́ли ⑤ - пролéй - про́литый, проли́т, пролита́, проли́то, проли́ты ⑤] • **répandre du vin sur la nappe** проли́ть вино́ на ска́терть • **répandre des larmes** пролива́ть слёзы **2.** *(un corps farineux, granuleux)* посыпа́ть / посы́пать* [II, посы́плю, посы́плешь] *(ce que l'on répand est exprimé à l'instrumental ; l'endroit où on le répand est exprimé à l'accusatif sans préposition) (saupoudrer)* • **répandre du sable dans l'allée** посы́пать доро́жку песко́м ~ просыпа́ть / просы́пать* [II, просы́плю, просы́плешь] *(laisser échapper)* • **répandre du sel sur la table** просы́пать соль на стол **3.** *(un bruit)* распространя́ть / распространи́ть • **répandre un bruit** распространи́ть слух **4.** *(une odeur)* издава́ть* [II, издаёт, издаю́т - издава́я] / изда́ть* [*n cl*, изда́ст, издаду́т - изда́л, издала́, изда́ло, изда́ли ⑤ - и́зданный, и́здан, издана́, и́здано, и́зданы ⑤] • **répandre une mauvaise odeur** издава́ть неприя́тный за́пах

■ **se répandre** *vp* распространя́ться / распространи́ться • **la nouvelle s'est vite répandue** но́вость бы́стро распространи́лась • **l'odeur du pain chaud se répand dans tout le quartier** за́пах свежеиспечённого хле́ба распространя́ется по всему́ кварта́лу

répandu *adj* распространённый ③ (распространён, распространена́) • **une opinion très répandue** о́чень распространённое мне́ние

réparation *nf* *(remise en état)* ремо́нт • **ma montre est en réparation** мои́ часы́ в ремо́нте

réparer *v* *(remettre en état)* ремонти́ровать / отремонти́ровать, чини́ть ④ / почини́ть ④ • **réparer un pont** отремонти́ровать мост • **réparer une montre** отремонти́ровать часы́

● **donner des chaussures à réparer** отда́ть о́бувь в почи́нку

reparler *v* ещё поговори́ть (говори́ть / поговори́ть) • **nous en reparlerons** мы об э́том ещё поговори́м

repartir *v* **1.** *(à pied, en parlant d'un véhicule)* уходи́ть ④ / уйти́* [IV, уйду́, уйдёшь - ушёл, ушла́ - уйдя́] • **il était ici, mais il est reparti** он был здесь, но ушёл **2.** *(autrement qu'à pied)* уезжа́ть / уе́хать* [IV, уе́ду, уе́дешь] • **elle est repartie aux États-Unis** она́ уе́хала обра́тно в США **3.** *(en volant, en avion)* улета́ть / улете́ть* [I, улечу́, улети́шь]

> **À PROPOS DE...**
>
> Quel que soit le verbe utilisé, l'idée de retour peut être exprimée par l'adverbe **обра́тно**. L'idée de répétition peut être exprimée par un adverbe comme **сно́ва** ou **опя́ть**.

répartir *v* распределя́ть / распредели́ть • **répartir le travail entre les membres de la commission** распредели́ть рабо́ту ме́жду чле́нами коми́ссии

répartition *nf* распределе́ние • **la répartition des revenus** распределе́ние дохо́дов

repas *nm* **1.** *(prise de nourriture)* • **pendant le repas** за едо́й • **servir le repas** подава́ть на стол **2.** *(selon le cas)* за́втрак *(petit déjeuner)*, обе́д *(repas de midi)*, у́жин *(repas du soir)*

● **repas froid** *(à emporter)* сухо́й паёк (паёк, пайка́)

Voir encadré page suivante.

repasser *v* **1.** *(franchir de nouveau)* переходи́ть ④ / перейти́* [IV, перейду́, перейдёшь - перешёл, перешла́ - перейдя́] *(à pied)*, переезжа́ть / перее́хать* [IV, перее́ду, перее́дешь] *(autrement qu'à pied)*, перелета́ть / перелете́ть* [I, перелечу́, перелети́шь] *(en volant) (l'idée de répétition peut être exprimée par un adverbe comme* **сно́ва***)* • **repasser de l'autre côté** перейти́ на другу́ю сто́рону • **repasser le pont** сно́ва перейти́ мост • **repasser les Alpes** сно́ва перее́хать че́рез А́льпы **2.** *(passer de nouveau à côté, à travers)* проходи́ть ④ / пройти́* [IV, пройду́, пройдёшь - прошёл, прошла́ - пройдя́] *(à pied)*, проезжа́ть

LE REPAS

- l'assiette **тарéлка** *f*
- la bière **пи́во** *nt*
- le café **кóфе** *m*
- la carafe d'eau **графи́н воды́** *m*
- la charcuterie **колбáсные издé-лия** *pl*
- les couverts **столóвые при-бóры** *pl*
- les crudités **сыры́е óвощи и фрýкты** *pl*
- le dessert **десéрт** *m*
- l'eau du robinet **водá из-под крáна** *f*
- l'eau gazeuse **газирóванная водá** *f*
- l'eau minérale **минерáльная водá** *f*
- l'eau plate **негазирóванная водá** *f*
- l'entrée **пéрвое** *nt*
- le fromage **сыр** *m*
- les fruits **фрýкты** *pl*
- le gâteau **торт** *m*
- le jus de pomme **я́блочный сок** *m*
- le jus d'orange **апельси́новый сок** *m*
- les légumes **óвощи** *pl*
- le pain **хлеб** *m*
- le plat **блю́до** *nt*
- le plateau **поднóс** *m*
- la tarte **пирóг** *m*
- le thé **чай** *m*
- la tisane **травянóй чай** *m*
- le verre **стакáн** *m*
- la viande **мя́со** *nt*
- le vin **винó** *nt*
- le yaourt **йóгурт** *m*

/ проéхать* [IV, проéду, проéдешь] *(autrement qu'à pied) (l'idée de répétition peut être exprimée par un adverbe comme* снóва *ou* опя́ть*)* • **il repasse devant le magasin** он снóва прохóдит ми́мо магази́на • **les pompiers repassent devant la maison** пожáрные снóва проезжáют ми́мо дóма **3.** *(venir de nouveau pour un instant)* захо-ди́ть ④ / зайти́* [IV, зайдý, зайдёшь - зашёл, зашлá - зайдя́] *(à pied)*, заезжáть / заéхать* [IV, заéду, заéдешь] *(autrement qu'à pied) (l'idée de répétition peut être exprimée par un adverbe comme* снóва *ou* опя́ть*)* • **je repasserai te prendre à six heures** зайдý за тобóй в шесть часóв, заéду за тобóй в шесть часóв **4.** *(du linge)* глáдить / поглáдить • **repasser une chemise** поглáдить рубáшку

repentir *nm* раскáяние • **un repentir tardif** пóзднее раскáяние

■ **se repentir** *vp* раскáиваться / раскáяться* [II, раскáюсь, раскá-ешься] *(в +L)* • **se repentir de son crime** раскáяться в своём преступлéнии

répercussion *nf* послéдствие • **cela peut avoir des répercussions fâcheuses** э́то мóжет имéть дурны́е послéдствия

répéter *v* **1.** *(gén)* повторя́ть / повто-ри́ть • **répétez cette phrase** повтори́те э́ту фрáзу • **répéter son rôle avant le spectacle** повтори́ть роль пéред спек-тáклем **2.** *(au théâtre)* репети́ровать / прорепети́ровать • **répéter une pièce** репети́ровать пьéсу

■ **se répéter** *vp* повторя́ться / повтори́-ться • **la même histoire s'est répétée** повтори́лась та же истóрия

répétition *nf* **1.** *(gén)* повторéние • **dans ce récit, il y a beaucoup de répétitions** в э́том расскáзе мнóго повторéний **2.** *(au théâtre)* репети́ция • **la répétition générale** генерáльная репети́ция

répliquer *v* возражáть / возрази́ть • **non, je ne suis pas d'accord, répliqua-t-il** нет, я не соглáсен, — возрази́л он

répondeur *nm* автоотвéтчик • **si je n'y suis pas, laisse un message sur mon répondeur** éсли меня́ не бýдет, остáвь сообщéние на автоотвéтчике

répondre *v* отвечáть / отвéтить • **il ne répondit rien** он ничегó не отвéтил • **répondre à une question** отвéтить на вопрóс

réponse *nf* отвéт • **donner une réponse affirmative** дать положи́тельный отвéт • **en réponse à sa lettre** в отвéт на егó письмó

reportage *nm* репортáж

reporter *v* **1.** *(porter une chose à l'endroit où elle était auparavant)* относи́ть ④ / отнес-ти́* [IV, отнесý, отнесёшь - отнёс, отнес-лá ③ - отнеся́ - отнесённый] *(l'idée de retour peut être exprimée par l'adverbe* обрáтно*)* • **j'ai reporté le livre à la bibliothèque** я отнёс кни́гу в библиотéку **2.** *(repousser à un moment ultérieur)* перено-си́ть ④ / перенести́* [IV, перенесý, пере-несёшь - перенёс, перенеслá ③ - перене-сённый - перенеся́] • **nous avons reporté la réunion à la semaine prochaine** мы перенесли́ собрáние на бýдущую недéлю

repos *nm* о́тдых • le jour de repos день о́тдыха • une maison de repos дом о́тдыха

reposer
■ se reposer *vp* отдыха́ть / отдохну́ть • je me suis assis pour me reposer un peu я сел, что́бы немно́го отдохну́ть
● se reposer sur ses lauriers почива́ть на ла́врах

repousser ◪ *vt* **1.** *(pousser en arrière, faire reculer)* отодвига́ть / отодви́нуть, отта́лкивать / оттолкну́ть *(avec force)* • j'ai repoussé les chaises et je suis passé я отодви́нул сту́лья и прошёл • il a repoussé le gardien et s'est enfui он оттолкну́л сто́рожа и убежа́л **2.** *(résister victorieusement à l'ennemi)* отбива́ть / отби́ть* [II, отобью́, отобьёшь - отбе́й - отби́тый] • repousser l'ennemi отби́ть непри́ятеля • repousser une attaque отби́ть нападе́ние **3.** *(rejeter de son esprit)* отбра́сывать / отбро́сить • repousser une idée отбро́сить мысль **4.** *(remettre à plus tard)* откла́дывать / отложи́ть ④ • nous avons repoussé la réunion d'une semaine мы отложи́ли собра́ние на неде́лю **5.** *(ne pas accepter)* отклоня́ть / отклони́ть [*part.* отклонённый] ④ • repousser une demande отклони́ть про́сьбу ◪ *vi* **1.** *(en parlant des plantes)* сно́ва расти́ (расти́* [IV, растёт, расту́т - рос, росла́ ③] / вы́расти* [IV, вы́растет, вы́растут - вы́рос, вы́росла]) • les feuilles repoussent ли́стья сно́ва расту́т **2.** *(en parlant des cheveux, de la barbe...)* отраста́ть / отрасти́* [IV, отрастёт, отрасту́т - отро́с, отросла́] ③ *(l'idée de recommencement est exprimée par un adverbe comme* сно́ва*)* • ta barbe a repoussé твоя́ борода́ сно́ва отросла́

reprendre ◪ *vt* **1.** *(saisir de nouveau)* брать* [IV, беру́, берёшь - брал, брала́, бра́ло, бра́ли ⑤] / взять* [IV, возьму́, возьмёшь - взял, взяла́, взя́ло, взя́ли ⑤ - взя́тый, взят, взята́, взя́то, взя́ты ⑤] *(l'idée de répétition est exprimée par un adverbe comme* сно́ва *ou* опя́ть *; l'idée de retour est exprimée par un adverbe comme* обра́тно *ou* наза́д*)* • il a repris son argent он взял свои́ де́ньги наза́д • j'ai repris l'affaire en mains я сно́ва взял де́ло в свои́ ру́ки ~ сно́ва пойма́ть (/ пойма́ть) *(rattraper une personne ou un animal)* • le voleur a été repris во́ра сно́ва пойма́ли **2.** *(occuper de nouveau)* занима́ть / заня́ть* [IV, займу́, займёшь - за́нял, заняла́, за́няло, за́няли ⑤ - за́нятый, за́нят, занята́, за́нято, за́няты ⑤] *(l'idée de répétition est exprimée par un adverbe comme* сно́ва *ou* опя́ть*)* • l'armoire a repris sa place шкаф сно́ва за́нял своё ме́сто **3.** *(recommencer, transitif)* начина́ть / нача́ть* [IV, начну́, начнёшь - на́чал, начала́, на́чало, на́чали ⑤ - на́чатый, на́чат, начата́, на́чато, на́чаты ⑤] *(l'idée de répétition est exprimée par un adverbe comme* сно́ва *ou* опя́ть*)*, возобновля́ть / возобнови́ть *littéraire* • nous avons repris les expériences мы сно́ва на́чали экспериме́нты • reprendre ses occupations возобнови́ть свои́ заня́тия
● reprendre ses esprits прийти́ в себя́ (приходи́ть ④ / прийти́* [IV, приду́, придёшь - пришёл, пришла́ - придя́]) • reprendre des forces собра́ться с си́лами (собира́ться / собра́ться* [IV, соберу́сь, соберёшься - собра́лся, собрала́сь] ③) ◪ *vi (recommencer)* начина́ться / нача́ться* [IV, начнётся, начну́тся - начался́, начала́сь] *(l'idée de répétition est exprimée par un adverbe comme* сно́ва *ou* опя́ть*)*, возобновля́ться / возобнови́ться *littéraire* • les travaux reprennent рабо́ты начина́ются опя́ть • les pourparlers ont repris перегово́ры возобнови́лись

représentant *nm* представи́тель *m* • les représentants du peuple представи́тели наро́да • un représentant commercial торго́вый представи́тель

représentante *nf* представи́тельница

représentation *nf (spectacle)* представле́ние • donner une représentation дать представле́ние

représenter *v* **1.** *(dépeindre)* изобража́ть / изобрази́ть • le tableau représente une tempête карти́на изобража́ет бу́рю **2.** *(être le représentant de)* представля́ть • qui représente le comité ? кто представля́ет комите́т?
■ se représenter *vp (imaginer)* представля́ть себе́ (представля́ть / предста́вить) • vous vous représentez quelle a été leur surprise ? представля́ете себе́, как они́ удиви́лись!

réprimer *v (écraser)* подавля́ть / подави́ть ④ • réprimer une révolte подави́ть восста́ние

reprise *nf (fois)* раз* *(gén. pl.* раз*)* • à plusieurs reprises не́сколько раз

reproche *nm* упрёк • couvrir un élève de reproches осыпа́ть ученика́ упрёками

reprocher *v* упрека́ть / упрекну́ть • **reprocher au dompteur sa cruauté** упрека́ть дрессировщика в жесто́кости

reproduction *nf* **1.** (BIOL) размноже́ние **2.** *(imitation très exacte)* репроду́кция • **une reproduction en couleurs** цветна́я репроду́кция • **la reproduction d'un tableau célèbre** репроду́кция изве́стной карти́ны

reproduire *v* **1.** *(faire une copie)* воспроизводи́ть ④ / воспроизвести́* [IV, воспроизведу́, воспроизведёшь - воспроизвёл, воспроизвела́ ③ - воспроизведённый] • **reproduire un tableau** воспроизвести́ карти́ну **2.** *(tirer à plusieurs exemplaires)* размножа́ть / размно́жить • **reproduire à mille exemplaires** размно́жить в ты́сяче экземпля́ров
■ **se reproduire** *vp* (BIOL) размножа́ться / размно́житься • **les lapins se reproduisent rapidement** кро́лики бы́стро размножа́ются

reptile *nm* пресмыка́ющееся *(part subst nt) (l'accusatif singulier de* пресмыка́ющееся *est semblable au nominatif ; l'accusatif pluriel est semblable au génitif)*

républicain¹ *adj* республика́нский • **une constitution républicaine** республика́нская конститу́ция

républicain² *nm* республика́нец

république *nf* респу́блика • **la République Française** Францу́зская Респу́блика

réputation *nf* репута́ция • **avoir (une) bonne réputation** по́льзоваться хоро́шей репута́цией

requin *nm* аку́ла

RER *(abr de* **Réseau express régional***) nm* *городска́я и при́городная железнодоро́жная сеть Пари́жского регио́на*

réseau *nm* сеть *f* ⑧③ • **le réseau ferroviaire** железнодоро́жная сеть • **le réseau routier** сеть шоссе́йных доро́г • **un réseau informatique** сеть переда́чи да́нных

réserve *nf* **1.** *(ce que l'on a mis de côté)* запа́с • **des réserves de denrées alimentaires** продово́льственные запа́сы ~ (MIL) • **un officier de réserve** офице́р запа́са **2.** *(restriction)* огово́рка • **avec quelques réserves** с не́которыми огово́рками

réserver *v (des places)* брони́ровать / заброни́ровать • **réserver des places** заброни́ровать места́ • **des places réservées** заброни́рованные места́

réservoir *nm (récipient)* бак • **des réservoirs à pétrole** нефтяны́е ба́ки • **le réservoir à essence** бензоба́к

résidence *nf* **1.** *(adresse habituelle)* местожи́тельство **2.** *(demeure luxueuse)* резиде́нция • **la résidence d'été du président de la République** ле́тняя резиде́нция президе́нта респу́блики

résigner
■ **se résigner** *vp* примиря́ться / примири́ться (c + I) • **se résigner à son sort** примири́ться со свое́й судьбо́й • **il a dû se résigner à abandonner son projet** он был вы́нужден примири́ться с отка́зом от своего́ прое́кта

résistance *nf* **1.** *(opposition)* сопротивле́ние • **opposer une résistance acharnée** оказа́ть упо́рное сопротивле́ние **2.** *(endurance)* выно́сливость *f*
● **la Résistance** движе́ние Сопротивле́ния

résistant¹ *adj* **1.** *(solide)* про́чный ⑤ • **un matériau résistant** про́чный материа́л **2.** *(endurant)* выно́сливый • **un homme résistant** выно́сливый челове́к

résistant² *nm* уча́стник движе́ния Сопротивле́ния

résistante *nf* уча́стница движе́ния Сопротивле́ния

résister *v* **1.** *(s'opposer par la force, ne pas se laisser faire)* сопротивля́ться • **résister à l'oppression des envahisseurs** сопротивля́ться угнете́нию захва́тчиками • **résister à la maladie** сопротивля́ться боле́зни **2.** *(ne pas être endommagé)* выде́рживать / вы́держать* [I, вы́держит, вы́держат] *(+ A)* • **le pont ne résistera pas à un tel poids** мост не вы́держит тако́й нагру́зки **3.** *(surmonter une difficulté, supporter une souffrance)* переноси́ть ④ / перенести́* [IV, перенесу́, перенесёшь - перенёс, перенесла́ ③ - перенеся́] *(+ A)* • **résister au froid** переноси́ть хо́лод • **résister à la sécheresse** перенести́ за́суху **4.** *(ne pas succomber à une tentation)* устра́ивать / усто́ять* [I, устою́, усто́ишь] (про́тив + G) • **il n'a pas résisté à la tentation** он не усто́ял про́тив искуше́ния

résolution *nf (décision)* решéние • ma résolution était prise я ужé при́нял решéние

résoudre *v (trouver la solution)* решáть / реши́ть • résoudre un problème реши́ть задáчу

respect *nm* **1.** *(déférence)* уважéние • inspirer le respect внушáть уважéние • par respect pour votre père из уважéния к вáшему отцý **2.** *(observance)* соблюдéние • le respect des lois соблюдéние закóнов

respecter *v* **1.** *(avoir du respect)* уважáть • se faire respecter застáвить себя́ уважáть **2.** *(se conformer à)* соблюдáть / соблюсти́* [IV, соблюдý, соблюдёшь - соблю́л, соблюлá ③ - соблюдённый] • respecter la loi соблюдáть закóн

respectueux *adj* почти́тельный • un ton respectueux почти́тельный тон

respiration *nf* дыхáние • retenir sa respiration задéржать дыхáние • la respiration artificielle искýсственное дыхáние

respirer *v* дышáть* [I, дышý, ды́шишь ④] / подышáть* [I, *id*] *(+ I)* • respirer l'air frais дышáть свéжим вóздухом • respirer la santé дышáть здорóвьем

responsabilité *nf* отвéтственность *f* • porter la responsabilité нести́ отвéтственность • prendre la responsabilité de взять на себя́ отвéтственность за

responsable ◪ *adj* отвéтственный • une personne responsable отвéтственное лицó ◪ *nmf* отвéтственное лицó *nt* • les responsables de l'attentat ont été arrêtés ли́ца, несýщие отвéтственность за покушéние, бы́ли арестóваны

ressemblance *nf* схóдство • une ressemblance apparente внéшнее схóдство

ressembler *v* быть похóжим *(на + A)* • André ressemble à son grand-père Андрé похóж на своегó дéда

■ se ressembler *vp* быть похóжими • ces deux sœurs se ressemblent beaucoup э́ти две сёстры́ óчень похóжи • elles se ressemblent comme deux gouttes d'eau они́ похóжи как две кáпли воды́

ressentir *v* ощущáть / ощути́ть *(т → щ)* • ressentir une forte douleur ощущáть си́льную боль

ressort *nm* (TECHN) пружи́на • un ressort de montre часовáя пружи́на

ressortir *v (sortir de nouveau)* выходи́ть ④ / вы́йти* [IV, вы́йду, вы́йдешь - вы́шел, вы́шла - вы́йдя] *(l'idée de répétition peut être exprimée par un adverbe comme* снóва*)* • il était ici mais il est ressorti он был здесь, но снóва вы́шел

ressources *nfpl* **1.** *(moyens pécuniaires)* срéдства *pl* (средств, срéдствам) • rester sans ressources остáться без срéдств **2.** *(richesses naturelles)* прирóдные ресýрсы *pl* • les ressources de la France прирóдные ресýрсы Фрáнции

ressusciter ◪ *vi* воскресáть / воскрéснуть* [III] ◪ *vt* воскрешáть / воскреси́ть

restant[1] *adj*

● poste restante до вострéбования

restant[2] *nm (ce qui reste)* остальнóе *(adj subst nt)* • je vous paierai le restant dans une semaine остальнóе я вам заплачý чéрез недéлю

restaurant *nm* ресторáн, столóвая *(adj subst f) (restaurant modeste, cantine)* • nous avons mangé au restaurant мы поýжинали в ресторáне • le restaurant universitaire студéнческая столóвая

restaurer *v (faire des travaux de restauration)* реставри́ровать / отреставри́ровать • restaurer un monument реставри́ровать пáмятник • on a restauré les maisons de la vieille ville домá стáрого гóрода бы́ли отреставри́рованы

reste *nm* остáток • le reste de la somme остáток сýммы • les restes d'une ancienne forteresse остáтки дрéвней крéпости

● du reste впрóчем › **du reste, vous le connaissez mieux que moi** впрóчем, вы егó лýчше знáете

rester *v* **1.** *(ne pas s'en aller, ne pas changer)* оставáться* [II, остаю́сь, остаёшься - оставáйся - оставáясь] / остáться* [*n cl*, остáнусь, остáнешься] • elle est restée orpheline онá остáлась сиротóй • ils sont restés chez nous deux ou trois jours они́ оставáлись у нас два-три дня • il reste cinq minutes остаётся пять минýт • il ne te reste plus qu'à t'excuser тебé остаётся тóлько извини́ться • **rester lettre morte** остава́ться мёртвой бу́квой **2.** *(rester assis, rester enfermé)* сиде́ть* [I, сижу́, сиди́шь] / посиде́ть* [I, *id*], проси́живать / просиде́ть* [I, просижу́, просиди́шь] *(longuement)* • **rester à la maison** сиде́ть до́ма • **rester sans rien faire** сиде́ть без де́ла • **reste tranquille** сиди́ сми́рно **3.** *(rester debout)* стоя́ть* [I, стою́, стои́шь] / постоя́ть* [I, *id*], проста́ивать / простоя́ть* [I, простою́, простои́шь] *(longuement)* • **elle est restée un instant à la fenêtre** она́ постоя́ла у окна́ • **le train est resté deux heures dans cette gare** по́езд простоя́л на э́той ста́нции два часа́ **4.** *(rester couché)* лежа́ть* [I, лежу́, лежи́шь] / полежа́ть* [I, *id*], пролёживать / пролежа́ть* [I, пролежу́, пролежи́шь] *(longuement)* • **combien de temps va-t-il encore rester à l'hôpital ?** ско́лько вре́мени он ещё пролежи́т в больни́це? • **le paquet est resté deux semaines à la poste** бандеро́ль пролежа́ла на по́чте две неде́ли **5.** *(séjourner)* пребыва́ть / пробы́ть* [*n cl*, пробу́ду, пробу́дешь - про́был, пробыла́, про́было, про́были] ⑤ • **elle n'est pas restée plus d'une semaine à Paris** она́ пробыла́ в Пари́же не бо́льше неде́ли **6.** *(rester planté)* застрева́ть / застря́ть* [*n cl*, застря́ну, застря́нешь] • **l'arête lui est restée dans la gorge** кость застря́ла у него́ в го́рле

● **il n'en reste pas moins que** а всё-таки › **il n'en reste pas moins que son retard a été considérable** а всё-таки он намно́го опозда́л • **je suis resté assis pendant deux heures dans la salle d'attente** я два часа́ просиде́л в приёмной • **elle est restée couchée toute la journée** она́ весь день пролежа́ла в посте́ли • **je peux rester debout encore un moment** я могу́ ещё постоя́ть

restriction *nf (limitation)* ограниче́ние • **sans aucune restriction** без вся́ких ограниче́ний

résultat *nm* результа́т • **cela a donné des résultats positifs** э́то привело́ к положи́тельным результа́там

résumé *nm* резюме́* *nt indécl*, конспе́кт *(résumé écrit)* • **le secrétaire nous a fait un résumé de l'exposé** секрета́рь дал нам резюме́ докла́да • **faire le résumé d'un cours** соста́вить конспе́кт ле́кции

résumer *v* соста́вить резюме́ (составля́ть / соста́вить), конспекти́ровать / законспекти́ровать *(par écrit)* • **résumer un exposé** законспекти́ровать докла́д

résurrection *nf* воскресе́ние

rétablir *v* восстана́вливать / восстанови́ть ④ • **rétablir l'ordre** восстанови́ть поря́док

■ **se rétablir** *vp* поправля́ться / попра́виться • **elle se rétablit et sortira bientôt de l'hôpital** она́ поправля́ется и ско́ро вы́пишется из больни́цы

retard *nm* **1.** *(le fait de dépasser le moment fixé)* опозда́ние • **la réunion a commencé avec un certain retard** собра́ние начало́сь с не́которым опозда́нием **2.** *(état arriéré)* отста́лость *f* • **le retard économique** экономи́ческая отста́лость

● **avoir du retard** опа́здывать / опозда́ть › **le train a du retard** по́езд опа́здывает › **l'avion a eu trois heures de retard** самолёт опозда́л на три часа́ • **être en retard, prendre du retard a.** *(gén)* опа́здывать / опозда́ть › **ils sont toujours en retard** они́ всегда́ опа́здывают › **je suis en retard de cinq minutes** я опа́здываю на пять мину́т › **nous prenons du retard** мы опа́здываем **b.** *(en parlant d'une montre, d'un réveil...)* отстава́ть* [II, отстаёт, отстаю́т] › **la pendule retarde de dix minutes** часы́ отстаю́т на де́сять мину́т › **ma montre a pris une minute de retard** мои́ часы́ отстаю́т на одну́ мину́ту

retarder ◪ *vt (faire prendre du retard)* заде́рживать / задержа́ть* [I, задержу́, заде́ржишь] ④ • **toutes ces démarches nous ont retardés** все э́ти хло́поты нас задержа́ли ◪ *vi (indiquer une heure moins avancée)* отстава́ть* [II, отстаёт, отстаю́т] • **ta montre retarde** твои́ часы́ отстаю́т

retenir *v* **1.** *(empêcher de partir, de passer)* заде́рживать / задержа́ть* [I, задержу́, заде́ржишь] ④ • **il a été retenu par des affaires** его́ задержа́ли дела́ • **je ne vous retiens pas** я вас бо́льше не заде́рживаю • **retenir l'ennemi** задержа́ть неприя́теля • **le barrage retient l'eau** плоти́на заде́рживает во́ду **2.** *(empêcher de tomber, d'agir)* уде́рживать / удержа́ть* [I, удержу́, уде́ржишь] ④ • **il n'a pas pu retenir la bouteille, elle est tombée et s'est cassée** он не смог удержа́ть буты́лку; она́ упа́ла и разби́лась • **retenir son cheval** удержа́ть коня́ • **c'est la crainte qui le retenait** его́ уде́рживал страх **3.** *(empêcher de se mani-*

fester, réprimer) сде́рживать / сдержа́ть* [I, сдержу́, сде́ржишь] ④ • **retenir ses larmes** сдержа́ть слёзы • **retenir sa respiration** сдержа́ть дыха́ние **4.** *(mémoriser)* запомина́ть / запо́мнить • **retenir des vers** запо́мнить стихи́ • **je n'ai pas retenu son nom** я не запо́мнил его́ и́мени **5.** *(réserver, louer)* брони́ровать / заброни́ровать, зака́зывать / заказа́ть* [II, закажу́, зака́жешь] ④ • **j'ai retenu une chambre** я заказа́л но́мер • **vous avez retenu les places ?** вы заброни́ровали места́? **6.** *(faire une retenue en maths)* • **je pose trois, je retiens cinq** три пи́шем, пять в уме́

■ **se retenir** *vp* **1.** *(s'accrocher)* хвата́ться / ухвати́ться ④ • **se retenir à une branche** ухвати́ться за ве́тку **2.** *(s'empêcher)* сде́рживаться / сдержа́ться* [I, сдержу́сь, сде́ржишься] ④ • **elle n'a pas pu se retenir ; elle a éclaté en sanglots** она́ не смогла́ сдержа́ться — зарыда́ла

retirer *v* **1.** *(reprendre)* брать* [IV, беру́, берёшь - брал, брала́, бра́ло, бра́ли ⑤] / взять* [IV, возьму́, возьмёшь - взял, взяла́, взя́ло, взя́ли] ⑤ • **retirer de l'argent de la caisse d'épargne** взять де́ньги из сберка́ссы • **retirer ses bagages de la consigne** взять бага́ж из ка́меры хране́ния **2.** *(extraire, tirer)* выта́скивать / вы́тащить • **retirer une écharde** вы́тащить зано́зу • **retirer un noyé de l'eau** вы́тащить уто́пленника из воды́ **3.** *(enlever un vêtement)* снима́ть / снять* [IV, сниму́, сни́мешь ④ - снял, сняла́, сня́ло, сня́ли ⑤ - сня́тый, снят, снята́, сня́то, сня́ты ⑤] • **retirer sa cravate** снять га́лстук **4.** *(renoncer à présenter)* снима́ть / снять* • **retirer sa candidature** снять свою́ кандидату́ру • **retirer sa proposition** снять своё предложе́ние **5.** *(obtenir pour soi)* извлека́ть / извле́чь* [IV, извлеку́, извлечёшь, извлеку́т - извлёк, извлекла́ ③ - извлечённый] • **retirer un grand profit d'une opération commerciale** извле́чь большу́ю вы́году из комме́рческой опера́ции **6.** *(tirer en arrière)* убира́ть / убра́ть • **retirer brusquement sa main** отдёрнуть ру́ку

■ **se retirer** *vp (s'en aller)* уходи́ть ④ / уйти́* [IV, уйду́, уйдёшь - ушёл, ушла́ - ушя́] *(à pied)*, уезжа́ть / уе́хать* [IV, уе́ду, уе́дешь] *(autrement qu'à pied)* • **ils se sont retirés à la campagne** они́ уе́хали в дере́вню

retomber *v* **1.** *litt (tomber une nouvelle fois)* па́дать / упа́сть* [IV, упаду́, упадёшь - упа́л, упа́ла] *(l'idée de répétition peut être exprimée par un adverbe comme* сно́ва*)* • **la fusée est retombée dans l'océan** раке́та упа́ла в океа́н • **il s'est relevé, mais est retombé aussitôt** он подня́лся, но тут же сно́ва упа́л **2.** *fig (tomber de nouveau)* впада́ть / впасть* [IV, впаду́, впадёшь - впал, впа́ла] *(l'idée de répétition peut être exprimée par un adverbe comme* сно́ва*)* • **retomber en enfance** впасть в де́тство • **retomber dans le désespoir** сно́ва впасть в отча́яние

● **retomber malade** сно́ва (заболева́ть / заболе́ть)

retour *nm (le fait de revenir)* возвраще́ние • **retour au pays natal** возвраще́ние в родно́й край

● **par retour du courrier** обра́тной по́чтой

retourner ◪ *vt (tourner dans un autre sens)* перевёртывать / переверну́ть [*part.* перевёрнутый] • **retourner un tiroir** переверну́ть я́щик ◪ *vi (revenir)* возвраща́ться / верну́ться • **je retourne chez moi** я возвраща́юсь домо́й • **nous sommes retournés sur nos pas** мы верну́лись наза́д

■ **se retourner** *vp* повора́чиваться / поверну́ться • **il s'est retourné vers moi** он поверну́лся ко мне

retrait *nm* получе́ние • **faire un retrait dans un distributeur automatique** забра́ть де́ньги из банкома́та • **le retrait des marchandises s'effectue au rez-de-chaussée** получе́ние това́ров на пе́рвом этаже́

retraite *nf* **1.** *(état d'une personne retirée de la vie active)* пе́нсия, отста́вка *(pour un militaire)* • **prendre sa retraite** вы́йти на пе́нсию (выходи́ть ④ / вы́йти* [IV, вы́йду, вы́йдешь - вы́шел, вы́шла]) • **il y a longtemps que son mari est à la retraite** её муж уже́ давно́ на пе́нсии **2.** *(d'une armée)* отступле́ние • **la retraite commença le 6 octobre** отступле́ние начало́сь 6-го октября́ **3.** *(pension)* пе́нсия • **toucher sa retraite** получа́ть пе́нсию

● **battre en retraite** отступа́ть / отступи́ть ④ › **l'ennemi battait en retraite** враг отступа́л

retraité *nm* пенсионе́р

retraitée *nf* пенсионе́рка

retrousser *v* засу́чивать / засучи́ть ④ • **retrousser ses manches** засучи́ть рукава́

retrouver *v (ce qui est perdu)* находи́ть ④ / найти́* [IV, найду́, найдёшь - нашёл, нашла́ - найдя́ - на́йденный] • **j'ai retrouvé mon porte-monnaie** я нашёл свой кошелёк

rétroviseur *nm* зе́ркало за́днего ви́да, зе́ркало *(pl.* зеркала́, зерка́л, зеркала́м*)*

réunion *nf (assemblée)* собра́ние • **tu vas à la réunion ?** ты идёшь на собра́ние? • **une réunion parents-professeurs** роди́тельское собра́ние

réunir *v* **1.** *(grouper)* собира́ть / собра́ть* [IV, соберу́, соберёшь - собра́л, собрала́, собра́ло, собра́ли] ⑤ • **on a réuni les élèves dans la cour** ученико́в собра́ли во дворе́ **2.** *(joindre)* соединя́ть / соедини́ть • **réunir les deux extrémités du fil** соедини́ть концы́ про́вода

réussir ◼ *vi* удава́ться* [II, удаётся, удаю́тся] / уда́ться* [*n cl,* уда́стся, удаду́тся - уда́лся, удала́сь] ③ • **la tentative n'a pas réussi** попы́тка не удала́сь ◼ *vt* удава́ться* [II, удаётся, удаю́тся] / уда́ться* [*n cl,* уда́стся, удаду́тся - уда́лся, удала́сь] ③ *(le nom ou le pronom désignant ce qui réussit est exprimé au nominatif ; le nom ou le pronom désignant la personne concernée par cette réussite est exprimé au datif)* • **il avait très bien réussi le dessert** десе́рт ему уда́лся замеча́тельно

■ **réussir à** *vi* **1.** *(+ inf)* удава́ться* [II, удаётся, удаю́тся] / уда́ться* [*n cl,* уда́стся, удаду́тся - уда́лся, удала́сь] ③ *(+ D, + inf)* • **j'ai réussi à obtenir des billets** мне удало́сь доста́ть биле́ты • **il a réussi à attraper son train** он успе́л на по́езд **2.** *(à un examen)* сдава́ть* [II, сдаю́, сдаёшь - сдава́й - сдава́я] / сдать* [*n cl,* сдам, сдашь, сдаст, сдади́м, сдади́те, сдаду́т - сдал, сдала́, сда́ло, сда́ли ⑤ - сдай - сда́нный, сдан, сдана́ ③] • **elle a réussi ?** она́ сдала́? • **j'ai réussi à mon examen** я сдал экза́мен • **il a réussi à son permis de conduire** он сдал на води́тельские права́ **3.** *(à qqn)* • **le soleil de Grèce t'a réussi, tu as une mine splendide** со́лнце Гре́ции пошло́ тебе́ на по́льзу, ты замеча́тельно вы́глядишь • **la solitude ne lui réussit pas** он пло́хо перено́сит одино́чество

revanche *nf* рева́нш • **prendre sa revanche** взять рева́нш

● **en revanche** зато́

rêve *nm* **1.** *(durant le sommeil)* сон • **voir de la neige en rêve** ви́деть снег во сне **2.** *(projet peu réalisable)* мечта́ • **un rêve irréalisable** несбы́точная мечта́ • **réaliser son rêve** осуществи́ть свою́ мечту́

● **faire un rêve, faire des rêves** *(en dormant)* сни́ться / присни́ться *(+ D)* • **j'ai fait un rêve affreux** мне присни́лся стра́шный сон

réveil *nm (réveille-matin)* буди́льник • **mettre la sonnerie du réveil à six heures** поста́вить буди́льник на шесть часо́в

réveiller *v* буди́ть ④ / разбуди́ть ④ • **on m'a réveillé à six heures** меня́ разбуди́ли в шесть часо́в

■ **se réveiller** *vp* просыпа́ться / просну́ться • **je me suis réveillé à dix heures** я просну́лся в де́сять часо́в

réveillon *nm* **1.** *(repas)* пра́здничный у́жин • **ils ont mangé des huîtres pour le réveillon du Nouvel An** за нового́дним у́жином они́ е́ли у́стриц **2.** *(soirée)* ве́чер • **tu as des projets pour le réveillon de Noël ?** у тебя́ есть пла́ны на рожде́ственский ве́чер?

révéler *v (dévoiler)* раскрыва́ть / раскры́ть* [II, раскро́ю, раскро́ешь - раскры́тый] • **révéler un secret** раскры́ть та́йну

revendre *v* перепродава́ть* [II, перепродаю́, перепродаёшь - перепродава́я - перепродава́й] / перепрода́ть* [*n cl,* перепрода́м, перепрода́шь, перепрода́ст, перепродади́м, перепродади́те, перепродаду́т - перепро́дал, перепродала́, перепро́дало, перепро́дали ⑤ - перепрода́й - перепро́данный, перепро́дан, перепродана́, перепро́дано, перепро́даны ⑤] • **revendre de la marchandise à perte** перепрода́ть това́р с убы́тком

revenir *v* **1.** *(après un départ)* возвраща́ться / верну́ться • **revenir de son travail** верну́ться с рабо́ты • **revenir de l'étranger** верну́ться из-за грани́цы • **il est revenu au bout de deux heures** он верну́лся че́рез два часа́ • **nous reviendrons sur cette question** к э́тому вопро́су мы ещё вернёмся **2.** *(coûter)* обходи́ться [обхо́дится, обхо́дятся] / обойти́сь* [IV, обойдётся, обойду́тся - обошёлся, обошла́сь] • **à combien ça va revenir ?** во ско́лько э́то обойдётся?

● **revenir à soi** прийти́ в себя́ (приходи́ть ④ / прийти́* [IV, приду́, придёшь - пришёл, пришла́ - придя́])

revenu *nm* дохóд • le revenu annuel годовóй дохóд • le revenu national национáльный дохóд

rêver *v* 1. *(faire des rêves)* ви́деть сны, ви́деть* [I, ви́жу, ви́дишь] • j'ai rêvé toute la nuit всю ночь ви́дел сны 2. *(voir en rêve)* ви́деть во сне *(+ A)*, ви́деть* [I, ви́жу, ви́дишь], сни́ться / присни́ться *(au sujet de la proposition française correspond en russe un nom ou un pronom au datif ; ce à quoi on rêve est exprimé par un nominatif ou une complétive)* • j'ai rêvé à toi я ви́дел тебя́ во сне • j'ai rêvé à mon grand-père мне присни́лся дéдушка • j'ai rêvé que nous partions à l'étranger мне присни́лось, что мы уезжáем за грани́цу 3. *(avoir très envie)* мечтáть / помечтáть *(+ inf)* • je rêve d'une soirée tranquille au coin du feu я мечтáю о ти́хом вéчере уками́на • il rêvait d'entrer à l'université он мечтáл поступи́ть в университéт • je rêve de partir à l'étranger я мечтáю уéхать за грани́цу 4. *(méditer)* мечтáть / помечтáть • rêver à l'avenir мечтáть о бýдущем

réverbère *nm* ýличный фонáрь

rêveur *adj* задýмчивый • un air rêveur задýмчивый вид

revient *nm*
• le prix de revient себестóимость *f* › vendre une marchandise au prix de revient реализовáть товáр по себестóимости

réviser *v* повторя́ть / повтори́ть • tu as révisé ton histoire pour lundi ? ты повтори́л истóрию к понедéльнику?

révision *nf (scolaire)* повторéние прóйденного
• faire des révisions повтори́ть прóйденное (повторя́ть / повтори́ть)

revoir[1] *v* 1. *(voir de nouveau)* ви́деть* [I, ви́жу, ви́дишь] / уви́деть* [I, *id*] *(l'idée de répétition peut être exprimée par un adverbe comme* снóва*)* • j'espère que nous nous reverrons bientôt надéюсь, что мы скóро уви́димся снóва 2. *(réviser)* повторя́ть / повтори́ть • elle revoyait sa leçon онá повторя́ла урóк

revoir[2] *nm*
• au revoir до свидáния

révolte *nf* восстáние • une révolte a éclaté вспы́хнуло восстáние • écraser une révolte подави́ть восстáние

révolution *nf* револю́ция • la Révolution française Францýзская револю́ция • la révolution d'Octobre Октя́брьская револю́ция

révolutionnaire[1] *adj* революциóнный • un mouvement révolutionnaire революциóнное движéние

révolutionnaire[2] *nmf* революционéр *m*, революционéрка *f*

revolver *nm* револьвéр

revue *nf* 1. *(publication)* журнáл • une revue mensuelle ежемéсячный журнáл • une revue hebdomadaire еженедéльный журнáл 2. *(parade)* парáд • la revue du 14 Juillet парáд 14-го ию́ля 3. *(inspection des troupes)* смотр* *(loc.* смотрý ⑧②*)* • passer les troupes en revue произвести́ смотр войскáм

rez-de-chaussée *nm* пéрвый этáж *(*этáж ③*)* • nous habitons au rez-de-chaussée мы живём на пéрвом этажé

rhabiller
■ se rhabiller *vp* одевáться / одéться* [*n cl*, одéнусь, одéнешься] • vous pouvez vous rhabiller вы мóжете одевáться

rhinocéros *nm* носорóг

rhum *nm* ром
• au rhum рóмовый › un baba au rhum рóмовая бáба

rhumatisme *nm* ревмати́зм

rhume *nm* нáсморк • j'avais un rhume у меня́ был нáсморк • tu as attrapé un rhume ты схвати́л нáсморк

riche *adj* богáтый *(comp.* богáче*)* • c'est une région riche en blé э́то край, богáтый хлéбом • une riche expérience богáтый óпыт

richement *adv* богáто *(comp.* богáче*)* • richement vêtu богáто одéтый

richesse *nf* богáтство • les richesses naturelles прирóдные богáтства

ride *nf* морщи́на • des rides sur le front морщи́ны на лбу

rideau *nm* 1. *(aux fenêtres)* занавéска • des rideaux de tulle тю́левые занавéски 2. *(au théâtre)* зáнавес • lever le rideau подня́ть зáнавес
• le rideau de fer желéзный зáнавес

ridicule *adj* смешнóй *(*смешóн, смешнá, смешнó, смешны́*)* • se mettre dans une

situation ridicule попáсть в смешнóе положéние • c'est une idée ridicule ! это смешнáя идéя!
● tourner en ridicule поднять нá смех

rien¹ *pron* **1.** *(gén)* ничегó, ничтó *(d'emploi assez rare dans la langue de la conversation)* • il ne fait rien он ничегó не дéлает • rien ne l'intéresse егó ничегó не интересýет • je ne pense à rien я ни о чём не дýмаю • je n'y suis pour rien я тут ни при чём • pour rien au monde ни за что на свéте • comme si de rien n'était как ни в чём не бывáло **2.** *(+ à + inf)* нéчего *(la forme* нéчего *est un génitif)* • je n'ai rien à faire мне нéчего дéлать • il n'y a rien à faire дéлать нéчего • il n'y a rien à regretter нé о чем жалéть
● ça ne fait rien *(qu'importe)* ничегó • ce n'est rien это пустяки́ • de rien *(après un remerciement)* пожáлуйста, нé за что • perdre son temps pour rien терять врéмя пóпусту

rien² *nm* пустяк ③② • se mettre en colère pour des riens рассерди́ться из-за пустякóв

Riga Ри́га
● de Riga ри́жский

rigide *adj* жёсткий • du carton rigide жёсткий картóн

rigolo *fam adj* прикóльный • une histoire rigolote прикóльная истóрия

rigoureux *adj* **1.** *(inflexible)* стрóгий ⑤ *(comp.* стрóже*)* • suivre un régime rigoureux соблюдáть стрóгую диéту **2.** *(très froid)* сурóвый • un hiver rigoureux сурóвая зимá

rime *nf* ри́фма

rincer *v* полоскáть* [II, полощý, полóщешь ④] / прополоскáть* [II, *id*], вы́полоскать* [II, вы́полощу, вы́полощешь] • rincer le linge полоскáть бельё
■ se rincer *vp* споласкивть* [II, полощý, полóщешь ④] / сполоснýть* [II, *id*] • se rincer la bouche сполоснýть рот • je me rince toujours les cheveux après la piscine я всегдá сполáскиваю вóлосы пóсле бассéйна

rire¹ *v* смеяться* [II, смеюсь, смеёшься] / засмеяться* [II, *id*], хохотáть* [II, хохочý, хохóчешь ④] / захохотáть* [II, *id*] *(aux éclats)* • rire aux larmes смеяться до слёз, хохотáть до слёз • il n'y a pas de quoi rire нéчего смеяться • vous voulez rire вы смеётесь
● faire rire смеши́ть / рассмеши́ть › il faisait rire tout le monde avec ses plaisanteries он всех смеши́л свои́ми шýтками • pour rire в шýтку › j'ai dit ça pour rire я это сказáл в шýтку • ne pas pouvoir s'empêcher de rire не удержáться от смéха • éclater de rire покати́ться сó смеху • mourir de rire помирáть сó смеху

rire² *nm* смех, хóхот *(gros rire)* • un rire irrésistible неудержи́мый смех

risque *nm* риск • courir un grand risque подвергáться большóму ри́ску • à ses risques et périls на свой страх и риск

risquer *v* рисковáть / рискнýть *(+ I)* • risquer sa vie рисковáть своéй жи́знью

rivage *nm* бéрег* *(loc.* берегý *; pl.* берегá ⑧②*) (l'accent passe généralement sur la préposition dans le groupe* нá берег*)* • sur le rivage du lac на берегý óзера

rival *nm* сопéрник

rivale *nf* сопéрница

rive *nf* бéрег* *(loc.* берегý *; pl.* берегá ⑧②*) (l'accent passe généralement sur la préposition dans le groupe* нá берег*)* • sur une rive escarpée на крутóм берегý

rivière *nf* рекá *(l'accent passe sur la préposition dans les groupes* зá реку *et* нá реку*)* ②⑦ • au bord d'une rivière на берегý реки́

riz *nm* рис
● de riz ри́совый › un gâteau de riz ри́совый пирóг

robe *nf* **1.** *(vêtement féminin)* плáтье* *(gén. pl.* плáтьев*)* • une robe en soie шёлковое плáтье • une robe de soirée вечéрнее плáтье **2.** *(vêtement que portent les juges, les avocats)* мáнтия
● robe de chambre халáт • des pommes de terre en robe des champs картóфель в мунди́ре

robinet *nm* кран • ouvrir le robinet откры́ть кран

robot *nm* рóбот

robuste *adj* крéпкий ⑤ *(comp.* крéпче*)* • une santé robuste крéпкое здорóвье • une femme robuste крéпкая жéнщина

rocher *nm* скала́ ②①, утёс • un rocher abrupt крута́я скала́ • un rocher de granite грани́тный утёс

roi *nm* 1. *(monarque dans un pays occidental)* коро́ль *m* ③② • les rois de France францу́зские короли́ • le roi d'Angleterre англи́йский коро́ль ~ *fig* • le roi du pétrole нефтяно́й коро́ль 2. *(aux échecs, aux cartes)* коро́ль *m* ③② • échec au roi шах королю́ • le roi de pique пи́ковый коро́ль 3. *(dans les autres cas)* царь *m* ③② • le roi Salomon царь Соломо́н • le roi des animaux царь звере́й

rôle *nm* роль *f* ①③ • jouer le rôle principal dans la pièce игра́ть гла́вную роль в пье́се • cela joue un grand rôle э́то игра́ет большу́ю роль

roller *nm* 1. *(matériel)* ро́ллеры • louer des rollers взять на прока́т ро́ллеры 2. *(activité)* ката́ние на ро́ллерах • faire du roller ката́ться на ро́ллерах

romain *adj* ри́мский • le droit romain ри́мское пра́во
■ Romain *nm* ри́млянин* *(pl.* ри́мляне, ри́млян, ри́млянам*)*

roman[1] *adj* рома́нский • le style roman рома́нский стиль

roman[2] *nm* рома́н • un roman historique истори́ческий рома́н • un roman d'aventures приключе́нческий рома́н • un roman policier детекти́вный рома́н

romance *nf* рома́нс • une romance de Fauré sur des paroles de Verlaine рома́нс Форе́ на слова́ Верле́на

romanesque *adj* романи́ческий • une histoire romanesque романи́ческая исто́рия

romantique[1] *adj* романти́ческий • le drame romantique романти́ческая дра́ма

romantique[2] *nm* рома́нтик

romantisme *nm* романти́зм

rompre *v* 1. *(casser)* лома́ть / слома́ть *(casser en deux)* • les branches rompues par le vent ве́тки, сло́манные ве́тром • la glace est rompue лёд сло́ман 2. *(interrompre)* прерыва́ть / прерва́ть* [IV, прерву́, прервёшь - прерва́л, прервала́, прерва́ло, прерва́ли] ⑤ • rompre les pourparlers прерва́ть перегово́ры • rompre le silence прерва́ть молча́ние 3. *(rendre nul)* расторга́ть / расто́ргнуть • rompre le contrat расто́ргнуть догово́р 4. *(cesser de fréquenter)* рвать* [IV, рву, рвёшь - рвал, рвала́, рва́ло, рва́ли ⑤] / порва́ть* [IV, *id*] • il a rompu avec ses amis он порва́л со свои́ми друзья́ми 5. *(faire une brèche)* прорыва́ть / прорва́ть* [IV, прорву́, прорвёшь - прорва́л, прорвала́, прорва́ло, прорва́ли] ⑤ • l'eau a rompu la digue вода́ прорвала́ плоти́ну

ronce *nf* ежеви́ка

rond *adj* кру́глый ⑤ • une table ronde кру́глый стол • un visage rond кру́глое лицо́ • faire les yeux ronds де́лать кру́глые глаза́ • pour faire un compte rond для кру́глого счёта

rondelle *nf (tranche)* ло́мтик • servir avec des rondelles de citron подава́ть с ло́мтиками лимо́на

rond-point *nm* кольцева́я развя́зка • au rond-point prenez la troisième rue à droite на кольцево́й развя́зке поверни́те на тре́тью у́лицу спра́ва

ronfler *v (produire un bruit en respirant)* храпе́ть* [I, храплю́, храпи́шь] / захрапе́ть* [I, *id*] • il ronflait si fort qu'on l'entendait dans la pièce voisine он храпе́л так, что слы́шно бы́ло из сосе́дней ко́мнаты

ronger *v* грызть* [IV, грызу́, грызёшь - грыз, гры́зла] / сгры́зть* [IV, сгрызу́, сгрызёшь - сгры́з, сгры́зла - сгры́зенный] • ronger un os грызть кость • il est rongé par le doute его́ грызу́т сомне́ния
■ se ronger *vp* грызть* [IV, грызу́, грызёшь - грыз, гры́зла] • se ronger les ongles грызть но́гти

rose[1] *adj* ро́зовый • une robe rose ро́зовое пла́тье
● voir tout en rose ви́деть всё в ро́зовом цве́те

rose[2] *nf* ро́за • une rose rouge кра́сная ро́за • il n'y a pas de rose sans épines нет ро́зы без шипо́в
● elle a un teint de lis et de rose она́ кровь с молоко́м

roseau *nm* тростни́к ③②

rosier *nm* ро́за • de grands rosiers высо́кие ро́зы

rossignol *nm (oiseau)* соловéй *m (*соловья́*)* • chanter comme un rossignol петь как соловéй

rôti[1] *adj* жа́реный • un poulet rôti жа́реный цыплёнок

rôti[2] *nm* жаркóе *(adj subst nt)* • un rôti de mouton жаркóе из бара́нины

rôtir *v* жа́рить / зажа́рить • faire rôtir un poulet зажа́рить цыплёнка • le soleil nous rôtissait sans pitié сóлнце жа́рило нас неща́дно

rouble *nm* рубль *m* ③② • un rouble, quarante kopecks рубль, сóрок копéек • cinq roubles пять рублéй

roue *nf* колесó *(pl.* колёса, колёс, колёсам*)* ②① • la roue de secours запаснóе колесó • changer la roue смени́ть колесó • mettre des bâtons dans les roues вставля́ть па́лки в колёса • la cinquième roue du char пя́тое колесó в телéге

rouge[1] *adj* кра́сный ⑤ • une rose rouge кра́сная рóза • le drapeau rouge кра́сный флаг • du vin rouge кра́сное винó • la place Rouge Кра́сная плóщадь
• un poisson rouge золота́я ры́бка

rouge[2] *nm (couleur)* кра́сное *(adj subst nt)* • j'aime mieux le rouge мне бóльше нра́вится кра́сное
• rouge à lèvres губна́я пома́да

rouge-gorge *nm* мали́новка

rougeole *nf* корь • il a la rougeole он бóлен кóрью

rougir *v (devenir rouge)* краснéть / покраснéть • rougir de honte покраснéть от стыда́ • rougir jusqu'aux oreilles покраснéть до ушéй

rouille *nf* ржа́вчина

rouillé *adj* ржа́вый, заржавéлый • un vieux vélo rouillé ста́рый заржавéлый велосипéд

rouiller *v* ржа́веть / заржа́веть • mon fusil a rouillé ружьё заржавéло

rouleau *nm* рулóн • un rouleau de papier peint рулóн обóев
• un rouleau à pâtisserie ска́лка

rouler *v* **1.** *(en tournant sur soi-même)* кати́ться / укати́ться • la balle a roulé dans les buissons мяч укати́лся в кусты́ **2.** *(se déplacer en parlant des moyens de transport)* кати́ть / покати́ть • la voiture roulait de plus en plus vite маши́на катила всё быстрée и быстрée • nous roulions de plus en plus vite мы éхали всё быстрée и быстрée **3.** *(enrouler sur lui-même)* свёртывать / сверну́ть [*part.* свёрнутый] • rouler un tapis сверну́ть ковёр
• un « r » roulé раска́тистое « р » • rouler les « r » произноси́ть раска́тистое « р »

roulette *nf* **1.** *(petite roue)* колёсико • la table est montée sur des roulettes стол постáвлен на колёсики **2.** *(jeu)* рулéтка • perdre mille euros à la roulette проигра́ть ты́сячу éвро в рулéтку
• ça marche comme sur des roulettes всё идёт как по ма́слу • patin à roulettes рóлики *pl t (*рóликов, рóликам*)* › faire du patin à roulettes ката́ться на рóликах

roumain *adj* румы́нский • le folklore roumain румы́нский фольклóр
■ roumain *nm (langue)* румы́нский язы́к *(*язы́к ③*)* • étudier le roumain изуча́ть румы́нский язы́к • un livre en roumain кни́га на румы́нском языкé
• (en) roumain по-румы́нски › **tout était écrit en roumain** всё бы́ло напи́сано по-румы́нски › **parler roumain** говори́ть по-румы́нски
■ Roumain *nm (homme)* румы́н* *(gén. pl.* румы́н*)*

Roumaine *nf* румы́нка

Roumanie *nf* Румы́ния

rousse → roux

route *nf* дорóга • une route goudronnée асфальти́рованная дорóга • demander sa route à un passant спроси́ть у прохóжего дорóгу • toutes les routes mènent à Rome все дорóги веду́т в Рим • se mettre en route отпра́виться в дорогу • faire fausse route сби́ться с дорóги
• le code de la route пра́вила дорóжного движéния *(pl.* пра́вила, пра́вил, пра́вилам*) pl*

routine *nf (au sens péjoratif du mot)* рути́на

roux *adj* ры́жий ⑤ • des cheveux roux ры́жие вóлосы • un garçon roux ры́жий па́рень

royal *adj* **1.** *(dans le cas d'un pays occidental)* королéвский • le pouvoir royal королéвская власть **2.** *(dans les autres cas)* ца́рский

royaume *nm* **1.** *(dans le cas d'un pays occidental)* королéвство **2.** *(dans les autres cas)* цáрство

Royaume-Uni *nm* Соединённое Королéвство

ruban *nm* лéнта *dim.* лéнточка • un ruban de soie шёлковая лéнточка

rubéole *nf* краснýха • il a eu la rubéole он перенёс краснýху

ruche *nf* ýлей *m (nom. pl.* ýлья*)*

rude *adj* **1.** *(rigoureux)* суróвый • un hiver rude суróвая зимá **2.** *(fatigant)* тяжёлый ③ *(*тяжёл, тяжелá, тяжелó, тяжелы́*)* • une rude tâche тяжёлая рабóта **3.** *(peu distingué)* грýбый ⑤ • des manières rudes грýбые манéры • des traits rudes грýбые черты́ лицá **4.** *(raide)* жёсткий ⑤ *(comp.* жёстче**)* • une barbe rude жёсткая бородá

rue *nf* ýлица • il habite rue de la République он живёт на ýлице Респýблики
● de la rue, des rues ýличный › **le bruit de la rue** ýличный шум › **un gamin des rues** ýличный мальчи́шка

rugby *nm* рéгби* *nt indécl* • jouer au rugby игрáть в рéгби

rugueux *adj* шершáвый, шероховáтый • une peau rugueuse шершáвая кóжа, шероховáтая кóжа

ruine *nf* **1.** *(construction délabrée)* развáлины *pl (*развáлин, развáлинам*)* • les ruines d'un vieux château развáлины стари́нного зáмка **2.** *(perte des biens)* разорéние • la ruine totale пóлное разорéние
● tomber en ruine развáливаться / развали́ться ④ › **la maison tombe en ruine** дом развáливается

ruiner *v (faire perdre de l'argent)* разоря́ть / разори́ть • leur fils les a ruinés сын их разори́л
■ se ruiner *vp* разоря́ться / разори́ться • ils se sont complètement ruinés они́ пóлностью разори́лись

ruisseau *nm (petit cours d'eau)* ручéй *m (*ручья́*)*

rumeur *nf* слух • ce ne sont que des rumeurs э́то всегó лишь слýхи

ruse *nf* хи́трость *f* • agir avec ruse дéйствовать с хи́тростью • une ruse diplomatique дипломати́ческая хи́трость

rusé *adj* хи́трый *(*хитёр, хитрá, хитрó, хитры́*)* • rusé comme un renard хи́трый как лисá

russe ◪ *adj* рýсский • la littérature russe рýсская литератýра • la musique russe рýсская мýзыка ◪ *nm (langue)* рýсский язы́к *(*язы́к ③*)* • nous étudions le russe мы изучáем рýсский язы́к • un livre en russe кни́га на рýсском языкé
● (en) russe по-рýсски › **tout était écrit en russe** всё бы́ло напи́сано по-рýсски › **parler russe** говори́ть по-рýсски
■ Russe *nmf* **1.** рýсский *(adj subst m)*, рýсская *(adj subst f)* **2.** россия́нин *m (citoyen de la Fédération de Russie)*, россия́нка *f (citoyenne de la Fédération de Russie)*

russe- *élément de formation* рýсско- • un dictionnaire russe-français рýсско-францýзский словáрь

Russie *nf* Росси́я, Русь *(au G et au D l'accent peut être final) f arch & poét* ⑧ • la Russie des tsars цáрская Росси́я • la Sainte Russie Святáя Русь

rythme *nm* ритм • elle a le sens du rythme у неё есть чýвство ри́тма

S

s' → se

sa → son

sable *nm* песо́к • des sacs de sable мешки́ с песко́м* • les sables mouvants зыбу́чие пески́ • une plage de sable песча́ный пляж
● un banc de sable мель *f* ⑧③ › échouer sur un banc de sable сесть на мель • un grain de sable песчи́нка

sabot *nm* 1. *(d'animal)* копы́то • le cheval frappait le sol de ses sabots ло́шадь би́ла копы́тами зе́млю 2. *(chaussure de bois)* сабо́* *nt indécl*

saboter *v (faire du sabotage)* саботи́ровать • saboter son travail саботи́ровать рабо́ту

sabre *nm* са́бля

sac *nm* мешо́к • un sac de farine мешо́к с муко́й • un sac de couchage спа́льный мешо́к
● sac à dos рюкза́к ③② • un sac à main су́мочка • un sac à provisions су́мка • un sac de voyage доро́жная су́мка • un sac en plastique пла́стиковый паке́т • l'affaire est dans le sac де́ло в шля́пе • mettre à sac гра́бить / огра́бить

saccadé *adj* преры́вистый • d'une voix saccadée преры́вистым го́лосом

sachet *nm* паке́тик • du thé en sachets чай в паке́тиках

sac-poubelle *nm* мешо́к для му́сора

sacré *adj* свяще́нный • les livres sacrés свяще́нные кни́ги • c'est le devoir sacré de tout citoyen э́то свяще́нный долг ка́ждого граждани́на

sacrifice *nm* же́ртва • en sacrifice aux dieux в же́ртву бога́м • elle est prête à tous les sacrifices она́ гото́ва на любы́е же́ртвы
● faire le sacrifice de же́ртвовать / поже́ртвовать *(+ I)* › faire le sacrifice de sa vie поже́ртвовать свое́й жи́знью

sacrifier *v* же́ртвовать / поже́ртвовать *(+ I)* • tout sacrifier pour atteindre son but всем же́ртвовать для достиже́ния свое́й це́ли
■ se sacrifier *vp* же́ртвовать собо́й (же́ртвовать / поже́ртвовать)

sage *adj* 1. *(plein de discernement)* му́дрый ⑤ • un homme sage му́дрый челове́к • une sage décision му́дрое реше́ние 2. *(en parlant d'un enfant)* послу́шный *(obéissant)*, ти́хий ⑤ *(comp.* ти́ше*) (peu bruyant)* • pour les enfants sages для послу́шных дете́й • ils ont été sages aujourd'hui сего́дня они́ вели́ себя́ хорошо́

sage-femme *nf* акуше́рка

sagesse *nf (discernement)* му́дрость *f* • la sagesse populaire наро́дная му́дрость • une dent de sagesse зуб му́дрости

Sagittaire *nm* (ASTROL) Стреле́ц • je suis Sagittaire я — Стреле́ц

saignant *adj* крова́вый, кровоточа́щий
● le steak, vous le voulez saignant ? бифште́кс вы хоти́те с кро́вью?

saigner *v* кровоточи́ть • la plaie saigne ра́на кровоточи́т • je saigne du nez у меня́ кровь идёт из но́са

sain *adj* 1. *(en bonne santé)* здоро́вый • un organisme sain здоро́вый органи́зм 2. *(bon pour la santé)* • une nourriture saine здоро́вая пи́ща 3. *(raisonnable)* здра́вый • un jugement sain здра́вое сужде́ние
● sain et sauf цел и невреди́м *(adjectifs à la forme courte)* › il s'en est sorti sain et sauf он оста́лся цел и невреди́м

sainement *adv* 1. *(raisonnablement)* здра́во • raisonner sainement здра́во рассужда́ть 2. *(pour rester en bonne santé)* здоро́во • vivre sainement вести́ здоро́вый о́браз жи́зни

saint[1] *adj* свято́й ⑤ • le Saint-Esprit Свято́й Дух • le jour de la Saint-Serge в день святóго Сéргия • la Sainte Russie Святáя Русь

saint² *nm* святóй *(adj subst m)* • « la Vie des saints » "Житиé святы́х"

sainte *nf* святáя *(adj subst f)*

Saint-Pétersbourg *nm* (Санкт-) Петербу́рг, Пи́тер *fam*

saisir *v* **1.** *(empoigner, prendre)* схвáтывать, хватáть / схвати́ть ④ • saisir un passant par le bras схвати́ть прохóжего зá руку • saisir une hache схвати́ть топóр **2.** *(comprendre)* понимáть / поня́ть* [IV, пойму́, поймёшь - пóнял, понялá, пóняло, пóняли ⑤ - пóнятый, пóнят, понятá, пóнято, пóняты ⑤] • avez-vous bien saisi son intention ? вы пóняли егó намéрение? **3.** *(mettre à profit)* пóльзоваться / воспóльзоваться *(+ I)* • saisir l'occasion воспóльзоваться слу́чаем • saisir un prétexte воспóльзоваться предлóгом **4.** *(en parlant de sentiments)* овладевáть / овладéть *(+ I)*, поражáть / порази́ть *(frapper, étonner)* • elle a été saisie de peur éю овладéл страх • elle a été saisie par cette nouvelle à tel point qu'elle en a perdu connaissance э́то извéстие её до тогó порази́ло, что онá упáла без пáмяти

saison *nf (chacune des quatre divisions de l'année)* врéмя гóда *(врéмя*gén., dat., loc., instr.* врéменем *; pl.* временá, времён, временáм*) nt* • les quatre saisons четы́ре врéмени гóда

LES SAISONS

- l'automne **óсень** *f*
- l'été **лéто** *nt*
- l'hiver **зимá** *f*
- le printemps **веснá** *f*

salade *nf (plante, mets)* салáт • laver la salade мыть салáт • une salade de tomates салáт из помидóров
● salade russe винегрéт

saladier *nm* салáтница

salaire *nm* зарплáта • le salaire mensuel мéсячная зарплáта

salarié *nm* наёмный рабóтник

salariée *nf* наёмная рабóтница

salaud *nm* свóлочь *f* ①③ • quel salaud ! какáя свóлочь!

sale *adj* **1.** *(malpropre)* гря́зный ⑤ • des mains sales гря́зные ру́ки • du linge sale гря́зное бельё **2.** *fig* сквéрный ⑤, отврати́тельный *(repoussant)* • une sale histoire сквéрная истóрия • un sale type отврати́тельный тип • il a un sale caractère у негó отврати́тельный харáктер • un sale temps сквéрная погóда, отврати́тельная погóда

saler *v* **1.** *(assaisonner)* соли́ть ④ / посоли́ть ④ • saler la soupe посоли́ть суп **2.** *(mettre en conserve)* соли́ть ④ / засоли́ть ④ • saler du poisson засоли́ть ры́бу

saleté *nf (état de ce qui n'est pas propre)* грязь • en dépit de la saleté de la pièce несмотря́ на грязь в кóмнате • vivre dans la saleté жить в грязи́

salière *nf* солóнка

salir *v* пáчкать / запáчкать et испáчкать • salir sa robe испáчкать плáтье • se salir les mains запáчкать ру́ки

salive *nf* слюнá • avaler sa salive проглоти́ть слюну́

salle *nf* зал • la salle d'attente зал ожидáния • la salle de lecture читáльный зал • une salle de spectacle зри́тельный зал
● salle de bains вáнная *(adj subst f)* • salle de conférences конферéнц-зал • salle à manger столóвая *(adj subst f)* • salle d'opérations операциóнная *(adj subst f)* • salle des professeurs учи́тельская *(adj subst f)*

salon *nm* **1.** *(dans un appartement)* гости́ная *(adj subst f)* **2.** *(exposition)* салóн • le Salon de l'automobile автомоби́льный салóн
● salon de coiffure парикмáхерская *(adj subst f)*

salopette *nf* комбинезóн

saluer *v* **1.** *(dire bonjour)* здорóваться / поздорóваться (с *+ I*) • il n'a salué personne он ни с кем не поздорóвался • nous nous sommes salués мы с ним поздорóвались **2.** *(rendre hommage)* привéтствовать / поприве́тствовать **3.** *(transmettre des salutations)* передáть привéт *(+ D)* (передавáть* [II, передаю́, передаём] / передáть* [*n cl,* передáм, передади́м - передáй]) • salue-la de ma part передáй ей привéт

salut¹ *interj* **1.** *(bonjour)* привéт, здорóво • salut ! ça va ? привéт! как делá? **2.** *(au* *revoir)* пока́ • alors salut ! à demain ! пока́! до за́втра!

salut² *nm* **1.** *(action de saluer)* покло́н • un salut profond глубо́кий покло́н **2.** *(le fait d'échapper à un danger)* спасе́ние • l'Armée du Salut А́рмия спасе́ния
● faire le salut militaire отда́ть честь

salutations *nfpl* приве́т • transmettez-lui mes salutations переда́йте ему́ приве́т • avec mes salutations amicales с дру́жеским приве́том

samedi *nm* суббо́та • je vous téléphonerai samedi я вам позвоню́ в суббо́ту • elle vient nous voir le samedi она́ к нам захо́дит по суббо́там

samovar *nm* самова́р

SAMU *(abr de* Service d'aide médicale d'urgence*)* *nm* ско́рая медици́нская по́мощь

sandale *nf* санда́лия

sandwich *nm* бутербро́д • un sandwich au jambon бутербро́д с ветчино́й

sang *nm* кровь *f* ⑧ • perdre son sang истека́ть кро́вью • le sang lui monta au visage кровь бро́силась ему́ в лицо́ • il est tout en sang он весь в крови́ • se faire du mauvais sang по́ртить себе́ кровь
● mettre à feu et à sang преда́ть огню́ и мечу́

sang-froid *nm* хладнокро́вие • ne pas perdre son sang-froid не теря́ть хладнокро́вия
● plein de sang-froid, хладнокро́вный › un homme plein de sang-froid хладнокро́вный челове́к

sanglant *adj (meurtrier)* крова́вый • un combat sanglant крова́вый бой

sanglier *nm* каба́н ③② • la chasse au sanglier охо́та на кабано́в

sanisette® *nf* автомати́ческий туале́т

sans *prép*

1. + SUBSTANTIF = **без** *(+ G)*
• une boîte sans couvercle коро́бка без кры́шки
• ils ont commencé sans moi они́ на́чали без меня́
• elle est tombée sans connaissance она́ упа́ла без па́мяти
• non sans difficulté не без труда́
• une situation sans issue безвы́ходное положе́ние
• un gouffre sans fond бездо́нная про́пасть
• un homme sans pitié безжа́лостный челове́к
• une nuit sans lune безлу́нная ночь
• un ciel sans nuages безо́блачное не́бо
• une enfance sans joie безра́достное де́тство

À PROPOS DE...

Noter l'emploi d'adjectifs comportant le préfixe **без** et la base d'un substantif.

2. + INFINITIF
• il écoute sans comprendre он слу́шает, но ничего́ не понима́ет
• je travaillais sans perdre une minute я рабо́тал и не теря́л ни одно́й мину́ты
• sans penser aux conséquences не ду́мая о после́дствиях
• j'ai rendu le livre sans l'avoir lu я верну́л кни́гу, не прочита́в её
• il est parti sans rien dire он ушёл, ничего́ не сказа́в
● sans aucun doute несомне́нно › il a raison sans aucun doute он несомне́нно прав
• sans cesse беспреста́нно
• sans doute VRAISEMBLABLEMENT вероя́тно › elle est sans doute chez elle она́, вероя́тно, до́ма
• sans quoi а то › il faut que tu te reposes, sans quoi tu tomberas malade тебе́ на́до отдохну́ть, а то заболе́ешь

sans que *loc conj*
• je voudrais passer sans qu'il m'aperçoive я хоте́л бы пройти́ так, что́бы он меня́ не заме́тил
• je suis passé sans qu'il me voie я прошёл так, что он меня́ и не заме́тил
• je ne peux pas parler sans qu'il me contredise ни сло́ва не могу́ сказа́ть без того́, что́бы он мне не противоре́чил
• nous avons passé ensemble une demi-heure sans qu'il me dise un mot мы с ним провели́ вме́сте полчаса́, но он ни сло́ва не пророни́л

santé *nf* здоро́вье • c'est mauvais pour la santé э́то вре́дно для здоро́вья • à votre santé ! за ва́ше здоро́вье!
● en bonne santé здоро́вый › il est en bonne santé он здоро́в

saoul *adj (ivre)* пья́ный ⑤

● tout son saoul до́сыта › **se promener tout son saoul** нагуля́ться до́сыта

saouler
■ se saouler *vp* напива́ться / напи́ться* [II, напью́сь, напьёшься - напи́лся, напила́сь ③ - напе́йся]

sapin *nm* ель *f dim.* ёлка • des sapins et des bouleaux е́ли и берёзы • décorer le sapin de Noël укра́сить рожде́ственскую ёлку

sardine *nf* сарди́на • une boîte de sardines коро́бка сарди́н • manger des sardines есть сарди́ны
● ils étaient serrés comme des sardines en boîte они́ бы́ли наби́ты как селёдки в бо́чке

sarrasin *nm* **1.** (BOT) гречи́ха **2.** (CULIN) гре́ча
● de sarrasin гре́чневый › **de la farine de sarrasin** гре́чневая мука́

satellite *nm* спу́тник • un satellite artificiel иску́сственный спу́тник • lancer un satellite запусти́ть спу́тник • la télévision par satellite спу́тниковое телеви́дение

satire *nf* сати́ра

satirique *adj* сатири́ческий • une chanson satirique сатири́ческая пе́сенка

satisfaction *nf* **1.** *(assouvissement)* удовлетворе́ние • avec un sentiment de satisfaction с чу́вством удовлетворе́ния • obtenir entière satisfaction получи́ть по́лное удовлетворе́ние **2.** *(contentement)* удово́льствие • à la satisfaction générale к о́бщему удово́льствию

satisfaire *v* удовлетворя́ть / удовлетвори́ть • satisfaire les besoins de la population удовлетвори́ть потре́бности населе́ния • satisfaire la curiosité удовлетвори́ть любопы́тство

satisfaisant *adj* удовлетвори́тельный • une réponse satisfaisante удовлетвори́тельный отве́т

satisfait *adj* дово́льный *(+ I)* • il est très satisfait de lui он о́чень дово́лен собо́й • je suis satisfaite du résultat я дово́льна результа́том

sauce *nf* со́ус • la sauce tomate тома́тный со́ус • la sauce de soja со́евый со́ус

saucisse *nf* соси́ска • de la choucroute avec des saucisses ки́слая капу́ста с соси́сками

saucisson *nm* колбаса́ *(pl.* колба́сы, колба́с, колба́сам*)* ②① • saucisson fumé копчёная колбаса́

sauf [1] *prép* **1.** *(à l'exclusion de)* кро́ме *(+ G)* • tous sauf moi все кро́ме меня́ **2.** *(excepté le cas où)* • je viendrai sauf s'il pleut я приду́, е́сли не бу́дет дождя́ • tu seras là même s'il ne fait pas beau ? ты бу́дешь там, да́же е́сли бу́дет плоха́я пого́да? • sauf s'il vient е́сли то́лько он не придёт • sauf si elle ne vient pas е́сли она́ придёт • sauf erreur е́сли нет оши́бки
● sauf que то́лько › **rien n'est changé sauf que les arbres ont été abattus** ничего́ не измени́лось, то́лько дере́вья сруби́ли

sauf [2] *adj*
● sain et sauf цел и невреди́м

saule *nm* и́ва • un saule pleureur плаку́чая и́ва

saumon *nm* **1.** (ZOOL) лосо́сь *m (nom générique)*, сёмга *(saumon commun)* **2.** *(aliment)* лососи́на, сёмга *(saumon commun)*

sauna *nm* са́уна

saut *nm* прыжо́к • saut en hauteur прыжо́к в высоту́ • saut en longueur прыжо́к в длину́ • saut à la perche прыжо́к с шесто́м • saut en parachute прыжо́к с парашю́том
● faire un saut *(passer un court moment)* заска́кивать / заскочи́ть › **je ferai un petit saut chez vous** я к вам заскочу́ на мину́тку

sauter *v* **1.** *(gén)* пры́гать / пры́гнуть, вска́кивать / вскочи́ть ④ *(entrer en sautant, sauter brusquement)*, выска́кивать / вы́скочить *(sortir en sautant)* • sauter à cloche-pied пры́гать на одно́й ноге́ • sauter de joie пры́гать от ра́дости • sauter en parachute пры́гнуть с парашю́том • sauter dans le wagon вскочи́ть в ваго́н • sauter sur son cheval вскочи́ть на ло́шадь • sauter du lit вскочи́ть с посте́ли • sauter par la fenêtre вы́скочить в окно́ • sauter le fossé перепры́гнуть че́рез кана́ву **2.** *(ne pas lire, ne pas écrire)* пропуска́ть / пропусти́ть ④ • ce livre est ennuyeux, je saute des pages entières кни́га ску́чная, я пропуска́ю це́лые страни́цы • tu as sauté deux mots ты пропусти́л

два слóва **3.** *(exploser)* взрывáться / взорвáться* [IV, взорвётся, взорвýтся - взорвáлся, взорвалáсь] ③ • **le pont a sauté** мост взорвáлся
● **ça saute aux yeux** э́то бросáется в глазá • **faire sauter** *(faire exploser)* взрывáть / взорвáть* [IV, взорвý, взорвёшь - взорвáл, взорвалá, взорвáло, взорвáли] ⑤ › **faire sauter un pont** взорвáть мост • **sauter au cou de qqn** брóситься комý-нибудь на шéю (бросáться / брóситься) • **se faire sauter la cervelle** пусти́ть себé пýлю в лоб (пускáть / пусти́ть ④)

sauterelle *nf* **1.** *(gén)* кузнéчик **2.** *(criquets migrateurs)* саранчá *(sens collectif, pas de pl)*

sauvage¹ *adj* ди́кий ⑤ • **les animaux sauvages** ди́кие звéри • **un canard sauvage** ди́кая ýтка • **un pommier sauvage** ди́кая я́блоня • **des mœurs sauvages** ди́кие нрáвы

sauvage² *nmf* дикáрь *m* ③②, дикáрка *f* • **dans cette île vivaient des sauvages** на э́том óстрове жи́ли дикари́ • **il vit comme un sauvage** он живёт дикарём

sauver *v (éviter la perte)* спасáть / спасти́* [IV, спасý, спасёшь - спас, спаслá ③ - спасённый] • **sauver la vie à un homme** спасти́ человéку жизнь
● **sauve qui peut !** спасáйся, кто мóжет!
■ **se sauver** *vp (s'enfuir)* убегáть / убежáть* [*n cl*, убегý, убежи́шь, убегýт - убеги́] *(s'éloigner en courant)*, сбегáть / сбежáть* [*n cl*, сбегý, сбежи́шь, сбегýт - сбеги́] *(s'échapper)* • **il a pris peur et s'est sauvé** он испугáлся и убежáл • **se sauver de prison** сбежáть из тюрьмы́

sauvetage *nm* спасéние
● **de sauvetage** спасáтельный › **une bouée de sauvetage** спасáтельный круг › **un canot de sauvetage** спасáтельная лóдка

savant *adj* учёный • **un savant mathématicien** учёный математик • **une discussion savante** учёный спор • **un chien savant** учёная собáка
■ **savant** *nm* учёный *(adj subst m)* • **un grand savant** крýпный учёный

savoir *v* **1.** *(gén)* знать / узнáть • **savoir sa leçon** знать урóк • **vous savez très bien que j'ai raison** вы отли́чно знáете, что я прав • **Dieu seul le sait** Бог егó знáет • **autant que je sache** наскóлько мне извéстно • **je le saurai demain** я бýду знать э́то зáвтра **2.** *(+ inf)* умéть / сумéть • **il ne sait pas nager** он не умéет плáвать
● **à savoir** а и́менно • **faire savoir** сообщáть / сообщи́ть *(О +L)* › **on nous l'a fait savoir par téléphone** нам сообщи́ли об э́том по телефóну • **on savait à l'avance qu'il gagnerait** извéстно бы́ло зарáнее, что он вы́играет

savon *nm* **1.** *(matière)* мы́ло • **savon de toilette** туалéтное мы́ло • **un morceau de savon** кусóк мы́ла **2.** *(réprimande)* нагоня́й *m* • **passer un savon à un élève** дать ученикý нагоня́й • **je me suis fait passer un bon savon** я получи́л нагоня́й

saxophone *nm* саксофóн

scandale *nm* скандáл
● **quel scandale !** какóй скандáл! • **faire un scandale** устрóить скандáл • **étouffer un scandale** замя́ть скандáл

scandaleux *adj* скандáльный • **une histoire scandaleuse** скандáльная истóрия

scandaliser *v* возмущáть / возмути́ть *(т → щ)* • **j'ai été scandalisé par sa grossièreté** меня́ возмути́ла егó грýбость

scanner *v* скани́ровать • **scanner une photo** скани́ровать фотогрáфию

scanneur *nm* скáнер

scaphandre *nm* скафáндр

scaphandrier *nm* водолáз

scénario *nm* сценáрий *m*

scène *nf* **1.** сцéна • **une scène tournante** вращáющаяся сцéна • **faire des scènes de jalousie** устрóить сцéны рéвности **2.** *(subdivision d'un acte dans une pièce)* явлéние, сцéна • **la troisième scène du second acte** трéтья сцéна вторóго дéйствия • **acte II, scène III** акт вторóй, явлéние трéтье
● **mettre en scène une pièce de Tchekhov** стáвить / постáвить пьéсу Чéхова

scepticisme *nm* скептици́зм

sceptique *adj* скепти́ческий • **un esprit sceptique** скепти́ческий ум

schéma *nm* схéма

schisme *nm* раскóл • **le Grand Schisme** Вели́кий раскóл

scie *nf* пилá ②① • **une scie circulaire** крýглая пилá

science *nf* наука • docteur en sciences доктор наук • les sciences naturelles естественные науки

science-fiction *nf* научная фантастика
● de science-fiction научно-фантастический › un roman de science-fiction научно-фантастический роман

scientifique *adj* научный • une découverte scientifique научное открытие

scier *v* **1.** *(couper en morceaux)* пилить ④ / напилить ④ *(scier une grande quantité)*, распиливать / распилить ④ *(débiter en morceaux)* • scier du bois пилить дрова • tu en as scié du bois ! напилил ты дров! • scier une planche распилить доску **2.** *(enlever ce qui dépasse)* спиливать / спилить ④ • scier une branche спилить сук

scolaire *adj* школьный • les programmes scolaires школьные программы • les vacances scolaires школьные каникулы
● l'année scolaire учебный год, год* *(loc.* году, лет ⑧⑦*)*

scooter *nm* скутер, мотороллер

scorbut *nm* цинга • attraper le scorbut заболеть цингой

scorpion *nm* скорпион
■ Scorpion *nm* (ASTRON) Скорпион

scotcher *v* **1.** *litt* приклеить липкой лентой • un bout de papier était scotché sur la porte клочок бумаги был приклеен липкой лентой к двери **2.** *fig* приклеивать / приклеить

scout *nm* скаут

scoute *nf* скаутка

scrutin *nm* голосование • scrutin à deux tours голосование в два тура
● le dépouillement du scrutin подсчёт голосов

sculpteur *nm* скульптор

sculptrice *nf* скульпторша

sculpture *nf* скульптура • une sculpture en marbre скульптура из мрамора

scythe *adj* скифский • l'art scythe скифское искусство
■ Scythes *nmpl* скифы

SDF *(abr de* sans domicile fixe*)* *nm* бомж *(без определённого места жительства)* ③②

se, s' *pron*

1. VERBES SPÉCIFIQUEMENT PRONOMINAUX
• **je m'occupe de cette affaire** я занимаюсь этим делом
• **ne t'étonne pas** не удивляйся
• **le mur s'est écroulé** стена обрушилась
• **se réjouir du malheur d'autrui** радоваться чужой беде

2. VERBES PRONOMINAUX À SENS PASSIF
• **le livre se vend bien** книга хорошо продаётся
• **comment s'écrit ce mot ?** как пишется это слово?

3. VERBES PRONOMINAUX À SENS RÉFLÉCHI
• **se déshabiller** раздеваться
• **se laver** умываться
• **je me rase tous les matins** я каждое утро бреюсь
• **se regarder dans la glace** смотреться в зеркало
• **mais regarde-toi donc !** да посмотри же ты на себя!
• **elle s'est acheté une robe bleue** она купила себе голубое платье
• **s'admirer** любоваться собой
• **je me suis coupé le doigt** я порезал себе палец
• **je me lave les mains** я мою руки
• **je m'essuie la figure** я вытираю лицо

4. VERBES PRONOMINAUX À SENS RÉCIPROQUE = **друг друга**
• **vous vous connaissez bien** вы хорошо знаете друг друга
• **nous nous entraidions** мы помогали друг другу
• **dès la première rencontre, ils se sont plu** они понравились друг другу с первой встречи
• **nous nous sommes rencontrés hier** мы встретились вчера
• **ils se sont séparés** они расстались

Voir encadré page suivante.

séance *nf* **1.** *(gén)* сеанс • la séance commence à sept heures сеанс начинается в семь **2.** *(réunion d'une assemblée)* заседание • ouvrir la séance открыть заседание

seau *nm* ведро *(pl.* вёдра, вёдер, вёдрам*)* ②① • un seau d'eau ведро воды • il pleut à seaux льёт как из ведра

À PROPOS DE...

Un verbe pronominal français peut être traduit par un verbe non pronominal en russe : ***s'imaginer*** = **воображáть / вообразúть**, ***se venger*** = **мстить / отомстúть**, ***s'en aller*** = **уходúть / уйтú**. L'inverse est également vrai ***admirer*** = **любовáться**. Il arrive aussi qu'un verbe russe soit pronominal à l'imperfectif et non pronominal au perfectif : ***s'asseoir*** = **садúться / сесть** ; ***se coucher*** = **ложúться / лечь**. Dans d'autres cas encore, au verbe pronominal français correspond en russe une structure toute différente : ***comment t'appelles-tu ?*** = **как тебя́ зовýт?**

sec *adj* **1.** *(gén)* сухóй ⑤ *(comp.* сýше**)* • du linge sec сухóе бельё • une branche sèche сухáя вéтка • des fruits secs сухúе фрýкты • une peau sèche сухáя кóжа • une toux sèche сухóй кáшель • un vent sec сухóй вéтер • un été sec сухóе лéто • un ton sec сухóй тон **2.** *(brusque, brutal)* рéзкий ⑤ *(comp.* рéзче**)* • un ton sec рéзкий тон • un coup sec рéзкий удáр
● mettre à sec осушáть / осушúть › **mettre un étang à sec** осушúть пруд

sèche *adj* → sec

sèche-cheveux *nm* фен

sécher *v* *(devenir sec)* сóхнуть* [III] / вы́сохнуть* [III] • le linge sèche бельё сóхнет
● faire sécher сушúть ④ / вы́сушить › **faire sécher le linge** сушúть бельё › **faire sécher des champignons** сушúть грибы́

sécheresse *nf* *(absence de pluie)* зáсуха • lutter contre la sécheresse борóться с зáсухой

second[1] *adj* вторóй • au second plan на вторóм плáне

second[2] *nm* *(deuxième étage)* трéтий этáж (трéтий *se décline comme un adj d'appart)* • ils habitent au second онú живýт на трéтьем этажé

secondaire *adj* **1.** *(accessoire)* второстепéнный • jouer un rôle secondaire игрáть второстепéнную роль **2.** *(dans l'enseignement)* срéдний • l'enseignement secondaire срéднее образовáние • un établissement secondaire срéдняя шкóла

seconde *nf* **1.** *(unité de temps)* секýнда • un dixième de seconde десятая дóля секýнды **2.** *(classe)* *пéрвый год лицéя*

secouer *v* **1.** *(gén)* трястú* [IV, трясý, трясёшь - тряс, трясла ③] / потрястú* [IV, *id*] • secouer un arbre потрястú дéрево **2.** *(faire tomber en secouant)* стря́хивать / стряхнýть • secouer la cendre d'une cigarette стряхнýть пéпел с сигарéты • il secouait la poussière qu'il avait sur sa veste он стря́хивал пыль с пиджакá
● secouer la tête *(hocher la tête)* качáть головóй (качáть / покачáть)

secours ◪ *nm* пóмощь *f* • demander du secours просúть о пóмощи • ils se sont précipités à son secours онú брóсились к немý на пóмощь
● au secours ! помогúте! • sortie de secours запáсный вы́ход ◪ *nmpl* **1.** *(soins)* пóмощь *f* • apporter les premiers secours оказáть пéрвую пóмощь **2.** *(personnes)* спасáтели

secousse *nf* толчóк • j'ai été réveillé par une forte secousse я проснýлся от сúльного толчкá

secret[1] *adj* тáйный, секрéтный • une société secrète тáйное óбщество • des négociations secrètes секрéтные перегóворы

secret[2] *nm* тáйна, секрéт • garder un secret хранúть тáйну, хранúть секрéт • dévoiler un secret раскры́ть тáйну, раскры́ть секрéт • un secret d'État госудáрственная тáйна • les secrets de la nature тáйны привóды • un secret de Polichinelle секрéт полишинéля
● en secret тáйно

secrétaire *nmf* секретáрь *m* ③②, секретáрша *f* • elle travaille comme secrétaire онá рабóтает секретарём • le secrétaire général генерáльный секретáрь

secrétariat *nm* канцеля́рия • au secrétariat, vous obtiendrez une attestation в канцеля́рии вам вы́дадут спрáвку

sectarisme *nm* нетерпúмость *f*

section *nf* *(subdivision)* сéкция • la section littéraire литератýрная сéкция

séculaire *adj* вековóй • des traditions séculaires вековы́е традúции • des chênes séculaires вековы́е дýбы

sécurité *nf* безопáсность *f* • être en sécurité быть в безопáсности • assurer

la sécurité обеспе́чить безопа́сность • la sécurité routière безопа́сность доро́жного движе́ния
• la sécurité sociale социа́льное страхова́ние

séduire *v* соблазня́ть / соблазни́ть • sa proposition m'a séduit его́ предложе́ние меня́ соблазни́ло

séduisant *adj* привлека́тельный, соблазни́тельный • une femme séduisante привлека́тельная же́нщина • des perspectives séduisantes соблазни́тельные перспекти́вы

seigle *nm* рожь *f (instr.* ро́жью*)*
• de seigle ржано́й › **du pain de seigle** ржано́й хлеб

seigneur *nm* **1.** *(en France, à l'époque féodale)* сеньо́р **2.** *(en Russie, à l'époque féodale)* боя́рин* *(pl.* боя́ре, боя́р, боя́рам*) (jusqu'à la fin du XVIIe siècle)*, дворяни́н* *(pl.* дворя́не, дворя́н, дворя́нам*)* ②① *(à partir du XVIe siècle)*, ба́рин* *(pl.* господа́, госпо́д, господа́м*) (dans les textes de caractère non historique)*
• Seigneur ! Го́споди!

sein *nm* грудь *f (le mot* грудь *est également accentué sur la syllabe finale au génitif et au datif singulier après les prépositions* из, от, у, к *et* по*)* ⑧③ • donner le sein à un enfant корми́ть ребёнка гру́дью

seize *adj num* **1.** *(gén)* шестна́дцать • elle a seize ans ей шестна́дцать лет • à seize kilomètres d'ici в шестна́дцати киломе́трах отсю́да **2.** *(au sens de seizième, dans l'expression de la date)* шестна́дцатый • mon frère est arrivé le 16 novembre мой брат прие́хал 16-го ноября́ • à la page seize на шестна́дцатой страни́це • Louis XVI Людо́вик XVI *(Людо́вик Шестна́дцатый)*

seizième *adj num* шестна́дцатый • au XVIe siècle в XVI ве́ке *(в шестна́дцатом ве́ке)*

séjour *nm* пребыва́ние • pendant mon séjour à Moscou во вре́мя моего́ пребыва́ния в Москве́
• salle de séjour гости́ная

sélectionner *v* **1.** *(choisir)* выбира́ть / вы́брать • elle a été sélectionnée parmi 15 finalistes из 15 финали́сток была́ вы́брана она́ **2.** (INFORM) выделя́ть / вы́делить • avec la souris sélectionner le fichier dans la liste мы́шью вы́делить файл в спи́ске

sel *nm* соль *f* ①③ • mettre du sel dans la soupe положи́ть со́ли в суп

self-service *nm (restaurant)* столо́вая *(adj subst f)* самообслу́живания

selle *nf* седло́ *(pl.* сёдла, сёдел, сёдлам*)* ②① • monter en selle сесть в седло́ • une selle de bicyclette велосипе́дное седло́

selon *prép* **1.** *(de l'avis de, à ce qu'affirme)* по мне́нию *(+ G)*, по слова́м *(+ G)* • selon le médecin, il faut qu'elle se repose по мне́нию врача́ ей необходи́м о́тдых • selon lui, il y a eu une erreur по его́ слова́м тут произошла́ оши́бка • selon moi по-мо́ему • qu'est-ce que c'est selon vous ? что э́то тако́е по-ва́шему? **2.** *(en fonction de)* смотря́ по *(+ D)* • selon les circonstances смотря́ по обстоя́тельствам **3.** *(d'une manière conforme à)* по *(+ D)* • selon le modèle по образцу́ • selon toute vraisemblance по всей вероя́тности
• c'est selon смотря́ как • selon qu'il viendra ou non в зави́симости от того́, придёт ли он и́ли нет

semailles *nfpl* посе́в • l'époque des semailles вре́мя посе́ва

semaine *nf* неде́ля • la semaine dernière на про́шлой неде́ле • dans une semaine че́рез неде́лю • cinq fois par semaine пять раз в неде́лю
• la semaine des quatre jeudis по́сле до́ждика в четве́рг • un jour de semaine бу́дний день *m*

LES JOURS DE LA SEMAINE

- lundi **понеде́льник** *m*
- mardi **вто́рник** *m*
- mercredi **среда́** *f*
- jeudi **четве́рг** *m*
- vendredi **пя́тница** *f*
- samedi **суббо́та** *f*
- dimanche **воскресе́нье** *nt*

semblable *adj* **1.** *(ressemblant)* похо́жий (на *+ A)* • tes bottes sont semblables aux miennes твои́ сапоги́ похо́жи на мои́ • les deux vases sont très semblables о́бе ва́зы о́чень похо́жи **2.** *(identique, analogue)* подо́бный • des triangles semblables подо́бные треуго́льники • dans des cas semblables в подо́бных слу́чаях

semblant *nm*
● faire semblant делать вид (делать / сделать) › **il fait semblant de ne pas nous voir** он делает вид, что нас не видит

sembler *v* казаться* [II, кажусь, кажешься ④] / показаться* [II, *id*] *(ne régit jamais un infinitif)* • l'étang semble profond пруд кажется глубоким • elle semble plus jeune que son frère она кажется моложе своего брата • il me semble qu'il s'est trompé мне кажется, что он ошибся • c'était, semble-t-il, il y a deux ans это было, кажется, два года назад • il semble avoir tout compris он, кажется, всё понял • il me semble l'avoir vu hier мне кажется, что я его видел вчера

semelle *nf* подошва, подмётка *(talon non compris)* • des semelles en cuir кожаные подошвы • remplacer les semelles сделать новые подмётки

semer *v* сеять* [II, сею, сеешь] / посеять* [II, *id*] • semer du seigle сеять рожь ~ *fig* • semer la discorde сеять раздор • on récolte ce qu'on a semé что посеешь, то и пожнёшь • qui sème le vent récolte la tempête кто сеет ветер, пожнёт бурю

semestre *nm* полугодие

séminaire *nm* **1.** *(établissement religieux)* семинария **2.** *(groupe d'études)* семинар

sénat *nm* сенат

sénateur *nm* сенатор

sens *nm* **1.** *(perception des impressions extérieures)* чувство • les cinq sens пять чувств • les organes des sens органы чувств **2.** *(signification)* значение, смысл • ce mot a plusieurs sens это слово имеет несколько значений • au sens propre в прямом смысле, в прямом значении • au sens figuré в переносном смысле, в переносном значении • cela n'a pas de sens это не имеет смысла **3.** *(direction)* направление • en sens inverse в обратном направлении **4.** *(connaissance intuitive)* чувство • le sens du devoir чувство долга • le sens de la responsabilité чувство ответственности • le sens de l'humour чувство юмора
● à double sens двусмысленный › **une plaisanterie à double sens** двусмысленная шутка • le bon sens здравый смысл › **en dépit du bon sens** вопреки здравому смыслу • une rue à sens unique улица с односторонним движением • sens dessus dessous вверх дном › **mettre toute la maison sens dessus dessous** поставить весь дом вверх дном • sens devant derrière задом наперёд

sensation *nf* ощущение • une sensation de douleur ощущение боли
● faire sensation произвести сенсацию • à sensation сенсационный

sensationnel *adj* сенсационный • des nouvelles sensationnelles сенсационные новости • une victoire sensationnelle сенсационная победа

sensibilité *nf* **1.** *(d'une personne)* чуткость *f*, восприимчивость *f* **2.** *(d'un mécanisme)* чувствительность *f* • la sensibilité d'un récepteur чувствительность приёмника

sensible *adj* **1.** *(compatissant)* чуткий ⑤ • il est sensible au malheur d'autrui он чуток к чужому горю **2.** *(notable)* заметный • une amélioration sensible заметное улучшение **3.** *(réceptif)* чувствительный • un appareil très sensible очень чувствительный прибор

sensiblement *adv* заметно • son état de santé s'est sensiblement amélioré его состояние здоровья заметно улучшилось

sensuel *adj* чувственный • un regard sensuel чувственный взгляд

sentier *nm* тропинка

sentiment *nm* чувство • un sentiment de pitié чувство жалости • nourrir de tendres sentiments питать нежные чувства • le sentiment du devoir accompli чувство исполненного долга

sentimental *adj* сентиментальный • une nature sentimentale сентиментальная натура • un récit sentimental сентиментальный рассказ

sentinelle *nf* часовой *(adj subst m)* • relever la sentinelle сменить часового

sentir *v* **1.** *(éprouver une impression)* чувствовать / почувствовать • c'est seulement maintenant que je sens la fatigue только теперь я чувствую усталость • cela se fait déjà sentir это уже даёт себя чувствовать • il y a une drôle d'odeur, vous sentez ? странно пахнет,

чу́вствуете? **2.** *(respirer l'odeur)* ню́хать / поню́хать • **sentir une rose** поню́хать ро́зу **3.** *(avoir une odeur)* па́хнуть* [III] / запа́хнуть* [III] *(+ I)* • **ça sent la résine** па́хнет смоло́й
■ **se sentir** *vp (éprouver en soi)* чу́вствовать себя́ • **comment vous sentez-vous ?** как вы себя́ чу́вствуете? • **elle se sentait malheureuse** она́ чу́вствовала себя́ несча́стной

séparation *nf (le fait d'être séparés)* разлу́ка • **après une longue séparation** по́сле до́лгой разлу́ки

séparément *adv* отде́льно • **vivre séparément** жить отде́льно

séparer *v* **1.** *(éloigner une chose d'une autre)* отделя́ть / отдели́ть [*part.* отделённый] ④ • **séparer le jaune du blanc** отдели́ть желто́к от белка́ • **le jardin est séparé de la cour par une petite palissade** сад отделён от двора́ невысо́ким забо́ром **2.** *(partager)* разделя́ть / раздели́ть [*part.* разделённый] ④ • **séparer ses cheveux par une raie** раздели́ть во́лосы пробо́ром **3.** *(être placé entre)* разделя́ть / раздели́ть [*part.* разделённый] ④ • **une grande distance les séparait** их разделя́ло большо́е расстоя́ние **4.** *(faire que des personnes ne soient plus ensemble)* разлуча́ть / разлучи́ть • **on l'a séparée de sa mère** её разлучи́ли с ма́терью **5.** *(empêcher des personnes de se battre)* разнима́ть / разня́ть* [IV, разниму́, разни́мешь ④ - разня́л, разняла́, разня́ло, разня́ли ⑤ - разня́тый, разня́т, разнята́, разня́то, разня́ты ⑤] • **séparer des gamins qui se battent** разня́ть деру́щихся мальчи́шек
■ **se séparer** *vp (se quitter)* расстава́ться* [II, расстаю́сь, расстаёшься - расстава́йся - расстава́ясь] / расста́ться* [*n cl*, расста́нусь, расста́нешься] • **il est déjà tard, il est temps de nous séparer** уже́ по́здно, нам пора́ расстава́ться • **ses parents veulent se séparer** его́ роди́тели хотя́т расста́ться

sept *adj num* **1.** *(gén)* семь • **il a sept ans** ему́ семь лет • **à sept kilomètres de la ville** в семи́ киломе́трах от го́рода **2.** *(au sens de septième, dans l'expression de la date)* седьмо́й • **je suis arrivé le 7 février** я прие́хал 7-го февраля́ • **à la page sept** на седьмо́й страни́це • **Charles VII** Карл VII (Карл Седьмо́й) **3.** *(aux cartes)* семёрка • **un sept de pique** семёрка пик
● **sept cents** семьсо́т › **plus de sept cents euros** бо́льше семисо́т е́вро • **sept-centième** семисо́тый

septembre *nm* сентя́брь *m* ③ • **c'était au mois de septembre** э́то бы́ло в сентябре́ • **nous sommes arrivés ici le 8 septembre** мы прие́хали сюда́ 8-го сентября́

septennal *adj* семиле́тний • **le plan septennal** семиле́тний план

septième[1] *adj* **1.** *(gén)* седьмо́й • **dans le septième volume** в седьмо́м то́ме **2.** *(en parlant des étages)* восьмо́й • **au septième étage** на восьмо́м этаже́

septième[2] *nm* **1.** *(septième étage)* восьмо́й эта́ж *(эта́ж ③)* • **ils habitent au septième** они́ живу́т на восьмо́м этаже́ **2.** *(fraction)* седьма́я *(adj subst f)* • **les deux septièmes** две седьмы́х

serf ◪ *adj* крепостно́й • **des paysans serfs** крепостны́е крестья́не ◪ *nm* крепостно́й *(adj subst m)* • **la libération des serfs** освобожде́ние крепостны́х

sergent *nm* сержа́нт

série *nf* се́рия • **une série de timbres** се́рия ма́рок • **faire une série d'expériences** провести́ се́рию о́пытов
● **de série, en série** сери́йный › **le passage à la production en série** перехо́д на сери́йное произво́дство

sérieusement *adv* серьёзно • **je parle tout à fait sérieusement** я говорю́ соверше́нно серьёзно • **non mais, sérieusement, il faudrait s'y mettre au plus vite** нет, серьёзно, на́до бы поскоре́й взя́ться за де́ло

sérieux[1] *adj* серьёзный • **un élève sérieux** серьёзный учени́к • **la situation est sérieuse** положе́ние серьёзное

sérieux[2] *nm* серьёзность *f* • **en dépit du sérieux de la situation,** несмотря́ на серьёзность положе́ния
● **prendre des menaces au sérieux** приня́ть угро́зы всерьёз

serment *nm* кля́тва *(affirmation solennelle)*, прися́га *(engagement pris devant témoins)* • **un serment de fidélité** кля́тва в ве́рности • **faire serment** дать кля́тву • **prêter serment** принести́ прися́гу

séropositif *adj* ВИЧ-инфици́рованный

serpent *nm* змея́ ②① • un serpent l'a mordu его́ укуси́ла змея́ • un serpent venimeux ядови́тая змея́

serrer *v* **1.** *(gén)* жать* [IV, жму, жмёшь] / пожа́ть* [IV, пожму́, пожмёшь - пожа́тый], сжима́ть / сжать* [IV, сожму́, сожмёшь - сжа́тый] *(rapprocher en serrant)* • serrer la main à un collègue пожа́ть колле́ге ру́ку • mes souliers me serrent боти́нки мне жмут • cette veste me serre aux épaules пиджа́к жмёт в плеча́х • serrer les dents сжать зу́бы • serrer sa vieille tante dans ses bras сжать свою́ ста́рую тётю в объя́тиях **2.** *(rendre plus étroit)* затя́гивать / затяну́ть ④ • serrer un nœud coulant затяну́ть пе́тлю • serrer sa ceinture затяну́ть по́яс

■ se serrer *vp* прижима́ться / прижа́ться* [IV, прижму́, прижмёшь - прижа́тый] • les enfants se serraient les uns contre les autres де́ти сиде́ли прижа́вшись друг к дру́гу

serrure *nf* замо́к

serrurier *nm* сле́сарь* *m (nom. pl.* слесаря́ ①②*)*

servage *nm* крепостно́е пра́во • l'abolition du servage отме́на крепостно́го пра́ва

serveur *nm* **1.** *(dans un café)* официа́нт **2.** (INFORM) се́рвер

serveuse *nf* официа́нтка

service *nm* **1.** *(organisme chargé d'une branche d'activité)* слу́жба *(emploi limité à quelques expressions)*, отде́л *(section)* • le Service des poids et mesures слу́жба мер и весо́в • le service cartographique картографи́ческая слу́жба • le service technique техни́ческий отде́л **2.** *(aide que l'on apporte)* услу́га • rendre service à un ami оказа́ть дру́гу услу́гу • proposer ses services à un employeur предложи́ть свои́ услу́ги работода́телю • j'ai un service à vous demander у меня́ к вам про́сьба **3.** *(assortiment de vaisselle)* серви́з • un service en porcelaine фарфо́ровый серви́з

● à votre service *(en réponse à un remerciement)* пожа́луйста • l'escalier de service чёрный ход • être de service быть дежу́рным • une femme de service убо́рщица • mettre une usine en service ввести́ заво́д в эксплуата́цию • le service militaire вое́нная слу́жба

serviette *nf* **1.** *(de table)* салфе́тка • une serviette en papier бума́жная салфе́тка **2.** *(de toilette)* полоте́нце **3.** *(porte-documents)* портфе́ль *m*

● une serviette hygiénique гигиени́ческая прокла́дка

servir *v* **1.** *(un client)* обслу́живать • servir un client обслу́живать покупа́теля • je n'ai pas encore été servi меня́ ещё не обслу́живали **2.** *(un plat, une boisson)* подава́ть* [II, подаю́, подаёшь - подава́й - подава́я] / пода́ть* [*n cl,* пода́м, пода́шь, пода́ст, подади́м, подади́те, подаду́т - по́дал, подала́, по́дало, по́дали ⑤ - пода́й - по́данный, по́дан, подана́, по́дано, по́даны ⑤] • on nous a servi des huîtres нам по́дали у́стриц • le déjeuner est servi обе́д по́дан **3.** *(tenir lieu de, être utilisé comme)* служи́ть ④ / послужи́ть ④ *(+ I)* • servir d'exemple служи́ть приме́ром **4.** *(être utilisable)* годи́ться / пригоди́ться *(на + A)* • à quoi ça peut servir ? на что э́то мо́жет годи́ться? • ton dictionnaire m'a beaucoup servi pour ma traduction твой слова́рь о́чень пригоди́лся мне при перево́де • un appareil qui sert à fabriquer des beignets аппара́т, кото́рый слу́жит для изготовле́ния по́нчиков **5.** *(faire son service)* служи́ть *(+ D)* ④ • servir dans la marine служи́ть во фло́те • servir son pays служи́ть Ро́дине

■ se servir *vp* **1.** *(utiliser)* по́льзоваться / воспо́льзоваться *(+ I)* • je ne sais pas me servir de ce logiciel я не уме́ю по́льзоваться э́той програ́ммой **2.** *(prendre d'un mets)* брать* [IV, беру́, берёшь - брал, брала́, бра́ло, бра́ли ⑤] / взять* [IV, возьму́, возьмёшь - взял, взяла́, взя́ло, взя́ли] ⑤ • servez-vous, je vous en prie бери́те, пожа́луйста

ses → son

seuil *nm* поро́г

seul *adj* **1.** *(en attribut)* оди́н, одино́кий *(solitaire)* • je suis seule я одна́ • c'est le seul qui ait terminé он оди́н ко́нчил рабо́ту • elle se sent très seule она́ чу́вствует себя́ одино́кой **2.** *(en épithète)* оди́н, еди́нственный *(le seul, exclusif)* • elle n'a pas une seule amie у неё нет ни одно́й подру́ги • pas un seul d'entre eux ne soupçonne que je suis ici ни оди́н из них не подозрева́ет, что я здесь • lui seul a compris ce qui s'était passé он еди́нственный по́нял, что случи́лось • c'est la seule difficulté э́то еди́нственное затрудне́ние • c'est ma seule distraction э́то моё еди́нственное развлече́ние **3.** *(sans aide)* сам • vous l'avez fait seul ? вы са́ми э́то сде́лали? ● **tout seul** **a.** *(sans aide extérieure)* сам › tu as fait ça tout seul ? ты сам э́то сде́лал? **b.** *(sans difficulté)* как по ма́слу › ça va tout seul де́ло идёт как по ма́слу

seulement *adv* то́лько • j'ai seulement trente roubles у меня́ то́лько три́дцать рубле́й

sévère *adj* стро́гий ⑤ *(comp.* стро́же* *~ superl.* строжа́йший*)* • un professeur sévère стро́гий учи́тель • un régime sévère стро́гая дие́та • de la manière la plus sévère строжа́йшим о́бразом

sévèrement *adv* стро́го *(comp.* стро́же**)* • punir sévèrement стро́го наказа́ть

sévérité *nf* стро́гость *f* • avec toute la sévérité qui s'impose с надлежа́щей стро́гостью • la sévérité des lignes стро́гость ли́ний

sexe *nm* пол ①③ • des personnes des deux sexes ли́ца обо́его по́ла

shampooing *nm* шампу́нь *m* • se faire un shampooing помы́ть го́лову

short *nm* шо́рты *pl t (*шо́ртов, шо́ртам*)*

si *conj*

1. IRRÉEL = **е́сли бы** *(le verbe de la proposition prend la forme du passé)*
• **si j'avais de l'argent, je te rembourserais** е́сли бы у меня́ бы́ли де́ньги, я бы тебе́ заплати́л
• **si j'avais eu de l'argent, je t'aurais remboursé** е́сли бы у меня́ бы́ли де́ньги, я бы тебе́ заплати́л
• **ah, s'il était encore ici !** ах, е́сли бы он был ещё здесь!

2. POTENTIEL = **е́сли**
• **s'il était malade, il fallait appeler le docteur** е́сли он был бо́лен, на́до бы́ло вы́звать врача́
• **s'il a été capable de faire ça, je saurais bien le faire moi aussi** е́сли он смог э́то сде́лать, то и я смогу́
• **si vous n'avez pas de preuves, je vous dis : je n'y crois pas** е́сли у вас нет доказа́тельств, я вам говорю́: не ве́рю
• **si vous voulez** е́сли хоти́те
• **s'il vient, j'irai avec lui au cinéma** е́сли он придёт, я пойду́ с ним в кино́
• **elle doit bientôt arriver, si elle ne se perd pas en route** она́ ско́ро придёт, е́сли то́лько не собьётся с пути́
• **s'il vient, dites-lui que je suis malade** е́сли он придёт, скажи́те ему́, что я бо́лен
• **et si par hasard il l'apprenait ?** а что, е́сли он узна́ет об э́том?

3. INTERROGATION INDIRECTE = **ли** *(se place après le mot ou le groupe de mots sur lesquels porte l'interrogation)*
• **je ne sais pas si elle viendra** я не зна́ю, придёт ли она́

4. INTERROGATION HYPOTHÉTIQUE EXPRIMANT UNE SUGGESTION = **дава́й, дава́йте** *(+ futur simple ou inf)*
• **si on mangeait ?** дава́й пообе́даем
• **si on jouait aux échecs ?** дава́йте игра́ть в ша́хматы

si *adv*

1. D'INTENSITÉ = **так** *(+ adv, + adj à la forme courte)*
• **il parle si fort que je l'entends d'ici** он так гро́мко говори́т, что я его́ слы́шу отсю́да
• **elle est si belle !** она́ так краси́ва!
• **ce n'est pas si facile !** э́то не так-то легко́
= **тако́й** *(+ adj à la forme longue)*
• **une si jolie fille** така́я краси́вая де́вушка
• **elle a des valises si lourdes qu'il va falloir l'aider** у неё таки́е тяжёлые чемода́ны, что придётся ей помо́чь
• **dans un si petit village** в тако́й ма́ленькой дере́вне

2. D'AFFIRMATION = **нет** *(au début de la proposition)*, **да** *(lorsque* **si** *est introduit par la conjonction* **que***)*
• **ce n'est pas lui ? — si, c'est lui** э́то не он? — нет, э́то он
• **moi je dis que si** а я говорю́, что да
● **si bien que** так › **il faisait noir et elle me tournait le dos, si bien que je ne l'ai pas reconnue** бы́ло темно́, да и она́ стоя́ла ко мне спино́й, так что я её не узна́л

si *nm*

NOTE DE MUSIQUE = **си*** *nt indécl*
• **si bémol** си бемо́ль

Sibérie Сиби́рь *f*
● de la Sibérie сиби́рский

sibérien[1] *adj* сиби́рский • le climat sibérien сиби́рский кли́мат

Sibérien[2] *nm* сибиря́к ③②

Sibérienne *nf* сибиря́чка

SIDA *(abr de* syndrome immunodéficitaire acquis*)* *nm* СПИД (синдро́м приобретённого иммунодефици́та)

• journée mondiale de lutte contre le SIDA всеми́рный день борьбы́ со СПИДом

siècle *nm* век* *(nom. pl.* века́ ①②*)*, столе́тие • au XXIe siècle в XXI ве́ке • huit siècles se sont écoulés прошло́ во́семь столе́тий

siège *nm* **1.** *(pour s'asseoir)* сиде́нье • sur le siège arrière на за́днем сиде́нье **2.** *(opération militaire)* оса́да • le siège d'une forteresse оса́да кре́пости • lever le siège снять оса́ду
◉ faire le siège *(assiéger)* осажда́ть / осади́ть [*part.* осаждённый*] *(+ A)* › faire le siège d'une ville осади́ть го́род

sien *pron* **1.** *(si le possesseur est sujet de la proposition)* свой • j'ai pris mon livre et lui le sien я взял свою́ кни́гу, а он свою́ **2.** *(si le possesseur n'est pas sujet de la proposition)* его́ *m, nt*, её *f* • ce n'est pas ton parapluie ; tu as pris le sien, voilà le tien э́то не твой зо́нтик, ты взял его́ зо́нтик, а вот твой

À PROPOS DE...

Ces pronoms sont souvent précisés par un substantif alors que celui-ci est sous-entendu en français.

sifflement *nm* свист *(pas de pl)* • les sifflements du public свист пу́блики • les sifflements des balles свист пуль

siffler *v* **1.** *(faire entendre un sifflement)* свисте́ть* [I, свищу́, свисти́шь] / сви́стнуть • l'agent de police a sifflé милиционе́р сви́стнул • la locomotive sifflait парово́з свисте́л • les balles sifflaient au-dessus de nos têtes пу́ли свисте́ли над на́шими голова́ми ~ *(en parlant d'un serpent, d'un animal)* шипе́ть* [I, шипи́т, шипя́т] / зашипе́ть* [I, *id*] • le serpent sifflait змея́ шипе́ла **2.** *(appeler en sifflant)* свисте́ть* / сви́стнуть • siffler son chien сви́стнуть соба́ку **3.** *(siffloter un air)* насви́стывать • siffler une chanson насви́стывать пе́сню **4.** *(marquer sa désapprobation en sifflant)* осви́стывать / освиста́ть* [II, освищу́, осви́щешь] ④ • siffler un acteur освиста́ть актёра

sifflet *nm* свисто́к
◉ un coup de sifflet свисто́к › on entendit un coup de sifflet разда́лся свисто́к • donner un coup de sifflet засвисте́ть / сви́стнуть

siffloter *v* насви́стывать • siffloter une chanson насви́стывать пе́сню

signal *nm* сигна́л • un signal sonore звуково́й сигна́л • le signal d'alarme сигна́л трево́ги

signaler *v* **1.** *(faire savoir)* сообща́ть / сообщи́ть *(+ A, о +L)* • je te signale qu'il ne reste que 5 minutes avant le départ du train сообща́ю тебе́, что до отхо́да по́езда всего́ 5 мину́т • il a oublié de signaler son départ он забы́л сообщи́ть о своём отъе́зде **2.** *(transmettre des signaux)* сигна́лить / посигна́лить *(о +L)* • signaler le départ du bateau сигна́лить об отпра́вке парохо́да

signature *nf (nom apposé au bas d'un écrit)* по́дпись *f* • la signature est illisible по́дпись неразбо́рчива • apposez votre signature au bas du document поста́вьте под докуме́нтом свою́ по́дпись

signe *nm* знак • faire des signes avec la main сде́лать зна́ки руко́й • les signes de ponctuation зна́ки препина́ния • le signe mou мя́гкий знак • le signe dur твёрдый знак • en signe d'amitié в знак дру́жбы
◉ faire le signe de la croix крести́ться ④ / перекрести́ться ④

signer ◪ *vt* подпи́сывать / подписа́ть* [II, подпишу́, подпи́шешь] ④ • signer un document подписа́ть докуме́нт • signer un accord подписа́ть соглаше́ние ◪ *vi* подпи́сываться / подписа́ться* [II, подпишу́сь, подпи́шешься] ④ • il a refusé de signer он отказа́лся подписа́ться

signification *nf* значе́ние • la signification d'un mot значе́ние сло́ва

signifier *v (avoir tel ou tel sens)* зна́чить, означа́ть • qu'est-ce que ça signifie ? что э́то зна́чит? • que signifient ces astérisques ? что означа́ют э́ти звёздочки?

silence *nm* **1.** *(absence de bruit)* тишина́ • dans le silence de la nuit в ночно́й тишине́ **2.** *(fait de ne rien dire)* молча́ние • garder le silence храни́ть молча́ние • rompre le silence прерва́ть молча́ние • passer un reproche sous silence обойти́ упрёк молча́нием • la conspiration du silence за́говор молча́ния • la parole est d'argent mais le silence est d'or сло́во — серебро́, молча́ние — зо́лото

● en silence мóлча › **ils se regardaient en silence** онú мóлча смотрéли друг на дрýга • silence ! тúше!

silencieux *adj* **1.** *(qui ne fait pas de bruit)* бесшýмный • un moteur silencieux бесшýмный двúгатель **2.** *(qui ne parle guère)* молчалúвый • c'est un homme silencieux он человéк молчалúвый

silhouette *nf* силуэ́т

simple *adj* простóй ⑤ *(comp.* прóще*)* • un corps simple простóе тéло • c'est très simple э́то óчень прóсто • des gens simples простые лю́ди

simplement *adv* прóсто *(comp.* прóще*)* • j'ai simplement envie de dormir мне прóсто хóчется спать

simplicité *nf* простотá • la simplicité de son style простотá егó стúля

simplification *nf* упрощéние • une simplification de l'orthographe упрощéние правописáния

simplifier *v* упрощáть / упростúть • pour simplifier le problème чтóбы упростúть проблéму

simultané *adj* одновремéнный *(одновремéнен, одновремéнна)* • des événements simultanés одновремéнные собы́тия
● la traduction simultanée синхрóнный перевóд

sincère *adj* úскренний *(úскренен, úскренна, úскренно, úскренны) (cet adjectif est de type mouillé à la forme longue, de type dur à la forme courte)* • un homme sincère úскренний человéк • un aveu sincère úскреннее признáние

sincèrement *adv* úскренне, úскренно • parler sincèrement говорúть úскренне

sincérité *nf* úскренность *f* • en toute sincérité с пóлной úскренностью

singe *nm* обезья́на

singulier *nm* еднúственное числó • mettre un nom au singulier постáвить существúтельное в еднúственном числé

sinon *conj* **1.** *(autrement, sans quoi)* инáче, а то • il faut que tu te reposes, sinon tu tomberas malade тебé нáдо отдохнýть, инáче заболéешь • il faut se dépêcher, sinon nous serons en retard нáдо спешúть, а то опоздáем **2.** *(si ce n'est)* éсли не • il est de mon âge, sinon plus jeune он моегó вóзраста, éсли не молóже

sirène *nf* **1.** *(appareil avertisseur)* гудóк, сирéна • la sirène de l'usine фабрúчный гудóк • la sirène du bateau гудóк парохóда • la sirène d'alerte сирéна воздýшной тревóги **2.** *(personnage de conte)* русáлка

sirop *nm* **1.** *(alimentaire)* сирóп • du sirop de framboise малúновый сирóп **2.** *(médical)* сирóп • un sirop contre la toux сирóп от кáшля

site *nm* un site (web) (веб-)сайт

situation *nf* положéние • la situation est catastrophique положéние катастрофúческое • être à la hauteur de la situation быть на высотé положéния • mettre dans telle ou telle situation постáвить в то или в другóе положéние (стáвить / постáвить) › **vous m'avez mis dans une situation délicate** вы меня́ постáвили в трýдное положéние

situé *adj* расположéнный *(расположéн, расположéна)* • la maison est située sur une hauteur дом расположéн на холмé

six *adj num* **1.** *(gén)* шесть • six euros шесть éвро • il faudrait rentrer vers six heures нáдо бы вернýться к шестú **2.** *(au sens de sixième, dans l'expression de la date)* шестóй • à la page six на шестóй странúце • il est arrivé le 6 octobre он приéхал 6-го октября́ • Charles VI Карл VI (Карл Шестóй) **3.** *(aux cartes)* шестёрка • un six de cœur шестёрка червéй
● six cents шестьсóт • six-centième шестисóтый

sixième[1] *adj* **1.** *(gén)* шестóй • le sixième volume шестóй том **2.** *(en parlant des étages)* седьмóй • ils habitent au sixième étage онú живýт на седьмóм этажé

sixième[2] ■ *nm* **1.** *(étage)* седьмóй этáж *(этáж ③)* • ils habitent au sixième онú живýт на седьмóм этажé **2.** *(fraction)* шестáя *(adj subst f)* • les cinq sixièmes пять шесты́х ■ *nf (classe)* *пéрвый год коллéжа* • je suis en sixième я учýсь пéрвый год в коллéже

ski *nm* лы́жа • faire du ski катáться на лы́жах

skieur *nm* лы́жник

skieuse *nf* лы́жница

slave¹ *adj* славя́нский • les peuples slaves славя́нские наро́ды

Slave² *nmf* славяни́н* *m* *(pl.* славя́не, славя́н, славя́нам*)*, славя́нка *f*

sobre *adj* **1.** *(qui boit avec modération)* непью́щий • c'est un homme sobre он челове́к непью́щий **2.** *(sans excès)* сде́ржанный • un style sobre сде́ржанный стиль • être sobre dans ses déclarations быть сде́ржанным в свои́х заявле́ниях

sociable *adj* общи́тельный • un caractère sociable общи́тельный хара́ктер • un homme sociable общи́тельный челове́к

social *adj* социа́льный • le progrès social социа́льный прогре́сс • les assurances sociales социа́льное страхова́ние

socialisme *nm* социали́зм

socialiste¹ *adj* социалисти́ческий • le parti socialiste социалисти́ческая па́ртия

socialiste² *nmf* социали́ст *m*, социали́стка *f*

société *nf* о́бщество • la société féodale феода́льное о́бщество • une société anonyme акционе́рное о́бщество • une société sportive спорти́вное о́бщество

sœur *nf* сестра́ *(pl.* сёстры, сестёр, сёстрам*)* ②⑤ • c'est ma soeur aînée э́то моя́ ста́ршая сестра́

Sofia София

soi *pron* себя́ *(pron pers réfl)* • pour soi для себя́ • prendre avec soi взять с собо́й • ne penser qu'à soi ду́мать то́лько о себе́
◈ cela va de soi само́ собо́й разуме́ется • chez soi **a.** *(direction)* домо́й › **rentrer chez soi** верну́ться домо́й **b.** *(emplacement)* до́ма › **rester chez soi** сиде́ть до́ма

soi-disant ◪ *adj (prétendu)* так называ́емый • un soi-disant champion de natation так называ́емый чемпио́н по пла́ванию ◪ *adv* бу́дто бы, я́кобы *littéraire* • on a fermé l'usine, soi-disant parce qu'on manquait de débouchés заво́д закры́ли, бу́дто бы за недоста́тком сбы́та • elle est soi-disant mannequin она́ — так называ́емая моде́ль

soie *nf* шёлк* *(loc.* шелку́ ⑧*)* • de la soie naturelle натура́льный шёлк
◈ de soie, de la soie, en soie шёлковый › **une robe en soie** шёлковое пла́тье › **l'industrie de la soie** шёлковая промы́шленность

soif *nf* жа́жда • étancher sa soif утоли́ть жа́жду ~ *fig* • la soif de vengeance жа́жда ме́сти
◈ j'ai soif мне хо́чется пить › **tu as soif ?** тебе́ хо́чется пить?

soigné *adj* **1.** *(fait avec soin)* аккура́тный • un travail soigné аккура́тная рабо́та **2.** *(habillé avec soin)* аккура́тно оде́тый
◈ peu soigné *(négligé)* небре́жный › **un travail peu soigné** небре́жная рабо́та

soigner *v* **1.** *(donner des soins médicaux)* лечи́ть ④ / полечи́ть ④ • soigner un malade лечи́ть больно́го • soigner un malade aux antibiotiques лечи́ть больно́го антибио́тиками **2.** *(s'occuper de)* уха́живать *(за + I)* • soigner un enfant malade уха́живать за больны́м ребёнком
■ se soigner *vp* лечи́ться ④ / полечи́ться ④ • se soigner лечи́ться

soigneusement *adv* аккура́тно

soigneux *adj* аккура́тный, забо́тливый

soin *nm (application)* тща́тельность *f* • avec un grand soin с большо́й тща́тельностью
◈ avoir soin de, *(ménager)* забо́титься / позабо́титься *(о +L)* › **avoir soin de sa santé** забо́титься о своём здоро́вье • prendre soin бере́чь* [IV, берегу́, бережёшь, берегу́т - берёг, берегла́ ③] / побере́чь* [IV, *id*] *(+ A)* › **prendre soin de sa santé** бере́чь своё здоро́вье • donner des soins à un malade лечи́ть больно́го

soir *nm* **1.** *(moment de la journée)* ве́чер* *(nom. pl.* вечера́ ①②*)* • du matin au soir с утра́ до ве́чера • à huit heures du soir в во́семь часо́в ве́чера **2.** *(au sens de pendant la soirée, dans des expressions comme le soir, hier soir, ce soir, mardi soir, etc.)* ве́чером • il est rentré tard le soir он верну́лся по́здно ве́чером • ce soir сего́дня ве́чером, ве́чером • demain soir за́втра ве́чером • elle arrive lundi soir она́ приезжа́ет в понеде́льник ве́чером • le 20 au soir 20-го ве́чером

● du soir вечéрний › **un journal du soir** вечéрняя газéта

soirée *nf* вéчер* *(nom. pl.* вечерá ①②*)* • les longues soirées d'hiver длúнные зúмние вечерá • une soirée dansante танцевáльный вéчер

soit ◪ *conj* **1.** *(indiquant une alternative)* лúбо • soit l'un soit l'autre лúбо одúн, лúбо другóй **2.** *(marquant une supposition)* пусть бýдет • soit un triangle rectangle пусть бýдет прямóй треугóльник ◪ *adv (marquant l'acquiescement)* пусть • il veut s'en aller ? soit он хóчет уéхать? пусть

soixantaine *nf* une soixantaine de personnes человéк шестьдеся́т • une soixantaine de kilomètres óколо шестúдесяти километров • elle a une soixantaine d'années ей лет шестьдеся́т

soixante *adj num* шестьдеся́т • soixante euros шестьдеся́т éвро • à soixante kilomètres de Paris в шестúдесяти киломéтрах от Парúжа
● soixante et onze сéмьдесят одúн • soixante et onzième сéмьдесят пéрвый

soixante-dix *adj num* сéмьдесят • soixante-dix pages сéмьдесят странúц • à soixante-dix kilomètres de la frontière в семúдесяти киломéтрах от гранúцы

soixante-dixième *adj num* семидеся́тый

soixante-douze *adj num* сéмьдесят два

soixante-douzième *adj num* сéмьдесят вторóй

soixante-treize *adj num* сéмьдесят три

sol[1] *nm* **1.** *(terrain)* пóчва • un sol fertile плодорóдная пóчва **2.** *(surface de la terre)* земля́ *(l'accent passe en général sur la préposition dans le groupe* нá землю*)* ⑥ • creuser le sol рыть зéмлю

sol[2] *nm (note de musique)* соль* *nt indécl* • sol dièse соль диéз

solaire *adj* **1.** *(utilisant le soleil)* сóлнечный • un panneau solaire сóлнечная батарéя • l'énergie solaire сóлнечная энéргия **2.** *(contre le soleil)* солнцезащúтный • de la crème solaire солнцезащúтный крем

soldat *nm* солдáт* *(gén. pl.* солдáт*)* • le tombeau du soldat inconnu могúла неизвéстного солдáта

solde *nm (vente de marchandise à prix réduit)* уцéнка
■ soldes *nmpl* распродáжа • faire les soldes ходúть на распродáжи
● des vêtements en solde уценённая одéжда

soleil *nm* сóлнце • la Terre tourne autour du Soleil Земля́ вращáется вокрýг Сóлнца • le soleil se lève сóлнце встаёт • le soleil se couche сóлнце захóдит • se chauffer au soleil грéться на сóлнце
● de soleil, du soleil сóлнечный › **les rayons du soleil** сóлнечные лучú › **un bain de soleil** сóлнечная вáнна › **un coup de soleil** сóлнечный удáр

solennel *adj* торжéственный • un ton solennel торжéственный тон

solidarité *nf* солидáрность • ils ont fait grève par solidarité онú устрóили забастóвку из солидáрности

solide *adj* **1.** *(résistant, durable)* прóчный ⑤ • des meubles solides прóчная мéбель • une amitié solide прóчная дрýжба **2.** *(robuste)* крéпкий ⑤ *(comp.* крéпче*)* • une solide santé крéпкое здорóвье • un vieillard solide крéпкий старúк • il a des nerfs solides у негó крéпкие нéрвы **3.** *(sérieux)* основáтельный • de solides raisons основáтельные причúны **4.** *(par opposition à liquide ou fluide)* твёрдый • un corps solide твёрдое тéло

solitaire *adj* одинóкий • une vie solitaire одинóкая жизнь • une promenade solitaire одинóкая прогýлка

solitude *nf* одинóчество • vivre dans la solitude la plus totale жить в совершéнном одинóчестве

solo *nm* сóло* *nt indécl*

solution *nf (d'un problème)* решéние, вы́ход *(moyen d'en sortir)* • la solution d'un problème решéние задáчи • il n'y a pas de solution вы́хода нет

sombre *adj* **1.** *(obscur, foncé)* тёмный ③ *(тёмéн, темнá, темнó, темны́)* • une nuit sombre тёмная ночь • une couleur sombre тёмный цвет **2.** *(en parlant du temps)* пáсмурный • un temps sombre пáсмурная погóда **3.** *(triste, morose)* мрáчный ⑤ • un air sombre мрáчный вид

• il fait sombre темно́ › **dehors il faisait sombre** на у́лице бы́ло темно́

sommaire *nm* содержа́ние
• au sommaire du journal ce soir сего́дня в вече́рнем вы́пуске новосте́й

somme *nf* су́мма • une grosse somme кру́пная су́мма
• en somme в о́бщем › **en somme, on peut considérer qu'il a raison** в о́бщем мо́жно счита́ть, что он прав

sommeil *nm* со́н • dormir d'un sommeil profond спать кре́пким сном
• j'ai sommeil мне хо́чется спать

sommet *nm* **1.** верши́на • le sommet de la montagne верши́на горы́ • le sommet de l'arbre верши́на де́рева ~ *fig* • il était au sommet de la gloire он был на верши́не сла́вы **2.** *(conférence au sommet)* са́ммит

somnifère *nm* снотво́рное *(adj subst nt)* • prendre un somnifère приня́ть снотво́рное

son[1] *adj poss* **1.** *(si le possesseur est sujet de la proposition)* свой *(souvent omis)* • elle a pris son livre ? она́ взяла́ свою́ кни́гу? • il a perdu son père он потеря́л отца́ **2.** *(dans le cas contraire)* его́ *m, nt*, её *f* • appelle André, son frère vient d'arriver позови́ Андре́, его́ брат то́лько что прие́хал • appelle Hélène, son frère vient d'arriver позови́ Эле́н, её брат то́лько что прие́хал

son[2] *nm* **1.** *(bruit)* звук • la vitesse du son ско́рость зву́ка • produire un son agréable производи́ть прия́тный звук **2.** *(émis par un objet en métal, en verre, en particulier, par une cloche)* звон • le son de la cloche звон ко́локола

sondage *nm* опро́с • faire un sondage проводи́ть / провести́ опро́с

songer *v* ду́мать / поду́мать *(penser)*, мечта́ть / помечта́ть *(rêver)* • à quoi songes-tu ? о чём ты ду́маешь?, о чём ты мечта́ешь?

sonner *v* **1.** *(se faire entendre)* звони́ть / зазвони́ть прозвони́ть • la cloche sonne ко́локол звони́т • le réveil a sonné буди́льник прозвони́л **2.** *(déclencher une sonnerie)* звони́ть / позвони́ть • on sonne à la porte, va ouvrir la porte звоня́т, откро́й дверь **3.** *(en parlant de l'heure)* бить* [II, бью, бьёшь] / проби́ть* [II, пробью́, пробьёшь - про́бил, про́било, про́били - проби́тый] • l'horloge sonne six heures часы́ бьют шесть • six heures sonnent бьёт шесть часо́в • minuit a sonné en ville в го́роде про́било по́лночь

sonnerie *nf* **1.** *(dispositif sonore)* звоно́к • la sonnerie électrique электри́ческий звоно́к • brusquement on entendit la sonnerie du téléphone вдруг разда́лся телефо́нный звоно́к **2.** *(son d'une cloche, d'une clochette)* звон • la sonnerie du réveil звон буди́льника **3.** *(mécanisme d'une horloge)* бой *m* • la sonnerie de l'horloge бой часо́в

sonnette *nf (électrique)* звоно́к • appuyer sur la sonnette нажа́ть на звоно́к • donner un coup de sonnette позвони́ть

sonore *adj (qui a un son éclatant)* зво́нкий ⑤ *(comp.* зво́нче*)* • une voix sonore зво́нкий го́лос

soprano ◪ *nm (voix)* сопра́но* *nt indécl* ◪ *nmf (chanteur)* сопра́но* *mf indécl*

sorcier *nm* колду́н ③②

sorcière *nf* колду́нья

sort *nm* **1.** *(destin)* судьба́, у́часть *f littéraire* • se plaindre de son sort жа́ловаться на свою́ судьбу́ • abandonner qqn à son triste sort бро́сить кого́-нибудь на произво́л судьбы́ • pour adoucir son sort что́бы облегчи́ть его́ у́часть • un triste sort го́рькая у́часть **2.** *(hasard)* жре́бий *m* • tirer au sort бро́сить жре́бий • le sort en est jeté жре́бий бро́шен

sorte *nf* род *(genre)*, сорт* *(nom. pl.* сорта́ ①②*)* *(catégorie)* • des marchandises de toutes sortes вся́кого ро́да това́ры • une nouvelle sorte de thé но́вый сорт ча́я
• toutes sortes de вся́кие *(вся́ких, вся́ким) (pron pl)* › **toutes sortes de gens** вся́кие лю́ди • une sorte de **a.** *(déterminant un nom d'objet, un nom abstrait)* что́-то вро́де *(+ G)* › **une sorte de chapeau** что́-то вро́де шля́пы **b.** *(déterminant un nom de personne)* како́й-то › **elle s'est adressée à une sorte d'avocat** она́ обрати́лась к како́му-то адвока́ту

sortie *nf* вы́ход *(de piéton)*, вы́езд *(de véhicule)* • la sortie de secours запа́сный вы́ход • à la sortie de la ville на вы́езде из го́рода

sortir *v*

1. À PIED = **выходи́ть** ④ / **вы́йти*** [IV, вы́йду, вы́йдешь - вы́шел, вы́шла - вы́йдя]

• **sortir de l'école** вы́йти из шко́лы
= **выбега́ть** / **вы́бежать*** [*n cl*, вы́бегу, вы́бежишь, вы́бегут - вы́беги] *(en courant)*, **выска́кивать** / **вы́скочить** *(d'un bond)*, **вылеза́ть** / **вы́лезть*** [IV, вы́лезу, вы́лезешь - вы́лез, вы́лезла] *(sortir avec peine ; sortir de l'eau)*

• **le loup est sorti du bois** волк вы́бежал из ле́са

• **un lièvre est sorti du buisson** из кусто́в вы́скочил за́яц

• **je suis sorti par la fenêtre** я вы́лез в окно́

• **il est sorti de l'eau** он вы́лез из воды́

2. EN VOITURE, À CHEVAL = **выезжа́ть** / **вы́ехать*** [IV, вы́еду, вы́едешь]

• **des cavaliers sont sortis du bois** из ле́са вы́ехали вса́дники

3. EN VOLANT = **вылета́ть** / **вы́лететь*** [I, вы́лечу, вы́летишь]

• **l'oiseau est sorti de la cage** пти́ца вы́летела из кле́тки

4. EN COULANT = **вытека́ть** / **вы́течь*** [IV, вы́теку, вы́течешь, вы́текут - вы́тек, вы́текла]

• **le fleuve sort d'un lac** река́ вытека́ет из о́зера

5. EN PARLANT D'UN VÉHICULE = **выходи́ть** [выхо́дит, выхо́дят] / **вы́йти***

• **le bateau sort du port** су́дно выхо́дит из по́рта

6. *fig* = **выходи́ть** [выхо́дит, выхо́дят] / **вы́йти***

• **ça m'est sorti de la tête** э́то у меня́ вы́шло из головы́

• **sortir de son rôle** выходи́ть из свое́й ро́ли

7. RETIRER = **вынима́ть** / **вы́нуть**

• **sortir un mouchoir de sa poche** вы́нуть из карма́на плато́к

● **faire sortir** CONDUIRE AU-DEHORS выводи́ть ④ / вы́вести* [IV, вы́веду, вы́ведешь - вы́вел, вы́вела - вы́веденный] › **faire sortir un cheval de l'écurie** вы́вести ло́шадь из коню́шни

• **laisser sortir** выпуска́ть / вы́пустить › **tu as encore laissé sortir le chien ?** опя́ть соба́ку вы́пустил?

s'en sortir *vp*

SE DÉBROUILLER = **справля́ться** / **спра́виться**

• **tu t'en sors ou tu veux que je t'aide ?** ты спра́вишься сам и́ли хо́чешь, что́бы я помо́г?

● **il a eu un grave accident mais il s'en sortira** он попа́л в тяжёлую ава́рию, но с ним всё бу́дет в поря́дке

SOS *nm* СОС • **lancer un SOS** подава́ть / пода́ть сигна́л СОС

sot *adj* глу́пый ⑤ • **elle n'est pas sotte** она́ не глупа́

sou *nm*

● **pas un sou** ни копе́йки › **je n'ai pas un sou** у меня́ нет ни копе́йки

souci *nm* забо́та • **elle avait beaucoup de soucis** у неё бы́ло мно́го забо́т

soucier

■ **se soucier** *vp* забо́титься / позабо́титься *(о +L)* • **il ne se soucie de rien** он ни о чём не забо́тится

soucoupe *nf* блю́дце • **une tasse avec une soucoupe** ча́шка с блю́дцем

● **une soucoupe volante** лета́ющая таре́лка

soudain *adv* вдруг, внеза́пно *littéraire*

• **soudain, la sonnerie du téléphone retentit** вдруг зазвони́л телефо́н

souffle *nm (respiration)* дыха́ние • **retenir son souffle** сдержа́ть дыха́ние

● **ça m'a coupé le souffle** у меня́ дух захвати́ло • **être à bout de souffle, perdre son souffle** задыха́ться / задохну́ться • **reprendre son souffle** перевести́ дух

souffler *v* **1.** *(déplacer l'air)* дуть* [II, ду́ю, ду́ешь] / поду́ть* [II, *id*] • **le vent souffle** ве́тер ду́ет • **souffler sur le thé** дуть на чай **2.** *(dire à voix basse)* подска́зывать / подсказа́ть* [II, подскажу́, подска́жешь] ④ • **souffler à un camarade pendant la classe** подска́зывать това́рищу на уро́ке **3.** *(se reposer)* передыха́ть / передохну́ть • **il a besoin de souffler après un trimestre très intense** ему́ на́до передохну́ть по́сле тако́й напряжённой че́тверти

souffrance *nf (douleur, peine)* страда́ние • **une souffrance morale** нра́вственное страда́ние

souffrir *v (éprouver une douleur, subir un dommage)* страда́ть / пострада́ть • **souffrir de maux de dents** страда́ть от зубно́й бо́ли • **le bâtiment a beaucoup souffert pendant la guerre** зда́ние си́льно пострада́ло во вре́мя войны́

• je ne peux pas le souffrir я его́ терпе́ть не могу́

souhait *nm* **1.** *(désir)* жела́ние • réaliser un souhait испо́лнить жела́ние **2.** *(vœu)* пожела́ние • des souhaits de nouvel an нового́дние пожела́ния
• à tes souhaits ! будь здоро́в! *(à un homme)*, будь здоро́ва! *(à une femme)* • à vos souhaits ! бу́дьте здоро́вы!

souhaitable *adj* жела́тельный • votre présence est souhaitable ва́ше прису́тствие жела́тельно • il est souhaitable qu'ils se réconcilient жела́тельно, что́бы они́ помири́лись

souhaiter *v* **1.** *(gén)* жела́ть / пожела́ть *(+ G, + inf, +* что́бы *+ forme du passé)* • je vous souhaite le succès жела́ю вам успе́ха • je souhaite qu'il revienne я жела́ю, что́бы он верну́лся **2.** *(à l'occasion d'une fête)* поздравля́ть / поздра́вить *(c + I)* • je vous souhaite une bonne année поздравля́ю вас с Но́вым го́дом • je vous souhaite un bon anniversaire поздравля́ю вас с днём рожде́ния

soûl *adj* *(ivre)* пья́ный ⑤
• tout son soûl до́сыта › **se promener tout son soûl** нагуля́ться до́сыта

soûler
■ se soûler *vp* напива́ться / напи́ться* [II, напью́сь, напьёшься - напи́лся, напила́сь ③ - напе́йся]

soulèvement *nm* *(insurrection)* восста́ние • réprimer un soulèvement подави́ть восста́ние

soulever *v* поднима́ть / подня́ть* [IV, подниму́, подни́мешь ④ - по́днял, подняла́, по́дняло, по́дняли ⑤ - по́днятый, по́днят, поднята́, по́днято, по́дняты ⑤], приподнима́ть / приподня́ть* [IV, приподниму́, приподни́мешь ④ - припо́днял, приподняла́, припо́дняло, припо́дняли ⑤ - припо́днятый, припо́днят, приподнята́, припо́днято, припо́дняты ⑤] *(soulever un peu)* • soulever une lourde caisse подня́ть тяжёлый я́щик • soulever de la poussière поднима́ть пыль • soulever légèrement le rideau приподня́ть за́навес
■ se soulever *vp* *(se révolter)* восстава́ть* [II, восстаю́, восстаёшь - восстава́й - восстава́я] / восста́ть* [*n cl*, восста́ну, восста́нешь] • les paysans se soulevaient contre les propriétaires terriens крестья́не восстава́ли про́тив поме́щиков

soulier *nm* **1.** *(de femme)* ту́фля *dim.* ту́фелька • des souliers à talons hauts ту́фли на высо́ких каблука́х **2.** *(d'homme)* боти́нок* *(gén. pl.* боти́нок*)* • des souliers en cuir ко́жаные боти́нки

souligner *v* подчёркивать / подчеркну́ть [*part.* подчёркнутый] • les mots soulignés en rouge слова́, подчёркнутые кра́сным ~*fig* • pour souligner l'importance de ces événements что́бы подчеркну́ть ва́жность э́тих собы́тий

soumettre *v* *(ranger sous une autorité)* подчиня́ть / подчини́ть • soumettre à sa volonté подчини́ть свое́й во́ле

soupçon *nm* подозре́ние • des soupçons non fondés необосно́ванные подозре́ния

soupçonner *v* подозрева́ть / заподо́зрить • soupçonner qqn de trahison заподо́зрить кого́-нибудь в изме́не • on le soupçonne d'avoir détruit des documents его́ подозрева́ют в уничтоже́нии докуме́нтов
■ se soupçonner *vp* подозрева́ть / заподо́зрить друг дру́га • ils se soupçonnaient les uns les autres они́ подозрева́ли друг дру́га

soupe *nf* суп ①② • une soupe de légumes овощно́й суп

souper¹ *v* у́жинать / поу́жинать • si on soupait ensemble ? дава́й поу́жинаем вме́сте

souper² *nm* у́жин

soupir *nm* вздох • un profond soupir глубо́кий вздох • rendre le dernier soupir испусти́ть после́дний вздох
• pousser des soupirs, pousser un soupir вздыха́ть / вздохну́ть

soupirer *v* вздыха́ть / вздохну́ть • la petite fille soupirait profondément де́вочка тяжело́ вздыха́ла

souple *adj* **1.** *(gén)* ги́бкий ⑤ *(comp.* ги́бче**)* • un corps souple ги́бкое те́ло • une politique souple ги́бкая поли́тика **2.** *(en parlant de tissu, de cuir)* мя́гкий ⑤ *(comp.* мя́гче**)* • un cuir souple мя́гкая ко́жа • une brosse à dents souple мя́гкая зубна́я щётка

source *nf* **1.** *(eau qui sort de terre)* родни́к ③②, исто́чник *(en particulier lorsqu'il s'agit d'une source d'eau minérale)* • boire de l'eau à une source напи́ться воды́ из

родника́ • des sources chaudes горя́чие исто́чники **2.** *(d'un fleuve)* исто́к • de la source à l'embouchure от исто́ка до у́стья **3.** *(origine d'une chose)* исто́чник • une source d'énergie исто́чник эне́ргии • la source de tous les maux исто́чник всех зол • de source sûre из достове́рных исто́чников
● de l'eau de source роднико́вая вода́ • prendre sa source *litt & fig* брать своё нача́ло › **le fleuve prend sa source dans les glaciers** река́ берёт своё нача́ло в ледника́х

sourcil *nm* бровь *f* ⑧③ • des sourcils épais густы́е бро́ви

sourd[1] *adj* глухо́й ⑤ *(comp.* глу́ше*)* • il est sourd d'une oreille он глух на одно́ у́хо • il était sourd à toutes les prières он был глух ко всем про́сьбам • une voix sourde глухо́й го́лос • un mécontentement sourd глухо́е недово́льство
● une douleur sourde тупа́я боль

sourd[2] *nm* глухо́й *(adj subst m)*
● un dialogue de sourds диало́г глухи́х

sourde-muette *adj & nf* глухонема́я

sourd-muet *adj & nm* глухонемо́й • un enfant sourd-muet глухонемо́й ребёнок • une école pour sourds-muets шко́ла для глухонемы́х

sourire[1] *nm* улы́бка • un sourire triste гру́стная улы́бка
● faire un sourire à un enfant улыбну́ться ребёнку

sourire[2] *v* улыба́ться / улыбну́ться • elle m'a souri она́ мне улыбну́лась

souris *nf* **1.** мышь *f dim.* мы́шка ①③ • une souris blanche бе́лая мышь • détruire les souris истребля́ть мыше́й **2.** (INFORM) мышь *f dim.* мы́шка • une souris optique sans fil беспроводна́я опти́ческая мышь

sous *prép* **1.** *(direction)* под *(+ A)* • mettre sa valise sous la banquette положи́ть чемода́н под скамью́ ~ *(par extension)* • prendre sous sa protection взять под свою́ защи́ту **2.** *(emplacement)* под *(+ I)* • être assis sous un arbre сиде́ть под де́ревом ~ *(par extension)* • sous la surveillance d'un médecin под наблюде́нием врача́ • sous l'influence de Tolstoï под влия́нием Толсто́го **3.** *(à l'époque de)* при *(+L dans le cas d'un souverain)*, во времена́ *(+ G)* • sous Henri IV при Ге́нрихе IV • sous la IVe République во времена́ Четвёртой респу́блики

sous-développé *adj* слабора́звитый • les pays sous-développés слабора́звитые стра́ны

sous-marin *nm* подво́дная ло́дка, подло́дка • un sous-marin nucléaire а́томная подво́дная ло́дка

sous-sol *nm* **1.** *(dans une habitation)* подва́л **2.** *(profondeurs de la terre)* не́дра земли́ *pl t (pl.* не́дра, недр, не́драм*)* • du sous-sol on extrait du charbon из недр земли́ добыва́ют у́голь **3.** *(couche située immédiatement au-dessous de la terre végétale)* по́дпочва

sous-titre *nm* субти́тры • version originale avec sous-titres en français оригина́льная ве́рсия с субти́трами на францу́зском языке́

soustraction *nf* (MATH) вычита́ние

soustraire *v* *(retrancher)* вычита́ть / вы́честь* [IV, вы́чту, вы́чтешь - вы́чел, вы́чла - вы́чтенный] • de cette somme, il faut soustraire 1 000 euros pour la réparation de la voiture из э́той су́ммы на́до вы́честь 1 000 е́вро за ремо́нт маши́ны

sous-vêtements *nmpl* ни́жнее бельё • des sous-vêtements en soie шёлковое ни́жнее бельё

soutenir *v* **1.** *(empêcher de tomber)* подде́рживать / поддержа́ть* [I, поддержу́, подде́ржишь] ④ • soutenir un mur поддержа́ть стéну • soutenir une candidature поддержа́ть кандидату́ру • soutenir la conversation поддержа́ть разгово́р **2.** *(affirmer)* утвержда́ть • il soutient que nous nous sommes trompés он утвержда́ет, что мы оши́блись
● soutenir une thèse защища́ть диссерта́цию (защища́ть / защити́ть *(т → щ)*)

souterrain *adj* подзе́мный • un passage souterrain подзе́мный перехо́д

soutien *nm* подде́ржка • accorder son soutien à un candidat оказа́ть кандида́ту подде́ржку

soutien-gorge *nm* бюстга́льтер

souvenir[1] *nm* **1.** *(dans la mémoire)* воспомина́ние • des souvenirs d'enfance воспомина́ния де́тства • un agréable souvenir прия́тное воспомина́ние **2.** *(objet)* сувени́р *dim.* сувени́рчик
● en souvenir на па́мять, в па́мять *(o +L)* › offrir un vase en souvenir пода-

рить на память вазу › en souvenir de notre rencontre в память о нашей встрече

souvenir²
■ se souvenir *vp* помнить / вспомнить *(+ A, o +L)* • je me souviens bien de lui я его хорошо помню • se souvenir de ses amis помнить о своих друзьях

souvent *adv* часто *(comp.* чаще*)* • nous le rencontrons souvent мы его часто встречаем
● le plus souvent чаще всего

soviet *nm* (HIST) совет

soviétique *adj* (HIST) советский • l'Union Soviétique Советский Союз • la littérature soviétique советская литература • à l'époque soviétique в советское время
■ Soviétiques *nmpl* les Soviétiques советские люди

sovkhoze *nm* (HIST) совхоз

spaghettis *nmpl* спагетти

spatial *adj (cosmique)* космический • un vaisseau spatial космический корабль

spécial *adj* специальный • un train spécial специальный поезд • de notre envoyé spécial от нашего специального корреспондента
● rien de spécial ничего особенного

spécialiste *nmf* специалист *m*, специалистка *f*

spécialité *nf* специальность *f* • il a trouvé du travail dans sa spécialité он нашёл работу по специальности • je vous recommande la spécialité du chef рекомендую вам фирменное блюдо шеф-повара

spectacle *nm* **1.** *(au théâtre, au cinéma)* спектакль *m* • un spectacle d'amateurs любительский спектакль **2.** *(ce qui attire le regard)* зрелище • un spectacle inattendu неожиданное зрелище

spectaculaire *adj* зрелищный, поразительный • une vue spectaculaire sur les montagnes поразительный вид на горы

spectateur *nm* зритель *m* • les spectateurs applaudissaient зрители аплодировали

spectatrice *nf* зрительница

sphère *nf litt & fig* сфера • en forme de sphère в виде сферы • la sphère d'influence сфера влияния

sphinx *nm* сфинкс

spirituel *adj* **1.** *(du domaine de l'esprit ou de l'âme)* духовный • la parenté spirituelle духовное родство **2.** *(plein d'esprit, d'humour)* остроумный • une réponse spirituelle остроумный ответ

splendide *adj* великолепный • un palais splendide великолепный дворец

sport *nm* спорт • faire du sport заниматься спортом
● de sport спортивный › des chaussures de sport спортивная обувь

LES SPORTS

- l'athlétisme **лёгкая атлетика** *f*
- le base-ball **бейсбол** *m*
- le basket-ball **баскетбол** *m*
- la course **бег** *m*
- l'équitation **верховая езда** *f*
- l'escrime **фехтование** *nt*
- le football **футбол** *m*
- le football américain **американский футбол** *m*
- le golf **гольф** *m*
- le hockey sur glace **хоккей** *m*
- le judo **дзю-до** *nt*
- le kayak **гребля** *f*
- la natation **плавание** *nt*
- le patinage sur glace **фигурное катание** *nt*
- la planche à voile **серфинг** *m*
- le rugby **регби** *nt*
- le ski **лыжи** *pl t*
- le tennis **теннис** *m*
- la voile **парусный спорт** *m*
- le volley-ball **волейбол** *m*

sportif¹ *adj* спортивный • les épreuves sportives спортивные состязания

sportif² *nm* спортсмен

sportive *nf* спортсменка

spoutnik *nm* спутник • le premier spoutnik a été lancé en 1957 первый спутник был запущен в 1957 году

square *nm* сквер

squash *nm* сквош • jouer au squash играть в сквош • une raquette de squash ракетка для сквоша

squelette *nm* скелет • un squelette de mammouth скелет мамонта

stable *adj* усто́йчивый, стаби́льный • un équilibre stable усто́йчивое равнове́сие • des prix stables усто́йчивые це́ны

stade *nm* **1.** *(terrain de sport)* стадио́н • aller au stade пойти́ на стадио́н **2.** *(période)* ста́дия • au dernier stade в после́дней ста́дии

stage *nm* стажиро́вка • faire un stage пройти́ стажиро́вку

stagiaire *nmf* стажёр *m*

standardiste *nmf* опера́тор коммута́тора *m*

stationner *v* паркова́ться / запаркова́ться
• un panneau « Défense de stationner » знак "Стоя́нка запрещена́"

star *nf* звезда́ *(pl.* звёзды, звёзд, звёздам*)* ②① • une star de cinéma кинозвезда́ *(pl.* кинозвёзды, кинозвёзд, кинозвёздам*)*

starter *nm* стартёр

station *nf* **1.** *(de métro)* ста́нция • une nouvelle station de métro но́вая ста́нция метро́ • à la station « Télégraphe » на ста́нции "Телегра́ф" **2.** *(de bus)* остано́вка **3.** *(de taxis)* стоя́нка • à la station de taxis на стоя́нке такси́ **4.** *(lieu de cure)* куро́рт • passer un mois dans une station climatique провести́ ме́сяц на климати́ческом куро́рте

stationnement *nm* стоя́нка • un emplacement pour le stationnement des voitures ме́сто для стоя́нки автомоби́лей

station-service *nf* запра́вочная ста́нция

statistique[1] *nf* стати́стика

statistique[2] *adj* статисти́ческий • les données statistiques статисти́ческие да́нные

statue *nf* ста́туя • une statue équestre ко́нная ста́туя

steak *nm* бифште́кс • un steak haché ру́бленый бифште́кс • un steak de thon бифште́кс из тунца́

steppe *nf* степь *f* ⑧③
• de la steppe, des steppes степно́й › la végétation de la steppe степна́я расти́тельность

Stockholm *nm* Стокго́льм

stop *interj* стоп

store *nm* жалюзи́ *pl indécl*

stratégie *nf* страте́гия • adopter une stratégie de développement économique приня́ть страте́гию экономи́ческого разви́тия

stress *nm* стресс • ses migraines sont causées par le stress его́ головны́е бо́ли вы́званы стре́ссом

stressé *adj* в стре́ссовом состоя́нии • Vincent est stressé par ses examens Венса́н в стре́ссовом состоя́нии из-за экза́менов

strict *adj* стро́гий • le professeur d'anglais est très strict sur la grammaire учи́тель англи́йского о́чень строг по отноше́нию к грамма́тике

strophe *nf* строфа́ ②⑦ • je sais par cœur la première strophe пе́рвую строфу́ я зна́ю наизу́сть

structure *nf* структу́ра • la structure du granit структу́ра грани́та

stupide *adj* глу́пый • une remarque stupide глу́пое замеча́ние

style *nm* стиль *m* • un style recherché изы́сканный стиль • le style gothique готи́ческий стиль

stylo *nm* авторучка, ру́чка • un stylo à bille ша́риковая ру́чка • un stylo feutre флома́стер

subir *v* **1.** *(une punition)* подверга́ться / подве́ргнуться* [III] • subir un châtiment подверга́ться наказа́нию **2.** *(un échec)* терпе́ть* [I, терплю́, те́рпишь ④] / потерпе́ть* [I, *id*] • subir un échec потерпе́ть неуда́чу • subir une défaite потерпе́ть пораже́ние **3.** *(une perte)* нести́* [IV, несу́, несёшь - нёс, несла́ ③] / понести́* [IV, понесу́, понесёшь - понёс, понесла́ ③ - понесённый] • subir de lourdes pertes понести́ тяжёлые поте́ри **4.** *(un examen)* держа́ть* [I, держу́, де́ржишь] ④ • subir un examen держа́ть экза́мен

subit *adj* внеза́пный • une mort subite внеза́пная смерть

subitement *adv* внеза́пно • ils ont disparu subitement они́ внеза́пно исче́зли

subjonctif *nm* сослага́тельное наклоне́ние

substance *nf (matière)* веществó • des substances explosives взры́вчатые веществá

substantif *nm* и́мя существи́тельное, и́мя* *nt (gén., dat., loc., instr.* и́менем ; *pl.* именá, имён, именáм), существи́тельное *(adj subst nt)*

succéder *v* **1.** *(suivre)* слéдовать / послéдовать (за + *I*) • l'été succède au printemps за веснóй слéдует лéто • les événements se succèdent собы́тия слéдуют друг за дрýгом **2.** *(hériter)* наслéдовать / наслéдовать *(+ D)* • Louis XIII a succédé à Henri IV Гéнриху IV наслéдовал Людóвик XIII • succéder à son père наслéдовать отцý

succès *nm* успéх • le spectacle a eu un grand succès спектáкль пóльзовался бóльшим успéхом • je n'ai pas eu de succès я не имéл успéха • tu es sûr du succès ? ты увéрен в успéхе? • avoir du succès пóльзоваться успéхом

successif *adj* послéдовательный • les étapes successives de ce travail послéдовательные этáпы э́той рабóты

successivement *adv* послéдовательно • il a été successivement médecin, chirurgien et député он был послéдовательно врачóм, хирýргом и депутáтом

succursale *nf* филиáл

sucer *v* сосáть* [IV, сосý, сосёшь] / пососáть* [IV, *id*] • sucer un bonbon сосáть конфéту • sucer son pouce сосáть пáлец

sucre *nm* сáхар • un kilo de sucre килó сáхару* • du sucre en morceaux кусковóй сáхар • mettre dans son thé deux morceaux de sucre положи́ть в чай два кускá сáхару* • du sucre de canne тростникóвый сáхар • du sucre de betterave свеклови́чный сáхар
◈ à sucre, de sucre сáхарный › **la betterave à sucre** сáхарная свёкла › **une pince à sucre** сáхарные щипцы́ • sucre en poudre (сáхарный) песóк • sucre glace сáхарная пýдра

sucré *adj* слáдкий ⑤ *(comp.* слáще*)* • un plat sucré слáдкое блю́до

sucrer *v (avec des morceaux)* класть сáхар *(в + A)* (класть* [IV, кладý, кладёшь - клал, клáла] / положи́ть ④) • je ne sucre pas mon thé я не кладý сáхар в чай ~ *(avec du sucre en poudre)* посы́пать / посыпáть сáхаром • sucrer des fruits посы́пать фрýкты сáхаром

sud¹ *nm* юг • au sud de Paris к ю́гу от Пари́жа
◈ du sud ю́жный › **le vent du sud** ю́жный вéтер

sud² *adj* ю́жный • la côte sud de l'île ю́жный бéрег óстрова • le pôle Sud Ю́жный пóлюс

sud-est *nm* ю́го-востóк

sud-ouest *nm* ю́го-зáпад

Suède *nf* Швéция

suédois *adj* швéдский
■ suédois *nm (langue)* швéдский язы́к (язы́к ③) • étudier le suédois изучáть швéдский язы́к • un livre en suédois кни́га на швéдском языкé
◈ (en) suédois по-швéдски › **tout était écrit en suédois** всё бы́ло напи́сано по-швéдски › **parler suédois** говори́ть по-швéдски
■ Suédois *nm* швед

Suédoise *nf* швéдка

suer *v* потéть / вспотéть
◈ il sue à grosses gouttes с негó пот грáдом льётся

sueur *nf* пот* *(loc.* потý*)* ⑧ *(sauf dans l'expression* в пóте лицá*)* • je suis tout en sueur я весь в потý • travailler à la sueur de son front труди́ться в пóте лицá

suffire *v (être suffisant)* хватáть / хвати́ть ④ • cette somme suffira pour trois mois э́той сýммы хвáтит на три мéсяца • ça me suffit мне э́того хвáтает • cinq minutes suffisent хвáтит пяти́ минýт, пяти́ минýт достáточно
◈ ça suffit ! довóльно!, хвáтит! • il suffit de *(+ inf)* достáточно *(+ inf)* › **il suffisait de le regarder pour comprendre ce qui lui était arrivé** достáточно бы́ло взглянýть на негó, чтóбы поня́ть, что с ним случи́лось • il suffisait d'une goutte достáточно бы́ло однóй кáпли

suffisamment *adv* достáточно

suffisant *adj (qui suffit)* достáточный • une quantité suffisante достáточное коли́чество

suffixe *nm* сýффикс

suicide *nm* самоубийство • **une tentative de suicide** покушéние на самоубийство

suicider
■ **se suicider** *vp* покóнчить с собóй (/ покóнчить)

suie *nf* сáжа • **noir comme la suie** чёрный как сáжа

suisse[1] *adj* швейцáрский • **les montres suisses** швейцáрские часы́
■ **Suisse** *nm* швейцáрец

Suisse[2] *nf* Швейцáрия

Suisse(sse) *nf* швейцáрка

suite *nf* **1.** *(continuation)* продолжéние • **la suite du roman** продолжéние ромáна **2.** *(conséquence)* послéдствие • **les suites d'une grave maladie** послéдствия тяжёлой болéзни **3.** *(série de choses)* ряд ①② • **toute une suite d'événements** цéлый ряд собы́тий **4.** *(cortège d'accompagnement)* сви́та • **le tsar et sa suite** царь со своéй сви́той
● **à la suite de** вслед за *(+ I)*, пóсле *(+ G)* › **à la suite de ces événements** вслед за э́тими собы́тиями, пóсле э́тих собы́тий • **de suite** *(à la suite l'un de l'autre)* подря́д › **plusieurs mois de suite** нéсколько мéсяцев подря́д • **par la suite** впослéдствии • **par suite de** вслéдствие *(+ G)* › **par suite des pluies** вслéдствие дождéй • **tout de suite a.** *(dans un instant)* сейчáс › **elle va venir tout de suite** онá сейчáс придёт **b.** *(aussitôt)* срáзу, срáзу же › **il a cédé tout de suite** он срáзу уступи́л **c.** *(à peu de distance)* срáзу же › **c'est tout de suite après le carrefour** э́то срáзу же пóсле перекрёстка

suivant[1] *adj* слéдующий • **les jours suivants** в слéдующие дни • **de la manière suivante** слéдующим óбразом

suivant[2] *prép* по *(+ D)* • **suivant le conseil d'un camarade** по совéту товáрища • **suivant son habitude** по обыкновéнию, по привы́чке
● **suivant les circonstances** смотря́ по обстоя́тельствам

suivre *v* **1.** *(aller derrière) verbe de mouvement* + « за » + *I* слéдовать / послéдовать (за + *I*) *littéraire* • **nous suivions le guide** мы шли за экскурсовóдом • **suivez-moi** иди́те за мной • **il me suivait partout** он слéдовал за мной повсю́ду **2.** *(prendre un chemin, un itinéraire) verbe de mouvement* + « по » + *D* • **nous avons suivi la rive** мы пошли́ по бéрегу **3.** *(se conformer à)* слéдовать / послéдовать *(+ D)* • **suivre les conseils du médecin** слéдовать совéтам врачá • **suivre la mode** слéдовать мóде **4.** *(être attentif à)* следи́ть / проследи́ть (за + *I*) • **suivre des yeux le bouchon** *(à la pêche)* следи́ть за поплавкóм • **suivre la marche d'une affaire** следи́ть за хóдом дéла **5.** *(se laisser aller à)* дать вóлю *(+ D)* (давáть* [II, даю́, даёшь - давáй - давáя] / дать* [*n cl*, дам, дашь, даст, дади́м, дади́те, даду́т - дал, далá, дáло, дáли ⑤ *(à la forme négative)* нé дал, не далá, нé дало, нé дали ⑤ - дай]) • **suivre sa fantaisie** дать вóлю своéй фантáзии **6.** *(assister à)* слу́шать / прослу́шать • **suivre un cours** слу́шать лéкцию
● **à suivre** продолжéние слéдует • **faire suivre** *(le courrier)* переадресóвывать / переадресовáть › **faire suivre un courriel** переадресовáть электрóнное сообщéние • **les jours se suivent et ne se ressemblent pas** день нá день не прихóдится

sujet *nm* **1.** *(d'une œuvre littéraire)* сюжéт • **le sujet de la pièce** сюжéт пьéсы **2.** *(d'un exposé, d'une conversation)* тéма • **le sujet de l'exposé** тéма доклáда • **le sujet de la conversation** тéма разговóра • **passer d'un sujet à l'autre** переходи́ть от сюжéта к сюжéту **3.** (GRAMM) подлежáщее *(adj subst nt)*
● **au sujet de** по пóводу › **voici ce que je peux vous raconter à ce sujet** вот что я могу́ вам рассказáть по э́тому пóводу › **au sujet de cette invention** по пóводу э́того изобретéния

super *adj fam* су́пер *fam* • **le concert était super** концéрт был су́пер • **j'ai reçu un super cadeau** я получи́л су́пер подáрок

superbe *adj* великолéпный, чудéсный • **un palais superbe** великолéпный дворéц • **un temps superbe** чудéсная погóда

superficiel *adj* повéрхностный • **une blessure superficielle** повéрхностная рáна • **des connaissances superficielles** повéрхностные знáния • **un homme superficiel** повéрхностный человéк

superflu *adj* изли́шний • **un luxe superflu** изли́шняя рóскошь

supérieur[1] *adj* **1.** *(situé dans la partie la plus haute)* вéрхний • **les étages supérieurs** вéрхние этажи́ **2.** *fig* вы́сший • **de qua-**

lité supérieure высшего качества • l'enseignement supérieur высшее образование • elle a fait des études supérieures она получила высшее образование **3.** *(dans une comparaison)* • la température est supérieure à celle d'hier температура выше вчерашней • ce récit est supérieur aux autres этот рассказ лучше других

supérieur² *nm* начальник
■ supérieurs *nmpl* начальство *(pas de pl)* • obéir à ses supérieurs слушаться начальства

supériorité *nf* превосходство • montrer sa supériorité доказать своё превосходство • une supériorité numérique численное превосходство

superlatif *nm* (GRAMM) превосходная степень *f*

supermarché *nm* супермаркет

supersonique *adj* сверхзвуковой • une vitesse supersonique сверхзвуковая скорость

superstitieux *adj* суеверный • un homme superstitieux суеверный человек • une crainte superstitieuse суеверный страх

superstition *nf* суеверие

supplément *nm (somme payée en complément)* доплата • payer un supplément pour voyager en première classe доплатить за проезд в первом классе

supplémentaire *adj* дополнительный • des renseignements supplémentaires дополнительные сведения
● heures supplémentaires сверхурочные часы

supplier *v* умолять • un regard suppliant умоляющий взгляд • ne vous inquiétez pas, je vous en supplie не беспокойтесь, умоляю вас

supporter *v* **1.** *(endurer avec courage ; résister)* переносить ④ / перенести* [IV, перенесу, перенесёшь - перенёс, перенесла ③ - перенесённый] • supporter le froid переносить холод • ne pas supporter la sécheresse не переносить засухи • comment a-t-elle pu supporter tout cela ? как она могла всё это перенести? **2.** *(avoir à payer)* нести* [IV, несу, несёшь - нёс, несла ③] / понести* [IV, понесу, понесёшь - понёс, понесла ③ - понесённый] • supporter les frais нести расходы **3.** *(porter au-dessus de soi)* поддерживать • des colonnes supportent la voûte колонны поддерживают свод

supposer *v* полагать (предполагать / предположить ④) • je suppose qu'il est parti en congé полагаю, что он уехал в отпуск

supposition *nf* предположение • faire diverses suppositions сделать разные предположения

suppression *nf* **1.** *(abrogation, annulation)* отмена • la suppression des châtiments corporels отмена телесных наказаний **2.** *(élimination)* удаление • ajout et suppression de programmes добавление и удаление программ
● suppression d'emplois сокращение штатов

supprimer *v* **1.** *(abroger, annuler)* отменять / отменить [*part.* отменённый] ④ • le spectacle est supprimé спектакль отменён **2.** *(écarter)* устранять / устранить, ликвидировать / ликвидировать *littéraire* • supprimer les obstacles устранить препятствия **3.** *(éliminer)* удалять / удалить • supprimer un programme удалить программу

suprême *adj (qui est au-dessus de tout)* верховный • le pouvoir suprême верховная власть

sur *prép*

1. DIRECTION = **на** *(+ A)*

• **mets le livre sur la table** положи книгу на стол

• **il s'est couché sur le divan** он лёг на диван

• **le chat a grimpé sur l'arbre** кошка влезла на дерево

• **coller un timbre sur l'enveloppe** наклеить марку на конверт

• **appuyer sur le bouton** нажать на кнопку

• **jeter un coup d'œil sur la carte** взглянуть на карту

• **s'appuyer sur sa canne** опираться на палку

= **в** *(+ A)*

• **on l'a mis sur la liste** его внесли в список

• **on nous a dirigés sur Paris** нас направили в Париж

2. EMPLACEMENT = **на** *(+L)*
• **le livre était sur la table** кни́га была́ на столе́
• **être assis sur une chaise** сиде́ть на сту́ле
= **в** *(+L)*
• **la clef est sur la porte** ключ в двери́
• **il n'était pas sur la liste** его́ не́ было в спи́ске
3. EN PARCOURANT, EN SUIVANT = **по** *(+ D)*
• **voguer sur le lac** плыть по о́зеру
4. AU-DESSUS DE = **над** *(+ I)*
• **les nuages qui passent sur nos têtes** облака́, плыву́щие над на́шими голова́ми
= **че́рез** *(+ A) (en franchissant)*
• **un pont sur le Rhône** мост че́рез Ро́ну
5. AU SUJET DE = **о** *(+L)*
• **un livre sur la Russie de Kiev** кни́га о Ки́евской Руси́
• **quelle est votre opinion sur ce problème ?** како́е у вас мне́ние об э́том вопро́се?
6. EN SE FONDANT SUR = **по** *(+ D)*
• **sur le conseil d'un collègue** по сове́ту одного́ колле́ги
• **juger sur les apparences** суди́ть по вне́шности
• **faire un costume sur mesure** сшить костю́м по ме́рке
7. RAPPORT ENTRE LA LONGUEUR ET LA LARGEUR = **на** *(+ A)*
• **trois mètres sur quatre** три на четы́ре ме́тра
8. PARMI = **из** *(+ G)*
• **sur quinze étudiants, deux seulement ont réussi** из пятна́дцати студе́нтов сда́ли (экза́мен) то́лько дво́е
● **avoir une influence sur** оказа́ть влия́ние на *(+ A)* › **il a eu sur moi une grande influence** он оказа́л на меня́ си́льное влия́ние
• **compter sur** S'ATTENDRE À CE QUE рассчи́тывать на *(+ A)* › **ne comptez pas sur moi** не рассчи́тывайте на меня́
• **croire le vendeur sur parole** ве́рить продавцу́ на́ слово
• **donner un coup sur** уда́рить по *(+ D)* › **donner un coup de poing sur la table** уда́рить кулако́м по́ столу
• **être sur ses gardes** быть насторожé
• **prendre exemple sur** взять приме́р с *(+ G)*
• **retourner sur ses pas** верну́ться наза́д
• **tirer sur** стреля́ть в *(+ A)* › **il a tiré sur la cible, mais a raté son coup** он вы́стрелил в мише́нь, но промахну́лся

sûr *adj* **1.** *(qui ne doute pas)* уве́ренный *(уве́рен, уве́рена)* *(в +L)* • **je suis sûr du succès** я уве́рен в успе́хе **2.** *(qui ne trompe pas)* надёжный • **un ami sûr** надёжный друг • **mettre en lieu sûr** спря́тать в надёжном ме́сте • **le temps n'est pas sûr** пого́да ненадёжная **3.** *(indubitable)* несомне́нный • **il reviendra, c'est sûr** он вернётся, э́то несомне́нно
● **à coup sûr** наве́рное • **bien sûr** коне́чно • **pas sûr** сомни́тельный • **la nouvelle n'est pas sûre** изве́стие сомни́тельное

surdoué *adj* сверходарённый • **un enfant surdoué** сверходарённый ребёнок

sûrement *adv* наве́рно • **ils sont sûrement partis** они́ наве́рно уе́хали

sûreté *nf* безопа́сность *f* • **être en sûreté** быть в безопа́сности

surface *nf* **1.** *(partie extérieure)* пове́рхность *f* • **à la surface de l'eau** на пове́рхности воды́ **2.** *(superficie)* пло́щадь *f* • **la surface du triangle** пло́щадь треуго́льника • **la surface habitable** жила́я пло́щадь

surgelé *nm* заморо́женные проду́кты *pl* • **il ne mange que des surgelés** он пита́ется то́лько заморо́женными проду́ктами

surlendemain *nm*
● **le surlendemain** на тре́тий день

surligner *v* выделя́ть / вы́делить • **les mots nouveaux sont surlignés en rose** но́вые слова́ вы́делены ро́зовым цве́том

surmenage *nm* переутомле́ние • **tomber malade par suite de surmenage** заболе́ть от переутомле́ния

surmonter *v (vaincre)* преодолева́ть / преодоле́ть • **surmonter les difficultés** преодоле́ть тру́дности

surnaturel *adj* сверхъесте́ственный • **un phénomène surnaturel** сверхъесте́ственное явле́ние

surnom *nm* про́звище • **on lui a donné le surnom de «la Puce»** ему́ да́ли про́звище «Блоха́»

surnommer *v* крести́ть / окрести́ть *(+ A, + I)* • **elle a surnommé sa voiture Carlotta** она́ окрести́ла свою́ маши́ну Карло́ттой

surprendre *v* **1.** *(prendre à l'improviste)* застигáть / застúгнуть* [III] застúчь* [*n cl*] *(à l'inf seulement)* • **surprendre un voleur en flagrant délit** застúчь вóра на мéсте преступлéния • **en chemin, nous avons été surpris par un orage** по дорóге нас застúгла грозá **2.** *(étonner)* удивля́ть / удивúть • **son attitude m'a surpris** егó поведéние меня́ удивúло

surprise *nf* **1.** *(étonnement)* удивлéние • **à ma grande surprise** к моемý велúкому удивлéнию **2.** *(plaisir inattendu)* сюрпрúз • **préparer une surprise** приготóвить сюрпрúз • **ah, c'est toi ! quelle surprise !** а, э́то ты! какóй сюрпрúз!

sursauter *v* вздрáгивать / вздрóгнуть • **la sonnerie du téléphone m'a fait sursauter** от телефóнного звонкá я вздрóгнул

sursis *nm* **1.** *(délai)* отсрóчка • **obtenir un sursis** получúть отсрóчку **2.** *(remise de peine)* • **condamner à trois ans de prison avec sursis** приговорúть на три гóда услóвно • **une condamnation avec sursis** услóвный приговóр

surtout *adv* бóльше всегó *(plus que tout)*, осóбенно *(particulièrement)*, глáвным óбразом *(principalement)* • **il aime surtout la musique rock** он бóльше всегó лю́бит рок-мýзыку, он осóбенно лю́бит рок-мýзыку • **elle aime les fruits, surtout les pommes** онá лю́бит фрýкты, осóбенно я́блоки • **il fait surtout du sport** он занимáется глáвным óбразом спóртом

surveillance *nf* надзóр • **sous la surveillance du guide** под надзóром проводникá

surveillant *nm* надзирáтель *m*

surveillante *nf* надзирáтельница

surveiller *v* следúть *(за + I)*, смотрéть* [I, смотрю́, смóтришь] *(за + I)* *(garder)* • **il se savait surveillé** он знал, что за ним следя́т • **surveiller les enfants** смотрéть за детьмú

survêtement *nm* тренирóвочный костю́м

survivant *nm* уцелéвший • **les équipes de secours recherchent des survivants après l'accident d'avion** спасáтели ищут уцелéвших пóсле авáрии самолёта

survivante *nf* уцелéвшая • **on a retrouvé une survivante sur les lieux de l'accident** на мéсте авáрии нашлú однý уцелéвшую

susceptible *adj* обúдчивый

suspect *adj* подозрúтельный • **un bruit suspect** подозрúтельный шум • **un individu suspect** подозрúтельная лúчность

suspendre *v* **1.** *(pendre)* вéшать / повéсить • **suspendre son anorak à un porte-manteau** повéсить кýртку на вéшалку **2.** *(arrêter)* прекращáть / прекратúть *(т → щ)* • **suspendre les négociations** прекратúть переговóры

suspense *nm* сáспенс

sweat-shirt *nm* спортúвный джéмпер

syllabe *nf* слог ①③ • **l'accent frappe la première syllabe** ударéние пáдает на пéрвый слог

symbole *nm* сúмвол

symbolique *adj* символúческий • **un signe symbolique** символúческий знак

symétrie *nf* симметрúя

> **À PROPOS DE...**
>
> À la différence de son équivalent français, le mot russe **симметрúя** s'écrit avec deux **м**.

symétrique *adj* симметрúчный • **la disposition symétrique des fenêtres** симметрúчное расположéние óкон

> **À PROPOS DE...**
>
> À la différence de son équivalent français, le mot russe **симметрúчный** s'écrit avec deux **м**.

symétriquement *adv* симметрúчно

> **À PROPOS DE...**
>
> À la différence de son équivalent français, le mot russe **симметрúчно** s'écrit avec deux **м**.

sympathie *nf* симпáтия • **j'ai pour lui une grande sympathie** я испы́тываю к немý большýю симпáтию

sympathique *adj (qui inspire la sympathie)* симпати́чный • un visage sympathique симпати́чное лицо́

sympathisant *nm* сочу́вствующий *(adj subst m)* • les membres actifs et les sympathisants активи́сты и сочу́вствующие

symphonie *nf* симфо́ния

symphonique *adj* симфони́ческий • un orchestre symphonique симфони́ческий орке́стр

symptôme *nm* симпто́м • les premiers symptômes de la maladie пе́рвые симпто́мы боле́зни

synagogue *nf* синаго́га

syndical *adj* профсою́зный • une réunion syndicale профсою́зное собра́ние

syndicat *nm* профсою́з

synonyme *nm* сино́ним

syntaxe *nf* си́нтаксис

synthèse *nf* си́нтез
• des images de synthèse синтези́рованное изображе́ние

synthétique *adj* синтети́ческий • une fibre synthétique синтети́ческое волокно́

syphilis *nf* си́филис

système *nm* **1.** *(gén)* систе́ма • le système métrique метри́ческая систе́ма • le système décimal десяти́чная систе́ма • le système nerveux не́рвная систе́ма • le système solaire со́лнечная систе́ма **2.** *(politique)* строй *m* • le système féodal феода́льный строй

t Т

t' → tu

ta → ton

tabac *nm* таба́к ③ • un paquet de tabac па́чка табака́, па́чка табаку́*

table *nf* **1.** *(meuble)* стол *(l'accent passe sur la préposition dans le groupe* по́ столу *après les verbes signifiant « frapper ») dim.* сто́лик ③② • mettre la table накры́ть на стол, накры́ть стол • se mettre à table сесть за стол • être à table сиде́ть за столо́м • se lever de table встава́ть из-за стола́ • donner un coup de poing sur la table уда́рить кулако́м по́ столу **2.** *(tableau méthodique)* табли́ца • la table de multiplication табли́ца умноже́ния
• table de nuit ту́мбочка • table des matières оглавле́ние

tableau *nm* **1.** *(en classe)* доска́ ⑥③ • aller au tableau пойти́ к доске́ • écrire au tableau писа́ть на доске́ **2.** *(œuvre d'art, description)* карти́на • un tableau de Picasso карти́на Пикассо́ • un tableau des mœurs paysannes en Russie карти́на нра́вов ру́сского крестья́нства **3.** *(série de renseignements disposés en colonnes)* табли́ца • tableau de déclinaison des pronoms табли́ца склоне́ния местоиме́ний **4.** *(de commande, etc.)* щит *dim.* щито́к ③② • le tableau de commande щит управле́ния

tablette *nf* **1.** *(préparation alimentaire)* пли́тка • une tablette de chocolat пли́тка шокола́да **2.** (INFORM) планше́т • une tablette graphique графи́ческий планше́т

tablier *nm* пере́дник • mettre un tablier à carreaux наде́ть клё́тчатый пере́дник

tabouret *nm* табуре́т

tache *nf* пятно́ ②① • des taches de graisse жи́рные пя́тна
• tache de rousseur весну́шка › **elle avait des taches de rousseur sur le nez** у неё бы́ли весну́шки на носу́

tâche *nf* зада́ча • une tâche complexe сло́жная зада́ча • remplir sa tâche вы́полнить свою́ зада́чу

tacher *v* па́чкать / запа́чкать испа́чкать • j'ai taché ma robe я испа́чкала пла́тье

tâcher *v* стара́ться / постара́ться • nous tâcherons de le rattraper мы постара́емся его́ догна́ть

Tachkent *nm* Ташке́нт

tacite *adj* молчали́вый • un accord tacite молчали́вое соглаше́ние

tact *nm* такт • manque de tact отсу́тствие та́кта • se conduire avec tact держа́ть себя́ с та́ктом
• plein de tact, qui a du tact такти́чный › **c'est un homme qui a du tact** он челове́к такти́чный • qui manque de tact беста́ктный › **il manque de tact** он челове́к беста́ктный

tactique *nf* та́ктика

taïga *nf* тайга́

taille *nf* **1.** *(stature)* рост • un homme de haute taille челове́к высо́кого ро́ста • il est de ma taille он с меня́ ро́стом **2.** *(dimensions)* разме́ры *pl (*разме́ров, разме́рам*)* • un monument de très grande taille па́мятник огро́много разме́ра **3.** *(pointure)* разме́р • ce n'est pas ma taille э́то не мой разме́р **4.** *(milieu du corps)* та́лия • une taille mince то́нкая та́лия • prendre par la taille взять за та́лию

taille-crayon *nm* точи́лка (для каранда́шей)

tailler *v* **1.** *(arbres, arbustes)* подреза́ть / подре́зать* [II, подре́жу, подре́жешь] • tailler les arbres подре́зать дере́вья **2.** *(la pierre)* теса́ть / обтеса́ть* [II, обтешу́, обте́шешь - обтё́санный] ④ • tailler le granit теса́ть грани́т **3.** *(un morceau de tissu ; un vêtement)* крои́ть / скрои́ть • tailler une robe скрои́ть пла́тье **4.** *(un* *crayon)* чинить ④ / очинить ④ • **tailler un crayon** очинить карандаш **5.** *(une pierre précieuse, le cristal)* гранить / огранить • **tailler un diamant** гранить алмаз • **tailler le cristal** гранить хрусталь

tailleur *nm (qui fait des vêtements)* портной *(adj subst m)*

taire *v*
● **faire taire** заставить замолчать (заставлять / заставить) › **faire taire les bavards** заставить замолчать болтунов
■ **se taire** *vp* молчать* [I, молчу, молчишь] / замолчать* [I, *id*] помолчать* [I, *id*] • **vous êtes priés de vous taire** прошу вас замолчать

talent *nm* талант • **elle a beaucoup de talent** у неё большой талант
● **plein de talent** талантливый › **un artiste plein de talent** талантливый артист

Tallinn *nm* Таллин

talon *nm* **1.** *(partie du corps, d'une chaussette)* пятка • **le talon droit** правая пятка • **des chaussettes à talon renforcé** носки с двойной пяткой **2.** *(d'une chaussure)* каблук ③② • **des souliers à talons hauts** туфли на высоких каблуках
● **le talon d'Achille** ахиллесова пята

tambour *nm* **1.** *(instrument)* барабан • **battre du tambour** бить в барабан **2.** *(celui qui en joue)* барабанщик

tampon *nm* **1.** *(cachet)* штемпель* *(nom. pl.* штемпеля*)* ①② • **quelle est la date du tampon sur l'enveloppe ?** какая дата штемпеля на конверте? **2.** *(objet d'hygiène féminine)* тампон • **des tampons périodiques** гигиенические тампоны

tandem *nm* тандем • **se promener en tandem** кататься на тандеме

tandis que *loc conj* **1.** *(marquant l'opposition)* а • **ils s'amusent, eux, tandis que moi, je travaille** они играют, а я работаю **2.** *(marquant la simultanéité)* в то время как • **la nuit tombait lentement tandis que nous prenions le chemin du retour** ночь медленно опускалась в то время, как мы поворачивали обратно

tanière *nf* **1.** *(de l'ours)* берлога **2.** *(d'un autre animal)* логово

tank *nm* танк

tant *adv* **1.** *(une si grande quantité)* так много *(+ v, + G)* • **il a tant travaillé !** он так много работал! • **et il lui reste encore tant de travail !** и у него осталось ещё так много работы! • **je ne travaille pas tant que lui** я не так много работаю, как он **2.** *(à un tel degré)* так • **elle l'aime tant !** она его так любит! **3.** *(une certaine quantité non précisée)* столько-то • **tant pour toi et le reste pour moi** столько-то для тебя, а остальное для меня
● **comme il y en a tant** каких много › **un petit restaurant comme il y en a tant à Paris** маленький ресторанчик, каких много в Париже • **en tant que** в качестве *(+ G)* › **en tant que correspondant d'un journal parisien** в качестве корреспондента парижской газеты • **si tant est que** если только › **si tant est qu'il dise la vérité** если только он говорит правду • **tant bien que mal** с грехом пополам • **tant mieux** тем лучше • **tant pis** всё равно • **tant pis pour** тем хуже для *(+ G)* • **tant que** *(pendant que, aussi longtemps que)* пока › **tant qu'elle est malade, nous ne pouvons rien entreprendre** пока она больна, мы ничего не можем предпринять • **tant... que** *(aussi bien... que)* как ... так и › **tant dans les vieux quartiers que dans les nouveaux** как в старых районах, так и в новых • **il n'est pas millionnaire, tant s'en faut** он далеко не миллионер

tante *nf* тётка, тётя* *(gén. pl.* тётей*)* *(plus intime)* • **c'est ma tante du côté de ma mère** она мне тётка со стороны матери • **allô, tante Hélène ?** алло, тётя Элен?

tantôt... tantôt... *adv* то..., то... • **tantôt l'un, tantôt l'autre** то один, то другой

taper *v* **1.** *(frapper un grand coup, de grands coups)* ударять / ударить • **taper sur la table à coups de poings** ударять кулаками по столу **2.** *(frapper à la porte, à la fenêtre)* стучать* [I, стучу, стучишь] / постучать* [I, *id*] • **j'ai tapé trois coups à la fenêtre** я три раза постучал в окно **3.** *(donner une tape, des tapes)* хлопать / похлопать • **il m'a tapé sur l'épaule** он похлопал меня по плечу **4.** *(saisir avec un clavier)* печатать / напечатать • **tu sais taper à la machine ?** ты умеешь печатать на машинке • **tu as tapé la lettre ?** ты письмо напечатала?
● **taper dans l'œil** *(plaire)* / приглянуться › **elle lui a tapé dans l'œil** она ему приглянулась • **taper des pieds, taper du pied** топать ногами, топать

ногóй (тóпать / потóпать) › il se mettait en colère, tapait des pieds, mais personne ne l'écoutait он сердúлся, тóпал ногáми, но егó не слýшались

tapis *nm (dont on couvre le sol)* ковёр • un tapis persan персúдский ковёр • un tapis volant ковёр-самолёт
◉ un tapis de souris кóврик для мы́ши

tapisserie *nf (ouvrage de décoration murale)* гобелéн, (стеннóй) ковёр • une tapisserie d'Aubusson обюссóнский ковёр

taquiner *v* дразнúть ④ / подразнúть ④ • il taquine tout le temps sa sœur он всё врéмя дрáзнит сестрý

tard *adv* пóздно *(comp.* позднée ou пóзже*)* • je me couchais tard я пóздно ложúлся спать • tard le soir пóздно вéчером • mieux vaut tard que jamais лýчше пóздно, чем никогдá
◉ pas plus tard qu'hier не дáлее как вчерá • une semaine plus tard недéлю спустя́ • deux mois plus tard два мéсяца спустя́

tarder *v*
◉ elle ne tardera pas à rentrer онá скóро вернётся

tardif *adj* пóздний • le printemps est tardif cette année веснá в э́том годý пóздняя • un repentir tardif пóзднее раскáяние

tarif *adj* тарúф • le tarif douanier тамóженный тарúф

tarte *nf* пирóг • une tarte aux pommes я́блочный пирóг • une tarte aux cerises вишнёвый пирóг

tartine *nf* бутербрóд • une tartine beurrée бутербрóд с мáслом

tartiner *v* намáзывать / намáзать • tartiner du beurre sur du pain намáзать хлеб мáслом

tas *nm* **1.** *(accumulation d'objets)* кýча, грýда *(objets lourds ou encombrants)* • un tas de sable кýча пескá • un tas de livres кýча книг • un tas de pierres грýда камнéй • un tas de ruines грýда развáлин **2.** *fam (grande quantité)* мáсса • il a un tas de disques у негó мáсса дúсков • un tas de soucis мáсса хлопóт

tasse *nf* чáшка • boire une tasse de thé вы́пить чáшку чáя

tasser *v* утáптывать / утоптáть • tasser la terre утоптáть зéмлю

tatar[1] *adj* татáрский • le joug tatar татáрское úго

Tatar[2] *nm* татáрин* *(pl.* татáры, татáр, татáрам*)*

tâter *v* щýпать / пощýпать • tâter le pouls du malade пощýпать пульс у больнóго

tâtons
■ à tâtons *loc adv* óщупью • trouver son chemin à tâtons óщупью найтú свою́ дорóгу

tatouage *nm* татуирóвка

taudis *nm* трущóба

taureau *nm* бык ③② • une course de taureaux бой быкóв • prendre le taureau par les cornes взять быкá за рогá
■ Taureau *nm* (ASTROL) Телéц • je suis Taureau я — Телéц

taux *nm* **1.** *(pourcentage)* процéнт • le taux du prêt процéнт зáйма • un taux de 5 % 5% (пять процéнтов) **2.** *(importance relative)* размéр • le taux des impôts размéр налóгов

taxe *nf (impôt)* налóг • une taxe sur le chiffre d'affaires налóг на торгóвый оборóт • la taxe sur la valeur ajoutée налóг на добáвленную стóимость

taxi *nm* таксú* *nt indécl* • à la station de taxis на стоя́нке таксú • un chauffeur de taxi шофёр таксú • prendre un taxi взять таксú

Tbilissi *nm* Тбилúси* *(indécl)*

tchèque ◪ *adj* чéшский • la République tchèque Чéшская Респýблика ◪ *nm (langue)* чéшский язы́к *(язы́к ③)* • étudier le tchèque изучáть чéшский язы́к • un livre en tchèque кнúга на чéшском языкé
◉ (en) tchèque по-чéшски › tout était écrit en tchèque всё бы́ло напúсано по-чéшски › parler tchèque говорúть по-чéшски
■ Tchèque *nmf* чех *m*, чéшка *f*

te *pron* **1.** *(non réfléchi)* → tu **2.** *(réfléchi)* → se

technicien *nm* тéхник

technique[1] *adj* техничéский • le progrès technique техничéский прогрéсс

technique[2] *nf* тéхника • une technique d'avant-garde передовáя тéхника

technologie *nf* технолóгия • des technologies innovantes инновациóнные технолóгии

tee-shirt *nm* футбóлка • un tee-shirt avec la photo de son chien мáйка с фотогрáфией своéй собáки

teindre *v* крáсить / вы́красить • teindre de la laine en vert вы́красить шерсть в зелёный цвет
■ se teindre *vp* крáсить / вы́красить • se teindre les cheveux вы́красить вóлосы

teint *nm* *(du visage)* цвет лицá • un teint maladif болéзненный цвет лицá

teinturerie *nf* химчи́стка *(хими́ческая чи́стка)*

tel *adj* **1.** *(identique à, ressemblant à)* такóй • pouvait-on prévoir de telles conséquences ? мóжно ли бы́ло предви́деть таки́е послéдствия? • dans une affaire telle que celle-ci, il faut être prudent в такóм дéле нáдо быть осторóжным • un homme tel que lui mérite-t-il la confiance ? рáзве такóй человéк заслýживает довéрия? • je l'ai retrouvé tel qu'il était il y a dix ans я нашёл егó таки́м же, каки́м он был дéсять лет томý назáд **2.** *(intensité)* такóй • à un tel point до такóй стéпени • il avait de telles difficultés que j'avais pitié de lui у негó бы́ли таки́е затруднéния, что мне бы́ло егó жáлко **3.** *(résumant ce qui précède)* такóв *(таковá ③)* • tels sont les faits таковы́ фáкты • telle est mon opinion таковó моё мнéние
● de telle façon que, de telle manière que таки́м óбразом, что, так, что › **il l'a fait de telle manière que je n'ai pas pu lui refuser** он э́то сдéлал так, что я не смог емý отказáть • tel..., tel... **a.** *(dans les expressions figées)* какóв..., такóв и... › **tel père, tel fils** каковó дéрево, такóв и плод › **tel maître, tel valet** какóв поп, такóв и прихóд **b.** *(dans les autres cas)* какóй..., такóй и... › **tel il était dans sa jeunesse, tel il est resté** какóй он был в мóлодости, таки́м он и остáлся

télécharger *v* загружáть / загрузи́ть • vous pouvez télécharger les mises à jours sur notre site вы мóжете загрузи́ть обновлéния с нáшего сáйта

télécommande *nf* телеуправлéние
● la télécommande de la télévision телевизиóнный пульт

télécopie *nf* факс

téléfilm *nm* телефи́льм • j'ai vu un téléfilm sur Marie-Antoinette я ви́дел телефи́льм о Мари́и-Антуанéтте

télégramme *nm* телегрáмма • j'ai envoyé un télégramme de félicitations я послáл поздрави́тельную телегрáмму

téléguidé *adj* телеуправля́емый • un engin téléguidé телеуправля́емый аппарáт

téléobjectif *nm* телеобъекти́в

téléphérique *nm* канáтная дорóга

téléphone *nm* телефóн • elle m'a raconté ça au téléphone онá мне э́то рассказáла по телефóну • un téléphone fixe стационáрный телефóн • un téléphone sans fil беспроводнóй телефóн • un téléphone portable моби́льный телефóн
● du téléphone телефóнный › **la sonnerie du téléphone** телефóнный звонóк › **l'écouteur du téléphone** телефóнная трýбка › **l'annuaire du téléphone** телефóнная кни́га

téléphoner ◪ *vi* звони́ть / позвони́ть • je vous téléphonerai demain soir я вам позвоню́ зáвтра вéчером ◪ *vt* сообщи́ть по телефóну (сообщáть / сообщи́ть) • elle nous a téléphoné une importante nouvelle онá нам сообщи́ла вáжную нóвость по телефóну

téléphonique *adj* телефóнный • la ligne téléphonique телефóнная ли́ния
● une cabine téléphonique *(dans la rue, les lieux publics)* телефóн-автомáт

télescope *nm* телескóп

télésiège *nm* крéсельный подъёмник

téléski *nm* бýгельный подъёмник

téléspectateur *nm* телезри́тель *m*

téléspectatrice *nf* телезри́тельница

téléviseur *nm* телеви́зор

télévision, télé *nf* **1.** *(ensemble des émissions)* телеви́зор • regarder la télé смотрéть телеви́зор • qu'est-ce qu'on donne à la télé ? что покáзывают по телеви́зору? **2.** *(procédé de transmission)* телеви́дение • la télévision en couleurs цветнóе телеви́дение
● appareil de télévision телеви́зор • de télévision, de la télévision телевизиóнный › **une antenne de télévision** телеви-

зио́нная анте́нна › **une émission de télévision** телевизио́нная переда́ча, телепереда́ча › **le programme de la télévision** телевизио́нная програ́мма, телепрогра́мма

tellement *adv* **1.** *(à tel point)* так *(+ v, + adv, + adj court)*, тако́й *(+ adj à la forme longue)* • **elle a tellement changé que je ne l'ai pas reconnue** она́ так измени́лась, что я её не узна́л • **il joue tellement bien** он так хорошо́ игра́ет • **elle est tellement belle** она́ так краси́ва • **j'ai une valise tellement lourde** у меня́ тако́й тяжёлый чемода́н **2.** *(beaucoup)* так уж мно́го *(quantité)*, о́чень *(intensité)* • **vous avez beaucoup de disques ? — non, pas tellement** у вас мно́го ди́сков? — нет, не так уж мно́го • **ça vous plaît ? — pas tellement** э́то вам нра́вится? — не о́чень

témoignage *nm* **1.** *(déclaration d'un témoin)* свиде́тельство • **selon le témoignage des voisins** по свиде́тельству сосе́дей **2.** *(manifestation, marques extérieures)* проявле́ние • **un témoignage de tendresse** проявле́ние не́жности

témoigner *v* **1.** *(être la preuve)* свиде́тельствовать • **cela témoigne de son honnêteté** э́то свиде́тельствует о его́ че́стности **2.** *(déposer)* дать показа́ния (дава́ть* [II, даю́, даёшь - дава́й - дава́я] / дать* [*n cl*, дам, дашь, даст, дади́м, дади́те, даду́т - дал, дала́, да́ло, да́ли ⑤ *(à la forme négative)* не́ дал, не дала́, не́ дало, не́ дали ⑤ - дай]) • **témoigner en faveur de l'accusé** дать показа́ния в по́льзу обвиня́емого

témoin *nm* свиде́тель *m*, свиде́тельница *f* • **être témoin d'un accident** быть свиде́телем несча́стного слу́чая • **les témoins à charge** свиде́тели обвине́ния • **les témoins à décharge** свиде́тели защи́ты • **prendre qqn à témoin** взять кого́-нибудь в свиде́тели

tempe *nf* висо́к

température *nf* температу́ра • **la température monte** температу́ра поднима́ется • **cet enfant est malade ; il faut prendre sa température** ребёнок бо́лен; на́до изме́рить ему́ температу́ру

tempéré *adj (en parlant du climat)* уме́ренный • **un climat tempéré** уме́ренный кли́мат

tempête *nf* бу́ря *litt & fig*, шторм *(sur la mer)* • **une tempête s'est élevée** подняла́сь бу́ря, подня́лся шторм • **la tempête s'est calmée** бу́ря ути́хла • **la tempête a renversé les arbres** бу́ря повали́ла дере́вья • **une tempête dans un verre d'eau** бу́ря в стака́не воды́
• **une tempête de neige** мете́ль *f*

temple *nm* **1.** *fig (païen)* храм • **le temple de Diane** храм Диа́ны • **le temple de la science** храм нау́ки **2.** *(protestant)* протеста́нтская це́рковь *f* (це́рковь* ①③, *instr.* це́рковью ; *pl.* це́ркви, церкве́й, церква́м)

temporaire *adj* вре́менный • **une incapacité de travail temporaire** вре́менная нетрудоспосо́бность

temps *nm*

1. ÉTAT DE L'ATMOSPHÈRE = **пого́да**
- **hier, il a fait beau temps** вчера́ была́ хоро́шая пого́да
- **un temps gris** па́смурная пого́да
- **un temps pluvieux** дождли́вая пого́да

2. DANS LES AUTRES SENS = **вре́мя*** *nt (gén., dat., loc., instr.* вре́менем ; *pl.* времена́, времён, времена́м*)*
- **le temps passe vite** вре́мя идёт бы́стро
- **comment je passe mon temps ?** как я провожу́ вре́мя?
- **tuer le temps** убива́ть вре́мя
- **perdre son temps** теря́ть вре́мя
- **gagner du temps** вы́играть вре́мя
- **rattraper le temps perdu** наверста́ть потёрянное вре́мя
- **je n'ai pas le temps** у меня́ нет вре́мени
- **nous avons mis pas mal de temps** мы потра́тили на э́то нема́ло вре́мени
- **cela exige beaucoup de temps** э́то тре́бует мно́го вре́мени
- **en peu de temps** в коро́ткое вре́мя
- **tout le temps** всё вре́мя
- **le temps travaille pour nous** вре́мя рабо́тает на нас
- **les premiers temps** пе́рвое вре́мя
- **ces derniers temps** в после́днее вре́мя
- **depuis des temps immémoriaux** с незапа́мятных времён
- **chaque chose en son temps** всему́ своё вре́мя
- **le temps presse** вре́мя не ждёт
- **de temps en temps** вре́мя от вре́мени
- **pendant ce temps-là** тем вре́менем
- **en temps de paix** в ми́рное вре́мя

- **arriver à temps** успевáть / успéть (к + D, на + A) › **arriver à temps pour le repas** успéть к обéду › **arriver à temps pour le train** успéть на пóезд
• **à temps** вóвремя › **je terminerai ce travail à temps** я закóнчу э́ту рабóту вóвремя › **nous sommes arrivés à temps** мы пришли́ вóвремя
• **je n'ai pas eu le temps** я не успéл › **aujourd'hui je n'ai pas le temps** сегóдня мне нéкогда
• **dans le temps** AUTREFOIS когдá-то
• **en temps utile** своеврéменно, заблаговрéменно *(assez à l'avance)* › **nous avons reçu le paquet en temps utile** посы́лку мы получи́ли своеврéменно › **elle m'a prévenu en temps utile** онá меня́ предупреди́ла заблаговрéменно
• **entre-temps** мéжду тем
• **il est temps** порá › **il était temps de partir** порá бы́ло уезжáть › **il est temps que je rentre chez moi** мне порá домóй
• **la plupart du temps** чáще всегó
• **prendre son temps** не спеши́ть

LE TEMPS
- le brouillard **тумáн** *m*
- l'éclair **мóлния** *f*
- la grêle **град** *m*
- la neige **снег** *m*
- le nuage **тýча** *f*
- l'orage **грозá** *f*
- la pluie **дождь** *m*
- le soleil **сóлнце** *nt*
- le vent **вéтер** *m*

tenailles *nfpl* клéщи *pl t* (клещéй, клещáм) ③

tendance *nf* **1.** *(penchant, propension)* тендéнция, склóнность *f* • **une tendance à la mélancolie** склóнность к меланхóлии • **avoir une tendance à grossir** имéть тендéнцию к полнотé **2.** *(courant)* направлéние • **une tendance libérale** либерáльное направлéние

tendre[1] *v* **1.** *(porter en avant, présenter)* протя́гивать / протянýть ④ • **tendre la main à un nouveau venu** протянýть рýку пришéдшему • **tendre à un enfant un paquet de bonbons** протянýть ребёнку пáчку конфéт **2.** *(tirer pour rendre raide)* натя́гивать / натянýть ④ • **tendre son arc** натянýть лук • **tendre les cordes d'un instrument de musique** натянýть стрýны
- **tendre à sa fin** бли́зиться к концý • **tendre un piège a.** *litt* постáвить ловýшку **b.** *fig* устрóить ловýшку (устрáивать / устрóить) • **tendre l'oreille** напрягáть слух

tendre[2] *adj* **1.** *(gén)* нéжный ⑤ • **un tendre regard** нéжный взгляд • **une peau tendre** нéжная кóжа • **de tendres sentiments** нéжные чýвства **2.** *(mou)* мя́гкий ⑤ *(comp.* мя́гче*)* • **un bois tendre** мя́гкое дéрево • **du pain tendre** мя́гкий хлеб

tendrement *adv* нéжно *(comp.* нежнée*)* • **aimer tendrement** нéжно люби́ть

tendresse *nf (sentiment)* нéжность *f* • **elle le regardait avec tendresse** онá с нéжностью смотрéла на негó

tendu *adj (difficile, critique)* натя́нутый • **des relations tendues** натя́нутые отношéния

tenir *vi*

1. SE MAINTENIR = * **держáться** [I, держýсь, дéржишься] / **продержáться** [I, держýсь, дéржишься] ④
• **elle tient à peine sur ses jambes** онá éле дéржится на ногáх
• **il y avait beaucoup de tués, mais le détachement tenait encore** мнóго бы́ло уби́тых, но отря́д всё ещё держáлся
• **sa vie tient à un fil** жизнь егó дéржится на волоскé
• **cette mode ne tiendra pas longtemps** э́та мóда дóлго не продéржится

2. ÊTRE CONTENU, TROUVER PLACE = **помещáться / помести́ться**
• **je ne croyais pas qu'il pouvait tenir tant de monde dans cette salle** я не дýмал, что в э́том зáле мóжет помести́ться стóлько нарóду

tenir *vt*

1. AVOIR À LA MAIN, GARDER = **держáть*** [I, держý, дéржишь ④] / **подержáть*** [I, *id*] *(un petit instant)*, / продержáть* [I, *id*] *(+ complément de temps)*
• **tenir son chapeau à la main** держáть в рукé шля́пу
• **tenir un enfant par la main** держáть ребёнка зá руку
• **elle a tenu l'enfant une heure entière dans ses bras** онá цéлый час продержáла ребёнка на рукáх
• **tenir en réserve** держáть в запáсе
• **tenir les fenêtres fermées** держáть óкна закры́тыми
• **tenir sa langue** держáть язы́к за зубáми

2. AVOIR
• **nous en tenons la preuve** у нас есть доказáтельство
• **je tiens une bonne grippe** у меня́ ужáсный грипп
• **ils tiennent une petite librairie dans le Quartier latin** у них небольшóй кни́жный магази́н в Лати́нском квартáле
3. ASSURER UN TRAVAIL = **вести́*** [IV, веду́, ведёшь - вёл, велá] ④
• **tenir la comptabilité** вести́ бухгалтéрию
• **tenir son journal personnel** вести́ дневни́к
4. OCCUPER UN CERTAIN ESPACE = **занимáть**
• **l'armoire tient beaucoup de place** шкаф занимáет мнóго мéста
5. CONTENIR = **содержáть*** [I, содержу́, содéржишь] ④
• **le réservoir tient soixante litres** бензобáк содéржит шестьдеся́т ли́тров
6. APPRENDRE UNE NOUVELLE = **узнавáть*** [II, узнаю́, узнаёшь - узнавáя] ⁄ **узнáть**
• **de qui tiens-tu cette nouvelle ?** от когó ты узнáл об э́том?
● **être tenu de** быть обя́занным › **nous sommes tenus de l'aider** мы обя́заны ей помóчь
• **elle ne peut pas tenir en place** ей не сиди́тся на мéсте
• **qu'à cela ne tienne** éсли дéло тóлько за э́тим
• **mon manteau me tient bien chaud** пальтó óчень тёплое
• **tenir compagnie à un malade** составить компáнию больнóму (составля́ть ⁄ состáвить)
• **tenir compte de** учи́тывать ⁄ учéсть* [IV, учту́, учтёшь - учёл, учлá - учтённый] *(+ A)* › **nous devons tenir compte de la situation** мы должны́ учи́тывать обстанóвку
• **tenir sa droite** держáться прáвой стороны́
• **tenir lieu de** заменя́ть ⁄ замени́ть ④ › **mon sac me tenait lieu d'oreiller** су́мка заменя́ла мне поду́шку
• **tenir un pari** держáть пари́ (держáть* [I, держу́, дéржишь ④])
• **tenir sa parole** сдержáть слóво (сдéрживать ⁄ сдержáть* [I, сдержу́, сдéржишь] ④) › **elle n'a pas tenu sa parole** онá не сдержáла слóва
• **tenir le rôle** игрáть роль › **tenir le rôle principal** игрáть глáвную роль
• **tenir tête à** дать отпóр *(+ D)* (давáть* [II, даю́, даёшь - давáя] ⁄ дать* [*n cl*, дам, дашь, даст, дади́м, дади́те, даду́т - дал, далá, дáло, дáли ⑤ *(à la forme négative)* нé дал, не далá, нé дало, нé дали ⑤])
• **tiens !**
a. LORSQU'ON TEND QUELQUE CHOSE на!, возьми́!
b. MARQUANT L'ÉTONNEMENT а ! › **tiens, le voilà !** а! вот и он!

tenir à *vi*

1. VOULOIR ABSOLUMENT = **óчень хотéть** **хотéть*** [*n cl*, хочу́, хóчешь, хóчет, хоти́м, хоти́те, хотя́т] ⁄ **захотéть*** [*n cl*, *id*]
• **il tient à te voir** он óчень хóчет тебя́ ви́деть
2. APPRÉCIER = **дорожи́ть** *(+ I)*
• **je tiens beaucoup à ce disque** я óчень дорожу́ э́тим ди́ском
• **il tient beaucoup à sa secrétaire** он óчень дорожи́т своéй секретáршей
3. AVOIR UN SENTIMENT AFFECTUEUX = **быть привя́занным** *(**к** + D)*
• **il tient beaucoup à ses amis d'enfance** он óчень привя́зан к друзья́м дéтства
4. DÉPENDRE DE = **зави́сеть*** [I, зави́шу, зави́сишь]
• **cela tient à plusieurs raisons** э́то зави́сит от мнóгих причи́н
• **si ça ne tenait qu'à moi** éсли бы э́то зави́село тóлько от меня́

se tenir *vp*

1. ÊTRE QUELQUE PART = **стоя́ть*** [I, стою́, стои́шь] *(debout)*, **сидéть*** [I, сижу́, сиди́шь] *(assis)*
• **se tenir à l'entrée** стоя́ть у вхóда
• **elle se tenait près de la fenêtre et lisait** онá сидéла у окнá и читáла
2. SE CRAMPONNER = **держáться*** [I, держу́сь, дéржишься] *(**за** + A)* ④
• **se tenir à la rampe** держáться за перила
• **se tenir par la main** держáться зá руку
3. CONSERVER OBSTINÉMENT = **держáться***
• **se tenir à l'écart** держáться в стороне́
• **se tenir à droite** держáться прáвой стороны́
• **s'en tenir à sa première opinion** держáться прéжнего мнéния
4. SE CONDUIRE = **держáть себя́, держáть*** [I, держу́, дéржишь] ④
• **il ne sait pas se tenir** он не умéет держáть себя́
5. AVOIR LIEU = **происходи́ть** [происхóдит, происхóдят] ⁄ **произойти́*** [IV, произойдёт, произойду́т - произошёл, произошлá]

• **où se tient la réunion ?** где происхо́дит собра́ние?
● **se tenir droit** держа́ться пря́мо, держа́ться* [I, держу́сь, де́ржишься] ④
• **se tenir sur ses gardes** быть настороже́
• **se tenir tranquille** сиде́ть сми́рно, сиде́ть* [I, сижу́, сиди́шь]

tennis *nm* те́ннис • **jouer au tennis** игра́ть в те́ннис
● **une balle de tennis** те́ннисный мяч

ténor *nm* те́нор* *(nom. pl.* тенора́*)* ①②

tension *nf* **1.** *(gén)* напряже́ние • **la tension des muscles** напряже́ние мышц • **la tension internationale** междунаро́дное напряже́ние • **ici la tension est de 230 V** здесь напряже́ние 230 вольт **2.** *(artérielle)* давле́ние • **la tension artérielle** артериа́льное давле́ние • **elle a de la tension** *fam* у неё повы́шенное давле́ние

tentation *nf* искуше́ние • **il n'a pas résisté à la tentation** он не устоя́л про́тив искуше́ния

tentative *nf* попы́тка • **une tentative infructueuse** неуда́чная попы́тка • **une tentative de vol** попы́тка кра́жи • **une tentative de suicide** попы́тка самоуби́йства
● **une tentative d'assassinat** покуше́ние на уби́йство

tente *nf* пала́тка • **monter une tente** разби́ть пала́тку • **vivre sous la tente** жить в пала́тке • **une tente de camping** тури́стская пала́тка

tenter *v* **1.** *(essayer)* пыта́ться / попыта́ться • **nous avons tenté de le sauver** мы попыта́лись спасти́ его́ **2.** *(attirer)* привлека́ть / привле́чь* [IV, привлеку́, привлечёшь, привлеку́т - привлёк, привлекла́ ③ - привлечённый] • **ce travail ne me tente pas** э́та рабо́та меня́ не привлека́ет
● **tenter sa chance** попыта́ть сча́стья

tenue *nf* **1.** *(vêtement civil)* оде́жда • **en tenue de travail** в рабо́чей оде́жде • **tenue correcte exigée** стро́гая оде́жда обяза́тельна **2.** *(uniforme)* фо́рма • **la tenue d'hiver** зи́мняя фо́рма

terme¹ *nm (délai)* срок • **avant terme** до сро́ка
● **mettre un terme à une relation** положи́ть коне́ц отноше́ниям

terme² *nm (mot)* сло́во ①⑥, те́рмин *littéraire* • **le terme exact** то́чное сло́во • **en d'autres termes** други́ми слова́ми • **un terme scientifique** нау́чный те́рмин
■ **termes** *nmpl (relations)* отноше́ния *pl* (отноше́ний, отноше́ниям) • **je suis en bons termes avec lui** я с ним в хоро́ших отноше́ниях

terminaison *nf* оконча́ние • **les substantifs ayant une terminaison identique** существи́тельные с одина́ковым оконча́нием

terminal *adj (classe)* выпускно́й • **en classe terminale** в выпускно́м кла́ссе
■ **terminal** *nm (dans un aéroport)* термина́л • **mon vol part du terminal 4** мой рейс вылета́ет из термина́ла 4

terminale *nf* выпускно́й класс

terminer *v* ока́нчивать / око́нчить • **terminer un travail** око́нчить рабо́ту • **j'ai terminé mes études en 2001** я око́нчил учёбу в 2001 году́
■ **se terminer** *vp* зака́нчиваться / зако́нчиться • **l'année s'est très bien terminée pour moi** год для меня́ о́чень хорошо́ зако́нчился • **cela va se terminer par une catastrophe** э́то ко́нчится катастро́фой • **les mots qui se terminent par un signe mou** слова́, кото́рые конча́ются на мя́гкий знак

terminus *nm (autobus, trolleybus, tramway)* коне́чная остано́вка • **je descends au terminus** выхожу́ на коне́чной остано́вке ~ *(métro, train)* коне́чная ста́нция

terne *adj* ту́склый ⑤ • **des couleurs ternes** ту́склые кра́ски • **un style terne** ту́склый стиль

terrain *nm* **1.** *(modelé de la surface terrestre)* ме́стность *f* • **le relief du terrain** релье́ф ме́стности **2.** *(parcelle de terrain)* уча́сток (земли́) • **acheter un terrain** купи́ть уча́сток земли́ **3.** *(de sport, de jeu)* площа́дка • **un terrain de sport** спорти́вная площа́дка **4.** *(sol)* по́чва • **un terrain sec** суха́я по́чва **5.** *fig* по́чва • **trouver un terrain d'entente pour la poursuite des négociations** найти́ о́бщую по́чву для продолже́ния перегово́ров
● **un terrain de camping** кэ́мпинг • **un terrain vague** пусты́рь *m* ③②

terrasse *nf* терра́са
Voir encadré page suivante.

À PROPOS DE...

À la différence de son équivalent français, le mot russe **терра́са** ne s'écrit qu'avec un **с**.

terre *nf* земля́ *(l'accent passe généralement sur la préposition dans le groupe* **на́ землю***)* ⑥⑤ • **la Terre tourne autour du Soleil** Земля́ враща́ется вокру́г Со́лнца • **la terre natale** родна́я земля́ • **labourer la terre** паха́ть зе́млю • **une poignée de terre** горсть земли́ • **j'aurais voulu être à cent pieds sous terre** я гото́в был сквозь зе́млю провали́ться
● **de terre** *(en terre cuite)* гли́няный › **un pot de terre** гли́няный горшо́к • **par terre a.** *(direction)* на́ пол *(sur le plancher)*, на зе́млю, *(sur la terre)* › **jeter un mégot par terre** бро́сить оку́рок на́ пол **b.** *(emplacement)* на полу́ *(sur le plancher)*, на земле́ *(sur la terre)* › **être assis par terre** сиде́ть на полу́

terrestre *adj* земно́й • **le globe terrestre** земно́й шар • **les biens terrestres** земны́е бла́га

terreur *nf* **1.** *(épouvante)* у́жас • **provoquer la terreur** навести́ у́жас **2.** *(peur collective due à une certaine situation politique)* терро́р

terrible *adj* **1.** *(effroyable, très violent)* стра́шный ⑤ • **un terrible danger** стра́шная опа́сность • **un regard terrible** стра́шный взгляд • **un froid terrible** стра́шный хо́лод • **un bruit terrible** стра́шный шум **2.** *(turbulent, intenable)* тру́дный ⑤ • **des enfants terribles** тру́дные де́ти
● **Ivan le Terrible** Ива́н Гро́зный

terriblement *adv* ужа́сно • **c'est terriblement cher** э́то ужа́сно до́рого

territoire *nm* террито́рия • **sur tout le territoire appartenant à l'usine** на всей террито́рии заво́да

terrorisme *nm* террори́зм

terroriste *nmf* террори́ст *m*, террори́стка *f*

tes → ton

test *nm (épreuve)* тест

testament *nm* завеща́ние • **faire son testament** написа́ть завеща́ние
● **l'Ancien Testament** Ве́тхий Заве́т • **le Nouveau Testament** Но́вый Заве́т

têtard *nm* голова́стик

tête *nf* **1.** *(d'un être vivant)* голова́ *(*го́лову, головы́ *; pl.* го́ловы, голо́в, голова́м *(l'accent passe sur la préposition dans les groupes* **на́ голову** *et* **за́ голову***))* ⑥③ *dim.* голо́вка • **de la tête aux pieds** с головы́ до ног • **tomber la tête la première** упа́сть вниз голово́й • **j'ai mal à la tête** у меня́ боли́т голова́ • **la tête me tourne** у меня́ кру́жится голова́ • **le vin lui est monté à la tête** вино́ уда́рило ему́ в го́лову • **le succès lui a tourné la tête** успе́х вскружи́л ему́ го́лову • **perdre la tête** теря́ть го́лову • **je ne sais plus où donner de la tête** у меня́ голова́ идёт кру́гом **2.** *(d'un objet)* голо́вка • **une tête d'ail** голо́вка чеснока́ • **une tête d'épingle** голо́вка була́вки
● **à la tête de** во главе́ *(+ G)* › **être à la tête d'une délégation** быть во главе́ делега́ции • **autant de têtes, autant d'avis** ско́лько голо́в, сто́лько умо́в • **avoir la tête dure** быть упря́мым *(*упря́мый ⑤*)* • **calculer de tête** счита́ть в уме́ • **de tête** *(concernant la tête)* головно́й › **des maux de tête** головна́я боль • **en tête à tête** с гла́зу на глаз • **j'en ai par-dessus la tête** мне э́то ужа́сно надое́ло • **n'en faire qu'à sa tête** всё де́лать по-сво́ему • **une tête de mort** че́реп* *(nom. pl.* черепа́*)* ①②

téter *v* соса́ть грудь, соса́ть (соса́ть* [IV, сосу́, сосёшь] / пососа́ть* [IV, *id*]) • **l'enfant tétait, sa mère le regardait** ребёнок соса́л грудь, а мать смотре́ла на него́

têtu *adj* упря́мый • **il est têtu comme un âne** он упря́м как осёл

texte *nm* текст • **le texte dactylographié de l'exposé** машинопи́сный текст докла́да • **recherche en texte intégral** по́иск по всему́ те́ксту

textile *adj* тексти́льный • **l'industrie textile** тексти́льная промы́шленность

texto® *nm* СМС • **je t'envoie un texto avec les résultats** я пошлю́ тебе́ СМС с результа́тами

TGV *(abr de* **train à grande vitesse***)* *nm* высокоскоростно́й по́езд

thé *nm* чай *m* ①② • **du thé de Chine** кита́йский чай • **du thé de Ceylan** цейло́нский чай • **du thé géorgien** грузи́нский чай • **un thé fort** кре́пкий чай • **une tasse de thé** ча́шка ча́ю* • **nous sommes invités à prendre le thé** нас

пригласи́ли на ча́шку ча́я • faire le thé завари́ть чай
• à thé, de thé ча́йный › une tasse à thé ча́йная ча́шка › une feuille de thé ча́йный лист

théâtre *nm* теа́тр • ils habitent à côté du théâtre они́ живу́т о́коло теа́тра • nous allons souvent au théâtre мы ча́сто хо́дим в теа́тр • le théâtre d'Anouilh теа́тр Ану́я • le théâtre des opérations теа́тр вое́нных де́йствий

théière *nf* ча́йник • une théière en porcelaine фарфо́ровый ча́йник

thème *nm* **1.** *(traduction)* перево́д • un thème latin перево́д с францу́зского языка́ на лати́нский • il y a un thème à l'examen на экза́мене бу́дет перево́д с францу́зского **2.** *(sujet, fragment mélodique)* те́ма • le thème de l'exposé те́ма докла́да • un thème musical музыка́льная те́ма

théorie *nf* тео́рия • la théorie de la relativité тео́рия относи́тельности

théorique *adj* теорети́ческий • des considérations théoriques теорети́ческие рассужде́ния

théoriquement *adv* теорети́чески • c'est théoriquement exact теорети́чески э́то ве́рно

thermomètre *nm* термо́метр, гра́дусник *fam* • le thermomètre marquait quinze degrés au-dessous de zéro термо́метр пока́зывал пятна́дцать гра́дусов моро́за

thon *nm* туне́ц • une boîte de thon au naturel ба́нка тунца́ в со́бственном соку́

ticket *nm* биле́т • un ticket de métro биле́т на метро́

tiède *adj (assez chaud)* тёплый *(*тёпел, тепла́, тепло́, тёплы*)* • de l'eau tiède тёплая вода́

tien *pron* **1.** *(si le possesseur est sujet de la proposition)* свой *(souvent précisé par le substantif)* • j'ai mes habitudes et tu as les tiennes у меня́ свои́ привы́чки, а у тебя́ свои́ **2.** *(si le sujet n'est pas sujet de la proposition)* твой • ma chambre est plus grande que la tienne моя́ ко́мната бо́льше твое́й

tiers[1] *adj* тре́тий *(se décline comme un adj d'appart)* • le tiers état тре́тье сосло́вие

tiers[2] *nm (fraction)* треть *f* ①③ • plus des deux tiers бо́льше двух трете́й

tige *nf* (BOT) сте́бель *m* ①③ • la tige d'une feuille сте́бель листа́

tiers-monde *nm* тре́тий мир

tigre *nm* тигр

tilleul *nm* ли́па

timbre *nm (timbre-poste)* ма́рка • cinq timbres d'un euro пять ма́рок по одному́ е́вро • coller un timbre sur l'enveloppe накле́ить ма́рку на конве́рт • faire collection de timbres собира́ть ма́рки • un album de timbres альбо́м ма́рок

timide *adj* застéнчивый, ро́бкий ⑤ *(comp.* ро́бче*)* • un enfant timide застéнчивый ребёнок • un regard timide ро́бкий взгляд

timidement *adv* ро́бко *(comp.* ро́бче*)*, застéнчиво • il s'avança timidement vers moi он ро́бко подошёл ко мне

timidité *nf* застéнчивость *f*, ро́бкость *f* • une timidité maladive боле́зненная застéнчивость

tir *nm (le fait de tirer des coups de feu)* стрельба́, ого́нь *m (feu)* • un tir d'artillerie артиллери́йская стрельба́, артиллери́йский ого́нь

tire-bouchon *nm* што́пор

tirelire *nf* копи́лка

tirer *v* **1.** *(vers soi, à sa suite)* тяну́ть ④ / потяну́ть ④ • tirer sa mère par la manche потяну́ть мать за рука́в • le bateau tire une péniche парохо́д тя́нет ба́ржу **2.** *(tracer)* проводи́ть ④ / провести́* [IV, проведу́, проведёшь - провёл, провела́ ③ - проведённый] • tirer un trait провести́ черту́ **3.** *(faire sortir d'un endroit)* вынима́ть / вы́нуть, достава́ть* [II, достаю́, достаёшь - достава́й - достава́я] / доста́ть* [*n cl*, доста́ну, доста́нешь] • tirer de sa poche un porte-monnaie вы́нуть из карма́на кошелёк • tirer un livre de l'armoire доста́ть кни́гу из шка́фа ~ выта́скивать / вы́тащить • tirer la barque sur la rive вы́тащить ло́дку на бе́рег • tirer une écharde du doigt вы́тащить зано́зу из па́льца **4.** *(obtenir un résultat, un son)* извлека́ть / извле́чь* [IV, извлеку́, извлечёшь, извлеку́т - извлёк, извлекла́ ③ - извлечённый] • tirer un suc de la plante

извле́чь из расте́ния сок • tirer profit d'un voyage извле́чь по́льзу из пое́здки • tirer la leçon des événements извле́чь уро́к из собы́тий • tirer de l'instrument des sons étranges извле́чь из инструме́нта стра́нные зву́ки **5.** *(avec une arme)* стреля́ть / вы́стрелить • tirer des coups de canon стреля́ть из пу́шки • tirer à l'arc стреля́ть из лу́ка • j'ai tiré sur l'ours mais je l'ai manqué я вы́стрелил в медве́дя, но промахну́лся • tirer sur l'ennemi стреля́ть по неприя́телю **6.** *(éditer)* издава́ть* [II, издаю́, издаёшь - издава́й - издава́я] / изда́ть* [*n cl,* изда́м, изда́шь, изда́ст, издади́м, издади́те, издаду́т - изда́л, издала́, изда́ло, изда́ли ⑤ - изда́й - и́зданный, и́здан, издана́, и́здано, и́зданы ⑤] • le dictionnaire a été tiré à 15 000 exemplaires слова́рь изда́ли тиражо́м 15 000 экземпля́ров
◉ quand le vin est tiré, il faut le boire взя́вшись за гуж, не говори́, что не дюж • tirer les cartes гада́ть на ка́ртах • tirer une conclusion сде́лать вы́вод (де́лать / сде́лать) • tirer un ami d'embarras вы́вести прия́теля из затрудне́ния (выводи́ть ④ / вы́вести* [IV, вы́веду, вы́ведешь - вы́вел, вы́вела]) • tirer la langue aux passants пока́зывать прохо́жим язы́к (пока́зывать / показа́ть* [II, покажу́, пока́жешь] ④) • tirer au sort бро́сить жре́бий (броса́ть / бро́сить) • tirez ! *(inscription sur une porte)* к себе́
■ se tirer *vp*
◉ s'en tirer *(s'acquitter de sa tâche)* спра́виться со свое́й зада́чей (справля́ться / спра́виться) › **il s'en est bien tiré** он хорошо́ спра́вился со свое́й зада́чей • s'en tirer à bon compte легко́ отде́латься (отде́лываться / отде́латься) • se tirer d'affaire вы́путаться из беды́ (выпу́тываться / вы́путаться) • se tirer une balle dans la peau застре́ливаться / застрели́ться ④

tiret *nm* тире́* *nt indécl*

tiroir *nm* я́щик • ouvrir le tiroir вы́двинуть я́щик

tisane *nf* травяно́й чай

tisser *v* ткать* [IV, тку, ткёшь - ткал, ткала́, ткало, тка́ли ⑤] / сотка́ть* [IV, *id*] • tisser la soie ткать шёлковую мате́рию • l'araignée tisse sa toile пау́к ткёт паути́ну

tissu *nm (étoffe, ensemble de cellules)* ткань *f* • un tissu fin то́нкая ткань • le tissu musculaire мы́шечная ткань
◉ un tissu de mensonges сплошна́я ложь *f (instr.* ло́жью*)*

titre *nm* **1.** *(d'une œuvre)* назва́ние *(nom)*, загла́вие • le titre de la chanson назва́ние пе́сни • le titre du film назва́ние фи́льма • le titre du livre загла́вие кни́ги **2.** *(d'un chapitre, d'un article)* загла́вие, заголо́вок • le titre de l'article заголо́вок статьи́ **3.** *(nom de fonction)* зва́ние • le titre de professeur зва́ние профе́ссора **4.** *(raison, fondement)* основа́ние • à quel titre ? на како́м основа́нии? • à juste titre с по́лным основа́нием **5.** *(nom de dignité)* ти́тул • le titre de prince кня́жеский ти́тул
◉ à titre de **a.** *(sous forme de)* в ви́де *(+ G)* › **à titre d'exception** в ви́де исключе́ния **b.** *(en qualité de)* в ка́честве *(+ G)* › **à titre d'ami** в ка́честве дру́га • au titre de *(dans le cadre de)* в поря́дке *(+ G)* › **au titre des échanges culturels** в поря́дке культу́рного обме́на

tituber *v* шата́ться / зашата́ться • il titubait comme un ivrogne он шата́лся как пья́ный

toast *nm (à la santé de qqn, au succès d'une entreprise)* тост • porter un toast произнести́ тост

toboggan *nm* го́рка • faire du toboggan ката́ться с го́рки

toc *onomat* тук • toc, toc ! тук-ту́к!

tocsin *nm* наба́т • sonner le tocsin бить в наба́т

toi *pron* **1.** *(non réfléchi)* → tu **2.** *(réfléchi)* → se

toile *nf* полотно́ *(pl.* поло́тна, поло́тен, поло́тнам*)* ②① • une toile fine то́нкое полотно́ • nous nous sommes arrêtés devant une immense toile de Rubens мы останови́лись пе́ред огро́мным полотно́м Ру́бенса
◉ toile d'araignée паути́на • toile cirée клеёнка

toilette *nf (divers sens)* туале́т • faire sa toilette du matin соверши́ть у́тренний туале́т • j'admirais sa toilette я любова́лся её туале́том
◉ de toilette туале́тный › **du savon de toilette** туале́тное мы́ло • une serviette de toilette полоте́нце

■ toilettes *nfpl* туалéт • **demande où sont les toilettes** спроси́, пожа́луйста, где туалéт

toit *nm* кры́ша • **un toit en tuiles** черепи́чная кры́ша • **un toit en ardoise** ши́ферная кры́ша • **vivre sous le même toit** жить под одно́й кры́шей

tôle *nf (métal)* (листово́е) желéзо • **de la tôle ondulée** гофриро́ванное желéзо

tolérance *nf* терпи́мость *f* • **la tolérance religieuse** религио́зная терпи́мость

tolérant *adj* терпи́мый • **une attitude tolérante à l'égard des opinions d'autrui** терпи́мое отношéние к чужи́м мнéниям

tolérer *v* терпéть* [I, терплю́, тéрпишь ④] / потерпéть* [I, *id*] • **comment peut-il tolérer un scandale pareil ?** как он мо́жет терпéть тако́е безобра́зие?

tomate *nf* помидо́р • **une salade de tomates** сала́т из помидо́ров
● **la sauce tomate** тома́тный со́ус

tombe *nf* моги́ла • **creuser une tombe** вы́рыть моги́лу • **avoir un pied dans la tombe** стоя́ть одно́й ного́й в моги́ле

tomber *v*

1. GÉN = **па́дать / упа́сть*** [IV, упаду́, упадёшь - упа́л, упа́ла]
 • **le livre est tombé par terre** кни́га упа́ла на́ пол
 • **Patrick est tombé de vélo** Патри́к упа́л с велосипéда
 • **tomber de fatigue** па́дать от уста́лости
 • **l'accent tombe sur la syllabe finale** ударéние па́дает на послéдний слог
2. EN PARLANT DES CHEVEUX, DES DENTS = **выпада́ть / вы́пасть*** [IV, вы́падет, вы́падут - вы́пал, вы́пала]
 • **ses dents tombent** у негó зу́бы выпада́ют
3. EN PARLANT DE LA PLUIE, DE LA NEIGE = **идти́*** [IV, идёт - шёл] / **пойти́*** [IV, пойдёт - пошёл] *(processus)*, **выпада́ть / вы́пасть*** [IV, вы́падет - вы́пал] *(résultat)*
 • **la neige tombait** шёл снег
 • **hier est tombée la première neige** вчера́ вы́пал пéрвый снег
 • **il est tombé beaucoup de neige** вы́пало мно́го снéга
4. ÊTRE TUÉ = / пасть* [IV, паду́, падёшь - пал, па́ла]
 • **il est tombé au champ d'honneur** он пал на по́ле сражéния
5. ÊTRE À LA CHARGE DE, ÊTRE LE LOT DE = **па́дать / пасть***
 • **les soupçons sont tombés sur lui** подозрéния па́ли на негó
 • **tous les soucis tombent sur elle** все забо́ты па́дают на неё
 • **le sort tomba sur moi** жрéбий пал на меня́
6. TOMBER DANS UN FÂCHEUX ÉTAT = **впада́ть / впасть*** [IV, впаду́, впадёшь - впал, впа́ла]
 • **tomber dans la misère** впасть в нищету́
 • **tomber en enfance** впасть в дéтство
7. SE TROUVER BRUSQUEMENT DANS TELLE OU TELLE SITUATION = **попада́ть / попа́сть*** [IV, попаду́, попадёшь - попа́л, попа́ла]
 • **tomber dans une embuscade** попа́сть в заса́ду
 • **tomber de Charybde en Scylla** попа́сть из огня́ да в по́лымя
8. RENCONTRER BRUSQUEMENT = **ната́лкиваться / натолкну́ться, ста́лкиваться / столкну́ться***
 • **je suis tombé sur le directeur** я натолкну́лся на дирéктора, я столкну́лся с дирéктором
 • **nous sommes tombés sur des difficultés inattendues** мы столкну́лись с неожи́данными тру́дностями
9. COÏNCIDER AVEC UN CERTAIN JOUR = **прихо-ди́ться** [прихо́дится, прихо́дятся]
 • **les deux rendez-vous tombent un mercredi** о́ба свида́ния прихо́дятся на срéду

● **faire tomber**
a. UNE PERSONNE сбить с ног (сбива́ть / сбить* [II, собью́, собьёшь - сбей]) › **il m'a fait tomber** он сбил меня́ с ног
b. UN OBJET опроки́дывать / опроки́нуть › **j'ai fait tomber le vase et il s'est cassé** я опроки́нул ва́зу и она́ разби́лась
c. D'UN ARBRE. сбить с дéрева (сбива́ть / сбить* [II, собью́, собьёшь - сбей])
 • **laisser tomber**
a. LÂCHER роня́ть / урони́ть ④ › **j'ai laissé tomber le verre** я урони́л стака́н
b. ABANDONNER броса́ть / бро́сить › **il a tout laissé tomber et il est parti dans le Midi** он всё бро́сил и уéхал на юг
 • **la nuit tombe** темнéет (темнéть *(passé* **темнéло***)* / стемнéть)
 • **la pluie tombe à seaux** дождь льёт как из ведра́

• **tomber en décadence** прийти́ в упа́док (приходи́ть [прихо́дит, прихо́дят] / прийти́* [IV, придёт, приду́т - пришёл, пришла́])
• **tomber malade** заболева́ть / заболе́ть
• **tomber en panne** → **panne**
• **tomber en ruine** разва́ливаться / развали́ться ④ › **la maison tombe en ruine** дом разва́ливается

tombola *nf* лотере́я • **acheter un billet de tombola** купи́ть лотере́йный биле́т

ton[1] *adj* **1.** *(si le possesseur est sujet de la proposition)* свой *(souvent omis)* • **où as-tu laissé tes valises ?** где ты оста́вил свой чемода́ны? • **tu y es allé avec ta sœur ?** ты е́здил туда́ с сестро́й? **2.** *(dans le cas contraire)* твой • **où est ton frère ?** где твой брат?

ton[2] *nm* тон* *(nom. pl.* тона́*)* ①② • **un ton familier** фамилья́рный тон • **élever le ton** повы́сить тон • **donner le ton** задава́ть тон • **des tons clairs** све́тлые тона́

tondre *v* стричь* [IV, стригу́, стрижёшь, стригу́т - стриг, стри́гла] / остри́чь* [IV, остригу́, острижёшь, остригу́т - остри́г, остри́гла - остри́женный] • **tondre les brebis** стричь ове́ц • **tondre la pelouse** стричь газо́н

tonne *nf* то́нна

tonneau *nm (récipient en bois, son contenu)* бо́чка • **un tonneau de vin** бо́чка вина́

tonner *v* греме́ть* [I, греми́т] / загреме́ть* [I, *id*]
● **il tonne** гром греми́т

tonnerre *nm* гром • **un coup de tonnerre** уда́р гро́ма • **un tonnerre d'applaudissements** гром аплодисме́нтов

torchon *nm* **1.** *(pour essuyer la vaisselle)* полоте́нце • **un torchon à vaisselle** посу́дное полоте́нце **2.** *(chiffon)* тря́пка

tordre *v* **1.** *(mettre en spirale)* выкру́чивать / вы́крутить • **tordre le linge** вы́крутить бельё **2.** *(plier)* сгиба́ть / согну́ть • **tordre une tringle de fer** согну́ть желе́зный прут
● **tordre le cou** *(étrangler)* сверну́ть ше́ю (свора́чивать / сверну́ть)
■ **se tordre** *vp* **1.** → **tordre 2.** *(de douleur)* ко́рчиться / ско́рчиться • **il se tordait de douleur** он ко́рчился от бо́ли **3.** *(une partie du corps)* подвёртывать / подверну́ть • **je me suis tordu la cheville** я подверну́л лоды́жку
● **se tordre de rire** хохота́ть до упа́ду, хохота́ть * [II, хохочу́, хохо́чешь] ④

torrent *nm* пото́к • **un torrent de montagne** го́рный пото́к ~ *fig* • **des torrents d'éloquence** пото́ки красноре́чия

tort *nm* **1.** *(faute, erreur)* вина́ *(pas de pl)* • **reconnaître ses torts** призна́ть свою́ вину́ **2.** *(préjudice)* уще́рб • **causer du tort à un concurrent** нанести́ конкуре́нту уще́рб
● **à tort** несправедли́во › **on le considérait à tort comme un grand philosophe** его́ несправедли́во счита́ли вели́ким фило́софом • **à tort et à travers** кста́ти и некста́ти • **avoir tort** быть непра́вым *(*непра́в, неправа́, непра́вы*)* › **il a tort** он непра́в • **avoir tort de** *(+ inf)* напра́сно *(+ indic)* › **il a tort de s'inquiéter** напра́сно он беспоко́ится • **donner tort à qqn** счита́ть, что кто́-нибудь непра́в *(*непра́в, неправа́, непра́вы*)* › **tu me donnes tort sans doute ?** ты, наве́рно, счита́ешь, что я непра́в? • **être dans son tort, se mettre dans son tort** непра́вильно поступи́ть (/ поступи́ть ④) › **vous êtes dans votre tort** вы поступи́ли непра́вильно

torticolis *nm*
● **il a un torticolis** у него́ боли́т ше́я

tortue *nf* черепа́ха • **une tortue de mer** морска́я черепа́ха • **avancer comme une tortue** ползти́ как черепа́ха

torture *nf* пы́тка • **soumettre qqn à la torture** подверга́ть кого́-нибудь пы́тке

torturer *v* **1.** *(faire souffrir)* му́чить / изму́чить • **torturer des animaux** му́чить живо́тных • **la faim me torture** меня́ му́чит го́лод • **être torturé par le doute** му́читься сомне́ниями **2.** *(soumettre à la torture pour obtenir des aveux)* пыта́ть • **ils l'ont torturé pendant trois jours** его́ три дня пыта́ли

tôt *adv* ра́но *(comp.* ра́ньше**)* • **je me suis réveillé tôt** я просну́лся ра́но • **tôt ou tard, il le saura** ра́но и́ли по́здно он узна́ет об э́том • **il est encore trop tôt pour manger** ещё ра́но есть

total[1] *adj* **1.** *(pris dans son entier)* о́бщий • **la somme totale** о́бщая су́мма **2.** *(absolu)* по́лный • **une liberté totale** по́лная свобóда • le silence total пóлная тишинá

total² *nm* итóг *(montant)*, сýмма *(somme)* • le caissier a fait le total кассíр подвёл итóг • tu as fait le problème ? quel total as-tu trouvé ? ты решíл задáчу? какýю сýмму ты нашёл?
● au total **a.** *(résultat de l'opération)* итогó › **10, 15 et 17 euros, au total 42 euros** 10, 15 и 17 éвро, итогó 42 éвро **b.** *(en définitive)* в конéчном счёте

totalement *adv* совершéнно • la ville a été totalement détruite гóрод был совершéнно разрýшен

totalitaire *adj* тоталитáрный • un régime totalitaire тоталитáрный режíм

toucher *v* **1.** *(entrer en contact, émouvoir)* трóгать / трóнуть • elle n'avait pas le droit de toucher quoi que ce soit dans la chambre ей ничегó не позволя́ли трóгать в кóмнате • qqn m'a touché l'épaule ктó-то трóнул меня́ за плечó • cela l'a touchée jusqu'aux larmes э́то трóнуло её до слёз **2.** *(concerner)* касáться *(+ G)* • ça ne me touche pas э́то меня́ не касáется **3.** *(s'approcher de)* подходíть *(к + D)* ④ • toucher à sa fin подходíть к концý **4.** *(recevoir)* получáть / получíть ④ • toucher une grosse somme получíть крýпную сýмму

toujours *adv* **1.** *(gén)* всегдá, всё *(constamment)* • il n'obéit pas toujours à ses parents он не всегдá слýшается родíтелей • elle travaille toujours онá всё рабóтает **2.** *(encore)* всё ещё • la pluie tombait toujours дождь всё ещё лил **3.** *(en attendant, à tout hasard) ne se traduit généralement pas* • tu peux toujours essayer мóжешь попрóбовать

toundra *nf* тýндра

tour¹ *nm* **1.** *(mouvement d'un corps qui tourne sur lui-même)* оборóт • trente-trois tours à la minute трíдцать три оборóта в минýту **2.** *(circonférence d'un objet)* окрýжность *f* • une fosse de dix mètres de tour я́ма десятí мéтров в окрýжности **3.** *(rang)* óчередь *f* • c'est votre tour тепéрь вáша óчередь • chacun à son tour кáждый в своЮ óчередь • laisser passer son tour пропустíть своЮ óчередь **4.** *(aux élections)* тур • élections à deux tours голосовáние в два тýра **5.** *(de magie, de cartes)* фóкус • un tour de cartes кáрточный фóкус
● à tour de bras íзо всех сил • à tour de rôle по óчереди • faire le tour de **a.** *(se propager)* обходíть ④ / обойтí* [IV, обойдý, обойдёшь - обошёл, обошлá] *(+ A)*, объезжáть / объéхать* [IV, объéду, объéдешь] *(+ A) (en voiture...)* › **la nouvelle a fait le tour de la ville** нóвость обошлá весь гóрод **b.** *(se déplacer)* обходíть ④ / обойтí* [IV, обойдý, обойдёшь - обошёл, обошлá] вокрýг *(+ G)*, объезжáть / объéхать* [IV, объéду, объéдешь] вокрýг *(+ G) (en voiture)* › **faire le tour du lac** объéхать вокрýг óзера • le Tour de France велотýр Фрáнции • le tour est joué и дéло с концóм • tour à tour по óчереди

tour² *nf* бáшня* *(gén. pl.* бáшен*)* • la tour Eiffel Э́йфелева бáшня • les tours du Kremlin кремлёвские бáшни • dans sa tour d'ivoire в бáшне из слонóвой кóсти
● la tour de Babel Вавилóнское столпотворéние

tour³ *nm* *(machine-outil)* (токáрный) станóк • un tour revolver револьвéрный станóк

tourisme *nm* турíзм

touriste *nmf* турíст *m*, турíстка *f*

touristique *adj* туристíческий • un voyage touristique туристíческая поéздка

tourmenter *v* **1.** *(faire souffrir)* мýчить • la soif le tourmentait егó мýчила жáжда **2.** *(préoccuper)* беспокóить • quelque chose le tourmente егó чтó-то беспокóит
■ se tourmenter *vp* *(s'inquiéter)* беспокóиться • il ne faut pas vous tourmenter не нáдо беспокóиться

tournant *nm* поворóт • s'arrêter au tournant остановíться на поворóте ~ *fig* • ce fut un tournant décisif dans sa vie э́то был решíтельный поворóт в егó жíзни

tournée *nf* **1.** *(d'artiste)* гастрóли *pl t* (гастрóлей, гастрóлям*)* • l'orchestre est parti en tournée оркéстр вы́ехал на гастрóли **2.** *(voyage)* поéздка • il a fait une tournée en province, a fait des conférences dans plusieurs universités он совершíл поéздку по провинциáльным городáм, выступáл с доклáдами в рáзных университéтах

tourner ◪ *vt* **1.** *(imprimer un mouvement circulaire)* поворáчивать / повернýть [*part.*

повёрнутый] • **tourner la clef dans la serrure** повернýть ключ в замкé • **tourner la poignée** повернýть рýчку • **tourner la tête** повернýть гóлову **2.** *(détourner)* обходи́ть ④ / обойти́* [IV, обойдý, обойдёшь - обошёл, обошлá] • **tourner une difficulté** обойти́ трýдность • **tourner la loi** обойти́ закóн **3.** *(pour changer de côté)* переворáчивать / перевернýть [*part.* перевёрнутый] • **tourner la page** перевернýть странúцу • **tourner un disque vinyle** перевернýть пластúнку **4.** *(un film...)* снимáть / снять* [IV, снимý, сни́мешь ④ - снял, снялá, сня́ло, сня́ли ⑤ - сня́тый, снят, снятá, сня́то, сня́ты ⑤] • **tourner un film** снимáть фильм ◪ *vi* **1.** *(autour d'un axe)* вращáться, крути́ться • **la Terre tourne autour du Soleil** Земля́ вращáется вокрýг Сóлнца • **l'hélice tourne à 2000 tours par minute** винт вращáется со скóростью 2000 оборóтов в минýту • **les roues tournent** колёса крýтятся **2.** *(décrire des cercles)* кружи́ть ④ / закружи́ть ④ • **l'avion tournait au-dessus de la ville** над гóродом кружи́л самолёт **3.** *(changer de direction)* поворáчивать / повернýть • **tourner à droite** повернýть напрáво **4.** *(fonctionner)* рабóтать • **l'usine tourne toute l'année sans interruption** завóд рабóтает крýглый год **5.** *(devenir aigre)* ки́снуть* [III] / ски́снуть* [III] • **le lait a tourné** молокó ски́сло **6.** *(prendre telle ou telle tournure)* приня́ть... оборóт (принимáть / приня́ть* [IV, при́мет, при́мут - при́нял, приняла́, при́няло, при́няли ⑤]) • **l'affaire a mal tourné** дéло при́няло дурнóй оборóт

● **la tête me tourne** у меня́ крýжится головá • **tourner comme un écureuil en cage** крути́ться как бéлка в колесé • **tourner autour du pot** ходи́ть вокрýг да óколо (ходи́ть ④) • **tourner le dos à la direction du train** сидéть спинóй к направлéнию движéния пóезда • **il avait le dos tourné quand je suis sorti, il ne m'a pas vu** он был ко мне спинóй, когдá я выходи́л, и не ви́дел меня́ • **tourner un élève en ridicule** подня́ть ученикá нá смех (поднимáть / подня́ть* [IV, подниму́, подни́мешь ④ - пóднял, подняла́, пóдняло, пóдняли ⑤ - пóднятый, пóднят, поднята́, пóднято, пóдняты ⑤])

■ **se tourner** *vp* поворáчиваться / повернýться • **elle s'est tournée vers moi** она́ повернýлась ко мне

tournesol *nm* подсóлнечник, подсóлнух • **manger des graines de tournesol** лýзгать сéмечки подсóлнуха

● **de tournesol** подсóлнечный › **de l'huile de tournesol** подсóлнечное мáсло

tournevis *nm* отвёртка

tousser *v* кáшлять / кáшлянуть • **tousser d'une toux sèche** кáшлять сухи́м кáшлем

tout, toute, tous *pron* = **весь**
- **tous pour un, un pour tous** все за одногó, оди́н за всех
- **il a peur de tout** он бои́тся всегó
- **c'est pire que tout** э́то хýже всегó
- **voilà tout** вот и всё

tout *adj*

1. LA TOTALITÉ DE = **весь**
- **pendant toute la nuit** всю ночь
- **tous les habitants** все жи́тели
- **de toutes ses forces** изо всех сил

2. UN... ENTIER = **цéлый**
- **tout un panier de champignons** цéлая корзи́нка грибóв

3. MARQUANT LA PÉRIODICITÉ = **кáждый** *(au sing s'il qualifie un substantif ; au pl s'il qualifie un nom de nombre)*
- **tous les mois** кáждый мéсяц
- **toutes les semaines** кáждую недéлю
- **tous les deux jours** кáждые два дня, чéрез день
- **toutes les trois semaines** кáждые три недéли

4. N'IMPORTE QUEL = **любóй**
- **à tout prix** любóй ценóй
- **à tout moment** в любýю минýту
- **par tous les temps** в любýю погóду

tout *adv*

1. ENTIÈREMENT = **весь** *(pron)*
- **il est tout en sueur** он весь в потý

2. ABSOLUMENT = **совсéм**
- **un costume tout neuf** совсéм нóвый костю́м

3. TRÈS = **óчень**
- **elle est toute contente** онá óчень довóльна

tout *nm*

1. LA TOTALITÉ, L'ENSEMBLE = **цéлое** *(adj subst nt)*
- **former un tout** составля́ть однó цéлое
- **le tout et les parties** цéлое и чáсти

2. L'ESSENTIEL = **глáвное** *(adj subst nt)*
- **le tout est de ne pas manquer son coup** глáвное — не промахнýться

Voir encadré page suivante.

● **à tout hasard** на вся́кий слýчай
- **de toutes sortes**

À PROPOS DE...

Lorsque « le tout » peut être remplacé par « tout », on emploie généralement en russe le pronom **весь** : ***maintenant, je vais relire le tout,*** **= а сейча́с я всё перечита́ю**.

a. QUALIFIANT UN NOM вся́кие *(pron-adj pl)* (вся́ких, вся́ким) › **des ennuis de toutes sortes** вся́кие неприя́тности
b. EN FONCTION DE SUBSTANTIF вся́кое *(pron subst nt)* › **on en voit de toutes sortes** вся́кое быва́ет

• **en tout** всего́ › **quarante euros en tout** всего́ со́рок е́вро
• **en tout cas** во вся́ком слу́чае
• **en toute hâte** на́скоро
• **en tout et pour tout** всего́-на́всего › **il ne m'est resté en tout et pour tout que deux euros** у меня́ оста́лось всего́-на́всего два е́вро
• **malgré tout**
a. COÛTE QUE COÛTE во что бы то ни ста́ло › **il faut malgré tout que je réussisse à l'examen** я должна́ сдать экза́мен во что бы то ни ста́ло
b. QUAND MÊME всё же › **il a ses défauts mais c'est malgré tout un brave homme** у него́ есть недоста́тки, но всё же он хоро́ший челове́к
• **pas du tout**
a. LOCUTION INDÉPENDANTE (нет,) ниско́лько › **je vous dérange ? — pas du tout** я вам меша́ю? — нет, ниско́лько
b. DANS UNE PROPOSITION совсе́м › **il ne fait pas froid du tout aujourd'hui** сего́дня совсе́м не хо́лодно › **il n'y en a pas du tout** их совсе́м нет
• **rien du tout, rien... du tout** ничего́ › **je n'ai rien trouvé du tout** я ничего́ не нашёл
• **tous deux, tous les deux** L'UN ET L'AUTRE о́ба › **ils sont tous les deux malades** они́ о́ба больны́ › **elles sont toutes les deux ici** они́ о́бе здесь
• **tout à coup** вдруг
• **tout à fait** ENTIÈREMENT совсе́м › **elle est tout à fait guérie** она́ совсе́м попра́вилась
• **tout à l'heure**
a. PASSÉ то́лько что › **Michel était là tout à l'heure** Мише́ль то́лько что был здесь
b. FUTUR чуть по́зже › **il reviendra tout à l'heure** он вернётся чуть по́зже › **je vous montrerai les photos tout à l'heure** я вам чуть по́зже покажу́ сни́мки
• **tout au bord** на са́мом краю́
• **tout au plus** са́мое бо́льшее
• **tout autour** вокру́г
• **tout autour de** вокру́г *(+ G)*
• **tout de même** всё-таки › **mais j'ai tout de même raison** а всё-таки я прав
• **tout de suite**
a. DANS UN INSTANT сейча́с › **elle va arriver tout de suite** она́ сейча́с придёт
b. AUSSITÔT сра́зу, сра́зу же › **il a cédé tout de suite** он сра́зу уступи́л
c. À PEU DE DISTANCE сра́зу же › **c'est tout de suite après le carrefour** э́то сра́зу же по́сле перекрёстка
• **toutes sortes de** вся́кие *(pron-adj pl)* (вся́ких, вся́ким) › **toutes sortes de gens** вся́кие лю́ди
• **tout le monde** все (всех, всем *(pron pl)*) › **tout le monde était content** все бы́ли дово́льны
• **tout seul** SANS INTERVENTION EXTÉRIEURE сам › **le vase s'est cassé tout seul, sans doute ?** ва́за сама́ разби́лась, что ли?
• **une fois pour toutes** раз и навсегда́

tout-à-l'égout *nm* канализацио́нная систе́ма

toutefois *adv* одна́ко

tout-terrain *adj*
• un véhicule tout-terrain вездехо́д • un vélo tout-terrain велосипе́д-внедоро́жник • une voiture tout-terrain внедоро́жник

toux *nf* ка́шель *m* • une toux sèche сухо́й ка́шель

toxique *adj* ядови́тый • des produits toxiques ядови́тые вещества́ • un nuage toxique ядови́тое о́блако

trace *nf* след* *(loc.* следу́ ⑧② *) (au génitif, l'accent n'est initial qu'à la forme irrégulière* сле́ду* *dont l'emploi est limité à quelques expressions figées ; la forme* следа́*, par contre, est accentuée sur la finale)* • suivre les traces d'un ours идти́ по следа́м медве́дя • disparaître sans laisser de traces исче́знуть без следа́ • des traces de pas dans la neige следы́ шаго́в на снегу́

tract *nm* листо́вка • distribuer des tracts раздава́ть листо́вки

tracteur *nm* тра́ктор

tradition *nf* тради́ция • une tradition bien établie установи́вшаяся тради́ция

traditionnel *adj* традицио́нный • une fête traditionnelle традицио́нный пра́здник

traducteur *nm* перево́дчик • le traducteur de Balzac перево́дчик Бальза́ка • un traducteur technique техни́ческий перево́дчик

traduction *nf* перево́д • une traduction mot à mot досло́вный перево́д • j'ai lu Dostoïevski dans la traduction я чита́ла Достое́вского в перево́де

traductrice *nf* перево́дчица

traduire *v (d'une langue dans une autre)* переводи́ть ④ / перевести́* [IV, переведу́, переведёшь - перевёл, перевела́ ③ - переведённый] • traduire du français en russe перевести́ с францу́зского на ру́сский

trafic *nm* **1.** *(circulation)* движе́ние, тра́фик • informations sur le trafic des trains информа́ция о движе́нии поездо́в **2.** *(commerce illégal)* незако́нный оборо́т • le trafic d'armes незако́нный оборо́т ору́жия

trafiquant *nm* спекуля́нт
● arrestation d'un trafiquant de drogue задержа́ние наркоди́лера

tragédie *nf* траге́дия

tragique *adj* траги́ческий • une scène tragique траги́ческая сце́на • une situation tragique траги́ческое положе́ние

tragiquement *adv* траги́чески • ça s'est terminé tragiquement э́то ко́нчилось траги́чески

trahir *v* **1.** *(gén)* предава́ть* [II, предаю́, предаёшь - предава́й - предава́я] / преда́ть* [*n cl,* преда́м, преда́шь, преда́ст, предади́м, предади́те, предаду́т - преда́й], изменя́ть / измени́ть ④ *(+ D)* • trahir sa patrie измени́ть Ро́дине • trahir un ami преда́ть дру́га • ses forces l'ont trahi си́лы измени́ли ему́ **2.** *(livrer)* выдава́ть* [II, выдаю́, выдаёшь - выдава́й - выдава́я] / вы́дать* [*n cl,* вы́дам, вы́дашь, вы́даст, вы́дадим, вы́дадите, вы́дадут - вы́дай] • trahir un secret вы́дать та́йну • ne pas trahir ses camarades не выдава́ть това́рищей

trahison *nf* изме́на, преда́тельство • le crime de haute trahison госуда́рственная изме́на

train *nm (convoi ferroviaire)* по́езд* *(nom. pl.* поезда́ ①②*)* • un train de banlieue при́городный по́езд • un train de marchandises това́рный по́езд • l'horaire des trains расписа́ние поездо́в • à quelle heure part le train ? в кото́ром часу́ отхо́дит по́езд? • manquer son train опозда́ть на по́езд • le train pour Saint-Pétersbourg по́езд на Санкт-Петербу́рг
● il est en train de faire le ménage он убира́ет › **je l'ai trouvé en train de travailler** я его́ заста́л за рабо́той • mettre un projet en train пусти́ть прое́кт в ход • le train d'atterrissage шасси́* *nt indécl* • un train de bois плот* *(loc.* плоту́ ③②*)*

traîneau *nm* са́ни *pl t (*сане́й, саня́м*)* ③ *dim.* са́нки *(*са́нок, са́нкам*)* • aller en traîneau е́хать на саня́х • il n'y a qu'un seul traîneau là-bas там то́лько одни́ са́ни

traîner *v* **1.** *(derrière soi, sur soi)* тащи́ть ④ / потащи́ть ④ ; *indét.* таска́ть • ils traînaient par terre quelque chose de lourd они́ тащи́ли по земле́ что́-то тяжёлое • j'avais de la peine à traîner ma valise я с трудо́м тащи́л чемода́н • Nicole est fatiguée et toi, tu la traînes au théâtre Нико́ль уста́ла, а ты её та́щишь в теа́тр • ça fait bientôt trois ans que je traîne cette robe уже́ тре́тий год таска́ю э́то пла́тье **2.** *fam (se promener sans but)* шля́ться • où as-tu donc traîné ? где ты шля́лся? **3.** *(pendre jusqu'à terre)* волочи́ться [воло́чится, воло́чатся] • son manteau traînait par terre её пальто волочи́лось на полу́ **4.** *(en parlant d'objets qui ne sont pas à leur place)* валя́ться • les livres traînaient par terre кни́ги валя́лись на полу́ **5.** *(durer trop longtemps)* тяну́ться ④, затя́гиваться / затяну́ться ④ ④ • il y a déjà trois mois que cette maladie traîne боле́знь тя́нется уже́ три ме́сяца • les pourparlers traînent перегово́ры затя́гиваются
● faire traîner затя́гивать / затяну́ть ④ › **faire traîner une affaire** затяну́ть де́ло • traîner la jambe е́ле волочи́ть но́ги волочи́ть ④
■ **se traîner** *vp* **1.** *(aller lentement, avec peine)* е́ле тащи́ться тащи́ться ④ / потащи́ться ④ • j'étais si fatigué que je me traînais я так уста́л, что е́ле тащи́лся **2.** *(aller en rampant)* ползти́* [IV, ползу́, ползёшь - полз, ползла́ ③] / поползти́* [IV, *id*] ; *indét.* по́лзать • se traîner à quatre pattes ползти́ на четвере́ньках

trait *nm (ligne, élément caractéristique)* черта́ • tracer un trait провести́ черту́ • un trait de caractère черта́ хара́ктера
● boire d'un trait вы́пить за́лпом • un trait d'union дефи́с
■ traits *nmpl (du visage)* черты́ лица́ *pl t* • des traits réguliers пра́вильные черты́ лица́

traité *nm* **1.** *(convention)* догово́р • conclure un traité de paix заключи́ть ми́рный догово́р **2.** *(ouvrage)* тракта́т

traitement *nm* **1.** *(soins médicaux)* лече́ние • un traitement aux antibiotiques лече́ние антибио́тиками **2.** *(manière d'agir envers une personne)* обраще́ние *(pas de pl)* • il avait subi de mauvais traitements dans son enfance в де́тстве он подверга́лся плохо́му обраще́нию **3.** *(salaire)* зарпла́та • son traitement se montait à deux mille euros его зарпла́та составля́ла две ты́сячи е́вро
● un logiciel de traitement de texte те́кстовый реда́ктор

traiter *v* **1.** *(agir d'une certaine manière)* обраща́ться / обрати́ться *(т → щ)* (c + I), обходи́ться ④ / обойти́сь* [IV, обойду́сь, обойдёшься - обошёлся, обошла́сь] (c + I) *(sans se gêner)* • et comment traite-t-il ses employés ? а как он обраща́ется со свои́ми рабо́тниками? • elle l'a traité comme un gamin она́ с ним обошла́сь как с мальчи́шкой **2.** *(insulter en donnant tel ou tel nom)* обзыва́ть / обозва́ть* [IV, обзову́, обзовёшь - обозва́л, обозвала́, обозва́ло, обозва́ли] ⑤ *(+ I)* • elle l'a traité de pitre она́ его́ обозвала́ шуто́м **3.** *(exposer)* излага́ть / изложи́ть ④ • j'ai traité cette question en détail dans un article я подро́бно изложи́л э́тот вопро́с в одно́й статье́ **4.** *(soumettre à diverses opérations)* обраба́тывать • traiter une pièce обраба́тывать дета́ль

traître *nm* преда́тель *m (celui qui livre qqn, un secret)*, изме́нник *(celui qui cesse d'être loyal)* • juger un traître суди́ть изме́нника

trajectoire *nf* траекто́рия

trajet *nm* **1.** *(voyage)* доро́га, прое́зд *(parcours couvert autrement qu'à pied)* • le trajet n'est pas long доро́га не займёт мно́го вре́мени • le prix à payer pour le trajet пла́та за прое́зд **2.** *(chemin entre deux points)* путь, маршру́т

tramway *nm* трамва́й *m*

tranche *nf (morceau)* ломо́ть *m dim.* ло́мтик • une tranche de pain ломо́ть хле́ба • une tranche de jambon ло́мтик ветчины́ • une tranche de saucisson ло́мтик колбасы́

trancher *v* **1.** *(couper en tranches)* ре́зать / наре́зать • vous voulez votre pain tranché ? вам хлеб наре́зать? **2.** *(séparer d'un seul coup)* отруба́ть / отруби́ть ④ • on lui trancha la tête ему́ отруби́ли го́лову

tranquille *adj* споко́йный • un enfant tranquille споко́йный ребёнок • une vie tranquille споко́йная жизнь • d'un ton tranquille споко́йным то́ном
● laisser qqn tranquille оста́вить кого́-нибудь в поко́е › laisse ton petit frère tranquille оста́вь бра́тика в поко́е • rester tranquille сиде́ть сми́рно

tranquillement *adv* споко́йно • dormir tranquillement споко́йно спать

tranquilliser *v* успока́ивать / успоко́ить • cela a tranquillisé le malade э́то успоко́ило больно́го

tranquillité *nf* споко́йствие • aimer la tranquillité люби́ть споко́йствие

transformation *nf* превраще́ние *(conversion)*, преобразова́ние *(modification profonde)* • la transformation de la chaleur en énergie превраще́ние тепла́ в эне́ргию • de grandes transformations вели́кие преобразова́ния • recyclage et transformation des ordures ménagères утилиза́ция и перерабо́тка бытовы́х отхо́дов
● une industrie de transformation обраба́тывающая промы́шленность

transformer *v* **1.** *(convertir)* превраща́ть / преврати́ть *(т → щ)* • il a transformé le salon en bureau он преврати́л гости́ную в кабине́т **2.** *(améliorer sensiblement)* преобража́ть / преобрази́ть • son séjour en Angleterre l'a transformé пребыва́ние в А́нглии её преобрази́ло
■ se transformer *vp* **1.** *(se convertir)* превраща́ться / преврати́ться *(т → щ)* • la chenille s'est transformée en papillon гу́сеница преврати́лась в ба́бочку **2.** *(s'améliorer sensiblement)* преобража́ться / преобрази́ться • le printemps est arrivé et tout s'est transformé наступи́ла весна́, и всё преобрази́лось

transfusion *nf* перелива́ние • une transfusion sanguine перелива́ние кро́ви • on lui a fait une transfusion ему́ сде́лали перелива́ние кро́ви

transgénique *adj* трансге́нный • du soja transgénique трансге́нная со́я

transistor *nm (divers sens)* транзи́стор

transit *nm* транзи́т
◉ les passagers en transit транзи́тные пассажи́ры

transitif *adj* перехо́дный • un verbe transitif перехо́дный глаго́л

transition *nf* перехо́д • une brusque transition ре́зкий перехо́д • il passe sans transition du rire aux larmes он ре́зко перехо́дит от сме́ха к слеза́м
◉ de transition перехо́дный › une période de transition перехо́дный перио́д

transmettre *v (divers sens)* передава́ть* [II, передаю́, передаёшь - передава́й - передава́я] / переда́ть* [*n cl,* переда́м, переда́шь, переда́ст, передади́м, передади́те, передаду́т - пе́редал, передала́, пе́редало, пе́редали ⑤ - переда́й - пе́реданный, пе́редан, передана́, пе́редано, пе́реданы ⑤] • j'ai transmis la lettre я пе́редал письмо́ • transmettez-lui mes salutations переда́йте ей приве́т от меня́ • transmettre un concert par radio передава́ть конце́рт по ра́дио

transmission *nf* переда́ча • transmission par engrenages зу́бчатая переда́ча • la transmission d'un ordre переда́ча прика́за

transparent *adj* прозра́чный • de la matière plastique transparente прозра́чная пластма́сса ~ *fig* • une allusion transparente проз-ра́чный намёк

transpiration *nf* пот

transpirer *v litt* поте́ть / вспоте́ть

transport *nm* **1.** *(le fait de transporter)* перево́зка • le transport des marchandises et des voyageurs перево́зка това́ров и пассажи́ров **2.** *(moyens permettant le transport)* тра́нспорт *(pas de pl)* • les transports ferroviaires железнодоро́жный тра́нспорт • le transport aérien возду́шный тра́нспорт
◉ les transports en commun obщéственный тра́нспорт • les moyens de transport тра́нспорт *(pas de pl)*

transporter *v* перевози́ть ④ / перевезти́* [IV, перевезу́, перевезёшь - перевёз, перевезла́ ③ - перевезённый], переноси́ть / перенести́ • les marchandises sont transportées par train това́ры перево́зятся по́ездом • on a transporté tous ses livres d'une pièce à l'autre все кни́ги перенесли́ из одно́й ко́мнаты в другу́ю

LES MOYENS DE TRANSPORTS

- l'autobus **авто́бус** *m*
- l'avion **самолёт** *m*
- le bateau **кора́бль** *m*
- la bicyclette/le vélo **велосипе́д** *m*
- le camion **грузови́к** *m*
- la camionnette **пика́п** *m*
- l'hélicoptère **вертолёт** *m*
- le métro **метро́** *nt*
- la Mobylette ® **мопе́д** *m*
- la moto **мотоци́кл** *m*
- les rollers **ро́лики** *pl*
- le scooter **моторо́ллер** *m*
- le train **по́езд** *m*
- le tramway **трамва́й** *m*
- la trottinette **самока́т** *m*
- la voiture **маши́на** *f*

trapèze *nm* трапе́ция • un numéro de trapèze но́мер на трапе́ции

trapéziste *nmf* акроба́т *m* на трапе́ции, акроба́тка *f* на трапе́ции

traumatiser *v* травми́ровать • l'accident l'a traumatisé э́то происше́ствие его́ травми́ровало

travail *nm* **1.** *(activité)* рабо́та, труд *(labeur)* ③② • le travail physique физи́ческая рабо́та • le travail intellectuel у́мственная рабо́та • les travaux des champs полевы́е рабо́ты • un travail de forçat ка́торжная рабо́та • se mettre au travail взя́ться за рабо́ту • un travail opiniâtre упо́рный труд **2.** *(emploi)* рабо́та • chercher un travail dans le commerce иска́ть рабо́ту в торго́вле
◉ de travail рабо́чий • la journée de travail рабо́чий день • une hypothèse de travail рабо́чая гипо́теза • en vêtement de travail в рабо́чей оде́жде
■ travaux *nmpl* рабо́ты • des travaux de réparation ремо́нтные рабо́ты • la route est fermée pour cause de travaux доро́га закры́та в связи́ с проведе́нием рабо́т

travailler *v* **1.** *(gén)* рабо́тать • elle travaille lentement она́ рабо́тает ме́дленно • travailler dans une usine рабо́-

тать на заво́де • **le temps travaille pour nous** вре́мя рабо́тает на нас • **travailler à un projet** рабо́тать над прое́ктом **2.** *(travail scolaire)* занима́ться / прозанима́ться • **j'ai travaillé toute la soirée** я весь ве́чер прозанима́лся • **tu travailles bien au collège ?** ты хорошо́ занима́ешься в колле́же?
● **travailler à la sueur de son front** труди́ться в по́те лица́

travailleur[1] *adj* трудолюби́вый • **un élève travailleur** трудолюби́вый учени́к

travailleur[2] *nm* трудя́щийся *(part subst m) (salarié)*, рабо́тник *(celui qui a telle ou telle profession)* • **le niveau de vie des travailleurs** у́ровень жи́зни трудя́щихся • **un travailleur intellectuel** рабо́тник у́мственного труда́

travailleuse *nf* рабо́тница

travers *nm*
● **aller de travers** идти́ кри́во и ко́со › **tout va de travers** всё идёт кри́во и ко́со • **à tort et à travers** кста́ти и некста́ти • **comprendre de travers** непра́вильно понима́ть • **de travers** *(en oblique)* ко́со › **tenir un outil de travers** держа́ть инструме́нт ко́со • **en travers** *(selon la largeur)* попере́к › **scier une planche en travers** пили́ть до́ску попере́к • **en travers de** попере́к *(+ G)* › **en travers de la route** попере́к доро́ги • **regarder qqn de travers** *litt & fig* ко́со смотре́ть на кого́-нибудь
■ **à travers** *loc prép* **à travers** сквозь *(+ A) (en se faufilant, en se frayant un passage)*, че́рез *(+ A) (en franchissant)*, по *(+ D) (en passant)* › **se frayer un passage à travers la foule** пробира́ться сквозь толпу́ › **rire à travers ses larmes** смея́ться сквозь слёзы › **aller à travers la foule** идти́ че́рез толпу́ › **la route va à travers la forêt** доро́га прохо́дит че́рез лес › **nous allions à travers champs** мы шли по́ полю › **à travers bois** по́ лесу

traversée *nf* перее́зд • **la traversée en ferry dure quatre heures** перее́зд на паро́ме дли́тся четы́ре часа́

traverser *v* **1.** *(gén)* переходи́ть ④ / перейти́* [IV, перейду́, перейдёшь - перешёл, перешла́], проходи́ть ④ / пройти́* [IV, пройду́, пройдёшь - прошёл, прошла́] *(à pied)*, переезжа́ть / перее́хать* [IV, перее́ду, перее́дешь], проезжа́ть / прое́хать* [IV, прое́ду, прое́дешь] *(par un moyen de transport)* • **traverser la rue** перейти́ у́лицу • **traverser le pont** перейти́ че́рез мост • **nous traversions la forêt** мы проходи́ли че́рез лес • **nous avons traversé les Alpes** мы перее́хали че́рез А́льпы **2.** *(en courant)* перебега́ть / перебежа́ть* [*n cl*, перебегу́, перебежи́шь, перебегу́т - перебеги́], пробега́ть / пробежа́ть* [*n cl*, пробегу́, пробежи́шь, пробегу́т - пробеги́] *(en courant)* • **traverser la rue en courant** перебежа́ть че́рез у́лицу • **traverser le jardin en courant** пробежа́ть че́рез сад **3.** *(mouiller de part en part)* промочи́ть насквo̒зь (прома́чивать / промочи́ть ④) • **la pluie avait traversé mon pardessus** дождь промочи́л насквo̒зь моё пальто́

traversin *nm* ва́лик

trèfle *nm* **1.** *(plante ayant une feuille à trois folioles ; ornement géométrique)* трили́стник **2.** *(aux cartes)* тре́фы *pl t* (треф, тре́фам) **3.** *(fourrage)* кле́вер *(pas de pl)* • **du trèfle incarnat** кра́сный кле́вер
● **de trèfle** *(aux cartes)* тре́фовый › **le roi de trèfle** тре́фовый коро́ль

treize *adj num* **1.** *(gén)* трина́дцать • **treize euros** трина́дцать е́вро • **à treize kilomètres de la ville** в трина́дцати киломе́трах от го́рода **2.** *(au sens de treizième, dans l'expression de la date)* трина́дцатый • **elle est arrivée au Havre le 13 avril** она́ прибыла́ в Гавр 13-го апре́ля (трина́дцатого апре́ля) • **à la page treize** на трина́дцатой страни́це • **Louis XIII** Людо́вик XIII (Людо́вик Трина́дцатый)

tréma *nm* трема́ *nt indécl* • **mon nom s'écrit avec un tréma** моя́ фами́лия пи́шется с трема́

treizième *adj num* трина́дцатый • **au XIII**[e] **siècle** в XIII ве́ке (в трина́дцатом ве́ке)

tremblement *nm* дрожь *f (pas de pl)* • **parler avec un tremblement dans la voix** говори́ть с дро́жью в го́лосе • **il était pris de tremblements** его́ би́ла дрожь
● **un tremblement de terre** землетрясе́ние

trembler *v* дрожа́ть* [I, дрожу́, дрожи́шь] / задрожа́ть* [I, *id*], трясти́сь* [IV, трясу́сь, трясешься - тря́сся, трясла́сь ③] / затрясти́сь* [IV, *id*] *(trembler fortement)* • **trembler de froid** дрожа́ть от хо́лода, трясти́сь от хо́лода • **trembler de peur** дрожа́ть от стра́ха, трястись от стра́ха • **trembler de tout son corps** дрожа́ть всем те́лом • **trembler pour un candidat** дрожа́ть за кандида́та

tremper ◪ *vt* **1.** *(plonger)* окуна́ть / окуну́ть **2.** *(du linge)* мочи́ть / замочи́ть **3.** *(pour rendre plus résistant)* закаля́ть / закали́ть • **tremper l'acier** закали́ть сталь • **tremper le caractère** закали́ть хара́ктер
● **être trempé jusqu'aux os** промо́кнуть до косте́й (/ промо́кнуть* [III]) ◪ *vi* **les champignons secs doivent tremper une vingtaine de minutes** (CULIN) сухи́е грибы́ замочи́ть на два́дцать мину́т в воде́ • **laisser tremper les pois chiches** замочи́ть туре́цкий горо́х

tremplin *nm litt & fig* трампли́н • **servir de tremplin** служи́ть трампли́ном

trentaine *nf* **une trentaine de personnes** челове́к три́дцать • **il a dépassé la trentaine** ему́ перевали́ло за три́дцать

trente *adj num* **1.** *(gén)* три́дцать • **trente euros** три́дцать е́вро • **à trente kilomètres de la ville** в тридцати́ киломе́трах от го́рода **2.** *(au sens de trentième, dans l'expression de la date)* тридца́тый • **ils sont arrivés le 30 janvier** они́ прие́хали 30-го января́ (тридца́того января́)

trentième *adj num* тридца́тый

très *adv* о́чень • **très grand** о́чень большо́й • **très vite** о́чень бы́стро • **je suis très fatigué** я о́чень уста́л

trésor *nm* **1.** *(richesses)* сокро́вища *pl* (сокро́вищ, сокро́вищам), клад *(trésor caché)* • **les trésors de la peinture mondiale** сокро́вища миров́ой жи́вописи • **chercher un trésor** иска́ть клад **2.** *(en parlant d'une personne)* сокро́вище • **dors, mon trésor** спи, моё сокро́вище **3.** *(trésor public)* казна́, казначе́йство

trésorier *nm* казначе́й *m*

trêve *nf* переми́рие • **conclure une trêve** заключи́ть переми́рие

triangle *nm* треуго́льник • **un triangle rectangle** прямоуго́льный треуго́льник

triangulaire *adj* треуго́льный

tribu *nf* пле́мя* *nt (gén., dat., loc., instr.* пле́менем *; pl.* племена́, племён, племена́м*)* • **des tribus nomades** кочевы́е племена́

tribunal *nm* суд ③② • **le tribunal militaire** вое́нный трибуна́л • **comparaître devant le tribunal** яви́ться в суд

tribune *nf (emplacement élevé)* трибу́на • **monter à la tribune** подня́ться на трибу́ну

tribut *nm* дань *f* • **payer un tribut** плати́ть дань

tricher *v* жу́льничать / сжу́льничать, моше́нничать / смоше́нничать • **tricher au jeu** жу́льничать в игре́

tricheur *nm* шу́лер *(aux cartes)*, моше́нник

tricheuse *nf* моше́нница

tricolore *adj* трёхцве́тный • **un drapeau tricolore** трёхцве́тный флаг

tricot *nm (activité, ouvrage)* вяза́ние

tricoter *v* вяза́ть* [II, вяжу́, вя́жешь ④] / связа́ть* [II, *id*] • **elle m'a tricoté une écharpe** она́ связа́ла мне шарф
● **des aiguilles à tricoter** вяза́льные спи́цы

trier *v* разбира́ть / разобра́ть* [IV, разберу́, разберёшь - разобра́л, разобрала́, разобра́ло, разобра́ли] ⑤, сортирова́ть / рассортирова́ть • **trier des papiers** разбира́ть бума́ги • **trier des marchandises** сортирова́ть това́ры • **trier les ordures ménagères** сортирова́ть бытовы́е отхо́ды

trimestre *nm* **1.** *(gén)* кварта́л **2.** *(scolaire)* че́тверть *f (pl.* че́тверти, четверте́й, четвертя́м*)* ①③ • **les notes du premier trimestre** отме́тки за пе́рвую че́тверть

trimestriel *adj* кварта́льный
● **le bulletin trimestriel** та́бель успева́емости за че́тверть • **un magazine trimestriel** ежекварта́льный журна́л

trinquer *v* чо́каться / чо́кнуться • **nous trinquerons à ta réussite** мы чо́кнемся за твой успе́х

trio *nm* три́о* *nt indécl*

triomphal *adj* торже́ственный • **une marche triomphale** торже́ственное ше́ствие

triomphe *nm* триу́мф • **fêter le triomphe du champion** пра́здновать триу́мф чемпио́на

● le spectacle fait un triomphe спекта́кль идёт с триумфа́льным успе́хом

triompher *v* торжествова́ть / восторжествова́ть • la vérité finit toujours par triompher в конце́ концо́в и́стина всегда́ торжеству́ет • triompher de son adversaire торжествова́ть над враго́м

triple *adj* тройно́й • elle a remporté une triple victoire en natation она́ одержа́ла тройну́ю побе́ду в пла́вании

triste *adj* гру́стный ⑤, печа́льный *(plus fort)* • une chanson triste гру́стная пе́сня • un sourire triste гру́стная улы́бка • un triste sort печа́льная у́часть
● je suis triste мне гру́стно › elle était triste ей бы́ло гру́стно

tristement *adv* гру́стно *(comp.* грустне́е*)*, печа́льно *(plus fort)* • elle me regardait tristement она́ гру́стно смотре́ла на меня́, она́ печа́льно смотре́ла на меня́

tristesse *nf* грусть *f (mélancolie)*, печа́ль *f (tristesse due au chagrin)* • je ne peux pas me souvenir sans tristesse de ces années-là не могу́ без гру́сти вспо́мнить об э́тих года́х

troïka *nf* тро́йка • aller en troïka е́хать на тро́йке

trois *adj num* **1.** *(gén)* три *(l'accent passe sur la préposition dans les groupes* за́ три, на́ три *et* по́ три*)* • dans trois jours че́рез три дня • vers trois heures к трём часа́м • à trois kilomètres d'ici в трёх киломе́трах отсю́да **2.** *(régissant un pl t, un pron ou un nom de personne masculin)* тро́е *(nom de nombre collectif, l'accent passe sur la préposition dans le groupe* по́ трое*)* • trois traîneaux трое́ сане́й • ils ont trois enfants у них тро́е дете́й • nous étions trois нас бы́ло тро́е **3.** *(au sens de troisième, dans l'expression de la date)* тре́тий *(se décline comme un adj d'appart)* • ils sont arrivés le 3 mai они́ прие́хали 3-го ма́я (тре́тьего ма́я) • à la page trois на тре́тьей страни́це • acte trois, scène trois де́йствие тре́тье, явле́ние тре́тье • Napoléon III Наполео́н III (Наполео́н Тре́тий) **4.** *(aux cartes)* тро́йка • un trois de cœur тро́йка черве́й
● à trois втроём › nous travaillons à trois мы рабо́таем втроём • trois cents три́ста › trois cent quarante euros три́ста со́рок е́вро › plus de trois cents pages бо́льше трёхсот страни́ц • trois-centième трёхсо́тый • trois fois **a.** *(gén)* три ра́за **b.** *(suivi d'un nom de nombre)* три́жды › trois fois trois font neuf три́жды три — де́вять **c.** *(suivi d'un comparatif)* втро́е › trois fois moins d'argent втро́е ме́ньше де́нег • trois par trois по́ трое

troisième[1] *adj num* **1.** *(gén)* тре́тий *(se décline comme un adj d'appart)* • pour la troisième fois в тре́тий раз • dans le troisième volume в тре́тьем то́ме **2.** *(en parlant des étages)* четвёртый • nous habitons au troisième étage мы живём на четвёртом этаже́

troisième[2] ◪ *nm (étage)* четвёртый эта́ж *(*эта́ж ③*)* • nous habitons au troisième мы живём на четвёртом этаже́ ◪ *nf (classe)* *четвёртый год колле́жа*

troisièmement *adv* в-тре́тьих

trolleybus *nm* тролле́йбус • nous y allons en trolleybus мы е́здим туда́ на тролле́йбусе

trombone *nm* **1.** *(attache)* (канцеля́рская скре́пка) • les feuilles sont attachées par un trombone страни́цы скреплены́ скре́пкой **2.** *(instrument)* тромбо́н • jouer du trombone игра́ть на тромбо́не

trompe *nf (chez les animaux)* хо́бот

tromper *v* обма́нывать / обману́ть ④ • il t'a trompé он тебя́ обману́л • sa femme le trompe его́ жена́ ему́ изменя́ет
■ se tromper *vp* ошиба́ться / ошиби́ться* [IV, ошибу́сь, ошибёшься - оши́бся, оши́блась] • elle s'est trompée d'étage она́ оши́блась этажо́м • je me suis trompé dans mes calculs я оши́бся в вычисле́нии

trompette *nf (instrument de musique)* труба́ ②① • jouer de la trompette игра́ть на трубе́

trompeur *adj* обма́нчивый • un discours trompeur обма́нчивая речь • des apparences trompeuses обма́нчивая нару́жность

tronc *nm* **1.** *(d'un arbre)* ствол ③② • les troncs blancs des bouleaux бе́лые стволы́ берёз **2.** *(partie du corps)* ту́ловище

trône *nm* трон, престо́л • monter sur le trône взойти́ на престо́л

trop *adv* **1.** *(quantité)* сли́шком мно́го *(+ G)* • j'ai trop travaillé я сли́шком мно́го рабо́тал • j'ai trop de travail у меня́ сли́шком мно́го рабо́ты **2.** *(intensité)* сли́шком • c'est trop difficile э́то сли́шком тру́дно • trop tard сли́шком по́здно
• de trop *(superflu)* ли́шний › je n'ai pas d'argent de trop у меня́ нет ли́шних де́нег

tropical *adj* тропи́ческий • une chaleur tropicale тропи́ческая жара́

trottoir *nm* тротуа́р

À PROPOS DE...

À la différence de son équivalent français, le mot russe **тротуа́р** ne comporte qu'un **т** au milieu.

trou *nm* **1.** *(gén)* дыра́ *dim.* ды́рка ②① • percer un trou просверли́ть дыру́ • tu as un trou à ta chaussette у тебя́ носо́к с дыро́й **2.** *(fosse)* я́ма • creuser un trou вы́рыть я́му **3.** *(coin perdu)* дыра́ ②①, глушь *f* • je voudrais bien sortir de ce trou мне бы о́чень хоте́лось вы́рваться из э́той дыры́ **4.** *(dans un emploi du temps)* окно́ ②① • j'ai deux trous dans mon emploi du temps у меня́ в расписа́нии два окна́ **5.** *(trou d'obus, trou de mine)* воро́нка • un trou d'obus снаря́дная воро́нка
• un trou d'air возду́шная я́ма • le trou de la serrure замо́чная сква́жина

troubadour *nm* трубаду́р

trouble[1] *adj* му́тный ⑤ • un regard trouble му́тный взгляд • de l'eau trouble му́тная вода́ • pêcher en eau trouble лови́ть ры́бу в му́тной воде́

trouble[2] *nm (émotion)* смуще́ние • dissimuler son trouble скрыва́ть своё смуще́ние
■ troubles *nmpl* **1.** *(mauvais fonctionnement)* расстро́йство *(pas de pl)* • des troubles nerveux не́рвное расстро́йство • des troubles de langage расстро́йство ре́чи **2.** *(soulèvements)* волне́ния *pl t* (волне́ний, волне́ниям), беспоря́дки *pl* (беспоря́дков, беспоря́дкам) *(désordres)* • il y avait eu des troubles dans la ville в го́роде бы́ли волне́ния

troubler *v* **1.** *(rendre trouble)* мути́ть / замути́ть • troubler l'eau мути́ть во́ду **2.** *(faire cesser, déranger)* наруша́ть / нару́шить • troubler le silence нару́шить тишину́ • troubler le sommeil нару́шить сон • troubler l'ordre нару́шить поря́док **3.** *(intimider)* смуща́ть / смути́ть *(т → щ)* • son regard me trouble её взгляд смуща́ет меня́
■ se troubler *vp* смуща́ться / смути́ться *(т → щ)* • il s'est troublé et ne savait plus que dire он смути́лся и уже́ не знал, что сказа́ть

trouer *v* продыря́вливать / продыря́вить, прорыва́ть / прорва́ть* [IV, прорву́, прорвёшь - прорва́л, прорвала́, прорва́ло, прорва́ли] ⑤ *(en déchirant)* • trouer ses chaussettes продыря́вить носки́, прорва́ть носки́

troupe *nf* **1.** (THÉÂTRE) тру́ппа • une troupe de ballet бале́тная тру́ппа

À PROPOS DE...

À la différence de son équivalent français, **тру́ппа** comporte deux **п**.

2. (MIL) войска́ *pl* (во́йск, войска́м) ⑥ • les troupes de montagne го́рные войска́

troupeau *nm* ста́до ①⑥ • un troupeau de vaches ста́до коро́в

trousse *nf (d'écolier)* пена́л
• une trousse de toilette космети́чка

trouvaille *nf* нахо́дка • faire une trouvaille сде́лать нахо́дку ~*fig* • c'est vraiment une trouvaille э́то пря́мо нахо́дка

trouver *v* **1.** *(quand on cherche)* находи́ть ④ / найти́* [IV, найду́, найдёшь - нашёл, нашла́ - на́йденный - найдя́] • nous n'avons pas trouvé un seul champignon мы не нашли́ ни одного́ гриба́ • trouver une solution найти́ реше́ние • nous l'avons trouvé en bonne santé мы нашли́ его́ здоро́вым **2.** *(par hasard)* находи́ть ④ / найти́* [IV, найду́, найдёшь - нашёл, нашла́ - на́йденный - найдя́], застава́ть* [IV, застаю́, застаёшь - застава́й - застава́я] / заста́ть* [*n cl,* заста́ну, заста́нешь] • je l'ai trouvé en train de travailler я его́ заста́л за рабо́той • j'espère la trouver chez elle я наде́юсь заста́ть её до́ма
■ se trouver *vp* **1.** *(être situé)* находи́ться ④ • le village se trouve au bord d'un petit lac дере́вня нахо́дится на берегу́ небольшо́го о́зера **2.** *(être soudain placé dans telle ou telle situation)* / очути́ться [*(1ère personne du futur inusitée)* очу́тишься, очу́тится], ока́зываться / оказа́ться • il s'est trouvé dans l'eau

jusqu'au cou он очути́лся в воде́ по ше́ю **3.** *(se sentir)* • je me trouve bien ici мне здесь хорошо́
● il se trouve que ока́зывается, что... › **il s'est trouvé que tous étaient partis la veille** оказа́лось, что все уе́хали накану́не • elle s'est trouvée mal ей сде́лалось ду́рно

truc *nm* **1.** *(procédé)* спо́соб • il a trouvé un truc très commode он нашёл о́чень удо́бный спо́соб **2.** *(objet)* шту́ка • donnez-moi ce truc-là да́йте мне э́ту шту́ку

truffe *nf* трю́фель *m* ①③
● aux truffes трю́фельный › **du pâté aux truffes** трю́фельный паште́т

truite *nf* форе́ль *f*

trust *nm* трест

tsar *nm* царь *m* ③② • sous le règne du tsar Fédor при царе́ Фёдоре
● du tsar, des tsars ца́рский › **la couronne des tsars** ца́рская коро́на

tsarévitch *nm* царе́вич

tsarine *nf* цари́ца

T-shirt *nm* футбо́лка

tsigane[1] *adj* цыга́нский • des chansons tsiganes цыга́нские пе́сни

Tsigane[2] *nmf* цыга́н* *m (pl.* цыга́не, цыга́н, цыга́нам*)*, цыга́нка *f*

tu *pron* ты • tu le connais ? ты его́ зна́ешь? • tu as froid ? тебе́ хо́лодно? • as-tu de l'argent ? есть у тебя́ де́ньги? • elle était avec toi ? она́ была́ с тобо́й? • c'est toi qui as téléphoné ? э́то ты звони́л? • je voulais te parler mais je ne t'ai pas vue я хоте́л с тобо́й поговори́ть, но не уви́дел тебя́
● chez toi → chez

tuba *nm* тру́бка • un masque et un tuba ма́ска и тру́бка

tube *nm (récipient)* тю́бик • un tube de dentifrice тю́бик зубно́й па́сты • de la colle en tube клей в тю́бике

tuberculose *nf* туберкулёз

tuer *v* убива́ть / уби́ть* [II, убью́, убьёшь - убе́й - уби́тый] • tuer un ours уби́ть медве́дя ~ *fig* • tuer le temps уби́ть вре́мя
■ se tuer *vp* **1.** *(suicide)* поко́нчить с собо́й (/ поко́нчить) • il s'est tué d'une balle dans la tête он поко́нчил с собо́й, пусти́л себе́ пу́лю в лоб **2.** *(accident)* разби́ться на́смерть (разбива́ться / разби́ться* [II, разобью́сь, разобьёшься]) • il est tombé de cheval et a failli se tuer он упа́л с ло́шади и чуть не разби́лся на́смерть

tue-tête
■ à tue-tête *loc adv* во всё го́рло • chanter à tue-tête петь во всё го́рло

tueur *nm* уби́йца *m* • le tueur est toujours en liberté уби́йца всё ещё на свобо́де • un tueur en série сери́йный уби́йца

tueuse *nf* уби́йца

tuile *nf (pour couvrir les toits)* черепи́ца • les toits des maisons sont couverts de tuiles rouges кры́ши домо́в покры́ты кра́сной черепи́цей
● en tuiles черепи́чный › **un toit en tuiles** черепи́чная кры́ша

tulipe *nf* тюльпа́н • un bouquet de tulipes буке́т тюльпа́нов

tumeur *nf* о́пухоль *f* • une tumeur maligne злока́чественная о́пухоль

tunnel *nm* тунне́ль *m*

turbulent *adj* непосе́дливый • un élève turbulent непосе́дливый учени́к

turc *adj* туре́цкий
■ turc *nm (langue)* туре́цкий язы́к *(*язы́к ③*)* • étudier le turc изуча́ть туре́цкий язы́к • un livre en turc кни́га на туре́цком языке́
● (en) turc по-туре́цки › **tout était écrit en turc** всё бы́ло напи́сано по-туре́цки › **parler turc** говори́ть по-туре́цки
■ Turc *nm* ту́рок* *(gén. pl.* ту́рок*)*

Turkménistan *nm* Туркме́ния, Туркмениста́н

Turque *nf* турча́нка

Turquie *nf* Ту́рция

tutoyer *v* il m'a tutoyé он сказа́л мне «ты» • nous nous tutoyons мы с ним на ты • on peut se tutoyer ? дава́й на «ты»?

tuyau *nm* **1.** *(gén)* труба́ ②① • le tuyau du poêle печна́я труба́ • le tuyau d'échappement выхлопна́я труба́ **2.** *(d'arrosage)* шланг • un tuyau d'arrosage шланг для поли́вки

type *nm* **1.** *(modèle, genre)* тип • un avion d'un type nouveau самолёт но́вого ти́па • le type de l'intellectuel raté тип интеллиге́нта-неуда́чника **2.** *(individu) traduire en fonction du contexte* • un drôle de type чуда́к • un type sympathique симпатя́га • un type remarquable замеча́тельный ма́лый • il y a un type qui s'est approché de moi ко мне подошёл како́й-то тип *péj*

typhoïde *adj* la fièvre typhoïde брюшно́й тиф

typhus *nm* сыпно́й тиф

typique *adj* типи́чный • un cas typique типи́чный слу́чай

tyran *nm* тира́н

tyrannie *nf* тирани́я

À PROPOS DE...

À la différence de son équivalent français, **тирани́я** ne comporte qu'un **н**.

tyrannique *adj* тирани́ческий • un pouvoir tyrannique тирани́ческая власть

À PROPOS DE...

À la différence de son équivalent français, **тирани́ческий** ne comporte qu'un **н**.

tzar → tsar

tzarévitch → tsarévitch

tzarine → tsarine

tzigane → tsigane

U

UE (*abr de* Union européenne) *nf* ЕС, Европе́йский сою́з • les pays membres de l'UE госуда́рства-чле́ны ЕС

Ukraine *nf* Украи́на • il est né en Ukraine он роди́лся в Украи́не

ukrainien *adj* украи́нский
■ ukrainien *nm (langue)* украи́нский язы́к *(язы́к ③)* • étudier l'ukrainien изуча́ть украи́нский язы́к • un livre en ukrainien кни́га на украи́нском языке́
■ Ukrainien *nm (homme)* украи́нец

Ukrainienne *nf* украи́нка

ulcère *nm* я́зва • un ulcère de l'estomac я́зва желу́дка

ultérieur *adj* дальне́йший • au cours des pourparlers ultérieurs в тече́ние дальне́йших перегово́ров

ultimatum *nm* ультима́тум • adresser un ultimatum предъяви́ть ультима́тум

ultraviolet *adj* ультрафиоле́товый • les rayons ultraviolets ультрафиоле́товые лучи́

un[1], **une** *art indéf (article) ne se traduit pas*

un[2] *adj num* **1.** *(gén)* оди́н • trois moins un три ми́нус оди́н • vingt et un ans два́дцать оди́н год • l'un d'entre eux оди́н из них • les uns s'en vont, les autres arrivent одни́ уезжа́ют, други́е приезжа́ют **2.** *(au sens de premier)* пе́рвый • à la page un на пе́рвой страни́це
● l'un et l'autre и тот и друго́й • l'un l'autre, les uns les autres... друг дру́га *(pronom dont le premier élément est invariable tandis que le second suit la déclinaison des substantifs masculins)* › **nous sommes restés satisfaits l'un de l'autre** мы оста́лись дово́льны друг дру́гом › **ils s'aident les uns les autres** они́ помога́ют друг дру́гу • ni l'un ni l'autre ни тот ни друго́й • un de ces jours на днях › **il va arriver un de ces jours** он прие́дет на днях

unanimité *nf* единогла́сие
● à l'unanimité единогла́сно › **la décision a été prise à l'unanimité** реше́ние бы́ло при́нято единогла́сно

unième *adj* пе́рвый • le quarante et unième со́рок пе́рвый

uniforme *nm* фо́рма • en uniforme d'officier в офице́рской фо́рме

union *nf* сою́з • une union douanière тамо́женный сою́з • l'Union européenne Европе́йский сою́з
● l'union fait la force в еди́нстве си́ла

unique *adj* еди́нственный • une fille unique еди́нственная дочь • c'est mon unique distraction э́то моё еди́нственное развлече́ние • unique en son genre еди́нственный в своём ро́де

uniquement *adv* то́лько *(seulement)*, исключи́тельно *(exclusivement)* • il pense uniquement à sa voiture он ду́мает то́лько о свое́й маши́не

unir *v* соединя́ть / соедини́ть • unir ses forces соедини́ть свои́ си́лы • les États-Unis d'Amérique Соединённые Шта́ты Аме́рики
■ s'unir *vp* соединя́ться / соедини́ться • médecins et chercheurs veulent s'unir pour faire progresser la science врачи́ и учёные стремя́тся соедини́ться ра́ди прогре́сса нау́ки

unité *nf* **1.** *(élément simple, étalon de mesure)* едини́ца • les unités, les dizaines, les centaines едини́цы, деся́тки, со́тни • l'unité de mesure едини́ца измере́ния **2.** *(réunion en un tout)* еди́нство • l'unité de lieu, l'unité de temps et l'unité d'action еди́нство ме́ста, вре́мени и де́йствия **3.** *(formation militaire)* часть *f* ①③ • une unité d'infanterie пехо́тная часть

univers *nm* вселе́нная *(adj subst f)*

universel *adj* **1.** *(de tous)* всео́бщий • le suffrage universel всео́бщее избира́тельное пра́во **2.** *(de tous les pays)* всеми́рный • exposition universelle всеми́рная вы́ставка

universellement *adv* повсю́ду, повсеме́стно • un produit universellement reconnu при́знанный повсю́ду проду́кт
• universellement connu общеизве́стный

université *nf* университе́т • entrer à l'université поступи́ть в университе́т

uranium *nm* ура́н
• à l'uranium, d'uranium ура́новый › **le minerai d'uranium** ура́новая руда́ › **un réacteur à l'uranium** ура́новый реа́ктор

urbain *adj* городско́й • les transports urbains городско́й тра́нспорт • la violence urbaine городско́е наси́лие, городско́й беспреде́л

urgence *nf* сро́чность
■ urgences *nfpl* отделе́ние ско́рой по́мощи • il a été conduit aux urgences его́ отпра́вили в отделе́ние ско́рой по́мощи
• de toute urgence кра́йне сро́чно

urgent *adj* сро́чный, неотло́жный *(qu'on ne peut pas différer)* • une affaire urgente сро́чное де́ло, неотло́жное де́ло

uriner *v* мочи́ться ④ / помочи́ться ④

urne *nf* у́рна • mettre son bulletin dans l'urne опусти́ть бюллете́нь в у́рну

URSS (*abr de* Union des Républiques Socialistes Soviétiques) (HIST) СССР* *m indécl (Сою́з Сове́тских Социалисти́ческих Респу́блик)*

USA (*abr de* United States of America) США* *pl t indécl (Соединённые Шта́ты Аме́рики)* • ils ont émigré aux USA они́ эмигри́ровали в США

usage *nm* **1.** *(utilisation)* употребле́ние • usage externe для нару́жного употребле́ния **2.** *(coutume)* обы́чай *m* • respecter les usages d'autrefois приде́рживаться стари́нных обы́чаев
• hors d'usage неприго́дный › **un outil hors d'usage** неприго́дный инструме́нт

user *v (détériorer par l'usage)* изна́шивать / износи́ть ④ • ce pardessus est usé пальто́ изно́шено
■ s'user *vp* изна́шиваться / износи́ться ④ • ces pneus s'usent vite э́ти ши́ны бы́стро изна́шиваются

usine *nf* заво́д • son père travaille dans une usine его́ оте́ц рабо́тает на заво́де • l'usine à gaz га́зовый заво́д • une usine d'automobiles автомоби́льный заво́д

usuel *adj* обы́чный • des mots usuels обы́чные слова́

utile ◪ *adj* поле́зный • en quoi puis-je vous être utile ? чем могу́ быть поле́зен?
• en temps utile своевре́менно › **prévenez-moi en temps utile** предупреди́те меня́ своевре́менно ◪ *nm* joindre l'utile à l'agréable сочета́ть поле́зное с прия́тным

utilisation *nf* испо́льзование • l'utilisation de l'énergie nucléaire испо́льзование а́томной эне́ргии

utiliser *v* испо́льзовать / испо́льзовать *(+ A)*, по́льзоваться *(+ I) (se servir de)* • utiliser l'énergie nucléaire испо́льзовать а́томную эне́ргию, по́льзоваться а́томной эне́ргией • utiliser une nouvelle méthode по́льзоваться но́вым ме́тодом • utiliser des mots étrangers употребля́ть иностра́нные слова́

utilité *nf* по́льза • l'utilité du sport по́льза спо́рта • ces mesures ont été d'une grande utilité э́ти ме́ры принесли́ большу́ю по́льзу

utopie *nf* уто́пия

utopique *adj* утопи́ческий • des projets utopiques утопи́ческие прое́кты

V

vacances *nfpl* **1.** *(scolaires)* кани́кулы *pl t (*кани́кул, кани́кулам*)* • les grandes vacances ле́тние кани́кулы • les vacances de Noël зи́мние кани́кулы • les vacances de printemps весе́нние кани́кулы • nous sommes en vacances у нас тепе́рь кани́кулы • ils sont partis en vacances они́ уе́хали на кани́кулы • pendant les vacances, j'ai appris à nager на кани́кулах я научи́лся пла́вать **2.** *(dans les autres cas)* о́тпуск* *(loc.* о́тпуске *; pl.* отпуска́ ⑧②*)* • je suis en vacances я в о́тпуске • partir en vacances уе́хать в о́тпуск

vaccin *nm* приви́вка • le vaccin contre la grippe приви́вка от гри́ппа

vacciner *v* прививáть / приви́ть* [II, привью́, привьёшь - приве́й] • vacciner les enfants contre la variole приви́ть де́тям о́спу

vache *nf (animal)* коро́ва • un troupeau de vaches ста́до коро́в
● de vache коро́вий *(adj d'appart)* › du lait de vache коро́вье молоко́

vagabond *nm* бродя́га *m*

vague[1] *adj* сму́тный ⑤ • je n'en ai qu'une vague idée я име́ю об э́том то́лько сму́тное представле́ние
● un terrain vague пусты́рь *m* ③②

vague[2] *nf* волна́ *(gén. pl.* волн*)* ②⑦ • de hautes vagues высо́кие во́лны *~fig* • une vague de mécontentement волна́ недово́льства

vain *adj* **1.** *(sans résultats)* тще́тный, напра́сный *littéraire* • de vains efforts тще́тные уси́лия **2.** *(sans fondement)* напра́сный • de vaines inquiétudes напра́сная трево́га
● en vain напра́сно, тще́тно *littéraire* › ils ont essayé en vain de le sauver напра́сно они́ пыта́лись спасти́ его́

vaincre *v* **1.** *(l'emporter sur)* побежда́ть / победи́ть [*(première personne du futur inusitée, utiliser la périphrase* я одержу́ побе́ду*)* *part.* побеждённый] • vaincre l'ennemi победи́ть врага́ **2.** *(surmonter)* преодолева́ть / преодоле́ть • vaincre les difficultés преодоле́ть тру́дности

vaincu *nm* побеждённый *(part subst m)* • malheur aux vaincus го́ре побеждённым

vainqueur *nm* победи́тель *m* • sortir vainqueur d'une épreuve вы́йти победи́телем из состяза́ния

vaisseau *nm* **1.** *(navire)* кора́бль *m* ③② • des vaisseaux de guerre вое́нные корабли́ • un vaisseau spatial косми́ческий кора́бль **2.** *(sanguin)* сосу́д

vaisselle *nf* посу́да • faire la vaisselle мыть посу́ду

valable *adj* **1.** *(qui n'a pas perdu sa validité)* действи́тельный • le billet est valable deux jours биле́т действи́телен дво́е су́ток **2.** *(que l'on peut prendre en considération)* уважи́тельный • une raison valable уважи́тельная причи́на

valet *nm* **1.** *(aux cartes)* вале́т • le valet de pique вале́т пик **2.** *(serviteur)* слуга́ *m* ②①
● un valet de chambre камерди́нер

valeur *nf* це́нность *f* • envoi avec valeur déclarée посы́лка с объя́вленной це́нностью • un tableau d'une grande valeur карти́на большо́й це́нности • les valeurs spirituelles духо́вные це́нности
● apprécier à sa juste valeur *fig* оце́нивать по досто́инству • de valeur це́нный › un cadeau de valeur це́нный пода́рок › un homme de valeur це́нный челове́к • d'une valeur de сто́имостью в *(+ A)* › d'une valeur totale de mille euros о́бщей сто́имостью в ты́сячу е́вро

valise *nf* чемода́н • faire ses valises укла́дывать чемода́ны
● la valise diplomatique дипломати́ческая по́чта

vallée *nf* доли́на

valoir *v* **1.** *(coûter)* сто́ить • combien ça vaut ? ско́лько э́то сто́ит? • ça vaut mille euros э́то сто́ит ты́сячу е́вро **2.** *(avoir une certaine valeur, un certain intérêt)* сто́ить *(+ G)* • est-ce que ça vaut un tel sacrifice ? сто́ит ли э́то тако́й же́ртвы? • le jeu n'en vaut pas la chandelle игра́ не сто́ит свеч
● ne rien valoir **a.** *(être inutilisable)* никуда́ не годи́ться **b.** *(être nuisible)* быть вре́дным *(вре́дный ⑤)* › ça ne vaut rien pour votre santé э́то вре́дно для ва́шего здоро́вья • il vaut mieux ne pas en parler лу́чше об э́том не говори́ть • valoir la peine сто́ить *(+ G)* › est-ce que ça vaut la peine de voir ce film ? сто́ит ли смотре́ть э́тот фильм? › il ne vaut pas la peine qu'on s'y intéresse он не сто́ит того́, что́бы им интересова́лись

valse *nf* вальс

vampire *nm* вампи́р • un film de vampires фильм о вампи́рах

vandalisme *nm* вандали́зм • un acte de vandalisme акт вандали́зма

vanille *nf* вани́ль *f*
● à la vanille вани́льный › une crème à la vanille вани́льный крем

vantard *adj* хвасту́н

vanter *v* расхва́ливать / расхвали́ть ④ • vanter une marchandise расхвали́ть това́р
■ se vanter *vp* хва́статься / похва́статься *(+ I)*, хвали́ться ④ / похвали́ться ④ *(+ I)* • se vanter de ses succès хва́статься свои́ми успе́хами, хвали́ться свои́ми успе́хами • il se vantait d'avoir tout fait он хва́стался, что всё сде́лал, он хвали́лся, что всё сде́лал • il n'y a pas de quoi se vanter хва́статься не́чем
● vanter ses propres exploits хва́статься свои́ми по́двигами

vapeur *nf* пар* *(loc.* пару́ ⑧②*)* • la condensation de la vapeur конденса́ция па́ра • à toute vapeur на всех пара́х
● à vapeur парово́й › une machine à vapeur парова́я маши́на • un bateau à vapeur парохо́д

vaporisateur *nm* спрей • se vend en flacon ou en vaporisateur продаётся в ви́де спре́я и́ли во флако́нах

varègue *nm* варя́г

variable *adj* переме́нный • avec un succès variable с переме́нным успе́хом • un temps variable переме́нная пого́да

variante *nf* вариа́нт

variation *nf* *(changement de degré, d'aspect)* измене́ние • une brusque variation de température ре́зкое измене́ние температу́ры
■ variations *nfpl* **1.** *(transformation)* измене́ние *pl* *(*измене́ния, измене́нию*)* • subir quelques variations претерпе́ть ко́е-каки́е измене́ния **2.** *(en musique)* вариа́ции *pl* *(*вариа́ций, вариа́циям*)* • variations sur un thème de Paganini вариа́ции на те́му Пагани́ни

varicelle *nf* ветряна́я о́спа, ветря́нка • il a eu la varicelle у него́ была́ ветря́нка

varié *adj* разнообра́зный • des impressions variées разнообра́зные впечатле́ния

varier ◪ *vt* *(modifier)* разнообра́зить • pour varier la nourriture что́бы разнообра́зить пита́ние ◪ *vi* *(se modifier)* меня́ться / измени́ться ④ • les goûts varient selon l'âge с во́зрастом вку́сы меня́ются

variété *nf* *(diversité)* разнообра́зие • introduire de la variété внести́ разнообра́зие
● de variétés эстра́дный › théâtre de variétés эстра́дный теа́тр
■ variétés *nfpl* *(spectacle)* эстра́да • j'aime les variétés я люблю́ эстра́ду

Varsovie *nf* Варша́ва

vase[1] *nm* ва́за • mettre des fleurs dans un vase поста́вить цветы́ в ва́зу • le vase s'est cassé ва́за разби́лась • un vase étrusque этру́сская ва́за

vase[2] *nf* ил

vaseline *nf* вазели́н

vasistas *nm* фо́рточка • ouvrir le vasistas откры́ть фо́рточку

vaste *adj* обши́рный • de vastes champs обши́рные поля́ • de vastes connaissances обши́рные зна́ния

vaurien *nm* негодя́й *m*

va-vite ■ à la va-vite *loc adv* на ско́рую ру́ку • faire ses devoirs à la va-vite сде́лать уро́ки на ско́рую ру́ку

veau *nm* 1. *(animal)* телёнок* *(pl.* телята, телят, телятам*)* 2. *(viande)* телятина • **du veau froid** холодная телятина
● **de veau** телячий *(adj d'appart)* › **des pieds de veau** телячьи ножки

vedette *nf* 1. *(artiste célèbre)* звезда *(pl.* звёзды, звёзд, звёздам*)* ②① • **les vedettes de l'écran** кинозвёзды 2. *(marine)* катер* *(nom. pl.* катера ①②*)*

végétal *adj* растительный • **le monde végétal** растительный мир

végétarien *nm* вегетарианец

végétarienne *nf* вегетарианка

végétation *nf (ensemble des végétaux)* растительность *f* • **la végétation des Alpes** альпийская растительность

véhicule *nm (moyen de transport)* машина • **les véhicules utilitaires et de tourisme** грузовые и легковые машины

veille *nf* канун • **la veille de Noël n'est pas un jour férié** канун Рождества — рабочий день
● **la veille** *(le jour précédent)* накануне › **la veille de son départ** накануне его отъезда › **ils étaient arrivés la veille** они приехали накануне

veiller *v* 1. *(ne pas dormir)* • **j'ai veillé tard** я поздно лёг спать • **nous avons veillé ; nous étions en visite chez des amis** мы засиделись в гостях у своих друзей 2. *(être de garde)* дежурить • **veiller un malade** дежурить у постели больного 3. *(s'occuper de)* заботиться / позаботиться *(о + L)* • **veiller à sa santé** заботиться о своём здоровье • **veiller sur les enfants** заботиться о детях

veine *nf* 1. *(vaisseau sanguin)* вена, жила *fam* • **des veines gonflées** выпуклые вены 2. *fam (chance)* везение • **une veine extraordinaire** необычайное везение
● **j'ai toujours de la veine aux cartes** мне всегда везёт в карты › **il a eu bien de la veine dans cette affaire** ему сильно повезло в этом деле

vélo *nm* велосипед • **faire une promenade à vélo** покататься на велосипеде

vélomoteur *nm* велосипед с мотором, мопед

velours *nm* бархат
● **de velours, en velours** бархатный › **une robe de velours** бархатное платье › **à pas de velours** бесшумно, неслышно

vendange *nf* сбор винограда • **l'époque des vendanges** время сбора винограда

vendanger *v* собирать виноград (собирать / собрать* [IV, соберу, соберёшь - собрал, собрала, собрало, собрали] ⑤)

vendeur *nm* продавец • **il est vendeur dans un grand magasin** он работает продавцом в универмаге

vendeuse *nf* продавщица • **elle est vendeuse dans une librairie** она продавщица в книжном магазине

vendre *v* продавать* [II, продаю, продаёшь - продавай - продавая] / продать* [*n cl,* продам, продашь, продаст, продадим, продадите, продадут - продал, продала, продало, продали ⑤ - продай - проданный, продан, продана, продано, проданы ⑤] • **le tableau a été vendu deux mille euros** картина была продана за две тысячи евро • **à vendre lave-linge pour cause départ** в связи с отъездом продаётся стиральная машина

vendredi *nm* пятница • **j'ai été chez eux vendredi** я был у них в пятницу • **le vendredi, nous allons au théâtre** по пятницам мы ходим в театр

vénéneux *adj* ядовитый • **des champignons vénéneux** ядовитые грибы

vengeance *nf* месть *f* • **il a agi ainsi par vengeance** он поступил так из мести

venger *v* мстить / отомстить *(за + A)* • **venger son père** отомстить за отца • **venger un affront** отомстить за оскорбление
■ **se venger** *vp* 1. *(de qqn)* мстить / отомстить *(+ D)* • **je me vengerai de lui** я ему отомщу 2. *(de quelque chose)* мстить / отомстить *(за + A)* • **se venger d'un affront** отомстить за оскорбление

venimeux *adj* ядовитый • **un serpent venimeux** ядовитая змея

venin *nm* яд

venir *v*

I MARQUANT LE PASSÉ IMMÉDIAT

• **venir de** только что *(+ indic)* › **il vient de rentrer** он только что вернулся

II EN PARLANT DE PERSONNES, D'ANIMAUX

1. ARRIVER À PIED = **приходи́ть** ④ / **прийти́*** [IV, приду́, придёшь - пришёл, пришла́ - придя́], **заходи́ть** ④ / **зайти́*** [IV, зайду́, зайдёшь - зашёл, зашла́ - зайдя́] *(pour un instant)*, **идти́*** [IV, иду́, идёшь - шёл, шла] / **пойти́*** [IV, пойду́, пойдёшь - пошёл, пошла́] *(lorsqu'il n'y a que quelques pas à faire)*

• **Nicole viendra à deux heures** Нико́ль придёт в два часа́

• **je suis venu voir ce que vous faites** я пришёл посмотре́ть, что вы тут де́лаете

• **je viendrai te chercher avant cinq heures** зайду́ за тобо́й до пяти́ часо́в

• **viens ici** иди́ сюда́

• **je viens** иду́

• **viens avec moi au cinéma** пойдём в кино́

2. ARRIVER EN VOITURE, À CHEVAL... = **приезжа́ть** / **прие́хать*** [IV, прие́ду, прие́дешь], **заезжа́ть** / **зае́хать*** [IV, зае́ду, зае́дешь] *(pour un instant)*

• **nous sommes venus par le train** мы прие́хали по́ездом

• **ils viendront nous chercher et nous mèneront à l'aérodrome** они́ зае́дут за на́ми и повезу́т нас на аэродро́м

3. ARRIVER EN VOLANT, EN AVION... = **прилета́ть** / **прилете́ть*** [I, прилечу́, прилети́шь]

• **vous êtes venus en avion ?** вы прилете́ли самолётом?

III EN PARLANT D'OBJETS, DE NOTIONS ABSTRAITES

1. ARRIVER = **приходи́ть** [прихо́дит, прихо́дят] / **прийти́***

• **il est venu une lettre pour toi** для тебя́ пришло́ письмо́

• **le taxi viendra dans un quart d'heure** такси́ придёт че́рез че́тверть часа́

2. PARVENIR = **доходи́ть** [дохо́дит, дохо́дят] / **дойти́*** [IV, дойдёт, дойду́т - дошёл, дошла́ - дойдя́]

• **le 4x4 est venu jusqu'à la lisière du bois, puis il a fait demi-tour** внедоро́жник дошёл до опу́шки ле́са и поверну́л обра́тно

3. S'ÉTENDRE JUSQU'À = **доходи́ть** [дохо́дит, дохо́дят] / **дойти́***

• **l'eau est venue jusqu'à cette maison** вода́ доходи́ла до э́того до́ма

• **notre parc venait jusqu'à la rivière** наш сад доходи́л до реки́

4. PROVENIR DE

• **ces oranges viennent du Maroc** э́то апельси́ны из Маро́кко

• **le vent vient du nord** ве́тер ду́ет с се́вера

• **cette collection me vient de mon oncle qui a vécu longtemps en Afrique** э́ту колле́кцию я получи́л от дя́ди, кото́рый до́лго жил в А́фрике

5. EN PARLANT D'UN ÉVÉNEMENT = **случа́ться** / **случи́ться**

• **cet accident est venu juste au moment où je me préparais à partir en Extrême-Orient** э́та катастро́фа случи́лась как раз в то вре́мя, когда́ я собира́лся уе́хать на Да́льний Восто́к

6. EN PARLANT DES SAISONS, DES PARTIES DU JOUR, ETC. = **приходи́ть** [прихо́дит, прихо́дят] / **прийти́***, **наступа́ть** / **наступи́ть** [насту́пит, насту́пят] *littéraire*

• **le printemps viendra bientôt** ско́ро придёт весна́

• **la nuit vient vite** ночь бы́стро наступа́ет

7. EN PARLANT D'UNE IDÉE, D'UN SENTIMENT = **приходи́ть** [прихо́дит, прихо́дят] / **прийти́***

• **il m'est venu une idée intéressante** мне пришла́ в го́лову интере́сная мысль

• **l'envie lui est venue de partir à la campagne** ему́ пришла́ охо́та уе́хать в дере́вню

À PROPOS DE...

Lorsque **venir** renforce un infinitif, il n'est pas traduit en russe ; l'intonation seule met en valeur le verbe utilisé : ***il est venu se cogner contre le coin de la table*** = **он уда́рился об у́гол стола́**.

● **faire venir**

a. CONVOQUER вызыва́ть / вы́звать* [IV, вы́зову, вы́зовешь] › **faire venir le médecin** вы́звать врача́ › **faire venir un élève au tableau** вы́звать ученика́ к доске́

b. FAIRE UNE COMMANDE выпи́сывать / вы́писать* [II, вы́пишу, вы́пишешь] › **faire venir des livres** вы́писать кни́ги › **j'ai fait venir du champagne de chez un propriétaire** я вы́писал шампа́нское от изготови́теля

• **ils en sont venus aux mains** де́ло дошло́ до дра́ки

• **venir à bout de** справля́ться / спра́виться (**с** + *I*) › **venir à bout de son adversaire** спра́виться со свои́м проти́вником

vent *nm* ветер* *(loc.* ветрý ⑧①*)* • un vent frais свéжий вéтер • un vent fort сúльный вéтер • le vent du nord сéверный вéтер • le vent souffle вéтер дýет • le vent s'est calmé вéтер стих • être en plein vent стоя́ть на ветрý
● un instrument à vent духовóй инструмéнт • quel bon vent vous amène ? какúми судьбáми?

vente *nf* продáжа • vente en gros оптóвая продáжа • vente au détail рóзничная продáжа • vente à crédit продáжа в рассрóчку • mettre un produit en vente вы́пустить продýкт в продáжу • ce livre était en vente il n'y a pas longtemps chez un bouquiniste э́та кнúга недáвно былá в продáже в букинистúческом магазúне

ventilateur *nm* вентиля́тор

ventre *nm* живóт ③② • j'ai mal au ventre у меня́ болúт живóт
● à plat ventre ничкóм › **ramper à plat ventre** ползтú ничкóм • prendre du ventre отрастúть себé брюшкó

venu *nm & adj*
● le premier venu пéрвый встрéчный *(adj subst m)* › **elle s'est adressée au premier venu** онá обратúлась к пéрвому встрéчному • le premier... venu пéрвый попáвшийся › **nous avons déjeuné dans le premier restaurant venu** мы пообéдали в пéрвом попáвшемся ресторáне

ver *nm* **1.** *(gén)* червь *m* ③③, червя́к *fam* ③② • j'ai trouvé un ver dans la poire в грýше я нашёл червякá • un ver de terre дождевóй червь • un ver à soie шелковúчный червь **2.** *(parasite intestinal)* глист ③②
● un ver luisant светля́к *dim.* светлячóк ③② • un ver solitaire солитёр

verbe *nm* глагóл • conjuguer un verbe проспрягáть глагóл • un verbe irrégulier непрáвильный глагóл • un verbe perfectif глагóл совершéнного вúда • un verbe imperfectif глагóл несовершéнного вúда • un verbe pronominal возврáтный глагóл

verdure *nf* зéлень *f* • il y a beaucoup de verdure dans la ville в гóроде мнóго зéлени

véreux *adj (qui a des vers)* червúвый • une pomme véreuse червúвое я́блоко

verger *nm* фруктóвый сад *(*сад*, loc.* садý ⑧②*)*

verglas *nm* гололéдица, гололёд • le verglas rend les routes impraticables по дорóгам не проéхать из-за гололéдицы

vérification *nf* провéрка • la vérification des comptes провéрка счетóв

vérifier *v* проверя́ть / провéрить • vérifier un compte провéрить счёт • vérifier les papiers d'un étranger à la frontière провéрить докумéнты инострáнца на границе • vérifier un moteur провéрить мотóр

véritable *adj* настоя́щий • connaissez-vous son véritable nom ? вы знáете егó настоя́щую фамúлию? • c'est un véritable ami э́то настоя́щий друг • sa véritable vocation егó настоя́щее призвáние

véritablement *adv* действúтельно • c'est véritablement le meilleur des loisirs э́то действúтельно лýчший óтдых

vérité *nf* прáвда *(le contraire du mensonge)*, úстина *(la réalité profonde)* • dire la vérité сказáть прáвду • cacher la vérité скрывáть прáвду, скрывáть úстину • déformer la vérité исказúть úстину • une vérité de La Palice прописнáя úстина • la recherche de la vérité стремлéние к úстине

vermicelle *nm* вермишéль *f* • un potage au vermicelle суп с вермишéлью

vernis *nm (enduit vitreux)* лак • du vernis à ongle лак для ногтéй

verre *nm* **1.** *(matière)* стеклó • en verre incassable из небьющегося стеклá **2.** *(lentille, verre de montre...)* стеклó *(pl.* стёкла, стёкол, стёклам*)* ②① • un verre grossissant увеличúтельное стеклó • des verres de contact контáктные стёкла • remettre le verre de la montre вставить часовóе стеклó **3.** *(récipient, son contenu)* стакáн *dim.* стакáнчик, бокáл *(avec pied)* • j'ai bu dans ton verre я вы́пил из твоегó стакáна • boire un verre de vin вы́пить бокáл винá • lever son verre à la santé des invités поднять бокáл за здорóвье присýтствующих
● en verre стекля́нный › **un vase en verre** стекля́нная вáза • qui casse les verres les paie сам заварúл кáшу, сам и расхлёбывай • un verre à pied бокáл • un grand verre à pied фужéр • un petit verre à alcool стóпка • un petit verre à pied рю́мка

verrou *nm (pour la fermeture d'une porte)* засóв • **fermer une porte au verrou** заперéть дверь на засóв
● **verrou de sécurité** двернóй замóк

verrue *nf* бородáвка

vers¹ *prép* **1.** *(direction)* к *(+ D)* • **il s'est dirigé vers la sortie** он напрáвился к вы́ходу • **elle s'est tournée vers moi** онá повернýлась ко мне **2.** *(emplacement)* недалекó от *(+ G)*, óколо *(+ G)* • **ce bâtiment se trouve vers la gare** э́то здáние нахóдится недалекó от вокзáла **3.** *(temps)* к *(+ D) (un peu avant)*, óколо *(+ G) (aux environs de)* • **vers trois heures** к трём часáм • **vers le soir** к вéчеру • **je quitte mon travail vers six heures** я ухожý с рабóты óколо шести́

vers² *nm* стих ③② • **une tragédie en vers** трагéдия в стихáх • **réciter des vers** читáть стихи́

versant *nm* склон • **sur le versant ouest de la colline** на зáпадном склóне холмá

verse
■ **à verse** *loc adv* **pleuvoir à verse** лить как из ведрá (лить* [II, льёт - ли́ло] / поли́ть* [II, польёт - поли́ло])

Verseau *nm* (ASTRON) Водолéй • **je suis Verseau** я — Водолéй

versement *nm* взнос • **faire un versement à la banque** сдéлать взнос в банк

verser *v* **1.** *(faire couler)* лить* [II, лью, льёшь - лил, лилá, ли́ло, ли́ли ⑤ - лей] • **j'ai tendu les mains et il s'est mis à verser l'eau** я протянýл рýки и он стал лить вóду • **verser des larmes** лить слёзы, проливáть слёзы • **il verse de l'eau à mon moulin** он льёт вóду на мою́ мéльницу **2.** *(remplir)* наливáть / нали́ть* [II, налью́, нальёшь - нáлил, налилá, нáлило, нáлили ⑤ - налéй - нáлитый, нáлит, налитá, нáлито, нáлиты ⑤] • **verser de l'eau dans un verre** наливáть воды́ в стакáн • **je me suis versé un verre de bière** я нáлил себé стакáн пи́ва **3.** *(vider)* выливáть / вы́лить* [II, вы́лью, вы́льешь - вы́лей - вы́литый] • **elle a versé l'eau du seau** онá вы́лила вóду из ведрá **4.** *(répandre)* проливáть / проли́ть* [II, пролью́, прольёшь - прóлил, пролилá, прóлило, прóлили ⑤ - пролéй - прóлитый, прóлит, пролитá, прóлито, прóлиты ⑤] • **qui a versé de l'eau par terre ?** кто прóлил вóду нá пол? • **verser son sang pour une noble cause** проли́ть кровь за благорóдное дéло **5.** *(un corps farineux, granuleux, meuble)* сы́пать* [II, сы́плю, сы́плешь], насыпáть / насы́пать* [IV, насы́плю, насы́плешь] *(en remplissant un récipient)*, высыпáть / вы́сыпать* [II, вы́сыплю, вы́сыплешь] *(en vidant un récipient)*, просыпáть / просы́пать* [II, просы́плю, просы́плешь] *(répandre)* • **verser la farine dans un sac** сы́пать мукý в мешóк, насыпáть мукý в мешóк • **verser la farine sur la table** вы́сыпать мукý на стол • **verser du sel sur la table** просы́пать соль на стол **6.** *(une somme)* плати́ть ④ / заплати́ть ④ • **j'ai versé ma cotisation** я заплати́л взнос

version *nf* **1.** *(traduction)* перевóд • **une version latine** перевóд с лати́нского на францýзский • **j'ai raté la version russe à l'examen** я провали́л на экзáмене перевóд с рýсского **2.** *(variante)* вéрсия • **une nouvelle version du récit** нóвая вéрсия расскáза

verso *nm* обрáтная сторонá *(сторонá, стóрону, стороны́)* • **au verso** на обрáтной сторонé

verste *nf* верстá *(pl.* вёрсты, вёрст, вёрстам*)* ②① *(employés avec des noms de nombre, les cas obliques du pluriel sont accentués* верстáм, верстáми, верстáх*)* • **cinq verstes** пять вёрст • **à dix verstes de la ville** в десяти́ верстáх от гóрода

vert¹ *adj (de couleur verte ; pas mûr)* зелёный ⑤ *(*зéлен, зеленá, зéлено, зелéны*)* • **une toile verte** зелёная ткань • **une pomme verte** зелёное я́блоко • **ces raisins sont verts** *fig* зéлен виногрáд
● **du bois vert** сыры́е дровá • **des légumes verts** свéжие óвощи

vert² *nm* зелёное *(adj subst nt)* • **s'habiller en vert** одевáться в зелёное

vertébral *adj* позвонóчный
● **la colonne vertébrale** позвонóчник › **une déformation de la colonne vertébrale** искривлéние позвонóчника

vertèbre *nf* позвонóк • **les vertèbres cervicales** шéйные позвонки́

vertical *adj* вертикáльный • **une ligne verticale** вертикáльная ли́ния

verticalement *adv* вертикáльно

vertige *nm* головокружéние • **donner le vertige** вы́звать головокружéние • **avoir le vertige** чýвствовать головокружéние • **il souffre de vertiges** le

matin по утрам он страдает головокружением
● en montagne j'ai le vertige в горах я испытываю боязнь высоты

vertu *nf* 1. *(par opposition au vice)* добродетель *f* 2. *(propriété)* свойство • les vertus curatives d'une plante целебные свойства растения
● en vertu de на основании *(+ G)* › en vertu de quels principes ? на основании каких принципов?

vésicule *nf*
● la vésicule biliaire жёлчный пузырь *m* *(*пузырь ③*)*

vessie *nf* (ANAT) мочевой пузырь *m* *(*пузырь ③*)*
● la vessie natatoire плавательный пузырь *m* *(*пузырь ③*)*

veste *nf* 1. *(veston)* пиджак ③② • la veste et le pantalon пиджак и брюки 2. *(blouson)* куртка • une veste de cuir кожаная куртка
● une veste tricotée вязаная кофта

vestiaire *nm* 1. *(pour se changer)* раздевалка 2. *(dans un théâtre, un restaurant)* гардероб

vestige *nm* остаток • les vestiges d'une ancienne forteresse остатки древней крепости

veston *nm* пиджак ③②

vêtement *nm* одежда *(pas de pl)* • des vêtements d'hiver зимняя одежда • un vêtement léger лёгкая одежда
● des vêtements d'homme мужское платье

vétérinaire *nmf* ветеринар *m*

veto *nm* вето* *nt indécl* • avoir un droit de veto иметь право вето • mettre son veto наложить вето

vêtu *adj* одетый • une femme vêtue de noir женщина, одетая в чёрное

vétuste *adj* ветхий ⑤ • une maison vétuste ветхий дом

veuf *nm* вдовец

veuve *nf* вдова ②①

vexé *adj* обиженный
● il est vexé et ne m'adresse plus la parole он обиделся и больше со мной не разговаривает

LES VÊTEMENTS

- le blouson en cuir **кожаная куртка** *f*
- le bonnet **шапка** *f*
- le bonnet de bain **шапочка для бассейна** *f*
- la botte **сапог** *m*
- le caleçon de bain **плавки** *pl t*
- la chaussette **носок** *m*
- la chaussure **обувь** *f*
- la chaussure de sport **спортивная обувь** *f*
- la chemise **рубашка** *f*
- la chemise de nuit **ночная рубашка** *f*
- le chemisier **блузка** *f*
- le collant **колготы** *pl t*
- la culotte **трусы** *pl t*
- l'écharpe **шарф** *m*
- le gant **перчатка** *f*
- le gilet **кофта** *f*
- l'imperméable **плащ** *m*
- le jean **джинсы** *pl t*
- la jupe **юбка** *f*
- les lunettes de soleil **солнечные очки** *pl t*
- le maillot de bain (féminin) **купальник** *m*
- le manteau **пальто** *nt*
- la mini-jupe **мини-юбка** *f*
- le pantalon **штаны** *pl t*
- la pantoufle **тапочка** *f*
- le peignoir de bain **банный халат** *m*
- le pull **свитер** *m*
- le pyjama **пижама** *f*
- la robe **платье** *nt*
- la sandale **босоножка** *f*
- le short **шорты** *pl t*
- le slip **трусы** *pl t*
- le slip de bain **плавки** *pl t*
- la socquette **короткий носок** *m*
- le soutien-gorge **бюстгальтер** *m*
- le survêtement **верхняя одежда** *f*
- le tee-shirt **футболка** *f*
- la veste *(d'homme)* **куртка** *(мужская) f*
- la veste *(de femme)* **куртка** *(женская) f*

vexer *v (offenser)* обижать / обидеть* [I, обижу, обидишь] • rien ne pouvait le vexer ничто его не обижало
■ se vexer *vp* обижаться / обидеться* [I, обижусь, обидишься] • il s'est vexé et il est parti он обиделся и ушёл

viaduc *nm* виадук

viande *nf* мя́со • **de la viande grillée** жа́реное мя́со • **de la viande hachée** ру́бленое мя́со • **un morceau de viande crue** кусо́к сыро́го мя́са
● **à la viande, de viande** с мя́сом, мясно́й › **des pâtés à la viande** пирожки́ с мя́сом • **de la viande de porc** свини́на • **de la viande de bœuf** говя́дина • **de la viande de mouton** бара́нина

vice *nm* поро́к • **pauvreté n'est pas vice** бе́дность не поро́к

vice-président *nm* вице-президе́нт

vicieux *adj* поро́чный • **un homme vicieux** поро́чный челове́к • **un cercle vicieux** поро́чный круг

victime *nf* же́ртва • **les victimes de la catastrophe aérienne** же́ртвы авиацио́нной катастро́фы • **la victime d'une erreur judiciaire** же́ртва суде́бной оши́бки • **l'accident a fait quatre victimes** же́ртвами ава́рии ста́ли че́тверо

victoire *nf* побе́да • **remporter la victoire sur l'équipe adverse** одержа́ть побе́ду над кома́ндой проти́вника

victorieux *adj* победоно́сный • **une guerre victorieuse** победоно́сная война́ • **les armées victorieuses** победоно́сные войска́ • **avec un air victorieux** с победоно́сным ви́дом

vidanger *v (une voiture)* замени́ть ма́сло (заменя́ть / замени́ть ④)

vide[1] *adj* пусто́й ⑤ • **une bouteille vide** пуста́я буты́лка • **revenir les mains vides** верну́ться с пусты́ми рука́ми

vide[2] *nm* **1.** *(caractère de ce qui est vide)* пустота́ • **le vide de l'existence** пустота́ жи́зни **2.** *(emplacement vide)* пусто́е ме́сто (ме́сто ①⑥) • **il y a des vides dans mon album** в моём альбо́ме есть пусты́е места́
● **à vide** *(non chargé)* порожняко́м › **le camion rentrait à vide** грузови́к возвраща́лся порожняко́м • **tourner à vide** рабо́тать на холосто́м ходу́ › **le moteur tourne à vide** мото́р рабо́тает на холосто́м ходу́

vidéo ■ *adj* ви́део
● **un jeu vidéo** видеоигра́ ■ *nf* **1.** *(film, cassette)* ви́део • **regarder une vidéo** смотре́ть ви́део **2.** *(technique)* ви́део • **filmer en vidéo** снима́ть на ви́део

vide-ordures *nm* мусоропрово́д

vider *v* **1.** *(gén)* опорожня́ть / опорожни́ть *littéraire*, освобожда́ть / освободи́ть [*part.* освобождённый*] *(libérer)* • **vider le tiroir** опорожни́ть я́щик, освободи́ть я́щик, всё вы́нуть из я́щика **2.** *(boire entièrement)* осуша́ть / осуши́ть *littéraire* • **vider son verre** осуши́ть бока́л, вы́пить до дна **3.** *(un poulet, un poisson...)* потроши́ть / вы́потрошить • **vider un poulet** вы́потрошить цыплёнка
■ **se vider** *vp* пусте́ть / опусте́ть • **la ville se vide le dimanche** по воскресе́ньям го́род пусте́ет

vie *nf* жизнь *f* • **la vie des plantes** жизнь расте́ний • **risquer sa vie** рискова́ть жи́знью • **sauver la vie à un homme qui se noie** спасти́ жизнь утопа́ющему • **être entre la vie et la mort** находи́ться ме́жду жи́знью и сме́ртью • **sa vie ne tient qu'à un fil** жизнь его́ де́ржится на волоске́ • **c'est une question de vie ou de mort** э́то вопро́с жи́зни и сме́рти • **jamais de la vie** никогда́ в жи́зни • **pour toute la vie** на всю жизнь • **gagner sa vie** зараба́тывать на жизнь • **le mode de vie** о́браз жи́зни • **la vie de famille** семе́йная жизнь • **la vie à la campagne** дереве́нская жизнь • **la vie spirituelle** духо́вная жизнь
● **à vie** пожи́зненный › **réclusion à vie** пожи́зненное заключе́ние • **le niveau de vie** жи́зненный у́ровень *m* › **le niveau de vie de la population** жи́зненный у́ровень населе́ния • **la vie chère** дорогови́зна

vieil → vieux

vieillard *nm* стари́к ③②

vieille *nf* стару́ха *dim.* стару́шка

vieillesse *nf* ста́рость *f* • **mourir de vieillesse** умере́ть от ста́рости

vieillir ■ *vi* **1.** *(prendre de l'âge)* старе́ть / постаре́ть, ста́риться / соста́риться • **elle a beaucoup vieilli ces dernières années** она́ заме́тно постаре́ла в после́дние го́ды **2.** *(tomber en désuétude)* старе́ть / устаре́ть • **cette expression a vieilli** э́то выраже́ние устаре́ло ■ *vt (faire paraître plus âgé)* ста́рить / соста́рить • **sa barbe le vieillit** борода́ его́ ста́рит

Vienne **1.** *(capitale de l'Autriche)* Ве́на **2.** *(ville de France)* Вьенн **3.** *(département, rivière)* Вье́нна • **la Haute-Vienne** Ве́рхняя Вье́нна

vierge[1] *adj* **1.** *(en parlant d'une personne)* де́вственный **2.** *(en parlant d'une chose)*

чи́стый ⑤ • une feuille de papier vierge чи́стый лист бума́ги • un DVD vierge чи́стый DVD
◆ la forêt vierge де́вственный лес • des terres vierges целина́ *(pas de pl)*

vierge² *nf* де́ва
■ Vierge *nf* **1.** (RELIG) Богоро́дица, Богома́терь *f (gén., dat., loc., instr.* Богома́терью*)* **2.** (ASTROL) Де́ва

Viêt Nam *nm* Вьетна́м

vietnamien *adj* вьетна́мский
■ vietnamien *nm (langue)* вьетна́мский язы́к *(язы́к ③)* • étudier le vietnamien изуча́ть вьетна́мский язы́к • un livre en vietnamien кни́га на вьетна́мском языке́
◆ (en) vietnamien по-вьетна́мски › **parler vietnamien** говори́ть по-вьетна́мски
■ Vietnamien *nm* вьетна́мец

Vietnamienne *nf* вьетна́мка

vieux *adj* **1.** *(âgé)* ста́рый ⑤ *(comp.* ста́рше*)* • il est plus vieux que toi он ста́рше тебя́ • il n'est pas tellement vieux, il n'a que quarante-deux ans он не так стар, ему́ то́лько со́рок два го́да **2.** *(usé, trop ancien)* ста́рый ⑤ *(comp.* старе́е*)* • une vieille robe ста́рое пла́тье **3.** *(que l'on a depuis longtemps)* ста́рый ⑤ • un vieil ami ста́рый друг • une vieille habitude ста́рая привы́чка **4.** *(ancien, qui remonte à une époque ancienne)* стари́нный • une vieille église стари́нная це́рковь
◆ sur ses vieux jours на ста́рости лет
■ vieux *nm* стари́к ③② • les jeunes et les vieux молодёжь и старики́

vif¹ *adj* **1.** *(plein de vivacité)* живо́й ⑤ • un enfant très vif о́чень живо́й ребёнок • un regard vif живо́й взгляд • un esprit vif живо́й ум • une imagination vive живо́е воображе́ние • faire preuve d'un vif intérêt pour les dictionnaires прояви́ть живо́й интере́с к словаря́м **2.** *(éclatant, cru, en parlant de la lumière, des couleurs)* я́ркий ⑤ *(comp.* я́рче*)* • une lumière vive я́ркий свет • des couleurs vives я́ркие кра́ски **3.** *(vivant)* живо́й ⑤ • plus mort que vif ни жив ни мёртв • on l'a brûlée vive её сожгли́ живо́й **4.** *(intense)* си́льный ⑤ • un froid très vif о́чень си́льный хо́лод • faire une vive impression sur qqn произвести́ на кого́-нибудь си́льное впечатле́ние **5.** *(colérique)* вспы́льчивый • un tempérament un peu vif вспы́льчивый хара́ктер **6.** *(frais, en parlant de l'air)* прохла́дный • l'air est vif во́здух прохла́дный
◆ de vive voix на слова́х

vif² *nm*
◆ entrer dans le vif du sujet дойти́ до су́ти вопро́са • piquer au vif заде́ть за живо́е • pris sur le vif взя́тый из жи́зни

vigilance *nf* бди́тельность *f* • faire preuve de vigilance прояви́ть бди́тельность

vigilant *adj* бди́тельный • soyez vigilants бу́дьте бди́тельны

vigne *nf* **1.** *(plante)* виногра́д • des coteaux couverts de vigne го́ры, покры́тые виногра́дом **2.** *(terre plantée en ceps de vigne)* виногра́дник • des coteaux couverts de vignes го́ры, покры́тые виногра́дниками • mon père travaillait dans sa vigne оте́ц рабо́тал на виногра́днике
◆ de vigne виногра́дный › **une feuille de vigne** виногра́дный лист

vignoble *nm* виногра́дник • le vignoble bourguignon бургу́ндский виногра́дник

vigoureux *adj* кре́пкий ⑤ *(comp.* кре́пче*)*, си́льный ⑤ *(*силён, сильна́, си́льно, сильны́*)*, *(fort)* • un garçon vigoureux кре́пкий па́рень

vigueur *nf* си́ла • le combat reprit avec une nouvelle vigueur бой возобнови́лся с но́вой си́лой • cette loi reste en vigueur зако́н остаётся в си́ле
◆ avec vigueur *(énergiquement)* энерги́чно › **protester avec vigueur** энерги́чно протестова́ть • les lois en vigueur де́йствующие зако́ны

Viking *nm* ви́кинг

vilain *adj* скве́рный ⑤, дурно́й ⑤, некраси́вый *(pas joli)* • un vilain temps скве́рная пого́да, дурна́я пого́да • une vilaine habitude дурна́я привы́чка, скве́рная привы́чка • une vilaine histoire скве́рная исто́рия • de vilaines manières дурны́е мане́ры • une vilaine écriture некраси́вый по́черк • un vilain garçon скве́рный мальчи́шка

villa *nf* ви́лла, котте́дж

village *nm* дере́вня* *(pl.* дере́вни, дереве́нь, деревня́м*)* ①③ • ils habitent dans un petit village они́ живу́т в ма́ленькой дере́вне

ville *nf* го́род* *(nom. pl.* города́*)* ①② *(l'accent passe sur la préposition dans les groupes* за́ город *et* за́ городом *lorsqu'ils ont le sens de « en dehors de la ville »)* • **habiter en ville** жить в го́роде • **habiter en dehors de la ville** жить за́ городом • **dans la ville de Moscou** в (го́роде) Москве́

> **LA VILLE**
> - l'ambulance **ско́рая по́мощь** *(маши́на) f*
> - l'arrêt de bus **авто́бусная остано́вка** *f*
> - la boutique **магази́н** *m*
> - la chaussée **мостова́я** *f*
> - le cinéma **кинотеа́тр** *m*
> - le feu **светофо́р** *m*
> - le grand magasin **универма́г** *m*
> - l'hôpital **больни́ца** *f*
> - l'immeuble **зда́ние** *nt*
> - le kiosque à journaux **газе́тный кио́ск** *m*
> - la mairie **мэ́рия** *f*
> - le parking **автостоя́нка** *f*
> - le passage piétons **пешехо́дный перехо́д** *m*
> - le piéton **пешехо́д** *m*
> - la place **пло́щадь** *f*
> - la rue **у́лица** *f*
> - la station de taxis **остано́вка** *f* **такси́**
> - le taxi **такси́** *nt*
> - le trottoir **тротуа́р** *m*
> - les vitrines **витри́ны** *pl*

Vilnius *nm* Ви́льнюс

vin *nm* вино́ ②① • **vin rouge** кра́сное вино́ • **vin blanc** бе́лое вино́ • **un vin sec** сухо́е вино́
• **quand le vin est tiré, il faut le boire** взя́вшись за гуж, не говори́, что не дюж

vinaigre *nm* у́ксус • **du vinaigre de vin** ви́нный у́ксус • **du vinaigre balsamique** бальзами́ческий у́ксус

vinaigrette *nf* со́ус • **ajouter de la vinaigrette dans la salade** доба́вить со́уса в сала́т

> **À PROPOS DE...**
>
> Attention, le mot russe **винегре́т** désigne une salade composée, pas la sauce.

vingt *adj num* **1.** *(gén)* два́дцать • **vingt centimes** два́дцать санти́мов • **à vingt mètres du mur** в двадцати́ ме́трах от стены́ **2.** *(au sens de vingtième, dans l'expression de la date)* двадца́тый • **elle est arrivée le 20 avril** она́ прие́хала 20-го апре́ля (двадца́того апре́ля)

vingtaine *nf* **une vingtaine de pages** о́коло двадцати́ страни́ц • **une vingtaine de personnes** челове́к два́дцать

vingtième *adj num* двадца́тый

viol *nm* изнаси́лование

violemment *adv (avec force)* ре́зко *(comp.* ре́зче*)*, жесто́ко • **il m'a repoussé violemment** он меня́ ре́зко оттолкну́л

violence *nf* **1.** *(abus de la force)* наси́лие • **recourir à la violence** примени́ть наси́лие **2.** *(force brutale d'une chose)* си́ла • **la tempête, continuait, mais avec une violence moindre** бу́ря продолжа́лась, но уже́ с ме́ньшей си́лой

violent *adj* **1.** *(d'une grande intensité)* си́льный ⑤ • **un vent violent** си́льный ве́тер • **une lumière très violente** о́чень си́льный свет **2.** *(sans aucune retenue)* необу́зданный *(*необу́здан, необу́здана*)* • **un caractère violent** необу́зданный хара́ктер • **une passion violente** необу́зданная страсть
• **une douleur violente** ре́зкая боль • **mourir de mort violente** умере́ть наси́льственной сме́ртью

violer *v* **1.** *(la loi, le secret)* наруша́ть / нару́шить • **violer la loi** нару́шить зако́н **2.** *(une personne)* наси́ловать / изнаси́ловать

violet *adj* фиоле́товый • **une robe violette** фиоле́товое пла́тье

violette *nf* фиа́лка

violon *nm* скри́пка • **jouer du violon** игра́ть на скри́пке

violoncelle *nm* виолонче́ль *f* • **jouer du violoncelle** игра́ть на виолонче́ли

violoncelliste *nmf* виолончели́ст *m*, виолончели́стка *f*

violoniste *nmf* скрипа́ч *f* ③②, скрипа́чка *f*

vipère *nf* гадю́ка

virage *nm* вира́ж, поворо́т • **un virage en épingle à cheveux** круто́й поворо́т

virgule *nf* запята́я *(adj subst f)*
Voir encadré page suivante.

À PROPOS DE...

Noter que dans les nombres comportant des entiers et des fractions, le mot **virgule** n'est pas traduit directement : 2,3 se lit **два и три десятых**. Et ***elle a 38,7 de fièvre***, у неё температу́ра, 38,7 (три́дцать во́семь и семь).

virus *nm* ви́рус

vis *nf* винт *dim.* ви́нтик ③② • **une vis sans fin** бесконе́чный винт

visa *nm* ви́за • **un visa de transit** транзи́тная ви́за • **prolonger un visa** продли́ть ви́зу

visage *nm* лицо́ ②① • **un visage expressif** вырази́тельное лицо́ • **les traits du visage** черты́ лица́

vis-à-vis *prép* **1.** *(en face de)* про́тив *(+ G)* • **l'un vis-à-vis de l'autre** друг про́тив дру́га **2.** *(à l'égard de)* по отноше́нию к *(+ D)* • **ses obligations vis-à-vis de toi** его́ обя́занности по отноше́нию к тебе́

viser *v* **1.** *(avec une arme, un projectile)* це́литься / прице́литься • **viser à la tête** це́литься в го́лову **2.** *(se fixer comme objectif)* ме́тить • **viser la place de président** ме́тить на ме́сто председа́теля

visibilité *nf* ви́димость *f* • **une visibilité réduite** ограни́ченная ви́димость

visible *adj* ви́димый, заме́тный • **une différence visible** ви́димая ра́зница, заме́тная ра́зница

visiblement *adv* **1.** *(d'une manière sensible)* заме́тно • **les arbres ont visiblement grandi** дере́вья заме́тно вы́росли **2.** *(manifestement)* ви́дно • **il n'est visiblement pas encore habitué** он, ви́дно, ещё не привы́к

visite *nf* **1.** *(le fait d'aller chez qqn)* • **nous sommes allés lui rendre visite** мы пое́хали к нему́ в го́сти • **j'étais en visite** я был в гостя́х • **je rentre d'une visite** возвраща́юсь из госте́й • **nous avons eu une visite aujourd'hui** сего́дня у нас был гость, сего́дня у нас была́ го́стья • **nous attendons la visite du médecin** мы ждём прихо́да врача́ • **une visite d'adieux** проща́льный визи́т **2.** *(le fait d'aller voir quelque chose)* посеще́ние *(objectif limité)*, экску́рсия *(excursion)* • **après la visite du musée** по́сле посеще́ния музе́я • **ce soir, visite de la ville** сего́дня ве́чером экску́рсия по го́роду **3.** *(examen approfondi)* осмо́тр • **la visite des bagages à la douane** осмо́тр бага́жа на тамо́жне • **une visite médicale** медици́нский осмо́тр
◉ **il est à l'hôpital ; je lui ai rendu visite** он в больни́це; я зашёл его́ прове́дать • **une carte de visite** визи́тная ка́рточка

visiter *v* посеща́ть / посети́ть *(т → щ) (objectif limité)*, соверши́ть экску́рсию по *(+ D)* (соверша́ть / соверши́ть) *(faire une excursion)*, е́здить по *(+ D) (s'il s'agit d'un voyage)* • **visiter le musée** посети́ть музе́й • **visiter la ville** соверши́ть экску́рсию по го́роду • **visiter la France** е́здить по Фра́нции

visiteur *nm* посети́тель *m*

visiteuse *nf* посети́тельница

visser *v* зави́нчивать / завинти́ть [*part.* зави́нченный] • **visser un écrou** завинти́ть га́йку • **visser le couvercle d'un pot de confiture** завинти́ть кры́шку ба́нки с варе́ньем

visuel *adj* зри́тельный • **la mémoire visuelle** зри́тельная па́мять

vital *adj* жи́зненный • **une question vitale** жи́зненный вопро́с • **les intérêts vitaux** жи́зненные интере́сы

vitamine *nf* витами́н • **la vitamine C** витами́н С

vite *adv* **1.** *(rapidement)* бы́стро *(comp.* быстре́е*)* • **vous parlez trop vite** вы говори́те сли́шком бы́стро • **le temps passe vite** вре́мя бы́стро прохо́дит **2.** *(le plus rapidement possible)* скоре́й, поскоре́й • **viens vite !** иди́ сюда́ скоре́й! • **il faut vite se préparer** на́до поскоре́й пригото́виться **3.** *(bientôt)* ско́ро • **elle sera vite revenue** она́ ско́ро вернётся
◉ **le plus vite possible** как мо́жно скоре́е

vitesse *nf* ско́рость *f* ①③ • **le train va à la vitesse de 250 kilomètres à l'heure** по́езд идёт со ско́ростью 250 киломе́тров в час • **faire un excès de vitesse** превы́сить ско́рость • **une vitesse supersonique** сверхзвукова́я ско́рость • **le levier de changement de vitesse** рыча́г переключе́ния скоросте́й
◉ **prendre de la vitesse** набра́ть ско́рость (набира́ть / набра́ть* [IV, наберу́, наберёшь - набра́л, набрала́, набра́ло, набра́ли] ⑤)

vitrail *nm* витра́ж ③② • **des vitraux du XIIIe siècle** витражи́ XIII ве́ка

vitre *nf* стекло́ *(pl.* стёкла, стёкол, стёклам*)* ②① • **casser une vitre** разби́ть стекло́

vitré *adj (garni de vitres)* стекля́нный • **une porte vitrée** стекля́нная дверь

vitrine *nf* витри́на • **j'ai vu un modèle en vitrine** я ви́дел одну́ моде́ль в витри́не

vivacité *nf (entrain, rapidité)* жи́вость *f* • **plein de santé et de vivacité** по́лный здоро́вья и жи́вости

vivant *adj* живо́й ⑤ • **un être vivant** живо́е существо́ • **mon grand-père est encore vivant** мой де́душка ещё жив • **une langue vivante** живо́й язы́к
• **les vivants et les morts** живы́е и мёртвые

vive[1] *adj* → **vif**

vive[2] *interj* да здра́вствует *(sing)*, да здра́вствуют *pl* • **vive la liberté !** да здра́вствует свобо́да! • **vivent les vacances !** да здра́вствуют кани́кулы!

vivement *adv (souhait)* поскоре́й бы • **vivement les vacances !** поскоре́й бы кани́кулы!

vivre *v* **1.** *(gén)* жить* [IV, живу́, живёшь - жил, жила́, жи́ло, жи́ли ⑤ *(à la forme négative)* не́ жил, не жила́, не́ жило, не́ жили ⑤] / прожи́ть* [IV, проживу́, проживёшь - про́жил, прожила́, про́жило, про́жили] ⑤ *(un temps déterminé)*, / пожи́ть* [IV, *id*] *(peu de temps)* • **il n'a plus longtemps à vivre** ему́ недо́лго остаётся жить • **vivre richement** бога́то жить • **vivre de son travail** жить свои́м трудо́м • **vivre avec 2 000 euros par mois** жить на 2 000 е́вро в ме́сяц • **vivre d'espoir** жить наде́ждами • **il a vécu deux ans en Sibérie** он два го́да про́жил в Сиби́ри • **elle a vécu quatre-vingts ans sans jamais être malade** она́ во́семьдесят лет прожила́ и ни ра́зу не боле́ла **2.** *(se nourrir de)* пита́ться *(+ I)* • **ils vivent de poisson** они́ пита́ются ры́бой
• **qui vive ?** кто идёт? • **qui vivra verra** поживём — уви́дим

vocabulaire *nm* **1.** *(d'une langue, d'un langage technique, d'un auteur)* ле́ксика • **le vocabulaire est très riche** ле́ксика о́чень бога́тая **2.** *(mots qu'utilise une personne)* запа́с слов • **il a un vocabulaire très limité** у него́ о́чень ограни́ченный запа́с слов **3.** *(petit dictionnaire)* слова́рь *m dim.* слова́рик ③② • **des morceaux choisis avec un vocabulaire** сбо́рник те́кстов со словарём

vocation *nf* призва́ние • **une vocation de peintre** призва́ние к жи́вописи

vodka *nf* во́дка

vœu *nm (souhait)* пожела́ние, поздравле́ние *(à l'occasion d'une fête, d'un heureux événement)* • **acceptez mes meilleurs vœux** прими́те мои́ наилу́чшие пожела́ния • **merci de vos bons vœux** спаси́бо за до́брые пожела́ния • **des vœux de succès** пожела́ния успе́ха • **les vœux de nouvel an** новогóдние поздравле́ния
• **présenter ses vœux** поздравля́ть / поздра́вить *(С + I)*, жела́ть *(+ G)* › **je vous présente mes meilleurs vœux à l'occasion du nouvel an** поздравля́ю вас с Но́вым го́дом › **je vous présente mes vœux de bonheur et de santé** жела́ю вам сча́стья и здоро́вья

voici *prép* вот • **voici notre lycée** вот наш лице́й • **le voici qui vient** вот он идёт • **me voici** вот и я

voie *nf* путь* *(gén., dat., loc., instr.* путём *; pl.* пути́, путе́й, путя́м*)* ③② *m* • **être sur la bonne voie** быть на пра́вильном пути́ • **être sur la voie du succès** быть на пути́ к успе́ху • **les voies de communication** пути́ сообще́ния • **les voies respiratoires** дыха́тельные пути́ • **la Voie lactée** Мле́чный путь • **par des voies détournées** око́льным путём
• **la voie ferrée** желе́зная доро́га

voilà *prép* вот • **me voilà** вот и я • **la voilà qui arrive** вот она́ идёт • **voilà tout** вот и всё
• **ah, voilà !** вот как! • **en voilà un imbécile !** ну и дура́к! › **en voilà un temps de chien !** ну и пого́да! • **et voilà que** *(d'une manière inattendue)* и вдруг › **et voilà qu'il s'est mis à pleuvoir** и вдруг пошёл дождь

voile *nf* па́рус* *(nom. pl.* паруса́ ①②*)* • **mettre les voiles** подня́ть паруса́ • **amener les voiles** убра́ть паруса́
• **à voiles** па́русный › **un bateau à voiles** па́русное су́дно • **vol à voile** планери́зм

voilier *nm (bateau)* па́русник, па́русное су́дно *(*су́дно ①② *; pl.* суда́, судо́в, суда́м*)*

voir *v*

1. GÉN = **ви́деть*** [I, ви́жу, ви́дишь] / **уви́деть*** [I, уви́жу, уви́дишь - уви́денный]
• **hier, je l'ai vue au théâtre** вчера́ я ви́дел её в теа́тре
• **ils se voyaient rarement** они́ ре́дко ви́делись
• **je vois que je me suis trompé** я ви́жу, что оши́бся
• **je l'ai vu laver la vaisselle** я ви́дел, как он мыл посу́ду
• **je ne l'ai pas vu partir** я не ви́дел, когда́ он ушёл

2. EMPLOYÉ AVEC LE PRONOM ON
• **on voit la maison de loin** дом ви́ден и́здали
• **on voyait sur la colline un petit village** на горе́ видна́ была́ небольша́я дереву́шка
• **d'ici on voit tout le village** отсю́да видна́ вся дере́вня, отсю́да всю дере́вню ви́дно
• **on ne voit de traces nulle part** следо́в нигде́ не ви́дно
• **on voit qu'il n'est pas en bonne santé** ви́дно, что он нездоро́в
• **on verra à ce moment-là** там ви́дно бу́дет

3. REGARDER UN SPECTACLE = **смотре́ть*** [I, смотрю́, смо́тришь ④] / **посмотре́ть*** [I] *id*
• **tu as déjà vu ce film ?** ты уже́ посмотре́л э́тот фильм?
• **j'ai vu ce match à la télé** я смотре́л э́тот матч по телеви́зору

4. REGARDER, EXAMINER = **смотре́ть*** / **посмотре́ть***
• **voyez s'il est rentré** посмотри́те, верну́лся ли он
• **va voir s'il y a des lettres pour moi** иди́ посмотри́, есть ли для меня́ пи́сьма
• **il voit cette affaire d'un bon œil** он положи́тельно отно́сится к э́тому де́лу
• **nous verrons ce qu'il faut faire** мы посмо́трим, что на́до де́лать
• **voir p. 3** см. стр. 3 *(смотри́ страни́цу тре́тью)*

5. VISITER, RENDRE VISITE = **быть*** [*n cl, (futur)* бу́ду, бу́дешь - был, была́, бы́ло, бы́ли ⑤ *(forme négative)* не́ был, не была́, не́ было, не́ были ⑤] *(être)*, **побыва́ть**
• **hier nous avons vu le musée** вчера́ мы бы́ли в музе́е
• **j'ai vu le médecin** я был у врача́
• **ils ont vu plusieurs pays** они́ побыва́ли во мно́гих стра́нах

6. EMPLOYÉ À L'INFINITIF POUR RENFORCER UN IMPÉRATIF
• **attendez voir** подожди́те
• **regardez voir s'il est ici** посмотри́те, здесь ли он
• **donne voir ce livre** дай мне э́ту кни́гу
• **essaye voir un peu !** MENACE попро́буй то́лько!
• **viens voir ici** иди́-ка сюда́

● **aller voir**
a. RENDRE VISITE À QQN › **nous sommes allés le voir** мы пошли́ к нему́ в го́сти › **je viens d'aller la voir** я то́лько что был у неё в гостя́х › **il est à l'hôpital ; je suis allé le voir** он в больни́це, я к нему́ зашёл
b. VISITER QUELQUE CHOSE › **je suis allé voir le musée** я пошёл в музе́й
• **être bien vu** быть на хоро́шем счету́ › **il est bien vu de ses chefs** он у нача́льства на хоро́шем счету́
• **faire voir** MONTRER пока́зывать / показа́ть* [II, покажу́, пока́жешь] ④ › **il m'a fait voir sa collection** он показа́л мне свою́ колле́кцию
• **ne rien avoir à voir avec** ничего́ не име́ть о́бщего с *(+ I)* › **ça n'a rien à voir avec notre plan** э́то не име́ет ничего́ о́бщего с на́шим пла́ном
• **je voyais double** у меня́ двои́лось в глаза́х
• **il en a vu trente-six chandelles** у него́ и́скры из глаз посы́пались
• **voyons** EN FONCTION D'INTERJECTION › **voyons, pourquoi étiez-vous en retard ?** ну, а почему́ вы опозда́ли? › **calmez-vous, voyons !** переста́ньте, наконе́ц!
• **y voir clair** *fig* хорошо́ разобра́ться (разбира́ться / разобра́ться* [IV, разберу́сь, разберёшься - разобра́лся, разобрала́сь] ③) › **maintenant, on y voit plus clair dans cette affaire** тепе́рь мы лу́чше разбира́емся в э́том вопро́се

voisin[1] *adj* сосе́дний • dans la pièce voisine в сосе́дней ко́мнате

voisin[2] *nm* сосе́д* *(pl.* сосе́ди, сосе́дей, сосе́дям*)* • se brouiller avec ses voisins поссо́риться с сосе́дями

voisine *nf* сосе́дка • elle s'est brouillée avec sa voisine она́ поссо́рилась со свое́й сосе́дкой

voiture *nf* **1.** *(automobile)* маши́на • nous avons acheté une nouvelle voiture мы купи́ли но́вую маши́ну **2.** *(d'enfant)* коля́ска • une voiture d'enfant де́тская коля́ска **3.** *(wagon)* ваго́н • dans une voiture de première classe в вагóне пéрвого клáсса **4.** *(charrette)* повóзка *(hippomobile)* • une voiture chargée de foin повóзка, нагрýженная сéном ~ телéжка *(à bras)* • une voiture à bras ручнáя телéжка

voix *nf* **1.** *(gén)* гóлос* *(nom. pl.* голосá ①②*)* • il a une belle voix у негó хорóший гóлос • une voix féminine жéнский гóлос • d'une voix sourde глухи́м гóлосом • d'une voix enrouée хри́плым гóлосом • la voix de la conscience гóлос сóвести • la majorité des voix большинствó голосóв **2.** (GRAMM) залóг • la voix passive страдáтельный залóг
● à haute voix вслух, грóмко *(comp.* грóмче*)* › lire à haute voix читáть вслух • à mi-voix вполгóлоса › chanter à mi-voix петь вполгóлоса • à voix basse ти́хо *(comp.* ти́ше*)* • mettre une proposition aux voix постáвить предложéние на голосовáние

vol[1] *nm (déplacement dans l'air)* полёт • suivre le vol d'un oiseau следи́ть за полётом пти́цы • à vol d'oiseau с пти́чьего полёта • vol sans escale беспосáдочный полёт • le premier vol cosmique пéрвый косми́ческий полёт
● attraper au vol поймáть на летý • le vol à voile планери́зм

vol[2] *nm (délit)* крáжа • vol avec effraction крáжа со взлóмом • commettre un vol соверши́ть крáжу
● vol à main armée вооружённый грабёж *(*грабёж ③②*)*

volaille *nf* домáшняя пти́ца

volant *nm (appareil de direction)* руль *m* ③② • le chauffeur était au volant шофёр сидéл за рулём

volcan *nm* вулкáн • l'éruption du volcan извержéние вулкáна • un volcan en activité дéйствующий вулкáн • un volcan éteint потýхший вулкáн

voler[1] *vi (se déplacer dans l'air)* летéть* [I, лечý, лети́шь] / полетéть* [I, *id*] *; indét.* летáть • voler bas ни́зко летéть
● on aurait entendu une mouche voler слы́шно бы́ло, как мýха пролети́т • voler en éclats разби́ться вдрéбезги (разбивáться / разби́ться* [II, разобьётся, разобью́тся])

voler[2] *vt* **1.** *(dérober)* красть* [IV, крадý, крадёшь - крал, крáла] / укрáсть* [IV, украдý, украдёшь - укрáл, укрáла - укрáденный], угоня́ть / угнáть* [I, угоню́, угóнишь] ④ *(un animal, un véhicule...)* • on m'a volé ma valise у меня́ укрáли чемодáн • on lui a volé sa voiture у негó угнáли маши́ну **2.** *(dévaliser)* обкрáдывать / обокрáсть* [IV, обкрадý, обкрадёшь - обокрáл, обокрáла - обкрáденный] • on m'a volé меня́ обокрáли
● il ne l'a pas volé поделóм емý

volet *nm (persienne)* стáвень *m* • fermer les volets закры́ть стáвни

voleur *nm* вор ①③ • les voleurs avaient emporté tous ses bijoux вóры унесли́ все её драгоцéнности • au voleur ! держи́ вóра!

voleuse *nf* ворóвка

volley-ball *nm* волейбóл • jouer au volley-ball игрáть в волейбóл

volontaire[1] *adj* **1.** *(sans contrainte)* добровóльный • un sacrifice volontaire добровóльное пожéртвование **2.** *(intentionnel)* умы́шленный • une déformation volontaire de la vérité умы́шленное искажéние и́стины **3.** *(plein de volonté)* волевóй • un ton volontaire волевóй тон

volontaire[2] *nmf* добровóлец *m (*добровóльца*)*, добровóлка *f*, волонтёр, волонтёрка • une volontaire internationale enseigne le français dans un village волонтёрка из междунарóдной организáции преподаёт в дерéвне францýзский язы́к • partir pour le front comme volontaire пойти́ на фронт добровóльцем

volontairement *adv (délibérément)* умы́шленно • il a volontairement dissimulé certains détails он умы́шленно скрыл нéкоторые подрóбности

volonté *nf* вóля *(pas de pl)* • une volonté de fer желéзная вóля • contre la volonté de ses parents прóтив вóли роди́телей • les hommes de bonne volonté лю́ди дóброй вóли • ce sont ses dernières volontés э́то егó послéдняя вóля
● à volonté *(autant que l'on veut)* скóлько угóдно • avec bonne volonté охóтно • avec mauvaise volonté неохóтно • sans volonté безвóльный › un homme sans volonté безвóльный человéк

volontiers *adv* охóтно, с удовóльствием • il a accepté volontiers он охóтно согласи́лся • venez avec nous. — volontiers пойдёмте с нами. — с удовольствием

volt *nm* вольт* *(après les noms de nombre, le G pl est* вольт*)* • **230 volts** 230 вольт

volume *nm* **1.** *(espace occupé ; importance)* объём • **le volume d'un cylindre** объём цилиндра • **le volume de la production** объём производства **2.** *(tome)* том* *(nom. pl.* тома ①②*)* • **un livre en deux volumes** книга в двух томах **3.** *(acoustique)* громкость

volumineux *adj (encombrant)* объёмистый, крупногабаритный • **une liasse de journaux volumineuse** объёмистая пачка газет • **la collecte des objets volumineux** сбор крупногабаритных предметов

vomir *v (en parlant d'un être vivant)* рвать* [IV, рвёт - рвало] / вырвать* [IV, вырвет - вырвало], тошнить / стошнить *(v impers + D)* • **le bébé a vomi un peu de lait** младенца немножко вырвало молоком • **il a vomi pendant la traversée en bateau** его рвало во время всего плавания
◉ **j'ai envie de vomir** меня тошнит

vorace *adj (glouton)* прожорливый • **un chien vorace** прожорливая собака

vos → votre

vote *nm* **1.** *(suffrage)* голос* *(nom. pl.* голоса ①②*)* • **compter les votes** считать голоса **2.** *(scrutin)* голосование • **vote à main levée** открытое голосование *(поднятием руки)* • **vote secret** тайное голосование **3.** *(adoption)* принятие • **le vote d'une loi** принятие закона
◉ **de vote** избирательный › **le droit de vote** избирательное право › **le bureau de vote** избирательный участок › **le bulletin de vote** избирательный бюллетень

voter *v* **1.** *(prendre part à un vote)* голосовать / проголосовать • **voter à main levée** голосовать поднятием руки • **voter pour un candidat** голосовать за кандидата • **voter contre une résolution** голосовать против предложения **2.** *(adopter)* принимать / принять* [IV, приму, примешь ④ - принял, приняла, приняло, приняли ⑤ - принятый, принят, принята, принято, приняты ⑤] • **la loi a été votée** закон был принят

votre *adj poss* **1.** *(si le possesseur est sujet de la proposition)* свой *(parfois omis)* • **vous avez pris votre livre ?** вы взяли свою книгу? • **vous viendrez avec votre fils ?** вы с сыном придёте? **2.** *(dans le cas contraire)* ваш • **vos amis sont arrivés** ваши друзья приехали

vôtre *pron poss* **1.** *(si le possesseur est sujet de la proposition)* свой • **nous avons nos soucis et vous les vôtres** у нас свои заботы, а у вас свои **2.** *(dans le cas contraire)* ваш • **mon ordinateur est en panne, je peux utiliser le vôtre pour lire mon courrier ?** мой компьютер неисправен, можно я воспользуюсь вашим, чтобы прочесть свою почту? • **ce n'est pas notre voiture, c'est la vôtre** это не наша машина, а ваша

vouloir *v* хотеть* [*n cl,* хочу, хочешь, хочет, хотим, хотите, хотят] / захотеть* [*n cl, id*] *(+ A, + inf, +* чтобы *+ hypothétique)* • **voulez-vous du thé ?** хотите чаю? • **je veux ce livre** хочу эту книгу • **qu'est-ce qu'il veut ?** чего он хочет? • **il veut partir demain** он хочет уехать завтра • **je ne veux pas qu'il s'en aille** я не хочу, чтобы он уезжал • **qu'est-ce que je voulais dire ?** что я хотел сказать?
◉ **en vouloir à un professeur** быть сердитым на учителя › **elle m'en veut** она на меня сердита • **sans le vouloir** нечаянно › **il a tiré sans le vouloir** он нечаянно выстрелил • **veuillez accepter, Monsieur, l'expression de mes sentiments respectueux** с уважением • **je veux bien t'aider** я охотно тебе помогу › **elle a bien voulu venir au festival** она согласилась приехать на фестиваль • **vouloir c'est pouvoir** где хотенье, там и уменье • **vouloir dire** *(signifier)* значить › **qu'est-ce que ça veut dire ?** что это значит?

vous *pron* **1.** *(gén)* вы • **ah, c'est vous !** ах, это вы! • **Jacques était avec vous ?** Жак был с вами? • **vous étiez quatre ?** вас было четверо? • **je ne vous ai pas vus** я вас не видел • **nous parlions de vous** мы говорили о вас • **le film vous a plu ?** вам понравился фильм? **2.** *(réfléchi)* → se

voûte *nf* свод • **une voûte gothique** готический свод

voûté *adj (courbé)* сутулый • **un vieillard voûté** сутулый старик

vouvoyer *v* **il m'a vouvoyé** он сказал мне «вы» • **nous nous vouvoyons encore** мы с ней ещё на вы

voyage *nm* пое́здка, путеше́ствие • un voyage d'affaires делова́я пое́здка • entreprendre un long voyage предприня́ть дли́нное путеше́ствие
● bon voyage ! счастли́вого пути́! • un compagnon de voyage попу́тчик

voyager *v* путеше́ствовать • voyager à travers l'Europe путеше́ствовать по Евро́пе

voyageur *nm* **1.** *(touriste, explorateur)* путеше́ственник • c'est un voyageur infatigable э́то неутоми́мый путеше́ственник **2.** *(passager)* пассажи́р • terminus du train, tous les voyageurs descendent de voiture коне́чная остано́вка, все пассажи́ры выхо́дят из ваго́нов
● un pigeon voyageur почто́вый го́лубь • un train de voyageurs пассажи́рский по́езд

voyageuse *nf* **1.** *(touriste, exploratrice)* путеше́ственница **2.** *(passagère)* пассажи́рка

voyant *nm* индика́тор • un voyant lumineux светово́й индика́тор

voyante *nf* гада́лка • consulter une voyante ходи́ть к гада́лке

voyelle *nf* гла́сная *(adj subst f)* • les voyelles accentuées ударя́емые гла́сные • les voyelles atones безуда́рные гла́сные

voyou *nm* хулига́н

vrai[1] *adj (véritable)* настоя́щий • ce n'est pas son vrai nom э́то не настоя́щая его́ фами́лия • un vrai héros настоя́щий геро́й
● ce n'est pas vrai э́то непра́вда • c'est vrai э́то пра́вда

vrai[2] *nm* пра́вда • à dire vrai по пра́вде говоря́ • distinguer le vrai du faux различа́ть пра́вду и ложь

vraiment *adv* **1.** *(très)* о́чень • elle est vraiment aimable она́ о́чень любе́зна • ça m'a vraiment plu э́то мне о́чень понра́вилось **2.** *(réellement)* по-настоя́щему, про́сто *(tout simplement)* • non, j'étais vraiment malade нет, я был по-настоя́щему бо́лен • c'est vraiment affreux э́то про́сто у́жас • il ne sait vraiment pas ce qu'il dit он про́сто не зна́ет, что говори́т **3.** *(dans une proposition interrogative)* неуже́ли • vous le croyez vraiment ? неуже́ли вы э́тому ве́рите?

vraisemblable *adj* вероя́тный • cela semble vraisemblable э́то ка́жется вероя́тным

VTT *(abr de* vélo tout-terrain*)* *nm* **1.** *(vélo)* велосипе́д-вседоро́жник **2.** *(activité)* езда́ на велосипе́де-вседоро́жнике • faire du VTT ката́ться на велосипе́де-вседоро́жнике

vraisemblablement *adv* вероя́тно

vue *nf* **1.** *(l'un des cinq sens)* зре́ние • perdre la vue потеря́ть зре́ние • avoir la vue faible име́ть сла́бое зре́ние • une bonne vue хоро́шее зре́ние **2.** *(ce que l'on voit)* вид* *(loc.* виду́ ⑧①*) (l'accent passe sur la préposition dans le groupe adverbialisé* и́з виду*)* • des cartes postales avec des vues de Paris откры́тки с ви́дами Пари́жа • une chambre avec vue sur la mer ко́мната с ви́дом на мо́ре • elle prit peur à la vue du pistolet она́ испуга́лась при ви́де пистоле́та • je n'ai rien en vue я ничего́ не име́ю в виду́ • perdre de vue l'objectif principal потеря́ть и́з виду гла́вную цель
● à perte de vue наско́лько хвата́ет глаз • à première vue с пе́рвого взгля́да • en jeter plein la vue пуска́ть пыль в глаза́ • connaître ses voisins de vue знать сосе́дей в лицо́ • en vue de *(dans le but de)* для того́, что́бы • un point de vue **a.** *(façon de voir)* то́чка зре́ния › **du point de vue théorique** с теорети́ческой то́чки зре́ния **b.** *(opinion)* то́чка зре́ния › **exprimer son point de vue** вы́сказать свою́ то́чку зре́ния › **je ne partage pas son point de vue** я не разделя́ю его́ то́чку зре́ния **c.** *(paysage)* вид › **d'ici, on a un beau point de vue sur la vallée** отсю́да открыва́ется краси́вый вид на доли́ну

vulgaire *adj (peu distingué)* вульга́рный • des manières vulgaires вульга́рные мане́ры • un mot vulgaire вульга́рное сло́во

vulgarisation *nf* популяриза́ция
● de vulgarisation нау́чно-популя́рный › **un film de vulgarisation** нау́чно-популя́рный фильм

vulgarité *nf* вульга́рность *f*

vulnérable *adj* уязви́мый • le point vulnérable уязви́мое ме́сто

W

wagon *nm* вагóн

wagon-lit *nm* спáльный вагóн

wagon-restaurant *nm* вагóн-ресторáн

Walkman® *nm* плéер

wallon *adj* валлóнский ■ Wallon *nm* валлóнец

Wallonne *nf* валлóнка

waters *nmpl* убóрная *(adj subst f)*, туалéт

watt *nm* ватт* *(gén. pl.* ватт*)* • une ampoule de 60 watts лáмпочка в 60 ватт

w-c *nm* убóрная *(adj subst f)*, туалéт

Web *nm* веб • j'ai trouvé l'adresse du magasin sur le Web я нашёл áдрес магазúна в вéбе

webcam *nf* вебкáмера • la station de ski est équipée de webcams en haut des pistes лы́жная стáнция оборýдована вебкáмерами у начáла лы́жных трасс

week-end *nm* выходны́е *pl* • à chaque week-end, les Parisiens s'en vont à la campagne кáждую недéлю парижáне уезжáют на выходны́е зá город

western *nm* вéстерн

whisky *nm* вúски* *nt indécl*

xy

xylophone *nm* ксилофóн • jouer du xylophone игрáть на ксилофóне

y ◪ *adv* **1.** *(là-bas)* тудá *(direction)*, там *(emplacement)* • tu y vas ? — j'y vais ты тудá идёшь? — идý • j'y ai passé deux mois я провёл там два мéсяца **2.** *(ici)* сюдá *(direction)*, тут, здесь *(emplacement)* • je suis à la campagne et j'y resterai jusqu'à la fin du mois я в дерéвне и остáнусь здесь до концá мéсяца • j'y étais déjà venu pour deux semaines l'an dernier я приезжáл сюдá на две недéли в прóшлом годý ~ je n'y suis pour rien я тут ни при чём ◪ *pron* **1.** *(remplaçant les pronoms ceci ou cela)* э́то • vous y croyez ? вы э́тому вéрите? • n'y comptez pas не рассчúтывайте на э́то **2.** *(dans les autres cas)* он • je ne connais pas ce chirurgien ; je ne m'y fierais pas я не знáю э́того хирýрга; я бы емý не доверя́л ● il y a **a.** *(indiquant l'existence, la présence)* › **il y a des verres** есть стакáны › **il y avait une réunion** бы́ло собрáние › **il n'y a pas de sel** сóли нет › **il n'y avait pas de chaises** там нé было стýльев › **il n'y a personne** тут нет никогó **b.** *(introduisant un complément de temps)* томý назáд *(+ A)* › **il y a une semaine qu'il est rentré** он вернýлся недéлю томý назáд › **c'était il y a deux mois** э́то бы́ло два мéсяца томý назáд • il n'y a pas à dire нéчего сказáть • **y être** *(être prêt)* быть готóвым › **vous y êtes ?** вы готóвы?

yacht *nm* я́хта

yaourt *nm* йо́гурт

yeux *nmpl* → œil

yiddish *nm* и́диш *m* • parler yiddish говори́ть на и́дише

yod *nm* йот

yoga *nm* йо́га • faire du yoga занима́ться йо́гой

yourte *nf* ю́рта

Z

zapper *v* переключа́ться / переключи́ться (с кана́ла на кана́л)

zèbre *nm (animal)* зе́бра

zèle *nm* усе́рдие • travailler avec zèle рабо́тать с усе́рдием

zéro *nm* ноль *m*, нуль *m* ③② • deux moins deux égal zéro два ми́нус два бу́дет ноль • en dessous de zéro ни́же нуля́ › dix degrés en dessous de zéro де́сять гра́дусов ни́же нуля́, де́сять гра́дусов моро́за

zibeline *nf (animal)* со́боль *m*
● de zibeline собо́лий *(adj d'appart)* › une fourrure de zibeline собо́лий мех

zigzag *nm* зигза́г • faire des zigzags де́лать зигза́ги

zinc *nm (métal)* цинк
● de zinc ци́нковый › le minerai de zinc ци́нковая руда́

zodiaque *nm* зодиа́к • les signes du zodiaque зна́ки зодиа́ка

zone *nf* зо́на • une zone interdite запре́тная зо́на • une zone tempérée уме́ренная зо́на
● la zone d'influence сфе́ра влия́ния

zoo *nm* зоопа́рк • au zoo de Vincennes в Венсе́ннском зоопа́рке

zoologie *nf* зооло́гия

zoologique *adj* зоологи́ческий • le parc zoologique зоологи́ческий сад

zut *interj* чёрт

Grammaire
du russe

Les déclinaisons

Les types de déclinaison

On distingue en russe trois types de déclinaison.

- La première déclinaison s'applique aux noms féminins en **-а/я**

  дорóга, семья́

  Exceptionnellement elle s'applique aussi aux noms masculins désignant des êtres humains et se terminant en **-а/я**

  пáпа
- La deuxième déclinaison s'applique aux noms masculins et neutres

  гóрод, конь, мóре, окнó
- La troisième déclinaison s'applique aux noms féminins se terminant par **-ь**

  плóщадь, мышь
- Certains noms n'appartiennent à aucun de ces trois types de déclinaison et ont des désinences casuelles spéciales

  и́мя, путь, мать
- Certains noms d'origine étrangère restent invariables

  метрó, такси́

Les principaux emplois des cas

nominatif

Le nominatif

- se rapporte au sujet de la phrase

  Студéнт ýчится. *L'étudiant apprend.*
- ou à l'attribut du sujet

  Моя́ мáма —**инженéр**. *Ma mère est ingénieur.*
- Il correspond aussi au complément d'objet direct de la phrase française dans l'expression de la possession

  У тебя́ есть **кни́га**? *As-tu le livre ?*

accusatif

L'accusatif s'utilise :

- pour marquer le complément d'objet direct

  Я люблю́ **мóре**. *J'aime la mer.*
- pour exprimer la durée et il est alors l'équivalent des constructions françaises pendant/depuis

  Я живý здесь **мéсяц**. *Je vis ici depuis un mois.*
- pour exprimer le changement de lieu avec les verbes de déplacement et les prépositions **в/на**

  Мы éдем в **Москвý**. *Nous allons à Moscou.*

  Они́ идýт на **вы́ставку**. *Ils vont à l'exposition.*
- après les prépositions **в, чéрез, на, за** lorsqu'elles ont un sens temporel

  В **срéду** бýдет экзáмен. *L'examen aura lieu mercredi.*

  Чéрез **мéсяц** мы вернёмся. *Nous reviendrons dans un mois.*

  Он приéхал на оди́н **день**. *Il est venu pour une journée.*
- après certains verbes suivis d'une préposition

  игрáть в **футбóл** *jouer au football*

génitif

Le génitif s'utilise

- pour exprimer la possession avec la préposition **у**
  У **мáмы** есть машúна = *à ma mère est une voiture → Ma mère a une voiture.*
- après **нет/не** pour exprimer l'absence ou la non-existence
  У менń нет **собáки**. *Je n'ai pas de chien.*
- pour exprimer le complément d'objet du nom
  шлńпа **отцá** *le chapeau de mon père*
- pour accorder un nom avec un nombre cardinal : **2-4** + génitif singulier ; **5 et plus** + génitif pluriel
  две **собáки** *deux chiens*
  пять **собáк** *cinq chiens*
- après les prépositions **с/из** pour exprimer l'origine
  из **Росси́и** *en provenance de Russie*
- après les prépositions **без, вмéсто, крóме, для, óколо, среди́, вокрýг, до** etc...
  чай без **сáхара** *du thé sans sucre*
  Магази́н нахóдится óколо **дóма**. *Le magasin est situé à côté de la maison.*
  Он поéхал вмéсто **меня́**. *Il y est allé à ma place.*
  подáрок для **мáмы** *un cadeau pour ma mère*

datif

Le datif s'utilise

- comme complément d'objet indirect
  позвони́ть **роди́телям** *téléphoner à ses parents*
- dans les tournures impersonnelles : il correspond alors au sujet de la phrase française
  Мне хóлодно. *J'ai froid.*
- après les prépositions **по/к**
  Я идý к брáту. *Je vais chez mon frère.*
  Мы шли по ýлице. *Nous marchions dans la rue.*

instrumental

L'instrumental s'utilise

- pour exprimer le complément de moyen
  Я пишý **рýчкой**. *J'écris avec un stylo.*
- comme attribut du sujet après les verbes **быть, стать, рабóтать, интересовáться, занимáться**
  Он стал **врачóм**. *Il est devenu médecin.*
  Онá хóчет быть **инженéром**. *Elle veut devenir ingénieur.*
- pour exprimer le complément d'agent de la voix passive
  Дом был пострóен **нáми**. *La maison a été construite par nous.*
- après les prépositions **с, вмéсте с, за, пéред, под, над, мéжду**
  кóфе с **молокóм** *du café au lait*
  Над **столóм** виси́т лáмпа. *La lampe est suspendue au-dessus de la table.*
  За **рекóй** начинáется сад. *Le jardin commence au-délà de la rivière.*

locatif

Le locatif s'utilise

- après les prépositions **в/на** lorsqu'elles ont un sens statique et n'indiquent pas un changement de lieu

Ва́за стои́т на **столе́**. *Le vase est sur la table.*
Кни́га лежи́т в **су́мке**. *Le livre est dans le sac.*

- après la préposition **о**
  Он чита́ет кни́гу о **Росси́и**. *Il lit un livre sur la Russie.*
- après la préposition **в** suivie du mois ou de l'année
  Экза́мен бу́дет **в январе́**. *L'examen aura lieu en janvier.*
- avec certains verbes suivis de la préposition **на**
  игра́ть **на гита́ре** *jouer de la guitare*
  говори́ть на **англи́йском языке́** *parler anglais*

Les noms

Le genre

Il existe en russe trois genres : le masculin, le féminin et le neutre. Dans la plupart des cas, le genre d'un mot se reconnaît à sa terminaison.

masculin

- **consonne dure** : брат, стол
- **й** : муз**е́**й, май
- **ь** : день, слов**а́**рь

féminin

- **а** : м**а́**ма, кн**и́**га
- **я** : семь**я́**, земл**я́**
- **ь** : дверь, дочь

neutre

- **о** : окн**о́**, письм**о́**
- **е** : м**о́**ре, зд**а́**ние
- **ё** : ружьё, бельё
- les dix noms suivants qui se terminent par **–мя** : **и́**мя, вр**е́**мя, зн**а́**мя, пл**а́**мя, пл**е́**мя, с**е́**мя, стр**е́**мя, т**е́**мя, бр**е́**мя, в**ы́**мя

Les noms terminés par un signe mou peuvent être masculins ou féminins.
Le genre des noms, des personnes et des animaux est en principe fondé sur la distinction des sexes
отéц, брат, мужчи́на, дя́дя sont masculins ;
мать, сестра́, же́нщина, тётя sont féminins.
Certains noms d'origine étrangère ne se déclinent pas en russe
пальто́, кино́, метро́, такси́, кенгуру́.
Ces noms sont neutres s'ils désignent des objets non animés **пальто́, такси́** excepté le mot **ко́фе** qui est masculin. Les noms qui désignent des êtres vivants suivent la règle générale.
Un certain nombre de noms masculins se terminent par **а/я**
ю́ноша, дя́дя, па́па, де́душка

Le nombre

Les noms changent de terminaison au pluriel.

Les noms masculins et féminins

pluriel en -ы

- noms masculins se terminant au singulier par une consonne dure
  стол → столы́ ; журна́л → журна́лы
- noms féminins en **-а**
  маши́на → маши́ны ; газе́та → газе́ты

pluriel en -и

- noms masculins se terminant au singulier par **-й**
  музе́й → музе́и ; геро́й → геро́и
- noms féminins en **-я**
  фотогра́фия → фотогра́фии ; статья́ → статьи́
- noms masculins et féminins se terminant au singulier par **-ь**
  портфе́ль → портфе́ли ; пло́щадь → пло́щади
- noms masculins et féminins, dont le radical se termine par **к, г, х, ш, щ, ч, ж**
  врач → врачи́ ; ру́чка → ру́чки ; каранда́ш → карандаши́

Les noms neutres

pluriel en -а

- noms neutres se terminant au singulier en **-о**
  окно́ → о́кна ; письмо́ → пи́сьма

pluriel en -я

- noms neutres se terminant au singulier en **-е** et en **-ё**
  мо́ре → моря́ ; по́ле → поля́ ; ружьё → ру́жья

Particularités de certains noms masculins et neutres

Ces particularités sont précisées dans les entrées du dictionnaire.

- certains noms masculins se terminent au pluriel par **-а** ou **-я**
  глаз → глаза́ ; дом → дома́
- certains noms neutres ont des radicaux différents au singulier et au pluriel
  вре́мя → времена́ ; не́бо → небеса́
- certains noms changent à la fois de radical et de terminaison
  брат → бра́тья ; стул → сту́лья ; де́рево → дере́вья ; котёнок → котя́та
- certains noms masculins ont deux formes de pluriel qui diffèrent par le sens
  лист → ли́стья *ou* листы́

La déclinaison des noms

Les formes déclinées

		I		II				III
				Masculin		Neutre		
		TYPE DUR	TYPE MOUILLÉ	TYPE DUR	TYPE MOUILLÉ	TYPE DUR	TYPE MOUILLÉ	
SINGULIER	N.	ро́за	ды́ня	класс	дождь	сло́во	по́ле	мысль
	A.	ро́зу	ды́ню					мысль
	G.	ро́зы	ды́ни	кла́сса	дождя́	сло́ва	по́ля	мы́сли
	D.	ро́зе	ды́не	кла́ссу	дождю	сло́ву	по́лю	мы́сли
	I.	ро́зой	ды́ней	кла́ссом	дождём	сло́вом	по́лем	мы́слью
	L.	ро́зе	ды́не	кла́ссе	дожде́	сло́ве	по́ле	мы́сли
PLURIEL	N.	ро́зы	ды́ни	кла́ссы	дожди́	слова́	поля́	мы́сли
	G.	роз	дынь	кла́ссов	дожде́й	слов	поле́й	мы́слей
	D.	ро́зам	ды́ням	кла́ссам	дождя́м	слова́м	поля́м	мы́слям
	I.	ро́зами	ды́нями	кла́ссами	дождя́ми	слова́ми	поля́ми	мы́слями
	L.	ро́зах	ды́нях	кла́ссах	дождя́х	слова́х	поля́х	мы́слях

Au masculin singulier et à tous les genres au pluriel, l'accusatif est semblable au nominatif pour les objets inanimés. Il est semblable au génitif pour les être animés.

Les noms terminés par -й forment leur génitif pluriel en **-ев**
трамва́й → трамва́ев

À l'instrumental singulier de la 1re et de la 2e déclinaison, la voyelle de la désinence est **ё** si la syllabe est accentuée, **е** dans le cas contraire.

Certains noms masculins se terminent au locatif par **-у**
лес → в лесу́ ; мост → на мосту́
Ces particularités sont précisées dans les entrées du dictionnaire.

Les noms à déclinaison particulière

		FÉMININ	MASCULIN	NEUTRE
singulier	N.	дочь	путь	и́мя
	A.	дочь	путь	и́мя
	G.	до́чери	пути	и́мени
	D.	до́чери	пути́	и́мени
	I.	до́черью	путём	и́менем
	L.	до́чери	пути́	и́мени
pluriel	N.	до́чери	пути́	имена́
	A.	дочере́й	пути́	имена́
	G.	дочере́й	путе́й	имён
	D.	дочеря́м	путя́м	имена́м
	I.	дочерьми́	путя́ми	имена́ми
	L.	дочеря́х	путя́х	имена́х

Les noms propres

Les noms propres indéclinables

Ils sont masculins lorsqu'ils désignent une personne du sexe masculin

Оливье́ Olivier,

une ville

То́кио Tokyo,

une île

Фи́джи Fidji

ou, d'une manière générale, si le nom commun qui leur correspond est masculin. Ils sont féminins lorsqu'ils désignent une personne du sexe féminin

Изабе́ль Isabelle,

un fleuve

А́рно Arno

ou, d'une manière plus générale, si le nom commun qui leur correspond est au féminin.

La déclinaison des noms de famille

Les noms de famille terminés par **–ый, –ий, –ой, –ая, –яя** se déclinent comme des adjectifs

Les noms de famille terminés par **–ов, –ёв, –ев, –ин, –ова, –ёва, –ева, –ина** se déclinent comme indiqué dans le tableau ci-dessous :

	MASCULIN	FÉMININ	PLURIEL
N.	Бори́сов	Бори́сов**а**	Бори́сов**ы**
A.	Бори́сов**а**	Бори́сов**у**	Бори́сов**ых**
G.	Бори́сов**а**	Бори́сов**ой**	Бори́сов**ых**
D.	Бори́сов**у**	Бори́сов**ой**	Бори́сов**ым**
I.	Бори́сов**ым**	Бори́сов**ой**	Бори́сов**ыми**
L.	Бори́сов**е**	Бори́сов**ой**	Бори́сов**ых**

Les adjectifs

L'adjectif russe est habituellement placé devant le nom auquel il se rapporte

но́в**ое** краси́в**ое** пла́тье une belle robe neuve.

– Il s'accorde avec lui en genre, nombre et cas

я восхища́юсь ва́ш**ими** незауря́дн**ыми** спосо́бностями

J'admire vos capacités peu ordinaires.

Genre des adjectifs :

Singulier			Pluriel pour tous les genres
MASCULIN	NEUTRE	FÉMININ	
-ый, ий, ой	**-ое, -ее**	**-ая, яя**	**-ые, -ие**
интерéсн**ый** (сон)	интерéсн**ое** (кинó)	интерéсн**ая** (кни́га)	интерéсн**ые** (идéи)
си́н**ий** (зонт)	си́н**ее** (мóре)	си́н**яя** (ю́бка)	си́н**ие** (цветы́)
больш**óй** (дом)	больш**óе** (дéрево)	больш**áя** (маши́на)	больш**и́е** (надéжды)

Les adjectifs dont le radical se termine par une consonne dure ont une terminaison en **-ый**. Les adjectifs dont le radical se termine par une consonne mouillée ont une terminaison **-ий**. La terminaison **-ой** des adjectifs masculins est toujours accentuée

молодóй ; большóй ; смешнóй

Les adjectifs qualificatifs

		TYPE DUR		TYPE MOUILLÉ	
masculin et neutre	N.	нóв**ый**	нóв**ое**	си́н**ий**	си́н**ее**
	G.	нóв**ого**		си́н**его**	
	D.	нóв**ому**		си́н**ему**	
	I.	нóв**ым**		си́н**им**	
	L.	нóв**ом**		си́н**ем**	
féminin	N.	нóв**ая**		си́н**яя**	
	A.	нóв**ую**		си́н**юю**	
	G. D. I. L.	нóв**ой**		си́н**ей**	
pluriel	N.	нóв**ые**		си́н**ие**	
	G.	нóв**ых**		си́н**их**	
	D.	нóв**ым**		си́н**им**	
	I.	нóв**ыми**		си́н**ими**	
	L.	нóв**ых**		си́н**их**	

Au masculin singulier et au pluriel des trois genres, l'accusatif est semblable au nominatif lorsqu'il s'agit d'objets. Il est semblable au génitif lorsqu'il s'agit d'êtres animés.

Les adjectifs d'appartenance

Certains adjectifs d'appartenance, formés pour la plupart sur le radical de noms d'animaux et de personnes

медвéжий ; врáжий ; казáчий

ont une déclinaison particulière :

Singulier			Pluriel pour tous les genres
MASCULIN	NEUTRE	FÉMININ	
-ий	**-ья**	**-ье**	**ьи**
ли́**сий** (мех)	ли́**сье** (чутьё)	ли́**сья** (нора́)	ли́**сьи** (следы́)

déclinaison :

	MASCULIN	NEUTRE	FÉMININ	PLURIEL
N.	ры́б**ий**	ры́б**ье**	ры́б**ья**	ры́б**ьи**
A.	N. ou G.	ры́б**ье**	ры́б**ью**	N. ou G
G.	ры́б**ьего**		ры́б**ьей**	ры́б**ьих**
D.	ры́б**ьему**		ры́б**ьей**	ры́б**ьим**
I.	ры́б**ьем**		ры́б**ьей**	ры́б**ьими**
L.	ры́б**ьем**		ры́б**ьей**	ры́б**ьих**

Les adjectifs possessifs et démonstratifs

Pour la déclinaison, voir **Les pronoms possessifs et démonstratifs**

Les adjectifs d'appartenance en –ов, -ев, -ин

Les adjectifs d'appartenance en **-ов**, **-ев**, **-ин** sont formés sur les noms propres.
Aux cas obliques, ils suivent la déclinaison des adjectifs du type dur. Aux cas directs, ils ont des désinences courtes.

	MASCULIN	FÉMININ	NEUTRE	PLURIEL
	De Noé	*D'Euclide*	*De Mars*	*D'Augias*
N.	Но́ев	Эвкли́дов**а**	Ма́рс**ово**	А́вгиев**ы**
A.	Но́ев	Эвкли́дов**у**	Ма́рс**ово**	А́вгиев**ы**
G.	Но́ев**а**	Эвкли́дов**ой**	Ма́рс**ова**	А́вгиев**ых**
D.	Но́ев**у**	Эвкли́дов**ой**	Ма́рс**ову**	А́вгиев**ым**
I.	Но́ев**ым**	Эвкли́дов**ой**	Ма́рс**овым**	А́вгиев**ыми**
L.	Но́ев**ом**	Эвкли́дов**ой**	Ма́рс**овом**	А́вгиев**ых**

Les adjectifs en -ский formés sur des noms géographiques

On peut former des adjectifs en **-ский** sur des noms de ville, de province, de fleuve ou d'île à condition que ces noms soient déclinables. Le suffixe est accolé à la base du nom

Kama	**Ка́ма**	de la Kama	**ка́мский**
Tomsk	**Томск**	de Tomsk	**то́мский**

Les cas particuliers les plus usités sont spécifiés dans les entrées du dictionnaire.

Les adjectifs courts

En russe moderne, les adjectifs courts ne s'emploient que comme attribut du sujet. Ils s'accordent avec ce dernier en genre et en nombre

masculin — **интере́сен**, féminin — **интере́сна**, neutre — **интере́сно**, pluriel — **интере́сны**.

Ils sont donc indéclinables.

Contraiment aux adjectifs longs, qui expriment une caractéristique permanente, les adjectifs courts dénotent une caractéristique temporaire

У меня́ больно́й ребёнок, у него́ а́стма. Mon enfant est malade, il fait de l'asthme.

Мой ребёнок бо́лен, у него́ грипп. Mon enfant est malade, il a la grippe.

Les pronoms

Les pronoms personnels

я, мы, ты, вы, он, она́, оно́, они́

Les pronoms de la 1re et de la 2e personne

		1RE PERS.	2E PERS.
singulier	N.	я	ты
	A. G.	меня́	тебя́
	D.	мне	тебе́
	I.	мной	тобо́й
	L.	мне	тебе́
pluriel	N.	мы	вы
	A. G.	нас	вас
	D.	нам	вам
	I.	на́ми	ва́ми
	L.	нас	вас

Les pronoms de la 3e personne

	MASCULIN	NEUTRE	FÉMININ	PLURIEL
N.	он	оно́	она́	они́
A. G.	**н**его́		**н**её	**н**их
D.	**н**ему́		**н**ей	**н**им
I.	**н**им		**н**е́ю	**н**и́ми
L.	**н**ём		**н**ей	**н**их

L'accusatif et le génitif sont toujours semblables, même au neutre.
Quand il dépend d'une préposition, le pronom personnel de la 3e personne est toujours précédé d'un **н**

Я ви́дел его́

Я смотре́л на него́

Я дал емý кни́гу
Я подошёл к немý

L'instrumental féminin présente une double forme **нéю** et **ней**. Lorsque le pronom est employé sans préposition, la forme **ею** est préférable pour éviter la confusion avec le datif. Lorsqu'il est précédé d'une préposition, la forme **ней** est la plus fréquente, la préposition suffisant à indiquer le cas.

Le pronom réfléchi себя

	Réfléchi SINGULIER ET PLURIEL
N .	себя́
A. G. D.	себé
I.	собóй
L.	себé

Le pronom **себя́** renvoie au sujet de la proposition quelle que soit la personne du sujet
я готóвлю себé зáвтрак
ты готóвишь себé зáвтрак
он готóвит себé зáвтрак...

Les pronoms possessifs

Ils indiquent l'appartenance à la 1re et à la 2e personne : **мой, наш, твой, ваш**. Pour exprimer l'appartenance à la 3e personne, on utilise les formes du génitif des pronoms personnels : **егó, её, их**

Le russe dispose également d'un pronom possessif réfléchi **свой** qui s'emploie lorsque le possesseur est aussi le sujet de la proposition, quelle que soit la personne :
Я люблю́ свою́ семью́. J'aime ma famille.

Les pronoms démonstratifs

э́тот, тот, такóй

Les pronoms interrogatifs

кто? что? какóй? котóрый? чей? скóлько?

N.	**кто**	**что**
A.	когó	что
G.	когó	чегó
D.	комý	чемý
I.	кем	чем
L.	о ком	о чём

Les pronoms relatifs

Ils sont sont les mêmes que les pronoms interrogatifs, mais ils s'emploient pour relier des propositions
Я спроси́ла у брáта **скóлько** сейчáс врéмени. J'ai demandé à mon frère quelle heure il était.

Les pronoms relatifs какóй, котóрый se déclinent comme les adjectifs.

Les pronoms déterminatifs

сам, са́мый, весь, вся́кий, ка́ждый

Les pronoms négatifs

никто́, ничто́, никако́й, ниче́й

Les pronoms indéfinis

не́кто, не́что, не́который, не́кий, не́сколько

Les pronoms indéfinis formés au moyen des particules **-то**, **-либо**, **-нибудь** tels que : **кто́-то, что́-либо, когда́-нибудь, ко́е-где́** se déclinent sur le modèle de **кто**.
tableau récapitulatif :

		1re déclinaison		2e déclinaison	
		TYPE DUR	TYPE MOUILLÉ	TYPE DUR	TYPE MOUILLÉ
masc. et n.	N.	**тот, то**	**весь, всё**	**э́тот, э́то**	**мой, моё**
	G.	**того́**	**всего́**	**э́того**	**моего́**
	D.	**тому́**	**всему́**	**э́тому**	**моему́**
	I.	**тем**	**всем**	**э́тим**	**мои́м**
	L.	**том**	**всём**	**э́том**	**моём**
fém.	N.	**та**	**вся**	**э́та**	**моя́**
	A.	**ту**	**всю**	**э́ту**	**мою́**
	G. D. I. L.	**той**	**всей**	**э́той**	**мое́й**
pluriel	N.	**те**		**э́ти**	
	G.	**тех**		**э́тих**	
	D.	**тем**		**э́тим**	
	I.	**те́ми**		**э́тими**	
	L.	**тех**		**э́тих**	
suivent la même déclinaison		кто et leurs composés	что	оди́н сам	твой свой наш ваш чей

Au masculin singulier et au pluriel des trois genres, l'accusatif est semblable au nominatif lorsqu'il s'agit d'objets inanimés. Il est semblable au génitif lorsqu'il s'agit d'êtres animés.

Les noms de nombre

Il existe en russe des nombres cardinaux **оди́н, два, три**..., ordinaux **пе́рвый, второ́й, тре́тий**... et collectifs **дво́е, тро́е, че́тверо**...

Les ordinaux

Les noms de nombres ordinaux se déclinent comme des adjectifs.

Les cardinaux

оди́н

	singulier			pluriel pour tous les genres
	MASCULIN ET NEUTRE		FÉMININ	
N.	оди́н	одн**о́**	одн**а́**	одн**и́**
A.	comme le N ou le G	одн**о́**	одн**у́**	comme le N ou le G
G.	одн**ого́**		одн**о́й**	одн**и́х**
D.	одн**ому́**		одн**о́й**	одн**и́м**
I.	одн**и́м**		одн**о́й** (-ою)	одн**и́ми**
L.	об одн**о́м**		об одн**о́й**	об одн**и́х**

два, три, четы́ре

	2	3	4
N.	дв**а** (*masc*) дв**е** (*fém*)	тр**и**	четы́р**е**
A.	comme N ou G	comme N ou G	comme N ou G
G.	дв**ух**	тр**ёх**	четыр**ёх**
D.	дв**ум**	тр**ём**	четыр**ём**
I.	дв**умя́**	тр**емя́**	четырь**мя́**
L.	дв**ух**	тр**ёх**	четыр**ёх**

Les noms de nombre **два** se distinguent en genre

- pour le masculin et le neutre **два** *ex* :
  два стола́ ; два ма́льчика ; два окна́
- pour le féminin **две** *ex* :
  две ла́мпы ; две де́вочки

L'accusatif de ces cardinaux est semblable au nominatif si le nom est inanimé, il est semblable au génitif si le nom est animé :

Я ви́жу два стола́
Я ви́жу двух ма́льчиков

Après **два** et **две**, **три** et **четыре**, le nom se met au génitif singulier :

два стола́,

два ма́льчика

пять, пятьдеся́т, пятьсо́т

	5	50	500
N. A.	пять	пятьдеся́т	пятьсо́т
G.	пяти́	пяти́десяти	пятисо́т
D.	пятью́	пяти́десяти	пятиста́м
I.	пяти́	пятью́десятью	пятьюста́ми
L.	о пяти́	о пяти́десяти	о пятиста́х

- Tous les noms de nombre de **пять à два́дцать et три́дцать** se déclinent sur le modèle de **пять**.
- Les noms de nombre **шестьдеся́т, се́мьдесят, во́семьдесят** se déclinent sur le modèle de **пятьдеся́т**.
- Les noms de nombre **шестьсо́т, семьсо́т, восемьсо́т, девятьсо́т** se déclinent sur le modèle de **пятьсо́т**. Les deux parties du mot se déclinent, chacune comme un nom.

	5, 6, 7	8	9, 10, 20, 30	11, 12, 13, 14, 15, 16, 17, 18, 19	50, 60, 70, 80
N.	пять	во́семь	де́вять	двена́дцать	пятьдеся́т
G. D. L.	пяти́	восьми́	девяти́	двена́дцати	пяти́десяти
I.	пятью́	во́сьмью	девятью́	двена́дцатью	пятью́десятью

со́рок, девяно́сто, сто

prennent la désinence **–а** aux cas obliques. С**о́**рок a un accent mobile.

	40	90	100
N. A.	со́рок	девян**о́**сто	ст**о**
G. D. I. L.	сорок**а́**	девян**о́**ст**а**	ст**а**

L'accusatif de ces cardinaux est semblable au nominatif.
Après ces cardinaux, le nom se met au génitif pluriel

пять ма́льчиков, де́вочек

две́сти, три́ста..., девятьсо́т

Dans **две́сти, три́ста..., девятьсо́т**, les deux éléments se déclinent

	200, 300, 400, 500, 600, 700, 800, 900	
N.	три́ста	пятьсо́т
G.	трёхсо́т	пятисо́т
D.	трёмста́м	пятиста́м
I.	тремяста́ми	пятьюста́ми
L.	трёхста́х	пятиста́х

ты́сяча et миллио́н

Ты́сяча (1 000) et **миллио́н** (1 000 000) sont des noms. L'instrumental de **ты́сяча** est **ты́сячей** ou **ты́сячью**.

полтора́

	Полтора́ (MASC)	Полторы́ (FÉM)
N. A.	полтор**а́**	полтор**ы́**
G. D. I. L.	полу́тора	

Les collectifs

О́ба

	MASCULIN ET NEUTRE	FÉMININ
N.	о́б**а**	о́б**е**
G.	об**о́их**	об**е́их**
D.	об**о́им**	об**е́им**
I.	об**о́ими**	об**е́ими**
L.	об об**о́их**	об об**е́их**

Après **о́**ба, le nom se met au génitif singulier

о́ба мальчи́ка

Les autres collectifs

	дво́е, тро́е	че́тверо, пя́теро, ше́стеро
N.	дво́е	че́тверо
G.	двои́х	четверы́х
D.	двои́м	четверы́м
I.	двои́ми	четверы́ми
L.	двои́х	четверы́х

L'accusatif est semblable au nominatif pour les objets inanimés, il est semblable au génitif pour les êtres animés.
Toutefois, comme pour les cardinaux à partir de **пять**, après les nombres collectifs, le substantif se met au génitif pluriel. Aux cas obliques, le substantif se met au même cas que le nombre collectif.

L'aspect des verbes

La plupart des verbes russes forment ce que l'on appelle un couple aspectuel, composé d'un verbe dit **imperfectif** et d'un verbe dit **perfectif** ex :

делать – сделать

Les verbes imperfectifs possèdent trois temps : un présent, un passé et un futur

делаю – делал – буду делать

tandis que les verbes perfectifs ne possèdent que des formes de passé et de futur

сделал – сделаю

L'aspect imperfectif

- Constate le fait que telle ou telle action s'est bel et bien déroulée. L'accent est mis sur l'action en elle-même, indépendamment de son résultat
  Что ты делал вчера? - Я читал роман. Qu'est-ce que tu as fait hier ? - J'ai lu un roman.
- Décrit le processus de l'action dans sa durée, que l'action ait été menée à son terme ou non.
  Она весь вечер читала роман. Elle a lu un roman toute la soirée.
- Décrit une action répétitive.
  Она всегда делала уроки вечером. Elle faisait toujours ses devoirs le soir.

L'aspect perfectif

- Met l'accent sur le fait que l'action a été menée à son terme. Celle-ci est considérée sous l'angle de son accomplissement ou de son résultat.
  Ты прочитал роман? - Да, прочитал. Tu as lu ce roman ? (sous-entendu en entier) - Oui.
- Décrit une action unique.
  Вчера она тоже сделала уроки. Hier aussi elle a fait ses devoirs.

Le présent

Seul l'aspect imperfectif permet d'exprimer le présent.
Il existe en russe deux types de conjugaison :

1re conjugaison

- tous les verbes en **–ить** (excepté брить)
  строить, ходить
- 4 verbes en **–ать** (et tous leurs dérivés)
  дышать, слышать, держать, гнать
- 7 verbes en **–еть** (et tous leurs dérivés)
  смотреть, видеть, ненавидеть, терпеть, обидеть, вертеть, зависеть

2e conjugaison

- tous les verbes en **–еть** (exceptés 7 verbes ci-dessus)
  краснеть, уметь
- tous les verbes en **–ать** (exceptés 4 verbes ci-dessus)
  отвечать, изучать
- un seul verbe en **–ить** (et tous ses dérivés)
  брить
- tous les autres verbes

La conjugaison des verbes réguliers

conjugaison	1re conjugaison	2e conjugaison		
classe	I	II TYPE SIMPLE	TYPE À ALTERNANCE	III
infinitif terminé par	-ить : вари́ть	-ать : чита́ть -ять : гуля́ть -еть : уме́ть	-овать : рисова́ть	-нуть : верну́ть
radical de l'infinitif radical du présent	вари- вар-	чита- чита-	рисова- рису-	верну- верн-
conjugaison du présent	вар**ю́** ва́р**ишь** ва́р**ит** ва́р**им** ва́р**ите** ва́р**ят**	чита́**ю** чита́**ешь** чита́**ет** чита́**ем** чита́**ете** чита́**ют**	рису́**ю** рису́**ешь** рису́**ет** рису́**ем** рису́**ете** рису́**ют**	верн**у́** верн**ёшь** верн**ёт** верн**ём** верн**ёте** верн**у́т**

La classe IV regroupe les verbes irréguliers dont les formes sont systématiquement précisées dans le dictionnaire.

Certains verbes de la classe I présentent une alternance entre le radical de l'infinitif et celui du présent à la première personne du présent. Cette alternance suit les règles suivantes :

- бить → -блю, -бишь...;
- вить → -влю, -вишь...;
- дить →-жу, -дишь...;
- зить → -жу, -зишь...;
- мить → -млю, -мишь...;
- пить → -плю,-пишь...;
- сить → -шу, -сишь...;
- стить → -щу,-стишь...;
- тить → -чу, -тишь...;
- фить → -флю, -фишь...;

Quant aux verbes de la classe II à alternance, lorsque l'accent est final à l'infinitif, il tombe sur le suffixe **у** au présent

рисова́ть, рису́ю, рису́ешь...

Verbes irréguliers

Les verbes **хоте́ть** (vouloir), **бежа́ть** (courir) se conjuguent pour partie selon la première conjugaison et pour partie selon la deuxième conjugaison.

я хоч**у́** ты хо́ч**ешь** он хо́ч**ет**	мы хот**и́м** вы хот**и́те** они́ хот**я́т**

я бег**у́** ты беж**и́шь** он беж**и́т**	мы беж**и́м** вы беж**и́те** они́ бег**у́т**

Les verbes **дать** (donner) et **есть** (manger) ont une terminaison archaïque à la première personne du singulier et se caractérisent par l'absence de voyelle dans les terminaisons du singulier.

я дам	мы дад**и́м**
ты дашь	вы дад**и́те**
он даст	они́ дад**у́т**

я ем	мы ед**и́м**
ты ешь	вы ед**и́те**
он ест	они́ ед**я́т**

Le passé

Le passé des verbes se forme sur le radical de l'infinitif à l'aide du suffixe-**л**-. Les verbes au passé s'accordent en genre et en nombre avec leur sujet.

	MASCULIN	FÉMININ	NEUTRE
Singulier	он (я, ты) говори́**л**	она́ (я, ты) говори́**ла**	оно́ говори́**ло**
Pluriel	мы (вы, они́) говори́**ли**		

Le futur

Pour les verbes formant un couple aspectuel, il existe deux formes de futur : un futur imperfectif et un futur perfectif.

- Le futur imperfectif se forme à l'aide du verbe auxiliaire **быть** conjugué au futur et de l'infinitif du verbe imperfectif

  я бу́ду смотре́ть

- Le futur perfectif est un temps simple, formé à partir du verbe perfectif avec les mêmes désinences que le présent des verbes imperfectifs

  я посмотрю́

FUTUR IMPERFECTIF	FUTUR PERFECTIF
бу́д**у** де́лать	сде́ла**ю**
бу́д**ешь** де́лать	сде́ла**ешь**
бу́д**ет** де́лать	сде́ла**ет**
бу́д**ем** де́лать	сде́ла**ем**
бу́д**ете** де́лать	сде́ла**ете**
бу́д**ут** де́лать	сде́ла**ют**

Les verbes pronominaux

Les verbes pronominaux se forment à l'aide du postfixe **–ся** ex :

мыть → мы́ться.

Comme son nom l'indique, ce postfixe est toujours placé à la fin du verbe. Les verbes pronominaux se conjuguent selon les mêmes règles que les verbes non pronominaux. Après une voyelle, à la première personne du singulier et à la deuxième personne du pluriel, la forme **-ся** est remplacée par **-сь**.

учи́ть**ся**
учу́**сь**
у́чишь**ся**
у́чит**ся**
у́чим**ся**
у́чите**сь**
у́чат**ся**

Les verbes de déplacement

Certains verbes exprimant un déplacement fonctionnent par paire. Chaque paire se compose d'un verbe déterminé et d'un verbe indéterminé. Le verbe déterminé exprime un déplacement dans une seule direction (type **идти́**). Le verbe indéterminé exprime un déplacement dans plusieurs directions ou une direction indéfinie, un aller-retour, ou encore un mouvement répété (type **ходи́ть**).

Type déterminé

- déplacement dans une seule direction, vers un but précis

  Сейча́с он идёт в шко́лу. En ce moment il est en chemin pour l'école.

Type indéterminé

- déplacement répétitif ou habituel

  Ка́ждое у́тро он хо́дит в шко́лу. Tous les matins il va à l'école.

- déplacement dans plusieurs directions désordonnées

  Посети́тели хо́дят по за́лам музе́я. Les visiteurs parcourent les salles du musée.

- aller-retour

  Вчера́ мы ходи́ли в теа́тр. Hier, nous sommes allés au théâtre.

- à l'infinitif, le verbe indéterminé exprime souvent l'aptitude, l'apprentissage, l'inclination

  Ребёнок ещё не хо́дит = Ребёнок ещё не уме́ет ходи́ть. L'enfant ne marche pas encore = l'enfant ne sait pas encore marcher

TYPE DÉTERMINÉ	TYPE INDÉTERMINÉ
идти́	**ходи́ть**
éхать	éздить
бежáть	бéгать
летéть	летáть
плыть	плáвать
лезть	лáзить
ползти́	пóлзать
брести́	броди́ть
нести́	носи́ть
вести́	води́ть
везти́	вози́ть
гнать	гон_ть
кати́ть	катáть
тащи́ть	таскáть

Les deux verbes de chaque couple sont imperfectifs. Lorsqu'on rajoute un préfixe, ces dérivés forment alors un couple aspectuel, dans lequel le dérivé du verbe de type **идти́** est perfectif et le dérivé du verbe de type **ходи́ть** imperfectif

приходи́ть - прийти́
завози́ть – завести́

L'impératif

Pour le former l'impératif, on ajoute au radical du futur simple ou du présent les désinences suivantes :

	Après une voyelle	Après une consonne SOUS L'ACCENT OU APRÈS UN GROUPE DE CONSONNES	 FORME ATONE
singulier	**-й** читáй!	**-и** смотри́!	**-ь** отвéть!
pluriel	**-йте** читáйте!	**-ите** смотри́те!	**-ьте** отвéтьте!

L'accent est celui de l'infinitif. Les formes irrégulières sont mentionnées dans les entrées du dictionnaire.

Le gérondif

Les gérondifs ont une valeur adverbiale. Ils sont invariables.

Le gérondif imperfectif

Ajouter au radical du présent le suffixe **-я**

смотрéть → смотрю → смотря́

Le gérondif perfectif

Remplacer le **л** du passé par **в**, ou **вшись** si le verbe est pronominal.
посмотре́ть → посмотре́л → посмотре́в
умы́ться → умы́лся → умы́вшись

Les participes

Les participes suivent la déclinaison des adjectifs. Les participes actifs ne sont employés que comme épithètes. Les participes passifs peuvent être employés comme attributs ; dans ce cas, ils sont toujours à la forme courte.

Le participe présent actif

Remplacer le **-т** final de la 3e personne du pluriel du présent par **-щий**
люби́ть → лю́бят → лю́бящий

Le participe passé actif

Remplacer le **-л** du passé imperfectif ou perfectif par **-вший**
люби́ть → люби́л → люби́вший

Le participe présent passif

Ajouter **-ый** à la première personne du pluriel du présent
люби́ть → лю́бим → люби́мый

Le participe passé passif

Partir de l'infinitif perfectif.

Verbes en -ать et -ять

Remplacer **-ать** ou **-ять** par **-анный** ou **-янный** (atones)
присла́ть → при́сланный

Verbes en -ить

Remplacer **-ить** par **-ённый** si le verbe a un accent entièrement final au futur ou par **-енный** (atone) dans le cas contraire
подари́ть → пода́ренный

Verbes en -нуть

Remplacer **-нуть** par **-нутый** (atone)
разверну́ть → развёрнутый

Le verbe "быть"

Il est omis au présent et souvent marqué par un tiret en présence d'un attribut du sujet

Сейча́с уро́к. C'est l'heure du cours.

Москва́ – столи́ца Росси́и Moscou est la capitale de la Russie.

INFINITIF	PASSÉ	FUTUR	IMPÉRATIF
быть	был был**а́** бы́л**о** бы́л**и**	бу́д**у** бу́д**ешь** бу́д**ет** бу́д**ем** бу́д**ете** бу́д**ут**	буд**ь** бу́д**ьте**

Les propositions

La coordination

- La coordination est exprimée par les conjonctions : и, а, но
- La conjonction **и** sert à relier deux mots de même fonction ou deux propositions

  Э́то стол и стул. C'est une table et une chaise.

La conjonction **a** sert à les opposer

Э́то стол, а э́то стул. Ceci est une table, et cela est une chaise.

- La conjonction **но** permet d'opposer deux ou plusieurs caractéristiques d'un même objet, tandis que **a** oppose les objets eux-mêmes

  Э́тот стул ста́рый, но про́чный. Cette chaise est vieille mais solide.

La subordination

Les propositions relatives

- **кто**

  Тот, **кто** знал э́то, уже́ уе́хал. Celui qui savait cela est déjà parti.

Les relatifs **кто** et **что** ne s'emploient qu'avec un antécédent pronom. Ils ne s'accordent ni en genre, ni en nombre mais se mettent au cas voulu par leur fonction dans la subordonnée.

- **что**

  Убери́ то, **что** лежи́т на столе́! Range ce qui est sur la table !

- **како́й, -ая, -ое, -ие**

  Она́ принима́ла жизнь тако́й, **кака́я** она́ есть. Elle prenait la vie comme elle venait.

- **кото́рый, -ая, -ое, -ые**

  К нам пришёл сосе́д, **кото́рый** живёт внизу́. Le voisin d'en-dessous est venu nous voir.

– **чей, чья, чьё, чьи**

Мы познакомились с людьми́, **чьи** де́ти дру́жат с на́шими. Nous avons fait la connaissance de personnes dont les enfants sympathisent avec les nôtres.

Les relatifs **кото́рый**, **како́й** et **чей** s'accordent en genre et en nombre avec leur antécédent dans la principale. Ils se mettent au cas voulu par leur fonction dans la subordonnée

– **где**

Положи́ э́то в я́щик, **где** лежа́т о́вощи. Mets ça dans le tiroir où sont les légumes.

– **куда́**

Ищи́ его́ там, **куда́** ты его́ положи́л. Cherche-le là où tu l'as mis.

Les relatifs **где** et **куда́** expriment tous les deux une relation de lieu, mais le second s'utilise avec des verbes de déplacement

– **отку́да**

Я не могу́ вспо́мнить назва́ние страны́, **отку́да** он прие́хал. Je n'arrive pas à me souvenir du pays dont il vient.

– **когда́**

Э́то случи́лось в том году́, **когда́** я зако́нчил университе́т. Ca s'est passé l'année où j'ai terminé l'université.

Les propositions complétives

– **что**

Преподава́тель говори́т, **что** мы ма́ло занима́емся до́ма. Le professeur dit que nous ne travaillons pas assez à la maison.

– **как**

Мы не заме́тили, **как** начался́ дождь. Nous n'avions pas remarqué qu'il avait commencé à pleuvoir.

– **что́бы**

Я хочу́, **что́бы** он оста́лся. Je veux qu'il reste.

Le verbe de la proposition introduite par **что́бы** est toujours au passé quel que soit le moment où se passe l'action.

– **бу́дто, бу́дто бы**

Говоря́т, **бу́дто** он уе́хал навсегда́. On dit qu'il est parti pour toujours.

– **ли**

Он спроси́л, пойду́ **ли** я в кино́. Il m'a demandé si j'allais au cinéma.

Dans les propositions interrogatives d'interrogation totale indirecte, la subordonnée est construite à l'aide de l'interrogatif **ли**. Celui-ci est placé au début de la subordonnée, juste après le mot sur lequel porte l'interrogation.

Les propositions circonstancielles

de temps

Les subordonnées de temps répondent aux questions : **когда́? — quand ?**, **с каки́х пор? — depuis quand ?**, **до каки́х пор?** jusqu'à quand ?

– **когда́**

Он придёт, **когда́** мы его́ позовём. Il viendra quand nous l'appellerons.

– **в то вре́мя как**

В то вре́мя как мы занима́лись, на́ши друзья́ гото́вили у́жин. Pendant que nous travaillions, nos amis préparaient le dîner.

– **по ме́ре того́ как**

На́до реша́ть пробле́мы **по мере́ того́, как** они́ поступа́ют. Il faut résoudre les problèmes au fur et à mesure qu'ils se présentent.

Dans les phrases construites avec la conjonction **по ме́ре того́ как**, les deux verbes (celui de la principale et celui de la subordonnée) sont à l'imperfectif

– **до того́ как**

До того́ как вы бу́дете обе́дать, вам на́до зако́нчить всю рабо́ту. Avant de manger, il faut que vous terminiez votre travail.

– **пре́жде чем**

Пре́жде чем прийду́т го́сти, на́до сходи́ть за хле́бом. Il faut aller chercher le pain avant que les invités n'arrivent.

– **пока́, пока́ не**

Уходи́те, **пока́** не по́здно Partez avant qu'il ne soit trop tard

Après la conjonction **пока́**, le verbe de la subordonnée est toujours à l'imperfectif.

– **как то́лько**

Он позвони́т тебе́, **как то́лько** вернётся домо́й. Il t'appellera dès qu'il rentrera chez lui.

– **едва́**

Едва́ она́ вошла́ в кварти́ру, разда́лся звоно́к телефо́на. À peine était-elle rentrée dans l'appartement que le téléphone sonna.

de cause

Les subordonnées de cause répondent aux questions **почему́?** pourquoi ?

– **потому́ что**

Его́ нет **потому́, что** он бо́лен. Il n'est pas là parce qu'il est malade.

– **так как**

Так как нам не нра́вятся не́которые усло́вия, мы не подпи́шем э́тот контра́кт. Puisque certaines clauses ne nous plaisent pas, nous ne signerons pas ce contrat.

– **поско́льку**

Мы не́ были в музе́е, **поско́льку** была́ больша́я о́чередь. Nous ne sommes pas allés au musée car il y avait trop de queue.

– **из-за того́ что**

Из-за того́, что он опозда́л, мы не пошли́ в теа́тр. Comme il était en retard, nous ne sommes pas allés au théâtre.

de manière

Les subordonnées de manière répondent aux questions как? comment ? каки́м о́бразом? de quelle façon ? et sont ordinairement introduites par la conjonction .

– **как**

Я не зна́ю, **как** мо́жно дое́хать до аэропо́рта. Je ne sais pas comment aller a l'aéroport.

Les incompatibilités orthographiques

On n'écrit pas **ы** mais toujours **и** après

- les gutturales : **к г х**
- les chuintantes : **ж ш ч щ**

On n'écrit pas **я**, **ю** mais toujours **а**, **у** après

- les gutturales : **к г х**
- les chuintantes : **ж ш**

Russe

Français

a

а *conj*

1. POUR INDIQUER UNE OPPOSITION = **et**
- **онá смеялась, а я плáкала** elle riait et moi je pleurais
- **что ты дéлаешь зáвтра? а послезáвтра?** qu'est-ce que tu fais demain ? et après-demain ?
- **сейчáс он зáнят, а потóм уйдёт** pour l'instant il est occupé et ensuite il va partir

2. APRÈS LA NÉGATION = **mais**
- **э́то былá не собáка, а волк** ce n'était pas un chien, mais un loup

3. POUR RENFORCER UNE EXCLAMATION = **et**
- **а какúе там лесá!** et quelles forêts il y a là-bas !
- **а как он хорошó готóвит!** et comme il fait bien la cuisine !

4. POUR FAIRE UNE TRANSITION = **et**
- **а как её зовýт?** et comment s'appelle-t-elle ?

● **а то** › **нáдо éхать, а то ужé пóздно** il faut partir car il commence à se faire tard
- **нáдо спешúть, а то опоздáем** dépêchons-nous, sinon nous serons en retard
- **пойдúте тудá, а то пошлúте когó-нибудь** allez-y ou bien envoyez qqn
- **нет, не хóчется бóльше... а то налéйте ещё стакáнчик** non, merci... ou alors juste un petit verre

а *particule* **1.** hein ? *(interrogation)* • **нрáвится, а?** elle te plaît, hein ? **2.** hé *(appel renforcé)* • **Фéдь, а Фéдь!** Fédia, hé, Fédia !

А! *interj (marquant l'étonnement, le dépit, etc)* ah ! • **а, э́то вы!** ah, c'est vous !

аббревиатýра *nf* abréviation, sigle

абзáц *nm* paragraphe • **прочéсть вторóй абзáц** lire le deuxième paragraphe

абонéнт *nm* abonné • **абонéнты телефóнной сéти** les abonnés du téléphone

абóрт *nm* avortement

абрикóс *nm* **1.** abricotier **2.** abricot

абсýрд *nm* absurde, absurdité • **идéя, доведённая до абсýрда** une idée poussée jusqu'à l'absurde • **что за абсýрд такóй!** qu'est que c'est que cette absurdité !

авáнс *nm* acompte • **вы́дать авáнс** verser un acompte • **получúть авáнс** recevoir un acompte ~ avance • **мóжно мне авáнс в счёт моúх кармáнных дéнег?** je peux avoir une avance sur mon argent de poche ?
■ **авáнсы** *pl* avances • **дéлать комý-нибудь авáнсы** faire des avances à qqn

аварúйный *adj* de secours

авáрия *nf* **1.** accident • **потерпéть авáрию** avoir un accident **2.** panne • **произошлá энергетúческая авáрия** il y a eu une panne de courant

áвгуст *nm* août • **в áвгусте** au mois d'août • **он приéхал 2-го áвгуста** il est arrivé le 2 août

áвиа (*abr de* **авиапóчта**) *nf* par avion *(sur une lettre)*

авиапóчта *nf* poste aérienne

авóсь *particule (exprime un espoir peu fondé)* espérons que • **авóсь не опоздáем** espérons que nous arriverons quand même à temps
● **на авóсь** au hasard, en espérant que ça réussira › **идтú на авóсь** continuer sa route au petit bonheur • **надéяться на авóсь** compter sur un hasard favorable

австрúец *nm* Autrichien

австрúйка *nf* Autrichienne

австрúйский *adj* autrichien

Áвстрия *nf* Autriche

автóбус *nm* bus, autobus • **тудá мы поéдем на автóбусе** nous irons en bus • **городскóй автóбус** autobus urbain

• **междугорóдний автóбус** autobus interurbain

автомáт *nm* **1.** automate **2.** mitraillette

áвтор *nm* auteur • **áвтор ромáна** l'auteur du roman • **áвтор симфóнии** l'auteur de la symphonie • **áвтор проéкта** l'auteur du projet

авторитéт *nm* **1.** autorité *(influence)* • **пóльзоваться большúм авторитéтом** faire autorité **2.** autorité *(personne)* • **он являéтся для всех авторитéтом в э́той óбласти** tous le considèrent comme une autorité dans ce domaine

авторýчка *nf* stylo • **писáть авторýчкой** écrire au stylo

агéнт *nm* agent *(employé)* • **секрéтный агéнт** agent secret • **страховóй агéнт** agent d'assurances

агéнтство *nnt* agence • **информациóнное агéнтство** agence d'information • **агéнтство недвúжимости** agence immobilière

агитациóнный *adj* de propagande • **агитациóнный плакáт** une affiche de propagande

агитáция *nf* propagande • **предвы́борная агитáция** la campagne électorale

агитúровать ◪ *vi* faire de la propagande • **агитúровать за вы́двинутого кандидáта** faire campagne pour le candidat désigné ◪ *vt* chercher à convaincre • **не нáдо меня́ агитúровать** inutile de chercher à me convaincre • **агитúровать жúтелей Москвы́** faire de la propagande auprès des Moscovites

агитпýнкт *nm (en URSS)* permanence de campagne électorale

ад* *(loc.* **адý***)* ⑧ *nm* enfer • **благúми намéрениями вы́мощен ад** l'enfer est pavé de bonnes intentions

áдрес* *(nom. pl.* **адресá***)* ①② *nm* adresse *(domicile)* • **пишúте на мой домáшний áдрес** écrivez-moi à mon adresse personnelle • **врéменный áдрес** adresse provisoire
● **áдрес электрóнной пóчты** adresse électronique • **электрóнный áдрес** adresse électronique • **обращáться не по áдресу** se tromper d'adresse *fig*

адресáт *nm* destinataire

áдский *adj* infernal • **áдская рабóта** un travail infernal • **áдский смех** un rire diabolique • **áдская жарá** une chaleur d'enfer • **áдский хóлод** un froid de canard

адъютáнт *nm* aide de camp

азáрт *nm* frénésie, emballement • **войтú в азáрт** se piquer au jeu • **игрáть с азáртом** jouer avec passion

азáртный *adj* passionné • **азáртный игрóк** un joueur passionné • **азáртно спóрить** discuter avec passion
● **азáртная игрá** jeu de hasard

áзбука *nf* **1.** alphabet • **рýсская áзбука** l'alphabet russe **2.** a b c, abécédaire

Азербайджáн *nm* Azerbaïdjan

азербайджáнец *nm* Azerbaïdjanais

азербайджáнка *nf* Azerbaïdjanaise

азербайджáнский *adj* azerbaïdjanais • **азербайджáнский язы́к** azéri

Áзия *nf* Asie

áист *nm* cigogne

ай! *interj* **1.** aïe ! *(douleur, crainte)* • **ай, как бóльно!** aïe ! que ça fait mal **2.** oh *(reproche)* • **ай, как нехорошó!** oh, que c'est mal !

акадéмик *nm* académicien

аккомпанúровать *(+ D) vi* accompagner *(MUS)* • **аккомпанúровать певцý на гитáре** accompagner le chanteur à la guitare

аккурáтно *adv* **1.** soigneusement • **онá пúшет аккурáтно** elle a une écriture soignée **2.** ponctuellement, régulièrement • **он аккурáтно отсылáл ей дéньги** il lui envoyait régulièrement de l'argent

аккурáтный *adj* **1.** soigneux • **аккурáтный мáльчик** un garçon soigneux **2.** ponctuel • **обы́чно онá такáя аккурáтная** d'ordinaire elle est ponctuelle **3.** soigné • **аккурáтная рабóта** un travail soigné

актёр *nm* acteur

актрúса *nf* actrice

акýла *nf* requin

акцéнт *nm* **1.** accent *(manière de prononcer)* • **говорúть с англúйским акцéнтом** parler avec l'accent anglais • **говорúть без акцéнта** parler sans accent **2.** accent *(emphase)* • **на э́том лю́бят сей-**

чáс дéлать акцéнт actuellement on aime mettre l'accent là-dessus

áкция *nf* **1.** action (FIN) • **áкции поднимáются** les actions montent • **áкции пáдают** les actions baissent **2.** action *(mouvement collectif)* • **áкция в поддéржку кандидатýры гóрода** une action pour soutenir la candidature de la ville

алимéнты (алимéнтов, алимéнтам) *pl t* pension alimentaire • **платúть алимéнты** payer une pension alimentaire

алмáз *nm* diamant

алтáрь ③② *nm* **1.** autel **2.** *(dans une église orthodoxe) partie de l'église située derrière l'iconostase*

алфавúт *nm* alphabet • **латúнский алфавúт** alphabet latin • **по алфавúту** en ordre alphabétique

алфавúтный *adj* alphabétique • **в алфавúтном порядке** par ordre alphabétique • **алфавúтный указáтель** index alphabétique

áлчность *nf* cupidité • **из áлчности** par cupidité

áлчный *adj* cupide • **áлчный взгляд** un regard cupide

áлый *adj* vermeil, écarlate • **áлые рóзы** des roses vermeilles

амбáр *nm* grange

амбúция *nf* **1.** prétention exagérée **2.** amour-propre chatouilleux • **онá задéла его амбúции** elle a blessé son amour-propre • **человéк с амбúциями** un homme très susceptible • **вломúться в амбúцию** prendre les choses de haut

Амéрика *nf* Amérique • **онú живýт в Амéрике** ils vivent en Amérique

американ*е*ц *nm* Américain

американка *nf* Américaine

америкáнский *adj* américain

áнгел *nm* ange • **áнгел доброты́** un ange de bonté

áнгельский *adj* angélique • **áнгельский харáктер** un caractère angélique • **áнгельское терпéние** une patience angélique

англúйский *adj* anglais

англичáнин* *(pl.* англичáне, англичáн, англичáнам*)* *nm* Anglais

англичáнка *nf* Anglaise

Áнглия *nf* Angleterre

анекдóт *nm* **1.** histoire drôle, blague **2.** anecdote

анкéта *nf* **1.** questionnaire • **запóлнить анкéту** remplir un questionnaire **2.** enquête • **провестú анкéту** faire un sondage

антивúрус *nm* antivirus

антиглобалúст *nm* antimondialiste

апельсúн *nm* orange

апельсúновый *adj* d'orange • **апельсúновый сок** jus d'orange • **апельсúновое дéрево** oranger

апрéль *nm* avril • **в апрéле** au mois d'avril • **э́то бы́ло 5-го апрéля** cela s'est produit le 5 avril

аптéка *nf* pharmacie

аптéкарь *nm* pharmacien

арбýз *nm* pastèque

арéнда *nf* **1.** location • **взять в арéнду** prendre en location, louer • **сдать в арéнду** donner en location, louer **2.** loyer • **тепéрь клуб плáтит арéнду** et maintenant le club paie un loyer **3.** (HIST) fermage *(redevance)* • **платúть арéнду** s'acquitter du fermage • **увелúчить арéнду** augmenter le fermage

арéст *nm* **1.** arrestation • **находúться под арéстом** être en état d'arrestation **2.** arrêts (MIL) • **посадúть под арéст** mettre aux arrêts **3.** saisie, séquestre • **наложúть арéст на имýщество** saisir des biens

арестáнт *nm* détenu

/ **арестовáть** → арестóвывать

арестóвывать / **арестовáть** *v* arrêter, appréhender • **егó арестовáли на другóй день** il fut arrêté le lendemain

À PROPOS DE...

Le futur perfectif **арестýю, арестýешь...** est également employé en valeur de présent.

а́рия *nf* air (MUS) • **о́перная а́рия** air d'opéra

Арме́ния *nf* Arménie

армяни́н* *(pl.* армя́не, армя́н, армя́нам*)* ②① *nm* Arménien

армя́нка *nf* Arménienne

армя́нский *adj* arménien

арте́ль *nf* **1.** équipe • **же́нская арте́ль** une équipe de femmes **2.** *(en URSS)* coopérative de production • **рыболове́цкая арте́ль** coopérative de pêcheurs **3.** *(en Russie)* artel *(association de travailleurs autogérée)* • **куста́рная арте́ль** artel d'artisans

а́рфа *nf* harpe

архите́ктор *nm* architecte

аспира́нт *nm* ≈ doctorant

аспиранту́ра *nf* ≈ thèse de troisième cycle

атама́н *nm* ataman *(chef cosaque)*
● **атама́н разбо́йников** chef de bande *(de brigands)*

а́тлас¹ *nm* atlas • **а́тлас ми́ра** atlas du monde

атла́с² *nm* satin • **брю́ки из атла́са** un pantalon en satin

À PROPOS DE...

Les deux mots ci-dessus diffèrent par leur accentuation.

аттеста́т *nm*
● **аттеста́т зре́лости** certificat d'études secondaires *(délivré à la fin des études secondaires)*, ≈ baccalauréat

ау́! *interj* hou, hou ! coucou !

аудито́рия *nf* **1.** salle de conférences, amphithéâtre **2.** auditoire • **аплодисме́нты аудито́рии** les applaudissements de l'auditoire

аукцио́н *nm* vente aux enchères • **прода́ть с аукцио́на** vendre aux enchères
● **электро́нный аукцио́н** enchères en ligne

аукцио́нный *adj* aux enchères • **аукцио́нная прода́жа** vente aux enchères

ах! *interj* ah ! *(étonnement, admiration, crainte, chagrin, reproche...)* • **ах, как краси́во!** ah ! que c'est beau ! • **ах! Всё пропа́ло!** ah ! tout est perdu ! • **ах ты, злоде́й!** ah ! brigand !
● **ах да** ah oui, à propos

а́хать / **а́хнуть** *v* crier « ah », soupirer • **стару́шка всё о́хала да а́хала** la petite vielle poussait toujours des oh et des ah

/ **а́хнуть** → а́хать

аэропо́рт* *(loc.* аэропорту́*)* ⑧ *nm* aéroport • **она́ меня́ ждёт в аэропорту́** elle m'attend à l'aéroport

б

б → бы

ба́ба[1] *nf* **1.** paysanne **2.** *péj* bonne femme
● **сне́жная ба́ба** un bonhomme de neige

ба́ба[2] *nf*
● **ро́мовая ба́ба** un baba au rhum

Ба́ба-Яга́ *nf* Baba-Yaga *(sorcière, personnage des contes russes)*

ба́бий *adj d'appart* de femme, de bonne femme • **ба́бьи ска́зки** des racontars de bonnes femmes
● **ба́бье ле́то** = l'été de la Saint-Martin

ба́бка[1] *fam nf* grand-mère

ба́бка[2] *nf* osselet • **игра́ть в ба́бки** jouer aux osselets
■ **ба́бки** *fam pl* argent, fric

ба́бник *nm* coureur de jupons

ба́бочка *nf* papillon • **ночна́я ба́бочка** un papillon de nuit

ба́бушка *nf* grand-mère
● **э́то ещё ба́бушка на́двое сказа́ла** ça, ce n'est pas encore démontré !

бага́ж ③ *nm* **1.** bagage(s) • **ручно́й бага́ж** bagage à main • **сдать бага́ж на хране́ние** mettre ses bagages à la consigne • **сдать ве́щи в бага́ж** faire enregistrer ses bagages **2.** bagage *fig* • **интеллектуа́льный бага́ж** bagage intellectuel

бага́жник *nm* **1.** porte-bagages, galerie de toit **2.** coffre *(d'une voiture)*

багрове́ть / **побагрове́ть** *v* devenir tout rouge, s'empourprer → **багро́вый**

багро́вый *adj* pourpre • **багро́вое не́бо** un ciel pourpre • **багро́вое лицо́** un visage écarlate

бадминто́н *nm* badminton • **игра́ть в бадминто́н** jouer au badminton

ба́за *nf* **1.** base **2.** entrepôt, centrale
● **ба́за да́нных** base de données • **вое́нно-морска́я ба́за** base navale

база́р *nm* **1.** marché • **на база́ре** au marché • **пти́чий база́р** le marché aux oiseaux **2.** chahut • **прекрати́те э́тот база́р** arrêtez ce chahut

база́рный *adj* de marché • **база́рный день** jour de marché • **база́рная пло́щадь** la place du marché

байда́рка *nf* canoë

бак *nm* réservoir • **то́пливные ба́ки** des réservoirs d'essence • **му́сорный бак** conteneur pour déchets ménagers

бакале́йный *adj*
● **бакале́йный отде́л** le rayon épicerie

бакенба́рды *(***бакенба́рд, бакенба́рдам***) pl t* favoris *(coupe de barbe)*

баклажа́н *nm* aubergine

бал* *(loc.* **балу́***)* ⑧② *nm* bal • **он уви́дел её на балу́** il l'a aperçue au bal

бала́ган *nm* **1.** baraque de foire **2.** théâtre forain **3.** farce *fig*, bouffonneries

балагу́р *nm* plaisantin, baratineur

балагу́рить *v* plaisanter, faire du baratin

балала́йка *nf* balalaïka *(instrument de musique)*
Voir encadré page suivante.

баламу́тить / **взбаламу́тить** *v* troubler, agiter

бала́нс *nm* bilan • **годово́й бала́нс** le bilan annuel • **подвести́ бала́нс** faire le bilan

балбе́с *nm* nigaud

балда́ *nf* imbécile, andouille • **вот балда́!** quelle andouille !

бале́т *nm* ballet

ба́лка[1] *nf* poutre • **желе́зные ба́лки** des poutres métalliques

ба́лка[2] *nf* ravin

CULTURE...

балала́йка
Petit instrument de forme généralement triangulaire, taillé dans du bois de sapin et muni d'un long manche.
Tout d'abord très primitive et cantonnée à la musique populaire, la balalaïka s'est élevée au rang d'instrument classique en 1886 grâce à son inventeur, Vassili Vassiliévitch Andreïev. En 1888, celui-ci crée les orchestres de balalaïkas « Velikorouski ».
On le découvre avec l'un de ces orchestres à l'Exposition universelle qui a lieu à Paris en 1889, et il devient alors célèbre dans toute l'Europe.
La balalaïka se prête à tous les répertoires : arrangements de mélodies russes, transpositions d'œuvres classiques et compositions originales pour orchestre. Grâce à de grands virtuoses, cet instrument a acquis aujourd'hui une gloire mondiale.

балко́н *nm* balcon • **кури́ть вы́йди на балко́н!** pour fumer, sors sur le balcon !

балл *nm* **1.** note (SCOL) • **поста́вить хоро́ший балл** mettre une bonne note **2.** *(unité de mesure des phénomènes naturels)* • **был шторм в пять ба́ллов** il y a eu une tempête de force 5 • **подзе́мные толчки́ си́лой 5,8 ба́лла по шкале́ Ри́хтера** des secousses telluriques de magnitude 5,8 sur l'échelle de Richter **3.** point *(d'une note)* • **победи́тели определя́ются по максима́льной су́мме ба́ллов** les vainqueurs sont ceux qui ont le plus grand nombre total de points

балло́н *nm* **1.** bouteille *(métallique)* • **га́зовый балло́н** une bouteille de gaz **2.** pneu • **балло́н спусти́л** le pneu est dégonflé

баллоти́ровать *v* mettre aux voix • **баллоти́ровать предложе́ние** mettre une proposition aux voix

баллоти́роваться *vp* se présenter aux élections • **он баллоти́руется в депута́ты** il est candidat aux élections au parlement

бало́ванный *adj* gâté • **бало́ванный ребёнок** enfant gâté

балова́ть / **избалова́ть** *v* gâter • **балова́ть дете́й** gâter les enfants

балова́ться *fam vp* faire des sottises • **ребёнок балу́ется** l'enfant fait des sottises

ба́ловень *nm* enfant gâté • **ба́ловень ма́тери** l'enfant gâté de sa mère

баловство́ *nnt* **1.** gâterie • **по́ртить дете́й баловство́м** trop gâter les enfants **2.** enfantillage

бана́н *nm* banane

бандеро́ль *nf* **1.** petit paquet • **посла́ть бандеро́ль** envoyer un petit paquet **2.** bande *(de papier)* • **он разорва́л бандеро́ль газе́ты** il fit sauter la bande du journal

банк *nm* banque • **мне на́до сходи́ть в банк** je dois passer à la banque

ба́нка *nf* **1.** boîte, bocal • **консе́рвная ба́нка** une boîte de conserves • **ба́нка фру́ктов в сиро́пе** un bocal de fruits au sirop • **ба́нка для варе́нья** un pot à confiture **2.** ventouse (MÉD) • **поста́вить ба́нки** mettre des ventouses

банки́р *nm* banquier

ба́нковский *adj* de banque • **ба́нковский биле́т** un billet de banque

банкома́т *nm* distributeur automatique de billets

банкро́тство *nnt* faillite *litt & fig* • **э́то банкро́тство, коне́чно же фина́нсовое и полити́ческое** c'est une faillite, financière bien entendu et politique

бант *nm* nœud de ruban • **де́вочка с си́ними ба́нтами в коси́чках** une petite fille avec des rubans bleus dans les tresses

ба́ня *nf* bains avec étuve • **па́риться в ба́не** prendre un bain de vapeur ● **фи́нская ба́ня** sauna • **зада́ть ба́ню** passer un savon
Voir encadré page suivante.

бар *nm* bar • **он рабо́тает в ба́ре** il travaille dans un bar

бараба́н *nm* tambour • **бить в бараба́н** battre du tambour

бараба́нить / **забараба́нить** *v* tambouriner • **дождь бараба́нил в о́кна** la pluie tambourinait aux fenêtres • **бараба́нить па́льцами по́ столу** tambouriner sur la table avec les doigts

CULTURE...

ба́ня

Sauna, bain turc... Il n'y a pas vraiment d'équivalent pour traduire exactement le mot **bania**. Pour les Russes, il s'agit réellement d'un art de vivre, d'une coutume pour ainsi dire « spirituelle » qui se pratique aussi bien à la ville qu'à la campagne.

Une séance de **bania** nécessite une étuve chauffée à 90°C **пари́лка**, un bouquet de branches de bouleau séché **ве́ник** et de grandes bassines d'eau glacée.

À l'intérieur de la bania, on s'active beaucoup : on fait d'abord tournoyer le bouquet de bouleau au-dessus des têtes pour bien répartir la chaleur, ensuite on se flagelle à tour de rôle pour activer la circulation du sang et, pour finir, on s'asperge avec de l'eau glacée. Les plus téméraires vont même jusqu'à creuser un trou dans la glace et ils immergent rapidement (quelques secondes) leur corps dans l'eau glaciale. On les appelle les **моржи́** (phoques).

бараба́нный *adj* de tambour • **бараба́нный бой** un roulement de tambour

бараба́нщик *nm* **1.** tambour *(homme)* **2.** batteur • **бараба́нщик рок-гру́ппы** le batteur d'un groupe de rock

бара́н *nm* mouton, bélier

бара́ний *adj d'appart* de mouton • **бара́нья папа́ха** un bonnet en peau de mouton

бара́нина *nf* (viande de) mouton • **шашлы́к из бара́нины** des brochettes de mouton

бара́нка *nf* **1.** *fam* volant *(d'un véhicule)* **2.** = craquelin *(circulaire)*

барахло́ *nnt* bric-à-brac • **вся́кое барахло́** tout un bric-à-brac

барахо́лка *nf* marché aux puces • **на барахо́лке** au marché aux puces

бара́хтаться *vp* patauger, se débattre • **бара́хтаться в воде́** patauger dans l'eau

ба́ржа *nf* péniche

ба́рин* *(pl.* **господа́, госпо́д, господа́м**) *arch nm* barine, seigneur

баро́метр *nm* baromètre • **баро́метр па́дает** le baromètre descend • **баро́метр поднима́ется** le baromètre monte

ба́рский *adj* de seigneur • **ба́рский дом** la demeure du seigneur • **ба́рские зама́шки** des manières de grand seigneur

● **жить на ба́рскую но́гу** mener grand train

барсу́к ③② *nm* blaireau (ZOOL)

ба́рхат *nm* velours

ба́рхатный *adj* **1.** de velours • **челове́к в ба́рхатном хала́те** un homme vêtu d'une robe de chambre en velours **2.** velouté • **ба́рхатный го́лос** une voix douce comme du velours • **ба́рхатный сезо́н** l'arrière-saison

ба́рщина *nf* (HIST) corvée *(à l'époque du servage)* • **шесть раз в неде́лю мужики́ ходи́ли на ба́рщину** les paysans allaient à la corvée six fois par semaine

ба́рыня *nf* **1.** *péj* pimbêche • **ба́рыня кака́я!** quelle pimbêche ! **2.** *arch* dame *(femme de seigneur)*

бары́ш ③② *nm fam arch* bénéfice, profit • **быть в барыше́** avoir du bénéfice • **бары́ш не вели́к** le profit n'est pas grand

бары́шник *nm* **1.** revendeur à la sauvette **2.** maquignon *arch*

ба́рышня *arch nf* demoiselle

баскетбо́л *nm* basket (SPORT)

баснопи́сец *nm* fabuliste

басносло́вный *adj* fabuleux • **басносло́вные це́ны на недви́жимость** les prix fabuleux de l'immobilier

ба́сня *nf* fable

бассе́йн *nm* **1.** piscine • **зи́мний пла́вательный бассе́йн** une piscine chauffée **2.** bassin (GÉOGR) • **бассе́йн Во́лги** le bassin de la Volga • **у́гольный бассе́йн** un bassin houiller

бастова́ть / **забастова́ть** *v* faire grève

батаре́йка *nf* pile • **батаре́йка для карма́нного фонаря́** une pile pour lampe de poche

батаре́я *nf* **1.** batterie (ÉLECTR) • **батаре́я аккумуля́торов** une batterie d'accumulateurs **2.** radiateur *(de chauffage central)* • **батаре́и не гре́ют** les radiateurs ne chauffent pas **3.** batterie (MIL) • **зени́тная батаре́я** une batterie de D.C.A.

бато́н *nm* pain long

батра́к ③② *nm arch* ouvrier agricole

ба́тюшка *nm* **1.** prêtre orthodoxe ~ père *(façon respectueuse de s'adresser au prêtre orthodoxe)* **2.** *arch* mon brave, mon vieux • **да что ты, ба́тюшка, мне расска́зываешь** qu'est-ce que tu racontes, mon vieux **3.** *arch* père *(avec une nuance de respect)* • **ре́ку называ́ют, как и встарь, Дон-ба́тюшка** comme autrefois, on appelle le fleuve le père-Don
● **ба́тюшки!** Grand Dieu !

ба́шенка *dim de* **ба́шня**

башка́ *nm fam* caboche, tête

башма́к ③② *nm* **1.** *arch* soulier • **наде́ть башмаки́** mettre ses souliers **2.** patin *(de frein)*
● **он у жены́ под башмако́м** c'est sa femme qui porte la culotte

ба́шня *nf* tour • **кремлёвские ба́шни** les tours du Kremlin • **Оста́нкинская ба́шня** la tour d'Ostankino *(tour de télévision)*
● **в ба́шне из слоно́вой ко́сти** dans sa tour d'ivoire

баю́кать / **убаю́кать** *v* endormir en chantant

ба́юшки-баю́ *interj* dodo *(dans les berceuses)*

бая́н *nm* accordéon *(chromatique)*

бди́тельность *nf* vigilance • **жильцо́в спасла́ бди́тельность охра́нника** les habitants ont été sauvés par la vigilance du gardien

бди́тельный *adj* vigilant • **бу́дьте бди́тельны** soyez vigilants

бег* *(loc.* **бегу́** *; pl.* **бега́***)* ⑧② *nm* course • **задохну́ться от бе́га** s'essouffler en courant • **бег на сто ме́тров** un cent mètres • **бег вре́мени** la course du temps
● **быть це́лый день в бега́х** passer la journée à courir
■ **бега́** *pl* courses *(de chevaux)* • **игра́ть на бега́х** jouer aux courses

бе́гать → **бежа́ть**

бегемо́т *nm* hippopotame

бегле́ц ③② *nm* fuyard, évadé • **пойма́ли беглецо́в** on rattrapa les fuyards

бе́гло *adv* **1.** couramment • **бе́гло говори́ть по-ру́сски** parler couramment le russe **2.** superficiellement • **бе́гло прочита́ть статью́** lire superficiellement un article

бе́глый *adj* **1.** évadé • **бе́глый ка́торжник** un bagnard évadé **2.** rapide • **бро́сить бе́глый взгляд** jeter un coup d'œil rapide

бегово́й *adj* de course • **бегова́я ло́шадь** un cheval de course

бего́м *adv* en courant

беготня́ *nf* temps passé à faire des courses, des démarches • **весь день прошёл в беготне́** j'ai passé toute ma journée à courir

бе́гство *nnt* **1.** évasion • **заде́ржан при попы́тке к бе́гству** appréhendé durant une tentative d'évasion **2.** débandade • **обрати́ть в бе́гство** mettre en fuite

бегу́ → **бег**, → **бежа́ть**

бегу́н ③② *nm* coureur (SPORT)

беда́ ②① *nf* malheur • **непоправи́мая беда́** un malheur irréparable • **э́то не беда́** ça ne fait rien • **что за беда́!** qu'est-ce que ça peut faire ? • **беда́ в том, что он ничего́ не де́лает** le malheur est qu'il ne fait rien • **вы́ручить из беды́** tirer d'affaire
● **пришла́ беда́, отворя́й ворота́** un malheur ne vient jamais seul • **лиха́ беда́ нача́ло** il n'y a que le premier pas qui coûte

бедне́ть / **обедне́ть** *v* s'appauvrir • **он бедне́ет с ка́ждым днём** il est de plus en plus pauvre

бе́дность *nf* pauvreté, indigence • **жить в бе́дности** vivre dans l'indigence
● **бе́дность не поро́к** pauvreté n'est pas vice

бе́дно *adv* pauvrement • **бе́дно оде́тая же́нщина** une femme pauvrement vêtue

бе́дный ⑤ *adj* pauvre • **бе́дная дере́вня** un village pauvre • **бе́дный витами́нами** pauvre en vitamines • **бе́дная, ей так бо́льно!** la pauvre, elle souffre tant !

бедня́га, бедня́жка *nm ou nf* un pauvre homme, une pauvre femme • **бедня́га, как жаль его́!** le pauvre, comme il fait pitié !

бедня́жка *dim de* бедня́га

бедня́к ③② *nm* **1.** un pauvre **2.** (HIST) paysan pauvre

бедро́ (*pl.* бёдра, бёдер, бёдрам) ②① *nnt* hanche • **широ́кие бёдра** de larges hanches • **положи́ть ру́ки на бёдра** mettre les mains aux hanches

бе́дственный *adj* désastreux • **бе́дственное положе́ние** une situation catastrophique

бе́дствие *nnt* désastre, catastrophe • **стихи́йное бе́дствие** une catastrophe naturelle • **зо́на социа́льного бе́дствия** une zone sinistrée

бежа́ть* [*n cl,* бегу́, бежи́шь, бегу́т] / **побежа́ть*** [*n cl, id*] ; *indét.* **бе́гать** *v* **1.** courir • **бежа́ть со всех ног** courir à toutes jambes • **бежа́ть во весь дух** courir à perdre haleine • **дни бегу́т** les jours s'enfuient **2. бежа́ть** [*n cl,* бегу́, бежи́шь, бегу́т] s'enfuir • **бежа́ть из тюрьмы́** s'évader d'une prison

бе́жевый *adj* beige

бе́женец *nm* réfugié

без *prép (+ G)* **1.** sans • **коро́бка без кры́шки** une boîte sans couvercle • **сиде́ть без де́нег** être sans argent • **они́ на́чали без меня́** ils ont commencé sans moi • **без сомне́ния** sans aucun doute • **она́ упа́ла без па́мяти** elle est tombée sans connaissance • **не без интере́са** non sans intérêt **2.** moins *(dans l'expression de l'heure)* • **без четверти три** trois heures moins le quart • **без десяти́ пять** cinq heures moins dix ● **не без того́** c'est bien un peu ça

безво́льный *adj* sans volonté

безболе́зненный *adj* indolore • **безболе́зненная опера́ция** une opération sans douleur

безвку́сица *nf* mauvais goût • **кака́я безвку́сица!** quel manque de goût !

безвку́сно *adv* sans goût • **безвку́сно обста́вленная ко́мната** une pièce meublée avec un manque total de goût

безвку́сный *adj* **1.** fade, insipide • **чай показа́лся мне безвку́сным** le thé m'a paru insipide **2.** de mauvais goût • **безвку́сный костю́м** un costume de mauvais goût

безвы́ходный *adj* sans issue • **безвы́ходное положе́ние** une situation désespérée

безгра́мотный *adj* **1.** (presque) illettré • **безгра́мотный челове́к** un homme à peu près illettré **2.** plein de fautes grossières • **сдава́ть безгра́мотные сочине́ния** rendre des copies pleines de fautes grossières **3.** stupide, insensé • **безгра́мотные реше́ния** des décisions stupides

безграни́чный *adj* illimité, infini • **безграни́чная степь** la steppe infinie • **безграни́чные возмо́жности** des possibilités infinies

безда́рный *adj* **1.** incapable • **безда́рный поэ́т** un poète sans talent **2.** fait par un incapable • **безда́рная карти́на** un tableau sans valeur, une croûte

безде́лица *nf* bagatelle • **две́сти рубле́й для меня́ — не безде́лица** deux cents roubles, ce n'est pas une bagatelle pour moi

безделу́шка *nf* bibelot • **фарфо́ровые безделу́шки** des bibelots de porcelaine

безде́льничать *v* fainéanter • **хва́тит безде́льничать!** assez fainéanté !

бе́здна (*gén. pl.* бездн) *nf* **1.** gouffre, abîme • **на краю́ бе́здны** au bord du gouffre **2.** une masse de • **бе́здна дел** des tonnes de travail

бездо́нный *adj* sans fond • **бездо́нная про́пасть** gouffre sans fond ● **бездо́нная бо́чка a.** boit-sans-soif **b.** panier percé *(personne dépensière)*

безжа́лостный *adj* impitoyable, sans pitié

беззаве́тный *adj* sans réserve • **беззаве́тная пре́данность** un dévouement sans réserve

беззако́нный *adj* illégal • **беззако́нный посту́пок** un acte illégal

беззву́чный *adj* étouffé, silencieux • **беззву́чный плач** des sanglots étouffés

беззло́бный *adj* sans méchanceté • **беззло́бный смех** un rire sans méchanceté

безли́чный *adj* **1.** sans personnalité, falot • **безли́чный челове́к** un homme sans personnalité **2.** (GRAMM) impersonnel • **безли́чный глаго́л** verbe impersonnel

безлу́нный *adj* sans lune • **безлу́нная ночь** une nuit sans lune

безлю́дный *adj* désert • **раке́та упа́ла в безлю́дном ме́сте** la fusée est tombée sur un endroit désert • **к нача́лу де́йствия сце́на безлю́дна** au début de l'acte il n'y a personne sur scène

безме́рный *adj* immense • **го́ре её безме́рно** son chagrin est immense • **безме́рная ра́дость** une joie immense

безмо́зглый *adj* stupide

безмяте́жный *adj* serein • **безмяте́жный сон** un sommeil paisible

безнадёжный *adj* désespéré • **безнадёжное положе́ние** une situation désespérée • **безнадёжный взгляд** un regard désespéré • **безнадёжный больно́й** un malade incurable • **безнадёжный дура́к** un imbécile heureux

безнака́занный *adj* impuni • **преступле́ние оста́лось безнака́занным** le crime est resté impuni

безнра́вственность *nf* immoralité

безнра́вственный *adj* immoral • **вести́ безнра́вственную жизнь** mener une vie de débauche

безоби́дный *adj* inoffensif • **безоби́дное существо́** une créature inoffensive • **безоби́дная шу́тка** une plaisanterie anodine

безо́блачный *adj* sans nuages • **безо́блачное не́бо** un ciel sans nuages • **безо́блачное сча́стье** un bonheur sans nuages

безобра́зие *nnt* **1.** laideur • **вещь немы́слимого безобра́зия** un objet d'une laideur inimaginable **2.** désordre, scandale • **э́то фо́рменное безобра́зие!** c'est un véritable scandale !

безобра́зить / обезобра́зить *v* enlaidir • **э́то пла́тье безобра́зит её** cette robe l'enlaidit

безобра́зничать / набезобра́зничать *v* faire du scandale • **неме́дленно прекрати́те безобра́зничать!** arrêtez immédiatement ce chahut !

безобра́зный *adj* hideux • **безобра́зное лицо́** un visage affreux • **безобра́зное поведе́ние** une conduite révoltante

безопа́сность *nf* sécurité, sûreté • **по́лная безопа́сность** sécurité totale • **федера́льная слу́жба безопа́сности Росси́йской Федера́ции (ФСБ Росси́и)** Service fédéral de sécurité de Russie *(a remplacé le KGB)* • **я́дерная безопа́сность** sécurité nucléaire

безопа́сный *adj* sûr • **в безопа́сном ме́сте** en lieu sûr
◉ **безопа́сная бри́тва** un rasoir mécanique

безоши́бочность *nf* infaillibilité • **безоши́бочность его́ вы́водов** l'infaillibilité de ses déductions

безоши́бочный *adj* infaillible, sûr • **безоши́бочный вы́бор** un choix infaillible

безрабо́тица *nf* chômage • **по́лная безрабо́тица** chômage total • **части́чная безрабо́тица** chômage partiel • **посо́бие по безрабо́тице** allocations chômage

безрабо́тный *adj subst m* chômeur • **посо́бия безрабо́тным** les allocations (de) chômage

безра́достный *adj* sans joie • **безра́достное де́тство** une enfance sans joie

безразли́чно *adv*
◉ **мне э́то безразли́чно** ça m'est égal

безразли́чный *adj* indifférent, insensible • **безразли́чный взгляд** un regard indifférent

безрассу́дный *adj* déraisonnable, irréfléchi • **безрассу́дное поведе́ние** une conduite déraisonnable

безрезульта́тный *adj* infructueux • **безрезульта́тные попы́тки** de vaines tentatives

безро́потность *nf* résignation

безры́бье *nnt*
● **на безры́бье и рак ры́ба** faute de grives, on mange des merles

безудáрный *adj* atone • **безудáрный слог** syllabe atone

безýдержный *adj* qu'on ne peut retenir • **безýдержная фантáзия** une imagination débordante • **безýдержные слёзы** des larmes intarissables • **безýдержный смех** un rire inextinguible

безукори́зненный *adj* irréprochable • **безукори́зненное поведéние** une conduite irréprochable

безýмие *nnt* déraison • **люби́ть до безýмия** aimer à la folie • **э́то чи́стое безýмие** c'est une pure folie

безýмный *adj* insensé • **безýмная рáдость** une joie folle

безумóлчный *adj* incessant *(bruit)* • **безумóлчный шум мóря** le bruit incessant de la mer

безупрéчно *adv* irréprochablement • **безупрéчно вести́ себя́** se conduire d'une manière irréprochable

безупрéчный *adj* irréprochable • **безупрéчная рабóта** un travail irréprochable

безуслóвно *adv* indiscutablement • **безуслóвно, он прав** il a raison, indiscutablement

безуслóвный *adj* **1.** certain, indiscutable • **безуслóвный успéх** une réussite certaine **2.** absolu • **безуслóвное повиновéние** une obéissance absolue

безутéшный *adj* inconsolable • **безутéшное гóре** un chagrin inconsolable

безызвéстно *adv*
● **вам не безызвéстно, что** vous n'êtes pas sans savoir que

безызвéстный *adj* inconnu • **ви́ды безызвéстной дерéвни** des photos d'un village inconnu

безымя́нный *adj*
● **безымя́нный пáлец** annulaire *(doigt)*

бей, бéйте → **бить**

беленá *nf* jusquiame
● **ты что, белены́ объéлся?** qu'est-ce qui te prend, ça va la tête ?

белéть *v* **1.** se détacher en blanc • **вдали́ белéют верши́ны гор** de loin on voit des sommets se détacher en blanc **2.** / **побелéть** devenir blanc, blanchir

бéлка *nf* écureuil
● **крути́ться, как бéлка в колесé** tourner comme un écureuil en cage

белобры́сый *adj* blondasse

белокýрый *adj* blond • **белокýрая дéвушка** une jeune fille blonde • **белокýрые вóлосы** des cheveux blonds

белорýс *nm* Biélorusse *m*

белорýска *nf* Biélorusse *f*

Белорýссия *nf* Biélorussie

белорýсский *adj* biélorusse

белорýчка *nm ou nf* personne qui n'aime pas travailler de ses mains

белоснéжный *adj* blanc comme neige • **белоснéжная скáтерть** une nappe blanche comme neige

белýга *nf* grand esturgeon
● **ревéть белýгой** pousser des cris désespérés

> **À PROPOS DE...**
>
> L'expression **ревéть белýгой** est due à une confusion entre le nom du grand esturgeon, **белýга**, et du dauphin blanc, **белýха**.

бéлый ③ *adj* **1.** blanc *(couleur)* • **бéлый как снег** blanc comme neige • **бéлый хлеб** du pain blanc **2.** (HIST) blanc • **бéлая áрмия** l'armée blanche
● **бéлое винó** vin blanc • **бéлые нóчи** les nuits blanches *(nuits d'été très claires au voisinage du cercle polaire)* • **среди́ бéла дня** en plein jour • **бéлый (гриб)** cèpe de Bordeaux

бельё *nnt* linge, lingerie • **отдáть бельё в сти́рку** donner du linge à laver
● **постéльное бельё** les draps • **ни́жнее бельё** sous-vêtements

бельмó ②① *nnt* taie *(tache sur l'œil)*
● **он у меня́ как бельмó на глазý** j'en ai assez de le voir

бельги́ец (**бельги́йца**) *nm* Belge *m*

бельги́йка *nf* Belge *f*

бельги́йский *adj* belge

Бéльгия *nf* Belgique

бензи́н *nm* essence • **запра́виться бензи́ном** faire le plein (d'essence)

бензоба́к *nm* réservoir à essence

бензоколо́нка *nf* pompe à essence

бе́рег* *(loc.* **берегу́** *; pl.* **берега́***)* ⑧② *nm* rive • **на круто́м берегу́** sur la rive escarpée • **скали́стые берега́** des côtes rocheuses • **съе́хать на́ берег, сойти́ на́ берег** descendre à terre

> **À PROPOS DE...**
>
> L'accent passe généralement sur la préposition dans le groupe **на́ берег**.

берёг, берегла́ → **бере́чь**

берегу́ → **бе́рег**, → **бере́чь**

берегу́т, бережёшь → **бере́чь**

бережли́вый *adj* économe, parcimonieux • **бережли́вая хозя́йка** une ménagère économe

бе́режный *adj* soigneux, attentif

берёза *nf* bouleau

берём → **брать**

бере́менная *adj f* enceinte • **Ли́за была́ бере́менна** Lisa était enceinte

берёт → **брать**

бере́чь* [IV, берегу́, бережёшь, берегу́т - берёг, берегла́] ③ / **побере́чь*** [IV, поберегу́, побережёшь, поберегу́т - поберёг, поберегла́ - побережённый] ③ *et* **сбере́чь*** [IV, *id*] ③ *v* **1.** économiser, épargner • **он берёг ка́ждую копе́йку** il épargnait jusqu'au moindre sou • **бере́чь своё вре́мя** ne pas perdre son temps • **бере́чь здоро́вье** ménager sa santé **2.** garder, ne pas divulguer • **бере́чь та́йну** garder un secret • **бере́чь от дете́й** ne pas laisser à la portée des enfants !

бере́чься* [IV, берегу́сь, бережёшься, берегу́тся - берёгся, берегла́сь] ③ *vp* **1.** → **бере́чь** ~ **ты бы поберёгся!** prends soin de toi ! **2.** faire attention • **береги́сь автомоби́ля!** attention, sortie de voitures *(sur une pancarte)*

берёшь → **брать**

берло́га *nf* tanière

беру́, беру́т → **брать**

бес *nm* diable, démon
● **рассыпа́ться ме́лким бе́сом пе́ред ке́м-либо** se répandre en courbettes devant qqn

бесе́да *nf* **1.** conversation, entretien • **оживлённая бесе́да** une conversation animée **2.** causerie, conférence • **провести́ бесе́ду** faire une conférence

бесе́дка *nf* tonnelle

бесе́довать / **побесе́довать** *v* causer • **он до́лго бесе́довал с до́ктором** il s'est longuement entretenu avec le docteur

беси́ть ④ / **взбеси́ть** ④ [*part.* взбешённый] *v* mettre en fureur • **меня́ бе́сит то, что происхо́дит** ce qui se passe me met en fureur

беси́ться *vp*
● **он с жи́ру бе́сится** il est devenu capricieux à force de trop bien vivre

бесконе́чно *adv* **1.** sans cesse, sans arrêt • **он мне звони́т бесконе́чно** il me téléphone sans arrêt **2.** infiniment • **бесконе́чно ма́лая величина́** une grandeur infinitésimale

бесконе́чность *nf* l'infini • **э́то мо́жет продолжа́ться до бесконе́чности** et ça peut durer à jusqu'à la fin des temps

бесконе́чный *adj* interminable • **бесконе́чный расска́з** un récit qui n'en finit pas

бескоры́стный *adj* désintéressé • **бескоры́стный посту́пок** un acte désintéressé

бескра́йний *adj* sans bornes • **бескра́йний просто́р** une étendue sans bornes

беснова́ться *vp* se démener comme un beau diable • **никто́ не запреща́ет боле́льщикам крича́ть и бесноваться** personne n'empêche les supporters de crier et s'agiter

бесо́вский *adj* diabolique

беспарти́йный *adj* **1.** sans parti **2.** *(en URSS)* non membre du parti communiste

беспе́чность *nf* insouciance

беспе́чный *adj* insouciant • **беспе́чный челове́к** un homme insouciant • **вести́ беспе́чную жизнь** vivre sans se faire de soucis

бесплáтный *adj* gratuit • **бесплáтный билéт** un billet gratuit • **бесплáтное обучéние** l'enseignement gratuit • **бесплáтная медицúнская пóмощь** les soins médicaux gratuits

бесплóдный *adj* stérile, infructueux • **бесплóдная пóчва** un sol infertile • **бесплóдные попы́тки** des tentatives infructueuses

бесповорóтный *adj* irrévocable • **бесповорóтное решéние** une décision irrévocable

бесподóбный *adj* incomparable • **э́то бесподóбно!** c'est admirable ! • **бесподóбный гóлос** une voix incomparable

беспокóить / **побеспокóить** *v* **1.** inquiéter • **её отсу́тствие беспокóило меня́** son absence m'inquiétait • **не беспокóйтесь!** ne vous inquiétez pas ! **2.** déranger • **шум беспокóит больны́х** le bruit dérange les malades

беспокóиться / **побеспокóиться** *vp* s'inquiéter • **не беспокóйтесь!** ne vous inquiétez pas !

беспокóйный *adj* **1.** inquiet • **беспокóйный взгляд** un regard inquiet **2.** agité • **беспокóйный сон** un sommeil agité • **живóтные станóвятся беспокóйными** les animaux sont agités **3.** plein d'embûches • **беспокóйное дéло** une affaire épineuse

беспокóйство *nnt* **1.** inquiétude • **причúн для беспокóйства нет** il n'y a aucune raison de s'inquiéter • **им овладéло беспокóйство** il fut pris d'inquiétude **2.** dérangement • **извинúте за беспокóйство** excusez-moi de vous avoir dérangé

бесполéзно *adv*
◈ **бесполéзно говорúть об э́том** il est inutile d'en parler

бесполéзность *nf* inutilité

бесполéзный *adj* inutile • **су́мка с мáссой бесполéзных мелочéй** un sac plein de bricoles inutiles

беспóмощно *adv* avec découragement • **он беспóмощно опустúл ру́ки** il baissa les bras d'un air découragé

беспóмощный *adj* **1.** sans défense • **беспóмощный ребёнок** un enfant sans défense **2.** impuissant **3.** nul • **беспóмощный óпус** une œuvre nulle

беспоря́док *nm* désordre • **в беспоря́дке** en désordre
■ **беспоря́дки** *pl* troubles • **мáссовые беспоря́дки** des troubles populaires

беспоря́дочный *adj* désordonné • **беспоря́дочный информациóнный потóк в Интернéте** un flux désordonné d'informations sur Internet

беспощáдный *adj* impitoyable, implacable • **беспощáдное сóлнце** le soleil implacable

беспредéльный *adj* sans limites • **беспредéльное прострáнство** une étendue sans limites • **беспредéльная отвáга** une audace sans bornes

беспрекослóвный *adj* sans objections • **беспрекослóвное повиновéние** une obéissance absolue

беспрепя́тственный *adj* sans obstacles • **беспрепя́тственный дóступ** accès libre

беспреры́вный *adj* incessant • **беспреры́вный дождь** une pluie incessante

беспрестáнно *adv* sans cesse • **я беспрестáнно вскáкивал** je me relevais à chaque instant

беспрестáнный *adj* incessant • **беспрестáнный гул молтóров** le bruit incessant des moteurs

беспримéрный *adj* sans pareil • **беспримéрное му́жество** un courage sans égal

беспринцúпность *nf* absence de scrupules • **беспринцúпность поведéния** une conduite dénuée de tout scrupule

беспристрáстие *nnt* impartialité

беспристрáстный *adj* impartial • **беспристрáстный судья́** un juge impartial

бесприю́тный *adj* sans abri

беспросвéтный *adj* **1.** sans la moindre lumière • **беспросвéтная тьма** l'obscurité la plus profonde **2.** sans espoir • **беспросвéтная тоскá** une tristesse sans espoir

беспу́тник *nm vieilli* un débauché, un mauvais sujet

беспу́тничать *v vieilli* mener une vie déréglée

беспу́тный *adj* débauché, déréglé • **беспу́тная жизнь** une vie déréglée

бессвя́зный *adj* décousu, incohérent • **бессвя́зный разгово́р** conversation décousue • **бессвя́зный расска́з** un récit incohérent

бессерде́чный *adj* sans cœur • **бессерде́чный челове́к** un homme sans cœur

бесси́лие *nnt* faiblesse extrême • **он в бесси́лии упа́л на посте́ль** il tomba sans forces sur le lit • **бесси́лие вла́сти** la faiblesse du pouvoir • **полово́е бесси́лие** impuissance (MÉD)

бесси́льный *adj* sans forces • **бесси́льное бе́шенство** une rage impuissante

бессла́вный *adj* sans gloire • **бессла́вный коне́ц** une fin peu glorieuse

бессле́дно *adv* sans laisser de traces • **он пропа́л бессле́дно** il a disparu sans laisser de traces

бессле́дный *adj* qui ne laisse pas de traces • **бессле́дное исчезнове́ние** une disparition sans traces

бессме́ртие *nnt* immortalité • **ве́ра в бессме́ртие души́** la croyance en l'immortalité de l'âme • **он стяжа́л себе́ бессме́ртие** il s'est acquis l'immortalité

бессме́ртный *adj* immortel • **бессме́ртная сла́ва** une gloire immortelle

бессмы́сленный *adj* dénué de sens • **бессмы́сленная фра́за** une phrase dénuée de sens

бессмы́слица *nf* absurdité • **э́то полне́йшая бессмы́слица** c'est complètement absurde

бессо́вестный *adj* malhonnête, impudent • **бессо́вестный челове́к** un homme sans conscience • **бессо́вестная ложь** un mensonge éhonté

бессозна́тельно *adv* inconsciemment • **он бессозна́тельно подража́л мне** il m'imitait inconsciemment

бессозна́тельный *adj* inconscient • **быть в бессозна́тельном состоя́нии** être sans connaissance

бессо́нница *nf* insomnie • **страда́ть бессо́нницей** souffrir d'insomnie

бессо́нный *adj* sans sommeil • **провести́ бессо́нную ночь** passer une nuit sans sommeil

бесспо́рно *adv* indiscutablement • **бесспо́рно, он прав** il a indiscutablement raison

бесспо́рный *adj* indiscutable • **бесспо́рная и́стина** une vérité indiscutable

бесстра́стие *nnt* impassibilité

бесстра́стный *adj* impassible • **бесстра́стное лицо́** un visage impassible

бесстра́шный *adj* intrépide • **бесстра́шный путеше́ственник** un voyageur intrépide

бессты́дный *adj* éhonté, effronté • **са́мым бессты́дным о́бразом** de la manière la plus éhontée

беста́ктность *nf* absence de tact • **допусти́ть беста́ктность** faire une gaffe

беста́ктный *adj* qui manque de tact • **беста́ктный вопро́с** une question déplacée • **беста́ктный челове́к** un homme qui manque de tact

бе́стия *nf* fripouille

бестолко́вый *adj* **1.** qui ne comprend rien • **бестолко́вый учени́к** un élève borné **2.** incompréhensible, incohérent • **бестолко́вое объясне́ние** une explication incompréhensible

бесхара́ктерный *adj* faible de caractère, falot • **бесхара́ктерный челове́к** une chiffe

бесце́льно *adv* sans but • **бесце́льно броди́ть** errer sans but

бесце́льный *adj* sans but, inutile • **бесце́льный спор** une discussion inutile

бесце́нок *nm*
■ **за бесце́нок** pour rien, à bas prix › **он купи́л дом за бесце́нок** il a acheté la maison pour une bouchée de pain

бесцеремо́нный *adj* qui ne se gêne pas

бесчелове́чный *adj* inhumain • **бесчелове́чное обраще́ние** un traitement inhumain

бесче́стье *nnt* déshonneur • **я не ви́жу в том бесче́стья** je n'y vois pas de déshonneur

бесчи́сленный *adj* innombrable • **бесчи́сленное коли́чество** une quantité innombrable

бесчу́вственный *adj* **1.** sans connaissance • **пожа́рные вы́несли бесчу́вственную же́ртву** les pompiers ont sorti une victime sans connaissance **2.** insensible • **нельзя́ остава́ться бесчу́вственным** on ne peut pas rester insensible

бесчу́вствие *nnt* perte de connaissance • **пьян до бесчу́вствия** ivre mort

бесшу́мный *adj* silencieux • **бесшу́мный дви́гатель** un moteur silencieux

бечёвка *nf* ficelle • **перевяза́ть паке́т бечёвкой** ficeler un paquet

бе́шенство *nnt* **1.** rage (MÉD) • **приви́вка про́тив бе́шенства** le vaccin contre la rage **2.** fureur, rage • **прийти́ в бе́шенство** se mettre dans une colère folle • **привести́ в бе́шенство** mettre en fureur

бе́шеный *adj* **1.** atteint de la rage • **бе́шеная соба́ка** un chien enragé **2.** fou • **бе́шеное сопротивле́ние** une résistance farouche • **бе́шеная ско́рость** une vitesse folle • **бе́шеная цена́** un prix fou

библиоте́ка *nf* bibliothèque • **брать кни́ги в библиоте́ке** prendre des livres à la bibliothèque

библиоте́карь *nmf* bibliothécaire

бива́к *nm* bivouac • **разби́ть бива́к** installer le bivouac • **стоя́ть бива́ком** bivouaquer

би́вень *nm* défense *(d'animal)* • **би́вни ма́монта** des défenses de mammouth

бие́ние *nnt* battements • **бие́ние се́рдца** les battements du cœur

биле́т *nm* **1.** billet • **проездно́й биле́т** carte de transport, ≈ carte orange • **биле́т на самолёт** un billet d'avion • **биле́т туда́ и обра́тно** un aller et retour • **ба́нковский биле́т** un billet de banque • **лотере́йный биле́т** un billet de loterie **2.** carte, livret • **студе́нческий биле́т** une carte d'étudiant • **экзаменацио́нный биле́т** fiche de questions d'oral *(à un examen)*

бино́кль *nm* jumelles, lorgnette • **бино́кль ночно́го виде́ния** jumelles de vision nocturne • **театра́льный бино́кль** jumelles de théâtre

бинт ③② *nm* bande *(en chirurgie et pharmacie)* • **наложи́ть бинт на коле́но** bander un genou • **эласти́чный бинт** une bande élastique

бинтова́ть / забинтова́ть *v* bander • **забинтова́ть го́лову** bander la tête

би́ржа *nf* la Bourse • **они́ игра́ют на би́рже с по́мощью Интерне́та** jouer à la Bourse sur Internet • **молодёжная би́ржа труда́** la Bourse du travail pour les jeunes

бирю́к ③② *nm* **1.** loup solitaire **2.** *fig* ours • **живём как бирюки́** on vit comme des ours

бис ◪ *nm* rappel • **их ещё мно́го раз вызыва́ли на бис** ils eurent de nombreux rappels ◪ *interj (à la fin d'un spectacle)* bis !

би́сер *nm* petites perles de verre
● **мета́ть би́сер пе́ред сви́ньями** jeter des perles aux pourceaux

биси́ровать / биси́ровать *v* exécuter en bis • **пиани́ста заста́вили биси́ровать** le pianiste a été contraint de jouer un bis

би́тва *nf* bataille • **Кулико́вская би́тва** la bataille de Koulikovo • **би́тва на Ка́лке** la bataille de la Kalka • **би́тва под Полта́вой** la bataille de Poltava • **би́тва при Бородине́** la bataille de la Moskova • **би́тва при Цуси́ме** la bataille de Tsoushima

битко́м *adv*
● **битко́м наби́тый** plein à craquer, bondé › **ваго́н битко́м наби́т** le wagon est bondé

бито́к *nm* boulette (CULIN)

би́тый *adj* cassé • **би́тая посу́да** de la vaisselle cassée • **би́тый автомоби́ль** une voiture accidentée, une épave
● **би́тый час** plus d'une heure

бить* [II, бью, бьёшь - бей] ◪ *vt* **1.** / **поби́ть*** [II, побью, побьёшь - побе́й - поби́тый] battre, frapper • **бить ребёнка** battre un enfant • **бить по лицу́** frapper au visage • **бить по́ столу кулако́м** donner des coups de poing sur la table • **дождь бьёт по стёклам** la pluie frappe les carreaux • **бить в цель** frapper au but • **бить ми́мо це́ли** manquer le but • **би́ть пена́льти** tirer un

penalty **2.** / **разби́ть*** [II, разобью́, разобьёшь - разбе́й - разби́тый] casser • **бить стёкла** casser les vitres **3.** / **разби́ть*** [II, *id*] battre, vaincre • **бить врага́** battre l'ennemi **4.** / **проби́ть*** [II, пробью́, пробьёшь - пробе́й - проби́тый] battre, faire résonner, sonner • **бить в бараба́н** battre du tambour • **бить в колокола́** sonner les cloches **5.** *(dans l'expression de l'heure)* • **часы́ бьют шесть** l'horloge sonne six heures • **бьёт шесть часо́в** six heures sonnent • **про́било по́лночь** minuit a sonné
● **его́ бьёт лихора́дка** il est torturé par la fièvre ◪ *vi* jaillir • **в саду́ би́ли фонта́ны** dans le jardin, il y avait des jets d'eau
● **бить на эффе́кт** chercher à faire de l'effet

À PROPOS DE...

Au passé, le perfectif **проби́ть** est accentué **про́бил, про́било, про́били** dans l'expression de l'heure.

би́ться* [II, бьюсь, бьёшься - бе́йся] *vp* **1.** / **поби́ться*** [II, *id*] → **бить 2.** / **разби́ться*** [II, разобьётся, разобью́тся - разбе́йся] → **бить 3.** battre, palpiter • **се́рдце бьётся** le cœur bat **4.** se débattre, se casser la tête à • **би́ться над разреше́нием зада́чи** se casser la tête à résoudre un problème • **би́ться как ры́ба об лёд** se débattre désespérément • **би́ться голово́й об стену** se casser la tête contre les murs • **ско́лько я ни би́лся...** j'ai eu beau faire...

бифште́кс *nm* steak • **натура́льный бифште́кс** steak • **ру́бленый бифште́кс** steak haché, hamburger

бич ③② *nm* **1.** fouet • **хлестну́ть бичо́м** frapper avec un fouet **2.** *fig* fléau • **бич бо́жий** le fléau de Dieu • **настоя́щим бичо́м ста́ли лесны́е пожа́ры** les incendies de forêts sont devenus un véritable fléau

бла́го *nnt* le bien • **ни за каки́е бла́га в ми́ре** pour rien au monde • **на бла́го всем** pour le bien de tous
● **всех благ!** bonne chance !

благове́щенский *adj* de l'Annonciation • **Благове́щенский собо́р** église de l'Annonciation

благови́дный *adj*
● **под благови́дным предло́гом** en trouvant un bon prétexte

благодари́ть / **поблагодари́ть** *v* remercier • **благодарю́ тебя́ за кни́гу** je te remercie pour le livre
● **благодарю́** merci

благода́рность *nf* reconnaissance, gratitude • **с глубо́кой благода́рностью** avec une profonde reconnaissance • **в знак благода́рности** en signe de reconnaissance

благода́рный *adj* reconnaissant • **я вам о́чень благода́рен** je vous en suis très reconnaissant

благодаря́ *prép (+ D)* grâce à • **благодаря́ случа́йности** grâce au hasard

благоде́тельный *adj* bienfaisant • **благоде́тельное влия́ние** une influence bienfaisante

благополу́чие *nnt* prospérité, bien-être • **мно́гие ду́мают то́лько о своём благополу́чии** beaucoup ne pensent qu'à leur bien-être

благополу́чно *adv* bien, pour le mieux • **всё зако́нчилось благополу́чно** tout s'est terminé pour le mieux

благополу́чный *adj* satisfaisant • **благополу́чный исхо́д** une issue favorable

благоприя́тный *adj* favorable, propice • **благоприя́тные усло́вия** des conditions favorables • **благоприя́тный слу́чай** une occasion propice • **получи́ть благоприя́тный отзы́в** recevoir un accueil favorable

благоразу́мный *adj* raisonnable • **благоразу́мные сове́ты** des conseils raisonnables

благоро́дный *adj* noble, généreux • **благоро́дная цель** un noble but
● **на благоро́дном расстоя́нии** *vieilli* à une distance respectueuse

благосостоя́ние *nnt* prospérité, bien-être • **благосостоя́ние росси́йской эконо́мики** la prospérité de l'économie de la Russie

благотво́рный *adj* bienfaisant • **благотво́рное влия́ние** une influence bienfaisante

благоустро́енный *adj* bien aménagé • **она́ живёт в благоустро́енной кварти́ре** elle habite dans un un appartement bien aménagé • **са́мый благоустро́енный го́род о́бласти** la ville la mieux aménagée de la région

блаже́нный ◾ *adj* bienheureux • **блаже́нная улы́бка** un sourire béat • **храм Васи́лия Блаже́нного** la cathédrale Basile-le-Bienheureux ◾ *nm* innocent, simple d'esprit • **на него́ смотре́ли как на блаже́нного** on le considérait un peu comme un innocent

блаже́нство *nnt* félicité • **чу́вствовать себя́ на верху́ блаже́нства** être au comble de la félicité

бланк *nm* formulaire • **запо́лнить бла́нк** remplir un formulaire

бледне́ть / **побледне́ть** *v* pâlir • **он побледне́л от стра́ха** la peur le fit pâlir

бле́дный ⑤ *adj* pâle • **лицо́ его́ бы́ло бле́дно от уста́лости** son visage était pâle de fatigue • **бле́дный как полотно́** blanc comme un linge

блёкнуть* [III] / **поблёкнуть*** [III] *v* **1.** pâlir, s'estomper • **со вре́менем блёкнут в па́мяти собы́тия** avec le temps les souvenirs des événements s'estomperont **2.** pâlir, passer • **на свету́ кра́ски бы́стро блёкнут** les couleurs passent vite sous l'effet de la lumière **3.** se faner • **цветы́ поблёкли** les fleurs sont fanées

блеск *nm* éclat, brillant • **блеск со́лнца** l'éclat du soleil • **во всём своём бле́ске** dans tout son éclat
◾ **с бле́ском** avec brio › **говори́ть с бле́ском** parler avec brio

/ **блесну́ть** *v* **1.** → **блесте́ть** **2.** apparaître subitement • **у меня́ блесну́ла мысль** une idée m'a traversé l'esprit

блесте́ть* / **блесну́ть** *v* **1.** / [I, блещу́, блести́шь] briller *litt* • **снег блесте́л на со́лнце** la neige brillait au soleil • **соба́ка с ше́рстью, блестя́щей как шёлк** un chien au poil brillant comme de la soie **2.** / [II, блещу́, бле́щешь] ④ briller *fig* • **он не бле́щет умо́м** ce n'est pas un aigle
◾ **не всё то зо́лото, что блести́т** tout ce qui brille n'est pas or

блестя́ще *adv* brillamment • **блестя́ще вы́держать экза́мен** être reçu brillamment à un examen

блестя́щий *adj* brillant • **блестя́щие глаза́** des yeux brillants • **блестя́щий ора́тор** un orateur brillant • **блестя́щий успе́х** un succès éclatant

ближа́йший *(superl de* **бли́зкий***) adj* le plus proche • **ближа́йшая по́чта** le bureau de poste le plus proche • **в ближа́йшем бу́дущем** dans l'avenir le plus proche • **при ближа́йшем рассмотре́нии** en regardant les choses de plus près

бли́же *comp de* **бли́зкий**

бли́зко *adv* près
◾ **до го́рода совсе́м бли́зко** la ville est tout près d'ici

бли́зкий *(comp.* **бли́же***)* ⑤ *adj* proche • **побе́да близка́** la victoire est proche • **бли́зкий ро́дственник** un proche parent
◾ **бли́же к де́лу** passons au fait

близне́ц ③② *nm* jumeau • **бра́тья-близнецы́** des frères jumeaux
◾ **Близнецы́** *pl* (ASTROL) Gémeaux

близору́кий *adj* myope • **очки́ для близору́ких** des lunettes pour myopes • **близору́кая поли́тика** une politique à courte vue

блин ③② *nm* crêpe *(à la russe)*
◾ **пе́рвый блин ко́мом** le premier essai est toujours raté

CULTURE...

блин

Les blinis russes n'ont pas grand-chose à voir avec ces amuse-gueule qui déferlent sur les tables françaises à l'heure de l'apéritif et que l'on tartine généreusement de tarama.

Ces crêpes larges et fines, qui sont faites avec de la farine de blé et de sarrasin, ont une tradition bien ancrée en Russie.

Bien qu'on les déguste tout au long de l'année, c'est pendant la « semaine grasse » **ма́сленица** qu'elles sont vraiment à l'honneur. On sert les blinis avec du beurre, des légumes ou de la viande, mais dans les grandes occasions on les savoure avec du caviar rouge ou noir.

On peut aussi les manger avec du miel ou de la **смета́на**, crème fraîche très épaisse. Les blinis ont toujours été un grand classique de la gastronomie russe.

блиста́ть *v* briller • **ку́пол блиста́л зо́лотом** la coupole dorée brillait • **блиста́ть красноре́чием** briller par son éloquence
● **блиста́ть свои́м отсу́тствием** briller par son absence

блог *nm* blog • **он ведёт блог** il tient un blog

блок[1] *nm* poulie

блок[2] *nm* bloc, coalition

блока́да *nf* blocus • **экономи́ческая блока́да** le blocus économique • **во вре́мя блока́ды Ленингра́да** pendant le siège de Léningrad

блонди́нка *nf* une blonde

блоха́ ②③ *nf* puce • **меня́ укуси́ла блоха́** une puce m'a piqué

блу́дный *adj*
● **блу́дный сын** le fils prodigue

блужда́ть / **поблужда́ть** *v* errer • **блужда́ть в лесу́** errer à travers bois
● **блужда́ющие огни́** feux follets • **блужда́ющий взгляд** œil hagard

блу́за *nf* blouse *(corsage)*

блу́зка *nf* chemisier, corsage • **блу́зка в цвето́чек** chemisier à fleurs

блю́до *nnt* **1.** plat *(vaisselle)* • **фарфо́ровое блю́до** un plat de porcelaine **2.** plat *(mets)* • **обе́д из трёх блюд** un déjeuner de trois plats • **вку́сное блю́до** un bon plat • **моё люби́мое блю́до** mon plat préféré

блю́дце *nnt* soucoupe • **ча́шка с блю́дцем** une tasse avec une soucoupe

боб ③② *nm* fève
● **оста́ться на боба́х** rester le bec dans l'eau *fig*

бобр ③② *nm* castor

бог ①③ *(la prononciation est* [box]*)* *nm* dieu
■ **Бог** *nm* Dieu • **ве́рить в Бо́га** croire en Dieu • **моли́ться Бо́гу** prier Dieu
● **Бог его́ зна́ет** Dieu seul le sait • **на Бо́га наде́йся, а сам не плоша́й** aide-toi, le ciel t'aidera • **ра́ди Бо́га** pour l'amour du ciel • **сла́ва Бо́гу** Dieu merci ! • **не дай Бог** Dieu nous en garde • **болта́ется, Бог зна́ет где** il traîne Dieu sait où

богате́ть / **разбогате́ть** *v* s'enrichir

бога́тство *nnt* richesse • **приро́дные бога́тства** les richesses naturelles

бога́тый *(comp.* **бога́че***)* *adj* riche • **э́то край, бога́тый хле́бом** c'est une région riche en blé • **бога́тый урожа́й** une récolte abondante • **бога́тый о́пыт** une riche expérience

богаты́рский *adj* **1.** héroïque • **богаты́рские по́двиги** des hauts faits **2.** herculéen • **богаты́рский го́лос** une voix de stentor • **богаты́рского сложе́ния** taillé en athlète • **спать богаты́рским сном** dormir d'un sommeil de plomb

богаты́рь ③② *nm* **1.** preux *(héros de contes épiques des peuples de Russie)* **2.** hercule, armoire à glace *fig* • **грома́дные мужчи́ны, про́сто богатыри́** des hommes costauds, de véritables armoires à glace

бога́ч ③② *nm* richard

бога́че *comp de* **бога́тый**

боги́ня *nf* déesse

богомо́лец *nm* pèlerin • **в монасты́рь стека́ются богомо́льцы со всей страны́** des foules de pèlerins venus de tout le pays se dirigeaient vers le monastère

богомо́лье *nnt* pèlerinage • **хожде́ние в Соловки́ на богомо́лье** un pèlerinage à Solovki

Богоро́дица *nf* la Mère de Dieu

бо́дрый ⑤ *adj* dispos, alerte • **бодр и свеж** frais et dispos • **бо́дрый стари́к** un vieillard encore vert

боево́й *adj* **1.** de combat • **в боево́м поря́дке** en ordre de combat • **боево́е креще́ние** le baptême du feu • **боевы́е единобо́рства** les sports de combat **2.** combatif • **боево́й па́рень** un garçon qui n'a pas froid aux yeux

бое́ц *nm* combattant, soldat

бо́же! *interj* Dieu ! • **бо́же мой!** Mon Dieu !

боже́ственный *adj* divin *litt & fig* • **боже́ственная литурги́я** la divine liturgie • **у э́той певи́цы боже́ственный го́лос** cette cantatrice a une voix divine

бо́жий *adj d'appart* de Dieu • **бо́жья во́ля** la volonté de Dieu

• **бóжья корóвка** coccinelle • **кáждый бóжий день** tous les jours *(sans exception)*

бой* *(loc.* бою́*)* ⑧② *nm* **1.** combat, bataille • **у́личные бои́** des combats de rue • **взять с бóю*** prendre d'assaut • **сдáться без бóя** se rendre sans coup férir • **приня́ть бой** accepter le combat **2.** course, combat • **бой остановлен в трéтьем рáунде** le combat a été arrêté au troisième round • **бой быкóв** une course de taureaux • **петуши́ный бой** un combat de coqs **3.** son, sonnerie • **барабáнный бой** un roulement de tambour • **бой часóв** la sonnerie de l'horloge

• **возду́шный бой** un combat aérien • **морскóй бой a.** (MIL) un combat naval **b.** la bataille navale *(jeu)* › **игрáть в морскóй бой** jouer à la bataille navale

бой-бáба *nf* une battante, une maîtresse femme

бóйкий *(comp.* бóйче*)* ⑤ *adj* **1.** déluré, dégourdi • **бóйкий пáрень** un garçon dégourdi • **имéть бóйкий язы́к** avoir la langue bien pendue **2.** vif, animé • **бóйкая у́лица** une rue animée

бóйня *nf* **1.** abattoir • **городски́е бóйни** les abattoirs de la ville **2.** carnage • **устрóить бóйню** faire un carnage

бóйче *comp de* бóйкий

бок* *(loc.* боку́ *; pl.* бокá*)* ⑧② *nm* **1.** flanc • **у меня́ кóлет в боку́** j'ai un point de côté **2.** côté • **положи́ть нá бок** poser sur le côté

• **лежáть на боку́ a.** *litt* être étendu sur le flanc **b.** *fig* ne rien faire • **намя́ть бокá** flanquer une dérouillée

> **À PROPOS DE...**
>
> L'accent passe sur la préposition dans les groupes **зá бок, нá бок, бок ó бок.**

бокáл *nm* coupe, verre • **подня́ть бокáл за когó-нибудь** lever son verre à la santé de qqn

боковóй *adj* latéral • **боковы́е аллéи** les allées latérales

бокс *nm* **1.** boxe (SPORT) **2.** caisson • **бокс для подвóдной съёмки** un caisson pour des prises de vue sous-marines

болгáрин* *(pl.* болгáры, болгáр, болгáрам*)* *nm* Bulgare *m*

Болгáрия *nf* Bulgarie

болгáрка *nf* Bulgare *f*

болгáрский *adj* bulgare

болвáн *nm* abruti, andouille

бóлее *adv* **1.** *(+ adj* OU *adv)* plus • **бóлее тёмный** plus sombre • **бóлее спокóйно** plus tranquillement **2.** *(+ G)* plus, davantage • **бóлее двух часóв** plus de deux heures

• **бóлее и́ли мéнее** plus ou moins › **бóлее и́ли мéнее похóжий** plus ou moins ressemblant • **всё бóлее и бóлее** de plus en plus • **тем бóлее, что** d'autant plus que • **бóлее тогó** en outre • **бóлее чем серьёзно** tout à fait sérieusement

> **À PROPOS DE...**
>
> Il ne faut pas confondre **бóлее**, qui sert à former le comparatif, et **бóльше** qui est le comparatif de **мнóго** et de **большóй**. Cependant, leur sens et leur emploi coïncident parfois (voir **бóлее, бóльше** et certaines expressions idiomatiques).

болéзненный *adj* **1.** maladif, souffreteux • **у негó болéзненный вид** il a un air maladif **2.** maladif, malsain • **болéзненное любопы́тство** une curiosité malsaine **3.** douloureux • **болéзненное ощущéние** une sensation douloureuse

болéзнь *nf* maladie • **зарáзная болéзнь** une maladie contagieuse • **неизлечи́мая болéзнь** une maladie incurable • **душéвные болéзни** les maladies mentales • **подцепи́ть болéзнь** attraper une maladie

• **морскáя болéзнь** le mal de mer

болéльщик *nm* supporter *m* • **болéльщики мéстной комáнды** les supporters de l'équipe locale

болéть[1] *(+ I) v* être malade • **болéть грíппом** avoir la grippe

■ **болéть за** *(+ A) loc verbale* soutenir *(encourager)* • **болéть за мéстную комáнду** être supporter de l'équipe locale

болéть*[2] [*(3ème personne seulement)* I боли́т, боля́т] / **заболéть*** [I, *id*] *v* faire mal • **у меня́ боли́т зуб** j'ai mal à une dent • **кáждый день боли́т в другóм мéсте** tous les jours j'ai mal à un endroit différent • **у меня́ заболе́ла голова́** j'ai mal à la tête

боло́тистый *adj* marécageux • **боло́тистая ме́стность** une région marécageuse

боло́то *nnt* marécage
● **торфяно́е боло́то** tourbière

болта́ть ■ *vt* / **поболта́ть** *et* **взболта́ть** agiter • **взболта́ть, но не сме́шивать** agiter mais ne pas mélanger ■ *vi* **1.** *(+ I)* agiter • **болта́ть нога́ми** remuer les jambes **2.** / **поболта́ть** bavarder • **болта́ть без у́молку** bavarder sans arrêt • **поболта́ть с подру́жками** bavarder avec des amies
● **болта́ть глу́пости** dire des bêtises • **болта́ть языко́м** parler pour ne rien dire

болта́ться / **поболта́ться** *vp* **1.** être agité, se balancer • **на ветру́ болта́лся кусо́к мате́рии** un morceau de tissu flottait au vent **2.** errer • **болта́ться без де́ла** errer sans occupation précise

болтовня́ *nf* bavardage, verbiage • **она́ была́ заня́та болтовнёй** elle était occupée à bavarder • **у меня нет вре́мени на болтовню́** je n'ai pas le temps de bavarder

болту́н ③② *nm* bavard

болту́нья *nf* bavarde

боль *nf* douleur • **испы́тывать о́струю боль** ressentir une douleur aiguë

больна́я *adj subst f* malade *f*

больни́ца *nf* hôpital • **лечь в больни́цу** être hospitalisé • **лежа́ть в больни́це** être à l'hôpital

бо́льно *adv* **1.** douloureusement • **бо́льно уда́риться** se faire mal en se cognant **2. бо́льно ты умён!** *fam iron* tu es vraiment très malin ! • **да не бо́льно и на́до!** on s'en moque, on n'en voulait pas !
● **мне бо́льно здесь** j'ai mal là • **уша́м бо́льно** ça fait mal aux oreilles • **сде́лать кому́-нибудь бо́льно** faire mal à qqn

больно́й ③ *adj* **1.** malade • **больна́я нога́** la jambe malade **2.** *fig* maladif • **больно́е воображе́ние** une imagination maladive
● **больно́е ме́сто** le point sensible › **э́то его́ больно́е ме́сто** c'est son point sensible • **больно́й вопро́с** une question épineuse
■ **больно́й** *adj subst m* malade *m* • **навести́ть больно́го** rendre visite à un malade

бо́льше *(comp. de* **большо́й** *OU* **мно́го***)* *adv* **1.** plus grand • **ско́рость вдво́е бо́льше** la vitesse est deux fois plus grande **2.** davantage, plus • **не бо́льше двух часо́в** pas plus de deux heures • **бо́льше, чем когда́ бы то ни́ было** plus que jamais **3.** *(suivi d'une négation)* ne... plus • **ты бо́льше не слу́шаешь меня́** tu ne m'écoutes plus • **что́бы э́того бо́льше не́ было!** que ça ne se reproduise plus ! • **бо́льше не бу́ду** je ne le ferai plus
● **бо́льше того́** en outre

> **À PROPOS DE...**
>
> Attention, ne pas confondre **бо́льше** avec **бо́лее**.
> Attention, ne pas confondre
> • **не бо́льше** pas plus (que) avec
> • **бо́льше не** ne plus...

бо́льший *(comp. de* **большо́й***)* *adj* plus grand • **с всё бо́льшим интере́сом** avec un intérêt grandissant
● **бо́льшей ча́стью** en majeure partie • **са́мое бо́льшее** tout au plus

большинство́ *nnt* majorité • **абсолю́тное большинство́** la majorité absolue • **подавля́ющее большинство́** une majorité écrasante • **в большинстве́ слу́чаев** dans la plupart des cas

большо́й (**вели́к***, **велика́** ~ *comp.* **бо́льше*** *OU* **бо́льший****)* ③ *adj* **1.** grand, de grande taille • **большо́й го́род** une grande ville • **больша́я доро́га** la grand-route **2.** grand, important • **большо́й успе́х** un grand succès • **большо́е го́ре** un grand chagrin • **больши́е де́ньги** une grosse somme • **больши́е собы́тия** des événements importants
● **больша́я бу́ква** une majuscule • **Большо́й дом** *fam* les autorités policières • **большо́й па́лец a.** le pouce **b.** le gros orteil
■ **больши́е** *vieilli pl* les grandes personnes • **слу́шаться больши́х** obéir aux grandes personnes

бомж *(abr de* **без определённого ме́ста жи́тельства***)* *nm* SDF

боре́ц *nm* **1.** combattant • **боре́ц за свобо́ду** un défenseur de la liberté **2.** (SPORT) lutteur • боре́ц тяжёлого ве́са un lutteur poids lourd

борза́я *adj subst f* lévrier

бормота́ть* [II, бормочу́, бормо́чешь] ④ / **пробормота́ть** *id v* marmonner, bredouiller

борода́ ⑥③ *nf* barbe • отпусти́ть бо́роду se laisser pousser la barbe
● в бо́роду sous cape • посме́иваться в бо́роду rire dans sa barbe • Си́няя Борода́ Barbe-Bleue

борода́вка *nf* verrue

борода́тый *adj* barbu

борозда́ ②③ *nf* sillon

боро́ться* [II, борю́сь, бо́решься] ④ / **поборо́ться** *id vp* combattre • боро́ться за *(+ A)* lutter pour › боро́ться за свобо́ду combattre pour la liberté • боро́ться с *(+ I)* lutter contre › боро́ться со сном lutter contre le sommeil • боро́ться про́тив *(+ G)* lutter contre › боро́ться про́тив алкоголи́зма lutter contre l'alcoolisme

борт* *(loc.* борту́ *; pl.* борта́*)* ⑧② *nm* bord *(d'un navire)* • на борту́ корабля́ à bord d'un navire • взять на́ борт prendre à bord • вы́бросить за́ борт jeter par-dessus bord • челове́к за бо́ртом! un homme à la mer !

À PROPOS DE...

L'accent passe sur la préposition dans les groupes за́ борт, на́ борт, борт о́ борт.

бортпроводни́ца *nf* hôtesse de l'air

борщ ③ *nm* borchtch, soupe aux betteraves

борьба́ *nf* **1.** lutte *(combat)* • борьба́ со спа́мом la lutte contre le spam • борьба́ за чистоту́ окружа́ющей среды́ la lutte pour la propreté de l'environnement **2.** lutte (SPORT)

босико́м *adv* pieds nus • ходи́ть босико́м marcher pieds nus

босо́й ⑤, **босоно́гий** *adj* aux pieds nus • босоно́гие мальчи́шки des gamins aux pieds nus

босоно́жки *pl* nu-pieds

craftsмен

бося́к ③② *nm* va-nu-pieds

бот *nm* **1.** (NAUT) canot • спаса́тельный бот canot de sauvetage **2.** (INFORM) bot • скача́ть с се́рвера бо́тов télécharger des bots

боти́нок* *(gén. pl.* боти́нок*) nm* soulier, chaussure • сде́ланные по ли́чной ме́рке боти́нки des souliers sur mesure • высо́кие боти́нки на шнуро́вке des chaussures montantes lacées
● горнолы́жные боти́нки des chaussures de ski (de piste)

бо́чка *nf* tonneau, barrique
● porохова́я бо́чка baril de poudre • сиде́ть на порохово́й бо́чке être assis sur un barril de poudre

бочо́нок *nm* **1.** petit tonneau, baril • бочо́нок мёда un petit tonneau de miel **2.** = boule *(de loto)*

боязли́вый *adj* craintif, peureux • боязли́вый зверёк un animal craintif • боязли́вый взгляд un regard timide

боя́знь *nf* crainte, appréhension • из боя́зни опозда́ть de crainte d'être en retard

боя́рин* *(pl.* боя́ре, боя́р, боя́рам*) nm* boyard *(grand noble et titre de l'ancienne Russie jusqu'à la fin du XVIIe siècle)*

боя́рышник *nm* aubépine

боя́ться* [I, бою́сь, бои́шься] / **побоя́ться*** [I, *id*] *vp* **1.** craindre • она́ бои́тся ма́тери elle craint sa mère • боя́ться простуди́ться avoir peur de prendre froid • я бою́сь, как бы он не пришёл je crains qu'il ne vienne • я бою́сь, что она не придёт je crains qu'elle ne vienne pas **2.** craindre *(être endommagé par)* • боя́ться сы́рости craindre l'humidité
● бою́сь сказа́ть je ne saurais dire au juste

бра* *nnt indécl* applique *(éclairage fixé au mur)*

брак¹ *nm* mariage • брак по любви́ un mariage d'amour

брак² *nm* rebut, pièces défectueuses

бракова́ть / **забракова́ть** *v* mettre au rebut *(des pièces défectueuses)*

брани́ть / **вы́бранить** *v* gronder • он всё брани́т меня́ il n'arrête pas de me gronder

брань¹ *nf* jurons

брань² *nf vieilli & littéraire* guerre, bataille • **на по́ле бра́ни** au champ d'honneur

брат* *(pl.* **бра́тья, бра́тьев, бра́тьям***) nm* **1.** frère **2.** cousin
● **наш брат** les gens comme nous, nous autres • **ваш брат** vous autres › **зна́ем мы ва́шего бра́та** on vous connaît, vous autres • ***Бра́тья Карама́зовы*** (**Достое́вский**) *les Frères Karamazov* (Dostoïevski)

> **À PROPOS DE...**
>
> S'il est indispensable de distinguer les notions de « frère » et de « cousin », on emploiera respectivement **родно́й брат** et **двою́родный брат**.

бра́тский *adj* fraternel

брать* [IV, **беру́, берёшь** - **брал, брала́, бра́ло, бра́ли**] ⑤ / **взять*** [IV, **возьму́, возьмёшь** - **взял, взяла́, взя́ло, взя́ли** - **взя́тый, взят, взята́, взя́то, взя́ты**] ⑤ ⑤ *v* **1.** prendre • **взять свою́ шля́пу** prendre son chapeau • **она́ брала́ дете́й с собо́й** elle emmenait les enfants avec elle • **взять такси́** prendre un taxi • **брать уро́ки** prendre des leçons • **взять сло́во** prendre la parole • **меня́ взял страх** j'ai pris peur • **э́та рабо́та берёт мно́го вре́мени** ce travail prend beaucoup de temps • **взять де́ло в свои́ ру́ки** prendre l'affaire en mains • **взять в плен** faire prisonnier • **взять вле́во** tourner à gauche **2.** mordre *(en parlant des poissons)* • **ры́ба хорошо́ берёт** le poisson mord bien
● **взять быка́ за рога́** prendre le taureau par les cornes • **взять да и ...** décider brusquement de... › **он взял да и уе́хал** brusquement, il lui a pris idée de partir › **возьму́ да и скажу́** et si, brusquement, je racontais tout ?

бра́ться* [IV, **беру́сь, берёшься** - **бра́лся, брала́сь**] ③ / **взя́ться*** [IV, **возьму́сь, возьмёшься** - **взя́лся, взяла́сь**] ③ ③ *vp* **1.** prendre entre ses mains, saisir • **взя́ться за́ голову** se prendre la tête à deux mains • **взя́ться за́ руки** se prendre par la main **2.** se mettre à, entreprendre • **я взя́лся за рабо́ту** je me suis mis au travail • **пора́ взя́ться за чино́вников** il est temps d'en venir aux fonctionnaires • **я не беру́сь суди́ть** je ne me permettrais pas de juger **3.** sortir • **отку́да он взя́лся** d'où est-ce qu'il sort ?
● **взя́ться за ум** devenir plus raisonnable • **отку́да ни возьми́сь** soudainement

бреве́нчатый *adj* en rondins

бревно́ *(pl.* **брёвна***)* ②① *nnt* rondin

бред* *(loc.* **бреду́***)* ⑧ *nm* délire • **больно́й в бреду́** le malade délire

бре́дить *v* **1.** délirer • **больно́й бре́дит** le malade délire **2.** *(+ I)* être fou de • **бре́дить му́зыкой** être fou de musique

брезгли́вость *nf* dégoût • **переси́лить брезгли́вость** surmonter son dégoût

бре́зговать / **побре́зговать** *v* **1.** *(+ I)* avoir de la répugnance pour • **бре́зговать сыро́й ры́бой** avoir de la répugnance pour le poisson cru • **он не бре́згует никаки́ми сре́дствами** tous les moyens lui sont bons **2.** *(+ inf)* • **он бре́зговал пить с ни́ми из одного́ стака́на** il lui répugnait de boire dans le même verre qu'eux

бре́зжить / **забре́зжить** *v* briller d'un faible éclat • **чуть бре́зжило** le jour commençait juste à poindre

бре́мя* *(gén., dat., loc., instr.* **бре́менем***) nnt* fardeau *fig* • **под бре́менем забо́т** sous le poids des soucis • **под бре́менем лет** sous le fardeau des ans

бренча́ть* [I, **бренчу́, бренчи́шь**] *v* **1.** *(sans complément)* cliqueter, résonner • **ключи́ бренча́ли** les clefs cliquetaient **2.** *(+ I)* faire cliqueter, faire résonner • **бренча́ть ключа́ми** faire cliqueter ses clefs **3.** *(***на** *+L)* mal jouer *(d'un instrument)* • **бренча́ть на роя́ле** pianoter

брести́* [IV, **бреду́, бредёшь** - **брёл, брела́**] ③ / **побрести́*** [IV, *id*] ③ ; *indét.* **броди́ть** *v* se traîner

брита́нец *nm* Britannique *m*

брита́нка *nf* Britannique *f*

брита́нский *adj* britannique

бри́тва *nf* rasoir • **электри́ческая бри́тва** un rasoir électrique

брить* [II, **бре́ю, бре́ешь**] / **побри́ть*** [II, **побре́ю, побре́ешь** - **побри́тый**] *v* raser

бри́ться* [II, бре́юсь, бре́ешься] / **побри́ться*** [II, побре́юсь, побре́ешься - побри́тый] *vp* se raser • **я бре́юсь ка́ждое у́тро** je me rase tous les matins

бровь ⑧③ *nf* sourcil • **густы́е бро́ви** sourcils épais • **хму́рить бро́ви** froncer les sourcils
● **не в бровь, а в глаз** en plein dans le mille

брод *nm* gué • **найти́ брод** trouver un gué • **до ме́ста, где мо́жно купа́ться, идти́ бро́дом почти́ киломе́тр** marcher presque un kilomètre dans l'eau jusqu'à l'endroit où on peut se baigner
● **не зна́я бро́ду*, не су́йся в во́ду** il ne faut jamais se lancer à l'aveuglette

броди́ть[1] *v* errer • **броди́ть по́ лесу** errer à travers bois • **броди́ть по кварти́ре** errer dans l'appartement

броди́ть[2] ④ *v* fermenter • **вино́ бро́дит** le vin fermente

бродя́га *nm* vagabond

бродя́жничать *v* mener une vie de vagabond

бродя́чий *adj* errant, ambulant • **бродя́чая жизнь** une vie errante • **бродя́чие музыка́нты** des musiciens ambulants

броже́ние *nnt* fermentation *litt & fig* • **броже́ние умо́в** la fermentation des esprits

бронено́сец *nm* cuirassé *(navire)* • **«Бронено́сец Потёмкин»** « le Cuirassé Potemkine »

брони́ровать[1] / **заброни́ровать** *v* réserver • **брони́ровать места́** réserver des places • **брони́ровать но́мер** réserver une chambre

бронирова́ть[2] / **забронирова́ть** *v* blinder

À PROPOS DE...

Les deux verbes ci-dessus diffèrent par leur accentuation.

бро́нь *nf* place réservée • **бро́нь на железнодоро́жный биле́т** place réservée *(dans le train)*

броня́ *nf* cuirasse, blindage

броса́ть / **бро́сить** ◪ *vt* **1.** jeter, lancer • **броса́ть ка́мни** jeter des pierres • **бро́сить взгляд** lancer un regard • **бро́сить я́корь** jeter l'ancre **2.** abandonner, cesser de • **бро́сить друзе́й** abandonner ses amis • **бро́сить рабо́ту** abandonner son travail • **брось кури́ть!** arrête de fumer !
● **броса́ть де́ньги на ве́тер** jeter l'argent par les fenêtres • **бро́сить на произво́л судьбы́** abandonner à son triste sort ◪ *vi* **броса́ть** *(+ I)* › **броса́ть снежка́ми в окно́** lancer des boules de neige sur la fenêtre

броса́ться / **бро́ситься** *vp* **1.** se précipiter • **я бро́сился ему́ на по́мощь** je me suis précipité à son secours • **бро́ситься на врага́** se ruer sur l'ennemi • **э́то броса́ется в глаза́** cela saute aux yeux **2.** **броса́ться** *(+ I)* se lancer › **броса́ться снежка́ми** se lancer des boules de neige **3.** se mettre (brusquement) à • **он бро́сился бежа́ть** il se mit à courir

/ **бро́сить** → броса́ть

/ **бро́ситься** → броса́ться

брусни́ка *nf* airelle rouge

бры́згать* [II, бры́зжу, бры́зжешь] /**бры́знуть** *v* **1.** gicler • **кровь бры́знула** le sang gicla • **и́скры бры́зжут** des étincelles jaillissent • **на ли́стья бры́згает вода́** l'eau gicle sur les feuilles **2.** **бры́знуть** *(+ I)* arroser de • **бры́знуть на прохо́жего водо́й** arroser d'eau un passant
● **бры́згать слюно́й** lancer des postillons

À PROPOS DE...

Employé dans son deuxième sens, бры́згать peut suivre la conjugaison régulière : бры́згаю, бры́згаешь...

бры́зги (брызг, бры́згам) *pl t* gouttelettes, étincelles → бры́згать

/ **бры́знуть** → бры́згать

брю́ки (брюк, брю́кам) *pl t* pantalon

брю́хо *fam nnt* ventre, bedaine • **наби́ть себе́ брю́хо** se remplir la panse

брюшко́ *(dim de* брю́хо*)* *nnt* ventre, petit ventre • **отрасти́ть себе́ брюшко́** prendre du ventre • **мужчи́на с брюшко́м** un monsieur bedonnant

бубенцы́ (бубенцо́в, бубенца́м) *pl t* grelots

бу́блик *nm* = bagel *(sorte de viennoiserie)*

буго́р *nm* monticule

бу́дет *v* → быть
● **бу́дет!** ça suffit ! › **бу́дет вам!** arrêtez !

буди́льник *nm* réveil *(pendule)* • **поста́вить буди́льник на семь утра́** régler le réveil sur sept heures du matin

буди́ть ④ *v* **1.** / **разбуди́ть** [*part.* **разбу́женный**] ④ réveiller ④ • **меня́ разбуди́ли в пять часо́в** on m'a réveillé à cinq heures **2.** / **пробуди́ть** [*part.* **пробуждённый***] éveiller*, provoquer* • **буди́ть любопы́тство** éveiller la curiosité

бу́дка *nf* guérite, cabine • **бу́дка часово́го** guérite • **телефо́нная бу́дка** cabine téléphonique • **соба́чья бу́дка** niche à chien

бу́дни (бу́дней, бу́дням) *pl t* **1.** jours de semaine • **звони́те по бу́дням с 9.30 до 18 часо́в** téléphoner en semaine de 9h30 à 18h00 **2.** le train-train quotidien • **пра́здник ко́нчился, наступи́ли бу́дни** la fête est terminée, le train-train a repris

бу́дто(бы), как бу́дто(бы) ■ *conj* comme si • **он идёт да́льше, бу́дто и не слы́шит** il continue sa route comme s'il n'entendait rien ■ *particule* que *(dans un contexte marquant le doute)* • **мне как бу́дто лу́чше** il me semble que je vais mieux • **ему́ показа́лось, бу́дто** il lui sembla que

бу́ду, бу́дучи → быть

бу́дущий *adj* futur • **на бу́дущей неде́ле** la semaine prochaine • **в бу́дущем году́** l'année prochaine • **бу́дущие врачи́** les futurs médecins • **бу́дущее вре́мя** le futur (GRAMM)
■ **бу́дущее** *adj subst nt* l'avenir • **в ближа́йшем бу́дущем** dans l'avenir le plus proche

будь → быть

бу́йный ⑤ *adj* impétueux • **бу́йный хара́ктер** un caractère violent • **бу́йный ве́тер** un vent impétueux

бук *nm* hêtre

бука́шка *nf* insecte, bestiole • **тарака́ны — така́я вре́дная бука́шка** les cafards, ces bestioles nuisibles
● **без бума́жки ты бука́шка, а с бума́жкой — челове́к** sans le papier tu n'es rien, si tu as ton papier, tu es qqn

бу́ква *nf* lettre, caractère
● **больша́я бу́ква** majuscule • **ма́ленькая бу́ква** minuscule • **прописна́я бу́ква** majuscule • **стро́чная бу́ква** minuscule • **остава́ться мёртвой бу́квой** rester lettre morte

буква́льно *adv* littéralement • **лед та́ял буква́льно на глаза́х** la glace fondait littéralement à vue d'œil

буква́льный *adj* littéral • **буква́льный перево́д** traduction mot à mot

буква́рь ③② *nm* abécédaire

буксова́ть / **забуксова́ть** *v* déraper • **колёса буксу́ют** les roues patinent

була́вка *nf* épingle
● **(англи́йская) була́вка** une épingle à nourrice

бу́лка *nf* pain blanc

бу́лочка *nf* = brioche

бу́лочная *adj subst f* boulangerie

бу́лочник *nm* boulanger

бу́лочница *nf* boulangère

булы́жник *nm* pavé • **мощёный булы́жником переу́лок** une ruelle pavée

бу́лькать / **бу́лькнуть** *v* glouglouter

бума́га *nf* **1.** papier • **бума́га в клётку** du papier quadrillé • **копирова́льная бума́га** papier carbone • **обёрточная бума́га** du papier d'emballage • **папиро́сная бума́га** du papier à cigarettes • **пи́счая бума́га** du papier à lettres • **электро́нная бума́га** papier électronique **2.** *(généralement au pl)* papier, document • **ры́ться в бума́гах** fouiller dans les papiers
● **остава́ться на бума́ге** rester sur le papier › **прое́кт оста́лся на бума́ге** le projet est resté sur le papier

бума́жка *dim de* бума́га

бума́жник *nm* portefeuille

бума́жный *adj* de papier • **бума́жные салфе́тки** des serviettes en papier
● **бума́жные де́ньги** papier-monnaie

бунт *nm* émeute • **бунт заключённых** une émeute de détenus • **пугачёвский бунт** le soulèvement de Pougatchev

бунтáрь ③② *nm* mutin

бунтовáть / **взбунтовáть** ◪ *vt* inciter à la révolte • **взбунтовáть нарóд** pousser la population à la révolte ◪ *vi & vp* / **взбунтовáться** se révolter • **подрóстком он бунтовáл** quand il était adolescent il était révolté

бунтовщи́к ③② *nm* mutin

бурáн *nm* tempête de neige

бури́ть / **пробури́ть** *v* forer • **бури́ть нефтянýю сквáжину** forer un puits de pétrole

бýрка *nf* « bourka » *(pèlerine de feutre caucasienne)*

бýркать / **бýркнуть** *v* bougonner • **он бýркнул чтó-то себé под нос** il marmonna qqch dans sa barbe

/ **бýркнуть** → бýркать

бурлáк ③② *nm* haleur

бýрный ⑤ *adj* **1.** tempétueux • **бýрное мóре** une mer démontée **2.** impétueux, violent • **бýрное заседáние** une séance orageuse • **бýрные аплодисмéнты** des applaudissements frénétiques

бýрый ⑤ *adj* brun • **бýрый медвéдь** un ours brun
● **бýрый ýголь** lignite

бурья́н *nm* mauvaise herbe

бýря *nf* tempête • **поднялáсь бýря** une tempête s'éleva • **бýря ути́хла** la tempête s'est calmée • **бýрей повали́ло дерéвья** la tempête a renversé des arbres
● **бýря в стакáне воды́** une tempête dans un verre d'eau

бýсы *(бус, бýсам) pl t* collier • **корáлловые бýсы** un collier de corail

бутербрóд *nm* tartine • **бутербрóд с икрóй** une tartine de caviar ~ sandwich ouvert • **бутербрóд с ветчинóй** un sandwich (ouvert) au jambon

буты́лка *nf* bouteille • **буты́лка винá** une bouteille de vin

бýфер* *(nom. pl.* буферá*)* ①② *nm* **1.** tampon (RAIL), pare-choc (AUTO) **2.** tampon *fig* • **служи́ть бýфером мéжду конфликтýющими сторонáми** servir de tampon entre les deux parties en guerre **3.** mémoire tampon (INFORM)

буфéт *nm* buffet *(cafétéria)*

бухгáлтер *nm* comptable *mf*

бýхта *nf* baie (GÉOGR) • **глубóкая бýхта** une baie profonde

бýхта-барáхта *nf*
● **с бýхты-барáхты** subitement • **оби́дно вот так, с бýхты-барáхты, всё потеря́ть** il est dommage de tout perdre comme ça, subitement

бушевáть *v* **1.** être déchaîné • **бушевáл вéтер** le vent soufflait avec furie **2.** faire de l'esclandre • **пья́ная компáния бушевáла на ýлице** une bande d'ivrognes faisait du scandale dans la rue

бы, б *fam particule* **я бы охóтно вернýлся домóй** je rentrerais volontiers chez moi • **емý бы погуля́ть** il ferait bien de faire une petite promenade • **былá бы онá здесь, я бы её поздрáвил** si elle était ici, je la féliciterais
■ **éсли бы** *loc conj* **éсли бы я знал, где я нахожýсь** si je savais où je me trouve
■ **чтó бы ни** *loc* quoi que • **что бы ни случи́лось** quoi qu'il arrive

бывáло[1] → бывáть

бывáло[2] *vieilli particule* **он, бывáло, чáсто éздил к нам** il avait l'habitude de venir souvent chez nous • **онá, бывáло, нам поёт пéсни** souvent, elle nous chantait des chansons • **онá, бывáло, ся́дет у окнá и начнёт вышивáть** d'ordinaire, elle s'installait près de la fenêtre et brodait

бывáлый *adj* qui en a vu de toutes sortes, expérimenté • **он человéк бывáлый** c'est un vieux routier • **бывáлый рыбáк** un pêcheur expérimenté

бывáть *v* **1.** être, se trouver • **вéчером онá всегдá бывáет дóма** le soir, elle est toujours chez elle **2.** / **побывáть** aller visiter, faire un séjour • **мы чáсто бывáем в теáтре** nous allons souvent au théâtre • **он побывáл на ю́ге** il a fait un séjour dans le Midi • **я никогдá не бывáл в Сиби́ри** je n'ai jamais été en Sibérie **3.** avoir lieu • **э́то бывáет** cela arrive • **э́то бывáет со всéми,** cela arrive à tout le monde
● **как не бывáло** il n'en reste pas trace › **дождя́ как не бывáло** on ne croirait pas qu'il a plu • **как ни в чём не бывáло** comme si de rien n'était ›

а он споко́йно сиди́т, как ни в чём не быва́ло et lui reste assis tranquillement, comme si de rien n'était

бы́вший *adj* ancien, précédent • бы́вший дире́ктор l'ancien directeur

бык[1] ③② *nm* taureau • бой быко́в une course de taureaux
• взять быка́ за рога́, prendre le taureau par les cornes • он здоро́в как бык, il est solide comme un roc

бык[2] ③② *nm* pile *(d'un pont)*

были́на *nf* byline *(chant épique de la vieille Russie)*

> **CULTURE...**
>
> **были́ны**
>
> Inconnues en Occident, les bylines relèvent de la tradition orale slave et ne sont comparables ni aux contes, ni aux vers, ni aux chansons. Datant d'une époque très ancienne (X-XIe siècles), ces chansons épiques commencent à se transmettre et à se conserver seulement à partir du XVIe siècle.
>
> Se mélangeant à des croyances et à des mythologies slaves, les bylines se fondent cependant sur des sources historiques réelles. Elles recouvrent toute l'histoire de la Russie depuis les origines et relatent les exploits des **богатыри́** (les preux), dont le plus connu est Ilia Mouromets, un paysan infirme qui, guéri miraculeusement, consacre toute sa vie à défendre les terres russes contre les envahisseurs.
>
> En général, les bylines ne sont pas l'œuvre d'un seul auteur. Anonymes, elles ont été élaborées au cours des siècles, mettant en scène des histoires qui se déroulent selon des schémas immuables, avec des personnages tout aussi immuables. Elles procèdent par « refrains », que l'on reprend à qui mieux mieux.

были́нка *nf* brin d'herbe

бы́ло[1], было[1] *(atone)* → быть

было[2] *(atone) particule* он чуть было не упа́л il a failli tomber • он собра́лся было поза́втракать il était sur le point de déjeuner • прекрати́вшийся было снег вдруг сно́ва повали́л, la neige, qui semblait avoir cessé de tomber, reprit soudain de plus belle

бы́стро *adv* vite • вре́мя бы́стро прохо́дит le temps passe vite

быстрота́ *nf* rapidité, vitesse • с быстрото́й мо́лнии avec la rapidité d'un éclair • быстрота́ выполне́ния логи́ческих опера́ций vitesse d'exécution des opérations logiques

быстрохо́дный *adj* rapide *(en parlant d'un navire, d'une voiture...)* • мо́щные быстрохо́дные внедоро́жники des 4x4 rapides et puissants

бы́стрый ⑤ *adj* rapide • бы́строе тече́ние un courant rapide

быт* *(loc.* быту́*)* ⑧ *nm* **1.** mode de vie • компью́тер вошёл в быт l'ordinateur est entré dans les mœurs **2.** vie quotidienne • музе́й крестья́нского бы́та le musée de la vie paysanne

бытово́й *adj* **1.** de mœurs, de la vie quotidienne • бытово́е явле́ние un phénomène de la vie courante • преступле́ние на бытово́й по́чве un crime domestique **2.** ménager • бытова́я те́хника électroménager • бытовы́е отхо́ды les déchets ménagers • комбина́т бытово́го обслу́живания centre de services domestiques

быть*
[*n cl, (présent inusité, à l'exception de la forme* **есть***)* был, была́, бы́ло, бы́ли ⑤ - бу́ду, бу́дешь, был, была́, бы́ло, бы́ли ⑤ - бу́дучи] *v*

1. = être
- **есть лю́ди, кото́рые ничего́ не боя́тся** il y a des gens qui n'ont peur de rien
- **есть чему́ ра́доваться** il y a de quoi se réjouir
- **он был у нас сего́дня у́тром** il était chez nous ce matin
- **его́ нет** il est absent
- **на столе́ бы́ли бума́ги** sur la table il y avait des documents
- **тебя́ ещё не́ было на све́те** tu n'étais pas encore né
- **не́ было ни одного́ свобо́дного ме́ста** il n'y avait pas une seule place libre

2. = avoir lieu
- **не бу́дет заседа́ния** il n'y aura pas de réunion
- **быть грозе́** un orage se prépare

3. POUR EXPRIMER L'APPARTENANCE
- **у меня́ есть интере́сные кни́ги** j'ai des livres intéressants
- **у нас бу́дет о чём поговори́ть** nous aurons de quoi parler

быть *copule*

1. AVEC UN ATTRIBUT = **être**
- **мой оте́ц был инжене́ром** mon père était ingénieur
- **она́ бу́дет дово́льна** elle sera contente
- **Пе́тя был высо́кого ро́ста** Pétia était de haute taille
- **кни́га была́ в ко́жаном переплёте** c'était un livre relié cuir
- **го́род был взят** la ville fut prise

2. DANS UNE TOURNURE IMPERSONNELLE
- **на у́лице бы́ло хо́лодно** il faisait froid dehors
- **нам бы́ло тепло́** nous avions chaud
- **мо́жно бы́ло гуля́ть** on pouvait se promener
- **нельзя́ бы́ло гуля́ть** on ne pouvait pas se promener

3. DANS L'EXPRESSION DE L'ÂGE
- **ей бы́ло три го́да** elle avait trois ans

быть *v aux*
(+ inf imperf)
- **мы бу́дем чита́ть** nous lirons

- **бу́дет!** ça suffit !
- **будь, что бу́дет** advienne que pourra !
- **так и быть** soit !

À PROPOS DE...

À la forme négative, on a :

1. soit **нет, не́ было, не бу́дет** + G (voir également les mots **есть** et **нет**) ***есть сту́лья → нет сту́льев → ей бы́ло три го́да → ей не́ было и трёх лет***

2. soit la négation **не** portant sur le verbe ou sur l'attribut ***он был инжене́ром → он не́ был инженёром***
она́ бу́дет дово́льна → она́ бу́дет недово́льна

3. soit, lorsque le sujet est un infinitif, **не-**, particule séparable entrant dans la composition des pronoms **не́чего, не́кого** et des adverbes **не́где, не́куда, не́когда**, etc. Le passé et le futur sont alors exprimés respectivement par les formes **было** (atone) et **бу́дет** placées après le pronom ou l'adverbe : ***есть чему́ ра́доваться → не́чему ра́доваться***
бы́ло чему́ ра́доваться → не́чему было ра́доваться .

L'accent passe sur la particule dans les groupes **не́ был, не́ было, не́ были; ни́ был, ни́ было, ни́ были** (voir **не** et **ни**).

бьёшь, бьёт, бью, бьют → бить

бюстга́льтер *nm* soutien-gorge

B

В, ВО *prép*

I *(+ A)*

1. INDIQUANT LA DIRECTION = **dans, en, à**
- **она́ вошла́ в ко́мнату** elle entra dans la pièce
- **верну́ться во Фра́нцию** rentrer en France
- **пое́хать в Москву́** aller à Moscou
- **ходи́ть в шко́лу** aller à l'école
- **о́кна в сад** des fenêtres donnant sur le jardin
- **ввести́ в заблужде́ние** induire en erreur

2. INDIQUANT UN CHANGEMENT D'ÉTAT, DE FORME, D'ASPECT = **en**
- **изорва́ть в клочки́** mettre en morceaux
- **лёд преврати́лся в во́ду** la glace s'est transformée en eau

3. INDIQUANT LE MOMENT DE L'ACTION
- **в сре́ду ве́чером** mercredi soir
- **в во́семь часо́в** à huit heures
- **в че́тверть второ́го** à une heure un quart
- **в пять мину́т тре́тьего** à deux heures cinq
- **в тот день** ce jour-là

4. INDIQUANT UNE ESTIMATION
- **ве́сом в два́дцать килогра́ммов** d'un poids de vingt kilos
- **кварти́ра в се́мьдесят квадра́тных ме́тров** un appartement de soixante-dix mètres carrés
- **сто́имостью в пять рубле́й** d'une valeur de cinq roubles

● **в отца́, в мать...** ressemblant à son père, à sa mère... › **он весь в отца́** c'est tout le portrait de son père
- **во что бы то ни ста́ло** à tout prix

II *(+L)*

1. INDIQUANT L'EMPLACEMENT = **dans, en, à**
- **де́ньги лежа́т в я́щике** l'argent est dans le tiroir
- **провести́ ме́сяц в Крыму́** passer un mois en Crimée
- **жить в Москве́** habiter à Moscou

2. INDIQUANT UN ÉTAT, UNE FORME, UN ASPECT
- **у него́ все па́льцы в кра́ске** il a les doigts pleins de peinture
- **Ни́на была́ в шёлковом пла́тье** Nina portait une robe de soie
- **челове́к в очка́х** un homme portant des lunettes
- **я́блони бы́ли в цвету́** les pommiers étaient en fleur
- **в еди́нственном числе́** au singulier
- **я не в состоя́нии рабо́тать** je ne suis pas en état de travailler

3. INDIQUANT UNE PÉRIODE
- **в сентябре́** en septembre
- **в 1968 году́** en 1968
- **в бу́дущем году́** l'année prochaine
- **в XX ве́ке** au XXᵉ siècle

4. INDIQUANT LA DISTANCE = **à**
- **в двух ме́трах от стены́** à deux mètres du mur
- **в трёх шага́х от меня́** à trois pas de moi
- **в киломе́тре от дере́вни** à un kilomètre du village
- **в десяти́ мину́тах ходьбы́ от вокза́ла** à dix minutes de marche de la gare

À PROPOS DE...

C'est le locatif et non l'accusatif que l'on a dans les deux expressions :
в кото́ром часу́? = **à quelle heure ?**, bien que la réponse exige l'accusatif ;
в полови́не пе́рвого = **à midi et demi**, bien que les autres subdivisions de l'heure soient exprimées à l'accusatif.

вагоновожа́тая *nf* conductrice de tram

ва́жничать / **зава́жничать** *v* faire l'important

ва́жность *nf* **1.** importance • **име́ть большу́ю ва́жность** avoir une grande importance • **де́ло большо́й ва́жности** une affaire de grande importance • **велика́ ва́жность!** la belle affaire ! **2.** air prétentieux • **говори́ть с ва́жностью** parler sur un ton prétentieux • **напуска́ть на себя́ ва́жность** se donner un air important

ва́жный ⑤ *adj* important • **ва́жное собы́тие** un événement important • **ва́жная роль** un rôle important • **приня́ть ва́жный вид** prendre un air important

ва́кса *nf* cirage noir

вал*¹ *(loc.* **валу́***)* ⑧② *nm* rempart • **земляно́й вал** un rempart en terre

вал*² *(loc.* **валу́***)* ⑧② *nm* haute vague, lame

вал*³ *(loc.* **валу́***)* ⑧② *nm* (TECHN) arbre • **приводно́й вал** arbre moteur • **коле́нчатый вал** vilebrequin

валёжник *nm* bois mort

ва́ленок* *(gén. pl.* **ва́ленок***)* *nm* botte de feutre

ва́лик *nm* **1.** rouleau • **ва́лик маля́рный** rouleau *(pour peindre)* **2.** (TECHN) arbre **3.** traversin

вали́ть¹ ④ *vt* **1.** / **повали́ть** ④ *et* **свали́ть** ④ abattre, renverser • **ве́тер повали́л дере́вья** le vent a abattu des arbres • **меня́ свали́ли с ног** j'ai été renversé **2.** / **свали́ть** ④ jeter • **свали́ть ве́щи в бага́жник** jeter des affaires dans le coffre **3.** / **свали́ть** ④ rejeter *fig* • **свали́ть вину́ на други́х** rejeter la faute sur les autres

вали́ть² / **повали́ть** *vi* venir, sortir, monter, descendre... en quantité • **наро́д вали́л в теа́тр** les gens arrivaient en foule au théâtre • **снег вали́т хло́пьями** la neige tombe à gros flocons • **из трубы́ вали́л чёрный дым** une fumée noire et épaisse montait de la cheminée

> **À PROPOS DE...**
>
> Les deux verbes ci-dessus diffèrent par leur accentuation.

вали́ться ④ / **повали́ться** ④ *vp* **1.** → **вали́ть** **2.** s'écrouler • **дом ва́лится** la maison tombe en ruines ● **у него́ всё ва́лится из рук** tout lui tombe des mains • **вали́ться с ног от уста́лости** tomber de fatigue

валю́та *nf* devises • **обменя́ть валю́ту на рубли́** changer des devises en roubles

валя́ть *v* rouler • **валя́ть в муке́** (CULIN) rouler dans la farine ● **валя́ть дурака́** faire l'imbécile

валя́ться *vp* se vautrer, traîner • **свинья́ валя́ется в грязи́** le cochon se vautre dans la boue • **кни́ги валя́лись на полу́** les livres traînaient par terre • **он це́лое у́тро валя́лся на дива́не** il a passé toute la matinée vautré sur son canapé

вам, ва́ми → **вы**

ва́нна *(gén. pl.* **ванн***)* *nf* **1.** baignoire • **мы́ться в ва́нне** se laver dans une baignoire **2.** bain • **принима́ть ва́нну** prendre un bain • **принима́ть со́лнечные ва́нны** prendre des bains de soleil

ва́нная *adj subst f* salle de bains • **он пошёл в ва́нную бри́ться** il est allé dans la salle de bains pour se raser

ва́рвар *nm* barbare

варёный *adj* bouilli, cuit • **варёные раки** des écrevisses bouillies • **варёная карто́шка** pommes de terre cuites à l'eau

варе́нье *nnt* confiture • **мали́новое варе́нье** confiture de framboises

вари́ть ④ / **свари́ть** ④ *v* faire cuire, faire bouillir • **вари́ть карто́шку** faire cuire des pommes de terre à l'eau • **вари́ться в со́бственном соку́** cuire dans son jus

варя́г *nm* **1.** Varègue *(les guerriers normands qui, vers la fin du IXᵉ siècle, pénétrèrent chez les Slaves orientaux)* **2.** personne de l'extérieur • **дире́ктором назна́чат варя́га** le directeur sera une personne de l'extérieur

вас → **вы**

василёк *nm* bleuet

ва́та *nf* ouate

ва́тник *nm veste de travail matelassée*

ва́учер *nm* bon *(titre)* • **ва́учер на беспроводно́й до́ступ в сеть** un bon pour l'accès au réseau sans fil

ва́фля *nf* gaufre

ва́хта *nf* **1.** quart (NAUT) • **стоя́ть на ва́хте** être de quart **2.** relève • **рабо́тать ва́хтами по две неде́ли** travailler avec des relèves tous les quinze jours

ваш ◪ *adj poss* votre • **ва́ши друзья́ прие́хали** vos amis sont arrivés ◪ *pron poss* **приве́т ва́шим** mes salutations à votre famille

вбега́ть / **вбежа́ть*** [*n cl,* вбегу́, вбежи́шь, вбегу́т - вбеги́] *v* entrer en courant • **в ко́мнату вбежа́л ма́льчик лет десяти́** un petit garçon d'une dizaine d'années entra dans la pièce en courant

/ **вбежа́ть** → вбега́ть

/ **взбеси́ть** → беси́ть

вбива́ть / **вби́ть*** [II, вобью́, вобьёшь - вбей - вби́тый] *v* enfoncer • **вбить гвоздь** enfoncer un clou • **вбить мяч в воро́та** marquer un but • **вбить себе́ в го́лову** se fourrer dans la tête

/ **вбить** → вбива́ть

вблизи́ *adv* tout près • **вблизи́ послы́шался треск су́чьев** un craquement de branches se fit entendre tout près
■ **вблизи́, вблизи́ от** *prép (+ G)* à proximité de • **вблизи́ мо́ря** à proximité de la mer

вброд *adv* à gué • **перейти́ реку́ вброд** passer une rivière à gué

введе́ние *nnt* **1.** introduction • **введе́ние в филосо́фию** introduction à la philosophie **2.** introduction *(mise en application)* • **введе́ние но́вых тари́фов** l'introduction de nouveaux tarifs **3.** introduction (MÉD) • **внутриве́нное введе́ние лека́рств** perfusion

/ **ввезти́** → ввози́ть

век *adv* de toute la vie • **век э́того не забу́ду** je n'oublierai jamais cela

вверх *adv* vers le haut *(direction)* • **вверх по реке́** en remontant le fleuve • **вверх по тече́нию** en amont
● **вверх дном** sens dessus dessous › **поста́вить весь дом вверх дном** mettre toute la maison sens dessus dessous • **ру́ки вверх!** haut les mains !

вверху́ *adv* en haut *(emplacement)* • **на сни́мке спра́ва вверху́** sur la photo en haut à droite

/ **ввести́** → вводи́ть

ввиду́ *prép (+ G)* eu égard à • **ввиду́ недоста́тка вре́мени** en raison du manque de temps

вводи́ть ④ / **ввести́*** [IV, введу́, введёшь - ввёл, ввела́ - введённый] ③ *v* introduire, faire entrer • **он ввёл меня́ в ко́мнату** il me fit entrer dans la pièce • **ввести́ но́вую мо́ду** introduire une nouvelle mode
● **ввести́ в заблужде́ние** induire en erreur • **ввести́ в курс де́ла** mettre au courant

ввози́ть ④ / **ввезти́*** [IV, ввезу́, ввезёшь - ввёз, ввезла́ - ввезённый] ③ *v* importer

/ **ввяза́ться** → вվя́зываться

ввя́зываться / **ввяза́ться*** [II, ввяжу́сь, ввя́жешься] ④ *vp* se mêler de • **ввяза́ться в разгово́р** se mêler à une conversation • **жале́ю, что ввяза́лся в э́ту исто́рию** je regrette de m'être mêlé de cette affaire

/ **вгляде́ться** → вгля́дываться

вгля́дываться / **вгляде́ться*** [I, вгляжу́сь, вгляди́шься] *vp* fixer du regard, scruter • **вгля́дываться в лицо́ прохо́жего** dévisager un passant • **вгляде́ться в темноту́** scruter les ténèbres

вдава́ться* [II, вдаю́сь, вдаёшься - вдава́йся] / **вда́ться** [*n cl,* вда́мся, вда́шься, вда́стся, вдади́мся, вдади́тесь, вдаду́тся - вда́лся, вдала́сь - вда́йся] ③ *vp* faire saillie • **мыс далеко́ вдаётся в мо́ре** le cap avance loin dans la mer
● **вдава́ться в подро́бности** entrer dans les détails

вдали́ *adv* au loin *(emplacement)* • **вдали́ черне́ет лес** au loin, on voit la ligne noire d'une forêt

вдаль *adv* au loin *(direction)* • **смотре́ть вдаль** regarder au loin

/ **вда́ться** → вдава́ться

вдво́е *adv* deux fois • **друга́я ко́мната вдво́е бо́льше** l'autre pièce est deux fois plus grande

вдвоём *adv* à deux • **вдвоём веселе́е** à deux, c'est plus gai

вдева́ть / **вдеть*** [*n cl,* вде́ну, вде́нешь - вде́тый] *vt* enfiler • **вдеть ни́тку в иго́лку** enfiler une aiguille

/ **вдеть** → вдева́ть

вдова́ ②① *nf* veuve

вдове́ц *nm* veuf

вдо́воль *adv* à volonté, à satiété • **вдо́воль попла́вать в бассе́йне** nager dans la piscine à volonté

вдогóнку *adv* à la poursuite de • **пусти́лись за ним вдогóнку** on se mit à sa poursuite

вдоль *prép (+ G)* le long de • **вдоль стены́** le long du mur
● **вдоль и поперёк** en long et en large › **я изъёздил странý вдоль и поперёк** j'ai parcouru le pays dans tous les sens
■ **вдоль по** *loc prép (+ D)* le long de • **вдоль по бéрегу** le long de la berge

вдохновéние *nnt* inspiration • **прирóда - неисчерпáемый истóчник вдохновéния** la nature est une source d'inspiration inépuisable

/ **вдохнови́ть** → **вдохновля́ть**

вдохновля́ть / **вдохнови́ть** *v* inspirer • **Петербýрг всегдá вдохновля́л поэ́тов и худóжников** Pétersbourg a toujours inspiré les poètes et les artistes

вдрéбезги *adv* en mille morceaux • **разби́ться вдрéбезги** se briser en mille morceaux

вдруг *adv* soudain • **спустя́ дли́тельное врéмя вдрýг вспóмнили про э́то дéло** longtemps après on se souvint soudain de cette affaire

/ **вдýматься** → **вдýмываться**

вдýмываться / **вдýматься** *vp* bien réfléchir • **стóит вдýматься в э́ти ци́фры** il suffit de bien réfléchir à ces chiffres

веб-дизáйн *nm* **веб-дизáйн сáйта** conception du site Internet

веб-ресýрсы *pl* ressources Internet

веб-сáйт *nm* site web

веб-сéрвис *nm* service Internet

веб-страни́ца *nf* page web

ведём → **вести́**

вéдение[1] *nnt* compétence, juridiction • **э́то не в моём вéдении** ce n'est pas de mon ressort • **собóр пéредан в вéдение музéя** la cathédrale est passée sous le contrôle du musée

ведéние[2] *nnt* **1.** gestion • **ведéние дéла** la gestion d'une affaire • **ведéние прóектов** la gestion de projets **2.** conduite • **ведéние боевы́х дéйствий** la conduite des opérations de guerre

À PROPOS DE...

Les deux mots ci-dessus diffèrent par leur accentuation.

ведёт → **вести́**

ведрó *(pl.* **вёдра, вёдер, вёдрам***)* ②① *nnt* seau • **ведрó воды́** un seau d'eau
● **льёт как из ведрá** il pleut à seaux

ведý, ведýт → **вести́**

ведýщая *adj subst f* animatrice *(d'une émission)*

ведýщий *adj* principal • **ведýщая роль** le rôle principal
■ **ведýщий** *adj subst m* animateur *(d'une émission)*

ведь *particule* il est évident que, comme chacun sait • **мне хóчется спать, ведь ужé пóздно** j'ai envie de dormir, c'est qu'il est tard • **ведь я же вам говори́л, что э́то невозмóжно** je vous avais bien dit que c'était impossible

вéдьма *nf* sorcière • **дéти в костю́мах колдунóв и ведьм** des enfants déguisés en magiciens et en sorcières

вéер* *(nom. pl.* **веерá***)* ①② *nm* éventail • **обмáхиваться вéером** s'éventer • **бородá вéером** une barbe en éventail

вéжливость *nf* politesse • **из вéжливости** par politesse

вéжливо *adv* poliment • **он вéжливо обрати́лся ко мне** il s'est adressé à moi poliment

вéжливый *adj* poli • **вéжливый гóлос** une voix polie

вездé *adv* partout • **проблéмы вездé одни́ и те же** les problèmes sont partout les mêmes

везти́* [IV, **везý, везёшь - вёз, везлá**] ③ / **повезти́*** [IV, *id*] ③ ; *indét.* **вози́ть** ④ ◪ *vt* transporter • **он повезёт меня́ тудá на маши́не** il m'y mènera en voiture ◪ *v unipers* **вам крýпно повезлó** vous avez eu beaucoup de chance • **э́то как повезёт** ça dépendra, si on a de la chance ou non

век* *(loc.* **векý** *(après* **на***) ; pl.* **векá***)* ⑧② *nm* **1.** siècle • **в XVIII вéке** au

XVIIIe siècle • **в про́шлом ве́ке** au siècle dernier • **мы с тобо́й век не вида́лись** il y a une éternité que nous ne nous sommes pas vus **2.** époque, âge • **ка́менный век** l'âge de la pierre • **сре́дние века́** le Moyen Âge • **иску́сство Сере́бряного ве́ка** l'art de l'âge d'argent **3.** *fam* vie • **я мно́го ви́дел на своём веку́** j'en ai vu de toutes les couleurs dans ma vie
● **век живи́, век учи́сь** on apprend à tout âge

ве́ко* *(nom. pl.* **ве́ки***) nnt* paupière

веково́й *adj* séculaire • **вековы́е ду́бы** des chênes séculaires • **вековы́е тради́ции** des traditions séculaires

ве́ксель* *(nom. pl.* **векселя́***)* ①② *nm* lettre de change

вёл, вела́ → **вести́**

веле́ть* [I, велю́, вели́шь] / **веле́ть*** [I, *id*] *v* ordonner • **я веле́л ему́ пойти́ за врачо́м** je lui ai ordonné d'aller chercher le médecin • **де́лай, что веля́т** fais ce qu'on t'ordonne de faire

À PROPOS DE...

1. Au passé, **веле́ть** est toujours perfectif.
2. **веле́ть** accompagné d'une négation prend parfois un sens particulier ; **не веле́ть** doit alors être traduit par « interdire » : ***а кто тебе́ не вели́т их не слу́шать?***, qui t'interdit de ne pas les écouter ?

велика́н *nm* géant

вели́кий *adj* **1.** *(*вели́к, вели́ка*)* grand, puissant • **вели́кий челове́к** un grand homme • **вели́кий князь Моско́вский** le grand-prince de Moscou • **вели́кие держа́вы** les grandes puissances **2.** *(*вели́к, велика́*) (toujours à la forme courte)* trop grand, très grand • **боти́нки мне велики́** ces souliers sont trop grands pour moi

Великобрита́ния *nf* Grande-Bretagne

великоду́шный *adj* magnanime • **великоду́шный посту́пок** un acte généreux

великоле́пно *adv* admirablement • **он великоле́пно рису́ет** il dessine d'une manière admirable

великоле́пный *adj* splendide, admirable • **великоле́пный дворе́ц** un palais splendide

велича́йший *(superl de* **вели́кий***) adj* très grand, le plus grand • **велича́йшее собы́тие** un événement de première importance • **с велича́йшим удово́льствием** avec le plus grand plaisir

вели́чественный *adj* majestueux, grandiose • **вели́чественное зре́лище** un spectacle grandiose

Вели́чество *nnt* **1.** Majesté *(titre donné aux monarques)* • **его́ Вели́чество** sa Majesté **2.** *iron* majesté • **в де́ло вме́шивается её вели́чество вы́года** dans l'affaire intervient sa majesté le profit

вели́чие *nnt* grandeur, majesté • **испо́лненный вели́чия** plein de majesté • **он смотре́л на меня́ с высоты́ своего́ вели́чия** il me regardait du haut de sa grandeur

величина́ *(pl.* **величи́ны***)* ②① *nf* **1.** grandeur, taille • **второ́й по величине́ прова́йдер интерне́т-услу́г** le deuxième fournisseur de services Internet en taille **2.** valeur • **постоя́нная величина́** une constante

велого́нка *nf* course cycliste

велосипе́д *nm* bicyclette • **е́хать на велосипе́де** aller à bicyclette

венге́рка *nf* Hongroise

венге́рский *adj* hongrois

венгр *nm* Hongrois

Ве́нгрия *nf* Hongrie

Вене́ра *nf* Vénus (MYTHOL & ASTROL)

вене́ц *nm* **1.** couronne • **ца́рский вене́ц** la couronne impériale **2.** couronnement • **фейерве́рк стал венцо́м пра́здника** la fête a été couronnée par un feu d'artifice

ве́ник *nm* balayette *(en branches de bouleau)*

вено́к *nm* couronne *(de fleurs)* • **вено́к из роз** une couronne de roses • **лавро́вый вено́к** une couronne de lauriers

ве́нтиль *nm* **1.** soupape • **ве́нтиль на балло́не с га́зом** la soupape d'une bouteille de gaz **2.** vanne, robinet • **закры́ть ве́нтиль** fermer une vanne
● **перекры́ть ве́нтиль** couper l'approvisionnement

вентиля́тор *nm* ventilateur

венча́ться *vp* **1.** / обвенча́ться se marier à l'église **2.** / венча́ться être couronné • **венча́ться на ца́рство** être couronné empereur

ве́ра *nf* **1.** foi • **христиа́нская ве́ра** la foi chrétienne **2.** confiance • **ве́ра в бу́дущее** la confiance en l'avenir

вера́нда *nf* véranda

ве́рба *nf* saule

верблю́д *nm* chameau

вербова́ть / **завербова́ть** *v* recruter • **вербова́ть доброво́льцев** recruter des volontaires

верёвка *nf* corde, ficelle • **он кре́пко завяза́л верёвку** il a solidement noué la ficelle

ве́рить / **пове́рить** *v* **1.** (в + *A*) croire (à, en) • **ве́рить в Бо́га** croire en Dieu • **ве́рить в медици́ну** croire à la médecine **2.** (+ *D*) croire (qqn, qqch) • **я тебе́ не ве́рю** je ne te crois pas • **я э́тому не ве́рю** je n'en crois rien • **охо́тно ве́рю** je le crois volontiers

● **ве́рить на́ слово** croire sur parole • **не ве́рить свои́м уша́м** n'en pas croire ses oreilles

вермише́ль *nf* vermicelle • **суп с вермише́лью** potage au vermicelle

ве́рно *adv* justement, à juste titre • **она́ соверше́нно ве́рно счита́ет, что пора́ начина́ть** elle considère, à juste titre, qu'il est temps de commencer • **верне́е сказа́ть** plus précisément

ве́рность *nf* **1.** fidélité (dévouement) • **ве́рность при́нципам** la fidélité aux principes **2.** fidélité (exactitude) • **ве́рность перево́да** la fidélité d'une traduction

/ **верну́ть** → возвраща́ть

/ **верну́ться** → возвраща́ться

ве́рный ⑤ *adj* **1.** fidèle (dévoué) • **ве́рный друг** un ami fidèle • **я ве́рен своему́ сло́ву** je suis fidèle à ma parole **2.** fidèle (exact) • **ве́рный перево́д** une traduction fidèle **3.** juste (vrai) • **ве́рная мысль** une idée juste • **ве́рно ли, что он у́мер?** est-il exact qu'il soit mort ? • **соверше́нно ве́рно!** très juste ! **4.** sûr, certain • **ве́рный спо́соб** un moyen infaillible • **идти́ на ве́рную смерть** aller à une mort certaine

вероло́мный *adj* parjure, perfide • **вероло́мный враг** un ennemi perfide

вероя́тие *nnt* vraisemblance • **по всему́ вероя́тию** *littéraire* selon toute vraisemblance

вероя́тно *adv* probablement, sans doute • **он, вероя́тно, до́ма** il est sans doute chez lui

вероя́тность *nf* vraisemblance • **по всей вероя́тности** selon toute vraisemblance • **тео́рия вероя́тностей** la théorie des probabilités

вероя́тный *adj* vraisemblable • **каза́ться вероя́тным** paraître vraisemblable

ве́рсия *nf* version, interprétation • **по друго́й ве́рсии** selon une autre version

верста́ (*pl.* вёрсты) ②① *nf arch* verste (1,06 km)

верте́ть* [I, верчу́, ве́ртишь] ④ / **поверте́ть*** [I, *id*] ④ ◪ *vt* faire tourner • **в рука́х он верте́л цветну́ю програ́ммку** il faisait tourner un programme en couleurs dans ses mains ◪ *v* **1.** (+ *I*) diriger à sa guise • **она́ ве́ртит им, как хо́чет** elle le mène par le bout du nez **2.** (+ *I*) tourner • **верте́ть голово́й** tourner la tête

верте́ться* [I, верчу́сь, ве́ртишься] ④ *vp* tournoyer, tourner • **колесо́ ве́ртится** la roue tourne

● **э́то сло́во ве́ртится у меня́ на языке́** j'ai le mot sur le bout de la langue

вертолёт *nm* hélicoptère

ве́рующий *adj subst m* croyant, fidèle • **в толпе́ ве́рующих** parmi la foule des fidèles

верфь *nf* chantier naval

верх* (*loc.* верху́) ⑧② *nm* **1.** partie supérieure • **он живёт на са́мом верху́** il habite tout en haut **2.** *fig* comble • **верх глу́пости** le comble de la bêtise

Voir encadré page suivante.

■ **верхи́** *pl* les milieux dirigeants • **совеща́ние в верха́х** conférence au sommet • **свя́зи в верха́х** des contacts en haut lieu

À PROPOS DE...

L'accent passe sur la préposition dans les groupes suivants : **до́ верху, на́ верх, по́ верху.**

ве́рхний *adj* supérieur • **ве́рхний эта́ж** étage supérieur

верхо́вный *adj* suprême • **верхо́вная власть** le pouvoir suprême • **Верхо́вный суд** la Cour suprême

верхо́вье *nnt* pays d'amont • **верхо́вье Во́лги** la haute Volga

верхо́м *adv* à cheval • **е́здить верхо́м** aller à cheval • **сиде́ть верхо́м на сту́ле** être à cheval sur une chaise

верху́шка *nf* **1.** cime, partie supérieure • **верху́шка де́рева** la cime de l'arbre • **верху́шки волн** le sommet des vagues **2.** *péj* l'équipe au pouvoir • **пра́вящая верху́шка** les dirigeants

верши́на *nf* **1.** sommet, cime • **верши́на горы́** le sommet de la montagne • **верши́на де́рева** la cime de l'arbre **2.** *fig* sommet • **он был на верши́не сла́вы** il était au sommet de la gloire

вес *nm* **1.** poids • **ве́сом в три кило́** pesant trois kilos • **уде́льный вес** poids spécifique **2.** *fig* poids *(importance)* • **челове́к с больши́м ве́сом** un homme de poids • **име́ть большо́й вес** avoir beaucoup d'influence
● **приба́вить в ве́се** prendre du poids › **я приба́вил в ве́се на пять кило́** j'ai pris cinq kilos

веселе́ть / **повеселе́ть** *v* devenir plus gai

весели́ть / **развесели́ть** *v* divertir, amuser • **весели́ть пу́блику** amuser le public

ве́село *adv* gaiement, joyeusement
● **тебе́ ве́село, а мне гру́стно** tu es gai et moi je suis triste

весёлость *nf* gaieté, joie

весёлый *(***ве́сел, весела́, ве́село, ве́селы** ⑤ - *comp.* **веселе́е***)* *adj* **1.** gai, joyeux • **весёлое настрое́ние** joyeuse humeur **2.** amusant • **весёлый спекта́кль** un spectacle amusant

весе́лье *nnt* gaieté

весе́нний *adj* printanier • **весе́нние кани́кулы** les vacances de printemps

ве́сить *v* peser • **ры́ба ве́сила три килогра́мма** le poisson pesait trois kilos

ве́ский *adj* ayant du poids *fig* • **ве́ский до́вод** un argument de poids

весло́ *(pl.* **вёсла, вёсел, вёслам***)* ②① *nnt* rame, aviron

весна́ *(pl.* **вёсны***)* ②① *nf* printemps • **весна́ приближа́ется** le printemps approche
● **одна́ ла́сточка весны́ не де́лает** une hirondelle ne fait pas le printemps • ***Весна́ свяще́нная*** (Страви́нский*)* *le Sacre du printemps* (Stravinsky)

весно́й ◪ *nf* → **весна́** ◪ *adv* au printemps

весну́шка *nf* tache de rousseur • **у неё бы́ли весну́шки на носу́** elle avait des taches de rousseur sur le nez

вести́* [IV, **веду́, ведёшь** - **вёл, вела́**] ③ / **повести́*** [IV, *id*] ③ *; indét.* **води́ть** ④ *v* **1.** mener, conduire *(qqn)* • **вести́ за́ руку** conduire par la main **2.** conduire, piloter *(qqch)* • **вести́ маши́ну** conduire une voiture • **вести́ самолёт** piloter un avion **3.** mener, permettre l'accès à *(en parlant d'une route)* • **доро́га ведёт в лес** la route conduit dans la forêt • **э́то ни к чему́ не ведёт,** cela ne mène à rien **4.** gérer, animer • **вести́ кру́глый стол** animer une table ronde **5.** mener, assurer la conduite de • **вести́ войну́** faire la guerre • **вести́ перегово́ры** être en pourparlers • **вести́ перепи́ску с поэ́том** être en correspondance avec un poète
● **вести́ себя́** se conduire › **вести́ себя́ как ребёнок** se conduire comme un gosse

вести́сь *vp* → **вести́**
● **так уж повело́сь** c'est l'usage

весть ①⑦ *nf* nouvelle • **получи́ть печа́льную весть** recevoir une triste nouvelle
● **пропа́сть бе́з вести** disparaître sans laisser de trace *(en parlant d'une personne)*

весы́ *(***весо́в, веса́м***)* *pl t* balance • **взве́шивать на веса́х** peser sur une balance
■ **Весы́** *pl t* (ASTROL) Balance

весь ◪ *pron-adj* tout, tout entier • **весь мир** le monde entier • **всю ночь** pendant toute la nuit • **все жи́тели** tous les habitants • **он весь в поту́** il est tout en

sueur • он весь в отца́ c'est tout le portrait de son père ! ◼ *pron* **1.** tout • он бои́тся всего́ il a peur de tout • все за одного́, оди́н за всех tous pour un, un pour tous **2.** *(complément d'un comparatif)* • ча́ще всего́ le plus souvent • э́то ху́же всего́ c'est pire que tout
● вот и всё et voilà tout • всё равно́ peu importe › мне всё равно́ cela m'est égal › всё равно́ кто peu importe qui › де́лай, что хо́чешь, я всё равно́ не пойду́ fais comme tu veux, de toute façon je n'irai pas • всего́ хоро́шего! au plaisir ! • пре́жде всего́ avant tout

весьма́ *adv* très • найти́ объясне́ние весьма́ про́сто trouver une explication très simplement

ве́тер* *(loc.* ветру́*)* ⑧① *nm* vent • све́жий ве́тер un vent frais • сла́бый, си́льный ве́тер un vent faible, fort • се́верный ве́тер le vent du nord • ве́тер стих le vent s'est calmé • ве́тер подня́лся le vent s'est levé • стоя́ть на ветру́ être en plein vent
● у него́ ве́тер в голове́ il est très étourdi

ветерина́р *nm* vétérinaire

ветеро́к *dim de* ве́тер

ве́тка *nf* branche • ве́тка берёзы, сире́ни une branche de bouleau, de lilas

ве́треный *adj* **1.** venteux • сего́дня ве́трено aujourd'hui, il y a du vent **2.** étourdi • ве́треный ю́ноша un jeune homme étourdi

ве́тхий ⑤ *adj* vieux, délabré • ве́тхий дом une maison délabrée • ве́тхий стари́к un vieillard décrépit
● Ве́тхий Заве́т l'Ancien Testament

ветчина́ *nf* jambon *(cuit)* • ло́мтик ветчины́ une tranche de jambon

ве́че *nnt* vetche *(assemblée populaire dans l'ancienne Russie)*

ве́чер* *(pl.* вечера́*)* ①② *nm* soir, soirée • дли́нные зи́мние вечера́ les longues soirées d'hiver • ве́чер встреч soirée rencontre
● у́тро вечера́ мудрене́е la nuit porte conseil

À PROPOS DE...

L'accent passe sur la préposition dans le groupe по́д вечер.

вече́рний *adj* du soir • вече́рняя заря́ le crépuscule du soir • вече́рняя газе́та un journal du soir

ве́чером ◼ *nm* → ве́чер ◼ *adv* le soir • он верну́лся по́здно ве́чером il est rentré tard le soir • за́втра ве́чером demain soir • сего́дня ве́чером ce soir

ве́чно *adv* **1.** constamment, toujours • она́ ве́чно опа́здывает elle est constamment en retard • он ве́чно недово́лен il n'est jamais content **2.** éternellement • храни́ть ве́чно *(pour des documents officiels)* conserver sans limite de temps

ве́чность *nf* éternité • мы не ви́делись це́лую ве́чность il y a une éternité que nous ne nous sommes point vus

ве́чный *adj* **1.** perpétuel, incessant • ве́чные про́бки в часы́ пик les perpétuels bouchons des heures de pointe • его́ ве́чные ссо́ры с сестро́й ses disputes perpétuelles avec sa sœur **2.** éternel • ве́чная сла́ва gloire éternelle • ве́чные снега́ les neiges éternelles

ве́шалка *nf* **1.** patère • висе́ть на ве́шалке être accroché à une patère **2.** cintre **3.** attache, bride • у пальто́ оторва́лась ве́шалка l'attache du manteau s'est déchirée **4.** portemanteau, vestiaire

ве́шать[1] / **пове́сить** *v* **1.** accrocher, suspendre • пове́сить на стене́ портре́т accrocher un portrait au mur • он пове́сил па́льто в прихо́жей il a accroché son manteau dans l'entrée **2.** pendre *(exécution capitale)* • пове́сить тебя́ ма́ло за э́то te pendre ne suffirait pas pour ce que tu as fait **3.** faire porter la responsabilité de • на него́ хотя́т пове́сить все долги́ и оши́бки on veut lui faire porter la responsabilité de toutes les dettes et les erreurs
● ве́шать го́лову perdre courage • ве́шать тру́бку raccrocher *(au téléphone)*

ве́шать[2] / **све́шать** *v fam* peser • ве́шать това́р peser la marchandise

вещество́ *nnt* substance, matière • взры́вчатые вещества́ substances explosives

вещь ①⑦ *nf* **1.** objet, chose • **великолéпная вещь** une chose admirable • **расскáзывают удивúтельные вéщи** on raconte des choses étonnantes • **э́то в порядке вещéй** c'est dans l'ordre des choses **2.** œuvre *(littéraire ou autre)* • **слáбая вещь** une œuvre sans valeur
■ **вéщи** *pl* bagages • **уложúть свóй вéщи** faire ses bagages

вéяние *nnt* tendance *(courant d'idées)* • **нóвые вéяния в совремéнном искýсстве** les nouvelles tendances de l'art contemporain

взад *adv*
● **ходúть взад и вперёд** aller et venir

взаúмность *nf* réciprocité • **любúть без взаúмности** aimer sans retour

взаúмный *adj* réciproque • **взаúмное довéрие** confiance mutuelle

взаймы́ *adv*
● **взять взаймы́** emprunter • **дать взаймы́** prêter

взамéн ◪ *adv* en échange, à la place • **что он предлóжит взамéн?** qu'est-ce qu'il proposera en échange ? ◪ *prép (+ G)* au lieu de, à la place de • **взамéн солдáтиков дéти получúли плюшевых мúшек** au lieu de soldats de plomb les enfants ont reçu des ours en peluche

/ **взбаламýтить** → баламýтить

/ **взбесúть** → бесúть

взбирáться / **взобрáться*** [IV, взберýсь, взберёшься - взобрáлся, взобралáсь] ③ *vp (на + A)* gravir, escalader • **взобрáться нá гору** escalader une montagne • **взобрáться на дéрево** grimper dans un arbre

/ **взбунтовáть** → бунтовáть

/ **взбунтовáться** → бунтовáть

взвáливать / **взвалúть** ④ *v* **1.** charger • **он взвалúл мешóк нá спину** il prit le sac sur son dos **2.** *fam* rejeter • **взвалúть винý на другóго** rejeter la faute sur qqn d'autre

/ **взвалúть** → взвáливать

/ **взвéсить** → взвéшивать

взвéшивать / **взвéсить** *v* peser • **взвéсить багáж** peser les bagages • **взвéсить все дóводы** peser le pour et le contre

взвúзгивать *v* **1.** pousser des cris perçants **2.** / **взвúзгнуть** pousser un cri perçant • **собáка жáлобно взвúзгнула** le chien poussa un aboiement plaintif

/ **взвúзгнуть** → взвúзгивать

/ **взволновáть** → волновáть

взгляд *nm* **1.** regard • **брóсить взгляд** jeter un coup d'œil • **с пéрвого взгля́да** au premier coup d'œil **2.** point de vue • **на мой взгляд** à mon avis • **вы́сказать свóй взгляд** exprimer son point de vue • **я не разделя́ю егó взгля́да** je ne partage pas son point de vue • **политúческие взгля́ды** les opinions politiques

взгля́дывать *v* **1.** jeter des coups d'œil **2.** / **взглянýть** ④ jeter un coup d'œil • **он взглянýл на часы́** il jeta un coup d'œil sur sa montre

/ **взглянýть** → взгля́дывать

вздор *nm* bêtises *(absurdités)* • **говорúть вздор** dire des bêtises

вздóрный *adj* **1.** absurde • **вздóрный слух** un bruit absurde **2.** bête et querelleur • **вздóрный человéк** un querelleur à l'esprit borné

/ **вздорожáть** → дорожáть

вздох *nm* soupir • **глубóкий вздох** un profond soupir
● **испустúть послéдний вздох** rendre son dernier soupir

/ **вздохнýть** → вздыхáть

вздрáгивать / **вздрóгнуть** *v* tressaillir • **рéзкий звук застáвил его вздрóгнуть** un bruit perçant le fit sursauter • **гóрод вздрóгнул от мóщного землетрясéния** la ville a tressailli sous l'effet d'un puissant tremblement de terre

/ **вздремнýть** *fam v* dormir un peu • **пóсле обéда вздремнýл немнóжко** après le repas j'ai piqué un petit somme

/ **вздрóгнуть** → вздрáгивать

вздýмать *v (+ inf)* avoir brusquement l'idée de • **он вздýмал навестúть меня́** il lui a pris brusquement idée de me rendre visite • **не вздýмайте здесь курúть** qu'il ne vous prenne surtout pas fantaisie de fumer ici

вздýматься *fam vp* venir à l'esprit • **что емý вздýмалось прийтú к нам в**

гости? qu'est-ce qui lui a pris de venir nous rendre visite ?

вздутый *adj* gonflé • **вздутые цены** des prix exorbitants

вздыхать / **вздохнуть** *v* **1.** soupirer • **он тяжело вздыхал** il soupirait profondément ~ *fig* • **вздыхать по девушке** soupirer pour une jeune fille **2.** *(perf seulement)* se reposer un peu • **дайте вздохнуть!** laissez-nous respirer !
● **свободнее вздохнуть** se sentir soulagé

взлом *nm* effraction • **кража со взломом** vol avec effraction

взморье *nnt* bord de la mer, littoral • **жить на взморье** habiter sur le littoral

взнос *nm* paiement, versement • **ежемесячный страховой взнос** paiement mensuel d'une assurance • **первоначальный взнос за квартиру** le versement initial pour l'achat d'un appartement • **уплатить членские взносы** payer sa cotisation

/ **взобраться** → взбираться

/ **взойти** → всходить

взор *littéraire nm* regard • **притягивать к себе взоры** attirer le regard

/ **взорвать** → взрывать

/ **взорваться** → взрываться, → рваться

взрослый *adj* adulte • **у них уже взрослые дети** leurs enfants sont déjà grands
■ **взрослый** *adj subst m* adulte • **не слушаться взрослых** ne pas obéir aux adultes

взрыв *nm* **1.** explosion • **взрыв произошёл в автобусе** l'explosion a eu lieu dans un autobus **2.** éclat *(bruit soudain)* • **взрыв аплодисментов** un tonnerre d'applaudissements

взрывать / **взорвать*** [I, взорву, взорвёшь - взорвал, взорвала, взорвало, взорвали] ⑤ *v* **1.** faire exploser, faire sauter • **взорвать автобус** faire sauter un autobus **2.** indigner • **это меня взорвало** cela m'a mis hors de moi

взрываться / **взорваться*** [I, взорвётся, взорвутся - взорвался, взорвалась] ③ *vp* exploser • **граната взорвалась в пяти шагах от него** une grenade explosa à cinq pas de lui

взрывчатый *adj* explosif • **взрывчатое вещество** une substance explosive

взятие *nnt* prise • **после взятия крепости** après la prise de la forteresse • **взятие отпечатков пальцев** relevé des empreintes digitales

взятка *nf* pot-de-vin • **дать взятку** verser un pot-de-vin • **брать взятки** accepter volontiers des pots-de-vin
● **с него взятки гладки** il n'y a rien à obtenir de lui

взяточник *nm* personne qui accepte les pots-de-vin

вид* ⑧① *nm* **1.** *(loc.* виду*)* vue *(ce que l'on peut voir)* • **открытки с видами Москвы** des cartes postales avec des vues de Moscou • **комната с видом на море** une chambre avec vue sur la mer • **она испугалась при виде пистолета** elle prit peur à la vue du pistolet • **на виду у десятков телекамер** devant des dizaines de caméras de télévision • **потерять из виду*** perdre de vue • **кого вы имели в виду, когда говорили о лентяях?** à qui faisiez-vous allusion quand vous parliez de paresseux ? ~ vue, projet • **у меня нет ничего в виду** je n'ai rien en vue **2.** *(loc.* виде*)* air, aspect • **принять серьёзный вид** prendre un air sérieux • **иметь строгий вид** avoir un air sévère • **в виде исключения** exceptionnellement • **в виде шутки** en manière de plaisanterie • **он делал вид, что моется** il faisait semblant de se laver • **на вид я бы ей не дал больше сорока лет** je ne lui donnerais pas plus de quarante ans ~ état • **книги в разорванном виде** des livres tout déchirés • **он был в пьяном виде** il était ivre
● **ни под каким видом** sous aucun prétexte

Voir encadré page suivante.

вид *nm* **1.** espèce, catégorie • **новые виды насекомых** de nouvelles espèces d'insectes • **новый вид спорта** un nouveau sport **2.** (GRAMM) aspect • **несовершенный вид** imperfectif • **совершенный вид** perfectif

À PROPOS DE...

L'accent passe sur la préposition dans le groupe adverbialisé **из виду***.

вида́ть *fam v* voir

À PROPOS DE...

Le verbe **вида́ть** est employé uniquement au sens propre. Son présent est inusité. Au passé, il peut exprimer une situation qui s'est répétée. Sous la forme interrogative **вида́л?**, il marque l'étonnement : tu as vu ça ?

ви́део *nnt* vidéo • **снима́ть всё происходя́щее на ви́део** filmer tout ce qui se passe en vidéo • **са́мое смешно́е ви́део** la vidéo la plus drôle

видеока́мера *nf* caméra vidéo

ви́деть* [I, **ви́жу, ви́дишь**] / **уви́деть*** [I, **уви́жу, уви́дишь** - **уви́денный**] *v* voir • **вчера́ я ви́дел её в теа́тре** hier, je l'ai vue au théâtre • **мне хоте́лось бы ви́деть дире́ктора** je voudrais voir le directeur • **они́ ре́дко ви́делись** ils se voyaient rarement • **я ви́жу, что оши́бся** je vois que je me suis trompé • **я ви́дел, как он мыл посу́ду** je l'ai vu laver la vaisselle
● **ви́деть во сне** rêver de › **я его́ ви́дела во сне** j'ai rêvé de lui • **ви́деть сон** rêver › **я ви́дел стра́шный сон** j'ai fait un rêve affreux

À PROPOS DE...

Le perfectif **уви́деть** correspond le plus souvent au français « apercevoir ».

ви́димо *adv* apparemment • **он, ви́димо, заболе́л** il est sans doute tombé malade

ви́димый *adj* **1.** visible • **ви́димая ра́зница** une différence visible • **с ви́димым удово́льствием** avec un plaisir évident **2.** apparent • **э́то успе́х то́лько ви́димый** ce n'est qu'un succès apparent

видне́ться *vp* se voir • **вдали́ видне́лись го́ры** au loin, on voyait des montagnes

ви́дно *adv* visiblement • **он, ви́дно, ещё не привы́к** il n'est visiblement pas encore habitué

ви́дный ⑤ *adj* **1.** visible • **дом ви́ден издалека́** on voit la maison de loin • **отсю́да всю дере́вню ви́дно** d'ici on voit tout le village • **следо́в не ви́дно нигде́** on ne voit de traces nulle part • **ви́дно, что он нездоро́в** on voit qu'il n'est pas en bonne santé **2.** éminent • **ви́дный учёный** un savant éminent

ви́за *nf* visa • **получи́ть ви́зу** obtenir un visa • **в Росси́ю на́до ви́зу?** il faut un visa pour la Russie ?

визг *nm* cri(s) perçant(s), grincement(s) • **визг поросёнка** les cris perçants d'un goret

визжа́ть* [I, **визжу́, визжи́шь**] / **завизжа́ть*** [I, *id*] *v* pousser des cris perçants, faire un bruit aigu • **порося́та визжа́ли** les gorets poussaient des cris aigus • **пила́ визжи́т** la scie grince

ви́лка *nf* **1.** fourchette **2.** (ÉLECTR) prise de courant *(mâle)*

ви́лы *(***вил, ви́лам***) pl t* fourche

вина́ ②① *nf* faute, tort • **э́то моя́ вина́** c'est ma faute • **э́то случи́лось по его́ вине́** c'est arrivé par sa faute • **призна́ть свою́ вину́** reconnaître ses torts • **сва́ливать вину́ на друго́го** rejeter la faute sur un autre

винегре́т *nm* **1.** salade russe *(à la base de bettraves rouges et pommes de terre)* **2.** *fig* salade (HIST) • **получи́лся нико́му не поня́тный винегре́т** ça a fait une salade totalement incompréhensible

вини́тельный *adj*
● **вини́тельный паде́ж** (GRAMM) accusatif

вини́ть *v* accuser • **во всём вини́те себя́ самого́** prenez-vous-en à vous-même

вино́ ②① *nnt* **1.** vin • **кра́сное вино́** vin rouge • **бе́лое вино́** vin blanc • **ста́рое вино́** du vin vieux • **сухо́е вино́** un vin sec **2.** *fam vieilli* vodka

винова́то *adv* d'un air coupable

винова́тый *adj* coupable • **он чу́вствовал себя́ винова́тым в том, что не суме́л предупреди́ть друзе́й** il se sentait coupable de n'avoir pas su prévenir ses amis • **я винова́т перед ва́ми** j'ai des torts à votre égard • **чем я винова́т?** en quoi suis-je coupable ?
● **винова́т!** pardon !

винóвник *nm* responsable • **винóвник авáрии** le responsable de l'accident • **винóвник торжествá** *hum* le héros de la fête

виногрáд *nm* **1.** raisin(s) • **сбор виногрáда** la vendange **2.** vigne(s) *(plante)* • **стéны, покрытые виногрáдом** des murs couverts de vigne

виногрáдник *nm* vigne(s) *(terre plantée)* • **склóны, покрытые виногрáдниками** des pentes couvertes de vignes

виногрáдный *adj* **1.** de raisin • **виногрáдная кисть** une grappe de raisin • **виногрáдный сок** du jus de raisin **2.** de vigne • **виногрáдный лист** une feuille de vigne

винт ③② *nm* **1.** vis • **бесконéчный винт** une vis sans fin • **затянуть винты** serrer les vis **2.** (INFORM) disque dur **3.** hélice

вúнтик *nm dim de* **винт**
◈ **у негó вúнтика не хватáет** il lui manque une case

винтóвка *nf* fusil • **снáйперская винтовка** un fusil à lunette

виолончéль *nf* violoncelle • **игрáть на виолончéли** jouer du violoncelle

вúселица *nf* potence

висéть* [I, вишý, висúшь] *v* **1.** être suspendu • **картúна висúт на стенé** le tableau est accroché au mur • **на дверú висéло объявлéние** sur la porte, il y avait un avis • **егó жизнь висúт на волоскé** sa vie ne tient qu'à un fil • **висéть на телефóне** être pendu au téléphone **2.** surplomber • **скáлы висят над мóрем** les rochers surplombent la mer **3.** planter *fam* • **компьютер опять висúт** l'ordinateur a de nouveau planté

висóк *nm* tempe

високóсный *adj*
◈ **високóсный год** année bissextile

висячий *adj* suspendu • **висячий мост** un pont suspendu • **висячий замóк** un cadenas

вить* [II, вью, вьёшь - вил, вилá, вúло, вúли - вей] ⑤ / **свить*** [II, совью, совьёшь - свил, свилá, свúло, свúли - свей - свúтый, свит, свитá, свúто, свúты] ⑤ ⑤ *v* tresser • **вить верёвку** tresser une corde • **вить гнездó** faire son nid
◈ **из негó мóжно верёвки вить** on peut faire de lui ce que l'on veut

вúться* [II, вьюсь, вьёшься - вúлся, вилáсь - вéйся] ③ *vp* **1.** → **вить** **2.** tournoyer, se tordre • **над кострóм вúлся дым** la fumée montait en tournoyant au-dessus du feu de bois • **орёл вьётся над лéсом** un aigle tournoie au-dessus de la forêt • **плющ вьётся по дéреву** le lierre grimpe sur l'arbre **3.** friser • **у негó вóлосы вьются от прирóды** il a des cheveux qui frisent naturellement

вихрь *nm* tourbillon • **снéжный вихрь** un tourbillon de neige • **с быстротóй вúхря** comme un tourbillon • **в вúхре событий** dans le tourbillon des événements

вишнёвый *adj* **1.** de cerise • **вишнёвое варéнье** confiture de cerises **2.** de cerisier **3.** rouge cerise • **вишнёвое плáтье** une robe rouge cerise
◈ ***Вишнёвый сад*** (Чéхов) *la Cerisaie* (Tchekhov)

вúшня *nf* **1.** cerise(s) • **варéнье из вúшни** confiture de cerises **2.** cerisier

вкáпывать / **вкопáть** *v* enfoncer *(dans le sol)* • **вкопáть в зéмлю столб** planter un poteau
◈ **как вкóпанный** comme cloué sur place › **он остановúлся, как вкóпанный** il s'arrêta médusé

вклад *nm* **1.** (FIN) dépôt • **бáнковский вклад** dépôt bancaire **2.** *fig* apport, contribution • **цéнный вклад в наýку** une importante contribution au développement de la science

вклáдывать / **вложúть** ④ *v* **1.** introduire • **вложúть письмó в конвéрт** mettre une lettre dans une enveloppe • **вложúть всю дýшу в дéло** y mettre tout son cœur **2.** investir • **вложúть миллиóны в строúтельство** investir des millions dans la construction

включáть / **включúть** *v* **1.** inclure • **включúть в спúсок** inscrire sur la liste • **включúть в прогрáмму** mettre au programme **2.** mettre en marche • **включúть мотóр** mettre le moteur en marche • **включúть телевúзор** allumer la télévision • **включúть свет** allumer

включа́я ◪ *gérondif* → включа́ть ◪ *prép (+ A)* y compris • **включа́я дете́й** y compris les enfants

/ **включи́ть** → включа́ть

/ **вкопа́ть** → вка́пывать

ВКП(б) (*abr de* Всесою́зная Коммунисти́ческая Па́ртия (большевико́в)) *nf (en URSS) nom du parti communiste de 1925 à 1952*

вкра́тце *adv* en abrégé • **рассказа́ть вкра́тце** raconter brièvement • **е́сли говори́ть вкра́тце** pour faire court

вкривь *adv*
● **вкривь и вкось** dans tous les sens

вкус *nm* **1.** goût *(saveur)* • **име́ть прия́тный вкус** avoir un goût agréable • **плоды́, го́рькие на вкус** des fruits au goût amer **2.** goût *(sentiment du beau)* • **одева́ться со вку́сом** s'habiller avec goût • **э́то де́ло вку́са** c'est une question de goût • **у нас одни́ и те же вку́сы** nous avons les mêmes goûts • **она́ вы́брала себе́ заня́тие по вку́су** elle s'est choisi une occupation à son goût
● **на вкус и на цвет това́рищей нет** des goûts et des couleurs on ne discute pas

вку́сно *adv* **он вку́сно гото́вит** il fait bien la cuisine • **мы вку́сно пое́ли** nous avons mangé des choses délicieuses

вку́сный ⑤ *adj* savoureux • **вку́сное блю́до** un plat savoureux • **э́то вку́сно** c'est bon

владе́лец *nm* propriétaire, possesseur • **владе́лец до́ма** le propriétaire de la maison • **владе́лец кни́ги** le propriétaire de ce livre

владе́ние *nnt* **1.** propriété *(bien)* • **в XVIII ве́ке владе́ние принадлежа́ло ра́зным семе́йствам** au XVIIIe siècle la propriété a appartenu à diverses familles **2.** possession *(fait de posséder)* • **вступи́ть во владе́ние свои́м наде́лом** entrer en possession de son terrain **3.** maîtrise • **виртуо́зное владе́ние те́хникой рисова́ния** une maîtrise exceptionnelle de la technique du dessin

владе́ть / **овладе́ть** *v (+ I)* **1.** posséder *(être propriétaire)* • **владе́ть дома́ми** posséder des maisons **2.** posséder *(dominer, savoir manier)* • **владе́ть собо́й** être maître de soi • **не владе́ть ле́вой руко́й** ne pas pouvoir se servir de sa main gauche • **владе́ть языко́м** bien connaître une langue

влады́чество *nnt* domination • **во времена́ влады́чества Ри́ма** à l'époque de la domination romaine

вла́жность *nf* humidité • **относи́тельная вла́жность во́здуха** humidité relative de l'air

вла́жный ⑤ *adj* humide • **вла́жный ве́тер** un vent humide

вла́стный *adj* autoritaire • **вла́стный хара́ктер** un caractère autoritaire

власть ①⑦ *nf* **1.** pouvoir • **верхо́вная власть** le pouvoir suprême • **взять власть** prendre le pouvoir • **прийти́ к вла́сти** arriver au pouvoir • **превыше́ние вла́сти** abus de pouvoir • **законода́тельная власть** le pouvoir législatif • **исполни́тельная власть** le pouvoir exécutif • **э́то не в мое́й вла́сти** cela ne dépend pas de moi • **во вла́сти страсте́й** sous l'empire des passions • **потеря́ть власть над собо́й** perdre le contrôle de soi-même **2.** *(généralement au pl)* les autorités • **ме́стные вла́сти** les autorités locales • **вое́нные вла́сти** les autorités militaires

вле́во *adv* à gauche • **поверну́ть вле́во** tourner à gauche • **вле́во от ро́щи** à gauche du bosquet

влеза́ть / **влезть*** [IV, вле́зу, вле́зешь - влез, вле́зла] *v* **1.** grimper • **влезть на де́рево** grimper à un arbre • **влезть в трамва́й** monter dans le tramway **2.** *fam* entrer • **во́ры вле́зли в дом** des voleurs se sont introduits dans la maison • **влезть в во́ду** se mettre dans l'eau • **э́ти кни́ги не вле́зут в портфе́ль** ces livres n'entreront pas dans la serviette
● **влезть в долги́** s'endetter

/ **влезть** → влеза́ть

/ **влепи́ть** → влепля́ть

влепля́ть / **влепи́ть** ④ *fam v* coller, flanquer • **влепи́ть пощёчину** flanquer une gifle • **мне влепи́ли дво́йку по англи́йскому** on m'a collé une mauvaise note en anglais

влече́ние *nnt* inclination, penchant • **он не чу́вствует влече́ния к рабо́те** il n'a pas la passion du travail

влечь* [IV, влеку́, влечёшь, влеку́т - влёк, влекла́] ③ / **повле́чь*** [IV, *id*] ③ *v* attirer • **меня́ влекло́ на Во́лгу** je me sentais attiré par la Volga
● **влечь за собо́й** entraîner › **сокраще́ние произво́дства влечёт за собо́й закры́тие предприя́тия** la baisse de la production a pour conséquence la fermeture de l'entreprise

влива́ть / **влить*** [II, волью́, вольёшь - влил, влила́, вли́ло, вли́ли ⑤ - влей - вли́тый, влит, влита́, вли́то, вли́ты ⑤] *v* **1.** verser, ajouter • **влить не́сколько ка́пель вина́** ajouter quelques gouttes de vin ~ *(par extension)* • **влить дополни́тельные сре́дства в эконо́мику** injecter des fonds supplémentaires dans l'économie • **влить в класс но́вых ученико́в** intégrer de nouveaux élèves dans une classe **2.** *fig* insuffler • **э́то изве́стие вли́ло в неё бо́дрость** cette nouvelle lui rendit son entrain

/ **влить** → влива́ть

влия́ние *nnt* influence • **име́ть большо́е влия́ние** avoir une grande influence • **оказа́ть влия́ние на писа́теля** exercer une influence sur un écrivain • **попа́сть под влия́ние прия́теля** tomber sous l'influence d'un ami • **под влия́нием стра́ха** sous l'effet de la peur

влия́тельный *adj* influent • **влия́тельное лицо́** un personnage influent

влия́ть / **повлия́ть** *v* avoir une influence • **повлия́ть на собы́тия** avoir une influence sur les événements

/ **вложи́ть** → вкла́дывать

/ **вломи́ться** → ломи́ться

/ **влюби́ться** → влюбля́ться

влюблённый (влюблён, влюблена́ ③) *adj* amoureux • **он влюблён в Та́ню** il est amoureux de Tania • **влюблённый взгляд** un regard amoureux

влюбля́ться / **влюби́ться** ④ *vp* tomber amoureux • **он влюби́лся по́ уши** il est tombé follement amoureux • **влюби́ться в** *(+ A)* tomber amoureux de › **влюби́ться в краса́вицу** tomber amoureux d'une jolie fille

вме́сте *adv* ensemble • **мы ча́сто рабо́таем вме́сте** nous travaillons souvent ensemble
● **вме́сте с тем** en même temps › **э́то меня́ удиви́ло и вме́сте с тем расстро́ило** cela m'a étonné et troublé en même temps

/ **вмести́ть** → вмеща́ть

/ **вмести́ться** → вмеща́ться

вме́сто *prép (+ G)* au lieu de • **вме́сто привы́чных кре́сел в кинოза́ле устано́вят мя́гкие дива́ны** au lieu des traditionnels fauteuils, il y aura des canapés confortables dans la salle de cinéma • **рабо́тать вме́сто колле́ги** remplacer un collègue
■ **вме́сто того́, что́бы** *loc (+ inf)* au lieu de • **вме́сто того́, что́бы игра́ть** au lieu de jouer

/ **вмеша́ться** → вме́шиваться

вме́шиваться / **вмеша́ться** *vp* se mêler de • **он вме́шивается не в своё де́ло** il se mêle de ce qui ne le regarde pas • **вмеша́ться в разгово́р** intervenir dans une conversation

вмеща́ть / **вмести́ть** *v* **1.** contenir • **э́тот шкаф вмеща́ет все мои́ кни́ги** cette armoire contient tous mes livres • **маши́на вмеща́ет семеры́х взро́слых** la voiture peut contenir sept adultes **2.** *(в + A)* faire entrer • **вмести́ть все кни́ги в шкаф** faire entrer tous les livres dans l'armoire

вмеща́ться / **вмести́ться** *vp* trouver place, entrer • **все мои́ кни́ги вмеща́ются в э́том шкафу́** tous mes livres entrent dans cette armoire

вмиг *adv* en un clin d'œil • **они́ вмиг разбежа́лись** en un clin d'œil, ils se dispersèrent

внаём, внаймы́ *adv*
● **взять внаём** louer *(prendre en location)* • **сдать внаём** louer *(donner en location)* › **сдаётся внаём ко́мната со все́ми удо́бствами** à louer chambre tout confort

внача́ле *adv* au début • **он не мог вспо́мнить, что сде́лал внача́ле** il n'arrivait pas à se souvenir de ce qu'il avait fait au commencement

вне *prép (+ G)* en dehors de • **вне го́рода** en dehors de la ville • **вне ко́нкурса** hors concours • **объяви́ть террори́стов вне зако́на** mettre hors la loi les terroristes • **вне вся́ких сомне́ний**

sans aucun doute • **он был вне опасности** il était hors de danger

внедорожник *nm* quatre-quatre, 4x4

внедрение *nnt* introduction, mise en œuvre • **внедрение новых информационных технологий** l'introduction de nouvelles technologies de l'information

внезапно *adv* soudain • **внезапно поднялась метель** soudain, une tempête de neige s'éleva

внезапность *nf* soudaineté • **внезапность нападения** la soudaineté de l'attaque • **жизнь полна внезапностей** la vie est pleine d'imprévu

внезапный *adj* soudain • **внезапный отъезд** un départ soudain • **внезапная смерть** une mort subite

/ **внести** → вносить

внешне *adv* extérieurement

внешний *adj* **1.** extérieur *(externe)* • **внешний мир** le monde extérieur • **внешнее сходство** une ressemblance extérieure • **внешнее спокойствие** un calme apparent **2.** extérieur *(ayant rapport aux pays étrangers)* • **внешняя торговля** le commerce extérieur • **внешняя политика** la politique extérieure

внешность *nf* aspect extérieur • **под приятной внешностью** sous des dehors agréables • **судить по внешности** juger sur les apparences

вниз *adv* en bas *(direction)* • **вниз по Волге** en descendant la Volga • **вниз по течению** en aval • **спускаться вниз** descendre • **смотреть на всех сверху вниз** regarder tout le monde de très haut

внизу ◪ *adv* en bas *(emplacement)* • **он живёт внизу** il habite en bas ◪ *prép (+ G)* au bas de • **внизу страницы** au bas de la page

вникать / **вникнуть** *v* (в + *A*) réfléchir à • **вникать во все детали** entrer dans tous les détails

/ **вникнуть** → вникать

внимание *nnt* **1.** attention • **слушать со вниманием** écouter avec attention • **внимание!** attention ! • **обратить внимание на что-нибудь** prêter attention à quelque chose • **не обращайте внимания** ne faites pas attention • **принимая во внимание его поведение** eu égard à sa conduite **2.** prévenance • **окружить кого-нибудь вниманием** être plein de prévenance pour qqn

внимательно *adv* attentivement • **внимательно слушать** écouter attentivement

внимательный *adj* **1.** attentif • **внимательный ученик** un élève attentif **2.** prévenant • **он был внимателен к коллегам** il était prévenant à l'égard de ses collègues

вничью *adv*
◈ **сыграть вничью** faire partie nulle

вносить ④ / **внести*** [IV, внесу, внесёшь - внёс, внесла ③ - внесённый] *v* **1.** apporter • **внесите чемоданы в комнату** apportez les valises dans la chambre **2.** *fig* apporter • **внести оживление** mettre de l'animation • **внести предложение** faire une proposition

внук *nm* petit-fils

внутренний *adj* intérieur • **внутренний двор** une cour intérieure • **внутренняя политика** la politique intérieure

внутри ◪ *adv* à l'intérieur *(emplacement)* • **ничего не было внутри** il n'y avait rien à l'intérieur ◪ *prép (+ G)* à l'intérieur de *(emplacement)* • **внутри дома** à l'intérieur de la maison

внутрь ◪ *adv* à l'intérieur *(direction)* • **заглядывать внутрь** jeter un coup d'œil à l'intérieur • **дверь открывается внутрь** la porte s'ouvre vers l'intérieur ◪ *prép (+ G)* à l'intérieur de *(direction)* • **он повёл меня внутрь помещения** il me conduisit à l'intérieur du local

внучка *nf* petite-fille • **бабушка со своей внучкой** une grand-mère avec sa petite-fille

внушать / **внушить** *v* imposer, inspirer • **он внушает мне отвращение** il m'inspire le dégoût • **внушать доверие** inspirer confiance • **внушать страх** inspirer la crainte

внушительный *adj* imposant • **иметь внушительный вид** avoir un air imposant

/ **внушить** → внушать

внятный *adj* perceptible, intelligible • **чуть внятный стон** une plainte à peine perceptible • **внятных обвине-**

ний прóтив негó так и не нашлóсь aucune accusation intelligible n'a été trouvée à son encontre

во → **в**

вóвремя *adv* à temps • **он приéхал вóвремя** il est arrivé à temps • **я, мóжет быть, пришёл не вóвремя?** je tombe peut-être mal ?

вóвсе *adv* **вóвсе нет** pas du tout › **это вóвсе не нýжно** c'est tout à fait inutile › **ты сердúт? — вóвсе нет** tu es en colère ? — pas du tout.

во-вторы́х *adv* deuxièmement

вóгнутый *adj* concave • **вóгнутое зéркало** miroir concave

водá ⑥① *nf* eau • **питьевáя водá** eau potable • **минерáльная водá** eau minérale • **газирóванная водá** eau gazeuse • **стоя́чая водá** de l'eau stagnante • **дождевáя водá** de l'eau de pluie • **солёная водá** de l'eau salée • **прéсная водá** de l'eau douce • **кипячёная водá** de l'eau bouillie • **сырáя водá** de l'eau non bouillie
● **быть тúше воды́, нúже травы́** filer doux • **в мýтной водé ры́бу ловúть** pêcher en eau trouble • **мнóго воды́ утеклó с тех пор** il a passé beaucoup d'eau sous les ponts depuis ce temps-là • **онú похóжи как две кáпли воды́** ils se ressemblent comme deux gouttes d'eau • **чýвствовать себя́, как ры́ба в водé** se sentir comme un poisson dans l'eau • **э́то льёт вóду на мою́ мéльницу** cela verse de l'eau à mon moulin

> **À PROPOS DE…**
>
> L'accent passe sur la préposition dans le groupe **нá воду**.

водúтель *nm* conducteur • **водúтель таксú** un chauffeur de taxi • **водúтель автóбуса** un conducteur de bus

водúть *v* → **вестú**
● **водúть зá нос** mener par le bout du nez

водúться ④ *vp* **1.** être en abondance • **в рекé вóдятся щýки** dans la rivière, il y a des brochets **2.** (*с + I*) fréquenter • **водúться с подозрúтельными людьмú** fréquenter des gens suspects
● **как вóдится** comme il est d'usage › **погóня со стрельбóй, как вóдится в детектúвах** une poursuite avec des coups de feu, comme il est d'usage dans les romans policiers

вóдка *nf* vodka

> **CULTURE…**
>
> **вóдка**
> Plus qu'une simple boisson alcoolisée parmi d'autres, la vodka, ou petite eau, est la boisson traditionnelle russe. Elle se boit selon des rites précis. On porte souvent un toast à l'occasion d'un événement : mariage, anniversaire, retrouvailles ou rencontres. Ainsi, **за дрýжбу** (à l'amitié) est un toast récurrent dans les rencontres internationales.
> Priver le peuple russe de vodka, comme certains se sont risqués à le faire, est une entreprise vouée à l'échec. Prohibée, cette boisson devient un objet de contrebande et suscite des contrefaçons artisanales et frauduleuses
> La vodka aide souvent à rompre la glace entre les gens, elle scelle les amitiés et réchauffe les corps et les cœurs. Consommée avec excès, elle fait bien sûr aussi des ravages. On peut dire qu'elle reste encore « l'opium » d'un peuple qui n'a pas été épargné par les aléas de l'histoire.

водоворóт *nm* masse d'eau qui tourbillonne • **он попáл в водоворóт и утонýл** il fut pris par un tourbillon et se noya ~ **водоворóт жúзни** *fig* le tourbillon de la vie • **водоворóт собы́тий** le tourbillon des événements

водолáз *nm* plongeur

Водолéй *nm* (ASTROL) Verseau

водонапóрный *adj*
● **водонапóрная бáшня** château d'eau

водопáд *nm* cascade • **водопáд Кивáч** les chutes de Kivatch • **водопáд обрýшившейся на негó крúтики** l'avalanche de critique qui a été précipitée sur sa tête

вóдоросль *nf* algue

водянóй *adj* d'eau, à eau • **водяны́е растéния** les plantes aquatiques • **водянáя мéльница** un moulin à eau
● **водянóй знак** filigrane
■ **водянóй** *adj subst m* génie des eaux (MYTHOL)

воева́ть* [II, вою́ю, вою́ешь] *v* faire la guerre, se battre • **славя́не воева́ли со степны́ми кочёвниками** les Slaves faisaient la guerre aux nomades des steppes • **всю жизнь я воева́л за то, что счита́л пра́вильным** toute ma vie je me suis battu pour ce que je croyais juste

воево́да *nm* chef militaire *(dans l'ancienne Russie)*

во́ем → вой, → выть

вое́нный *adj* militaire • **вое́нные де́йствия** les opérations militaires • **вое́нная слу́жба** le service militaire • **вое́нный кора́бль** un navire de guerre
■ **вое́нный** *adj subst m* militaire

во́ет, во́ешь → выть

вожа́тая *adj subst f* monitrice *(de colonie de vacances)*

вожа́тый *adj subst m* moniteur *(de colonie de vacances)*

вождь ③② *nm* chef

воз* *(loc.* **возу́***)* ⑧② *nm* **1.** charrette • **о́коло база́рной пло́щади бы́ло мно́го возо́в** il y avait de nombreuses charrettes près de la place du marché **2.** charretée • **воз се́на** une charretée de foin

/ **возбуди́ть** → возбужда́ть

возбужда́ть / **возбуди́ть** [*part.* возбуждённый] *v* **1.** exciter, stimuler • **возбуди́ть аппети́т** stimuler l'appétit • **возбуди́ть любопы́тство** piquer la curiosité • **возбуди́ть негодова́ние** provoquer l'indignation **2.** *(***про́тив** *+ G)* exciter, monter contre • **возбуди́ть всех про́тив себя́** se mettre tout le monde à dos

возбужде́ние *nnt* excitation • **быть в си́льном возбужде́нии** être surexcité

/ **возврати́ть** → возвраща́ть

/ **возврати́ться** → возвраща́ться

возвраща́ть / **верну́ть** *et* **возврати́ть** *(т → щ) v* **1.** rendre • **я возвращу́ ему́ де́ньги** je vais lui rendre son argent • **верну́ть кни́ги в библиоте́ку** rapporter des livres à la bibliothèque **2.** faire revenir • **меня́ возврати́ли с доро́ги** on m'a fait rebrousser chemin • **верну́ть себе́ иму́щество** récupérer ses biens

возвраща́ться / **верну́ться** *et* **возврати́ться** *(т → щ) vp* revenir, rentrer • **че́рез два часа́ он верну́лся наза́д** il est revenu au bout de deux heures • **к э́тому вопро́су мы ещё вернёмся** nous reviendrons sur cette question • **я о́чень по́здно верну́лся домо́й** je suis rentré chez moi très tard • **верну́ться из-за грани́цы** revenir de l'étranger

возвраще́ние *nnt* **1.** retour • **возвраще́ние в родно́й край** retour au pays natal **2.** restitution • **возвраще́ние иму́щества** la restitution des biens

/ **возвы́сить** → возвыша́ть

возвыша́ть / **возвы́сить** *littéraire v* élever • **он возвы́сил бы́ло го́лос** il commençait déjà à élever le ton

возвыше́ние *nnt* **1.** essor • **возвыше́ние Моско́вского госуда́рства** le développement de l'État moscovite **2.** lieu élevé *(colline, tribune...)*

возвы́шенность *nf* **1.** hauteur, éminence • **с возвы́шенности открыва́ется потряса́ющий вид** d'en haut la vue est superbe **2.** *fig* élévation, noblesse • **возвы́шенность чувств** noblesse des sentiments

возвы́шенный *adj* **1.** élevé • **возвы́шенное ме́сто** un lieu élevé **2.** sublime • **возвы́шенная цель** un noble but

во́зглас *nm* exclamation • **одобри́тельные во́згласы** des cris d'approbation

воздава́ть* [II, воздаю́, воздаёшь - воздава́й - воздава́я] / **возда́ть*** [*n cl*, возда́м, возда́шь, возда́ст, воздади́м, воздади́те, воздаду́т - возда́л, воздала́, возда́ло, возда́ли ⑤ - во́зданный, во́здан, воздана́, во́здано, во́зданы ⑤] *v* rétribuer, récompenser
● **возда́ть кому́-нибудь до́лжное** reconnaître les mérites de qqn • **возда́ть справедли́вость** rendre justice • **возда́ть честь** rendre honneur

/ **возда́ть** → воздава́ть

/ **воздержа́ться** → возде́рживаться

возде́рживаться / **воздержа́ться*** [I, воздержу́сь, возде́ржишься] ④ *vp* s'abstenir • **он не мог**

воздержа́ться от восклица́ния il ne put retenir un cri

во́здух *nm* air • **све́жий во́здух** l'air frais • **вы́йти на во́здух** aller prendre l'air • **на (откры́том) во́здухе** en plein air • **подыша́ть во́здухом** prendre l'air • **пита́ться во́здухом** vivre de l'air du temps • **э́то но́сится в во́здухе** c'est une idée qui flotte dans l'air

возду́шный *adj* d'air, aérien • **возду́шная я́ма** un trou d'air • **возду́шная ли́ния** une ligne aérienne • **посыла́ть возду́шные поцелу́и** envoyer des baisers avec la main • **стро́ить возду́шные за́мки** construire des châteaux en Espagne • **возду́шный змей** un cerf-volant

вози́ть → **везти́**

вози́ться ④ *vp* s'agiter, se débattre • **вози́ться с ко́шкой** s'amuser bruyamment avec le chat • **вози́ться с багажо́м** se débattre avec ses bagages • **ско́лько я вози́лся с ним!** que de temps j'ai perdu avec lui !

возлага́ть / **возложи́ть** ④ *v* **1.** déposer • **возложи́ть цветы́ к па́мятнику** déposer des fleurs devant un monument **2.** placer *fig* • **возложи́ть свои́ наде́жды на** *(+ A)* placer son espoir en • **возложи́ть вину́ на кого́-нибудь** rejeter la faute sur qqn

во́зле ◪ *adv* tout près • **он присе́л на скаме́йку во́зле** il s'assit sur un banc tout près ◪ *prép (+ G)* près de • **она́ стоя́ла во́зле нас** elle était près de nous

/ **возложи́ть** → **возлага́ть**

возлю́бленная *part subst f* bien-aimée • **его́ возлю́бленная** sa bien-aimée

возлю́бленный *part subst m* bien-aimé • **её возлю́бленный** son bien-aimé

возме́здие *littéraire nnt* châtiment

/ **возмести́ть** → **возмеща́ть**

возмеща́ть / **возмести́ть** *v* dédommager • **возмести́ли ему́ расхо́ды** il a été remboursé de ses frais • **возмести́ть поте́рянное вре́мя уси́ленной рабо́той** rattraper le temps perdu en travaillant d'arrache-pied

возмо́жно *adv* **1.** *(entre virgules)* peut-être • **он, возмо́жно, и не придёт** il ne viendra peut-être même pas **2.** possible • **скоре́е чем возмо́жно** le plus vite possible

возмо́жность *nf* possibilité, occasion • **упу́щенная возмо́жность** une occasion manquée • **при пе́рвой возмо́жности** à la première occasion • **есть разли́чные возмо́жности** il y a diverses possibilités • **дать возмо́жность** donner la possibilité • **име́ть возмо́жность** avoir la possibilité • **по ме́ре возмо́жности** dans la mesure du possible

возмо́жный *adj* possible • **всё каза́лось ему́ возмо́жным** tout lui semblait possible • **мы сде́лаем всё, что возмо́жно** nous ferons tout ce qu'il est possible de faire

возмути́тельно *adv* de manière révoltante • **возмути́тельно вести́ себя́** se conduire d'une manière révoltante

возмути́тельный *adj* révoltant • **возмути́тельный посту́пок** un acte révoltant

/ **возмути́ть** → **возмуща́ть**

возмуща́ть / **возмути́ть** *(т → щ) v* révolter, indigner • **меня́ возмути́ла его́ гру́бость** j'ai été indigné par sa grossièreté

возмуще́ние *nnt* indignation • **прийти́ в возмуще́ние** être pris d'indignation

/ **вознагради́ть** → **вознагражда́ть**

вознагражда́ть / **вознагради́ть** *v* récompenser • **вознагради́ть усе́рдие** récompenser le zèle

вознагражде́ние *nnt* récompense • **за де́нежное вознагражде́ние** pour une récompense en espèces • **в вознагражде́ние за** *(+ A)* en récompense de • **в вознагражде́ние за услу́ги** en récompense de services rendus

/ **возненави́деть** → **ненави́деть**

возника́ть / **возни́кнуть*** [III] *v* prendre naissance, apparaître • **у него́ возни́кла мысль** une idée lui est venue • **у меня́ возника́ет подозре́ние** j'ai un soupçon

возникнове́ние *nnt* apparition, genèse • **возникнове́ние жи́зни на**

Землé l'apparition de la vie sur la Terre • возникновéние чýвства la naissance d'un sentiment

/ **возни́кнуть** → возникáть

возня́ *nf* **1.** soucis *(tracas)* • мнóго возни́ с маши́ной une voiture, ça donne bien des soucis **2.** tapage *(bruit)* • дéти пóдняли возню́ les enfants se sont mis à faire du tapage

/ **возобнови́ть** → возобновля́ть

возобновлéние *nnt* renouvellement • возобновлéние договóра la reconduction d'un traité

возобновля́ть / **возобнови́ть** *v* renouveler • возобнови́ть подпи́ску renouveler un abonnement • возобнови́ть заня́тия reprendre les cours

возобновля́ться / **возобнови́ться** *vp* reprendre • разговóр возобнови́лся la conversation a repris

возражáть / **возрази́ть** *v* objecter • он успéл возрази́ть, что э́то дáвняя истóрия il eut le temps d'objecter que c'était de l'histoire ancienne • возрази́ть на кри́тику répondre à une critique • я возражáю прóтив э́того предложéния je ne suis pas d'accord avec cette proposition • éсли вы не возражáете si vous voulez bien

возражéние *nnt* objection • он не терпéл возражéний il ne souffrait pas les objections • тóном, не допускáющим возражéний d'un ton sans réplique

/ **возрази́ть** → возражáть

вóзраст *nm* âge • мужчи́на зрéлого вóзраста un homme d'âge mûr • в вóзрасте двадцати́ лет à l'âge de vingt ans • в твоём вóзрасте à ton âge

возрождéние *nnt* renaissance • эпóха Возрождéния l'époque de la Renaissance

/ **возроптáть** → роптáть

/ **возьму́, возьмёшь** → взять

вóин *nm littéraire* guerrier, soldat

вóинский *adj* militaire • вóинская пови́нность les obligations militaires

вои́нственный *adj* belliqueux • свои́нственным ви́дом avec un air belliqueux

вой[1] *nm* hurlement(s) • вой волкóв les hurlements des loups • вой вéтра le hurlement du vent

вой[2] → выть

войнá *(gén. pl.* войн*)* ②① *nf* guerre • Вторáя мировáя войнá la Seconde Guerre mondiale • граждáнская войнá la guerre civile • партизáнская войнá la guerre de partisans, la guérilla • холóдная войнá la guerre froide • вести́ войну́ faire la guerre • объяви́ть войну́ déclarer la guerre

◈ ***Войнá и мир*** (Толстóй) *Guerre et Paix* (Tolstoï)

вóйско *(pl.* войскá, вóйск, войскáм*)* ②① *nnt arch* armée • врáжеское вóйско l'armée ennemie

■ войскá *pl* troupes • вну́тренние войскá les troupes du ministère de l'Intérieur

/ **войти́** → входи́ть

вокзáл *nm* gare • поéхать на вокзáл aller à la gare • верну́ться с вокзáла revenir de la gare

вокру́г ◪ *adv* aux alentours • никогó нé было вокру́г il n'y avait personne aux alentours ◪ *prép (+ G)* autour • Земля́ вращáется вокру́г Сóлнца la Terre tourne autour du Soleil • путешéствие вокру́г свéта un voyage autour du monde

◈ ходи́ть вокру́г да óколо tourner autour du pot

вол ③② *nm* bœuf • рабóтать как вол travailler dur

волейбóл *nm* volley-ball

вóлей-невóлей *adv* bon gré mal gré • вóлей-невóлей прихóдится оставáться дóма qu'on le veuille ou non, on est obligé de rester à la maison

волк ①③ *nm* loup

◈ волкóв боя́ться, в лес не ходи́ть quand on a peur du loup, on ne va pas au bois • с волкáми жить, по-вóлчьи выть il faut hurler avec les loups • сдéлать так, чтóбы и вóлки бы́ли сы́ты и óвцы цéлы ménager la chèvre et le chou • человéк человéку волк l'homme est un loup pour l'homme • ***Пéтя и волк*** (Прокóфьев) *Pierre et le loup* (Prokofiev)

волна́ ②⑦ *nf* **1.** vague • **высо́кие во́лны** de hautes vagues ~ *fig* • **волна́ недово́льства** une vague de mécontentement **2.** onde (PHYS) • **длина́ волны́** la longueur d'onde • **коро́ткие во́лны** les ondes courtes • **сре́дние во́лны** les ondes moyennes • **дли́нные во́лны** les grandes ondes • **электромагни́тные во́лны** les ondes électromagnétiques

волне́ние *nnt* agitation, émotion • **не могла́ от волне́ния говори́ть** elle était si émue qu'elle ne pouvait pas parler
■ **волне́ния** *pl* troubles, soulèvements • **э́то мо́жет привести́ к ма́ссовым волне́ниям** cela peut conduire à des soulèvements populaires

волнова́ть / взволнова́ть *v* **1.** agiter, troubler • **ве́тер волну́ет мо́ре** le vent agite la mer • **мо́ре волну́ется** la mer est agitée **2.** *fig* inquiéter • **меня́ о́чень волну́ет судьба́ незави́симого телеви́дения** le sort de la télévision indépendante m'inquiète beaucoup

волнова́ться / взволнова́ться *vp* s'inquiéter • **волнова́ться из-за пустяко́в** s'inquiéter pour des riens

волоки́та *nf* lenteur administrative

волокно́ *(pl.* **воло́кна, воло́кон, воло́кнам***)* ②① *nnt* fibre • **льняно́е волокно́** fibre de lin • **опти́ческое волокно́** fibre optique

во́лос* *(pl.* **во́лосы, воло́с, волоса́м***)* ①③ *nm* **1.** poil • **у него́ мно́го воло́с на груди́** il a beaucoup de poil sur la poitrine **2.** cheveu • **ру́сые, ры́жие, чёрные, седы́е во́лосы** des cheveux blonds, roux, noirs, blancs • **схвати́ть кого́-нибудь за́ волосы** attraper qqn par les cheveux
● **во́лосы ды́бом стано́вятся** cela fait dresser les cheveux sur la tête • **рвать на себе́ во́лосы** s'arracher les cheveux

À PROPOS DE...

L'accent passe sur la préposition dans les groupes **за́ волос, за́ волосы, на́ волос, на́ волосы.**

волоса́тый *adj* poilu, chevelu • **волоса́тая грудь** une poitrine velue

волосо́к *nm dim de* **во́лос**
● **держа́ться на волоске́** ne tenir qu'à un fil › **жизнь его́ держа́лась на волоске́** sa vie ne tenait qu'à un fil • **на волосо́к** à deux doigts › **он был на волосо́к от сме́рти** il a été à deux doigts de la mort

волочи́ть *v* traîner • **е́ле но́ги волочи́ть** pouvoir à peine se traîner

волочи́ться *vp* traîner • **её дли́нное пла́тье волочи́лось по́ полу** sa longue robe traînait par terre

во́лчий *adj d'appart* de loup • **во́лчий аппети́т** une faim de loup

волчо́нок* *(pl.* **волча́та, волча́т, волча́там***) nm* louveteau

волше́бник *nm* magicien, enchanteur

волше́бница *nf* magicienne, enchanteresse

волше́бный *adj* magique • **волше́бное ца́рство** un pays féerique • **волше́бная па́лочка** une baguette magique • **“Волше́бная фле́йта”** « la Flûte enchantée »

волшебство́ *nnt* magie • **как по волшебству́** comme par magie

во́льность *nf* liberté *(désinvolture)* • **позво́лить себе́ во́льность критикова́ть власть** se permettre de critiquer le pouvoir
● **поэти́ческая во́льность** licence poétique

во́льный ⑤ *adj* **1.** libre • **во́льный челове́к** un homme libre • **во́льный как пти́ца** libre comme le vent • **во́льный перево́д** une traduction libre **2.** osé • **во́льные шу́тки** des plaisanteries osées

во́ля *nf* **1.** volonté • **уси́лие во́ли** un effort de la volonté • **не по свое́й во́ле** contre son gré • **про́тив во́ли роди́телей** contre la volonté de ses parents • **э́то в ва́шей во́ле** cela ne dépend que de vous • **во́ля ва́ша** comme vous voulez • **лю́ди до́брой во́ли** les hommes de bonne volonté **2.** liberté • **отпусти́ть крепостны́х на во́лю** libérer des serfs • **вы́рваться на во́лю** s'échapper **3.** *arch* libération des serfs *(réforme de 1861)* • **э́то бы́ло незадо́лго до во́ли** c'était peu avant la libération des serfs
● **дать во́лю** donner libre cours › **дать во́лю слеза́м** donner libre cours à ses larmes › **дать во́лю рука́м** avoir la main trop leste

вон[1] *adv* hors d'ici • **пошёл вон!** fiche-moi le camp !
● **из рук вон пло́хо** en dépit du bon sens • **лезть из ко́жи вон** se mettre en quatre

вон[2] *adv fam* voilà • **вон он идёт** le voilà qui arrive

вонь *nf* puanteur • **вонь стоя́ла стра́шная** il s'élevait une puanteur effroyable

воня́ть *v* puer • **от воды́ из кра́нов воня́ло хло́ркой** l'eau des robinets puait l'eau de Javel

вообража́ть / **вообрази́ть** *vt* **1.** imaginer, avoir l'illusion • **она́ вообража́ет, что я ничего́ не слы́шу** elle s'imagine que je n'entends rien **2.** se prendre au sérieux • **он сли́шком мно́го о себе́ вообража́ет** il se prend trop au sérieux **3.** *vieilli* se représenter • **вообрази́те себе́ старика́ лет семи́десяти** représentez-vous un vieillard de soixante-dix ans • **вообрази́, он уже́ верну́лся** tu te rends compte, il est déjà rentré

воображе́ние *nnt* imagination • **бога́тое воображе́ние** une riche imagination

/ **вообрази́ть** → вообража́ть

вообще́ *adv* **1.** en général • **обо всех писа́телях вообще́** sur tous les écrivains en général • **вообще́-то ве́рно** dans l'ensemble, c'est exact **2.** tout à fait • **кури́ть он вообще́ запреща́л** il interdisait absolument de fumer • **я вообще́ не пойду́** de toute façon, je n'irai pas
● **вообще́ говоря́** à vrai dire › **вообще́ говоря́, мне не хо́чется его́ ви́деть** à vrai dire, je ne tiens pas du tout à le voir

вооружа́ть / **вооружи́ть** *v* armer • **вооружённый совреме́нной те́хникой** équipé de moyens techniques modernes

вооружа́ться / **вооружи́ться** *vp* s'armer • **вооружи́ться терпе́нием** s'armer de patience

вооруже́ние *nnt* armement, armes • **вооруже́ние но́вого поколе́ния** des armes de nouvelle génération • **го́нка вооруже́ний** la course aux armements

вооружённый *adj* armé • **вооружённые си́лы** les forces armées • **вооружённый престу́пник** un criminel armé

/ **вооружи́ть** → вооружа́ть

/ **вооружи́ться** → вооружа́ться

во-пе́рвых *adv* premièrement

вопию́щий *adj* criant, révoltant • **вопию́щая несправедли́вость** une injustice criante

/ **воплоти́ть** → воплоща́ть

воплоща́ть / **воплоти́ть** *(т → щ) v* incarner • **э́тот челове́к — воплощённая че́стность** cet homme est l'honnêteté même

вопль *nm* cri • **вопль отча́яния** un cri de désespoir • **он изда́л восто́рженный вопль** il poussa un hurlement ravi

вопреки́ *prép (+ D)* en dépit de • **вопреки́ здра́вому смы́слу** en dépit du bon sens • **вопреки́ всем пра́вилам** contrairement à toutes les règles

вопро́с *nm* **1.** question *(interrogation)* • **зада́ть вопро́с** poser une question • **отве́тить на вопро́с** répondre à une question **2.** question *(affaire, problème)* • **экономи́ческие вопро́сы** les problèmes économiques • **э́то вопро́с вре́мени** c'est une question de temps • **э́то вопро́с жи́зни и сме́рти** c'est une question de vie ou de mort • **вопро́с не в э́том** là n'est pas la question • **э́то совсе́м друго́й вопро́с** c'est une autre histoire
● **что за вопро́с?** en voilà une question ! • **э́то остаётся под вопро́сом** le problème n'est pas résolu

вопроси́тельный *adj*
● **вопроси́тельный знак** point d'interrogation

вопроша́ющий *adj* interrogateur • **он по́днял на неё вопроша́ющий взгляд** il lui jeta un regard interrogateur

вор ①③ *nm* **1.** voleur • **во́ры зале́зли в кварти́ру но́чью** des voleurs ont pénétré dans l'appartement pendant la nuit **2.** *arch* brigand, malfaiteur

/ **ворва́ться** → врыва́ться

воробе́й *(pl.* воробья́*) nm* moineau

ворова́ть / **укра́сть*** [IV, украду́, украдёшь - укра́л, укра́ла - укра́денный] *(ces deux verbes ne forment pas un couple) v* voler *(dérober)* • **ворова́ть де́ньги** voler de l'argent

во́рон *nm* corbeau

воро́на *nf* corneille
● **воро́н счита́ть** bayer aux corneilles

воро́нка *nf* **1.** entonnoir **2.** trou d'obus

воро́та (воро́т, воро́там) *pl t* **1.** porte • **мы останови́лись пе́ред широ́кими воро́тами** nous nous arrêtâmes devant une large porte cochère • **автомати́ческие воро́та** une porte automatique **2.** but (SPORT) • **заби́ть мяч в воро́та** marquer un but
● **триумфа́льные воро́та** arc de triomphe • **пришла́ беда́, отворя́й ворота́** un malheur ne vient jamais seul

À PROPOS DE...

L'accent du mot **ворота** porte sur le **а** final dans le proverbe ***пришла́ беда́, отворя́й ворота́***.

воротни́к ③② *nm* col *(partie du vêtement)* • **мехово́й воротни́к** un col de fourrure

во́рох* *(nom. pl.* вороха́) ①② *nm* tas, amas • **во́рох бума́г на столе́** un tas de papiers sur la table • **це́лый во́рох недоразуме́ний** tout un tas de malentendus

воро́чать ◪ *vt (+ A)* remuer, retourner • **воро́чать мешки́** remuer des sacs ◪ *v (+ I)* brasser *fig* • **воро́чать дела́ми** brasser des affaires
● **он е́ле языко́м воро́чает** il n'arrive plus à parler

воро́чаться / **заворо́чаться** *vp* se tourner, se retourner • **он всю ночь воро́чался в посте́ли** toute la nuit, il s'est tourné et retourné dans son lit

ворча́ть* [I, ворчу́, ворчи́шь] / **заворча́ть*** [I, *id*] *v* grogner, bougonner • **соба́ка ворчи́т** le chien grogne • **ба́бушка ворча́ла на всех** la grand-mère bougonnait contre tout le monde • **что он ворчи́т себе́ под нос?** qu'est-ce qu'il a à bougonner dans sa barbe ?

восемна́дцатый *num* dix-huitième

восемна́дцать *num* dix-huit • **восемна́дцать ме́тров** dix-huit mètres • **в восемна́дцати киломе́трах** à dix-huit kilomètres

во́семь (восьми́, *instr.* восьмью́) *num* huit • **во́семь рубле́й** huit roubles • **в восьми́ ме́трах** à huit mètres

во́семьдесят (восьми́десяти, *instr.* восьмью́десятью) *num* quatre-vingts • **во́семьдесят проце́нтов** quatre-vingts pour cent • **в восьми́десяти киломе́трах** à quatre-vingts kilomètres

восемьсо́т (восьмисо́т, восьмиста́м, восьмьюста́ми) *num* huit cents • **восемьсо́т тонн** huit cents tonnes • **с восьмьюста́ми приглашёнными** avec huit cents invités

во́семью *adv* huit fois • **во́семью во́семь шестьдеся́т четы́ре** huit fois huit soixante-quatre

À PROPOS DE...

L'adverbe **во́семью** se distingue par l'accent de **восемью́**, instrumental possible de **во́семь**.

воск *nm* cire

/ **воскли́кнуть** → восклица́ть

восклица́тельный *adj*
● **восклица́тельный знак** point d'exclamation

восклица́ть / **воскли́кнуть** *v* s'exclamer • **у́жас како́й! — воскли́кнула она́** quelle horreur ! s'exclama-t-elle

воскреса́ть / **воскре́снуть*** [III] *v* ressusciter, revivre • **я как бу́дто воскре́с** je me sens revivre
● **Христо́с воскре́с!** Christ est ressuscité

воскресе́ние *nnt* résurrection

воскресе́нье *nnt* dimanche • **я его́ ви́дел в воскресе́нье** je l'ai vu dimanche • **по воскресе́ньям** le dimanche

/ **воскреси́ть** → воскреша́ть

/ **воскре́снуть** → воскреса́ть

воскре́сный *adj* du dimanche • **воскре́сный о́тдых** le repos dominical • **воскре́сный день** le dimanche

воскреша́ть / **воскреси́ть** *v* ressusciter, faire revivre • **па́мять воскреша́ла про́шлое** ma mémoire faisait revivre le passé

воспале́ние *nnt* inflammation • **воспале́ние лёгких** une pneumonie

воспева́ть / **воспе́ть*** [II, воспою́, воспоёшь - воспе́тый] *v* chanter *(célé-*

brer) • поэ́т воспéл её в стихáх le poète la chanta dans ses vers

/ **воспéть** → воспевáть

воспитáние *nnt* éducation • хорóшее воспитáние une bonne éducation

воспи́танный *adj* éduqué • воспи́танный человéк un homme bien éduqué

/ **воспитáть** → воспи́тывать

воспи́тывать / **воспитáть** *v* **1.** éduquer • воспи́тывать ребёнка éduquer un enfant **2.** développer *(par l'éducation)* • воспи́тывать в дéтях чу́вство отвéтственности développer chez les enfants le sens des responsabilités

/ **воспóльзоваться** → пóльзоваться

воспоминáние *nnt* souvenir • воспоминáния дéтства des souvenirs d'enfance • прия́тное воспоминáние un agréable souvenir
■ воспоминáния *pl* mémoires • "Литератýрные воспоминáния" « Souvenirs littéraires »

/ **воспрепя́тствовать** → препя́тствовать

/ **воспрети́ть** → воспрещáть

воспрещáть / **воспрети́ть** *(т → щ) v* interdire • вход воспрещён entrée interdite

воспрещáться *vp* être interdit • кури́ть воспрещáется il est interdit de fumer

воспроизведéние *nnt* reproduction • образцы́ для подражáния и воспроизведéния des modèles destinés à être imités et reproduits • искýсственное воспроизведéние скотá la reproduction artificielle du bétail

/ **воспроизвести́** → воспроизводи́ть

воспроизводи́ть ④ / **воспроизвести́*** [IV, воспроизведý, воспроизведёшь - воспроизвёл, воспроизвелá - воспроизведённый] ③ *v* reproduire • воспроизводи́ть карти́ну reproduire un tableau • воспроизводи́ть видеозáпись reproduire un enregistrement vidéo • воспроизводи́ть ресýрсы лéса régénérer les ressources forestières

восставáть* [II, восстаю́, восстаёшь - восставáй - восставáя] / **восстáть*** [*n cl,* восстáну, восстáнешь] *v* **1.** s'insurger • населéние восставáло прóтив центрáльной влáсти la population se soulevait contre le pouvoir central **2.** renaître • восстаю́т из забвéния фигýры прóшлого renaissent de l'oubli des personnages du passé

восстанáвливать
/ **восстанови́ть** ④ *v* **1.** rétablir • восстанови́ть поря́док rétablir l'ordre • восстанови́ть подáчу электроэнéргии rétablir l'alimentation en électricité **2.** *(*прóтив *+ G)* indisposer • восстанови́ть всех прóтив себя́ se mettre tout le monde à dos

восстáние *nnt* insurrection

/ **восстанови́ть** → восстанáвливать

/ **восстáть** → восставáть

востóк *nm* est • кóмната выхóдит на востóк cette pièce donne sur l'est • к востóку от гóрода à l'est de la ville • на Бли́жнем Востóке au Proche-Orient • на Дáльнем Востóке en Extrême-Orient

востóрг *nm* ravissement, extase • я был в востóрге от поéздки j'étais enchanté de mon voyage • прийти́ в востóрг s'extasier

/ **восторжествовáть** → торжествовáть

востóчный *adj* oriental, d'est • востóчный вéтер le vent d'est

востребование *nnt*
● до вострéбования poste restante › письмó до вострéбования une lettre (en) poste restante

восхити́тельный *adj* ravissant • у неё восхити́тельное плáтье elle a une robe ravissante • онá сегóдня восхити́тельна elle est ravissante aujourd'hui

/ **восхити́ться** → восхищáться

восхищáться / **восхити́ться** *(т → щ) (+ I) vp* s'extasier devant • восхищáться карти́ной être en admiration devant un tableau

восхищéние *nnt* admiration, ravissement • таки́е вéщи достóйны восхищéния ce sont des choses dignes d'admiration • восхищéние хладнокрóвием пожáрных l'admiration suscitée par le sang-froid des pompiers • быть в восхищéнии être ravi

восхóд *nm* lever *(d'un astre)* • на восхóде сóлнца au lever du soleil

восходи́ть → всходи́ть

восходя́щий *adj* ascendant • восходя́щее движéние mouvement ascendant ~ *fig* • э́то восходя́щая звездá c'est une étoile qui monte • в восходя́щем поря́дке en ordre croissant

восьмидеся́тый *num* quatre-vingtième

восьмисóтый *num* huit centième

восьмóй *num* huitième • 8-го января́ le 8 janvier • восьмáя страни́ца la page 8

ВОТ *particule*

1. PRÉSENTATIF = **voici**
- **вот нáша шкóла** voici notre école
- **вот он идёт** le voici qui arrive

2. MARQUE UNE TRANSITION = **et alors**
- **вот я и говорю́ емý** et alors je lui dis

3. SOULIGNE LE MOT SUR LEQUEL ON VEUT INSISTER
- **вот посмотри́те на э́ту карти́ну** regardez donc ce tableau
- **дáйте мне вот э́ту кни́гу** donnez-moi ce livre-ci
- **положи́те егó вот сюдá** mettez-le ici
- **вы вот что сдéлайте** voilà ce que je vous conseille de faire
- **вот где я егó ви́дел** c'est là que je l'ai vu
- **вот и всё** voilà tout
- **вот как!** ah voilà !

À PROPOS DE...

Lorsqu'il renforce un pronom démonstratif (э́тот, тот, такóй), un adverbe de lieu ou de manière (там, тудá, тогдá, так...), вот est atone. Lorsqu'il renforce un pronom ou un adverbe interrogatifs (кто, что, какóй, как, где, кудá, когдá, почемý...), вот est accentué, le pronom ou l'adverbe sont atones.

/ **воткнýть** → втыкáть

вóтчина *nf* **1.** (HIST) bien patrimonial **2.** *fig* prérogatives • они считáют, мы залéзаем в их вóтчину ils considèrent que nous empiétons sur leurs plates-bandes

/ **воцари́ться** → воцаря́ться

воцаря́ться / **воцари́ться** *vp* **1.** (HIST) monter sur le trône **2.** *fig* s'établir • воцари́лась тишинá le silence se fit

вошь* *(instr.* вóшью*)* *nf* pou

вóю, вóют → выть

впадáть / **впасть*** [IV, впадý, впадёшь] *v* **1.** se jeter *(en parlant d'un cours d'eau)* • Окá впадáет в Вóлгу l'Oka se jette dans la Volga **2.** tomber *fig* • впасть в дéтство tomber en enfance • впасть в задýмчивость se laisser aller à la rêverie • впасть в отчáяние se laisser aller au désespoir

впáлый *adj* creux, amaigri • впáлые щёки des joues creuses • впáлая грудь une poitrine creuse

/ **впасть** → впадáть

впервы́е *adv* pour la première fois

вперёд *adv* **1.** en avant *(direction)* • вы́тянуть рýки вперёд tendre les bras en avant • э́то большóй шаг вперёд c'est un grand pas en avant **2.** à l'avance • заплати́ть за два мéсяца вперёд payer à l'avance pour deux mois

впереди́ ◼ *adv* en avant *(emplacement)* • мáльчик шёл впереди́ le petit garçon marchait devant ~ *fig* • сáмое интерéсное ещё впереди́ le plus intéressant est encore à venir ◼ *prép (+ G)* devant • он шёл впереди́ колóнны il marchait en tête du cortège • обгоня́ть идýщий впереди́ автомоби́ль dépasser la voiture qui roule devant

впечатлéние *nnt* impression • производи́ть си́льное впечатлéние produire une forte impression • благоприя́тное впечатлéние une impression favorable

/ **вписáть** → впи́сывать

впи́сывать / **вписáть*** [II, впишý, впи́шешь] ④ *v* inscrire • я забы́л вписáть в бланк свою́ фами́лию j'ai oublié d'inscrire mon nom sur le formulaire • он вписáл своё и́мя в истóрию наýки il a inscrit son nom dans l'histoire de la science

вплотнýю *adv* **1.** tout près **2.** подойти́ вплотнýю к бéрегу aller tout près du bord • на́до заня́ться э́тим вплотну́ю il faut qu'on s'en occupe de près

вполго́лоса *adv* à mi-voix • петь вполго́лоса chanter à mi-voix

вполне́ *adv* pleinement • я с ним вполне́ согла́сен je suis entièrement d'accord avec lui

впопыха́х *adv* **1.** hors d'haleine • она́ прибежа́ла впопыха́х elle accourut hors d'haleine **2.** en toute hâte • они́ всё де́лают впопыха́х ils font tout à la hâte • впопыха́х О́ля забы́ла до́ма де́ньги dans sa hâte, Olia a oublié son argent à la maison

впо́ру *adv* justement • состоя́ние, кото́рое впо́ру назва́ть шо́ком un état qu'il convient d'appeler état de choc ● э́ти боти́нки мне впо́ру ces souliers me vont bien • впо́ру бы́ло ждать от кома́нды но́вых по́двигов le moment était venu d'attendre de nouveaux exploits de l'équipe

впосле́дствии *adv* par la suite

впра́во *adv* à droite • сверну́ть впра́во tourner à droite • впра́во от ро́щи à droite du bosquet

впредь *adv* désormais, à l'avenir

впро́голодь *adv fam* sans manger à sa faim • жить впро́голодь manger de la vache enragée

впрок *adv* à l'avance • води́тели запаса́ются то́пливом впрок les conducteurs s'approvisionnent en carburant à l'avance ● идти́ кому́-нибудь впрок être profitable pour qqn

впро́чем *adv* **1.** *(concession)* d'ailleurs, mais par ailleurs • впро́чем вы его́ лу́чше зна́ете d'ailleurs, vous le connaissez mieux • вот что я бы сде́лал на ва́шем ме́сте, впро́чем как хоти́те voilà ce que je ferais à votre place ; mais, en définitive, faites comme vous l'entendez **2.** *(hésitation)* finalement • впро́чем, я не зна́ю на что реши́ться finalement, je ne sais pas quelle décision prendre • впро́чем, нет, я не пойду́ finalement non, je n'irai pas

впуска́ть / **впусти́ть** ④ *v* laisser entrer, faire entrer • пре́ссу не впусти́ли в зал суда́ la presse n'a pas été autorisée à entrer dans la salle du tribunal • впусти́ть на свою́ террито́рию autoriser l'accès de son territoire

/ **впусти́ть** → впуска́ть

/ **впу́таться** → пу́таться, → впу́тываться

впу́тываться / **впу́таться** *fam vp* être mêlé à • заче́м я впу́тался в э́ту исто́рию quelle idée j'ai eue de me mêler de cette histoire

враг ③② *nm* ennemi • одержа́ть побе́ду над враго́м remporter une victoire sur l'ennemi

вражде́бный *adj* hostile • вражде́бный взгляд un regard hostile

враспло́х *adv* à l'improviste, au dépourvu • нападе́ние врага́ заста́ло их враспло́х l'attaque de l'ennemi les prit au dépourvu

врата́рь ③② *nm* goal, gardien (de but)

врать* [IV, вру, врёшь - врал, врала́, вра́ло, вра́ли] ⑤ / **навра́ть*** [IV, *id*] ⑤ *et* **совра́ть*** [IV, *id*] ⑤ *fam v* mentir, raconter des histoires • бессо́вестно врать mentir effrontément • не ве́рьте ему́, он врёт ne le croyez pas, il raconte des histoires

врач ③② *nm* médecin • позва́ть врача́ faire venir le médecin ● зубно́й врач dentiste

враче́бный *adj* médical • враче́бный персона́л le personnel médical • враче́бный осмо́тр une visite médicale

враща́ть *v* faire tourner • враща́ть турби́ну faire tourner une turbine ● враща́ть глаза́ми rouler les yeux

враща́ться *vp* **1.** tourner • Земля́ враща́ется вокру́г Со́лнца la Terre tourne autour du Soleil **2.** *(в +L) fig* fréquenter • враща́ться в джа́зовой среде́ fréquenter les milieu du jazz • враща́ться среди́ актёров fréquenter les acteurs

вред ③ *nm* dommage, tort • причини́ть вред causer du tort • они́ осо́бого вреда́ не принесли́ ils n'ont pas fait de dégâts importants

вреди́ть / **повреди́ть** *v (+ D)* nuire, porter préjudice • вреди́ть здоро́вью être mauvais pour la santé

вре́дный ⑤ *adj* nuisible, nocif • вре́дные насеко́мые des insectes nuisibles

• э́то врéдно для здорóвья c'est mauvais pour la santé

временá, врéменем → врéмя

врéменно *adv* temporairement, provisoirement • абонéнт врéменно недостýпен votre correspondant est temporairement injoignable

врéменный *adj* provisoire • врéменный прóпуск un laisser-passer provisoire

врéмя*
(gén., dat., loc., instr. врéменем *; pl.* временá, времён, временáм*) nnt*

1. = temps
• **врéмя идёт бы́стро** le temps passe vite
• **проводи́ть врéмя** passer son temps
• **уби́ть врéмя** tuer le temps
• **теря́ть врéмя** perdre son temps
• **вы́играть врéмя** gagner du temps
• **наверстáть потéрянное врéмя** rattraper le temps perdu
• **у меня́ нет врéмени** je n'ai pas le temps
• **э́то трéбует мнóго врéмени** cela exige beaucoup de temps
• **в корóткое врéмя** en peu de temps
• **всё врéмя** tout le temps
• **врéмя рабóтает на нас** le temps travaille pour nous

2. = époque
• **в нáше врéмя** à notre époque
• **в послéднее врéмя** ces derniers temps
• **во временá Ивáна Грóзного** à l'époque d'Ivan le Terrible
• **с незапáмятных времён** depuis des temps immémoriaux
• **дух врéмени** l'esprit du siècle

3. = heure, moment
• **назнáчить врéмя заседáния** fixer l'heure de la réunion
• **вóсемь часóв по москóвскому врéмени** huit heures, heure de Moscou
• **в любóе врéмя** à n'importe quel moment
• **в рабóчее врéмя** pendant les heures de travail
• **всемý своё врéмя** chaque chose en son temps

4. = saison
• **четы́ре врéмени гóда** les quatre saisons
• **временá гóда — веснá, лéто, óсень, зимá** les saisons sont le printemps, l'été, l'automne et l'hiver

5. (GRAMM) **= temps**
• **прошéдшее врéмя** le passé
• **настоя́щее врéмя** le présent
• **бýдущее врéмя** le futur
• **врéмя не ждёт** le temps presse
• **врéмя от врéмени** de temps en temps
• **в то врéмя, как** alors que › **в то врéмя, как я возвращáлся домóй** alors que j'étais sur le chemin du retour
• **тем врéменем** pendant ce temps-là

во врéмя *loc prép*
(+ G) **= pendant**
• **во врéмя войны́** pendant la guerre

врóде *prép (+ G)* du genre de • удáрные инструмéнты врóде африкáнских барабáнов des percussions du genre des tam-tams africains
■ врóде бы *loc adv* semble-t-il • у них врóде бы не óчень хорошó tout ne va pas bien pour eux, semble-t-il

врождённый *adj* inné, congénital • врождённый талáнт un talent inné • врождённый недостáток un défaut congénital

вручáть / вручи́ть *v* remettre • вручи́ть диплóм remettre un diplôme

/ вручи́ть → вручáть

врывáться / ворвáться* [IV, ворвýсь, ворвёшься - ворвáлся, ворвалáсь] ③ *vp* faire irruption • вéтер врывáлся в окнó le vent s'engouffrait par la fenêtre

вряд ли *adv* probablement pas • он вряд ли найдёт себé мéсто je doute fort qu'il trouve une place

всáдник *nm* cavalier

всáдница *nf* cavalière

всё ◼ *pron* → весь ◼ *adv* constamment, toujours • он всё зáнят il est constamment occupé • дождь всё ещё лил la pluie tombait toujours • всё дáльше и дáльше de plus en plus loin
● всё же tout de même › а всё же я с вáми не соглáсен mais tout de même, je ne suis pas d'accord avec vous

всевозмóжный *adj* tout le... possible • всевозмóжные срéдства tous les moyens possibles

всегдá *adv* toujours • всегдá готóв toujours prêt • как всегдá comme d'habitude

всего́ ◪ *pron* → весь ◪ *adv* en tout, seulement • всего́ со́рок рубле́й quarante roubles en tout • рабо́ты начали́сь всего́ три неде́ли тому́ наза́д les travaux ont commencé il y a trois semaines seulement

всего́-на́всего *adv* en tout et pour tout • у меня́ оста́лось всего́-на́всего пятьдеся́т рубле́й il ne m'est resté en tout et pour tout que cinquante roubles

вселе́нная *adj subst f* l'univers

/ **всели́ться** → вселя́ться

вселя́ться / **всели́ться** *vp* emménager • всели́ться в но́вую кварти́ру s'installer dans un nouvel appartement

всеми́рный *adj* mondial • всеми́рная исто́рия histoire universelle • событие всеми́рного значе́ния un événement d'importance mondiale

всео́бщий *adj* universel, général • всео́бщее избира́тельное пра́во le suffrage universel • всео́бщее обуче́ние l'enseignement obligatoire • всео́бщая забасто́вка une grève générale • всео́бщая исто́рия histoire universelle

всерьёз *adv* sérieusement, pour de bon • принима́ть всерьёз prendre au sérieux

всесою́зный *adj (en URSS)* de toute l'U.R.S.S.

всё-таки *particule* tout de même • всё-таки́ я прав j'ai tout de même raison

всеуслы́шание *nnt*
● во всеуслы́шание ouvertement

всеце́ло *adv* entièrement, exclusivement • он всеце́ло посвяти́л себя́ э́тому де́лу il se consacra entièrement à cette entreprise

вска́кивать / **вскочи́ть** ④ *v* bondir, sauter • он вскочи́л на коня́ il sauta sur son cheval • она́ вскочи́ла с посте́ли elle sauta à bas du lit

/ **вскара́бкаться** → кара́бкаться

/ **вскипе́ть** → кипе́ть

/ **вскипяти́ть** → кипяти́ть

/ **вскипяти́ться** → кипяти́ться

вскользь *adv* incidemment • упомяну́ть вскользь mentionner en passant

/ **вскопа́ть** → копа́ть

вско́ре *adv* peu après • он вско́ре уе́хал il partit peu après • он вско́ре прие́хал il arriva bientôt, il arriva peu après

/ **вскочи́ть** → вска́кивать

вскри́кивать *v* **1.** pousser des cris **2.** / вскри́кнуть pousser un cri • он чуть не вскри́кнул от удивле́ния il faillit pousser un cri d'étonnement

/ **вскри́кнуть** → вскри́кивать

/ **вскружи́ть** → кружи́ть

вскрыва́ть / **вскрыть*** [II, вскро́ю, вскро́ешь - вскры́тый] *v* **1.** ouvrir • вскрыть паке́т ouvrir un paquet • вскры́ть се́йф forcer un coffre-fort **2.** disséquer • вскрыть труп disséquer un cadavre **3.** *fig* déceler, révéler • вскрыть недоста́тки déceler les imperfections • вскрыть и́стинные причи́ны révéler les véritables raisons

вскрыва́ться / **вскры́ться*** [II, вскро́ется, вскро́ются] *vp* **1.** → вскрыва́ть **2.** *(en parlant d'un cours d'eau)* • река́ вскры́лась la débâcle du fleuve a commencé

/ **вскрыть** → вскрыва́ть

/ **вскры́ться** → вскрыва́ться

вслед ◪ *adv (за + I)* à la suite de • идти́ вслед за кем-нибу́дь suivre qqn ◪ *prép (+ D)* à la poursuite de • она́ смотре́ла ему́ вслед elle le regardait s'éloigner
● вслед за тем aussitôt après › вслед за тем я уви́дел медве́дя l'instant suivant, j'aperçus l'ours

всле́дствие *prép (+ G)* par suite de • вследствие дурно́й пого́ды en raison du mauvais temps

вслух *adv* à haute voix • чита́й вслу́х! lis à haute voix !

/ **вслу́шаться** → вслу́шиваться

вслу́шиваться / **вслу́шаться** *vp* prêter attention • вслу́шиваться в разгово́р écouter attentivement une conversation

всма́триваться / **всмотре́ться*** [I, всмотрю́сь, всмо́тришься] ④ *vp* fixer du regard • он всма́тривался в незнако́мца il regardait fixement l'inconnu

/ **всмотре́ться** → всма́триваться

всмя́тку *adv*
● **яйцо́ всмя́тку** un œuf à la coque

всо́вывать / **всу́нуть** *v* mettre, introduire • **всу́нуть ру́ки в карма́ны** mettre les mains dans ses poches

/ **вспаха́ть** → паха́ть

вспомина́ть / **вспо́мнить** ◪ *vt* se rappeler, se souvenir de • **вспомина́ть свою́ мо́лодость** se rappeler sa jeunesse ◪ *v* (о +*L*) se rappeler, se souvenir de • **она́ вспо́мнила о письме́** elle se souvint de la lettre

вспомина́ться / **вспо́мниться** *vp* revenir à la mémoire • **мне вспо́мнился стари́нный рома́нс** je me suis souvenu d'une vieille romance

/ **вспо́мнить** → вспомина́ть, → по́мнить

/ **вспо́мниться** → вспомина́ться

/ **вспоте́ть** → поте́ть

/ **вспу́хнуть** → пу́хнуть

/ **вспыли́ть** *v* se mettre en colère • **вспыли́ть из-за пустяко́в** se mettre en colère pour des riens

вспы́льчивый *adj* irascible • **вспы́льчивый хара́ктер** un caractère irascible

вспы́хивать / **вспы́хнуть** *v* **1.** s'enflammer • **бума́га вспы́хнула** le morceau de papier prit feu • **вспы́хнул пожа́р** un incendie éclata ~ *fig* • **вспы́хнула война́** la guerre éclata **2.** se mettre en colère • **он вспы́хнул гне́вом** il se mit en colère **3.** rougir, devenir cramoisi • **де́вочка вспы́хнула** la petite fille devint toute rouge

/ **вспы́хнуть** → вспы́хивать

встава́ть* [II, встаю́, встаёшь - встава́й - встава́я] / **встать*** [*n cl*, вста́ну, вста́нешь] *v* **1.** se lever *(sortir du lit)* • **встава́ть ра́но** se lever tôt **2.** se lever *(se mettre debout)* • **встава́ть из-за стола́** se lever de table **3.** se lever *(en parlant des astres)* • **со́лнце встаёт** le soleil se lève **4.** prendre la défense • **встава́ть на его́ сто́рону** prendre sa défense **5.** apparaître • **вста́ли но́вые тру́дности** de nouvelles difficultés se sont présentées • **карти́ны далёкого про́шлого вста́ли пе́редо мно́й** des souvenirs d'un passé lointain me revinrent **6.** s'arrêter • **часы́ вста́ли** la montre s'est arrêtée • **мото́р встал** le moteur s'est arrêté **7.** se mettre dans • **встать в о́чередь** commencer à faire la queue • **встать на учёт** s'enregistrer *(auprès des autorités)*
● **встать на коле́ни** se mettre à genoux • **встава́ть с ле́вой ноги́** se lever du pied gauche • **река́ вста́ла** le fleuve est gelé

/ **вста́вить** → вставля́ть

вставля́ть / **вста́вить** *v* placer, introduire • **вста́вить фотогра́фию в ра́мку** mettre une photo dans un cadre • **вста́вить карти́нку в те́кст** insérer une image dans un texte • **ме́жду звонка́ми не удаётся да́же сло́ва вста́вить** entre les coups de fil je n'arrive pas à placer un mot

/ **встать** → встава́ть

/ **встрево́жить** → трево́жить

/ **встре́тить** → встреча́ть

встре́ча *nf* **1.** rencontre • **неожи́данная встре́ча** une rencontre inattendue • **встре́ча футбо́льных клу́бов** rencontre des clubs de football **2.** accueil • **мы гото́вились к встре́че делега́ции** nous nous apprêtions à accueillir un groupe

встреча́ть / **встре́тить** *v* **1.** rencontrer • **я его́ случа́йно встре́тил** je l'ai rencontré par hasard • **встре́тить затрудне́ния** rencontrer des difficultés **2.** accueillir • **раду́шно встре́тить госте́й** bien accueillir ses hôtes • **встре́тить делега́цию в аэропорту́** aller accueillir un groupe à l'aéroport **3.** fêter • **встреча́ть Но́вый год** fêter le Nouvel an

встре́чный *adj* venant en sens contraire • **встре́чный ве́тер** un vent contraire
■ **встре́чный** *adj subst m* personne que l'on rencontre • **пе́рвый встре́чный** le premier venu

встря́хивать / **встряхну́ть** ◪ *vt* **1.** secouer • **встряхну́ть ковёр** secouer un tapis **2.** soulever et secouer • **грузови́к встряхну́ло на уха́бе** le camion a été fortement secoué sur une bosse ◪ *v* (+ *I*) • **встряхну́ть волоса́ми** rejeter les cheveux en arrière d'un mouvement de la tête

/ **встряхну́ть** → встря́хивать

вступа́ть / **вступи́ть** ④ *v* **1.** entrer *(le plus souvent au sens figuré)* • **войска́ всту-**

пи́ли в го́род des troupes sont entrées dans la ville • **вступи́ть в па́ртию** adhérer à un parti • **вступи́ть в бой** engager le combat • **вступи́ть в перегово́ры** entrer en pourparlers • **вступи́ть в строй** être mis en service • **вступи́ть в си́лу** entrer en vigueur **2.** monter *(le plus souvent au sens figuré)* • **вступи́ть на престо́л** monter sur le trône

вступа́ться / **вступи́ться** ④ *vp* prendre la défense • **вступи́ться за прия́теля** prendre la défense d'un copain

вступи́тельный *adj* d'entrée • **вступи́тельный экза́мен** l'examen d'entrée

/ **вступи́ть** → вступа́ть

/ **вступи́ться** → вступа́ться

/ **всу́нуть** → всо́вывать

всходи́ть ④ / **взойти́*** [IV, взойду́, взойдёшь - взошёл, взошла́] *v* **1.** monter • **фигури́сты два́жды всходи́ли на пьедеста́л почёта** les patineurs sont montés deux fois sur le podium **2.** pousser • **уже́ начина́ют всходи́ть укро́п, петру́шка, реди́с** l'aneth, le persil et les radis commencent à pousser **3.** se lever *(en parlant des astres)* • **со́лнце всхо́дит** le soleil se lève

всю́ду *adv* partout • **за́пах пресле́довал нас всю́ду** l'odeur nous poursuivait partout

вся → весь

вся́кий ◪ *adj* **1.** chaque, chacun • **вся́кий раз** toutes les fois **2.** de toutes sortes • **вся́кие лю́ди** toutes sortes de gens **3.** quel qu'il soit • **на вся́кий слу́чай** à tout hasard • **во вся́ком слу́чае** en tout cas • **без вся́кой жа́лости** sans aucune pitié • **без вся́кого сомне́ния** sans aucun doute ◪ *pron* **вся́кое быва́ет** on en voit de toutes sortes

вся́чески *adv* par tous les moyens • **вся́чески стара́ться** faire tout son possible

вта́лкивать / **втолкну́ть** *v* faire entrer *(en poussant)* • **его́ втолкну́ли в тёмную ко́мнату** on le poussa dans une pièce sombre

вта́скивать / **втащи́ть** ④ *v* faire entrer, faire monter *(en traînant)* • **втащи́ть мешки́ на черда́к** monter des sacs au grenier

/ **втащи́ть** → вта́скивать

/ **втолкну́ть** → вта́лкивать

вторга́ться / **вто́ргнуться*** [III] *vp* **1.** faire irruption, envahir • **неприя́тельские а́рмии вто́рглись в Росси́ю** les armées ennemies envahirent la Russie **2.** s'immiscer • **суд не бу́дет вторга́ться в де́ятельность законода́телей** le tribunal ne s'immiscera pas dans le travail des législateurs

/ **вто́ргнуться** → вторга́ться

вто́рник *nm* mardi • **я его́ ви́дел во вто́рник** je l'ai vu mardi • **по вто́рникам** le mardi

второ́й *adj* deuxième, second • **второ́е ме́сто** la deuxième place • **на второ́м пла́не** au second plan • **Екатери́на II** Catherine II • **на второ́м этаже́** au premier étage
■ **второ́е** *adj subst nt* le plat principal *(d'un menu)*

второстепе́нный *adj* d'importance secondaire • **второстепе́нная роль** un rôle secondaire

в-тре́тьих *adv* troisièmement

втро́е *adv* trois fois • **втро́е ме́ньше де́нег** trois fois moins d'argent

втроём *adv* à trois • **мы гуля́ли в па́рке втроём** nous nous promenions tous les trois dans le parc

втыка́ть / **воткну́ть** *v* enfoncer, piquer • **воткну́ть кол в зе́млю** enfoncer un pieu en terre

ВУЗ, вуз (*abr de* вы́сшее учёбное заведе́ние) *nm* établissement d'enseignement supérieur • **учи́ться в ву́зе** faire des études dans un établissement d'enseignement supérieur

вулка́н *nm* volcan • **де́йствующий вулка́н** un volcan en activité • **поту́хший вулка́н** un volcan éteint

вход *nm* entrée • **гла́вный вход** entrée principale • **служе́бный вход** entrée de service • **вход свобо́дный** entrée libre • **вход воспрещён** entrée interdite

входи́ть ④ / **войти́*** [IV, войду́, войдёшь - вошёл, вошла́ - войдя́] *v* **1.** entrer *(pénétrer)* • **он вошёл в ко́мнату** il entra dans la pièce • **войди́те!** entrez ! • **су́дно вхо́дит в га́вань** le navire entre dans le port **2.** entrer *(trouver place)* • **всё**

это не войдёт в чемода́н tout cela n'entrera pas dans la valise **3.** entrer *(pour faire partie)* • **войти́ в прави́тельство** entrer au gouvernement **4.** entrer *fig* • **войти́ в подро́бности** entrer dans les détails • **это не вхо́дит в мой наме́рения** cela n'entre pas dans mes intentions • **на́до войти́ в моё положе́ние** il faut vous mettre à ma place
● **войти́ в мо́ду** devenir à la mode • **войти́ в привы́чку** devenir une habitude

входно́й *adj* d'entrée • **входна́я дверь** la porte d'entrée

вчера́ *adv* hier • **вчера́ ве́чером** hier soir

вчера́шний *adj* d'hier • **вчера́шний дождь** la pluie d'hier
● **иска́ть вчера́шний день** chercher midi à quatorze heures

вчё́тверо *adv* quatre fois • **вчё́тверо бо́льше** quatre fois plus • **сложи́ть бума́гу вчё́тверо** plier une feuille en quatre

вчетверо́м *adv* à quatre

въезд *nm* entrée • **въезд в го́род** l'entrée de la ville → **въезжа́ть**

въезжа́ть / **въе́хать*** [IV, въе́ду, въе́дешь] *v* **1.** entrer *(en voiture, à cheval...)* • **въе́хать в го́род** entrer dans la ville **2.** monter *(en voiture, à cheval...)* • **въе́хать на́ гору** gravir la colline

/ **въе́хать** → **въезжа́ть**

вы *pron pers* vous
● **быть с кем-нибу́дь на вы** vouvoyer qqn

выбега́ть / **вы́бежать*** [*n cl*, вы́бегу, вы́бежишь, вы́бегут - вы́беги] *v* sortir *(en courant)* • **она́ вы́бежала во двор** elle se précipita dans la cour

/ **вы́бежать** → **выбега́ть**

выбива́ть / **вы́бить*** [II, вы́бью, вы́бьешь - вы́бей - вы́битый] *v* **1.** faire sortir *(en frappant)* • **вы́бить стекло́** casser une vitre • **вы́бить проти́вника из го́рода** chasser l'ennemi de la ville **2.** frapper *(une médaille...)* • **на па́мятнике вы́бита на́дпись** une inscription est gravée sur le monument
● **вы́бить из колеи́** désorienter

выбива́ться / **вы́биться*** [II, вы́бьюсь, вы́бьешься - вы́бейся] *vp*
● **вы́биться из сил** être à bout de force • **вы́биться в лю́ди** arriver à devenir qqn

выбира́ть / **вы́брать*** [IV, вы́беру, вы́берешь] *v* **1.** choisir • **выбира́ть ме́жду муниципа́льным и комме́рческим пля́жем** choisir entre la plage municipale et une plage privée • **вы́брать профе́ссию** choisir une profession **2.** élire • **вы́брать депута́та** élire un député

выбира́ться / **вы́браться*** [IV, вы́берусь, вы́берешься] *vp* sortir *(avec peine)*, se tirer de • **вы́браться из боло́та** sortir du marais

/ **вы́бить** → **выбива́ть**

/ **вы́биться** → **выбива́ться**

вы́бор *nm* choix • **вы́бор профе́ссии** le choix d'une profession • **большо́й вы́бор това́ров** un grand choix de produits • **у меня́ нет вы́бора** je n'ai pas le choix • **вы́бор пал на него́** le choix tomba sur lui
■ **вы́боры** *pl* élections • **вы́боры в Госуда́рственную Ду́му** les élections à la Douma d'État

/ **вы́бранить** → **брани́ть**

выбра́сывать / **вы́бросить** *v* jeter • **вы́бросить бума́ги в корзи́ну** jeter des papiers à la corbeille • **вы́бросить в окно́** jeter par la fenêtre

выбра́сываться / **вы́броситься** *vp* se jeter • **вы́броситься из окна́** se jeter par la fenêtre

/ **вы́брать** → **выбира́ть**

/ **вы́браться** → **выбира́ться**

/ **вы́бросить** → **выбра́сывать**

/ **вы́вернуться** → **вывора́чиваться**

вы́веска *nf* enseigne • **вы́веска магази́на** l'enseigne d'un magasin

/ **вы́вести** → **выводи́ть**

/ **вы́винтить** → **выви́нчивать**

выви́нчивать / **вы́винтить** *v* dévisser • **вы́винтить болт** dévisser un boulon

вы́вих *nm* déboîtement, luxation • **вы́вих коле́на** une luxation du genou

вы́вод *nm* **1.** déduction • **сде́лать вы́вод** tirer une conclusion **2.** évacuation • **вы́вод войск** l'évacuation des troupes

выводи́ть ④ / **вы́вести*** [IV, вы́веду, вы́ведешь - вы́вел, вы́вела - вы́веденный] *v* **1.** faire sortir • **выводи́ть ло́шадь из коню́шни** faire sortir un cheval de l'écurie ~ *fig* • **выводи́ть косми́ческий кора́бль на орби́ту** mettre un vaisseau spatial sur orbite • **вы́вести кома́нду в фина́л пе́рвенства** mener une équipe en finale de championnat • **вы́вести из беды́** tirer d'affaire • **вы́вести из терпе́ния** faire perdre patience • **вы́вести из себя́** mettre hors de soi **2.** afficher, visualiser • **выводи́ть информа́цию на экра́н компью́тера** afficher des informations sur l'écran de l'ordinateur **3.** faire disparaître • **вы́вести пятно́ с костю́ма** enlever une tache à un costume • **вы́вести клопо́в** détruire les punaises **4.** parvenir à une conclusion • **из э́того вы́вели, что я оби́дчив** on en a conclu que j'étais susceptible

вы́воз *nm* exportation • **в э́том году́ ввоз превыша́ет вы́воз** cette année, les importations dépassent les exportations

вывора́чиваться / **вы́вернуться** *vp* s'échapper *litt & fig* • **она́ суме́ет вы́вернуться** elle saura bien se tirer d'affaire

/ **вы́гладить** → гла́дить

вы́глядеть* [I, вы́гляжу, вы́глядишь] *v* avoir l'air • **он пло́хо вы́глядит** il a mauvaise mine • **она́ вы́глядела совсе́м молодо́й** elle paraissait toute jeune

À PROPOS DE...

Bien qu'imperfectif, ce verbe est accentué sur le préverbe **вы**.

выгля́дывать / **вы́глянуть** *v* regarder au-dehors • **вы́глянуть из окна́** jeter un coup d'œil par la fenêtre ~ *fig* • **со́лнце вы́глянуло** le soleil apparut

/ **вы́глянуть** → выгля́дывать

/ **вы́гнать** → выгоня́ть

выгова́ривать / **вы́говорить** *v* **1.** prononcer • **она́ научи́лась вня́тно выгова́ривать бу́кву "р"** elle apprit à prononcer clairement la lettre « r » • **он не мог вы́говорить ни сло́ва** il est resté sans parole **2.** *(+ D)* réprimander • **он мне де́сять мину́т выгова́ривал о поте́рях вре́мени** il me fit la leçon pendant dix minutes sur les pertes de temps **3.** négocier • **вы́говорить себе́ лу́чшие усло́вия** obtenir les meilleures conditions

вы́говор *nm* **1.** réprimande, blâme • **сде́лать ученику́ стро́гий вы́говор** réprimander sévèrement un élève **2.** prononciation • **чи́стый вы́говор** une prononciation impeccable • **говори́ть по-ру́сски с украи́нским вы́говором** parler russe avec l'accent ukrainien

/ **вы́говорить** → выгова́ривать

вы́года *nf* avantage, profit • **кака́я мне от э́того вы́года ?** qu'est-ce que ça me rapporte ? • **нет никако́й вы́годы** il n'y a aucun avantage

вы́годный *adj* avantageux • **вы́годные усло́вия** des conditions avantageuses • **предста́вить дру́га в вы́годном све́те** présenter un ami sous un jour avantageux • **ему́ вы́годнее бы́ло отказа́ться** il lui était plus avantageux de refuser

выгоня́ть / **вы́гнать*** [I, вы́гоню, вы́гонишь] *v* chasser, mettre à la porte • **вы́гнать из шко́лы** mettre à la porte de l'école • **вы́гнать ста́до в по́ле** mener le troupeau aux champs

выгора́ть / **вы́гореть*** [I, вы́горит, вы́горят] *v* **1.** être détruit par le feu • **лес вы́горел дотла́** la forêt fut complètement détruite par le feu **2.** passer *(perdre son éclat)* • **вы́горевшая ткань** une étoffe aux couleurs passées

/ **вы́гореть** → выгора́ть

выгружа́ть / **вы́грузить** *v* décharger • **вы́грузить това́ры** décharger des marchandises • **вы́грузить програ́мму** (INFORM) désinstaller un programme

/ **вы́грузить** → выгружа́ть

выдава́ть* [II, выдаю́, выдаёшь - выдава́й - выдава́я] / **вы́дать*** [*n cl*, вы́дам, вы́дашь, вы́даст, вы́дадим, вы́дадите, вы́дадут - вы́дай] *v* **1.** donner, délivrer • **вы́дать про́пуск** donner un laissez-passer • **выдава́ть ви́зы** délivrer des visas **2.** livrer, dénoncer • **вы́дать секре́т** livrer un secret • **не**

выдава́ть дру́га ne pas trahir son ami • вы́дать себя́ se trahir **3.** faire passer pour • **вы́дать себя́ за специали́ста** se faire passer pour un spécialiste
● **вы́дать за́муж** marier *(une fille)* › **он вы́дал до́чку за́муж** il a marié sa fille

выдава́ться* [II, выдаётся, выдаю́тся] / **вы́даться*** [*n cl*, вы́дастся, вы́дадутся] *vp* **1.** *(gén imperf)* saillir, avancer • **доска́ выдава́лась почти́ на метр** la planche sortait sur presque un mètre **2.** *(imperf)* se distinguer • **он выдава́лся умо́м среди́ окружа́вших его́ люде́й** il se distinguait par son esprit de ceux qui l'entouraient **3.** *(gén perf)* se présenter, se produire • **зима́ вы́далась холо́дная** ce fut un hiver froid

/ **вы́давить** → дави́ть

/ **вы́дать** → выдава́ть

/ **вы́даться** → выдава́ться

выдаю́щийся *adj* éminent, exceptionnel • **выдаю́щиеся учёные** des savants éminents • **выдаю́щийся успе́х** une réussite exceptionnelle

выдвига́ть / **вы́двинуть** *v* **1.** faire sortir • **выдвига́ть я́щик** ouvrir un tiroir **2.** *fig* proposer • **выдвига́ть тео́рию** proposer une théorie • **вы́двинуть свою́ кандидату́ру** proposer sa candidature

выдвига́ться / **вы́двинуться** *vp* **1.** → выдвига́ть **2.** se distinguer, faire carrière • **молодо́й пиани́ст ско́ро вы́двинулся** le jeune pianiste ne tarda pas à percer

/ **вы́двинуть** → выдвига́ть

/ **вы́двинуться** → выдвига́ться

/ **вы́держать** → выде́рживать

выде́рживать / **вы́держать*** [I, вы́держу, вы́держишь] *v* soutenir *litt & fig* • **лёд ещё выде́рживает любу́ю нагру́зку** la glace est encore capable de supporter n'importe quelle charge • **вы́держать оса́ду** soutenir un siège • **О́ля не вы́держала и разрыда́лась** Olia n'y put tenir, elle éclata en sanglots
● **вы́держать экза́мен** réussir à un examen

вы́держка[1] *nf* **1.** bonne tenue, maîtrise de soi • **прояви́ть большу́ю вы́держку** faire preuve d'une grande fermeté **2.** vieillissement, maturation • **конья́к дли́тельной вы́держки** un cognac longuement vieilli **3.** durée d'exposition *(photographie)*

вы́держка[2] *nf* extrait, citation • **вы́держка из "Капита́нской до́чки"** un extrait de « la Fille du capitaine »

/ **вы́драть** → драть

/ **вы́думать** → выду́мывать

вы́думка *nf* **1.** invention *(découverte)* • **отли́чная вы́думка** une belle invention **2.** invention *(mensonge)* • **никто́ не пове́рит э́тим вы́думкам** personne ne croira des inventions pareilles

выду́мывать / **вы́думать** *v* inventer, imaginer • **он сам э́то вы́думал** c'est lui-même qui a inventé ça
● **он по́роха не вы́думает** il n'a pas inventé la poudre

вы́езд *nm* **1.** sortie • **на вы́езде из го́рода** à la sortie de la ville **2.** départ • **вы́езд за грани́цу** départ pour l'étranger → выезжа́ть

выезжа́ть / **вы́ехать*** [IV, вы́еду, вы́едешь] *v* sortir, partir *(en voiture, à cheval...)* • **вы́ехать из го́рода** quitter la ville • **вы́ехать из кварти́ры** déménager

/ **вы́ехать** → выезжа́ть

/ **вы́жать** → жать

/ **вы́звать** → вызыва́ть

выздора́вливать / **вы́здороветь** *v* se rétablir • **я и без лека́рств вы́здоровею** je me rétablirai même sans prendre de médicaments

/ **вы́здороветь** → выздора́вливать

выздоровле́ние *nnt* guérison • **жела́ю вам ско́рого выздоровле́ния** je vous souhaite un prompt rétablissement

вы́зов *nm* **1.** convocation • **получи́ть вы́зов** recevoir une convocation • **вы́зов свиде́телей** la convocation des témoins **2.** défi • **бро́сить вы́зов** lancer un défi • **приня́ть вы́зов** relever un défi

/ **вы́зубрить** → зубри́ть

вызыва́ть / **вы́звать*** [IV, вы́зову, вы́зовешь] *v* **1.** convoquer • **вы́звать в суд** citer en justice • **вы́звать ско́рую по́мощь** appeler l'ambulance • **вы́звать**

ученика́ faire venir un élève au tableau • их ещё мно́го раз вызыва́ли на бис ils eurent de nombreux rappels **2.** provoquer • землетрясе́ние вы́звало па́нику среди́ ме́стных жи́телей le tremblement de terre a provoqué la panique chez les habitants • вы́звать неудово́льствие provoquer le mécontentement • вы́звать на дуэ́ль provoquer en duel

/ **вы́играть** → выи́грывать

выи́грывать / **вы́играть** *v* gagner • вы́играть ша́хматную па́ртию gagner une partie d'échecs • вы́играть в лотере́е маши́ну gagner une voiture à la loterie • вы́играть вре́мя gagner du temps • вы́играть бой gagner une bataille • вы́играть де́ло gagner un procès

вы́игрыш *nm* **1.** lot • кру́пный вы́игрыш un gros lot **2.** gain • вы́игрыш небольшо́й on n'y gagne pas grand-chose

/ **вы́йти** → выходи́ть

выка́лывать / **вы́колоть*** [II, вы́колю, вы́колешь - вы́колотый] *v* crever • вы́колоть глаза́ crever les yeux ● темно́, хоть глаз вы́коли on n'y voit goutte

выки́дывать / **вы́кинуть** *v* jeter dehors • он выки́дывал из о́кон всё, что попада́лось по́д руку il jetait par la fenêtre tout ce qui lui tombait sous la main
● выки́дывать де́ньги на ве́тер jeter l'argent par les fenêtres • выки́дывать шту́ки faire des tours pendables

/ **вы́кинуть** → выки́дывать

выкла́дывать / **вы́ложить** *v* **1.** étaler • он всё вы́ложил на стол il a tout étalé sur la table **2.** rendre disponible • на са́йте вы́ложена но́вая ве́рсия антиви́руса une nouvelle version de l'antivirus est disponible sur le site **3.** sortir • вы́ложить сра́зу все де́ньги за кварти́ру débourser la totalité du prix de son appartement **4.** *fam* exposer • вы́ложить всю пра́вду dire tout ce qu'on a à dire **5.** *(+ I)* garnir • полы́ вы́ложены мра́мором le sol est garni de marbre

выключа́тель *nm* interrupteur • нажа́ть на выключа́тель appuyer sur l'interrupteur

выключа́ть / **вы́ключить** *v* éteindre • вы́ключить свет éteindre la lumière • вы́ключить ра́дио éteindre la radio • вы́ключить ток couper le courant • вы́ключить мото́р couper le moteur

/ **вы́ключить** → выключа́ть

/ **вы́колоть** → выка́лывать

/ **вы́копать** → копа́ть

/ **вы́красить** → кра́сить

/ **вы́краситься** → кра́ситься

вы́куп *nm* **1.** rachat • пра́во на вы́куп доле́й, принадлежа́щих партнёру le droit de racheter les parts d'un partenaire **2.** rançon • тре́бовать вы́куп за похи́щенного бизнесме́на exiger une rançon pour l'homme d'affaire qui a été enlevé

выкупа́ть[1] / **вы́купить** *v* racheter • со́бственники смо́гут вы́купить зе́млю под свои́м до́мом les particuliers pourront racheter le terrain sur lequel se trouve leur maison

вы́купать[2] → купа́ть

À PROPOS DE...

L'accentuation permet de distinguer
- выкупа́ть *(imperf)* racheter, et
- вы́купать *(perf)* baigner.

/ **вы́купить** → выкупа́ть

вылеза́ть / **вы́лезть*** [IV, вы́лезу, вы́лезешь - вы́лез, вы́лезла] *v* **1.** sortir *(d'un lieu)* • вы́лезть из овра́га sortir du ravin • руба́шка постоя́нно вылеза́ла из штано́в il avait toujours la chemise qui sortait de son pantalon **2.** sortir *fig* • ста́ршая дочь не вылеза́ет из ча́тов ma fille aînée ne sort pas des forums de chat **3.** tomber *(en parlant des cheveux)*

/ **вы́лезть** → вылеза́ть

вылета́ть / **вы́лететь*** [V, вы́лечу, вы́летишь] *v* sortir, partir *(en volant)* • пти́ца вы́летела из кле́тки l'oiseau s'est envolé de sa cage • ве́чером он вы́летел в Москву́ le soir, il prit l'avion pour Moscou ~ *fig* • из-за угла́ вы́летела инома́рка brusquement, une voiture de marque étrangère déboucha au coin de la rue

/ **вы́лететь** → вылета́ть

вылéчивать / **вы́лечить** *v* soigner, guérir • **вы́лечить больнóго** guérir un malade

/ **вы́лечить** → вылéчивать

/ **вы́линять** → линя́ть

/ **вы́ложить** → выкла́дывать

/ **вы́морить** → мори́ть

/ **вы́мостить** → мости́ть

вы́мысел *nm* invention *(fiction)* • **заявлéния прéссы об э́том - чи́стый вы́мысел** les déclarations de la presse à ce sujet sont pure invention • **поэти́ческий вы́мысел** l'imagination poétique

/ **вы́мыть** → мыть

вы́мышленный *adj* inventé • **вы́мышленный слу́чай** une histoire inventée

/ **вы́нести** → выноси́ть

вынима́ть / **вы́нуть** *v* **1.** tirer, extraire • **он вы́нул из карма́нов всё содержи́мое** il sortit tout ce qu'il avait dans ses poches **2.** retirer • **вы́нуть дéньги из ба́нка** retirer de l'argent à la banque

выноси́ть ④ / **вы́нести*** [IV, вы́несу, вы́несешь - вы́нес, вы́несла - вы́несенный] *v* **1.** supporter, endurer • **плóхо выноси́ть жару́** supporter difficilement la chaleur • **я не могу́ егó выноси́ть** je ne peux pas le supporter **2.** emporter, porter dehors • **вы́нести мéбель из кóмнаты** enlever les meubles d'une pièce **3.** rendre public • **вы́нести пригово́р** rendre une sentence • **вы́нести резолю́цию** adopter une résolution

выно́сливый *adj* endurant • **выно́сливый человéк** un homme endurant

/ **вы́нудить** → вынужда́ть

вынужда́ть / **вы́нудить** [*part.* вы́нужденный*] *v* **1.** contraindre • **я вы́нужден уйти́** je suis obligé de partir **2.** obtenir par la contrainte • **вы́нудить у отца́ согла́сие** extorquer le consentement de son père

/ **вы́нуть** → вынима́ть

выны́ривать / **вы́нырнуть** *v* **1.** remonter à la surface • **вы́нырнуть из воды́ пóсле прыжка́ с вы́шки** remonter à la surface après un saut du plongeoir **2.** sortir • **из темноты́ неожи́данно вы́нырнули чéтверо неизвéстных** brusquement quatre inconnus sortirent de l'ombre

/ **вы́нырнуть** → выны́ривать

выпада́ть / **вы́пасть*** [IV, вы́паду, вы́падешь - вы́пал] *v* **1.** tomber, échapper • **очки́ вы́пали у неё из рук** elle laissa échapper ses lunettes ~ *fig* • **э́то вы́пало у меня́ из па́мяти** cela m'est sorti de la mémoire **2.** tomber *(pluie, neige)* • **вы́пал снег** il est tombé de la neige • **вы́пала оби́льная роса́** il est tombé une abondante rosée **3.** échoir, arriver • **ему́ вы́пало тру́дное испыта́ние** il a connu une rude épreuve • **лéто вы́пало жа́ркое** l'été fut très chaud

/ **вы́пасть** → выпада́ть, → па́дать

/ **вы́писать** → выпи́сывать

выпи́сывать / **вы́писать*** [II, вы́пишу, вы́пишешь] *v* **1.** commander *(faire venir)* • **вы́писать кни́ги** commander des livres • **выпи́сывать газéту** être abonné à un journal **2.** écrire • **выпи́сывать штраф за непра́вильную паркóвку** mettre une amende pour stationnement interdit • **выпи́сывать счета́ на това́ры** établir des factures pour des marchandises • **выпи́сывать лека́рства пациéнту** prescrire des médicaments à un patient

/ **вы́пить** → пить

/ **вы́платить** → выпла́чивать

выпла́чивать / **вы́платить** *v* payer *(entièrement)* • **вы́платить долги́** payer ses dettes

выполнéние *nnt* exécution, réalisation • **выполнéние контра́кта** l'exécution du contrat • **выполнéние рабóты** l'exécution d'un travail

/ **вы́полнить** → выполня́ть

выполня́ть / **вы́полнить** *v* exécuter, accomplir • **вы́полнить рабóту** exécuter un travail • **вы́полнить макéт** construire une maquette • **вы́полнить обеща́ние** tenir sa promesse

/ **вы́полоскать** → полоска́ть

/ **вы́прямить** → выпрямля́ть

выпрямля́ть / **вы́прямить** *v* redresser • **вы́прямить спи́ну** redresser le dos

выпрямля́ться / **вы́прямиться** *vp* se redresser • **когда́ я подошёл к нему́, он вы́прямился** lorsque je m'approchai de lui, il se redressa

вы́пуклый *adj* bombé • **вы́пуклый лоб** un front bombé

вы́пуск *nm* **1.** production • **вы́пуск электробытовы́х това́ров** la production d'articles d'électroménager • **вы́пуск облига́ций** l'émission d'obligations • **вы́пуск но́вой ве́рсии програ́ммы** le lancement d'une nouvelle version du logiciel **2.** édition • **специа́льный вы́пуск** édition spéciale • **вече́рний вы́пуск теленовосте́й** l'édition du soir des informations télévisées **3.** promotion • **но́вый вы́пуск по специа́льности "учи́тель нача́льных кла́ссов"** une nouvelle promotion de « professeurs des écoles » **4.** numéro • **за́втра в свет вы́йдет очередно́й вы́пуск** demain paraîtra le numéro suivant • **в пяти́ вы́пусках** en cinq fascicules

выпуска́ть / **вы́пустить** *v* **1.** laisser sortir, laisser partir • **вы́пустить пти́цу из кле́тки** sortir l'oiseau de sa cage • **вы́пустить заде́ржанных на свобо́ду** libérer des détenus • **вы́пустить во́ду из ва́нны** vider la baignoire • **вы́пустить и́з виду** perdre de vue **2.** produire, émettre • **вы́пустить миллио́н шин** produire un million de pneus • **институ́т вы́пустил две́сти инжене́ров** l'institut a formé deux cents ingénieurs • **вы́пустить заём** lancer un emprunt **3.** publier • **вы́пустить рома́н** publier un roman

выпускни́к ③② *nm élève ou étudiant qui a terminé ses études* • **выпускни́к на́шей шко́лы** un ancien élève de notre école • **выпускники́ уче́бных заведе́ний не мо́гут найти́ себе́ рабо́ту** les jeunes qui ont terminé leurs études ne trouvent pas de travail • **выпускники́ ву́зов** les étudiants diplômés • **выпускники́ экономи́ческих ву́зов остаю́тся са́мыми популя́рными** les jeunes diplômés en économie sont toujours les plus demandés

выпускни́ца *nf élève ou étudiante qui a terminé ses études* → **выпускни́к**

выпускно́й *adj* de sortie • **выпускно́й экза́мен** l'examen de fin d'études • **выпускно́й класс** (classe) terminale • **выпускна́я труба́** le tuyau d'échappement

/ **вы́пустить** → выпуска́ть

/ **вы́путаться** → выпу́тываться

выпу́тываться / **вы́путаться** *vp* ◈ **вы́путаться из беды́** se tirer d'affaire

выпу́чивать / **вы́пучить** *v* ◈ **вы́пучить глаза́** écarquiller les yeux

/ **вы́пучить** → выпу́чивать

выраба́тывать / **вы́работать** *v* **1.** fabriquer, élaborer • **выраба́тывать электроэне́ргию** produire de l'électricité • **вы́работать конкре́тную програ́мму** élaborer un programme concret **2.** *fig* former • **вы́работать хара́ктер** former le caractère • **вы́работать стиль** former un style

/ **вы́работать** → выраба́тывать

выража́ть / **вы́разить** *v* exprimer • **вы́разить мысль** exprimer une idée • **вы́разить жела́ние** exprimer le désir • **вы́разить своё неудово́льствие** exprimer son mécontentement

выража́ться / **вы́разиться** *vp* **1.** s'exprimer **2.** jurer, proférer des jurons ◈ **мя́гко выража́ясь** pour ne pas dire plus

выраже́ние *nnt* **1.** expression *(action)* • **выраже́ние мы́сли** l'expression d'une pensée **2.** expression *(apparence)* • **выраже́ние лица́** l'expression du visage **3.** expression *(groupe de mots)* • **употреби́ть непра́вильное выраже́ние** utiliser une expression incorrecte

вырази́тельный *adj* expressif • **вырази́тельное лицо́** un visage expressif • **вырази́тельный жест** un geste expressif

/ **вы́разить** → выража́ть

выраста́ть / **вы́расти*** [IV, вы́расту, вы́растешь - вы́рос, вы́росла] *v* croître, grandir • **как Ми́тя вы́рос с тех пор!** comme Mitia a grandi depuis ce temps-là ! • **дубы́ вырастáют ме́дленно** les chênes poussent lentement • **она́ вы́росла из пла́тья** sa robe est devenue trop petite pour elle

/ **вы́расти** → выраста́ть, → расти́

/ **вы́растить** → выра́щивать, → расти́ть

выра́щивать / **вы́растить** *v* faire pousser, nourrir • **выра́щивать цветы́** cultiver des fleurs • **вы́растить дете́й**

élever des enfants • вы́растить ка́дры former du personnel

/ **вы́рвать** → вырыва́ть, → рвать

/ **вы́рваться** → вырыва́ться

/ **вы́ронить** *v* laisser tomber • **вы́ронить кни́гу из рук** laisser tomber son livre

/ **вы́ругать** → руга́ть

/ **вы́ругаться** → руга́ться

выруча́ть / **вы́ручить** *v* **1.** venir en aide à • **вы́ручить дру́га из беды́** tirer d'affaire un ami **2.** gagner • **две-три со́тни рубле́й я вы́ручил** j'en ai tiré deux ou trois cents roubles

/ **вы́ручить** → выруча́ть

вырыва́ть[1] / **вы́рвать*** [IV, вы́рву, вы́рвешь] *v* arracher • **вы́рвать страни́цу из кни́ги** arracher une page à un livre • **вы́рвать зуб** arracher une dent • **она́ вы́рвала у него́ газе́ту из рук** elle lui arracha le journal des mains ~ *fig* • **вы́рвать у кого́-нибудь секре́т** arracher un secret à qqn

вырыва́ть[2] / **вы́рыть*** [II, вы́рою, вы́роешь - вы́рытый] *v* **1.** creuser • **вы́рыть я́му** creuser une fosse **2.** déterrer • **вы́рыть клад** déterrer un trésor

вырыва́ться / **вы́рваться*** [IV, вы́рвусь, вы́рвешься] *vp* **1.** → **вырыва́ть** **2.** s'échapper • **вы́рваться из тюрьмы́** s'échapper de prison • **из гру́ди его́ вы́рвался стон** un gémissement s'échappa de sa poitrine

/ **вы́рыть** → вырыва́ть, → рыть

/ **вы́садить** → выса́живать

выса́живать / **вы́садить** *v* faire descendre, débarquer • **вы́садить пассажи́ра** faire descendre un voyageur • **вы́садить войска́** débarquer des troupes

/ **вы́сечь** → сечь

/ **вы́сказать** → выска́зывать

/ **вы́сказаться** → выска́зываться

выска́зывать / **вы́сказать*** [II, вы́скажу, вы́скажешь] *v* dire, exprimer • **вы́сказать своё мне́ние** exprimer son opinion

выска́зываться / **вы́сказаться*** [II, вы́скажусь, вы́скажешься] *vp* donner son opinion • **да́йте мне вы́сказать-ся** laissez-moi vous donner mon avis • **вы́сказаться о прое́кте** donner son avis sur un projet • **вы́сказаться про́тив прое́кта** se prononcer contre un projet

выска́кивать / **вы́скочить** *v* sauter, bondir • **из кусто́в вы́скочил за́яц** un lièvre sortit brusquement des buissons

/ **вы́скочить** → выска́кивать

/ **вы́слать** → высыла́ть

/ **вы́слушать** → выслу́шивать

выслу́шивать / **вы́слушать** *v* **1.** écouter *(jusqu'au bout)* • **он меня́ внима́тельно вы́слушал** il m'écouta attentivement **2.** ausculter • **вы́слушать се́рдце** ausculter le cœur

/ **вы́сморкаться** → сморка́ться

высо́вывать / **вы́сунуть** *v* ● **вы́сунуть нос и́з дому** mettre le nez dehors • **высо́вывать язы́к** tirer la langue • **бежа́ть, вы́сунув язы́к** courir à perdre haleine

высо́кий *(*высо́к, высока́, высо́ко, высо́ки - *comp.* вы́ше*) ⑤ *et (*высо́к, высока́, высоко́, высоки́*)* ⑤ *adj* **1.** haut *(de taille élevée)* • **высо́кая гора́** une haute montagne • **высо́кие тра́вы** de hautes herbes • **челове́к высо́кого ро́ста** un homme de haute taille **2.** élevé *(qui dépasse le niveau habituel)* • **высо́кая производи́тельность** une productivité élevée • **высо́кие це́ны** des prix élevés • **высо́кий проце́нт** un pourcentage important **3.** haut *(qui exprime ou mérite le respect)* • **высо́кая награ́да** une haute distinction • **высо́кая честь** un grand honneur • **быть о себе́ высо́кого мне́ния** avoir une haute opinion de soi **4.** sublime *(style, sentiments...)* • **высо́кий стиль** un style élevé **5.** aigu *(son)* • **высо́кая но́та** une note aiguë • **высо́кий го́лос** une voix aiguë

высоко́ *adv* **1.** beaucoup, énormément • **знатоки́ высоко́ це́нят бе́лые грибы́** les amateurs apprécient beaucoup les cèpes **2.** haut • **е́сли жа́воронок лети́т высоко́ - ожида́й хоро́шей пого́ды** si l'alouette vole haut, il fera beau temps

высокопоста́вленный *adj* haut placé • **высокопоста́вленное лицо́** un personnage haut placé

высота́ *(pl.* высо́ты*)* ②① *nf* **1.** hauteur, altitude • **высота́ ба́шни — пятьдеся́т ме́тров** la hauteur de la tour est de cinquante mètres • **на высоте́ трёхсо́т ме́тров** à une hauteur de trois cents mètres • **самолёт набира́ет высоту́** l'avion prend de l'altitude ~ *fig* • **быть на высоте́ положе́ния** être à la hauteur de la situation • **он смотре́л на меня́ с высоты́ своего́ вели́чия** il me regardait du haut de sa grandeur • **высота́ зву́ка** la hauteur d'un son **2.** hauteur, colline • **неприя́тели за́няли одну́ высоту́** les ennemis occupèrent une hauteur

высо́тка *nf* **1.** petite colline **2.** tour *(bâtiment élevé)* • **одна́ из семи́ "ста́линских высо́ток"** un des sept gratte-ciel de l'époque stalinienne

высо́тный *adj* d'altitude • **высо́тные полёты** des vols à haute altitude
● **высо́тное зда́ние** une tour, un gratte-ciel

/ **вы́сохнуть** → со́хнуть

/ **вы́спаться** → высыпа́ться

/ **вы́ставить** → выставля́ть

вы́ставка *nf* exposition • **междунаро́дная вы́ставка** une exposition internationale • **вы́ставка карти́н** une exposition de peinture • **пойти́ на вы́ставку** aller à une exposition

выставля́ть / **вы́ставить** *v* **1.** avancer • **вы́ставить но́гу вперёд** avancer la jambe • **вы́ставить стул на балко́н** sortir une chaise sur le balcon **2.** *fig* proposer • **вы́ставить кандида́та** proposer un candidat • **вы́ставить на торги́ па́ртию алма́зов** mettre aux enchères un lot de diamants **3.** exposer • **вы́ставить карти́ну** exposer un tableau **4.** mettre à la porte • **его́ вы́ставили из рестора́на** il a été expulsé du restaurant

/ **вы́стирать** → стира́ть

вы́стрел *nm* coup de feu • **оруже́йный вы́стрел** un coup de fusil • **в по́лдень разда́лся пу́шечный вы́стрел** à midi un coup de canon retentit

/ **вы́стрелить** *v* tirer un coup de feu • **вы́стрелить из ружья́** tirer un coup de fusil • **вы́стрелить в медве́дя** tirer sur un ours • **вы́стрелить в во́здух** tirer en l'air

выступа́ть / **вы́ступить** *v* **1.** sortir, s'avancer • **из толпы́ вы́ступил молодо́й челове́к** un jeune homme sortit de la foule • **на её глаза́х вы́ступили слёзы** des larmes lui vinrent aux yeux **2.** prendre la parole • **выступа́ть на ми́тинге** prendre la parole à un meeting • **выступа́ть с докла́дом** faire un exposé • **выступа́ть про́тив прое́кта** se prononcer contre un projet • **выступа́ть в ро́ли Хлестако́ва** se produire dans le rôle de Khlestakov

/ **вы́ступить** → выступа́ть

выступле́ние *nnt* **1.** discours, intervention • **выступле́ние ора́тора** le discours de l'orateur **2.** spectacle • **выступле́ния шко́льников по́льзовались огро́мным успе́хом** les spectacles des écoliers avaient beaucoup de succès

/ **вы́сунуть** → высо́вывать

/ **вы́сушить** → суши́ть

вы́сший *(superl de* высо́кий*)* *adj* supérieur • **вы́сшего ка́чества** de qualité supérieure • **в вы́сшей сте́пени** au plus haut point • **вы́сшее образова́ние** l'enseignement supérieur • **она́ получи́ла вы́сшее образова́ние** elle a fait des études supérieures • **вы́сшее о́бщество** la haute société

высыла́ть / **вы́слать*** [II, вы́шлю, вы́шлешь] *v* **1.** envoyer, expédier • **вы́слать забы́тый паро́ль на ваш электро́нный а́дрес** envoyer le mot de passe oublié à votre adresse électronique • **к ме́сту происше́ствия вы́сланы брига́ды враче́й** des équipes de médecins ont été envoyées sur les lieux **2.** expulser • **они вы́слали из страны́ трёх диплома́тов** trois diplomates ont été expulsés du pays **3.** exiler • **он был вы́слан в Сиби́рь** il fut exilé en Sibérie

высыпа́ть / **вы́сыпать*** [II, вы́сыплю, вы́сыплешь] *v* vider • **ра́зом вы́сыпать зе́млю из мешка́** vider la terre du sac d'un coup

À PROPOS DE...

À l'infinitif et aux formes du passé, les deux aspects ne se distinguent que par l'accent.

высыпа́ться[1] / **вы́сыпаться** *vp* se répandre, tomber • **мука́ высыпа́лась из мешка́** la farine tombait du sac

высыпа́ться[2] / **вы́спаться*** [I, вы́сплюсь, вы́спишься] *vp* dormir son soûl • **я наконе́ц вы́спался** j'ai pu enfin dormir mon soûl

/ **вы́таращить** → тара́щить

выта́скивать / **вы́тащить** *v* **1.** tirer, extraire • **вы́тащить ло́дку на́ берег** tirer une barque sur la rive • **вы́тащить гвоздь** arracher un clou • **вы́тащить зано́зу** enlever une écharde **2.** *fam* piquer, chiper • **у него́ вы́тащили часы́** on lui a piqué sa montre

/ **вы́тащить** → выта́скивать, → тащи́ть

вытека́ть / **вы́течь*** [IV, вы́течет, вы́текут - вы́тек, вы́текла] *v* **1.** couler, sortir de • **вода́ вытека́ет из кра́на** l'eau coule du robinet • **река́ вытека́ет из о́зера** le fleuve sort du lac **2.** *fig* découler • **из э́того вытека́ет, что** il en résulte que

/ **вы́тереть** → вытира́ть

/ **вы́терпеть** → терпе́ть

/ **вы́теснить** → вытесня́ть

вытесня́ть / **вы́теснить** *v* déloger, évincer • **кру́пные компа́нии вытесня́ют ме́стных производи́телей** les grandes sociétés évincent les producteurs locaux • **вы́теснить из па́мяти** faire sortir de la mémoire

/ **вы́течь** → вытека́ть

вытира́ть / **вы́тереть*** [IV, вы́тру, вы́трешь - вы́тер, вы́терла - вы́тертый] *v* **1.** essuyer • **вытира́ть лицо́ полоте́нцем** s'essuyer le visage avec une serviette • **он вы́тер но́ги и вошёл** il s'essuya les pieds et entra **2.** user *(par le frottement)* • **разме́тка ко́рта вы́терта** les lignes du court de tennis sont effacées par l'usure

/ **вы́трясти** → трясти́

выть* [II, во́ю, во́ешь] / **завы́ть*** [II, *id*] *v* hurler • **во́лки вы́ли** les loups hurlaient • **ве́тер во́ет** le vent hurle
● **с волка́ми жить, по-во́лчьи выть** il faut hurler avec les loups

вытя́гивать / **вы́тянуть** *v* **1.** allonger, tendre • **вы́тянуть но́ги** allonger les jambes • **вы́тянуть ше́ю** tendre le cou **2.** tirer, faire sortir • **вы́тянуть из шля́пы лотере́йный биле́т** tirer un billet de loterie dans un chapeau • **вы́тянуть дру́га из неприя́тной исто́рии** tirer un ami d'une histoire désagréable **3.** *fam* tenir le coup • **он до́лго не вы́тянет** il ne tiendra pas longtemps

/ **вы́тянуть** → вытя́гивать

/ **вы́удить** → уди́ть

/ **вы́учить** → учи́ть

/ **вы́учиться** → учи́ться

вы́ход *nm* **1.** sortie • **запасно́й вы́ход** sortie de secours **2.** issue, résultat • **найти́ вы́ход из положе́ния** trouver le moyen de se tirer d'affaire • **нет вы́хода** il n'y a pas de solution **3.** parution • **до вы́хода в свет рома́на** avant la parution du roman

выходи́ть ④ / **вы́йти*** [IV, вы́йду, вы́йдешь - вы́шел, вы́шла] *v* **1.** sortir, partir • **вы́йти из ко́мнаты** sortir de la pièce • **вы́йти на прогу́лку** partir en promenade • **су́дно выхо́дит в мо́ре** le navire quitte le port **2.** donner sur • **о́кна выхо́дят на двор** les fenêtres donnent sur la cour **3.** être publié, sortir • **вы́шел второ́й но́мер** le deuxième numéro est sorti **4.** résulter • **вы́шел сканда́л** ça a fait un scandale • **выхо́дит, что я был прав** en définitive, j'avais raison • **из э́того ничего́ не вы́шло** ça n'a rien donné **5.** (за + *A*) se marier *(en parlant d'une femme)* • **она́ вы́шла за инжене́ра** elle a épousé un ingénieur **6.** être dépensé • **у меня́ вы́шли все де́ньги** je n'ai plus un sou
● **вы́йти за́муж** se marier *(en parlant d'une femme)* › **она́ вы́шла за́муж за инжене́ра** elle a épousé un ingénieur • **вы́йти из головы́** sortir de la tête › **э́то у меня́ вы́шло из головы́** je n'y ai plus pensé • **вы́йти из мо́ды** passer de mode • **вы́йти из себя́** se mettre hors de soi • **вы́йти из терпе́ния** perdre patience

вы́ходка *nf* sortie *(extravagance)* • **мальчи́шеская вы́ходка** une gaminerie

выходно́й ◪ *adj* **1.** de congé • **выходно́й день** le jour de repos **2.** de sortie • **выходно́е пла́тье** une robe habillée **3.** en congé • **я сего́дня выходна́я** aujourd'hui je suis en congé ◪ *adj subst m* jour de repos • **рабо́тать без выходны́х** travailler sans jours de repos

вычёркивать / **вы́черкнуть** *v* rayer, barrer • **вы́черкнуть сло́во** barrer un mot
◉ **вы́черкнуть его́ из па́мяти** ne plus vouloir entendre parler de lui

/ **вы́черкнуть** → вычёркивать

/ **вы́чистить** → чи́стить

вычита́ть / **вы́честь*** [IV, вы́чту, вы́чтешь - вы́чел, вы́чла - вы́чтенный - вы́чтя] *v* **1.** soustraire, retrancher • **из пяти́ вы́честь три** retrancher trois de cinq **2.** déduire, prélever • **из зарабо́танной су́ммы вы́чли расхо́ды на пита́ние** les dépenses de nourriture ont été déduites de la somme gagnée

вы́чурный *adj* maniéré, sophistiqué • **в вы́чурном сти́ле** dans un style maniéré

вы́ше *comp de* высо́кий

вышива́ть / **вы́шить*** [II, вы́шью, вы́шьешь - вы́шей - вы́шитый] *v* broder

вышина́ *nf* hauteur • **ёлки от 1,5 до 2 ме́тров вышино́й** des sapins d'un mètre cinquante à deux mètres de haut

/ **вы́шить** → вышива́ть

вы́шка *nf* **1.** tour, charpente en forme de pylône • **телевизио́нная вы́шка** une tour de télévision • **телефо́нная вы́шка** antenne relais (TÉLÉCOM) • **бурова́я вы́шка** un derrick **2.** plongeoir • **десятиметро́вая вы́шка** un plongeoir de dix mètres **3.** *fam* peine capitale

/ **вы́яснить** → выясня́ть

выясня́ть / **вы́яснить** *v* élucider • **на́до вы́яснить всё подро́бно** il faut élucider tout ça en détail

выясня́ться / **вы́ясниться** *vp* élucider • **де́ло вы́яснилось** l'affaire s'est éclaircie

вьёшь, вью → вить

вью́га *nf* tempête de neige

вяз *nm* orme

вяза́ть* [II, вяжу́, вя́жешь] ④ / **связа́ть*** [II, *id*] ④ *v* **1.** tricoter • **вяза́ть сви́тер** tricoter un pull **2.** lier • **вяза́ть ве́ники** lier des bottes de branches pour balais

вяза́ться* ④ *(toujours à la 3ème personne) vp*
◉ **де́ло не вя́жется** l'affaire ne marche pas

вя́зкий *(comp.* вя́зче*)* ⑤ *adj* visqueux, bourbeux • **вя́зкая по́чва** un sol bourbeux

вя́знуть* [III] / **завя́знуть*** [III] *v* s'enfoncer, s'enliser • **вя́знуть в снегу́** s'enfoncer dans la neige • **колёса вя́зли в грязи́** les roues s'embourbaient

вя́зче *comp de* вя́зкий

вя́лый *adj* **1.** flétri • **вя́лое я́блоко** une pomme flétrie **2.** *fig* indolent • **э́то вя́лый ма́льчик** c'est un garçon mou

вя́нуть* [III] / **завя́нуть*** [III] *et* **увя́нуть*** [III] *v* se flétrir • **ли́стья вя́нут** les feuilles se fanent

Г

г. *nm* **1.** (*abr écrite de* ***го́род***) ville **2.** (*abr écrite de* ***год***) an

га *nm* (*abr écrite de* ***гекта́р***) hectare

гав-гав *onomat* ouah-ouah

га́вань *nf* port • **есте́ственная га́вань** un port naturel

га́вкать *v fam* aboyer • **моя́ овча́рка га́вкает на сосе́дей** mon berger allemand aboie après les voisins

гад *nm* **1.** *(gén au pl)* reptile **2.** *fig* vermine, canaille

гада́лка *nf* diseuse de bonne aventure

гада́ть *v* **1.** dire la bonne aventure, prédire l'avenir • **гада́ть на ка́ртах** tirer les cartes **2.** faire des suppositions • **прихо́дится то́лько гада́ть** on en est réduit à faire des suppositions

га́дить / нага́дить *v* faire des crasses • **он всем нага́дил** il a joué des tours de cochon à tout le monde

га́дкий *(comp.* **га́же***)* ⑤ *adj* vilain • **га́дкий челове́к** un sale bonhomme

гадли́вость *nf* répugnance • **чу́вство гадли́вости** un sentiment de répugnance

га́дость *nf* **1.** saleté, ordure • **вы́брось э́ту га́дость** jette cette saleté **2.** *fig* saleté, horreur, sale tour • **кака́я га́дость!** quelle horreur ! • **говори́ть га́дости** dire des horreurs • **сде́лать кому́-нибудь га́дость** faire une crasse à qqn

гадю́ка *nf* vipère

га́же *comp de* **га́дкий**

газ *nm* gaz • **слезоточи́вые га́зы** les gaz lacrymogènes • **приро́дный газ** le gaz naturel • **балло́н с га́зом** une bouteille de gaz

газе́та *nf* journal • **вече́рняя газе́та** un journal du soir

> **À PROPOS DE...**
>
> Ne pas confondre
> - **газе́та** journal *(souvent quotidien, d'assez grand format)* avec
> - **журна́л** revue *(se présentant sous la forme d'un livret).*

га́зовый *adj* à gaz • **га́зовая плита́** une cuisinière à gaz

га́йка *nf* écrou
● **закрути́ть га́йки** serrer la vis

галантере́йный *adj* de mercerie • **галантере́йные това́ры** articles de mercerie • **галантере́йный магази́н** une mercerie

галантере́я *nf* articles de mercerie

галере́я *nf* **1.** galerie *(magasin, musée)* • **карти́нная галере́я** une galerie de peinture **2.** galerie *(tunnel)* • **подзе́мная галере́я** une galerie souterraine **3.** galerie (THÉÂTRE)

галёрка *nf fam* poulailler (THÉÂTRE) • **сиде́ть на галёрке** être au poulailler

гало́ша *nf* caoutchouc *(protégeant les chaussures contre l'humidité)*

га́лстук *nm* **1.** cravate **2.** foulard *(de scout, pionnier)*
● **встре́ча без га́лстуков** une rencontre informelle

гандбо́л *nm* handball

ганте́ль *nf* haltère

гара́ж ③② *nm* garage

гардеро́б *nm* **1.** vestiaire • **сдать пальто́ в гардеро́б** laisser son manteau au vestiaire **2.** penderie • **у окна́ стоя́л гардеро́б** près de la fenêtre, il y avait une penderie **3.** garde-robe *(vêtements)* • **обнови́ть свой гардеро́б** renouveler sa garde-robe
Voir encadré page suivante.

гардеро́бщик *nm* préposé au vestiaire

CULTURE...

гардеро́б

Ce mot est un faux ami russe. Il ne peut se traduire exactement ni par « garde-robe », c'est-à-dire une armoire où l'on range ses vêtements, ni par « vestiaire », c'est-à-dire un endroit aménagé avec des casiers et où l'on peut changer de vêtements quand on va faire du sport. Vestiaire en français évoque aussi le lieu où on a l'habitude de laisser son manteau, son parapluie, etc., quand on va au musée ou au théâtre.

En réalité, **гардеро́б** est un élément omniprésent et incontournable dans la vie russe et que l'on trouve partout où l'on va, ne serait-ce qu'au restaurant ou même au café, dès que l'on passe de l'extérieur à l'intérieur - et bien souvent du froid au chaud - pour déposer ses affaires.

Un Russe ne jette pas négligemment son manteau sur la chaise d'un restaurant, cela ne se fait pas. **Не прили́чно** disent les Russes.

гардеро́бщица *nf* préposée au vestiaire

гармо́ника *nf* accordéon • **игра́ть на гармо́нике** jouer de l'accordéon
• **губна́я гармо́ника** harmonica

гармони́ст *nm* accordéoniste *m*

гармони́стка *nf* accordéoniste *f*

гармо́шка *nf* **1.** *fam* accordéon • **игра́ть на гармо́шке** jouer de l'accordéon **2.** soufflet • **ваго́ны соединены́ ме́жду собо́й га́рмошкой** les wagons sont reliés entre eux par des soufflets • **сложи́ть гармо́шкой** plier en accordéon
• **губна́я гармо́шка** harmonica

гарни́р *nm* garniture *(accompagnement)* • **котле́ты с гарни́ром** boulettes (de viande) garnies

гарь *nf* brûlé • **па́хнет га́рью** ça sent le brûlé

гаси́ть ④ / **погаси́ть** ④ *v* **1.** éteindre • **погаси́ть ого́нь** éteindre le feu • **погаси́ть свет** éteindre la lumière **2.** oblitérer • **погаси́ть ма́рку** oblitérer un timbre

га́снуть* [III] / **пога́снуть*** [III] *v* s'éteindre • **свет пога́с** la lumière s'éteignit • **ого́нь га́снет** le feu s'éteint

гастроли́ровать *v* être en tournée (THÉÂTRE) • **тру́ппа гастроли́ровала в Сара́тове** la troupe était en tournée à Saratov

гастро́ль *nf* **1.** tournée (THÉÂTRE) • **выезжа́ть на гастро́ли** partir en tournée **2.** spectacle *(donné par un artiste, une troupe en tournée)*

гастроно́м *nm* **1.** magasin d'alimentation **2.** gastronome

гва́рдия *nf* garde *f (corps de troupe)* • **гва́рдии капита́н** capitaine de la garde
• ***Бе́лая гва́рдия*** (Булга́ков) *La garde blanche* (Boulgakov)

гвозди́ка[1] *nf* œillet *(fleur)*

гвозди́ка[2] *nf* clou de girofle

гвоздь ③③ *nm* **1.** clou, pointe • **вбива́ть гво́зди** enfoncer des clous **2.** clou *(attraction principale)* • **гвоздь програ́ммы** le clou du programme

где *adv* **1.** où *(emplacement)* • **где вы живёте ?** où habitez-vous ? • **где бы то ни́ было** où que ce soit **2.** *(pour indiquer un doute très fort)* • **где ему́ спра́виться!** comment pourrait-il s'en tirer !

где́-либо *adv* quelque part • **бо́льше, чем где́-либо** plus que n'importe où

где́-нибудь *adv* à un endroit quelconque • **где́-нибудь пообе́даем** nous mangerons quelque part

где́-то *adv* à un certain endroit • **где́-то ла́яли соба́ки** on entendait quelque part aboyer des chiens

генера́л *nm* un général

гениа́льный *adj* génial • **гениа́льный челове́к** un homme de génie • **гениа́льная иде́я** une idée géniale • **гениа́льное произведе́ние** une œuvre géniale

ге́ний *nm* **1.** génie *(aptitudes)* **2.** génie *(personne douée)*

геогра́фия *nf* géographie • **физи́ческая геогра́фия** géographie physique • **экономи́ческая геогра́фия** géographie économique

герб *nm* blason, armoiries • **на ге́рбе Росси́и изображён двугла́вый орёл** les armoiries de Russie représentent un aigle à deux têtes

Герма́ния *nf* Allemagne

герма́нский *adj* germanique • **герма́нские языки́** les langues germaniques

герои́ня *nf* héroïne • **герои́ня рома́на** l'héroïne du roman

геро́ичес-кий *adj* héroïque • **герои́ческий посту́пок** un acte héroïque • **герои́ческая эпо́ха** une époque héroïque

геро́й *nm* **1.** héros *(personne courageuse)* • **геро́и Вели́кой Оте́чественной войны́** les héros de la Seconde Guerre mondiale **2.** héros *(personnage)* • **гла́вный геро́й** le héros principal • **геро́й рома́на** le héros du roman

• **геро́й Росси́и** *(en Russie)* héros de la Russie *(titre honorifique récompensant un acte de courage exceptionnel)* • **геро́й Сове́тского Сою́за** *(en URSS)* héros de l'Union soviétique *(titre honorifique récompensant un acte de courage exceptionnel)* • ***Геро́й на́шего вре́мени*** (Ле́рмонтов) *Un héros de notre temps* (Lermontov)

ги́бель *nf* perte • **ги́бель корабля́** le naufrage d'un navire • **траги́ческая ги́бель** une mort tragique • **идти́ на ве́рную ги́бель** courir à sa perte

ги́бельный *adj* désastreux • **ги́бельные после́дствия** des conséquences désastreuses

ги́бкий *(comp.* **ги́бче***)* ⑤ *adj* souple, flexible • **ги́бкое те́ло** un corps souple • **ги́бкий шланг** tuyau flexible • **ги́бкая поли́тика** une politique souple • **ги́бкое расписа́ние** horaire flexible

ги́бнуть* [III] / **поги́бнуть*** [III] *v* périr • **в результа́те ава́рии поги́бли тро́е россия́н** trois Russes sont morts dans l'accident • **кора́бль поги́б во вре́мя бу́ри** le navire fit naufrage pendant une tempête • **всё поги́бло!** tout est perdu !

ги́бче *comp de* **ги́бкий**

гигие́на *nf* hygiène • **соблюда́ть пра́вила гигие́ны** respecter les règles de l'hygiène

гимн *nm* hymne • **госуда́рственный гимн** l'hymne national

гимнази́ст *nm* lycéen

гимнази́стка *nf* lycéenne

гимна́зия *nf* lycée • **в э́том году́ она́ пойдёт в гимна́зию** elle entre au lycée cette année

гимна́стика *nf* gymnastique • **худо́жественная гимна́стика** la gymnastique artistique • **спорти́вная гимна́стика** la gymnastique sportive • **занима́ться гимна́стикой** faire de la gymnastique

гипо́теза *nf* hypothèse • **стро́ить гипо́тезы** faire des hypothèses

гипс *nm* **1.** plâtre *(matériau)* • **статуэ́тка из ги́пса** une statuette de plâtre **2.** plâtre *(sur fracture)* • **ему́ наложи́ли гипс на́ ногу** on lui a plâtré la jambe

гиреви́к ③② *nm* haltérophile

ги́ря *nf* poids *(pour effectuer des pesées, entraîner un mécanisme ou faire des exercices sportifs)*

глава́[1] ②① *nf* **1.** chef • **глава́ семьи́** le chef de famille • **глава́ прави́тельства** le chef du gouvernement **2.** *vieilli* tête

• **во главе́ с** à la tête • **делега́ция во главе́ с премье́р-мини́стром** une délégation conduite par le premier ministre

глава́[2] ②① *nf* chapitre • **в пе́рвой главе́** dans le premier chapitre

главнокома́ндующий *adj subst m* commandant en chef • **главнокома́ндующий сухопу́тными войска́ми** le commandant en chef de l'armée de terre

гла́вный *adj* principal • **гла́вная у́лица** la rue principale • **гла́вная опа́сность** le principal danger • **гла́вный врач больни́цы** le médecin en chef de l'hôpital • **гла́вный бухга́лтер** le chef comptable • **э́то гла́вное** c'est l'essentiel

• **гла́вным о́бразом** principalement

À PROPOS DE...

En dépit de son sens, **гла́вный** s'emploie couramment à la forme du superlatif : ***о са́мом гла́вном он никогда́ не говори́л***, il ne parlait jamais du problème essentiel.

глаго́л *nm* verbe

гла́дить *v* **1.** / **погла́дить** caresser • **гла́дить соба́ку** caresser un chien • **гла́дить бо́роду** se lisser la barbe

• **гла́дить ребёнка по щеке́** caresser la joue d'un enfant **2.** / **вы́гладить** repasser • **гла́дить бельё** repasser du linge

гла́дкий *(comp.* гла́же*)* ⑤ *adj* lisse, uni • **гла́дкая пове́рхность воды́** la surface lisse de l'eau
◉ **с него́ взя́тки гла́дки** il n'y a rien à tirer de lui

гла́дко *adv* **гла́дко вы́бритый** rasé de près • **гла́дко зачёсанные во́лосы** des cheveux soigneusement peignés
◉ **всё бу́дет гла́дко!** tout se passera bien ! • **гла́дко бы́ло на бума́ге** en théorie ça se présentait bien

гла́же *comp de* гла́дкий

глаз* *(loc.* глазу́ ; *pl.* глаза́, глаз*)* ⑧⑥ *nm* œil • **голубы́е глаза́** des yeux bleus • **ка́рие глаза́** des yeux marron • **закры́ть глаза́** fermer les yeux • **вы́таращить глаза́** écarquiller les yeux • **скро́мно опусти́ть глаза́** baisser modestement les yeux • **он по́днял на меня́ удивлённые глаза́** il leva sur moi un regard étonné
◉ **име́ть ве́рный глаз** avoir le compas dans l'œil • **броса́ться в глаза́** sauter aux yeux • **в глаза́** en face › **сказа́ть кому́-нибудь пра́вду в глаза́** dire la vérité à qqn sans se gêner • **в глаза́х** aux yeux de › **высоко́ стоя́ть в глаза́х друзе́й** jouir de la haute estime de ses amis • **де́лать больши́е глаза́** ouvrir de grands yeux • **за глаза́** en l'absence de › **она́ руга́ет его́ за глаза́** elle le couvre d'injures quand il n'est pas là • **закрыва́ть глаза́ на** fermer les yeux sur › **она́ закрыва́ет глаза́ на его́ недоста́тки** elle ferme les yeux sur ses défauts • **идти́ куда́ глаза́ глядя́т** aller à l'aventure • **на глаз** au jugé › **определя́ть на глаз** déterminer au jugé • **на глаза́х** en présence de › **он вы́рос у меня́ на глаза́х** je l'ai vu grandir • **не в бровь, а в глаз** en plein dans le mille • **не ве́рить свои́м глаза́м** ne pas en croire ses yeux • **не спуска́ть глаз с** *(+ G)* ne pas quitter des yeux • **пожира́ть глаза́ми** dévorer des yeux • **ра́ди её прекра́сных глаз** pour ses beaux yeux • **с глаз доло́й — из се́рдца вон** loin des yeux, loin du cœur • **с гла́зу на глаз** entre quatre yeux • **смотре́ть во все глаза́** regarder de tous ses yeux • **с пья́ных глаз** en état d'ébriété • **темно́, хоть глаз вы́коли** on n'y voit goutte • **у стра́ха глаза́ велики́** la peur grossit les obstacles

глазо́к ②① *nm* **1.** *dim de* глаз **2.** viseur • **глазо́к видоиска́теля ка́меры** le viseur d'une caméra • **дверно́й глазо́к** judas
◉ **стро́ить гла́зки** faire les yeux doux

гла́сная *adj subst f* voyelle • **уда́рные гла́сные** les voyelles accentuées • **безуда́рные гла́сные** les voyelles atones

гла́сный *adj* public • **незави́симое и гла́сное рассле́дование** une enquête indépendante et publique

гли́на *nf* argile

гли́няный *adj* d'argile, de terre • **гли́няный горшо́к** un pot de terre • **коло́сс на гли́няных нога́х** le colosse aux pieds d'argile

глота́ть / **глотну́ть** *v* avaler • **купа́ться в ре́ках мо́жно, гла́вное - не глота́ть во́ду** on peut se baigner dans les rivières, l'essentiel est de ne pas avaler l'eau • **ему́ придётся всю жизнь глота́ть лека́рства** il devra prendre des médicaments toute sa vie
◉ **глота́ть слёзы** rentrer ses larmes

гло́тка *nf* gosier • **крича́ть во всю гло́тку** crier à tue-tête • **заткну́ть кому́-нибудь гло́тку** *fam* couper le sifflet à qqn

/ **глотну́ть** → глота́ть

глото́к *nm* gorgée • **пить ма́ленькими глотка́ми** boire à petites gorgées • **одни́м глотко́м** d'un trait • **глото́к воды́** une gorgée d'eau

гло́хнуть* [III] / **огло́хнуть*** [III] *v* **1.** devenir sourd, ne plus entendre • **де́душка гло́хнет** le grand-père devient sourd **2.** / **загло́хнуть** [III] s'assourdir *(son)* • **шум постепе́нно глох** le bruit s'assourdissait peu à peu **3.** / **загло́хнуть** [III] s'éteindre • **мото́р загло́х** le moteur a calé

глу́бже *comp de* глубо́кий

глубина́ *(pl.* глуби́ны*)* ②① *nf* profondeur • **на глубине́ двадцати́ ме́тров** à une profondeur de vingt mètres • **глубина́ ра́ны** la profondeur d'une blessure • **в глубине́ ле́са** dans les profondeurs de la forêt • **в глубине́ души́** au fond du cœur • **глубина́ чу́вства** la profondeur d'un sentiment

глубо́кий *(*глубо́к, глубока́, глубо́ко, глубо́ки*)* ⑤ *et (*глубо́к, глубока́, глубо́ко́, глубоки́ - *comp.* глу́бже ~ *superl.*

глубоча́йший*) ⑤ *adj* profond • глубо́кая река́ un cours d'eau profond • глубо́кая ра́на une blessure profonde • глубо́кая таре́лка une assiette creuse • рабо́тать до глубо́кой но́чи travailler très avant dans la nuit • была́ глубо́кая о́сень on était à la fin de l'automne • он у́мер в глубо́кой ста́рости il est mort à un âge avancé • глубо́кое чу́вство un sentiment profond • глубо́кая печа́ль une profonde tristesse • с глубо́ким уваже́нием je vous prie, Monsieur, d'accepter l'expression de mon profond respect

глубоко́ *adv* profondément • а́кты наси́лия глубоко́ потрясли́ населе́ние les actes de violence ont profondément choqué la population • вы глубоко́ ошиба́етесь vous vous trompez lourdement • он глубоко́ заду́мался il se perdit dans la profondeur de ses réflexions
● здесь глубоко́ c'est profond ici

глубоча́йший *superl de* глубо́кий

глуми́ться / **поглуми́ться** *vp* se moquer • глуми́ться над стару́хой se moquer d'une vieille femme

глупе́ть / **поглупе́ть** *v* devenir bête, s'abêtir

глу́по *adv* bêtement • он глу́по хихи́кал il riait bêtement • мо́жет э́то прозвучи́т глу́по ça aura peut-être l'air bête

глу́пость *nf* bêtise • он сде́лал э́то по глу́пости il a fait cela par bêtise • сказа́ть глу́пость dire une bêtise • де́лать глу́пости faire des bêtises • наде́лать глу́постей faire une série de bêtises • он име́л глу́пость поссо́риться с сосе́дом il a été assez bête pour se brouiller avec son voisin

глу́пый ⑤ *adj* bête, stupide • она́ была́ глупа́ elle était bête • задава́ть глу́пые вопро́сы poser des questions stupides
● глуп как про́бка bête à manger du foin

глухо́й *(comp.* глу́ше*)* ⑤ *adj* **1.** sourd, malentendant • он глух на одно́ у́хо il est sourd d'une oreille ~ *fig* • он был глух ко всем про́сьбам il était sourd à toutes les prières **2.** sourd, assourdi *(son)* • глухо́й го́лос une voix sourde ~ *fig* • глухо́е недово́льство un mécontentement sourd **3.** abandonné, sauvage • глухо́е ме́сто un coin perdu • глуха́я тропи́нка un sentier peu fréquenté
● глуха́я ночь une nuit noire

глухонемо́й *adj subst m* sourd-muet • шко́ла для глухонемы́х école pour sourds-muets

глу́ше *comp de* глухо́й

глуши́ть / **заглуши́ть** *v* étouffer • глуши́ть зву́ки étouffer les sons • сорняки́ глуши́ли все други́е расте́ния les mauvaises herbes étouffaient toutes les autres plantes • глуши́ть мото́р arrêter le moteur

глушь ③ *nf* coin perdu • жить в глуши́ vivre dans un coin perdu

глы́ба *nf* bloc, motte • ка́менная глы́ба bloc de pierre

гляде́ть* [I, гляжу́, гляди́шь - гля́дя] / **погляде́ть*** [I, погляжу́, погляди́шь] *v* **1.** *(*на + *A)* regarder • он ни на кого́ не гляде́л il ne regardait personne **2.** *(*в + *A)* regarder • гляде́ть кому́-нибудь в глаза́ regarder qqn dans les yeux **3.** *(*за + *I)* surveiller • гляде́ть за детьми́ surveiller les enfants
● гляде́ть на что́-нибудь сквозь па́льцы fermer les yeux sur quelque chose • идти́ куда́ глаза́ глядя́т aller à l'aventure • на́ ночь гля́дя à la tombée de la nuit • того́ и гляди́ il faut s'y attendre › он того́ и гляди́ уйдёт il est bien capable de s'en aller

гнать* [I, гоню́, го́нишь - гнал, гнала́, гна́ло, гна́ли ⑤] ④ / **погна́ть*** [I, *id*] ④ ; *indét.* **гоня́ть** *v* **1.** conduire *(un troupeau)* • пасту́х го́нит ста́до le berger conduit son troupeau **2.** faire avancer, pousser • ве́тер го́нит ту́чи le vent chasse les nuages • гнать маши́ну на бе́шеной ско́рости rouler à une vitesse folle **3.** chasser, faire fuir • гнать и́з дому chasser de sa maison **4.** distiller • гнать во́дку fabriquer de la vodka *(illégalement)*

гна́ться* [I, гоню́сь, го́нишься - гна́лся, гнала́сь ③] ④ / **погна́ться*** [I, *id*] ④ ; *indét.* **гоня́ться** *(*за + *I) vp* poursuivre • го́няться за во́ром poursuivre le voleur • погна́ться за сла́вой rechercher la gloire

гнев *nm* colère • в поры́ве гне́ва dans un accès de colère • не по́мнить себя́ от гне́ва être hors de soi

гнедо́й *adj* bai • ло́шадь гнедо́й ма́сти un cheval bai

гнездо́ *(pl.* гнёзда etc*)* ②① *nnt* nid • свить себе́ гнездо́ faire son nid

гнести́* [IV, гнету́, гнетёшь *(passé inusité)*] *v* oppresser, accabler • **гнетёт меня́ тоска́** l'angoisse m'étreint • **гнету́щие мы́сли** des pensées accablantes

гнёт *nm* poids *fig*, joug *fig* • **под гнётом тяжёлых воспомина́ний** sous le poids de souvenirs pénibles

гнило́й ⑤ *adj* pourri • **гнило́е я́блоко** une pomme pourrie • **гнило́й зуб** une dent abîmée • **гнила́я пого́да** un temps pourri

гнить* [II, гнию́, гниёшь - гнил, гнила́, гни́ло, гни́ли] ⑤ / **сгнить*** [II , *id*] ⑤ *v* pourrir • **ры́ба гниёт** le poisson pourrit

гной *nm* pus • **из нары́ва вы́шло мно́го гно́я** il est sorti beaucoup de pus de l'abcès

гну́сный ⑤ *adj* ignoble, infâme • **сде́лать гну́сное предложе́ние** faire une proposition infâme • **гну́сная клевета́** une odieuse calomnie

гнуть *v* **1.** / **погну́ть** *et* **согну́ть** courber, tordre • **ве́тер гнул дере́вья** le vent faisait ployer les arbres • **гнуть спи́ну пе́ред ке́м-нибудь** plier l'échine devant qqn **2.** *(pas de perf)* vouloir en venir à • **к чему́ он гнёт ?** à quoi veut-il en venir ?

гнуша́ться / **погнуша́ться** *vp* avoir du dégoût pour • **он не гнуша́ется никаки́ми сре́дствами** tous les moyens lui sont bons • **гнуша́ться лжи** avoir horreur du mensonge • **он не гнуша́лся есть с на́ми (из одного́ блю́да)** il ne refusait pas de manger avec nous (dans le même plat)

го́вор *nm* **1.** bruit de voix • **слы́шался ти́хий го́вор** on entendait un léger bruit de voix **2.** dialecte • **го́воры Сиби́ри** les dialectes de Sibérie **3.** prononciation dialectale

говори́ть ◪ *vi* / **поговори́ть** parler • **свобо́дно говори́ть по-ру́сски** parler couramment le russe • **поговори́ть с ке́м-нибудь о дела́х** parler d'affaires avec qqn • **они́ давно́ не говоря́т друг с дру́гом** il y a longtemps qu'ils ne se parlent plus • **говори́т Москва́** ici Moscou *(radio)* ◪ *vt* / **сказа́ть*** [II, скажу́, ска́жешь] ④ dire • **говори́ть пра́вду** dire la vérité • **говори́ть комплиме́нты** faire des compliments • **он говори́т, что бо́лен** il dit qu'il est malade • **не говоря́ ни сло́ва** sans dire un mot
● **легко́ сказа́ть** c'est facile à dire • **по пра́вде говоря́** à dire vrai • **ска́зано — сде́лано** aussitôt dit, aussitôt fait • **со́бственно говоря́** à proprement parler

говя́дина *nf* (viande de) bœuf

год* *(loc.* **году́***) nm* **1.** *(gén. pl.* лет* ⑧⑦*)* an, année • **мне два́дцать два го́да** j'ai vingt-deux ans • **ей пятна́дцать лет** elle a quinze ans • **ему́ пошёл двадца́тый год** il est dans sa vingtième année • **в про́шлом году́** l'an dernier • **в э́том году́** cette année • **в бу́дущем году́** l'an prochain • **в тот год** cette année-là • **в 2006 году́** en 2006 • **пять лет тому́ наза́д** il y a cinq ans • **кру́глый год** toute l'année • **из го́да в год** d'année en année • **учёбный год** l'année scolaire • **остава́ться на второ́й год** redoubler une classe **2.** *((toujours au pl),* годо́в ③*)* années, époque • **лю́ди девяно́стых годо́в** la génération des années quatre-vingt-dix
● **в мой го́ды** à mon âge • **но́вый год** le nouvel an › **с Но́вым го́дом!** bonne année ! › **встреча́ть Но́вый год** fêter le nouvel an • **Ста́рый Но́вый год** *nouvel an ancien style*

À PROPOS DE...

L'accent passe sur la préposition dans les groupes **за́ год** et **на́ год**.

CULTURE...

Ста́рый Но́вый год

En 1918, le Soviet des Commissaires du peuple remplace le calendrier julien par le calendrier grégorien. La Russie, décalée de 14 jours, s'aligne sur le reste du monde. Mais l'église orthodoxe refuse le changement et continue à fêter Noël le 7 janvier. En plus du 1er janvier, les Russes fêtent donc le 1er jour de l'année « ancien style » (Ста́рый Но́вый Год).

годи́ться / **пригоди́ться** *vp* convenir, être utile • **э́то никуда́ не годи́тся** cela ne peut servir à rien • **э́ти боти́нки мне не годя́тся** ces souliers ne me conviennent pas • **она́ годи́лась ему́ во вну́чки** elle aurait pu être sa petite-fille

го́дный ⑤ *adj* propre à, valable pour • **вода́, го́дная для питья́** de l'eau potable • **го́дный на вся́кую рабо́ту** apte à n'importe quel travail • **го́дный к вое́нной слу́жбе** bon pour le service

• ста́рые самолёты никуда́ не годны́ les vieux avions sont inutilisables

годово́й *adj* annuel • **годово́й дохо́д** le revenu annuel

годовщи́на *nf* anniversaire *(d'un événement)* • **годовщи́на сва́дьбы** anniversaire de mariage • **годовщи́на со дня рожде́ния Пу́шкина** l'anniversaire de la naissance de Pouchkine

гол *nm* but (SPORT) • **заби́ть гол** marquer un but

голла́ндец *nm* Hollandais

олла́ндия *nf* la Hollande

голла́ндка *nf* Hollandaise

голла́ндский *adj* hollandais • **голла́ндский сыр** fromage de Hollande

голова́ *(го́лову, головы́etc ; pl.* го́ловы, голо́в, голова́м*)* ⑥③ *nf* tête • **у меня́ голова́ боли́т** j'ai mal à la tête • **ста́до в две́сти голо́в** un troupeau de deux cents têtes • **я́сная голова́** un esprit clair • **в голове́ коло́нны авто́бусов** en tête d'une colonne d'autobus
● **бежа́ть сломя́ го́лову** courir comme un dératé • **вскружи́ть го́лову** faire tourner la tête › **успе́х вскружи́л ему́ го́лову** le succès lui a tourné la tête • **голова́ идёт кру́гом** on en perd la tête › **у меня́ голова́ идёт кру́гом** je ne sais plus où donner de la tête • **голова́ кру́жится** la tête tourne › **у меня́ голова́ кру́жится** la tête me tourne • **дава́ть го́лову на отсече́ние** en donner sa tête à couper • **как снег на́ голову** d'une manière tout à fait inattendue › **яви́ться как снег на́ голову** arriver à l'improviste • **лома́ть го́лову над че́м-нибудь** se casser la tête à comprendre quelque chose • **намы́лить кому́-нибудь го́лову** passer un savon à qqn • **пове́сить го́лову** se décourager • **прийти́ в го́лову** venir à l'esprit › **мне пришла́ в го́лову мысль** une idée m'est venue • **сва́ливать с больно́й головы́ на здоро́вую** rejeter ses fautes sur autrui • **с голово́й уйти́ в** *(+ A)* se plonger entièrement dans quelque chose *litt & fig* › **с голово́й уйти́ в рабо́ту** se plonger dans son travail • **с головы́ до ног** de la tête aux pieds › **вооружённый с головы́ до ног** armé de pied en cap • **сложи́ть го́лову** *littéraire* tomber sur le champ de bataille • **с ног до головы́** des pieds à la tête • **схвати́ться за́ голову** se prendre la tête à deux mains • **теря́ть го́лову** perdre la tête • **уда́рить в го́лову** monter à la tête › **вино́ уда́рило ему́ в го́лову** le vin lui est monté à la tête

> **À PROPOS DE...**
>
> L'accent passe sur la préposition dans les groupes **за́ голову** et **на́ голову**.

голо́вка *nf* **1.** *dim de* **голова́** **2.** tête *(d'ail, d'épingle...)* • **голо́вка чеснока́** une tête d'ail • **голо́вка була́вки** une tête d'épingle **3.** tête *(de lecture)* • **ла́зерная голо́вка** une tête laser **4.** les dirigeants • **голо́вка госуда́рственной вла́сти** les dirigeants de l'état

головно́й *adj* de tête • **головна́я боль** un mal de tête ~ *fig* • **головна́я часть раке́ты** la tête de la fusée • **головно́й о́фис компа́нии** le siège de la société • **дохо́ды головно́й компа́нии** les revenus de la maison mère

головокруже́ние *nnt* vertige • **чу́вствовать головокруже́ние** avoir le vertige • **вы́звать головокруже́ние** donner le vertige

голо́вушка *dim de* **голова́**

го́лод *nm* **1.** faim • **мори́ть го́лодом** faire mourir de faim • **умира́ть с го́лоду** mourir de faim **2.** famine • **в 1921 году́ был стра́шный го́лод** en 1921, il y eut une famine épouvantable

голода́ть *v* souffrir la faim

голо́дный *(го́лоден, голодна́, го́лодно, го́лодны)* ⑤ *adj* **1.** affamé • **голо́дная соба́ка** un chien affamé • **я го́лоден** j'ai faim **2.** de famine • **голо́дный год** une année de disette
● **быть голо́дным, как соба́ка** avoir une faim de loup

голодо́вка *nf* grève de la faim • **объяви́ть голодо́вку** commencer la grève de la faim

гололе́дица *nf* verglas

го́лос* *(nom. pl.* голоса́*)* ①② *nm* voix • **же́нский го́лос** une voix féminine • **глухо́й го́лос** une voix sourde • **хри́плый го́лос** une voix enrouée • **во весь го́лос** à pleine voix • **возвы́сить го́лос** élever la voix • **подня́ть го́лос в защи́ту кого́-нибудь** prendre la défense de qqn • **го́лос со́вести** la voix de la conscience

● в оди́н го́лос à l'unanimité › все в оди́н го́лос говори́ли, что... tous étaient unanimes à déclarer que...

голосло́вный *adj* sans fondement • голосло́вное обвине́ние une accusation gratuite

голосова́ние *nnt* scrutin, vote • та́йное голосова́ние scrutin secret • поста́вить на голосова́ние mettre aux voix • воздержа́ться от голосова́ния s'abstenir

голосова́ть / проголосова́ть *v* voter • проголосова́ть предложе́ние voter une résolution • голосова́ть подня́тием руки́ voter à main levée • голосова́ть за кандида́та voter pour un candidat • голосова́ть про́тив предложе́ния voter contre une résolution

голубе́ц *nm* (CULIN) « goloubiets » *feuille de chou farcie*

голубо́й ◪ *adj* **1.** bleu clair • голубы́е глаза́ des yeux bleus **2.** homosexuel ◪ *adj subst m* homosexuel

голу́бушка *(dim de* го́лубь*)* *nf (affectif)* ma chérie, ma petite

го́лубь ①③ *nm* **1.** pigeon • почто́вый го́лубь un pigeon voyageur **2.** colombe • го́лубь ми́ра la colombe de la paix

го́лый ⑤ *adj* nu • с го́лой гру́дью la poitrine nue • го́лый че́реп un crâne dénudé • го́лые дере́вья des arbres dénudés • го́лые ска́лы des rochers dénudés • го́лые сте́ны des murs nus • спать на го́лом полу́ dormir à même le plancher • го́лые ци́фры des chiffres bruts

гоне́ние *nnt* persécution • подверга́ться гоне́ниям être persécuté

гоне́ц *arch nm* messager

го́ним, го́нит → гнать

го́нка *nf* course • автомоби́льные го́нки courses automobiles • го́нка за зва́ние пе́рвой раке́тки ми́ра la course au titre de meilleure raquette mondiale

го́ночный *adj* de course • го́ночный автомоби́ль une voiture de course

го́нщик *nm* coureur (SPORT)

го́нщица *nf* coureuse (SPORT)

гоню́, го́нят → гнать

гоня́ть → гнать

гоня́ться → гна́ться

гора́ ⑥⑦ *nf* **1.** montagne • в гора́х en montagne • у подно́жия горы́ au pied de la montagne • идти́ в го́ру monter *litt & fig* **2.** tas, amas • го́ры книг des tas de livres

● гора́ свали́лась с мои́х плеч je me suis senti soulagé • быть не за гора́ми n'être pas loin › ле́то не за гора́ми l'été n'est pas loin • пир горо́й un festin à tout casser • стоя́ть за кого́-нибудь горо́й défendre qqn avec ardeur

> **À PROPOS DE...**
>
> L'accent passe sur la préposition dans les groupes за́ гору, на́ гору, по́д гору.

гора́здо *adv (+ compar)* beaucoup, bien • она́ гора́здо моло́же его́ elle est bien plus jeune que lui

горб* *(loc.* горбу́*)* ⑧② *nm* bosse *(d'un bossu, d'un chameau)*

горба́тый *adj* bossu • он был горба́т il était bossu

го́рбиться / сго́рбиться *vp* se voûter

горбу́н ③② *nm* bossu

горди́ться *vp (+ I)* être fier de • горди́ться свои́ми детьми́ être fier de ses enfants

го́рдо *adv* fièrement

го́рдость *nf* fierté • он с го́рдостью говори́л об э́том il en parlait avec fierté

го́рдый ⑤ *adj* fier • го́рдый свои́ми успе́хами fier de ses succès

го́ре[1] *nnt* **1.** chagrin, peine • неуте́шное го́ре un chagrin inconsolable • она́ с го́ря заболе́ла elle est tombée malade de chagrin **2.** malheur • на моё го́ре pour mon malheur • го́ре в том, что... le malheur est que... • го́ре мне с тобо́й ! ce qu'il faut en voir avec toi !

● ему́ го́ря ма́ло ça lui est bien égal

горе-[2] *élément de formation* malchanceux • два деся́тка го́ре-грибнико́в une vingtaine de ramasseurs de champignons malchanceux

горе́лый ◪ *adj* brûlé • горе́лый хлеб du pain brûlé ◪ *adj subst m* brûlé *(odeur)* • па́хнет горе́лым ça sent le brûlé

горе́ть* [I, горю́, гори́шь] / **сгоре́ть*** [I, *id*] *v* **1.** brûler *(être détruit par le feu)* • **дом сгоре́л** la maison a brûlé **2.** être allumé • **освеще́ние горе́ло** l'éclairage était allumé **3.** brûler *fig*, éprouver un sentiment très vif • **он горе́л жела́нием поскоре́е прие́хать в Москву́** il brûlait du désir d'arriver au plus vite à Moscou • **горе́ть от нетерпе́ния** brûler d'impatience **4.** être brûlant de fièvre, être tout rouge *(de chaleur...)* • **голова́ её горе́ла** elle avait la tête brûlante • **щёки его́ горе́ли от моро́за** ses joues étaient rouges de froid **5.** briller • **её глаза́ горя́т от ра́дости** ses yeux brillent de joie
● **рабо́та у него́ гори́т в рука́х** avec lui, le travail se fait tout seul • **не гори́т** il n'y a pas le feu *fig*

го́рец *nm* montagnard

го́речь *nf* amertume *litt & fig* • **го́речь во рту** un goût amer dans la bouche • **сказа́ть что́-нибудь с го́речью** dire quelque chose avec amertume

горизо́нт *nm* horizon • **появи́ться на горизо́нте** apparaître à l'horizon • **скры́ться за горизо́нтом** disparaître à l'horizon

гори́стый *adj* montagneux • **гори́стая ме́стность** une région montagneuse

го́рло *nnt* gorge • **у меня́ боли́т го́рло** j'ai mal à la gorge • **схвати́ть за го́рло** saisir à la gorge • **у меня́ в го́рле пересо́хло** j'ai la gorge sèche • **крича́ть во всё го́рло** crier à tue-tête • **он за́нят по го́рло** il a du travail par-dessus la tête

го́рничная *adj subst f* femme de chambre

го́рный *adj* **1.** de montagne, montagneux • **го́рное о́зеро** un lac de montagne • **го́рная ме́стность** une région montagneuse **2.** des mines • **го́рный инжене́р** un ingénieur des mines

го́род* *(nom. pl.* **города́***)* ①② *nm* ville • **жить в го́роде** habiter en ville • **жить за́ городом** habiter en dehors de la ville • **уе́хать за́ город** aller en banlieue

À PROPOS DE...

L'accent passe sur la préposition dans les groupes **за́ город** et **за́ городом** lorsqu'ils ont le sens de « en dehors de la ville ».

городско́й *adj* urbain, de ville • **вы́боры в Моско́вскую городску́ю Ду́му** les élections à la douma de Moscou

гороско́п *nm* horoscope

горо́х *nm* petits pois • **пюре́ из горо́ха** purée de pois • **бе́лая ма́йка в кра́сный горо́х** le maillot à pois rouges

горо́ховый *adj* de petits pois • **горо́ховый суп** soupe aux pois
● **шут горо́ховый** un pitre

горо́шек *nm dim de* **горо́х** ~ **зелёный горо́шек** petits pois
● **души́стый горо́шек** pois de senteur • **в горо́шек** à pois › **пла́тье в горо́шек** une robe à pois

горсове́т *(abr de* **городско́й сове́т***)* *nm* **1.** conseil municipal **2.** mairie

горсть ①③ *nf* poignée • **горсть со́ли** une poignée de sel

горчи́ца *nf* moutarde

горчи́чник *nm* **1.** cataplasme *(à la moutarde, vendu sec)* **2.** carton jaune *(au football)*

горшо́к *nm* pot • **гли́няный горшо́к** un pot de terre • **цвето́чный горшо́к** un pot à fleurs

го́рький *(*го́рек, горька́, го́рько, го́рьки*)* ⑤ *adj* **1.** *(comp.* го́рче*)* ⑤ amer *litt* • **го́рький вкус** un goût amer **2.** *(comp.* го́рше*)* ⑤ amer *fig* • **го́рькие слёзы** des larmes amères • **го́рькое разочарова́ние** une amère déception • **го́рькая у́часть** un triste sort
● **го́рький пья́ница** un ivrogne invétéré • **пить го́рькую** boire plus souvent qu'à son tour

го́рько *adv* amèrement • **он об э́том го́рько пожале́ет** il s'en repentira amèrement
● **у меня́ го́рько во рту** j'ai un goût amer dans la bouche

горю́чее *adj subst nt* carburant • **запра́виться горю́чим** faire le plein

горя́нка *nf* montagnarde

горя́чий *(*горя́ч, горяча́, горячо́, горячи́*)* ③ *adj* **1.** chaud • **нет горя́чей воды́** il n'y a pas d'eau chaude ~ brûlant • **вода́ горя́чая** l'eau est brûlante **2.** ardent, fougueux • **он в мо́лодости был о́чень горя́ч** dans sa jeunesse, il était très fougueux • горя́чая любо́вь un amour ardent

го́спиталь *(pl.* го́спитали, госпита-ле́й*)* ①③ *nm* hôpital militaire

Го́споди! *interj* Seigneur !

господи́н* *(pl.* господа́, госпо́д, господа́м*)* *nm* monsieur • мину́ту внима́ния, господа́! un instant d'attention, messieurs ! • господи́н посо́л monsieur l'ambassadeur • пожило́й господи́н un monsieur d'un certain âge
● сам себе́ господи́н son propre maître › он сам себе́ господи́н il est son propre maître • ***Господа́ Головлёвы*** (Салтыко́в-Щедри́н) *La famille Golovlev* (Saltykov-Chtchedrine)

госпо́дский *adj* de seigneur • госпо́дский дом une maison de seigneur

госпо́дство *nnt* domination • установи́ть госпо́дство над Евро́пой établir sa domination sur l'Europe • госпо́дство в во́здухе la maîtrise des airs

госпо́дствовать *v* dominer, prédominer • сего́дня госпо́дствует антицикло́н aujourd'hui l'anticyclone domine • на заседа́ниях госпо́дствовало еди́нство pendant les réunions l'unité prédominait • его́ госпо́дствующая страсть sa passion dominante
● госпо́дствующий ве́тер vent dominant

госпожа́ *nf* madame • госпожа́ президе́нт madame la présidente

гостеприи́мно *adv* chaleureusement • его при́няли чрезвыча́йно гостеприи́мно on lui a réservé un accueil très chaleureux

гостеприи́мный *adj* accueillant, hospitalier • гостеприи́мный наро́д un peuple accueillant

гости́ная *nf* salon

гости́ница *nf* hôtel • останови́ться в гости́нице loger à l'hôtel

гость ①③ *nm* **1.** hôte, invité • жела́нный гость un hôte bienvenu • непро́шеные го́сти des hôtes indésirables **2.** client *(d'un hôtel)*
● в го́сти › пое́хать в го́сти aller en visite › быть в гостя́х être en visite › верну́ться из госте́й revenir d'une visite

го́стья *nf* invitée, visiteuse

госуда́рственный *adj* d'État • Госуда́рственная Ду́ма la Douma d'État • госуда́рственный бюдже́т le budget national • попы́тка госуда́рственного переворо́та une tentative de coup d'État

госуда́рство *nnt* État • госуда́рство в госуда́рстве un État dans l'État

гото́вить / **пригото́вить** *v* **1.** préparer • гото́вить кому́-нибудь сюрпри́з préparer une surprise à qqn • гото́вить уро́ки faire ses devoirs • пригото́вить обе́д préparer le repas **2.** faire la cuisine • она́ хорошо́ гото́вит elle fait bien la cuisine

гото́виться / **пригото́виться** *vp* se préparer • гото́виться к отъе́зду se préparer au départ • гото́виться к экза́менам préparer des examens • гото́виться в университе́т préparer le concours d'entrée à l'université

гото́вый *adj* prêt • обе́д гото́в le repas est prêt • гото́во! ça y est ! • я гото́в рабо́тать je suis prêt à travailler ~ гото́вый *(к + D)* qui s'est préparé à › гото́вый к отъе́зду prêt au départ ~ гото́вый *(на + A)* qui s'attend à › он гото́в на всё il est prêt à tout

грабёж ③② *nm* pillage

гра́бить / **огра́бить** *v* **1.** piller • здесь гра́бят как но́чью, так и днём ici on pille de nuit comme de jour **2.** cambrioler • гра́бить банк cambrioler une banque **3.** voler, dévaliser • его́ огра́били в метро́ il s'est fait dévaliser dans le métro

гра́бли (гра́бель, гра́блям*)* *pl t* râteau

град[1] *nm* grêle • идёт град il grêle • с него́ пот гра́дом льётся il sue à grosses gouttes • вопро́сы сы́пались гра́дом les questions pleuvaient • град камне́й une grêle de pierres

град[2] *arch nm* ville

гра́дус *nm* degré *(mesure)* • вчера́ бы́ло два́дцать пять гра́дусов моро́за hier, il a fait vingt-cinq degrés au-dessous de zéro • у́гол в де́сять гра́дусов un angle de dix degrés • во́дка в пятьдеся́т гра́дусов une vodka à cinquante degrés
● под гра́дусом éméché

гра́дусник *nm* thermomètre • поста́вить больно́му гра́дусник prendre la température d'un malade

граждани́н* *(pl.* гра́ждане, гра́ждан, гра́жданам*)* ②① *nm* **1.** citoyen • **граждани́н Росси́и** un citoyen russe **2.** individu • **заявле́ние от не́коего граждани́на** une demande d'une certaine personne • **лы́сый граждани́н** un monsieur chauve

гражда́нка *nf* citoyenne → **граждани́н**

гражда́нский *adj* civil • **гражда́нское пра́во** le droit civil • **гражда́нская война́** la guerre civile

гражда́нство *nnt* nationalité, citoyenneté • **име́ть росси́йское гражда́нство** avoir la nationalité (citoyenneté) russe • **приня́ть гражда́нство** se faire naturaliser

À PROPOS DE...

On distingue **гражда́нство**, le fait d'être citoyen de tel ou tel État, de **национа́льность**, le fait d'appartenir à tel ou tel peuple (daguestanais, tatare, etc.).

грамм* *(gén. pl.* гра́мм(ов)*)* *nm* gramme • **сто грамм ма́сла** cent grammes de beurre

гра́мота *nf* **1.** art de lire et d'écrire • **учи́ться гра́моте** apprendre à lire et à écrire **2.** charte, document • **вручи́ть вери́тельные гра́моты** remettre ses lettres de créance • **рабо́тники полу́чат гра́моты и де́нежные пре́мии** les employés recevront un diplôme d'honneur et une prime

гра́мотный *adj* **1.** qui sait lire et écrire • **он гра́мотный** il sait lire et écrire **2.** sans fautes grossières • **вполне́ гра́мотное письмо́** une lettre écrite fort correctement **3.** compétent, instruit • **мно́гие о́трасли нужда́ются в гра́мотных специали́стах** de nombreuses branches ont besoin de spécialistes compétents

грампласти́нка *nf* disque *(vinyle)*

грана́та *nf* grenade (MIL) • **ручна́я грана́та** une grenade à main

грани́ца *nf* **1.** frontière • **у́часток росси́йско-фи́нской грани́цы** une zone de la frontière russo-finlandaise • **грани́ца ме́жду Евро́пой и А́зией** la frontière entre l'Europe et l'Asie • **есте́ственная грани́ца** une frontière naturelle **2.** *fig* limite • **всему́ есть грани́цы** il y a une limite à tout • **вы́йти из грани́ц благопристо́йности** franchir les limites de la décence

■ **уе́хать за грани́цу** partir à l'étranger • **жить за грани́цей** vivre à l'étranger • **верну́ться из-за грани́цы** revenir de l'étranger

грани́чить *v* **1.** être limitrophe • **Росси́я грани́чит с Кита́ем** la Russie a des frontières communes avec la Chine **2.** *fig* être à la limite de, friser • **э́то грани́чит с де́рзостью** cela frise l'insolence

грань *nf* **1.** limite • **на гра́ни поэ́зии и рэ́па** à la limite de la poésie et du rap • **он нахо́дится на гра́ни жи́зни и сме́рти** il est entre la vie et la mort **2.** pan, facette • **куб име́ет шесть гра́ней** le cube a six faces • **гра́ни алма́за** les facettes d'un diamant

граф *nm* comte

графи́н *nm* carafe • **графи́н с водо́й** une carafe d'eau

графи́ня *nf* comtesse

грач ③② *nm* freux

гребёнка *nf* peigne • **воткну́ть гребёнку в во́лосы** planter un peigne dans ses cheveux

■ **стричь всех под одну́ гребёнку** traiter tout le monde sur le même pied

гре́бень *nm* **1.** peigne • **черепа́ховый гре́бень** un peigne d'écaille • **воткну́ть в во́лосы гре́бень** planter un peigne dans ses cheveux **2.** crête *(d'un coq, des vagues, d'une montagne...)* • **петуши́ный гре́бень** une crête de coq • **гре́бни волн** les crêtes des vagues

гребе́ц *nm* rameur • **гребе́ц налёг на вёсла** le rameur appuya sur les rames

грёза *nf* rêve, rêverie • **мир грёз** le monde des rêves

грейпфру́т *nm* pamplemousse

грек *nm* Grec

гре́лка *nf* bouillotte • **рези́новая гре́лка** une bouillotte en caoutchouc

■ **порва́ть как ту́зик гре́лку** *fam* mettre en pièces

греме́ть [I, гремлю́, греми́шь] / **загреме́ть*** [I, *id*] *v* tonner, gronder • **гром греми́т** il tonne • **греме́ли вы́стрелы** des coups de feu retentissaient • **греме́ть посу́дой** faire du bruit avec la vaisselle • **имя его́ греме́ло по всей Росси́и** on parlait de lui dans toute la Russie

грести́* [IV, гребу́, гребёшь - грёб, гребла́] ③ *v* **1.** / **погрести́*** [IV, *id*] ③ ramer **2.** / **сгрести́*** [IV, *id*] ③ ratisser
● **грести́ лопа́той де́ньги** ramasser l'argent à la pelle

греть / **согре́ть** [*part.* согре́тый] *v* chauffer, réchauffer • **батаре́я пло́хо гре́ет** le radiateur chauffe mal • **греть у́жин** faire réchauffer le souper

гре́ться / **погре́ться** [*part.* согре́тый] *vp* se chauffer • **гре́ться на со́лнце** se chauffer au soleil

грех ③② *nm* **1.** péché • **соверши́ть грех** commettre un péché • **сме́ртный грех** un péché mortel • **обвини́ть во всех греха́х СМИ** accuser les médias de tous les péchés **2.** faute • **на тако́е положе́ние дел грех жа́ловаться** on aurait tort de se plaindre de cette situation • **выбра́сывать таки́е ве́щи про́сто грех** jeter de telles choses serait impardonnable
● **как на грех** comme si c'était fait exprès • **от греха́ пода́льше** pour éviter un malheur • **от греха́ пода́льше лу́чше сни́зить ско́рость** pour éviter un malheur, mieux vaut ralentir • **не́чего греха́ таи́ть** à quoi bon le cacher • **с грехо́м попола́м** tant bien que mal

Гре́ция *nf* Grèce

гре́цкий *adj*
● **гре́цкий оре́х** noix

греча́нка *nf* Grecque

гре́ческий *adj* grec

гре́чневый *adj* de sarrasin • **гре́чневая ка́ша** bouillie de sarrasin

греши́ть / **согреши́ть** *v* **1.** pécher *(commettre un péché)* **2.** pécher *(commettre une faute ou une erreur)* • **греши́ть про́тив и́стины** pécher contre la vérité

гре́шник *nm* pécheur

гре́шница *nf* pécheresse

гре́шный ⑤ *adj* **1.** qui a commis des péchés • **все мы гре́шны** il arrive à tout le monde de pécher **2.** coupable • **я в э́том не гре́шен** je n'y suis pour rien
● **гре́шным де́лом** il faut l'avouer › **я, гре́шным де́лом, поду́мал, что он сошёл с ума́** j'ai bien cru, je l'avoue, qu'il était devenu fou

гриб ③② *nm* champignon • **съедо́бные грибы́** les champignons comestibles • **ядови́тые грибы́** les champignons vénéneux
● **бе́лый гриб** cèpe de Bordeaux • **расти́ как грибы́** pousser comme des champignons

гри́ва *nf* crinière • **лошади́ная гри́ва** une crinière de cheval • **гри́ва чёрных воло́с** une crinière de cheveux noirs

гри́венник *nm* dix kopecks, une pièce de dix kopecks

гри́вна *nf* hrivna *(unité monétaire ukrainienne)*

гроб* *(loc.* гробу́*)* ⑧② *nm* cercueil • **она́ шла за гро́бом и пла́кала** elle suivait le cercueil et pleurait • **ве́рный до гро́ба** fidèle jusqu'à la tombe

гробово́й *adj* de cercueil • **гробова́я тишина́** un silence de mort • **гробово́й го́лос** une voix sépulcrale

гроза́ ②① *nf* orage • **разрази́лась гроза́** un orage éclata

гроздь ①③ *nf* grappe • **гроздь виногра́да** une grappe de raisin

грози́ть / **погрози́ть** *et* **пригрози́ть** *v* menacer • **он нам грози́л** il nous menaçait • **грози́ть войно́й** menacer de guerre • **грози́ть кулако́м** menacer du poing • **дом грози́л развали́ться** la maison menaçait de s'écrouler

À PROPOS DE...

Le perfectif **погрози́ть** signifie seulement « faire un geste menaçant ».

гро́зный ⑤ *adj* terrible, redoutable • **гро́зный взгляд** un regard menaçant • **гро́зная опа́сность** un danger menaçant • **Ива́н Гро́зный** Ivan le Terrible

гром ①③ *litt & fig nm* tonnerre • **гря́нул гром** le tonnerre retentit ~ **гром аплодисме́нтов** un tonnerre d'applaudissements
● **как гром среди́ я́сного не́ба** comme un coup de tonnerre dans un ciel sans nuages • **мета́ть гро́мы и мо́лнии** tempêter

грома́дный *adj* immense, énorme • **грома́дный зал** une salle immense • **грома́дная толпа́** une foule énorme

громи́ть / **разгроми́ть** *v* **1.** saccager • **громи́ть витри́ны магази́нов** saccager les vitrines des magasins **2.** écraser, mettre en déroute • **кома́нда разгроми́ла на своём по́ле сопе́рника** l'équipe a écrasé l'adversaire pendant un match à domicile

гро́мкий *(comp.* **гро́мче***)* ⑤ *adj* bruyant, fort • **гро́мкий смех** un rire bruyant

гро́мко *adv* fort, à haute voix • **гро́мко заяви́ть о свои́х тре́бованиях** faire connaître haut et fort ses revendications • **чита́ть гро́мко** lire à haute voix

громкоговори́тель *nm* haut-parleur

громово́й *adj* de tonnerre • **громово́й го́лос** une voix tonitruante

громо́здкий *adj* volumineux, encombrant • **громо́здкая ме́бель** des meubles encombrants

гро́мче *comp de* **гро́мкий**

гро́хот *nm* grondement *(fracas)* • **гро́хот отбо́йного молотка́** le bruit infernal du marteau piqueur • **под гро́хот пу́шечных за́лпов** dans le bruit des grondements de canon

грохота́ть* [II, грохочу́, грохо́чешь] ④ / **загрохота́ть*** [II, *id*] ④ *v* faire du fracas, gronder • **под на́шими о́кнами грохо́чут трамва́и** les tramways passent sous nos fenêtres dans un bruit de ferraille

грош ③② *nm* **1.** sou • **не име́ть ни гроша́** n'avoir pas le sou **2.** *arch* « groche » *(demi-kopeck)*

груби́ть / **нагруби́ть** *(+ D) v* dire des grossièretés • **он всем нагруби́л** il a dit des grossièretés à tout le monde

гру́бость *nf* grossièreté • **говори́ть гру́бости** dire des grossièretés

гру́бый ⑤ *adj* **1.** grossier *(vulgaire)* • **гру́бые мане́ры** des manières grossières **2.** grossier, brut • **руба́хи из гру́бой хлопчатобума́жной тка́ни** des chemises en coton grossier • **гру́бая факту́ра нестру́ганого де́рева** la texture grossière du bois non raboté ~ *fig* • **гру́бая оши́бка** une faute grossière

гру́да *nf* tas, amas • **гру́да камне́й** un tas de pierres

грудь ⑧③ *nf* **1.** poitrine • **прижа́ть кого́-нибудь к свое́й груди́** serrer qqn sur sa poitrine • **дыша́ть по́лной гру́дью** respirer à pleins poumons **2.** sein • **корми́ть ребёнка гру́дью** allaiter un enfant

> **À PROPOS DE...**
>
> Le mot **грудь** est accentué sur la syllabe finale au génitif et au datif singuliers après les prépositions **до, из, от, у, к** et **по**.

груз *nm* **1.** fardeau • **с тяжёлым гру́зом** avec un lourd fardeau **2.** chargement, cargaison • **перевози́ть це́нный груз** transporter un chargement de grande valeur

грузи́н* *(gén. pl.* **грузи́н***) nm* Géorgien

грузи́нка *nf* Géorgienne

грузи́нский *adj* géorgien

грузи́ть ④ *v* **1.** / **нагрузи́ть** ④ charger, remplir • **нагрузи́ть ба́ржу** charger une péniche **2.** / **погрузи́ть** ④ charger, empiler • **грузи́ть я́щики в ваго́ны** charger des caisses dans des wagons **3.** / **загрузи́ть** ④(INFORM) démarrer • **грузи́ть компью́тер** démarrer un ordinateur

грузи́ться ④ / **загрузи́ться** ④ *vp* **1.** se charger • **глубоково́дный аппара́т гру́зится на кора́бль** l'engin sous-marin est chargé sur le bateau **2.** (INFORM) démarrer • **игра́ не гру́зится** le jeu ne veut pas démarrer

Гру́зия *nf* Géorgie

грузови́к ③② *nm* camion

гру́стный ⑤ *adj* triste • **гру́стная пе́сня** une chanson triste • **мне немно́жко гру́стно** je suis un peu triste • **гру́стные результа́ты** de piteux résultats

грусть *nf* chagrin, tristesse • **предава́ться гру́сти** se laisser aller à son chagrin

гру́ша *nf* **1.** poire **2.** poirier

грызть* [IV, грызу́, грызёшь - грыз, гры́зла] / **погры́зть*** [IV, погрызу́, погрызёшь - погры́з, погры́зла - погры́зенный] *et* **разгры́зть*** [IV, *id*] *v* ronger, grignoter • **грызть кость**

ronger un os • **грызть но́гти** se ronger les ongles • **его́ грызёт сомне́ние** il est rongé par le doute

грызу́н ③② *nm* rongeur

гря́дка *nf* plate-bande, carré *(dans un jardin)*

гря́зно *adv* **1.** grossièrement • **гря́зно вы́ругаться** jurer grossièrement **2.** honteusement • **поступи́ть гря́зно** agir de façon honteuse
● **на у́лице гря́зно** les rues sont pleines de boue

гря́зный ⑤ *adj* **1.** boueux, fangeux • **брать во́ду в гря́зной ре́чке** prendre de l'eau dans un ruisseau boueux **2.** sale • **гря́зные ру́ки** des mains sales ~ *fig* • **отмыва́ние гря́зных де́нег** le blanchiment de l'argent sale **3.** honteux • **гря́зная исто́рия** une affaire honteuse

грязь ⑧ *nf* **1.** boue • **грязь меси́ть** patauger dans la boue • **валя́ться в грязи́** se rouler dans la fange • **непрола́зная грязь** une boue épaisse **2.** saleté, crasse • **в до́ме мно́го грязи́** la maison est très sale
● **не уда́рить лицо́м в грязь** s'en tirer tout à son honneur

/ **гря́нуть** *v* **1.** tonner, retentir • **гром гря́нул** le tonnerre a grondé • **гря́нул вы́стрел** un coup de feu retentit **2.** *fig* éclater • **гря́нула война́** la guerre éclata

губа́ ②⑦ *nf* **1.** lèvre • **ве́рхняя губа́** la lèvre supérieure • **сжать гу́бы** serrer les lèvres **2.** baie (GÉOGR) • **О́бская губа́** la baie de l'Ob
● **у него́ губа́ не ду́ра** il sait bien choisir ce qu'il y a de mieux

губерна́тор *nm* gouverneur

губе́рния *nf* **1.** *(pour parler d'une « oblast »)* région • **в Сама́рской губе́рнии** dans la région de Samara **2.** gouvernement *(division administrative jusqu'en 1929)* • **мы жи́ли в Каза́нской губе́рнии** nous habitions dans le gouvernement de Kazan

губи́тельный *adj* pernicieux, néfaste • **губи́тельное влия́ние** une influence néfaste

губи́ть ④ / **погуби́ть** ④ *v* causer la perte • **губи́ть своё здоро́вье** se ruiner la santé

гу́бка *nf* **1.** *dim de* **губа́** **2.** éponge

гуде́ть* [I, гужу́, гуди́шь] / **загуде́ть*** [I, *id*] *v* **1.** bourdonner, mugir • **стадио́н гуде́л, как у́лей** le stade bourdonnait comme une ruche • **ве́тер гуде́л в трубе́** le vent mugissait dans la cheminée • **в уша́х гуди́т** j'ai les oreilles qui bourdonnent • **где́-то гуде́ли маши́ны** on entendait le bruit des voitures dans le lointain **2.** *fam* faire souffrir • **гуде́ла спина́** mon dos me faisait souffrir • **до сих пор голова́ гуди́т** depuis j'ai mal à la tête

гудо́к *nm* **1.** tonalité *(au téléphone)* • **коро́ткие гудки́** sonnerie « occupé » **2.** sirène • **гудо́к парохо́да** une sirène de bateau • **автомоби́льный гудо́к** un Klaxon®

гул *nm* bruit sourd • **подзе́мный гул** un grondement souterrain • **гул голосо́в** le bourdonnement des voix

ГУЛА́Г *nm* goulag

гуля́ть / **погуля́ть** *v* **1.** se promener • **гуля́ть в па́рке** se promener dans un parc **2.** faire la fête • **сосе́ди гуля́ли всю ночь** mes voisins ont fait la fête toute la nuit

гуманита́рный *adj* **1.** humanitaire • **гуманита́рная по́мощь** l'aide humanitaire **2. гуманита́рные нау́ки** les sciences humaines

гума́нно *adv* de façon humaine • **гума́нно поступа́ть** se montrer humain

гума́нный *adj* humain, charitable • **приме́р гума́нного отноше́ния к лю́дям** l'exemple d'une façon humaine de traiter les gens

гу́сеница *nf* chenille (ZOOL & TECHN)

густо́й *(comp.* **гу́ще***)* ⑤ *adj* **1.** épais *(dense, concentré)* • **густо́й лес** une forêt épaisse • **густы́е во́лосы** une chevelure épaisse • **густо́й дым** une fumée épaisse • **густа́я жи́дкость** un liquide épais **2.** profond *(en parlant de la voix)* • **густо́й бас** une basse profonde

гусь ①③ *nm* oie
● **хоро́ш гусь!** un joli coco !

гутали́н *nm* cirage

гу́ще *comp de* **густо́й**

Д

да *adv*

1. AFFIRMATION = **oui**
• **он до́ма? — да** il est à la maison ? — oui
• **я э́то по́мню, да, да, отли́чно по́мню** je m'en souviens, mais oui, je m'en souviens parfaitement
• **вам нра́вится э́тот рома́н? — д-да** il vous plaît ce roman ? — euh... oui.
• **ах да!** ah oui !

2. INTERROGATION = **n'est-ce pas ?**
• **ты пойдёшь с на́ми, да?** tu viens avec nous, n'est-ce pas ?
• **она́ мне позвони́ла — да?** elle m'a téléphoné. — vraiment ?
• **Ва́нь, а Ва́нь! — да?** Vania, hé, Vania ! — oui ?

3. TRANSITION = **à propos**
• **да! чуть бы́ло не забы́л...** ah, oui ! j'allais oublier...

4. RENFORCEMENT = **mais, donc**
• **да нет!** mais non !
• **да сади́тесь, сади́тесь!** asseyez-vous donc, je vous en prie !

да *particule*

MARQUANT LE SOUHAIT
• **да здра́вствует свобо́да!** vive la liberté !
• **да испо́лнятся ва́ши жела́ния!** puissent vos désirs se réaliser !
• **да ну его́ к чёрту!** qu'il aille au diable !

да *conj*

1. = **et**
• **оста́лись от ко́злика ро́жки да но́жки** il n'est resté du petit chevreau que les cornes et les sabots

2. = **et en outre**
• **не хо́чется, да и не́когда мне** je n'en ai pas envie, et puis je n'ai pas le temps

3. = **mais**
• **я бы туда́ поéхал, да у меня́ де́нег не хвата́ет** j'y serais bien allé, mais je n'ai pas assez d'argent

● **да и то́лько** et voilà tout › **не хо́чет, да и то́лько** il ne veut pas, un point, c'est tout › **смеётся, да и то́лько** il ne fait que rire

дава́й *particule* → **дава́ть**

дава́ть* [II, даю́, даёшь - дава́й - дава́я] ③ / **дать*** [*n cl,* дам, дашь, даст, дади́м, дади́те, даду́т - дал, дала́, да́ло, да́ли - дай - дан, дана́] ③ ⑤ *v* **1.** donner • **дава́ть кни́ги прия́телю** donner des livres à un ami • **дава́ть де́ньги** donner de l'argent • **дава́ть хле́ба** donner du pain • **дать пощёчину** donner une gifle • **да́ть свой телефо́н** donner son numéro de téléphone • **дава́ть конце́рт** donner un concert • **дава́ть уро́ки** donner des leçons • **он дал сло́во учи́ться** il a promis de travailler • **дать сло́во ора́тору** donner la parole à l'orateur • **не дава́ть разреше́ния** ne pas donner l'autorisation • **дать согла́сие** donner son accord • **дать кля́тву** faire un serment • **дать удовлетворе́ние** donner satisfaction • **ей не даю́т сорока́ лет** on ne lui donne pas quarante ans • **дать пить** donner à boire **2.** *(+ inf)* faire *(+ inf)* • **он дал мне поня́ть, что э́то невозмо́жно** il m'a fait comprendre que c'était impossible • **дать знать** faire savoir **3.** *(+ inf)* laisser *(+ inf)* • **мне не дава́ли говори́ть** on ne me laissait pas parler • **он не даёт мне спать** il m'empêche de dormir **4.** *(pour exprimer une invitation)* • **дава́й пообе́даем** si on mangeait ? • **дава́йте игра́ть!** jouons ! • **дава́йте договори́мся так** voilà ce qu'on va faire **5.** *(pour exprimer l'envie que l'on a de faire qqch)* • **да́йте я вам помогу́** je peux vous aider ?

À PROPOS DE...

L'accent passe sur la négation dans les groupes **не́ дал, не́ дало, не́ дали, не́ дан, не́ дано, не́ даны.**

дава́ться* [II, даю́сь, даёшься - дава́йся - дава́ясь] / **да́ться*** [*n cl,* да́мся, да́шься, да́стся, дади́мся, дади́тесь, даду́тся - да́лся, дала́сь - да́йся] ③ *vp* **1.** → **дава́ть** **2.** réussir à

• **матема́тика ему́ не дава́лась** les mathématiques ne lui réussissaient pas

дави́ть ④ ◪ *vt* **1.** / **вы́давить** presser • **дави́ть лимо́н** presser un citron • **дави́ть сок из лимо́на** presser le jus d'un citron **2.** / **задави́ть** ④ *et* **раздави́ть** ④ écraser • **задави́ть пешехо́да** écraser un piéton • **дави́ть мух** écraser des mouches **3.** / **подави́ть** ④ *fig* écraser, étreindre • **тоска́ его́ дави́ла** la tristesse l'étreignait ◪ *vi* **1.** / **надави́ть** ④ **дави́ть на** *(+ A)* faire pression sur **2.** / **надави́ть** ④ **дави́ть на** *(+ A)* peser sur › **рюкза́к да́вит на пле́чи** le sac à dos pèse sur les épaules

дави́ться ④ *vp* **1.** / *(divers perfectifs)* → **дави́ть 2.** / **подави́ться** ④ *fig* s'étrangler • **дави́ться от сме́ха** s'étrangler de rire

да́вка *nf* bousculade • **у вхо́да была́ да́вка** la foule se bousculait à l'entrée

давле́ние *nnt* pression • **атмосфе́рное давле́ние** la pression atmosphérique • **артериа́льное давле́ние** la tension artérielle • **оказа́ть давле́ние на кого́-нибудь** exercer des pressions sur qqn

да́вний *adj* ancien, de longue date • **да́вние собы́тия** des événements anciens • **да́вняя привы́чка** une vieille habitude • **с да́вних пор** depuis fort longtemps

давно́ *adv* depuis longtemps • **ты давно́ ждёшь?** tu attends depuis longtemps ? • **он давно́ здесь живёт** il y a longtemps qu'il habite ici • **он уже́ давно́ верну́лся** il y a déjà longtemps qu'il est rentré

● **давно́ бы так!** ce n'est pas trop tôt !

À PROPOS DE...

Il convient de bien distinguer **давно́**, «depuis longtemps», et **до́лго**, «longuement» : ***она́ давно́ ушла́***, il y a longtemps qu'elle est partie ; ***она́ до́лго ждала́***, elle a attendu longtemps.

давны́м-давно́ *adv* il y a bien longtemps

дади́м, даду́т → **дать**

даём, даёшь → **дава́ть**

да́же *adv* même • **все, да́же де́ти** tous, même les enfants • **он стра́шно уста́л, да́же спать не мо́жет** il est si fatigué qu'il ne peut même pas dormir • **он не смо́жет, да́же е́сли захо́чет** il n'y arrivera pas, même s'il le veut

дай → **дать**

да́лее *adv* **1.** ensuite • **не да́лее как** pas plus tard que › **не да́лее как вчера́** pas plus tard qu'hier **2.** plus loin • **сниму́ да́чу не да́лее 30 км от Москвы́** je cherche à louer une datcha à moins de trente kilomètres de Moscou

■ **и так да́лее** *loc adv* et ainsi de suite

далёкий (**далёк, далека́, далеко́, далеки́, далёк, далека́, далёко, далёки** ⑤ - *comp.* **да́льше***) ③ *adj* **1.** lointain, éloigné • **далёкие стра́ны** des pays lointains • **далёкое путеше́ствие** un grand voyage • **в далёком бу́дущем** dans un avenir lointain **2.** *(habituellement avec négation)* futé • **па́рень не о́чень далёкий** un gars pas très futé

далеко́ *adv* **1.** *(dans l'espace)* loin • **я живу́ далеко́ от вокза́ла** j'habite loin de la gare **2.** *(dans le temps)* • **далеко́ за́ по́лночь** bien après minuit **3.** *(avec négation)* • **он далеко́ не глуп** il est loin d'être bête • **она́ далеко́ не краса́вица** elle est loin d'être une beauté

● **до вокза́ла далеко́** la gare est loin

дальне́йший *adj* ultérieur • **отказа́ться от дальне́йших перегово́ров** refuser de poursuivre les pourparlers

● **в дальне́йшем** par la suite

да́льний *adj* lointain, éloigné • **да́льнее пла́вание** voyage au long cours • **да́льний ро́дственник** un parent éloigné • **Да́льний Восто́к** l'Extrême-Orient

да́льше *(comp. de* **далеко́***)* *adv* plus loin • **авто́бус да́льше не пойдёт** le bus ne va pas plus loin • **да́льше своего́ но́са не ви́деть** ne pas voir plus loin que le bout de son nez • **да́льше!** continuez ! *(je vous écoute)*

дам → **да́ма**, → **дать**

да́ма *nf* dame • **да́мы и господа́** mesdames, messieurs ~ *(aux cartes)* • **пи́ковая да́ма** la dame de pique

Да́ния *nf* Danemark

да́нный ◪ *part* → **дава́ть** ◪ *adj* donné, en question • **да́нная величина́** une grandeur donnée • **в да́нный моме́нт** actuellement • **в да́нном слу́чае** en l'occurrence

■ да́нные *pl* données • статисти́ческие да́нные données statistiques • ба́за да́нных base de données

дантист *nm* dentiste

дань *nf* tribut • плати́ть дань payer un tribut • отда́ть дань культу́рным традициям payer un tribut aux traditions culturelles

дар ①② *nm* **1.** don *(talent)* • дар организа́тора un talent d'organisateur • облада́ть да́ром ре́чи avoir le don de la parole **2.** don *(cadeau)* • дары́ приро́ды les dons de la nature

дари́ть ④ / **подари́ть** ④ *v* **1.** offrir • оте́ц подари́л мне лы́жи mon père m'a offert des skis **2.** *(+ I) arch & iron* gratifier de • дари́ть улы́бкой gratifier d'un sourire

да́ром *adv* **1.** gratuitement • он да́ром рабо́тать не лю́бит il n'aime pas travailler pour rien ~ *fig* • э́то ему́ да́ром не пройдёт! ça va lui coûter cher ! **2.** en vain • теря́ть да́ром вре́мя perdre son temps pour rien

даст → дать

да́тский *adj* danois

датча́нин* *(pl.* датча́не, датча́н, датча́нам*) nm* Danois

датча́нка *nf* Danoise

/ **дать** → дава́ть

/ **да́ться** → дава́ться

да́ча *nf* datcha, maison d'été • снима́ть да́чу louer une datcha • ле́том они́ живу́т на да́че l'été ils sont à la datcha

> **CULTURE...**
>
> **да́ча**
> Plus qu'une maisonnette en bois au confort somme toute spartiate, la datcha да́ча incarne tout un art de vivre, c'est une parenthèse loin de la chaleur étouffante et du stress de la ville. Dès la fin de l'année scolaire, vers la fin mai, les citadins y passent de belles soirées... à la lumière du jour.

дашь → дать

даю́, даю́т → дава́ть

два *num* deux • два ме́тра deux mètres • две буты́лки deux bouteilles • рассказа́ть в двух слова́х raconter en deux mots • в двух шага́х от до́ма à deux pas de la maison • они́ похо́жи друг на дру́га как две ка́пли воды́ ils se ressemblent comme deux gouttes d'eau
● в два счёта en cinq sec › пригото́вить уро́ки в два счёта faire ses devoirs en cinq sec

> **À PROPOS DE...**
>
> L'accent passe sur la préposition dans les groupes за́ два, на́ два, по́ два.

двадца́тый *adj num* vingtième • XX-ый век XXème siècle • она́ была́ у нас двадца́того ма́я elle est venue chez nous le 20 mai

два́дцать *num* vingt • два́дцать копе́ек vingt kopecks • в двадцати́ ме́трах à vingt mètres

два́жды *adv* deux fois • я уже́ был в Москве́ два́жды je suis allé déjà deux fois à Moscou • два́жды два — четы́ре deux fois deux font quatre • э́то я́сно, как два́жды два c'est clair comme deux et deux font quatre

двена́дцатый *adj num* douzième • он прие́хал двена́дцатого апре́ля il est arrivé le 12 avril

двена́дцать *num* douze • двена́дцать рубле́й douze roubles • в двена́дцати ме́трах à douze mètres

две́рца *nf* portière, porte • захло́пнуть две́рцу claquer la portière • две́рца буфе́та la porte du buffet

дверь* *(*дверьми́, дверя́ми*)* ⑧③ *nf* porte • входна́я дверь la porte d'entrée • стуча́ться в дверь frapper à la porte
● ломи́ться в откры́тую дверь enfoncer une porte ouverte

две́сти *num* deux cents • две́сти рубле́й deux cents roubles • в двухста́х киломе́трах от Москвы́ à deux cents kilomètres de Moscou

дви́гатель *nm* moteur • электри́ческий дви́гатель un moteur électrique • реакти́вный дви́гатель un moteur à réaction ~ *fig* • дви́гатель прогре́сса un moteur de progrès

дви́гать* / **дви́нуть** ◪ *vt* **1.** mouvoir, déplacer • дви́гать сту́лья déplacer les chaises **2.** faire avancer • дви́нуть нау́ку

faire progresser la science ◾ *vi (+ I)* remuer, mouvoir • **я не мог дви́гать па́льцами** je ne pouvais pas remuer les doigts ~ *fig* • **им дви́жет не́нависть** il est mû par la haine
● **дви́гать гора́ми** remuer des montagnes

À PROPOS DE...

Les formes irrégulières de ce verbe (**дви́жу, дви́жешь...**) s'emploient dans des expressions figées ou dans le style élevé.
Le verbe est construit avec l'instrumental dans quelques expressions figées et lorsque le complément désigne une partie du corps.

дви́гаться* / **дви́нуться** *vp* **1.** → **дви́гать 2.** faire des mouvements • **он лежа́л и не дви́гался** il était étendu sans mouvement **3.** avancer • **толпа́ ме́дленно дви́галась** la foule avançait lentement • **стре́лка дви́жется по цифербла́ту** l'aiguille se déplace sur le cadran • **де́ло не дви́гается** l'affaire n'avance pas • **дви́гаться по слу́жбе** obtenir de l'avancement
● **дви́гаться в путь** se mettre en route

À PROPOS DE...

Les formes irrégulières de ce verbe (**дви́жется, дви́жутся**) s'emploient dans quelques expressions de caractère technique.

движе́ние *nnt* **1.** mouvement • **сде́лать ре́зкое движе́ние** faire un mouvement brusque • **привести́ в движе́ние** mettre en mouvement • **прийти́ в движе́ние** se mettre en mouvement ~ *fig* • **социа́льное движе́ние** un mouvement social **2.** circulation • **автомоби́льное движе́ние** la circulation automobile • **соблюда́ть пра́вила доро́жного движе́ния** respecter le code de la route

/ **дви́нуть** → **дви́гать**

/ **дви́нуться** → **дви́гаться**

дво́е *num* deux • **дво́е часо́в** deux montres • **дво́е су́ток** deux jours • **дво́е дете́й** deux enfants • **дво́е сынове́й** deux fils • **нас бы́ло дво́е** nous étions deux
● **есть за двои́х** manger comme quatre

À PROPOS DE...

L'accent passe sur la préposition dans le groupe **по́ двое**.

двои́ться *vp* se dédoubler • **у меня́ двои́тся в глаза́х** je vois double

дво́йка *nf* **1.** deux *(chiffre)* **2.** deux (sur cinq) *(mauvaise note)* • **он получи́л дво́йку по матема́тике** il a eu une mauvaise note en maths **3.** deux *(aux cartes)* • **дво́йка черве́й** un deux de cœur
● **дво́йка с рулевы́м** un deux avec barreur

двойно́й *adj* double • **двойно́й подборо́док** un double menton • **двойно́е дно** un double fond • **вести́ двойну́ю игру́** jouer double jeu

двор ③② *nm* **1.** cour • **вы́йти во двор** sortir dans la cour • **войти́ во двор** entrer dans la cour • **втора́я дверь во дворе́** la deuxième porte dans la cour • **игра́ть на** *ou* **во дворе́** jouer dans la cour **2.** cour *(d'un roi)* • **ца́рский двор** la cour du tsar • **при дворе́** à la cour **3.** *(avec nombre ou adverbe de quantité)* feu, foyer • **в дере́вне бы́ло со́рок householdдворо́в** dans le village, il y avait quarante feux
● **на дворе́** *(en parlant du temps qu'il fait)* dehors › **на дворе́ моро́з** dehors, il gèle • **постоя́лый двор** *arch* auberge • **пти́чий двор** basse-cour

дворе́ц *nm* palais • **Зи́мний дворе́ц** le palais d'Hiver • **дворе́ц спо́рта** le palais des sports

дво́рник *nm* = gardien (d'immeuble) • **дво́рник подмета́ет двор** le gardien balaye la cour
◾ **дво́рники** *pl* essuie-glace • **включи́ть дво́рники** mettre en marche les essuie-glaces

дворцо́вый *adj* du palais • **Дворцо́вая пло́щадь** place du Palais

дворяни́н* *(pl.* **дворя́не, дворя́н, дворя́нам***) nm* noble

дворя́нский *adj* noble • **дворя́нского происхожде́ния** d'origine noble

дворя́нство *nnt* la noblesse, les nobles

двою́родный *adj*
● **двою́родный брат** cousin • **двою́родная сестра́** cousine

двугла́вый *adj* bicéphale, à deux têtes • **двугла́вый орёл** un aigle à deux têtes

двум, двумя́ → два

двусмы́сленный *adj* équivoque • **двусмы́сленный отве́т** une réponse équivoque • **двусмы́сленная шу́тка** une plaisanterie équivoque

двух → два

двухсо́тый *adj num* deux centième

де́ва *nf* vierge
- **ста́рая де́ва** une vieille fille
- ■ **Де́ва** *nf* (ASTROL) Vierge

дева́ть [дева́ю, дева́ешь] / **деть*** [*n cl*, де́ну, де́нешь] *v* mettre, fourrer • **не по́мню, куда́ дева́л спи́чки** je ne me souviens pas où j'ai mis les allumettes

дева́ться [дева́юсь, дева́ешься] / **де́ться*** [*n cl*, де́нусь, де́нешься] *vp* se mettre • **я не знал, куда́ де́ться от стыда́** je ne savais plus où me mettre tellement j'avais honte • **куда́ де́лась кни́га?** où donc est passé ce livre ?

деви́ца *nf* jeune fille

> **À PROPOS DE...**
>
> Dans la poésie populaire, le mot est accentué différemment : **де́вица**.

де́вка *nf* **1.** *fam* fille, jeune fille **2.** *fam* fille *(de mauvaise conduite)*

де́вочка *nf* petite fille, fillette • **де́вочка лет двена́дцати** une petite fille d'une douzaine d'années

де́вственный *adj* vierge • **де́вственный лес** forêt vierge

де́вушка *nf* jeune fille

> **À PROPOS DE...**
>
> Le mot **де́вушка** est parfois utilisé pour s'adresser à une femme, indépendamment de son âge. Dans ce cas, la traduction serait plutôt **s'il vous plaît**.

девчо́нка *nf* gamine

девяно́сто *num* quatre-vingt-dix • **девяно́сто лет** quatre-vingt-dix ans • **в девяно́ста киломе́трах от Москвы́** à quatre-vingt-dix kilomètres de Moscou

девяно́стый *adj num* quatre-vingt-dixième

девятисо́тый *adj num* neuf centième

девятна́дцатый *adj num* dix-neuvième • **XIX-ый век** XIXème siècle • **ему́ шёл тогда́ девятна́дцатый год** à l'époque il allait avoir dix-neuf ans

девятна́дцать *num* dix-neuf • **девятна́дцать лет** dix-neuf ans • **де́вушка девятна́дцати лет** jeune fille âgée de dix-neuf ans

девя́тый *adj num* neuvième • **Девя́тая симфо́ния Бетхо́вена** la Neuvième symphonie de Beethoven

де́вять *num* neuf • **де́вять копе́ек** neuf kopecks • **в девяти́ киломе́трах от го́рода** à neuf kilomètres de la ville

девятьсо́т *num* neuf cents • **девятьсо́т рубле́й** neuf cents roubles • **с девятьюста́ми пассажи́рами** avec neuf cents voyageurs

дёготь *nm* goudron
- **ло́жка дёгтя в бо́чке мёда** un peu de fiel gâte beaucoup de miel

дед *nm* grand-père • **я провёл ле́то у де́да** j'ai passé l'été chez mon grand-père
- **Дед Моро́з** = le Père Noël

де́душка *nm* grand-père • **он пое́хал в го́сти к де́душке** il est allé chez son grand-père

дееприча́стие *nnt* (GRAMM) gérondif • **дееприча́стие несоверше́нного ви́да** gérondif présent • **дееприча́стие соверше́нного ви́да** gérondif passé

дежу́рить *v* être de garde, être de service • **кто сего́дня дежу́рит?** qui est de garde aujourd'hui ? • **дежу́рить у больно́го** garder un malade

дежу́рная *nf* personne de service ~ *(dans un hôtel)* hôtesse d'étage

дежу́рный *adj* de garde, de service • **дежу́рный врач** le médecin de garde • **дежу́рная апте́ка** la pharmacie de garde
- ■ **дежу́рный** *nm* personne de service

дезерти́р *nm* déserteur

де́йственный *adj* efficace • **де́йственное сре́дство** un moyen efficace • **де́йственные ме́ры** des mesures efficaces

де́йствие *nnt* **1.** action • **план де́йствий** un plan d'action • **предоста́вить сотру́днику по́лную свобо́ду де́йствий** donner carte blanche à un collaborateur • **в пье́се ма́ло де́йствия** la pièce manque d'action ~ **де́йствие рома́на происхо́дит в нача́ле XVI ве́ка** l'action du roman se passe au début du XVIe siècle • **еди́нство де́йствия** l'unité d'action ~ **лека́рство оказа́ло де́йствие** le médicament a fait son effet • **под де́йствием со́лнечных луче́й** sous l'effet des rayons du soleil • **ми́на заме́дленного де́йствия** une mine à retardement **2.** (MATH & MIL) opération • **четы́ре де́йствия арифме́тики** les quatre opérations arithmétiques • **вое́нные де́йствия** des opérations militaires **3.** fonctionnement • **привести́ устро́йство в де́йствие** mettre un dipositif en marche **4.** validité • **вступи́ть в де́йствие** entrer en vigueur • **зако́н не име́ет обра́тного де́йствия** la loi n'a pas d'effet rétroactif • **догово́р сохраня́ет де́йствие в тече́ние трёх лет** le contrat reste en vigueur pendant trois ans • **продли́ть де́йствие догово́ра** prolonger la validité d'un contrat **5.** acte (THÉÂTRE) • **дра́ма в пяти́ де́йствиях** drame en cinq actes

действи́тельно *adv* effectivement • **он действи́тельно уе́хал** il est effectivement parti • **действи́тельно, он прав** effectivement, il a raison

действи́тельность *nf* **1.** réalité • **не сон, а действи́тельность** ce n'est pas un rêve, c'est la réalité • **в усло́виях совреме́нной действи́тельности** dans les conditions de la vie moderne • **в действи́тельности** en réalité **2.** validité • **действи́тельность па́спорта** la validité d'un passeport

действи́тельный *adj* **1.** effectif • **действи́тельный факт** un fait réel • **действи́тельный член акаде́мии** membre actif de l'académie **2.** valable, efficace • **биле́т действи́телен два ме́сяца** le billet est valable deux mois

де́йствовать *v* **1.** agir • **де́йствовать открове́нно** agir ouvertement • **де́йствовать локтя́ми** jouer des coudes **2.** fonctionner, marcher • **лифт не де́йствует** l'ascenseur ne marche pas **3.** être valide • **э́тот код уже́ не де́йствует** ce code n'est plus valide **4.** / **де́йствовать** faire un effet • **лека́рство си́льно де́йствует** le médicament a un effet puissant
• **де́йствовать на не́рвы** porter sur les nerfs

де́йствующий *adj* en vigueur, en action • **де́йствующие зако́ны** les lois en vigueur • **постоя́нно де́йствующая вы́ставка** exposition permanente

дека́брь ③ *nm* décembre • **в декабре́** en décembre • **он прие́хал второ́го декабря́** il est arrivé le 2 décembre

декора́ция *nf* décors (THÉÂTRE)

де́лать / сде́лать *v* faire • **что мне де́лать?** que dois-je faire ? • **ничего́ не де́лать** ne rien faire • **не́чего де́лать** il n'y a rien à faire • **не зна́ю, что де́лать** je ne sais pas comment faire • **де́лать поку́пки** faire des achats • **де́лать заря́дку** faire de la gymnastique d'entretien • **де́лать оши́бки** faire des fautes • **де́лать глу́пости** faire des bêtises • **де́лать попы́тку** faire une tentative • **де́лать о́пыты** faire des expériences
• **сде́лать предложе́ние** faire sa demande en mariage • **де́лать вид** faire semblant › **он де́лает вид, что спит** il fait semblant de dormir • **от не́чего де́лать** pour passer le temps • **де́лать честь** faire honneur › **э́то ему́ не де́лает че́сти** cela ne lui fait pas honneur

делега́т *nm* délégué • **делега́ты съе́зда** les délégués du congrès

делега́ция *nf* groupe, mission • **делега́ция францу́зских хиру́ргов** un groupe de chirurgiens français

делика́тность *nf* tact • **проявля́ть большу́ю делика́тность** faire preuve de beaucoup de tact

делика́тный *adj* **1.** plein de tact • **он челове́к делика́тный** c'est un homme plein de tact **2.** délicat *(embarrassant)* • **делика́тный вопро́с** une question délicate • **делика́тное положе́ние** une situation délicate **3.** délicat *(fragile)* • **челове́к делика́тного сложе́ния** une personne de constitution délicate

дели́ть ④ / **подели́ть** ④ *et* **раздели́ть** ④ *v* partager • **дели́ть попола́м** partager en deux • **дели́ть своё вре́мя ме́жду рабо́той и развлече́ниями** partager son temps entre le travail et les distractions • **раздели́ть ученико́в на три гру́ппы** répartir les élèves en trois groupes • **дели́ть с дру́гом го́ре и**

радость partager avec un ami les peines et les joies

делиться ④ / **поделиться** ④ *vp* **1.** → **делить 2.** *(+ I)* partager *(souvent au sens figuré)* • **делиться впечатлениями** faire part de ses impressions **3.** être divisible • **двадцать делится на четыре** vingt est divisible par quatre

дело ①⑥ *nnt* **1.** affaire • **знать своё дело** connaître son affaire • **это другое дело** c'est une autre affaire • **это не моё дело** ce n'est pas mon affaire • **моё дело сторона** ça ne me regarde pas • **не суйся не в своё дело** ne te mêle pas de ce qui ne te regarde pas • **это дело милиции** c'est l'affaire de la police • **как дела?** comment ça va ? • **вот какое дело** voilà où en sont les choses • **плохо дело** ça va mal • **дело было зимой** cela se passait en hiver • **это дело вкуса** c'est une question de goût • **Министерство внутренних дел** le ministère de l'Intérieur • **Министерство иностранных дел** le ministère des Affaires étrangères **2.** (DR) procès • **возбудить дело** intenter un procès • **возбудить уголовное дело** engager des poursuites judiciaires
● **иметь дело с** avoir affaire à • **и дело с концом** et on n'en parlera plus • **в самом деле** effectivement • **на самом деле** en réalité • **в чём дело?** de quoi s'agit-il ? • **дело в том, что** ce qu'il y a, c'est que • **дело в шляпе** l'affaire est dans le sac • **то и дело** à chaque instant › **то и дело раздавались выстрелы** on entendait à chaque instant des coups de feu

деловой *adj* **1.** d'affaires • **деловое письмо** une lettre d'affaires • **положительная реакция деловых кругов** réaction positive des milieux d'affaires **2.** pratique, habile • **деловой подход к решению проблемы** une approche pratique de la solution du problème

дельный *adj* **1.** habile • **дельный работник** un homme habile dans son travail **2.** sensé • **дельный совет** un conseil pertinent

дельфин *nm* dauphin

демон *nm* démon

демонстрант *nm* manifestant • **на площади было несколько сотен демонстрантов** sur la place, il y avait quelques centaines de manifestants

демонстрантка *nf* manifestante

демонстрация *nf* **1.** manifestation, défilé • **идти на демонстрацию** aller à une manifestation • **первомайская демонстрация** le défilé du 1er mai **2.** projection • **демонстрация кинофильма** la projection d'un film

денежный *adj* monétaire • **денежная реформа** réforme monétaire • **денежно-кредитная политика** politique monétaire • **денежная масса** masse monétaire

денешь, дену → **деть**

день *(dat.* **дню,** *loc.* **дне** *; pl.* **дни, дней)** *nm* jour, journée • **он провёл три дня в деревне** il a passé trois jours à la campagne • **три дня тому назад он был ещё в деревне** il y a trois jours, il était encore à la campagne • **целый день** toute la journée • **каждый день** tous les jours • **через день** tous les deux jours • **через несколько дней** au bout de quelques jours • **на другой день** le lendemain • **в один прекрасный день** un beau jour *(inopinément)* • **праздничный день** un jour férié • **выходной день** un jour férié • **рабочий день** jour ouvré • **поздравить отца с днём рождения** souhaiter un bon anniversaire à son père • **солнечный день** une journée ensoleillée • **в наши дни** de nos jours
● **добрый день!** bonjour ! • **изо дня в день** tous les jours › **изо дня в день делать одно и то же** faire tous les jours la même chose • **на днях** ces jours-ci › **он приехал на днях** il est arrivé ces jours-ci › **он приедет на днях** il va arriver un de ces jours • **день ото дня** de jour en jour › **день ото дня она поправлялась** de jour en jour elle se rétablissait • **со дня на день** de jour en jour › **откладывать со дня на день** repousser de jour en jour • **средь бела дня** en plein jour • **третьего дня** avant-hier • **на чёрный день** pour les mauvais jours › **откладывать деньги на чёрный день** faire des économies en prévision des mauvais jours

À PROPOS DE...

L'accent passe sur la préposition dans les groupes **за день** et **на день**.

деньги *(***денег, деньгам***)* ⑦ *pl t* argent *(monnaie)* • **зарабатывать много денег** gagner beaucoup d'argent • **бросать**

де́ньги на ве́тер jeter l'argent par les fenêtres • **обменя́ть де́ньги в обме́нном пу́нкте** changer de l'argent au bureau de change • **разменя́ть де́ньги** faire de la monnaie • **карма́нные де́ньги** argent de poche
● **вре́мя — де́ньги** le temps, c'est de l'argent • **де́ньги не па́хнут** l'argent n'a pas d'odeur

депута́т *nm* député • **его́ избра́ли депута́том** il a été élu député

дёргать / **дёрнуть** *v* **1.** tirer brusquement • **дёрнуть за рука́в** tirer par la manche • **его́ дёрнуло то́ком** il a reçu une décharge électrique **2.** *fig* houspiller • **что́ она́ её всё вре́мя дёргает!** qu'est-ce qu'elle a à la houspiller tout le temps !

дереве́нский *adj* de la campagne • **дереве́нская жизнь** la vie à la campagne

дере́вня *(pl.* **дере́вни, дереве́нь, деревня́м***)* ①③ *nf* **1.** village • **жить в ма́ленькой дере́вне** habiter dans un petit village **2.** campagne • **жить в дере́вне** vivre à la campagne • **пое́хать в дере́вню** aller à la campagne

де́рево* *(pl.* **дере́вья, дере́вьев, дере́вьям***)* ①② *nnt* **1.** arbre • **фрукто́вые дере́вья** des arbres fruitiers **2.** bois *(substance)* • **гравю́ра на де́реве** gravure sur bois
● **родосло́вное де́рево** l'arbre généalogique • **кра́сное де́рево** acajou • **чёрное де́рево** ébène • **он из-за дере́вьев ле́са не ви́дит** les arbres lui cachent la forêt

дереву́шка *nf* hameau • **дереву́шка состоя́ла из пяти́ — шести́ дворо́в** le hameau comptait cinq ou six foyers

деревя́нный *adj* **1.** de bois • **деревя́нный дом** une maison en bois • **музе́й деревя́нного зо́дчества в Су́здале** le musée de l'architecture en bois à Souzdal **2.** *fig* inexpressif, raide • **деревя́нное лицо́** un visage inexpressif

держа́ва *nf* puissance *(nation)* • **вели́кие держа́вы** les grandes puissances

держа́ть* [I, **держу́, де́ржишь**] ④ / **подержа́ть*** [I, *id*] ④ *v* **1.** tenir • **держа́ть в рука́х ша́пку** tenir son bonnet à la main • **держа́ть ребёнка за́ руку** tenir un enfant par la main • **держа́ть глаза́ опу́щенными** tenir les yeux baissés ~ *fig* • **держа́ть язы́к за зуба́ми** tenir sa langue • **держа́ть (своё) сло́во** tenir (sa) parole • **он не уме́ет держа́ть себя́ в о́бществе** il ne sait pas se tenir en société **2.** soutenir • **балко́н де́ржат коло́нны** le balcon est soutenu par des colonnes **3.** résister à • **пала́тка хорошо́ де́ржит во́ду** la tente est bien étanche à l'eau **4.** maintenir, garder • **держа́ть в тюрьме́** maintenir en prison • **держа́ть де́ньги в ба́нке** garder de l'argent à la banque **5.** avoir • **держа́ть соба́к** avoir des chiens
● **держи́ его́!** au voleur ! • **держа́ть пари́** faire un pari • **держа́ть экза́мен** passer un examen

держа́ться* [I, **держу́сь, де́ржишься**] ④ *vp* **1.** se tenir • **она́ е́ле де́ржится на нога́х** elle tient à peine sur ses jambes **2.** s'en tenir à *(+ G)* • **держа́ться пра́вой стороны́** se tenir à droite • **держа́ться пре́жнего мне́ния** s'en tenir à sa première opinion **3.** se comporter • **держа́ться му́жественно** se comporter courageusement

де́рзкий ⑤ *adj* **1.** effronté, impertinent • **де́рзкий мальчи́шка** un gamin effronté • **де́рзкий отве́т** une réponse impertinente **2.** audacieux • **де́рзкая мечта́** un rêve audacieux

де́рзость *nf* impertinence • **с де́рзостью** avec impertinence • **говори́ть де́рзости** dire des impertinences

/ **дёрнуть** → **дёргать**

десе́рт *nm* dessert

десна́ *(pl.* **дёсны***)* ②① *nf* gencive

десяти́на *nf arch* déciatine *(ancienne mesure de surface équivalant à 1,092 ha)*

деся́ток *nm* dix, dizaine • **деся́ток яи́ц** dix œufs
● **он не ро́бкого деся́тка** il n'a pas froid aux yeux

деся́тый *adj num* dixième

де́сять *num* dix • **ему́ де́сять лет** il a dix ans • **в десяти́ шага́х от нас** à dix pas de nous

дета́ль *nf* **1.** détail • **не бу́дем вдава́ться в дета́ли** on ne va pas entrer dans les détails **2.** pièce *(élément)* • **дета́ль от шве́йной маши́ны** une pièce de machine à coudre

де́ти* *(***дете́й, де́тям, детьми́, де́тях***)* *nmpl* enfants • **фильм для дете́й**

un film pour enfants • у негó бы́ло трóе детéй il avait trois enfants

À PROPOS DE...

Le mot ребёнок sert de singulier à дéти.

дéтский *adj* d'enfant • дéтский гóлос une voix d'enfant • дéтский сад un jardin d'enfants, ≈ une école maternelle • дéтские болéзни les maladies infantiles

дéтство *nnt* enfance • друг дéтства un ami d'enfance • я к э́тому привы́к с дéтства j'y suis habitué depuis l'enfance • впасть в дéтство retomber en enfance

/ **деть** → девáть

дефéкт *nm* défaut • э́та маши́на имéет дефéкт cette machine a un défaut • дефéкт произношéния un défaut de prononciation

дешевéть / **подешевéть** *v* devenir moins cher, baisser • кни́ги подешевéли les livres ont baissé

дешéвле *comp de* дешёвый

дешёвый (дёшев, дешевá, дёшево, дёшевы ~ *comp.* дешéвле) ⑤ *adj* **1.** bon marché, peu coûteux • дешёвое издáние une édition (à) bon marché **2.** facile, misérable • дешёвые шýточки des plaisanteries faciles

дёшево *adv* (à) bon marché • дёшево купи́ть acheter (à) bon marché ~ *fig* • он дёшево отдéлался il s'en est tiré à bon compte

дéятель *nm* homme d'action • полити́ческий дéятель un homme politique

дéятельница *nf* femme d'action

дéятельность *nf* activité • педагоги́ческая дéятельность l'activité pédagogique

дéятельный *adj* actif • дéятельный человéк un homme actif

джéмпер *nm* chandail

джи́нсы *pl* jean(s)

джýнгли *pl* jungle

дзюдó *nnt indécl* judo

ди́ван *nm* canapé

ди́вный *adj* admirable, merveilleux • ди́вный гóлос une voix admirable

ди́во *nnt* merveille • э́то сдéлано на ди́во cela est fait à merveille
● ди́ву давáться s'étonner • ди́ву даёшься, как они́ могли́ доéхать on se demande comment ils ont pu arriver

дикáрь ③② *nm* sauvage *m* • мы же не дикари́ каки́е-то nous, nous ne sommes pas des sauvages • он живёт дикарём il vit comme un sauvage • э́тим лéтом поéду в Крым дикарём cet été j'irai en Crimée faire du tourisme sauvage

дикáрка *nf* sauvage *f*

ди́кий ⑤ *adj* **1.** sauvage • ди́кие звéри les animaux sauvages • ди́кая ýтка un canard sauvage • ди́кие растéния les plantes sauvages • ди́кая я́блоня un pommier sauvage • ди́кие нрáвы des mœurs sauvages **2.** saugrenu, déplacé • ди́кая мысль une idée saugrenue

диктáнт *nm* dictée • написáть диктáнт faire une dictée • провести́ диктáнт faire faire une dictée

диктовáть / **продиктовáть** *v* **1.** dicter *(imposer)* • диктовáть услóвия dicter les conditions **2.** dicter *(lire)* • диктовáть письмó dicter une lettre

ди́ктор *nm* speaker, speakerine

динáмик *nm* haut-parleur

динозáвр *nm* dinosaure

диплóм *nm* diplôme • получи́ть диплóм recevoir un diplôme

дирéктор *nm* directeur, directrice • онá дирéктор теáтра elle est directrice de théâtre

дирижёр *nm* chef d'orchestre • под управлéнием знамени́того дирижёра sous la direction du célèbre chef d'orchestre

диск *nm* **1.** (MUS) disque • цифровóй лáзерный диск disque compact numérique **2.** (SPORT) disque • метáть копьё и диск lancer le javelot et le disque
● жёсткий диск (INFORM) disque dur

дискотéка *nf* discothèque *(boîte de nuit)* • вéчером танцевáли на дискотéке le soir ils dansaient en discothèque

диспéтчер *nm* opérateur du centre de gestion, opératrice du centre de gestion

ди́спут *nm* discussion publique • **литерату́рный ди́спут** un débat public sur la littérature

дистанцио́нный *adj* à distance • **програ́ммы дистанцио́нного обуче́ния** des programmes d'enseignement à distance

дитя́* *nnt* enfant • **кли́ника "Мать и дитя́"** clinique de santé maternelle et infantile • **настоя́щее дитя́ приро́ды** un véritable enfant de la nature

дичь *nf* **1.** gibier • **там мно́го вся́кой ди́чи** là-bas, il y a toute sorte de gibier **2.** *fam* bêtises, absurdités • **кака́я дичь!** quelles absurdités ! • **таку́ю дичь несёт, что у́ши вя́нут** il dit des bêtises plus grosses que lui

длина́ *nf* longueur • **ме́ры длины́** mesures de longueur • **длина́ Во́лги** la longueur de la Volga • **длино́й два ме́тра** long de deux mètres • **име́ть два́дцать ме́тров длины́** avoir vingt mètres de longueur

дли́нный *adj* **1.** ⑤ long • **дли́нные во́лосы** des cheveux longs • **дли́нный день** une longue journée **2.** ⑤③ trop long • **пла́тье дли́нно** la robe est trop longue • **рукава́ длинны́** les manches sont trop longues • **у него́ дли́нный язы́к** il a la langue trop longue

дли́тельный *adj* de longue durée • **дли́тельная боле́знь** une longue maladie • **по́сле дли́тельного отсу́тствия** après une longue absence

дли́ться / **продли́ться** *vp* durer • **ско́лько вре́мени бу́дет дли́ться э́тот ремо́нт?** combien de temps vont durer les travaux de réparation ?

для *prép (+ G)* pour • **я э́то сде́лал для вас** j'ai fait cela pour vous • **я́щик для пи́сем** boîte aux lettres • **для меня́ э́то име́ет большо́е значе́ние** pour moi, cela a une grande importance

■ **для того́, что́бы** *loc conj* **1.** *(+ inf)* pour • **для того́, что́бы его́ встре́тить** pour le rencontrer **2.** *(+ passé)* pour que • **для того́, что́бы он согласи́лся** pour qu'il accepte

дне → **день**, → **дно**

дневни́к ③② *nm* journal • **вести́ дневни́к** tenir son journal intime • **шко́льный дневни́к** carnet scolaire

дневно́й *adj* de jour • **дневно́й сеа́нс** séance de jour • **дневно́й по́езд** train de jour • **при дневно́м све́те** à la lumière du jour

дней → **день**

днём *adv* **1.** → **день** **2.** dans la journée, le jour • **мы рабо́тали но́чью, а днём отдыха́ли** nous travaillions la nuit et nous nous reposions le jour

дно* *nnt* **1.** fond • **дно буты́лки** le fond de la bouteille • **вы́пить до дна** faire cul sec • **двойно́е дно** un double fond • **переверну́ть вверх дно́м** mettre sens dessus dessous **2.** *arch* bas-fonds *(de la société)*

● ***На дне*** (Го́рький) *Les Bas-Fonds* (Gorki)

дню, дня, дням → **день**

до *prép (+ G)*

1. = jusqu'à, à

• **от Пари́жа до Москвы́ о́коло 3 000 киломе́тров** de Paris à Moscou, il y a environ 3 000 kilomètres
• **далеко́ ли до вокза́ла?** la gare est-elle loin ?
• **с утра́ до ве́чера** du matin au soir
• **с двух до четырёх часо́в** de deux heures à quatre heures
• **до сих пор** jusqu'à présent
• **до тех пор, пока́** jusqu'à ce que › **до тех пор, пока́ он не вернётся** jusqu'à ce qu'il revienne
• **до того́, как** avant que › **мы всё пригото́вили до того́, как он уе́хал** nous avons tout préparé avant qu'il ne parte › **мы всё пригото́вим до того́, как он уе́дет** nous préparerons tout avant qu'il ne parte
• **до тако́й сте́пени, что** à tel point que
• **до того́, что** à tel point que › **до того́, что она́ запла́кала** à tel point qu'elle se mit à pleurer
• **он промо́к до косте́й** il est trempé jusqu'aux os
• **люби́ть до безу́мия** aimer à la folie

2. = avant

• **до войны́ он жил в Пари́же** avant la guerre il habitait à Paris
• **де́тям до шестна́дцати лет вход воспреща́ется** interdit aux enfants de moins de seize ans
• **за три дня до Рождества́** trois jours avant Noël

● **до за́втра!** à demain !
• **до свида́ния!** au revoir !

• **до ско́рого!** à bientôt !
• **ему́ не до шу́ток** il n'est pas d'humeur à plaisanter
• **мне нет де́ла до э́того** ça ne me regarde pas

/ **доба́вить** → добавля́ть

добавля́ть / **доба́вить** *v* ajouter • **доба́вить со́ли** ajouter du sel • **доба́вить три́ста рубле́й** ajouter trois cents roubles • **мне не́чего доба́вить** je n'ai rien d'autre à dire

доба́вочный ◪ *adj* supplémentaire • **доба́вочные расхо́ды** des dépenses supplémentaires ◪ *adj subst m* (numéro de) poste • **доба́вочный 53, пожа́луйста** passez-moi le poste 53, s'il vous plaît

добива́ться / **доби́ться*** [II, добью́сь, добьёшься - добе́йся] *vp (+ G)* chercher à atteindre • **доби́ться успе́ха** obtenir le succès • **добива́ться невозмо́жного** vouloir l'impossible • **доби́ться своего́** arriver à ses fins

добира́ться / **добра́ться*** [IV, доберу́сь, доберёшься - добра́лся, добрала́сь] ③ *vp* **1.** parvenir • **мы наконе́ц добрали́сь до ста́нции** nous arrivâmes enfin à la gare **2.** régler son compte *(à qqn)* • **до всех доберёмся!** ils auront tous de nos nouvelles !

/ **доби́ться** → добива́ться

/ **добра́ться** → добира́ться

добро́[1] *nnt* **1.** le bien • **он жела́ет вам добра́** il vous veut du bien • **де́лать добро́** faire le bien • **из э́того добра́ не вы́йдет** il n'en sortira rien de bien • **нет ху́да без добра́** à quelque chose malheur est bon • **от добра́ добра́ не и́щут** le mieux est l'ennemi du bien • **э́то не к добру́** cela ne présage rien de bon **2.** les biens, les choses • **сто́лько добра́ сгоре́ло!** tant de choses ont brûlé ! **3.** feu vert, accord • **Москва́ дала́ добро́ на тако́й вариа́нт** Moscou a donné son feu vert à cette solution

добро́[2] *adv* d'accord
● **добро́ пожа́ловать** soyez le(s) bienvenu(s)

доброво́лец *nm* volontaire • **доброво́льцы взяли́сь за очи́стку реки́** des volontaires ont entrepris de nettoyer le cours d'eau

доброво́льный *adj* volontaire • **доброво́льная пожа́рная дружи́на** une brigade de sapeurs-pompiers volontaires

доброде́тель *nf* vertu

доброду́шный *adj* bon enfant • **доброду́шная улы́бка** un sourire bon enfant

доброжела́тельный *adj* bien intentionné • **доброжела́тельные лю́ди** des personnes bienveillantes

доброка́чественный *adj* **1.** de bonne qualité • **обеспече́ние населе́ния доброка́чественной питьево́й водо́й** approvisionnement de la population en eau potable de bonne qualité **2.** bénin (MÉD) • **доброка́чественная о́пухоль** une tumeur bénigne

добросо́вестно *adv* consciencieusement • **он всегда́ рабо́тал добросо́вестно** il a toujours travaillé consciencieusement

добросо́вестный *adj* consciencieux • **добросо́вестный рабо́тник** un employé consciencieux

доброта́ *nf* bonté • **челове́к большо́й доброты́** un homme d'une grande bonté

до́брый (добр, добра́, до́бро, до́бры) ⑤ *adj* bon • **до́брые лю́ди** de braves gens • **до́брый ма́лый** un brave garçon • **лю́ди до́брой во́ли** les hommes de bonne volonté • **вы сли́шком до́бры!** vous êtes trop aimable ! • **бу́дьте добры́, позови́те А́ню к телефо́ну** vous pouvez appeler Ania au téléphone s'il vous plaît ? • **до́брый день!** bonjour ! • **до́брое у́тро!** bonjour ! • **до́брый ве́чер!** bonsoir ! • **до́брое ста́рое вре́мя** le bon vieux temps • **до́брая полови́на** une bonne moitié
● **твоя́ до́брая во́ля** fais comme tu veux • **чего́ до́брого** *fam* il pourrait arriver que *(en parlant de ce qui peut mal tourner)* › **чего́ до́брого, она́ мо́жет поду́мать, что мы э́то наро́чно сде́лали** elle est bien capable de penser que nous l'avons fait exprès

À PROPOS DE...

La forme **добры** est accentuée sur la syllabe finale dans l'expression **бу́дьте добры́**.

добывáть / **добы́ть*** [*n cl*, добýду, добýдешь - добы́л, добылá, добы́ло, добы́ли - добýдь - добы́тый] ⑤ *v* **1.** obtenir, se procurer • **я с трудóм добы́л э́ту кни́гу** j'ai eu de la peine à me procurer ce livre **2.** extraire • **добывáть нефть** extraire du pétrole

/ **добы́ть** → добывáть

добы́ча *nf* **1.** proie, butin • **гóрод стал добы́чей огня́** la ville devint la proie des flammes **2.** extraction • **добы́ча нéфти** l'extraction du pétrole

довéрие *nnt* confiance • **слепóе довéрие** une confiance aveugle • **не внушáть довéрия** ne pas inspirer confiance • **злоупотреблéние довéрием** un abus de confiance

/ **довéрить** → доверя́ть

довéрчивый *adj* confiant, crédule • **онá сли́шком довéрчива** elle est trop crédule

доверя́ть *v* (+ *D*) **1.** avoir confiance • **я емý не доверя́ю** je n'ai pas confiance en lui **2.** / **довéрить** confier • **довéрить дéньги** confier de l'argent • **довéрить э́ту дóлжность нáдо и́менно емý** c'est à lui qu'il faut confier ce poste

/ **довести́** → доводи́ть

дóвод *nm* argument • **вéский дóвод** un argument de poids • **неубеди́тельный дóвод** un argument peu convaincant • **взвéшивать все дóводы за и прóтив** peser le pour et le contre • **привести́ дóводы** avancer des arguments

доводи́ть ④ / **довести́*** [IV, доведý, доведёшь - довёл, довелá - доведённый] ③ *v* **1.** conduire, amener • **довести́ до гости́ницы** conduire jusqu'à l'hôtel **2.** mener *fig* • **довести́ дéло до концá** mener une affaire à son terme
◉ **довести́ до свéдения** porter à la connaissance

довоéнный *adj* d'avant guerre • **в довоéнное врéмя** avant la guerre

довóльно *adv* assez • **э́то бы́ло довóльно неожи́данно** c'était assez inattendu • **довóльно извéстный писáтель** un écrivain assez connu • **довóльно хлéба** assez de pain • **довóльно кричáть!** assez crié ! • **довóльно об э́том!** n'en parlons plus !

довóльный *adj* content, satisfait • **я довóлен, что при́нял прáвильное решéние** je suis content d'avoir pris la bonne décision • **он довóлен собóй** il est content de lui

довóльствоваться / **удовóльствоваться** *vp* (+ *I*) se contenter de • **довóльствоваться мáлым** se contenter de peu

/ **догадáться** → догáдываться

догáдка *nf* supposition • **теря́ться в догáдках** se perdre en conjectures

догáдливый *adj* perspicace

догáдываться / **догадáться** *vp* deviner • **я срáзу догадáлся, на что он намекáл** j'ai deviné tout de suite à quoi il faisait allusion

/ **догнáть** → догоня́ть

договáриваться / **договори́ться** *vp* se mettre d'accord • **нам с вáми нáдо договори́ться** il faut que nous nous mettions d'accord • **договори́ться о встрéче** convenir d'un rendez-vous • **знáчит, договори́лись?** alors, on est d'accord ?
◉ **договори́ться до абсýрда** en arriver à dire des absurdités

договóр *nm* contrat, accord • **заключи́ть ми́рный договóр** conclure un traité de paix • **торгóвый договóр** un accord commercial • **растóргнуть договóр** rompre un contrat

/ **договори́ться** → договáриваться

догоня́ть / **догнáть*** [I, догоню́, догóнишь - догнáл, догналá, догнáло, догнáли ⑤] ④ *v* rattraper • **мне удалóсь догнáть её тóлько на ýлице** je n'ai réussi à la rattraper qu'une fois dans la rue

доезжáть / **доéхать*** [IV, доéду, доéдешь] *v* arriver • **до грани́цы я доéхал благополýчно** je suis arrivé sans encombre à la frontière

/ **доéхать** → доезжáть

/ **дождáться** → дожидáться

дождеви́к ③② *nm* imperméable

дождевóй *adj* de pluie • **дождевáя водá** eau de pluie

дождли́вый *adj* pluvieux

дождь ③② *nm* pluie • **идёт дождь** il pleut • **не́ было дождя́** il ne pleuvait pas • **дождь переста́л** la pluie a cessé • **попа́сть под дождь** recevoir une averse • **ме́лкий дождь** une pluie fine • **проливно́й дождь** une pluie torrentielle ~ *fig* • **дождь искр** une pluie d'étincelles

дожива́ть / **дожи́ть*** [IV, доживу́, доживёшь - до́жил, дожила́, до́жило, до́жили - до́житый, до́жит, дожита́, до́жито, до́житы] ⑤ ◪ *vi* vivre jusqu'à • **она́ не доживёт до весны́** elle ne passera pas l'hiver • **до весны́ ещё на́до дожи́ть** il faut encore tenir jusqu'au printemps • **дожи́ть до седы́х воло́с** parvenir à un âge avancé ◪ *vt* terminer • **мы доживём ле́то здесь** nous finirons l'été ici

дожида́ться / **дожда́ться*** [IV, дожду́сь, дождёшься - дожда́лся, дождала́сь] ③ *vp (+ G)* attendre jusqu'à l'arrivée • **дожда́ться по́езда** attendre jusqu'à l'arrivée du train

/ **дожи́ть** → доживать

/ **дойти́** → доходи́ть

доказа́тельство *nnt* **1.** preuve • **приводи́ть неоспори́мые доказа́тельства** fournir des preuves indiscutables **2.** démonstration • **доказа́тельство от проти́вного** démonstration par l'absurde

/ **доказа́ть** → дока́зывать

дока́зывать / **доказа́ть*** [II, докажу́, дока́жешь] ④ *v* prouver, démontrer • **доказа́ть свою́ невино́вность** démontrer son innocence • **доказа́ть теоре́му** démontrer un théorème • **что и тре́бовалось доказа́ть** c. q. f. d.

докла́д *nm* exposé, rapport • **де́лать докла́д** faire un exposé
◉ **войти́ без докла́да** entrer sans se faire annoncer

докла́дывать / **доложи́ть** ④ *v* **1.** *(о +L)* faire un rapport • **доложи́ть о прое́кте** faire un rapport sur un projet ~ *(+ A)* exposer • **доложи́ть результа́ты** exposer les résultats **2.** *(о +L)* annoncer • **доложи́ть о прихо́де посети́теля** annoncer un visiteur

до́ктор *nm* **1.** docteur *(titre universitaire)* • **до́ктор социологи́ческих нау́к** docteur en sociologie **2.** docteur *(médecin)* • **в но́вой больни́це замеча́тельные доктора́** les médecins sont remarquables dans la nouvelle clinique
◉ ***До́ктор Жива́го*** (Пастерна́к) *Le docteur Jivago* (Pasternak)

докуме́нт *nm* **1.** document • **докуме́нт в электро́нном ви́де** un document électronique **2.** papiers (d'identité) • **проверя́ть докуме́нты у прибыва́ющих** vérifier les papiers des arrivants

долг* *(loc.* долгу́*)* ⑧② *nm* **1.** devoir • **вы́полнить свой долг** faire son devoir • **счита́ть свои́м до́лгом** considérer comme son devoir **2.** dette • **взять де́ньги в долг** emprunter de l'argent • **дать де́ньги в долг** prêter de l'argent • **влезть в долги́** s'endetter • **быть по́ уши в долга́х** être criblé de dettes • **расплати́ться с долга́ми** payer ses dettes • **не оста́ться в долгу́** ne pas demeurer en reste

до́лгий *(comp.* до́льше*)* ⑤ *adj* long *(de longue durée)* • **до́лгая разлу́ка** une longue séparation
◉ **откла́дывать в до́лгий я́щик** faire traîner en longueur

до́лго *adv* longtemps • **до́лго ждать** attendre longtemps • **до́лго ли до беды́!** un malheur est si vite arrivé !

долгоигра́ющий *adj* de longue durée • **долгоигра́ющая пласти́нка** un disque microsillon • **долгоигра́ющий ми́ни-диск** MDLP, mini disque longue durée ~ *fig* • **долгоигра́ющий сканда́л** un scandale qui dure

долгота́ *(pl.* долго́ты*)* ②① *nf* **1.** longitude (GÉOGR) **2.** durée • **долгота́ дня** la durée du jour

до́лжен *(*должна́, должно́, должны́*)* ③ *adj* **1.** redevable • **он мне не до́лжен ни рубля́** il ne me doit rien **2.** *(+ inf)* **ка́ждый челове́к до́лжен уме́ть чита́ть** tout le monde doit savoir lire • **он до́лжен верну́ться до двух часо́в** il doit rentrer avant deux heures
◉ **должно́ быть** sans doute › **они́, должно́ быть, уе́хали** ils sont sans doute partis

до́лжное *adj subst nt* dû • **он восприни́мал похвалы́ как до́лжное** il considérait les félicitations comme un dû • **на́до отда́ть ему́ до́лжное, он о́чень стара́лся** il faut reconnaître qu'il a vraiment fait des efforts

до́лжность *nf* fonction, poste • **получи́ть до́лжность секретаря́ посо́льства** obtenir un poste de secrétaire d'ambassade

до́лжный *adj* dû, nécessaire • **не име́я до́лжной подгото́вки** sans la formation nécessaire
● **до́лжным о́бразом** comme il faut › **преподава́тели помогли́ ему́ до́лжным о́бразом подгото́виться к экза́менам** les professeurs l'ont aidé à se préparer à ses examens comme il faut → **до́лжен**

доли́на *nf* vallée • **доли́на Енисе́я** la vallée de l'Iénisseï • **Ферга́нская доли́на** la vallée de la Ferghana
● **силико́новая доли́на** Silicon Valley

до́ллар *nm* dollar

/ **доложи́ть** → **докла́дывать**

доло́й *adv (+ A)* à bas • **доло́й стереоти́пы!** à bas les stéréotypes !
● **с глаз доло́й — из се́рдца вон** loin des yeux, loin du cœur

до́льше *comp de* **до́лгий**

до́ля* *(gén. pl.* **доле́й***)* ①③ *nf* **1.** lot, part • **дели́ть на ра́вные до́ли** partager en parts égales • **льви́ная до́ля** la part du lion • **с большо́й до́лей уве́ренности** avec une quasi-certitude • **на их до́лю прихо́дится о́коло 25% всего́ населе́ния** ils représentent environ 25 % de la population **2.** lot, sort • **вы́павшее на их до́лю испыта́ние** l'épreuve qui leur échut

дом* *(nom. pl.* **дома́***)* ①② *nm* maison • **шестиэта́жный дом** une maison de cinq étages • **жило́й дом** une maison d'habitation • **дом о́тдыха** une maison de repos • **они́ разошли́сь по дома́м** chacun rentra chez soi
● **и́з дому** du domicile › **вам и́з дому звони́ли** on vous a téléphoné de chez vous • **на́ дом** à domicile *(direction)* › **доста́вка на́ дом** livraison à domicile • **на дому́** à domicile *(emplacement)* › **рабо́тать на дому́** travailler à domicile

до́ма *adv* chez soi *(emplacement)* • **сиде́ть до́ма** rester chez soi • **его́ нет до́ма** il n'est pas chez lui

дома́шний *adj* domestique • **дома́шний телефо́н** téléphone personnel • **дома́шний а́дрес** adresse personnelle • **дома́шние живо́тные** les animaux domestiques

доме́н *nm* (nom de) domaine (INFORM) • **регистра́ция имён доме́нов** enregistrement des noms de domaine

до́мик *nm* petite maison, maison individuelle • **вы́строить себе́ до́мик** se faire construire une maison
● **рассыпа́ться, как ка́рточный до́мик** s'écrouler comme un château de cartes

домкра́т *nm* cric

домо́й *adv* chez soi *(direction)* • **верну́ться домо́й** rentrer chez soi • **мне пора́ домо́й** il est temps que je rentre

домрабо́тница *nf* femme de ménage • **наня́ть домрабо́тницу** engager une femme de ménage

/ **донести́** → **доноси́ть**

доно́с *nm* dénonciation

доноси́ть ④ / **донести́*** [IV, донесу́, донесёшь - донёс, донесла́ - донесённый] ③ *v* **1.** *(до + G)* porter *(jusqu'à)* • **донести́ чемода́н до ваго́на** porter la valise jusqu'au wagon ~ *fig* • **донести́ свои́ мы́сли до собра́вшихся** faire passer ses idées auprès des personnes réunies **2.** rapporter • **я вам донесла́ деся́тую часть от того́, что бы́ло ска́зано** je ne vous ai rapporté qu'un dixième de ce qui a été dit **3.** *(на + A)* dénoncer • **банк обя́зан неме́дленно донести́ на него́ в фина́нсовую поли́цию** la banque doit le dénoncer immédiatement à la police financière

дополне́ние *nnt* **1.** supplément, complément • **в дополне́ние к моему́ письму́ от 4-го а́вгуста** comme suite à ma lettre du 4 août **2.** complément (GRAMM) • **прямо́е дополне́ние** complément d'objet direct

/ **допо́лнить** → **дополня́ть**

дополня́ть / **допо́лнить** *v* compléter • **они́ дополня́ют друг дру́га** ils se complètent bien

допра́шивать / **допроси́ть** ④ *v* soumettre à un interrogatoire, interroger • **допра́шивать подсуди́мого** interroger un prévenu

допро́с *nm* interrogatoire • **подве́ргнуть кого́-нибудь допро́су** soumettre qqn à un interrogatoire • **допро́с свиде́телей** l'audition des témoins

/ **допроси́ть** → **допра́шивать**

допуска́ть / **допусти́ть** ④ *v* **1.** laisser entrer • **он никого́ к себе́ не допуска́ет** il ne reçoit personne **2.** permettre • **допуска́ть аза́ртные и́гры** permettre les jeux de hasard **3.** admettre, considérer comme vrai • **допу́стим, что э́то так** admettons qu'il en soit ainsi

/ **допусти́ть** → допуска́ть

доро́га *nf* route, voie • **шоссе́йная доро́га** une voie à grande circulation • **просёлочная доро́га** un chemin vicinal • **по доро́ге** en chemin • **отпра́виться в доро́гу** se mettre en route • **сби́ться с доро́ги** s'égarer ~ *fig* • **дать доро́гу молоды́м** faire place aux jeunes • **идти́ свое́й доро́гой** faire son petit bonhomme de chemin
● **желе́зная доро́га** le chemin de fer • **пра́вильная доро́га** la bonne voie • **то́рная доро́га** un sentier battu • **пробива́ть себе́ доро́гу** se frayer un chemin *litt & fig* • **туда́ ему́ и доро́га!** il n'a que ce qu'il mérite

до́рого *adv* cher • **э́то до́рого сто́ит** cela coûte cher

дорого́й[1] (до́рог, дорога́, до́рого, до́роги - *comp.* доро́же*) ⑤ *adj* **1.** cher *(coûteux)* • **э́то для меня́ сли́шком до́рого** c'est trop cher pour moi • **вре́мя моё до́рого** mon temps est précieux **2.** cher *(aimé)* • **дороги́е друзья́** chers amis

доро́гой[2] *adv* en chemin • **доро́гой он стал расспра́шивать меня́ о де́ле** en chemin, il commença à me questionner sur cette affaire

À PROPOS DE...

Les deux mots ci-dessus diffèrent par leur accent.

дорожа́ть / **подорожа́ть** *v* augmenter *(en prix)* • **биле́т на авто́бус подорожа́л с 4 до 7 рубле́й** le ticket de bus est passé de 4 à 7 roubles

доро́же *comp de* дорого́й

дорожи́ть *v (+ I)* attacher du prix à • **дорожи́ть свое́й рабо́той** tenir à son travail • **он дорожи́т твои́м мне́нием** il fait grand cas de ton opinion

доро́жка *(dim de* доро́га*)* *nf* **1.** chemin, allée • **лесна́я доро́жка** un chemin en forêt • **доро́жки са́да** les allées d'un jardin **2.** piste (SPORT) • **бегова́я доро́жка** une piste de course à pied • **бассе́йн на 8 доро́жек** une piscine avec 8 couloirs de nage **3.** piste *(sonore)* • **вре́мя звуча́ния музыка́льной доро́жки** le temps d'écoute de la piste musicale

доро́жный *adj* **1.** de route • **пра́вила доро́жного движе́ния** le code de la route **2.** de voyage • **доро́жные впечатле́ния** des impressions de voyage • **доро́жный утю́г** un fer (à repasser) de voyage

доса́да *nf* dépit • **пла́кать от доса́ды** pleurer de dépit

доса́дно *adv*
● **как доса́дно!** c'est contrariant ! • **ей ста́ло доса́дно** elle a été contrariée

доса́дный *adj* fâcheux, contrariant • **доса́дный слу́чай** un fâcheux incident

доска́ ⑥③ *nf* **1.** planche • **сосно́вая доска́** planche de pin **2.** tableau (SCOL) • **писа́ть на доске́** écrire au tableau • **вызыва́ть к доске́** faire venir au tableau **3.** plaque • **мра́морная доска́** plaque de marbre
● **доска́ объявле́ний** panneau d'affichage

достава́ть* [II, достаю, достаёшь - доставай - доставая] / **доста́ть*** [n cl, доста́ну, доста́нешь] *v* **1.** prendre, sortir • **доста́ть кни́гу из шка́фа** prendre un livre dans l'armoire • **доста́ть де́ньги из карма́на** tirer de l'argent de sa poche **2.** se procurer • **я с трудо́м доста́л биле́ты** j'ai eu de la peine à avoir des billets

достава́ться* [II, достаётся, достаю́тся] / **доста́ться*** [n cl, доста́нется, доста́нутся] *vp* **1.** échoir à • **дом доста́лся ему́ по насле́дству** il a eu cette maison par héritage **2.** s'obtenir • **хоро́шие де́ньги достаю́тся ка́торжным трудо́м** pour bien gagner sa vie, il faut travailler comme un bagnard **3.** se faire disputer, recevoir une correction • **ему́ доста́лось за опозда́ние** il s'est fait disputer pour son retard

/ **доста́вить** → доставля́ть

доста́вка *nf* livraison • **доста́вка на́ дом** livraison à domicile

доставля́ть / **доста́вить** *v* **1.** livrer, fournir • **доставля́ть на́ дом** livrer à domicile • **доста́вить возмо́жность**

donner la possibilité **2.** être la cause • **достáвить мнóго хлопóт** causer bien des ennuis • **достáвить комý-нибудь удовóльствие** faire grand plaisir à qqn

достáток *nm* aisance • **жить в достáтке** vivre dans l'aisance

достáточно *adv* assez • **достáточно сúльный** assez fort
• **достáточно пятú минýт** cinq minutes suffisent

достáточный *adj* suffisant • **достáточное колúчество** une quantité suffisante

/ **достáть** → достaвáть

/ **достáться** → доставáться

достигáть / **достúгнуть*** [III] *et* **достúчь*** [*n cl, (seulement à l'infinitif)*] *(+ G) v* atteindre • **альпинúсты достúгли вершúны** les alpinistes ont atteint le sommet • **достúчь цéли** atteindre son but

/ **достúгнуть** → достигáть

достижéние *nnt* **1.** obtention • **для достижéния своúх цéлей** pour arriver à ses fins **2.** résultat, succès • **достижéния учёных** les résultats obtenus par les savants

/ **достúчь** → достигáть

достовéрный *adj* digne de foi • **из достовéрных истóчников** de source sûre • **достовéрные свéдения** des renseignements dignes de foi

достóинство *nnt* **1.** qualité • **укáзывать на достóинства и недостáтки** montrer les qualités et les défauts **2.** dignité • **онá держáла себя́ с большúм достóинством** elle se conduisait avec une grande dignité • **он считáет э́то нúже своегó достóинства** il considère cela comme indigne de lui **3.** valeur • **купю́ры достóинством 50 и 100 рублéй** des coupures d'une valeur de 50 et 100 roubles

достóйно *adv* dignement, convenablement • **достóйно прожúть жúзнь** vivre dignement • **наградúть достóйно** récompenser convenablement

достóйный (достóин, достóйна) *adj* **1.** digne • **достóйный лýчшей ýчасти** digne d'un meilleur sort **2.** convenable • **ýлицы приведены́ в достóйный вид** les rues ont été remises dans un état convenable **3.** méritant • **достóйный сожалéния инцидéнт** un incident regrettable

достопáмятный *adj* mémorable • **достопáмятный вéчер** une soirée mémorable

достопримечáтельность *nf*
• **достопримечáтельности гóрода** les curiosités de la ville

дóступ *nm* accès • **дóступ к истóчникам информáции** l'accès à des sources d'information • **обеспéчить дóступ к компью́теру для всех** assurer l'accès à un ordinateur pour tous

достýпный *adj* **1.** accessible • **высóты, достýпные тóлько для альпинúстов** des hauteurs accessibles seulement aux alpinistes **2.** abordable • **достýпная ценá** un prix abordable • **оборýдование достýпное для любóго бюджéта** du matériel abordable pour tous les budgets

досýг *nm* loisir • **на досýге** à ses heures de loisir

дóсыта *adv* à satiété • **наéсться дóсыта** manger à satiété • **нагуля́ться дóсыта** se promener tout son soûl

дотлá *adv* complètement • **дом сгорéл дотлá** la maison a été réduite en cendres • **разорúться дотлá** se ruiner complètement

дотрáгиваться / **дотрóнуться** *vp* *(до + G)* effleurer, toucher • **он дотрóнулся до моегó плечá** il me toucha l'épaule

/ **дотрóнуться** → дотрáгиваться

дóхлый *adj* **1.** *(en parlant d'animaux)* crevé • **дóхлая кóшка** un chat crevé ~ *fam (en parlant d'une personne)* diminué, mal en point • **пóсле болéзни онá какáя-то дóхлая** depuis sa maladie elle est plutôt mal en point **2.** *tfam* en mauvais état, pourri *fam* • **нáдо убрáть дóхлые ссы́лки на другúе сáйты** il faudra supprimer les liens pourris vers d'autres sites
• **дóхлый нóмер** une cause perdue › **ничегó не получúлось - дóхлый нóмер** ça n'a pas marché du tout, c'est une cause perdue • **дóхлое дéло** *fam* c'est une affaire foutue

дóхнуть*[1] [III] / **издóхнуть*** [III] *et* **сдóхнуть*** [III] *v* crever • **собáки дóхнут от гóлода** les chiens crèvent de faim • **лю́ди до́хнут от жары́** les gens crèvent de chaud

/ **дохну́ть²** *v* respirer, souffler • **дохну́ть све́жим во́здухом** prendre une bouffée d'air frais • **дохну́ть не́когда** on n'a pas le temps de souffler

À PROPOS DE...

Les deux verbes ci-dessus diffèrent par leur accent et par leur aspect. En outre, le premier d'entre eux est irrégulier.

дохо́д *nm* revenu • **годово́й дохо́д** le revenu annuel • **национа́льный дохо́д** le revenu national

доходи́ть ④ / **дойти́*** [IV, дойду́, дойдёшь - дошёл, дошла́ - дойдя́] *v* parvenir, arriver • **наконе́ц мы дошли́ до ста́нции** enfin, nous arrivâmes à la gare • **вот мы и дошли́** nous voilà arrivés • **письмо́ ещё не дошло́** la lettre n'est pas encore arrivée • **моро́з дошёл до сорока́ гра́дусов** la température est descendue à moins quarante • **де́ло дошло́ до дра́ки** ils en sont venus aux mains • **вот до чего́ де́ло дошло́!** voilà où on en est arrivé ! • **до меня́ то́лько сейча́с дохо́дит** je viens juste de comprendre

дохо́дный *adj* lucratif
• ***Дохо́дное ме́сто*** (Остро́вский) *Une place lucrative* (Ostrovski)

доце́нт *nm* = chargé de cours

до́чка *(dim de* дочь*)* *nf* fille
• ***Капита́нская до́чка*** (Пу́шкин) *la Fille du capitaine* (Pouchkine)

дочь* *(gén., dat., loc., instr.* до́черью ; *pl.* до́чери, дочере́й, дочеря́м, дочерьми́, дочеря́х*)* ①③ *nf* fille *(par rapport aux parents)* • **у них три до́чери** ils ont trois filles

доще́чка *nf* planchette

драгоце́нность *nf* objet précieux

драгоце́нный *adj* précieux • **драгоце́нные ка́мни** pierres précieuses • **теря́ть драгоце́нное вре́мя** perdre un temps précieux • **драгоце́нный друг** cher ami

дразни́ть / **подразни́ть** *v* taquiner • **не дразни́ соба́ку!** laisse le chien tranquille !

дра́ка *nf* bagarre, bataille • **он всё вре́мя ле́зет в дра́ку** il est toujours en train de chercher la bagarre

драко́н *nm* dragon *(dans un conte)*

драть* [IV, деру́, дерёшь - драл, драла́, дра́ло, дра́ли] ⑤ *v* **1.** / **разодра́ть*** [IV, раздеру́, раздерёшь - разодра́л, разодрала́, разодра́ло, разодра́ли] ⑤ ⑤ déchirer, griffer • **кот дерёт ме́бель когтя́ми** le chat griffe les meubles **2.** / **содра́ть*** [IV, сдеру́, сдерёшь - содра́л, содрала́, содра́ло, содра́ли] ⑤ ⑤ *litt & fig* arracher, écorcher • **драть кору́ с де́рева** arracher l'écorce d'un arbre • **ча́стники деру́т за жильё со студе́нтов втри́дорога** les particuliers font payer leur loyer trois fois trop cher aux étudiants **3.** / **вы́драть*** [IV, вы́деру, вы́дерешь] ⑤ exercer une action violente sur • **драть ло́шадь кнуто́м** donner des coups de fouet à un cheval • **она́ драла́ его́ за́ уши** elle lui tirait les oreilles
• **драть го́рло** hurler, s'égosiller • **драть на себе́ оде́жды не бу́ду** je ne vais pas m'arracher les cheveux

дра́ться* [IV, деру́сь, дерёшься - дра́лся, драла́сь] ③ / **подра́ться*** [IV, *id*] ③ *vp* se battre • **дра́ться на дуэ́ли** se battre en duel • **ма́льчики деру́тся** les gamins se battent

дре́вний *adj* **1.** ancien • **дре́вняя исто́рия** l'histoire ancienne • **дре́вние языки́** les langues mortes **2.** très vieux • **дре́вний стари́к** un homme très âgé

дре́вность *nf* **1.** antiquité *(période)* • **в дре́вности по Москве́-реке́ пла́вали осетры́** autrefois il y avait des esturgeons dans la Moskova • **в глубо́кой дре́вности** dans les temps les plus reculés **2.** antiquité *(objet)*

дрема́ть* [II, дремлю́, дре́млешь] ④ / **задрема́ть*** [II, *id*] ④ *v* sommeiller, s'assoupir • **больно́й задрема́л** le malade s'est assoupi

дрессирова́ть *v* dresser • **дрессирова́ть ди́ких звере́й** dresser des animaux sauvages

дрессиро́вщик *nm* dresseur • **дрессиро́вщик дома́шних живо́тных** un dresseur d'animaux domestiques

дрессиро́вщица *nf* dresseuse • **дрессиро́вщица экзоти́ческих живо́тных** une dresseuse d'animaux exotiques

дрова́ *(дров, дрова́м) pl t* bois *(de chauffage)* • **наколо́ть дров** fendre du bois ● **наломáть дров** faire des dégâts

дро́гнуть*¹ [III] / **продро́гнуть*** [III] *v* grelotter • **мы всю ночь дро́гли** nous avons grelotté toute la nuit

/ **дро́гнуть²** *v* tressaillir • **се́рдце её дро́гнуло** son cœur tressaillit • **земля́ дро́гнула** la terre trembla

À PROPOS DE...

Les deux verbes ci-dessus diffèrent par leur aspect. En outre, le premier d'entre eux est irrégulier.

дрожа́ть* [I, дрожу́, дрожи́шь] / **задрожа́ть*** [I, *id*] *v* trembler • **дрожа́ть всем те́лом** trembler de tout son corps • **дрожа́ть от хо́лода** trembler de froid • **дрожа́ть за ребёнка** trembler pour son enfant

дрожь *nf* tremblement, frisson • **дрожь пробежа́ла у меня́ по спине́** j'ai eu des frissons dans le dos

друг*¹ *(pl.* **друзья́, друзе́й, друзья́м***)* ①② *nm* ami • **ста́рый друг** un vieil ami • **друг де́тства** un ami d'enfance

друг*² *pron*
● **друг дру́га** l'un l'autre › **мы оста́лись дово́льны друг дру́гом** nous sommes restés satisfaits l'un de l'autre › **они́ взгляну́ли друг на дру́га** ils se regardèrent

À PROPOS DE...

Le premier élément de **друг** est invariable. Le second élément suit la déclinaison des substantifs masculins.

друго́й ◼ *adj* autre • **да́йте мне другу́ю кни́гу** donnez-moi un autre livre • **э́то друго́е де́ло** c'est une autre paire de manches • **на друго́м берегу́** sur l'autre rive • **с друго́й стороны́** d'un autre côté • **други́ми слова́ми** en d'autres termes ● **на друго́й день** le lendemain ◼ *pron* **мы говори́ли о том, о друго́м** nous parlions de choses et d'autres

дру́жба *nf* amitié • **их свя́зывала про́чная дру́жба** ils étaient liés par une solide amitié

дружелю́бно *adv* amicalement • **дружелю́бно улыба́ться** sourire amicalement

дружелю́бный *adj* amical, affable • **дружелю́бное выраже́ние лица́** un visage affable • **дружелю́бный интерфе́йс програ́ммы** l'interface conviviale du logiciel

дру́жески *adv* amicalement

дру́жеский *adj* amical • **дру́жеские отноше́ния** des relations amicales • **дру́жеский разгово́р** une conversation amicale • **мы с ним на дру́жеской ноге́** nous sommes amis

дру́жественный *adj* amical, bienveillant • **дру́жественные отноше́ния** des relations amicales • **дру́жественные стра́ны** des nations amies

дружи́на *nf* **1.** unité *(paramilitaire)* • **пожа́рная дружи́на** une unité de sapeurs-pompiers **2.** *fig* équipe (SPORT) • **росси́йская дружи́на заняла́ пе́рвое ме́сто** l'équipe de Russie a remporté la première place **3.** (HIST) droujina *(compagnons d'armes des princes dans l'ancienne Russie)*

дружи́ть ④ *v* être amis • **мы с ним дру́жим с де́тских лет** nous sommes amis depuis l'enfance

дру́жно *adv* **1.** en harmonie, en bonne entente • **с сосе́дями на́до жить дру́жно** il faut vivre en bonne entente avec ses voisins **2.** unanimement • **все дру́жно по́дняли пра́вую ру́ку вве́рх** tous levèrent la main droite comme un seul homme

дру́жный *adj* **1.** uni, qui s'entend bien • **дру́жный коллекти́в** une équipe qui travaille en bonne harmonie **2.** simultané • **разда́лся дру́жный смех** un rire général éclata

друзе́й, друзья́ → **друг**

дрянно́й *fam adj* mauvais • **дрянна́я пого́да** un temps infect • **дрянно́й мальчи́шка** un sale garnement

дрянь *nf* **1.** saleté, camelote • **вы́брось э́ту дрянь!** jette-moi cette saleté ! • **пого́да дрянь** il fait un temps de cochon **2.** sale type, canaille • **челове́к он дрянь** c'est un sale type

дря́хлый ⑤ *adj* décrépit • **дря́хлый стари́к** un vieillard décrépit

дуб ①② *nm* chêne

дуби́на ◼ *nf litt & fig* massue • **уда́рить врага́ дуби́ной** frapper l'ennemi avec une massue • уда́р нало́говой дуби́ны un coup de massue fiscale ◼ *nmf fam* abruti *m*, abrutie *f* • ну как разгова́ривать с тако́й дуби́ной! comment peut-on discuter avec un abruti pareil ?

дуби́нка *nf* matraque

дубо́вый *adj* **1.** de chêne • дубо́вый лист une feuille de chêne **2.** en (bois de) chêne • дубо́вый стол une table en chêne
● дубо́вая голова́ tête de bois

дуга́ ②① *nf* **1.** arc • дуга́ окру́жности arc de cercle • здесь река́ образу́ет дли́нную дугу́ à cet endroit, la rivière fait un grand coude **2.** arc (ÉLECTR) • ожо́ги от пораже́ния электри́ческой дуго́й des brûlures occasionnées par un arc électrique **3.** perche *(de trolleybus)*, pantographe *(de tramway)* **4.** "douga" *pièce de l'attelage en forme d'arc réunissant les brancards au collier du cheval* • колоко́льчик под дуго́й une clochette suspendue à la "douga"

ду́ма *nf* **1.** douma *(assemblée)* • Госуда́рственная Ду́ма la Douma (d'État) • боя́рская ду́ма (HIST) le conseil des boyards **2.** *arch & poét* pensée • погрузи́ться в ду́му se plonger dans la réflexion

ду́мать / **поду́мать** *v* **1.** *(о +L)* penser, réfléchir • о чём вы ду́маете? à quoi pensez-vous ? • что вы ду́маете об э́том? qu'est-ce que vous en pensez ? **2.** penser, croire • я ду́маю, что оши́бся je crois que je me suis trompé • я ду́маю! je m'en doute ! • мно́го ду́мать о себе́ ne pas se prendre pour rien **3.** penser, avoir l'intention • он ду́мает пое́хать в Пи́тер il pense partir pour Pétersbourg

ду́ра *nf* sotte, idiote • на́до быть по́лной ду́рой, что́бы оста́вить там ребёнка il faut être complètement idiote pour laisser son enfant là
● у него́ губа́ не ду́ра il sait bien choisir ce qu'il y a de mieux

дура́к ③② *nm* imbécile, crétin • он дура́к наби́тый il est bête comme ses pieds • валя́ть дурака́ faire l'imbécile • оста́ться в дурака́х être le dindon de la farce

дура́цкий *adj* stupide • дура́цкий смех un rire stupide • дура́цкое положе́ние une situation idiote

дура́читься *vp* faire l'imbécile • по́лно тебе́ дура́читься! arrête de faire l'imbécile !

дури́ть *fam v* **1.** prendre pour des idiots • хва́тит нас дури́ть! arrêtez de nous prendre pour des idiots **2.** faire des sottises, dire des bêtises

ду́рно *adv* mal *(pas bien)* • здесь ду́рно па́хнет ça sent mauvais ici • ду́рно воспи́танный челове́к un homme mal élevé
● ей сде́лалось ду́рно elle s'est évanouie

дурно́й ⑤ *adj* laid, mauvais • дурна́я пого́да le mauvais temps • дурно́й хара́ктер un mauvais caractère • дурны́е привы́чки de mauvaises habitudes

дуть* [III, ду́ю, ду́ешь] / **поду́ть*** [III, *id*] *v* souffler • ве́тер ду́ет le vent souffle • дуть на чай souffler sur le thé
● он себе́ в ус не ду́ет il ne s'en fait pas

ду́ться* [III, ду́юсь, ду́ешься] *vp* bouder • она́ всё ещё ду́ется на меня́ elle continue à me faire la tête

дух *nm* **1.** souffle, haleine • бежа́ть во весь дух courir à perdre haleine • у меня́ дух захвати́ло ça m'a coupé le souffle • перевести́ дух reprendre haleine **2.** esprit, être immatériel • Свято́й Дух le Saint-Esprit • злой дух démon, l'esprit malin **3.** esprit, principe • противоре́чить ду́ху зако́на être contraire à l'esprit de la loi • в ду́хе вре́мени dans l'esprit de l'époque • в том же ду́хе dans le même esprit • в нём сиди́т дух противоре́чия il a l'esprit de contradiction **4.** état d'esprit, moral • побе́да подни́мет кома́ндный дух une victoire remontera le moral de l'équipe • быть в ду́хе être de bonne humeur • он не в ду́хе il est de mauvaise humeur **5.** courage • па́дать ду́хом perdre courage • у него́ не хвати́ло ду́ха сказа́ть всю пра́вду il n'a pas eu le courage de dire toute la vérité **6.** → духи́
● испусти́ть дух rendre le dernier soupir • о нём ни слу́ху ни ду́ху il ne donne pas signe de vie • прису́тствие ду́ха la présence d'esprit

духи́ (духо́в, духа́м) *pl t* parfum • флако́н духо́в un flacon de parfum

духовéнство *nnt* le clergé • **правослáвное духовéнство** le clergé orthodoxe

духóвка *nf* four • **стáвить в духóвку** mettre au four • **печь в духóвке** faire cuire au four

духóвный *adj* **1.** de l'esprit, spirituel • **духóвные си́лы** les forces spirituelles **2.** spirituel, sacré • **духóвная мýзыка** musique sacrée

духотá *nf* chaleur étouffante • **они́ страдáли от духоты́** ils souffraient de la chaleur étouffante

душ *nm* douche • **приня́ть душ** prendre une douche • **залезáйте под душ** mettez-vous sous la douche

душá ⑥① *nf* **1.** âme • **душá и тéло** l'âme et le corps • **отдáть Бóгу дýшу** rendre son âme à Dieu • **в глубинé души́** au fond du cœur • **до глубины́ души́** jusqu'au fond de l'âme • **от всей души́** de tout cœur • **жить душá в дýшу** s'entendre à merveille • **скажи́ мне по душé** dis-moi franchement • **бесéдовать по душáм** parler à cœur ouvert • **у негó душá нараспáшку** c'est un homme simple et sincère • **криви́ть душóй** ne pas être franc • **отвести́ дýшу** se soulager le cœur • **он поэ́т в душé** il est poète dans l'âme • **у негó душá в пя́тки ушлá** il a eu une peur bleue **2.** âme, habitant • **дохóд на дýшу населéния** le revenu par tête • **нé было ни души́** il n'y avait pas un chat
● **душá-человéк** c'est un très brave homme • **душá моя́** mon chéri, ma chérie • **мёртвые дýши** (HIST) âmes mortes *serfs morts entre deux recensements et figurant encore comme vivants sur les listes officielles* • **в спи́сках избирáтелей сли́шком мнóго "мёртвых душ"** il y a trop d'électeurs fantômes sur les listes électorales • **у негó на душé кóшки скребли́** il n'avait pas le cœur tranquille

À PROPOS DE...

L'accent du mot **душа**porte sur le **a** final dans l'expression **бесéдовать по душáм**.

душéвный *adj* **1.** de l'âme, mental • **душéвные болéзни** les maladies mentales • **душéвные тревóги** les inquiétudes de l'âme **2.** sincère, cordial • **душéвный разговóр** un entretien à cœur ouvert

дýшенька *(dim de* **душá***)* *nf* ma mignonne, mon amour

души́стый *adj* parfumé • **души́стое мы́ло** savon parfumé
● **души́стый горóшек** pois de senteur

души́ть[1] ④ / **задуши́ть** ④ *v* étrangler, étouffer ~*fig* • **егó души́ла злóба** il s'étouffait de rage • **души́ть в объя́тиях** étouffer de tendresse

души́ть[2] ④ / **надуши́ть** ④ *v* parfumer • **души́ть вóлосы** se parfumer les cheveux

души́ться ④ / **надуши́ться** ④ *vp* se parfumer • **онá не дýшится** elle ne se parfume pas

дýшно *adv*
● **бы́ло жáрко, дýшно** il faisait un temps chaud, étouffant • **мне бы́ло дýшно** j'étouffais

дýшный *adj* étouffant • **дýшная погóда** un temps étouffant

ды́бом *adv*
● **что вóлосы ды́бом станóвятся** à en faire dresser les cheveux sur la tête

дыбы́
■ **на дыбы́** *loc adv*
● **встать на дыбы́** se cabrer

дым* *(loc.* **дымý***)* ⑧② *nm* fumée • **густóй дым** une fumée épaisse • **нет ды́ма без огня́** il n'y a pas de fumée sans feu

дыми́ть / **задыми́ть** *v* fumer *(dégager de la fumée)* • **дыми́ли заводски́е трýбы** les cheminées des usines fumaient • **сыры́е дровá си́льно дымя́т** le bois humide fume beaucoup

дыми́ться / **задыми́ться** *vp* fumer • **в пéпельнице дыми́лась недокýренная сигарéта** une cigarette encore allumée fumait dans le cendrier • **над рекóй дыми́лся тумáн** le brouillard flottait au-dessus de la rivière

ды́ня *nf* melon

дырá ②① *nf* **1.** trou • **у вас на чулкé дырá** vous avez un trou à votre bas • **заткнýть дырý** boucher un trou *litt & fig* **2.** trou, coin perdu • **жить в дырé** habiter dans un trou

дыря́вый *adj* percé, troué • **дыря́вые сапоги́** des bottes percées • **дыря́вые носки́** des chaussettes trouées • **забы́л, дыря́вая голова́!** j'ai oublié, quel étourdi !

дыха́ние *nnt* respiration • **иску́сственное дыха́ние** la respiration artificielle • **сде́рживать дыха́ние** retenir son souffle

дыша́ть* [I, дышу́, ды́шишь] ④ / **подыша́ть*** [I, *id*] ④ *v* respirer • **дыша́ть све́жим во́здухом** respirer l'air frais • **дыша́ть здоро́вьем** respirer la santé

дю́жина *nf* douzaine
● **чёртова дю́жина** treize *(littéralement "douzaine du diable", portant malheur)*

дя́дя *nm* **1.** oncle • **мой дя́дя Константи́н, брат мое́й ма́тери** mon oncle Constantin, le frère de ma mère **2.** *fam* bonhomme • **э́то тако́й здорове́нный дя́дя** c'est un bonhomme costaud **3.** un monsieur *(en parlant à un enfant)* • **ну-ка скажи́ дя́де спаси́бо!** allez, dis merci au monsieur !

е

Ева́нгелие *nnt* Évangile • **Ева́нгелие от Иоа́нна** l'Évangile selon saint Jean

евре́й *nm* Juif

евре́йка *nf* Juive

евре́йский *adj* juif

е́вро *nm inv* euro • **моне́та в оди́н е́вро** une pièce d'un euro • **купю́ра в 50 е́вро** un billet de cinquante euros

европе́йский *adj* européen

его́ → **он**

еда́ *nf* nourriture • **оби́льная еда́** une nourriture abondante

едва́ *adv* à peine • **она́ едва́ уме́ет чита́ть** elle sait à peine lire • **едва́ осве-щённый коридо́р** un couloir à peine éclairé • **мы едва́ могли́ удержа́ться от сме́ха** nous avions peine à nous retenir de rire • **он едва́ не упа́л** il a failli tomber • **едва́ он ушёл, как его́ брат верну́лся** à peine était-il parti que son frère rentra
● **едва́ ли** c'est douteux › **он едва́ ли ско́ро вернётся** il est peu probable qu'il rentre bientôt • **едва́ ли не** très probablement › **он едва́ ли не бо́льше всех страда́л от э́того** il en souffrait sans doute plus que tous les autres

е́дем, е́дет → **е́хать**

еди́м, еди́те → **есть**

едини́ца *nf* **1.** unité • **едини́цы, деся́тки, со́тни** les unités, les dizaines, les centaines • **едини́ца измере́ния** unité **2.** un *(la plus basse des notes scolaires)* • **Са́ша получи́л едини́цу по а́лгебре** ≈ Sacha a eu un zéro en algèbre
● **усло́вная едини́ца** unité de paiement conventionnelle *(utilisée pour indiquer le prix de certains objets ou services)*

едини́чный *adj* isolé • **едини́чный слу́чай** un cas isolé

единоду́шный *adj* unanime • **единоду́шное реше́ние** une décision unanime

еди́нственный *adj* unique • **еди́нственная дочь** une fille unique • **э́то моё еди́нственное развлече́ние** c'est ma seule distraction • **еди́нственный в своём ро́де** unique en son genre
● **еди́нственное число́** le singulier (GRAMM)

еди́нство *nnt* unité • **еди́нство ме́ста, еди́нство вре́мени и еди́нство де́йствия** l'unité de lieu, l'unité de temps et l'unité d'action • **еди́нство интере́сов** la communauté des intérêts

еди́ный *adj* seul, unique • **еди́ное кома́ндование** un commandement unique • **ни еди́ной оши́бки** pas la moindre faute
● **все до еди́ного** tous sans exception

еди́те → **есть**

е́дкий ⑤ *adj* âcre, caustique • **е́дкий за́пах** une odeur âcre • **е́дкая иро́ния** une ironie mordante

е́ду, е́дут → **е́хать**

едя́т → **есть**

её → **он**

ёж ③② *nm* hérisson • **ёж сверну́лся в клубо́к** le hérisson s'est mis en boule
● **морско́й ёж** oursin

ежеви́ка *nf* **1.** ronce **2.** mûre(s) *(fruits de la ronce)*

ежедне́вный *adj* quotidien • **ежедне́вная газе́та** un journal quotidien • **ежедне́вные упражне́ния** des exercices quotidiens

ежеме́сячный *adj* mensuel • **ежеме́сячный журна́л** une revue mensuelle

ежеми́нутно *adv* à chaque instant • **ежеми́нутно звони́л телефо́н** le téléphone retentissait sans cesse

ежеминýтный *adj* de chaque instant

ёжиком *adv* en brosse • **у негó вóлосы ёжиком** il a des cheveux coupés en brosse

ездá *nf* voyage, parcours *(autrement qu'à pied)* • **такáя дóлгая ездá утомúтельна** un voyage aussi long est fatigant

éздить → **éхать**

ей → **он**

ей-бóгу! *interj* je vous donne ma parole !

ел, éла → **есть**

éле *adv* à peine • **мы éле успевáли за ним** nous arrivions à peine à le suivre • **éле живóй** plus mort que vif

éли → **есть**, → **ель**

ёлка *nf* **1.** sapin • **за дóмом рослá ёлка** il y avait un sapin derrière la maison **2.** arbre de nouvel an, ═ arbre de Noël • **зажéчь ёлку** allumer le sapin du nouvel an **3.** fête du nouvel an *(ou de Noël, organisée autour d'un sapin)* • **позвáть когó-нибудь на ёлку** inviter qqn à une fête de nouvel an

ель *nf* sapin

емý → **он**

епúскоп *nm* évêque

éресь *nf* hérésie • **проповéдовать éресь** défendre des opinions hérétiques

ерундá *nf* **1.** n'importe quoi • **говорúть ерундý** dire des âneries • **э́то ерундá!** ça ne tient pas debout ! • **ерундá всякая** tout et n'importe quoi **2.** bagatelle, bricole • **э́то сáмое глáвное, остальнóе всё ерундá** c'est l'essentiel, le reste, ça ne compte pas

éсли *conj* **1.** *(non accompagné de* **бы***)* si • **éсли он был бóлен, нáдо бы́ло позвáть дóктора** s'il était malade, il fallait appeler le docteur • **éсли он смог э́то сдéлать, то и я смогý** s'il a été capable de faire cela, je saurai bien le faire moi aussi • **а éсли у вас нет доказáтельств, я вам не вéрю** et si vous n'avez pas de preuve, je ne vous crois pas • **éсли хотúте** si vous voulez • **éсли он придёт, мы с ним пойдём в кинó** s'il vient, j'irai avec lui au ciné • **онá скóро придёт, éсли не заблýдится** elle doit bientôt arriver, si elle ne se perd pas en chemin • **éсли он придёт, скажúте емý, что я бóлен** s'il vient, dites-lui que je suis malade • **а что, éсли он узнáет об э́том?** et si par hasard il l'apprenait ? **2.** *(accompagné de* **бы***)* si • **éсли бы у меня́ бы́ли дéньги, я бы тебé заплатúл** si j'avais de l'argent, je te rembourserais, si j'avais eu de l'argent, je t'aurais remboursé • **éсли бы он был жив!** ah, s'il était encore en vie ! • **éсли бы не он, то мы бы давнó уéхали** sans lui, nous serions partis depuis longtemps

> **À PROPOS DE...**
>
> Lorsque la principale est au mode hypothétique, la subordonnée l'est aussi (**éсли** est alors immédiatement suivi de **бы**). En français, on a, dans ce cas, le conditionnel dans la principale et l'indicatif dans la subordonnée.
>
> **éсли** suivi du futur est traduit en français par «si» suivi du présent.

естéственно *adv* naturellement • **естéственно вью́щиеся вóлосы** des cheveux qui frisent naturellement • **э́то естéственно** c'est bien naturel

естéственный *adj* naturel • **естéственные богáтства экономúческой зóны** les richesses naturelles de la zone économique • **естéственная смерть** une mort naturelle • **естéственный отбóр** la sélection naturelle • **естéственные наýки** les sciences naturelles • **естéственный жест** un geste naturel

есть*[1] [*n cl,* **ем, ешь, ест, едúм, едúте, едя́т** - **ел, éла** - **ешь, éшьте**] *v* **1.** / **съесть*** [*n cl, id*] *et* **поéсть*** [*n cl, id*] manger • **есть с аппетúтом** manger avec appétit • **есть за двойх** manger comme quatre • **мне хóчется есть** j'ai faim ~ *fig* • **есть когó-нибудь глазáми** dévorer qqn des yeux **2.** / **разъéсть*** [*n cl, id*] ronger, corroder • **ржáвчина разъéла желéзо** la rouille a rongé le fer • **дым ел глазá** la fumée nous piquait les yeux

> **À PROPOS DE...**
>
> L'impératif **ешь, éшьте** est familier. On emploie de préférence, avec une nuance de politesse, l'impératif du verbe **кýшать**.

есть[2] *v* il y a • **там есть скамéйка** là-bas, il y a un banc • **у негó есть карандáш** il a un crayon

● **что есть си́лы** de toutes ses forces • **так и есть** c'est bien ça

À PROPOS DE...

есть est un vestige du présent de **быть** ; sa forme négative est **нет**.

éхать* [IV, éду, éдешь] / **поéхать*** [IV, *id*] ; *indét.* **éздить** *v* **1.** aller *(autrement qu'à pied)* • **éхать на маши́не** aller en voiture • **мы поéдем в Москву́** nous irons à Moscou **2.** *fam* passer, arriver *(en parlant d'un véhicule)* • **вдали́ éхали са́ни** au loin, on voyait passer un traîneau

● **да́льше éхать нéкуда** nous sommes dans une impasse

À PROPOS DE...

Les verbes **éхать / поéхать** n'ont pas d'impératif usité dans la langue littéraire. Les formes supplétives **поезжа́й, поезжа́йте** en tiennent lieu.

ешь, éшьте → есть

ещё *adv* **1.** encore • **ещё раз** encore une fois • **налéйте ещё стака́нчик** versez m'en encore un petit verre • **ещё лу́чше** encore mieux • **ты получи́ла от негó письмó? —нет ещё** tu as reçu une lettre de lui ? — pas encore • **он ещё не верну́лся** il n'est pas encore rentré • **мы всё ещё ждём** nous attendons toujours • **э́то ещё ничегó** ça, c'est encore rien **2.** déjà • **он уéхал ещё мéсяц тому́ наза́д** il est parti il y a un mois déjà

● **ещё бы a.** bien sûr › **она́ пойдёт с на́ми? — ещё бы!** elle vient avec nous ? — bien sûr ! **b.** il ne manquerait plus que ça › **ещё бы ты был недовóлен!** il ne manquerait plus que ça, que tu ne sois pas content !

À PROPOS DE...

Noter l'ordre des mots dans l'expression **ещё не**, pas encore.

éю → он

Ж

ж → же

жáба *nf* crapaud

жáворонок *nm* alouette

жáдно *adv* avidement • **он жáдно пил сок** il buvait avidement du jus de fruits

жáдность *nf* avidité • **есть с жáдностью** manger avec avidité

жáдный ⑤ *adj* avide • **жáдный до дéнег** âpre au gain • **с жáдным любопы́тством** avec une curiosité avide • **я былá жаднá до чтéния** j'étais avide de lecture • **он жáден на нóвые впечатлéния** il a soif de nouvelles impressions • **э́та пу́блика жáдна до слу́хов** c'est un public avide de rumeurs

жáжда *nf* soif • **утоли́ть жáжду** étancher la soif ~ *fig* • **жáжда мéсти** la soif de vengeance

жалéть / **пожалéть** *v* **1.** *(+ A)* plaindre, avoir pitié de • **жалéть сиротý** avoir pitié d'un orphelin **2.** *(о +L) (G ou* **что***)* regretter • **я не жалéю об э́том** je ne le regrette pas • **жалéю об истрáченных деньгáх** je regrette d'avoir dépensé cet argent • **жалéю, что не срáзу уéхал** je regrette de ne pas être parti tout de suite **3.** *(+ A ou, après négation) (+ G)* ménager • **не жалéть сил** ne pas ménager ses forces

жáлить / **ужáлить** *v* piquer *(en parlant d'un serpent, d'un insecte)* • **егó ужáлила осá** il a été piqué par une guêpe

жáлкий ⑤ *adj* pitoyable, piteux • **имéть жáлкий вид** avoir une mine pitoyable • **жáлкие результáты** des résultats piteux

жáлко *adv* pitoyablement • **котёнок жáлко пищáл** le chaton miaulait pitoyablement
● **мне стáло жáлко её** j'ai eu pitié d'elle • **жáлко потéрянного врéмени** je regrette le temps perdu

жáлоба *nf* plainte • **подáть жáлобу на грýбого чинóвника** porter plainte contre un employé désagréable

жáлобный *adj* plaintif • **жáлобный гóлос** une voix plaintive
● **жáлобная кни́га** le livre des réclamations

жáлованье *nnt* salaire, appointements • **официáльное жáлованье не превышáет 1000 рублéй** son salaire officiel ne dépasse pas 1000 roubles

жáловаться / **пожáловаться** *vp* se plaindre • **они́ ужé давнó жáловались на сосéдей** il y avait longtemps déjà qu'ils se plaignaient de leurs voisins • **онá жáловалась, что не мóжет рабóтать** elle se plaignait de ne pas pouvoir travailler • **больнóй жáлуется на головнýю боль** le malade se plaint de maux de tête

жáлость *nf* pitié • **онá э́то сдéлала из жáлости к немý** elle a fait cela par pitié pour lui
● **какáя жáлость!** comme c'est dommage ! › **какáя жáлость, что вас нé было!** comme c'est dommage que vous n'ayez pas été là !

жаль *particule* **1.** *(expression de la pitié)* • **мне бы́ло жаль её** elle me faisait pitié • **жаль на неё смотрéть** elle fait pitié à voir **2.** *(expression des regrets)* • **емý жаль истрáченных дéнег** il regrette l'argent qu'il a dépensé • **как жаль!** comme c'est dommage ! • **как жаль, что я тебя́ не ви́дел!** comme je regrette de ne pas t'avoir vu ! • **óчень жаль, что вы не остаётесь с нáми** c'est bien dommage que vous ne restiez pas avec nous • **жаль, éсли онá не придёт** ce serait bien dommage qu'elle ne vienne pas
Voir encadré page suivante.

жар* *(loc.* жарý*)* ⑧ *nm* **1.** ardeur • **с жáром приня́ться за рабóту** se mettre au travail avec ardeur **2.** fièvre • **у меня́ был жар** j'avais la fièvre **3.** *fam* braise • **вы́грести жар из пéчки** tirer la braise

À PROPOS DE...

Dans l'expression de la pitié, le complément de la particule se met à l'accusatif. Dans l'expression du regret, il se met au génitif.

du poêle **4.** chaleur intense • **е́дкий дым и жар запо́лнили помеще́ния** une fumée âcre et une chaleur intense remplirent les locaux
● **меня́ бро́сило в жар** le sang m'est monté au visage

жар-пти́ца *nf (dans les contes)* l'oiseau de feu

жара́ ②① *nf* chaleur • **невыноси́мая жара́** une chaleur insupportable • **сего́дня жара́!** aujourd'hui il fait chaud !

жа́реный *adj* rôti • **жа́реный цыплёнок** poulet rôti • **жа́реная ры́ба** poisson frit • **жа́реная карто́шка** pommes de terre sautées

жа́рить / **зажа́рить** *et* **изжа́рить** *v* rôtir • **жа́рить цыплёнка** faire rôtir un poulet • **жа́рить ры́бу** faire frire un poisson • **жа́рить карто́шку** faire sauter des pommes de terre • **со́лнце жа́рило** le soleil cognait

жа́ркий *(comp.* жа́рче*)* ⑤ *adj* **1.** chaud, torride • **жа́ркое ле́то** un été très chaud **2.** *fig* ardent • **жа́ркие поцелу́и** des baisers ardents

À PROPOS DE...

Il ne faut pas confondre l'adjectif **жа́ркий** et l'adjectif substantivé **жарко́е**. Ces deux mots diffèrent d'ailleurs par leur accent.

жа́рко *adv*
● **мне бы́ло жа́рко** j'avais très chaud

жарко́е *adj subst nt* un rôti • **жарко́е из бара́нины** un rôti de mouton

жа́рче *comp de* жа́ркий

жа́тва *nf* moisson • **в по́ле шла жа́тва** dans les champs, on moissonnait

жать*[1] [IV, жму, жмёшь] *v* **1.** / **пожа́ть*** [IV, *id*] serrer • **пожа́ть победи́телю ру́ку** serrer la main au vainqueur **2.** serrer, être trop étroit *(en parlant de chaussures, vêtements)* • **боти́нки мне жмут** mes souliers me serrent • **пиджа́к жмёт в плеча́х** ma veste est trop étroite aux épaules **3.** / **вы́жать*** [IV, вы́жму, вы́жмешь] presser • **вы́жать сок из лимо́на** exprimer le jus d'un citron **4.** / **нажа́ть*** [IV, нажму́, нажмёшь] appuyer • **жать то на газ, то на то́рмоз** appuyer tantôt sur l'accélérateur, tantôt sur le frein

жать*[2] [IV, жну, жнёшь] / **сжать*** [IV, *id*] *v* moissonner • **жать рожь** moissonner le seigle

жа́ться* [IV, жмусь, жмёшься] *vp* **1.** / **прижа́ться*** [IV, *id*] se serrer • **щенки́ жму́тся друг к дру́гу** les chiots se serrent les uns contre les autres **2.** / **сжа́ться*** [IV, *id*] se faire petit, se pelotonner • **жа́ться от хо́лода** se pelotonner de froid

жгла, жгу → жечь

жгу́чий *adj* brûlant • **жгу́чие лучи́ со́лнца** les rayons brûlants du soleil • **жгу́чий моро́з** un froid piquant ~ *fig* • **жгу́чий взгляд** un regard ardent
● **жгу́чий вопро́с** une question d'actualité

ждать* [IV, жду, ждёшь - ждал, ждала́, ждა́ло, жда́ли] ⑤ / **подожда́ть*** [IV, *id*] ⑤ *v* attendre • **жду отве́та** j'attends une réponse • **мы жда́ли авто́буса** nous attendions l'autobus • **она́ ждёт Та́ню** elle attend Tania • **она́ не заста́вила себя́ ждать** elle ne s'est pas fait attendre • **вре́мя не ждёт** le temps presse

À PROPOS DE...

ждать est généralement suivi du génitif. Toutefois celui-ci est remplacé par un accusatif lorsque le complément est un nom singulier appartenant à la première déclinaison et désignant un être animé.

же, ж *particule*

1. = même

• **она́ прие́дет сего́дня же** elle doit arriver aujourd'hui même

• **он прие́хал в тот же день** il est arrivé le même jour

• **мы живём с ним в одно́м и том же до́ме** nous habitons dans la même maison que lui

• **э́то те же са́мые кни́ги** ce sont les mêmes livres

• **и в ста́рости он оста́лся таки́м же** dans sa vieillesse, il est resté le même
• **он живёт там же** il habite au même endroit
• **они́ туда́ же уе́хали** ils sont partis au même endroit
• **он так же поступи́л, как и его́ брат** il a agi de la même manière que son frère
• **таки́м же о́бразом** de la même manière
• **тако́го же ро́да** de la même sorte
• **они́ всё же не согласи́лись** ils n'ont pas accepté malgré tout

2. = pourtant
• **почему́ его́ не пригласи́ли на конце́рт? он же люби́тель му́зыки** pourquoi ne l'a-t-on pas invité au concert ? c'est pourtant un amateur de musique

3. POUR INSISTER *(renforcement)*
• **когда́ же он прие́дет?** quand donc arrivera-t-il ?
• **прекрати́ сейча́с же!** arrête immédiatement !

ж *conj*

1. = et
• **что же каса́ется твоего́ де́ла...** et en ce qui concerne ton affaire...
• **сейча́с же та́ких пробле́м нет** et à l'heure actuelle ces problème ne se posent pas
• **печа́ть нахо́дится у него́, о́н же подпи́сывает докуме́нты** le tampon est dans son bureau, c'est lui qui signe les documents

2. = tandis que
• **все взро́слые ушли́ на рабо́ту, де́ти же оста́лись до́ма** tous les adultes partirent au travail, tandis que les enfants restaient à la maison

жева́ть* [II, жую́, жуёшь] / **пожева́ть*** [II, *id*] *v* mâcher

жёг → жечь

жезл ③② *nm* bâton *(d'agent de police...)*, sceptre

жела́ние *nnt* désir • **жела́ние уе́хать** le désir de partir • **жела́ния её испо́лнились** ses désirs furent exaucés

жела́нный *adj* désiré • **жела́нный гость** un hôte bienvenu

жела́тельно *adv*
● **жела́тельно, что́бы они́ примири́лись** il est souhaitable qu'ils se réconcilient • **фильтр жела́тельно меня́ть раз в ме́сяц** il est conseillé de changer le filtre une fois par mois

жела́тельный *adj* souhaitable • **твоё прису́тствие жела́тельно** ta présence est souhaitable

жела́ть / **пожела́ть** *v* désirer, souhaiter • **я жела́ю поговори́ть с ним** je désire lui parler • **я жела́ю, что́бы он верну́лся** je souhaite qu'il revienne • **э́то оставля́ет жела́ть лу́чшего** cela laisse fort à désirer • **вы жела́ете невозмо́жного** vous voulez l'impossible • **жела́ю вам успе́ха** je vous souhaite le succès • **жела́ю вам всего́ хоро́шего** je vous souhaite bien des choses

жела́ющий *adj subst m* personne désireuse • **не то́лько молодёжь, но и все жела́ющие** non seulement les jeunes mais aussi tous ceux qui le souhaitent

железа́ *(pl.* **же́лезы, желёз, железа́м***)* ②③ *nf* glande • **же́лезы вну́тренней секре́ции** les glandes à sécrétion interne

À PROPOS DE...

Ne pas confondre **железа́, железу́, железе́** avec **желе́за, желе́зу, желе́зе**, formes du mot **желе́зо**.

железнодоро́жный *adj* ferroviaire • **железнодоро́жный тра́нспорт** les transports ferroviaires • **железнодоро́жная сеть** le réseau ferroviaire

желе́зный *adj* de fer • **желе́зная руда́** le minerai de fer ~ *fig* • **желе́зное здоро́вье** une santé de fer • **желе́зная во́ля** une volonté de fer • **желе́зная дисципли́на** une discipline de fer
● **желе́зная доро́га** le chemin de fer

желе́зо *nnt* fer • **куй желе́зо пока́ горячо́** il faut battre le fer pendant qu'il est chaud

À PROPOS DE...

Ne pas confondre **желе́за, желе́зу, желе́зе** fer avec **железа́, железу́, железе́**, formes du mot **железа́** glande.

желте́ть / **пожелте́ть** *v* **1.** jaunir • **ли́стья пожелте́ли** les feuilles ont jauni **2.** avoir une teinte jaune • **вдали́ желте́ли пшени́чные поля́** au loin, on voyait les champs de blé dorés

желту́ха *nf* jaunisse

жёлтый ⑤ *adj* jaune • **жёлтый цвето́к** une fleur jaune • **игро́к получи́л второ́ю жёлтую ка́рточку** le joueur a reçu un deuxième carton jaune
● **жёлтые страни́цы** les pages jaunes®

желу́док *nm* estomac

жёлудь ①③ *nm* gland *(fruit du chêne)*

жёлчь *nf* bile • **изли́ть свою́ жёлчь** décharger sa bile *fig*

же́мчуг *nm* perles • **иска́тели же́мчуга** les pêcheurs de perles • **ни́тка же́мчуга** un collier de perles

жемчуга́* *(*жемчуго́в, жемчуга́м*) pl t* perles

жемчу́жина *nf* **1.** perle fine • **чёрная жемчу́жина** une perle noire **2.** *fig* merveille • **архитекту́рная жемчу́жина** une merveille architecturale

жена́ *(pl.* жёны*)* ②① *nf* épouse • **муж и жена́** le mari et la femme

жена́тый *adj m* marié *(en parlant d'un homme)* • **он жена́т?** il est marié ? • **он жена́т на мое́й сестре́** c'est le mari de ma sœur

жени́ться ④ *vp* **1.** / **жени́ться** ④ se marier *(en parlant d'un homme)* • **он жени́лся на мое́й сестре́** il a épousé ma sœur **2.** / **жени́ться** ④ *et* **пожени́ться** ④ se marier *(en parlant d'un homme et d'une femme)* • **они́ неда́вно жени́лись** ils se sont mariés il n'y a pas longtemps

жени́х ③② *nm* fiancé
● **смотре́ть женихо́м** avoir l'air radieux

же́нский *adj* de femme, féminin • **же́нский го́лос** une voix féminine • **же́нская о́бувь** des chaussures pour femmes
● **же́нский род** le féminin (GRAMM)

же́нщина *nf* femme • **же́нщины и мужчи́ны** les femmes et les hommes • **заму́жняя же́нщина** une femme mariée

жеребёнок* *(pl.* жереба́та, жереба́т, жереба́там*) nm* poulain

жёрнов* *(nom. pl.* жернова́*)* ①② *nm* meule *(de moulin)*

же́ртва *nf* **1.** victime • **же́ртвы авиацио́нной катастро́фы** les victimes de la catastrophe aérienne • **же́ртва суде́бной оши́бки** la victime d'une erreur judiciaire **2.** sacrifice • **в же́ртву бога́м** en sacrifice aux dieux ~ *fig* • **она́ гото́ва на вся́кие же́ртвы** elle est prête à tous les sacrifices

же́ртвовать / **поже́ртвовать** *(+ I) v* sacrifier • **же́ртвовать всем для достиже́ния свое́й це́ли** tout sacrifier pour atteindre son but • **же́ртвовать собо́й** se sacrifier

жёсткий *(comp.* жёстче**)* ⑤ *adj* **1.** dur • **жёсткое кре́сло** un fauteuil mal rembourré • **жёсткие во́лосы** des cheveux raides • **жёсткий диск** disque dur **2.** dur *(rude)* • **жёсткие черты́ лица́** des traits durs
● **жёсткий ваго́н** ═ voiture de deuxième classe

жесто́кий *(*жесто́к, жесто́ка, жесто́ко, жесто́ки - *superl.* жесточа́йший**)* ⑤ *adj* **1.** cruel *(méchant)* • **жесто́кие нра́вы** des mœurs cruelles **2.** cruel *(sévère)* • **жесто́кая неуда́ча** un échec cruel • **жесто́кое сопротивле́ние** une résistance acharnée

жесто́ко *adv* cruellement

жесто́кость *nf* cruauté

жесточа́йший *superl de* жесто́кий

жёстче *comp de* жёсткий

жесть *nf* fer-blanc

жечь* [IV, жгу, жжёшь, жгут - жёг, жгла] / **сжечь*** [IV, сожгу́, сожжёшь, сожгу́т - сжёг, сожгла́ - сожжённый] ③ *v* brûler, faire brûler • **они́ жгут мно́го дров** ils brûlent beaucoup de bois • **к сча́стью, они́ не сожгли́ до́ма** heureusement, ils n'ont pas mis le feu à la maison • **моро́з жёг лицо́** le froid nous brûlait le visage

жжёшь, жжём → жечь

живём, живёт → жить

живо́й ⑤ *adj* **1.** vivant • **живо́е существо́** un être vivant • **мой дед ещё жив** mon grand-père est encore en vie • **оста́ться в живы́х** s'en tirer • **ни жив ни мёртв** plus mort que vif **2.** vif • **о́чень живо́й ум** un esprit très vif • **проявля́ть живо́й интере́с** manifester un vif intérêt
● **заде́ть за живо́е** piquer au vif

живопи́сный *adj* pittoresque • **живопи́сная доро́га** une route pittoresque

• **живопи́сный расска́з** un récit pittoresque

жи́вопись *nf* peinture (ART) • **ру́сская жи́вопись** la peinture russe

живо́т ③② *nm* ventre • **у меня́ боли́т живо́т** j'ai mal au ventre • **взду́тый живо́т** le ventre gonflé

живо́тное *adj subst nt* animal • **дома́шние живо́тные** les animaux domestiques

À PROPOS DE...

L'accusatif singulier de **живо́тное** est semblable au nominatif. L'accusatif pluriel est semblable au génitif.

живу́, живу́т → **жить**

жи́дкий *(comp.* **жи́же***)* ⑤ *adj* **1.** liquide • **жи́дкий клей** colle liquide • **жи́дкое то́пливо** carburant liquide **2.** clairsemé • **жи́дкие во́лосы** des cheveux clairsemés • **жи́дкий чай** du thé très léger

жи́дкость *nf* liquide • **густа́я жи́дкость** un liquide épais

жи́же *comp de* **жи́дкий**

жи́зненно *adv* **жи́зненно ва́жный** d'une importance vitale • **нали́чие радиоста́нции жи́зненно необходи́мо** la présence d'un poste radio est absolument indispensable

жи́зненный *adj* **1.** de la vie • **жи́зненный о́пыт** l'expérience de la vie **2.** vital • **жи́зненные интере́сы** les intérêts vitaux • **жи́зненный вопро́с** une question vitale

жизнь *nf* vie • **жизнь расте́ний** la vie des plantes • **рискова́ть жи́знью** risquer sa vie • **спасти́ ребёнку жизнь** sauver la vie à un enfant • **находи́ться ме́жду жи́знью и сме́ртью** être entre la vie et la mort • **жизнь его́ де́ржится на волоске́** sa vie ne tient qu'à un fil • **э́то вопро́с жи́зни и сме́рти** c'est une question de vie ou de mort • **никогда́ в жи́зни** jamais de la vie • **на всю жизнь** pour toute la vie • **зараба́тывать на жизнь** gagner sa vie • **о́браз жи́зни** le mode de vie • **семе́йная жизнь** la vie de famille • **дереве́нская жизнь** la vie à la campagne • **духо́вная жизнь** la vie spirituelle

жи́ла ◪ *nf* **1.** vaisseau sanguin • **гнать кровь по жи́лам** faire circuler le sang dans les vaisseaux **2.** tendon • **растяну́ть жи́лу на ноге́** se faire une entorse à la cheville **3.** filon (GÉOL) • **золота́я жи́ла a.** (GÉOL) un filon d'or **b.** *fig* un filon en or › **электро́нная комме́рция - золота́я жи́ла** le commerce électronique est un filon en or ◪ *nmf fam* avare • **у э́того жи́лы ничего́ не вы́просишь** tu n'obtiendras rien de cet avare

жил-был, жила́-была́, жи́ли-бы́ли *loc (dans les contes)* il était une fois • **жи́ли-бы́ли дед да ба́ба** il était une fois un vieux et une vieille

жиле́т *nm* gilet • **спаса́тельный жиле́т** gilet de sauvetage

жиле́ц *nm* locataire
● **он не жиле́ц на бе́лом све́те** il file un bien mauvais coton

жили́ще *nnt* habitation • **бе́дное жили́ще** une pauvre demeure

жили́щный *adj* du logement • **жили́щный кри́зис** la crise du logement • **жили́щные усло́вия** les conditions de logement

жило́й *adj* d'habitation • **жилы́е дома́** des maisons d'habitation

жир* *(loc.* **жиру́***)* ⑧② *nm* graisse • **гуси́ный жир** graisse d'oie • **ры́бий жир** huile de foie de morue

жира́ф *nm* girafe

жи́рный ⑤ *adj* gras • **жи́рный челове́к** un homme gras • **жи́рный суп** de la soupe grasse • **жи́рно есть** faire bonne chère • **жи́рное пятно́** une tache de graisse • **жи́рная земля́** une terre grasse • **жи́рный шрифт** des caractères gras

жи́тель *nm* habitant • **жи́тели Ку́рска** les habitants de Koursk

жи́тельство *nnt* résidence, domicile • **постоя́нное ме́сто жи́тельства** résidence habituelle • **без определённого ме́ста жи́тельства** sans domicile fixe

жить* [IV, **живу́, живёшь** - **жил, жила́, жи́ло, жи́ли**] ⑤ *v* **1.** vivre • **ему́ недо́лго остаётся жить** il n'a plus longtemps à vivre • **бога́то жить** vivre richement • **жить свои́м трудо́м** vivre de son travail • **жить на пятьсо́т рубле́й в ме́сяц** vivre avec cinq cents roubles par mois • **жить в долг** vivre de dettes • **жить наде́ждами** vivre d'espoir **2.** habiter • **они́ жи́ли в Москве́** ils habitaient à

Moscou • она́ жила́ с сестро́й elle habitait avec sa sœur
● с волка́ми жить, по-во́лчьи выть il faut hurler avec les loups

À PROPOS DE...

L'accent passe sur la négation dans les groupes **не́ жил, не́ жило, не́ жили.**

жи́ться* [IV, живётся - жило́сь] *vp impers* vivre • **им непло́хо живётся** ils ne vivent pas mal

жмёшь, жму → жать

жнёшь, жну → жать

жонглёр *nm* jongleur

жре́бий *nm* sort • **бро́сить жре́бий** tirer au sort • **жре́бий бро́шен** le sort en est jeté

жужжа́ть* [I, жужжу́, жужжи́шь] / **прожужжа́ть*** [I, *id*] *v* bourdonner • **жужжа́т му́хи** les mouches bourdonnent • **пу́ли жужжа́ли** les balles sifflaient

жук ③② *nm* insecte *(coléoptère)*
● **ма́йский жук** hanneton

жу́лик *nm* filou

жу́льничать / сжу́льничать *v* filouter • **жу́льничать в игре́** tricher au jeu

жура́вль ③② *nm* grue *(oiseau)*

журна́л *nm* **1.** revue *(presse)* **2.** journal (de bord) • **он исправля́л плохи́е отме́тки в кла́ссном журна́ле** il corrigeait les mauvaises notes dans le cahier de classe • **ва́хтенный журна́л** journal de quart

журнали́ст *nm* journaliste *m*

журнали́стка *nf* journaliste *f*

журча́ть* [I, журчи́т, журча́т] *v* murmurer *(en parlant d'eau)* • **под дере́вьями журчи́т руче́й** on entend sous les arbres le murmure d'un ruisseau

жу́ткий ⑤ *adj* sinistre, effrayant • **жу́ткое зре́лище** un spectacle effrayant

жу́тко *adv fam* beaucoup, très • **кни́га жу́тко интере́сная** un livre très intéressant • **нам жу́тко не повезло́** nous n'avons vraiment pas eu de chance
● **ему́ ста́ло жу́тко в темноте́** il prit peur dans l'obscurité

З

за *prép*

I (+ A)

1. AVEC MOUVEMENT = **derrière**
   • **заложи́ть ру́ки за́ спину** mettre les mains derrière son dos
   • **сесть за стол** se mettre à table
2. = **au-delà de**
   • **уе́хать за грани́цу** partir à l'étranger
   • **пое́хать за́ город** aller à la campagne
   • **уже́ за́ полночь** il est déjà plus de minuit
3. = **par, à** *(après certains verbes)*
   • **взять за́ руку** prendre par la main
   • **держа́ться за пери́ла** se tenir à la rampe
   • **взя́ться за рабо́ту** se mettre au travail
4. = **pour** *(à la place de)*
   • **я заплати́л сто рубле́й за диск** j'ai payé ce disque cent roubles
   • **о́ко за о́ко, зуб за́ зуб** œil pour œil, dent pour dent
   • **ни за что на све́те** pour rien au monde
   • **благодарю́ вас за пода́рок** je vous remercie de votre cadeau
   • **мне сты́дно за тебя́** j'ai honte pour toi
   • **есть за четверы́х** manger comme quatre
   • **счита́ть за честь** considérer comme un honneur
   • **вы́дать себя́ за инжене́ра** se faire passer pour un ingénieur
   • **боро́ться за свобо́ду** lutter pour la liberté
5. POUR INDIQUER UNE DURÉE, UNE QUANTITÉ
   • **э́то мо́жно сде́лать за час** on peut faire cela en une heure
   • **за после́дние пять лет** au cours des cinq dernières années
   • **за два дня до твоего́ отъе́зда** deux jours avant ton départ
   • **за три киломе́тра от го́рода** à trois kilomètres de la ville
   • **ей за со́рок** elle a plus de quarante ans

● **за ва́ше здоро́вье!** à votre santé !

II (+ I)

1. EMPLACEMENT = **derrière**
   • **за две́рью разда́лся крик** un cri se fit entendre derrière la porte
   • **сиде́ть за столо́м** être à table
   • **провести́ ве́чер за рабо́той** passer sa soirée à travailler
   • **иди́те за мной !** suivez-moi !
2. = **au-delà de**
   • **за́ городом** à la campagne
   • **за грани́цей** à l'étranger
   • **за исключе́нием** à l'exception de
3. = **à la recherche de**
   • **посла́ть за до́ктором** envoyer chercher le docteur
4. = **au compte de**
   • **за мной две́сти рубле́й** je dois deux cents roubles
5. = **en raison de**
   • **за отсу́тствием до́ктора** en raison de l'absence du médecin
6. APRÈS LES VERBES EXPRIMANT UNE IDÉE DE SURVEILLANCE, DE SOINS
   • **гляде́ть за детьми́** surveiller les enfants
   • **следи́ть за выполне́нием контра́кта** surveiller l'exécution du contrat
   • **он за ней уха́живает** il lui fait la cour

что за *(+ nom) loc* = **quel**
   • **что за вы́думки !** quelles inventions !

забавля́ть *v* amuser, divertir • **он всех забавля́л свои́ми шу́тками** il amusait tout le monde avec ses plaisanteries

заба́вный *adj* amusant

/ **забараба́нить** → **бараба́нить**

/ **забастова́ть** → **бастова́ть**

забасто́вка *nf* grève • **объяви́ть забасто́вку** se mettre en grève • **всео́бщая забасто́вка** une grève générale

забасто́вщик *nm* gréviste *m*

забасто́вщица *nf* gréviste *f*

забега́ть / **забежа́ть*** [*n cl,* забегу́, забежи́шь, забегу́т - забеги́] *v* passer, faire un saut • **я забегу́ к нему́** je ferai un saut chez lui

/ **забежа́ть** → забега́ть

забива́ть / **заби́ть*** [II, забью́, забьёшь - забе́й - заби́тый] *v* **1.** enfoncer • **заби́ть гвоздь в сте́ну** enfoncer un clou dans le mur **2.** boucher • **заби́ть дверь** condamner une porte
● **заби́ть гол** marquer un but (SPORT)

/ **забинтова́ть** → бинтова́ть

забира́ть ⑤ / **забра́ть*** [IV, заберу́, заберёшь - забра́л, забрала́, забра́ло, забра́ли] *v* prendre, emporter • **он забра́л с собо́й кни́гу** il a emporté le livre • **вас заберёт маши́на** une voiture passera vous prendre

забира́ться ③ / **забра́ться*** [IV, заберу́сь, заберёшься - забра́лся, забрала́сь] *vp* s'introduire avec peine, monter avec peine • **мальчи́шки забрали́сь на де́рево** les gamins ont grimpé sur l'arbre

/ **заби́ть** → забива́ть

заблаговре́менно *adv* en temps utile • **меня́ извести́ли заблаговре́менно** on m'a averti en temps utile

/ **заблагорассу́диться** *vp* **она́ де́лает всё, что ей заблагорассу́дится** elle fait tout ce qui lui passe par la tête

/ **заблуди́ться** ④ *vp* s'égarer, se perdre • **они́ заблуди́лись в лесу́** ils se sont perdus dans la forêt

заблужда́ться *vp* faire fausse route *fig*, se tromper • **они́ глубоко́ заблужда́ются, счита́я, что им всё сойдёт** ils se trompent lourdement s'ils croient qu'ils peuvent tout se permettre

заблужде́ние *nnt* erreur *(état)* • **ввести́ в заблужде́ние** induire en erreur

заболева́ть[1] / **заболе́ть** *v* tomber malade • **я заболе́л** je suis tombé malade • **я заболе́л гри́ппом** j'ai attrapé la grippe

заболева́ть[2] / **заболе́ть*** [I, заболи́т, заболя́т] *v* (commencer à) faire mal • **у меня́ заболе́ла голова́** j'ai mal à la tête

/ **заболе́ть** → боле́ть, → заболева́ть

забо́р *nm* palissade, enceinte • **доща́тый забо́р** une clôture de planches • **ка́менный забо́р** un mur de pierre

забо́та *nf* **1.** souci • **у неё бы́ло мно́го забо́т** elle avait beaucoup de soucis • **э́то уж твоя́ забо́та** ça, c'est ton affaire **2.** soin • **окружи́ть забо́той** entourer de soins

забо́титься / **позабо́титься** (о +L) *vp* se préoccuper, se soucier • **ни о чём не забо́титься** ne se soucier de rien

забо́тливый *adj* plein d'attention, attentionné • **забо́тливый ухо́д** des soins attentifs

/ **забракова́ть** → бракова́ть

забра́сывать[1] / **заброса́ть** *v* couvrir • **заброса́ть цвета́ми** couvrir de fleurs

забра́сывать[2] / **забро́сить** *v* **1.** lancer loin • **забро́сить мяч на кры́шу** lancer le ballon sur le toit **2.** abandonner, délaisser • **она́ забро́сила хозя́йство** elle ne s'occupe plus du ménage • **забро́шенный сад** un jardin abandonné

/ **забра́ть** → забира́ть

/ **забра́ться** → забира́ться

/ **забре́зжить** → бре́зжить

/ **заброни́ровать**[1] → брони́ровать

/ **забронирова́ть**[2] → бронирова́ть

/ **заброса́ть** → забра́сывать

/ **забро́сить** → забра́сывать

/ **забуксова́ть** → буксова́ть

забыва́ть / **забы́ть*** [*n cl,* забу́ду, забу́дешь - забу́дь - забы́тый] *v* oublier • **я забы́л ваш а́дрес** j'ai oublié votre adresse • **я забы́л о ва́шей про́сьбе** je n'ai pas pensé à faire ce que vous m'avez demandé • **я забы́ла запере́ть дверь** j'ai oublié de fermer la porte à clef • **я забы́л кни́гу до́ма** j'ai laissé mon livre à la maison

/ **забы́ть** → забыва́ть

/ **зава́жничать** → ва́жничать

заведе́ние *nnt* établissement • **уче́бное заведе́ние** établissement scolaire

заве́довать *(+ I) v* gérer • **заве́довать учрежде́нием** diriger une organisation

заве́дующий *adj subst m* directeur, gérant, chef • **заве́дующий отде́лом** le chef de service • **заве́дующий мастерско́й** le chef d'atelier

заве́дующая *adj subst f* directrice, gérante, chef • **заве́дующая ка́федрой университе́та** chef de chaire à l'université

/ **завербова́ть** → вербова́ть

/ **заверну́ть** → завёртывать

завёртывать / **заверну́ть** [*part.* завёрнутый] *v* **1.** envelopper • **вам заверну́ть?** faut-il vous l'envelopper ? • **заверну́ть ребёнка в пелёнки** langer un enfant **2.** fermer *(en tournant)* • **заверну́ть ве́нтиль** fermer une vanne • **прохо́жий заверну́л за́ угол до́ма** le passant tourna au coin de l'immeuble **3.** faire un tour, passer • **заверну́ть к прия́телю** passer chez un ami

/ **завести́** → заводи́ть

завеща́ние *nnt* testament • **написа́ть завеща́ние** faire son testament

завива́ть ⑤ / **зави́ть*** [II, завью́, завьёшь - зави́л, завила́, зави́ло, зави́ли - заве́й - зави́тый, зави́т, завита́, зави́то, зави́ты] ⑤ *v* faire friser

зави́дный *adj* enviable • **зави́дное положе́ние** une situation enviable

зави́довать / **позави́довать** *(+ D) v* envier • **зави́довать сосе́ду** envier son voisin • **я ему́ не зави́дую** je ne voudrais pas être à sa place

/ **завизжа́ть** → визжа́ть

зави́сеть* [I, зави́шу, зави́сишь] *v* dépendre • **э́то от меня́ не зави́сит** cela ne dépend pas de moi

зави́симость *nf* dépendance • **ста́вить в зави́симость от** faire dépendre de • **быть в зави́симости от партнёра** dépendre de son partenaire • **профила́ктика наркоти́ческой и алкого́льной зави́симостей** la prévention des dépendances à la drogue et l'alcool • **в зави́симости от обстоя́тельств** selon les circonstances

зави́стливый *adj* envieux • **зави́стливый взгляд** un regard envieux

за́висть *nf* envie • **его гло́жет за́висть** l'envie le ronge • **с за́вистью** envieusement
◈ **на зави́сть** à faire mourir d'envie › **облада́тель на зави́сть мо́щного ба́са** le possesseur d'une voix de basse puissante à faire mourir d'envie

завито́й (за́вит, завита́, за́вито, за́виты) ⑤ *adj* frisé, bouclé • **завиты́е во́лосы** des cheveux bouclés

/ **зави́ть** → завива́ть

завладева́ть / **завладе́ть** *(+ I) v* prendre, s'emparer de • **похити́тели завладе́ли маши́ной** les voleurs se sont emparés de la voiture • **ему́ удало́сь завладе́ть инициати́вой** il a réussi à prendre l'initiative

/ **завладе́ть** → завладева́ть

заво́д *nm* usine • **машинострои́тельный заво́д** une usine de constructions mécaniques • **нефтеперераба́тывающий заво́д** une raffinerie (de pétrole) • **судострои́тельный заво́д** chantier naval

заводи́ть ④ / **завести́*** [IV, заведу́, заведёшь - завёл, завела́ - заведённый - заведя́] ③ *v* **1.** mener • **куда́ вы нас завели́?** où nous avez-vous amenés ? **2.** acquérir • **завести́ друзе́й** se faire des amis **3.** établir • **завести́ библиоте́ку** constituer une bibliothèque • **завести́ но́вые поря́дки** instaurer un ordre nouveau • **завести́ знако́мство с сосе́дями** faire connaissance avec ses voisins **4.** commencer • **завести́ разгово́р** engager la conversation **5.** remonter, mettre en marche • **завести́ часы́** remonter une montre

заводи́ться ④ / **завести́сь*** [IV, заведу́сь, заведёшься - завёлся, завела́сь - заведённый - заведя́сь] ③ *vp* apparaître • **у них в до́ме завели́сь мы́ши** ils ont des souris dans leur maison • **у меня́ завели́сь друзья́** je me suis fait des amis

завоева́ние *nnt* conquête • **завоева́ние ти́тула чемпио́на** la conquête du titre de champion

/ **завоева́ть** → завоёвыва́ть

завоёвывать / **завоева́ть*** [II, завою́ю, завою́ешь] *v* conquérir

• завоевáть странý conquérir un pays • завоевáть рынок conquérir un marché

заворáчивать *syn de* завёртывать

/ **заворотúть** → завернýть

/ **заворóчаться** → ворóчаться

/ **заворчáть** → ворчáть

завсегдáтай *nm* habitué • завсегдáтай ресторáна un habitué du restaurant

зáвтра *adv* demain • зáвтра вéчером demain soir • отлóжим э́то на зáвтра on va remettre ça à demain
● до зáвтра! à demain !

зáвтрак *nm* petit déjeuner

зáвтракать / **позáвтракать** *v* prendre son petit déjeuner

зáвтрашний *adj* de demain • не забóтиться о зáвтрашнем дне ne pas se soucier du lendemain

зáвуч *nm* directeur adjoint, directrice adjointe *(d'un établissement d'enseignement)*

завывáть / **завы́ть*** [II, завóю, завóешь] *v* se mettre à hurler • завы́л вéтер le vent se mit à hurler

/ **завы́ть** → завывáть, → выть

/ **завязáть** → завя́зывать

/ **завя́знуть** → вя́знуть

завя́зывать ④ / **завязáть*** [II, завяжý, завя́жешь] *v* **1.** lier • завязáть пакéт faire un paquet • завязáть гáлстук nouer sa cravate ~ *fig* • завязáть разговóр lier conversation • завязáть торгóвые отношéния établir des relations commerciales **2.** *fam* arrêter, en finir • он завязáл с курéнием il arrêta totalement de fumer • завязáть пить arrêter de boire

/ **завя́нуть** → вя́нуть

загáдка *nf* énigme • загадáть загáдку proposer une devinette • говорúть загáдками parler par énigmes

загáдочный *adj* énigmatique • загáдочная улы́бка un sourire énigmatique

заглáвие *nnt* titre • заглáвие кнúги le titre d'un livre

/ **заглáдить** → заглáживать

заглáживать / **заглáдить** *v* **1.** défroisser • заглáдить склáдку утюгóм défroisser au fer à repasser **2.** *fig* effacer • заглáдить винý réparer sa faute

заглушáть / **заглушúть** *v* étouffer, assourdir • заглушáть гóлос певцá couvrir la voix du chanteur • сóрные трáвы заглушúли цветы́ les mauvaises herbes ont étouffé les fleurs

/ **заглушúть** → заглушáть, → глушúть

загля́дывать ④ / **заглянýть** *v* jeter un coup d'œil • заглянýть под кровáть jeter un coup d'œil sous le lit • я сто лет в кнúгу не загля́дывал ça fait une éternité que je n'ai pas mis le nez dans un livre • я к немý загля́нý через двá-три дня je ferai un saut chez lui un de ces jours

/ **заглянýть** → загля́дывать

заговáривать / **заговорúть** *v* **1.** commencer à parler • все срáзу заговорúли tous se mirent à parler en même temps ~ *fig* • в нём заговорúла сóвесть sa conscience s'est réveillée **2.** étourdir les gens à force de parler • онá всех заговорúла tout le monde en avait assez de l'entendre **3.** user de la magie pour guérir un mal • целúтельница учúла заговáривать болéзни la guérisseuse apprenait à soigner les maladies par la magie
● заговáривать зýбы baratiner

зáговор *nm* complot • откры́ть зáговор découvrir un complot • зáговор молчáния la conspiration du silence

/ **заговорúть** → заговáривать

заговóрщик *nm* conjuré • заговóрщики арестóваны les conjurés ont été arrêtés

загорáживать / **загородúть** *v* **1.** mettre une clôture • загородúть сад дощáтым забóром entourer un jardin d'une clôture de planches **2.** barricader, barrer • загородúть вход barricader l'entrée • часовóй загородúл емý дорóгу la sentinelle lui barra la route • загородúть собóй свет cacher la lumière

загорáть / **загорéть*** [I, загорю́, загорúшь] *v* bronzer • ты óчень загорéл за лéто tu as bien bronzé pendant l'été

загорáться / **загорéться*** [I, загорю́сь, загори́шься] *vp* prendre feu • **дом загорéлся** la maison a pris feu • **вдали́ загорéлись огни́** au loin, des lumières s'allumèrent • **глазá егó загорéлись гнéвом** ses yeux brillèrent de colère

загорéлый *adj* hâlé, bronzé • **загорéлое лицó** un visage hâlé

/ **загорéть** → загорáть

/ **загорéться** → загорáться

/ **загороди́ть** → загорáживать

заготáвливать / **заготóвить** *v* préparer • **заготóвить дровá нá зиму** faire provision de bois pour l'hiver • **отклони́ться от заготóвленного тéкста** s'écarter du texte qui avait été préparé

/ **заготóвить** → заготáвливать

заграни́ца *nf* l'étranger *(les pays étrangers)* • **торгóвля с заграни́цей** le commerce avec l'étranger

заграни́чный *adj* de l'étranger, pour l'étranger • **заграни́чные товáры** marchandises d'importation • **заграни́чный пáспорт** passeport

загребáть / **загрести́*** [IV, загребу́, загребёшь - загрёб, загреблá] ③ *v* amasser • **загребáть сéно** ramasser le foin • **он мнóго дéнег загребáет** il se fait pas mal d'argent
◆ **чужи́ми рукáми жар загребáть** laisser les autres tirer les marrons du feu

/ **загремéть** → гремéть

/ **загрести́** → загребáть

загромождáть / **загромозди́ть*** [*part.* загромождённый] *v* encombrer • **коридóр, загромождённый мéбелью** un couloir encombré de meubles

/ **загромозди́ть** → загромождáть

/ **загрохотáть** → грохотáть

загружáть / **загрузи́ть** ④ *vt* **1.** charger • **они́ загрузи́ли в вагóны три тóнны мя́са** ils ont chargé trois tonnes de viande dans les wagons **2.** (INFORM) télécharger • **загрузи́ть прогрáмму вы мóжете здесь** vous pouvez télécharger le programme ici **3.** (INFORM) démarrer • **снóва загрузи́ть компью́тер** redémarrer l'ordinateur

загс *nm* bureau de l'état civil • **зарегистри́роваться в зáгсе** se marier

/ **загудéть** → гудéть

зад* *(loc.* задý*)* ⑧② *nm* **1.** arrière, partie arrière • **маши́на влетéла в зад впереди́ идýщего автомоби́ля** la voiture est rentrée dans l'arrière de celle qui la précédait **2.** postérieur, derrière

задавáть* [II, задаю́, задаёшь - задавáй - задавáя] / **задáть*** [*n cl,* задáм, задáшь, задáст, задади́м, задади́те, зададýт - зáдал, задалá, зáдало, зáдали - задáй - зáданный, зáдан, заданá, зáдано, зáда-ны ⑤] *v* donner, indiquer • **задáть рабóту** donner un travail • **задáть тон** donner le ton
◆ **задавáть вопрóсы** poser des questions • **я тебé задáм !** je t'apprendrai ! *(menace)*

/ **задави́ть** → дави́ть

задáние *nnt* tâche • **задáние окáзывать содéйствие потреби́телям** la tâche d'aider les consommateurs • **не спрáвиться с задáнием** n'avoir pas pu remplir sa tâche
◆ **домáшнее задáние** (SCOL) devoir *(fait à la maison)*

задáток *nm* arrhes, acompte • **внести́ задáток** verser un acompte

/ **задáть** → задавáть

задáча *nf* **1.** problème • **реши́ть задáчу** résoudre un problème • **слóжная задáча** un problème complexe • **неразреши́мая задáча** un problème insoluble **2.** tâche • **вы́полнить задáчу** accomplir sa tâche

задевáть / **задéть*** [*n cl,* задéну, задéнешь - задéтый] *v* **1.** frôler, accrocher • **я задéл лáмпу и опроки́нул её** j'ai accroché la lampe et l'ai renversée • **маши́на задéла её** elle a été accrochée par une voiture **2.** *fig* blesser • **задéть самолю́бие** blesser l'amour-propre • **задéть за живóе** piquer au vif

/ **задержáть** → задéрживать

задéрживать ④ / **задержáть*** [I, задержý, задéржишь] *v* **1.** retenir • **меня́ задержáли делá** j'ai été retenu par des affaires • **задержáть дыхáние** retenir sa respiration **2.** arrêter • **вóра задержáли на мéсте преступлéния** le voleur a été pris en flagrant délit

/ **заде́ть** → задева́ть

задира́ть ⑤ / **задра́ть*** [IV, задеру́, задерёшь - задра́л, задрала́, задра́ло, задра́ли] *v* **1.** lever • **лисица бежа́ла, задра́в хвост** le renard courait, la queue dressée • **сапоги́ с за́дранными квёрху носа́ми** des bottes à bout relevé • **задра́ть це́ны** augmenter les prix **2.** égorger • **медве́ди задра́ли двух коро́в** des ours ont égorgé deux vaches
● **задра́ть нос** faire le fier

за́дний *adj* de derrière, postérieur • **за́дние ла́пы** les pattes de derrière • **за́дние колёса** les roues arrière
● **без за́дних ног** complètement fourbu • **за́дняя мысль** arrière-pensée › **без вся́кой за́дней мы́сли** sans aucune arrière-pensée • **за́дний ход** marche arrière › **маши́на дала́ за́дний ход** la voiture fit marche arrière • **он за́дним умо́м кре́пок** il a l'esprit de l'escalier

задо́лго *adv*
● **задо́лго до** bien avant › **задо́лго до рассве́та** bien avant l'aube

за́дом *adv* **1.** à reculons • **дви́гаться за́дом** reculer **2.** sens devant derrière • **наде́ть сви́тер за́дом наперёд** mettre son pull sens devant derrière

/ **задохну́ться** → задыха́ться

/ **задра́ть** → задира́ть

/ **задрема́ть** → дрема́ть

/ **задрожа́ть** → дрожа́ть

/ **заду́мать** → заду́мывать

/ **заду́маться** → заду́мываться

заду́мчивость *nf* rêverie *(état)* • **впасть в заду́мчивость** se laisser aller à la rêverie

заду́мчивый *adj* rêveur • **заду́мчивый вид** un air rêveur

заду́мывать / **заду́мать** *v* projeter, concevoir • **они́ заду́мали пое́хать на юг** ils ont décidé de partir dans le Midi • **заду́мать преступле́ние** projeter un crime

заду́мываться / **заду́маться** *vp* **1.** réfléchir *imperf*, se mettre à réfléchir *perf* • **заду́мываться над вопро́сом** réfléchir à une question • **заду́мываться о бу́дущем** réfléchir à l'avenir **2.** hésiter • **он, не заду́мываясь, бро́сился вперёд** sans hésiter, il se précipita

задуше́вный *adj* **1.** intime • **задуше́вный друг** un ami intime • **задуше́вные мы́сли** des pensées secrètes **2.** qui touche l'âme • **задуше́вная пе́сня** une chanson émouvante

/ **задуши́ть** → души́ть

/ **задыми́ться** → дыми́ться

задыха́ться / **задохну́ться** *vp* **1.** perdre le souffle • **задохну́ться от бе́га** être essoufflé d'avoir couru • **задыха́ться от волне́ния** avoir le souffle coupé par l'émotion **2.** s'asphyxier, s'étouffer • **дельфи́ны задыха́ются от недоста́тка кислоро́да** les dauphins s'asphyxient par manque d'oxygène • **они́ задыха́ются от вы́бросов предприя́тий** ils sont asphyxiés par les rejets des usines

заезжа́ть / **зае́хать*** [IV, зае́ду, зае́дешь] *v* **1.** entrer en passant *(autrement qu'à pied)* • **я зае́ду за ва́ми** je passerai vous prendre **2.** s'enfoncer, aller trop loin *(autrement qu'à pied)* • **зае́хать в кана́ву** aller dans le fossé

заём *(pl.* за́йма*)* ④ *nm* emprunt • **предоста́вить рабо́тнику беспроце́нтный заём** proposer à un employé un emprunt gratuit • **госуда́рственный заём** emprunt d'État • **вы́пустить заём** émettre un emprunt

/ **зае́хать** → заезжа́ть

/ **зажа́рить** → жа́рить

/ **зажа́ть** → зажима́ть

/ **заже́чь** → зажига́ть

зажива́ть / **зажи́ть*** [IV, заживу́, заживёшь - за́жил, зажила́, за́жило, за́жили] ⑤ *v* **1.** commencer à vivre • **зажи́ть но́вой жи́знью** commencer une vie nouvelle **2.** cicatriser • **ра́на зажива́ет** la plaie cicatrise

зажига́лка *nf* briquet

зажига́ть / **заже́чь*** [IV, зажгу́, зажжёшь, зажгу́т - зажёг, зажгла́ - зажжённый] *v* allumer • **заже́чь костёр** allumer un feu de bois • **заже́чь ла́мпу** allumer une lampe

зажима́ть / **зажа́ть*** [IV, зажму́, зажмёшь - зажа́тый] *v* **1.** serrer • **зажа́ть дверьми́ пассажи́ра** coincer un passager dans les portes • **зажа́ть в**

зуба́х гво́зди tenir des clous entre ses dents **2.** boucher, museler • **зажа́ть нос** se boucher le nez • **зажа́ть у́ши** se boucher les oreilles ~ *fig* • **зажа́ть инициати́ву** étouffer toute initiative

зажи́точный *adj* aisé *(assez riche)* • **зажи́точная жизнь** une vie aisée

/ **зажи́ть** → зажива́ть

/ **зазвене́ть** → звене́ть

/ **зазвони́ть** → звони́ть

/ **зазвуча́ть** → звуча́ть

зазнава́ться* [II, зазнаю́сь, зазнаёшься - зазнава́йся - зазнава́ясь] / **зазна́ться** *vp* devenir arrogant

/ **зазна́ться** → зазнава́ться

заика́ться *vp* **1.** bégayer **2.** / **заикну́ться** dire un mot • **она́ да́же не заикну́лась об э́том** elle ne m'en a pas soufflé mot

/ **заикну́ться** → заика́ться

заи́мствовать / **заи́мствовать** *v* emprunter • **заи́мствовать те́му у малоизве́стного писа́теля** emprunter son sujet à un écrivain peu connu

займём, займёшь → заня́ть

за́йму[1] → заём

займу́[2] → заня́ть

/ **зайти́** → заходи́ть

зака́з *nm* commande • **получи́ть зака́зы** recevoir des commandes • **включи́ть в зака́з** ajouter à la commande • **ваш зака́з пуст** *(sur Internet)* votre panier est vide • **на зака́з** sur mesure

/ **заказа́ть** → зака́зывать

заказно́й *adj* **1.** sur commande • **заказно́й костю́м** un costume sur mesure **2.** recommandé *(envoi postal)* • **заказно́е письмо́** lettre recommandée

зака́зывать ④ / **заказа́ть*** [II, закажу́, зака́жешь] *v* **1.** commander • **заказа́ть това́р по Интерне́ту** commander des marchandises sur Internet **2.** faire faire • **зака́зывать себе́ пла́тье** se faire faire une robe

зака́иваться / **зака́яться** *vp* jurer *(de ne plus faire qqch)* • **я зака́ялся кури́ть** j'ai juré de ne plus fumer

закалённый *adj* **1.** trempé *(en parlant de métal)* • **закалённая сталь** acier trempé **2.** *fig* endurci, aguerri • **закалённый челове́к** un homme aguerri

/ **закали́ть** → закаля́ть

закаля́ть / **закали́ть** *v* **1.** tremper *(en parlant de métal)* • **закаля́ть сталь** tremper l'acier **2.** aguerrir, endurcir • **кого́-то неуда́чи закаля́ют** certains sont endurcis par les échecs • **закаля́ть во́лю** former la volonté

зака́нчивать / **зако́нчить** *v* achever • **зако́нчить рабо́ту** terminer un travail

зака́пывать / **закопа́ть** *v* **1.** enfouir • **закопа́ть клад** enfouir un trésor **2.** combler • **закопа́ть яму** combler un trou

зака́т *nm* coucher du soleil • **на зака́те** au coucher du soleil

зака́шляться *vp* avoir une quinte de toux

/ **зака́яться** → зака́иваться

закла́д *nm* bien laissé en gage • **на зарабо́танные нали́чные он выкупа́л закла́ды** il rachetait les biens laissés en gage avec de l'argent qu'il gagnait ◈ **би́ться об закла́д** faire un pari

закла́дывать / **заложи́ть** ④ *v* **1.** mettre • **заложи́ть ру́ки за́ спину** mettre les mains derrière le dos • **заложи́ть но́гу на́ ногу** croiser les jambes • **заложи́ть ми́ну** poser une mine • **куда́-то заложи́л кни́гу и ника́к не могу́ её найти́** je ne sais pas où j'ai mis le livre ; je n'arrive pas à le retrouver **2.** boucher • **заложи́ть окно́ кирпичо́м** murer une fenêtre avec des briques **3.** encombrer • **стол зало́жен кни́гами** la table est encombrée de livres **4.** poser les fondations • **заложи́ть дом** commencer la construction d'une maison **5.** atteler • **заложи́ть тро́йку в коля́ску** atteler trois chevaux à la calèche **6.** donner en gage, hypothéquer • **заложи́ть часы́** donner sa montre en gage **7.** marquer • **заложи́ть страни́цу** marquer une page

заключа́ть / **заключи́ть** *v* **1.** conclure • **из э́того я заключи́л, что он меня́ не по́нял** j'en ai conclu qu'il ne m'avait pas compris • **заключи́ть сою́з** conclure une alliance • **заключи́ть соглаше́ние** conclure un accord **2.** mettre *(inclure)* • **заключи́ть в ско́бки**

mettre entre parenthèses • **заключи́ть в кавы́чки** mettre entre guillemets **3.** enfermer • **заключи́ть в тюрьму́** mettre en prison

заключа́ться *vp* **1.** → **заключа́ть** **2.** consister • **зада́ча заключа́ется в том, что́бы объясни́ть пра́вила** la tâche consiste à expliquer les règles • **де́ло заключа́ется в сле́дующем** voici ce dont il s'agit • **в э́том заключа́ется тру́дность** là est la difficulté

заключе́ние *nnt* **1.** conclusion • **мы пришли́ к ва́жному заключе́нию** nous sommes arrivés à une conclusion des plus importantes • **заключе́ние ра́мочного соглаше́ния** la conclusion d'un accord cadre • **в заключе́ние** en conclusion **2.** réclusion • **он был пригово́рён к заключе́нию на пять лет** il fut condamné à cinq ans de prison

заключи́тельный *adj* final • **заключи́тельное сло́во** le discours de clôture

/ **заключи́ть** → **заключа́ть**

заколдо́ванный *adj* ensorcelé • **заколдо́ванное ца́рство** un royaume enchanté

● **заколдо́ванный круг** un cercle vicieux

/ **заколо́ть** → **коло́ть**

зако́н *nm* loi • **избира́тельный зако́н** loi électorale • **объяви́ть вне зако́на** déclarer hors la loi • **зако́н приро́ды** la loi de la nature

зако́нный *adj* **1.** légitime *(légal)* • **зако́нная жена́** l'épouse légitime • **зако́нный насле́дник** l'héritier légitime **2.** légitime *(justifié)* • **зако́нная го́рдость** un orgueil légitime

законода́тельный *adj* législatif • **законода́тельная власть** le pouvoir législatif

/ **зако́нчить** → **зака́нчивать**

/ **закопа́ть** → **зака́пывать**

закорене́лый *adj* endurci, enraciné • **закорене́лые предрассу́дки** des préjugés enracinés

закочене́лый *adj* engourdi *(par le froid)* • **закочене́лые па́льцы** les doigts engourdis

/ **закочене́ть** → **кочене́ть**

/ **закрепи́ть** → **закрепля́ть**

закрепля́ть / **закрепи́ть** *v* fixer, renforcer • **закрепи́ть до́ску гвоздём** fixer une planche avec un clou • **закрепи́ть своё преиму́щество** renforcer sa supériorité • **закрепи́ть за собо́й ме́сто** se faire réserver une place

/ **закрича́ть** → **крича́ть**

/ **закружи́ться** → **кружи́ться**

/ **закрути́ть** → **крути́ть**

/ **закрути́ться** → **крути́ться**

закрыва́ть / **закры́ть*** [II, закро́ю, закро́ешь - закры́тый] *v* **1.** fermer • **закры́ть окно́** fermer la fenêtre • **закры́ть дверь на ключ** fermer la porte à clef • **закры́ть кни́гу** fermer un livre • **закры́ть кран** fermer le robinet • **закры́ть заво́д** fermer une usine • **закры́ть ско́бки** fermer la parenthèse • **закры́ть глаза́** fermer les yeux • **она́ закрыва́ет глаза́ на его́ недоста́тки** elle ferme les yeux sur ses défauts **2.** cacher • **закрыва́ть лицо́ рука́ми** cacher son visage entre ses mains **3.** terminer, clore • **закры́ть заседа́ние** lever la séance

/ **закры́ть** → **закрыва́ть**

заку́ривать / **закури́ть** ④ *v* commencer à fumer • **я опя́ть закури́л** je me suis remis à fumer • **он закури́л тру́бку** il alluma sa pipe

/ **закури́ть** → **заку́ривать**

/ **закуси́ть** → **заку́сывать**

заку́ска *nf* zakouski *(hors-d'œuvre à la russe)*

заку́сочная *adj subst f* = cafétéria *(lieu de restauration rapide)*

заку́сывать / **закуси́ть** ④ *v* **1.** manger *(pour faire faire passer un goût, pour accompagner une boisson forte)* • **закуси́ть ры́бий жир чёрным хле́бом** manger un morceau de pain noir pour faire passer le goût de l'huile de foie de morue • **закуси́ть во́дку огурцо́м** accompagner sa vodka d'un concombre **2.** manger un morceau • **мы закуси́ли по доро́ге** nous avons mangé un morceau en chemin **3.** mordiller *(à l'imperfectif)*, mordre *(au perfectif)* • **заку́сывать усы́** se mordiller les moustaches • **закуси́ть гу́бы** se mordre les lèvres

◈ **закуси́ть удила́** prendre le mors aux dents • **закуси́ть язы́к** *fig* avaler sa langue

/ **заку́тать** → ку́тать

зал *nm* salle • **зал ожида́ния** salle d'attente • **концéртный зал** salle de concert • **спорти́вный зал** salle de sport

/ **зала́ять** → ла́ять

залеза́ть / **залéзть*** [IV, залéзу, залéзешь - залéз, залéзла] *v* **1.** grimper • **залéзть на кры́шу** grimper sur le toit **2.** entrer, se faufiler • **во́ры залéзли в дом** des voleurs sont entrés dans la maison

◈ **залéзть в долги́** s'endetter

/ **залéзть** → залеза́ть

зали́в *nm* golfe • **Фи́нский зали́в** le golfe de Finlande

залива́ть ⑤ / **зали́ть*** [II, залью́, зальёшь - за́лил, залила́, за́лило, за́лили - зале́й - за́литый, за́лит, залита́, за́лито, за́литы] ⑤ *v* inonder • **река́ залила́ луга́** le fleuve a inondé les prés • **зали́ть свéтом** inonder de lumière • **зали́ть го́ре вино́м** noyer son chagrin dans l'alcool • **мя́со вы́ложить на блю́до и зали́ть со́усом** placer la viande sur un plat et l'arroser de sauce

залива́ться ③ / **зали́ться*** [II, залью́сь, зальёшься - зали́лся, залила́сь - зале́йся] *vp* → залива́ть

◈ **зали́ться слеза́ми** fondre en larmes • **зали́ться смéхом** éclater de rire

/ **зали́ть** → залива́ть

/ **зали́ться** → залива́ться

зало́г[1] *nm* gage • **креди́т под зало́г иму́щества** crédit sur hypothèque • **зало́г успéха** un gage de succès • **освободи́ть под зало́г паспорто́в** libérer en gardant les passeports

зало́г[2] *nm* voix (GRAMM) • **действи́тельный зало́г** la voix active • **страда́тельный зало́г** le passif

/ **заложи́ть** → закла́дывать

залп *nm* salve • **дать залп** tirer une salve

за́лпом *adv* d'un trait • **вы́пить за́лпом** boire d'un trait

зама́нивать / **замани́ть** ④ *v* attirer • **замани́ть в заса́ду** attirer dans une embuscade

/ **замани́ть** → зама́нивать

зама́нчивый *adj* attrayant • **зама́нчивое предложéние** une proposition séduisante

/ **замара́ть** → мара́ть

зама́хиваться / **замахну́ться** *vp* **1.** faire un geste menaçant • **замахну́ться па́лкой на коро́ву** menacer la vache avec un bâton ~ *fig* s'attaquer • **замахну́ться на власть** s'attaquer au pouvoir **2.** ambitionner • **мы смо́жем замахну́ться на ти́тул чемпио́нов** nous pourrons prétendre au titre de champion

/ **замахну́ться** → зама́хиваться

/ **замéдлить** → замедля́ть

замедля́ть / **замéдлить** *v* **1.** ralentir • **автомоби́ль замéдлил ход и останови́лся** la voiture ralentit et s'arrêta • **замедля́ть шаги́** ralentir le pas **2.** tarder • **он не замéдлил э́тим воспо́льзоваться** il ne tarda pas à s'en servir • **реа́кция не замéдлила себя́ ждать** la réaction ne se fit pas attendre

/ **замени́ть** → заменя́ть

заменя́ть ④ / **замени́ть** [*part.* заменённый] *v* remplacer • **асфа́льт на пло́щади замéнят на брусча́тку** l'asphalte de la place sera remplacé par des pavés • **еди́ный госэкза́мен заменя́ет вступи́тельные испыта́ния** un examen d'état unique remplacera les épreuves d'entrée à l'université • **заменя́ть секретаря́** remplacer le secrétaire

/ **замерéть** → замира́ть

замерза́ть / **замёрзнуть*** [III] *v* **1.** se transformer en glace, se couvrir de glace • **о́зеро замёрзло** le lac est gelé **2.** avoir très froid • **мы все замёрзли** nous sommes tous gelés

/ **замёрзнуть** → замерза́ть

замести́тель *nm* **1.** adjoint • **она замести́тель мини́стра** elle est vice-ministre • **замести́тель дирéктора** directeur adjoint **2.** remplaçant

замести́тельница *nf* remplaçante

/ **замéтить** → замеча́ть

заме́тка *nf* note • **газе́тная заме́тка** un entrefilet • **заме́тки на поля́х кни́ги** des notes marginales

заме́тно *adv* considérablement • **е́вро заме́тно упа́л** l'euro a considérablement chuté • **сего́дня бана́ны сто́ят заме́тно деше́вле** aujourd'hui les bananes coûtent beaucoup moins cher

заме́тный *adj* visible, manifeste • **едва́ заме́тная ра́зница** une différence à peine sensible

замеча́ние *nnt* observation, remarque • **ве́рное замеча́ние** une remarque pertinente • **ещё одно́ замеча́ние, и я удалю́ вас** encore une observation et je vous mets dehors

замеча́тельный *adj* remarquable • **замеча́тельная же́нщина** une femme remarquable • **замеча́тельная па́мять** une mémoire remarquable

замеча́ть / **заме́тить** *v* **1.** remarquer • **заме́тить следы́** remarquer des traces • **вы заме́тили, как он покрасне́л** vous avez remarqué comme il a rougi **2.** faire remarquer • **я до́лжен вам заме́тить, что э́то опа́сно** je dois vous faire remarquer que c'est dangereux

замеша́тельство *nnt* confusion, trouble • **прийти́ в замеша́тельство** être troublé

/ **замеша́ть** → заме́шивать

заме́шивать / **замеша́ть** *v* mêler, impliquer • **он был заме́шан в э́том де́ле** il a été mêlé à cette affaire

замина́ть / **замя́ть*** [IV, замну́, замнёшь - замя́тый] *v* étouffer *fig* • **замя́ть сканда́л** étouffer un scandale

замира́ть / **замере́ть*** [IV, замру́, замрёшь - за́мер, замерла́, за́мерло, за́мерли] ⑤ *v* s'arrêter, être figé • **она́ замерла́ от волне́ния** elle fut paralysée par l'émotion • **гул за́мер** le grondement se tut

за́мкнутый *adj* renfermé, peu communicatif • **в ли́фте лю́ди нахо́дятся в за́мкнутом простра́нстве** dans l'ascenseur les gens sont dans un espace fermé • **за́мкнутый хара́ктер** un caractère renfermé

/ **замкну́ть** → замыка́ть

замо́к¹ *nm* serrure • **дверно́й замо́к** la serrure de la porte • **держа́ть под замко́м** tenir sous clef • **вися́чий замо́к** cadenas

за́мок² *nm* château fort • **средневеко́вый за́мок** un château du Moyen Âge • **стро́ить возду́шные за́мки** bâtir des châteaux en Espagne

> **À PROPOS DE...**
>
> Les deux mots ci-dessus diffèrent par leur accentuation.

замолка́ть / **замо́лкнуть*** [III] *v* se taire • **он неожи́данно замо́лк** il s'arrêta soudain • **разгово́р замо́лк** la conversation s'arrêta

/ **замо́лкнуть** → замолка́ть

замолча́ть → молча́ть

замора́живать / **заморо́зить** *v* **1.** congeler • **заморо́женная ры́ба** poisson congelé **2.** bloquer • **заморо́зить креди́ты** bloquer des crédits

/ **заморо́зить** → замора́живать

за́муж *adv*
● **вы́йти за́муж** se marier *(en parlant d'une femme)* › **она́ вы́шла за́муж за врача́** elle a épousé un médecin

за́мужем *adv* mariée • **она́ за́мужем за врачо́м** elle est mariée à un médecin

заму́жество *nnt* mariage *(d'une femme)*, état de femme mariée • **до своего́ заму́жества** avant son mariage

заму́жний *adj* **1.** de femme mariée • **заму́жняя жизнь** la vie d'une femme mariée **2.** mariée • **заму́жняя же́нщина** une femme mariée

заму́чивать / **заму́чить** *v* **1.** martyriser, torturer *(à mort)* • **ты́сячи бы́ли заму́чены в тю́рьмах** des milliers de personnes ont été torturées à mort dans les prisons **2.** harasser • **она́ всех заму́чила свои́ми жа́лобами** elle a fatigué tout le monde avec ses lamentations

/ **заму́чить** → заму́чивать

замыка́ние *nnt*
● **коро́ткое замыка́ние** court-circuit

замыка́ть / **замкну́ть** *v* fermer • **замкну́ть дверь** fermer la porte à clef • **замкну́ть конта́кт** fermer un contact ~ *fig* • **замыка́ть ше́ствие** fermer la marche

за́мысел *nm* dessein, projet • **гранди-о́зные за́мыслы** des projets grandioses • **осуществи́ть за́мысел** réaliser un projet

/ **замы́слить** → замышля́ть

замыслова́тый *adj* compliqué, alambiqué • **замыслова́тая фра́за** une phrase alambiquée

/ **замыча́ть** → мыча́ть

замышля́ть / **замы́слить** *v* projeter • **замы́слить побе́г** projeter une évasion • **он замы́слил переплы́ть Чёрное мо́ре** il avait fait le projet de traverser la mer Noire à la nage

/ **замя́ть** → замина́ть

замя́ться *vp* manifester de la gêne • **при э́том вопро́се он замя́лся и пообеща́л перезвони́ть** en entendant la question il a manifesté de la gêne et a promis de rappeler

за́навес *nm* rideau (THÉÂTRE) • **подня́ть за́навес** lever le rideau
◉ **желе́зный за́навес** rideau de fer • **под за́навес** à la fin › **под за́навес плани́руется фейерве́рк** un feu d'artifice est prévu pour clôturer la fête

занаве́ска *nf* rideau • **тю́левые занаве́ски** des voilages en tulle

/ **занести́** → заноси́ть

занима́тельный *adj* divertissant, curieux • **пресс-конфере́нция была́ весьма́ занима́тельной** la conférence de presse était très divertissante • **занима́тельная фи́зика** la physique amusante

занима́ть ⑤ / **заня́ть*** [IV, займу́, займёшь - за́нял, заняла́, за́няло, за́няли - за́нятый, за́нят, занята́, за́нято, за́няты] ⑤ *v* **1.** occuper • **шкаф занима́ет мно́го ме́ста** l'armoire occupe beaucoup de place • **э́то за́няло у меня́ мно́го вре́мени** cela m'a pris beaucoup de temps • **он о́чень за́нят** il est très occupé • **ме́сто за́нято** la place est occupée • **заня́ть кре́пость** occuper une place forte **2.** emprunter • **я за́нял у него́ пятьсо́т рубле́й** je lui ai emprunté cinq cents roubles

занима́ться / **заня́ться*** [IV, займу́сь, займёшься - занялся́, заняла́сь] *vp* **1.** s'occuper, travailler • **занима́ться спо́ртом** faire du sport • **одновре́менно с учёбой в шко́ле он занима́лся в бале́тной шко́ле** en plus de l'école il fréquentait l'école de danse **2.** *poét* commencer • **день занима́ется** le jour se lève
◉ **у меня́ дух занялся́** j'en ai eu le souffle coupé

за́ново *adv* à nouveau • **по́сле уничто́жившего его́ пожа́ра теа́тр бу́дет вы́строен за́ново** le théâtre sera entièrement reconstruit après l'incendie qui l'avait détruit • **всё сгоре́ло, придётся гото́вить у́жин за́ново** tout a brûlé, il faudra que je reprépare un dîner

зано́за ◪ *nf* écharde • **вы́тащить зано́зу из па́льца** tirer une écharde du doigt ◪ *nmf fig* casse-pieds

заноси́ть ④ / **занести́*** [IV, занесу́, занесёшь - занёс, занесла́ - занесённый] ③ *v* **1.** apporter en passant • **ка́ждое у́тро сосе́д заноси́л ему́ газе́ты** tous les matins son voisin lui apportait les journaux **2.** lever • **занести́ ру́ку для уда́ра** lever le bras pour frapper • **занести́ но́гу в стре́мя** mettre le pied à l'étrier **3.** inscrire • **занести́ в протоко́л слова́ свиде́телей** inscrire au procès-verbal les déclarations des témoins **4.** couvrir • **доро́гу занесло́ сне́гом** la route a disparu sous la neige
◉ **каки́м ве́тром вас сюда́ занесло́?** quel bon vent vous amène ?

зано́счивый *adj* arrogant • **зано́счивый вид** un air arrogant

/ **заны́ть** → ныть

заня́тие *nnt* **1.** occupation, travail • **вы́брать себе́ заня́тие по вку́су** choisir une profession selon son goût **2.** cours, leçon • **заня́тия тепе́рь ко́нчились** les cours sont maintenant terminés • **испо́льзовать компью́тер на заня́тиях по иностра́нному языку́** utiliser l'ordinateur dans les cours de langue étrangère • **студе́нты не вы́шли на заня́тия** les étudiants ne sont pas allés en cours

заня́тный *adj* intéressant • **заня́тная кни́жка** un livre intéressant

занято́й *adj* occupé • **о́чень занято́й челове́к** un homme très occupé

/ **заня́ть** → занима́ть

/ **заня́ться** → занима́ться

заодно́ *adv* **1.** de concert • **де́йствовать заодно́** agir de concert **2.** par la même occasion • **пойдём гуля́ть, а заодно́ ку́пим фру́кты** allons faire un tour et en même temps nous achèterons des fruits

зао́чник *nm* étudiant de cours par correspondance

зао́чница *nf* étudiante de cours par correspondance

зао́чный *adj* **1.** à distance • **зао́чное обуче́ние** l'enseignement à distance **2.** par contumace • **приговори́ть зао́чно к пожи́зненному заключе́нию** condamner par contumace à la réclusion à perpétuité

за́пад *nm* ouest • **ко́мната выхо́дит на за́пад** la pièce donne à l'ouest • **к за́паду от го́рода** à l'ouest de la ville • **на за́паде тяну́лись леса́** à l'ouest s'étendaient des forêts • **на За́паде** dans les pays occidentaux

за́падник *nm* occidentaliste *représentant d'un mouvement du XIXe siècle favorable aux influences occidentales*

за́падный *adj* d'ouest, occidental • **за́падный ве́тер** le vent d'ouest • **За́падная Евро́па** l'Europe occidentale

западня́* *(gén. pl.* **западне́й***)* *nf* piège • **поста́вить западню́** tendre un piège • **попа́сть в западню́** tomber dans un piège

запа́здывать / **запозда́ть** *v* être en retard • **по́езд запозда́л** le train est arrivé en retard • **она́ запозда́ла отве́тить** elle a tardé à répondre

запа́с *nm* **1.** réserve *(provision)* • **запа́с дров** une provision de bois de chauffage • **продово́льственные запа́сы** les réserves alimentaires • **у него́ большо́й запа́с слов** il a un vocabulaire considérable **2.** réserve (MIL) • **полко́вник запа́са** un colonel de réserve

запаса́ться / **запасти́сь*** [IV, запасу́сь, запасёшься - запа́сся, запасла́сь] *vp* faire provision de • **запасти́сь дрова́ми** faire provision de bois • **запасти́сь терпе́нием** prendre patience

запасно́й, запа́сный *adj* **1.** de rechange • **запасны́е ча́сти** pièces de rechange • **запа́сный вы́ход** sortie de secours • **запасно́й игро́к** un remplaçant (SPORT) • **запасно́е колесо́** la roue de secours **2.** de réserve (MIL) • **запа́сный батальо́н** un bataillon de réserve

/ **запасти́сь** → запаса́ться

за́пах *nm* odeur • **дурно́й за́пах** une mauvaise odeur • **за́пах цвето́в** le parfum des fleurs

/ **запа́хнуть** → па́хнуть

/ **запа́чкать** → па́чкать

запева́ла *nm premier chanteur d'un chœur*

/ **запере́ть** → запира́ть

запира́ть ⑤ / **запере́ть*** [IV, запру́, запрёшь - за́пер, заперла́, за́перло, за́перли - за́пертый, за́перт, заперта́, за́перто, за́перты ⑤] ⑤ *v* **1.** fermer *(à clef)* • **запере́ть на ключ** fermer à clef **2.** enfermer • **соба́ку за́перли в кварти́ре** le chien était enfermé dans l'appartement

/ **записа́ть** → запи́сывать

запи́ска *nf* **1.** note • **объясни́тельная запи́ска** note explicative • **служе́бная запи́ска** note de service **2.** petit mot • **я получи́л от него́ запи́ску** il m'a envoyé un petit mot
■ **запи́ски** *pl* notes, récits
● ***Запи́ски охо́тника*** (Турге́нев) *les Récits d'un chasseur* (Tourgueniev)

записно́й *adj*
● **записна́я кни́жка** carnet › **электро́нная записна́я кни́жка** organiseur personnel

запи́сывать ④ / **записа́ть*** [II, запишу́, запи́шешь] *v* **1.** inscrire • **записа́ть а́дрес** noter une adresse **2.** enregistrer • **записа́ть конце́рт** enregistrer un concert

запи́сываться ④ / **записа́ться*** [II, запишу́сь, запи́шешься] *vp* s'inscrire • **записа́ться в библиоте́ку** s'inscrire à la bibliothèque • **записа́ться на приём к врачу́** prendre rendez-vous chez le médecin • **записа́ться доброво́льцем** se porter volontaire

за́пись *nf* **1.** note *(inscription)* • **он сде́лал за́пись в календаре́** il fit une note sur le calendrier • **блокно́т с подро́бными за́писями** un carnet avec des notes détaillées **2.** enregistrement • **бесе́да ведётся под за́пись как ви́део, так и**

а́удио l'entretien est enregistré en vidéo et en audio • **показа́ть игру́ в за́писи** montrer un match en différé

/ **запища́ть** → пища́ть

/ **запла́кать** → пла́кать

запла́та *nf* **1.** pièce *(pour le raccommodage)* • **поста́вить на дыру́ запла́ту** poser une pièce sur un trou **2.** patch (INFORM) • **запла́та, вы́пущенная для ве́рсии 9, реша́ет э́ту пробле́му** le patch, développé pour la version 9, résout ce problème

/ **заплати́ть** → плати́ть

запове́дник *nm* réserve *(naturelle)*

/ **заподо́зрить** → подозрева́ть

запозда́лый *adj* attardé • **запозда́лая весна́** un printemps tardif • **запозда́лое раска́яние** un repentir tardif

/ **запозда́ть** → запа́здывать

/ **запо́лнить** → заполня́ть

заполня́ть / **запо́лнить** *v* remplir • **зал был запо́лнен до отка́за** la salle était pleine à craquer • **запо́лнить вре́мя** meubler son temps • **запо́лнить анке́ту** remplir un questionnaire

запомина́ть / **запо́мнить** *v* mémoriser, enregistrer • **соба́ка спосо́бна запомина́ть до двух миллио́нов за́пахов** un chien peut mémoriser jusqu'à deux millions d'odeurs • **програ́мма позволя́ет запомина́ть мно́жество паро́лей** le programme permet d'enregistrer une multitude de mots de passe • **запо́мнить стихи́** retenir des vers

/ **запо́мнить** → запомина́ть

за́понка *nf* bouton de manchette

заправля́ть / **запра́вить** *v* **1.** faire le plein • **води́тель запра́вил маши́ну** le chauffeur fit le plein de sa voiture **2.** rentrer • **запра́вить футбо́лку в брю́ки** rentrer son t-shirt dans son pantalon

запра́вка *nf* **1.** ravitaillement en carburant • **запра́вка самолётов в аэропо́ртах** le ravitaillement des avions en carburant dans les aéroports **2.** station-service • **це́ны на бензи́н на моско́вских запра́вках** le prix de l'essence dans les stations-services de Moscou

/ **запрети́ть** → запреща́ть

запре́тный *adj* interdit • **запре́тная зо́на** zone interdite • **запре́тный плод** le fruit défendu

запреща́ть / **запрети́ть** *(т → щ) v* interdire • **запрети́ть алкого́льные напи́тки** interdire les boissons alcooliques • **врач ему́ запрети́л рабо́тать** le médecin lui a interdit de travailler

запреща́ться *(т → щ) vp* être interdit • **спекта́кль мно́го раз запреща́лся** le spectacle a été interdit maintes fois • **кури́ть запреща́ется** il est interdit de fumer

за́просто *adv* **1.** facilement, aisément • **слу́шатели за́просто мо́гут запи́сывать переда́чи** les auditeurs peuvent aisément enregistrer les émissions **2.** simplement

запряга́ть ③ / **запря́чь*** [IV, запрягу́, запряжёшь, запрягу́т - запря́г, запрягла́ - запряжённый] *v* atteler • **запря́чь ло́шадь в теле́гу** atteler un cheval à une charrette
● **ме́дленно запряга́ть, но бы́стро е́хать** traîner jusqu'au dernier moment › **е́сли они́ бу́дут до́лго запряга́ть, то вы́годы доста́нутся други́м** s'ils traînent trop, ce n'est pas eux qui récolteront les bénéfices

/ **запря́чь** → запряга́ть

запуска́ть[1] / **запусти́ть** ④ *v* **1.** lancer • **запусти́ть зме́я** lancer un cerf-volant • **запусти́ть спу́тник** lancer un satellite **2.** mettre en marche • **запусти́ть мото́р** mettre le moteur en marche

запуска́ть[2] / **запусти́ть** ④ *v* laisser à l'abandon • **запу́щенный сад** un jardin abandonné

/ **запусти́ть** → запуска́ть

запу́танный *adj* embrouillé • **запу́танное де́ло** une affaire bien compliquée

/ **запу́тать** → пу́тать

запята́я *nf* virgule

зараба́тывать / **зарабо́тать** *v* gagner *(par son travail)* • **зарабо́тать себе́ на жизнь** gagner sa vie • **он хорошо́ зараба́тывает** il gagne bien sa vie

/ **зарабо́тать** → зараба́тывать

за́работок *nm* salaire • **ме́сячный за́работок** le salaire mensuel

заража́ть / **зарази́ть** *v* contaminer • **зарази́ть колле́г гри́ппом** passer la grippe à ses collègues ~ *fig* • **он всех зарази́л свои́м весе́льем** sa gaieté s'est communiquée à tous

зара́за *nf* contagion, infection

зарази́тельный *adj* contagieux *fig* • **зарази́тельный смех** un rire contagieux
• **дурно́й приме́р зарази́телен** le mauvais exemple est contagieux

/ **зарази́ть** → заража́ть

зара́зный *adj* contagieux • **зара́зная боле́знь** une maladie contagieuse • **зара́зный больно́й** un malade contagieux

зара́нее *adv* d'avance • **зара́нее пригото́вить** préparer à l'avance • **с зара́нее обду́манным наме́рением** avec préméditation

/ **зареве́ть** → реве́ть

за́рево *nnt* lueur rouge • **за́рево пожа́ра** une lueur d'incendie

/ **заре́зать** → ре́зать

/ **заржа́веть** → ржа́веть

/ **заржа́ть** → ржать

/ **зароди́ться** → зарожда́ться

зарожда́ться / **зароди́ться** *fig vp* être conçu, naître • **у него́ зароди́лось сомне́ние** il lui est venu des doutes

за́росль *nf* broussailles • **сквозь густу́ю за́росль** à travers d'épaisses broussailles

зарпла́та *nf* salaire • **получи́ть зарпла́ту** recevoir son salaire

зарубе́жный *adj* étranger • **зарубе́жные стра́ны** les pays étrangers • **зарубе́жная печа́ть** la presse étrangère

заруча́ться / **заручи́ться** *vp (+ I)* s'assurer • **заручи́ться подде́ржкой това́рищей** s'assurer le soutien de ses camarades

/ **заручи́ться** → заруча́ться

зарыва́ть / **зары́ть*** [II, заро́ю, заро́ешь - зары́тый] *v* enfouir • **зары́ть клад** enfouir un trésor

/ **зарыда́ть** → рыда́ть

/ **зары́ть** → зарыва́ть

/ **зарыча́ть** → рыча́ть

заря́* *(pl.* зо́ри, зорь, заря́м*)* ②⑦ *nf* crépuscule, aube • **вече́рняя заря́** le crépuscule *(du soir)* • **у́тренняя заря́** l'aube • **на заре́** à l'aube • **заря́ занима́ется** le jour se lève • **от зари́ до зари́** du soir au matin
• **ни свет ни заря́** dès potron-minet

заря́д *nm* charge *(poudre, quantité d'électricité...)* • **электри́ческий заря́д** une charge électrique

/ **заряди́ть** → заряжа́ть

заря́дка *nf* **1.** chargement • **заря́дка аккумуля́тора** chargement d'une batterie **2.** gymnastique • **де́лать заря́дку** faire de la gymnastique d'entretien • **у́тренняя заря́дка** gymnastique de mise en forme matinale

заряжа́ть / **заряди́ть** *v* charger • **заряди́ть батаре́ю** charger une batterie • **заряди́ть ору́жие** charger une arme

заса́да *nf* embuscade • **устро́ить заса́ду** dresser une embuscade • **попа́сть в заса́ду** tomber dans une embuscade

/ **засвиде́тельствовать** → свиде́тельствовать

заседа́ние *nnt* séance, réunion • **откры́ть заседа́ние** ouvrir la séance

/ **засиде́ться** → заси́живаться

заси́живаться / **засиде́ться*** [I, засижу́сь, засиди́шься] *vp* rester longtemps • **засиде́ться в гостя́х** rester trop longtemps en visite

/ **засия́ть** → сия́ть

/ **заслони́ть** → заслоня́ть

заслоня́ть / **заслони́ть** *v* couvrir, cacher • **со́лнце заслони́ли ту́чи** les nuages ont caché le soleil

заслу́га *nf* mérite • **награди́ть пило́та по заслу́гам** récompenser le pilote selon ses mérites

заслу́женный *adj* **1.** mérité • **заслу́женный упрёк** un reproche mérité **2.** éminent • **заслу́женный учёный** un savant éminent

заслу́живать / **заслужи́ть** ④ *v* mériter • **заслужи́ть награ́ду** mériter une récompense • заслужи́ть упрёк mériter un reproche

/ **заслужи́ть** → заслу́живать

/ **засмея́ться** → смея́ться

/ **засну́ть** → засыпа́ть

засо́в *nm* verrou • запере́ть на засо́в fermer au verrou

засо́вывать / **засу́нуть** *v* fourrer, cacher • засу́нуть ру́копись в я́щик стола́ mettre son manuscrit dans un tiroir • засу́нуть ру́ки в карма́ны fourrer les mains dans ses poches

/ **засори́ть** → засоря́ть

засоря́ть / **засори́ть** *v* **1.** polluer, salir • лю́ди засоря́ют мирово́й океа́н les gens polluent les océans • очища́ть систе́мы, засорённые спа́мом nettoyer les systèmes pollués par le spam **2.** boucher, bloquer • засори́ть ра́ковину boucher un lavabo

/ **засо́хнуть** → со́хнуть

заста́ва *nf* **1.** poste *(à la frontière)* • пограни́чная заста́ва poste frontière **2.** *arch poste de police et octroi à l'entrée d'une ville* • пло́щадь Тверско́й Заста́вы place de l'Octroi de Tver

застава́ть* [II, застаю́, застаёшь - застава́й - застава́я] / **заста́ть*** [*n cl*, заста́ну, заста́нешь] *v* trouver, surprendre • мы его́ заста́ли за рабо́той nous l'avons trouvé en train de travailler • я наде́юсь заста́ть её до́ма j'espère la trouver chez elle • заста́ть врасплóх prendre au dépourvu

/ **заста́вить** → заставля́ть

заставля́ть[1] / **заста́вить** *v* forcer • заставля́ть рабо́тать forcer à travailler • он заста́вил меня́ верну́ться il m'a forcé à faire demi-tour • он не заста́вил себя́ ждать il ne s'est pas fait attendre

заставля́ть[2] / **заста́вить** *v* encombrer • двор заста́влен маши́нами la cour est encombrée de voitures

/ **заста́ть** → застава́ть

застёгивать / **застегну́ть** [*part.* застёгнутый] *v* agrafer, boutonner • застегну́ть пальто́ boutonner son manteau

/ **застегну́ть** → застёгивать

застёжка *nf* fermeture, fermoir • рюкзачо́к с металли́ческой застёжкой un petit sac à dos avec un fermoir métallique • застёжка на липу́чках fermeture scratch

застёжка-мо́лния *nf* zip, fermeture à glissière

засте́нчивость *nf* timidité • боле́зненная засте́нчивость une timidité maladive

засте́нчивый *adj* timide • засте́нчивый ребёнок un enfant timide

засто́й *nm* marasme • в дела́х засто́й les affaires ne vont pas

/ **застона́ть** → стона́ть

/ **застрахова́ть** → страхова́ть

застрева́ть / **застря́ть*** [*n cl*, застря́ну, застря́нешь] *v* rester, rester en plan • маши́на застря́ла в грязи́ la voiture s'est embourbée • ло́дка застря́ла на мели́ la barque s'est échouée sur un banc de sable • я застря́л в гостя́х je me suis attardé chez des amis

застрели́ть *v* tuer *(avec une arme à feu)* • неизве́стный пыта́лся застрели́ть сто́рожа l'inconnu a essayé d'abattre le gardien avec une arme à feu

/ **застрели́ть** → застре́ливать

/ **застря́ть** → застрева́ть

заступа́ться / **заступи́ться** ④ *vp* prendre la défense, intercéder • заступи́ться за них не́кому il n'y a personne qui puisse intercéder en leur faveur

/ **заступи́ться** → заступа́ться

застыва́ть / **засты́ть*** [*n cl*, засты́ну, засты́нешь] *v* se figer, se glacer • желе́ засты́ло la gelée a pris ~ *fig* • у меня́ кровь засты́ла от у́жаса mon sang se glaça d'effroi • на лице́ засты́ла улы́бка son sourire se figea

/ **засты́ть** → застыва́ть

/ **засу́нуть** → засо́вывать

за́суха *nf* sécheresse • боро́ться с за́сухой lutter contre la sécheresse

засу́чивать / **засучи́ть** ④ *v* retrousser • засучи́ть рукава́ retrousser ses manches

/ **засучи́ть** → засу́чивать

засу́шливый *adj* sec • **засу́шливый год** une année de sécheresse

засыпа́ть[1] / **засну́ть** *v* s'endormir • **я засну́л по́здно и просну́лся до рассве́та** je me suis endormi tard et me suis réveillé avant le jour

À PROPOS DE...

Le verbe «s'endormir», **засыпа́ть / засну́ть** n'est pas pronominal. Il n'en est pas de même du verbe «se réveiller», **просыпа́ться / просну́ться**, pronominal dans les deux langues.

засыпа́ть[2] / **засы́пать*** [II, засы́плю, засы́плешь] *v* combler, couvrir *(en versant qqch)* • **засы́пать я́му** combler une fosse • **двор засы́пан ли́стьями** la cour est jonchée de feuilles ~ *fig* • **засы́пать ребёнка пода́рками** combler un enfant de cadeaux • **засы́пать роди́телей вопро́сами** bombarder ses parents de questions

/ **засы́пать** → засыпа́ть

засыпа́ться / **засы́паться*** [II, засы́плюсь, засы́плешься] *vp* **1.** → засыпа́ть **2.** *fam* se faire avoir • **засы́пался он на ерунде́** il s'est fait pincer pour une bêtise • **я засы́пался на экза́мене** je me suis fait coller à mon examen

/ **засы́паться** → засыпа́ться

зата́ивать / **затаи́ть** *v* cacher, couver • **затаи́ть оби́ду** garder rancune
■ **затаи́ть дыха́ние** retenir sa respiration

/ **затаи́ть** → зата́ивать

зата́пливать / **затопи́ть** ④ *v* allumer *(un fourneau)* • **затопи́ть печь** allumer le poêle

/ **затвори́ть** → затворя́ть

затворя́ть / **затвори́ть** ④ *v* fermer, enfermer • **затвори́ть дверь** fermer la porte

затева́ть / **зате́ять*** [II, зате́ю, зате́ешь] *v* projeter, entreprendre • **он затева́ет каку́ю-то га́дость** il manigance un sale tour • **зате́ять проце́сс** intenter un procès • **зате́ять спор** lancer une discussion

зате́йливый *adj* compliqué, alambiqué • **зате́йливые украше́ния** des ornements tarabiscotés

затека́ть / **зате́чь*** [IV, затечёт, затеку́т - затёк, затекла́] ③ *v* **1.** entrer *(en coulant)* • **вода́ затекла́ в у́ши** l'eau m'est entrée dans les oreilles **2.** s'engourdir • **у меня́ затекли́ но́ги** j'ai les jambes engourdies

зате́м *adv* ensuite • **зате́м он уе́хал** ensuite, il s'en alla
■ **зате́м, что́бы** *loc conj* afin de • **я шёл пешко́м зате́м, что́бы не тра́тить ли́шние де́ньги** j'ai fait le trajet à pied afin de ne pas dépenser de l'argent inutilement

/ **затеря́ться** *vp* se perdre • **письмо́ затеря́лось** la lettre s'est perdue • **он затеря́лся в толпе́** il disparut dans la foule

/ **зате́чь** → затека́ть

зате́я *nf* invention, dessein • **неле́пая зате́я** une invention stupide • **ребя́чьи зате́и** des amusements de gosses

/ **зате́ять** → затева́ть

затиха́ть / **зати́хнуть*** [III] *v* s'apaiser • **бу́ря зати́хла** la tempête se calma • **голоса́ зати́хли** les voix se turent

/ **зати́хнуть** → затиха́ть

зати́шье *nnt* accalmie
■ **зати́шье по́сле бу́ри** le calme après la tempête

/ **заткну́ть** → затыка́ть

затме́ние *nnt* éclipse • **затме́ние со́лнца** une éclipse de soleil • **части́чное затме́ние** une éclipse partielle

зато́ *conj* en revanche • **у них мно́го рабо́ты ле́том, зато́ зимо́й они́ отдыха́ют** l'été ils ont beaucoup de travail, en revanche, ils se reposent en hiver

/ **затопи́ть** → зата́пливать, затопля́ть, → топи́ть

затопля́ть / **затопи́ть** ④ *v* **1.** submerger • **река́ затопи́ла луга́** la rivière a inondé les prés **2.** saborder • **затопи́ть кора́бль** saborder un navire

зато́р *nm* encombrement • **в таку́ю пого́ду зато́ры возника́ют по всему́ го́роду** par ce temps il y a des encombrements dans toute la ville

/ **затормози́ть** → тормози́ть

затра́гивать / **затро́нуть** *v* effleurer, toucher • **боле́знь затро́нула лёгкие** la maladie a touché les poumons ~ *fig* • **кри́зис затро́нул мно́гие стра́ны** la crise a touché de nombreux pays • **затра́гивать вопро́с** effleurer une question • **затро́нуть самолю́бие** blesser l'amour-propre

затра́та *nf* dépense • **напра́сная затра́та эне́ргии и вре́мени** une dépense inutile d'énergie et de temps
■ **затра́ты** *pl* coûts • **непроизводи́тельные затра́ты** des coûts improductifs • **нести́ все затра́ты на разви́тие инфраструкту́ры** supporter les coûts de développement de l'infrastructure

/ **затрепета́ть** → трепета́ть

/ **затреща́ть** → треща́ть

/ **затро́нуть** → затра́гивать

затрудне́ние *nnt* **1.** difficulté • **де́нежные затрудне́ния** des difficultés financières • **э́то не представля́ет осо́бых затрудне́ний** cela ne présente pas de difficultés particulières **2.** embarras • **быть в большо́м затрудне́нии** être dans un grand embarras • **вы́вести го́стя из затрудне́ния** tirer son invité d'embarras

/ **затрудни́ть** → затрудня́ть

затрудня́ть / **затрудни́ть** *v* **1.** compliquer • **затрудни́ть де́ло** compliquer une affaire **2.** embarrasser, déranger • **е́сли вас не затрудни́т** si ça ne vous dérange pas

затрудня́ться / **затрудни́ться** *vp* se déranger • **не затрудня́йтесь!** ne vous dérangez pas

/ **затрясти́сь*** [IV, затрясу́сь, затрясёшься - затря́сся, затрясла́сь] ③ *vp* se mettre à trembler • **он затря́сся от гне́ва** il en trembla de colère

за́тхлый *adj* **за́тхлый за́пах** une odeur de renfermé • **здесь па́хнет за́тхлым** ça sent le renfermé ici

затыка́ть / **заткну́ть** *v* **1.** boucher • **заткну́ть у́ши** se boucher les oreilles • **заткну́ть проти́внику гло́тку** *tfam* clouer le bec à son adversaire **2.** *(за + A)* mettre, fourrer • **заткну́ть кинжа́л за по́яс** mettre son poignard à la ceinture
● **заткну́ть за по́яс свои́х сопе́рников** damer le pion à ses adversaires

заты́лок *nm* nuque • **почеса́ть в заты́лке** se gratter la tête

затя́гивать / **затяну́ть** ④ *v* **1.** serrer • **затяну́ть га́йки** serrer des écrous • **затяну́ть по́яс** serrer sa ceinture **2.** engloutir • **тряси́на затяну́ла коро́ву** le marécage a englouti une vache ~ *fig* • **его́ затяну́ли компью́терные и́гры** il s'est laissé engloutir par les jeux informatiques **3.** couvrir • **не́бо затяну́ло ту́чами** le ciel s'est couvert de nuages **4.** traîner • **не затя́гивать с пода́чей докуме́нтов** ne pas traîner pour déposer ses papiers **5.** entonner *(une chanson)* • **затяну́ть пе́сню** entonner une chanson

затяжно́й *adj* de longue durée • **затяжна́я боле́знь** une longue maladie

/ **затяну́ть** → затя́гивать

/ **захвати́ть** → захва́тывать

захва́тывать / **захвати́ть** ④ *v* prendre, s'emparer de • **захвати́ть с собо́й де́ньги** prendre de l'argent avec soi • **захвати́ть власть** prendre le pouvoir • **захвати́ть террито́рию** s'emparer d'un territoire • **дождь захвати́л нас по доро́ге** la pluie nous a surpris en chemin
● **у меня́ дух захвати́ло** j'en ai eu le souffle coupé

/ **захлебну́ться** → захлёбываться

захлёбываться / **захлебну́ться** *vp* **1.** s'étrangler *(en buvant)* • **он захлебну́лся ча́ем** il s'est étranglé en buvant du thé **2.** exulter • **захлебну́ться от сча́стья** exulter de joie

/ **захло́пнуть** → захло́пывать

захло́пывать / **захло́пнуть** *v* fermer *(en faisant claquer)* • **захло́пнуть две́рцу** claquer la portière

захо́д *nm* **захо́д корабля́ в порт** l'escale d'un bateau dans le port • **захо́д самолёта на поса́дку** l'approche finale d'un avion *(pour l'atterrisage)*
● **захо́д со́лнца** coucher du soleil

заходи́ть ④ / **зайти́*** [IV, зайду́, зайдёшь - зашёл, зашла́ - зайдя́] *v* **1.** entrer en passant • **я зашёл в парикма́херскую** je suis passé chez le coiffeur • **мы зашли́ к нему́ по доро́ге** nous sommes passés chez lui en chemin • **зайти́ в библиоте́ку за кни́гой** passer à la bibliothèque chercher un livre **2.** s'introduire, pénétrer • **зайти́ в лес** pénétrer dans la forêt • **зайти́ в во́ду по по́яс** entrer dans l'eau jusqu'à la ceinture **3.** aller trop loin • **куда́ мы зашли́?** où sommes-nous tombés ? • **бесе́да зашла́ за́ полночь** la conversation s'est prolongée jusqu'à plus de minuit • **вы зашли́ сли́шком далеко́** vous y allez fort **4.** commencer *(en parlant d'une conversation, d'une discussion)* • **спор зашёл о совреме́нной му́зыке** on s'est mis à discuter de musique contemporaine **5.** se coucher *(en parlant d'un astre)* • **со́лнце зашло́** le soleil s'est couché

/ **захоте́ть** → хоте́ть

/ **захоте́ться** → хоте́ться

/ **захохота́ть** → хохота́ть

/ **захрапе́ть** → храпе́ть

/ **захрипе́ть** → хрипе́ть

/ **захрома́ть** → хрома́ть

заче́м *adv* pourquoi, dans quel but • **заче́м он прие́хал?** pourquoi est-il venu ?

зачёт *nm* examen probatoire *(dans une université, une école supérieure)* • **гото́виться к зачёту** se préparer à un examen

/ **зашага́ть** *v* se mettre à marcher • **он зашага́л прочь** il s'éloigna à grands pas

/ **зашевели́ться** → шевели́ться

/ **зашелесте́ть** → шелесте́ть

/ **зашипе́ть** → шипе́ть

/ **заштո́пать** → што́пать

/ **зашуме́ть** → шуме́ть

/ **зашурша́ть** → шурша́ть

/ **защебета́ть** → щебета́ть

/ **защеми́ть** → защемля́ть

защемля́ть / **защеми́ть** *v* pincer • **защеми́ть клеща́ми** pincer avec des tenailles • **у меня́ защеми́ло на се́рдце** mon cœur s'est serré

защи́та *nf* **1.** défense, protection • **защи́та го́рода от наводне́ний** la défense de la ville contre les inondations • **для защи́ты от со́лнца** pour se protéger du soleil • **взять под свою́ защи́ту** prendre sous sa protection **2.** soutenance • **защи́та дипло́мной рабо́ты** la soutenance d'un diplôme

/ **защити́ть** → защища́ть

защи́тник *nm* **1.** défenseur • **защи́тники Сталингра́да** les défenseurs de Stalingrad **2.** avocat **3.** arrière (SPORT) • **пра́вый защи́тник** arrière droit

защи́тница *nf* **1.** défenseure • **защи́тница интере́сов престаре́лых гра́ждан,** la défenseure des droits des personnes âgées **2.** avocate **3.** arrière (SPORT)

защи́тный *adj* **1.** de protection • **защи́тные очки́** des lunettes de protection **2.** kaki • **защи́тного цве́та** de couleur kaki

защища́ть / **защити́ть** *(т → щ) v* **1.** défendre, protéger • **защища́ть го́род** défendre la ville • **защища́ть от ве́тра** protéger contre le vent **2.** soutenir • **защища́ть диссерта́цию** soutenir sa thèse

/ **заяви́ть** → заявля́ть

заявля́ть / **заяви́ть** ④ *v* déclarer • **заяви́ть о своём согла́сии** déclarer que l'on est d'accord • **он заяви́л, что уе́дет** il annonça qu'il allait partir

зая́длый *adj* acharné • **зая́длый игро́к** un joueur acharné

за́яц (за́йца) *nm* **1.** lièvre • **охо́та на за́йцев** la chasse au lièvre **2.** resquilleur • **е́хать за́йцем** voyager sans billet • **за двумя́ за́йцами пого́нишься, ни одного́ не пойма́ешь** il ne faut pas courir deux lièvres à la fois

зва́ние *nnt* titre, grade • **профе́ссорское зва́ние** le titre de professeur • **ему́ бы́ло присво́ено зва́ние майо́ра** on lui a attribué le grade de major

звать* [IV, зову́, зовёшь - звал, звала́, зва́ло, зва́ли] ⑤ *v* **1.** / **позва́ть*** [IV, позову́, позовёшь - позва́л, позвала́, позва́ло, позва́ли ⑤ - по́званный, по́зван, позвана́, по́звано, по́званы ⑤] ⑤ appeler, faire venir • **звать на по́мощь** appeler au secours • **звать к себе́ в го́сти** inviter **2.** appeler, nommer • **как вас зову́т?** comment vous appelez-vous ? • **его́ зову́т Пе́тя** il s'appelle Petia

звезда́ *(pl.* звёзды*)* ②① *nf* **1.** étoile • **Поля́рная звезда́** l'étoile polaire **2.** vedette • **звезда́ экра́на** star de l'écran

● вéрить в свою́ звездý croire en son étoile • морскáя звездá étoile de mer

звенéть* [I, звени́т, звеня́т] / **зазвенéть*** [I, *id*] *v* sonner, tinter • колокóльчик зазвенéл la clochette tinta
● у меня́ звени́т в ушáх les oreilles me tintent

звенó* (*pl.* звéнья, звéньев, звéньям) ②① *nnt* chaînon, maillon *litt & fig* • два звенá однóй цéпи deux maillons d'une même chaîne

звери́ный *adj* **1.** de bête sauvage • звери́ный вой un hurlement de bête sauvage **2.** bestial • звери́ная нéнависть une haine féroce

звéрский *adj* **1.** brutal, bestial • звéрское убийство un meurtre brutal **2.** *fig* féroce • звéрский аппети́т un appétit féroce

зверь ①③ *nm* bête sauvage • пушны́е звéри les animaux à fourrure

звон *nm* son, tintement • звон колоколóв le son des cloches

звони́ть *v* **1.** / зазвони́ть *et* позвони́ть sonner • кто-то звони́т; открóй дверь on sonne, va ouvrir la porte • телефóн звони́т le téléphone sonne • кóлокол звони́т la cloche sonne • звони́ть в кóлокол faire sonner une cloche • буди́льник звони́т le réveil sonne **2.** / позвони́ть téléphoner • я вам позвоню́ зáвтра вéчером je vous téléphonerai demain soir • он звони́л сказáть, что заболéл il a téléphoné pour dire qu'il était malade

звóнкий (*comp.* звóнче*) ⑤ *adj* sonore • звóнкий гóлос une voix sonore

звонóк *nm* **1.** sonnette • электри́ческий звонóк une sonnerie électrique **2.** coup de sonnette, sonnerie • раздáлся звонóк la sonnerie retentit **3.** appel (*téléphonique*), coup de fil • бесплáтные звонки́ чéрез Интернéт appels gratuits par Internet • нáдо сдéлать пáру звонкóв il faut que je passe un ou deux coups de fil

звóнче *comp de* звóнкий

звук *nm* son, bruit • звук шагóв un bruit de pas • прия́тные звýки des sons agréables • скóрость звýка la vitesse du son • издавáть звук produire un son

звукоподражáние *nnt* onomatopée

звучáть* [I, звучи́т, звучáт] / **зазвучáть*** [I, *id*] *et* **прозвучáть*** [I, *id*] *v* retentir • звучáли голосá des voix retentissaient • роя́ль хорошó звучи́т le piano a un son agréable • в её гóлосе звучáла тревóга sa voix laissait percer l'inquiétude

звýчный ⑤ *adj* sonore, retentissant • звýчный гóлос une voix sonore

зги *nf*
● ни зги не ви́дно on n'y voit goutte

здáние *nnt* bâtiment, édifice • общéственные здáния les édifices publics • высóтное здáние tour, gratte-ciel

здесь *adv* ici (*emplacement*) • они́ живýт здесь ils habitent ici

здéшний *adj* d'ici • здéшние лю́ди les gens d'ici

здорóваться [здорóваюсь, здорóваешься] / **поздорóваться** [*id*] *vp* saluer • он ни с кем не поздорóвался il n'a salué personne • поздорóваться зá руку se serrer la main

здоровéнный *adj* robuste, costaud • здоровéнный мужи́к un homme costaud

здóрово[1] *adv* **1.** singulièrement • я здóрово проголодáлся j'ai très faim **2.** très bien • э́то здóрово сдéлано c'est drôlement bien fait

здорóво![2] *interj* salut !

À PROPOS DE...

Les deux mots ci-dessus diffèrent par leur accentuation.

здорóвый *adj* **1.** sain • здорóвый ребёнок un enfant en bonne santé • здорóвая пи́ща une nourriture saine • э́то здорóвая и óчень хорóшая идéя c'est une très bonne idée pleine de bon sens **2.** costaud
● бýдьте здорóвы ! à vos souhaits !

здорóвье *nnt* santé • э́то врéдно для здорóвья c'est mauvais pour la santé • как вáше здорóвье? comment allez-vous ?
● (за) вáше здорóвье! à votre santé !, à la vôtre !

здравоохранéние *nnt* santé publique • министéрство здравоохранéния le ministère de la Santé publique

здра́вствовать *v* bien se porter
● **да здра́вствует** vive ! › **да здра́вствует свобо́да!** vive la liberté !

здра́вствуй!, здра́вствуйте ! *interj* bonjour !

À PROPOS DE...

L'interjection **здра́вствуй!, здра́вствуйте!** est dérivée de l'impératif du verbe **здра́вствовать**, bien se porter. Ainsi s'explique l'existence de deux formes distinctes correspondant l'une au tutoiement, l'autre au vouvoiement.

здра́во *adv* sainement, avec bon sens • **здра́во рассужда́ть** raisonner sainement

здра́вый *adj* raisonnable, judicieux • **здра́вый смысл** le bon sens

зе́бра *nf* **1.** zèbre **2.** passage (pour) piétons • **же́нщина переходи́ла у́лицу по зе́бре** la femme traversait la rue sur le passage pour piétons

зева́ть / зевну́ть *v* bâiller • **зева́ть от ску́ки** bâiller d'ennui

/ зевну́ть → **зева́ть**

зелене́ть / позелене́ть *v* **1.** avoir une couleur verte, verdoyer • **вдали́ зелене́л лес** au loin on voyait la forêt verte **2.** devenir vert, verdir • **медь позелене́ла** le cuivre a verdi • **луга́ зелене́ют** les prés reverdissent

зелёный *adj* **1.** vert *(de couleur verte)* • **зелёная ткань** une étoffe verte **2.** vert *(pas mûr)* • **зелёное я́блоко** une pomme pas mûre **3.** vert (POLIT)

зе́лень *nf* **1.** verdure • **там ма́ло зе́лени** là-bas, il y a peu de verdure **2.** légumes verts • **торгова́ть зе́ленью** faire le commerce des légumes

земе́льный *adj* terrien • **земе́льный уча́сток** un lopin de terre • **земе́льная рефо́рма** la réforme agraire

землевладе́лец *nm* propriétaire terrien

земледе́лие *nnt* agriculture

землетрясе́ние *nnt* tremblement de terre

земля́ ⑥⑤ *nf* **1.** Terre • **Земля́ враща́ется вокру́г Со́лнца** la Terre tourne autour du Soleil **2.** terre, sol • **родна́я земля́** la terre natale • **взять в аре́нду зе́млю** prendre un terrain en location • **бро́сить на зе́млю** jeter par terre • **под зе́млю** sous la terre • **проложи́ть ка́бель под землёй** poser un câble dans le sol • **я был гото́в сквозь зе́млю провали́ться** j'aurais voulu disparaître

земля́к ③② *fam nm* compatriote *m*

земля́чка ③② *fam nf* compatriote *f*

земляни́ка *nf* **1.** fraise (des bois) • **земляни́ка** fraises des bois • **собира́ть земляни́ку в лесу́** ramasser des fraises dans le bois • **варе́нье из земляни́ки** confiture de fraises des bois **2.** fraisier *(sauvage)*

земля́нка *nf* abri *(creusé dans la terre)* • **солда́ты отдыха́ли в земля́нке** les soldats se reposaient dans un abri

земно́й *adj* terrestre, de la terre • **земно́й шар** le globe terrestre • **земны́е бла́га** les biens terrestres

зе́мство *nnt* (HIST) zemstvo *assemblée territoriale de 1864 à 1918*

зени́тный *adj* antiaérien • **зени́тная ракета** un missile antiaérien

зе́ркало *(pl.* **зеркала́, зерка́л, зеркала́м***)* ①⑥ *nnt* miroir • **смотре́ться в зе́ркало** se regarder dans une glace

зерка́льный *adj* **1.** lisse comme un miroir • **зерка́льная пове́рхность о́зера** la surface du lac, lisse comme un miroir **2.** à miroir • **зерка́льный шкаф** une armoire à glace

зернистый *adj* granuleux • **зерни́стая ма́сса** une masse granuleuse • **зерни́стая икра́** caviar en grains

зерно́ *(pl.* **зёрна***)* ②① *nnt* grain • **ко́фе в зёрнах** du café en grains ~ *fig* • **зерно́ и́стины** un grain de vérité

зима́ ⑥① *nf* hiver • **суро́вая зима́** un hiver rigoureux • **сне́жная зима́** un hiver neigeux • **зима́ наступи́ла** l'hiver est arrivé
● **ско́лько лет, ско́лько зим!** il y a un siècle qu'on ne s'est pas vus !

À PROPOS DE...

L'accent passe sur la préposition dans les groupes **за́ зиму** et **на́ зиму**.

зи́мний *adj* d'hiver • **зи́мний спорт** les sports d'hiver • **зи́мняя одéжда** les vêtements d'hiver

зимовáть / **перезимовáть** *v* passer l'hiver • **они́ перезимовáли в горáх** ils ont passé l'hiver dans les montagnes ● **я емý покажý, где рáки зимýют** je vais lui montrer de quel bois je me chauffe

зимóй ◪ *nf* → **зимá** ◪ *adv* en hiver • **зимóй мы катáлись на конькáх** en hiver, nous faisions du patin

зия́ть *v* être béant • **зия́ющая бéздна** un gouffre béant

златоглáвый *adj* à coupoles dorées • **златоглáвые цéркви** des églises aux coupoles dorées

злéйший *adj superl de* **злой** ● **злéйший враг** un ennemi acharné

зли́ться *vp* **1.** être furieux **2.** / **разозли́ться** se mettre en fureur • **онá разозли́лась на меня́** elle était furieuse contre moi

зло[1] (**зол** *(seule forme usitée au pluriel)*) *nnt* **1.** mal • **отплати́ть злом за добрó** rendre le mal pour le bien • **из двух зол вы́брать мéньшее** de deux maux choisir le moindre **2.** colère • **со зла** de colère • **егó зло взя́ло** la moutarde lui monta au nez

зло[2] → **злой**

злóба *nf* méchanceté, animosité • **питáть злóбу прóтив свекрóви** nourrir de l'animosité contre sa belle-mère ● **злóба дня** le problème du jour

злóбный *adj* méchant • **злóбный взгляд** un regard méchant

злободнéвный *adj* d'actualité • **злободнéвный вопрóс** une question d'actualité

зловéщий *adj* sinistre • **зловéщая тишинá** un silence lugubre • **зловéщий вой** des hurlements sinistres

зловрéдный *adj* malfaisant • **зловрéдный человéк** un homme malfaisant

злодéй *nm* malfaiteur, scélérat

злой *(superl.* **злéйший***)* *adj* **1.** méchant • **злы́е лю́ди** de méchantes personnes • **осторóжно, злáя собáка !** attention, chien méchant ! • **у неё злой язы́к** c'est une mauvaise langue • **злой морóз** un froid terrible **2.** *(à la forme courte seulement)* en colère • **онá зла на тебя́** elle t'en veut

злонамéренный *adj* mal intentionné • **злонамéренные лю́ди** des gens mal intentionnés

злопáмятный *adj* rancunier • **злопáмятный человéк** un homme rancunier

злослóвие *nnt* médisance

злость *nf* rage, colère • **побледнéть от злóсти** pâlir de rage • **злость меня́ взялá** la rage me prit

/ **злоупотреби́ть** → **злоупотребля́ть**

злоупотреблéние *nnt* abus • **злоупотреблéние довéрием** un abus de confiance • **злоупотреблéние влáстью** un abus de pouvoir

злоупотребля́ть / **злоупотреби́ть** *v* abuser • **он злоупотребля́ет нáшим терпéнием** il abuse de notre patience

змей *nm* **1.** dragon (MYTHOL) • **Змéй Горы́ныч** le Dragon Gorynitch *(personnage de conte)* **2.** cerf-volant *(jouet)* • **запусти́ть змéя** lancer un cerf-volant

À PROPOS DE...

Le mot **змей** appartient au sous-genre animé, même lorsqu'il est employé au sens de « cerf-volant ».

змея́ ②① *nf* serpent • **егó ужáлила змея́** il a été mordu par un serpent • **ядови́тая змея́** un serpent venimeux

знак *nm* signe • **дéлать знáки рукóй** faire des signes avec la main • **знáки препинáния** les signes de ponctuation • **вопроси́тельный знак** point d'interrogation • **восклицáтельный знак** point d'exclamation • **мя́гкий знак** signe mou • **твёрдый знак** signe dur • **фи́рменный знак** le logo • **дурнóй знак** un mauvais signe • **дóбрый знак** un bon signe • **в знак дрýжбы** en signe d'amitié • **под знáком дрýжбы** sous le signe de l'amitié • **молчáние — знак соглáсия** qui ne dit mot consent

Voir encadré page suivante.

знакóмить *v* **1.** / **познакóмить** présenter, faire faire connaissance • **мы егó**

À PROPOS DE...

Il convient de ne pas confondre **зна́ком**, instrumental du mot **знак**, et **знакóм**, forme courte de l'adjectif **знакóмый**. Ces deux formes diffèrent par leur accent.

познакóмили с дирéктором nous l'avons présenté au directeur **2.** / **ознакóмить** *et* **познакóмить** mettre au courant • **я егó ознакóмил с э́тим вопрóсом** je l'ai mis au courant de cette affaire

знакóмиться *vp* **1.** / **познакóмиться** faire connaissance • **мы с ним познакóмились два гóда томý назáд** j'ai fait sa connaissance il y a deux ans • **óчень рад познакóмиться** enchanté de faire votre connaissance **2.** / **ознакóмиться** *et* **познакóмиться** se mettre au courant • **он ознакóмился с э́тим дéлом** il s'est mis au courant de cette affaire

знакóмство *nnt* **1.** connaissance, relations • **завязáть знакóмство с сосéдкой** lier connaissance avec sa voisine • **порвáть знакóмство с бы́вшими коллéгами** cesser toutes relations avec ses anciens collègues • **имéть кýчу знакóмств** avoir beaucoup de relations **2.** connaissance *(résultat d'une étude)* • **знакóмство с положéнием дел** la connaissance de la situation

знакóмый *adj* connu • **я с ним не знакóм** je ne le connais pas • **э́то и́мя мне знакóмо** ce nom me dit quelque chose ■ **знакóмый** *adj subst m* connaissance • **оди́н из моих знакóмых** un de mes amis

À PROPOS DE...

Il convient de ne pas confondre **знакóм**, forme courte de l'adjectif **знакóмый**, et **зна́ком**, instrumental du mot **знак**. Ces deux formes diffèrent par leur accent.

знакóмая *adj subst f* connaissance

знамени́тый *adj* illustre • **знамени́тый учёный** un illustre savant

зна́мя* *(gén., dat., loc., instr.* **зна́менем** *; pl.* **знамёна, знамён, знамёнам***) nnt* étendard, drapeau • **полковóе зна́мя** le drapeau du régiment

зна́ние *nnt* connaissance, savoir • **зна́ние языкá** la connaissance d'une langue • **прóчные зна́ния** de solides connaissances

зна́тный ⑤ *adj* **1.** illustre • **зна́тные персóны** les personnes célèbres **2.** de haute aristocratie

знатóк ③② *nm* connaisseur • **она знатóк в лошадя́х** elle s'y connaît en matière de chevaux • **он знатóк своегó дéла** il connaît son affaire • **осмáтривать кварти́ру с ви́дом знатокá** examiner l'appartement en connaisseur

знать *v* connaître, savoir • **знать урóк** savoir sa leçon • **знать язы́к** connaître une langue • **он плóхо знал рýсский** il connaissait mal le russe • **знать своё дéло** connaître son affaire • **вы зна́ете Васи́льева?** vous connaissez Vassiliev ? • **он зна́ет, что я прав** il sait que j'ai raison • **он не зна́ет, как себя́ с ним вести́** il ne sait pas comment se comporter avec lui • **об э́том я ничегó не зна́ю** je ne sais rien à ce sujet • **знать тебя́ бóльше не хочý** je ne veux plus entendre parler de toi

● **чёрт егó зна́ет** *fam* Dieu seul le sait • **дать знать** faire savoir › **дать знать о себé** donner de ses nouvelles • **дать себя́ знать** se faire sentir › **устáлость даёт себя́ знать** la fatigue se fait sentir • **как зна́ете** comme vous voulez › **дéлайте как зна́ете** faites comme vous l'entendez • **знать начáльство в лицó** connaître ses patrons de vue • **зна́ешь что, пойдём в кинó** si on allait au cinéma ? • **наскóлько я зна́ю** autant que je sache • **порá и честь знать** il est temps de s'en aller • **почём знать ?** qui sait ?

зна́ться *vp* fréquenter, avoir des relations • **он не хóчет с нáми зна́ться** il ne veut pas nous connaître

значéние *nnt* **1.** sens • **э́то слóво имéет нéсколько значéний** ce mot a plusieurs sens • **прямóе значéние** le sens propre • **перенóсное значéние** le sens figuré **2.** importance • **э́то не имéет никакóго значéния** cela n'a aucune importance • **придавáть большóе значéние** accorder une grande importance

зна́чит → **зна́чить**

значи́тельно *adv* considérablement • **цéны в Псковé значи́тельно вы́ше, чем в Нóвгороде** les prix à Pskov sont considérablement plus élevés qu'à Novgorod

значи́тельный *adj* important, considérable • **значи́тельная су́мма** une somme considérable • **игра́ть значи́тельную роль** jouer un rôle important

зна́чить *v* **1.** signifier, avoir une signification • **что э́то зна́чит ?** qu'est-ce que cela veut dire ? **2.** avoir une importance • **э́то ничего́ не зна́чит** cela n'a aucune importance • **что зна́чит мо́лодость!** ce que c'est tout de même que d'être jeune !
● **зна́чит** alors › **не отвеча́ют, зна́чит, уе́хали** ils ne répondent pas, alors c'est qu'ils sont partis

значо́к *nm* **1.** insigne • **собира́ть значки́** collectionner les insignes **2.** icône (INFORM) • **значки́ запу́щенных приложе́ний** les icônes des applications ouvertes

знobи́ть *v* donner des frissons • **её знобило** elle avait des frissons

зной *nm* canicule

зно́йный *adj* torride • **зно́йный день** une journée torride • **зно́йный ве́тер** un vent brûlant

зовём, зовёт, зову́ → **звать**

зодиа́к *nm* zodiaque • **зна́ки зодиа́ка** les signes du zodiaque

зола́ *nf* cendre(s) • **выгреба́ть золу́ из пе́чки** tirer les cendres du poêle

золоти́стый *adj* doré, d'un blond doré • **золоти́стые во́лосы** des cheveux dorés • **золоти́стые коло́сья** des épis dorés

зо́лото *nnt* or • **брасле́т из чи́стого зо́лота** un bracelet en or pur
● **не всё то зо́лото, что блести́т** tout ce qui brille n'est pas or

золото́й *adj* **1.** en or, d'or • **золоты́е при́иски** des mines d'or • **золоты́е часы́** une montre en or **2.** doré, d'un blond doré • **золоты́е ку́дри** des boucles dorées
● **золото́й век** l'âge d'or • **золота́я молодёжь** la jeunesse dorée • **золота́я ры́бка** un poisson rouge • **золота́я середи́на** le juste milieu • **у него́ золоты́е ру́ки** il fait ce qu'il veut de ses mains • **сули́ть золоты́е го́ры** promettre monts et merveilles

зо́нтик *nm* **1.** parapluie • **раскры́ть зо́нтик** ouvrir son parapluie **2.** parasol **3.** ombrelle

зоопа́рк *nm* jardin zoologique, zoo

зо́ркий *(comp.* **зо́рче***)* ⑤ *adj* perçant, pénétrant • **зо́ркий взгляд** un regard perçant • **зо́ркий ум** un esprit pénétrant
● **под зо́рким о́ком** sous l'œil vigilant

зо́рче *comp de* **зо́ркий**

зрачо́к *nm* pupille *(de l'œil)*

зре́лище *nnt* spectacle • **неожи́данное зре́лище** un spectacle inattendu • **театра́льное зре́лище** une représentation théâtrale

зре́лость *nf* maturité *litt & fig* • **зре́лость ума́** la maturité d'esprit
● **аттеста́т зре́лости** certificat de fin d'études secondaires

зре́лый ⑤ *adj* mûr, mature • **зре́лые плоды́** des fruits mûrs • **лю́ди бо́лее зре́лого во́зраста** les personnes plus mûres

зре́ние *nnt* vue, vision • **потеря́ть зре́ние** perdre la vue • **име́ть сла́бое зре́ние** avoir la vue faible • **хоро́шее зре́ние** une bonne vue
● **обма́н зре́ния** illusion d'optique • **то́чка зре́ния** point de vue › **с мое́й то́чки зре́ния** à mon point de vue

зреть / **созре́ть** *v* mûrir • **мали́на зре́ет** les framboises mûrissent

зри́тель *nm* spectateur • **зри́тели аплоди́ровали** les spectateurs applaudissaient

зри́тельница *nf* spectatrice

зри́тельный *adj* **1.** visuel • **зри́тельная па́мять** une mémoire visuelle **2.** pour spectateurs • **зри́тельный зал** salle de spectacle

зря *adv* en pure perte, inutilement • **зря тра́тить де́ньги** dépenser son argent en pure perte • **болта́ть зря** parler pour ne rien dire

зуб ①③ *nm* dent • **у меня́ боли́т зуб** j'ai mal à une dent • **чи́стить зу́бы** se laver les dents • **моло́чный зуб** une dent de lait • **коренно́й зуб** une molaire • **зуб му́дрости** une dent de sagesse • **вставны́е зу́бы** un dentier
● **вооружённый до зубо́в** armé jusqu'aux dents • **да́ть в зу́бы** casser la

figure • **держáть язы́к за зубáми** tenir sa langue • **имéть зуб прóтив когó-нибудь** avoir une dent contre qqn • **óко за óко, зуб за зу́б** œil pour œil, dent pour dent • **проговори́ть сквозь зу́бы** dire entre ses dents • **у негó зуб нá зуб не попадáет** il est transi • **э́то у меня́ в зубáх навя́зло** j'en ai plein le dos

À PROPOS DE...

L'accent passe sur la préposition dans l'expression **зуб нá зуб не попадáет**.

зубнóй *adj* de dents, à dents • **зубнáя щётка** une brosse à dents • **зубнáя пáста** dentifrice • **зубнóй врач** dentiste

зубóк *nm dim de* **зуб**
• **знать урóк на зубóк** savoir sa leçon sur le bout du doigt

зубочи́стка *nf* cure-dent

зубри́ть ④ / **вы́зубрить** *v* potasser, apprendre par cœur • **он зубри́л геомéтрию** il potassait sa géométrie

зуд *nm* **1.** démangeaison • **испы́тывать зуд** ressentir des démangeaisons **2.** *fig* manie, obsession • **результáт администрати́вного зу́да** le résultat d'une manie de la gestion

зы́бкий ⑤ *adj* **1.** mouvant • **зы́бкая пóчва** un sol mouvant **2.** *fig* vacillant • **зы́бкие убеждéния** des convictions vacillantes

зя́бкий ⑤ *adj* frileux • **зя́бкий человéк** une personne frileuse

зя́бнуть* [III] / **озя́бнуть*** [III] *v* avoir froid • **дéвочка озя́бла** la petite fille était gelée

зять* *(pl.* **зятья́, зятьёв, зятья́м***)* ①② *nm* **1.** gendre **2.** beau-frère *(mari de la sœur)*

И

и ◾ *conj* **1.** et • **Москва́ и Санкт-Петербу́рг** Moscou et Saint-Pétersbourg • **она́ взяла́ кни́гу и начала́ чита́ть** elle prit le livre et se mit à lire • **наступи́ла зима́, и де́ти устреми́лись на като́к** l'hiver arriva et les enfants se précipitèrent à la patinoire • **и вы согласи́лись?** et vous avez accepté ? • **и оте́ц и сын** le père et le fils • **и тот и друго́й** l'un et l'autre **2.** *(en corrélation avec* **да, так***)* bien • **и хо́чется чита́ть, да не́когда** je voudrais bien lire, mais je n'ai pas le temps ◾ *particule* **1.** justement, juste • **о ней и говоря́т** c'est justement d'elle qu'il est question **2.** même • **и на со́лнце есть пя́тна** même le soleil a des taches

иа! *onomat* hi-han !

и́бо *conj* car *littéraire* • **мо́жно на него́ положи́ться, и́бо он челове́к исполни́тельный** on peut compter sur lui car c'est un homme consciencieux

и́ва *nf* saule • **плаку́чая и́ва** un saule pleureur

Ива́н *nm* Ivan • **Ива́н-царе́вич** Ivan-tsarévitch *(personnage de conte)* • **Ива́н-дура́к** Ivan le nigaud *(personnage de conte)*

игла́ ②① *nf* aiguille • **однора́зовые и́глы** des aiguilles jetables • **сосно́вые и́глы** des aiguilles de pin • **Адмиралте́йская игла́** l'aiguille de l'Amirauté (ARCHIT)

и́го *nnt* joug *fig* • **тата́рское и́го** le joug tatar

иго́лка *nf dim de* **игла́**
● **сиде́ть как на иго́лках** être sur des charbons ardents

игра́ ②① *nf* **1.** jeu • **пра́вила игры́** les règles du jeu • **аза́ртные и́гры** les jeux de hasard • **Олимпи́йские и́гры** les Jeux olympiques • **компью́терная игра́** un jeu informatique • **опа́сная игра́** un jeu dangereux *litt & fig* **2.** match • **20 игр чемпиона́та** les 20 matchs du championnat
● **игра́ не сто́ит свеч** le jeu n'en vaut pas la chandelle • **игра́ слов** un jeu de mots

игра́ть / **сыгра́ть** *v* jouer • **де́ти игра́ют во дворе́** les enfants jouent dans la cour • **игра́ть в баскетбо́л** jouer au basket • **игра́ть в те́ннис** jouer au tennis • **игра́ть в войну́** jouer à la guerre • **игра́ть в ша́хматы** jouer aux échecs • **игра́ть в ка́рты** jouer aux cartes • **игра́ть в билья́рд** jouer au billard • **игра́ть в ку́клы** jouer à la poupée • **игра́ть на скри́пке** jouer du violon • **игра́ть на роя́ле** jouer du piano • **сыгра́ть вальс** jouer une valse • **игра́ть пье́су** jouer une pièce ~ *fig* • **игра́ть коме́дию** jouer la comédie • **игра́ть большу́ю роль** jouer un grand rôle • **игра́ть с огнём** jouer avec le feu • **игра́ть слова́ми** jouer sur les mots

игро́к ③② *nm* joueur • **игро́к в баскетбо́л** un joueur de basket • **игро́к в билья́рд** un joueur de billard

игру́шка *nf* jouet

игу́мен *nm* supérieur *(d'un monastère)*

иде́йный *adj* idéologique • **иде́йное влия́ние** l'influence idéologique

иде́я *nf* idée • **ему́ пришла́ счастли́вая иде́я** il lui est venu une bonne idée

идти́* [IV, иду́, идёшь - шёл, шла] / **пойти́*** [IV, пойду́, пойдёшь - пошёл, пошла́ - пойдя́] *indét.* **ходи́ть** ④ *v*

I EN PARLANT D'UN ÊTRE ANIMÉ

1. À PIED = **aller, marcher**
• **идти́ пешко́м** aller à pied
• **идти́ на лы́жах** aller à ski
• **идти́ ме́дленно** marcher lentement
• **идти́ на цы́почках** marcher sur la pointe des pieds
• **ло́шадь шла ша́гом** le cheval allait au pas

• **ходить в школу** aller à l'école
• **ходить на охоту** aller à la chasse
• **пойти домой** rentrer chez soi
• **пойти гулять** aller se promener

2. EN BATEAU = **aller**
• **они идут в открытое море** ils s'en vont en pleine mer

II EN PARLANT D'UN VÉHICULE
1. = **circuler**
• **машина идёт быстро** la voiture va vite
• **автобусы ходят до полуночи** les autobus roulent jusqu'à minuit

2. = **arriver**
• **мы ждали ; поезд не шёл** nous attendions ; le train n'arrivait pas

3. = **partir**
• **поезд идёт через двадцать минут** le train part dans vingt minutes

III EN PARLANT D'OBJETS, DE PHÉNOMÈNES
1.
• **письма идут очень медленно** les lettres ne vont pas vite
• **наша лодка пошла ко дну** notre barque coula
• **время идёт быстро** le temps passe vite
• **ходит слух, что** le bruit court que
• **весна идёт** le printemps arrive
• **из трубы идёт дым** la fumée sort de la cheminée

2. = **bien marcher, fonctionner**
• **часы идут хорошо** la montre marche bien
• **работа идёт хорошо** le travail avance bien

IV EN PARLANT DE RÉUNIONS, DE SPECTACLES
= **avoir lieu**
• **сегодня в Малом идёт новая пьеса** aujourd'hui, au «Maly», on donne une nouvelle pièce
• **идут переговоры** des pourparlers sont en cours

V EN PARLANT DE VÊTEMENTS, DE COULEURS
= **convenir, aller**
• **ей очень идёт синий цвет** le bleu lui va bien
• **тебе идёт эта шляпа** ce chapeau te va bien

● **идёт** *fam* d'accord
• **идёт дождь** il pleut
• **идёт снег** il neige
• **кто идёт ?** qui vive ?
• **речь идёт о** *(+L)* il est question de
• **ходить вокруг да около** tourner autour du pot

иждивение *nnt* charge *(dépenses dues à l'entretien d'une personne)* • **жить на иждивении своих детей** être à la charge de ses enfants

из, изо *prép (+ G)* **1.** *(pour indiquer l'origine)* de • **достать из кармана** tirer de sa poche • **он приехал из Мурманска** il est arrivé de Mourmansk • **он родом из Москвы** il est originaire de Moscou • **отрывок из романа** un extrait du roman ~ dans • **пить из чашки** boire dans une tasse ~ par • **узнать из газет** apprendre par les journaux **2.** *(pour indiquer la cause)* par • **из любопытства** par curiosité • **из любви к искусству** par amour de l'art **3.** *(pour indiquer la matière)* de, en • **стол из дерева** une table de bois ~ *(pour indiquer la composition)* de • **комиссия из трёх членов** une commission de trois membres **4.** *(pour indiquer l'appartenance)* de, parmi, entre • **один из нас** l'un d'entre nous • **некоторые из них** quelques-uns d'entre eux • **одно из двух** de deux choses l'une
● **изо всех сил** de toutes ses forces • **из года в год** d'année en année

изба ②① *nf* isba *(habitation faite de rondins de sapin)*

> **CULTURE...**
>
> **изба**
> Cette maison en rondins permet d'identifier immédiatement un paysage russe. Modestes ou décorées de riches boiseries, les isbas représentaient l'habitat typique, à la ville comme à la campagne. Souvent détruites par les incendies, elles étaient vite remplacées. Tout le monde coopérait. Les paysans étaient obligés de vivre en communauté pour défricher les forêts abondantes : ils construisaient quelques isbas, qui constituaient un petit village, et labouraient les champs tout autour pendant quelques années. Lorsque le sol était épuisé, ils reconstruisaient un peu plus loin.

/ **избавить** → избавлять

избавлять / **избавить** *v* délivrer, débarrasser • **это избавило меня от всяких хлопот** cela m'a délivré de tout souci

/ **избаловать** → баловать

избегать / **избежать*** [*n cl*, избегу, избежишь, избегут - избеги] *et* **избегнуть*** [III] *(+ G) v* éviter • **избе-**

жа́ть ава́рии éviter un accident • **он избега́л моего́ взгля́да** il évitait mon regard

/ **избе́гнуть** → избега́ть

избежа́ние *nnt*
● **во избежа́ние** pour éviter › **во избежа́ние неприя́тностей** pour éviter les désagréments

/ **избежа́ть** → избега́ть

избива́ть / **изби́ть*** [II, изобью́, изобьёшь - избе́й - изби́тый] *v* rouer de coups • **его́ изби́ли до полусме́рти** on le laissa à moitié mort sur le carreau

избира́тель *nm* électeur

избира́тельница *nf* électrice

избира́тельный *adj* électoral • **избира́тельная систе́ма** le système électoral • **всео́бщее избира́тельное пра́во** le suffrage universel • **избира́тельная кампа́ния** une campagne électorale • **избира́тельный о́круг** une circonscription électorale • **избира́тельный уча́сток** un bureau de vote • **избира́тельный бюллете́нь** un bulletin de vote

избира́ть / **избра́ть*** [IV, изберу́, изберёшь - избра́л, избрала́, избра́ло, избра́ли] ⑤ *v* **1.** choisir • **избра́ть свое́й специа́льностью матема́тику** choisir les mathématiques comme spécialité **2.** élire • **избра́ть бизнесме́на депута́том** élire un homme d'affaires député

изби́тый *adj* rebattu • **изби́тая те́ма** un sujet rebattu

/ **изби́ть** → избива́ть

и́збранный *adj* choisi • **и́збранные сочине́ния** œuvres choisies

/ **избра́ть** → избира́ть

избы́ток *nm* surabondance • **избы́ток де́нег** un excédent d'argent • **всего́ бы́ло в избы́тке** il y avait de tout en surabondance

и́зверг *nm* monstre *(tyran)*

изве́стие *nnt* nouvelle • **мы получи́ли от неё изве́стия позавчера́** nous avons reçu de ses nouvelles avant-hier • **после́дние изве́стия** le bulletin d'information

изве́стно *adv*
● **изве́стно, что** on sait que › **изве́стно, что сейча́с обсужда́ют э́тот вопро́с** on sait que cette question est actuellement en cours de discussion

изве́стность *nf* renommée • **по́льзоваться мирово́й изве́стностью** être connu dans le monde entier

изве́стный *adj* **1.** connu • **всем изве́стные собы́тия** des événements connus de tous • **изве́стный писа́тель** un écrivain célèbre • **изве́стное де́ло** c'est bien connu **2.** certain, déterminé • **до изве́стной сте́пени** jusqu'à un certain point • **в изве́стный час** à une heure déterminée

извива́ться / **изви́ться*** [II, изовью́сь, изовьёшься - изви́лся, извила́сь] ③ *vp* serpenter • **доро́га извива́ется ме́жду гора́ми** la route serpente entre les montagnes
● **извива́ться как змея́** se tordre comme un ver

извине́ние *nnt* excuse • **проси́ть извине́ния** présenter des excuses • **я принима́ю ва́ши извине́ния** j'accepte vos excuses

/ **извини́ть** → извиня́ть

/ **извини́ться** → извиня́ться

извиня́ть / **извини́ть** *v* excuser • **извини́те!** pardon ! • **извини́те за беспоко́йство** excusez-moi de vous avoir dérangé • **извини́те, я заста́вил вас ждать** excusez-moi de vous avoir fait attendre

извиня́ться / **извини́ться** *vp* s'excuser • **нам не́ за что извиня́ться** nous n'avons aucune raison de nous excuser

/ **изви́ться** → извива́ться

извлека́ть / **извле́чь*** [IV, извлеку́, извлечёшь, извлеку́т - извлёк, извлекла́ - извлечённый] ③ *v* extraire • **извле́чь пу́лю из ноги́** extraire une balle de la jambe • **извле́чь уро́к из собы́тий** tirer la leçon des événements • **извле́чь по́льзу из пое́здки** tirer profit d'un voyage • **извле́чь квадра́тный ко́рень** extraire la racine carrée

/ **извле́чь** → извлека́ть

изво́зчик *nm* cocher de fiacre • **сесть на изво́зчика** prendre un fiacre • **е́хать на изво́зчике** aller en fiacre

изво́лить *v impér* bien vouloir • **обеща́л - изво́ль выполня́ть** tu as promis, sois gentil de tenir parole

/ **изврати́ть** → **извраща́ть**

извраща́ть / **изврати́ть** *(т → щ) v* dénaturer • **извраща́ть и́стину** déformer la vérité

извращённый *adj* pervers • **извращённые вку́сы** des goûts pervers

изги́б *nm* **1.** sinuosité • **на изги́бе реки́** sur un coude de la rivière **2.** courbure • **изги́б ли́нии за́днего ба́мпера** la courbure du pare-chocs arrière

изгна́ние *nnt* exil • **жить в изгна́нии** vivre en exil

/ **изгна́ть** → **изгоня́ть**

изголо́вье *nnt* chevet • **сын сиди́т у её изголо́вья** le fils se trouve à son chevet

изгоня́ть / **изгна́ть*** [I, изгоню́, изго́нишь ④ - изгна́л, изгнала́, изгна́ло, изгна́ли ⑤] *v* chasser, exiler

и́згородь *nf* haie • **жива́я и́згородь** une haie vive

издава́ть* [II, издаю́, издаёшь - издава́й - издава́я] / **изда́ть*** [*n cl,* изда́м, изда́шь, изда́ст, издади́м, издади́те, издаду́т - изда́л, издала́, изда́ло, изда́ли - и́зданный, и́здан, издана́, и́здано, и́зданы] ⑤ *v* **1.** éditer • **изда́ть кни́гу** éditer un livre **2.** promulguer • **изда́ть ука́з** promulguer une loi **3.** produire, émettre • **изда́ть сла́бый крик** émettre un faible cri • **издава́ть неприя́тный за́пах** répandre une mauvaise odeur

издалека́, и́здали *adv* de loin • **це́рковь видна́ издалека́** l'église se voit de loin

изда́ние *nnt* édition • **дешёвое изда́ние** une édition (à) bon marché • **роско́шное изда́ние** édition luxueuse • **второ́е изда́ние** la deuxième édition

изда́тель *nm* éditeur • **заключи́ть догово́р с изда́телем** passer un contrat avec un éditeur

изда́тельство *nnt* maison d'édition

/ **изда́ть** → **издава́ть**

издева́тельство *nnt* raillerie, moquerie • **э́то издева́тельство!** c'est se moquer du monde !

издева́ться *vp* (над + I) se moquer de • **они́ издева́лись над на́ми** ils se moquaient de nous

изде́лие *nnt* article, produit • **гото́вые изде́лия** produits finis

изде́ржка *nf* dépense, frais • **больши́е изде́ржки** de grosses dépenses • **суде́бные изде́ржки** les frais judiciaires • **изде́ржки произво́дства** les coûts de production

/ **издо́хнуть** → **до́хнуть**

/ **изжа́рить** → **жа́рить**

из-за *(+ G) prép* **1.** de derrière • **из-за стены́** de derrière le mur • **встать из-за стола́** se lever de table • **верну́ться из-за грани́цы** revenir de l'étranger **2.** à cause de • **из-за дождя́** à cause de la pluie • **из-за пустяко́в** pour des riens

излага́ть / **изложи́ть** ④ *v* exposer • **изложи́ть тео́рию** exposer une théorie

излива́ть / **изли́ть*** [II, изолью́, изольёшь - изли́л, излила́, изли́ло, изли́ли - излей́ - изли́тый, изли́т, излита́, изли́то, изли́ты] ⑤ *fig v* déverser, répandre • **изли́ть свой гнев на собра́вшихся** passer sa colère sur les personnes réunies

/ **изли́ть** → **излива́ть**

изли́шне *adv* excessivement • **оце́нка мо́жет показа́ться изли́шне ре́зкой** l'évaluation peut sembler excessivement sévère
• **изли́шне говори́ть, что** il serait excessif de dire que

изли́шний *adj* superflu • **изли́шняя ро́скошь** un luxe superflu

изложе́ние *nnt* exposé • **я́сность изложе́ния** la clarté d'un exposé

/ **изложи́ть** → **излага́ть**

изме́на *nf* trahison • **госуда́рственная изме́на** le crime de haute trahison

измене́ние *nnt* changement • **измене́ние направле́ния** un changement de direction • **впредь до измене́ния** jusqu'à nouvel ordre • **внести́ измене́ния в прое́кт** introduire des modifications dans un projet

/ **измени́ть** → изменя́ть, меня́ть

/ **измени́ться** → изменя́ться, меня́ться

изме́нник *nm* traître • **никогда́ не счита́л себя́ изме́нником** il ne s'est jamais considéré comme traître

изме́нчивый *adj* changeant • **изме́нчивая пого́да** un temps variable • **изме́нчивый хара́ктер** un caractère instable

изменя́ть / **измени́ть** [*part.* **изменённый**] ④ *v* **1.** *(+ A)* modifier • **ве́тер измени́л направле́ние** le vent a changé de direction **2.** *(+ D)* manquer à • **измени́ть своему́ до́лгу** manquer à son devoir • **измени́ть своему́ сло́ву** manquer à sa parole • **е́сли па́мять не изменя́ет** autant que je me souvienne

измере́ние *nnt* **1.** mesure, mensuration • **измере́ние температу́ры** la mesure de la température **2.** dimension (MATH) • **простра́нство с тремя́ измере́ниями** l'espace à trois dimensions

/ **изме́рить** → измеря́ть, ме́рить

измеря́ть / **изме́рить** *v* mesurer • **изме́рить длину́** mesurer la longueur • **изме́рить больно́му температу́ру** prendre la température d'un malade
● **изме́рить взгля́дом** mesurer du regard

/ **изму́чить** → му́чить

изна́нка *nf* envers • **изна́нка тка́ни** l'envers d'un tissu

/ **изнаси́ловать** → наси́ловать

изна́шивать / **износи́ть** ④ *v* user • **пальто́ изно́шено** ce manteau est usé • **дви́гатель был изно́шен** le moteur était usé

изне́женный *adj* douillet • **изне́женный челове́к** une personne douillette

изнеможе́ние *nnt* épuisement • **рабо́тать до изнеможе́ния** travailler jusqu'à l'épuisement • **в соверше́нном изнеможе́нии** dans un état d'épuisement total

/ **износи́ть** → изна́шивать

/ **изнури́ть** → изнуря́ть

изнуря́ть / **изнури́ть** *v* exténuer, épuiser • **рабо́та изнури́ла его́** le travail l'a épuisé

изнутри́ *adv* de l'intérieur • **дверь заперта́ изнутри́** la porte est fermée de l'intérieur • **он зна́ет ситуа́цию изнутри́** il connaît la situation comme sa poche

изо → из

изоби́лие *nnt* abondance • **в изоби́лии** en abondance • **го́род отлича́ется изоби́лием па́мятников** la ville se distingue par une abondance de monuments
● **рог изоби́лия** une corne d'abondance

изобража́ть / **изобрази́ть** *v* représenter, peindre • **карти́на изобража́ет бу́рю** le tableau représente une tempête

изображе́ние *nnt* représentation, description • **изображе́ние действи́тельности** la représentation de la réalité

изобрази́тельный *adj*
● **изобрази́тельные иску́сства** les arts plastiques

/ **изобрази́ть** → изобража́ть

/ **изобрести́** → изобрета́ть

изобрета́тель *nm* inventeur • **изобрета́тели ра́дио** les inventeurs de la radio

изобрета́тельный *adj* inventif, ingénieux • **изобрета́тельный ум** un esprit ingénieux

изобрета́ть / **изобрести́*** [IV, **изобрету́, изобретёшь - изобрёл, изобрела́ - изобретённый**] ③ *v* inventer • **изобрета́ть но́вый спо́соб** inventer un nouveau moyen

изобрете́ние *nnt* invention • **вели́кие изобрете́ния XXI ве́ка** les grandes inventions du XXIe siècle

из-под *prép (+ G)* **1.** de dessous • **из-под крова́ти** de dessous le lit **2.** de la région de • **э́ти куста́рники привезли́ из-под Влади́мира** ces arbustes ont été rapportés de la région de Vladimir **3.** ayant contenu • **буты́лка из-под спиртно́го** une bouteille ayant contenu de l'alcool
● **вода́ из-под кра́на** l'eau du robinet

/ **израсхо́довать** → расхо́довать

и́зредка *adv* de temps en temps • **она́ и́зредка захо́дит к нам** elle vient nous voir de temps en temps

изря́дно *adv* considérablement • **изря́дно зараба́тывать** bien gagner sa vie

изря́дный *adj* assez considérable • **изря́дная су́мма де́нег** une somme assez considérable

изуве́рство *nnt* **1.** fanatisme • **религио́зное изуве́рство** le fanatisme religieux **2.** acte de cruauté *(dû au fanatisme)*

изуми́тельно *adv* admirablement, merveilleusement • **он изуми́тельно игра́ет на гита́ре** il joue admirablement de la guitare

изуми́тельный *adj* merveilleux, stupéfiant • **изуми́тельный го́лос** une voix merveilleuse

/ **изуми́ть** → **изумля́ть**

изумле́ние *nnt* stupéfaction • **смотре́ть с изумле́нием** regarder avec stupéfaction

изумля́ть / **изуми́ть** *v* stupéfier • **все бы́ли изумлены́** tous étaient stupéfaits

изуча́ть *v* étudier

изъяви́тельный *adj* ● **изъяви́тельное наклоне́ние** l'indicatif (GRAMM)

изы́сканно *adv* de manière recherchée • **изы́сканно оде́тый** tiré à quatre épingles

изы́сканный *adj* recherché • **изы́сканные блю́да** des mets recherchés • **изы́сканный стиль** un style recherché

изю́м *nm* raisins secs • **бу́лочка с изю́мом** = un petit pain aux raisins

изю́мина *nf* **1.** raisin sec **2.** *fig* la cerise sur le gâteau

изю́минка *nf dim de* **изю́мина**

изя́щество *nnt* élégance • **изя́щество костю́ма** l'élégance d'un costume

изя́щный *adj* élégant • **изя́щная же́нщина** une femme élégante • **изя́щное пла́тье** une robe élégante

ика́ть / **икну́ть** *v* avoir le hoquet, hoqueter

/ **икну́ть** → **ика́ть**

ико́на *nf* icône *(peinture religieuse exécutée sur un panneau de bois)*

ико́нка *nf* **1.** *dim de* **ико́на** **2.** icône (INFORM)

иконоста́с *nm* iconostase *(cloison couverte d'icônes qui sépare la nef du sanctuaire)*

икра́[1] *nf* **1.** œufs de poisson, de grenouille • **ры́бы ме́чут икру́** les poissons pondent des œufs **2.** caviar • **чёрная икра́** caviar noir • **кра́сная икра́** caviar rouge • **осетро́вая икра́** caviar d'esturgeon • **ке́товая икра́** caviar de saumon • **зерни́стая икра́** caviar en grains • **па́юсная икра́** caviar pressé **3.** légumes finement hachés et assaisonnés • **баклажа́нная икра́** caviar d'aubergines

икра́[2] ②① *nf* mollet

ил *nm* limon, vase

и́ли ■ *conj* **1.** ou • **городски́е и́ли федера́льные вла́сти** les autorités municipales ou fédérales **2.** ou bien • **тепе́рь и́ли никогда́** maintenant ou jamais • **и́ли он, и́ли я** ou bien lui ou bien moi ■ *particule* **1.** *(avec la particule* **ли***)* ou bien est-ce que • **похуде́л ли он, и́ли э́то мне показа́лось** a-t-il maigri ou bien est-ce seulement une impression ? **2.** *(en début de proposition interrogative)* est-ce que vraiment • **и́ли ты не зна́ла ?** tu ne le savais donc pas ?

иллюмина́тор *nm* hublot

им → **он**

имена́, и́менем, и́мени → **и́мя**

име́ние *nnt* domaine, propriété • **име́ние пло́щадью в пять гекта́ров** une propriété de cinq hectares

имени́ны (**имени́н, имени́нам**) *pl t* fête *(jour du saint)* • **справля́ть имени́ны бра́та** célébrer la fête de son frère

и́менно *adv* **1.** précisément • **мы и́менно об э́том и говори́ли** c'est justement de cela que nous parlions • **вот и́менно !** c'est justement ça ! **2.** notamment, c'est-à-dire • **все э́ти пресмыка́ющиеся, а и́менно гадю́ка, уж...** tous ces reptiles, c'est-à-dire la vipère, la couleuvre...

име́ть *v* avoir • **име́ть да́чу** avoir une datcha • **име́ть дете́й** avoir des enfants • **име́ть друзе́й** avoir des amis • **дом име́ет три этажа́** la maison a trois étages • **вы понима́ете, что я име́ю в виду́** vous comprenez ce que je veux dire • **что же име́л в виду́ Пётр Ива́-**

нович? mais à quoi pouvait bien penser Piotr Ivanovitch ? • **име́ть возмо́жность** avoir la possibilité • **име́ть впечатле́ние** avoir l'impression • **име́ть глу́пость** avoir la bêtise • **я име́л глу́пость рассерди́ться на него́** j'ai eu la bêtise de me mettre en colère contre lui • **име́ть де́ло с жу́ликами** avoir affaire à des escrocs • **име́ть большо́е значе́ние** avoir une grande importance • **име́ть зуб про́тив мили́ции** avoir une dent contre la police • **име́ть ме́сто** avoir lieu • **име́ть пра́во** avoir le droit • **ничего́ не име́ть про́тив** ne rien avoir contre • **не име́ть слу́чая** ne pas avoir l'occasion • **име́ть успе́х** avoir du succès

име́ться *vp* exister • **у них име́ются все возмо́жности для э́того** ils ont tout ce qu'il faut pour cela

и́ми → **он**

иму́щество *nnt* bien, avoir • **конфиска́ция иму́щества** la confiscation des biens

и́мя* *(gén., dat., loc., instr.* **и́менем** *; pl.* **имена́, имён, имена́м***)* *nnt* **1.** prénom • **и́мя, о́тчество и фами́лия** le prénom, le patronyme et le nom de famille **2.** nom • **назва́ть своё и́мя** dire comment on s'appelle • **назва́ть ве́щи свои́ми имена́ми** appeler les choses par leur nom • **шко́ла и́мени Маяко́вского** l'école Maïakovski • **от моего́ и́мени** en mon nom • **во и́мя на́шей дру́жбы** au nom de notre amitié • **и́менем зако́на** au nom de la loi **3.** renom • **до́брое и́мя** la bonne renommée • **и́мя прилага́тельное** adjectif qualificatif • **и́мя существи́тельное** substantif • **и́мя числи́тельное** nom de nombre

ина́че ◾ *adv* autrement • **де́лать ина́че** faire autrement • **так или ина́че** d'une manière ou d'une autre ◾ *conj* sinon • **тебе́ на́до отдохну́ть, ина́че заболе́ешь** il faut que tu te reposes, sinon tu vas tomber malade

инвента́рь ③② *nm* **1.** matériel • **спорти́вный инвента́рь** le matériel sportif **2.** inventaire • **соста́вить инвента́рь** faire l'inventaire

инде́ец (**инде́йца**) *nm* Indien *(d'Amérique)*, Amérindien

инде́йка *nf* dinde

À PROPOS DE...

Il ne faut pas confondre **инде́ец**, Amérindien, et **инди́ец** Indien, citoyen de l'Inde.

инде́йский *adj* amérindien, relatif aux Indiens d'Amérique

индиа́нка *nf* **1.** Indienne *(d'Amérique)*, Amérindienne **2.** Indienne *(citoyenne de l'Inde)*

инди́ец (**инди́йца**) *nm* Indien, citoyen de l'Inde

À PROPOS DE...

Il ne faut pas confondre **инди́ец**, Indien, citoyen de l'Inde, et **инде́ец**, Amérindien.

инди́йский *adj* indien, relatif aux habitants de l'Inde

И́ндия *nf* Inde

инду́с *nm* hindou

инду́ска *nf* hindoue

индю́к ③② *nm* dindon

и́ней *nm* givre • **дере́вья покры́лись и́неем** les arbres sont couverts de givre

инжене́р *nm* ingénieur

иногда́ *adv* quelquefois, parfois • **я иногда́ захожу́ к ним** je vais parfois les voir

ино́й ◾ *adj* **1.** autre • **нет ино́го вы́хода** il n'y a pas d'autre solution • **ины́ми слова́ми** en d'autres termes **2.** certain, autre • **в ины́х слу́чаях** dans certains cas ◾ *pron* autre • **не что ино́е, как** rien d'autre que

инома́рка *nf* voiture de marque étrangère

иностра́нец *nm* un étranger

иностра́нка *nf* une étrangère

иностра́нный *adj* étranger • **иностра́нный язы́к** une langue étrangère • **министе́рство иностра́нных дел** le ministère des Affaires étrangères • **иностра́нная валю́та** des devises étrangères

инспе́ктор *nm* inspecteur

институ́т *nm* **1.** institut • **Петербу́ргский Го́рный институ́т** l'institut des

Mines de Saint-Pétersbourg **2.** institution • **веду́щие иностра́нные фина́нсовые нститу́ты** les grandes institutions financières étrangères

интеллиге́нт *nm* un intellectuel

интеллиге́нтка *nf* une intellectuelle

интеллиге́нтный *adj* cultivé • **интеллиге́нтный челове́к** un homme cultivé • **интеллиге́нтный труд** un travail intellectuel • **интеллиге́нтная про́сьба** la requête délicate

интеллиге́нция *nf* l'intelligentsia, les intellectuels • **тво́рческая и нау́чная интеллиге́нция** les milieux intellectuels artistiques et scientifiques

интере́с *nm* intérêt • **защища́ть свой интере́сы** défendre ses intérêts • **в ва́ших интере́сах** dans votre intérêt • **слу́шать с интере́сом** écouter avec intérêt • **проявля́ть интере́с к иску́сству** manifester de l'intérêt pour l'art • **э́то не представля́ет никако́го интере́са** cela ne présente aucun intérêt

интере́сно *adv* de façon intéressante • **он потряса́юще интере́сно расска́зывал исто́рии** il racontait les histoires de façon extrêmement intéressante
◉ **мне бы́ло интере́сно узна́ть мне́ния ребя́т** j'avais envie de connaître l'opinion des enfants

интере́сный *adj* **1.** intéressant • **интере́сный рома́н** un roman intéressant **2.** qui a du charme • **интере́сная же́нщина** une jolie femme

интересова́ться / **поинтересова́ться** *vp (+ I)* s'intéresser à • **интересова́ться литерату́рой** s'intéresser à la littérature

Интерне́т *nm* Internet • **вести́ по́иск в Интерне́те** faire une recherche sur Internet

ирла́ндец *nm* Irlandais

Ирла́ндия *nf* Irlande

ирла́ндка *nf* Irlandaise

ирла́ндский *adj* irlandais

искажа́ть / **искази́ть** *v* déformer, tordre • **лицо́, искажённое стра́хом** un visage déformé par la peur • **искажа́ть и́стину** déformer la vérité

/ **искази́ть** → искажа́ть

/ **искале́чить** → кале́чить

иска́ть* [II, ищу́, и́щешь] ④ / **поиска́ть*** [II, *id*] ④ *v* chercher • **иска́ть кварти́ру** chercher un appartement • **иска́ть пра́вду** chercher la vérité • **иска́ть кого́-нибудь глаза́ми** chercher qqn des yeux • **иска́ть рабо́ту** chercher du travail • **иска́ть ме́сто** chercher une place • **иска́ть слу́чая** chercher une occasion
◉ **ищи́ свищи́** tu peux toujours courir pour le retrouver

À PROPOS DE...

Le verbe **иска́ть** se construit avec l'accusatif et, plus rarement, avec le génitif.

исключа́ть / **исключи́ть** *v* exclure • **исключи́ть ученика́ из шко́лы** exclure un élève de l'école • **така́я возмо́жность не исключена́** une telle éventualité n'est pas exclue

исключе́ние *nnt* **1.** exclusion • **по́сле его́ исключе́ния из шко́лы** après qu'il a été exclu de l'école **2.** exception • **нет пра́вила без исключе́ния** il n'y a pas de règle sans exception • **все без исключе́ния** tous sans exception • **за исключе́нием дете́й** à l'exception des enfants • **за ре́дкими исключе́ниями** à de rares exceptions près

исключи́тельный *adj* exceptionnel • **исключи́тельные спосо́бности** des aptitudes exceptionnelles • **в исключи́тельных слу́чаях** dans des cas exceptionnels

/ **исключи́ть** → исключа́ть

/ **исковерка́ть** → кове́ркать

ископа́емый *adj* fossile • **ископа́емые расте́ния** plantes fossiles

ископа́емое *adj subst nt* un fossile *litt & fig*

/ **искорени́ть** → искореня́ть

искореня́ть / **искорени́ть** *v* extirper • **искорени́ть зло** chasser le mal

и́скра *nf* étincelle • **электри́ческая и́скра** une étincelle électrique ~ *fig* • **и́скра наде́жды** une lueur d'espoir
◉ **у него́ и́скры из глаз посы́пались** il en a vu trente-six chandelles

и́скренне *adv* sincèrement • **говори́ть и́скренне** parler sincèrement

и́скренний* (и́скренен, и́скренна, и́скренно, и́скренны) *adj* sincère • **и́скренний челове́к** un homme sincère • **и́скреннее призна́ние** un aveu sincère

À PROPOS DE...

L'adjectif **и́скренний** est de type mouillé à la forme longue, de type dur à la forme courte.

и́скренность *nf* sincérité • **с по́лной и́скренностью** en toute sincérité

/ **искроши́ть** → кроши́ть

искупа́ть[1] / **искупи́ть** ④ *v* racheter, expier • **искупи́ть грехи́ раска́янием** racheter ses péchés par le repentir • **искупи́ть свою́ вину́** racheter sa faute

/ **искупа́ть**[2] → купа́ть

/ **искупи́ть** → искупа́ть

иску́сный *adj* **1.** habile *(expert)* • **иску́сный портно́й** un tailleur habile **2.** habile *(bien fait)* • **иску́сная рабо́та** un travail bien fait

иску́сственный *adj* artificiel • **иску́сственный водоём** un réservoir artificiel • **подкла́дка из иску́сственного шёлка** une doublure en soie artificielle • **иску́сственные зу́бы** de fausses dents • **иску́сственное дыха́ние** la respiration artificielle • **иску́сственная улы́бка** un sourire peu naturel

иску́сство *nnt* art • **ру́сское иску́сство XV ве́ка** l'art russe au XVe siècle • **вое́нное иску́сство** l'art militaire • **из любви́ к иску́сству** pour l'amour de l'art • **по всем пра́вилам иску́сства** selon toutes les règles de l'art • **с больши́м иску́сством** avec une grande habileté

искуше́ние *nnt* tentation • **он не устоя́л пе́ред искуше́нием** il n'a pas résisté à la tentation

испа́нец *nm* Espagnol

Испа́ния *nf* Espagne

испа́нка *nf* Espagnole

испа́нский *adj* espagnol

/ **испари́ться** → испаря́ться

испаря́ться / **испари́ться** *vp* s'évaporer • **вода́ испари́лась** l'eau s'est évaporée

/ **испа́чкать** → па́чкать

/ **испе́чь** → печь

/ **испове́дать** → испове́довать

испове́довать / **испове́довать** *et* **испове́дать** *v* **1.** confesser • **испове́дать грехи́ свои́** confesser ses péchés **2.** professer, pratiquer • **испове́довать правосла́вную ве́ру** être de religion orthodoxe

и́споведь *nf* confession • **и́споведь Раско́льникова** la confession de Raskolnikov

исподло́бья *adv*
• **смотре́ть исподло́бья** regarder en dessous *(avec méfiance...)*

испоко́н *prép (+ G)*
• **испоко́н веко́в** depuis des temps immémoriaux

исполко́м *nm* (*abr.* исполни́тельный комите́т) comité exécutif

исполне́ние *nnt* exécution, réalisation • **исполне́ние зака́за** l'exécution d'une commande • **конце́рт Чайко́вского в исполне́нии Ги́лельса** le concerto de Tchaïkovski exécuté par Guilels

исполни́тельный *adj* **1.** exécutif • **исполни́тельная власть** le pouvoir exécutif • **исполни́тельный комите́т** le comité exécutif **2.** consciencieux • **он челове́к исполни́тельный** c'est un homme consciencieux

/ **испо́лнить** → исполня́ть

/ **испо́лниться** → исполня́ться

исполня́ть / **испо́лнить** *v* exécuter • **испо́лнить догово́р** remplir un contrat • **исполня́ть свой долг** accomplir son devoir • **исполня́ть конце́рт** exécuter un concerto

исполня́ться / **испо́лниться** *vp* s'accomplir • **его́ жела́ния испо́лнились** ses désirs se sont accomplis • **ему́ испо́лнилось восемна́дцать лет** il a dix-huit ans révolus

испо́льзовать / **испо́льзовать** *v* utiliser • **испо́льзовать компью́тер** utiliser un ordinateur • **испо́льзовать слу́чай** profiter de l'occasion

/ **испо́ртить** → по́ртить

/ **испра́вить** → исправля́ть

исправля́ть / **испра́вить** *v* corriger, réparer • **испра́вить оши́бки** corriger des fautes • **когда́ испра́вят лифт?** quand va-t-on réparer l'ascenseur ?

исправля́ться / **испра́виться** *vp* s'améliorer • **ситуа́ция испра́вится к нача́лу го́да** la situation va s'améliorer en début d'année • **он постара́лся испра́виться** il a essayé de se corriger

испра́вный *adj* ponctuel, consciencieux • **испра́вный рабо́тник** un employé consciencieux • **маши́на в испра́вном состоя́нии** la voiture est en bon état de marche

/ **испро́бовать** → про́бовать

испу́г *nm* effroi • **она́ побледне́ла от испу́га** elle pâlit d'effroi • **они́ убежа́ли в испу́ге** ils s'enfuirent terrifiés

/ **испуга́ть** → пуга́ть

/ **испуга́ться** → пуга́ться

испуска́ть / **испусти́ть** ④ *v* produire, émettre • **испусти́ть вздох** pousser un soupir • **испуска́ть неприя́тный за́пах** répandre une mauvaise odeur
● **испусти́ть дух** rendre le dernier soupir

/ **испусти́ть** → испуска́ть

испыта́ние *nnt* épreuve *(essai, examen, malheur)* • **вступи́тельные испыта́ния** les épreuves d'entrée • **пройти́ че́рез тяжёлые испыта́ния** passer par de dures épreuves

испыта́тельный *adj* d'essai • **испыта́тельный полёт** un vol d'essai

/ **испыта́ть** → испы́тывать

испыту́ющий *adj* scrutateur • **испыту́ющий взгляд** un regard scrutateur

испы́тывать / **испыта́ть** *v* **1.** éprouver, essayer • **испы́тывать но́вую маши́ну** essayer une nouvelle voiture • **испыта́ть рабо́тника на внима́тельность** mettre à l'essai la qualité d'attention d'un employé • **испы́тывать свои́ си́лы** essayer ses forces **2.** éprouver, ressentir • **испы́тывать боль** ressentir une douleur • **испы́тывать угрызе́ния со́вести** avoir des remords de conscience

иссле́дование *nnt* **1.** étude • **институ́т полити́ческих иссле́дований** institut d'études politiques **2.** exploration, investigation • **иссле́дование Анта́рктики** l'exploration du continent antarctique

иссле́дователь *nm* **1.** chercheur • **гру́ппа молоды́х иссле́дователей** un groupe de jeunes chercheurs **2.** explorateur • **иссле́дователь Сре́дней А́зии** un explorateur de l'Asie centrale

иссле́довательница *nf* **1.** chercheuse • **иссле́довательница стари́нной му́зыки** chercheuse dans le domaine de la musique ancienne **2.** exploratrice • **поля́рная иссле́довательница** une exploratrice polaire

иссле́довать / **иссле́довать** *v* **1.** étudier, explorer • **иссле́довать вопро́с** étudier une question **2.** explorer • **иссле́довать о́стров** explorer une île

исступле́ние *nnt* frénésie, fureur • **довести́ учи́теля до исступле́ния** mettre l'instituteur en fureur

истека́ть / **исте́чь*** [IV, истеку́, истечёшь, истеку́т - истёк, истекла́] ③ *v* s'écouler • **срок истёк** le délai s'est écoulé
● **истека́ть кро́вью** saigner abondamment

исте́кший *adj* écoulé • **за исте́кший год** pendant l'année qui vient de s'écouler

/ **исте́чь** → истека́ть

и́стина *nf* vérité *(réalité profonde)* • **стремле́ние к и́стине** la recherche de la vérité • **скрыва́ть и́стину** cacher la vérité • **изби́тая и́стина** un lieu commun → **пра́вда**

и́стинно *adv* véritablement, vraiment • **э́та но́вость меня́ и́стинно изуми́ла** cette nouvelle m'a vraiment surpris

и́стинный *adj* véritable, authentique • **и́стинный друг** un ami véritable • **и́стинная пра́вда** la pure vérité
● **напра́вить на и́стинный путь** remettre sur le droit chemin

исто́к *nm* source • **от исто́ка до у́стья** de la source à l'embouchure • **исто́ки цивилиза́ции** les sources de la civilisation

истолкова́ние *nnt* exégèse, interprétation • **непра́вильное истолкова́ние зако́на** une interprétation erronée de la loi

/ **истолкова́ть** → истолко́вывать, толкова́ть

истолко́вывать / **истолкова́ть** *v* interpréter, commenter • **истолкова́ть зако́н** interpréter la loi • **э́то мо́жно истолкова́ть как уго́дно** on peut comprendre cela comme on veut

/ **истоми́ться** → томи́ться

/ **истопи́ть** → топи́ть

исто́рик *nm* historien *m*, historienne *f*

исто́рия *nf* **1.** histoire • **дре́вняя исто́рия** l'histoire ancienne • **нове́йшая исто́рия** l'histoire contemporaine **2.** histoire, récit • **смешна́я исто́рия** une histoire drôle
◉ **исто́рия боле́зни** dossier médical

исто́чник *nm* source • **исто́чник минера́льной воды́** une source d'eau minérale • **исто́чник эне́ргии** une source d'énergie • **исто́чник информа́ции** une source d'informations • **из достове́рных исто́чников** de source sûre

истоща́ть / **истощи́ть** *v* épuiser • **истощённый го́лодом** épuisé par la faim • **истоща́ть по́чву** appauvrir le sol • **бою́сь истощи́ть ва́ше терпе́ние** je crains d'abuser de votre patience

истоща́ться / **истощи́ться** *vp* s'épuiser • **запа́сы истощи́лись** les réserves se sont épuisées

/ **истощи́ть** → истоща́ть

/ **истра́тить** → тра́тить

истреби́тель *nm* **1.** chasseur (aviation) **2.** exterminateur • **истреби́тель мыше́й и крыс** un spécialiste de la dératisation

/ **истреби́ть** → истребля́ть

истребле́ние *nnt* extermination • **истребле́ние крыс** l'extermination des rats

истребля́ть / **истреби́ть** *v* exterminer, détruire • **истребля́ть насеко́мых и грызуно́в должны́ специали́сты** désinsectiser et dératiser est un travail de spécialistes • **истребля́ть леса́** détruire les forêts

истяза́ние *nnt* torture • **подве́ргнуть истяза́ниям** soumettre à la torture

истяза́ть *v* torturer • **истяза́ть заключённых** torturer des détenus • **не ну́жно истяза́ть себя́ дие́тами** inutile de se torturer avec des régimes amaigrissants

исхо́д *nm* issue, fin • **исхо́д де́ла** l'issue d'une affaire • **исхо́д сраже́ния** l'issue d'une bataille
◉ **быть на исхо́де** toucher à sa fin › **день на исхо́де** le jour décline

исхо́дный *adj* de départ, initial • **исхо́дное положе́ние** la position de départ

исчеза́ть / **исче́знуть*** [III] *v* disparaître • **всё исче́зло в тума́не** tout disparut dans le brouillard

/ **исче́знуть** → исчеза́ть

/ **исче́рпать** → исче́рпывать

исче́рпывать / **исче́рпать** *v* épuiser • **исче́рпать все запа́сы** épuiser toutes les provisions • **инциде́нт исче́рпан** l'incident est clos

ита́к *conj* ainsi, alors • **ита́к, мы ко́нчили** ainsi, nous avons terminé

Ита́лия *nf* Italie

италья́нец *nm* Italien

италья́нка *nf* Italienne

италья́нский *adj* italien

и т. д. (*abr de* и так да́лее) *loc adv* etc.

ито́г *nm* **1.** total • **подводи́ть ито́г** faire le total **2.** bilan, résultat • **печа́льный ито́г** un triste bilan • **в коне́чном ито́ге** en fin de compte

итого́ *adv* au total • **100, 150 и 170 рубле́й, итого́ 420 рубле́й** 100, 150 et 170 roubles, au total 420 roubles

и т. п. (*abr de* и тому́ подо́бное) *loc adv* etc.

их → он

йщем, йщет, ищу́ → иска́ть

ию́ль *nm* juillet • **в ию́ле** en juillet • **мы прие́хали сюда́ 14-го ию́ля** nous sommes arrivés ici le 14 juillet

ию́нь *nm* juin • **в ию́не** en juin • **э́то бы́ло 20-го ию́ня** c'était le 20 juin

К

к, ко *(+ D) prép* **1.** chez • **идти́ к прия́телю** aller chez un ami • **пошли́ ко мне** allons chez moi **2.** vers, en direction de, de, sur • **он напра́вился к две́ри** il se dirigea vers la porte • **она́ поверну́лась к окну́** elle se tourna vers la fenêtre • **прибли́зиться к го́роду** s'approcher de la ville • **прижа́ть к се́рдцу** serrer sur son cœur ~ à, en • **обрати́ться к милиционе́ру** s'adresser à un agent de police • **гото́виться к экза́менам** se préparer aux examens • **привы́кнуть к шу́му** s'habituer au bruit • **к э́тому я ничего́ не приба́влю** je n'ajouterai rien à cela • **к тому́ же** en outre ~ pour, de, par • **страсть к му́зыке** une passion pour la musique • **из любви́ к иску́сству** pour l'amour de l'art • **всё к лу́чшему** tout est pour le mieux • **к сча́стью** par bonheur • **к сожале́нию** par malheur **3.** vers, un peu avant • **к трём часа́м** vers trois heures • **к обе́ду** pour le repas de midi • **к ве́черу** vers le soir

-ка *particule post* **1.** *(pour insister en donnant un ordre)* donc • **встава́й-ка !** lève-toi donc ! **2.** *(pour exprimer une intention)* • **пойду́-ка я погуля́ю** et si j'allais faire un tour
● **ну́-ка** allez ! › **а ну́-ка отвали́ли отсю́да!** allez, fichez-moi le camp d'ici !

каба́к ③② *nm* cabaret • **шля́ться по кабака́м** faire les troquets

каба́н ③② *nm* sanglier • **охо́та на кабано́в** la chasse au sanglier

кабачо́к[1] *nm dim de* **каба́к** ~ cabaret

кабачо́к[2] *nm* courgette

кабине́т *nm* **1.** bureau • **рабо́чий кабине́т мэ́ра** le bureau du maire **2.** cabinet • **кабине́т врача́** le cabinet d'un médecin • **пресс-слу́жба кабине́та мини́стров** le service de presse du cabinet des ministres • **кабине́ты хи́мии, фи́зики и биоло́гии в шко́ле** les salles de chimie, physique et biologie du lycée

каблу́к ③② *nm* talon *(de chaussure)* • **ту́фли на высо́ких каблука́х** des chaussures à talons hauts
● **он у жены́ под каблуко́м** sa femme le mène par le bout du nez

кавале́р *nm* **1.** cavalier *(accompagnant une dame)* **2.** chevalier *(grade d'un ordre honorifique)* • **кавале́р о́рдена Почётного Леги́она** chevalier de la Légion d'honneur

ка́верзный *adj* épineux • **задава́ть ка́верзные вопро́сы** poser des questions insidieuses

кавы́чка *nf* guillemet • **откры́ть кавы́чки** ouvrir les guillemets • **поста́вить сло́во в кавы́чках** mettre un mot entre guillemets

кадр *nm* image *(d'un film)* • **кадр из фи́льма "Ива́н Гро́зный"** une image du film « Ivan le Terrible »

ка́дры *pl* personnel • **отде́л ка́дров** service du personnel

ка́ждый *pron-adj* chaque • **ка́ждый учени́к** chaque élève • **ка́ждый ме́сяц** tous les mois • **ка́ждую неде́лю** toutes les semaines • **ка́ждые три неде́ли** toutes les trois semaines

ка́жется, ка́жутся → каза́ться

каза́к ③② *nm* Cosaque *m* • **донски́е казаки́** les Cosaques du Don

каза́рма *nf* caserne

каза́ться* [II, кажу́сь, ка́жешься] ④ / **показа́ться*** [II, *id*] ④ *vp* sembler • **пруд ка́жется глубо́ким** l'étang semble profond • **он ка́жется моло́же своего́ бра́та** il semble plus jeune que son frère • **мне ка́жется, что он ошиба́ется** il me semble qu'il se trompe • **э́то бы́ло, ка́жется, в позапро́шлом году́** c'était, semble-t-il, il y a deux ans

каза́х *nm* Kazakh *m*
Voir encadré page suivante.

каза́хский *adj* kazakh

À PROPOS DE...

Il ne faut pas confondre les Kazakhs, population turque d'Asie centrale, avec les Cosaques (voir каза́к).

Казахста́н *nm* Kazakhstan

каза́чий *adj d'appart* cosaque

каза́чка *nf* Cosaque *f*

каза́шка *nf* Kazakh *f*

казённый *adj* **1.** de l'État • **на казённый счёт** aux frais de l'État **2.** bureaucratique • **казённый стиль** un style bureaucratique

казна́ *nf* l'argent public

казни́ть *v* **1.** / **казни́ть** mettre à mort • **Пугачёв был казнён в 1775 году́** Pougatchev fut exécuté en 1775 **2.** accabler • **казни́ть презре́нием** accabler de son mépris

казнь *nf* exécution • **сме́ртная казнь** la peine de mort • **приговори́ть к сме́ртной ка́зни** condamner à mort

как *adv*

1. = comment *(de quelle manière)*
• **как он рабо́тает ?** comment travaille-t-il ?
• **как туда́ пройти́ ?** par quel chemin y aller ?
• **как (вы) пожива́ете ?** comment allez-vous ?
• **как дела́ ?** comment ça va ?
• **как ва́ше и́мя ?** quel est votre prénom ?
• **как знать ?** qui sait ?
• **как ! Он уже́ здесь ?** comment ! Il est déjà ici ?

2. = comme, que *(à quel point)*
• **как э́то ми́ло с ва́шей стороны́ !** comme c'est aimable de votre part !
• **как я рад вас ви́деть !** que je suis content de vous voir !
• **ужа́сно, как хо́чется пить** j'ai terriblement soif

как *conj*

1. = comme *(comparaison)*
• **бе́лый, как снег** blanc comme neige
• **бу́дьте, как до́ма !** faites comme chez vous
• **я сде́лал, как вы мне сказа́ли** j'ai fait comme vous m'aviez dit
• **он был так же ве́сел, как и все остальны́е** il était aussi joyeux que les autres
• **таки́е города́, как, наприме́р, Влади́мир и Но́вгород** des villes comme par exemple Vladimir et Novgorod
• **как е́сли бы он меня́ не ви́дел** comme s'il ne me voyait pas

2. = lorsque, quand
• **мы собира́лись пойти́ за водо́й, как вдруг уда́рил гром** nous nous préparions à aller chercher de l'eau quand, brusquement, il se mit à tonner

3. = que *(après une proposition temporelle, un complément de temps)*
• **вот уже́ два го́да, как я учу́сь ру́сскому языку́** voilà deux ans que j'apprends le russe
• **с тех пор, как он здесь** depuis qu'il est ici
• **в то вре́мя, как я возвраща́лся домо́й** alors que j'étais sur le chemin du retour

4. APRÈS LES VERBES **ви́деть** ET **слы́шать**
• **я ви́дел, как он мыл посу́ду** je l'ai vu laver la vaisselle

● **вот как !** ah voilà !
• **как бу́дто** comme si › **мне как бу́дто лу́чше сего́дня** il me semble que je vais mieux aujourd'hui
• **как бы... ни...** de quelque manière que › **как бы он ни рабо́тал** il a beau travailler › **как бы то ни́ было** quoi qu'il en soit
• **как мо́жно скоре́е** le plus vite possible
• **как нельзя́ лу́чше** on ne peut mieux
• **как ра́з** tout juste › **э́то как ра́з то, о чём мы говори́ли** c'est justement ce dont nous parlions
• **как то́лько** aussitôt que › **как то́лько он уе́хал** à peine était-il parti
• **смотря́ как** ça dépend

ка́к-либо *adv* d'une façon ou d'une autre

ка́к-нибудь, ка́к-нибу́дь *adv* **1.** d'une façon ou d'une autre • **на́до ка́к-нибудь устро́ить э́то де́ло** il faut tâcher d'arranger ça d'une manière ou d'une autre **2.** un jour ou l'autre • **мы э́то ко́нчим ка́к-нибудь в друго́й раз** nous terminerons ça quand nous aurons le temps **3.** n'importe comment • **он всё де́лает ка́к-нибу́дь** il fait tout n'importe comment

како́в* (**какова́, каково́, каковы́**) ③ *pron-adj* quel, de quel genre • **каковы́ бу́дут результа́ты, пока́ не могу́ сказа́ть** quels seront les résultats, pour l'instant je ne peux pas le dire • **вот он како́в !** voilà comme il est !

како́й *pron-adj* quel • **кака́я сего́дня пого́да?** quel temps fait-il aujourd'hui ? • **како́й болту́н!** quel bavard ! • **я не зна́ю, каку́ю кни́гу взять** je ne sais pas quel livre prendre • **каки́м о́бразом?** de quelle manière ? • **в како́м году́ он роди́лся?** en quelle année est-il né ?

како́й-либо *pron-adj* n'importe quel • **он констати́ровал отсу́тствие каки́х-либо пробле́м** il a constaté qu'il n'y avait aucun problème de quelque genre que ce soit

како́й-нибудь *pron-adj* **1.** n'importe quel, un quelconque • **да́йте мне каку́ю-нибудь кни́гу о Москве́** donnez-moi un livre sur Moscou **2.** quelque, environ • **до го́рода бы́ло всего́ каки́х-нибудь де́сять киломе́тров** la ville était à quelque dix kilomètres • **через каки́е-нибудь два-три ме́сяца** dans quelque deux ou trois mois

како́й-то¹ *pron-adj* **1.** un certain • **како́й-то фило́соф** un certain philosophe **2.** une sorte de • **э́то како́й-то чуда́к** c'est une espèce d'original **3.** quelque, environ • **в каки́е-то два-три часа́** en quelque deux ou trois heures

како́й-то² → како́й, то

ка́к-то *adv* **1.** dans une certaine mesure • **всё э́то ка́к-то стра́нно** tout cela est assez étrange **2.** une certaine fois • **они́ ка́к-то встре́тились на у́лице** une fois par hasard, ils se sont rencontrés dans la rue

каланча́* *(gén. pl.* каланче́й*)* *nf* tour de veille • **пожа́рная каланча́** la tour de veille des pompiers

кала́ч ③② *nm* «kalatch» *petit pain en forme de cadenas*

кале́ка *nm ou nf* éclopé *m*, éclopée *f*

календа́рь ③② *nm* calendrier • **грегориа́нский календа́рь** le calendrier grégorien • **юлиа́нский календа́рь** le calendrier julien

кале́чить / **искале́чить** *v* estropier, mutiler • **искале́чить ста́тую** mutiler une statue

кали́на *nf* obier • **кали́на махро́вая** boule-de-neige (BOT)

кали́тка *nf* portillon, petite porte • **он откры́л кали́тку и вошёл в сад** il ouvrit le portillon et entra dans le jardin

кало́ша *nf* caoutchouc *(protégeant les chaussures contre l'humidité)* • **ва́ленки с кало́шами** des bottes en feutre avec des caoutchoucs

калькуля́тор *nm* calculette, calculatrice

кальсо́ны *(*кальсо́н, кальсо́нам*)* *pl t* caleçon (long)

ка́менный *adj* de pierre • **ка́менный дом** une maison en pierre • **у него́ се́рдце ка́менное** il a un cœur de pierre • **ка́менное лицо́** un visage figé ◈ **ка́менный век** l'âge de la pierre

ка́менщик *nm* maçon

ка́мень ①③ *nm* **1.** pierre • **броса́ться камня́ми** lancer des pierres • **доро́га вы́мощена ка́мнем** la route est empierrée • **драгоце́нный ка́мень** une pierre précieuse • **подво́дный ка́мень** un écueil • **не оставля́ть ка́мня на ка́мне** détruire de fond en comble • **броса́ть ка́мни в чужо́й огоро́д** jeter une pierre dans le jardin d'autrui • **у меня́ на се́рдце был ка́мень** j'avais le cœur lourd • **у меня́ ка́мень с души́ свали́лся** je me sens soulagé **2.** calcul (MÉD) • **ка́мни в пе́чени** des calculs biliaires

ка́мера *nf* **1.** caméra • **снима́ть скры́той ка́мерой** filmer avec une caméra cachée **2.** cellule, local • **одино́чная ка́мера** cellule *(dans une prison)* ◈ **ка́мера хране́ния** consigne *(pour bagages)*

ка́мерный *adj* de chambre (MUS) • **ка́мерная му́зыка** musique de chambre • **ка́мерный конце́рт** concert de musique de chambre

ка́мешек *nm dim de* ка́мень ◈ **э́то в мой огоро́д ка́мешки летя́т** c'est une pierre dans mon jardin

ками́н *nm* cheminée *(âtre et manteau de cheminée)*

камы́ш ③② *nm* **1.** jonc **2.** roseau

кана́ва *nf* fossé • **по сторона́м доро́ги тя́нутся кана́вы** la route est bordée de fossés

Кана́да *nf* Canada

кана́дец *nm* Canadien

кана́дка *nf* Canadienne

кана́дский *adj* canadien

кана́т *nm* câble • **стально́й кана́т** un câble d'acier • **акроба́т идёт по кана́ту** l'acrobate marche sur la corde raide

кандалы́ (канда́л, кандала́м) *pl t* fers • **закова́ть в кандалы́** mettre aux fers

кандида́т *nm* **1.** candidat • **кандида́т в депута́ты** candidat député **2.** ≈ docteur de troisième cycle • **кандида́т филологи́ческих нау́к** ≈ docteur (de troisième cycle) en philologie • **кандида́т юриди́ческих нау́к** ≈ docteur (de troisième cycle) en droit

кандидату́ра *nf* candidature • **вы́ставить свою́ кандидату́ру** proposer sa propre candidature

кани́кулы (кани́кул, кани́кулам) *pl t* vacances (scolaires) • **ле́тние кани́кулы** les grandes vacances • **зи́мние кани́кулы** ≈ les vacances de Noël • **весе́нние кани́кулы** ≈ les vacances de Pâques • **на кани́кулах я поéхал в го́ры** pendant les vacances, je suis parti en montagne • **они́ уéхали на кани́кулы** ils sont partis en vacances

канцеля́рия *nf* secrétariat, chancellerie • **в канцеля́рии вам вы́дадут спра́вку** au secrétariat, vous obtiendrez une attestation

канцеля́рский *adj* **1.** de bureau • **канцеля́рские принадле́жности** les fournitures de bureau **2.** bureaucratique • **канцеля́рский язы́к** le style bureaucratique • **канцеля́рская кры́са** un rond-de-cuir

канцтова́ры *pl* (articles de) papeterie

ка́пать[1] *v* tomber goutte à goutte • **из глаз у неё ка́пали слёзы** des larmes coulaient de ses yeux • **с крыш ка́пает** l'eau dégoutte des toits
● **над на́ми не ка́плет** il n'y a pas le feu

ка́пать[2] / **ка́пнуть** *v* faire tomber des gouttes • **ка́пнуть себе́ вино́м на пла́тье** faire des taches de vin sur sa robe

ка́пелька (*gén. pl.* ка́пелек) (*dim de* ка́пля) *nf* **1.** gouttelette • **ка́пельки росы́** des gouttelettes de rosée **2.** un tout petit peu • **ка́пелька вина́** une goutte de vin • **ему́ ни ка́пельки не стра́шно** il n'a pas peur du tout

капита́льный *adj* capital, d'importance majeure • **капита́льные вложе́ния** investissements • **капита́льный ремо́нт** de grosses réparations

капка́н *nm* piège • **попа́сться в капка́н** tomber dans un piège *litt & fig*

ка́пля *nf* goutte • **ка́пли дождя́** des gouttes de pluie • **э́то ка́пля в мо́ре** c'est une goutte dans l'océan • **они́ похо́жи как две ка́пли воды́** ils se ressemblent comme deux gouttes d'eau • **я ей ни ка́пли не ве́рю** je ne la crois pas le moins du monde

/ **ка́пнуть** → **ка́пать**

капри́зничать *v* faire des caprices

капри́зный *adj* capricieux • **капри́зный ребёнок** un enfant capricieux • **капри́зная пого́да** un temps capricieux

капро́н *nm* Nylon®

капро́новый *adj* en Nylon® • **чёрные капро́новые чулки́** des bas noirs en Nylon®

капу́ста *nf* chou • **цветна́я капу́ста** chou-fleur • **брюссе́льская капу́ста** chou de Bruxelles • **ки́слая капу́ста** ≈ choucroute

кара́бкаться / **вскара́бкаться** *vp* escalader, grimper • **кара́бкаться по ска́лам** escalader des rochers

каранда́ш ③② *nm* crayon • **писа́ть карандашо́м** écrire au crayon • **просто́й каранда́ш** crayon noir • **цветны́е карандаши́** crayons de couleur • **рису́нок в карандаше́** un dessin au crayon

каранти́н *nm* quarantaine • **вы́держать каранти́н** observer la quarantaine

карао́ке *nnt indécl* karaoké • **петь под карао́ке** faire du karaoké

кара́сь ③② *nm* carassin

кара́тельный *adj* punitif, répressif

каратэ́ *nnt indécl* karaté

карау́л *nm* garde • **почётный карау́л** la garde d'honneur • **нести́ карау́л** monter la garde • **смени́ть карау́л** relever la garde
● **карау́л!** au secours ! • **крича́ть карау́л** appeler au secours • **на карау́л!** présentez armes !

караýлить *v* **1.** / **покараýлить** garder, monter la garde • **караýлить стáдо от волкóв** garder un troupeau contre les loups • **караýлить багáж** surveiller les bagages **2.** / **подкараýлить** guetter, épier • **мы караýлили егó прихóд** nous guettions son arrivée • **кóшка караýлит мышь** le chat guette la souris

караýльный *adj* de garde • **караýльное помещéние** le poste de garde • **караýльный офицéр** un officier de garde
■ **караýльный** *adj subst m* sentinelle • **постáвить караýльных** désigner les sentinelles

карéта *nf* carrosse
● **карéта скóрой пóмощи** ambulance

кáрий *adj* marron *(en parlant des yeux)* • **кáрие глазá** des yeux marron

кáркать / **кáркнуть** *v* croasser • **вóроны кáркали** les corbeaux croassaient

/ **кáркнуть** → **кáркать**

кáрлик *nm* nain

кáрлица *nf* naine

кармáн *nm* poche • **вы́нуть платóк из кармáна** tirer un mouchoir de sa poche • **наби́ть себé кармáн** se remplir les poches *fig*
● **онá за слóвом в кармáн не лéзет** elle a la langue bien pendue • **э́то емý не по кармáну** ses moyens ne le lui permettent pas

кáрта *nf* **1.** carte (GÉOGR) • **кáрта ми́ра** une carte du monde **2.** carte *(à jouer)* • **игрáть в кáрты** jouer aux cartes • **тасовáть кáрты** battre les cartes • **гадáть на кáртах** tirer les cartes ~ *fig* • **раскры́ть свои́ кáрты** jouer cartes sur table • **спýтать кáрты** brouiller les cartes • **послéдняя кáрта** la dernière carte • **постáвить свою́ жизнь на кáрту** jouer sa vie sur une carte

картáвить *v* grasseyer

карти́на *nf* **1.** tableau, peinture • **карти́на Канди́нского** un tableau de Kandinsky ~ *fig* • **óбщая карти́на вы́боров** une vue d'ensemble des élections **2.** tableau (THÉÂTRE) • **дрáма в четырёх дéйствиях и восьми́ карти́нах** un drame en quatre actes et huit tableaux **3.** film • **егó карти́на завоевáла нагрáду на Москóвском кинофестивáле** son film a remporté un prix au festival de cinéma à Moscou

карти́нка *nf* image • **кни́га с карти́нками** un livre avec des images
● **переводны́е карти́нки** décalcomanies • **лубóчные карти́нки** → **лубóк** • ***Карти́нки с вы́ставки*** (**Мýсоргский**) *Tableaux d'une exposition* (**Moussorgski**)

карти́нный *adj* **1.** de tableaux • **карти́нная галерéя** une galerie de peinture **2.** pittoresque • **карти́нный беспоря́док** un désordre pittoresque

картóфелина *nf* une pomme de terre

картóфель *nm* pommes de terre • **копáть картóфель** arracher des pommes de terre • **чи́стить картóфель** éplucher des pommes de terre • **жáреный картóфель** pommes de terre sautées • **картóфель в мунди́ре** pommes de terre en robe des champs

кáрточка *nf* **1.** carte • **визи́тная кáрточка** carte de visite • **продовóльственная кáрточка** carte de ravitaillement • **креди́тная кáрточка** carte de crédit • **телефóнная кáрточка** carte de téléphone **2.** *fam* photo • **на роя́ле стоя́ла егó кáрточка** sur le piano, il y avait sa photo

картóшка *fam nf* **1.** une pomme de terre **2.** *(collectif)* pommes de terre • **копáть картóшку** arracher des pommes de terre • **чи́стить картóшку** éplucher des pommes de terre • **жáреная картóшка** pommes de terre sautées • **картóшка фри** (pommes de terre) frites
● **нос картóшкой** un nez en pied de marmite

кáртридж *nm* cartouche d'encre

картýз ③② *nm* casquette

карусéль *nf* manège *(attraction foraine)* • **крути́ться на карусéли** faire un tour de manège

карьéра *nf* carrière • **вы́брать карьéру** choisir une carrière • **сдéлать карьéру** faire son chemin

карьери́ст *nm* arriviste *m*

карьери́стка *nf* arriviste *f*

касáться / **коснýться** *(+ G) vp* **1.** toucher, effleurer • **касáться воды́ рукóй** effleurer l'eau de sa main **2.** concerner • **э́то меня́ не касáется**

cela ne me concerne pas • **что каса́ется моего́ сосе́да** en ce qui concerne mon voisin

ка́сса *nf* caisse, guichet • **плати́ть в ка́ссу** payer à la caisse • **железнодоро́жная ка́сса** guichet de vente de billets de trains

касси́р *nm* caissier

касси́рша *nf* caissière

кастрю́ля *nf* casserole
● **чугу́нная кастрю́ля** cocotte (en fonte)

ката́ть[1] *v* **1.** → **кати́ть 2.** / **поката́ть** promener *(en voiture, en barque)* • **оте́ц ката́л меня́ на ло́дке** mon père me promenait en barque

ката́ть[2] ④ / **кати́ть** ④ ◪ *vt ; indét.* ката́ть faire rouler • **кати́ть бо́чку** faire rouler un tonneau ◪ *vi fam* rouler vite, aller vite • **по доро́ге кати́ла маши́на** une voiture roulait à vive allure sur la route

ката́ться / **покати́ться** *vp* **ката́ться на маши́не** se promener en voiture • **ката́ться на велосипе́де** faire du vélo • **ката́ться на ло́дке** se promener en barque • **ката́ться на конька́х** patiner • **ката́ться на лы́жах** faire du ski
● **ката́ться как сыр в ма́сле** être comme un coq en pâte • **ката́ться со́ смеху** se tordre de rire

катафа́лк *nm* **1.** catafalque **2.** corbillard

ка́тер* *(nom. pl.* катера́*)* ①② *nm* canot, vedette • **мото́рный ка́тер** un canot automobile • **торпе́дный ка́тер** une vedette lance-torpilles

като́к *nm* **1.** patinoire • **мы идём на като́к** nous allons à la patinoire **2.** rouleau compresseur

ка́торга *nf* bagne • **сосла́ть на ка́торгу** envoyer au bagne • **бежа́ть с ка́торги** s'enfuir du bagne ~ *fig* • **э́то настоя́щая ка́торга!** c'est le bagne !

каторжа́нин* *(pl.* каторжа́не, каторжа́н, каторжа́нам*)* *arch nm* bagnard *(condamné aux travaux forcés pour raisons politiques)*

ка́торжник *arch nm* **1.** bagnard *(de droit commun)* **2.** gibier de potence

ка́торжный *adj* de bagne • **ка́торжные рабо́ты** les travaux forcés

кату́шка *nf* bobine • **кату́шка ни́ток** une bobine de fil

ка́федра *nf* **1.** chaire • **профе́ссор сошёл с ка́федры** le professeur descendit de sa chaire • **он получи́л ка́федру** il a été nommé professeur à la faculté **2.** ensemble des professeurs d'une université ayant la même spécialité • **заседа́ние ка́федры** une réunion de professeurs de même spécialité

кача́ть *v* **1.** / **покача́ть** balancer, bercer • **кача́ть ребёнка на каче́лях** balancer un enfant sur une balançoire • **ня́ня кача́ла мою́ сестру́** la nounou berçait ma sœur **2.** / **покача́ть** balancer, secouer • **ве́тер кача́ет дере́вья** le vent secoue les arbres • **парохо́д стра́шно кача́ло** le bateau tanguait **3.** / **закача́ть** pomper • **кача́ть во́ду** pomper l'eau **4.** / **скача́ть** *fam* télécharger (INFORM) • **кача́ть и́гры из Интерне́та** télécharger les jeux sur Internet
● **кача́ть голово́й** hocher la tête • **кача́ть права́** faire valoir ses droits

кача́ться / **качну́ться** *vp* se balancer, osciller • **ма́ятник кача́ется** le balancier oscille • **кача́ться на каче́лях** faire de la balançoire

каче́ли (каче́лей, каче́лям) *pl t* balançoire • **кача́ться на каче́лях** faire de la balançoire

ка́чество *nnt* qualité • **ткань высо́кого ка́чества** un tissu de première qualité • **в ка́честве журнали́ста** en qualité de journaliste • **пое́хать в Росси́ю в ка́честве тури́ста** aller en Russie comme touriste

ка́чка *nf* **бортова́я ка́чка** roulis • **килева́я ка́чка** tangage • **не переноси́ть ка́чки** avoir le mal de mer

/ **качну́ть** → кача́ть

/ **качну́ться** → кача́ться

ка́ша *nf* **1.** kacha *(grains de céréales dépouillés de leur enveloppe et cuits à l'eau)* • **гре́чневая ка́ша** (kacha de) sarrasin • **ри́совая ка́ша** riz • **ма́нная ка́ша** semoule **2.** gâchis • **э́то была́ кака́я-то ка́ша** c'était un gâchis épouvantable • **у него́ ка́ша в голове́** c'est un fouillis dans sa tête !
● **с ним ка́ши не сва́ришь** il n'y a pas moyen de s'entendre avec lui • **сам завари́л ка́шу, сам и расхлёбывай** comme on fait son lit, on se couche

ка́шель *nm* toux • **сухо́й ка́шель** une toux sèche

/ **ка́шлянуть** → **ка́шлять**

ка́шлять / **ка́шлянуть** *v* tousser • **ка́шлять сухи́м ка́шлем** tousser d'une toux sèche

каю́та *nf* cabine *(de bateau)* • **каю́та второ́го кла́сса** une cabine de seconde

ка́яться* [II, **ка́юсь, ка́ешься**] / **пока́яться*** [II, *id*] *vp* reconnaître avec repentir *(avouer)* • **пока́яться в свои́х оши́бках** reconnaître ses fautes • **ка́ющийся гре́шник** un pécheur repentant

квадра́т *nm* **1.** carré *(quadrilatère)* • **чёрные и бе́лые квадра́ты** des carrés noirs et blancs **2.** carré *(produit d'un nombre par lui-même)* • **три в квадра́те равно́ девяти́** trois au carré égal neuf
● **дура́к в квадра́те** triple idiot

квадра́тный *adj* carré • **квадра́тный стол** une table carrée • **квадра́тный ме́тр** un mètre carré • **квадра́тный ко́рень** une racine carrée

квалифици́рованный *adj* qualifié • **квалифици́рованный рабо́чий** un ouvrier qualifié

кварта́л *nm* **1.** pâté de maisons • **пройти́ два кварта́ла** aller jusqu'au deuxième carrefour **2.** quartier • **в друго́м кварта́ле** dans un autre quartier **3.** trimestre • **в пе́рвом кварта́ле** au premier trimestre

кв. (*abr de* **кварти́ра**) *nf* appt

ква - ква! *onomat* coa-coa ! *(grenouille)*

ква́кать *v* coasser

кварти́ра *nf* appartement • **трёхко́мнатная кварти́ра** un appartement de trois pièces • **коммуна́льная кварти́ра** un appartement communautaire *(occupé par plusieurs locataires)* • **отде́льная кварти́ра** un appartement individuel • **снять кварти́ру** louer un appartement • **плати́ть за кварти́ру** payer son loyer

квас *nm* kvas *boisson légèrement fermentée à base de malt et de farine de seigle* • **хле́бный квас** kvas

кви́т (*pl.* **кви́ты**) *adj (ne possède que ces deux formes courtes)* quitte • **тепе́рь мы кви́ты** maintenant nous sommes quittes

квита́нция *nf* quittance, reçu • **вы́дать квита́нцию** délivrer un reçu

кедр *nm* cèdre

ке́ды *pl* = baskets *(chaussures)*

кекс *nm* cake

кем → **кто**

кенгуру́ *nm inv* kangourou

ке́пка *nf* casquette

кероси́н *nm* pétrole spécial pour les lampes et les réchauds

кероси́нка *nf* réchaud à pétrole

кероси́новый *adj* à pétrole • **кероси́новая ла́мпа** une lampe à pétrole

ке́та *nf* saumon (d'Extrême-Orient)

ке́товый *adj* de saumon • **ке́товая икра́** œufs de saumon

кефи́р *nm* kéfir *(boisson fermentée préparée avec du lait)*

кива́ть / **кивну́ть** *v* faire un signe de tête • **она́ дру́жески кива́ла нам голово́й** elle nous saluait amicalement d'un signe de tête • **он кивну́л в знак согла́сия** il acquiesça de la tête • **он кивну́л на Са́шу** d'un signe de tête il montra Sacha

/ **кивну́ть** → **кива́ть**

ки́ви *nm inv* kiwi

кида́ть / **ки́нуть** *v* jeter, lancer • **кида́ть ка́мни в во́ду** jeter des cailloux dans l'eau • **кида́ть оку́рки на́ пол** jeter des mégots par terre

кида́ться / **ки́нуться** *vp* **1.** se jeter • **соба́ка кида́ется на прохо́жих** le chien se jette sur les passants **2.** jeter, lancer • **кида́ться снежка́ми** lancer des boules de neige

кинжа́л *nm* poignard

кино́* *nnt indécl* ciné, cinéma • **ходи́ть в кино́** aller au ciné • **звуково́е кино́** le cinéma parlant • **немо́е кино́** le cinéma muet

кинотеа́тр *nm* salle de cinéma

/ **ки́нуть** → **кида́ть**

кио́ск *nm* kiosque

кипе́ть* [I, **киплю́, кипи́шь**] / **вскипе́ть*** [I, *id*] *v* **1.** bouillir, bouillonner

• вода́ кипи́т l'eau bout **2.** battre son plein • **рабо́та кипи́т** le travail bat son plein **3.** écumer *(être furieux)* • **кипе́ть гне́вом** écumer de rage • **кипе́ть нетерпе́нием** bouillir d'impatience

Кипр *nm* Chypre

киприо́т *nm* Chypriote *m*

киприо́тка *nf* Chypriote *f*

ки́прский *adj* chypriote

кипу́чий *adj* **1.** bouillonnant • **кипу́чий пото́к** un torrent bouillonnant **2.** bouillant, ardent • **кипу́чий хара́ктер** un caractère bouillant • **кипу́чая де́ятельность** une activité débordante

кипяти́ть / **вскипяти́ть** *v* faire bouillir • **вскипяти́ть молоко́** faire bouillir le lait

кипяти́ться / **вскипяти́ться** *vp* **1.** bouillir • **вода́ кипяти́тся** l'eau bout **2.** se mettre en colère • **он кипяти́лся из-за пустяко́в** il était en colère pour des bagatelles

кипято́к *nm* eau bouillante

кипячёный *adj* bouilli • **кипячёное молоко́** lait bouilli

кирги́з *nm* Kirghiz

Кирги́зия *nf* Kirghizistan

кирги́зка *nf* Kirghize

кирги́зский *adj* kirghiz

кирпи́ч ③② *nm* brique • **кра́сный кирпи́ч** brique rouge

кирпи́чный *adj* en briques, de briques • **кирпи́чный дом** une maison en briques

кисе́ль ③ *nm* «kissel» *gelée de fruits additionnée de fécule* • **клю́квенный кисе́ль** kissel à la canneberge • **моло́чный кисе́ль** kissel au lait

кислота́ *(pl.* **кисло́ты***)* ②① *nf* **1.** acide • **у́ксусная кислота́** acide acétique • **се́рная кислота́** acide sulfurique **2.** acidité, saveur acide • **кислота́ о́чень чу́вствуется** l'acidité est très perceptible

ки́сло *adv* maussadement • **ки́сло улыбну́ться** rire jaune

ки́слый *(***ки́сел, кисла́, ки́сло, ки́слы***)* ⑤ *adj* **1.** aigre, aigrelet • **ки́слое вино́** un vin aigrelet **2.** fermenté • **ки́слая капу́ста** = choucroute **3.** contrarié, amer • **сде́лать ки́слое лицо́** faire grise mine • **ки́слое замеча́ние** des paroles amères

ки́снуть* [III] / **ски́снуть*** [III] *v* **1.** aigrir • **вино́ ски́сло** le vin est devenu aigre **2.** se morfondre, avoir le cafard • **ки́снуть в глуши́** mourir d'ennui dans un coin perdu

ки́сточка *(dim de* **кисть***)* *nf* petit pinceau • **ки́сточка для бритья́** blaireau *(pour se raser)*

кисть ①③ *nf* **1.** pinceau • **кисть худо́жника** le pinceau d'un artiste **2.** grappe • **кисть виногра́да** une grappe de raisin ◆ **кисть руки́** main

кит ③② *nm* baleine (ZOOL)

кита́ец *(***кита́йца***)* *nm* Chinois

Кита́й *nm* Chine

кита́йский *adj* chinois, de Chine • **кита́йский фарфо́р** porcelaine chinoise • **Вели́кая Кита́йская стена́** la Grande Muraille de Chine

китая́нка *nf* Chinoise

кише́ть* [I, **киши́т, киша́т**] *v* **1.** fourmiller *(être en abondance)*, grouiller • **везде́ кише́ли тарака́ны и клопы́** partout grouillaient cafards et punaises **2.** *(+ I)* fourmiller (de) *(avoir en abondance)* • **зал кише́л как мураве́йник** la salle fourmillait de monde • **водоёмы киша́т разли́чными парази́тами** les réservoirs sont infestés de divers parasites

кише́чник *nm* intestin *(ensemble du système intestinal)*

кишка́ *(gén. pl.* **кишо́к***)* *nf* **1.** intestin • **то́нкая кишка́** l'intestin grêle • **то́лстая кишка́** le gros intestin **2.** *fam* tuyau • **пожа́рная кишка́** lance d'incendie

клавиату́ра *nf* clavier

кла́виша *nf* touche *(de piano, de clavier)* • **кла́виши роя́ля** les touches d'un piano • **нажима́ть кла́виши** appuyer sur des touches

клад *nm* trésor *(généralement caché)* • **иска́ть клад** chercher un trésor

кла́дбище *nnt* cimetière • **на кла́дбище** au cimetière

кладём, кладёт → **класть**

кладовая *adj subst f* **1.** magasin, entrepôt **2.** cagibi, débarras

кладу́, кладу́т → класть

клал, кла́ла → класть

кла́няться / **поклони́ться** ④ *vp (+ D)* **1.** saluer • вы́шла кла́няться певи́ца la chanteuse vint sur scène pour saluer **2.** faire des courbettes • они́ вы́нуждены кла́няться, проси́ть де́ньги ils doivent faire des courbettes, quémander de l'argent

кла́пан *nm* soupape • предохрани́тельный кла́пан soupape de sûreté

класс *nm* **1.** classe *(d'une école)* • сиде́ть в кла́ссе être en classe • учени́к девя́того кла́сса ≈ un élève de seconde • выпускно́й класс classe terminale • перейти́ в седьмо́й класс ≈ passer en quatrième **2.** classe *(de la société)* • рабо́чий класс la classe ouvrière **3.** classe *(catégorie)* • каю́та пе́рвого кла́сса une cabine de première classe
● вот э́то класс ! *fam* ça a de la classe !

> **CULTURE...**
> **класс**
> En Russie, l'école est obligatoire dès l'âge de six ans. Le cursus comporte 11 classes et va de la « première » (первый класс) à la « onzième » (одиннадцатый класс).

кла́ссный *adj* **1.** de classe *(scolaire)* • кла́ссный руководи́тель professeur principal • кла́ссный журна́л cahier de classe **2.** *fam* super

кла́ссовый *adj* de classe *(sociale)*

класть* [IV, кладу́, кладёшь - клал, кла́ла] / **положи́ть** ④ *v* poser, mettre • положи́ть кни́гу на стол poser le livre sur la table • положи́ть на ме́сто mettre à sa place • положи́ть плато́к в карма́н mettre son mouchoir dans sa poche • класть но́гу на́ ногу croiser les jambes • класть са́хар в чай mettre du sucre dans le thé • класть де́ньги в банк mettre de l'argent à la banque • положи́ть на му́зыку mettre en musique
● класть я́йца pondre des œufs

клева́ть* [II, клюю́, клюёшь] / **клю́нуть** *v* **1.** picorer, donner des coups de bec • ку́ры клюю́т зерно́ les poules picorent le grain **2.** mordre *(à l'hameçon)* • сего́дня ры́ба не клюёт ça ne mord pas aujourd'hui
● клева́ть но́сом piquer du nez

> **À PROPOS DE...**
> Au sens propre, класть, par opposition à ста́вить, indique souvent que l'objet posé sera couché et non debout.

клевета́ *nf* calomnie • гря́зная клевета́ une basse calomnie

клевета́ть* [II, клевещу́, клеве́щешь] ④ / **наклевета́ть*** [II, *id*] ④ *v* calomnier, dénigrer • клевета́ть на сосе́дей calomnier ses voisins • вы клеве́щете на себя́ vous vous dénigrez

клеёнка *nf* toile cirée • стол покры́т клеёнкой la table est couverte d'une toile cirée

кле́ить / **скле́ить** *v* coller • скле́ить разби́тую ва́зу recoller un vase brisé

кле́иться *vp* **1.** coller • бума́га хорошо́ кле́ится le papier colle bien **2.** réussir • что́-то не кле́ится il y a quelque chose qui ne colle pas • де́ло не кле́ится ça ne marche pas

клей* *(loc.* клею́*)* ⑧ *nm* colle • столя́рный клей colle forte

кле́йкий *adj* gluant, poisseux • кле́йкие по́чки тополе́й les bourgeons glutineux des peupliers

клеймо́ *(gén. pl.* клейм*)* ②① *nnt* marque, poinçon • фабри́чное клеймо́ la marque de fabrique

клён *nm* érable

кле́тка *nf* **1.** cage • посади́ть в кле́тку mettre en cage **2.** carreau *(sur un tissu)* • ткань в кле́тку un tissu à carreaux • бума́га в кле́тку du papier quadrillé **3.** cellule (BIOL) • не́рвная кле́тка une cellule nerveuse
● грудна́я кле́тка la cage thoracique

кле́тчатый *adj* à carreaux • кле́тчатый плато́к un mouchoir à carreaux

клёцки *nfpl* «kliotski» *boulettes de farine en forme de quenelles* • суп с клёцками soupe aux kliotski

клещ ③② *nm* tique

кле́щи *(*клеще́й, клеща́м*)* ③ *pl t* **1.** → клещ **2.** tenailles, pinces • сжать клеща́ми serrer avec des pinces

клúмат *nm* climat • **суро́вый клúмат Сибúри** le dur climat de la Sibérie

клин* *(pl.* **клúнья, клúньев, клúньям***) nm* **1.** coin *(pour fendre du bois)* • **загна́ть клин в поле́но** enfoncer un coin dans une bûche **2.** parcelle de terre • **озúмый клин** une parcelle de blé d'hiver
● **клин клúном вышиба́ют** un clou chasse l'autre

клúчка *nf* **1.** nom *(donné à un animal)* • **бе́лый медве́дь по клúчке Мúша** un ours blanc nommé Micha **2.** sobriquet

клок* *(pl.* **кло́чья, кло́чьев, кло́чьям***)* ③① *nm* **1.** touffe • **клок воло́с** une touffe de cheveux **2.** lambeau • **разорва́ть в кло́чья** mettre en lambeaux

клонúть ④ *v* **1.** / **наклонúть** ④ faire pencher • **ве́тер кло́нит верху́шки дере́вьев** le vent fait pencher la cime des arbres **2.** *(pas de perf)* pousser à, mener à • **меня́ кло́нит ко сну** le sommeil me gagne • **я по́нял, к чему́ он кло́нит** j'ai compris où il veut en venir

клонúться ④ *vp* **1.** / **наклонúться** ④ se pencher • **де́рево кло́нится к земле́** l'arbre penche **2.** *(pas de perf)* tendre à, s'approcher de • **день клонúлся к ве́черу** le jour commençait à décliner • **де́ло кло́нится к развя́зке** cette affaire touche à sa fin

клоп ③② *nm* **1.** punaise des lits **2.** marmot, bout de chou

кло́ун *nm* clown

клочо́к *nm* morceau • **разорва́ть в клочкú** mettre en morceaux • **клочо́к бума́ги** un morceau de papier • **клочо́к землú** une parcelle de terre

клуб[1] ①② *nm* bouffée, tourbillon • **клубы́ ды́ма** des nuages de fumée • **клубы́ пы́ли** des tourbillons de poussière

клуб[2] *nm* club, cercle • **спортúвный клуб** club sportif

клубнúка *nf* **1.** fraise **2.** *(collectif)* fraises • **мы е́ли клубнúку с их огоро́да** nous avons mangé des fraises de leur jardin **3.** fraisier

клубо́к *nm* peloton, pelote • **клубо́к ше́рсти** un peloton de laine • **сверну́ться клубко́м** se rouler en boule, se pelotonner

клу́мба *nf* parterre, corbeille de fleurs • **пе́ред до́мом находúлись цвето́чные клу́мбы** il y avait des parterres de fleurs devant la maison

клюв *nm* bec *(d'oiseau)*

клю́ква *nf* canneberge *(airelle des marais)*

клю́квенный *adj* à la canneberge

/ **клю́нуть** → **клева́ть**

ключ[1] ③② *nm* **1.** clef • **запере́ть на ключ** fermer à clef • **ключ от кварти́ры** la clef de l'appartement **2.** *fig* clef • **экономúческая свобо́да — ключ к экономúческому ро́сту** la liberté économique est la clef de la croissance économique • **ключú ко всем та́йнам** la clef de tous les secrets **3.** (MUS) clef
● **под ключ** clefs en main › **строи́тельство заво́дов под ключ** la construction d'usines clefs en main

ключ[2] ③② *nm* source • **се́рные ключú** des sources sulfureuses
● **бить ключо́м** bouillonner *litt & fig* › **вода́ бьёт ключо́м** l'eau sort en bouillonnant › **жизнь в нём бьёт ключо́м** il est débordant de vie

кля́кса *nf* tache d'encre • **сде́лать кля́ксу** faire une tache d'encre

кля́сться* [IV, **кляну́сь, клянёшься** - **кля́лся, кляла́сь**] ③ / **покля́сться*** [IV, *id*] ③ *vp* jurer, faire serment • **кля́сться в ве́рности** jurer fidélité • **он кля́лся, что испо́лнит своё обеща́ние** il jurait qu'il tiendrait sa promesse • **кляну́сь че́стью** je donne ma parole d'honneur !

кля́тва *nf* serment • **кля́тва ве́рности** un serment de fidélité • **дать кля́тву** faire un serment

км (*abr de* **киломе́тр**) *nm* km

кнúга *nf* livre • **чита́ть кнúгу** lire un livre • **перелúстывать кнúгу** feuilleter un livre • **раскры́ть кнúгу** ouvrir un livre • **закры́ть кнúгу** fermer un livre • **то́лстая кнúга** un livre épais • **кнúга большо́го форма́та** un livre de grand format • **э́та кнúга вы́шла в про́шлом году́** ce livre a été publié l'an dernier

кнúжка *nf* **1.** *dim de* **кнúга** ~ livre • **интере́сная кнúжка** un livre intéressant **2.** carnet, livret • **записна́я кнúжка** un calepin • **че́ковая кнúжка** un carnet de chèques • **электро́нная записна́я кнúжка** un agenda électronique **3.** *fam* livret de caisse d'épargne • **получа́ть сре́дства на кни́жку** recevoir de l'argent sur son livret de caisse d'épargne • **снять с кни́жки накопле́ния** retirer ses économies de son livret de caisse d'épargne

кни́жный *adj* **1.** de livres • **кни́жный шкаф** bibliothèque *(meuble)* • **кни́жный магази́н** librairie **2.** livresque • **кни́жный стиль** un style livresque • **кни́жные зна́ния** des connaissances livresques

кно́пка *nf* **1.** punaise *(article de bureau)* • **прикрепи́ть кно́пками** fixer avec des punaises **2.** bouton-pression • **кно́пка расстегну́лась** la pression s'est défaite **3.** bouton (TECHN) • **нажа́ть кно́пку** appuyer sur le bouton

кнут ③② *nm* knout *(fouet)* • **бить ло́шадь кнуто́м** donner des coups de fouet à un cheval

княги́ня *nf* princesse *(femme d'un prince)*

княже́ние *nnt* (HIST) règne *(d'un prince)*

кня́жеский *adj* (HIST) de prince • **кня́жеская дружи́на** l'armée du prince

кня́жество *nnt* (HIST) principauté • **су́здальское кня́жество** la principauté de Souzdal

кня́жить *v* (HIST) régner *(en parlant d'un prince)* • **Влади́мир стал кня́жить в Ки́еве в 978 году́** Vladimir commença à régner à Kiev en 978

княжна́ *(gén. pl.* **княжо́н***)* *nf* princesse *(fille d'un prince)*

князь* *(pl.* **князья́, князе́й, князья́м***)* ①② *nm* prince
● ***Князь Игорь*** (Бороди́н) *le Prince Igor* (Borodine)

ко → к

кобы́ла *nf* jument

кова́рно *adv* perfidement, traîtreusement

кова́рный *adj* perfide • **кова́рный враг** un ennemi perfide • **кова́рная пого́да** un temps trompeur

кова́ть* [II, кую́, куёшь] *v* **1.** forger • **куй желе́зо, пока́ горячо́** il faut battre le fer pendant qu'il est chaud **2.** / **подкова́ть*** [II, *id*] ferrer *(un cheval)* • **подкова́ть коня́** ferrer un cheval

ковёр *nm* tapis • **перси́дский ковёр** un tapis persan

ковёр-самолёт *nm* un tapis volant

кове́ркать / **искове́ркать** *v* mutiler, défigurer • **фа́кты искове́рканы и недостове́рны** les faits sont déformés et douteux • **кове́ркать ру́сский язы́к** écorcher le russe

ко́врик *nm* carpette • **ко́врик для мы́ши** tapis de souris

ковы́ль ③② *nm* étièpe(-aigrelette) *(herbe haute de la steppe, appartenant à la même famille que l'alfa)*

ковыля́ть *v* clopiner • **он уходи́л, неуклю́же ковыля́я** il s'en allait clopin-clopant

/ **ковырну́ть** → ковыря́ть

ковыря́ть / **ковырну́ть** *v* gratter • **ковыря́ть зе́млю** gratter la terre • **ковыря́ть в носу́** se gratter le nez

когда́ ◪ *adv* quand • **когда́ он придёт ?** quand viendra-t-il ? • **я не зна́ю, когда́ он придёт** je ne sais pas quand il viendra ◪ *conj* quand • **когда́ он здесь, я не могу́ рабо́тать** quand il est ici, je ne peux pas travailler

когда́-нибудь *adv* un jour, à un moment ou un autre • **когда́-нибудь вы раска́етесь в э́том** un jour, vous le regretterez • **жи́ли ли вы когда́-нибудь в дере́вне?** avez-vous déjà habité à la campagne ?

когда́-то *adv* autrefois, dans le temps • **когда́-то за до́мом росла́ берёза** autrefois, il y avait un bouleau derrière la maison

кого́ → кто

ко́готь ①③ *nm* griffe, serre • **о́стрые ко́гти** des griffes acérées ~ *fig* • **показа́ть свои́ ко́гти** montrer ses griffes

ко́е-где́ *adv* çà et là, à divers endroits *(emplacement)* • **ко́е-где́ расту́т е́ли** par endroits poussent des sapins

ко́е-ка́к *adv* **1.** plutôt mal que bien • **рабо́та сде́лана ко́е-ка́к** ce travail a été fait à la va-vite **2.** avec peine, tant bien que mal • **ко́е-ка́к добрали́сь до опу́шки** nous arrivâmes non sans peine à la lisière du bois

кóе-какóй *pron-adj* divers, certain • **кóе с какúми людьмú** avec certaines personnes

кóе-ктó *pron* certains • **поговорúть кóе с кем** parler avec diverses personnes

кóе-кудá *adv* quelque part *(direction)* • **нам нáдо ещё кóе-кудá сходúть** nous avons encore quelques courses à faire

кóе-чтó *pron* **мне нýжно вам кóе-чтó сказáть** j'ai quelque chose à vous dire

кóжа *nf* **1.** peau • **у неё нéжная кóжа** elle a une peau fine • **у негó кóжа да кóсти** il n'a que la peau et les os **2.** cuir • **ботúнки из крокодúловой кóжи** des chaussures en cuir de crocodile
● **гусúная кóжа** la chair de poule • **из кóжи вон лезть** se mettre en quatre

кóжаный *adj* de cuir • **кóжаная кýртка** une veste de cuir

козá ②① *nf* chèvre

козёл *nm* bouc
● **козёл отпущéния** un bouc émissaire • **от негó как от козлá молокá** il n'y a rien à tirer de lui • **пустúть козлá в огорóд** lâcher le loup dans la bergerie

Козерóг *nm* (ASTROL) Capricorne

кóзлы (**кóзел, кóзлам**) *pl t* **1.** chevalet, tréteau • **пилúть дровá на кóзлах** scier du bois sur un chevalet **2.** siège de cocher • **кýчер вскочúл на кóзлы** le cocher sauta sur son siège

козырёк (**козырькá**) *nm* visière • **козырёк фурáжки** la visière d'une casquette
● **взять под козырёк** faire le salut militaire, rapporter exécution

кóзырь *(pl.* **кóзыри, козырéй, козырям***)* ①③ *nm* atout • **что у нас кóзыри?** quel est l'atout ? ~*fig* • **это большóй кóзырь в жúзни** c'est un atout important dans la vie

кóйка *nf* lit *(d'hôpital, de caserne, de dortoir)*

ко-ко-ко! *onomat* cot cot cot !

коктейль *nm* cocktail

кол* ③① *nm* **1.** *(pl.* кóлья, кóльев, кóльям*)* pieu, pal • **вбить в зéмлю кол** enfoncer un pieu dans la terre • **посадúть нá кол** empaler **2.** *(pl.* колы́ ③②*)* *fam* un *(la plus basse des notes scolaires)* • **он мне кол постáвил** = il m'a mis un zéro
● **емý хоть кол на головé тешú** il est têtu une bourrique

колбасá *(pl.* **колбáсы***)* ②① *nf* saucisson, saucisse • **копчёная колбасá** saucisson fumé • **кровянáя колбасá** boudin

колгóтки *pl t* collant *(sous-vêtement)*

колдýн ③② *nm* sorcier, devin

колдýнья *nf* sorcière, devineresse

колебáние *nnt* **1.** oscillation • **колебáния мáятника** les oscillations d'un balancier **2.** fluctuation • **колебáние цен** la fluctuation des prix **3.** hésitation • **пóсле дóлгих колебáний** après de longues hésitations • **без колебáний** sans hésitation

колебáть* [II, колéблю, колéблешь] / **поколебáть*** [II, *id*] *v* ébranler, faire chanceler *litt & fig* • **вéтер колéблет верхýшки дерéвьев** le vent balance légèrement le sommet des arbres • **поколебáть авторитéт президéнта** porter atteinte à l'autorité du président

колебáться* [II, колéблюсь, колéблешься] / **поколебáться*** [II, *id*] *vp* **1.** osciller, remuer • **стрéлка самопроизвóльно колéблется** l'aiguille oscille toute seule **2.** fluctuer • **цéны колéблются** les prix varient **3.** hésiter • **колебáться мéжду двумя решéниями** hésiter entre deux solutions

колéно* *(pl.* **колéни, колéней, колéням,** *(après préposition)* **колéн***)* *nnt* genou • **опустúться на колéни** se mettre à genoux • **стоять на колéнях** être à genoux • **встать с колéн** se relever • **посадúть ребёнка к себé на колéни** mettre un enfant sur ses genoux
● **емý и мóре по колéно** rien ne lui fait peur

колесó *(pl.* **колёса***)* ②① *nnt* roue • **запаснóе колесó** la roue de secours
● **вставлять пáлки в колёса** mettre des bâtons dans les roues • **крутúться как бéлка в колесé** tourner comme un écureuil en cage • **пятое колесó в телéге** la cinquième roue de la charrette

колея *nf* **1.** ornière • **глубóкие колéи** de profondes ornières **2.** (RAIL) écartement de la voie

◈ войти́ в колею́ reprendre sa vie habituelle • вы́биться из колеи́ être désorienté

коли́чество *nnt* quantité • в большо́м коли́честве en grande quantité

ко́лкий ⑤ *adj* **1.** piquant • ко́лкие ли́стья des feuilles piquantes **2.** *fig* mordant, caustique • ко́лкий ум un esprit caustique

ко́лледж *nm* lycée professionnel

коллекти́в *nm* collectivité, groupe • нау́чный коллекти́в un groupe de chercheurs

Колобо́к *nm* Kolobok *(petit pain rond, héros d'un conte)*

коло́дезный *adj* de puits • коло́дезная вода́ de l'eau de puits

коло́дец *nm* puits • достава́ть во́ду из коло́дца tirer de l'eau du puits

ко́локол* *(nom. pl.* колокола́*)* ①② *nm* cloche • звони́ть в колокола́ sonner les cloches • вечево́й ко́локол la cloche du vetchié

колоко́льня *nf* clocher

колоко́льчик *nm* **1.** clochette *(instrument)* • трезво́н колоко́льчика le tintement de la clochette **2.** clochette *(fleur)* • клу́мбы с си́ними колоко́льчиками des parterres avec des campanules

коло́нка *nf* **1.** *dim de* коло́нна ~ petite colonne • газе́тная коло́нка une colonne de journal • коло́нки цифр des colonnes de chiffres **2.** fontaine • она́ шла к коло́нке за водо́й elle allait chercher de l'eau à la fontaine **3.** haut-parleur

◈ га́зовая коло́нка chauffe-eau à gaz • бензозапра́вочная коло́нка pompe à essence

коло́нна *nf* colonne • мра́морные коло́нны des colonnes de marbre • коло́нны цифр des colonnes de chiffres

колори́тный *adj* pittoresque • колори́тная фигу́ра un personnage pittoresque • колори́тный язы́к un langage pittoresque

ко́лос* *(pl.* коло́сья, коло́сьев, коло́сьям*)* *nm* épi • спе́лые коло́сья des épis mûrs

коло́сс *nm* colosse • коло́сс на гли́няных нога́х un colosse aux pieds d'argile

колоти́ть ④ / **поколоти́ть** ④ *v* **1.** frapper, battre *(un objet)* • колоти́ть в дверь frapper à la porte • колоти́ть ковёр battre un tapis **2.** *fam* battre *(un animal, une personne)* • колоти́ть лошаде́й battre les chevaux **3.** *fam* casser • колоти́ть посу́ду casser la vaisselle

◈ его́ колоти́ла лихора́дка *fam* il était secoué par la fièvre

коло́ть* [II, колю́, ко́лешь] ④ *v* **1.** / расколо́ть* [II, расколю́, раско́лешь, раско́лотый] ④ fendre • коло́ть дрова́ fendre du bois **2.** / уколо́ть* [II, уколю́, уко́лешь - уко́лотый] ④ ④ *et* кольну́ть piquer • уколо́ть була́вкой piquer avec une épingle **3.** / кольну́ть donner des élancements • у меня́ ко́лет в боку́ j'ai un point de côté **4.** / заколо́ть* [II, заколю́, зако́лешь - зако́лотый] ④ ④ égorger • коло́ть свине́й égorger des cochons

◈ пра́вда глаза́ ко́лет il n'y a que la vérité qui blesse

колпа́к ③② *nm* **1.** bonnet • старики́ в бе́лых колпака́х des vieillards en bonnets blancs • поварско́й колпа́к une toque de cuisinier **2.** cloche *(à fromage, etc)*, hotte • часы́ под стекля́нным колпако́м une pendulette sous globe • колпа́к над очаго́м le manteau d'une cheminée ~ abat-jour • снять колпа́к с ла́мпы retirer l'abat-jour d'une lampe

◈ под колпако́м sous surveillance › столи́ца была́ помещена́ под электро́нный колпа́к la capitale avait été mise sous surveillance électronique

колхо́з *nm* (HIST) kolkhoze

колхо́зник *nm* (HIST) kolkhozien

колхо́зница *nf* (HIST) kolkhozienne

колхо́зный *adj* (HIST) de kolkhoze

колыбе́ль *nf* berceau

◈ с колыбе́ли dès la plus tendre enfance

колыха́ться* [II, колы́шется, колы́шутся] / **колыхну́ться** *vp* se balancer, onduler • ло́дки колы́шутся на воде́ les barques se balancent sur l'eau • трава́ колыха́лась от ве́тра l'herbe ondulait sous le souffle du vent

/ **колыхну́ться** → колыха́ться

/ **кольну́ть** → коло́ть

кольцевóй *adj* circulaire • **кольцевáя дорóга вокрýг Санкт-Петербýрга** le périphérique autour de Saint-Pétersbourg • **Кольцевáя лúния метрó** la ligne circulaire du métro

кольцó ②⑤ *nnt* **1.** anneau • **кольцó для ключéй** un porte-clefs • **кольцó с бриллиáнтами** une bague avec des brillants • **обручáльное кольцó** une alliance **2.** *(au bout d'une ligne de transports en commun)* terminus
■ **кóльца** *pl* (SPORT) anneaux

CULTURE...

золотое кóльцо
Ce circuit touristique, appelé « l'Anneau d'or de Moscou », passe par les plus anciennes villes du Nord-Est : Rostov le Grand (862), Souzdal (1024), Jaroslav (1030), Kostroma (1152), Pereslav Zalesski (1552) avec leurs kremlins, 5 villes hautes et la laure de la Trinité-Saint-Serge à Serguiev-Possad (1340).
En visitant ces villes médiévales et princières qui forment un arc de cercle où se dressent aujourd'hui monastères fortifiés et églises aux bulbes flamboyants, on comprend mieux comment les Russes ont construit leur propre espace.

колю́чий *adj* **1.** piquant • **колю́чие трáвы** des herbes piquantes • **колю́чая прóволока** du fil de fer barbelé **2.** *fig* mordant, caustique • **колю́чие замечáния** des remarques caustiques

коля́ска *nf arch* calèche
● **дéтская коля́ска** voiture d'enfant • **инвалúдная коля́ска** fauteuil roulant

ком*¹ *(pl.* **кóмья, кóмьев, кóмьям***)* *nm* motte, boule • **кóмья землú** des mottes de terre
● **пéрвый блин кóмом** le premier essai est toujours raté

ком² → **кто**

комáнда *nf* **1.** ordre, commandement • **дать комáнду** donner un ordre **2.** détachement, équipe, équipage • **пожáрная комáнда** un détachement de pompiers • **футбóльная комáнда** une équipe de football • **вся комáнда сýдна** tout l'équipage du navire **3.** commandement, direction • **под комáндой офицéра** sous les ordres d'un officier

командúр *nm* commandant, chef d'unité • **командúр батальóна** le chef de bataillon • **командúр крéйсера** le commandant d'un croiseur

командировáть / командировáть *v* envoyer en mission • **командировáть за гранúцу** envoyer en mission à l'étranger

командирóвка *nf* mission, déplacement • **уéхать в командирóвку** partir en mission • **я был в командирóвке** j'étais en mission

комáндование *nnt* commandement • **принять комáндование** prendre le commandement • **верхóвное комáндование** le commandement suprême • **под комáндованием генерáла Н.** sous le commandement du général N.

комáндовать *v (+ I)* commander • **комáндовать кораблём** commander un navire

комáр ③② *nm* moustique • **лéтом здесь мнóго комарóв** en été, il y a beaucoup de moustiques ici
● **комáр нóса не подтóчит** il n'y a rien à redire ; c'est impeccable

комбáйн *nm* moissonneuse-batteuse (AGRIC)
● **кýхонный комбáйн** robot culinaire

комбинáт *nm* combinat, complexe industriel

комбинáция *nf* **1.** combinaison *(ensemble)* • **комбинáция звýков** un ensemble de sons **2.** combinaison *(mesures prises, machinations, etc)* • **политические комбинáции** des machinations politiques **3.** combinaison *(sous-vêtement féminin)* • **шёлковая комбинáция** une combinaison en soie

комиссиóнный *adj*
● **комиссиóнный магазúн** magasin d'occasion, ≈ brocanteur

кóмкать / скóмкать *v* **1.** froisser • **они кóмкали в рукáх бумáжные носовы́е платкú** ils froissaient dans leurs mains des mouchoirs en papier **2.** bâcler • **скóмкать лéкцию** bâcler un cours

коммунáльный *adj* **1.** communal, municipal • **коммунáльные вы́боры во Фрáнции** les élections municipales en France **2.** collectif • **коммунáльная**

квартира un appartement communautaire

коммуни́ст *nm* communiste *m*

коммуни́стка *nf* communiste *f*

ко́мната *nf* pièce • в кварти́ре три ко́мнаты и ку́хня l'appartement a trois pièces et une cuisine

комо́к *(dim de* ком*)* *nm* petite boule • комо́к бума́ги une petite boule de papier
● съёжиться в комо́к se pelotonner

компа́ртия *(abr de* коммунисти́ческая па́ртия*)* *nf* parti communiste

ко́мпас *nm* boussole • идти́ по ко́мпасу se diriger à l'aide d'une boussole

компо́т *nm boisson à base de fruits secs*

компью́тер *nm* ordinateur • персона́льный компью́тер ordinateur personnel • карма́нный компью́тер agenda électronique

комсомо́л *nm (abr.* Коммунисти́ческий Сою́з Молодёжи*)* union des jeunesses communistes

кому́ → кто

конве́рт *nm* enveloppe *(de lettre)* • положи́ть письмо́ в конве́рт mettre la lettre dans l'enveloppe • закле́ить конве́рт coller l'enveloppe

конво́й *nm* **1.** convoi • конво́й из авто́бусов un convoi des bus **2.** escorte • вести́ под конво́ем mener sous escorte

конди́терский *adj* de confiserie, de pâtisserie • конди́терские изде́лия des produits de confiserie et pâtisserie
■ конди́терская *adj subst f* pâtisserie-confiserie

кондиционе́р *nm* climatiseur

конду́ктор* *(nom. pl.* кондуктора́*)* ①② *nm* receveur *(d'autobus...)*

конёк *(*конька́*)* *nm* **1.** patin *(à glace)* • ката́ться на конька́х patiner **2.** dada, marotte

Конёк-горбуно́к *nm* le petit cheval bossu *(héros d'un conte)*

коне́ц *nm* **1.** fin, terme • коне́ц ме́сяца la fin du mois • коне́ц фи́льма la fin du film • спо́рить без конца́ discuter sans fin • положи́ть спо́ру коне́ц mettre un terme à la discussion **2.** bout, extrémité • коне́ц у́лицы le bout de la rue • в друго́м конце́ го́рода à l'autre bout de la ville • до конца́ вы́полнить свой долг faire son devoir jusqu'au bout **3.** trajet • биле́т в оди́н коне́ц un billet aller
● в конце́ концо́в finalement • и де́ло с концо́м et le tour est joué • и концы́ в во́ду ni vu ni connu • па́лка о двух конца́х c'est une arme à double tranchant • своди́ть концы́ с конца́ми joindre les deux bouts • со всех концо́в de toutes parts *(provenance)*

коне́чно *adv* bien sûr • он, коне́чно, прав il a raison, bien sûr • коне́чно нет! bien sûr que non !

коне́чный *adj* final • коне́чная цель le but final • коне́чная остано́вка terminus
● в коне́чном счёте en définitive

ко́нница *nf* cavalerie

ко́нный *adj* équestre, hippique • ко́нный отря́д un détachement de cavalerie • 45 вса́дников ко́нной мили́ции 45 cavaliers de la police montée • Федера́ция ко́нного спо́рта Росси́и la Fédération de sport équestre de Russie • ко́нный заво́д haras

консервато́рия *nf* conservatoire

консе́рвы *pl t* conserves

ко́нский *adj* de cheval • ко́нский табу́н un troupeau de chevaux • ко́нский во́лос crin

конспе́кт *nm* résumé, analyse • соста́вить конспе́кт ле́кции faire le résumé d'un cours

конститу́ция *nf* constitution

конто́ра *nf* bureau(x) • нотариа́льная конто́ра une étude de notaire

контролёр *nm* contrôleur

конура́ *nf* niche *(à chien)* • соба́ка лежи́т в конуре́ le chien est couché dans sa niche

конферансье́* *nm inv* présentateur, annonceur

конфе́та *nf* bonbon • шокола́дная конфе́та un chocolat • коро́бка конфе́т une boîte de chocolats

конфу́з *fam nm* **1.** situation embarrassante **2.** honte, confusion • **к её вели́кому конфу́зу** à sa grande confusion

конфу́зиться / **сконфу́зиться** *vp* être troublé, être décontenancé • **он сконфу́зился и поспеши́л замя́ть вопро́с** il se troubla et se hâta d'étouffer la question

конце́рт *nm* **1.** concert • **пойти́ на конце́рт** aller à un concert • **дать конце́рт** donner un concert **2.** concerto • **конце́рт для фортепья́но с орке́стром** un concerto pour piano et orchestre
● **коша́чий конце́рт** **a.** concert de matous **b.** *fig* chahut › **устро́ить коша́чий конце́рт** organiser un chahut

конча́ть / **ко́нчить** *v* **1.** finir, terminer • **ко́нчить рабо́ту в пять часо́в** terminer son travail à cinq heures • **ко́нчить рабо́тать** finir de travailler • **всё ко́нчено** tout est fini • **он пло́хо ко́нчит** il finira mal **2.** réussir aux examens de sortie *(d'une école, d'une faculté)* • **он ко́нчил институ́т в 2005 году́** il est sorti de l'école supérieure en 2005

конча́ться / **ко́нчиться** *vp* finir, se terminer • **рабо́та конча́ется в пять часо́в** le travail finit à cinq heures • **чем э́то ко́нчится ?** comment cela va-t-il finir ? • **э́то ко́нчится катастро́фой** cela va se terminer par une catastrophe • **сло́во тень конча́ется на мя́гкий знак** le mot **тень** se termine par un signe mou • **на э́том разгово́р и ко́нчился** là-dessus, la conversation s'arrêta

ко́нчик *(dim de* **коне́ц***)* *nm* bout, pointe • **ко́нчик но́са** le bout du nez • **ко́нчиками па́льцев** du bout des doigts • **он присе́л на ко́нчик сту́ла** il s'assit sur le bord de sa chaise

кончи́на *littéraire nf* décès • **безвре́менная кончи́на** une mort prématurée

/ **ко́нчить** → **конча́ть**

/ **ко́нчиться** → **конча́ться**

конь ③③ *nm* cheval, coursier • **оседла́ть коня́** seller un cheval

коньки́ → **конёк**

конькобе́жец *nm* patineur *(de vitesse)*

конькобе́жка *nf* patineuse *(de vitesse)*

коню́шня *nf* écurie • **скакова́я коню́шня** une écurie de course

копа́ть *v* **1.** / **вы́копать** creuser • **вы́копать я́му** creuser un trou **2.** / **вскопа́ть** bêcher, retourner • **копа́ть огоро́д** bêcher le jardin **3.** / **вы́копать** déterrer • **копа́ть карто́фель** arracher des pommes de terre • **вы́копать клад** déterrer un trésor

копа́ться *vp* **1.** fouiller • **копа́ться в бума́гах** fouiller dans des papiers • **ку́рица копа́лась в пыли́** une poule grattait la poussière **2.** traîner, lambiner • **что ты копа́ешься? дава́й скоре́е!** qu'est-ce que tu as à traîner ? allez, dépêche-toi !

копе́ечка *nf dim de* **копе́йка**
● **э́то ему́ в копе́ечку обошло́сь** ça lui a coûté gros

копе́йка *nf* kopeck • **у меня́ нет ни копе́йки** je n'ai pas un kopeck

копи́рка *fam nf* (papier) carbone
● **всё сде́лано бу́дто под копи́рку** on dirait une copie conforme

копирова́льный *adj*
● **копирова́льная маши́на** photocopieuse

копи́ровать / **скопи́ровать** *v* copier • **програ́мма мо́жет копи́ровать фа́йлы и па́пки** le programme peut copier les fichiers et les dossiers

копи́ть ④ / **накопи́ть** ④ *v* amasser • **копи́ть де́ньги на мотоци́кл** économiser de l'argent pour s'acheter une moto

копна́ *(gén. pl.* **копён***)* ②⑤ *nf* meule *(de foin)* • **сгреба́ть се́но в ко́пны** mettre le foin en meules

ко́поть *nf* suie • **чёрный от ко́поти** noir de suie

копоши́ться *vp* grouiller, fourmiller • **в се́не на полу́ копоши́лись кро́лики** des lapins grouillaient dans le foin sur le sol

копти́ть / **прокопти́ть** *v* fumer *(pour faire sécher)* • **прокопти́ть о́корок** fumer un jambon

копчёный *adj* fumé • **копчёная ры́ба** poisson fumé

копы́то *nnt* sabot *(d'animal)* • **ло́шадь бьёт копы́тами зе́млю** le cheval frappe le sol de ses sabots

копьё *(gén. pl.* ко́пий*)* ②① *nnt* **1.** lance, javelot • **мета́ть копьё** lancer le javelot **2.** pique, épieu • **охо́тничье копьё** un épieu de chasseur

кора́ *nf* écorce • **кора́ сосны́** l'écorce d'un pin • **земна́я кора́** l'écorce terrestre

кораблекруше́ние *nnt* naufrage • **потерпе́ть кораблекруше́ние** faire naufrage

кора́бль ③② *nm* navire • **вое́нный кора́бль** un navire de guerre
● **косми́ческий кора́бль** vaisseau spatial

корена́стый *adj* trapu • **корена́стый челове́к** un homme trapu

коренно́й *adj* **1.** autochtone, indigène • **коренно́е населе́ние** la population autochtone **2.** fondamental • **измени́ть свою́ поли́тику коренны́м о́бразом** changer radicalement de politique
● **коренно́й зуб** molaire

ко́рень ①③ *nm* racine • **ко́рни дере́вьев** les racines des arbres • **пусти́ть ко́рни** prendre racine • **ко́рень зу́ба** la racine d'une dent • **покрасне́ть до корне́й воло́с** rougir jusqu'à la racine des cheveux • **ко́рень сло́ва** la racine d'un mot • **извле́чь квадра́тный ко́рень** extraire la racine carrée • **ко́рень всех бед** la source de tous les maux
● **в ко́рне** radicalement › **перерабо́тать в ко́рне** transformer radicalement

корзи́на *nf* corbeille, panier • **бельева́я корзи́на** une corbeille à linge • **корзи́на для бума́г** la corbeille à papier • **собира́ть грибы́ в корзи́ну** ramasser les champignons dans un panier

корзи́нка *dim de* **корзи́на**

коридо́р *nm* corridor, couloir

кори́чневый *adj* brun, marron • **кори́чневый костю́м** un costume marron

ко́рка *nf* **1.** *(dim de* кора́*)* croûte *(de pain)* • **хле́бная ко́рка** une croûte de pain **2.** peau *(d'un fruit)* • **апельси́новая ко́рка** une peau d'orange **3.** croûte *(sur une plaie)* • **на ра́не образова́лась ко́рка** une croûte s'est formée sur la plaie

корма́ *nf* poupe • **сиде́ть на корме́** se tenir à la poupe

корми́лица *nf* nourrice

корми́ть ④ / **накорми́ть** ④ *v* **1.** nourrir • **корми́ть дете́й** donner à manger aux enfants • **корми́ть кур зерно́м** donner du grain aux poules • **корми́ть ребёнка с ло́жки** nourrir un enfant à la cuillère ~ *fig* • **корми́ть обеща́ниями** faire de belles promesses **2. корми́ть (гру́дью)** allaiter • **она́ не могла́ сама́ корми́ть ребёнка** elle ne pouvait pas allaiter son enfant

коро́бить / **покоро́бить** *v* **1.** *fig* choquer • **э́то вас не коро́бит ?** cela ne vous choque pas ? **2.** déformer, donner du jeu • **дверь от сы́рости покоро́било** l'humidité a déformé la porte

коро́бка *nf* boîte • **коро́бка спи́чек** une boîte d'allumettes • **коро́бка из-под яиц** une boîte à œufs • **коро́бка конфе́т** une boîte de chocolats • **коро́бка скоросте́й** la boîte de vitesses

коробо́к *nm* petite boîte • **коробо́к спи́чек** une boîte d'allumettes

коро́ва *nf* vache • **ста́до коро́в** un troupeau de vaches

коро́вий *adj d'appart* de vache • **коро́вье молоко́** du lait de vache
● **коро́вье ма́сло** beurre

коро́вка *nf dim de* **коро́ва**
● **бо́жья коро́вка** bête à bon Dieu, coccinelle

короле́ва *nf* reine • **англи́йская короле́ва** la reine d'Angleterre • **короле́ва красоты́** une reine de beauté

короле́вство *nnt* royaume

коро́ль ③② *nm* roi • **францу́зские короли́ Людо́вик XI, Франци́ск I и Ге́нрих IV** les rois de France Louis XI, François Ier et Henri IV • **нефтяно́й коро́ль** le roi du pétrole ~ *(aux cartes)* • **пи́ковый коро́ль** le roi de pique • **ша́х королю́** échec au roi

коромы́сло *nnt* palanche • **же́нщина несёт на коромы́сле вёдра с водо́й** une femme porte des seaux d'eau avec une palanche
● **дым коромы́слом** c'est la foire !

коро́на *nf* couronne • **ца́рская коро́на** la couronne des tsars

коро́нка *nf* couronne *(appareil dentaire)* • **золота́я коро́нка** une couronne en or

• **поста́вить коро́нку** mettre une couronne

коро́ткий *(*ко́роток, коротка́, ко́ротко, ко́ротки, коротки́ *- comp.* коро́че*) *adj* **1.** court, bref • **коро́ткие во́лосы** des cheveux courts • **коро́ткий отве́т** une brève réponse • **коро́ткий срок** un court délai • **коро́ткие во́лны** les ondes courtes **2.** *(forme courte seulement)* trop court • **пла́тье ей коротко́** cette robe est trop courte pour elle
● **коро́че говоря́** en un mot • **коро́ткое замыка́ние** un court-circuit

коро́че *(comp. de* коро́ткий*) adj compar*
● **коро́че говоря́** bref

корп. *(abr écrite de **ко́рпус**) nm* bâtiment

ко́рпус* *(nom. pl.* корпуса́*)* ①② *nm* **1.** bâtiment • **гла́вный ко́рпус** le bâtiment principal **2.** corps *(humain)* • **ко́рпус держи́те пря́мо** gardez le corps droit **3.** bâti, structure • **ко́рпус ку́хонной ме́бели из натура́льного де́рева** la structure des meubles de cuisine est en bois naturel **4.** corps *(d'armée, diplomatique...)* • **каде́тский ко́рпус** le corps des cadets • **дипломати́ческий ко́рпус** le corps diplomatique
● ***Ра́ковый ко́рпус*** (Солжени́цын*) le Pavillon des cancéreux* (Soljenitsyne)

корт *nm* court *(de tennis)*

ко́рточки *(*ко́рточек, ко́рточкам*) pl t*
● **присе́сть на ко́рточки** s'accroupir • **сиде́ть на ко́рточках** être accroupi

ко́рчить / **ско́рчить** *v* tordre • **его́ ко́рчит от бо́ли** il se tord de douleur
● **ко́рчить ро́жи** faire des grimaces

ко́рчиться / **ско́рчиться** *vp* se tordre • **он ко́рчится от бо́ли** il se tord de douleur

ко́ршун *nm* milan *(rapace)*

коры́стный *adj* **1.** intéressé *(qui assure un avantage, un profit)* • **с коры́стной це́лью** dans un but intéressé **2.** intéressé, âpre au gain • **коры́стный челове́к** un homme âpre au gain

коры́то *nnt* **1.** baquet, bassine **2.** auge • **у коры́та толпи́лись сви́ньи** les cochons se pressaient autour de l'auge

корь *nf* rougeole • **заболе́ть ко́рью** attraper la rougeole

коса́[1] ⑥① *nf* tresse, natte • **носи́ть ко́сы** porter des tresses • **заплести́ ко́су** faire une tresse

коса́[2] ⑥① *nf* faux • **точи́ть ко́су** aiguiser une faux
● **нашла́ коса́ на ка́мень** il a trouvé plus fort que lui

коса́рь ③② *nm* faucheur

ко́свенно *adv* indirectement • **слу́хи ко́свенно подтверди́лись** les bruits ont été confirmés indirectement

ко́свенный *adj* **1.** oblique *(qui est de biais)* • **ко́свенные лучи́ со́лнца** les rayons obliques du soleil **2.** indirect, oblique • **ко́свенные доказа́тельства** des preuves indirectes • **ко́свенным путём** indirectement • **ко́свенные нало́ги** les impôts indirects • **ко́свенная речь** le discours indirect • **ко́свенные падежи́** les cas obliques

коси́ть[1] ④ / **скоси́ть** ④ *v* faucher • **коси́ть траву́** faucher l'herbe

коси́ть[2] ■ *vt* / скоси́ть tordre • **коси́ть рот** tordre la bouche ■ *vi* loucher • **коси́ть на о́ба гла́за** loucher des deux yeux

косма́тый *adj* **1.** velu • **косма́тый зверь** un animal velu **2.** hirsute • **косма́тая голова́** une tête hirsute • **косма́тые во́лосы** des cheveux en broussaille

космона́вт *nm* cosmonaute *mf*

ко́смос *nm* espace

/ **косну́ться** → **каса́ться**

ко́со *adv* en biais • **на нас ко́со смо́трят** on nous regarde de travers

косо́й ⑤ *adj* **1.** oblique, de travers • **косы́е лучи́ со́лнца** les rayons obliques du soleil • **косо́й по́черк** une écriture penchée **2.** qui louche, strabique • **косы́е глаза́** des yeux qui louchent • **он косо́й** il louche
● **косо́й у́гол** un angle aigu

костёр *nm* feu de bois • **развели́ костёр** on alluma un feu de bois

ко́стный *adj* d'os, osseux • **ко́стный мозг** la moelle des os

ко́сточка *nf* **1.** *dim de* **кость** **2.** noyau, pépin • **вишнёвые ко́сточки** des noyaux de cerises

костыль ③② *nm* béquille • **ходить на костылях** marcher avec des béquilles

кость ①③ *nf* **1.** os • **грызть кость** ronger un os • **у него только кожа да кости** il n'a que la peau et les os • **я промок до костей** j'étais trempé jusqu'aux os • **он эгоист до мозга костей** il est égoïste jusqu'à la moelle des os **2.** **(рыбная) кость** arête (de poisson) **3.** dé *(à jouer)* • **метать кости** lancer les dés
⊛ **слоновая кость** ivoire

косынка *nf* fichu • **шёлковая косынка** un fichu en soie

кот ③② *nm* chat, matou

котёл *nm* **1.** marmite, chaudron • **что-то варилось в котле** quelque chose cuisait dans la marmite **2.** chaudière • **паровой котёл** une chaudière à vapeur

котелок *nm* **1.** *dim de* котёл ~ marmite, chaudron • **поставить на огонь котелок** mettre la marmite sur le feu **2.** chapeau melon

котёнок* *(pl.* котята, котят, котятам*)* *nm* chaton, petit chat

котлета *nf* boulette *(de viande hachée)* • **отбивная котлета (на косточке)** une côtelette • **картофельные котлеты** des croquettes de pommes de terre

который ◪ *pron-adj* quel • **который час ?** quelle heure est-il ? • **в котором часу он придёт ?** à quelle heure viendra-t-il ? ◪ *pron rel* qui, que, lequel, auquel, duquel, dont • **девочка, которая только что вышла** la fillette qui vient juste de sortir • **книги, которые я купил** les livres que j'ai achetés • **деревня, в которой я провёл лето** le village dans lequel j'ai passé l'été • **специалист, к которому я обратился** le spécialiste auquel je me suis adressé • **журнал, о котором я говорю** la revue dont je parle

коттедж *nm* maison individuelle, villa

кофе* *nm inv* café *(boisson)* • **чёрный кофе** du café noir • **кофе с молоком** du café au lait • **выпить чашку кофе** boire une tasse de café

кофта *nf* cardigan, veste

кочевать* [II, кочую, кочуешь] *v* mener une vie nomade • **кочующие народы** les peuples nomades • **кочевать из города в город** aller de ville en ville

кочевник *nm* nomade

кочевой *adj* nomade • **кочевые народы** les peuples nomades • **кочевая жизнь** une vie nomade

коченеть / **закоченеть** *et* **окоченеть** *v* se raidir, s'engourdir • **руки коченеют от холода** j'ai les mains engourdies par le froid • **люди коченели от холода** les gens étaient gelés

кочерга *nf* tisonnier, pique-feu

кошачий *adj d'appart* de chat • **кошачьи глаза** des yeux de chat
⊛ **кошачий концерт** **a.** concert de matous **b.** chahut › **устроить кошачий концерт** organiser un chahut

кошелёк (кошелька) *nm* porte-monnaie • **он вынул из кармана кошелёк** il tira son porte-monnaie de sa poche • **туго набитый кошелёк** un porte-monnaie bien garni

кошёлка *fam nf* cabas • **кошёлка для продуктов** un cabas à provisions

кошка *nf* chat • **дикая кошка** un chat sauvage • **кошка мяукает** le chat miaule • **кошка меня оцарапала** le chat m'a griffé • **кошка поймала мышь** le chat a attrapé une souris
⊛ **жить как кошка с собакой** s'entendre comme chien et chat • **ночью все кошки серы** la nuit, tous les chats sont gris • **у него кошки скребут на сердце** il n'a pas le cœur tranquille

кошки-мышки *pl t* chat perché • **играть в кошки-мышки** **a.** *(jeu)* jouer à chat perché **b.** *fig* jouer au chat et à la souris

Кощей Бессмертный *nm* Kochtchei l'Immortel *(personnage de conte)*

кощунственный *adj* sacrilège • **кощунственный поступок** un acte sacrilège

КПСС (*abr de* Коммунистическая партия Советского Союза) *nf* (HIST) *parti communiste de l'Union soviétique*

КПК (*abr de* карманный персональный компьютер) *nm* agenda électronique

кра́жа *nf* vol *(délit)* • **соверши́ть кра́жу** commettre un vol • **кра́жа со взло́мом** vol avec effraction

край* *(loc.* **краю́** *; pl.* **края́***)* ⑧② *nm* **1.** bord, extrémité • **на краю́ тротуа́ра** au bord du trottoir • **на краю́ све́та** au bout du monde • **нали́ть стака́н до краёв** remplir un verre à ras bord **2.** pays, région • **родно́й край** le pays natal • **в на́ших края́х** dans notre région **3.** district *(division administrative)*

> **À PROPOS DE...**
>
> Le locatif est **кра́е** et non **краю́** lorsque la préposition et le substantif sont séparés par un adjectif. Font exception à cette règle quelques expressions comme **в родно́м краю́**.

кра́йне *adv* extrêmement • **кра́йне ва́жно** extrêmement important

кра́йний *adj* **1.** extrême • **кра́йний срок** le délai maximum • **Кра́йний Се́вер** le Grand Nord **2.** *tfam* dernier *(en parlant de personnes qui font la queue)*
● **в кра́йнем слу́чае** à la rigueur • **по кра́йней ме́ре** au moins

кра́йность *nf* extrême • **из одно́й кра́йности в другу́ю** d'un extrême à l'autre • **доводи́ть до кра́йности** pousser à l'extrême

кран[1] *nm* robinet • **откры́ть кран** ouvrir le robinet • **закры́ть кран** fermer le robinet

кран[2] *nm* **(подъёмный) кран** grue (TECHN)

крапи́ва *nf* ortie

краса́вец *nm* beau garçon, bel homme • **он краса́вец** c'est un beau garçon

краса́вица *nf* jolie fille, belle femme • **она́ краса́вица** c'est une beauté
● **Спя́щая краса́вица** la Belle au bois dormant

краси́вый *adj* beau • **краси́вый цвето́к** une belle fleur • **краси́вый пейза́ж** un beau paysage • **краси́вый го́лос** une belle voix • **краси́вая му́зыка** de la belle musique ~ *iron* • **краси́вые слова́** de belles paroles

кра́сить / **окра́сить** *et* **покра́сить** *v* **1.** peindre • **кра́сить кры́шу** peindre le toit • **кра́сить в зелёный цвет** peindre en vert **2.** teindre • **кра́сить ткань** teindre un tissu
● **кра́сить гу́бы** mettre du rouge à lèvres • **кра́сить во́лосы** teindre les cheveux

кра́ситься / **накра́ситься** *et* **вы́краситься** *vp* **1.** → **кра́сить** **2.** se maquiller • **она́ никогда́ не кра́сится** elle ne se maquille jamais **3.** se teindre les cheveux • **вы́краситься в си́ний цвет** se teindre les cheveux en bleu

кра́ска *nf* **1.** couleur, coloris • **я́ркие кра́ски** des couleurs vives • **описа́ть мра́чными кра́сками** décrire sous le jour le plus sombre **2.** peinture • **ма́сляная кра́ска** peinture à l'huile

красне́ть / **покрасне́ть** *v* devenir rouge, rougir • **не́бо краснéет на восто́ке** à l'est le ciel devient rouge • **покрасне́ть от стыда́** rougir de honte • **покрасне́ть до уше́й** rougir jusqu'aux oreilles

красноречи́вый *adj* éloquent • **красноречи́вый ора́тор** un orateur éloquent • **красноречи́вый жест** un geste éloquent

кра́сный ⑤ *adj* **1.** rouge • **кра́сная ро́за** une rose rouge • **кра́сное зна́мя** le drapeau rouge • **кра́сное вино́** du vin rouge **2.** *arch* beau • **кра́сное со́лнышко** le beau soleil
● **Кра́сная А́рмия** l'Armée Rouge *(nom donné à l'armée soviétique jusqu'en 1946)* • **Кра́сная Ша́почка** le Petit Chaperon rouge

> **À PROPOS DE...**
>
> C'est au deuxième sens que se rattache, par son origine, **кра́сный** dans **Кра́сная пло́щадь**, place Rouge.

красота́ *(pl.* **красо́ты***)* ②① *nf* beauté • **меня́ порази́ла её красота́** je fus frappé par sa beauté • **красо́ты приро́ды** les beautés de la nature

кра́сочный *adj* coloré • **кра́сочный стиль** un style coloré

красть* [IV, **краду́, крадёшь - крал, кра́ла**] / **укра́сть*** [IV, **украду́, украдёшь - укра́л, укра́ла - укра́денный**] *v* voler *(dérober)* • **укра́сть чемода́н** voler une valise

кра́сться* [IV, **краду́сь, крадёшься - кра́лся, кра́лась**] / **подкра́сться*** [IV, *id*] *et* **прокра́сться*** [IV, *id*] *vp* s'avancer à pas de loup • **ко́шка кра-**

дётся к птице le chat s'approche tout doucement de l'oiseau • он крáлся вдоль забóра il s'avançait comme un voleur le long de la palissade

крáткий *(comp.* корóче* ~ *superl.* кратчáйший*) ⑤ *adj* bref, court • крáткий разговóр une brève conversation • кратчáйшее расстоя́ние la plus courte distance • крáткие фóрмы прилагáтельного les formes courtes de l'adjectif

крáтко *adv* brièvement • крáтко отвéтить répondre brièvement

кратчáйший *superl de* крáткий

крáтче *arch comp de* крáткий

крах *nm* faillite • крах предприя́тия la faillite d'une entreprise • потерпéть крах subir un échec

кремлёвский *adj* du Kremlin • кремлёвские стéны les murs du Kremlin

кремль ③② *nm* citadelle, kremlin • стéны Новгорóдского кремля́ les murs du kremlin de Novgorod

CULTURE...

кремль

Le mot **кремль** désigne la partie centrale et fortifiée d'anciennes villes russes comme Pskov ou Novgorod. Mais le Kremlin, avec une majuscule, fait bien sûr référence à celui de Moscou qui domine la Moskova. Ancienne résidence des tsars, siège du gouvernement soviétique, il héberge aujourd'hui le gouvernement russe ainsi que de beaux monuments des XVᵉ et XVIᵉ siècles.

крéпкий *(comp.* крепче*) ⑤ *adj* fort, vigoureux • крéпкий мáльчик un garçon vigoureux • крéпкое здорóвье une santé robuste • крéпкий сон un sommeil profond • крéпкий морóз un froid rigoureux • крéпкое винó un vin fort • крéпкий чай un thé fort
● он зáдним умóм крéпок il a l'esprit de l'escalier • он крéпок нá ухо il est dur d'oreille

крéпко *adv* solidement, fermement • крéпко привязáть attacher solidement

крепостнóй *adj* **1.** de (la) forteresse • идёт реставрáция крепостнóй стены́ le mur de la forteresse est en cours de restauration **2.** (HIST) serf • крепостны́е крестья́не les paysans serfs • крепостнóй худóжник un peintre serf • крепостнóй труд le travail des serfs
● крепостнóе прáво (HIST) le servage
■ крепостнóй *adj subst m* освобождéние крепостны́х la libération des serfs

крéпость ①③ *nf* forteresse • Петропáвловская крéпость la forteresse Pierre et Paul

крéпче *comp de* крéпкий

крéсло *(gén. pl.* крéсел*) nnt* fauteuil • сидéть в крéсле être assis dans un fauteuil • кóжаное крéсло un fauteuil de cuir

крест ③② *nm* croix • деревя́нный моги́льный крест une croix de bois sur une tombe
● Крáсный Крест la Croix-Rouge • постáвить крест на своих плáнах mettre une croix ses projets

крести́ть / **крести́ть** *et* **окрести́ть** *v* baptiser • крести́ть младéнца baptiser un enfant

крести́ться *vp* **1.** / крести́ться *et* окрести́ться → крести́ть **2.** / крести́ться *et* окрести́ться se convertir *(au christianisme)* • крести́ться в правослáвную вéру se convertir à la religion orthodoxe **3.** / перекрести́ться faire le signe de croix • крести́ться на образá se signer devant les icônes

крёстный *adj*
● крёстный отéц parrain • крёстная мать marraine

крестья́нин* *(pl.* крестья́не, крестья́н, крестья́нам*) nm* paysan • положéние крестья́н la situation des paysans

крестья́нка *nf* paysanne

крестья́нский *adj* de paysan • крестья́нский труд le travail de paysan

крещéние *nnt* baptême • приня́ть крещéние recevoir le baptême • крещéние Руси́ la christianisation de la Russie • боевóе крещéние le baptême du feu
■ Крещéние *nnt* l'Épiphanie • в день Крещéния le jour de l'Épiphanie

криво́й ⑤ *adj* **1.** courbe, tortueux • **крива́я ли́ния** une ligne courbe **2.** borgne • **крива́я ло́шадь** un cheval borgne
■ **крива́я** *adj subst f* courbe • **провести́ криву́ю** tracer une courbe • **крива́я цен** la courbe des prix
● **криво́е зе́ркало** un miroir déformant

кри́во *adv* de travers • **карти́на кри́во виси́т** le tableau est accroché de travers • **ку́ртка сши́та кри́во** le blouson est mal cousu
● **кри́во улыба́ться** rire jaune

кри́зис *nm* crise • **экономи́ческий кри́зис** une crise économique • **прави́тельственный кри́зис** une crise gouvernementale

крик *nm* cri • **крик отча́яния** un cri de désespoir
● **после́дний крик мо́ды** le dernier cri *(de la mode)*

/ **кри́кнуть** → крича́ть

крича́ть* [I, кричу́, кричи́шь] / **закрича́ть*** [I, *id*] *et* **кри́кнуть** *v* **1.** crier • **крича́ть от бо́ли** crier de douleur • **крича́ть во всё го́рло** crier à tue-tête • **она́ кри́кнула мне, что́бы я подошёл** elle me cria d'approcher **2.** *(на + A)* disputer • **крича́ть на дете́й** disputer les enfants

крова́вый *adj* sanglant • **крова́вый бой** un combat sanglant

крова́ть *nf* lit • **односпа́льная крова́ть** un lit à une place • **двуспа́льная крова́ть** un lit à deux places • **де́тская крова́ть** un lit d'enfant

кро́вный *adj* qui touche au cœur, d'importance vitale • **кро́вные интере́сы** les intérêts vitaux

кровотече́ние *nnt* hémorragie • **останови́ть кровотече́ние** arrêter une hémorragie • **кровотече́ние из но́са** un saignement de nez

кровь ⑧ *nf* sang • **он весь в крови́** il est tout en sang • **истека́ть кро́вью** perdre son sang • **кровь бро́силась ему́ в лицо́** le sang lui monta au visage
● **по́ртить себе́ кровь** se faire du mauvais sang • **кровь с молоко́м** au teint de lis et de rose

кровяно́й *adj* de sang • **кровяно́е давле́ние** tension artérielle
● **кровяны́е тельца́** les globules sanguins

кро́ем, кро́ет → крыть

крои́ть / **скрои́ть** *v* tailler, couper *(un tissu)* • **скрои́ть пла́тье** tailler une robe

крокоди́л *nm* crocodile

кро́лик *nm* lapin • **дома́шний кро́лик** le lapin domestique • **разводи́ть кро́ликов** élever des lapins

кро́ме *prép (+ G)* **1.** sauf, excepté • **все вы́шли, кро́ме де́душки** tous sortirent, à l'exception du grand-père **2.** outre • **кро́ме ва́зы на столе́ бы́ли разбро́санные бума́ги** outre le vase, il y avait sur la table des papiers éparpillés
● **кро́ме того́** en outre

кро́на *nf* (ÉCON) couronne *(monnaie)*

кропотли́во *adv* méticuleusement, minutieusement • **кропотли́во иссле́довать фло́ру ту́ндры** étudier minutieusement la flore de la toundra

кропотли́вый *adj* **1.** méticuleux • **кропотли́вый челове́к** un homme méticuleux **2.** minutieux • **кропотли́вая рабо́та** un travail minutieux

кроссво́рд *nm* mots croisés • **реша́ть кроссво́рды** faire des mots croisés

кроссо́вки *pl* chaussures de sport, joggers

кро́ткий ⑤ *adj* doux, tendre • **кро́ткое се́рдце** un cœur tendre

кро́хотный *fam adj* minuscule • **кро́хотные дере́вья** des arbres minuscules

кроши́ть / **накроши́ть** *et* **раскроши́ть** *v* émietter • **кроши́ть хлеб** émietter du pain • **кроши́ть капу́сту** hacher le chou

кро́шка ◪ *nf* miette • **кро́шки хле́ба** des miettes de pain • **до́ма нет ни кро́шки** *fig* il n'y a pas une miette de pain à la maison ◪ *nm ou nf* bout de chou

крою́[1], крою́т[1] → крои́ть

кро́ю[2], кро́ют[2] → крыть

круг* *nm* **1.** *(loc.* кру́ге*)* circonférence, cercle (MATH & GÉOGR) • **вы́числить пло́щадь кру́га** calculer la surface d'un cercle • **квадрату́ра кру́га** la quadrature du cercle • **поля́рный круг** le cercle polaire • **поро́чный круг** un cercle vicieux ~ rondelle, objet ayant une forme ronde • **надувно́й круг** une bouée gonflable **2.** *(loc.* кругу́*)* cycle, ensemble • **круг жи́зни** le cycle de la vie • **круг вопро́сов** un ensemble de questions • **круг его́ заня́тий** l'ensemble de ses occupations ~ cercle *(groupe de personnes)* • **в кругу́ семьи́** dans le cercle de famille • **в те́сном кругу́** en petit comité ● **име́ть круги́ под глаза́ми** avoir les yeux cernés • **сде́лать круг** faire un détour • **спаса́тельный круг** une bouée de sauvetage • ***В кру́ге пе́рвом*** (Солжени́цын*) le Premier Cercle* (Soljenitsyne) ■ **круги́** *pl* **литерату́рные круги́** les milieux littéraires • **прави́тельственные круги́** les milieux gouvernementaux

круглосу́точно *adv* 24 heures sur 24

кру́глый ⑤ *adj* **1.** rond *(de forme circulaire)* • **кру́глый стол** une table ronde • **кру́глое лицо́** un visage rond • **де́лать кру́глые глаза́** faire des yeux ronds **2.** rond *(sans fraction)* • **для кру́глого счёта** pour faire un compte rond **3.** entier, total • **кру́глый год** toute l'année • **кру́глые су́тки** nuit et jour • **кру́глый сирота́** un orphelin de père et de mère • **кру́глый дура́к** un parfait imbécile

кругозо́р *nm* cercle d'intérêt • **челове́к с широ́ким кругозо́ром** un homme à l'esprit ouvert • **челове́к с у́зким кругозо́ром** un homme borné

круго́м[1] *adv* **1.** à la ronde, aux environs • **никого́ не́ было круго́м** il n'y avait personne aux alentours **2.** totalement • **он круго́м винова́т** il est entièrement dans son tort

кру́гом[2] *adv*
● **у меня́ голова́ идёт кру́гом** je ne sais où donner de la tête

> **À PROPOS DE...**
>
> 1. Les deux mots ci-dessus diffèrent par leur accent.
> 2. **кру́гом** peut être également l'instrumental de **круг**.

кружева́ (кру́жев, кружева́м) ⑥ *pl t* dentelle • **отде́лать пла́тье кружева́ми** garnir une robe de dentelle

кружи́ть ④ ◪ *vi* tourner, tournoyer • **орёл кру́жит над ле́сом** l'aigle tournoie au-dessus de la forêt • **мы до́лго кружи́ли по го́роду** nous avons longtemps tourné en rond dans la ville ◪ *vt* faire tourner • **ве́тер кру́жит снег** le vent fait tournoyer la neige
● **вскружи́ть па́рню го́лову** faire tourner la tête à un garçon › **успе́х вскружи́л ему́ го́лову** le succès lui a tourné la tête

кружи́ться ④ / **закружи́ться** ④ *vp* tournoyer, tourner • **над го́родом кружи́лся самолёт** un avion tournait au-dessus de la ville
● **кружи́ться как бе́лка в колесе́** tourner comme un écureuil en cage • **у меня́ голова́ кру́жится** la tête me tourne

кру́жка *nf* chope • **вы́пить кру́жку пи́ва** boire une chope de bière

кру́жный *adj* de détour • **кру́жным путём** en faisant un détour

кружо́к *nm* **1.** *dim de* **круг** ~ rondelle • **металли́ческий кружо́к** une rondelle de métal **2.** cercle *(groupe)*, club • **литерату́рные кружки́** les cercles littéraires • **там большо́е коли́чество разли́чных кружко́в: рисова́ния, пе́ния, му́зыки** il y a un grand nombre de cercles variés : dessin, chant, musique

крупа́ ②① *nf* graines • **гре́чневая крупа́** (graines de)sarrasin • **перло́вая крупа́** orge perlé
● **ма́нная крупа́** semoule (de blé)

кру́пный ⑤ *adj* volumineux, gros, grand • **кру́пными бу́квами** en grosses lettres • **кру́пное предприя́тие** une grosse entreprise ~ *fig* • **кру́пные неприя́тности** de gros ennuis • **кру́пный учёный** un grand savant
● **кру́пным пла́ном** en gros plan *(photo)*

крути́ть ④ *v* **1.** / **покрути́ть** ④ faire tourner • **крути́ть ру́чку** tourner la poignée • **крути́ть га́йки** serrer les écrous • **ве́тер кру́тит пыль** le vent soulève des tourbillons de poussière **2.** / **закрути́ть** ④ *et* **скрути́ть** ④ tortiller • **крути́ть усы́** se tortiller les moustaches **3.** *(+ I)* mener par le bout du nez • **она́ кру́тит им, как хо́чет** elle le mène comme elle veut

крути́ться ④ / **закрути́ться** ④ *vp* tourner • **колесо́ кру́тится** la roue tourne • **вода́ кру́тится** l'eau tourbillonne

кру́то *adv* brusquement • **кру́то поверну́ть** tourner brusquement

крутóй *(comp.* крýче*)* ⑤ *adj* **1.** abrupt • **крутóй бéрег** une rive abrupte **2.** subit, brusque • **крутáя перемéна** un changement brusque **3.** rude, sévère • **крутóй нрав** un caractère difficile
● **крутóе яйцó** un œuf dur

крýче *comp de* крутóй

крушéние *nnt* **1.** accident grave, catastrophe • **сýдно потерпéло крушéние** le bateau a fait naufrage • **крушéние пóезда** une catastrophe ferroviaire **2.** échec • **крушéние егó плáнов** l'échec de ses plans • **потерпéть крушéние** subir un échec

крыжóвник *nm* **1.** groseille à maquereau **2.** groseillier épineux

крылó* *(pl.* кры́лья, кры́льев, кры́льям*)* ②① *nnt* aile • **кры́лья бáбочки** les ailes d'un papillon • **кры́лья самолёта** les ailes d'un avion • **кры́лья автомоби́ля** les ailes d'une voiture • **прáвое крылó здáния** l'aile droite d'un bâtiment • **махáть кры́льями** battre des ailes
● **подрéзать комáнде кры́лья** rogner les ailes à une équipe

крыльцó ②⑤ *nnt* perron • **постоя́ть на крыльцé** rester un instant sur le perron

кры́лья, кры́льев → крылó

кры́са *nf* rat
● **канцеля́рская кры́са** un rond-de-cuir

кры́тый *adj* couvert • **кры́тый ры́нок** un marché couvert

крыть* [II, крóю, крóешь - кры́тый] *v* couvrir • **дóмик, кры́тый желéзом** une maison couverte de tôle

кры́ться* [II, крóется, крóются] *vp* se cacher • **тут чтó-то крóется** il y a là quelque chose qui n'est pas clair

кры́ша *nf* toit • **желéзная кры́ша** un toit en tôle • **жить под однóй кры́шей** vivre sous le même toit

кры́шка *nf* couvercle • **кры́шка корóбки** le couvercle de la boîte
● **тут емý и кры́шка!** alors il est fichu !

крюк* ③② *nm* **1.** crochet, piton • **вби́ть крюк в стéну** planter un crocher dans le mur • **повéсить карти́ну на крюк** pendre un tableau à un crochet **2.** ③② détour, crochet • **сдéлать крюк** faire un détour **3.** *(pl.* крю́чья, крю́чьев, крю́чьям ③①*)* crochet, grappin

крючóк *nm* **1.** *dim de* крюк ~ crochet, agrafe • **застегнýть на крючки́** agrafer **2.** hameçon

крю́чья, крю́чьев → крюк

кря́кать *v* cancaner *(en parlant du canard)*

кря-кря! *onomat* coin-coin !

кстáти *adv* **1.** à propos • **да, кстáти, кудá же он пропáл?** mais à propos, où est-il donc passé ? **2.** au bon moment • **вы пришли́ кстáти** vous arrivez à point

кто ■ *pron interr m* qui • **кто э́то сдéлал?** qui a fait cela ? • **я не знáю, о ком онá говори́т** je ne sais pas de qui elle parle • **кто идёт?** qui vive ?, qui va là ? ■ *pron rel* qui • **я дам ты́сячу рублéй томý, кто сумéет э́то сдéлать** je donnerai mille roubles à celui qui saura faire ça ■ *pron indéf ;* chacun • **все разбежáлись кто кудá** tous se sont dispersés rapidement chacun de son côté ~ les uns... les autres... *(lorsque le pronom est répété)* • **они́ несли́ кто чемодáны, кто сýмки** ils portaient les uns des valises, les autres des sacs ~ qqn *(lorsque le pronom remplace* ктó-нибудь*)* • **éсли кто придёт, скажи́те, что я вернýсь чéрез час** si qqn vient, dites que je serai de retour dans une heure
● **не кто инóй как** nul autre que

ктó-либо *pron* qqn, n'importe qui • **он не собирáется заставля́ть когó-либо учи́ться** il n'a pas l'intention d'obliger qui que ce soit à étudier

ктó-нибудь *pron* qqn • **нáдо бы когó-нибудь позвáть** il faudrait appeler qqn

ктó-то *pron* qqn, une certaine personne • **мне ктó-то позвони́л** qqn m'a téléphoné

кýбок *nm* **1.** coupe • **кубóк ми́ра по бóксу** la coupe du monde de boxe **2.** gobelet • **серéбряный кýбок** un gobelet d'argent

кувши́н *nm* pichet, cruche • **кувши́н для воды́** un pot à eau

кувырка́ться / кувырну́ться *vp* faire des culbutes • **кувырка́ться на траве́** faire des culbutes dans l'herbe

кувырко́м *adv* en faisant la culbute • **скати́ться с ле́стницы кувырко́м** dégringoler dans l'escalier

/ **кувырну́ться** → кувырка́ться

куда́ *adv* **1.** où *(direction)* • **куда́ он идёт?** où va-t-il ? • **в ко́мнате, куда́ мы вошли́, не́ было ни стола́, ни сту́льев** dans la pièce où nous sommes entrés, il n'y avait ni table ni chaises **2.** *(+ compar) fam* beaucoup, sensiblement • **куда́ лу́чше** beaucoup mieux **3.** *fam* pour quoi faire • **куда́ тебе́ сто́лько де́нег?** qu'est-ce que tu feras d'une pareille somme ?
● **куда́ глаза́ глядя́т** à l'aventure • **куда́ тебе́ до него́!** tu es bien loin de le valoir

куда́-либо *adv* quelque part, à un endroit ou à un autre *(direction)*

куда́-нибудь, куда́-нибу́дь *adv* quelque part, à un endroit ou à un autre *(direction)* • **уе́ду куда́-нибудь** je m'en irai quelque part

куда́-то *adv* quelque part, à un certain endroit *(direction)* • **он куда́-то ушёл** il est parti quelque part

куда́хтать *v* caqueter *(en parlant d'une poule)*

ку́дри* *(pl.* ку́дри, кудре́й*)* ③ *pl* boucles *(de cheveux)* • **во́лосы его́ ви́лись кудря́ми** ses cheveux étaient bouclés

кудря́вый *adj* frisé, bouclé • **кудря́вый ма́льчик** un petit garçon aux cheveux bouclés • **кудря́вые во́лосы** des cheveux frisés • **кудря́вая берёза** *poét* le bouleau au feuillage bouclé

кузне́ц ③② *nm* forgeron • **он повёл ло́шадь к кузнецу́** il a mené son cheval chez le maréchal-ferrant

кукаре́кать *v* chanter cocorico

ку-ка-ре́-ку! *onomat* cocorico !

ку́кла *(gén. pl.* ку́кол*)* *nf* **1.** poupée • **де́вочки одева́ют ку́кол** les petites filles habillent leurs poupées **2.** marionnette • **теа́тр ку́кол** théâtre de marionnettes
● **игра́ть в ку́клы** jouer à la poupée

кукова́ть *v* faire coucou *(en parlant de l'oiseau)*

ку́кольный *adj* **1.** de poupée • **ку́кольное лицо́** un visage de poupée **2.** de marionnette • **ку́кольный теа́тр** théâtre de marionnettes

кукуру́за *nf* maïs • **по́ле кукуру́зы** un champ de maïs

кукуру́зный *adj* de maïs • **кукуру́зные хло́пья** pétales de maïs, corn flakes

куку́шка *nf* coucou • **в лесу́ куку́ет куку́шка** dans le bois, le coucou chante

кула́к[1] ③② *nm* poing • **сжать кулаки́** serrer les poings • **грози́ть шофёру кулако́м** menacer le chauffeur du poing • **сту́кнуть кулако́м по́ столу** frapper du poing sur la table • **смея́ться в кула́к** rire dans sa barbe

кула́к[2] ③② *nm* (HIST) koulak *(paysan enrichi de la Russie de la fin du XIX*e *s. et du début du XX*e *s.)*

кулебя́ка *nf* koulibiac *(pâté brioché et farci de poisson, de viande, de chou, etc.)*

кулёк *(*кулька́*)* *nm* sac *(en papier)*, sachet • **кулёк крупы́** un paquet de semoule • **кулёк с конфе́тами** un sachet de bonbons

кули́ч *nm* « koulitch », gâteau de Pâques

кули́чки *(*кули́чек, кули́чкам*)* *pl t*
● **жить у чёрта на кули́чках** habiter au diable Vauvert • **посла́ть к чёрту на кули́чки** envoyer au diable Vauvert

культури́зм *nm* culturisme

культури́ст *nm* culturiste *m*

культури́стка *nf* culturiste *f*

купа́льный *adj* de bain • **купа́льный сезо́н** la saison de baignade

купа́ть / вы́купать *et* **искупа́ть** *v* baigner • **купа́ть ребёнка** baigner un enfant

купа́ться / искупа́ться *vp* se baigner • **купа́ться в реке́** se baigner dans une rivière

купе́* *nnt indécl* compartiment *(d'un wagon)* • **четырёхме́стное купе́** un compartiment à quatre places

купе́ц *arch nm* marchand, négociant • **на Ка́ме посели́лись купцы́ из**

Но́вгорода des négociants de Novgorod se fixèrent sur la Kama

/ **купи́ть** → покупа́ть

ку́пол* *(nom. pl.* купола́*)* ①② *nm* coupole • **золоты́е купола́ церкве́й** les coupoles dorées des églises

кур, ку́рам → ку́рица

курга́н *nm* kourgane *(en Russie, tumulus abritant des sépultures collectives, amas de terre élevé au-dessus d'une sépulture ancienne)* • **иногда́ над моги́лой насыпа́ли курга́н** parfois, au-dessus de la tombe on élevait un kourgane • **ски́фский курга́н** un kourgane scythe

кури́ть ④ / **покури́ть** ④ *v* fumer • **кури́ть папиро́су** fumer une cigarette • **кури́ть тру́бку** fumer la pipe • **не кури́ть** défense de fumer • **пойдём-ка поку́рим!** *tfam* on va s'en fumer une ?

ку́рица* *(pl.* ку́ры, кур, ку́рам*)* *nf* **1.** poule *(animal)* • **ку́рица несёт я́йца** la poule pond **2.** poulet *(viande)* • **жа́реная ку́рица** poulet rôti
● **мо́края ку́рица** une poule mouillée • **писа́ть, как ку́рица ла́пой** écrire comme un chat

куропа́тка *nf* perdrix

куро́рт *nm* station thermale, station balnéaire • **провести́ ме́сяц на куро́рте в Минво́дах** passer un mois dans la ville d'eaux de Mineralnye Vody

Ку́рочка Ря́ба *nf* Petite poule rousse *(dans les contes)*

курс *nm* **1.** cours *(enseignement)* • **чита́ть курс по ру́сской литерату́ре** faire un cours de littérature russe **2.** année *(ensemble des cours d'une année)* • **студе́нт тре́тьего ку́рса** un étudiant de troisième année • **он на второ́м ку́рсе** il est en deuxième année **3.** cours *(d'une devise)* • **официа́льный курс рубля́** le cours officiel du rouble
● **быть в ку́рсе** être au courant • **ввести́ в курс** mettre au courant

курси́в *nm* italique • **вы́делить сло́во курси́вом** mettre un mot en italique

ку́рсор *nm* (INFORM) curseur

ку́ртка *nf* **1.** blouson, veste • **ко́жаная ку́ртка** un blouson de cuir **2.** anorak

курча́вый *adj* frisé • **курча́вая борода́** une barbe frisée

куря́щий *adj* fumeur • **я не куря́щий** je ne fume pas

куса́ть / **укуси́ть** ④ *v* mordre, piquer *(en parlant d'insectes)* • **соба́ка куса́ла прохо́жих** le chien mordait les passants • **её укуси́ла змея́** un serpent l'a piquée
● **кака́я му́ха тебя́ укуси́ла?** quelle mouche t'a piqué ? • **куса́ть себе́ ло́кти** s'en mordre les doigts

куса́ться *vp* (avoir l'habitude de) mordre • **э́та соба́ка не куса́ется** ce chien ne mord pas

кусо́к *nm* morceau • **кусо́к хле́ба** un morceau de pain • **кусо́к са́хару** un morceau de sucre • **ма́ленький кусо́к не́ба** un petit coin de ciel • **кусо́к земли́** une parcelle de terre

куст ③② *nm* buisson • **из-под куста́ вы́скочил за́яц** un lièvre sortit du buisson • **куст мали́ны** un framboisier • **куст земляни́ки** un pied de fraisier

кустáрник *nm* **1.** buissons, broussailles • **зарасти́ куста́рником** se couvrir de broussailles **2.** arbuste • **оре́шник — куста́рник** le noisetier est un arbuste

куста́рный *adj* artisanal • **куста́рная промы́шленность** l'industrie artisanale • **куста́рные приёмы** des procédés à caractère artisanal

ку́тать / **заку́тать** *v* emmitoufler • **ку́тать ребёнка в одея́ло** emmitoufler un enfant dans une couverture

ку́таться / **заку́таться** *vp* emmitoufler • **ку́таться в шаль** s'emmitoufler dans un châle

кути́ть ④ / **покути́ть** ④ *v* faire la fête

куха́рка *nf* cuisinière *(personne)* • **куха́рка гото́вит у́жин** la cuisinière prépare le dîner

ку́хня* *(gén. pl.* ку́хонь*)* *nf* **1.** cuisine *(pièce)* • **хозя́йка была́ на ку́хне** la maîtresse de maison était à la cuisine • **в ку́хне стоя́л большо́й холоди́льник** dans la cuisine, il y avait un grand frigo

À PROPOS DE...

L'emploi des prépositions в et на avec le mot ку́хня correspond dans l'ensemble à la nuance qu'il y a en français entre « dans la cuisine » et la formule plus familière « à la cuisine ».

2. cuisine *(ensemble des mets)* • **францýзская кýхня** la cuisine française

кýча *nf* tas, amas • **кýча пескá** un tas de sable • **кýча книг** un tas de livres

кýчер* *(nom. pl.* кучерá*)* ①② *nm* cocher • **карéта с кýчером** le carosse et le cocher

кýчка *(dim de* кýча*) nf* petit tas • **кýчка пескá** un petit tas de sable

● **Могýчая кýчка** le groupe des Cinq (MUS)

кýшать / покýшать *v* manger • **кýшайте, пожáлуйста** servez-vous, je vous en prie • **кýшать пóдано** le repas est servi

À PROPOS DE...

Le verbe est généralement utilisé à l'impératif.

Л

лави́на *nf* avalanche • **лави́на ка́тится с горы́** une avalanche descend de la montagne

ла́вка[1] *nf* **1.** banc • **сиде́ть на ла́вке** être assis sur un banc **2.** banquette

ла́вка[2] *nf* boutique • **здесь размести́тся кафе́ и сувени́рные ла́вки** ici il y aura un café et des boutiques de souvenirs

лавр *nm* laurier • **ве́тки ла́вра** des branches de laurier ~ *fig* • **почива́ть на ла́врах** se reposer sur ses lauriers

ла́вра *nf* laure, monastère • **Ки́ево-Печёрская ла́вра** la laure Petcherskaïa à Kiev • **Тро́ице-Се́ргиева ла́вра** le monastère de la Trinité-Saint-Serge

ла́герь ①② *nm* **1.** camp *(campeurs, militaires)* • **ле́тний оздорови́тельный ла́герь** = une colonie de vacances • **тури́стский ла́герь** un camp de randonneurs • **вое́нный ла́герь** un camp militaire **2.** camp *(prisonniers, détenus)* • **ла́герь для военнопле́нных** un camp de prisonniers de guerre • **исправи́тельно-трудово́й ла́герь** un camp de redressement par le travail • **концентрацио́нный ла́герь** un camp de concentration

лад* *(loc.* **ладу́***)* ⑧ *nm* accord, entente • **жить в ладу́** vivre en bonne entente
● **де́ло идёт на лад** l'affaire s'arrange bien

ла́дно *particule* d'accord • **ну, ла́дно!** eh bien, d'accord !

ладо́нь *nf* paume, main • **похло́пать ло́шадь ладо́нью** flatter un cheval

ладо́ши *pl*
● **бить в ладо́ши** battre des mains

ла́зить → **лезть**

лай *nm* aboiement • **вдали́ послы́шался лай** au loin on entendit un aboiement

ла́комиться / пола́комиться *(+ I) vp* se régaler de • **ла́комиться мёдом** se régaler de miel

ла́мпа *nf* lampe • **насто́льная ла́мпа** une lampe de bureau • **кероси́новая ла́мпа** une lampe à pétrole

ла́мпочка *(dim de* **ла́мпа***)* *nf* ampoule • **ла́мпочка перегоре́ла** l'ampoule a brûlé • **ла́мпочка в 60 ватт** une ampoule de 60 watts

ла́па *nf* patte • **подня́ться на за́дние ла́пы** se dresser sur ses pattes de derrière

лапша́ *nf* nouilles • **суп с лапшо́й** soupe aux nouilles

ларёк *nm* kiosque, échoppe

ла́ска *(gén. pl.* **ласк***)* *nf* caresse, amabilité • **встреча́ть го́стя с ла́ской** recevoir un invité avec beaucoup d'amabilité

ласка́тельный *adj*
● **ласка́тельное и́мя** terme affectueux, diminutif hypocoristique

ласка́ть *v* câliner • **ласка́ть ребёнка** câliner un enfant

ла́сково *adv* gentiment, tendrement • **попроси́ть ла́сково** demander gentiment

ла́сковый *adj* câlin, doux • **ла́сковый ребёнок** un enfant câlin • **ла́сковый взгляд** un doux regard

ла́сточка *nf* hirondelle
● **одна́ ла́сточка весны́ не де́лает** une hirondelle ne fait pas le printemps

лат *nm* lat *(unité monétaire de la Lettonie)*

латви́йский *adj* letton

Ла́твия *nf* Lettonie

латы́ш ③② *nm* Letton

латы́шка *nf* Lettonne

латы́шский *adj* letton

ла́ять* [II, ла́ю, ла́ешь] / **зала́ять*** [II, *id*] *v* aboyer • **соба́ка ла́ет на прохо́жих** le chien aboie après les passants
● **соба́ка ла́ет, ве́тер но́сит** les chiens aboient, la caravane passe

лгать* [IV, лгу, лжёшь - лгал, лгала́, лга́ло, лга́ли] ⑤ / **солга́ть*** [IV, *id*] ⑤ *v* mentir • **как тебе́ не сты́дно лгать!** tu n'as pas honte de mentir !

лгун ③② *nm* menteur

лгу́нья *nf* menteuse

лебеди́ный *adj* de cygne • **лебеди́ная пе́сня** le chant du cygne
● ***Лебеди́ное о́зеро*** (Чайко́вский) *le Lac des cygnes* (Tchaïkovski)

ле́бедь ①③ *nm* cygne • **бе́лый ле́бедь** un cygne blanc

лев (льва) *nm* lion • **они́ дра́лись как львы** ils se battaient comme des lions
■ **Лев** *nm* (ASTROL) Lion

левша́* (*gén. pl.* левше́й) *nm ou nf* gaucher, gauchère

ле́вый *adj* gauche • **ле́вая рука́** la main gauche • **встать с ле́вой ноги́** se lever du pied gauche ~ (POLIT) • **ле́вые па́ртии** les partis de gauche

лёг → **лечь**

лёгкий (*comp.* ле́гче*) ③ *adj* **1.** léger • **лёгкий чемода́н** une valise légère • **лёгкий ве́тер** un vent léger • **лёгкая пи́ща** une nourriture légère • **лёгкое пальто́** un manteau léger • **лёгкая ра́на** une blessure légère • **лёгкая похо́дка** une démarche légère • **с лёгким се́рдцем** d'un cœur léger • **лёгкая артилле́рия** l'artillerie légère • **лёгкая промы́шленность** l'industrie légère • **лёгкая му́зыка** de la musique légère • **лёгкий стиль** un style léger • **лёгкая улы́бка** un léger sourire • **лёгкие нра́вы** des mœurs légères **2.** facile • **лёгкая рабо́та** un travail facile • **лёгкая жизнь** une vie facile • **лёгкая побе́да** une victoire facile • **э́то легко́** c'est facile
● **лёгок на поми́не** quand on parle du loup

легко́ *adv* **1.** facilement **2.** légèrement
● **легко́ сказа́ть !** c'est facile à dire !

легково́й *adj*
● **легково́й автомоби́ль** voiture de tourisme

лёгкое *adj subst nt* poumon • **воспале́ние лёгких** une pneumonie

легкомы́сленно *adv* étourdiment, inconsidérément • **вести́ себя́ сли́шком легкомы́сленно** se conduire trop étourdiment

легкомы́сленный *adj* frivole, étourdi • **легкомы́сленные обеща́ния** des promesses faites à la légère

легла́ → **лечь**

ле́гче *comp de* **лёгкий**

лёд* (льда, *loc.* льду) *nm* glace (*eau congelée*) • **то́лстый слой льда** une épaisse couche de glace ~ *fig* • **лёд тро́нулся** la glace est rompue

ледни́к[1] ③② *nm* glacier

ле́дник[2] *nm* glacière • **поста́вить мя́со в ле́дник** mettre la viande à la glacière

À PROPOS DE...

Les deux mots ci-dessus diffèrent par leur accentuation.

ледоко́л *nm* brise-glace (*navire*) • **а́томный ледоко́л** un brise-glace atomique

ледохо́д *nm* débâcle (*rupture des glaces*)

ледяно́й *adj* **1.** de glace • **ледяна́я глы́ба** un bloc de glace **2.** glacé, glacial • **ледяна́я вода́** de l'eau glacée • **ледяно́й ве́тер** un vent glacial • **ледяны́ми па́льцами** avec ses doigts glacés ~ *fig* • **ледяно́й тон** un ton glacial

лежа́ть* [I, лежу́, лежи́шь - лёжа] / **полежа́ть*** [I, полежу́, полежи́шь] *v* **1.** (*en parlant d'une personne*) être couché, rester • **лежа́ть на полу́** être couché par terre • **он лежа́л в больни́це** il était à l'hôpital • **он це́лый ме́сяц лежа́л в больни́це** il est resté un mois entier à l'hôpital **2.** (*en parlant d'un objet*) être (*à plat*) • **кни́га лежи́т на столе́** le livre est sur la table

À PROPOS DE...

Il ne faut pas confondre **лежа́ть**, « être couché », avec **ложи́ться**, « se coucher ».

лезть* [IV, ле́зу, ле́зешь] / **поле́зть*** [IV] ; *indét.* **ла́зить** *v* **1.** grimper • **лезть**

на де́рево grimper à un arbre **2.** *fam* s'introduire, se glisser, entrer • **кни́га не ле́зет в портфе́ль** ce livre n'entre pas dans la serviette • **лезть в во́ду** entrer dans l'eau • **лезть в окно́** passer par la fenêtre • **не в своё де́ло ле́зешь** tu te mêles de ce qui ne te regarde pas **3.** *(***за** *+ I)* chercher • **лезть в карма́н за ключа́ми** chercher ses clés dans sa poche **4.** tomber *(en parlant des cheveux)* • **у меня́ во́лосы ле́зут** je perds mes cheveux
● **из ко́жи вон лезть** se mettre en quatre • **он за сло́вом в карма́н не ле́зет** il a la langue bien pendue

лей, ле́йте → **лить**

лека́рство *nnt* médicament, remède • **принима́ть лека́рство** prendre un médicament • **лека́рство не де́йствует** le médicament n'agit pas • **лека́рство от ка́шля** un remède contre la toux

ле́кция *nf* cours, conférence • **чита́ть ле́кции** faire des cours • **слу́шать ле́кции по фи́зике** suivre des cours de physique

лён *(***льна***)* *nm* lin

лени́во *adv* paresseusement

лени́вый *adj* paresseux • **лени́вый учени́к** un élève paresseux

лени́ться ④ / **полени́ться** ④ *vp* être paresseux, paresser • **хо́чешь жить до́лго - позволя́й себе́ лени́ться** si tu veux vivre longtemps, donne-toi le droit de paresser

ле́нта *nf* **1.** ruban • **с ро́зовой ле́нтой в волоса́х** avec un ruban rose dans les cheveux **2.** film • **актёр запо́мнился в истори́ческих ле́нтах** l'acteur est resté célèbre par ses rôles dans des films historiques **3.** bande-annonce

лентя́й *nm* paresseux • **како́й же ты лентя́й !** ce que tu es paresseux !

лентя́йка *nf* paresseuse

лень *nf* paresse • **из ле́ни** par paresse • **мне лень пойти́ туда́** j'ai la flemme d'y aller
● **все, кому́ не лень** tous ceux qui veulent bien

лепесто́к *nm* pétale • **ро́за распуска́ет свои́ лепестки́** la rose ouvre ses pétales

лепета́ть* [II, лепечу́, лепе́чешь] ④ / **пролепета́ть*** [II, *id*] ④ *v* balbutier • **лепета́ть невразуми́тельные оправда́ния** balbutier des explications incompréhensibles

лес* *(loc.* **лесу́** *; pl.* **леса́***)* ⑧② *nm* **1.** forêt, bois • **гуля́ть в лесу́** se promener dans la forêt

> **À PROPOS DE...**
>
> L'accent passe sur la préposition dans le groupe **по́ лесу**.

2. bois *(matériau)* • **строево́й лес** bois de construction
■ **леса́** *pl* échafaudage • **зда́ние бы́ло в леса́х** le bâtiment était entouré d'échafaudages

леси́стый *adj* boisé • **леси́стый холм** une colline boisée

лесни́к ③② *nm* garde forestier

лесно́й *adj* **1.** de forêt • **лесно́й пожа́р** un incendie de forêt **2.** boisé • **лесно́й край** une région boisée

ле́стница *nf* **1.** escalier • **поднима́ться по ле́стнице** monter par l'escalier **2.** échelle • **верёвочная ле́стница** une échelle de corde • **пожа́рная ле́стница** l'échelle des pompiers

ле́стный *adj* flatteur • **ле́стное предложе́ние** une proposition flatteuse

лесть *nf* flatterie • **я вам говорю́ без вся́кой ле́сти** je vous le dis sans aucune flatterie

лет → **год**

лета́ть → **лете́ть**

лете́ть* [I, лечу́, лети́шь] / **полете́ть*** [I, *id*] *; indét.* **лета́ть** *v* voler *(se déplacer dans l'air)* • **пти́ца лети́т** l'oiseau vole • **да́льше мы лете́ли на вертолёте** ensuite nous avons voyagé en hélicoptère

ле́тний *adj* d'été • **ле́тний костю́м** un costume d'été • **ле́тние кани́кулы** les grandes vacances

ле́то *nnt* été • **наступи́ло ле́то** l'été arriva
● **ба́бье ле́то** = l'été de la Saint-Martin • **на ста́рости лет** sur ses vieux jours • **ско́лько лет, ско́лько зим!** ça fait des siècles qu'on ne s'est pas vus !

лéтом ◪ *nnt* → **лéто** ◪ *adv* en été • **лéтом я отдыхáю на дáче** l'été je passe mes vacances à la datcha

летопи́сец *nm* chroniqueur

лéтопись *nf* chronique • **в музéе хранятся дрéвние лéтописи** le musée conserve des chroniques anciennes

лётчик *nm* aviateur, pilote • **лётчик-испытáтель** pilote d'essai

лётчица *nf* aviatrice, pilote • **лётчица-испытáтель** pilote d'essai

лечéбный *adj* médical • **лечéбная физкультýра** la gymnastique médicale

лечи́ть ④ / **полечи́ть** ④ *v* soigner • **лечи́ть больнóго** soigner un malade • **лечи́ть сéрдце** soigner le cœur • **лечи́ть антибиóтиками** soigner aux antibiotiques

лечи́ться ④ / **полечи́ться** ④ *vp* se soigner • **лечи́ться от ревмати́зма** soigner ses rhumatismes

/ **лечь** → **ложи́ться**

лжец ③② *nm* menteur • **он лжец** c'est un menteur

ли *particule* **1.** *(interrogation directe)* est-ce que, est-ce • **знáете ли вы егó?** est-ce que vous le connaissez ? • **вернýлся ли он?** est-il rentré ? • **сдéлает ли он э́то?** fera-t-il cela ? **2.** *(interrogation indirecte)* si • **я не знáю, придёт ли онá** je ne sais pas si elle viendra

À PROPOS DE...

ли fait porter l'interrogation sur le mot ou le groupe de mots qui le précède.

ли́бо[1] *conj* ou (bien) • **ли́бо оди́н, ли́бо другóй** soit l'un, soit l'autre, c'est l'un ou l'autre

-ли́бо[2] *particule post* que ce soit *(voir les mots dans la composition desquels entre cette particule)*

либрéтто* *nnt indécl* livret *(d'opéra)* • **либрéтто "Пи́ковой дáмы"** le livret de « la Dame de pique »

ли́вень *nm* averse, ondée • **хлы́нул ли́вень** une averse commença

лизáть* [II, **лижý, ли́жешь**] ④ / **лизнýть** *v* lécher • **собáка лизáла лáпу** le chien léchait sa patte ~ *fig* • **плáмя лизáло потолки́ и стéны** les flammes léchaient les plafonds et les murs
● **лизáть сапоги́** faire de la lèche

/ **лизнýть** → **лизáть**

ликовáть *v* jubiler, triompher • **толпá ликовáла** la foule jubilait

лилóвый *adj* lilas • **лилóвое плáтье** une robe lilas

лимóн *nm* citron • **чай с лимóном** du thé au citron

линéйка *nf* **1.** règle *(pour tirer des lignes)* • **счётная линéйка** règle à calculer **2.** ligne • **тетрáди в клéтку и в линéйку** des cahiers à carreaux ou lignés

линя́ть *v* **1.** / **полиня́ть** déteindre • **осторóжно! э́та мáйка линя́ет!** attention ! ce tee-shirt déteint ! **2.** / **полиня́ть** passer *(perdre sa couleur)* • **э́та матéрия полиня́ла** ce tissu a passé **3.** / **вы́линять** muer • **зáяц линя́л** le lièvre perdait son poil

ли́па *nf* **1.** tilleul **2.** *fam* faux, contrefaçon

ли́пкий ⑤ *adj* collant, gluant • **ли́пкая грязь** une boue gluante • **ли́пкая лéнта** du ruban adhésif

ли́пнуть, ли́пнуть* [III] / **прили́пнуть** *et* **прили́пнуть*** [III] *v* coller *(s'attacher)* • **бумáга ли́пнет к пáльцам** ce papier colle aux doigts

ли́ра *nf* **1.** (MUS) lyre **2.** (ÉCON) lire

лири́ческий *adj* lyrique • **лири́ческие произведéния** les œuvres lyriques

лисá ②① *nf* renard

лиси́ца *nf* renard • **чернобýрая лиси́ца** un renard argenté

лист*[1] *(pl.* **ли́стья, ли́стьев, ли́стьям** ③①*)* ③① *nm* feuille *(d'arbre)* • **сухи́е ли́стья** des feuilles sèches

лист[2] ③② *nm* feuille *(de papier, de métal)* • **листы́ бумáги** des feuilles de papier • **лист желéза** une plaque de tôle
● **похвáльный лист** = tableau d'honneur

ли́ственный *adj* à feuilles caduques • **ли́ственное дéрево** un arbre à feuilles caduques

листóвка *nf* tract • **распространя́ть листóвки** distribuer des tracts

ли́стья, ли́стьев → лист

лит *nm* lita *(unité monétaire de la Lituanie)*

Литва́ *nf* Lituanie

литерату́ра *nf* littérature

лито́вец *nm* Lituanien

лито́вка *nf* Lituanienne

лито́вский *adj* lituanien

лить* [II, лью, льёшь - лил, лила́, ли́ло, ли́ли - лей] ⑤ *v* **1.** / **нали́ть** verser • **лить во́ду в стака́н** verser de l'eau dans un verre • **лить слёзы** verser des larmes • **лить ма́сло в го́нь** jeter de l'huile sur le feu **2.** couler *(s'écouler)* • **вода́ льёт из кра́на** l'eau coule du robinet • **дождь льёт как из ведра́** il pleut à seaux • **пот льёт с него́ гра́дом** il sue à grosses gouttes **3.** / **отли́ть** fondre, couler • **лить колокола́** couler des cloches
◉ **он льёт во́ду на мою́ ме́льницу** il verse de l'eau à mon moulin

ли́ться* [II, льётся - ли́лся, лила́сь - ле́йся] ③ *vp* **1.** → **лить 2.** / **поли́ться*** [II, *id*] ③ couler, se répandre • **кровь лила́сь ручьём** le sang coulait à flots • **льётся за́пах цвето́в** les fleurs répandent leur parfum

лифт *nm* ascenseur • **поднима́ться на ли́фте** monter en ascenseur

ли́фчик *nm* soutien-gorge

ли́хо[1] *adv* hardiment, crânement

ли́хо[2] *nnt*
◉ **не помина́йте меня́ ли́хом** gardez un bon souvenir de moi

лихо́й[1] ⑤ *adj* hardi, crâne • **лихо́й води́тель** un conducteur hardi

лихо́й[2] ⑤ *adj fam* méchant
◉ **лиха́ беда́ нача́ло** il n'y a que le premier pas qui coûte

лихора́дка *nf* fièvre *(maladie)* • **жёлтая лихора́дка** la fièvre jaune ~ *fig* • **золота́я лихора́дка** la ruée vers l'or

лихора́дочно *adv* fébrilement

лихора́дочный *adj* fiévreux, fébrile • **в лихора́дочном состоя́нии** dans un état fiévreux ~ *fig* • **лихора́дочная де́ятельность** une activité fébrile

лице́й *nm* lycée

лицеме́рно *adv* hypocritement

лицеме́рный *adj* hypocrite • **лицеме́рная улы́бка** un sourire hypocrite

лицо́ ②① *nnt* **1.** visage, face • **вырази́тельное лицо́** un visage expressif • **знако́мое лицо́** un visage connu • **черты́ лица́** les traits du visage • **выраже́ние лица́** l'expression du visage • **столкну́ться с дире́ктором лицо́м к лицу́** tomber nez à nez avec le directeur **2.** personnage • **истори́ческое лицо́** un personnage historique • **гла́вное де́йствующее лицо́** le personnage principal **3.** (GRAMM) personne • **пе́рвое лицо́** la première personne
◉ **добыва́ть свой хлеб в по́те лица́** gagner son pain à la sueur de son front • **знать в лицо́** connaître de vue • **на нём лица́ нет** il a l'air bouleversé • **не уда́рить лицо́м в грязь** s'en tirer tout à son honneur • **смотре́ть опа́сности в лицо́** regarder le danger en face • **э́то вам к лицу́** cela vous va bien

> **À PROPOS DE...**
>
> Dans son deuxième sens et lorsqu'il est employé au pluriel, le mot **лиц** appartient actuellement au sous-genre animé :
> • **а́втор опи́сывает истори́ческих лиц** l'auteur décrit des personnages historiques.

ли́чно *adv* personnellement • **ли́чно я ничего́ не име́ю про́тив** personnellement, je n'ai rien contre

ли́чность *nf* **1.** personnalité *(caractère personnel)* • **челове́ческая ли́чность** la personnalité humaine **2.** personne, individu • **подозри́тельная ли́чность** un individu suspect

ли́чный *adj* personnel • **э́то его́ ли́чное де́ло** c'est son affaire personnelle

лиша́й ③② *nm* lichen • **зарасти́ лиша́ями** se couvrir de lichens

лиша́ть / **лиши́ть** *(+ G)* *v* priver de • **не бу́ду лиша́ть вас э́того удово́льствия** je ne voudrais pas vous priver de ce plaisir • **лиши́ть насле́дства** déshériter

лише́ние *nnt* privation • **лише́ние свобо́ды** privation de liberté • **терпе́ть лише́ния** subir de privations

/ **лиши́ть** → лиша́ть

ли́шний *adj* **1.** superflu, de trop • **ли́шний расхо́д** une dépense superflue **2.** supplémentaire • **поду́мать ли́шний раз** réfléchir une fois de plus

лишь ◪ *adv* seulement • **не хвата́ет лишь одного́** il ne manque qu'une chose ◪ *conj* à peine • **лишь то́лько я вы́шел, как пошёл снег** à peine étais-je sorti qu'il se mit à neiger
■ **лишь бы** *loc* pourvu que • **лишь бы он уе́хал** pourvu qu'il parte › **лишь бы не опозда́ть** pourvu qu'on ne soit pas en retard

лоб *(loc.* **лбу***)* *nm* front • **ни́зкий лоб** un front bas • **пусти́ть себе́ пу́лю в лоб** se loger une balle dans la tête
● **быть семи́ пяде́й во лбу** être d'une intelligence exceptionnelle • **что в лоб, что по́ лбу** c'est bonnet blanc et blanc bonnet

лови́ть ④ / **пойма́ть** *v* **1.** chercher à saisir, chercher à attraper • **ко́шка ло́вит мыше́й** le chat attrape des souris • **лови́ть ры́бу** pêcher le poisson • **лови́ть такси́** tenter d'attraper un taxi • **лови́ть слу́чай** chercher l'occasion **2.** / **пойма́ть** saisir, attraper • **пойма́ть на ме́сте преступле́ния** prendre en flagrant délit • **пойма́ть кого́-нибудь на сло́ве** prendre qqn au mot
● **лови́ть ры́бу в му́тной воде́** pêcher en eau trouble

ло́вкий *(comp.* **ло́вче***)* ⑤ *adj* adroit, habile • **ло́вкие ру́ки** des mains adroites

ло́вкость *nf* habileté, adresse • **с большо́й ло́вкостью** avec une grande habileté

ло́вля *nf*
● **ры́бная ло́вля** pêche › **ходи́ть на ры́бную ло́влю** aller à la pêche

ло́вче *comp de* **ло́вкий**

логи́н *nm* identifiant, login

ло́дка *nf* barque, bateau • **ката́ться на ло́дке** faire une promenade en bateau • **мото́рная ло́дка** canot à moteur • **спаса́тельная ло́дка** canot de sauvetage
● **па́русная ло́дка** voilier • **подво́дная ло́дка** sous-marin

лоды́жка *nf* cheville

ло́дырь *nm* fainéant
● **гоня́ть ло́дыря** se tourner les pouces

ложи́ться / **лечь*** [IV, ля́гу, ля́жешь, ля́гут - лёг, легла́ - ляг, ля́гте] ③ *v* se coucher • **лечь на дива́н** se coucher sur le canapé • **лечь спать** aller se coucher • **лечь на́ спину** se coucher sur le dos

> **À PROPOS DE...**
>
> Il ne faut pas confondre
> • **ложи́ться** se coucher, avec
> • **лежа́ть** être couché.

ло́жка *nf* cuillère • **столо́вая ло́жка** cuillère à soupe • **ча́йная ло́жка** cuillère à café

ло́жный *adj* faux, mensonger • **ло́жные показа́ния** faux témoignage • **ло́жная скро́мность** fausse modestie

ложь* *(instr.* **ло́жью***)* *nf* mensonge • **сказа́ть ложь** dire des mensonges

ло́зунг *nm* slogan, mot d'ordre

ло́коть ①③ *nm* coude • **положи́ть ло́кти на стол** mettre les coudes sur la table • **рабо́тать локтя́ми** jouer des coudes

лома́ть / **слома́ть** *v* **1.** briser, casser en deux • **ве́тер слома́л сук** le vent a cassé une branche • **лома́ть игру́шки** casser ses jouets **2.** démolir • **лома́ть сара́й** démolir une grange
● **лома́ть го́лову над зада́чей** se creuser la tête sur un problème • **лома́ть ру́ки с отча́яния** se tordre les bras de désespoir

ломи́ться ④ *vp* **1.** être trop chargé, être trop plein • **по́лки ломи́лись под тя́жестью книг** les rayons ployaient sous le poids des livres • **теа́тр ломи́лся от пу́блики** le théâtre était plein à craquer **2.** / **вломи́ться** ④ *(***в** + *A)* pénétrer de force • **ломи́ться в дверь** enfoncer une porte • **ломи́ться в откры́тую дверь** enfoncer une porte ouverte

ломо́ть *nm* tranche • **ломо́ть хле́ба** une tranche de pain

лопа́та *nf* pelle
● **борода́ лопа́той** une barbe en éventail • **загреба́ть де́ньги лопа́той** ramasser l'argent à la pelle

лопа́тка *nf* **1.** *(dim de* лопáта*)* petite pelle • **де́тская лопа́тка** une pelle d'enfant **2.** truelle **3.** omoplate
● **положи́ть кого́-нибудь на о́бе лопа́тки a.** (SPORT) faire toucher les épaules à qqn **b.** *fig* faire mordre la poussière

à qqn • удира́ть во все лопа́тки se sauver à toutes jambes

ло́паться / **ло́пнуть** *vp* éclater, se rompre • ло́пнул балло́н пере́днего колеса́ un des pneus avant a éclaté • верёвка ло́пнула la ficelle s'est cassée • банк ло́пнул la banque a sauté • у меня́ ло́пнуло терпе́ние j'ai perdu patience • ло́пнуть от за́висти crever de jalousie

/ **ло́пнуть** → ло́паться

лоск *nm litt & fig* brillant, éclat • навести́ лоск faire briller

лоску́т* *(pl.* лоскуты́, лоскуто́в, лоскута́м ③①*)* ③② *nm* morceau, pièce *(de tissu)* • сшить пла́тье из разноцве́тных лоскуто́в faire une robe avec des morceaux de tissu de diverses couleurs ■ лоску́тья *vieilli & littéraire pl* lambeaux • в лоску́тьях en lambeaux

лосо́сь, ло́сось *nm* saumon

лось ①③ *nm* élan (ZOOL)

лотере́я *nf* loterie • вы́играть в лотере́ю gagner à la loterie

лохма́тый *adj* **1.** velu, à longs poils • лохма́тая соба́ка un chien à longs poils **2.** ébouriffé • лохма́тая голова́ une tête ébouriffée

лохмо́тья* *(*лохмо́тьев, лохмо́тьям*) pl t* **1.** haillons, guenilles • его́ оде́жда преврати́лась в лохмо́тья ses vêtements s'étaient transformés en haillons **2.** lambeaux • изорва́ть в лохмо́тья mettre en lambeaux

ло́шадь* *(*лошадьми́, лошадя́ми*)* ①③ *nf* cheval • запряга́ть ло́шадь atteler un cheval • седла́ть ло́шадь seller un cheval • бегова́я ло́шадь un cheval de course • верхова́я ло́шадь un cheval de selle • упряжна́я ло́шадь un cheval de trait

лощи́на *nf* vallon

лубо́к *nm* **1.** « loubok » *xylographie populaire illustrée comparable à l'image d'Épinal* **2.** éclisse • он бу́дет носи́ть на па́льце лубо́к il va porter une éclisse au doigt

лубо́чный *adj*
● лубо́чная карти́нка → лубо́к

луг* *(loc.* лугу́ *; pl.* луга́*)* ⑧② *nm* pré • на лугу́ пасу́тся коро́вы des vaches broutent dans le pré

À PROPOS DE...

L'accent passe sur la préposition dans le groupe по́ лугу.

лу́жа *nf* **1.** flaque • перепры́гивать че́рез лу́жи на тротуа́рах sauter par dessus des flaques d'eau sur les trottoirs • лу́жа под умыва́льником une flaque d'eau sous le lavabo **2.** mare • у́тки пла́вали по лу́же des canards nageaient dans la mare
● сесть в лу́жу faire une ânerie

лужа́йка *nf* petit pré *(dans une clairière)* • лесна́я лужа́йка un petit pré dans une clairière

лук[1] *nm* oignon • зелёный лук ciboule • голо́вка лу́ка une tête d'oignon

лук[2] *nm* arc • стреля́ть из лу́ка tirer à l'arc

лука́во *adv* malicieusement, narquoisement

лука́вый *adj* **1.** perfide • лука́вый челове́к un homme perfide **2.** malin, malicieux • лука́вые глаза́ des yeux malicieux
■ лука́вый *adj subst m* le Malin • остально́е - от лука́вого le reste, c'est du luxe

луна́ *nf* lune • запусти́ть раке́ту на Луну́ envoyer une fusée sur la Lune • при све́те луны́ au clair de lune • по́лная луна́ la pleine lune • затме́ние луны́ une éclipse de lune

лу́нный *adj* de lune • лу́нный свет la lumière de la lune

луч ③② *nm* rayon *(de lumière)* • луч со́лнца un rayon de soleil • рентге́новские лучи́ les rayons X ~ *fig* • луч наде́жды une lueur d'espoir

лу́чше *(comp. de* хорошо́ *OU* хоро́ший*) adv* mieux, meilleur • сего́дня пого́да лу́чше aujourd'hui, il fait meilleur • лу́чше не шуме́ть il vaut mieux ne pas faire de bruit • всё лу́чше и лу́чше de mieux en mieux
● ей лу́чше elle va mieux • как мо́жно лу́чше le mieux possible • лу́чше по́здно, чем никогда́ mieux vaut tard que jamais • тем лу́чше tant mieux • ум хорошо́, а два лу́чше deux avis valent mieux qu'un

лу́чший *adj* **1.** *(comp. de* хоро́ший*)* meilleur • всё к лу́чшему tout est pour le mieux • **за неимéнием лýчшего** faute de mieux • **э́то оставля́ет желáть лýчшего** cela laisse fort à désirer **2.** *(superl de* хорóший*)* le meilleur • **в лýчшем слýчае** dans le meilleur des cas

лы́жа *nf* ski *(spatule)*
■ **лы́жи** *pl* ski (SPORT) • **гóрные лы́жи** ski alpin • **катáться на лы́жах** faire du ski • **лы́жи-рóллеры** skis à roulettes

лы́жник *nm* skieur

лы́жница *nf* skieuse

лыжня́ *nf* trace *(de skis)*

лы́сина *nf* calvitie, crâne dégarni • **он вытирáл свою́ лы́сину** il essuyait sa calvitie

лы́сый ⑤ *adj* **1.** chauve • **совершéнно лы́сый человéк** un homme complètement chauve **2.** dénudé *(de végétation)* • **лы́сый холм** une colline dénudée
● ***Ночь на Лы́сой горé*** (Мýсоргский) *Une nuit sur le mont Chauve* (Moussorgski)

ль *particule forme poétique ou archaïque de* « ли »

льва → лев

льви́ный *adj* de lion • **льви́ная гри́ва** la crinière d'un lion • **льви́ная дóля** la part du lion
● **льви́ный зев** muflier, gueule-de-loup (BOT)

льви́ца *nf* lionne

льву → лев

льгóтный *adj* avantageux • **льгóтный тари́ф** un tarif avantageux • **на льгóтных услóвиях** à des conditions avantageuses

льда → лёд

льди́на *nf* glaçon, bloc de glace • **пéред нáми проплывáли льди́ны** des blocs de glace passaient devant nous

льёт, льёшь → лить

льнянóй *adj* de lin • **льнянáя ткань** une toile de lin

льстец ③② *nm* flatteur • **искýсный льстец** un flatteur habile

льсти́вый *adj* flatteur • **льсти́вые словá** des paroles flatteuses

льстить / **польсти́ть** *(+ D) v* flatter • **э́то емý льсти́ло** cela le flattait

лью, льют → лить

любéзно *adv* aimablement • **он любéзно согласи́лся отвéтить на все вопрóсы** il a aimablement accepté de répondre à toutes les questions

любéзный *adj* aimable • **любéзный приём** un accueil aimable • **э́то óчень любéзно с вáшей стороны́** c'est bien aimable de votre part • **бýдьте любéзны указáть свой áдрес** veuillez avoir l'obligeance d'indiquer votre adresse

люби́мец *nm* favori, préféré

люби́мица *nf* favorite, préférée • **люби́мица росси́йских читáтелей** la favorite des lecteurs russes

люби́мый *adj* préféré, favori • **моё люби́мое блю́до** mon plat préféré

люби́тель *nm* amateur • **люби́тель мýзыки** un amateur de musique • **фотóграф-люби́тель** un photographe amateur

люби́тельский *adj* d'amateur • **люби́тельский спектáкль** un spectacle d'amateurs

люби́ть ④ *v* aimer • **онá лю́бит егó** elle l'aime • **он лю́бит мýзыку** il aime la musique • **он не лю́бит шýток** il n'aime pas la plaisanterie • **они́ не лю́бят рабóтать** ils n'aiment pas travailler • **э́ти цветы́ лю́бят теплó** ces fleurs aiment la chaleur

любовáться / **полюбовáться** *(+ I) (на + A) vp* admirer • **любовáться прирóдой** admirer la nature • **любовáться на себя́ в зéркале** s'admirer dans la glace • **любовáться собóй** être content de soi

À PROPOS DE...

La construction на + A appartient au style familier.

любóвник *nm* amant
● **пéрвый любóвник** jeune premier (THÉÂTRE)

любóвница *nf* maîtresse *(amante)*

любóвно *adv* amoureusement, avec amour • **мать любóвно смóтрит на**

ребёнка la mère regarde son enfant avec amour

любо́вный *adj* d'amour • **любо́вный взгляд** un regard amoureux • **любо́вное письмо́** une lettre d'amour • **любо́вная запи́ска** un billet doux • **любо́вное свида́ние** un rendez-vous amoureux

любо́вь *(instr.* любо́вью*)* *nf* amour • **пе́рвая любо́вь** le premier amour • **жени́ться по любви́** faire un mariage d'amour • **матери́нская любо́вь** l'amour maternel • **любо́вь к му́зыке** l'amour de la musique • **из любви́ к иску́сству** pour l'amour de l'art

любо́й ◪ *adj* n'importe quel • **в любо́й час** à n'importe quelle heure • **любо́й ценой** à tout prix ◪ *pron* lequel • **любо́й из них** n'importe lequel d'entre eux

любопы́тный *adj* **1.** curieux *(mû par la curiosité)* • **он сли́шком любопы́тен** il est trop curieux • **мне бы́ло бы любопы́тно знать, что они́ де́лают** je serais curieux de savoir ce qu'ils font **2.** curieux *(étrange)* • **любопы́тная кни́га** un livre curieux • **любопы́тный слу́чай** un cas étrange

■ **любопы́тный** *adj subst m* **толпа́ любопы́тных** la foule des curieux

любопы́тство *nnt* curiosité *(désir de connaître)* • **возбуди́ть любопы́тство** éveiller la curiosité • **из любопы́тства** par curiosité

лю́ди* *(*людéй, лю́дям, людьми́, лю́дях*)* *pl t* gens • **молоды́е лю́ди** les jeunes gens • **бы́ло мно́го людéй** il y avait beaucoup de monde • **лю́ди до́брой во́ли** les hommes de bonne volonté

À PROPOS DE...

Le mot **челове́к** sert de singulier à **лю́ди**.

лю́дный *adj* très peuplé, populeux • **лю́дная у́лица** une rue animée

людска́я *adj subst f arch* « lioudskaïa » *pièce réservée aux gens de service dans une maison de seigneurs* les communs

людско́й *adj* des hommes, humain • **людско́й род** le genre humain • **людски́е ресу́рсы** les ressources humaines

люк *nm* écoutille, trappe

Люксембу́рг *nm* Luxembourg

люксембу́ргский *adj* luxembourgeois

люксембу́ржец *nm* Luxembourgeois

люксембу́ржка *nf* Luxembourgeoise

лю́тый ⑤ *adj* féroce • **лю́тый враг** un ennemi impitoyable • **лю́тый моро́з** un froid de loup

ляг → лечь

ляга́ть / лягну́ть *v* frapper d'un coup de sabot en ruant • **ко́нь норови́л лягну́ть сосе́да** le cheval essayait de donner un coup de sabot à son voisin

лягу́шка *nf* grenouille • **зелёная лягу́шка** une grenouille verte

■ **Царе́вна-лягу́шка** *nf* La Princesse Grenouille *(personnage de conte)*

ля́жет, ля́жешь → лечь

M

м *(abr de* метр*) nm* m

мавзолей *nm* mausolée • **мавзолей Ленина** le mausolée de Lénine

магазин *nm* magasin • **продовольственный магазин** magasin d'alimentation • **книжный магазин** librairie

магистраль *nf* grande voie de circulation • **центральная магистраль города** l'artère principale de la ville • **водная магистраль** une grande voie fluviale • **Транссибирская магистраль** le Transsibérien

магнит *nm* aimant • **полюсы магнита** les pôles d'un aimant

мазать* [II, мажу, мажешь] *v* **1.** / намазать* [II, *id*] *et* помазать* [II, *id*] enduire, badigeonner • **мазать пальцы краской** enduire les doigts de peinture • **мазать хлеб маслом** mettre du beurre sur le pain **2.** / промазать* [II, *id*] rater son tir • **игрок промазал из хорошего положения** le joueur rata sa cible bien qu'il fût en bonne position

мазь *nf* **1.** onguent • **мазь от ожога** une pommade contre les brûlures **2.** graisse *(lubrifiant)*

● **дело на мази** l'affaire prend bonne tournure

май *nm* mai • **в мае** au mois de mai • **6-го мая** le 6 mai • **праздновать 9 Мая — День Победы** fêter le 9 mai, la fête de la Victoire *(fin de la Deuxième Guerre mondiale)*

майка *nf* tee-shirt, maillot • **велосипедисты в зелёных майках** des cyclistes en maillots verts

майор *nm* commandant

майский *adj* de mai • **майский день** un jour de mai

● **майский жук** hanneton

мак *nm* coquelicot, pavot • **булочки с маком** des petits pains au pavot

● **красный как мак** rouge comme une pivoine

макать / **макнуть** *v* tremper • **макнуть кисть в краску** tremper son pinceau dans la peinture

Македония *nf* Macédoine

/ **макнуть** → макать

макушка *nf* **1.** faîte, sommet • **макушка дерева** la cime de l'arbre **2.** *fam* sommet de la tête • **у него шапка на макушке** il a son bonnet de fourrure sur le haut de la tête

● **у него ушки на макушке** il se tient sur ses gardes

малахит *nm* malachite

малейший *(superl de* малый*) adj* le moindre • **не имею ни малейшего понятия** je n'en ai pas la moindre idée

маленький (мал, мала, мало, малы ~ *comp.* меньше* *ou* меньший* ~ *superl.* малейший*) ③ *adj* petit • **маленькая деревня** un petit village • **маленький домик** une petite maison • **маленькие окна** de petites fenêtres • **маленькие неприятности** de petits désagréments • **маленькие дети** les petits enfants

À PROPOS DE...

маленький, formé par suffixation sur la base de l'adjectif **малый**, a supplanté celui-ci dans la plupart de ses usages (voir **малый**).
Pour l'emploi de **меньше**, de **меньший** et de **малейший**, voir ces mots.

малина *nf* **1.** framboise **2.** *(collectif)* framboises • **варенье из малины** confiture de framboises **3.** framboisier • **лесная малина** un framboisier sauvage

малиновый *adj* **1.** (couleur) framboise • **малиновый берет** un béret framboise **2.** à la framboise, de framboises • **манная каша с малиновым вареньем** de la semoule au lait accompagnée de confiture de framboises

мáло *(comp.* **мéньше****)* *adv* **1.** peu • **говорúл он мáло** il parlait peu • **мáло дéнег** peu d'argent • **э́то слúшком мáло** c'est trop peu **2.** trop peu • **рáзве э́того мáло ?** cela ne suffit pas ?
● **мáло ли...** il y a bien des choses... › **мáло ли что мóжет случúться** sait-on jamais ce qui peut arriver ? • **мáло тогó** en outre • **мáло тогó, что** outre que › **мáло тогó, что он глуп, так он считáет себя́ чуть ли не гéнием** non seulement il est bête, mais il se considère presque comme un génie

À PROPOS DE...

Il convient de ne pas confondre dans leurs emplois respectifs **мáло**, peu, et **немнóго**, un peu.

мáлое *adj subst nt* peu • **довóльствоваться мáлым** se contenter de peu

малокрóвие *nnt* anémie • **страдáть малокрóвием** être anémique

мáло-помáлу *adv* peu à peu • **мáло-помáлу я привыкáл к нóвой жúзни** petit à petit, je m'habituais à ma nouvelle vie

малочúсленный *adj* peu nombreux • **малочúсленная пу́блика** un public peu nombreux

мáлый *(***мал, малá, малó, малы́** *~ comp.* **мéньше*** *ou* **мéньший*** *~ superl.* **малéйший****)* ③ *adj* **1.** petit • **бесконéчно мáлая величинá** une grandeur infinitésimale • **с мáлых лет** depuis la plus tendre enfance • **дéньги не мáлые** une somme rondelette • **Мáлый теáтр** le «Maly» (THÉÂTRE) • **от мáла до велúка** petits et grands • **ку́ча детéй, мал малá мéньше** une ribambelle de gosses de toutes les tailles

À PROPOS DE...

Remplacé par **мáленький**, **мáлый** est devenu livresque dans cet emploi. Il subsiste par contre dans quelques expressions figées ; certaines d'entre elles comportent des formes grammaticales archaïques.

2. *(à la forme courte seulement)* trop petit • **э́ти ботúнки малы́** ces chaussures sont trop petites • **э́то пальтó ему́ малó** ce manteau est trop petit pour lui
■ **мáлый** *adj subst m vieilli* gars • **мáлый лет двадцатú** un gars d'une vingtaine d'années • **дóбрый мáлый** un brave garçon • **слáвный мáлый** un très brave garçon • **у́мный мáлый** un gars intelligent

мáльчик *nm* petit garçon • **мáльчик лет двенáдцати** un petit garçon de douze ans • **я не мáльчик** je ne suis plus un gosse
● **Мáльчик с пáльчик** le Petit Poucet

мальчúшеский *adj* **1.** de petit garçon • **мальчúшеский гóлос** une voix de petit garçon **2.** de gamin • **мальчúшеская вы́ходка** une gaminerie

мальчúшка *nm* gamin • **он ведёт себя́ как мальчúшка** il se conduit comme un gamin

маля́р ③② *nm* peintre en bâtiment • **маля́р крáсил стéны** le peintre peignait les murs

манéж *nm* manège *(d'équitation)* • **вы́ставка в Манéже в Петербу́рге** une exposition au Manège à Saint-Pétersbourg

манúть ④ *v* **1.** / **поманúть** ④ faire signe de venir, faire approcher • **он манúл егó пáльцем** du doigt, il lui faisait signe d'approcher **2.** *fig* attirer • **тайгá егó манúла** la taïga l'attirait

мáнный *adj* de semoule • **мáнная кáша** de la semoule au lait

марафóн *nm* marathon • **у́частвовать в марафóне** participer au marathon

марáть / **замарáть** *v* souiller • **марáть ру́ки** se salir les mains • **марáть плáтье** salir sa robe • **марáть бумáгу** barbouiller du papier ~ *fig* • **он не хóчет марáть себé ру́ки** il ne veut pas se compromettre

мáрка *nf* **1.** timbre • **почтóвая мáрка** timbre-poste • **мáрка по четы́ре рубля́** un timbre de quatre roubles • **наклéить мáрку на конвéрт** coller un timbre sur une enveloppe • **собирáть мáрки** collectionner les timbres • **альбóм мáрок** un album de timbres • **коллéкция мáрок** une collection de timbres **2.** marque • **торгóвая мáрка** la marque de fabrique

мармелáд *nm* pâte de fruits • **я́блочный мармелáд** pâte de pommes

март *nm* mars • **в мáрте** au mois de mars • **это было 8-го мáрта** c'était le 8 mars

маршрýт *nm* itinéraire • **каким маршрýтом вы éдете ?** quel itinéraire suivez-vous ?

маршрýтка *nf* taxi collectif

мáсленица *nf* dernière semaine du carnaval, ≈ carême-prenant • **на мáсленице бáбушка печёт блины́** pour mardi gras, grand-mère fait des crêpes

CULTURE...

мáсленица

Cette expression signifie « semaine grasse », c'est-à-dire celle qui précède le jeûne de sept semaines **Великий Пост** avant Pâques. Maslenitsa est devenue la fête préférée des Russes. En effet, elle réunit deux traditions : la tradition slave païenne et la tradition religieuse. Les anciens Slaves brûlaient des effigies en paille représentant l'hiver et fêtaient ainsi l'apparition des premiers rayons de soleil au printemps.

Ils faisaient ainsi leurs adieux à l'hiver. Selon la tradition religieuse, lors du « dimanche du pardon », dernier jour avant le grand carême, tout le monde doit se réconcilier.

C'est avant tout une occasion de faire de bons repas, où les crêpes sont très appréciées.

мáсло *(pl.* масла́, мáсел, масла́м*)* ①⑥ *nnt* **1.** (сли́вочное) **мáсло** beurre • **хлеб с мáслом** une tartine de beurre **2.** (расти́тельное) **мáсло** huile • **вазели́новое мáсло** huile de vaseline **3.** peinture à l'huile • **портрéт мáслом** un portrait peint à l'huile
● **идёт как по мáслу** ça va comme sur des roulettes • **катáться, как сыр в мáсле** être comme un coq en pâte • **подливáть мáсла в огóнь** jeter de l'huile sur le feu

мáстер* *(nom. pl.* мастерá*)* ①② *nm* **1.** artisan (qualifié), ouvrier (qualifié) • **сапóжный мáстер** cordonnier • **оружéйный мáстер** armurier ~ maître *(sportif)* • **мáстер спóрта** maître en sports ~ personne d'un savoir, d'un art supérieur • **мастерá жи́вописи** un maître en peinture • **он мáстер своегó дéла** il s'y connaît dans son métier • **он мáстер на все рýки** il fait ce qu'il veut de ses doigts **2.** contremaître • **смéнный мáстер** le contremaître d'une équipe
● ***Мáстер и Маргари́та*** (Булгаков) *le Maître et Marguerite* (Boulgakov)

мастери́ть / смастери́ть *fam v* fabriquer, faire • **ребя́та мастеря́т ёлочные игрýшки из прирóдного материáла** les enfant fabriquent des décorations de sapin avec des matériaux naturels

мастерскáя *adj subst f* atelier • **столя́рная мастерскáя** un atelier de menuiserie • **мастерскáя худóжника** l'atelier d'un peintre

мастерствó *nnt* **1.** art, maîtise • **расскáз напи́сан с больши́м мастерствóм** le récit est écrit d'une main de maître **2.** *vieilli* métier *(ensemble de procédés)* • **столя́рное мастерствó** le métier de menuisier

масть *nf* **1.** pelage • **лóшадь гнедóй мáсти** un cheval bai **2.** couleur *(aux cartes)*

масштáб *nm* échelle *(ordre de grandeur)* • **масштáб — 10 км в сантиметре** échelle : 1 centimètre sur la carte représente 10 km sur le terrain • **в большóм масштáбе** sur une grande échelle • **в мировóм масштáбе** à l'échelle mondiale

мат[1] *nm* mat *(aux échecs)* • **постáвить мат** mettre mat

мат[2] *nm* tapis, natte • **мат для заня́тия фи́тнесом** un tapis pour la gymnastique

мат[3] *nm* obscénités • **что это вы мáтом ругáетесь** pourquoi dites-vous des obscénités ?

математика *nf* mathématique(s)

мáтери, матерéй → мать

матери́к ③② *nm* continent • **африкáнский матери́к** le continent africain

матери́нский *adj* maternel • **матери́нская любóвь** l'amour maternel

матéрия *nf* **1.** matière (PHYS & PHILO) • **строéние матéрии** la structure de la matière **2.** tissu, étoffe • **кусóк матéрии** un coupon de tissu • **шерстянáя матéрия** une étoffe de laine **3.** sujet, thème • **неинтерéсная матéрия** un sujet sans intérêt

• **говори́ть о высо́ких мате́риях** avoir des sujets de conversation très élevés

ма́терью, матеря́м → мать

ма́товый *adj* **1.** mat • **ма́товый цвет лица́** un teint mat • **ма́товая фотогра́фия** une photo sur papier mat **2.** dépoli, non transparent • **ма́товое стекло́** verre dépoli

матра́с, матра́ц *nm* matelas • **надувно́й матра́с** un matelas pneumatique

матрёшка *nf* matriochka *(poupées gigognes en bois peint)*

> **CULTURE...**
>
> **матрёшка**
> Les poupées russes traditionnelles ont pendant longtemps représenté une dame un peu ronde, vêtue d'un tablier à fleurs et portant un fichu qui enserre ses joues rebondies. Aujourd'hui, on trouve des poupées qui figurent des hommes politiques et même des sportifs...
> La matriochka est taillée dans une seule pièce de bois. Autrefois, elle représentait toute la famille, chaque pièce incarnant un membre de celle-ci. Les personnages étaient vêtus de costumes traditionnels et s'inspiraient des contes russes.
> Généralement en bois de tilleul **липа**, ces poupées, encore peintes à la main, sont le plus souvent fabriquées industriellement.

ма́тушка *nf* **1.** *vieilli dim de* мать **2.** *façon respectueuse de s'adresser à l'épouse d'un prêtre orthodoxe* **3.** *fam* ma brave dame

мать* *(gén., dat., loc., instr.* ма́терью *; pl.* ма́тери, матере́й, матеря́м*)* ①③ *nf* mère • **мать ко́рмит ребёнка гру́дью** la mère allaite son enfant
● **в чём мать родила́** en costume d'Adam • **крёстная мать** marraine

матч *nm* match

маха́ть* [II, машу́, ма́шешь - махая́] ④ *(+ I)* *v* **1.** faire des gestes, des mouvements **2.** / махну́ть *(+ I)* faire un geste, un mouvement • **маха́ть платко́м** agiter son mouchoir • **маха́ть кры́льями** battre des ailes
● **по́сле дра́ки кулака́ми не ма́шут** il ne sert à rien de s'agiter après la bataille

/ **махну́ть** *v* **1.** → маха́ть **2.** faire un bond • **махну́ть че́рез забо́р** sauter la palissade
● **махну́ть руко́й на** *(+ A)* ne plus s'intéresser à › **они́ уже́ давно́ махну́ли руко́й на него́** il y a déjà longtemps qu'ils ne s'occupent plus de lui › **махну́ть на всё руко́й** jeter le manche après la cognée

ма́чеха *nf* belle-mère *(marâtre)* ~ *fig* • **жизнь оказа́лась для неё злой ма́чехой** la vie a été ingrate pour elle

ма́чта *nf* mât • **на ма́чте был по́днят флаг** un drapeau flottait au mât

маши́на *nf* **1.** voiture, auto • **е́хать на маши́не** aller en voiture **2.** machine • **шве́йная маши́на** une machine à coudre • **стира́льная маши́на** un lave-linge • **посудомо́ечная маши́на** un lave-vaisselle • **счётная маши́на** une machine à calculer

машини́ст *nm* **1.** mécanicien **2.** mécanicien de locomotive

машини́стка *nf* dactylo

маши́нка *(dim de* маши́на*)* *nf* machine • **маши́нка для стри́жки воло́с** tondeuse • **пи́шущая маши́нка** machine à écrire • **печа́тать на маши́нке** taper à la machine • **шить на маши́нке** coudre à la machine

мая́к ③② *nm* phare

ма́ятник *nm* balancier • **ма́ятник Фуко́** le pendule de Foucault

мгла *nf* **1.** brume, nuage *(de poussière, de fumée...)* • **мгла застила́ет даль** la brume couvre le lointain **2.** *poét* obscurité • **ночна́я мгла** l'obscurité de la nuit

мгнове́ние *nnt* instant • **в одно́ мгнове́ние** en un instant • **в то же мгнове́ние** au même instant

мгнове́нно *adv* instantanément, en un clin d'œil

мгнове́нный *adj* instantané • **мгнове́нное реше́ние** une décision instantanée

ме́бель *nf* mobilier, meubles • **сти́льная ме́бель** des meubles de style

мёд* *(loc.* медý*)* ⑧ *nm* **1.** miel **2.** *arch* hydromel • **мёд пить** boire de l'hydromel

медбрáт* *(pl.* медбрáтья, медбрáтьев, медбрáтьям*)* *nm* infirmier

медвéдица *nf* ourse
◆ **большáя Медвéдица** la Grande Ourse • **мáлая Медвéдица** la Petite Ourse

медвéдь *nm* ours • **бýрый медвéдь** ours brun • **бéлый медвéдь** ours blanc
◆ **делúть шкýру неубúтого медвéдя** vendre la peau de l'ours avant de l'avoir tué • **медвéдь емý нá ухо наступúл** il n'a pas d'oreille

медвéжий *adj d'appart* d'ours • **медвéжья шкýра** une peau d'ours • **медвéжья услýга** le pavé de l'ours

мéдленно *adv* lentement • **говорúть мéдленно** parler lentement

мéдленность *nf* lenteur • **с убúйственной мéдленностью** avec une lenteur mortelle

мéдленный *adj* lent • **мéдленные движéния** des mouvements lents

мéдный *adj* de cuivre • **мéдная рудá** minerai de cuivre
◆ ***Мéдный всáдник*** (Пýшкин*)* *le Cavalier d'airain* (Pouchkine)

медóвый *adj* **1.** de miel, au miel • **медóвый зáпах** une odeur de miel **2.** mielleux *(doucereux)* • **медóвые рéчи** des paroles mielleuses
◆ **медóвый мéсяц** la lune de miel

медпýнкт *nm* *(abr.* медицúнский пункт*)* infirmerie

медсестрá *(pl.* медсёстры, медсестёр, медсёстрам*)* ②⑤ *nf* infirmière

медь *nf* cuivre • **крáсная медь** cuivre rouge • **жёлтая медь** cuivre jaune

мéжду *prép (+ I)* entre • **дорóга мéжду Москвóй и Петербýргом** la route entre Moscou et Saint-Pétersbourg • **мéжду жúзнью и смéртью** entre la vie et la mort
◆ **мéжду нáми говоря́** entre nous soit dit • **мéжду прóчим a.** à l'occasion, par hasard › **он э́тим занимáется так, мéжду прóчим** il le fait quand l'occasion se présente **b.** entre parenthèses *fig* › **а он, мéжду прóчим, знакóм с дирéктором** et lui, entre parenthèses, il connaît le directeur • **мéжду тем** pendant ce temps-là › **мéжду тем вернýлись родúтели** entre-temps, les parents étaient rentrés

международный *adj* international • **международная вы́ставка** une exposition internationale • **междунарóдное** *(sur une enveloppe)* pour l'étranger

межпланéтный *adj* interplanétaire • **межпланéтное путешéствие** un voyage interplanétaire

мезонúн *nm* étage mansardé

мел* *(loc.* мелý*)* ⑧ *nm* **1.** craie • **писáть мéлом** écrire à la craie • **кусóк мéла** un morceau de craie **2.** chaux • **белúть стéны мéлом** blanchir les murs à la chaux

мéлкий *(comp.* мéльче* - *superl.* мельчáйший**)* ⑤ *adj* **1.** petit, menu • **мéлкие расхóды** de menues dépenses • **мéлкий песóк** du sable fin • **мéлкий дождь** une pluie fine **2.** petit, de peu d'importance • **мéлкие предприя́тия** les petites entreprises **3.** peu profond • **мéлкая рекá** une rivière peu profonde • **мéлкая тарéлка** une assiette plate

мéлко *adv* finement • **мéлко нарéзанный лук** de l'oignon finement haché • **мéлко писáть** avoir une écriture fine

мéлочный *adj* mesquin • **мéлочный человéк** un homme mesquin • **мéлочные интерéсы** des intérêts mesquins • **мéлочные ссóры** des querelles mesquines

мéлочь ①③ *nf* **1.** petite monnaie • **считáть мéлочь** compter sa monnaie **2.** menus objets, bagatelles • **на этажéрке бы́ло мнóго вся́кой мéлочи** sur l'étagère, il y avait toutes sortes de babioles **3.** *fig* bagatelles • **говорúть о мелочáх** parler de bagatelles

мель ⑧③ *nf* banc de sable • **сесть на мель** échouer sur un banc de sable ~ *fig* • **сидéть на мелú** rester en rade

мелькáть / мелькнýть *v* **1.** briller *(d'une lumière intermittente)* • **мнóгие бы́ли с фотокáмерами, мелькáли вспы́шки** beaucoup avaient un appareil photo, les flashes crépitaient **2.** passer *(paraître et disparaître)* • **мелькнýла мóлния** un éclair brilla • **за окнóм вагóна мелькáют лесá, поля́, дерéвни** des forêts, des champs, des villages défilent derrière la vitre du train

/ **мелькну́ть** → мелька́ть

ме́льком *adv* en passant, brièvement • **я ви́дел его́ то́лько ме́льком** je l'ai vu seulement en passant

ме́льник *nm* meunier

ме́льница *nf* moulin • **ветряна́я ме́льница** un moulin à vent • **водяна́я ме́льница** un moulin à eau • **кофе́йная ме́льница** un moulin à café • **свезти́ хлеб на ме́льницу** mener le blé au moulin
● **лить во́ду на ме́льницу на́ших враго́в** apporter de l'eau au moulin de nos ennemis • **сража́ться с ветряны́ми ме́льницами** se battre contre les moulins à vent

мельча́йший *(superl de* ме́лкий*) adj* moindre • **до мельча́йших подро́бностей** jusqu'aux moindres détails

ме́льче *comp de* ме́лкий

ме́неджер *nm* directeur, directrice • **коллекти́ву был предста́влен но́вый генера́льный ме́неджер** le nouveau directeur général a été présenté au personnel • **ме́неджер по рекламе** directeur du marketing • **ме́неджер по персоналу** directeur des ressources humaines

ме́нее *adv* **1.** *(+ adj ou adv)* moins • **не ме́нее краси́вый** non moins beau • **не ме́нее ва́жно** non moins important **2.** *(+ G ou* чем*)* moins • **ме́нее двух неде́ль** moins de deux semaines • **ме́нее, чем за три часа́** en moins de trois heures
● **бо́лее или ме́нее** plus ou moins › **бо́лее или ме́нее похо́жий** plus ou moins ressemblant • **ме́нее всего́** le moins › **э́то вопро́с, кото́рый меня́ ме́нее всего́ интересу́ет** c'est la question qui m'intéresse le moins • **тем не ме́нее** néanmoins

ме́ньше ◾ *adj (comp. de* ма́лый, ма́ленький*)* plus petit • **друга́я ко́мната ме́ньше э́той** l'autre chambre est plus petite que celle-ci
● **ме́ньше всего́** le moins › **э́то мне ме́ньше всего́ нра́вится** c'est ce qui me plaît le moins ◾ *adv (comp. de* ма́ло*)* moins • **всё ме́ньше и ме́ньше** de moins en moins › **зри́телей остава́лось всё ме́ньше и ме́ньше** il restait de moins en moins de spectateurs • **как мо́жно ме́ньше** le moins possible

> **À PROPOS DE...**
>
> Il ne faut pas confondre **ме́нее**, qui sert à former le comparatif analytique d'infériorité, et **ме́ньше**, qui est le comparatif synthétique de **ма́ло**, de **ма́лый** et de **ма́ленький**. Cependant, leur sens et leur emploi coïncident parfois (voir **ме́нее** et **ме́ньше**, ainsi que les expressions **ме́нее всего́** et **ме́ньше всего́**).

> **À PROPOS DE...**
>
> Voir la remarque faisant suite à **ме́нее**.

ме́ньший *(superl de* ма́лый *et de* ма́ленький*) adj* le plus petit, le moindre • **из двух зол вы́брать ме́ньшее** de deux maux choisir le moindre
● **по ме́ньшей ме́ре a.** au moins › **э́то за́няло у меня́ по ме́ньшей ме́ре пять часо́в** cela m'a pris au moins cinq heures **b.** *(entre virgules)* pour le moins › **э́то, по ме́ньшей ме́ре, стра́нно** c'est pour le moins étrange

меньшинство́ *nnt* minorité • **ничто́жное меньшинство́** une infime minorité

меня́ → я

меня́ть *v* **1.** / **смени́ть** [*part.* сменённый] ④ *et* **поменя́ть** changer *(remplacer, échanger)* • **смени́ть руба́шку** changer de chemise • **меня́ть кварти́ру** changer d'appartement, déménager **2.** / **измени́ть** [*part.* изменённый] ④ changer *(d'avis)* • **меня́ть мне́ние** changer d'opinion **3.** / **разменя́ть** faire de la monnaie **4.** / **обменя́ть** changer *(dans un bureau de change)* **5.** / **обменя́ть** *(en parlant d'un appartement)* faire un échange

меня́ться *vp* **1.** / **поменя́ться** *et* **обменя́ться** *(+ I)* échanger • **дава́й поменя́емся значка́ми** échangeons nos insignes • **обменя́ться взгля́дами** échanger des regards **2.** / **смени́ться** ④ changer, être remplacé • **часовы́е меня́ются ка́ждый час** on relève la garde toutes les heures **3.** / **измени́ться** ④ changer, se transformer • **пого́да меня́ется** le temps change

ме́ра *nf* mesure *(divers sens)* • **ме́ра длины́** mesure de longueur • **чу́вство ме́ры** le sens de la mesure • **приня́ть ну́жные**

ме́ры prendre les mesures nécessaires • **ме́ры предосторо́жности** des mesures de sécurité
● **в ме́ру** avec mesure • **по кра́йней ме́ре** au moins › **по кра́йней ме́ре пять часо́в** au moins cinq heures • **по ме́ре возмо́жности** dans la mesure du possible • **по ме́ре того́, как** à mesure que › **по ме́ре того́, как мы приближа́лись** à mesure que nous nous approchions

мерза́вец *nm* canaille, gredin

ме́рзкий ⑤ *adj* abject • **ме́рзкое предложе́ние** une proposition infâme • **ме́рзкая пого́да** un temps épouvantable

мерзлота́ *nf* permagel • **райо́ны ве́чной мерзлоты́** les zones de permagel

ме́рить *v* **1.** / **сме́рить** *et* **изме́рить** mesurer • **ме́рить глубину́** mesurer la profondeur **2.** / **поме́рить** *et* **приме́рить** essayer *(un vêtement)*

ме́риться *vp* **1.** → **ме́рить 2.** / **поме́риться** se mesurer *(rivaliser)* • **ме́риться си́лами с проти́вником** mesurer ses forces avec son adversaire

ме́рка *nf* mesure *(dimension évaluée)* • **сшить костю́м по ме́рке** faire faire un costume sur mesure • **снять ме́рку** prendre les mesures

ме́ркнуть* [III] / **поме́ркнуть*** [III] *v* pâlir *(perdre son intensité)* • **звёзды ме́ркнут** les étoiles pâlissent • **це́ны на пи́сьменные принадле́жности ме́ркнут пе́ред сто́имостью уче́бников** le prix de fournitures scolaires semblent bien faibles face au prix des manuels

ме́рный *adj* cadencé • **ме́рные шаги́** des pas cadencés

мероприя́тие *nnt* mesure envisagée, action • **культу́рные мероприя́тия** des actions culturelles • **проведе́ние ва́жного мероприя́тия** l'exécution d'un projet important

мёртвая *adj subst f* morte

мертве́ц ③② *nm* mort • **бле́дный как мертве́ц** pâle comme un mort

мёртвый ⑤③ *litt & fig adj* **1.** mort • **мёртвые дере́вья** des arbres morts • **мёртвый язы́к** une langue morte **2.** de mort • **мёртвая тишина́** un silence de mort • **спать мёртвым сном** dormir à poings fermés
● **мёртвая то́чка** le point mort (AUTO) • **ни жив, ни мёртв** plus mort que vif
■ **мёртвый** *adj subst m* **воскреше́ние мёртвых** la résurrection des morts

мерца́ть *v* scintiller • **звёзды мерца́ют** les étoiles scintillent

меси́ть ④ *v* pétrir • **меси́ть те́сто** pétrir la pâte
● **меси́ть грязь** patauger dans la boue

места́ми *adv* par endroits • **кни́га места́ми о́чень интере́сна** par endroits, le livre est très intéressant

месте́чко *nnt* **1.** *dim de* **ме́сто 2.** (HIST) bourgade *(principalement en Ukraine et en Biélorussie)*

мести́* [IV, мету́, метёшь - мёл, мела́] ③ *v* **1.** / **подмести́*** [IV, подмету́, подметёшь - подмёл, подмела́ - подметённый] ③ ③ balayer • **мести́ двор** balayer la cour **2.** balayer *(en parlant du vent)* • **ве́тер мёл по доро́ге ли́стья** le vent balayait les feuilles sur la route ~ *(impers)* • **у нас метёт вовсю́** ici, il y a une tempête de neige

ме́стность *nf* région, contrée • **гори́стая ме́стность** une région montagneuse • **пересечённая ме́стность** terrain accidenté

ме́стный *adj* local • **ме́стная газе́та** le journal local • **ме́стный колори́т** la couleur locale

ме́сто ①⑥ *nnt* **1.** lieu, endroit • **ме́сто рожде́ния** lieu de naissance • **на ме́сте катастро́фы** sur le lieu de la catastrophe • **живопи́сные места́** une région pittoresque **2.** place • **кни́га не на ме́сте** le livre n'est pas à sa place • **положи́ть кни́гу на ме́сто** mettre un livre à sa place • **не́ было ни одного́ свобо́дного ме́ста** il n'y avait pas une seule place libre • **на твоём ме́сте я бы ему́ написа́л** à ta place, je lui écrirais • **мне предлага́ют ме́сто в ба́нке** on me propose une place dans une banque **3.** bagage • **пять мест багажа́** cinq bagages
● **на ме́сте преступле́ния** sur le lieu du crime › **его́ пойма́ли на ме́сте преступле́ния** il a été pris en flagrant délit • **не ме́сто** ce n'est pas l'endroit convenable pour › **слабоне́рвным здесь не ме́сто** ce n'est pas un endroit pour ceux qui ont les nerfs fragiles • **не находи́ть себе́ ме́ста** être comme une âme en peine • **у него́ глаза́ на мо́кром ме́сте**

il a la larme facile • э́то его́ сла́бое ме́сто c'est son point faible

местожи́тельство *nnt* domicile • вре́менное местожи́тельство domicile provisoire

местоиме́ние *nnt* pronom • ли́чное местоиме́ние pronom personnel

месть *nf* vengeance • преступле́ние они́ соверши́ли из ме́сти ils ont commis le crime pour se venger

ме́сяц *nm* **1.** mois • че́рез пять ме́сяцев dans cinq mois **2.** lune *poét*, croissant de lune • молодо́й ме́сяц la nouvelle lune
● медо́вый ме́сяц la lune de miel

ме́сячный *adj* mensuel • ме́сячная зарпла́та le salaire mensuel

мета́ть* [II, мечу́, ме́чешь] ④ / **метну́ть** *v* lancer • боле́льщики мета́ли на по́ле буты́лки и сиде́нья les supporters lancaient des bouteilles et des sièges sur le terrain
● мета́ть би́сер пе́ред сви́ньями jeter des perles aux pourceaux • мета́ть гром и мо́лнии jeter feu et flamme • мета́ть жре́бий tirer au sort

> **À PROPOS DE...**
>
> Dans le vocabulaire sportif (мета́ть копьё, « lancer le javelot »), мета́ть suit une conjugaison régulière : мета́ю, мета́ешь...

мета́ться* [II, мечу́сь , ме́чешься] ④ / **метну́ться** *vp* s'agiter, se démener
● мета́ться как угоре́лый se démener comme un beau diable

мете́ль *nf* tempête de neige • подняла́сь мете́ль une tempête de neige s'éleva

ме́тить¹ / **поме́тить** *v* marquer • ме́тить бельё marquer son linge • поме́тить страни́цу marquer une page

ме́тить² *v* viser • ме́тить в се́рдце viser au cœur • ме́тить в президе́нты viser la place de président

ме́тка *nf* marque, repère • ме́тка на белье́ une marque sur le linge • ме́тка дета́ли соде́ржит персона́льный но́мер le répère sur chaque pièce comporte un numéro individuel

ме́ткий ⑤ *adj* qui atteint son but • ме́ткий уда́р un coup bien envoyé • ме́ткий стрело́к un bon tireur

метла́ *(pl.* мётлы, мётел, мётлам*)* ②① *nf* balai

/ **метну́ть** → мета́ть

метро́ *nnt* métro • пое́хать на метро́ prendre le métro

мех*¹ *(loc.* меху́ ; *pl.* меха́*)* ⑧② *nm* fourrure • шу́ба на ли́сьем меху́ une pelisse en renard • торгова́ть меха́ми faire le commerce des fourrures
● у меня́ пальто́ на ры́бьем меху́ mon manteau ne tient pas chaud

мех² *(pl.* мехи́, мехо́в*)* ①② *nm* **1.** soufflet • кузне́чный мех un soufflet de forge **2.** outre • влить вино́ в мех verser du vin dans une outre

меха́ник *nm* mécanicien, mécanicienne

мехово́й *adj* de fourrure, fourré • мехова́я ша́пка une chapka en fourrure

меч ③② *nm* épée, glaive • взмахну́ть мечо́м brandir son épée
● дамо́клов меч l'épée de Damoclès • преда́ть огню́ и мечу́ mettre à feu et à sang

мечта́* *nf* rêverie, rêve • несбы́точная мечта́ un rêve irréalisable • предава́ться мечта́м se laisser aller à la rêverie

мечта́тель *nm* rêveur • неисправи́мый мечта́тель un rêveur incorrigible

мечта́тельница *nf* rêveuse

мечта́ть / **помечта́ть** *v* rêver, rêvasser • мечта́ть о бу́дущем rêver à l'avenir • он мечта́л поступи́ть в университе́т il rêvait d'entrer à l'université

меша́ть¹ / **помеша́ть** *(+ D) v* gêner • я вам не меша́ю ? je ne vous dérange pas ? • э́то тебе́ не меша́ет рабо́тать ça ne t'empêche pas de travailler • вам не меша́ло бы отдохну́ть немно́жко cela ne vous ferait pas de mal de vous reposer un peu • сло́манные тополя́ меша́ли прое́зду тра́нспорта des peupliers cassés bloquaient la circulation

меша́ть² *v* **1.** / помеша́ть remuer • меша́ть чай remuer le thé **2.** / смеша́ть mélanger • меша́ть кра́ски mélanger des couleurs

мéшкать *v* lambiner, traîner

мешóк *nm* sac • **мешóк с мукóй** un sac de farine • **спáльный мешóк** un sac de couchage

мещанúн* *(pl.* **мещáне, мещáн, мещáнам***)* *nm* bourgeois, petit-bourgeois
◈ ***Мещанúн во дворя́нстве*** (**Мольéр**) *le Bourgeois gentilhomme* (**Molière**)

мещáнка *nf* bourgeoise, petite-bourgeoise

мещáнский *adj* petit-bourgeois, mesquin • **мещáнские вкýсы** des goûts petits-bourgeois

миг *nm* instant • **в одúн миг** en un clin d'œil • **в тот же миг** au même instant

мигáть / **мигнýть** *v* **1.** cligner • **мигáть глазáми** cligner des yeux • **онá мигáла емý** elle lui faisait des clins d'œil **2.** clignoter, scintiller • **лáмпа мигáет** la lampe clignote • **звёзды мигáют** les étoiles scintillent

/ **мигнýть** → **мигáть**

мúгом *adv fam* en un clin d'œil

мизúнец *nm* petit doigt

микроавтóбус *nm* minibus

микроволнóвый *adj* à micro-ondes • **микроволнóвая печь** un four à micro-ondes

мúлая *adj subst f* bien-aimée

милиционéр *nm* agent de police • **милиционéр регулúрует движéние** l'agent de police dirige la circulation

милúция *nf* police • **отделéние милúции** poste de police

мúловать / **помúловать** *v* gracier • **он был помúлован** il a été gracié

мúлостыня *nf* aumône • **просúть мúлостыню** demander l'aumône • **собирáть мúлостыню** vivre d'aumônes

мúлость *nf* **1.** pitié, clémence • **сдáться на мúлость победúтеля** s'abandonner à la clémence du vainqueur **2.** faveur, bonté • **мúлостей от когó бы то нú было здесь не дождёшься** ici personne ne fait de faveurs
◈ **сменúть гнев на мúлость** pardonner • **мúлости прóсим** je vous en prie *(invitation)* • **по мúлости** grâce à • **скажúте на мúлость!** *iron* voyez-vous ça !

мúлый ⑤ *adj* **1.** gentil • **такáя мúлая дéвочка!** une petite fille si gentille ! • **э́то óчень мúло с вáшей стороны́** c'est très gentil de votre part **2.** cher • **мúлый Алексáндр Ивáнович** cher Alexandre Ivanovitch
■ **мúлый** *adj subst m* bien-aimé • **далекó от мúлого** loin de son bien-aimé

мúмо *prép (+ G)* à côté *(en passant)* • **он прошёл мúмо нас** il est passé à côté de nous • **сесть мúмо стýла** s'asseoir à côté de la chaise • **пропустúть мúмо ушéй** ne pas faire attention, faire la sourde oreille

мимохóдом *adv* en passant • **зайтú мимохóдом** entrer en passant

миндáль ③ *nm* **1.** amande **2.** *(collectif)* amandes • **пирóжное с миндалём** un gâteau aux amandes **3.** amandier • **цветёт миндáль** les amandiers sont en fleur

мúни-мáркет *nm* supérette

министéрство *nnt* ministère • **Министéрство инострáнных дел** le ministère des Affaires étrangères • **Министéрство образовáния и наýки** ≈ le ministère de l'Éducation nationale

минúстр *nm* ministre

миновáть / **миновáть** *v* **1.** passer *(franchir, dépasser)* • **пóезд ужé миновáл Бологóе** le train a déjà dépassé Bologoïé **2.** passer *(s'écouler, s'éloigner)* • **опáсность миновáла** le danger est passé
◈ **чемý быть, тогó не миновáть** on ne peut échapper son destin • **двум смертя́м не бывáть, однóй не миновáть** on ne meurt qu'une fois

мúнус ◪ *nm* **1.** moins *(signe mathématique)* • **постáвить плюс вмéсто мúнуса** mettre le signe plus au lieu du signe moins **2.** *fam* défaut, inconvénient • **проéкт имéет мнóго мúнусов** le projet présente bien des inconvénients ◪ *nm inv* moins • **дéвять мúнус пять — четы́ре** neuf moins cinq égal quatre • **позавчерá бы́ло мúнус двáдцать** avant-hier, il faisait moins vingt

минýта *nf* **1.** minute • **чéрез пять минýт** dans cinq minutes **2.** instant, moment • **однý минýту !** un instant ! • **кáждую минýту** à chaque instant • **нет ни минýты покóя** on n'a pas un instant de tranquillité

минýтный *adj* **1.** concernant les minutes • **минýтная стрéлка** l'aiguille des minutes **2.** d'une minute, d'un instant • **минýтный разговóр по телефóну** une conversation d'une minute au téléphone • **э́то минýтное дéло** c'est l'affaire d'une minute

/ **минýть** [мúнешь] *littéraire v* **1.** passer *(dépasser, franchir)* • **минýть дерéвню** dépasser le village **2.** passer *(s'écouler, s'éloigner)* • **в концé минýвшей недéли** à la fin de la semaine passée **3.** être accompli *(en parlant des années)* • **ей ужé мúнуло пятнáдцать лет** elle a déjà quinze ans

À PROPOS DE...

Au passé, l'accent est **минýл** ou **мúнул**.

мир¹ ②① *nm* monde • **во всём мúре** dans le monde entier • **войнá, пóлностью изменúвшая мир** la guerre, qui a complètement transformé le monde • **чемпиóн мúра** champion du monde • **мир живóтных** le règne animal

мир² *nm* paix • **заключúть мир** conclure un traité de paix • **жить в мúре** vivre en bonne entente

мир³ *nm* (HIST) mir *(assemblée gérant les affaires d'une commune paysanne ; la commune paysanne elle-même.)*

мирúть / **помирúть** *et* **примирúть** *v* réconcilier • **мирúть всех** réconcilier tout le monde

мирúться *vp* **1.** / **помирúться** → **мирúть** **2.** / **помирúться** *et* **примирúться** prendre son parti de • **мирúться с обстоя́тельствами** prendre son parti de la situation

мúрно *adv* paisiblement • **мúрно спать** dormir paisiblement

мúрный *adj* **1.** de paix • **мúрный договóр** traité de paix • **в мúрное врéмя** en temps de paix **2.** paisible • **мúрный человéк** un homme paisible • **мúрная жизнь** une vie paisible

мировоззрéние *nnt* conception du monde • **мировоззрéние первобы́тного человéка** la conception du monde de l'homme primitif

мировóй *adj* mondial • **мировóй рекóрд** le record du monde • **пéрвая мировáя войнá** la Première Guerre mondiale

миролюбúвый *adj* pacifique • **миролюбúвый человéк** un homme pacifique

мúска *nf* écuelle • **деревя́нная мúска** une écuelle en bois

мишéнь *nf* cible • **подвижнáя мишéнь** une cible mobile ~ *fig* • **служúть мишéнью для шýток** être la victime de plaisanteries

мúшка *(dim de* Михаúл*) nm* **1.** *nom donné parfois par plaisanterie à l'ours* **2.** ours en peluche • **плю́шевый мúшка** un ours en peluche

МК *(abr de* **магнúтная кáрта***) nf* carte magnétique

младéнец *nm* jeune enfant • **новорождённый младéнец** un nouveau-né • **груднóй младéнец** un nourrisson • **он сýщий младéнец** c'est un vrai gosse

млáдшая *adj subst f* la cadette

млáдший *adj* **1.** *(comp)* plus jeune • **мой млáдший брат** mon frère qui est plus jeune que moi • **млáдшее поколéние** la jeune génération **2.** *(superl)* le plus jeune, le cadet • **млáдший сын** le fils cadet **3.** adjoint, subalterne • **млáдшие офицéры** les officiers subalternes
■ **млáдший** *adj subst m* le cadet

млекопитáющее *adj subst nt* mammifère

мм *(abr de* **миллимéтр***) nm* mm

мне → **я**

мнéние *nnt* opinion • **предвзя́тое мнéние** une opinion préconçue • **разделúть óбщее мнéние** partager l'opinion de tous • **быть невысóкого мнéния об áвторе** ne pas avoir une haute opinion d'un auteur

мнúмый *adj* imaginaire • **мнúмая опáсность** un danger imaginaire • **мнúмый больнóй** un malade imaginaire

мнúтельный *adj* hypochondriaque, méfiant • **мнúтельный харáктер** un esprit méfiant

мнóгие ◪ *adj pl* nombreux • **во мнóгих отношéниях** à plus d'un égard • **в числé мнóгих другúх** parmi beaucoup d'autres ◪ *adj subst pl* de nombreuses personnes • мно́гие так ду́мают de nombreuses personnes sont de cet avis

мно́го *(comp.* бо́льше*) *adv* beaucoup *(exprimant la quantité)* • мно́го рабо́ты beaucoup de travail • мно́го шу́ма из ничего́ beaucoup de bruit pour rien • мно́го воды́ утекло́ с тех пор il est passé beaucoup d'eau sous les ponts depuis ce temps-là • э́то мно́го c'est beaucoup • мно́го говори́ть parler beaucoup
◈ мно́го-мно́го tout au plus › мно́го-мно́го два ра́за в год tout au plus deux fois par an

мно́гое *adj subst nt* de nombreuses choses • они́ мно́гое сде́лали для нас ils ont fait bien des choses pour nous • он во мно́гом прав il a raison sur plus d'un point

многозначи́тельно *adv* d'un air entendu

многозначи́тельный *adj* **1.** important • многозначи́тельное собы́тие un événement important **2.** significatif • многозначи́тельная улы́бка un sourire significatif

многоле́тний *adj* de plusieurs années • многоле́тний труд un travail qui a nécessité de nombreuses années • многоле́тнее расте́ние une plante vivace

многолю́дный *adj* où il y a beaucoup de monde • многолю́дное собра́ние une réunion nombreuse

многото́чие *nnt* points de suspension

многочи́сленный *adj* nombreux • многочи́сленная толпа́ une foule nombreuse

мно́жество *nnt* multitude • мно́жество пла́нов une quantité de projets • вели́кое мно́жество une grande quantité

мно́жить / **помно́жить** *v* multiplier • помно́жить шесть на́ три multiplier six par trois

мной → я

моби́льник *nm* (téléphone) portable

мог → мочь

моги́ла *nf* tombe • рыть моги́лу creuser une tombe
◈ бра́тская моги́ла fosse commune

могла́, могу́ → мочь

могу́чий *adj* puissant • могу́чие пле́чи des épaules puissantes • могу́чий го́лос une voix puissante • могу́чая страна́ un pays puissant
◈ Могу́чая ку́чка le groupe des Cinq (MUS)

могу́щество *nnt* puissance, force • огро́мные дохо́ды создаю́т иллю́зию могу́щества des revenus énormes donnent une illusion de puissance

мо́дно *adv* à la mode • мо́дно одева́ться s'habiller à la mode
◈ сейча́с мо́дно занима́ться спо́ртом maintenant faire du sport est à la mode

мо́дный ⑤ *adj* **1.** à la mode • мо́дная причёска une coiffure à la mode • мо́дный писа́тель un écrivain à la mode • мо́дная пе́сенка une chanson à la mode **2.** de mode • мо́дный журна́л un journal de mode

мо́ет, мо́ешь → мыть

мо́жет, мо́жешь → мочь

мо́жно *particule* on peut • здесь мо́жно кури́ть ici, on peut fumer • мо́жно мне? vous permettez ? • е́сли мо́жно si c'est possible • как мо́жно бо́льше le plus possible

мозг* *(loc.* мозгу́*)* ⑧② *nm* **1.** cerveau • физиоло́гия мо́зга la physiologie du cerveau **2.** moelle • ко́стный мозг la moelle des os • я промо́к до мо́зга косте́й je suis trempé jusqu'aux os
◈ шевели́ть мозга́ми se creuser les méninges
■ мо́зги *pl* cervelle *(alimentation)* • говя́жьи мо́зги de la cervelle de bœuf

мозо́ль *nm* durillon, cor • я натёр себе́ мозо́ль je me suis fait un durillon au pied

мой[1] ◪ *adj poss* mon • мой слова́рь mon dictionnaire ◪ *pron poss* le mien

мой[2] → мыть

мо́кнуть* [III] / **промо́кнуть*** [III] *v* se mouiller • мо́кнуть под дождём prendre la pluie

мо́кро *adv*
◈ на у́лице мо́кро dehors, il fait humide

мо́крый ⑤ *adj* mouillé, humide • мо́крый ве́тер un vent humide • мо́крый от дождя́ trempé par la pluie

● **мóкрая кýрица** une poule mouillée • **у негó глазá на мóкром мéсте** il a la larme facile

мол*¹ *(loc.* молý*)* ⑧② *nm* môle, jetée

мол² *particule fam* • **им всё э́то бы́ло предéльно неинтерéсно - мол, и так я́сно, кто победи́т** tout ça les intéressait assez peu, ils savait bien qui allait gagner, qu'ils disaient

молвá *littéraire nf* rumeur publique • **идёт молвá, что** le bruit court que

Молдáвия *nf* Moldavie

моли́тва *nf* prière • **читáть моли́тву** dire une prière

моли́ть ④ *v* prier *(demander)* • **моли́ть о пощáде** demander grâce

моли́ться ④ / **помоли́ться** ④ *vp* **1.** prier *(faire sa prière)* • **моли́ться Бóгу** prier Dieu **2.** *fam* adorer • **онá на негó пря́мо моли́лась** elle l'adorait

молниенóсный *adj* rapide comme l'éclair • **с молниенóсной быстротóй** avec la rapidité de l'éclair

мóлния *nf* **1.** éclair • **сверкáют мóлнии** des éclairs brillent dans le ciel • **с быстротóй мóлнии** avec la rapidité d'un éclair **2. (застёжка) мóлния** fermeture à glissière

молодёжь *nf* les jeunes gens • **продви́нутая молодёжь** *fam* la jeunesse branchée • **золотáя молодёжь** la jeunesse dorée

молодéть / **помолодéть** *v* rajeunir

молодéц *nm* **1.** beau garçon • **два молодцá в фóрме** deux beaux garçons en uniforme **2.** *personne qui se tire bien d'affaire* • **онá у нас молодéц** elle se débrouille admirablement • **в э́том мáтче онá проигрáла, но держáлась молодцóм** dans ce match elle a perdu mais elle a lutté comme un chef
● **молодéц !** c'est très bien, bravo !

> **À PROPOS DE...**
>
> Avec l'accentuation **мóлодец**, ce mot appartient au vocabulaire folklorique et ne s'applique qu'à un jeune homme.

молоди́ть *v* rajeunir • **э́та причёска тебя́ молоди́т** cette coiffure te rajeunit

молодожёны *pl* les jeunes mariés, le jeune couple

молодóй *(мóлод, молодá, мóлодо, мóлоды - comp.* молóже*)* ⑤ *adj* jeune • **молодóе поколéние** la jeune génération • **молодóй щенóк** un jeune chien • **он молóже меня́ на два гóда** il a deux ans de moins que moi
● **молодóй картóфель** des pommes de terre nouvelles • **молодóй мéсяц** la nouvelle lune • **молодóй человéк a.** un jeune homme › **э́тот молодóй человéк** ce jeune homme **b.** jeune homme *(apostrophe)* › **скажи́те, молодóй человéк** dites-moi, jeune homme

мóлодость *nf* jeunesse • **в мóлодости онá былá весёлой и беззабóтной** dans sa jeunesse, elle était gaie et insouciante • **он не пéрвой мóлодости** il n'est pas de première jeunesse

молóже *comp de* молодóй

молокó *nnt* lait • **кóфе с молокóм** café au lait • **корóвье молокó** lait de vache • **сгущённое молокó** lait concentré • **ки́слое молокó** lait caillé
● **обжёгшись на молокé, бýдешь дуть и нá воду** chat échaudé craint l'eau froide • **у негó молокó на губáх не обсóхло** c'est un blanc-bec

молокосóс *nm fam* blanc-bec

мóлот *nm* marteau *(de grande taille)* • **чемпиóнка ми́ра по метáнию мóлота** la championne du monde de lancer du marteau
● **находи́ться мéжду мóлотом и наковáльней** être pris entre le marteau et l'enclume

молоти́лка *nf* batteuse

молоти́ть ④ *v* battre *(le grain)* • **молоти́ть рожь** battre le seigle

молотóк *(dim de* мóлот*) nm* marteau • **сапóжный молотóк** un marteau de cordonnier • **отбóйный молотóк** un marteau piqueur

молóть* [II, мелю́, мéлешь] ④ / **смолóть*** *id v* moudre • **молóть зернó** moudre le grain • **молóть кóфе** moudre le café
● **молóть вздор** dire des bêtises

молóчный *adj* au lait, de lait • **молóчный суп** soupe au lait • **молóчный поросёнок** cochon de lait • **молóчный зуб** dent de lait

мо́лча *adv* en silence • **она́ мо́лча смотре́ла на меня́** elle me regardait sans rien dire

молчали́вый *adj* **1.** silencieux, taciturne • **молчали́вый челове́к** un homme taciturne **2.** tacite • **молчали́вое соглаше́ние** un accord tacite

молча́ние *nnt* silence • **гробово́е молча́ние** un silence de mort • **прерва́ть молча́ние** rompre le silence • **храни́ть молча́ние** garder le silence • **обойти́ успе́х молча́нием** passer un succès sous silence • **за́говор молча́ния** la conspiration du silence
• **молча́ние — знак согла́сия** qui ne dit mot consent • **сло́во — серебро́, молча́ние — зо́лото** la parole est d'argent mais le silence est d'or

молча́ть* [I, молчу́, молчи́шь] / **замолча́ть*** *id et* **помолча́ть*** *id v* se taire • **что ты молчи́шь ?** pourquoi ne dis-tu rien ? • **молча́ть !** silence !

моль *nf* mite • **съе́денный мо́лью** mangé aux mites, mité

моме́нт *nm* instant, moment • **в оди́н моме́нт** en un instant • **в подходя́щий моме́нт** au moment voulu

момента́льно *adv* instantanément, aussitôt • **я момента́льно засну́л** je me suis endormi aussitôt

момента́льный *adj* instantané • **момента́льная глубо́кая заморо́зка** surgélation

монасты́рь ③② *nm* monastère • **Новоде́вичий монасты́рь** le monastère Novodievitchi

мона́х *nm* moine • **постри́чься в мона́хи** se faire moine • **жить мона́хом** vivre comme un moine

мона́хиня *nf* religieuse

моне́та *nf* pièce de monnaie • **коллекцио́нные моне́ты из драгоце́нных мета́ллов** des pièces de collection en métal précieux
• **принима́ть за чи́стую моне́ту** prendre pour argent comptant • **отплати́ть той же моне́той** rendre la monnaie de sa pièce

монито́р *nm* écran, moniteur • **видеоза́пись передаётся на монито́ры поста́ охра́ны** l'enregistrement vidéo est envoyé sur l'écran du poste de garde

морга́ть / **моргну́ть** *(+ I) v* cligner • **морга́ть глаза́ми** cligner des yeux

/ **моргну́ть** → морга́ть

мо́рда *nf* **1.** museau • **медвежо́нок уда́рил соба́ку пря́мо по мо́рде** l'ourson frappa le chien en plein sur le museau **2.** *tfam* gueule • **наби́ть наха́лу мо́рду** casser la gueule à l'insolent

мо́ре ②① *nnt* mer • **Балти́йское мо́ре** la mer Baltique • **Каспи́йское мо́ре** la mer Caspienne • **Чёрное мо́ре** la mer Noire • **Средизе́мное мо́ре** la mer Méditerranée • **вы́йти в откры́тое мо́ре** partir en pleine mer
• **сиде́ть у мо́ря и ждать пого́ды** attendre le dégel • **э́то ка́пля в мо́ре** c'est une goutte d'eau dans l'océan

À PROPOS DE...

L'accent passe sur la préposition dans les groupes **на́ море, по́ морю** et dans les groupes **за́ море, за́ морем** lorsqu'ils ont le sens archaïque « à l'étranger ».

морж ③② *nm* **1.** morse **2.** *amateur de baignade dans l'eau glacée*

мори́ть *v* **1.** / **вы́морить** faire crever • **вы́моритьighарака́нов** se débarrasser des cafards **2.** / **умори́ть** faire souffrir • **он мори́л нас го́лодом** il nous faisait crever de faim • **умори́ть со́ смеху** faire mourir de rire

морко́вь *nf* carotte • **купи́ть морко́вь** acheter des carottes

мороси́ть *v* bruiner • **с утра́ мороси́ло** il bruinait depuis le matin

морс *nm boisson à base de jus de baies* • **клю́квенный морс** boisson à la canneberge

морско́й *adj* de mer, marin • **морска́я вода́** l'eau de mer • **морско́й во́здух** l'air marin • **морско́й институ́т** = école navale • **морска́я звезда́** une étoile de mer • **морска́я боле́знь** le mal de mer

морщи́на *nf* ride • **морщи́ны на лбу** des rides sur le front

мо́рщить / **намо́рщить** *et* **смо́рщить** *v* froncer • **намо́рщить лоб** plisser le front

мо́рщиться *vp* **1.** / **намо́рщиться** froncer les sourcils **2.** / **помо́рщиться** *et* сморщиться faire la grimace *(de douleur)* • **он помо́рщился от бо́ли** la douleur lui fit faire une grimace

моря́к ③② *nm* marin

москви́ч ③② *nm* Moscovite *m*

москви́чка *nf* Moscovite *f*

моско́вский *adj* de Moscou, moscovite

мост* *(loc.* мосту́ ⑧②, *ou* ③②*)* *nm* pont • **мост че́рез ре́ку** un pont sur le fleuve • **разводно́й мост** un pont ouvrant • **вися́чий мост** un pont suspendu • **подъёмный мост** un pont-levis • **железнодоро́жный мост** un pont de chemin de fer

CULTURE...

петербурские мосты

Saint-Pétersbourg, constituée de 42 îles, s'organise autour d'un réseau de canaux et de rivières. La ville compte 432 ponts qui relient toutes ces îles entre elles et qui sont ornés de sculptures, de réverbères et de décorations en ferronnerie. Vingt d'entre eux sont basculants, c'est-à-dire que tous les jours, d'avril à novembre, quand la Neva n'est pas gelée, ils se relèvent entre 2 heures et 5 heures du matin pour laisser passer les navires qui peuvent ainsi rejoindre la mer.

мости́ть / **вы́мостить** *v* paver

мостова́я *adj subst f* chaussée • **сойти́ с тротуа́ра на мостову́ю** descendre du trottoir sur la chaussée

мота́ть / **намота́ть** *v* **1.** *(+ A)* pelotonner • **мота́ть шерсть в клубо́к** mettre de la laine en pelote **2.** *(+ I)* secouer • **мота́ть голово́й** secouer la tête
● **намота́ть себе́ на ус** se le tenir pour dit

моти́в *nm* **1.** thème • **смесь традицио́нных моти́вов** un mélange de thèmes traditionnels • **фи́льм по моти́вам по́вести Че́хова** un film basé sur une nouvelle de Tchékhov **2.** motif • **моти́вы реше́ния** les motifs de la décision

мотовство́ *nnt* prodigalité

мох* *(loc.* мху*)* *nm* mousse (BOT)

мохна́тый *adj* **1.** velu • **огро́мный мохна́тый пау́к** une énorme araignée velue **2.** à poils, poilu • **бе́лая мохна́тая ша́пка** un bonnet en fourrure à long poil blanc **3.** en tissu-éponge • **мохна́тое полоте́нце** une serviette-éponge

моцио́н *nm* exercice *(action de se donner du mouvement)* • **де́лать моцио́н** se donner de l'exercice • **для моцио́на** pour se donner du mouvement

моча́ *nf* urine • **ана́лиз мочи́** analyse d'urine

мочи́ть ④ / **намочи́ть** ④ *v* **1.** mouiller • **она́ не хо́чет мочи́ть себе́ но́ги** elle ne veut pas se mouiller les pieds **2.** faire tremper • **мочи́ть бельё** faire tremper du linge

мочи́ться ④ *vp* **1.** → **мочи́ть 2.** / **помочи́ться** uriner

мочь*¹ [IV, могу́, мо́жешь, мо́гут ④ - мог, могла́ ③] / **смочь*** [IV, *id*] *v* pouvoir • **без очко́в я не могу́ чита́ть** je ne peux pas lire sans lunettes
● **мо́жет быть** peut-être › **он, мо́жет быть, уже́ верну́лся** il est peut-être déjà rentré • **не мо́жет быть !** pas possible !

мочь² *nf*
● **изо всей мо́чи** de toutes ses forces

моше́нник *nm* filou, fripouille

мо́щность *nf* **1.** puissance ~ (TECHN) • **турби́ны мо́щностью по 190 МВт** des turbines d'une puissance de 190 MW **2.** capacité • **введены́ в строй но́вые произво́дственные мо́щности** de nouvelles capacités de production ont été mises en service

мо́щный *adj* puissant • **мо́щная ше́я** un cou puissant • **мо́щный дви́гатель** un moteur puissant • **мо́щное госуда́рство** un État puissant

мо́ю¹ → **мыть**

мою́² → **мой**

À PROPOS DE...

Les deux mots ci-dessus diffèrent par leur accent.

мо́ют → **мыть**

мрак *nm* ténèbres • **всё круго́м исчеза́ло во мра́ке** tout disparaissait dans les ténèbres

мра́мор *nm* marbre • **па́мятник из бе́лого мра́мора** un monument en marbre blanc

мра́чно *adv* sombrement
• **его́ бу́дущее вы́глядело мра́чно** son avenir était sombre

мра́чный ⑤ *adj* **1.** sombre, obscur • **мра́чная ночь** une nuit sombre **2.** sombre, mélancolique • **мра́чные мы́сли** des idées noires

мстить / отомсти́ть *v* se venger • **мы не собира́емся мстить за пораже́ние** nous n'avons pas l'intention de nous venger de notre défaite

мудрёный (мудрён, мудрена́, мудрено́, мудрены́) ③ *adj fam* compliqué • **мудрёная причёска** une coiffure compliquée • **что же мудрёного?** qu'est-ce que ça a d'extraordinaire ?
• **у́тро ве́чера мудрене́е** la nuit porte conseil

му́дрость *nf* sagesse • **наро́дная му́дрость** la sagesse populaire • **зуб му́дрости** une dent de sagesse

му́дрый ⑤ *adj* sage • **му́дрый челове́к** un homme sage • **му́дрое реше́ние** une sage décision

муж* (*pl.* мужья́, муже́й, мужья́м) ①② *nm* mari • **её муж — инжене́р** son mari est ingénieur

му́жественный *adj* courageux • **му́жественная же́нщина** une femme courageuse

му́жество *nnt* courage • **прояви́ть му́жество** faire preuve de courage • **име́ть му́жество говори́ть пра́вду** avoir le courage de dire la vérité

мужи́к ③② *nm* **1.** *arch* moujik *(paysan autrefois en Russie)* **2.** moujik, rustre **3.** *fam* un homme, un mec • **Са́ша настоя́щий мужи́к** Sacha est un vrai mec

мужи́цкий *adj* de moujik, paysan • **мужи́цкая борода́** une barbe de moujik

мужско́й *adj* **1.** d'homme, pour homme • **мужско́е пальто́** un manteau d'homme **2.** masculin • **мужско́й пол** le sexe masculin • **мужско́й род** le masculin (GRAMM)

мужчи́на *nm* homme *(par opposition à femme)* • **мужчи́ны и же́нщины** des hommes et des femmes

му́ка[1] *nf* tourment, souffrance • **а́дские му́ки** des souffrances atroces • **му́ки го́лода** les affres de la faim • **му́ка мне с тобо́й !** ce qu'il faut en voir avec toi !
• **му́ки Танта́ла** le supplice de Tantale • **хожде́ние по му́кам** **a.** la Passion (RELIG) **b.** un calvaire *(longues souffrances morales)*

мука́[2] *nf* farine • **пшени́чная мука́** farine de froment
• **переме́лется, мука́ бу́дет** ça finira bien par s'arranger

À PROPOS DE...

Les deux mots ci-dessus diffèrent par leur accentuation.

мультфи́льм *nm* dessin animé

мунди́р *nm* vareuse d'uniforme • **в офице́рском мунди́ре** en tenue d'officier
• **карто́фель в мунди́ре** des pommes de terre en robe des champs

мураве́й (муравья́) *nm* fourmi • **кра́сные муравьи́** des fourmis rouges

мураве́йник *nm* fourmilière ~ *fig* • **настоя́щий мураве́йник** une vraie fourmilière

мура́шка *nf* petite fourmi, petit insecte
• **у меня́ мура́шки по спине́ бе́гают** j'en ai des frissons dans le dos

мурлы́кать* [II, мурлы́чу, мурлы́чешь] *v* **1.** ronronner *(en parlant du chat)* • **ко́шка мурлы́чет** le chat ronronne **2.** fredonner • **мурлы́кать пе́сню** fredonner une chanson

À PROPOS DE...

мурлы́кать suit parfois la conjugaison régulière **мурлы́каю, мурлы́каешь.**

му́скул *nm* muscle • **больши́е му́скулы** de gros muscles • **у тебя́ совсе́м нет му́скулов** tu n'as pas de muscles

му́сор *nm* ordures, balayures • **вы́мести му́сор** balayer les ordures • **сортирова́ть му́сор** trier les ordures

му́сорный *adj* d'ordures, ordurier • **му́сорная ку́ча** un tas d'ordures • **му́сорный бак** une poubelle

му́тный ⑤ *adj* trouble • **му́тная вода́** de l'eau trouble • **му́тный взгляд** un regard trouble

• **в му́тной воде́ ры́бу лови́ть** pêcher en eau trouble

му-у-у! *onomat* meuh !

му́ха *nf* mouche
• **быть под му́хой** être pompette • **де́лать из му́хи слона́** en faire tout un plat • **кака́я му́ха его́ укуси́ла?** quelle mouche l'a piqué ? • **он и му́хи не оби́дит** il ne ferait pas de mal à une mouche • **слы́шно, как му́ха пролети́т** on entendrait voler une mouche • **счи-та́ть мух** regarder les mouches voler

муче́ние *nnt* tourment, martyre • **а́дские муче́ния** des souffrances atroces • **муче́ние с ним, да и то́лько** c'est pénible d'avoir affaire à lui

му́ченик *nm* **1.** victime • **му́ченик нау́ки** une victime de la science **2.** martyr • **христиа́нские му́ченики** les martyrs chrétiens

мучи́тельный *adj* douloureux, pénible • **мучи́тельный ка́шель** une toux douloureuse

му́чить / изму́чить *v* torturer, tourmenter • **му́чить живо́тных** torturer des animaux • **меня́ му́чит го́лод** la faim me torture

му́читься / изму́читься *vp* se tourmenter • **му́читься сомне́ниями** être torturé par le doute

мча́ться* [I, мчусь, мчи́шься] / **помча́ться*** *id vp* aller à grande vitesse • **мчи́тся по́езд** le train file

мы *pron pers* nous • **у нас нет телеви́зора** nous n'avons pas la télévision • **мы с бра́том** mon frère et moi

мы́кать *v*
• **го́ре мы́кать** tirer le diable par la queue

мы́лить / намы́лить *v* savonner

мы́ло *nnt* **1.** savon • **туале́тное мы́ло** savon de toilette • **кусо́к мы́ла** un morceau de savon **2.** écume *(du cheval)* • **ло́шадь вся в мы́ле** le cheval est couvert d'écume

мы́льный *adj* de savon, savonneux • **мы́льная вода́** de l'eau savonneuse • **мы́льный пузы́рь** une bulle de savon

мыс *nm* cap • **мыс Крильо́н — са́мая ю́жная то́чка Сахали́на** le cap Kril'on est le point le plus au sud de Sakhaline

мы́сленно *adv* mentalement • **я мы́сленно повторя́л его́ слова́** je me répétais ses paroles mentalement

мы́сленный *adj* **1.** imaginé **2.** mental • **мы́сленный о́браз** image mentale

мы́слить *v* penser, raisonner • **научи́ться мы́слить** apprendre à raisonner

мысль *nf* pensée, idée • **э́то интере́сная мысль** c'est une idée intéressante • **глубо́кая мысль** une pensée profonde • **за́дняя мысль** une arrière-pensée • **предвзя́тая мысль** une idée préconçue

мыть* [II, мо́ю, мо́ешь] / **вы́мыть*** *id et* **помы́ть*** *id v* laver • **мыть посу́ду** laver la vaisselle • **мыть ру́ки** se laver les mains

мы́ться [II, мо́юсь, мо́ешься] / **помы́ться*** *id vp* se laver • **мы́ться холо́дной водо́й** se laver à l'eau froide

мыча́ть* [I, мычу́, мычи́шь] *v* **1.** / **замыча́ть*** [I, *id*] *et* **промыча́ть*** [I, *id*] meugler • **коро́вы мыча́ли** les vaches meuglaient **2.** / **промыча́ть*** [I, *id*] faire entendre des sons inarticulés • **он что-то промыча́л** il marmonna je ne sais quoi

мышело́вка *nf* souricière

мышле́ние *nnt* pensée *(fait de penser)* • **мозг — о́рган мышле́ния** le cerveau est l'organe de la pensée • **проце́сс мышле́ния** le processus de la pensée • **абстра́ктное мышле́ние** la pensée abstraite

мышо́нок* *(pl.* мыша́та, мыша́т, мыша́там*)* *nm* souriceau

мы́шца *nf* muscle • **мы́шцы рук** les muscles des bras

мышь ①③ *nf* **1.** souris *(animal)* • **бе́лая мышь** une souris blanche **2.** souris *(d'ordinateur)* • **ла́зерная мышь** souris laser
• **лету́чая мышь** chauve-souris • **полева́я мышь** mulot

мэр *nm* maire

мэ́рия *nf* mairie

мя́гкий *(comp.* мя́гче* ~ *superl.* мягча́йший*)* ⑤ *adj* **1.** mou, doux • **мя́гкий мета́лл** un métal mou • **мя́гкое де́рево** du bois tendre • **мя́гкая поду́шка** un doux oreiller • **мя́гкий го́лос** une voix douce • **мя́гкий кли́мат** un climat doux **2.** (GRAMM) mouillé, mou • **мя́гкие соглас-**

ные les consonnes mouillées • мя́гкий знак le signe mou
● мя́гкий ваго́н ≈ une voiture de première classe

мя́гко *adv* doucement • мя́гко выража́ясь c'est le moins qu'on puisse dire

мягча́йший *superl de* мя́гкий

мя́гче *comp de* мя́гкий

мя́мля* *(gén. pl.* мя́млей*)* *nf* poule mouillée • не будь мя́млей! ne sois pas si empoté !

мясно́й *adj* de viande, à la viande • мясны́е консе́рвы de la viande en conserve • мясно́й руле́тик с черносли́вом roulade de viande aux pruneaux

мя́со *nnt* viande • варёное мя́со viande bouillie • жа́реное мя́со viande grillée • ру́бленое мя́со viande hachée
● ни ры́ба ни мя́со ni chair ni poisson • пу́шечное мя́со chair à canon

мясору́бка *nf* hachoir

мя́та *nf* menthe

мяте́ж ③② *nm* émeute • подави́ть мяте́ж écraser une émeute

мяте́жник *nm* émeutier

мять* [IV, мну, мнёшь] / **смять*** *id v* froisser • смять бума́гу froisser un papier

мя́у! *onomat* miaou !

мя́укать / **мя́укнуть** *v* miauler • ко́шка мя́укает le chat miaule

/ **мя́укнуть** → мя́укать

мяч ③② *nm* balle, ballon • игра́ть в мяч jouer au ballon • футбо́льный мяч un ballon de football

Н

на *prép*

I (+ A)

1. DIRECTION = **sur**
   - **положи́ кни́гу на стол** mets le livre sur la table
   - **он лёг на дива́н** il se coucha sur le divan
   - **ко́шка влéзла на дéрево** le chat grimpa sur l'arbre
   - **наклéить ма́рку на конвéрт** coller un timbre sur l'enveloppe

   = **dans**
   - **вы́йти на у́лицу** sortir dans dans la rue
   - **поéхать на Ура́л** aller dans l'Oural
   - **поéхать на юг** aller dans le Midi
   - **верну́ться на ро́дину** rentrer dans son pays

   = **à, en**
   - **идти́ на рабо́ту** aller à son travail
   - **на заво́д** à l'usine
   - **на вокза́л** à la gare
   - **на по́чту** à la poste
   - **на стадио́н** au stade
   - **на ры́нок** au marché
2. TEMPS = **pour**
   - **дома́шнее зада́ние на 2-ое октября́** un devoir pour le 2 octobre
   - **на суббо́ту** pour samedi

   SANS TRADUCTION SPÉCIFIQUE
   - **на друго́й день** le lendemain
   - **на шесто́й день по́сле э́того собы́тия** le sixième jour après cet événement
   - **на Но́вый год** le jour du nouvel an
   - **на э́тот раз я его́ не ви́дел** cette fois-ci, je ne l'ai pas vu
3. BUT, DESTINATION = **pour, à, en**
   - **обéд на шесть человéк** un repas pour six personnes
   - **матéрия на костю́м** du tissu pour un costume
   - **на всех хва́тит** il y en aura assez pour tout le monde
   - **по́езд на Во́логду** le train pour Vologda
   - **учи́ться на инженéра** *fam* faire des études pour devenir ingénieur
   - **на вся́кий слу́чай** à tout hasard
   - **на па́мять** en souvenir
4. ÉVALUATION D'UNE SOMME, D'UNE DIFFÉRENCE = **pour, de** *(ou sans traduction)*
   - **купи́ть мя́са на двéсти рублéй** acheter de la viande pour deux cents roubles
   - **он уéхал на три дня** il est parti pour trois jours
   - **опозда́ть на дéсять мину́т** être en retard de dix minutes
   - **коро́че на два сантимéтра** plus court de deux centimètres
   - **я получи́л на двéсти рублéй мéньше** j'ai reçu deux cents roubles de moins
   - **на два мéсяца ра́ньше, чем я ду́мал** deux mois plus tôt que je ne pensais
5. PRINCIPAUX VERBES CONSTRUITS AVEC **НА** + A
   - **отвеча́ть на вопро́с** répondre à une question
   - **смотрéть на цвето́к** regarder une fleur
   - **он взгляну́л на часы́** il jeta un coup d'œil sur sa montre
   - **обменя́ть ма́рки на значки́** échanger des timbres contre des insignes
   - **надéяться на успéх** espérer réussir
   - **рассерди́ться на учени́ка** se mettre en colère contre un élève
   - **раздели́ть на две ча́сти** diviser en deux parties
   - **разорва́ть на мéлкие куски́** déchirer en petits morceaux

● **повéрить ученику́ на́ слово** croire un élève sur parole
- **в ночь на 22-ое ию́ня** la nuit du 21 au 22 juin
- **глух на лéвое у́хо** sourd de l'oreille gauche
- **запира́ть на замо́к** fermer à clef
- **на за́втра** pour demain
- **на́ реку** au bord de la rivière
- **пра́во на о́тдых** le droit au repos
- **сло́во конча́ется на согла́сную** le mot se termine par une consonne

• **хромáть на прáвую нóгу** boiter du pied droit

II *(+L)*

1. EMPLACEMENT = **sur**
- **книга лежáла на столé** le livre était sur la table
- **сидéть на дивáне** être assis sur un canapé
- **на нём чёрный костюм** il a un costume noir

= **dans**
- **игрáть на дворé** jouer dans la cour
- **на ýлице** dans la rue
- **на огорóде** dans le jardin
- **провестú лéто на юге** passer l'été dans le Midi
- **на Урáле** dans l'Oural
- **на Кавкáзе** dans le Caucase
- **на óстрове** dans une île
- **на завóде** dans une usine

= **à, en**
- **на вокзáле** à la gare
- **на пóчте** à la poste
- **на стадиóне** au stade
- **на рынке** au marché
- **на выставке** à l'exposition
- **на стоянке таксú** à la station de taxis
- **на слéдующей останóвке** au prochain arrêt
- **на краю** au bord
- **на сóлнце** au soleil
- **на воéнной слýжбе** au service militaire

2. TEMPS = **à, pendant**
- **на собрáнии** à la réunion
- **на конферéнции** à la conférence
- **на фестивáле** au festival
- **на вечéрнем сеáнсе** à la séance du soir
- **на урóке** pendant la classe
- **на экзáмене** pendant l'examen

3. MOYEN DE TRANSPORT = **par, en**
- **на велосипéде** en vélo
- **на машúне** en voiture
- **на метрó** en métro
- **на парохóде** en bateau
- **на самолёте** en avion
- **на лúфте** par l'ascenseur

4. DANS UNE LANGUE = **en**
- **на рýсском языкé** en russe

● **игрáть на** jouer de › **игрáть на роялe** jouer du piano
- **на бýдущей недéле** la semaine prochaine
- **на днях** ces jours-ci
- **на рекé**

a. sur la rivière

b. au bord de la rivière
- **пальтó на мехý** une pelisse
- **варéнье на медý** des confitures au miel
- **на цыпочках** sur la pointe des pieds
- **стоять на часáх** être de faction

на *particule* tiens • **на, возьмú** tiens, prends

набáт *nm* tocsin • **бить в набáт** sonner le tocsin

набéг *nm* incursion

/ **набезобрáзничать** → **безобрáзничать**

нáбело *adv* au propre • **переписáть нáбело** mettre au propre

нáбережная *adj subst f* quai *(de rivière, canal)* • **мы стояли на нáбережной Москвы-рекú** nous étions sur les quais de la Moskova

набивáть / **набúть*** [II, **набью, набьёшь - на-бéй - набúтый**] *v* bourrer • **набúть трýбку табакóм** bourrer sa pipe de tabac

● **набúть кармáн** se remplir les poches *fig*

набирáть / **набрáть*** [IV, **наберý, наберёшь - набрáл, набралá, набрáло, набрáли**] ⑤ *v* **1.** *(+ G)* ramasser en quantité • **набрáть грибóв** ramasser beaucoup de champignons **2.** *(+ A)* faire, composer • **набрáть букéт** faire un bouquet • **набрáть нóмер** composer le numéro *(au téléphone)* **3.** *(+ A ou G)* recruter • **набрáть добровóльцев** recruter des volontaires

● **набрáть скóрость** prendre de la vitesse

набúтый *adj* → **набивáть**

● **биткóм набúтый** plein à craquer › **зал набúт биткóм** la salle est pleine à craquer • **набúтый дурáк** un imbécile de premier ordre

/ **набúть** → **набивáть**

наблюдáтель *nm* observateur • **беспристрáстный наблюдáтель** un observateur impartial

наблюдáтельный *adj* **1.** qui sait observer • **наблюдáтельный взгляд** un regard observateur **2.** destiné à l'observation • **наблюдáтельный пункт** poste d'observation

наблюдáть *v* **1.** *(+ A) (за + I)* observer • **наблюдáть прирóду** observer la nature • **наблюдáть за полётом пчелы́** observer le vol d'une abeille **2.** *(за + I)* surveiller, veiller à • **наблюдáть за детьмú** surveiller les enfants • **наблюдáть за порядком** veiller au maintien de l'ordre

наблюдéние *nnt* **1.** observation • **интерéсное наблюдéние** une remarque intéressante • **наблюдéние за таракáнами** l'observation des cancrelats **2.** surveillance • **под наблюдéнием медсестры́** sous la surveillance d'une infirmière

нáбок *adv* sur le côté • **склонúть гóлову нáбок** pencher la tête sur le côté

набрáсывать *v* **1.** / **наброс́ить** jeter • **наброс́ить себé на плéчи шаль** mettre un châle sur ses épaules **2.** / **набросáть** *(+ G)* jeter ça et là, accumuler • **набросáть окýрков нá пол** jeter des mégots par terre **3.** / **набросáть** *(+ A)* esquisser • **набросáть план** esquisser un plan • **набросáть эскúз** faire une esquisse

набрáсываться / **наброс́иться** на *+ A* *vp* se jeter • **собáки наброс́ились на кóшку** les chiens se jetèrent sur le chat

/ **набрáть** → набирáть

/ **набросáть** → набрáсывать

/ **наброс́ить** → набрáсывать

/ **наброс́иться** → набрáсываться

набрóсок *nm* ébauche, esquisse • **сдéлать набрóсок** faire une esquisse

/ **навéдаться** → навéдываться

навéдываться / **навéдаться** *fam vp* venir voir, venir prendre des nouvelles • **навéдаться к друзья́м** venir voir des amis

навéк, навéки *adv* à jamais

навéрно *adv* **1.** certainement • **э́то уж навéрно** ça ne fait aucun doute **2.** probablement, sans doute • **онú навéрно ужé спят** sans doute dorment-ils déjà

навéрное *adv* sans doute, sans aucun doute • **он, навéрное, никогó не застáл** il n'a sans doute trouvé personne

/ **наверстáть** → навёрстывать

навёрстывать / **наверстáть** *v* rattraper • **наверстáть потéрянное врéмя** rattraper le temps perdu

навéрх *adv* en haut *(direction)* • **подня́ться навéрх** monter

наверхý *adv* en haut *(emplacement)* • **онú живýт там наверхý** ils habitent là-bas en haut

навéс *nm* **1.** petit toit, appentis • **навéс над колóдцем** le petit toit au-dessus du puits **2.** abri

навеселé *adv*
◉ **быть навеселé** être éméché

/ **навестú** → наводúть

/ **навестúть** → навещáть

навещáть / **навестúть** *(т → щ) v* rendre visite • **навестúть больнýю подрýжку** rendre visite à une copine malade

нáвзничь *adv* à la renverse, sur le dos • **упáсть нáвзничь** tomber à la renverse • **лежáть нáвзничь** être étendu sur le dos

нависáть / **навúснуть*** [III] *v* **1.** être suspendu • **скáлы навúсли над мóрем** des rochers surplombent la mer • **вóлосы, навúсшие на лоб** des cheveux qui tombent sur le front **2.** *littéraire* être menaçant • **над вáми навúсла опáсность** un danger vous menace

/ **навúснуть** → нависáть

наводúть ④ / **навестú*** [IV, наведý, наведёшь - навёл, навелá] ③ *v* **1.** mener, diriger • **навестú на след** mettre sur la piste • **навестú на мысль** donner une idée **2.** pointer, braquer • **наводúть ракéту на цель** pointer un missile sur sa cible
◉ **навестú порядок** mettre de l'ordre • **навестú спрáвку** prendre des renseignements

наводнéние *nnt* inondation

навóз *nm* fumier • **кýча навóза** un tas de fumier

нáволочка *nf* taie d'oreiller • **подýшка в бéлой нáволочке** un oreiller dans une taie blanche

/ **навострúть** *v*
◉ **навострúть лы́жи** prendre la poudre d'escampette • **навострúть ýши** dresser l'oreille

/ **навра́ть** → врать

навсегда́ *adv* pour toujours, à jamais • **он уе́хал навсегда́** il est parti pour toujours
● **раз и навсегда́** une fois pour toutes

навстре́чу ◼ *adv* à la rencontre • **мы идём к нему́ навстре́чу** nous allons à sa rencontre ◼ *prép (+ D)* au-devant de • **он пошёл навстре́чу на́шим жела́ниям** il est allé au-devant de nos désirs

на́вык *nm* expérience pratique, automatisme • **приобрести́ на́выки** acquérir des automatismes • **э́то тре́бует большо́го на́выка** cela demande une grande habitude

/ **навяза́ть** → навя́зывать

навя́зчиво *adv* avec insistance • **она́ ста́ла навя́зчиво предлага́ть своё сотру́дничество** elle se mit à proposer sa collaboration avec insistance

навя́зчивый *adj* **1.** importun • **навя́зчивый посети́тель** un visiteur importun **2.** qui obsède • **навя́зчивая иде́я** une idée fixe

навя́зывать ④ / **навяза́ть*** [II, навяжу́, навя́жешь] *v* imposer • **навяза́ть свои́ мы́сли** imposer ses idées

навя́зываться ④ / **навяза́ться*** [II, навяжу́сь, навя́жешься] *vp* s'imposer • **навяза́ться в го́сти** se faire inviter

/ **нага́дить** → га́дить

нага́йка *nf* nagaïka *(fouet de cuir des cosaques)*

нагиба́ть / **нагну́ть** *v* courber, pencher • **нагну́ть го́лову** pencher la tête

на́глость *nf* impudence, effronterie • **он име́л на́глость сказа́ть мне э́то в глаза́** il a eu l'effronterie de me dire cela en face

на́глухо *adv* hermétiquement • **за на́глухо за́пертыми дверя́ми** derrière les portes hermétiquement closes

на́гло *adv* avec insolence, d'un air effronté • **на́гло смотре́ть на учи́теля** regarder le professeur d'un air effronté

на́глый ⑤ *adj* insolent, effronté

нагля́дный *adj* **1.** évident • **нагля́дное доказа́тельство** une démonstration convaincante **2.** clair et concret • **нагля́дное обуче́ние** un enseignement concret
● **нагля́дный материа́л** documents visuels

/ **нагна́ть** → нагоня́ть

/ **нагну́ть** → нагиба́ть

догова́ривать / **наговори́ть** *v* **1.** dire *(des quantités de choses)* • **он наговори́л мно́го нену́жного** il en a dit plus qu'il n'aurait fallu **2.** *(на + A)* médire • **на него́ наговори́ли** on a médit à son sujet

/ **наговори́ть** → нагова́ривать

наго́й ⑤ *littéraire adj* nu • **наги́е дере́вья** les arbres dénudés

на́голову *adv* à plate couture • **разби́ть на́голову** battre à plate couture

нагоня́й *nm* savon *(réprimande)* • **дать нагоня́й** passer un savon • **я получи́л нагоня́й** il m'a passé un savon

нагоня́ть / **нагна́ть*** [I, нагоню́, наго́нишь] ④ *v* **1.** *(+ A)* rattraper • **на́ша маши́на должна́ ско́ро нагна́ть их** notre voiture devrait bientôt les rattraper **2.** *(+ A)* gagner *(du temps)* • **мы наго́ним потéрянные два́дцать мину́т** nous regagnerons les vingt minutes perdues **3.** *(+ A ou G)* distiller • **нагна́ть спи́рта** distiller de l'alcool **4.** faire aller, chasser **5.** *(+ A ou G)* inspirer • **нагна́ть тоску́** donner le cafard • **нагна́л он на меня́ стра́ху** ce qu'il m'a fait peur !

нагороди́ть *(+ G) fam v* accumuler

нагота́ *nf* nudité

наготóве *adv*
● **быть наготóве** être prêt • **держа́ть наготóве** tenir prêt

награ́да *nf* **1.** récompense • **в награ́ду за его́ услу́ги** en récompense pour les services qu'il a rendus **2.** décoration • **вручи́ть награ́ды** remettre des décorations

/ **награди́ть** → награжда́ть

награжда́ть / **награди́ть** [*part.* награждённый*] *v* **1.** récompenser, gratifier • **награди́ть кого́-нибудь улы́бкой** accorder un sourire à qqn • **награди́ть оплеу́хой** gratifier d'une gifle **2.** décorer • **награди́ть о́рденом** décorer de l'ordre

нагрева́ть / **нагре́ть** [*part.* нагре́тый*] *v* **1.** faire chauffer • **нагре́ть во́ду** faire chauffer de l'eau **2.** *fam* rouler *(escroquer)* • **он тебя́ нагре́л на сто рубле́й** il t'a roulé de cent roubles

/ **нагре́ть** → нагрева́ть

нагроможда́ть / **нагромозди́ть** [*part.* нагромождённый*] *v* entasser, amonceler • **нагромождённые я́щики** des caisses entassées

/ **нагромозди́ть** → нагроможда́ть

/ **нагруби́ть** → груби́ть

нагружа́ть / **нагрузи́ть** ④ *v* **1.** charger • **нагружа́ть автомоби́ль** charger un camion **2.** fournir de l'exercice à • **тренажёр нагру́зит органи́зм как сле́дует** un trainer fournira l'exercice qui convient à l'organisme

/ **нагрузи́ть** → нагружа́ть, грузи́ть

над, на́до *(+ I) prép* **1.** *(lieu)* au-dessus de • **лете́ть над ле́сом** voler au-dessus de la forêt **2.** *fig* sur, de • **побе́да над врага́ми** la victoire sur l'ennemi • **смея́ться на́до мной** se moquer de moi • **сжа́литься над сирото́й** avoir pitié d'un orphelin • **засыпа́ть над кни́гой** s'endormir sur un livre

/ **надави́ть** → дави́ть

надвига́ть / **надви́нуть** *v* enfoncer *(un couvre-chef)* • **надви́нуть капюшо́н на го́лову** enfoncer son capuchon sur sa tête

надвига́ться / **надви́нуться** *vp* avancer, devenir menaçant • **надвига́лись ту́чи** les nuages s'accumulaient • **надви́нулись вра́жеские войска́** les armées ennemies étaient tout près

/ **надви́нуть** → надвига́ть

/ **надви́нуться** → надвига́ться

на́двое *adv* en deux (morceaux)
● **ба́бушка на́двое сказа́ла** ça, ce n'est pas encore démontré !

надева́ть / **наде́ть*** [*n cl,* наде́ну, наде́нешь - наде́тый] *v* mettre, revêtir • **наде́ть чёрное пла́тье** mettre une robe noire • **наде́ть очки́** mettre ses lunettes • **наде́ть сапоги́** mettre ses bottes

наде́жда *nf* espoir • **о́чередь люде́й, прише́дших в наде́жде получи́ть рабо́ту** la file des gens, venus dans l'espoir de trouver du travail

надёжный *adj* fiable • **надёжное функциони́рование но́вого обору́дования** le fonctionnement fiable du nouvel équipement • **спря́тать в надёжном ме́сте** mettre en lieu sûr

наде́лать *v* faire une quantité • **наде́лать глу́постей** faire des bêtises • **что ты наде́лал?** qu'est-ce que tu as encore fait ? • **наде́лал он нам хлопо́т!** il nous en a donné du souci !

/ **наде́ть** → надева́ть

наде́яться* [II, наде́юсь, наде́ешься] *vp* espérer, compter sur • **на что ты наде́ешься?** qu'est-ce que tu espères ? • **наде́юсь верну́ться к у́жину** j'espère rentrer pour le dîner • **наде́юсь, что он вернётся** j'espère qu'il va revenir • **не́ на кого наде́яться** il n'y a personne sur qui on puisse compter

надзира́тель *nm* surveillant, gardien • **тюре́мный надзира́тель** un gardien de prison

надзо́р *nm* surveillance • **под надзо́ром ги́да** sous la surveillance du guide

надлежа́ть* [I] *v*
● **надлежи́т** *littéraire* il convient de, il faut

надлежа́щий *adj* convenable, adapté • **приня́ть надлежа́щие ме́ры** prendre les mesures qui s'imposent

надме́нный *adj* hautain, arrogant • **надме́нный взгляд** un regard hautain • **надме́нный тон** un ton arrogant

на́до[1] *particule* il faut • **на́до бы верну́ться домо́й** il faudrait rentrer
● **так ему́ и на́до** c'est bien fait pour lui

надо[2] *(atone)* → над

на́добность *nf* besoin, nécessité • **в слу́чае на́добности** en cas de besoin • **без вся́кой на́добности** sans aucune nécessité

надоеда́ть / **надое́сть*** [*n cl,* надое́м, надое́шь, надое́ст, надоеди́м, надоеди́те, надоедя́т - надое́л, надое́ла] *fam v* importuner • **э́то мне надое́ло** j'en ai assez • **надое́л ты мне!** tu m'embêtes

надоéдливый *adj* importun • **надоéдливый человéк** un raseur

/ **надоéсть** → надоедáть

надóлго *adv* pour longtemps • **онá уéхала надóлго** elle est partie pour longtemps

нáдпись *nf* inscription • **нáдпись на скалé** une inscription sur un rocher

надувáть / **надýть*** [II, надýю, надýешь - надýтый] *v* **1.** gonfler • **надýть шáрик** gonfler un ballon **2.** *fam* duper • **он тебя́ надýл** il t'a dupé
• **надýть гýбы** bouder

надувáться / **надýться*** [II, надýюсь, надýешься] *vp* **1.** → надувáть **2.** *fam* bouder • **он на неё надýлся** il lui fait la tête

/ **надýть** → надувáть

/ **надýться** → надувáться

/ **надушúть** → душúть

наедáться / **наéсться*** [*n cl,* наéмся, наéшься, наéстся, наедúмся, наедúтесь, наедя́тся - наéлся, наéлась] *vp* **1.** manger à sa faim • **наéсться дóсыта** manger tout son soûl **2.** *(+ G ou I)* se gaver de • **наéсться чúпсами** se gaver de chips

наединé *adv* en tête-à-tête • **я остáлся с ним наединé** je suis resté seul à seul avec lui

наезжáть / **наéхать*** [IV, наéду, наéдешь] *v* **1.** heurter *(en voiture)* • **он наéхал на дéрево** il s'est jeté sur un arbre • **грузовúк наéхал на прохóжего** le camion a renversé un passant **2.** arriver en quantité *(en voiture)* • **наéхало мнóго нарóду** il est venu beaucoup de monde

наём *(нáйма)* ④ *nm* **1.** location *(action de prendre)* • **наём квартúры** la location d'un appartement **2.** embauchage • **наём рабóчей сúлы** l'embauchage de la main-d'œuvre

/ **наéсться** → наедáться

/ **наéхать** → наезжáть

/ **нажáть** → нажимáть

нажимáть / **нажáть*** [IV, нажмý, нажмёшь - нажáтый] *v* **1.** appuyer • **нажáть (на) кнóпку** appuyer sur le bouton **2.** *fam* faire pression • **нажáть на знакóмых** faire pression sur des personnes que l'on connaît

назáд *adv* **1.** en arrière *(direction)* • **сдéлать шаг назáд** faire un pas en arrière • **клáвиши "вперёд" и "назáд"** les touches "avant" et "arrière" **2.** en arrière *(temps)* • **два гóда назáд** il y a deux ans **3.** *(précédé de* томý*)* → **томý назáд**

назвáние *nnt* nom, dénomination • **назвáние э́того растéния** le nom de cette plante

/ **назвáть** → называ́ть, звать

/ **назвáться** → называ́ться

назлó ◪ *adv*
• **как назлó, вчерá жарá тóлько усúлилась** comme par un fait exprès, hier la température n'a fait que monter ◪ *prép* contrairement à, pour contrarier • **назлó прогнóзам в Москвé теплó** contrairement aux prévisions il fait bon à Moscou

назначáть / **назнáчить** *v* **1.** fixer • **назнáчить день отъéзда** fixer le jour du départ • **он назнáчил мне свидáние** il m'a fixé un rendez-vous • **назнáчить цéну** fixer le prix **2.** nommer • **егó назнáчили инспéктором** on l'a nommé inspecteur • **егó назнáчили в комúссию** on l'a nommé membre de la commission **3.** prescrire • **назнáчить лекáрство** prescrire un médicament

назначéние *nnt* **1.** nomination • **получúть назначéние на Сéвер** recevoir sa nomination dans le Grand Nord **2.** but, destination • **назначéние э́того прибóра остáлось загáдкой** à quoi sert cet appareil, c'est resté un mystère

/ **назнáчить** → назначáть

называ́ть / **назвáть*** [IV, назовý, назовёшь - назвáл, назвалá, назвáло, назвáли ⑤] ⑤ *v* **1.** nommer *(donner un nom)* • **онú назвáли сы́на Борúсом** ils ont appelé leur fils Boris **2.** nommer, citer • **назвáть глáвные городá Востóчной Сибúри** citer les villes principales de la Sibérie orientale **3.** considérer comme • **егó нельзя́ назвáть гéнием** on ne peut guère le considérer comme un génie
• **так называ́емый** **a.** ce qu'on appelle › **так называ́емые «языковы́е лаборатóрии»** ce qu'on appelle des «laboratoires de langues» **b.** *iron* prétendu › **так называ́емые "королú нéфти"** les soi-disant « rois du pétrole »

называ́ться *vp* **1.** s'appeler *(en parlant d'un objet)* • как называ́ется э́тот предме́т? comment appelle-t-on cet objet ? **2.** / **назва́ться*** [IV, назову́сь, назовёшься - назва́лся, назвала́сь ③] dire son nom **3.** / **назва́ться*** [IV, *id*] se faire passer pour • назва́ться врачо́м se dire médecin

наибо́лее *adv* le plus • дожди́ наибо́лее веро́ятны в суббо́ту il pleuvra plus probablement samedi

наизна́нку *adv* à l'envers *(en parlant d'un vêtement)* • вы́вернутые наизна́нку швы des coutures à l'envers

наизу́сть *adv* par cœur • знать наизу́сть savoir par cœur • чита́ть наизу́сть стихи́ Маяко́вского réciter des vers de Maïakovski

наилу́чший *(superl de* хоро́ший*)* *adj* le meilleur • наилу́чший спо́соб le meilleur moyen

на́йму[1] → наём

найму́[2] → наня́ть

À PROPOS DE...

Les deux formes ci-dessus diffèrent par leur accentuation.

/ **найти́** → находи́ть

/ **найти́сь** → находи́ться

наказа́ние *nnt* punition, châtiment • заслу́женное наказа́ние une punition bien méritée
◆ ***Преступле́ние и наказа́ние*** (Достое́вский) *Crime et châtiment* (Dostoïevski)

/ **наказа́ть** → нака́зывать

нака́зывать ④ / **наказа́ть*** [II, накажу́, нака́жешь] *v* punir • наказа́ть вино́вного punir le coupable

накану́не ◪ *adv* la veille • они́ уе́хали накану́не ils étaient partis la veille ◪ *prép* la veille de • накану́не его́ отъе́зда la veille de son départ

нака́пливать / **накопи́ть** ④ *(+ G ou A)* *v* amasser, cumuler • накопи́ть де́нег amasser de l'argent

наки́дывать / **наки́нуть** *v* **1.** jeter • наки́нуть себе́ на пле́чи плато́к jeter un fichu sur ses épaules **2.** *fam* ajouter • наки́нуть на э́ти 40 ещё рубле́й 20 - и все дово́льны on ajoute une vingtaine de roubles à ces 40 roubles et tout le monde est content

/ **наки́нуть** → наки́дывать

накла́дывать / **наложи́ть** ④ *v* **1.** appliquer • на ра́ну потре́бовалось наложи́ть во́семь швов il a fallu faire huits points de suture sur la blessure **2.** mettre, laisser • пережива́ния де́тских лет наложи́ли отпеча́ток на всю его́ жизнь les épreuves vécues dans l'enfance l'ont marqué pour la vie entière **3.** infliger • наложи́ть на наруши́теля штраф infliger une amende à celui qui a commis une infraction
◆ наложи́ть ве́то mettre son veto • наложи́ть на себя́ ру́ки se suicider

/ **наклевета́ть** → клевета́ть

накле́ивать / **накле́ить** *v* coller • накле́ить ма́рку на конве́рт coller un timbre sur une enveloppe

/ **накле́ить** → накле́ивать

/ **наклони́ть** → клони́ть, наклоня́ть

/ **наклони́ться** → клони́ться, наклоня́ть

накло́нность *nf* penchant, goût • накло́нность к му́зыке du goût pour la musique • у него́ дурны́е накло́нности il a de mauvais penchants

наклоня́ть / **наклони́ть** ④ *v* pencher • наклони́ть го́лову pencher la tête en avant

наклоня́ться / **наклони́ться** ④ *vp* se pencher • он наклони́лся ко мне il se pencha vers moi

накова́льня *nf* enclume
◆ ме́жду мо́лотом и накова́льней entre le marteau et l'enclume

наконе́ц *adv* enfin • наконе́ц они́ уе́хали! enfin ils sont partis ! • переста́нь же наконе́ц! ça suffit, enfin ! • наконе́ц-то! enfin !

/ **накопи́ть** → копи́ть, нака́пливать

накопля́ть → *(syn de)* нака́пливать

/ **накорми́ть** → корми́ть

накра́пывать *v* tomber goutte à goutte *(en parlant de la pluie)* • стал накра́пывать дождь quelques gouttes de pluie se mirent à tomber

/ **накра́ситься** → кра́ситься

/ **накроши́ть** → кроши́ть

накрыва́ть / **накры́ть*** [II, накро́ю, накро́ешь - накры́тый] *v* **1.** couvrir • **накры́ть ба́нку блю́дцем** couvrir un bocal avec une soucoupe **2.** *fam* pincer *(un malfaiteur)* • **накры́ли всю ша́йку** on a pincé toute la bande
• **накры́ть (на) стол** mettre la table

/ **накры́ть** → накрыва́ть

/ **нала́дить** → нала́живать

нала́живать / **нала́дить** *v* ajuster, mettre au point • **нала́дить отноше́ния** normaliser les relations • **нала́дить произво́дство ноутбу́ков** mettre au point la production d'ordinateurs portables

нала́живаться / **нала́диться** *vp* s'arranger, se régler • **де́ло нала́дилось** l'affaire s'est arrangée

нале́во *adv* à gauche • **сверну́ть нале́во** tourner à gauche
• **нале́во от окна́** à gauche de la fenêtre

налива́ть / **нали́ть*** [II, налью́, нальёшь - на́лил, налила́, на́лило, на́лили - нале́й - на́литый, на́лит, налита́, на́лито, на́литы] ⑤ *v* remplir *(avec un liquide)*, verser • **я на́лил себе́ стака́н со́ка** je me suis versé un verre de jus de fruit • **нали́ть вам ча́ю?** voulez-vous du thé ?

/ **нали́ть** → налива́ть,

налицо́ *adv*
• **результа́ты налицо́** les résultats sont là

нали́чие *nnt* présence, existence • **тест на нали́чие алкого́ля в органи́зме** test permettant de déceler la présence d'alcool dans l'organisme

нали́чные *pl t* **нали́чные (де́ньги)** argent liquide, espèces • **плати́ть нали́чными** payer en espèces

нало́г *nm* impôt • **прямы́е нало́ги** les impôts directs • **ко́свенные нало́ги** les impôts indirects

нало́женный *adj*
• **нало́женным платежо́м** contre remboursement

/ **наложи́ть** → накла́дывать

нам → мы

/ **нама́зать** → ма́зать

намёк *nm* allusion • **то́нкий намёк** une allusion discrète • **намёк на его́ положе́ние** une allusion à sa situation

намека́ть / **намекну́ть** (на + *A*) *v* faire allusion à • **на что он намека́л?** à quoi faisait-il allusion ?

/ **намекну́ть** → намека́ть

наме́реваться *vp* avoir l'intention • **мы намерева́емся пое́хать туда́ на всё ле́то** nous avons l'intention d'y aller pour tout l'été

наме́рение *nnt* intention • **с наме́рением сейча́с же уе́хать** avec l'intention de partir aussitôt
• **без (вся́кого) наме́рения** sans aucune mauvaise intention • **с наме́рением** exprès

наме́ренно *adv* exprès

наме́ренный (наме́рен, наме́рена) *adj* **1.** qui a l'intention • **он наме́рен уе́хать послеза́втра** il a l'intention de partir après-demain **2.** intentionnel • **наме́ренная ложь** un mensonge intentionnel

на́ми → мы

намно́го *adv* de beaucoup • **э́тот показа́тель намно́го превыша́ет показа́тели ра́звитых стран** cet indicateur dépasse de beaucoup les indicateurs des pays développés
• **их намно́го бо́льше** ils sont bien plus nombreux

намо́рдник *nm* muselière • **соба́ка в намо́рднике** un chien portant une muselière

/ **намо́рщить** → мо́рщить

/ **намо́рщиться** → мо́рщиться

/ **намота́ть** → мота́ть

/ **намочи́ть** → мочи́ть

/ **намы́лить** → мы́лить

/ **нанести́** → наноси́ть

нанима́ть / **наня́ть*** [IV, найму́, наймёшь - на́нял, наняла́, на́няло, на́няли - на́нятый, на́нят, нанята́, на́нято, на́няты] ⑤ *v* **1.** engager, embaucher • **наня́ть домрабо́тницу** prendre une femme de ménage **2.** louer *(prendre à loyer)* • **наня́ть кварти́ру** louer un appartement

наноси́ть ④ / **нанести́*** [IV, нанесу́, нанесёшь - нанёс, нанесла́ ③ - нанесённый] *v* **1.** apporter, amasser • **снег, нанесённый ве́тром** la neige accumulée par le vent **2.** asséner, infliger • **нанести́ смерте́льный уда́р** asséner un coup mortel • **нанести́ ра́ну** blesser **3.** *(на + A)* indiquer, mettre • **нанести́ ре́чку на ка́рту** représenter une rivière sur la carte
◉ **нанести́ кому́-нибудь визи́т** rendre visite à qqn

/ **наня́ть** → нанима́ть

наоборо́т *adv* au contraire • **нет, наоборо́т, он о́чень хорошо́ у́чится** non, au contraire, il travaille très bien
◉ **э́то как раз наоборо́т** c'est juste le contraire

наотре́з *adv* catégoriquement • **отказа́ться наотре́з** refuser net

напада́ть / **напа́сть*** [IV, нападу́, нападёшь - напа́л, напа́ла] *v* **1.** attaquer • **напа́сть на врага́** attaquer l'ennemi **2.** s'emparer de *(en parlant de sentiments)* • **на меня́ напа́ла тоска́** j'ai été pris de cafard **3.** tomber sur • **напа́сть на интере́сную иде́ю** tomber sur une idée intéressante • **не на дурака́ напа́ли!** vous me prenez pour un imbécile ?

напада́ющий *adj subst m* attaquant

нападе́ние *nnt* attaque • **отрази́ть нападе́ние** repousser une attaque

напа́дки (напа́док, напа́дкам) *pl t* accusations, attaques • **напа́дки недоброжела́тельного кри́тика** les attaques d'un critique malveillant

напа́ивать / **напои́ть** ④ *v* donner à boire • **госте́й напоя́т ча́ем с конфе́тами** les invités se verront offrir du thé avec des chocolats

/ **напа́сть** → напада́ть

/ **напа́чкать** → па́чкать

напереко́р *prép (+ D)* en dépit de, contre la volonté de • **напереко́р всему́** en dépit de tout • **напереко́р всем** contre la volonté de tous

напёрсток *nm* dé à coudre

/ **напеча́тать** → печа́тать

напива́ться ③ / **напи́ться*** [II, напью́сь, напьёшься - напи́лся, напила́сь - напе́йся] *vp* boire à sa soif • **напи́ться ча́ю** boire du thé • **напи́ться допьяна́** se soûler

написа́ть → писа́ть

напи́ток *nm* boisson • **спиртны́е напи́тки** les boissons alcooliques

/ **напи́ться** → напива́ться

/ **напи́чкать** → пи́чкать

наплева́ть *v* → плева́ть
◉ **мне наплева́ть** *fam* je m'en fiche • **ей наплева́ть на всё** elle se fiche de tout

/ **наплести́** → плести́

напова́л *adv* sur le coup • **он был уби́т напова́л** il a été tué sur le coup

/ **напои́ть** → напа́ивать, пои́ть

/ **напо́лнить** → наполня́ть

наполня́ть / **напо́лнить** *v* remplir • **напо́лнить корзи́нку** remplir un panier

наполня́ться / **напо́лниться** *vp* se remplir • **глаза́ её напо́лнились слеза́ми** ses yeux se remplirent de larmes

наполови́ну *adv* à moitié • **наполови́ну запо́лненные ба́ки** des réservoirs à moitié remplis • **зал был по́лон чуть бо́льше чем наполови́ну** la salle était pleine à peine plus qu'à moitié

напомина́ть / **напо́мнить** *v* **1.** rappeler *(souvenir)* • **э́то мне напомина́ет мою́ мо́лодость** cela me rappelle ma jeunesse **2.** rappeler *(ressemblance)* • **он мне напомина́ет твоего́ бра́та** il me fait penser à ton frère

/ **напо́мнить** → напомина́ть

напо́р *nm* poussée, pression • **вы́держать напо́р воды́** contenir la poussée de l'eau

/ **напра́вить** → направля́ть

направле́ние *nnt* **1.** direction • **взять направле́ние на восто́к** prendre la direction de l'est • **по направле́нию к го́роду** dans la direction de la ville **2.** courant *fig* • **литерату́рное направле́ние** un courant littéraire • **либера́льное направле́ние** un courant libéral

направля́ть / **напра́вить** *v* **1.** diriger • **напра́вить пото́к воды́ в кана́л** diriger un cours d'eau dans un canal

2. envoyer • **напра́вить письмо́ в изда́тельство** envoyer une lettre à une maison d'édition • **его́ напра́вили на заво́д** on l'a envoyé à l'usine

направля́ться / **напра́виться** *vp* se diriger • **напра́виться к го́роду** se diriger vers la ville

напра́во *adv* à droite • **поверну́ть напра́во** tourner à droite
● **напра́во от две́ри** à droite de la porte

напра́сно *adv* vainement, en vain • **напра́сно он беспоко́ится** il a tort de s'inquiéter

напра́сный *adj* vain, inutile • **напра́сные слёзы** des larmes inutiles • **напра́сные опасе́ния** des craintes injustifiées

напра́шиваться / **напроси́ться** ④ *vp* 1. faire tout pour obtenir • **он напра́шивается на неприя́тности** il cherche les ennuis • **напра́шиваться на обе́д** chercher à se faire inviter à déjeuner 2. s'imposer • **вы́воды напра́шиваются са́ми собо́й** les conclusions s'imposent d'elles-mêmes

наприме́р *adv* par exemple • **мо́жно бы, наприме́р, подари́ть ей кни́гу** on pourrait, par exemple, lui offrir un livre

напрока́т *adv* en location • **взять роя́ль напрока́т** louer un piano

напролёт *adv* d'un bout à l'autre • **не спать всю ночь напролёт** ne pas dormir de toute la nuit

/ **напроси́ться** → напра́шиваться

напро́тив ◼ *prép (+ G)* en face • **напро́тив гости́ницы** en face de l'hôtel ◼ *adv* 1. en face • **они́ живу́т напро́тив** ils habitent en face 2. au contraire • **добы́ча га́за сни́зилась, а добы́ча не́фти, напро́тив, вы́росла** la production de gaz a baissé et celle de pétrole, au contraire, a augmenté

напряга́ть / **напря́чь*** [IV, напрягу́, напряжёшь, напрягу́т - напря́г, напрягла́ - напряжённый] ③ *v* tendre, raidir • **культури́сту, напряга́я мы́шцы, прихо́дится улыба́ться** lorsqu'il tend ses muscles le culturiste doit sourire • **напряга́ть слух** tendre l'oreille

напряжённый *adj* tendu • **напряжённое положе́ние** une situation tendue • **напряжённый гра́фик** un emploi du temps chargé

/ **напря́чь** → напряга́ть

нараспа́шку *adv*
● **в пальто́ нараспа́шку** en manteau non boutonné • **всё ле́то в о́фисах о́кна и две́ри нараспа́шку** tout l'été les fenêtres et les portes des bureaux sont grand ouvertes • **у него́ душа́ нараспа́шку** il a le cœur sur les lèvres

наре́чие[1] *nnt* adverbe (GRAMM)

наре́чие[2] *nnt* dialecte • **ме́стное наре́чие** le dialecte local

нарза́н *nm* narzan *(eau minérale du Caucase)*

/ **нарисова́ть** → рисова́ть

наро́д *nm* 1. peuple • **ру́сский наро́д** le peuple russe 2. gens, monde • **там бы́ло мно́го наро́ду*** il y avait beaucoup de monde

наро́дность *nf* 1. peuplade • **коренны́е наро́дности Камча́тки** les peuplades autochtones du Kamtchatka 2. caractère national

наро́дный *adj* 1. traditionnel, populaire • **наро́дная пе́сня** une chanson traditionnelle 2. du peuple • **наро́дный комисса́р** commissaire du peuple (HIST) 3. national • **наро́дный дохо́д** le revenu national

наро́чно *adv* 1. exprès • **он э́то сде́лал наро́чно** il l'a fait exprès • **как наро́чно** comme par un fait exprès 2. *fam* pour rire *(par provocation)* • **я э́то сказа́л наро́чно** j'ai dit ça pour rire

/ **наруби́ть** → руби́ть

нару́жность *nf* extérieur • **прия́тная нару́жность** des dehors agréables

нару́жный *adj* extérieur • **нару́жная стена́** le mur extérieur • **нару́жный вид** l'aspect extérieur

нару́чники (нару́чников, нару́чникам) *pl t* menottes • **инспе́ктор наде́л на контрабанди́ста нару́чники** l'inspecteur passa les menottes au contrebandier

наруша́ть / **нару́шить** *v* 1. troubler • **нару́шить сон** troubler le sommeil 2. enfreindre • **нару́шить зако́н** enfreindre la loi

нарушéние *nnt* infraction, violation • **нарушéние дисципли́ны** un manquement à la discipline • **нарушéние прáвил дорóжного движéния** une infraction au code de la route

/ **нарýшить** → нарушáть

нары́в *nm* abcès • **вскрыть нары́в** ouvrir un abcès

/ **наряди́ть** → наряжáть

наря́дно *adv* élégamment, avec élégance • **онá наря́дно одéта** elle est habillée avec élégance

наря́дный *adj* **1.** bien vêtu, élégant • **наря́дные шкóльники с букéтами цветóв в рукáх** des écoliers bien habillés avec un bouquet de fleurs à la main **2.** élégant, habillé *(en parlant d'un vêtement)* • **наря́дное плáтье** une robe habillée

нарядý *adv* au même titre, aussi bien • **нарядý со взрóслыми** au même titre que les adultes
● **нарядý с э́тим** en même temps

наряжáть[1] / **наряди́ть** ④ *v* **1.** habiller, parer • **ель в цéнтре пáрка наряжáют пéред Нóвым гóдом** pour le Nouvel An on décore le sapin au centre du parc **2.** déguiser • **онá наряди́ла дóчку Крáсной Шáпочкой** elle a déguisé sa fille en Petit chaperon rouge

наряжáть[2] / **наряди́ть** *v* envoyer *(en mission)* • **наряди́ть в караýл** mettre de garde

> **À PROPOS DE...**
>
> Les perfectifs des verbes ci-dessus diffèrent par leur accentuation.

нас → мы

насви́стывать *v* siffloter • **насви́стывать пéсню** siffloter une chanson

насекóмое *adj subst nt* insecte • **поймáть насекóмое на летý** attraper un insecte au vol

> **À PROPOS DE...**
>
> L'accusatif singulier de **насекóмое** est semblable au nominatif. L'accusatif pluriel est semblable au génitif.

населéние *nnt* population • **населéние гóрода** la population de la ville • **городскóе населéние** la population urbaine

населённый *adj* très peuplé • **населённый край** une région très peuplée
● **населённый пункт** localité

/ **засели́ть** → населя́ть

населя́ть / **насели́ть** *v* habiter • **бобр населя́ет берегá лéсных рéчек** le castor vit au bord de petites rivières forestières

наси́лие *nnt* violence • **примени́ть наси́лие** user de violence

наси́ловать / **изнаси́ловать** *v* **1.** violer **2.** forcer, violenter • **не наси́ловать себя́** ne pas se faire violence

наси́лу *adv* à grand-peine • **он наси́лу вы́рвался** il a eu grand-peine à s'échapper

наси́льно *adv* par la force • **он наси́льно улыбнýлся** il eut un sourire contraint
● **наси́льно мил не бýдешь** l'amour ne se commande pas

наси́льственный *adj* violent • **наси́льственные мéры** mesures de coercition • **наси́льственная смерть** mort violente

насквóзь *adv* de part en part • **мы промóкли насквóзь** nous étions trempés jusqu'aux os

наскóлько *adv* **1.** à quel point • **я не знáю, наскóлько э́то вéрно** je ne sais pas jusqu'à quel point c'est exact **2.** autant • **наскóлько мне извéстно** autant que je sache

нáскоро *adv* à la hâte, à la va-vite • **нáскоро приня́в душ, они́ отпрáвились репети́ровать** après une douche rapide, ils partirent à la répétition • **нáскоро поéсть** manger sur le pouce

/ **наскýчить** *v* ennuyer • **наскýчил он мне свои́ми жáлобами** j'en ai assez de l'entendre se plaindre tout le temps • **щенóк им успéл наскýчить и тепéрь сиди́т в холóдном подъéзде** le petit chien a eu le temps de les ennuyer et maintenant il est dans l'entrée de l'immeuble, au froid

/ **наслади́ться** → наслаждáться

наслаждáться / **наслади́ться** *(+ I) vp* jouir de, se délecter de • **наслаждáться жи́знью** jouir de la vie

• наслажда́ться му́зыкой prendre plaisir à écouter de la musique

наслажде́ние *nnt* jouissance, délectation • **пить с наслажде́нием** boire avec délectation

насле́дник *nm* héritier • **насле́дник францу́зской шко́лы дирижи́рования** héritier de l'école française de direction d'orchestre

насле́довать / **насле́довать** *et* **унасле́довать** *v* **1.** *(+ A)* recevoir en héritage • **дом, кото́рый он насле́довал от отца́** la maison qu'il a héritée de son père **2.** *(+ D)* succéder à • **начала́сь борьба́ за пра́во насле́довать ны́нешнему президе́нту** la lutte pour le droit de succéder au président actuel a commencé

насле́дство *nnt* héritage • **получи́ть насле́дство** recevoir un héritage • **получи́ть дом в насле́дство** recevoir une maison en héritage

насмеха́ться (над + *I*) *vp* se moquer de • **она́ насмеха́лась над на́ми** elle se moquait de nous

насме́шка *nf* raillerie, moquerie • **подверга́ться насме́шкам** être en butte aux railleries

насме́шливый *adj* moqueur • **насме́шливый челове́к** un homme moqueur • **насме́шливый тон** un ton moqueur • **насме́шливая улы́бка** un sourire moqueur

на́сморк *nm* rhume • **схвати́ть на́сморк** attraper un rhume • **у меня́ был на́сморк** j'avais un rhume

/ **насори́ть** → сори́ть

насо́с *nm* pompe • **кача́ть во́ду насо́сом** pomper de l'eau

на́спех *adv* à la hâte, à la va-vite • **ремо́нт сде́лан на́спех** la réparation a été faite à la hâte

/ **наспле́тничать** → спле́тничать

настава́ть* [II, настаёт, настаю́т] / **наста́ть** [*n cl*, наста́нет, наста́нут] *v littéraire* arriver *(commencer)* • **наста́ла зима́** l'hiver commença • **наста́ла тишина́** le silence se fit

наста́ивать *v* **1.** insister **2.** / **настоя́ть*** [I, настою́, настои́шь...] obtenir par son insistance • **я наста́ивал на э́том** j'insistais sur ce point • **она́ наста́ивает, что́бы мы уе́хали** elle insiste pour que nous partions • **он настоя́л на своём** il a tant insisté qu'il est arrivé à ses fins

/ **наста́ть** → настава́ть

на́стежь *adv* grand *(ouvert)* • **откры́ть о́кна на́стежь** ouvrir grand les fenêtres

настига́ть / **насти́гнуть*** [III] *et* **насти́чь*** [*n cl*] *v* rattraper • **оди́н был насти́гнут сра́зу** l'un d'entre eux fut rattrapé tout de suite

/ **насти́гнуть** → настига́ть

/ **насти́чь** → настига́ть

насто́йчивый *adj* **1.** tenace, persévérant • **насто́йчивый челове́к** un homme tenace **2.** insistant, pressant • **насто́йчивая про́сьба** une demande pressante

насто́лько *adv* à un tel point • **он говори́т насто́лько пра́вильные ве́щи, что никто́ не мо́жет возрази́ть** il dit des choses tellement justes que personne ne peut objecter
● **насто́лько, наско́лько** dans la mesure où › **лишь насто́лько, наско́лько э́то бы́ло ну́жно** juste dans la mesure où cela était nécessaire

насто́льный *adj* de table • **насто́льные ПК** des ordinateurs de bureau
● **насто́льный те́ннис** tennis de table

настора́живаться / **насторожи́ться** *vp* se mettre aux aguets • **соба́ка насторожи́лась** le chien dressa l'oreille

насторо́же *adv*
● **мы бы́ли насторо́же** nous étions sur le qui-vive

/ **насторожи́ться** → настора́живаться

/ **настоя́ть** → наста́ивать

настоя́щий *adj* **1.** véritable • **вы зна́ете его́ настоя́щую фами́лию?** connaissez-vous son véritable nom ? • **настоя́щий дура́к** un véritable imbécile **2.** présent, actuel • **в настоя́щее вре́мя** à l'heure actuelle
● **настоя́щее вре́мя** le présent (GRAMM)
• **по-настоя́щему** pour de bon › **взя́ться за рабо́ту по-настоя́щему** se mettre au travail pour de bon

настра́ивать / **настро́ить** *v* **1.** accorder (MUS) • **настро́ить гита́ру** accorder une guitare **2.** mettre *(dans tel ou* *tel état d'esprit)* • **настрóить всех прóтив себя́** se mettre tout le monde à dos • **он мрáчно настрóен** il broie du noir

настроéние *nnt* humeur, disposition • **быть в дурнóм настроéнии** être de mauvaise humeur

/ **настрóить** → **настрáивать**

наступáть[1] / **наступи́ть** ④ (на + *A*) *v* **1.** marcher sur *(mettre le pied sur)* • **он наступи́л мне нá ногу** il m'a marché sur le pied **2.** attaquer • **áрмия наступáет** l'armée attaque
● **медвéдь емý нá ухо наступи́л** il n'a pas d'oreille

наступáть[2] / **наступи́ть** ④ *v* arriver, commencer • **наступи́ла óсень** l'automne est arrivé • **наступи́ла ночь** la nuit tomba

/ **наступи́ть** → **наступáть**

наступлéние[1] *nnt* offensive, attaque • **перейти́ в наступлéние** passer à l'offensive

наступлéние[2] *nnt* arrivée *(commencement)* • **наступлéние весны́** l'arrivée du printemps

настýрция *nf* capucine

насчёт *prép (+ G)* à propos de • **насчёт э́того я совершéнно спокóен** je suis bien tranquille à ce sujet

/ **насчитáть** → **насчи́тывать**

насчи́тывать / **насчитáть** *v* **1.** compter *(évaluer)* • **мы насчитáли óколо сóтни маши́н** nous avons compté près d'une centaine de voitures **2.** compter *(contenir)* • **гóрод насчи́тывает бóлее двух миллиóнов жи́телей** la ville compte plus de deux millions d'habitants

насчи́тываться / **насчитáться** *vp* compter *(contenir)* • **в гóроде насчи́тывается бóлее двух миллиóнов жи́телей** la ville compte plus de deux millions d'habitants

натáлкиваться / **натолкнýться** (на + *A*) *vp* se heurter à, rencontrer *fig* • **натолкнýться на трýдности** rencontrer des difficultés

/ **натвори́ть** *v* en faire de toutes les couleurs • **что вы натвори́ли?** vous en faites de belles ! • **натвори́ть глýпостей** faire des bêtises

/ **натерéть** → **натирáть**, **терéть**

натирáть / **натерéть*** [IV, натрý, натрёшь - натёр, натёрла - натёртый] *v* **1.** frotter, frictionner • **натерéть рýки крéмом** se passer de la crème sur les mains • **натерéть пол** frotter le plancher **2.** râper • **натерéть сыр** râper du fromage **3.** faire une blessure *(par frottement)* • **я натёр себé нóгу** je me suis fait une ampoule au pied

нáтиск *nm* pression, assaut • **дáмба не устоя́ла под нáтиском стихи́и** la digue a cédé sous les assauts des éléments

/ **наткнýться** → **натыкáться**

/ **натолкнýться** → **натáлкиваться**

/ **наточи́ть** → **точи́ть**

натощáк *adv* à jeun • **принимáть лекáрство натощáк** prendre un médicament à jeun

/ **натренировáть** → **тренировáть**

натыкáться / **наткнýться** (на + *A*) *vp* **1.** se heurter à • **он наткнýлся на дверь** il s'est cogné contre la porte • **наткнýться на препя́тствие** rencontrer un obstacle **2.** tomber sur *(rencontrer par hasard)* • **я наткнýлся на негó** je suis tombé sur lui

натя́гивать / **натянýть** ④ *v* **1.** tendre • **натянýть верёвку** tendre une corde **2.** mettre • **натянýть на себя́ пальтó** endosser un manteau

натя́нутый *adj* tendu *fig* • **натя́нутые отношéния** des relations tendues

/ **натянýть** → **натя́гивать**

наугáд *adv* au hasard, au petit bonheur • **идти́ наугáд** aller au hasard

нaýка *nf* science • **естéственные нaýки** les sciences naturelles
● **э́то тебé нaýка** que cela te serve de leçon

/ **научи́ть** → **учи́ть**

/ **научи́ться** → **учи́ться**

нaýчный *adj* scientifique • **нaýчное откры́тие** une découverte scientifique

нaýшники *pl t* casque, écouteurs

нахáл *nm* insolent, effronté • **э́то нахáл** c'est un effronté

нахáлка *nf* insolente, effrontée

нахáльный *adj* insolent • **нахáльный взгляд** un regard insolent

нахáльство *nnt* insolence, effronterie • **с нахáльством** avec insolence • **он имéл нахáльство не отвéтить** il a eu l'impudence de ne pas répondre

/ **нахмýрить** → хмýрить

/ **нахмýриться** → хмýриться

находи́ть¹ ④ / **найти́*** [IV, найдý, найдёшь - нашёл, нашлá - нáйденный - найдя́] *v* trouver • **мы не нашли́ ни одногó грибá** nous n'avons pas trouvé un seul champignon • **найти́ вы́ход из положéния** trouver une solution • **мы нашли́ егó здорóвым** nous l'avons trouvé en bonne santé

находи́ть² ④ / **найти́*** [IV, найдý, найдёшь - нашёл, нашлá - найдя́] *v* **1.** tomber (par hasard) • **я нашёл поля́ну спéлой земляни́ки** je suis tombé sur une clairière avec des fraises des bois mûres **2.** couvrir, cacher • **óблако нашлó на сóлнце** le soleil a disparu derrière un nuage **3.** envahir *fig* • **на негó нашлá тоскá** la tristesse s'est emparée de lui
● **нашлá косá на кáмень** il a trouvé plus fort que lui

находи́ться ④ / **найти́сь*** [IV, найдýсь, найдёшься - нашёлся, нашлáсь] *vp* **1.** se trouver • **дерéвня нахóдится на берегý небольшóго óзера** le village se trouve au bord d'un petit lac • **ключи́ нашли́сь** on a retrouvé les clefs **2.** avoir la présence d'esprit nécessaire • **он не нашёлся** il ne sut que faire • **он нашёлся, что ей отвéтить** il a bien su quoi lui répondre
● **ýмный нашёлся!** *iron* on n'attendait que tes conseils !

нахóдка *nf* trouvaille • **сдéлать нахóдку** faire une trouvaille • **э́то пря́мо нахóдка** c'est vraiment une trouvaille

нахóдчивый *adj* **1.** débrouillard • **нахóдчивый пáрень** un garçon débrouillard **2.** bien trouvé, ingénieux • **нахóдчивый отвéт** une réponse ingénieuse

национáльность *nf* nationalité • **ли́ца рýсской национáльности** les personnes de nationalité russe

начáло *nnt* début • **в начáле учéбного гóда** au début de l'année scolaire, à la rentrée • **от начáла до концá** du début à la fin
● **лихá бедá начáло** il n'y a que le premier pas qui coûte
■ **начáла** *pl* principe • **начáла совремéнной фи́зики** les bases de la physique moderne

> **À PROPOS DE...**
>
> On distingue **национáльность**, le fait d'appartenir à tel ou tel peuple, de **граждáнство**, le fait d'être citoyen de tel ou tel État.

начáльник *nm* chef • **начáльник стáнции** chef de gare

начáльный *adj* **1.** du début • **начáльная скóрость** la vitesse initiale **2.** élémentaire • **начáльная шкóла** école primaire

начáльство *nnt* **1.** supérieurs, chefs • **непосрéдственное начáльство** hiérarchie immédiate **2.** *vieilli* commandement • **приня́ть начáльство** prendre le commandement • **под начáльством** sous le commandement de

/ **начáть** → начинáть

/ **начáться** → начинáться

нáчерно *adv* au brouillon • **написáть нáчерно** écrire au brouillon

начинáть / **начáть*** [IV, начнý, начнёшь - нáчал, началá, нáчало, нáчали - нáчатый, нáчат, начатá, нáчато, нáчаты ⑤] ⑤ *v* commencer *(entamer)* • **он нáчал э́ту рабóту** il a commencé ce travail • **он нáчал рабóтать** il a commencé à travailler • **с чегó я начнý?** par quoi vais-je commencer ?

начинáться / **начáться*** [IV, начнётся, начнýтся - начался́, началáсь] ③ *vp* commencer *(débuter)* • **сегóдня начинáется жéнский тéннисный турни́р** le tournoi de tennis féminin commence aujourd'hui

нáчисто *adv* **1.** au propre • **переписáть нáчисто** mettre au propre **2.** totalement • **откры́тые рóвные прострáнства, нáчисто лишённые расти́тельности** des étendues planes et ouvertes, totalement dépourvues de végétation **3.** *fam* à cœur ouvert • **он рассказáл всё нáчисто** il a tout raconté

начистотý *adv fam* à cœur ouvert • **говорить начистотý** parler à cœur ouvert

начитанный *adj* qui a beaucoup lu • **он человéк начитанный** c'est un homme qui a beaucoup lu

/ **начихáть** *fam v*
• **мне начихáть** je m'en fiche › **мне начихáть на егó мнéние** je me fiche pas mal de son opinion

начнёшь, начнý → **начáть**

наш ◪ *adj poss* notre • **в нáшем гóроде** dans notre ville ◪ *pron poss* le nôtre

нашéствие *nnt* invasion • **нашéствие огрóмных медýз** une invasion d'énormes méduses

/ **нашумéть*** [I, **нашумлю́, нашумúшь**] *v* **1.** faire beaucoup de bruit **2.** faire sensation • **ужé успéвший нашумéть ромáн** un livre qui a fait sensation

наявý *adv* dans la réalité • **э́то бы́ло не во сне, а наявý** ce n'était pas en rêve, mais dans la réalité
• **э́то сон наявý** on croit rêver !

НДС (*abr de* **налóг на добáвленную стóимость**) *nm* TVA

не[1] *particule* **1.** ne… pas, ne • **я не знáю** je ne sais pas • **я ничегó не вúжу** je ne vois rien **2.** non, pas • **э́то Мáша, а не Мúша** c'est Macha et pas Micha • **не тóлько** pas seulement • **нет, не сегóдня** non, pas aujourd'hui
• **не до** ce n'est pas le moment de › **емý не до шýток** il n'a pas envie de plaisanter • **не раз** plus d'une fois

> **À PROPOS DE...**
>
> La négation **не** est atone. Dans les cas exceptionnels où elle est accentuée, le verbe est atone. Le passage de l'accent sur la négation est limité au masculin, au neutre et au pluriel de : **нé был, не былá, нé было, нé были ; нé дал, не далá, нé дало, нé дали ; нé дан, не данá, нé дано, нé даны ; нé жил, не жилá, нé жило, нé жили.**

не[2] *particule (particule entrant dans la composition d'un grand nombre de mots)* pas, non • **небольшóй** pas grand • **недалекó от Москвы́** non loin de Moscou

не[3] → **нéкого**, → **нéчего**

> **À PROPOS DE...**
>
> La particule séparable **не** est toujours accentuée.

нéбо* (*pl.* **небесá, небéс, небесáм**) *nnt* ciel • **голубóе нéбо** un ciel bleu
• **на седьмóм нéбе** au septième ciel • **нéбу жáрко стáнет** ça va faire des étincelles • **под откры́тым нéбом** à la belle étoile • **попáсть пáльцем в нéбо** se fourrer le doigt dans l'œil • **с нéба свалúться a.** arriver d'une manière inattendue **b.** tomber de la lune • **э́то нéбо и земля́** c'est le jour et la nuit

нёбо *nnt* palais *(de la bouche)*

небольшóй *adj* pas grand, petit • **небольшóй зал** une petite salle • **небольшáя сýмма** une petite somme
• **дéло стáло за небольшúм** il s'en faut de peu pour que ça marche • **с небольшúм** à peine plus de › **ей бы́ло лет сóрок с небольшúм** elle avait à peine plus de quarante ans

небосклóн *nm* voûte du ciel au-dessus de l'horizon

небрéжный *adj* **1.** négligé, peu soigné • **небрéжная рабóта** un travail peu soigné **2.** dédaigneux • **небрéжный тон** un ton dédaigneux

небывáлый *adj* sans précédent • **небывáлый успéх** un succès sans précédent

невáжно *adv* pas très bien, pas fort • **делá идýт невáжно** les affaires ne vont pas fort

невáжный *adj* **1.** peu important • **невáжный вопрóс** une question de peu d'importance **2.** médiocre • **состоя́ние больнóго невáжное** l'état du malade est médiocre • **невáжный ýровень их образовáния** leur médiocre niveau d'instruction

невéжа *nm ou nf* personne mal élevée, goujat • **э́тот невéжа никогдá не здорóвается** ce goujat ne dit jamais bonjour

невéжда *nm ou nf* ignorant *m*, ignorante *f* • **он невéжда в искýсстве** il ne connaît rien à l'art

невéжество *nnt* ignorance • **обнарýжить пóлное невéжество** faire preuve d'une grande ignorance • **извинúте моё невéжество** excusez mon ignorance

невéжливость *nf* impolitesse, manque de politesse

невéжливый *adj* impoli • **невéжливый человéк** une personne impolie • **невéжливый отвéт** une réponse impolie

невероя́тный *adj* invraisemblable, incroyable • **невероя́тное собы́тие** un événement invraisemblable • **невероя́тная скóрость** une vitesse incroyable

невéста *nf* fiancée • **богáтая невéста** une riche fiancée

невéстка *nf* **1.** belle-sœur **2.** belle-fille

> **À PROPOS DE...**
>
> Le mot **невéстка** désigne une femme mariée par rapport à la famille de son mari.

нéвидаль *nf* une chose qu'on n'a jamais vue
● **э́кая нéвидаль!** la belle affaire !

неви́димый *adj* invisible

неви́нный *adj* innocent • **неви́нная жéртва** une victime innocente • **неви́нная шáлость** une plaisanterie innocente • **с неви́нным ви́дом** avec un air innocent

невинóвный *adj* innocent *(non coupable)* • **обвиня́емые считáются невинóвными** les inculpés sont considérés comme innocents

невменя́емость *nf* irresponsabilité *(due à des causes psychiques)*

невня́тный *adj* indistinct • **невня́тные голосá** des voix indistinctes

невозмóжно *adv* **1.** il est impossible de • **невозмóжно закóнчить ремóнт за э́тот срок** il est impossible d'achever les travaux de réparation dans ce délai **2.** de manière intolérable • **они́ ведýт себя́ невозмóжно** ils se conduisent d'une manière intolérable

невозмóжный *adj* **1.** impossible • **э́то невозмóжное дéло** c'est une chose impossible **2.** intolérable • **невозмóжная боль** une douleur intolérable

невóльно *adv* involontairement • **он невóльно отступи́л на шаг** il fit involontairement un pas en arrière

невóльный *adj* involontaire • **невóльные слёзы** des larmes involontaires

невооружённый *adj* non armé • **междунарóдные невооружённые наблюдáтели** des observateurs internationaux non armés
● **невооружённым глáзом** à l'œil nu

невпопáд *adv* hors de propos • **отвечáть невпопáд** répondre hors de propos

невреди́мый *adj* intact, sauf • **цел и невреди́м** sain et sauf

невыноси́мый *adj* insupportable • **невыноси́мая жарá** une chaleur insupportable • **невыноси́мый харáктер** un caractère insupportable

нéгде *adv* **нéгде сесть** il n'y a pas de place pour s'asseoir

негó → **он**

негодовáние *nnt* indignation • **он с негодовáнием отвéрг предложéние** il rejeta la proposition avec indignation

негодя́й *nm* gredin, vaurien

недáвно *adv* il n'y a pas longtemps, depuis peu • **он недáвно приéхал** il n'y a pas longtemps qu'il est arrivé

> **À PROPOS DE...**
>
> Noter que **недáвно** est accentué sur l'avant-dernière syllabe, alors que **давнó**, qui entre dans sa composition, a un accent final.

недалёкий (**недалёк, недалекá, недалекó, недалеки́**) ③ *adj* **1.** peu éloigné • **на недалёком расстоя́нии** à peu de distance • **в недалёком бýдущем** dans un avenir proche **2.** borné • **недалёкий человéк** un homme borné

недалекó *adv* pas loin • **онá живёт недалекó** elle n'habite pas loin
● **недалекó от цéнтра** près du centre

недáром *adv* **1.** non sans raison • **он недáром боя́лся послéдствий** il avait raison de craindre les conséquences **2.** non sans résultat • **я недáром рабóтал над э́тим цéлую недéлю** ce n'est pas en vain que j'y ai travaillé une semaine entière

неделикáтность *nf* manque de tact, manque de politesse • **извини́те за**

неделика́тность excusez mon indiscrétion

неде́ля *nf* semaine • на про́шлой неде́ле la semaine dernière • че́рез неде́лю dans une semaine • пять раз в неде́лю cinq fois par semaine

недоброжела́тельный *adj* mal intentionné, malveillant • недоброжела́тельные лю́ди des personnes malveillantes

недобросо́вестный *adj* peu consciencieux • недобросо́вестный рабо́тник un employé peu consciencieux • недобросо́вестная рабо́та un travail peu consciencieux

недове́рие *nnt* méfiance • относи́ться с недове́рием к предложе́нию se méfier d'une proposition

недове́рчивый *adj* méfiant • недове́рчивый челове́к un homme méfiant • недове́рчивый взгляд un regard méfiant

недово́льный *adj* mécontent • он был недово́лен на́ми il n'était pas content de nous • с недово́льным ви́дом avec un air mécontent

недово́льство *nnt* mécontentement • вы́звать всео́бщее недово́льство provoquer le mécontentement général

недо́лго *adv* pas longtemps • я недо́лго спал je n'ai pas dormi longtemps
◉ недо́лго и простуди́ться *fam* on aurait vite fait de prendre froid

недопусти́мый *adj* inadmissible • э́то недопусти́мо! c'est inadmissible !

недоразуме́ние *nnt* **1.** malentendu • я́вное недоразуме́ние un malentendu évident **2.** dispute
◉ по недоразуме́нию par suite d'un malentendu

недостава́ть* [II, недостаёт] / **недоста́ть*** [*n cl,* недоста́нет] *(+ G) v* де́нег недостава́ло l'argent manquait • ему́ чего́-то недостава́ло il lui manquait quelque chose • э́того то́лько недостава́ло! il ne manquait plus que cela !

недоста́ток *nm* **1.** défaut *(manque)* • недоста́ток де́нег le manque d'argent **2.** défaut *(imperfection)* • его́ гла́вный недоста́ток son principal défaut

недоста́точно *adv* insuffisamment
◉ де́нег у меня́ недоста́точно je n'ai pas assez d'argent

недоста́точный *adj* insuffisant • недоста́точное коли́чество une quantité insuffisante

/ **недоста́ть** → недостава́ть

недотро́га *nm ou nf* sainte-nitouche

недоумева́ть *v* ne pas comprendre, être perplexe • продолжа́я недоумева́ть, он смотре́л на всех il regardait tout le monde toujours sans comprendre

недоуме́ние *nnt* perplexité • он останови́лся в недоуме́нии il s'arrêta, perplexe

не́дра (недр, не́драм) *pl t* tréfonds, sous-sol *(naturel)* • изуче́ние физи́ческих проце́ссов в не́драх земли́ l'étude des processus physiques à l'œuvre dans les tréfonds de la terre

недружелю́бный *adj* inamical, hostile • недружелю́бный взгляд un regard hostile

неду́рно *adv* pas mal • он неду́рно поёт il ne chante pas mal

недурно́й (недурён, недурна́, неду́рно, неду́рны) *adj* **1.** assez bon • весьма́ недурны́е результа́ты des résultats pas mauvais du tout **2.** assez beau • она́ весьма́ недурна́ собо́й elle n'est pas mal du tout

неё → он

нестéственный *adj* peu naturel, artificiel • неесте́ственный смех un rire peu naturel

не́жность *nf* tendresse, douceur • не́жность её го́лоса la douceur de sa voix • она́ с не́жностью смотре́ла на него́ elle le regardait avec tendresse
◉ теля́чьи не́жности des manifestations de tendresse déplacées

не́жный ⑤ *adj* tendre • не́жный взгляд un tendre regard • не́жная ко́жа une peau tendre • не́жные чу́вства de tendres sentiments

незабу́дка *nf* myosotis

незабыва́емый *adj* inoubliable • незабыва́емые дни des jours inoubliables • незабыва́емые впечатле́ния des impressions inoubliables

незави́симость *nf* indépendance • **национа́льная незави́симость** l'indépendance nationale • **люби́ть незави́симость** aimer l'indépendance

незави́симый *adj* indépendant • **незави́симая страна́** un pays indépendant • **Сою́з Незави́симых Госуда́рств (СНГ)** Communauté des États Indépendants (CEI) • **незави́симый хара́ктер** un caractère indépendant

незадо́лго *adv* peu avant • **незадо́лго до полу́ночи** peu avant minuit

незако́нный *adj* illégal • **незако́нное де́йствие** une action illégale

незаме́тно *adv* imperceptiblement • **он незаме́тно подошёл** il s'est approché sans se faire remarquer

незаме́тный *adj* imperceptible, qu'on ne remarque pas • **незаме́тные измене́ния** des changements imperceptibles

незапа́мятный *adj* immémorial • **с незапа́мятных времён** depuis les temps les plus reculés

незара́зный *adj* non contagieux • **незара́зная боле́знь** une maladie non contagieuse

незаслу́женный *adj* non mérité • **незаслу́женная награ́да** une récompense non méritée • **незаслу́женное наказа́ние** un châtiment immérité

не́зачем *adv* il n'y a aucune raison • **не́зачем туда́ е́здить** il n'y a pas de raisons d'y aller

нездоро́виться *vp impers* **ему́ нездоро́вится** il est souffrant

нездоро́вый *adj* **1.** *(à la forme courte)* indisposé, malade • **она́ нездоро́ва** elle est souffrante **2.** maladif, malade • **у неё нездоро́вый вид** elle a l'air en mauvaise santé **3.** malsain • **нездоро́вый кли́мат** un climat malsain ~ *fig* • **нездоро́вая обстано́вка** une atmosphère malsaine

незнако́мая *adj subst f* une inconnue

незнако́мец *nm* inconnu • **тро́е незнако́мцев попроси́ли у него́ сигаре́тку** trois inconnus lui ont demandé une cigarette

незнако́мый *adj* inconnu • **незнако́мая ме́стность** un lieu inconnu • **вошёл незнако́мый мне молодо́й челове́к** un jeune homme que je ne connaissais pas entra • **я с ним незнако́м** je ne le connais pas

■ **незнако́мый** *nm* un inconnu • **в ко́мнату вошёл незнако́мый** un inconnu entra dans la pièce

неизбе́жный *adj* inévitable • **неизбе́жное зло** un mal inévitable • **э́то неизбе́жно** c'est inévitable

неизве́стно *adv*

• **он пропа́л неизве́стно куда́** il a disparu on ne sait pas où • **неизве́стно, есть ли что́-нибудь подо́бное в други́х гала́ктиках** on ne sait pas s'il y a des choses semblables dans les autres galaxies

неизве́стный *adj* inconnu • **неизве́стная звезда́** une étoile inconnue • **неизве́стный худо́жник** un artiste inconnu

неизме́нный (**неизме́нен, неизме́нна**) *adj* **1.** invariable, éternel • **неизме́нная и́стина** une vérité éternelle **2.** de toujours, constant • **неизме́нный друг** un ami fidèle • **со свое́й неизме́нной улы́бкой** avec son éternel sourire

неимове́рный *adj* incroyable • **неимове́рная жара́** une chaleur incroyable

неисправи́мый *adj* **1.** irrémédiable • **неисправи́мые оши́бки** des erreurs irréparables **2.** incorrigible • **неисправи́мый мечта́тель** un rêveur incorrigible

ней → **он**

не́кий* *pron-adj littéraire* un certain • **не́кий Бегунко́в** un certain Biegounkov

À PROPOS DE...

Le pronom **не́кий** présente une alternance **нек-/ не́ко-**. La base **нек-** est celle des nominatifs et de l'accusatif féminin singulier : **не́кий, не́кая, не́кое, не́кие, не́кую**. La base **не́ко-** est celle de toutes les autres formes (**не́коего**...).

не́когда[1] *adv* il n'y a pas le temps • **мне сего́дня не́когда** aujourd'hui, je n'ai pas le temps

не́когда[2] *adv* autrefois • **здесь не́когда была́ дереву́шка** ici, il y avait autrefois un hameau

нéкого *pron* **нé с кем бы́ло гуля́ть** il n'y avait personne avec qui se promener • **мне нéкому жáловаться** il n'y a personne à qui je puisse me plaindre

> **À PROPOS DE...**
>
> La forme **нéкого** est un génitif. Le pronom n'a pas de nominatif.

нéкоторый *adj* quelque, certain • **они́ посидéли нéкоторое врéмя на скамéйке** ils restèrent un certain temps assis sur le banc • **до нéкоторой стéпени** jusqu'à un certain point
■ **нéкоторые** *pron pl* certains, quelques uns • **нéкоторые из них** quelques-uns d'entre eux

некстáти *adv* mal à propos, au mauvais moment • **он пришёл вóвсе некстáти** il est arrivé au mauvais moment • **кстáти и некстáти** à propos et hors de propos
● **егó прихóд оказáлся некстáти** sa venue tombait mal

нéкто *pron* qqn • **звони́л нéкто, пожелáвший остáться неизвéстным** quelqun a téléphoné, qui souhait rester anonyme

> **À PROPOS DE...**
>
> **нéкто** n'a pas d'autre forme que le nominatif. Pour les formes **нéкого, нéкому...,** voir **нéкого.**

нéкуда *adv* nulle part
● **емý нéкуда пойти́** il n'a nulle part où aller • **торопи́ться нéкуда** il n'y a pas de raison de se dépêcher • **есть закóн, всё прáвильно и девáться нéкуда** il y a une loi, tout est bien et on n'y peut rien

некуря́щий *adj subst m* non fumeur • **вагóн для некуря́щих** voiture non fumeurs

нелáдный *adj* qui ne marche pas bien • **тут чтó-то нелáдно** il y a là quelque chose qui cloche • **там происхóдит чтó-то нелáдное** il se passe là-bas quelque chose d'anormal

нелéпость *nf* ineptie • **говори́ть нелéпости** dire des inepties

нелéпый *adj* saugrenu • **нелéпый отвéт** une réponse saugrenue

нели́шний *adj* non superflu • **я считáю э́то нели́шним** j'estime que ce n'est pas superflu

нелóвкий (нелóвок, неловкá, нелóвко, нелóвки) ⑤ *adj* **1.** maladroit • **нелóвкое движéние** un mouvement maladroit **2.** embarrassant, gênant • **постáвить всех в нелóвкое положéние** mettre tout le monde dans une situation embarrassante • **нелóвкое молчáние** un silence embarrassé

нелóвко *adv* maladroitement • **онá получи́ла трáвму, нелóвко поскользнýвшись у сéтки** elle s'est blessée en dérapant maladroitement près du filet
● **всем стáло нелóвко** tout le monde se sentit gêné • **мне нелóвко говори́ть об э́том** cela me gêne d'en parler

нельзя́ *adv* **1.** il est impossible • **здесь так темнó, что нельзя́ читáть** il fait tellement sombre ici qu'on ne peut pas lire • **нельзя́ не согласи́ться с ней** on ne peut pas ne pas être d'accord avec elle • **нельзя́ ли емý помóчь?** ne peut-on pas l'aider ? • **как нельзя́ лýчше** on ne peut mieux **2.** il ne faut pas, il est interdit de • **здесь нельзя́ кури́ть** il est interdit de fumer ici

нём → **он**

немáло *adv* **1.** (+ G) beaucoup • **мы потеря́ли немáло врéмени** nous avons perdu pas mal de temps **2.** (+ v) très, beaucoup • **он немáло горди́лся э́тим** il n'en était pas peu fier

немаловáжный *adj* (très) important • **немаловáжные вопрóсы** des questions fort importantes

немáлый *adj* assez grand, assez gros • **немáлые дéньги** d'assez grosses sommes

немéдленно *adv* immédiatement • **они́ немéдленно уéхали** ils partirent aussitôt

немéдленный *adj* immédiat • **немéдленный отвéт** une réponse immédiate

нéмец *nm* Allemand

немéцкий *adj* allemand • **на немéцком языкé** en allemand

неми́лость *nf* disgrâce • **впасть в неми́лость** tomber en disgrâce

неминýемый *adj* inévitable • **неминýемая бедá** un malheur inévitable

не́мка *nf* Allemande

немно́гие *adj pl* quelques • **в немно́гих слова́х** en quelques mots • **за немно́гими исключе́ниями** à quelques exceptions près • **верну́лись лишь немно́гие** rares furent les survivants

немно́го *adv* **1.** un peu • **немно́го со́ли** un peu de sel • **отдохну́ть немно́го** se reposer un peu **2.** peu • **вре́мени остаётся немно́го** il reste peu de temps • **немно́го спустя́** peu après

немно́гое *adj subst nt* peu de chose • **он забы́л то немно́гое, чему́ его́ учи́ли** il a oublié le peu qu'on lui avait appris

немно́жко *adv* un petit peu • **немно́жко бо́льше** un tout petit peu plus

немо́й ⑤ *adj* muet • **немо́й ребёнок** un enfant muet • **немо́й фильм** un film muet • **нема́я ка́рта** une carte muette (GÉOGR)

нему́ → **он**

немы́слимый *adj* inconcevable • **усло́вия для рабо́ты немы́слимые** les conditions de travail sont inimaginables

ненави́деть* [I, ненави́жу, ненави́дишь] / **возненави́деть*** [I, *id*] *v* haïr • **он ненави́дит свои́х сосе́дей** il déteste ses voisins

не́нависть *nf* haine • **смотре́ть с не́навистью** regarder avec haine • **из не́нависти к сестре́** par haine pour sa sœur

ненадо́лго *adv* pas pour longtemps • **он уе́хал ненадо́лго** il est parti pour peu de temps

нена́стный *adj* très mauvais • **в нена́стную пого́ду** par mauvais temps

ненасы́тный *adj* insatiable • **ненасы́тное любопы́тство** une curiosité insatiable

необду́манный *adj* inconsidéré • **необду́манный посту́пок** un acte inconsidéré

необита́емый *adj* inhabité • **необита́емый о́стров** une île déserte

необосно́ванный *adj* dénué de fondement, injustifié • **необосно́ванный упрёк** un reproche non fondé

необразо́ванный *adj* pas instruit, inculte • **они́ ужа́сно необразо́ванны** ils sont affreusement incultes

необу́зданный *adj* effréné • **необу́зданная страсть** une passion déchaînée

необходи́мо *adv*
• **необходи́мо приня́ть ме́ры** il est indispensable de prendre des mesures

необходи́мость *nf* nécessité • **предме́ты пе́рвой необходи́мости** des objets de première nécessité • **она́ э́то де́лает по необходи́мости** elle fait cela par nécessité • **в слу́чае необходи́мости** en cas de nécessité

необходи́мый *adj* indispensable

необъя́тный *adj* immense • **необъя́тные сиби́рские леса́** les immenses forêts sibériennes

необыкнове́нный (**необыкнове́нен, необыкнове́нна**) *adj* extraordinaire • **необыкнове́нное происше́ствие** un événement extraordinaire

необыча́йный *adj* extraordinaire, insolite • **необыча́йный шум** un bruit insolite

необы́чный *adj* inhabituel

необяза́тельный *adj* non obligatoire, facultatif • **э́ти реше́ния но́сят форма́льный, необяза́тельный хара́ктер** ces décisions ont un caractère formel, facultatif • **необяза́тельный предме́т** une matière facultative

неограни́ченный *adj* illimité • **неограни́ченная власть** un pouvoir absolu

неоднокра́тно *adv* à maintes reprises • **его́ и́мя неоднокра́тно упомина́лось** son nom a été mentionné à maintes reprises

неоднокра́тный *adj* réitéré, répété • **арби́тр игнори́ровал неоднокра́тные наруше́ния игроко́в** l'arbitre ignorait les infractions répétées des joueurs

неожи́данно *adv* de manière inattendue

неожи́данный *adj* inattendu • **неожи́данная весть** une nouvelle inattendue

неопису́емый *adj* indescriptible • **неопису́емая ра́дость** une joie indescriptible

неопря́тный *adj* malpropre • **я не могу́ позво́лить себе́ ходи́ть неопря́тным** je ne peux pas me permettre de ne pas être soigné

неоспори́мый *adj* incontestable • **неоспори́мая и́стина** une vérité incontestable

неосторо́жность *nf* imprudence • **по неосторо́жности** par imprudence • **допусти́ть неосторо́жность** commettre une imprudence

неосторо́жно *adv* imprudemment • **поступа́ть неосторо́жно** agir imprudemment

неосторо́жный *adj* imprudent • **неосторо́жный ребёнок** un enfant imprudent

не́откуда *adv* **их взять не́откуда** on ne sait pas où les prendre

неотло́жный *adj* qu'on ne peut ajourner • **неотло́жное де́ло** une affaire urgente • **ста́нция неотло́жной медици́нской по́мощи** centre de secours médical d'urgence

неотлу́чно *adv* continuellement • **неотлу́чно находи́ться в свое́й кварти́ре** ne jamais quitter son appartement

неотлу́чный *adj* inséparable • **ситуа́ция тре́бует её неотлу́чного прису́тствия** la situation exige qu'elle soit présente en permanence

непло́хо *adv* pas mal • **он непло́хо игра́ет** il ne joue pas mal

неплохо́й (непло́х, неплоха́, непло́хо, непло́хи) ⑤ *adj* pas mauvais • **неплохи́е результа́ты** d'assez bons résultats

непобеди́мый *adj* invincible • **непобеди́мая кома́нда** une équipe invincible

непого́да *nf* mauvais temps • **непого́да к выходны́м нала́дится** le mauvais temps va s'améliorer en fin de semaine

неподви́жно *adv* sans bouger • **стоя́ть неподви́жно** se tenir immobile

неподви́жный *adj* immobile • **неподви́жный взгляд** un regard fixe

неподража́емый *adj* inimitable • **неподража́емый арти́ст** un artiste inimitable

неподходя́щий *adj* qui ne convient pas • **больно́й мо́жет засну́ть в са́мый неподходя́щий моме́нт** le malade peut s'endormir au moment le moins approprié

непоня́тно *adv* de manière incompréhensible
• **непоня́тно, как э́то случи́лось** on ne comprend pas comment cela a pu se produire

непоня́тный *adj* incompréhensible • **непоня́тные слова́** des mots incompréhensibles

непоправи́мый *adj* irréparable • **непоправи́мая оши́бка** une faute irréparable • **непоправи́мая беда́** un malheur irréparable

непохо́жий *adj* peu ressemblant • **он непохо́ж на бра́та** il ne ressemble pas à son frère • **э́то на вас непохо́же** cela m'étonne de vous

непра́вда *nf* mensonge • **непра́вда!** ce n'est pas vrai • **говори́ть непра́вду** mentir

непра́вильно *adv* mal, incorrectement • **он меня́ непра́вильно по́нял** il ne m'a pas bien compris

непра́вильный *adj* **1.** incorrect, faux • **непра́вильное произноше́ние** une prononciation incorrecte **2.** irrégulier • **непра́вильные черты́ лица́** des traits irréguliers • **непра́вильные глаго́лы** les verbes irréguliers

непра́вый (непра́в, неправа́, непра́во, непра́вы) ⑤ *adj* **1.** qui a tort • **он непра́в** il a tort **2.** injuste • **суд ско́рый и непра́вый** un jugement rapide et injuste

непредви́денный *adj* imprévu • **непредви́денные расхо́ды** des dépenses imprévues

непреме́нно *adv* sans faute, sans manquer • **она́ сказа́ла, что непреме́нно придёт** elle a dit qu'elle viendrait sans faute

непреры́вный *adj* ininterrompu • **непреры́вным пото́ком** en un flot ininterrompu

непривы́чка *nf* manque d'habitude • **с непривы́чки** par manque d'habitude

неприли́чно *adv* de manière indécente • **неприли́чно вести́ себя́** se conduire d'une manière indécente

неприли́чный *adj* indécent, incongru • **неприли́чные слу́чаю слова́** des incongruités

непримири́мый *adj* **1.** irréconciliable • **непримири́мые враги́** des ennemis irréconciliables **2.** sans pitié, implacable • **непримири́мая борьба́** une lutte impitoyable

непристу́пный *adj* inaccessible • **непристу́пные высо́ты** des hauteurs inaccessibles • **непристу́пная кре́пость** une forteresse inexpugnable

неприя́тель *nm* ennemi • **разби́ть неприя́теля** vaincre l'ennemi • **традицио́нные неприя́тели ле́са - хулига́ны и поджига́тели** les ennemis traditionnels de la forêt : les voyous et les pyromanes

неприя́тельский *adj* ennemi • **неприя́тельские войска́** les armées ennemies

неприя́тность *nf* désagrément • **со мной случи́лась ма́ленькая неприя́тность** il m'est arrivé un petit désagrément • **говори́ть неприя́тности** dire des choses désagréables

неприя́тный *adj* désagréable • **неприя́тный за́пах** une odeur désagréable • **неприя́тное де́ло** une affaire ennuyeuse

непромока́емый *adj* imperméable • **непромока́емый плащ** un imperméable

непрости́тельный *adj* impardonnable • **непрости́тельная оши́бка** une faute impardonnable

непроходи́мый *adj* **1.** impénétrable, impraticable • **непроходи́мые леса́** des forêts impénétrables **2.** sans issue, sans espoir • **непроходи́мая глу́пость** une bêtise incurable • **непроходи́мый дура́к** un âne bâté

непро́шенный *adj* non invité, non souhaité • **непро́шенный гость** un hôte indésirable • **непро́шенные слёзы** des larmes involontaires

нерабо́чий *adj* non ouvrable • **в нерабо́чий день** un jour de congé • **в нерабо́чее вре́мя** en dehors des heures de travail

нера́венство *nnt* inégalité • **социа́льное нера́венство** les inégalités sociales

неравноду́шный *adj* non indifférent • **у нас мно́го неравноду́шных люде́й, кото́рым есть де́ло до чу́жой беды́** il y a chez nous beaucoup de personnes sensibles, qui ne sont pas indifférentes au malheur d'autrui • **она́ к нему́ неравноду́шна** il ne lui est pas indifférent

неразбери́ха *nf* embrouillamini • **повтори́лась та же неразбери́ха** ça a été le même embrouillamini

неразбо́рчивый *adj* **1.** indéchiffrable • **неразбо́рчивый по́черк** une écriture illisible • **неразбо́рчивая по́дпись** une signature illisible **2.** peu regardant • **он неразбо́рчив в еде́** il n'est pas difficile pour la nourriture • **он неразбо́рчив в сре́дствах** tous les moyens lui sont bons

неразгово́рчивый *adj* peu loquace

неразлу́чный *adj* inséparable • **неразлу́чные друзья́** des amis inséparables

нерв *nm* nerf • **зри́тельный нерв** le nerf optique • **у неё кре́пкие не́рвы** elle a les nerfs solides • **э́то мне де́йствует на не́рвы** cela me porte sur les nerfs

не́рвничать *v* s'énerver

не́рвный *adj* nerveux • **не́рвная систе́ма** le système nerveux • **не́рвный припа́док** une crise de nerfs

неря́ха *nm ou nf* personne peu soigneuse, personne malpropre

неря́шливый *adj* **1.** malpropre, peu soigné • **неря́шливый челове́к** une personne malpropre **2.** peu soigné, mal fait • **неря́шливая рабо́та** un travail peu soigné

нёс → нести́

несбы́точный *adj* irréalisable • **несбы́точные мечты́** des rêves irréalisables

несваре́ние *nnt*
● **несваре́ние желу́дка** indigestion

несгора́емый *adj* incombustible • **несгора́емый материа́л** un matériau incombustible
● **несгора́емый шкаф** coffre-fort

несём, несёт → нести́

несказа́нный *adj* indicible • **несказа́нная ра́дость** une joie indicible • **несказа́нный успе́х** un succès inouï

нескла́дный *adj* mal bâti • **нескла́дный расска́з** un récit peu cohérent • **нескла́дный па́рень** un garçon mal bâti

не́сколько[1] *adv* quelque peu, un peu • **он не́сколько преувели́чивает** il exagère quelque peu

не́сколько[2] (не́скольких, не́скольким) *num* plusieurs • **не́сколько лет тому́ наза́д** il y a quelques années • **не́сколько челове́к** quelques personnes • **в не́скольких слова́х** en quelques mots

À PROPOS DE...

La forme **не́сколько** régit le génitif.

нескро́мный (нескро́мен, нескромна́, нескро́мно, нескро́мны) ⑤ *adj* **1.** peu modeste • **нескро́мный челове́к** une personne peu modeste **2.** indiscret • **нескро́мный вопро́с** une question indiscrète

несла́, несло́ → **нести́**

несль́ıханный *adj* inouï • **несль́ıханный успе́х** un succès inouï

несмотря́

■ **несмотря́ на** *prép (+ A)* en dépit de • **несмотря́ на плоху́ю пого́ду** en dépit du mauvais temps

несно́сный *adj* insupportable • **несно́сная жара́** une chaleur insupportable • **несно́сный хара́ктер** un caractère insupportable

несовершенноле́тний *adj* mineur *(qui n'a pas atteint l'âge de la majorité)*

несоверше́нный (несоверше́нен, несоверше́нна) *adj* imparfait • **несоверше́нная рабо́та** un travail imparfait

● **несоверше́нный вид** l'imperfectif (GRAMM) › **глаго́л несоверше́нного ви́да** un verbe imperfectif

несогла́сный (несогла́сен, несогла́сна) *adj* pas d'accord • **я с ва́ми несогла́сен** je ne suis pas d'accord avec vous • **она́ несогла́сна на ва́ше предложе́ние** elle n'est pas d'accord avec votre proposition

несомне́нно *adv* indubitablement, sans aucun doute • **он несомне́нно прав** il a raison, sans aucun doute

несомне́нный (несомне́нен, несомне́нна) *adj* indubitable • **несомне́нный успе́х** un succès indubitable

неспосо́бный *adj* incapable

несправедли́вость *nf* injustice • **социа́льная несправедли́вость** l'injustice sociale

несправедли́вый *adj* injuste • **несправедли́вый челове́к** un homme injuste • **несправедли́вое реше́ние** une décision injuste

несравне́нно *adv* incomparablement • **несравне́нно ху́же** incomparablement moins bien

несравне́нный (несравне́нен, несравне́нна) *adj* incomparable

нестерпи́мый *adj* intolérable, insupportable • **нестерпи́мая жара́** une chaleur insupportable

нести́* [IV, несу́, несёшь - нёс, несла́] ③ / **понести́*** [IV, понесу́, понесёшь - понёс, понесла́ - понесённый - понеся́] ③ ③ ; *indét.* **носи́ть** ④ *v* **1.** porter • **нести́ чемода́н** porter une valise • **нести́ мешо́к на спине́** porter un sac sur le dos **2.** assurer, exécuter • **нести́ карау́л** monter la garde • **нести́ обя́занность** remplir une fonction **3.** subir, endurer • **понести́ убы́тки** subir des pertes **4.** *fam* puer • **от него́ несёт во́дкой** il pue la vodka **5.** *fam* raconter *(des âneries)* • **нести́ вздор** dire des bêtises **6.** / **снести́** [IV, снесу́, снесёшь - снёс, снесла́ - снесённый - снеся́] ③ ③ pondre • **ку́рица снесла́ яйцо́** la poule a pondu un œuf

● **куда́ вас несёт?** *fam* où diable allez-vous ?

Voir encadré page suivante.

нести́сь* [IV, несу́сь, несёшься - нёсся, несла́сь] ③ / **понести́сь*** [IV, *id*] ③ ; *indét.* **носи́ться** ④ *vp* **1.** aller à grande vitesse • **нести́сь во весь опо́р** aller à toute allure **2.** se répandre • **несётся слух, что...** le bruit court que...

несусве́тный *adj* inimaginable • **несусве́тная чепуха́** des bêtises inimaginables

À PROPOS DE...

Pour les emplois particuliers de l'indéterminé **носи́ть**, voir ce mot.

несчáстный *adj* **1.** malheureux • **несчáстный человéк** un homme malheureux • **несчáстная любóвь** un amour malheureux **2.** néfaste • **несчáстный день** un jour néfaste
● **несчáстный слу́чай** un accident

несчáстье *nnt* malheur • **случи́лось несчáстье** il est arrivé un malheur • **к несчáстью** par malheur

несъедóбный *adj* non comestible • **несъедóбные грибы́** les champignons non comestibles

нет[1] *particule* **1.** non • **нет, он не прав** non, il a tort **2.** *(en réponse à une phrase négative)* si • **э́то не он? — нет, э́то он** ce n'est pas lui ? — si, c'est lui

нет[2] [*(forme négative du verbe* **быть**) **нé было - не бу́дет**], **нéту**[2] *fam v* il n'y a pas de • **нет ни однóй кни́ги** il n'y a pas un seul livre • **нéту никогó** il n'y a personne • **егó нет** il n'est pas là • **нет ничегó труднéе** il n'y a rien de plus difficile
● **на нет и судá нет** à l'impossible nul n'est tenu • **свести́ на нет** réduire à néant

нетерпéние *nnt* impatience • **ждать с нетерпéнием** attendre avec impatience

нетерпи́мость *nf* intolérance • **религиóзная нетерпи́мость** l'intolérance religieuse

нетрéзвый (**нетрéзв, нетрезвá, нетрéзво, нетрéзвы**) ⑤ *adj* éméché, en état d'ivresse • **в нетрéзвом ви́де** en état d'ivresse

неубеди́тельный *adj* peu convaincant • **неубеди́тельный примéр** un exemple peu convaincant

неувéренный *adj* hésitant, peu sûr • **неувéренной похóдкой** avec une démarche hésitante • **неуверéнная игрá сбóрной внушáет опасéния** le jeu hésitant de la sélection suscite des inquiétudes

неудáча *nf* insuccès, échec • **потерпéть неудáчу** subir un échec • **э́то осужденó на неудáчу** c'est condamné à l'échec

неудáчливый *adj* malchanceux • **неудáчливый человéк** un homme qui n'a jamais eu de chance

неудáчный *adj* manqué, raté • **неудáчная попы́тка** une tentative malheureuse • **неудáчное начáло** un mauvais début • **неудáчный портрéт** un portrait manqué

неудóбно *adv* **мне неудóбно сидéть** je suis mal assis • **неудóбно обращáться с такóй прóсьбой** c'est gênant d'avoir à faire une telle requête

неудóбный *adj* **1.** inconfortable • **неудóбное крéсло** un fauteuil peu confortable **2.** *fig* embarrassant • **неудóбное положéние** une situation embarrassante

неудовлетвори́тельный *adj* peu satisfaisant • **неудовлетвори́тельная рабóта** un travail peu satisfaisant • **неудовлетвори́тельная оцéнка** une note peu satisfaisante

неудовóльствие *nnt* mécontentement • **вы́разить своё неудовóльствие** exprimer son mécontentement

неужéли *particule* est-il possible que • **неужéли вы не пóмните?** est-il possible que vous ayez oublié ? • **неужéли?** pas possible !

неуклю́жий *adj* lourd, pataud • **неуклю́жая похóдка** une démarche pesante • **неуклю́жее крéсло** un fauteuil aux formes peu élégantes

неумéстный *adj* déplacé, incongru • **неумéстные вопрóсы** des questions déplacées

неуравновéшенный *adj* déséquilibré • **неуравновéшенный человéк** un homme déséquilibré

неурожáй *nm* mauvaise récolte

неутоми́мый *adj* infatigable • **неутоми́мый исслéдователь** un chercheur infatigable

нефть *nf* pétrole • **добы́ча нéфти** l'extraction du pétrole

нефтянóй *adj* de pétrole • **нефтянáя сквáжина** un puits de pétrole • **нефтянóе месторождéние** un gisement de pétrole • **нефтянáя добы́ча** l'extraction du pétrole

нехоро́ший (нехоро́ш, нехороша́, нехорошо́, нехороши́) ③ *adj* **1.** mauvais • **нехоро́шее де́ло** une sale affaire **2.** *(forme courte)* pas beau • **он нехоро́ш собо́й** ce n'est pas un beau garçon

нехорошо́ *adv* mal
● **спи́сывать нехорошо́** ce n'est pas bien de copier

не́хотя *adv* à contrecœur • **он не́хотя взя́лся за э́то де́ло** il s'est mis à ce travail à contrecœur

нецелесообра́зный *adj* inutile, déraisonnable • **нецелесообра́зная рабо́та** un travail inutile

нечá́янно *adv* involontairement • **он нечá́янно вы́стрелил** le coup est parti sans qu'il l'ait fait exprès

нечá́янный *adj* **1.** inattendu • **нечá́янная встре́ча** une rencontre inattendue **2.** involontaire • **нечá́янное совпаде́ние** une coïncidence fortuite

не́чего[1] *pron* **не́чем горди́ться** il n'y a pas de quoi être fier • **не́чему ра́доваться** il n'y a pas de quoi se réjouir
● **де́лать не́чего** on n'y peut rien • **не́чего сказа́ть** il n'y a pas à dire • **от не́чего де́лать** par désœuvrement

> **À PROPOS DE...**
>
> La forme **не́чего** est un génitif. Le pronom n'a pas de nominatif.

не́чего[2] *fam adv*
● **не́чего об э́том говори́ть** inutile d'en parler • **не́чего ра́доваться** il n'y a pas de raison de se réjouir

нече́стный *adj* malhonnête • **нече́стный челове́к** un homme malhonnête • **нече́стный посту́пок** un acte malhonnête

нечистопло́тный *adj* malpropre • **нечистопло́тный челове́к** un homme malpropre ~ *fig* • **нечистопло́тная сде́лка** un arrangement douteux

нечистота́ *nf vieilli* saleté • **несмотря́ на нечистоту́ ко́мнаты** en dépit de la saleté de la pièce
■ **нечисто́ты** *pl* ordures • **вы́возка нечисто́т** l'enlèvement des ordures

нечи́стый (нечи́ст, нечиста́, нечи́сто, нечи́сты) ⑤ *adj* sale, impur • **нечи́стая руба́шка** une chemise sale • **нечи́стый во́здух** un air impur ~ *fig* • **нечи́стое де́ло** une affaire louche
● **нечи́стая си́ла** l'esprit malin • **он на́ руку нечи́ст** il est d'une honnêteté douteuse
■ **нечи́стый** *adj subst m* le Malin • **нечи́стый попу́тал** c'est le diable qui m'a poussé

не́что *pron* quelque chose • **в после́днее вре́мя уже́ случа́лось не́что подо́бное** ces derniers temps il s'est déjà produit quelque chose de semblable

> **À PROPOS DE...**
>
> **не́что** n'a pas d'autre forme que le nominatif. Pour les formes **не́чего, не́чему**..., voir **не́чего**.

нешу́точный *adj* assez sérieux • **де́ло нешу́точное** ce n'est pas une plaisanterie

не́ю → **он**

ни[1] ◪ *conj* ni • **ни мне ни тебе́** ni à moi ni à toi • **ни тот ни друго́й** ni l'un ni l'autre • **ни ры́ба ни мя́со** ni chair ni poisson • **ни с того́ ни с сего́** sans rime ni raison ◪ *particule* **1.** *(dans une phrase négative)* • **ни копе́йки не тра́тить** ne pas dépenser un kopeck • **не́ было ни одного́ авто́буса** il n'y avait pas un seul autobus • **не́ было ни души́** il n'y avait pas âme qui vive • **ни сло́ва об э́том!** n'en parlez à personne **2.** *(après un pronom ou un adverbe)* • **как ни стара́йся, всех обеща́ний не вы́полнить** quoi qu'on fasse, on ne peut pas tenir toutes les promesses • **кто что ни говори́** on a beau dire • **во что бы то ни ста́ло** à tout prix

> **À PROPOS DE...**
>
> **ни** est accentué lorsqu'il est suivi de **был, было** ou **были**. La forme verbale est alors atone.

ни[2] *particule sép* → **никто́, ничто́, нико́й**

> **À PROPOS DE...**
>
> La particule séparable **ни** est toujours suivie d'une préposition (ex. : **ни о чём**).

-нибудь *particule post* que ce soit

нигде́ *adv* nulle part (emplacement) • **нигде́ никто́ никого́ не ждёт** personne n'attend personne nulle part

Нидерла́нды *pl* les Pays-Bas

ни́же *comp de* **ни́зкий, ни́зко**

ни́жний *adj* inférieur, de dessous • **ни́жняя че́люсть** la mâchoire inférieure • **ни́жнее бельё** sous-vêtements

ни́зкий *(comp.* **ни́же*** ~ *superl.* **ни́зший***)* ⑤ *adj* bas • **ни́зкий потоло́к** un plafond bas • **ни́зкие каблуки́** des talons bas • **ни́зкие облака́** des nuages bas • **ни́зкий лоб** un front bas • **ни́зкая температу́ра** une basse température • **ни́зкого ка́чества** de mauvaise qualité

ни́зко *adv* bas • **Марс тогда́ располага́лся ни́зко над горизо́нтом** Mars était alors situé bas sur l'horizon • **прое́кт оце́нивают дово́льно ни́зко** le projet est peu apprécié • **де́сять гра́дусов ни́же нуля́** dix degrés au-dessous de zéro • **смотри́ ни́же** voir plus bas

низо́вье *nnt région arrosée par le cours inférieur d'un fleuve* • **низо́вье Во́лги** la basse Volga

ни́зость *nf* bassesse, vilenie

ни́зший *adj* inférieur • **ни́зшего ка́чества** de qualité inférieure

ника́к *adv* nullement • **я э́того ника́к не могу́ поня́ть** je n'arrive absolument pas à comprendre cela

никако́й *adj* aucun • **нет никако́го сомне́ния** il n'y a aucun doute • **об э́том я не име́ю никако́го представле́ния** je n'en ai aucune idée

никогда́ *adv* jamais • **я его́ никогда́ не ви́дел** je ne l'ai jamais vu • **лу́чше по́здно, чем никогда́** mieux vaut tard que jamais

нико́й *adj nég* **нико́им о́бразом** en aucune façon • **ни в ко́ем слу́чае** en aucun cas

никто́ *pron* personne • **никто́ не знал** personne ne savait • **он ни к кому́ не обраща́лся** il ne s'adressait à personne

никуда́ *adv* nulle part (direction) • **мы никуда́ не поéдем** nous n'irons nulle part
• **э́то никуда́ не годи́тся** cela ne vaut rien

никуды́шный *adj* qui ne vaut rien • **челове́к он никуды́шный** il n'y a rien à en tirer • **э́то никуды́шная рабо́та** ce n'est ni fait ni à faire

ним, ни́ми → **он**

ниотку́да *adv* de nulle part • **мы ниотку́да не получа́ем пи́сем** nous ne recevons de lettres de nulle part

ниско́лько *adv* pas du tout • **он ниско́лько не испуга́лся** il n'a pas eu peur du tout

ни́тка *nf* fil • **кату́шка ни́ток** une bobine de fil • **вдеть ни́тку в иго́лку** enfiler une aiguille
• **э́то ши́то бе́лыми ни́тками** c'est cousu de fil blanc • **он промо́к до ни́тки** il est trempé jusqu'aux os

нить *nf* fil • **золота́я нить** un fil d'or ~ *fig* • **потеря́ть нить разгово́ра** perdre le fil de la conversation

них → **он**

ничего́[1] *pron* → **ничто́**

ничего́[2] *adv* **1.** ça n'a pas d'importance, ça ne fait rien • **ничего́, э́то пройдёт** ça ne fait rien, ça passera **2.** pas mal, assez bien • **как дела́? —ничего́, спаси́бо!** comment ça va ? — pas trop mal, merci ! • **до́мик — ничего́ себе́** c'est une petite maison pas mal du tout

ничто́ *pron* rien • **он ничего́ не де́лает** il ne fait rien • **она́ ни о чём не ду́мала** elle ne pensait à rien • **ничего́ подо́бного** pas le moins du monde

À PROPOS DE...

La forme **ничто́** est d'emploi assez rare dans la langue parlée ; on lui préfère **ничего́** en fonction de nominatif : ***его́ ничто́ не интересу́ет*** (norme littéraire) ; ***его́ ничего́ не интересу́ет*** (style de la conversation).

ничто́жный *adj* **1.** infime • **ничто́жное коли́чество** une quantité infime **2.** sans valeur, sans importance • **ничто́жная роль** un rôle sans importance • **ничто́жный челове́к** une nullité

ничу́ть *adv* pas du tout • **он ничу́ть не испуга́лся** il n'a pas eu peur du tout

нищета́ *nf* misère • **впасть в нищету́** tomber dans la misère • **жить в нищете́** vivre dans la misère

ни́щий *adj* misérable, réduit à la mendicité • **ни́щий стари́к** un vieillard réduit à la mendicité
■ **ни́щий** *adj subst m* **ни́щие и бомжи́** des mendiants et SDFs

но *conj* mais • **я его́ спроси́л, но он ничего́ не отве́тил** je lui ai demandé, mais il n'a rien répondu

нове́йший *adj* très récent, moderne • **нове́йшая литерату́ра** la littérature contemporaine

нови́нка *nf* nouveauté • **после́дние нови́нки литерату́ры** les dernières nouveautés de la littérature

новичо́к *nm* **1.** novice, débutant • **в э́том де́ле он ещё новичо́к** dans ce domaine, c'est encore un novice **2.** nouveau *(à l'école)* • **новичо́к встал и назва́л свою́ фами́лию** le nouveau se leva et dit son nom

новогóдний *adj* de nouvel an • **новогóдний пода́рок** un cadeau de nouvel an, étrenne • **новогóдняя ёлка** un arbre de nouvel an

но́вое *adj subst nt* **что но́вого?** quoi de neuf ?

новорождённая *adj subst f* **1.** nouveau-née **2.** femme fêtant son anniversaire

новорождённый *adj* nouveau-né • **новорождённый ребёнок** un enfant nouveau-né
■ **новорождённый** *adj subst m* **1.** nouveau-né **2.** homme fêtant son anniversaire

новосе́лье *nnt* **1.** crémaillère *(fête)* • **устро́ить новосе́лье** pendre la crémaillère **2.** nouveau logement • **устро́иться на новосе́лье** s'installer dans son nouveau logement

новостро́йка *nf* construction neuve • **жить в новостро́йке** habiter dans un immeuble neuf

но́вость ①③ *nf* **1.** nouvelle • **прия́тная но́вость** une agréable nouvelle • **сообщи́ть после́дние но́вости** communiquer les dernières nouvelles **2.** nouveauté • **но́вости те́хники** les nouveautés de la technique • **но́вости сезо́на** les nouveautés de la saison *(mode)*
● **э́то не но́вость!** ce n'est pas neuf ! • **э́то что ещё за но́вости!** en voilà des inventions !

но́вшество *nnt* innovation • **вся́кое но́вшество его́ пуга́ет** toute innovation l'effraie

но́вый ⑤ *adj* **1.** neuf • **костю́м ещё совсе́м но́вый** ce costume est encore tout neuf **2.** nouveau • **но́вое лека́рство** un nouveau médicament • **но́вый ме́тод** une nouvelle méthode • **но́вый сорт карто́феля** une nouvelle variété de pomme de terre • **Но́вый Год** le nouvel an **3.** moderne • **но́вые языки́** les langues modernes
● **с Но́вым Го́дом!** Bonne année !

нога́ ⑥⑦ *nf* **1.** jambe • **она́ ещё не о́чень уве́ренно де́ржится на нога́х** elle ne tient pas encore très bien sur ses jambes **2.** pied • **наступи́ть кому́-нибудь на́ ногу** marcher sur les pieds de qqn *litt & fig*
● **бежа́ть со всех ног** s'enfuir à toutes jambes • **без (за́дних) ног** fatigué à ne plus tenir debout • **быть с ке́м-нибудь на коро́ткой ноге́** être très intime avec qqn • **вверх нога́ми** à l'envers, sens dessus dessous › **поста́вить я́щик вверх нога́ми** poser une caisse à l'envers • **встать с ле́вой ноги́** se lever du pied gauche • **идти́ в но́гу** marcher au pas • **жить на широ́кую но́гу** vivre sur un grand pied • **сиде́ть нога́ на́ ногу** être assis les jambes croisées • **стоя́ть одно́й ного́й в моги́ле** avoir un pied dans la tombe • **компа́ния уже́ про́чно стои́т на нога́х** l'entreprise est déjà bien établie

À PROPOS DE...

L'accent passe sur la préposition dans les groupes **за́ ногу, на́ ногу, по́д ногу, на́ ноги** et **по́д ноги.**

но́готь ①③ *nm* ongle • **обре́зать но́гти** couper les ongles • **куса́ть но́гти** se ronger les ongles
● **до ко́нчиков ногте́й** jusqu'au bout des ongles › **эгои́ст до ко́нчиков ногте́й** égoïste jusqu'au bout des ongles

нож ③② *nm* couteau • **столо́вый нож** un couteau de table • **перочи́нный нож** un canif
● **быть на ножа́х с бра́том** être à couteaux tirés avec son frère • **лечь под**

нож passer sur la table d'opération • **пристáть с ножóм к гóрлу** mettre le couteau sur la gorge *fig*

нóжик *dim de* **нож**

нóжка *nf* **1.** *dim de* **нoгá** **2.** pied *(d'un objet, d'un champignon)* • **нóжка столá** le pied de la table • **нóжка грибá** le pied du champignon
● **подстáвить комý-нибудь нóжку** **a.** faire un croche-pied à qqn **b.** mettre des bâtons dans les roues à qqn

нóжницы (**нóжниц, нóжницам**) *pl t* ciseaux

ноздря́* *(gén. pl.* **ноздрéй**) ②③ *nf* narine, naseau

ноль ③② *nm* zéro • **ноль грáдусов** zéro degré
● **ноль-ноль** précise(s) › **в шесть ноль-ноль** à six heures précises

À PROPOS DE...

Les cas obliques de **ноль** sont peu usités (voir **нуль**).

нóмер* *(nom. pl.* **номерá**) ①② *nm* **1.** numéro • **нóмер телефóна** le numéro de téléphone • **нóмер дóма** le numéro de la maison • **нóмер автомоби́ля** le numéro (minéralogique) d'une voiture • **в послéднем нóмере журнáла** dans le dernier numéro de la revue **2.** chambre *(à l'hôtel)* • **есть ещё свобóдные номерá?** y a-t-il encore des chambres libres ?

номерóк *nm* numéro *(jeton)* • **гардерóбные номерки́** des jetons de vestiaire

норá ②① *nf* terrier • **проснýлись и вы́ползли из нор змéи** les serpents se sont réveillés et sont sortis de leurs terriers

Норвéгия *nf* Norvège

норвéжец *nm* Norvégien

норвéжка *nf* Norvégienne

норвéжский *adj* norvégien • **на норвéжском языкé** en norvégien

нос* *(loc.* **носý**) ⑧② *nm* **1.** nez • **нос картóшкой** un nez en pied de marmite **2.** bec *(d'un oiseau)* **3.** proue, avant • **нос лóдки** l'avant d'une barque
● **води́ть когó-нибудь зá нос** mener qqn par le bout du nez • **говори́ть в нос** parler du nez • **у негó из-под нóса увéли маши́ну** on a volé sa voiture sous son nez • **не ви́деть дáльше своегó нóса** ne pas voir plus loin que le bout de son nez • **нос повéсить** faire triste mine • **остáться с нóсом** en être pour ses frais • **совáть нос, кудá не слéдует** fourrer son nez où il ne faut pas • **столкнýться с сосéдом нóсом к нóсу** se trouver nez à nez avec son voisin

À PROPOS DE...

L'accent passe sur la préposition dans toutes les expressions figées, comportant les groupes **зá нос, нá нос, пó носу** et **пóд носом**.

носи́лки (**носи́лок, носи́лкам**) *pl t* civière, brancard • **нести́ на носи́лках** porter sur une civière

носи́льщик *nm* porteur • **носи́льщик взял мой чемодáн** le porteur a pris ma valise

носи́ть ④ *v* **1.** → **нести́** **2.** porter *(un costume, la barbe, un nom)* • **носи́ть очки́** porter des lunettes • **носи́ть тýфли на высóких каблукáх** porter des chaussures à talons hauts • **носи́ть усы́** porter la moustache
● **носи́ть на рукáх** choyer

носи́ться → **нести́сь**

носовóй *adj* du nez, pour le nez • **носовóй платóк** un mouchoir

носóк *nm* **1.** chaussette • **пáра носкóв** une paire de chaussettes **2.** pointe du pied

носорóг *nm* rhinocéros

нóта *nf* **1.** note (MUS) • **нóта «соль»** la note «sol» • **слы́шалась нóта негодовáния** on percevait une note d'indignation **2.** note *(lettre)* • **вручи́ть послý нóту протéста** remettre à l'ambassadeur une note de protestation
■ **нóты** *pl* partition • **те же нóты лежáли на роя́ле** il y avait la même partition sur le piano

ноутбýк *nm* (ordinateur) portable

ночевáть* [II, **ночýю, ночýешь**] / **переночевáть*** [II, *id*] *v* passer la nuit • **ночевáть под откры́тым нéбом** coucher à la belle étoile

ночнóй *adj* nocturne, de nuit • **ночнáя прогýлка** une promenade nocturne

• **ночно́й по́езд** un train de nuit • **ночна́я пти́ца** oiseau de nuit

ночь ⑧③ *nf* nuit • **наступи́ла ночь** la nuit arriva • **в час но́чи** à une heure du matin • **споко́йной но́чи!** bonne nuit ! • **в ночь на 22 ию́ня** la nuit du 21 au 22 juin • **бе́лые но́чи** les nuits blanches *(nuits d'été très claires au voisinage du cercle polaire)*
● ***Ночь на Лысой горе́*** (Му́соргский) *Une nuit sur le mont Chauve* (Moussorgski)

À PROPOS DE...

L'accent passe sur la préposition dans les expressions figées comportant les groupes **до́ ночи, за́ ночь** et **на́ ночь**.

но́чью ◪ *nf* → **ночь** ◪ *adv* pendant la nuit, de nuit • **он прие́хал но́чью** il est arrivé pendant la nuit

но́ша *nf* fardeau • **тяжёлая но́ша** un lourd fardeau

ноя́брь ③ *nm* novembre • **в ноябре́** au mois de novembre • **они́ прие́хали 13-го ноября́** ils sont arrivés le 13 novembre

нрав *nm* caractère • **тяжёлый нрав** un caractère pénible
■ **нра́вы** *pl* mœurs • **нра́вы ме́стной молодёжи** les mœurs de la jeunesse locale

нра́виться / **понра́виться** *vp* plaire • **мне нра́вится э́тот фильм** ce film me plaît

нра́вственный *adj* moral • **нра́вственные пра́вила** les règles de la morale • **нра́вственное удовлетворе́ние** une satisfaction morale

ну *interj* **1.** allons • **ну, скоре́й!** allons, dépêchez-vous ! **2.** eh bien • **ну так что же?** eh bien quoi ? • **ну, погоди́!** tu ne perds riend pour attendre !
● **ну и** en voilà › **ну и пого́да!** quel sale temps !

ну́дный ⑤ *adj* assommant, fastidieux • **како́й он ну́дный!** quel raseur ! • **ну́дная кни́га** *fam* un livre assommant

нужда́ ②① *nf* **1.** besoin *(nécessité)* • **нужда́ денег** besoin d'argent **2.** besoin *(indigence)* • **жить в нужде́** vivre dans le besoin

нужда́ться *vp* **1.** *(в +L)* avoir besoin de • **нужда́ться в по́мощи** avoir besoin d'aide **2.** vivre dans le besoin

ну́жно *adv*
● **мне ну́жно идти́ на вокза́л** il faut que j'aille à la gare • **ему́ ну́жно бы́ло сто рубле́й** il lui fallait cent roubles • **что тебе́ ну́жно?** qu'est-ce que tu veux ? • **о́чень ну́жно!** *iron* comme si on en avait besoin !

ну́жный ⑤ *adj* nécessaire • **я нашёл ну́жную тебе́ кни́гу** j'ai trouvé le livre dont tu avais besoin • **он не нашёл ну́жным предупреди́ть меня́** il n'a pas jugé nécessaire de me prévenir

нуль ③② *nm* **1.** zéro • **два́дцать гра́дусов ни́же нуля́** vingt degrés au-dessous de zéro. **2.** nullité • **э́то по́лный нуль** c'est une parfaite nullité

À PROPOS DE...

Le nominatif **нуль** est moins usité que les cas obliques (voir **ноль**).

ны́не *arch*, **ны́нче** *fam adv* maintenant, aujourd'hui • **прое́зд в городско́м тра́нспорте ны́нче недёшев** un trajet en transports urbains n'est pas bon marché de nos jours

/ **нырну́ть** → **ныря́ть**

ныря́ть / **нырну́ть** *v* plonger

ныть* [II, но́ю, но́ешь] / **заны́ть*** [II, *id*] *v* **1.** faire mal • **зуб но́ет** ma dent me lance • **у меня́ но́ет се́рдце** j'ai le cœur serré **2.** geindre, pousser des cris plaintifs • **да что он всё вре́мя но́ет!** qu'est-ce qu'il à à geindre sans arrêt ?

нюх *nm* flair • **у э́той соба́ки замеча́тельный нюх** ce chien a un flair remarquable • **челове́к с хоро́шим ню́хом** un homme qui a du flair

ню́хать / **поню́хать** *v* **1.** flairer, sentir • **поню́хать ро́зу** sentir une rose **2.** (HIST) priser • **ню́хать таба́к** priser du tabac

ня́ня *nf* nourrice, nounou • **наня́ть ня́ню** embaucher une nounou

О

о, об, обо *prép*
1. *(+L)* = **au sujet de**
• **о чём вы говори́ли?** de quoi parliez-vous ?
• **онá дýмала о тебé** elle pensait à toi
2. *(+ A)(accentué)* = **contre**
• **удáриться головóй óб стену** se cogner la tête contre le mur
● **пáлка о двух концáх** c'est une arme à double tranchant

À PROPOS DE...

En règle générale, la forme **о** s'emploie devant une consonne et devant un yod, **об** devant une voyelle, **обо** avec le pronom **мне**. Cependant, pour **о** régissant l'accusatif, on trouve **об** devant toutes les consonnes sauf **б**.

óба *pron* tous les deux, les deux • **óба пострадáвших отпрáвлены в больни́цу** les deux victimes ont été envoyées à l'hôpital • **обéими рукáми** des deux mains
● **глядéть в óба** ouvrir l'œil et le bon

обая́ние *nnt* charme • **под обая́нием мýзыки** sous le charme de la musique

/ **обвенчáться** → венчáться

/ **обвини́ть** → обвиня́ть

обвиня́ть / **обвини́ть** *v* accuser • **пусть не обвиня́ют меня́ в том, что я сéю раздóр** qu'on ne vienne pas m'accuser de semer la discorde

обгоня́ть / **обогнáть*** [IV, обгоню́, обгóнишь] ④ *v* dépasser • **обогнáть грузови́к** doubler un camion

обдýмывать / **обдýмать** *v* bien méditer • **обдýмать решéние** peser une décision

/ **обдýмать** → обдýмывать

óбе, обéих... → óба

обéд *nm* déjeuner *(repas de la mi-journée)* • **пригласи́ть на óбед** inviter à déjeuner • **пóсле обéда мы пошли́ в музéй** après le déjeuner, nous sommes allés au musée

обéдать / **пообéдать** *v* déjeuner *(prendre le repas de la mi-journée)* • **мы обéдаем обы́чно в два часá** habituellement nous déjeunons à deux heures

/ **обеднéть** → беднéть

обéдня *nf* messe

/ **обезобрáзить** → безобрáзить

обезья́на *nf* singe

/ **обернýть** → обёртывать, оборáчивать

обёртывать / **обернýть** [*part.* обёрнутый] *v* **1.** enrouler • **обернýть шарф вокрýг шéи** enrouler une écharpe autour de son cou **2.** recouvrir, envelopper • **обернýть кни́гу защи́тной плёнкой** recouvrir un livre de plastique pour le protéger

обеспéчение *nnt* fourniture • **обеспéчение общéственного поря́дка и безопáсности** le maintien de l'ordre public et la sécurité • **обеспéчение финанси́рования и́мпортных операций** le financement des opérations d'import
● **прогрáммное обеспéчение** programme, logiciel

обеспéчивать / **обеспéчить** *v* **1.** garantir, assurer • **успéх обеспéчен** le succès est garanti **2.** approvisionner • **обеспéчить товáрами** fournir les marchandises nécessaires

/ **обеспéчить** → обеспéчивать

обещáние *nnt* promesse • **дать обещáние** faire une promesse • **сдержáть свои́ обещáния** tenir ses promesses

обещáть / **обещáть** *et* **пообещáть** *v* promettre • **он обещáл вернýться до ýжина** il a promis de revenir avant le souper • **она́ обеща́ла, что придёт** elle a promis de venir • **ему́ обеща́ют ме́сто дире́ктора** on lui promet une place de directeur

обзо́р *nm* tour d'horizon, analyse • **междунаро́дный обзо́р** analyse de la situation internationale

оби́да *nf* offense, affront • **нанести́ оби́ду** faire un affront • **не дава́ть себя́ в оби́ду** ne pas se laisser marcher sur les pieds • **не в оби́ду будь ска́зано** soit dit sans vous vexer

/ **оби́деть** → обижа́ть

обижа́ть / **оби́деть*** [I, оби́жу, оби́дишь] *v* offenser, vexer • **ничто́ его́ не обижа́ло** rien ne pouvait le vexer
● **он му́хи не оби́дит** il ne ferait pas de mal à une mouche

обижа́ться / **оби́деться*** [I, оби́жусь, оби́дишься] *vp* se vexer • **он оби́делся на э́ти слова́ и ушёл** ces paroles l'ont vexé et il est parti

оби́льный *adj* abondant • **оби́льный урожа́й** une riche moisson • **оби́льный обе́д** un repas copieux

обиня́к ③② *nm*
● **говори́ть без обиняко́в** parler sans détours • **говори́ть обиняка́ми** parler par allusions

обкра́дывать / **обокра́сть*** [IV, обкраду́, обкрадёшь - обокра́л, обокра́ла - обокра́денный] *v* voler, dévaliser • **его́ обокра́ли** il s'est fait dévaliser

облада́ть *v (+ I) littéraire* posséder • **она́ облада́ла прекра́сным го́лосом** elle possédait une très belle voix

о́блако* *(gén. pl.* облако́в*)* ①② *nnt* nuage • **бе́лые облака́** des nuages blancs • **о́блако ды́ма** un nuage de fumée
● **вита́ть в облака́х** être dans les nuages

областно́й *adj* régional • **областно́й архи́в** = les archives régionales
● **областно́й го́род** = chef-lieu de district

о́бласть *(pl.* о́бласти, областе́й*)* ①③ *nf* **1.** région (GÉOGR) • **го́рная о́бласть** une région montagneuse **2.** région *(division administrative)* • **в Моско́вской о́бласти** dans la région de Moscou **3.** région *(partie du corps)* • **в о́бласти се́рдца** dans la région du cœur **4.** domaine, branche *(partie d'une science)* • **во всех областя́х нау́ки** dans toutes les branches de la science

облегча́ть / **облегчи́ть** *v* **1.** alléger • **облегчи́ть нагру́зку** alléger une charge **2.** rendre plus facile • **облегчи́ть усло́вия труда́** améliorer les conditions de travail

/ **облегчи́ть** → облегча́ть

о́блик *nm* aspect • **вне́шний о́блик** l'aspect extérieur

обло́жка *nf* couverture • **кни́га в пёстрой обло́жке** un livre avec une couverture multicolore

облока́чиваться / **облокоти́ться** ④ *vp* s'accouder • **он облокоти́лся на пери́ла** il s'accouda à la balustrade

/ **облокоти́ться** → облока́чиваться

обло́мок *nm* fragment, débris • **обло́мки барелье́фа** des fragments d'un bas-relief • **обло́мки самолёта** les débris de l'avion

обма́н *nm* **1.** tromperie, duperie • **не подда́ться на обма́н** ne pas se laisser duper **2.** illusion • **обма́н зре́ния** une illusion d'optique

/ **обману́ть** → обма́нывать

обма́нчивый *adj* trompeur • **обма́нчивая речь** un discours trompeur • **нару́жность обма́нчива** il ne faut pas se fier aux apparences

обма́нывать / **обману́ть** ④ *v* **1.** tromper, duper • **он тебя́ обману́л** il t'a trompé **2.** ne pas tenir ses promesses • **он не обману́л, пришёл то́чно в шесть** il a tenu parole, il est arrivé à six heures précises

обме́н *nm* échange • **обме́н любе́зностями** un échange d'amabilités • **се́рвис обме́на мгнове́нными сообще́ниями** service de messagerie instantanée

обме́нивать / **обменя́ть** [*part.* обменённый*] *v* **1.** échanger, changer **2.** changer *(au bureau de change)* • **обменя́ть де́ньги** changer de l'argent

обме́ниваться / **обменя́ться** *(+ I) vp* échanger • **обме́ниваться ма́рками** échanger des timbres • **обменя́ться места́ми с ке́м-нибудь** changer de place avec qqn • **обменя́ться взгля́-**

дами échanger des regards • обменя́ться вы́стрелами échanger des coups de feu

обме́нный *adj* de change • обме́нный пункт bureau de change

/ **обменя́ть** → меня́ть, обме́нивать

/ **обменя́ться** → меня́ться, обме́ниваться

о́бморок *nm* évanouissement • упа́сть в о́бморок s'évanouir • лежа́ть в о́бмороке être évanoui

обнажа́ть / **обнажи́ть** *v* dénuder • обнажённые дере́вья les arbres dénudés • с обнажённой голово́й tête nue

/ **обнажи́ть** → обнажа́ть

обнаро́довать *v* **1.** rendre public, publier • статью́ опубликова́ли все СМИ l'article a été publié par tous les médias **2.** promulguer • обнаро́довать ука́з promulguer une loi

обнару́живать / **обнару́жить** *v* **1.** découvrir • обнару́жить преступле́ние découvrir un crime **2.** révéler • обнару́жить свои́ чу́вства trahir ses sentiments

/ **обнару́жить** → обнару́живать

обнима́ть / **обня́ть*** [IV, обниму́, обни́мешь ④ - о́бнял, обняла́, о́бняло, о́бняли ⑤ - о́бнятый, о́бнят, обнята́, о́бнято, о́бняты ⑤] *v* embrasser • она́ меня́ кре́пко обняла́ elle m'a serré fort dans ses bras ~ *fig* • обня́ть взгля́дом embrasser du regard

/ **обню́хать** → обню́хивать

обню́хивать / **обню́хать** *v* flairer • соба́ка обню́хивала всех госте́й le chien flairait tous les invités

/ **обня́ть** → обнима́ть

обо → о

/ **обогати́ть** → обогаща́ть

обогаща́ть / **обогати́ть** (т → щ) *v* enrichir *litt & fig* • обогаща́ть ура́н enrichir l'uranium

/ **обогна́ть** → обгоня́ть

/ **обогну́ть** → огиба́ть

/ **ободри́ть** → ободря́ть

ободря́ть / **ободри́ть** *v* donner du courage • ободрённый э́тим успе́хом encouragé par ce succès

обожа́ть *v* adorer • она́ обожа́ла своего́ сы́на elle adorait son fils

обознача́ть *v* **1.** signifier • для Алекса́ндры перее́зд обозна́чил но́вый эта́п в жи́зни pour Alexandra ce déménagement marqua une nouvelle étape dans sa vie **2.** / обозна́чить marquer, indiquer • обозна́чить на ка́рте города́ и ре́ки indiquer sur la carte les villes et les fleuves

/ **обозна́чить** → обознача́ть

обозре́ние *nnt* vue d'ensemble • междунаро́дное обозре́ние analyse de la politique étrangère • литерату́рное обозре́ние une critique littéraire

обо́и (обо́ев, обо́ям) *pl t* **1.** papier peint • окле́ить ко́мнату жёлтыми обо́ями tapisser une pièce en jaune **2.** fond d'écran, papier peint

/ **обойти́** → обходи́ть

/ **обойти́сь** → обходи́ться

/ **обокра́сть** → обкра́дывать

оболо́чка *nf* enveloppe, gaine • оболо́чка пшени́чного зерна́ l'enveloppe d'un grain de blé

обора́чивать / **оберну́ть** [*part.* обёрнутый] *v* envelopper, enrouler • оберну́ть полоте́нцем го́лову s'enrouler une serviette autour de la tête

обо́рванный *adj* en loques • обо́рванный ма́льчик un gamin loqueteux

/ **оборва́ть** → обрыва́ть

оборо́на *nf* **1.** défense • оборо́на Севасто́поля la défense de Sébastopol **2.** défensive • перейти́ от оборо́ны к наступле́нию passer de la défensive à l'offensive

оборони́тельный *adj* défensif • оборони́тельные бои́ des combats défensifs

/ **оборони́ть** → обороня́ть

обороня́ть / **оборони́ть** *v* défendre • обороня́ть го́род défendre une ville

оборо́т *nm* **1.** tour, révolution • три́дцать три оборо́та в мину́ту trente-trois tours à la minute • два оборо́та вокру́г Земли́ deux révolutions autour de la

Terre **2.** circulation, roulement • **пустить в оборот** mettre en circulation • **контроль за оборотом наркотиков** le contrôle du trafic de drogue **3.** chiffre d'affaire • **годовой оборот компании** le chiffre d'affaires annuel **4.** verso • **смотри на обороте** voir au verso **5.** tournure *(manière dont une chose se présente)* • **он был разочарован таким оборотом событий** il était déçu par la tournure que prenaient les événements **6.** tournure *(manière dont les mots sont agencés)* • **книжный оборот речи** une tournure livresque

● **набирать обороты** monter en puissance › **ураган набирает обороты** l'ouragan monte en puissance

оборудование *nnt* **1.** équipement, matériel • **новое оборудование** un nouvel équipement **2.** installation • **закончить оборудование лаборатории** terminer l'installation d'un laboratoire

оборудовать / оборудовать *v* équiper • **оборудовать лабораторию** installer un laboratoire

/ **обосновать** → обосновывать

обосновывать / обосновать *v* donner des preuves, fonder • **обосновать свою точку зрения** justifier son point de vue

обрабатывать / обработать *v* **1.** traiter • **обрабатывать информацию** traiter les informations **2.** transformer • **обрабатывающая промышленность** industrie de transformation **3.** travailler • **обрабатывать землю** travailler la terre

/ **обработать** → обрабатывать

/ **обрадовать** → радовать

/ **обрадоваться** → радоваться

образ[1] *nm* **1.** image • **преобладают женские образы** les images de femmes prédominent **2.** type, caractère • **образ Наташи в романе "Война и мир"** le personnage de Natacha dans « Guerre et paix » **3.** manière • **каким образом?** de quelle manière ? • **следующим образом** de la manière suivante • **здоровый образ жизни** un mode de vie sain

● **таким образом** ainsi • **главным образом** principalement

образ*[2] *(nom. pl.* **образа***)* ①② *nm* icône • **образ Богородицы** une icône de la Vierge

образец *nm* **1.** modèle, exemple • **служить образцом** servir de modèle **2.** échantillon • **образцы ткани** des échantillons de tissu

образование *nnt* **1.** formation • **образование русского государства** la formation de l'État russe **2.** instruction • **он получил высшее образование** il a fait des études supérieures

образованный *adj* instruit, cultivé • **образованный человек** un homme cultivé

образовать, образовывать / образовать *v* **1.** former, organiser • **в нашей школе образован хор** on a créé une chorale dans notre école • **образовать правительство** former un gouvernement **2.** former, éduquer • **образовывать население на протяжении 2-3 поколений** éduquer la population sur deux ou trois générations

образовывать → образовать

образцовый *adj* exemplaire • **образцовый порядок** un ordre exemplaire

/ **обратить** → обращать

/ **обратиться** → обращаться

обратно *adv*

● **повернуть обратно** faire demi-tour • **он положил книгу обратно в ящик** il remit le livre dans le tiroir • **билет туда и обратно** un billet aller et retour

обратный *adj* **1.** de retour • **на обратном пути** sur le chemin du retour • **обратный билет** le billet de retour • **обратный отсчёт времени** le compte à rebours **2.** opposé, inverse • **сегодня имеет место обратная ситуация** aujourd'hui c'est la situation inverse qui se produit

обращать / обратить *(т → щ) v* **1.** tourner, diriger • **обратить оружие против мирных граждан** tourner ses armes contre les populations civiles • **обратить внимание на качество услуг** porter son attention sur la qualité des services • **обратить подростков на путь истинный** remettre des adolescents sur le droit chemin **2.** transformer • **обратить в шутку** tourner en plaisanterie **3.** convertir • **обрати́ть в христиа́нскую ве́ру** convertir au christianisme ◉ **обрати́ть в бе́гство** mettre en fuite • **что́бы обрати́ть на себя́ внима́ние** pour se faire remarquer

обраща́ться / **обрати́ться** *(т → щ) vp* **1.** s'adresser • **я не знал, к кому́ обрати́ться** je ne savais pas à qui m'adresser • **обрати́ться не по а́дресу** se tromper d'adresse **2.** se transformer • **жи́дкость обрати́лась в пар** le liquide s'est transformé en vapeur ◉ **обрати́ться в бе́гство** prendre la fuite

обреза́ть / **обре́зать*** [II, обре́жу, обре́жешь] *v litt & fig* couper, rogner • **обреза́ть су́чья** couper des branches • **обре́зать себе́ но́гти** se couper les ongles • **обре́зать срок полномо́чий** abréger la durée des pleins pouvoirs

обро́к *nm* (HIST) redevance *(impôt que les paysans payaient à l'époque du servage)*

обру́шиваться / **обру́шиться** *vp* **1.** s'effondrer • **кры́ша обру́шилась** le toit s'est effondré • **ре́зко обру́шились це́ны на сырьё** les prix des matières premières se sont brusquement effondrés **2.** fondre sur, s'en prendre à • **обру́шиться с ре́зкой кри́тикой на законода́тельство** s'en prendre violemment à la législation

/ **обру́шиться** → обру́шиваться, ру́шиться

обры́в *nm* **1.** pente de ravin, endroit coupé à pic • **он легко́ спры́гнул с двухметро́вого обры́ва** il sauta facilement d'un à-pic de deux mètres **2.** rupture • **ме́сто обры́ва ка́беля не на́йдено** on n'a pas trouvé l'endroit où le câble s'est rompu

обрыва́ть / **оборва́ть*** [IV, оборву́, оборвёшь - оборва́л, оборвала́, оборва́ло, оборва́ли] ⑤ *v* **1.** déchirer, casser • **оборва́ть верёвку** casser une ficelle **2.** arracher, cueillir • **оборва́ть цветы́** cueillir des fleurs **3.** interrompre *(faire taire)* • **оборва́ть кого́-нибудь на полусло́ве** couper la parole à qqn

обря́д *nm* cérémonie, rite

обслу́живать *v* **1.** assurer un service, satisfaire • **лы́жников обслу́живают 10 подъёмников** il y a 10 remonte-pentes pour transporter les skieurs **2.** assurer le fonctionnement • **обслу́живающие нефтепрово́ды специали́сты** les spécialistes qui assurent le fonctionnement des oléoducs

обстано́вка *nf* **1.** ambiance, atmosphère • **тру́дно рабо́тать в тако́й обстано́вке** il est difficile de travailler dans une atmosphère pareille **2.** situation • **полити́ческая обстано́вка** la situation politique • **при тако́й обстано́вке** étant donné la situation **3.** mobilier • **обстано́вка кварти́ры роско́шная** l'appartement est meublé luxueusement

обстоя́тельство *nnt* circonstance • **стече́ние обстоя́тельств** un concours de circonstances • **смотря́ по обстоя́тельствам** selon les circonstances • **смягча́ющие обстоя́тельства** des circonstances atténuantes • **по незави́сящим от меня́ обстоя́тельствам** pour des raisons indépendantes de ma volonté

обстоя́ть* [I, обстои́т, обстоя́т] *v* se présenter *(en parlant d'une affaire)* • **дела́ обстоя́т пло́хо** l'affaire se présente mal • **всё обстои́т благополу́чно** tout va pour le mieux

/ **обстри́чь** → стричь

/ **обсуди́ть** → обсужда́ть

обсужда́ть / **обсуди́ть** [*part.* обсуждённый*] ④ *v* discuter, examiner en commun • **обсуди́ть вопро́с** examiner un problème

о́бувь *nf* chaussures • **отде́л о́буви** le rayon des chaussures

обуча́ть / **обучи́ть** ④ *v* apprendre *(enseigner)* • **его́ обуча́ли францу́зскому языку́** on lui apprenait le français

обуче́ние *nnt* enseignement • **обуче́ние иностра́нным языка́м** l'enseignement des langues étrangères

/ **обучи́ть** → обуча́ть

обходи́ть ④ / **обойти́*** [IV, обойду́, обойдёшь - обошёл, обошла́ - обойдённый - обойдя́] *v* **1.** faire le tour de, contourner, éviter • **обойти́ лу́жу** éviter une flaque • **обойти́ о́стров с восто́ка** contourner l'île par l'est • **обойти́ зако́н** contourner la loi **2.** faire le tour de, visiter • **врач обошёл всех больны́х** le médecin a vu tous les malades **3.** faire le tour de, se répandre • **но́вость обошла́ весь го́род** la nouvelle a fait le tour de la ville

● обойти́ молча́нием passer sous silence

обходи́ться ④ / **обойти́сь*** [IV, обойду́сь, обойдёшься - обошёлся, обошла́сь - обойдя́сь] *vp* **1.** se conduire • с ним обошли́сь как с мальчи́шкой il a été traité comme un gamin **2.** coûter • во ско́лько э́то обойдётся? combien cela va coûter ? • в копе́ечку обойти́сь coûter affreusement cher **3.** s'en tirer • обойдёмся ка́к-нибудь on se débrouillera tant bien que mal • обойдёмся и без де́нег on se passera d'argent **4.** se contenter de • обойти́сь со́тней рубле́й se contenter de cent roubles **5.** se passer, se terminer • всё обошло́сь благополу́чно tout s'est arrangé pour le mieux

обши́рный *adj* vaste, étendu *litt & fig* • обши́рные поля́ de vastes champs • обши́рные зна́ния de vastes connaissances

общежи́тие *nnt* foyer *(maison d'habitation)* • студе́нческое общежи́тие un foyer d'étudiant

обще́ственный *adj* **1.** social, de la société • обще́ственные организа́ции les associations **2.** public • обще́ственное мне́ние l'opinion publique • обще́ственный тра́нспорт les transports en commun

о́бщество *nnt* société • гражда́нское о́бщество ещё недоста́точно ра́звито la société civile est encore insuffisamment développée • акционе́рное о́бщество une société anonyme • спорти́вное о́бщество une société sportive • в дурно́м о́бществе en mauvaise compagnie

о́бщий *adj* **1.** commun • у нас о́бщие знако́мые nous avons des amis communs • о́бщие интере́сы des intérêts communs • я не име́ю с ни́ми ничего́ о́бщего je n'ai rien de commun avec eux • о́бщее ме́сто un lieu commun *(banalité)* **2.** général • о́бщее собра́ние une réunion générale • о́бщее впечатле́ние l'impression générale • к о́бщему удивле́нию à la surprise générale **3.** global, total • о́бщий ито́г la somme totale
● в о́бщей сло́жности si l'on tient compte de tout • в о́бщем en somme › в о́бщем мо́жно счита́ть, что он прав en somme, on peut considérer qu'il a raison

общи́тельный *adj* sociable • общи́тельный хара́ктер un caractère sociable

объедине́ние *nnt* **1.** unification • объедине́ние разро́зненных княжеств l'unification de principautés disparates **2.** société, union • она́ входи́ла в объедине́ние "Мир иску́сства" elle faisait partie du groupement « Mir iskousstva »

/ **объедини́ть** → объединя́ть

объединя́ть / **объедини́ть** *v* unifier, réunir • порта́л объединя́ет культу́рные ресу́рсы регио́на le portail regroupe les ressources culturelles de la région • компа́нии гото́вы объединя́ться les sociétés sont prêtes à fusionner

/ **объе́здить** → объезжа́ть

объезжа́ть[1] / **объе́здить** *v* dresser *(un cheval)*

объезжа́ть[2] / **объе́хать*** [IV, объе́ду, объе́дешь] *et* **объе́здить** *v* **1.** contourner *(en voiture, à cheval)* • объе́хать боло́тистые места́ contourner des endroits marécageux **2.** parcourir *(en voiture, à cheval)* • объе́здить всю страну́ parcourir tout le pays

объём *nm* volume, étendue • объём цили́ндра le volume d'un cylindre • объём рабо́т l'envergure des travaux

/ **объе́хать** → объезжа́ть

/ **объяви́ть** → объявля́ть

объявле́ние *nnt* annonce • дать объявле́ние в газе́ту passer une annonce dans un journal
● объявле́ние войны́ déclaration de guerre

объявля́ть / **объяви́ть** ④ *v* déclarer • был объя́влен переры́в on annonça une pause • заключённые объяви́ли голодо́вку les détenus ont entamé une grève de la faim

объясне́ние *nnt* explication • объясне́ние уро́ка l'explication de la leçon • потре́бовать от кого́-нибудь объясне́ния exiger de qqn des explications
● объясне́ние в любви́ une déclaration d'amour

/ **объясни́ть** → объясня́ть

/ **объясни́ться** → объясня́ться

объясня́ть / объясни́ть *v* expliquer • **объясня́ть но́вый уро́к** expliquer une nouvelle leçon

объясня́ться / объясни́ться *vp* s'expliquer ~ **чем э́то объясня́ется?** comment cela s'explique-t-il ?
◈ **объясня́ться в любви́** faire une déclaration d'amour

объя́тие *nnt* étreinte • **бро́ситься в объя́тия встреча́ющих** se jeter dans les bras du comité d'accueil • **приня́ть с распростёртыми объя́тиями** recevoir à bras ouverts

обыва́тель *nm* **1.** brave type **2.** beauf *fam*, blaireau *fam*

обыкнове́ние *nnt* habitude • **по сво́ему обыкнове́нию** à son habitude • **про́тив обыкнове́ния** contrairement à l'habitude

обыкнове́нно *adv* d'ordinaire, habituellement • **обыкнове́нно он прихо́дит во́время** d'ordinaire il est à l'heure

обыкнове́нный *adj* habituel, ordinaire • **мои́ обыкнове́нные заня́тия** mes occupations habituelles • **как диети́ческие, так и са́мые обыкнове́нные проду́кты** les produits diététiques autant que les produit les plus ordinaires

о́быск *nm* perquisition • **произвести́ о́быск** faire une perquisition

обы́чай *nm* usage, coutume • **стари́нные обы́чаи** les coutumes d'autrefois • **э́то у них в обы́чае** c'est l'usage chez eux

обы́чно *adv* d'ordinaire, d'habitude • **обы́чно нака́зывают кого́?** qui punit-on d'habitude ? • **как обы́чно** comme d'ordinaire

обы́чный *adj* habituel, ordinaire • **моё обы́чное ме́сто** ma place habituelle • **отли́чие бло́гов от обы́чных са́йтов** la différence entre les blogs et les sites ordinaires

обя́занность *nf* obligation, devoir • **моя́ обя́занность предупреди́ть вас** il est de mon devoir de vous prévenir
■ **обя́занности** *pl* fonctions • **исполня́ющий обя́занности дире́ктора** faisant fonction de directeur

обя́занный (**обя́зан, обя́зана**) *adj* obligé • **мы обя́заны ему́ помо́чь** nous devons l'aider • **я обя́зан ему́ свои́м успе́хом** c'est à lui que je dois mon succès

обяза́тельно *adv* sans faute *(à coup sûr)* • **обяза́тельно приду́** je viendrai sans faute

обяза́тельный *adj* obligatoire • **обяза́тельное обуче́ние** l'enseignement obligatoire • **обяза́тельный предме́т** une matière obligatoire • **он челове́к обяза́тельный** c'est un homme de parole

обяза́тельство *nnt* obligation • **не выполня́ть свои́х обяза́тельств** ne pas remplir ses obligations • **взять на себя́ обяза́тельство** s'engager à

О́вен *nm* (ASTROL) Bélier

овёс *nm* avoine

овладева́ть / овладе́ть *v (+ I)* **1.** s'emparer de • **овладе́ть кре́постью** s'emparer d'une forteresse • **им овладе́ло беспоко́йство** il fut pris d'inquiétude **2.** assimiler • **овладе́ть но́вым ме́тодом** assimiler une nouvelle technique

/ **овладе́ть** → **владе́ть, овладева́ть**

о́вощ ①③ *nm (le singulier de ce mot est presque inusité)*
◈ **вся́кому о́вощу своё вре́мя** chaque chose en son temps
■ **о́вощи** *(gén. pl.* **овоще́й**) *pl* légumes • **све́жие о́вощи** des légumes frais • **суп из овоще́й** de la soupe aux légumes

овра́г *nm* ravin

овся́ный *adj* d'avoine • **овся́ная ка́ша** porridge

овца́ ②⑤ *nf* mouton, brebis • **ста́до ове́ц** un troupeau de moutons • **заблу́дшая овца́** brebis égarée

огиба́ть / обогну́ть *v* contourner • **обогну́ть Ара́льское мо́ре** contourner la mer d'Aral

оглавле́ние *nnt* table des matières

огло́бля *nf* brancard *(d'attelage)* • **поверну́ть огло́бли** *fig* tourner bride *(à la suite d'un échec)*

/ **огло́хнуть** → **гло́хнуть**

оглуша́ть / оглуши́ть *v* **1.** assourdir • **уда́р гро́ма нас оглуши́л** le coup de tonnerre nous a assourdis. **2.** assommer • **он оглушил водителя сильным ударом** d'un coup violent il assomma le conducteur • **деловой центр оглушает дизайном** le centre d'affaires étourdit par son design

оглушительный *adj* assourdissant • **оглушительный удар грома** un coup de tonnerre assourdissant

/ **оглушить** → оглушать

/ **оглядеть** → оглядывать

оглядка *nf* coup d'œil en arrière
● **без оглядки a.** très vite › **бежать без оглядки** se sauver sans demander son reste **b.** sans faire attention, imprudemment › **действовать без оглядки** agir à la légère • **с оглядкой** avec prudence

оглядывать / **оглядеть*** [I, огляжу, оглядишь] *v* examiner • **он оглядел меня с ног до головы** il m'examina de la tête aux pieds

оглядываться / **оглянуться** ④ *vp* se retourner, regarder derrière soi • **я оглянулся и увидел милиционера** je me retournai et aperçus un agent de police

/ **оглянуться** → оглядываться

огненный *adj* **1.** de feu • **огненный поток** un torrent de feu **2.** ardent • **огненная страсть** une passion ardente

огонёк *(dim de* огонь*)* *nm* **вдали мелькали огоньки** au loin on voyait des lumières
● **блуждающий огонёк** feu follet

огонь *nm* **1.** feu *(flammes)* • **развести огонь** allumer un feu **2.** lumière • **вдали мерцали огни города** au loin on voyait les lumières de la ville **3.** feu *(tir)* • **открыть огонь** ouvrir le feu • **артиллерийский огонь** un tir d'artillerie
● **блуждающий огонь** feu follet • **играть с огнём** jouer avec le feu • **из огня да в полымя** ça va de mal en pis • **между двух огней** entre deux feux • **нет дыма без огня** il n'y a pas de fumée sans feu • **огнём и мечом** par le fer et par le feu • **пройти огонь и воду и медные трубы** en avoir vu et fait de toutes sortes

огород *nm* jardin potager • **работать на огороде** travailler dans le potager
● **это в мой огород камешки** ce sont des pierres dans mon jardin

огорчать / **огорчить** *v* affliger, faire de la peine à • **чтобы не огорчать мать** pour ne pas faire de peine à ma mère

огорчение *nnt* affliction, peine • **причинить матери огорчение** faire de la peine à sa mère

/ **огорчить** → огорчать

/ **ограбить** → грабить

ограда *nf* clôture • **каменная ограда** une clôture de pierre

ограничение *nnt* limitation • **без всяких ограничений** sans aucune restriction

ограниченный *adj* **1.** limité • **ограниченные возможности** des possibilités limitées **2.** borné • **ограниченный ум** un esprit borné

ограничивать / **ограничить** *v* limiter • **ограничить расходы** limiter ses dépenses

/ **ограничить** → ограничивать

огромный *adj* énorme • **огромный медведь** un ours énorme • **огромное здание** un bâtiment immense • **огромный успех** un succès considérable • **огромное влияние** une influence énorme

огурец *nm* concombre • **салат из огурцов** une salade de concombres • **малосольные огурцы** des cornichons « à la russe » *(en saumure)*

одалживать / **одолжить** *v* prêter • **одолжить другу деньги** prêter de l'argent à un ami

одарённый *adj* doué • **очень одарённый человек** un homme très doué

одевать / **одеть*** [*n cl,* одену, оденешь - одетый] *v* habiller • **одеть ребёнка** habiller un enfant • **одеваться со вкусом** s'habiller avec goût • **одеться в чёрное** s'habiller en noir

одежда *nf* vêtements • **зимняя одежда** les vêtements d'hiver

/ **одержать** → одерживать

одерживать / **одержать*** [I, одержу, одержишь] ④ *v*
● **одержать победу** remporter la victoire

/ **одéть** → одевáть

одея́ло *nnt* couverture • **он натяну́л одея́ло нá голову** il ramena la couverture jusque sur sa tête

оди́н *num*
= un
• **три ми́нус оди́н** trois moins un
• **два́дцать оди́н рубль** vingt et un roubles
• **одна́ копе́йка** un kopeck
• **одни́ са́ни** un traîneau

оди́н *pron-adj*
1. = un, l'un
• **одни́м сло́вом** en un mot
• **оди́н из них** l'un d'entre eux
• **я заме́тил одно́** j'ai remarqué une chose
• **то одни́, то други́е** tantôt les uns, tantôt les autres
• **одно́ из двух** de deux choses l'une
• **все за одного́, оди́н за всех** tous pour un, un pour tous
• **одно́ друго́му не меша́ет** l'un n'empêche pas l'autre
2. = un, un certain
• **я прочёл э́то в одно́м журна́ле** j'ai lu ça dans une revue
• **и вот в оди́н прекра́сный день** et voilà qu'un beau jour
3. = un seul, seul
• **я одна́** je suis seule
• **ни оди́н из них не подозрева́ет, что я здесь** pas un seul d'entre eux ne soupçonne que je suis ici
• **я одного́ то́лько жела́ю** je ne désire qu'une chose
• **не одни́ попуга́и уме́ют говори́ть** les perroquets ne sont pas les seuls oiseaux à pouvoir parler
4. = le même, même
• **мы живём с ним в одно́м до́ме** nous habitons dans le même immeuble
• **он всё повторя́ет одно́ и то же** il répète toujours la même chose
● **сна ни в одно́м глазу́ нет** je n'ai pas la moindre envie de dormir
• **оди́н в по́ле не во́ин** l'union fait la force
• **в одно́й руба́шке** qui n'a plus que la chemise sur le dos
• **все до одного́** tous sans exception

одина́ковый *adj* identique, semblable • **одина́ковые взгля́ды** des opinions identiques

оди́ннадцатый *adj num* onzième • **он прие́хал 11-го ма́рта** il est arrivé le 11 mars

оди́ннадцать *num* onze • **оди́ннадцатъ дней** onze jours • **в оди́ннадцати ме́трах** à onze mètres

одино́кий *adj* solitaire, isolé • **одино́кий до́мик** une petite maison isolée • **чу́вствовать себя́ одино́ким** se sentir seul • **одино́кая прогу́лка** une promenade solitaire

одино́чество *nnt* solitude • **жить в совершённом одино́честве** vivre dans la solitude la plus totale

одна́жды *adv* une fois • **одна́жды у́тром** un matin

одна́ко *adv* **1.** cependant, mais • **ему́ ста́ло лу́чше, одна́ко встава́ть он ещё не мог** il allait mieux, mais il ne pouvait pas encore se lever **2.** tout de même • **смотри́, одна́ко, что́б чего́ не вы́шло** fais attention, tout de même, que ça ne fasse pas d'histoires

одновреме́нный (одновреме́нен, одновреме́нна) *adj* simultané • **одновреме́нные собы́тия** des événements simultanés

однообра́зный *adj* monotone • **однообра́зная рабо́та** un travail monotone

односпа́льный *adj* à une place • **односпа́льная крова́ть** un lit à une place

одноэта́жный *adj* à un seul niveau • **одноэта́жный вы́ставочнный за́л** une salle d'exposition à un seul niveau

одобре́ние *nnt* approbation • **одобре́ние прое́кта зако́на** approbation d'un projet de loi • **с молчали́вого одобре́ния** par un accord tacite

одобри́тельный *adj* approbateur • **одобри́тельные во́згласы** des cris d'approbation

/ **одо́брить** → одобря́ть

одобря́ть / **одо́брить** *v* approuver • **он одо́брил мой вы́бор** il a approuvé mon choix

одолева́ть / **одоле́ть** *v* surmonter, venir à bout de • **одоле́ть врага́** remporter un succès sur l'ennemi • **сон его́ одоле́л** il a été vaincu par le sommeil

/ **одоле́ть** → одолева́ть

/ **одолжи́ть** → ода́лживать

одува́нчик *nm* pissenlit

ожере́лье *nnt* collier

ожесточа́ть / **ожесточи́ть** *v* aigrir • **э́ти постоя́нные напа́дки ожесточи́ли его́** ces attaques continuelles l'avaient aigri

/ **ожесточи́ть** → ожесточа́ть

ожива́ть / **ожи́ть*** [IV, оживу́, оживёшь - о́жил, ожила́, о́жило, о́жили] ⑤ *v* reprendre vie, se ranimer • **в его́ па́мяти о́жили воспомина́ния** dans sa mémoire ses souvenirs se ranimèrent

/ **оживи́ть** → оживля́ть

оживля́ть / **оживи́ть** *v* ranimer, devenir plus vif • **разгово́р оживи́лся** la conversation devint plus animée

ожида́ние *nnt* attente • **в ожида́нии но́вых собы́тий** dans l'attente de nouveaux événements • **сверх вся́кого ожида́ния** contre toute attente • **зал ожида́ния** la salle d'attente
■ **ожида́ния** *pl* espérances • **он обману́л на́ши ожида́ния** il a trompé nos espérances

/ **ожи́ть** → ожива́ть

ожо́г *nm* brûlure • **тяжёлый ожо́г** une brûlure grave

озабо́ченный *adj* préoccupé, soucieux • **озабо́ченный вид** un air soucieux

/ **озари́ть** → озаря́ть

озаря́ть / **озари́ть** *v* illuminer • **восходя́щее со́лнце озаря́ло верши́ны дере́вьев** le soleil levant illuminait la cime des arbres ~ *fig* • **улы́бка озари́ла её лицо́** un sourire illumina son visage

о́зеро *(pl.* озёра*)* ①② *nnt* lac • **Ла́дожское о́зеро** le lac Ladoga • **о́зеро Байка́л** le lac Baïkal

озира́ться *vp* regarder autour de soi • **озира́ться по сторона́м** regarder de tous côtés

/ **ознако́мить** → знако́мить

/ **ознако́миться** → знако́миться

означа́ть *v* signifier • **э́то означа́ет, что предстоя́щая зима́ ока́жется холодне́е прошлого́дней** cela signifie que cet hiver sera plus froid que le précédent

озно́б *nm* frisson • **озно́б пробежа́л по мое́й спине́** j'en ai eu froid dans le dos

ока́зывать ④ / **оказа́ть*** [II, окажу́, ока́жешь] *v*
● **оказа́ть влия́ние на** *(+ A)* avoir une influence sur • **оказа́ть дове́рие** faire confiance • **оказа́ть пострада́вшему по́мощь** prêter secours à la victime • **оказа́ть сопротивле́ние врагу́** opposer de la résistance à l'ennemi • **оказа́ть услу́гу** rendre un service • **оказа́ть честь** faire honneur

ока́зываться ④ / **оказа́ться*** [II, окажу́сь, ока́жешься] *vp* s'avérer • **оказа́лось, что все уе́хали накану́не** il s'avéra que tous étaient partis la veille • **де́нег в я́щике не оказа́лось** il n'y avait pas d'argent dans le tiroir • **слу́хи э́ти оказа́лись ло́жными** ces bruits se sont révélés faux • **оказа́ться на высоте́ положе́ния** se montrer à la hauteur de sa tâche

ока́нчивать / **око́нчить** *v* achever • **око́нчить рабо́ту** terminer un travail • **я око́нчил университе́т в 2002 году́** j'ai terminé mes études supérieures en 2002

о́канье *nnt prononciation dialectale répandue dans le nord de la Russie*

À PROPOS DE...

Cette prononciation est caractérisée par une distinction entre les phonèmes /o/ et /a/ en position atone, alors que, selon la norme littéraire, ces deux phonèmes sont réalisés d'une seule et même manière lorsqu'ils ne sont pas accentués.

океа́н *nm* océan • **Ти́хий океа́н** l'océan Pacifique

окла́д *nm* traitement, appointements • **повы́сить окла́д** augmenter le traitement

окле́ивать / **окле́ить** *v* tapisser • **ко́мната, окле́енная краси́выми жёлтыми обо́ями** une pièce tapissée d'un beau papier jaune

/ **окле́ить** → окле́ивать

окно́ *(gén. pl.* о́кон*)* ②① *nnt* **1.** fenêtre • **закро́йте окно́, пожа́луйста** fermez la fenêtre, s'il vous plaît • **ко́мната в**

два окна́ une pièce à deux fenêtres • смотре́ть в окно́ regarder par la fenêtre • о́кна выхо́дят на у́лицу les fenêtres donnent sur la rue ~ *fig* • Пётр I прорубил окно́ в Евро́пу Pierre le Grand a ouvert une fenêtre sur l'Europe **2.** trou *(dans l'emploi du temps)* • во вто́рник по́сле второ́го уро́ка у нас окно́ le mardi, après la deuxième heure de cours, nous avons un trou

о́ко* *(pl.* о́чи, оче́й*)* ①③ *nnt arch & poét* œil
● бере́чь свою́ репута́цию как зени́цу о́ка tenir à sa réputation comme à la prunelle de ses yeux • в мгнове́ние о́ка en un clin d'œil • о́ко за о́ко, зуб за зуб œil pour œil, dent pour dent • О́чи чёрные les Yeux noirs *(chanson tzigane)*

о́коло *prép (+ G)* **1.** près de, à côté de • о́коло музе́я à côté du musée **2.** environ, à peu près • о́коло ста рубле́й cent roubles environ
● ходи́ть вокру́г да о́коло tourner autour du pot

оконча́ние *nnt* **1.** achèvement, fin • оконча́ние спекта́кля la fin du spectacle **2.** (GRAMM) désinence

оконча́тельный *adj* définitif • дать оконча́тельный отве́т donner une réponse définitive

/ **око́нчить** → ока́нчивать

о́корок* *(nom. pl.* окорока́*)* ①② *nm* jambon • копчёный о́корок un jambon fumé

/ **окочене́ть** → кочене́ть

око́шко *dim de* окно́

окра́ина *nf* périphérie, confins • на окра́ине го́рода à la limite de la ville, en banlieue

/ **окра́сить** → кра́сить

/ **окрести́ть** → крести́ть

/ **окрести́ться** → крести́ться

окре́стности *pl* alentours, environs • окре́стности го́рода les environs de la ville

окрова́вленный *adj* ensanglanté, couvert de sang • окрова́вленный кинжа́л un poignard couvert de sang

о́круг* *(nom. pl.* округа́*)* ①② *nm* division administrative
● федера́льный о́круг district fédéral • автоно́мный о́круг district autonome • избира́тельный о́круг circonscription électorale

окружа́ть / **окружи́ть** *v* entourer, encercler • окружённый со всех сторо́н леса́ми entouré de forêts de tous côtés • окружи́ть забо́тами entourer de soins

/ **окружи́ть** → окружа́ть

окру́жность *nf* circonférence • центр окру́жности le centre de la circonférence

октя́брь ③ *nm* octobre • э́то бы́ло в октябре́ c'était au mois d'octobre • он прие́хал 6-го октября́ il est arrivé le 6 octobre

октя́брьский *adj* d'octobre • октя́брьская пого́да un temps d'octobre • Октя́брьская револю́ция (HIST) la révolution d'Octobre

о́кунь ①③ *nm* perche *(poisson)*

оку́рок *nm* mégot • бро́сить оку́рок на́ пол jeter un mégot par terre

/ **оку́тать** → оку́тывать

оку́тывать / **оку́тать** *v* envelopper • несмотря́ на локализа́цию огня́, зда́ние оку́тано ды́мом bien que le feu soit localisé, le bâtiment est enveloppé de fumée • чем он занима́ется в свобо́дное от рабо́ты вре́мя - оку́тано та́йной ce qu'il fait pendant ses loisirs est entouré de mystère

оле́нь *nm* **1.** cerf **2.** (се́верный) оле́нь renne

о́лово *nnt* étain

оловя́нный *adj* en étain
● оловя́нные солда́тики des soldats de plomb

ОМО́Н *(abr de* Отря́д Мили́ции Осо́бого Назначе́ния*) nm* police OMON *forces spéciales du ministère de l'Intérieur*

омо́новец *nm* policier de l'OMON

о́мут *nm* fosse *(creusée dans le lit d'une rivière par un tourbillon)*
● в ти́хом о́муте че́рти во́дятся il n'est pire eau que l'eau qui dort

он *pron pers* il • он чита́ет il lit • она́ игра́ла elle jouait • э́то они́ c'est eux

• его́ нет il est absent • я гуля́л с ней je me promenais avec elle

он-ла́йновый *adj* en ligne

опа́здывать / **опозда́ть** *v* être en retard • мы опозда́ли на по́езд nous avons manqué le train • по́езд опа́здывает le train a du retard • по́езд опозда́л на три часа́ le train est arrivé avec trois heures de retard

опа́ла *nf* disgrâce

опаса́ться *vp* craindre • они́ опаса́лись наступле́ния холодо́в *(+ G)* ils craignaient l'arrivée du froid • мы опаса́лись опозда́ть на по́езд *(+ inf)* nous craignions d'être en retard pour le train • опаса́ться за свою́ жизнь craindre pour sa vie

опасе́ние *nnt* appréhension • вы́звать опасе́ния inspirer des craintes

опа́сно *adv* dangereusement • опа́сно заболе́ть tomber gravement malade

опа́сность *nf* danger • быть вне опа́сности être hors de danger • исто́чник санита́рной и экологи́ческой опа́сности la source d'une menace sanitaire et écologique

опа́сный *adj* dangereux • опа́сное предприя́тие une entreprise dangereuse • опа́сный престу́пник un criminel dangereux

опе́ка *nf* tutelle • взять под опе́ку mettre sous tutelle

о́пера *nf* opéra

/ **опере́ться** → опира́ться

опеча́тка *nf* faute d'impression, faute de frappe • исправля́ть опеча́тки corriger les fautes • спи́сок опеча́ток errata

опира́ться / **опере́ться*** [IV, обопру́сь, обопрёшься - опёрся, оперла́сь - оперши́сь] ③ *vp* s'appuyer • опира́ться на па́лку s'appuyer sur sa canne ~ *fig* • не́ на кого бы́ло опере́ться il n'y avait personne sur qui compter

/ **описа́ть** → опи́сывать

опи́сывать / **описа́ть*** [II, опишу́, опи́шешь] ④ *v* décrire • собы́тия, опи́санные исто́риком les événements décrits par l'historien

/ **оплака́ть** → опла́кивать

опла́кивать / **опла́кать*** [II, опла́чу, опла́чешь] *v* pleurer, regretter • опла́кивали его́ все tous le pleurèrent • полови́на пра́зднует побе́ду, полови́на опла́кивает пораже́ние la moitié célèbre la victoire, la moitié pleure la défaite

> **À PROPOS DE...**
>
> Ne pas confondre опла́чу, futur du verbe опла́кать, avec оплачу́, futur du verbe оплати́ть. Ces deux formes diffèrent par leur accentuation.

опла́та *nf* paiement • опла́та прое́зда в тра́нспорте paiement d'un trajet dans les transports en commun • повыше́ние опла́ты труда́ рабо́тников l'augmentation de la rémunération du travail des employés

/ **оплати́ть** → опла́чивать

опла́чивать / **оплати́ть** ④ *v* payer • опла́чивать рабо́ту rémunérer un travail • води́тель до́лжен оплати́ть штраф в тече́ние 40 дней le conducteur doit payer l'amende dans un délai de 40 jours • телегра́мма с опла́ченным отве́том un télégramme avec réponse payée

> **À PROPOS DE...**
>
> Ne pas confondre оплачу́, futur du verbe оплати́ть, avec опла́чу, futur du verbe опла́кать. Ces deux formes diffèrent par leur accentuation.

оплó́шность *nf* erreur, gaffe • допусти́ть оплó́шность faire une gaffe

/ **опове́стить** → оповеща́ть

оповеща́ть / **оповести́ть** *v* informer • мы не успе́ли всех оповести́ть nous n'avons pas eu le temps d'informer tout le monde

/ **опозда́ть** → опа́здывать

опо́мниться *vp* **1.** revenir à soi • когда́ она́ опо́мнилась, мать стоя́ла о́коло неё lorsqu'elle revint à elle, sa mère était à ses côtés **2.** *fig* reprendre ses esprits • до сих пор не могу́ опо́мниться je n'en reviens toujours pas

опо́ра *nf* appui, support • то́чка опо́ры un point d'appui

/ **опорожни́ть** → опорожня́ть

опорожня́ть / **опорожни́ть** *v* vider • **опорожни́ть буты́лку** vider une bouteille

опра́ва *nf* **1.** monture *(de lunettes...)* • **очки́ в то́нкой опра́ве** des lunettes à monture fine **2.** monture *(de bijou)* • **опра́ва брилли́анта** la monture d'un diamant

оправда́ние *nnt* **1.** justification • **найти́ оправда́ние** trouver des excuses **2.** acquittement (DR) • **защи́тник доби́лся его́ оправда́ния** l'avocat a obtenu son acquittement

/ **оправда́ть** → опра́вдывать

опра́вдывать / **оправда́ть** *v* **1.** justifier • **что́бы оправда́ть свой посту́пок** pour justifier ce qu'il avait fait **2.** acquitter (DR) • **суд оправда́л его́** le tribunal l'a acquitté **3.** mériter • **оправда́ть дове́рие** mériter la confiance

опра́вдываться / **оправда́ться** *vp* se justifier • **подозре́ния мои́ оправда́лись** mes soupçons étaient justifiés • **э́та наде́жда не оправда́лась** cet espoir ne s'est pas réalisé

/ **опра́вить** → оправля́ть

/ **опра́виться** → оправля́ться

оправля́ть[1] / **опра́вить** *v* remettre en état, rajuster • **опра́вить причёску** rajuster sa coiffure

оправля́ть[2] / **опра́вить** *v* encadrer, sertir • **опра́вить драгоце́нный ка́мень** sertir une pierre précieuse

оправля́ться / **опра́виться** *vp* **1.** arranger ses vêtements, ses cheveux… • **опра́-виться пе́ред зе́ркалом** retoucher sa toilette devant un miroir **2.** se rétablir • **больно́й опра́вился от опера́ции** le malade s'est rétabli après son opération

определённый *(*определёнен, определённа*)* *adj* déterminé, précis • **дать определённый отве́т** donner une réponse précise • **в определённых слу́чаях** dans certains cas

/ **определи́ть** → определя́ть

определя́ть / **определи́ть** *v* déterminer, fixer • **определи́ть расстоя́ние** déterminer la distance

опри́чник *nm* (HIST) « opritchnik » *(homme d'armes faisant partie de l'opritchnina)*

опри́чнина *nf* **1.** (HIST) « opritchnina » *(régime de terreur établi par Ivan le Terrible)* **2.** (HIST) corps d'« opritchniks »

опроверга́ть / **опрове́ргнуть*** [III] *v* réfuter, démentir • **опрове́ргнуть тео́рию** réfuter une théorie

/ **опрове́ргнуть** → опроверга́ть

опроки́дывать / **опроки́нуть** *v* renverser • **опроки́нуть ча́шку** renverser une tasse

опроки́дываться / **опроки́нуться** *vp* se renverser • **ло́дка опроки́нулась** la barque a chaviré

/ **опроки́нуть** → опроки́дывать

опро́с *nm* sondage

опря́тный *adj* propret • **опря́тная ко́мната** une chambre proprette

о́птом *adv* en gros • **прода́жа о́птом и в ро́зницу** vente en gros et au détail

/ **опубликова́ть** → публикова́ть

опуска́ть / **опусти́ть** ④ *v* **1.** baisser *(la tête, les yeux...)* • **опусти́ть глаза́** baisser les yeux **2.** introduire • **опусти́ть письмо́ в я́щик** mettre une lettre à la boîte **3.** abaisser • **опусти́ть за́навес** abaisser le rideau

опуска́ться / **опусти́ться** ④ *vp* tomber, descendre • **на го́род опусти́лся тума́н** le brouillard tomba sur la ville • **он опусти́лся в кре́сло** il se laissa tomber dans un fauteuil

/ **опусти́ть** → опуска́ть

/ **опусти́ться** → опуска́ться

опустоша́ть / **опустоши́ть** *v* **1.** dévaster • **опустошённый урага́ном го́род** la ville dévastée par l'ouragan **2.** vider • **предста́вьте , что ваш счёт опустоши́ли** imaginez qu'on a vidé votre compte

/ **опустоши́ть** → опустоша́ть

опуха́ть / **опу́хнуть*** [III] *v* enfler • **у меня́ появи́лась аллерги́я, я немно́го опу́хла** j'ai une allergie, j'ai un peu enflé

/ **опу́хнуть** → опуха́ть, пу́хнуть

о́пухоль *nf* tumeur • **злока́чественная о́пухоль** une tumeur maligne

опу́шка *nf* lisière • **на опу́шке ле́са** à la lisière du bois

о́пыт *nm* **1.** expérience • **производи́ть о́пыты** faire des expériences • **у него́ большо́й о́пыт** il a une grande expérience **2.** essai • **пе́рвые о́пыты молодо́го писа́теля** le premier essai d'un jeune écrivain

о́пытный *adj* **1.** expérimenté • **о́пытный челове́к** un homme expérimenté **2.** expérimental • **о́пытная ста́нция** une station expérimentale

/ **опьяне́ть** → **пьяне́ть**

опя́ть *adv* de nouveau • **опя́ть верну́лись к тому́, с чего́ на́чали** de nouveau nous sommes revenus au point de départ • **за́втра мы уви́димся опя́ть** demain, nous nous reverrons

ора́ть* [IV, ору́, орёшь] *v* brailler • **он ора́л во всё го́рло** il criait à tue-tête

о́рган[1] *nm* organe • **о́рганы законода́тельной вла́сти** les organes du pouvoir législatif • **о́рганы ме́стного самоуправле́ния** les organes de l'administration locale • **о́рганы дыха́ния** les organes de la respiration

орга́н[2] *nm* orgue

о́рден*[1] *(nom. pl.* **ордена́***)* ①② *nm* ordre *(décoration)* • **о́рден Почётного Легио́на** ordre de la Légion d'Honneur

о́рден[2] *nm* ordre *(organisation)* • **Тевто́нский о́рден** l'ordre Teutonique

орёл *nm* **1.** aigle **2.** face *(sur une pièce de monnaie)* • **орёл и́ли ре́шка?** pile ou face ?

оре́х *nm* **1.** noisetier **2.** noyer *(arbre et bois)* • **шкаф из оре́ха** une armoire en noyer ● **(лесно́й) оре́х** noisette • **(гре́цкий) оре́х** noix • **ему́ доста́лось на оре́хи** il en a pris pour son grade

орке́стр *nm* orchestre • **симфони́ческий орке́стр** orchestre symphonique

/ **ороси́ть** → **ороша́ть**

ороша́ть / **ороси́ть** *v* **1.** irriguer • **ороша́ть пусты́нные райо́ны** irriguer des régions désertiques **2.** arroser • **ороси́ть слеза́ми** arroser de larmes

ору́дие *nnt* **1.** outil, instrument *litt & fig* • **сельскохозя́йственные ору́дия** l'outillage agricole ~ *fig* • **быть слепы́м ору́дием судьбы́** être l'instrument aveugle du destin **2.** pièce d'artillerie • **самохо́дное артиллери́йское ору́дие** canon automoteur

ору́жие *nnt* arme(s) • **холо́дное ору́жие** les armes blanches • **огнестре́льное ору́жие** les armes à feu • **а́томное ору́жие** l'arme atomique • **к ору́жию!** aux armes ! • **това́рищи по ору́жию** compagnons d'armes ~ *fig* • **ору́жие иро́нии** l'arme de l'ironie

оса́ ②① *nf* guêpe • **его́ укуси́ла оса́** il a été piqué par une guêpe

оса́да *nf* siège *(opération militaire)* • **оса́да кре́пости** le siège d'une forteresse • **снять оса́ду** lever le siège

/ **осади́ть** → **осажда́ть**

осажда́ть / **осади́ть** [*part.* **осаждённый***] ④ *v* assiéger • **осади́ть го́род** assiéger une ville

осва́ивать / **осво́ить** *v* assimiler, acquérir, conquérir • **осво́ить профе́ссию** acquérir un métier • **осво́ить ко́смос** conquérir le cosmos

осва́иваться / **осво́иться** *vp* s'habituer • **осво́иться с но́вой рабо́той** s'habituer à un nouveau travail

/ **осве́домить** → **осведомля́ть**

осведомля́ть / **осве́домить** *v* informer • **здесь все о всех осве́домлены** ici tout le monde sait tout sur tout le monde

/ **освети́ть** → **освеща́ть**

освеща́ть / **освети́ть** *(т → щ) v* éclairer • **пла́мя свечи́ освеща́ет ко́мнату** la flamme de la bougie éclaire la pièce

освеща́ться / **освети́ться** *(т → щ) vp fig* s'éclairer • **её лицо́ освети́лось до́брой улы́бкой** son visage s'illumina d'un sourire plein de bonté

освеще́ние *nnt* **1.** éclairage • **электри́ческое освеще́ние** l'éclairage électrique **2.** *fig* interprétation, éclairage • **пока́зывать фа́кты в но́вом освеще́нии** présenter les faits sous un jour nouveau

/ **освободи́ть** → **освобожда́ть**

освобожда́ть / **освободи́ть** [*part.* **освобождённый***] *v* libérer • **освободи́ть страну́** libérer un pays • **освободи́ть ко́мнату** libérer une pièce

освобожде́ние *nnt* libération • **освобожде́ние го́рода** la libération d'une ville
◉ **освобожде́ние крестья́н** la libération des serfs *(1861)*

/ **осво́ить** → **осва́ивать**

/ **осво́иться** → **осва́иваться**

/ **оседла́ть** → **седла́ть**

осёл *nm* âne • **ди́кий осёл** un âne sauvage • **упря́м как осёл** il est têtu comme un âne

осе́нний *adj* d'automne • **осе́нняя ночь** une nuit d'automne

о́сень *nf* automne • **наступи́ла о́сень** l'automne arriva

о́сенью ◪ *nf* → **о́сень** ◪ *adv* en automne • **он прие́хал о́сенью** il est arrivé en automne

осётр ③② *nm* esturgeon (ZOOL)

осетри́на *nf* esturgeon *(chair de l'esturgeon)*

оси́на *nf* tremble *(arbre)*

оска́ливать / **оска́лить** *v*
◉ **оска́лить зу́бы** montrer les dents

/ **оска́лить** → **оска́ливать**

оско́лок *nm* éclat, fragment • **оско́лок снаря́да** un éclat d'obus • **оско́лок стекла́** un éclat de verre

оскорби́тельный *adj* injurieux, blessant • **оскорби́тельный тон** un ton blessant

/ **оскорби́ть** → **оскорбля́ть**

оскорбле́ние *nnt* offense • **нанести́ оскорбле́ние мно́жеству люде́й** offenser une multitude de personnes

оскорбля́ть / **оскорби́ть** *v* offenser, vexer • **она́ его́ глубоко́ оскорби́ла** elle l'a profondément vexé

ослабева́ть / **ослабе́ть** *v* s'affaiblir, faiblir • **ве́тер ослабе́л** le vent a faibli • **зре́ние его́ ослабе́ло** sa vue a baissé

/ **ослабе́ть** → **ослабева́ть, слабе́ть**

/ **осла́бить** → **ослабля́ть**

ослабля́ть / **осла́бить** *v* **1.** affaiblir • **боле́знь осла́била его́** la maladie l'a affaibli **2.** diminuer • **осла́бить давле́ние** diminuer la pression

ослепи́тельный *adj* aveuglant, éblouissant • **ослепи́тельный свет** une lumière éblouissante

/ **осле́пнуть** → **сле́пнуть**

осложне́ние *nnt* complication • **мы встре́тились с но́выми осложне́ниями** nous avons rencontré de nouvelles complications

осма́тривать ④ / **осмотре́ть*** [I, **осмотрю́, осмо́тришь**] *v* **1.** examiner • **осмотре́ть больно́го** examiner un malade • **осмотре́ть ра́ну** examiner une blessure **2.** visiter • **осмотре́ть вы́ставку** visiter une exposition

осме́ливаться / **осме́литься** *vp* oser • **он не осме́лился отве́тить** il n'a pas osé répondre

/ **осме́литься** → **осме́ливаться**

осмо́тр *nm* examen, inspection • **медици́нский осмо́тр** examen médical • **осмо́тр багажа́** inspection des bagages

/ **осмотре́ть** → **осма́тривать**

осно́ва *nf* base • **взять за осно́ву** prendre pour base • **осно́вы совреме́нной фи́зики** les bases de la physique moderne

основа́ние *nnt* **1.** fondation *(création)* • **основа́ние Москвы́** la fondation de Moscou **2.** fondations *(d'un bâtiment)* • **дом на бето́нном основа́нии** une maison avec des fondations en béton **3.** base • **основа́ние треуго́льника** la base du triangle **4.** raison, motif • **без вся́кого основа́ния** sans aucune raison • **не име́ть основа́ний жа́ловаться** ne pas avoir de raisons de se plaindre

основа́тельный *adj* **1.** bien fondé • **основа́тельные до́воды** des arguments de poids **2.** sérieux, profond • **основа́тельное изуче́ние хи́мии** l'étude en profondeur de la chimie

/ **основа́ть** → **осно́вывать**

основно́е *adj subst nt* essentiel • **основно́е уже́ сде́лано** l'essentiel est déjà fait
◉ **в основно́м** principalement

основнóй *adj* principal • **основнáя цель** le but principal • **основны́е недостáтки** les défauts essentiels

оснóвывать / **основáть** *v* fonder • **гóрод был оснóван в XII вéке** la ville a été fondée au XIIe siècle • **ни на чём не оснóванные претéнзии** des prétentions injustifiées

осóба *nf* personne, personnage • **подозри́тельная осóба** un individu suspect • **вáжная осóба** un personnage important

осóбенность *nf* trait particulier, particularité • **осóбенности сéверных гóворов** les particularités des dialectes du Nord
● **в осóбенности** en particulier

осóбенно *adv* particulièrement • **осóбенно хорошó** particulièrement bien

осóбенный *adj* particulier • **осóбенные обстоя́тельства** des circonstances particulières • **тут я не ви́жу ничегó осóбенного** je ne vois là rien de particulier

óспа *nf* variole • **приви́вка прóтив óспы** le vaccin contre la variole

оспáривать / **оспóрить** *v* contester • **оспóрить кóе-каки́е дóводы** contester certains arguments

/ **оспóрить** → оспáривать

оставáться* [II, остаю́сь, остаёшься - оставáйся - оставáясь] / **остáться*** [*n cl*, остáнусь, остáнешься] *vp* rester • **они́ оставáлись у нас дня три** ils sont restés chez nous deux ou trois jours • **остаётся пять мину́т** il reste cinq minutes • **он остáлся сиротóй** il est resté orphelin • **тебé остаётся тóлько извини́ться** il ne te reste plus qu'à t'excuser • **Сáша остáлся на вторóй год в пя́том клáссе** ═ Sacha a redoublé sa sixième
● **остáться в дуракáх** être le dindon de la farce • **остáться с нóсом** en être pour ses frais

/ **остáвить** → оставля́ть

оставля́ть / **остáвить** *v* laisser • **онá остáвила тарéлки на столé** elle avait laissé des assiettes sur la table • **остáвьте меня́ в покóе!** laissez-moi tranquille ! • **си́лы остáвили егó** ses forces l'abandonnèrent • **егó остáвили на вторóй год** on l'a fait redoubler

остальнóй *adj* restant • **остальнóе врéмя** le reste du temps
■ **остальны́е** *pl t* les autres • **остальны́е молчáли** les autres se taisaient

останáвливать / **останови́ть** ④ *v* arrêter • **останови́ть маши́ну** arrêter une voiture

останáвливаться / **останови́ться** ④ *vp* s'arrêter • **маши́на останови́лась пéред дóмом** la voiture s'est arrêtée devant la maison • **буди́льник останови́лся** le réveil s'est arrêté • **на чём мы останови́лись?** où en étions-nous ?

/ **останови́ть** → останáвливать

остановка *nf* arrêt • **автóбусная остановка** un arrêt d'autobus • **говори́ть без останóвки** parler sans arrêt • **пóсле корóткой останóвки пóезд трóнулся** après un bref arrêt, le train repartit

остáток *nm* reste • **делéние без остáтка** une division sans reste • **остáтки запáсов** le reste des provisions • **остáтки дрéвней крéпости** les vestiges d'une ancienne forteresse

/ **остáться** → оставáться

óстов *nm* carcasse • **обгорéвший óстов автóбуса** la carcasse calcinée d'un autobus • **óстов нóвой гости́ницы** la carcasse d'un nouvel hôtel

осторóжно *adv* prudemment • **он осторóжно вы́шел на лёд** il avança prudemment sur la glace • **осторóжно, окрáшено!** attention, peinture fraîche !

осторóжный *adj* prudent • **осторóжный человéк** un homme prudent • **осторóжный отвéт** une réponse prudente

остри́ть / **состри́ть** *v* faire de l'esprit

/ **остри́чь** → стри́чь

óстров* *(nom. pl.* островá*)* ①② *nm* île • **на необитáемом óстрове** sur une île déserte

остроу́мный *adj* plein d'esprit • **остроу́мный отвéт** une réponse spirituelle

óстрый *(*остр, острá, óстро-óстры*)* ⑤ *adj* **1.** pointu • **óстрые кáмни** des pierres pointues • **óстрые зу́бы** des dents pointues • **óстрая борóдка** une barbiche en pointe **2.** tranchant

• **о́стрый нож** un couteau tranchant **3.** aigu *(angle)* • **о́стрый у́гол** un angle aigu **4.** piquant, épicé *(goût)* • **о́стрый со́ус** une sauce épicée ~ âcre *(odeur)* • **о́стрый за́пах** une odeur âcre **5.** vif, cuisant *(douleur)* • **о́страя боль** une douleur aiguë **6.** perçant *(regard)* • **о́стрые глаза́** des yeux perçants ~ pénétrant *(esprit)* • **о́стрый ум** un esprit pénétrant **7.** *(остёр, остра́)* ⑤ mordant, caustique *(propos)* • **он остёр на язы́к** il a la langue bien affilée **8.** aigu *(crise)*, critique *(situation)* • **о́стрый кри́зис** une crise aiguë • **о́строе положе́ние** une situation critique • **наступи́л о́стрый моме́нт** l'instant critique était arrivé

остыва́ть / **осты́нуть*** [III] *et* **осты́ть*** [*n cl*, осты́ну, осты́нешь] *v* se refroidir • **чай осты́л** le thé a refroidi

/ **осты́нуть** → остыва́ть

/ **осты́ть** → остыва́ть

/ **осуди́ть** → осужда́ть

осужда́ть / **осуди́ть** [*part.* осуждённый*] ④ *v* **1.** blâmer, condamner • **все осужда́ют его́ поведе́ние** tous condamnent son attitude **2.** condamner *(un inculpé)* • **его́ осуди́ли на срок 18 лет** il a été condamné à 18 ans de prison

осуша́ть / **осуши́ть** *v* **1.** assécher • **осуши́ть боло́то** assécher un marais **2.** essuyer • **осуши́ть слёзы** essuyer ses larmes **3.** vider • **осуши́ть стака́н** vider son verre

/ **осуши́ть** → осуша́ть

/ **осуществи́ть** → осуществля́ть

осуществле́ние *nnt* réalisation, mise en œuvre • **осуществле́ние природоохра́нных мероприя́тий** la mise en œuvre de mesures de protection de la nature

осуществля́ть / **осуществи́ть** *v* accomplir, réaliser • **осуществи́ть свои́ наме́рения** mettre ses projets à exécution

осуществля́ться / **осуществи́ться** *vp* s'accomplir, se réaliser • **её предсказа́ния осуществи́лись** ses prédictions se sont réalisées

осыпа́ть / **осы́пать*** [II, осы́плю, осы́плешь] *v* saupoudrer, parsemer, couvrir • **осы́пать муко́й** saupoudrer de farine • **осы́пать уда́рами** rouer de coups • **осы́пать поцелу́ями** couvrir de baisers • **не́бо осы́пано звёздами** le ciel est parsemé d'étoiles

осыпа́ться / **осы́паться*** [II, осы́плюсь, осы́плешься] *vp* s'effondrer, s'ébouler • **потолки́ осыпа́ются от сы́рости** les plafonds s'effondrent sous l'effet de l'humidité • **начина́ет осыпа́ться бе́рег водохрани́лища** la rive du réservoir commence à s'écrouler

ось ⑧③ *nf* **1.** essieu • **за́дняя ось** l'essieu arrière **2.** axe • **враща́ться вокру́г свое́й о́си** tourner autour de son axe

от, ото *prép (+ G)* **1.** de *(avec une idée d'éloignement, de provenance)* • **отойти́ от окна́** s'éloigner de la fenêtre • **от Москвы́ до Владивосто́ка** de Moscou à Vladivostok • **далеко́ от го́рода** loin de la ville • **мы получи́ли от него́ письмо́** nous avons reçu une lettre de lui • **ключ от чемода́на** la clef de la valise • **от и́мени всех прису́тствующих** au nom de toutes les personnes présentes • **от всего́ се́рдца** de tout cœur **2.** de *(avec un complément de temps)* • **от двух до четырёх часо́в** de deux à quatre heures • **письмо́ от 2-го ма́рта** une lettre du 2 mars • **слеп от рожде́ния** aveugle de naissance **3.** de *(cause)* • **зева́ть от ску́ки** bâiller d'ennui • **бле́дный от стра́ха** pâle de frayeur **4.** contre *(pour éliminer)* • **сре́дство от головно́й бо́ли** un remède contre les maux de tête
● **вре́мя от вре́мени** de temps en temps

отбива́ть / **отби́ть*** [II, отобью́, отобьёшь - отбе́й - отби́тый] *v* **1.** casser *(enlever en frappant)* • **отби́ть ру́чку у ча́йника** casser l'anse de la théière **2.** enlever, reprendre *(par la force)* • **им удало́сь отби́ть пле́нника** ils ont réussi à reprendre un prisonnier **3.** parer *(un coup)*, repousser *(une attaque...)* • **отби́ть уда́р** parer un coup • **отби́ть нападе́ние** repousser une attaque • **отби́ть неприя́теля** repousser l'ennemi **4.** faire passer *(le goût, l'envie)* • **э́то отобьёт у него́ охо́ту дра́ться** cela lui fera passer l'envie de se battre **5.** marquer *(la mesure, le pas)* • **отбива́ть такт** marquer la cadence

отбива́ться / **отби́ться*** [II, отобью́сь, отобьёшься - отбе́йся] *vp* **1.** se casser, se détacher • **ру́чка у ча́шки отби́лась** l'anse de la tasse s'est cassée **2.** se défendre • **гла́вное уме́ть отбива́ться от комаро́в** l'essentiel est de

savoir se défendre contre les moustiques
● **он совсе́м отби́лся от рук** il n'y a rien à faire pour qu'il obéisse

отбивно́й *adj*
● **отбивна́я котле́та** côtelette → **котле́та**

отбира́ть / **отобра́ть*** [IV, отберу́, отберёшь - отобра́л, отобрала́, отобра́ло, отобра́ли] ⑤ *v* **1.** enlever • **у него́ всё отобра́ли** on lui a tout pris **2.** choisir • **отобра́ть са́мые спе́лые помидо́ры** choisir les tomates les plus mûres

/ **отби́ть** → отбива́ть

/ **отби́ться** → отбива́ться

отбо́р *nm* choix, sélection • **отбо́р лу́чших семя́н** le choix des meilleures semences • **есте́ственный отбо́р** la sélection naturelle

отбо́рный *adj* de choix, d'élite • **килогра́мм отбо́рной карто́шки** un kilo de pommes de terre de premier choix

отбра́сывать / **отбро́сить** *v* rejeter *litt & fig* • **отбро́сить во́лосы наза́д** rejeter ses cheveux en arrière • **отбро́сить проти́вника** repousser l'ennemi • **отбро́сить тео́рию** rejeter une théorie

/ **отбро́сить** → отбра́сывать

отбыва́ть / **отбы́ть*** [*n cl,* отбу́ду, отбу́дешь - о́тбыл, отбыла́, о́тбыло, о́тбыли] ⑤ *v sout* **1.** partir • **отбы́ть за грани́цу** partir pour l'étranger **2.** faire, subir • **отбы́ть вое́нную слу́жбу** faire son service militaire • **отбы́ть срок наказа́ния** purger sa peine

/ **отбы́ть** → отбыва́ть

отва́га *nf littéraire* hardiesse, courage

отва́жный *adj* hardi, courageux • **отва́жный челове́к** un homme intrépide • **отва́жный посту́пок** un acte courageux

/ **отвезти́** → отвози́ть

отверга́ть / **отве́ргнуть*** [III] *v* rejeter • **отве́ргнуть предложе́ние** rejeter une proposition

/ **отве́ргнуть** → отверга́ть

/ **отверну́ться** → отвора́чиваться

отве́рстие *nnt* orifice, ouverture

отвёртка *nf* tournevis

отве́сный *adj* vertical, à pic • **отве́сная скала́** une falaise verticale

/ **отвести́** → отводи́ть

отве́т *nm* réponse • **дать положи́тельный отве́т** donner une réponse positive • **в отве́т на его́ письмо́** en réponse à sa lettre

/ **отве́тить** → отвеча́ть

отве́тственность *nf* responsabilité • **нести́ отве́тственность** porter la responsabilité

отве́тственный *adj* **1.** responsable • **отве́тственное лицо́** une personne responsable **2.** comportant des responsabilités • **отве́тственная рабо́та** un travail de grande importance

отвеча́ть / **отве́тить** *v* **1.** répondre *(donner une réponse)* • **он ничего́ не отве́тил** il ne répondit rien **2.** répondre *(être de nature à satisfaire)* • **отвеча́ть потре́бностям** répondre aux besoins **3.** réciter • **отвеча́ть уро́к** réciter sa leçon **4.** porter la responsabilité • **отвеча́ть за рабо́ту** porter la responsabilité d'un travail

отвлека́ть / **отвле́чь*** [IV, отвлеку́, отвлечёшь, отвлеку́т - отвлёк, отвлекла́ - отвлечённый] ③ *v* détourner • **отвле́чь внима́ние** détourner l'attention • **отвле́чь от рабо́ты** détourner de son travail

отвлека́ться / **отвле́чься*** [IV, отвлеку́сь, отвлечёшься, отвлеку́тся - отвлёкся, отвлекла́сь] ③ *vp* s'écarter • **отвле́чься от те́мы** s'écarter du sujet

отвлечённый *adj* abstrait • **отвлечённое поня́тие** une notion abstraite

/ **отвле́чь** → отвлека́ть

/ **отвле́чься** → отвлека́ться

отводи́ть ④ / **отвести́*** [IV, отведу́, отведёшь - отвёл, отвела́ - отведённый - отведя́] ③ *v* **1.** mener *(à pied)* • **отвести́ ребёнка в шко́лу** emmener un enfant à l'école **2.** écarter, repousser • **отвести́ уда́р** parer un coup • **отвести́ кандидату́ру** repousser une candidature
● **отвести́ ду́шу** se soulager le cœur

отвози́ть ④ / **отвезти́*** [IV, отвезу́, отвезёшь - отвёз, отвезла́ - отвезённый - отвезя́] ③ *v* transporter, emmener *(en voiture)* • **отвезти́ бага́ж на вокза́л** transporter les bagages à la gare

отвора́чиваться / **отверну́ться** *vp* se détourner • **он отверну́лся, что́бы тебя́ не ви́деть** il s'est détourné pour ne pas te voir ~ *fig* • **все отверну́лись от него́** tout le monde lui a tourné le dos

/ **отвори́ть** → отворя́ть

отворя́ть / **отвори́ть** *v* ouvrir *(une porte, une fenêtre)* • **отвори́ть фо́рточку** ouvrir le vasistas

отврати́тельный *adj* détestable, infect • **отврати́тельная пого́да** un temps infect

отвраще́ние *nnt* dégoût • **чу́вство отвраще́ния к рабо́те** un sentiment de dégoût pour le travail

отвыка́ть / **отвы́кнуть*** [III] *v* perdre l'habitude • **отвы́кнуть от дурно́й привы́чки** se défaire d'une mauvaise habitude • **отвы́кнуть кури́ть** perdre l'habitude de fumer

/ **отвы́кнуть** → отвыка́ть

/ **отвяза́ть** → отвя́зывать

/ **отвяза́ться** → отвя́зываться

отвя́зывать / **отвяза́ть*** [II, отвяжу́, отвя́жешь] ④ *v* détacher • **отвяза́ть верёвку** détacher une corde • **отвяза́ть соба́ку** détacher un chien

отвя́зываться / **отвяза́ться*** [II, отвяжу́сь, отвя́жешься] ④ *vp* **1.** → отвя́зывать **2.** *fam* se débarrasser • **наси́лу отвяза́лся от неё** je me suis débarrassé d'elle à grand peine **3.** *fam* laisser tranquille • **отвяжи́сь от меня́!** fiche-moi la paix !

/ **отгада́ть** → отга́дывать

отга́дывать / **отгада́ть** *v* deviner • **нет, вы не отгада́ли** non, vous n'avez pas deviné

отгова́ривать / **отговори́ть** *v* dissuader • **отгова́ривать дочь от пое́здки** dissuader sa fille de faire un voyage • **его́ отговори́ли покупа́ть мотоци́кл** on l'a convaincu de renoncer à sa moto

/ **отговори́ть** → отгова́ривать

отгу́л *nm* période de récupération

отдава́ть* [II, отдаю́, отдаёшь - отдава́й - отдава́я] / **отда́ть*** [*n cl*, отда́м, отда́шь, отда́ст, отдади́м, отдади́те, отдаду́т - о́тдал, отдала́, о́тдало, о́тдали - отда́й] ⑤ *v* **1.** rendre • **отда́ть кни́гу в библиоте́ку** rendre un livre à la bibliothèque • **отда́ть долг** payer ses dettes **2.** confier • **отда́ть ребёнка в де́тский сад** mettre un enfant à l'école maternelle **3.** céder • **отда́ть го́род неприя́телю** céder la ville à l'ennemi • **отда́ть кни́гу за со́рок рубле́й** céder un livre pour quarante roubles

отдава́ться* [II, отдаю́сь, отдаёшься - отдава́йся - отдава́ясь] / **отда́ться*** [*n cl*, отда́мся, отда́шься, отда́стся, отдади́мся, отдади́тесь, отдаду́тся - отда́лся, отдала́сь, отдало́сь, отдали́сь - отда́йся] ⑤ *vp* se consacrer • **он отда́лся му́зыке** il a consacré sa vie à la musique

отдалённый *adj* éloigné • **отдалённый край** une région éloignée • **в те отдалённые времена́** en ces temps reculés • **отдалённый ро́дственник** un parent éloigné • **отдалённое схо́дство** une vague ressemblance

/ **отда́ть** → отдава́ть

отде́л *nm* section *(subdivision)*, rayon • **гастрономи́ческий отде́л** le rayon de l'alimentation

/ **отде́латься** → отде́лываться

отделе́ние *nnt* **1.** service, section • **хирурги́ческое отделе́ние** le service chirurgie • **почто́вое отделе́ние** un bureau de poste • **региона́льное отделе́ние па́ртии** la section régionale du parti **2.** poste *(de police)* • **его́ отпра́вили в отделе́ние** on l'a emmené au poste

/ **отдели́ть** → отделя́ть

отде́лываться / **отде́латься** *vp* **1.** se débarrasser • **что́бы отде́латься от него́** pour me débarrasser de lui **2.** s'en tirer • **отде́латься одни́ми обеща́ниями** s'en tirer avec des promesses • **счастли́во отде́латься** s'en tirer à bon compte

отде́льный *adj* séparé, isolé • **ему да́ли отде́льный но́мер** on lui a donné une chambre individuelle

отделя́ть / **отдели́ть** [*part.* отделённый] ④ *v* séparer • **отдели́ть кору́ от ствола́** détacher l'écorce du tronc

/ **отдохну́ть** → отдыха́ть

о́тдых *nm* repos • **день о́тдыха** jour de repos • **дом о́тдыха** maison de repos • **рабо́тать без о́тдыха** travailler sans relâche

отдыха́ть / **отдохну́ть** *v* se reposer • **ба́бушка присе́ла отдохну́ть** ma grand-mère s'assit pour se reposer un instant

оте́ц *nm* père
◉ ***Отцы́ и де́ти*** (Турге́нев) *Pères et fils* (Tourgueniev)

оте́чественный *adj* national • **оте́чественного произво́дства** de fabrication nationale
◉ **Оте́чественная война́** la guerre de 1812 • **Вели́кая Оте́чественная война́** (HIST) la guerre de 1941-1945

оте́чество *nnt littéraire* patrie

отзыва́ть ⑤ / **отозва́ть*** [IV, отзову́, отзовёшь - отозва́л, отозвала́, отозва́ло, отозва́ли] *v* **1.** appeler, prendre à part • **он отозва́л меня́ в сто́рону** il me pria de le suivre à l'écart **2.** rappeler *(un diplomate)* • **отозва́ть посла́** rappeler un ambassadeur

отзыва́ться ③ / **отозва́ться*** [I, отзову́сь, отзовёшься - отозва́лся, отозвала́сь] *vp* **1.** répondre • **я её позва́л. "Да", — отозвала́сь она́** je l'appelai. « Oui », répondit-elle **2.** *(*о *+L)* donner une appréciation • **пло́хо отозва́ться о фи́льме** dire du mal d'un film **3.** *(*на *+L)* avoir un effet • **э́то пло́хо отозвало́сь на её настрое́нии** cela a eu un effet néfaste sur son humeur

отка́з *nm* refus • **получи́ть отка́з** essuyer un refus
◉ **до отка́за** au-delà de toute limite › **напо́лнить су́мку до отка́за** remplir son sac à le faire craquer

/ **отказа́ть** → отка́зывать

/ **отказа́ться** → отка́зываться

отка́зывать ④ / **отказа́ть*** [II, откажу́, отка́жешь] *v* **1.** refuser • **мне отказа́ли в мое́й про́сьбе** on a rejeté ma demande ~ *fig* • **в тала́нте ему́ нельзя́ отказа́ть** il faut reconnaître qu'il a du talent **2.** tomber en panne • **мото́р отказа́л** le moteur est tombé en panne

отка́зываться / **отказа́ться*** [II, откажу́сь, отка́жешься] ④ *vp* refuser • **отказа́ться от пода́рка** refuser un cadeau

откла́дывать / **отложи́ть** ④ *v* **1.** mettre de côté • **мы отложи́ли для вас э́ти кни́ги** nous avons mis ces livres de côté pour vous **2.** repousser • **откла́дывать со дня на́ день** repousser de jour en jour
◉ **отложи́ть в до́лгий я́щик** renvoyer aux calendes grecques

о́тклик *nm* réponse *(à un appel)*, écho

/ **отклони́ть** → отклоня́ть

отклоня́ть / **отклони́ть** [*part.* отклонённый] ④ *v* rejeter, écarter *litt* & *fig* • **отклони́ть ве́тку** écarter une branche • **отклони́ть про́сьбу** repousser une demande

открове́нный (открове́нен, открове́нна) *adj* franc, ouvert • **открове́нный челове́к** un homme franc • **открове́нный разгово́р** une conversation à cœur ouvert

откро́ешь, откро́ют → откры́ть

открыва́ть / **откры́ть*** [II, откро́ю, откро́ешь - откры́тый] *v* **1.** ouvrir • **откро́йте окно́** ouvrez la fenêtre • **откры́ть ба́нку консе́рвов** ouvrir une boîte de conserves • **откры́ть буты́лку** ouvrir une bouteille • **откры́ть кран** ouvrir le robinet • **откры́ть глаза́** ouvrir les yeux • **откры́ть кни́гу** ouvrir un livre • **откры́ть зо́нтик** ouvrir son parapluie • **откры́ть но́вый магази́н** ouvrir un nouveau magasin ~ *fig* • **откры́ть ого́нь** ouvrir le feu **2.** révéler • **откры́ть прия́телю та́йну** révéler un secret à un ami **3.** trouver, découvrir • **откры́ть но́вый спо́соб** découvrir un nouveau procédé • **откры́ть Аме́рику** découvrir l'Amérique

откры́тие *nnt* **1.** ouverture, inauguration • **откры́тие вы́ставки** l'ouverture d'une exposition **2.** découverte • **сде́лать откры́тие** faire une découverte

откры́тка *nf* carte-postale • **откры́тки с ви́дами Москвы́** des cartes-postales avec des vues de Moscou

откры́то *adv* ouvertement • **откры́то призна́ть свою́ оши́бку** reconnaître ouvertement son erreur

откры́тый *adj* ouvert • **откры́тая дверь** une porte ouverte ~ *fig* • **откры́тая борьба́** une lutte ouverte
◉ **ломи́ться в откры́тую дверь** enfoncer les portes ouvertes • **на откры́том во́здухе** en plein air • **откры́тое мо́ре** la pleine mer › **вы́йти в откры́тое мо́ре** gagner le large • **откры́тое пла́тье** une robe décolletée • **под откры́тым не́бом** à la belle étoile › **спать под откры́тым не́бом** dormir à la belle étoile

/ **откры́ть** → открыва́ть

отку́да *adv* d'où • **отку́да ты?** d'où viens-tu ? • **отку́да вы э́то зна́ете?** d'où tenez-vous cela ?

À PROPOS DE...

отку́да est accentué sur l'avant-dernière syllabe alors que **куда́**, qui entre dans sa composition, a un accent final.

отку́да-то *adv* de quelque part, d'on ne sait quel endroit • **отку́да-то доноси́лись зву́ки гармо́ни** on entendait quelque part un accordéon

отку́поривать / **отку́порить** *v* déboucher • **отку́порить буты́лку** déboucher une bouteille

/ **отку́порить** → отку́поривать

отли́в *nm* reflux • **прили́в и отли́в** le flux et le reflux

отлива́ть / **отли́ть*** [II, отолью́, отольёшь - о́тлил, отлила́, о́тлило, о́тлили ⑤ - отле́й - отли́тый, о́тлит, отлита́, о́тлито, о́тлиты] ⑤ *v* **1.** verser (un peu) • **отли́ть немно́го вина́** verser un peu de vin **2.** couler, mouler • **отли́ть ста́тую** couler une statue

/ **отли́ть** → отлива́ть

отлича́ть / **отличи́ть** *v* distinguer • **гадю́ку от ужа́ не суме́ю отличи́ть,** je ne saurais distinguer une vipère d'une couleuvre

/ **отличи́ть** → отлича́ть

отли́чно *adv* très bien • **вы отли́чно зна́ете, что э́то непра́вда** vous savez très bien que ce n'est pas vrai
◉ **учи́ться на отли́чно** n'avoir que des bonnes notes

отли́чный *adj* parfait, excellent • **отли́чного ка́чества** d'excellente qualité

/ **отложи́ть** → откла́дывать

отме́на *nf* suppression, annulation • **отме́на крепостно́го пра́ва** l'abolition du servage

/ **отмени́ть** → отменя́ть

отменя́ть / **отмени́ть** [*part.* отменённый] ④ *v* supprimer, annuler • **отмени́ть реше́ние** annuler une décision • **отмени́ть заседа́ние** annuler une réunion

отме́тка *nf* **1.** remarque, note • **сде́лать отме́тки на поля́х кни́ги** mettre des notes dans les marges d'un livre **2.** note (SCOL) • **получа́ть хоро́шие отме́тки** avoir de bonnes notes

/ **отнести́** → относи́ть

/ **отнести́сь** → относи́ться

отнима́ть / **отня́ть*** [IV, отниму́, отни́мешь ④ - о́тнял, отняла́, о́тняло, о́тняли ⑤ - о́тнятый, о́тнят, отнята́, о́тнято, о́тняты ⑤] *v* **1.** enlever, prendre • **о́тняли у него́ топо́р** on lui a enlevé sa hache **2.** faire perdre, prendre • **доро́га отняла́ мно́го вре́мени** le trajet nous a pris beaucoup de temps

относи́тельно ◼ *adv* relativement • **он был относи́тельно споко́ен** il était relativement calme ◼ *prép (+ G)* à l'égard de, en ce qui concerne • **он ничего́ не мо́жет сказа́ть относи́тельно э́того де́ла** il ne peut rien dire au sujet de cette affaire

относи́тельность *nf* relativité • **тео́рия относи́тельности** la théorie de la relativité

относи́тельный *adj* relatif • **относи́тельный успе́х** un succès relatif

относи́ть ④ / **отнести́*** [IV, отнесу́, отнесёшь - отнёс, отнесла́ - отнесённый - отнеся́] ③ *v* porter, emporter • **отнести́ письмо́ на по́чту** porter une lettre à la poste

относи́ться ④ / **отнести́сь*** [IV, отнесу́сь, отнесёшься - отнёсся, отнесла́сь] ③ *vp* **1.** → **относи́ть** **2.** avoir un rapport • **э́то к де́лу не отно́сится** cela n'a rien à voir avec cette affaire **3.** avoir une opinion • **как вы к э́тому относи́тесь?** qu'est-ce que vous en pensez ?

отноше́ние *nnt* **1.** rapport, relation • **э́то не име́ет отноше́ния к де́лу** cela n'a aucun rapport avec cette affaire • **дру́жеские отноше́ния** des relations amicales • **дипломати́ческие отноше́ния** les relations diplomatiques **2.** point de vue • **в э́том отноше́нии** de ce point de vue • **во всех отноше́ниях** à tous égards

/ **отня́ть** → отнима́ть

ото → от

/ **отобра́ть** → отбира́ть

отовсю́ду *adv* de toutes parts • **отовсю́ду слы́шались ра́достные кри́ки** on entendait de tous côtés des cris joyeux

отодвига́ть / **отодви́нуть** *v* **1.** écarter, reculer • **он отодви́нул сту́лья** il repoussa les chaises **2.** reculer, remettre à plus tard • **отодви́нуть экза́мен** reculer la date de l'examen

/ **отодви́нуть** → отодвига́ть

/ **отозва́ть** → отзыва́ть

/ **отозва́ться** → отзыва́ться

/ **отойти́** → отходи́ть

/ **отомсти́ть** → мстить

отопле́ние *nnt* chauffage • **расхо́ды на отопле́ние** les dépenses de chauffage • **центра́льное отопле́ние** le chauffage central

/ **оторва́ть** → отрыва́ть

/ **отосла́ть** → отсыла́ть

/ **отпере́ть** → отпира́ть

отпеча́ток *nm* empreinte, trace • **наложи́ть свой отпеча́ток на эпо́ху** marquer une époque de son empreinte • **снять отпеча́тки па́льцев** relever des empreintes digitales

отпира́ть / **отпере́ть*** [IV, отопру́, отопрёшь - о́тпер, отперла́, о́тперло, о́тперли ⑤ - о́тпертый, о́тперт, отперта́, о́тперто, о́тперты ⑤ - отпере́в] ⑤ *v* ouvrir *(ce qui est fermé à clef)* • **отпере́ть дверь** ouvrir une porte

/ **отплати́ть** → отпла́чивать

отпла́чивать / **отплати́ть** ④ *v* s'acquitter de ses dettes *fig*, prendre sa revanche • **отплати́ть злом за зло** rendre le mal pour le mal • **отплати́ть своему́ сопе́рнику той же моне́той** rendre à son rival la monnaie de sa pièce

отпо́р *nm* résistance • **встре́тить реши́тельный отпо́р** rencontrer une résistance farouche • **дать отпо́р напада́ющим** opposer de la résistance à l'assaillant

/ **отпра́вить** → отправля́ть

/ **отпра́виться** → отправля́ться

отправля́ть / **отпра́вить** *v* expédier • **отпра́вить письмо́** expédier une lettre

отправля́ться / **отпра́виться** *vp* partir • **по́езд уже́ отпра́вился** le train est déjà parti • **отпра́виться в путь** se mettre en route

/ **отпра́здновать** → пра́здновать

о́тпуск* *(loc.* отпуску́, *loc.* о́тпуске *; pl.* отпуска́*)* ⑧② *nm* congé, permission • **быть в о́тпуске** être en congé • **уе́хать в о́тпуск** partir en congé

отпуска́ть / **отпусти́ть** ④ *v* **1.** laisser partir • **меня́ не отпуска́ли в теа́тр** on ne me laissait pas aller au théâtre **2.** laisser pousser • **отпусти́ть бо́роду** se laisser pousser la barbe

/ **отпусти́ть** → отпуска́ть

отра́ва *nf* poison • **отра́ва для грызуно́в** un poison pour les rongeurs

/ **отрави́ть** → отравля́ть

отравля́ть / **отрави́ть** ④ *v* **1.** empoisonner • **со́тни гекта́ров отра́влены не́фтью** des centaines d'hectares ont été pollués par le pétrole **2.** gâter • **отрави́ть удово́льствие** gâcher le plaisir

отравля́ться / **отрави́ться** ④ *vp* s'empoisonner • **они́ отрави́лись гриба́ми** ils se sont empoisonnés avec des champignons

отража́ть / **отрази́ть** *v* **1.** refléter • **о́зеро отража́ет не́бо** le lac reflète le ciel **2.** repousser • **врата́рь отрази́л пена́льти** le gardien de but a repoussé le penalty

отража́ться / **отрази́ться** *vp* **1.** se refléter • **дере́вья отража́лись в воде́** les arbres se reflétaient dans l'eau **2.** *(на +L)* avoir des conséquences • **э́то отра-**

зúлось на егó харáктере cela a marqué son caractère

отражéние *nnt* **1.** réflexion, réverbération • **отражéние свéта** la réflexion de la lumière **2.** reflet • **отражéние звёзд в водé** le reflet des étoiles dans l'eau ~ *fig* • **отражéние жúзни** le reflet de la vie

/ **отразúть** → отражáть

/ **отразúться** → отражáться

óтрасль *nf* branche *(champ d'activité)* • **во всех óтраслях промы́шленности** dans toutes les branches de l'industrie

отрезáть / **отрéзать*** [II, отрéжу, отрéжешь] *v* couper, trancher • **отрéзать кусóк хлéба** couper un morceau de pain ~ *fig* • **гóрные дерéвни отрéзаны от остальнóго мúра** des villages de montagne sont coupés du reste du monde

отрекáться / **отрéчься*** [IV, отрекýсь, отречёшься, отрекýтся - отрёкся, отреклáсь] ③ *(от + G) vp* se dédire, renier • **отрéчься от своúх слов** se rétracter
● **отрéчься от престóла** abdiquer

/ **отремонтúровать** → ремонтúровать

/ **отрéчься** → отрекáться

отрицáние *nnt* négation *(fait de nier)* ~ (GRAMM) • **глагóл с отрицáнием** un verbe à la forme négative

отрицáтельно *adv* négativement • **отрицáтельно покачáть головóй** dire non de la tête

отрицáтельный *adj* négatif • **отрицáтельный отвéт** une réponse négative • **отрицáтельная величинá** une grandeur négative

отрицáть *v* nier • **отрицáть очевúдность** nier l'évidence

отрубáть / **отрубúть** ④ *v* couper, trancher • **отрубúть кусóк свинúны** couper un morceau de viande de porc • **человéк сам себé топорóм отрубúл пáлец** l'homme s'est lui-même tranché un doigt avec une hache

/ **отрубúть** → отрубáть

/ **отругáть** → ругáть

отрывáть / **оторвáть*** [IV, оторвý, оторвёшь - оторвáл, оторвалá, оторвáло, оторвáли] ⑤ *v* arracher • **оторвáть листóк календаря́** arracher une page du calendrier • **онá не моглá оторвáть глаз от портрéта** elle ne pouvait pas quitter des yeux ce portrait

отры́висто *adv* de manière saccadée • **говорúть отры́висто** parler avec un débit saccadé

отры́вистый *adj* saccadé

отры́вок *nm* fragment, extrait • **отры́вок из ромáна "Войнá и мир"** un extrait du roman « Guerre et paix »

отря́д *nm* détachement • **отря́д милúции** un détachement de police • **спасáтельный отря́д** une équipe de sauveteurs

отря́хивать / **отряхнýть** *v* secouer, faire tomber • **отряхнýть снег с сапóг** secouer la neige de ses bottes

/ **отряхнýть** → отря́хивать

отскáкивать / **отскочúть** ④ *v* **1.** faire un bond *(en arrière, de côté)* • **онá отскочúла назáд** elle fit un bond en arrière **2.** rebondir • **мяч отскочúл от переклáдины в сéтку ворóт** le ballon a rebondi sur la barre supérieure dans le filet

/ **отскочúть** → отскáкивать

отсрóчка *nf* sursis, prolongation • **получúть отсрóчку** obtenir un sursis

отставáть* [II, отстаю́, отстаёшь - отставáй - отставáя] / **отстáть*** [*n cl*, отстáну, отстáнешь] *v* **1.** rester en arrière • **он отстáл от пóезда** le train repartit sans lui **2.** retarder *(en parlant d'une montre)* • **часы́ отстаю́т на три минýты** ma montre retarde de trois minutes **3.** *fam* laisser tranquille • **отстáнь!** fiche-moi la paix !

отстáвка *nf* **1.** retraite • **вы́йти в отстáвку** prendre sa retraite **2.** démission • **подáть в отстáвку** donner sa démission

отстáивать *v* **1.** défendre **2.** / **отстоя́ть*** [I, отстою́, отстоúшь...] réussir à défendre, à sauvegarder • **отстоя́ть своя́ тóчку зрéния** réussir à défendre son point de vue

отста́лость *nf* retard *(état arriéré)* • **экономи́ческая отста́лость** le retard économique

отста́лый *adj* arriéré, en retard • **отста́лая страна́** un pays sous-développé

/ **отста́ть** → отстава́ть

/ **отстоя́ть** → отста́ивать

/ **отстрани́ть** → отстраня́ть

отстраня́ть / **отстрани́ть** *v* écarter, éloigner • **он был отстранён от люби́мой де́ятельности на два го́да** il fut écarté de son activité favorite pendant deux ans • **отстрани́ть на второ́й план** reléguer au second plan

отступа́ть / **отступи́ть** ④ *v* **1.** reculer, battre en retraite • **он отступи́л на шаг** il fit un pas en arrière • **враг отступа́л** l'ennemi battait en retraite **2.** *fig* s'écarter • **отступи́ть от те́мы** s'écarter du sujet

/ **отступи́ть** → отступа́ть

отступле́ние *nnt* **1.** retraite *(recul d'une armée)* • **шесто́го октября́ начало́сь отступле́ние** la retraite commença le 6 octobre **2.** digression • **сде́лать небольшо́е отступле́ние** faire une petite digression **3.** dérogation, manquement • **отступле́ние от зако́на** une dérogation à la loi

отсу́тствие *nnt* **1.** absence • **в ва́ше отсу́тствие** en votre absence • **блиста́ть свои́м отсу́тствием** briller par son absence **2.** manque • **отсу́тствие вку́са** le manque de goût

отсу́тствовать *v* être absent • **он отсу́тствовал не бо́льше двух неде́ль** il n'a pas été absent plus de deux semaines

отсу́тствующий *adj* absent, distrait • **отсу́тствующий взгляд** un regard absent

■ **отсу́тствующий** *p prés subst m* absent • **спи́сок отсу́тствующих** la liste des absents

отсыла́ть / **отосла́ть*** [II, отошлю́, отошлёшь] *v* **1.** renvoyer • **он всех отосла́л прочь** il les a tous mis dehors • **отсыла́ть чита́теля к введе́нию** renvoyer le lecteur à l'introduction **2.** envoyer, expédier • **отосла́ть телегра́мму** envoyer un télégramme

отсю́да *adv* **1.** d'ici • **далеко́ отсю́да** loin d'ici • **уходи́те отсю́да!** allez-vous-en d'ici ! **2.** de cela, de là • **отсю́да мо́жно заключи́ть, что** de là on peut conclure que

> **À PROPOS DE...**
>
> **отсю́да** est accentué sur l'avant-dernière syllabe, alors que **сюда́**, qui entre dans sa composition, a un accent final.

отта́лкивать / **оттолкну́ть** *v* repousser • **он оттолкну́л контролёра и вы́скочил из ваго́на** il repoussa le contrôleur et sauta du wagon • **он всех отта́лкивал от себя́ свое́й гру́бостью** tout le monde l'évitait à cause de sa grossièreté

оттéнок *nm* nuance • **ра́зные отте́нки кра́сного цве́та** diverses nuances de rouge • **с отте́нком иро́нии** avec une nuance d'ironie

о́ттепель *nf* dégel • **была́ о́ттепель** c'était le dégel

оттого́ *adv* de ce fait • **он простуди́лся на ры́бной ло́вле, оттого́ и заболе́л** il a pris froid à la pêche et c'est ainsi qu'il est tombé malade

● **оттого́, что** du fait que › **ей бы́ло гру́стно оттого́, что она́ ни от кого́ не получа́ла пи́сем** elle était triste parce qu'elle ne recevait de lettre de personne

/ **оттолкну́ть** → отта́лкивать

отту́да *adv* de là-bas • **вернётся ли он отту́да?** en reviendra-t-il ?

> **À PROPOS DE...**
>
> **отту́да** est accentué sur l'avant-dernière syllabe, alors que **туда́**, qui entre dans sa composition, est accentué sur la dernière.

отходи́ть ④ / **отойти́*** [IV, отойду́, отойдёшь - отошёл, отошла́ - отойдя́] *v* s'éloigner, s'en aller • **по́езд отхо́дит че́рез два́дцать мину́т** le train part dans vingt minutes • **он отошёл в сто́рону** il s'en alla à l'écart • **отойти́ от те́мы** s'écarter du sujet

отхо́ды *pl t* déchets • **бытовы́е отхо́ды** les déchets ménagers

отцо́вский *adj* paternel • **отцо́вский дом** la maison paternelle • **отцо́вские чу́вства** des sentiments paternels

отчáиваться / **отчáяться*** [II, отчáюсь, отчáешься] *(+ inf) vp* désespérer • **онá отчáялась добиться справедлúвости** elle désespérait d'obtenir justice

отчáсти *adv* en partie • **это оправдáлось тóлько отчáсти** cela ne s'est réalisé qu'en partie

отчáяние *nnt* désespoir • **быть в отчáянии** être au désespoir

отчáянный *adj* **1.** désespéré *(sans issue)* • **отчáянное положéние** une situation désespérée **2.** acharné • **отчáянный игрóк** un joueur enragé • **отчáянное сопротивлéние** une résistance acharnée **3.** téméraire • **человéк он отчáянный** il n'a peur de rien

/ **отчáяться** → отчáиваться

отчегó ◘ *adv* **1.** pourquoi • **отчегó же он такóй грýстный?** pourquoi est-il donc si triste ? • **не хóчешь? — нет, отчегó же?** tu ne veux pas ? — si, pourquoi pas ? **2.** *littéraire* et c'est pourquoi • **у негó былá чёрная бородá, отчегó егó лицó казáлось угрю́мым** il avait une barbe noire, ce qui donnait à son visage un aspect sévère ◘ *conj* pourquoi • **я не знáю, отчегó мне так грýстно** je ne sais pas pourquoi je suis si triste

óтчество *nnt* patronyme • **фамúлия, úмя, óтчество? — Чéхов Антóн Пáвлович** comment vous appelez-vous ? — Tchekhov Anton Pavlovitch

CULTURE...

óтчество

Comme nous, les Russes ont un nom et un prénom, mais ils ont en plus un patronyme, un nom « intermédiaire » dérivé du prénom de leur père. Bien que les anciennes appellations **господин** et **госпожа**, respectivement monsieur et madame, aient été réhabilitées depuis la dissolution de l'Union soviétique, il est encore très courant de s'adresser formellement à ses interlocuteurs en utilisant leur prénom suivi de leur patronyme.

Les patronymes des femmes se terminent le plus souvent par **-овна**, **-евна** et ceux des hommes par **-ович**, **–евич**.

отчёт *nm* compte rendu, rapport • **предстáвить финáнсовый отчёт** présenter un compte rendu financier
◉ **отдавáть себé отчёт в своей ответственности** avoir conscience des ses responsabilités

отчётливый *adj* distinct, clair • **отчётливое произношéние** une prononciation claire

отчúзна *nf poét* patrie

/ **отшлифовáть** → шлифовáть

отъéзд *nm* départ *(autrement qu'à pied)* • **пéред отъéздом в Омск** avant mon départ pour Omsk

/ **отыскáть** → оты́скивать

оты́скивать *v* **1.** chercher **2.** / **отыскáть*** [II, отыщý, оты́щешь...] ④ trouver • **дóлго я оты́скивал егó áдрес и наконéц отыскáл** j'ai longtemps cherché son adresse et je l'ai enfin trouvée

óфис *nm* bureau • **головнóй óфис компáнии** le siège de la société • **рабóтать в óфисе** travailler dans un bureau

официáнт *nm* garçon (de café), serveur

официáнтка *nf* serveuse

/ **офóрмить** → оформля́ть

оформля́ть / **офóрмить** *v* **1.** donner une forme, une présentation • **офóрмить спектáкль** assurer la mise en scène d'un spectacle **2.** établir • **офóрмить вúзу** établir un visa

оформля́ться / **офóрмиться** *vp* faire des formalités • **офóрмиться на рабóту** faire les formalités d'embauche auprès de son employeur

óхать / **óхнуть** *v* gémir, crier «oh»

/ **охватúть** → охвáтывать

охвáтывать / **охватúть** ④ *v* embrasser, inclure • **весь дом был охвáчен огнём** la maison tout entière était la proie des flammes • **меня́ охватúло чýвство жáлости** je fus pris d'un sentiment de pitié

/ **охладúть** → охлаждáть

охлаждáть / **охладúть** [*part.* охлаждённый*] *v* refroidir • **охладúть вóду** faire refroidir l'eau ~*fig* • **это признáние меня́ охладúло** cet aveu m'a refroidi

/ **óхнуть** → óхать

охóта[1] *nf* chasse • **ходи́ть на охóту** aller à la chasse • **охóта на медвéдя** la chasse à l'ours

охóта[2] *nf* envie • **отби́ть у них охóту спи́сывать** leur faire passer l'envie de copier • **по своéй охóте** sans y être forcé
• **охóта пýще невóли** on fait mieux ce qu'on fait de son plein gré

охóтник[1] *nm* chasseur
• ***Запи́ски охóтника*** (Тургéнев) *les Récits d'un chasseur* (Tourgueniev)

охóтник[2] *nm* amateur

охóтничий *adj* de chasse • **охóтничье ружьё** un fusil de chasse • **охóтничья собáка** un chien de chasse

охóтно *adv* volontiers • **он охóтно согласи́лся** il accepta volontiers

охрáна *nf* **1.** protection • **охрáна трудá** la protection du travail • **охрáна поря́дка** le maintien de l'ordre • **охрáна окружáющей среды́** la protection de l'environnement **2.** service de sécurité

/ **охрани́ть** → охраня́ть

охраня́ть / **охрани́ть** *v* garder, défendre • **охраня́ть здáние** assurer la garde d'un bâtiment

/ **охри́пнуть** → хри́пнуть

/ **оцарáпать** → царáпать

оцéнивать / **оцени́ть** [*part.* оценённый] ④ *v* **1.** apprécier, évaluer • **карти́ну оцени́ли в ты́сячу рублéй** le tableau a été évalué à mille roubles **2.** apprécier, estimer • **оцени́ть по достóинству** apprécier à sa juste valeur

/ **оцени́ть** → оцéнивать, → цени́ть

оцéнка *nf* évaluation • **высóкая оцéнка** une bonne note

очáг ③② *nm* foyer • **огóнь гóрел в очагé** le feu brûlait dans l'âtre • **у негó нé было своегó домáшнего очагá** *littéraire* il n'avait pas de foyer • **очáг заражéния** un foyer de contagion

очаровáние *nnt* enchantement, charme • **очаровáние провинциáльного ти́хого гóрода** le charme d'une ville de province tranquille

очаровáтельный *adj* ravissant, charmant • **двенáдцать очаровáтельных дéвушек** douze ravissantes jeunes filles

/ **очаровáть** → очарóвывать

очарóвывать / **очаровáть** *v* charmer, séduire • **онá меня́ очаровáла** elle m'a charmé

очеви́дно *adv* manifestement, de toute évidence • **он, очеви́дно, оши́бся** il est évident qu'il s'est trompé

очеви́дный *adj* évident • **очеви́дный факт** un fait évident • **очеви́дное недоразумéние** un malentendu évident

очéй → óко

óчень *adv* très, beaucoup • **óчень большóй** très grand • **óчень бы́стро** très vite • **я óчень устáл** je suis très fatigué • **я егó óчень люблю́** je l'aime beaucoup
• **не óчень** pas tellement › **ты э́то лю́бишь? — нет, не óчень** tu aimes ça ? — non, pas tellement • **óчень мнóго** beaucoup *(exprimant la quantité)* › **óчень мнóго забóт** beaucoup de soucis › **я óчень мнóго читáю** je lis beaucoup

очереднóй *adj* suivant • **очереднóй вопрóс** la question suivante • **очереднóй нóмер журнáла** le dernier numéro de la revue • **он в очереднóй раз пожáловался на погóду** une fois de plus il s'est plaint du temps

óчередь ①③ *nf* **1.** tour *(ordre de succession)* • **óчередь за вáми** c'est votre tour • **кáждый в свою́ óчередь** chacun à son tour • **пропусти́ть свою́ óчередь** laisser passer son tour **2.** queue *(file de personnes qui attendent)* • **стоя́ть в óчереди** faire la queue • **стать в óчередь** prendre la file **3.** rafale • **пулемётная óчередь** une rafale de mitrailleuse

óчерк *nm* essai *(littéraire)* • **óчерк по рýсской истóрии** essai sur l'histoire de la Russie

очертáние *nnt* contour, configuration • **очертáние предмéта** le contour de l'objet • **проéкт приобретáет реáльное очертáние** le projet prend une configuration plausible • **вдали́ показáлись очертáния крепостны́х бáшен** au loin apparurent les silhouettes des tours fortifiées

очертя́
■ **очертя́ го́лову** *loc adv* sans réfléchir • **бро́ситься вперёд очертя́ го́лову** se jeter en avant tête baissée

о́чи → о́ко

/ **очини́ть** → чини́ть

/ **очи́стить** → очища́ть, → чи́стить

очища́ть / **очи́стить** *v* **1.** nettoyer • **очи́стить двор** nettoyer la cour • **очи́стить газ** purifier un gaz **2.** peler, écailler • **очи́стить карто́фель** peler des pommes de terre • **очи́стить ры́бу** écailler le poisson

очки́ (очко́в, очка́м) *pl t* lunettes • **наде́ть очки́** mettre ses lunettes

очну́ться *vp* revenir à soi, reprendre ses esprits • **очну́ться от испу́га** se remettre de sa frayeur

очути́ться* [очу́тишься, очу́тится] *vp* se trouver brusquement • **я очути́лся в воде́ по ше́ю** je me suis retrouvé dans l'eau jusqu'au cou

/ **ошеломи́ть** → ошеломля́ть

ошеломля́ть / **ошеломи́ть** *v* **1.** étourdir • **он был ошеломлён уда́ром** il fut étourdi par le coup **2.** *fig* abasourdir, stupéfier • **все бы́ли ошеломлены́ э́тим неожи́данным происше́ствием** tous étaient abasourdis par cet événement inattendu

ошиба́ться / **ошиби́ться*** [IV, ошибу́сь, ошибёшься - оши́бся, оши́блась] *vp* se tromper • **е́сли не ошиба́юсь** si je ne m'abuse • **она́ оши́блась этажо́м** elle s'est trompée d'étage • **я оши́бся в вычисле́нии** je me suis trompé dans mes calculs *litt* • **мы в ней оши́блись** nous nous sommes fait des illusions à son sujet

/ **ошиби́ться** → ошиба́ться

оши́бка *nf* erreur, faute • **сде́лать орфографи́ческую оши́бку** faire une faute d'orthographe • **испра́вить оши́бки** corriger les fautes • **осозна́ть свою́ оши́бку** reconnaître son erreur • **нажа́ть по оши́бке не ту кла́вишу** appuyer sur la mauvaise touche par erreur

/ **оштрафова́ть** → штрафова́ть

/ **ощипа́ть** → щипа́ть

о́щупь *nf*
● **на о́щупь** au toucher › **прия́тный на о́щупь** agréable au toucher

о́щупью *adv* à tâtons • **о́щупью найти́ свою́ доро́гу** trouver son chemin à tâtons

/ **ощути́ть** → ощуща́ть

ощуща́ть / **ощути́ть** *(т → щ) v* **1.** sentir, percevoir • **не ощуща́ть хо́лода** ne pas sentir le froid **2.** ressentir, éprouver • **ощуща́ть большу́ю ра́дость** éprouver une grande joie

ощуще́ние *nnt* **1.** sensation • **ощуще́ние бо́ли** une sensation de douleur **2.** sentiment • **ра́достное ощуще́ние** un sentiment de joie

П

павли́н *nm* paon

пáгубный *adj* nuisible, funeste • **пáгубное влия́ние** une influence funeste

пáдаль *nf* charogne(s)

пáдать / **упáсть*** [IV, упаду́, упадёшь - упáл, упáла] *et* **пасть*** [IV, *id*] *et* **вы́пасть*** [IV, вы́падет, вы́падут - вы́пал, вы́пала] *v* **1.** / **упáсть** tomber • **кни́га упáла нá пол** le livre est tombé par terre • **Мáша упáла с велосипéда** Macha est tombée de son vélo • **пáдать от устáлости** tomber de fatigue • **вóлосы пáдают емý на лоб** les cheveux lui tombent sur le front • **ударéние пáдает на послéдний слог** l'accent tombe sur la finale **2.** / **пасть** tomber *littéraire* • **подозрéния пáли на негó** les soupçons sont tombés sur lui • **жрéбий пал на меня́** le sort tomba sur moi **3.** / **вы́пасть** tomber *(précipitations atmosphériques)* • **снег перестáл пáдать** la neige s'est arrêtée de tomber **4.** / **вы́пасть** tomber *(en parlant de la chute des cheveux)* • **у негó пáдают вóлосы** il perd ses cheveux **5.** / **упáсть** baisser, tomber *(baromètre, prix... ; température)* • **барóметр пáдает** le baromètre baisse • **температýра пáдает** la température baisse • **цéны пáдают** les prix baissent **6.** / **спасть** baisser *(en parlant du niveau d'un fleuve)* • **водá пáдает** l'eau baisse **7.** / **пасть** mourir, crever *(en parlant des animaux)* • **бýрая корóва пáла** la vache brune est morte

● **пáдать в óбморок** s'évanouir • **пáдать дýхом** perdre courage

па-дéж ③② *nm* cas (GRAMM)

● **вини́тельный падéж** accusatif • **дáтельный падéж** datif • **имени́тельный падéж** nominatif • **предлóжный падéж** locatif • **роди́тельный падéж** génitif • **твори́тельный падéж** instrumental

падéние *nnt* chute *litt & fig* • **падéние цен** la chute des prix

пáдкий ⑤ (до + *G*) (на + *A*) *adj* enclin à, avide de • **он пáдок до дéнег** il est avide d'argent • **медвéдь пáдок на мёд** les ours sont très gourmands de miel

паёк (пайкá) *nm* ration • **продуктóвый паёк для военнослýжащих** une ration alimentaire pour militaires

пáзуха *nf espace situé entre la poitrine et les vêtements, et qui tenait souvent lieu de poche* • **мужчи́на держáл прáвую рýку за пáзухой** l'homme avait la main droite à l'intérieur de sa veste • **он достаёт из-за пáзухи пакéт** il sort de son vêtement un paquet

пáкость *nf* **1.** *fam* mauvais tour • **дéлать пáкости** jouer des tours de cochon **2.** saleté • **вы́брось э́ту пáкость** jette cette saleté

■ **пáкости** *pl* propos inqualifiables • **говори́ть пáкости** dire des horreurs

пал, пáла → пасть

палáта *nf* **1.** palais • **Гранови́тая палáта** le Palais à facettes • **Оружéйная палáта** le Palais des armures **2.** chambre *(lieu de réunion)* • **Палáта депутáтов** la Chambre des députés • **Палáта лóрдов** la Chambre des lords • **Палáта óбщин** la Chambre des communes • **торгóвая палáта** la chambre de commerce **3.** salle d'hôpital, chambre d'hôpital • **палáта интенси́вной терапи́и новорождённых** la salle de soins intensifs des nouveaux-nés

● **у негó умá палáта** il est remarquablement intelligent

палáтка *nf* tente • **разби́ть палáтку** monter une tente • **жить в палáтке** vivre sous la tente

палáч ③② *nm* bourreau

пáлец *nm* doigt • **большóй пáлец** le pouce • **указáтельный пáлец** l'index

● **пáлец о пáлец не удáрить** ne pas lever le petit doigt • **смотрéть на их дéйствия сквозь пáльцы** fermer les yeux sur leurs agissements

па́лка *nf* **1.** bâton • **лы́жные па́лки** des bâtons de ski **2.** canne • **опира́ться на трость** s'appuyer sur sa canne
● **вставля́ть па́лки в колёса** mettre des bâtons dans les roues • **па́лка о двух конца́х** c'est une arme à double tranchant

па́лочка *nf* **1.** baguette • **дирижёрская па́лочка** baguette de chef d'orchestre • **волше́бная па́лочка** baguette magique **2.** bacille • **па́лочка Ко́ха** le bacille de Koch

па́луба *nf* pont *(d'un navire)*

пальто́* *nnt indécl* manteau, pardessus • **мехово́е пальто́** un manteau de fourrure

па́мятник *nm* monument • **па́мятник Булга́кову** le monument (à la mémoire) de Boulgakov • **па́мятник, воздви́гнутый ветера́нами** un monument érigé par les anciens combattants • **истори́ческий па́мятник** un monument historique

па́мятный *adj* **1.** mémorable • **па́мятный день** une journée mémorable **2.** aide-mémoire • **па́мятная кни́жка** aide-mémoire

па́мять *nf* **1.** mémoire *(faculté de se souvenir)* • **у него́ хоро́шая па́мять** il a une bonne mémoire • **е́сли па́мять мне не изменя́ет** si j'ai bonne mémoire • **расска́зывать на па́мять** raconter de mémoire **2.** mémoire, souvenir • **подари́ть кольцо́ по па́мяти** offrir une bague en souvenir
● **без па́мяти** **a.** sans connaissance › **она́ лежа́ла без па́мяти** elle était étendue sans connaissance **b.** *fam* à la folie › **люби́ть без па́мяти** aimer à la folie **c.** *fam* follement épris › **она́ от него́ без па́мяти** elle l'aime à la folie

па́па[1] *nm* papa

па́па[2] *nm* **(ри́мский) па́па** le pape

па́перть *nf* parvis

па́пка *nf* **1.** classeur, chemise **2.** dossier (INFORM) • **вы́брать на жёстком ди́ске па́пки, кото́рые необходи́мо прове́рить** sélectionner sur le disque dur les dossiers à vérifier

папиро́са *nf* cigarette russe *(à bout cartonné)*

па́поротник *nm* fougère

пар* *(loc.* **пару́***)* ⑧② *nm* vapeur • **конденса́ция па́ра** la condensation de la vapeur
● **на всех пара́х** à toute vapeur

À PROPOS DE...

Il ne faut pas confondre l'instrumental **па́ром** avec le nominatif du substantif **паро́м**.

па́ра *nf* **1.** paire • **па́ра носко́в** une paire de chaussettes • **па́ра но́жниц** une paire de ciseaux **2.** couple • **влюблённая па́ра** un couple d'amoureux **3.** *fam* quelques • **па́ра слов** quelques mots • **на па́ру дней** pour deux ou trois jours
● **два сапога́ — па́ра** les deux font la paire

парали́ч ③ *nm* paralysie • **её разби́л парали́ч** elle a été frappée de paralysie

па́рень *nm* gars, garçon • **он па́рень хоро́ший** c'est un brave garçon

пари́к ③② *nm* perruque • **носи́ть пари́к** porter une perruque

парикма́хер *nm* coiffeur, coiffeuse

парикма́херская *adj subst f* salon de coiffure • **идти́ в парикма́херскую** aller chez le coiffeur

парово́з *nm* locomotive *(à vapeur)*

паро́ль *nm* **1.** (INFORM) mot de passe • **ввести́ паро́ль** saisir le mot de passe **2.** mot d'ordre • **спра́шивать паро́ль** demander le mot d'ordre

паро́м *nm* bac • **перепл́ыть реку́ на паро́ме** traverser le fleuve dans le bac

парохо́д *nm* bateau (à vapeur), paquebot

па́рта *nf* pupitre *(d'écolier)* • **ученики́ сиде́ли за па́ртами** les élèves étaient assis à leurs places • **го́ды за шко́льной па́ртой** = les années passées sur les bancs de l'école

парте́р *nm* orchestre, parterre *(dans un théâtre)* • **парте́р за́нят до после́днего кре́сла** l'orchestre est complet jusqu'au dernier siège

парти́йный *adj* du parti • **парти́йные директи́вы** les directives du parti

па́ртия *nf* **1.** parti *(politique)* • **либера́льная па́ртия** le parti libéral **2.** équipe • **па́ртия гео́логов** une équipe de géologues **3.** partie *(jeu)* • **партия в шахматы** une partie d'échecs **4.** lot *(de marchandises)* • **получена партия галстуков** on a reçu un lot de cravates • **ожидается новая партия** on attend un nouvel arrivage **5.** rôle *(dans un opéra)*, partie *(pour instrument)* • **партия Шуйского в опере «Борис Годунов»** le rôle de Chouïski dans l'opéra «Boris Godounov»

парус* *(nom. pl.* **паруса***)* ①② *nm* voile *(d'un bateau)* • **поднять паруса** mettre les voiles • **убрать паруса** amener les voiles

пас, пасла → **пасти**

пасмурно *adv* **было пасмурно** le temps était couvert

пасмурный *adj* **1.** couvert, maussade *(en parlant du temps)* • **пасмурная погода** un temps couvert **2.** *fig* sombre, morose • **пасмурный вид** un air sombre

паспорт* *(nom. pl.* **паспорта***)* ①② *nm* **1.** ═ carte d'identité • **предъявить паспорт** présenter sa carte d'identité **2.** passeport • **ваш заграничный паспорт просрочен** votre passeport est périmé

пассажир *nm* voyageur, passager

пассажирка *nf* voyageuse, passagère

пастбище *nnt* pâturage • **горные пастбища** pâturages de montagne

пасти* [IV, пасу, пасёшь - пас, пасла] ③ *v* faire paître, garder • **пасти коров** garder les vaches

пастись* [IV, пасётся, пасутся - пасся, паслась] ③ *vp* paître • **за рекой паслись коровы** de l'autre côté de la rivière, des vaches étaient en train de paître

пастух ③② *nm* berger • **пастух шёл за стадом** le berger suivait son troupeau

пасть* [IV, паду, падёшь - пал, пала] *v* **1.** → **падать** **2.** tomber • **он пал на поле сражения** il est tombé au champ d'honneur • **крепость пала после двухмесячной осады** la forteresse tomba après deux mois de siège • **с тех пор, как в 1989 году пал коммунистический режим** depuis la chute du régime communiste en 1989 **3.** tomber • **его выбор пал на престижный вуз** ═ son choix tomba sur une grande école prestigieuse

пасть *nf* gueule

Пасха *nf* Pâques • **праздновать Пасху** fêter Pâques • **на Пасху** le jour de Pâques

патрон *nm* cartouche

паук ③② *nm* araignée

паутина *nf* toile d'araignée

пахать* [II, пашу, пашешь] ④ / **вспахать*** [II, *id*] ④ *v* labourer • **пахать поле** labourer un champ • **пахать трактором** labourer avec un tracteur

пахнуть* [III] / **запахнуть*** [III] *v* sentir *(répandre une odeur)* • **пахнет смолой** ça sent la résine • **пахнет весной** on sent l'approche du printemps • **деньги не пахнут** l'argent n'a pas d'odeur

пачка *nf* **1.** paquet • **пачка сигарет** un paquet de cigarettes **2.** liasse • **пачка газет** une liasse de journaux **3.** tutu • **балерина в пачке** une ballerine en tutu

пачкать / **запачкать** *et* **испачкать** *v* salir, tacher • **запачкать платье** salir sa robe • **испачкать руки чернилами для принтера** se salir les mains avec de l'encre d'imprimante

пашет, пашут → **пахать**

паштет *nm* pâté *(charcuterie)* • **печёночный паштет** du pâté de foie

паюсный *adj*
• **паюсная икра** caviar pressé

паять / **спаять** *v* souder

певец *nm* chanteur • **оперный певец** un chanteur d'opéra

певица *nf* **1.** cantatrice **2.** chanteuse

пелена *(gén. pl.* **пелён***)* ②⑥ *nf* rideau, voile *fig* • **густая пелена тумана** un épais rideau de brouillard

пельмени *nmpl* ═ raviolis *(servis avec de la crème)*

пена *nf* écume, mousse • **мыльная пена** de la mousse de savon

пение *nnt* chant • **пение соловья** le chant du rossignol • **пение петуха** le cri du coq • **учитель пения** professeur de chant

пенка *nf* peau (du lait) • **снять пенку с молока** enlever la peau du lait

пе́нсия *nf* **1.** retraite • **вы́йти на пе́нсию** prendre sa retraite • **он уже́ давно́ на пе́нсии** il y a longtemps qu'il est à la retraite **2.** pension *(somme d'argent)*

пень *nm* souche *(d'arbre)*
● **стоя́ть как пень** rester là comme une souche

пеня́ть *(на + A) v* s'en prendre à • **пеня́й на себя́** tu n'as qu'à t'en prendre à toi-même

пе́пел *nm* cendre
● **возроди́ться из пе́пла** renaître de ses cendres

пе́пельница *nf* cendrier

перве́йший *adj* le tout premier • **перве́йшим вопро́сом должно́ быть стаби́льное разви́тие** le développement durable doit être la question prioritaire

пе́рвенство *nnt* première place *(dans une compétition)* • **завоева́ть пе́рвенство по футбо́лу** remporter un championnat de football

первобы́тный *adj* primitif • **первобы́тный челове́к** homme primitif • **первобы́тные племена́** des tribus primitives

пе́рвое *adj subst nt* soupe, potage • **что у нас на пе́рвое?** qu'est-ce qu'on mange comme soupe ?

первокла́ссный *adj* de première qualité • **первокла́ссный худо́жник** un peintre de premier ordre • **первокла́ссное обору́дование** du matériel de toute première qualité

первома́йский *adj* du Premier mai • **мероприя́тие напомина́ло ста́рую до́брую первома́йскую демонстра́цию** l'opération rappelait le bon vieux défilé du Premier mai

первонача́льный *adj* initial, primitif • **первонача́льный прое́кт** le projet primitif

первостепе́нный *(первостепе́нен, первостепе́нна) adj* primordial • **де́ло первостепе́нной ва́жности** une affaire d'importance

пе́рвый *adj* premier • **пе́рвый том** le premier volume • **пе́рвое впечатле́ние** la première impression • **он прие́хал 1-го февраля́** il est arrivé le 1er février • **в пе́рвый раз** pour la première fois • **при пе́рвой возмо́жности** à la première occasion • **с пе́рвого взгля́да** au premier coup d'œil
● **на пе́рвом этаже́** au rez-de-chaussée

перебега́ть / перебежа́ть* [*n cl,* перебегу́, перебежи́шь, перебегу́т - перебеги́] *v* traverser (en courant) • **перебежа́ть че́рез у́лицу** traverser la rue • **перебежа́ть мост** passer le pont

/ **перебежа́ть** → перебега́ть

перебива́ть / переби́ть* [II, перебью́, перебьёшь - перебе́й - переби́тый] *v* **1.** casser en quantité • **переби́ть все таре́лки** casser toutes les assiettes **2.** interrompre • **переби́ть собесе́дника** interrompre son interlocuteur **3.** tuer les uns après les autres, massacrer • **они́ переби́ли всех офице́ров** ils massacrèrent tous les officiers

перебива́ться / переби́ться* [II, перебью́сь, перебьёшься] *vp* **1.** → перебива́ть **2.** tirer le diable par la queue • **с трудо́м перебива́ться** avoir de la peine à joindre les deux bouts

перебира́ть ⑤ / **перебра́ть*** [IV, переберу́, переберёшь - перебра́л, перебрала́, перебра́ло, перебра́ли] *v* **1.** trier, passer en revue • **перебира́ть горо́х** trier des pois cassés • **перебра́ть возмо́жных кандида́тов** passer en revue les candidats potentiels • **перебра́ть в па́мяти собы́тия после́дних неде́ль** se remémorer les événements des dernières semaines **2.** toucher légèrement les uns après les autres • **перебира́ть кла́виши роя́ля** pianoter • **перебира́ть стру́ны гита́ры** pincer les cordes d'une guitare **3.** dépasser • **есть и таки́е, кто перебра́л сре́днюю су́мму в 5-10 раз** il y en a qui ont dépassé de 5 à 10 fois la somme moyenne

перебира́ться ③ / **перебра́ться*** [IV, переберу́сь, переберёшься - перебра́лся, перебрала́сь] *fam vp* **1.** traverser *(avec peine)*, franchir • **перебра́ться че́рез овра́г** franchir un ravin **2.** se rendre, passer • **перебра́ться на но́вую кварти́ру** emménager dans un nouvel appartement

/ **переби́ть** → перебива́ть

/ **переби́ться** → перебива́ться

/ **переборо́ть*** [II, переборю́, перебо́решь] ④ *v* **1.** surmonter • **переборо́ть страх** surmonter la peur **2.** battre, vaincre • **во второ́м кру́ге она́ перебо-**

ро́ла гро́зную сопе́рницу au deuxième tour elle a vaincu une adversaire redoutable

/ **перебра́ть** → перебира́ть

/ **перебра́ться** → перебира́ться

перева́л *nm* col *(en montagne)*

/ **перевезти́** → перевози́ть

/ **переверну́ть** → перевёртывать

/ **переверну́ться** → перевёртываться

перевёртывать / **переверну́ть** [*part.* перевёрнутый] *v* **1.** tourner • переверну́ть страни́цу tourner une page **2.** retourner, renverser • переверну́ть всё вверх дном mettre tout sens dessus dessous

перевёртываться / **переверну́ться** *vp* **1.** se tourner • он переверну́лся на друго́й бок и засну́л il se retourna de l'autre côté et s'endormit **2.** se renverser • ло́дка переверну́лась вверх дном la barque a chaviré

переве́с *nm* supériorité, avantage • чи́сленный переве́с supériorité numérique

/ **перевести́** → переводи́ть

перево́д *nm* **1.** traduction • досло́вный перево́д une traduction mot à mot • с синхро́нным перево́дом на ру́сский язы́к avec traduction simultanée en russe **2.** mandat • перево́д на ты́сячу рубле́й un mandat de mille roubles **3.** conversion • перево́д автомоби́лей на приро́дный газ la conversion des voitures au gaz naturel **4.** transfert, mutation • перево́д на другу́ю рабо́ту transfert à un autre emploi

переводи́ть ④ / **перевести́*** [IV, переведу́, переведёшь - перевёл, перевела́ - переведя́ - переведённый] ③ *v* **1.** traduire • перевести́ с францу́зского языка́ на ру́сский traduire de français en russe **2.** transférer, envoyer • переводи́ть де́ньги на счёт virer de l'argent sur un compte • переводи́ть компью́тер в спя́щий режи́м mettre l'ordinateur en veille
◆ перевести́ дух reprendre son souffle

перево́дчик *nm* traducteur, interprète • рабо́тать перево́дчиком travailler comme interprète • перево́дчик Пу́шкина le traducteur de Pouchkine • электро́нный перево́дчик traducteur de poche

перево́дчица *nf* traductrice, interprète

перевози́ть ④ / **перевезти́*** [IV, перевезу́, перевезёшь - перевёз, перевезла́ - перевезя́ - перевезённый] ③ *v* transporter • все я́щики перевезли́ на друго́й бе́рег on transporta toutes les caisses sur l'autre rive

перевора́чивать → *(syn de)* перевёртывать

переворо́т *nm* changement radical • госуда́рственный переворо́т coup d'État • переворо́т в нау́ке une révolution dans la science

/ **перевы́полнить** → перевыполня́ть

перевыполня́ть / **перевы́полнить** *v* exécuter au-delà des prévisions • заво́д гото́в перевы́полнить наме́ченный план l'usine est prête à dépasser le plan qui a été fixé

/ **перевяза́ть** → перевя́зывать

перевя́зка *nf* pansement, bandage • ему́ сде́лали перевя́зку on lui a fait un pansement

перевя́зывать / **перевяза́ть*** [II, перевяжу́, перевя́жешь] ④ *v* panser, bander • перевяза́ть ра́ну panser une blessure • перевяза́ть ра́неного panser un blessé

перегля́дываться / **перегляну́ться** ④ *vp* échanger des coups d'œil • они́ вопроси́тельно перегля́дывались ils échangeaient des coups d'œil interrogateurs

/ **перегляну́ться** → перегля́дываться

/ **перегна́ть** → перегоня́ть

перегово́ры (перегово́ров, перегово́рам) *pl t* pourparlers, négociations • ми́рные перегово́ры des pourparlers de paix • вести́ дипломати́ческие перегово́ры mener des négociations diplomatiques

перегоня́ть / **перегна́ть*** [I, перегоню́, перего́нишь ④ - перегна́л, перегнала́, перегна́ло, перегна́ли ⑤] *v* dépasser • перегна́ть грузови́к dépasser un camion ~ *fig* • он перегна́л всех това́рищей il a dépassé tous ses camarades

перегоро́дка *nf* cloison, séparation • **мо́жно переставля́ть перегоро́дки ме́жду ко́мнатами** il est possible de déplacer les cloisons entre les pièces • **я́щик с перегоро́дками** un tiroir à casiers

пе́ред, пе́редо *prép (+ I)* **1.** devant • **останови́ться пе́ред теа́тром** s'arrêter devant le théâtre **2.** avant • **пе́ред отъе́здом** avant le départ **3.** auprès de, à l'égard de • **извини́ться пе́ред дире́ктором** s'excuser auprès du directeur

передава́ть* [II, передаю́, передаёшь - передава́й - передава́я] / **переда́ть*** [*n cl,* переда́м, переда́шь, переда́ст, передади́м, передади́те, передаду́т - пе́редал, передала́, пе́редало, пе́редали - переда́й - пе́реданный, пе́редан, передана́, пе́редано, пе́реданы] ⑤ *v* **1.** passer, transmettre • **переда́й мне соль** passe-moi le sel • **переда́ть письмо́** remettre une lettre **2.** transmettre *(des salutations, une demande)* • **переда́йте ей мой приве́т** transmettez-lui mon bonjour • **она́ попроси́ла меня́ переда́ть вам приве́т** elle m'a prié de vous transmettre ses salutations **3.** transmettre • **конце́рт передава́лся в прямо́й трансля́ции** le concert a été retransmis en direct **4.** exprimer, rendre *(ne pas trahir)* • **пра́вильно переда́ть мысль а́втора** bien rendre la pensée de l'auteur

/ **переда́ть** → передава́ть

переда́ча *nf* **1.** émission • **переда́чи о фигу́рном ката́нии** des émissions sur le patinage artistique **2.** transmission • **переда́ча да́нных** transmission de données

передвига́ться / **передви́нуться** *vp* se déplacer • **передвига́ться с трудо́м** se déplacer avec peine • **передвига́ться на маши́не** se déplacer en voiture

передви́жник *nm*
● **передви́жники** les peintres «ambulants» *(mouvement artistique russe, 1870-1923)*

/ **передви́нуться** → передвига́ться

/ **переде́лать** → переде́лывать

переде́лывать / **переде́лать** *v* refaire, remanier • **нам придётся всё переде́лать** nous serons obligés de tout refaire

пере́дний *adj* de devant • **пере́дние колёса** les roues avant • **на пере́днем пла́не** au premier plan

пере́дник *nm* tablier • **наде́ть клётчатый пере́дник** mettre un tablier à carreaux

пе́редо → пе́ред

передово́й *adj* **1.** d'avant-garde • **передова́я техноло́гия** une technique d'avant-garde **2.** situé en avant
● **передова́я (статья́)** éditorial

/ **передохну́ть** → передыха́ть

/ **переду́мать** → переду́мывать

переду́мывать / **переду́мать** *v* **1.** changer d'avis • **да, я хоте́л туда́ пое́хать, но переду́мал** oui, je voulais y aller, mais j'ai changé d'avis **2.** passer en revue dans son esprit • **мно́го бы́ло переду́мано за э́ти но́чи** que de pensées il avait ruminées pendant ces nuits-là !

передыха́ть / **передохну́ть** *v* souffler un peu, s'accorder un instant de repos • **он не́ дал нам передохну́ть** il ne nous a pas laissé le temps de souffler

перее́зд *nm* **1.** traversée, trajet • **перее́зд из Калинингра́да в Стокго́льм** la traversée de Kaliningrad à Stockholm **2.** l'aménagement dans un nouvel appartement • **перее́зд на другу́ю кварти́ру** déménagement dans un autre appartement **3.** passage à niveau • **шлагба́ум на перее́зде был опу́щен** au passage à niveau, la barrière était fermée

переезжа́ть / **перее́хать*** [IV, перее́ду, перее́дешь] *v* **1.** traverser *(autrement qu'à pied.)* • **перее́хать (че́рез) реку́ на ло́дке** traverser le fleuve en barque **2.** déménager • **мы перее́хали в Волгогра́д** nous avons déménagé à Volgograd • **перее́хать в но́вый дом** déménager

/ **перее́хать** → переезжа́ть

пережива́ние *nnt* forte émotion, épreuve • **ско́лько пережива́ний!** que d'émotions ! • **тяжёлые пережива́ния** de dures épreuves

пережива́ть / **пережи́ть*** [IV, переживу́, переживёшь - пе́режил, пережила́, пе́режило, пе́режили - пе́режитый, пе́режит, пережита́, пе́режито, пе́режиты] ⑤ *v* **1.** éprouver, supporter • **пережи́ть большу́ю ра́дость** éprouver une grande joie **2.** vivre plus longtemps que • **она́ пережила́ своего́ му́жа** son mari est mort avant elle

пережи́ток *nm* survivance • **язы́ческие пережи́тки** des survivances de croyances païennes • **пережи́тки сове́тской эпо́хи** les survivances de l'époque soviétique

/ **пережи́ть** → пережива́ть

/ **перезимова́ть** → зимова́ть

переиздава́ть* [II, переиздаю́, переиздаёшь - переиздава́й - переиздава́я] / **переизда́ть** [*n cl,* переизда́м, переизда́шь, переизда́ст, переиздади́м, переиздади́те, переиздаду́т - переизда́л, переиздала́, переизда́ло, переизда́ли - переизда́й - переи́зданный, переи́здан, переиздана́, переи́здано, переи́зданы] ⑤ *v* rééditer • **переизда́ть учё́бник ру́сского языка́** rééditer un manuel de russe

/ **переизда́ть** → переиздава́ть

/ **переименова́ть** → переимено́вывать

переимено́вывать / **переименова́ть** *v* rebaptiser • **в 1961 году́ Сталингра́д был переимено́ван в Волгогра́д** en 1961, Stalingrad a été rebaptisé Volgograd

/ **перейти́** → переходи́ть

переквалифици́роваться / **переквалифици́роваться** *vp* se recycler • **хи́мик, переквалифици́ровавшийся в высококла́ссного программи́ста** un chimiste reconverti en programmeur de haut niveau

перекла́дина *nf* **1.** barre transversale, linteau **2.** (SPORT) barre fixe • **чемпио́н в упражне́ниях на перекла́дине** un champion de barre fixe

перекла́дывать / **переложи́ть** ④ *v* faire passer *(d'une place à une autre)* • **перекла́дывать буке́т из одно́й руки́ в другу́ю** faire passer son bouquet d'une main dans l'autre

перекли́чка *nf (vérification de la présence)* appel • **сде́лать перекли́чку** faire l'appel • **на перекли́чке уча́стники должны́ име́ть на груди́ номера́** pour l'appel les participants doivent porter un dossard avec un numéro

/ **перекрести́ться** → крести́ться

перекрёсток *nm* carrefour, croisement • **мы останови́лись на перекрёстке** nous nous sommes arrêtés au carrefour

перелета́ть / **перелете́ть*** [I, перелечу́, перелети́шь] *v* traverser, parcourir *(en volant)* • **пти́ца перелете́ла на друго́е де́рево** l'oiseau s'envola sur un autre arbre • **перелете́ть из Ки́ева в Москву́** aller de Kiev à Moscou en avion • **перелете́ть че́рез Кавка́з** traverser le Caucase en avion • **мяч перелете́л че́рез забо́р** la balle est passée pardessus la palissade

/ **перелете́ть** → перелета́ть

перелётный *adj* migrateur • **перелётные пти́цы** les oiseaux migrateurs

перелива́ть / **перели́ть*** [II, перелью́, перельёшь - перели́л, перелила́, перели́ло, перели́ли - переле́й - перели́тый, перели́т, перелита́, перели́то, перели́ты] ⑤ *v* **1.** transvaser • **перели́ть вино́ из буты́лки в графи́н** verser le vin d'une bouteille dans une carafe **2.** **перели́ть (кровь)** faire une transfusion

◈ **перелива́ть из пусто́го в поро́жнее** **a.** parler pour ne rien dire **b.** perdre son temps à des bagatelles

перелива́ться ③ / **перели́ться*** [II, перельётся, перелью́тся - перели́лся, перелила́сь - переле́йся] *vp* **1.** → перелива́ть **2.** déborder • **пото́ки воды́ перелива́лись че́рез да́мбу** l'eau débordait à torrents par-dessus le barrage **3.** être chatoyant • **фейерве́рк перелива́лся всеми цвета́ми ра́дуги** le feu d'artifice chatoyait de toutes les couleurs de l'arc-en-ciel

/ **перелиста́ть** → перели́стывать

перели́стывать / **перелиста́ть** *v* feuilleter • **перелиста́ть блокно́т** feuilleter un bloc-notes

/ **перели́ть** → перелива́ть

/ **перели́ться** → перелива́ться

/ **переложи́ть** → перекла́дывать

перело́м *nm* **1.** fracture • **перело́м ле́вой ноги́** une fracture à la jambe gauche **2.** brusque changement • **произошёл коренно́й перело́м к лу́чшему** il s'est produit une amélioration radicale

переме́на *nf* **1.** changement • **ре́зкая переме́на температу́ры** un brusque changement de température **2.** récréation *(à l'école)* • **во вре́мя переме́ны шко́льники игра́ют в мяч** pendant la récréation les élèves jouent au ballon

/ **перемени́ть** → переменя́ть

/ **перемени́ться** → переменя́ться

переме́нный *adj* **1.** alternatif • **электропо́езд переме́нного то́ка** un train électrique à courant alternatif **2.** changeant, variable • **переме́нная о́блачность** temps couvert variable • **дела́ иду́т с переме́нным успе́хом** les affaires vont plus ou moins bien

переменя́ть / **перемени́ть** [*part.* переменённый] ④ *v* changer, remplacer • **перемени́ть бельё** changer de linge • **перемени́ть кварти́ру** changer d'appartement • **перемени́ть профе́ссию** changer de profession • **перемени́ть разгово́р** changer de conversation

переменя́ться / **перемени́ться** ④ *vp* **1.** changer, se transformer • **пого́да перемени́лась** le temps a changé • **его́ вку́сы могли́ перемени́ться** ses goûts ont pu changer • **она́ перемени́лась ко мне** elle a changé d'attitude à mon égard **2.** *(+ I)* échanger • **мы с ним перемени́лись места́ми** j'ai échangé ma place avec la sienne

/ **перемести́ть** → перемеща́ть

/ **перемеша́ть** → переме́шивать

переме́шивать / **перемеша́ть** *v* mêler, mélanger • **гли́на, переме́шанная с песко́м** de l'argile mêlée à du sable • **перемеша́ть ка́рты** battre les cartes

переме́шиваться / **перемеша́ться** *vp* se mélanger • **все ве́щи перемеша́лись** toutes les affaires ont été mises pêle-mêle

перемеща́ть / **перемести́ть** *v* déplacer • **перемести́ть ме́бель** déplacer les meubles

переми́рие *nnt* armistice • **заключи́ть переми́рие** signer l'armistice

/ **перенести́** → переноси́ть

переноси́ть ④ / **перенести́*** [IV, перенесу́, перенесёшь - перенёс, перенесла́ - перенесённый] ③ *v* **1.** porter, transférer • **ваш чемода́н перенесу́т в но́мер** on portera votre valise dans la chambre **2.** renvoyer, repousser • **перенести́ заседа́ние со вто́рника на сре́ду** repousser la réunion du mardi au mercredi **3.** surmonter, supporter • **перенести́ за́суху** supporter la sécheresse • **как она́ могла́ всё э́то перенести́?** comment a-t-elle pu supporter tout cela ?

переносно́й *adj* portatif • **переносна́я ла́мпа** baladeuse • **пожа́рные оснащены́ переносны́ми огнетуши́телями** les pompiers sont équipés d'extincteurs portatifs

перено́сный *adj*
• **в перено́сном смы́сле** au sens figuré

/ **переночева́ть** → ночева́ть

переодева́ть / **переоде́ть*** [*n cl,* переоде́ну, переоде́нешь - переоде́тый] *v* **1.** changer les vêtements • **военнослу́жащие переоде́ты в гражда́нскую оде́жду** des militaires habillés en civil **2.** déguiser • **переоде́ть ма́льчика де́вочкой** déguiser un garçon en fille

переодева́ться / **переоде́ться*** [*n cl,* переоде́нусь, переоде́нешься] *vp* **1.** se changer • **я не успе́ла переоде́ться** je n'ai pas eu le temps de me changer • **переоде́ться в пра́здничное пла́тье** mettre sa robe du dimanche **2.** se déguiser • **переоде́тые в пти́чьи костю́мы лю́ди** des gens portant des costumes d'oiseaux

/ **переоде́ть** → переодева́ть

/ **переписа́ть** → перепи́сывать

перепи́ска *nf* correspondance *(échange de lettres)* • **вести́ оживлённую перепи́ску с писа́телем** entretenir une correspondance active avec un écrivain

перепи́сывать ④ / **переписа́ть*** [II, перепишу́, перепи́шешь] *v* **1.** réécrire • **переписа́ть Конститу́цию** réécrire la Constitution **2.** dénombrer, recenser • **орнито́логи за два дня переписа́ли 75 ви́дов птиц** en deux jours les ornithologues ont dénombré 75 espèces d'oiseaux **3.** recopier

переписываться *(с + I) vp* correspondre avec qqn • **мы с ним долго переписывались** j'ai été pendant longtemps en correspondance avec lui

перепись *nf* recensement • **производить перепись населения** faire le recensement de la population

переплёт *nm* **1.** reliure *(activité)* • **отдать книгу в переплёт** donner un livre à relier **2.** reliure *(couverture)* • **книга в кожаном переплёте** un livre relié cuir

переплывать ⑤ / **переплыть*** [IV, переплыву, переплывёшь - переплыл, переплыла, переплыло, переплыли] *v* traverser *(à la nage, en bateau)* • **переплыть реку на лодке** traverser le fleuve en barque

/ **переплыть** → переплывать

/ **переполнить** → переполнять

переполнять / **переполнить** *v* remplir au maximum • **зал был переполнен** la salle était comble

переправа *nf* endroit où l'on peut traverser un fleuve *(à gué, en bac)*

/ **переправить** → переправлять

/ **переправиться** → переправляться

переправлять / **переправить** *v* **1.** conduire, transporter • **переправить туристов на резиновом плоту на другой берег** transporter des touristes sur l'autre rive en radeau pneumatique **2.** faire suivre, réexpédier

переправляться / **переправиться** *vp* franchir, traverser *(avec difficulté)* • **переправиться вплавь через реку** franchir le fleuve à la nage

/ **перепутать** → перепутывать, → путать

перепутывать / **перепутать** *v* **1.** emmêler, embrouiller • **перепутать нитки** emmêler les fils **2.** confondre • **перепутать фамилии** confondre les noms

перерезать / **перерезать*** [II, перережу, перережешь] *v* **1.** couper • **перерезать канат** couper un câble ~ *fig* • **он перерезал ему дорогу** il lui a coupé la route **2.** égorger, tuer *(en quantité)* • **перерезать всех гусей** tuer toutes les oies

перерыв *nm* pause, relâche • **перерыв на десять минут** une pause de dix minutes • **во время обеденного перерыва** pendant la pause du déjeuner

пересадка *nf* correspondance *(dans les transports)* • **сделать две пересадки** avoir deux correspondances

пересаживаться / **пересесть*** [IV, пересяду, пересядешь - пересел, пересела] *vp* **1.** changer de place • **пересесть со стула на диван** se lever de sa chaise pour s'installer sur le canapé **2.** changer *(de train, de bateau)* • **мы пересели на другой автобус** nous avons changé d'autobus

пересдавать [II, пересдаю, пересдаёшь - пересдавай - пересдавая] / **пересдать*** [*n cl,* пересдам, пересдашь, пересдаст, пересдадим, пересдадите, пересдадут - пересдал, пересдала, пересдало, пересдали - пересдай - пересданный, пересдал, пересдана, пересдано, пересданы] ⑤ *v* repasser *(un examen)*

пересдача *nf* deuxième session *(d'un examen)*

пересекать ③ / **пересечь*** [IV, пересеку, пересечёшь, пересекут - пересёк, пересекла - пересечённый] *v* traverser, franchir • **пересекать границу** franchir la frontière • **лес пересекает множество дорог** de nombreux chemins traversent la forêt

/ **переселиться** → переселяться

переселяться / **переселиться** *vp* déménager, émigrer • **переселиться в Сибирь** aller vivre en Sibérie

/ **пересесть** → пересаживаться

/ **пересечь** → пересекать

пересказывать / **пересказать*** [II, перескажу, перескажешь] ④ *v* raconter, répéter • **пересказать русский текст по-французски** raconter le texte russe en français

переставать* [II, перестаю, перестаёшь - переставай - переставая] / **перестать*** [*n cl,* перестану, перестанешь] *v* cesser • **перестаньте шуметь!** cessez de faire du bruit ! • **дождь перестал** la pluie a cessé

/ **перестать** → переставать

/ **переубедить** → переубеждать

переубежда́ть / переубеди́ть [*part.* переубеждённый*] *v* faire changer d'avis • его́ переубеди́ть невозмо́жно il est impossible de le faire changer d'avis

переу́лок *nm* ruelle • жить в переу́лке habiter dans une ruelle

переутомле́ние *nnt* surmenage • заболе́ть от переутомле́ния tomber malade à force de surmenage

перехо́д *nm* **1.** traversée • перехо́д че́рез Кавка́з la traversée du Caucase • перехо́д че́рез ре́ку la traversée du fleuve **2.** passage • подзе́мный перехо́д un passage souterrain • перехо́д ме́жду ста́нциями метро́ les couloirs de correspondance entre des stations de métro • пешехо́дный перехо́д passage pour piétons **3.** transfert • перехо́ды игроко́в из одного́ клу́ба в друго́й le transfert des joueurs d'un club à un autre

переходи́ть ④ / **перейти́** [IV, перейду́, перейдёшь - перешёл, перешла́ - перейдя́ - перейдённый] *v* **1.** traverser • перейти́ че́рез у́лицу traverser la rue • перейти́ мост traverser le pont **2.** passer • перейти́ в другу́ю ко́мнату passer dans l'autre pièce • перейти́ в восьмо́й класс = passer en troisième • перейти́ на госуда́рственную слу́жбу passer au service de l'état

перехо́дный *adj* **1.** de transition • перехо́дный пери́од période de transition **2.** de passage • перехо́дные экза́мены les examens de passage

пе́рец (пе́рцу) *nm* **1.** poivre • сы́пьте пе́рцу poivrez **2.** poivron • кра́сный пе́рец des poivrons rouges
● зада́ть сы́ну пе́рцу passer un savon à son fils

пе́речень *nm* énumération, liste • дли́нный пе́речень необходи́мых предме́тов une longue liste d'objets indispensables

/ **перечи́слить** → перечисля́ть

перечисля́ть / перечи́слить *v* énumérer, dénombrer • перечи́слить все недоста́тки прое́кта énumérer tous les défauts d'un projet

/ **перечита́ть** → перечи́тывать

перечи́тывать / перечита́ть *v* relire • неда́вно она́ перечи́тывала Че́хова elle vient de relire Tchekhov

пери́ла (пери́л, пери́лам) *pl t* rampe, balustrade • пери́ла ле́стницы la rampe de l'escalier • облокоти́ться на пери́ла s'accouder à la balustrade

пери́на *nf* édredon

перо́* (*pl.* пе́рья, пе́рьев, пе́рьям) *nnt* plume • лёгкий как перо́ léger comme une plume • взя́ться за перо́ prendre la plume
● про́ба пера́ une première expérience littéraire

перочи́нный *adj*
● перочи́нный нож canif

перро́н *nm* quai *(de chemin de fer)* • ждать на перро́не attendre sur le quai

пе́рсик *nm* **1.** pêche *(fruit)* **2.** pêcher *(arbre)*

перча́тка *nf* gant • наде́ть перча́тки mettre des gants • ко́жаные перча́тки des gants de cuir
● подня́ть перча́тку relever le gant

пе́рья, пе́рьев → перо́

пёс *nm* chien • сторожево́й пёс chien de garde
● пёс его́ зна́ет *fam* va donc savoir

песе́ц *nm* renard bleu *(renard polaire)*

пе́сня *nf* chanson • петь наро́дные пе́сни chanter des chansons populaires
● лебеди́ная пе́сня le chant du cygne

песо́к *nm* **1.** sable • мешки́ песку́* des sacs de sable • зыбу́чие пески́ les sables mouvants **2.** sucre cristallisé, sucre en poudre

пёстрый ⑤ *adj* **1.** multicolore, bariolé • пёстрая мате́рия une étoffe bigarrée **2.** disparate • пёстрая толпа́ une foule disparate

песча́ный *adj* sablonneux • песча́ная по́чва un terrain sablonneux

петли́ца *nf* boutonnière • с цветко́м в петли́це une fleur à la boutonnière

пе́тля *nf* **1.** nœud coulant • завяза́ть пе́тлю faire un nœud coulant **2.** maille *(de tricot)* • спусти́ть пе́тлю laisser échapper une maille **3.** boucle, détour, méandre • река́ де́лает больши́е пе́тли la rivière décrit de grands méandres • **доро́га де́лает пе́тли** la route est en lacets

петру́шка[1] *nf* persil

Петру́шка[2] *nm* Petrouchka *(marionnette animée par un magicien)*

пету́х ③② *nm* coq • **запе́л пету́х** un coq se mit à chanter
● **до петухо́в** avant l'aurore

петь* [II, пою́, поёшь] / **спеть*** [II, спою́, споёшь - спе́тый] *v* chanter • **петь пе́сню** chanter une chanson • **петь ба́сом** chanter d'une voix de basse • **пету́х поёт** le coq chante

пехо́та *nf* infanterie • **служи́ть в пехо́те** servir dans l'infanterie

печа́ль *nf* tristesse, chagrin • **ощуще́ние лёгкой печа́ли** un sentiment de légère tristesse
● **не́ было печа́ли** ça marchait trop bien • **тебе́ кака́я печа́ль?** *fam* qu'est-ce que ça peut te faire ?

печа́льно *adv* tristement, d'un air triste • **она́ печа́льно посмотре́ла на меня́** elle me regarda tristement

печа́льный *adj* triste • **о́чень печа́льная исто́рия** une histoire très triste • **Дон Кихо́т, ры́царь печа́льного о́браза** Don Quichotte , le chevalier à la Triste Figure

печа́тать / **напеча́тать** *v* **1.** imprimer • **печа́тать газе́ту** imprimer un journal **2.** taper • **научи́ться печа́тать на лати́нском и кири́ллице** apprendre à taper (à la machine) en caractères latins et cyrilliques

печа́ть *nf* **1.** sceau, cachet, tampon • **поста́вить печа́ть на докуме́нт** apposer un cachet sur un document **2.** presse *(journaux)* • **я об э́той информа́ции узна́л из печа́ти** j'ai appris cette information par la presse • **иностра́нная печа́ть** la presse étrangère • **райо́нная печа́ть** la presse régionale **3.** impression • **когда́ но́мер сдава́лся в печа́ть** quand la revue est partie à l'impression • **подде́льные банкно́ты изгото́влены стру́йной печа́тью** des faux billets fabriqués par impression à jet d'encre

печёнка *nf* foie *(aliment)* • **теля́чья печёнка** du foie de veau

пе́чень *nf* foie *(organe)* • **боле́зни пе́чени** les maladies du foie

пече́нье *nnt* gâteaux secs • **минда́льное пече́нье** des gâteaux aux amandes

пе́чка *nf* poêle • **затопи́ть пе́чку** allumer le poêle • **гре́ться у пе́чки** se chauffer près du poêle

печь[1] ⑧③ *nf* **1.** poêle • **затопи́ть печь** allumer le poêle • **ру́сская печь** poêle russe • **влезть на печь** monter sur le poêle • **спать на печи́** dormir sur le poêle **2.** four • **микроволно́вая печь** un four (à) micro-ondes • **сажа́ть хлеб в печь** enfourner le pain **3.** (TECHN) fourneau, four • **до́менная печь** haut fourneau

печь*[2] [IV, пеку́, печёшь, пеку́т - пёк, пекла́] ③ / **испе́чь*** [IV, испеку́, испечёшь, испеку́т - испёк, испекла́ - испечённый] ③ ③ *v* **1.** faire cuire *(au four)* • **печь пироги́** faire cuire des gâteaux **2.** chauffer violemment *(en parlant du soleil)* • **со́лнце пекло́ нам го́лову** le soleil tapait sur nos têtes

пешехо́д *nm* piéton • **сбить пешехо́да** renverser un piéton

пешко́м *adv* à pied • **идти́ пешко́м** aller à pied

пеще́ра *nf* grotte, caverne

пеще́рный *adj* de caverne • **пеще́рный челове́к** l'homme des cavernes

пи́во *nnt* bière • **све́тлое пи́во** bière blonde • **тёмное пи́во** bière brune

пиджа́к ③② *nm* veste • **ле́тний пиджа́к** veste d'été

пижа́ма *nf* pyjama

пик *nm* pic *(sommet de montagne)* ~ pointe • **сезо́нный пик перево́зок** la haute saison pour les transports • **в часы́ пик** aux heures de pointe

пила́ ②① *nf* **1.** scie • **кру́глая пила́** une scie circulaire **2.** *fam* casse-pieds

пили́ть ④ / **распили́ть** ④ *v* **1.** scier • **пили́ть дрова́** scier du bois **2.** *fam* casser les pieds • **пили́ть жену́** casser les pieds à sa femme

пило́т *nm* pilote *(d'aviation)*

пингви́н *nm* pingouin

пионе́р *nm* **1.** pionnier *(novateur)* • **пионе́ры авиа́ции** les pionniers de l'aviation **2.** pionnier *(sorte de scout)*

пионéрка *nf* **1.** pionnière *(novatrice)* **2.** pionnière *(sorte de scoute)*

пионéрский *adj* de pionnier, de pionniers • **пионéрский гáлстук** un foulard de pionnier

пир* *(loc.* пирý*)* ⑧② *nm* festin • **свáдебный пир** un repas de noces • **пир горóй** un festin à tout casser

пировáть *v* festoyer, banqueter

пирóг ③② *nm* pâté, gâteau • **пирóг с мя́сом** pâté à la viande • **слáдкий пирóг** gâteau

пирóжное *adj subst nt* gâteau(x) • **я́блочное пирóжное** gâteau aux pommes

пирожóк *nm* **1.** *dim de* **пирóг** **2.** petit pâté, petit gâteau • **пирожки́ с мя́сом** petits pâtés à la viande • **пирожки́ с мáком** petits gâteaux aux graines de pavot

CULTURE...

пирожки

C'est un plat traditionnel en Russie même si le mot « pirogui » vient du mot « pir » qui signifie « festin ». Les pirogui sont des gros pains briochés farcis, les pirojki sont plus petits. Il en existe de toutes sortes, mais les variantes au chou, aux champignons, à la viande sont les plus courantes. La farce peut tout aussi bien être sucrée : il y a des pirojki au fromage blanc et des pirojki aux pommes.

пи́саный *adj*
● **пи́саная красáвица** une vraie beauté

пи́сарь* *(nom. pl.* писаря́*)* ①② *nm arch* clerc, secrétaire

писáтель *nm* écrivain • **извéстный писáтель** un écrivain célèbre

писáтельница *nf* (femme) écrivain

писáть* [II, пишý, пи́шешь] ④ / **написáть** [II, *id*] ④ *v* **1.** écrire • **писáть неразбóрчиво** écrire d'une manière illisible • **писáть прóзой** écrire en prose • **писáть симфóнию** écrire une symphonie • **э́та авторýчка хорошó пи́шет** ce stylo écrit bien **2.** peindre *(des tableaux)* • **кто написáл э́ту карти́ну?** qui a peint ce tableau ? • **писáть мáслом** faire de la peinture à l'huile
● **писáть как кýрица лáпой** écrire comme un chat • **пиши́ пропáло** tu peux en faire ton deuil

писк *nm* piaulement(s) • **слы́шался писк цыпля́т** on entendait piauler les poussins

писчебумáжный *adj* fournitures de bureau, articles de papeterie • **писчебумáжный магази́н** papeterie *(magasin)* • **писчебумáжные принадлéжности** papeterie *(marchandise)*

пи́сьменный *adj* **1.** écrit • **пи́сьменный отвéт** une réponse écrite **2.** pour écrire • **пи́сьменный стол** bureau *(table de travail)*

письмó *(gén. pl.* пи́сем*)* ②① *nnt* lettre • **я получи́л письмó из Москвы́** j'ai reçu une lettre de Moscou • **я давнó не получáла от негó пи́сем** il y a longtemps que je n'ai pas de nouvelles de lui • **заказнóе письмó** lettre recommandée

письмонóсец *nm vieilli* facteur

питáние *nnt* alimentation • **диети́ческое питáние** alimentation diététique

питáтельный *adj* nourrissant • **питáтельное блю́до** un plat nourrissant

питáть *v* alimenter, nourrir • **ли́ния электропередáчи питáет сéверный райóн** la ligne électrique alimente le quartier nord ~ *fig* • **питáть надéжду** nourrir l'espoir

питáться *vp* se nourir • **питáться мя́сом** se nourrir de viande • **они́ бýдут питáться в шкóле бесплáтно** ils mangeront à l'école gratuitement

пить* [II, пью, пьёшь - пил, пилá, пи́ло, пи́ли - пей] ⑤ / **вы́пить*** [II, вы́пью, вы́пьешь - вы́пей] ⑤ *v* boire • **пить минерáльную вóду** boire de l'eau minérale • **пить вóдку** boire de la vodka • **мне хóчется пить** j'ai soif • **вы́пьем за егó здорóвье** buvons à sa santé

пиф-паф! *onomat* pan !

пиццери́я *nf* pizzeria

пи́чкать / **напи́чкать** *v* bourrer *(de nourriture)* • **пи́чкать больнóго лекáрствами** bourrer un malade de médicaments

пи́шет, пишу́ → писа́ть

пи́ща *nf* nourriture • здоро́вая пи́ща une nourriture saine

пища́ть* [I, пищу́, пищи́шь] / **запища́ть*** [I, *id*] *v* piailler, piauler • на дворе́ пища́ли цыпля́та les poussins piaulaient dans la cour

пищеваре́ние *nnt* digestion • плохо́е пищеваре́ние une mauvaise digestion

пищево́й *adj* alimentaire • пищевы́е проду́кты les produits alimentaires

ПК (*abr de* персона́льный компью́тер) *nm* PC, ordinateur personnel

пла́вать → плыть

пла́вить / **распла́вить** *v* fondre • пла́вить желе́зную руду́ traiter le minerai de fer • пла́вить снег faire fondre la neige

пла́вки (пла́вок, пла́вкам) *pl t* caleçon de bain, maillot de bain *(pour homme)*

плака́т *nm* pancarte, affiche

пла́кать* [II, пла́чу, пла́чешь] / **запла́кать*** [II, *id*] *v* pleurer • го́рько пла́кать pleurer amèrement • пла́кать от ра́дости pleurer de joie

пла́менный *adj* **1.** ardent, enflammé • пла́менная любо́вь un amour ardent **2.** d'un rouge ardent • пла́менный зака́т un coucher de soleil qui embrase le ciel

пла́мя* (*gén., dat., loc., instr.* пла́менем) *nnt* flamme(s) • пла́мя свечи́ la flamme d'une bougie • из окна́ вырыва́лось пла́мя des flammes sortaient par la fenêtre

плане́та *nf* planète

пласти́нка *nf* **1.** disque *(enregistrement musical)* **2.** plaquette *(petite plaque avec inscription)*

пластма́сса *nf* matière plastique • игру́шки всех ви́дов, в том числе́ из пластма́ссы jouets de toutes sortes, y compris en matière plastique

пла́стырь *nm* pansement (adhésif)

пла́та *nf* somme payée • за́работная пла́та salaire • кварти́рная пла́та loyer • пла́та за вход prix d'entrée

плати́ть ④ / **заплати́ть** ④ *v* payer • плати́ть штраф payer une amende • плати́ть долги́ payer ses dettes • плати́те в ка́ссу, пожа́луйста payez à la caisse, s'il vous plaît • он мне не заплати́л il ne m'a pas payé • плати́ть добро́м за зло rendre le bien pour le mal • плати́ть кому́-нибудь той же моне́той rendre à quelqu'un la monnaie de sa pièce

пла́тный *adj* payant • пла́тный вход entrée payante • студе́нты, уча́щиеся в ву́зах на пла́тном отделе́нии les étudiants des instituts d'enseignement supérieur élèves de la section payante

плато́к *nm* **1.** foulard, fichu • она́ наки́нула на пле́чи шёлковый плато́к elle mit sur ses épaules un foulard de soie • с платко́м на голове́ avec un fichu sur la tête **2.** mouchoir • вы́нуть из карма́на (носово́й) плато́к tirer un mouchoir de sa poche • он маха́л нам платко́м il nous faisait signe avec son mouchoir

платфо́рма *nf* **1.** quai • по́езд отхо́дит с пе́рвой платфо́рмы le train part du quai numéro 1 **2.** wagon plate-forme • погрузи́ть маши́ну на платфо́рму charger une voiture sur un wagon plate-forme **3.** programme • экономи́ческая платфо́рма па́ртии le programme économique du parti

пла́тье* (*gén. pl.* пла́тьев) *nnt* **1.** robe • шёлковое пла́тье une robe en soie • вече́рнее пла́тье une robe du soir **2.** vêtements • магази́н гото́вого пла́тья magasin de prêt-à-porter • мужско́е пла́тье vêtements d'homme

плацка́рта *nf* ticket de réservation, réservation

плач *nm* pleurs, lamentations

плаче́вный *adj* **1.** déplorable, lamentable • в плаче́вном состоя́нии dans un état déplorable **2.** *vieilli* plaintif • плаче́вным го́лосом d'une voix plaintive

пла́чешь → пла́кать

пла́чу[1] → пла́кать

плачу́[2] → плати́ть

À PROPOS DE...

Les deux formes ci-dessus diffèrent par leur accentuation.

плащ ③② *nm* **1.** imperméable **2.** cape

плева́ть* [II, плюю́, плюёшь] *v* **1.** / плю́нуть cracher • **плева́ть на́ пол воспреща́ется** il est interdit de cracher par terre **2.** / **наплева́ть*** [II, наплюю́, наплюёшь] *fam* se ficher de • **ему́ на всё наплева́ть** il se fiche de tout • **наплева́ть!** je m'en fiche !

пле́ер *nm* baladeur • **по́льзователи пле́еров** les utilisateurs de baladeurs • **MP3-пле́ер** un lecteur MP3 • **DVD-пле́ер** un lecteur de DVD

пле́мя* *(gén., dat., loc., instr.* **пле́менем** *; pl.* **племена́, племён, племена́м***) nnt* tribu • **кочевы́е племена́** des tribus nomades

племя́нник *nm* neveu

племя́нница *nf* nièce

плен* *(loc.* **плену́***)* ⑧ *nm* captivité • **он попа́л в плен** il a été fait prisonnier • **быть в плену́ свои́х иллю́зий** être victime de ses illusions

плёнка *nf* **1.** film • **кусо́к полиэтиле́новой плёнки** un morceau de film en polyéthylène **2.** film de cinéma • **э́та плёнка им была́ пока́зана целико́м** ce film leur a été montré en entier **3.** pellicule • **прояви́ть плёнку** développer une pellicule • **о́чень чувстви́тельная плёнка** une pellicule très sensible • **очи́стка мо́ря от нефтяно́й плёнки** nettoyage de la mer, polluée par une nappe de pétrole **4.** bande *(magnétique)* • **запи́сывать на плёнку** enregistrer sur bande magnétique

пле́нный *adj* captif, prisonnier • **пле́нный офице́р** un officier prisonnier
■ **пле́нный** *adj subst m* prisonnier • **взять мно́го пле́нных** faire beaucoup de prisonniers

пле́сень *nf* moisissure • **покрыва́ться пле́сенью** se couvrir de moisissure

плеск *nm* clapotis • **плеск воды́** le clapotis de l'eau

плеска́ться* [II, плещу́сь, пле́щешься] ④ *vp* **1.** clapoter, faire entendre un clapotis • **во́лны пле́щутся о бе́рег** les vagues clapotent en frappant le rivage **2.** barboter

плести́* [IV, плету́, плетёшь - плёл, плела́] ③ / **сплести́*** [IV, сплету́, сплетёшь - сплёл, сплела́ - сплетя́ - сплетённый] ③ ③ *v* **1.** tresser • **на́ши девчо́нки предпочита́ют коси́чки плести́** nos fillettes préfèrent se faire des tresses **2.** / **наплести́*** [IV, *id*] ③ *fig* tramer, ourdir • **про́тив нас плету́т интри́ги** on trame des intrigues contre nous **3.** / **наплести́*** [IV, *id*] ③ *fig* forger, inventer • **что ты плетёшь?** qu'est-ce que tu racontes ?

плести́сь* [IV, плету́сь, плетёшься - плёлся, плела́сь] ③ *vp* **1.** / **сплести́сь*** [IV, сплету́сь, сплетёшься - сплёлся, сплела́сь - сплетя́сь] ③ ③ → **плести́ 2.** / **поплести́сь*** [IV, *id*] ③ se traîner, avancer avec peine • **мы пе́рвые, остальны́е плету́тся далеко́ позади́** nous sommes les premiers, les autres se traînent loin derrière • **плести́сь в хвосте́ мирово́й медици́ны** être à la traîne de la médecine mondiale

плете́нь *nm* haie

плеть ①③ *nf* fouet, cravache

плечо́* *(nom. pl.* **пле́чи***)* ②⑦ *nnt* épaules • **широ́кие пле́чи** de larges épaules • **нести́ мешо́к на плеча́х** porter un sac sur ses épaules • **пожима́ть плеча́ми** hausser les épaules
● **сло́вно гора́ свали́лась с плеч** quel soulagement ! • **с плеч доло́й** un souci de moins • **э́то ему́ не по плечу́** il n'est pas de taille pour une affaire de ce genre

плита ②① *nf* **1.** cuisinière, fourneau • **га́зовая плита́** cuisinière à gaz **2.** dalle • **моги́льная плита́** pierre tombale • **железобето́нная плита́** une dalle en béton armé

пли́тка *nf* **1.** *dim de* **плита́** **2.** carreau • **керами́ческие пли́тки** des carreaux de céramique **3.** tablette • **пли́тка шокола́да** une tablette de chocolat **4.** réchaud (électrique) • **гото́вить за́втрак на пли́тке** préparer son petit-déjeuner sur un réchaud électrique

плов *nm* pilaf

плове́ц *nm* nageur • **хоро́ший плове́ц** un bon nageur

пловчи́ха *nf* nageuse

плод ③② *nm* fruit *litt & fig* • **цветы́ и плоды́** les fleurs et les fruits • **плоды́ его́ размышле́ний** le fruit de ses réflexions • **приноси́ть плоды́** porter ses fruits • **запре́тный плод** le fruit défendu

плодоро́дный *adj* fertile • **плодоро́дная земля́** une terre fertile

плодотво́рный *adj* fécond *fig* • **плодотво́рный труд** un travail fécond

пло́ский *(comp.* **пло́ще***)* ⑤ *adj* **1.** plat • **пло́ская пове́рхность** une surface plane **2.** *fig* plat, banal • **пло́ская шу́тка** une plaisanterie médiocre

плот* *(loc.* **плоту́***)* ③② *nm* **1.** radeau • **перепра́виться че́рез ре́ку на плоту́** traverser le fleuve sur un radeau **2.** train de bois • **сплав ле́са в плота́х** le flottage du bois

плоти́на *nf* barrage • **постро́ить бето́нную плоти́ну** construire un barrage en béton

пло́тник *nm* charpentier

пло́тно *adv* **1.** étroitement • **я́щики пло́тно закле́ены кле́йкой ле́нтой** les cartons sont fermés hermétiquement avec du ruban adhésif **2.** intensément • **мы здесь о́чень пло́тно рабо́таем** ici nous travaillons assidûment

пло́тный ⑤ *adj* **1.** compact, épais • **пло́тный дым** une fumée épaisse • **пло́тное населе́ние** une population dense **2.** gros, épais • **пло́тные занаве́ски** des rideaux épais **3.** *fam* gros, corpulent • **пло́тный мужчи́на** un homme corpulent **4.** copieux • **пло́тный за́втрак** un petit déjeuner copieux

пло́хо *(comp.* **ху́же***)* *adv* mal • **я пло́хо рису́ю** je dessine mal • **она́ себя́ пло́хо чу́вствует** elle se sent mal • **всё ху́же и ху́же** de pire en pire
● **пло́хо лежа́ть** être facile à voler › **что пло́хо лежи́т, то и та́щим** nous embarquons tout ce qui traîne

плохо́й *(comp.* **ху́же*** ~ *superl.* **ху́дший***)* ⑤ *adj* **1.** mauvais • **плохо́й обе́д** un mauvais déjeuner • **плоха́я пого́да** le mauvais temps • **плоха́я привы́чка** une mauvaise habitude • **плоха́я репута́ция** une mauvaise réputation **2.** *(forme courte seulement)* dans un état grave • **больно́й о́чень плох** le malade est bien bas
● **шу́тки пло́хи** (**с** + *I*) il ne fait pas bon plaisanter › **с ним шу́тки пло́хи** il ne fait pas bon plaisanter avec lui

площа́дка *nf* **1.** terrain, chantier • **спорти́вная площа́дка** un terrain de sport • **строи́тельная площа́дка** un chantier de construction **2.** palier *(d'escalier)* • **мы живём с ни́ми на одно́й площа́дке** nous habitons sur le même palier **3.** plate-forme *(d'un tramway)* • **на за́дней площа́дке трамва́я** sur la plate-forme arrière du tram

пло́щадь *(pl.* **пло́щади, площаде́й***)* ①③ *nf* **1.** place publique • **Кра́сная пло́щадь** la place Rouge • **пло́щадь Согла́сия** la place de la Concorde **2.** surface • **пло́щадь треуго́льника** la surface du triangle • **жила́я пло́щадь** la surface habitable

пло́ще *comp de* **пло́ский**

плуг ①② *nm* charrue • **паха́ть плу́гом** labourer avec une charrue

плыть* [IV, **плыву́, плывёшь** - **плыл, плыла́, плы́ло, плы́ли**] ⑤ / **поплы́ть*** [IV, *id*] ⑤ ; *indét.* **пла́вать** *v* **1.** nager • **я не уме́л пла́вать** je ne savais pas nager • **плыть на спине́** nager sur le dos • **плыть кро́лем** nager le crawl • **плыть про́тив тече́ния** nager à contre-courant **2.** voguer, naviguer • **плыть на парохо́де** aller en bateau **3.** couler *(en parlant d'une bougie...)* • **свеча́ плывёт** la chandelle coule

/ **плю́нуть** → **плева́ть**

плюс *nm* **1.** plus *(dans une addition)* • **два плюс три** deux plus trois **2.** atout, avantage • **прое́кт име́ет мно́го плю́сов** le projet a de nombreux atouts

плющ ③② *nm* lierre • **де́рево заросло́ плющо́м** l'arbre est couvert de lierre

пляж *nm* plage

пляса́ть* [IV, **пляшу́, пля́шешь**] ④ / **спляса́ть*** [IV, *id*] ④ *v* danser *(en général des danses populaires)*

по *prep*

I *(+ D)*

1. = en suivant, en parcourant

• **мы е́хали по у́лице Пу́шкина** nous suivions la rue Pouchkine
• **идти́ по́ лесу** aller à travers bois
• **плыть по о́зеру** voguer sur le lac
• **спуска́ться по ле́стнице** descendre par l'escalier
• **охо́тники шли по следа́м во́лка** les chasseurs suivaient les traces du loup
• **бе́гать по магази́нам** courir les magasins
• **ходи́ть по ко́мнате** parcourir la pièce de long en large

= **dans les limites de, sur**
• **бума́ги бы́ли разбро́саны по столу́** les papiers étaient dispersés sur la table
• **уда́рить кулако́м по́ столу** donner un coup de poing sur la table
• **он хло́пнул себя́ по́ лбу** il se frappa le front

2. = **selon, d'après**
• **суди́ть по вне́шности** juger sur les apparences
• **рабо́тать по пла́ну** respecter le plan
• **одева́ться по после́дней мо́де** s'habiller à la dernière mode
• **он по профе́ссии инжене́р** il est ingénieur
• **по сове́ту одного́ прия́теля** sur le conseil d'un ami
• **звать де́да по и́мени** appeler son grand-père par son prénom
• **жени́ться по любви́** se marier par amour
• **по Толсто́му** d'après Tolstoï

3. = **en utilisant** *(un moyen de transmission)*
• **посла́ть по по́чте** envoyer par la poste
• **посла́ть по электро́нной по́чте** envoyer par courrier électronique
• **он мне сообщи́л об э́том по телефо́ну** il me l'a fait savoir par téléphone
• **по ра́дио передаю́т симфо́нию Бородина́** on donne à la radio une symphonie de Borodine

4. = **dans le domaine de**
• **чемпио́н ми́ра по пла́ванию** champion du monde de natation
• **специали́ст по ру́сскому языку́** un spécialiste de russe
• **уче́бник по я́дерной фи́зике** un manuel de physique nucléaire

5. = **par suite de**
• **я э́то сказа́л по оши́бке** j'ai dit cela par erreur

6. = **à chacun**
• **де́тям да́ли по пли́тке шокола́да** on a donné à chacun des enfants une tablette de chocolat

7. = **tous les** *(avec un complément de temps)*
• **по понеде́льникам мы занима́емся та́нцами** tous les lundis, nous faisons de la danse

II *(+ A)*
= **jusqu'à**
• **по коле́но в воде́** dans l'eau jusqu'aux genoux

III *(+L)*
= **après**
• **по проше́ствии не́скольких дней** quelques jours plus tard

IV SUIVI D'UN NUMÉRAL
IDÉE DE DISTRIBUTION, DE RÉPARTITION
• **они́ получа́ли по одному́ рублю́** ils recevaient chacun un rouble
• **ма́рки по четы́ре копе́йки** des timbres à quatre kopecks
• **по́ двое** deux par deux

À PROPOS DE...

Liste des noms de nombres employés à l'accusatif après по : 2, 3, 4, 5, 6, 7, 8, 9, 10, 11, 12, 13, 14, 15, 16, 17, 18, 19, 20, 30, 40, 50, 60, 70, 80, 90, 100, 200, 300, 400 ainsi que дво́е, тро́е etc.
Liste des noms de nombre employés au datif après по : 1 et, plus livresque, 5, 6, 7, 8, 9, 10, 11, 12, 13, 14, 15, 16, 17, 18, 19, 20, 30, 40, 50, 60, 70, 80, 90, 100.
Liste des noms de nombre employés au génitif après по : 500, 600, 700, 800, 900 et полтора́.

• **по доро́ге** chemin faisant
• **по нём** *(+L)* selon lui
• **тоска́ по ро́дине** le mal du pays

/ **побагрове́ть** → багрове́ть

побе́г *nm* évasion • побе́г из тюрьмы́ une évasion de prison

побе́да *nf* victoire • одержа́ть побе́ду над проти́вником remporter une victoire sur l'adversaire

/ **победи́ть** → побежда́ть

победоно́сный *adj* victorieux • победоно́сные войска́ les armées victorieuses • победоно́сный вид un air victorieux

/ **побежа́ть** → бежа́ть

побежда́ть / **победи́ть** [*part.* побеждённый*] *v* vaincre • победи́ть врага́ vaincre l'ennemi • победи́ть страх vaincre la peur

/ **побеле́ть** → беле́ть

побере́жье *nnt* littoral • на побере́жье Чёрного мо́ря sur les bords de la mer Noire

/ **побесе́довать** → бесе́довать

/ **побеспоко́ить** → беспоко́ить

/ **побúть** → бить

/ **побúться** → бúться

/ **поблагодарúть** → благодарúть

/ **побледнéть** → бледнéть

/ **поблёкнуть** → блёкнуть

поблúзости *adv* à proximité • никогó нé было поблúзости il n'y avait personne à proximité • поблúзости от вокзáла à proximité de la gare

/ **поблуждáть** → блуждáть

/ **поболтáть** → болтáть

/ **поболтáться** → болтáться

/ **поборóться** → борóться

/ **побоя́ться** → боя́ться

/ **побрéзгать** → брéзгать

/ **побрестú** → брестú

/ **побрúть** → брить

/ **побудúть** → по-буждáть

побуждáть / **побудúть** [*part.* побуждённый*] *littéraire v* inciter à, pousser à • катаклúзмы побуждáют дýмать о прирóдной средé les cataclysmes nous poussent à réfléchir aux problèmes d'environnement • что егó побудúло к э́тому? qu'est-ce qui l'a poussé à cela ?

побуждéние *nnt* motif, raison d'agir • преступлéние из корыстных побуждéний un crime crapuleux • из лýчших побуждéний avec les meilleures intentions

/ **побывáть** → бывáть

/ **повалúть** → валúть

/ **повалúться** → валúться

пóвар* *(nom. pl.* поварá*)* ①② *nm* cuisinier *m*, cuisinière *f*

по-вáшему *adv* à votre avis, selon vous • что же э́то тогдá, по-вáшему? eh bien, qu'est-ce que c'est alors, à votre avis ?

поведéние *nnt* conduite • сообщáть о подозрúтельном поведéнии пассажúров signaler la conduite suspecte des passagers • единúца по поведéнию = un zéro de conduite

/ **повезтú** → везтú

/ **повéрить** → вéрить

/ **повернýть** → поворáчивать

/ **повернýться** → поворáчиваться

/ **повертéть** → вертéть

повёртывать → *(syn de)* поворáчивать

повéрх *prép (+ G)* par-dessus • джúнсы мóжно надéть повéрх сапóг on peut mettre son jean par-dessus les bottes

повéрхность *nf* surface • на повéрхности воды́ à la surface de l'eau

/ **повеселéть** → веселéть

/ **повéсить** → вéшать

/ **повестú** → вестú

пóвесть ①③ *nf* nouvelle, récit
◉ ***Пóвести Бéлкина*** (Пýшкин) *les Récits de Bielkine* (Pouchkine)

по-вúдимому *adv* apparemment • онá, по-вúдимому, ошúблась elle s'est visiblement trompée

повиновáться / **повиновáться** *vp* se soumettre, obéir • повиновáться закóну se soumettre à la loi

/ **повлéчь** → влечь

/ **повлия́ть** → влия́ть

пóвод[1] *nm* raison, motif • онú не вúдят в э́том пóвода для рáдости ils ne voient là aucune raison de se réjouir • он дал нам пóвод к размышлéниям il nous a donné matière à réflexion
◉ по пóводу au sujet › протéст по пóводу нарушéния закóна protestation au sujet d'une infraction à la loi

пóвод*[2] *(loc.* поводý *; pl.* повóдья, повóдьев, повóдьям... ②*)* ⑧ *nm* bride, rêne • вестú коня́ в поводý mener un cheval par la bride • я никогдá не идý на поводý у желáний закáзчика je ne me laisse jamais imposer les désirs d'un client

поворáчивать / **повернýть** [*part.* повёрнутый] *v* **1.** (faire) tourner • повернýть ключ в замкé tourner la clef dans la serrure **2.** tourner • повернýть напрáво tourner à droite • повернýть назáд faire demi-tour

поворáчиваться / **повернýться** *vp* **1.** se tourner, se retourner • онá повернýлась ко мне лицóм elle s'est tournée vers moi **2.** prendre une tournure • **вы зна́ете, как де́ло поверну́лось** vous savez quelle tournure a pris cette affaire

поворо́т *nm* tournant • **на поворо́те** au tournant ~ *fig* • **э́то был реши́тельный поворо́т в его́ жи́зни** ce fut un tournant décisif dans sa vie

/ **повреди́ть** → **вреди́ть, поврежда́ть**

поврежда́ть / **повреди́ть** [*part.* **повреждённый***] *v* endommager • **ло́дка была́ повреждена́** la barque a été endommagée

повсю́ду *adv* partout • **его́ разы́скивали повсю́ду** on le cherchait partout

повторе́ние *nnt* répétition • **в э́том расска́зе мно́го повторе́ний** dans ce récit, il y a beaucoup de répétitions
● **повторе́ние про́йденного** révision *(scolaire)*

/ **повтори́ть** → **повторя́ть**

повторя́ть / **повтори́ть** *v* **1.** répéter *(redire, refaire)* • **повтори́те э́ту фра́зу** répétez cette phrase **2.** répéter *(pour apprendre par cœur)* • **повтори́ть роль пе́ред спекта́клем** répéter son rôle avant le spectacle • **повторя́ть уро́ки** revoir ses leçons

повторя́ться / **повтори́ться** *vp* se répéter • **повтори́лась та же исто́рия** la même histoire s'est répétée

/ **повы́сить** → **повыша́ть**

/ **повы́ситься** → **повыша́ться**

повыша́ть / **повы́сить** *v* élever, augmenter • **повы́сить у́ровень зна́ний** augmenter le niveau de connaissances • **повы́сить зарпла́ту** augmenter les salaires
● **повы́сить го́лос** élever la voix

повыша́ться / **повы́ситься** *vp* monter, augmenter • **у́ровень повыша́ется** le niveau monte • **производи́тельность труда́ повыша́ется** la productivité augmente • **повыша́ться по слу́жбе** obtenir de l'avancement

повыше́ние *nnt* hausse, augmentation • **повыше́ние цен** une hausse des prix • **повыше́ние температу́ры** une hausse de la température • **повыше́ние жи́зненного у́ровня** l'augmentation du niveau de vie

/ **повяза́ть** → **повя́зывать**

повя́зка *nf* **1.** bandeau • **наде́ть повя́зку на глаза́** mettre un bandeau sur les yeux • **с кра́сной повя́зкой на рукаве́** avec un brassard rouge **2.** bandage, pansement • **врач наложи́л ему́ повя́зку** le médecin lui a fait un pansement

повя́зывать ④ / **повяза́ть*** [II, **повяжу́, повя́жешь**] *v* nouer • **повяза́ть га́лстук** faire son nœud de cravate • **повяза́ть го́лову платко́м** se mettre un fichu sur la tête

пога́нка *nf* champignon vénéneux

пога́ный *adj* **1.** mauvais, vénéneux • **э́то пога́ные грибы́** ce sont des champignons non comestibles **2.** sale *litt & fig* • **пога́ное ведро́** le seau aux ordures • **пога́ное де́ло** une sale affaire **3.** *arch* païen, impur

/ **погаси́ть** → **гаси́ть**

/ **пога́снуть** → **га́снуть**

погиба́ть / **поги́бнуть*** [III] *v* périr • **кора́бль поги́б** le vaisseau a sombré • **его́ оте́ц поги́б на фро́нте** son père est mort au front

/ **поги́бнуть** → **ги́бнуть**, → **погиба́ть**

/ **погла́дить** → **гла́дить**

/ **поглоти́ть** → **поглоща́ть**

поглоща́ть / **поглоти́ть** *(т → щ) v* absorber • **поглоща́ть вла́гу** absorber l'humidité ~ *fig* • **он был поглощён заня́тиями** il était absorbé par ses occupations

/ **поглуми́ться** → **глуми́ться**

/ **поглупе́ть** → **глупе́ть**

/ **погляде́ть** → **гляде́ть**

погля́дывать *v* jeter des coups d'œil • **погля́дывать по сторона́м** jeter des coups d'œil à droite et à gauche

/ **погна́ть** → **гнать**

/ **погна́ться** → **гна́ться**

/ **погну́ть** → **гнуть**

/ **погнуша́ться** → **гнуша́ться**

/ **поговори́ть** → **говори́ть**

погово́рка *nf* dicton

пого́да *nf* temps *(état de l'atmosphère)* • вчера́ была́ хоро́шая пого́да hier, il a fait beau (temps) • дождли́вая пого́да un temps pluvieux • отврати́тельная пого́да un temps de chien

погоди́ть *fam v* attendre un peu • погоди́те, она́ сейча́с придёт attendez un peu, elle arrive tout de suite

пого́ня *nf* poursuite, chasse

пограни́чник *nm* garde-frontière

пограни́чный *adj* frontalier • пограни́чный пост le poste frontière • пограни́чная река́ une rivière frontalière

по́греб* *(nom. pl.* погреба́*)* ①② *nm* cave, cellier

/ **погрести́** → грести́

/ **погрози́ть** → грози́ть

погружа́ть / **погрузи́ть** *v* **1.** plonger, enfoncer • погрузи́ть ру́ки в во́ду plonger les mains dans l'eau ~ *fig* • погрузи́ть в сон plonger dans le sommeil **2.** charger • погрузи́ть я́щики в ваго́ны charger des caisses dans des wagons

погружа́ться / **погрузи́ться** *vp* plonger, s'enfoncer • погружа́ться в во́ду s'enfoncer dans l'eau ~ *fig* • погружа́ться в мы́сли se plonger dans ses pensées

/ **погрузи́ть** → грузи́ть, → погружа́ть

/ **погры́зть** → грызть

/ **погуби́ть** → губи́ть

/ **погуля́ть** → гуля́ть

под, подо *prép*

I RÉGISSANT L'ACCUSATIF

1. = sous *(direction)*

• **положи́ть чемода́н под крова́ть** mettre sa valise sous le lit

= sous *(rapport abstrait)*

• **взять под свою́ защи́ту** prendre sous sa protection

• **отда́ть под суд** traduire devant un tribunal

2. = vers, près de *(temps)*

• **под коне́ц** vers la fin

• **по́д вечер** vers le soir

• **под ста́рость** sur ses vieux jours

• **мужчи́на лет под со́рок** un homme d'une quarantaine d'années

3. = destiné à

• **найти́ помеще́ние под склад** trouver un local pouvant servir de dépôt

4. = au son de

• **петь под гита́ру** chanter en s'accompagnant à la guitare

5. = à l'imitation de

• **под кра́сное де́рево** imitation d'acajou

II RÉGISSANT L'INSTRUMENTAL

1. = sous *(emplacement)*

• **сиде́ть под де́ревом** être assis sous un arbre

= sous *(rapport abstrait)*

• **под наблюде́нием врача́** sous la surveillance d'un médecin

• **под влия́нием Толсто́го** sous l'influence de Tolstoï

• **писа́ть под псевдони́мом** écrire sous un pseudonyme

2. = aux environs de *(lieu)*

• **жить под Во́логдой** habiter aux environs de Vologda

3. = par *(après les verbes* **понима́ть, подразумева́ть**...*)*

• **что вы подразумева́ете под э́тим?** qu'est-ce que vous entendez par là ?

● **под руко́й** sous la main *litt & fig* › **име́ть что́-нибудь под руко́й** avoir quelque chose sous la main

• **по́д руку** sous le bras › **держа́ть кого́-нибудь по́д руку** tenir quelqu'un par le bras

подава́ть* [II, подаю́, подаёшь - подава́й - подава́я] / **пода́ть*** [*n cl,* пода́м, пода́шь, пода́ст, подади́м, подади́те, подаду́т - по́дал, подала́, по́дало, по́дали - пода́й - по́данный, по́дан, подана́, по́дано, по́даны] ⑤ *v* **1.** servir, apporter • обе́д по́дан le déjeuner est servi • пода́ть кому́-нибудь стака́н воды́ apporter un verre d'eau à quelqu'un **2.** donner, tendre • они́ по́дали друг дру́гу ру́ку ils se serrèrent la main • пода́ть ми́лостыню faire l'aumône **3.** donner, transmettre *fig* • пода́ть приме́р donner l'exemple • пода́ть жа́лобу porter plainte

● руко́й пода́ть tout près › отсю́да руко́й пода́ть c'est à deux pas d'ici

подава́ться* [II, подаю́сь, подаёшься - подава́йся - подава́ясь] / **пода́ться*** [*n cl,* пода́мся, пода́шься, пода́стся, подади́мся, подади́тесь, подаду́тся - пода́лся, подала́сь] ③ *vp* se déplacer • **пода́ться наза́д** reculer • **куда́ пода́ться в суббо́ту ве́чером?** où aller samedi soir ?

/ **подави́ть** → давить, подавля́ть

/ **подави́ться** → дави́ться

подавля́ть / **подави́ть** ④ *v* **1.** écraser, étouffer • **подави́ть восста́ние** écraser un soulèvement **2.** surmonter • **подави́ть страх** vaincre la peur

/ **подари́ть** → дари́ть

пода́рок *nm* cadeau • **сде́лать пода́рок** faire un cadeau • **я получи́л пода́рок** j'ai reçu un cadeau

/ **пода́ть** → подава́ть

/ **пода́ться** → подава́ться

подбира́ть ⑤ / **подобра́ть*** [IV, подберу́, подберёшь - подобра́л, подобрала́, подобра́ло, подобра́ли] *v* **1.** ramasser • **сову́ подобра́ли у обо́чины доро́ги** la chouette avait été ramassée sur le bas-côté de la route **2.** relever, retrousser • **подобра́ть подо́л** retrousser le bas de sa robe **3.** choisir • **мы подобра́ли гру́ппу высококла́ссных экспе́ртов** nous avons sélectionné un groupe d'experts de haut vol • **подобра́ть га́лстук под цвет костю́ма** assortir une cravate à son costume

подборо́док *nm* menton • **двойно́й подборо́док** un double menton

подва́л *nm* **1.** sous-sol • **в подва́ле шко́лы бу́дут размещены́ тренажёрный зал и раздева́лка** une salle de musculation et des vestiaires seront installés dans le sous-sol de l'école **2.** cave • **в подва́ле ничего́ не́ было кро́ме у́гля и дров** dans la cave il n'y avait rien d'autre que du charbon et du bois

подверга́ть / **подве́ргнуть*** [III] *v* soumettre, exposer • **подверга́ть испыта́ниям** mettre à l'épreuve

подверга́ться / **подве́ргнуться*** [III] *vp* se soumettre, s'exposer • **подве́ргнуться опа́сности** courir un danger

/ **подве́ргнуть** → подверга́ть

/ **подве́ргнуться** → подверга́ться

/ **подвести́** → подводи́ть

по́двиг *nm* exploit • **во́инские по́двиги** des faits d'armes • **соверши́ть по́двиг** accomplir un exploit

подвига́ть[1] / **подви́нуть** *v* **1.** avancer, faire avancer • **подви́нуть стул к окну́** approcher sa chaise de la fenêtre • **подви́нуть свою́ рабо́ту** avancer son travail **2.** inciter • **подвига́ть люде́й к де́йствию** inciter les gens à l'action

подви́гать[2] *v* remuer un peu • **подви́гать па́льцами** remuer les doigts

À PROPOS DE...

Les deux verbes ci-dessus diffèrent par leur accentuation.

подвига́ться / **подви́нуться** *vp* s'avancer, avancer

подви́жный *adj* **1.** vif, remuant • **подви́жный ребёнок** un enfant remuant • **подви́жное лицо́** un visage animé **2.** mobile, changeant • **услу́ги подви́жной свя́зи** les services de téléphonie mobile • **подви́жное ударе́ние** un accent mobile

/ **подви́нуть** → подвига́ть

/ **подви́нуться** → подвига́ться

подводи́ть ④ / **подвести́*** [IV, подведу́, подведёшь - подвёл, подвела́ - подведённый] ③ *v* **1.** amener, faire approcher • **он подвёл нас к доро́ге** il nous amena jusqu'à la route **2.** réaliser, établir • **подвести́ ито́ги** dresser le bilan • **черта́ подведена́, вопро́с закры́т** on a tiré un trait, le débat est clos **3.** tromper, décevoir • **она́ нас не подвела́** elle a tenu sa promesse

подво́дный *adj* en dessous de la surface des eaux • **подво́дный ка́мень** un écueil • **подво́дная ло́дка** un sous-marin • **подво́дное пла́вание** la plongée sous-marine

подгота́вливать / **подгото́вить** *v* préparer • **подгото́вить прое́кт догово́ра** préparer un projet de contrat

подгота́вливаться / **подгото́виться** *vp* se préparer • **подгото́виться к экза́мену** se préparer à un examen

/ **подгото́вить** → подгота́вливать

подгото́вка *nf* préparation • **подгото́вка к экза́менам** la préparation aux examens

подготовля́ть → *(syn de)* подгота́вливать

поддава́ться* [II, поддаю́сь, поддаёшься - поддава́йся - поддава́ясь] / **подда́ться*** [*n cl*, подда́мся, подда́шься, подда́стся, поддади́мся, поддади́тесь, поддаду́тся - подда́лся, поддала́сь - подда́йся] ③ *vp* céder, ne pas résister • поддава́ться па́нике céder à la panique • не поддава́ться угро́зам résister aux menaces

по́дданство *nnt* citoyenneté • приня́ть францу́зское по́дданство se faire naturaliser Français

/ **подда́ться** → поддава́ться

подде́льный *adj* contrefait, falsifié • подде́льный докуме́нт un document falsifié

/ **поддержа́ть** → подде́рживать

подде́рживать / **поддержа́ть*** [I, поддержу́, подде́ржишь] ④ *v* **1.** soutenir • поддержа́ть предложе́ние soutenir une proposition **2.** entretenir • поддержа́ть разгово́р entretenir la conversation **3.** maintenir • поддержа́ть поря́док maintenir l'ordre

подде́ржка *nf* soutien, aide • оказа́ть материа́льную подде́ржку accorder une aide matérielle

/ **поде́йствовать** → де́йствовать

поде́лать *fam v* faire • что поде́лаешь? qu'est-ce qu'on peut y faire ? • ничего́ не поде́лаешь on n'y peut rien

/ **подели́ть** → дели́ть

/ **подели́ться** → дели́ться

/ **подержа́ть** → держа́ть

/ **подешеве́ть** → дешеве́ть

/ **поджа́ть** → поджима́ть

/ **поджéчь** → поджига́ть

поджига́ть / **поджéчь*** [IV, подожгу́, подожжёшь, подожгу́т - поджёг, подожгла́, подожгло́, подожгли́ - подожжённый] *v* mettre le feu • поджéчь суху́ю траву́ mettre le feu à l'herbe sèche • поджéчь дом mettre le feu à une maison

поджима́ть / **поджа́ть*** [IV, подожму́, подожмёшь - поджа́тый] *v* **1.** ramener en dessous • поджа́ть под себя́ но́ги replier ses jambes • поджа́в хвост, соба́ка убежа́ла le chien s'enfuit, la queue entre les jambes **2.** serrer • смéрив меня́ подозри́тельным взгля́дом, она́ поджа́ла гу́бы après m'avoir mesuré d'un regard soupçonneux, elle pinça les lèvres

подзе́мный *adj* souterrain • подзе́мный перехо́д passage souterrain • но́чью сно́ва ощуща́лись подзе́мные толчки́ pendant la nuit de nouvelles secousses telluriques se firent sentir

подзыва́ть / **подозва́ть*** [IV, подзову́, подзовёшь - подозва́л, подозвала́, подозва́ло, подозва́ли] ⑤ *v* appeler, demander d'approcher • пассажи́р подозва́л стюарде́ссу le voyageur appela l'hôtesse de l'air

/ **подкарау́лить** → карау́лить

подки́дыш *nm* enfant abandonné • роди́телей подки́дышей удаётся находи́ть кра́йне ре́дко il est extrêmement rare que l'on retrouve les parents d'un enfant abandonné

подкла́дка *nf* doublure • на шёлковой подкла́дке doublé de soie

подкла́дывать / **подложи́ть** ④ *v* mettre en dessous • подложи́ть под го́лову поду́шку mettre un oreiller sous la tête • подложи́ть дров в пе́чку remettre du bois dans le poêle
• подложи́ть кому́-нибудь свинью́ jouer à quelqu'un un tour de cochon

подко́ва *nf* fer à cheval

/ **подкова́ть** → кова́ть

подко́п *nm* sape, mine • подвести́ подко́п под ба́шню miner une tour

подкра́дываться / **подкра́сть-ся*** [IV, подкраду́сь, подкрадёшься - подкра́лся, подкра́лась] *vp* s'approcher furtivement • к пала́тке подкра́лся неизве́стный и похи́тил буке́т цвето́в un inconnu s'approcha du kiosque et vola un bouquet de fleurs • жара́ подкра́лась незаме́тно la chaleur était arrivée sans qu'on s'en aperçoive

/ **подкра́сться** → кра́сться, подкра́дываться

подкрепле́ние *nnt* **1.** renfort • они́ вы́звали подкрепле́ние ils ont fait venir des renforts **2.** rétablissement, renforcement • э́ти предложе́ния не нашли́ фина́нсового подкрепле́ния ces propositions n'ont pas trouvé de soutien financier

по́дле *prép (+ G)* auprès de • **я ещё о́коло ча́са стоя́л по́дле скульпту́рных компози́ций** je suis resté encore une heure auprès des compositions sculpturales

подлежа́щее *adj subst nt* sujet *(gramm)*

подле́ц ③② *nm* salaud

подлива́ть / **подли́ть*** [II, подолью́, подольёшь - подли́л, подлила́, подли́ло, подли́ли - подле́й - подли́тый, подли́т, подлита́, подли́то, подли́ты] ⑤ *v* verser encore, ajouter • **подли́ть вина́** resservir du vin
• **подли́ть ма́сла в ого́нь** jeter de l'huile sur le feu

/ **подлиза́ться** → подли́зываться

подли́зываться / **подлиза́ться*** [II, подлижу́сь, подли́жешься] ④ *(к + D) vp* faire de la lèche • **он подли́зывается к учи́телю матема́тики** il fait de la lèche au professeur de mathématiques

по́длинник *nm* original *(texte primitif)* • **по́длинники пи́сем императри́цы Екатери́ны II** les originaux des lettres de l'impératrice Catherine II

по́длинный *adj* authentique • **по́длинный докуме́нт** un document authentique • **по́длинный худо́жник** un véritable artiste

/ **подли́ть** → подлива́ть

/ **подложи́ть** → подкла́дывать

по́длый ⑤ *adj* vil, bas • **по́длый посту́пок** un acte indigne

/ **подмести́** → мести́, → подмета́ть

подмета́ть / **подмести́*** [IV, подмету́, подметёшь - подмёл, подмела́ - подметённый] ③ *v* balayer • **подмести́ ко́мнату** balayer la pièce

поднима́ть / **подня́ть*** [IV, подниму́, подни́мешь ④ - по́днял, подняла́, по́дняло, по́дняли ⑤ - по́днятый, по́днят, поднята́, по́днято, по́дняты ⑤] *v* **1.** lever, soulever • **подня́ть тяжёлый я́щик** soulever une lourde caisse • **подня́ть за́навес** lever le rideau • **подня́ть я́корь** lever l'ancre • **подня́ть пыль** soulever de la poussière • **подня́ть го́лову** lever la tête • **подня́ть ру́ку** lever la main **2.** relever, ramasser • **подня́ть бума́гу** ramasser un papier
• **подня́ть восста́ние** organiser un soulèvement • **подня́ть кого́-нибудь на́ смех** tourner quelqu'un en ridicule • **подня́ть трево́гу** donner l'alarme

поднима́ться / **подня́ться*** [IV, подниму́сь, подни́мешься ④ - подня́лся, поднялла́сь ③] *vp* **1.** monter • **подня́ться на шесто́й эта́ж по ле́стнице** monter au cinquième par l'escalier • **подня́ться на ли́фте** prendre l'ascenseur • **вода́ поднима́лась** l'eau montait • **баро́метр поднима́ется** le baromètre monte • **це́ны подняли́сь** les prix ont monté **2.** se lever • **подня́ться со сту́ла** se lever de sa chaise • **подня́ться в пять часо́в** se lever à cinq heures • **луна́ поднялла́сь** la lune s'est levée **3.** se relever • **он упа́л, но бы́стро подня́лся** il est tombé, mais s'est relevé rapidement **4.** s'élever, commencer • **поднялла́сь мете́ль** une tempête de neige s'éleva • **подняли́сь проте́сты** des cris de protestation s'élevèrent

подно́жие *nnt* **1.** pied *(d'une montagne)* • **у подно́жия горы́** au pied de la montagne **2.** piédestal • **на грани́тном подно́жии па́мятника** sur le piédestal en granit de la stature

подно́жка *nf* **1.** marchepied • **вскочи́ть на подно́жку** sauter sur le marchepied **2.** croche-pied • **подста́вить подно́жку игроку́** faire un croche-pied à un joueur

подно́с *nm* plateau *(à servir)* • **на серебря́ном подно́се** sur un plateau d'argent

/ **подня́ть** → поднима́ть

/ **подня́ться** → поднима́ться

подо → под

подо́бно *prép (+ D)* comme • **дере́вья стоя́ли подо́бно коло́ннам** les arbres étaient dressés comme des colonnes
• **подо́бно тому́ как** de même que

подо́бный *adj* semblable • **подо́бные треуго́льники** des triangles semblables
• **и тому́ подо́бное** et ainsi de suite • **ничего́ подо́бного!** pas le moins du monde !

/ **подобра́ть** → подбира́ть

подогрева́ть / **подогре́ть** [*part.* подогре́тый*] *v* réchauffer • **подогре́ть суп** faire réchauffer la soupe

/ **подогре́ть** → подогрева́ть

пододея́льник *nm* = housse de couette • **двуспа́льный пододея́льник** housse de couette double

/ **подозва́ть** → подзыва́ть

/ **подожда́ть** → ждать

подозрева́ть / **заподо́зрить** *v* soupçonner, suspecter • **они́ подозрева́ли друг дру́га** ils se soupçonnaient les uns les autres • **мы э́того не подозрева́ли** nous ne nous en doutions pas

подозре́ние *nnt* soupçon • **необосно́ванные подозре́ния** des soupçons infondés

подозри́тельный *adj* **1.** suspect • **подозри́тельный шум** un bruit suspect **2.** soupçonneux, suspicieux • **подозри́тельный хара́ктер** un caractère méfiant

/ **подойти́** → подходи́ть

подоко́нник *nm* rebord de la fenêtre *(intérieur)* • **на подоко́ннике стоя́ли цветы́** il y avait des fleurs à la fenêtre

/ **подорва́ть** → подрыва́ть

/ **подорожа́ть** → дорожа́ть

подо́шва *nf* **1.** semelle • **боти́нки на то́лстой подо́шве** chaussures à semelle épaisse **2.** pied *(d'une montagne)* • **населённые пу́нкты, располо́женные у подо́швы вулка́на** des villages situés au pied du volcan

/ **подписа́ть** → подпи́сывать

/ **подписа́ться** → подпи́сываться

подпи́ска *nf* souscription, abonnement • **подпи́ска на журна́л** abonnement à une revue • **подпи́ска на обновле́ния програ́ммы** un abonnement aux mises à jour du logiciel

подпи́счик *nm* abonné *(à un journal)*

подпи́сывать / **подписа́ть*** [II, подпишу́, подпи́шешь] ④ *v* **1.** signer • **подписа́ть докуме́нт** signer un document • **подписа́ть соглаше́ние** signer un accord **2.** abonner • **подписа́ть кого́-нибудь на газе́ту** abonner quelqu'un à un journal

подпи́сываться / **подписа́ться*** [II, подпишу́сь, подпи́шешься] ④ *vp* **1.** apposer sa signature • **перечита́в письмо́, он подписа́лся** il relut sa lettre et la signa **2.** s'abonner, souscrire • **подписа́ться на газе́ту** s'abonner à un journal • **подписа́ться на рассы́лку новосте́й** s'abonner à un bulletin d'information par courrier électronique

по́дпись *nf* signature • **по́дпись неразбо́рчива** la signature est illisible

подпо́льный *adj* clandestin • **подпо́льная организа́ция** une organisation clandestine

подража́ть *v (+ D)* imiter • **подража́ть изве́стному писа́телю** imiter un écrivain célèbre

/ **подразни́ть** → дразни́ть

подразумева́ть *v* sous-entendre • **что вы подразумева́ете под э́тим?** qu'est-ce que vous entendez par là ?

подраста́ть / **подрасти́*** [IV, подрасту́, подрастёшь - подро́с, подросла́] ③ *v* grandir un peu • **за ле́то ма́льчик си́льно подро́с** pendant l'été, ce garçon a bien grandi

/ **подрасти́** → подраста́ть

/ **подра́ться** → дра́ться

подро́бность *nf* détail • **не вдава́ться в подро́бности** ne pas entrer dans les détails • **рассказа́ть во всех подро́бностях** raconter dans tous les détails

подро́бный *adj* détaillé • **подро́бный отчёт** un compte rendu détaillé • **подро́бная ка́рта** une carte détaillée

подро́сток *nm* adolescent, adolescente

подру́га *nf* amie, compagne • **подру́га де́тства** une amie d'enfance

/ **подружи́ться** *vp* se lier d'amitié • **они́ подружи́лись на кани́кулах** ils se sont liés d'amitié pendant les vacances

подрыва́ть / **подорва́ть*** [IV, подорву́, подорвёшь - подорва́л, подорвала́, подорва́ло, подорва́ли] ⑤ *v* **1.** faire sauter • **подорва́ть мост** faire sauter un pont **2.** miner, compromettre • **подорва́ть здоро́вье** miner la santé • **подорва́ть авторите́т** compromettre l'autorité

подря́д *adv* consécutivement, de suite • **не́сколько ме́сяцев подря́д** plusieurs mois d'affilée

подсве́чник *nm* chandelier • **вста́вить све́чи в подсве́чники** mettre des bougies dans les chandeliers

/ **подсказа́ть** → подска́зывать

подска́зывать / **подсказа́ть*** [II, подскажу́, подска́жешь] ④ *v* **1.** souffler *(dire à voix basse)* • **подска́зывать това́рищу на уро́ке** souffler à un camarade pendant un cours **2.** suggérer, inspirer • **реше́ние бы́ло подска́зано обстоя́тельствами** la solution nous a été dictée par les circonstances

подска́зка *nf* **1.** bulle d'aide • **всплыва́ющая бы́страя подска́зка** bulle d'aide contextuelle **2.** réponse soufflée

/ **подслу́шать** → подслу́шивать

подслу́шивать / **подслу́шать** *v* écouter *(aux portes)* • **подслу́шанные в о́череди слу́хи** les rumeurs entendues dans les files d'attente

подсне́жник *nm* perce-neige

подсо́бный *adj* auxiliaire, d'appoint • **подсо́бный за́работок** un revenu d'appoint

подсо́лнечник *nm* tournesol, soleil

подсо́лнух *fam nm* tournesol • **грызть подсо́лнухи** manger des graines de tournesol

/ **подста́вить** → подставля́ть

подста́вка *nf* support

подставля́ть / **подста́вить** *v* **1.** mettre en dessous • **подста́вить под сте́ну подпо́ры** étayer un mur **2.** tendre • **подста́вить щёку** tendre la joue **3.** piéger, mettre dans l'embarras • **они́ утвержда́ли, что их подста́вили** ils affirmaient qu'on les avait piégés
• **подста́вить кому́-нибудь но́жку** faire un croche-pied à quelqu'un

подстака́нник *nm* porte-verre

подстерега́ть / **подстере́чь*** [IV, подстерегу́, подстережёшь, подстерегу́т - подстерёг, подстерегла́ - подстережённый] ③ *v* guetter • **подстерега́ть дичь** guetter le gibier

/ **подстере́чь** → подстерега́ть

подстрека́ть / **подстрекну́ть** *v* **1.** exciter *(rendre plus vif)* • **подстрека́ть любопы́тство** exciter la curiosité **2.** inciter, pousser à • **подстрека́ть люде́й на противопра́вные де́йствия** pousser les gens à commettre des actes illégaux

/ **подстрекну́ть** → подстрека́ть

подстрига́ть / **подстри́чь*** [IV, подстригу́, подстрижёшь, подстригу́т - подстри́г, подстри́гла - подстри́женный] *v* couper, tailler • **подстри́чь во́лосы** couper les cheveux • **подстри́чь но́гти** tailler les ongles • **подстри́чь бо́роду** tailler la barbe • **подстри́чь дере́вья** tailler des arbres

/ **подстри́чь** → подстрига́ть

подсуди́мый *adj* inculpé • **на скамье́ подсуди́мых** sur le banc des accusés

подсчёт *nm* compte, calcul • **по мои́м подсчётам** d'après mes calculs

/ **подсчита́ть** → подсчи́тывать

подсчи́тывать / **подсчита́ть** *v* calculer, compter • **подсчита́ть расхо́ды** calculer les dépenses

подта́лкивать / **подтолкну́ть** *v* pousser • **подтолкну́ть в спи́ну** pousser dans le dos • **к э́тому его́, без сомне́ния, подтолкну́ла ситуа́ция** et c'est certainement la situtation qui l'a poussé à ça

/ **подтверди́ть** → подтвержда́ть

подтвержда́ть / **подтверди́ть** [*part.* подтверждённый*] *v* confirmer • **он подтверди́л, что придёт** il a confirmé qu'il viendrait

подтвержда́ться / **подтверди́ться** [*part.* подтверждённый*] *vp* se confirmer • **на́ши опасе́ния подтверди́лись** nos craintes se sont confirmées

подтвержде́ние *nnt* confirmation • **в подтвержде́ние его́ слов** pour confirmer ses dires

/ **подтолкну́ть** → подта́лкивать

подтя́гивать / **подтяну́ть** ④ *v* **1.** serrer plus fort • **подтяну́ть га́йку** serrer un écrou **2.** tirer • **подтяну́ть ло́дку к бе́регу** tirer une barque vers la rive **3.** concentrer, rassembler • **туда́ бы́ли подтя́нуты значи́тельные си́лы мили́ции** des forces de polices considérables y avaient été concentrées

подтя́жки (подтя́жек, подтя́жкам) *pl t* bretelles

/ **подтянýть** → подтя́гивать

/ **подýмать** → дýмать

/ **подýть** → дуть

подýшка *nf* coussin, oreiller • **подложи́ть под гóлову подýшку** se mettre un coussin sous la tête

/ **подхвати́ть** → подхвáтывать

подхвáтывать / **подхвати́ть** ④ *v* **1.** prendre *(par en dessous)* • **онá подхватила губернáтора пóд руку и закружи́ла в тáнце** elle prit le gouverneur par le bras et l'entraîna dans la danse **2.** attraper au vol, rattraper • **подхвати́ть мяч** attraper le ballon • **нóвость подхвати́ли все росси́йские СМИ** tous les médias russes ont repris la nouvelle

подхóд *nm* approche • **на подхóде к гóроду** aux approches de la ville • **своеобрáзный подхóд** une approche originale

подходи́ть ④ / **подойти́*** [IV, подойдý, подойдёшь - подошёл, подошлá - подойдя́] *v* **1.** s'approcher • **онá подошлá к окнý** elle s'approcha de la fenêtre ~ *fig* • **подойти́ к концý** toucher à sa fin **2.** convenir • **он не совсéм подхóдит для такóй рабóты** il ne convient pas tout à fait pour un travail de ce genre

подходя́щий *adj* approprié, adapté • **в сáмый подходя́щий момéнт** au moment le plus adéquat

подчёркивать / **подчеркнýть** [*part.* подчёркнутый] *v* souligner *litt & fig* • **словá, подчёркнутые крáсным карандашóм** des mots soulignés en rouge • **подчеркнýть вáжность э́тих собы́тий** souligner l'importance de ces événements

/ **подчеркнýть** → подчёркивать

/ **подчини́ть** → подчиня́ть

подчиня́ть / **подчини́ть** *v* subordonner, soumettre • **структýры, котóрые непосрéдственно подчинены́ президéнту** des instances directement subordonnées au président

подчиня́ться / **подчини́ться** *vp* *(+ D)* se soumettre • **подчини́ться прикáзу** se soumettre à un ordre

подъéзд *nm* **1.** entrée *(d'un immeuble)* • **в подъéзде своегó дóма** dans l'entrée de son immeuble **2.** perron • **останови́ться у подъéзда** s'arrêter devant le perron **3.** accès • **асфальти́рованы подхóды и подъéзды к здáнию** les accès piétons et voitures du bâtiment ont été goudronnés **4.** approche • **на подъéзде к Бря́нску появи́лась стенá плóтного тумáна** à l'approche de Briansk un épais brouillard apparut

подъезжáть / **подъéхать*** [IV, подъéду, подъéдешь] *v* s'approcher, arriver *(en parlant d'un véhicule)* • **мы подъезжáли к вокзáлу** nous arrivions à la gare • **маши́на подъезжáла к вокзáлу** la voiture arrivait à la gare

подъём *nm* **1.** montée • **подъём воды́** la montée des eaux • **крутóй подъём** une forte côte **2.** essor • **промы́шленный подъём** l'essor industriel **3.** enthousiasme • **он принялся́ за дéло с бóльшим подъёмом** il se mit au travail avec beaucoup d'enthousiasme
● **тяжёлый на подъём** casanier

подъёмник *nm* remonte-pente

подъёмный *adj*
● **подъёмный кран** grue *(techn)* • **подъёмный мост** pont-levis

/ **подъéхать** → подъезжáть

подымáть *fam syn de* поднимáть

/ **подышáть** → дышáть

пóезд* *(nom. pl.* поездá*)* ①② *nm* train • **при́городный пóезд** train de banlieue • **скóрый пóезд** rapide • **товáрный пóезд** train de marchandises • **расписáние движéния поездóв** horaire des trains • **в котóром часý отхóдит пóезд?** à quelle heure part le train ? • **опоздáть на пóезд** manquer son train

Voir encadré page suivante.

поéздка *nf* voyage • **поéздка в Москвý** un voyage à Moscou

поезжáй, поезжáйте → éхать

/ **поéсть** → есть

поём, поёт → петь

/ **поéхать** → éхать

/ **пожалéть** → жалéть

/ **пожáловать** *v*
● **добрó пожáловать!** bienvenue !

CULTURE...

пóезд

Est-ce parce qu'ils sont très spacieux, à l'image du pays qu'ils traversent de part en part, que l'on voyage dans les trains russes comme on ferait une croisière transatlantique ? Ou bien est-ce parce qu'il y a toujours dans les trains une **проводнúца** (hôtesse en charge du wagon) qui prodigue aux passagers de multiples attentions (draps, ménage, eau chaude pour le thé ou le café, conversation à l'occasion).

Toujours est-il que, ainsi choyés, les voyageurs vivent ces trajets comme un moment de convivialité, parfois d'amitié. Prendre le train en Russie, c'est faire plus que voyager, c'est partir avec d'autres pour une aventure humaine. Les trains russes de grande ligne, assez confortables, proposent trois classes différentes. Le compartiment de première classe n'a que deux lits **спáльный вагóн (СВ)** ; le voyageur a droit à petits rideaux et à une nappe sur la table. Celui de deuxième classe a quatre places et s'appelle le **купéйный вагóн**. Voyager en troisième classe **плацкáртный вагóн** ne présente sûrement pas le même confort. Les banquettes sont plus dures et les passagers nombreux.

Le Transibérien, dont la construction s'est achevée en 1905, est un des derniers trains de légende. Il faut neuf jours pour aller de Moscou à Vladivostok en traversant le cœur de la Russie.

/ **пожáловаться** → жáловаться

пожáлуй *particule* **1.** peut-être • **пожáлуй, он прав** il a peut-être bien raison **2.** après tout • **я, пожáлуй, пойдý с вáми** après tout, j'irai peut-être avec vous

пожáлуйста *particule* **1.** s'il vous plaît, s'il te plaît • **дáй мне, пожáлуйста, кусóк хлéба** donne-moi un morceau de pain, s'il te plaît **2.** je vous en prie, je t'en prie • **извинúте! — пожáлуйста** excusez-moi ! — je vous en prie • **спасúбо большóе! — пожáлуйста!** merci beaucoup ! — je vous en prie !, merci beaucoup ! — de rien !

пожáр *nm* incendie • **вспы́хнул пожáр** un incendie a éclaté • **потушúть пожáр** éteindre un incendie

пожáрный *adj* d'incendie • **пожáрная машúна** voiture de pompiers • **пожáрная лéстница** l'échelle des pompiers
● **на вся́кий пожáрный слýчай** *fam* à tout hasard
■ **пожáрный** *adj subst m* pompier

/ **пожáть** → жать, пожимáть

/ **пожевáть** → жевáть

пожелáние *nnt* souhait, vœu • **спасúбо за дóбрые пожелáния** merci de vos bons vœux

/ **пожелáть** → желáть

/ **пожелтéть** → желтéть

/ **пожéртвовать** → жéртвовать

поживáть *v* aller *(se porter)* • **как поживáете?** comment allez-vous ?

пожúзненный *adj* à vie • **пожúзненное заключéние** réclusion à vie

пожилóй *adj* d'un certain âge • **пожилóй человéк** un homme d'un certain âge

пожимáть / **пожáть*** [IV, пожмý, пожмёшь - пожáтый] *v* serrer • **пожáть лауреáту рýку** serrer la main du lauréat
● **пожимáть плечáми** hausser les épaules

/ **пожúть*** [IV, поживý, поживёшь - пóжил, пожилá, пóжило, пóжили] ⑤ *v* vivre un certain temps, passer un certain temps • **онá пожилá с ним не бóльше гóда** elle n'a pas vécu plus d'un an avec lui
● **поживём — увúдим** qui vivra, verra

/ **позабóтиться** → забóтиться

/ **позавúдовать** → завúдовать

/ **позáвтракать** → зáвтракать

позавчерá *adv* avant-hier • **э́то бы́ло позавчерá вéчером** c'était avant-hier soir

позадú ◪ *adv* en arrière • **он остáлся позадú** il est resté en arrière ◪ *prép (+ G)* en arrière de • **онá сидéла позадú тебя́** elle était assise derrière toi
● **тепéрь всё позадú** tout ça c'est du passé

позапро́шлый *adj* avant-dernier • в позапро́шлом году́ il y a deux ans

/ **позва́ть** → звать

/ **позво́лить** → позволя́ть

позволя́ть / **позво́лить** *v* permettre • позво́льте мне уйти́ permettez-moi de m'en aller

/ **позвони́ть** → звони́ть

позвоно́чник *nm* colonne vertébrale

по́здний *adj* tardif • до по́зднего ве́чера jusque tard dans la soirée

по́здно *(comp.* позднée *ou* по́зже*) *adv* **1.** tard • он по́здно ложи́лся спать il se couchait tard **2.** en retard, trop tard • он пришёл по́здно il est arrivé en retard
◆ лу́чше по́здно, чем никогда́ mieux vaut tard que jamais

/ **поздоро́ваться** → здоро́ваться

/ **поздра́вить** → поздравля́ть

поздравле́ние *nnt* félicitations • принима́ть поздравле́ния recevoir des félicitations

поздравля́ть / **поздра́вить** *v* **1.** féliciter • я вас поздравля́ю je vous félicite **2.** *(с + I)* поздра́вить ба́бушку с днём рожде́ния souhaiter un bon anniversaire à sa grand-mère • поздра́вить друзе́й с Но́вым го́дом présenter ses vœux (de Nouvel an) à ses amis

/ **позелене́ть** → зелене́ть

по́зже *comp de* по́здно

/ **познако́мить** → знако́мить

/ **познако́миться** → знако́миться

позо́р *nm* honte, infamie • покры́ть себя́ позо́ром se couvrir de honte

позо́рный *adj* honteux • позо́рное поведе́ние une conduite honteuse

/ **поинтересова́ться** → интересова́ться

по́иск *nm* recherche • по́иск расписа́ний на Интерне́т-са́йтах la recherche d'horaires sur Internet • начали́сь по́иски les recherches commencèrent

/ **поиска́ть** → иска́ть

поиско́вый *adj* de recherche • поиско́вая систе́ма moteur de recherche

пои́ть ④ / **напои́ть** ④ *v* donner à boire • она́ напо́ит вас ча́ем elle vous offrira du thé

/ **пойма́ть** → лови́ть

поймёшь, пойму́ → поня́ть

/ **пойти́** → идти́

пока́¹ ◪ *conj* **1.** pendant que, tant que • пока́ я рабо́тал, ста́ло темно́ pendant que je travaillais la nuit est tombée **2.** *(+ négation et verbe perf)* jusqu'à ce que • сиди́ здесь, пока́ он не вернётся reste ici jusqu'à ce qu'il rentre ◪ *adv* pour l'instant, en attendant • что произошло́ на доро́ге, сказа́ть пока́ тру́дно pour l'instant il est difficile de dire ce qui s'est produit sur la route
◆ пока́ что *fam* pour l'instant › он пока́ что далеко́ pour l'instant, il est loin

пока́² *interj* à bientôt

показа́ние *nnt* déclaration, témoignage • показа́ния свиде́телей les déclarations des témoins • э́то о́чень ва́жное показа́ние c'est un témoignage très important

/ **показа́ть** → пока́зывать

/ **показа́ться** → каза́ться

пока́зывать / **показа́ть*** [II, покажу́, пока́жешь] ④ *v* **1.** montrer • я покажу́ вам доро́гу je vais vous montrer le chemin • показа́ть па́спорт présenter sa carte d'identité • показа́ть приме́р donner l'exemple ~ *(на + A)* • он показа́л ему́ на дверь il lui fit signe de prendre la porte • он показа́л ему́ на стул il lui fit signe de s'asseoir **2.** indiquer *(en parlant d'appareils)* • термо́метр пока́зывал со́рок гра́дусов в тени́ le thermomètre indiquait quarante degrés à l'ombre
◆ показа́ть кому́-нибудь нос faire un pied de nez à quelqu'un • показа́ть кому́-нибудь язы́к tirer la langue à quelqu'un

/ **покарау́лить** → карау́лить

/ **score поката́ть** → ката́ть

/ **поката́ться** → ката́ться

/ **покати́ть** → кати́ть

/ **пока́яться** → ка́яться

покида́ть / **поки́нуть** *v* abandonner, quitter • поки́нуть свой пост abandonner son poste • **покинуть родной город** quitter sa ville natale

/ **покинуть** → покидать

поклон *nm* salut, salutation • **выходить на поклон после спектакля** venir saluer le public à la fin d'un spectacle • **передайте ему от меня поклон** transmettez-lui mes salutations

/ **поклониться** → кланяться

поклоняться *vp (+ D)* adorer *(vouer un culte)* • **они поклонялись идолам** ils adoraient des idoles

/ **поклясться** → клясться

покой *nm* repos, tranquillité • **больному нужен покой** la malade a besoin de calme • **оставьте меня в покое** laissez-moi tranquille

покойник *nm* défunt

À PROPOS DE...

Le mot **покойник** appartient grammaticalement au sous-genre animé.

покойница *nf* défunte

/ **поколебать** → колебать

/ **поколебаться** → колебаться

поколение *nnt* génération • **новое поколение роботов** une nouvelle génération de robots • **будущие поколения** les générations futures

/ **поколотить** → колотить

/ **покончить** (с + I) *v* en finir avec • **чтобы покончить с этим делом** pour en finir avec cette histoire-là
● **покончить с собой** se suicider

покорение *nnt* conquête • **покорение Южного полюса** la conquête du pôle Sud

/ **покорить** → покорять

покорно *adj* docilement • **ученики покорно пошли в класс** les élèves allèrent docilement en classe
● **покорно благодарю** *arch* merci bien

покорный *adj* humble, soumis • **с покорным видом** avec un air de soumission

/ **покоробить** → коробить

покорять / **покорить** *v* **1.** conquérir, soumettre • **покорить горную вершину** conquérir un sommet **2.** conquérir, séduire • **он покорил меня своей музыкой** il m'a conquis par sa musique • **он всех покорил** il a séduit tout le monde

/ **покрасить** → красить

/ **покраснеть** → краснеть

покровительство *nnt* protection • **он обвинил мэра в покровительстве преступным группам** il accusa le maire de protéger des bandes criminelles

/ **покрутить** → крутить

покрывало *nnt* dessus-de-lit

покрывать / **покрыть*** [II, покрою, покроешь - покрытый] *v* couvrir *litt & fig* • **стол, покрытый белой скатертью** une table couverte d'une nappe blanche • **покрыть поцелуями** couvrir de baisers • **покрыть себя славой** se couvrir de gloire • **покрыть расходы** couvrir les frais

покрываться / **покрыться*** [II, покроюсь, покроешься - покрытый] *vp* se couvrir *litt & fig* • **небо покрывается тучами** le ciel se couvre de nuages

/ **покрыть** → покрывать

покупатель *nm* acheteur, client

покупательница *nf* acheteuse, cliente

покупательный *adj* d'achat • **покупательная способность населения** le pouvoir d'achat de la population

покупать¹ / **купить** ④ *v* acheter • **купить билет** acheter un billet • **купить компьютер в Интернете** acheter un ordinateur sur Internet

покупать² → купать

покупка *nf* achat • **делать покупки** faire des achats • **пойти за покупками** aller faire des courses • **он-лайн покупки** des achats en ligne

/ **покурить** → курить

/ **покутить** → кутить

/ **покушать** → кушать

покушéние *nnt* tentative *(d'assassinat)* • **покушéние на убийство** une tentative d'assassinat • **покушéние на самоубийство** une tentative de suicide

пол*[1] *(loc.* полý*)* ⑧② *nm* plancher • **сидéть на полý** être assis par terre • **упáсть нá пол** tomber par terre

À PROPOS DE...

L'accent passe sur la préposition dans les groupes **нá пол, óб пол, пó полу**.

пол[2] ①③ *nm* sexe • **лúца обóего пóла** des personnes des deux sexes • **прекрáсный пол** le beau sexe • **сúльный пол** le sexe fort

пол[3], **пол-**[3] *préf* **1.** *(dans des mots composés dont la deuxième partie est un substantif au génitif)* demi • **полчасá** une demi-heure • **бóльше получáса** plus d'une demi-heure • **óколо полуминýты** près d'une demi-minute

À PROPOS DE...

1. cas obliques **полу..., полу-**
2. les deux parties du mot sont séparées par un tiret lorsque le substantif commence par un **л** ou par une voyelle : **пол-лúтра**, demi-litre ; **пол-оборóта**, un demi-tour.

2. *fam (dans des mots composés dont la deuxième partie est un ordinal au génitif)* et demie • **в полвторóго** à une heure et demie

полагáть *v* présumer, supposer • **полагáю, что он уéхал в óтпуск** je suppose qu'il est parti en congé

полагáться *vp* **1.** / **положúться** ④ *(на + A)* compter sur • **на негó нельзя́ положúться** on ne peut pas compter sur lui **2.** *(+ inf)* être d'usage, convenir • **здесь курúть не полагáется** ici il ne faut pas fumer

/ **полáкомиться** → **лáкомиться**

пóлдень *nm* midi • **бы́ло давнó зá полдень** midi était passé depuis longtemps • **лишь к полýдню пожáрным удалóсь ликвидúровать пожáр** ce n'est que vers midi que les pompiers ont réussi à éteindre l'incendie • **срáзу пóсле полýдня** juste après midi

пóле ①② *nnt* **1.** champ • **ржанóе пóле** un champ de seigle • **магнúтное пóле** le champ magnétique • **на пóле бúтвы** sur le champ de bataille • **Мáрсово пóле** le Champ de Mars **2.** terrain • **футбóльное пóле** terrain de football **3.** champs • **éхать пó полю** aller à travers champs **4.** marge • **замéтки на поля́х** des notes en marge

À PROPOS DE...

L'accent passe sur la préposition dans le groupe **пó полю**.

/ **полежáть** → **лежáть**

полéзный *adj* utile • **месторождéния полéзных ископáемых** des gisements de minerais
■ **полéзное** *adj subst nt* l'utile • **сочетáть полéзное с приятным** joindre l'utile à l'agréable

/ **полéзть** → **лезть**

/ **поленúться** → **ленúться**

полéно* *(pl.* **полéнья, полéньев, полéньям***) nnt* bûche

полёт *nm* vol *(dans l'air)* • **следúть за полётом птúцы** suivre le vol d'un oiseau • **центр управлéния космúческими полётами** centre de contrôle des vols spatiaux
● **с птúчьего полёта** à vol d'oiseau

/ **полетéть** → **летéть**

/ **полечúть** → **лечúть**

пóлзать → **ползтú**

ползтú* [IV, ползý, ползёшь - полз, ползлá] ③ / **поползтú*** [IV, *id*] ③ ; *indét.* **пóлзать** *v* **1.** *(en parlant d'une personne)* ramper, se traîner • **ползтú на животé** avancer en rampant ~ *(en parlant d'un insecte)* marcher, se déplacer • **мýха пóлзает по столý** la mouche se déplace sur la table **2.** passer lentement • **тýчи ползлú по нéбу** les nuages passaient lentement dans le ciel • **врéмя мéдленно ползёт** le temps passe lentement

поливáть / **полúть*** [II, полью́, польёшь - пóлил, полилá, пóлило, пóлили - полéй - полúтый, пóлит, политá, пóлито, пóлиты] ⑤ *v* arroser • **поливáть цветы́** arroser les fleurs

/ **полиня́ть** → **линя́ть**

/ **полúть** → **поливáть**

/ **полúться** → **лúться**

полк* *(loc.* полкý*)* ③② *nm* régiment

● ***Сло́во о полку́ И́гореве*** le Dit du Régiment d'Igor

по́лка *nf* **1.** étagère **2.** rayon *(dans un magasin)* • **по́лки магази́нов ло́мятся от това́ров** les rayons de nos magasins croulent sous la marchandise **3.** couchette *(dans un train)* • **лежа́ть на ве́рхней по́лке** être allongé sur la couchette supérieure

полко́вник *nm* colonel

по́лно¹, полно́¹, -полно́¹ → **по́лный**

по́лно² *adv fam*
● **по́лно тебе́ пла́кать** arrête donc de pleurer

по́лночь *nf* minuit • **я верну́лся домо́й по́сле полу́ночи** je suis rentré après minuit

> **À PROPOS DE...**
>
> L'accent passe sur la préposition dans le groupe **за́ полночь**.

по́лный ⑤, **по́лный** ③ *adj* **1.** plein • **по́лный стака́н воды́** un verre plein d'eau • **теа́тр по́лон** le théâtre est plein **2.** total, complet • **по́лное собра́ние сочине́ний** les œuvres complètes • **по́лная свобо́да** une liberté totale • **по́лная тишина́** un silence absolu **3.** bien en chair, replet • **по́лная да́ма** une dame bien en chair
● **по́лная луна́** la pleine lune • **по́лные фо́рмы прилага́тельных** les formes longues de l'adjectif • **полны́м-по́лон, полны́м-полна́...** plus que plein › **в ваго́не бы́ло полны́м-полно́** le wagon était bondé

По́ловцы *nmpl* Polovtses

> **À PROPOS DE...**
>
> Les Polovtses, appelés encore Kiptchaks ou Coumans, occupèrent les plaines de la Russie méridionale du XIᵉ au XIIIᵉ siècle. Ils furent presque constamment en guerre avec la Russie de Kiev.

полове́цкий *adj* polovtsien
● ***Полове́цкие пля́ски*** (**Бороди́н**) *les Danses polovtsiennes* (**Borodine**)

полови́на *nf* moitié, demi • **до́брая полови́на** une bonne moitié • **два с полови́ной** deux et demi • **в полови́не пя́того** à quatre heures et demie

положе́ние *nnt* **1.** position • **определи́ть положе́ние подво́дной ло́дки** déterminer la position du sous-marin **2.** situation, état • **междунаро́дное положе́ние** la situation internationale • **быть на высоте́ положе́ния** être à la hauteur de la situation
● **вы́йти из положе́ния** se tirer d'affaire

положи́тельно *adv* **1.** positivement, favorablement • **он положи́тельно отреаги́ровал на моё предложе́ние** il a réagit favorablement à ma proposition **2.** absolument • **он положи́тельно ничего́ не зна́ет** il ne sait absolument rien

положи́тельный *adj* **1.** positif • **положи́тельное число́** un nombre positif • **положи́тельный результа́т** un résultat positif **2.** affirmatif • **дать положи́тельный отве́т** donner une réponse affirmative **3.** *vieilli* absolu, total • **он положи́тельный дура́к** c'est un triple idiot

/ **положи́ть** → **класть**

/ **положи́ться** → **полага́ться**

полоса́ *(pl.* **по́лосы, поло́с, полоса́м***)* ②③ *nf* **1.** bande, raie **2.** voie, piste • **полоса́ встре́чного движе́ния** la voie de circulation inverse • **поса́дочная полоса́** une piste d'atterrissage **3.** colonne d'un journal • **газе́та опубликова́ла фотогра́фии на пе́рвой полосе́** le journal a publié la photo dans ses premières colonnes

полоса́тый *adj* rayé, zébré • **полоса́тая ткань** un tissu à rayures

полоска́ть* [II, **полощу́, поло́щешь**] ④ / **прополоска́ть** [II, *id*] ④ *et* **вы́полоскать** [II, **вы́полощу, вы́полощешь**] ④ *v* rincer • **полоска́ть бельё** rincer le linge • **полоска́ть рот** se rincer la bouche

полоте́нце *nnt* serviette de toilette • **вытира́ть лицо́ полоте́нцем** s'essuyer le visage avec une serviette

полотно́ *(pl.* **поло́тна, поло́тен, поло́тнам***)* ②① *nnt* **1.** toile *(tissu)* • **бле́дный как полотно́** pâle comme un linge • **то́нкое полотно́** une toile fine **2.** toile *(tableau)* • **не́которые поло́тна вообще́ никогда́ не выставля́лись** certaines toiles n'ont jamais été exposées

полпути́
■ **на полпути́** *loc adv* **на полпути́** à mi-chemin

полтора́, полторы́ *num* un et demi • **полтора́ часа́** une heure et demie • **полторы́ страни́цы** une page et demie
● **полтора́ челове́ка** *iron* à peu près personne › **представи́телей э́тих племён оста́лось полтора́ челове́ка** il ne reste presque plus aucun représentant de ces tribus

À PROPOS DE...

1. **полтора́** et **полторы́** ont tous deux **полу́тора** aux cas obliques.
2. Aux cas directs **полтора́** et **полторы́** se construisent respectivement avec le génitif singulier et pluriel.
3. La forme **полтора́** s'emploie avec les substantifs masculins ou neutres, la forme **полторы́** avec les substantifs féminins.

полтора́ста *(cas obliques* **полу́тораста***) num* cent cinquante

полу́[1] → *(loc de)* **пол**

полу[2] *préf* **1.** demi **2.** *forme de* « пол »..., « пол- » *aux cas obliques*

полукру́г *nm* demi-cercle

полуо́стров *(nom. pl.* **полуострова́***)* ①② *nm* presqu'île

получа́ть / получи́ть ④ *v* recevoir • **я получи́л от неё письмо́** j'ai reçu une lettre d'elle • **получи́ть пощёчину** recevoir une gifle • **он получи́л хоро́шее образова́ние** il a reçu une bonne instruction • **получи́ть дво́йку за спи́сывание** avoir une mauvaise note pour avoir copié

получа́ться / получи́ться [**полу́чится, полу́чатся**] *vp* **1.** → **получа́ть 2.** résulter • **сни́мок получи́лся замеча́тельный** ça a fait une très belle photo • **из э́того ничего́ не полу́чится** cela ne donnera rien

/ **получи́ть** → **получа́ть**

/ **получи́ться** → **получа́ться**

полчаса́* *nm* **1.** → **пол 2.** demi-heure • **за полчаса́ до конца́** une demi-heure avant la fin • **ка́ждые полчаса́** toutes les demi-heures • **бо́льше получа́са** plus d'une demi-heure

À PROPOS DE...

Les adjectifs accordés avec **полчаса́** se mettent au pluriel.

по́лымя *nnt*
● **из огня́ да в по́лымя** de mal en pis, de Charybde en Scylla

по́льза *nf* utilité, avantage • **кака́я от э́того по́льза?** quel avantage cela peut-il avoir ? • **э́то принесло́ мне ма́ло по́льзы** cela ne m'a pas été très utile
● **в по́льзу** en faveur › **де́ло бы́ло решено́ в его́ по́льзу** le procès s'est terminé en sa faveur

по́льзоваться / воспо́льзоваться *(+ I) vp* se servir de, utiliser • **по́льзоваться но́вым ме́тодом** utiliser une nouvelle méthode • **по́льзоваться а́томной эне́ргией** utiliser l'énergie atomique • **воспо́льзоваться слу́чаем** profiter de l'occasion • **по́льзоваться больши́м успе́хом** avoir beaucoup de succès

по́лька *(gén. pl.* **по́лек***) nf* **1.** Polonaise **2.** polka • **танцева́ть по́льку** danser la polka

по́льский *adj* polonais

/ **польсти́ть** → **льсти́ть**

По́льша *nf* Pologne

полюби́ть ④ *v* se mettre à aimer • **полюби́ть де́вушку** tomber amoureux d'une jeune fille • **полюби́ть му́зыку** se découvrir une passion pour la musique

/ **полюбова́ться** → **любова́ться**

по́люс *nm* pôle • **экспеди́ция на Ю́жный по́люс** une expédition au pôle Sud • **магни́тный по́люс** le pôle magnétique

поля́к *nm* Polonais

поля́на *nf* clairière • **на небольшо́й поля́не** dans une petite clairière

поля́рный *adj* polaire • **за поля́рным кру́гом** au-delà du cercle polaire • **поля́рная ночь** la nuit polaire
● **поля́рное сия́ние** une aurore boréale

/ **пома́зать** → **ма́зать**

/ **помани́ть** → **мани́ть**

/ **поменя́ть** → **меня́ть**

/ **поменя́ться** → меня́ться

/ **помере́ть** → помира́ть

/ **поме́рить** → ме́рить

/ **поме́риться** → ме́риться

/ **поме́ркнуть** → ме́ркнуть

/ **помести́ть** → помеща́ть

поме́та, поме́тка *nf* annotation, marque • **поме́тки на поля́х кни́ги** des annotations dans les marges d'un livre

/ **поме́тить** → ме́тить, → помеча́ть

помеча́ть / **поме́тить** *v* marquer • **поме́тить абза́ц кра́сным карандашо́м** marquer un paragraphe au crayon rouge

/ **помечта́ть** → мечта́ть

поме́шанный *adj* **1.** → меша́ть **2.** toqué, fou • **поме́шанный стари́к** un vieux toqué **3.** *(*на *+L)* passionné de, fanatique de • **она́ поме́шана на му́зыке** elle est passionnée de musique

/ **помеша́ть** → меша́ть

помеща́ть / **помести́ть** *v* **1.** *(*на *+ A) (*в *+ A)* mettre, placer • **они́ помести́ли шкаф в ко́мнату** ils ont mis l'armoire dans la chambre • **нас помести́ли в большо́й но́мер** on nous a trouvé une grande chambre **2.** *(*на *+L) (*в *+L)* trouver une place • **он помести́л кни́ги в шкафу́** il a rangé ses livres dans l'armoire • **нас помести́ли в небольшо́й гости́нице** on nous a installés dans une grande chambre **3.** *(*в *+L)* faire paraître, imprimer • **помести́ть статью́ в журна́ле** faire paraître un article dans une revue

помеще́ние *nnt* local • **сли́шком те́сное помеще́ние** un local trop exigu

поме́щик *nm* (HIST) propriétaire terrien

поме́щица *nf* (HIST) propriétaire terrienne

помидо́р *nm* tomate • **сала́т из помидо́ров** salade de tomates

поми́ловать *v* → ми́ловать
● **поми́луйте** *(impér)* de grâce › **поми́луйте, что вы де́лаете?** qu'est-ce que vous faites là, vous n'y pensez pas ?

поми́н *nm*
● **его́ нет и в поми́не** on n'en voit pas trace • **лёгок на поми́не** quand on parle du loup...

помина́ть / **помяну́ть** ④ *v* se souvenir de • **на Лубя́нке помяну́ли репресси́рованных** une cérémonie en souvenir des victimes des répressions a eu lieu place de la Loubianka
● **помина́й, как зва́ли** on peut toujours courir pour le retrouver • **помяни́ моё сло́во** souviens-toi de ce que je te dis là

помину́тно *adv* à chaque instant • **помину́тно слы́шались телефо́нные звонки́** à chaque instant, on entendait sonner le téléphone

помира́ть / **помере́ть*** [IV, помру́, помрёшь - по́мер, померла́, по́мерло, по́мерли] ⑤ *fam v* mourir → **умира́ть**

/ **помири́ть** → мири́ть

/ **помири́ться** → мири́ться

по́мнить / **вспо́мнить** *(*о *+L) v (+ A)* se souvenir de • **я его́ хорошо́ по́мню** je me souviens bien de lui • **по́мнить о свои́х друзья́х** se souvenir de ses amis
● **бу́дет он меня́ по́мнить!** il aura de mes nouvelles ! • **не по́мнить себя́** perdre la tête › **не по́мнить себя́ от ра́дости** être transporté de joie

/ **помно́жить** → мно́жить

помога́ть / **помо́чь*** [IV, помогу́, помо́жешь, помо́гут ④ - помо́г, помогла́ ③] *v (+ D)* **1.** aider • **помога́ть това́рищу** aider un camarade **2.** avoir un effet • **лека́рство не помогло́** le médicament n'a rien fait
● **помоги́те!** au secours !

по-мо́ему *adv* à mon avis, d'après moi • **по-мо́ему он прав** à mon avis, il a raison

помо́и *(*помо́ев, помо́ям*) pl t* ordures • **ведро́ с помо́ями** un seau d'ordures

/ **помоли́ться** → моли́ться

/ **помолоде́ть** → молоде́ть

/ **помолча́ть** → молча́ть

/ **помо́рщиться** → мо́рщиться

/ **помочи́ться** → мочи́ться

/ **помо́чь** → помога́ть

помо́щник *nm* adjoint, aide • **она́ помо́щник дире́ктора** elle est directrice ajointe

помощница *nf* assistante, aide

помощь *nf* aide • **позвать соседа на помощь** appeler son voisin à l'aide • **просить у прохожих помощи** demander de l'aide aux passants • **оказать пострадавшему помощь** venir en aide à la victime • **без посторонней помощи** sans l'aide de personne • **с помощью телескопа** à l'aide d'un télescope
● **скорая помощь** l'ambulance

/ **помчаться** → мчаться

/ **помыть** → мыть

/ **помянуть** → поминать

понадобиться *vp* être nécessaire • **если тебе понадобится эта книга** si tu as besoin de ce livre

по-настоящему *adv* véritablement, pour de bon • **по-настоящему зимняя погода** un temps véritablement hivernal

поневоле *adv* bon gré mal gré • **пришлось поневоле согласиться** il a fallu accepter bon gré mal gré

понедельник *nm* lundi • **я её встретил в понедельник** je l'ai rencontrée lundi • **он ходит туда по понедельникам** il y va le lundi

понемногу, понемножку *adv* peu à peu, progressivement

/ **понести** → нести

/ **понестись** → нестись

понимать / **понять*** [IV, пойму, поймёшь - понял, поняла, поняло, поняли] ⑤ *v* comprendre • **насколько я понимаю** si je comprends bien

поношенный *adj* usagé, râpé • **поношенный костюм** un costume râpé

/ **понравиться** → нравиться

/ **понюхать** → нюхать

понятие *nnt* concept, notion • **не имею ни малейшего понятия об этом** je n'en ai pas la moindre idée

понятно *adv* clairement
● **понятно?** compris ? • **всем понятно, что ничего не ясно** tout le monde comprend qu'on n'y comprend rien

понятный *adj* compréhensible • **вполне понятные требования** des exigences parfaitement compréhensibles

/ **понять** → понимать

/ **пообедать** → обедать

/ **пообещать** → обещать

поп ③② *fam nm* pope

поп- *préf* pop (MUS)

попадать / **попасть*** [IV, попаду, попадёшь - попал, попала] *v* **1.** atteindre, frapper • **стрела попала в цель** la flèche a atteint la cible **2.** tomber, se retrouver • **попасть в засаду** tomber dans une embuscade • **попасть в тюрьму** se retrouver en prison
● **попасть пальцем в небо** se fourrer le doigt dans l'œil • **тебе попадёт от учителя!** qu'est-ce que le professeur va te passer ! • **как попало** n'importe comment • **чем попало** avec n'importe quoi

попадаться / **попасться*** [IV, попадусь, попадёшься - попался, попалась] *vp* **1.** être pris • **попасться в ловушку** être pris au piège **2.** être rencontré par hasard, être trouvé par hasard • **мне попался в руки новый учебник** je suis tombé sur un nouveau manuel • **первый попавшийся** le premier venu

/ **попасть** → попадать

/ **попасться** → попадаться

поперёк ◼ *adv* en travers ◼ *prép (+ G)* en travers • **поперёк дороги** en travers de la route
● **вдоль и поперёк** en long et en large

поп-группа *nf* groupe de musique pop

/ **поплестись** → плестись

/ **поплыть** → плыть

поп-музыка *nf* musique pop

пополам *adv* **1.** en deux parties • **разделить торт пополам** partager un gâteau en deux **2.** *(c + I)* avec moitié de • **рецепт коктейля: водка пополам с фруктовым соком** recette du cocktail : de la vodka avec moitié de jus de fruit
● **с грехом пополам** tant bien que mal

/ **поползти** → ползти

/ **поправить** → поправлять

/ **поправиться** → поправляться

поправля́ть / **попра́вить** *v* **1.** rectifier, remettre en place • **попра́вить свою́ причёску** se recoiffer **2.** corriger • **попра́вить оши́бку** corriger une faute • **попра́вить ученика́** corriger les fautes d'un élève

поправля́ться / **попра́виться** *vp* **1.** se rétablir • **дела́ его́ попра́вились** ses affaires se sont arrangées • **она́ попра́вилась** elle va mieux **2.** grossir, prendre du poids • **О́льга попра́вилась на па́ру кило́** Olga a grossi de près de deux kilos

по-пре́жнему *adv* comme auparavant • **он по-пре́жнему о́чень за́нят** il est très occupé comme toujours

по́прище *nnt* carrière *(champ d'action)* • **прояви́ть свои́ ка́чества на но́вом по́прище** déployer tous ses talents dans ses nouvelles fonctions

/ **попро́бовать** → **про́бовать**

/ **попроси́ть** → **проси́ть**

/ **попроси́ться** → **проси́ться**

/ **попроща́ться** → **проща́ться**

попуга́й *nm* perroquet

попу́тно *adv* **1.** en même temps • **попу́тно он спра́шивал меня́ о де́ле** chemin faisant, il me questionnait sur cette affaire **2.** à cette occasion • **он чита́л ле́кцию о воспита́нии дете́й, попу́тно затра́гивая ра́зные други́е вопро́сы** il faisait un exposé sur l'éducation des enfants et abordait à cette occasion divers autres problèmes

попу́тный *adj* **1.** qui suit le même chemin • **пое́хать на попу́тной маши́не** faire de l'auto-stop • **попу́тный ве́тер** un vent favorable **2.** que l'on rencontre en chemin, que l'on fait en chemin • **попу́тные дере́вни** les villages qui se trouvaient sur notre route • **попу́тные замеча́ния** des remarques incidentes **3.** associé • **попу́тный эффе́кт** l'effet associé

попу́тчик *nm* compagnon de route

попыта́ть *v (+ A) (+ G)* tenter • **попыта́ть сча́стья** tenter sa chance

/ **попыта́ться** → **пыта́ться**

попы́тка *nf* tentative, essai • **тще́тная попы́тка** une tentative infructueuse • **уда́ча пришла́ со второ́й попы́тки** la deuxième tentative a été couronnée de succès

/ **попя́титься** → **пя́титься**

пора́ *nf* moment, heure • **наста́ла пора́ обнови́ть самолётный парк** l'heure est venue de renouveler le parc aéronautique
● **в ту по́ру** à ce moment-là • **до сих пор** jusqu'à présent • **пора́** il est temps › **пора́ на рабо́ту** il est temps d'aller travailler • **с тех пор** depuis ce temps-là

порабо́тать *v* travailler un peu

поравня́ться *(с + I) vp* arriver à la hauteur de, rattraper • **мы ско́ро поравня́лись с ним** nous l'avons rapidement rattrapé

/ **пора́довать** → **ра́довать**

поража́ть / **порази́ть** *v* frapper *(étonner) fig* • **э́то изве́стие порази́ло всех** cette nouvelle a étonné tout le monde

пораже́ние *nnt* défaite • **нанести́ пораже́ние** infliger une défaite • **потерпе́ть пораже́ние** subir une défaite

порази́тельный *adj* frappant, étonnant • **порази́тельная па́мять** une mémoire étonnante

/ **порази́ть** → **поража́ть**

пора́нить *v* faire une blessure, blesser • **он глубоко́ пора́нил но́гу** il s'est blessé grièvement à la jambe

/ **порва́ть** → **порыва́ть**, → **рвать**

/ **порва́ться** → **рва́ться**

/ **поре́зать** → **ре́зать**

по́ровну *adv* en parties égales • **разде-ли́ть по́ровну** partager en parts égales

поро́г *nm* **1.** seuil • **переступи́ть че́рез поро́г** franchir le seuil • **преодоле́ть 20-проце́нтный поро́г я́вки на вы́боры** dépasser le seuil des 20 % de participation aux élections **2.** rapide • **там большо́е тече́ние и опа́сные во́дные поро́ги** là, le courant est fort et les rapides sont dangereux

поро́да *nf* **1.** race • **ло́шадь ара́бской поро́ды** un cheval de race arabe **2.** roche • **вулкани́ческие поро́ды** des roches volcaniques

поро́жний *fam adj* vide • **поро́жний я́щик** une caisse vide

◈ **перелива́ть из пусто́го в поро́жнее** **a.** parler pour ne rien dire **b.** perdre son temps à des sottises

поро́й *adv* parfois

поро́к *nm* vice • **бе́дность не поро́к** pauvreté n'est pas vice • **поро́к се́рдца** un vice cardiaque

поросёнок* *(pl.* **порося́та, порося́т, порося́там)** *nm* porcelet, goret • **моло́чный поросёнок** cochon de lait

по́рох *nm* poudre *(substance explosive)* • **бо́чка с по́рохом** un baril de poudre
◈ **по́роха не вы́думает** il n'a pas inventé la poudre

поро́чный *adj* **1.** vicieux, défectueux • **поро́чные ме́тоды** des méthodes défectueuses **2.** vicieux, dépravé
◈ **поро́чный круг** un cercle vicieux

порошо́к *nm* poudre • **стира́льный порошо́к** poudre à laver

по́ртить / **испо́ртить** *v* endommager, détériorer • **фи́рма не хо́чет по́ртить отноше́ний со свои́ми клие́нтами** la société ne veut pas gâter ses relations avec ses clients
◈ **по́ртить себе́ кровь** se faire du mauvais sang

по́ртиться / **испо́ртиться** *vp* se détraquer, se détériorer • **мои́ часы́ испо́ртились** ma montre est détraquée • **их отноше́ния испо́ртились** leurs relations se sont détériorées

порта́л *nm* portail *(site)* • **порта́л "Музе́и Росси́и"** le portail "Musées de Russie"

портни́ха *nf* couturière

портно́й *adj subst m* tailleur, couturier

португа́лец *nm* Portugais

Португа́лия *nf* Portugal

португа́лка *nf* Portugaise

португа́льский *adj* portugais

портфе́ль *nm* **1.** serviette, porte-documents **2.** portefeuille *(de ministre)* • **разда́ча портфе́лей в но́вом кабине́те** la distribution des portefeuilles dans le nouveau cabinet

/ **поруби́ть** → **руби́ть**

/ **поруга́ться** → **руга́ться**

по-ру́сски *adv* en russe • **говори́ть по-ру́сски** parler russe

поруча́ть / **поручи́ть** *v* confier • **она́ поручи́ла мне свои́х дете́й** elle m'a confié ses enfants • **ему́ поручи́ли э́то де́ло** on l'a chargé de cette affaire

поруче́ние *nnt* mission, commission • **испо́лнить поруче́ние** exécuter une mission • **дать кому́-нибу́дь поруче́ние** charger quelqu'un d'une mission

/ **поручи́ть** → **поруча́ть**

/ **поручи́ться** → **руча́ться**

поры́в *nm* **1.** rafale • **поры́в ве́тра** un coup de vent, une rafale de vent **2.** *fig* élan, accès • **в поры́ве гне́ва** dans un accès de colère

порыва́ть / **порва́ть*** [IV, **порву́, порвёшь - порва́л, порвала́, порва́ло, порва́ли**] ⑤ *v* rompre • **порва́ть отноше́ния** rompre les relations

поры́вистый *adj* saccadé • **поры́вистые движе́ния** des mouvements saccadés

поря́док *nm* ordre • **привести́ в поря́док** mettre en ordre • **в алфави́тном поря́дке** par ordre alphabétique • **э́то в поря́дке веще́й** c'est dans l'ordre des choses • **всё в поря́дке** tout va bien
◈ **в поря́дке** au titre de › **в поря́дке культу́рного обме́на** au titre des échanges culturels

поря́дочно *adv* **1.** convenablement, correctement • **вести́ себя́ поря́дочно** se conduire correctement **2.** correctement, considérablement • **он поря́дочно зараба́тывает** il gagne pas mal d'argent

поря́дочный *adj* convenable, correct • **мы встре́тим о́чень ми́лого и поря́дочного челове́ка** nous ferons la connaissance d'une personne très gentille et correcte
◈ **он поря́дочный мерза́вец** c'est un beau salaud

/ **посади́ть** → **сажа́ть**

поса́дка *nf* **1.** plantation • **поса́дка дере́вьев** une plantation d'arbres **2.** embarquement *(dans un train, sur un bateau, en avion)* • **поса́дка начала́сь** l'embarquement a commencé **3.** atterrissage • **вы́нужденная поса́дка** atterrissage forcé

посви́стывать *v* siffloter

по-своему *adv* à ma manière, à ta manière etc *(selon le sujet de la proposition)* • **он по-своему решил этот вопрос** il a résolu cette question à sa manière

/ **посвятить** → посвящать

посвящать / **посвятить** *(т → щ) v* **1.** consacrer • **посвятить свою жизнь науке** consacrer sa vie à la science **2.** dédier • **вечер, посвящённый Иосифу Бродскому** une soirée dédiée à Joseph Brodsky **3.** initier, mettre au courant • **она посвятила меня в свои тайны** elle m'a confié ses secrets

посев *nm* semailles • **время посева** l'époque des semailles

/ **поседеть** → седеть

/ **поселиться** → поселяться

посёлок *nm* bourg, cité
• **коттеджный посёлок** un site résidentiel

поселяться / **поселиться** *vp* s'installer, se fixer • **поселиться в небольшом городке** se fixer dans une petite ville

посередине ◪ *adv* au milieu, au centre • **круглая площадь с фонтаном посередине** une place circulaire avec une fontaine au centre ◪ *prép (+ G)* au milieu de • **посередине комнаты** au milieu de la pièce

посетитель *nm* visiteur

посетительница *nf* visiteuse

/ **посетить** → посещать

посещать / **посетить** *(т → щ) v* visiter • **посетить музей** visiter un musée • **посетить больного** rendre visite à un malade

посещение *nnt* visite • **цель его посещения** le but de sa visite

/ **посеять** → сеять

/ **посидеть** → сидеть

/ **поскакать** → скакать

поскользнуться *vp* glisser *(faire un faux pas)* • **он поскользнулся и упал** il a glissé et il est tombé

поскольку *adv* dans la mesure où • **мы не можем прочесть ваши письма поскольку сайт снова закрыт** nous ne pouvons pas lire vos messages dans la mesure où le site est de nouveau fermé

/ **послать** → посылать

после ◪ *prép (+ G)* après • **после войны** après la guerre • **после того, как он ушёл** après son départ ◪ *adv* après, ensuite • **об этом после** on en parlera après

послевоенный *adj* d'après-guerre • **в послевоенные годы** dans les années qui ont suivi la guerre

последний *adj* dernier • **последний день недели** le dernier jour de la semaine • **последние известия** les dernières nouvelles • **в последний раз** (pour) la dernière fois • **в последнюю минуту** au dernier moment • **в последнее время** ces derniers temps • **испустить последний вздох** rendre son dernier soupir

/ **последовать** → следовать

последствие *nnt* conséquence • **единственное последствие шторма — упавшие деревья** la tempête a eu pour seule conséquence la chute de quelques arbres

послезавтра *adv* après-demain • **мы приедем послезавтра вечером** nous arriverons après-demain soir

пословица *nf* proverbe

/ **послужить** → служить

/ **послушать** → слушать

/ **послушаться** → слушаться

послушный *adj* obéissant

/ **послышаться** → слышаться

/ **посметь** → сметь

/ **посмотреть** → смотреть

пособие *nnt* **1.** allocation • **пособие многодетным семьям** l'allocation famille nombreuse **2.** manuel *(livre)* • **пособие по физике** manuel de physique

/ **посоветовать** → советовать

/ **посоветоваться** → советоваться

посол *nm* ambassadeur • **посол Франции в Москве** l'ambassadeur de France à Moscou

/ **посоли́ть** → соли́ть

посо́льство *nnt* ambassade • **посо́льство Фра́нции** l'ambassade de France

/ **пососа́ть** → соса́ть

поспева́ть / **поспе́ть** *v* **1.** mûrir, être à point • **подмоско́вный урожа́й не поспе́л** la récolte dans la région de Moscou n'était pas mûre **2.** arriver à temps • **мы поза́втракали о́коло шести́, что́бы поспе́ть на у́тренний по́езд** nous avons pris notre petit déjeuner vers six heures pour attraper le train du matin

/ **поспе́ть** → поспева́ть, → спеть

/ **поспеши́ть** → спеши́ть

поспе́шный *adj* hâtif • **поспе́шное реше́ние** une décision hâtive

/ **поспо́рить** → спо́рить

посреди́, посреди́не ◪ *adv* au milieu ◪ *prép (+ G)* au milieu de • **посреди́ ко́мнаты** au milieu de la pièce

посре́дственный *adj* médiocre • **посре́дственные зна́ния** des connaissances médiocres

посре́дством *prép (+ G)* par le moyen de, à l'aide de • **посре́дством накопи́теля USB** à l'aide d'une clef USB

/ **поссо́риться** → ссо́риться

/ **поста́вить** → ста́вить, → поставля́ть

поставля́ть / **поста́вить** *v* livrer *(une marchandise)* • **поставля́ть нефть на э́кспорт** livrer du pétrole à l'exportation

/ **постанови́ть** → постановля́ть

постано́вка *nf* mise en scène • **в но́вой постано́вке** dans une nouvelle mise en scène

постановле́ние *nnt* arrêté, décision • **вступле́ние постановле́ния в си́лу** l'entrée en vigueur d'un arrêté

постановля́ть / **постанови́ть** ④ *v* décider, décréter • **суд постанови́л призна́ть его́ невино́вным** le tribunal l'a reconnu innocent

/ **постара́ться** → стара́ться

/ **постаре́ть** → старе́ть

по-ста́рому *adv* comme autrefois, comme d'ordinaire • **и всё пошло́ по-ста́рому** et tout a repris comme avant

/ **постели́ть** → стели́ть

посте́ль *nf* **1.** lit • **лежа́ть в посте́ли** être au lit **2.** literie • **постла́ть посте́ль** faire le lit

постепе́нно *nnt* graduellement, progressivement • **мы постепе́нно бу́дем внедря́ть но́вые ме́тоды** progressivement nous allons introduire de nouvelles méthodes

/ **постере́чь** → стере́чь

/ **постесня́ться** → стесня́ться

/ **постла́ть** → стлать

/ **посторожи́ть** → сторожи́ть

посторо́нний *adj* étranger, extérieur • **посторо́нние лю́ди** des personnes étrangères • **спусти́ться без посторо́нней по́мощи** descendre sans aide extérieure • **скрыть от посторо́нних глаз** protéger des regards étrangers
■ **посторо́нний** *adj subst m* étranger, personne étrangère • **посторо́нним вход воспреща́ется** entrée interdite à toute personne étrangère au service

постоя́нно *adv* constamment, en permanence • **он постоя́нно пьян** il est constamment saoul

постоя́нный *adj* constant, permanent • **постоя́нная вы́ставка** une exposition permanente

постоя́ть *v* **1.** → стоя́ть **2.** *(за + A)* prendre la défense • **я суме́ю за себя́ постоя́ть** je saurai bien me défendre

/ **пострада́ть** → страда́ть

/ **постро́ить** → стро́ить

постро́йка *nf* construction • **деревя́нная постро́йка** une construction en bois

поступа́ть / **поступи́ть** ④ *v* **1.** agir • **ну́жно бы́ло поступи́ть таки́м же о́бразом** il fallait agir de la même façon **2.** entrer *(être admis)* • **поступи́ть в университе́т** entrer à l'université **3.** être remis, être livré • **никако́й официа́льной бума́ги по э́тому по́воду пока́ не поступи́ло** nous n'avons reçu aucun papier officiel à ce sujet pour l'instant • **поступи́ть в прода́жу** être mis en vente

/ **поступи́ть** → поступа́ть

посту́пок *nm* action, acte • **гражда́нский посту́пок, тре́бующий настоя́щего му́жества** un acte de civisme exigeant un véritable courage

/ **постуча́ть** → стуча́ть

/ **постуча́ться** → стуча́ться

/ **постыди́ться** → стыди́ться

посу́да *nf* vaisselle • **мыть посу́ду** laver la vaisselle

посыла́ть / **посла́ть*** [II, пошлю́, пошлёшь] *v* envoyer • **посла́ть письмо́** envoyer une lettre • **его́ посла́ли в апте́ку за лека́рствами** on l'a envoyé à la pharmacie chercher les médicaments

посы́лка *nf* envoi, paquet • **почто́вая посы́лка** un colis postal

посыпа́ть / **посы́пать*** [II, посы́плю, посы́плешь] *v* répandre, saupoudrer • **посы́пать са́харный песо́к на творо́г** mettre du sucre en poudre sur le fromage blanc • **песко́м бу́дут посыпа́ть опа́сные места́ во вре́мя гололёда** on va sabler les endroit dangereux en période de verglas

пот* *(loc.* потý*)* ⑧ *nm* sueur • **я весь в потý** je suis tout en sueur • **с него́ пот гра́дом льёт** il transpire à grosses gouttes
● **в по́те лица́** à la sueur de son front › **труди́ться в по́те лица́** travailler à la sueur de son front

> **À PROPOS DE...**
> Le locatif de **пот** est **потý** sauf dans l'expression **в по́те лица́**.

/ **потащи́ть** → тащи́ть

по-тво́ему *adv* à ton avis, d'apès toi • **а как по-тво́ему?** et toi, qu'est-ce que tu en penses ?

потёмки *(*потёмок, потёмкам*) pl t* ténèbres

/ **потемне́ть** → темне́ть

/ **потере́ть** → потира́ть, → тере́ть

/ **потерпе́ть** → терпе́ть

поте́ря *nf* perte • **оцени́ть э́ти поте́ри пока́ не берётся никто́** personne ne se risque à évaluer ces pertes • **напра́сная поте́ря вре́мени** une perte de temps • **нести́ больши́е поте́ри** subir de grosses pertes

/ **потеря́ть** → теря́ть

/ **потесни́ться** → тесни́ться

поте́ть / **вспоте́ть** *v* suer, transpirer

/ **поте́чь** → течь

потира́ть / **потере́ть*** [IV, потрý, потрёшь - потёр, потёрла - потёртый] *v* frotter un peu • **потира́ть ру́ки** se frotter les mains

потихо́ньку *adv* **1.** tout doucement • **петь потихо́ньку** chanter doucement • **е́хать потихо́ньку** aller tout doucement **2.** sans se faire remarquer • **уйти́ потихо́ньку** s'esquiver

пото́к *nm* **1.** ruisseau, torrent • **го́рный пото́к** un torrent de montagne ~ *fig* • **пото́ки красноре́чия** des flots d'éloquence **2.** flot • **пото́к жела́ющих прокати́ться на речно́м трамва́йчике** le flot des personnes désireuses de prendre le bateau-bus **3.** flux • **контро́ль за пото́ком иностра́нной валю́ты** le contrôle du flux des devises étrangères

/ **потолка́ться** → толка́ться

потолкова́ть → толкова́ть

потоло́к *nm* plafond • **ни́зкий потоло́к** un plafond bas

/ **потолсте́ть** → толсте́ть

пото́м *adv* ensuite • **я пошёл в гастроно́м, а пото́м на по́чту** je suis allé à l'épicerie et ensuite à la poste

потомý *adv* voilà pourquoi
■ **потомý что** *conj* parce que • **я не пришёл, потомý что был бо́лен** je ne suis pas venu parce que j'étais malade

/ **потонýть** → тонýть

пото́п *nm* déluge • **до пото́па** avant le déluge

/ **потопи́ть** → топи́ть

/ **потопта́ть** → топта́ть

/ **потопта́ться** → топта́ться

/ **поторопи́ть** → торопи́ть

/ **поторопи́ться** → торопи́ться

потреби́тель *nm* consommateur

потребле́ние *nnt* consommation • потребле́ние электроэне́ргии la consommation d'électricité

потре́бность *nf* besoin • удовлетворя́ть потре́бности satisfaire les besoins

/ **потре́бовать** → тре́бовать

/ **потре́боваться** → тре́боваться

/ **потрево́жить** → трево́жить

потрёпанный *adj* usé, défraîchi • руба́шка изря́дно потрёпанная une chemise très fripée • потрёпанная кни́га un livre défraîchi

/ **потрепа́ть** → трепа́ть

/ **потре́скаться** → тре́скаться

потре́скивать *v* crépiter

потруди́ться *vp* 1. → труди́ться 2. *(+ inf)* se donner la peine de • сле́дователи не потруди́лись провести́ эксперти́зу les enquêteurs ne se sont pas donné la peine de faire faire une expertise

потряса́ть / **потрясти́*** [IV, потрясу́, потрясёшь - потря́с, потрясла́ - потрясённый] ③ *v* 1. secouer, agiter • си́льное землетрясе́ние потрясло́ Ю́го-Восто́чную А́зию un fort tremblement de terre a secoué l'Asie du Sud-Est 2. *fig* bouleverser • все зри́тели бы́ли потрясены́ tous les spectateurs étaient bouleversés

потряса́ющий *adj* bouleversant • потряса́ющее изве́стие une nouvelle bouleversante • потряса́ющий успе́х un succès éblouissant

/ **потрясти́** → потряса́ть, → трясти́

/ **поту́питься** → потупля́ться

потупля́ться / **поту́питься** *vp* baisser les yeux • он поту́пился и покрасне́л il baissa les yeux et rougit

потуха́ть / **поту́хнуть*** [III] *v* s'éteindre • ого́нь поту́х le feu s'est éteint • поту́хший вулка́н un volcan éteint • поту́хший взгляд un regard morne

/ **поту́хнуть** → потуха́ть, → ту́хнуть

/ **поту́шить** → туши́ть

потя́гивать *v* siroter

потя́гиваться / **потяну́ться** ④ *vp* s'étirer

/ **потяну́ть** → тяну́ть

/ **потяну́ться** → потя́гиваться, → тяну́ться

/ **поу́жинать** → у́жинать

/ **поумне́ть** → умне́ть

поучи́тельный *adj* instructif

по-францу́зски *adv* en français • кто говори́т по-францу́зски в рома́не Толсто́го "Война́ и мир"? qui parle en français dans le roman de Tolstoï "Guerre et Paix" ?

похвала́ *nf* louange • рассыпа́ться в похвала́х se répandre en louanges

/ **похвали́ть** → хвали́ть

/ **похвали́ться** → хвали́ться

похва́льный *adj* 1. louable, digne d'éloges • с похва́льными наме́рениями avec des intentions louables 2. élogieux, louangeur

/ **похва́статься** → хва́статься

/ **похи́тить** → похища́ть

похища́ть / **похи́тить** *(т → щ)* *v* 1. voler • у него́ похи́тили все докуме́нты on lui a volé tous ses papiers 2. ravir • похи́тить ребёнка ravir un enfant

/ **похло́пать** → хло́пать

/ **похлопота́ть** → хлопота́ть

похо́д *nm* 1. campagne *(opération militaire)* • князь Оле́г пошёл в похо́д le prince Oleg partit en campagne • кресто́вый похо́д une croisade 2. excursion

походи́ть[1] ④ *v* marcher un certain temps

походи́ть[2] ④ *(на + A)* *v* ressembler • она́ походи́ла на отца́ elle ressemblait à son père

похо́дка *nf* démarche • я и́здали узна́л её по похо́дке je l'ai reconnue de loin à sa démarche

похо́же *adv* de la même manière • они́ одева́ются о́чень похо́же elles s'habillent de façon très semblable

● **похо́же, бу́дет дождь** on dirait qu'il va plevoir

похо́жий *adj* ressemblant, semblable à • **собы́тия бу́дут развива́ться по похо́жему сцена́рию** les événements vont se dérouler selon un scénario semblable • **они́ похо́жи как две ка́пли воды́** ils se ressemblent comme deux gouttes d'eau • **э́то на него́ не похо́же** ce n'est pas son genre • **э́то ни на что не похо́же!** ça ne ressemble à rien !

/ **похорони́ть** → хорони́ть

похоро́нный *adj* funèbre • **похоро́нный марш** une marche funèbre

по́хороны (похоро́н, похорона́м) ③ *pl t* enterrement, obsèques • **мы бы́ли на его́ похорона́х** nous avons été à son enterrement

/ **похуде́ть** → худе́ть

/ **поцелова́ть** → целова́ть

поцелу́й *nm* baiser • **осы́пать поцелу́ями** couvrir de baisers

по́чва *nf* **1.** sol, terrain • **осе́нние за́морозки на по́чве** les gelées d'automne sur le sol **2.** *fig* fondement • **обвине́ние не име́ет под собо́й по́чвы** l'accusation n'a pas de fondement

почём *adv fam* à quel prix ? • **почём помидо́ры?** combien coûtent les tomates ?
● **почём знать?** comment savoir ?

почему́ *adv* pourquoi • **почему́ вы не пришли́?** pourquoi n'êtes-vous pas venus ?

почему́-то *adv* on ne sait pourquoi • **а он вдруг почему́-то уе́хал** et brusquement il est parti, on ne sait pas pourquoi

по́черк *nm* écriture *(manière personnelle d'écrire)* • **неразбо́рчивый по́черк** une écriture illisible

/ **почерне́ть** → черне́ть

/ **почеса́ть** → чеса́ть

/ **почеса́ться** → чеса́ться

почёт *nm* respect, honneurs • **окружа́ть ветера́нов почётом** entourer les anciens combattants de respect • **на пьедеста́л почёта подняли́сь три россия́нина** trois Russes sont montés sur le podium d'honneur • **он награждён о́рденом Почёта** il a été décoré de l'ordre du Mérite

почётный *adj* d'honneur • **почётный гость** un hôte d'honneur • **сиде́ть на почётном ме́сте** être à la place d'honneur • **почётный карау́л** la garde d'honneur

/ **почини́ть** → починя́ть, → чини́ть

починя́ть / **почини́ть** ④ *v* réparer, retaper • **починя́ть о́бувь** réparer des chaussures

/ **почи́стить** → чи́стить

по́чка[1] *nf* bourgeon, bouton • **по́чки распусти́лись** les bourgeons se sont ouverts

по́чка[2] *nf* **1.** rein • **ле́вая по́чка** le rein gauche • **аппара́т "иску́сственная по́чка"** un rein artificiel **2.** *(alimentation)* rognon • **теля́чьи по́чки** des rognons de veau

по́чта *nf* **1.** poste, service postal • **пойти́ на по́чту** aller à la poste • **посла́ть посы́лку по по́чте** envoyer un paquet par la poste **2.** courrier *(postal)* • **пришла́ по́чта** le courrier est arrivé • **отве́тить обра́тной по́чтой** répondre par retour du courrier
● **электро́нная по́чта** le courrier électronique

почтальо́н *nm* facteur *(employé des postes)*, factrice

почта́мт *nm* bureau central des postes

почте́ние *nnt* respect, estime • **относи́ться к пожилы́м лю́дям с почте́нием** faire preuve de respect à l'égard des personnes âgées

почте́нный (почте́нен, почте́нна) *adj* respectable • **почте́нную пу́блику про́сят не беспоко́иться** nous demandons à l'aimable public de ne pas s'inquiéter

почти́ *adv* presque • **я почти́ ко́нчил** j'ai presque terminé
● **почти́ что** presque

почти́тельный *adj* **1.** respectueux • **почти́тельный тон** un ton respectueux **2.** respectable *(considérable)* • **на почти́тельном расстоя́нии** à une distance respectable

почто́вый *adj* postal, des postes • **почто́вый я́щик** une boîte aux lettres • **почто́вые ма́рки** des timbres-poste • **почто́вое отделе́ние** un bureau de poste

/ **почу́вствовать** → чу́вствовать

/ **почу́ять** → чу́ять

/ **пошали́ть** → шали́ть

/ **поша́рить** → ша́рить

/ **пошата́ться** → шата́ться

/ **пошатну́ться** → шата́ться

/ **пошевели́ть** → шевели́ть

/ **пошевели́ться** → шевели́ться

пошёл → идти́

пошла́, пошли́ → идти́

по́шлина *nf* taxe, droit • **тамо́женные по́шлины** droits de douane

пошло́¹ → идти́

по́шло² *adv* vulgairement, minablement • **всё зако́нчилось дово́льно по́шло** tout s'est terminé assez minablement

> **À PROPOS DE...**
> Les deux mots ci-dessus diffèrent par leur accentuation.

по́шлость *nf* platitude, trivialité • **говори́ть по́шлости** dire des platitudes

по́шлый ⑤ *adj* vulgaire • **по́шлый челове́к** un homme vulgaire • **по́шлые остро́ты** des plaisanteries vulgaires

/ **пошуме́ть** → шуме́ть

/ **пошути́ть** → шути́ть

поща́да *nf* grâce • **проси́ть поща́ды** demander grâce

/ **пощади́ть** → щади́ть

/ **пощекота́ть** → щекота́ть

пощёчина *nf* gifle • **дать пощёчину** donner une gifle • **получи́ть пощёчину** recevoir une gifle

/ **пощипа́ть** → щипа́ть

/ **пощу́пать** → щу́пать

поэ́т *nm* poète • **пе́сни на стихи́ ру́сского поэ́та Серге́я Есе́нина** des chansons sur des poèmes du poète russe Sergueï Essenine

поэ́тому *adv* c'est pourquoi • **ле́том дожде́й бы́ло немно́го, поэ́тому пожа́ры в леса́х происхо́дят значи́тельно ча́ще** il n'a pas beaucoup plu, c'est pourquoi les incendies de forêt sont nombreux

пою́, пою́т → петь

/ **появи́ться** → появля́ться

появля́ться / **появи́ться** ④ *vp* apparaître • **на поро́ге появи́лся незнако́мец** un inconnu apparut sur le seuil • **появи́лись но́вые препя́тствия** de nouvelles difficultés sont apparues

по́яс* *(nom. pl.* **пояса́***)* ①② *nm* **1.** ceinture • **ко́жаный по́яс** une ceinture de cuir • **по по́яс в воде́** dans l'eau jusqu'à la ceinture • **чёрный по́яс** une ceinture noire **2.** zone • **уме́ренный по́яс** zone tempérée • **часово́й по́яс** un fuseau horaire
● **кла́няться в по́яс** saluer profondément

/ **поясни́ть** → поясня́ть

поясня́ть / **поясни́ть** *v* expliquer, expliciter • **поясни́ть свою́ мысль** expliciter sa pensée

праба́бушка *nf* arrière-grand-mère

пра́вда¹ *nf* vérité *(parole prononcée de bonne foi)* • **говори́ть пра́вду** dire la vérité • **э́то пра́вда** c'est vrai
● **не пра́вда ли?** n'est-ce pas ? • **по пра́вде говоря́** à vrai dire

пра́вда² *adv* vraiment, à vrai dire • **он пра́вда прие́дет?** c'est vrai ? il va venir ? • **он пообеща́л пода́рок, пра́вда, како́й и́менно, не сказа́л** il a promis un cadeau, à vrai dire, il n'a pas spécifié de quel genre

правди́вый *adj* véridique, digne de foi • **бо́лее и́ли ме́нее правди́вая ве́рсия происхожде́ния э́того сло́ва** une version plus ou moins exacte de l'origine de ce mot ~ sincère • **правди́вый челове́к** un homme sincère

пра́вило *nnt* règle, principe • **граммати́ческое пра́вило** une règle de grammaire • **нет пра́вила без исключе́ния** il n'y a pas de règle sans exception • **по всем пра́вилам иску́сства** dans toutes les règles de l'art

пра́вильно *adv* correctement, avec justesse • **пра́вильно пита́ться** bien se nourrir
● **пра́вильно!** c'est juste !

прáвильный *adj* **1.** juste, correct • **прáвильное произношéние** une prononciation correcte **2.** régulier • **прáвильные черты́** des traits réguliers • **прáвильный глагóл** un verbe régulier

прави́тельственный *adj* gouvernemental • **прави́тельственный кри́зис** une crise gouvernementale

прави́тельство *nnt* gouvernement *(ensemble des ministres)* • **член прави́тельства** un membre du gouvernement

прáвить *(+ I)* *v* **1.** gouverner • **прáвить странóй** gouverner un pays **2.** conduire • **прáвить маши́ной** conduire une voiture

прáвнук *nm* arrière-petit-fils

прáвнучка *nf* arrière-petite-fille

прáво¹ *nnt* droit • **имéть прáво** avoir le droit • **прáво на óтдых** le droit au repos • **избирáтельное прáво** le droit de vote

прáво² *vieilli particule* vraiment • **я, прáво, не знáю** à vrai dire, je ne sais pas

правослáвие *nnt* la religion orthodoxe

правослáвный *adj* orthodoxe (RELIG) • **правослáвная цéрковь** l'Église orthodoxe

прáвый¹ *adj* **1.** droit *(par opposition à gauche)* • **прáвая рукá** la main droite • **на прáвом берегý** sur la rive droite **2.** de droite (POLIT) • **прáвая пáртия** un parti de droite

прáвый² ⑤ *adj* **1.** qui a raison • **вы прáвы** vous avez raison **2.** juste *(conforme à l'équité)* • **стоя́ть за прáвое дéло** défendre une juste cause

правшá *nmf* droitier, droitière

прáдед *nm* arrière-grand-père

прáздник *nm* fête • **национáльный прáздник страны́ День Нарóдного Еди́нения** la fête nationale du pays, le Jour de l'unité populaire

прáздничный *adj* de fête • **прáздничный день** un jour de fête • **с прáздничным ви́дом** avec un air de fête

прáздновать / **отпрáздновать** *v* fêter, célébrer • **они́ отпрáздновали побéду** ils fêtèrent leur victoire • **прáздновать Нóвый год** fêter le nouvel an

> **CULTURE...**
>
> **прáздник**
>
> La principale fête russe est le 1er janvier, le Nouvel An **Нóвый Год** selon le calendrier grégorien, fêté une deuxième fois le 13 janvier selon le calendrier julien **Стáрый Нóвый Год**. Le Noël orthodoxe est célébré le 7 janvier.
>
> La plus grande fête religieuse est Pâques. Ce jour-là, les églises ne désemplissent pas et les fidèles se saluent en disant **Христóс воскрéс!** (Le Christ est ressuscité).
>
> Le 8 mars, journée internationale de la Femme, revêt un caractère particulièrement populaire en Russie. Les femmes sont félicitées, on leur fait des cadeaux et on leur offre des fleurs.
>
> Le 1er mai (anciennement jour de solidarité internationale des travailleurs), qui fut longtemps la principale fête, a été rebaptisée fête du Travail et du Printemps depuis la chute du régime communiste.

прáздный *adj* **1.** oisif • **прáздная жизнь** une vie oisive **2.** oiseux • **прáздные словá** des propos oiseux

прах *nm*
● **всё пошлó прáхом** tout s'en est allé à vau-l'eau • **мир егó прáху** paix à ses cendres • **обрати́ть в прах** réduire en poussière

прáчечная *adj subst f* blanchisserie

прáчка *nf* blanchisseuse

пребывáние *nnt* **1.** séjour • **во врéмя моегó пребывáния в Нóвгороде** pendant mon séjour à Novgorod **2.** résidence • **мéсто постоя́нного пребывáния** domicile

/ **превзойти́** → превосходи́ть

/ **превознести́** → превозноси́ть

превозноси́ть ④ / **превознести́*** [IV, превознесý, превознесёшь - превознёс, превознеслá - превознесённый] ③ *v* exalter *(vanter)* • **превозноси́ть до небéс** porter aux nues

превосходи́ть ④ / **превзойти́*** [IV, превзойдý, превзойдёшь - превзошёл, превзошлá - превзойдённый] *v* surpasser • **расхóды превзошли́ дохóды** les dépenses ont dépassé les recettes • превзойти́ все ожида́ния dépasser toutes les attentes • превзойти́ самого́ себя́ se surpasser

превосхо́дный *adj* excellent • превосхо́дная мысль une excellente idée

превосхо́дство *nnt* supériorité • чи́сленное превосхо́дство supériorité numérique • доказа́ть своё превосхо́дство montrer sa supériorité

/ **преврати́ть** → превраща́ть

превра́тно *adv* de travers • превра́тно понима́ть comprendre de travers • вы́рванные из конте́кста слова́ бы́ли превра́тно истолко́ваны les mots retirés de leur contexte on été interprétés de façon erronée

превра́тный *adj* erroné • созда́ть превра́тное впечатле́ние créer une fausse impression

превраща́ть / **преврати́ть** *(т → щ) v* transformer • преврати́ть ты́кву в каре́ту transformer une citrouille en carrosse

превраща́ться / **преврати́ться** *(т → щ) v* se transformer • гу́сеница преврати́лась в ба́бочку la chenille s'est transformée en papillon

/ **превы́сить** → превыша́ть

превыша́ть / **превы́сить** *v* dépasser, outrepasser • у́ровень загрязнённости во́здуха превы́сил но́рму в четы́ре ра́за le niveau de pollution est de quatre fois supérieur à la norme • превы́сить реко́рд battre un record • вы превы́сили ско́рость vous avez fait un excès de vitesse

прегра́да *nf* obstacle • преодоле́ть все прегра́ды surmonter tous les obstacles

/ **прегради́ть** → прегражда́ть

прегражда́ть / **прегради́ть** *v* barrer, fermer • стра́жи поря́дка прегради́ли путь боле́льщикам les gardiens de l'ordre ont barré la route aux supporters

предава́ть* [II, предаю́, предаёшь - предава́й - предава́я] / **преда́ть*** [*n cl,* преда́м, преда́шь, преда́ст, предади́м, предади́те, предаду́т - пре́дал, предала́, пре́дало, пре́дали - преда́й - пре́данный, пре́дан, предана́, пре́дано, пре́даны] ⑤ *v* **1.** livrer • преда́ть суду́ traduire en justice • преда́ть гла́сности livrer à la publicité **2.** trahir • преда́ть дру́га trahir un ami

предава́ться* [II, предаю́сь, предаёшься - предава́йся - предава́ясь] / **преда́ться*** [*n cl,* преда́мся, преда́шься, преда́стся, предади́мся, предади́тесь, предаду́тся - преда́лся, предала́сь] ③ *vp* s'abandonner à • предава́ться свои́м страстя́м donner libre cours à ses passions

преда́ние *nnt* légende, tradition • по преда́нию selon la légende

пре́данный *adj* dévoué • пре́данный друг un ami dévoué

преда́тель *nm* traître

преда́тельство *nnt* trahison • я не проща́ю преда́тельства je ne pardonne pas la trahison

/ **преда́ть** → предава́ть

/ **преда́ться** → предава́ться

предвари́тельный *adj* préalable, préliminaire • предвари́тельные объясне́ния des explications préliminaires

предвеща́ть *v* prédire, annoncer • э́то не предвеща́ло ничего́ хоро́шего cela ne présageait rien de bon

предвзя́тый *adj* préconçu • предвзя́тая мысль une idée préconçue • предвзя́тое мне́ние un parti pris

предви́дение *nnt* prévision • я не облада́ю да́ром предви́дения je ne suis pas devin

предви́деть* [I, предви́жу, предви́дишь] *v* prévoir • я предви́жу тру́дности в его́ исполне́нии je prévois des difficultés dans sa mise en œuvre

предвы́борный *adj* préélectoral • предвы́борная кампа́ния la campagne électorale

преде́л *nm* limite *litt & fig* • ночны́е температу́ры в преде́лах 4-7 гра́дусов тепла́ des températures nocturnes comprises entre 4 et 7 degrés au-dessus de zéro • миллио́ны ру́сских за преде́лами Росси́и il y a des millions de Russes en dehors de la Russie

преде́льный *adj* maximum, limite • преде́льная ско́рость la vitesse limite

предисло́вие *nnt* avant-propos

предлага́ть / предложи́ть ④ *v* proposer • **предложи́ть стака́н ча́ю** proposer un verre de thé • **предложи́ть свои́ услу́ги** proposer ses services

предло́г[1] *nm* prétexte • **найти́ предло́г для отка́за** trouver un prétexte pour refuser • **под ра́зными предло́гами** sous divers prétextes

предло́г[2] *nm* (GRAMM) préposition

предложе́ние *nnt* **1.** proposition • **внести́ конкре́тное предложе́ние** faire une proposition concrète **2.** (GRAMM) proposition • **гла́вное предложе́ние** proposition principale **3.** *(économie)* offre • **спрос превыша́ет предложе́ние** la demande dépasse l'offre **4.** demande en mariage • **сде́лать предложе́ние** faire une demande en mariage

/ **предложи́ть** → предлага́ть

предло́жный *adj*
● **предло́жный паде́ж** (GRAMM) le locatif

предме́стье *nnt* banlieue

предме́т *nm* **1.** objet *(chose)* • **предме́ты пе́рвой необходи́мости** des objets de première nécessité **2.** objet *(de discussion, de réflexion)*, sujet • **предме́т спо́ра** l'objet de la discussion **3.** matière *(d'études scolaires)* • **он силён по всем предме́там** il est fort dans toutes les matières

предназнача́ть / предназна́чить *v* destiner à, affecter à • **постано́вка предназна́чена для дете́й мла́дшего шко́льного во́зраста** le spectacle est destiné à de jeunes enfants du primaire

/ **предназна́чить** → предназнача́ть

пре́док *nm* ancêtre

/ **предоста́вить** → предоставля́ть

предоставля́ть / предоста́вить *v* accorder, laisser • **защи́те должна́ быть предоста́влена вся информа́ция** toutes les informations doivent être fournies à la défense • **предоста́вить вы́бор** laisser le choix • **ребя́та предоста́влены са́ми себе́** les enfants sont livrés à eux-mêmes • **предоста́вить председа́телю сло́во** donner la parole au président

предостерега́ть / предостере́чь* [IV, предостерегу́, предостережёшь, предостерегу́т - предостерёг, предостерегла́ - предостережённый] ③ *v* mettre en garde, prévenir • **предостере́чь от опа́сности** prévenir du danger

/ **предостере́чь** → предостерега́ть

предосторо́жность *nf* précaution • **приня́ть ме́ры предосторо́жности** prendre des mesures de précaution

/ **предотврати́ть** → предотвраща́ть

предотвраща́ть / предотврати́ть *(т → щ)* *v* prévenir *(un malheur)* • **сотру́дникам мили́ции удало́сь предотврати́ть тера́кт** la police a réussi à prévenir un attentat terroriste

/ **предписа́ть** → предпи́сывать

предпи́сывать / предписа́ть* [II, предпишу́, предпи́шешь] ④ *v* prescrire • **ему предпи́сан по́лный поко́й** on lui a prescrit le repos total

предполага́ть / предположи́ть ④ *v* **1.** admettre, supposer • **предполо́жим, что э́то возмо́жно** admettons que ce soit possible **2.** avoir l'intention • **мы предполага́ли вы́ехать из Москвы́ сего́дня ве́чером** nous avions l'intention de quitter Moscou ce soir

предположе́ние *nnt* supposition • **де́лать ра́зные предположе́ния** faire diverses suppositions • **вы́сказать предположе́ние** émettre une hypothèse

/ **предположи́ть** → предполага́ть

предпосле́дний *adj* avant-dernier • **ударе́ние па́дает на предпосле́дний слог** l'accent tombe sur l'avant-dernière syllabe

/ **предпоче́сть** → предпочита́ть

предпочита́ть / предпоче́сть* [IV, предпочту́, предпочтёшь - предпочтённый] *v* préférer • **предпочита́ть кино́ теа́тру** préférer le cinéma au thé©âtre

предпочте́ние *nnt* préférence • **отда́ть предпочте́ние** accorder la préférence

предприи́мчивость *nf* esprit d'initiative • **прояви́ть предприи́мчивость** faire preuve d'initiative

предпринима́ть / предприня́ть* [IV, предприму́, предпри́мешь ④ - предпри́нял, предприняла́, предприняло, предпри́няли ⑤ - предпри́нятый, предпри́нят, предпринята́, предпри́нято, предпри́няты ⑤] *v* entreprendre • **что ну́жно предприня́ть про́тив боле́зни?** quelles mesures faut-il prendre pour lutter contre cette maladie ?

/ **предприня́ть** → предпринима́ть

предприя́тие *nnt* entreprise • **ча́стное предприя́тие** une entreprise privée

предрассу́док *nm* préjugé • **атмосфе́ра предрассу́дков и нетерпи́мости** une atmosphère de préjugés et d'intolérance

председа́тель *nm* président • **председа́тель коми́ссии** le président de la commission

председа́тельница *nf* présidente

предсказа́ние *nnt* prédiction • **предсказа́ния писа́телей-фанта́стов сбыва́ются** les prédictions des écrivains de science-fiction se réalisent

/ **предсказа́ть** → предска́зывать

предска́зывать / **предсказа́ть*** [II, предскажу́, предска́жешь] ④ *v* prédire • **ему́ предсказа́ли блестя́щую судьбу́** on lui a prédit un brillant avenir

представи́тель *nm* représentant • **представи́тели Президе́нта Росси́йской Федера́ции** les représentants du président de la Fédération de Russie

представи́тельница *nf* représentante

представи́тельство *nnt* représentation *(organisme)* • **о́фис моско́вского представи́тельства** les bureaux de la représentation à Moscou

/ **предста́вить** → представля́ть

представле́ние *nnt* **1.** représentation *(spectacle)* • **дава́ть представле́ние** donner une représentation **2.** idée, notion • **я не име́ю об э́том никако́го представле́ния** je n'en ai pas la moindre idée

представля́ть / **предста́вить** *v* présenter • **предста́вить спра́вку** présenter une attestation • **э́то не предста́вит затрудне́ний** cela ne présentera aucune difficulté
● **предста́вить себе́** se représenter, s'imaginer › **вы не мо́жете себе́ предста́вить** vous ne pouvez pas vous imaginer

представля́ться / **предста́виться** *vp* se présenter • **позво́льте предста́виться** permettez-moi de me présenter • **предста́вился удо́бный слу́чай** il s'est présenté une occasion favorable

предстоя́ть* [I, предстои́т, предстоя́т] *v* être proche, être imminent • **нам предстоя́ла тру́дная рабо́та** nous avions devant nous un dur travail à accomplir

предубежде́ние *nnt* prévention, préjugé défavorable

/ **предупреди́ть** → предупрежда́ть

предупрежда́ть / **предупреди́ть** [*part.* предупреждённый*] *v* **1.** prévenir *(avertir)* • **предупреди́ть об опа́сности** prévenir du danger **2.** prévenir *(éviter)* • **предупреди́ть пожа́р** éviter un incendie **3.** devancer • **предупреди́ть собы́тия** devancer les événements

предусма́тривать / **предусмотре́ть*** [I, предусмотрю́, предусмо́тришь] ④ *v* envisager, prévoir • **э́то не предусмо́трено зако́ном** ce n'est pas prévu par la loi

/ **предусмотре́ть** → предусма́тривать

предчу́вствие *nnt* pressentiment

предчу́вствовать *v* pressentir • **он предчу́вствовал, что его́ кома́нда победи́т** il pressentait que son équipe allait gagner

предше́ственник *nm* **1.** précurseur • **предше́ственник абстракциони́зма** un précurseur de la peinture abstraite **2.** prédécesseur • **мой предше́ственник** mon prédécesseur

предше́ствовать *(+ D) v* précéder • **собы́тия, предше́ствовавшие э́тому инциде́нту** les événements qui ont précédé cet incident

предыду́щий *adj* précédent • **на предыду́щих страни́цах** dans les pages précédentes

пре́жде ■ *adv* auparavant • **э́то бы́ло уже́ не так как пре́жде** ce n'était déjà plus comme avant ■ *prép (+ G)* avant, plus tôt • **они́ пришли́ пре́жде всех** ils

sont arrivés avant tous les autres • пре́жде всего́ avant tout
■ **пре́жде чем** *loc conj (+ inf)* avant de • пре́жде чем уе́хать avant de partir ~ *(+ passé)* avant que • пре́жде чем он уе́хал avant qu'il ne parte

преждевре́менный (преждевре́менен, преждевре́менна) *adj* prématuré • преждевре́менная ста́рость une vieillesse prématurée

пре́жний *adj* antérieur, d'autrefois • сто́имость то́плива оста́лась пре́жней le coût du combustible est resté le même qu'avant • всё бы́ло на пре́жнем ме́сте tout était à la même place qu'autrefois • пре́жний руководи́тель по́дал в отста́вку le directeur précédent a pris sa retraite

президе́нт *nm* président, présidente • президе́нт Росси́йской Федера́ции le président de la Fédération de Russie

прези́диум *nm* bureau, présidium • прези́диум полити́ческой па́ртии le présidium d'un parti politique

презира́ть *v* mépriser • они́ презира́ли друг дру́га ils se méprisaient l'un l'autre

презре́ние *nnt* mépris • возбужда́ть презре́ние inspirer le mépris • презре́ние к сме́рти le mépris de la mort

презри́тельный *adj* méprisant • презри́тельный тон un ton méprisant

преиму́щество *nnt* avantage • име́ть большо́е преиму́щество présenter un grand avantage

преклоннный *adj* avancé • дожи́ть до прекло́нного во́зраста parvenir à un âge avancé

прекра́сно *adv* très bien • она́ прекра́сно поёт elle chante très bien

прекра́сный *adj* **1.** merveilleux • прекра́сные глаза́ de très beaux yeux • пого́да была́ прекра́сная il faisait très beau **2.** très bon • прекра́сный обе́д un excellent repas
● в оди́н прекра́сный день un beau jour *(une fois)*

/ **прекрати́ть** → прекраща́ть

/ **прекрати́ться** → прекраща́ться

прекраща́ть / **прекрати́ть** *(т → щ) v* faire cesser, interrompre • прекрати́ть перегово́ры rompre les négociations

прекраща́ться / **прекрати́ться** *(т → щ) vp* cesser, s'arrêter • дождь прекрати́лся la pluie a cessé

преле́стный *adj* charmant, adorable • преле́стный уголо́к un coin charmant

пре́лесть *nf* charme • пре́лесть новизны́ le charme de la nouveauté • кака́я пре́лесть! c'est vraiment charmant !

/ **прельсти́ть** → прельща́ть

прельща́ть / **прельсти́ть** *v* séduire, attirer • он прельсти́л всех свое́й любе́зностью il a séduit tout le monde par son amabilité

пре́мия *nf* prix *(récompense)* • получи́ть Но́белевскую пре́мию recevoir le prix Nobel • пре́мия выпла́чивалась всем сотру́дникам tous les collaborateurs avaient droit à une prime

премье́ра *nf* première *(d'un spectacle, film)* • актёры гото́вятся к очередно́й премье́ре les acteurs se préparent pour la prochaine première

премье́р-мини́стр *nm* Premier ministre • заседа́ние должно́ пройти́ под председа́тельством премье́р-мини́стра la séance se déroulera sous la présidence du Premier ministre

пренебрега́ть / **пренебре́чь*** [IV, пренебрегу́, пренебрежёшь, пренебрегу́т - пренебрёг, пренебрегла́] ③ *(+ I) v* dédaigner, mépriser • он пренебрега́л опа́сностью il méprisait le danger

пренебреже́ние *nnt* dédain, mépris • вот к чему́ ведёт пренебреже́ние к зако́ну voilà où mène le mépris de la loi

пренебрежи́тельный *adj* dédaigneux • пренебрежи́тельный тон un ton dédaigneux

/ **пренебре́чь** → пренебрега́ть

преоблада́ть *v* prédominer, être en majorité • на бо́льшей ча́сти террито́рии преоблада́ет суха́я пого́да un temps sec domine sur la majeure partie du territoire

/ **преобразова́ть** → преобразо́вывать

преобразо́вывать / **преобразова́ть** *v* transformer • Пётр Вели́кий стреми́лся преобразова́ть жизнь страны́ на европе́йский лад Pierre le Grand s'est efforcé de transformer le pays en se conformant au modèle européen

преодолева́ть / **преодоле́ть** *v* surmonter • преодоле́ть все тру́дности surmonter toutes les difficultés

/ **преодоле́ть** → преодолева́ть

преподава́ние *nnt* enseignement • ме́тоды преподава́ния les méthodes d'enseignement

преподава́тель *nm* professeur • преподава́тель ру́сского языка́ professeur de russe

преподава́тельница *nf* professeur *(femme)*

преподава́ть* [II, преподаю́, преподаёшь - преподава́й - преподава́я] *v* enseigner • он преподаёт фи́зику в институ́те il enseigne la physique dans une école supérieure

/ **преподнести́** → преподноси́ть

преподноси́ть ④ / **преподнести́*** [IV, преподнесу́, преподнесёшь - преподнёс, преподнесла́ - преподнесённый] ③ *v* présenter, offrir • преподнести́ пода́рок offrir un cadeau

препя́тствие *nnt* obstacle • преодоле́ть все препя́тствия surmonter tous les obstacles

препя́тствовать / **воспрепя́тствовать** *(+ D)* *v* s'opposer à • не препя́тствовать их наме́рениям ne pas faire obstacle à leurs desseins

/ **прерва́ть** → прерыва́ть

прерыва́ть / **прерва́ть*** [IV, прерву́, прервёшь - прерва́л, прервала́, прерва́ло, прерва́ли] ⑤ *v* **1.** interrompre *(suspendre)*, rompre • прерва́ть перегово́ры rompre les pourparlers • прерва́ть молча́ние rompre le silence **2.** interrompre, couper la parole à • она́ его́ прервала́ elle lui a coupé la parole

преры́вистый *adj* saccadé • преры́вистым го́лосом d'une voix saccadée

пресле́дование *nnt* poursuite, persécution • суде́бное пресле́дование poursuites judiciaires • ма́ния пресле́дования la manie de la persécution

пресле́довать *v* poursuivre • пресле́довать неприя́теля pourchasser l'ennemi • неуда́чи его́ пресле́дуют la malchance le poursuit • каку́ю цель они́ пресле́дуют? quel but poursuivent-ils ?

пресловýтый *iron adj* fameux, trop fameux

пресмыка́ющееся *adj subst nt* reptile

À PROPOS DE...

L'accusatif singulier de **пресмыка́ющееся** est semblable au nominatif. L'accusatif pluriel est semblable au génitif.

пре́сный *adj* doux *(non salé)* • пре́сная вода́ eau douce

преспоко́йно *fam adv* tout à fait tranquillement

престо́л *nm* trône • взойти́ на престо́л monter sur le trône

преступле́ние *nnt* crime • соверши́ть преступле́ние commettre un crime
● на ме́сте преступле́ния en flagrant délit › задержа́ть взло́мщика на ме́сте преступле́ния prendre un cambrioleur en flagrant délit • ***Преступле́ние и наказа́ние*** (Достое́вский) *Crime et châtiment* (Dostoïevski)

престу́пник *nm* criminel • уголо́вный престу́пник un criminel de droit commun • вое́нный престу́пник un criminel de guerre

престу́пница *nf* criminelle

прете́нзия *nf* **1.** prétention • челове́к с прете́нзиями un homme prétentieux **2.** réclamation • каки́е у вас прете́нзии? qu'est-ce qui ne vous convient pas ? **3.** grief • быть в прете́нзии на оппоне́нта avoir des griefs contre son advesaire

преувеличе́ние *nnt* exagération • он скло́нен к преувеличе́нию il a un penchant pour l'exagération

преувели́чивать / **преувели́чить** *v* exagérer • ты преувели́чиваешь его́ досто́инства tu exagères ses mérites • **он лю́бит преувели́чивать** il a tendance à exagérer

/ **преувели́чить** → преувели́чивать

при *prép (+L)* **1.** *(proximité)* près de, à côté de • **при доро́ге** près de la route, au bord de la route • **при вхо́де стои́т часово́й** à l'entrée, il y a une sentinelle • **би́тва при Цуси́ме** la bataille de Tsoushima **2.** *(présence)* en présence de • **при свиде́телях** en présence de témoins • **при све́те луны́** au clair de la lune • **при слу́чае** à l'occasion • **при его́ си́ле** quand on est fort comme lui • **при всём моём жела́нии** en dépit du désir que j'avais • **име́ть при себе́ де́ньги** avoir de l'argent sur soi **3.** *(dépendance)* auprès de, sous l'égide • **лаборато́рия при Институ́те металлу́ргии** le laboratoire auprès de l'Institut de métallurgie **4.** *(simultanéité)* du temps de, à l'époque de • **при Петре́ I** sous le règne de Pierre le Grand • **при коммуни́зме** à l'époque du communisme
● **тут ни при чём быть** n'y être pour rien › **я тут ни при чём** je n'y suis pour rien

/ **приба́вить** → прибавля́ть

приба́вка *nf* augmentation • **получи́ть приба́вку** obtenir une augmentation

прибавля́ть / **приба́вить** *v* **1.** ajouter • **приба́вить сто рубле́й** ajouter cent roubles • **к одному́ приба́вить два** ajouter deux à un • **приба́вить са́хару** ajouter du sucre • **впро́чем, я не зна́ю, — приба́вил он** au fond, je ne sais pas trop, ajouta-t-il **2.** augmenter • **приба́вить зарпла́ту** augmenter le salaire
● **приба́вить в ве́се** prendre du poids › **он приба́вил в ве́се на пять кило́** il a pris cinq kilos • **приба́вить ша́гу** hâter le pas

прибега́ть[1] / **прибе́гнуть*** [III] *v* avoir recours *(à)* • **прибе́гнуть к хи́трости** avoir recours à la ruse • **по́льзователям придётся прибе́гнуть к по́мощи други́х програ́мм** les utilisateurs devront avoir recours à d'autres programmes

прибега́ть[2] / **прибежа́ть*** [*n cl,* прибегу́, прибежи́шь, прибегу́т - прибеги́] *v* arriver *(en courant)*, accourir • **прибежа́ть пе́рвым** arriver le premier

/ **прибе́гнуть** → прибега́ть

/ **прибежа́ть** → прибега́ть

приближа́ться / **прибли́зиться** *vp* approcher, s'approcher • **о́сень приближа́ется** l'automne approche

приблизи́тельно *adv* approximativement

приблизи́тельный *adj* approximatif • **приблизи́тельный подсчёт** un calcul approximatif • **име́ть приблизи́тельное представле́ние** avoir une idée approximative

/ **прибли́зиться** → приближа́ться

прибо́р *nm* **1.** appareil • **измери́тельный прибо́р** appareil de mesure **2.** assortiment, service • **ча́йный прибо́р** un service à thé • **по́льзоваться столо́выми прибо́рами** utiliser des couverts

прибыва́ть / **прибы́ть*** [*n cl,* прибу́ду, прибу́дешь - при́был, прибыла́, при́было, при́были] ⑤ *v* arriver • **по́езд при́был** le train est arrivé

при́быль *nf* bénéfice • **чи́стая при́быль** le bénéfice net • **перепрода́ть с большо́й при́былью** revendre avec un gros bénéfice

/ **прибы́ть** → прибыва́ть

/ **привезти́** → привози́ть

/ **привести́** → приводи́ть

приве́т *nm* salut, bonjour • **переда́йте им мой приве́т** transmettez-leur mon bonjour

приве́тливый *adj* accueillant • **приве́тливый челове́к** un homme accueillant • **приве́тливая улы́бка** un sourire accueillant

приве́тствовать *v* saluer • **приве́тствовать госте́й** saluer ses hôtes ~ *fig* • **приве́тствовать инициати́ву** saluer une initiative

À PROPOS DE...

Au passé, le verbe **приве́тствовать** peut être perfectif.

привива́ть / **приви́ть*** [II, привью́, привьёшь - приве́й, приви́л, привила́, приви́ло, приви́ли] ⑤ *v* **1.** greffer • **приви́ть я́блоню** greffer un pommier **2.** inoculer • **приви́ть де́тям о́спу** vacciner les enfants contre la variole

привúвка *nf* vaccin

привидéние *nnt* fantôme, apparition

/ **привúть** → прививáть

прúвкус *nm* arrière-goût ~*fig* • **с небольшúм прúвкусом скандáла** avec un léger arrière-goût de scandale

привлекáтельный *adj* attrayant, captivant • **привлекáтельный харáктер** un caractère séduisant

привлекáть / **привлéчь*** [IV, привлекý, привлечёшь, привлекýт - привлёк, привлеклá - привлечённый] ③ *v* attirer • **привлекáть покупáтелей** attirer la clientèle • **привлекáть внимáние** attirer l'attention
● **привлéчь к судý** citer en justice

/ **привлéчь** → привлекáть

приводúть ④ / **привестú*** [IV, приведý, приведёшь - привёл, привелá - приведённый] ③ *v* **1.** amener • **привестú ребёнка домóй** ramener un enfant à la maison ~*fig* • **э́то ни к чемý не приведёт** cela ne mène à rien **2.** mettre *(dans tel ou tel état)* • **привестú в порядок** mettre en ordre • **привестú родúтелей в отчáяние** mettre les parents au désespoir • **привестú пострадáвшего в чýвство** faire reprendre ses sens à la victime **3.** citer • **привестú примéр** donner un exemple • **привестú в примéр** donner en exemple
● **привестú президéнта к присяге** faire prêter serment au président

привозúть ④ / **привезтú*** [IV, привезý, привезёшь - привёз, привезлá - привезённый] ③ *v* apporter *(par un moyen de transport)*, amener • **кнúги, котóрые я привёз из Москвы́** les livres que j'ai rapportés de Moscou

привыкáть / **привы́кнуть*** [III] *v* **1.** *(к + D)* s'habituer à • **все к немý привы́кли** tout le monde s'est habitué à lui **2.** *(+ inf)* prendre l'habitude de • **онú привы́кли выскáзывать откры́то своё мнéние** ils ont pris l'habitude de s'exprimer librement

/ **привы́кнуть** → привыкáть

привы́чка *nf* habitude • **по привы́чке** par habitude • **привы́чка — вторáя натýра** l'habitude est une seconde nature • **э́то не в моúх привы́чках** ce n'est pas dans mes habitudes

привы́чный *adj* habituel • **привы́чным жéстом** d'un geste qui lui était habituel • **привы́чный уклáд жúзни** le mode de vie habituel

привязанность *nf* attachement • **егó привязанность к живóтным былá удивúтельной** son attachement pour les animaux était étonnant

/ **привязáть** → привязывать

/ **привязáться** → привязываться

привязывать / **привязáть*** [II, привяжý, привяжешь] ④ *v* attacher • **привязáть собáку к дéреву** attacher un chien à un arbre • **молодёжь привязана к спортúвному стúлю одéжды** les jeunes sont attachés à un style vestimentaire sportif

привязываться / **привязáться** [II, привяжýсь, привяжешься] ④ *vp* **1.** → привязывать **2.** *fig* s'attacher à *(éprouver de l'affection pour)* • **привязáться к ребёнку** se prendre d'affection pour un enfant **3.** *fam* casser les pieds, être collant • **привязáлся ко мне с вопрóсами** il n'arrête pas de me poser toutes sortes de questions

/ **пригласúть** → приглашáть

приглашáть / **пригласúть** *v* inviter • **пригласúть на чáшку чáя** inviter à prendre le thé

приглашéние *nnt* invitation • **получúть приглашéние** recevoir une invitation

пригова́ривать / **приговорúть** *(к + D) v* condamner • **егó приговорúли к пожúзненному заключéнию** il a été condamné à la réclusion à perpétuité

пригово́р *nm* verdict • **суд вы́нес пригово́р по дéлу** le tribunal a prononcé un verdict dans cette affaire • **оправдáтельный пригово́р** un acquittement

/ **приговорúть** → пригова́ривать

пригодúться *vp* être utile, servir • **э́то вам ещё пригодúтся** ça peut vous être utile un jour

прúгород *nm* banlieue • **жить в прúгороде** habiter en banlieue

приготáвливать *syn de* приготовлять

/ **приготóвить** → готóвить, → приготовлять

приготовле́ние *nnt* préparatif • **приготовле́ния к отъе́зду** les préparatifs de départ

приготовля́ть / **пригото́вить** *v* préparer

приготовля́ться / **пригото́виться** *vp* se préparer • **э́тот препара́т приготовля́ется из лека́рственных трав** cette préparation est faite à partir d'herbes médicinales

/ **пригрози́ть** → грози́ть

придава́ть* [II, придаю́, придаёшь - придава́й - придава́я] / **прида́ть*** [*n cl*, прида́м, прида́шь, прида́ст, придади́м, придади́те, придаду́т - при́дал, придала́, при́дало, при́дали - прида́й - при́данный, при́дан, придана́, при́дано, при́даны] ⑤ *v* attribuer, donner • **э́тому прое́кту мы придаём большо́е значе́ние** nous attachons une grande importance à ce projet

прида́ное *adj subst nt* dot

/ **прида́ть** → придава́ть

придвига́ть / **придви́нуть** *v* approcher *(mettre plus près)* • **он придви́нул стул к столу́** il approcha sa chaise de la table

/ **придви́нуть** → придвига́ть

придира́ться / **придра́ться*** [IV, придеру́сь, придерёшься - придра́лся, придрала́сь] ③ *(к + D) vp* s'en prendre à • **придира́ться к пустяка́м** chercher la petite bête • **придира́ться к кому́-нибудь из-за пустяко́в** s'en prendre à quelqu'un pour des broutilles

/ **придра́ться** → придира́ться

/ **приду́мать** → приду́мывать

приду́мывать / **приду́мать** *v* inventer, imaginer • **э́то ты непло́хо приду́мал** c'est une bonne idée que tu as eue là

прие́зд *nm* arrivée *(autrement qu'à pied)* • **на друго́й день по́сле на́шего прие́зда** le lendemain de notre arrivée

приезжа́ть / **прие́хать*** [IV, прие́ду, прие́дешь] *v* arriver *(autrement qu'à pied)* • **мы прие́дем за́втра ве́чером** nous arriverons demain soir

приём *nm* **1.** réception • **устро́ить приём** organiser une réception • **часы́ приёма** les heures d'ouverture • **програ́мма предназна́чена для приёма онла́йн-ра́дио** le programme sert à recevoir la radio en ligne **2.** admission • **приём абитурие́нтов на все специа́льности** l'admission des étudiants dans toutes les spécialités • **приём на рабо́ту** embauche **3.** procédé • **он испо́льзует приёмы ста́рых мастеро́в** il utilise les procédés des maîtres anciens **4.** fois, essai • **в два приёма** en deux fois

приёмник *nm* récepteur, poste de radio

приёмный *adj* **1.** de réception • **приёмные часы́** les heures d'ouverture **2.** d'admission, d'entrée • **приёмные экза́мены** les examens d'entrée **3.** adoptif • **приёмная мать** la mère adoptive • **приёмный сын** le fils adoptif

/ **прие́хать** → приезжа́ть

/ **прижа́ть** → прижима́ть

/ **прижа́ться** → жа́ться, → прижима́ть

прижима́ть / **прижа́ть*** [IV, прижму́, прижмёшь - прижа́тый] *v* **1.** serrer • **прижа́ть к се́рдцу** serrer sur son cœur **2.** *fig* serrer la vis à • **прижа́ть кури́льщиков** serrer la vis aux fumeurs

призва́ние *nnt* vocation • **призва́ние к жи́вописи** une vocation de peintre

/ **призва́ть** → призыва́ть

/ **приземли́ться** → приземля́ться

приземля́ться / **приземли́ться** *vp* atterrir • **благополу́чно приземли́ться** atterrir sans encombre

признава́ть* [II, признаю́, признаёшь - признава́й - признава́я] / **призна́ть** *v* **1.** reconnaître, confesser • **призна́ть свои́ оши́бки** reconnaître ses erreurs **2.** *(+ I)* considérer comme • **призна́ть ну́жным** considérer comme nécessaire

признава́ться* [II, признаю́сь, признаёшься - признава́йся - признава́ясь] / **призна́ться** *vp* avouer • **призна́ться в свои́х оши́бках** reconnaître ses erreurs • **признаю́сь, я об э́том никогда́ не слы́шал** je dois avouer que je n'en ai jamais entendu parler

при́знак *nm* signe, symptôme • **обнару́жить при́знаки нетерпе́ния** montrer des signes d'impatience

призна́ние *nnt* **1.** reconnaissance *(appréciation)* **2.** aveu
◉ **призна́ние в любви́** déclaration d'amour

/ **призна́ть** → **признава́ть**

/ **призна́ться** → **признава́ться**

призо́р *nm*
◉ **без призо́ра** sans surveillance › **оставля́ть без призо́ра** laisser sans surveillance

призыва́ть / **призва́ть*** [IV, призову́, призовёшь - призва́л, призвала́, призва́ло, призва́ли] ⑤ *v* **1.** appeler, faire venir • **призва́ть на по́мощь** appeler à l'aide **2.** *(к + D)* inviter à, inciter à • **призва́ть к поря́дку** rappeler à l'ordre

/ **прийти́** → **приходи́ть**

/ **прийти́сь** → **приходи́ться**

прика́з *nm* ordre • **отда́ть прика́з** donner un ordre • **испо́лнить прика́з** exécuter un ordre

/ **приказа́ть** → **прика́зывать**

прика́зывать / **приказа́ть*** [II, прикажу́, прика́жешь] ④ *v* ordonner • **жи́телям го́рода прика́зано поки́нуть дома́** les habitants de la ville ont reçu l'orde de quitter leurs maisons

прикла́дывать / **приложи́ть** ④ *v* **1.** appliquer, utiliser • **приложи́ть все си́лы** faire tous ses efforts **2.** joindre • **к письму́ бы́ли прило́жены докуме́нты** à la lettre étaient joints des documents • **при сём прило́жено** ci-joint **3.** appliquer, mettre
◉ **ума́ не приложу́** je ne comprends vraiment pas

приключе́ние *nnt* aventure • **иска́тель приключе́ний** un aventurier

приключе́нческий *adj* d'aventures • **приключе́нческий рома́н** un roman d'aventures

прила́вок *nm* comptoir *(dans un magasin)* • **на кни́жных прила́вках поя́вится но́вый рома́н а́втора** on verra sur les présentoirs des libraires le dernier roman de l'auteur

прилага́тельное *adj subst nt* (**и́мя**) **прилага́тельное** adjectif

приле́жно *adv* avec assiduité • **приле́жно рабо́тать** travailler avec assiduité

приле́жный *adj* assidu, travailleur • **приле́жный учени́к** un élève travailleur

прилета́ть / **прилете́ть*** [I, прилечу́, прилети́шь] *v* arriver *(en volant)* • **прилете́ли ла́сточки** les hirondelles sont arrivées • **самолёт прилете́л** l'avion est arrivé

/ **прилете́ть** → **прилета́ть**

прили́в *nm* **1.** marée montante • **прили́в и отли́в** le flux et le reflux **2.** afflux • **прили́в тури́стов** un afflux de touristes

/ **прили́пнуть** → **ли́пнуть**

прили́чие *nnt* décence, convenance • **ра́ди прили́чия** pour sauvegarder les apparences • **не соблюда́ть прили́чий** ne pas respecter les convenances

прили́чно *adv* correctement • **прили́чно вести́ себя́** se conduire comme il faut

прили́чный *adj* décent, convenable • **прили́чная су́мма** une somme rondelette

/ **приложи́ть** → **прикла́дывать**

примене́ние *nnt* application, utilisation • **примене́ние но́вых цифровы́х техноло́гий** l'utilisation des nouvelles technologies numériques

/ **примени́ть** → **применя́ть**

применя́ть / **примени́ть** ④ [*part.* применённый] *v* appliquer, mettre en œuvre • **они́ примени́ли мно́го техни́ческих нови́нок** ils ont mis en œuvre beaucoup d'innovations techniques

приме́р *nm* exemple • **привести́ приме́р** donner un exemple • **показа́ть приме́р** donner l'exemple • **ста́вить в приме́р** donner en exemple • **брать с нас приме́р** prendre exemple sur nous
◉ **к приме́ру** *fam* à titre d'exemple

/ **приме́рить** → **ме́рить**, → **примеря́ть**

приме́рно *adv* **1.** d'une manière exemplaire • **вести́ себя́ приме́рно** se conduire d'une manière exemplaire **2.** *fam* à peu près, environ • **примéрно чéрез мéсяц** dans un mois environ

примéрный *adj* **1.** exemplaire • **примéрное поведéние** une conduite exemplaire **2.** approximatif • **примéрный подсчёт** un calcul approximatif

примеря́ть / **примéрить** *v* essayer *(un vêtement)* • **примéрить плáтье** essayer une robe

при́мем, при́мет → приня́ть

примечáние *nnt* note, remarque • **примечáния помещены́ в концé кни́ги** les remarques se trouvent à la fin du livre

примирéние *nnt* réconciliation

/ **примири́ть** → мири́ть

/ **примири́ться** → мири́ться, → примиря́ться

примиря́ться / **примири́ться** *vp* **1.** se réconcilier **2.** se résigner à • **примири́ться со своéй судьбóй** se résigner à son sort

/ **примкну́ть** → примыкáть

примóрский *adj* du littoral • **примóрский гóрод** une ville côtière

при́мус *nm* réchaud à pétrole

примыкáть *v* **1.** être contigu • **к дóму примыкáет сад** il y a un jardin tout contre la maison **2.** / **примкну́ть** se joindre à • **примкну́ть к большинству́** se ranger à l'avis de la majorité

принадлежáть* [I, принадлежу́, принадлежи́шь] *v* **1.** *(+ D)* appartenir *(être la propriété de)* • **комý принадлежи́т э́та дáча?** à qui appartient cette datcha ? **2.** *(к + D)* appartenir *(être du nombre)* • **принадлежáть к грýппе** appartenir à un groupe

принадлéжность *nf* **1.** appartenance • **при́знак принадлéжности к социáльной грýппе** un signe d'appartenance à un groupe social **2.** accessoire • **пи́сьменные принадлéжности** articles de bureau

/ **принести́** → приноси́ть

принимáть / **приня́ть*** [IV, приму́, при́мешь ④ - при́нял, принялá, при́няло, при́няли ⑤ - при́нятый, при́нят, принятá, при́нято, при́няты ⑤] *v* **1.** accueillir, recevoir • **приня́ть делегáцию** recevoir une délégation • **меня́ óчень плóхо при́няли** j'ai été fort mal reçu **2.** admettre • **егó при́няли в университéт** il a été admis à entrer à l'université • **так не при́нято поступáть** ce n'est pas dans les mœurs **3.** adopter *(un projet)* • **приня́ть проéкт** adopter un projet • **приня́ть предложéние** accepter une proposition **4.** prendre *(ce que l'on vous tend)* • **приня́ть подáрок** accepter un cadeau **5.** prendre *(un médicament, un bain)* • **приня́ть таблéтку** prendre un comprimé • **приня́ть душ** prendre une douche **6.** prendre *fig* • **приня́ть во внимáние** prendre en considération • **приня́ть всерьёз** prendre au sérieux • **приня́ть в шу́тку** prendre pour une plaisanterie • **за когó вы меня́ принимáете?** pour qui me prenez-vous ? • **принимáть к сéрдцу** prendre à cœur • **приня́ть мéры** prendre des mesures • **приня́ть решéние** prendre une décision

принимáться / **приня́ться*** [IV, приму́сь, при́мешься - принялся́, принялáсь] ④ *vp* **1.** → принимáть **2.** *(за + A)* se mettre à • **приня́ться за рабóту** se mettre au travail **3.** prendre *(commencer à pousser)* • **я́блоня принялáсь** le pommier à pris

приноси́ть ④ / **принести́*** [IV, принесу́, принесёшь - принёс, принеслá - принесённый - принеся́] ③ *v* **1.** apporter • **он сейчáс принесёт ваш чемодáн** il va vous apporter tout de suite votre valise **2.** amener, attirer • **э́то прино́сит счáстье** cela porte bonheur • **э́то принеслó большу́ю пóльзу** cela a été très utile

при́нтер *nm* imprimante

/ **приня́ть** → принимáть

/ **приня́ться** → принимáться

/ **приобрести́** → приобретáть

приобретáть / **приобрести́*** [IV, приобрету́, приобретёшь - приобрёл, приобрелá - приобретённый] ③ *v* **1.** acquérir, se procurer • **я приобрёл стари́нную ру́копись** j'ai acheté un manuscrit ancien • **я приобрёл рéдкую кни́гу** j'ai acheté un livre rare ~ *fig* • **приобрести́ óпыт** acquérir de l'expérience **2.** gagner, mériter • **приобрести́ друзéй** se faire des amis

припа́док *nm* accès • **в припа́дке гне́ва** dans un accès de colère

припе́в *nm* refrain

/ **приписа́ть** → припи́сывать

припи́сывать / **приписа́ть*** [II, припишу́, припи́шешь] ④ *v* **1.** attribuer *(imputer)* • **приписа́ть себе́ чужи́е заслу́ги** s'attribuer les mérites d'autrui **2.** ajouter par écrit

приподнима́ть / **приподня́ть*** [IV, приподниму́, приподни́мешь ④ - при-по́днял, приподняла́, припо́дняло, припо́дняли ⑤ - припо́днятый, при-по́днят, приподнята́, припо́днято, припо́дняты ⑤] *v* soulever, relever • **приподня́ть стака́н** soulever son verre • **приподня́ть за́навес** soulever légèrement le rideau • **приподня́ть го́лову** relever la tête • **приподня́ть свой образова́тельный у́ровень** élever son niveau d'instruction

/ **приподня́ть** → приподнима́ть

припомина́ть / **припо́мнить** *v* **1.** se souvenir • **я стара́лся припо́мнить её лицо́** je cherchais à me rappeler son visage **2.** revaloir • **я тебе́ э́то припо́мню** je te revaudrai ça

/ **припо́мнить** → припомина́ть

приро́да *nf* nature • **явле́ния приро́ды** les phénomènes de la nature • **э́то в приро́де веще́й** c'est dans la nature des choses • **весёлый по приро́де** d'un naturel gai

приро́дный *adj* **1.** naturel • **запа́сы приро́дного га́за** les réserves de gaz naturel • **приро́дные бога́тства** les richesses naturelles **2.** inné • **приро́дный тала́нт** un talent inné

приса́живаться / **присе́сть*** [IV, прися́ду, прися́дешь - присе́л, присе́ла] *v* s'asseoir un instant • **она́ присе́ла на мину́ту в кре́сло** elle s'assit un instant dans le fauteuil

À PROPOS DE...

Noter que l'imperfectif a une forme de verbe pronominal, à la différence du perfectif.

• **присе́сть на ко́рточки** s'accroupir

присва́ивать / **присво́ить** *v* **1.** attribuer, conférer • **урага́ну присво́ена пя́тая катего́рия** l'ouragan a été classé en catégorie 5 **2.** s'approprier • **присво́ить чужи́е мы́сли** donner comme siennes les idées d'autrui

/ **присво́ить** → присва́ивать

/ **присе́сть** → приса́живаться

/ **присла́ть** → присыла́ть

/ **прислони́ть** → прислоня́ть

прислоня́ть / **прислони́ть** *v* appuyer *(adosser)* • **прислони́ть моби́льник к у́ху** coller son portable à l'oreille

прислоня́ться / **прислони́ться** *vp* s'appuyer *(s'adosser à)* • **прислони́ться к две́ри** s'appuyer contre la porte

/ **прислу́шаться** → прислу́шиваться

прислу́шиваться / **прислу́шаться** *vp* tendre l'oreille, écouter attentivement • **он переста́л прислу́шиваться к его́ сове́там** il a cessé de prêter attention à ses conseils

/ **присни́ться** → сни́ться

/ **присоедини́ть** → присоединя́ть

присоединя́ть / **присоедини́ть** *v* **1.** relier, joindre • **присоедини́ть к до́му гара́ж** relier le garage à la maison **2.** connecter • **присоедини́ть ка́меру к компью́теру** connecter une caméra à un ordinateur **3.** adjoindre • **присоедини́ть к компа́нии ряд предприя́тий** intégrer à la compagnie une série d'entreprises

присоединя́ться / **присоедини́ться** *vp* se joindre • **он присоедини́лся к нам** il s'est joint à nous

/ **приспосо́бить** → приспособля́ть

приспособле́ние *nnt* dispositif, mécanisme

приспособля́ть / **приспосо́бить** *v* adapter • **приспосо́бить зда́ния под магази́ны** adapter des bâtiments pour en faire des magasins • **э́ти хи́щные пти́цы не приспосо́блены к жи́зни в го́роде** ces rapaces ne sont pas adaptés à la vie en ville

приспособля́ться / **приспосо́биться** *vp* s'adapter • **приспосо́биться к кли́мату** s'adapter au climat • **приспосо́биться к обстоя́тельствам** s'adapter aux circonstances

приставáть* [II, пристаю́, пристаёшь - приставáй - приставáя] / **пристáть*** [*n cl*, пристáну, пристáнешь] *v* **1.** coller, adhérer • **он стряхну́л пристáвший к ногáм песóк** il secoua le sable collé à ses pieds **2.** accoster *(en parlant d'une barque)* • **к бéрегу пристáла лóдка** une barque accosta **3.** importuner • **он пристáл ко мне с вопрóсами** il m'importune avec ses questions
◉ **пристáл как бáнный лист** il est empoisonnant, il n'y a pas moyen de s'en débarrasser

пристáвка *nf* (GRAMM) préfixe
◉ **игровáя пристáвка** console de jeu

при́стально *adv* fixement • **при́стально смотрéть на собесéдника** regarder fixement son interlocuteur

при́стальный *adj* fixe

при́стань ①③ *nf* débarcadère, quai • **на при́стани бы́ло мнóго нарóду** il y avait beaucoup de monde sur le quai ~ *fig* • **ти́хая при́стань** un havre de tranquillité

/ **пристáть** → приставáть

пристрáстие *nnt* **1.** (к + *D)* penchant pour • **пристрáстие к му́зыке** passion pour la musique **2.** partialité • **пристрáстие в суждéниях** de la partialité dans ses jugements

пристрáстный *adj* partial • **пристрáстное мнéние** une opinion partiale

при́ступ *nm* **1.** assaut • **идти́ на при́ступ** aller à l'attaque • **взять при́ступом** prendre d'assaut **2.** accès, crise • **при́ступ маляри́и** un accès de malaria • **при́ступ кáшля** une quinte de toux • **сердéчный при́ступ** crise cardiaque

приступáть / **приступи́ть** ④ *(к + D) v* se mettre à • **приступи́ть к дéлу** se mettre au travail

/ **приступи́ть** → приступáть

/ **присуди́ть** → присуждáть

присуждáть / **присуди́ть** [*part.* присуждённый*] *v* **1.** *(к + D)* condamner à • **егó присуди́ли к штрáфу** il a été condamné à une amende **2.** adjuger, décerner • **ему́ присуди́ли пéрвую прéмию** on lui a attribué le premier prix

прису́тствие *nnt* présence • **в прису́тствии дипломати́ческого кóрпуса** en présence du corps diplomatique
◉ **прису́тствие ду́ха** présence d'esprit › **не терять прису́тствия ду́ха** ne pas manquer de présence d'esprit

прису́тствовать *v* être présent • **я прису́тствовал на заседáнии** j'ai assisté à la réunion

присылáть / **прислáть*** [II, пришлю́, пришлёшь] *v* envoyer • **онá прислáла мне подáрок** elle m'a envoyé un cadeau

прися́га *nf* serment • **принести́ прися́гу** prêter serment

притáивать / **притаи́ть** *v*
◉ **притаи́ть дыхáние** retenir son souffle

/ **притаи́ть** → притáивать

/ **притвори́ться** → притворя́ться

притвóрный *adj* simulé, feint • **прояви́ть притвóрное равноду́шие** simuler l'indifférence

притворя́ться / **притвори́ться** *vp* faire semblant • **он притворя́ется больны́м** il fait semblant d'être malade • **он притворя́лся, бу́дто не слы́шал** il faisait semblant de ne pas avoir entendu • **он притворя́лся спя́щим** il faisait semblant de dormir

/ **притесни́ть** → притесня́ть

притесня́ть / **притесни́ть** *v* opprimer • **убéжище для врéменного прожи́вания притесня́емых жéнщин** un foyer d'hébergement temporaire pour les femmes battues

притихáть / **прити́хнуть*** [III] *v* **1.** se calmer *(faire moins de bruit)* • **дéти прити́хли** les enfants se sont calmés **2.** se calmer *(faiblir)* • **вéтер прити́х** le vent s'est calmé

/ **прити́хнуть** → притихáть

притóк *nm* **1.** affluent • **лéвый притóк Вóлги** un affluent de gauche de la Volga **2.** afflux

притóм *conj* avec cela, en outre • **вещь нену́жная, и притóм óчень дорогáя** une chose inutile et, qui plus est, fort chère

при́торный *adj* **1.** douceâtre • **при́торный сирóп** un sirop douceâtre • **при́-**

торный за́пах une odeur douceâtre **2.** *fig* doucereux, mielleux • **при́торная улы́бка** un sourire mielleux

притяза́ние *nnt* prétention • **не име́ть притяза́ний на остроу́мие** ne pas avoir la prétention d'être spirituel

приуча́ть / **приучи́ть** ④ *(+ inf)* (к *+ D)* *v* habituer, accoutumer • **приучи́ть води́телей выполня́ть э́ти тре́бования** apprendre aux conducteurs à respecter ces règles • **их мо́жно к э́тому приучи́ть** on peut les y accoutumer

/ **приучи́ть** → приуча́ть

прихо́д *nm* **1.** arrivée • **до прихо́да по́езда** avant l'arrivée du train **2.** *(toujours sing)* recettes • **расхо́д превыша́ет прихо́д** les dépenses dépassent les recettes **3.** paroisse

приходи́ть ④ / **прийти́*** [IV, приду́, придёшь - пришёл, пришла́ - придя́] *v* venir, arriver *litt & fig* • **она́ то́лько что пришла́** elle vient d'arriver • **по́езд пришёл** le train est arrivé • **пришла́ о́сень** l'automne est arrivé • **мне пришла́ в го́лову интере́сная мысль** il m'est venu une idée intéressante
● **прийти́ в восто́рг** être ravi • **прийти́ к заключе́нию** en tirer la conclusion › **я пришёл к заключе́нию, что э́то невозмо́жно** j'en suis arrivé à la conclusion que la chose est impossible • **прийти́ в отча́яние** se laisser aller au désespoir • **прийти́ в себя́** **a.** reprendre connaissance **b.** se remettre *(de son étonnement)* • **прийти́ в у́жас** être saisi d'effroi • **прийти́ в упа́док** tomber en décadence

приходи́ться ④ / **прийти́сь*** [IV, приду́сь, придёшься - пришёлся, пришла́сь] *vp* **1.** convenir • **э́то пришло́сь ей по вку́су** cela s'est trouvé être à son goût **2.** être inévitable • **мне придётся уе́хать** il va falloir que je parte

прихо́жая *adj subst f* entrée, vestibule

при́хоть *nf* lubie, caprice • **э́то не при́хоть, а необходи́мость** ce n'est pas un caprice mais une nécessité

/ **прице́литься** → це́литься

/ **прицепи́ть** → прицепля́ть

прицепля́ть / **прицепи́ть** ④ *v* **1.** accrocher *(atteler)* • **прицепи́ть ваго́н к по́езду** accrocher un wagon au train **2.** *fam* accrocher *(fixer)* • **прицепи́ть к чемода́нам би́рки** fixer une étiquette à ses valises

прича́ливать / **прича́лить** *v* **1.** amarrer • **прича́лить ло́дку** amarrer une barque **2.** accoster *(en bateau)* • **прича́лить к при́стани** s'amarrer à l'embarcadère • **косми́ческий кора́бль прича́лил к ста́нции** le vaisseau spatial s'est arrimé à la station

/ **прича́лить** → прича́ливать

прича́стие[1] *nnt* (GRAMM) participe

прича́стие[2] *nnt* eucharistie, communion

причём *conj* et en outre, qui plus est • **про́дана лишь треть биле́тов, причём са́мых дешёвых** on a vendu seulement un tiers des billets et, qui plus est, les moins chers

/ **причеса́ть** → причёсывать

причёска *nf* coiffure • **мо́дная причёска** une coiffure à la mode

причёсывать / **причеса́ть*** [II, причешу́, приче́шешь] ④ *v* peigner • **причеса́ть во́лосы** se peigner
● **причеса́ть под одну́ гребёнку** traiter de la même façon

причёсываться / **причеса́ться*** [II, причешу́, приче́шешь] ④ *vp* se coiffer, se peigner

причи́на *nf* **1.** cause • **нет де́йствия без причи́ны** il n'y a pas d'effet sans cause **2.** raison, motif • **сме́яться без причи́ны** rire sans raison • **нет причи́н отка́зываться** il n'y a pas de raison de refuser • **по той просто́й причи́не, что он уже́ уе́хал** pour la bonne raison qu'il est déjà parti

/ **причини́ть** → причиня́ть

причиня́ть / **причини́ть** *v* causer, provoquer • **причини́ть вред** causer un préjudice

прию́т *nm* refuge • **найти́ прию́т** trouver un refuge

прия́тель *nm* ami *(connaissance)*

прия́тельница *nf* amie *(connaissance)*

прия́тно *adv* agréablement
● **мне прия́тно бы́ло встре́титься с ней** j'ai été heureux de la rencontrer

прия́тный *adj* agréable • **прия́тный за́пах** une odeur agréable • **соединя́ть**

приятное с полезным joindre l'utile à l'agréable
• приятного аппетита! bon appétit !

про *prép (+ A)* au sujet de • неизвестно, что он думал про это on ne sait pas ce qu'il en pensait • народная песня про Ивана Грозного une chanson populaire sur Ivan le Terrible
• про запас en réserve • про себя à voix basse

пробегать / **пробежать*** [*n cl*, пробегу, пробежишь, пробегут - пробеги] *v* **1.** passer *(en courant)* • пробежать по коридору passer en courant dans le couloir • пробежать через сад traverser le jardin en courant **2.** faire un certain trajet à la course • мы пробежали три километра nous avons couru sur trois kilomètres **3.** *fig* parcourir *(des yeux)* • пробежать глазами parcourir des yeux • пробежать газету parcourir le journal

/ **пробежать** → пробегать

пробивать / **пробить*** [II, пробью, пробьёшь - пробей - пробитый] *v* percer, perforer • пробить отверстие percer une ouverture • пробить себе дорогу se frayer un chemin

пробиваться / **пробиться*** [II, пробьюсь, пробьёшься - пробейся] *vp* user de sa force pour se frayer un passage • пробиться сквозь толпу se frayer un passage à travers la foule en jouant des coudes

пробираться / **пробраться*** [IV, проберусь, проберёшься - пробрался, пробралась] ③ *vp* **1.** se frayer un passage • пробираться через толпу se frayer un passage à travers la foule **2.** s'introduire furtivement • пробраться через окно pénétrer par la fenêtre sans se faire remarquer

/ **пробить** → бить, → пробивать

/ **пробиться** → пробиваться

пробка *nf* **1.** liège **2.** bouchon • пробка из пластмассы un bouchon en matière plastique **3.** bouchon, embouteillage • на перекрёстке образовалась пробка il y a un embouteillage au carrefour • в трубе образовалась ледяная пробка il s'est formé un bouchon de glace dans le tuyau **4.** fusible • пробки перегорели les plombs ont sauté
• он глуп как пробка il est bête à manger du foin

пробовать *v* **1.** / испробовать mettre à l'essai • пробовать мотор essayer un moteur **2.** / попробовать goûter • пробовать вино goûter un vin **3.** / попробовать tenter, essayer de • больной попробовал встать le malade a tenté de se lever

/ **пробормотать** → бормотать

/ **пробраться** → пробираться

/ **пробудить** → будить

/ **пробурить** → бурить

пробыть* [*n cl*, пробуду, пробудешь - пробыл, пробыла, пробыло, пробыли] ⑤ *v* passer *(séjourner)* • там он пробыл не больше недели il n'y a pas passé plus d'une semaine

провайдер *nm* fournisseur • провайдер услуг доступа в Интернет un fournisseur d'accès Internet

проваливаться / **провалиться** ④ *vp* **1.** tomber *(dans un trou)* • провалиться в яму disparaître dans un trou • как сквозь землю провалиться disparaître comme par enchantement • он готов был сквозь землю провалиться il ne savait plus où se mettre **2.** s'écrouler • мост провалился le pont s'est écroulé **3.** échouer *fig* • наши планы провалились nos plans ont échoué • провалиться на экзамене échouer à un examen

/ **провалиться** → проваливаться

/ **проверить** → проверять

проверка *nf* vérification, contrôle • проверка счетов la vérification des comptes

проверочный *adj* de contrôle • проверочная комиссия commission de contrôle

проверять / **проверить** *v* vérifier, contrôler • проверить счёт vérifier un compte • проверить документы vérifier les papiers • проверить часы vérifier l'heure

/ **провести** → проводить

проветривать / **проветрить** *v* aérer • проветрить комнату aérer une pièce

/ **прове́трить** → прове́тривать

провини́ться *vp* se rendre coupable • **в чём я провини́лся пе́ред ней?** en quoi me suis-je rendu coupable à son égard ?

про́вод* *(nom. pl.* провода́*)* ①② *nm* fil conducteur • **электри́ческие провода́** les fils électriques • **телефо́нный про́вод** le fil du téléphone

проводи́ть¹ ④ / **провести́*** [IV, проведу́, проведёшь - провёл, провела́ - проведённый] ③ *v* **1.** conduire • **он нас провёл че́рез лес** il nous a fait traverser la forêt • **она́ провела́ его́ на ку́хню** elle l'a conduit à la cuisine **2.** passer *(faire glisser)* • **провести́ руко́й по волоса́м** se passer la main sur les cheveux **3.** passer *(un certain temps)* • **я провёл ле́то в дере́вне** j'ai passé l'été à la campagne **4.** tracer • **провести́ пряму́ю** tracer une droite **5.** réaliser • **провести́ огро́мную рабо́ту** faire un travail énorme • **провести́ в жизнь свою́ мечту́** réaliser son rêve ~ installer • **провести́ электри́чество** installer l'électricité • **провести́ телефо́н** installer le téléphone ~ construire *(quelque chose de long)* • **провести́ доро́гу** construire une route • **провести́ кана́л** construire un canal **6.** *fam* tromper • **меня́ не проведёшь!** on ne me la fait pas !

/ **проводи́ть²** → провожа́ть

проводни́к ③② *nm* **1.** guide *(personne qui indique le chemin)* **2.** «provodnik» *(chef de wagon)* • **проводни́к прове́рил биле́ты** le chef de wagon a vérifié nos billets **3.** (PHYS) corps conducteur • **медь — хоро́ший проводни́к электри́чества** le cuivre est un bon conducteur de l'électricité

проводни́ца *nf* **1.** guide *(personne qui indique le chemin)* **2.** chef de wagon *(femme)* • **проводни́ца принесла́ нам ча́ю** le chef de wagon nous a servi le thé

провожа́ть / **проводи́ть** ④ *v* accompagner • **мы проводи́ли её на вокза́л** nous l'avons accompagnée à la gare

/ **провозгласи́ть** → провозглаша́ть

провозглаша́ть / **провозгласи́ть** *v* proclamer • **провозгласи́ть респу́блику** proclamer la république • **провозгласи́ть тост** porter un toast

про́волока *nf* fil *(métallique)* • **колю́чая про́волока** fil de fer barbelé • **ме́дная про́волока** fil de cuivre

прово́рный *adj* leste, agile

прогла́тывать / **проглоти́ть** ④ *v* avaler • **проглоти́ть лека́рство** avaler un médicament

/ **проглоти́ть** → прогла́тывать

/ **прогна́ть** → прогоня́ть

прогно́з *nm* prévision • **прогно́з пого́ды на за́втра** les prévisions météo pour demain

прогова́ривать / **проговори́ть** *v* **1.** dire, prononcer • **он ни сло́ва не проговори́л** il n'a pas dit un mot **2.** parler, causer • **проговори́ли мы до утра́** nous avons bavardé jusqu'au matin

прогова́риваться / **проговори́ться** *vp* avoir la langue trop longue, être trop bavard • **я по́нял тогда́, что проговори́лся** j'ai compris alors que j'en avais trop dit

/ **проговори́ть** → прогова́ривать

/ **проговори́ться** → прогова́риваться

проголода́ться *vp* avoir faim • **он стра́шно проголода́лся** il avait terriblement faim

/ **проголосова́ть** → голосова́ть

прогоня́ть / **прогна́ть*** [I, прогоню́, прого́нишь ④ - прогна́л, прогнала́, прогна́ло, прогна́ли ⑤] *v* chasser • **прогна́ть ко́шку** chasser le chat • **ве́тер прогна́л ту́чи** le vent a chassé les nuages • **прогна́ть ску́ку** chasser l'ennui

програ́мма *nf* **1.** programme *(liste d'activités)* • **официа́льная програ́мма визи́та начнётся в пя́тницу** le programme officiel de la visite commence vendredi **2.** programme *(informatique)* • **э́ту програ́мму вы мо́жете скача́ть с на́шего са́йта** vous pouvez télécharger ce programme sur notre site

программи́рование *nnt* programmation

программи́ст *nm* programmeur • **на́ши программи́сты счита́ются лу́чшими в ми́ре** nos programmeurs sont considérés comme les meilleurs au monde

программи́стка *nf* programmeuse

програ́ммный *adj* —programme • **програ́ммный докуме́нт** un document-programme
● **програ́ммное обеспече́ние** logiciels

прогу́л *nm* absence injustifiée • **соверша́ть прогу́лы** être absent sans raison valable

прогу́ливать / **прогуля́ть** *v* ne pas aller à, faire sauter • **прогу́ливать шко́лу** faire l'école buissonnière
● **прогу́ливать соба́ку** sortir son chien

прогу́ливаться / **прогуля́ться** *vp* se promener

прогу́лка *nf* promenade • **ходи́ть на прогу́лку** aller se promener

продава́ть* [II, продаю, продаёшь - продава́й - продава́я] / **прода́ть*** [*n cl,* прода́м, прода́шь, прода́ст, продади́м, продади́те, продаду́т - про́дал, продала́, про́дало, про́дали - прода́й - про́данный, про́дан, продана́, про́дано, про́даны] ⑤ *v* vendre • **карти́на была́ продана́ за две́сти рубле́й** le tableau a été vendu deux cents roubles

продаве́ц *nm* **1.** vendeur • **он рабо́тает продавцо́м в универма́ге** il est vendeur dans un grand magasin **2.** *sout* vendeuse

продавщи́ца *nf* vendeuse • **она́ продавщи́ца в кни́жном магази́не** elle est vendeuse dans une librairie

прода́жа *nf* vente • **ро́зничная прода́жа** vente au détail • **э́та кни́га неда́вно была́ в прода́же в букинисти́ческом магази́не** ce livre était en vente chez un bouquiniste il n'y a pas longtemps

/ **прода́ть** → продава́ть

продлева́ть / **продли́ть** *v* prolonger • **продли́ть ви́зу** prolonger un visa

/ **продли́ть** → продлева́ть

/ **продли́ться** → дли́ться

продово́льственный *adj* d'alimentation • **продово́льственный магази́н** magasin d'alimentation

продово́льствие *nnt* alimentation

продолжа́ть / **продо́лжить** *v* continuer • **продолжа́ть рабо́ту** continuer son travail • **продолжа́ть рабо́тать** continuer à travailler

продолжа́ться / **продо́лжиться** *vp* continuer • **рабо́та продолжа́лась весь день** le travail s'est poursuivi toute la journée

продолже́ние *nnt* prolongement, suite • **продолже́ние рома́на** la suite du roman • **продолже́ние сле́дует** à suivre
● **в продолже́ние** *(+ G)* à la suite de

продолжи́тельный *adj* de longue durée • **продолжи́тельное отсу́тствие** une longue absence

/ **продо́лжить** → продолжа́ть

/ **продо́лжиться** → продолжа́ться

/ **продро́гнуть** → дро́гнуть

проду́кт *nm* produit • **вну́тренний валово́й проду́кт** produit intérieur brut • **сельскохозя́йственные проду́кты** produits agricoles
■ **проду́кты** *nmpl* denrées alimentaires • **запа́сы проду́ктов на ме́сяц** des provisions pour un mois

прое́зд *nm* **1.** passage *(pour voitures)* • **у́зкий прое́зд** un passage étroit • **прое́зда нет** passage interdit aux voitures **2.** trajet • **пла́та за прое́зд** le prix du trajet

проезжа́ть / **прое́хать*** [IV, прое́ду, прое́дешь] *v* **1.** passer • **мы прое́хали че́рез го́ры** nous avons franchi des montagnes **2.** parcourir • **прое́хать три ты́сячи киломе́тров** parcourir trois mille kilomètres **3.** rater, laisser passer • **мы прое́хали свою́ остано́вку** nous avons raté notre arrêt

прое́кт *nm* projet, plan • **прое́кт зако́на** projet de loi • **приня́ть прое́кт** adopter un projet

/ **прое́хать** → проезжа́ть

прожива́ть / **прожи́ть*** [IV, проживу́, проживёшь - про́жил, прожила́, про́жило, про́жили - про́житый, про́жит, прожита́, про́жито, про́житы] ⑤ *vi* **1.** habiter, être domicilié • **студе́нт, прожива́ющий по а́дресу: г. Москва́, ул. Тверска́я, д. 1** un étudiant domicilié à l'adresse : Moscou, rue Tverskaïa n° 1 **2.** séjourner • **год про́жил на Кавка́зе** j'ai passé un an dans le Caucase **3.** vivre, survivre • **мо́жно ли прожи́ть на э́ти де́ньги?** une telle somme permet-elle de vivre ? **4.** *fam* manger *(de l'argent)* • **все де́ньги прожи́л** il a mangé tout son argent

прожи́точный *adj* ◾ **прожи́точный ми́нимум** le minimum vital

/ **прожи́ть** → прожива́ть

прожо́рливый *adj* vorace

/ **прожужжа́ть** → жужжа́ть

про́звище *nnt* surnom, sobriquet • **мужчи́на по про́звищу «Крокоди́л»** un homme surnommé «le Crocodile»

/ **прозвуча́ть** → звуча́ть

прозева́ть *v* **1.** passer son temps à bâiller • **прозева́ть весь ве́чер** passer toute la soirée à bâiller **2.** *fam* manquer *(laisser échapper)* • **прозева́ть слу́чай** manquer une occasion

прозра́чный *adj* transparent • **из прозра́чного пла́стика** en matière plastique transparente ~ *fig* • **намёк был бо́лее чем прозра́чен** l'allusion était plus que transparente

/ **проигра́ть** → прои́грывать

прои́грыватель *nm* lecteur, appareil de lecture • **проигрыва́тель компа́кт-ди́сков** un lecteur de disques compacts

прои́грывать / **проигра́ть** *v* **1.** perdre *(au jeu, dans une compétition)* • **проигра́ть пари́** perdre son pari • **проигра́ть сто рубле́й** perdre cent roubles au jeu • **проигра́ть матч** perdre un match • **проигра́ть проце́сс** perdre un procès • **проигра́ть сраже́ние** perdre la bataille **2.** jouer, exécuter • **проигра́л им не́сколько мело́дий** il leur a joué quelques mélodies

про́игрыш *nm* perte *(au jeu, dans une compétition)* • **про́игрыш в две́сти рубле́й** une perte de deux cents roubles • **по́сле про́игрыша она́ не вы́глядела о́чень расстро́енной** ses pertes ne semblent pas l'avoir trop chagrinée
◾ **оказа́ться в про́игрыше** se retrouver perdant

произведе́ние *nnt* œuvre • **произведе́ние иску́сства** une œuvre d'art • **литерату́рное произведе́ние** une œuvre littéraire • **и́збранные произведе́ния Достое́вского** œuvres choisies de Dostoïevski

/ **произвести́** → производи́ть

производи́тельность *nf* rendement • **повы́сить производи́тельность труда́** augmenter la productivité du travail

производи́тельный *adj* productif • **производи́тельный труд** un travail productif

производи́ть ④ / **произвести́*** [IV, произведу́, произведёшь - произвёл, произвела - произведённый] ③ *v* **1.** produire, fabriquer • **производи́ть автомоби́ли** fabriquer des automobiles **2.** *fig* produire, faire • **производи́ть си́льное впечатле́ние на кого́-нибудь** produire une forte impression sur quelqu'un **3.** faire, exécuter • **производи́ть о́быск** faire une perquisition
◾ **произвести́ на свет** mettre au monde

произво́дство *nnt* production • **произво́дство ста́ли** la production d'acier • **автомоби́льное произво́дство** la production automobile • **сре́дства произво́дства** les moyens de production

произво́л *nm* arbitraire, pouvoir discrétionnaire • **произво́лу обеща́ют положи́ть коне́ц** on promet de mettre fin à l'arbitraire
◾ **бро́сить кого́-нибудь на произво́л судьбы́** abandonner quelqu'un à son triste sort

произво́льный *adj* arbitraire • **произво́льное реше́ние** une décision arbitraire

/ **произнести́** → произноси́ть

произноси́ть ④ / **произнести́*** [IV, произнесу́, произнесёшь - произнёс, произнесла́ - произнесённый] ③ *v* prononcer • **непра́вильно произноси́ть сло́во** mal prononcer un mot • **произнести́ речь** prononcer un discours

произноше́ние *nnt* prononciation, accent • **у вас о́чень хоро́шее произноше́ние** vous avez une très bonne prononciation • **назва́ние неудо́бно в произноше́нии** le nom n'est pas commode à prononcer

/ **произойти́** → происходи́ть

происходи́ть ④ / **произойти́*** [IV, произойдёт, произойду́т - произошёл, произошла́] *v* avoir lieu • **что произошло́?** que s'est-il passé ?

происхожде́ние *nnt* origine, provenance • **происхожде́ние жи́зни** l'origine de la vie • **францу́женка грузи́нского происхожде́ния** une Française d'origine géorgienne • **дворя́нского происхожде́ния** de famille noble

происше́ствие *nnt* **1.** événement • **необыкнове́нное происше́ствие** un événement extraordinaire **2.** incident • **на ме́сто происше́ствия вы́ехали сотру́дники мили́ции** la police s'est rendue sur les lieux de l'incident • **доро́жно-тра́нспортные происше́ствия** les accidents de la route

пройдо́ха *nmf* roublard, roublarde

/ **пройти́** → проходи́ть

/ **пройти́сь** → проха́живаться

прока́т *nm* location *(d'objets, véhicules)* • **заплати́ть за прока́т роя́ля** payer la location du piano

прокла́дывать / **проложи́ть** ④ *v* construire *(une route)*, frayer • **проложи́ть доро́гу че́рез лес** ouvrir une route à travers la forêt
● **проложи́ть себе́ доро́гу** se frayer un passage

проклина́ть / **прокля́сть*** [IV, прокляну́, проклянёшь - про́клял, прокляла́, про́кляло, про́кляли - про́клятый, про́клят, проклята́, про́клято, про́кляты] ⑤ *v* maudire • **проклина́ть свою́ жизнь** maudire le sort
● **будь про́клят!** maudit sois-tu ! › **будь она́ про́клята!** maudite soit-elle !

> **À PROPOS DE...**
>
> Dans l'expression **будь про́клята**, la forme du féminin est accentuée sur la première syllabe.

/ **прокля́сть** → проклина́ть

прокля́тие *nnt* malédiction • **осы́пать прокля́тиями** couvrir de malédictions

/ **прокопти́ть** → копти́ть

прокра́дываться / **прокра́сться*** [IV, прокраду́сь, прокрадёшься - прокра́лся, прокра́лась] *vp* se glisser à pas de loup, s'introduire furtivement • **прокра́сться в дом** s'introduire furtivement dans une maison

/ **прокра́сться** → кра́сться, → прокра́дываться

/ **пролепета́ть** → лепета́ть

проли́в *nm* détroit • **Бе́рингов проли́в** le détroit de Bering

пролива́ть / **проли́ть*** [II, пролью́, прольёшь - про́лил, пролила́, про́лило, про́лили - проле́й - про́литый, про́лит, пролита́, про́лито, про́литы] ⑤ *v* verser • **проли́ть во́ду на́ пол** verser de l'eau par terre • **он не проли́л ни одно́й ка́пли кро́ви** il n'a pas versé une goutte de sang
● **проли́ть свет на** faire la lumière sur

проливно́й *adj*
● **проливно́й дождь** une pluie battante

/ **проли́ть** → пролива́ть

/ **проложи́ть** → прокла́дывать

прома́тывать / **промота́ть** *v* gaspiller, dilapider • **он промота́л всё, что у них бы́ло** il a dilapidé tout ce qu'ils possédaient

про́мах *nm* coup raté • **стреля́ть без про́маха** tirer sans rater un seul coup • **дать про́мах** rater son coup

прома́хиваться / **промахну́ться** *vp* manquer la cible

/ **промахну́ться** → прома́хиваться

прома́чивать / **промочи́ть** ④ *v* mouiller • **промочи́ть но́ги** se mouiller les pieds

промежу́ток *nm* intervalle *(espace, temps)* • **промежу́ток ме́жду о́кнами** l'espace entre les fenêtres

промежу́точный *adj* intermédiaire • **промежу́точная ста́дия** une phase intermédiaire

промока́тельный *adj*
● **промока́тельная бума́га** papier buvard

промока́ть / **промо́кнуть*** [III] *v* être trempé • **я промо́к до косте́й** je suis trempé jusqu'aux os

/ **промо́кнуть** → мо́кнуть, → промока́ть

/ **промота́ть** → прома́тывать

/ **промочи́ть** → прома́чивать

промтова́ры (промтова́ров, промтова́рам) (*abr de* **промы́шленные това́ры**) *pl t* objets manufacturés

/ **промыча́ть** → мыча́ть

промы́шленность *nf* industrie • **министе́рство промы́шленности и энерге́тики** le ministère de l'industrie et de l'énergie • **мини́стр се́льского хозя́йства и пищево́й промы́шленности** le ministre de l'agriculture et l'industrie alimentaire • **разви́тие промы́шленности** le développement de l'industrie

промы́шленный *adj* industriel • **промы́шленные райо́ны** les régions industrielles

пронзи́тельный *adj* strident, perçant • **пронзи́тельный крик** un cri perçant

проника́ть / **прони́кнуть*** [III] *v* pénétrer, s'infiltrer • **ка́жется, что шум проника́ет всю́ду** on a l'impression que le bruit s'infiltre partout • **им удало́сь прони́кнуть в теа́тр без биле́тов** ils sont arrivés à entrer dans le théâtre sans billets

/ **прони́кнуть** → проника́ть

проница́тельный *adj* pénétrant, perçant • **проница́тельный взгляд** un regard perçant • **проница́тельный ум** un esprit pénétrant

пропада́ть / **пропа́сть*** [IV, пропаду́, пропадёшь - пропа́л, пропа́ла] *v* **1.** disparaître, être perdu • **пропа́ла кни́га** le livre a disparu **2.** disparaître, s'en aller • **куда́ же он пропа́л?** où est-il donc passé ? **3.** être fichu • **весь день пропа́л** une journée fichue • **я пропа́л** je suis fichu
● **пиши́ пропа́ло** tu peux en faire ton deuil

про́пасть[1] ①③ *nf* **1.** précipice • **на краю́ про́пасти a.** *litt* au bord du précipice **b.** *fig* au bord du gouffre **2.** *fam* grande quantité • **наро́ду была́ про́пасть** il y avait un monde fou

/ **пропа́сть**[2] → пропада́ть

À PROPOS DE...

Les deux mots ci-dessus diffèrent par leur accentuation.

пропа́щий *adj* fini, cuit • **пропа́щий челове́к** c'est un type fini • **пропа́щее де́ло** c'est cuit d'avance

/ **прописа́ть** → пропи́сывать

пропи́ска *nf autorisation de séjour, autorisation de résidence dans un lieu précis* • **никто́ из них не име́ет пропи́ски** aucun d'entre eux n'a d'autorisation de séjour • **он полу́чит постоя́нную пропи́ску** il va obtenir une autorisation de résidence permanente • **лю́ди получа́ют вре́менную пропи́ску** les gens obtiennent des autorisations de résidence temporaires

прописно́й *adj*
● **прописна́я бу́ква** majuscule • **прописна́я и́стина** ≈ une vérité de La Palice

пропи́сывать / **прописа́ть*** [II, пропишу́, пропи́шешь] ④ *v* **1.** prescrire • **врач прописа́л ей но́вое лека́рство** le médecin lui a prescrit un nouveau médicament **2.** accorder une autorisation de séjour, de résidence • **он прописа́лся в Москве** il a obtenu son autorisation de résidence à Moscou • **прописа́ть па́спорт** viser un passeport **3.** établir • **пра́вило пропи́сано но́вым Ко́дексом** la règle a été établie par le nouveau Code

/ **прополоска́ть** → полоска́ть

про́пуск[1] *nm* omission, lacune

про́пуск*[2] *(nom. pl.* пропуска́*)* ①② *nm* laissez-passer • **предъяви́ть про́пуск** présenter son laissez-passer

пропуска́ть / **пропусти́ть** ④ *v* **1.** laisser passer *(être perméable)* • **пропуска́ть сы́рость** laisser passer l'humidité **2.** laisser passer, manquer • **пропусти́ть удо́бный слу́чай** manquer une bonne occasion **3.** faire passer • **пропусти́ть стару́шку вперёд** laisser passer une vieille dame devant • **пропусти́ть ток че́рез колю́чую про́волоку** faire passer le courant dans un fil de fer barbelé **4.** sauter *(omettre)* • **я пропусти́л два сло́ва** j'ai sauté deux mots **5.** ne pas assister à • **пропусти́ть не́сколько уро́ков** être absent à plusieurs cours
● **пропуска́ть ми́мо уше́й a.** ne pas faire attention *(à ce qui est dit)* **b.** faire la sourde oreille

/ **пропусти́ть** → пропуска́ть

/ **прорва́ть** → прорыва́ть

проро́к *nm* prophète • **я не проро́к** je ne suis pas prophète • **нет проро́ка в своём оте́честве** nul n'est prophète en son pays

проро́ческий *adj* prophétique • **проро́ческие слова́** des paroles prophétiques

про́рубь *nf* trou creusé dans la glace *(d'un fleuve, d'un lac)*

проры́в *nm* brèche • **заде́лать проры́в в плоти́не** colmater la brèche d'un barrage

прорыва́ть[1] / **прорва́ть*** [IV, прорву́, прорвёшь - прорва́л, прорвала́, прорва́ло, прорва́ли] ⑤ *v* percer • **прорва́ть блока́ду** forcer le blocus ● **его́ прорва́ло** il a explosé *(de colère)*

прорыва́ть[2] / **проры́ть*** [II, проро́ю, проро́ешь - проры́тый] *v* creuser *(en longueur)* • **проры́ть кана́ву** creuser un fossé

/ **проры́ть** → прорыва́ть, → рыть

просвеще́ние *nnt* instruction • **кни́га явля́ется инструме́нтом экологи́ческого просвеще́ния** le livre est un outil de sensibilisation à l'écologie
● **эпо́ха Просвеще́ния** le siècle des Lumières

просёлочный *adj*
● **просёлочная доро́га** chemin vicinal

/ **просигна́лить** → сигна́лить

проси́ть ④ / **попроси́ть** ④ *v* **1.** demander • **проси́ть ми́лостыню** demander l'aumône • **проси́ть сове́та** demander conseil • **попроси́ть у учи́тельницы разреше́ния** demander la permission à l'institutrice • **проси́ть пить** demander à boire **2.** prier • **прошу́ вас не беспоко́иться** ne vous inquiétez pas, je vous en prie
● **ми́лости про́сим** soyez le bienvenu • **проси́ть к столу́** inviter à passer à table

проси́ться ④ / **попроси́ться** ④ *vp* demander à aller • **попроси́ться в о́тпуск** demander un congé • **попроси́ться пойти́ погуля́ть** demander la permission d'aller se promener

/ **просклоня́ть** → склоня́ть

/ **проследи́ть** → следи́ть

/ **прослу́шать** → прослу́шивать

прослу́шивать / **прослу́шать** *v* **1.** auditionner, écouter • **шко́льники прослу́шают пе́сни для дете́й** les écoliers écouteront des chansons pour enfants **2.** ausculter • **прослу́шивать больно́го** ausculter un malade

/ **просну́ться** → просыпа́ться

/ **проспа́ть** → просыпа́ть

проспе́кт *nm* **1.** grande avenue, perspective • **Не́вский проспе́кт** la perspective Nevski **2.** prospectus

/ **проспряга́ть** → спряга́ть

просро́чивать / **просро́чить** *(+ A) v* laisser passer le terme de • **ви́за просро́чена** le visa est périmé • **срок просро́чен** le délai est passé

/ **просро́чить** → просро́чивать

проста́ивать / **простоя́ть*** [I, простою́, простои́шь] *v* **1.** attendre, faire le pied de grue • **простоя́ть полчаса́ на авто́бусной остано́вке** attendre une demi-heure à l'arrêt de bus **2.** rester un certain temps • **по́езд простои́т ещё че́тверть часа́** le train ne partira pas avant un quart d'heure **3.** être en panne • **лифт простоя́л це́лую неде́лю** l'ascenseur a été en panne pendant toute une semaine

/ **простере́ться** → простира́ться

простира́ться / **простере́ться*** [IV, простре́тся, простру́тся - просте́рся, простёрлась] *vp* s'étendre • **леса́ простира́ются на со́тни киломе́тров** les forêts s'étendent sur des centaines de kilomètres

прости́тельный *adj* pardonnable, excusable • **прости́тельная оши́бка** une erreur pardonnable

/ **прости́ть** → проща́ть

/ **прости́ться** → проща́ться

про́сто *(comp.* про́ще*) *adv* **1.** simplement • **э́то устра́ивалось о́чень про́сто** cela s'arrangeait d'une manière très simple **2.** vraiment • **э́то про́сто у́жас** c'est vraiment affreux • **он про́сто не зна́ет, что говори́т** il ne sait vraiment pas ce qu'il dit

просто́й *(comp.* про́ще*) ⑤ *adj* **1.** simple, pur • **просто́е те́ло** un corps simple **2.** simple, facile • **проста́я зада́ча** un problème facile **3.** simple, ordinaire • **просты́е лю́ди** des gens simples
● **просты́м гла́зом** à l'œil nu

простоква́ша *nf* (lait) caillé

просто́р *nm* **1.** vaste étendue • **степны́е просто́ры** les vastes étendues de la steppe **2.** pleine liberté • **дать просто́р свои́м мечта́м** donner libre cours à ses rêves

просторе́чие *nnt* parler populaire

просто́рный *adj* vaste, spacieux • **просто́рные ко́мнаты** des pièces spacieuses

простота́ *nf* **1.** simplicité • **простота́ зада́чи** la simplicité du problème **2.** naïveté, candeur • **по простоте́ серде́чной** par naïveté

/ **простоя́ть** → **проста́ивать,** → **стоя́ть**

простра́нство *nnt* espace • **простра́нство и вре́мя** l'espace et le temps • **свобо́дное простра́нство** un espace libre

/ **простуди́ться** → **простужа́ться**

простужа́ться / **простуди́ться** ④ *vp* prendre froid • **он простуди́лся и заболе́л** il a pris froid et il est tombé malade

просту́пок *nm littéraire* infraction, délit

простыня́ *(pl.* **про́стыни, про́стынь, простыня́м***)* ②⑦ *nf* drap (de lit)

просыпа́ть[1] / **просы́пать*** [II, **просы́плю, просы́плешь**] *v* verser, répandre • **просы́пать соль на стол** renverser du sel sur la table

просыпа́ть[2] / **проспа́ть*** [I, **просплю́, проспи́шь - проспа́л, проспала́, проспа́ло, проспа́ли**] ⑤ *v* **1.** dormir un certain temps • **я проспа́л де́вять часо́в подря́д** j'ai dormi neuf heures d'affilée **2.** ne pas se réveiller à temps • **проспа́ть ста́нцию** rester endormi dans le train et manquer sa gare

просыпа́ться[1] / **просы́паться*** [II, **просы́плется, просы́плются**] → **просыпа́ть**

просыпа́ться[2] / **просну́ться** *vp* se réveiller • **я просну́лся в шесть часо́в** je me suis réveillé à six heures

про́сьба *nf* demande, prière • **у меня́ к вам больша́я про́сьба** j'ai un service à vous demander

протека́ть / **проте́чь*** [IV, **протечёт, протеку́т - протёк, протекла́**] ③ *v* **1.** couler • **че́рез го́род протека́ет небольша́я ре́чка** une petite rivière traverse la ville **2.** fuir • **заня́тия не прекраща́лись, несмотря́ на протека́ющую кры́шу и прогни́вшие полы́** les cours continuaient malgré le toit qui fuyait et les planchers pourris **3.** *fig* s'écouler, se dérouler • **как протека́ет боле́знь?** comment la maladie évolue-t-elle ?

/ **протере́ть** → **протира́ть,** → **тере́ть**

/ **проте́чь** → **протека́ть**

про́тив *prép (+ G)* contre *(opposition, hostilité)* • **борьба́ про́тив корру́пции** la lutte contre la corruption • **лека́рство про́тив гри́ппа** un médicament contre la grippe • **плыть про́тив тече́ния** nager à contre-courant

● **я ничего́ не име́ю про́тив** je n'ai rien contre • **нет, я про́тив** non, je ne suis pas d'accord

проти́вник *nm* adversaire • **разби́ть проти́вника** vaincre son adversaire

проти́вница *nf* adversaire

проти́вное *adj subst nt* contraire, inverse • **доказа́ть проти́вное** démontrer le contraire • **доказа́тельство от проти́вного** démonstration par l'absurde

проти́вный *adj* **1.** opposé, contraire • **проти́вный ве́тер** vent contraire • **проти́вное мне́ние** l'opinion contraire • **в проти́вном слу́чае** dans le cas contraire **2.** adverse • **проти́вная сторона́** la partie adverse **3.** répugnant • **проти́вный вкус** un goût infect

противополо́жный *adj* **1.** opposé *(placé vis-à-vis)* • **противополо́жный бе́рег** la rive opposée **2.** opposé, contraire • **противополо́жное мне́ние** l'opinion contraire

/ **противопоста́вить** → **противопоставля́ть**

противопоставля́ть / **противопоста́вить** *v* opposer

противоречи́вый *adj* contradictoire • **противоречи́вые мне́ния** des opinions contradictoires

противоре́чие *nnt* contradiction • **находи́ться в противоре́чии с тео́рией** être en contradiction avec la théorie • **не терпе́ть противоре́чий** ne pas souffrir la contradiction • **дух противоре́чия** l'esprit de contradiction

противоре́чить *v (+ D)* **1.** contredire • **он не люби́л, когда́ ему́ противоре́чили** il n'aimait pas qu'on le contredise **2.** être en contradiction avec • **э́то противоре́чит ло́гике** c'est contraire à la logique

протира́ть / **протере́ть*** [IV] *v* **1.** user *(vêtement)* • **молодо́й челове́к в протёртых джи́нсах** un jeune homme en jean usé **2.** essuyer • **доста́точно протере́ть стёкла лишь снару́жи** il suffit d'essuyer les vitres de l'extérieur **3.** passer *(au tamis)* • **мя́коть арбу́за протере́ть че́рез си́то** passer la chair de la pastèque au tamis

протя́гивать / **протяну́ть** ④ *v* **1.** tendre *(disposer)* • **протяну́ть верёвку** tendre une corde **2.** tendre *(porter en avant)* • **протяну́ть ру́ку** tendre la main

протяже́ние *nnt* **1.** longueur, étendue • **на протяже́нии сорока́ киломе́тров** sur (une longueur) de quarante kilomètres **2.** durée • **на протяже́нии двух столе́тий** pendant deux siècles

протя́жный *adj* prolongé *(voix, son)* • **говори́ть протя́жным го́лосом** parler d'une voix traînante

/ **протяну́ть** → протя́гивать

проу́чивать / **проучи́ть** ④ *v* donner une leçon *(punir)* • **на́до его́ проучи́ть** il faut lui donner une bonne leçon

/ **проучи́ть** → проу́чивать

профе́ссия *nf* profession

профе́ссор* *(nom. pl.* профессора́*)* ①② *nm* professeur *(dans l'enseignement supérieur)*

профсою́з *nm (abr.* профессиона́льный сою́з) syndicat

проха́живаться / **пройти́сь*** [IV, пройду́сь, пройдёшься - прошёлся, прошла́сь] *vp* faire les cent pas • **проха́живаться по ко́мнате** marcher de long en large dans la pièce

прохла́дно *adv*
● **ста́ло прохла́дно** il s'est mis à faire frais

прохла́дный *adj* frais • **вла́жная, прохла́дная и ве́треная пого́да** temps humide, frais et venté • **о́тзывы пре́ссы бы́ли весьма́ прохла́дны** l'accueil de la presse a été plutôt frais

прохо́д *nm* passage • **у́зкий прохо́д** un passage étroit • **нет ни прохо́да, ни прое́зда** on ne peut y passer ni à pied ni en voiture
● **не дава́ть прохо́да** ne pas laisser en paix

проходи́ть ④ / **пройти́*** [IV, пройду́, пройдёшь - прошёл, прошла́ - про́йденный - пройдя́] *v* **1.** passer *(d'un lieu à un autre)*, aller • **пройти́ ми́мо до́ма** passer à côté de la maison • **пройти́ че́рез лес** traverser la forêt • **мы прошли́ в кабине́т** nous sommes entrés dans le bureau **2.** parcourir • **пройти́ не́сколько шаго́в** faire quelques pas **3.** s'écouler *(en parlant du temps)* • **вре́мя бы́стро прохо́дит** le temps passe vite **4.** cesser • **дождь прошёл** la pluie a cessé • **гроза́ прошла́** l'orage est passé • **мо́да прошла́** la mode est passée • **голова́ прошла́** *fam* mon mal de tête est passé **5.** être admis, passer • **прое́кт ещё не прошёл** le projet n'a pas encore été adopté • **э́то ему́ да́ром не пройдёт** ça va lui coûter cher **6.** être représenté *(pièce de théâtre)* • **пье́са прошла́ с больши́м успе́хом** la pièce a eu un grand succès **7.** suivre *(un cours, une cure)* • **пройти́ пра́ктику** faire un stage pratique
● **пройти́ молча́нием** passer sous silence

прохо́жая *adj subst f* passante • **спроси́ть у прохо́жей** demander à une passante

прохо́жий *adj subst m* passant

/ **процвести́** → процвета́ть

процвета́ть / **процвести́*** [IV, процвету́, процветёшь - процвёл, процвела́] ③ *v* prospérer, être dans un état florissant

проце́нт *nm* **1.** pour cent • **два проце́нта** deux pour cent • **пять проце́нтов** cinq pour cent • **вы́полнить план на 100 проце́нтов** exécuter le plan à 100 % • **како́й проце́нт?** quel pourcentage ? **2.** intérêt • **банк выпла́чивает проце́нты** la banque paye des intérêts

проце́сс *nm* **1.** processus **2.** procédé • **проце́сс приготовле́ния пи́ва** le procédé de fabrication de la bière **3.** procès • **проце́сс был решён в его́ по́льзу** le procès s'est terminé en sa faveur

проце́ссор *nm* processeur

/ **прочéсть** → читáть

прóчий *pron-adj* autre
● **и прóчее** etc. • **мéжду прóчим a.** à l'occasion › **он э́тим занимáется так, мéжду прóчим** il le fait quand l'occasion se présente **b.** *fig* entre parenthèses › **а он, мéжду прóчим, знакóм с дирéктором** et lui, entre parenthèses, il connaît le directeur

/ **прочитáть** → читáть

прóчный ⑤ *adj* **1.** solide • **прóчная мéбель** des meubles solides **2.** *fig* durable • **прóчный мир** une paix durable

прочь *adv exprime une idée d'éloignement et ne se traduit généralement pas* • **уйди́ прочь!** va-t'en ! • **побежáть прочь** s'enfuir
● **быть не прочь** ne pas être contre › **я не прочь** je ne demande pas mieux

прошéдший *adj* passé
● **прошéдшее врéмя** le passé *(gramm)*

/ **прошептáть** → шептáть

прóшлое *adj subst nt* passé • **далёкое прóшлое** le passé lointain

прóшлый *adj* passé • **на прóшлой недéле** la semaine dernière • **в прóшлом годý** l'an passé

прощáй!, прощáйте! *interj* adieu

> **À PROPOS DE...**
>
> Cette interjection est dérivée de l'impératif du verbe **прощáть**. Ainsi s'explique l'existence de deux formes distinctes correspondant l'une au tutoiement, l'autre au vouvoiement.

прощáльный *adj* d'adieu • **прощáльный обéд** banquet d'adieux • **прощáльный визи́т** visite d'adieux

прощáние *nnt* le moment des adieux • **минýта прощáния** la minute des adieux • **на прощáние** en guise d'adieu

прощáть / **прости́ть** *v* pardonner, excuser • **прости́те!** pardon ! • **прости́те меня́** excusez-moi • **он всё ей прости́л** il lui a tout pardonné

> **À PROPOS DE...**
>
> L'impératif imperfectif a pris un sens particulier (voir le mot **прощáй**).

прощáться *vp* **1.** / **попрощáться** *et* **прости́ться** *(с + I)* prendre congé de • **он ни с кем не попрощáлся** il n'a dit au revoir à personne **2.** / **прости́ться** → **прощáть**

прóще *comp de* прóсто, простóй

прощéние *nnt* pardon • **проси́ть прощéния** demander pardon

/ **прояви́ть** → проявля́ть

проявлéние *nnt* **1.** manifestation, expression • **проявлéние нéжности** des manifestations de tendresse **2.** développement *(photographie)* • **проявлéние плёнки** le développement d'une pellicule

проявля́ть / **прояви́ть** ④ *v* **1.** faire preuve de • **прояви́ть мýжество** faire preuve de courage • **прояви́ть негодовáние** s'indigner **2.** développer *(photographie)* • **прояви́ть негати́в** développer le négatif

/ **проясни́ться** → проясня́ться

проясня́ться / **проясни́ться** *vp* devenir plus clair *litt & fig* • **нéбо проясни́лось** le ciel s'est éclairci • **положéние проясня́ется** la situation s'éclaircit

пруд* *(loc.* прудý*)* ③② *nm* étang

пружи́на *nf* ressort • **часовáя пружи́на** un ressort de montre

прут* *(pl.* прýтья, прýтьев, прýтьям*)* *nm* **1.** baguette, petit bâton • **и́вовый прут** une baguette d'osier **2.** tringle • **мéдный прут** une tringle de cuivre

пры́гать / **пры́гнуть** *v* sauter • **пры́гнуть в вóду** sauter dans l'eau • **пры́гнуть с парашю́том** sauter en parachute • **пры́гать на однóй ногé** sauter à cloche-pied • **пры́гать от рáдости** sauter de joie

/ **пры́гнуть** → пры́гать

прыжóк *nm* saut • **прыжóк в высотý** saut en hauteur • **прыжóк в длинý** saut en longueur • **прыжóк с парашю́том** saut en parachute

прядь *nf* mèche *(de cheveux)* • **прядь рýсых волóс** une mèche de cheveux blonds

прямáя *adj subst f* une droite • **провести́ прямýю** tracer une droite

пря́мо *adv* **1.** directement, droit • **идите пря́мо** allez tout droit • **идти́ пря́мо к це́ли** aller droit au but • **смотре́ть кому́-нибудь пря́мо в глаза́** regarder quelqu'un droit dans les yeux **2.** franchement • **отве́тить пря́мо** répondre franchement **3.** vraiment • **он пря́мо арти́ст** c'est vraiment un artiste **4.** à même • **лежа́ть пря́мо на полу́** être couché à même le plancher

прямо́й ⑤ *adj* **1.** droit *(pas courbe)* • **пря-ма́я доро́га** une route droite • **пряма́я ли́ния** une ligne droite **2.** droit *(de quatre-vingt-dix degrés)* • **прямо́й у́гол** un angle droit **3.** direct • **по́езд прямо́го сообще́ния** un train direct • **прямы́е нало́ги** les impôts directs • **прямо́й насле́дник** un héritier direct • **прямо́е дополне́ние** un complément direct *(gramm)* **4.** franc, sincère • **он челове́к прямо́й** c'est quelqu'un de franc **5.** véritable, authentique • **пряма́я изме́на** une véritable trahison

пря́ник *nm* pain d'épice

прясть* [IV, пряду́, прядёшь - прял, пряла́, пря́ло, пря́ли] ⑤ / **спрясть*** [IV, *id*] ⑤ *v* filer *(mettre en fil)* • **прясть лён** filer du lin

пря́тать* [II, пря́чу, пря́чешь] / **спря́тать*** [II, *id*] *v* cacher • **где ты пря́тался?** où étais-tu caché ? • **он пря́тал де́ньги в матра́се и под поду́шкой** il cachait son argent dans le matelas et sous l'oreiller • **он спря́тал де́ньги в сейф** il a caché l'argent dans le coffre-fort • **она́ спря́тала письмо́ за́ спину** elle cacha la lettre derrière son dos

пря́таться* [II, пря́чусь, пря́чешься] / **спря́таться*** [II, *id*] *vp* se cacher • **они́ пря́тались в куста́х** ils se cachaient dans les buissons • **он спря́тался в шкаф** il se cacha dans l'armoire

пря́тки *(*пря́ток, пря́ткам*) pl t* cache-cache • **игра́ть в пря́тки** jouer à cache-cache

пря́ха *nf* fileuse

пти́ца *nf* oiseau • **перелётные пти́цы** les oiseaux migrateurs • **хи́щная пти́ца** un oiseau de proie

пти́чий *adj d'appart* d'oiseau • **пти́чий клюв** un bec d'oiseau • **пти́чий грипп** la grippe aviaire • **с пти́чьего полёта** à vol d'oiseau
● **пти́чий двор** la basse-cour

пти́чка *dim de* пти́ца

публикова́ть / **опубликова́ть** *v* publier • **опубликова́ть статью́** publier un article

пуга́ть / **испуга́ть** *v* effrayer • **ой, как вы меня́ испуга́ли!** oh ! que vous m'avez fait peur !

пуга́ться / **испуга́ться** *(+ G) vp* avoir peur, prendre peur • **он испуга́лся соба́ки** il a eu peur du chien

пугли́вый *adj* craintif • **пугли́вый взгляд** un regard craintif • **пугли́вая ло́шадь** un cheval ombrageux

пу́говица *(dim de* пу́говка*) nf* bouton • **приши́ть пу́говицу** coudre un bouton

пуд ①② *nm* poud *(ancienne mesure de poids valant 16,38 kg)*

пудово́й, пудо́вый *adj* d'un poud → пуд

пузы́рь ③② *nm* **1.** bulle • **пуска́ть мы́льные пузыри́** faire des bulles de savon **2.** cloque • **пузы́рь от ожо́га** une cloque due à une brûlure **3.** vésicule • **жёлчный пузы́рь** la vésicule biliaire **4.** vessie • **мочево́й пузы́рь** la vessie • **пла́вательный пузы́рь** la vessie natatoire • **пузы́рь со льдом** une vessie avec de la glace **5.** bouillotte *(en caoutchouc)* • **пузы́рь с горя́чей водо́й** une bouillotte remplie d'eau chaude **6.** *fam* môme, marmot • **пятиле́тний пузы́рь** un marmot de cinq ans

пулемёт *nm* mitrailleuse

пульс *nm* pouls • **пощу́пать пульс больно́го** tâter le pouls d'un malade • **норма́льный пульс** un pouls normal

пульт *nm* **1.** pupitre • **дирижёрский пульт** le pupitre du chef d'orchestre **2.** tableau *(de commande)* • **пульт управле́ния** le tableau de commande
● **телевизио́нный пульт** la télécommande (de la télévision)

пу́ля *nf* balle *(projectile)* • **пистоле́тная пу́ля** une balle de pistolet

пункт *nm* **1.** poste, centre • **кома́ндный пункт** le poste de commande • **наблюда́тельный пункт** un poste d'observation **2.** point *(endroit déterminé)* • **исхо́дный пункт** le point de départ **3.** point *(division d'un exposé)* • **изложи́ть по пу́нктам** exposer point par point

пуска́й *particule fam* que *(permission, souhait ou commandement)* • **пуска́й придёт!** qu'il vienne !

пуска́ть / пусти́ть ④ *v* **1.** laisser passer *(entrer ou sortir)* • **я бою́сь, что она́ меня́ не пу́стит** j'ai bien peur qu'elle ne me laisse pas partir • **в ко́мнату никого́ не пуска́ли** on ne laissait personne entrer dans la chambre **2.** mettre en marche • **пусти́ть мото́р** mettre le moteur en marche **3.** lancer *litt & fig* • **пусти́ть стрелу́** lancer une flèche • **пусти́ть себе́ пу́лю в лоб** se tirer une balle dans la tête • **пусти́ть ло́шадь вскачь** lancer un cheval au galop • **пусти́ть слух** faire courir un bruit • **пуска́ть пыль в глаза́** jeter de la poudre aux yeux • **пусти́ть в ход все сре́дства** mettre tout en œuvre
● **пуска́ть ко́рни** s'enraciner *litt & fig*

пуска́ться / пусти́ться ④ *vp* **1.** se lancer, se précipiter • **ма́льчик пусти́лся к ней навстре́чу** le petit garçon se précipita à sa rencontre • **пусти́лись за ни́ми в пого́ню** on se lança à leur poursuite **2.** se mettre • **он пусти́лся бежа́ть** il se mit à courir • **он пусти́лся в путь** il se mit en route

/ **пусти́ть** → пуска́ть

/ **пусти́ться** → пуска́ться

пусто́й ⑤ *adj* **1.** vide • **пуста́я буты́лка** une bouteille vide • **пусто́й дом** une maison déserte • **верну́ться с пусты́ми рука́ми** revenir les mains vides **2.** vain, sans objet • **пусты́е стра́хи** des craintes injustifiées • **пусты́е разгово́ры** des paroles inutiles
● **перелива́ть из пусто́го в поро́жнее** **a.** parler pour ne rien dire **b.** perdre son temps à des sottises

пусты́нно *adv*
● **на у́лицах бы́ло пусты́нно** les rues étaient désertes

пусты́нный *adj* désert • **пусты́нный о́стров** une île déserte

пусты́ня *nf* désert • **пусты́ня Саха́ра** le désert du Sahara

пусты́рь ③② *nm* terrain vague

пусть *particule* **1.** que *(permission, souhait ou commandement)* • **пусть придёт!** qu'il vienne ! **2.** admettons • **он хо́чет уе́хать? пусть!** il veut s'en aller ? soit ! • **пусть я оши́бся, но э́то ещё не зна́чит, что положе́ние безвы́ходное** admettons que je me sois trompé ; mais cela ne signifie tout de même pas que la situation est sans issue

пустя́к ③② *nm* broutille • **он рассерди́лся из-за пустяко́в** il s'est mis en colère pour des broutilles • **нет, э́то пустяки́** non, ce n'est rien

пу́таница *nf* **1.** fouillis, fatras • **у него́ пу́таница в голове́** c'est le fouillis dans sa tête ! **2.** enchevêtrement • **пу́таница у́лиц и переу́лков** un enchevêtrement de rues et de ruelles

пу́тать *v* **1.** / **перепу́тать** mettre en désordre, embrouiller • **пу́тать ни́тки** embrouiller les fils **2.** / **перепу́тать** confondre • **я всегда́ пу́таю их имена́** je confonds toujours leurs prénoms • **я её пу́таю с друго́й** je la confonds avec une autre **3.** / **запу́тать** embrouiller • **запу́тать сле́дователей** embrouiller les enquêteurs

пу́таться *vp* **1.** → пу́тать **2.** / **впу́таться** *(в + A)* se mêler de • **не в своё де́ло пу́тается** il se mêle de ce qui ne le regarde pas

путёвка *nf* séjour, bon de séjour • **он по беспла́тной путёвке отдохну́л в санато́рии** il est parti faire un séjour gratuit dans une maison de repos

путеводи́тель *nm* guide *(livre)* • **путеводи́тель по Москве́** un guide de Moscou • **путеводи́тель по вы́ставке** le catalogue de l'exposition

путеше́ственник *nm* voyageur *(personne qui fait un grand voyage)*

путеше́ственница *nf* voyageuse

путеше́ствие *nnt* voyage • **предприня́ть дли́нное путеше́ствие** entreprendre un long voyage

путеше́ствовать *v* voyager • **путеше́ствовать по Евро́пе** voyager à travers l'Europe

путь* (пути́ , *dat.* пути́, *loc.* пути́, *instr.* путём ; *pl.* пути́, путе́й, путя́м) ③② *nm* chemin, voie *litt & fig* • **пути́ сообще́ния** les voies de communication • **дыха́тельные пути́** les voies respiratoires • **Мле́чный путь** la Voie lactée • **на обра́тном пути́** sur le chemin du retour • **сби́ться с пути́** s'égarer • **нам с ва́ми по пути́** nous allons dans la même direction • **счастли́вого пути́!** bon voyage ! • **напра́вить на путь**

истинный remettre sur le droit chemin • **окольным путём** par des voies détournées

пух* *(loc.* пуху*)* ⑧ *nm* duvet • **гусиный пух** duvet d'oie
● **ни пуха, ни пера** bonne chance • **разбить в пух и прах** battre à plate couture

пухлый ⑤ *adj* potelé • **пухлые руки** des mains potelées

пухнуть* [III] / **вспухнуть*** [III] *et* **опухнуть*** [III] *v* enfler • **у меня ноги пухнут** j'ai les jambes qui enflent
● **у меня голова пухнет** j'en ai la grosse tête

пушистый *adj* **1.** duveteux • **пушистая шерсть** un pelage duveteux **2.** vaporeux *(en parlant des cheveux...)* • **пушистые волосы** des cheveux vaporeux

пушка *nf* canon • **стрелять из пушки** tirer des coups de canon

пчела *(pl.* пчёлы*)* ②① *nf* abeille

пшеница *nf* froment, blé • **мешок пшеницы** un sac de blé • **озимая пшеница** blé d'hiver • **яровая пшеница** blé de printemps

пшено *nnt* semoule de millet

пыл* *(loc.* пылу*)* ⑧ *nm* ardeur • **в пылу спора** dans le feu de la discussion

пылать *v* **1.** flamber • **дрова пылают** le bois flambe **2.** être tout rouge • **её щёки пылали** elle avait les joues toutes rouges **3.** *fig* être dévoré *(par une passion)* • **пылать ненавистью** être dévoré par la haine

пылесос *nm* aspirateur

пылинка *nf* grain de poussière

пылкий ⑤ *adj* ardent, fougueux • **пылкий характер** un caractère fougueux • **пылкая любовь** un amour ardent

пыль ⑧ *nf* poussière *(collectif)* • **весь в пыли** tout couvert de poussière • **облако пыли** un nuage de poussière
● **пускать пыль в глаза** jeter de la poudre aux yeux

пыльный ⑤ *adj* poussiéreux • **пыльная дорога** une route poussiéreuse

пытаться / **попытаться** *vp* tenter de, essayer de • **он попытался влезть на дерево** il a essayé de grimper à l'arbre

пышный ⑤ *adj* somptueux • **женщинам вручили пышные букеты** les femmes ont reçu des bouquets somptueux

пьёшь, пью → **пить**

пьянеть / **опьянеть** *v* devenir ivre *litt & fig* • **я опьянел от одной рюмки** un petit verre a suffi à me soûler • **пьянеть от радости** devenir ivre de joie

пьяница *nmf* ivrogne, soûlarde • **горький пьяница** un ivrogne invétéré

пьянство *nnt* ivrognerie

пьянствовать *v* s'adonner à la boisson

пьяный ⑤ *adj* **1.** ivre • **он был пьян и не мог встать** il était ivre et ne pouvait pas se relever **2.** d'homme ivre • **пьяный голос** une voix d'ivrogne

пюре *nnt* purée • **картофельное пюре** de la purée de pommes de terre • **фруктовое пюре** de la compote de fruits

пялить *fam v*
● **пялить глаза на что-нибудь** regarder quelque chose en écarquillant les yeux › **все пялят на тебя глаза** tout le monde te regarde

пята ②③ *nf*
● **ахиллесова пята** le talon d'Achille • **с головы до пят** de la tête aux pieds • **ходить за экскурсоводом по пятам** suivre le guide pas à pas

пятёрка *nf* **1.** un cinq • **пятёрка червей** un cinq de cœur **2.** excellente note scolaire *(cinq sur cinq)* **3.** groupe de cinq • **она вошла в пятёрку лучших на конкурсе** elle a été reçue parmi les cinq premiers au concours

пятеро *num* cinq • **пятеро детей** cinq enfants • **их было пятеро** ils étaient cinq

пятидесятый *adj num* cinquantième

пятилетка *nf* quinquennat

пятилетний *adj* de cinq ans • **ситуация пятилетней давности** une situation qui date de cinq ans • **пятилетняя девочка** une fillette (âgée) de cinq ans

пятисотый *adj num* cinq centième

пя́титься / **попя́титься** *vp* aller à reculons • он попя́тился к две́ри il recula jusqu'à la porte

пя́тка *nf* talon *(partie du corps)*
● у него́ душа́ ушла́ в пя́тки il a eu une peur bleue

пятна́дцатый *adj num* quinzième • они́ прие́хали 15-го ма́я ils sont arrivés le 15 mai

пятна́дцать *num* quinze • пятна́дцать рубле́й quinze roubles • в пятна́дцати шага́х à quinze pas

пя́тница *nf* vendredi • я был у них в пя́тницу j'ai été chez eux vendredi • по пя́тницам le vendredi

пятно́ *(gén. pl.* пя́тен*)* ②① *nnt* tache • черни́льные пя́тна des taches d'encre
● и на со́лнце есть пя́тна rien n'est parfait en ce bas monde

пя́тый *adj num* cinquième • пя́тая страни́ца la page cinq • они́ уе́дут 5-го ноября́ ils s'en vont le 5 novembre • на пя́том этаже́ au quatrième étage
● пя́тое колесо́ в теле́ге la cinquième roue du carrosse • разгово́р шёл с пя́того на деся́тое c'était une conversation à bâtons rompus

пять *num* cinq • пять дней cinq jours • в пяти́ киломе́трах отсю́да à cinq kilomètres d'ici

пятьдеся́т *num* cinquante • пятьдеся́т рубле́й cinquante roubles • в пяти́десяти киломе́трах от го́рода à cinquante kilomètres de la ville

пятьсо́т *num* cinq cents • пятьсо́т челове́к cinq cents personnes • в пятиста́х киломе́трах от Москвы́ à cinq cents kilomètres de Moscou

р

раб ③② *nm* esclave *litt & fig* • **быть рабо́м свои́х привы́чек** être l'esclave de ses habitudes

раба́, рабы́ня ③② *nf* esclave *litt & fig*

рабо́та *nf* travail • **физи́ческая рабо́та** le travail physique • **у́мственная рабо́та** le travail intellectuel • **полевы́е рабо́ты** les travaux des champs • **ка́торжная рабо́та** un travail de forçat • **взя́ться за рабо́ту** se mettre au travail • **кла́ссная рабо́та** le travail fait en classe • **контро́льная рабо́та** contrôle • **самостоя́тельная рабо́та** travail individuel • **идти́ на рабо́ту** aller au travail
◈ **дома́шняя рабо́та** devoir *(travail scolaire)*

рабо́тать *v* **1.** travailler • **он ме́дленно рабо́тает** il travaille lentement • **рабо́тать на заво́де** travailler dans une usine • **рабо́тать инжене́ром** être ingénieur • **рабо́тать над до́кторской диссерта́цией** faire sa thèse • **рабо́тать без выходны́х** travailler sans jours de congé • **рабо́тать круглосу́точно** travailler 24 heures sur 24 **2.** fonctionner, marcher • **мото́р хорошо́ рабо́тает** le moteur marche bien **3.** être ouvert, fonctionner • **библиоте́ка рабо́тает с девяти́ часо́в утра́** la bibliothèque ouvre à neuf heures du matin • **рестора́н не рабо́тает** le restaurant est fermé
◈ **рабо́тать локтя́ми** jouer des coudes

рабо́тник *nm* **1.** personne qui travaille, travailleur • **он прекра́сный рабо́тник** il travaille très bien **2.** salarié, employé • **рабо́тники железнодоро́жного тра́нспорта** les cheminots • **рабо́тники просвеще́ния** le personnel de l'Éducation nationale • **рабо́тники промы́шленности** les salariés de l'industrie • **нау́чный рабо́тник** un chercheur

рабо́тница *nf* **1.** femme qui travaille • **она́ отли́чная рабо́тница** elle connaît très bien son métier **2.** ouvrière • **рабо́тницы тексти́льной промы́шленности** les ouvrières du textile
◈ **дома́шняя рабо́тница** femme de ménage

рабо́чий *adj* **1.** ouvrier • **рабо́чий класс** la classe ouvrière • **рабо́чий райо́н** un quartier ouvrier **2.** de travail • **рабо́чий костю́м** tenue de travail • **рабо́чий день** une journée de travail • **рабо́чая гипо́теза** une hypothèse de travail **3.** de trait, de somme • **рабо́чая ло́шадь** un cheval de trait
◈ **рабо́чая си́ла** la main-d'œuvre
■ **рабо́чий** *adj subst m* ouvrier

ра́бский *adj* d'esclave, servile • **ра́бская душа́** une âe d'esclave • **ра́бское подража́ние** une imitation servile

ра́бство *nnt* esclavage • **отме́на ра́бства** l'abolition de l'esclavage

ра́венство *nnt* égalité • **свобо́да, ра́венство и бра́тство** liberté, égalité, fraternité

равни́на *nf* plaine • **обши́рная равни́на** une vaste plaine

равно́ *adv*
◈ **три плюс шесть равно́ девяти́** trois plus six égal neuf • **мне всё равно́** ça m'est égal

равнове́сие *nnt* équilibre • **неусто́йчивое равнове́сие** un équilibre instable • **потеря́ть равнове́сие** perdre l'équilibre

равноду́шие *nnt* indifférence • **смотре́ть с равноду́шием** regarder avec indifférence

равноду́шный *adj* indifférent • **равноду́шным то́ном** d'un ton indifférent

ра́вный ③ *adj* égal • **ра́вные си́лы** des forces égales
■ **ра́вный** *adj subst m* égal • **ты говори́л с ним как с ра́вным** tu parlais avec lui d'égal à égal

равня́ться *vp* **1.** être égal • **пять плюс три равня́ется восьми́** cinq plus trois égal huit **2.** / **сравня́ться** égaler, être comparable • **где мне с ним равня́ться** je n'ai pas la prétention de me comparer à lui

рад (**ра́да, ра́ды**) *adj* content • **рад с ва́ми поз нако́миться** enchanté de faire votre connaissance • **я рад, что он верну́лся** je suis content qu'il soit rentré
• **они́ тебе́ бу́дут ра́ды** ils seront contents de te voir

À PROPOS DE...

L'adjectif **рад** n'a pas de forme longue. Il n'est jamais employé comme épithète.

ра́ди *prép (+ G)* **1.** pour, dans l'intérêt de, au nom de • **ра́ди о́бщего де́ла** pour la cause commune • **ра́ди на́шей дру́жбы** au nom de notre amitié **2.** pour, dans le but de • **шу́тки ра́ди** histoire de plaisanter • **сме́ха ра́ди** pour rire **3.** *fam* pour, à cause de • **ра́ди её прекра́сных глаз** pour ses beaux yeux
• **ра́ди Бо́га** de grâce

À PROPOS DE...

La préposition **ра́ди** est parfois placée après le nom qui en dépend.

радиопереда́ча *nf* émission (de) radio • **слу́шать радиопереда́чу** écouter une émission de radio

радиоприёмник *nm* radio *(poste)* • **я купи́л себе́ портати́вный радиоприёмник** je me suis acheté une radio portative

радиоста́нция *nf* **1.** poste émetteur **2.** station de radio

ра́довать / **обра́довать** *et* **пора́довать** *v* réjouir • **э́то изве́стие её обра́довало** elle a été enchantée d'apprendre cette nouvelle

ра́доваться / **обра́доваться** *(+ D) vp* se réjouir • **ра́доваться чужо́й беде́** se réjouir du malheur d'autrui

ра́достный *adj* **1.** joyeux • **ра́достные кри́ки** des cris joyeux • **ра́достное лицо́** un visage épanoui **2.** heureux *(qui procure de la joie)* • **ра́достное изве́стие** une heureuse nouvelle

ра́дость *nf* joie • **пры́гать от ра́дости** sauter de joie

ра́дуга *nf* arc-en-ciel • **цвета́ ра́дуги** les couleurs de l'arc-en-ciel

раду́шный *adj* cordial • **раду́шный приём** un accueil cordial

раз* *(gén. pl.* **раз** ①⑥*)* ◾ *nm* fois • **пять раз в неде́лю** cinq fois par semaine • **вся́кий раз** chaque fois • **в пе́рвый раз** (pour) la première fois • **в после́дний раз** (pour) la dernière fois • **в друго́й раз приходи́ пора́ньше** une autre fois, viens un peu plus tôt • **хва́тит на э́тот раз** ça suffit pour cette fois-ci • **не раз** plus d'une fois • **ни ра́зу*** pas une seule fois • **раз и навсегда́** une fois pour toutes
• **вот тебе́ раз!** en voilà une histoire ! • **как раз** justement › **э́то как раз то, о чём мы говори́ли** c'est justement ce dont nous parlions ◾ *adv* une fois, un jour • **раз по́сле обе́да я пошёл гуля́ть по́ лесу** un jour, après le repas, je suis allé me promener à travers bois ◾ *conj fam* puisque • **раз он уже́ вы́писался из больни́цы, то не́чего о нём беспоко́иться** puisqu'il est déjà sorti de l'hôpital, il n'y a pas de raison de s'inquiéter à son sujet ◾ *num* un • **раз, два, три** un, deux, trois

À PROPOS DE...

Dans cet emploi d'énumération de nombres, **раз** n'est jamais accompagné d'un nom. Il est en général suivi de **два**.

разбива́ть / **разби́ть*** [II, **разобью́, разобьёшь** - **разбе́й** - **разби́тый**] *v* **1.** casser, briser *litt & fig* • **разби́ть таре́лку** casser une assiette • **разби́ть вдре́безги** casser en mille morceaux • **разби́ть стекло́** casser une vitre ~ *fig* • **разби́ть наде́жды** briser les espérances **2.** vaincre • **разби́ть врага́** battre l'ennemi • **разби́ть на́голову** battre à plate couture **3.** réfuter • **разби́ть до́воды проти́вника** réfuter les arguments de son adversaire **4.** diviser • **разби́ть по́ле на уча́стки** diviser un champ en parcelles **5.** tracer et créer *(un parc, un jardin)* • **разби́ть парк** créer un parc **6.** dresser *(un camp)* • **разби́ть ла́герь** dresser un camp • **разби́ть пала́тку** dresser une tente

разбира́ть / **разобра́ть*** [IV, **разберу́, разберёшь** - **разобра́л, разо-**

брала́, разобра́ло, разобра́ли] ⑤ *v* **1.** s'arracher *(une marchandise recherchée)* • **весь това́р разобра́ли за каки́е-нибудь полчаса́** tout le lot a été vendu en une demi-heure à peine **2.** démonter • **разобра́ть часы́** démonter une montre • **разобра́ть посте́ль** défaire son lit **3.** démolir • **разобра́ть сте́ну** démolir un mur **4.** examiner, analyser • **разобра́ть де́ло** examiner une affaire • **разобра́ть предложе́ние** analyser une phrase **5.** démêler, distinguer • **в темноте́ ничего́ нельзя́ бы́ло разобра́ть** dans l'obscurité, on ne pouvait rien distinguer • **я не разобра́л, что он говори́л** je n'ai pas compris ce qu'il disait

разбира́ться / **разобра́ться*** [IV, разберу́сь, разберёшься - разобра́лся, разобрала́сь] ③ *fam vp* **1.** (с + I) mettre en ordre • **я не успе́л ещё разобра́ться со свои́ми веща́ми, когда́ он вошёл** je n'avais pas encore eu le temps de mettre de l'ordre dans mes affaires quand il est entré **2.** в +L maîtriser • **я пло́хо разбира́юсь в э́том вопро́се** je maîtrise mal cette question

/ **разби́ть** → бить, → разбива́ть

/ **разби́ться** → би́ться, → разбива́ть

/ **разбогате́ть** → богате́ть

разбо́йник *nm* brigand, bandit • **разбо́йник с большо́й доро́ги** un bandit de grand chemin

разбо́йница *nf* femme bandit

разбо́йничать *v* brigander

разбо́р *nm* **1.** analyse • **граммати́ческий разбо́р** analyse grammaticale **2.** distinction, discernement • **брать всё без разбо́ру*** tout prendre sans distinction

разбо́рчивый *adj* **1.** déchiffrable, lisible • **анке́ты, запо́лненные от руки́ разбо́рчивым по́черком** des formulaires remplis à la main d'une écriture lisible **2.** exigeant, difficile • **не́которые мужчи́ны сли́шком разбо́рчивы** certains hommes sont trop exigeants

/ **разбуди́ть** → буди́ть

разва́ливаться / **развали́ться** ④ *vp* **1.** tomber en ruines, s'écrouler • **дом разва́ливается** la maison tombe en ruines **2.** s'affaler, s'étaler *(sur un siège)* • **развали́ться в кре́сле** s'affaler dans un fauteuil

разва́лина *nf* ruine, décombres

/ **развали́ться** → разва́ливаться

ра́зве *particule* est-il possible que ? • **ра́зве он уже́ уе́хал?** il est donc déjà parti ? • **да ра́зве ж э́то больши́е де́ньги!** est-ce que ça représente vraiment une grosse somme d'argent ?
■ **ра́зве что** *loc* si ce n'est • **с утра́ вре́мени нет, ра́зве что по выходны́м** je n'ai pas le temps le matin si ce n'est en fin de semaine

развева́ться *vp* flotter au vent • **на гла́вной ба́шне Та́ллина развева́ется эсто́нский флаг** le drapeau estonien flotte sur la plus grande tour de Tallinn

разве́дка *nf* **1.** reconnaissance *(opération de renseignement)* • **реши́в соверши́ть кра́жу, молодо́й челове́к снача́ла пошёл на разве́дку** ayant décidé de commettre un vol, le jeune homme était d'abord parti en reconnaissance **2.** renseignement, recherche de renseignements • **слу́жба вне́шней разве́дки Росси́и** le service de renseignement extérieur de la Russie **3.** exploration • **кру́пные прое́кты по разве́дке и добы́че углеводоро́дов** de gros projets dans le domaine de l'exploration et l'extraction pétrolières

разве́дчик *nm* **1.** éclaireur *(soldat, scout)* • **организа́ция росси́йских ю́ных разве́дчиков (ска́уты)** l'organisation des jeunes éclaireurs russes (scouts) **2.** agent secret

/ **разверну́ть** → развёртывать

/ **разверну́ться** → развёртываться

развёртывать / **разверну́ть** [*part.* развёрнутый] *v* **1.** déployer, déplier • **раверну́ть кры́лья** déployer ses ailes • **развёрнутое зна́мя** un drapeau déployé • **разверну́ть салфе́тку** déplier sa serviette • **разверну́ть паке́т** défaire un paquet ~ *fig* • **разверну́ть свой тала́нт** déployer son talent **2.** faire tourner • **разверну́ть маши́ну** tourner sa voiture

развёртываться / **разверну́ться** *vp* **1.** → **развёртывать 2.** virer, faire demi-tour • **грузови́к разверну́лся** le camion a fait demi-tour

/ **развесели́ть** → весели́ть

/ **развести́** → разводи́ть

/ **развести́сь** → разводи́ться

развива́ть / **разви́ть*** [II, разовью́, разовьёшь - разви́л, развила́, разви́ло, разви́ли - разви́тый, разви́т, развита́, разви́то, разви́ты] ⑤ *v* développer • **развива́ть па́мять** développer la mémoire • **развива́ть иде́ю** développer une idée • **развива́ть промы́шленность** développer l'industrie
● **развива́ть ско́рость** augmenter la vitesse › **разви́ть ско́рость в две́сти киломе́тров в час** monter à deux cent kilomètres à l'heure

разви́тие *nnt* développement • **разви́тие промы́шленности** le développement de l'industrie

развито́й (ра́звит, развита́, ра́звито, ра́звиты) ⑤ *adj* **1.** développé • **с развито́й мускулату́рой** avec une musculature bien développée **2.** ayant une bonne formation intellectuelle • **развито́й ребёнок** un enfant en avance sur son âge • **эстети́чески развито́й челове́к** un homme ayant une bonne formation esthétique

/ **разви́ть** → развива́ть

развлека́ть / **развле́чь*** [IV, развлеку́, развлечёшь, развлеку́т - развлёк, развлекла́ - развлечённый] ③ *v* distraire, divertir • **развлека́ть - гла́вная зада́ча танцу́ющего ро́бота** divertir, telle est la tâche principale du robot danseur

развлека́ться / **развле́чься*** [IV, развлеку́сь, развлечёшься, развлеку́тся - развлёкся, развлекла́сь] ③ *vp* se distraire, se divertir • **они́ развлека́лись, как могли́** ils se divertissaient comme ils pouvaient

развлече́ние *nnt* divertissement, distraction • **иска́ть развлече́ний** chercher des distractions

/ **развле́чь** → развлека́ть

разво́д *nm* **1.** divorce • **получи́ть разво́д** obtenir le divorce • **они́ в разво́де** ils sont divorcés **2.** relève • **разво́д часовы́х** la relève de la garde

разводи́ть ④ / **развести́*** [IV, разведу́, разведёшь - развёл, развела́ - разведённый - разведя́] ③ *v* **1.** allumer • **разводи́ть костёр** allumer un feu de bois **2.** élever • **разводи́ть кур** élever des poules **3.** planter • **развести́ цветни́к** planter un parterre de fleurs
● **развести́ рука́ми** écarter les bras en signe d'impuissance

разводи́ться ④ / **развести́сь*** [IV, разведу́сь, разведёшься - развёлся, развела́сь - разведя́сь] ③ *vp* **1.** → разводи́ть **2.** divorcer • **он развёлся с жено́й** il a divorcé • **они́ развели́сь** ils ont divorcé

развора́чивать *syn de* развёртывать

развора́чиваться *syn de* развёртываться

развра́т *nm* débauche • **предава́ться развра́ту** se livrer à la débauche

/ **разврати́ть** → развраща́ть

развра́тник *nm* débauché

развра́тница *nf* débauchée

развра́тничать *v* se livrer à la débauche

развра́тный *adj* débauché, dépravé • **развра́тный челове́к** un débauché • **развра́тное поведе́ние** une conduite dépravée

развраща́ть / **разврати́ть** (т → щ) *v* débaucher, corrompre

/ **развяза́ть** → развя́зывать

/ **развяза́ться** → развя́зываться

развя́зка *nf* dénouement • **трагикоми́ческая развя́зка** un dénouement tragi-comique • **де́ло идёт к развя́зке** l'affaire approche de son dénouement

развя́зно *adv* avec désinvolture, de manière désinvolte • **держа́ть себя́ развя́зно** se conduire d'une manière désinvolte

развя́зный *adj* désinvolte • **развя́зные мане́ры** des manières désinvoltes

развя́зывать / **развяза́ть*** [IV, развяжу́, развя́жешь] ④ *v* dénouer, délier • **развяза́ть шнурки́** dénouer ses lacets • **развяза́ть паке́т** défaire un paquet ~ *fig* • **э́то развяза́ло ему́ язы́к** cela lui a délié la langue • **развяза́ть дире́кции ру́ки** laisser les mains libres à la direction

развя́зываться / **развяза́ться*** [II, развяжу́сь, развя́жешься] ④ *vp*

1. → развя́зывать 2. se débarrasser • **развяза́ться с каки́м-нибудь де́лом** se débarrasser d'une affaire

/ **разгада́ть** → разга́дывать

разга́дывать / **разгада́ть** *v* déchiffrer, deviner • **разгада́ть зага́дку** résoudre une devinette • **я, ка́жется, разгада́л его́ наме́рения** je crois avoir deviné ses intentions

разга́р *nm*
◈ **в разга́ре** au plus fort *(au moment crucial)* › **в разга́ре би́твы** au plus fort de la bataille › **пра́здник был в са́мом разга́ре** la fête battait son plein

разгиба́ть / **разогну́ть** *v* redresser *(rendre droit)* • **разогну́ть трубу́** redresser un tuyau

/ **разгла́дить** → разгла́живать

разгла́живать / **разгла́дить** *v* déplisser, défroisser • **разгла́дить лист бума́ги** défroisser une feuille de papier

разгова́ривать *v* discuter, parler • **мы с ней разгова́ривали о му́зыке** nous parlions de musique • **разгова́ривать с сами́м собо́й** parler tout seul • **разгова́ривать не́когда** ce n'est pas le moment de bavarder • **мы с ним не разгова́риваем** je ne lui parle plus

разгово́р *nm* conversation • **вступи́ть в разгово́р с продавцо́м** engager la conversation avec un vendeur
◈ **кру́пный разгово́р** une sérieuse discussion • **об э́том и разгово́ра не мо́жет быть** il ne peut pas en être question

разговори́ться *vp* se lancer dans une conversation • **за ча́ем они́ разговори́лись** tout en prenant le thé, ils se sont lancés dans une grande conversation

разгово́рник *nm* manuel de conversation

разгово́рный *adj* de conversation • **разгово́рный язы́к** la langue parlée • **разгово́рный сти́ль** le style parlé

разгово́рчивый *adj* loquace, bavard • **снача́ла он был не о́чень разгово́рчив** au début, il n'était pas très bavard

разгоня́ть / **разогна́ть*** [I, разгоню́, разго́нишь ④ - разогна́л, разогнала́, разогна́ло, разогна́ли ⑤] *v* 1. chasser, disperser *litt & fig* • **разогна́ть демонстра́нтов** disperser les manifestants • **ве́тер разогна́л ту́чи** le vent a chassé les nuages • **разогна́ть ску́ку** chasser l'ennui 2. donner de l'élan, lancer • **разогна́ть ло́шадь** lancer un cheval à grande allure • **ве́тер разогна́л высо́кую волну́** le vent a soulevé de grosses vagues

разгора́ться / **разгоре́ться*** [I, разгорю́сь, разгори́шься] *vp* 1. se mettre à flamber • **костёр разгоре́лся** le feu a bien pris 2. devenir tout rouge • **щёки у неё разгоре́лись** ses joues sont devenues toutes rouges 3. se déchaîner • **стра́сти разгоре́лись** les passions se sont déchaînées

/ **разгоре́ться** → разгора́ться

разгро́м *nm* 1. défaite, écrasement • **он не суме́л помо́чь свое́й кома́нде избежа́ть разгро́ма** il n'a pas pu aider son équipe à éviter la défaite 2. dévastation, destruction

/ **разгроми́ть** → громи́ть

разгружа́ть / **разгрузи́ть** ④ *v* décharger • **разгружа́ть ба́ржу** décharger une péniche

/ **разгрузи́ть** → разгружа́ть

/ **разгры́зть** → грызть

раздава́ть* [II, раздаю́, раздаёшь - раздава́й - раздава́я] / **разда́ть*** [*n cl,* разда́м, разда́шь, разда́ст, раздади́м, раздади́те, раздаду́т - разда́л, раздала́, разда́ло, разда́ли - разда́й - ро́зданный, ро́здан, раздана́, ро́здано, ро́зданы] ⑤ *v* distribuer • **разда́ть пода́рки** distribuer des cadeaux

раздава́ться* [II, раздаётся, раздаю́тся - раздава́йся - раздава́ясь] / **разда́ться*** [*n cl,* разда́стся, раздаду́тся - разда́лся, раздала́сь - разда́йся] ③ *vp* 1. → раздава́ть 2. retentir, se faire entendre • **му́зыка раздава́лась на всю окру́гу** on entendait la musique dans tout le quartier

/ **раздави́ть** → дави́ть

/ **разда́ть** → раздава́ть

/ **разда́ться** → раздава́ться

раздвига́ть / **раздви́нуть** *v* écarter • **раздви́нуть ве́тки** écarter les branches

/ **раздви́нуть** → раздвига́ть

раздева́ться / разде́ться* [*n cl*, разде́нусь, разде́нешься - разде́вшийся] *vp* se déshabiller • **он разде́лся и лёг спать** il se déshabilla et se coucha

разделе́ние *nnt* division, partage

/ **раздели́ть** → дели́ть, → разделя́ть

разделя́ть / раздели́ть [*part.* разделённый] ④ *v* **1.** partager, diviser • **раздели́ть на четы́ре ча́сти** diviser en quatre parts • **раздели́ть попола́м** partager en deux • **раздели́ть пятна́дцать на три** diviser quinze par trois **2.** partager *(avoir en commun)* • **я разделя́ю его́ мне́ние** je partage son opinion

/ **разде́ться** → раздева́ться

раздира́ть *v* **1.** / разодра́ть* [II, раздеру́, раздерёшь - разодра́л, разодрала́, разодра́ло, разодра́ли] ⑤ *fam* déchirer • **разодра́ть конве́рт** déchirer une enveloppe • **разодра́ть брю́ки** déchirer son pantalon **2.** déchirer *fig* • **его́ раздира́ла за́висть** il était miné par l'envie

раздо́р *nm* discorde • **се́ять раздо́р** semer la discorde
● **я́блоко раздо́ра** une pomme de discorde

раздража́ть / раздражи́ть *v* irriter • **его́ шу́тки меня́ раздража́ли** ses plaisanteries m'agaçaient • **раздража́ть желу́док** irriter l'estomac

раздраже́ние *nnt* irritation • **раздраже́ние го́рла** une irritation de la gorge • **говори́ть с раздраже́нием** parler d'un ton irrité

/ **раздражи́ть** → раздража́ть

раздува́ть / разду́ть* [II, разду́ю, разду́ешь - разду́тый] *v* **1.** attiser • **разду́ть ого́нь** attiser le feu **2.** gonfler • **у него разду́ло щёку** il a la joue enflée **3.** *fig* gonfler, exagérer • **разду́ть ци́фры** gonfler les chiffres

/ **разду́мать** → разду́мывать

разду́мывать / разду́мать *v* **1.** réfléchir • **разду́мывать не́когда** on n'a pas le temps d'y réfléchir **2.** se raviser, changer d'avis

/ **разду́ть** → раздува́ть

разева́ть / рази́нуть *v*
● **рази́нуть рот** rester bouche bée

/ **разжа́ть** → разжима́ть

/ **разже́чь** → разжига́ть

разжига́ть / разже́чь* [IV, разожгу́, разожжёшь, разожгу́т - разжёг, разожгла́ - разожжённый] ③ *v* **1.** allumer • **разже́чь костёр** allumer un feu de bois **2.** *fig* attiser • **разжига́ть стра́сти** attiser les passions

разжима́ть / разжа́ть* [IV, разожму́, разожмёшь - разжа́тый] *v* desserrer • **не разжима́ть зубо́в** ne pas desserrer les dents

/ **рази́нуть** → разева́ть

разлага́ть / разложи́ть ④ *v* **1.** décomposer • **при́зма разлага́ет свет** le prisme décompose la lumière **2.** *fig* corrompre • **разлага́ть молодёжь** corrompre la jeunesse

разлива́ть / разли́ть* [II, разолью́, разольёшь - разли́л, разлила́, разли́ло, разли́ли - разле́й - разли́тый, разли́т, разлита́, разли́то, разли́ты] ⑤ *v* **1.** verser, servir • **разлива́ть чай** servir le thé **2.** verser, répandre • **споткну́вшись, А́ннушка разлила́ ма́сло** en trébuchant, Annouchka a renversé de l'huile
● **их водо́й не разольёшь** ils sont inséparables

/ **разли́ть** → разлива́ть

различа́ть / различи́ть *v* distinguer, discerner • **в темноте́ тру́дно бы́ло различа́ть предме́ты** dans l'obscurité, il était difficile de distinguer les objets

разли́чие *nnt* différence • **суще́ственное разли́чие** une différence sensible

/ **различи́ть** → различа́ть

разли́чный *adj* divers, différent • **разли́чные мне́ния** des opinions différentes • **стро́ить разли́чные пла́ны** faire des plans de toute sorte

/ **разложи́ть** → разлага́ть, → раскла́дывать

разлу́ка *nf* séparation • **по́сле до́лгой разлу́ки** après une longue séparation

/ **разлюби́ть** → разлюбля́ть

разлюбля́ть / разлюби́ть ④ *v* cesser d'aimer

разма́х *nm* **1.** envergure • **ба́бочка с разма́хом кры́льев 52 миллиме́тра** un papillon d'une envergure d'ailes de 52 mm **2.** élan *(mouvement)* • **маши́на с разма́ху налете́ла на столб** dans sa course, la voiture est allée se jeter contre un poteau

разма́хивать *v (+ I)* faire de grands gestes, agiter • **разма́хивать рука́ми** faire de grands gestes avec les bras

разма́хиваться / размахну́ться *vp* lever le bras pour lancer • **неве́ста размахну́лась и изо всех сил запусти́ла сва́дебный буке́т** la jeune mariée leva le bras et de toutes ses forces lança son bouquet de mariage

/ **размахну́ться** → разма́хиваться

разме́нивать / разменя́ть *v* faire de la monnaie • **разменя́ть сто рубле́й** faire la monnaie de cent roubles

/ **разменя́ть** → меня́ть, → разме́нивать

разме́р *nm* **1.** dimension, étendue • **зда́ние огро́мных разме́ров** un bâtiment immense ~*fig* • **разме́р бе́дствия** l'étendue du désastre **2.** pointure • **како́й у вас разме́р?** quelle est votre pointure ? **3.** taille • **разме́р руба́шки** la taille d'une chemise **4.** montant • **разме́ры стипе́ндий студе́нтов ву́зов** le montant des bourses des étudiants

разме́ренный *adj* mesuré, régulier

/ **размести́ть** → размеща́ть

размеща́ть / размести́ть *v* installer, placer • **проводни́ца размести́ла пассажи́ров** le chef de wagon a indiqué leur place aux voyageurs

размножа́ть / размно́жить *v* reproduire *(tirer à plusieurs exemplaires)* • **размно́жить в ты́сяче экземпля́ров** reproduire à mille exemplaires

размножа́ться / размно́житься *vp* se reproduire (BIOL) • **кро́лики бы́стро размножа́ются** les lapins se reproduisent rapidement

/ **размно́жить** → размножа́ть

/ **размно́житься** → размножа́ться

размышле́ние *nnt* réflexion, méditation • **он предава́лся размышле́ниям** il était plongé dans ses réflexions

размышля́ть *v* réfléchir • **я до́лго размышля́л над э́тим вопро́сом** j'ai longuement réfléchi à cette question

/ **разнести́** → разноси́ть

разнима́ть / разня́ть* [IV, разниму́, разни́мешь ④ - разня́л, разняла́, разня́ло, разня́ли ⑤ - разня́тый, разня́т, разнята́, разня́то, разня́ты ⑤] *v* séparer • **разнима́ть деру́щихся ма́льчиков** séparer des gamins qui se battent

ра́зница *nf* différence • **больша́я ра́зница в цене́** une grande différence de prix • **с той ра́зницей, что** à cette différence près que • **нет никако́й ра́зницы** il n'y a aucune différence • **кака́я ра́зница?** qu'est-ce que ça change ?

разногла́сие *nnt* divergence • **разногла́сие во мне́ниях** des divergences d'opinion

разнообра́зный *adj* divers, varié • **разнообра́зные впечатле́ния** des impressions diverses

разноси́ть ④ / **разнести́*** [IV, разнесу́, разнесёшь - разнёс, разнесла́ - разнесённый - разнеся́] ③ *v* **1.** porter, assurer la distribution • **разноси́ть пи́сьма** distribuer le courrier **2.** répandre *(une nouvelle...)* • **разнести́ слух** répandre un bruit **3.** détruire • **разнести́ вдре́безги** mettre en miettes

разноцве́тный *adj* multicolore

ра́зный *adj* divers, différent • **ра́зные вку́сы** des goûts différents • **ра́зные спо́собы** divers moyens

/ **разня́ть** → разнима́ть

разоблача́ть / разоблачи́ть *v* démasquer

/ **разоблачи́ть** → разоблача́ть

/ **разобра́ть** → разбира́ть

/ **разобра́ться** → разбира́ться

/ **разогна́ть** → разгоня́ть

/ **разогну́ть** → разгиба́ть

разогрева́ть / разогре́ть [*part.* разогре́тый*] *v* **1.** chauffer • **со́лнце разогре́ло зе́млю** le soleil a réchauffé la terre **2.** faire réchauffer

/ **разогре́ть** → разогрева́ть

/ **разодра́ть** → драть, → раздира́ть

/ **разозли́ться** → зли́ться

/ **разойти́сь** → расходи́ться

/ **разорва́ть** → разрыва́ть, → рвать

/ **разорва́ться** → разрыва́ться, → рва́ться

разоре́ние *nnt* ruine, destruction • **находи́ться на гра́ни разоре́ния** être au bord de la ruine • **э́то про́сто разоре́ние** c'est tout simplement ruineux • **разоре́ние гнёзд** la destruction des nids

/ **разори́ть** → разоря́ть

разоружа́ть / **разоружи́ть** *v* désarmer • **разоружи́ть незако́нные вооружённые формирова́ния** désarmer des groupes armés illégaux

разоруже́ние *nnt* désarmement • **приме́р реа́льного я́дерного разоруже́ния** un exemple de désarmement nucléaire réel

/ **разоружи́ть** → разоружа́ть

разоря́ть / **разори́ть** *v* ruiner

разочарова́ние *nnt* désenchantement, désillusion

разочаро́ванный *adj* désenchanté • **разочаро́ванный тон** un ton désenchanté

/ **разочарова́ть** → разочаро́вывать

разочаро́вывать / **разочарова́ть** *v* décevoir • **он меня́ разочарова́л** il m'a déçu

разраба́тывать / **разрабо́тать** *v* élaborer, étudier • **разрабо́тать прое́кт** monter un projet

/ **разрабо́тать** → разраба́тывать

разража́ться / **разрази́ться** *vp* **1.** éclater *(se manifester, se produire brusquement)* • **разрази́лась гроза́** un orage éclata **2.** *(+ I)* éclater *(rire, larmes)* • **разрази́ться сме́хом** éclater de rire

/ **разрази́ться** → разража́ться

разреза́ть / **разре́зать*** [II, разре́жу, разре́жешь] *v* couper, découper • **разре́зать торт на куски́** découper le gâteau

/ **разре́зать** → ре́зать, → разреза́ть

разреша́ть / **разреши́ть** *v* **1.** permettre • **им разреши́ли по́льзоваться моби́льными телефо́нами** on leur a permis d'utiliser des téléphones portables • **разреши́те войти́?** puis-je entrer ? **2.** résoudre, trancher • **там бу́дут разрешены́ все спо́рные вопро́сы** toutes les questions litigieuses y seront tranchées

разреше́ние *nnt* autorisation, permis • **попроси́ть разреше́ния** demander l'autorisation • **получи́ть разреше́ние** obtenir l'autorisation • **с ва́шего разреше́ния** si vous permettez

/ **разреши́ть** → разреша́ть

разро́зненный *adj* dépareillé • **разро́зненные тома́** des volumes dépareillés

разру́ха *nf* effondrement *fig* • **по́лная разру́ха наро́дного хозя́йства** l'effondrement général de l'économie nationale

разруша́ть / **разру́шить** *v* détruire, démolir • **разру́шено мно́го жилы́х домо́в** beaucoup d'immeubles d'habitation ont été détruits ~ *fig* • **э́то разру́шило все мои́ пла́ны** cela a anéanti tous mes plans

/ **разру́шить** → разруша́ть

разрыва́ть / **разорва́ть*** [IV, разорву́, разорвёшь - разорва́л, разорвала́, разорва́ло, разорва́ли] ⑤ *v* **1.** déchirer • **разорва́ть письмо́ на ме́лкие клочки́** déchirer une lettre en petits morceaux **2.** faire sauter, faire éclater • **их невозмо́жно разорва́ть динами́том** il est impossible de les faire sauter à la dynamite **3.** *fig* rompre • **разорва́ть дипломати́ческие отноше́ния** rompre les relations diplomatiques • **разорва́ть с про́шлым** rompre avec son passé

разрыва́ться / **разорва́ться*** [IV, разорвётся, разорву́тся - разорва́лся, разорвала́сь] ③ *vp* **1.** → разрыва́ть **2.** éclater, faire explosion • **сообще́ние вы́звало эффе́кт разорва́вшейся бо́мбы** le communiqué a fait l'effet d'une bombe

/ **разуве́рить** → разуверя́ть

разуверя́ть / **разуве́рить** *v* détromper, faire changer d'opinion • **я до́лжен вас разуве́рить в э́том** je dois vous détromper à ce sujet

ра́зум *nm* raison *(bon sens)* • **го́лос ра́зума** la voix de la raison
◆ **у него́ ум за ра́зум захо́дит** il déraille

разуме́ться *vp*
◆ **са́мо собо́й разуме́ется** cela va de soi

разу́мный *adj* raisonnable, sensé • **разу́мное существо́** un être raisonnable • **разу́мные слова́** des paroles sensées

разу́чивать / **разучи́ть** ④ *v* étudier, apprendre *(en vue d'exécuter)* • **разучи́ть рома́нс** apprendre une romance • **разучи́ть роль** étudier un rôle

/ **разучи́ть** → разу́чивать

/ **разъедини́ть** → разъединя́ть

разъединя́ть / **разъедини́ть** *v* **1.** séparer • **сотру́дники мили́ции пыта́ются разъедини́ть демонстра́нтов** des policiers essaient de séparer les manifestants **2.** couper la communication *(au téléphone)* • **нас разъедини́ли** on a été coupés

/ **разъе́сть** → есть

разъярённый *adj* furieux • **реаги́ровать, как разъярённый бык на кра́сную тря́пку** réagir comme un taureau furieux devant un chiffon rouge • **разъярённый лай соба́к** des aboiements furieux

/ **разыска́ть** → разы́скивать

разы́скивать *v* **1.** chercher **2.** / **разыска́ть*** [II, разыщу́, разы́щешь...] ④ trouver • **разы́скано и задержано 33 престу́пника** on a retrouvé et arrêté 33 criminels

рай* *(loc.* **раю́***)* ⑧ *nm* paradis
◆ **ему́ здесь про́сто рай** il est ici comme un coq en pâte

райко́м *nm* (*abr.* райо́нный комитет) comité de district, comité d'arrondissement

райо́н *nm* **1.** région, contrée • **промы́шленный райо́н** une région industrielle **2.** quartier • **рабо́чий райо́н** un quartier ouvrier **3.** district • **Серпуховско́й райо́н Моско́вской о́бласти** le district de Serpoukhov dans la région de Moscou **4.** arrondissement • **Центра́льный райо́н Красноя́рска** l'arrondissement de Krasnoïarsk

райо́нный *adj* de district, d'arrondissement • **райо́нная больни́ца** une clinique de district

ра́йский *adj* de paradis, paradisiaque • **ра́йская жизнь на За́паде** la vie paradisiaque en Occident
◆ **ра́йская пти́ца** oiseau de paradis

рак[1] *nm* écrevisse • **кра́сный как рак** rouge comme une écrevisse
◆ **когда́ рак сви́стнет** quand les poules auront des dents • **я ему́ покажу́, где ра́ки зиму́ют** je vais lui montrer de quel bois je me chauffe

рак[2] *nm* cancer • **рак пе́чени** un cancer du foie
■ **Рак** *nm* (ASTROL) Cancer
◆ **тро́пик Ра́ка** le tropique du Cancer

раке́та *nf* fusée, missile • **пусти́ть сигна́льную раке́ту** lancer une fusée de signalisation • **межконтинента́льная баллисти́ческая раке́та** un missile balistique intercontinental

раке́тка *nf* raquette

ра́ковина *nf* **1.** coquille, coquillage • **ра́ковина ули́тки** la coquille d'un escargot **2.** évier
◆ **ушна́я ра́ковина** une conque

раку́шка *nf* coquillage

ра́ма *nf* **1.** châssis • **око́нная ра́ма** le châssis de la fenêtre • **ра́ма автомоби́ля** le châssis d'une automobile • **двойны́е ра́мы** les doubles fenêtres **2.** cadre *(de tableau)* • **в золото́й ра́ме** dans un cadre doré

ра́на *nf* blessure • **лёгкая ра́на** une blessure légère • **перевяза́ть ра́ну** panser une blessure • **ра́на бы́стро зажила́** la blessure a cicatrisé rapidement

ра́неная *adj subst f* une blessée

ра́неный *adj* blessé • **ра́неный бое́ц** un soldat blessé
■ **ра́неный** *adj subst m* un blessé • **ра́неного отвезли́ в больни́цу** on transporta le blessé à l'hôpital

ра́нить / **ра́нить** *v* blesser • **его́ ра́нило в но́гу** il a été blessé à la jambe

ра́нний *adj* **1.** *littéraire* de bonne heure • **ра́нним у́тром** tôt dans la matinée **2.** précoce, prématuré • **в э́том году́ весна́ ра́нняя** cette année, le printemps est précoce • **ра́нняя смерть**

царя́ Фёдора la mort prématurée du tsar Fédor

ра́но *(comp.* **ра́ньше****)* *adv* **1.** tôt • **было ещё ра́но** il était encore tôt • **я просну́лся ра́но у́тром** je me suis réveillé tôt le matin • **ра́но или по́здно он узна́ет об э́том** tôt ou tard, il l'apprendra **2.** trop tôt, très tôt
● **ещё ра́но обе́дать** il est trop tôt pour manger

ра́ньше *comp de* **ра́но**

раска́иваться / раска́яться* [II, раска́юсь, раска́ешься] *vp* se repentir • **раска́яться в своём преступле́нии** se repentir de son crime • **я раска́иваюсь, что согласи́лся** je regrette d'avoir accepté

раскалённый (раскалён, раскалена́) ③ *adj* fortement chauffé • **на раскалённом песке́** sur le sable brûlant • **раскалённый добела́** chauffé à blanc

раска́лывать / расколо́ть* [II, расколю́, раско́лешь - раско́лотый] ④ *v* **1.** fendre, casser • **расколо́ть поле́но** fendre une bûche • **расколо́ть оре́х** casser une noisette **2.** *fig* diviser, scinder • **расколо́ть кома́нду** diviser l'équipe

раска́лываться / расколо́ться* [II, расколю́сь, раско́лешься - раско́лотый] ④ *vp* **1.** se fendre, se casser **2.** *fig* se diviser, se scinder • **па́ртия расколо́лась на две гру́ппы** le parti s'est scindé en deux groupes

раска́яние *nnt* repentir • **по́зднее раска́яние** un repentir tardif

/ **раска́яться** → раска́иваться

раскла́дывать / разложи́ть ④ *v* **1.** étaler, mettre çà et là • **разложи́ть кни́ги по всему́ столу́** étaler des livres sur la table **2.** décomposer • **разложи́ть сло́во на ко́рень, приста́вку и су́ффикс** décomposer un mot en racine, préfixe et suffixe **3.** allumer • **разложи́ть костёр** allumer un feu de bois
● **разложи́ть чемода́н** défaire sa valise

раско́л *nm* (HIST) raskol *(schisme de l'Église orthodoxe russe né au XVIIe s. de l'opposition des traditionalistes aux réformes du patriarche Nikon)*

/ **расколо́ть** → коло́ть, → раска́лывать

раско́льник *nm* raskolnik *(schismatique du raskol)*

À PROPOS DE...

Les raskolniks se donnent le nom de **староверы**, vieux-croyants.

/ **раскра́сить** → раскра́шивать

раскра́шивать / раскра́сить *v* peindre, colorier • **раскра́сить карти́нку** colorier une image

/ **раскроши́ть** → кроши́ть

раскрыва́ть / раскры́ть* [II, раскро́ю, раскро́ешь - раскры́тый] *v* **1.** ouvrir grand • **раскры́ть две́ри** ouvrir les portes toutes grandes • **раскро́й рот поши́ре** ouvre plus grand la bouche • **раскры́ть зо́нтик** ouvrir un parapluie **2.** *fig* découvrir, mettre à nu • **раскры́ть кому́–нибудь своё се́рдце** ouvrir son cœur à quelqu'un **3.** dévoiler, déceler • **раскры́ть та́йну** découvrir un secret

/ **раскры́ть** → раскрыва́ть

распада́ться / распа́сться* [IV, распадётся, распаду́тся - распа́лся, распа́лась] *vp* se désagréger *litt & fig* • **гру́ппа то распада́ется, то собира́ется за́ново** tantôt le groupe se désagrège, tantôt il se réunit de nouveau

/ **распа́сться** → распада́ться

распа́хивать / распахну́ть *v* ouvrir tout grand • **хозя́ин гостеприи́мно распахну́л дверь** l'hôte ouvrit tout grand sa porte dans un geste de bienvenue • **на э́той неде́ле вы́ставка распахнёт свои́ две́ри** l'exposition ouvrira ses portes cette semaine

/ **распахну́ть** → распа́хивать

/ **распеча́тать** → распеча́тывать

распеча́тывать / распеча́тать *v* décacheter • **распеча́тать письмо́** décacheter une lettre

/ **распили́ть** → пили́ть

расписа́ние *nnt* horaire • **расписа́ние поездо́в** l'horaire des trains • **расписа́ние уро́ков** l'emploi du temps *(scolaire)* • **расписа́ние заня́тий** l'horaire des cours

/ **расписа́ть** → распи́сывать

/ **расписа́ться** → распи́сываться

распи́ска *nf* quittance, récépissé • **дать де́ньги под распи́ску** remettre de l'argent contre quittance

распи́сывать / **расписа́ть*** [II, распишу́, распи́шешь] ④ *v* **1.** décorer • **расписа́ть глухи́е сте́ны домо́в карти́нами** décorer les murs aveugles des immeubles avec des tableaux **2.** détailler • **расписа́ть ме́ры предупрежде́ния гри́ппа** détailler les mesures de prévention de la grippe

распи́сываться / **расписа́ться*** [II, распишу́сь, распи́шешься] ④ *vp* **1.** signer *(émarger)* • **расписа́ться в получе́нии зарпла́ты** toucher sa paye et émarger **2.** se marier • **они́ расписа́лись во Дворце́ бракосочета́ний** ils se sont mariés au Palais des mariages

/ **распла́вить** → пла́вить

распла́каться *vp* fondre en larmes

распла́та *nf* **1.** paiement **2.** expiation • **наступи́л час распла́ты** l'heure du châtiment est arrivée

/ **расплати́ться** → распла́чиваться

распла́чиваться / **расплати́ться** ④ *vp* payer ce que l'on doit • **расплати́ться с долга́ми** s'acquitter de ses dettes • **я расплати́лся за такси́** j'ai payé le taxi ~ *fig* • **расплати́ться за свои́ преступле́ния** expier ses fautes • **я ещё с тобо́й расплачу́сь** je te retrouverai

расплы́вчатый *adj* flou, vague • **расплы́вчатые очерта́ния** des contours flous • **расплы́вчатые опасе́ния** des craintes vagues

располага́ть / **расположи́ть** ④ *v* **1.** disposer, placer • **расположи́ть слова́ по алфави́ту** classer les mots par ordre alphabétique • **дом располо́жен на холме́** la maison est située sur une hauteur **2.** disposer, engager à • **расположи́ть избира́телей в свою́ по́льзу** disposer les électeurs en sa faveur **3.** *(pas de perf)* disposer, avoir à sa disposition • **располага́ть не́которыми деньга́ми** disposer d'une certaine somme

располага́ться / **расположи́ться** ④ *vp* **1.** → располага́ть **2.** s'installer • **тури́сты расположи́лись на берегу́ реки́** les touristes s'étaient installés au bord du fleuve

расположе́ние *nnt* disposition *litt & fig* • **расположе́ние ко́мнат в кварти́ре** la disposition des pièces dans l'appartement • **он был в хоро́шем расположе́нии** il était dans une heureuse disposition d'esprit

/ **расположи́ть** → располага́ть

/ **расположи́ться** → располага́ться

/ **распоряди́ться** → распоряжа́ться

распоряжа́ться / **распоряди́ться** *vp* **1.** prendre des mesures, faire le nécessaire • **мы распоряди́мся об упла́те вам э́той су́ммы** nous allons faire le nécessaire pour que cette somme vous soit payée **2.** disposer à sa guise • **вы мо́жете распоряжа́ться э́тими деньга́ми** vous pouvez faire ce que vous voulez de cet argent

распоряже́ние *nnt* ordre *(commandement)* • **отда́ть распоряже́ние** donner un ordre

● **в распоряже́ние** à la disposition › **предоста́вить в распоряже́ние** mettre à la disposition › **име́ть в своём распоряже́нии** avoir à sa disposition

/ **распра́вить** → расправля́ть

/ **распра́виться** → расправля́ться

расправля́ть / **распра́вить** *v* défroisser, détordre • **распра́вить лист бума́ги** défroisser une feuille de papier • **распра́вить про́волоку** détordre un fil de fer

● **распра́вить кры́лья** déployer ses ailes

расправля́ться / **распра́виться** *vp* **1.** → расправля́ть **2.** régler le compte *fig* • **я с ним распра́влюсь** je vais lui régler son compte

распределе́ние *nnt* répartition • **распределе́ние дохо́дов** la répartition des revenus

/ **распредели́ть** → распределя́ть

распределя́ть / **распредели́ть** *v* répartir • **распредели́ть рабо́ту ме́жду чле́нами коми́ссии** répartir le travail entre les membres de la commission

распродава́ть* [II, распродаю́, распродаёшь - распродава́й - распродава́я] / **распрода́ть*** [*n cl,* распрода́м, распрода́шь, распрода́ст, распродади́м, распродади́те, распродаду́т - распро́дал, распродала́, распро́дало, распро́дали - распрода́й - распро́данный, распро́дан, распродана́, распро́дано, распро́даны] ⑤ *v* vendre entièrement • **все**

билéты распрóданы tous les billets sont vendus • кни́га ужé давнó распродана́ ce livre est épuisé depuis longtemps

/ **распродáть** → распродавáть

распространéние *nnt* propagation, extension • **остановить распространéние э́той инфéкции** arrêter la propagation de cette infection

распространённый *adj* répandu, courant • **такóго рóда вéщи - распространённое явлéние** les choses de ce genre sont un phénomène courant

/ **распространи́ть** → распространя́ть

распространя́ть / **распространи́ть** *v* répandre, diffuser • **распространи́ть слух** répandre un bruit

распространя́ться / **распространи́ться** *vp* se répandre, se propager • **болéзнь бы́стро распространи́лась** la maladie s'est propagée rapidement

распускáть / **распусти́ть** ④ *v* **1.** déployer, étendre • **распусти́ть кры́лья** déployer ses ailes • **с белоку́рыми волосáми, распу́щенными по плечáм** avec des cheveux blonds, laissés libres sur ses épaules **2.** répandre, propager • **распусти́ть слу́хи** faire courir des bruits **3.** dissoudre *(une assemblée)*, congédier *(un groupe de personnes)* • **распусти́ть парлáмент** dissoudre le parlement • **распусти́ть рабóтников** congédier des employés **4.** libérer, relâcher • **распусти́ть по домáм детéй из школ** renvoyer les enfants des écoles chez eux **5.** dissoudre *(faire fondre)* • **распусти́ть соль в водé** dissoudre du sel dans l'eau

распускáться / **распусти́ться** ④ *vp* **1.** → распускáть **2.** s'ouvrir, s'épanouir • **пóчки на дерéвьях распусти́лись** les bourgeons des arbres se sont ouverts

/ **распусти́ть** → распускáть

/ **распусти́ться** → распускáться

распу́тица *nf* raspoutitsa *(période de dégel qui transforme la surface du sol en boue)*

распу́тный *adj* débauché, dissolu • **распу́тная жизнь** une vie dissolue

рассвéт *nm* aube • **на рассвéте** à l'aube

/ **рассерди́ть** → серди́ть

/ **рассерди́ться** → серди́ться

рассéянность *nf* distraction *(manque d'attention)*

рассéянный *adj* distrait • **рассéянный взгляд** un regard distrait • **он óчень рассéян** il est très étourdi

расскáз *nm* récit • **расскáз Чéхова** un récit de Tchekhov

/ **рассказáть** → расскáзывать

расскáзывать / **рассказáть*** [II, расскажу́, расскáжешь] ④ *v* raconter • **я рассказáл вам, что со мной случи́лось?** je vous ai raconté ce qui m'est arrivé ?

рассль́ышать* / [I, рассль́ышу, рассль́ышишь] *v* bien entendre, saisir • **извини́те, я не рассль́ышал** excusez-moi, je n'ai pas bien entendu

рассмáтривать *v* **1.** / рассмотрéть* [I, рассмотрю́, рассмóтришь] ④ examiner • **рассмáтривать предмéт** examiner un objet • **рассмáтривать вопрóс** étudier une question **2.** *(pas de perf; +* как*)* considérer • **он э́то рассмáтривает как настоя́щее преступлéние** il considère cela comme un véritable crime

/ **рассмеши́ть** → смеши́ть

рассмея́ться* [II, рассмею́сь, рассмеёшься] *vp* éclater de rire

/ **рассмотрéть** → рассмáтривать

расспрáшивать / **расспроси́ть** ④ *v* poser une série de questions • **он начáл расспрáшивать о дéле** il se mit à nous questionner sur cette affaire

/ **расспроси́ть** → расспрáшивать

рассрóчка *nf* étalement des paiements • **купи́ть в рассрóчку** acheter à crédit

расставáться* [II, расстаю́сь, расстаёшься - расставáйся - расставáясь] / **расстáться*** [*n cl,* расстáнусь, расстáнешься] *vp* **1.** se séparer, se quitter • **он не расстаётся со своéй скри́пкой** il ne se sépare jamais de son violon **2.** quitter, abandonner • **мнóгие охóтно расставáлись с сигарéтами** beaucoup abandonnaient volontiers leurs cigarettes

/ **расстáвить** → расставля́ть

расставля́ть / **расста́вить** *v* **1.** mettre à leur place • **расста́вить фигу́ры на (ша́хматной) доске́** disposer les pièces sur l'échiquier **2.** écarter • **расста́вить но́ги** écarter les jambes

/ **расста́ться** → расстава́ться

расстёгивать / **расстегну́ть** [*part.* расстёгнутый] *v* dégrafer, déboutonner • **расстегну́ть пальто́** déboutonner son manteau

/ **расстегну́ть** → расстёгивать

расстоя́ние *nnt* distance • **на большо́м расстоя́нии от го́рода** à une grande distance de la ville • **на расстоя́нии трёх киломе́тров** à une distance de trois kilomètres

расстра́ивать / **расстро́ить** *v* **1.** désaccorder • **роя́ль был расстро́ен** le piano était désaccordé **2.** désorganiser, déranger • **э́то расстра́ивает его́ пла́ны** cela dérange ses plans **3.** détraquer *(nuire à)* • **расстро́ить не́рвы** détraquer les nerfs **4.** troubler, désemparer • **ра́зве не ви́дишь, что она́ совсе́м расстро́ена?** tu ne vois donc pas qu'elle est complètement désemparée ?

расстре́л *nm* exécution capitale *(par les armes)* • **приговори́ть к расстре́лу** condamner à être fusillé

расстре́ливать / **расстреля́ть** *v* fusiller

/ **расстреля́ть** → расстре́ливать

/ **расстро́ить** → расстра́ивать

расстро́йство *nnt* **1.** désarroi • **с расстро́йства он забы́л в телефо́нной бу́дке су́мку** de désarroi il oublia son sac dans la cabine téléphonique **2.** dérangement *(trouble pathologique)* • **ни одна́ из них не страда́ет психи́ческими расстро́йствами** aucune d'entre elles ne souffre de troubles psychologiques • **расстро́йство желу́дка** un embarras gastrique

рассуди́тельный *adj* raisonnable, sensé • **рассуди́тельный челове́к** un homme plein de bon sens • **рассуди́тельное реше́ние** une décision raisonnable

рассу́док *nm* **1.** raison *(faculté de juger)* • **потеря́ть рассу́док** perdre la raison • **быть в по́лном рассу́дке** avoir toute sa raison **2.** bon sens • **вопреки́ рассу́дку** en dépit du bon sens

рассужда́ть *v* **1.** raisonner *(émettre un jugement)* • **маши́ны нау́чатся рассужда́ть в то́чности как челове́к** les machines vont apprendre à raisonner exactement comme les humains **2.** raisonner *(discuter un ordre)* • **прошу́ не рассужда́ть** tu es prié de ne pas discuter

рассужде́ние *nnt* **1.** raisonnement, rélexion • **рассужде́ния о превосхо́дстве плёнки над "ци́фрой"** des réflexions sur la supériorité de la pellicule sur le numérique **2.** discussion *(contestation)* • **положи́ть коне́ц всем рассужде́ниям на э́ту те́му** mettre fin à toutes les discussions sur ce thème

/ **рассчита́ть** → рассчи́тывать

рассчи́тывать *v* **1.** / **рассчита́ть** calculer • **рассчита́ть сто́имость** calculer le prix de revient **2.** *(pas de perf ;* **на** *+ A)* compter sur • **мы рассчи́тывали на тебя́** nous comptions sur toi

рассыпа́ть / **рассы́пать*** [II, рассы́плю, рассы́плешь] *v* laisser s'éparpiller • **рассы́пать соль на ска́терть** répandre du sel sur la nappe

рассыпа́ться / **рассы́паться*** [II, рассы́плюсь, рассы́плешься] *vp* **1.** se répandre, tomber en miettes • **бу́сы рассы́пались по́ полу** les perles se sont répandues sur le sol **2.** s'en aller de divers côtés, se disperser • **де́ти бы́стро рассыпа́ются по газо́ну** les enfants se dispersent rapidement sur la pelouse **3.** *(***в** *+L)* se répandre • **рассыпа́ться в извине́ниях** se confondre en excuses • **рассы́паться в комплиме́нтах** ne pas ménager les compliments
• **рассы́паться ме́лким бе́сом** faire des courbettes

/ **раста́ять** → та́ять

/ **раствори́ть** → растворя́ть

растворя́ть[1] / **раствори́ть** ④ *v* ouvrir grand *(une porte, une fenêtre)* • **раствори́ть о́кна** ouvrir les fenêtres toutes grandes

растворя́ть[2] / **раствори́ть** *v* dissoudre

À PROPOS DE...

Les deux verbes ci-dessus diffèrent par leur accentuation au futur simple et, en conséquence, au participe passé passif.

растворя́ться / **раствори́ться** *vp* se dissoudre, fondre • **са́хар раствори́лся в воде́** le sucre s'est dissous dans l'eau

расте́ние *nnt* plante • **водяно́е расте́ние** une plante aquatique

/ **растере́ть** → растира́ть, → тере́ть

/ **растерза́ть** → терза́ть

расте́ривать / **растеря́ть** *v* perdre peu à peu • **в доро́ге он растеря́л все свои́ ве́щи** il a perdu toutes ses affaires pendant le voyage

расте́риваться / **растеря́ться** *vp* 1. → расте́ривать 2. se décontenancer

расте́рянный *adj* décontenancé, désemparé • **име́ть расте́рянный вид** avoir l'air désemparé

/ **растеря́ть** → расте́ривать

/ **растеря́ться** → расте́риваться

расти́* [IV, расту́, растёшь - рос, росла́] ③ / **вы́расти*** [IV, вы́расту, вы́растешь - вы́рос, вы́росла] ③ *v* 1. pousser *(en parlant de la végétation)* • **там хорошо́ расту́т помидо́ры** les tomates y poussent bien • **борода́ растёт** sa barbe pousse 2. *(en parlant des hommes et des animaux)* grandir • **де́ти на глаза́х расту́т** les enfants grandissent à vue d'œil 3. s'agrandir, augmenter • **го́род растёт** la ville s'agrandit • **его́ влия́ние росло́** son influence grandissait

растира́ть / **растере́ть*** [IV, разотру́, разотрёшь - растёр, растёрла - растёртый] *v* 1. frotter, frictionner • **растира́ть ребёнка полоте́нцем** frictionner un enfant avec une serviette de toilette 2. broyer • **растере́ть в порошо́к** mettre en poudre

растира́ться / **растере́ться*** [IV, разотру́сь, разотрёшься - растёрся, растёрлась - растёртый] *vp* se frotter, se frictionner • **расти́раться одеколо́ном** se frictionner à l'eau de Cologne

расти́тельность *nf* 1. végétation • **расти́тельность Сиби́ри** la végétation de la Sibérie 2. poils, cheveux • **с густо́й расти́тельностью на голове́** avec une épaisse chevelure

расти́ть / **вы́растить** *v* 1. faire pousser *(cultiver)* • **расти́ть цветы́** faire pousser des fleurs 2. élever, former • **расти́ть дете́й** élever des enfants

/ **растопта́ть** → топта́ть

расторга́ть / **расто́ргнуть*** [III] *v* rompre *fig* • **расто́ргнуть догово́р** rompre un contrat

/ **расто́ргнуть** → расторга́ть

растра́та *nf* 1. détournement de fonds • **отда́ть под суд за растра́ту** poursuivre pour détournement de fonds 2. dépense excessive

/ **растра́тить** → растра́чивать

растра́чивать / **растра́тить** *v* dilapider, gaspiller • **растра́тить де́ньги на пустяки́** dépenser son argent en bricoles

растрёпанный *adj* 1. ébouriffé • **растрёпанные во́лосы** des cheveux ébouriffés 2. défraîchi, en mauvais état • **растрёпанный журна́л** une revue en mauvais état

растро́гать *v* émouvoir, attendrir • **все бы́ли растро́ганы до слёз** tous étaient émus jusqu'aux larmes

растя́гивать / **растяну́ть** ④ *v* 1. étendre • **растяну́ть ковёр по́ полу** étendre un tapis par terre 2. distendre • **растяну́ть свя́зки** se faire une entorse 3. faire durer • **растяну́ть удово́льствие** faire durer le plaisir

растя́гиваться / **растяну́ться** ④ *vp* 1. → растя́гивать 2. s'allonger, s'étendre *(en parlant d'une personne)* • **растяну́ться на дива́не** s'allonger sur le divan

• **растяну́ться во весь рост** tomber de tout son long

/ **растяну́ть** → растя́гивать

/ **растяну́ться** → растя́гиваться

расха́живать *v* aller et venir • **расха́живать по ко́мнате** se promener en long et en large dans la pièce

/ **расхи́тить** → расхища́ть

расхища́ть / **расхи́тить** *v* piller *(opérer des détournements frauduleux, faire main basse sur)*

расхо́д *nm* 1. dépense, frais • **непредви́денные расхо́ды** des dépenses imprévues 2. consommation • **расхо́д элек-**

троэнéргии la consommation d'électricité

расходи́ться ④ / **разойти́сь*** [IV, разойдýсь, разойдёшься - разошёлся, разошлáсь - разойдя́сь] *vp* **1.** se disperser • **тýчи разошли́сь** les nuages se sont dispersés • **гóсти разошли́сь** les invités sont partis **2.** se quitter • **разойти́сь со стáрым дрýгом** se séparer d'un vieil ami • **он разошёлся с женóй** il a divorcé **3.** diverger • **мы расходи́лись во мнéниях** nous n'étions pas du même avis **4.** se lancer, se déchaîner • **дождь разошёлся** la pluie s'est mise à tomber fort • **онá всегдá сиди́т сми́рно, а вот сегóдня разошлáсь вовсю́** d'habitude elle est bien tranquille, mais aujourd'hui elle est déchaînée **5.** être dépensé, être épuisé • **весь тирáж разошёлся за недéлю** tous les exemplaires ont été vendus en une semaine

расхóдовать / **израсхóдовать** *v* **1.** dépenser • **они́ израсхóдовали все дéньги** ils ont dépensé tout l'argent **2.** consommer • **маши́на расхóдует мнóго бензи́на** la voiture consomme beaucoup d'essence

расхождéние *nnt* divergence • **расхождéние во взгля́дах** des divergences de vues

/ **расхотéться*** [*n cl,* расхóчется] *vp* cesser de faire envie • **мне расхотéлось спать** je n'ai plus envie de dormir

/ **расхохотáться*** [II, расхохочýсь, расхохóчешься] ④ *vp* éclater de rire *(bruyamment)*

/ **расцвести́** → расцветáть

расцвéт *nm* épanouissement • **эпóха расцвéта литератýры** une époque où la littérature a connu un grand essor • **в расцвéте сил** dans toute la plénitude de ses moyens

расцветáть / **расцвести́*** [IV, расцветý, расцветёшь - расцвёл, расцвелá] ③ *v* **1.** être en fleurs • **в садý расцветáли я́блони** dans le jardin, les pommiers étaient en fleurs **2.** *fig* être épanoui • **расцвести́ улы́бкой** avoir un sourire épanoui **3.** *fig* être en plein développement, être florissant • **наýки и искýсства расцветáли** les sciences et les arts étaient florissants

расцéнивать / **расцени́ть** [*part.* расценённый] ④ *v* estimer, considérer • **расцени́ть товáр** estimer une marchandise

/ **расцени́ть** → расцéнивать

/ **расчесáть** → расчёсывать

расчёска *nf* peigne

расчёсывать / **расчесáть*** [II, расчешý, расчéшешь] ④ *v* **1.** démêler, coiffer • **расчесáть вóлосы на прямóй пробóр** se coiffer avec une raie au milieu **2.** gratter • **он расчесáл мéсто укýса насекóмого** il gratta l'endroit où un insecte l'avait piqué

расчёт *nm* **1.** calcul *litt & fig* • **приблизи́тельный расчёт** un calcul approximatif • **обманýться в расчётах** se tromper dans ses calculs *fig* • **э́то не вхóдит в егó расчёты** cela n'entre pas dans ses vues • **брак по расчёту** un mariage de raison **2.** compte *(état de ce qui est dû)* • **потрéбовать расчёта** exiger son compte

расчётливый *adj* **1.** économe • **расчётливая хозя́йка** une ménagère économe **2.** prudent • **расчётливое решéние** une décision prudente

/ **расчи́стить** → расчищáть

расчищáть / **расчи́стить** *v* nettoyer, déblayer • **расчи́стить дорóжку от снéга** déblayer la neige de l'allée

/ **расшатáть** → расшáтывать

расшáтывать / **расшатáть** *v* ébranler *litt & fig* • **э́то расшатáло её здорóвье** cela a ébranlé sa santé

расшáтываться / **расшатáться** *vp* être ébranlé *litt & fig* • **зуб расшатáлся** j'ai une dent qui bouge • **дисципли́на расшатáлась** la discipline s'est relâchée

расширéние *nnt* **1.** élargissement, augmentation • **расширéние торгóвых обмéнов** l'accroissement des échanges commerciaux **2.** dilatation • **расширéние желýдка** une dilatation d'estomac • **расширéние сéрдца** une hypertrophie du cœur

/ **расши́рить** → расширя́ть

расширя́ть / **расши́рить** *v* élargir, agrandir • **расши́рить прохóд** élargir le passage • **расши́рить завóд** agrandir une usine ~ *fig* • **расши́рить знáния** élargir nos connaissances

рвать* [IV, рву, рвёшь - рвал, рвала́, рва́ло, рва́ли] ⑤ *v* **1.** / **разорва́ть*** [IV, *id*] ⑤ *et* **порва́ть*** [IV, *id*] ⑤ déchirer, lacérer • **разорва́ть письмо́ на ме́лкие клочки́** déchirer une lettre en petits morceaux • **порва́ть пла́тье** déchirer sa robe **2.** / **сорва́ть*** [IV, *id*] ⑤ cueillir • **рвать цветы́** cueillir des fleurs • **я сорва́л ве́тку** j'ai cassé une branche **3.** / **порва́ть*** [IV, *id*] ⑤ rompre *fig* • **порва́ть дипломати́ческие отноше́ния** rompre les relations diplomatiques • **я с ним давно́ порва́л** il y a longtemps que je ne le fréquente plus **4.** / **вы́рвать*** [IV, вырву, вырвешь] ⑤ arracher, extraire • **ве́тер рвёт дере́вья с корня́ми** le vent arrache les arbres • **вы́рвать страни́цу из кни́ги** arracher une page d'un livre • **вы́рвать больно́й зуб** arracher une dent gâtée **5.** / **вы́рвать*** [IV, *id*] ⑤ **его́ вы́рвало** il a vomi • **её рвёт жёлчью** elle vomit de la bile
● **рвать на себе́ во́лосы** s'arracher les cheveux *fig*

рва́ться* [IV, рвусь, рвёшься - рва́лся, рвала́сь] ③ *vp* **1.** / **разорва́ться*** [IV, *id*] ③ *et* **порва́ться*** [IV, *id*] ③ *et* **сорва́ться*** [IV, *id*] ③ se déchirer • **э́та ткань легко́ рвётся** ce tissu se déchire facilement **2.** / **взорва́ться*** [IV, *id*] ③ *et* **разорва́ться*** [IV, *id*] ③ éclater • **беспреры́вно рвали́сь снаря́ды** des obus éclataient sans arrêt **3.** *(pas de perf)* brûler d'envie de • **он рва́лся на во́лю** il ne songeait qu'à retrouver la liberté

рво́та *nf* vomissement

ребёнок* *(pl.* **де́ти, дете́й, де́тям, детьми́, де́тях***)* *nm* enfant • **у них оди́н ребёнок** ils n'ont qu'un enfant • **у них дво́е дете́й** ils ont deux enfants • **э́то настоя́щий ребёнок** c'est un vrai gosse

> **À PROPOS DE...**
> Voir aussi les mots **де́ти** et **ребя́та**.

ребро́ *(pl.* **рёбра, рёбер, рёбрам***)* ②① *nnt* **1.** côte *(partie du squelette)* **2.** tranche *(côté d'un objet)*
● **у него́ одни́ рёбра оста́лись** il n'a que la peau et les os

ребя́та* *(*ребя́т, ребя́там*)* *nmpl* **1.** → **ребёнок 2.** gars • **хоро́шие ребя́та** de braves garçons • **э́й, ребя́та!** eh, les gars ! • **де́вушки и ребя́та** les filles et les garçons

ребя́ческий *adj* de gamin, puéril • **ребя́ческая вы́ходка** une gaminerie

рёв *nm* mugissement(s), rugissement(s) • **медве́жий рёв** les grondements d'un ours • **рёв толпы́** les cris de la foule • **рёв бу́ри** le mugissement de la tempête

реве́ть* [IV, реву́, ревёшь] / **зареве́ть*** [IV, *id*] *v* **1.** mugir, rugir • **медве́дь реве́л** l'ours poussait des grondements • **толпа́ реве́ла** la foule hurlait • **реве́ла бу́ря** la tempête mugissait **2.** pleurer *(bruyamment)*

ревни́вый *adj* jaloux • **ревни́вый муж** un mari jaloux

ревнова́ть *v* être jaloux *(dépit amoureux)* • **он ревну́ет жену́ к прохо́жим** il est jaloux des passants que croise sa femme

ре́вность *nf* jalousie *(sentiment de dépit amoureux)* • **уби́ть из ре́вности** tuer par jalousie

ре́гби *nnt indécl* rugby

регистри́ровать / **зарегистри́ровать** *v* enregistrer • **регистри́ровать брак** se marier *(officiellement)* • **зарегистри́ровать сде́лку** enregistrer une transaction • **регистри́ровать информа́цию** enregistrer une information

регистри́роваться / **зарегистри́роваться** *vp* s'enregistrer, se faire enregistrer

реда́ктор *nm* rédacteur, rédactrice

реди́с *nm* radis

реди́ска *fam* → **реди́с**

ре́дкий *(comp.* **ре́же***)* ⑤ *adj* **1.** rare • **ре́дкая кни́га** un livre rare • **же́нщина ре́дкой красоты́** une femme d'une rare beauté • **ре́дкий дура́к** un imbécile comme on en voit peu • **она́ ре́дко пи́шет** elle écrit rarement **2.** clairsemé, peu épais • **ре́дкий лес** une forêt peu épaisse

ре́дкость *nf* rareté *(divers sens)* • **ре́дкость зо́лота** la rareté de l'or • **ре́дкость во́здуха** la rareté de l'air • **э́то музе́йная ре́дкость** c'est une pièce de collection

● **на рéдкость** exceptionnellement › **э́то на рéдкость дóбрый человéк** c'est un homme d'une rare bonté

рéже *comp de* **рéдкий**

режиссёр *nm* metteur en scène

рéзать* [II, рéжу, рéжешь] *v* **1.** / **разрéзать*** [II, *id*] *et* **порéзать** [II, *id*] couper, trancher • **рéзать мя́со** couper la viande • **рéзать торт на куски́** couper des parts de gâteau • **нож рéжет как бри́тва** ce couteau coupe comme un rasoir **2.** / **зарéзать*** [II, *id*] égorger • **рéзать овцу́** égorger une brebis • **зарéзать цыплёнка** tuer un poulet **3.** causer une douleur aiguë • **верёвка рéжет ру́ки** la ficelle me coupe les mains • **вéтер рéзал лицó** le vent nous cinglait le visage • **э́то рéжет слух** cela vous déchire les oreilles • **у меня́ в животé рéжет** j'ai des coliques **4.** faire de la gravure • **рéзать по дéреву** faire de la gravure sur bois
● **рéзать начáльнику прáвду в глазá** dire ses quatre vérités à son chef

рези́на *nf* caoutchouc • **издéлия из рези́ны** des objets en caoutchouc

рези́нка *nf* gomme *(à effacer)* • **стирáтельная рези́нка** une gomme à crayon • **черни́льная рези́нка** une gomme à encre
● **жевáтельная рези́нка** chewing-gum

рези́новый *adj* **1.** du caoutchouc • **рези́новая промы́шленность** l'industrie du caoutchouc **2.** en caoutchouc • **рези́новая подóшва** une semelle en caoutchouc

рéзко *adv* brusquement • **погóда рéзко измени́лась** le temps a brusquement changé

рéзкий *(comp.* **рéзче***)* ⑤ *adj* **1.** âpre, âcre, violent • **рéзкий вéтер** un vent âpre • **рéзкий зáпах** une odeur âcre • **рéзкий хóлод** un froid glacial • **рéзкая боль** une douleur violente • **рéзкий свет** une lumière vive **2.** brusque *(soudain)* • **рéзкое повышéние цен** une brusque flambée des prix **3.** brusque *(rude)* • **рéзкие жéсты** des gestes brusques • **рéзкий тон** un ton cassant • **рéзкий отвéт** une réponse abrupte **4.** fortement prononcé • **рéзкие черты́ лицá** des traits fortement prononcés

рéзче *comp de* **рéзкий**

резьбá *nf* gravure, sculpture • **резьбá по дéреву** gravure sur bois

рекá ②⑦ *nf* fleuve, rivière • **на берегу́ реки́** au bord du fleuve

> **À PROPOS DE...**
>
> L'accent passe sur la préposition dans les groupes **зá реку** et **нá реку**.

рельс *nm* rail • **трамвáйные рéльсы** des rails de tramway
● **сойти́ с рéльсов** dérailler › **пóезд сошёл с рéльсов** le train a déraillé

ремéнь *nm* courroie • **передáточный ремéнь** une courroie de transmission
● **ремéнь безопáсности** une ceinture de sécurité

ремéсленник *nm* artisan • **мéлкие ремéсленники** les petits artisans

ремéсленница *nm* artisane

ремеслó *(pl.* **ремёсла, ремёсел, ремёслам***)* ②① *nnt* métier • **он на врéмя забрóсил ремеслó джáзового кри́тика** il a abandonné temporairement le métier de critique de jazz

ремóнт *nm* réparation • **отдáть часы́ в ремóнт** donner sa montre à réparer • **ресторáн закры́т на ремóнт** le restaurant est fermé pour travaux • **ну́жен капитáльный ремóнт** il va falloir tout refaire de fond en comble ~ *(sur une enseigne)* • **ремóнт óбуви** cordonnier

ремонти́ровать / **отремонти́ровать** *v* réparer, remettre en état • **отремонти́ровать óбувь** réparer des chaussures • **ремонти́ровать цéрковь** restaurer une église

рентгéн *nm* radio(scopie)

рéпа *nf* navet

репродýктор *nm* haut-parleur

ресни́ца *nf* cil • **дли́нные чёрные ресни́цы** de longs cils noirs

респу́блика *nf* république • **респу́блика Карéлия** la république de Carélie

ресторáн *nm* restaurant

рецéнзия *nf* article *(critique)*, compte rendu • **рецéнзия на нóвую пьéсу** la critique d'une nouvelle pièce

рецéпт *nm* **1.** ordonnance • **вы́писать рецéпт** faire / établir une ordonnance **2.** recette (de cuisine) • **рецéпт приготовлéния беф-стрóганов** la recette du bœuf Stroganoff

речнóй *adj* fluvial, de fleuve • **речнáя ры́ба** les poissons de rivière • **речнóй вокзáл** une gare fluviale
● **речнóй трамвáй** un bateaubus

речь ①③ *nf* **1.** parole *(faculté de parler)* • **óрганы рéчи** les organes de la parole **2.** langage, langue • **ýстная речь** la langue parlée • **пи́сьменная речь** la langue écrite **3.** propos, paroles • **пусты́е рéчи** des propos oiseux **4.** discours *(harangue)* • **произнести́ речь** prononcer un discours • **речь адвокáта** la plaidoirie de l'avocat • **надгрóбная речь** oraison funèbre **5.** discours *(gramm)* • **прямáя речь** le discours direct • **кóсвенная речь** le discours indirect • **чáсти рéчи** les parties du discours **6.** question • **о чём речь?** de quoi est-il question ? • **вот модéль, о котóрой идёт речь** voilà le modèle dont il est question • **не о том речь** ce n'est pas de cela qu'il est question • **об э́том не мóжет быть и рéчи** il ne peut pas en être question

решáть / реши́ть *v* **1.** décider • **я реши́л отказáться** j'ai décidé de refuser • **э́то ужé решенó** c'est déjà décidé **2.** résoudre • **реши́ть задáчу** résoudre un problème • **решáть кроссвóрд** faire des mots croisés

решáться / реши́ться *vp* **1.** → **решáть 2.** se décider, prendre son parti • **я не знáю, на что реши́ться** je ne sais pas quel parti prendre

решéние *nnt* **1.** décision, résolution • **приня́ть решéние** prendre une décision **2.** solution • **решéние задáчи** la solution d'un problème

решётка *nf* grille • **садóвая решётка** la grille du parc

реши́тельно *adv* **1.** d'une manière résolue • **он реши́тельно отказáлся** il a refusé catégoriquement • **дéйствовать реши́тельно** agir avec résolution **2.** absolument • **мне реши́тельно всё равнó** ça m'est absolument égal • **я реши́тельно ничегó не понимáю** je n'y comprends absolument rien

реши́тельный *adj* **1.** décidé, résolu • **реши́тельный тон** un ton décidé **2.** décisif, définitif • **реши́тельные собы́тия** des événements décisifs • **приня́ть реши́тельные мéры** prendre des mesures décisives

/ **реши́ть** → **решáть**

/ **реши́ться** → **решáться**

рéшка *nf* pile *(côté d'une pièce de monnaie)* • **орёл или рéшка?** pile ou face ?

ржáветь / заржáветь *v* rouiller

ржáвчина *nf* rouille

ржáвый *adj* **1.** rouillé • **ржáвая кры́ша** un toit rouillé **2.** qui ressemble à la rouille • **ржáвые ли́стья** des feuilles couleur de rouille

ржать* [IV, ржу, ржёшь] / **заржáть*** [IV, *id*] *v* **1.** hennir **2.** *fam* rire

ри́мский *adj* **1.** romain *(de Rome)* • **ри́мские пáмятники** les monuments de Rome **2.** latin • **ри́мская литератýра** la littérature latine
● **ри́мские ци́фры** les chiffres romains • **пáпа ри́мский** le pape • **ри́мское прáво** le droit romain

рис *nm* riz

риск *nm* risque • **с ри́ском для жи́зни** au péril de sa vie • **идти́ на риск** prendre des risques • **на свой риск и страх** à ses risques et périls

/ **рискнýть** → **рисковáть**

рисковáть / рискнýть *(+ I) v* risquer • **рисковáть своéй жи́знью** risquer sa vie

рисовáние *nnt* dessin *(art de dessiner)* • **урóк рисовáния** leçon de dessin

рисовáть / нарисовáть *v* dessiner • **рисовáть с натýры** dessiner d'après nature • **рисовáть перóм** faire un dessin à la plume • **рисовáть портрéт** faire un portrait

ри́совый *adj* de riz, au riz • **ри́совая кáша** un plat de riz

рисýнок *nm* dessin *(ce qui est dessiné)* • **рисýнок перóм** un dessin à la plume

рóбкий ⑤ *adj* timide • **рóбкий взгляд** un regard timide
● **не рóбкого деся́тка** qui n'a pas froid aux yeux › **онá не рóбкого деся́тка** elle n'a pas froid aux yeux

ров* *(loc.* рву*)* *nm* fossé • крéпость былá окруженá рвом la forteresse était entourée d'un fossé

ровéсник *nm* personne du même âge • он мой ровéсник il a le même âge que moi

ровéсница *nf* personne du même âge • мы с ней ровéсницы nous sommes du même âge

рóвно *adv* **1.** avec régularité • вéтер дул рóвно le vent soufflait avec régularité **2.** précisément, exactement • мы провели в Москвé рóвно два мéсяца nous avons passé exactement deux mois à Moscou • рóвно в три часá à trois heures précises • рóвно сóрок рублéй exactement quarante roubles **3.** *fam* absolument • я рóвно ничегó не пóнял je n'ai absolument rien compris

рóвный ⑤ *adj* **1.** uni, plat • рóвная мéстность une région plate • рóвная дорóга une route plate **2.** régulier, égal • рóвный пульс un pouls régulier • рóвный вéтер un vent régulier
● рóвный счёт un compte rond › для рóвного счёта pour faire un compte rond › рóвным счётом ничегó absolument rien

рог* *(nom. pl.* рогá*)* ①② *nm* **1.** corne • олéньи рогá des cornes de cerf **2.** cor • охóтничий рог un cor de chasse • трубить в рог sonner du cor
● взять быкá за рогá prendre le taureau par les cornes

рогáтый *adj* cornu, à cornes • крýпный рогáтый скот les bovins • мéлкий рогáтый скот les ovins

род*¹ *(loc.* родý*)* ⑧② *nm* **1.** génération, lignée • из рóда в род de génération en génération **2.** origine, naissance • онá рóдом из Сибири elle est née en Sibérie • он был францýз рóдом il est Français de naissance **3.** race, espèce • человéческий род le genre humain

род² *nm* **1.** *(sing seulement)* sorte, genre • всякого рóда товáры des marchandises de toutes sortes • род занятий le genre d'occupations • своегó рóда оригинáл un original en son genre **2.** (GRAMM) genre • мужскóй род le masculin • жéнский род le féminin • срéдний род le neutre

À PROPOS DE...

1. Les deux mots ci-dessus diffèrent par leur accentuation.
2. Voir рóды.

родильный *adj*
● родильный дом maternité *(établissement hospitalier)*

рóдина *nf* pays natal, patrie • любóвь к рóдине l'amour de la patrie • тоскá по рóдине le mal du pays

рóдинка *nf* grain de beauté

родители *(*родителей, родителям*)* *pl t* parents *(père et mère)*

родительный *adj*
● родительный падéж le génitif

родить / **родить** [родил, родилá, родило, родили - рождённый*] ⑤ *v* mettre au monde, engendrer *litt & fig* • онá родилá дóчку c'est une fille qu'elle a eue • горá родилá мышь la montagne a accouché d'une souris
● в чём мать родилá en costume d'Adam

À PROPOS DE...

Au passé, les deux aspects diffèrent par leur accentuation à la forme du féminin.

родиться / **родиться** [родился, родилáсь] ③ *vp* naître • он родился в 2002 годý il est né en 2002 • я родился 2-го мáя 1998 гóда je suis né le 2 mai 1998 • родиться под счастливой звездóй naître sous une bonne étoile • у меня родилáсь счастливая мысль il m'est venu une bonne idée

À PROPOS DE...

Au passé, les deux aspects diffèrent par leur accentuation au féminin, au neutre et au pluriel.

родник ③② *nm* source • напиться воды из родникá boire de l'eau à une source

роднóй *adj* **1.** qui a des liens de parenté directe • это егó роднóй сын c'est son propre fils **2.** natal, paternel, maternel • мой роднóй гóрод ma ville natale • роднóй дом la maison natale • роднóй язык la langue maternelle
■ родные *pl t* parent *(personne liée à une autre par les liens du sang)* • это один из

моих родных c'est quelqu'un de ma famille

ро́дственник *nm* parent *(membre de la famille)* • **да́льний ро́дственник** un parent éloigné • **он мне ро́дственник со стороны́ отца́** c'est un parent du côté de mon père

ро́дственница *nf* parente • **да́льняя ро́дственница** une parente éloignée • **э́то ро́дственница со стороны́ отца́** c'est une parente du côté de mon père

ро́дственный *adj* **1.** de parenté • **ро́дственные свя́зи** des liens de parenté **2.** apparenté • **ро́дственные языки́** des langues de la même famille

родство́ *nnt* parenté *(consanguinité)*

ро́ды (**ро́дов, ро́дам**) *pl t* accouchement • **преждевре́менные ро́ды** un accouchement prématuré

ро́жа *fam nf* gueule • **он ро́жей не вы́шел** il a une sale gueule

рожа́ть *syn de* **роди́ть**

рожда́емость *nf* natalité • **рост рожда́емости** une augmentation de la natalité

рожда́ть *syn de* **роди́ть**

рожда́ться *syn de* **роди́ться**

рожде́ние *nnt* naissance • **гра́ждане 1986 го́да рожде́ния** les citoyens nés en 1986
● **день рожде́ния** anniversaire › **7-ое ноября́ — мой день рожде́ния** mon anniversaire est le 7 novembre

Рождество́ *nnt* Noël • **незадо́лго до Рождества́** peu avant Noël

рожь* *(instr.* **ро́жью***)* *nf* seigle

ро́за *nf* **1.** rose • **бе́лая ро́за** une rose blanche **2.** rosier • **высо́кие ро́зы** de grands rosiers

розе́тка *nf* prise de courant *(dans le mur)* • **вы́дернуть шнур из розе́тки** débrancher le cordon de la prise • **телефо́нная розе́тка** une prise de téléphone

ро́зница *nf* détail *(commerce)* • **продава́ть в ро́зницу** vendre au détail

ро́зничный *adj* au détail, de détail • **ро́зничная прода́жа** vente au détail • **ро́зничные це́ны** prix de détail

ро́зовый *adj* rose • **ро́зовое пла́тье** une robe rose ~ *fig* • **ви́деть всё в ро́зовом цве́те** voir tout en rose

рой *nm* essaim, nuée *(d'insectes)* • **пчели́ный рой** un essaim d'abeilles • **рой комаро́в** une nuée de moustiques

рокови́й *adj* **1.** fatidique • **он дежу́рил в ту ракову́ю ночь** il était de garde pendant cette nuit fatidique **2.** fatal • **рокова́я оши́бка** une erreur fatale

ро́лик *nm* **1.** patin à roulettes • **ката́ться на ро́ликах** faire du patin à roulettes **2.** clip **3.** molette • **ро́лик прокру́тки мы́ши** la molette de la souris

роль ①③ *nf* rôle *litt & fig* • **игра́ть гла́вную роль в пье́се** jouer le rôle principal dans la pièce • **э́то игра́ет большу́ю роль** cela joue un grand rôle

рома́шка *nf* **1.** marguerite **2.** camomille **3.** pâquerette

роня́ть / урони́ть ④ *v* **1.** laisser tomber, laisser échapper • **урони́ть стака́н** laisser tomber un verre **2.** *fig* porter tort • **э́то урони́ло его́ репута́цию** cela a fait du tort à sa réputation

ро́пот *nm* bruit sourd et confus • **ро́пот волн** le grondement des flots • **ро́пот пробежа́л по толпе́** un murmure parcourut la foule

ропта́ть* [II, ропщу́, ро́пщешь] ④ / **возропта́ть** [II, *id*] ④ *v* exprimer son mécontentement, maugréer • **ропта́ть на судьбу́** maugréer contre le sort

рос → **расти́**

роса́ *nf* rosée • **у́тренняя роса́** la rosée du matin

роско́шно *adv* luxueusement, richement • **жить роско́шно** vivre richement

роско́шный *adj* **1.** luxueux, de luxe • **роско́шное изда́ние** une édition de luxe • **она́ приобрела́ роско́шный вече́рний туале́т** elle avait acheté une luxueuse tenue de soirée **2.** splendide, excellent • **роско́шная пого́да** un temps splendide • **роско́шная иде́я** une excellente idée

ро́скошь *nf* luxe • **предме́ты ро́скоши** des objets de luxe • **он мо́жет позво́лить себе́ э́ту ро́скошь** il peut se permettre ce luxe

росла́, росли́ → **расти́**

росси́йский *adj* **1.** de la fédération de Russie **2.** russe

Росси́я *nf* Russie

россия́нин *(pl.* россия́не, россия́н, россия́нам*)* *nm* **1.** citoyen de la Fédération de Russie *m* **2.** Russe

россия́нка *nf* **1.** citoyenne de la Fédération de Russie *f* **2.** Russe

рост *nm* **1.** croissance • **рост расте́ний** la croissance des plantes • **рост промы́шленности** le développement de l'industrie **2.** taille • **он был высо́кого ро́ста** il était de haute taille • **он ро́стом с меня́** il est de ma taille
● **во весь рост a.** en pied › **портре́т во весь рост** un portrait en pied **b.** de toute sa hauteur › **он растяну́лся во весь рост** il est tombé de tout son long

рот* *(loc.* рту*)* *nm* bouche • **дыша́ть ртом** respirer par la bouche • **рази́нув рот** bouche bée

ро́та *nf* compagnie (MIL)

ро́ща *nf* petit bois, bosquet • **берёзовая ро́ща** un petit bois de bouleaux

роя́ль *nm* piano à queue • **игра́ть на роя́ле** jouer du piano

рта, рту → рот

ртуть *nf* mercure

руб. *(abr écrite de* **рубль***)* *nm* rouble

руба́ха *fam nf syn de* руба́шка
● **руба́ха-па́рень** un brave garçon facile à vivre

руба́шка *nf* chemise • **цветна́я руба́шка** une chemise de couleur • **ночна́я руба́шка** une chemise de nuit • **ру́сская руба́шка** une chemise russe

рубе́ж ③② *nm* limite, frontière • **есте́ственные рубежи́** les frontières naturelles • **на рубеже́ двух эпо́х** à la jonction de deux époques
● **за рубежо́м** à l'étranger

руби́ть ④ *v* **1.** / **наруби́ть** ④ *et* **поруби́ть** ④ fendre *(du bois)* • **руби́ть дрова́** fendre du bois ~ hacher *(de la viande, des légumes)* • **руби́ть мя́со** hacher la viande • **руби́ть капу́сту** hacher du chou **2.** / **сруби́ть** ④ abattre *(des arbres)* • **сруби́ть сад** abattre les arbres d'un verger
● **лес ру́бят — ще́пки летя́т** on ne fait pas d'omelette sans casser les œufs

ру́бленый *adj* haché • **ру́бленое мя́со** viande hachée

рубль ③② *nm* rouble • **пять рубле́й** cinq roubles

руга́тельство *nnt* juron • **пото́к руга́тельств** une bordée d'injures

руга́ть / **вы́ругать** *et* **обруга́ть** *v* **1.** injurier • **он всех обруга́л** il a injurié tout le monde **2.** critiquer violemment • **э́тот прое́кт о́чень руга́ли** le projet a été éreinté de belle manière

руга́ться *vp* **1.** / **поруга́ться** se disputer, s'invectiver • **мы с ним постоя́нно руга́лись** nous nous disputions tout le temps **2.** / **вы́ругаться** jurer *(prononcer des jurons)* • **он руга́ется на чём свет стои́т** il jure comme un charretier

руда́ ②① *nf* minerai • **желе́зная руда́** le minerai de fer

ружьё* *(gén. pl.* ру́жей*)* ②① *nnt* fusil • **охо́тничье ружьё** un fusil de chasse • **двуство́льное ружьё** un fusil à double canon • **заряди́ть ружьё** charger son fusil • **стреля́ть из ружья́** tirer des coups de fusil

рука́ ⑥⑦ *nf* **1.** bras, main • **пра́вая рука́** le bras droit • **держа́ть ребёнка на рука́х** tenir un enfant dans ses bras • **идти́ с кавале́ром по́д руку** marcher en tenant le bras de son chevalier servant • **ру́ки вверх!** haut les mains ! **2.** main • **заложи́ть ру́ки за́ спину** mettre les mains derrière son dos • **учени́ца поднима́ет ру́ку** = une élève lève le doigt • **с газе́той в руке́** avec un journal à la main • **взять ребёнка за́ руку** prendre un enfant par la main
● **быть в чьи́х-нибудь рука́х** être entre les mains de quelqu'un *fig* › **э́то в ва́ших рука́х** cela ne dépend que de vous • **взять себя́ в ру́ки** se ressaisir • **в хоро́ших рука́х** en de bonnes mains › **ва́ше де́ло в хоро́ших рука́х** votre affaire est en de bonnes mains • **дава́ть во́лю рука́м** avoir la main leste • **держа́ть ученико́в в рука́х** serrer la vis à ses élèves • **из рук вон** abominablement › **он рабо́тает из рук вон пло́хо** il travaille abominablement mal • **из пе́рвых рук** de première main › **узна́ть из пе́рвых рук** tenir de première main • **как без рук** totalement désemparé › **он без неё как без рук** sans elle, il est complètement perdu • **как руко́й сня́ло** c'est passé comme par miracle • **он ма́стер на все ру́ки** il sait tout

faire • **махну́ть руко́й на учёбу** laisser tomber ses études • **э́то мне на́ руку** ça fait bien mon affaire • **на́ руку нечи́ст** d'une honnêteté douteuse › **он на́ руку нечи́ст** il est d'une honnêteté douteuse • **на ско́рую ру́ку** à la va vite • **не покладá́я рук** sans relâche • **отби́ться от рук** n'en plus faire qu'à sa tête • **под руко́й** sous la main *fig* › **име́ть слова́рь под руко́й** avoir un dictionnaire sous la main • **пра́вая рука́** le bras droit *fig* › **э́то его́ пра́вая рука́** c'est son bras droit • **рука́ о́б руку** main dans la main • **руко́й пода́ть** tout près › **отсю́да руко́й пода́ть** c'est à deux pas d'ici • **э́то мне с руки́** ça ne fait pas mon affaire • **сбыть что́-нибудь с рук** se débarrasser de quelque chose

À PROPOS DE...

L'accent passe sur la préposition dans les groupes **за́ руку, за́ руки, на́ руку, на́ руки, по́д руку, по́д руки, рука́ о́б руку.**

рука́в* *(nom. pl.* **рукава́***)* ③② *nm* **1.** manche • **рукава́ дли́нны** les manches sont trop longues **2.** bras *(de rivière)* • **река́ де́лится на два рукава́** la rivière se divise en deux bras **3.** tuyau flexible • **пожа́рный рука́в** un tuyau d'incendie
● **спустя́ рукава́** par-dessus la jambe

рукави́ца *nf* moufle • **мехов́ые рукави́цы** des moufles fourrées
● **держа́ть класс в ежо́вых рукави́цах** serrer la vis à sa classe

руководи́тель *nm* chef, dirigeant • **руководи́тель делега́ции** le chef de la délégation • **кла́ссный руководи́тель** ═ professeur principal

руководи́тельница *nm* chef

руководи́ть *(+ I) v* diriger • **руководи́ть кружко́м** diriger un cercle

руководи́ться *(+ I) vp* se laisser guider par, se fonder sur • **руководи́ться практи́ческими соображе́ниями** se laisser guider par des considérations pratiques

руково́дство *nnt* **1.** direction *(action de diriger)* • **под руково́дством о́пытного проводника́** sous la direction d'un guide expérimenté **2.** direction *(ensemble de ceux qui dirigent)* • **руково́дство ба́нка смени́лось** la direction de la banque a été changée

руково́дствоваться *syn de* **руководи́ться**

рукомо́йник *nm* lavabo

рукопи́сный *adj* écrit à la main, manuscrit • **рукопи́сный текст** un texte manuscrit

ру́копись *nf* manuscrit • **машинопи́сная ру́копись** un tapuscrit • **дре́вние ру́кописи** des manuscrits anciens

рукоя́тка *nf* **1.** manche, poignée • **рукоя́тка кинжа́ла** le manche du poignard **2.** manivelle • **верте́ть рукоя́тку** tourner la manivelle

руль ③② *nm* **1.** gouvernail • **пра́вить рулём** tenir le gouvernail • **сиде́ть на руле́** être à la barre **2.** volant *(d'un véhicule)* • **води́тель сиде́л за рулём** le chauffeur était au volant **3.** guidon • **руль велосипе́да** le guidon d'une bicyclette

румы́н *nm* Roumain

Румы́ния *nf* Roumanie

румы́нка *nf* Roumain

румы́нский *adj* roumain • **румы́нский язы́к** le roumain

румя́ный *adj* rose, rouge *(en parlant des joues, du visage)*

руса́лка *nf* «roussalka» *(divinité des eaux, sorte de sirène)*

ру́сло *nnt* **1.** lit *(de cours d'eau)* **2.** cours *(de la vie)* • **жизнь вошла́ в норма́льное ру́сло** la vie a repris son cours habituel

ру́сская *adj subst f* Russe *f*

ру́сский *adj* russe, de la Russie • **ру́сский язы́к** la langue russe • **ру́сская литерату́ра** la littérature russe • **ру́сская исто́рия** l'histoire de la Russie
■ **ру́сский** *adj subst m* Russe *m*

ру́сско- *préf* russe • **ру́сско-францу́зский слова́рь** dictionnaire russe-français

ру́сый *adj* châtain clair, blond • **ру́сые во́лосы** des cheveux châtain clair

/ **ру́хнуть** → **ру́шиться**

руча́ться / **поручи́ться** ④ *vp* se porter garant • **не могу́ руча́ться за успе́х** je ne peux pas garantir le succès

руче́й (ручья́) *nm* **1.** ruisseau **2.** *fig* torrent, flot • **це́лые ручьи́ слёз** de véritables torrents de larmes • **кровь текла́ ручья́ми** le sang coulait à flots

ру́чка *nf* **1.** *dim de* **рука́** **2.** stylo **3.** anse, manche, poignée • **ру́чка ча́йника** l'anse de la théière • **ру́чка у ча́шки отби́лась** l'anse de la tasse s'est cassée • **ру́чка сковороды́** le manche de la poêle • **ру́чка чемода́на** la poignée de la valise • **дверна́я ру́чка** la poignée de la porte

ручно́й *adj* **1.** du bras, de la main • **ручны́е мы́шцы** les muscles du bras **2.** fait à la main, manipulé à la main • **ручна́я рабо́та** un travail fait à la main • **ручно́й то́рмоз** le frein à main **3.** apprivoisé • **ручно́й медве́дь** un ours apprivoisé

ру́шиться / **обру́шиться** *et* **ру́хнуть** *v* s'effondrer *litt & fig* • **кры́ша обру́шилась** le toit s'est effondré • **мост ру́хнул** le pont s'est écroulé • **все мои́ наде́жды ру́хнули** toutes mes espérances se sont effondrées

ры́ба *nf* poisson(s) • **морска́я ры́ба** poisson de mer • **лови́ть ры́бу** pêcher
● **би́ться, как ры́ба об лёд** être dans une situation sans issue • **в му́тной воде́ ры́бу лови́ть** pêcher en eau trouble • **ни ры́ба, ни мя́со** ni chair, ni poisson • **чу́вствовать себя́ как ры́ба в воде́** se sentir comme un poisson dans l'eau
■ **Ры́бы** *nfpl* (ASTROL) Poissons

рыба́к ③② *nm* pêcheur

рыба́цкий *adj* de pêcheur • **рыба́цкий посёлок** un village de pêcheurs • **рыба́цкая ло́дка** un bateau de pêche

ры́бий *adj d'appart* de poisson • **ры́бий клей** colle de poisson
● **у меня́ пальто́ на ры́бьем меху́** mon manteau ne tient pas chaud • **ры́бий жир** huile de foie de morue

ры́бка *(dim de* **ры́ба***)* *nf* poisson, petit poisson
● **золота́я ры́бка** poisson rouge

ры́бный *adj* **1.** de poisson • **ры́бные консе́рвы** des conserves de poisson **2.** poissonneux • **ры́бная река́** une rivière poissonneuse **3.** de pêche • **му́рманский ры́бный порт** le port de pêche de Mourmansk

рыболо́в *nm* pêcheur *(amateur)*

рыда́ть / **зарыда́ть** *v* sangloter

ры́жий ⑤ *adj* roux • **ры́жие во́лосы** des cheveux roux

ры́ло *nnt* **1.** groin **2.** *très familier (en parlant d'une personne)* gueule • **он ры́лом не вы́шел** il a une sale gueule

ры́нок *nm* marché • **на городско́м ры́нке** au marché municipal • **вну́тренний ры́нок** le marché intérieur • **ры́нок недви́жимости** le marché de l'immobilier

ры́ночный *adj* du marché, de marché • **ры́ночный день** jour de marché

ры́сью *adv* au trot • **е́хать ры́сью** aller au trot

рыть* [II, ро́ю, ро́ешь] / **вы́рыть*** [II, вы́рою, вы́роешь - вы́рытый] *et* **проры́ть*** [II, проро́ю, проро́ешь - проры́тый] *v* creuser • **вы́рыть я́му** creuser une fosse

ры́ться* [II, ро́юсь, ро́ешься] *vp* **1.** → **рыть** **2.** gratter • **в наво́зе ры́лись ку́ры** les poules grattaient le tas de fumier **3.** fouiller • **ры́ться в архи́вах** fouiller dans les archives

ры́хлый ⑤ *adj* friable • **ры́хлая земля́** une terre friable

ры́царский *adj* **1.** de chevalier • **ры́царские доспе́хи** une armure de chevalier **2.** chevaleresque • **ры́царский посту́пок** un acte chevaleresque

ры́царь *nm* chevalier • **ры́цари Кру́глого стола́** les chevaliers de la Table ronde

рыча́г ③② *nm* levier • **рыча́г переключе́ния скоросте́й** le levier de changement de vitesse

рыча́ть* [I, рычу́, рычи́шь] / **зарыча́ть*** [I, *id*] *v* gronder, rugir • **соба́ка рыча́ла на прохо́жих** le chien grondait contre les passants

рэп *nm* rap • **восходя́щая звезда́ рэ́па** l'étoile montante du rap

рэ́повый *adj* de rap • **э́та рэ́повая компози́ция звуча́ла повсю́ду** on a entendu partout cette chanson de rap

рюкза́к ③② *nm* sac à dos

рю́мка *nf* petit verre • **вы́пить рю́мку во́дки** boire un verre de vodka

ряби́на *nf* **1.** sorbier **2.** sorbe

ряд* ⑧② *nm* **1.** *(loc.* ряду́*)* rang, rangée • **во второ́м ряду́ парте́ра** au second rang de l'orchestre • **постро́иться в ряды́** se mettre en rangs • **два ряда́** deux rangées • **э́то не вы́звало одобре́ния в ряда́х собра́вшихся** cela n'a pas suscité l'approbation dans les rangs des personnes réunies **2.** ①② quantité, série • **систе́ма претерпе́ла це́лый ряд измене́ний** le système a subi toute une série de changements • **они́ сде́лали ряд гро́мких заявле́ний** ils ont fait une quantité de déclarations fracassantes • **в ря́де слу́чаев** dans bien des cas

● **из ря́да вон** extrêmement › **из ря́да вон пло́хо** extrêmement mal

рядово́й *adj* simple, ordinaire • **в руково́дстве и среди́ рядовы́х слу́жащих** dans la direction et parmi les simples employés

■ **рядово́й** *nm* simple soldat • **за пери́од слу́жбы прошёл путь от рядово́го до генера́ла** durant ses années de service il est passé de simple soldat à général

ря́дом *adv* à côté • **он живёт ря́дом** il habite tout près

● **сплошь да ря́дом** à tout bout de champ

■ **ря́дом с** *loc prép (+ I)* à côté de • **она́ сиде́ла ря́дом с ним** elle était assise à côté de lui

À PROPOS DE...

Après les noms de nombre **два, три, четы́ре**, le génitif de **ряд** est accentué sur la syllabe finale.

С

С (*abr de* секу́нда) *nf (unité de temps)* s, seconde

С, СО *prép*

I *(+ I)*

1. = **avec**

• **с кем он игра́ет?** avec qui joue-t-il ?
• **высо́кий челове́к с чёрной бородо́й** un homme de haute taille avec une barbe noire
• **буты́лка с молоко́м** une bouteille de lait
• **верну́ться с пусты́ми рука́ми** revenir les mains vides
• **она́ смотре́ла на меня́ с удивле́нием** elle me regardait avec étonnement

2. DANS CERTAINES TOURNURES

• **мы с ним познако́мились** j'ai fait sa connaissance
• **мы с Пе́тей** Petia et moi
• **два с полови́ной** deux et demi
• **что с ва́ми случи́лось?** qu'est-ce qui vous est arrivé ?
• **что с тобо́й?** qu'est-ce que tu as ?

● **с Но́вым го́дом!** Bonne Année !

II *(+ G)*

1. POUR INDIQUER L'ORIGINE DANS LE CAS DES MOTS QUI SE CONSTRUISENT AVEC НА = **de**

• **упа́сть с кры́ши** tomber du toit
• **шум с у́лицы** le bruit de la rue
• **верну́ться с фро́нта** revenir du front
• **верну́ться с рабо́ты** rentrer de son travail
• **мы то́лько что с вокза́ла** nous arrivons à l'instant de la gare
• **верну́ться со стадио́на** rentrer du stade
• **верну́ться с заво́да** rentrer de l'usine
• **верну́ться с ю́га** rentrer du Midi
• **верну́ться с Кавка́за** revenir du Caucase
• **верну́ться с Ура́ла** revenir de l'Oural
• **с головы́ до ног** de la tête aux pieds
• **перево́д с ру́сского** traduit du russe
• **встава́ть с ле́вой ноги́** se lever du pied gauche
• **с пти́чьего полёта** à vol d'oiseau
• **что с него́ возьмёшь?** qu'est-ce qu'on peut exiger de lui ?

2. DANS LE TEMPS = **de, depuis, dès**

• **с утра́ до ве́чера** du matin au soir
• **с 20-го января́** depuis le 20 janvier
• **с тех пор** depuis ce temps-là
• **я узна́л её с пе́рвого взгля́да** je l'ai reconnue au premier coup d'œil

3. POUR INDIQUER LA CAUSE = **de, à cause de**

• **умере́ть с го́лоду** mourir de faim
• **сгоре́ть со стыда́** rougir de honte
• **пла́кать с го́ря** pleurer de chagrin

4. POUR INDIQUER LA JUSTIFICATION D'UN ACTE = **avec**

• **с одобре́ния прави́тельства** avec l'approbation du gouvernement
• **с разреше́ния дире́ктора** avec l'autorisation du directeur

● **ско́лько с меня́?** combien vous dois-je ?

III *+ A*

= **à peu près, de l'ordre de**

• **они́ с мину́ту постоя́ли мо́лча** ils sont restés sans rien dire pendant une bonne minute
• **мы отдохну́ли с полчаса́** nous nous sommes reposés une demi-heure
• **он ро́стом с меня́** il est à peu près de ma taille

с. (*abr de* село́) → село́

са́бля *nf* sabre

сад* *(loc.* саду́*)* ⑧② *nm* **1.** jardin, parc • гуля́ть в саду́ se promener dans le jardin • городско́й сад le jardin municipal **2.** verger
● де́тский сад = école maternelle • ***Вишнёвый сад*** (Че́хов) *la Cerisaie* (Tchekhov)

сади́ться / сесть* [IV, ся́ду, ся́дешь - сел, се́ла - сядь] *v* **1.** s'asseoir • сесть на скамью́ s'asseoir sur un banc • сесть у окна́ s'asseoir près de la

fenêtre • **сесть за стол** se mettre à table • **сесть за рабо́ту** se mettre au travail **2.** monter *(à cheval, en voiture)* • **сесть на ло́шадь** monter à cheval • **сесть в по́езд** prendre le train • **сесть в самолёт** prendre l'avion • **сесть на парохо́д** prendre le bateau **3.** se poser *(en parlant de ce qui vole)* • **пти́ца се́ла на ве́тку** l'oiseau s'est posé sur une branche **4.** se coucher *(en parlant des astres)* • **со́лнце уже́ се́ло** le soleil était déjà couché
● **сесть в лу́жу** faire une gaffe • **сесть на мель** échouer *(toucher le fond)* › **ло́дка се́ла на мель** le bateau s'est échoué

À PROPOS DE...

Ne pas confondre **сади́ться**, s'asseoir, avec **сиде́ть**, être assis.

садо́вник *nm* jardinier

садо́вый *adj* de jardin, du jardin • **садо́вые расте́ния** les plantes de jardin • **садо́вая доро́жка** l'allée du jardin

са́жа *nf* suie

сажа́ть / **посади́ть** ④ *v* **1.** planter • **сажа́ть цветы́** planter des fleurs **2.** faire asseoir • **он посади́л её во́зле себя́** il la fit asseoir à côté de lui **3.** mettre *(enfermer, attacher)* • **посади́ть в тюрьму́** mettre en prison • **посади́ть соба́ку на цепь** mettre un chien à la chaîne

са́женец *nm* plant

сайт *nm* site Internet • **посети́ть официа́льный са́йт организа́ции** aller sur le site officiel d'une organisation

сала́т *nm* salade • **мыть сала́т** laver la salade • **сала́т из помидо́ров** salade de tomates

са́ло *nnt* graisse, lard • **яи́чница с са́лом** une omelette au lard

салфе́тка *nf* serviette *(de table)*

сам *pron* soi-même • **он сам э́то сде́лал** il a fait ça lui-même • **расска́з о себе́ само́м** un récit à propos de soi-même • **кто разби́л стака́н? — он сам разби́лся** qui a cassé le verre ? — il s'est cassé tout seul • **она́ сама́ доброта́** elle est la bonté même
● **мы са́ми с уса́ми** nous ne sommes pas des gamins • **сам не свой** comme une âme en peine › **она́ сама́ не своя́** elle est comme une âme en peine • **само́ собо́й разуме́ется** ça va de soi • **сам по себе́** à part, d'une manière indépendante

саме́ц *nm* mâle

са́мка *nf* femelle

самова́р *nm* samovar • **ста́вить самова́р** allumer le samovar

CULTURE...

самова́р
Le samovar (vient de **сам**, soi-même et **варить**, bouillir) fait partie du mode de vie russe. Les premiers samovars ont été produits à Tula (la ville des maîtres armuriers, en Russie centrale). Le samovar est une bouilloire munie d'un foyer à braises (ou simplement électrique) et d'un robinet ; on dépose sur le dessus une petite théière contenant un thé très concentré, ce qui permet donc à tout moment de mélanger ce thé avec de l'eau bouillante.
Le samovar est omniprésent dans la vie russe. On en trouve entre autres dans les trains. Autrefois, on lui réservait même une pièce dans chaque maison, dont il constituait une sorte d'âtre.

самого́н *nm* alcool distillé en fraude, tord-boyau

самодержа́вие *nnt* (HIST) autocratie

самоде́ятельность *nf* **1.** activité artistique amateur • **конце́рт самоде́ятельности** un concert d'amateurs **2.** amateurisme • **никако́й самоде́ятельности** pas d'improvisation

самодово́льный *adj* suffisant, content de soi • **с самодово́льной улы́бкой** avec un sourire suffisant

самозва́нец *nm* (HIST) imposteur

самокри́тика *nf* autocritique

самолёт *nm* avion • **самолёт вылета́ет ро́вно в два** l'avion décolle à deux heures précises • **реакти́вный самолёт** un avion à réaction • **сверхзвуково́й самолёт** un avion supersonique

самолю́бие *nnt* amour-propre • **э́то замеча́ние оскорби́ло его́ самолю-**

бие cette remarque a blessé son amour-propre

самообслу́живание *nnt* libre service • **магази́н самообслу́живания** un magasin en libre service • **столо́вая самообслу́живания** un self(-service) *(restaurant)*

самостоя́тельный *adj* indépendant • **самостоя́тельный взгляд** un point de vue indépendant

самоуби́йство *nnt* suicide • **покуше́ние на самоуби́йство** une tentative de suicide • **поко́нчить жизнь самоуби́йством** se suicider

самоуве́ренность *nf* aplomb, assurance • **говори́ть с самоуве́ренностью** parler avec assurance

самоу́чка *nmf* autodidacte

самочу́вствие *nnt* état général • **самочу́вствие больно́го уху́дшилось** l'état du malade a empiré • **как самочу́вствие?** comment vous sentez-vous ? • **самочу́вствие отли́чное** je me sens très bien

са́мый *pron-adj* **1.** même • **в само́м до́ме** dans la maison même • **де́рево растёт у са́мого до́ма** l'arbre pousse tout à côté de la maison • **на са́мом краю́ обры́ва** tout au bord du ravin • **э́то те же са́мые кни́ги** ce sont bien les mêmes livres **2.** *(formation du superl)* le plus • **одна́ из са́мых краси́вых** une des plus belles
◈ **в са́мом де́ле** effectivement • **на са́мом де́ле** en réalité

санато́рий *nm* maison de repos • **пребыва́ние в санато́рии на лече́нии** un séjour en maison de repos pour une cure
◈ **туберкулёзный санато́рий** sanatorium

са́ни *(сане́й, саня́м)* ③ *pl t* traîneau • **е́хать в саня́х** aller en traîneau

санита́р *nm* aide-soignant

санита́рка *nf* aide-soignante

са́нки *(са́нок, са́нкам) pl t* **1.** *dim de* **са́ни** **2.** luge • **ката́ться на са́нках** faire de la luge • **ката́ние с го́рок на са́нках** descente en luge

сапо́г* *(gén. pl.* **сапо́г***)* ③⑥ *nm* botte • **ко́жаные сапоги́** des bottes de cuir • **же́нские сапоги́** des bottes de femme
◈ **два сапога́ па́ра** les deux font la paire • **Кот в сапога́х** le Chat botté

сапоги́-скорохо́ды *pl t* les bottes de sept lieues

сапо́жник *nm* cordonnier
◈ **как сапо́жник без сапо́г** comme un cordonnier sans chaussures

сапо́жный *adj* **1.** de bottes, de chaussures • **сапо́жная щётка** une brosse à chaussures **2.** de cordonnier • **сапо́жная мастерска́я** cordonnerie

сара́й *nm* remise, hangar • **сара́й для дров** une remise à bois

сарафа́н *nm* robe-chasuble *(vêtement féminin traditionnel russe)*

саранча́ *nf* criquet • **саранча́ перелётная** criquet migrateur

са́хар *(са́хара, са́хару) nm* sucre • **кило́ са́хару** un kilo de sucre • **кусково́й са́хар** du sucre en morceaux • **положи́ть в чай два куска́ са́хару** mettre dans son thé deux morceaux de sucre • **тростнико́вый са́хар** sucre de canne • **свеклови́чный са́хар** sucre de betterave

са́харница *nf* sucrier

са́харный *adj* de sucre, à sucre • **са́харный песо́к** sucre cristallisé • **са́харная пу́дра** sucre glace • **са́харная свёкла** betterave à sucre

/ **сба́вить** → **сбавля́ть**

сбавля́ть / **сба́вить** *v* diminuer • **сба́вить два рубля́ с цены́** faire une réduction de deux roubles
◈ **сба́вить вес** maigrir • **сба́вить в ве́се на три кило́** perdre trois kilos • **сба́вить ско́рость** ralentir

сбега́ть[1] / **сбежа́ть*** [*n cl,* **сбегу́, сбежи́шь, сбегу́т - сбеги́**] *v* **1.** descendre *(en courant)* • **сбежа́ть с ле́стницы** descendre l'escalier quatre à quatre **2.** s'évader • **учени́к сбежа́л с уро́ков** l'élève s'est enfui de l'école

/ **сбе́гать**[2] *v* faire une course, faire un saut • **сбе́гать в апте́ку за лека́рствами** courir à la pharmacie chercher des médicaments
Voir encadré page suivante.

/ **сбежа́ть** → **сбега́ть**

À PROPOS DE...

Les deux verbes ci-dessus diffèrent par leur accentuation.

сберега́тельный *adj* d'épargne • **Сберега́тельный банк Росси́йской Федера́ции** Banque d'épargne de la Fédération de Russie

сберега́ть / сбере́чь* [IV, сберегу́, сбережёшь, сберегу́т - сберёг, сберегла́] ③ *v* conserver, ménager • **сбере́чь нену́жные бума́ги** conserver des documents inutiles • **сберега́ть здоро́вье** ménager sa santé • **сберега́ть де́ньги** faire des économies

/ **сбере́чь** → берéчь, → сберегáть

сберка́сса *nf* (*abr.* сберегáтельная кáсса) caisse d'épargne • **храни́ть де́ньги в сберка́ссе** avoir de l'argent à la caisse d'épargne

сбива́ть / сбить* [II, собью́, собьёшь - сбей - сби́тый] *v* **1.** battre • **сбить ма́сло** battre le beurre **2.** faire tomber • **сбить температу́ру** faire tomber la température • **сбить самолёт** abattre un avion • **сбить футболи́ста с ног** faire tomber un footballeur • **води́тель сбил двух пешехо́дов** le conducteur a renversé deux piétons
● **сбить оппоне́нтов с то́лку** décontenancer ses adversaires

сбива́ться / сби́ться* [II, собью́сь, собьёшься - сбе́йся] *vp* **1.** → сбивáть **2.** se perdre • **сби́ться с доро́ги** s'égarer • **сби́ться со счёта** se perdre dans ses calculs **3.** s'embrouiller • **она́ всё вре́мя сбива́лась от волне́ния** elle était si émue qu'elle s'embrouillait tout le temps
● **сби́ться с ног** avoir les jambes coupées

/ **сбить** → сбивáть

/ **сби́ться** → сбивáться

сближа́ть / сбли́зить *v* rapprocher • **зна́ние языко́в сближа́ет люде́й** la connaissance des langues rapproche les gens

сближа́ться / сбли́зиться *vp* se rapprocher • **их взгля́ды сбли́зились** leurs points de vue se sont rapprochés

/ **сбли́зить** → сближáть

/ **сбли́зиться** → сближáться

сбо́ку *adv* de côté • **посмотре́ть на дом сбо́ку** regarder une maison de côté • **коро́бка сбо́ку гру́бо разо́рвана** le carton est grossièrement déchiré sur le côté • **сосе́д сбо́ку о́чень шуми́т** le voisin d'à côté fait beaucoup de bruit • **де́лать поме́тки сбо́ку, на поля́х** faire des remarques sur le côté, dans les marges

/ **сболта́ть** → болтáть

сбор *nm* **1.** ramassage, récolte • **сбор хло́пка** la récolte du coton • **сбор нало́гов** la perception des impôts **2.** rassemblement • **сбор ученико́в в 10 часо́в у шко́лы** rassemblement des élèves à 10 heures devant l'école • **провести́ трениро́вочный сбор** faire un stage d'entraînement
● **в сбо́ре** au complet › **все бы́ли в сбо́ре** ils étaient tous présents
■ **сбо́ры** *pl t* préparatifs • **начали́сь сбо́ры в доро́гу** les préparatifs pour le voyage commencèrent

сбо́рище *nnt* attroupement • **что тут за сбо́рище?** qu'est-ce que c'est que cet attroupement ?

сбо́рник *nm* recueil • **сбо́рник пе́сен** un recueil de chansons

сбо́рный *adj* **1.** de rendez-vous, de ralliement • **сбо́рный пункт** le lieu fixé pour le rendez-vous, le point de ralliement **2.** composé d'éléments démontables • **сбо́рная ме́бель** des meubles en kit • **сбо́рный дом** une maison en préfabriqué

сбра́сывать / сбро́сить *v* **1.** jeter *(de haut en bas)* • **сбро́сить бо́мбы** lâcher des bombes • **сбро́сить снег с кры́ши** faire tomber la neige du toit **2.** enlever *(sans grand soin)*, quitter à la hâte • **сбро́сить с себя́ пальто́** quitter son manteau à la hâte ~ *fig* • **сбро́сить ма́ску** jeter le masque

/ **сбро́сить** → сбрáсывать

сбыва́ть / сбыть* [*n cl*, сбу́ду, сбу́дешь - сбыл, сбыла́, сбы́ло, сбы́ли - сбудь] ⑤ *v* **1.** écouler, vendre • **сбыть това́р** écouler une marchandise **2.** *fam* se débarrasser de • **сбыть нену́жные ве́щи** se débarrasser de choses inutiles

сбыва́ться / сбы́ться* [*n cl*, сбу́дется, сбу́дутся - сбы́лся, сбыла́сь - сбу́дься] ③ *vp* **1.** → сбывáть **2.** s'accomplir, se réaliser • **предсказа́-**

ния его́ сбыли́сь ses prédictions se sont réalisées

/ **сбыть** → сбыва́ть

/ **сбы́ться** → сбыва́ться

сва́дьба *(gén. pl.* сва́деб*)* *nf* noce, mariage • быть на сва́дьбе être de la noce

сва́ливать / **свали́ть** ④ *v* **1.** faire tomber, abattre • ве́тер свали́л дере́вья le vent a abattu des arbres **2.** rejeter • свали́ть вину́ на перево́дчика rejeter la faute sur l'interprète • на неё свали́ли все дела́ c'est sur elle que retombe tout le travail

/ **свали́ть** → вали́ть, сва́ливать

/ **свари́ть** → вари́ть

све́дения *pl t* renseignements, information • отку́да у вас таки́е све́дения? d'où tenez-vous ces renseignements ?

све́жесть *nf* fraîcheur • све́жесть во́здуха la fraîcheur de l'air • ры́ба не пе́рвой све́жести le poisson n'est pas de la première fraîcheur

све́жий (свеж, свежа́, свежо́, све́жи) *adj* **1.** frais • све́жий хлеб du pain frais • све́жая ры́ба du poisson frais • све́жий ве́тер un vent frais • све́жие но́вости des nouvelles fraîches **2.** *fam* propre *(en parlant du linge)* • наде́ть све́жее бельё changer de linge

свежо́ *adv* frais • на у́лице бы́ло свежо́ dehors, il faisait frais

свёкла *nf* betterave • са́харная свёкла betterave à sucre • столо́вая свёкла betterave rouge

сверга́ть / **све́ргнуть*** [III] *v* renverser, jeter bas *fig* • све́ргнуть зако́нную власть renverser le pouvoir légitime

/ **све́ргнуть** → сверга́ть

сверже́ние *nnt* renversement, abolition • за́говор с це́лью сверже́ния вла́сти un complot visant à reverser le pouvoir

сверка́ть / **сверкну́ть** *v* **1.** étinceler, scintiller • мо́лния сверкну́ла il y a eu un éclair • на не́бе сверка́ли я́ркие звёзды des étoiles claires scintillaient dans le ciel • глаза́ его́ сверка́ли гне́вом ses yeux étincelaient de colère **2.** venir brusquement *(en parlant d'une idée...)* • у меня́ сверкну́ла мысль il m'est venu brusquement une idée

/ **сверкну́ть** → сверка́ть

/ **сверну́ть** → свора́чивать, свёртывать

/ **сверну́ться** → свора́чиваться

свёрток *nm* **1.** rouleau *(de papier, de tissu)* • свёрток холста́ un rouleau de toile **2.** paquet • забы́тые ве́щи - су́мки, паке́ты, свёртки des objets oubliés, sacs, colis, paquets

свёртывать / **сверну́ть** [*part.* свёрнутый] *v* **1.** rouler • сверну́ть ковёр rouler un tapis • сверну́ть чертёж rouler un plan **2.** réduire • свёртывать сеть магази́нов réduire le réseau de magasins • свёртывать де́ятельность réduire l'activité **3.** tourner • он сверну́л в переу́лок и останови́л маши́ну il tourna dans la petite rue et arrêta la voiture

сверх *prép (+ G)* **1.** au-delà de • рабо́тать сверх сил faire un travail au-dessus de ses forces **2.** contrairement à • сверх ожида́ния contre toute attente

све́рху *adv* d'en haut • пя́тая строка́ све́рху la cinquième ligne à partir du haut • директи́вы све́рху des directives d'en haut • он смотре́л на меня́ све́рху вниз il me regardait de toute sa hauteur

сверхуро́чный *adj* supplémentaire • сверхуро́чные часы́ des heures supplémentaires

сверхъесте́ственный *adj* **1.** surnaturel • сверхъесте́ственное явле́ние un phénomène surnaturel **2.** extraordinaire • сверхъесте́ственная ско́рость une vitesse extraordinaire

/ **свести́** → своди́ть

свет[1] *nm* lumière • погаси́ть свет éteindre la lumière • при све́те луны́ au clair de la lune • луч све́та un rayon de lumière • ско́рость све́та la vitesse de la lumière ~ *fig* • проли́ть свет на э́ту зага́дку faire la lumière sur ce mystère
● чуть свет au point du jour

свет[2] *nm* monde • соверши́ть путеше́ствие вокру́г све́та faire le tour du monde • ни за что на све́те pour rien

au monde • **на том свéте** dans l'autre monde • **большóй свет** le grand monde
◉ **ругáться на чём свет стóит** jurer comme un charretier

светáть *v* poindre *(en parlant du jour)* • **начинáло светáть** le jour commençait à poindre

светúть ④ *v* **1.** briller • **сóлнце свéтит** le soleil brille **2.** / **посветúть** ④ éclairer *(donner de la lumière avec un appareil)* • **он светúл нам кармáнным фонарём** il nous éclairait avec sa lampe de poche

светúться ④ *vp* **1.** briller *(faiblement)* • **на нéбе тýскло светúлись звёзды** des étoiles pâles brillaient dans le ciel **2.** *fig* briller • **её глазá светúлись рáдостью** ses yeux brillaient de joie

светлó[1] *adv* clair
◉ **бы́ло ужé светлó** il faisait déjà clair

светло-[2] *élément de formation* clair • **светло-жёлтый** jaune clair

свéтлый (**свéтел, светлá, свéтло, свéтлы**) ⑤ *adj* clair • **свéтлая крáска** une peinture claire • **свéтлое плáтье** une robe claire • **свéтлая ночь** une nuit claire • **свéтлая кóмната** une pièce claire • **свéтлая головá** un esprit clair

светофóр *nm* feu tricolore • **машúна éхала на зелёный сигнáл светофóра** la voiture passait au vert

свечá* *(gén. pl.* **свечéй**) ②③ *nf* bougie, cierge • **зажéчь свечý** allumer une bougie
◉ **игрá не стóит свеч** le jeu n'en vaut pas la chandelle

> **À PROPOS DE...**
>
> Le génitif pluriel est régulier dans l'expression proverbiale **игрá не стóит свеч**.

/ **свéшать** → **вéшать**

свивáть / **свить*** [II, **совью́, совьёшь** - **свил, свилá, свúло, свúли** - **свей** - **свúтый, свит, свитá, свúто, свúты**] ⑤ *v* tresser • **свить гнездó** faire son nid

свидáние *nnt* rendez-vous • **назнáчить подрýге свидáние** fixer un rendez-vous à son amie • **деловóе свидáние** un rendez-vous d'affaires • **опоздáть на свидáние** être en retard à un rendez-vous
◉ **до свидáния** au revoir

свидéтель *nm* témoin • **быть свидéтелем несчáстного слýчая** être témoin d'un accident • **призвáть сосéдей в свидéтели** prendre ses voisins à témoin

свидéтельница *nf* témoin *(femme)*

свидéтельство *nnt* **1.** témoignage • **свидéтельства, проливáющие свет на э́ту тáйну** des témoignages qui éclaircissent le mystère **2.** certificat • **свидéтельство о рождéнии** extrait de naissance • **свидéтельство о вакцинáции от бéшенства** un certification de vaccination contre la rage

свидéтельствовать / **засвидéтельствовать** *v* témoigner • **э́то свидéтельствует о егó чéстности** cela témoigne de son honnêteté

свинéц *nm* plomb *(métal)*

свинúна *nf* viande de porc

свинóй *adj* de porc • **свинóе сáло** lard

свинья́ ②⑤ *nf* **1.** porc, cochon **2.** salaud • **настоя́щая свинья́** un vrai cochon
◉ **метáть бúсер пéред свúньями** donner de la confiture aux cochons • **напúться как свинья́** se soûler comme un cochon • **подложúть сосéду свинью́** jouer un tour de cochon à ses voisins

свирéпый *adj* féroce, violent • **свирéпый взгляд** un regard féroce • **свирéпый морóз** un froid mordant

свист *nm* sifflement(s) • **свист нéскольких сóтен протестýющих** les sifflements de quelques centaines de manifestants • **свист пуль** le sifflement des balles

свистáть* [II, **свищý, свúщешь**] ④ *v* → *(syn de)* **свистéть**
◉ **ищú свищú** tu peux toujours courir pour le retrouver

свистéть* [I, **свищý, свистúшь**] / **свúстнуть** *v* siffler • **болéльщики на трибýнах свистéли** dans les tribunes les supporters sifflaient • **милиционéр свúстнул** l'agent de police a sifflé
◉ **когдá рак свúстнет** quand les poules auront des dents

/ **свúстнуть** → свистéть

свистóк *nm* **1.** sifflet **2.** coup de sifflet • раздáлся свистóк on entendit un coup de sifflet

свúтер *nm* pull-over

/ **свить** → вить, свивáть

свищý → свистéть, свистáть

свобóда *nf* liberté • да здрáвствует свобóда vive la liberté • свобóда сóвести la liberté de conscience • свобóда печáти la liberté de la presse • вы́пустить заключённого на свобóду rendre la liberté à un prisonnier

свобóдно *adv* **1.** librement • свобóдно дышáть respirer librement **2.** avec facilité, couramment • свобóдно говорúть по-рýсски parler russe couramment

свобóдный *adj* libre • свобóдные нарóды les peuples libres • э́то мéсто свобóдно? cette place est libre ? • свобóдное врéмя du temps libre • вы свобóдны сегóдня вéчером? vous êtes libre ce soir ?

свод *nm* **1.** recueil *(de lois, de chroniques)* • свод закóнов un recueil de lois **2.** voûte • готúческий свод une voûte gothique

сводúть ④ / **свестú*** [IV, сведý, сведёшь - свёл, свелá - сведённый - сведя́] ③ *v* **1.** faire descendre, aider à descendre • свестú старýшку с крыльцá aider une vieille dame à descendre les marches **2.** *(perfectif seulement)* amener, emmener • сводúть гóстя на охóту mener un invité à la chasse **3.** rapprocher, réunir • свестú брóви froncer les sourcils • едвá сводúть концы́ с концáми avoir de la peine à joindre les deux bouts **4.** établir *(des relations)* • свестú знакóмство с сосéдями lier connaissance avec ses voisins **5.** réduire à • свестú расхóды к мúнимуму réduire les dépenses au minimum • всё дéло свелóсь к пустякáм tout cela s'est ramené à peu de chose **6.** enlever *(une tache)* • свестú пятнó с костю́ма enlever une tache sur un costume
● не сводúть с дорóги глаз ne pas quitter la route des yeux • свестú всех с умá faire perdre la tête à tout le monde • свестú счёты с клеветникóм régler son compte à un calomniateur

/ **сводúть** ④ *v* mener et ramener • сводúть детéй в кýкольный теáтр mener les enfants à un spectacle de marionnettes

свóдка *nf* communiqué, bulletin • свóдка погóды le bulletin météorologique

своеврéменно *adv* en temps utile • предупредúте меня́ своеврéменно prévenez-moi en temps utile

своеврéменный (своеврéменен, своеврéменна) *adj* opportun, qui vient en temps utile • своеврéменная медицúнская пóмощь une aide médicale qui vient en temps utile

своеобрáзный *adj* original, personnel • своеобрáзная тóчка зрéния un point de vue très personnel

свой ◪ *adj poss* mon, ton, son, notre, votre, leur • я надéл своё пальтó j'ai mis mon pardessus • возьмú свою́ кнúгу prends ton livre • не вéрить своúм глазáм ne pas en croire ses yeux • назвáть вéщи своúми именáми appeler les choses par leur nom • вся́кому óвощу своё врéмя chaque chose en son temps • в э́том есть своя́ прéлесть cela a son charme • на свой страх и риск à ses risques et périls • у них есть свой дом ils ont une maison à eux ◪ *pron* les miens, les tiens, les siens, les nôtres, les vôtres, les leurs • в кругý своúх parmi les siens
● в своё врéмя en temps utile • на своúх двоúх *iron* à pied • сам не свой comme une âme en peine › онá самá не своя́ elle est comme une âme en peine • своя́ рубáха блúже к тéлу charité bien ordonnée commence par soi-même
■ своё *pron nt sing* ce à quoi je tiens, ce à quoi tu tiens..., ce à quoi ils tiennent • добúться своегó parvenir à ses fins • стоя́ть на своём ne pas vouloir en démordre

свóйственный *adj (+ D)* propre *(particulier)* • со свóйственной емý энéргией avec l'énergie qui lui est propre

свóйство *nnt* propriété *(particularité)* • химúческие свóйства тéла les propriétés chimiques d'un corps

свóлочь ①③ *nf* salaud, canaille

сворáчивать / **свернýть** [*part.* свёрнутый] *v* **1.** rouler • свернýть салфéтку plier une serviette • свернýть газéту plier son journal **2.** tourner • свернýть налéво tourner à gauche

● сверну́ть кому́—нибудь ше́ю tordre le cou à quelqu'un › каскадёр риску́ет сверну́ть себе́ ше́ю le cascadeur risque de se rompre le cou

свора́чиваться / **сверну́ться** *vp* **1.** → свора́чивать **2.** tourner *(coaguler)*

свысока́ *adv* avec hauteur, de manière hautaine • смотре́ть на сослужи́вцев свысока́ regarder ses collègues du haut de sa grandeur

свы́ше ◼ *adv* d'en haut *(émanant d'autorités supérieures)* • мы получи́ли указа́ния свы́ше nous avons reçu des ordres d'en haut ◼ *prép (+ G)* au-dessus de *(qui dépasse)* • э́то свы́ше мои́х сил c'est au-dessus de mes forces • свы́ше ты́сячи plus de mille

/ **связа́ть** → вяза́ть, свя́зывать

свя́зка *nf* **1.** liasse, trousseau • свя́зка бума́г liasse de documents • свя́зка книг un paquet de livres • свя́зка ключе́й un trousseau de clefs **2.** ligament • растяже́ние свя́зок élongation des ligaments **3.** cordée • ты ходи́л в альпини́стской свя́зке в го́ры? tu es déjà allé en montagne en cordée ? **4.** (GRAMM) copule

● голосовы́е свя́зки les cordes vocales

свя́зывать / **связа́ть*** [II, свяжу́, свя́жешь] ④ *v* lier *litt & fig* • свя́занный по рука́м и по нога́м pieds et poings liés • э́то свя́зано с больши́ми расхо́дами cela entraîne de grosses dépenses

свя́зываться / **связа́ться*** [II, свяжу́сь, свя́жешься] ④ *vp* prendre contact, se mettre en rapport • связа́ться с врачо́м по телефо́ну prendre contact avec le médecin par téléphone

связь *nf* **1.** lien *fig* • ме́неджер по свя́зям с обще́ственностью directeur des relations publiques • ро́дственные свя́зи les liens de parenté • дру́жеские свя́зи les liens d'amitié • разви́тие культу́рных свя́зей le développement des échanges culturels **2.** connexion • беспроводна́я связь connexion sans fil **3.** liaison • междугоро́дная и междунаро́дная связь les liaisons interurbaines et internationales

● в связи́ с *(+ I)* en raison de, du fait de › в связи́ с приватиза́цией городско́й земли́ en raison de la privatisation des terrains urbains • в э́той связи́ de ce fait

> **À PROPOS DE...**
>
> Le locatif est accentué sur la finale dans les expressions в связи́ с et в э́той связи́.

свята́я *nf* sainte

свято́й ⑤ *adj* saint, sacré • ико́на "Свята́я Тро́ица" l'icône de la Trinité • свята́я неде́ля la semaine sainte • для него́ нет ничего́ свято́го pour lui, il n'y a rien de sacré

◼ свято́й *nm* Жития́ Святы́х la Vie des saints

● свята́я вода́ l'eau bénite

свяще́нник *nm* prêtre

свяще́нный *adj* sacré, saint • э́то свяще́нный долг ка́ждого гражданина c'est le devoir sacré de tout citoyen • свяще́нная коро́ва une vache sacrée • оконча́ние свяще́нного для мусульма́н ме́сяца Рамада́н la fin du Ramadan, mois sacré pour les Musulmans

сгиба́ть / **согну́ть** *v* courber, plier • согну́ть желе́зный прут plier une barre de fer • сгиба́ть па́льцы plier les doigts

/ **сгнить** → гнить

сгова́риваться / **сговори́ться** *vp* se mettre d'accord • с ним тру́дно сговори́ться il est difficile de s'entendre avec lui • сговори́ться о встре́че convenir d'un rendez-vous • мы сговори́лись пойти́ вме́сте на стадио́н nous avons convenu d'aller ensemble au stade

/ **сговори́ться** → сгова́риваться

сгово́рчивый *adj* accommodant, traitable • он челове́к сгово́рчивый c'est un homme avec qui on peut s'entendre

сгора́ть / **сгоре́ть*** [I, сгорю́, сгори́шь] *v* **1.** brûler *(être détruit par le feu)* • дом сгоре́л дотла́ la maison a été complètement détruite par le feu **2.** brûler *(éprouver un sentiment très vif)* • сгора́ть от любопы́тства brûler de curiosité • сгора́ть со стыда́ mourir de honte

/ **сго́рбиться** → го́рбиться

/ **сгоре́ть** → горе́ть, → сгора́ть

/ **сгрести́** → грести́

сдава́ть* [II, сдаю́, сдаёшь - сдава́й - сдава́я] / **сдать*** [n cl, сдам, сдашь, сдаст, сдади́м, сдади́те, сдаду́т - сдал, сдала́, сда́ло, сда́ли ⑤ - сдай - сда́нный, сдан, сдана́, сдано́, сданы́ ③] *v* **1.** remettre, donner à garder • **сдать шко́лу в эксплуата́цию** livrer une école • **сдать ве́щи в бага́ж** faire enregistrer ses bagages • **сдать докуме́нты на но́вый па́спорт** remettre les documents pour un nouveau passeport • **сдать бельё в сти́рку** donner du linge à laver **2.** rendre *(la monnaie)* • **сдать сда́чу** rendre la monnaie • **сдать с рубля́** rendre la monnaie d'un rouble **3.** louer *(mettre en location)* • **сдава́ть да́чу** louer une datcha • **сдаётся ко́мната со все́ми удо́бствами** à louer chambre tout confort **4.** livrer, céder • **сдать кре́пость** livrer la forteresse • **сдать ша́хматную па́ртию** concéder la partie d'échecs **5.** distribuer *(des cartes)* • **сдава́ть ка́рты** distribuer les cartes **6.** passer *(un examen)* • **сдава́ть экза́мен** se présenter à un examen • **сдать экза́мен** être reçu à un examen

сдава́ться* [II, сдаю́сь, сдаёшься - сдава́йся - сдава́ясь] / **сда́ться*** [*n cl,* сда́мся, сда́шься, сда́стся, сдади́мся, сдади́тесь, сдаду́тся - сда́лся, сдала́сь - сда́йся] ③ *vp* **1.** → сдава́ть **2.** *(v unipers, imperf seulement) fam* sembler • **мне сдаётся, что они́ оши́блись** j'ai bien l'impression qu'ils se sont trompés **3.** *(v unipers, perf seulement) fam* être nécessaire • **на что э́то вам сдало́сь?** a quoi ça peut vous servir ? **4.** capituler • **сда́ться в плен** se rendre

/ **сдать** → сдава́ть

/ **сда́ться** → сдава́ться

сда́ча *nf* monnaie *(que l'on rend)* • **сдать сда́чу** rendre la monnaie
● **дать сда́чи** rendre la monnaie de sa pièce

сдвига́ть / **сдви́нуть** *v* **1.** faire bouger, déplacer un peu • **сдви́нуть тяжёлый я́щик** déplacer un peu une caisse lourde **2.** rapprocher • **на́до бы сдви́нуть столы́** il faudrait rapprocher les tables • **сдви́нуть бро́ви** froncer les sourcils

/ **сдви́нуть** → сдвига́ть

/ **сде́лать** → де́лать

сде́лка *nf* affaire, transaction • **заключи́ть сде́лку** conclure une affaire

сде́ржанный *adj* réservé *(discret)* • **сде́ржанный хара́ктер** un caractère réservé

/ **сдержа́ть** → сде́рживать

сде́рживать / **сдержа́ть*** [I, сдержу́, сде́ржишь] ④ *v* **1.** limiter, retenir *(arrêter)* • **сдержа́ть инфля́цию** limiter l'inflation • **сдержа́ть слёзы** retenir ses larmes **2.** tenir *(ses promesses...)* • **сдержа́ть сло́во** tenir sa parole

сдо́бный *adj* brioché • **сдо́бное те́сто** la pâte briochée
● **сдо́бная бу́лка** brioche

/ **сдо́хнуть** → до́хнуть

себе́ ◪ *particule ne se traduit généralement pas* • **а он себе́ смеётся** et lui, il rit ◪ *pron* → себя́
● **так себе́** comme ci comme ça

себесто́имость *nf* prix de revient • **ни́зкая производи́тельность и высо́кая себесто́имость** une productivité faible et un prix de revient élevé

себя́ *pron pers* moi, toi, soi, lui, elle, nous, vous, eux • **я дово́лен собо́й** je suis content de moi • **вести́ себя́ как дура́к** se conduire comme un imbécile • **ду́мать то́лько о себе́** ne penser qu'à soi • **само́ собо́й разуме́ется** cela va de soi • **вы не мо́жете себе́ предста́вить** vous ne pouvez pas vous représenter • **он у себя́ в ко́мнате** il est dans sa chambre • **он был вне себя́ от гне́ва** il était hors de lui • **чита́ть про себя́** lire des yeux
● **к себе́** *(sur une porte)* tirez • **не по себе́** *fam* pas à l'aise › **мне ста́ло не по себе́** je ne savais plus où me mettre • **от себя́** *(sur une porte)* poussez • **прийти́ в себя́** reprendre ses esprits

À PROPOS DE...

Le pronom **себя́** n'a pas de nominatif. Voir aussi **себе́** et **собо́й**.

сев *nm* semailles

се́вер *nm* nord • **к се́веру от Москвы́** au nord de Moscou • **пое́хать на Се́вер** aller dans le Nord

се́верный *adj* du nord • **се́верный ве́тер** le vent du nord • **Се́верный по́люс** le pôle Nord
● **се́верное сия́ние** aurore boréale • **се́верный оле́нь** renne

се́веро-восто́к *nm* nord-est

се́веро-за́пад *nm* nord-ouest

севрю́га *nf* esturgeon étoilé

сего́дня *adv* aujourd'hui • **он прие́дет сего́дня в пять часо́в** il arrivera aujourd'hui à cinq heures • **сего́дня ве́чером** ce soir • **сего́дня но́чью** cette nuit

седе́ть / **поседе́ть** *v* devenir grisonnant • **его́ во́лосы седе́ют** il commence à avoir des cheveux blancs

седла́ть / **оседла́ть** [*part.* осёдланный] *v* seller • **оседла́ть коня́** seller un cheval

седло́ (*pl.* сёдла, сёдел, сёдлам) ②① *nnt* selle • **сесть в седло́** monter en selle

седо́й ⑤ *adj* **1.** gris, blanc *(en parlant des cheveux)* • **с седо́й бородо́й** avec une barbe grise **2.** aux cheveux gris, aux cheveux blancs • **седо́й стари́к** un vieillard aux cheveux blancs

седьмо́й *adj num* septième • **седьма́я страни́ца** la page sept • **я прие́хал 7-го февраля́** je suis arrivé le 7 février

сей *pron*
● **до сих пор** jusqu'à présent • **ни с того́ ни с сего́** sans raison • **ни то ни сё** ni chair ni poisson

сейча́с *adv* **1.** dans un instant, tout de suite • **он сейча́с придёт** il va venir dans un instant **2.** maintenant, actuellement • **он сейча́с за́нят** il est actuellement occupé

секрета́рша *nf fam* secrétaire *f*

секрета́рь *nm* **1.** secrétaire *f* • **тре́буется секрета́рь** on recherche une secrétaire → **секрета́рша** **2.** secrétaire *m* • **секрета́рь Сове́та безопа́сности ООН** le secrétaire du Conseil de sécurité de l'ONU

секу́нда *nf* **1.** seconde • **деся́тая до́ля секу́нды** un dixième de seconde **2.** instant • **подожди́те секу́нду** attendez un instant

се́кция *nf* section • **се́кция бо́кса** la section de boxe

сел, се́ла → **сесть**

селёдка *nf* hareng • **копчёная селёдка** du hareng fumé

село́[1] (*pl.* сёла) ②① *nnt* village, bourg

се́ло[2] → **сесть**

> **À PROPOS DE...**
>
> Les deux mots ci-dessus diffèrent par leur accentuation.

сельдь ①③ *nf* hareng • **беломо́рская сельдь** harengs de la mer Blanche
● **как се́льди в бо́чке** comme des sardines en boîte

се́льский *adj* **1.** de village • **се́льская шко́ла** l'école du village **2.** de la campagne, à la campagne • **се́льская тишина́** le calme de la campagne
● **се́льское хозя́йство** l'agriculture

сельскохозя́йственный *adj* agricole • **сельскохозя́йственные рабо́ты** les travaux agricoles • **сельскохозя́йственные маши́ны** les machines agricoles

сельсове́т *nm* (*abr.* се́льский сове́т) conseil municipal, mairie

сёмга *nf* saumon

семе́йный *adj* **1.** de famille, familial • **семе́йная жизнь** la vie de famille **2.** qui a une famille • **он челове́к семе́йный** il a une femme et des enfants

семе́йство *nnt* **1.** famille *(le père, la mère et les enfants)* • **оте́ц семе́йства** un père de famille **2.** (BIOL & GÉOL) famille • **из семе́йства коша́чьих** de la famille des félidés

семидеся́тый *adj num* soixante-dixième

семисо́тый *adj num* sept centième

семна́дцатый *adj num* dix-septième • **она́ прие́хала 17-го а́вгуста** elle est arrivée le 17 août

семна́дцать *num* dix-sept • **семна́дцать рубле́й** dix-sept roubles • **в семна́дцати киломе́трах отсю́да** à dix-sept kilomètres d'ici

семь *num* sept • **семь дней** sept jours • **в семи́ киломе́трах от го́рода** à sept kilomètres de la ville

се́мьдесят *num* soixante-dix • **се́мьдесят рубле́й** soixante-dix roubles • **в семи́десяти киломе́трах от Москвы́** à soixante-dix kilomètres de Moscou

семьсо́т *num* sept cents • семьсо́т шко́льников sept cents écoliers • в семиста́х киломе́трах от Новосиби́рска à sept cents kilomètres de Novossibirsk

семья́ ②⑤ *nf* famille • у него́ больша́я семья́ il a une famille nombreuse

се́мя* *(gén., dat., loc., instr.* се́менем *; pl.* семена́, семя́н, семена́м*) nnt* graine • отбо́рные семена́ graines sélectionnées ~ *fig* germe • се́ять семена́ раздо́ра semer la discorde

се́ни *(*сене́й, сеня́м*)* ③ *pl t* entrée *(d'isba)*

се́но *nnt* foin • стог се́на une meule de foin

сеноко́с *nm* fenaison

сентя́брь ③ *nm* septembre • э́то бы́ло в сентябре́ c'était au mois de septembre • мы прие́хали сюда́ 8-го сентября́ nous sommes arrivés ici le 8 septembre

Се́рбия *nf* Serbie

серде́чный *adj* **1.** du cœur, cardiaque • серде́чное заболева́ние une maladie du cœur **2.** de cœur *(sentimental)* • серде́чные та́йны des affaires de cœur que l'on garde pour soi **3.** cordial, affectueux • серде́чный приём un accueil chaleureux • серде́чный приве́т *(formule de politesse)* avec mes sentiments les plus cordiaux

серди́тый *adj* en colère, fâché • она́ серди́та на меня́ elle est fâchée contre moi

серди́ть ④ / **рассерди́ть** ④ *v* fâcher, mettre en colère • вы его́ рассерди́ли vous l'avez fâché

серди́ться ④ / **рассерди́ться** ④ *vp* se fâcher, se mettre en colère • он рассерди́лся на меня́ il s'est mis en colère contre moi

се́рдце ①② *nnt* cœur *litt & fig* • у него́ больно́е се́рдце il a le cœur malade • се́рдце у него́ золото́е il a un cœur d'or • у него́ нет се́рдца il n'a pas de cœur • от всего́ се́рдца de tout cœur • приня́ть чужу́ю беду́ бли́зко к се́рдцу prendre à cœur le malheur d'autrui
● в сердца́х dans un accès de mauvaise humeur • отлегло́ от се́рдца je me sens plus rassuré • скрепя́ се́рдце à contrecœur

серебро́ *nnt* argent *(métal)*
● сло́во — серебро́, а молча́ние — зо́лото la parole est d'argent mais le silence est d'or

сере́бряный *adj* **1.** en argent • сере́бряный подстака́нник un porte-verre en argent **2.** argentin • сере́бряный звон un son argentin

середи́на *nf* milieu • в середи́не ко́мнаты au milieu de la pièce • в середи́не ию́ля à la mi-juillet • золота́я середи́на le juste milieu

серп ③② *nm* faucille • серп и мо́лот la faucille et le marteau

се́рфинг *nm* planche à voile *(activité)* • доска́ для се́рфинга planche à voile *(objet)*
● веб-се́рфинг navigation Internet

се́рый ⑤ *adj* gris • се́рый костю́м un costume gris • се́рые ту́чи des nuages gris • се́рая пого́да un temps gris

серьга́ *(gén. pl.* серёг*)* ②③ *nf* boucle d'oreille

серьёзно *adv* sérieusement • я говорю́ абсолю́тно серьёзно je parle tout à fait sérieusement

серьёзный *adj* sérieux • серьёзный челове́к un homme sérieux • положе́ние серьёзное la situation est grave

се́ссия *nf* **1.** session • ближа́йшая се́ссия Ду́мы la prochaine session de la Douma • экзаменацио́нная се́ссия session d'examens **2.** séance • плена́рная се́ссия la séance plénière

сестра́ *(pl.* сёстры, сестёр, сёстрам*)* ②⑤ *nf* **1.** sœur • у него́ бы́ло пять сестёр il avait cinq sœurs **2.** cousine **3.** infirmière • в го́спитале за ним присма́тривала молода́я сестра́ à l'hôpital, il était soigné par une jeune infirmière
● медици́нская сестра́ infirmière • ***Три сестры́*** (Че́хов) *les Trois Sœurs* (Tchekhov)

À PROPOS DE...

S'il est indispensable de distinguer les notions de « sœur » et de « cousine », on emploiera respectivement les expressions родна́я сестра́ et двою́родная сестра́.

/ **сесть** → сади́ться

сетево́й *adj* de réseau • **сетевы́е техноло́гии** les technologies de réseau
● **сетево́й а́дрес** URL

се́тка *(dim de* **сеть***) nf* **1.** petit filet de pêche **2.** filet à provisions **3.** (SPORT) filet, panier
● **се́тка для воло́с** résille

сеть ⑧③ *nf* **1.** filet *(de pêche)* **2.** réseau, chaîne • **железнодоро́жная сеть** le réseau ferroviaire • **торго́вая сеть** une chaîne commerciale

сечь* [IV, секу́, сечёшь, секу́т - сёк, секла́] ③ / **вы́сечь*** [IV, вы́секу, вы́сечешь, вы́секут - вы́сек, вы́секла - вы́сеченный] ③ *v* fustiger, fouetter

се́ять* [II, се́ю, се́ешь] / **посе́ять*** [II, *id*] *v* semer • **се́ять рожь** semer du seigle ~ *fig* • **се́ять раздо́ры** semer la discorde • **что посе́ешь, то и пожнёшь** on récolte ce qu'on a semé • **кто се́ет ве́тер — пожнёт бу́рю** qui sème le vent récolte la tempête

/ **сжа́литься** *vp* prendre en pitié • **он сжа́лился на́до мной** il a eu pitié de moi

/ **сжать** → **сжима́ть, жать**

/ **сжа́ться** → **жа́ться, сжима́ться**

/ **сжечь** → **жечь, сжига́ть**

сжига́ть / **сжечь*** [IV, сожгу́, сожжёшь, сожгу́т - сжёг, сожгла́ - сожжённый] *v* brûler, faire brûler • **сжечь бума́ги** brûler des papiers

сжима́ть / **сжать*** [IV, сожму́, сожмёшь - сжа́тый] *v* serrer • **сжать до́чку в свои́х объя́тиях** serrer sa fillette dans ses bras • **сжать зу́бы** serrer les dents

сжима́ться / **сжа́ться*** [IV, сожму́сь, сожмёшься] *vp* **1.** se serrer • **его́ кулаки́ инстинкти́вно сжа́лись** ses poings se serrèrent instinctivement ~ *fig* • **се́рдце его́ сжа́лось** son cœur se serra **2.** se faire petit, se pelotonner • **сжа́ться от хо́лода** se recroqueviller de froid

/ **сжу́льничать** → **жу́льничать**

сза́ди ◪ *adv* de derrière, par-derrière • **он шёл впереди́, а я сза́ди** il marchait devant et moi derrière ◪ *prép (+ G)* derrière • **я услы́шал сза́ди себя́ шаги́** j'entendis des pas derrière moi

сиби́рский *adj* sibérien

Сиби́рь *nf* Sibérie

сибиря́к ③② *nm* Sibérien

сибиря́чка *nf* Sibérienne

сигна́л *nm* signal • **светово́й сигна́л** un signal lumineux • **сигна́л трево́ги** signal d'alarme

сигна́лить / **просигна́лить** *v* **1.** faire des signaux • **сигна́лить кра́сным фла́гом** faire des signaux avec un drapeau rouge **2.** klaxonner

сиде́нье *nnt* siège *(pour s'asseoir)* • **на за́днем сиде́нье** sur le siège arrière

сиде́ть* [I, сижу́, сиди́шь - си́дя] / **посиде́ть*** [I, посижу́, посиди́шь] *v* **1.** être assis • **сиде́ть на сту́ле** être assis sur une chaise • **сиде́ть за столо́м** être à table **2.** être perché *(en parlant d'un oiseau)* • **на забо́ре сиде́ла пти́чка** sur la palissade, il y avait un petit oiseau **3.** rester, séjourner • **сиде́ть до́ма** rester à la maison • **сиде́ть без де́ла** rester sans rien faire **4.** être emprisonné • **сиде́ть в тюрьме́** être en prison • **а за что он три го́да сиде́л?** et pour quelle raison a-t-il fait trois ans de prison ? **5.** aller *(en parlant de vêtement)* • **э́то пла́тье на ней хорошо́ сиди́т** cette robe lui va bien
● **сиде́ть у мо́ря и ждать пого́ды** attendre le dégel *fig*

À PROPOS DE...

Ne pas confondre **сиде́ть** être assis, avec **сади́ться** s'asseoir.

сижу́ → **сиде́ть**

си́ла *nf* force • **уда́рить со всей си́лы** frapper de toutes ses forces • **и́зо всех сил** de toutes ses forces • **вы́биться из сил** être à bout de forces • **си́ла хара́ктера** la force de caractère • **си́ла привы́чки** la force de l'habitude • **си́ла ве́тра** la force du vent • **си́ла то́ка** la force du courant • **вооружённые си́лы** les forces armées
● **в си́лу обстоя́тельств** en raison des circonstances • **лошади́ная си́ла** cheval-vapeur › **мото́р в шестьдеся́т лошади́ных сил** un moteur de soixante chevaux • **рабо́чая си́ла** main-d'œuvre

си́льный (си́лен, сильна́, си́льно, си́льны, силён, сильна́, си́льно, сильны́) ⑤ *fam adj* **1.** fort • **он сильне́е тебя́** il est plus fort que toi • **си́льный**

дождь une forte pluie • **он силён в матема́тике** il est fort en math **2.** puissant *(en parlant d'une machine)* • **си́льный мото́р** un moteur puissant • **си́льный телеско́п** un télescope puissant

си́мвол *nm* symbole • **го́лубь — си́мвол ми́ра** la colombe est le symbole de la paix

си́ний ⑤ *adj* bleu • **си́ние глаза́** des yeux bleus • **си́ний костю́м** un costume bleu

À PROPOS DE...

си́ний désigne une couleur plus foncée que **голубо́й** (voir ce mot).

синя́к ③② *nm* bleu *(ecchymose)* • **весь в синяка́х** tout couvert de bleus • **синя́к под гла́зом** un œil au beurre noir

сире́нь *nf* lilas

сирота́ *(pl.* **сиро́ты***)* ②① *nmf* orphelin, orpheline • **кру́глый сирота́** un orphelin de père et de mère • **кру́глая сирота́** une orpheline de père et de mère

систе́ма *nf* système • **росси́йская систе́ма образова́ния** le système éducatif en Russie • **пони́жено давле́ние в систе́ме водоснабже́ния** on a baissé la pression dans le système d'alimentation en eau

сих → **сей**

сия́ние *nnt* rayonnement • **сия́ние со́лнца** rayonnement du soleil ~ *fig* • **сия́ние сла́вы** l'auréole de la gloire
• **се́верное сия́ние** aurore boréale

сия́ть / **засия́ть** *v* luire • **со́лнце сия́ло** le soleil luisait ~ *fig* • **сия́ть от ра́дости** rayonner de joie

/ **сказа́ть** → **говори́ть**

/ **сказа́ться** → **ска́зываться**

ска́зка *nf* conte

ска́зываться / **сказа́ться*** [II, скажу́сь, ска́жешься] ④ *vp* **1.** *vieilli* prétendre être • **сказа́ться больны́м** se prétendre malade **2.** *(***на** *+L)* se faire sentir • **э́то сказа́лось на результа́тах** les résultats s'en sont ressentis

скака́ть* [II, скачу́, ска́чешь] ④ / **поскака́ть*** [II, *id*] ④ *v* **1.** gambader, sauter • **скака́ть на одно́й ноге́** sauter sur une jambe **2.** galoper • **скака́ть во весь дух** aller au grand galop

скала́ ②① *nf* rocher
• **подво́дная скала́** récif

скаме́йка *nf* banc • **мы сиде́ли в саду́ на скаме́йке** nous étions dans le jardin, assis sur un banc

скамья́ *nf* banc • **на скамье́ подсуди́мых** sur le banc des accusés

ска́нер *nm* scanneur

ска́терть ①③ *nf* nappe • **стол, покры́тый бе́лой ска́тертью** une table couverte d'une nappe blanche

ска́чем, ска́чет → **скака́ть**

ска́чки *(***ска́чек, ска́чкам***) pl t* courses *(de chevaux)* • **ска́чки с препя́тствиями** courses d'obstacles

À PROPOS DE...

Ce mot diffère du pluriel de **скачо́к** par son accentuation.

скачо́к *nm* **1.** bond, saut • **скачо́к в сто́рону** un bond de côté **2.** *fig* saute, changement brusque • **скачо́к температу́ры** un brusque changement de température • **скачки́ в настрое́нии** des sautes d'humeur

À PROPOS DE...

Le pluriel de **скачо́к** diffère du mot **ска́чки** par son accentuation.

скачу́, ска́чут → **скака́ть**

сквер *nm* square

скве́рно *adv* mal • **он скве́рно игра́ет** il joue fort mal

скве́рный ⑤ *adj* sale *fig* • **скве́рная исто́рия** une sale histoire • **скве́рный челове́к** un sale individu • **скве́рная пого́да** un sale temps

сквози́ть *v* **1.** faire du courant d'air • **закро́й дверь, сквози́т** ferme la porte, il y a du courant d'air **2.** transparaître • **в слова́х его́ сквози́ла трево́га** une certaine inquiétude transparaissait dans ses paroles

сквозня́к ③② *nm* courant d'air • **простуди́ться на сквозняке́** prendre froid dans un courant d'air

сквозь *prép (+ A)* à travers • **пробира́ться сквозь толпу́** se frayer un passage à travers la foule • **смотре́ть сквозь дверну́ю щель** regarder par une fente de la porte • **говори́ть сквозь зу́бы** parler entre ses dents
● **как сквозь зе́млю провали́лся** il a disparu comme par miracle • **он был гото́в сквозь зе́млю провали́ться** il aurait voulu disparaître dans un trou de souris • **смотре́ть сквозь па́льцы на его́ опозда́ния** fermer les yeux sur ses retards

скворе́ц *nm* sansonnet, étourneau

скворе́чник *nm* nichoir pour étourneau

ске́йтбординг *nm* planche à roulettes *(activité)*

скеле́т *nm* squelette

ски́дка *nf* rabais, remise • **он про́дал ковёр со ски́дкой в 20 %** il a vendu le tapis avec une remise de 20 %

скирда́ *nf* meule *(de foin)* • **скирда́ соло́мы** une meule de paille

/ **ски́снуть** → **ки́снуть**

скиф *nm* Scythe

склад[1] *nm* dépôt, entrepôt • **продово́льственный склад** un dépôt de denrées alimentaires • **рабо́тать на скла́де** travailler à l'entrepôt

склад[2] *nm* manière d'être • **скла́д ума́** une tournure d'esprit

скла́дка *nf* pli • **ю́бка в скла́дку** une jupe plissée

скла́дно *adv* de manière cohérente • **говори́ть скла́дно** bien parler

складно́й *adj* pliant • **складна́я крова́ть** un lit pliant

скла́дный ⑤ *adj* **1.** bien proportionné • **скла́дный ю́ноша** un beau jeune homme **2.** cohérent • **произноси́ть скла́дные ре́чи** prononcer des discours cohérents • **скла́дный расска́з** un récit cohérent

скла́дывать / **сложи́ть** ④ *v* **1.** ranger, mettre en place • **сложи́ть дрова́ в сара́й** ranger le bois dans le hangar • **сложи́ть бума́ги в я́щик** ranger des papiers dans le tiroir • **сложи́ть чемода́н** faire sa valise **2.** plier *(un objet)* • **сложи́ть салфе́тку** plier sa serviette • **сложи́ть газе́ту** plier le journal • **сложи́ть ру́ки на груди́** croiser ses bras sur sa poitrine • **сиде́ть сложа́ ру́ки** rester les bras croisés **3.** composer • **сложи́ть пе́сню** composer une chanson **4.** additionner • **сложи́ть два и де́вять** additionner deux et neuf **5.** se décharger de *litt & fig* • **сложи́ть полномо́чия** renoncer aux pleins pouvoirs ~ *fig* • **сложи́ть ору́жие** déposer les armes

скла́дываться / **сложи́ться** ④ *vp* **1.** → **скла́дывать** **2.** s'arranger • **обстоя́тельства сложи́лись благоприя́тно** les circonstances ont été favorables

скле́ивать / **скле́ить** *v* coller *(ensemble)*, faire coller • **скле́ить магни́тную плёнку** recoller une bande magnétique

/ **скле́ить** → **кле́ить, скле́ивать**

склон *nm* pente • **на за́падном скло́не холма́** sur la pente ouest de la colline

склоне́ние *nnt* déclinaison • **существи́тельное тре́тьего склоне́ния** un substantif de la troisième déclinaison

/ **склони́ть** → **склоня́ть**

скло́нность *nf* tendance, penchant • **име́ть скло́нность к полноте́** avoir tendance à grossir • **име́ть скло́нность к му́зыке** avoir du goût pour la musique

скло́нный ⑤ *adj* enclin, prédisposé • **он скло́нен к полноте́** il a tendance à grossir • **я скло́нен ду́мать, что они́ оши́блись** je suis enclin à penser que c'est une erreur de leur part

склоня́ть *v* **1.** / **склони́ть** [*part.* склонённый] ④ pencher, baisser • **печа́льно склони́ть го́лову** pencher tristement la tête **2.** / **склони́ть** [*part.* склонённый] ④ *fig* faire pencher, inciter • **склони́ть пле́нного к побе́гу** inciter un prisonnier à s'enfuir • **склони́ть на свою́ сто́рону** gagner à sa cause **3.** / **просклоня́ть** décliner (GRAMM) • **как склоня́ть э́то сло́во?** comment décliner ce mot ?

склоня́ться *vp* **1.** / **склони́ться** [*part.* склонённый] ④ se pencher, baisser • **печа́льно склони́лась голова́** pencher tristement la tête • **со́лнце склони́лось к горизо́нту** le soleil déclina **2.** / **склони́ться** [*part.* склонённый] ④ *fig* pencher • **склони́ться к компроми́ссу** pencher en faveur d'un compromis

• уда́ча склони́лась на на́шу сто́рону la chance a penché de notre côté **3.** / просклоня́ться se décliner (GRAMM) • как склоня́ется э́то сло́во? comment se décline ce mot ?

ско́бка *nf* parenthèse • откры́ть ско́бки ouvrir la parenthèse • заключи́ть в ско́бки mettre entre parenthèses ~ *fig* • заме́чу в ско́бках entre parenthèses, je vous ferai remarquer
◉ квадра́тная ско́бка crochet *(signe typographique)*

/ **скова́ть** → ско́вывать

сковорода́ *(pl.* ско́вороды, сковоро́д, сковорода́м*)* ②③, **сковоро́дка** *fam nf* poêle (à frire) • жа́рить на сковороде́ faire sauter à la poêle

ско́вывать / **скова́ть*** [II, скую́, скуёшь] *v* **1.** assembler *(à la forge)* • скова́ть зве́нья це́пи assembler les maillons d'une chaîne **2.** paralyser • у́лицы бы́ли ско́ваны автомоби́льными про́бками les rues étaient paralysées par des embouteillages • моро́зы скова́ли реку́ le fleuve est pris par les glaces ~ *fig* • э́тот челове́к ско́ван предрассу́дками cet homme est engoncé dans ses préjugés • страх скова́л меня́ la peur me paralysait **3.** *vieilli* mettre aux fers • скова́ть престу́пника кандала́ми mettre un criminel aux fers

скользи́ть / **скользну́ть** *v* glisser • скользи́ть по льду glisser sur la glace

ско́льзкий ⑤ *adj* **1.** glissant • ско́льзкие ступе́ни des marches glissantes **2.** épineux, délicat • ско́льзкая те́ма un sujet délicat

ско́льзко *adv*
◉ сего́дня ско́льзко aujourd'hui, ça glisse

/ **скользну́ть** → скользи́ть

ско́лько (ско́льких, ско́льким) ◪ *adv* combien • ско́лько э́то сто́ит? combien ça coûte ? • ско́лько вам лет? quel âge avez-vous ? ◪ *pron-adj* combien • ско́лько раз? combien de fois ? • во ско́льких тома́х? en combien de volumes ? ◪ *conj* autant que • пей, ско́лько хо́чешь bois autant que tu veux
◉ ско́лько... сто́лько... autant... autant... › ско́лько голо́в, сто́лько умо́в autant de têtes, autant d'avis • сто́лько... ско́лько... autant... que › у него́ не сто́лько книг, ско́лько у тебя́ il n'a pas autant de livres que toi

À PROPOS DE...

La forme ско́лько régit le génitif.

/ **ско́мкать** → ко́мкать

/ **сконфу́зиться** → конфу́зиться

сконча́ться *vp* décéder

скоре́е, скоре́й ◪ *adj comp de* ско́ро, ско́рый ◪ *adv* plutôt • нет, э́то скоре́й грипп non, c'est plutôt la grippe • он скоре́е похо́ж на мать, чем на отца́ il ressemble plutôt à sa mère qu'à son père
◉ скоре́е всего́ il y a bien des chances › скоре́е всего́, они́ сего́дня не приду́т il y a bien des chances pour qu'ils ne viennent pas aujourd'hui

скорлупа́ *(pl.* скорлу́пы*)* ②① *nf* coquille • скорлупа́ яйца́ une coquille d'œuf

ско́ро *(comp.* скоре́й ou скоре́е*) adv* **1.** vite • как мо́жно скоре́е le plus vite possible • скоре́й, скоре́й! dépêchez-vous **2.** bientôt • ско́ро зима́ ce sera bientôt l'hiver • он не ско́ро вернётся il n'est pas près de revenir

ско́рость ①③ *nf* vitesse • со ско́ростью во́семь киломе́тров в секу́нду à une vitesse de huit kilomètres à la seconde • превы́сить ско́рость faire un excès de vitesse • коро́бка скоросте́й la boîte de vitesses

скорпио́н *nm* scorpion
■ Скорпио́н *nm* (ASTROL) Scorpion

/ **ско́рчить** → ко́рчить

ско́рый ⑤ *adj* **1.** rapide • ско́рая ходьба́ une marche rapide • ско́рый по́езд un rapide *(train)* **2.** proche • в ско́ром вре́мени dans un proche avenir
◉ до ско́рой встре́чи à bientôt • на ско́рую ру́ку à la va vite • ско́рая по́мощь l'ambulance *(les secours)* › вы́звать ско́рую по́мощь faire venir l'ambulance

/ **скоси́ть** → коси́ть

скот ③② *nm* **1.** *(pas de pl)* bétail • кру́пный рога́тый скот le gros bétail **2.** *tfam* brute, butor

Voir encadré page suivante.

À PROPOS DE...

Dans son deuxième sens, **скот** appartient au sous-genre animé.

скоти́на *tfam* ◪ *nf* **1.** *(pas de pl)* bête *(d'un troupeau)* **2.** bétail • **пасти́ скоти́ну** garder les bêtes ◪ *nmf tfam* brute

скотово́дство *nnt* élevage (du bétail)

/ **скрепи́ть** → скрепля́ть

скрепля́ть / **скрепи́ть** *v* fixer, attacher • **скрепи́ть листы́ сте́плером** agrafer des feuilles • **сло́манную кость скрепи́ли тита́новой пласти́ной** l'os cassé a été fixé avec une plaque de titane
● **скрепи́ть по́дписью** contresigner

скрипа́ч ③② *nm* violoniste *m*

скрипа́чка ③② *nf* violoniste *f* • **соли́стка — молода́я скрипа́чка из Герма́нии** la soliste est une jeune violoniste allemande

скрипе́ть* [I, скриплю́, скрипи́шь] / **скри́пнуть** *v* grincer • **дверь скрипи́т** la porte grince • **скрипе́ть зуба́ми** grincer des dents

скри́пка *nf* violon • **игра́ть на скри́пке** jouer du violon

/ **скри́пнуть** → скрипе́ть

скрипу́чий *adj* grinçant • **скрипу́чая дверь** une porte qui grince

/ **скрои́ть** → крои́ть

скро́мничать *v* faire le modeste

скро́мность *nf* modestie • **ло́жная скро́мность** une fausse modestie

скро́мный ⑤ *adj* modeste • **скро́мный челове́к** un homme modeste • **скро́мные тре́бования** des exigences modestes

/ **скрути́ть** → крути́ть

скрыва́ть / **скрыть*** [II, скро́ю, скро́ешь - скры́тый] *v* cacher, dissimuler • **скрыва́ть свои́ до́брые дела́** cacher ses bonnes actions • **скрыва́ть свои́ наме́рения** dissimuler ses intentions

скрыва́ться / **скры́ться*** [II, скро́юсь, скро́ешься - скры́тый] *vp* se cacher, disparaître • **он скрыва́лся в то вре́мя в гора́х** à l'époque il se cachait dans les montagnes • **ло́си скры́лись в лесу́** les élans disparurent dans la forêt • **он скры́лся неизве́стно куда́** il a disparu on ne sait où

скры́тный *adj* cachottier, renfermé • **скры́тный хара́ктер** un caractère renfermé

/ **скрыть** → скрыва́ть

ску́дный ⑤ *adj* maigre, pauvre • **ску́дный урожа́й** une maigre récolte • **ску́дные сре́дства** de maigres moyens

ску́ка *nf* ennui • **умира́ть со ску́ки** mourir d'ennui • **что́бы разогна́ть ску́ку** pour chasser l'ennui

ску́по *adv* avec parcimonie, avec avarice • **ску́по тра́тить де́ньги** dépenser son argent avec parcimonie

скупо́й ⑤ *adj* avare • **скупо́й на похвалы́** avare en louanges

скуча́ть *v* s'ennuyer • **мне не́когда скуча́ть** je n'ai pas le temps de m'ennuyer • **скуча́ть по друзья́м** s'ennuyer de ses amis

ску́чно *adv*
● **мне ску́чно** je m'ennuie

ску́чный ⑤ *adj* ennuyeux • **ску́чная рабо́та** un travail ennuyeux

слабе́ть / **ослабе́ть** *v* s'affaiblir, faiblir • **больно́й слабе́ет** le malade s'affaiblit • **ве́тер слабе́ет** le vent se calme • **его авторите́т начина́ет слабе́ть** son autorité commence à faiblir

сла́бость *nf* **1.** faiblesse • **чу́вствовать о́бщую сла́бость** se sentir dans un état de faiblesse générale • **сла́бость хара́ктера** faiblesse de caractère **2.** faible *(penchant)* • **име́ть сла́бость к шокола́ду** avoir un faible pour le chocolat

сла́бо[1] *adv* faiblement • **она́ сла́бо улыбну́лась** elle eut un faible sourire

слабо́[2] *adv fam* chiche • **слабо́ тебе́ вы́учить япо́нский** chiche que tu apprends le japonais

сла́бый ⑤ *adj* faible • **он слаб здоро́вьем** il est faible de santé • **он слаб в фи́зике** il est faible en physique • **оста́лись то́лько сла́бые наде́жды** il ne reste qu'un faible espoir • **э́то его́ сла́бая сторона́** c'est son point faible

сла́ва *nf* **1.** gloire • **орео́л сла́вы** l'auréole de la gloire **2.** réputation • **по́льзоваться дурно́й сла́вой** avoir mauvaise réputation
● **на сла́ву** à merveille › **уда́ться на сла́ву** réussir à merveille • **сла́ва Бо́гу** Dieu merci

сла́вный *adj* **1.** glorieux • **сла́вные по́двиги** de glorieux exploits **2.** *fam* sympa, super • **э́то сла́вная де́вушка** c'est une fille sympa • **пра́здник вы́шел о́чень сла́вный** la fête a été super

славяни́н* *(pl.* славя́не, славя́н, славя́нам*)* *nm* Slave

славя́нка *nf* Slave

славянофи́л *nm* slavophile *(représentant d'un mouvement prônant, à partir de 1840, les valeurs traditionnelles de la Russie)*

славя́нский *adj* slave

слага́ть / **сложи́ть** ④ *v* **1.** se décharger de *fig* • **сложи́ть ору́жие** déposer les armes • **сложи́ть с себя́ вся́кую отве́тственность** se décharger de toute responsabilité **2.** composer • **сложи́ть пе́сню** composer une chanson

сла́дкий *(comp.* сла́ще*)* ⑤ *adj* **1.** sucré • **сла́дкое блю́до** un plat sucré **2.** mielleux, doucereux • **сла́дкие ре́чи** des propos mielleux
■ **сла́дкое** *nnt* dessert • **а на сла́дкое я возьму́ моро́женое** et comme dessert, je vais prendre une glace

сла́дко *adv* agréablement • **сла́дко спать** dormir d'un doux sommeil • **ему́ там не сла́дко жить** la vie lui est dure là-bas

сла́мывать / **сломи́ть** ④ *v* briser *litt & fig* • **сломи́ть ве́тку** casser une branche • **сломи́ть сопротивле́ние** vaincre la résistance
● **бежа́ть сломя́ го́лову** courir comme un dératé

слать* [II, шлю, шлёшь] / **посла́ть*** [II, *id*] *v* envoyer • **я пошлю́ вам докуме́нт электро́нной по́чтой** je vous enverrai ces documents par courrier électronique

сла́ще *comp de* сла́дкий

сле́ва *adv* à gauche
● **сле́ва напра́во** de gauche à droite
■ **сле́ва от** *loc prép (+ G)* **сле́ва от доро́ги** à gauche de la route

слегка́ *adv* légèrement • **слегка́ нахму́риться** froncer légèrement les sourcils

след * *(loc.* следу́*)* ⑧② *nm* trace • **идти́ по следа́м медве́дя** suivre les traces d'un ours • **исче́знуть без следа́** disparaître sans laisser de traces

À PROPOS DE...

Au génitif, l'accent n'est initial qu'à la forme irrégulière **сле́ду**. La forme **следа́**, par contre, est accentuée sur la finale.

следи́ть / **проследи́ть** *v* **1.** suivre *(observer)* • **следи́ть за поплавко́м** suivre des yeux le bouchon *(pêche)* • **я бо́льше за футбо́лом слежу́** je m'intéresse plutôt au foot • **следи́ть за хо́дом де́ла** suivre la marche d'une affaire **2.** surveiller • **следи́ть за детьми́** surveiller les enfants • **за вы́борами бу́дут следи́ть междунаро́дные наблюда́тели** les observateurs internationaux vont veiller au bon déroulement des élections **3.** veiller à • **следи́ть за поря́дком** veiller à ce qu'il n'y ait pas de désordre

сле́дователь *nm* juge d'instruction

сле́довательно *adv* par conséquent

сле́довать / **после́довать** *v* **1.** *(за + I)* suivre *(venir après)* • **он сле́довал за мной повсю́ду** il me suivait partout • **продолже́ние сле́дует** à suivre **2.** *(+ D)* suivre *(se conformer à)* • **сле́довать сове́там врача́** suivre les conseils du médecin • **сле́довать мо́де** suivre la mode **3.** partir, venir *(en parlant d'un train)* • **по́езд сле́дует до Калу́ги без остано́вки** ce train est direct pour Kalouga • **по́езд, сле́дующий из Петербу́рга, опа́здывает на два́дцать мину́т** le train en provenance de Saint-Pétersbourg a un retard de vingt minutes **4.** s'ensuivre, découler • **из э́того сле́дует, что** il s'ensuit que **5.** falloir • **как и сле́довало ожида́ть** comme il fallait s'y attendre • **сообщу́, кому́ сле́дует** je vais le signaler à qui de droit • **не сле́дует говори́ть об э́том** il ne faut pas en parler ~ être exigible *(à propos d'une somme d'argent)* • **ско́лько с нас сле́дует?** combien devons-nous ?

сле́дом *adv* derrière • **он шёл сле́дом за мной** il me suivait

слéдствие *nnt* **1.** conséquence • **нет слéдствия без причи́ны** il n'y a pas d'effet sans cause **2.** enquête *(judiciaire)* • **вести́ слéдствие** mener l'enquête

слéдующий *adj* suivant • **на слéдующий день** le jour suivant • **слéдующим óбразом** de la manière suivante

слезá *(pl.* слёзы, слёз, слезáм*)* ②⑦ *nf* larme • **проливáть слёзы** verser des larmes • **плáкать гóрькими слезáми** pleurer amèrement • **крокоди́ловы слёзы** des larmes de crocodile

слезáть / **слезть** [IV, слéзу, слéзешь - слез, слéзла] *v* descendre *(en s'aidant des mains)* • **слезть с дéрева** descendre de l'arbre • **слезть с лóшади** descendre de cheval

/ **слезть** → слезáть

слепáя *adj subst f* une aveugle

слéпнуть* [III] / **ослéпнуть*** [III] *v* perdre la vue

слепóй ⑤ *adj* aveugle • **мáльчик, слепóй от рождéния** un garçon aveugle de naissance ~ *fig* • **слепóе довéрие** une confiance aveugle
■ **слепóй** *adj subst m* un aveugle • **учи́лище для слепы́х** école pour aveugles

слéсарь* *(nom. pl.* слесаря́*)* ①② *nm* **1.** serrurier **2.** ajusteur

/ **слечь*** ③ / [IV, сля́гу, сля́жешь, сля́гут - слёг, слеглá] *fam v* s'aliter • **онá простуди́лась и на другóй день слеглá** elle a pris froid et le lendemain elle était au lit

сли́ва *nf* **1.** prune **2.** prunier

сливáться / **сли́ться*** [II, солью́сь, сольёшься - сли́лся, слилáсь - слéйся] ③ *vp* se fondre, fusionner • **вам нáдо сли́ться с толпóй** vous devez vous fondre dans la foule

сли́вки (сли́вок, сли́вкам*)* *pl t* crème liquide, crème fleurette • **кóфе со сли́вками** un (café) crème

/ **сли́ться** → сливáться

сли́шком *adv* trop • **э́то сли́шком дóрого** c'est trop cher • **сли́шком трýдный вопрóс** une question trop difficile • **ну, э́то уж сли́шком!** ah, c'est trop fort !
● **сли́шком мнóго** *(+ G)* trop de › **сли́шком мнóго забóт** trop de soucis

словáрь ③② *nm* **1.** dictionnaire • **рýсско-францýзский словáрь** dictionnaire russe-français • **переводи́ть с пóмощью словаря́** traduire à l'aide d'un dictionnaire **2.** lexique, vocabulaire • **сбóрник тéкстов со словарём** un recueil de textes avec lexique • **располагáть богáтым словарём** disposer d'un riche vocabulaire

словáк *nm* Slovaque *m*

Словáкия *nf* Slovaquie

словáцкий *adj* slovaque

словáчка *nf* Slovaque *f*

словéнец *nm* Slovène *m*

Словéния *nf* Slovénie

словéнка *nf* Slovène *f*

словéнский *adj* slovène

слóвно *conj* **1.** comme • **плáчет, слóвно ребёнок** il pleure comme un enfant **2.** *fam* comme si • **а он идёт, слóвно ничегó не слы́шит** et il continue sa route comme s'il n'entendait rien

слóво ①⑥ *nnt* **1.** mot, terme • **поря́док слов во фрáзе** l'ordre des mots dans la phrase • **он не сказáл ни слóва** il n'a pas dit un seul mot • **мне нýжно сказáть вам два слóва** j'ai deux mots à vous dire • **одни́м слóвом** en un mot • **перевести́ слóво в слóво** traduire mot à mot • **игрá слов** un jeu de mots • **други́ми словáми** en d'autres termes, autrement dit **2.** parole • **ромáнс Бородинá на словá Пýшкина** une romance de Borodine sur des paroles de Pouchkine • **слóво — серебрó, молчáние — зóлото** la parole est d'argent mais le silence est d'or • **без слов** *(accompagnant un dessin humoristique)* (histoire) sans paroles • **проси́ть слóва** demander la parole • **слóво имéет Ивáн Петрóвич Пáвлов** la parole est à M. Pavlov • **повéрить знакóмому нá слово** croire une connaissance sur parole • **чéстное слóво** ma parole d'honneur • **дать слóво** donner sa parole
● **нóвое слóво в** *(+L)* quelque chose de nouveau › **нóвое слóво в компью́терной тéхнике** une nouvelle avancée en informatique • **слов нет** il n'y a pas à dire • ***Слóво о полкý Ѝгореве*** le Dit d'Igor
Voir encadré page suivante.

À PROPOS DE...

L'accent passe sur la préposition dans l'expression **ве́рить на́ слово** croire sur parole.

словосочета́ние *nnt* groupe de mots *(dans une phrase)*, collocation

слог ①③ *nm* syllabe • **ударе́ние па́дает на пе́рвый слог** l'accent frappe la première syllabe

сложе́ние *nnt* addition (MATH)

/ **сложи́ть** → скла́дывать, слага́ть

/ **сложи́ться** → скла́дываться

сло́жный ⑤ *adj* complexe, compliqué • **о́чень сло́жная зада́ча** un problème très complexe

слой ①② *nm* couche *(strate)* • **ве́рхние слои́ атмосфе́ры** les couches supérieures de l'atmosphère • **широ́кие слои́ населе́ния** de larges couches de la population

/ **слома́ть** → лома́ть

/ **сломи́ть** → сла́мывать

слон ③② *nm* éléphant
● **де́лать из му́хи слона́** en faire tout un plat

слоно́вый *adj* d'éléphant • **слоно́вый би́вень** une défense d'éléphant
● **слоно́вая кость** l'ivoire › **изде́лия из слоно́вой ко́сти** des objets en ivoire

слоня́ться *vp* traîner *(sans but)* • **слоня́ться без де́ла** traîner sans savoir à quoi s'occuper

слуга́ ②① *nm* serviteur, domestique

слу́жащая *adj subst f* employée

слу́жащий *adj subst m* employé • **забасто́вка госуда́рственных слу́жащих во Фра́нции** grève des fonctionnaires en France

слу́жба *nf* service • **сослужи́ть слу́жбу** rendre un service • **быть на вое́нной слу́жбе** être au service militaire

служе́бный *adj* de service • **служе́бный вход** entrée de service

служи́ть ④ / **послужи́ть** ④ *v* **1.** servir • **служи́ть наро́ду** servir son pays • **служи́ть во фло́те** servir dans la marine • **служи́ть приме́ром** servir d'exemple **2.** faire le beau • **Жу́чка, служи́!** Joutchka, le beau !
● **чем могу́ служи́ть?** en quoi puis-je vous être utile ?

слух *nm* **1.** ouïe • **у него́ нет слу́ха** il n'a pas d'oreille • **име́ть то́нкий слух** avoir l'oreille fine **2.** bruit *(rumeur)* • **хо́дят слу́хи, что о́н жени́лся** le bruit court qu'il s'est marié • **пусти́ть слух** faire courir un bruit
● **ни слу́ху ни ду́ху** aucune nouvelle › **о нём ни слу́ху ни ду́ху** on n'a aucune nouvelle de lui

слу́чай *nm* **1.** hasard *(événement imprévu)*, cas • **на вся́кий слу́чай** à tout hasard • **в тако́м слу́чае** dans ce cas • **в проти́вном слу́чае** dans le cas contraire • **во вся́ком слу́чае** en tout cas • **ни в ко́ем слу́чае** en aucun cas • **в слу́чае на́добности** en cas de besoin • **расскажу́ вам слу́чай, како́й был со мной в про́шлом году́** je vais vous raconter ce qui m'est arrivé l'an passé **2.** occasion *(circonstance favorable)* • **е́сли предста́вится слу́чай** si l'occasion se présente • **воспо́льзоваться слу́чаем** profiter de l'occasion
● **несча́стный слу́чай** accident • **по слу́чаю** en profitant d'une occasion › **купи́ть ту́фли по слу́чаю** acheter des chaussures en profitant d'une occasion

случа́йно *adv* par hasard • **мы случа́йно встре́тились** nous nous sommes rencontrés par hasard

случа́йный *adj* fortuit • **случа́йное схо́дство** une ressemblance fortuite • **случа́йная встре́ча** une rencontre due au hasard

случа́ться / **случи́ться** *vp* se passer, arriver • **что с ним случи́лось?** qu'est-ce qui lui est arrivé ? • **с ним случи́лось несча́стье** il lui est arrivé un malheur

/ **случи́ться** → случа́ться

слу́шатель *nm* auditeur • **слу́шатели ра́дио** les auditeurs de la radio

слу́шательница *nf* auditrice

слу́шать / **послу́шать** *v* écouter • **слу́шать ра́дио** écouter la radio • **я вас слу́шаю** je vous écoute • **слу́шать не хо́чет** il ne veut pas écouter ce qu'on lui dit

слу́шаться / послу́шаться *vp (+ G)* obéir • **слу́шаться роди́телей** obéir à ses parents

слыха́ть *fam v* entendre • **слыха́ли но́вость?** vous avez entendu la nouvelle ?

слы́шать* [I, слы́шу, слы́шишь] / **услы́шать*** [I, *id*] *v* **1.** entendre • **я вас не слы́шу** je ne vous entends pas **2.** entendre dire • **я слы́шал, что он ско́ро вернётся в Москву́** j'ai entendu dire qu'il reviendrait bientôt à Moscou **3.** *fam* sentir • **стра́нно па́хнет, слы́шите?** il y a une drôle d'odeur, vous sentez ?

слы́шаться* [I, слы́шится, слы́шатся] / **послы́шаться*** *id vp* se faire entendre • **из сосе́дней ко́мнаты слы́шался смех** on entendait rire dans la pièce voisine

слы́шно ⑤ *adv*
● **отсю́да хорошо́ слы́шно** d'ici, on entend bien • **о нём давно́ ничего́ не слы́шно** il y a longtemps qu'on n'entend plus parler de lui

слы́шный ⑤ *adj* **1.** audible • **е́ле слы́шный шёпот** un chuchotement à peine audible **2.** *(forme courte seulement)* **слы́шны шаги́ в коридо́ре** on entend des pas dans le couloir • **слы́шен шёпот** on entend un chuchotement

слюна́ *nf* salive, bave • **бры́згать слюно́й** lancer des postillons

слю́ни (слюне́й, слюня́м) ③ *pl t* salive

слю́нки (слю́нок, слю́нкам) *pl t fam* salive • **так вку́сно па́хнет, что слю́нки теку́т** ça sent bon, à vous mettre l'eau à la bouche

см (*abr de* сантиме́тр) *nm* cm

см. (*abr de* смотри́) *v* voir

/ **сма́зать** → сма́зывать

сма́зывать / сма́зать* [II, сма́жу, сма́жешь] *v* **1.** graisser • **сма́зать замо́к** graisser la serrure **2.** badigeonner (MÉD) • **поре́з сма́зать антисе́птиком** passer un antiseptique sur la coupure

смарт-ка́рта *nf* carte à puce

/ **смастери́ть** → мастери́ть

сма́хивать / смахну́ть *v* faire tomber *(d'un geste brusque)*, balayer • **смахну́ть пыль** secouer la poussière

/ **смахну́ть** → сма́хивать

сме́жный *adj* adjacent, voisin • **сме́жные ко́мнаты** des pièces adjacentes qui communiquent entre elles ~ *fig* • **сме́жные поня́тия** des notions voisines • **автомоби́льная промы́шленность и сме́жные с ней о́трасли** l'industrie automobile et ses branches annexes

смека́лка *nf fam* vivacité d'esprit • **э́то тре́бует смека́лки** il faut avoir de l'idée

сме́ло *adv* hardiment, sans hésiter • **мо́жно сме́ло сказа́ть** on peut dire sans hésiter

сме́лость *nf* audace • **не хвати́ло сме́лости** j'ai manqué d'audace
● **взять на себя́ сме́лость** *(+ inf)* prendre la liberté de • **сме́лость города́ берёт** à cœur vaillant, rien d'impossible

сме́лый ⑤ *adj* **1.** audacieux, hardi • **сме́лые морепла́ватели** de hardis navigateurs • **сме́лый прое́кт** un projet audacieux **2.** osé • **сме́лая шу́тка** une plaisanterie osée

сме́на *nf* **1.** remplacement, relève • **сме́на часовы́х** la relève de la garde • **сме́на дня и но́чи** la succession du jour et de la nuit **2.** linge de rechange • **две сме́ны белья́** du linge pour se changer deux fois **3.** équipe • **пришла́ ночна́я сме́на** l'équipe de nuit est arrivée **4.** temps de travail d'une équipe • **рабо́тать в ночну́ю сме́ну** travailler de nuit • **ходи́ть в шко́лу во втору́ю сме́ну** être du groupe qui va à l'école l'après-midi

/ **смени́ть** → меня́ть, сменя́ть

/ **смени́ться** → меня́ться

сменя́ть / смени́ть ④ [*part.* сменённый] *v* changer, remplacer • **смени́ть кварти́ру** changer d'appartement • **смени́ть бельё** changer de linge • **смени́ть часово́го** relever la sentinelle

/ **сме́рить** → ме́рить

смерка́ться / сме́ркнуться* [III] *vp* commencer à faire sombre • **смерка́ется** la nuit tombe

/ **сме́ркнуться** → смерка́ться

смертéльно *adv* mortellement • **смертéльно скучáть** s'ennuyer à en mourir

смéртная *nf* une mortelle

смертéльный *adj* mortel • **смертéльная рáна** une blessure mortelle • **смертéльный враг** un ennemi mortel • **смертéльная скýка** un ennui mortel

смéртный *adj* **1.** mortel • **все лю́ди смéртны** tous les hommes sont mortels • **смéртный враг** un ennemi mortel • **смéртная скýка** un ennui mortel • **смéртный грех** un péché mortel **2.** capitale *(qui entraîne la mort)* • **смéртный пригово́р** une condamnation à mort • **смéртная казнь** la peine capitale ■ **смéртный** *nm* un mortel • **просто́й смéртный** un simple mortel

смерть ①③ ◪ *nf* mort • **естéственная смерть** une mort naturelle • **насúльственная смерть** une mort violente • **приговорúть к смéрти** condamner à mort • **двух смертéй не бывáть, одно́й не миновáть** on ne meurt qu'une fois ◪ *adv fam* d'une manière exceptionnelle • **смерть как надоéло сидéть до́ма** j'en ai plus qu'assez de rester à la maison
● **быть прú смерти** être à l'agonie • **до́ смерти** *fam* au plus haut point › **онá их до́ смéрти бои́тся** elle en a terriblement peur

À PROPOS DE...

L'accent passe sur la préposition dans les expressions **до́ смерти** et **прú смерти**.

смесь *nf* mélange
● **буты́лки с зажигáтельной смéсью** des cocktails Molotov

сметáна *nf* crème *(fermentée)*, crème aigre

сметь / **посмéть** *v* oser • **онá посмéла сказáть учúтелю, что тот неправ** elle a osé dire au professeur qu'il avait tort

смех *nm* le rire • **не удержáться от смéха** ne pas pouvoir s'empêcher de rire • **покатúться со́ смеху*** éclater de rire • **смéха рáди** histoire de rire • **мне не до смéха** je n'ai pas envie de rire
● **поднять своегó коллéгу нá смех** tourner son collègue en ridicule

À PROPOS DE...

L'accent passe sur la préposition dans les groupes **нá смех** et **со́ смеху**.

смéшанный *adj* **1.** mêlé • **смéшанные чу́вства** des sentiments mêlés **2.** mixte • **смéшанная комúссия** une commission mixte • **смéшанный брак** un mariage mixte

/ **смешáть** → мешáть, смéшивать

/ **смешáться** → мешáться, смéшиватья

смéшивать / **смешáть** *v* **1.** mêler, mélanger • **смéшивать крáски** mélanger les couleurs • **смешáть кáрты** battre les cartes **2.** confondre • **их нельзя́ смешáть** on ne peut pas les confondre

смéшиваться / **смешáться** *vp* se mêler, se mélanger • **смешáться с толпо́й** se mêler à la foule • **всё смешáлось в егó головé** tout s'est mélangé dans sa tête

смешúть / **рассмешúть** *v* faire rire • **он всех смешúл свои́ми шу́тками** il faisait rire tout le monde avec ses plaisanteries

смешно́ *adv* de manière amusante • **он э́то смешно́ расскáзывал** il racontait cela d'une manière fort drôle
● **мне то́же стáло смешно́** il me prit envie de rire à moi aussi

смешно́й (смешо́н, смешнá, смешно́, смешны́) *adj* **1.** comique, drôle • **смешно́й анекдо́т** une histoire drôle • **тут нет ничегó смешнóго** il n'y a là rien de drôle **2.** ridicule • **попáсть в смешно́е положéние** se mettre dans une situation ridicule • **э́то про́сто смешно́** c'est simplement ridicule

смея́ться* [II, смею́сь, смеёшься] / **засмея́ться*** [II, *id*] *vp* **1.** rire • **смея́ться до слёз** rire aux larmes • **нéчего смея́ться** il n'y a pas de quoi rire • **вы смеётесь** vous voulez rire **2.** (над + *I*) se moquer de • **он смеётся над нáми** il se moque de nous

СМИ (*abr de* срéдства мáссовой информáции) *pl t* les médias

смúрно *adv* paisiblement • **вестú себя́ смúрно** se tenir tranquille

● сми́рно! *(commandement militaire)* fixe !

сми́рный ⑤ *adj* tranquille, paisible • **сми́рного хара́ктера** de caractère paisible

смола́ ②① *nf* résine • **кора́ покры́та ка́плями смолы́** l'écorce est couverte de gouttes de résine • **синтети́ческие смо́лы** des résines synthétiques

/ **смоло́ть** → моло́ть

сморка́ться / **вы́сморкаться** *vp* se moucher

сморо́дина *nf* **1.** *(pas de pl) (fruit)* groseille • **кра́сная сморо́дина** groseilles rouges • **бе́лая сморо́дина** groseilles blanches ~ cassis • **чёрная сморо́дина** cassis **2.** *(arbuste)* groseiller ~ cassis

/ **смо́рщить** → мо́рщить

/ **смо́рщиться** → мо́рщиться

смотр* *(loc.* смотру́*)* ⑧② *nm* revue (MIL) • **смотр войск** une revue militaire

смотре́ть* [I, смотрю́, смо́тришь] ④ / **посмотре́ть*** [I, *id*] ④ *v* **1.** → смотря́ **2.** *(на + A)* regarder • **смотре́ть на часы́** regarder sa montre • **он смотре́л на меня́ с удивле́нием** il me regardait avec étonnement • **смотре́ть в окно́** regarder par la fenêtre • **смотре́ться в зе́ркало** se regarder dans la glace • **смотре́ть в глаза́ опа́сности** regarder le danger en face **3.** *(+ A)* voir, regarder *(un spectacle)* • **вы посмотре́ли фильм "Балла́да о солда́те"?** vous avez vu le film « la Ballade du soldat » ? • **смотре́ть телеви́зор** regarder la télévision **4.** *(на + A)* considérer *(avoir une opinion)* • **как вы на э́то смо́трите?** qu'est-ce que vous en pensez ? • **мать смотре́ла на него́ как на ге́ния** sa mère le considérait comme un génie **5.** *(за + I)* surveiller • **смотре́ть за детьми́** surveiller les enfants • **смотре́ть за поря́дком** veiller à ce que tout soit en ordre • **смотре́ть за больны́м** garder un malade **6.** *impér* faire attention • **смотри́, не упади́** fais attention à ne pas tomber • **смотри́те, не опозда́йте** tâchez de ne pas être en retard • **смотри́, что́бы не́ было неприя́тностей** fais attention qu'il n'y ait pas d'histoires **7.** *(+ I)* avoir un air • **смотре́ть молодцо́м** avoir un air décidé
● **о́кна смо́трят на у́лицу** les fenêtres donnent sur la rue • **смотре́ть в о́ба** ouvrir l'œil *(se tenir sur ses gardes)* • **смотре́ть на их де́йствия сквозь па́льцы** fermer les yeux sur leurs actions

смотри́тель *nm* surveillant • **смотри́тель музе́я** le surveillant du musée
● ***Ста́нционный смотри́тель*** (Пу́шкин) *Le maître de poste* (Pouchkine)

смотря́ *adv* cela dépend • **смотря́ где** ça dépend où • **смотря́ как** c'est selon • **смотря́ како́й** ça dépend lequel
■ **смотря́ по** *loc prép (+ D)* selon, en fonction de • **смотря́ по обстоя́тельствам** selon les circonstances

/ **смочь** → мочь

СМС *nm* sms, texto®

сму́глый ⑤ *adj* basané • **сму́глое лицо́** un visage basané

/ **смути́ть** → смуща́ть

сму́тно *adv* vaguement, confusément • **сму́тно по́мню** je m'en souviens vaguement

сму́тный ⑤ *adj* trouble, confus • **я име́ю об э́том сму́тное представле́ние** je n'en ai qu'une idée vague
● **Сму́тное вре́мя** (HIST) époque des troubles *(1605-1613)*

смуща́ть / **смути́ть** *(т → щ) v* rendre confus, troubler • **её взгляд смуща́л меня́** son regard me troublait

смуще́ние *nnt* trouble, confusion *(dus à une émotion)* • **покрасне́ть от смуще́ния** rougir de confusion

смысл *nm* sens, signification • **в прямо́м смы́сле** au sens propre • **в перено́сном смы́сле** au sens figuré • **э́то не име́ет смы́сла** cela n'a pas de sens • **нет смы́сла туда́ е́хать** à quoi bon y aller ?
● **в смы́сле** au point de vue › **в нра́вственном смы́сле** au point de vue moral › **в смы́сле техни́ческого обору́дования** en ce qui concerne l'équipement technique • **здра́вый смысл** le bon sens › **ни ка́пельки здра́вого смы́сла** pas un brin de bon sens

смычо́к *nm* archet

смягча́ть / **смягчи́ть** *v* **1.** amollir, adoucir • **смягча́ть ко́жу** adoucir la peau **2.** *fig* adoucir • **смягчи́ть нра́вы** adoucir les mœurs **3.** *fig* atténuer • **смягчи́ть боль** atténuer la douleur

смягча́ющий *adj* **1.** atténuant • **смягча́ющие обстоя́тельства** circonstances atténuantes **2.** adoucissant, émollient • **смягча́ющий крем для рук** crème adoucissante pour les mains

/ **смягчи́ть** → смягча́ть

/ **смять** → мять

/ **снабди́ть** → снабжа́ть

снабжа́ть / **снабди́ть** *v* **1.** munir, équiper • **снабди́ть тури́стов всем необходи́мым** équiper des randonneurs en leur fournissant tout le nécessaire **2.** fournir • **снабжа́ть заво́д сырьём** fournir les matières premières à une usine • **ГЭС снабжа́ет го́род электроэне́ргией** la centrale hydroélectrique fournit la ville en électricité

снабже́ние *nnt* approvisionnement • **снабже́ние бензи́ном** l'approvisionnement en essence

снару́жи ◼ *adv* du dehors, au-dehors • **внутри́ бы́ло холодне́е, чем снару́жи** à l'intérieur, il faisait plus froid qu'au-dehors ◼ *prép (+ G)* **снару́жи зда́ния** en dehors du bâtiment

снаря́д *nm* obus • **ря́дом разорва́лся снаря́д** un obus éclata tout près • **оско́лок снаря́да** un éclat d'obus

снача́ла *adv* au début • **снача́ла всё шло хорошо́** au début, tout allait bien

СНГ *(abr de* Содру́жество Незави́симых Госуда́рств*) nnt* CEI *Communauté d'États Indépendants*

снег* *(loc.* снегу́ *; pl.* снега́*)* ⑧② *nm* neige • **хло́пья сне́га** des flocons de neige • **но́чью вы́пал снег** il est tombé de la neige cette nuit • **идёт снег** il neige
● **как прошлого́дний снег** comme une chose totalement inutile › **он э́тим интересу́ется как прошлого́дним сне́гом** il s'en moque comme de sa première chemise • **как снег на́ голову** sans crier gare › **свали́ться как снег на́ голову** arriver sans crier gare

снегопа́д *nm* chute de neige

Снегу́рочка *nf* Snegourotchka *(personnage de conte, associé à l'hiver et la neige)*

снежи́нка *nf* flocon de neige • **в во́здухе кружи́лись снежи́нки** des flocons de neige tournoyaient dans l'air

сне́жный *adj* de neige, neigeux • **сне́жная ба́ба** un bonhomme de neige • **сне́жная зима́** un hiver neigeux

снежо́к *nm* **1.** *dim de* снег **2.** boule de neige • **игра́ть в снежки́** jouer aux boules de neige

/ **снести́** → сноси́ть, нести́

снижа́ть / **сни́зить** *v* abaisser, baisser *litt & fig* • **сни́зить себесто́имость** abaisser le prix de revient • **сни́зить це́ны** baisser les prix • **сни́зить тон** baisser le ton

снижа́ться / **сни́зиться** *vp* descendre, baisser • **температу́ра сни́зилась** la température a baissé • **самолёт снижа́ется** l'avion descend

сниже́ние *nnt* baisse • **сниже́ние ка́чества** une baisse de la qualité

/ **сни́зить** → снижа́ть

/ **сни́зиться** → снижа́ться

сни́зу *adv* d'en bas, en bas • **сни́зу вверх** de bas en haut • **пя́тая строка́ сни́зу** la cinquième ligne en partant du bas

снима́ть / **снять*** [IV, сниму́, сни́мешь ④ - снял, сняла́, сня́ло, сня́ли ⑤ - сня́тый, снят, снята́, сня́то, сня́ты ⑤] *v* **1.** enlever, ôter • **снять карти́ну со стены́** enlever le tableau qui pend au mur • **снять ска́терть** enlever la nappe • **снять га́лстук** enlever sa cravate • **снять очки́** quitter ses lunettes **2.** louer *(prendre en location)* • **снять ко́мнату** louer une chambre • **снять да́чу** louer une datcha **3.** tourner *(un film)*, prendre *(une photographie)* • **снять кинофи́льм** tourner un film • **хоти́те, я вас сниму́?** vous voulez que je vous prenne ? **4.** ramasser *(la récolte)* • **снять урожа́й** faire la moisson • **снять я́блоки в саду́** ramasser les pommes du verger **5.** lever, mettre fin à • **снять оса́ду** lever le siège • **снять карау́л** supprimer un poste de garde **6.** révoquer • **его́ сня́ли с рабо́ты** il a été révoqué **7.** établir *(un plan)* • **снять ко́пию с докуме́нта** établir la copie d'un document
● **как руко́й сня́ло** c'est passé comme par miracle *(en parlant d'une douleur)*

сни́мок *nm* photographie • **сде́лать сни́мок** faire une photo

снисходи́тельность *nf* indulgence • **прояви́ть снисходи́тельность к мои́м оши́бкам** faire preuve d'indulgence envers mes erreurs

снисходи́тельный *adj* indulgent • **вы сли́шком снисходи́тельны к его́ оши́бкам** vous êtes trop indulgent pour ses fautes

сни́ться / **присни́ться** *vp* être vu en rêve • **мне присни́лся стра́шный сон** j'ai fait un rêve affreux • **мне постоя́нно сни́лись ве́щие сны** j'avais constamment des rêves prémonitoires • **нам ничего́ подо́бного и не сни́лось** même en rêve nous n'y pensions pas

сно́ва *adv* de nouveau • **он сно́ва заболе́л** il est de nouveau malade • **нача́ть сно́ва** recommencer

сновиде́ние *littéraire nnt* rêve

сноп ③② *nm* gerbe • **ржано́й сноп** une gerbe de seigle ~ *fig* • **сноп искр** une gerbe d'étincelles

сноро́вка *nf* habileté manuelle *(due à une longue pratique)* • **тут нужна́ больша́я сноро́вка** il faut vraiment savoir s'y prendre

сноси́ть ④ / **снести́*** [IV, снесу́, снесёшь - снёс, снесла́ - снесённый - снеся́] ③ *v* **1.** porter • **снести́ пи́сьма на по́чту** porter des lettres à la poste • **снести́ мешки́ на склад** porter des sacs à l'entrepôt **2.** emporter • **водо́й снесло́ плоти́ну** le barrage a été emporté par les eaux • **ве́тер снёс кры́шу** le toit a été emporté par le vent **3.** démolir • **снести́ ста́рый дом** démolir une vieille maison **4.** supporter • **не сноси́ть оскорбле́ния мо́лча** ne pas supporter un affront en silence

сно́сный *(comp.* сносне́е*) adj* supportable • **сно́сные усло́вия** des conditions acceptables

снотво́рный *adj* somnifère, soporifique

■ **снотво́рное** *adj subst nt* un somnifère • **приня́ть снотво́рное** prendre un somnifère

/ **снять** → снима́ть

со → с

соба́ка *nf* **1.** chien • **охо́тничья соба́ка** un chien de chasse • **поро́дистая соба́ка** un chien de race **2.** arobase

● **жить как ко́шка с соба́кой** vivre comme chien et chat • **он на э́том соба́ку съел** il s'y entend à merveille • **соба́ка ла́ет, ве́тер но́сит** les chiens aboient, la caravane passe

соба́чий *adj d'appart* de chien • **соба́чья жизнь** une vie de chien • **соба́чий хо́лод** un froid de loup

соба́чка *(dim de* соба́ка*) nf* **1.** petit chien **2.** arobase

● ***Да́ма с соба́чкой*** (Че́хов) *la Dame au petit chien* (Tchekhov)

собесе́дник *nm* interlocuteur

собесе́дница *nf* interlocutrice

собира́тель *nm* collectionneur • **собира́тель карти́н** un collectionneur de tableaux

собира́ть / **собра́ть*** [IV, соберу́, соберёшь - собра́л, собрала́, собра́ло, собра́ли] ⑤ *v* **1.** réunir • **собра́ть рабо́тников** réunir les employés • **собра́ть колле́кцию ма́рок** faire collection de timbres • **собра́ть 98% голосо́в** obtenir 98 % des voix **2.** collectionner • **кто собира́ет ма́рки, кто моне́ты** certains collectionnent les timbres, d'autres les pièces de monnaie **3.** ramasser • **собира́ть грибы́** ramasser des champignons • **собра́ть хоро́ший урожа́й** faire une bonne récolte **4.** assembler, monter • **собра́ть компью́тер** monter un ordinateur **5.** préparer • **собра́ть ве́щи в доро́гу** faire ses valises

собира́ться / **собра́ться*** [IV, соберу́сь, соберёшься - собра́лся, собрала́сь] ③ *vp* **1.** → собира́ть **2.** s'apprêter à aller • **мы собира́лись в кино́** nous nous apprêtions à aller au cinéma

● **собра́ться с ду́хом** rassembler tout son courage

соблазни́тельный *adj* séduisant, attrayant • **сде́лать пое́здку ещё бо́лее соблазни́тельной** rendre le voyage encore plus attrayant • **соблазни́тельные перспекти́вы** des perspectives séduisantes

/ **соблазни́ть** → соблазня́ть

соблазня́ть / **соблазни́ть** *v* séduire • **его́ предложе́ние меня́ соблазни́ло** sa proposition m'a séduit

соблюдáть / **соблюсти́*** [IV, соблюду́, соблюдёшь - соблю́л, соблюлá - соблюдённый - соблюдя́] ③ *v* observer, respecter • **соблюдáть закóн** respecter la loi • **соблюдáть дисципли́ну** se plier à la discipline • **соблюдáть диéту** suivre un régime alimentaire

/ **соблюсти́** → соблюдáть

собóй *pron* **1.** → себя́ **2.** *(particule de renforcement)* • **онá хорошá собóй** elle est fort jolie

соболéзнование *nnt* condoléances • **вы́разить своѝ соболéзнования** présenter ses condoléances

сóболь* ①② *nm* **1.** zibeline *(animal)* **2.** *(nom. pl.* соболя́*)* zibeline *(fourrure)*

собóр *nm* cathédrale • **кремлёвские собóры** les cathédrales du Kremlin • **Исаáкиевский собóр** la cathédrale Saint-Isaac

собрáние *nnt* **1.** réunion • **иду́ на собрáние** je vais à la réunion • **роди́тельское собрáние** la réunion parents-professeurs **2.** assemblée *(corps constitué)* • **законодáтельное собрáние** une assemblée législative **3.** collection, ensemble • **собрáние дрéвних монéт** une collection de pièces de monnaie anciennes • **пóлное собрáние сочинéний Лéрмонтова** la collection des œuvres complètes de Lermontov

/ **собрáть** → собирáть

/ **собрáться** → собирáться

сóбственно *adv*
● **сóбственно (говоря́)** à proprement parler

сóбственность *nf* propriété (DR) • **госудáрственная сóбственность** propriété de l'État • **чáстная сóбственность** propriété privée

сóбственный *adj* propre *(particulier)* • **имéть сóбственный компью́тер** avoir son propre ordinateur • **ви́деть сóбственными глазáми** voir de ses propres yeux • **отдáть в сóбственные ру́ки** remettre en mains propres • **в сóбственном смы́сле слóва** au sens propre du mot • **и́мя сóбственное** un nom propre

собы́тие *nnt* événement • **истори́ческое собы́тие** un événement historique

совá ②① *nf* hibou

совáть* [II, сую́, суёшь] / **су́нуть** *v* fourrer, mettre • **су́нуть ру́ки в кармáны** fourrer ses mains dans ses poches • **совáть кни́ги в су́мку** mettre ses livres dans sa serviette ~ *fam fig* • **совáть нос, кудá не слéдует** fourrer son nez où il ne faut pas

совершáть / **соверши́ть** *v* accomplir • **соверши́ть пóдвиг** accomplir un exploit • **соверши́ть оши́бку** commettre une erreur

совершéнно *adv* totalement, tout à fait • **я совершéнно не пóмню, что я дéлал вчерá** je ne me souviens absolument pas de ce que j'ai fait hier • **совершéнно вéрно** vous avez parfaitement raison

совершеннолéтний *adj* majeur *(qui a atteint sa majorité)*

совершéнный[1] *(совершéнен, совершéнна) adj* **1.** parfait • **совершéнный образéц** un modèle parfait **2.** absolu, total • **с совершéнным равноду́шием** avec une indifférence totale

совершéнный[2] *adj*
● **совершéнный вид** le perfectif *(gramm)* › **глагóл совершéнного ви́да** un verbe perfectif

совершéнство *nnt* perfection • **знать в совершéнстве три языкá** connaître trois langues à la perfection

совершéнствовать / **усовершéнствовать** *v* perfectionner • **совершéнствовать систéму** perfectionner un système

/ **соверши́ть** → совершáть

сóвестно *adv*
● **мне стáло сóвестно** j'ai eu mauvaise conscience • **мне сóвестно егó беспокóить** ça me gêne de le déranger • **как вам не сóвестно!** vous n'avez pas honte !

сóвесть *nf* conscience • **угрызéния сóвести** des remords (de conscience)

совéт *nm* **1.** conseil, avis • **дать хорóший совéт** donner un bon conseil • **я послéдовал вáшему совéту** j'ai suivi votre conseil **2.** conseil, assemblée • **Совéт министров Фрáнции** le Conseil des ministres de la France • **Верхóвный Совéт** (HIST) le Soviet suprême

совéтник *nm* conseiller • **культýрный совéтник** le conseiller culturel • **совéтник юстíции** conseiller de justice

совéтовать / **посовéтовать** *v* conseiller • **врач совéтует мне отдохнýть** le médecin me conseille le repos

совéтоваться / **посовéтоваться** *vp* demander conseil • **онá посовéтовалась с дóктором** elle a demandé conseil au médecin

совéтский *adj* soviétique • **стрáны бы́вшего Совéтского Сою́за** les pays de l'ex-Union soviétique • **джаз-рок ансáмбль рабóтал ещё в совéтские временá** le groupe jazz-rock existait déjà à l'époque soviétique

совещáние *nnt* réunion, conférence • **междунарóдное совещáние** une conférence internationale • **он на совещáнии** il est en réunion

совпадáть / **совпáсть*** [IV, совпадёт, совпадýт - совпáл] *v* **1.** coïncider • **свáдьба совпáла с моúм приéздом** le mariage a coïncidé avec mon arrivée **2.** être concordant, concorder • **показáния свидéтелей не совпадáют** les déclarations des témoins ne concordent pas

совпадéние *nnt* coïncidence • **совпадéние обстоя́тельств** un concours de circonstances

/ **совпáсть** → совпадáть

/ **соврáть** → врать

совремéнник *nm* contemporain

совремéнный (совремéнен, совремéнна) *adj* **1.** contemporain • **совремéнные Мандельштáму поэ́ты** les poètes contemporains de Mandelstam • **совремéнная литератýра** la littérature contemporaine **2.** moderne • **совремéнная тéхника** la technique moderne

совсéм *adv* tout, totalement • **совсéм нóвый костю́м** un costume tout neuf • **я совсéм забы́л** j'ai totalement oublié ◼ **совсéм нет** pas du tout › **а я совсéм не знал** je n'en savais absolument rien

совхóз (*abr de* совéтское хозя́йство) *nm* (HIST) sovkhoze

соглáсие *nnt* **1.** consentement • **он дал своё соглáсие** il a donné son accord • **молчáние — знак соглáсия** qui ne dit mot consent **2.** bonne entente • **жить в соглáсии** vivre en bonne entente

/ **согласúться** → соглашáться

соглáсно *prép (+ D)* conformément à • **соглáсно совремéнным стандáртам, детсáд бýдет имéть бассéйн** conformément aux normes modernes, le jardin d'enfant aura une piscine

соглáсный[1] *adj* **1.** qui consent • **я соглáсен на вáши услóвия** j'accepte vos conditions **2.** d'accord • **я с вáми не соглáсен** je ne suis pas d'accord avec vous

соглáсный[2] *adj* consonantique • **соглáсная фонéма** un phonème consonantique ◼ **соглáсный (звук)** consonne *(son)* › **твёрдые соглáсные** les consonnes dures › **мя́гкие соглáсные** les consonnes mouillées • **соглáсная (бýква)** consonne *(lettre de l'alphabet)*

соглашáться / **согласúться** *vp* **1.** accepter • **он согласúлся на э́то предложéние** il a accepté cette proposition **2.** être d'accord • **нельзя́ не согласúться с тем, что он сказáл** on ne peut ne pas être d'accord avec ce qu'il a dit

соглашéние *nnt* accord • **заключúть торгóвое соглашéние** conclure un accord commercial • **прийтú к соглашéнию** parvenir à un accord

/ **согнýть** → гнуть, сгибáть

согревáть / **согрéть** [*part.* согрéтый*] *v* réchauffer • **согрéть чай** faire réchauffer le thé • **сóлнце согрéло зéмлю** le soleil a réchauffé la terre

/ **согрéть** → греть, согревáть

/ **согрешúть** → грешúть

содержáние *nnt* contenu • **содержáние доклáда** le contenu d'un exposé

/ **содрáть** → драть

/ **соединúть** → соединя́ть

соединя́ть / **соединúть** *v* **1.** unir • **соединúть свои́ сúлы** unir ses forces • **соединúть приятное с полéзным** joindre l'utile à l'agréable **2.** connecter • **как соединúть два компью́тера?** comment connecter deux ordinateurs ?

● Соединённые Шта́ты Аме́рики les États-Unis d'Amérique

сожале́ние *nnt* regret • че́рез како́е-то вре́мя бу́дешь об э́том вспомина́ть без сожале́ния d'ici quelque temps tu t'en souviendras sans regret
● к сожале́нию malheureusement › к сожале́нию, я не могу́ вам помо́чь malheureusement, je ne peux pas vous aider

/ **созва́ть** → созыва́ть

созве́здие *nnt* constellation • созве́здие Скорпио́на constellation du Scorpion

создава́ть* [II, создаю́, создаёшь - создава́й - создава́я] / **созда́ть*** [*n cl,* созда́м, созда́шь, созда́ст, создади́м, создади́те, создаду́т - со́здал, создала́, со́здало, со́здали - созда́й - со́зданный, со́здан, создана́, со́здано, со́зданы] ⑤ *v* **1.** créer, fabriquer • он со́здал компью́терную програ́мму, кото́рая разбира́ет литерату́рные те́ксты il a écrit un programme qui analyse les textes littéraires **2.** fonder, créer • авиакомпа́ния мо́жет быть создана́ уже́ к концу́ го́да la compagnie aérienne pourra être créée en fin d'année • создава́ть затрудне́ния créer des difficultés

/ **созда́ть** → создава́ть

созерца́ние *nnt* contemplation • погрузи́ться в созерца́ние se plonger dans la contemplation

сознава́ть* [II, сознаю́, сознаёшь - сознава́й - сознава́я] / **созна́ть** *v* prendre conscience de • он сознаёт свою́ оши́бку il comprend son erreur

сознава́ться* [II, сознаю́сь, сознаёшься - сознава́йся - сознава́ясь] / **созна́ться** *(в +L) vp* reconnaître, avouer • престу́пник созна́лся во всём le coupable a tout avoué • на́до созна́ться il faut bien le reconnaître

созна́ние *nnt* **1.** conscience *(connaissance intérieure)* • созна́ние до́лга le sentiment du devoir **2.** connaissance *(faculté de ressentir)* • потеря́ть созна́ние perdre connaissance • прийти́ в созна́ние reprendre connaissance

созна́тельно *adv* consciemment, de façon délibérée • созна́тельно искажа́ть фа́кты déformer volontairement les faits

созна́тельный *adj* conscient, délibéré • созна́тельное созда́ние опа́сных ситуа́ций la création délibérée de situations dangereuses

/ **созна́ть** → сознава́ть

/ **созна́ться** → сознава́ться

созрева́ть / **созре́ть** *v* mûrir *litt & fig* • я́блоки созрева́ют les pommes mûrissent • его́ тала́нт созре́л son talent a mûri

/ **созре́ть** → зреть, созрева́ть

созыва́ть / **созва́ть*** [IV, созову́, созовёшь - созва́л, созвала́, созва́ло, созва́ли - со́званный, со́зван, созвана́, со́звано, со́званы] ⑤ *v* convoquer, réunir • президе́нт созва́л э́кстренное совеща́ние le président a convoqué une réunion extraordinaire

/ **сойти́** → сходи́ть

/ **сойти́сь** → сходи́ться

сок* *(loc.* соку́*)* ⑧① *nm* **1.** jus • фрукто́вый сок un jus de fruit **2.** suc *(sécrétion)* • желу́дочный сок le suc gastrique
● вари́ться в со́бственном соку́ cuire dans son jus

со́кол *nm* faucon
● гол как соко́л sans sou ni maille

> **À PROPOS DE...**
>
> Dans le dicton гол как соко́л, le mot сокол est accentué sur la syllabe finale.

/ **сократи́ть** → сокраща́ть

/ **сократи́ться** → сокраща́ться

сокраща́ть / **сократи́ть** *(т → щ) v* diminuer, réduire • сократи́ть свои́ расхо́ды réduire ses dépenses

сокраща́ться / **сократи́ться** *(т → щ) vp* diminuer, se réduire • дни сократи́лись les jours ont diminué

сокраще́ние *nnt* **1.** diminution, réduction • сокраще́ние расхо́дов une diminution des dépenses • сокраще́ние шта́тов une compression des effectifs **2.** abréviation • спи́сок усло́вных сокраще́ний liste des abréviations

сокро́вище *nnt* trésor • сокро́вища Эрмита́жа les trésors de l'Ermitage
● ни за каки́е сокро́вища pour rien au monde

/ **солгáть** → лгать

солдáт* *(gén. pl.* солдáт*) nm* soldat

солёный *(*сóлон, солонá, сóлоно, сóлоны*)* ⑤ *adj* **1.** salé • **солёная водá** de l'eau salée • **суп слúшком солёный** la soupe est trop salée • **солёная рыба** du poisson salé **2.** *fig* salé, piquant • **солёный анекдóт** une anecdote piquante

солúдный *adj* **1.** posé, sérieux • **солúдный человéк** un homme sérieux **2.** assez considérable • **солúдная сýмма** une grosse somme **3.** solide • **солúдная пострóйка** une construction solide • **солúдные знáния** des connaissances solides

солúст *nm* soliste *m*

солúстка *nf* soliste *f*

солúть ④ / **посолúть** ④ *v* **1.** saler, assaisonner • **посолúть суп** saler la soupe **2.** saler *(mettre en conserve)* • **солúть рыбу** saler du poisson

сóлнечный *adj* **1.** du soleil, solaire • **сóлнечные лучú** les rayons du soleil • **сóлнечная систéма** le système solaire **2.** de soleil • **сóлнечная вáнна** un bain de soleil • **сóлнечный удáр** un coup de soleil **3.** ensoleillé • **сóлнечный день** une journée ensoleillée

сóлнце *nnt* soleil • **Землá вращáется вокрýг Сóлнца** la Terre tourne autour du Soleil • **до восхóда сóлнца** avant le lever du soleil • **сóлнце заходúло** le soleil se couchait • **грéться на сóлнце** se chauffer au soleil

соловéй *(pl.* соловьá*) nm* rossignol • **петь как соловéй** chanter comme un rossignol

солóма *nf* paille, chaume • **избá, крытая солóмой** une isba couverte de chaume

солóменный *adj* de paille • **солóменная шлáпа** un chapeau de paille

сóлон, солонá → солёный

солóнка *nf* salière

сóлоно, сóлоны → солёный

соль ①③ *nf* sel • **положúть сóли в суп** mettre du sel dans la soupe

сом *nm* silure

сомневáться *(*в *+L) vp* douter de • **я в э́том не сомневáюсь** je n'en doute pas

сомнéние *nnt* doute • **э́то не подлежúт сомнéнию** cela ne fait aucun doute • **он, без сомнéния, прав** il a certainement raison

сомнúтельный *adj* douteux • **сомнúтельный слýчай** un cas douteux • **сомнúтельная лúчность** un individu dont il faut se méfier • **бельё сомнúтельной свéжести** du linge d'une propreté douteuse

сон *nm* **1.** sommeil • **спать крéпким сном** dormir d'un sommeil profond • **спать сном прáведника** dormir du sommeil du juste • **на сон грядýщий** avant de dormir **2.** rêve • **вúдеть сны** faire des rêves • **вúдеть во сне, что вы éдете в автомобúле** rêver qu'on roule en voiture

соображéние *nnt* considérations • **рассмáтривать с тóчки зрéния политúческих соображéний** examiner du point de vue des considérations politiques • **по финáнсовым соображéниям** pour des raisons d'ordre financier

сообщáть / сообщúть *v* communiquer • **э́то извéстие сообщúл агéнтству истóчник в министéрстве** cette nouvelle a été communiquée à l'agence par une source ministérielle

сообщéние *nnt* **1.** communiqué, avis • **официáльное сообщéние** le communiqué officiel • **сдéлать сообщéние** faire une communication **2.** communication, liaison • **мéжду двумá стрáнами налáжено железнодорóжное сообщéние** une liaison ferroviaire a été établie entre les deux pays

/ **сообщúть** → сообщáть

соотвéтствие *nnt* correspondance, conformité • **сертификáция на соотвéтствие стандáртам** certification de conformité aux normes • **в соотвéтствии с закóном** conformément à la loi

соотвéтствовать *v (+ D)* correspondre à, être conforme à • **э́то не соотвéтствует дéйствительности** cela ne correspond pas à la réalité

соотéчественник *nm* compatriote

соотéчественница *nf* compatriote

соотношéние *nnt* corrélation, rapport • **соотношéние спрóса и предложéния** le rapport entre l'offre et la demande

сопéрник *nm* rival, concurrent • **не имéть сопéрников** être sans rival

сопéрница *nf* rivale, concurrente

сопля́к ③② *nm* morveux

/ **сопостáвить** → сопоставля́ть

сопоставля́ть / **сопостáвить** *v* confronter • **сопостáвить дáнные** confronter les données • **сопостáвить фáкты с показáниями свидéтелей** confronter les faits avec les déclarations des témoins

/ **сопроводи́ть** → сопровождáть

сопровождáть / **сопроводи́ть** [*part.* сопровождённый*] *v* **1.** accompagner • **э́ту болéзнь почти́ всегдá сопровождáют осложнéния** cette maladie donne presque toujours lieu à des complications **2.** escorter • **сопровождáть делегáцию** escorter une délégation

сопровождéние *nnt* accompagnement • **дéти до 12 лет мóгут смотрéть э́тот фильм тóлько в сопровождéнии взрóслых** les enfants de moins de 12 ans doivent être accompagnés d'adultes pour voir ce film

сопротивлéние *nnt* résistance • **он оказáл вооружённое сопротивлéние** il opposa une résistance armée • **пойти́ по ли́нии наимéньшего сопротивлéния** suivre la voie du moindre effort

сопротивля́ться *vp* s'opposer, résister • **сопротивля́ться искушéнию** résister à la tentation

сор *nm* saletés, balayures
• **не выноси́ть сóр из избы́** laver son linge sale en famille

/ **сорвáть** → рвать, срывáть

/ **сорвáться** → рвáться, срывáться

соревновáние *nnt* **1.** compétition • **вступи́ть в соревновáние** entrer en compétition **2.** épreuve *(sportive)* • **соревновáния по плáванию** des épreuves de natation

соревновáться *vp* rivaliser, être en compétition • **комáнды соревновáлись мéжду собóй** les équipes rivalisaient entre elles

сори́ть *v* **1.** / **насори́ть** salir, jeter des ordures • **научи́ть детéй не сори́ть** apprendre aux enfants à ne pas jeter de papiers par terre **2.** *(+ I)* gaspiller • **сори́ть деньгáми** jeter son argent par la fenêtre

сóрный *adj*
• **сóрная травá** des mauvaises herbes

сóрок *num* quarante • **сóрок лет томý назáд** il y a quarante ans • **в сорокá киломéтрах от гóрода** à quarante kilomètres de la ville

сорóка *nf* pie • **трещáть как сорóка** jacasser comme une pie

сороковóй *adj num* quarantième

сорóчка *nf* chemise • **глáжение мужски́х сорóчек** le repassage des chemises d'hommes

сорт* *(nom. pl.* сортá*)* ①② *nm* sorte, espèce • **чай вы́сшего сóрта** du thé de qualité supérieure

сортировáть / **рассортировáть** *v* trier

сортирóвка *nf* tri • **сортирóвка бытовы́х отхóдов** le tri des ordures ménagères

сосáть* [IV, сосý, сосёшь] / **пососáть*** [IV, *id*] *v* **1.** sucer • **сосáть конфéту** sucer un bonbon • **сосáть пáлец** sucer son doigt **2.** téter • **сосáть грудь** téter sa mère • **сосáть сóску** sucer une tétine

сосéд* *(pl.* сосéди, сосéдей, сосéдям*)* *nm* voisin • **поссóриться с сосéдями** se brouiller avec ses voisins • **сосéди по квартúре** les colocataires *(dans un appartement collectif)*

сосéдний *adj* voisin • **в сосéдней кóмнате** dans la pièce voisine

/ **соскýчиться** *vp* (по *+ D*, по *+L)* être pris de nostalgie, s'ennuyer *(de)* • **я соскýчился по Росси́и** j'ai la nostalgie de la Russie • **я соскýчился по рабóте** mon travail me manque • **онá соскýчилась по немý** elle meurt d'envie de le revoir, il lui manque

/ **сослáть** → ссылáть

/ **сослáться** → ссылáться

сослóвие *nnt* état *(classe sociale)* • **трéтье сослóвие** le tiers état • **купéческое сослóвие** les marchands

соснá ②① *nf* pin

соснóвый *adj* de pin • **соснóвая шúшка** une pomme de pin

сосредотóчивать / сосредотóчить *v* concentrer • **сосредотóчить войскá** concentrer des troupes • **сосредотóчить своё внимáние на сáмом глáвном** concentrer son attention sur l'essentiel

/ **сосредотóчить** → сосредотóчивать

состáв *nm* composition *(ensemble d'éléments)* • **хими́ческий состáв тéла** la composition chimique d'un corps • **войти́ в состáв делегáции** faire partie d'un groupe • **коми́ссия в состáве четырёх человéк** une commission composée de quatre membres

/ **состáвить** → составля́ть

составля́ть / состáвить *v* composer, établir • **состáвить фрáзу** faire une phrase • **состáвить словáрь** faire un dictionnaire • **состáвить проéкт** établir un projet • **э́то не состáвит большóго трудá** cela ne présentera pas une grande difficulté

состоя́ние *nnt* **1.** état *(manière d'être)* • **состоя́ние здорóвья** l'état de santé • **по словáм врачéй, состоя́ние пострадáвшего тяжёлое** d'après les médecins, l'état de la victime est grave **2.** fortune, richesse • **егó ли́чное состоя́ние оцéнивается в 4 миллиáрда дóлларов** sa richesse personnelle est évaluée à 4 milliards de dollars

состоя́ть* [I, состою́, состои́шь] *v* **1.** *(из + G)* se composer de • **кварти́ра состои́т из двух кóмнат и кýхни** l'appartement comprend deux pièces et une cuisine **2.** *(в +L)* consister • **в чём состоя́т егó обя́занности?** en quoi consistent ses obligations ? **3.** faire partie de • **он состоя́л члéном музыкáльного óбщества** il était membre d'une société de musique

/ **состоя́ться*** / [I, состои́тся, состоя́тся] *vp* avoir lieu • **спектáкль не состоя́лся** le spectacle n'a pas eu lieu

/ **сострúть** → острúть

/ **сострóить** → стрóить

состязáние *nnt* épreuve • **прошли́ состязáния по прыжкáм в длинý** les épreuves de saut en longueur ont eu lieu

сосýд *nm* **1.** récipient • **гли́няный сосýд** un récipient en terre **2.** (BIOL) vaisseau • **кровенóсные сосýды** les vaisseaux sanguins

сосýлька *nf* **1.** glaçon **2.** stalactite de glace • **зимóй с крыш свисáют сосýльки** en hiver des stalactites de glace pendent des toits

сосуществовáние *nnt* coexistence • **ми́рное сосуществовáние** la coexistence pacifique

/ **сосчитáть** → считáть

сóус *nm* sauce

сотворéние *nnt* création • **сотворéние ми́ра** la création du monde

/ **соткáть** → ткать

сóтня *(gén. pl.* **сóтен***)* *nf* centaine

сотрýдник *nm* **1.** collaborateur • **он рабóтал с двумя́ сотрýдниками** il avait deux collaborateurs **2.** employé • **сотрýдники издáтельства** le personnel d'une maison d'édition

сотрýдница *nf* **1.** collaboratrice • **он рабóтал с двумя́ сотрýдницами** il avait deux collaboratrices **2.** employée • **сотрýдницы дéтского сáда** les employées d'un jardin d'enfants

сотрýдничать *v* **1.** collaborer • **вы согласи́лись бы сотрýдничать с ни́ми?** vous accepteriez de travailler avec eux ? **2.** être employé • **сотрýдничать в газéте** écrire des articles pour un journal

сóтый *adj num* centième

сóхнуть* [III] *v* **1.** / **вы́сохнуть*** [III] sécher, se dessécher • **бельё сóхнет** le linge sèche • **крáска вы́сохла** la peinture est sèche **2.** / **засóхнуть*** [III] sécher, se faner • **цветы́ сóхнут** les fleurs sèchent **3.** *fig fam* se consumer • **сóхнуть от любви́** languir d'amour

/ **сохрани́ть** → сохраня́ть, храни́ть

сохраня́ть / сохрани́ть *v* conserver • **сохраня́ть спокóйствие** conserver son calme

сохраня́ться / сохрани́ться *vp* se conserver • **óвощи хорошó сохрани́-**

лись les légumes se sont bien conservés

сочетáние *nnt* union *(combinaison)* • **удáчное сочетáние крáсок** une heureuse combinaison de couleurs • **стрáнное сочетáние обстоя́тельств** un étrange concours de circonstances

сочетáть / сочетáть *v* unir, combiner • **умéло сочетáть крáски** marier habilement les couleurs

сочинéние *nnt* **1.** rédaction, dissertation • **шкóльники пи́шут сегóдня сочинéние** aujourd'hui les élèves font une rédaction • **филосóфское сочинéние** une dissertation de philosophie **2.** œuvre • **сочинéния Сергéя Прокóфьева исполня́ет соли́стка филармóнии** une soliste de la Philarmonie interprète des œuvres de Prokofiev • **пóлное собрáние сочинéний Есéнина** la collection des œuvres complètes d'Essenine **3.** composition • **пéсни сóбственного сочинéния** des chansons de sa propre composition

сóчный ⑤ *adj* **1.** juteux • **сóчные пéрсики** des pêches juteuses **2.** *fig* savoureux • **сóчный язы́к** une langue savoureuse

сочýвствие *nnt* **1.** compassion, sympathie • **прояви́ть сочýвствие** manifester sa sympathie **2.** approbation • **мой проéкт встрéтил óбщее сочýвствие** mon projet a rencontré l'approbation générale

сочýвствовать *v (+ D)* **1.** compatir • **онá сочýвствует вáшему гóрю** elle compatit à votre chagrin • **он сказáл, что сочýвствует нам** il nous a exprimé sa compassion **2.** approuver • **я не сочýвствую вáшему решéнию** je n'approuve pas votre décision

/ **сощýрить** → щýрить

/ **сощýриться** → щýриться

сою́з *nm* **1.** accord, alliance • **заключи́ть воéнный сою́з** conclure un accord militaire **2.** union, association • **Совéтский Сою́з** (HIST) l'Union soviétique • **член Сою́за писáтелей Росси́и** membre de l'Union des écrivains de Russie **3.** conjonction (GRAMM)

сою́зник *nm* allié

сою́зный *adj* **1.** allié • **сою́зные стрáны** les pays alliés **2.** (HIST) de l'Union soviétique • **сою́зные респýблики** les républiques de l'Union soviétique

спáивать[1] / **спои́ть** ④ *v* soûler • **товáрищи егó спои́ли** des copains l'ont fait boire

спáивать[2] / **спая́ть** *v* souder • **спая́ть трýбы** souder des tuyaux

спáльный *adj*
• **спáльный вагóн** voiture-lit • **спáльный мешóк** sac de couchage

спáльня *nf* chambre à coucher

спам *nm* spam, pourriel

спасáтельный *adj* de sauvetage • **спасáтельный круг** une bouée de sauvetage • **спасáтельная шлю́пка** un canot de sauvetage

спасáть / спасти́* [IV, спасý, спасёшь - спас, спаслá - спасённый - спáсши] ③ *v* sauver • **спасти́ утопáющему жизнь** sauver la vie à un homme en train de se noyer

спасáться / спасти́сь* [IV, спасýсь, спасёшься - спáсся, спаслáсь] ③ *vp* se sauver, échapper • **спасти́сь бéгством** se sauver en courant • **спасáйся, кто мóжет!** sauve qui peut !

спаси́бо *particule* merci • **спаси́бо большóе** merci bien • **спаси́бо за совéт** merci pour votre conseil • **спаси́бо на дóбром слóве** merci pour vos bonnes paroles

/ **спасти́** → спасáть

/ **спасти́сь** → спасáться

/ **спасть** → пáдать

спать* [I, сплю, спишь - спал, спалá, спáло, спáли] ⑤ *v* dormir • **спать крéпким сном** dormir profondément • **мне хóчется спать** j'ai sommeil • **я лёг спать в дéсять** je me suis couché à dix heures • **спать под откры́тым нéбом** dormir à la belle étoile

спáться* [I, спи́тся - спалóсь] *vp* arriver à dormir • **мне не спи́тся** je n'arrive pas à dormir

/ **спая́ть** → пая́ть, спáивать

спектáкль *nm* spectacle • **дневнóй спектáкль** une matinée

спéлый ⑤ *adj* mûr • **спéлые я́блоки** des pommes mûres

спе́реди ◪ *adv* sur le devant • **по́яс с бога́тым узо́ром спе́реди** une ceinture décorée d'un riche motif sur le devant ◪ *prép (+ G)* devant • **спе́реди и сза́ди маши́ны бы́ли ра́зные номера́** devant et derrière les numéros de la voiture étaient différents

спеть[1] / **поспе́ть** *v* mûrir • **ско́ро поспе́ют гру́ши** les poires seront bientôt mûres

спеть[2] → петь

спех *nm*
● **э́то не к спе́ху** ça ne presse pas

специали́ст *nm* spécialiste *m* • **университе́т гото́вит квалифици́рованных специали́стов** l'université forme des spécialistes qualifiés

специали́стка *nf* spécialiste *f* • **специали́стка в гига́нтском сла́ломе** une spécialiste de slalom géant

специа́льно *adv* spécialement • **я специа́льно привёл приме́ры из исто́рии** j'ai fait exprès de prendre des exemples dans l'histoire

специа́льность *nf* spécialité

специа́льный *adj* spécial

спеши́ть / **поспеши́ть** *v* **1.** se hâter • **спешу́ домо́й** je me dépêche de rentrer **2.** *(en parlant d'une horloge)* avancer • **мои́ часы́ спеша́т на де́сять мину́т** ma montre avance de dix minutes
● **не спеша́** sans se presser › **идти́ домо́й не спеша́** rentrer sans se presser

спе́шный *adj* urgent • **у меня́ была́ спе́шная рабо́та** j'avais un travail urgent à faire

спим → спать

спина́ ⑥⑦ *nf* dos • **лежа́ть на спине́** être couché sur le dos • **упа́сть на́ спину** tomber à la renverse • **стоя́ть спино́й к пу́блике** tourner le dos au public • **нож в спи́ну** un coup de poignard dans le dos

À PROPOS DE...

L'accent passe sur la préposition dans les groupes **за́ спину** et **на́ спину**.

спи́нка *nf* **1.** *dim de* **спина́** **2.** dossier *(d'un meuble)* • **спи́нка кре́сла** le dossier du fauteuil

спирт *nm* alcool • **эти́ловый спирт** de l'alcool éthylique • **80-проце́нтный спирт** de l'alcool à 80°

спиртно́й *adj* alcoolisé • **спиртны́е напи́тки** les boissons alcoolisées

/ **списа́ть** → спи́сывать

спи́сок *nm* liste • **соста́вить спи́сок уча́стников** dresser la liste des participants

спи́сывание *nnt* copiage, fait de copier • **ка́меры в шко́ле предотвратя́т спи́сывание** des caméras à l'école empêcheront les élèves de copier

спи́сывать / **списа́ть*** [II, спишу́, спи́шешь] ④ *v* **1.** copier • **списа́ть у това́рища** copier sur un camarade **2.** effacer • **Пари́жский клуб согласи́лся списа́ть 80% до́лга страны́** le Club de Paris a accepté d'effacer 80 % de la dette du pays • **списа́ть прова́л пье́сы на плоху́ю игру́ актёров** rejeter l'échec de la pièce sur le mauvais jeu des acteurs

спит, спи́те → спать

спи́чка *nf* allumette • **коро́бка спи́чек** une boîte d'allumettes • **чи́ркнуть спи́чкой** craquer une allumette

спишь → спать

/ **сплести́** → плести́

/ **сплести́сь** → плести́сь

спле́тничать / **наспле́тничать** *v* faire des commérages

спле́тня *nf* potin, commérage • **пусти́ть спле́тню** répandre des commérages

сплошно́й *adj* total, continu • **боковы́е стёкла бы́ли сплошны́е** les vitres latérales étaient en un seul panneau • **кварта́лы почти́ сплошно́й безрабо́тицы** des quartiers où le chômage est presque généralisé • **э́то создаёт сплошны́е пробле́мы** cela ne crée que des problèmes

сплю → спать

/ **спляса́ть** → пляса́ть

/ **спои́ть** → спа́ивать

споко́йный *adj* calme, tranquille • **ве́чер был споко́йный** le soir était calme • **споко́йная жизнь** une vie calme • будьте спокойны! soyez tranquilles ! • спокойной ночи! bonne nuit !

спокойствие *nnt* calme • в лесу царило спокойствие le calme régnait dans la forêt • сохранить спокойствие conserver son calme

спор *nm* dispute • затеять спор commencer à se disputer

спорить / **поспорить** *v* **1.** discuter • спорить о политике discuter de politique • о вкусах не спорят des goûts et des couleurs, on ne discute pas **2.** *fam* faire un pari • давай поспорим! on parie ? • спорим, что он не придёт je parie qu'il ne viendra pas

спорный *adj* discutable, contestable • это вопрос спорный c'est une question dont on peut discuter

спорт *nm* sport • заниматься спортом faire du sport

спортивный *adj* **1.** sportif • мой младший брат очень спортивный парень mon jeune frère est très sportif **2.** de sport • спортивный зал salle de sport

спортсмен *nm* un sportif

спортсменка *nf* une sportive

спорттовары *pl t* articles de sport

способ *nm* moyen, procédé • есть другой способ решения этой задачи il y a un autre moyen pour résoudre ce problème

способность *nf* **1.** capacité, aptitude • умственные способности les facultés intellectuelles • человек с редкими способностями un homme exceptionnellement doué • способности к математике un don pour les mathématiques **2.** possibilité • покупательная способность населения le pouvoir d'achat de la population

способный *adj* **1.** capable *(apte)* • очень способный мальчик un garçon très doué • он способен к математике il est doué pour les mathématiques **2.** *(на + A)* capable *(qui n'hésite pas)* • он способен на всё il est capable de tout

способствовать *(+ D) v* favoriser, contribuer à • способствовать успеху contribuer au succès

/ **споткнуться** → спотыкаться

спотыкаться / **споткнуться** *vp* trébucher • он споткнулся о камень и упал il a trébuché contre une pierre et il est tombé

/ **спохватиться** → спохватываться

спохватываться / **спохватиться** ④ *fam vp* se ressaisir, se rendre compte de son erreur • он спохватился, но было уже поздно quand il s'en est rendu compte, il était trop tard

справа *adv* du côté droit, à droite • справа налево de droite à gauche
■ справа от *loc prép (+ G)* à droite de, sur la droite de • справа от дороги à droite de la route

справедливость *nf* justice • справедливость требует, чтобы его наказали la justice exige qu'il soit puni
◈ отдать кому-нибудь справедливость rendre justice à quelqu'un › надо отдать справедливость школе: она делает всё возможное il faut rendre justice à l'école, elle fait tout ce qu'elle peut

справедливый *adj* **1.** juste, équitable • справедливый суд un jugement équitable **2.** juste, justifié • справедливый гнев une juste colère

/ **справиться** → справляться

справка *nf* **1.** renseignement • получить справку obtenir un renseignement • навести справки о своих партнёрах se renseigner sur ses partenaires **2.** certificat, attestation • получить медицинскую справку obtenir un certificat médical

справляться / **справиться** *vp* **1.** *(с + I)* venir à bout de • он не справляется со своей задачей il n'arrive pas à s'acquitter de sa tâche • справиться с противником venir à bout de son adversaire **2.** *(о + L)* se renseigner • мы каждый день справляемся о его здоровье nous demandons tous les jours des nouvelles de sa santé

справочник *nm* guide, annuaire • телефонный справочник annuaire du téléphone • самый полный справочник улиц Петербурга le guide le plus complet des rues de Saint-Pétersbourg

справочный *adj* de renseignements • справочная служба библиотеки le service des renseignements de la bibliothèque • **спрáвочное бюрó** bureau de renseignements

спрáшивать / спросить ④ *v* **1.** *(+ A, о +L)* interroger, demander *(poser une question)* • **спрáшивать учеников** interroger les élèves • **о чём он тебя спросил?** qu'est-ce qu'il t'a demandé ? • **спроси милиционéра, как тудá пройти** demande à l'agent qu'il t'indique le chemin • **кудá вы идёте? — спросил он** où allez-vous ?, demanda-t-il **2.** *(+ A, у + G)* demander *(un objet)* • **спросить закурить у сосéда** demander une cigarette à son voisin **3.** *(+ G, у + G)* demander *(un conseil, une autorisation)* • **спросить совéта** demander un conseil • **спросить разрешéния** demander l'autorisation **4.** *(+ A)* demander *(qqn)* • **тебя ктó-то спрáшивает** on te demande **5.** *(с + G, за + A)* exiger des comptes • **с тебя за э́то спрóсят** on te demandera sûrement des comptes

спрос *nm* demande *(économie politique)* • **спрос и предложéние** l'offre et la demande

/ **спросить** → спрáшивать

спросóнок *adv* au réveil • **спросóнок емý бы́ло хóлодно** au réveil il avait froid

спрягáть / проспрягáть *v* conjuguer • **нáдо проспрягáть э́тот глагóл** il faut conjuguer ce verbe

спряжéние *nnt* conjugaison • **спряжéние глагóлов вторóго клáсса** la conjugaison des verbes de la classe II

/ **спрясть** → прясть

/ **спря́тать** → пря́тать

спуск *nm* **1.** descente, pente • **крутóй спуск** une forte pente **2.** lancement *(mise à l'eau)* • **спуск корабля́** le lancement d'un navire

спускáть / спустить ④ *v* **1.** faire descendre, abaisser • **спустить занавéску** abaisser un rideau • **спустить флаг** amener les couleurs **2.** lancer *(un navire)* • **спустить нóвый авианóсец** lancer un nouveau porte-avions **3.** laisser s'échapper, lâcher • **спустить собáк** lâcher les chiens **4.** se dégonfler • **баллóн спустил** le pneu est dégonflé **5.** pardonner, laisser passer • **я э́того емý не спущý** je ne le lui pardonnerai pas

■ **спустя́ рукавá** à la six-quatre-deux › **рабóтать спустя́ рукавá** travailler à la six-quatre-deux

спускáться / спуститься ④ *vp* descendre • **спускáться по эскалáтору** descendre par l'escalier mécanique

/ **спустить** → спускáть

/ **спуститься** → спускáться

спустя́ ◪ *v* → спускáть ◪ *prép (+ A)* plus tard • **недéлю спустя́** une semaine plus tard • **два мéсяца спустя́** deux mois plus tard

спу́тник *nm* **1.** *(sous-genre animé)* compagnon de voyage **2.** *(sous-genre inanimé)* satellite • **обнарýжить спу́тник планéты** découvrir le satellite d'une planète

спу́тниковый *adj* par satellite, satellitaire • **систéма спу́тниковой свя́зи** un système de liaison par satellite

спят → спать

сравнéние *nnt* comparaison • **по сравнéнию с довоéнным ýровнем** en comparaison avec le niveau d'avant-guerre

срáвнивать / сравнить *v* comparer • **сравнить перевóд с пóдлинником** comparer la traduction avec l'original

сравнительно *adv* relativement • **за сравнительно корóткий срок** dans un délai relativement court

■ **сравнительно с** *loc prép (+ I)* en comparaison avec • **сравнительно с прóшлым гóдом** en comparaison avec l'an passé

/ **сравнить** → срáвнивать

/ **сравня́ться** → равня́ться

сражáться / сразиться *vp* se battre, lutter • **сражáться с ветряны́ми мéльницами** se battre contre des moulins à vent

сражéние *nnt* bataille • **на пóле сражéния** sur le champ de bataille • **вы́играть сражéние** gagner la bataille • **Бородинское сражéние** la bataille de la Moskova • **сражéние на Мáрне** la bataille de la Marne • **сражéние под Полтáвой** la bataille de Poltava

/ **сразиться** → сражáться

сpáзу *adv* **1.** immédiatement, tout de suite • **он сpáзу пóнял, в чём дéло** il a tout de suite compris de quoi il s'agissait **2.** en une seule fois • **берите не всё сpáзу** ne prenez pas tout à la fois

средá¹ ②① *nf* milieu • **окружáющая средá** l'environnement • **географи́ческая средá** le milieu géographique • **из рабóчей среды́** d'un milieu ouvrier

средá² ⑥⑦ *nf* mercredi • **я егó ви́дел в срéду вéчером** je l'ai vu mercredi soir • **он захóдит к нам по средáм** il vient nous voir le mercredi

À PROPOS DE...

Les deux mots ci-dessus diffèrent par leur accentuation.

среди́ *prép (+ G)* au milieu de • **среди́ развáлин** au milieu des ruines • **проснýться среди́ нóчи** se réveiller au milieu de la nuit
● **среди́ бéла дня** en plein jour

средизéмный *adj* **Средизéмное мóре** la Méditerranée

средиземномóрский *adj* méditerranéen • **средиземномóрский клúмат** le climat méditerranéen

средневекóвый *adj* du Moyen Âge, moyenâgeux

срéдний *adj* **1.** moyen *(ni grand, ni petit)* • **срéднего рóста** de taille moyenne • **мужчи́на срéдних лет** un homme entre deux âges **2.** moyen *(calculé en faisant la moyenne)* • **срéдняя величинá** la valeur moyenne **3.** médiocre • **срéдние спосóбности** des dons médiocres **4.** secondaire *(en parlant des écoles)* • **срéдняя шкóла** un établissement secondaire
● **Срéдние векá** le Moyen Âge • **срéдний род** le neutre (GRAMM)
■ **срéднее** *adj subst nt* **в срéднем** en moyenne

срéдство *nnt* **1.** moyen, procédé • **цель опрáвдывает срéдства** la fin justifie les moyens • **радикáльное срéдство** un moyen radical **2.** médicament • **срéдство от головнóй бóли** un médicament contre les maux de tête
■ **срéдства** *pl t* moyens, ressources • **жить не по срéдствам** vivre au-dessus de ses moyens • **мой срéдства мне не позволя́ют э́того** mes moyens ne me le permettent pas

срезáть / срéзать* [II, срéжу, срéжешь] *v* **1.** couper, détacher • **срéзать нóжницами цветы́** couper des fleurs avec des ciseaux • **срéзать кóрку с сы́ра** enlever la croûte du fromage • **срéзать пýть чéрез сад** couper par le jardin **2.** clouer le bec • **срéзать оппонéнта** clouer le bec à son adversaire

срéзаться *vp fam* caler • **я срéзался на пéрвом же вопрóсе по фи́зике** j'ai calé sur la toute première question en physique

срок *nm* **1.** délai • **на корóткий срок** pour un court délai **2.** échéance • **вы́полнить рабóту до срóка** terminer un ouvrage avant l'échéance

срóчный *adj* urgent • **срóчное дéло** une affaire urgente

/ **сруби́ть** → **руби́ть**

срывáть / сорвáть* [IV, сорвý, сорвёшь - сорвáл, сорвалá, сорвáло, сорвáли] ⑤ *v* **1.** cueillir, arracher • **сорвáть цветóк** cueillir une fleur • **сорвáть вéтку** casser une branche **2.** arracher *litt & fig* • **вéтром сорвáло кры́шу** le toit a été arraché par le vent • **сорвáть мáску с лицемéра** démasquer un hypocrite **3.** faire passer *(sa colère, sa mauvaise humeur)* • **сорвáть на дéтях своё дурнóе настроéние** passer sa mauvaise humeur sur ses enfants

срывáться / сорвáться* [IV, сорвýсь, сорвёшься - сорвáлся, сорвалáсь] ③ *vp* **1.** → **срывáть** **2.** rater, échouer • **дéло сорвалóсь** l'affaire a raté
● **сорвáться с цéпи** **a.** se détacher de sa chaîne › **собáка сорвалáсь с цéпи** le chien a cassé sa chaîne **b.** être déchaîné › **Мишель тóчно с цéпи сорвáлся** Michel est vraiment déchaîné

ссóра *nf* **1.** brouille • **мы с ним в ссóре** je suis brouillé avec lui **2.** dispute • **ссóра перешлá в дрáку** la dispute a dégénéré en bagarre

ссóриться / поссóриться *vp* se quereller, se disputer • **поссóриться с сосéдями** se disputer avec ses voisins

СССР *(abr de* **Сою́з Совéтских Социалисти́ческих Респýблик***)* *nm* (HIST) URSS

ссылáть / сослáть* [II, сошлю́, сошлёшь] *v* exiler, déporter • **Наполеóн был сóслан на óстров Св. Елéны**

Napoléon a été envoyé en exil sur l'île de Ste.Hélène

ссыла́ться / сосла́ться* [II, сошлю́сь, сошлёшься] *vp* **1.** (на + *A*) invoquer • **ссыла́ться на авторите́т изве́стного учёного** invoquer l'autorité d'un illustre savant **2.** prétexter • **ссыла́ясь на боле́знь, он не пришёл** il a prétexté qu'il était malade pour ne pas venir

ссы́лка *nf* **1.** exil, déportation • **приговори́ть к ссы́лке** condamner à la déportation • **жить в ссы́лке** vivre en exil **2.** lien *(Internet)* • **щёлкнуть по ссы́лке** cliquer sur un lien

ста́вень *nm* volet, persienne • **закры́ть ста́вни** fermer les persiennes

ста́вить / поста́вить *v* **1.** mettre, poser • **поста́вить кни́гу на по́лку** mettre un livre sur le rayon • **ста́вить таре́лки в буфе́т** mettre les assiettes dans le buffet • **ему́ поста́вили гра́дусник** on lui a pris sa température • **поста́вить колле́г в тру́дное положе́ние** mettre ses collègues dans une situation délicate ~ (в + *L*) • **существи́тельные, взя́тые в ско́бки, поста́вьте в ну́жном падеже́** mettre au cas voulu les noms entre parenthèses **2.** monter, présenter *(un spectacle)* • **поста́вить но́вую пье́су** monter une nouvelle pièce

● **поста́вить реко́рд** établir un record • **ста́вить ста́ршего сы́на в приме́р** donner son fils aîné en exemple › **в приме́р была́ поста́влена Герма́ния** l'Allemagne était donnée en exemple

À PROPOS DE...

Lorsqu'il s'agit d'un objet pouvant être mis soit dans une position verticale, soit dans une position horizontale, **ста́вить**, par opposition à **класть**, indique que l'objet sera debout et non couché.

ста́вка *nf* **1.** taux • **сниже́ние ста́вки нало́га на при́быль** baisse du taux de l'impôt sur les bénéfices **2.** barème salarial • **они́ меня́ ста́ли зазыва́ть на по́лную ста́вку** ils voudraient que je travaille à plein temps **3.** mise *(au jeu)* • **де́лайте ва́ши ста́вки!** faites vos jeux !

● **де́лать ста́вку** miser › **на кого́ в бу́дущем он мог бы сде́лать ста́вку** sur qui il pourrait miser à l'avenir

стадио́н *nm* stade • **пойти́ на стадио́н** aller au stade

ста́до ①⑥ *nnt* troupeau • **ста́до коро́в** un troupeau de vaches

стака́н *nm* verre *(récipient)* • **стака́н ча́ю** un verre de thé • **я вы́пил из твоего́ стака́на** j'ai bu dans ton verre

ста́лкиваться / столкну́ться *vp* **1.** se heurter *litt & fig* • **маши́на столкну́лась с авто́бусом** une voiture a heurté un autobus • **мы столкну́лись с больши́ми тру́дностями** nous nous sommes heurtés à de grandes difficultés **2.** tomber sur *(rencontrer brusquement)* • **в коридо́ре я столкну́лся с дире́ктором** dans le couloir, je suis tombé sur le directeur

сталь *nf* acier • **из нержаве́ющей ста́ли** en acier inoxydable

стально́й *adj* en acier, d'acier *litt & fig* • **стально́й кана́т** un câble d'acier • **стальны́е му́скулы** des muscles d'acier • **стальна́я во́ля** une volonté de fer

ста́нем, ста́нет → стать

станови́ться ④ / **стать*** [*n cl*, ста́ну, ста́нешь] *v* **1.** devenir • **она́ ста́ла заду́мчивой** elle est devenue pensive • **он стал инжене́ром** il est devenu ingénieur • **всем ста́ло веселе́е** tous se sont sentis plus gais **2.** se mettre, se placer • **стать на коле́ни** se mettre à genoux • **стать в о́чередь** prendre sa place dans la queue • **кора́бль стал на я́корь** le bateau a jeté l'ancre • **во́лосы стано́вятся ды́бом** cela fait dresser les cheveux sur la tête

стано́к *nm* machine-outil • **тка́цкий стано́к** métier à tisser • **тока́рный стано́к** tour • **фре́зерный стано́к** fraiseuse • **сверли́льный стано́к** perceuse

ста́ну, ста́нут → стать

станцио́нный *adj* de station, de gare • **станцио́нный зал** la salle d'attente

● **станцио́нный смотри́тель** *arch* maître de poste • ***Станцио́нный смотри́тель*** (Пу́шкин) *Le maître de poste* (Pouchkine)

ста́нция *nf* station *(de métro, de chemin de fer)* • **я выхожу́ на ста́нции «Не́вский проспе́кт»** je descends à la station «Nevski Prospekt» • **нача́льник ста́нции** le chef de gare • **телефо́нная ста́нция**

le central téléphonique • **заправочная стáнция** une station-service

старáться / постарáться *vp* s'efforcer • **мы постарáлись спасти́ всё** nous avons tenté de tout sauver • **старáться и́зо всех сил** faire tous ses efforts

старéть *v* **1.** / **постарéть** vieillir *(prendre de l'âge)* • **он замéтно постарéл в послéдние гóды** il a bien vieilli ces dernières années **2.** / **устарéть** vieillir *(tomber en désuétude)* • **э́то выражéние устарéло** cette expression est vieillie

стари́к ③② *nm* vieillard

старинá *nf* ancien temps • **пáмятники старины́** les monuments anciens • **в старину́ здесь былá столи́ца кня́жества** c'était autrefois la capitale d'une principauté
● **тряхнýть старинóй** faire comme au bon vieux temps

стари́нный *adj* ancien • **стари́нные кни́ги** des livres anciens

старичóк *dim de* **стари́к**

старовéр *nm* vieux-croyant *(membre d'une des communautés dissidentes russes qui vivent en marge de l'Église officielle depuis le schisme du XVIIe siècle)*

старомóдный *adj* passé de mode, démodé • **старомóдное плáтье** une robe qui n'est plus à la mode • **он человéк старомóдный** il est vieux jeu

стáроста *nmf* **1.** (HIST) chef du mir → **мир** **2.** chef *(élu)* • **стáроста клáсса** le chef de classe

стáрость *nf* vieillesse • **он ýмер в глубóкой стáрости** il est mort à un âge très avancé • **на стáрости лет он реши́л жени́ться** sur ses vieux jours, il a décidé de se marier

старýха *nf* vieille femme

старýшка *dim de* **старýха**

стáрше *comp de* **стáрый, стáрший**

старшеклáссник *nm* élève des grandes classes, ≃ lycéen

старшеклáссница *nf* élève des grandes classes, ≃ lycéenne

стáрший *adj* **1.** aîné • **э́то мой стáрший брат** c'est mon frère aîné **2.** haut placé, supérieur *(dans la hiérarchie)* • **стáршие офицéры** les officiers supérieurs • **в стáрших клáссах** dans les classes supérieures
■ **стáршие** *pl t* les grandes personnes • **слýшаться стáрших** écouter les grandes personnes

старшинá *nm* **1.** adjudant-chef **2.** *arch* syndic, chef *(élu)*

стáрый ⑤ *adj* **1.** *(comp.* стáрше*)* vieux, âgé • **он ещё не стар, емý тóлько сóрок два гóда** il n'est pas tellement vieux, il n'a que quarante-deux ans • **он стáрше меня́ на шесть лет** il a six ans de plus que moi **2.** *(comp.* старée*)* vieux, usé • **стáрое плáтье** une vieille robe **3.** vieux *(ancien, de longue date)* • **стáрый друг** un vieil ami • **стáрый холостя́к** un vieux garçon • **стáрая привы́чка** une vieille habitude **4.** ancien, révolu • **стáрый режи́м** l'ancien régime • **э́то егó стáрый áдрес** c'est son ancienne adresse
● **стáрый стиль** calendrier julien *(en vigueur en Russie jusqu'en 1918)*

стáскивать / стащи́ть ④ *v* **1.** emporter, enlever *(pour mettre en un lieu situé plus bas)* • **стащи́ть шкаф с пя́того этажá** descendre l'armoire du cinquième étage **2.** enlever *(un vêtement collant)* • **стащи́ть перчáтки** enlever ses gants **3.** *fam* piquer, voler • **стащи́ть дéньги из кармáна** piquer de l'argent dans une poche

/ **стать**[1] *v* **1.** → **станови́ться** **2.** *(+ inf)* se mettre à, commencer à • **он стал читáть вслух** il s'est mis à lire à haute voix **3.** s'arrêter • **часы́ стáли** ma montre s'est arrêtée • **рекá стáла** le fleuve est gelé • **за э́тим дéло не стáнет** qu'à cela ne tienne **4.** *(*с *+ I)* arriver • **что со мной тогдá стáнет?** que vais-je donc devenir ?
● **во что бы то ни стáло** coûte que coûte • **не стать** *(+ G)* mourir › **когдá отцá не стáло** quand mon père est mort • **стáло быть** *fam* il faut croire

стать[2] *nf*
● **с какóй стáти** pour quelle raison ?

статья́ *nf* article • **наýчная статья́** un article scientifique • **статья́ уголóвного кóдекса** un article du code pénal

стащи́ть → **стáскивать, тащи́ть**

стáя *nf* volée *(d'oiseaux)*, banc *(de poissons)*, meute *(de chiens)* • **стáя воробьёв** une volée de moineaux • **стáя ры́бок** un banc de poissons • **стáя собáк** une meute de chiens

ствол ③② *nm* **1.** tronc • **бéлые стволы́ берёз** les troncs blancs des bouleaux **2.** canon *(d'un fusil)*, tube *(d'un canon)* • **ствол ружья́** le canon d'un fusil

стéбель ①③ *nm* tige (BOT) • **стéбель цветкá** la tige d'une fleur

стекло́ *(pl.* стёкла, стёкол, стёклам*)* ②① *nnt* **1.** vitre • **разби́ть стекло́** casser une vitre **2.** verre *(matériau)* • **из небью́щегося стеклá** en verre incassable
● **осторо́жно, стекло́!** fragile *(sur un emballage)*

стекля́нный *adj* **1.** en verre, de verre • **стекля́нная вáза** un vase en verre **2.** vitré • **стекля́нная дверь** une porte vitrée **3.** vitreux • **стекля́нный взгляд** un regard vitreux

стели́ть / **постели́ть** → *syn de* стлать / постлáть

/ **стемнéть** → темнéть

стенá ⑥⑦ *nf* mur • **на стенé висéла большáя карти́на** il y avait au mur un grand tableau ~ *fig* • **в стéнах родно́й шко́лы** dans les murs de son école
● **Вели́кая Китáйская Стенá** la Grande muraille de Chine

стенгазéта *nf* (*abr.* стеннáя газéта) journal mural

стенно́й *adj* mural
● **стеннáя ро́спись хрáма** les peintures murales d'une église • **стенно́й шкаф** placard mural • **стенно́й плакáт** affiche murale

стéпень *(pl.* стéпени, степенéй*)* ①③ *nf* **1.** degré *(intensité)* • **до нéкоторой стéпени** jusqu'à un certain point • **в вы́сшей стéпени** au plus haut point • **до како́й стéпени?** dans quelle mesure ? • **до тако́й стéпени, что** à tel point que **2.** puissance (MATH) • **возвести́ во́семь в восьму́ю стéпень** mettre huit à la puissance huit **3.** grade *(universitaire)* • **стéпень до́ктора** le grade de docteur
● **превосхо́дная стéпень** le superlatif • **сравни́тельная стéпень** le comparatif

степно́й *adj* de la steppe • **степнáя расти́тельность** la végétation de la steppe

степь ⑧③ *nf* steppe

стерегу́, стережёшь → стерéчь

/ **стерéть** → стирáть

стерéчь* [IV, стерегу́, стережёшь, стерегу́т - стерёг, стереглá] ③ / **постерéчь*** [IV, *id*] ③ *v* **1.** garder *(surveiller)* • **стерéчь стáдо** garder un troupeau **2.** épier, surveiller • **мать стережёт кáждый мой шаг** ma mère épie tous mes mouvements

стéрлядь *(pl.* стéрляди, стерлядéй*)* ①③ *nf* sterlet

стесня́ться / **постесня́ться** *vp* se sentir gêné • **я ничегó не боя́лся, ничегó не стесня́лся** rien ne me faisait peur, rien ne me gênait • **он постесня́лся спроси́ть доро́гу** il n'a pas osé demander son chemin
● **не стесня́ться в выражéниях** ne pas mâcher ses mots

стечéние *nnt* affluence • **огро́мное стечéние пу́блики** une affluence énorme
● **стечéние обстоя́тельств** un concours de circonstances

стиля́га *nm* «stiliaga» *(jeune homme cherchant à se singulariser par sa tenue vestimentaire)* • **поколéние совéтских стиля́г** la génération des stiliagas soviétiques

стипéндия *nf* bourse (d'enseignement) • **получáть стипéндию** avoir une bourse, être boursier

стирáльный *adj* à laver • **стирáльная маши́на** une machine à laver • **стирáльный порошо́к** poudre à laver, lessive en poudre

стирáть[1] / **вы́стирать** *v* laver *(du linge)*, faire la lessive • **стирáть про́стыни** laver des draps

стирáть[2] / **стерéть*** [IV, сотру́, сотрёшь - стёр, стёрла - стёртый] *v* **1.** essuyer • **он стёр пот с лицá** il essuya son visage en sueur • **стирáть пыль с мéбели** épousseter les meubles **2.** effacer • **стерéть с доски́** effacer le tableau • **стерéть рису́нок рези́нкой** gommer un dessin ~ *fig* • **врéмя всё стирáет** le temps efface tout **3.** blesser *(par un frottement prolongé)* • **стерéть но́гу** se faire une ampoule au pied
● **стерéть в порошо́к** réduire en poudre

сти́рка *nf* lessive • **нача́ть сти́рку** commencer une lessive

стих ③② *nm* vers • **рома́н в стиха́х** un roman en vers • **чита́ть стихи́** réciter des vers

стиха́ть / **сти́хнуть*** [III] *v* s'apaiser, se calmer • **мете́ль сти́хла** la tempête s'est calmée • **ве́тер стих** le vent s'est calmé • **не стиха́ют беспоря́дки** les désordres ne s'apaisent pas

стихи́йный *adj* provoqué par des forces déchaînées • **стихи́йное бе́дствие** un cataclysme ~ *fig* • **волна́ стихи́йных ми́тингов проте́ста** une vague de manifestations de protestation spontanées

стихи́я *nf* élément *(milieu)* • **уда́ры стихи́й не щадя́т никого́** personne n'est épargné par les assauts des éléments • **пострада́ть от стихи́и** être victime d'une cataclysme naturel • **быть в свое́й стихи́и** être dans son élément

/ **сти́хнуть** → стиха́ть

стихотворе́ние *nnt* poème • **чита́ть стихотворе́ние Бло́ка** lire un poème de Blok

стлать* [II, стелю́, сте́лешь] ④ / **постла́ть*** [II, *id*] ④ *v* étendre *(mettre à plat)* • **постла́ть ска́терть на стол** mettre une nappe sur la table
● **постла́ть посте́ль** faire le lit

сто *num* cent • **в сто раз бо́льше** cent fois plus • **сто проце́нтов** cent pour cent • **в ста киломе́трах отсю́да** à cent kilomètres d'ici

À PROPOS DE...

L'accent passe sur la préposition dans les groupes **во́ сто, до́ ста, за́ сто, на́ сто** et **по́ сто** lorsque **сто** n'est pas suivi d'un autre nom de nombre.

стог* *(nom. pl.* **стога́***)* ①② *nm* meule *(de paille...)* • **стога́ се́на** des meules de foin

сто́имость *nf* valeur, coût • **номина́льная сто́имость** la valeur nominale • **сто́имость жи́зни** le coût de la vie

сто́ить *v* **1.** *(+ A)* coûter • **ско́лько э́то сто́ит?** combien ça coûte ? • **э́то до́рого сто́ит** ça coûte cher • **э́то сто́ит ты́сячу рубле́й** ça coûte mille roubles **2.** *(+ G)* valoir, mériter • **игра́ не сто́ит свеч** le jeu n'en vaut pas la chandelle • **э́тот фильм сто́ит посмотре́ть** cela vaut la peine de voir ce film **3.** suffire • **сто́ило ему́ то́лько закры́ть глаза́, и он сра́зу засыпа́л** il lui suffisait de fermer les yeux et il s'endormait aussitôt

стол ③② *nm* **1.** table • **накры́ть (на) стол** mettre la table • **сесть за стол** se mettre à table • **сиде́ть за столо́м** être à table • **встать из-за стола́** se lever de table • **уда́рить по́ столу** donner un coup de poing sur la table • **пи́сьменный стол** bureau *(meuble)* **2.** nourriture • **расхо́ды на стол** les dépenses de nourriture **3.** bureau, section • **стол нахо́док** le bureau des objets trouvés

столб ③② *nm* **1.** poteau • **телегра́фный столб** un poteau télégraphique • **нае́хать на столб** rentrer dans un poteau **2.** colonne *(de fumée)* • **столб ды́ма** une colonne de fumée

столе́тие *nnt* **1.** siècle • **XIX столе́тие ста́ло Золоты́м ве́ком ру́сской литерату́ры** le XIXe siècle fut le Siècle d'or de la littérature russe **2.** centenaire *(anniversaire)* • **гото́вить програ́мму к столе́тию Шостако́вича** préparer un programme pour le centenaire de Chostakovitch

столе́тний *adj* **1.** âgé de cent ans • **столе́тний стари́к** un vieillard centenaire • **столе́тний дуб** un chêne centenaire **2.** qui dure cent ans • **Столе́тняя война́** la guerre de Cent Ans

столи́ца *nf* capitale • **Москва́ сно́ва ста́ла столи́цей в 1918 году́** en 1918, Moscou est redevenue la capitale

столи́чный *adj* de la capitale • **столи́чные жи́тели** les habitants de la capitale

столкнове́ние *nnt* **1.** collision • **столкнове́ние автомоби́ля с по́ездом** la collision entre une automobile et un train **2.** *fig* conflit • **столкнове́ние интере́сов** un conflit d'intérêts

/ **столкну́ться** → ста́лкиваться

столо́вая *adj subst f* **1.** cantine, cafétéria • **заводска́я столо́вая** la cantine de l'usine • **студе́нческая столо́вая** le restaurant universitaire **2.** salle à manger

столо́вый *adj* de table • **столо́вый нож** un couteau de table
● **столо́вая ло́жка** une cuillère à soupe

/ **столпи́ться** → толпи́ться

сто́лько *((cas obliques),* **сто́льких, сто́льким***)* ◼ *adv* autant ◼ *pron-adj* tant • **у меня́ сто́лько дел!** j'ai tant à faire ! • **где ты был сто́лько вре́мени?** où as-tu passé tout ce temps-là ?
● **ско́лько..., сто́лько...** autant... autant... › **ско́лько голо́в, сто́лько умо́в** autant de têtes, autant d'avis • **сто́лько..., ско́лько...** autant... que › **у него́ не сто́лько книг, ско́лько у тебя́** il n'a pas autant de livres que toi

À PROPOS DE...

La forme **сто́лько** régit le génitif.

столя́р ③② *nm* menuisier

стомато́лог *nm* stomatologue

стон *nm* gémissement • **слы́шались сто́ны ра́неных** on entendait les gémissements des blessés

стона́ть* / **застона́ть*** *v* gémir • **стона́ть от бо́ли** pousser des cris de douleur

сто́рож* *(nom. pl.* **сторожа́***)* ①② *nm* gardien, vigile • **ночно́й сто́рож** le veilleur de nuit

сторожи́ть / **посторожи́ть** *fam* → *syn de* **стере́чь / постере́чь**

сторона́ *(***сто́рону** *; pl.* **сто́роны, сторо́н, сторона́м***)* ⑥③ *nf* **1.** côté • **со всех сторо́н слы́шались кри́ки** de tous côtés on entendait des cris • **сто́роны треуго́льника** les côtés d'un triangle • **отложи́ть в сто́рону** mettre de côté • **оставля́ть в стороне́** laisser de côté • **я, со свое́й стороны́, сде́лаю всё возмо́жное** de mon côté, je ferai tout mon possible ~ *fig* aspect • **техни́ческая сторона́ прое́кта** l'aspect technique d'un projet **2.** région, pays • **родна́я сторона́** le pays natal
● **моё де́ло сторона́** tout ça, ça ne me regarde pas • **обра́тная сторона́ меда́ли** l'envers de la médaille • **с ва́шей стороны́** de votre part › **э́то глу́по с его́ стороны́** c'est bête de sa part • **стать на сто́рону оппози́ции** prendre le parti de l'opposition • **шу́тки в сто́рону** parlons sérieusement, blague à part

сторо́нник *nm* partisan • **у него́ бо́льше проти́вников, чем сторо́нников** il a plus d'adversaires que de partisans

/ **стошни́ть** → **тошни́ть**

сто́я *gérondif* debout • **зал аплоди́ровал сто́я** la salle était debout pour applaudir

стоя́нка *nf* **1.** stationnement *(activité)* • **стоя́нка запрещена́** stationnement interdit **2.** station • **стоя́нка такси́** une station de taxis

стоя́ть* [I, **стою́, стои́шь**] / **постоя́ть*** [I, *id*] *et* **простоя́ть*** [I, *id*] *v* **1.** être debout • **сади́тесь, что вы стои́те?** asseyez-vous, pourquoi restez-vous debout ? • **дом стоя́л на горе́** la maison était bâtie sur une colline • **в углу́ стоя́л шкаф** dans le coin, il y avait une armoire **2.** être • **стоя́ть на коле́нях** être à genoux • **стоя́ть на четвере́ньках** être à quatre pattes • **стоя́ть в о́череди** faire la queue • **стоя́ть у руля́** être au gouvernail • **стоя́ть у вла́сти** être au pouvoir • **пого́да стоя́ла хоро́шая** le temps était au beau • **пе́ред на́ми стоя́т ва́жные зада́чи** nous avons à régler des problèmes importants **3.** être arrêté • **часы́ стоя́ли** l'horloge était arrêtée **4.** *(***за** *+ A)* défendre • **я и сам могу́ за себя́ постоя́ть** je peux me défendre moi-même **5.** *(impér)* s'arrêter, attendre • **посто́йте, я вас уже́ где-то ви́дел** attendez, je vous ai déjà vu quelque part
● **стоя́ть на своём** ne pas en démordre • **стоя́ть на часа́х** monter la garde

страда́ние *nnt* souffrance • **физи́ческое страда́ние** une douleur physique • **нра́вственное страда́ние** une souffrance morale

страда́ть / **пострада́ть** *v* **1.** *(***от** *+ G)* souffrir • **страда́ть от зубно́й бо́ли** souffrir de maux de dents • **па́мятник си́льно пострада́л во вре́мя войны́** le monument a beaucoup souffert pendant la guerre **2.** *(+ I)* être sujet à • **он страда́ет головны́ми бо́лями** il est sujet aux maux de tête

страна́ ②① *nf* pays • **уча́стие в чемпиона́те страны́** la participation aux championnat national
● **четы́ре страны́ све́та** les quatre points cardinaux

страни́ца *nf* **1.** page *(de livre)* **2.** page *(Web)* • **на гла́вную страни́цу** vers la page d'accueil • **доба́вить страни́цу в закла́дки** ajouter la page à vos favoris • **жёлтые страни́цы** les pages jaunes

стра́нно *adv* bizarrement, de manière étrange • **он вёл себя́ о́чень стра́нно** il se conduisait de manière vraiment étrange
◉ **стра́нно, что он не пришёл** c'est bizarre qu'il ne soit pas venu • **как ни стра́нно** si étrange que cela puisse paraître

стра́нный (стра́нен, странна́, стра́нно, стра́нны) ⑤ *adj* étrange, bizarre • **стра́нный челове́к** un homme étrange

стра́стно *adv* passionnément, ardemment • **стра́стно люби́ть му́зыку** aimer passionnément la musique

стра́стный ⑤ *adj* passionné, ardent • **стра́стная речь** un discours enflammé • **стра́стный взгляд** un regard plein de passion

страсть[1] ①③ *nf* passion • **стра́сти разгоре́лись** les passions se sont déchaînées • **со стра́стью** avec passion • **страсть к жи́вописи** la passion de la peinture

страсть[2] *adv fam* terriblement • **ей страсть как нра́вится шокола́д** c'est fou ce qu'elle aime le chocolat

стра́ус *nm* autruche

страуся́тина *nf* (viande d')autruche • **страуся́тина по́льзуется ны́не большо́й популя́рностью** la viande d'autruche est très populaire aujourd'hui

страх *nm* peur • **дрожа́ть от стра́ха** trembler de peur
◉ **на свой страх и риск** à ses risques et périls

страхова́ние *nnt* assurance • **страхова́ние от огня́** l'assurance contre l'incendie • **страхова́ние жи́зни** l'assurance sur la vie • **социа́льное страхова́ние** l'assurance sociale

страхова́ть / **застрахова́ть** *v* assurer *(prendre un contrat d'assurance)* • **застрахова́ть иму́щество от пожа́ра** assurer ses biens contre l'incendie

страхова́ться / **застрахова́ться** *vp* s'assurer *(prendre un contrat d'assurance)* • **застрахова́ться от пожа́ра** s'assurer contre l'incendie

страхо́вка *fam nf* **1.** assurance • **плати́ть страхо́вку** payer l'assurance **2.** prime *(d'assurance)* • **получи́ть страхо́вку** toucher une prime d'assurance

стра́шно ⑤ *adv* terriblement • **он стра́шно похуде́л** il a terriblement maigri
◉ **ему́ ста́ло стра́шно** il a pris peur

стра́шный ⑤ *adj* terrible, effrayant • **стра́шный взгляд** un regard terrible • **стра́шный сон** un rêve effrayant • **стра́шный моро́з** un froid terrible • **стра́шный шум** un bruit épouvantable

стрела́ ②① *nf* flèche • **пусти́ть стрелу́** lancer une flèche

стреле́ц *nm* (HIST) arquebusier, «streliets» *(XVIe et XVIIe siècles)*
■ **Стреле́ц** *nm* (ASTROL) Sagittaire

стре́лка *nf* **1.** aiguille *(de cadran)* • **часовы́е стре́лки** les aiguilles de l'horloge • **стре́лка ко́мпаса** l'aiguille de la boussole **2.** flèche *(indicatrice)*
◉ **стре́лка Ела́гина о́строва** la pointe de l'île Elaguine

стрело́к *nm* **1.** tireur • **отли́чный стрело́к** un excellent tireur **2.** tirailleur

стре́лочник *nm* aiguilleur
◉ **стре́лочник винова́т** c'est la faute du lampiste

стрельба́ ②① *nf* tir • **откры́ть стрельбу́** ouvrir le feu • **артиллери́йская стрельба́** un tir d'artillerie • **уче́бные стре́льбы** des exercices de tir

/ **стрельну́ть** → стреля́ть

стреля́ть / **вы́стрелить** *v* **1.** tirer *(avec une arme)* • **стреля́ть из лу́ка** tirer à l'arc • **стреля́ть из винто́вки** tirer à la carabine • **стреля́ть в у́ток** chasser le canard • **пришло́сь стреля́ть уже́ не в во́здух, а по колёсам** il a fallu tirer non plus en l'air mais sur les roues **2.** provoquer des élancements • **у меня́ стреля́ет в боку́** j'ai un point de côté

стреми́ться *vp* s'efforcer, faire tout son possible pour atteindre • **всегда́ на́до стреми́ться к бо́льшему** il faut toujours aspirer à mieux

стремле́ние *nnt* aspiration, désir • **стремле́ние стать лу́чше** le désir de s'améliorer

стричь* [IV, стригу́, стрижёшь, стригу́т - стриг, стри́гла - стри́женный] / **обстри́чь*** [IV, *id*] *et* **остри́чь*** [IV, *id*] *v* **1.** couper *(les cheveux, les ongles...)*,

tailler *(les arbres...)* • **стричь во́лосы** couper les cheveux • **стричь бо́роду** tailler la barbe • **остри́чь но́гти** couper les ongles • **остри́чь дере́вья** tailler les arbres **2.** tondre *(les moutons...)* • **стричь ове́ц** tondre les brebis
• **стричь всех под одну́ гребёнку** mettre tout le monde dans le même sac

стри́чься* [IV, стригу́сь, стрижёшься, стригу́тся - стри́гся, стри́глась - стри́женный] / **обстри́чься*** [IV, *id*] *et* **остри́чься*** [IV, *id*] *vp* se faire couper les cheveux • **стри́чься два ра́за в ме́сяц** se faire couper les cheveux deux fois par mois

стро́гий *(comp.* **стро́же*** ~ *superl.* **строжа́йший***)* ⑤ *adj* sévère • **стро́гий учи́тель** un professeur sévère • **строжа́йшим о́бразом** de la manière la plus sévère • **стро́гая дие́та** un régime alimentaire sévère

стро́го *(comp.* **стро́же*** ~ *superl.* **строжа́йший***)* ⑤ *adj* sévèrement • **стро́го наказа́ть** punir sévèrement

стро́гость *nf* sévérité • **с надлежа́щей стро́гостью** avec toute la sévérité qui s'impose ~ *fig* • **стро́гость ли́ний** la sévérité des lignes *(du bâtiment, du palais)*

строжа́йший *superl de* **стро́гий**

стро́же *comp de* **стро́гий**

строи́тельный *adj* de construction • **строи́тельные материа́лы** les matériaux de construction

строи́тельство *nnt* construction • **строи́тельство жилы́х домо́в** construction de maisons d'habitation

стро́ить *v* **1.** / **постро́ить** construire • **постро́ить дом** construire une maison • **стро́ить возду́шные за́мки** construire des châteaux en Espagne **2.** / **постро́ить** bâtir *fig*, faire • **стро́ить ра́зные предположе́ния** faire diverses suppositions • **стро́ить себе́ иллю́зии** se faire des illusions • **пра́вильно постро́енная фра́за** une phrase bien construite **3.** / **состро́ить** faire *(des grimaces...)* • **стро́ить грима́сы** faire des grimaces

строй* *nm* **1.** structure, organisation • **феода́льный строй** le système féodal • **госуда́рственный строй** l'organisation de l'État • **граммати́ческий строй языка́** la structure grammaticale d'une langue **2.** *(loc.* строю́ ⑧②*)* (MIL) ordre • **в боево́м строю́** en ordre de bataille **3.** état de marche • **маши́на вы́шла из стро́я** la machine est hors service

стро́йный ⑤ *adj* svelte • **высо́кий и стро́йный молодо́й челове́к** un jeune homme grand et svelte ~ *fig* • **стро́йная речь** un discours bien construit

строка́ ②⑦ *nf* ligne *(suite de mots alignés)* • **пя́тая строка́ сни́зу** la cinquième ligne à partir du bas • **с но́вой строки́** à la ligne • **чита́ть ме́жду строк** lire entre les lignes • **кома́ндная строка́** ligne de commande

стро́чка *(dim de* **строка́***)* *nf* ligne *(suite de mots alignés)* • **он написа́л всего́ не́сколько стро́чек** il n'a écrit que quelques lignes

строчно́й *adj*
• **строчна́я бу́ква** (lettre) minuscule

струна́ ②① *nf* corde *(d'instrument de musique)* • **перебира́ть стру́ны гита́ры** pincer les cordes d'une guitare

стру́нный *adj* à cordes • **стру́нный инструме́нт** un instrument à cordes • **стру́нный кварте́т** un quatuor à cordes

/ **стру́сить** → **тру́сить**

струя́ ②① *nf* jet, filet *(d'eau...)* • **гла́вная струя́ фонта́на достига́ет семи́ ме́тров** le jet d'eau principal de la fontaine atteint sept mètres • **то́нкая струя́ ды́ма** un mince filet de fumée

стря́хивать / **стряхну́ть** *v* **1.** faire tomber en secouant • **он стряхну́л ка́пли дождя́ с пальто́** il fit tomber les gouttes de pluie de son manteau • **лю́ди в за́ле стряхну́ли с себя́ сон** dans la salle les gens se sont réveillés **2.** secouer pour nettoyer • **стряхну́ть ска́терть** secouer la nappe

/ **стряхну́ть** → **стря́хивать**

студе́нт *nm* étudiant, élève d'une école supérieure • **студе́нт-ме́дик** un étudiant en médecine • **студе́нт консервато́рии** un élève du conservatoire

студе́нтка *nf* étudiante, élève d'une école supérieure

студе́нческий *adj* d'étudiant • **студе́нческое общежи́тие** foyer d'étudiants, résidence universitaire

стук[1] *onomat* toc ! • **стук-сту́к!** toc-toc !

стук² *nm* bruit, frappement • **послы́шался стук в дверь** on entendit frapper à la porte • **на её стук откры́ли сосе́ди** en l'entendant frapper les voisins ouvrirent la porte

/ **сту́кнуть** → стуча́ть

/ **сту́кнуться** → стуча́ться

стул* (*pl.* сту́лья, сту́льев, сту́льям) *nm* chaise • **складно́й стул** une chaise pliante

ступе́нь¹ *nf* marche, gradin • **ступе́ни ле́стницы** les marches de l'escalier

ступе́нь² (*pl.* ступе́ни, ступене́й) ①③ *nf* degré, stade • **на вы́сшей ступе́ни** au stade supérieur

À PROPOS DE...

Les deux mots ci-dessus diffèrent par leur accentuation.

ступе́нька (*dim de* ступе́нь) *nf* marche (*d'un escalier...*) • **сиде́ть на ступе́ньках** être assis sur les marches

ступня́ *nf* pied, plante du pied • **плита́ с отпеча́тками ступне́й** une dalle avec des empreintes de pied

/ **сту́хнуть** → ту́хнуть

стуча́ть* [I, стучу́, стучи́шь] / **постуча́ть*** [I, *id*] *et* **сту́кнуть** *v* frapper, cogner • **сту́кнуть кулако́м по́ столу** donner un coup de poing sur la table • **постуча́ть в дверь** frapper à la porte

стуча́ться* [I, стучу́сь, стучи́шься] *vp* **1.** / **постуча́ться*** [I, *id*] frapper (*à la porte...*) • **стуча́ться в дверь** frapper à la porte **2.** / **сту́кнуться** se cogner • **сту́кнуться об у́гол стола́** se cogner contre le coin de la table

стыд ③ *nm* honte • **сгоре́ть со стыда́** être rouge de honte

стыди́ться / **постыди́ться** *vp* **1.** avoir honte • **не́чего стыди́ться** il n'y a pas de quoi avoir honte **2.** être intimidé • **стыди́ться сосе́дей** être intimidé par la présence des voisins

сты́дно *adv*
● **как вам не сты́дно!** vous n'avez pas honte ? • **мне за вас сты́дно** j'en ai honte pour vous

суббо́та *nf* samedi • **я приду́ в суббо́ту ве́чером** je viendrai samedi soir • **по суббо́там она́ хо́дит на като́к** le samedi, elle va à la patinoire

сугро́б *nm* congère

суд ③② *nm* **1.** tribunal • **Верхо́вный суд Росси́и** la Cour suprême de Russie • **отда́ть престу́пников под суд** livrer des criminels à la justice • **пода́ть на него́ в суд за наруше́ние контра́ктных обяза́тельств** porter plainte contre lui pour rupture des engagements contractuels **2.** jugement (*sentence*) • **суд исто́рии** le jugement de l'histoire • **Стра́шный суд** le Jugement dernier
● **на нет и суда́ нет** à l'impossible nul n'est tenu

суда́к ③② *nm* sandre

суде́бный *adj* judiciaire • **суде́бные о́рганы** des instances judiciaires

суди́ть ④ *v* **1.** juger (*faire passer devant un tribunal*) • **его́ суди́ли за уби́йство** il était jugé pour meurtre • **судя́т состяза́ния арби́тры из Новосиби́рска** pour ces épreuves les arbitres sont de Novossibirsk **2.** juger (*porter un jugement*) • **суди́ть о лю́дях по нару́жности** juger les gens d'après les apparences • **так то́лько дураки́ мо́гут суди́ть** je ne peux pas en juger
● **су́дя по** (+ *D*) à en juger d'après › **су́дя по его́ ви́ду** à en juger d'après sa mine › **су́дя по обстоя́тельствам** selon les circonstances
■ **суждено́** *pp* **нам суждено́ жить в э́ту эпо́ху** le destin a voulu que nous vivions à cette époque • **э́тим пла́нам не суждено́ бы́ло осуществи́ться** il était écrit que ces projets ne se réaliseraient pas

суди́ться ④ (с + *I*) *vp* être en procès avec • **суди́ться с сосе́дом** être en procès avec son voisin

су́дно* (*pl.* суда́, судо́в, суда́м) ①② *nnt* vaisseau, navire • **торго́вое су́дно** un navire marchand

су́дорога *nf* **1.** convulsion • **у не́которых бы́ли су́дороги** certains avaient des convulsions **2.** crampe • **су́дорога в ноге́** une crampe à la jambe

су́дорожный *adj* convulsif • **су́дорожное вздра́гивание** un tremblement convulsif ~ *fig* fébrile • **су́дорожные попы́тки** tentatives fébriles

судохо́дный *adj* navigable • **судохо́дная река́** un fleuve navigable

судьба́ *(gén. pl.* су́деб*)* ②① *nf* destin, sort • **жа́ловаться на свою́ судьбу́** se plaindre de son sort • **бро́сить люде́й на произво́л судьбы́** abandonner les gens à leur triste sort
● **каки́ми судьба́ми?** quel bon vent vous amène ?

À PROPOS DE...

L'accent de l'instrumental pluriel est **судьба́ми** dans l'expression **каки́ми судьба́ми?**

судья́ ②⑤ *nm* **1.** juge • **судья́ вы́нес пригово́р** le juge a rendu son arrêt • **я в э́том де́ле плохо́й судья́** je suis mauvais juge en la matière **2.** (SPORT) arbitre

суеве́рие *nnt* superstition • **о пла́нах на ближа́йшее вре́мя говори́ть не бу́ду из суеве́рия** par superstition je ne parlerai pas de mes plans pour le futur immédiat

суети́ться *vp* s'agiter, se démener *(sans raison)*

сужде́ние *nnt* jugement, opinion • **вы́сказать своё сужде́ние** donner son opinion

суждено́ → **суди́ть**

су́ка *nf* chienne

су́кин *adj d'appart* de chienne

сукно́ *(gén. pl.* су́кон*)* ②① *nnt* drap *(tissu)* • **пи́сьменный стол с зелёным сукно́м** un bureau couvert d'une étoffe verte
● **положи́ть "под сукно́"** mettre sous le coude

сумасше́дшая *nf* une folle

сумасше́дший *adj* **1.** fou • **и кто всё-таки сумасше́дший - оте́ц или дочь?** et qui est fou finalement, le père ou la fille ? • **сумасше́дшая ско́рость** une vitesse folle **2.** de fou • **сумасше́дший дом** une maison de fous
■ **сумасше́дший** *nm* un fou • **хохота́ть как сумасше́дший** rire comme un fou

сумасше́ствие *nnt* **1.** folie *(démence)* **2.** folie *(extravagance)* • **с его́ стороны́ э́то бы́ло бы про́сто сумасше́ствием** ce serait vraiment une folie de sa part

сумато́ха *nf* remue-ménage, tohu-bohu • **начала́сь сумато́ха во всём до́ме** ce fut un beau remue-ménage dans toute la maison

су́мерки *(*су́мерек, су́меркам*) pl t* crépuscule • **на зе́млю спуска́лись су́мерки** le crépuscule tombait

/ **суме́ть** → **уме́ть**

су́мка *nf* sac, sacoche, cartable • **да́мская су́мка** un sac à main • **су́мка почтальо́на** la sacoche du facteur

су́мочка *(dim de* су́мка*) nf* sac à main • **мо́да на мехо́вые су́мочки ещё не прошла́** la mode des sacs à main en fourrure n'est pas passée

су́мрачный *adj* sombre *litt & fig* • **су́мрачный лес** une forêt sombre • **с су́мрачным ви́дом** avec un air sombre

сунду́к ③② *nm* coffre, malle • **желе́зный сунду́к** un coffre métallique

/ **су́нуть** → **сова́ть**

суп ③② *nm* potage, soupe

суперма́ркет *nm* supermarché

супру́г *nm* époux
■ **супру́ги** *pl t* le mari et la femme • **во́зраст супру́гов не до́лжен превыша́ть 30 лет** les époux ne doivent pas être âgés de plus de 30 ans

супру́га *nf* épouse • **он отмеча́ет 40-ле́тие совме́стной жи́зни со свое́й супру́гой** il célèbre 40 ans de vie commune avec son épouse

сургу́ч ③ *nm* cire à cacheter

суро́вый *adj* rude, sévère • **суро́вый челове́к** un homme rude • **суро́вые нра́вы** des mœurs sévères • **суро́вый пригово́р** une condamnation sévère • **суро́вая красота́** une beauté sévère • **суро́вый кли́мат** un climat rude

суста́в *nm* articulation • **коле́нный суста́в** l'articulation du genou

су́тки *(*су́ток, су́ткам*) pl t* jour, 24 heures • **дво́е су́ток** deux jours • **в тече́ние пяти́ су́ток** pendant cinq jours

суту́лый *adj* voûté • **суту́лая спина́** un dos voûté

суть *nf* essence *(nature d'une chose)* • **в э́том вся суть де́ла** c'est là le fond de l'affaire

суха́рь ③② *nm* = biscotte

сýхо *adv* sèchement • **он сýхо отвéтил на мой вопрóс** il a répondu sèchement à ma question
◆ **сегóдня, наконéц, сýхо** aujourd'hui, enfin, il ne pleut pas

сухóй *(comp.* **сýше***)* ⑤ *adj* sec • **сухóе бельё** du linge sec • **сухóй хлеб** du pain rassis • **сухúе óвощи** des légumes secs • **сухáя вéтка** une branche sèche • **сухáя кóжа** une peau sèche • **в гóрле бы́ло сýхо** j'avais la gorge sèche • **сухóй кáшель** une toux sèche • **сухóй вéтер** un vent sec • **сухóе лéто** un été sec
◆ **вы́йти сухи́м из воды́** s'en sortir blanc comme neige

сýша *nf* terre ferme • **на сýше и на мóре** sur terre et sur mer

сýше → **сухóй, сýша**

сушёный *adj* séché • **сушёные грибы́** des champignons séchés • **сушёная ры́ба** du poisson séché

суши́ть ④ / **вы́сушить** *v* faire sécher • **суши́ть бельё** faire sécher le linge • **суши́ть грибы́** faire sécher des champignons

существéнный *adj* essentiel • **игрáть существéнную роль** jouer un rôle essentiel

существи́тельный *adj*
◆ **(и́мя) существи́тельное** substantif

существó *nnt* **1.** créature • **стрáнное существó** une étrange créature • **живóе существó** un être vivant **2.** essence *(nature d'une chose)*, fond • **рассмотрéние дéла по существý** l'examen d'une affaire sur le fond • **по существý говоря́** si l'on veut aller au fond des choses

существовáние *nnt* existence • **борьбá за существовáние** la lutte pour l'existence • **они́ отравля́ют мне существовáние** ils m'empoisonnent l'existence • **э́та газéта ужé давнó прекрати́ла своё существовáние** il y a longtemps que ce journal a cessé d'exister

существовáть *v* exister • **такáя верóятность всё же существýет** une telle possibilité existe tout de même • **мéжду партнёрами существýют разноглáсия** il existe des désaccords entre les partenaires

сýщий *adj* véritable • **э́то сýщая прáвда** c'est la stricte vérité • **э́то сýщие пустяки́** ce sont vraiment des bagatelles

сýщность *nf* essence *(nature d'une chose)* • **сýщность вещéй** la nature des choses
◆ **в сýщности говоря́** à proprement parler

/ **схвати́ть** → **схвáтывать, хватáть**

/ **схвати́ться** → **хватáться**

схвáтывать / **схвати́ть** ④ *v* **1.** prendre, saisir • **он успéл схвати́ть одногó из нападáвших за ши́ворот** il eut le temps de saisir l'un des assaillants au collet **2.** saisir *(comprendre)* • **схвати́ть основнýю мысль** comprendre l'idée essentielle **3.** *fam* attraper *(être victime de)* • **схвати́ть си́льный нáсморк** attraper un gros rhume

схéма *nf* schéma, plan • **схéма электроснабжéния гóрода** le schéma de l'alimentation électrique de la ville

сходи́ть[1] ④ / **сойти́*** [IV, сойдý, сойдёшь - сошёл, сошлá - сойдя́] *v* **1.** descendre • **вы на слéдующей схóдите?** vous descendez à la prochaine ? • **сойти́ в сад** descendre dans le jardin **2.** disparaître • **снег сошёл с полéй** il n'y a plus de neige dans les champs **3.** passer *(être accepté)* • **сойдёт и так** ça ira bien comme ça
◆ **сходи́ть с рéльсов** dérailler › **пóезд сошёл с рéльсов** le train a déraillé • **сходи́ть с умá** devenir fou › **ты с умá сошёл** est-ce que tu es fou ?

сходи́ть[2] ④ *v* aller et revenir • **сходи́ть за покýпками** aller faire des courses

сходи́ться ④ / **сойти́сь*** [IV, сойдýсь, сойдёшься - сошёлся, сошлáсь - сойдя́сь] *vp* **1.** se réunir, se rencontrer • **дорóжки схóдятся у прудá** les sentiers se joignent près de l'étang **2.** être d'accord • **сходи́ться во вкýсах** avoir les mêmes goûts

схóдный ⑤ *adj* **1.** analogue • **у них схóдные харáктеры** ils ont à peu près le même caractère **2.** *fam* convenable *(en parlant du prix...)* • **купи́ть шкаф по схóдной ценé** acheter une armoire à un prix convenable

схóдство *nnt* ressemblance • **внéшнее схóдство** une ressemblance extérieure

сце́на *nf* scène • **вращáющаяся сцéна** une scène tournante • **дéйствие пéрвое, сцéна трéтья** acte I, scène 3 • **устрóить сцéну рéвности** faire une scène de jalousie

счастли́во *adv* avec bonheur • **он счастли́во отдéлался** il l'a échappé belle

счастли́вый (сча́стлив, сча́стлива) *adj* heureux • **счастли́вый человéк** un homme heureux • **счастли́вая жизнь** une vie heureuse • **роди́ться под счастли́вой звездóй** être né sous une bonne étoile • **счастли́вого пути́!** bon voyage ! • **счастли́вая мысль** une heureuse idée

сча́стье *nnt* **1.** bonheur • **зави́довать чужóму сча́стью** envier le bonheur des autres **2.** chance • **сча́стье в игрé** la chance au jeu • **попытáть сча́стья** tenter sa chance
● **к сча́стью** heureusement › **к моемý сча́стью** heureusement pour moi

/ **счесть** → считáть

счёт* *(loc.* счетý *(avec la prép* на *seulement)) nm* **1.** ⑧① calcul, compte *(opération)* • **сби́ться со счёта** se perdre dans son calcul **2.** ⑧① score, résultat *(d'un calcul)* • **матч кóнчился со счётом 3:0** le match s'est terminé par trois à zéro **3.** *(nom. pl.* счетá ⑧②*)* compte *(bancaire)* • **имéть текýщий счёт в бáнке** avoir un compte en banque **4.** *(nom. pl.* счетá ⑧②*)* facture, addition • **счёт за газ и электри́чество** la facture du gaz et de l'électricité • **официáнт пóдал счёт** le garçon a apporté l'addition **5.** *(nom. pl.* счёты ⑧①*)* compte *(sujet de discussion)* • **у нас с ним счёты** j'ai des comptes à régler avec lui
● **в два счёта** en cinq sec › **сдéлать урóки в два счёта** faire ses devoirs en cinq sec • **в конéчном счёте** en fin de compte • **на ... счёт a.** aux dépens de › **жить на чужóй счёт** vivre aux dépens des autres **b.** à l'égard de › **он э́то сказáл на твой счёт?** il a dit ça à ton sujet ? • **э́то не в счёт** cela n'entre pas en ligne de compte

счётчик *nm* compteur • **гáзовый счётчик** compteur à gaz

счёты (счётов, счётам) *pl t* boulier • **считáть на счётах** compter sur un boulier

считáть *v* **1.** / **сосчитáть** compter • **считáть до ста** compter jusqu'à cent • **считáть в умé** compter de tête • **считáть дéньги** compter son argent • **не считáя выходны́х дней** sans compter les jours de repos **2.** / **счесть*** [IV, сочтý, сочтёшь - счёл, сочлá, сочлó, сочли́ - сочтённый] ③ considérer, estimer • **считáть своúм дóлгом** considérer comme son devoir • **считáть необходи́мым** considérer comme indispensable • **я считáю, что он непрáв** j'estime qu'il a tort
● **считáть ворóн** bâiller aux corneilles

/ **сшить** → шить

съедóбный *adj* comestible • **съедóбные грибы́** des champignons comestibles

съезд *nm* congrès • **на съéзде хирýргов** à un congrès de chirurgiens

/ **съéздить** *v* **1.** aller et revenir *(autrement qu'à pied)* • **съéздить зá город** aller faire un tour à la campagne **2.** *tfam* flanquer un coup • **он съéздил емý по мóрде** il lui a tapé sur la gueule

съезжáть / **съéхать*** [IV, съéду, съéдешь] *v* **1.** descendre *(autrement qu'à pied)* • **съéхать с горы́ на сáнках** descendre la pente en luge • **автóбус съéхал с дорóги в кювéт** l'autobus a quitté la route pour tomber dans une cuvette **2.** quitter un appartement, déménager • **жильцы́ съéхали 15 мáя** les locataires ont déménagé le 15 mai • **а самá фи́рма ужé съéхала из óфиса** et la société elle-même a déjà quitté les bureaux **3.** glisser, se mettre de travers *(en parlant d'un vêtement)* • **егó шля́па съéхала нá бок** son chapeau était de travers

съезжáться / **съéхаться*** [IV, съéдутся] *vp* se réunir *(en venant autrement qu'à pied)* • **в Казáнь съéдутся начинáющие учёные** de jeunes scientifiques se réuniront à Kazan

съестнóй *adj* alimentaire • **заготóвка съестны́х запáсов нá год** la préparation de stocks alimentaires pour un an

/ **съесть** → есть

/ **съéхать** → съезжáть

/ **съéхаться** → съезжáться

/ **сыгрáть** → игрáть

сын* ①② *nm* **1.** *(pl.* сыновья́, сынове́й, сыновья́м*)* fils • **у них дво́е сынове́й** ils ont deux fils • **ста́ршему сы́ну два́дцать лет** l'aîné des fils a vingt ans **2.** *(pl.* сыны́, сыно́в ①②*)* fils *fig* • **духо́вный сын** un fils spirituel

сыно́к *nm* fiston *dim de* **сын**

сы́пать* [II, сы́плю, сы́плешь] *v* verser, répandre • **сы́пать соль в суп** mettre du sel dans la soupe ~ *fig* • **сы́пать остро́тами** pétiller d'esprit

сы́паться* [II, сы́плется, сы́плются] / **посы́паться*** [II, *id*] *vp* se répandre • **мука́ сы́плется из мешка́** la farine tombe du sac • **посы́пались вопро́сы** les questions se sont mises à pleuvoir

сыпно́й *adj*
● **сыпно́й тиф** le typhus

сыр ①② *nm* fromage • **швейца́рский сыр** = gruyère
● **ката́ться как сыр в ма́сле** être comme un coq en pâte

сы́рник *nm* «syrnik» *(sorte de croquette à base de fromage blanc)*

сыроежка *nf* russule

сыро́й ⑤ *adj* **1.** humide • **сыро́е бельё** du linge humide • **сыра́я пого́да** un temps humide **2.** non cuit, non bouilli • **сыра́я карто́шка** des pommes de terre crues • **сыро́е мя́со** de la viande crue • **сыро́е молоко́** du lait cru

сы́рость *nf* humidité

сырьё *nnt* matières premières • **сырьё для промы́шленности** des matières premières pour l'industrie

сы́тный ⑤ *adj* copieux • **сы́тный обе́д** un repas copieux • **сы́тно поза́втракать** prendre un petit déjeuner copieux

сы́тый ⑤ *adj* rassasié • **я сыт** je n'ai plus faim • **сы́тый медве́дь не напада́ет на челове́ка** un ours qui n'a pas faim n'attaque pas l'homme
● **и во́лки сы́ты, и о́вцы це́лы** ménager la chèvre et le chou

сюда́ *adv* ici *(direction)* • **иди́ сюда́!** viens ici !

ся́дешь, ся́ду, сядь → **сесть**

сям *adv*
● **там и сям** ça et là

T

таблéтка *nf* comprimé • **таблéтка аспири́на** un comprimé d'aspirine

табли́ца *nf* table *(liste méthodique)* • **табли́ца умножéния** la table de multiplication

табурéт *nm* tabouret

таджи́к *nm* Tadjik

Таджикистáн *nm* Tadjikistan

таджи́кский *adj* tadjik

таджи́чка *nf* Tadjike

таёжный *adj* de la taïga • **таёжный посёлок** un village de la taïga

таи́нственный *adj* mystérieux • **таи́нственный незнакóмец** un mystérieux inconnu • **с таи́нственным ви́дом** avec un air mystérieux

тайгá *nf* taïga

тáйна *nf* secret • **госудáрственная тáйна** un secret d'État • **тáйна успéха** la clé du succès • **тáйны прирóды** les secrets de la nature • **храни́ть тáйну** garder un secret • **раскры́ть тáйну** dévoiler un secret

тáйный *adj* secret • **тáйный смысл э́тих слов** le sens secret de ces paroles • **тáйное óбщество** une société secrète

так *adv* **1.** ainsi, comme ça • **так прошлó нéсколько мину́т** quelques minutes passèrent ainsi • **так сказáть** pour ainsi dire • **не так ли?** n'est-ce pas ? • **э́того нельзя́ так остáвить** on ne peut pas laisser les choses ainsi • **э́то я прóсто так сказáл** je disais ça comme ça • **как так?** comment ça ? • **так и есть** c'est justement cela **2.** alors, dans ce cas • **так ты нам не вéришь?** alors, tu ne nous crois pas ? • **ну, так что ж?** et alors ? **3.** tellement, à tel point • **онá так измени́лась, что я её не узнáла** elle a tellement changé que je ne l'ai pas reconnue • **онá так краси́ва!** elle est si belle !
● **бу́дьте так добры́...** pourriez-vous avoir l'amabilité... ? › **бу́дьте так добры́, позови́те Гáлю к телефóну** pourriez-vous avoir l'amabilité d'appeler Galia au téléphone ? • **и так дáлее** *(par abréviation* **и т. д.***)* et ainsi de suite • **так и́ли инáче** quoi qu'il en soit, d'une manière ou d'une autre • **так же... как** aussi... que › **он так же плóхо игрáет, как и я** il joue aussi mal que moi • **так, как** de la manière que › **он э́то сдéлал не так, как я хотéл** il n'a pas fait ça comme je voulais • **так называ́емый a.** ce qu'on appelle › **так называ́емые «языковы́е лаборатóрии»** ce qu'on appelle «laboratoires de langues» **b.** prétendu, soi-disant › **так называ́емые «нефтяны́е королú»** les soi-disant «rois du pétrole» • **тáк себе** comme ci comme ça › **как поживáете? — ничегó, тáк себе** comment allez-vous ? — bah, comme ci comme ça • **тут что-то не так** il y a là quelque chose qui cloche
■ **так как** *loc conj* comme, puisque • **так как нé было свобóдных мест, мы пошли́ дáльше** comme il n'y avait pas de places libres, nous sommes allés plus loin

тáкже *adv* également • **он занимáлся тáкже нумизмáтикой** il s'occupait également de numismatique

> **À PROPOS DE...**
>
> **тáкже** porte généralement sur le mot qui suit.

-таки *particule post* quand même, tout de même

такóв (таковá) ③ *pron-adj* tel • **таковы́ фáкты** tels sont les faits
● **и был такóв** et il a filé

таковóй *pron-adj*
● **как таковóй** *littéraire* en tant que tel

такóй *pron-adj* **1.** *(+ nom)* tel • **до такóй стéпени** à un tel point • **э́то такóй**

дура́к, что вы себе́ и предста́вить не мо́жете c'est un imbécile comme vous ne pouvez pas vous imaginer **2.** *(+ adj)* tellement, si • **така́я краси́вая де́вушка** une si jolie fille **3.** *(avec* **что** *ou* **кто***) (sert à renforcer le pronom interrogatif)* • **что э́то тако́е?** qu'est-ce que c'est que ça ? • **да кто же он тако́й?** mais qui est-il donc, ce monsieur ?
● **в тако́м слу́чае** dans ce cas › **в тако́м слу́чае, я ухожу́** puisqu'il en est ainsi, je m'en vais • **таки́м о́бразом** ainsi
■ **тако́й же** *loc adj* même • **тако́го же ро́ста, как и вы** de la même taille que vous

такси́ *nnt* taxi • **маршру́тное такси́** un taxi collectif

такси́ст *nm* chauffeur de taxi

такси́стка *nf* (femme) chauffeur de taxi

там *adv* **1.** là-bas *(emplacement)* • **он там** il est là-bas • **там и сям** ça et là **2.** *fam* alors, après • **мы так сде́лаем, а там ви́дно бу́дет** on va faire comme ça, et après, on verra

тамо́женник *nm* douanier

тамо́женница *nf* douanière

тамо́женный *adj* de douane • **тамо́женные по́шлины** les droits de douane

тамо́жня *nf* douane • **рабо́тники тамо́жни** les employés des douanes

та́лия *nf* taille *(ceinture)*

та́лый *adj* fondu

та́нец *nm* danse • **наро́дные та́нцы** des danses populaires

танцева́ть [танцу́ю, танцу́ешь] *v* danser • **танцева́ть вальс** danser la valse, valser

та́пки *pl t* pantoufles • **оде́ньте (дома́шние) та́пки** mettez vos pantoufles

тарака́н *nm* cafard, blatte
● **у ка́ждого свой тарака́ны в голове́** tout le monde a son petit grain

тара́щить / **вы́таращить** *v* écarquiller • **не́которые тара́щили на меня́ глаза́** certains me regardaient en écarquillant les yeux

таре́лка *nf* assiette • **ме́лкая таре́лка** une assiette plate • **глубо́кая таре́лка** une assiette creuse • **десе́ртная таре́лка** une assiette à dessert
● **не в свое́й таре́лке** pas dans son assiette › **я был не в свое́й таре́лке** je n'étais pas dans mon assiette

таска́ть *v* → **тащи́ть**
● **таска́ть кашта́ны из огня́** tirer les marrons du feu

тата́рин* *(pl.* **тата́ры, тата́р, тата́рам***) nm* Tatar

тата́рский *adj* tatar • **пе́сни на ру́сском и тата́рском языка́х** des chansons en russe et en tatare

тахта́ *nf* divan

тащи́ть ④ *v* **1.** ; *indét.* таска́ть / тащи́ть ④ traîner • **они́ тащи́ли по земле́ тяжёлое бревно́** ils traînaient par terre une lourde poutre • **я с трудо́м тащи́л чемода́н** j'avais de la peine à traîner ma valise • **е́ле таска́ть но́ги** se traîner avec peine • **О́ля уста́ла, а ты её та́щишь в теа́тр** Olia est fatiguée et toi, tu la traînes au théâtre • **уже́ тре́тий год таска́ю э́то пла́тье** ça fait bientôt trois ans que je traîne cette robe **2.** / **вы́тащить** arracher, retirer • **тащи́ть гво́зди из доски́** arracher les clous d'une planche • **вы́тащить зано́зу** retirer une épine **3.** / **стащи́ть** ④ chiper, voler • **у него́ стащи́ли часы́** on lui a chipé sa montre

та́ять* [II, та́ет, та́ют] / **раста́ять*** [II, *id*] *v* fondre *(devenir liquide)* • **снег та́ет** la neige fond • **на у́лице та́ет** c'est le dégel ~ *fig* • **на́ши запа́сы та́ют** nos réserves fondent

твёрдый *(***твёрд, тверда́, твёрдо, твёрды** ~ *comp.* **твёрже***)* ⑤ *adj* **1.** dur, solide • **твёрдое как ка́мень де́рево** du bois dur comme de la pierre • **твёрдые бытовы́е отхо́ды** les déchets ménagers solides **2.** *fig* ferme, solide • **твёрдые зна́ния** des connaissances solides • **твёрдым ша́гом** d'un pas ferme • **твёрдая во́ля** une volonté inébranlable
● **твёрдые согла́сные** les consonnes dures • **твёрдый знак** le signe dur *nom de la lettre* **ъ**

твёрже *comp de* **твёрдый**

твой ◼ *adj poss* ton • **где твой брат?** où est ton frère ? ◼ *pron poss* le tien

твори́тельный *adj*
● **твори́тельный падёж** l'instrumental

творо́г ③ *nm* fromage blanc

тво́рческий *adj* créateur • **тво́рческая де́ятельность** l'activité créatrice

тво́рчество *nnt* œuvres • **тво́рчество Пастерна́ка** l'œuvre de Pasternak • **наро́дное тво́рчество** l'art populaire

те → тот

т. е. → то́-есть

теа́тр *nm* théâtre

тебе́, тебя́ → ты

тёзка *nmf* personne portant le même prénom • **он мой тёзка** il a le même prénom que moi

теку́ → течь

теку́щий *adj* courant *(en cours)* • **теку́щие дела́** les affaires courantes
● **теку́щий счёт** un compte courant

тел. (*abr de* телефо́н) *nm* téléphone

телеви́дение *nnt* télévision • **програ́мма телеви́дения** le programme de la télévision • **ка́бельное и спу́тниковое телеви́дение** la télévision par câble et par satellite • **по телеви́дению э́тот фильм не пока́зывали** ce film n'est pas passé à la télévision

телеви́зор *nm* téléviseur • **широкоэкра́нный телеви́зор** un téléviseur grand écran

теле́га *nf* télègue *(voiture de charge hippomobile à quatre roues)*

теле́жка *nf* **1.** *dim de* теле́га **2.** charrette • **ручна́я теле́жка** une charrette à bras

телёнок* *(pl.* теля́та, теля́т, теля́там*)* *nm* veau *(animal)*

Теле́ц *nm* (ASTROL) Taureau

те́ло ①⑥ *nnt* corps • **твёрдое те́ло** un corps solide • **ча́сти те́ла** les parties du corps • **дрожа́ть всем те́лом** trembler de tout son corps

теля́тина *nf* (viande de) veau • **жа́реная теля́тина** du veau rôti

теля́чий *adj d'appart* de veau • **теля́чья ко́жа** du cuir de veau
● **теля́чий восто́рг** enthousiasme infantile

тем[1] *conj (+ compar)* tant • **тем ху́же** tant pis • **тем лу́чше** tant mieux
● **тем не ме́нее** néanmoins • **тем бо́лее, что** d'autant plus que › **тем бо́лее, что он оши́бся** d'autant plus qu'il s'est trompé

тем[2] → тот

те́ма *nf* sujet, thème • **те́ма моего́ докла́да** le sujet de mon exposé • **перейти́ к друго́й те́ме** passer à un autre sujet

те́ми → тот

темне́ть *v* **1.** / потемне́ть devenir sombre • **не́бо потемне́ло** le ciel s'est assombri **2.** / стемне́ть devenir sombre • **уже́ темне́ло** le jour déclinait **3.** *(pas de perf)* avoir une teinte sombre • **вдали́ темне́л лес** au loin, on apercevait la ligne sombre de la forêt

темно́ *adv*
● **на у́лице темно́** dehors il fait sombre

тёмно- *élément de formation* foncé • **тёмно-зелёный** vert foncé

темнота́ *nf* obscurité • **сиде́ть в темноте́** rester dans l'obscurité

тёмный *(*тёмен, темна́, темно́, темны́*)* ③ *adj* **1.** sombre • **тёмная ночь** une nuit sombre **2.** obscur *fig*, peu clair • **остаётся ещё одно́ тёмное для меня́ ме́сто в стихотворе́нии** il y a encore un passage obscur pour moi dans le poème **3.** douteux, louche • **челове́к с тёмным про́шлым** un homme au passé douteux • **э́то весьма́ тёмные дела́** ce sont des affaires fort louches

температу́ра *nf* température • **у него́ температу́ра** il a de la fièvre

тени́стый *adj* ombragé • **тени́стая алле́я** une allée ombragée

те́ннис *nm* tennis

теннисист *nm* joueur de tennis

теннисистка *nf* joueuse de tennis

те́ннисный *adj* de tennis • **те́ннисная площа́дка** un court de tennis

тень ⑧③ *nf* ombre • **на со́лнце и в тени́** au soleil et à l'ombre • **три́дцать гра́дусов в тени́** trente degrés à l'ombre • **те́ни от дере́вьев** les ombres des arbres ~ *fig* • **не́ было ни те́ни сомне́ния** il n'y avait pas l'ombre d'un doute

тепе́рь *adv* maintenant • **тепе́рь уже́ по́здно** maintenant, il est trop tard

тепло́[1] *nnt* chaleur • **лу́чше сиде́ть в тепле́** il vaut mieux rester au chaud • **на у́лице два гра́дуса тепла́** dehors, il fait deux degrés au-dessus de zéro

тепло́[2] *adv* chaleureusement • **нас тепло́ встре́тили** nous avons reçu un accueil chaleureux
• **на у́лице тепло́** il fait bon dehors

теплово́з *nm* locomotive Diesel

теплота́ *nf* **1.** cordialité **2.** (PHYS) chaleur

теплохо́д *nm* bateau à moteur Diesel

тёплый (тёпел, тепла́, тепло́, тёплы) *adj* **1.** chaud *(agréablement)* • **тёплая пого́да** un temps chaud • **тёплые стра́ны** les pays chauds **2.** chaud *(en parlant des couleurs)* • **тёплые тона́** des tons chauds **3.** chaleureux
• **тёплое месте́чко** une bonne planque

те́рем* *(nom. pl.* **терема́***)* ①② *nm* «terem» *(dans l'ancienne Russie, partie supérieure des maisons riches)*

тере́ть* [IV, тру, трёшь - тёр, тёрла - тёртый] *v* **1.** / **потере́ть*** [IV, *id*] *et* **протере́ть*** [IV, *id*] frotter • **тере́ть глаза́** se frotter les yeux **2.** / **натере́ть*** [IV, *id*] *et* **растере́ть*** [IV, *id*] râper, broyer • **натере́ть сыр** râper du fromage **3.** / **натере́ть*** [IV, *id*] blesser *(faire une blessure par un frottement prolongé)* • **э́ти боти́нки натёрли мне но́ги** ces souliers m'ont fait des ampoules

терза́ть / **растерза́ть** *v* déchirer *litt & fig*, tourmenter • **его́ терза́ли угрызе́ния со́вести** le remords le torturait

те́рмин *nm* terme *(mot, expression)* • **техни́ческий те́рмин** un terme technique

термо́метр *nm* thermomètre • **рту́тный термо́метр** un thermomètre à mercure

терпели́во *adv* patiemment, avec patience • **терпели́во ждать** attendre patiemment

терпели́вый *adj* patient • **терпели́вый челове́к** un homme patient

терпе́ние *nnt* patience • **запасти́сь терпе́нием** s'armer de patience • **потеря́ть терпе́ние** perdre patience • **он вы́вел меня́ из терпе́ния** il m'a fait perdre patience • **вы́йти из терпе́ния** perdre patience

терпе́ть* [I, терплю́, те́рпишь] ④ *v* **1.** / **потерпе́ть*** [I, *id*] ④ patienter • **потерпи́ ещё немно́жко** patiente encore un peu **2.** / **потерпе́ть*** [I, *id*] ④ subir, essuyer • **потерпе́ть неуда́чу** subir un échec • **потерпе́ть пораже́ние** essuyer une défaite **3.** / **вы́терпеть*** [I, вы́терплю, вы́терпишь] ④ supporter, endurer • **терпе́ть боль** supporter la douleur • **она́ не вы́терпела, запла́кала** elle n'a pas pu y tenir et s'est mise à pleurer **4.** / **потерпе́ть*** [I, потерплю́, поте́рпишь] ④ ④ supporter, tolérer • **он не те́рпит возраже́ний** il n'admet pas la contradiction • **я его́ терпе́ть не могу́** je ne peux pas le souffrir • **терпе́ть нужду́** être dans le besoin
• **вре́мя не те́рпит** le temps presse

терпи́мый *adj* **1.** supportable • **терпи́мые усло́вия** des conditions supportables **2.** tolérant • **терпи́мое отноше́ние** une attitude tolérante

тёртый *adj* râpé
• **тёртый кала́ч** un vieux de la vieille

теря́ть / **потеря́ть** *v* perdre • **я потеря́л свой ключи́** j'ai perdu mes clefs • **он потеря́л отца́** il a perdu son père • **я его́ уже́ давно́ потеря́л и́з виду** il y a longtemps que je l'ai perdu de vue • **мы напра́сно теря́ем вре́мя** nous perdons notre temps pour rien • **теря́ть равнове́сие** perdre l'équilibre • **потеря́ть созна́ние** perdre conscience • **он потеря́л го́лову** il a perdu la tête

тёс *nm* planches à recouvrement, voliges • **кро́влю покро́ют тёсом** le toit sera en voliges

тесни́ться / **потесни́ться** *vp* se serrer les uns contre les autres • **лю́ди тесни́лись у вхо́да** les gens se pressaient à l'entrée

те́сно *adv* **1.** étroitement • **э́ти пробле́мы те́сно свя́заны** ces problèmes sont étroitement liés **2.** à l'étroit • **они́ те́сно живу́т** ils vivent à l'étroit

теснота́ *nf* manque de place • **они́ живу́т в стра́шной тесноте́** ils sont très à l'étroit

те́сный ⑤ *adj* étroit, exigu • **те́сный прохо́д** un passage étroit • **те́сные боти́нки** des souliers trop étroits

тест *nm* test, examen • **результа́ты медици́нских те́стов не обнадёживают** les résultats des examens médicaux ne sont pas encourageants

те́сто *nnt* pâte • **слоёное те́сто** de la pâte feuilletée • **соси́ски в те́сте** des saucisses briochées

тесть *nm* beau-père *(père de la femme)*

те́терев* *(nom. pl.* тетерева́*)* ①② *nm* tétras-lyre, coq des bouleaux

тётка *nf* **1.** tante • **она́ мне тётка по ма́тери** c'est ma tante du côté de ma mère **2.** *fam* une bonne femme • **встреча́ю на опу́шке двух пожилы́х тёток** à la lisière du bois je rencontre deux bonnes femmes
● **го́лод не тётка** à la faim tout est pain

тетра́дка *dim de* тетра́дь

тетра́дь *nf* cahier • **чернова́я тетра́дь** cahier de brouillon

тётя* *(gén. pl.* тётей*)* *fam nf* **1.** tante • **моя́ тётя А́нна, сестра́ мое́й ма́тери** ma tante Anna, la sœur de ma mère **2.** une dame *(en parlant à un enfant)* • **ну-ка, скажи́ тёте спаси́бо!** allez, dis merci à la dame !

тех[1] → тот

тех[2] *élément de formation (abr.* техни́ческий*)* technique • **техпо́мощь** l'assistance technique

те́хника *nf* **1.** technique • **нау́ка и те́хника** la science et la technique **2.** technologie • **те́хника произво́дства кирпича́** la technologie de production de briques **3.** matériel • **веду́щие компа́нии - производи́тели цифрово́й те́хники** les principales sociétés sont des producteurs de matériel numérique • **бытова́я те́хника** l'électroménager
● **де́ло те́хники** ce n'est qu'un problème de savoir-faire

техноло́гия *nf* technologie • **инновацио́нные техноло́гии** des technologies innovantes • **внедре́ние передовы́х техноло́гий** l'introduction de technologies d'avant-garde

тече́ние *nnt* courant *(mouvement)* • **подво́дное тече́ние** un courant sous-marin • **но́вое тече́ние в иску́сстве** un nouveau courant artistique • **плыть про́тив тече́ния** nager à contre-courant *litt & fig*
● **в тече́ние** *(+ G)* pendant › **в тече́ние всего́ э́того дня** pendant toute cette journée

течь*[1] [IV, теку́, течёшь, теку́т - тёк, текла́] ③ / **потёчь*** [IV, *id*] ③ *v* **1.** couler • **вода́ текла́** l'eau coulait • **из глаз потекли́ слёзы** des larmes coulaient de ses yeux • **у него́ кровь течёт и́з носа** il saigne du nez **2.** s'écouler, passer • **вре́мя течёт бы́стро** le temps passe vite **3.** laisser passer l'eau, fuir • **кры́ша течёт** le toit laisse passer l'eau

течь[2] *nf* voie d'eau • **кора́бль дал течь** le navire fait eau

тёща *nf* belle-mère *(mère de la femme)*

тигр *nm* tigre

ти́на *nf* limon, vase

ти́тры *pl t* **1.** générique • **ти́тры телефи́льма** le générique du téléfilm **2.** titres • **спекта́кль бу́дет идти́ на ру́сском языке́ с италья́нскими ти́трами** le spectacle sera donné en russe avec surtitrage en italien

ти́тул *nm* titre • **А́нна завоева́ла ти́тул "Мисс Москва́"** Anna a remporté le titre de “Miss Moscou”

тиф *nm*
● **брюшно́й тиф** la typhoïde • **сыпно́й тиф** le typhus

ти́хий *(comp.* ти́ше*)* ⑤ *adj* **1.** faible, peu bruyant • **ти́хий го́лос** une voix peu audible **2.** calme, peu agité • **ти́хая пого́да** un temps calme • **ти́хий ветеро́к** un vent léger • **ти́хая у́лица** une rue calme • **ти́хая жизнь** une vie calme
● **Ти́хий океа́н** l'océan Pacifique

ти́хо *adv* **1.** doucement • **вы говори́те сли́шком ти́хо** vous parlez trop bas **2.** tranquillement, calmement • **вести́ себя́ ти́хо** se tenir tranquille
● **в до́ме бы́ло ти́хо** on n'entendait aucun bruit dans la maison

тихо́нько *adv* **1.** tout doucement *(sans bruit)* • **ма́льчик тихо́нько запла́кал** le jeune garçon se mit à pleurer tout doucement **2.** sans se faire remarquer, en cachette • **мы тихо́нько удали́лись** nous sommes partis sans faire de bruit

ти́ше *adj comp de* ти́хий
● **ти́ше!** silence ! • **он ти́ше воды́, ни́же травы́** il file doux

тишина́ *nf* silence, calme • **мёртвая тишина́** un silence total • **в ночно́й тишине́** dans le silence de la nuit

ткань *nf* tissu • **шёлковая ткань** un tissu de soie • **мы́шечная ткань** le tissu musculaire

ткать* [IV, тку, ткёшь - ткал, ткала́, тка́ло, тка́ли] ⑤ / **сотка́ть*** [IV, *id*] ⑤ *v* tisser • **ткать шёлковую мате́рию** tisser la soie • **пау́к ткёт паути́ну** l'araignée tisse sa toile

тка́цкий *adj* de tissage • **тка́цкий стано́к** métier à tisser

ткач ③② *nm* tisserand

ткачи́ха *nf* tisserande

то[1] *conj* alors • **е́сли поду́мать, то мо́жно догада́ться** en réfléchissant bien, on peut deviner
• **а то** **a.** *(cause)* › **на́до е́хать, а то уже́ по́здно** il faut partir, il est déjà tard **b.** sinon › **на́до спеши́ть, а то опозда́ем** il faut se dépêcher, sinon nous serons en retard **c.** ou bien › **нет, не хо́чется бо́льше..., а то нале́йте ещё стака́нчик** non, merci... ou, alors, juste un petit verre • **(да) и то** et encore › **пла́вать там мо́жет то́лько спортсме́н, да и то поду́мает** seul un sportif peut nager là et encore, il y réfléchira • **а не то** sinon • **не то** sinon › **на́до спеши́ть, не то опозда́ем** il faut nous dépêcher, sinon nous serons en retard • **то и де́ло** à chaque instant › **то и де́ло возника́ют изда́тельства** des maisons d'édition naissent à chaque instant • **то..., то...** tantôt... tantôt... › **то тот, то друго́й** tantôt l'un, tantôt l'autre

то[2] → **тот**

-то[3] *particule sert à renforcer* • **а мы-то и не зна́ли** mais nous, nous n'étions pas au courant

тобо́й → **ты**

това́р *nm* marchandise • **това́ры широ́кого потребле́ния** les articles de consommation courante

това́рищ *nm* **1.** camarade *(compagnon)* • **шко́льный това́рищ** un camarade d'école • **това́рищ де́тства** un camarade d'enfance • **това́рищ по ору́жию** un compagnon d'armes **2.** *(en URSS)* le camarade, la camarade • **под руково́дством това́рища Вя́ткина** sous la direction du camarade Viatkine • **речь това́рища Петро́вой** le discours de la camarade Petrova

това́рищеский *adj* amical • **това́рищеские отноше́ния** des relations amicales

това́рный *adj* de marchandise • **това́рный по́езд** un train de marchandises • **това́рный ваго́н** un wagon de marchandises

тогда́ *adv* alors • **мы жи́ли тогда́ на проспе́кте Декабри́стов** nous habitions alors avenue des Décabristes • **он не хо́чет? тогда́ не на́до** il ne veut pas ? alors, ce n'est pas la peine

того́ → **тот**

то есть *(par abréviation* **т. е.***) conj* **1.** c'est-à-dire • **фоноло́гия, т. е. функциона́льная фоне́тика** la phonologie, c'est-à-dire la phonétique fonctionnelle **2.** ou plus exactement • **мы спа́ли, то есть он спал, а я перебира́л в па́мяти собы́тия э́того дня** nous dormions, ou plutôt c'est lui qui dormait, et moi, je me remémorais les événements de la journée

тожде́ственный, тоже́ственный *adj* identique, similaire • **тожде́ственные явле́ния** des phénomènes identiques

то́ждество, то́жество *nnt* identité *(caractère de ce qui est identique)* • **то́ждество взгля́дов** l'identité des points de vue

то́же *adv* aussi • **он то́же заболе́л** lui aussi est tombé malade • **я то́же не ви́дел его́** moi non plus, je ne l'ai pas vu

À PROPOS DE...

то́же porte généralement sur le mot qui le précède.

той → **тот**

ток *nm* courant électrique • **ток высо́кого напряже́ния** courant à haute tension

тока́рный *adj* de tourneur • **тока́рный стано́к** tour *(machine-outil)*

то́карь* *(nom. pl.* **токаря́***)* ①② *nm* tourneur

толк *nm* **1.** *(sing seulement)* discernement • **автомоби́ль ну́жно испо́льзовать с**

то́лком il faut utiliser sa voiture à bon escient • говори́ть бе́з толку* parler à tort et à travers

À PROPOS DE...

L'accent passe sur la préposition dans l'expression бе́з толку.

2. *(sing seulement)* résultat positif • из э́того не вы́йдет то́лку* il n'en sortira rien de bon
• знать толк в *(+L)* s'y connaître › он зна́ет толк в ви́нах il s'y connaît en bons vins • сби́ться с то́лку* être dérouté
■ то́лки *pl t* bruits *(rumeurs)* • я не придаю́ значе́ния то́лкам je n'accorde aucune importance aux bruits qui courent

толка́ть / **толкну́ть** *v* 1. heurter, pousser • толка́ть сосе́да ло́ктем pousser son voisin du coude • толкну́ть дверь pousser la porte • они́ толка́ли друг дру́га ils se bousculaient 2. (SPORT) lancer • толка́ть ядро́ lancer le poids 3. *(на + A)* pousser à, inciter à • толка́ть молодёжь на преступле́ния pousser les jeunes au crime

толка́ться / **потолка́ться** *vp* pousser, bousculer • не толка́йтесь! ne poussez pas !

/ **толкну́ть** → толка́ть

толкова́ть *v* 1. / истолкова́ть faire l'exégèse de • толкова́ть зако́н interpréter une loi 2. / растолкова́ть *fam* essayer de faire comprendre • ско́лько ему́ ни толку́й, он ничего́ не понима́ет on a beau lui expliquer, il n'y comprend rien 3. / потолкова́ть *(о +L) fam* parler, discuter • дава́й потолку́ем si on discutait un peu ?

то́лком *adv* clairement, d'une manière intelligible • ты то́лком говори́ racontenous ça un peu plus clairement

толку́чка *nf* 1. marché aux puces • мы почти́ всё купи́ли за копе́йки на моско́вской толку́чке nous avons presque tout acheté pour quelques kopecks au marché aux puces de Moscou 2. bousculade • на вхо́де да́же образова́лась толку́чка à l'entrée il y eut même une bousculade

толпа́ ②① *nf* foule • на пло́щади собрала́сь толпа́ sur la place, il s'était formé un attroupement

толпи́ться / **столпи́ться** *vp* s'attrouper, se presser • у вхо́да в теа́тр толпи́лся наро́д les gens se pressaient à l'entrée du théâtre

толсте́ть / **потолсте́ть** *v* grossir, engraisser

то́лстый *(comp.* то́лще*)* ⑤ *adj* gros, épais • то́лстый мужчи́на un homme gros • то́лстые гу́бы des lèvres épaisses • то́лстая па́лка un gros bâton • то́лстая кни́га un gros livre • то́лстая бума́га du papier épais

толчо́к *nm* 1. choc, secousse • я свали́лся от си́льного толчка́ j'ai été renversé par une forte secousse 2. *fig* impulsion • дать толчо́к ми́рному проце́ссу donner une impulsion au processus de paix

то́лще *comp de* то́лстый

толщина́ *nf* 1. épaisseur • толщина́ доски́ l'épaisseur de la planche 2. corpulence • мужчи́на необыкнове́нной толщины́ un homme d'une corpulence peu ordinaire

то́лько *adv* seulement • у меня́ то́лько три рубля́ je n'ai que trois roubles • то́лько бы доста́ть биле́т si seulement on pouvait avoir un billet • мы с тобо́й пойдём, то́лько не тепе́рь nous irons avec toi, mais pas maintenant
• то́лько что il y a un instant › он то́лько что пришёл il vient d'arriver

том*[1] *(nom. pl.* тома́*)* ①② *nm* tome, volume • кни́га в двух тома́х un livre en deux volumes

том[2] → тот

томи́ться / **истоми́ться** *vp* se morfondre • томи́ться ожида́нием se morfondre à attendre • томи́ться жа́ждой mourir de soif

тому́ → тот

тому́ наза́д *prép (+ A)* il y a *(indication de temps)* • неде́лю тому́ наза́д il y a une semaine • два ме́сяца тому́ наза́д il y a deux mois

то́нкий *(comp.* то́ньше*)* ⑤ *adj* fin • то́нкое сукно́ un lainage fin • то́нкий слой une couche mince • то́нкие во́лосы des cheveux fins • то́нкая та́лия une taille fine • то́нкий го́лос une petite voix • то́нкие черты́ лица́ des traits fins • то́нкий за́пах une odeur

délicate • то́нкая рабо́та un travail d'une grande délicatesse • у него́ то́нкий слух il a l'oreille fine • то́нкий ум un esprit plein de finesse • то́нкий намёк une allusion discrète
● то́нкие кишки́ l'intestin grêle

то́нкость *nf* **1.** finesse • то́нкость сукна́ la finesse d'un tissu • то́нкость ума́ la finesse d'esprit **2.** détail infime • входи́ть в то́нкости entrer dans les détails

тону́ть ④ / **потону́ть** ④ *et* **утону́ть** ④ *v* **1.** couler • кора́бль на́чал тону́ть le navire a commencé à sombrer **2.** se noyer • он не уме́л пла́вать — утону́л il ne savait pas nager, il s'est noyé

то́ньше *comp de* то́нкий

то́пать / **то́пнуть** *v* то́пать нога́ми taper des pieds

топи́ть[1] ④ / **затопи́ть** ④ *v* **1.** faire du feu • затопи́ть печь faire du feu *(dans le poêle)* **2.** faire chauffer • топи́ть дома́ chauffer des immeubles **3.** faire fondre • топи́ть сургу́ч faire fondre la cire

топи́ть[2] ④ / **потопи́ть** ④ *et* **утопи́ть** ④ *v* **1.** couler • потопи́ть вра́жеский кора́бль couler un navire ennemi **2.** noyer • щеня́т утопи́ли в пруду́ on a noyé les chiots dans l'étang ~ *fig* • утопи́ть конкуре́нта faire boire le bouillon à un concurrent • топи́ть го́ре в вине́ noyer son chagrin dans l'alcool

то́пкий ⑤ *adj* marécageux • то́пкие места́ des coins marécageux

то́пливо *nnt* combustible • жи́дкое то́пливо combustible liquide

/ **то́пнуть** → то́пать

то́поль* *(nom. pl.* тополя́*)* ①② *nm* peuplier

топо́р ③② *nm* hache
● пла́вать как топо́р nager comme un fer à repasser

то́пот *nm* bruit de pas, tapement de pieds • в коридо́ре послы́шался то́пот ног on entendit un bruit de pas dans le couloir

топта́ть* [II, топчу́, то́пчешь] ④ / **потопта́ть*** [II, *id*] ④ *et* **растопта́ть*** [II, *id*] ④ *v* fouler • топта́ть траву́ fouler l'herbe

топта́ться* [II, топчу́сь, то́пчешься] ④ / **потопта́ться*** [II, *id*] ④ *vp* piétiner *litt & fig* • мне каза́лось, что мы то́пчемся на ме́сте il me semblait que nous n'avancions pas

торгова́ть *v* commercer • торгова́ть ле́сом faire le commerce du bois • магази́ны торгу́ют до восьми́ часо́в ве́чера les magasins sont ouverts jusqu'à huit heures du soir

торгова́ться *vp* marchander • торгова́ться из-за копе́йки marchander pour trois sous

торго́вец *nm* marchand • ме́лкие торго́вцы les petits commerçants

торго́вля *nf* commerce • опто́вая торго́вля le commerce en gros • ро́зничная торго́вля le commerce au détail • вне́шняя торго́вля le commerce extérieur

торго́вый *adj* commercial • торго́вая сеть une chaîne commerciale • торго́вый догово́р un accord commercial • торго́вые рабо́тники les employés de commerce • торго́вое су́дно un navire marchand

торже́ственный *adj* solennel • торже́ственный тон un ton solennel

торжество́ *nnt* **1.** solennité • юбиле́йные торжества́ les fêtes du jubilé **2.** victoire, triomphe • торжество́ здра́вого смы́сла le triomphe du bon sens • с торжество́м avec triomphe

торжествова́ть / **восторжествова́ть** *(над + I)* *v* triompher • в конце́ концо́в и́стина всегда́ торжеству́ет la vérité finit toujours par triompher

то́рмоз* ①② *nm* **1.** *(nom. pl.* тормоза́*)* frein *litt* • ручно́й то́рмоз le frein à main • ножно́й то́рмоз la pédale de frein • у одно́й из маши́н отказа́ли тормоза́ les freins d'une des voitures n'ont pas fonctionné **2.** *fig* frein • серьёзный то́рмоз разви́тия эконо́мики un frein sérieux au développement économique

тормози́ть / **затормози́ть** *v* **1.** freiner • на спу́сках с го́рок сни́зить ско́рость и тормози́ть дви́гателем à la descente, rétrograder et utiliser le frein moteur ~ *fig* • тормози́ть разви́тие промы́шленности freiner le développement de l'industrie **2.** arrêter, stopper • на перекрёстке маши́ну затормози́л милиционе́р un agent de police a arrêté la voiture au carrefour

то́рный *adj* battu, frayé • **то́рная доро́га** un sentier battu

торопи́ть ④ / **поторопи́ть** ④ *v* presser *(faire hâter)* • **скоре́й! — торопи́ла его́ мать** dépêche-toi, lui répétait sa mère • **не сто́ит торопи́ть собы́тия** il ne faut pas précipiter les choses

торопи́ться ④ / **поторопи́ться** ④ *vp* se hâter • **куда́ вы торо́питесь?** où allez-vous si vite ? • **не торопи́ться с вы́водами** ne pas tirer de conclusions hâtives

торопли́вый *adj* pressé, précipité • **торопли́вый стук каблучко́в** le martèlement pressé des chaussures à talon • **торопли́вый прохо́жий** un passant pressé

торт *nm* gâteau • **шокола́дный торт** un gâteau au chocolat • **вишнёвый торт** une tarte aux cerises

торф *nm* tourbe • **добы́ча то́рфа** l'extraction de la tourbe

торча́ть* [I, торчу́, торчи́шь] *v* **1.** dépasser, faire saillie • **из-под сне́га торча́ли обгоре́лые брёвна** des poutres calcinées pointaient de sous la neige • **из су́мки торча́ли газе́ты** des journaux dépassaient du sac **2.** *fam* rester planté • **мы торча́ли под две́рью не́сколько часо́в** nous sommes restés plantés devant la porte pendant plusieurs heures

тоска́ *nf* tristesse, cafard • **наводи́ть тоску́** donner le cafard • **тоска́ по ро́дине** le mal du pays

тоскли́вый *adj* triste, maussade • **тоскли́вый пери́од засто́я 1970-х годо́в** la période maussade de stagnation des années 1970 • **тоскли́вая пого́да** un temps à avoir le cafard

тоскова́ть *v* être triste, avoir le cafard • **тоскова́ть по ро́дине** avoir le mal du pays • **я тоскова́ла по друзья́м** mes amis me manquaient, je m'ennuyais de mes amis

тост *nm* toast *(brève allocution)* • **предложи́ть тост** proposer un toast

тот *pron*

1. = celui-là, l'autre
- **у ка́ждого есть люби́мая кни́га, та кни́га, кото́рую мо́жно перечи́тывать бесконе́чно** chacun a un livre favori, un livre que l'on peut relire à l'infini
- **в то вре́мя** à cette époque-là
- **с тех пор** depuis
- **на той стороне́ у́лицы** de l'autre côté de la rue
- **на том све́те** dans l'autre monde

2. *(combiné avec* **друго́й***)* **= l'un**
- **и тот и друго́й** l'un et l'autre
- **ни тот ни друго́й** ni l'un ni l'autre

3. *(antécédent)* **= celui**
- **тот, о кото́ром я вам говори́л вчера́** celui dont je vous ai parlé hier
- **э́то то, что я хоте́л сказа́ть** c'est ce que je voulais dire

4. *(généralement précédé de* **не***)* **= celui qui convient, le bon**
- **мы се́ли не в тот авто́бус** nous nous sommes trompés d'autobus
- **всё не то** rien ne va comme il faut
- **в том-то и де́ло** c'est justement ça le problème
- **де́ло в том, что** ce qu'il y a, c'est que › **де́ло в том, что он опозда́л на два часа́** ce qui s'est passé, c'est qu'il est arrivé avec deux heures de retard
- **для того́, что́бы** pour › **для того́, что́бы собра́ть ну́жные де́ньги** pour réunir la somme nécessaire
- **до того́, как** avant que › **ещё до того́, как он пришёл** avant même qu'il ne soit arrivé
- **до того́, что** à tel point que › **мне бы́ло до того́ бо́льно, что я не мог встать** j'avais tellement mal que je ne pouvais pas me lever
- **и тому́ подо́бное** *(par abréviation* **и т. п.***)* et ainsi de suite, etc.
- **как бы то ни́ бы́ло** quoi qu'il en soit
- **кро́ме того́** en outre
- **к тому́ же** en outre
- **не без того́** c'est bien un peu ça
- **не то, что́бы** ce n'est pas que › **не то, что́бы он о́чень боя́лся** ce n'est pas qu'il avait très peur
- **ни с того́, ни с сего́** sans rime ni raison
- **ни то, ни сё** on ne sait pas trop quoi
- **по́сле того́, как** après que › **по́сле того́, как они́ разошли́сь** après qu'ils se furent séparés
- **тот же (са́мый)** le même › **он прие́хал в тот же день** il est arrivé le même jour › **э́то те же са́мые кни́ги** ce sont les mêmes livres

то́-то *particule fam* **1.** voilà justement, c'est bien ça *(pour souligner un point essentiel)* • **то́-то он обра́дуется!** qu'est-ce qu'il sera content ! • **то́-то и оно́, что нельзя́**

c'est bien pour ça que ce n'est pas possible **2.** heureusement • **бо́льше не бу́ду... — то́-то!** je ne le ferai plus... — j'y compte bien !

то́тчас *adv* tout de suite • **то́тчас по́сле за́втрака** immédiatement après le petit déjeuner

точи́ть ④ / **наточи́ть** ④ *v* aiguiser • **точи́ть нож** aiguiser un couteau

то́чка *nf* point • **то́чка опо́ры** un point d'appui • **то́чка с запято́й** point-virgule • **с моéй то́чки зре́ния** de mon point de vue • **поста́вить то́чки над «и»** mettre les points sur les «i»

то́чно[1] *adv* précisément, exactement • **то́чно в пять** à cinq heures précises • **то́чно тако́й же** exactement pareil

то́чно[2] *adv* comme • **то́чно сумасше́дший** comme un fou

то́чный ⑤ *adj* exact, précis • **то́чный а́дрес** l'adresse exacte • **то́чные нау́ки** les sciences exactes

точь-в-то́чь *adv fam* exactement

тошни́ть / **стошни́ть** *v* donner des nausées • **меня́ тошни́т от э́того за́паха** cette odeur me donne mal au cœur

то́шно *litt & fig adv*
● **мне то́шно** ça m'écœure

трава́ ②① *nf* herbe, gazon • **со́рная трава́** des mauvaises herbes • **хокке́й на траве́** le hockey sur gazon

трамва́й *nm* tramway • **скоростно́й трамва́й** un tramway rapide • **е́здить на трамва́е** voyager en tramway

тра́нспорт *nm* transport • **ви́ды тра́нспорта** les moyens de transport

трап *nm* échelle *(d'un navire)*, passerelle *(d'un avion)* • **сойти́ с бо́рта теплохо́да по тра́пу** quitter le bateau par l'échelle de coupée

тра́пезная *adj subst f* **1.** réfectoire *(dans un monastère)* **2.** avant-nef *(partie occidentale d'une église)*

тра́та *nf* dépense, perte • **больши́е тра́ты** de grosses dépenses • **напра́сная тра́та вре́мени** une perte de temps inutile

тра́тить / **истра́тить** *v* **1.** dépenser • **он истра́тил бо́льше ста ты́сяч рубле́й** il a dépensé plus de cent mille roubles **2.** *fig* gaspiller, perdre • **зря тра́тить вре́мя** perdre son temps pour rien

тра́ур *nm* deuil • **быть в тра́уре** être en deuil • **в знак тра́ура** en signe de deuil

тра́урный *adj* de deuil, funèbre • **тра́урный марш** marche funèbre

тре́бование *nnt* **1.** exigence • **техни́ческие тре́бования** les spécifications techniques **2.** revendication • **зако́нные тре́бования гра́ждан** les revendications légitimes des citoyens
● **остано́вка по тре́бованию** arrêt facultatif

тре́бовать / **потре́бовать** *v* **1.** *(+ G)* exiger • **тре́бовать повыше́ния зарпла́ты** demander une augmentation • **тре́бовать объясне́ний** exiger des explications • **ребёнок тре́бует мно́го внима́ния** un enfant exige beaucoup d'attention • **предло́г, тре́бующий роди́тельного падежа́** une préposition exigeant le génitif ~ *(+* **что́бы***)* • **дире́ктор тре́бует, что́бы мы э́то ко́нчили сего́дня** le directeur exige que nous terminions ce travail aujourd'hui **2.** *(+ A)* demander à voir • **у вхо́да милицион́ер тре́бует па́спорт** à l'entrée, un agent de police exige que l'on présente sa carte d'identité • **вас тре́буют к дире́ктору** on vous demande chez le directeur

тре́боваться / **потре́боваться** *vp* être nécessaire • **на э́то тре́буется мно́го вре́мени** cela demande beaucoup de temps • **коро́че говоря́, тре́буются попра́вки** en bref, il faut faire des corrections • **что и тре́бовалось доказа́ть** c.q.f.d. • **больно́му тре́буется абсолю́тный поко́й** le malade a besoin d'un repos absolu • **тре́буется машини́стка для рабо́ты на дому́** on recherche une opératrice de saisie pour travail à domicile

трево́га *nf* **1.** anxiété, angoisse • **её охвати́ла трево́га** elle fut prise d'angoisse • **вызыва́ть трево́гу** susciter de l'inquiétude **2.** alerte, alarme • **сигна́л трево́ги** signal d'alarme • **подня́ть трево́гу** donner l'alerte • **возду́шная трево́га** une alerte aérienne • **ло́жная трево́га** une fausse alerte

трево́жить *v* **1.** / **встрево́жить** inquiéter, alarmer • **меня́ трево́жит его́ здоро́вье** sa santé m'inquiète **2.** /

потрево́жить déranger • **он попроси́л бо́льше не трево́жить его́** il a demandé à ne plus être dérangé

трево́житься / **встрево́житься** *vp* s'inquiéter, s'alarmer • **мы трево́жились за его́ здоро́вье** nous étions inquiets pour sa santé

трево́жный *adj* **1.** inquiet • **трево́жный взгляд** un regard inquiet **2.** inquiétant • **трево́жные слу́хи** des bruits inquiétants **3.** d'alarme • **трево́жный сигна́л** un signal d'alarme

тре́зво *adv* **1.** posément • **тре́зво взгляну́ть на ве́щи** regarder les choses posément **2.** dans la sobriété • **пра́здник прошёл абсолю́тно споко́йно и тре́зво** la fête s'est déroulée dans le calme et la sobriété absolus

тре́звый ⑤ *adj* **1.** sobre *(qui ne consomme pas d'alcool)*, tempérant • **боре́ц за тре́звый о́браз жи́зни** un militant pour une vie de tempérance **2.** qui n'a pas bu d'alcool, que l'alcool n'a pas troublé • **он был абсолю́тно трезв** il n'avait pas bu d'alcool du tout • **тре́звых не́ было** ils étaient tous ivres **3.** *fig* posé, lucide • **тре́звый ана́лиз ситуа́ции** une analyse lucide de la situation

трём, тремя́ → **три**

тренажёр *nm* **1.** simulateur • **изгото́вить тренажёр самолёта** fabriquer un simulateur de vol **2.** appareil de musculation • **у́стный счёт — хоро́ший тренажёр для мозго́в** le calcul mental est un bon exercice pour le cerveau

тре́нер *nm* entraîneur • **тре́нер сбо́рной по хокке́ю** l'entraîneur de l'équipe de hockey

тре́ние *nnt* frottement, friction • **по це́лому ря́ду вопро́сов тре́ния сохраня́ются** il y a encore des points de friction sur tout une série de problèmes

тренирова́ть / **натренирова́ть** *v* entraîner, exercer • **тренирова́ть свою́ па́мять** exercer sa mémoire

тренирова́ться / **натренирова́ться** *vp* s'entraîner, s'exercer • **тренирова́ться пе́ред состяза́нием** s'entraîner avant une épreuve sportive

трениро́вка *nf* **1.** entraînement • **трениро́вка па́мяти** l'entraînement de la mémoire **2.** entraînement, séance d'entraînement • **на трениро́вках она́ рабо́тала на сто проце́нтов** pendant les entraînements elle se donnait à fond

трепа́ть* [II, треплю́, тре́плешь] ④ / **потрепа́ть*** [II, потреплю́, потре́плешь - потрёпанный] ④ ④ *v* **1.** secouer • **ве́тер тре́плет листву́ дере́вьев** le vent secoue les feuilles des arbres **2.** *fam* user, abîmer • **потрёпанная о́бувь** des chaussures éculées

● **трепа́ть не́рвы** porter sur les nerfs • **трепа́ть языко́м** parler pour ne rien dire

тре́пет *nm* tremblement, frémissement • **с лёгким тре́петом в го́лосе** avec un léger tremblement dans la voix • **че́стно призна́юсь, никако́го тре́пета не испы́тываю** je le reconnais honnêtement, je n'éprouve aucune émotion

трепета́ть* [II, трепещу́, трепе́щешь] ④ / **затрепета́ть*** [II, *id*] ④ *v* frémir, trembler • **трепета́ть от у́жаса** frémir d'horreur • **его́ се́рдце трепета́ло** son cœur palpitait

треск *nm* craquement, crépitement • **треск су́чьев** un craquement de branches • **в тру́бке послы́шался треск** des craquement se firent entendre le combiné

● **с тре́ском** en beauté › **э́тот экспериме́нт с тре́ском провали́лся** l'expérience a raté en beauté

треска́ *nf* morue

тре́скаться / **потре́скаться** *vp* se fendre, se lézarder, se fendiller • **потоло́к потре́скался** le plafond s'est fendillé • **потре́скавшиеся гу́бы** les lèvres gercées

треску́чий *adj*

● **треску́чие фра́зы** des phrases ronflantes • **треску́чий моро́з** un froid de canard › **стоя́ли треску́чие моро́зы** il gelait à pierre fendre

тре́тий *adj* troisième • **в тре́тий раз** la troisième fois • **они́ прие́хали 3-го ма́я** ils sont arrivés le 3 mai • **я живу́ на тре́тьем этаже́** j'habite au deuxième étage

● **тре́тьего дня** avant-hier

À PROPOS DE...

тре́тий se décline comme un adjectif d'appartenance.

треть ①③ *nf* tiers • **бо́льше двух трете́й** plus des deux tiers

тре́тья *adj subst f* tiers • **го́род разру́шен на две тре́тьих** la ville a été détruite aux deux tiers

треуго́льник *nm* triangle • **прямоуго́льный треуго́льник** un triangle rectangle

треуго́льный *adj* triangulaire • **треуго́льная печа́ть** un sceau triangulaire • **треуго́льная шля́па** un tricorne

трёх[1] → **три**

трёх...[2] *élément de formation* de trois • **трёхле́тний ребёнок** un enfant de trois ans

трёхсо́тый *adj num* trois centième

треща́ть* [I, трещу́, трещи́шь] / **затреща́ть*** [I, *id*] *v* **1.** craquer, crépiter • **лёд трещи́т** la glace craque • **дрова́ треща́ли в печи́** le feu crépitait dans le poêle **2.** jacasser • **треща́ть без у́молку** jacasser sans arrêt

тре́щина *nf* fissure, fêlure • **потоло́к дал тре́щину** le plafond s'est fendu

три *num* trois • **че́рез два-три дня** dans deux ou trois jours • **в трёх киломе́трах от го́рода** à trois kilomètres de la ville

> **À PROPOS DE...**
>
> L'accent passe sur la préposition dans les groupes **за́ три, на́ три** et **по́ три.**

три́девять *num arch* • **за три́девять земе́ль** au bout du monde

три́дцать *num* trente • **три́дцать рубле́й** trente roubles • **в тридцати́ киломе́трах от Москвы́** à trente kilomètres de Moscou

три́жды *adv* trois fois • **три́жды три — де́вять** trois fois trois font neuf

трина́дцатый *adj num* treizième • **она́ прие́хала в Ки́ев 13-го апре́ля** elle est arrivée à Kiev le 13 avril

трина́дцать *num* treize • **трина́дцать рубле́й** treize roubles • **в трина́дцати киломе́трах отсю́да** à treize kilomètres d'ici

три́ста *num* trois cents • **три́ста рубле́й** trois cents roubles • **бо́льше трёхсо́т страни́ц** plus de trois cents pages

тро́гательный *adj* touchant, émouvant • **тро́гательный расска́з** un récit touchant

тро́гать / **тро́нуть** *v* **1.** toucher *(porter la main sur)* • **рука́ми не тро́гать!** ne pas toucher ! • **кто-то тро́нул меня́ за плечо́** quelqu'un m'a touché l'épaule **2.** *fig* toucher, émouvoir • **э́то её тро́нуло до слёз** cela l'a émue jusqu'aux larmes **3.** mettre en marche • **тро́гать ло́шадь с ме́ста** faire avancer un cheval

тро́гаться / **тро́нуться** *vp* **1.** → **тро́гать** **2.** se mettre en marche • **тро́нуться в путь** se mettre en marche • **лёд тро́нулся** la débâcle a commencé

тро́е *num* trois • **тро́е дете́й** trois enfants • **их бы́ло тро́е** ils étaient trois

> **À PROPOS DE...**
>
> L'accent passe sur la préposition dans le groupe **по́ трое.**

тро́ица *nf* Trinité

тро́йка *nf* **1.** troïka *(attelage de trois chevaux de front)* **2.** un trois *(aux cartes)* • **тро́йка черве́й** un trois de cœur **3.** passable *(note scolaire)*

тройно́й *adj* triple

тролле́йбус *nm* trolleybus • **пое́хать в бассе́йн на тролле́йбусе** aller à la piscine en trolleybus

/ **тро́нуть** → **тро́гать**

/ **тро́нуться** → **тро́гаться**

тропи́нка *nf* sentier

тростни́к ③② *nm* roseau • **са́харный тростни́к** canne à sucre

труба́ ②① *nf* **1.** trompette • **игра́ть на трубе́** jouer de la trompette **2.** tuyau • **выхлопна́я труба́** le tuyau d'échappement • **водопрово́дная труба́** une conduite d'eau **3.** cheminée • **фабри́чная труба́** une cheminée d'usine • **подзо́рная труба́** une longue-vue • **пройти́ ого́нь и во́ду и ме́дные тру́бы** en avoir vu et fait de toutes sortes

труба́ч ③② *nm* un trompette, un trompettiste

труби́ть *v* **1.** tirer des sons *(d'un instrument à vent)* • **труби́ть в трубу́** jouer de la trompette • труби́ть в рог sonner du cor **2.** sonner, résonner *(en parlant d'un instrument à vent)* • тру́бы трубя́т les trompettes sonnent **3.** sonner *(annoncer par une sonnerie)* • труби́ть сбор sonner le rassemblement **4.** crier sur les toits • она́ везде́ труби́ла об э́том elle racontait cela partout

тру́бка *nf* **1.** pipe • кури́ть тру́бку fumer la pipe **2.** combiné *(de téléphone)* • снять тру́бку décrocher le téléphone • пове́сить тру́бку raccrocher **3.** *fam* (téléphone) portable

труд ③② *nm* **1.** travail, labeur • физи́ческий труд le travail physique • у́мственный труд le travail intellectuel **2.** difficulté, peine • с трудо́м avec peine • без труда́ sans peine

труди́ться ④ / **потруди́ться** ④ *vp* travailler • труди́ться над прое́ктом travailler à un projet

тру́дность *nf* difficulté • э́то не представля́ет тру́дности cela ne présente aucune difficulté • преодоле́ть тру́дности surmonter les difficultés

тру́дный ⑤ *adj* difficile, pénible • тру́дная рабо́та un travail difficile • тру́дное положе́ние une situation difficile • тру́дные де́ти des enfants difficiles

трудово́й *adj* de travail • трудово́й догово́р un contrat de travail

трудоде́нь *nm* (HIST) paiement à la journée *(du travail dans les kolkhozes)*

трудолюби́вый *adj* travailleur • трудолюби́вый учени́к un élève travailleur

трудя́щаяся *adj subst f* travailleuse

трудя́щийся *adj* travailleur
■ трудя́щийся *adj subst m* travailleur • жи́зненный у́ровень трудя́щихся le niveau de vie des travailleurs

труп *nm* cadavre

трус *nm* lâche, poltron • поступи́ть как трус se comporter en lâche

тру́сики (тру́сиков, тру́сикам) *pl t* slip

тру́сить / **стру́сить** *v* avoir peur, avoir le trac • на экза́мене я немно́го тру́сил à l'examen, j'avais un peu le trac

труси́ха *nf* froussarde

трусли́во *adv* peureusement • трусли́во озира́ться jeter autour de soi des regards peureux

трусли́вый *adj* poltron, peureux • трусли́вый за́яц *fig* peureux comme un lièvre

трусы́ (трусо́в, труса́м) *pl t* **1.** slip **2.** short *(pour le sport)*

трын-трава́ *fam adv*
● ему́ всё трын-трава́ il se fiche pas mal de tout

трюм *nm* cale *(d'un navire)* • напо́лнить трю́мы у́глем remplir les cales de charbon

тряпи́чник *nm* chiffonnier

тря́пка *nf* **1.** chiffon, torchon • полова́я тря́пка une serpillère • де́йствовать как кра́сная тря́пка на быка́ avoir l'effet d'un chiffon rouge qu'on agit sous le nez d'un taureau **2.** chiffe molle *(homme sans caractère)*
■ тря́пки *pl t* chiffons *(vêtements)* • говори́ть о тря́пках parler chiffons

трясти́* [IV, трясу́, трясёшь - тряс, трясла́] ③ *v* **1.** / потрясти́* [IV, *id*] ③ *et* затрясти́* [IV, *id*] ③ *et* тряхну́ть secouer *(agiter)* • трясти́ де́рево secouer un arbre • его́ трясла́ лихора́дка la fièvre le faisait frissonner • его́ трясло́ от стра́ха il tremblait de peur • трясти́сь от сме́ха être secoué par le rire ~ secouer *(faire des gestes)* • трясти́ голово́й secouer la tête **2.** / вы́трясти* [IV, вы́трясу, вы́трясешь - вы́тряс, вы́трясла] ③ faire sortir en secouant • вы́трясти пыль faire sortir la poussière

трясти́сь* [IV, трясу́сь, трясёшься - тря́сся, трясла́сь] ③ *v* / потрясти́сь* [IV, *id*] ③ *et* затрясти́сь* [IV, *id*] ③ être secoué, trembler • дом трясётся la maison tremble • голова́ трясётся sa tête tremble • трясти́сь от сме́ха se tordre de rire

/ **тряхну́ть** → трясти́

ту → тот

туале́т *nm* **1.** toilettes *(w-c)* • же́нский туале́т w-c femmes • сходи́ть в туале́т aller au w-c **2.** toilette *(tenue vestimentaire)* • го́сти в роско́шных туале́тах des invités luxueusement habillés

ту́го *adv* à bloc, à fond • ту́го наби́тый портфе́ль une serviette bourrée

● у когó образовáния нет, прихóдится тýго la vie est dure pour qui n'a pas fait d'études

тугóй *(comp.* **тýже***)* ⑤ *adj* **1.** raide • **онѝ натя́гивали тугýю тетивý лýков** ils tendaient la corde raide des arcs **2.** serré • **тугóй ýзел** un nœud serré
● **тугóй нá ухо** dur d'oreille

тудá *adv* là-bas *(direction)* • **мы поéдем тудá на автóбусе** nous irons en autobus
● **тудá и обрáтно** aller et retour › **билéт тудá и обрáтно** un billet aller-retour

тýже *comp de* **тугóй**

туз ③② *nm* **1.** as *(aux cartes)* • **пѝковый туз** as de pique **2.** ponte *(personne importante)* • **интерéсы дéнежных тузóв** les intérêts des pontes de la finance

À PROPOS DE...

Le mot **туз** appartient au sous-genre animé quel que soit le sens dans lequel il est employé.

тук-тук *onomat* toc-toc

тýловище *nnt* tronc *(partie du corps)*

тулýп *nm* touloupe *(pelisse en peau de mouton)*

тумáн *nm* brouillard • **тумáн стал ещё гýще** le brouillard est devenu encore plus épais
● **тумáн в головé** trouble de l'esprit *(dû à la fatigue, la maladie, etc.)* › **у негó тумáн в головé** il n'a pas les idées très claires aujourd'hui

тумáнный *adj* **1.** brumeux, de brouillard • **тумáнная погóда** un temps brumeux **2.** terne, voilé • **тумáнный взгляд** un regard voilé **3.** nébuleux, vague • **тумáнные объяснéния** des explications nébuleuses

тýмба *nf* **1.** meuble bas • **тýмба под телевѝзор** un meuble bas pour la télévision **2.** colonne Morris • **реклáмная тýмба** colonne publicitaire **3.** borne • **брóнзовые тýмбы у поднóжия пáмятника** des bornes en bronze au pied du monument

тýндра *nf* toundra *(formation végétale des régions subpolaires)*

тунéц *nm* thon

тунея́дец *nm* parasite, fainéant • **он считáлся тунея́дцем** il était considéré comme un parasite

тупѝк ③② *nm* **1.** impasse *(cul-de-sac)* • **онѝ живýт в тупикé, недалекó от вокзáла** ils habitent une impasse près de la gare **2.** impasse *(situation sans issue)* • **стать в тупѝк** tomber dans une impasse • **постáвить учёных в тупѝк** placer les scientifiques dans une situation sans issue

тупóй ⑤ *adj* **1.** émoussé • **тупóе лéзвие** une lame émoussée • **тупóй нож** un couteau mal aiguisé **2.** sourd *(en parlant d'une douleur)* • **тупáя боль** une douleur sourde **3.** obtus *(en parlant d'un angle)* • **тупóй ýгол** un angle obtus **4.** obtus, borné • **тупóй ум** un esprit borné **5.** vide, inexpressif *(en parlant de l'expression d'un visage)* • **тупóе выражéние лицá** un visage vide d'expression • **тупóй взгляд** un regard vide **6.** résigné, passif • **тупáя покóрность** une obéissance passive

турéцкий *adj* turc • **турéцкий язы́к** le turc

туркмéн *nm* Turkmène *m*

Туркменистáн *nm* Turkménistan

Туркмéния *nf* Turkménistan

туркмéнка *nf* Turkmène *f*

туркмéнский *adj* turkmène • **туркмéнский язы́к** le turkmène

тýрок* *(gén. pl.* **тýрок***)* *nm* Turc

Тýрция *nf* Turquie

турчáнка *nf* Turque

тýсклый ⑤ *adj* **1.** terne • **тýсклые крáски** des couleurs ternes • **тýсклый стиль** un style terne • **тýсклый взгляд** un regard éteint **2.** blafard • **тýсклый огонёк одинóкой лáмпочки** la lumière blafarde d'une lampe isolée • **тýскло горéть** briller d'une lueur blafarde

тут *adv* **1.** ici *(emplacement)* • **газéта лежѝт тут** le journal est ici **2.** à ce moment-là • **и вот тут начинáется сáмое интерéсное** et c'est là que commence le plus intéressant
● **а он тут как тут** et le voilà qui arrive juste à point • **не тут-то бы́ло** ça ne pouvait pas marcher comme ça

тýфля *nf* chaussure *(basse et légère)*, soulier bas • **дáмские тýфли** souliers de

dame • **тéннисные тýфли** chaussures de tennis
● **(домáшняя) тýфля** pantoufle, chausson

тýхлый ⑤ *adj* pourri • **тýхлая рыба** du poisson pourri

тýхнуть*¹ [III] / **протýхнуть*** [III] *fam* / стýхнуть* [III] *v* être avarié, se gâter • **рыба протýхла** le poisson commence à sentir

тýхнуть*² [III] / **потýхнуть*** [III] *v* s'éteindre • **огóнь потýх** le feu s'est éteint

тýча *nf* **1.** gros nuage • **грозовáя тýча** un nuage d'orage **2.** *fig* nuée • **тýча мух** une nuée de mouches

тушёный *adj* cuit à l'étouffée • **тушёная говя́дина** bœuf en daube

туши́ть ④ / **потуши́ть** ④ *v* éteindre • **потуши́ть лáмпу** éteindre la lampe • **потуши́ть пожáр** éteindre un incendie

тщáтельный *adj* méticuleux • **тщáтельная рабóта** un travail méticuleux

тщедýшный *adj* chétif, débile

тщéтный *adj* vain • **тщéтные уси́лия** des efforts vains

ты *pron* tu • **ты егó знáешь?** tu le connais ? • **я пойдý с тобóй** je vais avec toi
● **быть со всéми на ты** tutoyer tout le monde › **мы с ним на ты** nous nous tutoyons

ты́ква *nf* courge, citrouille

тыл* *(loc.* тылý*)* ⑧② *nm* arrière *(par opposition au front)* • **в глубóком тылý** loin du front

ты́сяча* *(instr.* ты́сячей, *instr.* ты́сячью*)* *num & nf* mille • **ты́сяча рублéй** mille roubles • **с двумя́ ты́сячами студéнтов** avec deux mille étudiants • **в ты́сячу раз лýчше** mille fois mieux

ты́сячный *adj* millième • **ты́сячный раз** la millième fois • **ты́сячная дóля** la millième partie

тьма¹ *nf* ténèbres *litt & fig* • **ночнáя тьма** l'obscurité de la nuit

тьма² *fam nf* multitude • **нарóду тьма** il y a une foule innombrable

тьфу *interj* pouah ! • **тьфу! — сплю́нул он с негодовáнием** pouah ! dit-il, et il cracha d'indignation

тюбетéйка *nf* «tioubeteïka» *(calotte brodée, coiffure orientale connue et portée en Russie depuis le XIIIᵉ siècle)*

тюк ③② *nm* balle, ballot • **тюк хлóпка** une balle de coton • **тюки́ с одéждой** des ballots de vêtements

тюлéнь *nm* **1.** phoque **2.** *fig* lourdaud

тюльпáн *nm* tulipe

тюрéмный *adj* de prison • **три гóда тюрéмного заключéния** trois ans de prison • **тюрéмный надзирáтель** un gardien de prison

тюрьмá *(gén. pl.* тю́рем*)* ②① *nf* prison • **егó посади́ли в тюрьмý** on l'a mis en prison • **он бежáл из тюрьмы́** il s'est enfui de prison

тя́га *nf* **1.** attraction, attirance • **спрáвиться с тя́гой ко снý** vaincre son envie de dormir • **тя́га к знáниям** soif de connaissances **2.** traction • **электри́ческая тя́га** traction électrique **3.** tirage *(dans une cheminée)* • **в печи́ хорóшая тя́га** le poêle tire bien
● **дать тя́гу** *fam* filer *(s'enfuir)*

тя́гостный *adj* pénible *(affligeant)* • **тя́гостное впечатлéние** une impression pénible

тя́гость *nf* lourdeur *(caractère de ce qui est pénible à supporter)* • **тя́гость ожидáния** la lourdeur de l'attente • **рабóта никогдá не былá емý в тя́гость** son travail ne lui était jamais pénible

тяжелó *adv* **1.** avec peine, péniblement • **тяжелó дышáть** respirer avec peine **2.** gravement • **тяжелó больнóй** gravement malade • **тяжелó рáнить** blesser grièvement

тяжёлый *(*тяжёл, тяжелá, тяжелó, тяжелы́*)* ③ *adj* **1.** lourd • **тяжёлый чемодáн** une lourde valise • **тяжёлые шаги́** des pas lourds • **тяжёлая пи́ща** une nourriture lourde • **у меня́ тяжёлая головá** j'ai la tête lourde • **тяжёлый ум** un esprit lourd • **тяжёлый стиль** un style lourd • **тяжёлая артиллéрия** l'artillerie lourde • **тяжёлая промы́шленность** l'industrie lourde **2.** difficile • **тяжёлая задáча** un problème difficile • **тяжёлые временá** des temps difficiles **3.** pénible • **тяжёлая рабóта** un

travail pénible • **у него́ тяжёлый хара́ктер** il a un caractère pénible • **тяжёлое чу́вство** un sentiment pénible **4.** grave *(qui peut avoir des conséquences fâcheuses)* • **тяжёлая боле́знь** une grave maladie • **тяжёлая ра́на** une blessure grave • **тяжёлая вина́** une faute grave **5.** sévère *(en parlant d'une sanction)* • **тяжёлое наказа́ние** une punition sévère
● **тяжёл на подъём** long à réagir

тя́жесть *nf* poids *litt & fig* • **подня́тие тя́жестей** les poids et haltères • **под тя́жестью большо́го мешка́** sous le poids d'un gros sac • **тя́жесть забо́т** le poids des soucis
● **центр тя́жести** le centre de gravité

тя́жкий ⑤ *adj* **1.** pénible • **тя́жкая рабо́та** un travail pénible **2.** grave *(qui peut avoir des conséquences fâcheuses)* • **тя́жкая боле́знь** une maladie grave **3.** sévère *(en parlant d'une sanction)* • **тя́жкое наказа́ние** une peine sévère

тяну́ть ④ / **потяну́ть** ④ *v* **1.** tirer, traîner • **потяну́ть отца́ за рука́в** tirer son père par la manche • **парохо́д тя́нет ба́ржу** le bateau tire une péniche **2.** *(pas de perf)* faire traîner *(différer)* • **тяну́ть де́ло** faire traîner une affaire • **тяну́ть с отве́том** traîner à répondre **3.** attirer • **её тяну́ло на юг** elle avait envie d'aller dans le Midi • **меня́ тя́нет ко сну** j'ai sommeil **4.** souffler • **тя́нет хо́лодом от окна́** il y a un courant d'air froid qui vient de la fenêtre • **тя́нет сы́ростью** on sent l'humidité

тяну́ться ④ / **потяну́ться** ④ *vp* **1.** s'étirer • **он зевну́л и потяну́лся** il a bâillé et s'est étiré **2.** s'étendre *(occuper un certain espace)* • **за дере́вней тяну́лись луга́ и поля́** derrière le village s'étendaient des prés et des champs **3.** avancer les uns derrière les autres • **ба́ржи тяну́лись одна́ за друго́й** les péniches passaient les unes derrière les autres **4.** traîner *(se prolonger)* • **боле́знь уже́ три ме́сяца тя́нется** il y a déjà trois mois que cette maladie traîne • **дни тяну́лись однообра́зно** les jours se suivaient, monotones **5.** tendre vers • **цветы́ тя́нутся к све́ту** les fleurs se tournent vers la lumière • **ребёнок тяну́лся к ма́тери** l'enfant tendait les bras vers sa mère **6.** chercher à combler un retard • **тяну́ться за това́рищами** chercher à rattraper ses camarades

У

У *prép* (+ G)

I RÉGISSANT UN NOM APPARTENANT AU SOUS-GENRE INANIMÉ = **près de**
• **сидéть у окнá** être assis près de la fenêtre
• **у вхóда в теáтр** à l'entrée du théâtre
• **стоя́ть у руля́** être à la barre

II RÉGISANT UN NOM D'ÊTRE ANIMÉ OU UN PRONOM PERSONNEL

1. PROVENANCE = **à**
• **спроси́ть у милиционéра** demander à un agent
• **взять кни́гу у товáрища** emprunter un livre à un camarade

2. LIEU = **chez**
• **я был у негó в суббóту** j'ai été chez lui samedi
• **у нас бы́ли гóсти** nous avions des invités

3. POSSESSION *entre dans la formation d'une expression généralement traduite par le verbe* « avoir »
• **у нас бы́ли друзья́ в Я́лте** nous avions des amis à Yalta
• **у меня́ нет врéмени** je n'ai pas le temps
• **брат у негó дóктор** son frère est docteur
• **у меня́ к вам большáя прóсьба** j'ai un grand service à vous demander

4. + **болéть**, *forme une expression traduite par* « avoir mal »
• **у меня́ боли́т головá** j'ai mal à la tête

5. + **меня́** *peut souligner une menace*
• **смотри́ ты у меня́!** fais bien attention, sinon tu auras affaire à moi !

■ **быть у влáсти** être au pouvoir
• **сидéть у мóря и ждать погóды** attendre le dégel

/ **убáвить** → убавля́ть

убавля́ть / **убáвить** ◪ *vt* diminuer • убáвить цéну baisser le prix ◪ *vi* diminuer • убáвить в вéсе на три килó perdre trois kilos

/ **убаю́кать** → баю́кать

убегáть / **убежáть*** [*n cl,* убегу́, убежи́шь, убегу́т - убеги́] *v* s'enfuir, se sauver • он убежáл из тюрьмы́ il s'est enfui de prison

убеди́тельный *adj* convaincant • убеди́тельные дóводы des arguments convaincants

/ **убеди́ть** → убеждáть

/ **убежáть** → убегáть

убеждáть / **убеди́ть** [*part.* убеждённый*] *v* convaincre, persuader • мы убеди́ли егó остáться nous l'avons persuadé de rester

убеждáться / **убеди́ться** [*part.* убеждённый*] *vp* **1.** se convaincre • он убеди́лся в бесполéзности свои́х попы́ток il a compris l'inutilité de ses tentatives **2.** s'assurer • убеди́ться, что компью́тер включён в сеть s'assurer que l'ordinateur est branché

убеждéние *nnt* conviction • дéйствовать по убеждéнию agir par conviction
■ убеждéния *pl t* principes, opinions • полити́ческие убеждéния les opinions politiques

убéжище *nnt* **1.** refuge, asile • прáво убéжища le droit d'asile **2.** abri (MIL) • воздýшная тревóга, нáдо идти́ в убéжище alerte aérienne, il faut aller aux abris

убивáть / **уби́ть*** [II, убью́, убьёшь - убéй - уби́тый] *v* tuer • уби́ть медвéдя tuer un ours ~ *fig* • уби́ть врéмя tuer le temps
■ хоть убéй je veux bien être pendu

уби́йственный *adj* terrible, épuisant • уби́йственная жарá une chaleur terrible

уби́йство *nnt* meurtre, assassinat

уби́йца *nm ou nf* assassin • наёмный уби́йца tueur à gages

убира́ть / **убра́ть*** [IV, уберу́, уберёшь - убра́л, убрала́, убра́ло, убра́ли] ⑤ *v* **1.** rentrer la récolte • **убира́ть хлеб** moissonner le blé **2.** emmener, ramener • **убра́ть (посу́ду) со стола́** desservir la table • **убра́ть паруса́** ramener les voiles **3.** mettre en ordre, faire le ménage • **убира́ть (ко́мнату)** faire le ménage • **убра́ть кни́ги в шкаф** ranger les livres dans la bibliothèque **4.** orner, décorer • **де́ти са́ми убира́ли ёлку** les enfants décoraient eux-mêmes le sapin

/ **уби́ть** → убива́ть

убо́р *arch nm* parure
● **головно́й убо́р** couvre-chef › **головны́е убо́ры** chapeaux

убо́рная *adj subst f* **1.** loge *(d'artiste)* **2.** wc, toilettes

/ **убра́ть** → убира́ть

у́быль *nf* diminution, baisse • **есте́ственная у́быль населе́ния** la diminution naturelle de la population
● **идти́ на у́быль** diminuer, baisser › **вода́ пошла́ на у́быль** les eaux ont commencé à baisser › **дни пошли́ на у́быль** les jours commencent à diminuer

убы́ток *nm* perte *(dommage)* • **э́ти убы́тки никто́ не компенси́рует** personne ne compense ces pertes • **прода́ть с убы́тком** vendre à perte

уважа́емый *adj* honoré, respecté • **уважа́емый и влия́тельный полити́ческий де́ятель** un homme politique respecté et influent
● **уважа́емый Алекса́ндр Серге́евич** *(en tête d'une lettre)* Monsieur • **уважа́емая Ната́лья Никола́евна** Madame

уважа́ть *v* respecter, estimer • **заста́вить себя́ уважа́ть** se faire respecter

уваже́ние *nnt* respect • **внуша́ть уваже́ние** inspirer le respect • **из уваже́ния к ва́шему отцу́** par respect pour votre père
● **с уваже́нием** *(formule de politesse à la fin des lettres)* avec mes salutations respectueuses

/ **увезти́** → увози́ть

увеличе́ние *nnt* **1.** augmentation • **увеличе́ние капиталовложе́ний** l'augmentation des investissements **2.** agrandissement • **увеличе́ние фотосни́мка** l'agrandissement d'une photo

увели́чивать / **увели́чить** *v* **1.** augmenter, faire augmenter • **увели́чить производи́тельность труда́** augmenter la productivité **2.** agrandir • **увели́чить фотосни́мок** agrandir une photo

увели́чиваться / **увели́читься** *vp* augmenter, croître • **опа́сность увели́чилась** le danger a augmenté

увеличи́тельный *adj* grossissant • **увеличи́тельное стекло́** une loupe

/ **увели́чить** → увели́чивать

/ **увели́читься** → увели́чиваться

/ **увенча́ться** → уве́нчиваться

уве́нчиваться / **увенча́ться** *vp* être couronné • **де́ло увенча́лось успе́хом** l'entreprise a été couronnée de succès

уве́ренность *nf* **1.** certitude • **мои́ подозре́ния преврати́лись в уве́ренность** mes soupçons se sont transformés en certitude **2.** assurance, aplomb • **говори́ть с уве́ренностью** parler avec assurance **3.** confiance • **уве́ренность в себе́** la confiance en soi • **уве́ренность в свои́х друзья́х** la confiance que l'on a en ses amis

уве́ренный *adj* assuré, ferme • **уве́ренные же́сты** des gestes assurés • **уве́ренный го́лос** une voix ferme • **уве́ренный отве́т** une réponse ferme • **они́ уве́рены в успе́хе** ils sont sûrs du succès

/ **уве́рить** → уверя́ть

уверя́ть / **уве́рить** *v* persuader, convaincre • **он хоте́л уве́рить меня́ в свое́й право́те** il voulait me convaincre qu'il avait raison • **мо́жете быть уве́рены** vous pouvez me croire

/ **увести́** → уводи́ть

/ **уви́деть** → ви́деть

увлека́тельный *adj* captivant, passionnant • **увлека́тельный разгово́р** une conversation passionnante • **увлека́тельная кни́га** un livre captivant

увлека́ть / **увле́чь*** [IV, увлеку́, увлечёшь, увлеку́т - увлёк, увлекла́ - увлечённый] ③ *v* entraîner *fig*, passionner

увлекáться / **увлéчься*** [IV, увлекýсь, увлечёшься, увлекýтся - увлёкся, увлеклáсь - увлечённый] ③ *vp* se passionner, s'absorber • **увлекáться шáхматами** se passionner pour les échecs

увлечéние *nnt* passion, engouement • **говорить с увлечéнием** parler avec passion • **увлечéние совремéнной мýзыкой** un engouement pour la musique contemporaine

/ **увлéчь** → увлекáть

уводи́ть ④ / **увести́*** [IV, уведý, уведёшь - увёл, увелá - уведённый - уведя́] ③ *v* emmener *(accompagner à pied)* • **увести́ детéй домóй** emmener les enfants à la maison

увози́ть ④ / **увезти́*** [IV, увезý, увезёшь - увёз, увезлá - увезённый] ③ *v* emmener *(en voiture)* • **увезти́ детéй в дерéвню** emmener les enfants à la campagne

/ **увóлить** → увольня́ть

увольнéние *nnt* **1.** licenciement • **заявлéние об увольнéнии по сóбственному желáнию** une lettre de démission **2.** (MIL) permission • **получи́ть увольнéние** avoir une permission

увольня́ть / **увóлить** *v* **1.** licencier • **егó увóлили с рабóты** il a été licencié **2.** mettre en congé, admettre à la retraite • **увóлить в отстáвку** admettre à la retraite

увы́! *interj* hélas ! • **чýда, увы́, не произошлó** mais, hélas, le miracle n'a pas eu lieu

увядáть / **увя́нуть*** [III] *v* se faner, se flétrir • **цветы́ увядáют** les fleurs se fanent

/ **увя́нуть** → вя́нуть, увядáть

/ **угадáть** → угáдывать

угáдывать / **угадáть** *v* deviner • **я старáлся угадáть егó мы́сли** j'essayais de deviner ses pensées

угáр *nm* **1.** oxyde de carbone • **отравлéние печны́м угáром** une intoxication à l'oxyde de carbone **2.** ivresse • **в пья́ном угáре** en état d'ivresse

углá, углáм → ýгол

углé → ýгол

ýгле, ýглей → ýголь

углерóд *nm* carbone (CHIM) • **óкись углерóда** l'oxyde de carbone

ýгли → ýголь

угловóй[1] *adj* d'angle • **угловáя бáшня** tour d'angle

угловóй[2] *adj subst m* (SPORT) corner

углóм, углý → ýгол

/ **углуби́ть** → углубля́ть

углублéние *nnt* **1.** cavité, anfractuosité • **углублéние в скалé** une anfractuosité dans le rocher **2.** approfondissement • **углублéние сотрýдничества** l'approfondissement de la coopération

углубля́ть / **углуби́ть** *v* rendre plus profond, approfondir *litt & fig* • **углуби́ть рýсло реки́** creuser le lit d'une rivière • **углуби́ть свои́ знáния** approfondir ses connaissances

углубля́ться / **углуби́ться** *vp* s'enfoncer *litt & fig* • **углубля́ться в лес** s'enfoncer dans la forêt • **не бýдем углубля́ться в суть конфли́кта** je ne vais pas me plonger dans la nature même du conflit • **углублённый в свои́ воспоминáния** plongé dans ses souvenirs

углы́ → ýгол

ýгля, ýглям → ýголь

/ **угнести́** → угнетáть

угнетáть / **угнести́*** [IV, угнетý, угнетёшь *(passé inusité) part.* угнетённый] *v* **1.** oppresser, accabler • **егó угнетáло мрáчное предчýвствие** un sombre pressentiment l'accablait **2.** opprimer

угнетённый (угнетён, угнетенá) ③ *adj* **1.** accablé • **находи́ться в угнетённом состоя́нии** être dans un état d'accablement **2.** opprimé • **угнетённые нарóды** les peuples opprimés

уговáривать / **уговори́ть** *v* engager à, décider à • **мы егó уговори́ли остáться с нáми** nous l'avons convaincu de rester avec nous

/ **уговори́ть** → уговáривать

/ **угоди́ть** → угождáть

угóдно ◪ *particule* n'importe • **кто угóдно** n'importe qui • **какóй угóдно**

n'importe lequel • **где угодно** n'importe où • **сколько угодно** autant qu'on veut ◼ *adv*
● **что вам угодно?** que puis-je faire pour vous ? • **если вам угодно** si cela vous convient • **как вам угодно** comme il vous plaira

угождать / **угодить** *v* **1.** (+ D, на + A) contenter • **на всех не угодишь** on ne peut pas contenter tout le monde **2.** *fam* frapper, heurter • **пуля угодила ему в ногу** la balle l'a atteint à la jambe **3.** *fam* se trouver brusquement et contre sa volonté • **из-за чего можно угодить за решётку?** pour quelle raison peut-on se retrouver derrière les barreaux ?

угол* ③② *nm* **1.** angle (MATH) • **прямой угол** un angle droit • **острый угол** un angle aigu • **тупой угол** un angle obtus **2.** *(loc.* углу*)* coin *(angle)* • **на углу** au coin • **в углу** dans le coin • **в тёмном углу** dans un coin sombre **3.** *(loc.* углу*)* coin, lieu retiré • **жить в глухом углу** vivre dans un coin perdu
● **красный угол** *coin de l'isba où sont placées les icônes*

À PROPOS DE...

L'accent passe sur la préposition dans les groupes **за угол** et **на угол**.

уголовный *adj* criminel • **уголовное дело** une affaire criminelle • **уголовный розыск** instruction criminelle

уголок *(dim de* **угол***) nm* (petit) coin *(lieu retiré)* • **прелестный уголок** un petit coin charmant
● **красный уголок** (HIST) salle de lecture et de propagande

уголь *nm* charbon • **древесный уголь** le charbon de bois • **каменный уголь** la houille
● **белый уголь** la houille blanche • **сидеть как на углях** être sur des charbons ardents

угольный *adj* **1.** à charbon • **угольный фильтр** un filtre à charbon **2.** houiller • **угольный бассейн** un bassin houiller

угорелый *adj*
● **метаться как угорелый** se démener comme un possédé

/ **угостить** → **угощать**

угощать / **угостить** *v* offrir • **угостили его чаем** on lui a offert du thé • **он всех угостил конфетами** il a offert des bonbons à tout le monde • **я угощаю** c'est moi qui paye ~ *iron* • **угощать друг друга пинками** échanger des coups de pieds

угрожать *(+ D) v* menacer • **нам угрожает большая опасность** un grand danger nous menace

угрожающе *adv* d'un air menaçant • **он угрожающе посмотрел на меня** il m'a regardé d'un air menaçant

угрожающий *adj* menaçant • **угрожающее положение** une situation menaçante

угроза *nf* menace • **пустые угрозы** des menaces vaines • **угроза войны** une menace de guerre

угрызение *nnt*
● **угрызение совести** remords › **испытывать угрызения совести** éprouver des remords

угрюмый *adj* **1.** sombre *(morose)* • **угрюмый взгляд** un regard sombre • **угрюмый старик** un vieillard taciturne **2.** sombre *(qui incline à la tristesse)* • **угрюмый лес** une forêt sombre

удаваться* [II, удаётся, удаются] / **удаться*** [*n cl,* удастся, удадутся - удался, удалась] ③ *vp* réussir • **попытка не удалась** la tentative n'a pas réussi • **мне удалось достать билеты** j'ai réussi à obtenir des billets

/ **удавить** → **давить**

/ **удалить** → **удалять**

удалой, удалый ⑤ *(*удал, удала, удало, удалы*) adj* hardi, audacieux
● **мал, да удал** il est jeune, mais ne manque pas de courage

удалять / **удалить** *v* **1.** éloigner, écarter • **оба футболиста были удалены с поля** les deux footballeurs ont été expulsés du terrain **2.** enlever, extraire • **удалить пятно** enlever une tache • **удалить зуб** extraire une dent **3.** supprimer • **удалить файл** supprimer le fichier

удаляться / **удалиться** *vp* s'éloigner, se retirer • **лодка удалилась от берега** la barque s'éloigna de la rive • **судьи удалились в совещательную комнату** les juges se retirèrent dans la salle des délibérations

уда́р *nm* **1.** coup *(choc)* • **нанести́ уда́р** asséner un coup • **отвести́ уда́р** parer un coup • **одни́м уда́ром уби́ть двух за́йцев** faire d'une pierre deux coups **2.** attaque *(d'apoplexie)* • **он у́мер от уда́ра** il a eu une attaque et il en est mort
• **в уда́ре** en pleine forme › **я не в уда́ре** je ne suis pas en forme • **со́лнечный уда́р** un coup de soleil • **уда́р гро́ма** un coup de tonnerre • **уда́р судьбы́** un coup du sort

ударе́ние *nnt* accent (d'intensité) (GRAMM) • **поста́вить ударе́ние** mettre l'accentuation • **ударе́ние па́дает на после́дний слог** l'accent tombe sur la dernière syllabe

/ **уда́рить** → ударя́ть

уда́рный *adj* **1.** de choc • **уда́рная волна́** une onde de choc **2.** à percussion • **уда́рные инструме́нты** les instruments à percussion

ударя́ть / **уда́рить** *v* **1.** frapper, cogner • **уда́рить кулако́м по́ столу** donner un coup de poing sur la table • **уда́рить по са́мому больно́му** frapper là où ça fait mal • **уда́рил гром** un coup de tonnerre a retenti **2.** arriver brusquement *(en parlant des intempéries)* • **уда́рили моро́зы** il s'est mis brusquement à geler
• **не уда́рить лицо́м в грязь** s'en tirer à son honneur • **уда́рить в го́лову** monter à la tête › **вино́ сра́зу уда́рило ему́ в го́лову** le vin lui est monté tout de suite à la tête

/ **уда́ться** → удава́ться

уда́ча *nf* succès, réussite • **ему́ во всём уда́ча** il réussit dans tous les domaines

уда́чный *adj* réussi • **уда́чный сни́мок** une photo réussie

удва́ивать / **удво́ить** *v* **1.** doubler *(multiplier par deux)* • **удво́ить це́ну** doubler le prix **2.** redoubler de *(renforcer)* • **удво́ить внима́ние** redoubler d'attention

/ **удво́ить** → удва́ивать

уде́льный *adj*
• **уде́льный вес** le poids spécifique

/ **удержа́ть** → уде́рживать

уде́рживать / **удержа́ть*** [I, удержу́, уде́ржишь] ④ *v* retenir • **плоти́на уде́рживает во́ду** le barrage retient l'eau • **удержа́ть власть в свои́х рука́х** conserver le pouvoir entre ses mains • **удержа́ть из за́работной пла́ты подохо́дный нало́г** retenir sur le salaire l'impôt sur le revenu • **удержа́ть подро́стка от необду́манных де́йствий** empêcher un adolescent de commettre des actes irréfléchis

уде́рживаться / **удержа́ться*** [I, удержу́сь, уде́ржишься] ④ *vp* se maintenir • **удержа́ться на пе́рвом ме́сте** se maintenir à la première place • **сто́лбик термо́метра уде́ржится на отме́тке +8°C** la colonne du thermomètre se maintiendra à + 8°C • **я не смог удержа́ться от сме́ха** je n'ai pas pu m'empêcher de rire

удиви́тельный *adj* étonnant • **в э́том нет ничего́ удиви́тельного** cela n'a rien d'étonnant

/ **удиви́ть** → удивля́ть

/ **удиви́ться** → удивля́ться

удивле́ние *nnt* étonnement • **она́ смотре́ла на меня́ с удивле́нием** elle me regardait avec étonnement

удивля́ть / **удиви́ть** *v* étonner • **э́то меня́ не удивля́ет** ça ne m'étonne pas

удивля́ться / **удиви́ться** *(+ D) vp* s'étonner • **он ничему́ не удивля́ется** il ne s'étonne de rien • **не́чему удивля́ться** il n'y a pas de quoi s'étonner

удира́ть / **удра́ть*** [IV, удеру́, удерёшь - удра́л, удрала́, удра́ло, удра́ли] ⑤ *fam v* détaler, s'enfuir

уди́ть ④ / **вы́удить** *v* pêcher à la ligne, attraper *(à la ligne)* • **уди́ть ры́бу** pêcher à la ligne • **вы́удить щу́ку** pêcher un brochet

/ **удлини́ть** → удлиня́ть

удлиня́ть / **удлини́ть** *v* allonger • **удлини́ть ю́бку** rallonger une jupe

удо́бно *adv* confortablement
• **мне здесь о́чень удо́бно** je suis très bien ici

удо́бный *adj* **1.** confortable • **удо́бное кре́сло** un fauteuil confortable **2.** pratique, commode • **но́вый аппара́т гора́здо удо́бнее в испо́льзовании** le nouvel appareil est bien plus pratique à utiliser **3.** opportun • **удо́бный слу́чай** une occasion favorable

удобрéние *nnt* engrais • **хими́ческие удобрéния** les engrais chimiques

удóбство *nnt* commodité • **квартúра со всéми удóбствами** un appartement avec toutes les commodités

удовлетворéние *nnt* satisfaction • **с чýвством удовлетворéния** avec un sentiment de satisfaction • **получúть пóлное удовлетворéние** obtenir entière satisfaction

удовлетворúтельно *adv* **1.** de façon satisfaisante **2.** passable *(note équivalente à 3 sur 5)*

удовлетворúтельный *adj* satisfaisant • **удовлетворúтельный отвéт** une réponse satisfaisante

/ **удовлетворúть** → удовлетворя́ть

удовлетворя́ть / **удовлетворúть** *v* satisfaire • **удовлетворúть потрéбности населéния** satisfaire les besoins de la population • **удовлетворúть любопы́тство** satisfaire la curiosité

удовóльствие *nnt* satisfaction, plaisir • **с величáйшим удовóльствием** avec le plus grand plaisir

/ **удовóльствоваться** → довóльствоваться

удостáивать / **удостóить** *v* **1.** *(+ I)* gratifier • **он не удостóил меня́ отвéтом** il n'a pas jugé utile de me répondre **2.** *(+ G)* **за э́тот спектáкль режиссёр был удостóен пéрвого прúза** pour ce spectacle le metteur en scène s'est vu attribuer le premier prix

удостоверéние *nnt* attestation, certificat • **вы́дать удостоверéние** délivrer une attestation • **удостоверéние ли́чности** une pièce d'identité

/ **удостóить** → удостáивать

удочеря́ть / **удочерúть** *v* adopter *(une fille)*

ýдочка *nf* canne à pêche, ligne *(pour pêcher)* • **ловúть ры́бу на ýдочку** pêcher à la ligne
● **попáсться на ýдочку** mordre à l'hameçon

/ **удрáть** → удирáть

удручáть / **удручúть** *v* accabler • **онá былá удручена́ поражéнием** elle était accablée par la défaite

/ **удручúть** → удручáть

у.е. *nf* unité de paiement conventionnelle

уединённый *adj* retiré, isolé • **вестú уединённую жизнь** mener une vie solitaire

уезжáть / **уéхать*** [IV, уéду, уéдешь] *v* s'en aller *(autrement qu'à pied)* • **онú уéхали на юг** ils sont partis dans le Midi
● **на э́том далекó не уéдешь** avec ça, on ne va pas loin

/ **уéхать** → уезжáть

уж[1] ③② *nm* couleuvre

уж[2] *particule* **1.** → ужé **2.** **уж éсли дéлать, то дéлать хорошó** tant qu'à faire, il faut faire les choses correctement

/ **ужáлить** → жáлить

ýжас *nm* horreur • **какóй ýжас!** quelle horreur ! • **ýжас охватúл её** elle fut saisie d'horreur • **содрогáться от ýжаса** frémir d'horreur • **фильм ýжасов** un film d'horreur • **расскáзывать ýжасы** raconter des horreurs
● **ýжас какóй сúльный** *fam* il est terriblement fort

ужáсно *adv* **1.** d'une manière affreuse • **он ужáсно одевáется** il s'habille affreusement mal **2.** *fam* horriblement • **э́то ужáсно дóрого** c'est horriblement cher • **на дворé ужáсно хóлодно** il fait horriblement froid dehors

ужáсный *adj* affreux, épouvantable • **ужáсный сон** un rêve affreux • **э́то ужáсно!** c'est affreux ! • **ужáсная жарá** une chaleur épouvantable • **ужáсная погóда** un temps épouvantable • **ужáсный харáктер** un caractère épouvantable

ужé[1] *adv* déjà • **онú ужé приéхали** ils sont déjà arrivés
● **ужé не,** ne... plus › **он ужé не мáленький** ce n'est plus un gosse

ужé[2] → *(loc de)* уж

ýже[3] *comp de* узкий

À PROPOS DE...

Ce dernier mot se distingue des deux précédents par son accentuation.

ужива́ться / **ужи́ться*** [IV, уживу́сь, уживёшься - ужи́лся, ужила́сь] ③ *vp* vivre en bonne intelligence • **с ни́ми тру́дно ужи́ться** il est difficile de s'entendre avec eux

у́жин *nm* repas du soir, dîner • **она́ приглаша́ет нас на у́жин** elle nous invite à dîner • **за у́жином** pendant le dîner

у́жинать / **поу́жинать** *v* prendre le repas du soir, dîner • **мы вме́сте поу́жинали** nous avons dîné ensemble

/ **ужи́ться** → ужива́ться

узбе́к *nm* Ouzbek

Узбекиста́н *nm* Ouzbékistant

узбе́кский *adj* ouzbek

узбе́чка *nf* Ouzbeke

у́зел ③② *nm* **1.** nœud • **развяза́ть у́зел** défaire un nœud • **железнодоро́жный у́зел** un nœud ferroviaire • **разруби́ть го́рдиев у́зел** trancher le nœud gordien **2.** nœud *(unité de vitesse)* • **па́русник де́лал бо́лее десяти́ узло́в** le voilier faisait plus de dix nœuds **3.** baluchon • **у́зел с бельём** un baluchon avec du linge

у́зкий *(comp.* у́же*)* ⑤ *adj* étroit • **у́зкая у́лица** une rue étroite ~ *fig* • **у́зкий ум** un esprit borné

узнава́ть* [II, узнаю́, узнаёшь - узнава́й - узнава́я] / **узна́ть** *v* **1.** apprendre *(être informé)* • **я узна́л, что он заболе́л** j'ai appris qu'il était tombé malade • **я э́то узна́л по ра́дио** j'ai appris ça par la radio **2.** reconnaître • **я её сра́зу узна́л по го́лосу** je l'ai reconnue tout de suite à sa voix

/ **узна́ть** → узнава́ть

/ **уйти́** → уходи́ть

ука́з *nm* décret, oukase • **президе́нт РФ подписа́л Ука́з** le président de la Fédération de Russie a signé le décret
• **не ука́з** ne fait pas la loi › **ты мне не ука́з** ce n'est pas toi qui fais la loi

указа́ние *nnt* indication

указа́тель *nm* **1.** panneau indicateur • **останови́ться у доро́жного указа́теля** s'arrêter près du panneau indicateur **2.** index • **библиографи́ческий указа́тель** index bibliographique

указа́тельный *adj*
• **указа́тельный па́лец** l'index *(doigt de la main)*

/ **указа́ть** → ука́зывать

ука́зывать / **указа́ть*** [II, укажу́, ука́жешь] ④ *v* **1.** *(на + A)* montrer, faire voir • **указа́ть на оши́бки** indiquer les fautes **2.** *(+ A)* indiquer, faire connaître • **он указа́л мне интере́сную кни́гу** il m'a indiqué un livre intéressant • **указа́ть доро́гу** indiquer le chemin

/ **укача́ть** → ука́чивать

ука́чивать / **укача́ть** *v* **1.** donner le mal de mer • **нас укача́ло** nous avons eu le mal de mer **2.** bercer • **ма́ть ука́чивает, баю́кает до́чку** la mère berce sa fille et chante pour l'endormir

укла́д *nm*
• **укла́д жи́зни** le mode de vie

укла́дывать / **уложи́ть** ④ *v* **1.** mettre, ranger *(à plat)* • **уложи́ть ве́щи в чемода́н** ranger ses affaires dans la valise **2.** faire coucher • **она́ уложи́ла дете́й** elle a mis les enfants au lit **3.** *fam* abattre, descendre *(tuer)* • **его́ уложи́ли на ме́сте** il a été abattu sur place

укла́дываться / **уложи́ться** ④ *vp* **1.** faire ses bagages • **он поспе́шно уложи́лся и у́ехал** il a fait ses bagages à la hâte et il est parti **2.** tenir *(ne pas dépasser)* • **уложи́ться в сро́ки** ne pas dépasser les délais • **э́то не укла́дывается в здра́вый смысл** cela défie le sens commun

укло́н *nm* **1.** inclinaison, pente • **круто́й укло́н** une forte inclinaison **2.** tendance, prédominance • **шко́ла с математи́ческим укло́ном** établissement scolaire proposant un enseignement approfondi en mathématiques **3.** (POLIT & HIST) déviation • **ле́вый укло́н** déviation de gauche

/ **уклони́ться** → уклоня́ться

укло́нчивый *adj* évasif • **укло́нчивый отве́т** une réponse évasive

уклоня́ться / **уклони́ться** *vp* s'écarter, s'éloigner • **уклони́ться от те́мы** s'écarter du sujet • **уклони́ться от отве́тственности** ne pas assumer ses responsabilités

уко́л *nm* piqûre *(avec un instrument aigu)* • **сде́лать больно́му уко́лы** faire des piqûres à un malade

/ **уколо́ть** → коло́ть

укра́дкой *adv* furtivement, en cachette • они́ ви́делись укра́дкой ils se voyaient en cachette

Украи́на *nf* Ukraine

украи́нец *nm* Ukrainien

украи́нка *nf* Ukrainienne

украи́нский *adj* ukrainien • украи́нский язы́к l'ukrainien

/ **укра́сить** → украша́ть

/ **укра́сть** → красть

украша́ть / **укра́сить** *v* orner, embellir • ёлка, укра́шенная гирля́ндами un sapin orné de guirlandes

украше́ние *nnt* ornement • ёлочные украше́ния les décorations de sapin • дорогосто́ящие золоты́е украше́ния des bijoux en or très chers

/ **укрепи́ть** → укрепля́ть

укрепле́ние *nnt* **1.** fortification • ли́ния укрепле́ний une ligne de fortifications **2.** renforcement • укрепле́ние здоро́вья le renforcement de la santé

укрепля́ть / **укрепи́ть** *v* fortifier • укрепля́ть не́рвы fortifier les nerfs • укреплённый го́род une ville fortifiée

укро́п *nm* aneth

укроти́тель *nm* dompteur • укроти́тель ти́гров un dompteur de tigres

укроти́тельница *nf* dompteuse

/ **укроти́ть** → укроща́ть

укроща́ть / **укроти́ть** *(т → щ) v* **1.** dompter • укроти́ть ти́гра dompter un tigre **2.** *fig* maîtriser • укроти́ть пожа́р maîtriser un incendie

укрыва́ть / **укры́ть*** [II, укро́ю, укро́ешь] *v* **1.** couvrir • укры́ть одея́лом couvrir avec une couverture **2.** cacher, abriter • укры́ть от дождя́ mettre à l'abri de la pluie

/ **укры́ть** → укрыва́ть

у́ксус *nm* vinaigre • ви́нный у́ксус du vinaigre de vin

у́ксусный *adj* acétique • у́ксусная кислота́ l'acide acétique

уку́с *nm* morsure, piqûre • уку́с змеи́ la morsure d'un serpent • уку́с комара́ la piqûre d'un moustique

/ **укуси́ть** → куса́ть

ул. (*abr de* у́лица) *nf* rue

/ **ула́дить** → ула́живать

ула́живать / **ула́дить** *v* arranger, régler • ула́дить разногла́сия régler un différend

у́лей *(nom. pl.* у́лья*) nm* ruche

улета́ть / **улете́ть*** [I, улечу́, улети́шь] *v* s'envoler • пти́цы улете́ли les oiseaux se sont envolés • самолёт улете́л l'avion est parti

/ **улете́ть** → улета́ть

ули́ка *nf* preuve matérielle

ули́тка *nf* escargot

у́лица *nf* rue • он живёт на у́лице Короле́нко il habite rue Korolenko
● на у́лице хо́лодно dehors, il fait froid

у́личный *adj* de la rue, des rues • у́личный шум le bruit de la rue • у́личный мальчи́шка un gamin des rues • у́личное движе́ние la circulation urbaine

/ **уложи́ть** → укла́дывать

/ **уложи́ться** → укла́дываться

улучша́ть / **улу́чшить** *v* améliorer

улучша́ться / **улу́чшиться** *vp* s'améliorer • положе́ние улу́чшилось la situation s'est améliorée • его́ здоро́вье улу́чшилось sa santé s'est améliorée

улучше́ние *nnt* amélioration • улучше́ние ка́чества une amélioration de la qualité

/ **улу́чшить** → улучша́ть

улыба́ться / **улыбну́ться** *vp* sourire • она́ мне улыбну́лась elle m'a souri

улы́бка *nf* sourire • гру́стная улы́бка un sourire triste

/ **улыбну́ться** → улыба́ться

ум ③② *nm* esprit, intelligence • челове́к большо́го ума́ un homme d'une grande intelligence
● он за́дним умо́м кре́пок il comprend vite, mais il faut lui expliquer longtemps • он себе́ на уме́ il a ses petites idées • ско́лько голо́в, сто́лько умо́в autant de têtes, autant d'avis • сходи́ть с ума́ devenir fou › ты с ума́ сошёл? tu es

fou ? • **счита́ть в уме́** compter de tête › **у него́ ума́ пала́та** il est remarquablement intelligent • **у него́ ум за ра́зум захо́дит** il déraille

уме́лец *nm* bricoleur

уме́лый *adj* habile, expert • **уме́лой руко́й** d'une main habile

уме́ние *nnt* savoir-faire, habileté

уменьша́ть / уме́ньшить *v* diminuer, faire diminuer • **уме́ньшить до́зу** diminuer la dose

уменьша́ться / уме́ньшиться *vp* diminuer, décroître • **опа́сность уме́ньшилась** le danger a diminué

уменьши́тельный *adj* diminutif • **уменьши́тельный су́ффикс** un suffixe diminutif

/ **уме́ньшить** → уменьша́ть

/ **уме́ньшиться** → уменьша́ться

уме́ренный *adj* modéré • **уме́ренная ско́рость** une vitesse modérée

/ **умере́ть** → умира́ть

уме́стно *adv*
● **э́тот вопро́с уме́стнее зада́ть а́втору** c'est une question qu'il convient davantage de poser à l'auteur

уме́стный *adj* opportun, approprié • **шарф - о́чень уме́стный пода́рок зимо́й** une écharpe est un cadeau très approprié en hiver

уме́ть / суме́ть *(+ inf) v* savoir, être capable de • **он не уме́ет пла́вать** il ne sait pas nager

умиле́ние *nnt* attendrissement • **смотре́ть с умиле́нием** regarder avec attendrissement

/ **умили́ть** → умиля́ть

умиля́ть / умили́ть *v* attendrir

умира́ть / умере́ть* [IV, умру́, умрёшь - у́мер, умерла́, у́мерло, у́мерли] ⑤ *v* mourir • **он у́мер от ра́ка** il est mort d'un cancer ~ *fig* • **умира́ть со ску́ки** mourir d'ennui

умне́ть / поумне́ть *v* devenir plus intelligent, devenir plus raisonnable • **он поумне́л за ле́то** il est devenu plus raisonnable depuis cet été

у́мница *nmf* un garçon intelligent, une fille intelligente

умножа́ть / умно́жить *v* **1.** multiplier (MATH) • **де́вять, умно́женное на семь** neuf multiplié par sept **2.** augmenter, faire croître • **умно́жить свой дохо́д** augmenter son revenu

умноже́ние *nnt* **1.** multiplication (MATH) • **табли́ца умноже́ния** la table de multiplication **2.** augmentation • **умноже́ние дохо́дов** une augmentation des revenus

/ **умно́жить** → умножа́ть

у́мный (умён, умна́, у́мно, у́мны, умён, умна́, умно́, умны́) *adj* intelligent • **у́мный челове́к** un homme intelligent • **у́мный сове́т** un conseil intelligent

/ **умоли́ть** → умоля́ть

умо́лк[1] → умо́лкнуть

у́молк[2] *nm*
● **без у́молку** sans jamais se taire › **болта́ть без у́молку** bavarder sans arrêt

À PROPOS DE...

Les deux mots ci-dessus diffèrent par leur accentuation.

умолка́ть / умо́лкнуть* [III] *v* se taire *(cesser de se faire entendre)* • **стадио́н умо́лк на не́сколько секу́нд** le stade se tut pendant quelque secondes

/ **умо́лкнуть** → умолка́ть

умоля́ть / умоли́ть *v* supplier • **умоля́ю вас о по́мощи** je vous supplie de m'aider

/ **умори́ть** → мори́ть

у́мственный *adj* intellectuel • **у́мственный труд** le travail intellectuel

умыва́льник *nm* lavabo

умыва́ть / умы́ть* [II, умо́ю, умо́ешь] *v* débarbouiller, laver • **умыва́ть лицо́** se débarbouiller
● **умыва́ть ру́ки** *fig* se laver les mains

у́мысел *nm* préméditation • **злой у́мысел на́до ещё доказа́ть** il faut encore prouver qu'il y avait préméditation

/ **умы́ть** → умыва́ть

умы́шленно *adv* avec préméditation, intentionnellement • **де́йствовать умы́шленно** agir avec préméditation

умы́шленный *adj* prémédité • **за вожде́ние в пья́ном ви́де су́дят как за умы́шленное уби́йство** la conduite en état d'ivresse est jugée comme un crime avec préméditation

/ **унасле́довать** → **насле́довать**

/ **унести́** → **уноси́ть**

универма́г *nm* (*abr.* универса́льный магази́н) grand magasin

универса́м *nm* supermarché, grande surface

университе́т *nm* université

унижа́ть / **уни́зить** *v* humilier • **он стара́ется уни́зить свои́х проти́вников** il cherche à humilier ses adversaires

униже́ние *nnt* humiliation • **запла́кать от униже́ния** pleurer d'humiliation

уни́женный *adj* **1.** humilié • **он почу́вствовал себя́ уни́женным** il s'est senti humilié **2.** humble • **уни́женная про́сьба** une humble demande
● ***Уни́женные и оскорблённые*** (Достое́вский) *Humiliés et offensés* (Dostoïevski)

унижённый *adj vieilli* humilié • **унижённый челове́к** un homme humilié

унизи́тельный *adj* humiliant • **унизи́тельное положе́ние** une situation humiliante

/ **уни́зить** → **унижа́ть**

унима́ть / **уня́ть*** [IV, уйму́, уймёшь - уня́л, уняла́, уня́ло, уня́ли - уня́тый, уня́т, унята́, уня́то, уня́ты] ⑤ *v* **1.** calmer, apaiser • **она́ не могла́ уня́ть слёзы** elle n'arrivait pas à s'arrêter de pleurer **2.** arrêter, faire cesser • **уня́ть кровотече́ние** arrêter une hémorragie

уничтожа́ть / **уничто́жить** *v* détruire, anéantir • **ого́нь успе́л уничто́жить семь домо́в** le feu a eu le temps de détruire sept maisons

/ **уничто́жить** → **уничтожа́ть**

уноси́ть ④ / **унести́*** [IV, унесу́, унесёшь - унёс, унесла́ - унесённый] ③ *v* emporter • **он унёс с собо́й ключи́** il a emporté les clefs • **ло́дку унесло́ тече́нием** la barque a été emportée par le courant

уныва́ть *v* perdre courage, se laisser abattre • **он уныва́ть не собира́лся** il n'avait pas l'intention de se laisser abattre • **не уныва́й!** il ne faut pas se laisser abattre !

уны́лый *adj* **1.** découragé, abattu • **уны́лый вид** un air découragé **2.** triste, mélancolique • **уны́лая пе́сня** une chanson triste

уны́ние *nnt* abattement, découragement • **впасть в уны́ние** se laisser abattre

/ **уня́ть** → **унима́ть**

упа́док *nm* décadence • **прийти́ в упа́док** tomber en décadence

/ **упакова́ть** → **упако́вывать**

упако́вывать / **упакова́ть** *v* empaqueter, envelopper • **упакова́ть ва́зу** empaqueter un vase

/ **упа́сть** → **па́дать**

упла́та *nf* paiement • **в упла́ту до́лга** en paiement de la dette

упомина́ть / **упомяну́ть** ④ *v* mentionner • **их имена́ бы́ли упомя́нуты в прика́зе** leurs noms ont été mentionnés dans l'ordre du jour

/ **упомяну́ть** → **упомина́ть**

упо́р *nm* support, appui • **то́чка упо́ра** un point d'appui • **тепе́рь упо́р бу́дет сде́лан на эконо́мику** maintenant les efforts porteront sur l'économie
● **в упо́р** à bout portant › **стреля́ть в упо́р** tirer à bout portant › **спроси́ть в упо́р** poser sa question sans détour

упо́рно *adv* opiniâtrement, obstinément • **упо́рно молча́ть** s'obstiner à ne rien dire

упо́рный *adj* opiniâtre, obstiné • **упо́рная борьба́** une lutte opiniâtre • **оказа́ть упо́рное сопротивле́ние** opposer une résistance acharnée

упо́рство *nnt* obstination • **рабо́тать с упо́рством** travailler avec obstination

употреби́тельный *adj* usuel • **о́чень употреби́тельное сло́во** un mot très courant

/ **употреби́ть** → **употребля́ть**

употребле́ние *nnt* usage, emploi • **спо́соб употребле́ния** mode d'emploi • **для нару́жного употребле́ния** pour usage externe • **вы́йти из употребле́ния** tomber en désuétude

употребля́ть / употреби́ть *v* **1.** utiliser, employer • **употребля́ть газ в ка́честве то́плива** utiliser le gaz comme combustible **2.** consommer • **употребля́ть ме́стную ры́бу** consommer le poisson pêché localement **3.** employer, consommer • **употребля́ть медикаме́нты** consommer des médicaments

употребля́ться / употреби́ться *vp* s'utiliser, s'employer • **э́то сло́во ре́дко употребля́ется** ce mot est peu usité

управле́ние *nnt* direction, gestion • **управле́ние госуда́рственными дела́ми** la gestion des affaires de l'État • **орке́стр под управле́нием Ю́рия Башме́та** l'orchestre sous la direction de Yuri Bashmet
◈ **дистанцио́нное управле́ние** télécommande

управля́ть *v (+ I)* diriger • **управля́ть заво́дом** diriger une usine • **управля́ть маши́ной** conduire une voiture

упражне́ние *nnt* exercice • **граммати́ческие упражне́ния** des exercices de grammaire • **физи́ческие упражне́ния** des exercices physiques

упражня́ться *vp* s'exercer • **упражня́ться в фехтова́нии** s'exercer à faire de l'escrime • **упражня́ться на гита́ре** faire des exercices à la guitare

/ **упраздни́ть** → упраздня́ть

упраздня́ть / упраздни́ть *v* supprimer, abolir • **со́здан Департа́мент внешнеэкономи́ческой де́ятельности и упразднён Департа́мент зарубе́жных свя́зей** un Département de l'activité économique extérieure vient d'être créé et le Département des relations étrangères a été supprimé

упра́шивать / упроси́ть ④ *v* exhorter, obtenir à force de prières • **мы его́ упра́шивали оста́ться** nous l'implorions de rester • **мы его́ упроси́ли оста́ться** nous avons tant insisté qu'il a accepté de rester

упрёк *nm* reproche • **осы́пать роди́телей упрёками** couvrir ses parents de reproches

упрека́ть / упрекну́ть *v* reprocher • **их нельзя́ за э́то упрека́ть** on ne peut le leur reprocher • **упрека́ть учи́теля в стро́гости** reprocher à un professeur d'être sévère

/ **упрекну́ть** → упрека́ть

/ **упроси́ть** → упра́шивать

/ **упрости́ть** → упроща́ть

упроща́ть / упрости́ть *v* simplifier • **упрости́ть орфогра́фию** simplifier l'orthographe

упроще́ние *nnt* simplification • **упроще́ние орфогра́фии** une simplification de l'orthographe

упру́гий *adj* souple, élastique • **упру́гая пружи́на** un ressort élastique • **упру́гая похо́дка** une démarche souple

упря́мство *nnt* entêtement, obstination • **он из упря́мства не ле́чится** il a décidé par entêtement de ne pas se soigner

упря́мый *adj* entêté, têtu • **он упря́м как осёл** il est têtu comme un âne

упуска́ть / упусти́ть ④ *v* laisser passer • **не упуска́ть слу́чая** ne pas manquer l'occasion • **не упуска́йте из виду, что э́то са́мое гла́вное** il ne faut pas perdre de vue que c'est là l'essentiel • **упусти́ть вре́мя** laisser passer le moment

/ **упусти́ть** → упуска́ть

ура́ *interj* hourra

урага́н *nm* ouragan

у́ровень *nm* niveau • **жи́зненный у́ровень населе́ния** le niveau de vie de la population

уро́д *nm* **1.** monstre • **все персона́жи в э́том спекта́кле уро́ды** dans ce spectacle tous les personnages sont des monstres **2.** personne très laide • **он игра́ет роль уро́да** il joue le rôle d'une personne très laide
◈ **в семье́ не без уро́да** chacun a un squelette dans son placard

уро́дливый *adj* monstrueux, horrible • **у него́ уро́дливая соба́ка** il a un chien horrible

урóдовать / **изурóдовать** *v* **1.** mutiler, estropier • **лицó бы́ло изурóдовано до неузнавáемости** son visage était mutilé jusqu'à devenir méconnaissable **2.** *fig* défigurer • **переýлок изурóдовали двумя́ домáми эпóхи Хрущёва** la rue a été défigurée par deux immeubles de l'époque de Khrouchtchev

урожáй *nm* récolte, moisson • **собрáть весь урожáй** rentrer toute la récolte

урожáйность *nf* rendement *(agricole)* • **подня́ть урожáйность** augmenter le rendement

урожáйный *adj* qui donne une bonne récolte • **урожáйная земля́** une terre fertile • **урожáйный год** une bonne année

урóк *nm* **1.** leçon • **учи́ть урóк** apprendre une leçon • **отвечáть урóк** réciter sa leçon • **брать урóки мýзыки** prendre des leçons de musique • **э́то послýжит емý хорóшим урóком** ça lui servira de leçon **2.** (heure de) cours • **пéред начáлом вторóго урóка** avant la deuxième heure de cours • **на урóке рýсского языкá** pendant le cours de russe

/ **урони́ть** → **роня́ть**

ус ①② *nm* moustache • **он щеголя́ет роскóшными усáми** il fait le beau avec une superbe moustache • **корсéт из китóвого ýса** corset avec des baleines ● **в ус не дуть** ne s'inquiéter de rien › **у негó сплошны́е двóйки, а он и в ус не дýет** il n'a que des mauvaises notes mais il ne s'en fait pas • **мы сáми с усáми** nous ne sommes pas des gamins • **намотáть себé на ус** se le tenir pour dit

усáдьба *nf* propriété *(maison avec ses dépendances)* • **помéщичья усáдьба** une propriété de seigneur • **офóрмить докумéнты на владéние усáдьбой** établir les titres de possession d'une propriété

усáживаться / **усéсться*** [IV, idя́дусь, уся́дешься - усéлся, усéлась - уся́дься] *vp* s'installer, prendre place • **усéсться за стол** s'installer à table • **усéсться игрáть в шáхматы** se mettre à jouer aux échecs

усáтый *adj* moustachu, à longues moustaches • **мáленький, усáтый, на Чáрли Чáплина си́льно похóж** un petit moustachu qui ressemble à Charlot

усвáивать / **усвóить** *v* **1.** assimiler *(les aliments)* • **органи́зм лýчше усвáивает напи́тки на фруктóзе** l'organisme assimile mieux les boisson à base de fructose **2.** *fig* assimiler, acquérir • **он бы́стро усвóил основны́е прáвила** il a rapidement assimilé les règles essentielles

/ **усвóить** → **усвáивать**

усéивать / **усéять*** [II, усéю, усéешь] *v* parsemer • **нéбо бы́ло усéяно звёздами** le ciel était parsemé d'étoiles

усéрдие *nnt* zèle, application • **рабóтать с усéрдием** travailler avec zèle

усéрдный *adj* zélé, assidu • **он окружи́л себя́ усéрдными сотрýдниками** il s'est entouré de collaborateurs zélés • **сáмые усéрдные студéнты занимáлись дáже в прáздники** les étudiants les plus assidus travaillaient même pendant les fêtes

/ **усéсться** → **усáживаться**

/ **усéять** → **усéивать**

уси́ливать / **уси́лить** *v* intensifier, renforcer • **уси́лить защи́ту** renforcer la défense • **уси́лить звук** amplifier un son

уси́ливаться / **уси́литься** *vp* s'intensifier, se renforcer • **вéтер уси́лился** le vent souffle plus fort

уси́лие *nnt* effort • **сдéлать уси́лие над собóй** faire un effort sur soi-même • **уси́лие вóли** un effort de volonté

/ **уси́лить** → **уси́ливать**

ускользáть / **ускользнýть** *v* **1.** échapper *(en glissant)* • **ры́ба ускользнýла из моих рук** le poisson m'a échappé • **мошéннику удалóсь ускользнýть от мили́ции** le filou a réussi à échapper à la police **2.** échapper *(ne pas être remarqué)* • **э́то ускользнýло от меня́** cela m'a échappé

/ **ускользнýть** → **ускользáть**

/ **ускóрить** → **ускоря́ть**

ускоря́ть / **ускóрить** *v* **1.** hâter, accélérer • **ускóрить шаг** hâter le pas **2.** hâter, avancer • **ускóрить свой отъéзд** avancer son départ

усло́вие *nnt* condition *(exigence)* • какие ва́ши усло́вия? quelles sont vos conditions ?
■ **усло́вия** *pl t* conditions *(circonstances)* • усло́вия жи́зни les conditions de vie • при благоприя́тных усло́виях lorsque les conditions sont favorables

/ **усло́виться** → усло́вливаться

усло́вливаться / **усло́виться** *vp* convenir, s'entendre • мы усло́вились поéхать туда́ вмéсте nous avons convenu d'y aller ensemble • усло́виться о врéмени и мéсте встрéчи s'entendre sur l'heure et le lieu de la rencontre

усло́вный *adj* conventionnel, relatif • усло́вный знак un signe conventionnel • всё э́то о́чень усло́вно tout cela est bien théorique
● усло́вный рефлéкс le réflexe conditionné • усло́вный пригово́р une condamnation avec sursis

услу́га *nf* service • услу́ги гости́ницы les services proposés par l'hôtel • оказа́ть жи́телям услу́гу rendre service aux habitants • предложи́ть посети́телям свои́ услу́ги proposer ses services aux visiteurs

услу́жливый *adj* serviable • услу́жливый человéк un homme serviable

/ **услы́шать** → слы́шать

усмеха́ться / **усмехну́ться** *vp* sourire d'un air moqueur

/ **усмехну́ться** → усмеха́ться

усмéшка *nf* sourire moqueur • она́ посмотрéла на него́ с усмéшкой elle le regarda avec un sourire moqueur

усну́ть *v* s'endormir • ребёнок усну́л l'enfant s'est endormi

/ **усовершéнствовать** → совершéнствовать

усомни́ться *vp* douter de • он усомни́лся в правди́вости расска́за il se prit à douter de la véracité du récit • усомни́ться в дру́ге perdre confiance en son ami

успева́емость *nf* résultats *(scolaires ou universitaires)* • в э́том кла́ссе успева́емость высо́кая dans cette classe, les résultats sont bons

успева́ть / **успéть** *v* **1.** avoir le temps • я ещё не успéл нача́ть э́ту рабо́ту je n'ai pas encore eu le temps de commencer ce travail **2.** *(к + D, на + A)* arriver à temps pour • успéть к у́жину arriver à temps pour le dîner • успéть на по́езд arriver à temps pour le train

/ **успéть** → успева́ть

успéх *nm* **1.** succès • спекта́кль прошёл с больши́м успéхом le spectacle a eu un grand succès • он не имéл успéха il n'a pas eu de succès • я увéрен в успéхе je suis sûr du succès **2.** progrès *(scolaire)* • он сдéлал больши́е успéхи il a fait de grands progrès

успéшно *adv* avec succès • рабо́тать успéшно travailler avec succès

успéшный *adj* réussi, qui réussit • успéшное выступлéние на спорти́вных соревнова́ниях une prestation réussie aux compétitions sportives

успока́ивать / **успоко́ить** *v* calmer • э́то успоко́ило больно́го cela a calmé le malade • успоко́ить зубну́ю боль calmer le mal de dents

успока́иваться / **успоко́иться** *vp* se calmer • зубна́я боль успоко́илась calmer le mal de dents
● успоко́иться на дости́гнутом se reposer sur ses lauriers

/ **успоко́ить** → успока́ивать

/ **успоко́иться** → успока́иваться

устáв *nm* statut • городска́я ду́ма начала пра́вить уста́в го́рода la douma municipale a commencé à revoir les statuts de la ville

устава́ть* [II, устаю́, устаёшь] / **уста́ть*** [*n cl,* уста́ну, уста́нешь] *v* se fatiguer • он о́чень уста́л il est très fatigué • я уста́л от ходьбы́ je suis fatigué de marcher

уста́ивать / **усто́ять*** [I, усто́ю, усто́ишь] *v* **1.** rester debout, tenir bon • от уда́ра я едва́ усто́ял на нога́х le coup était si fort que j'eus peine à ne pas tomber **2.** *fig* résister • усто́ять пéред собла́зном résister à la tentation

уста́лость *nf* fatigue • почу́вствовать большу́ю уста́лость ressentir une grande fatigue

уста́лый *adj* fatigué • вид у неё уста́лый elle a l'air fatigué

у́сталь *nf*
◉ **без у́стали** infatigablement › **рабо́тать без у́стали** travailler infatigablement • **не знать у́стали** être infatigable

устана́вливать / **установи́ть** ④ *v* **1.** installer, mettre en place • **установи́ть телефо́н** installer le téléphone **2.** établir, instaurer • **установи́ть но́вый реко́рд** établir un nouveau record • **установи́ть при́нцип** poser un principe **3.** établir, prouver • **установи́ть факт** établir un fait **4.** fixer • **установи́ть це́ну** fixer le prix • **установи́ть вре́мя** fixer l'heure • **в устано́вленный срок** dans le délai imparti

/ **установи́ть** → устана́вливать

/ **устаре́ть** → старе́ть

/ **уста́ть** → устава́ть

у́стный *adj* oral • **у́стный экза́мен** un examen oral

усто́й *nm* **1.** culée, pile *(de pont)* • **мост на ка́менных усто́ях** un pont avec des culées en pierre **2.** *(gén pl)* base *(principe fondamental)* • **усто́и о́бщества** les bases de la société

усто́йчивый *adj* stable • **усто́йчивое равнове́сие** un équilibre stable • **усто́йчивые це́ны** des prix stables
◉ **усто́йчивое разви́тие** le développement durable

/ **усто́ять** → устаи́вать

устра́ивать / **устро́ить** *v* **1.** organiser • **устро́ить спекта́кль** organiser un spectacle • **устро́ить вы́ставку** organiser une exposition **2.** faire *(un esclandre)* • **устро́ить сканда́л** faire un scandale • **устро́ить сце́ну** faire une scène **3.** trouver un emploi • **устро́ить ро́дственника на рабо́ту** trouver un emploi à un parent • **устро́ить на постоя́нное ме́сто рабо́ты** faire obtenir un emploi permanent **4.** arranger, convenir • **э́то меня́ вполне́ устра́ивает** cela me convient parfaitement • **э́то его́ совсе́м не устра́ивает** cela ne l'arrange pas du tout

устра́иваться / **устро́иться** *vp* **1.** → устра́ивать **2.** s'installer • **устро́иться на новосе́лье** s'installer dans son nouvel appartement • **устро́иться спать на дива́не** s'installer sur un canapé pour dormir **3.** trouver un emploi, se faire embaucher • **устро́иться на заво́д** trouver du travail dans une usine **4.** s'arranger, bien se terminer • **всё устро́илось** tout s'est arrangé

/ **устрани́ть** → устраня́ть

устраня́ть / **устрани́ть** *v* éliminer • **устрани́ть препя́тствие** écarter un obstacle • **устрани́ть конкуре́нта** éliminer un concurrent

/ **устреми́ться** → устремля́ться

устремля́ться / **устреми́ться** *vp* **1.** se précipiter **2.** se tourner vers • **все взгля́ды устреми́лись на неё** tous les regards convergèrent vers elle

/ **устро́ить** → устра́ивать

/ **устро́иться** → устра́иваться

устро́йство *nnt* **1.** dispositif • **заря́дное устро́йство** un chargeur • **взрывно́е устро́йство** un engin explosif **2.** organisation • **устро́йство шко́лы** l'organisation d'une école **3.** inscription • **устро́йство в де́тский сад** l'inscription au jardin d'enfants

уступа́ть / **уступи́ть** ④ *v* céder • **уступи́ть си́ле** céder à la force • **уступи́ть ста́ршему доро́гу** céder le passage à une personne plus âgée • **уступи́ть кни́гу за два́дцать рубле́й** céder un livre pour vingt roubles

/ **уступи́ть** → уступа́ть

усту́пка *nf* **1.** concession • **идти́ на усту́пки** faire des concessions **2.** réduction, rabais • **он мне сде́лал небольшу́ю усту́пку** il m'a fait une petite réduction • **продава́ть с усту́пкой** vendre au rabais

у́стье *nnt* embouchure *(de cours d'eau)* • **у́стье Невы́** l'embouchure de la Neva

/ **усынови́ть** → усыновля́ть

усыновля́ть / **усынови́ть** *v* adopter *(un garçon)* • **ты́сячи семе́й ждут, когда́ им позво́лят усынови́ть и́ли удочери́ть ребёнка** des milliers de familles attendent l'autorisation d'adopter un enfant

усыпа́ть / **усы́пать*** [II, усы́плю, усы́плешь] *v* parsemer, couvrir • **доро́жка, усы́панная песко́м** une allée couverte de sable • **лицо́, усы́панное весну́шками** un visage parsemé de taches de rousseur

/ **усыпи́ть** → усыпля́ть

усыпля́ть / **усыпи́ть** *v* **1.** endormir • **анестезио́лог усыпи́л пацие́нта** l'anesthésiste a endormi le patient ~ *fig* • **усыпи́ть бди́тельность** endormir la vigilance **2.** piquer *(mettre à mort)* • **больны́е живо́тные усыплены́ и захоро́нены** on pique les animaux malades et on les enterre

утверди́тельный *adj* affirmatif • **получи́ть утверди́тельный отве́т** obtenir une réponse affirmative

/ **утверди́ть** → **утвержда́ть**

утвержда́ть *v* **1.** affirmer • **он утвержда́ет, что э́то пра́вда** il affirme que c'est vrai **2.** / **утверди́ть** [*part.* утверждённый*] adopter *(sanctionner)* • **утверди́ть план** adopter un plan

утвержде́ние *nnt* **1.** affirmation • **необосно́ванное утвержде́ние** une affirmation gratuite **2.** ratification • **утвержде́ние догово́ра** la ratification d'un traité

утёнок* *(pl.* утя́та, утя́т, утя́там*)* *nm* caneton
● **га́дкий утёнок** le vilain petit canard

/ **утере́ть** → **утира́ть**

/ **утерпе́ть*** [I, утерплю́, уте́рпишь] ④ *v* se retenir • **она́ не утерпе́ла и сообщи́ла ему́ но́вость** elle n'a pas pu s'empêcher de lui annoncer la nouvelle

утёс *nm* rocher, falaise • **грани́тный утёс** un rocher de granite

утеша́ть / **уте́шить** *v* consoler

утеше́ние *nnt* consolation • **э́то бы́ло её еди́нственное утеше́ние** c'était sa seule consolation

/ **уте́шить** → **утеша́ть**

ути́ль *nm* déchets recyclables

утира́ть / **утере́ть*** [IV, утру́, утрёшь - утёр, утёрла - утёртый] *v* essuyer • **са́мое вре́мя утере́ть слёзы** c'est le moment d'essuyer ses larmes • **утире́ть нос платко́м** s'essuyer le nez avec son mouchoir
● **утере́ть кому́-нибудь нос** moucher quelqu'un *(remettre à sa place)*

утиха́ть / **ути́хнуть*** [III] *v* **1.** se taire • **му́зыка ути́хла** la musique s'est tue **2.** se calmer • **ве́тер ути́х** le vent est tombé • **боль ути́хла** la douleur a passé

/ **ути́хнуть** → **утиха́ть**

у́тка *nf* **1.** canard *(oiseau)* • **ди́кие у́тки** des canards sauvages **2.** canard *(fausse nouvelle)* • **пусти́ть у́тку** lancer un bobard

/ **утоли́ть** → **утоля́ть**

утоля́ть / **утоли́ть** *v* assouvir, étancher • **утоли́ть го́лод** assouvir sa faim • **утоли́ть жа́жду** étancher sa soif

утоми́тельный *adj* fatigant • **утоми́тельное путеше́ствие** un voyage fatigant

/ **утоми́ть** → **утомля́ть**

утомле́ние *nnt* fatigue • **физи́ческое утомле́ние** la fatigue physique • **у́мственное утомле́ние** la fatigue intellectuelle

утомля́ть / **утоми́ть** *v* fatiguer • **чте́ние утомля́ет глаза́** la lecture fatigue les yeux

/ **утону́ть** → **тону́ть, утопа́ть**

утопа́ть / **утону́ть** ④ *v* **1.** se noyer • **спасти́ утопа́ющего** sauver une personne qui se noie • **он провали́лся под лёд и утону́л** la glace s'est rompue sous lui et il s'est noyé **2.** *fig* nager, baigner • **утопа́ть в блаже́нстве** nager dans la béatitude • **дом утопа́ет в зе́лени** la maison est noyée dans la verdure • **центра́льные пло́щади утопа́ют в снегу́** les places du centre ville sont ensevelies sous la neige

/ **утопи́ть** → **топи́ть**

уто́пленник *nm* noyé

уто́пленница *nf* noyée

/ **уточни́ть** → **уточня́ть**

уточня́ть / **уточни́ть** *v* rendre plus précis, affiner • **уточни́ть све́дения** affiner des renseignements

утра́та *littéraire nf* perte

у́тренний *adj* du matin, matinal • **у́тренняя све́жесть** la fraîcheur du matin • **у́тренние газе́ты** les journaux du matin

у́тренник *nm* matinée *(spectacle des enfants)* • **он изобража́л на у́треннике Се́рого Во́лка** il jouait le Méchant Loup dans le spectacle des enfants

у́тро *nnt* matin • **весе́ннее у́тро** une matinée de printemps • **на сле́дующее у́тро** le lendemain matin • **в семь часо́в утра́** à sept heures du matin • **в восьмо́м часу́ утра́** à plus de sept heures du matin • **с утра́ до ве́чера** du matin au soir • **к утру́** vers le matin • **по утра́м бы́ло уже́ прохла́дно** le matin, il faisait déjà frais • **до́брое у́тро** bonjour
● **у́тро ве́чера мудрене́е** la nuit porte conseil

> **À PROPOS DE...**
>
> L'accent est initial, sauf dans les cas suivants :
>
> 1. après l'indication de l'heure ;
> 2. dans les groupes **с утра́, до утра́, от утра́, к утру́, по утра́м** et, également, **с са́мого утра́, до са́мого утра́**...

у́тром ◪ *adv* dans la matinée, le matin • **у́тром у нас четы́ре уро́ка** le matin, nous avons quatre heures de cours • **за́втра у́тром** demain matin • **сего́дня у́тром** ce matin ◪ *nnt* → у́тро

утру́ → у́тро, утере́ть

утю́г ③② *nm* fer à repasser • **электри́ческий утю́г** un fer électrique • **паро-во́й утю́г** un fer à vapeur

уха́ *nf* soupe de poisson • **вари́ть уху́** faire une soupe de poisson

уха́б *nm* ornière

уха́бистый *adj* plein d'ornières • **уха́бистая доро́га** une route défoncée

уха́живать (за + *I*) *v* **1.** prendre soin, s'occuper • **уха́живать за больны́м** s'occuper d'un malade • **уха́живать за цвета́ми** s'occuper des fleurs **2.** faire la cour • **он уже́ давно́ уха́живает за ней** il y a déjà longtemps qu'il lui fait la cour

/ **ухвати́ться** → хвата́ться

у́хо* (*pl.* у́ши, уше́й, уша́м) ①③ *nnt* oreille • **дли́нные у́ши** de longues oreilles • **заткну́ть у́ши** se boucher les oreilles • **драть ребёнка за́ уши** tirer les oreilles à un enfant • **покрасне́ть до уше́й** rougir jusqu'aux oreilles • **сказа́ть не́сколько слов на́ ухо** dire quelques mots à l'oreille • **у него́ то́нкое у́хо** il a l'oreille fine • **он туг на́ ухо** il est dur d'oreille • **я э́то слы́шал свои́ми уша́ми** je l'ai entendu de mes propres oreilles • **не ве́рить свои́м уша́м** ne pas en croire ses oreilles • **навостри́ть у́ши** dresser l'oreille *(devenir attentif)*
● **медве́дь наступи́л ему́ на́ ухо** il est sourd comme un pot • **по́ уши влюби́ться** tomber follement amoureux • **пропуска́ть ми́мо уше́й a.** ne pas faire attention *(à ce qui est dit)* **b.** faire la sourde oreille

> **À PROPOS DE...**
>
> L'accent passe sur la préposition dans les groupes **за́ ухо, за́ уши, на́ ухо** et **по́ уши**.

ухо́д *nm* **1.** départ • **мы узна́ли об э́том как раз пе́ред ухо́дом** nous l'avons appris juste avant notre départ **2.** (за + *I*) soins • **ухо́д за больны́м** les soins donnés à un malade

уходи́ть ④ / **уйти́*** [IV, уйду́, уйдёшь - ушёл, ушла́ - уйдя́] *v* **1.** s'en aller, partir • **он ушёл на охо́ту** il est parti à la chasse • **по́езд ушёл** le train est parti • **уйти́ в отста́вку** partir à la retraite **2.** échapper • **уйти́ от пресле́дования** échapper aux poursuites • **в коне́чном счёте от тюрьмы́ он не ушёл** finalement il n'a pas échappé à la prison

ухудша́ть / **уху́дшить** *v* aggraver

ухудша́ться / **уху́дшиться** *vp* s'aggraver, empirer • **положе́ние уху́дшилось** la situation s'est aggravée

ухудше́ние *nnt* aggravation, dégradation • **в состоя́нии больно́го произошло́ ре́зкое ухудше́ние** l'état général du malade a sensiblement empiré

/ **уху́дшить** → ухудша́ть

/ **уцеле́ть** *v* demeurer intact, rester sain et sauf • **по́сле пожа́ра уцеле́ла бо́льшая часть до́ма** la majeure partie du bâtiment est restée intacte après l'incendie • **уцеле́ть в катастро́фе** s'en sortir sain et sauf d'un accident

/ **уцепи́ться** → цепля́ться

уча́ствовать (в +*L*) *v* prendre part • **уча́ствовать в рабо́те** prendre part au travail • **уча́ствовать в спекта́кле** participer à un spectacle

уча́стие *nnt* **1.** participation • **при́мать уча́стие в** participer à › **принима́ть**

участие в разговоре prendre part à la conversation **2.** sympathie, intérêt • отнестись к подчинённым с участием faire preuve de sympathie à l'égard de ses subordonnés

/ **участить** → учащать

участник *nm* participant, membre • участники кружка les membres du cercle • участники экспедиции les membres de l'expédition

участница *nf* participante, membre

участок *nm* **1.** morceau de terrain, lopin de terre • рядом со школой заасфальтировали участок земли à côté de l'école on a goudronné un morceau de terrain **2.** section, secteur • участок трассы la section de la route nationale • избирательный участок circonscription électorale

участь *nf* sort, destinée • чтобы облегчить его участь pour adoucir son sort • разделить её участь partager son sort • горькая участь un triste sort

учащать / **участить** *v* **1.** accélérer • участить темп accélérer le rythme • учащённый пульс un pouls rapide **2.** rendre plus fréquent • участить посещения multiplier ses visites

учащаяся *part subst f* élève, étudiante

учащийся *part subst m* élève, étudiant • учащиеся вузов les étudiants des établissements d'enseignement supérieur

учёба *nf* études • он снова взялся за учёбу il s'est remis à ses études

учебник *nm* manuel *(livre)* • учебник русского языка un manuel de russe

учебный *adj* **1.** scolaire, d'enseignement • учебное заведение un établissement scolaire • учебный год l'année scolaire • учебные методы les méthodes d'enseignement • учебный фильм un film éducatif **2.** d'entraînement, d'exercice • учебная стрельба un tir d'exercice • учебный полёт un vol d'entraînement

учение *nnt* **1.** doctrine • учение Спинозы la doctrine de Spinoza **2.** exercice *(manœuvre)* • специальные учения по предотвращению терактов des exercices spéciaux de prévention des attaques terroristes

ученик ③② *nm* **1.** élève • ученики старших классов les élèves des grandes classes **2.** disciple • ученики Павлова les disciples de Pavlov

ученица *nf* élève • очень способная ученица une élève très douée

учёный *adj* savant • учёный спор une discussion savante • учёная собака un chien savant
■ учёный *nm* un savant • крупный учёный un grand savant

/ **учесть** → учитывать

училище *nnt* école • профессиональное училище lycée professionnel • военное училище école militaire

учитель* *(nom. pl.* учителя*)* ①② *nm* **1.** instituteur • он долго был учителем в небольшой деревне il a été pendant longtemps instituteur dans un petit village **2.** professeur *(ne s'applique pas aux membres de l'enseignement supérieur)* • учитель русского языка le professeur de russe

учительница *nf* **1.** institutrice • она долго была учительницей в небольшой деревне elle a été pendant longtemps institutrice dans un petit village **2.** professeur *(ne s'applique pas aux membres de l'enseignement supérieur)* • учительница математики le professeur de mathématiques

учительская *adj subst f* salle des professeurs

учитывать / **учесть*** [IV, учту, учтёшь - учёл, учла - учтённый - учтя] *v* **1.** prendre en considération • учесть обстановку tenir compte de la situation **2.** comptabiliser, compter • учитывать пассажиров comptabiliser les passagers

учить ④ *v* **1.** / научить ④ *et* выучить apprendre *(enseigner)* • она учила детей французскому языку elle apprenait le français aux enfants • он нас учил играть в шахматы il nous apprenait à jouer aux échecs **2.** / выучить apprendre *(étudier)* • учить урок apprendre sa leçon • выучить стихотворение наизусть apprendre un poème par cœur

учиться ④ *vp* **1.** / научиться ④ *et* выучиться *(+ D)* apprendre, étudier • учиться русскому языку apprendre le russe • он быстро научился читать il a très vite appris à lire **2.** faire ses études • **учи́ться в ву́зе** faire ses études dans une école supérieure • **учи́ться в МГУ** faire ses études à l'université de Moscou

учреждéние *nnt* institution, établissement

ýши → ýхо

уши́б[1] *nm* meurtrissure, contusion • **пассажи́ры получи́ли уши́бы** les passagers ont été contusionnés

уши́б[2] → ушиби́ть

ушибáть / **ушиби́ть*** [IV, ушибý, ушибёшь - уши́б, уши́бла - уши́бленный] *v* contusionner, meurtrir • **ушиби́ть нóгу** se cogner la jambe

/ **ушиби́ть** → ушибáть

ущéлье *nnt* défilé *(passage étroit)*

ущéрб *nm* préjudice • **нанести́ иму́ществу ущéрб** porter préjudice aux biens • **в ущéрб своему́ здорóвью** au préjudice de sa santé

/ **ущипну́ть** → щипáть

ую́тный *adj* dans lequel il est agréable de vivre • **ую́тная кóмната** une pièce agréable et confortable

/ **уясни́ть** → уясня́ть

уясня́ть / **уясни́ть** *v* élucider • **уясни́ть вопрóс** élucider un problème

ф

фа́брика *nf* usine, fabrique • **рабо́тать на спи́чечной фа́брике** travailler dans une fabrique d'allumettes

файл *nm* fichier (INFORM)

факс *nm* fax, télécopie • **отпра́вить докуме́нт по фа́ксу** faxer un document

факт *nm* fait • **истори́ческие фа́кты** des faits historiques • **э́то факт** c'est un fait

факти́ческий *adj* effectif • **факти́ческое доказа́тельство** une preuve effective

фальши́вый *adj* faux • **фальши́вые докуме́нты** des faux papiers • **фальши́вые де́ньги** de la fausse monnaie • **фальши́вая но́та** une fausse note • **фальши́вый челове́к** un homme faux • **попа́сть в фальши́вое положе́ние** se trouver dans une situation fausse

фами́лия *nf* nom (de famille) • **спи́сок фами́лий жильцо́в до́ма** la liste des noms des habitants de l'immeuble • **сохрани́ть де́вичью фами́лию** conserver son nom de jeune fille

фами́льный *adj* de famille • **у них фами́льное схо́дство** ils ont un petit air de famille

фане́ра *nf* contreplaqué

фантазёр *nm* personne qui se laisse entraîner par son imagination

фантазёрка *nf* personne qui se laisse entraîner par son imagination • **она́ така́я фантазёрка** elle beaucoup d'imagination

фанта́зия *nf* **1.** imagination • **дать во́лю свое́й фанта́зии** donner libre cours à son imagination **2.** fantaisie *(caprice)* • **ему́ пришла́ фанта́зия вы́купаться но́чью** il lui a pris idée d'aller se baigner la nuit

фа́ртук *nm* tablier

фарфо́р *nm* porcelaine • **колле́кция ру́сского фарфо́ра** une collection de porcelaine russe

фарш *nm* farce *(hachis)* • **перемоло́ть мя́со в фарш** hacher de la viande pour en faire de la farce

фасо́ль *nf (pas de pl)* haricots • **бе́лая фасо́ль** des haricots blancs

февра́ль ③ *nm* février • **э́то бы́ло в феврале́** c'était au mois de février • **он уе́хал 5-го февраля́** il est parti le 5 février

фейерве́рк *nm* feu d'artifice • **устро́ить фейерве́рк** faire un feu d'artifice

фельето́н *nm* article satirique

фен *nm* sèche-cheveux

фестива́ль *nm* festival • **фестива́ль де́тской кни́ги** le festival du livre pour enfants

фехтова́ние *nnt* escrime • **учи́тель фехтова́ния** maître d'escrime

фиа́лка *nf* violette

фигури́ст *nm* patineur artistique • **попа́сть в шестёрку лу́чших фигури́стов** se retrouver parmi les six meilleurs patineurs artistiques

фигури́стка *nf* patineuse artistique • **росси́йская фигури́стка заняла́ пе́рвое ме́сто** la patineuse artistique russe a remporté la première place

фигу́рный *adj* artistique • **фигу́рное ката́ние** le patinage artistique

фи́зика *nf* physique

физкульту́ра (*abr de* **физи́ческая культу́ра**) *nf* (SCOL) culture physique • **преподава́тель физкульту́ры** le professeur de sport

физкульту́рник *nm* personne qui pratique la culture physique, sportif

физкульту́рница *nf* personne qui pratique la culture physique, sportive

филармо́ния *nf* salle de concert • **в филармо́нии вы́ступил пиани́ст** un pianiste a donné un récital dans la salle de concert

филосо́фия *nf* philosophie

фильм *nm* film • **документа́льный фильм** un film documentaire

фина́л *nm* finale

фи́ник *nm* datte • **сушёные фи́ники** des dattes sèches

фи́нка *nf* Finlandaise

Финля́ндия *nf* Finlande

финн *nm* Finlandais

фи́нский *adj* **1.** finlandais **2.** finnois • **фи́нский язы́к** le finnois

Ф. И. О. (*abr de* **фа́милия и́мя о́тчество**) *nnt* nom, prénom, patronyme

фиоле́товый *adj* violet • **фиоле́товый синя́к под гла́зом** un bleu violacé sous l'œil

фити́ль ③② *nm* mèche *(de bougie, de lampe ou pour mise à feu)* • **фити́ль ла́мпы** la mèche de la lampe • **зажёчь фити́ль** allumer la mèche

флаг *nm* drapeau • **ру́сский национа́льный флаг** le drapeau national russe • **подня́ть флаг** hisser le drapeau • **спусти́ть флаг** amener le drapeau

фле́йта *nf* flûte *(instrument)* • **игра́ть на фле́йте** jouer de la flûte

фли́гель* *(nom. pl.* **флигеля́***)* ①② *nm* aile *(de bâtiment)*

фойе́ *nnt* foyer *(de théâtre)*

фо́кус¹ *nm* tour de passe-passe • **пока́зывать ка́рточные фо́кусы** faire des tours de cartes

■ **фо́кусы** *pl t* lubies, fantaisies • **что за фо́кусы!** qu'est-ce que c'est que ces fantaisies ?

фо́кус² *nm* foyer *(optique)*

фо́кусник *nm* prestidigitateur

фона́рик *(dim de* **фона́рь***)* *nm* petite lampe • **карма́нный фона́рик** une lampe de poche

фона́рь ③② *nm* réverbère, lanterne • **при све́те у́личного фонаря́** à la lueur d'un réverbère

● **волше́бный фона́рь** une lanterne magique • **карма́нный фона́рь** une lampe de poche • **у него́ фона́рь под гла́зом** il a un œil poché

фонта́н *nm* jet d'eau

фо́рма *nf* **1.** forme • **глаго́льные фо́рмы** les formes verbales • **торт в фо́рме се́рдца** un gâteau en forme de cœur **2.** uniforme • **шко́льная фо́рма** l'uniforme scolaire

фортепья́но* *nnt indécl* piano • **конце́рт для фортепья́но с орке́стром** concerto pour piano et orchestre

фо́рточка *nf* vasistas • **откро́й фо́рточку** ouvre le vasistas

фо́рум *nm* forum • **междунаро́дный фо́рум** un forum international • **официа́льный фо́рум игры́** (INFORM) un forum officiel du jeu

фотоаппара́т *nm* appareil photo • **цифровы́е фотоаппара́ты** les appareils photo numériques

фотобума́га *nf* papier photo

фото́граф *nm* photographe

франк *nm* franc

франт *nm* homme habillé avec une élégance recherchée • **одева́ться фра́нтом** s'habiller avec une élégance recherchée

Фра́нция *nf* France

францу́женка *nf* Française

францу́з *nm* Français

францу́зский *adj* français • **францу́зские ви́на** les vins français • **учи́ться францу́зскому языку́** apprendre le français

фронт ①③ *nm* front *(zone de combat)* • **солда́ты е́хали на фронт** les soldats partaient pour le front • **он верну́лся с фро́нта** il est revenu du front

фрукт *nm* fruit • **сушёные фру́кты** des fruits secs

● **ну и фрукт!** *(en parlant d'une personne)* ah, c'est un joli coco !

фрукто́вый *adj* fruitier, de fruit • **фрукто́вые дере́вья** les arbres fruitiers • фрукто́вый сад un verger • фрукто́вый сок un jus de fruits

фу! *interj* pouah ! • фу, га́дость! pouah, quelle horreur !

фунт *nm* **1.** livre *(ancienne mesure de poids en usage en Russie avant 1918 et équivalant à 409,5 gr)* **2.** livre *(mesure de poids en usage en Angleterre)* **3.** livre sterling

фура́жка *nf* casquette *(d'uniforme)*

футбо́л *nm* football

футболи́ст *nm* footballeur

футболи́стка *nf* footballeuse

футбо́лка *nf* tee-shirt

футля́р *nm* étui • футля́р для очко́в un étui à lunettes
• ***Челове́к в футля́ре*** (Чехов) *L'homme à l'étui* (Tchékhov)

фуфа́йка *nf* une veste matelassée

фы́ркать / **фы́ркнуть** *v* **1.** *(en parlant d'un animal)* renâcler, s'ébrouer • ло́шади фы́ркали les chevaux s'ébrouaient **2.** *(en parlant d'une personne)* pouffer de rire • она́ фы́ркнула ему́ в глаза́ elle lui a pouffé de rire au nez **3.** *(en parlant d'une personne)* faire avec les lèvres un bruit marquant le mécontentement • он хму́рился и всё фы́ркал il fronçait le sourcil et ne cessait pas de bougonner

/ **фы́ркнуть** → фы́ркать

Х

хаза́ры* *(gén. pl.* **хаза́р***) nmpl* Khazars *(peuple turc qui, du VIIe au Xe siècle, domina la région de la mer Caspienne puis de la Crimée et les steppes entre le Don et le Dniep)*

ха́кер *nm* hacker, fouineur

ха́ки *adj inv* kaki • **фо́рма цве́та ха́ки** un uniforme kaki

хала́т *nm* **1.** robe de chambre • **махро́вый хала́т** un peignoir en éponge **2.** blouse *(de travail)*

хала́тность *nf* négligence, incurie • **прояви́ть хала́тность в рабо́те** faire preuve de négligence dans son travail

хала́тный *adj* négligent • **хала́тное отноше́ние к рабо́те** le manque de conscience dans le travail

ха-ха! *interj* ha-ha !

халту́ра *fam nf* **1.** travail bâclé • **кто отве́тит за э́ту халту́ру?** qui est responsable de ce travail bâclé ? **2.** boulot au noir, petit boulot

халту́рный *fam adj* bâclé • **халту́рная рабо́та** un travail bâclé

халту́рщик *fam nm* mauvais travailleur • **ты ведь зна́ешь, что он халту́рщик** tu sais bien qu'il travaille comme un cochon

хам *nm* goujat, mufle

ха́мство *nnt* muflerie • **ну, э́то уж ха́мство!** ça, c'est vraiment de la muflerie !

хан *nm* khan • **в 1382 году́ Москва́ была́ огра́блена и сожжена́ войска́ми ха́на Тохтамы́ша** en 1382, Moscou fut saccagée et incendiée par les armées du khan Tokhtamych

хандра́ *nf* cafard *(idées noires)* • **впасть в хандру́** devenir cafardeux

хандри́ть *v* avoir le cafard

ха́нский *adj* du khan • **ха́нские войска́** les armées du khan

ха́нство *nnt* khanat • **Кры́мское ха́нство** le khanat de Crimée

хара́ктер *nm* caractère • **у него́ тяжёлый хара́ктер** il a un caractère difficile • **хара́ктер пого́ды меня́ется** le temps change

характе́рный *adj* caractéristique • **характе́рный за́пах** une odeur caractéristique

ха́та *nf* «khata» *(maison paysanne en Ukraine)* ● **моя́ ха́та с кра́ю** ça ne me concerne pas

хвалёбный *adj* élogieux • **хвалёбный о́тзыв** une critique élogieuse

хвали́ть ④ / **похвали́ть** ④ *v* louer *(faire l'éloge)* • **он тебя́ о́чень хва́лит** il dit beaucoup de bien de toi

хвали́ться ④ / **похвали́ться** ④ *(+ I) vp* se vanter • **хвали́ться свои́ми успе́хами** se vanter de ses succès • **хвали́ться не́чем** il n'y a pas de quoi se vanter • **он хвали́лся, что всё сде́лал** il se vantait d'avoir tout fait

хва́статься / **похва́статься** *(+ I) vp* se vanter • **хва́статься свои́ми успе́хами** se vanter de ses succès • **он хва́стался, что всё сде́лал** il se vantait d'avoir tout fait

хвастовство́ *nnt* vantardise • **без хвастовства́ скажу́** soit dit sans me vanter

хвасту́н ③② *nm* vantard

хвасту́нья ③② *nf* vantarde

хвата́ть[1] / **хвати́ть** ④ *(+ G) v* suffire • **де́нег на э́то не хва́тит** on n'aura pas assez d'argent pour ça • **с меня́ хва́тит!** j'en ai assez ! • **э́того ещё не хвата́ло** il ne manquait plus que ça

хвата́ть[2] *v* **1.** / **схвати́ть** ④ *et* **хвати́ть** ④ *fam* saisir, prendre • **она́ схвати́ла меня́ за́ руку** elle m'a pris par le bras **2.** / **хвати́ть** ④ *fam* avaler à la hâte

• **хва́тим по рю́мочке?** on se prend un petit verre de vodka ? **3.** / **хвати́ть** ④ *(+ G) fam* subir • **хвати́ть го́ря** avoir bien du malheur

хвата́ться *vp* **1.** / **схвати́ться** ④ *et* **хвати́ться** ④ *(за + A) fam* mettre la main à • **он схвати́лся за по́ручень** il saisit la main courante **2.** / **ухвати́ться** ④ saisir, s'accrocher à • **хвата́ться за соло́минку** s'accrocher à un brin de paille
● **хвата́ться за́ голову** s'arracher les cheveux *fig*

/ **хвати́ть** → **хвата́ть**

/ **хвати́ться** ④ *vp* **1.** *(за + A)* → **хвата́ться** **2.** *(+ G)* remarquer brusquement l'absence de • **хвати́ться ключе́й** s'apercevoir qu'on a perdu ses clefs

хво́йный *adj* à aiguilles (BOT) • **хво́йный лес** bois de conifères

хво́рост *nm* bois mort • **собира́ть хво́рост** ramasser du bois mort

хвост ③② *nm* **1.** queue • **хвост ры́бы** la queue du poisson • **хвост коме́ты** la queue de la comète • **хвост по́езда** la queue du train **2.** file d'attente, queue • **хвост за биле́тами** la queue pour les billets

хи́жина *nf* chaumière, hutte

хи́лый ⑤ *adj* chétif, malingre • **хи́лый ребёнок** un enfant chétif

хи́мик *nm* chimiste

хими́ческий *adj* chimique • **хими́ческая фо́рмула** une formule chimique

хи́мия *nf* chimie • **органи́ческая хи́мия** la chimie organique

химчи́стка *nf* pressing, nettoyage à sec

хиру́рг *nm* chirurgien *m*, chirurgienne *f*

хи́трость *nf* ruse • **де́йствовать с хи́тростью** agir avec ruse • **дипломати́ческая хи́трость** une ruse diplomatique

хи́трый *(хитёр, хитра́, хи́тро, хи́тры, хитёр, хитра́, хитро́, хитры́)* *adj* **1.** rusé • **хи́трый как лиса́** rusé comme un renard **2.** ingénieux *(bien inventé)* • **хи́трый механи́зм** un mécanisme ingénieux

хи-хи *interj* hé-hé

хи́щник *nm* **1.** carnassier **2.** rapace

хи́щный *adj* **1.** carnassier, rapace • **хи́щные зве́ри** les carnassiers • **хи́щные пти́цы** les rapaces **2.** de rapace, féroce • **хи́щный взгляд** un regard féroce

хладнокро́вие *nnt* sang-froid • **не теря́ть хладнокро́вия** ne pas perdre son sang-froid

хладнокро́вный *adj* plein de sang-froid • **хладнокро́вный челове́к** un homme plein de sang-froid • **хладнокро́вным то́ном** d'un ton calme

хлам *nm* bric-à-brac • **в углу́ валя́лся вся́кий хлам** dans le coin, il y avait tout un bric-à-brac

хлеб* *nm* **1.** pain • **кусо́к хле́ба** un morceau de pain • **чёрный хлеб** du pain noir • **ржано́й хлеб** du pain de seigle • **чёрствый хлеб** du pain rassis • **вынима́ть хле́бы из пе́чи** sortir les pains du four **2.** *(nom. pl.* хлеба́ ①②*)* blé, seigle ou autre céréale panifiable • **се́ять хлеб** faire les semailles
● **хлеб да соль!** soyez le bienvenu • **хлеб-соль** l'hospitalité › **благодарю́ вас за хлеб-соль** je vous remercie de votre hospitalité

хлев* *(loc.* хлеву́ ; *pl.* хлева́*)* ⑧② *nm* étable

хлеста́ть* [II, хлещу́, хле́щешь] ④ / **хлестну́ть** *v* **1.** fouetter • **хлеста́ть ло́шадь кнуто́м** frapper un cheval à coups de fouet ~ *(в + A)* • **в о́кна хле́щет дождь со сне́гом** de la pluie mêlée de neige frappait les fenêtres **2.** couler à flots • **кровь хлеста́ла из ра́ны** le sang jaillissait de la blessure • **дождь так и хле́щет** il pleut à verse **3.** *fam* descendre, boire en grande quantité • **хлеста́ть чай с утра́ до́ ночи** boire du thé du matin au soir

/ **хлестну́ть** → **хлеста́ть**

хло́пать / **хло́пнуть** *et* **похло́пать** *v* **1.** *(+ I)* faire claquer • **хло́пнуть две́рью** claquer la porte • **хло́пать кры́льями** battre des ailes **2.** *(+ A)* frapper légèrement • **хло́пнуть кого́-нибудь по плечу́** taper sur l'épaule de quelqu'un **3.** *(+ D) fam* applaudir • **хло́пать арти́стке** applaudir une artiste
● **хло́пать в ладо́ши** battre des mains • **хло́пать глаза́ми** *fam* regarder sans comprendre • **хло́пать уша́ми** *fam* ne pas comprendre

/ **хло́пнуть** → **хло́пать**

хло́пок[1] *nm* coton • **урожа́й хло́пка** la récolte du coton

хлопо́к[2] *nm* **1.** applaudissement • **ре́дкие, ве́жливые хлопки́** des applaudissements rares et polis **2.** bruit sec, claquement • **ре́зкий хлопо́к две́рью** le claquement sec d'une porte

хлопота́ть* [II, хлопочу́, хлопо́чешь] ④ / **похлопота́ть*** [II, *id*] ④ *v* **1.** se donner de la peine • **она́ весь день хлопо́чет** elle est occupée toute la journée **2.** faire des démarches • **хлопота́ть за дру́га** faire des démarches pour un ami • **хлопота́ть о ме́сте** faire des démarches pour obtenir une place

хлопотли́вый *adj* **1.** compliqué, qui oblige à de nombreuses démarches • **хлопотли́вое де́ло** une affaire bien compliquée **2.** affairé • **хлопотли́вый вид** un air affairé

хло́поты *(*хлопо́т, хло́потам*)* ⑤ *pl t* démarches, tracas • **э́то наде́лало нам мно́го хлопо́т** ça nous a donné bien du tracas

хлопчатобума́жный *adj* de coton, du coton • **хлопчатобума́жные тка́ни** les cotonnades • **хлопчатобума́жная промы́шленность** l'industrie cotonnière

хло́пья* *(*хло́пьев, хло́пьям*)* *pl t* flocons • **хло́пья сне́га** des flocons de neige • **овся́ные хло́пья** des flocons d'avoine

/ **хлы́нуть** *v* jaillir, couler à flots • **кровь хлы́нула из ра́ны** le sang jaillit de la blessure • **слёзы хлы́нули у неё из глаз** des larmes jaillirent de ses yeux • **дождь хлы́нул как из ведра́** la pluie s'est mise à tomber à seaux

хлыст ③② *nm* cravache • **он уда́рил ло́шадь хлысто́м** il donna un coup de cravache à son cheval

хмель[1] *nm* houblon

хмель[2] *(loc.* хмелю́*)* ⑧ *nm* ivresse • **во хмелю́** en état d'ivresse • **хмель как руко́й сня́ло** l'ivresse disparut d'un coup

хму́рить / **нахму́рить** *v* froncer, plisser *(en parlant seulement du visage)* • **нахму́рить бро́ви** froncer les sourcils • **нахму́рить лоб** se renfrogner

хму́риться / **нахму́риться** *vp* **1.** se renfrogner • **он замолча́л и нахму́рился** il se tut et prit un air sombre **2.** s'assombrir *(en parlant du ciel, du temps)* • **не́бо нахму́рилось** le ciel s'est assombri

хму́рый ⑤ *adj* **1.** renfrogné, maussade • **хму́рое лицо́** un visage renfrogné **2.** sombre *(en parlant du ciel, du temps)* • **хму́рое не́бо** un ciel sombre

хо́бот *nm* trompe *(chez les animaux)*

ход* *nm* **1.** *(loc.* ходу́ ⑧*)* marche *(mouvement)* • **дать за́дний ход** faire marche arrière • **по́езд заме́длил ход** le train a ralenti • **спры́гнуть с по́езда на по́лном ходу́** sauter du train en marche • **туда́ три ча́са хо́ду*** il y a trois heures de marche pour y aller **2.** cours *(succession)* • **ход собы́тий** le cours des événements **3.** ①② *(loc.* ходу́ ⑧②*)* entrée • **чёрный ход** l'entrée de service • **ко́мната с отде́льным хо́дом** une chambre avec une entrée indépendante **4.** ①② *(loc.* ходу́ ⑧②*)* passage • **подзе́мный ход** un passage souterrain **5.** ①③ coup *(au jeu)* • **риско́ванный ход** un coup risqué • **чей ход?** à qui de jouer ?
◆ **пусти́ть в ход все сре́дства** mettre tout en œuvre

ходи́ть → **идти́**

ходьба́ *nf* marche *(à pied)* • **они́ уста́ли от ходьбы́** la marche les a fatiguée • **в десяти́ мину́тах ходьбы́** à dix minutes de marche

хозтова́ры *pl t* articles de ménage, droguerie

хозя́ин* *(pl.* хозя́ева, хозя́ев, хозя́евам*)* *nm* **1.** propriétaire • **хозя́ин да́чи** le propriétaire de la datcha **2.** maître de maison **3.** maître *fig* • **он хозя́ин положе́ния** il est le maître de la situation • **он хозя́ин свое́й судьбы́** il est maître de son sort

хозя́йка *nf* **1.** propriétaire • **хозя́йка да́чи** la propriétaire de la datcha **2.** maîtresse de maison • **хоро́шая хозя́йка** une bonne ménagère

хозя́йский *adj* de propriétaire • **везде́ ну́жен хозя́йский глаз** rien ne vaut l'œil du maître

хозя́йство *nnt* **1.** entreprise, exploitation • **кру́пное хозя́йство** une grande exploitation • **фе́рмерские хозя́йства** des exploitations agricoles **2.** économie • **пла́новое хозя́йство** l'économie planifiée • **наро́дное хозя́йство**

l'économie nationale **3.** ménage • **хлопота́ть по хозя́йству** s'occuper du ménage
● **коммуна́льное хозя́йство** service de l'équipement • **се́льское хозя́йство** l'agriculture

хокке́й *nm* hockey • **хокке́й с ша́йбой** hockey avec palet • **хокке́й с мячо́м** bandy *(sorte de hockey sur glace qui se joue avec une balle)* • **хокке́й на траве́** hockey sur gazon

холм ③② *nm* colline • **леси́стые холмы́** des collines boisées

хо́лод *nm* froid • **дрожа́ть от хо́лода** trembler de froid • **соба́чий хо́лод** un froid de chien

холода́ (холодо́в, холода́м) *pl t* période de grand froid • **наступи́ли холода́** la période des grands froids arriva

холоди́льник *nm* réfrigérateur • **комбини́рованный холоди́льник-морози́льник** un réfrigérateur-congélateur

хо́лодно *adv*
● **сего́дня о́чень хо́лодно** il fait très froid aujourd'hui • **мне бы́ло хо́лодно** j'avais froid

холо́дный (хо́лоден, холодна́, хо́лодно, хо́лодны) ⑤ *adj* froid • **холо́дная вода́** de l'eau froide • **но́чи холо́дные** les nuits sont froides • **холо́дный чай** du thé froid • **холо́дные кра́ски** des couleurs froides • **холо́дный челове́к** un homme froid • **холо́дная война́** la guerre froide
● **холо́дное ору́жие** les armes blanches

холосто́й (хо́лост, холоста́, хо́лосто-хо́лосты) ⑤ *adj* **1.** célibataire • **он хо́лост** il est célibataire **2.** de célibataire • **холоста́я жизнь** la vie de célibataire **3.** à vide, à blanc • **рабо́тать на холосто́м ходу́** tourner à vide • **холосто́й вы́стрел** tir à blanc

холостя́к ③② *nm* célibataire • **ста́рый холостя́к** un vieux garçon

холостя́чка ③② *nf fam* célibataire • **она́ холостя́чка** elle est célibataire

холст ③② *nm* **1.** toile *(tissu)* • **то́нкий холст** une toile fine **2.** toile *(tableau)* • **холсты́ Канди́нского** des toiles de Kandinsky

хомя́к ③② *nm* hamster

хор *nm* chœur • **петь хо́ром** chanter en chœur

хорва́т *nm* Croate *m*

хорва́тка *nf* Croate *f*

хорва́тский *adj* croate

Хорва́тия *nf* Croatie

хорёк (хорька́) *nm* putois

хорово́й *adj* de chœur, choral • **хорова́я му́зыка** de la musique pour chœur

хорони́ть ④ / **похорони́ть** ④ *v* enterrer • **его́ похорони́ли на Новоде́вичьем кла́дбище** il a été enterré au cimetière Novodievitchi

хоро́шенький *adj* joli • **хоро́шенькая де́вушка** une jolie fille ~ *péj* • **хоро́шенькое де́ло!** une belle affaire, on peut dire !

хороше́нько *adv* comme il faut • **я не успе́л хороше́нько рассмотре́ть карти́ну** je n'ai pas eu le temps d'examiner le tableau comme il faut

хоро́ший (хоро́ш, хороша́, хорошо́, хороши́ ~ *comp.* лу́чше* *ou* лу́чший* ~ *superl.* лу́чший*) ③ *adj* **1.** bon • **хоро́ший обе́д** un bon repas • **хоро́шая мысль** une bonne idée • **хоро́ший сове́т** un bon conseil • **хоро́ший кусо́к хле́ба с ма́слом** un bonne tartine de pain beurrée **2.** beau • **у вас хоро́шая кварти́ра** vous avez un bel appartement • **сего́дня пого́да хоро́шая** il fait beau aujourd'hui • **как она́ была́ хороша́!** qu'elle était belle ! ~ *péj* • **хоро́ш гусь!** un joli coco !
● **всего́ хоро́шего!** *(lorsqu'on prend congé)* au plaisir

хорошо́ (*comp.* лу́чше*) *adv* bon, bien • **она́ хорошо́ поёт** elle chante bien • **хорошо́, я приду́** bon, j'irai
● **ему́ здесь хорошо́** il est bien ici

хоте́ть* [*n cl,* хочу́, хо́чешь, хо́чет, хоти́м, хоти́те, хотя́т] / **захоте́ть*** [*n cl, id*] *v* vouloir • **что я хоте́л сказа́ть?** qu'est-ce que je voulais vous dire ? • **я хочу́, что́бы он пришёл неме́дленно** je veux qu'il vienne immédiatement • **хоти́те ча́ю?** voulez-vous du thé ? • **е́сли хоти́те** si vous voulez • **как хоти́те** comme vous voulez • **чего́ он хо́чет от нас?** qu'est-ce qu'il nous veut ? • **я сде́лаю всё, что вы хоти́те** je ferai tout ce que vous voudrez

хотéться* [*n cl,* хóчется] / **захотéться*** [*n cl, id*] *v impers* faire envie • **ей ничегó не хотéлось** elle n'avait envie de rien • **мне хóчется пить** j'ai soif • **мне хóчется спать** j'ai sommeil

хоть ◪ *conj* → **хотя́** ◪ *particule* ne serait-ce que • **хоть на врéмя** ne serait-ce que provisoirement
● **пáрень хоть кудá** un gars formidable • **хоть бы a.** ne serait-ce que › **хоть бы раз в жи́зни** ne serait-ce qu'une fois dans sa vie **b.** si seulement on pouvait › **хоть бы не опоздáть** si seulement on pouvait ne pas être en retard • **хоть бы... и** quand bien même › **хоть бы он и пришёл на пóмощь** quand bien même il viendrait à notre aide

хотя́ *conj* bien que • **хотя́ он кáждый день бывáл у нас, мы почти́ ничегó не знáли о нём** bien qu'il nous rendît visite tous les jours, nous ne savions presque rien à son sujet
● **хотя́ бы** ne serait-ce que › **э́то докáзывают хотя́ бы слéдующие фáкты** c'est démontré, ne serait-ce que par les faits suivants • **хотя́ бы... и** quand bien même › **хотя́ бы они́ и согласи́лись** quand bien même ils accepteraient

хóхот *nm* rire bruyant • **закати́ться хóхотом** éclater de rire

хохотáть* [II, хохочý, хохóчешь] ④ / **захохотáть*** [II, *id*] ④ *v* rire aux éclats • **хохотáть до упáду** se tordre de rire • **хохотáть до слёз** rire aux larmes

хóчет, хóчешь, хочý → **хотéть**

хрáбрость *nf* bravoure, courage • **набрáться хрáбрости** s'armer de courage

хрáбро ⑤ *adv* courageusement, avec courage • **хрáбро защищáться** se défendre avec courage

хрáбрый ⑤ *adj* courageux, intrépide

храм *nm* **1.** temple • **храм Диáны** le temple de Diane ~ *fig* • **храм наýки** le temple de la science **2.** église

хранéние *nnt* **1.** conservation • **продýкты, предназнáченные для дли́тельного хранéния** des produits destinés à être conservés longtemps **2.** détention *(possession)*
● **кáмера хранéния** consigne • **сдать вéщи на хранéние** mettre ses bagages à la consigne

храни́тель *nm* conservateur • **храни́тель музéя** le conservateur du musée

храни́ть / **сохрани́ть** *v* conserver, garder • **храни́ть дéньги в сбербáнке** mettre son argent à la caisse d'épargne

храни́ться / **сохрани́ться** *vp* se conserver, se garder • **э́ти пи́сьма до сих пор хранятся у меня́** ces lettres sont toujours en ma possession

храпéть* [I, храплю́, храпи́шь] / **захрапéть*** [I, *id*] *v* **1.** ronfler • **он храпи́т во сне** il ronfle en dormant **2.** *(en parlant des chevaux)* s'ébrouer

хребéт *nm* **1.** épine dorsale **2.** chaîne de montagnes • **Урáльский хребéт** la chaîne de l'Oural

хрен *nm* raifort • **говя́дина под хрéном** du bœuf au raifort
● **стáрый хрен** *tfam* une vieille barbe

хрипéть* [I, хриплю́, хрипи́шь] / **захрипéть*** [I, *id*] *v* râler, parler d'une voix enrouée

хри́плый ⑤ *adj* enroué • **хри́плым гóлосом** d'une voix enrouée

хри́пнуть* [III] / **охри́пнуть*** [III] *v* s'enrouer • **петь совсéм не могý, охри́п** je ne peux absolument pas chanter, je suis enroué

христиани́н* *(pl.* **христиáне, христиáн, христиáнам***)* *nm* chrétien

христиáнка *nf* chrétienne

христиáнский *adj* chrétien • **христиáнская рели́гия** la religion chrétienne

хромáть / **захромáть** *v* **1.** boiter • **хромáть на лéвую нóгу** boiter de la jambe gauche **2.** *fig* clocher • **у негó орфогрáфия хромáет** c'est l'orthographe qui cloche chez lui

хромóй ⑤ *adj* **1.** boiteux • **нельзя́ заставля́ть танцевáть хромóго человéка** on n'oblige pas un boiteux à danser **2.** *(en parlant d'objets)* bancal • **хромóй стул** une chaise bancale

хрýпкий ⑤ *adj* fragile • **хрýпкая игрýшка** un jouet fragile • **хрýпкое здорóвье** une santé fragile

хрустáль ③ *nm* cristal *(verre)*
● **гóрный хрустáль** cristal de roche

хрустéть* [I, хрущý, хрусти́шь] / **хрýстнуть** *v* craquer, crisser • **хрýстнул сук**

on entendit craquer une branche • **снег хрусте́л под нога́ми** la neige crissait sous nos pieds • **хрусте́ть па́льцами** faire craquer ses doigts

/ **хру́стнуть** → хрусте́ть

хрыч ③② *nm*
• **ста́рый хрыч** *fam* une vieille barbe

хрю-хрю *onomat* groin-groin *(grognement du cochon)*

хрю́кать / **хрю́кнуть** *v* grogner *(en parlant du cochon)*

/ **хрю́кнуть** → хрю́кать

худе́ть / **похуде́ть** *v* maigrir • **я похуде́л на три кило́** j'ai maigri de trois kilos

ху́до[1] *nnt* mal • **он никому́ ху́да не де́лает** il ne fait de mal à personne • **нет ху́да без добра́** à quelque chose malheur est bon

ху́до[2] *(comp.* ху́же*) *adv arch* mal • **не ху́до бы отдохну́ть немно́жко** ça ne serait pas mal de se reposer un peu
• **ей сде́лалось ху́до** *fam* elle s'est trouvée mal

ху́до-бе́дно *adv* tant bien que mal • **свою́ зада́чу он ху́до-бе́дно вы́полнил** il a tant bien que mal rempli sa mission

худо́жественный *adj* d'art • **худо́жественное произведе́ние** une œuvre d'art • **худо́жественный фильм** un long métrage
• **худо́жественная самоде́ятельность** l'activité artistique amateur › **конце́рт худо́жественной самоде́ятельности** un concert d'amateurs

худо́жник *nm* (artiste) peintre • **ру́сский худо́жник XVIII ве́ка** un peintre russe du XVIIIe siècle

худо́й[1] ⑤ *adj* maigre • **он ещё худе́е, чем два го́да наза́д** il est encore plus maigre qu'il y a deux ans

худо́й[2] *(comp.* ху́же* ~ *superl.* ху́дший*) ⑤ *adj* mauvais • **де́ло принима́ет худо́й оборо́т** l'affaire prend une mauvaise tournure
• **на худо́й коне́ц** au pis aller

худоща́вый *adj* maigrichon • **лицо́м худоща́вый** au visage émacié

ху́дший *(superl de* плохо́й*) (superl de* худо́й*) adj* pire • **в ху́дшем слу́чае** dans le pire des cas

ху́же *(comp. de* пло́хо *ou* плохо́й *ou* ху́до *ou* худо́й*) adj ou adv* plus mal
• **ей ста́ло ху́же** elle va plus mal • **тем ху́же** tant pis

хулига́н *nm* voyou, vandale
• ***И́споведь хулига́на*** (Есе́нин) *la Confession d'un voyou* (Essenine)

ху́тор* *(nom. pl.* хутора́*)* ①② *nm* ferme *(isolée)*

Ц

цара́пать / **оцара́пать** *v* griffer, égratigner • **ко́шка оцара́пала ему́ ру́ку** le chat lui a griffé la main

цара́пина *nf* égratignure • **э́то цара́пина, а не ра́на** ce n'est pas une blessure, c'est une simple égratignure

царе́вич *nm* tsarévitch

Царе́вна-лягу́шка *nf* la princesse grenouille *(personnage de conte)*

цари́ть *v* régner *fig* • **цари́ла глубо́кая тишина́** il régnait un profond silence

цари́ца *nf* tsarine

ца́рский *adj* du tsar, des tsars • **ца́рская Росси́я** la Russie des tsars

ца́рство *nnt* royaume

ца́рствование *nnt* règne • **в ца́рствование Ива́на Гро́зного** sous le règne d'Ivan le Terrible

ца́рствовать *v* régner • **Па́вел I недо́лго ца́рствовал** Paul Ier ne régna pas longtemps ~ *fig* • **в го́роде ца́рствует зима́** l'hiver règne en ville

царь ③② *nm* **1.** tsar • **при царе́ Фёдоре** sous le règne du tsar Féodor **2.** *fig* roi • **царь звере́й** le roi des animaux
◉ **при царе́ Горо́хе** avant le déluge • **Царь-ко́локол** la Grande Cloche *(grande cloche brisée exposée au Kremlin)* • **Царь-пу́шка** le Grand Canon *(grand canon exposé au Kremlin, œuvre d'art du XVIe siècle)*

цвести́* [IV, цвету́, цветёшь - цвёл, цвела́] ③ / **расцвести** *v* **1.** être en fleur, fleurir • **я́блони цвету́т** les pommiers sont en fleur **2.** *fig* être florissant, s'épanouir • **расцвести́ от удово́льствия** s'épanouir de satisfaction

цвет*[1] *(nom. pl.* цвета́*)* ①② *nm* couleur • **основны́е цвета́** les couleurs primaires • **я́ркие цвета́** des couleurs vives • **тёмного цве́та** de couleur sombre • **ви́деть всё в ро́зовом цве́те** voir tout en rose • **ви́деть всё в чёрном цве́те** voir tout en noir
◉ **цвет лица́** teint › **боле́зненный цвет лица́** un teint maladif

цвет[2] *(dim de* цвето́к*)* *nm* fleur *fig* • **цвет о́бщества** la fine fleur de la société • **во цве́те лет** à la fleur de l'âge
◉ **в цвету́** en fleur *(sens propre)* › **я́блони во всём цвету́** les pommiers sont tout en fleur

цветни́к ③② *nm* parterre de fleurs

цветно́й[1] *adj* en couleurs • **цветно́й фильм** un film en couleurs

цветно́й[2] *adj*
◉ **цветна́я капу́ста** chou-fleur

цвето́к* *(pl.* цветы́, цвето́в, цвета́м*)* *nm* fleur • **собира́ть цветы́** cueillir des fleurs • **буке́т цвето́в** un bouquet de fleurs • **иску́сственные цветы́** des fleurs artificielles

цвету́щий *adj* florissant • **цвету́щее здоро́вье** une santé florissante

целе́бный *adj* curatif • **целе́бные тра́вы** des plantes médicinales

целесообра́зный *adj* judicieux, conforme au but recherché • **целесообра́зные мероприя́тия** des décisions judicieuses

целико́м *adv* entièrement • **целико́м отдава́ться рабо́те** se consacrer entièrement à son travail

целина́ *nf* terres vierges
◉ ***По́днятая целина́*** (Шо́лохов) *Terres défrichées* (Cholokhov)

це́литься / **прице́литься** *vp* viser • **це́литься в го́лову** viser à la tête

целова́ть / **поцелова́ть** *v* donner un baiser • **поцелова́ть в о́бе щеки́** embrasser sur les deux joues • **поцелова́ть в гу́бы** embrasser sur la bouche

Voir encadré page suivante.

> **À PROPOS DE...**
>
> Attention, il ne faut pas confondre **целу́ю** (première personne du singulier du verbe **целова́ть**), avec **це́лую** (accusatif féminin singulier de l'adjectif **це́лый**). Ces deux formes diffèrent d'ailleurs par leur accentuation.

це́лый ⑤ *adj* **1.** intact • **дом оста́лся цел** la maison a été épargnée • **он оста́лся цел и невреди́м** il est sain et sauf **2.** entier • **набра́ть це́лую корзи́нку грибо́в** ramasser un plein panier de champignons • **це́лый ме́сяц** un mois tout entier

цель *nf* **1.** but • **с како́й це́лью?** dans quel but ? • **име́ть це́лью** avoir pour but • **поста́вить себе́ це́лью** se donner pour but de • **дости́чь це́ли** atteindre son but **2.** cible • **попа́сть в цель** atteindre la cible

цеме́нт *nm* ciment

цена́ ⑥① *nf* prix • **цена́ биле́та** le prix du billet • **повыше́ние цен на продово́льственные това́ры** augmentation du prix des denrées alimentaires • **цена́ за прока́т роя́ля** le prix de location d'un piano *~fig* • **ценой упо́рного труда́** au prix d'un travail opiniâtre • **любо́й ценой** à tout prix

цени́ть ④ / **оцени́ть** [*part.* **оценённый**] ④ *v* **1.** évaluer • **карти́ну оцени́ли в ты́сячу рубле́й** le tableau a été évalué à mille roubles **2.** apprécier • **его́ начина́ют цени́ть по досто́инству** on commence à l'apprécier à sa juste valeur

це́нность *nf* valeur • **духо́вные це́нности** les valeurs spirituelles • **храни́ть це́нности в ба́нке** garder les objets de valeur à la banque • **уника́льные худо́жественные це́нности** des trésors artistiques uniques

це́нный *adj* de valeur • **це́нный пода́рок** un cadeau d'une grande valeur • **це́нное откры́тие** une découverte du plus grand intérêt

це́нтнер *nm* quintal

центр *nm* centre • **центр окру́жности** le centre de la circonférence • **центр тя́жести** le centre de gravité • **они́ живу́т в це́нтре го́рода** ils habitent au centre de la ville • **администрати́вный центр** un centre administratif • **промы́шленный центр** un centre industriel

центра́льный *adj* central
● **Центра́льная А́зия** l'Asie centrale • **центра́льное отопле́ние** le chauffage central

цепля́ться / **уцепи́ться** ④ *vp* s'accrocher, se cramponner • **цепля́ться за ве́тку** s'accrocher à une branche *~fig* • **он цепля́ется то́лько за наде́жду её уви́деть** il ne s'accroche qu'à l'espoir de la voir
● **цепля́ться к слова́м** prendre *(qqn)* au mot

цепно́й *adj*
● **цепна́я реа́кция** réaction en chaîne • **цепна́я соба́ка** un chien qu'on garde attaché

цепо́чка *dim de* **цепь**

цепь ⑧③ *nf* chaîne • **посади́ть соба́ку на цепь** attacher un chien • **соба́ка сорвала́сь с це́пи** le chien s'est détaché de sa chaîne *~fig* • **го́рная цепь** une chaîne de montagnes • **це́пи ра́бства** les chaînes de l'esclavage • **сорва́ться с це́пи** être déchaîné

> **À PROPOS DE...**
>
> L'accent passe sur la préposition dans le groupe **на́ цепь**.

церемо́ниться *vp* faire des manières, se gêner • **не церемо́ниться** ne pas se gêner • **не церемо́ньтесь, пожа́луйста** je vous en prie, faites comme chez vous • **не церемо́ниться с друзья́ми** ne pas se gêner avec ses amis

церемо́ния *nf* cérémonie • **церемо́ния подписа́ния соглаше́ния** la cérémonie de signature de l'accord
■ **церемо́нии** *pl t* façons, politesse affectée • **без церемо́ний** sans façons

церко́вный *adj* **1.** de l'église • **церко́вный ко́локол** la cloche de l'église **2.** religieux • **церко́вные пра́здники** les fêtes religieuses • **церко́вная му́зыка** la musique religieuse

це́рковь* (*instr.* **це́рковью** ; *pl.* **це́ркви, церкве́й, церква́м**) ①④ *nf* église • **пятигла́вая це́рковь** une église à cinq coupoles • **правосла́вная це́рковь** l'Église orthodoxe

цех *nm* atelier *(dans une usine)* • **сбо́рочный цех** l'atelier de montage

цинга́ *nf* scorbut

цинк *nm* zinc

цирк *nm* cirque

ци́ркуль *nm* compas

циферблáт *nm* cadran • **циферблáт часóв** cadran de montre

ци́фра *nf* chiffre • **арáбские ци́фры** les chiffres arabes • **ри́мские ци́фры** les chiffres romains

цифровóй *adj* numérique

ЦК *nm* (*abr.* центрáльный комитéт) comité central • **ЦК профсою́за** le Comité central du syndicat

цыгáн* (*pl.* цыгáне, цыгáн, цыгáнам) *nm* tzigane

цыгáнка *nf* tsigane

цыгáнский *adj* tsigane • **цыгáнские пéсни** des chansons tziganes

цыплёнок* (*pl.* цыпля́та, цыпля́т, цыпля́там) *nm* **1.** poussin • **ку́рица с цыпля́тами** une poule et ses poussins **2.** poulet • **жáреный цыплёнок** un poulet rôti

цы́почки (цы́почек, цы́почкам) *pl t* ◉ **на цы́почках** sur la pointe des pieds › **ходи́ть на цы́почках** marcher sur la pointe des pieds › **встать на цы́почки** se dresser sur la pointe des pieds

Ч

ч (*abr de* час) *nm* h, heure

чай ①② *nm* thé • **грузи́нский чай** du thé géorgien • **кита́йский чай** du thé de Chine • **цейло́нский чай** du thé de Ceylan • **кре́пкий чай** un thé fort • **стака́н ча́ю*** un verre de thé • **нас пригласи́ли на ча́шку ча́я** nous sommes invités à prendre le thé • **завари́ть чай** faire le thé

ча́йка *nf* mouette, goéland
● ***Ча́йка*** (Че́хов) *la Mouette* (Tchekhov)

ча́йник *nm* **1.** théière • **фарфо́ровый ча́йник** une théière en porcelaine **2.** bouilloire • **электри́ческий ча́йник** une bouilloire électrique

ча́йный *adj* **1.** de thé • **ча́йный лист** une feuille de thé **2.** à thé • **ча́йная ча́шка** une tasse à thé
● **ча́йная ло́жка** une cuillère à café

час* (*loc.* часу́) ⑧② *nm* heure • **бо́льше ча́са** plus d'une heure • **не бо́льше двух часо́в** pas plus de deux heures • **опозда́ть на час** être en retard d'une heure • **рабо́тать до ча́са** travailler jusqu'à une heure • **кото́рый час? — пять часо́в** quelle heure est-il ? — cinq heures • **в кото́ром часу́? — в час** à quelle heure ? — à une heure • **в час но́чи** à une heure du matin • **в де́сять часо́в утра́** à dix heures du matin • **в восьмо́м часу́** entre sept et huit heures • **в часы́ пик** aux heures de pointe • **е́хать со ско́ростью со́рок киломе́тров в час** rouler à quarante kilomètres à l'heure
● **стоя́ть на часа́х** monter la garde

À PROPOS DE...

1. Le génitif singulier est accentué sur la finale après **два, три, четы́ре** et **полтора́**. Ex. : ***в два часа́***, à deux heures.
2. Le locatif est **ча́се** après la préposition **в**, lorsque le groupe **в ча́се** signifie «dans l'espace de 60 minutes».
3. Voir aussi **часы́**.

часо́вня *nf* chapelle

часово́й[1] *adj* de montre, d'horloge • **часова́я стре́лка** l'aiguille de la montre
● **часово́й магази́н** horlogerie *(magasin)*

часово́й[2] *adj subst m* sentinelle • **сме́на часовы́х** la relève de la garde

часовщи́к ③② *nm* horloger

части́ца *nf* **1.** (GRAMM & PHYS) particule **2.** petite part • **в э́тих слова́х есть части́ца пра́вды** il y a là une part de vérité

части́чный *adj* partiel • **части́чный успе́х** un succès partiel

ча́стность *nf* cas particulier, détail • **мы всё копа́емся в ча́стностях** nous nous perdons dans les détails
● **в ча́стности** en particulier

ча́стный *adj* **1.** particulier • **э́то ча́стный слу́чай** c'est un cas particulier **2.** privé, personnel • **ча́стная со́бственность** la propriété privée • **ча́стная жизнь** la vie privée

ча́сто (*comp.* ча́ще*) *adv* souvent • **мы его́ ча́сто встреча́ем** nous le rencontrons souvent • **ча́ще всего́** le plus souvent

частота́ (*pl.* часто́ты) ②① *nf* fréquence • **ток высо́кой часто́ты** un courant à haute fréquence

часту́шка *nf* «tchastouchka» *(couplet populaire satirique sur un thème musical folklorique et comportant souvent, une grande part d'improvisation)*

ча́стый (*comp.* ча́ще*) ⑤ *adj* **1.** fréquent • **ча́стые посеще́ния** des visites fréquentes **2.** épais, touffu • **ча́стый лес** une forêt dense

часть ①③ *nf* partie • **ча́сти те́ла** les parties du corps • **бо́льшая часть пу́блики** la majorité du public

● **бо́льшей ча́стью** le plus souvent • **запасны́е ча́сти** les pièces de rechange • **э́то не по мое́й ча́сти** ce n'est pas mon rayon

часы́ (**часо́в, часа́м**) *pl t* montre, horloge • **мой часы́ спеша́т на пять мину́т** ma montre avance de cinq minutes • **ва́ши часы́ отстаю́т** votre montre retarde • **стенны́е часы́** une pendule • **со́лнечные часы́** un cadran solaire

чат *nm* chat, messagerie instantanée • **по вечера́м он болта́ет в ча́те с друзья́ми** le soir il tchatte avec ses amis

ча́шка *nf* tasse • **ча́шка ча́я** une tasse de thé

ча́ща *nf* fourré • **непроля́зная ча́ща** un fourré impénétrable

ча́ще *comp de* **ча́сто, ча́стый,** → *(loc de)* **ча́ща**

чего́ → **что**

чей *pron poss* à qui ? • **чья э́то кни́га?** à qui est ce livre ?

чек *nm* **1.** ticket de caisse **2.** chèque • **вы́писать чек на ассоциа́цию** faire un chèque à l'ordre de l'association

че́ковый *adj* de chèque • **че́ковая кни́жка** un carnet de chèques

челове́к* *(gén. pl.* **челове́к***)* *nm* homme • **до́брый челове́к** un brave homme • **образо́ванный челове́к** un homme cultivé • **э́тот молодо́й челове́к** ce jeune homme • **шестьсо́т челове́к** six cents personnes

> **À PROPOS DE...**
>
> Au pluriel, utiliser le mot **лю́ди** sauf dans le cas d'un génitif après des noms de nombres ou après les adverbes de quantité **не́сколько, ско́лько** et **сто́лько**, auxquels cas il convient d'utiliser **челове́к**.

челове́ческий *adj* humain • **челове́ческий род** le genre humain • **челове́ческое отноше́ние** une attitude humaine

челове́чество *nnt* humanité • **су́дьбы челове́чества** le destin de l'humanité

челове́чный *adj* humain *(compatissant)* • **челове́чное отноше́ние** une attitude humaine

че́люсть *nf* mâchoire • **ни́жняя че́люсть** la mâchoire inférieure ● **вставна́я че́люсть** dentier

чем[1] *conj* **1.** que *(après comparatif)* • **лу́чше по́здно, чем никогда́** mieux vaut tard que jamais **2.** *fam* au lieu de • **чем идти́ наудачу, спроси́ у милиционе́ра** au lieu d'aller au hasard, tu ferais mieux de demander à un agent
● **чем..., тем...** plus..., plus... › **чем скоре́й, тем лу́чше** le plus tôt sera le mieux

чем[2] → **что**

чём → **что**

чемода́н *nm* valise • **укла́дывать чемода́ны** faire ses valises

чемпио́н *nm* champion • **чемпио́н по пла́ванию** champion de natation • **чемпио́н ми́ра** champion du monde

чемпиона́т *nm* championnat

чемпио́нка *nf* championne • **олимпи́йская чемпио́нка по пла́ванию** la championne olympique de natation

чему́ → **что**

чепуха́ *nf* **1.** absurdités, âneries • **нести́ чепуху́** dire des âneries **2.** un rien, une bêtise • **де́сять киломе́тров? э́то чепуха́** dix kilomètres ? c'est trois fois rien

че́рви (**черве́й, червя́м**) ③ *pl t* **1.** cœur *(aux cartes)* • **коро́ль черве́й** le roi de cœur **2.** → **червь**

черви́вый *adj* véreux • **черви́вое я́блоко** une pomme véreuse • **черви́вые грибы́** des champignons pleins de vers

черво́нный[1] *adj arch* rouge écarlate

черво́нный[2] *adj* de cœur *(aux cartes)* • **черво́нная да́ма** la dame de cœur

червь ③③ *nm* **1.** ver • **шелкови́чный червь** le ver à soie • **дождево́й червь** un ver de terre **2.** ver *(informatique)* • **пе́рвый червь для моби́льных телефо́нов** le premier ver pour téléphones portables **3.** → **че́рви**

червя́к ③② *nm* **1.** ver • **дождевы́е червяки́** des vers de terre **2.** ver *(informatique)* • **ви́рус под колори́тным назва́нием "кра́сный червя́к"** un virus portant le nom pittoresque de "ver rouge"

чердáк ③② *nm* grenier • **на чердаке́** au grenier

чередовáться *vp* alterner • **«А» чередýется с нулевы́м окончáнием** «А» alterne avec la désinence zéro

чéрез *prép* **1.** *(+ A)* à travers • **проéхать через лес** traverser la forêt **2.** par-dessus • **пры́гнуть через канáву** sauter le fossé • **мост чéрез Москвá-рекý** le pont sur la Moskova **3.** en sautant *(un repère temporel ou spatial)* • **онá рабóтает через день** elle travaille tous les deux jours • **я выхожý чéрез остано́вку** je descends au deuxième arrêt **4.** au bout de, dans • **чéрез час все уéхали** au bout d'une heure, tous étaient partis • **я вернýсь чéрез час** je reviendrai dans une heure

À PROPOS DE...

через peut être soit atone, soit accentué sur la première syllabe.

черёмуха *nf* cerisier à grappes

чéреп* *(nom. pl.* **черепá***)* ①② *nm* crâne • **проломи́ть чéреп** enfoncer le crâne

черепáха *nf* **1.** tortue • **морскáя черепáха** une tortue de mer • **ползти́ как черепáха** avancer comme une tortue **2.** écaille *(carapace de la tortue)* • **издéлия из черепáхи** des objets en écaille

черепи́ца *nf* tuile • **кры́ши домóв покры́ты крáсной черепи́цей** les toits des maisons sont couverts de tuiles rouges

чересчýр *adv* par trop • **чересчýр смéлый** par trop audacieux • **э́то уж чересчýр!** ça dépasse les limites !

черéшня *nf* **1.** cerise • **варéнье из черéшни** de la confiture de cerises **2.** cerisier

чернéть *v* **1.** contraster par sa couleur noire • **вдали́ чернéл лес** au loin, on voyait la ligne noire de la forêt **2.** / **почернéть** devenir noir, noircir • **почернéвшая от стáрости икóна** une icône noircie par le temps

черни́ка *nf* myrtille • **варéнье из черни́ки** de la confiture de myrtilles

черни́ла *(***черни́л, черни́лам***)* *pl t* encre • **черни́ла для при́нтеров** de l'encre pour les imprimantes

черни́льница *nf* encrier

черни́льный *adj* d'encre, à encre • **черни́льное пятнó** une tache d'encre

чернови́к ③② *nm* brouillon • **чернови́к письмá** le brouillon d'une lettre

черновóй *adj* **1.** de brouillon • **черновáя тетрáдь** un cahier de brouillon **2.** fait au brouillon • **черновóе письмó** un brouillon de lettre

Черногóрия *nf* Monténégro

чернозём *nm* tchernoziom *(terre noire très fertile)*

черномóрский *adj* de la mer Noire • **Черномóрский флот** la flotte de la mer Noire

чернорабóчий *adj subst m* manœuvre *(ouvrier sans qualification)*

чернosли́в *nm* pruneaux • **компóт из чернosли́ва** des pruneaux cuits

чёрный ⑤ *adj* noir • **чёрное плáтье** une robe noire • **чёрная бородá** une barbe noire • **чёрный хлеб** du pain noir • **чёрные мы́сли** des idées noires • **чёрный ры́нок** le marché noir

• **чёрное дéрево** l'ébène *(bois)* • **чёрная лé стница** l'escalier de service • **мéжду ни́ми пробежáла чёрная кóшка** ils sont brouillés • **чёрная металлýргия** la sidérurgie • **отложи́ть дéньги на чёрный день** mettre de l'argent de côté pour les mauvais jours • **чёрная рабóта** un travail de manœuvre • **чёрный ход** l'entrée de service

чéрпать / **черпнýть** *v* puiser • **чéрпать вóду из ручья́** puiser de l'eau au ruisseau ~ *fig* • **чéрпать свои́ свéдения из рáзных истóчников** puiser ses renseignements à diverses sources

/ **черпнýть** → **чéрпать**

чёрствый ⑤ *adj* **1.** rassis • **чёрствый хлеб** du pain rassis **2.** dur, insensible • **чёрствый человéк** un homme dur

чёрт* *(pl.* **чéрти, чертéй***)* ①③ *nm* diable

• **в ти́хом óмуте чéрти вóдятся** il n'est pire eau que l'eau qui dort • **жить у чёрта на кули́чках** habiter au diable • **иди́ к чёрту!** va-t'en au diable ! • **ни чертá** rien de rien › **ни чертá не понимáю** je n'y comprends rien • **тут сам чёрт нóгу слóмит** le diable lui-même s'y perdrait • **убирáйся к чёрту!** va-t'en au diable ! • чёрт бы егó побрáл! que le diable l'emporte ! • чёрт возьмú! bon sang ! • чёрт егó знáет va donc savoir • чёрт с ним! qu'il aille au diable !

À PROPOS DE...

Le génitif singulier est accentué sur la syllabe finale dans le groupe **ни чертá**.

чертá[1] *nf* **1.** trait *(ligne)* • **провестú черту́** tracer un trait **2.** trait *(du visage)* • **прáвильные черты́ лицá** des traits réguliers **3.** trait *(de caractère)* • **чертá харáктера** un trait de caractère

чертá[2] *(après le mot* **ни***)* → **чёрт**

чертёж ③② *nm* dessin technique, plan

чертёжник *nm* dessinateur industriel

чертóвски *adv* diablement • **мне чертóвски хóчется пить** j'ai une soif du diable • **чертóвски устáл** je suis affreusement fatigué

чертóвский *adj* diabolique, du diable • **чертóвский хóлод** un froid de canard • **чертóвская погóда** un temps affreux

чесáть* [II, чешу́, чéшешь] ④ / **почесáть*** [II, *id*] ④ *v* **1.** gratter • **почесáть нос** se gratter le nez **2.** *fam* peigner, brosser • **чесáть вóлосы** se peigner • **чесáть собáку ежеднéвно** brosser son chien tous les jours **3.** peigner, carder • **чесáть лён** peigner le lin
● **чесáть в заты́лке** se gratter la tête *(en signe d'embarras)* • **чесáть языкóм** papoter • **не чешúте там, где не чéшется** il ne faut pas réveiller le chat qui dort • **чесáть всех под однý гребёнку** mettre tout le monde dans le même sac

чесáться* [II, чешу́сь, чéшешься] ④ / **почесáться*** [II, *id*] ④ *v impers* **1.** → **чесáть** **2.** provoquer des démangeaisons, gratter • **от шерстянóй шáпки чéшется головá** mon bonnet en laine me gratte
● **ру́ки чéшутся** l'envie me démange › **у меня́ всегдá ру́ки чéшутся подарúть цветы́** j'ai constamment envie d'offrir des fleurs

чеснóк ③ *nm (pas de pl)* ail • **колбасá с чесноком** du saucisson à l'ail

чéстность *nf* honnêteté • **проявúть чéстность** faire preuve d'honnêteté

чéстный ⑤ *adj* honnête • **чéстный человéк** un homme honnête • **чéстные лю́ди** d'honnêtes gens
● **чéстное слóво** parole d'honneur › **дать чéстное слóво** donner sa parole

честь ⑧① *nf* honneur • **э́то большáя честь для нас** c'est un grand honneur pour nous • **э́то дéлает вам честь** c'est tout à votre honneur
● **порá и честь знать** il ne faut pas abuser ; il est temps de prendre congé

четвéрг ③② *nm* jeudi • **я её вúдел в четвéрг у́тром** je l'ai vue jeudi matin • **он захóдит к нам по четвергáм** il vient nous voir le jeudi
● **пóсле дóждика в четвéрг** la semaine des quatre jeudis

четверéньки *(*четверéнек, четверéнькам*) pl t*
● **на четверéньках** à quatre pattes › **ходúть на четверéньках** marcher à quatre pattes › **стать на четверéньки** se mettre à quatre pattes

четвёрка *nf* note scolaire satisfaisante *(quatre sur cinq)* • **он получúл четвёрку по ру́сскому** il a eu une bonne note en russe

чéтверо *num* quatre • **чéтверо детéй** quatre enfants • **их бы́ло чéтверо** ils étaient quatre

четвёртый *adj num* quatrième • **в четвёртый раз** pour la quatrième fois • **онá приéхала 4-го декабря́** elle est arrivée le 4 décembre • **мы живём на четвёртом этажé** nous habitons au troisième étage • **в половúне четвёртого** à trois heures et demie • **Гéнрих IV (четвёртый)** Henri IV
■ **четвёртая** *adj subst f* quart

чéтверть *(pl.* чéтверти, четвертéй*)* ①③ *nf* **1.** quart • **чéтверть часá** un quart d'heure • **котóрый час? — чéтверть вторóго** quelle heure est-il ? — une heure et quart • **во скóлько он придёт? — без чéтверти три** à quelle heure arrivera-t-il ? — à trois heures moins le quart **2.** trimestre • **в пéрвые дни вторóй шкóльной чéтверти** les premiers jours du deuxième trimestre de l'année scolaire

чёткий ⑤ *adj* net, clair • **чёткие следы́** des traces nettes • **чёткий пóчерк** une écriture très lisible • **чёткое изложéние** un exposé parfaitement clair

чётный *adj* pair • **чётное число́** un nombre pair

четы́ре *num* quatre • **два́жды два — четы́ре** deux fois deux font quatre • **в четы́ре часа́** à quatre heures • **в четырёх киломе́трах отсю́да** à quatre kilomètres d'ici

четы́реста *num* quatre cents • **четы́реста рубле́й** quatre cents roubles • **бо́льше четырёхсо́т киломе́тров** plus de quatre cents kilomètres

четырёхсо́тый *adj num* quatre centième

четы́рнадцатый *adj num* quatorzième • **мы прие́хали в Москву́ 14-го ию́ня** nous sommes arrivés à Moscou le 14 juin

четы́рнадцать *num* quatorze • **четы́рнадцать рубле́й** quatorze roubles • **в четы́рнадцати киломе́трах от го́рода** à quatorze kilomètres de la ville

чех *nm* Tchèque

Че́хия *nf* République tchèque

чехо́л *nm* étui, housse • **чехо́л для кре́сла** une housse de fauteuil

чечеви́ца *nf* lentille *(plante et graine)*

че́шка *nf* Tchèque

че́шский *adj* tchèque

чешуя́ *nf* écaille(s) • **ры́бья чешуя́** des écailles de poisson

чин ①② *nm* grade, rang
● **без чино́в** sans façons • **чин чи́ном** comme il convient

чини́ть ④ *v* **1.** / **почини́ть** ④ réparer • **почини́ть о́бувь** réparer des chaussures **2.** / **почини́ть** ④ raccommoder • **чини́ть бельё** raccommoder du linge **3.** / **очини́ть** ④ tailler *(un crayon)* • **очини́ть каранда́ш** tailler un crayon

чино́вник *nm* **1.** fonctionnaire • **ме́лкий чино́вник** un petit fonctionnaire **2.** *péj* bureaucrate

чири́кать *v* gazouiller

чи́сленность *nf* effectif, nombre

чи́сленный *adj* numérique • **чи́сленное превосхо́дство** la supériorité numérique

числи́тельный *adj*
● **(и́мя) числи́тельное** nom de nombre › **коли́чественные числи́тельные** les cardinaux › **поря́дковые числи́тельные** les ordinaux

чи́слиться *vp* être au nombre de, figurer • **чи́слиться в спи́ске** figurer sur la liste • **чи́слиться больны́м** être porté malade

число́ ②① *nnt* **1.** nombre • **це́лое число́** un nombre entier • **дро́бное число́** un nombre fractionnaire • **в том числе́** entre autres **2.** date, quantième • **како́е сего́дня число́?** le combien sommes-nous ?
● **еди́нственное число́** le singulier • **мно́жественное число́** le pluriel

чи́стить *v* **1.** / **почи́стить** *et* **вы́чистить** nettoyer • **чи́стить ковёр пылесо́сом** passer le tapis à l'aspirateur • **чи́стить щёткой костю́м** brosser son costume • **чи́стить о́бувь** cirer ses chaussures • **чи́стить зу́бы** se laver les dents • **чи́стить но́гти** se faire les ongles **2.** / **очи́стить** éplucher, peler • **чи́стить карто́шку** éplucher les pommes de terre • **чи́стить грибы́** nettoyer des champignons • **чи́стить апельси́н** peler une orange

чистокро́вный *adj* pur sang • **чистокро́вная ло́шадь** un pur-sang

чистопло́тный *adj* qui aime la propreté, propre • **чистопло́тный зверь** un animal qui aime la propreté

чи́сто *adv* proprement • **э́то чи́сто сде́лано** c'est fait proprement

чистота́ *nf* **1.** propreté • **чистота́ ко́мнаты** la propreté d'une pièce **2.** pureté *litt & fig* • **чистота́ воды́** la pureté de l'eau • **чистота́ наме́рений** la pureté des intentions

чи́стый *(comp.* **чи́ще***)* ⑤ *adj* **1.** propre, pur • **чи́стое бельё** du linge propre • **чи́стые таре́лки** des assiettes propres • **чи́стая страни́ца** une page blanche • **чи́стое не́бо** un ciel pur • **дыша́ть чи́стым во́здухом** respirer l'air pur • **чи́стое зо́лото** de l'or pur • **чи́стая случа́йность** un pur hasard • **э́то чи́стая пра́вда** c'est la pure vérité • **по-ру́сски он говори́т дово́льно чи́сто** il parle un russe assez pur **2.** exact, net *(en parlant de poids, bénéfice)* • **чи́стый вес** poids net • **чи́стая при́быль** le bénéfice net **3.** tranquille *(en parlant de la conscience)*

• **моя́ со́весть чиста́** j'ai la conscience tranquille **4.** soigné *(en parlant du travail)* • **чи́стая рабо́та** un travail soigné
● **приня́ть за чи́стую моне́ту** prendre pour argent comptant

чита́льня *nf* salle de lecture

чита́тель *nm* lecteur *(personne qui lit)* • **о́тзывы чита́телей** les réactions des lecteurs

чита́тельница *nf* lectrice *(personne qui lit)*

чита́ть / **прочита́ть** *et* * [IV, прочту́, прочтёшь - прочёл, прочла́ - прочтённый] *v* **1.** lire • **чита́ть газе́ту** lire le journal • **чита́ть Че́хова** lire Tchekhov • **чита́ть вслух** lire à haute voix **2.** réciter • **чита́ть стихи́** réciter des vers • **чита́ть моли́тву** dire une prière **3.** donner, faire *(un cours, un exposé)* • **чита́ть ле́кцию о совреме́нном рома́не** faire un cours sur le roman contemporain • **чита́ть докла́д** faire un exposé
● **чита́ть нота́ции** faire la leçon

чиха́ть / **чихну́ть** *v* éternuer

/ **чихну́ть** → чиха́ть

чи́ще → чи́стый

член *nm* membre • **ги́бкие чле́ны** des membres souples • **член па́ртии** un membre du parti • **член прави́тельства** un membre du gouvernement

чле́нский *adj* de membre • **чле́нский биле́т** la carte de membre
● **чле́нский взнос** cotisation

чо́каться / **чо́кнуться** *vp* trinquer

/ **чо́кнуться** → чо́каться

чрезвыча́йный *adj* exceptionnel, extraordinaire • **чрезвыча́йные ме́ры** des mesures exceptionnelles • **чрезвыча́йный съезд** un congrès extraordinaire • **чрезвыча́йный успе́х** un succès extraordinaire

чте́ние *nnt* lecture • **кни́га для чте́ния** un livre de lecture • **интере́сное чте́ние** une lecture intéressante

что *pron interr nt & pron rel nt*

1. = que, quoi
• **что случи́лось?** qu'est-ce qui s'est passé ?
• **что поде́лаешь?** qu'est-ce qu'on peut y faire ?
• **чего́ вы ждёте?** qu'est-ce que vous attendez ?
• **о чём они́ говори́ли?** de quoi parlaient-ils ?
• **в чём де́ло?** de quoi s'agit-il ?
• **то, что я узна́л** ce que j'ai appris

2. = ce que
• **вот что я узна́л** voilà ce que j'ai appris
• **я не зна́ю, что он де́лает** je ne sais pas ce qu'il fait

3. = pourquoi
• **что у вас тако́й гру́стный вид?** qu'est-ce qui vous rend si triste ?

что *conj* **= que**
• **говоря́т, что они́ уе́хали** on dit qu'ils sont partis
● **вот что** voilà ce qu'il y a
• **в слу́чае чего́** s'il arrive quelque chose
• **к чему́?** à quoi ça mène ?
• **пока́ что** pour l'instant › **он, пока́ что, ещё далеко́** pour l'instant, il est encore loin
• **что вы!** que dites-vous là !
• **что есть си́лы** de toutes ses forces
• **что за** *(+ nom)* quel › **что за глу́пости!** quelles bêtises !
• **что ли?** quoi ? › **пойдём, что ли?** alors, on y va ?
• **что ты!** qu'est-ce que tu dis là !
• **что..., что...** que ce soit... ou... › **что он, что ты — не всё ли равно́?** que ce soit lui ou toi, qu'est-ce que ça peut faire ?

что́б, что́бы *conj* **1.** *(+ passé)* que • **я не хочу́, что́бы он узна́л об э́том** je ne veux pas qu'il le sache • **что́бы э́того бо́льше не́ было!** que cela ne se reproduise pas ! **2.** *(+ passé)* pour que • **что́бы она́ согласи́лась** pour qu'elle accepte **3.** *(+ inf)* pour • **он прие́хал, что́бы тебя́ поздра́вить** il est venu pour te féliciter
● **вме́сто того́, что́бы** *(+ inf)* au lieu de › **вме́сто того́, что́бы останови́ться** au lieu de s'arrêter

что́-либо *pron nt littéraire* quelque chose, n'importe quoi

что́-нибудь *pron nt* quelque chose, n'importe quoi • **возьми́те что́-нибудь полу́чше** prenez quelque chose de mieux

что́-то ■ *pron nt* quelque chose • **произошло́ что́-то ужа́сное** il s'est passé quelque chose d'épouvantable • **тут что́-то не так** il y a là quelque chose qui ne va pas • **она́ че́м-то недово́льна** il y a quelque chose qui la contrarie ◾ *adv fam* on ne sait pas pourquoi • **он что́-то молчи́т** il ne dit rien, Dieu sait pourquoi • **сего́дня мне что́-то нездоро́вится** je ne suis pas très en forme aujourd'hui

чу́вственность *nf* sensualité

чу́вственный *adj* sensuel • **чу́вственный взгляд** un regard sensuel

чувстви́тельность *nf* sensibilité *litt & fig*

чувстви́тельный *adj* **1.** sensible *litt & fig* • **чувстви́тельный прибо́р** un appareil sensible • **чувстви́тельный ребёнок** un enfant sensible **2.** sentimental • **чувстви́тельный рома́нс** une romance sentimentale

чу́вство *nnt* **1.** sens, sensation • **о́рганы чувств** les organes des sens • **чу́вство бо́ли** une sensation de douleur • **чу́вство хо́лода** une impression de froid **2.** connaissance *(conscience de sa propre existence)* • **лиши́ться чувств** perdre connaissance • **прийти́ в чу́вство** revenir à soi **3.** sentiment, sens *(conscience, faculté d'apprécier)* • **чу́вство до́лга** le sens du devoir • **чу́вство отве́тственности** le sentiment de sa responsabilité • **чу́вство ю́мора** le sens de l'humour **4.** sentiment, penchant • **чу́вство жа́лости** un sentiment de pitié • **пита́ть не́жные чу́вства** nourrir de tendres sentiments

чу́вствовать / почу́вствовать *v* sentir, ressentir *litt & fig* • **почу́вствовать боль в плече́** ressentir une douleur à l'épaule • **как вы себя́ чу́вствуете?** comment vous sentez-vous ? • **э́то уже́ даёт себя́ чу́вствовать** cela se fait déjà sentir

чугу́н ③ *nm* fonte *(métal)* • **котело́к из чугуна́** une marmite en fonte

чугу́нный *adj* de fonte, en fonte • **чугу́нная плита́** une plaque de fonte

чуда́к ③② *nm* farfelu • **како́й чуда́к!** quel farfelu !

чуде́сный *adj* **1.** miraculeux • **чуде́сное исцеле́ние** une guérison miraculeuse **2.** merveilleux • **чуде́сная пого́да** un temps merveilleux

чу́дный *adj* merveilleux • **чу́дная панора́ма** un merveilleux panorama

чу́до* *(pl.* чудеса́, чуде́с, чудеса́м*) nnt* **1.** miracle • **произошло́ чу́до** il s'est produit un miracle • **э́то про́сто чу́до** c'est un pur miracle **2.** merveille • **чу́до из чуде́с** la merveille des merveilles • **чу́до иску́сства** une merveille de l'art

чудо́вище *nnt* monstre *litt & fig* • **морско́е чудо́вище** un monstre marin • **како́е э́то чудо́вище!** quel monstre !

чудо́вищный *adj* monstrueux • **чудо́вищное преступле́ние** un crime monstrueux

чу́ждый ⑤ *adj littéraire* étranger *(qui n'appartient pas au groupe)*

чужо́й *adj* **1.** d'un autre, des autres • **на чужо́й счёт** aux dépens des autres • **знать с чужи́х слов** savoir par ouï-dire **2.** étranger *(appartenant à une autre nation, une autre famille)* • **чужа́я страна́** un pays étranger • **в рука́х чужи́х люде́й** entre les mains de personnes étrangères

чуло́к* *(gén. pl.* чуло́к*) nm* bas • **шёлковые чулки́** des bas de soie

чума́ *nf* peste

чу́тко *adv* **1.** avec sensibilité, avec finesse • **чу́тко реаги́ровать** réagir avec sensibilité **2.** légèrement • **чу́тко спать** dormir d'un sommeil léger

чу́ткий ⑤ *adj* **1.** d'une sensibilité aiguë *litt & fig* • **чу́ткое у́хо** une oreille fine • **чу́ткий нюх** un flair remarquable • **чу́ткий пёс** un chien qui a du flair • **чу́ткий челове́к** une personne pleine d'attentions **2.** léger *(en parlant du sommeil)* • **чу́ткий сон** un sommeil léger

чу́точку *adv fam* un tout petit peu • **чу́точку быстре́е** un tout petit peu plus vite

чуть *adv* **1.** un petit peu • **чуть бо́льше** un petit peu plus **2.** à peine • **чуть заме́тная улы́бка** un sourire presque imperceptible

◆ **чуть ли не** il semble bien › **э́то бы́ло чуть ли не в позапро́шлом году́** c'était, je crois bien, il y a deux ans • **чуть не** être sur le point de › **она́ чуть не упа́ла** elle a failli tomber • **чуть свет** au point du jour

◾ **чуть (то́лько)** *conj* à peine • **чуть ста́ло смерка́ться, он вы́шел из дому** à peine la nuit était-elle tombée qu'il sortit de la maison

чутьё *nnt* **1.** flair • **соба́ка с то́нким чутьём** un chien qui a du flair **2.** sens *(connaissance intuitive)* • **языково́е чутьё** le sens de la langue

чуть-чу́ть *adv* à peine • **он на́чал чуть-чуть говори́ть по-ру́сски** il a commencé à parler un tout petit peu en russe

● **чуть-чу́ть не** être sur le point de › **она́ чуть-чу́ть не упа́ла** elle a bien failli tomber

чу́чело *nnt* **1.** épouvantail **2.** animal empaillé • **чу́чело медве́дя** un ours empaillé

● **чу́чело горо́ховое** espèce d'empaillé !

чу́ять* [II, чу́ю, чу́ешь] / **почу́ять*** [II, *id*] *v* **1.** sentir *(flairer)* • **соба́ка чу́ет дичь** le chien sent qu'il y a du gibier • **я шесты́м чу́вством чу́ю, что он не без спосо́бностей** avec mon sixième sens je sens qu'il a des capacités **2.** *fam* sentir *(se rendre compte de)* • **чу́ешь ра́зницу?** tu sens la différence ?

чьё, чьего́ → чей

Ш

шабло́н *nm* poncif, cliché *fig*

шабло́нный *adj* banal • **шабло́нный отве́т** une réponse banale

шаг* *(loc.* **шагу́***)* ⑧② *nm* **1.** pas *litt* • **сде́лать шаг наза́д** faire un pas en arrière • **два шага́** deux pas • **идти́ больши́ми шага́ми** marcher à grands pas • **заме́длить шаг** ralentir • **приба́вить ша́гу*** hâter le pas • **в коридо́ре послы́шались торопли́вые шаги́** on entendit des pas précipités dans le couloir • **в десяти́ шага́х от стены́** à dix pas du mur **2.** pas *fig* • **де́ло дви́гается вперёд бы́стрыми шага́ми** l'affaire avance à grands pas • **сде́лать реши́тельный шаг** faire un pas décisif • **риско́ванный шаг** un coup risqué • **шаг за ша́гом** pas à pas • **сде́лать пе́рвый шаг** faire le premier pas • **сде́лать пе́рвые шаги́** faire ses premiers pas • **на ка́ждом шагу́** à chaque instant

À PROPOS DE...

Après les noms de nombre **два, три, четы́ре**, le génitif de **шаг** est accentué sur la syllabe finale.

шага́ть / **шагну́ть** *v* marcher, faire un pas • **он уста́ло шага́л по доро́ге** il avançait sur la route d'un pas fatigué • **шагну́ть че́рез поро́г** franchir le seuil

/ **шагну́ть** → **шага́ть**

ша́гом *adv* au pas • **ло́шади шли ша́гом** les chevaux marchaient au pas
● **ша́гом, марш!** en avant, marche !

ша́йка *nf* bande *(groupe)* • **ша́йка разбо́йников** une bande de brigands

шала́ш ③② *nm* hutte en branchages

шали́ть / **пошали́ть** *v* faire le polisson • **де́ти шали́ли** les gamins faisaient des sottises

шалу́н ③② *nm* polisson

шалу́нья *(gén. pl.* **шалу́ний***)* *nf* polissonne

ша́пка *nf* bonnet • **мехова́я ша́пка** une chapka

ша́почка *nf* **1.** *dim de* **ша́пка** **2.** bonnet • **вя́заная ша́почка** un bonnet en laine
● **Кра́сная Ша́почка** le Petit Chaperon rouge

шар ①② *nm* **1.** sphère • **пове́рхность ша́ра** la surface de la sphère **2.** boule • **билья́рдный шар** une boule de billard
● **возду́шный шар** un ballon, un aérostat • **земно́й шар** le globe terrestre

À PROPOS DE...

Après les noms de nombre **два, три, четы́ре**, le génitif de **шар** est accentué sur la syllabe finale.

ша́рик *nm* **1.** petit boule, boulette • **де́ти игра́ли ша́риками из пластили́на** les enfants jouaient avec des boulettes de pâte à modeler **2.** ballon en baudruche • **возду́шные ша́рики с на́дписями, агити́рующими про́тив куре́ния** des ballons en baudruche portant des slogans contre le tabagisme **3.** bille • **металли́ческие ша́рики покати́лись по́ полу** des billes en métal roulèrent sur le sol **4.** globule • **кра́сные кровяны́е ша́рики** les globules rouges • **бе́лые кровяны́е ша́рики** les globules blancs

ша́риковый *adj* à billes • **ша́риковые подши́пники** des roulements à billes • **ша́риковая ру́чка** un stylo à bille

ша́рить / **поша́рить** *v* fouiller • **ша́рить в карма́нах** fouiller dans ses poches

шарма́нка *nf* orgue de Barbarie
● **опя́ть завёл шарма́нку!** le voilà qui remet ça !

шарф *nm* écharpe • **повяза́ть ше́ю ша́рфом** se mettre une écharpe autour du cou

шата́ться *vp* **1.** / **пошатну́ться** prendre du jeu • **у меня́ зуб шата́ется** j'ai une dent qui bouge **2.** / **зашата́ться** vaciller, marcher en titubant • **он шата́лся как пья́ный** il titubait comme un ivrogne • **он зашата́лся от уда́ра** le coup le fit vaciller **3.** / **пошата́ться** *fam* traîner *(flâner)* • **где ты шата́лся?** où es-tu allé traîner ?

ша́ткий *adj* **1.** branlant, vacillant • **ша́ткая ле́стница** un escalier branlant • **ша́ткий стол** une table bancale **2.** *fig* précaire • **ша́ткое положе́ние** une situation instable • **ша́ткое здоро́вье** une santé fragile

шах[1] *nm* shah

шах[2] *nm* échec *(aux échecs)* • **шах королю́** échec au roi • **шах и мат** échec et mat

шахмати́ст *nm* joueur d'échecs

шахмати́стка *nf* joueuse d'échecs

ша́хматный *adj* (de jeu) d'échecs • **ша́хматная доска́** échiquier • **ша́хматная па́ртия** une partie d'échecs

ша́хматы (ша́хмат, ша́хматам) *pl t* échecs *(jeu)* • **игра́ть в ша́хматы** jouer aux échecs

шахта *nf* **1.** puits *(de mine)* • **спусти́ться в ша́хту** descendre à la mine **2.** mine • **ша́хты Донба́сса** les mines du Donbass

шахтёр *nm* mineur *(ouvrier des mines)*

ша́шка[1] *nf* pion *(au jeu)*

ша́шка[2] *nf* sabre

ша́шки (ша́шек, ша́шкам) *pl t* dames *(jeu)* • **игра́ть в ша́шки** jouer aux dames

шашлы́к ③② *nm* brochette

швед *nm* Suédois

шве́дка *nf* Suédoise

шве́дский *adj* suédois • **шве́дский язы́к** le suédois

шве́йный *adj* **1.** à coudre • **шве́йная маши́на** une machine à coudre **2.** de couture • **шве́йная фа́брика** un atelier de confection

швейца́р *nm* concierge

швейца́рец *nm* Suisse

Швейца́рия *nf* Suisse

швейца́рка *nf* Suisse(sse)

швейца́рский *adj* suisse • **швейца́рский сыр** gruyère

Шве́ция *nf* Suède

швея́ *nf* couturière

/ **швырну́ть** → **швыря́ть**

швыря́ть *v* **1.** / **швырну́ть** *(+ A, + I)* lancer • **швырну́ть кни́гу на стол** jeter un livre sur la table • **швыря́ть камня́ми** lancer des pierres **2.** *(+ I)* gaspiller • **швыря́ть деньга́ми** jeter son argent par les fenêtres

шевели́ть / **пошевели́ть** *et* **шевельну́ть** *(+ A, + I)* *v* remuer, faire bouger • **ве́тер слегка́ шевели́л ли́стья** le vent agitait doucement les feuilles • **шевели́ть губа́ми** remuer les lèvres
● **шевели́ть мозга́ми** se creuser les méninges

шевели́ться / **шевельну́ться** *vp* remuer, bouger • **не хо́чешь замёрзну́ть, на́до шевели́ться** si tu ne veux pas mourir de froid, il faut bouger

/ **шевельну́ть** → **шевели́ть**

/ **шевельну́ться** → **шевели́ться**

ше́йпинг *nm* musculation

шёл → **идти́**

ше́лест *nm* léger bruit, bruissement • **ше́лест страни́ц** le bruissement des pages • **ше́лест ли́стьев** le bruissement des feuilles

шелесте́ть* [I, *(première personne inusitée)* шелести́шь] / **зашелесте́ть*** [I, *id*] *v* faire un léger bruit, bruisser • **шелесте́ли ли́стья** on entendait le bruissement des feuilles

шёлк* *(loc.* шелку́ ; *pl.* шелка́*)* ⑧② *nm* soie • **пла́тье из шёлка** une robe de soie

шёлковый *adj* **1.** de soie • **шёлковые чулки́** des bas de soie **2.** de la soie, des soieries • **шёлковая промы́шленность** l'industrie de la soie

/ **шепну́ть** → **шепта́ть**

шёпот *nm* chuchotement • **говори́ть шёпотом** parler tout doucement, chuchoter

шепта́ть* [II, шепчу́, ше́пчешь] ④ / **прошепта́ть*** [II, *id*] ④ *et* **шепну́ть** *v* chuchoter • **он прошепта́л мне па́ру слов на́ ухо** il m'a dit quelques mots à l'oreille

шерохова́тый *adj* rugueux, raboteux • **шерохова́тая факту́ра** une texture rugueuse ~ *fig* • **шерохова́тый стиль** un style raboteux

шерсть ①③ *nf* **1.** *(pas de pl)* poils *(chez les animaux)* • **соба́ка с дли́нной ше́рстью** un chien aux longs poils • **гла́дить ко́шку про́тив ше́рсти** caresser un chat à rebrousse-poil • **стричь шерсть у ове́ц** tondre les brebis **2.** laine • **клубо́к жёлтой ше́рсти** une pelote de laine jaune • **пла́тье из ше́рсти** une robe de laine

шерстяно́й *adj* **1.** en laine • **шерстяно́е пла́тье** une robe de laine **2.** de la laine • **шерстяна́я промы́шленность** l'industrie de la laine

шерша́вый *adj* rugueux • **шерша́вая ко́жа** une peau rugueuse

ше́ршень *nm* frelon

шест ③② *nm* perche, gaule • **прыжо́к с шесто́м** le saut à la perche

ше́ствие *nnt* procession, défilé • **спорти́вное ше́ствие** un défilé sportif

ше́стеро *num* six • **ше́стеро дете́й** six enfants • **их бы́ло ше́стеро** ils étaient six

шестидеся́тый *adj num* soixantième

шестисо́тый *adj num* six centième

шестна́дцатый *adj num* seizième • **брат прие́хал 16-го ноября́** mon frère est arrivé le 16 novembre

шестна́дцать *num* seize • **ей шестна́дцать лет** elle a seize ans • **в шестна́дцати киломе́трах отсю́да** à seize kilomètres d'ici

шесто́й *adj num* sixième • **шеста́я страни́ца** la page six • **мы придём 6-го ма́я** nous viendrons le 6 mai • **на шесто́м этаже́** au cinquième étage

шесть *num* six • **шесть рубле́й** six roubles • **на́до бы верну́ться к шести́** il faudrait rentrer vers six heures

шестьдеся́т *num* soixante • **шестьдеся́т рубле́й** soixante roubles • **в шести́десяти киломе́трах от Москвы́** à soixante kilomètres de Moscou

шестьсо́т *num* six cents • **шестьсо́т челове́к** six cents personnes • **в шестиста́х киломе́трах от Владивосто́ка** à six cents kilomètres de Vladivostok

ше́я *nf* cou • **дли́нная ше́я** un long cou ◈ **бро́ситься ба́бушке на ше́ю** se jeter au cou de sa grand-mère • **гнуть ше́ю пе́ред свои́м нача́льником** courber l'échine devant son chef • **на ше́е сиде́ть у свои́х роди́телей** être à la charge de ses parents • **получи́ть по ше́е** recevoir une raclée • **прогна́ть безде́льника в ше́ю** flanquer le fainéant à la porte • **сверну́ть себе́ ше́ю** se casser le cou

ши́ворот *nm*
◈ **взять за ши́ворот** prendre par le collet

ши́ворот-навы́ворот *adv* **1.** à l'envers • **оде́ть ма́йку ши́ворот-навы́ворот** mettre son tee-shirt à l'envers **2.** de travers *fig* • **ли́чная жизнь шла ши́ворот-навы́ворот** sa vie privée était sens dessus dessous

шика́рно *adv* **1.** avec chic • **она́ шика́рно одева́ется** elle est toujours bien sapée **2.** dans le luxe

шика́рный *adj* **1.** chic, élégant • **костю́мы прили́чные, но не шика́рные** les costumes sont corrects mais pas luxueux **2.** luxueux

ши́ло *nnt* alène
◈ **ши́ла в мешке́ не утаи́шь** la vérité finit toujours par percer

шине́ль *nf* capote *(d'uniforme)*, manteau • **офице́рская шине́ль** une capote d'officier

шип ③② *nm* épine • **нет ро́зы без шипо́в** il n'y a pas de rose sans épines

шипе́ть* [I, шиплю́, шипи́шь] / **зашипе́ть*** [I, *id*] *v* **1.** siffler • **змея́ шипе́ла** le serpent sifflait • **кран на ку́хне шипи́т** le robinet de la cuisine siffle • **ко́шка зло́бно шипе́ла на соба́ку** le chat grognait furieusement contre le chien **2.** pétiller **3.** grésiller • **ма́сло шипе́ло** le beurre grésillait

шипо́вник *nm* **1.** églantier • **цветы́ шипо́вника** des églantines **2.** églantine

шипя́щий *adj* sifflant • **шипя́щим го́лосом** d'une voix sifflante
● **шипя́щие (согла́сные)** les chuintantes

ши́ре *comp de* **широ́кий, широко́**

ширина́ *nf* largeur • **ширина́ моста́** la largeur du pont • **ширино́й в де́сять ме́тров** large de dix mètres

ши́рма *nf* paravent • **актёры ку́кольного теа́тра игра́ют за ши́рмой** les marionnettistes jouent derrière un paravent ~ *fig* • **служи́ть ши́рмой** servir de paravent

широ́кий (**широ́к, широка́** ④ ③ ~ *comp.* **ши́ре***) *adj* large *litt & fig* • **широ́кая у́лица** une rue large • **он широ́к в плеча́х** il est large d'épaules • **широ́кая улы́бка** un large sourire • **широ́кие возмо́жности** de vastes possibilités • **в широ́ком смы́сле сло́ва** dans le sens le plus large du mot • **в широ́ком масшта́бе** sur une grande échelle • **для широ́кой пу́блики** pour le grand public
● **жить на широ́кую но́гу** mener grand train

широко́ (*comp.* **ши́ре***) *adv* largement • **с широко́ раскры́тыми глаза́ми** les yeux grands ouverts

широта́ (*pl.* **широ́ты**) ②① *nf* latitude (GÉOGR)

ширпотре́б (*abr de* **широ́кое потребле́ние**) *nm* **1.** *péj* objets de consommation courante • **в э́том магази́не продаётся в основно́м ширпотре́б** ce magasin vend surtout des objets de consommation courante **2.** articles grand public, articles bas de gamme • **что продаётся хорошо́, так э́то ширпотре́б** ce qui se vend bien, c'est le bas de gamme

шить* [II, **шью, шьёшь - шей**] / **сшить*** [II, **сошью́, сошьёшь - сшей - сши́тый**] *v* **1.** coudre • **шить на маши́нке** coudre à la machine **2.** se faire faire

ши́шка *nf* **1.** cône *(fruit des conifères)* • **сосно́вая ши́шка** une pomme de pin **2.** bosse *(endroit tuméfié)* • **наби́ть себе́ ши́шку** se faire une bosse **3.** *fam* personne importante • **кру́пная ши́шка** une grosse légume

шкату́лка *nf* cassette, petite boîte • **музыка́льная шкату́лка** une boîte à musique

шкаф* (*loc.* **шкафу́**) ⑧② *nm* armoire • **зерка́льный шкаф** une armoire à glace • **кни́жный шкаф** une bibliothèque • **стенно́й шкаф** un placard • **несгора́емый шкаф** un coffre-fort

шко́ла *nf* école • **ходи́ть в шко́лу** aller à l'école • **нача́льная шко́ла** une école primaire • **сре́дняя шко́ла** une école secondaire • **вы́сшая шко́ла** une école supérieure • **новгоро́дская шко́ла иконописи** l'école de peinture d'icônes de Novgorod

> CULTURE...
>
> **шко́ла**
> En Russie, les cycles primaire et secondaire sont regroupés. Les enfants entrent en cours préparatoire **пе́рвый класс** à l'âge de 6 ans et passent un examen final **аттеста́т зре́лости** après un cursus de 11 ans. Contrairement aux écoliers français, les enfants russes n'ont pas cours l'après-midi ; ils en profitent souvent pour faire du sport ou de la musique. Ils ont 40 heures de cours du lundi au vendredi et ne font pas de pause-déjeuner. La rentrée des classes donne lieu à une grande fête avec un discours de bienvenue et l'on offre des fleurs aux professeurs. Les notes s'échelonnent de 1 à 5 (note la plus élevée).

шко́льник *nm* **1.** écolier **2.** collégien, lycéen

шко́льница *nf* **1.** écolière **2.** collégienne, lycéenne

шко́льный *adj* d'école, scolaire • **шко́льный това́рищ** un camarade de classe • **шко́льный костю́м** l'uniforme scolaire • **шко́льные програ́ммы** les programmes scolaires • **шко́льные кани́кулы** les vacances scolaires

шку́ра *nf* peau *(d'un animal)* • **медве́жья шку́ра** une peau d'ours
● **дели́ть шку́ру неуби́того медве́дя** vendre la peau de l'ours avant de l'avoir tué • **дрожа́ть за свою́ шку́ру** trembler pour sa peau • **спаса́ть свою́ шку́ру** essayer de sauver sa peau

шла → **идти́**

шлагба́ум *nm* barrière mobile • **шлагба́ум опу́щен** la barrière est fermée

шланг *nm* tuyau flexible

шлем[1] *nm* **1.** casque • **шлем лётчика** le casque des pilote • **шлем пожа́рного** casque de pompier • **шлем мотоцикли́ста** un casque de motard **2.** heaume

шлем[2] *nm* chelem *(aux cartes)*

шлём, шлёшь → **слать**

шли → **идти́**

шлифова́ть / отшлифова́ть *v* polir • **отшлифова́ть ка́мень** polir une pierre ~ *fig* • **шлифова́ть свой стиль** peaufiner son style

шло → **идти́**

шлю → **слать**

шлюз *nm* écluse • **откры́ть шлю́зы** ouvrir les écluses

шлю́пка *nf* chaloupe, canot • **спаса́тельная шлю́пка** un canot de sauvetage

шлют → **слать**

шля́па *nf* **1.** chapeau • **фе́тровая шля́па** un chapeau de feutre **2.** bêta, nigaud • **он шля́па** il est un peu nigaud ● **де́ло в шля́пе** l'affaire est dans le sac

шмель ③② *nm* bourdon *(insecte)* ● ***Полёт шмеля́*** (**Ри́мский-Ко́рсаков**) *le Vol du bourdon* (**Rimski-Korsakov**)

шнур ③② *nm* **1.** cordon • **шнур для занаве́сок** du cordon pour les rideaux **2.** fil électrique, cordon d'alimentation • **шнур пита́ния** cordon d'alimentation

шнуро́к *nm* lacet • **шнурки́ для боти́нок** des lacets de chaussures

шов *nm* **1.** couture *(de vêtement)* • **распоро́ть по шву** découdre **2.** suture • **наложи́ть швы** faire des points de suture

шокола́д *nm* chocolat

шо́рох *nm* bruissement • **шо́рох сухи́х ли́стьев** le bruissement des feuilles mortes • **шо́рох пла́тья** le froufrou d'une robe

шо́рты *pl t* short

шоссе́* *nnt indécl* route *(carrossable)* • **асфальти́рованное шоссе́** une route goudronnée

Шотла́ндия *nf* Écosse

шофёр *nm* chauffeur

шпа́га *nf* épée, fleuret • **скрести́ть шпа́ги** croiser le fer

шпарга́лка *nf fam* antisèche, pompe

шпиль *nm* aiguille *(architecture)* • **шпиль Адмиралте́йства** l'aiguille de l'Amirauté

шпи́лька *nf* **1.** épingle à cheveux **2.** *fig* coup d'épingle • **подпуска́ть шпи́льки** lancer des coups d'épingle

шпина́т *nm* épinard(s) • **шпина́т с круты́ми я́йцами** un plat d'épinards avec des œufs durs

шпио́н *nm* espion

шпио́нка *nf* espionne

шпо́ра *nf* éperon • **он дал коню́ шпо́ры** il donna un coup d'éperons à son cheval

шпрот *nm* sprat

шрам *nm* cicatrice • **у меня́ оста́лся шрам на лбу** il m'est resté une cicatrice sur le front

шрифт ①② *nm* type de caractère *(écriture)* • **кру́пным шри́фтом** en gros caractères • **жи́рный шрифт** des caractères gras

штаб *nm* état-major • **нача́льник шта́ба** chef d'état-major

штабно́й *adj* d'état-major • **штабно́й офице́р** un officier d'état-major

штамп *nm* **1.** tampon • **черни́льный штамп в ви́де паука́** un tampon encreur représentant une araignée • **поста́вить на докуме́нт кру́глую печа́ть и углово́й штамп** apposer un sceau et un tampon officiel sur un document **2.** lieu commun, cliché • **его́ ре́чи пестре́ли шта́мпами** ses discours étaient parsemés de lieux communs

шта́нга *nf* **1.** barre • **мяч пролете́л ря́дом с ле́вой шта́нгой** le ballon est passé à côté de la barre gauche du but **2.** barre à disques, haltère • **поднима́ть шта́нгу ве́сом в 200 кг** soulever une barre de 200 kg

штанги́ст *nm* haltérophile

штаны́ (штано́в, штана́м) *pl t* pantalon • **носи́ть коро́ткие штаны́** porter des culottes courtes

штат[1] *nm* État *(unité administrative)* • **Соединённые Шта́ты Аме́рики** les États-Unis d'Amérique

штат[2] *nm* personnel *(ensemble des personnes employées)* • **сокраще́ние шта́тов** une compression du personnel

À PROPOS DE...

Employé au pluriel, le mot **штат** (signifiant "personnel") a le même sens collectif qu'au singulier.

шта́тский *adj* civil *(par opposition à militaire)* • **в шта́тском пла́тье** en civil
■ **шта́тский** *adj subst m* un civil • **вое́нные и шта́тские** les militaires et les civils

ште́псель* *(nom. pl.* штепселя́*)* ①② *nm* prise de courant *(mâle)* • **вста́вить ште́псель в розе́тку** mettre la fiche dans une prise de courant

што́пать / **зашто́пать** *v* repriser

што́пор *nm* tire-bouchon

што́ра *nf* rideau

шторм *nm* tempête • **подня́лся шторм** une tempête se leva

штраф *nm* amende • **наложи́ть на води́теля штраф** mettre une amende à un conducteur

штрафова́ть / **оштрафова́ть** *(+ A) v* mettre une amende • **оштрафова́ть води́теля за наруше́ние пра́вил у́личного движе́ния** mettre une amende à un conducteur pour infraction au code de la route

шту́ка *nf* **1.** pièce *(unité)* • **два́дцать рубле́й за шту́ку** vingt roubles la pièce *~ (ne se traduit pas)* • **во́семь штук яи́ц** huit œufs **2.** truc, machin • **что э́то за шту́ка?** qu'est-ce que c'est que ce machin ? • **хоро́шая шту́ка** un truc pas mal
● **в то́м-то и шту́ка** c'est là le hic • **сыгра́ть шту́ку с ке́м-нибудь** jouer un tour à quelqu'un › **мо́жет, э́то па́мять с на́ми сыгра́ла таку́ю шту́ку?** c'est peut-être notre mémoire qui nous a joué un tour ?

штукату́рка *nf* **1.** crépi • **штукату́рка фаса́да** le crépi de la façade **2.** plâtre *(sur un mur)* • **штукату́рка обва́ливается** le plâtre s'effrite

штурм *nm* assaut • **идти́ на штурм** monter à l'assaut • **взять кре́пость шту́рмом** prendre d'assaut une forteresse

штурмова́ть *v* donner l'assaut • **штурмова́ть пози́ции врага́** prendre d'assaut les positions de l'ennemi

штык ③② *nm* baïonnette
● **в штыки́** *fig* avec hostilité › **иде́ю встре́тили в штыки́** l'idée a été acqueillie avec hostilité

шу́ба *nf* pelisse • **ли́сья шу́ба** une pelisse de renard

шум *nm* bruit • **шум ве́тра** le bruit du vent • **войти́ без шу́ма** entrer sans bruit • **подня́ть шум** faire du vacarme • **чу́вствовать шум в уша́х** avoir un bourdonnement dans les oreilles • **мно́го шу́ма из ничего́** beaucoup de bruit pour rien

шуме́ть* [I, шумлю́, шуми́шь] / **зашуме́ть*** [I, *id*] *et* **пошуме́ть*** [I, *id*] *v* faire du bruit • **де́ти шуме́ли** les enfants faisaient du bruit • **у меня́ шуми́т в уша́х** j'ai les oreilles qui bourdonnent

шу́мно ⑤ *adv*
● **там о́чень шу́мно** il y a beaucoup de bruit là-bas

шу́мный ⑤ *adj* bruyant • **шу́мная у́лица** une rue bruyante

шурша́ть* [I, шуршу́, шурши́шь] / **зашурша́ть*** [I, *id*] *v* bruisser • **сухи́е ли́стья шурша́т по асфа́льту** les feuilles mortes bruissent sur l'asphalte • **снег шурша́л под нога́ми** la neige crissait sous nos pieds • **шурша́ть газе́той** faire du bruit avec son journal

шут ③② *nm* **1.** bouffon • **ца́рский шут** le bouffon du roi **2.** pitre • **разы́грывать шута́** faire le pitre
● **шут с ним** laissons tomber

шути́ть ④ / **пошути́ть** ④ *v* plaisanter • **он люби́л шути́ть** il aimait plaisanter • **вы шу́тите** vous voulez rire • **говори́ть не шутя́** parler sérieusement • **шути́ть с огнём** jouer avec le feu

шу́тка *nf* plaisanterie • **он не понима́ет шу́ток** il ne comprend pas la plaisanterie • **я э́то сказа́л в шу́тку** je l'ai dit pour plaisanter • **мне не до шу́ток** je n'ai pas envie de plaisanter • **с ним шу́тки пло́хи** il ne fait pas bon plaisanter avec lui • **шу́тки в сто́рону** blague à part • **он рассерди́лся не на шу́тку** il s'est fâché pour de bon

шутли́вый *adj* porté à la plaisanterie • **шутли́вый тон** un ton badin

шутни́к ③② *nm* plaisantin • **он большо́й шутни́к** c'est un petit plaisantin

шу́точный *adj* comique, humoristique • **шу́точная пе́сенка** une chanson humoristique

ш-ш *interj* chut

шью, шьёшь → шить

Щ

щаве́ль ③ *nm* oseille

щади́ть / **пощади́ть** *v* **1.** épargner • **никого́ не щади́ть** n'épargner personne **2.** ménager, prendre soin • **щади́ть своё здоро́вье** ménager sa santé

щебета́ть* [II, щебечу́, щебе́чешь] ④ / **защебета́ть*** [II, *id*] ④ *v* gazouiller

/ **щегольну́ть** → щеголя́ть

щеголя́ть / **щегольну́ть** *v* parader, faire étalage • **она́ щеголя́ла в но́вом пла́тье** elle paradait dans sa nouvelle robe ~ *(+ I)* • **он щеголя́ет роско́шными уса́ми** il fait le beau avec une superbe moustache • **щеголя́ть свои́ми зна́ниями** faire étalage de ses connaissances

ще́дрость *nf* générosité

ще́дрый ⑤ *adj* généreux • **раздава́ть ще́дрой руко́й** distribuer d'une main généreuse

щека́ (щёку ; *pl.* щёки, щёк, щека́м) ⑥⑦ *nf* joue • **румя́ные щёки** des joues roses • **поцелова́ть в щёку** embrasser sur la joue • **упи́сывать за о́бе щеки́** dévorer à belles dents

щекота́ть* [II, щекочу́, щеко́чешь] ④ / **пощекота́ть*** [II, *id*] ④ *v* chatouiller • **щекота́ть ребёнка** chatouiller l'enfant ~ *fig* chatouiller • **канатохо́дец открове́нно щеко́чет зри́тельские не́рвы** le fildefériste chatouille ouvertement les nerfs des spectateurs
• **э́то щекота́ло его́ самолю́бие** cela flattait son amour-propre

щёлкать / **щёлкнуть** *v* **1.** donner une chiquenaude • **щёлкнуть по́ носу** donner une chiquenaude sur le nez **2.** *(+ I)* faire claquer • **щёлкать кнуто́м** faire claquer son fouet • **щёлкать па́льцами** claquer des doigts • **щёлкать языко́м** faire claquer la langue **3.** casser *(des noix, noisettes)* • **щёлкать оре́хи** casser des noisettes **4.** cliquer • **щёлкнуть пра́вой кно́пкой мы́ши** cliquer en appuyant sur le bouton droit de la souris • **два́жды щёлкнуть кно́пкой мы́ши** double-cliquer avec le bouton de la souris

/ **щёлкнуть** → щёлкать

щелчо́к *nm* **1.** chiquenaude • **щелчо́к по́ носу** une chiquenaude sur le nez **2.** bruit sec • **щелчо́к вы́стрела** le bruit sec d'un coup de feu **3.** clic *(de souris)* • **сде́лать двойно́й щелчо́к мы́шью по значку́** double-cliquer sur l'icône

щель ⑧③ *nf* fente • **лиси́чка засу́нула ла́пу в щель ме́жду пру́тьями** le renard glissa sa patte dans la fente entre les barreaux

щено́к* *nm* **1.** chiot • **как здоро́вье ва́шей соба́ки и её щенко́в?** comment va votre chienne et ses petits ? **2.** morveux

> **À PROPOS DE...**
>
> Au sens 1, il existe également un pluriel irrégulier : **щеня́та, щеня́т, щеня́там...**

щепети́льный *adj* scrupuleux • **щепети́льная че́стность** une honnêteté scrupuleuse

ще́пка *nf* éclat de bois, copeau
• **лес ру́бят — ще́пки летя́т** on ne fait pas d'omelette sans casser les œufs

щётка *nf* brosse • **щётка для о́буви** une brosse à chaussures • **зубна́я щётка** une brosse à dents • **чи́стить щёткой** brosser
• **полова́я щётка** un balai

щи (щей, щам) *pl t* soupe aux choux • **зелёные щи** soupe au chou et à l'oseille • **ки́слые щи** soupe à la choucroute

щипа́ть* [II, щиплю́, щи́плешь] ④ *v* **1.** / **ущипну́ть** *et* **щипну́ть** pincer • **она́ щипа́ла меня́ за́ руку** elle me pinçait le bras **2.** pincer, piquer • **моро́з щи́плет**

у́ши le froid vous pince les oreilles • **ки́слый сок щи́плет язы́к** le jus acide pique la langue **3.** / **пощипа́ть*** [II, пощиплю́, пощи́плешь] ④ ④ brouter • **коро́вы щипа́ли траву́** les vaches broutaient **4.** / **ощипа́ть*** [II, *id*] ④ plumer • **щипа́ть ку́рицу** plumer une poule

/ **щипну́ть** → щипа́ть

щипцы́ (щипцо́в, щипца́м) *pl t* pince • **са́харные щипцы́** la pince à sucre • **щипцы́ для раска́лывания оре́хов** un casse-noisettes

щит ③② *nm* **1.** panneau, tableau • **щит с фотогра́фиями** un panneau avec des photographies • **щит управле́ния** le tableau de commande **2.** bouclier

щу́ка *nf* brochet

щу́пать / **пощу́пать** *v* tâter, palper • **пощу́пать материа́л** palper un tissu • **щу́пать пульс у больно́го** prendre le pouls d'un malade

щу́рить / **сощу́рить** *v*
• **щу́рить глаза́** fermer les yeux à demi › **щу́рить глаза́ от со́лнца** cligner les yeux à cause du soleil

щу́риться / **сощу́риться** *vp* **1.** fermer les yeux à demi • **щу́риться от со́лнца** cligner les yeux à cause du soleil **2.** se fermer à demi • **глаза́ щу́рятся от со́лнца** le soleil vous fait fermer les yeux

Э

эй *interj* eh • **эй, Алёша!** eh, Aliocha !

экза́мен *nm* examen • **сдава́ть экза́мен** passer un examen • **провали́ться на экза́мене** rater un examen • **пи́сьменный экза́мен** un (examen) écrit • **у́стный экза́мен** un (examen) oral • **вступи́тельный экза́мен** un examen d'entrée • **выпускно́й экза́мен** un examen de sortie

эконо́мика *nf* économie

экономи́ст *nm* économiste

экономи́стка *nf* économiste

экскурсово́д *nm* guide *(personne qui fait visiter)*

экспози́ция *nf* exposition

экспона́т *nm* objet exposé, œuvre exposée

эле́ктрик *nm* électricien

электри́чество *nnt* électricité • **произво́дство электри́чества** la production d'électricité • **электри́чество ста́ло доро́же** l'électricité a augmenté • **оста́ться без электри́чества** rester sans électricité

электри́чка *nf* train *(de banlieue)*

электрово́з *nm* locomotive électrique

электроста́нция *nf* centrale électrique • **а́томная электроста́нция** une centrale nucléaire

электротова́ры *pl t* articles d'électricité

э́ра *nf* ère • **в IX ве́ке до н. э.** au IXe siècle avant J.-C. • **в IX ве́ке н. э.** au IXe siècle après J.-C.

Эрмита́ж Ermitage

CULTURE...

эрмита́ж

Ce musée compte parmi les plus grands et les plus beaux du monde. Il englobe les grandes salles d'apparat du palais d'Hiver. Sa construction a commencé en 1754, sous l'égide de l'architecte Bartolomeo Rastrelli.

Avant de devenir un temple de l'art universel avec plus de 400 salles, l'Ermitage fut d'abord la résidence impériale, où la grande Catherine exposa ses premières collections privées d'art européen. En 1917, il devint le siège du gouvernement provisoire.

эскала́тор *nm* escalier mécanique, escalator® • **спусти́ться на эскала́торе** descendre par l'escalier mécanique

эсто́нец *nm* Estonien

Эсто́ния *nf* Estonie

эсто́нка *nf* Estonienne

эсто́нский *adj* estonien

эстра́дный *adj* de variétés, de musique légère • **эстра́дный конце́рт** un concert de musique légère

эта́ж ③② *nm* étage • **пе́рвый эта́ж** le rez-de-chaussée • **второ́й эта́ж** le premier étage • **они́ живу́т на тре́тьем этаже́** ils habitent au deuxième étage • **дом в шестна́дцать этаже́й** une maison de quinze étages

э́то ◪ *pron* → **э́тот** ◪ *particule* c' • **э́то но́вый журна́л** c'est une nouvelle revue • **э́то был неуме́стный вопро́с** c'était une question déplacée • **э́то О́ля** c'est Olia ◪ *particule* **кто э́то прие́хал?** qui est-ce qui est arrivé ? • **э́то она́ прие́хала** c'est elle qui est arrivée • **как э́то так?** comment ça ?

Voir encadré page suivante.

À PROPOS DE...

Il faut bien distinguer **э́то** pronom sujet de **э́то** particule. Le verbe ne s'accorde jamais avec la particule.

э́тот ◼ *adj* ce • **в э́то вре́мя** à ce moment-là • **на э́том берегу́** sur cette rive • **на э́той неде́ле** cette semaine ◼ *pron* cela, ceci • **возьми́те вот э́ту** prenez celle-ci • **я э́того не знал** je ne le savais pas • **э́то бы́ло в про́шлом году́** c'était l'an passé

эх *interj* ah *(regret, reproche)* • **эх ты!** ah toi, alors !

Ю

ю́бка *nf* jupe

ювели́р *nm* bijoutier

ювели́рный *adj* de bijouterie • **ювели́рный магази́н** bijouterie *(magasin)* • **ювели́рные изде́лия** bijouterie *(articles)*

юг *nm* sud, midi • **о́кна выхо́дят на юг** les fenêtres donnent sur le midi • **пое́хать на юг** s'en aller dans le Midi

ю́го-восто́к *nm* sud-est

ю́го-за́пад *nm* sud-ouest

южа́нин* *(pl.* **южа́не, южа́н, южа́нам***) nm* méridional

южа́нка *nf* méridionale

ю́жный *adj* **1.** du sud, méridional • **Ю́жный по́люс** le pôle Sud • **ю́жный ве́тер** le vent du sud **2.** de méridional • **ю́жный темпера́мент** un tempérament de méridional

ю́мор *nm* humour • **чу́вство ю́мора** le sens de l'humour

ю́нга *nm* mousse *m (dans la marine)*

ю́ность *nf* adolescence, jeunesse • **в ра́нней ю́ности** dans sa prime jeunesse

ю́ноша* *(gén. pl.* **ю́ношей***) nm* **1.** jeune, jeune homme • **он ещё похо́ж на ю́ношу** il a encore l'air d'un jeune homme **2.** junior • **он игра́ет в кома́нде ю́ношей** il joue dans l'équipe des juniors

ю́ный ⑤ *adj* jeune • **с са́мых ю́ных лет** depuis sa plus tendre enfance

юри́ст *nm* juriste

юро́дивый *adj subst arch* innocent *(sorte de mendiant prophète)*

Я

я *pron pers* je • **я устáл** je suis fatigué • **Тáня мне позвонúла ýтром** Tania m'a téléphoné ce matin • **у меня́ нет ни копéйки** je n'ai pas un sou • **мне хóлодно** j'ai froid

я́блоко* *(nom. pl.* **я́блоки***) nnt* pomme • **гнилóе я́блоко** une pomme pourrie

я́блоня *nf* pommier • **я́блоня в цветý** le pommier est en fleur

я́блочный *adj* de pomme, aux pommes • **я́блочный пирóг** une tarte aux pommes

/ **явúться** → **явля́ться**

явлéние *nnt* **1.** phénomène • **явлéния прирóды** les phénomènes de la nature **2.** scène *(dans une pièce de théâtre)* • **дéйствие вторóе, явлéние пя́тое** acte II, scène 5

явля́ться / **явúться** ④ *vp littéraire* **1.** *(+ I)* se trouver être • **э́та проблéма явля́ется первоочереднóй** ce problème est prioritaire • **что явúлось причúной егó смéрти?** quelle a été la cause de sa mort ? **2.** se présenter, comparaître • **явúться в суд** comparaître devant un tribunal

я́вный ⑤ *adj* évident, manifeste • **я́вная ложь** un mensonge évident • **я́вное противорéчие** une contradiction évidente

ягнёнок* *(pl.* **ягня́та, ягня́т, ягня́там***) nm* agneau • **крóткий как ягнёнок** doux comme un agneau

я́года *nf* **1.** baie *(fruit)* • **дéти пошлú в лес за я́годами** les enfants sont allés dans la forêt ramasser des baies **2.** grain *(de raisin)*

я́годица *nf* fesse

яд *nm* poison • **смертéльный яд** un poison mortel

я́дерный *adj* nucléaire • **я́дерная энéргия** l'énergie nucléaire • **я́дерное орýжие** les armes nucléaires

ядовúтый *adj* vénéneux, venimeux • **ядовúтый гриб** un champignon vénéneux • **ядовúтая змея́** un serpent venimeux ~ *fig* • **ядовúтая улы́бка** un sourire venimeux • **ядовúтый язы́к** une langue de vipère

ядрó *(gén. pl.* **я́дер***)* ②① *nnt* **1.** amande *(graine dans un noyau)* **2.** noyau • **áтомное ядрó** le noyau atomique **3.** boulet *(de canon)* **4.** (SPORT) poids • **толкáние ядрá** le lancement du poids

я́зва *nf* **1.** ulcère • **я́зва желýдка** un ulcère de l'estomac **2.** *fig fam* plaie, peste • **ах, я́зва!** ah, quelle peste !

язвúтельный *adj* caustique • **язвúтельный тон** un ton caustique

язы́к ③② *nm* **1.** langue *(organe)* • **показáть язы́к a.** montrer sa langue **b.** tirer la langue • **копчёный язы́к** de la langue fumée ~ *fig* • **у негó длúнный язы́к** il est trop bavard • **у негó язы́к хорошó подвéшен** il a la langue bien pendue • **держú язы́к за зубáми** tiens ta langue • **э́то слóво сорвалóсь у меня́ с языкá** ça m'a échappé • **э́то слóво вéртится у меня́ на языкé** j'ai le mot sur le bout de la langue • **злой язы́к** une mauvaise langue **2.** langue *(langage)* • **инострáнные языкú** les langues étrangères • **учúться рýсскому языкý** apprendre le russe • **мёртвый язы́к** une langue morte **3.** prisonnier *(dont on veut tirer des renseignements)* • **добы́ть языкá** faire un prisonnier pour obtenir des renseignements

язы́ческий *adj* païen • **язы́ческие вéрования** les croyances païennes • **язы́ческие обы́чаи** les coutumes païennes

язы́чество *nnt* paganisme

язы́чник *nm* païen

язы́чница *nf* païenne

язычо́к *nm (dim de язы́к)* languette • **язычо́к боти́нка** la languette de la chaussure

я́ичница *nf* œufs *(sur le plat...)* • **я́ичница-глазу́нья** des œufs sur le plat • **я́ичница из двух яи́ц** une omelette de deux œufs

яйцо́ *(pl.* **я́йца, яи́ц, я́йцам***)* ②⑤ *nnt* œuf • **ку́рица несёт я́йца** la poule pond des œufs • **круто́е яйцо́** un œuf cuit dur • **яйцо́ всмя́тку** un œuf à la coque • **пасха́льное яйцо́** un œuf de Pâques
● **э́то вы́еденного яйца́ не сто́ит** ça ne vaut pas tripette

я́кобы *particule* soi-disant • **они́, я́кобы, не́ были знако́мы** soi-disant ils ne se connaissaient pas

я́корь* *(nom. pl.* **якоря́***)* ①② *nm* ancre • **бро́сить я́корь** jeter l'ancre • **сня́ться с я́коря** lever l'ancre • **наш кора́бль стоя́л на я́коре** notre bateau était à l'ancre

я́ма *nf* fosse • **вы́рыть я́му** creuser une fosse
● **возду́шная я́ма** un trou d'air

ямщи́к ③② *nm arch* cocher de poste, postillon

янва́рь ③ *nm* janvier • **э́то бы́ло в январе́** c'était au mois de janvier • **он роди́лся 2-го января́** il est né le 2 janvier

янта́рь ③ *nm* ambre jaune

япо́нец *nm* Japonais

Япо́ния *nf* Japon

япо́нка *nf* Japonaise

япо́нский *adj* japonais

я́ркий *(comp.* **я́рче***)* ⑤ *adj* **1.** vif, éclatant • **я́ркие кра́ски** des couleurs vives • **я́ркий свет** une lumière éclatante **2.** *fig* brillant • **я́ркое доказа́тельство** une brillante démonstration • **я́ркий тала́нт** un talent remarquable

я́рмарка *nf* foire • **е́здить на я́рмарку** aller à la foire

я́ростно *adv* furieusement • **я́ростно защища́ться** se défendre avec acharnement

я́ростный *adj* furieux • **он броса́л на меня́ я́ростные взгля́ды** il me jetait des regards furibonds

я́рость *nf* fureur • **прийти́ в я́рость** se mettre dans une colère terrible • **э́то привело́ его́ в я́рость** cela l'a mis en fureur • **он был вне себя́ от я́рости** il était hors de lui

я́рус *nm* **1.** étage *(dans un théâtre)* • **ло́жа тре́тьего я́руса** loge du deuxième balcon **2.** couche (GÉOL)

я́рче *comp de* **я́ркий**

я́сень *nm* frêne

я́сли *(***я́слей, я́слям***) pl t* crèche • **отвести́ ребёнка в я́сли** emmener un enfant à la crèche

я́сно ⑤ *adv* clairement
● **э́то я́сно** c'est évident

я́сность *nf* clarté, netteté *litt & fig* • **я́сность не́ба** la clarté du ciel • **для бо́льшей я́сности** pour plus de clarté

я́сный ⑤ *adj* clair *litt & fig* • **я́сная пого́да** un temps clair • **я́сное не́бо** un ciel serein • **я́сный ум** un esprit lucide • **я́сные мы́сли** des idées claires • **э́то я́сно** c'est évident

я́стреб* *(nom. pl.* **ястреба́***)* ①② *nm* autour *m*

я́стреб-перепеля́тник *(nom. pl.* **ястреба́***) nm* épervier

я́хта *nf* yacht, voilier • **го́ночная я́хта** un voilier de course

ячёйка *nf* **1.** cellule *(d'une organisation)* • **парти́йная ячёйка** une cellule d'un parti **2.** case, cellule • **я́чейка табли́цы** la cellule d'un tableau

ячме́нь ③ *nm* orge

я́щерица *nf* lézard • **обыкнове́нная я́щерица** un lézard gris • **зелёная я́щерица** un lézard vert

я́щик *nm* **1.** caisse • **я получи́л це́лый я́щик книг** j'ai reçu toute une caisse de livres • **цвето́чный я́щик** une jardinière **2.** boîte • **почто́вый я́щик** boîte à lettres • **укажи́те паро́ль почто́вого я́щика** indiquez le mot de passe de votre boîte à lettre électronique • **пи́сьменный я́щик** boîte à lettres *(individuelle)* **3.** tiroir, casier • **я́щики пи́сьменного стола́** les tiroirs du bureau
● **откла́дывать прое́кт в до́лгий я́щик** faire traîner un projet en longueur • **сыгра́ть в я́щик** casser sa pipe • **чёрный я́щик** une boîte noire *(d'avion)*

А	а	*А*	*а*
Б	б	*Б*	*б*
В	в	*В*	*в*
Г	г	*Г*	*г*
Д	д	*Д*	*д*
Е	е	*Е*	*е*
Ё	ё	*Ё*	*ё*
Ж	ж	*Ж*	*ж*
З	з	*З*	*з*
И	и	*И*	*и*
Й	й	*Й*	*й*
К	к	*К*	*к*
Л	л	*Л*	*л*
М	м	*М*	*м*
Н	н	*Н*	*н*
О	о	*О*	*о*
П	п	*П*	*п*